中国信托业年鉴 2019—2020（下卷）

ALMANAC OF CHINA'S TRUSTEE

中国信托业协会　编

中国金融出版社

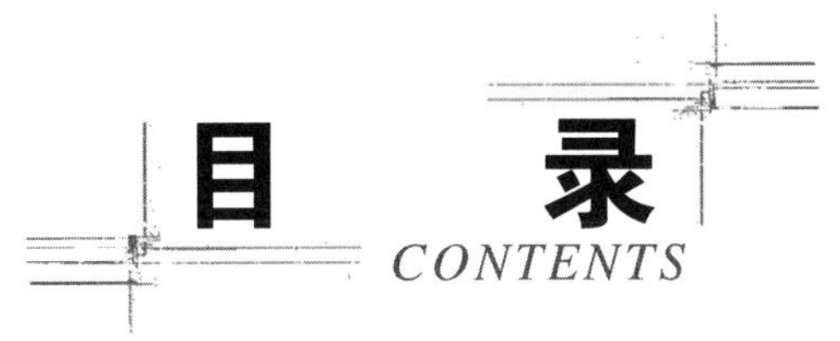

下 卷

中国信托业
2019——2020
年鉴(下卷)

2019年度中国信托公司信息披露分析报告

2019 年度中国信托公司信息披露分析报告摘要

第一章　信托公司的基本信息

本章主要介绍了 68 家信托公司披露的公司基本信息、注册资本及股东情况等。

第二章　信托公司年度报告的质量评价——关于审计报告

本章对信托公司被出具的审计报告类型及执行《企业会计准则》的情况进行分析，以此作为后面章节对信托公司进行分析的一个依据。

第三章　信托公司财务指标排行榜

本章列出信托公司 2019 年度的各项主要财务数据，并做简要的比较分析。

第四章　固有资产报表总体分析

本章将 68 家信托公司披露的 2019 年固有资产部分的会计报表(分为合并报表和母公司单体报表)，包括资产负债表、利润表和所有者权益变动表，分别汇总成代表中国信托行业固有资产整体的汇总报表，以此来分析中国信托公司固有资产整体的财务状况和经营成果。

第五章　信托资产报表总体分析

本章将 68 家信托公司披露的 2019 年信托资产部分的会计报表，包括资产负债表和利润表，分别汇总成代表中国信托行业信托资产整体情况的汇总报表，以此来分析中国信托公司信托资产整体的财务状况和经营成果。

第六章　财务报表附注及其他项目的分析

本章分析了在财务报表附注部分披露的包括或有事项、自营资产风险分类、资产损失准备计提以及关联方关系及其交易等各项情况。同时，就信托公司 2019 年年报中对经营因素的认可情况作了详细的统计，以便于相关部门决策参考。

第七章　公司治理结构及人员结构

本章就信托公司的公司治理情况进行分析。

编制说明

2019 年纳入统计范围的信托公司和 2018 年一致，共计 68 家。

在进行《2019 年度中国信托公司信息披露分析报告》的编制过程中，关注到在 68 家信托公司披露的 2019 年度审计报告中，共有 10 家信托公司本年披露的期初净资产与上年披露的年末净资产不一致；8 家信托公司本年披露的上年净利润与上年披露的当年净利润不一致。在这些产生差异的公司中，所有公司均披露了差异原因。由于年鉴篇幅所限，不可能一一列示其差异产生的原因和数据调整过程，因此在计算本年各项指标排名时以信托公司本年披露的年初数为准，同时列报上年净资产数和上年净利润数，以供信息使用者参考。

在对 68 家信托公司报表进行汇总统计时，采用各公司的合并报表进行统计分析，同时注意到信托公司报表所采用的货币单位不一致，大部分公司使用万元为单位，部分公司使用元为单位。为了便于汇总合并，我们统一以万元为单位，对于存量部分以元为单位的报表进行折算，由于折算差异可能造成部分表格的明细构成与合计数存在尾差。

2019 年，第三章到第五章仍然从资本实力、业务能力、盈利能力、信托理财能力和抗风险能力五方面指标入手，希望借此能建立更加合理的“信托公司综合评价体系”。

2019 年度中国信托公司信息披露分析报告

第一章　信托公司的基本信息

一、信息披露情况总览

本章主要介绍68家公司的基本情况，包括信托公司的基本信息、股本、股东情况等。

在原银监会颁发的《信托投资公司信息披露管理暂行办法》的附件《年度报告内容与格式》中要求公司在重要提示及目录中刊登声明：本公司董事会及董事保证本报告所载资料不存在任何虚假记载、误导性陈述或者重大遗漏，并对其内容的真实性、准确性和完整性承担个别及连带责任。公司负责人、主管会计工作负责人及会计机构负责人（会计主管人员）应当声明：保证年度报告中财务报告的真实、完整。2019年所有68家信托公司披露的年度报告都作了这样的声明，因此之后进行的所有分析均是基于这样的假设：所有披露的信息内容都是真实、准确、完整的。

2019年68家信托公司固有业务中，43家明确披露已执行最新的《企业会计准则》，包含了2006年度的基本《企业会计准则》和最新的金融资产准则等，18家披露已执行《企业会计准则》（2006年），3家披露已执行《企业会计准则》（2006年、2014年），1家披露同时执行《企业会计准则》和《金融企业会计制度》（2014年），1家披露执行《国际会计准则》。由于信托公司披露的年度报告没有统一的格式，使得部分公司财务报表格式存在较大的差异：有的公司采用了一般企业的财务报表披露格式，有的公司参考采用了原银监会的财务报表格式，还有的公司根据自身业务的特点对相关报表格式进行了调整和补充，导致财务报表列示的科目差别较大，很难统一到一个格式中。为了使各公司的指标具有可比性，我们在统计这些数据时按照统一的口径作了适当的调整。

2019年信托公司财务报表涉及上年金额和本年金额的披露，部分公司对比较报表年初数进行了调整，但在2019年年报中未详细披露数据的调整过程。由于年鉴篇幅所限，无法一一列示其差异原因和数据调整过程，因此本报告中对于公司披露的2018年年末数与2019年年初数不一致的情况，以2019年年初数作为统计口径。

本报告所有的统计都是依据信托公司公开披露的2019年年报内容进行的。以下是信托公司披露的基本信息汇总分析。

（一）信托公司披露户数及其地区分布情况

表1-1-1　信托公司2017年、2018年、2019年披露户数比较

项目	2017年	2018年	2019年
披露户数	68	68	68

表1-1-2　披露的信托公司2017年、2018年、2019年在各省、自治区、直辖市分布情况

省份		北京	上海	广东	江苏	山东	陕西	安徽	福建	河南	辽宁	内蒙古	天津	浙江	重庆	甘肃	黑龙江
分布户数	2017年	11	7	5	4	2	3	2	2	2	1	2	2	5	2	1	1
	2018年	11	7	5	4	2	3	2	2	2	1	2	2	5	2	1	1
	2019年	11	7	5	4	2	3	2	2	2	1	2	2	5	2	1	1
省份		湖南	吉林	江西	山西	西藏	新疆	云南	河北	湖北	四川	贵州	青海	广西	宁夏	海南	合计
分布户数	2017年	1	1	2	1	1	2	1	1	2	2	1	1				68
	2018年	1	1	2	1	1	2	1	1	2	2	1	1				68
	2019年	1	1	2	1	1	2	1	1	2	2	1	1				68

信托公司位于北京的有11家，上海有7家，广东和浙江各有5家，大部分省、自治区、直辖市有1~4家不等，广西、宁夏、海南三个省或自治区均没有信托公司。

（二）信托公司变更公司名称情况的披露

截至2019年12月31日，有一家公司变更公司名称，内容如下。

2019年6月6日，公司2019年第三次临时股东大会审议通过：拟将公司原名称中江国际信托股份有限公司变更为雪松国际信托股份有限公司（Cedar International Trust Co.，Ltd.），并于2019年6月21日经中国银行保险监督管理委员会江西监管局作出《江西银保监局关于中江国际信托股份有限公司更名的批复》（赣银保监复［2019］244号）核准。

（三）信托公司基本情况的披露

表 1－1－3　披露的信托公司 2019 年基本情况

公司法定中文名称	公司形式	股本（万元）	法定代表人	注册地址	所在省份
重庆国际信托股份有限公司	股份有限公司	1 500 000.00	翁振杰	重庆市渝北区龙溪街道金山路 9 号附 7 号	重庆
平安信托有限责任公司	有限责任公司	1 300 000.00	姚贵平	深圳市福田区益田路 5033 号平安金融中心 29 层（西南、西北）、31 层（3120 室、3122 室）、32 层、33 层	广东
中融国际信托有限公司	有限责任公司	1 200 000.00	刘洋	哈尔滨市松北区科技创新城创新二路 277 号	黑龙江
华润深国投信托有限公司	有限责任公司	1 100 000.00	刘小腊	深圳市福田区中心四路 1－1 号嘉里建设广场第三座第 10～12 层	广东
昆仑信托有限责任公司	有限责任公司	1 022 705.89	肖华	浙江省宁波市鄞州区和济街 180 号 1 幢 24～27 层	浙江
中信信托有限责任公司	有限责任公司	1 127 600.00	陈一松	北京市朝阳区新源南路 6 号京城大厦	北京
中国民生信托有限公司	有限责任公司	700 000.00	张博	北京市东城区建国门内大街 28 号民生金融中心 C 座 19 层	北京
华信信托股份有限公司	股份有限公司	660 000.00	董永成	大连市西岗区大公街 34 号	辽宁
华能贵诚信托有限公司	有限责任公司	619 455.74	田军	贵州省贵阳市观山湖区长岭北路 55 号贵州金融城 1 期商务区 10 号楼 23～24 层	贵州
五矿国际信托有限公司	有限责任公司	600 000.00	王卓	青海生物科技产业园纬二路 18 号	青海
新时代信托股份有限公司	股份有限公司	600 000.00	赵利民	内蒙古包头市钢铁大街甲 5 号信托金融大楼	内蒙古
交银国际信托有限公司	有限责任公司	576 470.59	童学卫	湖北省武汉市江汉区建设大道 847 号瑞通广场 B 座 16～17 层	湖北
安信信托股份有限公司	股份有限公司	546 913.79	王少钦	上海市控江路 1553～1555 号 A 座 301 室	上海
上海国际信托有限公司	有限责任公司	500 000.00	潘卫东	中国上海市九江路 111 号	上海
兴业国际信托有限公司	有限责任公司	1 000 000.00	沈卫群	福州市鼓楼区五四路 137 号信和广场 25～26 层	福建
中建投信托股份有限公司	股份有限公司	500 000.00	王文津	杭州市教工路 18 号世贸丽晶城欧美中心 1 号楼（A 座）18～19 层 C 区、D 区	浙江
中铁信托有限责任公司	有限责任公司	500 000.00	马永红	成都市武侯区航空路 1 号国航世纪中心 B 座 20 层、21 层、22 层	四川
中航信托股份有限公司	股份有限公司	465 726.71	姚江涛	江西省南昌市红谷滩新区会展路 1009 号航信大厦	江西
上海爱建信托有限责任公司	有限责任公司	460 268.46	周伟忠	上海市徐汇区肇嘉浜路 746 号 3～8 层	上海
新华信托股份有限公司	股份有限公司	420 000.00	李桂林	重庆市江北区创富路 3 号 1 幢 1 层、5 层至 13 层	重庆
英大国际信托有限责任公司	有限责任公司	402 900.60	王剑波	北京市东城区建国门内大街乙 18 号院 1 号楼英大国际大厦 4 层	北京
百瑞信托有限责任公司	有限责任公司	400 000.00	王振京	河南省郑州市郑东新区商务外环路 10 号中原广发金融大厦	河南
陆家嘴国际信托有限公司	有限责任公司	400 000.00	黎作强	青岛市崂山区香港东路 195 号 3 号楼青岛上实中心 12 层	山东
陕西省国际信托股份有限公司	股份有限公司	396 401.28	薛季民	西安市高新区科技路 50 号金桥国际广场 C 座	陕西
广东粤财信托有限公司	有限责任公司	380 000.00	陈彦卿	广东省广州市越秀区东风中路 481 号粤财大厦 1 楼自编 C 区、4 楼、14 楼、40 楼	广东
江苏省国际信托有限责任公司	有限责任公司	376 033.66	胡军	江苏省南京市长江路 2 号 22～26 层	江苏
厦门国际信托有限公司	有限责任公司	375 000.00	洪文瑾	厦门市思明区展鸿路 82 号厦门国际金融中心 39～42 层	福建
华宝信托有限责任公司	有限责任公司	474 400.00	张铁	中国（上海）自由贸易试验区世纪大道 100 号环球金融中心 59 层	上海
中原信托有限公司	有限责任公司	400 000.00	崔泽军	中国河南省郑州市商务外环路 24 号中国人保大厦	河南
渤海国际信托股份有限公司	股份有限公司	360 000.00	成小云	石家庄市新石中路 377 号 B 座 22～23 层	河北
华鑫国际信托有限公司	有限责任公司	357 484.04	褚玉	北京市西城区宣武门内大街 2 号华电大厦 B 座 11 层	北京
四川信托有限公司	有限责任公司	350 000.00	牟跃	成都市锦江区人民南路 2 段 18 号川信红照壁大厦	四川
光大兴陇信托有限责任公司	有限责任公司	641 819.05	闫桂军	甘肃省兰州市城关区东岗西路 555 号	甘肃
长安国际信托股份有限公司	股份有限公司	333 000.00	高成程	西安市高新区科技路 33 号高新国际商务中心 23 层、24 层	陕西
国通信托有限责任公司	有限责任公司	320 000.00	冯鹏熙	武汉市江汉区新华街 296 号汉江国际 1 栋 1 单元 32～38 层	湖北
华融国际信托有限责任公司	有限责任公司	303 565.33	白俊杰	新疆乌鲁木齐市天山区中山路 333 号	新疆
雪松国际信托股份有限公司	股份有限公司	300 505.17	林伟龙	南昌市北京西路 88 号江信国际金融大厦 26 楼	江西
安徽国元信托有限责任公司	有限责任公司	300 000.00	许斌	安徽省合肥市庐阳区宿州路 20 号	安徽
国联信托股份有限公司	股份有限公司	300 000.00	周卫平	无锡市滨湖区太湖新城金融一街 8 号国联金融大厦	江苏
中国对外经济贸易信托有限公司	有限责任公司	800 000.00	杨林	北京市西城区复兴门内大街 28 号凯晨世贸中心中座 6 层	北京
山东省国际信托股份有限公司	股份有限公司	465 885.00	万众	山东省济南市历下区解放路 166 号	山东
华澳国际信托有限公司	有限责任公司	250 000.00	吴瑞忠	中国（上海）自由贸易试验区花园石桥路 33 号花旗集团大厦 1702 室	上海
中海信托股份有限公司	股份有限公司	250 000.00	张德荣	上海市蒙自路 763 号 36 楼	上海
中诚信托有限责任公司	有限责任公司	245 666.67	牛成立	北京市东城区安外大街 2 号	北京

续表

公司法定中文名称	公司形式	股本(万元)	法定代表人	注册地址	所在省份
紫金信托有限责任公司	有限责任公司	245 300.00	陈峥	江苏省南京市鼓楼区中山北路2号紫峰大厦30层	江苏
湖南省财信信托有限责任公司	有限责任公司	245 132.00	王双云	长沙市天心区城南西路1号财信大厦6~9层	湖南
中粮信托有限责任公司	有限责任公司	230 000.00	孙彦敏	北京市朝阳区朝阳门南大街8号中粮福临门大厦11层	北京
北京国际信托有限公司	有限责任公司	220 000.00	周瑞明	北京市朝阳区安立路30号院1号、2号楼	北京
中国金谷国际信托有限责任公司	有限责任公司	220 000.00	彭新	北京市西城区金融大街33号通泰大厦C座10层	北京
国投泰康信托有限公司	有限责任公司	267 054.55	叶柏寿	北京市西城区阜成门北大街2号楼16层、17层	北京
天津信托有限责任公司	有限责任公司	170 000.00	赵毅	天津市河西区围堤道125－127号天信大厦	天津
浙商金汇信托股份有限公司	股份有限公司	170 000.00	余艳梅	浙江省杭州市庆春路199号6~8层、1~2层西面商铺	浙江
吉林省信托有限责任公司	有限责任公司	159 659.75	邰戈	吉林省长春市人民大街9889号	吉林
建信信托有限责任公司	有限责任公司	246 686.61	王宝魁	安徽省合肥市九狮桥街45号	安徽
杭州工商信托股份有限公司	股份有限公司	150 000.00	虞利明	浙江省杭州市江干区迪凯国际中心3801室、4101室、裙房4楼	浙江
西部信托有限公司	有限责任公司	150 000.00	徐谦	陕西省西安市东新街232号	陕西
东莞信托有限公司	有限责任公司	145 000.00	黄晓雯	东莞松山湖高新技术产业开发区创新科技园2号楼	广东
山西信托股份有限公司	股份有限公司	135 700.00	刘叔肄	山西省太原市府西街69号	山西
万向信托股份公司	股份有限公司	133 900.00	肖风	浙江省杭州市下城区体育场路429号天和大厦4~6层及9~17层	浙江
苏州信托有限公司	有限责任公司	120 000.00	沈光俊	苏州工业园区苏雅路308号信投大厦18~22楼	江苏
云南国际信托有限公司	有限责任公司	120 000.00	甘煜	云南省昆明市南屏街(云南国托大厦)	云南
北方国际信托股份有限公司	股份有限公司	100 099.89	韩立新	天津经济技术开发区第三大街39号	天津
大业信托有限责任公司	有限责任公司	100 000.00	陈俊标	广州市花都区迎宾大道163号高晟广场2栋11层	广东
国民信托有限公司	有限责任公司	100 000.00	肖鹰	北京市东城区安外西滨河路18号院1号	北京
西藏信托有限公司	有限责任公司	300 000.00	周贵庆	西藏拉萨市经济开发区博达路1号阳光新城别墅区A7栋	西藏
华宸信托有限责任公司	有限责任公司	80 000.00	田跃勇	内蒙古自治区呼和浩特市赛罕区如意西街23号	内蒙古
中泰信托有限责任公司	有限责任公司	51 660.00	吴庆斌	上海市中华路1600号黄浦中心大厦17层、18层	上海
长城新盛信托有限责任公司	有限责任公司	30 000.00	喻林	乌鲁木齐经济技术开发区卫星路475号紫金矿业研发大厦A座11层	新疆

(四)信托公司董事会、监事会及高级管理人员对年报意见的披露

1. 董事会对年报意见的披露

根据原银监会颁发的《信托投资公司信息披露管理暂行办法》的附件《年度报告内容与格式》,要求公司在重要提示及目录中刊登声明:本公司董事会及董事保证本报告所载资料不存在任何虚假记载、误导性陈述或者重大遗漏,并对其内容的真实性、准确性和完整性承担个别及连带责任。68家董事均按要求作了声明保证。

2. 监事会对年报意见的披露

根据原银监会颁发的《信托投资公司信息披露管理暂行办法》的附件《年度报告内容与格式》,要求公司监事会应当对本公司依法运作情况、财务报告是否真实反映公司的财务状况和经营成果等发表独立意见。2019年年报中68家信托公司的监事会均发表了相关意见,认为公司依法运作、财务报告真实反映了公司的财务状况和经营成果。

3. 高级管理人员对年报意见的披露

根据原银监会颁发的《信托投资公司信息披露管理暂行办法》的附件《年度报告内容与格式》,要求公司负责人、主管会计工作负责人及会计机构负责人(会计主管人员)应当声明:保证年度报告中财务报告的真实、完整。68家公司均按要求完整披露了高管发表的声明。

(五)信托公司重大事项临时公告的披露

表1-1-4 披露的信托公司2019年临时公告情况

公司简称	期内临时报告的披露次数	公司简称	期内临时报告的披露次数
陕国投	63	紫金信托	1
安信信托	51	华鑫信托	1
湖南信托	5	华宝信托	1
光大兴陇信托	4	华信信托	1
国民信托	4	上海信托	1
兴业信托	4	四川信托	1
北方信托	3	外贸信托	1

续表

公司简称	期内临时报告的披露次数	公司简称	期内临时报告的披露次数
浙金信托	3	英大信托	1
华能信托	3	中融信托	1
华润信托	3	中铁信托	1
建信信托	3	中原信托	1
云南信托	3	金谷信托	1
长安信托	3	山东信托	1
百瑞信托	3	新华信托	1
西部信托	3	中诚信托	1
北京信托	3	重庆信托	1
渤海信托	3	陆家嘴信托	5
平安信托	3	粤财信托	—
雪松信托	3	国元信托	—
昆仑信托	2	苏州信托	—
东莞信托	2	万向信托	—
杭州工商信托	2	中海信托	—
交银国际信托	2	中信信托	—
厦门国际信托	2	爱建信托	—
新时代信托	2	大业信托	—
华宸信托	2	国联信托	—
山西信托	2	国通信托	—
西藏信托	2	国投泰康信托	—
中国民生信托	2	华澳信托	—
中航信托	2	华融信托	—
五矿信托	2	吉林信托	—
中粮信托	1	江苏信托	—
中建投信托	1	天津信托	—
中泰信托	1	长城新盛信托	—

根据《信托投资公司信息披露管理暂行办法》第十八条规定：

信托投资公司发生重大事项，应当制作重大事项临时报告并向社会披露。重大事项包括（但不限于）下列情况：（一）公司第一大股东变更及原因；（二）公司董事长、总经理变动及原因；（三）公司董事报告期内累计变更超过 50%；（四）信托经理和信托业务人员报告期内累计变更超过 30%；（五）公司章程、股本、注册地和公司名称的变更；（六）公司合并、分立、解散等事项；（七）公司更换为其审计的会计师事务所；（八）公司更换为其服务的律师事务所；（九）法律法规规定的其他重要事项。

上述信托公司中，除了上市公司，陕国投、安信信托分别披露了 63 次、51 次外，陆家嘴信托披露了 5 次公告，光大兴陇信托、国民信托和兴业信托披露了 4 次公告，其余 44 家公司披露了 1～3 次不等的临时公告，另有 18 家公司期内无临时公告。

二、信托公司实收资本及股东情况

（一）信托公司实收资本及股东 2018 年、2019 年的综合变动情况分析

从整体来说，信托公司平均股本 2019 年较 2018 年增加了 30 728.79 万元，增幅为 8.68%，平均股东家数较上年略有减少，平均持股 10% 以上的股东家数较上年基本保持一致，第一大股东平均持股比例略有增加，第二大股东平均持股比例略有减少，第三大股东平均持股比例略有增加。总体来说，股本增加而股权构成基本稳定，说明股东对信托公司的发展依然充满信心。信托公司 2018 年、2019 年股本及股东综合情况详见表 1－2－1。

表 1－2－1　信托公司 2018 年、2019 年股本及股东综合情况

项　目	2018 年末	2019 年末	增减变动
平均股本（万元）	387 271.14	417 999.92	30 728.79
平均股东家数（家）	5.52	5.46	－0.06
平均持股 10% 以上股东家数（家）	2.18	2.17	－0.01
第一大股东平均持股比例（%）	64.19	65.02	0.83

续表

项　目	2018 年末	2019 年末	增减变动
第二大股东平均持股比例(%)	19.84	19.34	-0.50
第三大股东平均持股比例(%)	9.71	10.13	0.42

注:1. 2018 年末披露的信托公司共 68 家。计算平均股东数时不包括陕国投、安信信托和山东信托三家上市公司,共采用 65 家数据进行平均计算;计算平均持股 10% 以上股东数时各家全部披露,共采用 68 家数据进行平均计算;2019 年末第一大股东平均持股比例计算的基数是 68 家信托公司的平均数据,第二大股东平均持股比例计算的基数是 68 家信托公司的平均数据,第三大股东平均持股比例计算的基数是 53 家信托公司的平均数据。

2. 2019 年末披露的信托公司共 68 家。计算平均股东数时不包括陕国投、安信信托和山东信托三家上市公司,共采用 65 家数据进行平均计算;计算平均持股 10% 以上股东数时各家全部披露,共采用 68 家数据进行平均计算;2019 年末第一大股东平均持股比例计算的基数是 68 家信托公司的平均数据,第二大股东平均持股比例计算的基数是 68 家信托公司的平均数据,第三大股东平均持股比例计算的基数是 52 家信托公司的平均数据。

2019 年末平均股本达到了 417 999.92 万元。超过平均股本的公司与 2018 年持平,仍为 24 家,占全部 68 家公司的 35.29%,低于平均股本的公司占 64.71%,说明部分信托公司的规模与 2018 年相比略有上升。信托公司 2018 年、2019 年股本情况详见表 1-2-2。信托公司股本变动情况明细详见表 1-2-3。

表 1-2-2　信托公司 2018 年、2019 年股本情况(按 2019 年末股本数进行排序)

单位:万元

排名	公司简称	上期股本	股本增加	股本减少	本期股本	排名	公司简称	上期股本	股本增加	股本减少	本期股本
1	重庆信托	1 500 000.00	—	—	1 500 000.00	36	长安信托	333 000.00	—	—	333 000.00
2	平安信托	1 300 000.00	—	—	1 300 000.00	37	国通信托	320 000.00	—	—	320 000.00
3	中融信托	1 200 000.00	—	—	1 200 000.00	38	华融信托	303 565.33	—	—	303 565.33
4	中信信托	1 000 000.00	127 600.00	—	1 127 600.00	39	雪松信托	300 505.17	—	—	300 505.17
5	华润信托	1 100 000.00	—	—	1 100 000.00	40	国元信托	300 000.00	—	—	300 000.00
6	昆仑信托	1 022 705.89	—	—	1 022 705.89	41	国联信托	300 000.00	—	—	300 000.00
7	兴业信托	500 000.00	500 000.00	—	1 000 000.00	42	西藏信托	100 000.00	200 000.00	—	300 000.00
8	外贸信托	274 062.11	525 937.89	—	800 000.00	43	中海信托	250 000.00	—	—	250 000.00
9	中国民生信托	700 000.00	—	—	700 000.00	44	华澳信托	250 000.00	—	—	250 000.00
10	华信信托	660 000.00	—	—	660 000.00	45	建信信托	152 727.00	93 959.61	—	246 686.61
11	光大兴陇信托	341 819.05	300 000.00	—	641 819.05	46	中诚信托	245 666.67	—	—	245 666.67
12	华能信托	619 455.74	—	—	619 455.74	47	紫金信托	245 300.00	—	—	245 300.00
13	新时代信托	600 000.00	—	—	600 000.00	48	湖南信托	245 132.00	—	—	245 132.00
14	五矿信托	600 000.00	—	—	600 000.00	49	中粮信托	230 000.00	—	—	230 000.00
15	交银国际信托	576 470.59	—	—	576 470.59	50	北京信托	220 000.00	—	—	220 000.00
16	安信信托	546 913.79	—	—	546 913.79	51	金谷信托	220 000.00	—	—	220 000.00
17	中铁信托	500 000.00	—	—	500 000.00	52	国投泰康信托	219 054.55	—	—	219 054.55
18	中建投信托	500 000.00	—	—	500 000.00	53	天津信托	170 000.00	—	—	170 000.00
19	上海信托	500 000.00	—	—	500 000.00	54	浙金信托	170 000.00	—	—	170 000.00
20	华宝信托	374 400.00	100 000.00	—	474 400.00	55	吉林信托	159 659.75	—	—	159 659.75
21	山东信托	258 825.00	207 060.00	—	465 885.00	56	杭州工商信托	150 000.00	—	—	150 000.00
22	中航信托	465 726.71	—	—	465 726.71	57	西部信托	150 000.00	—	—	150 000.00
23	爱建信托	460 268.46	—	—	460 268.46	58	东莞信托	145 000.00	—	—	145 000.00
24	新华信托	420 000.00	—	—	420 000.00	59	山西信托	135 700.00	—	—	135 700.00
25	英大信托	402 900.60	—	—	402 900.60	60	万向信托	133 900.00	—	—	133 900.00
26	陆家嘴信托	400 000.00	—	—	400 000.00	61	苏州信托	120 000.00	—	—	120 000.00
27	百瑞信托	400 000.00	—	—	400 000.00	62	云南信托	120 000.00	—	—	120 000.00
28	中原信托	365 000.00	35 000.00	—	400 000.00	63	北方信托	100 099.89	—	—	100 099.89
29	陕国投	396 401.28	—	—	396 401.28	64	国民信托	100 000.00	—	—	100 000.00
30	粤财信托	380 000.00	—	—	380 000.00	65	大业信托	100 000.00	—	—	100 000.00
31	江苏信托	376 033.66	—	—	376 033.66	66	华宸信托	80 000.00	—	—	80 000.00
32	厦门国际信托	375 000.00	—	—	375 000.00	67	中泰信托	51 660.00	—	—	51 660.00
33	渤海信托	360 000.00	—	—	360 000.00	68	长城新盛信托	30 000.00	—	—	30 000.00
34	华鑫信托	357 484.04	—		357 484.04		平均数	387 271.14	30 728.79	—	417 999.92
35	四川信托	350 000.00	—	—	350 000.00		合计数	26 334 437.28	2 089 557.50	—	28 423 994.78

注:68 家信托公司的股本 2019 年比 2018 年总体增加了 2 089 557.50 万元。其中,增资最大的是外贸信托,增加了 525 937.89 万元。

表1－2－3　信托公司股本变动情况明细

单位：万元

公司简称	上期股本	本期股本	增减变动	注册资本变动原因
光大兴陇信托	341 819.05	641 819.05	300 000.00	经公司2019年第二次临时股东会审议通过，并根据《中国银保监会甘肃监管局关于批准光大兴陇信托有限责任公司股权变更的批复》（甘银保监复［2019］281号），将甘肃省国有资产投资集团有限公司与甘肃金融控股集团有限公司持有公司股权比例进行调整。调整后的公司股权结构为：（1）中国光大集团股份公司，出资额为327 327.72万元，持股比例为51.00%；（2）甘肃省国有资产投资集团有限公司，出资额为150 337.49万元，持股比例为23.42%；（3）甘肃金融控股集团有限公司，出资额为138 481.00万元，持股比例为21.58%；（4）天水市财政局，出资额为25 672.84万元，持股比例为4.00%。以上出资额合计641 819.05万元，占公司实收资本的100%。2019年11月1日，公司完成了相关工商变更登记法律手续。
建信信托	152 727.00	246 686.61	93 959.61	2019年12月，经公司股东会审议通过，并经北京银保监局批准（京银保监复［2019］903号），公司股本由1 527 270 000元增至2 466 866 069元。
华宝信托	374 400.00	474 400.00	100 000.00	2019年5月24日，华宝信托2019年股东会第三次临时会议以通讯方式召开。会议批准《关于增加10亿元股本金的议案》。 2020年1月10日，公司正式在工商部门完成关于股本金的登记变更，变更后营业执照登记的公司股本为474 400万元。
兴业信托	500 000.00	1 000 000.00	500 000.00	2019年6月，经中国银保监会福建监管局以闽银保监复［2019］262号文核准，公司以未分配利润转增股本的方式，将股本金由50亿元增加至100亿元，各股东股权比例保持不变。2019年8月，公司完成上述增资事项有关的工商变更登记和备案手续，并换发营业执照。
山东信托	258 825.00	465 885.00	207 060.00	公司已按照2018年第二次临时股东大会授权于2019年1月8日完成以资本化公司资本公积金方式向股东按比例发行合计2 070 600 000股新股，包括1 552 940 000股新内资股及517 660 000股新H股。资本化发行完成后，公司的已发行股本由2 588 250 000元增至4 658 850 000元。公司已于2019年1月17日完成变更股本的工商登记手续，公司股本由2 588 250 000元增至4 658 850 000元。除此之外，2019年公司未发生其他变更股本、变更注册地或公司名称、公司分立合并事项。
西藏信托	100 000.00	300 000.00	200 000.00	2019年10月，西藏自治区财政厅向公司增资20亿元，同时公司以1 107 142 857.00元转增股本，增资完成后，公司股本变更为30亿元，其中西藏自治区财政厅出资金额为268 301.8868万元，出资比例为89.43%，西藏自治区投资有限公司出资金额为31 698.1132万元，出资比例为10.57%。
外贸信托	274 062.11	800 000.00	525 937.89	经中国外贸信托2019年第三次股东会议审议通过，并经北京银保监局核准（京银保监复［2019］791号），中国外贸信托股本由2 740 621 140.33元增至80亿元；增加的股本中，783 740 588.64元由中化资本有限公司出资，4 475 638 271.03元由中国外贸信托资本公积和未分配利润转增。中国外贸信托已就上述事项完成工商变更登记备案手续。增资后，中国外贸信托的股东名称、出资金额和出资比例为：中化资本有限公司出资金额为7 781 053 953.26元，出资比例为97.26%；中化集团财务有限责任公司出资金额为218 946 046.74元，出资比例为2.74%。

（二）信托公司年末股东和大股东情况分析

表1－2－4　披露的信托公司2019年末股东数量及持股比例10%以上股东数汇总

单位：家

公司简称	股东家数	其中：持股比例10%以上股东家数	公司简称	股东家数	其中：持股比例10%以上股东家数
安信信托	上市公司	1	新时代信托	4	3
山东信托	上市公司	3	长城新盛信托	4	3
陕国投	上市公司	2	江苏信托	4	2
北方信托	24	2	国联信托	4	2
西部信托	24	1	昆仑信托	3	2
华信信托	20	3	山西信托	3	1
中铁信托	17	1	苏州信托	3	3
中诚信托	15	3	厦门国际信托	3	3
雪松信托	10	2	中原信托	3	2
北京信托	10	4	渤海信托	3	3
四川信托	10	3	浙金信托	3	2
杭州工商信托	9	2	爱建信托	3	1
华能信托	8	2	大业信托	3	3
百瑞信托	8	3	金谷信托	3	1

续表

公司简称	股东家数	其中:持股比例10%以上股东家数	公司简称	股东家数	其中:持股比例10%以上股东家数
国元信托	7	2	陆家嘴信托	3	3
长安信托	7	4	五矿信托	3	2
英大信托	7	2	中粮信托	3	2
东莞信托	6	2	国通信托	3	3
中泰信托	6	3	上海信托	3	1
紫金信托	6	2	粤财信托	2	1
中国民生信托	5	2	建信信托	2	2
兴业信托	6	1	湖南信托	2	1
新华信托	6	4	华宝信托	2	1
云南信托	6	4	平安信托	2	1
华宸信托	6	3	西藏信托	2	2
吉林信托	5	1	华润信托	2	2
华融信托	5	2	外贸信托	2	1
天津信托	5	2	中海信托	2	1
重庆信托	5	2	中信信托	2	2
万向信托	5	2	交银国际信托	2	2
光大兴陇信托	4	3	中建投信托	2	1
国民信托	4	4	中航信托	2	2
国投泰康信托	4	2	华澳信托	2	2
中融信托	4	3	华鑫信托	2	2
			平均数	5. 46	2. 17

注:计算股东平均数时上市公司未包含在内。

51家信托公司的第一大股东持股比例超过了50%,处于绝对控股地位。披露的信托公司2019年末第一大股东的持股比例排序详见表1-2-5。

表1-2-5 披露的信托公司2019年末第一大股东的持股比例排序

排名	公司简称	第一大股东名称	持股比例(%)	第一大股东性质
1	平安信托	中国平安保险(集团)股份有限公司	99. 8800	股份有限公司
2	爱建信托	上海爱建集团股份有限公司	99. 3300	股份有限公司
3	粤财信托	广东粤财投资控股有限公司	98. 1400	有限责任公司
4	华宝信托	中国宝武钢铁集团有限公司	98. 0000	有限责任公司
5	吉林信托	吉林省财政厅	97. 4960	机关法人
6	上海信托	上海浦东发展银行股份有限公司	97. 3333	股份有限公司
7	外贸信托	中化资本有限公司	97. 2600	有限责任公司
8	湖南信托	湖南财信投资控股有限责任公司	96. 0000	有限责任公司
9	中海信托	中国海洋石油集团有限公司	95. 0000	有限责任公司
10	金谷信托	中国信达资产管理股份有限公司	92. 2900	股份有限公司
11	山西信托	山西金融投资控股集团有限公司	90. 7000	有限责任公司
12	中建投信托	中国建银投资有限责任公司	90. 0500	有限责任公司
13	西藏信托	西藏自治区财政厅	89. 4300	机关法人
14	交银国际信托	交通银行股份有限公司	85. 0000	股份有限公司
15	中航信托	中航投资控股有限公司	82. 7300	有限责任公司
16	中国民生信托	武汉中央商务区股份有限公司	82. 7071	股份有限公司
17	中信信托	中国中信有限公司	82. 2600	有限责任公司
18	昆仑信托	中油资产管理有限公司	82. 1800	有限责任公司
19	江苏信托	江苏国信股份有限公司	81. 4904	股份有限公司
20	厦门国际信托	厦门金圆金控股份有限公司	80. 0000	股份有限公司
21	中铁信托	中国中铁股份有限公司	78. 9110	股份有限公司
22	五矿信托	五矿资本控股有限公司	78. 0020	有限责任公司
23	浙金信托	浙江东方金融控股集团股份有限公司	78. 0000	股份有限公司

续表

排名	公司简称	第一大股东名称	持股比例(%)	第一大股东性质
24	华融信托	中国华融资产管理股份有限公司	76.7900	股份有限公司
25	万向信托	中国万向控股有限公司	76.5000	有限责任公司
26	中粮信托	中粮资本投资有限公司	76.0095	有限责任公司
27	兴业信托	兴业银行股份有限公司	73.0000	股份有限公司
28	陆家嘴信托	上海陆家嘴金融发展有限公司	71.6060	有限责任公司
29	雪松信托	雪松控股集团有限公司	71.3000	有限责任公司
30	苏州信托	苏州国际发展集团有限公司	70.0100	有限责任公司
31	国联信托	无锡市国联发展(集团)有限公司	69.9190	有限责任公司
32	华鑫信托	中国华电集团资本控股有限公司	69.8400	有限责任公司
33	华能信托	华能资本服务有限公司	67.9200	有限责任公司
34	国通信托	武汉金融控股(集团)有限公司	67.5100	有限责任公司
35	建信信托	中国建设银行股份有限公司	67.0000	股份有限公司
36	重庆信托	同方国信投资控股有限公司	66.9900	有限责任公司
37	英大信托	国网英大国际控股集团有限公司	63.4100	有限责任公司
38	国投泰康信托	国投资本控股有限公司	61.2900	有限责任公司
39	东莞信托	东莞金融控股集团有限公司	60.8276	有限责任公司
40	紫金信托	南京紫金投资集团有限责任公司	60.0100	有限责任公司
41	中原信托	河南投资集团有限公司	58.9656	有限责任公司
42	新时代信托	新时代远景(北京)投资有限公司	58.5400	有限责任公司
43	杭州工商信托	杭州市金融投资集团有限公司	57.9920	有限责任公司
44	西部信托	陕西省电力建设投资开发公司	57.7800	有限责任公司
45	安信信托	上海国之杰投资发展有限公司	52.4400	有限责任公司
46	天津信托	天津海泰控股集团有限公司	51.5800	有限责任公司
47	渤海信托	海航资本集团有限公司	51.2300	有限责任公司
48	光大兴陇信托	中国光大集团股份公司	51.0000	股份有限公司
49	华润信托	华润股份有限公司	51.0000	股份有限公司
50	百瑞信托	国家电投集团资本控股有限公司	50.2400	有限责任公司
51	华澳信托	北京融达投资有限公司	50.0100	有限责任公司
52	国元信托	安徽国元金融控股集团有限责任公司	49.6875	有限责任公司
53	山东信托	山东省鲁信投资控股集团有限公司	47.1200	有限责任公司
54	大业信托	中国东方资产管理股份有限公司	41.6700	股份有限公司
55	长安信托	西安投资控股有限公司	40.4400	有限责任公司
56	新华信托	上海珊瑚礁信息系统有限公司	40.0000	有限责任公司
57	中融信托	经纬纺织机械股份有限公司	37.4700	股份有限公司
58	华宸信托	内蒙古交通投资(集团)有限责任公司	36.5000	有限责任公司
59	长城新盛信托	中国长城资产管理股份有限公司	35.0000	股份有限公司
60	陕国投	陕西煤业化工集团有限责任公司	34.5800	有限责任公司
61	北京信托	北京市国有资产经营有限责任公司	34.3000	有限责任公司
62	中诚信托	中国人民保险集团股份有限公司	32.9200	股份有限公司
63	北方信托	天津泰达投资控股有限公司	32.3300	有限责任公司
64	四川信托	四川宏达(集团)有限公司	32.0388	有限责任公司
65	国民信托	上海丰益股权投资基金有限公司	31.7300	有限责任公司
66	中泰信托	中国华闻投资控股有限公司	31.5700	有限责任公司
67	华信信托	华信汇通集团有限公司	25.9100	有限责任公司
68	云南信托	云南省财政厅	25.0000	机关法人

经统计，2019 年，信托公司第一大股东平均持股比例为 65.02%，第二大股东平均持股比例为 19.34%，第三大股东平均持股比例为 10.13%。前三大股东平均持股比例合计为 94.49%。披露的信托公司 2019 年末前三大股东名称及持股比例详见表 1-2-6。

表 1-2-6　披露的信托公司 2019 年末前三大股东名称及持股比例

公司简称	第一大股东名称	第一大股东持股比例(%)	第二大股东名称	第二大股东持股比例(%)	第三大股东名称	第三大股东持股比例(%)
平安信托	中国平安保险(集团)股份有限公司	99.8800	上海市糖业烟酒(集团)有限公司	0.1200	—	—
爱建信托	上海爱建集团股份有限公司	99.3300	上海爱建纺织品有限公司	0.3300	上海爱建进出口有限公司	0.3300
粤财信托	广东粤财投资控股有限公司	98.1400	广东省科技创业投资有限公司	1.8600	—	—
华宝信托	中国宝武钢铁集团有限公司	98.0000	舟山市国有资产投资经营有限公司	2.0000	—	—
吉林信托	吉林省财政厅	97.4960	吉林碳素有限公司	0.6260	吉林化纤集团有限责任公司	0.6260
上海信托	上海浦东发展银行股份有限公司	97.3333	上海汽车集团股权投资有限公司	2.0000	上海新黄浦实业集团股份有限公司	0.6667
外贸信托	中化资本有限公司	97.2600	中化集团财务有限责任公司	2.7400	—	—
湖南信托	湖南财信投资控股有限责任公司	96.0000	湖南省国有投资经营有限公司	4.0000	—	—
中海信托	中国海洋石油集团有限公司	95.0000	中国中信有限公司	5.0000	—	—
金谷信托	中国信达资产管理股份有限公司	92.2900	中国妇女活动中心	6.2500	中国海外工程有限责任公司	1.4600
山西信托	山西金融投资控股集团有限公司	90.7000	太原市海信资产管理有限公司	8.3000	山西国际电力集团有限公司	1.0000
中建投信托	中国建银投资有限责任公司	90.0500	建投控股有限责任公司	9.9500	—	—
西藏信托	西藏自治区财政厅	89.4300	西藏自治区投资有限公司	10.5700	—	—
交银国际信托	交通银行股份有限公司	85.0000	湖北省交通投资集团有限公司	15.0000	—	—
中航信托	中航投资控股有限公司	82.7300	华侨银行有限公司	17.2700	—	—
中国民生信托	武汉中央商务区股份有限公司	82.7071	浙江泛海建设投资有限公司	10.7143	北京首都旅游集团有限责任公司	6.4500
中信信托	中国中信有限公司	82.2600	中信兴业投资集团有限公司	17.7400	—	—
昆仑信托	中油资产管理有限公司	82.1800	天津经济技术开发区国有资产经营公司	12.8200	广博控股集团有限公司	5.0000
江苏信托	江苏国信股份有限公司	81.4904	江苏省苏豪控股集团有限公司	10.9106	江苏省农垦集团有限公司	4.2962
厦门国际信托	厦门金圆金控股份有限公司	80.0000	厦门建发集团有限公司	10.0000	厦门港务控股集团有限公司	10.0000
中铁信托	中国中铁股份有限公司	78.9110	中铁二局集团有限公司	7.2317	成都工投资产经营有限公司	3.4291
五矿信托	五矿资本控股有限公司	78.0020	青海省国有资产投资管理有限公司	21.2040	西宁城市投资管理有限公司	0.7940
浙金信托	浙江东方金融控股集团股份有限公司	78.0000	中国国际金融股份有限公司	17.5000	传化集团有限公司	4.5000
华融信托	中国华融资产管理股份有限公司	76.7900	长城人寿保险股份有限公司	14.6400	珠海市华策集团有限公司	7.3200
万向信托	中国万向控股有限公司	76.5000	浙江烟草投资管理有限责任公司	14.4900	北京中邮资产管理有限公司	3.9700
中粮信托	中粮资本投资有限公司	76.0095	蒙特利尔银行	19.9900	中粮财务有限责任公司	4.0005
兴业信托	兴业银行股份有限公司	73.0000	福建省能源集团有限责任公司	8.4167	厦门国贸集团股份有限公司	8.4167
陆家嘴信托	上海陆家嘴金融发展有限公司	71.6060	青岛国信金融控股有限公司	18.2820	青岛国信发展(集团)有限责任公司	10.1120
雪松信托	雪松控股集团有限公司	71.3005	江西省金融控股集团有限公司	20.7559	江西省江信国际大厦有限公司	5.2951
苏州信托	苏州国际发展集团有限公司	70.0100	苏州文化旅游发展集团有限公司	19.9900	联想控股股份有限公司	10.0000
国联信托	无锡市国联发展(集团)有限公司	69.9190	无锡市国联地方电力有限公司	12.1950	无锡华光锅炉股份有限公司	9.7560
华鑫信托	中国华电集团资本控股有限公司	69.8400	中国华电集团财务有限公司	30.1600	—	—
华能信托	华能资本服务有限公司	67.9200	贵州产业投资(集团)有限责任公司	31.4800	人保投资控股有限公司	0.1600
国通信托	武汉金融控股(集团)有限公司	67.5100	东亚银行有限公司	19.9900	北大方正集团有限公司	12.5000
建信信托	中国建设银行股份有限公司	67.0000	合肥兴泰金融控股(集团)有限公司	33.0000	—	—
重庆信托	同方国信投资控股有限公司	66.9900	国寿投资控股有限公司	26.0400	上海淮矿资产管理有限公司	4.1000
英大信托	国网英大国际控股集团有限公司	63.4100	中国南方电网有限责任公司	25.0000	中国电力财务有限公司	3.9100
国投泰康信托	国投资本控股有限公司	61.2900	泰康保险集团股份有限公司	27.0600	悦达资本股份有限公司	8.2000
东莞信托	东莞金融控股集团有限公司	60.8276	东莞发展控股股份有限公司	22.2069	东莞市东资经济贸易有限公司	4.9655
紫金信托	南京紫金投资集团有限责任公司	60.0100	三井住友信托银行股份有限公司	19.9900	南京新工投资集团有限责任公司	7.3400
中原信托	河南投资集团有限公司	58.9656	河南中原高速公路股份有限公司	31.9103	河南省豫粮粮食集团有限公司	9.1241
新时代信托	新时代远景(北京)投资有限公司	58.5400	上海人广实业发展有限公司	24.3900	潍坊科微投资有限公司	14.6300
杭州工商信托	杭州市金融投资集团有限公司	57.9920	绿地金融投资控股集团有限公司	19.9000	百大集团股份有限公司	6.2625
西部信托	陕西省电力建设投资开发公司	57.7800	陕西省产业投资有限公司	8.6600	陕西延长石油(集团)有限责任公司	5.1500

续表

公司简称	第一大股东名称	第一大股东持股比例(%)	第二大股东名称	第二大股东持股比例(%)	第三大股东名称	第三大股东持股比例(%)
安信信托	上海国之杰投资发展有限公司	52.4400	中国证券金融股份有限公司	4.4100	上海公信实业有限公司	3.3000
天津信托	天津海泰控股集团有限公司	51.5800	天津市泰达国际控股（集团）有限公司	42.1100	安邦人寿保险股份有限公司	3.9031
渤海信托	海航资本集团有限公司	51.2300	北京海航金融控股有限公司	26.6700	中国新华航空集团有限公司	22.1000
光大兴陇信托	中国光大集团股份公司	51.0000	甘肃省国有资产投资集团有限公司	23.4200	甘肃金融控股集团有限公司	21.5800
华润信托	华润股份有限公司	51.0000	深圳市投资控股有限公司	49.0000	—	—
百瑞信托	国家电投集团资本控股有限公司	50.2400	摩根大通投资(中国)有限公司	19.9900	郑州市财政局	15.6500
华澳信托	北京融达投资有限公司	50.0100	重庆财信企业集团有限公司	49.9900	—	—
国元信托	安徽国元金融控股集团有限责任公司	49.6875	深圳中海投资管理有限公司	40.3750	安徽皖投资产管理有限公司	9.0000
山东信托	山东省鲁信投资控股集团有限公司	47.1200	香港中央结算(代理人)有限公司	19.5700	中油资产管理有限公司	18.7500
大业信托	中国东方资产管理股份有限公司	41.6700	广州金融控股集团有限公司	38.3300	广东京信电力集团有限公司	20.0000
长安信托	西安投资控股有限公司	40.4400	上海淳大资产管理有限公司	21.8000	上海证大投资管理有限公司	15.6000
新华信托	上海珊瑚礁信息系统有限公司	40.0000	上海纪辉资产管理有限公司	21.4300	新产业投资股份有限公司	17.3300
中融信托	经纬纺织机械股份有限公司	37.4700	中植企业集团有限公司	32.9900	哈尔滨投资集团有限责任公司	21.5400
华宸信托	内蒙古交通投资（集团）有限责任公司	36.5000	中国大唐集团资本控股有限公司	32.4500	内蒙古自治区人民政府国有资产监督管理委员会	30.2000
长城新盛信托	中国长城资产管理股份有限公司	35.0000	新疆生产建设兵团国有资产经营有限责任公司	35.0000	德阳市国有资产经营有限公司	27.0000
陕国投	陕西煤业化工集团有限责任公司	34.5800	陕西省高速公路建设集团公司	21.6200	华宝信托有限责任公司	1.3800
北京信托	北京市国有资产经营有限责任公司	34.3000	航天科技财务有限责任公司	15.3200	威益投资有限公司	15.3000
中诚信托	中国人民保险集团股份有限公司	32.9200	国华能源投资有限公司	20.3500	兖矿集团有限公司	10.1800
北方信托	天津泰达投资控股有限公司	32.3300	天津渤海文化产业投资有限公司	25.4300	天津泰达股份有限公司	5.4300
四川信托	四川宏达(集团)有限公司	32.0388	中海信托股份有限公司	30.2534	四川宏达股份有限公司	22.1605
国民信托	上海丰益股权投资基金有限公司	31.7300	上海璟安实业有限公司	27.5500	上海创信资产管理有限公司	24.1600
中泰信托	中国华闻投资控股有限公司	31.5700	上海新黄浦实业集团股份有限公司	29.9700	广联(南宁)投资股份有限公司	20.0000
华信信托	华信汇通集团有限公司	25.9100	北京万联同创网络科技有限公司	19.9000	沈阳品成投资有限公司	15.4200
云南信托	云南省财政厅	25.0000	涌金实业(集团)有限公司	24.5000	上海纳米创业投资有限公司	23.0000

注：计算平均持股比例时，相关股东情况未披露的信托公司不包含在内。

（三）信托公司股东变更情况分析

表 1-2-7　披露的信托公司 2019 年股东变更次数及期内变更详细列示

公司简称	股东变更次数(次)	期内股东变更详细列示
北方信托	1	2018 年 11 月 27 日，根据《天津银保监局筹备组关于北方国际信托股份有限公司变更股权的批复》(津银保监筹[2018]172 号)，津联集团有限公司将所持有公司 112 227 970 股股份、天津市财政局将所持有公司 62 419 161 股股份、天津津融投资服务集团有限公司将所持有公司 41 808 064 股股份、天津市医药集团有限公司将所持有公司 28 937 830 股股份、天津泰达投资控股有限公司将法院裁定给其的原天津轮船实业发展集团股份有限公司所持有公司 9 206 273 股股份转让给天津渤海文化产业投资有限公司。 2019 年 2 月 20 日，公司在天津市滨海新区市场监督管理局完成变更股权后股东信息的工商备案，并按照《天津银保监局筹备组关于北方国际信托股份有限公司变更股权的批复》(津银保监筹[2018]172 号)要求，向中国银行保险监督管理委员会天津监管局报告。
光大兴陇信托	1	经公司 2019 年第二次临时股东会审议通过，并根据《中国银保监会甘肃监管局关于批准光大兴陇信托有限责任公司股权变更的批复》(甘银保监复[2019]281 号)，将甘肃省国有资产投资集团有限公司与甘肃金融控股集团有限公司持有公司股权比例进行调整。调整后的公司股权结构为：(1)中国光大集团股份公司出资额为 327 327.72 万元，持股比例为 51.00%；(2)甘肃省国有资产投资集团有限公司出资额为 150 337.49 万元，持股比例为 23.42%；(3)甘肃金融控股集团有限公司出资额为 138 481.00 万元，持股比例为 21.58%；(4)天水市财政局出资额为 25 672.84 万元，持股比例为 4.00%。以上出资额合计 641 819.05 万元，占公司实收资本的 100%。2019 年 11 月 1 日，公司完成了相关工商变更登记法律手续。
国投泰康信托	1	2019 年 12 月，公司增资及调整股权结构事宜正式获得监管机构批准。本次增资完成后，公司股本将增至 267 054.5454 万元。公司股东结构将变更为：国投资本控股有限公司持股比例为 61.29%；泰康保险集团股份有限公司持股比例为 27.06%；泰康资产管理有限责任公司持股比例为 3.45%；悦达资本股份有限公司持股比例为 8.20%。

续表

公司简称	股东变更次数(次)	期内股东变更详细列示
华宝信托	1	2019年1月7日,华宝信托2019年股东会第一次临时会议以通讯方式召开。会议同意股东舟山市国有资产投资经营有限公司受让舟山市财政局持有的公司2%的股权。其他股东放弃优先购买权。股权转让后,中国宝武钢铁集团有限公司认缴出资额为366 912万元,出资比例为98%;舟山市国有资产投资经营有限公司认缴出资额为7 488万元,出资比例为2%。
兴业信托	1	2018年12月,经原中国银保监会福建监管局筹备组以闽银保监筹复[2018]106号文核准,同意厦门国贸集团股份有限公司受让澳大利亚国民银行持有的公司8.4167%股权。2019年1月,公司完成上述股权变更事项的工商变更登记手续,并换发新的营业执照。
山东信托	1	截至2019年12月31日,公司前五名股东持股情况如下:(1)鲁信集团持有2 195 402 580股内资股;(2)中油资产管理有限公司持有873 528 750股内资股;(3)香港中央结算(代理人)有限公司持有911 695 650股H股;(4)济南金融控股集团有限公司持有252 765 000股H股;(5)山东省高新技术创业投资有限公司持有225 000 000股内资股。 附注:香港中央结算(代理人)有限公司是以代理人身份持有H股合计数(上表中所列济南金融控股集团有限公司所持有的H股除外)。
陕国投	1	为了维持2018年配股发行前原持有的34.58%股权比例和自身经营发展需要,公司第一大股东陕煤化集团于2019年9月4日至2019年11月5日,通过集中竞价方式减持公司股份18 630 800股(占公司总股本的0.47%)。本次减持计划的实施情况与公司2019年4月26日披露的《关于第一大股东减持股份预披露公告》(2019-21)的减持意向、承诺、减持计划一致。本次减持后,陕煤化集团仍为公司的第一大股东,持有公司股份1 370 585 727股(占公司总股本的34.58%)。本次减持计划的实施不会导致公司控制权发生变更,也不会对公司治理结构及持续经营产生重大影响。
西部信托	1	2019年8月22日,依据中国银行保险监督管理委员会陕西监管局《关于西部信托有限公司股东股权变更的批复》(陕银保监复[2019]299号)及《关于西部信托有限公司修改章程的批复》(陕银保监复[2019]308号),公司原第三位股东重庆中侨置业有限公司持有的出资比例为2.46%的股权变更登记至原第八位股东单位陕西延长石油(集团)有限责任公司名下;公司第四位股东彩虹集团公司名称变更为彩虹集团有限公司。
华润信托	1	2019年6月,公司2019年第二次股东会审议通过《关于变更深圳市国资委所持公司股权事项的议案》,深圳市国资委将所持公司49%股权转让至深投控。2019年9月,变更股权事项经中国银行保险监督管理委员会深圳监管局深银保监复[2019]563号文件核准。目前,华润股份持有公司51%股权,深投控持有公司49%股权。
中诚信托	1	2019年8月12日,根据《北京银保监局关于中诚信托有限责任公司变更股权的批复》(京银保监复[2019]602号),永城煤电控股集团有限公司将其持有的中诚信托5.0882%股权转让至河南农投金控股份有限公司。 2019年12月23日,根据《北京银保监局关于中诚信托有限责任公司变更股权的批复》(京银保监复[2019]1063号),淮北矿业(集团)有限责任公司将其持有的中诚信托1.6961%股权无偿划转至淮北皖淮投资有限公司。报告期内,正在办理工商变更手续。
华能信托	1	贵州产业投资(集团)有限责任公司更名为贵州乌江能源投资有限公司。
紫金信托	1	2019年4月28日,公司2019年股东会第二次临时会议审议通过《关于江苏金智科技股份有限公司转让部分股权的议案》,江苏金智科技股份有限公司将其持有的公司2.45%的股权(对应出资额6 000万元)转让给紫金信托股东南京新工投资集团有限责任公司。 2019年5月22日,中国银保监会江苏监管局核准江苏金智科技股份有限公司将持有公司2.45%的股权转让给南京新工投资集团有限责任公司(苏银保监复[2019]103号)。转让后,公司股东构成、出资比例为:南京紫金投资集团有限责任公司出资比例为60.01%,三井住友信托银行股份有限公司出资比例为19.99%,南京新工投资集团有限责任公司出资比例为7.34%,三胞集团有限公司出资比例为5.11%,南京江北新区产业投资集团有限公司出资比例为5.00%,江苏金智科技股份有限公司出资比例为2.55%。
长城新盛信托	1	根据新疆生产建设兵团党委对兵团国有企业改革工作的部署要求,并经新疆生产建设兵团国有资产监督管理委员会批复同意,兵团国资公司于2019年5月9日将其持有的长城新盛信托35%股权在新疆产权交易所挂牌公开转让;2019年8月22日,天瑞集团股份有限公司出资86735.25万元拟受让兵团国资公司持有的长城新盛信托35%股权,合计10500万股(每股价格8.26元),并已缴纳保证金13 000万元。根据《信托公司行政许可事项实施办法》(中国银监会令[2015]年第5号)、《信托公司行政许可事项申请材料目录及格式要求》(银监办发[2015]118号)和《关于加强非金融企业投资金融机构监管的指导意见》(银发[2018]107号)等相关监管规定要求,公司配合天瑞集团归集编排股东资质申报的相关材料,并于2019年12月9日向中国银保监会新疆监管局提交《关于长城新盛信托有限责任公司股权变更事项的申请书》(长信报[2019]144号),申请由天瑞集团受让兵团国资公司持有长城新盛信托的35%股权及变更股权相关事项。报告期内,该事项还在审批中。
中国民生信托	1	2019年8月,因中国康辉旅游集团有限公司股权转让,公司股东变更为5名,北京首都旅游集团有限责任公司持股比例升至6.4500%。该股权变更已经北京银保监局京银保监复[2019]666号文件核准批复。
雪松信托	1	经中国银保监会于2018年11月29日批复(银保监复[2018]306号),同意雪松控股集团受让领锐资产管理股份有限公司、大连昱辉科技发展有限公司、天津瀚晟同创科技发展有限公司和深圳市振辉利科技有限公司合计持有公司71.3005%股权。2019年4月22日,江西省市场监督管理局向公司下发了《备案通知书》[(赣)登记内备字[2019]第21210620号],公司完成股权变更和《公司章程》备案登记工作,雪松控股集团成为公司控股股东。

注:2019年内共有15家信托公司发生了股东变更相关事项。

(四)中国银保监会及其派出机构对公司检查后提出整改意见

表1-2-8　披露的信托公司2019年对原银监会及其派出机构对公司检查后提出整改意见详细列示

公司名称	整改意见
国元信托	2019年,安徽银保监局共向公司下发了2份《检查意见书》和1份《监管意见书》,分别为《检查意见书》([2019]6号)、《检查意见书》([2019]15号)、《监管意见书》([2019]8号)。 公司高度重视贯彻落实及整改工作,召开党委会、总裁办公会研究部署相关工作,根据分工切实制定整改措施,严格按照整改时限完成整改工作,并建立整改台账,实行销号管理,及时报送整改工作进展情况,并将监管要求作为2019年经营发展的重要指导原则,积极实现公司的可持续发展。

续表

公司名称	整改意见
安信信托	根据中国银保监会上海监管局出具的《审慎监管强制措施决定书》（沪银保监强制措施决字［2020］1号）及《行政处罚决定书》（沪银保监银罚决字［2020］4号）提示公司存在5个非财务报告内部控制重大缺陷，主要是在信托业务中存在如下行为：违规承诺信托财产不受损失或保证最低收益；违规将信托财产挪用于非信托目的的用途；推介部分信托计划未充分揭示风险；违规开展非标准化理财资金池等具有影子银行特征的业务；未真实、准确、完整披露信息。 报告期内，公司的内部控制体系经自查和监管检查发现存在重大缺陷，对公司的经营管理活动和声誉造成了一定的负面影响。公司高度重视，部分缺陷的整改工作已经完成，部分缺陷仍按照整改计划积极落实整改。2019年，公司把提升风险识别、评估、管控能力作为各项工作的落脚点，通过对监管检查和内部控制自我评价发现的问题进行检视，与原有制度、流程及制定的风险控制措施进行对照，主动查找分析存在问题的原因所在，把监管要求和管理层的经营理念切实落实到具体工作中，有效促进内部控制工作的持续改进和优化。2020年，审计委员会将会持续督促公司强化内部控制制度建设，规范内部控制制度执行，并持续加强内部控制缺陷整改监督力度，规范整改监督流程，建立健全内部控制缺陷整改纠错和监督机制，提高整改持续性和有效性，保障和促进公司依法、合规、审慎、稳健经营。
百瑞信托	公司一贯理解、支持和配合各级监管部门的监管工作，对监管部门的监管意见高度重视，及时按照有关要求进行整改，得到了监管部门的肯定。2019年，公司针对监管部门提出的监管意见和建议，及时逐项制定整改措施，并通过加强领导、责任到人等手段，认真落实到位。整改意见及整改落实情况如下： （1）明确业务转型方向，提高核心竞争力。为加快转型发展，明确自身定位，提高核心竞争力，公司针对市场情况和监管要求，坚定业务转型信念，明确业务转型方向，进一步细化战略转型方向，围绕服务实体经济、做好本源业务、顺应资管新政的信托业发展方向，拓展以家族信托和慈善信托为代表的信托本源业务，积极探索证券（量化）投资、现金管理、资产证券化、消费金融等业务模式，提升新业务模式规模，形成公司多样化的产品线。 （2）强化机制建设，提升全面风险管控水平。一是强化组织建设，在公司经营层增设风险管理办公会，提前介入风险事项化解，提升风险预警事项的响应速度和处置成效；二是建立项目到期前管理工作机制，在项目到期前关键节点预判项目还款情况并制定针对性方案，做到风险早发现、早化解；三是建立风险量化评估机制，搭建基础设施业务和房地产业务量化模型，量化评估项目风险。 （3）强化风险管控措施，提升尽职管理能力。一是强化事前风险管理，严把项目准入关，适时调整风控标准和合规指导标准，防范项目事前风险；二是强化事中风险管理，做深专项排查、做实常规排查，摸清风险底数，强化排查结果运用；三是加强信息披露工作，做好后期管理；四是做好重点业务领域风险防控，如加大房地产业务管控，加强流动性风险、信用风险和交叉金融风险防控等方面工作。 （4）按照监管要求，做好资管新规过渡期整改工作。按照资管新规等相关要求，公司进行了全面摸底排查，同时审慎评估过渡期内面临的各种潜在风险及可能对公司产生的影响，根据资管新规过渡期内存量信托产品整改方案和风险防控预案，将在过渡期内分阶段有序进行整改，以符合监管要求，同时认真做好风险防范等应对措施。
北方信托	截至信息披露日的报告期内，中国银行保险监督管理委员会天津监管局对公司进行了处罚，公司及时上缴了罚款。针对检查中所涉及的问题，公司高度重视，认真分析问题原因并制定整改措施，组织相关部门和人员，逐一安排落实，并将有关落实情况上报了天津银保监局。同时，公司对有关管理人员和责任人员进行了相应处罚。
北京信托	2019年，北京银保监局对公司进行了房地产和证券业务重点领域专项现场检查。在北京银保监局出具的《现场检查意见书》中，北京银保监局对公司内控体系和各项制度进行了总体肯定，认为公司基本能够按照监管法规和内部制度开展工作；同时也对公司在转型过程中部分项目的合规性问题提出了意见、建议。公司按照《现场检查意见书》的要求，认真开展了整改工作，完善业务内控制度，健全和优化操作流程；全面自查房地产信托业务，加强房地产业务实质审查，积极整改存续项目；严格执行操作指引，规范证券投资业务；严防声誉风险，强化消费者权益保护工作；严防声誉风险，强化消费者权益保护工作。北京银保监局下发了《行政处罚决定书》，对公司2个房地产项目合规性问题做出了责令改正并罚款50万元的行政处罚。按照《行政处罚决定书》的要求，第一时间将罚金划缴至指定账户，对所涉及的2个项目展开专项整改工作。同时，按照公司《履职过失问责试行办法》有关规定，对相关责任部门进行了问责。公司已将整改工作情况上报北京银保监局。
中铁信托	2019年7月，四川银保监局对公司实施了现场检查，提出了如下整改意见。 一是严格落实房地产市场调控政策要求。牢固树立大局意识，坚持"房子是用来住的、不是用来炒的"根本定位，深刻把握"稳地价、稳房价、稳预期"和"一城一策、因城施策"等政策内涵，严格落实好各项房地产市场调控政策要求，促进房地产市场平稳健康发展。 二是严格执行房地产信托业务监管政策。严格执行《关于开展"巩固治乱象成果 促进合规建设"工作的通知》（银保监发［2019］23号）、《中国银保监会办公厅关于进一步加强信托公司房地产信托业务监管的通知》（银保监办便函［2019］957号）相关监管要求，规范开展房地产信托业务。 2019年12月，四川银保监局对公司实施了现场检查，检查内容为全面风险排查，要求进一步强化风险管理工作。 报告期内，针对上述监管意见，公司高度重视，制定整改措施并认真做好整改，具体措施如下。 一是认真落实监管政策要求，坚持"房子是用来住的、不是用来炒的"根本定位，深刻把握"稳地价、稳房价、稳预期"和"一城一策、因城施策"等政策内涵，并据此指导业务开展。 二是科学控制总量，指派专人负责存量业务到期结束情况监测，新增业务按规定事前向监管申报，获批后实施，确保公司房地产业务总量符合监管要求。 三是进一步加强风险管理工作，完善尽调标准，一方面进一步从项目区域、项目经济指标、项目业态、抵押物、抵押率设置等方面制定了更为严格的准入标准；另一方面，加强对存续业务的贷后管理，加强对融资方、担保方的财务情况、抵（质）押物价值及现状等的动态分析，提早发现存续项目的潜在风险，提前落实风险处置预案。 四是持续以查促改，严格落实房地产市场调控政策要求，针对现场检查提出的问题，进一步加强合规展业的培训教育工作。同时，加大业务尽调合规性的考核力度，将合规经营指标纳入考核体系，进一步将监管要求、合规经营落实到制度中，不断提高公司合规管理能力和水平。
光大兴陇信托	2019年，甘肃保银监局对公司采取了非现场监管与现场检查相结合的审慎监管措施，全年累计进行了两次现场督导与检查，分别涉及房地产专项领域及重点风险领域。 甘肃银保监局从以下五个方面提出了整改意见及要求： 1. 进一步加强公司治理，优化公司内控制度及业务流程。 2. 切实推进合规文化建设，进一步做好风险排查工作。 3. 健全并完善房地产业务压力测试机制，持续提升对重点领域业务的管控能力。 4. 持续加大信息科技投入。 5. 对此次检查发现的制度薄弱环节和具体问题项目，公司要按相关监管要求进行认真整改，并适时组织"回头看"，扩大和巩固整改成效，防止问题反弹。 公司严格根据以上整改意见和要求积极落实整改问责，建立整改问题跟踪台账，及时向监管部门上报整改报告，同时，加强内部追责处罚力度，确保合规压力的有效传导。

续表

公司名称	整改意见
广东粤财信托有限公司	中国银行保险监督管理委员会广东监管局于2019年第四季度对公司开展了全面风险排查，同时公司按照广东监管局要求开展了乱象整治、关联交易等自查。结合检查和自查发现的问题，公司通过完善各项制度、优化管控流程、强化操作风险管理等举措，进一步提升了公司治理和内部控制水平，更好地保障业务发展。
国民信托	2019年5月，北京银保监局向公司下发了《国民信托有限公司2018年度监管意见书》（京银保监发[2019]202号），对公司股权、流动性、信托业务主动管理能力、合规管理能力、内部管理等方面提出了加强和改进意见。为进一步整改落实监管要求，公司已形成《国民信托有限公司关于报送2018年度监管意见整改落实方案的报告》并按时向北京银保监局报送，同时积极进行整改落实，北京银保监局未对公司的整改落实方案提出进一步意见。
杭州工商信托	2019年5月，中国银保监会浙江监管局下发《中国银保监会浙江监管局关于杭州工商信托股份有限公司2018年度监管的意见》（浙银保监发[2019]80号），评价公司2018年积极探索资产管理和组合投资业务模式，受托管理资产规模稳步上升，资产管理能力和金融服务水平进一步提升，各项风险可控，盈利状况良好，经营总体稳定。同时，指出公司存在部分领域合规管理不到位、面临一定风险防控压力等问题并针对存在的问题提出了相应的监管要求。公司高度重视监管意见，由风险管理部牵头各相关部门，针对监管提出的问题进行梳理，逐一对照并制定了相应的整改方案。截至目前，监管意见所指出的问题均已整改完毕，同时，公司也通过进一步完善合规管理体系、持续加强信用风险防控、强化流动性风险管理、夯实操作风险防控基础、切实防范交叉金融风险等措施，切实提升合规管理水平，并持续做好风险防控工作。
建信信托	2018年监管意见： 2019年5月17日，北京银保监局下发《建信信托有限责任公司2018年度监管意见书》。2019年6月17日，公司向北京银保监局报送了整改落实方案，并按照方案认真整改落实。 下属公司业务合规性核查： 2019年2月1日，北京银保监局下发《关于建信信托有限责任公司下属公司业务合规性核查情况的监管意见》。2019年4月29日，公司向北京银保监局报送了整改落实报告，并按照报告认真整改落实。
湖南信托	报告期内，湖南银保监局于2019年3月21日与公司进行了年度审慎监管会谈，出具了《监管会谈纪要》（[2019]24号），提出了监管意见；于2019年8月派出检查组对公司房地产信托业务进行了现场检查，出具了《关于房地产信托、股权和关联交易管理的监管意见》（湘银保监管[2019]34号），提出了监管要求。公司高度重视，积极落实整改和建议，整改情况如下： 一是将"党的领导"等内容嵌入《公司章程》《董事会工作条例》，融入公司治理各个环节。二是起草中长期战略发展规划，明确公司战略定位。三是进一步提高"三会一层"运作质效，加强董事会会议材料把关与会前沟通，监事会重点考核评价董事对议案的研究和审议情况。四是修订《重大业务决策会工作规程》《投资决策会工作规程》，调整并规范人员配置和职能职责。五是按季度开展全面风险排查，重点排查流动性风险、信用风险以及交叉金融风险，并制订切实可行的风险处置预案。六是加强重点领域风险防控。制定《流动性风险管理办法》，每年开展压力测试；印发《信用风险管理办法》，每月排查半年内到期项目；落实合规管理部门的一票否决权，每年一次员工合规教育，全面筑牢前台、中台、后台三道防线；建立完善舆情监测及报告机制，每季度声誉风险排查，每年度声誉风险应急演练，加强负面舆情研判与媒体关系维护；开展案件警示教育，加强员工行为监督管理。七是压实风险防范与化解责任，加强风控顶层设计，始终把风险防控放在业务发展首位，同时积极推进存量风险项目处置进程。八是前期市场乱象问题整改基本完成，继续深入巩固治理成果。九是切实规范房地产业务模式和交易结构，进一步核实项目资本金情况，持续加强投后管理，严格进行余额管控。十是从严整改关联交易管理相关事项，严肃问责追责。
华宝信托	上海银保监局结合2019年对公司的日常监管情况，于2019年11月向公司出具相应书面意见，就其发现的相关风险进行了提示。目前公司已按其要求制定整改方案，后续将按监管部门要求相应进行整改落实。
吉林信托	中国银行保险监督管理委员会吉林监管局于2019年7月12日至7月31日及2019年11月26日至2019年12月6日，对公司开展了现场检查，并于检查后下发了现场检查意见书。按照该意见书的要求，公司组织相关业务部、室针对检查中存在的问题进行梳理和分析，制定了切实可行的整改方案，认真落实各项监管意见和要求，使公司信托业务依法合规、稳健开展。具体整改措施： （1）强化内控执行力度，提高前台、中台、后台相互监督的水平，牢固树立依法合规经营理念。 （2）持续强化风险防控理念，强化贷后风险管理工作，严格执行风险处置预案，积极推进风险处置进程。 （3）强化合规、风险管理制度机制建设，完善了风险管理制度、相关审批内容及流程，杜绝违规操作行为发生。 （4）夯实内部管理基础工作，提升内部审批流程的规范性、归档文件的完整性。 （5）持续加强尽职管理，提高自主管理信托财产能力。 （6）强化制度约束与制衡机制，加大内控制度执行力度。 （7）加大监管意见落实力度，加强责任追究。 （8）全面提升员工素质，倡导合规风险文化。
兴业信托	报告期内，中国银保监会福建监管局通过对公司的非现场监管及现场检查，对公司进一步加强信托业务合规管理、加强风险防控、深化整治市场乱象等提出了监管意见。公司认真按照监管要求，稳步推进业务转型，逐步回归信托本源，强化风险合规管控，规范公司治理和经营管理运行机制，提高服务实体经济质效，加强内控建设及强化问题整改，确保合规稳健经营。
昆仑信托	2019年，公司共收到《宁波银保监局关于昆仑信托有限责任公司2018年度的监管意见》和《昆仑信托有限责任公司2019年房地产信托业务专项清查现场检查意见书》两份监管意见书。收到上述监管意见后，公司领导班子组织相关部门认真学习了意见精神，并逐一分解、研究、制定整改措施，已基本完成了两份监管意见的整改落实。
山东信托	2019年7月中下旬，山东银保监局按照中国银保监会统一部署，对公司的房地产信托业务进行核查，并于2019年8月30日向公司发出非现场监管意见书。公司按照监管要求进行了整改落实，并向山东银保监局报送相关报告。 2019年9月4日至9月30日，山东银保监局按照《中国银保监会关于开展"巩固治乱象成果 促进合规建设"工作的通知》和《中国银保监会办公厅关于印发2019年非银行机构现场工作要点和2019年银保监会非银机构现场检查计划的通知》等有关要求，对公司开展"巩固治乱象成果"综合整治稽核调查，并于2019年12月3日发出现场检查意见书。公司针对检查意见中指出的问题，制定了有针对性的整改方案，整改工作取得积极进展。 2019年12月16日至2020年1月7日，山东银保监局根据中国银保监会统一部署，对公司开展了新一轮信托风险全面排查，并于2020年2月20日发出非现场监管意见书。公司按照监管要求落实相关事项，并按要求逐步向山东银保监局报送相关报告。 除年度报告中所披露的以外，公司于报告期后并无发生任何重大事项。

续表

公司名称	整改意见
山西信托	中国银行保险监督管理委员会山西监管局于2019年7月至8月对公司房地产信托业务进行了专项检查。针对检查中指出的问题和提出的意见，公司进行了认真整改。根据监管文件，修订完善公司制度和流程；提高制度执行力，确保房地产信托业务合规、有序，操作到位；全程管控，事前预防、事中控制、事后监督，履职尽责，切实提高风险管控能力。公司将严格依照法律法规及监管规定开展业务，严格按照公司制度做好日常管理，将风险控制与合规建设落实到具体工作中，为公司稳健经营、合规发展奠定基础。
陕国投	中国银行保险监督管理委员会陕西监管局因公司现已清算结束的个别信托项目未能在规定期内及时向受益人披露项目运作信息（后已补充披露），出具了《行政处罚决定书》（陕银保监银罚字[2019]38号），对公司处以28万元罚款，对2名责任人予以警告处罚。同时，《行政处罚决定书》明确"对陕国投未及时向受益人披露信息行为拟作出的行政处罚，不构成银行业监管上的较大数额罚款处罚、重大行政处罚"。本次行政处罚不影响公司整体业务开展，不会对公司的经营及业绩产生影响。该事项不触及《股票上市规则》第13.2.1条第（七）项至第（九）项及《重大违法强制退市实施办法》第二条、第四条或第五条规定的情形。公司将进一步强化合规运营，全力推进公司稳健发展。
华融信托	2019年，针对新疆银监局检查提出的监管意见，结合公司既有的经营水平、业务开展、业绩目标、内外部监管与约束等实际情况，主要采取了以下执行落实措施：一是持续推进全面风险管理理念，完善风险制度修订和流程优化；二是夯实风险家底，细化落实风险化解三年攻坚方案；三是加强流动性风险防控，严守流动性风险安全底线；四是优化业务结构，切实提质瘦身；五是切实转变风险管理理念，重塑公司风险文化；六是强化风险责任认定和追责问责，加快建立风控激励约束机制。
苏州信托	2018年12月末，中国银保监会苏州监管分局就现场检查情况向公司下发了《苏州银保监分局筹备组关于苏州信托有限公司全面检查的意见书》，公司针对意见书中提出的问题，立即组织相关部门从优化治理、健全制度、加强内控能力等方面进行整改，2019年3月按规定将整改落实情况以书面形式向中国银保监会苏州监管分局进行了报告。 2019年12月9日，中国银保监会苏州监管分局向公司下发了《关于加强苏州信托经营管理的监管意见书》，公司积极组织相关部门进行整改，目前已基本完成问题整改，公司将继续跟踪整改落实情况并按照监管要求及时上报整改情况。
天津信托	2019年6月，天津银保监局组织召开了公司2018年度监管会议，对公司2018年经营管理成效进行了评价，认为公司在稳健经营、强化内控管理、提高营销能力、拓展创新业务等方面取得了一定成绩，同时对公司提出了监管意见。 2019年10月至11月，天津银保监局到公司开展了重点风险领域暨影子银行和交叉金融现场检查，对存在的问题提出了监管意见。公司领导高度重视，积极部署落实监管意见，逐项制定整改方案及台账，将责任明确落实到人，已分别按要求报送了整改方案及落实情况。
长安信托	中国银保监会陕西监管局及中国银保监会四川监管局对公司开展了现场检查，公司高度重视，积极主动进行信息反馈、问题解释、情况说明及档案资料提供等。报告期内，未收到中国银保监会及其派出机构现场检查意见。 同时，公司按照中国银保监会陕西监管局提示意见，组织开展了案件防控、异地推介及普惠金融、资金池信托、新三板等业务的自查，制定了切实可行的整改方案，有序推进落实各项监管意见。
西部信托	2019年8月至11月，公司接受了陕西银保监局关于股权和关联交易、非金融机构影子银行和交叉金融的专项检查。针对检查指出的公司经营管理薄弱环节存在的问题，公司已按照监管要求上报整改工作方案，整改工作按照进度有序推进。 通过本次整改工作，公司将进一步提升精细化管理水平，完善制度管理体系，恪守合规红线，强化风险管控，为公司稳健经营提供有力保障。
西藏信托	2019年4月8日，中国银行保险监督管理委员会西藏监管局下发《中国银保监会西藏监管局关于西藏信托有限公司2018年度监管情况的通报》（藏银保监发[2019]145号），对公司提出监管意见如下： （1）回归信托公司本源，加快业务转型发展； （2）拓宽资本补充渠道，完善长远发展战略； （3）持续完善公司治理，加强内部规制建设； （4）加强风险防控，推动合规管理精细化； （5）持续推进乱象治理，巩固乱象整治成果； （6）支持藏区经济发展，加大服务实体经济力度； （7）不断加强党的领导作用，切实抓好公司党建工作。 2019年7月26日，中国银行保险监督管理委员会西藏监管局下发《西藏银保监局办公室关于西藏信托有限公司"巩固治乱象成果　促进合规建设"的督查意见书》（藏银保监办发[2019]30号），对公司提出监管意见如下： （1）规范董事会会议材料及董事会召开程序； （2）股东大会的召开要落实律师见证制度，由参会律师会后出具详细法律意见书； （3）董事会、高管层要充分认识内控制度的重要性，切实提升合规管理水平和风险防控能力。 2019年12月26日，中国银行保险监督管理委员会西藏监管局下发《西藏银保监局办公室关于西藏信托有限公司"巩固治乱象成果　促进合规建设"专项现场检查的意见书》（藏银保监办发[2019]174号），对公司提出监管意见如下： （1）严守底线，依法合规审慎开展房地产信托业务； （2）进一步完善激励与约束机制； （3）要进一步完善"三会"会议质效，提升履职有效性； （4）要规范投资决策委员会执行规则，严肃对待项目评审环节； （5）进一步完善存量制度瑕疵； （6）进一步完善资产质量分类管理； （7）进一步强化同业业务合规管理，防范风险交叉传染； （8）规范新增业务收费管理； （9）要严格规范合同文本及档案管理。

续表

公司名称	整改意见
西藏信托	2019 年 8 月 21 日，中国银行保险监督管理委员会西藏监管局办公室下发《西藏银保监局关于西藏信托有限公司房地产信托业务现场检查意见书》(藏银保监办发[2019]43 号)，对公司提出监管意见如下： (1)强化对借款房地产企业开发资质的审核； (2)严控房地产信托业务规模，进一步压缩通道业务； (3)加强对贷款用途和资本金来源的认定审核； (4)进一步强化项目审批决策工作； (5)强化尽职调查工作； (6)强化贷后管理和档案管理工作； (7)切实加强整改问责，严肃责任追究。 2019 年 11 月 8 日，中国银行保险监督管理委员会西藏监管局办公室下发《西藏银保监局办公室关于西藏信托有限公司关联交易专项整治现场检查意见书》(藏银保监办发[2019]81 号)，对公司提出监管意见如下： (1)强化风险管理意识，加强公司内控制度建设； (2)严格落实监管法规和公司内控制度； (3)强化审慎经营意识； (4)加强主动管理项目风险管控能力。 2019 年 12 月 12 日，中国银行保险监督管理委员会西藏监管局办公室下发《西藏银保监局办公室关于西藏信托有限公司重点风险领域的现场检查意见书》(藏银保监办发[2019]123 号)，对公司提出监管意见如下： (1)不得通过设计、改变信托结构及打"擦边球"等方式，规避监管规定； (2)严格履行监管报备制度； (3)强化尽职调查工作； (4)加强房地产信托业务管理； (5)全面从严整改。 就西藏银保监局提出的上述整改意见，公司组织员工认真学习，明确了整改落实目标，落实整改的责任部门和责任人，目前各项整改措施均按照本公司的既定目标有序进行。 本年度重大事项临时报告的简要内容、披露时间、披露的媒体及其版面如下： (1)2019 年 5 月 15 日，公司在《上海证券报》第三十八版披露了《西藏信托有限公司 2018 年报更正信息披露》，将 2018 年年报中"信托赔偿准备金余额为 28 090. 31万元"更正为"信托赔偿准备金余额为 15 617. 99 万元"。 (2)2019 年 10 月 16 日，公司在《上海证券报》第十版披露了《西藏信托有限公司关于公司增加股本及章程变更的公告》，主要内容为：公司股本由 10 亿元增加至 30 亿元，修改公司营业期限为长期，并相应修改公司章程。
新华信托	报告期内，重庆银保监局对公司法人治理、经营管理、业务开展及落实监管要求情况进行了提示，公司已按照监管意见或要求逐笔开展整改工作。
华信信托	2019 年，大连银保监局对公司进行了房地产信托业务专项检查和"巩固治乱象成果 促进合规建设"现场检查现场。公司对监管部门的检查工作高度重视，针对每次检查，成立以公司总裁为组长的"检查整改工作领导小组"，对照监管部门《现场检查意见书》提出的问题，组织有关部门人员逐项认真研究，制定整改方案并监督落实。公司以监管检查为契机，进一步提高了公司治理能力和经营管理水平，强化了各级人员的合规意识和履职意识。通过对检查中发现的问题的整改，使公司的项目管理和风险防范能力得到加强，为公司的稳健发展提供更加坚实的保证。
英大信托	2020 年 4 月，北京银保监局向公司下发《英大国际信托有限责任公司 2019 年度监管意见书》，对公司 2019 年度工作给予评价，并提出相关监管意见。 根据监管总体评价，2019 年，公司在"治乱象、去嵌套、防风险"的信托监管总体思路指导下，能够认真执行各项监管政策、稳步推动转型发展、逐步化解存量风险、认真开展资管新规整改和全面风险排查工作，信托资产规模稳中有升，业务经营保持稳健发展。同时，北京银保监局也对公司后续工作提出监管意见，要求持续推进公司治理机制建设，切实推进公司转型发展，提升服务实体经济质效，持续推进信托业务治理，积极培育合规文化，推进信托文化建设，持续强化内控工作有效性，深化风险治理，防控重点领域风险隐患。 根据监管意见，公司认真制定整改完善方案，积极推进落实，进一步提升公司经营管理效能，为公司持续健康发展打好坚实基础。
云南信托	根据《云南银保监局办公室关于开展房地产信托业务专项清查工作的通知》(云银保监办便函[2019]245 号)，云南银保监局于 2019 年 7 月 26 日至 2019 年 8 月 13 日对公司开展了房地产信托业务专项清查工作，并于 2019 年 8 月 8 日向公司下发了《监管提示》。公司严格落实《监管提示》相关要求，进行了相应的整改。 根据《云南银保监局办公室关于开展银行保险法人机构股权和关联交易专项整治工作的通知》(云银保监办便函[2019]238 号)，云南银保监局于 2019 年 8 月 26 日至 2019 年 9 月 27 日对公司开展了股权和关联交易专项整治工作现场检查，并于 2019 年 11 月 25 日向公司下发了《云南银保监局关于云南国际信托有限公司股权和关联交易专项整治的现场检查意见书》(云银保监发[2019]264 号，以下简称《现场检查意见书》)。根据《现场检查意见书》的要求，公司于 2019 年 12 月 31 日向云南银保监局报送了整改方案，后续将严格落实整改方案并按季向云南银保监局书面报告整改进度。 根据《云南银保监局关于做好新一轮云南信托全面风险排查工作的通知》(云银保监便函[2019]864 号)，云南银保监局于 2019 年 12 月 18 日至 2020 年 1 月 9 日对公司进行了自查现场指导和监管现场调查。公司于2020 年 1 月 5 日向云南银保监局报送了自查报告，后续将根据监管要求按季报送风险自查及变化情况。
中诚信托	2019 年 11 月 14 日，公司收到北京银保监局下发的《行政处罚决定书》(京银保监罚决字[2019]50 号)，已对存在的问题进行了整改。报告期内公司董事、监事和高级管理人员未受到处罚。
中融信托	2019 年，黑龙江银保监局对公司开展了"巩固治乱象成果，促进合规建设"回头看现场检查和全面风险排查现场检查。根据检查情况，公司对存在瑕疵的项目制订了相应的整改计划，并梳理了公司制度管理体系，完善了业务尽职调查和投贷后管理要求，提高了档案管理时效性和完备性要求，进一步提升了公司整体的风险合规管理水平。

续表

公司名称	整改意见
中泰信托	上海银保监局于2019年12月16日对公司进行了第二次全面风险排查。根据现场检查情况对公司在公司治理、内部控制等方面进行了风险提示。公司对此高度重视，迅速向董事会、股东单位等相关各方通报相关内容，敦促落实，并建立整改台账，将贯彻落实监管部门监管意见的具体工作进行了任务分解，明确落实整改的部门分工和责任，要求责任部门全面开展整改工作，并按季度汇总整改落实情况表及已完成工作的佐证材料。后续公司将持续推进整改措施，按时完成监管整改要求。 上海银保监局于2019年9月18日对我司进行了重要时期网络安全保障现场督察，就期间发现的部分网络安全问题提出监管意见。公司迅速响应，针对监管意见制订了相应整改方案并逐项落实。12月26日，上海银保监局对公司整改情况进行现场复查，基本认可公司整改工作。
中原信托	报告期内，公司根据中国银保监会河南监管局在监管通报、监管提示函及业务开展方面中提出的有关监管意见，认真整改落实。一是加大风控体系建设力度，持续完善风控管理机制，强化风险排查，加大风险项目处置力度；二是积极推动公司信托转型发展，回归信托本源；三是严格执行房地产信托和通道类信托业务监管政策，持续做好“巩固治乱象成果 促进合规建设”工作；四是对相关业务在内控制度、业务流程及风险管控措施等环节梳理、评估并改进、完善。
重庆信托	报告期内，重庆银保监局根据对公司的现场检查和非现场监管，以及对公司进一步完善公司治理、内部制度、提高合规经营意识、加强后续管理、持续创新等提出了监管要求。公司认真落实监管要求，积极整改，不断完善。公司在报告期内对规章制度进行了重新修订、补充和完善，进一步加强业务流程管理，特别是强化对银信合作、房地产等业务的限制和管控，提升精细化管理水平；强化内部问责机制，确立持续创新，坚持服务实体经济的基本原则，确保公司业务合规、持续、稳健发展。
渤海信托	2019年9月16日至10月15日，河北银保监局对公司进行了“巩固治乱象成果、促进合规建设”现场检查。公司对《河北银监局关于渤海国际信托股份有限公司“巩固治乱象成果 促进合规建设”现场检查暨2018年现场检查整改情况后续跟踪检查意见书》（冀银监发［2019］95号）中发现的问题和提出的监管意见高度重视，组织相关部门逐一核查问题产生的原因，并责任到人，限期整改，形成的整改报告已于2019年12月向河北银保监局报送。
中建投信托	2019年4月，浙江银保监局对公司出具《关于中建投信托股份有限公司2018年度监管的意见》，主要提出以下三方面监管意见：一是持续做好风险防范化解工作；二是进一步做好金融消费者权益保护工作；三是进一步强化合规经营管理。年度内，公司认真研究部署整改落实工作，重点强化风险管理体系建设，完善消费者权益保护工作体制机制，持续贯彻全员合规经营理念等，切实落实长效机制，推动公司持续稳健发展。 2019年8月至10月，浙江银保监局对公司开展重点风险领域现场检查，并于2019年12月出具《关于中建投信托股份有限公司重点风险领域现场检查的意见》，对公司治理体系、内控机制建设、风险防控和合规管理、消保工作提出监管意见。针对检查意见，公司认真研究制订整改措施计划，并及时上报整改方案，目前正在稳步推进落实中。
浙金信托	浙江银保监局《关于浙商金汇信托股份有限公司2018年度监管的意见》（浙银保监发［2019］79号）向公司提出两方面监管意见：一是要切实做好各类风险防范化解工作，包括严密防控信用风险、加大信托风险资产和固有不良资产处置力度、切实强化流动性风险管理、有效管控其他风险；二是夯实发展基础，确保公司平稳运营。根据监管意见，2019年公司真抓实干，攻坚克难，狠抓重点，突破难点，在风险防控与处置化解、业务拓展与创新探索、项目运营与期间管理、财富管理与客户服务、内部治理与管理提升等各方面出实招、下功夫，确保了公司的平稳运行。
爱建信托	2019年3月7日，上海银保监局下发《上海银保监局关于上海爱建信托有限责任公司2018年度的监管意见》（沪银保监发［2019］20号）。收到监管意见后，公司高度重视，逐条对照监管意见及关注重点进行梳理，制订相应的落实方案和计划。公司整改计划落实情况如下：通过发布T类账户使用规则，严控T类账户使用，持续做强直销团队、不断提升直销规模及比例，已基本落实“回归信托本源，有效改善流动性风险状况”；通过动态调整风控政策、实行多维度强化矩阵管理，推动存续项目期间管理进一步精细化、专业化，严格执行房地产压力测试、初步规范压力测试工作流程，持续加强业务集中度管理和交易对手管理，已基本落实“强化业务管控，切实防范房地产业务风险”；通过排查梳理事务管理类业务流程及合同、及时整改优化管理，进一步加强事务管理类业务期间管理及风险处置，明确风险处置原则，最大限度地降低公司声誉风险，已落实“依据信托合同，严格履行事务管理类业务的受托责任”；通过持续健全销售合规管理机制、增修订系列销售管理制度，并开展存续项目销售排查、检视问题并即查即改，同时成立专门工作小组大力推进信息系统建设，已基本落实“做好销售管理，细致规范销售标准及流程”。
新时代信托	报告期内，中国银行保险监督管理委员会内蒙古监管局、包头监管分局对公司保险资金信托业务、信托项目解质押、财务印鉴使用、通过第三方互联网违规引流资金信托产品等事项下达风险提示，并统一对辖内金融机构就辖内信托公司风险排查、开展信托公司股权和关联交易专项整治工作、巩固治乱象成果促进合规建设、金融机构主要负责人外出报告等进行了工作部署。 公司按照中国银行保险监督管理委员会内蒙古监管局及包头监管分局要求，组织开展了各项工作的自查，结合检查、自查反映的问题，公司通过完善业务制度、优化管控流程、强化规范操作、严肃责任追究等措施，着力强化业务、内控、系统、人员从业行为等方面的规范管理。公司将进一步围绕落实金融监管意见，提高服务意识，严防风险，加大创新力度，全面认真落实各项专项治理工作，努力尽到金融服务者的职责，服务实体经济发展，促进地区和国家经济健康稳定。
中航信托	报告期内，公司高度重视并认真落实监管部门的监管意见要求，先后向江西银保监局反馈了公司在压缩通道业务、组织资管新规存量信托业务整改、全面风险排查及房地产信托业务规模管控等方面的工作措施及成效，切实提升了业务发展质量，增强了风险防控能力。
华澳信托	报告期内，按照中国银行保险监督管理委员会统一部署，上海银保监局分别于2019年9月和12月对公司实施了两轮次的全面风险排查现场核查工作。公司按照监管部门现场核查发现和反馈的问题，对应制定了整改方案和整改措施，并相应开展整改提升工作。
陆家嘴信托	2019年中国银保监会青岛监管局通过现场检查、监管谈话等方式对公司加强监管，要求公司进一步完善各项管理机制，包括完善公司治理、完善内控制度、加强业务管理、强化合规理念、提高统计质量等方面。根据相关意见精神，公司认真总结公司日常经营活动中存在的不足，并通过完善机制、修订制度、优化流程、明确责任、加强培训、优化系统等多种手段积极开展相关整改工作，进一步推进了公司全面合规风险管理体系的建设。
四川信托	2019年10月至11月，银保监会检查组对公司开展了公司治理专项现场检查，并相应提出了整改意见。根据要求，公司将全面研究和制定落实整改方案，不断完善和修订相关内控制度，认真严肃进行整改和内部问责。
五矿信托	报告期内，公司接受青海银保监局“重点风险领域”“巩固治乱象成果，促进合规建设”等专项现场检查，监管局在强化公司治理、夯实基础工作，进一步加强事务管理类信托业务管理职责，持续推进信托业务结构转型等方面向公司提出了监管意见、提示了风险。公司高度重视，通过建立整改台账、明确整改责任部门、责任人和计划完成时间，持续落实、动态跟踪监管意见的执行整改情况，确保整改实效。通过整改落实各项监管意见及监管提示，公司经营管理能力进一步提高，内部控制体系更加完善，为公司可持续健康发展打下了坚实的基础。

续表

公司名称	整改意见
中粮信托	2019 年 9 月 4 日至 2019 年 10 月 17 日，北京银保监局对公司进行了重点风险领域及影子银行和交叉金融业务专项检查；11 月 4 日公司收到北京银保监局下发的《北京银保监局关于中粮信托有限责任公司重点风险领域及影子银行和交叉金融业务专项检查的现场检查意见书》（京银保监发［2019］328 号），认为公司治理架构较为清晰，三会一层职责基本明确，内控体系及各项制度能够较好地满足现有业务的要求，基本能够按照监管法规及内部制度开展工作，同时指出了公司经营管理中存在的问题并提出了相应监管意见。 公司高度重视，及时向董事会、监事会、股东会进行了通报，并第一时间成立了以总经理为组长、全体高级管理人员为成员的问题整改工作领导小组，组织高级管理层和有关部门对各项问题和监管意见逐条进行学习讨论，责成公司风控合规部牵头逐条落实整改责任部门并制订具体整改方案，明确整改目标、整改措施及整改时限，积极开展整改工作，定期向公司总经理办公会汇报整改进展，目前各项整改工作正在积极推进中。
紫金信托	江苏银保监局于 2019 年 8 月 20 日至 10 月 25 日对公司开展了现场检查，在检查意见书中提出了关于健全公司治理机制、完善内部控制管理、增强风险防控意识、提升合规经营水平及落实资管新规要求五个方面的相关要求。公司已对监管机关提出的问题制订并报送了相关整改方案，正逐项落实。
长城新盛信托	2019 年 9 月，中国银保监会新疆监管局对公司进行了现场检查，重点对信用风险、交叉金融风险进行排查，公司将根据监管要求，继续压缩通道业务规模。 2020 年 4 月 17 日，中国银保监会新疆监管局《关于长城新盛信托有限责任公司 2019 年度监管情况的通报》（新银保监办发［2020］51 号）指出了公司存在的主要问题：一是资本实力明显不足，风险抵御能力薄弱；二是信用风险逐渐暴露，风险处置化解进展缓慢；三是资金投向过于集中，业务结构亟待优化；四是业务经营发展缓慢，缺乏核心竞争力。针对上述问题，公司将在 2020 年工作中特别是公司股权变更完毕后做进一步调整改进。
万向信托	2019 年 4 月 26 日，浙江银保监局向公司正式下发《2018 年度监管的意见》（浙银保监发［2019］67 号），对公司治理水平、经营情况、主动管理能力提升、慈善信托等创新领域取得的成绩给予肯定，并对公司股权结构、风险防控等提出监管意见。公司高度重视，董事会、监事会、管理层及相关职能部门第一时间认真学习，全面审视、及时制定并推进整改措施，于 2019 年 5 月制订整改计划并在 11 月前完成全面整改。 2019 年 8 月 14 日，浙江银保监局向公司下发《信息科技快速巡查监管提示的函》（浙银保监办便函［2019］329 号），对公司信息科技治理、信息安全、基础设施、开发测试等情况抽查，对公司整体科技应用进行肯定，对公司信息科技治理体系、基础设施、业务连续性等提出监管意见。公司高度重视，认真组织落实，于 2019 年 8 月制定整改方案并在 11 月予以整体落实。
平安信托	报告期内，银保监会派出检查组对公司开展现场检查，并就公司经营管理及运作等方面提出了宝贵意见及建议。公司高度重视，诚恳接受检查组检查意见，积极认真研究、快速统一部署，严格根据监管意见规范公司各类经营活动，充分保障监管意见的深入贯彻和落实，并以此为契机进一步完善公司风险防控机制，强化风险意识及合规意识，回归信托本源，更好地服务实体经济发展。
中信信托	报告期内，公司按照北京银保监局要求，组织开展了"巩固治乱象成果 促进合规建设"等专项工作，进行了房地产信托、应收账款相关信托业务等业务自查。公司严格执行监管要求，着力补足管理短板，内部控制和合规管理水平得到进一步提升。
国通信托	报告期内，公司高度重视并认真落实监管部门的监管意见要求，及时向湖北银保监局反馈公司在全面风险排查及房地产业务规模管控、压缩通道业务、加强投后管理等方面的工作措施及成效，切实提升了公司发展质量和风险防控能力。
华宸信托	2019 年，银保监会及其派出机构对公司进行了 2 次现场检查，分别为"房地产融资项目检查和全面风险检查"；3 次非现场检查，分别为：巩固治乱象成果、促进合规建设工作自查、关于开展关联交易的自查及关于开展应收账款相关信托业务自查。公司积极配合检查，贯彻落实各项监管政策，对发现的制度、业务、管理中存在的问题积极整改。通过检查整改，有力地推动了公司治理结构的完善和内控水平的提高，规范了业务操作，提升了公司的内控合规经营水平。
雪松信托	公司严格遵循监管的工作指令，高度重视监管部门给出的监管意见，严格按照有关要求力行整改，责任到人。报告期内，公司先后向监管部门报告了公司在落实资管新规开展存量信托业务整改、通道类业务压缩、房地产信托业务规模管控及风险处置等方面的整改方案、工作举措及具体实效。

注：2019 年内共有 51 家信托公司披露了整改事项。

（五）中国银保监会及其省级派出机构认定的其他有必要让客户及相关利益人了解的重要信息

公司简称	重要信息
北方信托	2019 年 2 月 20 日，公司完成国有股权整合工作，股东单位数量由 27 家变更为 24 家。 2019 年 8 月 5 日，公司在天津市滨海新区市场监督管理局完成法定代表人变更工商登记工作。
江苏信托	根据《信托公司净资本管理办法》规定，公司净资本监管风险控制指标（根据审计后数据计算）执行情况如下： 净资本/各项业务风险资本之和 =1 662 654. 09 万元/892 637. 43 万元 ×100% =186. 26% ≥100%（监管标准）； 净资本/净资产 =1 662 654. 09 万元/2 048 618. 46 万元 ×100% =81. 16% ≥40%（监管标准）。
昆仑信托	截至 2019 年末，公司各项净资本管理指标均符合银监会监管要求。年末净资本余额为 1 089 033. 24 万元；各项业务风险资本之和为 516 157. 71 万元，其中：固有业务风险资本为 227 587. 19 万元，信托业务风险资本为 288 570. 52 万元。
西藏信托	根据《信托公司净资本管理办法》规定，公司净资本监管风险控制指标执行情况如下： 净资本/各项业务风险资本之和 = 406 259. 97 万元/ 132 103. 26 万元 ×100% =307. 53% ≥100%（监管标准）； 净资本/净资产 = 406 259. 97 万元/ 464 362. 32 万元 ×100% = 87. 49% ≥40%（监管标准）。
新华信托	2019 年 9 月 25 日，根据北京市大兴区人民法院《协助执行通知书》［（2019）京 0115 执 6125 号］，该院对李国勇与上海纪辉资产管理有限公司股权转让纠纷一案的民事裁定书已经发生法律效力，根据《中华人民共和国民事诉讼法》相关规定，冻结上海纪辉资产管理有限公司持有的新华信托股份有限公司股权 15 000 000元股份额（上海纪辉共计持有公司 900 000 000 元股份额，占公司股权的比例为 21. 43%），冻结期限为三年，自 2019 年 9 月 25 日起至 2022 年 9 月 24 日止。

续表

公司简称	重要信息
云南信托	云南信托以履行社会责任为重要导向，不仅利用信托制度优势向实体企业提供金融服务，还在信托法律文件的签署过程中履行社会责任告知义务。同时，将履行社会责任纳入内部控制体系，从制度层面、业务开展层面确立其重要地位。报告期内，公司在多方面践行企业的社会责任。 公司严格遵守国家法律法规、监管部门规章、规范性文件及公司章程，并主动接受监管部门和社会公众的监督。积极按照国家货币政策、财政政策、产业政策及其他政策适时调整经营战略，关注社会整体利益，维护国家金融秩序和金融安全。 公司坚决履行反洗钱义务，报告年度公司进一步完善了反洗钱数据报送管理、完善监测模型、完善反洗钱系统功能建设，并强化可疑交易数据人工分析工作。2019 年累计完成 2 212 名自然人客户、509 名机构客户身份识别工作。报告年度累计发现 78 个委托人客户证照过期。客户的过期证照均已补正。 公司主动开展案件防控工作，报告年度累计完成项目案件风险排查 2 881 个，规模共计 6 698 亿元；累计开展 4 次员工异常行为排查，全体正式员工均接受了排查并填写“员工行为排查表”。 公司诚信经营，自觉履行纳税义务，依法及时足额纳税，为国家及地方财政收入和经济发展作贡献。 公司作为专业化财富管理机构，充分发挥信托制度优势，积极开发符合社会和市场需求的信托业务及信托理财产品，不断创新服务方式，积极探索盈利模式，以信托功能满足社会理财需求，秉承“受人之托、忠人之事”的原则开展信托业务，恪尽职守，履行诚实、信用、谨慎、有效管理的义务，维护受益人的合法权益。2019 年公司向受益人兑付的信托本金及收益共计 2 136. 53 亿元，其中信托收益 126. 03 亿元，涉及信托项目 1 267 个。 公司积极强化资本金管理与运用，努力创造利润，提高投资回报，为股东创造合理投资价值。2019 年公司实现营业收入 8. 84 亿元，同比增长 30. 16%，实现净利润 4. 03 亿元，同比增长 36. 37%。 公司始终把消费者权益保护工作作为公司经营发展的重要战略，近年来已逐步建立起了较为完善的消费者权益保护体系。董事会消费者权益保护委员会带领高级管理层组织协调，消保职能部门落实开展消保工作。报告年度加强了消保制度建设，妥善处理了客户投诉，积极开展了多项内容丰富、形式多样的金融知识宣传与教育活动，取得了较好的社会反响。 公司坚持以员工为本，构建企业文化。培育了一支高素质、高学历、年轻化、专业化的人才队伍。积极开展员工培训，提高员工职业素质和从业技能，为员工提供充分的职业发展机会。 公司每年开展“大爱星火”主题公益活动。“大爱星火”不仅带去大家需要的物资，教会大家学习基础金融知识，也带去公司对社会弱势群体的关爱，提高公司职工对于社会的责任感和认同感。同时，公司通过专业的投资管理经验与信托制度完美结合，自 2006 年开始与云南省青少年发展基金会合作，推出了“爱心稳健收益型集合资金信托计划”，并运营至今。2019 年 9 月，公司和云南省青少年基金会担任共同受托人，成功设立了“扬梦助学慈善信托”，成为我国慈善法正式实施以来，首只在云南省落地的慈善信托，该项目的信托本金及收益全部用于捐赠、促进云南教育事业的发展。 2019 年公司继续推进系统化办公，创建节约型社会。在全社会树立节约意识、节约观念，倡导节约文化、节约文明的大背景下云南信托积极创建节约型企业，推进无纸化办公，节约成本，降低能耗，提高效率。
中诚信托	截至 2019 年 12 月 31 日，公司净资本余额 114. 89 亿元（≥2 亿元），净资本/各项业务风险资本之和为 201. 41%（≥100%），净资本/净资产的比例为 65. 34%（≥40%），各项指标均符合监管要求。
中海信托	1. 2019 年 1 月，公司荣获中央国债登记结算有限责任公司颁发的“优秀发行机构”“优秀资产管理人”奖项。 2. 2019 年 4 月，公司第九次荣获黄浦区政府颁发“2018 年度上海市黄浦区高端服务业 100 强企业”荣誉称号（排名第十一位）。 3. 2019 年 6 月，公司再次斩获《上海证券报》的“诚信托—卓越公司”称号。 4. 2019 年 7 月，公司再次荣获《证券时报》的“2019 年度优秀风控信托公司”称号。 5. 2019 年 12 月，公司小微房抵贷项目获得上海市银行同业公会颁发的“2019 年度上海银行业普惠金融服务创新奖”。

注：2019 年内共有 8 家信托公司披露了重要信息。

第二章　信托公司年度报告的质量评价
——关于审计报告

本章对信托公司被出具的审计报告类型及执行《企业会计准则》的情况进行分析，以此作为后面章节对信托公司进行分析的依据之一。

一、信托公司2019年、2018年审计报告类型分类汇总情况

表2-1-1　信托公司2019年、2018年审计报告意见类型汇总情况

审计意见	2019年		2018年	
	份数	百分比(%)	份数	百分比(%)
标准无保留意见	67	98.53	65	95.59
无保留意见+强调事项段	—	—	2	2.94
无保留意见+其他事项段	—	—	1	1.47
保留意见	1	1.47	—	—
无法表示意见	—	—	—	—
合计	68	100.00	68	100.00

2019年，会计师事务所对67家信托公司年报审计出具了标准无保留意见的审计报告，对1家信托公司出具了无保留意见，表明绝大部分的财务报告在重大方面公允反映了被审计信托公司的财务状况和经营成果。2018年，会计师事务所对所有65家信托公司年报审计也均出具了标准无保留意见的审计报告，从审计意见来看，信托公司财务信息的质量有所上升。

按照《中国注册会计师审计具体准则第1501号——审计报告》的相关规定：如果会计师认为财务报表已经按照适用的企业会计准则和相关财务会计法规的规定，在所有重大方面公允反映了被审计单位的财务状况、经营成果和现金流量；并且注册会计师已经按照独立审计准则计划和实施了审计工作，在审计过程中未受到限制；此外也不存在应当调整或披露而被审计单位未予调整或披露的重要事项情形时，注册会计师应当出具无保留意见的审计报告。而如果会计师认为整体财务报表是公允的，但存在会计政策的选用、会计估计的作出或财务报表的披露不符合适用的会计准则和相关会计制度的规定，虽影响重大，但不至于出具否定意见的审计报告；以及因审计范围受到限制，不能获取充分、适当的审计证据，虽影响重大，但不至于出具无法表示意见的审计报告时，注册会计师应当出具保留意见的审计报告。

二、信托公司2019年、2018年会计师事务所审计情况

表2-2-1　信托公司2019年聘请的会计师事务所资格情况

公司简称	2019年聘请的会计师事务所	资格情况
国元信托	天职国际会计师事务所(特殊普通合伙)	证券期货资格
安信信托	立信会计师事务所(特殊普通合伙)	证券期货资格
百瑞信托	立信会计师事务所(特殊普通合伙)	证券期货资格
北方信托	安永华明会计师事务所(特殊普通合伙)	证券期货资格
北京信托	天职国际会计师事务所(特殊普通合伙)	证券期货资格
中铁信托	普华永道中天会计师事务所(特殊普通合伙)	证券期货资格
东莞信托	中审众环会计师事务所(特殊普通合伙)	证券期货资格
光大兴陇信托	安永华明会计师事务所(特殊普通合伙)	证券期货资格
粤财信托	致同会计师事务所(特殊普通合伙)	证券期货资格
国联信托	公证天业会计师事务所(特殊普通合伙)	证券期货资格
国民信托	安永华明会计师事务所(特殊普通合伙)	证券期货资格
国投泰康信托	立信会计师事务所(特殊普通合伙)	证券期货资格
杭州工商信托	德勤华永会计师事务所(特殊普通合伙)	证券期货资格
建信信托	安永华明会计师事务所(特殊普通合伙)	证券期货资格

续表

公司简称	2019 年聘请的会计师事务所	资格情况
财信信托	天职国际会计师事务所（特殊普通合伙）	证券期货资格
华宝信托	天健会计师事务所（特殊普通合伙）	证券期货资格
吉林信托	中准会计师事务所（特殊普通合伙）	证券期货资格
江苏信托	天衡会计师事务所（特殊普通合伙）	证券期货资格
雪松信托	中喜会计师事务所（特殊普通合伙）	证券期货资格
兴业信托	毕马威华振会计师事务所（特殊普通合伙）	证券期货资格
华宸信托	信永中和会计师事务所（特殊普通合伙）	证券期货资格
昆仑信托	立信会计师事务所（特殊普通合伙）	证券期货资格
平安信托	普华永道中天会计师事务所（特殊普通合伙）	证券期货资格
山东信托	普华永道中天会计师事务所（特殊普通合伙）和罗兵咸永道会计师事务所	证券期货资格
山西信托	毕马威华振会计师事务所（特殊普通合伙）	证券期货资格
陕国投	信永中和会计师事务所（特殊普通合伙）	证券期货资格
上海信托	毕马威华振会计师事务所（特殊普通合伙）	证券期货资格
华融信托	德勤华永会计师事务所（特殊普通合伙）	证券期货资格
苏州信托	天衡会计师事务所（特殊普通合伙）	证券期货资格
天津信托	中审华会计师事务所（特殊普通合伙）	证券期货资格
长安信托	希格玛会计师事务所（特殊普通合伙）	证券期货资格
西部信托	信永中和会计师事务所（特殊普通合伙）	证券期货资格
西藏信托	天职国际会计师事务所（特殊普通合伙）	证券期货资格
厦门国际信托	中审众环会计师事务所（特殊普通合伙）	证券期货资格
新华信托	大信会计师事务所（特殊普通合伙）	证券期货资格
华润信托	天职国际会计师事务所（特殊普通合伙）	证券期货资格
华信信托	永拓会计师事务所（特殊普通合伙）	证券期货资格
英大信托	天健会计师事务所（特殊普通合伙）	证券期货资格
云南信托	信永中和会计师事务所（特殊普通合伙）	证券期货资格
中诚信托	天职国际会计师事务所（特殊普通合伙）	证券期货资格
外贸信托	毕马威华振会计师事务所（特殊普通合伙）	证券期货资格
中海信托	立信会计师事务所（特殊普通合伙）	证券期货资格
中融信托	大信会计师事务所（特殊普通合伙）	证券期货资格
中泰信托	中审亚太会计师事务所（特殊普通合伙）	证券期货资格
中信信托	信永中和会计师事务所（特殊普通合伙）	证券期货资格
中原信托	中证天通会计师事务所（特殊普通合伙）	证券期货资格
重庆信托	信永中和会计师事务所（特殊普通合伙）	证券期货资格
渤海信托	中兴财光华会计师事务所（特殊普通合伙）	证券期货资格
交银国际信托	普华永道中天会计师事务所（特殊普通合伙）	证券期货资格
中建投信托	安永华明会计师事务所（特殊普通合伙）	证券期货资格
华能信托	德勤华永会计师事务所（特殊普通合伙）	证券期货资格
浙金信托	大华会计师事务所（特殊普通合伙）	证券期货资格
爱建信托	立信会计师事务所（特殊普通合伙）	证券期货资格
新时代信托	大信会计师事务所（特殊普通合伙）	证券期货资格
中航信托	中审众环会计师事务所（特殊普通合伙）	证券期货资格
华澳信托	信永中和会计师事务所（特殊普通合伙）	证券期货资格
大业信托	广东中穗会计师事务所有限公司	无证券资格
国通信托	中审众环会计师事务所（特殊普通合伙）	证券期货资格
华鑫信托	天职国际会计师事务所（特殊普通合伙）	证券期货资格
金谷信托	安永华明会计师事务所（特殊普通合伙）	证券期货资格
陆家嘴信托	普华永道中天会计师事务所（特殊普通合伙）	证券期货资格
四川信托	致同会计师事务所（特殊普通合伙）	证券期货资格
五矿信托	致同会计师事务所（特殊普通合伙）	证券期货资格
中粮信托	信永中和会计师事务所（特殊普通合伙）	证券期货资格

续表

公司简称	2019 年聘请的会计师事务所	资格情况
紫金信托	立信中联会计师事务所(特殊普通合伙)	证券期货资格
长城新盛信托	德勤华永会计师事务所(特殊普通合伙)	证券期货资格
中国民生信托	中兴华会计师事务所(特殊普通合伙)	证券期货资格
万向信托	大华会计师事务所(特殊普通合伙)	证券期货资格

如表 2 -2 -1 所示,经统计分析,2019 年的审计报告仅个别信托由非具有证券期货资格的会计师事务所出具,其余各家均由具有证券期货资格的会计师事务所出具。相比 2018 年,对信托公司进行审计的会计师事务所仍有较大的集中。2019 年有信永中和会计师事务所(特殊普通合伙)、天职国际会计师事务所(特殊普通合伙)、安永华明会计师事务所(特殊普通合伙)、立信会计师事务所(特殊普通合伙)、毕马威华振会计师事务所(特殊普通合伙)、德勤华永会计师事务所(特殊普通合伙)、普华永道中天会计师事务所(特殊普通合伙)、中审众环会计师事务所(特殊普通合伙)、大信会计师事务所(特殊普通合伙)和致同会计师事务所(特殊普通合伙),共 10 家会计师事务所,分别为 3 ~8 家信托公司进行了财务报表审计,其中信永中和会计师事务所(特殊普通合伙)为 8 家信托公司提供审计服务,天职国际会计师事务所(特殊普通合伙)为 7 家信托公司提供审计服务,安永华明会计师事务所(特殊普通合伙)和立信会计师事务所(特殊普通合伙)为 6 家信托公司提供审计服务,毕马威华振会计师事务所(特殊普通合伙)、德勤华永会计师事务所(特殊普通合伙)、普华永道中天会计师事务所(特殊普通合伙)和中审众环会计师事务所(特殊普通合伙)为 4 家信托公司提供了审计服务,大信会计师事务所(特殊普通合伙)和致同会计师事务所(特殊普通合伙)为 3 家信托公司提供了审计服务。这 10 家事务所共为 49 家信托公司提供了审计服务,占 2019 年信托公司总户数的 72. 06%。

在 68 家信托公司中,有 14 家在 2019 年度变更了会计师事务所,占 2019 年全部信息披露户数的 20. 59%,相对于 2018 年的 17. 65%,该比例有所上升,我们提请监管部门对信托公司会计师事务所变更事项作必要的要求和监管,对会计师事务所变更应该要求信托公司和前任会计师事务所做出专项声明,以避免有的公司可能通过更换会计师事务所实现其特殊目的。信托公司 2019 年与 2018 年聘请的会计师事务所变更情况见表 2 -2 -2。

表 2 -2 -2　信托公司 2019 年与 2018 年聘请的会计师事务所变更情况统计

公司简称	2019 年聘请的会计师事务所	2018 年聘请的会计师事务所
百瑞信托	立信会计师事务所(特殊普通合伙)	大信会计师事务所(特殊普通合伙)
建信信托	安永华明会计师事务所(特殊普通合伙)	普华永道中天会计师事务所(特殊普通合伙)
华宝信托	天健会计师事务所(特殊普通合伙)	瑞华会计师事务所(特殊普通合伙)
雪松信托	中喜会计师事务所(特殊普通合伙)	江西信德会计师事务所有限责任公司
兴业信托	毕马威华振会计师事务所(特殊普通合伙)	德勤华永会计师事务所(特殊普通合伙)
华宸信托	信永中和会计师事务所(特殊普通合伙)	大华会计师事务所(特殊普通合伙)
上海信托	毕马威华振会计师事务所(特殊普通合伙)	普华永道中天会计师事务所(特殊普通合伙)
西部信托	信永中和会计师事务所(特殊普通合伙)	瑞华会计师事务所(特殊普通合伙)
华信信托	永拓会计师事务所(特殊普通合伙)	中勤万信会计师事务所(特殊普通合伙)
云南信托	信永中和会计师事务所(特殊普通合伙)	中审众环会计师事务所(特殊普通合伙)
中原信托	中证天通会计师事务所(特殊普通合伙)	中审华会计师事务所(特殊普通合伙)
华能信托	德勤华永会计师事务所(特殊普通合伙)	大信会计师事务所(特殊普通合伙)
大业信托	广东中穗会计师事务所有限公司	天职国际会计师事务所(特殊普通合伙)
紫金信托	立信中联会计师事务所(特殊普通合伙)	立信会计师事务所(特殊普通合伙)

三、信托公司 2019 年、2018 年执行的会计制度统计

表 2 -3 -1　信托公司 2019 年与 2018 年执行的会计制度比较

固有业务执行会计制度	2019 年	2018 年	信托业务执行会计制度	2019 年	2018 年
	家数	家数		家数	家数
《企业会计准则》(2006 年、2010 年)	2	0	《企业会计准则》(2006 年、2018 年)	43	0
《企业会计准则》(2006 年、2018 年)	43	0	《企业会计准则》(2006 年、2014 年)	3	15
《企业会计准则》(2006 年)	18	49	《企业会计准则》(2006 年)	18	48
《企业会计准则》(2006 年、2014 年)	3	15	《企业会计准则》和《金融企业会计制度》(2014 年)	1	1

续表

固有业务执行会计制度	2019年	2018年	信托业务执行会计制度	2019年	2018年
	家数	家数		家数	家数
《企业会计准则》和《金融企业会计制度》（2014年）	1	1	《信托业务会计核算办法》（2005年）	0	1
《国际会计准则》	1	1	《国际会计准则》	1	1
《企业会计准则》（2014年）		2	《企业会计准则》（2006年、2010年）	2	0
			《企业会计准则》（2014年）	0	2
合计	68	68	合计	68	68

2019年68家信托公司固有业务中，43家明确披露已执行最新《企业会计准则》包括了最新的金融资产准则，故以《企业会计准则》（2006年、2018年）表示，18家披露已执行《企业会计准则》（2006年），3家披露已执行《企业会计准则》（2006年、2014年），1家披露同时执行《企业会计准则》和《金融企业会计制度》（2014年），1家披露执行《国际会计准则》。

2019年68家信托公司信托业务中，43家明确披露已执行《企业会计准则》（2006年、2018年），18家披露已执行《企业会计准则》（2006年），3家已披露执行《企业会计准则》（2006年、2014年），2家披露同时执行《企业会计准则》（2006年、2010年），1家披露执行《企业会计准则》和《金融企业会计制度》（2014年），1家披露执行《国际会计准则》。

表2-3-2　2019年68家信托公司披露执行的会计制度统计

公司简介	2019年固有业务执行的会计制度	2019年信托业务执行的会计制度
国元信托	《企业会计准则》（2006年、2018年）	《企业会计准则》（2006年、2018年）
安信信托	《企业会计准则》（2006年、2018年）	《企业会计准则》（2006年、2018年）
百瑞信托	《企业会计准则》（2006年、2018年）	《企业会计准则》（2006年、2018年）
北方信托	《企业会计准则》（2006年、2018年）	《企业会计准则》（2006年、2018年）
北京信托	《企业会计准则》（2006年）	《企业会计准则》（2006年）
中铁信托	《企业会计准则》（2006年、2018年）	《企业会计准则》（2006年、2018年）
东莞信托	《企业会计准则》（2006年）	《企业会计准则》（2006年）
光大兴陇信托	《企业会计准则》（2006年、2018年）	《企业会计准则》（2006年、2018年）
粤财信托	《企业会计准则》（2006年、2018年）	《企业会计准则》（2006年、2018年）
国联信托	《企业会计准则》（2006年、2018年）	《企业会计准则》（2006年、2018年）
国民信托	《企业会计准则》（2006年、2018年）	《企业会计准则》（2006年、2018年）
国投泰康信托	《企业会计准则》（2006年、2018年）	《企业会计准则》（2006年、2018年）
杭州工商信托	《企业会计准则》（2006年、2014年）	《企业会计准则》（2006年、2014年）
建信信托	《企业会计准则》（2006年、2018年）	《企业会计准则》（2006年、2018年）
财信信托	《企业会计准则》（2006年、2010年）	《企业会计准则》（2006年、2010年）
华宝信托	《企业会计准则》（2006年、2018年）	《企业会计准则》（2006年、2018年）
吉林信托	《企业会计准则》（2006年、2014年）	《企业会计准则》（2006年、2014年）
江苏信托	《企业会计准则》（2006年、2018年）	《企业会计准则》（2006年、2018年）
雪松信托	《企业会计准则》（2006年、2010年）	《企业会计准则》（2006年、2010年）
兴业信托	《企业会计准则》（2006年、2018年）	《企业会计准则》（2006年、2018年）
华宸信托	《企业会计准则》（2006年）	《企业会计准则》（2006年）
昆仑信托	《企业会计准则》和《金融企业会计制度》（2014年）	《企业会计准则》和《金融企业会计制度》（2014年）
平安信托	《企业会计准则》（2006年、2018年）	《企业会计准则》（2006年、2018年）
山东信托	《国际会计准则》	《国际会计准则》
山西信托	《企业会计准则》（2006年、2018年）	《企业会计准则》（2006年、2018年）
陕国投	《企业会计准则》（2006年、2018年）	《企业会计准则》（2006年、2018年）
上海信托	《企业会计准则》（2006年、2018年）	《企业会计准则》（2006年、2018年）
华融信托	《企业会计准则》（2006年、2018年）	《企业会计准则》（2006年、2018年）
苏州信托	《企业会计准则》（2006年、2018年）	《企业会计准则》（2006年、2018年）
天津信托	《企业会计准则》（2006年、2018年）	《企业会计准则》（2006年、2018年）
长安信托	《企业会计准则》（2006年、2018年）	《企业会计准则》（2006年、2018年）
西部信托	《企业会计准则》（2006年、2018年）	《企业会计准则》（2006年、2018年）
西藏信托	《企业会计准则》（2006年）	《企业会计准则》（2006年）
厦门国际信托	《企业会计准则》（2006年）	《企业会计准则》（2006年）
新华信托	《企业会计准则》（2006年、2014年）	《企业会计准则》（2006年、2014年）
华润信托	《企业会计准则》（2006年）	《企业会计准则》（2006年）

续表

公司简介	2019 年固有业务执行的会计制度	2019 年信托业务执行的会计制度
华信信托	《企业会计准则》(2006 年)	《企业会计准则》(2006 年)
英大信托	《企业会计准则》(2006 年)	《企业会计准则》(2006 年)
云南信托	《企业会计准则》(2006 年)	《企业会计准则》(2006 年)
中诚信托	《企业会计准则》(2006 年、2018 年)	《企业会计准则》(2006 年、2018 年)
外贸信托	《企业会计准则》(2006 年)	《企业会计准则》(2006 年)
中海信托	《企业会计准则》(2006 年、2018 年)	《企业会计准则》(2006 年、2018 年)
中融信托	《企业会计准则》(2006 年、2018 年)	《企业会计准则》(2006 年、2018 年)
中泰信托	《企业会计准则》(2006 年、2018 年)	《企业会计准则》(2006 年、2018 年)
中信信托	《企业会计准则》(2006 年、2018 年)	《企业会计准则》(2006 年、2018 年)
中原信托	《企业会计准则》(2006 年)	《企业会计准则》(2006 年)
重庆信托	《企业会计准则》(2006 年、2018 年)	《企业会计准则》(2006 年、2018 年)
渤海信托	《企业会计准则》(2006 年)	《企业会计准则》(2006 年)
交银国际信托	《企业会计准则》(2006 年)	《企业会计准则》(2006 年)
中建投信托	《企业会计准则》(2006 年)	《企业会计准则》(2006 年)
华能信托	《企业会计准则》(2006 年、2018 年)	《企业会计准则》(2006 年、2018 年)
浙金信托	《企业会计准则》(2006 年、2018 年)	《企业会计准则》(2006 年、2018 年)
爱建信托	《企业会计准则》(2006 年、2018 年)	《企业会计准则》(2006 年、2018 年)
新时代信托	《企业会计准则》(2006 年、2018 年)	《企业会计准则》(2006 年、2018 年)
中航信托	《企业会计准则》(2006 年、2018 年)	《企业会计准则》(2006 年、2018 年)
华澳信托	《企业会计准则》(2006 年)	《企业会计准则》(2006 年)
大业信托	《企业会计准则》(2006 年、2018 年)	《企业会计准则》(2006 年、2018 年)
国通信托	《企业会计准则》(2006 年)	《企业会计准则》(2006 年)
华鑫信托	《企业会计准则》(2006 年、2018 年)	《企业会计准则》(2006 年、2018 年)
金谷信托	《企业会计准则》(2006 年、2018 年)	《企业会计准则》(2006 年、2018 年)
陆家嘴信托	《企业会计准则》(2006 年、2018 年)	《企业会计准则》(2006 年、2018 年)
四川信托	《企业会计准则》(2006 年、2018 年)	《企业会计准则》(2006 年、2018 年)
五矿信托	《企业会计准则》(2006 年、2018 年)	《企业会计准则》(2006 年、2018 年)
中粮信托	《企业会计准则》(2006 年、2018 年)	《企业会计准则》(2006 年、2018 年)
紫金信托	《企业会计准则》(2006 年)	《企业会计准则》(2006 年)
长城新盛信托	《企业会计准则》(2006 年、2018 年)	《企业会计准则》(2006 年、2018 年)
中国民生信托	《企业会计准则》(2006 年、2018 年)	《企业会计准则》(2006 年、2018 年)
万向信托	《企业会计准则》(2006 年)	《企业会计准则》(2006 年)

表 2-3-3　2018 年 68 家信托公司披露执行的会计制度统计

公司简介	2018 年固有业务执行的会计制度	2018 年信托业务执行的会计制度
国元信托	《企业会计准则》(2006 年)	《企业会计准则》(2006 年)
安信信托	《企业会计准则》(2006 年)	《企业会计准则》(2006 年)
百瑞信托	《企业会计准则》(2006 年、2014 年)	《企业会计准则》(2006 年、2014 年)
北方信托	《企业会计准则》(2014 年)	《企业会计准则》(2014 年)
北京信托	《企业会计准则》(2006 年)	《企业会计准则》(2006 年)
中铁信托	《企业会计准则》(2006 年)	《企业会计准则》(2006 年)
东莞信托	《企业会计准则》(2006 年)	《企业会计准则》(2006 年)
光大兴陇信托	《企业会计准则》(2006 年、2014 年)	《企业会计准则》(2006 年、2014 年)
粤财信托	《企业会计准则》(2006 年)	《企业会计准则》(2006 年)
国联信托	《企业会计准则》(2006 年、2014 年)	《企业会计准则》(2006 年、2014 年)
国民信托	《企业会计准则》(2006 年、2014 年)	《企业会计准则》(2006 年、2014 年)
国投泰康信托	《企业会计准则》(2006 年、2014 年)	《企业会计准则》(2006 年、2014 年)
杭州工商信托	《企业会计准则》(2006 年、2014 年)	《企业会计准则》(2006 年、2014 年)
建信信托	《企业会计准则》(2006 年)	《企业会计准则》(2006 年)
财信信托	《企业会计准则》(2006 年)	《企业会计准则》(2006 年)
华宝信托	《企业会计准则》(2006 年)	《企业会计准则》(2006 年)
吉林信托	《企业会计准则》(2006 年、2014 年)	《企业会计准则》(2006 年、2014 年)
江苏信托	《企业会计准则》(2014 年)	《企业会计准则》(2014 年)
雪松信托	《企业会计准则》(2006 年)	《企业会计准则》(2006 年)

续表

公司简介	2018年固有业务执行的会计制度	2018年信托业务执行的会计制度
兴业信托	《企业会计准则》(2006年)	《企业会计准则》(2006年)
华宸信托	《企业会计准则》(2006年)	《企业会计准则》(2006年)
昆仑信托	《企业会计准则》和《金融企业会计制度》(2014年)	《企业会计准则》和《金融企业会计制度》(2014年)
平安信托	《企业会计准则》(2006年)	《企业会计准则》(2006年)
山东信托	《国际会计准则》	《国际会计准则》
山西信托	《企业会计准则》(2006年)	《企业会计准则》(2006年)
陕国投	《企业会计准则》(2006年)	《企业会计准则》(2006年)
上海信托	《企业会计准则》(2006年、2014年)	《企业会计准则》(2006年、2014年)
华融信托	《企业会计准则》(2006年)	《企业会计准则》(2006年)
苏州信托	《企业会计准则》(2006年)	《企业会计准则》(2006年)
天津信托	《企业会计准则》(2006年)	《企业会计准则》(2006年)
长安信托	《企业会计准则》(2006年)	《企业会计准则》(2006年)
西部信托	《企业会计准则》(2006年)	《企业会计准则》(2006年)
西藏信托	《企业会计准则》(2006年)	《企业会计准则》(2006年)
厦门国际信托	《企业会计准则》(2006年)	《企业会计准则》(2006年)
新华信托	《企业会计准则》(2006年、2014年)	《企业会计准则》(2006年、2014年)
华润信托	《企业会计准则》(2006年)	《企业会计准则》(2006年)
华信信托	《企业会计准则》(2006年)	《企业会计准则》(2006年)
英大信托	《企业会计准则》(2006年)	《企业会计准则》(2006年)
云南信托	《企业会计准则》(2006年)	《企业会计准则》(2006年)
中诚信托	《企业会计准则》(2006年)	《企业会计准则》(2006年)
外贸信托	《企业会计准则》(2006年)	《企业会计准则》(2006年)
中海信托	《企业会计准则》(2006年、2014年)	《企业会计准则》(2006年、2014年)
中融信托	《企业会计准则》(2006年、2014年)	《企业会计准则》(2006年、2014年)
中泰信托	《企业会计准则》(2006年)	《企业会计准则》(2006年)
中信信托	《企业会计准则》(2006年)	《企业会计准则》(2006年)
中原信托	《企业会计准则》(2006年)	《企业会计准则》(2006年)
重庆信托	《企业会计准则》(2006年)	《企业会计准则》(2006年)
渤海信托	《企业会计准则》(2006年)	《企业会计准则》(2006年)
交银国际信托	《企业会计准则》(2006年)	《企业会计准则》(2006年)
中建投信托	《企业会计准则》(2006年)	《企业会计准则》(2006年)
华能信托	《企业会计准则》(2006年)	《信托业务会计核算办法》(2005)
浙金信托	《企业会计准则》(2006年、2014年)	《企业会计准则》(2006年、2014年)
爱建信托	《企业会计准则》(2006年、2014年)	《企业会计准则》(2006年、2014年)
新时代信托	《企业会计准则》(2006年、2014年)	《企业会计准则》(2006年、2014年)
中航信托	《企业会计准则》(2006年)	《企业会计准则》(2006年)
华澳信托	《企业会计准则》(2006年)	《企业会计准则》(2006年)
大业信托	《企业会计准则》(2006年)	《企业会计准则》(2006年)
国通信托	《企业会计准则》(2006年)	《企业会计准则》(2006年)
华鑫信托	《企业会计准则》(2006年)	《企业会计准则》(2006年)
金谷信托	《企业会计准则》(2006年)	《企业会计准则》(2006年)
陆家嘴信托	《企业会计准则》(2006年)	《企业会计准则》(2006年)
四川信托	《企业会计准则》(2006年)	《企业会计准则》(2006年)
五矿信托	《企业会计准则》(2006年)	《企业会计准则》(2006年)
中粮信托	《企业会计准则》(2006年、2014年)	《企业会计准则》(2006年、2014年)
紫金信托	《企业会计准则》(2006年)	《企业会计准则》(2006年)
长城新盛信托	《企业会计准则》(2006年)	《企业会计准则》(2006年)
中国民生信托	《企业会计准则》(2006年)	《企业会计准则》(2006年)
万向信托	《企业会计准则》(2006年)	《企业会计准则》(2006年)

第三章　信托公司财务指标排行榜

2019 年我们汇总统计了信托公司的财务指标，对各项指标分别按照金额、比率等大小排序。希望通过这些指标的分析建立信托公司综合评价体系。该体系主要包含五个方面的能力分析：资本实力、业务能力、盈利能力、信托理财能力和抗风险能力。本书中仅对指标进行列示和相应的描述，各项指标分别按照金额、比率大小排序，不对公司的综合评价进行排名。

评价标准	评价指标	公式	索引号
资本实力	总资产		见表 3－1－1
	净资产		见表 3－1－7
盈利能力	营业总收入		见表 3－1－3
	营业费用收入比	营业费用/营业收入 ×100%	见表 3－1－12
	净利润		见表 3－1－8
	人均净利润	净利润/员工总人数	见表 3－3－9
	信托报酬率	信托业务收入/实收信托资产平均余额 ×100%	见表 3－1－26
	资本利润率	净利润/所有者权益平均余额 ×100%	见表 3－3－11
业务能力	信托资产余额		见表 3－1－19
	信托资产余额年度增量	期末信托资产余额－期初信托资产余额	见表 5－1－4
	年度新增信托业务规模		见表 3－3－7
	固有总资产年度增量	固有总资产期末余额－固有总资产期初余额	见表 3－1－1
	固有资产增长率	（本期固有资产余额/上期固有资产余额 －1）×100%	见表 3－1－1
	信托业务收入		见表 3－1－21
	信托业务收入增长率	（本期信托业务收入/上期信托业务收入 －1）×100%	见表 3－1－21
	信托业务收入占比	信托业务收入/营业总收入 ×100%	见表 3－1－23
	自营业务收入		见表 3－1－3
	自营业务收入增长率	（本期自营业务收入/上期自营业务收入 －1）×100%	见表 3－1－3
理财能力	信托产品年度清算综合收益率		见表 3－3－3
	集合信托年度清算收益率		见表 3－3－3
	主动管理型信托资产余额		见表 3－3－6
	主动管理型信托资产占比	主动管理型信托资产余额/信托资产余额 ×100%	见表 3－3－6
	集合信托资产余额		见表 3－3－3
	集合信托资产占比	集合信托资产余额/信托资产余额 ×100%	见表 3－3－4
	信托净利润		见表 5－1－7
	信托资产利润率	信托净利润/信托总资产平均余额	见表 5－1－9
抗风险能力	净资本		见表 3－3－13
	净资本/净资产		见表 3－3－13
	风险覆盖率	净资本/各项风险资本准备之和	见表 3－3－13
	固有资产不良率		见表 6－3－1
	信托风险准备金余额	信托赔偿准备金余额＋一般风险准备金余额	见表 3－1－16
	信托赔偿准备金提取率	信托赔偿准备金余额/股本 ×100%	见表 3－1－17
	信托风险赔偿率	信托风险准备余额/信托资产余额 ×100%	见表 3－3－14

一、信托公司单项财务指标排行榜

（一）固有资产相关指标

统计在内的 68 家信托公司固有资产总额比 2018 年增加 5.57%，达到 12 023.46 亿元。其中资产总额增长的有 50 家，减少的有 18 家；其中西藏信托，以增长率 88.71% 高居榜首。固有资产合并资产总额排行见表 3－1－1。

表3－1－1　固有资产合并资产总额排行榜

排名	公司简称	2019年12月31日（万元）	2018年12月31日（万元）	增长率（%）
1	重庆信托	23 448 548. 11	22 989 814. 72	2. 00
2	平安信托	17 281 355. 29	15 707 631. 87	10. 02
3	中信信托	4 240 304. 51	3 796 723. 66	11. 68
4	兴业信托	4 214 517. 92	3 760 453. 78	12. 07
5	建信信托	3 158 562. 93	2 227 495. 52	41. 80
6	中融信托	2 761 605. 95	3 065 714. 22	0. 02
7	华润信托	2 625 521. 16	2 387 940. 69	9. 95
8	华能信托	2 445 988. 59	2 133 590. 79	14. 64
9	上海信托	2 388 714. 82	2 250 974. 71	6. 12
10	江苏信托	2 342 805. 06	2 064 442. 22	13. 48
11	中诚信托	2 312 452. 93	2 305 009. 62	0. 32
12	四川信托	2 174 288. 05	1 991 077. 63	9. 20
13	安信信托	2 079 366. 78	3 153 620. 19	-34. 06
14	中铁信托	1 878 004. 93	1 795 478. 71	4. 60
15	外贸信托	1 841 343. 25	1 500 318. 55	22. 73
16	五矿信托	1 822 630. 82	1 650 898. 43	10. 40
17	华融信托	1 716 154. 48	1 626 734. 94	5. 50
18	中航信托	1 667 041. 92	1 538 081. 59	8. 38
19	渤海信托	1 582 018. 60	1 403 722. 60	12. 70
20	陕国投	1 466 673. 64	1 227 935. 32	19. 44
21	山东信托	1 457 229. 00	1 361 175. 20	7. 06
22	中国民生信托	1 420 382. 36	1 523 261. 53	-6. 75
23	光大兴陇信托	1 395 488. 34	1 101 582. 85	26. 68
24	北京信托	1 381 361. 77	1 183 215. 21	16. 75
25	昆仑信托	1 374 045. 80	1 317 571. 74	4. 29
26	华宝信托	1 316 928. 42	1 257 880. 74	4. 69
27	交银国际信托	1 289 947. 54	1 212 645. 02	6. 37
28	华信信托	1 237 599. 64	1 219 451. 11	1. 49
29	英大信托	1 068 848. 12	1 070 228. 10	-0. 13
30	中建投信托	1 063 265. 61	960 295. 75	10. 72
31	百瑞信托	1 048 194. 55	941 709. 09	11. 31
32	中原信托	1 040 356. 46	956 566. 65	8. 76
33	长安信托	1 030 986. 12	895 600. 27	15. 12
34	爱建信托	1 012 368. 42	990 236. 96	2. 23
35	陆家嘴信托	979 787. 88	906 230. 68	8. 12
36	新时代信托	935 835. 39	1 150 532. 73	-18. 66
37	湖南信托	918 720. 52	1 030 402. 95	-10. 84
38	国投泰康信托	871 917. 69	865 590. 74	0. 73
39	国通信托	815 215. 15	829 842. 15	-1. 76
40	天津信托	806 937. 26	749 330. 18	7. 69
41	华鑫信托	774 873. 95	744 682. 07	4. 05
42	粤财信托	755 699. 98	650 849. 34	16. 11
43	国元信托	753 076. 82	744 887. 78	1. 10
44	新华信托	735 796. 89	778 375. 04	-5. 47
45	厦门国际信托	727 797. 00	603 771. 00	20. 54
46	中海信托	710 342. 13	717 588. 62	-1. 01
47	吉林信托	702 098. 94	697 785. 06	0. 62
48	西部信托	637 938. 37	555 547. 21	14. 83
49	东莞信托	609 402. 33	650 939. 67	-6. 38
50	苏州信托	565 918. 75	496 084. 41	14. 08
51	北方信托	545 023. 46	515 312. 03	5. 77
52	华澳信托	540 972. 22	570 827. 93	-5. 23
53	国联信托	539 641. 00	512 365. 00	5. 32

续表

排名	公司简称	2019年12月31日(万元)	2018年12月31日(万元)	增长率(%)
54	中粮信托	538 839.71	549 586.23	-1.96
55	金谷信托	529 531.01	473 788.70	11.77
56	杭州工商信托	519 138.00	535 336.00	-3.03
57	西藏信托	501 337.76	265 661.99	88.71
58	中泰信托	474 725.16	455 862.91	4.14
59	紫金信托	465 158.94	421 478.25	10.36
60	万向信托	437 000.31	388 636.17	12.44
61	山西信托	435 219.10	462 655.25	-5.93
62	雪松信托	360 948.56	491 460.11	-26.56
63	云南信托	358 845.15	307 662.38	16.64
64	国民信托	323 817.75	361 595.08	-10.45
65	浙金信托	250 516.30	310 288.01	-19.26
66	大业信托	245 522.76	271 625.75	-9.61
67	长城新盛信托	153 671.76	137 303.77	11.92
68	华宸信托	128 392.82	121 621.88	5.57
合计		120 234 562.73	113 894 587.06	5.57
平均		1 768 155.33	1 674 920.40	5.57

注:由于存在会计政策变更等因素造成部分2019年初的金额和2018年末的金额存在部分调整差异,本年统计的数据按照各企业在公布的审计报告确认的年初数为准。

超过100亿元的信托公司有34家公司,较2018年增加了3家,这34家公司占68家信托公司固有资产总额的83.66%;2019年所有公司固有资产总额均大于10亿元。固有资产总额分布情况见表3-1-2。

表3-1-2 固有资产总额分布情况

项目	2019年			2018年		
	家数(家)	资产总额(万元)	占比(%)	家数(家)	资产总额(万元)	占比(%)
100亿元以上	34	100 584 901.91	83.66	31	92 005 606.95	80.78
50亿~100亿元	23	16 015 842.22	13.32	23	16 923 255.46	14.86
10亿~50亿元	11	3 633 818.60	3.02	14	4 965 724.66	4.36
10亿元以下	—	—	—	—	—	—
合计	68	120 234 562.73	100.00	68	113 894 587.06	100.00

2019年信托行业营业总收入为1 447.85亿元,相较于2018年上升了14.37%,上涨的有43家,其中上涨幅度最大的为国联信托,增长了263.34%,其余下降的25家中,下降幅度最大的为安信信托。固有资产营业总收入排行见表3-1-3。

表3-1-3 固有资产营业总收入排行榜

排名	公司简称	2019年度(万元)	2018年度(万元)	增长率(%)
1	平安信托	1 870 505.32	1 619 364.43	15.51
2	重庆信托	787 918.85	691 059.55	14.02
3	中信信托	718 278.03	536 524.36	33.88
4	中融信托	535 879.06	581 855.57	-7.90
5	华能信托	506 940.96	349 188.55	45.18
6	建信信托	497 738.86	453 477.29	9.76
7	上海信托	458 682.56	392 436.38	16.88
8	兴业信托	446 097.41	359 193.20	24.19
9	光大兴陇信托	418 548.54	212 924.18	96.57
10	五矿信托	415 665.12	293 328.36	41.71
11	中航信托	358 357.75	339 910.05	5.43
12	江苏信托	323 543.00	227 019.03	42.52
13	四川信托	317 071.95	278 764.41	13.74
14	华润信托	304 631.18	270 783.09	12.50
15	渤海信托	292 411.33	198 492.55	47.32
16	外贸信托	278 872.85	299 775.72	-6.97
17	长安信托	262 534.46	210 141.83	24.93

续表

排名	公司简称	2019 年度（万元）	2018 年度（万元）	增长率（%）
18	华宝信托	259 846. 32	275 975. 45	–5. 84
19	爱建信托	255 832. 05	202 900. 57	26. 09
20	中建投信托	242 341. 71	195 339. 20	24. 06
21	中诚信托	242 200. 68	248 223. 87	–2. 43
22	中国民生信托	234 351. 88	236 901. 49	–1. 08
23	中铁信托	227 084. 88	200 527. 01	–21. 00
24	国投泰康信托	216 545. 52	150 360. 96	44. 02
25	昆仑信托	193 887. 33	150 670. 17	28. 68
26	北京信托	189 781. 76	169 519. 25	11. 95
27	交银国际信托	187 708. 75	172 762. 33	8. 65
28	山东信托	187 249. 80	163 390. 20	14. 60
29	陕国投	175 565. 46	102 733. 45	70. 89
30	百瑞信托	162 859. 87	163 660. 07	–0. 49
31	英大信托	152 463. 78	114 843. 30	32. 76
32	陆家嘴信托	144 474. 98	113 677. 55	27. 09
33	万向信托	141 451. 03	101 811. 42	38. 93
34	华鑫信托	128 197. 28	103 407. 15	23. 97
35	粤财信托	121 261. 95	95 011. 70	27. 63
36	国通信托	116 543. 85	129 066. 85	–9. 70
37	厦门国际信托	114 139. 00	102 267. 00	11. 61
38	杭州工商信托	113 329. 00	113 197. 00	0. 12
39	中海信托	112 372. 14	120 489. 56	–6. 74
40	紫金信托	110 324. 71	80 432. 18	37. 16
41	东莞信托	109 918. 43	91 845. 86	19. 68
42	国联信托	109 731. 00	30 201. 00	263. 34
43	华澳信托	99 362. 94	73 778. 63	34. 68
44	中原信托	96 845. 44	118 510. 43	–18. 28
45	云南信托	88 412. 05	67 925. 24	30. 16
46	湖南信托	87 380. 36	125 574. 39	–30. 42
47	中粮信托	84 779. 40	58 553. 22	44. 79
48	天津信托	84 264. 51	116 495. 52	–27. 67
49	苏州信托	81 917. 87	55 340. 13	48. 03
50	西藏信托	79 624. 35	48 290. 09	64. 89
51	西部信托	78 044. 30	71 872. 94	8. 59
52	北方信托	77 448. 22	62 551. 28	23. 82
53	国民信托	70 288. 76	87 451. 67	–19. 63
54	国元信托	68 423. 05	57 755. 21	18. 47
55	吉林信托	58 764. 97	62 653. 02	–6. 21
56	华信信托	57 276. 33	114 565. 59	–50. 01
57	浙金信托	55 460. 75	74 051. 02	–25. 10
58	金谷信托	51 747. 24	51 179. 42	1. 11
59	大业信托	48 303. 64	77 910. 98	–38. 00
60	新时代信托	42 011. 29	71 444. 40	–41. 20
61	长城新盛信托	39 019. 40	45 058. 77	–13. 40
62	中泰信托	27 021. 46	28 769. 13	–6. 07
63	雪松信托	26 383. 48	41 845. 90	–36. 95
64	华融信托	21 939. 38	8 641. 05	153. 90
65	山西信托	19 216. 46	30 130. 48	–36. 22
66	新华信托	17 142. 27	51 911. 05	–66. 98
67	华宸信托	418. 10	5 170. 90	–91. 91
68	安信信托	–26 746. 46	20 465. 01	–230. 69
合计		14 478 489. 95	12 659 348. 64	14. 37
平均		212 918. 97	186 166. 89	14. 37

注：由于各家公司的报告格式不一致，在统计利润表时我们对报表项目进行了调整，具体调整结果见第四章表 4 –1 –3 汇总利润表。

营业总收入超过 50 亿元的信托公司共有 5 家公司，较 2018 年增加 1 家，5 家公司营业收入占 68 家信托公司合计数的 30.52%，主要收入集中在 10 亿 ~50 亿元，占 68 家信托公司合计数的 59.57%。固有资产营业总收入分布情况见表 3 -1 -4。

表 3 -1 -4 固有资产营业总收入分布情况

项目	2019 年			2018 年		
	家数(家)	营业总收入(万元)	占比(%)	家数(家)	营业总收入(万元)	占比(%)
50 亿元以上	5	4 419 522.22	30.52	4	3 428 803.91	27.09
10 亿 ~50 亿元	37	8 624 218.18	59.57	38	7 780 304.43	61.46
5 亿 ~10 亿元	16	1 220 040.54	8.43	17	1 191 667.96	9.41
5 亿元以下	10	214 709.02	1.48	9	258 572.33	2.04
合计	68	14 478 489.95	100.00	68	12 659 348.64	100.00

2019 年信托行业利润总额为 778.18 亿元，较 2018 年略有上升，增长了 3.58%，其中增长的有 40 家，增长幅度最大的为中粮信托，增长了 290.63%。固有资产利润总额排行榜见表 3 -1 -5。

表 3 -1 -5 固有资产利润总额排行榜

排名	公司简称	2019 年度(万元)	2018 年度(万元)	增长率(%)
1	平安信托	735 229.47	716 061.52	2.68
2	重庆信托	559 928.94	476 205.36	17.58
3	中信信托	476 677.57	453 965.21	5.00
4	华能信托	421 093.91	320 518.99	31.38
5	华润信托	334 813.31	279 641.22	19.73
6	江苏信托	295 002.92	217 144.89	35.86
7	建信信托	294 659.65	268 847.07	9.60
8	五矿信托	280 103.57	228 491.91	22.59
9	光大兴陇信托	278 196.04	148 450.25	87.40
10	上海信托	264 070.05	219 782.51	20.15
11	中航信托	256 382.22	244 609.12	4.81
12	外贸信托	235 195.28	255 599.80	-7.98
13	中融信托	220 770.30	263 581.77	-16.24
14	兴业信托	218 819.14	180 618.08	21.15
15	爱建信托	165 527.73	149 069.37	11.04
16	交银国际信托	151 356.80	140 427.93	7.78
17	渤海信托	148 927.31	135 554.38	9.87
18	华宝信托	145 568.52	168 303.75	-13.51
19	国投泰康信托	143 624.68	85 811.04	67.37
20	百瑞信托	141 234.68	135 861.95	3.95
21	中铁信托	136 011.84	161 591.93	-15.83
22	昆仑信托	132 731.21	128 929.08	2.95
23	英大信托	129 478.17	80 473.72	60.89
24	中国民生信托	124 882.16	145 688.11	-14.28
25	北京信托	123 006.12	110 609.81	11.21
26	中诚信托	119 339.33	142 844.33	-16.45
27	中建投信托	117 579.34	120 489.63	-2.42
28	粤财信托	98 041.98	79 394.78	23.49
29	四川信托	97 183.38	104 891.24	-7.35
30	万向信托	95 054.24	67 935.51	39.92
31	中海信托	91 680.11	199 517.87	-54.05
32	山东信托	87 783.50	112 684.70	-22.10
33	华鑫信托	85 977.28	80 361.84	6.99
34	杭州工商信托	84 710.00	85 046.00	-0.40
35	陆家嘴信托	84 466.99	59 273.19	42.50

续表

排名	公司简称	2019 年度(万元)	2018 年度(万元)	增长率(%)
36	陕国投	76 025. 19	42 512. 28	78. 83
37	厦门国际信托	72 553. 00	68 260. 00	6. 29
38	紫金信托	71 388. 36	61 034. 63	16. 96
39	长安信托	69 140. 06	47 580. 15	45. 31
40	国通信托	67 077. 96	87 477. 76	-23. 32
41	东莞信托	66 268. 50	61 663. 23	7. 47
42	国联信托	64 311. 00	24 744. 00	159. 91
43	天津信托	63 950. 98	60 679. 89	5. 39
44	苏州信托	63 060. 26	49 199. 38	28. 17
45	西藏信托	55 523. 98	29 992. 05	85. 13
46	中原信托	54 360. 78	59 975. 33	-9. 36
47	国元信托	54 045. 73	45 878. 04	17. 80
48	云南信托	53 360. 60	38 602. 76	38. 23
49	西部信托	44 719. 06	42 945. 27	4. 13
50	华澳信托	40 981. 40	54 810. 65	-25. 23
51	北方信托	32 966. 55	55 113. 38	-40. 18
52	湖南信托	32 949. 71	113 056. 63	-70. 86
53	长城新盛信托	30 647. 24	33 116. 11	-7. 46
54	国民信托	25 123. 96	16 277. 00	54. 35
55	吉林信托	21 368. 71	44 168. 87	-51. 62
56	新时代信托	19 384. 69	47 863. 10	-59. 50
57	中粮信托	16 196. 49	4 146. 21	290. 63
58	大业信托	14 308. 00	20 841. 82	-31. 35
59	浙金信托	14 047. 80	20 653. 22	-31. 98
60	中泰信托	13 806. 55	15 613. 93	-11. 58
61	金谷信托	7 201. 18	22 968. 01	-68. 65
62	新华信托	1 780. 03	7 196. 23	-75. 26
63	山西信托	1 739. 03	768. 87	126. 18
64	华宸信托	-7 697. 79	-16 117. 17	-52. 24
65	华信信托	-23 622. 43	104 141. 61	-122. 68
66	华融信托	-30 664. 89	9 263. 80	-431. 02
67	雪松信托	-153 416. 83	-285 558. 64	-46. 27
68	安信信托	-526 201. 41	-244 250. 41	115. 44
合计		7 781 791. 20	7 512 895. 88	3. 58
平均		114 438. 11	110 483. 76	3. 58

注：由于各家公司的报告格式不一致，在统计利润表时我们对报表项目进行了调整，具体调整结果见第四章表 4 -1 -3 汇总利润表。

2019 年利润总额超过 20 亿元的共有 14 家，较 2018 年增加 2 家，合计 487. 09 亿元，占全部 68 家公司利润总额的 62. 59%；低于 1 亿元以下的上升为 8 家，部分信托企业亏损严重。固有资产利润总额分布情况见表 3 -1 -6。

表 3 -1 -6　固有资产利润总额分布情况

项目	2019 年			2018 年		
	家数(家)	利润总额(万元)	占比(%)	家数(家)	利润总额(万元)	占比(%)
20 亿元以上	14	4 870 942. 37	62. 59	12	3 944 449. 37	52. 50
10 亿 ~20 亿元	13	1 779 267. 88	22. 86	18	2 502 730. 66	33. 31
1 亿 ~10 亿元	33	1 862 464. 06	23. 93	31	1 590 266. 95	21. 17
1 亿元以下	8	-730 883. 11	-9. 39	7	-524 551. 11	-6. 98
合计	68	7 781 791. 20	100. 00	68	7 512 895. 88	100. 00

由于2019年部分企业选择了最新的收入准则和金融资产准则，由于会计政策变更等原因，导致很多公司审计报告中披露的期初净资产与上年披露存在差异，共有10家信托公司本年披露的期初净资产与上年披露的年末净资产不一致，所有公司均披露了政策变更的原因。

2019年信托行业固有资产净资产总额为6 897.33亿元，比2018年增长了10.05%，其中增长的有62家，增长幅度最大的为西藏信托，增长了106.85%。

68家公司平均净资产为101.43亿元，净资产超过50亿元的有49家，2019年度无净资产低于10亿元的信托公司。

表3-1-7　固有资产净资产排行榜

排名	公司简称	2019年12月31日(万元)	本年列报2018年数(万元)	上年列报2018年数(万元)	2018年末与2019年初数差异(万元)
1	平安信托	5 731 787.46	5 183 514.33	5 183 514.33	—
2	重庆信托	3 681 403.14	3 276 530.94	3 276 530.94	—
3	中信信托	3 085 333.45	2 521 270.80	2 521 344.59	-73.79
4	华润信托	2 278 404.13	2 030 657.18	2 030 657.17	—
5	建信信托	2 080 120.48	1 358 068.21	1 358 068.21	—
6	中融信托	2 070 939.41	1 933 565.32	1 940 594.32	-7 029.00
7	江苏信托	2 048 618.45	1 779 080.48	1 779 080.48	—
8	华能信托	2 046 777.64	1 847 023.33	1 847 023.33	—
9	兴业信托	1 951 991.82	1 754 244.54	1 754 244.54	—
10	中诚信托	1 794 764.89	1 711 352.91	1 711 352.92	—
11	上海信托	1 785 044.73	1 594 359.90	1 594 359.90	—
12	外贸信托	1 771 664.86	1 258 865.02	1 258 865.02	—
13	五矿信托	1 385 372.02	1 236 204.20	1 236 204.20	—
14	昆仑信托	1 320 232.45	1 283 268.81	1 283 268.81	—
15	渤海信托	1 313 421.37	1 203 323.95	1 203 323.95	—
16	中航信托	1 280 975.46	1 179 390.44	1 179 390.44	—
17	华信信托	1 228 925.36	1 205 707.73	1 205 707.73	—
18	交银国际信托	1 214 522.16	1 106 641.77	1 106 641.77	—
19	华宝信托	1 133 180.77	979 815.20	980 132.65	-317.45
20	陕国投	1 097 736.37	1 041 485.82	1 041 485.82	—
21	中国民生信托	1 096 080.79	1 072 747.46	1 072 747.46	—
22	光大兴陇信托	1 071 113.26	897 175.60	897 175.60	—
23	山东信托	981 041.30	954 069.20	954 069.20	—
24	中铁信托	975 657.87	910 981.45	910 981.45	—
25	四川信托	966 878.61	900 450.65	900 450.65	—
26	北京信托	946 759.59	887 373.81	887 373.81	—
27	英大信托	942 607.75	835 959.46	844 268.26	-8 308.80
28	百瑞信托	925 630.45	824 136.68	779 453.88	44 682.80
29	中原信托	883 280.58	841 232.73	841 232.73	—
30	华融信托	875 077.46	924 423.97	924 423.97	—
31	新时代信托	861 616.25	845 297.55	845 297.55	—
32	安信信托	833 910.29	1 272 141.94	1 272 141.94	—
33	中建投信托	832 732.71	739 466.07	739 704.80	-238.73
34	国投泰康信托	786 425.31	677 867.28	669 534.36	8 332.92
35	长安信托	746 668.48	650 655.11	650 655.11	—
36	爱建信托	744 041.79	648 856.03	648 856.05	—
37	粤财信托	721 761.81	627 250.05	627 250.05	—
38	国元信托	717 769.12	679 728.60	679 381.64	346.96
39	湖南信托	697 703.48	751 500.07	751 500.07	—
40	中海信托	633 978.86	627 647.74	627 647.74	—
41	华鑫信托	616 366.46	653 711.70	653 711.70	—
42	国通信托	605 569.29	555 108.04	555 108.04	—
43	新华信托	596 072.43	594 546.41	594 546.41	—
44	天津信托	573 005.50	513 788.62	513 788.62	—

续表

排名	公司简称	2019年12月31日(万元)	本年列报2018年数(万元)	上年列报2018年数(万元)	2018年末与2019年初数差异(万元)
45	东莞信托	565 774.27	541 782.81	541 782.81	—
46	陆家嘴信托	553 026.08	487 792.47	487 792.47	—
47	厦门国际信托	539 757.00	510 030.00	510 030.00	—
48	西部信托	530 111.16	455 372.06	455 372.06	—
49	苏州信托	507 801.98	447 518.62	447 518.62	—
50	北方信托	469 285.33	434 808.97	434 808.97	—
51	西藏信托	464 362.32	224 492.66	224 492.66	—
52	中泰信托	455 253.00	435 122.05	435 122.05	—
53	国联信托	451 955.00	471 506.00	471 506.00	—
54	中粮信托	450 560.02	438 963.70	438 963.70	—
55	杭州工商信托	443 041.00	407 492.00	407 492.00	—
56	华澳信托	413 135.81	382 518.18	382 518.18	—
57	吉林信托	411 932.58	376 118.90	376 118.90	—
58	紫金信托	406 410.32	382 469.49	382 469.49	—
59	金谷信托	404 357.76	401 297.68	401 297.68	—
60	万向信托	363 715.58	293 884.75	293 884.75	—
61	云南信托	302 257.10	261 932.08	261 932.08	—
62	国民信托	274 918.40	255 999.99	255 999.99	—
63	浙金信托	217 665.39	207 236.07	207 126.07	110.00
64	雪松信托	204 900.58	325 548.03	744 688.87	-419 140.84
65	大业信托	195 716.18	184 974.06	184 974.06	—
66	山西信托	192 834.21	188 288.66	188 288.66	—
67	长城新盛信托	114 605.23	91 544.46	91 544.46	—
68	华宸信托	106 949.88	99 135.35	99 135.35	—
合计		68 973 292.03	62 676 316.15	63 057 952.09	-381 635.94
平均		1 014 313.12	921 710.53	927 322.82	

注:报表披露中绝对值差异小于等于1万元的视为尾差,不计入不一致范围。本次排名以公司本年披露的年初数为准,同时列报上年净资产。

表3-1-8 固有资产净利润排行榜

排名	公司简称	2019年(万元)	本年列报2018年数(万元)	上年列报2018年数(万元)	2018年末与2019年初数差异(万元)
1	平安信托	572 983.23	571 133.26	571 133.26	—
2	重庆信托	434 705.38	372 715.24	372 715.24	—
3	中信信托	359 312.10	335 866.59	335 866.59	—
4	华能信托	317 524.50	241 829.99	241 829.99	—
5	华润信托	280 457.55	230 593.84	230 593.85	-0.01
6	江苏信托	241 851.93	185 740.90	185 740.90	—
7	建信信托	221 768.98	205 586.42	205 586.40	0.02
8	五矿信托	210 462.16	171 995.31	171 995.31	—
9	光大兴陇信托	207 768.85	111 665.56	111 665.56	—
10	上海信托	199 977.62	170 675.51	170 675.51	—
11	中航信托	193 992.99	184 664.70	184 664.70	—
12	外贸信托	179 104.66	194 613.69	194 613.69	—
13	中融信托	175 509.89	207 194.14	214 223.14	-7 029.00
14	兴业信托	166 402.87	136 038.45	136 038.45	—
15	爱建信托	123 786.43	111 528.37	111 528.37	—
16	交银国际信托	113 793.89	105 735.04	105 735.04	—
17	华宝信托	113 021.89	127 789.10	127 789.10	—

续表

排名	公司简称	2019 年(万元)	本年列报 2018 年数(万元)	上年列报 2018 年数(万元)	2018 年末与 2019 年初数差异(万元)
18	渤海信托	111 586. 88	101 662. 59	101 662. 59	—
19	百瑞信托	108 768. 95	102 438. 48	101 147. 41	1 291. 07
20	国投泰康信托	108 406. 21	65 205. 92	65 205. 92	—
21	中铁信托	103 162. 42	122 963. 91	122 966. 91	-3. 00
22	中诚信托	100 583. 05	119 589. 34	119 589. 34	—
23	昆仑信托	99 135. 75	97 803. 61	97 803. 61	—
24	英大信托	98 481. 66	62 416. 45	59 311. 24	3 105. 21
25	中国民生信托	93 344. 37	107 994. 62	107 986. 08	8. 54
26	北京信托	92 756. 98	83 299. 88	83 299. 88	—
27	中建投信托	87 999. 35	91 357. 81	91 583. 12	-225. 31
28	粤财信托	83 799. 55	68 061. 76	68 061. 76	—
29	中海信托	73 917. 79	159 408. 14	159 408. 14	—
30	四川信托	73 077. 16	77 825. 32	77 825. 32	—
31	万向信托	69 830. 82	50 549. 13	50 549. 13	—
32	山东信托	66 390. 60	87 224. 80	87 224. 80	—
33	华鑫信托	65 426. 02	59 879. 10	59 879. 10	—
34	杭州工商信托	63 831. 00	63 769. 00	63 769. 00	—
35	陆家嘴信托	62 544. 08	44 097. 12	44 097. 12	—
36	陕国投	58 152. 80	31 947. 42	31 947. 42	—
37	天津信托	57 815. 10	58 419. 03	58 419. 03	—
38	厦门国际信托	55 735. 00	51 831. 00	51 831. 00	—
39	紫金信托	53 214. 83	44 763. 38	44 763. 38	—
40	长安信托	51 456. 74	35 613. 18	35 613. 18	—
41	东莞信托	50 080. 74	46 409. 13	46 409. 13	—
42	国通信托	50 045. 84	65 178. 99	65 178. 99	—
43	西藏信托	49 161. 12	27 357. 16	27 357. 16	—
44	苏州信托	47 956. 45	37 637. 02	37 637. 02	—
45	国元信托	43 907. 18	36 820. 51	36 820. 51	—
46	国联信托	42 900. 00	19 556. 00	19 556. 00	—
47	中原信托	41 151. 76	41 488. 88	41 488. 88	—
48	云南信托	40 325. 01	29 571. 16	29 571. 16	—
49	西部信托	34 224. 15	32 836. 42	32 836. 42	—
50	华澳信托	30 617. 63	41 041. 62	41 041. 62	—
51	湖南信托	24 887. 45	99 982. 11	99 982. 11	—
52	北方信托	24 545. 78	41 944. 98	41 944. 98	—
53	长城新盛信托	23 060. 77	24 519. 25	24 563. 20	-43. 95
54	国民信托	18 918. 41	11 903. 04	11 903. 04	—
55	吉林信托	18 062. 89	35 003. 99	35 003. 99	—
56	新时代信托	14 964. 87	37 249. 56	37 249. 56	—
57	中泰信托	12 941. 46	14 413. 94	14 413. 94	—
58	中粮信托	11 596. 32	2 582. 77	2 582. 77	—
59	大业信托	10 742. 12	15 726. 35	15 726. 35	—
60	浙金信托	10 429. 32	15 391. 84	15 391. 84	—
61	金谷信托	5 251. 13	17 184. 74	17 184. 74	—
62	山西信托	1 657. 03	1 408. 48	1 408. 48	—
63	新华信托	1 558. 64	5 847. 42	5 847. 42	—
64	华宸信托	-6 053. 80	-11 924. 22	-11 924. 22	—

续表

排名	公司简称	2019 年（万元）	本年列报 2018 年数（万元）	上年列报 2018 年数（万元）	2018 年末与 2019 年初数差异（万元）
65	华信信托	-15 244.73	80 678.88	80 678.88	—
66	华融信托	-41 227.34	5 390.15	5 390.15	—
67	雪松信托	-153 416.83	-290 631.15	7 757.08	-298 388.23
68	安信信托	-399 424.64	-183 390.36	-183 390.36	—
合计		5 945 460.76	5 754 665.76	6 055 950.42	-301 284.66
平均		87 433.25	84 627.44	89 058.09	

注：报表披露中差异绝对值小于等于 1 万元的视为尾差，不计入不一致范围。共有 8 家信托公司本年披露的上年净利润与上年披露的当年净利润不一致，本次排名以公司本年披露的上年数为准，同时列示上年披露的净利润数。

2019 年净利润较 2018 年增长了 3.31%，同时净利润金额超过 10 亿元的有 22 家，较 2018 年少了 1 家，22 家公司合计净利润为 464.49 亿元，占 68 家信托公司净利润合计数的 78.13%。

表 3-1-9　固有资产净利润分布情况

项目	2019 年			2018 年		
	家数（家）	净利润（万元）	占比（%）	家数（家）	净利润（万元）	占比（%）
30 亿元以上	4	1 684 525.21	28.33	3	1 279 715.09	22.24
10 亿～30 亿元	18	2 960 407.22	49.79	20	3 099 708.10	53.86
1 亿～10 亿元	38	1 907 428.87	32.08	38	1 845 959.48	32.08
1 亿元以下	8	-606 900.54	-10.21	7	-470 716.91	-8.18
合计	68	5 945 460.76	100.00	68	5 754 665.76	100.00

表 3-1-10　固有资产净资产收益率排行榜

排名	公司简称	2019 年收益率（%）	2018 年收益率（%）
1	长城新盛信托	20.12	26.78
2	光大兴陇信托	19.40	12.45
3	万向信托	19.20	17.20
4	爱建信托	16.64	17.19
5	华能信托	15.51	13.09
6	五矿信托	15.19	13.91
7	中航信托	15.14	15.66
8	杭州工商信托	14.41	15.65
9	国投泰康信托	13.78	9.62
10	云南信托	13.34	11.29
11	紫金信托	13.09	11.70
12	华润信托	12.31	11.36
13	重庆信托	11.81	11.38
14	江苏信托	11.81	10.44
15	百瑞信托	11.75	12.43
16	中海信托	11.66	25.40
17	中信信托	11.65	13.32
18	粤财信托	11.61	10.85
19	陆家嘴信托	11.31	9.04
20	上海信托	11.20	10.70
21	建信信托	10.66	15.14
22	华鑫信托	10.61	9.16
23	西藏信托	10.59	12.19
24	中铁信托	10.57	13.50
25	中建投信托	10.57	12.35

续表

排名	公司简称	2019 年收益率(%)	2018 年收益率(%)
26	英大信托	10.45	7.47
27	厦门国际信托	10.33	10.16
28	外贸信托	10.11	15.46
29	天津信托	10.09	11.37
30	平安信托	10.00	11.02
31	华宝信托	9.97	13.04
32	北京信托	9.80	9.39
33	国联信托	9.49	4.15
34	苏州信托	9.44	8.41
35	交银国际信托	9.37	9.55
36	东莞信托	8.85	8.57
37	兴业信托	8.52	7.75
38	中国民生信托	8.52	10.07
39	渤海信托	8.50	8.45
40	中融信托	8.47	10.72
41	国通信托	8.26	11.74
42	四川信托	7.56	8.64
43	昆仑信托	7.51	7.62
44	华澳信托	7.41	10.73
45	长安信托	6.89	5.47
46	国民信托	6.88	4.65
47	山东信托	6.77	9.14
48	西部信托	6.46	7.21
49	国元信托	6.12	5.42
50	中诚信托	5.60	6.99
51	大业信托	5.49	8.50
52	陕国投	5.30	3.07
53	北方信托	5.23	9.65
54	浙金信托	4.79	7.43
55	中原信托	4.66	4.93
56	吉林信托	4.38	9.31
57	湖南信托	3.57	13.30
58	中泰信托	2.84	3.31
59	中粮信托	2.57	0.59
60	新时代信托	1.74	4.41
61	金谷信托	1.30	4.28
62	山西信托	0.86	0.75
63	新华信托	0.26	0.98
64	华信信托	-1.24	6.69
65	华融信托	-4.71	0.58
66	华宸信托	-5.66	-12.03
67	安信信托	-47.90	-14.42
68	雪松信托	-74.87	-89.27
平均值		8.62	9.18

2019 年总体净资产收益率为 8.62%，较 2018 年的 9.18% 所有下降（见表 3－1－10），其中低于 6% 的有 19 家，比 2018 年增加 3 家（详见表 3－1－11）。

表 3-1-11　固有资产平均净资产收益率分布情况

指标	家数(家)	平均净资产收益率(%)
大于等于 6% 的	49	10. 92
3% ~6%(含 3%)	8	3. 28
0 ~3%	6	-1. 98
0 以下	5	-53. 22

表 3-1-12　成本收入比排行榜

排名	公司简称	2019 年			2018 年		
		业务及管理费(万元)	营业总收入(万元)	成本收入比(%)	业务及管理费(万元)	营业总收入(万元)	成本收入比(%)
1	华宸信托	3 293. 82	418. 10	787. 81	2 908. 18	5 170. 90	56. 24
2	华融信托	28 814. 07	21 939. 38	131. 33	39 532. 92	8 641. 05	457. 50
3	雪松信托	31 069. 80	26 383. 48	117. 76	22 899. 69	41 845. 90	54. 72
4	山西信托	20 668. 36	19 216. 46	107. 56	22 129. 90	30 130. 48	73. 45
5	新华信托	14 851. 79	17 142. 27	86. 64	14 187. 43	51 911. 05	27. 33
6	浙金信托	37 582. 26	55 460. 75	67. 76	42 221. 27	74 051. 02	57. 02
7	中融信托	311 946. 72	535 879. 06	58. 21	307 801. 07	581 855. 57	52. 90
8	四川信托	150 814. 99	317 071. 95	47. 56	136 255. 93	278 764. 41	48. 88
9	吉林信托	26 579. 41	58 764. 97	45. 23	25 230. 18	62 653. 02	40. 27
10	中国民生信托	105 553. 24	234 351. 88	45. 04	64 250. 65	236 901. 49	27. 12
11	上海信托	190 060. 64	458 682. 56	41. 44	172 355. 06	392 436. 38	43. 92
12	中泰信托	10 687. 83	27 021. 46	39. 55	13 759. 60	28 769. 13	47. 83
13	云南信托	34 513. 85	88 412. 05	39. 04	28 850. 36	67 925. 24	42. 47
14	东莞信托	42 460. 52	109 918. 43	38. 63	29 479. 03	91 845. 86	32. 10
15	西部信托	30 034. 80	78 044. 30	38. 48	25 943. 66	71 872. 94	36. 10
16	华宝信托	97 865. 17	259 846. 32	37. 66	106 286. 63	275 975. 45	38. 51
17	陆家嘴信托	53 902. 52	144 474. 98	37. 31	40 562. 65	113 677. 55	35. 68
18	国民信托	26 140. 94	70 288. 76	37. 19	39 209. 37	87 451. 67	44. 84
19	大业信托	16 698. 35	48 303. 64	34. 57	13 945. 45	77 910. 98	17. 90
20	国通信托	39 019. 15	116 543. 85	33. 48	36 451. 88	129 066. 85	28. 24
21	国投泰康信托	71 624. 87	216 545. 52	33. 08	63 898. 75	150 360. 96	42. 50
22	平安信托	616 937. 96	1 870 505. 32	32. 98	578 866. 18	1 619 364. 43	35. 75
23	中诚信托	77 102. 25	242 200. 68	31. 83	75 249. 72	248 223. 87	30. 32
24	中粮信托	26 861. 03	84 779. 40	31. 68	16 467. 97	58 553. 22	28. 12
25	五矿信托	131 270. 87	415 665. 12	31. 58	58 616. 01	293 328. 36	19. 98
26	新时代信托	12 976. 72	42 011. 29	30. 89	19 867. 45	71 444. 40	27. 81
27	陕国投	52 990. 00	175 565. 46	30. 18	34 513. 57	102 733. 45	33. 60
28	北京信托	54 476. 48	189 781. 76	28. 70	52 338. 14	169 519. 25	30. 87
29	爱建信托	73 188. 73	255 832. 05	28. 61	51 771. 81	202 900. 57	25. 52
30	金谷信托	14 768. 08	51 747. 24	28. 54	14 320. 56	51 179. 42	27. 98
31	厦门国际信托	32 441. 00	114 139. 00	28. 42	34 101. 00	102 267. 00	33. 35
32	万向信托	39 829. 66	141 451. 03	28. 16	33 335. 60	101 811. 42	32. 74
33	光大兴陇信托	115 895. 73	418 548. 54	27. 69	61 693. 65	212 924. 18	28. 97
34	中航信托	98 781. 20	358 357. 75	27. 56	90 262. 34	339 910. 05	26. 55
35	中建投信托	66 622. 40	242 341. 71	27. 49	52 385. 13	195 339. 20	26. 82
36	华澳信托	25 920. 47	99 362. 94	26. 09	20 422. 28	73 778. 63	27. 68
37	兴业信托	114 446. 40	446 097. 41	25. 66	129 271. 39	359 193. 20	35. 99

续表

排名	公司简称	2019 年			2018 年		
		业务及管理费(万元)	营业总收入(万元)	成本收入比(%)	业务及管理费(万元)	营业总收入(万元)	成本收入比(%)
38	西藏信托	20 313.56	79 624.35	25.51	18 511.97	48 290.09	38.33
39	中信信托	181 791.69	718 278.03	25.31	157 682.14	536 524.36	29.39
40	华鑫信托	32 421.29	128 197.28	25.29	23 286.36	103 407.15	22.52
41	杭州工商信托	27 299.00	113 329.00	24.09	27 181.00	113 197.00	24.01
42	紫金信托	26 089.47	110 324.71	23.65	19 028.60	80 432.18	23.66
43	中原信托	22 016.46	96 845.44	22.73	25 114.26	118 510.43	21.19
44	苏州信托	18 026.24	81 917.87	22.01	13 628.60	55 340.13	24.63
45	中铁信托	49 406.83	227 684.88	21.70	49 956.86	288 527.01	17.31
46	外贸信托	57 780.80	278 872.85	20.72	47 771.81	299 775.72	15.94
47	长城新盛信托	8 077.92	39 019.40	20.70	11 583.10	45 058.77	25.71
48	长安信托	53 270.25	262 534.46	20.29	93 062.18	210 141.83	44.29
49	天津信托	15 882.35	84 264.51	18.85	16 792.38	116 495.52	14.41
50	交银国际信托	35 208.97	187 708.75	18.76	30 180.41	172 762.33	17.47
51	重庆信托	146 631.89	787 918.85	18.61	143 603.19	691 059.55	20.78
52	湖南信托	16 103.27	87 380.36	18.43	9 667.28	125 574.39	7.70
53	粤财信托	22 194.27	121 261.95	18.30	15 401.18	95 011.70	16.21
54	中海信托	20 116.76	112 372.14	17.90	20 557.77	120 489.56	17.06
55	国元信托	12 140.99	68 423.05	17.74	9 910.49	57 755.21	17.16
56	华能信托	86 823.70	506 940.96	17.13	35 966.87	349 188.55	10.30
57	华润信托	49 813.49	304 631.18	16.35	49 726.21	270 783.09	18.36
58	建信信托	80 445.21	497 738.86	16.16	75 243.26	453 477.29	16.59
59	昆仑信托	31 312.33	193 887.33	16.15	29 386.01	150 670.17	19.50
60	百瑞信托	24 572.32	162 859.87	15.09	20 326.99	163 660.07	12.42
61	山东信托	27 216.50	187 249.80	14.53	16 683.20	163 390.20	10.21
62	英大信托	21 760.19	152 463.78	14.27	20 283.32	114 843.30	17.66
63	渤海信托	41 125.13	292 411.33	14.06	34 111.71	198 492.55	17.19
64	华信信托	8 022.83	57 276.33	14.01	9 897.85	114 565.59	8.64
65	江苏信托	22 450.59	323 543.00	6.94	12 361.94	227 019.03	5.45
66	国联信托	6 454.00	109 731.00	5.88	5 002.00	30 201.00	16.56
67	北方信托	615.58	77 448.22	0.79	696.34	62 551.28	1.11
68	安信信托	39 612.63	-26 746.46	-148.10	69 269.61	20 465.01	338.48
合计		4 103 688.60	14 478 489.95	28.34	3 683 517.36	12 659 348.64	29.10

注:由于个别信托本年度收入为负数,成本收入比为负数,故统计比例时将其放入超过50%中。

2019 年 68 家信托公司总体的成本收入比为 28.34%,比 2018 年略有下降,其中,31 家信托公司成本收入比降低(见表 3-1-12)。比例超过 50%的有 7 家公司,与 2018 年一致,低于 10%的有 4 家,也和 2018 年一致(见表 3-1-13)。

表 3-1-13　固有资产成本收入比分布情况

项目	2019 年		2018 年	
	家数(家)	成本收入比(%)	家数(家)	成本收入比(%)
50%以上	7	75.09	7	66.49
30%~50%	20	34.89	20	37.77
10%~20%	37	21.46	37	20.83
10%以下	4	5.78	4	6.16
合计	68	28.02	68	29.10

68 家信托公司平均每股净资产 2. 43 元，比 2018 年略有上升；除了个别信托公司外，其他信托公司每股净资产均超过了 1. 00 元，其中 40 家信托公司每股净资产超过了 2. 00 元，较 2018 年减少 1 家。固有资产每股净资产排行榜见表 3 －1 －14。

表 3 －1 －14　固有资产每股净资产排行榜

单位：元

排名	公司简称	2019 年 12 月 31 日	2018 年 12 月 31 日
1	中泰信托	8. 81	8. 42
2	建信信托	8. 43	8. 89
3	中诚信托	7. 31	6. 97
4	江苏信托	5. 45	4. 73
5	北方信托	4. 69	4. 34
6	平安信托	4. 41	3. 99
7	北京信托	4. 30	4. 03
8	苏州信托	4. 23	3. 73
9	东莞信托	3. 90	3. 74
10	长城新盛信托	3. 82	3. 05
11	渤海信托	3. 65	3. 34
12	国投泰康信托	3. 59	3. 09
13	上海信托	3. 57	3. 19
14	西部信托	3. 53	3. 04
15	天津信托	3. 37	3. 02
16	华能信托	3. 30	2. 98
17	杭州工商信托	2. 95	2. 72
18	华融信托	2. 88	3. 05
19	湖南信托	2. 85	3. 07
20	陕国投	2. 77	2. 63
21	四川信托	2. 76	2. 57
22	中航信托	2. 75	2. 53
23	国民信托	2. 75	2. 56
24	中信信托	2. 74	2. 52
25	万向信托	2. 72	2. 19
26	吉林信托	2. 58	2. 36
27	中海信托	2. 54	2. 51
28	云南信托	2. 52	2. 18
29	重庆信托	2. 45	2. 18
30	国元信托	2. 39	2. 27
31	华宝信托	2. 39	2. 62
32	英大信托	2. 34	2. 07
33	百瑞信托	2. 31	2. 06
34	五矿信托	2. 31	2. 06
35	长安信托	2. 24	1. 95
36	外贸信托	2. 21	4. 59
37	中原信托	2. 21	2. 30
38	交银国际信托	2. 11	1. 92
39	山东信托	2. 11	3. 69
40	华润信托	2. 07	1. 85
41	中粮信托	1. 96	1. 91
42	大业信托	1. 96	1. 85
43	兴业信托	1. 95	3. 51
44	中铁信托	1. 95	1. 82
45	粤财信托	1. 90	1. 65

续表

排名	公司简称	2019 年 12 月 31 日	2018 年 12 月 31 日
46	国通信托	1. 89	1. 73
47	华信信托	1. 86	1. 83
48	金谷信托	1. 84	1. 82
49	中融信托	1. 73	1. 61
50	华鑫信托	1. 72	1. 83
51	光大兴陇信托	1. 67	2. 62
52	中建投信托	1. 67	1. 48
53	紫金信托	1. 66	1. 56
54	华澳信托	1. 65	1. 53
55	爱建信托	1. 62	1. 41
56	中国民生信托	1. 57	1. 53
57	西藏信托	1. 55	2. 24
58	安信信托	1. 52	2. 33
59	国联信托	1. 51	1. 57
60	厦门国际信托	1. 44	1. 36
61	新时代信托	1. 44	1. 41
62	山西信托	1. 42	1. 39
63	新华信托	1. 42	1. 42
64	陆家嘴信托	1. 38	1. 22
65	华宸信托	1. 34	1. 24
66	昆仑信托	1. 29	1. 25
67	浙金信托	1. 28	1. 22
68	雪松信托	0. 68	1. 08
	平均	2. 43	2. 38

2019 年 68 家信托公司货币资金总额为 1 699. 38 亿元，比 2018 年增加 277. 02 亿元，增长了 19. 48%。其中增长的有 35 家公司，增长最多的为平安信托（见表 3 -1 -15）。

表 3 -1 -15　固有资产货币资金排行榜

单位：万元

排名	公司简称	2019 年 12 月 31 日	2018 年 12 月 31 日	增减
1	平安信托	4 890 369. 14	2 884 515. 19	2 005 853. 95
2	重庆信托	3 655 638. 17	3 549 567. 01	106 071. 16
3	中融信托	1 062 206. 37	1 151 362. 88	-89 156. 50
4	光大兴陇信托	775 968. 41	785 856. 28	-9 887. 87
5	四川信托	618 303. 21	448 010. 89	170 292. 32
6	兴业信托	613 924. 26	419 541. 81	194 382. 45
7	建信信托	445 760. 80	441 202. 85	4 557. 95
8	中铁信托	415 868. 33	342 868. 52	72 999. 80
9	中信信托	389 392. 14	395 551. 29	-6 159. 15
10	上海信托	383 404. 97	356 088. 20	27 316. 77
11	湖南信托	352 022. 06	99 579. 75	252 442. 31
12	华宝信托	288 139. 08	230 055. 11	58 083. 97
13	华融信托	166 580. 33	91 457. 89	75 122. 44
14	中国民生信托	165 198. 02	135 775. 23	29 422. 79
15	苏州信托	153 363. 46	26 681. 71	126 681. 75
16	渤海信托	134 563. 82	65 702. 02	68 861. 80
17	长城新盛信托	127 369. 81	84 577. 21	42 792. 60
18	国投泰康信托	123 986. 06	106 113. 40	17 872. 66
19	中建投信托	117 623. 28	37 103. 63	80 519. 65

续表

排名	公司简称	2019 年 12 月 31 日	2018 年 12 月 31 日	增减
20	中航信托	112 289. 65	164 121. 19	-51 831. 54
21	五矿信托	111 716. 76	33 970. 95	77 745. 81
22	中诚信托	110 125. 67	183 013. 56	-72 887. 89
23	华信信托	97 280. 64	121 327. 13	-24 046. 49
24	山东信托	96 442. 40	108 125. 40	-11 683. 00
25	昆仑信托	93 054. 19	110 788. 25	-17 734. 06
26	长安信托	86 184. 92	55 101. 90	31 083. 02
27	粤财信托	84 636. 10	65 188. 17	19 447. 93
28	西藏信托	84 138. 87	79 234. 95	4 903. 92
29	陕国投	82 705. 38	119 252. 84	-36 547. 46
30	交银国际信托	75 880. 47	99 948. 75	-24 068. 28
31	北京信托	69 839. 80	155 767. 75	-85 927. 95
32	万向信托	69 004. 17	120 394. 97	-51 390. 80
33	金谷信托	65 754. 25	87 691. 59	-21 937. 34
34	天津信托	59 004. 76	41 666. 72	17 338. 04
35	吉林信托	58 321. 37	54 620. 26	3 701. 11
36	厦门国际信托	56 308. 00	77 474. 00	-21 166. 00
37	中原信托	54 350. 47	100 449. 10	-46 098. 63
38	爱建信托	49 978. 99	22 503. 43	27 475. 56
39	华润信托	42 676. 51	46 732. 34	-4 055. 83
40	雪松信托	41 426. 03	26 411. 82	15 014. 21
41	北方信托	40 816. 98	50 370. 11	-9 553. 13
42	中粮信托	37 309. 84	13 769. 47	23 540. 37
43	中泰信托	34 880. 84	47 545. 15	-12 664. 31
44	东莞信托	34 877. 89	87 240. 44	-52 362. 55
45	山西信托	29 141. 01	21 731. 11	7 409. 90
46	华能信托	28 993. 33	4 339. 95	24 653. 38
47	外贸信托	28 037. 25	43 367. 85	-15 330. 60
48	中海信托	26 856. 91	39 652. 24	-12 795. 33
49	华宸信托	25 672. 55	19 779. 35	5 893. 20
50	华澳信托	25 063. 63	7 343. 70	17 719. 93
51	国通信托	24 216. 28	13 091. 36	11 124. 93
52	安信信托	22 221. 12	61 631. 16	-39 410. 05
53	英大信托	18 642. 58	22 967. 88	-4 325. 30
54	百瑞信托	17 117. 21	24 995. 10	-7 877. 89
55	陆家嘴信托	16 715. 59	15 050. 92	1 664. 66
56	国民信托	16 068. 03	27 319. 82	-11 251. 79
57	华鑫信托	12 979. 41	12 870. 02	109. 39
58	紫金信托	12 597. 14	9 463. 10	3 134. 04
59	云南信托	11 680. 29	62 934. 20	-51 253. 90
60	新时代信托	10 643. 48	63 558. 99	-52 915. 50
61	大业信托	10 639. 01	11 390. 27	-751. 26
62	国联信托	9 947. 00	6 941. 00	3 006. 00
63	西部信托	6 025. 13	3 025. 37	2 999. 75
64	江苏信托	5 080. 43	5 418. 92	-338. 49
65	浙金信托	3 392. 07	6 087. 42	-2 695. 35
66	杭州工商信托	1 889. 00	9 002. 00	-7 113. 00
67	国元信托	1 358. 57	3 909. 94	-2 551. 37
68	新华信托	182. 65	3 417. 86	-3 235. 21
合计		16 993 846. 34	14 223 610. 64	2 770 235. 70
平均		249 909. 51	209 170. 74	40 738. 76

注:为了使各家公司报告对货币资金披露的一致,表格中的货币资金包括货币资金、存放中央银行款项、存放同业款项和其他货币资金。

2019 年 68 家信托公司期末信托风险准备金余额为 468. 93 亿元,比 2018 年增加 11. 29%,其中 5 家公司本年未计提风险准备,

3 家公司本期风险准备金减少(见表 3-1-16)。

表 3-1-16　信托风险准备金余额排行榜

单位:万元

排名	公司简称	2019 年 12 月 31 日	2018 年 12 月 31 日	增减
1	平安信托	581 249. 11	467 994. 10	113 255. 01
2	中信信托	201 980. 40	177 629. 83	24 350. 57
3	中铁信托	177 295. 64	167 616. 82	9 678. 82
4	上海信托	169 073. 60	153 885. 69	15 187. 91
5	江苏信托	139 933. 56	123 590. 36	16 343. 20
6	华润信托	135 132. 57	118 417. 79	16 714. 78
7	交银国际信托	134 486. 45	131 871. 37	2 615. 09
8	中融信托	126 551. 05	121 929. 19	4 621. 86
9	新华信托	122 489. 10	122 489. 10	—
10	北京信托	119 370. 63	106 788. 00	12 582. 62
11	重庆信托	112 318. 95	95 181. 70	17 137. 25
12	华宝信托	108 733. 56	100 851. 61	7 881. 95
13	华能信托	105 990. 09	84 514. 73	21 475. 36
14	四川信托	101 917. 48	97 868. 40	4 049. 08
15	外贸信托	96 746. 00	83 214. 86	13 531. 14
16	五矿信托	92 436. 01	79 830. 70	12 605. 31
17	中航信托	84 089. 27	66 462. 18	17 627. 09
18	山东信托	83 403. 60	75 607. 30	7 796. 30
19	国投泰康信托	82 812. 23	73 115. 78	9 696. 44
20	安信信托	72 043. 86	72 043. 86	—
21	华信信托	66 744. 39	71 219. 39	-4 475. 00
22	爱建信托	65 119. 98	52 065. 11	13 054. 87
23	兴业信托	64 397. 93	64 811. 02	-413. 09
24	百瑞信托	63 394. 49	57 159. 82	6 234. 67
25	中海信托	63 127. 04	58 993. 83	4 133. 21
26	中诚信托	62 198. 49	62 198. 49	—
27	国通信托	61 709. 85	55 229. 82	6 480. 04
28	国元信托	61 098. 38	58 324. 02	2 774. 36
29	新时代信托	59 613. 71	57 368. 98	2 244. 73
30	渤海信托	58 646. 48	49 300. 29	9 346. 19
31	建信信托	58 401. 98	48 886. 81	9 515. 17
32	昆仑信托	56 440. 71	51 483. 92	4 956. 79
33	中粮信托	54 333. 69	53 664. 65	669. 05
34	中建投信托	53 370. 64	41 727. 84	11 642. 80
35	长安信托	49 944. 32	46 965. 20	2 979. 12
36	湖南信托	49 697. 52	49 667. 81	29. 71
37	英大信托	45 768. 40	39 305. 14	6 463. 26
38	中国民生信托	45 623. 40	43 534. 04	2 089. 36
39	粤财信托	43 897. 64	38 205. 39	5 692. 25
40	吉林信托	41 367. 93	40 770. 20	597. 73
41	厦门国际信托	40 908. 00	35 133. 00	5 775. 00
42	北方信托	38 184. 28	36 233. 50	1 950. 78
43	光大兴陇信托	37 269. 80	26 881. 36	10 388. 44

续表

排名	公司简称	2019 年 12 月 31 日	2018 年 12 月 31 日	增减
44	华融信托	37 221. 67	37 221. 67	—
45	陆家嘴信托	37 119. 64	33 900. 73	3 218. 90
46	西部信托	36 996. 74	35 285. 53	1 711. 21
47	天津信托	34 374. 75	31 472. 83	2 901. 92
48	华鑫信托	32 875. 43	29 484. 66	3 390. 77
49	国联信托	32 495. 00	27 271. 00	5 224. 00
50	陕国投	32 103. 84	29 196. 20	2 907. 64
51	西藏信托	30 548. 37	28 090. 32	2 458. 05
52	中原信托	30 262. 70	28 205. 12	2 057. 58
53	杭州工商信托	30 145. 00	26 950. 00	3 195. 00
54	东莞信托	29 966. 50	28 802. 40	1 164. 10
55	苏州信托	25 262. 65	22 559. 00	2 703. 66
56	山西信托	24 220. 74	23 763. 74	457. 00
57	大业信托	22 368. 08	21 955. 58	412. 50
58	云南信托	20 995. 37	17 808. 12	3 187. 24
59	紫金信托	20 656. 04	17 385. 22	3 270. 82
60	雪松信托	19 547. 22	21 707. 12	-2 159. 90
61	金谷信托	18 587. 42	16 426. 24	2 161. 18
62	华澳信托	17 429. 93	15 899. 05	1 530. 88
63	中泰信托	17 332. 07	16 829. 72	502. 35
64	万向信托	15 755. 44	12 263. 90	3 491. 54
65	国民信托	14 454. 48	13 508. 56	945. 92
66	浙金信托	7 674. 50	7 150. 73	523. 77
67	华宸信托	7 123. 48	7 123. 48	—
68	长城新盛信托	4 483. 56	3 330. 52	1 153. 04
合计		4 689 312. 83	4 213 624. 46	475 688. 37
平均		68 960. 48	61 965. 07	6 995. 42

注：信托风险准备金余额＝信托风险准备余额＋一般风险准备余额。

表 3－1－17　信托风险准备金余额提取率排行榜

排名	公司简称	信托风险准备金（万元）	股本（万元）	提取率（%）
1	北京信托	119 370. 63	220 000. 00	54. 26
2	平安信托	581 249. 11	1 300 000. 00	44. 71
3	北方信托	38 184. 28	100 099. 89	38. 15
4	国投泰康信托	82 812. 23	219 054. 55	37. 80
5	江苏信托	139 933. 56	376 033. 66	37. 21
6	中铁信托	177 295. 64	500 000. 00	35. 46
7	上海信托	169 073. 60	500 000. 00	33. 81
8	中泰信托	17 332. 07	51 660. 00	33. 55
9	新华信托	122 489. 10	420 000. 00	29. 16
10	四川信托	101 917. 48	350 000. 00	29. 12
11	吉林信托	41 367. 93	159 659. 75	25. 91
12	中诚信托	62 198. 49	245 666. 67	25. 32
13	中海信托	63 127. 04	250 000. 00	25. 25
14	西部信托	36 996. 74	150 000. 00	24. 66

续表

排名	公司简称	信托风险准备金(万元)	股本(万元)	提取率(%)
15	建信信托	58 401.98	246 686.61	23.67
16	中粮信托	54 333.69	230 000.00	23.62
17	交银国际信托	134 486.45	576 470.59	23.33
18	华宝信托	108 733.56	474 400.00	22.92
19	大业信托	22 368.08	100 000.00	22.37
20	苏州信托	25 262.65	120 000.00	21.05
21	东莞信托	29 966.50	145 000.00	20.67
22	国元信托	61 098.38	300 000.00	20.37
23	湖南信托	49 697.52	245 132.00	20.27
24	天津信托	34 374.75	170 000.00	20.22
25	杭州工商信托	30 145.00	150 000.00	20.10
26	国通信托	61 709.85	320 000.00	19.28
27	中航信托	84 089.27	465 726.71	18.06
28	中信信托	201 980.40	1 127 600.00	17.91
29	山东信托	83 403.60	465 885.00	17.90
30	山西信托	24 220.74	135 700.00	17.85
31	云南信托	20 995.37	120 000.00	17.50
32	华能信托	105 990.09	619 455.74	17.11
33	渤海信托	58 646.48	360 000.00	16.29
34	百瑞信托	63 394.49	400 000.00	15.85
35	五矿信托	92 436.01	600 000.00	15.41
36	长安信托	49 944.32	333 000.00	15.00
37	长城新盛信托	4 483.56	30 000.00	14.95
38	国民信托	14 454.48	100 000.00	14.45
39	爱建信托	65 119.98	460 268.46	14.15
40	安信信托	72 043.86	546 913.79	13.17
41	华润信托	135 132.57	1 100 000.00	12.28
42	华融信托	37 221.67	303 565.33	12.26
43	外贸信托	96 746.00	800 000.00	12.09
44	万向信托	15 755.44	133 900.00	11.77
45	粤财信托	43 897.64	380 000.00	11.55
46	英大信托	45 768.40	402 900.60	11.36
47	厦门国际信托	40 908.00	375 000.00	10.91
48	国联信托	32 495.00	300 000.00	10.83
49	中建投信托	53 370.64	500 000.00	10.67
50	中融信托	126 551.05	1 200 000.00	10.55
51	西藏信托	30 548.37	300 000.00	10.18
52	华信信托	66 744.39	660 000.00	10.11
53	新时代信托	59 613.71	600 000.00	9.94
54	陆家嘴信托	37 119.64	400 000.00	9.28
55	华鑫信托	32 875.43	357 484.04	9.20
56	华宸信托	7 123.48	80 000.00	8.90
57	金谷信托	18 587.42	220 000.00	8.45
58	紫金信托	20 656.04	245 300.00	8.42
59	陕国投	32 103.84	396 401.28	8.10
60	中原信托	30 262.70	400 000.00	7.57
61	重庆信托	112 318.95	1 500 000.00	7.49
62	华澳信托	17 429.93	250 000.00	6.97
63	中国民生信托	45 623.40	700 000.00	6.52
64	雪松信托	19 547.22	300 505.17	6.50

续表

排名	公司简称	信托风险准备金(万元)	股本(万元)	提取率(%)
65	兴业信托	64 397. 93	1 000 000. 00	6. 44
66	光大兴陇信托	37 269. 80	641 819. 05	5. 81
67	昆仑信托	56 440. 71	1 022 705. 89	5. 52
68	浙金信托	7 674. 50	170 000. 00	4. 51
合计		4 689 312. 83	28 423 994. 78	16. 50
平均		68 960. 48	417 999. 92	16. 50

2019 年 68 家信托公司平均信托赔偿准备金提取率为 16. 50%，有 31 家公司超过平均值，其中，超过 30% 的有 10 家公司，低于 5% 的有 1 家公司（见表 3 -1 -17、表 3 -1 -18）。

表 3 -1 -18　信托公司平均信托赔偿准备金提取率分布情况

项目	家数(家)
30%以上	8
15% ~30%	27
5% ~15%	32
5%以下	1
合计	68

（二）信托资产相关指标

2019 年 68 家信托公司信托资产总额达到 216 017. 01 亿元，比 2018 年下降 4. 93%。其中仅有 16 家公司增长，增幅最大的为湖南信托（见表 3 -1 -19）。

表 3 -1 -19　信托资产总额排行榜

排名	公司简称	2019 年 12 月 31 日(万元)	2018 年 12 月 31 日(万元)	增长率(%)
1	中信信托	157 415 595. 52	165 219 704. 37	-4. 72
2	建信信托	139 123 223. 74	140 393 891. 69	-0. 91
3	华润信托	95 488 578. 40	95 491 944. 59	—
4	五矿信托	88 497 646. 97	59 939 679. 14	47. 64
5	中融信托	76 545 192. 11	65 466 498. 96	16. 92
6	交银国际信托	76 185 016. 58	87 052 154. 49	-12. 48
7	光大兴陇信托	75 061 700. 68	58 062 985. 43	29. 28
8	华能信托	72 504 705. 17	72 789 739. 76	-0. 39
9	上海信托	69 265 214. 29	76 868 476. 77	-9. 89
10	中航信托	66 579 192. 85	63 269 867. 23	5. 23
11	渤海信托	59 660 296. 11	62 033 224. 29	-3. 83
12	兴业信托	56 329 127. 11	72 894 840. 15	-22. 73
13	华宝信托	48 922 928. 64	53 482 292. 69	-8. 52
14	长安信托	46 568 011. 83	52 053 924. 89	-10. 54
15	外贸信托	44 576 502. 17	44 905 978. 77	-0. 73
16	平安信托	44 260 816. 75	53 412 359. 98	-17. 13
17	中铁信托	42 541 413. 00	42 660 827. 00	-0. 28
18	英大信托	39 812 433. 81	31 895 360. 29	24. 82
19	江苏信托	36 772 324. 76	40 733 140. 20	-9. 72
20	新时代信托	32 244 251. 84	35 312 322. 38	-8. 69
21	西部信托	31 866 670. 26	32 080 344. 64	-0. 67
22	中海信托	30 634 277. 25	37 012 842. 51	-17. 23
23	陕国投	28 871 257. 31	28 952 434. 37	-0. 28
24	粤财信托	27 879 405. 48	27 072 592. 63	2. 98
25	昆仑信托	27 183 171. 94	29 447 708. 71	-7. 69
26	山东信托	26 458 063. 53	23 750 676. 64	11. 40

续表

排名	公司简称	2019 年 12 月 31 日(万元)	2018 年 12 月 31 日(万元)	增长率(%)
27	华鑫信托	26 207 609. 70	25 825 405. 50	1. 48
28	中诚信托	24 935 451. 33	31 318 526. 43	-20. 38
29	百瑞信托	24 335 104. 94	19 076 180. 20	27. 57
30	陆家嘴信托	23 347 581. 09	23 323 711. 02	0. 10
31	四川信托	23 341 773. 88	32 348 784. 94	-27. 84
32	国民信托	22 307 344. 96	38 556 657. 74	-42. 14
33	天津信托	21 670 593. 28	14 931 752. 43	45. 13
34	重庆信托	21 249 625. 68	19 046 912. 83	11. 56
35	国通信托	20 684 031. 25	24 844 251. 62	-16. 75
36	厦门国际信托	20 102 802. 00	19 497 640. 00	3. 10
37	云南信托	20 084 924. 55	23 612 561. 37	-14. 94
38	国投泰康信托	20 022 974. 85	26 933 411. 03	-25. 66
39	北京信托	19 978 438. 74	22 699 570. 76	-11. 99
40	西藏信托	19 736 982. 55	32 189 666. 45	-38. 69
41	中国民生信托	19 640 630. 80	18 138 911. 23	8. 28
42	安信信托	19 404 847. 49	23 367 843. 70	-16. 96
43	爱建信托	18 309 393. 26	25 412 324. 45	-27. 95
44	中建投信托	18 009 647. 55	16 938 947. 12	6. 32
45	中原信托	17 889 027. 04	17 957 182. 67	-0. 38
46	国元信托	17 796 034. 78	19 776 305. 22	-10. 01
47	北方信托	16 942 629. 48	23 849 086. 07	-28. 96
48	中粮信托	15 727 497. 56	16 375 708. 15	-3. 96
49	新华信托	14 534 359. 04	17 901 702. 62	-18. 81
50	紫金信托	14 306 482. 53	15 728 707. 94	-9. 04
51	华融信托	14 246 067. 66	19 856 521. 84	-28. 25
52	万向信托	13 379 894. 97	16 116 942. 54	-16. 98
53	华澳信托	13 220 339. 47	12 793 171. 25	3. 34
54	湖南信托	10 699 234. 00	11 841 338. 00	-9. 65
55	金谷信托	10 029 085. 80	14 009 609. 97	-28. 41
56	苏州信托	9 502 359. 85	8 444 962. 96	12. 52
57	雪松信托	9 442 742. 55	13 686 180. 11	-31. 01
58	浙金信托	8 899 876. 05	10 805 206. 45	-17. 63
59	大业信托	7 511 143. 06	14 105 386. 92	-46. 75
60	东莞信托	7 368 867. 50	6 033 010. 73	22. 14
61	国联信托	7 331 439. 00	8 087 140. 00	-9. 34
62	吉林信托	6 490 000. 97	8 728 398. 80	-25. 64
63	华信信托	6 157 982. 86	10 163 370. 30	-39. 41
64	杭州工商信托	5 005 735. 00	5 241 772. 00	-4. 50
65	山西信托	3 832 770. 29	4 528 682. 66	-15. 37
66	中泰信托	3 240 492. 19	2 875 574. 71	12. 69
67	长城新盛信托	1 785 461. 93	2 767 729. 95	-35. 49
68	华宸信托	213 840. 34	219 913. 77	-2. 76
合计		2 160 170 139. 92	2 272 212 477. 01	-4. 93
平均		31 767 207. 94	33 414 889. 37	-4. 93

信托资产总额超过 1 000. 00 亿元的公司有 55 家,比 2018 年的 59 家减少了 4 家;55 家信托公司资产总额达到 208 338. 74 亿元,占整个信托资产总额的 96. 45%,68 家信托公司平均信托资产总额为 3 176. 72 亿元,超过平均值的仅有 21 家公司。信托资产总额分布情况见表 3 -1 -20。

表 3－1－20　信托资产总额分布情况

项目	2019 年			2018 年		
	家数(家)	信托资产总额(万元)	占比(%)	家数(家)	信托资产总额(万元)	占比(%)
1 万亿元以上	2	296 538 819. 26	13. 73	2	305 613 596. 06	13. 45
0. 5 万亿 ~1 万亿元	10	736 116 670. 27	34. 08	13	872 817 988. 37	38. 41
0. 1 万亿 ~0. 5 万亿元	43	1 050 731 938. 80	48. 64	44	1 046 853 707. 00	46. 07
0. 1 万亿元以下	13	76 782 711. 59	3. 55	9	46 927 185. 58	2. 07
合计	68	2 160 170 139. 92	100. 00	68	2 272 212 477. 01	100. 00

2019 年 68 家信托公司信托资产营业收入合计为 14 831. 55 亿元。比 2018 年增长了 36. 77%。其中上涨的有 35 家，下降的有 33 家，增幅最大的是粤财信托，增长了 761. 44%（见表 3－1－21）。

表 3－1－21　信托资产营业收入排行榜

排名	公司简称	2019 年(万元)	2018 年(万元)	增长率(%)
1	中信信托	11 042 094. 13	7 024 115. 05	57. 20
2	建信信托	7 929 573. 98	7 171 351. 31	10. 57
3	华润信托	7 734 685. 26	1 538 218. 07	402. 83
4	中融信托	6 012 036. 54	3 552 568. 54	69. 23
5	华能信托	5 369 310. 74	5 451 912. 27	－1. 52
6	光大兴陇信托	5 188 613. 12	2 575 103. 62	101. 49
7	交银国际信托	4 992 774. 93	4 680 385. 56	6. 67
8	外贸信托	4 931 726. 95	－153 908. 12	－3 304. 33
9	五矿信托	4 838 828. 12	3 059 984. 15	58. 13
10	中航信托	4 385 334. 79	3 770 910. 46	16. 29
11	兴业信托	4 192 126. 39	3 537 567. 26	18. 50
12	上海信托	4 146 898. 49	3 537 324. 19	17. 23
13	平安信托	4 059 816. 11	2 993 561. 31	35. 62
14	长安信托	3 503 353. 67	2 572 293. 42	36. 20
15	渤海信托	3 199 809. 79	4 396 938. 58	－27. 23
16	江苏信托	3 037 197. 34	2 721 028. 20	11. 62
17	华宝信托	3 024 188. 05	2 191 775. 29	37. 98
18	粤财信托	2 652 309. 61	307 903. 02	761. 41
19	陕国投	2 481 526. 12	－2 102 188. 84	－218. 04
20	中铁信托	2 387 888. 00	2 372 713. 00	0. 64
21	西部信托	2 290 722. 91	1 544 448. 77	48. 32
22	华鑫信托	2 064 169. 92	－937 061. 65	－320. 28
23	中海信托	2 063 506. 75	1 657 746. 81	24. 48
24	山东信托	1 861 916. 30	1 293 687. 30	43. 92
25	昆仑信托	1 821 947. 10	2 047 119. 75	－11. 00
26	北京信托	1 819 413. 84	1 282 508. 09	41. 86
27	云南信托	1 796 573. 53	－1 003 825. 26	－278. 97
28	西藏信托	1 750 195. 32	1 803 986. 93	－2. 98
29	陆家嘴信托	1 718 632. 73	1 520 255. 02	13. 05
30	中诚信托	1 602 451. 20	2 056 045. 91	－22. 06
31	四川信托	1 589 159. 89	1 762 161. 73	－9. 82
32	国投泰康信托	1 572 359. 42	1 774 567. 69	－11. 39
33	国民信托	1 512 363. 31	2 021 989. 25	－25. 20
34	英大信托	1 445 422. 84	1 262 707. 71	14. 47
35	国通信托	1 422 596. 03	1 096 436. 03	29. 75
36	中国民生信托	1 422 523. 57	1 057 786. 04	34. 48
37	重庆信托	1 383 732. 48	793 796. 21	74. 32
38	中建投信托	1 383 149. 50	1 282 665. 74	7. 83
39	万向信托	1 293 583. 69	1 389 300. 66	－6. 89
40	国元信托	1 253 832. 13	1 461 639. 97	－14. 22

续表

排名	公司简称	2019 年(万元)	2018 年(万元)	增长率(%)
41	百瑞信托	1 242 567. 59	1 323 431. 22	−6. 11
42	中原信托	1 192 902. 08	1 381 357. 47	−13. 64
43	北方信托	1 151 942. 65	1 308 878. 68	−11. 99
44	天津信托	1 138 641. 24	1 080 112. 61	5. 42
45	厦门国际信托	1 105 730. 00	664 757. 00	66. 34
46	紫金信托	1 040 047. 44	1 154 457. 74	−9. 91
47	湖南信托	1 013 171. 00	507 053. 00	99. 82
48	华澳信托	910 303. 55	628 357. 13	44. 87
49	中粮信托	890 293. 93	999 741. 62	−10. 95
50	安信信托	844 071. 39	1 749 913. 95	−51. 76
51	新时代信托	840 941. 90	1 570 925. 85	−46. 47
52	金谷信托	824 426. 38	571 297. 72	44. 31
53	新华信托	791 148. 35	833 513. 35	−5. 08
54	华融信托	767 562. 92	935 854. 96	−17. 98
55	浙金信托	720 549. 26	956 865. 45	−24. 70
56	爱建信托	699 015. 16	1 086 956. 20	−35. 69
57	苏州信托	607 654. 23	501 357. 44	21. 20
58	东莞信托	590 395. 14	369 936. 16	59. 59
59	大业信托	579 134. 03	757 577. 07	−23. 55
60	雪松信托	537 600. 84	1 110 506. 46	−51. 59
61	华信信托	531 396. 93	256 007. 88	107. 57
62	杭州工商信托	492 147. 00	442 211. 00	11. 29
63	国联信托	476 098. 00	498 307. 00	−4. 46
64	吉林信托	453 577. 45	505 874. 50	−10. 34
65	山西信托	262 537. 72	342 869. 95	−23. 43
66	长城新盛信托	207 846. 57	267 950. 37	−22. 43
67	中泰信托	206 032. 21	243 267. 23	−15. 31
68	华宸信托	19 438. 03	23 291. 30	−16. 54
合计		148 315 517. 57	108 440 149. 35	36. 77
平均		2 181 110. 55	1 594 708. 08	36. 77

营业收入达到100亿元以上的有47家，较2018年增长了4家，47家信托公司的营业收入占全部营业收入的91.74%。68家公司平均营业收入为218.11亿元，超过平均水平的有21家公司。信托资产营业收入分布情况见表3－1－22。

表3－1－22 信托资产营业收入分布情况

项目	2019 年			2018 年		
	家数(家)	信托资产营业收入(万元)	占比(%)	家数(家)	信托资产营业收入(万元)	占比(%)
500 亿元以上	6	43 276 313. 77	29. 18	3	19 647 378. 63	18. 12
100 亿~500 亿元	41	92 787 032. 81	62. 56	40	81 581 965. 23	75. 23
10 亿~100 亿元	20	12 232 732. 96	8. 25	20	11 384 498. 06	10. 50
10 亿元以下	1	19 438. 03	0. 01	5	−4 173 692. 57	−3. 85
合计	68	148 315 517. 57	100. 00	68	108 440 149. 35	100. 00

2019年68家信托公司信托业务收入合计为811.21亿元，较2018年信托业务收入900.41亿元下降了9.91%，68家公司平均信托业务收入为11.93亿元，超过平均水平的信托公司总共23家。

2019年信托业务收入占固有资产营业收入的比重为49.80%，比2018年的62.29%有所下降，其中超过平均占比的公司有43家。信托业务排行榜见表3－1－23。

表3－1－23 信托业务收入排行榜

排名	公司简称	信托手续费及佣金收入(万元)	其他业务收入中的信托部分收入(万元)	信托业务收入合计(万元)	固有资产营业收入合计(万元)	信托业务收入占比(%)
1	平安信托	358 742. 15	—	358 742. 15	2 310 347. 95	15. 53
2	重庆信托	193 998. 11	—	193 998. 11	1 433 396. 05	13. 53
3	中信信托	478 847. 88	—	478 847. 88	718 521. 39	66. 64

续表

排名	公司简称	信托手续费及佣金收入（万元）	其他业务收入中的信托部分收入（万元）	信托业务收入合计（万元）	固有资产营业收入合计（万元）	信托业务收入占比（%）
4	中融信托	183 610.00	—	183 610.00	543 346.00	33.79
5	华能信托	317 543.02	—	317 543.02	531 172.54	59.78
6	建信信托	237 380.96	—	237 380.96	511 430.25	46.42
7	兴业信托	245 339.00	—	245 339.00	511 032.00	48.01
8	上海信托	177 655.52	—	177 655.52	469 351.72	37.85
9	五矿信托	348 698.39	—	348 698.39	435 992.88	79.98
10	光大兴陇信托	358 913.63	—	358 913.63	418 496.07	85.76
11	中航信托	358 912.36	—	358 912.36	372 453.45	96.36
12	四川信托	249 640.20	—	249 640.20	361 289.06	69.10
13	江苏信托	115 297.54	—	115 297.54	329 507.14	34.99
14	渤海信托	238 259.57	—	238 259.57	327 964.76	72.65
15	华润信托	134 453.52	—	134 453.52	320 071.15	42.01
16	外贸信托	160 328.23	—	160 328.23	281 844.46	56.89
17	中诚信托	130 430.12	—	130 430.12	271 223.51	48.09
18	爱建信托	207 141.64	—	207 141.64	271 198.28	76.38
19	长安信托	198 354.17	15 520.45	213 874.62	269 407.42	79.39
20	华宝信托	100 112.93	—	100 112.93	268 257.02	37.32
21	中铁信托	142 965.16	—	142 965.16	257 374.66	55.55
22	中国民生信托	138 325.82	33 314.58	171 640.40	253 744.61	67.64
23	中建投信托	188 676.66	—	188 676.66	242 341.71	77.86
24	国投泰康信托	103 374.00	—	103 374.00	219 170.00	47.17
25	昆仑信托	102 293.48	—	102 293.48	201 269.91	50.82
26	山东信托	103 777.10	—	103 777.10	201 037.10	51.62
27	北京信托	111 924.00	—	111 924.00	198 302.19	56.44
28	交银国际信托	130 852.27	5 252.36	136 104.63	187 708.75	72.51
29	陕国投	92 760.35	—	92 760.35	187 207.50	49.55
30	陆家嘴信托	100 209.00	—	100 209.00	173 728.00	57.68
31	百瑞信托	104 296.12	—	104 296.12	167 399.50	62.30
32	英大信托	112 175.32	—	112 175.32	152 179.44	73.71
33	万向信托	127 983.68	—	127 983.68	143 560.28	89.15
34	国通信托	97 907.37	—	97 907.37	134 768.12	72.65
35	华鑫信托	96 572.24	—	96 572.24	132 389.48	72.95
36	国联信托	24 088.00	—	24 088.00	126 901.00	18.98
37	粤财信托	53 583.77	—	53 583.77	122 944.10	43.58
38	厦门国际信托	58 113.00	—	58 113.00	115 007.00	50.53
39	杭州工商信托	72 577.00	—	72 577.00	114 585.00	63.34
40	紫金信托	76 852.01	—	76 852.01	113 349.11	67.80
41	中海信托	67 142.84	—	67 142.84	112 131.89	59.88
42	华澳信托	45 063.47	—	45 063.47	110 404.20	40.82
43	东莞信托	87 499.56	—	87 499.56	109 919.15	79.60
44	中原信托	69 200.41	—	69 200.41	104 401.86	66.28
45	天津信托	33 476.95	—	33 476.95	97 657.47	34.28
46	云南信托	60 989.67	—	60 989.67	91 470.11	66.68
47	中粮信托	35 767.91	—	35 767.91	88 129.67	40.59
48	湖南信托	65 031.00	—	65 031.00	87 389.00	74.42
49	华融信托	58 624.07	—	58 624.07	83 961.88	69.82
50	苏州信托	54 909.00	—	54 909.00	81 930.00	67.02
51	西藏信托	51 231.97	—	51 231.97	80 162.46	63.91
52	北方信托	57 987.44	—	57 987.44	79 312.12	73.11

续表

排名	公司简称	信托手续费及佣金收入（万元）	其他业务收入中的信托部分收入（万元）	信托业务收入合计（万元）	固有资产营业收入合计（万元）	信托业务收入占比（%）
53	浙金信托	69 811. 94	—	69 811. 94	78 791. 82	88. 60
54	西部信托	65 097. 23	—	65 097. 23	78 004. 77	83. 45
55	国民信托	54 871. 80	—	54 871. 80	74 712. 87	73. 44
56	国元信托	37 618. 36	—	37 618. 36	68 909. 46	54. 59
57	吉林信托	19 807. 00	—	19 807. 00	62 224. 44	31. 83
58	华信信托	32 328. 64	—	32 328. 64	57 276. 65	56. 44
59	金谷信托	24 635. 89	—	24 635. 89	56 338. 34	43. 73
60	大业信托	47 380. 25	—	47 380. 25	53 099. 41	89. 23
61	新时代信托	31 506. 93	—	31 506. 93	42 011. 61	75. 00
62	长城新盛信托	35 562. 07	—	35 562. 07	39 019. 49	91. 14
63	山西信托	16 502. 91	—	16 502. 91	34 418. 43	47. 95
64	安信信托	36 805. 01	—	36 805. 01	34 357. 93	107. 12
65	雪松信托	37 722. 50	—	37 722. 50	30 676. 42	122. 97
66	中泰信托	6 000. 62	—	6 000. 62	27 997. 21	21. 43
67	新华信托	22 079. 30	—	22 079. 30	22 044. 82	100. 16
68	华宸信托	431. 21	—	431. 21	423. 74	101. 76
合计		8 058 051. 23	54 087. 39	8 112 138. 62	16 288 447. 79	49. 80
平均		118 500. 75	795. 40	119 296. 16	239 536. 00	49. 80

注：此部分数据来源于企业自行编制的收入结构表中，由于存在统计口径的不同，我们作了适当的调整，均采用信托手续费及佣金收入的总收入（即未扣除信托手续费及佣金支出）的金额。

2019 年信托资产实收信托总额达到 20 983. 22 亿元，较 2018 年下降了 5. 67%，其中下降的有 50 家公司，增长的仅有 18 家（见表 3 -1 -24）。

表 3 -1 -24　信托资产实收信托排行榜

排名	公司简称	2019 年（万元）	2018 年（万元）	增长率（%）
1	中信信托	153 612 338. 48	159 471 685. 10	-3. 67
2	建信信托	129 458 619. 70	134 050 286. 59	-3. 43
3	华润信托	89 891 221. 52	89 938 400. 59	-0. 05
4	五矿信托	87 506 181. 17	59 366 447. 79	47. 40
5	中融信托	75 629 280. 96	64 983 553. 11	16. 38
6	交银国际信托	74 136 117. 47	85 442 619. 37	-13. 23
7	光大兴陇信托	73 728 625. 79	57 393 949. 79	28. 46
8	华能信托	71 280 102. 31	71 975 807. 37	-0. 97
9	上海信托	67 566 700. 08	75 700 366. 86	-10. 74
10	中航信托	65 170 589. 33	62 387 667. 80	4. 46
11	渤海信托	58 789 301. 59	61 297 560. 33	-4. 09
12	兴业信托	54 995 912. 48	72 562 508. 91	-24. 21
13	长安信托	46 230 224. 72	52 225 807. 41	-11. 48
14	华宝信托	43 282 769. 39	48 389 135. 18	-10. 55
15	中铁信托	42 009 176. 00	42 185 841. 00	-0. 42
16	平安信托	41 689 130. 25	51 365 002. 80	-18. 84
17	外贸信托	40 714 422. 69	42 906 857. 24	-5. 11
18	英大信托	39 768 181. 83	31 858 148. 76	24. 83
19	江苏信托	34 998 160. 34	39 410 894. 41	-11. 20
20	西部信托	31 571 825. 93	31 912 913. 62	-1. 07
21	中海信托	30 072 556. 93	36 733 352. 87	-18. 13
22	新时代信托	29 811 741. 99	32 931 225. 97	-9. 47
23	陕国投	29 324 608. 08	30 859 657. 31	-4. 97
24	华鑫信托	26 916 719. 19	26 939 461. 96	-0. 08
25	昆仑信托	26 781 849. 12	28 963 724. 88	-7. 53

续表

排名	公司简称	2019 年(万元)	2018 年(万元)	增长率(%)
26	粤财信托	26 418 305. 34	26 796 901. 37	-1. 41
27	山东信托	25 766 445. 72	23 192 163. 07	11. 10
28	中诚信托	24 725 447. 83	30 476 813. 47	-18. 87
29	百瑞信托	23 640 193. 95	18 468 993. 93	28. 00
30	陆家嘴信托	23 113 211. 77	22 842 427. 61	1. 19
31	四川信托	22 753 284. 29	31 476 312. 74	-27. 71
32	国民信托	22 166 533. 07	38 432 717. 12	-42. 32
33	重庆信托	20 866 321. 39	18 830 802. 49	10. 81
34	天津信托	20 737 960. 94	14 727 986. 23	40. 81
35	国通信托	20 633 543. 48	24 249 469. 60	-14. 91
36	厦门国际信托	20 181 784. 00	19 738 970. 00	2. 24
37	云南信托	20 044 367. 17	24 276 470. 01	-17. 43
38	国投泰康信托	19 919 302. 68	26 735 450. 94	-25. 49
39	西藏信托	19 836 084. 82	32 353 148. 64	-38. 69
40	北京信托	19 552 787. 65	22 264 632. 06	-12. 18
41	中国民生信托	19 286 941. 92	17 862 825. 86	7. 97
42	安信信托	18 825 426. 38	22 770 653. 95	-17. 33
43	爱建信托	17 873 653. 63	25 073 546. 63	-28. 72
44	中建投信托	17 709 064. 30	16 709 832. 43	5. 98
45	中原信托	17 707 853. 87	17 707 109. 43	—
46	国元信托	17 146 894. 95	19 283 908. 44	-11. 08
47	北方信托	16 841 329. 01	23 429 905. 01	-28. 12
48	中粮信托	15 526 023. 93	16 141 757. 22	-3. 81
49	紫金信托	14 144 300. 48	15 587 222. 65	-9. 26
50	华融信托	13 445 865. 73	18 929 381. 36	-28. 97
51	新华信托	13 334 633. 60	16 713 448. 84	-20. 22
52	万向信托	13 241 984. 14	15 924 973. 67	-16. 85
53	华澳信托	13 096 529. 11	12 767 538. 60	2. 58
54	湖南信托	10 347 481. 00	11 683 973. 00	-11. 44
55	金谷信托	9 784 790. 38	13 833 939. 01	-29. 27
56	苏州信托	9 299 854. 73	8 272 465. 19	12. 42
57	雪松信托	9 035 933. 63	13 147 733. 90	-31. 27
58	浙金信托	8 759 219. 12	10 771 773. 61	-18. 68
59	大业信托	7 481 722. 42	14 096 310. 01	-46. 92
60	国联信托	7 257 943. 00	8 027 844. 00	-9. 59
61	东莞信托	7 015 463. 45	5 815 147. 76	20. 64
62	吉林信托	6 299 103. 46	8 654 193. 09	-27. 21
63	华信信托	6 076 092. 94	10 134 164. 26	-40. 04
64	杭州工商信托	4 761 163. 00	5 082 603. 00	-6. 32
65	山西信托	3 730 091. 24	4 379 887. 42	-14. 84
66	中泰信托	3 055 413. 86	2 681 650. 06	13. 94
67	长城新盛信托	1 756 245. 07	2 755 426. 38	-36. 26
68	华宸信托	189 896. 50	205 880. 11	-7. 76
合计		2 098 322 846. 30	2 224 561 231. 18	-5. 67
平均		30 857 688. 92	32 714 135. 75	-5. 67

68 家公司平均实收信托总额为 3 085. 77 亿元，超过 1 000 亿元的有 54 家，比 2018 年减少了 5 家公司。

表 3 -1 -25　信托资产实收信托分布情况

项目	2019 年			2018 年		
	家数(家)	信托权益(万元)	占比(%)	家数(家)	信托权益(万元)	占比(%)
10 000 亿元以上	2	283 070 958. 18	13. 49	2	293 521 971. 69	13. 19
0. 5 万亿 ~10 000 亿元	10	718 694 032. 70	34. 25	12	804 639 692. 13	36. 17
0. 1 万亿 ~0. 5 万亿元	42	1 012 054 922. 61	48. 23	45	1 080 524 470. 35	48. 57
0. 1 万亿元以下	14	84 502 932. 80	4. 03	9	45 875 097. 01	2. 06
合计	68	2 098 322 846. 30	100. 00	68	2 224 561 231. 18	100. 00

表 3-1-26 信托资产信托报酬率排行榜

排名	公司简称	信托业务收入（万元）	实收信托		信托报酬率（%）
			2019 年（万元）	2018 年（万元）	
1	长城新盛信托	35 562. 07	1 756 245. 07	2 755 426. 38	1. 58
2	杭州工商信托	72 577. 00	4 761 163. 00	5 082 603. 00	1. 47
3	东莞信托	87 499. 56	7 015 463. 45	5 815 147. 76	1. 36
4	中建投信托	188 676. 66	17 709 064. 30	16 709 832. 43	1. 10
5	重庆信托	193 998. 11	20 866 321. 39	18 830 802. 49	0. 98
6	爱建信托	207 141. 64	17 873 653. 63	25 073 546. 63	0. 96
7	中国民生信托	171 640. 40	19 286 941. 92	17 862 825. 86	0. 92
8	四川信托	249 640. 20	22 753 284. 29	31 476 312. 74	0. 92
9	万向信托	127 983. 68	13 241 984. 14	15 924 973. 67	0. 88
10	平安信托	358 742. 15	41 689 130. 25	51 365 002. 80	0. 77
11	浙金信托	69 811. 94	8 759 219. 12	10 771 773. 61	0. 71
12	苏州信托	54 909. 00	9 299 854. 73	8 272 465. 19	0. 62
13	湖南信托	65 031. 00	10 347 481. 00	11 683 973. 00	0. 59
14	中航信托	358 912. 36	65 170 589. 33	62 387 667. 80	0. 56
15	光大兴陇信托	358 913. 63	73 728 625. 79	57 393 949. 79	0. 55
16	北京信托	111 924. 00	19 552 787. 65	22 264 632. 06	0. 54
17	紫金信托	76 852. 01	14 144 300. 48	15 587 222. 65	0. 52
18	百瑞信托	104 296. 12	23 640 193. 95	18 468 993. 93	0. 50
19	五矿信托	348 698. 39	87 506 181. 17	59 366 447. 79	0. 47
20	中诚信托	130 430. 12	24 725 447. 83	30 476 813. 47	0. 47
21	华能信托	317 543. 02	71 280 102. 31	71 975 807. 37	0. 44
22	国投泰康信托	103 374. 00	19 919 302. 68	26 735 450. 94	0. 44
23	大业信托	47 380. 25	7 481 722. 42	14 096 310. 01	0. 44
24	国通信托	97 907. 37	20 633 543. 48	24 249 469. 60	0. 44
25	陆家嘴信托	100 209. 00	23 113 211. 77	22 842 427. 61	0. 44
26	长安信托	213 874. 62	46 230 224. 72	52 225 807. 41	0. 43
27	山东信托	103 777. 10	25 766 445. 72	23 192 163. 07	0. 42
28	山西信托	16 502. 91	3 730 091. 24	4 379 887. 42	0. 41
29	华信信托	32 328. 64	6 076 092. 94	10 134 164. 26	0. 40
30	渤海信托	238 259. 57	58 789 301. 59	61 297 560. 33	0. 40
31	中原信托	69 200. 41	17 707 853. 87	17 707 109. 43	0. 39
32	兴业信托	245 339. 00	54 995 912. 48	72 562 508. 91	0. 38
33	外贸信托	160 328. 23	40 714 422. 69	42 906 857. 24	0. 38
34	昆仑信托	102 293. 48	26 781 849. 12	28 963 724. 88	0. 37
35	华融信托	58 624. 07	13 445 865. 73	18 929 381. 36	0. 36
36	华鑫信托	96 572. 24	26 916 719. 19	26 939 461. 96	0. 36
37	华澳信托	45 063. 47	13 096 529. 11	12 767 538. 60	0. 35
38	雪松信托	37 722. 50	9 035 933. 63	13 147 733. 90	0. 34
39	中铁信托	142 965. 16	42 009 176. 00	42 185 841. 00	0. 34
40	国联信托	24 088. 00	7 257 943. 00	8 027 844. 00	0. 32
41	英大信托	112 175. 32	39 768 181. 83	31 858 148. 76	0. 31
42	江苏信托	115 297. 54	34 998 160. 34	39 410 894. 41	0. 31
43	陕国投	92 760. 35	29 324 608. 08	30 859 657. 31	0. 31
44	中信信托	478 847. 88	153 612 338. 48	159 471 685. 10	0. 31
45	厦门国际信托	58 113. 00	20 181 784. 00	19 738 970. 00	0. 29
46	北方信托	57 987. 44	16 841 329. 01	23 429 905. 01	0. 29
47	云南信托	60 989. 67	20 044 367. 17	24 276 470. 01	0. 28
48	吉林信托	19 807. 00	6 299 103. 46	8 654 193. 09	0. 26
49	中融信托	183 610. 00	75 629 280. 96	64 983 553. 11	0. 26

续表

排名	公司简称	信托业务收入（万元）	实收信托		信托报酬率（%）
			2019年（万元）	2018年（万元）	
50	上海信托	177 655. 52	67 566 700. 08	75 700 366. 86	0. 25
51	中粮信托	35 767. 91	15 526 023. 93	16 141 757. 22	0. 23
52	华宝信托	100 112. 93	43 282 769. 39	48 389 135. 18	0. 22
53	华宸信托	431. 21	189 896. 50	205 880. 11	0. 22
54	中泰信托	6 000. 62	3 055 413. 86	2 681 650. 06	0. 21
55	金谷信托	24 635. 89	9 784 790. 38	13 833 939. 01	0. 21
56	国元信托	37 618. 36	17 146 894. 95	19 283 908. 44	0. 21
57	西部信托	65 097. 23	31 571 825. 93	31 912 913. 62	0. 21
58	粤财信托	53 583. 77	26 418 305. 34	26 796 901. 37	0. 20
59	中海信托	67 142. 84	30 072 556. 93	36 733 352. 87	0. 20
60	西藏信托	51 231. 97	19 836 084. 82	32 353 148. 64	0. 20
61	天津信托	33 476. 95	20 737 960. 94	14 727 986. 23	0. 19
62	国民信托	54 871. 80	22 166 533. 07	38 432 717. 12	0. 18
63	建信信托	237 380. 96	129 458 619. 70	134 050 286. 59	0. 18
64	安信信托	36 805. 01	18 825 426. 38	22 770 653. 95	0. 18
65	交银国际信托	136 104. 63	74 136 117. 47	85 442 619. 37	0. 17
66	华润信托	134 453. 52	89 891 221. 52	89 938 400. 59	0. 15
67	新华信托	22 079. 30	13 334 633. 60	16 713 448. 84	0. 15
68	新时代信托	31 506. 93	29 811 741. 99	32 931 225. 97	0. 10
合计		8 112 138. 62	2 098 322 846. 30	2 224 561 231. 18	0. 38
平均		119 296. 16	30 857 688. 92	32 714 135. 75	0. 38

注：1. 信托报酬率＝信托业务收入÷实收信托平均余额×100%。
2. 信托业务收入＝信托手续费收入＋其他业务信托收入。
3. 实收信托平均余额＝（期初实收信托余额＋期末实收信托余额）÷2。

信托资产平均信托报酬率继连续多年下降后，本年度保持不变，与2018年的0. 33%相同，2019年也为0. 33%，2019年有31家信托公司的信托报酬率大于平均值0. 38%。2016—2018年信托资产平均信托报酬率见图3－1－1。

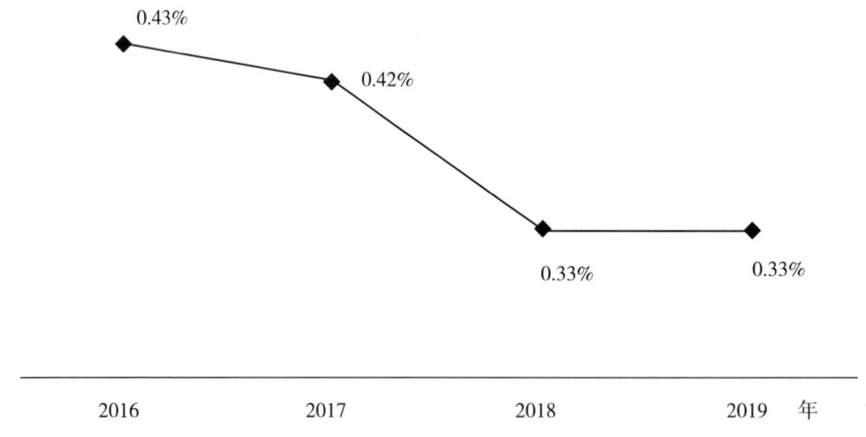

图3－1－1　2016—2019年信托资产平均信托及报酬率

2019年信托资产信托权益总额为213 500. 44亿元，比2018年下降了4. 98%。其中上涨的仅有21家公司，增长额超过1 000亿元的仅有3家公司（见表3－1－27）。

表3－1－27　信托资产信托权益（净资产）排行榜

排名	公司简称	2019年（万元）	2018年（万元）	增长率（%）
1	中信信托	155 882 225. 85	163 171 204. 58	-4. 47
2	建信信托	136 773 912. 25	139 414 455. 11	-1. 89
3	华润信托	93 254 241. 45	90 499 567. 04	3. 04

续表

排名	公司简称	2019年(万元)	2018年(万元)	增长率(%)
4	五矿信托	87 627 795.50	59 524 529.34	47.21
5	交银国际信托	75 732 394.66	86 494 459.62	-12.44
6	中融信托	74 689 829.69	63 901 335.53	16.88
7	光大兴陇信托	74 196 857.04	57 312 958.72	29.46
8	华能信托	72 389 637.01	72 754 532.73	-0.50
9	上海信托	68 273 561.49	76 042 494.30	-10.22
10	中航信托	65 719 205.40	62 904 752.78	4.47
11	渤海信托	59 139 774.27	61 604 669.21	-4.00
12	兴业信托	55 771 132.53	72 698 632.65	-23.28
13	华宝信托	48 274 912.11	52 767 976.53	-8.51
14	长安信托	46 410 580.36	51 898 815.39	-10.57
15	外贸信托	43 996 879.53	43 986 353.03	0.02
16	平安信托	43 739 633.85	52 771 765.87	-17.12
17	中铁信托	42 417 940.00	42 608 378.00	-0.45
18	英大信托	39 774 604.27	31 874 157.49	24.79
19	江苏信托	36 657 554.29	40 673 655.99	-9.87
20	新时代信托	31 986 296.75	35 280 985.54	-9.34
21	西部信托	31 787 161.03	31 908 355.51	-0.38
22	中海信托	30 453 509.95	36 761 163.76	-17.16
23	陕国投	28 618 001.37	28 860 733.03	-0.84
24	粤财信托	27 800 268.98	26 996 738.47	2.98
25	昆仑信托	27 114 710.69	29 362 959.86	-7.66
26	山东信托	26 162 643.78	23 529 859.28	11.19
27	华鑫信托	25 749 032.03	25 540 744.89	0.82
28	中诚信托	24 776 159.72	30 972 258.24	-20.01
29	百瑞信托	23 711 794.68	18 598 234.38	27.49
30	陆家嘴信托	23 297 482.01	22 913 599.46	1.68
31	四川信托	22 945 410.49	31 969 339.41	-28.23
32	国民信托	22 263 736.93	38 427 903.34	-42.06
33	大津信托	21 411 637.26	14 852 320.83	44.16
34	重庆信托	20 860 130.83	18 555 137.12	12.42
35	国通信托	20 308 265.05	24 074 040.62	-15.64
36	厦门国际信托	20 032 589.00	19 454 526.00	2.97
37	国投泰康信托	19 959 458.30	26 711 132.00	-25.28
38	云南信托	19 931 047.06	23 475 413.09	-15.10
39	北京信托	19 917 577.71	22 649 438.50	-12.06
40	西藏信托	19 699 867.01	32 140 699.73	-38.71
41	中国民生信托	19 231 742.11	17 805 240.41	8.01
42	安信信托	19 064 157.44	23 081 785.24	-17.41
43	爱建信托	18 137 930.87	25 303 207.61	-28.32
44	中建投信托	17 919 021.59	16 847 669.00	6.36
45	中原信托	17 724 082.87	17 759 263.11	-0.20
46	国元信托	17 355 556.69	19 448 252.94	-10.76
47	北方信托	16 830 821.68	23 781 406.17	-29.23
48	中粮信托	15 660 693.28	16 341 402.65	-4.17
49	紫金信托	14 303 837.00	15 721 823.69	-9.02
50	新华信托	14 079 814.35	17 487 178.51	-19.48
51	万向信托	13 346 068.82	16 030 536.45	-16.75
52	华澳信托	13 056 147.54	12 661 426.18	3.12
53	华融信托	12 843 220.83	18 320 595.51	-29.90

续表

排名	公司简称	2019 年(万元)	2018 年(万元)	增长率(%)
54	湖南信托	10 501 828.00	11 695 588.00	-10.21
55	金谷信托	9 921 612.02	13 911 457.21	-28.68
56	苏州信托	9 425 819.36	8 376 235.01	12.53
57	雪松信托	9 165 763.02	13 429 661.49	-31.75
58	浙金信托	8 682 546.61	10 702 724.01	-18.88
59	大业信托	7 438 130.57	14 042 639.00	-47.03
60	国联信托	7 331 297.00	8 086 804.00	-9.34
61	东莞信托	7 237 631.40	5 970 556.21	21.22
62	吉林信托	6 299 808.12	8 658 653.21	-27.24
63	华信信托	6 141 422.95	10 142 556.61	-39.45
64	杭州工商信托	4 837 980.00	5 143 296.00	-5.94
65	山西信托	3 755 755.72	4 433 087.83	-15.28
66	中泰信托	3 217 121.88	2 853 553.01	12.74
67	长城新盛信托	1 780 403.23	2 759 252.06	-35.48
68	华宸信托	204 717.65	210 740.87	-2.86
合计		2 135 004 384.78	2 246 946 868.97	-4.98
平均		31 397 123.31	33 043 336.31	-4.98

68 家公司平均信托权益 3 139.71 亿元，超过 1 000 亿元的有 54 家，比 2018 年减少了 5 家公司。信托资产信托权益总额分布情况见表 3－1－28。

表 3－1－28　信托资产信托权益总额分布情况

项目	2019 年			2018 年		
	家数(家)	信托权益(万元)	占比(%)	家数(家)	信托权益(万元)	占比(%)
1 万亿元以上	2	292 656 138.10	13.71	2	302 585 659.69	13.47
0.5 万亿～1 万亿元	10	726 794 429.04	34.04	13	861 176 489.71	38.33
0.1 万亿～0.5 万亿元	42	1 030 113 808.11	48.25	44	1 036 692 541.37	46.14
0.1 万亿元以下	14	85 440 009.53	4.00	9	46 492 178.20	2.07
合计	68	2 135 004 384.78	100.00	68	2 246 946 868.97	100.00

2019 年末信托资产中长期股权投资总额为 16 618.69 亿元，占全部信托资产的 7.69%。68 家信托公司中长期股权投资占比超过 10% 的共计 23 家（见表 3－1－29）。

表 3－1－29　信托资产长期股权投资占比排行榜

排名	公司简称	长期股权投资(万元)	信托资产总额(万元)	长期股权投资占比(%)
1	长城新盛信托	695 547.61	1 785 461.93	38.96
2	中粮信托	5 473 138.41	15 727 497.56	34.80
3	北京信托	5 578 601.44	19 978 438.74	27.92
4	雪松信托	2 289 819.10	9 442 742.55	24.25
5	华融信托	2 478 757.37	14 246 067.66	17.40
6	爱建信托	3 153 504.65	18 309 393.26	17.22
7	金谷信托	1 653 328.66	10 029 085.80	16.49
8	中航信托	10 398 216.23	66 579 192.85	15.62
9	安信信托	3 011 693.06	19 404 847.49	15.52
10	中诚信托	3 582 807.06	24 935 451.33	14.37
11	中融信托	10 232 737.04	76 545 192.11	13.37
12	华宝信托	6 306 057.29	48 922 928.64	12.89
13	中国民生信托	2 510 196.69	19 640 630.80	12.78
14	长安信托	5 837 339.75	46 568 011.83	12.54
15	陆家嘴信托	2 899 779.18	23 347 581.09	12.42
16	大业信托	912 276.89	7 511 143.06	12.15
17	国投泰康信托	2 302 807.45	20 022 974.85	11.50
18	苏州信托	1 070 686.89	9 502 359.85	11.27

续表

排名	公司简称	长期股权投资(万元)	信托资产总额(万元)	长期股权投资占比(%)
19	兴业信托	6 327 332. 45	56 329 127. 11	11. 23
20	中泰信托	359 822. 05	3 240 492. 19	11. 10
21	昆仑信托	2 997 423. 01	27 183 171. 94	11. 03
22	重庆信托	2 313 980. 98	21 249 625. 68	10. 89
23	中信信托	17 023 935. 81	157 415 595. 52	10. 81
24	陕国投	2 784 401. 38	28 871 257. 31	9. 64
25	北方信托	1 615 692. 41	16 942 629. 48	9. 54
26	华宸信托	20 000. 00	213 840. 34	9. 35
27	光大兴陇信托	6 943 988. 75	75 061 700. 68	9. 25
28	国元信托	1 563 953. 71	17 796 034. 78	8. 79
29	华能信托	6 315 221. 29	72 504 705. 17	8. 71
30	中铁信托	3 674 714. 00	42 541 413. 00	8. 64
31	粤财信托	2 388 049. 93	27 879 405. 48	8. 57
32	百瑞信托	2 022 490. 17	24 335 104. 94	8. 31
33	杭州工商信托	409 722. 00	5 005 735. 00	8. 19
34	浙金信托	713 196. 86	8 899 876. 05	8. 01
35	国民信托	1 709 394. 22	22 307 344. 96	7. 66
36	紫金信托	1 014 481. 00	14 306 482. 53	7. 09
37	新华信托	1 009 419. 48	14 534 359. 04	6. 95
38	渤海信托	4 129 613. 76	59 660 296. 11	6. 92
39	华澳信托	911 497. 37	13 220 339. 47	6. 89
40	国通信托	1 281 881. 84	20 684 031. 25	6. 20
41	四川信托	1 416 022. 51	23 341 773. 88	6. 07
42	江苏信托	2 218 617. 62	36 772 324. 76	6. 03
43	山东信托	1 458 016. 10	26 458 063. 53	5. 51
44	华鑫信托	1 443 051. 29	26 207 609. 70	5. 51
45	西部信托	1 724 324. 66	31 866 670. 26	5. 41
46	中海信托	1 645 198. 98	30 634 277. 25	5. 37
47	中原信托	955 652. 61	17 889 027. 04	5. 34
48	山西信托	178 550. 41	3 832 770. 29	4. 66
49	万向信托	556 821. 86	13 379 894. 97	4. 16
50	厦门国际信托	740 133. 00	20 102 802. 00	3. 68
51	吉林信托	221 984. 00	6 490 000. 97	3. 42
52	上海信托	2 346 003. 11	69 265 214. 29	3. 39
53	云南信托	679 965. 79	20 084 924. 55	3. 39
54	建信信托	4 636 336. 88	139 123 223. 74	3. 33
55	中建投信托	599 464. 13	18 009 647. 55	3. 33
56	国联信托	214 858. 00	7 331 439. 00	2. 93
57	五矿信托	2 336 237. 04	88 497 646. 97	2. 64
58	英大信托	1 000 067. 00	39 812 433. 81	2. 51
59	天津信托	539 111. 85	21 670 593. 28	2. 49
60	平安信托	1 035 758. 98	44 260 816. 75	2. 34
61	交银国际信托	1 245 055. 39	76 185 016. 58	1. 63
62	西藏信托	168 242. 38	19 736 982. 55	0. 85
63	外贸信托	374 163. 80	44 576 502. 17	0. 84
64	湖南信托	49 883. 00	10 699 234. 00	0. 47
65	华润信托	437 115. 30	95 488 578. 40	0. 46
66	东莞信托	27 838. 19	7 368 867. 50	0. 38
67	华信信托	20 890. 46	6 157 982. 86	0. 34
68	新时代信托	100. 00	32 244 251. 84	—
合计		166 186 971. 58	2 160 170 139. 92	7. 69

2019 年末信托资产中交易性金融资产总额为 19 867.33 亿元，占全部信托资产的 9.20%。较 2018 年的 9.32% 基本保持一致，68 家信托公司中超过平均值的有 18 家公司。其中，外贸信托占比达到 52.60%，仍排名榜首。另有 6 家信托公司 2019 年无交易性金融资产。交易性金融资产占比排行榜见表 3－1－30。

表 3－1－30　交易性金融资产占比排行榜

排名	公司简称	交易性金融资产（万元）	信托资产总额（万元）	交易性金融资产占比（%）
1	外贸信托	23 445 330.38	44 576 502.17	52.60
2	华润信托	35 130 462.25	95 488 578.40	36.79
3	东莞信托	2 022 601.16	7 368 867.50	27.45
4	江苏信托	9 911 626.02	36 772 324.76	26.95
5	粤财信托	7 316 804.89	27 879 405.48	26.24
6	中海信托	7 419 381.56	30 634 277.25	24.22
7	华宝信托	11 813 333.10	48 922 928.64	24.15
8	陕国投	4 783 930.82	28 871 257.31	16.57
9	北方信托	2 701 091.88	16 942 629.48	15.94
10	平安信托	6 091 730.93	44 260 816.75	13.76
11	光大兴陇信托	10 279 425.36	75 061 700.68	13.69
12	西藏信托	2 579 013.93	19 736 982.55	13.07
13	兴业信托	6 167 149.45	56 329 127.11	10.95
14	上海信托	7 484 302.59	69 265 214.29	10.81
15	云南信托	2 041 853.16	20 084 924.55	10.17
16	交银国际信托	7 739 449.75	76 185 016.58	10.16
17	建信信托	13 987 041.13	139 123 223.74	10.05
18	中诚信托	2 309 247.02	24 935 451.33	9.26
19	华鑫信托	2 373 860.38	26 207 609.70	9.06
20	国投泰康信托	1 782 672.41	20 022 974.85	8.90
21	北京信托	1 705 664.66	19 978 438.74	8.54
22	华融信托	1 057 575.80	14 246 067.66	7.42
23	山东信托	1 912 911.69	26 458 063.53	7.23
24	爱建信托	1 319 983.54	18 309 393.26	7.21
25	长安信托	3 053 815.01	46 568 011.83	6.56
26	中信信托	9 608 177.58	157 415 595.52	6.10
27	四川信托	1 268 174.26	23 341 773.88	5.43
28	中泰信托	136 528.63	3 240 492.19	4.21
29	苏州信托	398 663.21	9 502 359.85	4.20
30	中国民生信托	664 912.21	19 640 630.80	3.39
31	重庆信托	699 358.28	21 249 625.68	3.29
32	新华信托	420 350.03	14 534 359.04	2.89
33	新时代信托	779 386.25	32 244 251.84	2.42
34	中融信托	1 706 933.13	76 545 192.11	2.23
35	渤海信托	1 307 416.03	59 660 296.11	2.19
36	国通信托	414 260.42	20 684 031.25	2.00
37	国民信托	434 610.57	22 307 344.96	1.95
38	长城新盛信托	31 455.65	1 785 461.93	1.76
39	湖南信托	183 153.00	10 699 234.00	1.71
40	雪松信托	159 106.46	9 442 742.55	1.68
41	西部信托	527 731.71	31 866 670.26	1.66
42	中航信托	1 066 923.53	66 579 192.85	1.60
43	大业信托	102 826.91	7 511 143.06	1.37
44	浙金信托	101 962.81	8 899 876.05	1.15
45	天津信托	241 609.04	21 670 593.28	1.11
46	厦门国际信托	216 253.00	20 102 802.00	1.08

续表

排名	公司简称	交易性金融资产（万元）	信托资产总额（万元）	交易性金融资产占比（%）
47	华能信托	650 555. 23	72 504 705. 17	0. 90
48	昆仑信托	231 861. 87	27 183 171. 94	0. 85
49	吉林信托	41 137. 13	6 490 000. 97	0. 63
50	国联信托	42 953. 00	7 331 439. 00	0. 59
51	华澳信托	75 654. 55	13 220 339. 47	0. 57
52	五矿信托	497 790. 62	88 497 646. 97	0. 56
53	山西信托	21 479. 92	3 832 770. 29	0. 56
54	金谷信托	43 976. 65	10 029 085. 80	0. 44
55	华信信托	23 207. 70	6 157 982. 86	0. 38
56	国元信托	50 000. 00	17 796 034. 78	0. 28
57	百瑞信托	49 132. 28	24 335 104. 94	0. 20
58	中原信托	10 194. 35	17 889 027. 04	0. 06
59	陆家嘴信托	12 324. 39	23 347 581. 09	0. 05
60	中建投信托	9 477. 05	18 009 647. 55	0. 05
61	中铁信托	12 649. 00	42 541 413. 00	0. 03
62	安信信托	879. 36	19 404 847. 49	—
63	中粮信托	—	15 727 497. 56	—
64	紫金信托	—	14 306 482. 53	—
65	万向信托	—	13 379 894. 97	—
66	英大信托	—	39 812 433. 81	—
67	杭州工商信托	—	5 005 735. 00	—
68	华宸信托	—	213 840. 34	—
合计		198 673 324. 68	2 160 170 139. 92	9. 20

二、信托公司一些总体指标排名

（一）信托公司总资产排行榜

2019 年末总资产达到 228 040. 47 亿元，较 2018 年的 250 036. 73 亿元下降 8. 80%，平均固有资产总额占比为 5. 27%；其中比例最低的为国民信托，仅为 1. 43%（见表 3－2－1）。从 2016 年开始连续 4 年固有资产占总资产的比重持续增长。

其中，总资产排名前 10 的信托公司总资产为 94 046. 19 亿元，占 68 家信托公司总资产的 41. 24%；这 10 家公司固有资产占其总资产的比重为 2. 53%，各家信托公司占比比较平均，最高的是中融信托，固有资产占其总资产的占比也仅为 3. 48%。

表 3－2－1　信托公司总资产排行榜

排名	公司简称	固有资产总计（万元）	信托资产总计（万元）	总资产（万元）	固有资产总额占比（%）
1	中信信托	4 240 304. 51	157 415 595. 52	161 655 900. 03	2. 62
2	建信信托	3 158 562. 93	139 123 223. 74	142 281 786. 67	2. 22
3	华润信托	2 625 521. 16	95 488 578. 40	98 114 099. 56	2. 68
4	五矿信托	1 822 630. 82	88 497 646. 97	90 320 277. 79	2. 02
5	中融信托	2 761 605. 95	76 545 192. 11	79 306 798. 06	3. 48
6	交银国际信托	1 289 947. 54	76 185 016. 58	77 474 964. 12	1. 66
7	光大兴陇信托	1 395 488. 34	75 061 700. 68	76 457 189. 02	1. 83
8	华能信托	2 445 988. 59	72 504 705. 17	74 950 693. 76	3. 26
9	上海信托	2 388 714. 82	69 265 214. 29	71 653 929. 11	3. 33
10	中航信托	1 667 041. 92	66 579 192. 85	68 246 234. 77	2. 44
11	平安信托	17 281 355. 29	44 260 816. 75	61 542 172. 04	28. 08
12	渤海信托	1 582 018. 60	59 660 296. 11	61 242 314. 71	2. 58
13	兴业信托	4 214 517. 92	56 329 127. 11	60 543 645. 03	6. 96
14	华宝信托	1 316 928. 42	48 922 928. 64	50 239 857. 06	2. 62
15	长安信托	1 030 986. 12	46 568 011. 83	47 598 997. 95	2. 17
16	外贸信托	1 841 343. 25	44 576 502. 17	46 417 845. 42	3. 97

续表

排名	公司简称	固有资产总计(万元)	信托资产总计(万元)	总资产(万元)	固有资产总额占比(%)
17	重庆信托	23 448 548. 11	21 249 625. 68	44 698 173. 79	52. 46
18	中铁信托	1 878 004. 93	42 541 413. 00	44 419 417. 93	4. 23
19	英大信托	1 068 848. 12	39 812 433. 81	40 881 281. 93	2. 61
20	江苏信托	2 342 805. 06	36 772 324. 76	39 115 129. 82	5. 99
21	新时代信托	935 835. 39	32 244 251. 84	33 180 087. 23	2. 82
22	西部信托	637 938. 37	31 866 670. 26	32 504 608. 63	1. 96
23	中海信托	710 342. 13	30 634 277. 25	31 344 619. 38	2. 27
24	陕国投	1 466 673. 64	28 871 257. 31	30 337 930. 95	4. 83
25	粤财信托	755 699. 98	27 879 405. 48	28 635 105. 46	2. 64
26	昆仑信托	1 374 045. 80	27 183 171. 94	28 557 217. 74	4. 81
27	山东信托	1 457 229. 00	26 458 063. 53	27 915 292. 53	5. 22
28	中诚信托	2 312 452. 93	24 935 451. 33	27 247 904. 26	8. 49
29	华鑫信托	774 873. 95	26 207 609. 70	26 982 483. 65	2. 87
30	四川信托	2 174 288. 05	23 341 773. 88	25 516 061. 93	8. 52
31	百瑞信托	1 048 194. 55	24 335 104. 94	25 383 299. 49	4. 13
32	陆家嘴信托	979 787. 88	23 347 581. 09	24 327 368. 97	4. 03
33	国民信托	323 817. 75	22 307 344. 96	22 631 162. 71	1. 43
34	天津信托	806 937. 26	21 670 593. 28	22 477 530. 54	3. 59
35	国通信托	815 215. 15	20 684 031. 25	21 499 246. 40	3. 79
36	安信信托	2 079 366. 78	19 404 847. 49	21 484 214. 27	9. 68
37	北京信托	1 381 361. 77	19 978 438. 74	21 359 800. 51	6. 47
38	中国民生信托	1 420 382. 36	19 640 630. 80	21 061 013. 16	6. 74
39	国投泰康信托	871 917. 69	20 022 974. 85	20 894 892. 54	4. 17
40	厦门国际信托	727 797. 00	20 102 802. 00	20 830 599. 00	3. 49
41	云南信托	358 845. 15	20 084 924. 55	20 443 769. 70	1. 76
42	西藏信托	501 337. 76	19 736 982. 55	20 238 320. 31	2. 48
43	爱建信托	1 012 368. 42	18 309 393. 26	19 321 761. 68	5. 24
44	中建投信托	1 063 265. 61	18 009 647. 55	19 072 913. 16	5. 57
45	中原信托	1 040 356. 46	17 889 027. 04	18 929 383. 50	5. 50
46	国元信托	753 076. 82	17 796 034. 78	18 549 111. 60	4. 06
47	北方信托	545 023. 46	16 942 629. 48	17 487 652. 94	3. 12
48	中粮信托	538 839. 71	15 727 497. 56	16 266 337. 27	3. 31
49	华融信托	1 716 154. 48	14 246 067. 66	15 962 222. 14	10. 75
50	新华信托	735 796. 89	14 534 359. 04	15 270 155. 93	4. 82
51	紫金信托	465 158. 94	14 306 482. 53	14 771 641. 47	3. 15
52	万向信托	437 000. 31	13 379 894. 97	13 816 895. 28	3. 16
53	华澳信托	540 972. 22	13 220 339. 47	13 761 311. 69	3. 93
54	湖南信托	918 720. 52	10 699 234. 00	11 617 954. 52	7. 91
55	金谷信托	529 531. 01	10 029 085. 80	10 558 616. 81	5. 02
56	苏州信托	565 918. 75	9 502 359. 85	10 068 278. 60	5. 62
57	雪松信托	360 948. 56	9 442 742. 55	9 803 691. 11	3. 68
58	浙金信托	250 516. 30	8 899 876. 05	9 150 392. 35	2. 74
59	东莞信托	609 402. 33	7 368 867. 50	7 978 269. 83	7. 64
60	国联信托	539 641. 00	7 331 439. 00	7 871 080. 00	6. 86
61	大业信托	245 522. 76	7 511 143. 06	7 756 665. 81	3. 17
62	华信信托	1 237 599. 64	6 157 982. 86	7 395 582. 50	16. 73
63	吉林信托	702 098. 94	6 490 000. 97	7 192 099. 91	9. 76
64	杭州工商信托	519 138. 00	5 005 735. 00	5 524 873. 00	9. 40
65	山西信托	435 219. 10	3 832 770. 29	4 267 989. 39	10. 20
66	中泰信托	474 725. 16	3 240 492. 19	3 715 217. 35	12. 78
67	长城新盛信托	153 671. 76	1 785 461. 93	1 939 133. 69	7. 92
68	华宸信托	128 392. 82	213 840. 34	342 233. 16	37. 52
合计		120 234 562. 73	2 160 170 139. 92	2 280 404 702. 65	5. 27

注：总资产 = 固有资产资产总计 + 信托资产资产总计。

(二)年末信托资产规模资本比例排行榜

表3-2-2 信托资产规模资本比例排行榜

排名	公司简称	净资产(万元)	信托资产(万元)	信托资产规模资本比例(%)
1	华宸信托	106 949.88	213 840.34	50.01
2	华信信托	1 228 925.36	6 157 982.86	19.96
3	重庆信托	3 681 403.14	21 249 625.68	17.32
4	中泰信托	455 253.00	3 240 492.19	14.05
5	平安信托	5 731 787.46	44 260 816.75	12.95
6	杭州工商信托	443 041.00	5 005 735.00	8.85
7	东莞信托	565 774.27	7 368 867.50	7.68
8	中诚信托	1 794 764.89	24 935 451.33	7.20
9	湖南信托	697 703.48	10 699 234.00	6.52
10	长城新盛信托	114 605.23	1 785 461.93	6.42
11	吉林信托	411 932.58	6 490 000.97	6.35
12	国联信托	451 955.00	7 331 439.00	6.16
13	华融信托	875 077.46	14 246 067.66	6.14
14	中国民生信托	1 096 080.79	19 640 630.80	5.58
15	江苏信托	2 048 618.45	36 772 324.76	5.57
16	苏州信托	507 801.98	9 502 359.85	5.34
17	山西信托	192 834.21	3 832 770.29	5.03
18	中原信托	883 280.58	17 889 027.04	4.94
19	昆仑信托	1 320 232.45	27 183 171.94	4.86
20	北京信托	946 759.59	19 978 438.74	4.74
21	中建投信托	832 732.71	18 009 647.55	4.62
22	安信信托	833 910.29	19 404 847.49	4.30
23	四川信托	966 878.61	23 341 773.88	4.14
24	新华信托	596 072.40	14 534 359.04	4.10
25	爱建信托	744 041.79	18 309 393.26	4.06
26	国元信托	717 769.12	17 796 034.78	4.03
27	金谷信托	404 357.76	10 029 085.80	4.03
28	外贸信托	1 771 664.86	44 576 502.17	3.97
29	国投泰康信托	786 425.31	20 022 974.85	3.93
30	百瑞信托	925 630.45	24 335 104.94	3.80
31	陕国投	1 097 736.37	28 871 257.31	3.80
32	山东信托	981 041.30	26 458 063.53	3.71
33	兴业信托	1 951 991.82	56 329 127.11	3.47
34	华澳信托	413 135.81	13 220 339.47	3.13
35	国通信托	605 569.29	20 684 031.25	2.93
36	中粮信托	450 560.02	15 727 497.56	2.86
37	紫金信托	406 410.32	14 306 482.53	2.84
38	华能信托	2 046 777.64	72 504 705.17	2.82
39	北方信托	469 285.33	16 942 629.48	2.77
40	万向信托	363 715.58	13 379 894.97	2.72
41	中融信托	2 070 939.41	76 545 192.11	2.71

续表

排名	公司简称	净资产（万元）	信托资产（万元）	信托资产规模资本比例（%）
42	厦门国际信托	539 757.00	20 102 802.00	2.68
43	新时代信托	861 616.25	32 244 251.84	2.67
44	天津信托	573 005.50	21 670 593.28	2.64
45	大业信托	195 716.18	7 511 143.06	2.61
46	粤财信托	721 761.81	27 879 405.48	2.59
47	上海信托	1 785 044.73	69 265 214.29	2.58
48	浙金信托	217 665.39	8 899 876.05	2.45
49	华润信托	2 278 404.13	95 488 578.40	2.39
50	陆家嘴信托	553 026.08	23 347 581.09	2.37
51	英大信托	942 607.75	39 812 433.81	2.37
52	西藏信托	464 362.32	19 736 982.55	2.35
53	华鑫信托	616 366.46	26 207 609.70	2.35
54	华宝信托	1 133 180.77	48 922 928.64	2.32
55	中铁信托	975 657.87	42 541 413.00	2.29
56	渤海信托	1 313 421.37	59 660 296.11	2.20
57	雪松信托	204 900.58	9 442 742.55	2.17
58	中海信托	633 978.86	30 634 277.25	2.07
59	中信信托	3 085 333.45	157 415 595.52	1.96
60	中航信托	1 280 975.46	66 579 192.85	1.92
61	西部信托	530 111.16	31 866 670.26	1.66
62	长安信托	746 668.48	46 568 011.83	1.60
63	交银国际信托	1 214 522.16	76 185 016.58	1.59
64	五矿信托	1 385 372.02	88 497 646.97	1.57
65	云南信托	302 257.10	20 084 924.55	1.50
66	建信信托	2 080 120.48	139 123 223.74	1.50
67	光大兴陇信托	1 071 113.26	75 061 700.68	1.43
68	国民信托	274 918.40	22 307 344.96	1.23
合计		68 973 292.03	2 160 170 139.92	3.19
平均		1 014 313.12	31 767 207.94	—

2019 年信托资产规模资本比例整体相比 2018 年 2.78% 有所上升，其中高于平均值的有 33 家公司（见表 3－2－2）。超过 10% 的公司有 5 家，主要都集中在 1% ~5%（见表 3－2－3）。

表 3－2－3　2016—2019 年信托资产规模资本分布情况

项目	2019 年	2018 年	2017 年	2016 年
大于 10%	5	3	4	1
5% ~10%	12	14	10	9
1% ~5%以下	51	46	51	56
小于 1%	—	5	3	2
合计	68	68	68	68

（三）信托公司总收入排行榜

2019 年 68 家信托公司总收入为 16 279.40 亿元，2018 年总收入为 12 099.52 亿元，增长了 34.55%，其中固有资产营业收入增长了 15.37%，信托资产营业收入增长了 36.77%。

2019 年固有资产营业收入与信托资产营业收入之比平均值为 9.76%，比 2018 年的平均值 11.57% 下降幅度较大。其中有 28 家公司的固有资产营业收入与信托资产营业收入之比超过平均值。其中安信信托由于固有资产营业收入收入中存在负数，故其比例为负数。信托公司总收入排行榜见表 3－2－4。

表3-2-4 信托公司总收入排行榜

排名	公司简称	固有资产营业收入(万元)	信托资产营业收入(万元)	总收入(万元)	固有资产营业收入/信托资产营业收入(%)
1	中信信托	718 278.03	11 042 094.13	11 760 372.16	6.50
2	建信信托	497 738.86	7 929 573.98	8 427 312.84	6.28
3	华润信托	304 631.18	7 734 685.26	8 039 316.44	3.94
4	中融信托	535 879.06	6 012 036.54	6 547 915.60	8.91
5	平安信托	1 870 505.32	4 059 816.11	5 930 321.43	46.07
6	华能信托	506 940.96	5 369 310.74	5 876 251.70	9.44
7	光大兴陇信托	418 548.54	5 188 613.12	5 607 161.66	8.07
8	五矿信托	415 665.12	4 838 828.12	5 254 493.24	8.59
9	外贸信托	278 872.85	4 931 726.95	5 210 599.80	5.65
10	交银国际信托	187 708.75	4 992 774.93	5 180 483.68	3.76
11	中航信托	358 357.75	4 385 334.79	4 743 692.54	8.17
12	兴业信托	446 097.41	4 192 126.39	4 638 223.80	10.64
13	上海信托	458 682.56	4 146 898.49	4 605 581.05	11.06
14	长安信托	262 534.46	3 503 353.67	3 765 888.13	7.49
15	渤海信托	292 411.33	3 199 809.79	3 492 221.12	9.14
16	江苏信托	323 543.00	3 037 197.34	3 360 740.34	10.65
17	华宝信托	259 846.32	3 024 188.05	3 284 034.37	8.59
18	粤财信托	121 261.95	2 652 309.61	2 773 571.56	4.57
19	陕国投	175 565.46	2 481 526.12	2 657 091.58	7.07
20	中铁信托	227 684.88	2 387 888.00	2 615 572.88	9.53
21	西部信托	78 044.30	2 290 722.91	2 368 767.21	3.41
22	华鑫信托	128 197.28	2 064 169.92	2 192 367.20	6.21
23	中海信托	112 372.14	2 063 506.75	2 175 878.89	5.45
24	重庆信托	787 918.85	1 383 732.48	2 171 651.33	56.94
25	山东信托	187 249.80	1 861 916.30	2 049 166.10	10.06
26	昆仑信托	193 887.33	1 821 947.10	2 015 834.43	10.64
27	北京信托	189 781.76	1 819 413.84	2 009 195.60	10.43
28	四川信托	317 071.95	1 589 159.89	1 906 231.84	19.95
29	云南信托	88 412.05	1 796 573.53	1 884 985.58	4.92
30	陆家嘴信托	144 474.98	1 718 632.73	1 863 107.71	8.41
31	中诚信托	242 200.68	1 602 451.20	1 844 651.88	15.11
32	西藏信托	79 624.35	1 750 195.32	1 829 819.67	4.55
33	国投泰康信托	216 545.52	1 572 359.42	1 788 904.94	13.77
34	中国民生信托	234 351.88	1 422 523.57	1 656 875.45	16.47
35	中建投信托	242 341.71	1 383 149.50	1 625 491.21	17.52
36	英大信托	152 463.78	1 445 422.84	1 597 886.62	10.55
37	国民信托	70 288.76	1 512 363.31	1 582 652.07	4.65
38	国通信托	116 543.85	1 422 596.03	1 539 139.88	8.19
39	万向信托	141 451.03	1 293 583.69	1 435 034.72	10.93
40	百瑞信托	162 859.87	1 242 567.59	1 405 427.46	13.11
41	国元信托	68 423.05	1 253 832.13	1 322 255.18	5.46
42	中原信托	96 845.44	1 192 902.08	1 289 747.52	8.12
43	北方信托	77 448.22	1 151 942.65	1 229 390.87	6.72
44	天津信托	84 264.51	1 138 641.24	1 222 905.75	7.40
45	厦门国际信托	114 139.00	1 105 730.00	1 219 869.00	10.32
46	紫金信托	110 324.71	1 040 047.44	1 150 372.15	10.61
47	湖南信托	87 380.36	1 013 171.00	1 100 551.36	8.62
48	华澳信托	99 362.94	910 303.55	1 009 666.49	10.92
49	中粮信托	84 779.40	890 293.93	975 073.33	9.52
50	爱建信托	255 832.05	699 015.16	954 847.21	36.60
51	新时代信托	42 011.29	840 941.90	882 953.19	5.00
52	金谷信托	51 747.24	824 426.38	876 173.62	6.28

续表

排名	公司简称	固有资产营业收入（万元）	信托资产营业收入（万元）	总收入（万元）	固有资产营业收入/信托资产营业收入（%）
53	安信信托	-26 746. 46	844 071. 39	817 324. 93	-3. 17
54	新华信托	17 142. 27	791 148. 35	808 290. 62	2. 17
55	华融信托	21 939. 38	767 562. 92	789 502. 30	2. 86
56	浙金信托	55 460. 75	720 549. 26	776 010. 01	7. 70
57	东莞信托	109 918. 43	590 395. 14	700 313. 57	18. 62
58	苏州信托	81 917. 87	607 654. 23	689 572. 10	13. 48
59	大业信托	48 303. 64	579 134. 03	627 437. 67	8. 34
60	杭州工商信托	113 329. 00	492 147. 00	605 476. 00	23. 03
61	华信信托	57 276. 33	531 396. 93	588 673. 26	10. 78
62	国联信托	109 731. 00	476 098. 00	585 829. 00	23. 05
63	雪松信托	26 383. 48	537 600. 84	563 984. 32	4. 91
64	吉林信托	58 764. 97	453 577. 45	512 342. 42	12. 96
65	山西信托	19 216. 46	262 537. 72	281 754. 18	7. 32
66	长城新盛信托	39 019. 40	207 846. 57	246 865. 97	18. 77
67	中泰信托	27 021. 46	206 032. 21	233 053. 67	13. 12
68	华宸信托	418. 10	19 438. 03	19 856. 13	2. 15
合计		14 478 489. 95	148 315 517. 57	162 794 007. 53	9. 76

注：总收入＝固有资产营业收入＋信托资产营业收入。

（四）现金比率排行榜

表3-2-5　现金比率排行榜

排名	公司简称	2019年	2018年	较上年增减
1	华融信托	40. 25	35. 66	4. 59
2	昆仑信托	25. 93	9. 75	16. 19
3	交银国际信托	22. 03	15. 52	6. 51
4	江苏信托	21. 21	0. 16	21. 06
5	五矿信托	18. 25	0. 79	17. 47
6	华信信托	11. 26	8. 84	2. 41
7	中泰信托	11. 18	6. 19	4. 99
8	爱建信托	10. 97	0. 27	10. 70
9	国投泰康信托	8. 97	3. 93	5. 05
10	长城新盛信托	8. 82	6. 43	2. 39
11	金谷信托	8. 03	8. 32	-0. 29
12	陕国投	8. 01	0. 77	7. 24
13	西藏信托	7. 62	7. 63	-0. 01
14	中融信托	6. 98	2. 47	4. 52
15	国民信托	5. 82	3. 93	1. 88
16	百瑞信托	5. 79	1. 23	4. 56
17	光大兴陇信托	5. 26	5. 86	-0. 60
18	浙金信托	4. 91	2. 66	2. 25
19	中国民生信托	4. 40	0. 32	4. 08
20	苏州信托	4. 37	0. 89	3. 48
21	建信信托	4. 32	3. 52	0. 80
22	中航信托	4. 29	0. 51	3. 78
23	中粮信托	4. 08	0. 28	3. 80
24	中铁信托	3. 77	3. 42	0. 34
25	国通信托	3. 45	2. 26	1. 19

续表

排名	公司简称	2019 年	2018 年	较上年增减
26	厦门国际信托	3. 18	4. 28	-1. 11
27	陆家嘴信托	3. 03	1. 52	1. 51
28	北方信托	2. 83	3. 41	-0. 58
29	粤财信托	2. 51	2. 76	-0. 25
30	上海信托	2. 35	1. 65	0. 71
31	华宝信托	2. 29	1. 78	0. 51
32	紫金信托	1. 88	2. 68	-0. 80
33	中信信托	1. 76	0. 94	0. 82
34	湖南信托	1. 66	0. 40	1. 25
35	兴业信托	1. 54	0. 89	0. 65
36	山西信托	1. 53	1. 47	0. 07
37	华能信托	1. 51	0. 63	0. 88
38	四川信托	1. 37	1. 56	-0. 20
39	华宸信托	1. 24	0. 91	0. 33
40	平安信托	1. 20	1. 09	0. 10
41	山东信托	1. 18	2. 12	-0. 95
42	吉林信托	1. 15	1. 09	0. 06
43	中海信托	1. 10	1. 15	-0. 05
44	天津信托	1. 04	0. 73	0. 31
45	中建投信托	0. 95	0. 41	0. 54
46	万向信托	0. 95	1. 29	-0. 35
47	云南信托	0. 91	1. 68	-0. 77
48	东莞信托	0. 89	0. 85	0. 03
49	英大信托	0. 82	1. 23	-0. 41
50	雪松信托	0. 76	1. 03	-0. 28
51	华鑫信托	0. 74	4. 31	-3. 58
52	渤海信托	0. 61	0. 34	0. 27
53	长安信托	0. 57	0. 83	-0. 25
54	外贸信托	0. 57	0. 29	0. 27
55	大业信托	0. 56	0. 48	0. 08
56	安信信托	0. 52	0. 12	0. 39
57	华润信托	0. 36	0. 24	0. 12
58	中原信托	0. 35	0. 87	-0. 52
59	华澳信托	0. 34	0. 08	0. 26
60	中诚信托	0. 33	0. 42	-0. 09
61	北京信托	0. 28	0. 62	-0. 33
62	重庆信托	0. 24	0. 26	-0. 02
63	新时代信托	0. 19	1. 12	-0. 93
64	国联信托	0. 16	1. 12	-0. 96
65	西部信托	0. 16	0. 06	0. 10
66	国元信托	0. 11	0. 14	-0. 03
67	杭州工商信托	0. 08	0. 44	-0. 36
68	新华信托	0. 01	0. 09	-0. 08
平均		1. 19	0. 81	0. 38

注:1. 平均值由68家合计数计算得出。
2. 计算时货币资金为各家报告中的货币资金、现金及存放中央银行款项、存放同业款项、贵金属、拆出资金、其他货币资金汇总金额。
3. 现金比率 =(货币资金 + 交易性金融资产)/流动负债。
4. 流动比率 = 流动资产/流动负债。

2019 年 68 家信托公司总体现金比率相比 2018 年上升了 0. 38,上升幅度高达 46. 91%,现金比率增长的有 43 家公司,增长最多的为江苏信托;现金比率减少的有 25 家公司,减少最多的为华鑫信托;其中,2019 年现金比率大于 1 的有 44 家,较 2018 年增加了

7 家。信托公司现金比率分布情况见表 3 -2 -6。

表 3 -2 -6　信托公司现金比率分布情况

现金比率	2019 年	2018 年
大于 3	27	16
1 ~3	17	21
0. 5 ~1	12	13
小于 0. 5	12	18
合计	68	68

（五）流动比率排行榜

表 3 -2 -7　流动比率排行榜

排名	公司简称	2019 年	2018 年	较上年增减
1	华融信托	40. 25	35. 66	4. 59
2	昆仑信托	25. 93	9. 75	16. 19
3	国通信托	23. 21	13. 42	9. 79
4	交银国际信托	22. 03	15. 52	6. 51
5	江苏信托	21. 25	0. 22	21. 03
6	五矿信托	18. 25	0. 79	17. 47
7	新华信托	16. 19	8. 05	8. 14
8	中泰信托	14. 55	7. 98	6. 57
9	华信信托	13. 56	9. 75	3. 81
10	爱建信托	10. 97	0. 27	10. 70
11	金谷信托	10. 78	12. 00	-1. 23
12	国投泰康信托	9. 24	4. 37	4. 86
13	长城新盛信托	8. 82	6. 45	2. 37
14	百瑞信托	8. 77	3. 23	5. 54
15	陕国投	8. 53	2. 25	6. 28
16	西藏信托	7. 68	7. 68	—
17	中融信托	7. 12	2. 49	4. 63
18	浙金信托	6. 14	2. 75	3. 40
19	国民信托	5. 93	4. 56	1. 38
20	北方信托	5. 82	4. 56	1. 26
21	中粮信托	5. 63	3. 02	2. 61
22	光大兴陇信托	5. 34	5. 88	-0. 54
23	陆家嘴信托	5. 13	4. 41	0. 72
24	渤海信托	5. 11	3. 04	2. 06
25	中航信托	4. 89	0. 59	4. 29
26	中建投信托	4. 64	5. 15	-0. 51
27	华澳信托	4. 57	2. 00	2. 57
28	建信信托	4. 48	3. 89	0. 59
29	中国民生信托	4. 43	0. 39	4. 05
30	苏州信托	4. 37	3. 95	0. 42
31	西部信托	3. 91	3. 26	0. 65
32	中铁信托	3. 77	3. 43	0. 34
33	厦门国际信托	3. 18	4. 34	-1. 16
34	天津信托	2. 90	2. 15	0. 75
35	粤财信托	2. 67	2. 97	-0. 30
36	华宝信托	2. 55	2. 08	0. 47
37	中信信托	2. 48	1. 72	0. 76
38	上海信托	2. 46	1. 73	0. 74

续表

排名	公司简称	2019 年	2018 年	较上年增减
39	华润信托	2.41	2.07	0.34
40	兴业信托	2.37	1.80	0.57
41	紫金信托	1.98	2.68	-0.69
42	四川信托	1.84	2.16	-0.32
43	平安信托	1.83	1.66	0.17
44	山西信托	1.77	3.15	-1.38
45	吉林信托	1.72	1.39	0.33
46	湖南信托	1.66	0.41	1.25
47	中海信托	1.65	1.83	-0.18
48	华能信托	1.59	1.10	0.49
49	万向信托	1.55	2.00	-0.45
50	外贸信托	1.49	0.53	0.97
51	华宸信托	1.46	1.05	0.42
52	雪松信托	1.46	1.38	0.08
53	山东信托	1.45	3.47	-2.02
54	英大信托	1.39	2.33	-0.94
55	东莞信托	1.29	0.95	0.34
56	长安信托	1.20	1.84	-0.64
57	大业信托	1.18	0.98	0.20
58	云南信托	1.08	1.95	-0.87
59	华鑫信托	1.07	5.88	-4.82
60	重庆信托	0.80	0.63	0.17
61	中原信托	0.72	1.17	-0.45
62	国元信托	0.71	0.47	0.25
63	新时代信托	0.64	1.52	-0.87
64	中诚信托	0.64	0.81	-0.17
65	安信信托	0.63	0.44	0.19
66	国联信托	0.50	1.84	-1.34
67	北京信托	0.45	0.85	-0.40
68	杭州工商信托	0.15	0.47	-0.32
平均		1.81	1.32	0.49

2019 年 68 家信托公司总体流动比率较 2018 年大幅度增长了 37.12%，在流动比率增长的 47 家公司中增长最多的为江苏信托；现金比率减少的有 21 家公司，减少最多的为华鑫信托见表 3-2-7；其中，2019 年流动比率大于 1 的有 59 家，低于 1 的仅有 9 家。

表 3-2-8　信托公司流动比率分布情况

项目	2019 年	2018 年
大于 10	11	4
5～10	13	9
1～5	35	40
小于 1	9	15
合计	68	68

三、信托公司一些其他指标排名

(一) 固有资产负债率增减变动情况排行榜

2019 年 68 家信托公司整体资产负债率为 42.63%，与 2018 年略有下降。其中有 22 家公司上涨，46 家公司下降；上涨最多的是厦门国际信托，下降最多的是浙金信托（见表 3-3-1）。

表 3-3-1　固有资产负债率增减变动情况排行榜

排名	公司简称	2019 年 12 月 31 日			2018 年 12 月 31 日			资产负债率增减变动（%）
		资产总计（万元）	负债总计（万元）	资产负债率（%）	资产总计（万元）	负债总计（万元）	资产负债率（%）	
1	厦门国际信托	727 797.00	188 041.00	25.84	603 771.00	93 741.00	15.53	10.31
2	陕国投	1 466 673.64	368 937.27	25.15	1 227 935.32	186 449.51	15.18	9.97
3	雪松信托	360 948.56	156 047.98	43.23	491 460.11	165 912.08	33.76	9.47

续表

排名	公司简称	2019 年 12 月 31 日			2018 年 12 月 31 日			资产负债率增减变动(%)
		资产总计(万元)	负债总计(万元)	资产负债率(%)	资产总计(万元)	负债总计(万元)	资产负债率(%)	
4	金谷信托	529 531. 01	125 173. 25	23. 64	473 788. 70	72 491. 02	15. 30	8. 34
5	国联信托	539 641. 00	87 686. 00	16. 25	512 365. 00	40 859. 00	7. 97	8. 27
6	华鑫信托	774 873. 95	158 507. 49	20. 46	744 682. 07	90 970. 37	12. 22	8. 24
7	北京信托	1 381 361. 77	434 602. 18	31. 46	1 183 215. 21	295 841. 40	25. 00	6. 46
8	华融信托	1 716 154. 48	841 077. 02	49. 01	1 626 734. 94	702 310. 97	43. 17	5. 84
9	光大兴陇信托	1 395 488. 34	324 375. 08	23. 24	1 101 582. 85	204 407. 25	18. 56	4. 69
10	紫金信托	465 158. 94	58 748. 62	12. 63	421 478. 25	39 008. 76	9. 26	3. 37
11	中原信托	1 040 356. 46	157 075. 88	15. 10	956 566. 65	115 333. 92	12. 06	3. 04
12	华能信托	2 445 988. 59	399 210. 95	16. 32	2 133 590. 79	286 567. 46	13. 43	2. 89
13	山东信托	1 457 229. 00	476 187. 70	32. 68	1 361 175. 20	407 106. 00	29. 91	2. 77
14	渤海信托	1 582 018. 60	268 597. 23	16. 98	1 403 722. 60	200 398. 65	14. 28	2. 70
15	昆仑信托	1 374 045. 80	53 813. 35	3. 92	1 317 571. 74	34 302. 93	2. 60	1. 31
16	云南信托	358 845. 15	56 588. 05	15. 77	307 662. 38	45 730. 29	14. 86	0. 91
17	粤财信托	755 699. 98	33 938. 17	4. 49	650 849. 34	23 599. 31	3. 63	0. 87
18	四川信托	2 174 288. 05	1 207 409. 44	55. 53	1 991 077. 63	1 090 626. 98	54. 78	0. 76
19	苏州信托	565 918. 75	58 116. 77	10. 27	496 084. 41	48 565. 79	9. 79	0. 48
20	兴业信托	4 214 517. 92	2 262 526. 10	53. 68	3 760 453. 78	2 006 209. 24	53. 35	0. 33
21	安信信托	2 079 366. 78	1 245 456. 49	59. 90	3 153 620. 19	1 881 478. 25	59. 66	0. 24
22	长安信托	1 030 986. 12	284 317. 64	27. 58	895 600. 27	244 945. 16	27. 35	0. 23
23	中航信托	1 667 041. 92	386 066. 45	23. 16	1 538 081. 59	358 691. 17	23. 32	−0. 16
24	平安信托	17 281 355. 29	11 549 567. 83	66. 83	15 707 631. 87	10 524 117. 54	67. 00	−0. 17
25	华信信托	1 237 599. 64	8 674. 28	0. 70	1 219 451. 11	13 743. 38	1. 13	−0. 43
26	中泰信托	474 725. 16	19 472. 17	4. 10	455 862. 91	20 740. 86	4. 55	−0. 45
27	百瑞信托	1 048 194. 55	122 564. 08	11. 69	941 709. 09	117 572. 42	12. 49	−0. 79
28	五矿信托	1 822 630. 82	437 258. 80	23. 99	1 650 898. 43	414 694. 23	25. 12	−1. 13
29	西部信托	637 938. 37	107 827. 21	16. 90	555 547. 21	100 175. 15	18. 03	−1. 13
30	中铁信托	1 878 004. 93	902 347. 06	48. 05	1 795 478. 71	884 497. 26	49. 26	−1. 21
31	江苏信托	2 342 805. 06	294 186. 60	12. 56	2 064 442. 22	285 361. 74	13. 82	−1. 27
32	中建投信托	1 063 265. 61	230 532. 90	21. 68	960 295. 75	220 829. 68	23. 00	−1. 31
33	重庆信托	23 448 548. 11	19 767 144. 97	84. 30	22 989 814. 72	19 713 283. 78	85. 75	−1. 45
34	北方信托	545 023. 46	75 738. 12	13. 90	515 312. 03	80 503. 08	15. 62	−1. 73
35	华润信托	2 625 521. 16	347 117. 03	13. 22	2 387 940. 69	357 283. 51	14. 96	−1. 74
36	中海信托	710 342. 13	76 363. 26	10. 75	717 588. 62	89 940. 89	12. 53	−1. 78
37	华宸信托	128 392. 82	21 442. 94	16. 70	121 621. 88	22 486. 53	18. 49	−1. 79
38	天津信托	806 937. 26	233 931. 76	28. 99	749 330. 18	235 541. 56	31. 43	−2. 44
39	陆家嘴信托	979 787. 88	426 761. 80	43. 56	906 230. 68	418 438. 21	46. 17	−2. 62
40	交银国际信托	1 289 947. 54	75 425. 39	5. 85	1 212 645. 02	106 003. 24	8. 74	−2. 89
41	湖南信托	918 720. 52	221 017. 05	24. 06	1 030 402. 95	278 902. 90	27. 07	−3. 01
42	中诚信托	2 312 452. 93	517 688. 03	22. 39	2 305 009. 62	593 656. 71	25. 76	−3. 37
43	山西信托	435 219. 10	242 384. 89	55. 69	462 655. 25	274 366. 59	59. 30	−3. 61
44	中粮信托	538 839. 71	88 279. 70	16. 38	549 586. 23	110 622. 54	20. 13	−3. 75
45	上海信托	2 388 714. 82	603 670. 09	25. 27	2 250 974. 71	656 614. 81	29. 17	−3. 90
46	国元信托	753 076. 82	35 307. 71	4. 69	744 887. 78	65 159. 17	8. 75	−4. 06
47	新华信托	735 796. 89	139 724. 47	18. 99	778 375. 04	183 828. 63	23. 62	−4. 63
48	吉林信托	702 098. 94	290 166. 36	41. 33	697 785. 06	321 666. 16	46. 10	−4. 77
49	建信信托	3 158 562. 93	1 078 442. 45	34. 14	2 227 495. 52	869 427. 31	39. 03	−4. 89
50	中信信托	4 240 304. 51	1 154 971. 06	27. 24	3 796 723. 66	1 275 452. 87	33. 59	−6. 36
51	中国民生信托	1 420 382. 36	324 301. 56	22. 83	1 523 261. 53	450 514. 04	29. 58	−6. 74
52	国通信托	815 215. 15	209 645. 86	25. 72	829 842. 15	274 734. 11	33. 11	−7. 39
53	万向信托	437 000. 31	73 284. 73	16. 77	388 636. 17	94 751. 41	24. 38	−7. 61
54	长城新盛信托	153 671. 76	39 066. 53	25. 42	137 303. 77	45 759. 32	33. 33	−7. 90
55	爱建信托	1 012 368. 42	268 326. 63	26. 50	990 236. 96	341 380. 92	34. 47	−7. 97

续表

排名	公司简称	2019 年 12 月 31 日			2018 年 12 月 31 日			资产负债率增减变动(%)
		资产总计(万元)	负债总计(万元)	资产负债率(%)	资产总计(万元)	负债总计(万元)	资产负债率(%)	
56	西藏信托	501 337.76	36 975.44	7.38	265 661.99	41 169.33	15.50	-8.12
57	华宝信托	1 316 928.42	183 747.65	13.95	1 257 880.74	278 065.53	22.11	-8.15
58	杭州工商信托	519 138.00	76 097.00	14.66	535 336.00	127 844.00	23.88	-9.22
59	华澳信托	540 972.22	127 836.41	23.63	570 827.93	188 309.75	32.99	-9.36
60	东莞信托	609 402.33	43 628.06	7.16	650 939.67	109 156.86	16.77	-9.61
61	英大信托	1 068 848.12	126 240.38	11.81	1 070 228.10	234 268.63	21.89	-10.08
62	大业信托	245 522.76	49 806.58	20.29	271 625.75	86 651.68	31.90	-11.62
63	国投泰康信托	871 917.69	85 492.38	9.81	865 590.74	187 723.46	21.69	-11.88
64	中融信托	2 761 605.95	690 666.54	25.01	3 065 714.22	1 132 148.89	36.93	-11.92
65	外贸信托	1 841 343.25	69 678.39	3.78	1 500 318.55	241 453.53	16.09	-12.31
66	国民信托	323 817.75	48 899.35	15.10	361 595.08	105 595.09	29.20	-14.10
67	新时代信托	935 835.39	74 219.14	7.93	1 150 532.73	305 235.18	26.53	-18.60
68	浙金信托	250 516.30	32 850.91	13.11	310 288.01	103 051.94	33.21	-20.10
合计		120 234 562.73	51 261 271.67	42.63	113 894 587.06	51 218 270.95	44.97	-2.34

2019 年平均资产负债率在 20% 以下的有 33 家公司，其中华信信托资产负债率最低，仅 0.70%。

表 3-3-2　固有资产平均资产负债率分布情况

项目	2019 年		2018 年	
	家数(家)	平均资产负债率(%)	家数(家)	平均资产负债率(%)
40% 以上	11	70.36	10	71.23
20% ~40%	24	26.20	30	29.26
5% ~20%	27	13.16	24	13.78
5% 以下	6	3.43	4	2.54
合计	68	42.63	68	44.97

(二)已清算结束信托项目综合实际年化收益率排行榜

表 3-3-3　已清算结束信托项目综合实际年化收益率排行榜

排名	公司简称	实收信托金额(万元)			加权平均实际年化收益率(%)			综合实际年化收益率(%)
		集合类	单一类	财产管理类	集合类	单一类	财产管理类	
1	中泰信托	194 730.00	496 544.06	—	7.21	33.55	—	26.13
2	华宸信托	7 061.11	128 005.00	10 147.50	8.99	12.14	—	11.14
3	杭州工商信托	1 493 932.03	72 502.74	—	8.93	11.77	—	9.06
4	昆仑信托	1 910 176.90	1 658 574.24	4 021 728.88	7.09	5.07	9.96	8.17
5	中融信托	5 191 156.04	5 138 764.35	3 544 048.36	9.10	6.88	6.61	7.64
6	百瑞信托	2 982 508.30	561 156.00	666 111.42	7.27	6.79	9.69	7.59
7	雪松信托	2 305 914.00	6 416 577.08	1 267 856.78	11.44	7.50	0.09	7.52
8	山西信托	604 416.21	2 043 695.54	254 893.10	9.92	6.80	7.19	7.48
9	中建投信托	7 487 873.96	1 969 819.00	1 204 454.74	7.36	7.50	4.10	7.02
10	安信信托	299 393.94	1 353 467.49	722 873.58	7.61	6.31	7.67	6.89
11	浙金信托	3 800 951.03	2 155 286.17	648 715.95	7.69	5.62	6.29	6.88
12	国联信托	933 028.00	297 337.00	—	5.88	9.99	—	6.87
13	东莞信托	1 278 088.30	882 597.00	—	7.87	5.27	—	6.81
14	万向信托	4 670 356.00	2 768 680.00	1 101 456.83	7.20	7.32	3.26	6.73
15	外贸信托	6 904 424.99	3 558 313.01	745 460.14	6.03	7.53	8.09	6.64
16	英大信托	571 705.55	606 659.30	1 191 922.35	9.00	5.74	5.71	6.51
17	山东信托	4 484 006.13	4 958 250.69	10 000.00	6.65	6.35	5.56	6.49
18	上海信托	7 504 713.31	3 027 746.11	4 386 318.23	6.54	5.80	6.63	6.42

续表

排名	公司简称	实收信托金额（万元）			加权平均实际年化收益率（%）			综合实际年化收益率（%）
		集合类	单一类	财产管理类	集合类	单一类	财产管理类	
19	中原信托	2 207 500.49	1 961 013.13	308 565.10	6.22	6.30	7.99	6.38
20	新时代信托	2 446 935.00	2 571 164.10	2 795 033.07	7.58	6.02	5.56	6.34
21	华能信托	12 456 175.53	7 729 522.15	10 958 776.03	6.27	6.56	6.24	6.33
22	苏州信托	1 119 067.31	1 638 172.00	—	6.13	6.41	—	6.30
23	华融信托	12 125 247.44	1 195 370.00	688 149.90	6.14	6.14	8.77	6.27
24	中航信托	11 056 078.71	11 105 151.85	1 442 775.94	6.93	5.53	6.22	6.23
25	西藏信托	3 019 687.00	4 498 656.00	4 652 810.00	5.02	7.15	6.11	6.22
26	中国民生信托	3 862 608.10	1 328 963.41	—	6.53	5.35	—	6.22
27	四川信托	6 844 292.45	8 828 138.65	220 000.00	7.20	5.45	4.56	6.19
28	粤财信托	1 697 769.38	2 788 811.21	1 568 227.86	6.44	6.23	5.71	6.16
29	中海信托	4 427 231.01	2 468 030.44	4 639 816.13	4.78	5.98	7.55	6.15
30	北京信托	3 677 403.49	2 711 123.07	5 008 963.85	9.04	6.53	3.82	6.15
31	光大兴陇信托	18 029 814.56	11 293 164.40	2 308 254.73	6.44	5.82	5.44	6.15
32	北方信托	1 168 408.38	9 446 235.12	1 172 056.20	6.32	6.25	4.65	6.09
33	渤海信托	6 151 058.14	21 932 797.35	2 521 430.17	5.81	6.70	1.32	6.08
34	国投泰康信托	3 339 986.80	6 713 920.98	1 073 927.97	6.59	6.10	3.98	6.04
35	重庆信托	4 867 185.00	2 141 050.72	306 310.00	6.15	5.90	4.02	5.99
36	陆家嘴信托	8 574 165.94	3 515 149.86	538 402.66	5.52	6.90	6.72	5.96
37	中粮信托	1 270 760.37	1 213 119.39	1 242 669.83	7.36	4.67	5.77	5.95
38	西部信托	2 713 412.56	7 589 959.72	2 607 413.77	6.93	5.89	5.04	5.94
39	五矿信托	15 554 604.62	2 858 967.59	5 993 134.65	6.07	6.11	5.39	5.91
40	国通信托	5 367 875.44	5 802 366.93	1 317 096.79	7.09	5.50	2.52	5.87
41	中信信托	28 264 666.85	18 546 018.88	22 016 312.96	5.88	5.57	5.76	5.76
42	紫金信托	2 033 347.46	3 311 427.97	2 285 631.74	6.64	5.11	5.61	5.67
43	金谷信托	2 211 023.50	1 237 067.00	4 863 650.94	5.92	6.25	5.37	5.65
44	吉林信托	95 170.60	3 145 425.12	792 503.71	6.68	6.93	0.43	5.65
45	建信信托	3 633 264.03	632 587.50	1 911 401.25	5.91	6.22	4.85	5.61
46	中诚信托	8 094 803.00	3 017 350.93	692 064.43	5.91	4.93	4.63	5.58
47	华澳信托	1 363 869.00	7 065 420.81	384 516.42	7.75	5.12	5.48	5.54
48	长安信托	6 329 187.59	11 005 823.54	1 753 723.61	1.20	8.03	5.09	5.50
49	新华信托	58 403.99	4 995 434.86	200 000.00	5.00	5.64	—	5.42
50	云南信托	5 508 063.92	6 835 660.81	2 407 258.95	4.98	5.29	6.77	5.42
51	华润信托	7 365 511.38	5 600 998.18	7 465 717.09	4.26	5.78	6.07	5.34
52	湖南信托	1 847 534.00	2 280 818.00	5 494 137.00	3.73	9.60	4.06	5.31
53	华宝信托	2 115 722.43	3 957 634.72	298 788.91	5.54	4.99	3.32	5.09
54	江苏信托	2 959 079.45	5 856 438.33	972 736.50	4.56	5.44	4.04	5.03
55	厦门国际信托	4 510 079.00	6 326 964.00	92 117.00	5.08	4.96	5.69	5.02
56	华鑫信托	2 151 364.64	4 817 946.41	598 480.83	3.33	5.76	4.82	4.99
57	国民信托	2 155 463.18	16 936 296.08	880 670.00	2.95	5.19	4.71	4.93
58	交银国际信托	2 906 320.34	5 935 332.81	379 307.83	5.55	5.18	-5.71	4.85
59	国元信托	7 370 935.32	3 562 147.00	4 674 208.38	4.96	4.05	5.07	4.79
60	兴业信托	15 860 213.00	18 359 199.00	3 964 300.00	4.44	5.06	4.88	4.78
61	中铁信托	12 811 886.00	9 653 130.00	7 719 266.00	5.09	5.05	3.18	4.59
62	平安信托	16 774 784.34	15 819 316.93	7 933 072.90	5.71	4.02	2.45	4.41
63	大业信托	4 384 785.54	1 933 088.53	486 371.96	3.13	6.19	6.64	4.25
64	天津信托	3 693 199.74	4 287 388.00	2 341 686.00	6.25	1.65	5.77	4.23
65	长城新盛信托	—	569 100.00	—	—	2.41	—	2.41
66	华信信托	2 770 300.00	1 580 554.00	687 509.45	0.06	7.01	0.40	2.29
67	爱建信托	10 549 423.20	4 423 297.40	531 048.64	-0.30	6.41	6.23	1.84
68	陕国投	6 850 932.15	4 792 804.45	85 000.00	-5.22	5.91	0.21	-0.63
平均		5 136 338.78	4 939 845.50	2 250 754.19	5.87	6.55	4.32	6.12

注：已清算结束信托项目综合实际年化收益率＝（集合类实收信托合计×集合类加权平均实际年化收益率＋单一类实收信托合计×单一类加权平均实际年化收益率＋财产权实收信托合计×财产权类加权平均实际年化收益率）/（集合、单一、财产权实收信托合计）。

2019 年 68 家信托公司整体已清算结束信托项目加权平均实际年化收益率为 6.12%，较 2018 年的 5.29% 有所上升，高于平均值的有 31 家公司。本年度超过 10% 的企业有 2 家，低于 4% 的有 4 家。

(三) 信托资产配比分析

1. 期末信托资产配比分析

2019 年 68 家信托公司期末信托资产总额为 216 758.73 亿元，较 2018 年下降了 5.05%，其中上涨的仅有 19 家公司，涨幅最大的为五矿信托(见表 3-3-4)。

表 3-3-4　期末信托资产增长排行榜(按类别分类)

排名	公司简称	2019 年				2018 年合计(万元)	增长率(%)
		集合类(万元)	单一类(万元)	财务管理类(万元)	合计(万元)		
1	五矿信托	68 775 457.84	11 829 736.34	7 892 452.80	88 497 646.98	59 939 679.14	47.64
2	天津信托	6 334 306.93	4 582 177.99	10 754 108.35	21 670 593.27	14 931 752.43	45.13
3	光大兴陇信托	43 270 521.19	25 646 547.07	4 811 557.53	73 728 625.79	57 393 949.79	28.46
4	百瑞信托	17 746 769.22	3 118 181.50	3 470 154.22	24 335 104.94	19 076 180.19	27.57
5	英大信托	1 472 890.45	6 745 255.66	31 594 287.70	39 812 433.81	31 895 360.29	24.82
6	东莞信托	5 236 479.91	1 629 496.65	502 890.93	7 368 867.49	6 033 010.73	22.14
7	中融信托	61 265 323.81	9 416 322.37	5 863 545.93	76 545 192.11	65 466 498.96	16.92
8	中泰信托	714 014.76	2 386 394.41	140 083.04	3 240 492.21	2 875 574.71	12.69
9	苏州信托	4 890 400.64	3 547 635.84	1 064 323.37	9 502 359.85	8 444 962.96	12.52
10	重庆信托	16 382 789.01	2 679 236.13	2 187 600.54	21 249 625.68	19 046 912.83	11.56
11	山东信托	11 160 882.69	13 383 368.10	1 913 812.74	26 458 063.53	23 750 676.64	11.40
12	中国民生信托	16 343 807.50	3 283 136.52	13 686.78	19 640 630.80	18 138 911.22	8.28
13	中建投信托	10 361 898.48	4 328 092.58	3 319 656.49	18 009 647.55	16 938 947.12	6.32
14	中航信托	44 371 336.73	20 591 127.36	1 616 728.76	66 579 192.85	63 269 867.23	5.23
15	华澳信托	3 095 487.87	8 493 669.58	1 631 182.02	13 220 339.47	12 793 171.25	3.34
16	厦门国际信托	6 833 384.00	11 976 787.00	1 292 631.00	20 102 802.00	19 497 639.00	3.10
17	粤财信托	6 102 014.41	13 827 062.57	7 950 328.50	27 879 405.48	27 072 592.63	2.98
18	华鑫信托	12 186 874.82	13 493 482.56	527 252.32	26 207 609.70	25 825 405.51	1.48
19	陆家嘴信托	14 862 543.27	8 027 945.17	457 092.65	23 347 581.09	23 323 711.02	0.10
20	华润信托	25 101 195.64	40 588 494.11	29 798 888.65	95 488 578.40	95 491 944.59	—
21	中铁信托	12 884 818.00	17 803 527.00	11 853 068.00	42 541 413.00	42 660 827.00	-0.28
22	陕国投	15 447 618.38	12 984 790.59	438 848.34	28 871 257.31	28 952 434.37	-0.28
23	中原信托	7 926 782.63	7 999 018.31	1 963 226.10	17 889 027.04	17 957 182.67	-0.38
24	华能信托	20 591 349.90	19 796 512.83	32 116 842.44	72 504 705.17	72 789 739.76	-0.39
25	西部信托	9 525 533.03	13 785 879.64	8 555 257.58	31 866 670.25	32 080 344.64	-0.67
26	外贸信托	31 384 926.24	6 687 253.95	6 504 321.98	44 576 502.17	44 905 978.77	-0.73
27	建信信托	41 576 960.34	39 730 735.85	57 815 527.55	139 123 223.74	140 393 891.69	-0.91
28	华宸信托	59 312.82	154 527.52	—	213 840.34	219 913.77	-2.76
29	渤海信托	14 834 288.99	41 591 605.45	3 234 401.67	59 660 296.11	62 033 224.29	-3.83
30	中粮信托	6 908 942.82	5 567 094.94	3 251 459.81	15 727 497.57	16 375 708.15	-3.96
31	杭州工商信托	4 655 867.00	229 868.00	120 000.00	5 005 735.00	5 241 772.00	-4.50
32	中信信托	79 777 730.41	57 428 007.00	20 209 858.11	157 415 595.52	165 219 704.37	-4.72
33	昆仑信托	13 003 527.89	9 467 928.71	4 310 392.52	26 781 849.12	28 963 724.88	-7.53
34	华宝信托	12 804 325.03	35 400 941.30	717 662.30	48 922 928.63	53 482 292.68	-8.52
35	新时代信托	22 789 289.16	3 087 967.00	6 366 995.68	32 244 251.84	35 312 322.38	-8.69
36	紫金信托	8 900 995.33	2 982 280.92	2 423 206.28	14 306 482.53	15 728 707.94	-9.04
37	国联信托	2 446 079.00	4 885 360.00	—	7 331 439.00	8 087 140.00	-9.34
38	湖南信托	4 369 552.00	5 142 967.00	1 186 715.00	10 699 234.00	11 841 338.00	-9.65
39	江苏信托	10 316 713.51	25 630 993.33	824 617.92	36 772 324.76	40 733 140.20	-9.72
40	上海信托	23 140 237.70	27 822 705.33	18 302 271.26	69 265 214.29	76 868 476.77	-9.89
41	国元信托	4 092 015.42	10 246 357.55	3 457 661.81	17 796 034.78	19 776 305.21	-10.01
42	长安信托	25 517 962.29	17 813 638.49	3 236 411.05	46 568 011.83	52 053 924.89	-10.54

续表

排名	公司简称	2019年				2018年合计（万元）	增长率（%）
		集合类（万元）	单一类（万元）	财务管理类（万元）	合计（万元）		
43	北京信托	13 422 593. 35	5 623 328. 18	932 517. 21	19 978 438. 74	22 699 570. 75	-11. 99
44	交银国际信托	48 902 323. 37	27 093 881. 20	188 812. 01	76 185 016. 58	87 052 154. 49	-12. 48
45	云南信托	4 198 305. 50	12 202 782. 50	3 683 836. 55	20 084 924. 55	23 612 561. 37	-14. 94
46	山西信托	972 301. 00	2 616 486. 52	243 982. 77	3 832 770. 29	4 528 682. 66	-15. 37
47	国通信托	8 926 207. 65	9 686 362. 51	2 071 461. 09	20 684 031. 25	24 844 251. 62	-16. 75
48	安信信托	14 231 482. 35	4 148 884. 48	1 024 480. 66	19 404 847. 49	23 367 843. 70	-16. 96
49	万向信托	6 779 902. 51	6 049 103. 28	550 889. 18	13 379 894. 97	16 116 942. 54	-16. 98
50	中海信托	13 496 216. 00	6 046 845. 00	11 091 216. 00	30 634 277. 00	37 012 843. 00	-17. 23
51	浙金信托	3 707 607. 08	2 946 153. 85	2 246 115. 12	8 899 876. 05	10 805 206. 45	-17. 63
52	平安信托	32 769 063. 26	18 822 505. 70	1 820 791. 02	53 412 359. 98	65 275 619. 93	-18. 17
53	新华信托	2 369 706. 46	11 033 611. 94	1 131 040. 64	14 534 359. 04	17 901 702. 62	-18. 81
54	中诚信托	11 553 071. 27	11 675 296. 92	1 707 083. 14	24 935 451. 33	31 318 526. 43	-20. 38
55	兴业信托	17 035 862. 00	27 111 839. 00	12 181 426. 00	56 329 127. 00	72 894 840. 00	-22. 73
56	吉林信托	521 590. 14	4 050 052. 03	1 918 358. 79	6 490 000. 96	8 728 398. 80	-25. 64
57	国投泰康信托	11 521 484. 34	7 121 626. 50	1 379 864. 01	20 022 974. 85	26 933 411. 03	-25. 66
58	四川信托	13 097 748. 92	9 991 466. 44	252 558. 52	23 341 773. 88	32 348 784. 94	-27. 84
59	爱建信托	11 328 755. 69	5 266 459. 82	1 714 177. 75	18 309 393. 26	25 412 324. 45	-27. 95
60	华融信托	7 193 980. 61	4 797 346. 32	2 254 740. 73	14 246 067. 66	19 856 521. 84	-28. 25
61	金谷信托	2 914 626. 30	2 186 681. 45	4 927 778. 05	10 029 085. 80	14 009 609. 97	-28. 41
62	北方信托	5 384 333. 81	10 304 986. 69	1 253 308. 98	16 942 629. 48	23 849 086. 07	-28. 96
63	雪松信托	3 275 578. 55	5 342 946. 86	824 217. 14	9 442 742. 55	13 686 180. 11	-31. 01
64	长城新盛信托	77 853. 33	1 540 857. 95	166 750. 65	1 785 461. 93	2 767 729. 95	-35. 49
65	西藏信托	3 247 669. 49	8 874 271. 39	7 615 041. 67	19 736 982. 55	32 189 666. 45	-38. 69
66	华信信托	4 022 833. 60	2 032 211. 00	102 938. 26	6 157 982. 86	10 163 370. 30	-39. 41
67	国民信托	2 407 253. 38	19 220 459. 38	679 632. 20	22 307 344. 96	38 556 657. 74	-42. 14
68	大业信托	3 665 683. 10	3 289 831. 13	555 628. 84	7 511 143. 07	14 105 386. 92	-46. 75
合计		996 487 240. 12	804 890 388. 26	366 209 656. 70	2 167 587 285. 08	2 282 922 716. 80	-5. 05

2019 年期末信托资产中集合类为 99 648. 72 亿元，单一类为 80 489. 04 亿元，财务管理类为 36 620. 97 亿元；单一类与集合类资产比重合计为 83. 10%，比 2018 年的 83. 45% 基本保持一致，占有绝对的比重，财务管理类仍占比较少。

表 3 -3 -5　信托资产分类分布情况

单位：%

项目	2019 年	2018 年
集合类	45. 97	37. 88
单一类	37. 13	45. 57
财务管理类	16. 89	16. 55
合计	100. 00	100. 00

2019 年期末信托资产中主动管理型信托资产为 91 850. 05 亿元，占比为 42. 96%，被动管理型信托资产为 121 931. 94 亿元，占比为 57. 04%；在 68 家信托公司中，主动管理型信托资产占比超过被动管理型信托资产，且从 2018 年的 14 家公司增加到 22 家公司（见表 3 -3 -6）。

由于各家公司类型中披露的明细与合计金额存在差异，我们未对信托资产类型中的细分进行统计，仅作出汇总分析（见表 5 -2 -9、表 5 -2 -10）。

表 3 -3 -6　期末信托资产增长率排行榜（类型分类）

排名	公司简称	2019 年			2018 年			合计增长率（%）
		主动管理型（万元）	被动管理型（万元）	合计（万元）	主动管理型（万元）	被动管理型（万元）	合计（万元）	
1	五矿信托	65 002 230. 95	23 495 416. 03	88 497 646. 98	28 657 386. 24	31 282 292. 90	59 939 679. 14	47. 64
2	天津信托	11 645 314. 12	10 025 279. 15	21 670 593. 27	4 063 672. 55	10 868 079. 88	14 931 752. 43	45. 13

续表

排名	公司简称	2019 年			2018 年			合计增长率（%）
		主动管理型（万元）	被动管理型（万元）	合计（万元）	主动管理型（万元）	被动管理型（万元）	合计（万元）	
3	光大兴陇信托	44 068 317. 93	29 660 307. 86	73 728 625. 79	21 367 489. 99	36 026 459. 80	57 393 949. 79	28. 46
4	百瑞信托	20 949 946. 85	3 385 158. 09	24 335 104. 94	13 665 690. 05	5 410 490. 14	19 076 180. 19	27. 57
5	英大信托	1 355 147. 39	38 457 286. 42	39 812 433. 81	1 493 192. 56	30 402 167. 73	31 895 360. 29	24. 82
6	东莞信托	6 177 438. 42	1 191 429. 07	7 368 867. 49	4 267 708. 73	1 765 302. 00	6 033 010. 73	22. 14
7	中融信托	58 290 198. 25	18 254 993. 86	76 545 192. 11	42 910 323. 96	22 556 175. 00	65 466 498. 96	16. 92
8	中泰信托	566 004. 34	2 674 487. 86	3 240 492. 20	675 852. 77	2 199 721. 94	2 875 574. 71	12. 69
9	苏州信托	4 839 219. 61	4 663 140. 24	9 502 359. 85	3 402 719. 98	5 042 242. 98	8 444 962. 96	12. 52
10	重庆信托	14 465 541. 55	6 784 084. 13	21 249 625. 68	8 999 622. 73	10 047 290. 10	19 046 912. 83	11. 56
11	中国民生信托	16 883 297. 34	2 757 333. 46	19 640 630. 80	14 157 291. 54	3 981 619. 68	18 138 911. 22	8. 28
12	中建投信托	12 076 118. 70	5 933 528. 85	18 009 647. 55	11 321 389. 80	5 617 557. 32	16 938 947. 12	6. 32
13	华澳信托	2 682 011. 45	10 538 328. 02	13 220 339. 47	1 769 553. 50	11 023 617. 75	12 793 171. 25	3. 34
14	厦门国际信托	6 396 440. 00	13 706 362. 00	20 102 802. 00	3 277 516. 00	16 220 122. 00	19 497 638. 00	3. 10
15	粤财信托	17 131 564. 97	10 747 840. 51	27 879 405. 48	12 474 742. 82	14 597 849. 81	27 072 592. 63	2. 98
16	华鑫信托	9 697 335. 02	16 510 274. 68	26 207 609. 70	4 430 659. 89	21 394 745. 62	25 825 405. 51	1. 48
17	陆家嘴信托	11 618 854. 28	11 728 726. 81	23 347 581. 09	8 675 782. 61	14 647 928. 41	23 323 711. 02	0. 10
18	华润信托	33 688 121. 52	61 800 456. 88	95 488 578. 40	40 225 698. 73	55 266 245. 86	95 491 944. 59	—
19	中铁信托	16 276 287. 00	26 265 126. 00	42 541 413. 00	6 238 353. 00	36 422 474. 00	42 660 827. 00	-0. 28
20	陕国投	15 756 062. 46	13 115 194. 85	28 871 257. 31	13 531 103. 87	15 421 330. 50	28 952 434. 37	-0. 28
21	中原信托	7 608 890. 54	10 280 136. 50	17 889 027. 04	5 581 518. 07	12 375 664. 60	17 957 182. 67	-0. 38
22	华能信托	24 788 221. 29	47 716 483. 88	72 504 705. 17	23 629 079. 79	49 160 659. 97	72 789 739. 76	-0. 39
23	西部信托	11 977 850. 06	19 888 820. 20	31 866 670. 26	10 367 595. 79	21 712 748. 86	32 080 344. 65	-0. 67
24	外贸信托	30 602 125. 24	13 974 376. 93	44 576 502. 17	17 854 250. 33	27 051 728. 44	44 905 978. 77	-0. 73
25	建信信托	32 446 038. 69	106 677 185. 05	139 123 223. 74	24 671 271. 50	115 722 620. 19	140 393 891. 69	-0. 91
26	华宸信托	62 895. 77	150 944. 57	213 840. 34	83 000. 52	136 913. 25	219 913. 77	-2. 76
27	渤海信托	24 200 600. 60	35 459 695. 51	59 660 296. 11	10 264 975. 94	51 768 248. 35	62 033 224. 29	-3. 83
28	中粮信托	5 822 116. 84	9 905 380. 73	15 727 497. 57	5 911 423. 92	10 464 284. 23	16 375 708. 15	-3. 96
29	杭州工商信托	4 623 443. 00	382 292. 00	5 005 735. 00	4 980 391. 00	261 381. 00	5 241 772. 00	-4. 50
30	中信信托	72 586 174. 86	84 829 420. 66	157 415 595. 52	55 377 518. 25	109 842 186. 12	165 219 704. 37	-4. 72
31	中航信托	36 558 679. 72	26 711 187. 51	63 269 867. 23	46 887 983. 05	19 691 209. 80	66 579 192. 85	-4. 97
32	昆仑信托	18 693 549. 01	8 088 300. 11	26 781 849. 12	17 575 152. 56	11 388 572. 32	28 963 724. 88	-7. 53
33	华宝信托	10 186 018. 02	38 736 910. 61	48 922 928. 63	9 329 626. 35	44 152 666. 33	53 482 292. 68	-8. 52
34	新时代信托	2 953 476. 23	29 290 775. 61	32 244 251. 84	2 583 530. 68	32 728 791. 70	35 312 322. 38	-8. 69
35	紫金信托	6 561 466. 23	7 745 016. 30	14 306 482. 53	5 078 525. 90	10 650 182. 04	15 728 707. 94	-9. 04
36	国联信托	1 764 357. 00	5 567 082. 00	7 331 439. 00	1 336 095. 00	6 751 045. 00	8 087 140. 00	-9. 34
37	湖南信托	3 839 993. 00	6 859 241. 00	10 699 234. 00	3 416 059. 00	8 425 279. 00	11 841 338. 00	-9. 65
38	江苏信托	11 356 271. 83	25 416 052. 93	36 772 324. 76	6 073 151. 55	34 659 988. 65	40 733 140. 20	-9. 72
39	上海信托	19 811 994. 76	49 453 219. 53	69 265 214. 29	18 417 809. 20	58 450 667. 57	76 868 476. 77	-9. 89
40	国元信托	1 680 412. 13	16 115 622. 65	17 796 034. 78	1 303 541. 15	18 472 764. 06	19 776 305. 21	-10. 01
41	长安信托	18 199 000. 92	28 369 010. 91	46 568 011. 83	15 396 951. 93	36 656 972. 96	52 053 924. 89	-10. 54
42	北京信托	13 319 794. 96	6 658 643. 78	19 978 438. 74	12 581 887. 26	10 117 683. 49	22 699 570. 75	-11. 99
43	交银国际信托	19 918 295. 52	56 266 721. 06	76 185 016. 58	21 087 794. 71	65 964 359. 78	87 052 154. 49	-12. 48
44	云南信托	7 840 743. 37	12 244 181. 18	20 084 924. 55	7 514 472. 11	16 098 089. 26	23 612 561. 37	-14. 94
45	山西信托	1 181 949. 85	2 650 820. 44	3 832 770. 29	807 905. 34	3 720 777. 32	4 528 682. 66	-15. 37
46	国通信托	6 896 216. 09	13 787 815. 16	20 684 031. 25	7 676 371. 90	17 167 879. 72	24 844 251. 62	-16. 75
47	安信信托	15 805 995. 95	3 598 851. 54	19 404 847. 49	16 418 491. 25	6 949 352. 45	23 367 843. 70	-16. 96
48	万向信托	5 074 607. 67	8 305 287. 30	13 379 894. 97	4 945 867. 52	11 171 075. 02	16 116 942. 54	-16. 98
49	中海信托	12 199 635. 00	18 434 642. 00	30 634 277. 00	10 609 263. 00	26 403 580. 00	37 012 843. 00	-17. 23
50	浙金信托	3 184 718. 96	5 715 157. 09	8 899 876. 05	3 612 925. 87	7 192 280. 58	10 805 206. 45	-17. 63

续表

排名	公司简称	2019 年			2018 年			合计增长率(%)
		主动管理型(万元)	被动管理型(万元)	合计(万元)	主动管理型(万元)	被动管理型(万元)	合计(万元)	
51	平安信托	28 669 886.86	24 742 473.12	53 412 359.98	30 216 992.25	35 058 627.68	65 275 619.93	-18.17
52	新华信托	2 352 901.82	12 181 457.22	14 534 359.04	2 539 456.02	15 362 246.60	17 901 702.62	-18.81
53	中诚信托	10 751 572.00	14 183 879.33	24 935 451.33	9 960 179.78	21 358 346.65	31 318 526.43	-20.38
54	兴业信托	13 157 385.00	43 171 742.00	56 329 127.00	11 035 136.00	61 859 704.00	72 894 840.00	-22.73
55	吉林信托	2 459 880.66	4 030 120.31	6 490 000.97	2 207 508.03	6 520 890.76	8 728 398.79	-25.64
56	国投泰康信托	8 808 764.17	11 214 210.68	20 022 974.85	7 722 251.62	19 211 159.41	26 933 411.03	-25.66
57	四川信托	14 129 921.48	9 211 852.41	23 341 773.89	10 410 258.91	21 938 526.02	32 348 784.93	-27.84
58	爱建信托	8 479 365.49	9 830 027.77	18 309 393.26	7 383 730.05	18 028 594.40	25 412 324.45	-27.95
59	华融信托	6 505 300.68	7 740 766.98	14 246 067.66	10 050 801.23	9 805 720.61	19 856 521.84	-28.25
60	金谷信托	4 438 948.14	5 590 137.66	10 029 085.80	3 459 210.26	10 550 399.71	14 009 609.97	-28.41
61	北方信托	1 881 253.51	15 061 375.97	16 942 629.48	1 100 361.36	22 748 724.71	23 849 086.07	-28.96
62	雪松信托	3 291 754.84	6 150 987.71	9 442 742.55	3 343 115.06	10 343 065.05	13 686 180.11	-31.01
63	长城新盛信托	1 061 800.02	723 661.92	1 785 461.94	2 013 443.68	754 286.27	2 767 729.95	-35.49
64	西藏信托	3 195 684.71	16 541 297.84	19 736 982.55	4 212 541.84	27 977 124.61	32 189 666.45	-38.69
65	华信信托	3 988 089.26	2 169 893.60	6 157 982.86	5 056 987.64	5 106 382.66	10 163 370.30	-39.41
66	国民信托	1 965 915.82	20 341 429.14	22 307 344.96	658 688.07	37 897 969.67	38 556 657.74	-42.14
67	大业信托	2 051 083.03	5 460 060.04	7 511 143.07	3 104 854.75	11 000 532.17	14 105 386.92	-46.75
68	山东信托	—	—	—	—	—	—	—
合计		918 500 492.75	1 219 319 403.21	2 137 819 895.96	731 455 698.31	1 531 025 666.46	2 262 481 364.77	-5.51
比重(%)		42.96	57.04	100.00	32.33	67.67	100.00	

注：1. 2019 年末信托资产按类型分类与类别分类金额存在差异，系尾差造成。

2. 山东信托未披露相关数据。

2. 本期新增信托资产配比分析

表 3-3-7　本期新增信托资产类别情况

单位：万元

排名	公司简称	集合类	单一类	财务管理类	合计
1	五矿信托	42 831 182.40	2 866 181.59	6 584 083.90	52 281 447.89
2	中信信托	38 136 915.02	8 637 975.35	5 277 454.79	52 052 345.16
3	光大兴陇信托	33 475 899.74	9 384 815.01	5 105 194.94	47 965 909.69
4	华能信托	13 417 391.25	8 468 062.46	25 655 231.85	47 540 685.56
5	建信信托	4 585 913.60	1 291 863.00	30 445 903.18	36 323 679.78
6	华润信托	7 612 413.00	7 730 742.00	20 840 162.00	36 183 317.00
7	中航信托	21 268 304.84	7 509 076.71	1 518 748.36	30 296 129.91
8	渤海信托	9 247 542.61	17 813 484.25	1 036 000.00	28 097 026.86
9	中铁信托	7 897 191.00	7 630 939.00	9 860 870.00	25 389 000.00
10	中国民生信托	22 638 903.14	1 673 667.18	13 000.00	24 325 570.32
11	中融信托	17 571 192.66	1 980 634.39	3 092 436.46	22 644 263.51
12	外贸信托	13 546 591.16	1 115 375.33	5 342 677.15	20 004 643.64
13	交银国际信托	15 302 573.33	3 258 441.01	75 631.60	18 636 645.94
14	上海信托	4 155 501.76	1 580 053.44	9 309 925.82	15 045 481.02
15	西部信托	4 721 946.23	4 051 692.94	6 271 630.39	15 045 269.56
16	陆家嘴信托	9 629 706.26	4 574 855.56	301 000.00	14 505 561.82
17	兴业信托	8 222 549.00	1 409 086.00	4 793 202.00	14 424 837.00
18	中建投信托	9 846 167.51	2 042 478.96	1 924 557.76	13 813 204.23
19	百瑞信托	10 203 125.34	619 355.71	2 831 313.75	13 653 794.80
20	厦门国际信托	4 784 069.00	6 379 973.00	1 272 346.00	12 436 388.00
21	华鑫信托	5 809 003.34	5 643 979.00	886 377.03	12 339 359.37
22	重庆信托	9 663 538.50	1 194 465.72	1 108 899.34	11 966 903.56
23	长安信托	6 097 257.90	4 710 080.50	1 118 387.60	11 925 726.00

续表

排名	公司简称	集合类	单一类	财务管理类	合计
24	平安信托	9 207 213. 44	1 851 328. 69	730 211. 56	11 788 753. 69
25	粤财信托	1 508 790. 63	1 166 396. 93	8 526 876. 15	11 202 063. 71
26	江苏信托	6 590 968. 48	3 113 712. 00	760 962. 65	10 465 643. 13
27	爱建信托	8 445 877. 00	1 394 933. 50	385 318. 00	10 226 128. 50
28	山东信托	5 223 064. 23	4 452 255. 58	532 272. 41	10 207 592. 22
29	国通信托	6 463 469. 00	2 948 220. 52	749 703. 24	10 161 392. 76
30	云南信托	1 936 983. 65	6 834 722. 86	1 293 440. 57	10 065 147. 08
31	陕国投	7 959 106. 82	1 833 220. 43	151 956. 00	9 944 283. 25
32	四川信托	7 461 688. 19	2 315 326. 49	51 000. 00	9 828 014. 68
33	湖南信托	2 625 841. 00	3 188 335. 00	2 471 821. 00	8 285 997. 00
34	国元信托	1 101 469. 20	3 792 955. 33	3 175 347. 76	8 069 772. 29
35	万向信托	4 876 647. 23	2 528 609. 55	538 238. 44	7 943 495. 22
36	中原信托	2 097 368. 69	3 493 525. 28	1 446 543. 84	7 037 437. 81
37	中诚信托	1 676 829. 64	5 003 381. 62	355 537. 10	7 035 748. 36
38	国投泰康信托	3 276 016. 86	3 328 285. 93	150 187. 90	6 754 490. 69
39	中粮信托	3 030 148. 00	308 393. 00	3 276 994. 22	6 615 535. 22
40	金谷信托	1 757 256. 09	1 004 234. 90	3 290 101. 32	6 051 592. 31
41	天津信托	2 440 114. 36	529 268. 17	2 581 072. 38	5 550 454. 91
42	紫金信托	3 556 077. 70	1 109 579. 00	827 678. 06	5 493 334. 76
43	华澳信托	2 615 386. 00	2 547 016. 36	154 647. 72	5 317 050. 08
44	苏州信托	3 555 245. 45	859 709. 97	759 608. 16	5 174 563. 58
45	昆仑信托	2 734 210. 84	796 279. 24	1 223 816. 06	4 754 306. 14
46	新时代信托	2 780 330. 00	1 618 809. 40	294 508. 79	4 693 648. 19
47	华融信托	3 122 102. 73	1 556 983. 30	—	4 679 086. 03
48	华宝信托	1 936 858. 16	2 090 964. 97	243 250. 85	4 271 073. 98
49	新华信托	95. 00	4 161 112. 46	94 400. 00	4 255 607. 46
50	北京信托	2 113 013. 98	949 641. 03	959 716. 57	4 022 371. 58
51	中海信托	2 174 879. 14	801 034. 18	890 176. 33	3 866 089. 65
52	国民信托	1 020 235. 52	2 490 969. 47	—	3 511 204. 99
53	浙金信托	2 284 640. 00	840 602. 00	232 300. 00	3 400 542. 09
54	东莞信托	3 120 317. 77	221 472. 11	25. 20	3 341 815. 08
55	英大信托	20 600. 00	264 380. 00	2 653 479. 54	2 938 459. 54
56	西藏信托	631 662. 83	1 516 975. 88	418 510. 47	2 567 149. 18
57	吉林信托	53 034. 00	1 938 311. 64	314 074. 90	2 305 420. 54
58	山西信托	227 954. 00	1 789 609. 40	235 645. 27	2 253 208. 67
59	杭州工商信托	1 994 244. 00	107 665. 00	—	2 101 909. 00
60	北方信托	553 633. 94	1 230 266. 00	251 856. 09	2 035 756. 03
61	雪松信托	975 544. 64	326 840. 00	385 967. 94	1 688 352. 58
62	大业信托	1 127 500. 00	309 200. 00	300. 00	1 437 000. 00
63	华信信托	1 281 670. 00	102 000. 00	—	1 383 670. 00
64	中泰信托	—	1 095 370. 60	97 467. 00	1 192 837. 60
65	国联信托	438 080. 00	294 370. 00	—	732 450. 00
66	安信信托	302 465. 13	—	—	302 465. 13
67	华宸信托	—	132 000. 00	—	132 000. 00
68	长城新盛信托	—	130. 18	—	130. 18
平均		436 963 511. 93	189 914 676. 17	185 170 047. 41	812 048 235. 51
比重(%)		53. 81	23. 39	22. 80	100. 00

2019 年 68 家信托公司本期新增信托资产总额为 81 204. 82 亿元,较 2018 年的 83 572. 05 亿元有略有下降,本期新增类别中集合类占比为 53. 81%,单一类占比为 23. 39%,财务管理类占比为 22. 80%,较上年集合类占比 42. 51% 有较大幅度的增长,各家公司新增的类别各不相同。

3. 本期新增信托资产配比分析

承接表3-3-6，本期新增信托资产类型中主动管理型占比为61.28%，较2018年的39.13%大幅增长了21.08%，被动管理型占比为39.78%，新增类型结构以主动管理型为主，其中主动管理型大于被动管理型的有42家信托托公司，较2018年的22家增加了20家信托公司（见表3-3-8）。

表3-3-8 本期新增信托资产类型情况

单位：万元

排名	公司简称	主动管理型	被动管理型	合计
1	五矿信托	51 204 730.43	1 076 717.46	52 281 447.89
2	中信信托	36 129 693.87	15 922 651.29	52 052 345.16
3	光大兴陇信托	36 786 203.09	11 179 706.60	47 965 909.69
4	华能信托	19 438 939.62	28 101 745.94	47 540 685.56
5	建信信托	5 604 941.99	30 718 737.79	36 323 679.78
6	华润信托	9 036 896.00	27 146 421.00	36 183 317.00
7	中航信托	25 242 116.66	5 054 013.25	30 296 129.91
8	渤海信托	20 422 551.67	7 674 475.19	28 097 026.86
9	中铁信托	12 788 635.00	12 600 365.00	25 389 000.00
10	中国民生信托	24 257 570.32	68 000.00	24 325 570.32
11	中融信托	15 624 748.65	7 019 514.86	22 644 263.51
12	外贸信托	12 390 860.72	7 613 782.92	20 004 643.64
13	交银国际信托	7 726 601.00	10 910 044.94	18 636 645.94
14	上海信托	3 760 907.92	11 284 573.10	15 045 481.02
15	西部信托	6 690 924.92	8 354 344.64	15 045 269.56
16	陆家嘴信托	10 270 250.92	4 235 310.90	14 505 561.82
17	兴业信托	8 682 755.00	5 742 082.00	14 424 837.00
18	中建投信托	11 121 518.83	2 691 685.40	13 813 204.23
19	百瑞信托	13 356 113.65	297 681.16	13 653 794.80
20	厦门国际信托	7 289 809.00	5 146 579.00	12 436 388.00
21	华鑫信托	5 073 008.37	7 266 350.99	12 339 359.37
22	重庆信托	10 096 025.50	1 870 878.06	11 966 903.56
23	长安信托	8 487 343.06	3 438 382.94	11 925 726.00
24	平安信托	9 366 450.45	2 422 303.24	11 788 753.69
25	粤财信托	6 494 522.10	4 707 541.61	11 202 063.71
26	江苏信托	6 868 847.48	3 596 795.65	10 465 643.13
27	爱建信托	8 663 927.00	1 562 201.50	10 226 128.50
28	山东信托	5 995 345.68	4 212 246.54	10 207 592.22
29	国通信托	5 705 658.47	4 455 734.30	10 161 392.76
30	云南信托	4 263 736.42	5 801 410.66	10 065 147.08
31	陕国投	8 307 399.93	1 636 883.32	9 944 283.25
32	四川信托	8 995 104.68	832 910.00	9 828 014.68
33	湖南信托	2 322 865.00	5 963 132.00	8 285 997.00
34	国元信托	1 101 469.20	6 968 303.09	8 069 772.29
35	万向信托	4 318 812.60	3 624 682.62	7 943 495.22
36	中原信托	3 284 382.77	3 753 055.04	7 037 437.81
37	中诚信托	5 780 355.62	1 255 392.74	7 035 748.36
38	国投泰康信托	2 663 365.57	4 091 125.12	6 754 490.69
39	中粮信托	3 021 641.00	3 593 894.22	6 615 535.22
40	金谷信托	3 045 811.38	3 005 780.93	6 051 592.31
41	天津信托	3 421 134.36	2 129 320.55	5 550 454.91
42	紫金信托	4 539 283.01	954 051.75	5 493 334.76
43	华澳信托	2 341 872.00	2 975 178.08	5 317 050.08
44	苏州信托	3 849 046.47	1 325 517.11	5 174 563.58
45	昆仑信托	2 966 371.84	1 787 934.30	4 754 306.14
46	新时代信托	1 396 730.00	3 296 918.19	4 693 648.19
47	华融信托	3 014 739.44	1 664 346.59	4 679 086.03

续表

排名	公司简称	主动管理型	被动管理型	合计
48	华宝信托	2 206 133. 40	2 064 940. 58	4 271 073. 98
49	新华信托	17 115. 00	4 238 492. 46	4 255 607. 46
50	北京信托	2 436 088. 13	1 586 283. 44	4 022 371. 58
51	中海信托	2 522 318. 98	1 343 770. 67	3 866 089. 65
52	国民信托	1 634 655. 12	1 876 549. 87	3 511 204. 99
53	浙金信托	2 232 150. 00	1 234 392. 09	3 466 542. 09
54	东莞信托	3 077 694. 63	264 120. 45	3 341 815. 08
55	英大信托	193 433. 81	2 745 025. 73	2 938 459. 54
56	西藏信托	1 242 693. 72	1 324 455. 46	2 567 149. 18
57	吉林信托	942 438. 64	1 362 981. 90	2 305 420. 54
58	山西信托	680 491. 00	1 572 717. 67	2 253 208. 67
59	杭州工商信托	2 031 249. 00	70 660. 00	2 101 909. 00
60	北方信托	826 377. 00	1 209 379. 03	2 035 756. 03
61	雪松信托	1 125 944. 64	562 407. 94	1 688 352. 58
62	大业信托	984 600. 00	452 400. 00	1 437 000. 00
63	华信信托	1 281 670. 00	102 000. 00	1 383 670. 00
64	中泰信托	172 367. 00	1 020 470. 60	1 192 837. 60
65	国联信托	472 720. 00	259 730. 00	732 450. 00
66	安信信托	302 465. 13	—	302 465. 13
67	华宸信托	—	132 000. 00	132 000. 00
68	长城新盛信托	—	130. 18	130. 18
平均		497 594 623. 86	314 453 611. 65	812 048 235. 51
比重(%)		61. 28	38. 72	100. 00

(四)信托公司人均净利润排行榜

表3-3-9 信托公司人均净利润排行榜

排名	公司简称	2019年人数(人)	2018年人数(人)	净利润(万元)	人均净利润(万元/人)
1	重庆信托	160	151	434 705. 38	2 076. 07
2	江苏信托	186	148	241 851. 93	1 448. 22
3	平安信托	463	382	572 983. 23	1 356. 17
4	华能信托	365	351	317 524. 50	875. 33
5	华润信托	376	376	280 457. 55	609. 90
6	中航信托	423	405	193 992. 99	606. 10
7	英大信托	180	162	98 481. 66	575. 92
8	百瑞信托	193	202	108 768. 95	572. 16
9	五矿信托	560	450	210 462. 16	518. 71
10	交银国际信托	236	229	113 793. 89	492. 61
11	西藏信托	105	104	49 161. 12	486. 74
12	粤财信托	193	163	83 799. 55	470. 78
13	中信信托	750	683	359 312. 10	460. 95
14	上海信托	398	395	199 977. 62	446. 34
15	国联信托	90	81	42 900. 00	442. 27
16	渤海信托	273	241	111 586. 88	434. 19
17	外贸信托	554	505	179 104. 66	424. 54
18	天津信托	160	157	57 815. 10	363. 62
19	中海信托	213	195	73 917. 79	362. 34
20	昆仑信托	275	268	99 135. 75	357. 89
21	华宝信托	325	333	113 021. 89	343. 53
22	华鑫信托	207	197	65 426. 02	337. 25
23	中铁信托	275	240	103 162. 42	325. 00

续表

排名	公司简称	2019 年人数(人)	2018 年人数(人)	净利润(万元)	人均净利润(万元/人)
24	建信信托	423	383	221 768. 98	309. 73
25	杭州工商信托	200	194	63 831. 00	307. 00
26	中诚信托	342	329	100 583. 05	297. 58
27	山东信托	229	221	66 390. 60	289. 92
28	光大兴陇信托	944	491	207 768. 85	289. 37
29	北京信托	290	268	92 756. 98	272. 00
30	苏州信托	175	160	47 956. 45	270. 18
31	浙金信托	278	311	10 429. 32	267. 99
32	爱建信托	525	401	123 786. 43	265. 64
33	国元信托	169	162	43 907. 18	265. 30
34	紫金信托	191	175	53 214. 83	258. 32
35	长城新盛信托	88	101	23 060. 77	244. 03
36	厦门国际信托	226	230	55 735. 00	237. 94
37	国投泰康信托	233	214	108 406. 21	232. 13
38	中融信托	699	804	175 509. 89	228. 19
39	中建投信托	452	429	87 999. 35	213. 59
40	陆家嘴信托	348	312	62 544. 08	186. 14
41	万向信托	407	360	69 830. 82	182. 33
42	中国民生信托	550	487	93 344. 37	178. 74
43	东莞信托	352	210	50 080. 74	178. 22
44	中原信托	254	257	41 151. 76	164. 69
45	华澳信托	224	207	30 617. 63	142. 08
46	国通信托	368	359	50 045. 84	137. 68
47	云南信托	320	320	40 325. 01	126. 00
48	湖南信托	202	197	24 887. 45	123. 00
49	中泰信托	107	130	12 941. 46	119. 83
50	兴业信托	587	576	166 402. 87	115. 80
51	西部信托	367	296	34 224. 15	103. 24
52	陕国投	639	599	58 152. 80	91. 01
53	北方信托	276	276	24 545. 78	87. 35
54	国民信托	241	235	18 918. 41	79. 49
55	大业信托	157	161	10 742. 12	68. 42
56	四川信托	792	734	73 077. 16	68. 33
57	长安信托	872	659	51 456. 74	65. 39
58	吉林信托	177	166	18 062. 89	60. 71
59	新时代信托	249	235	14 964. 87	60. 10
60	中粮信托	299	231	11 596. 32	45. 56
61	金谷信托	155	151	5 251. 13	34. 32
62	山西信托	241	237	1 657. 03	12. 75
63	新华信托	148	155	1 558. 64	10. 29
64	华宸信托	94	80	-6 053. 80	-69. 58
65	华信信托	149	159	-15 244. 73	-98. 99
66	华融信托	280	353	-41 227. 34	-130. 26
67	雪松信托	775	287	-153 416. 83	-288. 92
68	安信信托	466	425	-399 424. 64	-857. 13
合计		22 520. 00	20 145. 00	5 945 460. 76	278. 70

注:1. 人均净利润以各家公司披露金额为准。

2. 陕国投、山东信托、安信信托、英大信托未披露人均净利润,我们采用本期净利润/全年平均人数计算得出。

3. 合计行的人均利润我们也采用本期所有公司净利润合计数/(2018 年人数 +2019 年人数) ×2 计算得出。

68 家公司总体的平均人均净利润为 278. 70 万元,比 2018 年 361. 20 万元大幅下降,其中 38 家公司增加,30 家公司减少(见表 3 -3 -9)。人均利润在 1 000 万元以上的有 3 家公司,100 万元以下的有 17 家信托公司,分布变化较 2018 年主要为 500 万 ~1 000 万元及 100 万元以下的家数大幅减少。信托公司人均净利润分布情况见表 3 -3 -10。

表3－3－10　信托公司人均利润分布情况

项目	2019年	2018年
	家数(家)	家数(家)
1 000万元以上	3	3
500万～1 000万元	6	14
100万～500万元	42	44
100万元以下	17	7
合计	68	68

(五)信托公司资本利润率排行榜

表3－3－11　信托公司资本利润率排行榜

排名	公司简称	2019年(%)	2018年(%)	增减额(%)
1	长城新盛信托	22.37	30.89	-8.52
2	万向信托	21.24	25.26	-4.02
3	光大兴陇信托	21.11	10.96	10.15
4	爱建信托	17.77	20.32	-2.55
5	华能信托	16.49	17.92	-1.43
6	西藏信托	16.31	22.71	-6.40
7	五矿信托	16.01	13.67	2.34
8	中航信托	15.77	20.29	-4.52
9	杭州工商信托	15.22	16.91	-1.69
10	国投泰康信托	14.81	13.95	0.86
11	云南信托	14.29	11.24	3.05
12	紫金信托	13.49	12.21	1.28
13	重庆信托	13.26	17.13	-3.87
14	华润信托	13.16	12.69	0.47
15	建信信托	12.90	17.17	-4.27
16	中信信托	12.82	16.68	-3.86
17	江苏信托	12.64	15.22	-2.58
18	百瑞信托	12.43	15.81	-3.38
19	粤财信托	12.42	18.74	-6.32
20	陆家嘴信托	11.99	12.75	-0.76
21	外贸信托	11.82	19.48	-7.66
22	中海信托	11.72	17.11	-5.39
23	中建投信托	11.28	16.14	-4.86
24	上海信托	11.17	14.54	-3.37
25	英大信托	11.07	—	11.07
26	华宝信托	10.70	15.30	-4.60
27	天津信托	10.64	12.43	-1.79
28	厦门国际信托	10.56	15.95	-5.39
29	平安信托	10.50	12.82	-2.32
30	华鑫信托	10.30	14.40	-4.10
31	北京信托	10.11	12.61	-2.50
32	苏州信托	10.04	11.71	-1.67
33	交银国际信托	9.80	11.44	-1.64
34	中铁信托	9.48	20.48	-11.00
35	国联信托	9.29	5.39	3.90
36	东莞信托	9.03	10.11	-1.08
37	兴业信托	8.98	9.56	-0.58
38	渤海信托	8.87	13.60	-4.73
39	中融信托	8.79	18.29	-9.50
40	中国民生信托	8.77	17.56	-8.79
41	国通信托	8.62	12.27	-3.65
42	华澳信托	7.70	10.83	-3.13

续表

排名	公司简称	2019 年(%)	2018 年(%)	增减额(%)
43	昆仑信托	7.64	9.38	-1.74
44	国民信托	7.13	4.73	2.40
45	长安信托	7.00	15.61	-8.61
46	西部信托	6.95	5.45	1.50
47	山东信托	6.90	—	6.90
48	四川信托	6.72	14.27	-7.55
49	国元信托	6.36	7.69	-1.33
50	中诚信托	5.76	8.20	-2.44
51	大业信托	5.64	24.57	-18.93
52	陕国投	5.44	1.74	3.70
53	北方信托	5.43	10.22	-4.79
54	浙金信托	4.91	11.19	-6.28
55	中原信托	4.81	9.91	-5.10
56	吉林信托	4.58	16.26	-11.68
57	湖南信托	3.43	23.56	-20.13
58	中粮信托	2.92	11.66	-8.74
59	中泰信托	2.91	5.84	-2.93
60	新时代信托	1.75	7.16	-5.41
61	山西信托	1.59	4.15	-2.56
62	金谷信托	1.30	7.59	-6.29
63	新华信托	0.26	1.85	-1.59
64	华信信托	-1.22	8.28	-9.50
65	华融信托	-2.47	10.94	-13.41
66	华宸信托	-5.88	4.25	-10.13
67	安信信托	-37.93	-0.32	-37.61
68	雪松信托	-58.00	21.83	-79.83
平均		9.03	18.36	-9.33

注：1. 资本利润率 = 净利润/所有者权益平均余额 ×100%。

2. 我们以各信托公司审计报告中披露的数字为准，陕国投和安信信托未披露相关数据。

2019 年 68 家信托公司平均资本利润率为 9.03%，比 2018 年下降 9.33%，资本利润率增加的信托公司仅有 11 家；另有陕国投、安信信托未披露相关信息，具体比例分布详见表 3－3－12。

表 3－3－12　信托公司平均资本利润率分布情况

平均资本利润率	2019 年	2018 年
20%以上	3.00	9.00
10%～20%	29.00	40.00
5%～10%	20.00	11.00
5%以下	16.00	8.00
合计	68.00	68.00

（六）信托公司风控指标排行榜

根据《信托公司净资本管理办法》（中国银行业监督管理委员会令 2010 年第 5 号）的有关规定，信托公司需达到以下风险控制指标要求：

（1）信托公司净资本不得低于 20 000 万元。

（2）信托公司净资本不得低于各项风险资本之和的 100%。

（3）信托公司净资本不得低于净资产的 40%。

2019 年 68 家信托公司均披露其净资本和各项风险资本，除个别信托外，其余 67 家信托公司全部符合监管要求。

2019 年 68 家信托公司净资本合计 4 881. 81 亿元，仅有 1 家公司净资本低于 10 亿元；净资本与各项业务风险资本之比为 182. 00%，除个别信托公司外，其他信托公司均超过监管要求。信托公司风险指标排行榜见表 3 –3 –13。

表 3 –3 –13　信托公司风控指标排行榜（以风险覆盖率之比大小排序）

排名	公司简称	净资本（亿元）	各项业务风险资本（亿元）	风险覆盖率（%）	净资本与净资产之比（%）
1	长城新盛信托	10. 07	1. 58	638. 64	87. 87
2	华宸信托	7. 43	1. 24	598. 51	69. 51
3	华信信托	95. 05	18. 66	509. 51	76. 06
4	中泰信托	36. 96	7. 53	490. 84	81. 18
5	英大信托	77. 73	16. 61	468. 00	83. 00
6	湖南信托	63. 65	17. 56	362. 47	91. 24
7	国民信托	25. 10	8. 14	308. 46	91. 28
8	西藏信托	40. 63	13. 21	307. 53	87. 49
9	苏州信托	33. 99	12. 11	280. 73	81. 87
10	重庆信托	214. 23	80. 49	266. 18	86. 19
11	外贸信托	153. 52	62. 79	244. 51	86. 91
12	东莞信托	48. 59	19. 98	243. 17	85. 88
13	中铁信托	73. 31	30. 32	241. 81	80. 94
14	雪松信托	24. 54	10. 16	241. 54	86. 95
15	中海信托	55. 39	23. 19	238. 81	87. 37
16	中原信托	69. 19	29. 50	234. 55	78. 34
17	华润信托	121. 56	52. 84	230. 05	55. 00
18	国联信托	45. 67	20. 09	227. 33	89. 01
19	上海信托	131. 13	59. 48	220. 45	87. 17
20	新华信托	33. 64	15. 33	219. 47	56. 44
21	金谷信托	31. 15	14. 27	218. 38	77. 04
22	华宝信托	65. 90	30. 40	216. 83	58. 95
23	云南信托	26. 06	12. 05	216. 00	86. 00
24	平安信托	180. 46	84. 97	212. 40	77. 40
25	华能信托	178. 12	84. 16	211. 63	87. 18
26	昆仑信托	108. 90	51. 62	210. 99	82. 49
27	中诚信托	114. 89	57. 04	201. 41	65. 34
28	天津信托	27. 21	13. 78	197. 47	52. 95
29	山东信托	78. 69	40. 18	195. 83	80. 61
30	兴业信托	139. 48	71. 79	194. 00	84. 00
31	中国民生信托	86. 14	44. 52	193. 48	78. 59
32	新时代信托	73. 61	38. 64	190. 50	85. 43
33	国元信托	57. 17	30. 27	188. 88	82. 30
34	江苏信托	166. 27	89. 26	186. 26	81. 16
35	粤财信托	61. 29	32. 95	186. 00	86. 62
36	四川信托	59. 56	31. 95	186. 00	74. 00
37	百瑞信托	78. 39	42. 88	182. 93	84. 67
38	北方信托	32. 02	17. 69	181. 03	68. 24
39	紫金信托	35. 78	19. 86	180. 20	88. 05
40	大业信托	15. 74	8. 82	178. 57	80. 43
41	国投泰康信托	56. 38	31. 85	177. 03	71. 69
42	中信信托	198. 00	114. 00	173. 00	67. 00
43	陕国投	80. 86	46. 82	172. 72	73. 66
44	建信信托	151. 20	87. 64	172. 53	76. 45
45	爱建信托	60. 99	35. 44	172. 10	81. 97
46	杭州工商信托	33. 48	19. 49	171. 78	78. 14
47	中融信托	161. 44	97. 40	165. 74	88. 14
48	吉林信托	18. 03	11. 33	159. 06	44. 87
49	万向信托	32. 34	21. 15	152. 89	88. 90
50	北京信托	63. 03	41. 32	152. 52	68. 05
51	华澳信托	24. 68	16. 97	145. 42	45. 62
52	浙金信托	16. 26	11. 19	145. 34	74. 73

续表

排名	公司简称	净资本(亿元)	各项业务风险资本(亿元)	风险覆盖率(%)	净资本与净资产之比(%)
53	厦门国际信托	44. 35	30. 54	145. 21	83. 59
54	华融信托	61. 82	42. 96	143. 89	71. 44
55	山西信托	14. 44	10. 05	143. 68	74. 82
56	中建投信托	56. 73	39. 74	142. 77	67. 99
57	华鑫信托	48. 76	34. 42	141. 68	79. 11
58	西部信托	46. 09	33. 23	138. 70	86. 94
59	长安信托	50. 80	37. 17	137. 00	68. 00
60	中粮信托	33. 69	24. 64	137. 00	77. 00
61	陆家嘴信托	45. 40	34. 02	133. 46	82. 16
62	光大兴陇信托	97. 12	74. 08	131. 11	90. 67
63	国通信托	48. 90	38. 16	128. 15	80. 76
64	交银国际信托	110. 64	86. 83	127. 40	91. 40
65	渤海信托	100. 63	83. 71	120. 21	76. 62
66	中航信托	108. 35	90. 97	119. 10	84. 85
67	五矿信托	121. 54	118. 35	102. 70	87. 73
68	安信信托	17. 03	50. 58	33. 67	22. 13
合计		4 881. 18	2 681. 93	182. 00	77. 58

注:1. 合计的净资本与各项业务风险资本之比 =68 家净资本合计/68 家各项业务风险资本。
2. 合计的净资本与净资产之比 =68 家净资本合计/68 家公司报表披露净资产之和。

(七)信托风险赔偿率排行榜

表 3－3－14　信托风险赔偿率排行榜

排名	公司简称	信托风险准备金(万元)	信托资产总额(万元)	信托风险赔偿率(%)
1	华宸信托	7 123. 48	213 840. 34	3. 331
2	平安信托	581 249. 11	44 260 816. 75	1. 313
3	华信信托	66 744. 39	6 157 982. 86	1. 084
4	新华信托	122 489. 10	14 534 359. 04	0. 843
5	吉林信托	41 367. 93	6 490 000. 97	0. 637
6	山西信托	24 220. 74	3 832 770. 29	0. 632
7	杭州工商信托	30 145. 00	5 005 735. 00	0. 602
8	北京信托	119 370. 63	19 978 438. 74	0. 597
9	中泰信托	17 332. 07	3 240 492. 19	0. 535
10	重庆信托	112 318. 95	21 249 625. 68	0. 529
11	湖南信托	49 697. 52	10 699 234. 00	0. 464
12	国联信托	32 495. 00	7 331 439. 00	0. 443
13	四川信托	101 917. 48	23 341 773. 88	0. 437
14	中铁信托	177 295. 64	42 541 413. 00	0. 417
15	国投泰康信托	82 812. 23	20 022 974. 85	0. 414
16	东莞信托	29 966. 50	7 368 867. 50	0. 407
17	江苏信托	139 933. 56	36 772 324. 76	0. 381
18	安信信托	72 043. 86	19 404 847. 49	0. 371
19	爱建信托	65 119. 98	18 309 393. 26	0. 356
20	中粮信托	54 333. 69	15 727 497. 56	0. 345
21	国元信托	61 098. 38	17 796 034. 78	0. 343
22	山东信托	83 403. 60	26 458 063. 53	0. 315
23	国通信托	61 709. 85	20 684 031. 25	0. 298
24	大业信托	22 368. 08	7 511 143. 06	0. 298
25	中建投信托	53 370. 64	18 009 647. 55	0. 296
26	苏州信托	25 262. 65	9 502 359. 85	0. 266
27	华融信托	37 221. 67	14 246 067. 66	0. 261
28	百瑞信托	63 394. 49	24 335 104. 94	0. 261
29	长城新盛信托	4 483. 56	1 785 461. 93	0. 251

续表

排名	公司简称	信托风险准备金(万元)	信托资产总额(万元)	信托风险赔偿率(%)
30	中诚信托	62 198. 49	24 935 451. 33	0. 249
31	上海信托	169 073. 60	69 265 214. 29	0. 244
32	中国民生信托	45 623. 40	19 640 630. 80	0. 232
33	北方信托	38 184. 28	16 942 629. 48	0. 225
34	华宝信托	108 733. 56	48 922 928. 64	0. 222
35	外贸信托	96 746. 00	44 576 502. 17	0. 217
36	昆仑信托	56 440. 71	27 183 171. 94	0. 208
37	雪松信托	19 547. 22	9 442 742. 55	0. 207
38	中海信托	63 127. 04	30 634 277. 25	0. 206
39	厦门国际信托	40 908. 00	20 102 802. 00	0. 203
40	金谷信托	18 587. 42	10 029 085. 80	0. 185
41	新时代信托	59 613. 71	32 244 251. 84	0. 185
42	交银国际信托	134 486. 45	76 185 016. 58	0. 177
43	中原信托	30 262. 70	17 889 027. 04	0. 169
44	中融信托	126 551. 05	76 545 192. 11	0. 165
45	陆家嘴信托	37 119. 64	23 347 581. 09	0. 159
46	天津信托	34 374. 75	21 670 593. 28	0. 159
47	粤财信托	43 897. 64	27 879 405. 48	0. 157
48	西藏信托	30 548. 37	19 736 982. 55	0. 155
49	华能信托	105 990. 09	72 504 705. 17	0. 146
50	紫金信托	20 656. 04	14 306 482. 53	0. 144
51	华润信托	135 132. 57	95 488 578. 40	0. 142
52	华澳信托	17 429. 93	13 220 339. 47	0. 132
53	中信信托	201 980. 40	157 415 595. 52	0. 128
54	中航信托	84 089. 27	66 579 192. 85	0. 126
55	华鑫信托	32 875. 43	26 207 609. 70	0. 125
56	万向信托	15 755. 44	13 379 894. 97	0. 118
57	西部信托	36 996. 74	31 866 670. 26	0. 116
58	英大信托	45 768. 40	39 812 433. 81	0. 115
59	兴业信托	64 397. 93	56 329 127. 11	0. 114
60	陕国投	32 103. 84	28 871 257. 31	0. 111
61	长安信托	49 944. 32	46 568 011. 83	0. 107
62	云南信托	20 995. 37	20 084 924. 55	0. 105
63	五矿信托	92 436. 01	88 497 646. 97	0. 104
64	渤海信托	58 646. 48	59 660 296. 11	0. 098
65	浙金信托	7 674. 50	8 899 876. 05	0. 086
66	国民信托	14 454. 48	22 307 344. 96	0. 065
67	光大兴陇信托	37 269. 80	75 061 700. 68	0. 050
68	建信信托	58 401. 98	139 123 223. 74	0. 042
合计		4 689 312. 83	2 160 170 139. 92	0. 217
平均		68 960. 48	31 767 207. 94	

2019 年,68 家信托公司平均信托风险赔偿率为 0. 217%,有 36 家公司超过平均值。

第四章　固有资产报表总体分析

本章分别汇总了2019年68家信托公司固有资产部分的合并报表和单体报表，对于没有合并报表的公司我们在合并报表统计中汇总了单体报表数据；这些报表包括资产负债表、利润表、所有者权益变动表。汇总成报表代表中国信托行业固有资产整体状况，以此来分析中国信托公司固有资产整体的财务状况和经营成果。

一、合并报表数据

(一)固有资产财务状况总体分析

表4-1-1　2019年固有资产汇总资产负债表

单位：万元

资产	年末数	年初数	负债和所有者权益	年末数	年初数
现金及存放中央银行款项	3 937 958. 38	4 250 898. 21	同业及其他金融机构存放款项	362 708. 45	553 881. 33
存放同业款项	1 843 901. 30	1 674 362. 21	向中央银行借款	165 000. 00	61 100. 00
贵金属	—	—	短期借款	1 994 911. 38	2 043 075. 65
其他货币资金	—	—	拆入资金	14 445 165. 38	15 253 971. 78
拆出资金	1 860 480. 35	1 400 402. 16	交易性金融负债	1 267 575. 10	1 142 409. 54
货币资金	9 351 506. 32	6 897 948. 06	衍生金融负债	26 876. 10	13 626. 78
交易性金融资产	23 631 421. 58	14 664 057. 45	卖出回购金融资产款	3 442 297. 94	4 534 571. 39
衍生金融资产	8 045 873. 20	174 994. 02	存入保证金	1 521. 18	1 461. 81
买入返售金融资产	3 837 955. 84	4 029 318. 97	应付款项	375 711. 00	1 189 811. 52
应收利息	217 844. 50	212 340. 76	应付手续费及佣金	452 198. 02	330 916. 75
应收股利	23 967. 67	17 681. 17	预收款项	496 763. 74	495 915. 58
分为贷款和应收款类的投资	4 361 481. 37	4 014 645. 83	应付职工薪酬	2 324 016. 11	2 158 777. 88
应收手续费及佣金	8 283. 32	26 750. 79	应交税费	1 817 585. 25	1 817 255. 16
应收款项	1 181 187. 13	5 815 142. 85	代理买卖证券款	4 250 106. 26	2 801 209. 00
结算备付金	721 408. 62	980 895. 19	代理业务负债	1 594. 66	1 596. 82
存出保证金	427 009. 73	225 141. 48	应付利息	140 620. 47	137 776. 38
其他应收款	1 741 741. 83	1 827 455. 04	应付股利	93 441. 82	66 755. 29
预付款项	15 675. 00	25 741. 89	其他应付款	2 181 544. 85	2 330 941. 32
存货	149 284. 55	84 089. 14	一年内到期的非流动负债	164. 09	285 391. 65
其他流动资产	476 946. 88	603 298. 64	其他流动负债	313 675. 12	328 752. 10
流动资产合计	61 833 927. 57	46 925 163. 87	流动负债合计	34 153 476. 94	35 549 197. 71
发放贷款和垫款	14 315 711. 14	12 798 196. 32	长期借款	209 658. 97	153 324. 86
可供出售金融资产	25 920 901. 42	33 735 519. 78	应付债券	7 762 915. 48	5 670 059. 13
长期应收款	—	—	递延收益	26 291. 79	21 624. 76
长期股权投资	8 264 143. 03	7 646 042. 50	长期应付款	151 239. 28	69 522. 74
投资性房地产	163 607. 47	145 419. 29	预计负债	538 615. 38	364 117. 64

续表

资产	年末数	年初数	负债和所有者权益	年末数	年初数
持有至到期投资	2 750 072. 14	5 652 145. 43	递延所得税负债	253 228. 63	145 836. 94
固定资产	457 322. 85	425 327. 17	其他负债	8 165 845. 19	9 244 587. 17
固定资产清理	—	—	长期负债合计	17 107 794. 73	15 669 073. 24
在建工程	75 684. 79	92 822. 38	负债合计	51 261 271. 67	51 218 270. 95
无形资产	178 653. 87	156 256. 03	所有者权益		
开发支出	3 490. 94	954. 19	实收资本(或股本)	28 423 994. 78	26 334 437. 28
长期待摊费用	34 771. 27	36 668. 46	资本公积	7 313 272. 17	6 989 458. 90
递延所得税资产	1 738 987. 35	1 407 682. 42	其他综合收益	286 605. 54	-142 704. 19
抵债资产	128 438. 27	6 235. 05	盈余公积	5 178 394. 72	4 566 918. 86
代理业务资产	—	—	信托赔偿准备金	1 429 674. 75	1 273 566. 62
商誉	64 512. 77	64 512. 77	一般风险准备	3 259 638. 08	2 940 057. 84
信托受益权	215 860. 31	195 499. 44	未分配利润	19 556 521. 49	17 541 353. 75
其他非流动资产	4 088 478. 52	4 606 141. 99	归属于母公司所有者权益合计	65 448 101. 54	59 503 089. 06
非流动资产合计	58 400 636. 13	66 969 423. 23	少数股东权益	3 525 190. 49	3 173 227. 09
			所有者权益合计	68 973 292. 03	62 676 316. 15
资产总计	120 234 563. 70	113 894 587. 10	负债和所有者权益总计	120 234 563. 70	113 894 587. 10

注:其他非流动资产中包含了报表尾差。

我们对资产负债表按大类进行了分析,其增减变动情况见表4-1-2。

表4-1-2　2019年固有资产汇总简式资产负债表增减变动明细

项目	2019年(万元)	2018年(万元)	增减额(万元)	增减率(%)	平均每户增减(万元)
流动资产	61 833 927. 57	46 925 163. 87	14 908 763. 70	31. 77	219 246. 52
非流动资产	58 400 636. 13	66 969 423. 23	-8 568 787. 10	-12. 80	-126 011. 58
资产合计	120 234 563. 70	113 894 587. 10	6 339 976. 60	5. 57	93 234. 95
流动负债	34 153 476. 94	35 549 197. 71	-1 395 720. 77	-3. 93	-20 525. 31
长期负债	17 107 794. 73	15 669 073. 24	1 438 721. 49	9. 18	21 157. 67
负债合计	51 261 271. 67	51 218 270. 95	43 000. 72	0. 08	632. 36
归属于母公司所有者权益	65 448 101. 54	59 503 089. 06	5 945 012. 48	9. 99	87 426. 65
少数股东权益	3 525 190. 49	3 173 227. 09	351 963. 40	11. 09	5 175. 93
所有者权益合计	68 973 292. 03	62 676 316. 15	6 296 975. 88	10. 05	92 602. 59
资产负债率	42. 63	44. 97	-2. 34	-5. 19	

2019年信托行业固有资产总规模为12 023. 46亿元,比2018年增加了634. 00亿元,增幅为5. 57%。其中主要流动资产增加了1 490. 88亿元,导致资产增长率增长。负债总额为5 126. 13亿元,比2018年增加了4. 30亿元,增幅为0. 08%。所有者权益增加了629. 70亿元,主要是因实收资本及未分配利润增加所致。

2019年信托行业固有资产资产负债率为42. 63%,较上年略有下降,主要是因资产增长率大于负债产增长率所致。

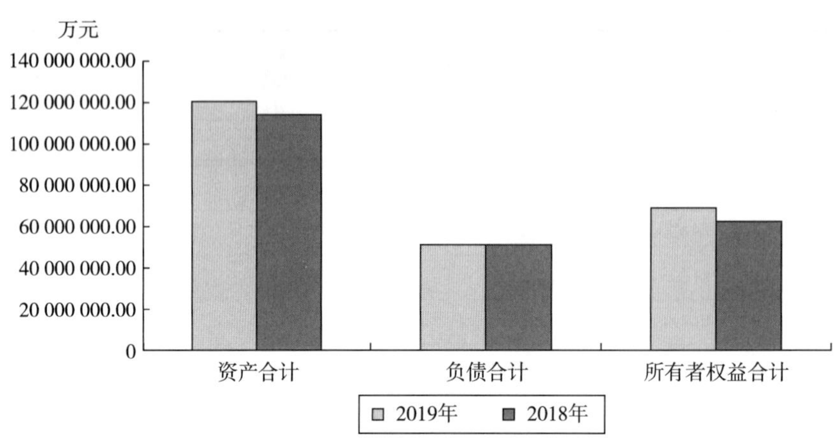

图4－1－1　固有资产汇总资产负债情况

（二）固有资产经营成果总体分析

表4－1－3　2019年汇总利润表

项目	2019年实际数（万元）	2018年实际数（万元）	增减数	
			金额（万元）	比例（%）
一、营业总收入	14 374 206.98	12 659 348.64	1 714 858.35	13.55
1. 营业收入	98.21	100.73	－2.52	－2.50
2. 利息净收入	817 821.69	715 438.38	102 383.30	14.31
利息收入	2 323 853.09	2 125 545.71	198 307.38	9.33
利息支出	1 506 031.40	1 410 107.33	95 924.07	6.80
3. 金融企业往来净收入	—	—	—	—
金融企业往来收入	—	—	—	—
金融企业往来支出	—	—	—	—
4. 手续费及佣金净收入	9 488 288.75	8 978 338.44	509 950.30	5.68
手续费及佣金收入	9 701 187.84	9 168 003.43	533 184.42	5.82
手续费及佣金支出	212 899.09	189 664.98	23 234.11	12.25
5. 租赁收入	—	—	—	—
6. 投资收益（损失以"－"号填列）	3 158 795.48	2 934 879.73	223 915.74	7.63
7. 公允价值变动收益（损失以"－"号填列）	133 835.25	－618 979.62	752 814.87	－121.62
8. 汇兑收益（损失以"－"号填列）	3 017.93	4 505.27	－1 487.35	－33.01
9. 其他业务收入	772 349.68	645 065.70	127 283.99	19.73
二、营业总支出	6 694 412.73	5 399 758.39	1 294 654.34	23.98
1. 营业成本	4.78	30.19	－25.41	－84.17
2. 营业税金及附加	121 953.02	109 856.03	12 097.00	11.01
3、业务及销售管理费用	4 103 688.60	3 683 517.36	420 171.24	11.41
4. 财务费用	—	—	—	—

续表

项目	2019 年实际数(万元)	2018 年实际数(万元)	增减数	
			金额(万元)	比例(%)
5. 资产减值损失	1 862 227.82	1 175 604.51	686 623.31	58.41
6. 其他业务成本	606 538.50	430 750.30	175 788.20	40.81
三、营业利润(亏损以"-"号填列)	7 784 077.23	7 259 590.25	524 486.98	7.22
加:营业外收入	198 985.30	394 082.21	-195 096.91	-49.51
减:营业外支出	96 988.36	64 049.75	32 938.61	51.43
四、利润总额(亏损总额以"-"号填列)	7 781 791.20	7 512 895.88	268 895.32	3.58
减:所得税费用	1 836 330.44	1 758 230.12	78 100.32	4.44
五、净利润(净亏损以"-"号填列)	5 945 460.76	5 754 665.76	190 795.00	3.32
六、其他综合收益	379 077.43	-675 097.54	1 054 174.98	-156.15
七、综合收益总额	6 324 538.20	5 079 568.22	1 244 969.98	24.51

注:其他业务收入中包含了其他业务收入、补贴收入和资产处置收入等。

2019 年信托行业汇总净利润为 778.18 亿元,较上年的 751.29 亿元增加了 3.58%;汇总综合收益总额为 632.45 亿元,增加了 24.51%。

汇总利润表中,2019 年的营业总收入为 1 437.42 亿元,增长 13.55%。其中,手续费及佣金净收入为 948.83 亿元,占营业总收入的 66.01%,投资收益为 315.88 亿元,占营业收入的 21.98%;营业总支出为 669.44 亿元,增长 23.98%,其中业务及销售管理费用为 410.37 亿元,占营业总支出的 61.30%。

另外,2019 年由于会计政策变更等原因,部分公司对年初数进行了追溯调整,各科目的期初数与上年年末数有所差异,以本年报告披露数为准。

(三)固有资产所有者权益总体分析

2019 年所有者权益为 6 897.33 亿元,较上年增加 629.70 亿元,增幅为 10.05%,其中股本占比为 41.21%,较上年略有增长;资本公积占比为 10.60%,较上年略有增长;其他综合收益占比为 0.42%,较上年增长 300.84%,盈余公积占比为 7.51%,较上年略有增长,风险准备金占比为 6.80%,与上年略有增长,未分配利润占比为 28.35%,与上年基本持平。从表 4-1-4 可以看出,本年所有者权益结构与去年基本相同。

表 4-1-4　固有资产所有者权益的组成占比

项目	2019 年		2018 年		增减	
	金额(万元)	比率(%)	金额(万元)	比率(%)	金额(万元)	比率(%)
股本	28 423 994.78	41.21	26 334 437.28	42.02	2 089 557.50	7.93
资本公积	7 313 272.17	10.60	6 989 458.90	11.15	323 813.27	4.63
其他综合收益	286 605.54	0.42	-142 704.19	-0.23	429 309.73	-300.84
盈余公积	5 178 394.72	7.51	4 566 918.86	7.29	611 475.86	13.39
风险准备金	4 689 312.83	6.80	4 213 624.46	6.72	475 688.37	11.29
未分配利润	19 556 521.49	28.35	17 541 353.75	27.99	2 015 167.74	11.49
归属于母公司所有者权益合计	65 448 101.54	94.89	59 503 089.06	94.94	5 945 012.48	9.99
少数股东权益	3 525 190.49	5.11	3 173 227.09	5.06	351 963.40	11.09
所有者权益合计	68 973 292.03	100.00	62 676 316.15	100.00	6 296 975.88	10.05

68 家公司 2019 年股本共增加 208.96 亿元,2019 年股本发生变动的情况分析见第一章。

表 4－1－5　2019 年汇总所有者权益变动表

单位：万元

项目	本年金额								
	归属于母公司所有者权益							少数股东权益	所有者权益合计
	实收资本（或股本）	资本公积	其他综合收益	盈余公积	信托赔偿准备	一般风险准备	未分配利润		
一、上年年末余额	26 334 437. 30	6 989 457. 89	－135 789. 10	4 568 494. 41	1 273 566. 61	2 940 433. 62	17 538 979. 83	3 173 296. 75	62 682 877. 31
加：会计政策变更	—	—	64 336. 27	－36. 61	312. 90	－7 258. 57	－99 829. 66	－2 318. 58	－44 794. 26
前期差错更正	—	—	—	—	—	—	—	—	—
其他	—	—	8 247. 53	－603. 10	—	—	－24 660. 39	—	－17 015. 96
二、本年年初余额	26 334 437. 30	6 989 457. 89	－63 205. 30	4 567 854. 70	1 273 879. 51	2 933 175. 05	17 414 489. 77	3 170 978. 17	62 621 067. 09
三、本年增减变动金额（减少以“－”号填列）	2 089 557. 50	302 506. 90	363 489. 37	610 429. 52	155 796. 23	326 270. 53	2 144 876. 86	353 898. 94	6 346 825. 85
（一）净利润	—	—	—	—	—	—	5 520 610. 02	317 714. 01	5 837 025. 77
（二）其他综合收益	—	－4 315. 53	362 153. 06	—	—	—	—	1 298. 26	359 135. 80
1. 可供出售金融资产公允价值变动净额	—	—	166 159. 06	—	—	—	—	—	166 159. 06
2. 权益法下被投资单位其他所有者权益变动的影响	—	—	23 949. 08	—	—	—	—	—	23 949. 08
3. 与计入所有者权益项目相关的所得税影响	—	—	—	—	—	—	—	—	—
4. 其他	—	－4 315. 53	15 519. 64	—	—	—	—	1 298. 26	12 502. 38
5. 未披露	—	—	156 525. 28	—	—	—	—	—	156 525. 28
净利润及其他综合收益小计	—	－4 315. 53	362 153. 06	—	—	—	5 520 610. 02	317 714. 01	6 196 161. 57
（三）所有者投入和减少资本	996 279. 38	548 391. 48	—	—	—	—	—	85 162. 73	1 629 833. 59
1. 所有者投入资本	996 279. 38	569 018. 08	—	—	—	—	—	20 126. 54	1 585 424. 00
2. 股份支付计入所有者权益的金额	—	－15 985. 42	—	—	—	—	—	－7 083. 31	－23 068. 73
3. 分立减资（或其他）	—	－4 641. 18	—	—	—	—	—	72 119. 50	67 478. 32
（四）利润分配	281 625. 94	—	—	610 429. 52	155 796. 23	326 270. 53	－2 804 060. 96	－48 977. 80	－1 478 916. 53
1. 提取盈余公积	—	—	—	610 429. 52	—	—	－610 429. 52	—	—
2. 提取信托赔偿准备	—	—	—	—	155 796. 23	13 686. 01	－169 482. 24	—	—
3. 一般风险准备	—	—	—	—	—	312 584. 52	－312 584. 52	—	—
4. 所有者的分配	—	—	—	—	—	—	－1 428 441. 67	－48 436. 79	－1 476 878. 46
5. 其他	281 625. 94	—	—	—	—		－283 123. 00	－541. 01	－2 038. 07
（五）所有者权益内部结转	811 652. 18	－241 569. 05	1 336. 30	—	—	—	－571 672. 21	—	－252. 78
1. 资本公积转增资本	276 652. 18	－241 569. 05	—	—	—	—	—	—	—
2. 盈作公积转增资本	500 000. 00	—	—	—	—	—	－500 000. 00	—	—
3. 盈余公积弥补亏损	—	—	—	—	—	—	—	—	—
4. 其他	35 000. 00	35 083. 13	1 336. 30	—	—	—	－71 672. 21	—	－252. 78
未披露变更原因的调整事项	—	21 306. 38	—	—	—	26. 83	—	416. 30	21 749. 51
四、本年年末余额	28 423 994. 80	7 313 271. 18	300 284. 06	5 178 284. 22	—	3 259 472. 41	19 559 366. 63	3 525 293. 41	68 989 642. 45

续表

项目	上年金额								
	归属于母公司所有者权益							少数股东权益	所有者权益合计
	实收资本（或股本）	资本公积	其他综合收益	盈余公积	信托赔偿准备	一般风险准备	未分配利润		
一、上年年末余额	24 412 867. 62	5 325 120. 41	661 378. 83	4 022 325. 18	1 110 854. 21	2 582 430. 06	16 538 671. 08	2 894 482. 48	57 549 129. 87
加:会计政策变更	—	—	-68 692. 62	2 526. 22	1 263. 11	-93. 31	36 205. 44	375. 69	-28 415. 47
前期差错更正	—	—	—	-1 726. 19	-886. 30	—	-63 066. 99	—	-65 679. 48
其他	—	—	4 836. 91	65. 24	10. 90	-347. 33	7 358. 23	—	11 923. 95
二、本年年初余额	24 412 867. 62	5 326 120. 41	597 523. 12	4 023 190. 45	1 111 241. 92	2 581 989. 42	16 519 167. 76	2 894 858. 17	57 466 958. 88
三、本年增减变动金额(减少以"-"号填列)	1 921 569. 67	1 663 337. 48	-727 112. 55	545 608. 63	159 874. 88	358 878. 58	1 022 097. 09	278 661. 72	5 222 915. 51
(一)净利润	—	—	—	—	—	—	5 490 213. 15	299 505. 89	5 789 719. 04
(二)其他综合收益	—	-3 380. 28	-727 112. 55	—	—	—	—	25 448. 19	-705 044. 64
1. 可供出售金融资产公允价值变动净额	—	—	-449 105. 47	—	—	—	—	—	-449 105. 47
2. 权益法下被投资单位其他所有者权益变动的影响	—	-3 545. 80	-67 185. 39	—	—	—	—	—	-70 731. 19
3. 与计入所有都权益项目相关的所得税影响	—	—	—	—	—	—	—	—	—
4. 其他	—	251. 52	-17 375. 05	—	—	—	—	1 293. 43	-15 830. 10
5. 未披露	—	-36. 00	-193 446. 64	—	—	—	—	24 154. 76	-169 377. 88
净利润及其他综合收益小计	—	-3 380. 28	-727 112. 55	—	—	—	5 490 213. 15	324 954. 08	5 084 674. 40
(三)所有者投入和减少资本	996 991. 37	1 752 857. 78	—	—	—	—	-39. 96	11 007. 62	2 760 816. 81
1. 所有者投入资本	996 991. 37	1 676 784. 72	—	—	—	—	-39. 96	-58 961. 15	2 616 774. 98
2. 股份支付计入所有者权益的金额	—	—	—	—	—	—	—	—	—
3. 分立减资(或其他)	—	74 073. 07	—	—	—	—	—	69 968. 77	144 041. 84
(四)利润分配	—	—	—	595 334. 27	159 874. 88	358 878. 58	-3 610 274. 05	-57 399. 07	-2 553 585. 38
1. 提取盈余公积	—	—	—	595 334. 27	—	—	-595 334. 27	—	—
2. 提取信托赔偿准备	—	—	—	—	159 874. 88	19 803. 03	-179 677. 92	—	—
3. 一般风险准备	—	—	—	—	—	339 075. 55	-339 075. 55	-102. 99	-102. 99
4. 所有者的分配	—	—	—	—	—	—	-2 484 303. 06	-57 064. 99	-2 541 368. 04
5. 其他	—	—	—	—	—	—	-11 883. 26	-231. 09	-12 114. 35
(五)所有者权益内部结转	924 578. 30	-86 140. 02	—	-49 725. 63	—	—	-857 802. 06	99. 09	-68 990. 32
1. 资本公积转增资本	91 152. 30	-91 152. 30	—	—	—	—	—	—	—
2. 盈作公积转增资本	—	—	—	—	—	—	—	—	—
3. 盈余公积弥补亏损	—	—	—	—	—	—	—	—	—
4. 其他	833 426. 00	5 012. 28	—	-49 725. 63	—	—	-857 802. 06	99. 09	-68 990. 32
未披露变更原因的调整事项	—	—	—	—	2 449. 81	22. 62	—	—	2 472. 43
四、本年年末余额	26 334 437. 30	6 989 457. 89	-129 589. 43	4 568 799. 08	1 273 566. 61	2 940 890. 62	17 541 264. 85	3 173 519. 89	62 692 346. 82

注:在编制汇总所有者权益变动表中,存在部分公司与资产负债表数据上的尾差,汇总时未将尾差调整。

(四)固有资产报表结构比率分析

1. 资产结构分析

2019 年信托行业整体固有资产总额为 12 023.46 亿元，比 2018 年增长 5.57%；其中流动资产增长 31.77%，非流动资产增长 7.97%。

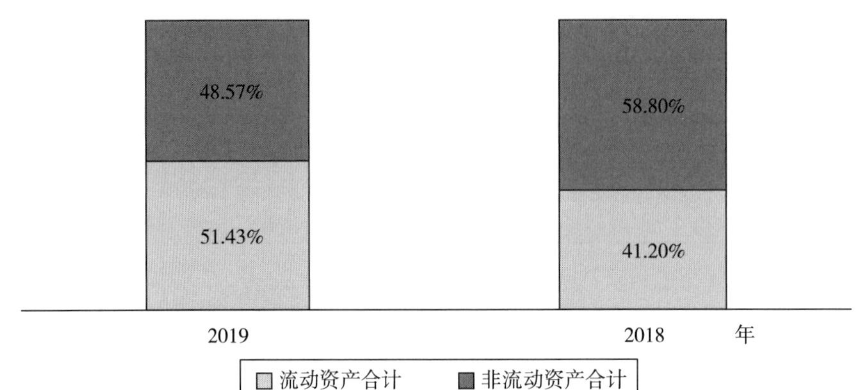

图 4-1-2　固有资产比重结构

表 4-1-6　固有资产汇总报表资产结构分析

科目	2019 年 12 月 31 日		2018 年 12 月 31 日		增减	
	金额(万元)	占比(%)	金额(万元)	占比(%)	金额(万元)	比例(%)
货币资产	16 993 846.34	14.13	14 223 610.64	12.49	2 770 235.70	19.48
金融资产	35 515 250.62	29.54	18 868 370.44	16.57	16 646 880.18	88.23
往来资产	8 698 599.18	7.23	13 145 795.00	11.54	-4 447 195.82	-33.83
其他流动资产	626 231.43	0.52	687 387.79	0.60	-61 156.36	-8.90
流动资产合计	61 833 927.57	51.43	46 925 163.87	41.20	14 908 763.70	31.77
长期投资等投资资产	51 250 827.73	42.63	59 831 904.04	52.53	-8 581 076.31	-14.34
固定资产等实物资产	696 615.11	0.58	663 568.84	0.58	33 046.27	4.98
无形资产等非实物资产	625 727.43	0.52	460 125.94	0.40	165 601.49	35.99
其他非流动资产	5 827 465.86	4.85	6 013 824.41	5.28	-186 358.55	-3.10
非流动资产合计	58 400 636.13	48.57	66 969 423.23	58.80	-8 568 787.10	-12.80
资产合计	120 234 563.70	100.00	113 894 587.10	100.00	6 339 976.60	5.57

注：由于在统计分析过程中，各家公司审计报告的科目设置并不一致，我们根据资产的流动属性将资产重新分类，分类明细如下：流动资产包括：(1)货币资产：现金及存放中央银行款项、存放同业款项、贵金属、其他货币资金、拆出资金、货币资金；(2)金融资产：交易性金融资产、衍生金融资产、买入返售金融资产；(3)往来资产：应收利息、应收股利、分为贷款和应收款类的投资、应收手续费及佣金、应收款项、结算备付金、存出保证金、其他应收款、预付款项；(4)其他流动资产：存货及其他流动资产。

非流动资产包括：(1)长期投资等投资资产：发放贷款和垫款、可供出售金融资产、长期应收款、长期股权投资、持有至到期投资；(2)固定资产等实物资产：投资性房地产、固定资产、固定资产清理、在建工程；(3)无形资产：无形资产、开发支出、长期待摊费用、抵债资产、代理业务资产、商誉、信托受益权。(4)其他非流动资产：核算递延所得税资产，和其他资产项目。

2019 年流动资产总额为 6 183.39 亿元，比上年增长 31.77%，主要为金融资产增加；流动资产占资产总额的 51.43%，比 2018 年增加了 1 490.88 亿元。非流动资产为 5 840.06 亿元，比上年减少了 856.88 亿元，降幅为 12.80%，主要表现在长期投资等投资资产的减少，其中可供出售金融资产减少 781.46 亿元最为可观。固有资产汇总报表资产结构分析见表 4-1-6。

从资产项目结构来看，长期投资等长期资产、流动资产占比依然较大。其中，货币占比为 14.13%，长期投资等长期资产占比为 42.63%，两者共占总资产的 56.76%；与上年的 65.02% 相比有所下降。

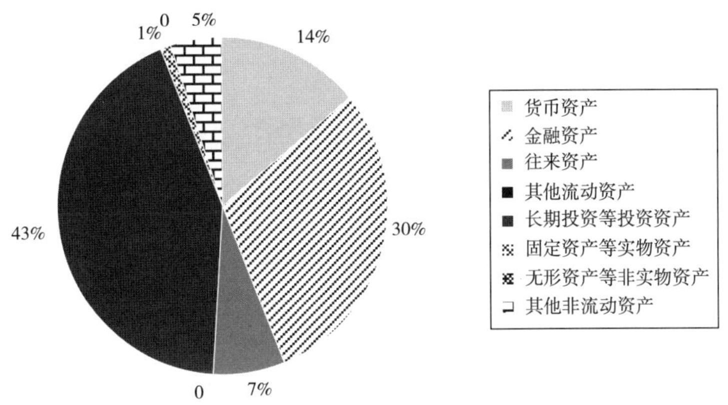

图4－1－3　2019 年固有资产汇总报表资产结构

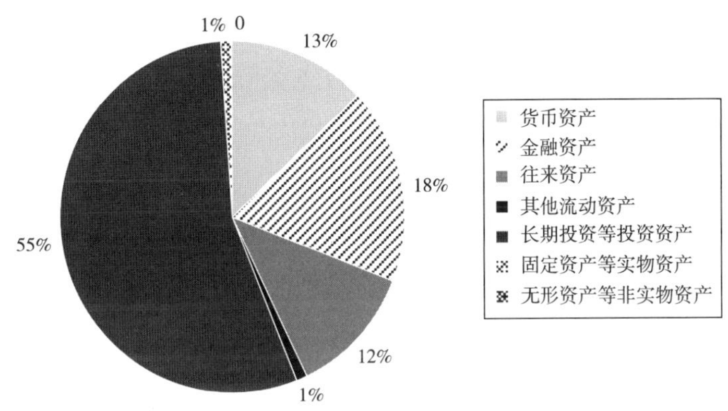

图4－1－4　2018 年固有资产汇总报表资产结构

2. 负债结构分析

2019 年整个信托行业的负债结构并未发生重大变化，整体负债随着资产的增长上升 0.08%，其中流动负债减少 3.93%，长期负债增加 9.18%（见表 4－1－7）。

表 4－1－7　固有资产汇总报表负债结构分析

科目	2019 年 12 月 31 日		2018 年 12 月 31 日		增减	
	金额（万元）	比例（%）	金额（万元）	比例（%）	金额（万元）	比例（%）
流动负债合计	34 153 476.94	66.63	35 549 197.71	69.41	－1 395 720.77	－3.93
长期负债合计	17 107 794.73	33.37	15 669 073.24	30.59	1 438 721.49	9.18
合计	51 261 271.67	100.00	51 218 270.95	100.00	43 000.72	0.08

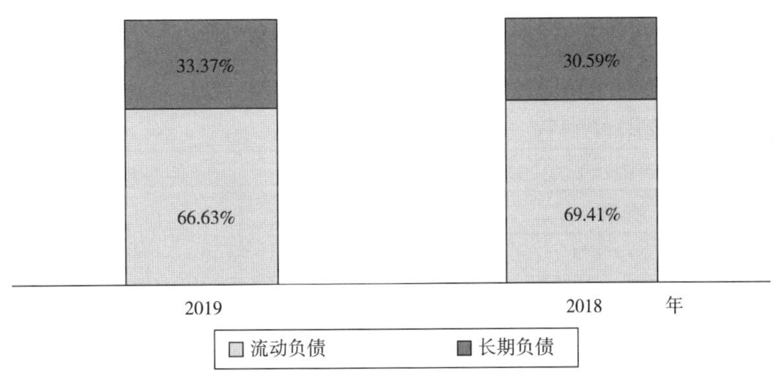

图4－1－5　固有资产汇总报表负债结构

表 4-1-8　固有资产汇总报表长期负债结构分析

科目	2019 年 12 月 31 日		2018 年 12 月 31 日		增减	
	金额(万元)	比例(%)	金额(万元)	比例(%)	金额(万元)	比例(%)
长期借款	209 658. 97	1. 23	153 324. 86	0. 98	56 334. 11	36. 74
应付债券	7 762 915. 48	45. 38	5 670 059. 13	36. 19	2 092 856. 36	36. 91
递延收益	26 291. 79	0. 15	21 624. 76	0. 14	4 667. 03	21. 58
长期应付款	151 239. 28	0. 88	69 522. 74	0. 44	81 716. 54	117. 54
预计负债	538 615. 38	3. 15	364 117. 64	2. 32	174 497. 74	47. 92
递延所得税负债	253 228. 63	1. 48	145 836. 94	0. 93	107 391. 69	73. 64
其他负债	8 165 845. 19	47. 73	9 244 587. 17	59. 00	-1 078 741. 98	-11. 67
长期负债合计	17 107 794. 73	100. 00	15 669 073. 24	100. 00	1 438 721. 49	9. 18

2019 年，长期负债比上年增加了 143. 87 亿元，其中其他负债减少，应付债券、长期借款、预计负债、递延所得税负债等增加。

3. 偿债能力分析

(1)资产负债率分析

资产负债率 = 汇总负债总额/汇总资产总额 ×100%

表 4-1-9　固有资产汇总报表资产负债率分析

单位：%

项目	2019 年	2018 年	增减
资产负债率	42. 63	44. 97	2. 34

2019 年信托公司汇总资产负债率为 42. 63%，较上年下降 2. 34%。

(2)流动比率分析

流动比率 = 汇总流动资产/汇总流动负债

表 4-1-10　固有资产汇总报表流动比率分析

项目	2019 年	2018 年	增减
流动比率	1. 81	1. 32	0. 49

2019 年固有资产流动比率为 1. 81，较上年上升了 0. 49，企业短期偿债能力下降较多。68 家公司中流动比率增长的有 47 家，增长最多的为江苏信托；现金比率减少的有 21 家，减少最多的为华鑫信托；其中，2019 年流动比率大于 1 的有 59 家，低于 1 的仅有 9 家(详见表 3-2-7)。

(3)现金比率分析

现金偿债比率 = 汇总(货币资金 + 存放中央银行款项 + 存放同业款项 + 其他货币资金)/汇总流动负债

表 4-1-11　固有资产汇总现金偿债比率分析

项目	2019 年	2018 年	增减
现金偿债比率	0. 50	0. 48	0. 02

现金偿债比率较上年上升 0. 02。

4. 盈利能力分析

(1)营业利润分析

表 4-1-12　固有资产汇总报表营业利润率

项目	2019 年(万元)	2018 年(万元)	增减(万元)	变动比率(%)
营业总收入	14 374 206. 98	12 659 348. 64	1 714 858. 35	13. 55
营业总成本	6 694 412. 73	5 399 758. 39	1 294 654. 34	23. 98
营业利润	7 784 077. 23	7 259 590. 25	524 486. 98	7. 22
营业利润率(%)	54. 15	57. 35	-3. 19	-5. 57

2019 年信托行业整体营业利润增长了 7. 22%，由于营业总收入增长 13. 55%，营业成本上升幅度较大达 23. 98%。

（2）收入结构分析

表4-1-13　固有资产汇总报表营业收入组成明细

项目	2019年		2018年		增减	
	金额（万元）	比例（%）	金额（万元）	比例（%）	金额（万元）	比例（%）
1. 营业收入	98.21	—	100.73	—	-2.52	-2.50
2. 利息净收入	817 821.69	5.69	715 438.38	5.65	102 383.30	14.31
3. 金融企业往来净收入	—	—	—	—	—	—
4. 手续费及佣金净收入	9 488 288.75	66.01	8 978 338.44	70.92	509 950.30	5.68
5. 租赁收入	—	—	—	—	—	—
6. 投资收益	3 158 795.48	21.98	2 934 879.73	23.18	223 915.74	7.63
7. 公允价值变动收益	133 835.25	0.93	-618 979.62	-4.89	752 814.87	-121.62
8. 汇兑收益	3 017.93	0.02	4 505.27	0.04	-1 487.35	-33.01
9. 其他业务收入	772 349.68	5.37	645 065.70	5.10	127 283.99	19.73
营业总收入合计	14 374 206.98	100.00	12 659 348.64	100.00	1 714 858.35	13.55

注：营业收入单独列示披露。

2019年营业总收入为1 437.42亿元，较上年的1 265.93亿元增加了171.49亿元，增幅为13.55%。除主营业务中营业收入、公允价值变动收益和汇兑收益有所下降外，其余的均有所上涨，其中公允价值变动收益下降最多，下降了121. 62%，营业总收入构成中，手续费及佣金净收入占比最大，达到66.01%，其次是投资收益，占比为21.98%。

（3）固有业务资产收益率分析

表4-1-14　固有资产汇总报表资产收益率情况

项目	2019年（万元）	2018年（万元）	增减（%）
净利润	5 945 460.76	5 754 665.76	3.32
净资产	68 973 292.03	62 676 316.15	10.05
净资产收益率（%）	8.62	9.18	-0.56
总资产	120 234 563.70	113 894 587.10	5.57
总资产收益率（%）	4.94	5.05	-0.11

2019年整个信托行业的总资产收益率为4.94%，比2018年减少0.11%；净资产收益为8.62%，比2018年减少了0.56%。主要由于净利润仅增长3.32%，但净资产增长10.05%。63家信托公司净资产收益率为正值，5家净资产收益率为负值，超过6%的公司有49家（见表3-1-10）。

（4）综合收益总额分析

表4-1-15　汇总综合收益总额变动情况

项目	2019年（万元）	2018年（万元）	增减额（万元）	增减率（%）
营业利润	7 784 077.23	7 259 590.25	524 486.98	7.22
营业外收入	198 985.30	394 082.21	-195 096.91	-49.51
营业外支出	96 988.36	64 049.75	32 938.61	51.43
利润总额	7 886 074.17	7 589 622.72	296 451.45	3.91
所得税费用	1 836 330.44	1 758 230.12	78 100.32	4.44
净利润	6 049 743.73	5 831 392.60	218 351.13	3.74
其他综合收益	379 077.43	-675 097.54	1 054 174.98	-156.15
综合收益总额	6 428 821.16	5 156 295.05	1 272 526.11	24.68

2019年整个信托行业的综合收益总额为642.88亿元，比2018年增加127.25亿元，增长了24.68%。其中，净利润增长3.74%，其他综合收益下降156.15%。

2019 年 68 家信托公司中，综合收益出现亏损有 3 家公司，其中安信信托亏损金额最大，为 19.02 亿元（见表 4－1－16）。

表 4－1－16 固有资产综合收益的组成占比

公司简称	利润总额（万元）	所得税费用（万元）	净利润（万元）	其他综合收益（万元）	综合收益总额（万元）	占汇总额比例（%）
平安信托	735 229.47	162 246.24	572 983.23	9 603.69	582 586.92	9.21
重庆信托	559 928.94	125 223.56	434 705.38	38 784.66	473 490.04	7.49
中信信托	476 677.57	117 365.47	359 312.10	13 533.08	372 845.18	5.90
华能信托	421 093.91	103 569.41	317 524.50	—	317 524.50	5.02
华润信托	334 813.31	54 355.76	280 457.55	－613.73	279 843.82	4.42
江苏信托	295 002.92	53 150.99	241 851.93	27 742.99	269 594.92	4.26
建信信托	294 659.65	72 890.67	221 768.98	402.66	222 171.64	3.51
五矿信托	280 103.57	69 641.41	210 462.16	—	210 462.16	3.33
光大兴陇信托	278 196.04	70 427.19	207 768.85	－331.52	207 437.33	3.28
上海信托	264 070.05	64 092.43	199 977.62	4 219.67	204 197.29	3.23
中航信托	256 382.22	62 389.23	193 992.99	9 580.36	203 573.35	3.22
外贸信托	235 195.28	56 090.62	179 104.66	9 941.60	189 046.26	2.99
中融信托	220 770.30	45 260.41	175 509.89	1 263.93	176 773.82	2.80
兴业信托	218 819.14	52 416.27	166 402.87	1 881.59	168 284.46	2.66
爱建信托	165 527.73	41 741.30	123 786.43	—	123 786.43	1.96
华宝信托	145 568.52	32 546.63	113 021.89	8 180.90	121 202.79	1.92
交银国际信托	151 356.80	37 562.91	113 793.89	—	113 793.89	1.80
渤海信托	148 927.31	37 340.42	111 586.88	－1 489.47	110 097.42	1.74
国投泰康信托	143 624.68	35 218.47	108 406.21	151.83	108 558.03	1.72
英大信托	129 478.17	30 996.51	98 481.66	8 166.61	106 648.27	1.69
中诚信托	119 339.33	18 756.28	100 583.05	5 950.83	106 533.88	1.68
百瑞信托	141 234.68	32 465.73	108 768.95	－2 284.60	106 484.35	1.68
长安信托	69 140.06	17 683.32	51 456.74	54 546.62	106 003.37	1.68
中铁信托	136 011.84	32 849.42	103 162.42	—	103 162.42	1.63
昆仑信托	132 731.21	33 595.46	99 135.75	1.47	99 137.22	1.57
北京信托	123 006.12	30 249.13	92 756.98	2 528.80	95 285.79	1.51
西部信托	44 719.06	10 494.91	34 224.15	60 014.96	94 239.10	1.49
中国民生信托	124 882.16	31 537.79	93 344.37	—	93 344.37	1.48
中建投信托	117 579.34	29 579.99	87 999.35	5 267.29	93 266.64	1.47
粤财信托	98 041.98	14 242.43	83 799.55	1 945.37	85 744.92	1.36
中海信托	91 680.11	17 762.32	73 917.79	1 348.64	75 266.43	1.19
华鑫信托	85 977.28	20 551.26	65 426.02	7 882.52	73 308.54	1.16
陕国投	76 025.19	17 872.39	58 152.80	14 242.29	72 395.09	1.14
万向信托	95 054.24	25 223.42	69 830.82	—	69 830.82	1.10
四川信托	97 183.38	24 106.22	73 077.16	－3 336.52	69 740.65	1.10
山东信托	87 783.50	21 392.90	66 390.60	43.60	66 434.20	1.05
杭州工商信托	84 710.00	20 879.00	63 831.00	218.00	64 049.00	1.01
苏州信托	63 060.26	15 103.81	47 956.45	14 891.91	62 848.36	0.99
厦门国际信托	72 553.00	16 818.00	55 735.00	6 934.00	62 669.00	0.99
陆家嘴信托	84 466.99	21 922.91	62 544.08	—	62 544.08	0.99
天津信托	63 950.98	6 135.88	57 815.10	1 414.94	59 230.04	0.94
紫金信托	71 388.36	18 173.53	53 214.83	—	53 214.83	0.84
国通信托	67 077.96	17 032.13	50 045.84	415.41	50 461.25	0.80
西藏信托	55 523.98	6 362.86	49 161.12	—	49 161.12	0.78
国元信托	54 045.73	10 138.55	43 907.18	1 633.34	45 540.52	0.72
吉林信托	21 368.71	3 305.82	18 062.89	24 183.22	42 246.11	0.67
中原信托	54 360.78	13 209.02	41 151.76	896.11	42 047.87	0.66
东莞信托	66 268.50	16 187.76	50 080.74	－8 089.28	41 991.46	0.66
云南信托	53 360.60	13 035.59	40 325.01	—	40 325.01	0.64

续表

公司简称	利润总额(万元)	所得税费用(万元)	净利润(万元)	其他综合收益(万元)	综合收益总额(万元)	占汇总额比例(%)
北方信托	32 966.55	8 420.77	24 545.78	9 930.56	34 476.34	0.55
华澳信托	40 981.40	10 363.77	30 617.63	—	30 617.63	0.48
华信信托	-23 622.43	-8 377.70	-15 244.73	38 462.36	23 217.63	0.37
长城新盛信托	30 647.24	7 586.48	23 060.77	—	23 060.77	0.36
湖南信托	32 949.71	8 062.26	24 887.45	-2 975.86	21 911.59	0.35
中泰信托	13 806.55	865.09	12 941.46	7 189.49	20 130.95	0.32
国民信托	25 123.96	6 205.55	18 918.41	—	18 918.41	0.30
新时代信托	19 384.69	4 419.83	14 964.87	1 353.83	16 318.70	0.26
中粮信托	16 196.49	4 600.17	11 596.32	—	11 596.32	0.18
大业信托	14 308.00	3 565.88	10 742.12	—	10 742.12	0.17
浙金信托	14 047.80	3 618.48	10 429.32	—	10 429.32	0.16
山西信托	1 739.03	82.00	1 657.03	6 745.08	8 402.11	0.13
华宸信托	-7 697.79	-1 643.99	-6 053.80	13 868.34	7 814.54	0.12
金谷信托	7 201.18	1 950.05	5 251.13	—	5 251.13	0.08
国联信托	64 311.00	21 411.00	42 900.00	-41 344.00	1 556.00	0.02
新华信托	1 780.03	221.39	1 558.64	-32.62	1 526.02	0.02
华融信托	-30 664.89	10 562.45	-41 227.34	-8 064.15	-49 291.49	-0.78
雪松信托	-153 416.83	—	-153 416.83	32 769.39	-120 647.44	-1.91
安信信托	-526 201.41	-126 776.77	-399 424.64	-492.77	-399 917.41	-6.32
合计	7 781 791.20	1 836 330.44	5 945 460.76	379 077.43	6 324 538.20	100.00

(5)固有资产人均利润

表4-1-17　固有资产汇总报表人均利润最高和最低前五位公司排名

最高前五位			最低前五位		
序号	公司简称	人均利润	序号	公司简称	人均利润
1	重庆信托	2 076.07	1	安信信托	-857.13
2	江苏信托	1 448.22	2	雪松信托	-288.92
3	平安信托	1 015.35	3	华融信托	-130.26
4	华能信托	875.33	4	华信信托	-98.99
5	英大信托	619.00	5	华宸信托	-69.58

注:明细详见表3-3-9。

二、母公司报表数据

(一)母公司固有资产财务状况总体分析

表4-2-1　2019年母公司固有资产汇总资产负债表

单位:万元

资产	年末数	年初数	负债和所有者权益(或股东权益)	年末数	年初数
现金及存放中央银行款项	1 666 321.56	1 371 526.13	向中央银行借款	—	—
存放同业款项	1 146 550.23	1 178 394.27	同业及其他金融机构存放款项	—	—
贵金属	—	—	短期借款	509 300.00	470 800.00
其他货币资金	—	—	拆入资金	1 024 737.39	2 002 458.96
拆出资金	99 100.00	231 321.47	交易性金融负债	—	—
货币资金	3 175 076.79	3 635 634.29	衍生金融负债	8 091.60	4 582.97
交易性金融资产	18 170 566.45	7 759 257.60	卖出回购金融资产款	—	37 987.17
衍生金融资产	311 523.50	174 942.96	吸收存款	—	—
买入返售金融资产	1 375 615.87	1 282 109.77	存入保证金	—	—

续表

资产	年末数	年初数	负债和所有者权益（或股东权益）	年末数	年初数
应收利息	53 144. 81	56 058. 05	应付手续费及佣金	600. 82	635. 75
应收股利	27 338. 50	21 052. 00	应付款项	264. 05	198. 41
分为贷款和应收款类的投资	1 340 090. 00	2 288 889. 80	预收款项	493 716. 60	411 392. 12
应收手续费及佣金	7 037. 82	26 118. 66	应付职工薪酬	1 810 205. 80	1 738 437. 38
应收款项	1 036 673. 55	1 067 487. 92	应交税费	1 682 443. 68	1 681 397. 48
结算备付金	172. 13	101. 64	代理买卖证券款	—	—
存出保证金	—	—	代理业务负债	1 594. 66	1 596. 82
其他应收款	1 614 078. 73	1 682 610. 54	代理兑付证券款	—	—
预付款项	10 963. 67	7 480. 04	应付利息	5 607. 68	4 339. 56
存货	—	—	应付股利	90 742. 28	64 393. 14
其他流动资产	347 116. 05	553 321. 62	其他应付款	1 105 234. 89	1 571 919. 24
流动资产合计	30 381 369. 67	21 336 306. 74	一年内到期的非流动负债	—	—
发放中长期贷款	—	—	其他流动负债	122 961. 89	244 285. 65
发放贷款和垫款	3 771 671. 31	2 902 323. 14	流动负债合计	6 855 501. 35	8 234 424. 64
可供出售金融资产	23 224 463. 80	28 776 169. 82	递延收益	24 808. 39	19 873. 36
长期应收款	—	—	长期借款	63 300. 00	93 800. 00
长期股权投资	11 158 225. 84	9 950 250. 94	长期应付款	101 538. 96	67 409. 30
投资性房地产	111 794. 65	114 305. 08	预计负债	426 829. 05	288 945. 50
持有至到期投资	2 029 963. 08	2 375 882. 35	应付债券	—	—
固定资产	331 883. 55	318 329. 00	递延所得税负债	258 486. 44	147 719. 62
固定资产清理	—	—	其他负债	5 749 526. 27	5 279 907. 84
在建工程	26 327. 07	20 314. 26	长期负债合计	6 624 489. 11	5 897 655. 62
无形资产	113 782. 31	94 535. 18	负债合计	13 479 990. 47	14 132 080. 27
开发支出	3 490. 94	954. 19	所有者权益（或股东权益）：		
长期待摊费用	29 539. 29	33 004. 25	实收资本（或股本）	28 216 934. 78	26 334 437. 28
递延所得税资产	1 556 439. 36	1 243 268. 37	资本公积	7 361 704. 37	6 802 431. 55
抵债资产	80 595. 08	4 937. 02	盈余公积	5 171 097. 53	4 559 573. 66
代理业务资产	—	—	信托赔偿准备金	1 481 439. 75	1 321 601. 52
商誉	—	—	一般风险准备	2 646 843. 03	2 440 828. 66
信托受益权	215 860. 31	195 499. 44	未分配利润	17 476 614. 48	15 645 493. 09
其他非流动资产	3 046 818. 14	3 708 303. 46	外币折算差额		
非流动资产合计	45 700 854. 73	49 738 076. 48	其他综合收益	247 599. 99	-162 062. 81
			归属于母公司所有者权益合计	62 602 233. 93	56 942 302. 96
			少数股东权益	—	—
			所有者权益（或股东权益）合计	62 602 233. 93	56 942 302. 96
资产总计	76 082 224. 40	71 074 383. 22	负债和所有者权益（或股东权益）总计	76 082 224. 40	71 074 383. 22

注：1. 其他非流动资产中包含了报表尾差。

2. 山东信托由于本年度在香港上市，故披露信息中未包含母公司相关数据，本次统计中未包含山东信托。

我们对资产负债表按大类进行了分析，其增减变动情况见表 4 -2 -2。

表 4 -2 -2　2019 年母公司固有资产简式资产负债表增减变动明细

项目	2019 年（万元）	2018 年（万元）	增减额（万元）	增减率（%）	平均每户增减（万元）
流动资产	30 381 369. 67	21 336 306. 74	9 045 062. 93	42. 39	133 015. 63
非流动资产	45 700 854. 73	49 738 076. 48	-4 037 221. 76	-8. 12	-59 370. 91
资产合计	76 082 224. 40	71 074 383. 22	5 007 841. 17	7. 05	73 644. 72
流动负债	6 855 501. 35	8 234 424. 64	-1 378 923. 29	-16. 75	-20 278. 28

续表

项目	2019 年(万元)	2018 年(万元)	增减额(万元)	增减率(%)	平均每户增减(万元)
长期负债	6 624 489. 11	5 897 655. 62	726 833. 49	12. 32	10 688. 73
负债合计	13 479 990. 47	14 132 080. 27	-652 089. 80	-4. 61	-9 589. 56
所有者权益合计	62 602 233. 93	56 942 302. 96	5 659 930. 97	9. 94	83 234. 28
资产负债率(%)	17. 72	19. 88	-2. 17	-10. 89	—

2019 年信托行业母公司固有资产总规模为 7 608. 22 亿元,比 2018 年增加了 500. 78 亿元,增幅为 7. 05%。其中流动资产增加 904. 51 亿元,是导致资产总额较大幅度增长的主要因素。负债总额为 1 348. 00 亿元,比 2018 年减少了 65. 21 亿元,降幅为 4. 61%,主要是因流动负债大幅度减少所致。所有者权益增加了 565. 99 亿元,主要是因实收资本及未分配利润增加所致。

2019 年信托行业固有资产资产负债率为 17. 72%,较 2018 年略有下降,主要是因资产总额增长同时负债总额下降所致。

(二)固有资产经营成果总体分析

表 4-2-3　2019 年母公司汇总利润表

项目	本年实际数(万元)	上年实际数(万元)	增减数	
			金额(万元)	比例(%)
一、营业总收入	11 357 075. 90	10 249 786. 72	1 107 289. 18	10. 80
1. 营业收入	189 456. 67	111 171. 87	78 284. 80	70. 42
2. 利息净收入	638 987. 39	562 697. 73	76 289. 66	13. 56
利息收入	449 530. 72	451 525. 86	-1 995. 14	-0. 44
利息支出	189 456. 67	111 171. 87	78 284. 80	70. 42
3. 金融企业往来净收入	—	—	—	—
金融企业往来收入	—	—	—	—
金融企业往来支出	—	—	—	—
4. 手续费及佣金净收入	8 245 364. 64	7 900 553. 76	344 810. 88	4. 36
手续费及佣金收入	8 314 299. 18	7 958 191. 43	356 107. 75	4. 47
手续费及佣金支出	68 934. 54	57 637. 67	11 296. 87	19. 60
5. 租赁收入	—			—
6. 投资收益(损失以"-"号填列)	2 758 798. 38	2 499 754. 65	259 043. 73	10. 36
7. 公允价值变动收益(损失以"-"号填列)	29 800. 31	-347 414. 86	377 215. 17	-108. 58
8. 汇兑收益(损失以"-"号填列)	4 563. 71	1 168. 41	3 395. 30	290. 59
9. 其他业务收入	129 092. 19	84 552. 89	44 539. 30	52. 68
10. 证券销售差价收入(亏损以"-"号填列)	—	—	—	—
11. 基金管理收入	—	—	—	—
12. 补贴收入	—	—	—	—
13. 信托业务收入	—	—	—	—
14. 担保业务收入	—	—	—	—
15. 房地产销售收入	—	—	—	—
二、营业总支出	4 472 186. 36	3 596 525. 88	875 660. 48	24. 35
1. 营业支出	—	—	—	—
2. 营业税金及附加	101 802. 87	93 522. 56	8 280. 32	8. 85
3. 业务(销售、管理)费用	2 872 775. 13	2 501 156. 29	371 618. 84	14. 86
4. 财务费用	—	—	—	—
5. 资产减值损失	1 487 287. 14	994 013. 50	493 273. 64	49. 62
6. 其他业务成本	10 321. 22	7 833. 53	2 487. 69	31. 76
7. 房地产销售成本	—	—	—	—

续表

项目	本年实际数(万元)	上年实际数(万元)	增减数	
			金额(万元)	比例(%)
三、营业利润(亏损以"-"号填列)	6 968 850.74	6 714 127.99	254 722.75	3.79
加:营业外收入	176 290.28	264 995.66	-88 705.38	-33.47
减:营业外支出	137 435.86	87 197.42	50 238.44	57.61
四、利润总额(亏损总额以"-"号填列)	6 923 743.96	6 831 059.08	92 684.88	1.36
减:所得税费用	1 607 878.90	1 571 773.03	36 105.87	2.30
五、净利润(净亏损以"-"号填列)	5 315 865.06	5 259 286.05	56 579.01	1.08
其中:被合并方在合并前实现的净利润	—	—	—	—
归属于母公司所有者的净利润	—	—	—	—
少数股东损益	—	—	—	—
六、其他综合收益	361 508.74	-751 177.59	1 112 686.33	-148.13
七、综合收益总额	5 677 373.80	4 508 108.46	1 169 265.34	25.94

2019 年信托行业母公司汇总净利润为 531.59 亿元，较上年的 525.93 亿元增长了 1.08%，综合收益总额为 567.74 亿元，同样较上年增长了 25.94%。

母公司汇总利润表中，2019 年的营业总收入为 1 135.71 亿元，较上年增长了 10.80%。其中，手续费及佣金净收入为 824.54 亿元，占营业总收入的 72.60%，投资收益为 275.88 亿元，占营业收入的 24.29%。营业总支出为 447.22 亿元，较上年增长了 24.35%，其中业务及销售管理费用为 287.28 亿元，占营业总支出的 64.24%。

另外，2019 年由于会计政策变更等原因，部分公司对年初数进行了追溯调整，各科目的期初数与上年年末数有所差异，以本年报告披露数为准。

（三）母公司固有资产所有者权益总体分析

2019 年，所有者权益为 6 260.22 亿元，较上年增加了 565.99 亿元，增幅为 9.94%，其中，股本占比为 45.07%，较上年增加 7.15%；资本公积占比为 11.76%，较上年增加了 8.22%；其他综合收益占比为 0.40%，较上年减少 252.78%；盈余公积占比为 8.26%，较上年增加了 13.41%；风险准备金占比为 6.59%，较上年增加了 9.72%；未分配利润占比为 27.92%，较上年增加了 11.70%。如表 4-2-4 所示，所有者权益中各项均有所增长。

表 4-2-4　母公司固有资产所有者权益的组成占比

项目	2019 年		2018 年		2019 年增减	
	金额(万元)	比率(%)	金额(万元)	比率(%)	金额(万元)	比率(%)
股本	28 216 934.78	45.07	26 334 437.28	46.25	1 882 497.50	7.15
资本公积	7 361 704.37	11.76	6 802 431.55	11.95	559 272.81	8.22
其他综合收益	247 599.99	0.40	-162 062.81	-0.28	409 662.80	-252.78
盈余公积	5 171 097.53	8.26	4 559 573.66	8.01	611 523.86	13.41
风险准备金	4 128 282.79	6.59	3 762 430.18	6.61	365 852.61	9.72
未分配利润	17 476 614.48	27.92	15 645 493.09	27.48	1 831 121.39	11.70
所有者权益合计	62 602 233.93	100.00	56 942 302.96	100.00	5 659 930.97	9.94

注:部分信托未披露母公司所有者权益变动表，我们未单独列示汇总母公司所有者权益变动表。

（四）母公司固有资产报表结构比率分析

1. 母公司资产结构分析

2019 年信托行业母公司整体固有资产总额为 7 147.90 亿元，比 2018 年增长 8.10%。其中流动资产增长 42.39%，非流动资产下降 8.24%（见表 4-2-5）。

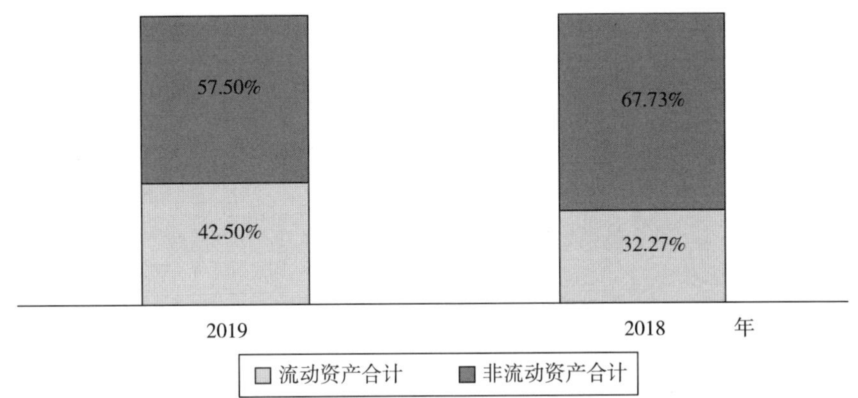

图4-2-1 母公司固有资产比重

表4-2-5 母公司固有资产汇总报表资产结构分析

科目	2019年12月31日		2018年12月31日		增减	
	金额(万元)	比例(%)	金额(万元)	比例(%)	金额(万元)	比例(%)
货币资产	6 087 048.58	8.52	6 416 876.16	9.70	-329 827.58	-5.14
金融资产	19 857 705.82	27.78	9 216 310.32	13.94	10 641 395.50	115.46
往来资产	4 089 499.22	5.72	5 149 798.64	7.79	-1 060 299.42	-20.59
其他流动资产	347 116.05	0.49	553 321.62	0.84	-206 205.57	-37.27
流动资产合计	30 381 369.67	42.50	21 336 306.74	32.27	9 045 062.93	42.39
长期投资等投资资产	40 184 324.03	56.22	44 004 626.25	66.55	-3 820 302.22	-8.68
固定资产等实物资产	470 005.28	0.66	452 948.34	0.69	17 056.94	3.77
无形资产等非实物资产	443 267.93	0.62	328 930.07	0.50	114 337.86	34.76
其他非流动资产	4 603 257.50	6.44	4 951 571.83	7.49	-348 314.33	-7.03
非流动资产合计	41 097 597.23	57.50	44 786 504.66	67.73	-3 688 907.43	-8.24
资产合计	71 478 966.90	100.00	66 122 811.40	100.00	5 366 166.50	8.10

注:由于在统计分析过程中,各家公司审计报告的科目设置并不一致,我们根据资产的流动属性将资产重新分类,分类规则和合并规则一致。

如表4-2-5所示,2019年流动资产总额为3 038.14亿元,比上年增长42.39%,主要是因为金融资产投资增加所致;流动资产占资产总额的42.50%,比2018年大幅增长。非流动资产为4 109.76亿元,比上年减少了368.89亿元,降幅为8.24%,主要体现在长期投资等投资资产的减少,其中可供出售金融资产减少555.17亿元,减少幅度最大。

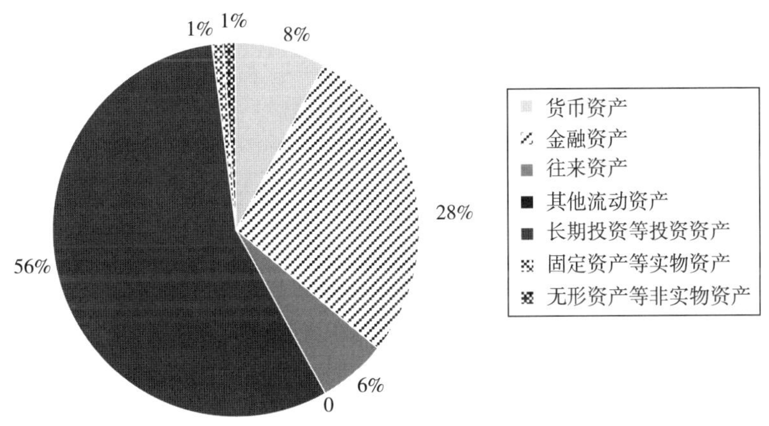

图4-2-2 母公司2019年固有资产汇总表资产结构

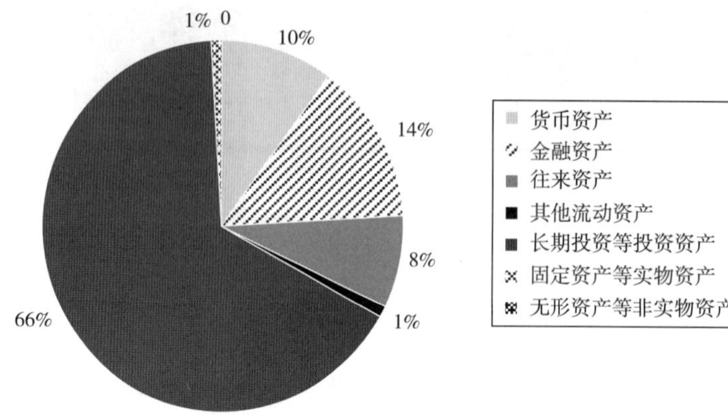

图 4－2－3　母公司 2018 年固有资产汇总表资产结构

从资产项目结构来看，货币资金和长期投资占比依然较大。其中，货币资金占比为 8.52%，长期投资等长期资产占比为 56.22%，两者共占总资产的 64.73%；与上年的 76.25%略有下降。

2. 母公司负债结构分析

2019 年，整个负债结构并未发生重大变化，基本上保持着短期负债占比 60%左右，长期负债 40%左右的比例，但整体负债金额有所幅度的减少，减少率为 4.61%，其中流动负债减少 16.75%，长期负债增加 12.32%（见表 4－2－6）。

表 4－2－6　母公司固有资产汇总报表负债结构分析

科目	2019 年 12 月 31 日		2018 年 12 月 31 日		增减	
	金额（万元）	比例（%）	金额（万元）	比例（%）	金额（万元）	比例（%）
流动负债合计	6 855 501.35	50.86	8 234 424.64	58.27	－1 378 923.29	－16.75
长期负债合计	6 624 489.11	49.14	5 897 655.62	41.73	726 833.49	12.32
合计	13 479 990.47	100.00	14 132 080.27	100.00	－652 089.80	－4.61

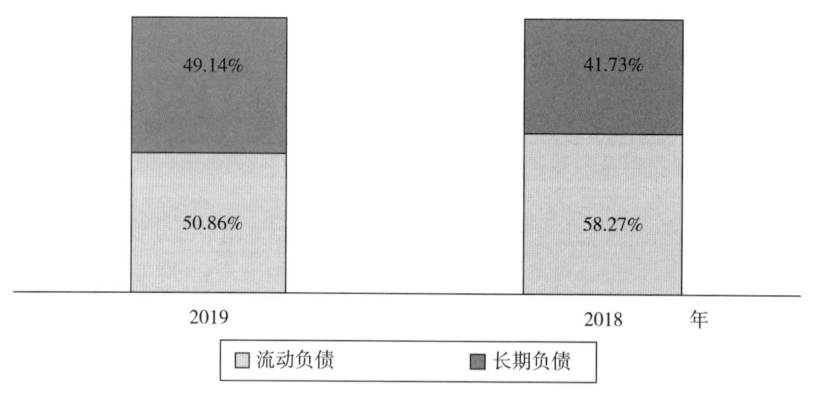

图 4－2－4　母公司固有资产汇总报表负债结构

表 4－2－7　母公司固有资产汇总报表长期负债结构分析

科目	2019 年 12 月 31 日		2018 年 12 月 31 日		增减	
	金额（万元）	比例（%）	金额（万元）	比例（%）	金额（万元）	比例（%）
长期借款	63 300.00	0.96	93 800.00	1.59	－30 500.00	－32.52
应付债券	—	—	—	—	—	—
递延收益	24 808.39	0.37	19 873.36	0.34	4 935.03	24.83
长期应付款	101 538.96	1.53	67 409.30	1.14	34 129.65	50.63
预计负债	426 829.05	6.44	288 945.50	4.90	137 883.55	47.72
递延所得税负债	258 486.44	3.90	147 719.62	2.50	110 766.82	74.98
其他负债	5 749 526.27	86.79	5 279 907.84	89.53	469 618.43	8.89
长期负债合计	6 624 489.11	100.00	5 897 655.62	100.00	726 833.49	12.32

2019 年，长期负债比上年增加了 72. 68 亿元，其中其他负债增长 49. 96 亿元，为长期负债增长的主要因素。

3. 偿债能力分析

（1）母公司资产负债率分析

资产负债率 = 汇总负债总额/汇总资产总额 ×100%

表 4-2-8　母公司固有资产汇总报表资产负债率分析

单位：%

项目	2019 年	2018 年	增减
资产负债率	17. 72	19. 88	-2. 17

2019 年信托公司汇总母公司资产负债率为 17. 72%，较上年下降了 2. 17%。

（2）流动比率分析

流动比率 = 汇总流动资产/汇总流动负债

表 4-2-9　固有资产汇总报表流动比率分析

项目	2019 年	2018 年	增减
流动比率	4. 43	2. 59	1. 84

2019 年固有资产流动比率为 4. 43，较上年增长了 1. 84，企业短期偿债能力变强。

（3）母公司现金比率分析

现金偿债比率 = 汇总（货币资金 + 存放中央银行款项 + 存放同业款项 + 其他货币资金）/汇总流动负债

表 4-2-10　固有资产汇总现金偿债比率分析

项目	2019 年	2018 年	增减
现金偿债比率	0. 89	0. 78	0. 11

现金偿债比率较上年上升 0. 11。

4. 盈利能力分析

（1）营业利润分析

表 4-2-11　固有资产汇总报表营业利润率

项目	2019 年（万元）	2018 年（万元）	增减（万元）	变动比率（%）
营业总收入	11 357 075. 90	10 249 786. 72	1 107 289. 18	10. 80
营业总成本	4 472 186. 36	3 596 525. 88	875 660. 48	24. 35
营业利润	6 968 850. 74	6 714 127. 99	254 722. 75	3. 79
营业利润率（%）	61. 36	65. 51	-4. 14	-6. 33

2019 年信托行业营业总收入略有上升，营业成本有所上升，营业利润率达到 61. 36%，较上年下降了 6. 33%。

（2）收入结构分析

表 4-2-12　固有资产汇总报表营业收入组成明细

项目	2019 年		2018 年		增减	
	金额（万元）	比例（%）	金额（万元）	比例（%）	金额（万元）	比例（%）
1. 营业收入	—	—	—	—	—	—
2. 利息净收入	189 456. 67	1. 67	111 171. 87	1. 08	78 284. 80	70. 42
3. 金融企业往来净收入	—	—	—	—	—	—
4. 手续费及佣金净收入	8 245 364. 64	72. 60	7 900 553. 76	77. 08	344 810. 88	4. 36
5. 租赁收入	—	—	—	—	—	—
6. 投资收益	2 758 798. 38	24. 29	2 499 754. 65	24. 39	259 043. 73	10. 36
7. 公允价值变动收益	29 800. 31	0. 26	-347 414. 86	-3. 39	377 215. 17	-108. 58
8. 汇兑收益	4 563. 71	0. 04	1 168. 41	0. 01	3 395. 30	290. 59
9. 其他业务收入	129 092. 19	1. 14	84 552. 89	0. 82	44 539. 30	52. 68
营业总收入合计	11 357 075. 90	100. 00	10 249 786. 72	100. 00	1 107 289. 18	10. 80

注：本期将营业收入单独列示披露。

2019 年营业总收入为 1 135. 71 亿元，较上年的 1 024. 98 亿元增加了 110. 73 亿元，增幅为 10. 80%。其中手续费及佣金收入增长 34. 48 亿元，增长幅度为 4. 36%。

营业总收入构成中，手续费及佣金净收入占比最大，达到72. 60%，其次是投资收益，占比为24. 29%。

5. 固有业务资产收益率分析

表4－2－13　固有资产汇总报表资产收益率情况

项目名称	2019年（万元）	2018年（万元）	增减率（%）
净利润	5 315 865. 06	5 259 286. 05	1. 08
净资产	62 602 233. 93	56 942 302. 96	9. 94
净资产收益率（%）	8. 49	9. 24	-0. 74
总资产	76 082 224. 40	71 074 383. 22	7. 05
总资产收益率（%）	6. 99	7. 40	-0. 41

2019年整个信托行业的总资产收益率为6. 99%，比2018年减少0. 41%；净资产收益率为8. 49%，比2018年减少0. 74%。其中，净利润增加了5. 66亿元，增长1. 08%；净资产增加了565. 99亿元，增长9. 94%。

6. 综合收益总额分析

表4－2－14　汇总综合收益总额变动情况

项目	2019年（万元）	2018年（万元）	增减额（万元）	增减率（%）
营业利润	6 968 850. 74	6 714 127. 99	254 722. 75	3. 79
营业外收入	176 290. 28	264 995. 66	-88 705. 38	-33. 47
营业外支出	137 435. 86	87 197. 42	50 238. 44	57. 61
利润总额	7 007 705. 15	6 891 926. 23	115 778. 93	1. 68
所得税费用	1 607 878. 90	1 571 773. 03	36 105. 87	2. 30
净利润	5 399 826. 26	5 320 153. 20	79 673. 06	1. 50
其他综合收益	361 508. 74	-751 177. 59	1 112 686. 33	-148. 13
综合收益总额	5 761 334. 99	4 568 975. 60	1 192 359. 39	26. 10

2019年整个信托行业的综合收益总额为576. 13亿元，比2018年增加119. 24亿元，增长26. 10%。其中，营业利润较上年增长3. 79%，故本年综合收益较上年有所增长。

第五章　信托资产报表总体分析

本章我们将2019年68家信托公司披露的信托资产部分的会计报表，包括信托资产负债表和信托项目利润及利润分配表分别汇总成代表中国信托行业信托资产整体状况的汇总报表，对中国信托公司信托资产的整体财务状况和经营成果进行分析。

一、2019年信托资产汇总报表分析

（一）信托业务汇总报表

表5-1-1　信托资产的汇总资产负债表

信托资产	年末数（万元）	年初数（万元）	增减额（万元）	增减率（%）
信托资产：				
货币资金	53 011 182.96	68 026 380.38	-15 015 197.43	-22.07
拆出资金	3 780 135.19	2 839 070.00	941 065.19	33.15
存出保证金	166 974.47	161 547.11	5 427.36	3.36
交易性金融资产	198 673 324.68	212 408 274.28	-13 734 949.60	-6.47
衍生金融资产	10 647.44	13 765.07	-3 117.63	-22.65
结算备付金	43 848.41	51 968.77	-8 120.37	-15.63
应收票据	—	—	—	—
应收利息	902 645.05	262 018.83	640 626.22	244.50
应收股利	108 694.15	132 853.91	-24 159.76	-18.19
应收款项	135 157 942.65	125 563 909.68	9 594 032.97	7.64
买入返售资产	76 883 365.34	78 343 167.52	-1 459 802.19	-1.86
其他应收款	4 677 386.59	3 196 551.83	1 480 834.76	46.33
客户贷款	829 030 562.97	851 490 237.26	-22 459 674.29	-2.64
可供出售金融资产	325 210 031.75	364 135 474.12	-38 925 442.38	-10.69
持有至到期投资	215 426 019.20	222 719 637.26	-7 293 618.06	-3.27
长期股权投资	166 186 971.58	187 523 236.01	-21 336 264.43	-11.38
长期应收款	17 142 144.34	20 746 830.91	-3 604 686.57	-17.37
固定资产	—	—	—	—
投资性房地产	177 619.47	104 361.53	73 257.94	70.20
无形资产	2 493 750.73	3 426 045.92	-932 295.19	-27.21
长期待摊费用	4 640.87	9 205.78	-4 564.91	-49.59
其他资产	131 082 251.10	131 057 940.81	24 310.29	0.02
信托资产合计	2 160 170 138.93	2 272 212 476.99	-112 042 338.05	-4.93

续表

信托负债和信托权益	年末数(万元)	年初数(万元)	增减额(万元)	增减率(%)
信托负债:				
应付受托人报酬	656 554. 96	725 663. 45	-69 108. 49	-9. 52
应付托管费	108 792. 12	112 953. 19	-4 161. 07	-3. 68
应付管理人报酬	381. 11	221. 49	159. 62	72. 07
应付受益人收益	2 257 557. 03	3 112 295. 76	-854 738. 73	-27. 46
应付销售服务费	44 711. 71	48 378. 39	-3 666. 68	-7. 58
衍生金融负债	—	—	—	—
卖出回购资产款	1 650 861. 50	3 822 143. 65	-2 171 282. 15	-56. 81
应付股利	77 645. 00	91 845. 20	-14 200. 20	-15. 46
应付账款	473 178. 88	313 974. 13	159 204. 74	50. 71
预收账款	5. 00	5. 00	—	—
应交税金	595 500. 91	479 674. 27	115 826. 64	24. 15
其他应付款项	18 623 730. 33	15 912 516. 00	2 711 214. 33	17. 04
长期应付款	—	—	—	—
其他负债	673 593. 79	645 915. 79	27 678. 00	4. 29
信托负债合计	25 165 754. 16	25 265 608. 02	-103 073. 98	-0. 41
信托权益:	—	—		
实收信托	2 098 322 846. 30	2 224 561 231. 18	-126 238 384. 88	-5. 67
资本公积	6 324 242. 14	10 437 141. 18	-4 112 899. 04	-39. 41
其他综合收益	-199 837. 00	-309 853. 39	110 016. 39	-35. 51
外币报表折算差额	11 876. 87	13 255. 67	-1 378. 80	-10. 40
未分配利润	30 545 256. 48	12 245 094. 33	18 300 162. 15	149. 45
信托权益合计	2 135 004 384. 78	2 246 946 868. 97	-111 942 484. 19	-4. 98
信托负债及信托权益合计	2 160 170 138. 93	2 272 212 476. 99	-112 045 558. 18	-4. 93
应付受托人报酬	656 554. 96	725 663. 45	-69 108. 49	-9. 52
应付托管费	108 792. 12	112 953. 19	-4 161. 07	-3. 68

注：在统计过程中，由于部分公司报表存在尾差，在汇总报表时将其全部记入“其他负债”科目。

2019 年披露所涉及的 68 家信托公司整体信托项目资产合计为 216 017. 01 亿元，比 2018 年略有下降，下降幅度为 4. 93%，信托负债减少 0. 41%。

表 5-1-2　信托资产的汇总简式资产负债表

信托资产	2019 年 12 月 31 日(万元)	2018 年 12 月 31 日(万元)	增减额(万元)	增减率(%)
信托资产合计	2 160 170 138. 93	2 272 212 476. 99	-112 042 338. 05	-4. 93
信托负债合计	25 165 754. 16	25 265 608. 02	-99 853. 86	-0. 40
信托权益合计	2 135 004 384. 78	2 246 946 868. 97	-111 942 484. 19	-4. 98
信托资产负债率(%)	1. 16	1. 11		

2019 年信托行业信托项目资产负债率为 1. 16%，较上年有所上升，信托资产一般资产负债率都在 1% 左右，负债占比较低。

2019 年信托资产资产总额比 2018 年减少了 11 204. 23 亿元，降幅 4. 93%；其中减少最多的为可供出售金融资产，减少了 3 892. 54亿元，其次是客户贷款减少了 2 245. 97 亿元。

相比资产总额的大额减少，信托资产的负债合计下降了 9. 99 亿元，基本上与上年持平。信托资产的权益合计减少了 11 194. 25 亿元，主要是实收信托减少了 12 623. 84 亿元。

表 5-1-3　信托资产的汇总简式利润表

项目	2019 年(万元)	2018 年(万元)	增减额(万元)	增减率(%)
一、营业收入	148 315 517. 57	108 440 149. 35	39 875 368. 22	36. 77
利息收入	75 711 083. 21	76 215 814. 21	-504 731. 00	-0. 66
投资收益	55 235 027. 35	44 606 690. 76	10 628 336. 59	23. 83
租赁收入	31 597. 83	-21 441. 35	53 039. 18	-247. 37
公允价值变动损益	14 006 887. 28	-16 413 965. 33	30 420 852. 60	-185. 34
汇兑损益(损失以"-"号填列)	-6 356. 89	7 591. 06	-13 947. 95	-183. 74
其他收入	3 337 278. 80	4 045 460. 00	-708 181. 20	-17. 51
二、营业支出	16 684 726. 35	14 455 233. 84	2 229 492. 50	15. 42
三、营业税金及附加	346 623. 72	324 970. 90	21 652. 82	6. 66
四、营业外收支	-13 605. 29	-19 481. 12	5 875. 83	-30. 16
五、扣除资产损失前的信托利润	131 270 562. 21	93 640 463. 49	37 630 098. 72	40. 19
减:资产减值损失	2 465 628. 40	630 290. 08	1 835 338. 32	291. 19
加:其他综合收益	436 970. 98	-1 574 425. 63	2 011 396. 61	-127. 75
六、综合收益	129 241 904. 79	91 435 747. 78	37 806 157. 01	41. 35
加:期初未分配信托利润	12 242 409. 43	36 611 078. 35	-24 368 668. 92	-66. 56
加:未分配信托利润平准金	682 144. 85	2 382 895. 44	-1 700 750. 59	-71. 37
加:其他转入	312 925. 45	135 106. 89	177 818. 56	131. 61
减:其他综合收益	436 970. 98	-1 574 425. 63	2011396. 611	-127. 75
七、可供分配的信托利润	142 042 413. 54	132 139 254. 09	9 903 159. 45	7. 49
减:本期已分配信托利润	114 266 359. 00	122 211 667. 07	-7 945 308. 07	-6. 50
加:损益平准金	2 769 201. 93	2 317 507. 31	451 694. 62	19. 49
加:未注明原因的事项	—	—	—	—
八、期末未分配信托利润	30 545 256. 48	12 245 094. 33	10 114 704. 66	43. 42

注:对部分未披露上年金额的信托公司，采用 2018 年报告的数据进行统计。

2019 年信托业务收入 14 831. 55 亿元，比 2018 年的 10 844. 01 亿元增加了 3 987. 54 亿元，大幅增加了 36. 77%。除利息收入、其他收入及汇兑损益外，其他项目都有所增长。

2019 年综合收益为 12 924. 19 亿元，比 2018 年增加了 3 780. 62 亿元。本年将可供分配利润中 80. 45% 用于分配，比 2018 年的 92. 49% 有所下降。2019 年末未分配信托利润为 3 054. 53 亿元，比 2018 年增加了 1 011. 47 亿元。

信托利润点依然来自利息收入和投资收益，分别占营业总收入的 51. 05% 和 37. 24%。

(二)信托资产汇总结构分析

表 5-1-4　信托资产汇总报表资产结构分析

项目	2019 年 12 月 31 日		2018 年 12 月 31 日		增减	
	金额(万元)	占比(%)	金额(万元)	占比(%)	金额(万元)	比率(%)
货币资金	53 011 182. 96	2. 45	68 026 380. 38	2. 99	-15 015 197. 43	-22. 07
拆出资金	3 780 135. 19	0. 17	2 839 070. 00	0. 12	941 065. 19	33. 15
存出保证金	166 974. 47	0. 01	161 547. 11	0. 01	5 427. 36	3. 36
交易性金融资产	198 673 324. 68	9. 20	212 408 274. 28	9. 35	-13 734 949. 60	-6. 47
衍生金融资产	10 647. 44	—	13 765. 07	—	-3 117. 63	-22. 65
结算备付金	43 848. 41	—	51 968. 77	—	-8 120. 37	-15. 63
应收票据	—	—	—	—	—	—
应收利息	902 645. 05	0. 04	262 018. 83	0. 01	640 626. 22	244. 50
应收股利	108 694. 15	0. 01	132 853. 91	0. 01	-24 159. 76	-18. 19
应收款项	135 157 942. 65	6. 26	125 563 909. 68	5. 53	9 594 032. 97	7. 64
买入返售资产	76 883 365. 34	3. 56	78 343 167. 52	3. 45	-1 459 802. 19	-1. 86

续表

项目	2019年12月31日		2018年12月31日		增减	
	金额(万元)	占比(%)	金额(万元)	占比(%)	金额(万元)	比率(%)
其他应收款	4 677 386. 59	0. 22	3 196 551. 83	0. 14	1 480 834. 76	46. 33
贷款	829 030 562. 97	38. 38	851 490 237. 26	37. 47	−22 459 674. 29	−2. 64
可供出售金融资产	325 210 031. 75	15. 05	364 135 474. 12	16. 03	−38 925 442. 38	−10. 69
持有至到期投资	215 426 019. 20	9. 97	222 719 637. 26	9. 80	−7 293 618. 06	−3. 27
长期股权投资	166 186 971. 58	7. 69	187 523 236. 01	8. 25	−21 336 264. 43	−11. 38
长期应收款	17 142 144. 34	0. 79	20 746 830. 91	0. 91	−3 604 686. 57	−17. 37
固定资产	—	—	—	—	—	—
投资性房地产	177 619. 47	0. 01	104 361. 53	—	73 257. 94	70. 20
无形资产	2 493 750. 73	0. 12	3 426 045. 92	0. 15	−932 295. 19	−27. 21
长期待摊费用	4 640. 87	—	9 205. 78	—	−4564. 91	−49. 59
其他资产	131 082 251. 10	6. 07	131 057 940. 81	5. 77	24310. 29457	0. 02
信托资产运用合计	2 160 170 138. 93	100. 00	2 272 212 476. 99	100. 00	−112 042 338. 05	−4. 93

从资产结构来看，贷款（包括发放贷款和客户贷款）占比最高，达总信托资产的38. 38%，其金额合计为82 903. 06亿元，其次是可供出售金融资产，总额达32 521. 00亿元，占总资产的15. 05%。

2019年信托行业整体信托资产略有减少，下降了4. 93%，从减少额上看，最主要的是可供出售金融资产、长期股权投资、贷款及货币资金，其四项总额合计比上年合计减少9 773. 66亿元，占信托资产总减少额的87. 23%；应收账款增加金额较多，其他变动额不大。

表5－1－5　信托资产汇总报表信托权益结构分析

项目	2019年12月31日		2018年12月31日		增减	
	金额(万元)	占比(%)	金额(万元)	占比(%)	金额(万元)	比率(%)
实收信托	2 098 322 846. 30	98. 28	2 224 561 231. 18	99. 00	−126 238 384. 88	−5. 67
资本公积	6 324 242. 14	0. 30	10 437 141. 18	0. 46	−4 112 899. 04	−39. 41
其他综合收益	−199 837. 00	−0. 01	−309 853. 39	−0. 01	110 016. 39	−35. 51
外币折算差额	11 876. 87	—	13 255. 67	0	−1 378. 80	−10. 40
未分配利润	30 545 256. 48	1. 43	12 245 094. 33	0. 54	18 300 162. 15	149. 45
信托权益合计	2 135 004 384. 78	100. 00	2 246 946 868. 97	100. 00	−111 942 484. 19	−4. 98

从表5－1－5可以看出，信托资产的权益合计为213 500. 44亿元，其中，实收信托总额达209 832. 28亿元，占信托权益总额的98. 28%。信托权益增加的主要原因是实收信托的增加，在表5－1－2中也有所阐述。

表5－1－6　信托资产汇总报表收入结构分析

项目	2019年12月31日		2018年12月31日		增减	
	金额(万元)	占比(%)	金额(万元)	占比(%)	金额(万元)	比率(%)
利息收入	75 711 083. 21	51. 05	76 215 814. 21	70. 28	−504 731. 00	−0. 66
投资收益	55 235 027. 35	37. 24	44 606 690. 76	41. 13	10 628 336. 59	23. 83
租赁收入	31 597. 83	0. 02	−21 441. 35	−0. 02	53 039. 18	−247. 37
公允价值变动损益	14 006 887. 28	9. 44	−16 413 965. 33	−15. 14	30 420 852. 60	−185. 34
汇兑损益	−6 356. 89	—	7 591. 06	0. 01	−13 947. 95	−183. 74
其他收入	3 337 278. 80	2. 25	4 045 460. 00	3. 73	−708 181. 20	−17. 51
营业收入合计	148 315 517. 57	100. 00	108 440 149. 35	100. 00	39 875 368. 22	36. 77

2019年营业总收入比2018年增加了3 987. 54亿元，除利息收入、汇兑损益及其他收入外，其他主要项目均有所增长。其中公允价值变动损益增长最多，增加3 042. 85亿元，增幅为185. 34%；投资收益增加1 062. 34亿元，增幅为23. 83%。

从公司收入结构分析，利息收入与投资收益是收入的主要来源，这与资产分布情况有关联。发放贷款和客户贷款合计占资产总额的38. 38%，导致利息收入占收入的比例为51. 05%；金融资产（包括交易性金融资产、可供出售金融资产和持有至到期投资）占资产总额的34. 22%；对外投资（包括短期投资、长期债权投资、长期股权投资及其他长期投资）占资产总额的7. 69%，导致投资收益占收入总额的比例为37. 24%。

(三)信托资产经营成果及结构分析

表5-1-7 信托资产汇总报表利润总额结构

单位:万元

简称	营业收入	营业支出	营业税金及附加	营业外收支	减:资产减值损失	其他综合收益	综合收益
中信信托	11 042 094. 13	1 241 973. 89	29 994. 57	—	1 950 387. 14	—	7 819 738. 53
建信信托	7 929 573. 98	591 681. 58	15 897. 20	—	18 126. 52	—	7 303 868. 68
华润信托	7 734 685. 26	630 858. 29	14 992. 43	-41 257. 27	190 711. 47	—	6 856 865. 80
中融信托	6 012 036. 54	973 007. 10	—	—	—	-209 216. 33	4 829 813. 11
光大兴陇信托	5 188 613. 12	569 289. 00	13 560. 10	—	—	—	4 605 764. 02
华能信托	5 369 310. 74	778 358. 98	15 013. 77	—	491. 92	—	4 575 446. 07
交银国际信托	4 992 774. 93	601 114. 94	14 879. 64	—	484. 53	49 311. 12	4 425 606. 94
外贸信托	4 931 726. 95	631 294. 96	8 697. 68	28 133. 35	1 716. 62	—	4 318 151. 04
中航信托	4 385 334. 79	536 633. 12	11 340. 53	—	-9 785. 12	155 471. 69	4 002 617. 95
五矿信托	4 838 828. 12	984 793. 16	14 227. 37	—	—	—	3 839 807. 59
兴业信托	4 192 126. 39	402 257. 11	—	—	—	—	3 789 869. 28
上海信托	4 146 898. 49	460 172. 49	11 944. 41	—	12 556. 02	13 282. 40	3 675 507. 97
平安信托	4 059 816. 11	430 501. 64	10 165. 83	-481. 37	151 361. 49	—	3 467 305. 78
长安信托	3 503 353. 67	319 842. 65	—	—	—	20 842. 22	3 204 353. 24
华宝信托	3 024 188. 05	136 353. 45	6 309. 65	—	—	59 121. 91	2 940 646. 86
江苏信托	3 037 197. 34	130 870. 64	6 875. 14	—	—	—	2 899 451. 56
渤海信托	3 199 809. 79	402 201. 92	—	—	1. 60	—	2 797 606. 27
粤财信托	2 652 309. 61	183 000. 15	5 371. 88	—	—	—	2 463 937. 58
陕国投	2 481 526. 12	192 505. 04	6 963. 22	—	—	—	2 282 057. 85
中铁信托	2 387 888. 00	183 378. 00	—	—	—	—	2 204 510. 00
西部信托	2 290 722. 91	150 609. 97	8 127. 89	—	—	16 432. 93	2 148 417. 98
云南信托	1 796 573. 53	200 557. 30	5 531. 68	—	4 205. 17	324 503. 75	1 910 783. 13
华鑫信托	2 064 169. 92	209 921. 20	5 948. 07	—	—	—	1 848 300. 65
中海信托	2 063 506. 75	279 723. 23	3 812. 18	—	—	—	1 779 971. 34
北京信托	1 810 413. 84	161 080. 50	4 302. 30		—	—	1 653 130. 96
山东信托	1 861 916. 30	234 547. 50	5 708. 54	—	—	4 808. 80	1 626 469. 06
西藏信托	1 750 195. 32	109 542. 62	3 237. 40	—	16 768. 11	—	1 620 647. 19
昆仑信托	1 821 947. 10	202 523. 34	4 683. 12	—	—	-300. 00	1 614 440. 64
陆家嘴信托	1 718 632. 73	237 561. 08	5 823. 33	—	—	—	1 475 248. 32
国民信托	1 512 363. 31	84 726. 75	5 086. 62	—	—	—	1 422 549. 94
国投泰康信托	1 572 359. 42	151 986. 73	5 029. 46	—	—	—	1 415 343. 23
四川信托	1 589 159. 89	258 894. 11	4 826. 89	—	40 148. 00	—	1 285 290. 89
中诚信托	1 602 451. 20	321 009. 41	6 113. 27	—	—	—	1 275 328. 52
英大信托	1 445 422. 84	165 373. 50	5 239. 78	—	—	—	1 274 809. 56
国通信托	1 422 596. 03	165 848. 53	3 958. 40	—	—	—	1 252 789. 10
中国民生信托	1 422 523. 57	215 131. 04	3 137. 45	—	—	-5 464. 31	1 198 790. 77
重庆信托	1 383 732. 48	212 370. 61	5 537. 14	—	—	—	1 165 824. 73
中建投信托	1 383 149. 50	233 333. 96	4 528. 50	—	—	—	1 145 287. 04
国元信托	1 253 832. 13	106 722. 87	4 355. 60	—	—	—	1 142 753. 66
万向信托	1 293 583. 69	168 262. 06	3 890. 39	—	—	—	1 121 431. 24
北方信托	1 151 942. 65	65 124. 29	3 945. 77	—	—	-11 461. 78	1 071 410. 81
中原信托	1 192 902. 08	140 809. 00	3 685. 99	—	—	—	1 048 407. 09
百瑞信托	1 242 567. 59	215 262. 85	4 494. 95	—	—	—	1 022 809. 79
天津信托	1 138 641. 24	149 394. 54	4 197. 05	—	—	16 591. 94	1 001 641. 59

续表

简称	营业收入	营业支出	营业税金及附加	营业外收支	减：资产减值损失	其他综合收益	综合收益
厦门国际信托	1 105 730. 00	117 501. 00	3 611. 00	—	—	—	984 618. 00
紫金信托	1 040 047. 44	117 495. 25	3 259. 05	—	—	—	919 293. 14
湖南信托	1 013 171. 00	127 108. 00	3 283. 00	—	—	—	882 780. 00
华澳信托	910 303. 55	76 401. 66	2 754. 54	—	—	—	831 147. 35
中粮信托	890 293. 93	58 354. 78	3 128. 47	—	—	—	828 810. 68
新时代信托	840 941. 90	52 058. 56	—	—	—	—	788 883. 34
安信信托	844 071. 39	85 554. 93	2 919. 67	—	9 561. 19	—	746 035. 60
新华信托	791 148. 35	54 883. 01	2 648. 35	—	—	3 249. 38	736 866. 37
金谷信托	824 426. 38	107 419. 03	2 841. 92	—	—	—	714 165. 43
浙金信托	720 549. 26	102 138. 86	1 720. 00	—	—	-539. 68	616 150. 72
华融信托	767 562. 92	88 359. 80	1 914. 99	—	65 493. 74	—	611 794. 39
苏州信托	607 654. 23	74 221. 59	1 936. 72	—	—	—	531 495. 92
大业信托	579 134. 03	64 778. 01	—	—	—	—	514 356. 01
雪松信托	537 600. 84	42 095. 66	1 896. 22	—	—	—	493 608. 96
华信信托	531 396. 93	47 445. 15	1 062. 79	—	13 400. 00	—	469 488. 99
东莞信托	590 395. 14	140 576. 64	2 122. 36	—	—	336. 94	448 033. 08
国联信托	476 098. 00	38 611. 00	1 255. 00	—	—	—	436 232. 00
吉林信托	453 577. 45	19 919. 92	1 397. 83	—	—	—	432 259. 70
杭州工商信托	492 147. 00	76 496. 00	1 838. 00	—	—	—	413 813. 00
爱建信托	699 015. 16	298 327. 73	4 203. 57	—	—	—	396 483. 86
山西信托	262 537. 72	22 148. 05	610. 31	—	—	—	239 779. 36
中泰信托	206 032. 21	13 195. 88	—	—	—	—	192 836. 33
长城新盛信托	207 846. 57	37 922. 14	742. 72	—	—	—	169 181. 71
华宸信托	19 438. 03	408. 60	41. 94	—	—	—	18 987. 49
合计	148 315 517. 57	16 684 726. 35	346 623. 72	-13 605. 29	2 465 628. 40	436 970. 98	129 241 904. 79

2019 年信托资产汇总综合收益总额合计为 12 924. 19 亿元，其中超过 500 亿元的有 3 家，金额在 100 亿 ~500 亿元的有 41 家公司，10 亿元以下的仅有 1 家公司（见表 5 -1 -8）。

表 5 -1 -8　信托资产汇总综合收益总额分布情况

项目	2019 年		
	家数（家）	利润总额（万元）	占比（%）
500 亿元以上	3	21 980 473. 01	17. 01
100 亿 ~500 亿元	41	93 844 330. 35	72. 61
10 亿 ~100 亿元	23	13 398 113. 94	10. 37
10 亿元以下	1	18 987. 49	0. 01
合计	68	129 241 904. 79	100. 00

表 5 -1 -9　信托资产汇总报表总信托资产综合收益率

排名	公司简称	综合收益（万元）	平均信托资产（万元）	总信托资产综合收益率（%）
1	外贸信托	4 318 151. 04	44 741 240. 47	9. 65
2	粤财信托	2 463 937. 58	27 475 999. 06	8. 97
3	华宸信托	18 987. 49	216 877. 06	8. 75
4	云南信托	1 910 783. 13	21 848 742. 96	8. 75
5	杭州工商信托	413 813. 00	5 123 753. 50	8. 08
6	陕国投	2 282 057. 85	28 911 845. 84	7. 89
7	湖南信托	882 780. 00	11 270 286. 00	7. 83
8	北京信托	1 653 130. 96	21 339 004. 75	7. 75
9	万向信托	1 121 431. 24	14 748 418. 76	7. 60
10	江苏信托	2 899 451. 56	38 752 732. 48	7. 48
11	长城新盛信托	169 181. 71	2 276 595. 94	7. 43

续表

排名	公司简称	综合收益(万元)	平均信托资产(万元)	总信托资产综合收益率(%)
12	华润信托	6 856 865. 80	95 490 261. 50	7. 18
13	华鑫信托	1 848 300. 65	26 016 507. 60	7. 10
14	平安信托	3 467 305. 78	48 836 588. 37	7. 10
15	光大兴陇信托	4 605 764. 02	66 562 343. 06	6. 92
16	中融信托	4 829 813. 11	71 005 845. 54	6. 80
17	西部信托	2 148 417. 98	31 973 507. 45	6. 72
18	东莞信托	448 033. 08	6 700 939. 12	6. 69
19	中建投信托	1 145 287. 04	17 474 297. 34	6. 55
20	长安信托	3 204 353. 24	49 310 968. 36	6. 50
21	山东信托	1 626 469. 06	25 104 370. 09	6. 48
22	华澳信托	831 147. 35	13 006 755. 36	6. 39
23	中国民生信托	1 198 790. 77	18 889 771. 02	6. 35
24	陆家嘴信托	1 475 248. 32	23 335 646. 06	6. 32
25	中泰信托	192 836. 33	3 058 033. 45	6. 31
26	华能信托	4 575 446. 07	72 647 222. 47	6. 30
27	浙金信托	616 150. 72	9 852 541. 25	6. 25
28	西藏信托	1 620 647. 19	25 963 324. 50	6. 24
29	中航信托	4 002 617. 95	64 924 530. 04	6. 17
30	紫金信托	919 293. 14	15 017 595. 24	6. 12
31	国元信托	1 142 753. 66	18 786 170. 00	6. 08
32	国投泰康信托	1 415 343. 23	23 478 192. 94	6. 03
33	金谷信托	714 165. 43	12 019 347. 89	5. 94
34	苏州信托	531 495. 92	8 973 661. 41	5. 92
35	兴业信托	3 789 869. 28	64 611 983. 63	5. 87
36	中原信托	1 048 407. 09	17 923 104. 86	5. 85
37	重庆信托	1 165 824. 73	20 148 269. 26	5. 79
38	华信信托	469 488. 99	8 160 676. 58	5. 75
39	华宝信托	2 940 646. 86	51 202 610. 67	5. 74
40	山西信托	239 779. 36	4 180 726. 48	5. 74
41	昆仑信托	1 614 440. 64	28 315 440. 33	5. 70
42	吉林信托	432 259. 70	7 609 199. 89	5. 68
43	国联信托	436 232. 00	7 709 289. 50	5. 66
44	国通信托	1 252 789. 10	22 764 141. 44	5. 50
45	天津信托	1 001 641. 59	18 301 172. 86	5. 47
46	交银国际信托	4 425 606. 94	81 618 585. 54	5. 42
47	中海信托	1 779 971. 34	33 823 559. 88	5. 26
48	北方信托	1 071 410. 81	20 395 857. 78	5. 25
49	建信信托	7 303 868. 68	139 758 557. 72	5. 23
50	中铁信托	2 204 510. 00	42 601 120. 00	5. 17
51	五矿信托	3 839 807. 59	74 218 663. 06	5. 17
52	中粮信托	828 810. 68	16 051 602. 86	5. 16
53	上海信托	3 675 507. 97	73 066 845. 53	5. 03
54	厦门国际信托	984 618. 00	19 800 221. 00	4. 97
55	中信信托	7 819 738. 53	161 317 649. 95	4. 85
56	大业信托	514 356. 01	10 808 264. 99	4. 76
57	百瑞信托	1 022 809. 79	21 705 642. 57	4. 71
58	国民信托	1 422 549. 94	30 432 001. 35	4. 67
59	四川信托	1 285 290. 89	27 845 279. 41	4. 62
60	渤海信托	2 797 606. 27	60 846 760. 20	4. 60
61	新华信托	736 866. 37	16 218 030. 83	4. 54
62	中诚信托	1 275 328. 52	28 126 988. 88	4. 53
63	雪松信托	493 608. 96	11 564 461. 33	4. 27
64	华融信托	611 794. 39	17 051 294. 75	3. 59
65	英大信托	1 274 809. 56	35 853 897. 05	3. 56
66	安信信托	746 035. 60	21 386 345. 60	3. 49
67	新时代信托	788 883. 34	33 778 287. 11	2. 34
68	爱建信托	396 483. 86	21 860 858. 86	1. 81
	合计	129 241 904. 79	2 216 191 308. 47	5. 83

2019 年信托资产总资产综合收益率为 5. 83%，没有一家公司超过 10%，绝大多数的信托公司平均综合收益率在 5% ~10%，3%以下的仅有 2 家。

表 5 -1 -10　信托资产总资产综合收益率分布情况

项目	2019 年	
	家数(家)	平均综合收益率(%)
10%以上	—	—
5% ~10%	53	6. 31
3% ~5%	13	4. 93
3%以下	2	3. 88
合计	68	5. 83

二、信托资产管理情况分析

(一)信托资产运用及分布情况分析

表 5 -2 -1　信托资产分布及运用情况

资产运用情况			资产分布情况		
项目	金额(万元)	比例(%)	项目	金额(万元)	比例(%)
货币资产	53 176 441. 37	2. 46	基础产业	319 483 171. 28	14. 79
客户贷款	841 299 646. 29	38. 95	房地产业	285 189 739. 43	13. 20
交易性金融资产	198 673 924. 29	9. 20	证券	225 731 200. 41	10. 45
应收账款	14 382 613. 85	0. 67	实业	444 989 376. 73	20. 60
买入返售金融资产	16 835 158. 54	0. 78	金融	329 934 060. 76	15. 27
可供出售金融资产	325 941 016. 93	15. 09	教育	—	—
持有至到期投资	214 865 740. 39	9. 95	其他企业	—	—
长期股权投资	166 049 413. 45	7. 69	工商企业	161 195 012. 45	7. 46
融资租赁	—	—	债券	1 049 623. 08	0. 05
长期应收款	5 313 184. 27	0. 25	基金	—	—
投资性房地产	30 000. 00	—	其他	392 597 955. 82	18. 17
无形资产	—	—			
买入返售资产	851 365. 60	0. 04			
其他	322 751 634. 98	14. 94			
信托资产总额	2 160 170 139. 96	100. 00	信托资产总额	2 160 170 139. 96	100. 00

注：其他中包含尾差。

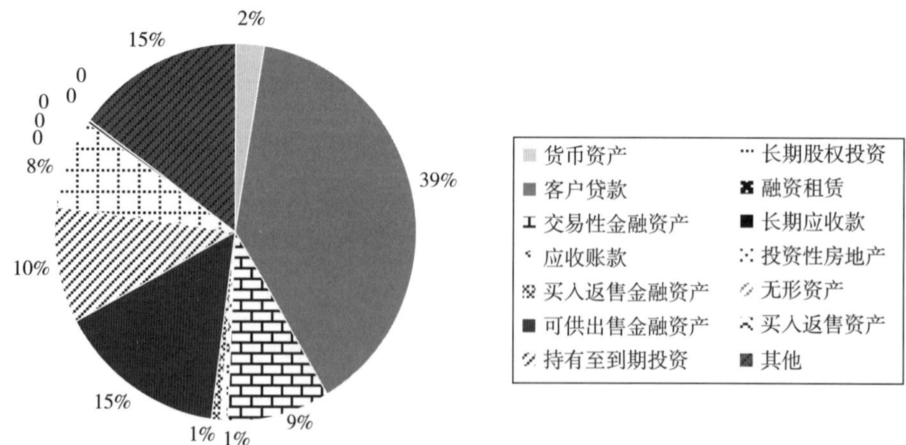

图 5 -2 -1　信托资产运用分析

2019 年信托资产总额为 216 017. 01 亿元，从资产结构情况分析，客户贷款占资产的比重最大，达到 38. 95%；从资产投向分布分析，主要集中在金融、证券、基础产业、实业、房地产业五大产业，占比为 74. 31%，其他产业占比为 18. 17%。

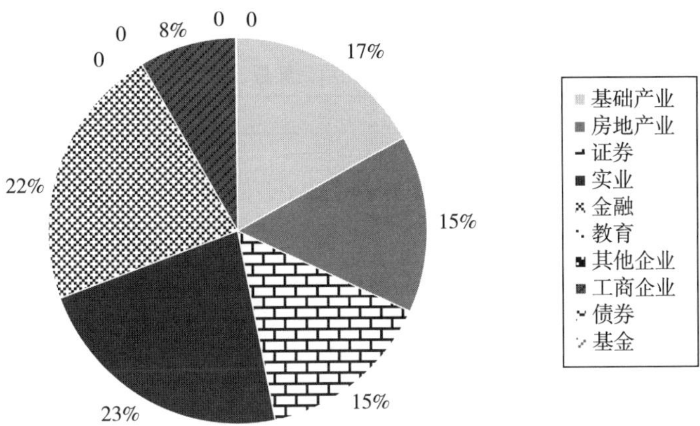

图 5-2-2 信托资产分布分析

(二)集合类、单一类和财产管理类信托项目变动情况

表 5-2-2 2019 年中止的集合类、单一类和财产管理类信托项目数量、金额汇总分析

项目	2019 年			2018 年		
	份数(份)	合计金额(万元)	金额比重(%)	份数(份)	合计金额(万元)	金额比重(%)
集合类	7 468	349 271 037. 17	41. 67	5 367	250 505 238. 99	31. 32
单一类	7 416	335 909 494. 11	40. 07	8 086	405 427 241. 44	50. 69
财产管理类	1 344	153 051 285. 01	18. 26	1 420	143 850 425. 65	17. 99
合计	16 228	838 231 816. 29	100. 00	14 873	799 782 906. 08	100. 00

2019 年中止的信托项目数量比 2018 年多 1 355 个,合计金额比 2018 年多 3 844. 89 亿元。其中,单一类信托项目资产金额占比为 40. 07%,比 2018 年有所下降(见表 5-2-2)。

2019 年中止的信托项目资产加权平均实际年化收益率为 6. 12%,具体详见表 3-3-3。

表 5-2-3 2019 年中止的集合类加权平均实际收益率前五名

公司简称	加权平均实际收益率(%)
雪松信托	11. 44
山西信托	9. 92
中融信托	9. 10
北京信托	9. 04
英大信托	9. 00
总体平均	5. 89

注:明细表详见表 3-3-3。

从披露的中止的集合类加权平均实际收益率看,按 68 家信托公司简单的平均计算,实际加权收益率约为 5. 89%,高于 2018 年中止的集合类加权平均实际收益率 4. 84%,同时高于银行贷款利率。

本年仅有 15 家信托公司集合类信托项目资产加权平均实际年化收益率低于 5%。

表 5-2-4 2019 年中止的单一类加权平均实际收益率前五名

公司简称	加权平均实际收益率(%)
中泰信托	33. 55
华宸信托	12. 14
杭州工商信托	11. 77
国联信托	9. 99
湖南信托	9. 60
总体平均	6. 55

注:明细表详见表 3-3-3。

从披露的中止的单一类加权平均实际收益率看，按68家信托公司简单平均计算，实际加权收益率约为6.55%，较集合类项目收益率高，比上年中止的单一类加权平均实际收益率略有上升；68家信托公司中仅有8家信托公司平均收益率低于5%。

表5-2-5　2019年新增的集合类、单一类和财产管理类信托项目数量、金额汇总分析

类别	份数（份）	合计金额（万元）	金额比重（%）
集合类	10 180	436 963 511.93	53.81
单一类	8 906	189 914 676.17	23.39
财产管理类	2 017	185 170 047.41	22.80
新增合计	21 103	812 048 235.52	100.00
其中：主动管理型	15 824	497 594 623.86	61.28
被动管理型	5 279	314 453 611.65	38.72

2019年新增的信托项目中，单一类、集合类信托项目比重较大，分别占合计金额的23.39%和53.81%，财产管理类信托项目金额占合计项目金额的22.80%。另外，新增项目类型中，被动管理型占比为38.72%（见表3-3-6）。

表5-2-6　2019年信托公司已清算结束主动管理型资产运用情况

已清算结束信托项目	项目个数（个）	实收信托合计金额（万元）	金额占比（%）
证券投资类	1 137	49 612 790.66	16.48
股权投资类	811	46 690 123.61	15.51
融资类	3 931	157 191 049.19	52.22
事务管理类	313	12 138 457.34	4.03
权益类	154	1 354 351.88	0.45
其他投资类	1 308	34 055 466.77	11.31
合计	7 654	301 042 239.45	100.00

2019年已清算结束的主动管理型信托项目实收信托金额合计为29 180.59亿元，其中融资类比重最大，占比为52.22%。由于在各家年报披露中，存在未披露加权平均实际年化信托报酬率或加权平均实际年化收益率的情况，我们在本次年鉴中未进行统计分析。

表5-2-7　2019年信托公司已清算结束被动管理型资产运用情况

已清算结束信托项目	项目个数（个）	实收信托合计金额（万元）	金额占比（%）
证券投资类	545	11 972 730.93	2.23
股权投资类	189	21 850 996.57	4.07
融资类	1 621	83 780 456.97	15.60
事务管理类	6 154	413 631 993.74	77.00
其他投资类	65	5 953 397.08	1.11
合计	8 574	537 189 575.29	100.00

2019年已清算结束的被动管理型信托项目实收信托金额合计为53 718.96亿元，其中事务管理类比重最大，占比为77.00%。由于在各家年报披露中，存在未披露加权平均实际年化信托报酬率或加权平均实际年化收益率的情况，我们在本次年鉴中未进行统计分析。

表5-2-8　信托资产的期初数、期末数

信托资产	期初数		期末数	
	金额（万元）	比重（%）	金额（万元）	比重（%）
集合类	915 376 659.36	40.10	996 487 240.12	45.97
单一类	987 517 245.97	43.26	804 890 388.26	37.13
财产管理类	380 028 811.45	16.65	366 209 656.70	16.89
合计	2 282 922 716.78	100.00	2 167 587 285.08	100.00

2019年信托资产期末数总金额为216 758.73亿元，比2018年减少11 533.54亿元，减幅为5.05%；其中集合类比重最大，占期末数的45.97%（见表3-3-4）。

表 5-2-9　主动管理型信托业务的信托资产期初数、期末数

主动管理型信托资产	期初数		期末数	
	金额(万元)	比重(%)	金额(万元)	比重(%)
证券投资类	124 282 826. 32	16. 99	141 044 432. 71	15. 36
股权投资类	132 311 934. 74	18. 09	121 519 418. 80	13. 23
融资类	355 572 767. 94	48. 61	519 803 462. 70	56. 59
事务管理类	14 463 896. 53	1. 98	14 563 762. 65	1. 59
权益类	1 506 803. 94	0. 21	1 490 899. 63	0. 16
其他投资类	103 317 468. 83	14. 12	120 078 516. 27	13. 07
合计	731 455 698. 30	100. 00	918 500 492. 76	100. 00

2019 年主动管理型信托业务的信托资产期末数总金额为 91 850. 05 亿元，比 2018 年增加 18 704. 48 亿元，增幅为 25. 57%；其中融资类比重最大，占期末数的 56. 59%（见表 3-3-6）。

表 5-2-10　被动管理型信托业务的信托资产期初数、期末数

被动管理型信托资产	期初数		期末数	
	金额(万元)	比重(%)	金额(万元)	比重(%)
证券投资类	108 347 021. 19	7. 08	77 467 453. 24	6. 35
股权投资类	75 746 660. 49	4. 95	51 566 147. 32	4. 23
融资类	227 246 967. 67	14. 84	161 389 023. 96	13. 24
事务管理类	1 048 489 238. 96	68. 48	872 069 107. 03	71. 52
权益类	5 104 937. 91	0. 33	2 255 728. 67	0. 18
其他投资类	66 090 840. 25	4. 32	54 571 942. 99	4. 48
合计	1 531 025 666. 47	100. 00	1 219 319 403. 21	100. 00

2019 年被动管理型信托业务的信托资产期末数总金额为 121 931. 94 亿元，比 2018 年减少 31 170. 63 亿元，减幅为 20. 36%；其中事务管理类比重最大，占期末数的 71. 52%（见表 3-3-6）。

第六章　财务报表附注及其他项目的分析

本章对财务报表附注披露的一些重要事项进行了分析，包括或有事项、自营资产风险分类情况、资产损失准备计提情况，以及关联方关系及其交易等各项情况。同时，本章节还对信托公司在2019年年报中对经营因素的认可情况作了详细的统计，以便于相关部门决策参考。

一、或有事项情况

（一）对外担保和或有事项情况

1. 对外担保总额分析

表6－1－1　2019年末信托公司担保事项汇总

币种	2019年末担保金额（万元）	2018年末担保金额（万元）	增减额（万元）	增减率（%）
人民币	331 646.46	123 874.00	207 772.46	95.36

经过对68家公司的统计，2019年末，涉及对外担保的公司共有5家，对外担保金额为33.16亿元，比2018年增加了20.78亿元。2019年末信托公司对外担保的详细情况见表6－1－2。

表6－1－2　2019年信托公司涉及对外担保的详细情况

单位：万元

公司简称	被担保单位	年初担保金额	年末担保金额
安信信托	上海盛玄集团有限公司	—	48 000.00
安信信托	天津方能石油化工销售有限公司	—	40 000.00
安信信托	天津宏远旺能石油化工科技有限公司	—	50 000.00
安信信托	天津万能石油化工科技有限公司	—	5 000.00
北方信托	未披露	76 500.00	62 490.00
厦门国际信托	厦门市市政项目担保	2 474.00	2 289.00
华信信托	未披露	—	79 000.00
渤海信托	未披露	44 900.00	44 867.46
合计		123 874.00	331 646.46

2. 对外担保与净资产的比较分析

68家信托公司披露的2019年末5家公司担保事项合计33.16亿元，占68家公司自有净资产总额6 260.22亿元的0.53%。有担保事项的公司年末担保额均没有超过净资产；担保额占净资产比例的平均值为13.44%，超过平均值的有1家信托公司，情况详见表6－1－3。

表6－1－3　2019年末信托公司担保金额占自有净资产比例情况

公司简称	期末担保金额（万元）	期末净资产（万元）	担保金额占净资产比（%）
安信信托	143 000.00	769 631.09	18.58
北方信托	62 490.00	469 285.33	13.32
华信信托	79 000.00	1 228 925.36	6.43
渤海信托	44 867.46	1 313 421.37	3.42
厦门国际信托	2 289.00	530 570.00	0.43
合计	331 646.46	2 467 841.78	13.44

（二）公司本年发生或存在的重大诉讼仲裁事项

2019年68家信托公司中有32家信托公司披露没有诉讼仲裁事项，36家披露有诉讼仲裁事项，情况详见表6－1－4。

14家披露有诉讼仲裁事项的信托公司合计存在91件诉讼仲裁案件，涉及金额约为284.43亿元，平均每个案件约为31 256.25万元。

表6-1-4　披露信托公司诉讼仲裁事件

公司简称	总诉讼件数(件)	涉诉金额(万元)	件数(起诉)(件)	金额(起诉)(万元)	件数(被诉)(件)	金额(被诉)(万元)
安信信托	12	523 400.00			12	523 400.00
百瑞信托	17	457 282.42	5	151 081.33	12	306 201.09
东莞信托	3	36 052.77	3	36 052.77	—	—
光大兴陇信托	3	3 756.00	3	3 756.00	—	—
国联信托	1	8 000.00	1	8 000.00	—	—
国投泰康信托	1	700.00	—	—	1	700.00
湖南信托	21	205 788.43	21	205 788.43	—	—
华宝信托	1	—	1	未披露[1]	—	—
吉林信托	6	—	6	未披露[2]	—	—
江苏信托	1	2 320.00	1	2 320.00	—	—
雪松信托	2	4 700.00	2	4 700.00	—	—
兴业信托	1	—	1	未披露[3]	—	—
昆仑信托	7	267 346.77	7	267 346.77	—	—
山东信托	7	—	2	32 512.00	5	39 639.00
山西信托	1	47 393.39	1	47 393.39	—	—
陕国投	2	16 057.50	2	16 057.50	—	—
苏州信托	1	15 000.00	1	15 000.00	—	—
长安信托	18	684 358.00	17	602 166.00	1	82 192.00
西部信托	2	13 297.00	1	13 000.00	1	297.00
厦门国际信托	1	—	1	未披露[4]	—	—
新华信托	6	43 750.06	3	15 274.06	3	28 476.00
云南信托	6	116 322.60	6	116 322.60	—	—
中泰信托	2	—	2	未披露[5]	—	—
中原信托	5	—	5	未披露[6]	—	—
重庆信托	2	62 040.00	2	62 040.00	—	—
渤海信托	1	12 400.00	1	12 400.00	—	—
交银国际	1	—	1	未披露[7]	—	—
中投信托	6	170 955.87	6	170 955.87	—	—
爱建信托	1	8 690.00	—	—	1	8 690.00
新时代信托	3	22 200.00	1	5 500.00	2	16 700.00
国通信托	5	—	4	未披露[8]	—	—
金谷信托	2	—	1	未披露[9]	1	未披露[9]
五矿信托	9	350 621.99	9	350 621.99	—	—
中粮信托	7	—	7	157 504.24	—	—
紫金信托	1	28 993.57	1	28 993.57	—	—
万向信托	10	—	10	未披露[10]	—	—
合计	174	3 173 577.37	135	2 324 786.52	39	1 006 295.09

注：1. 华宝信托有信托项目项下发生了交易对手违约，作为受托人，为了积极维护受益人权益，已向法院提起了民事诉讼。未披露明确涉案金额。

2. 吉林信托存在以下重大诉讼事项：吉林省高级人民法院受理通知书号为(2018)吉民初94号合同纠纷案；吉林省高级人民法院受理通知书号为(2018)吉民初57号金融借款合同纠纷案；长春市中级人民法院受理通知书号为(2019)吉01民初1137号金融借款合同纠纷案；长春市中级人民法院受理通知书号为(2019)吉01民初1035号合同纠纷案；中国国际经济贸易仲裁委员会受理DS20191089号投资合作协议争议仲裁案；沈阳市中级人民法院受理通知书号为(2019)辽01民初980号合同纠纷案。以上均未披露明确涉案金额。

3. 兴业信托新增重大未决诉讼事项1笔，是按照委托人指令办理相关诉讼工作。未披露明确涉案金额。

4. 厦门国际信托有限公司与被执行人江苏宏图高科技股份有限公司、三胞集团有限公司、袁亚非仲裁执行一案。未披露明确涉案金额。

5. 2019年，中泰信托"中泰·弘泰11号集合资金信托计划"交易对手未按合同约定还款，公司于2019年7月向上海金融法院起诉贵州清水江城投集团有限公司、黔南东升发展有限公司，并请求法院进行财产保全，"中泰·恒泰18号集合资金信托计划"交易对手青海省投资集团有限公司未按照合同约定支付标的股权收益权转让价款，公司向上海市高级人民法院起诉青海省投、桥头铝电、西部水电和三江水电。未披露明确涉案金额。

6. 中原信托作为原告提起重大诉讼案件5件，该等法律诉讼主要为公司向相关交易对手客户就未能偿还公司债权而提起的诉讼。未披露明确涉案金额。

7. 交银国际信托项目"交银国信——中宏投资贷款集合资金信托计划"由于出现融资方违约情况仍涉及司法程序。同时，个别事务管理类项目存在代为诉讼或涉诉情形，相关风险均由委托人承担。未披露明确涉案金额。

8. 国通信托与债务人常州华光房地产开发有限公司、常州阳光银河湾置业有限公司、江苏华光银河湾房地产开发有限公司、钱菊生等办理的具有强制执行效力的公证债权文书，公司已申请江苏省高级人民法院强制执行；与债务人华门控股有限公司、浙江浙大网新实业发展有限公司、天津安吉拉房地产开发有限公司、南京瑞柏贸易有限公司、南京嘉坤工贸实业有限公司、南京山水置业有限公司、徐群等办理的具有强制执行效力的公证债权文书，公司向人民法院申请强制执行；与债务人中广建设集团有限公司、杭州环东置业有限公司、丁亚平等办理的具有强制执行效力的公证债权文书，公司已向杭州市中级人民法院申请强制执行；公司起诉江苏赤山湖生态产业有限公司、南京建工产业集团有限公司、南京建工集团有限公司、句容市赤山湖管理委员会、句容市财政局合同纠纷一案，已于2019年9月19日由江苏省南京市中级人民法院受理。未披露明确涉案金额。

9. 2019年，金谷信托新增2起重大诉讼事项。晋城银行股份有限公司作为"金谷·山路能源单一指定用途资金信托"的委托人起诉金谷信托，要求履行信托合同并返还信托资金本金和支付信托收益，金谷信托已于2019年10月向最高人民法院提起上诉，目前该上诉案件尚未开庭审理；因中信国安投资有限公司未按约偿还贷款本金及利息等款项，公司于2019年4月10日在北京市高级人民法院立案起诉，目前本案尚未出具一审判决。

10. 万向信托新增10起作为原告的诉讼(仲裁)案件，其中4起案件已判决(已裁决)或已调解，公司取得胜诉，其余6起报告期内未开庭或未判决。上述10起案件中5起为事务管理类信托项目，即通道项目，均为公司配合委托人以公司名义提起诉讼(仲裁)，诉讼(仲裁)结果由委托人自行承担。未披露明确涉案金额。

二、重要资产转让及其出售的说明

根据68家信托公司2019年年度报告中披露的重要资产转让及出售说明统计，共有2家信托公司本年发生了重要资产的转让（见表6－2－1）。

表6－2－1　2019年信托公司重要资产转让及出售说明

公司简称	金额（万元）	备注
湖南财信	未披露	附注1
上海信托	未披露	附注2

注：1. 根据湖南省财信信托有限责任公司股东会2019年度第一次临时会议审议通过的《湖南省信托有限责任公司关于将所持华融湘江银行股份有限公司20%股权转让至湖南财信投资控股有限责任公司的议案》，湖南省财信信托有限责任公司将所持华融湘江银行股份有限公司20%股权（1 550 031 668股）转让至湖南财信投资控股有限责任公司，转让基准日为2019年1月1日。

2. 上投摩根基金管理公司（以下简称上投摩根）由上海信托持股51%，摩根资产管理（英国）有限公司持股49%。上海信托持有的2%股权目前正处于转让过程中，买方为摩根资产管理。

三、自营资产风险分类情况

根据68家信托公司在其2019年年度报告中披露的自营信用风险资产及其分类情况统计，2018年末自营资产合计为5 694.91亿元，2018年末正常类自营信用风险资产占比为91.47%，关注类自营信用风险资产占比为5.62%，不良类自营信用风险资产占比为2.90%。2019年纳入分类的自营信用风险资产为6 203.80亿元，比2018年增加508.89亿元，增加比例为8.94%；2019年末正常类自营信用风险资产占比为89.74%，关注类自营信用风险资产占比为5.81%，不良类自营信用风险资产占比为4.45%（见表6－3－1）。

表6－3－1　2019年末与2018年末信托公司自营资产五级分类汇总比较

类别	2019年末		2018年末		增减率（%）
	金额（万元）	比例（%）	金额（万元）	比例（%）	
正常类	55 672 645.02	89.74	52 093 743.70	91.47	-1.73
关注类	3 604 071.09	5.81	3 203 215.94	5.62	0.18
次级类	993 429.61	1.60	657 960.31	1.16	0.45
可疑类	1 030 826.07	1.66	452 472.69	0.79	0.87
损失类	737 049.31	1.19	541 673.92	0.95	0.24
合计	62 038 021.10	100.00	56 949 066.56	100.00	—
不良比例	2 761 304.99	4.45	1 652 106.92	2.90	—

2018年末不良资产率情况详见表6－3－2。

表6－3－2　2018年末自营资产五级分类不良比例由高到低排序

单位：%

公司简称	不良比例	公司简称	不良比例
华宸信托	32.67	上海信托	0.48
中粮信托	22.04	北京信托	0.47
新华信托	15.11	光大兴陇信托	0.40
昆仑信托	10.64	英大信托	0.15
山西信托	10.45	华能信托	0.11
中泰信托	9.96	平安信托	0.09
安信信托	9.01	国联信托	0.07
天津信托	8.71	外贸信托	0.03
华宝信托	8.43	华澳信托	0.02
吉林信托	8.16	雪松信托	0.01
西藏信托	7.89	中铁信托	—
中诚信托	7.69	东莞信托	—
中信信托	6.29	粤财信托	—
兴业信托	5.58	国投泰康信托	—
北方信托	5.17	杭州工商信托	—

续表

公司简称	不良比例	公司简称	不良比例
五矿信托	4.89	建信信托	—
四川信托	4.82	湖南信托	—
华润信托	4.82	江苏信托	—
陆家嘴信托	4.47	山东信托	—
中建投信托	4.14	苏州信托	—
西部信托	4.03	厦门国际信托	—
浙金信托	3.84	华信信托	—
金谷信托	3.75	云南信托	—
长安信托	3.50	中海信托	—
国民信托	3.31	中融信托	—
陕国投	2.96	中原信托	—
大业信托	2.89	重庆信托	—
渤海信托	2.87	交银国际信托	—
国元信托	2.43	国通信托	—
华融信托	1.76	华鑫信托	—
新时代信托	1.68	紫金信托	—
百瑞信托	1.20	长城新盛信托	—
爱建信托	0.84	中国民生信托	—
中航信托	0.49	万向信托	—

注:68 家公司中,国元信托、昆仑信托、华润信托、中诚信托、渤海信托 5 家公司披露的不良资产率与计算有差异。

表 6-3-3 2019 年末自营资产五级分类不良比例由高到低排序

单位:%

公司简称	不良比例	公司简称	不良比例
华宸信托	39.26	陕国投	1.57
大业信托	36.17	百瑞信托	1.09
中粮信托	35.48	华融信托	1.08
雪松信托	25.85	中航信托	1.01
浙金信托	25.68	国联信托	0.85
新时代信托	22.46	平安信托	0.75
四川信托	22.21	上海信托	0.43
昆仑信托	17.89	爱建信托	0.36
国民信托	17.63	光大兴陇信托	0.33
华澳信托	17.09	外贸信托	0.14
中投信托	15.06	厦门国际信托	0.10
山西信托	14.62	华能信托	0.09
中泰信托	14.49	中铁信托	—
新华信托	12.00	东莞信托	—
吉林信托	11.61	粤财信托	—
长安信托	11.00	国投泰康信托	—
华宝信托	10.83	杭州工商信托	—
天津信托	9.85	建信信托	—
万向信托	9.11	湖南信托	—
中诚信托	7.48	江苏信托	—
渤海信托	6.66	苏州信托	—
兴业信托	6.59	云南信托	—
方正东亚	4.94	中海信托	—
西藏信托	4.90	中融信托	—
陆家嘴信托	4.81	重庆信托	—
华润信托	4.48	交银国际	—
五矿信托	4.00	华鑫信托	—
中信信托	3.90	紫金信托	—

续表

公司简称	不良比例	公司简称	不良比例
西部信托	3.33	长城新盛信托	—
北方信托	2.92	中国民生信托	—
英大信托	2.14	安信信托	—
国元信托	2.10	山东信托	—
金谷信托	1.82	华信信托	—
北京信托	1.74	中原信托	—

注:68 家公司中,国元信托、大业信托、五矿信托、昆仑信托、华润信托、中诚信托、渤海信托 7 家公司披露的不良资产率与计算有差异。

四、资产损失准备计提和覆盖情况

(一)资产损失准备的计提

68 家信托公司在 2019 年年报中披露汇总分析,2019 年初资产损失准备余额为 237.87 亿元,2019 年计提 219.19 亿元,转回 33.12 亿元,核销 24.48 亿元,2019 年末余额为 399.46 亿元。汇总的资产损失准备计提详见表 6－4－1。

表 6－4－1　信托公司资产损失准备计提情况

单位:万元

类别	2019 期初金额	2019 本期计提金额	2019 本期转回金额	2019 本期核销金额	2019 期末金额
贷款损失准备	434 954.57	607 461.22	56 009.12	19 460.33	966 946.35
其他资产减值准备	1 943 737.96	1 584 437.88	275 198.43	225 361.91	3 027 615.50
可供出售金融资产减值准备	962 241.02	829 399.57	126 121.26	140 482.55	1 525 036.78
持有至到期投资减值准备	62 555.62	209 813.91	469.51	—	271 900.02
长期股权投资减值准备	158 560.99	120 670.28	59.00	54 844.00	224 328.27
坏账准备	453 395.91	289 639.44	22 869.77	7 812.74	712 352.83
固定资产减值准备	26 765.41	—	5.91	—	26 759.50
投资性房地产减值准备	3 269.62	—	—	—	3 269.62
其他减值准备	276 949.39	134 914.68	125 672.97	22222.62	263 968.48
合计	2 378 692.53	2 191 899.10	331 207.54	244 822.24	3 994 561.85

注:其他减值准备包含存货跌价准备、拆出资金减值准备、抵债资产减值准备等。

对 68 家信托公司披露的资产准备余额、风险资产准备余额、非风险资产准备余额进行排序,由高到低的排序结果见表 6－4－2。

表 6－4－2　信托公司 2019 年末资产准备合计余额情况

单位:万元

公司简称	全部准备总额	公司简称	全部准备总额
安信信托	687 259.92	华能信托	25 770.25
雪松信托	513 252.38	平安信托	24 652.68
中信信托	192 507.31	上海信托	22 616.50
中铁信托	166 235.00	北京信托	22 017.00
中原信托	152 024.74	西部信托	16 466.65
昆仑信托	141 370.55	百瑞信托	16 206.34
天津信托	124 401.20	紫金信托	14 714.60
华润信托	120 226.48	华宸信托	14 156.56
中诚信托	109 362.34	光大兴陇信托	12 808.93
长安信托	105 596.22	中粮信托	11 550.75
兴业信托	103 384.00	国元信托	10 157.18
渤海信托	100 793.24	浙金信托	9 360.66
四川信托	97 420.54	厦门国际信托	7 834.00
华宝信托	96 879.45	建信信托	7 647.22
中投信托	77 927.70	交银国际	6 135.55
新华信托	75 005.41	江苏信托	5 291.37
金谷信托	67 619.59	爱建信托	4 634.82
国民信托	65 827.45	苏州信托	3 733.00
大业信托	65 531.67	国联信托	3 640.00
华鑫信托	65 053.14	重庆信托	3 600.23
方正东亚	58 911.93	中航信托	3 596.52

续表

公司简称	全部准备总额	公司简称	全部准备总额
华信信托	54 484. 81	中海信托	2 096. 60
五矿信托	52 559. 09	杭州工商信托	827. 00
北方信托	48 276. 50	中融信托	660. 17
外贸信托	48 145. 37	中国民生信托	252. 70
华澳信托	43 570. 83	云南信托	26. 37
华融信托	42 547. 27	东莞信托	6. 82
中泰信托	41 767. 15	粤财信托	3. 74
湖南信托	41 343. 00	国投泰康信托	—
陆家嘴信托	37 112. 00	万向信托	—
英大信托	33 718. 04	陕国投	—
山西信托	31 223. 75	长城新盛信托	—
吉林信托	29 627. 84	山东信托	未披露
新时代信托	27 293. 17		
西藏信托	25 838. 56	合计	3 994 561. 85

表 6－4－3　信托公司 2019 年末风险资产准备合计余额情况

单位：万元

公司简称	风险资产准备	公司简称	风险资产准备
安信信托	498 469. 42	中铁信托	—
中信信托	119 810. 56	中原信托	—
天津信托	79 154. 84	昆仑信托	—
中诚信托	53 820. 00	华润信托	—
渤海信托	44 000. 00	兴业信托	—
中泰信托	30 716. 06	华宝信托	—
陆家嘴信托	29 913. 00	国民信托	—
北京信托	21 302. 00	大业信托	—
长安信托	21 055. 02	华信信托	—
四川信托	18 040. 00	五矿信托	—
吉林信托	7 866. 26	外贸信托	—
国元信托	6 200. 00	华澳信托	—
北方信托	5 400. 00	华融信托	—
华鑫信托	4 953. 91	山西信托	—
光大兴陇信托	3 964. 05	新时代信托	—
重庆信托	3 247. 35	西藏信托	—
西部信托	3 112. 20	华能信托	—
百瑞信托	2 849. 00	平安信托	—
中投信托	2 710. 86	上海信托	—
爱建信托	2 202. 57	紫金信托	—
湖南信托	1 640. 00	中粮信托	—
华宸信托	1 500. 00	浙金信托	—
交银国际	1 085. 00	建信信托	—
杭州工商信托	732. 00	江苏信托	—
金谷信托	729. 46	中海信托	—
中航信托	637. 50	云南信托	—
国联信托	625. 00	东莞信托	—
英大信托	381. 07	粤财信托	—
新华信托	300. 00	国投泰康信托	—
中融信托	217. 00	万向信托	—
厦门国际信托	125. 00	陕国投	—
中国民生信托	106. 40	长城新盛信托	—
苏州信托	75. 00	山东信托	未披露
方正东亚	5. 82		
雪松信托	—	合计	966 946. 357

2019 年 68 家披露年报的信托公司中，除山东信托外，有 33 家没有计提风险资产准备。

表 6－4－4　信托公司 2019 年末非风险资产准备合计情况

单位：万元

公司简称	可供出售金融资产减值准备	持有至到期投资减值准备	长期股权投资减值准备	坏账准备	固定资产减值准备	投资性房地产减值准备	其他资产减值准备	合计
雪松信托	384 077. 83	—	—	129 174. 55	—	—	—	513 252. 38
安信信托	—	110 826. 99	—	51 833. 60	26 129. 91	—	—	188 790. 51
中铁信托	—	—	103 407. 00	34 327. 00	—	—	28 501. 00	166 235. 00
中原信托	145 381. 67	—	—	6 643. 07	—	—	—	152 024. 74
昆仑信托	54 595. 97	79. 16	86 695. 42	—	—	—	—	141 370. 55
华润信托	—	—	—	11 895. 08	—	409. 89	107 921. 51	120 226. 48
兴业信托	102 866. 00	—	—	518. 00	—	—	—	103 384. 00
华宝信托	89 796. 02	—	7 066. 23	17. 20	—	—	—	96 879. 45
长安信托	38 865. 74	17 500. 00	—	26 415. 39	352. 29	—	1 407. 78	84 541. 20
四川信托	20 076. 93	—	—	59 303. 61	—	—	—	79 380. 54
中投信托	39 922. 78	—	15 454. 63	19 839. 43	—	—	—	75 216. 84
新华信托	16 592. 48	—	—	58 112. 93	—	—	—	74 705. 41
中信信托	—	—	469. 16	4 590. 74	—	—	67 636. 85	72 696. 75
金谷信托	66 513. 92	—	—	—	—	—	376. 21	66 890. 13
国民信托	—	—	—	65 827. 45	—	—	—	65 827. 45
大业信托	—	64 681. 21	—	850. 46	—	—	—	65 531. 67
华鑫信托	58 977. 19	—	—	1 122. 04	—	—	—	60 099. 23
方正东亚	—	—	—	58 906. 11	—	—	—	58 906. 11
渤海信托	41 533. 04	—	—	12 400. 47	—	2 859. 73	—	56 793. 24
中诚信托	49 788. 79	—	1 591. 60	4 161. 95	—	—	—	55 542. 34
华信信托	—	54 484. 81	—	—	—	—	—	54 484. 81
五矿信托	—	—	—	52 559. 09	—	—	—	52 559. 09
外贸信托	45 642. 01	—	401. 79	2 101. 57	—	—	—	48 145. 37
天津信托	26 375. 00	—	—	3 546. 29	—	—	15 325. 07	45 246. 36
华澳信托	43 470. 30	—	—	100. 53	—	—	—	43 570. 83
北方信托	40 409. 77	1 792. 18	—	625. 21	—	—	49. 34	42 876. 50
华融信托	34 614. 20	—	—	7 933. 07	—	—	—	42 547. 27
湖南信托	38 726. 00	—	—	977. 00	—	—	—	39 703. 00
英大信托	33 336. 97	—	—	—	—	—	—	33 336. 97
山西信托	21 316. 87	—	3 300. 00	6 403. 11	203. 77	—	—	31 223. 75
新时代信托	18 694. 46	—	—	8 598. 71	—	—	—	27 293. 17
西藏信托	—	15 520. 00	—	—	—	—	10 318. 56	25 838. 56
华能信托	18 159. 15	—	—	2 234. 43	—	—	5 376. 67	25 770. 25
平安信托	—	—	1 829. 34	19 809. 67	—	—	3 013. 67	24 652. 68
上海信托	22 562. 90	—	53. 60	—	—	—	—	22 616. 50
吉林信托	6 750. 55	1. 50	297. 75	13 305. 79	—	—	1 405. 99	21 761. 58
紫金信托	14 714. 60	—	—	—	—	—	—	14 714. 60
百瑞信托	11 732. 44	—	—	1 610. 01	—	—	14. 89	13 357. 34
西部信托	9 270. 57	3 916. 00	—	167. 88	—	—	—	13 354. 45
华宸信托	9 995. 43	—	—	—	—	—	2 661. 13	12 656. 56
中粮信托	—	—	—	11 550. 75	—	—	—	11 550. 75
中泰信托	5 901. 85	—	—	5 149. 24	—	—	—	11 051. 09
浙金信托	—	—	—	9 360. 66	—	—	—	9 360. 66
光大兴陇信托	—	—	—	6 596. 93	73. 53	—	2 174. 42	8 844. 88
厦门国际信托	216. 00	374. 00	—	60. 00	—	—	7 059. 00	7 709. 00
建信信托	—	—	3 723. 75	40. 67	—	—	3 882. 80	7 647. 22
陆家嘴信托	—	—	—	1 766. 00	—	—	5 433. 00	7 199. 00

续表

公司简称	可供出售金融资产减值准备	持有至到期投资减值准备	长期股权投资减值准备	坏账准备	固定资产减值准备	投资性房地产减值准备	其他资产减值准备	合计
江苏信托	—	—	—	5 291. 37	—	—	—	5 291. 37
交银国际	4 552. 12	—	—	498. 43	—	—	—	5 050. 55
国元信托	3 225. 00	—	—	732. 18	—	—	—	3 957. 18
苏州信托	3 658. 00	—	—	—	—	—	—	3 658. 00
国联信托	375. 00	2 640. 00	—	—	—	—	—	3 015. 00
中航信托	—	—	—	2 959. 02	—	—	—	2 959. 02
爱建信托	—	—	—	1 141. 46	—	—	1 290. 79	2 432. 25
中海信托	2 002. 70	—	—	93. 90	—	—	—	2 096. 60
北京信托	—	—	38. 00	677. 00	—	—	—	715. 00
中融信托	—	84. 17	—	359. 00	—	—	—	443. 17
重庆信托	346. 53	—	—	6. 35	—	—	—	352. 88
中国民生信托	—	—	—	146. 30	—	—	—	146. 30
杭州工商信托	—	—	—	—	—	—	95. 00	95. 00
云南信托	—	—	—	1. 57	—	—	24. 80	26. 37
东莞信托	—	—	—	6. 82	—	—	—	6. 82
粤财信托	—	—	—	3. 74	—	—	—	3. 74
陕国投	—	—	—	—	—	—	—	—
长城新盛信托	—	—	—	—	—	—	—	—
国投泰康信托	—	—	—	—	—	—	—	—
万向信托	—	—	—	—	—	—	—	—
山东信托	未披露	未披露	未披露	未披露	未披露	未披露	未披露	未披露
合计	1 525 036. 78	271 900. 02	224 328. 27	712 352. 83	26 759. 50	3 269. 62	263 968. 48	3 027 615. 51

2019 年 68 家披露年报的信托公司中有 4 家没有计提非风险资产准备。

(二)资产准备覆盖分析

根据 68 家信托公司在 2019 年报中的披露汇总分析,2018 年末风险资产余额为 5 694. 90 亿元,2019 年末风险资产余额为 6 203. 80亿元; 2018 年末资产减值准备余额为 237. 87 亿元,2019 年末资产减值准备余额为 399. 45 亿元;2018 年末风险资产减值准备余额为 43. 50 亿元,2019 年末风险资产减值准备余额为 96. 69 亿元。根据上述数据计算,2018 年末资产准备覆盖率为 3. 35% ,2019 年末资产准备覆盖率为 5. 25% ;2018 年末风险资产准备覆盖率为 0. 76% ,2019 年末风险资产准备覆盖率为 1. 56% 。信托公司的风险资产安全水上升。68 家信托公司汇总的资产准备覆盖情况见表 6 –4 –5。

表 6 –4 –5　信托公司资产损失准备覆盖情况分析

项目	2018 年末	2019 年末
资产总额(万元)	71 074 383. 22	76 082 224. 40
风险资产总额(万元)	56 949 066. 56	62 038 021. 10
全部准备总额(万元)	2 378 692. 53	3 994 561. 85
风险资产准备总额(万元)	434 954. 57	966 946. 35
资产准备覆盖率(%)	3. 35	5. 25
风险资产准备覆盖率(%)	0. 76	1. 56

注:为保持统计口径的一致性,本次资产总额统计口径为母公司数据。

我们对 68 家信托公司 2019 年末的资产准备覆盖率和风险资产准备覆盖率进行排序,详见表 6 –4 –6 和表 6 –4 –7。

表 6 –4 –6　信托公司 2019 年末资产准备覆盖率

公司简称	风险资产准备合计(万元)	风险资产总额(万元)	风险资产准备覆盖率(%)
天津信托	79 154. 84	854 707. 31	9. 26
中泰信托	30 716. 06	408 339. 94	7. 52
中信信托	119 810. 56	2 083 604. 32	5. 75
陆家嘴信托	29 913. 00	659 080. 00	4. 54
渤海信托	44 000. 00	1 632 691. 00	2. 69
吉林信托	7 866. 26	326 209. 46	2. 41

续表

公司简称	风险资产准备合计（万元）	风险资产总额（万元）	风险资产准备覆盖率（%）
中诚信托	53 820.00	2 335 459.81	2.30
长安信托	21 055.02	1 136 582.35	1.85
四川信托	18 040.00	1 009 751.85	1.79
北京信托	21 302.00	1 343 991.00	1.58
北方信托	5 400.00	562 115.22	0.96
华宸信托	1 500.00	163 360.95	0.92
国元信托	6 200.00	708 628.37	0.87
华鑫信托	4 953.91	774 873.95	0.64
金谷信托	729.46	129 039.03	0.57
西部信托	3 112.20	643 826.41	0.48
湖南信托	1 640.00	420 152.00	0.39
光大兴陇信托	3 964.05	1 327 251.58	0.30
百瑞信托	2 849.00	1 003 234.26	0.28
中投信托	2 710.86	1 068 388.40	0.25
爱建信托	2 202.57	1 005 439.60	0.22
杭州工商信托	732.00	489 464.00	0.15
国联信托	625.00	560 114.00	0.11
重庆信托	3 247.35	3 149 291.10	0.10
交银国际	1 085.00	1 279 489.15	0.08
新华信托	300.00	710 784.38	0.04
中航信托	637.50	1 620 837.09	0.04
英大信托	381.07	1 014 721.92	0.04
中融信托	217.00	1 176 807.54	0.02
厦门国际信托	125.00	713 951.00	0.02
中国民生信托	106.40	688 705.50	0.02
苏州信托	75.00	545 184.00	0.01
方正东亚	5.82	949 448.68	—
陕国投	—	1 276 620.91	—
中粮信托	—	552 265.05	—
中铁信托	—	1 506 765.00	—
华澳信托	—	563 958.53	—
雪松信托	—	305 328.30	—
东莞信托	—	577 684.90	—
粤财信托	—	90 010.28	—
国民信托	—	372 649.26	—
国投泰康信托	—	787 079.00	—
建信信托	—	2 128 438.79	—
华宝信托	—	889 570.73	—
江苏信托	—	722 871.79	—
兴业信托	—	1 853 373.00	—
昆仑信托	—	889 148.40	—
山西信托	—	249 900.21	—
上海信托	—	1 826 543.76	—
华融信托	—	234 703.93	—
西藏信托	—	527 176.32	—
华润信托	—	2 625 796.55	—
云南信托	—	344 248.21	—
外贸信托	—	1 805 111.64	—
中海信托	—	701 911.58	—
华能信托	—	2 421 493.07	—
浙金信托	—	265 099.04	—
新时代信托	—	36 331.86	—
大业信托	—	283 729.70	—

续表

公司简称	风险资产准备合计(万元)	风险资产总额(万元)	风险资产准备覆盖率(%)
五矿信托	—	1 819 214. 33	—
紫金信托	—	474 223. 13	—
长城新盛信托	—	150 923. 73	—
万向信托	—	366 385. 26	—
平安信托	—	2 893 939. 67	—
华信信托	—	—	—
中原信托	—	—	—
安信信托	498 469. 42	未披露	—
山东信托	未披露	未披露	—
合计	966 946. 35	62 038 021. 10	—

表 6-4-7　信托公司 2018 年末风险资产准备覆盖率

公司简称	风险资产准备合计(万元)	风险资产总额(万元)	风险资产准备覆盖率(%)
华宸信托	30 231. 72	121 621. 88	24. 86
金谷信托	110 312. 20	473 788. 70	23. 28
大业信托	45 557. 03	271 625. 75	16. 77
天津信托	113 901. 16	749 330. 18	15. 20
中原信托	134 192. 68	956 566. 65	14. 03
国民信托	48 070. 54	361 595. 08	13. 29
新华信托	94 159. 67	778 375. 04	12. 10
中铁信托	154 263. 00	1 795 478. 71	8. 59
西藏信托	22 804. 44	265 661. 99	8. 58
中泰信托	39 041. 16	455 862. 91	8. 56
华润信托	200 772. 42	2 387 940. 69	8. 41
昆仑信托	98 777. 59	1 317 571. 74	7. 50
北方信托	36 358. 57	515 312. 04	7. 06
浙金信托	21 787. 85	310 092. 01	7. 03
山西信托	31 790. 86	462 655. 25	6. 87
华宝信托	01 700. 27	1 257 862. 52	6. 50
中粮信托	34 921. 90	549 586. 23	6. 35
华鑫信托	46 589. 68	744 682. 07	6. 26
外贸信托	89 637. 07	1 500 318. 55	5. 97
国通信托	48 749. 11	829 842. 15	5. 87
陆家嘴信托	53 192. 00	906 230. 68	5. 87
安信信托	137 790. 72	3 153 620. 19	4. 37
五矿信托	64 825. 23	1 650 898. 43	3. 93
中信信托	147 206. 88	3 791 253. 24	3. 88
中建投信托	28 235. 33	860 618. 16	3. 28
中诚信托	74 933. 29	2 305 009. 63	3. 25
渤海信托	43 014. 08	1 403 722. 60	3. 06
吉林信托	19 447. 24	697 785. 06	2. 79
西部信托	13 686. 28	555 547. 21	2. 46
英大信托	20 569. 10	901 660. 40	2. 28
长安信托	17 013. 44	895 600. 27	1. 90
中国民生信托	26 653. 22	1 523 261. 53	1. 75
新时代信托	19 803. 33	1 150 532. 73	1. 72
华澳信托	9 256. 76	570 827. 93	1. 62
四川信托	31 590. 62	1 991 077. 63	1. 59

续表

公司简称	风险资产准备合计(万元)	风险资产总额(万元)	风险资产准备覆盖率(%)
国元信托	10 578. 20	744 540. 55	1. 42
百瑞信托	11 982. 82	949 133. 45	1. 26
光大兴陇信托	13 482. 17	1 101 582. 85	1. 22
上海信托	25 335. 00	2 250 974. 71	1. 13
兴业信托	38 771. 00	3 760 453. 78	1. 03
华融信托	15 951. 97	1 626 734. 94	0. 98
北京信托	10 993. 00	1 183 215. 21	0. 93
华能信托	16 615. 92	2 133 590. 79	0. 78
紫金信托	3 158. 00	421 478. 25	0. 75
苏州信托	3 699. 00	496 084. 41	0. 75
爱建信托	6 009. 50	990 236. 96	0. 61
交银国际信托	6 036. 63	1 212 645. 02	0. 50
湖南信托	3 964. 00	1 030 402. 94	0. 38
中海信托	2 096. 60	717 588. 62	0. 29
中航信托	4 245. 38	1 538 081. 60	0. 28
万向信托	1 050. 00	388 636. 17	0. 27
中融信托	7 091. 00	3 072 743. 22	0. 23
国联信托	915. 00	512 365. 00	0. 18
厦门国际信托	427. 00	603 771. 00	0. 07
江苏信托	719. 24	2 064 442. 22	0. 03
杭州工商信托	95. 00	535 336. 00	0. 02
东莞信托	76. 32	650 939. 67	0. 01
平安信托	1 829. 34	15 707 631. 87	0. 01
重庆信托	2 475. 83	22 989 814. 72	0. 01
雪松信托	66. 00	942 448. 89	0. 01
建信信托	106. 18	2 227 495. 51	—
粤财信托	—	650 849. 34	—
国投泰康信托	—	857 257. 83	—
陕国投	—	1 227 935. 32	—
华信信托	—	1 219 451. 11	—
云南信托	—	307 662. 38	—
长城新盛信托	—	137 303. 77	—
山东信托	未披露	1 361 175. 20	
合计	2 378 692. 53	114 077 419. 14	

五、自营股票投资、基金投资、债券投资、长期股权投资和代理业务的分析

根据68家信托公司2019年年报披露，2019年末自营股票投资、基金投资、债券投资、长期股权投资、代理业务、其他投资及担保业务的总额为4 596. 11亿元，2018年末为4 141. 14亿元，比2018年末增加454. 97亿元，主要是因其他投资的增加所致。从构成来看，其他投资业务的占比为60. 19%，为主要业务内容。68家公司整体汇总情况见表6 –5 –1，各信托公司的具体业务情况见表6 –5 –2。

表6 –5 –1　信托公司自营股票投资、基金投资、债券投资、长期股权投资和代理业务情况分析

项目	2019年末(万元)	2019年末比例(%)	2018年末(万元)	2018年末比例(%)	变动比例(%)
自营股票投资	1 900 741. 93	4. 14	2 023 324. 39	4. 89	-6. 06
基金投资	3 543 052. 09	7. 71	3 388 685. 17	8. 18	4. 56
债券投资	914 562. 63	1. 99	900 302. 86	2. 17	1. 58
长期股权投资	11 394 953. 61	24. 79	10 068 625. 94	24. 31	13. 17
其他投资	27 663 480. 21	60. 19	24 587 735. 24	59. 37	12. 51
担保业务	331 646. 46	0. 72	217 841. 35	0. 53	52. 24

续表

项目	2019 年末(万元)	2019 年末比例(%)	2018 年末(万元)	2018 年末比例(%)	变动比例(%)
代理业务(委托业务)	212 737. 05	0. 46	153 890. 17	0. 37	38. 24
其他(信托代保管)	—	—	71 042. 11	0. 17	-100. 00
合计	45 961 173. 98	100. 00	41 411 447. 23	100	10. 99

表 6 -5 -2　信托公司 2019 年末具体业务情况

单位:万元

公司简称	自营股票投资	基金投资	债券投资	长期股权投资	其他投资	担保业务	代理业务(委托业务)	合计
国元信托	17 316. 66	7 349. 52	—	337 606. 13	76 759. 41	—	—	439 031. 72
安信信托	—	—	—	—	—	143 000. 00	—	143 000. 00
百瑞信托	40 461. 22	104 391. 33	—	143 245. 41	456 837. 26	—	—	744 935. 22
北方信托	—	60 384. 87	2 983. 92	43 382. 38	28 507. 98	62 490. 00	—	197 749. 15
北京信托	9 092. 00	51 230. 00	7 207. 00	47 861. 00	543 979. 00	—	1 403. 07	660 772. 07
中铁信托	94 570. 00	30 209. 00	—	97 901. 00	—	—	3 626. 00	226 306. 00
东莞信托	—	—	—	11 730. 59	515 442. 46	—	—	527 173. 05
光大兴陇信托	16 020. 88	170 574. 28	—	—	321 238. 12	—	—	507 833. 28
粤财信托	4 292. 89	5 000. 00	228 493. 31	335 434. 44	—	—	—	573 220. 64
国联信托	21 816. 00	—	—	354 360. 00	70 105. 00	—	1 930. 00	448 211. 00
国民信托	—	63 845. 35	—	—	185 566. 13	—	—	249 411. 48
国投泰康信托	—	43 016. 00	—	16 489. 00	607 662. 00	—	—	667 167. 00
杭州工商信托	251. 00	—	—	29 610. 00	347 095. 00	—	4 211. 00	381 167. 00
建信信托	616. 78	—	—	646 008. 10	1 184 092. 59	—	—	1 830 717. 47
湖南信托	5 919. 00	6 857. 00	510. 00	—	474 393. 00	—	—	487 679. 00
华宝信托	1 403. 84	19 839. 04	122. 57	81 021. 41	588 885. 60	—	—	691 272. 46
吉林信托	3 045. 94	—	27 961. 00	447 998. 65	3 734. 77	—	—	482 740. 36
江苏信托	1 768. 89	17 790. 80	—	1 404 076. 88	725 164. 92	—	—	2 148 801. 49
雪松信托	51 116. 86	7 463. 44	—	—	194 448. 01	—	—	253 028. 31
兴业信托	—	208 497. 00	8 570. 00	404 516. 00	1 092 930. 00	—	—	1 714 513. 00
华宸信托	—	1 004. 41	3 992. 19	565. 40	57 286. 56	—	—	62 848. 56
昆仑信托	35 190. 13	46 109. 88	—	3 113. 51	—	—	—	84 413. 52
平安信托	—	161 796. 48		943 569. 79	1 324 149. 74	—	—	2 429 516. 01
山东信托	—	—	—	—	—	—	—	—
山西信托	9 862. 20	—	—	68 002. 54	16 160. 00	—	—	94 024. 74
陕国投	—	—	—	—	—	—	—	—
上海信托	16 246. 31	186 753. 89	3 735. 39	150 583. 10	1 008 829. 07	—	2 864. 42	1 369 012. 18
华融信托	16 307. 76	15 860. 11	—	1 319. 01	1 385 293. 47	—	—	1 418 780. 35
苏州信托	74 427. 00	—	—	13 087. 00	283 503. 00	—	—	371 017. 00
天津信托	7 865. 04	22 371. 26	6 984. 54	182 464. 10	208 078. 06	—	—	427 763. 00
长安信托	11 903. 62	160 349. 52	37 103. 26	32 808. 73	—	—	—	242 315. 13
西部信托	335 920. 43	10 000. 00	—	—	273 378. 22	—	—	619 298. 65
西藏信托	30 489. 33	377. 38	5 000. 00	—	398 905. 48	—	—	434 772. 19
厦门国际信托	30 078. 00	37 408. 00	5 943. 00	104 275. 00	334 537. 00	2 289. 00	3 308. 00	517 838. 00
新华信托	—	—	—	36 705. 70	267 223. 90	—	1 188. 79	305 118. 39
华润信托	—	20 401. 72	—	1 335 464. 62	858 174. 75	—	—	2 214 041. 09
华信信托	311 244. 90	—	—	264 906. 68	—	79 000. 00	1 030. 45	656 182. 03
英大信托	55 971. 56	274 718. 75	141 594. 78	—	516 210. 59	—	—	988 495. 68
云南信托	—	—	40 000. 00	—	228 060. 31	—	—	268 060. 31
中诚信托	4 524. 69	145 220. 47	—	1 249 524. 87	603 150. 53	—	—	2 002 420. 56
外贸信托	144 999. 03	52 651. 19	—	92 714. 63	—	—	—	290 364. 85
中海信托	6 093. 22	55 877. 29	—	304 877. 77	343 493. 85	—	—	710 342. 13
中融信托	22 083. 73	586 778. 04	175 037. 90	220 980. 15	—	—	—	1 004 879. 82
中泰信托	38 589. 00	—	—	204 930. 25	143 836. 13	—	—	387 355. 38
中信信托	2 565. 95	56 558. 59	27 937. 47	307 864. 84	1 294 225. 81	—	72 527. 79	1 761 680. 45

续表

公司简称	自营股票投资	基金投资	债券投资	长期股权投资	其他投资	担保业务	代理业务（委托业务）	合计
中原信托	—	31 846.85	—	—	640 831.67	—	—	672 678.52
重庆信托	204 880.51	2 318.06	5.66	811 272.37	1 697 478.04	—	—	2 715 954.64
渤海信托	1 850.56	—	—	55 814.31	237 873.72	44 867.46	—	340 406.05
交银国际	—	—	35 657.82	643.42	1 054 154.80	—	—	1 090 456.04
中投信托	311.79	40 671.94	4 000.00	75 129.88	607 748.67	—	4 569.62	732 431.90
华能信托	199 451.60	55 159.36	1 030.66	20 000.00	—	—	—	275 641.62
浙金信托	—	—	—	—	202 271.96	—	—	202 271.96
爱建信托	3 128.00	23 656.54	100.60	11 223.55	767 513.67	—	57 227.97	862 850.33
新时代信托	—	—	—	—	—	—	—	—
中航信托	—	—	—	328 582.22	1 060 642.57	—	—	1 389 224.79
华澳信托	—	37 860.00	—	—	444 234.20	—	—	482 094.20
大业信托	—	—	—	—	—	—	—	—
国通信托	—	—	—	25 255.54	6 962.61	—	58 849.94	91 068.09
华鑫信托	18 481.75	97 360.88	101 525.20	—	427 872.82	—	—	645 240.65
金谷信托	—	—	—	—	368 303.93	—	—	368 303.93
陆家嘴信托	—	—	—	—	579 585.00	—	—	579 585.00
四川信托	—	—	—	84 453.03	482 308.42	—	—	566 761.45
五矿信托	17 145.43	614 288.93	41 682.59	59 539.98	886 992.66	—	—	1 619 649.59
中粮信托	—	—	2 063.78	2 510.00	—	—	—	4 573.78
紫金信托	33 438.43	8 454.92	5 229.99	1 470.63	396 932.50	—	—	445 526.47
长城新盛信托	—	—	—	—	498.65	—	—	498.65
中国民生信托	—	—	—	—	533 961.70	—	—	533 961.70
万向信托	—	750.00	—	—	305 974.90	—	—	306 724.90
合计	1 900 741.93	3 543 052.09	914 562.63	11 394 953.61	27 663 480.21	331 646.46	212 737.05	45 961 173.98

六、自营贷款分析

2019 年末，68 家信托公司中有安信信托、雪松信托、山东信托、山西信托、陕国投、中国民生信托 6 家公司没有披露前五名自营贷款的信息。在披露自营贷款信息的信托公司中有 27 家披露无自营贷款。有 20 家信托公司前五名自营贷款占全部自营贷款的比例为 100%，风险非常集中。68 家信托公司前五名自营贷款占自营贷款总额的比例情况见表 6 –6 –1。

表 6 –6 –1　2019 年信托公司前五名自营贷款占自营贷款总额的比例情况

单位：%

公司简称	前五名自营贷款占总自营贷款比例	公司简称	前五名自营贷款占总自营贷款比例
光大兴陇信托	100.00	北京信托	33.76
国联信托	100.00	中铁信托	无自营贷款
杭州工商信托	100.00	东莞信托	无自营贷款
华宸信托	100.00	粤财信托	无自营贷款
苏州信托	100.00	国民信托	无自营贷款
长安信托	100.00	国投泰康信托	无自营贷款
厦门国际信托	100.00	建信信托	无自营贷款
新华信托	100.00	华宝信托	无自营贷款
英大信托	100.00	江苏信托	无自营贷款
中诚信托	100.00	兴业信托	无自营贷款
中海信托	100.00	昆仑信托	无自营贷款
中泰信托	100.00	平安信托	无自营贷款
渤海信托	100.00	上海信托	无自营贷款
交银国际	100.00	华融信托	无自营贷款
中航信托	100.00	华润信托	无自营贷款

续表

公司简称	前五名自营贷款占总自营贷款比例	公司简称	前五名自营贷款占总自营贷款比例
国通信托	100.00	华信信托	无自营贷款
华鑫信托	100.00	云南信托	无自营贷款
金谷信托	100.00	外贸信托	无自营贷款
陆家嘴信托	100.00	中原信托	无自营贷款
华澳信托	100.00	华能信托	无自营贷款
中融信托	99.58	浙金信托	无自营贷款
重庆信托	99.31	新时代信托	无自营贷款
中投信托	95.58	大业信托	无自营贷款
西藏信托	94.18	五矿信托	无自营贷款
湖南信托	93.75	中粮信托	无自营贷款
北方信托	86.82	紫金信托	无自营贷款
西部信托	86.26	长城新盛信托	无自营贷款
吉林信托	85.46	万向信托	无自营贷款
中信信托	81.42	安信信托	未披露
爱建信托	77.06	雪松信托	未披露
百瑞信托	76.80	山东信托	未披露
四川信托	75.05	山西信托	未披露
天津信托	60.11	陕国投	未披露
国元信托	34.10	中国民生信托	未披露

七、关联方关系及其交易的披露

关联交易一直是公司经营的一个瓶颈，在公司业务发展良好和不良两个阶段均会发生大量的关联交易。在业务发展良好时，公司可能会向关联方输送利益；在业务发展不良时，关联方可能会向公司输送利益。即使在公司业务发展一般时，也会由于种种原因与关联方发生关联交易。因此关联交易也就一直成为公众和监管部门关注的重点。

（一）关联方及其交易汇总

经统计，2019 年 68 家信托公司关联方数量为 1 428 家，关联交易总金额为 10 376.52 亿元。

表 6－7－1　2019 年信托公司关联方交易情况，关联方交易金额由高到低排序

公司简称	关联交易方数量（家）	关联交易金额（万元）	公司简称	关联交易方数量（家）	关联交易金额（万元）
兴业信托	22	22 712 316.56	东莞信托	13	223 456.14
英大信托	555	17 296 855.47	紫金信托	5	182 903.85
光大兴陇信托	10	8 652 980.97	北方信托	3	154 000.00
华能信托	6	7 919 699.58	新华信托	1	137 168.27
华润信托	22	5 971 144.71	中粮信托	16	107 283.00
中海信托	10	5 843 988.99	国元信托	10	107 280.00
建信信托	13	4 964 100.47	国通信托	1	90 000.00
交银国际	6	3 592 391.59	大业信托	1	56 880.00
重庆信托	13	2 787 012.81	云南信托	3	56 440.00
平安信托	40	2 728 166.14	中泰信托	4	35 833.30
五矿信托	12	2 411 107.12	粤财信托	6	31 911.21
百瑞信托	4	2 291 772.52	华宝信托	2	30 396.00
华融信托	6	1 494 512.08	浙金信托	10	10 353.25
中原信托	83	1 370 871.06	外贸信托	9	6 502.48
湖南信托	54	1 364 917.00	华宸信托	2	6 000.00
华信信托	1	1 312 289.83	吉林信托	3	5 999.30
国投泰康信托	5	1 282 715.47	中投信托	2	3 114.85
渤海信托	11	1 151 321.00	万向信托	3	1 189.81
昆仑信托	5	1 132 800.00	四川信托	3	974.22

续表

公司简称	关联交易方数量(家)	关联交易金额(万元)	公司简称	关联交易方数量(家)	关联交易金额(万元)
金谷信托	3	833 470. 72	山西信托	1	922. 00
中信信托	40	734 987. 39	西藏信托	1	850. 00
厦门国际信托	17	597 227. 00	雪松信托	1	836. 25
中融信托	19	503 211. 51	西部信托	4	474. 49
华澳信托	5	481 100. 00	国联信托	2	411. 00
长城新盛信托	6	469 000. 46	杭州工商信托	—	266. 00
上海信托	5	467 549. 32	天津信托	—	—
华鑫信托	42	463 205. 48	国民信托	—	—
长安信托	32	454 130. 07	中诚信托	46	-313 604. 26
苏州信托	117	439 522. 79	中国民生信托	19	-950 348. 94
中航信托	19	413 955. 69	安信信托	未披露	未披露
爱建信托	29	363 006. 54	山东信托	未披露	未披露
江苏信托	8	360 833. 61	陕国投	未披露	未披露
北京信托	12	330 958. 00	新时代信托	未披露	未披露
中铁信托	15	318 436. 00			
陆家嘴信托	10	266 172. 06	合计	1428	103 765 222. 23

(二)固有资产与关联方关联交易

从表6-7-2分析发现，固有资产与关联方的交易主要集中在投资和其他两个方面，关于其他的具体内容，信托公司年报中未详细披露。总体看来固有资产与关联方之间的交易比2018年有所下降，应收账款大幅下降。68家信托公司2019年固有资产与关联方交易的汇总及明细分别见表6-7-2和表6-7-3。

表6-7-2　固有资产与关联方关联交易汇总

项目	2018年末余额(万元)	2018年末比例(%)	2019年末余额(万元)	2019年末比例(%)	增减率(%)
贷款	—	—	—	—	—
投资	2 892 738. 56	60. 22	2 657 308. 98	64. 60	-8. 14
租赁	6 992. 43	0. 12	11 302. 12	0. 27	61. 63
担保	—	—	55 029. 00	1. 34	—
应收账款	511 753. 43	2. 69	116 224. 21	2. 83	-77. 29
其他	838 109. 41	36. 97	1 273 339. 65	30. 96	51. 93
合计	4 249 593. 83	100. 00	4 113 203. 96	100. 00	-3. 21

表6-7-3　2019年末固有资产与关联方关联交易余额明细，由高到低排序

单位:万元

公司简称	关联交易余额	公司简称	关联交易余额
平安信托	667 728. 36	华能信托	87. 88
华融信托	483 894. 23	东莞信托	78. 00
重庆信托	449 492. 00	新华信托	46. 77
中融信托	440 295. 09	江苏信托	0. 22
华信信托	389 557. 63	西部信托	—
英大信托	293 703. 50	四川信托	—
中诚信托	263 353. 97	中航信托	—
华润信托	227 624. 19	湖南信托	—
北京信托	204 980. 00	万向信托	—
五矿信托	104 377. 80	国通信托	—
交银国际	88 570. 05	百瑞信托	—
建信信托	83 615. 16	粤财信托	—
国投泰康信托	81 329. 81	国民信托	—
长安信托	80 622. 57	杭州工商信托	—
华澳信托	55 000. 00	华宝信托	—
厦门国际信托	42 808. 00	昆仑信托	—
中泰信托	35 833. 30	苏州信托	—
上海信托	27 409. 61	天津信托	—

续表

公司简称	关联交易余额	公司简称	关联交易余额
吉林信托	20 286.67	西藏信托	—
金谷信托	20 029.78	中海信托	—
中信信托	14 749.81	中原信托	—
北方信托	11 000.00	渤海信托	—
中铁信托	10 000.00	中投信托	—
国元信托	9 448.00	爱建信托	—
浙金信托	8 436.99	新时代信托	—
陆家嘴信托	8 126.44	大业信托	—
云南信托	5 000.00	华鑫信托	—
华宸信托	4 767.67	长城新盛信托	—
外贸信托	1 821.84	兴业信托	-25 880.71
中国民生信托	1 665.23	陕国投	未披露
紫金信托	1 470.80	山东信托	未披露
山西信托	922.00	光大兴陇信托	未披露
国联信托	411.00	安信信托	未披露
中粮信托	393.38		
雪松信托	146.92	合计	4 113 203.96

(三)信托资产与关联方关联交易

信托资产与关联方的交易主要集中在贷款和其他方面,信托资产与关联方贷款交易约占整个信托资产与关联方交易的11.18%,信托资产与关联方投资交易约占整个信托资产与关联方交易的4.42%,信托资产与关联方其他交易约占整个信托资产与关联方交易的84.25%。68家信托公司2019年信托资产与关联方交易的汇总及明细分别见表6-7-4和表6-7-5。

表6-7-4 信托资产与关联方关联交易汇总分析

项目	2018年末余额(万元)	2018年末比例(%)	2019年末余额(万元)	2019年末比例(%)	增减率(%)
贷款	7 155 174.03	4.27	19 220 701.64	11.18	168.63
投资	7 633 381.63	4.55	7 604 226.32	4.42	-0.38
租赁	55 812.90	0.03	—	—	-100.00
担保	94 500.00	0.06	10 500.00	0.01	-88.89
应收账款	1 619 439.00	0.97	250 320.61	0.16	-84.54
其他	151 089 846.21	90.12	144 874 179.07	84.25	-4.11
合计	167 648 153.77	100.00	171 959 927.64	100.00	2.57

表6-7-5 2019年末信托资产与关联方关联交易余额明细,由高到低排序

单位:万元

公司简称	关联交易余额	公司简称	关联交易余额
建信信托	76 853 955.48	国通信托	90 000.00
英大信托	36 103 954.34	中原信托	83 752.17
兴业信托	22 738 197.27	华鑫信托	67 426.89
光大兴陇信托	8 035 749.31	中粮信托	62 270.02
中海信托	4 866 984.60	大业信托	56 880.00
交银国际	3 503 821.54	云南信托	51 440.00
华润信托	2 846 762.34	万向信托	43 400.35
中国民生信托	1 657 753.40	北京信托	42 156.85
陕国投	1 413 800.00	江苏信托	29 090.03
渤海信托	1 151 321.00	华宝信托	22 478.00
昆仑信托	1 132 800.00	国投泰康信托	13 373.50
华能信托	1 126 422.17	四川信托	12 700.00
华融信托	1 010 617.85	粤财信托	11 600.00
西部信托	946 472.75	中泰信托	10 338.00
平安信托	940 428.50	浙金信托	9 000.00
湖南信托	855 697.00	西藏信托	7 996.75

续表

公司简称	关联交易余额	公司简称	关联交易余额
金谷信托	813 440. 94	华澳信托	5 800. 00
厦门国际信托	554 419. 00	华宸信托	4 000. 00
陆家嘴信托	554 005. 90	雪松信托	—
北方信托	481 848. 00	东莞信托	—
重庆信托	474 759. 95	天津信托	—
长城新盛信托	420 455. 73	国联信托	—
中航信托	409 756. 09	国民信托	—
长安信托	373 507. 57	杭州工商信托	—
山东信托	331 728. 43	吉林信托	—
中铁信托	318 436. 00	山西信托	—
中诚信托	278 546. 02	苏州信托	—
五矿信托	248 000. 00	新华信托	—
紫金信托	181 433. 05	华信信托	—
百瑞信托	167 940. 00	外贸信托	—
中信信托	125 031. 40	中投信托	—
爱建信托	119 048. 95	新时代信托	—
中融信托	104 740. 51	安信信托	未披露
上海信托	101 299. 99		
国元信托	93 090. 00	合计	171 959 927. 64

（四）固有财产与信托财产相互交易

表 6－7－6　固有财产与信托财产相互交易汇总分析

单位：万元

项目	2019 年末
余额	25 762 734. 26
发生额	7 426 117. 97

表 6－7－7　固有财产与信托财产关联交易余额情况

单位：万元

公司简称	2019 年末	公司简称	2019 年末
华能信托	1 761 242. 12	紫金信托	239 175. 40
重庆信托	1 662 961. 86	粤财信托	235 053. 64
外贸信托	1 269 188. 16	大业信托	234 168. 67
华融信托	1 265 441. 85	中粮信托	213 489. 78
中航信托	1 056 960. 65	云南信托	208 569. 58
上海信托	904 443. 27	厦门国际信托	196 132. 00
建信信托	895 673. 56	华信信托	195 232. 83
五矿信托	850 479. 32	北京信托	193 661. 00
中国民生信托	815 104. 31	浙金信托	190 127. 50
华润信托	780 375. 38	苏州信托	165 127. 00
爱建信托	745 829. 58	雪松信托	148 677. 41
昆仑信托	692 572. 48	中海信托	115 900. 00
兴业信托	681 765. 55	山西信托	109 568. 69
交银国际	673 278. 38	中诚信托	101 779. 91
中原信托	639 648. 89	西部信托	100 718. 00
山东信托	563 708. 76	北方信托	86 012. 72
国通信托	538 719. 90	光大兴陇信托	83 883. 21

续表

公司简称	2019 年末	公司简称	2019 年末
陆家嘴信托	526 322. 91	渤海信托	65 381. 00
平安信托	521 416. 99	英大信托	61 390. 85
江苏信托	513 903. 55	华宸信托	30 801. 96
华宝信托	511 971. 00	中泰信托	24 496. 29
东莞信托	461 457. 56	国元信托	23 723. 00
中融信托	420 385. 00	国联信托	23 681. 00
百瑞信托	402 587. 06	华澳信托	7 000. 00
国投泰康信托	381 693. 00	长城新盛信托	498. 65
长安信托	379 768. 70	新时代信托	—
中信信托	362 456. 70	国民信托	—
杭州工商信托	335 696. 00	中铁信托	—
华鑫信托	326 983. 14	湖南信托	—
西藏信托	322 498. 69	吉林信托	—
中投信托	313 613. 73	天津信托	—
万向信托	305 974. 90	金谷信托	—
四川信托	299 988. 66	安信信托	未披露
新华信托	271 555. 03		
陕国投	252 817. 53	合计	25 762 734. 26

(五)信托资产与信托财产相互交易

表 6 -7 -8　信托资产与信托财产相互交易汇总分析

单位:万元

项目	2019 年末
余额	61 960 215. 31
发生额	7 215 084. 32

表 6 -7 -9　信托资产与信托财产关联交易余额情况

单位:万元

公司简称	2019 年末	公司简称	2019 年末
建信信托	11 283 718. 13	四川信托	271 398. 78
中信信托	5 680 685. 36	国投泰康信托	250 637. 00
华能信托	5 031 947. 41	新华信托	235 928. 92
华宝信托	3 943 518. 00	杭州工商信托	223 666. 00
光大兴陇信托	3 924 446. 36	重庆信托	199 799. 00
外贸信托	2 975 378. 98	粤财信托	154 295. 24
交银国际	2 627 465. 21	英大信托	131 000. 00
江苏信托	2 118 531. 17	陕国投	119 109. 73
华润信托	2 116 382. 80	山西信托	103 488. 52
昆仑信托	1 991 130. 85	湖南信托	83 162. 00
百瑞信托	1 721 245. 46	爱建信托	69 906. 00
东莞信托	1 706 414. 49	华鑫信托	68 795. 45
上海信托	1 422 361. 46	国元信托	38 685. 00
中投信托	1 242 901. 93	北方信托	31 000. 00
五矿信托	1 208 250. 00	长安信托	750. 00
万向信托	887 274. 21	中诚信托	—

续表

公司简称	2019 年末	公司简称	2019 年末
紫金信托	878 228. 29	中铁信托	—
中融信托	847 620. 64	国民信托	—
兴业信托	819 534. 18	吉林信托	—
陆家嘴信托	729 872. 25	华宸信托	—
国通信托	676 454. 45	华融信托	—
中原信托	647 470. 00	天津信托	—
平安信托	598 592. 29	西部信托	—
西藏信托	577 421. 39	华信信托	—
厦门国际信托	544 943. 00	中泰信托	—
北京信托	502 786. 34	渤海信托	—
中海信托	453 559. 84	新时代信托	—
苏州信托	439 522. 79	中航信托	—
云南信托	429 121. 30	华澳信托	—
国联信托	423 894. 00	金谷信托	—
中国民生信托	339 849. 00	中粮信托	—
大业信托	314 478. 12	长城新盛信托	—
山东信托	297 444. 64	安信信托	未披露
雪松信托	293 459. 65		
浙金信托	282 689. 68	合计	61 960 215. 31

八、子公司及其合并情况

2019 年，68 家信托公司中有 30 家公司不需要编制合并报表，在需要编制合并报表的 38 家中，有 24 家披露了合并子公司数量，共计合并了 80 家子公司。具体情况见表 6－8－1。

表 6－8－1　2019 年信托公司对合并范围内的子公司的披露情况

公司简称	是否合并报表	子公司数量（家）	公司简称	是否合并报表	子公司数量（家）
中融信托	是	21	华鑫信托	是	未披露
苏州信托	是	10	安信信托	是	未披露
平安信托	是	8	山东信托	是	未披露
交银国际	是	7	中国民生信托	是	未披露
中诚信托	是	4	中投信托	不适用	—
建信信托	是	3	东莞信托	不适用	—
上海信托	是	3	光大兴陇信托	不适用	—
重庆信托	是	3	粤财信托	不适用	—
吉林信托	是	2	国民信托	不适用	—
华润信托	是	2	江苏信托	不适用	—
兴业信托	是	2	华宸信托	不适用	—
中信信托	是	2	昆仑信托	不适用	—
四川信托	是	2	天津信托	不适用	—
国联信托	是	2	长安信托	不适用	—
中粮信托	是	2	西部信托	不适用	—
北京信托	是	1	西藏信托	不适用	—
中铁信托	是	1	华信信托	不适用	—
国投泰康信托	是	1	云南信托	不适用	—
杭州工商信托	是	1	外贸信托	不适用	—
华宝信托	是	1	中海信托	不适用	—
厦门国际信托	是	1	中泰信托	不适用	—

续表

公司简称	是否合并报表	子公司数量(家)	公司简称	是否合并报表	子公司数量(家)
陆家嘴信托	是	1	新华信托	不适用	—
湖南信托	是	—	中原信托	不适用	—
华融信托	是	—	渤海信托	不适用	—
国元信托	是	未披露	华能信托	不适用	—
山西信托	是	未披露	爱建信托	不适用	—
百瑞信托	是	未披露	新时代信托	不适用	—
北方信托	是	未披露	大业信托	不适用	—
华澳信托	是	未披露	国通信托	不适用	—
陕国投	是	未披露	金谷信托	不适用	—
雪松信托	是	未披露	五矿信托	不适用	—
英大信托	是	未披露	紫金信托	不适用	—
浙金信托	是	未披露	长城新盛信托	不适用	—
中航信托	是	未披露	万向信托	不适用	—

九、信托公司2019年年报中对经营因素的认可情况分析

(一)关于经营目标

共有68家公司对经营目标作出了表述。

从68家披露了经营目标的信托公司年报分析,如表6−9−1所示,认同目标前五名依次为依法合规、稳健经营;发展中转型,成为主业突出、规模领先的信托公司;致力于客户利益、股东价值和员工满足感的最大化;追求风险控制和收益的最佳平衡;推进业务转型,不断提高主动管理能力。

表6−9−1 认同前五名的经营目标

经营目标	认同公司数(家)
依法合规、稳健经营	43
发展中转型,成为主业突出、规模领先的信托公司	15
致力于客户利益、股东价值和员工满足感的最大化	13
追求风险控制和收益的最佳平衡	9
推进业务转型,不断提高主动管理能力	7

(二)关于经营方针

共有68家公司披露了经营方针。

从68家披露了经营方针的信托公司年报分析,如表6−9−2所示为经营方针认同前五名。

表6−9−2 认同前五名的经营方针

经营方针	认同公司数(家)
依法合规、稳健经营	42
产品创新为投资者提供更加多样化、个性化的金融服务	24
加强业务专业化,引进专业化人才	17
在防范化解金融风险的基础上,加快推进业务转型	13
客户至上,品誉第一,精诚服务	11

(三)关于战略规划

共有68家公司披露了战略规划。

从68家披露了战略规划的信托公司年报分析,如表6−9−3所示,为战略规划认同前五名。说明大部分公司将"安全稳健运作作为公司发展的第一要务"作为战略规划的重点。

表 6－9－3　认同前五名的战略规划

战略规划	认同公司数（家）
通过持续创新，构建差异化竞争优势，努力形成新的盈利增长点	25
大力发展主动管理业务，升级营销服务	19
持续优化公司治理架构、引进专业人才、改革风险管理体系	16
发展中转型，成为全方位布局、规模领先的信托公司	14
增强风险控制能力	13

（四）关于经济金融形势认识

共有 65 家公司披露了对经济形势的认识。

从 65 家披露了对经济金融形势认识的信托公司年报分析，如表 6－9－4 所示。

表 6－9－4　认同前五名的经济金融形势分析

经济金融形势	认同公司数（家）
经济总体保持平稳运行态势，经济结构优化升级持续推进	40
实施“稳金融”政策，加大金融开放力度以及推进金融供给侧结构性改革	27
中美贸易战加剧了全球经济的不确定性	23
新冠疫情爆发，阶段性负面冲击不可避免	20
产业结构持续优化升级，新动能持续壮大	13

（五）关于经营有利因素的认识

共有 62 家公司披露了经营有利因素。

从 62 家披露了经营有利因素的信托公司年报分析，如表 6－9－5 所示，为经营有利因素认同前五名。排名前两位的是对“转型发展已进入结构性调整的深化阶段，助力实体经济”及“政策变化带来新的业务机遇”的认同。

表 6－9－5　认同前五名经营有利因素分析

经营有利因素	认同公司数（家）
转型发展已进入结构性调整的深化阶段，助力实体经济	35
政策变化带来新的业务机遇	21
加强业务创新，加强精细化发展，积极推动业务创新	18
金融科技将赋能信托业务	12
国内新消费潜能加快释放，企业部门和居民部门融资需求空间巨大	8

（六）关于经营不利因素的认识

共有 62 家公司披露了经营不利因素。

从 62 家披露了经营不利因素的信托公司年报分析，如表 6－9－6 所示，为经营不利因素认同前五名。

表 6－9－6　认同前五名的经营不利因素分析

经营不利因素	认同公司数（家）
由于经济下行，市场风险、信用风险、流动性风险等交织出现，信托业务风险进一步提升	46
资管行业竞争加剧、资管新规打破刚性兑付背景下，资金募集难度加大	23
国内外疫情防控和经济形势正在发生新的重大变化，我国经济下行压力持续加大	16
中美贸易摩擦持续施压，企业违约事件频发，信托行业面临较大市场风险	15
创新业务模式尚未成熟，创新业务对业务规模和利润的贡献较低	6

（七）关于内部控制职能部门的认识

共有 67 家公司披露了内部控制职能部门。

从 67 家披露了内部控制职能部门的信托公司年报分析，对信托公司内部控制认为有效的、应当建立的职能部门前五名的部门为三会及管理层、董事会合规与风险管理委员会、董事会审计委员会、风险及合规管理部、稽核审查部。认同前五名的对内部控制职能部门认同分析见表 6－9－7。

表 6-9-7　认同前五名的对内部控制职能部门认同分析

内部控制职能部门	认同公司数(家)
股东会、董事会、监事会及管理层	67
董事会合规与风险管理委员会	58
董事会审计委员会	51
风险及合规管理部	41
稽核审查部	30

(八)关于风险管理可能遇到的风险的认识

共有68家公司披露了可能遇到的风险。

从68家披露了"可能遇到的风险"的信托公司年报分析信托公司认为风险管理可能遇到的前四名风险分别为信用风险、市场风险、操作风险、其他风险。认同前四名的风险管理可能遇到的风险分析见表6-9-8。

表 6-9-8　认同前四名的风险管理可能遇到的风险分析

可能遇到的风险	认同公司数(家)
信用风险	68
市场风险	68
操作风险	68
其他风险	65

(九)关于风险管理基本原则与政策的认识

共有39家公司披露了风险管理的基本原则和政策。

从39家披露了风险管理的基本原则和政策的信托公司年报分析,如表6-9-9所示,为风险管理基本原则与政策认同前五名。

表 6-9-9　认同前五名的风险管理基本原则与政策的分析

风险管理基本原则与政策	认同公司数(家)
全面性原则	31
审慎性原则	22
独立性原则	21
有效性原则	20
及时性原则	18

(十)关于风险管理组织机构与职责的认识

共有67家公司披露了风险管理的组织机构与职责。

从67家披露了风险管理的组织机构与职责的信托公司年报分析,如表6-9-10所示,为风险管理基本组织机构与职责认同前五名。

表 6-9-10　认同前五名的风险管理组织机构与职责的分析

风险管理组织机构与职责	认同公司数(家)
合规及风险控制委员会:拟订公司的风险管理政策和指导原则,风险的评估、识别、防范和认定	43
董事会:承担风险管理的最终责任,对公司进行全面风险管理,掌握公司面临的各项重大风险及其风险管理状况,作出有效控制风险的决策	38
合规风险部门:发挥日常监督、控制和预警的职能,对公司经营管理和执业行为的监察监督	27
稽核审查部:对各项经营风险控制情况进行全面监督检查和评价	25
公司各职能部门是公司风险控制措施的具体执行部门	19

(十一)关于信用风险状况的认识

共有68家公司认同信用风险,信用风险是指交易过程中由于交易对手方或相关交易方产生的交易不确定性。

68家公司均披露了具体风险点。

表 6－9－11　认同前四名的信用风险状况的分析

信用风险	认同公司数（家）
交易对手和合作方的信用状况及履约能力的变化	64
存放同业款项、贷款、担保和应收款项的信用风险	16
公司贷款业务中贷款对象、债券发行人造成的不确定性	16
担保业务中的相关交易方造成的不确定性	9

（十二）关于信用风险管理措施的认识

共有 68 家公司披露了信用风险管理措施。

从 68 家披露了信用风险管理措施的信托公司年报分析，如表 6－9－12 所示，为信用风险管理措施认同前五名，公司基本贯彻了事前、事中、事后风险管理，保持了风险管理的连贯性。针对信贷业务中信用风险较高的情况，大部分信托公司均认真落实了加强对交易对手尽职调查等事前防范。

表 6－9－12　认同前五名的信用风险管理措施的分析

信用风险管理措施	认同公司数（家）
加强对交易对手进行信用调查与分析，形成尽职调查报告	43
持续关注交易对手的履约能力，加强项目资金监管	38
严格制定的项目审批操作流程及放款审查要求来进行风险事中控制	27
按监管要求开展信用风险压力测试，建立有效的风险预警机制	25
严格按财政部和中国银保监会的要求，足额提取各种准备金	19

（十三）关于市场风险状况的认识

共有 68 家公司披露了市场风险状况，认为股价、汇率、利率、其他价格等金融市场变量波动对盈利的影响是主要的市场风险。另有个别公司提到了同业竞争风险、通货膨胀和经济周期风险等。认同前四名的市场风险状况的分析见表 6－9－13。

表 6－9－13　认同前四名的市场风险状况的分析

市场风险	认同公司数（家）
股价波动风险	58
利率风险	57
同业竞争形成的风险	29
其他价格波动的影响	28

（十四）关于市场风险管理措施的认识

共有 68 家公司披露了市场风险管理措施。

如表 6－9－14 所示，大多数公司采取了考验自身投研实力的主动性措施：关注国家宏观政策变化，规避限制类行业和相关项目。

表 6－9－14　认同前五名的市场风险管理措施的分析

市场风险管理措施	认同公司数（家）
及时识别、计量、监测和控制市场风险，实现风险可控前提下的效益最大化	31
严格遵循组合投资、分散风险的原则	24
定期或不定期及时开展市场风险压力测试	22
对市场风险较高的业务采取极为审慎的态度开展	17
严格按照国家产业政策和监管要求进行资金投放	14

（十五）关于操作风险状况的认识

共有 68 家公司明确披露了操作风险中可能的风险点。

排名前五位的风险点如表 6－9－16 所示。

表 6－9－15　认同前五名的操作风险状况的分析

操作风险	认同公司数(家)
不完善或有问题的内部程序和信息科技系统	63
操作者个人原因	61
信息系统还不够全面及时	51
外部事件影响	36
内部控制缺失	14

(十六)关于操作风险管理措施的认识

共有 68 家公司披露了操作风险管理措施。

排名前五位的操作风险管理措施见表 6－9－16。

表 6－9－16　认同前五名的操作风险管理措施的分析

操作风险管理措施	认同公司数(家)
建立职责分离、相互监督制约的内控机制	45
加大信息科技方面的建设和投入,完善信息科技管理平台	30
公司不断加强制度培训,提高员工的规范意识和责任意识	29
对公司业务审批流程进行持续的优化,明确节点责任	25
通过外部检查与公司内部排查工作,查找经营管理中的不足	17

(十七)关于其他风险状况的认识

共有 66 家公司披露了其他风险状况。认同前五名的其他风险状况的分析见表 6－9－17。

表 6－9－17　认同前五名的其他风险状况的分析

其他风险状况	认同公司数(家)
声誉风险:由于公司操作失误,违反有关规定,资产质量下降不能到期偿债和管理不善等原因,对其外部市场造成的不良影响	54
法律风险:公司在业务经营中由于合同内容等方面在法律上有缺陷或不完善而发生法律纠纷等风险	34
合规风险:公司因没有遵循法律、规则和准则可能遭受法律制裁、监管处罚、重大财务损失和声誉损失的风险	40
政策风险:宏观政策及监管政策的变动对公司经营环境和发展所造成的风险	31
道德风险:由于内部人员蓄意违法或与利益主体串通所引起的风险	28

(十八)关于其他风险管理措施的认识

共有 66 家公司披露了其他风险管理措施。

如表 6－9－18 所示,为认同前五名的其他风险管理措施。

表 6－9－18　认同前五名的其他风险管理措施的分析

其他风险管理措施	认同公司数(家)
全面推进依法治企工作,利用法律手段防范业务风险	33
加强党的建设、员工思想政治方面教育,强化内控机制	32
加强对宏观经济及相关产业的研究,准确预测和把握国家政策的变化趋势	30
设立舆情工作领导小组,建立舆情监测机制	22
及时对业务程序和操作指引进行梳理和修订	16

第七章　公司治理结构及人员结构

本章就信托公司的公司治理情况进行分析。

一、2019 年公司股东会、董事会和监事会三会情况分析

（一）股东会、董事会和监事会三会会议次数

2019 年，68 家信托公司在年报中均披露了三会会议的召开情况，详见表 7－1－1。

2019 年，有 68 家信托公司共召开股东会 256 次，平均股东会召开次数为 3. 76 次；董事会召开次数为 621 次，平均董事会召开次数为 9. 13 次；监事会召开次数为 224 次，平均监事会召开次数为 3. 29 次。2018 年的此三项平均数字分别为 4. 20 次、8. 95 次和 3. 24 次。

表 7－1－1　68 家信托公司 2019 年三会的会议情况

单位：次

公司简称	年度股东会会议次数	年度董事会会议次数	年度监事会会议次数
爱建信托	1	2	2
安信信托	1	6	5
百瑞信托	6	21	7
北方信托	7	18	6
北京信托	2	2	2
渤海信托	3	5	3
大业信托	3	4	2
东莞信托	4	9	4
光大兴陇信托	6	10	2
国联信托	2	5	2
国民信托	4	7	2
国通信托	2	8	2
国投泰康信托	5	8	2
国元信托	2	2	2
杭州工商信托	1	5	4
湖南信托	6	23	5
华澳信托	6	13	2
华宝信托	8	9	3
华宸信托	3	5	3
华能信托	4	13	2
华融信托	1	2	2
华润信托	3	7	2
华鑫信托	3	2	1
华信信托	4	7	2
吉林信托	2	14	3
建信信托	10	11	5
江苏信托	3	18	2
交银国际信托	3	4	4
金谷信托	5	16	2

续表

公司简称	年度股东会会议次数	年度董事会会议次数	年度监事会会议次数
昆仑信托	4	4	1
陆家嘴信托	1	3	3
平安信托	4	10	4
厦门国际信托	1	1	1
山东信托	2	8	4
山西信托	4	9	2
陕国投	2	8	8
上海信托	3	7	2
四川信托	5	14	5
苏州信托	3	13	2
天津信托	17	21	6
外贸信托	6	8	3
万向信托	2	3	2
五矿信托	5	11	4
西部信托	5	10	8
西藏信托	4	10	2
新华信托	9	12	2
新时代信托	1	2	2
兴业信托	5	10	6
雪松信托	3	4	3
英大信托	4	6	2
粤财信托	4	9	5
云南信托	2	7	6
长安信托	1	47	4
长城新盛信托	2	10	2
浙金信托	3	10	4
中诚信托	2	3	2
中国民生信托	4	6	3
中海信托	3	11	5
中航信托	3	6	3
中建投信托	5	8	3
中粮信托	3	6	3
中融信托	5	9	6
中泰信托	3	13	3
中铁信托	2	16	4
中信信托	3	10	2
中原信托	5	6	6
重庆信托	2	2	2
紫金信托	4	6	4
合计	256	621	224
平均	3. 76	9. 13	3. 29

(二)董事会及其基本情况分析

1. 董事的变更分析

经统计，有 49 家信托公司在 2019 年内发生了董事会人员的变更；其余 19 家信托公司明确披露了 2019 年内没有发生董事的变更。具体变更情况详见表 7－1－2。

表 7－1－2　信托公司 2019 年董事变更情况

公司简称	是否变更	变更次数(次)	董事变更详情列示
爱建信托	否		
安信信托	是	3	因任职期限届满，王少钦不再担任董事长职务 因换届选举，邵明安代为履行董事长职责。 因换届选举，庄海燕任公司董事会董事。
百瑞信托	是	2	2019 年 4 月，经股东会审议，第六届董事会董事张可欣先生辞去职务。 经股东会审议通过及河南银保监局核准通过，王建伟先生当选公司第六届董事会董事并正式履职。
北方信托	是	3	根据 2019 年第三次临时股东大会决议，审议通过了《北方国际信托股份有限公司第三届董事会董事任免的议案》，拟由公司股东天津渤海文化产业投资有限公司推举的焦勇先生担任公司董事，侯维民先生不再担任公司董事。焦勇先生任职材料正在报批过程中。 公司独立董事苑德军因个人原因，于 2019 年 12 月 24 日辞去公司独立董事、董事会关联交易委员会主任委员及董事会消费者权益保护及信托委员会委员职务。 2020 年 4 月 10 日召开 2020 年第一次临时股东大会，会议审议通过了《关于提名韩立新担任北方国际信托股份有限公司第三届董事会董事的议案》，推举韩立新担任北方国际信托股份有限公司第三届董事会董事，拟任人任职资格经监管部门核准后生效。
北京信托	是	2	中国银行保险业监督管理委员会北京监管局核准了周瑞明任公司董事长的任职资格(京银保监复[2019]1118 号)。 刘迎新任我公司董事的任职资格(京银保监复[2019]779 号)。
渤海信托	是	1	2019 年 4 月 24 日，经 2018 年年度股东大会审议通过，选举金曦先生担任公司董事，金曦先生董事任职资格尚需获得河北银保监局核准。
大业信托	是	3	2019 年 9 月，徐胤先生因工作原因辞去公司董事会董事职务，公司股东会拟聘任李嘉玮先生担任公司董事会董事职务。2019 年 12 月 19 日，中国银行保险监督管理委员会广东监管局下发《关于李嘉玮任职资格的批复》(粤银保监复[2019]1017 号)，核准了李嘉玮先生担任公司董事会董事的任职资格。 2019 年 4 月，张文健先生因工作原因辞去公司董事会董事职务，公司股东会拟聘任吴林海先生担任公司董事会董事职务。2019 年 12 月 18 日，中国银行保险监督管理委员会广东监管局下发《关于吴林海任职资格的批复》(粤银保监复[2019]1012 号)，核准了吴林海先生担任公司董事会董事的任职资格。 2019 年 4 月，牛南洁先生因工作原因辞去公司董事会董事职务，公司股东会拟聘任薛贵先生担任公司董事会董事职务。截至 2019 年 12 月 31 日，薛贵先生的任职资格尚待监管部门核准。
东莞信托	是	1	2019 年 7 月 12 日，经公司 2019 年股东会第二次临时会议审议通过《关于选举东莞信托有限公司第五届董事会董事的议案》，同意选举黄晓雯、陈英、江帆、萧瑞兴、林海、张耀麟、陈贺健 7 人为第五届董事会董事，其中林海、张耀麟为独立董事，并经中国银行保险业监督管理委员会广东监管局核准。
光大兴陇信托	是	3	2019 年 3 月 27 日，经光大兴陇信托有限责任公司第一届董事会第四十七次会议审议通过，选举闫桂军同志任公司董事长。 2019 年 7 月 18 日，经光大兴陇信托有限责任公司 2019 年股东会审议通过，蔡彤同志任公司董事。 2019 年 10 月 9 日，经光大兴陇信托有限责任公司 2019 年第五次临时股东会审议通过，邵泉同志任公司董事。
国联信托	否		
国民信托	是	2	2019 年 2 月，经公司董事会审议通过，并报北京银保监局核准，杨小阳先生不再担任公司董事长职务，由肖鹰先生出任公司董事长，同时，肖鹰先生不再担任公司副董事长职务。 2019 年 3 月，石俊志先生董事任职期满，不再担任公司董事职务。
国通信托	否		
国投泰康信托	是	2	2019 年 1 月 25 日，经公司 2019 年第一次临时股东会同意，聘任王相品先生为公司独立董事。2019 年 3 月 28 日王相品先生经北京银保监局核准任职资格后正式履职。 2019 年 4 月 10 日，公司 2018 年股东会同意免去祁广亚先生、谭祖愈先生董事职务，聘任唐如军先生、霍焱先生为公司董事。公司按照监管要求，2019 年 5 月 15 日向北京银保监局对祁广亚先生、谭祖愈先生离任进行了报告；2019 年 12 月 18 日霍焱先生经北京银保监局核准任职资格后正式履职，唐如军先生董事任职资格正在核准中。
国元信托	否		
杭州工商信托	否		
湖南信托	是	1	2019 年 3 月，董事会换届经股东会 2019 年第一次会议审批通过。2019 年 8 月 28 日，第五届董事会董事王双云、朱昌寿、刘京韬、张强、屈茂辉、陈长春、刘之彦 7 人董事任职资格均获监管部门核准(湘银监保复[2019]166 号、270 号、271 号、554 号)，第五届董事会董事正式履职。

续表

公司简称	是否变更	变更次数(次)	董事变更详情列示
华澳信托	是	2	毛彪勇先生于2019年3月6日经股东会批准担任公司董事,其任职资格于2019年6月12日经监管部门核准。 公司董事、总裁吴瑞忠先生于2019年5月15日经董事会批准不再担任总裁职务,并由董事会选举为公司第三届董事会董事长,其任职资格于2019年8月19日经监管部门核准。
华宝信托	是	2	2019年2月12日,华宝信托2019年股东会第二次临时会议以通讯方式召开。会议选举朱永红、张轶、孔祥清、王明东、李磊、赵欣舸(独立董事)、廖海(独立董事)、张续超(独立董事)为公司第七届董事会董事。职工董事1名,由职工通过职工代表大会、职工大会或者其他形式民主选举产生。免去朱可炳、王波董事职务,免去林利军独立董事职务。新任董事朱永红、张轶、王明东、张续超(独立董事)、职工董事,自监管部门核准任职资格且发文后正式履职。 2019年8月20日,华宝信托2019年股东会第五次临时会议以通讯方式召开。会议批准《关于选举李琦强、胡爱民为董事的议案》,推举李琦强、胡爱民为公司董事,任期自监管部门核准其任职资格之日起至本届董事会任期届满止,王明东、孔祥清自监管部门对李琦强、胡爱民任职资格核准通过之日起不再担任华宝信托有限责任公司董事。
华宸信托	是	2	2019年4月3日,公司召开了2019年第一次临时股东会会议,审议通过了《关于董事会换届选举的议案》。选举田跃勇、晋军、甄学军、孙乐、郭晓川、赵廉慧、任国兵等9人为公司第五届董事会候选人,其中上述7人已获得监管机构任职资格的批复,于2019年度正式履职。另外2名董事候选人未在2019年通过任职资格审核,因此未履职。 同时,公司第四届董事会董事刘玉瀛、宋弘、刘传东、王温、张瑞平,以及第四届董事会独立董事郝占魁不再担任公司董事、独立董事。
华能信托	是	4	报告期内,因工作原因,段心烨、田露担任公司董事,严晓茂、王颖不再担任公司董事。孙磊担任职工董事,金志培不再担任职工董事。
华融信托	是	4	经2019年第二次临时股东会审议通过,同意免去金文秀董事职务。 经2019年第五次临时股东会审议通过,同意推选白俊杰为公司董事。 经2019年第八次临时股东会审议通过,同意推选苏小勇为公司董事。 经2019年第二十五次临时董事会审议通过,同意推选白俊杰为公司董事长。
华润信托	是	1	2019年10月,公司2019年第三次股东会审议通过《关于变更董事的议案》,由谭颖担任公司董事,陈荣不再担任公司董事。 2019年12月,谭颖董事任职资格经中国银行保险监督管理委员会深圳监管局核准。
华鑫信托	否		
华信信托	否		
吉林信托	是	1	程松彬、付亚辰担任吉林省信托有限责任公司独立董事。
建信信托	是	11	1. 经中国建设银行提名,公司2018年第六次临时股东会选举李钺担任董事;2019年1月22日,北京银保监局核准其任职资格(京银保监复[2019]38号)。 2. 经中国建设银行提名,公司2018年第六次临时股东会选举蒋畅担任董事;2019年2月20日,北京银保监局核准其任职资格(京银保监复[2019]84号)。 3. 经合肥兴泰金融控股(集团)有限公司提名,公司2018年第五次临时股东会选举郑晓静担任董事;2019年2月20日,北京银保监局核准其任职资格(京银保监复[2019]85号)。 4. 2019年3月22日,程远国辞任公司董事职务。 5. 经中国建设银行提名,公司2019年第一次临时股东会选举孙庆文担任执行董事;2019年3月22日,北京银保监局核准其任职资格(京银保监复[2019]130号)。 6. 2019年3月29日,高同国辞任本公司董事职务。 7. 经董事会提名,公司2019年第四次临时股东会选举张峥担任独立董事;2019年11月5日,北京银保监局核准其任职资格(京银保监复[2019]884号)。 8. 经董事会提名,公司2019年第四次临时股东会选举彭剑锋担任独立董事;报告年度已向北京银保监局提交任职申请材料;2020年3月25日,北京银保监局核准其任职资格。 9. 经合肥兴泰金融控股(集团)有限公司提名,公司2019年第五次临时股东会选举陈锐担任董事,2019年12月18日,北京银保监局核准其任职资格(京银保监复[2019]1049号)。 10. 经董事会提名,公司2019年第五次临时股东会选举范从来担任独立董事;2019年12月23日,北京银保监局核准其任职资格(京银保监复[2019]1066号)。 11. 2019年12月24日,范成法辞任公司独立董事职务。
江苏信托	是	2	2019年9月27日,公司股东会召开第二次临时会议,选举顾中林先生为公司第五届监事会监事长,章明先生不再担任公司监事长。选举章明先生为公司第五届董事会董事,章明先生的任职资格需待中国银保监会核准后方可生效。 2019年11月6日,江苏银保监局核准张晓红女士为公司董事(苏银保监[2019]593号),刘志红女士不再担任公司董事。
交银国际信托	是	3	2019年2月,湖北银保监局核准李依贫担任本公司董事、总裁任职资格,核准唐云岳担任公司副总裁任职资格。 2019年4月,湖北银保监局核准刘红忠、王华担任公司独立董事任职资格。 2019年12月,公司召开股东会,选举汤晓东、周黎勤担任公司非执行董事,陈蔚、金旗不再担任公司非执行董事职务。
金谷信托	是	1	第七届董事会任期届满,根据《公司法》和《公司章程》的有关规定,经股东会2019年第二次会议审议,进行了董事会的换届选举。选举后,第八届董事会成员为:彭新、刘学敬、沈洪溥、陈义斌、李玉萍、夏执东、郭光、武泽平;2020年4月2日,金谷信托收到《北京银保监局关于中国金谷国际信托有限责任公司武泽平任职资格的批复》(京银保监复[2020]157号)。

续表

公司简称	是否变更	变更次数（次）	董事变更详情列示
昆仑信托	是	1	股东方中油资产管理有限公司重新推荐董事人选为：肖华、吴妍、赵雪松、叶旺、王利平、李效熙、邢成、寇日明、崔树霖。
陆家嘴信托	否		
平安信托	是	2	任汇川先生不再担任公司董事、董事长职务。 经监管批复同意，2019 年 8 月 16 日，公司正式任命姚贵平为平安信托有限责任公司董事长，姚贵平正式履职。
厦门国际信托	否		
山东信托	是	2	万众先生已获董事会委任为董事长，其董事长的任职资格已获山东银保监局核准，自 2019 年 1 月 9 日起生效。 于 2019 年 11 月 28 日举行的 2019 年第一次临时股东大会选举王百灵女士为公司非执行董事，并经董事会委任，担任信托委员会委员。王女士非执行董事的任职资格已于 2020 年 3 月 25 日获得山东银保监局核准，其在上述委员会的任职已经作实。
山西信托	是	1	经山西金融投资控股集团有限公司推荐、公司董事会提名，公司股东大会选举雷淑俊为山西信托股份有限公司董事（任职资格已经山西银保监局核准）。
陕国投	是	6	2019 年 7 月 10 日，经公司 2019 年第一次临时股东大会采用累计投票制方式选举，赵忠琦当选公司第九届董事会董事。 2019 年 7 月 10 日，经公司 2019 年第一次临时股东大会采用累计投票制方式选举，赵锡军当选公司第九届董事会独立董事。 2019 年 7 月 10 日，经公司 2019 年第一次临时股东大会采用累计投票制方式选举，管清友当选公司第九届董事会独立董事。 2019 年 12 月 19 日，公司职工代表大会选举叶瑛为公司第九届董事会职工董事，任期与第九届董事会一致。 2019 年 7 月 10 日，因独立董事王晓芳任职期限届满，不再担任为独立董事。 2019 年 7 月 10 日，因独立董事殷醒民任职期限届满，不再担任为独立董事。
上海信托	是	2	公司于 2019 年 3 月 25 日以通讯方式召开 2019 年第一次股东会议，同意增补冯金安同志为公司第六届董事会董事。由于冯金安同志于 2017 年 6 月至 2018 年 7 月曾任公司第六届董事会董事，根据《中国银保监会非银行金融机构行政许可事项实施办法》，未中断任职 1 年以上的拟任人在同一法人机构任职，不需重新申请核准任职资格，该同志于 2019 年 3 月 25 日正式出任公司第六届董事会董事。陆永涛先生不再担任上海国际信托有限公司董事职务。 公司于 2019 年 8 月 23 日以通讯方式召开 2019 年第二次股东会议，同意增补林仪桥同志为公司第六届董事会董事，并于 2020 年 1 月 17 日经中国银保监会上海监管局核准任职资格。刘长江同志不再担任上海国际信托有限公司董事职务。
四川信托	否		
苏州信托	否		
天津信托	是	4	天津信托有限责任公司 2019 年股东会第二次临时会议（2019 年 2 月 12 日通讯表决方式）审议通过了《关于同意黎维彬担任天津信托有限责任公司独立董事的决议》。由于黎维彬个人原因，其独立董事任职资格公司没有向监管部门申报。 天津信托有限责任公司 2019 年股东会第四次临时会议（以 2019 年 5 月 29 日通讯表决方式）审议通过了《关于同意钟玲玲不再担任天津信托有限责任公司股东董事的决议》和《关于同意陈伟明担任天津信托有限责任公司股东董事的决议》。陈伟明的股东董事任职资格正待与监管部门沟通协调中。 天津信托有限责任公司 2020 年股东会第一次临时会议（2020 年 1 月 15 日通讯表决方式）审议通过了《关于同意韩立新不再担任天津信托有限责任公司职工董事的决议》。 天津信托有限责任公司股东会 2020 年第一次会议（2020 年 4 月 24 召开）审议通过了《关于同意郭田勇不再担任天津信托有限责任公司独立董事的决议》。
外贸信托	是	3	2019 年 1 月 31 日，中国外贸信托 2019 年第一次股东会议通过以下决议： 同意选举李强、程永担任中国对外经济贸易信托有限公司董事，张宝红、贾彤不再担任中国对外经济贸易信托有限公司董事职务。 同意选举张向东担任中国对外经济贸易信托有限公司独立董事，孙向东不再担任中国对外经济贸易信托有限公司独立董事。
万向信托	是	4	2019 年 8 月 23 日，经浙江银保监局批复，唐顺良正式任命为公司董事会董事。 2020 年 4 月 13 日，经浙江银保监局批复，葛旋为董事会董事正式任命。 2019 年 7 月，李全因个人原因，不再担任公司独立董事。 2020 年 2 月 20 日，经浙江银保监局批复，正式任命钟鸿钧为公司独立董事。
五矿信托	是	1	公司股东会 2019 年第四次会议选举刘国威先生、王晓东先生、樊玉雯女士、姜弘先生、陈闽玉女士为第四届董事会董事；选举黄震先生、张成思先生、安秀梅女士为公司第四届董事会独立董事。公司职工代表大会选举王卓先生为公司第四届董事会职工董事。公司原董事长任珠峰先生、董事陈有凯先生在新任董事长、董事任职资格经监管机构核准后，不再继续履职。
西部信托	是	1	鉴于公司第五届董事、高级管理人员任期届满，根据《公司法》及《公司章程》的规定，公司进行了第六届董事会的换届选举和高级管理人员的聘任工作。股东单位陕西省电力建设投资开发公司向公司股东会推荐了徐谦、王毛安、栾兰、刘千为公司第六届董事候选人，股东单位陕西省产业投资有限公司向公司股东会推荐了刘平安为公司第六届董事候选人。
西藏信托	否		
新华信托	否		
新时代信托	否		

续表

公司简称	是否变更	变更次数(次)	董事变更详情列示
兴业信托	是	2	因公司原股东澳大利亚国民银行已转让其所持有的公司全部股权，蓝玉权先生作为澳大利亚国民银行提名的董事，于2019年2月2日向本公司董事会辞去本公司董事职务。 因公司董事会换届原因，2019年2月24日，经公司2019年第二次临时股东会选举，林中先生、吴军先生当选为公司第六届董事会董事，林艳女士不再担任公司董事职务。2019年4月，林中先生、吴军先生的任职资格经中国银保监会福建监管局分别以闽银保监复[2019]163号、闽银保监复[2019]164号文件核准。
雪松信托	是	1	公司于2019年6月6日召开了2019年第三次临时股东大会，选举产生林伟龙、陈晖、刘湖源、黄旭斌、李婵娟、蔡建城6名非独立董事和朱大旗、王华、徐枫3名独立董事，共同组成公司第三届董事会，任期三年。2019年9月19日，上述人员全部取得江西银保监局董事任职资格批复，2019年9月23日公司完成董事工商变更备案登记，董事会换届顺利完成。
英大信托	是	3	2019年4月，经股东会审议，吴骏出任公司董事，并经董事会选举担任公司副董事长，于2019年10月获北京银监局核准。蔡涵俊不再担任公司董事。 2019年4月，根据公司工会会员大会推选，马亚军出任公司职工董事，于2019年9月获北京银监局核准。张传良不再担任公司职工董事。 2018年7月，经股东会审议，金李担任公司独立董事，于2019年2月获北京银监局核准。
粤财信托	是	3	报告期内，公司董事陈彦卿女士、杨鹏先生辞职，在改选出的董事就任前，仍依照监管规定，履行董事职责。公司2019年第一次临时股东会选举莫敏秋先生、周定宏先生担任董事，第六届董事会第十九次会议选举莫敏秋先生为董事长；公司2019年第二次临时股东会选举吴锋先生、杨福明先生担任董事，将刘发宏先生董事类别由职工董事转为股东董事；公司2019年第二次职工代表大会选举王麒麟先生为职工董事。莫敏秋先生、周定宏先生、吴锋先生、杨福明先生、王麒麟先生待中国银行保险监督管理委员会广东监管局核准其任职资格后正式任职。
云南信托	是	1	2019年3月22日经《云南银保监局关于甘煜任职资格的批复》(云银保监复[2019]121号)批准，并于2019年4月16日办理完毕工商变更登记，甘煜先生正式履行公司董事及董事长职责。
长安信托	是	1	2019年4月11日，公司董事张金顺先生向董事会递交了辞呈，辞去公司董事职务。
长城新盛信托	否		
浙金信托	是	3	因个人原因，2019年8月5日，战伟宏先生辞去公司董事职务。 因肖枫先生辞去公司董事职务，2019年4月26日，公司股东大会选举谢捷先生为公司董事，谢捷先生的董事任职资格已获浙江银保监局核准。 因邱靖之先生辞去公司独立董事职务，2019年4月26日，公司股东大会选举童杰先生为公司独立董事，童杰先生的独立董事任职资格已获浙江银保监局核准。
中诚信托	否		
中国民生信托	是	2	2019年10月18日，经第三届董事会第一次会议审议通过，由张博担任董事长，卢志强不再担任董事长；由张喜芳、赵英伟担任副董事长，李明海、张博不再担任副董事长。
中海信托	是	1	2019年6月，经股东中国海油提名，公司股东大会2019年第一次临时会议审议选举张芙雅、杨楠担任公司董事职务，田文学、刘显忠不再担任公司董事职务。张芙雅、杨楠任职资格已获上海银保监局核准。
中航信托	是	1	2019年4月29日，经江西银监局核准拟任任职资格，于庆伟担任公司董事。
中建投信托	是	2	2019年8月，公司原董事王新宇因有关工作安排辞去董事职务。 2019年12月，公司收到浙江银保监局下发的浙银监复[2019]1304号文件，核准李昇董事任职资格。
中粮信托	否		
中融信托	否		
中泰信托	否		
中铁信托	是	2	经公司第五届董事会第二十一次会议审议通过，同意邹纯余不再担任本公司职工董事。 经公司股东会2019年第一次(临时)会议选举，魏道洪为公司第五届董事会董事。2019年9月，中国银保监会四川监管局核准魏道洪中铁信托有限责任公司董事的任职资格，魏道洪正式履行公司董事职责。
中信信托	是	1	2019年2月，股东会推选赵文海、王爱明为公司董事，上述人员的任职资格均已获得北京银保监局核准。
中原信托	是	1	2019年4月，中国银行保险监督管理委员会河南监管局《关于核准闫万鹏、彭武华中原信托有限公司董事任职资格的批复》(豫银保监复[2019]504号)批准了闫万鹏、彭武华中原信托有限公司董事任职资格。

续表

公司简称	是否变更	变更次数(次)	董事变更详情列示
重庆信托	是	1	报告期内，王荣武先生、刘仁军先生不再担任公司董事。公司2019年股东大会第一次临时会议选举陈忠先生为公司股东董事，其任职资格尚待监管部门核准。
紫金信托	是	4	2019年3月27日，中国银保监会江苏监管局核准陈景善女士紫金信托有限责任公司独立董事任职资格(苏银保监复[2019]61号)。 2019年6月24日，公司2019年股东会第三次临时会议审议通过《关于山胁徹哉先生辞职的议案》《关于王瑞女士辞职的议案》《关于选举公司董事的议案》，董事会审议通过山胁徹哉先生辞任紫金信托有限责任公司副董事长、董事及董事会薪酬与提名委员会委员，王瑞女士辞任紫金信托有限责任公司董事及董事会信托委员会委员，同时选举芥川佳久先生、胡苏迪先生为紫金信托有限责任公司第三届董事会董事，自获得监管部门任职资格核准批复之日起生效，任期与本届董事会任期一致。 2019年7月18日，公司第三届董事会第十一次会议审议通过《关于选举第三届董事会副董事长的议案》，选举芥川佳久先生为公司第三届董事会副董事长，自获得监管部门任职资格核准批复之日起生效，任期与本届董事会任期一致。 2019年11月26日，中国银保监会江苏监管局核准胡苏迪先生紫金信托有限责任公司董事任职资格(苏银保监复[2019]650号)。

2. **董事构成分析**

68家信托公司2019年末董事会人员合计590人，其中男性占比为83.90%，是女性人数的6.03倍。

表7-1-3　68家信托公司2019年末董事会人员性别构成分析

公司简称	董事会成员人数(人)	其中男性人数(人)	男性人数比例(%)	其中女性人数(人)	女性人数比例(%)
爱建信托	9	9	100.00	—	—
安信信托	6	4	66.67	2	33.33
百瑞信托	11	11	100.00	0	—
北方信托	8	4	50.00	4	50.00
北京信托	13	未披露	—	未披露	—
渤海信托	8	8	100.00	—	—
大业信托	9	9	100.00	—	—
东莞信托	6	4	66.67	2	33.33
光大兴陇信托	8	7	87.50	1	12.50
国联信托	9	9	100.00	—	—
国民信托	8	7	87.50	1	12.50
国通信托	7	7	100.00	—	—
国投泰康信托	8	7	87.50	1	12.50
国元信托	9	7	77.78	2	22.22
杭州工商信托	9	8	88.89	1	11.11
湖南信托	13	10	76.92	3	23.08
华澳信托	6	5	83.33	1	16.67
华宝信托	9	9	100.00	—	—
华宸信托	7	6	85.71	1	14.29
华能信托	9	4	44.44	5	55.56
华融信托	9	9	100.00	—	—
华润信托	9	6	66.67	3	33.33
华鑫信托	6	3	50.00	3	50.00
华信信托	9	8	88.89	1	11.11
吉林信托	5	5	100.00	—	—
建信信托	9	6	66.67	3	33.33
江苏信托	9	8	88.89	1	11.11
交银国际信托	9	8	88.89	1	11.11
金谷信托	8	8	100.00	—	—
昆仑信托	9	9	100.00	—	—
陆家嘴信托	7	5	71.43	2	28.57
平安信托	9	9	100.00	—	—
厦门国际信托	9	7	77.78	2	22.22
山东信托	8	6	75.00	2	25.00

续表

公司简称	董事会成员人数(人)	其中男性人数(人)	男性人数比例(%)	其中女性人数(人)	女性人数比例(%)
山西信托	6	5	83.33	1	16.67
陕国投	9	8	88.89	1	11.11
上海信托	9	8	88.89	1	11.11
四川信托	7	5	71.43	2	28.57
苏州信托	8	7	87.50	1	12.50
天津信托	9	6	66.67	3	33.33
外贸信托	7	7	100.00	—	—
万向信托	13	13	100.00	—	—
五矿信托	9	6	66.67	3	33.33
西部信托	9	8	88.89	1	11.11
西藏信托	11	11	100.00	—	—
新华信托	9	7	77.78	2	22.22
新时代信托	9	8	88.89	1	11.11
兴业信托	9	9	100.00	—	—
雪松信托	9	8	88.89	1	11.11
英大信托	9	7	77.78	2	22.22
粤财信托	5	4	80.00	1	20.00
云南信托	9	8	88.89	1	11.11
长安信托	10	10	100.00	—	—
长城新盛信托	9	8	88.89	1	11.11
浙金信托	10	9	90.00	1	10.00
中诚信托	13	12	92.31	1	7.69
中国民生信托	12	12	100.00	—	—
中海信托	8	5	62.50	3	37.50
中航信托	8	8	100.00	—	—
中建投信托	10	7	70.00	3	30.00
中粮信托	9	8	88.89	1	11.11
中融信托	7	6	85.71	1	14.29
中泰信托	9	8	88.89	1	11.11
中铁信托	8	7	87.50	1	12.50
中信信托	9	8	88.89	1	11.11
中原信托	8	7	87.50	1	12.50
重庆信托	10	8	80.00	2	20.00
紫金信托	7	5	71.43	2	28.57
合计	590	495	83.90	82	13.90
平均	8.68				

注:北京信托披露的董事会成员信息中未包含性别情况。

68家信托公司2019年末董事会成员年龄在40岁以上的有565人,占全部总人数的95.76%,没有20岁以下的董事成员;董事的平均年龄为51.96岁。

表7-1-4　披露的信托公司2019年末董事会人员年龄构成分析

公司简称	董事会成员人数(人)	其中30~39岁人数(人)	30~39岁人数比例(%)	其中40岁以上人数(人)	40岁以上人数比例(%)	董事的平均年龄(岁)
爱建信托	9	—	—	9	100.00	54.44
安信信托	6	1	16.67	5	83.33	53.50
百瑞信托	11	—	—	11	100.00	49.36
北方信托	8	—	—	8	100.00	55.25
北京信托	13	—	—	13	100.00	52.77
渤海信托	8	1	12.50	7	87.50	48.38
大业信托	9	1	11.11	8	88.89	54.89

续表

公司简称	董事会成员人数(人)	其中30~39岁人数(人)	30~39岁人数比例(%)	其中40岁以上人数(人)	40岁以上人数比例(%)	董事的平均年龄(岁)
东莞信托	6	1	16.67	5	83.33	50.33
光大兴陇信托	8	—	—	8	100.00	53.63
国联信托	9	—	—	9	100.00	50.44
国民信托	8	—	—	8	100.00	53.88
国通信托	7	—	—	7	100.00	51.71
国投泰康信托	8	1	12.50	7	87.50	52.13
国元信托	9	1	11.11	8	88.89	52.56
杭州工商信托	9	—	—	9	100.00	54.44
湖南信托	13	2	15.38	11	84.62	49.85
华澳信托	6	—	—	6	100.00	55.83
华宝信托	9	1	11.11	8	88.89	48.33
华宸信托	7	2	28.57	5	71.43	45.43
华能信托	9	1	11.11	8	88.89	50.56
华融信托	9	1	11.11	8	88.89	52.44
华润信托	9	—	—	9	100.00	53.33
华鑫信托	6	—	—	6	100.00	49.67
华信信托	9	—	—	9	100.00	72.11
吉林信托	5	—	—	5	100.00	55.40
建信信托	9	—	—	9	100.00	45.22
江苏信托	9	—	—	9	100.00	52.33
交银国际信托	9	—	—	9	100.00	53.89
金谷信托	8	—	—	8	100.00	54.75
昆仑信托	9	—	—	9	100.00	53.22
陆家嘴信托	7	1	14.29	6	85.71	47.00
平安信托	9	—	—	9	100.00	54.89
厦门国际信托	9	—	—	9	100.00	53.67
山东信托	8	—	—	8	100.00	49.38
山西信托	6	1	16.67	5	83.33	46.00
陕国投	9	1	11.11	8	88.89	51.78
上海信托	9	—	—	9	100.00	53.11
四川信托	7	1	14.29	6	85.71	55.14
苏州信托	8	—	—	8	100.00	50.38
天津信托	9	—	—	9	100.00	47.33
外贸信托	7	—	—	7	100.00	53.71
万向信托	13	1	7.69	12	92.31	52.77
五矿信托	9	—	—	9	100.00	50.67
西部信托	9	2	22.22	7	77.78	46.11
西藏信托	11	—	—	11	100.00	50.09
新华信托	9	—	—	9	100.00	52.11
新时代信托	9	1	11.11	8	88.89	46.89
兴业信托	9	—	—	9	100.00	54.78
雪松信托	9	—	—	9	100.00	49.00
英大信托	9	1	11.11	8	88.89	50.67
粤财信托	5	1	20.00	4	80.00	50.60
云南信托	9	—	—	9	100.00	49.11
长安信托	10	—	—	10	100.00	48.40
长城新盛信托	9	—	—	9	100.00	52.00
浙金信托	10	—	—	10	100.00	48.70
中诚信托	13	—	—	13	100.00	54.69

续表

公司简称	董事会成员人数(人)	其中30~39岁人数(人)	30~39岁人数比例(%)	其中40岁以上人数(人)	40岁以上人数比例(%)	董事的平均年龄(岁)
中国民生信托	12	—	—	12	100.00	51.17
中海信托	8	—	—	8	100.00	54.63
中航信托	8	—	—	8	100.00	50.75
中建投信托	10	1	10.00	9	90.00	51.20
中粮信托	9	—	—	9	100.00	55.78
中融信托	7	—	—	7	100.00	48.43
中泰信托	9	—	—	9	100.00	52.33
中铁信托	8	—	—	8	100.00	54.63
中信信托	9	1	11.11	8	88.89	52.67
中原信托	8	—	—	8	100.00	52.63
重庆信托	10	—	—	10	100.00	60.10
紫金信托	7	—	—	7	100.00	46.57
合计	590	25	4.24	565	95.76	51.96

3. 董事会下设机构情况分析

经统计,68家信托公司中有64家完整地设置了审计委员会、风险管理委员会和人事薪酬委员会(见表7-1-5),另外,雪松信托未披露董事会下设机构情况。

表7-1-5 信托公司2019年末董事会下设机构情况

公司简称	董事会下是否设置了审计委员会	董事会下是否设置了风险管理委员会	董事会下是否设置了人事薪酬委员会
爱建信托	是	是	是
安信信托	是	是	是
百瑞信托	是	是	是
北方信托	是	是	是
北京信托	是	是	是
渤海信托	是	是	是
大业信托	是	是	是
东莞信托	是	是	是
光大兴陇信托	是	是	是
国联信托	是	是	是
国民信托	是	是	是
国通信托	是	是	是
国投泰康信托	是	是	是
国元信托	是	是	是
杭州工商信托	是	是	是
湖南信托	是	是	是
华澳信托	是	是	是
华宝信托	是	是	是
华宸信托	是	是	是
华能信托	是	是	是
华融信托	是	是	是
华润信托	是	是	是
华鑫信托	是	是	是
华信信托	是	是	是
吉林信托	是	是	是
建信信托	是	是	是
江苏信托	是	是	是
交银国际信托	是	是	否
金谷信托	是	是	是

续表

公司简称	董事会下是否设置了审计委员会	董事会下是否设置了风险管理委员会	董事会下是否设置了人事薪酬委员会
昆仑信托	是	是	是
陆家嘴信托	是	是	是
平安信托	是	是	是
厦门国际信托	是	否	是
山东信托	是	是	是
山西信托	是	是	是
陕国投	是	是	是
上海信托	是	是	是
四川信托	是	是	是
苏州信托	是	是	是
天津信托	是	是	是
外贸信托	是	是	是
万向信托	是	是	否
五矿信托	是	是	是
西部信托	是	是	是
西藏信托	是	是	是
新华信托	是	是	是
新时代信托	是	是	是
兴业信托	是	是	是
雪松信托	未披露	未披露	未披露
英大信托	是	是	是
粤财信托	是	是	是
云南信托	是	是	是
长安信托	是	是	是
长城新盛信托	是	是	是
浙金信托	是	是	是
中诚信托	是	是	是
中国民生信托	是	是	是
中海信托	是	是	是
中航信托	是	是	是
中建投信托	是	是	是
中粮信托	是	是	是
中融信托	是	是	是
中泰信托	是	是	是
中铁信托	是	是	是
中信信托	是	是	是
中原信托	是	是	是
重庆信托	是	是	是
紫金信托	是	是	是

按照原银监会的信息披露要求，信托公司应当披露董事会下设机构的年度会议情况。经统计，在68家信托公司中，有20家未作任何披露（见表7－1－6）。

表7－1－6　披露的68家信托公司2019年董事会下设委员会开会情况

单位：次

公司简称	年度董事会下设审计委员会会议次数	年度董事会下设风险管理委员会会议次数	年度董事会下设人事薪酬委员会会议次数
爱建信托	1	1	1
安信信托	未披露	2	未披露
百瑞信托	未披露	未披露	未披露
北方信托	5	5	1
北京信托	未披露	未披露	未披露

续表

公司简称	年度董事会下设审计委员会会议次数	年度董事会下设风险管理委员会会议次数	年度董事会下设人事薪酬委员会会议次数
渤海信托	4	4	1
大业信托	4	1	2
东莞信托	1	1	2
光大兴陇信托	3	1	—
国联信托	2	2	3
国民信托	共19次		
国通信托	3	3	1
国投泰康信托	2	2	1
国元信托	5	5	5
杭州工商信托	4	2	3
湖南信托	4	4	5
华澳信托	未披露	未披露	未披露
华宝信托	—	—	2
华宸信托	2	2	2
华能信托	未披露	未披露	未披露
华融信托	2	2	1
华润信托	未披露	未披露	未披露
华鑫信托	未披露	未披露	未披露
华信信托	4	6	2
吉林信托	未披露	未披露	未披露
建信信托	4	3	1
江苏信托	未披露	未披露	未披露
交银国际信托	未披露	未披露	不适用
金谷信托	4	4	2
昆仑信托	1	1	1
陆家嘴信托	2	2	1
平安信托	2	2	4
厦门国际信托	未披露	不适用	未披露
山东信托	3	1	3
山西信托	未披露	未披露	未披露
陕国投	8	8	4
上海信托	3	2	2
四川信托	未披露	未披露	未披露
苏州信托	3	9	4
天津信托	3	2	—
外贸信托	3	5	1
万向信托	2	2	不适用
五矿信托	7	7	2
西部信托	3	2	3
西藏信托	2	6	1
新华信托	3	2	2
新时代信托	未披露	未披露	未披露
兴业信托	5	5	2
雪松信托	未披露	未披露	未披露

续表

公司简称	年度董事会下设审计委员会会议次数	年度董事会下设风险管理委员会会议次数	年度董事会下设人事薪酬委员会会议次数
英大信托	1	1	1
粤财信托	3	5	6
云南信托	6	10	3
长安信托	4	7	6
长城新盛信托	1	1	4
浙金信托	未披露	未披露	未披露
中诚信托	2	2	1
中国民生信托	未披露	未披露	未披露
中海信托	未披露	未披露	未披露
中航信托	未披露	未披露	未披露
中建投信托	5	5	3
中粮信托	未披露	未披露	未披露
中融信托	13	13	5
中泰信托	1	1	1
中铁信托	1	1	2
中信信托	2	2	2
中原信托	1	—	—
重庆信托	未披露	未披露	未披露
紫金信托	4	4	1

经统计，除雪松信托未披露董事会下设机构外，其余67家信托公司都在董事会下设了审计委员会，其中64家信托公司对董事会下设审计委员会的委员人数作了披露，65家信托公司对审计委员会的职能作了披露。

通过对64家已经披露的审计委员会委员人数情况分析，审计委员会的平均设置人数为3.48人（见表7－1－7）。

表7－1－7　信托公司2019年末董事会下设审计委员会情况

公司简称	是否设置	审计委员会人数（人）	审计委员会职能
爱建信托	是	3	确定公司合规管理的总体目标；审议公司合规管理组织机构设置及其职责；向董事会提交公司合规管理年度报告；对公司信托业务和自营业务的合规管理情况进行监督；审议公司自有财产和信托财产合规状况的评估报告；提出完善公司合规管理的建议；对公司信息披露的真实、准确、完整和合规性等进行监督；提出案防工作整体要求、审议批准案防工作总体政策和审议案防工作报告，推动案防管理体系建设、考核评估本机构案防工作有效性，监督案防工作的内审稽核；明确高级管理层有关案防职责及权限，确保高级管理层采取必要措施有效监测、预警和处置案件风险；对公司关联交易业务风险进行评估，对重大关联交易事项进行审查并提交董事会审议；审查公司年度关联交易报告，并提交董事会审议；监督公司内部审计制度及其实施；提议聘请或更换外部审计机构等。
安信信托	是	未披露	未披露
百瑞信托	是	4	审议公司一般关联交易业务与重大关联交易业务开展及非业务事项关联交易；审查公司年度报告；聘请或解聘年度财务报表外部审计机构；审议公司内部控制的健全性和有效性报告；审议公司内部审计报告及年度审计报告；检查会计政策、财务报告程序和财务状况；监督公司内部审和外部审计中发现的问题及整改情况；审议审计、关联交易管理相关制度、政策；其他应当审议的事项。
北方信托	是	5	代表董事会对公司运作和经营活动中的风险进行监督、控制和管理，对公司经营活动行使审计评价和监督职能，是公司经营风险的防范与控制机构，也是对公司内、外部审计和内控活动进行监督、核查的机构。
北京信托	是	3	1. 提议聘请或更换外部审计机构； 2. 监督公司的内部审计制度及其实施； 3. 负责内部审计与外部审计之间的沟通； 4. 审核公司的财务信息及其披露； 5. 审查公司内控制度，对重大关联交易进行审计。
渤海信托	是	3	主要负责检查公司风险及合规状况、会计政策、财务报告程序和财务状况；负责公司年度审计工作，提出外部审计机构的聘请与更换建议，并就审计后的财务报告信息真实性、准确性、完整性和及时性作出判断性报告，提交董事会审议；监督高级管理层关于信用风险、流动性风险、市场风险、操作风险、合规风险和声誉风险等风险的控制情况，对公司风险政策、管理状况及风险承受能力进行定期评估，提出完善公司风险管理和内部控制的意见。

续表

公司简称	是否设置	审计委员会人数(人)	审计委员会职能
大业信托	是	3	主要对公司的内部审计制度进行评价,对内部审计工作进行核查。
东莞信托	是	3	主要负责董事会要求的审计事项,监督公司的内部审计制度及其实施,审查公司内控制度。
光大兴陇信托	是	3	负责检查、监督公司内部控制及实施,并提出完善内部控制的意见;负责检查监督公司内部审计工作、内部审计制度及实施;负责对公司重大关联交易进行审计等。
国联信托	是	3	审查和监督公司风险管理政策、制度,并对其执行情况进行评价。
国民信托	是	3	负责公司重大的会计和审计事项;协助董事会对财务报告提供独立审阅及监察意见,并监察外聘审计师是否独立客观及审计程序是否有效;监察公司业绩表现,包括财务报表、账目及正式公告的完整性、准确性等董事会授予的职责。
国通信托	是	3	向董事会提交公司全面风险管理年度报告;确定公司风险管理的总体目标、风险偏好、风险承受度、风险管理策略和重大风险管理解决方案;对公司信托业务和固有业务的风险控制及管理情况进行监督;对公司固有财产和信托财产的风险状况进行定期评估;对公司关联交易业务风险进行评估,对重大关联交易事项进行审查并提交董事会审议;组织制定和修改公司风险控制制度,提出完善公司风险管理和内部控制的建议;审议公司风险管理组织机构设置及其职责;为董事会督导公司风险管理文化建设提供建议;对公司信息披露的真实性、准确性、完整性和合规性等进行监督;监督公司内部审计制度及其实施;负责内部审计与外部审计之间的沟通;审核公司的财务信息及其披露;检查公司内部控制制度的制定、完善和执行;提议聘请或更换外部审计机构;董事会授予的其他职责。
国投泰康信托	是	3	1. 审议公司内部审计报告; 2. 审议公司年度风险管理报告; 3. 审议公司年度案件防控报告和反洗钱报告; 4. 委托外部审计机构,公司内、外部审计的沟通、监督和核查工作; 5. 对公司内控机制和风险管理方面存在的问题进行评价、分析; 6. 有权向董事会提交内部控制、审计、风险管理方面的议案; 7. 推进公司法治建设,提出指导意见和建议; 8. 董事会授予的其他职责。
国元信托	是	3	负责检查公司风险及合规状况、会计政策、财务报告程序和财务状况;负责公司年度审计工作,提出外部审计机构的聘请与更换建议,并就审计后的财务报告信息真实性、准确性、完整性和及时性作出判断性报告,提交董事会审议。 负责监督高管层关于信用风险、流动性风险、市场风险、操作风险、合规风险和声誉风险等风险的控制情况,对公司风险政策、管理状况及风险承受能力进行定期评估,提出完善公司风险管理和内部控制的意见。 负责关联交易的管理、审查和批准,控制关联交易风险。
杭州工商信托	是	3	审议公司的合规与风险管理构架、风险战略和合规与风险管理基本政策,并提请董事会批准;研究宏观国家经济金融政策、分析市场变化,提出有效执行的实施建议和行业风险管理建议,研究公司风险约束指标体系;监督公司对国家金融方针、政策、法规及各项业务规章的执行情况,对公司管理内控薄弱环节和存在的问题提出整改意见,并要求及时进行纠正;研究公司发展战略、风险管理体系,审阅有关风险管理报告、科技信息及数据治理报告、合规(包括合规、反洗钱、案防、舆情等合规相关事项)报告及相关计划,了解公司合规与风险管理决策体系的有效性,指导公司的合规与风险管理工作,提出改进合规与风险管理的组织架构、控制程序、风险处置等决策建议,完善公司合规与风险管理和内部控制;对战略规划的实施过程进行监督和评估,对公司高级管理层在业务、经营、操作等方面的风险控制及管理情况进行监督;督促高级管理层定期对公司固有财产和信托财产的风险状况进行评估,并采取必要的措施有效识别、监测和控制、防范风险; 审议公司总裁提议审核的公司推出拟议的创新产品;审阅公司经营管理中重大风险事件的预警预控、应急预案;协助董事会对关联交易实施监督管理;组织对公司重大经营风险事件的风险评估工作,审议高级管理层提交的重大突发事件、重大风险的解决方案;董事会授权的其他事宜。
湖南信托	是	5	研究提出公司风险控制的总体目标、风险偏好、风险承受度、风险控制策略和重大风险控制解决方案;对公司信托业务和自营业务的风险控制及合规管理进行监督;对公司自有财产和受托资产的风险状况进行定期评估;对公司关联交易业务风险进行评估;对公司信息披露的真实性、准确性、完整性和合规性等进行监督;提出完善公司风险控制和内部控制的建议;监督公司内部审计制度及其实施;审核公司的财务信息及其披露;提议聘请或更换外部审计机构;董事会授予的其他职责。
华澳信托	是	3	1. 根据国家金融政策、市场情况和公司发展方向,制定重点业务管理及经营风险的防范与控制措施; 2. 负责督促公司依法履行董事会赋予的职责,对公司执行经董事会批准的年度经营计划的过程及结果进行监督和审计; 3. 对公司合规、合法运营进行审计和监督; 4. 对会计报表、会计账目及相关材料进行审计,审查财务收支的真实性、合法性、效益性; 5. 审议董事会不时要求的其他事项; 6. 评估审计报告中所提出的相关问题以及行动建议; 7. 审批审计工作计划; 8. 评估审计团队的工作表现; 9. 参与评估审计稽核部的工作绩效; 10. 审核公司的重大关联交易; 11. 对公司关联交易情况进行监督检查; 12. 审议执行委员会不时请求的其他事项。

续表

公司简称	是否设置	审计委员会人数（人）	审计委员会职能
华宝信托	是	3	董事会风险管理和审计委员会是董事会设立的专门工作机构，主要负责公司合规和风险管理、监督和评估；公司内、外部审计的沟通、监督和核查工作。
华宸信托	是	2	1. 定期听取内审部门工作情况，监督、检查、指导公司内部审计工作； 2. 根据工作需要，组织开展重大、专项审计； 3. 负责对公司财务预算方案、决算方案、固定资产支出预算方案、利润分配方案和弥补亏损方案进行初审； 4. 负责对聘用或更换外部审计机构提出建议； 5. 负责审查公司内部控制，监督内部控制的有效实施和内部控制自我评价情况，协调内部控制审计及其他相关事宜等； 6. 修订公司关联交易管理办法，报经董事会和股东大会批准后实施； 7. 按照法律、监管法规的规定对关联交易的种类进行界定，并确定审批程序和标准等内容； 8. 确认公司的关联方，向董事会和监事会报告，并及时向公司公布所确认的关联方； 9. 审核需提交给董事会或股东会审议的关联交易事项； 10. 监督公司的关联交易活动，定期向董事会报告公司关联交易总体状况、风险程度、结构分布、控制措施及工作建议等，按年度分别向董事会、股东大会做好公司关联交易及其管理情况的总体报告； 11. 根据董事会授权，需要履行的其他职责。
华能信托	是	3	拟订公司风险管理政策和重大风险管理解决方案；审议公司风险管理组织机构设置及其职责；定期审查公司风险管理、合规管理、内部审计工作报告，就完善内部控制向董事会提出建议；董事会授予的其他职责。
华融信托	是	3	监督董事会决议的执行情况；检查公司内部控制制度执行和风险管理制度落实情况；提议聘请或更换外部审计机构；检查公司内部审计工作，监督公司内部审计制度完善及其实施，对内部审计部门的工作程序和工作效果进行评价；督促公司确保内部审计部门有效履职，并协调内部审计与外部审计之间的沟通，与外部审计讨论由审计师提交审计委员会注意的影响单位效益的年度报表或其他事项；审核公司的财务信息及其披露；在公司重大财务问题的处理上提出独立的意见；在报请董事长批准后，审计委员会可直接组织实施专门、专项审计；对审计负责人任职进行初审；向董事会汇报其决定、建议；公司董事会授权的其他事宜。
华润信托	是	未披露	负责检查公司财务报告；监督公司内部审计制度及其实施，批准授权范围内的关联交易事项；评估公司内控制度健全性及关联交易情况；审核公司财务信息及其披露，检查、监督公司关联交易管理情况；批准公司内部审计部门负责人的任免；提出外部审计机构的聘请与更换建议。
华鑫信托	是	3	负责内、外部审计的沟通、监督和核查工作以及重大关联交易的审核。
华信信托	是	3	监督管理内部审计工作；对高管人员的经营行为进行检查监督。
吉林信托	是	3	负责批准公司内部审计制度、中长期审计规划和年度工作计划，监督公司的内部审计基本制度及其实施；负责内部审计与外部审计之间的沟通。
建信信托	是	2	1. 向董事会提议聘请或更换外部审计机构； 2. 监督公司的内部审计制度的制定及其实施； 3. 负责内部审计与外部审计之间的沟通； 4. 审核公司的各项相关业务信息及其披露； 5. 评价公司的内控制度； 6. 监督监管机构及其他外部部门对公司提出意见的整改，并向董事会报告； 7. 董事会授予的其他职责。
江苏信托	是	3	审议关于公司财务审计、内部控制的规划、制度、规则、报告等，为董事会决策提供依据和建议；监督公司内部审计制度实施。
交银国际信托	是	3	研究和拟订公司风险管理战略及总体政策；研究和拟订公司合规管理战略及总体政策；对公司信用、市场、操作等风险管理情况，以及关联交易、授权管理、合规管理情况进行监督；对公司风险管理状况、风险承受能力及水平进行评估；定期审阅反洗钱工作报告，及时了解重大洗钱风险事件及处理情况等。
金谷信托	是	3	负责公司的风险控制、管理、监督和评估，以及公司内外部审计的沟通、监督和核查等工作。
昆仑信托	是	3	检查内部审计监督部门职责要求、目标及有关的审计监督政策；监督公司内部审计质量与财务信息披露；检查公司风险及合规状况；负责公司年度审计工作。
陆家嘴信托	是	3	监督公司内部审计制度及其实施；负责内部审计与外部审计之间的沟通；审核公司的财务信息及其披露；提议聘请或更换外部审计机构；董事会授予的其他职责。
平安信托	是	3	提议聘请或更换外部审计机构；审核公司内部审计基本制度；听取并审议外部审计机构报告；监督公司内部审计制度及其实施；监督公司遵守国家法律、法规等合规经营情况等。
厦门国际信托	是	3	提议聘请和更换外部审计机构；审批审计部提交的年度审计工作计划；每季度听取并审议审计部的工作报告；审批审计部提交的年度审计工作报告；审议批准公司案防工作总体政策，推动案防管理体系建设；明确高级管理层有关案防职责及权限，确保高级管理层采取必要措施有效监测、预警和处置案件风险；提出案防工作整体要求，审议案防工作报告；考核评估公司案防工作有效性；确保内审稽核对案防工作进行有效审查和监督；定期审阅反洗钱工作报告，并及时了解重大洗钱风险事件及处理情况；向董事会提交反洗钱工作有关报告与洗钱风险管理有关意见。

续表

公司简称	是否设置	审计委员会人数(人)	审计委员会职能
山东信托	是	3	1. 就外聘审计师的委任、重新委任及罢免撤换向董事会提供建议,批准外聘审计师的薪酬及聘用条款,及处理任何有关该审计师辞职或辞退该审计师的问题; 2. 按适用的标准检讨及监察外聘审计师是否独立客观及审计程序是否有效;审计委员会应于审计工作开始前先与审计师讨论审计性质及范畴及有关申报责任; 3. 就外聘审计师提供非审计服务制定政策,并予以执行。就此规定而言,外聘审计师包括与负责审计的公司处于同一控制权、所有权或管理权之下的任何机构,或一个合理知悉所有有关资料的第三方,在合理情况下会断定该机构属于该负责审计的公司的本土或国际业务的一部分的任何机构,审计委员会应就其认为必须采取的行动或改善的事项向董事会报告,并提出建议; 4. 监察公司的财务报表及公司年度报告及账目、半年度报告及(若拟刊发)季度报告的完整性、准确性及公正性,并审阅报表及报告所载有关财务申报的重大意见。审计委员会在向董事会提交财务报表及公司年度报告及账目、半年度报告及(若拟刊发)季度报告前对有关报表及报告作出审阅时,应特别针对下列事项:(1)会计政策及实务的任何更改;(2)涉及重要判断的事项;(3)因审计而出现的重大调整;(4)企业持续经营的假设及任何保留意见;(5)是否遵守会计准则;(6)是否遵守有关财务申报的上市规则及其他法律规定。 5. 就上述(4)项而言: (1)审计委员会委员须与公司的董事会及高级管理人员联络。审计委员会须至少每年与公司的外聘审计师召开两次会议;(2)审计委员会应考虑于该等报告及账目中所反映或需反映的任何重大或不寻常事项,并须适当考虑任何由公司的属下会计及财务汇报职员、监察主任或审计师提出的事项; 6. 检讨公司的财务监控,以及(除非有另设的董事会辖下风险控制审计委员会又或董事会本身会明确处理)检讨公司的风险管理及内部监控系统; 7. 与管理层讨论风险管理及内部监控系统,确保管理层已履行职责建立及维持有效的系统。讨论包括考虑公司在会计及财务汇报职能方面的资源、员工资历及经验是否足够及员工所接受的培训课程和有关预算是否充足; 8. 主动或应董事会的委派,就有关风险管理及内部监控事宜的重要调查结果及管理层对调查结果的响应进行研究; 9. 须确保内部和外聘审计师的工作得到协调;也须确保内部审核功能在公司内部有足够资源运作,并且有适当的地位;以及审查及监察内部审核功能是否有效; 10. 检讨集团的财务、会计政策及实务; 11. 检查外聘审计师给予管理层的审核情况说明函件、审计师就会计记录、财务账目或监控制度向管理层提出的任何重大疑问及管理层作出的响应; 12. 确保董事会及时响应于外聘审计师给予管理层的审核情况说明函件中提出的事宜; 13. 就上市规则的附录十四中标题为"审核审计委员会"内所载的事宜向董事会汇报; 14. 审计委员会应处理以下事项:(1)检讨公司有设定如下安排:公司雇员可暗中就财务汇报、内部监控或其他方面可能发生的不正当行为提出关注。审计委员会应确保有适当安排,让公司对此等事宜作出公平独立的调查及采取适当行动;(2)审计委员会应制定举报政策及系统,让雇员及其他与公司有往来的人士可暗中向审计委员会提出其对任何可能关于公司的不正当行为的关注; 15. 担任公司与外聘审计师之间的主要代表,负责监察二者之间的关系; 16. 公司董事会授权的其他事宜。
山西信托	是	7	审定公司风险管理的原则和政策,推动案防管理体系建设;在授权范围内,对公司重大事项的风险进行评审,检查、指导公司日常风险管理、案防工作;审定公司内部审计计划,监督公司财务运行,提议聘请或更换外部审计机构。
陕国投	是	4	1. 向董事会提交公司全面风险管理年度报告; 2. 确定公司风险管理的总体目标、风险偏好、风险承受度、风险管理策略和重大风险管理解决方案; 3. 为董事会督导公司风险管理文化建设提供建议; 4. 审批重大风险管理政策和程序; 5. 审议公司风险管理组织机构设置及其职责; 6. 提出完善公司风险管理和内部控制的建议; 7. 审批公司拟开展的以下活动: (1)设立新机构;(2)从事重大收购和投资;(3)开发新产品、对现有产品进行重大改动、拓展新的业务领域等金融创新; 8. 对公司自有财产和信托财产的风险状况进行定期评估; 9. 对公司信托业务和自营业务的风险控制及管理情况进行监督; 10. 对公司信息披露的真实性、准确性、完整性和合规性等进行监督;审批全面风险和各类重要风险的信息披露; 11. 监督公司内部审计制度及其实施; 12. 负责内部审计与外部审计之间的沟通; 13. 审核公司的财务信息及其披露; 14. 提议聘请或更换外部审计机构; 15. 审议批准案防工作总体政策,推动案防管理体系建设;明确高级管理层有关案防职责及权限,确保高级管理层采取必要措施有效监测、预警和处置案件风险;提出案防工作整体要求,审议案防工作报告;考核评估本机构案防工作有效性;确保内审稽核对案防工作进行有效审查和监督; 16. 风险管理部和监察审计部每季度应制订下一季度履职计划,经董事会办公室报董事长审定; 17. 董事会安排的事宜及相关法律法规中涉及的其他事项。 风险管理与审计委员会在年度报告工作中的特别职责: 1. 应当与会计师事务所协商确定年度财务报告审计工作的时间安排; 2. 督促会计师事务所在约定时限内提交审计报告,并以书面意见形式记录督促的方式、次数和结果,以及相关负责人的确认签字; 3. 应在年审注册会计师进场前审阅公司编制的财务会计报表,形成书面意见; 4. 在年审注册会计师进场后加强与年审注册会计师的沟通,在年审注册会计师出具初步审计意见后再一次审阅公司财务会计报表,形成书面意见; 5. 应对年度财务会计报表进行表决,形成决议后提交董事会审核; 6. 应当向董事会提交会计师事务所从事本年度公司审计工作的总结报告; 7. 应当向董事会提交下年度续聘或改聘会计师事务所的决议。

续表

公司简称	是否设置	审计委员会人数(人)	审计委员会职能
上海信托	是	3	监督公司的内部审计制度实施；负责内部审计与外部审计之间的沟通；审核公司的财务信息及其披露；对重大关联交易进行审计；提议聘请或更换外部审计机构；董事会授权的其他事宜。
四川信托	是	3	提议聘请或更换外部审计机构；监督公司的内部审计制度及其实施；负责内部审计与外部审计之间的沟通；审核公司的财务信息及其披露；审查公司内控制度等。
苏州信托	是	5	负责公司与外部审计的沟通及对其的监督核查、对内部审计的监管，以及评估、分析公司内控机制和风险管理方面存在的问题。
天津信托	是	2	负责对公司内、外部审计和信息披露以及重大关联交易进行监督和审查。
外贸信托	是	3	负责内部及外部审计工作，对公司内部控制管理工作进行监督，核查财务信息披露等。
万向信托	是	3	确定公司风险管理的总体目标、风险偏好、风险承受度、风险管理策略和重大风险管理解决方案；评估公司关联交易业务风险；监督公司信托业务和自营业务的风险控制及管理；监督公司信息披露的真实性、准确性、完整性和合规性；提出完善公司风险管理和内部控制及内部审计实施的建议等。
五矿信托	是	3	主要负责拟订公司风险管理政策和重大风险管理解决方案，督促公司各项业务的合规、合法运作，以防范和控制业务风险。
西部信托	是	3	对管理层的经营情况、内控制度的制定和执行情况的监督检查。
西藏信托	是	3	监督、审核公司内部审计制度及其实施、信息披露、财务信息；负责内部审计与外部审计之间的沟通；提议聘请或更换外部审计机构等。
新华信托	是	6	提议聘请全国前十大会计师事务所及“四大”会计师事务所（即普华永道、安永、毕马威和德勤）中的一家对公司年度财务情况进行审计，由董事会报股东大会批准；负责任命公司内审稽核部门负责人；审议公司内部审计的主要制度，报董事会审核批准后组织实施；审议公司内审稽核部门年度工作计划、中长期审计规划，并对其工作进行监督、指导；定期向董事会报告审计工作情况，并抄送监事会和高级管理层；审议公司的内部审计报告，将审议意见报董事会审核批准，并抄送公司高级管理人员、监事会，呈报监管部门；配合监管部门、监事会进行检查活动，组织执行前述部门、组织机构和注册会计师检查审计意见或建议，并对该检查意见或建议不执行或执行不力的部门及人员，向公司提出处理意见；公司董事会授予的其他职权。
新时代信托	未披露	未披露	未披露
兴业信托	是	5	主要负责公司审计与风险的控制、管理、评估和监督，同时负责公司内、外部审计的沟通、监督和核查工作以及重大关联交易的审核。
雪松信托	未披露	未披露	未披露
英大信托	是	3	负责监督公司内、外部审计工作。
粤财信托	是	7	监督公司的内部审计制度及其实施；审核、批准公司年度审计计划、审计报告；向董事会推荐并聘请外部审计机构对公司进行审计；评估公司内部控制有效性；负责审议批准公司内部审计质量内部评估报告；负责批准聘请内部审计质量外部评估机构；负责内部审计与外部审计之间的沟通；负责公司关联交易的管理，根据授权批准或备案一般关联交易，审查公司重大关联交易，并提交董事会审议批准；定期向董事会汇报工作情况，并提交书面报告；有关法律、法规、公司章程规定及董事会授权的其他职责。
云南信托	是	3	监督公司的内部审计制度及其实施。
长安信托	是	5	监督公司重大经营活动的合法性、合规性，保证有关法律、法规、监管规章的贯彻执行；提议聘请或更换外部审计机构；检查、监督、评价公司内部审计工作情况和内部审计制度的建设；监督指导公司财务活动并对重大事项进行审计等。
长城新盛信托	是	3	1. 经董事会授权，审核内部审计章程等重要制度和报告； 2. 选聘公司年度审计所需的会计师事务所，如财政部、银保监会等有关部门有特殊规定的从其规定； 3. 审批公司年度内部审计计划，指导、考核和评价内部审计工作； 4. 审查公司内控制度，监督、检查公司内部控制制度的建立、健全与执行情况； 5. 董事会授权的其他职权。
浙金信托	是	3	负责检查公司风险及合规状况、会计政策、财务报告程序和财务状况；审核、评议公司年度审计工作计划；指导内部审计工作，负责对公司内部审计制度的有效性及其执行情况进行监督；负责内部审计与外部审计之间的沟通与协调；提议聘请或更换外部审计机构，并就审计后的财务报告信息的真实性、准确性、完整性和及时性作出判断性报告，提交董事会审议；董事会授权的其他事宜。
中诚信托	是	7	1. 对聘请或更换外部审计机构提出建议； 2. 审议评价公司的内部审计制度，并对其执行情况进行检查； 3. 审议评价公司重要的会计及财务政策并提出意见和建议； 4. 审议评价公司的财务报告及其信息披露状况； 5. 必要时对公司经营活动提出专项审计建议； 6. 审议公司内部重大违反财经纪律的事项，并提出处理建议； 7. 公司董事会授权的其他相关事项。
中国民生信托	是	5	1. 对公司信息披露的真实性、准确性、完整性和合规性等进行监督； 2. 监督公司内部审计制度及其实施； 3. 负责内部审计与外部审计之间的沟通； 4. 审核公司的财务信息及其披露； 5. 提议聘请或更换外部审计机构； 6. 董事会授予的其他职责。

续表

公司简称	是否设置	审计委员会人数(人)	审计委员会职能
中海信托	是	3	指导公司内部控制体系建设;提议聘请或更换外部审计机构;监督公司的内部审计制度及其实施;负责内部审计与外部审计之间的沟通;审核公司的财务信息及其披露;审查公司内控制度;对公司内部审计机构负责人的任免提出意见等。
中航信托	是	3	负责监督公司内、外部审计工作。
中建投信托	是	3	1. 根据公司发展战略,制订、审核公司风险管理工作规划,评价公司战略目标和经营计划所涉及的风险因素,并向董事会提出建议; 2. 定期审核、评议公司风险管理政策,促进风险管理政策的合法合规和及时有效; 3. 从风险控制角度,监督公司各项规章制度的执行情况,并对公司重大经营决策进行风险监测和评价; 4. 审阅公司风险管理工作报告,对风险管理工作提出改善意见和建议; 5. 审核、批准公司的风险控制流程与风险计量模型和方法的监测、调整等相关工作; 6. 审核、评议公司年度审计工作规划; 7. 负责对公司内部审计制度的有效性及其执行情况进行监督; 8. 负责内部审计与外部审计之间的沟通与协调; 9. 对公司关联交易业务风险进行评估,对重大关联交易事项进行审查并提交董事会审议; 10. 提议聘请或更换外部审计机构; 11. 董事会授权的其他事宜。
中粮信托	是	3	1. 制定、审核、批准公司的风险管理和内部控制的政策、程序并报请董事会审议; 2. 对公司信托业务、自营业务及其他业务的风险控制及风险管理政策、程序、执行情况进行监督; 3. 对公司固有财产和信托财产的风险状况进行定期评估; 4. 对公司合规风控部、审计部的工作程序和工作效果进行评议; 5. 提议聘请或更换外部审计机构; 6. 监督公司的制度建设及其执行情况; 7. 监督董事会决议的执行情况; 8. 审核公司的财务信息及其披露; 9. 审查公司内控制度; 10. 审查公司在遵守反洗钱相关内部政策和规程方面的情况; 11. 审查公司消费者权益保护制度建设和工作情况; 12. 按监管规定要求履行案防职责; 13. 法律法规、监管规定、《公司章程》及公司董事会要求或授权的其他职责或事项。
中融信托	是	3	对公司经营管理进行全面监督,防范公司面临的各类风险,保证公司各项业务运作符合有关法律法规; 对公司固有业务关联交易的决策进行监督和控制,防范不正当关联交易导致公司所承担的各类风险。
中泰信托	是	5	负责公司的风险控制、管理、监督和评估,以及公司内外部审计的沟通、监督和核查等工作。
中铁信托	是	3	负责公司风险的控制、管理、监督和评估;负责公司关联交易的审查;负责公司内、外部审计的监督和核查工作。
中信信托	是	3	审核和监督风险控制和内部审计年度计划的制订和执行,评估风险控制和审计结果,并提出改进建议等。
中原信托	是	4	审议公司年度内部审计工作计划,审议聘用或者解聘外部审计机构,监督和指导内部审计工作,监督和审核公司的财务信息,审查公司内控制度的有效性,对重大关联交易进行审计,以及董事会授予的其他职责。
重庆信托	是	5	负责审定公司内部审计制度;负责提议聘请或更换外部审计机构;负责审定公司内部审计部门的年度审计工作计划;负责审定公司内部审计部门提交的年度工作总结;负责批准公司内部审计方案;负责公司内部审计部门负责人的任免;负责研究审定公司内部审计部门报送的审计报告;指导公司内部审计工作,检查、监督公司内部审计实施情况;负责对公司内部审计部门工作成效进行评价;审查评估公司内部控制的健全性和有效性;监督公司业务经营活动的真实性、合法性等。
紫金信托	是	3	1. 合法合规性审查; 2. 风险控制审查; 3. 财务及内控审查; 4. 审计工作及审查; 5. 关联交易审查; 6. 案防工作及审查; 7. 公司董事会授权的其他事宜。

经统计,62 家信托公司在董事会下设了人事薪酬委员会,60 家信托公司对董事会下设人事薪酬委员会的委员人数设置作了披露,61 信托公司对董事会下设人事薪酬委员会的职能作了披露(见表 7 -1 -8)。通过对 60 家已经披露的人事薪酬委员会的委员人数情况分析可见,人事薪酬委员会的平均设置人数为 3. 36 人。

表7-1-8　信托公司2019年末董事会下设人事薪酬委员会情况

公司简称	是否设置	人事薪酬委员会人数(人)	人事薪酬委员会职能
爱建信托	是	3	高级管理人员的提名和审核；研究制定高管人员的薪酬计划与考核方案；审查高管人员的职责履行情况并对其进行年度绩效考评；监督公司薪酬制度的制定与执行情况。
安信信托	是	未披露	未披露
百瑞信托	是	4	审查董事、高级管理人员资格及选任；审议董事、监事薪酬方案；审议公司内部管理机构的设置与调整方案；审查公司工资总额机制、薪酬管理方案及公司工资总额；审查公司高级管理人员年度考核结果及高级管理人员薪酬；决定办理董事、监事及高级管理人员履职责任保险；监督公司年度用工总量、薪酬制度执行情况；审议人力资源管理相关制度、政策；其他应当审议的事项。
北方信托	是	4	代表董事会对公司激励机制建设、薪酬分配进行管理，是公司薪酬分配的管理机构，负责拟定董事和高级管理层成员的选任程序和标准，对董事和高级管理层的任职资格进行初步审核，并向董事会提出建议。
北京信托	是	3	1. 根据经营活动情况、资产规模和股权结构对董事会的规模和构成向董事会提出建议； 2. 研究董事和经营班子的选择标准和程序，并向董事会提出建议； 3. 广泛搜寻合格的董事和经营班子的人选； 4. 对董事候选人和经理人选进行审查并提出建议； 5. 对须提请董事会聘任的其他高级管理人员进行审查并提出建议； 6. 根据董事及高级管理人员管理岗位的主要范围、职责、重要性及其他相关企业相关岗位的薪酬水平制订薪酬计划或方案； 7. 薪酬计划或方案主要包括但不限于绩效评价标准、程序及主要评价体系，奖励和惩罚的主要方案和制度等； 8. 审查公司董事（非独立董事）及高级管理人员履行职责情况并对其进行年度绩效考评； 9. 负责对公司薪酬制度执行情况进行监督。
渤海信托	是	3	主要负责拟订董事和高级管理层成员的选任程序和标准，对董事和高级管理层成员的任职资格进行初步审核，并向董事会提出建议；审议公司薪酬管理制度和政策，拟定董事和高级管理层成员的薪酬方案，向董事会提出薪酬方案建议，并监督方案实施；制定公司董事及高级管理层成员的考核标准并进行考核。
大业信托	是	3	在评价公司的绩效考核办法和薪酬管理制度，并提出建议。
东莞信托	是	3	拟定董事和高管人员的选任程序和标准，对董事和高管人员的任职资格进行初步审核；负责董事及高级管理人员的任职、薪酬与考核管理。
光大兴陇信托	是	3	拟定董事、独立董事、监事及高级管理人员的薪酬方案，并向董事会提出薪酬方案的建议；负责对公司薪酬制度执行情况进行监督；拟定董事会年度费用预算方案，向董事会提出建议；董事会授予的其他职责。
国联信托	是	3	负责审核人力资源管理政策，研究薪酬策略，决定薪酬标准。
国民信托	是	3	拟定董事和高级管理人员的薪酬标准； 依据董事会批准的高级管理人员激励考核标准对其进行考核；对公司人力资源发展规划及长期激励策略进行研究等董事会授予的其他职责。
国通信托	是	3	研究董事、监事、总经理和其他高级管理人员的薪酬标准，根据董事、监事、总经理和其他高级管理人员的职责与重要性，参考同业相关岗位的薪酬水平，制定薪酬计划或方案并监督薪酬计划或方案的实施；拟定考核标准，审查董事、总经理和其他高级管理人员履行职责情况并对其进行年度绩效考评，提交考核评价意见；负责对公司薪酬制度执行情况进行监督；研究董事、高级管理层人员的选择标准和程序，并向董事会提出建议；广泛搜寻合格的董事和经理层人员的人选；对董事、高级管理层人员人选进行审查并提出建议；董事会授予的其他职权。
国投泰康信托	是	2	1. 制定公司的薪酬体系和激励体系； 2. 制定公司经营管理人员的考核体系； 3. 根据董事会批准的考核指标在董事会授权范围内进行考核等工作； 4. 制定为员工设置的基于股权的激励计划或奖励； 5. 对公司薪酬与考核制度执行情况进行监督； 6. 有权向董事会提交薪酬与考核方面的议案； 7. 董事会授予的其他职责。
国元信托	是	3	负责拟定董事和高级管理层成员的选任程序和标准；对董事和高管层成员的任职资格进行初步审核，并向董事会提出建议； 负责审议公司薪酬管理制度和政策，拟定董事和高管层成员的薪酬方案，向董事会提出薪酬方案建议，并监督方案实施。
杭州工商信托	是	3	研究董事、高级管理经理人员的选择标准和程序并提出建议；广泛搜寻合格的董事和高级管理人员的人选；对董事候选人和高级管理人员人选进行审查并提出建议；研究董事与高级管理人员绩效考核的标准并提出建议；就公司董事及高级管理人员的薪酬政策及架构，以及制定该等政策的程序等薪酬政策向董事会提出建议；对公司薪酬制度的执行情况进行监督；董事会授权的其他事宜。
湖南信托	是	3	负责制定公司发展战略，并负责监督、检查公司战略和年度计划、投资方案的执行情况；负责拟定公司高级管理人员选择标准、选择程序，对其任职资格和任职条件进行初步审核等；负责拟定公司内部机构设置及人力资源整体调配方案；负责拟订公司薪酬和其他激励计划，并监督实施。

续表

公司简称	是否设置	人事薪酬委员会人数（人）	人事薪酬委员会职能
华澳信托	是	3	1. 在董事会授权的范围内，研究和审定公司的薪酬政策和方案，制定和修改公司员工和高级管理层的薪酬及激励政策、商业养老方案及董事会不时决定的其他有关的重大方针。 2. 每年至少审议一次公司薪酬制度的有关政策、目标及具体条款，并向董事会提出修订建议。 3. 根据公司的有关薪酬政策和目标，每年对公司总裁的工作业绩进行一次考核，根据考核结果确定其薪资水平和激励政策。 4. 根据公司薪酬制度的有关政策和目标，每年对公司其他高级管理人员的工作业绩进行一次考核，根据考核结果确定其薪资奖励水平。 5. 制定有关公司高级管理人员薪酬制度的年度评估报告。 6. 就有关薪酬激励制度向董事会提出建议。
华宝信托	是	3	负责制定公司董事及高级管理人员的考核标准并进行考核；制定、审查公司董事及高级管理人员的薪酬政策与方案；制定公司长期激励机制和方案，为公司发展提供人才激励保障；制定公司人力资源发展规划。
华宸信托	是	1	寻找符合要求的董事候选人（候选人也可以由股东、董事或其他人推荐），并根据银监会关于金融机构高级管理人员任职资格的要求对其进行初步审查；寻找符合要求的总经理、副总经理、董事会秘书、财务总监候选人（可以由股东、董事或其他人推荐），并根据银保监会关于金融机构高级管理人员任职资格的要求对其进行初步审查； 拟订执行董事及高级管理人员的薪酬待遇，并就非执行董事的薪酬向董事会提出建议；董事会授权的其他事项。
华能信托	是	3	拟定公司高级管理人员的薪酬与奖励政策，并提请董事会审批；对公司高级管理人员进行考核，并出具绩效评价报告，报董事会核准； 审议公司职工的薪酬福利及绩效考核方案； 董事会授予的其他职责。
华融信托	是	3	提名独立董事人选，对独立董事的资格条件进行审查并提出建议； 研究和审查董事、高级管理人员的薪酬政策与方案，并向董事会提出建议；审议高级管理层提交的公司人力资源和薪酬政策及基本管理制度，提请董事会决定，并监督相关政策和基本管理制度的执行； 董事会授权的其他事宜。
华润信托	否	不适用	不适用
华鑫信托	是	3	负责制定公司董事及高级人员的考核标准并进行考核；制定、审查公司董事及高级管理人员的薪酬政策与方案；制定公司长期激励机制和方案，为公司发展提供人才激励保障；制定公司人力资源发展规划。
华信信托	是	3	对公司薪酬体系、绩效考核、人力资源进行规划管理。
吉林信托	是	未披露	负责董事会任命人员提名及资格审核，负责薪酬制度和具体方案的评估、审定，以及落实情况的跟踪、监督。
建信信托	是	3	1. 组织拟订董事和高级管理人员的选任标准和程序，并对其候选人进行初审，提请董事会决定； 2. 审议公司薪酬方案，提请董事会决定，并监督其执行； 3. 组织拟订公司董事、监事的业绩考核办法和薪酬方案，提交董事会审议； 4. 组织对公司董事、监事及高级管理层的业绩考核，提出对董事、监事及高级管理层薪酬分配的建议，提交董事会审议； 5. 检查及批准向执行董事及高级管理人员支付的与丧失或终止职务或委任有关的赔偿，以确保该等赔偿按有关合同条款决定；若未能按有关合约条款决定，有关赔偿也须合理适当； 6. 检查及批准因董事行为失当而解雇或罢免有关董事所涉及的赔偿安排，以确保该等安排按有关合约条款决定； 若未能按有关合约条款决定，有关赔偿也须合理适当； 7. 董事会授予的其他职责。
江苏信托	是	3	审议关于公司薪酬考核的规划、制度、规则、报告等，为董事会决策提供依据和建议；监督公司薪酬考核政策实施。
交银国际信托	否	不适用	不适用
金谷信托	是	3	负责制定、审查公司高级管理人员（以下简称高管人员）的薪酬政策与方案，拟定公司高管人员的考核标准并进行考核，接受董事会授权的其他事项。
昆仑信托	是	4	研究拟定公司整体薪酬政策；拟定公司高级管理人员的薪酬制度、考核办法和激励方案；对公司高级管理人员进行绩效考评；对公司整体薪酬制度的执行情况进行指导、监督。
陆家嘴信托	是	3	根据公司经营发展战略、资产规模和业务结构等，对董事会的规模和结构向董事会提出建议；拟定公司董事和高级管理人员的选任程序和标准，对董事和高级管理人员的任职资格和条件进行初步审核，并向董事会提出建议；拟定公司董事和高级管理人员的考核标准，据此进行考核并提出建议；拟定公司董事和高级管理人员的具体薪酬和激励方案，向董事会提出薪酬方案的建议，并监督实施；董事会授权的其他事宜。
平安信托	是	3	审议公司提名与薪酬管理的策略和计划；审核公司人员编制、薪酬总额、薪酬制度、年度薪酬方案、考核方案；审议公司考核与奖惩制度等。
厦门国际信托	是	3	审查公司董事、高管人员的年度薪酬、年度效益工资提取办法、基本（固定）薪酬管理制度、员工企业年金方案并提交董事会审定；对公司薪酬制度执行情况进行监督。

续表

公司简称	是否设置	人事薪酬委员会人数(人)	人事薪酬委员会职能
山东信托	是	3	(1)就董事及高级管理层的整体薪酬政策及架构，以及就设立正规而具透明度的程序制定薪酬政策，向董事会提出建议； (2) 评审公司董事和高级管理人员的履职情况并对其进行绩效考核评价； (3) 对公司薪酬制度执行情况进行监督； (4) 因应董事会所订企业方针及目标而检讨及批准管理层的薪酬建议； (5) 就厘定个别执行董事及高级管理层的薪酬待遇，包括非金钱利益、退休金权利及赔偿金额(包括丧失或终止职务或委任的赔偿)向董事会提出建议； (6) 就非执行董事的薪酬向董事会提出建议； (7) 考虑同类公司支付的薪酬，须付出的时间及职责，以及集团内其他职位的雇用条件； (8) 检讨及批准向执行董事及高级管理层就其丧失或终止职务或委任而须支付的赔偿，以确保该等赔偿与合约条款一致；若未能与合约条款一致，赔偿也须公平合理，不致过多； (9) 检讨及批准因董事行为失当而解雇或罢免有关董事所涉及的赔偿安排，以确保该等安排与合约条款一致；若未能与合约条款一致，有关赔偿也须合理适当； (10) 确保任何董事或其任何联系人(根据上市规则的定义)不得参与厘定他自己的薪酬； (11) 就其他执行董事的薪酬建议咨询董事长及(或)总经理； (12) 董事会授权的其他事宜。
山西信托	是	5	审定公司的薪酬制度，制定公司高级管理人员的绩效评价标准和薪酬标准。
陕国投	是	5	1. 根据董事及高级管理人员管理岗位的主要范围、职责、重要性及其他相关企业相关岗位的薪酬水平制订薪酬计划或方案； 2. 薪酬计划或方案主要包括但不限于绩效评价标准、程序及主要评价体系，奖励和惩罚的主要方案和制度等； 3. 审查公司董事(非独立董事)及高级管理人员的履行职责情况并对其进行年度绩效考评； 4. 负责对薪酬制度执行情况进行监督； 5. 人力资源部每季度应制定下一季度履职计划，经董事会办公室报公司董事长审定； 6. 董事会安排的事宜及相关法律法规中涉及的其他事项。
上海信托	是	3	研究、拟定和执行公司董事、经理及其他高级管理人员的考核标准和办法，并提出意见或建议；研究、拟定和审查公司董事、经理及其他高级管理人员的薪酬政策和方案，并提出意见或建议；审查公司董事及高级管理人员的履行职责情况并对其进行年度绩效考评；负责对公司薪酬制度执行情况进行监督检查；建议聘请外部中介机构提供专业咨询意见；董事会授权的其他事宜。
四川信托	是	3	研究董事和总裁的选择标准和程序并提出建议；广泛搜寻合格的董事和总裁人选；对董事候选人和总裁人选进行审查并提出建议等。
苏州信托	是	5	负责核准公司年度薪酬方案，审定公司董事及高级管理人员的考核标准；负责审定公司董事及高管人员的薪酬及激励计划与方案并提交董事会审议。
天津信托	是	3	根据董事、高级管理人员和公司员工管理岗位的主要范围、职责、重要性及其他相关公司相关岗位的薪酬水平制定薪酬计划或方案； 薪酬计划或方案主要包括但不限于绩效评价标准、程序及主要评价体系，奖励和惩罚的主要方案和制度等； 审查公司董事及高级管理人员履行职责的情况并对其进行年度绩效考评；负责对公司薪酬制度执行情况进行监督；董事会授权的其他事宜。
外贸信托	是	3	研究、制定公司高级管理人员的选择标准、程序和方法及总经理继任计划(包括人选)；对提名的高级管理人员人选进行考察；负责拟订公司高级管理人员的经营业绩考核办法和薪酬管理办法，报董事会审批；按董事会确定的管理办法，考核、评价高级管理人员的业绩，并依据考核结果，向董事会提出高级管理人员的薪酬兑现建议；研究公司整体薪酬和员工考核管理办法，并向董事会提出建议。
万向信托	否	不适用	不适用
五矿信托	是	3	主要负责拟定公司的薪酬及绩效考核方案，对公司高级管理人员进行考核，研究公司董事、总经理人选的选择标准和程序并提出建议。
西部信托	是	3	负责制定公司董事、高管人员的薪酬标准与方案，审查公司董事、高级管理人员履行职责并对其进行年度考核；负责对公司薪酬制度执行情况进行监督。
西藏信托	是	3	提名董事、经理层人员董事、经理层人员；审议关于公司薪酬考核的规划、制度、规则、报告等，为董事会决策提供依据和建议；监督公司薪酬考核政策实施。
新华信托	是	4	审议公司考核、奖惩及薪酬等涉及公司人事管理的主要制度和政策，并检查督导执行情况；根据董事、高级管理人员的岗位职责、重要性，拟定董事、高级管理层的薪酬方案和激励制度；根据监事会对董事、高级管理层履职评价情况，进行年度绩效考评，制定具体的奖惩方案；检查督导公司人事制度、薪酬制度的执行情况，并定期向董事会作报告；董事会授予的其他权限。
新时代信托	未披露	未披露	未披露
兴业信托	是	5	主要负责拟定董事和高级管理人员的薪酬方案、考核标准，监督方案的实施。
雪松信托	未披露	未披露	未披露
英大信托	是	3	负责审核公司的人事与薪酬管理制度，监督公司人力资源管理工作，对人力资源管理及绩效考核等工作提出建议和意见。

续表

公司简称	是否设置	人事薪酬委员会人数(人)	人事薪酬委员会职能
粤财信托	是	7	根据公司的经营活动情况、资产规模和股权结构对董事会及高级管理人员的规模和构成提出建议；研究董事和高级管理人员的选择标准及程序，并向董事会提出建议；在公司内及公开人才市场上广泛收集合格的董事和高级管理人员的人选；对董事候选人和高级管理人员人选进行审查并提出建议；根据董事会成员及公司高级管理人员的工作范围、职责、重要性及外部薪酬水平，提议上述人员的薪酬计划或分配方案；薪酬计划或方案包括但不限于对董事会成员及公司高级管理人员的绩效评价标准、程序和主要评价体系等；审查公司董事会成员及高级管理人员的履职情况并对其年度绩效进行考评；负责对公司薪酬制度执行情况进行监督；董事会授权的其他事宜。
云南信托	是	3	研究董事、高管、董事会秘书及由总裁提请董事会认定的其他管理人员的选择标准和程序及考核标准，并提出建议。
长安信托	是	3	研究董事、高级管理人员的选择标准和程序，并向董事会提出建议；广泛搜寻合格的董事和高级管理人员的人选；对董事候选人和高级管理人员人选进行审查并提出建议；对须提请董事会聘任的其他高级管理人员进行审查并提出建议等。
长城新盛信托	是	5	1. 研究和审查董事、监事津贴方案及高级管理人员和公司员工的薪酬政策与方案； 2. 研究和审查高级管理人员的考核标准与方案； 3. 审查公司高级管理人员的履行职责情况并组织对其进行年度绩效考评； 4. 对公司薪酬制度执行情况进行监督； 5. 董事会授权薪酬委员会的其他职权。
浙金信托	是	2	研究董事、高级管理经理人员的选择标准和程序并提出建议；广泛搜寻合格的董事和高级管理人员的人选；对董事候选人和高级管理人员的人选进行审查并提出建议；研究董事与高级管理人员绩效考核的标准并提出建议；公司董事及高级管理人员的薪酬政策及架构，以及制定该政策的程序等薪酬政策向董事会提出建议；对公司薪酬制定的执行情况进行监督；董事会授权的其他事宜。
中诚信托	是	3	1. 根据董事及高级管理人员管理岗位的主要范围、职责、重要性及其他相关企业相关岗位的薪酬水平拟订薪酬计划或方案； 2. 根据公司的经营情况比较全国同行业平均业绩水平，对公司提出的经营目标及奖惩办法进行评价并提出建议； 3. 审查公司董事及高级管理人员的履行职责情况并对公司董事及高级管理人员的奖惩提出建议； 4. 审议公司绩效考核制度、薪酬管理制度，提交董事会决定，并负责对绩效考核制度、薪酬管理制度执行情况进行监督； 5. 根据公司的经营成果对董事长、总裁等高级管理人员的特殊贡献奖励提出意见和建议； 6. 董事会授权的其他事项。
中国民生信托	是	5	1. 研究董事、监事、总裁和其他高级管理人员的薪酬标准，根据董事、监事、总裁和其他高级管理人员的职责与重要性，参考同业相关岗位的薪酬水平，制订薪酬计划或方案并监督薪酬计划或方案的实施； 2. 拟定考核标准，审查董事、总裁和其他高级管理人员履行职责情况并对其进行年度绩效考评，提交考核评价意见； 3. 负责对公司薪酬制度执行情况进行监督； 4. 研究董事、经理层人员的选择标准和程序，并向董事会提出建议； 5. 广泛搜寻合格的董事和经理层人员的人选； 6. 对董事、经理层人员人选进行审查并提出建议； 7. 董事会授权的其他职权。
中海信托	是	3	研究公司发生重大、突发性事项的对策；研究制定总体风险管理、关联交易控制政策供董事会审议；研究公司风险管理的战略结构和资源，并使之与公司的内部风险管理政策相兼容；研究重要的风险边界；对相关的风险管理、关联交易控制政策进行监督、审查和向董事会提出建议等。
中航信托	是	3	研究董事与高级管理人员考核的标准，进行考核并提出建议；研究与审查董事、高级管理人员的薪酬政策与方案。
中建投信托	是	5	1. 研究、拟订公司高级经营管理人员业绩考核办法和薪酬管理办法并提交董事会； 2. 研究并提出公司高级经营管理人员的年度薪酬方案，依据公司高级经营管理人员的业绩，拟订薪酬及奖惩建议方案并提交董事会； 3. 监督公司薪酬制度与奖惩制度的执行情况； 4. 董事会授权的其他事宜。
中粮信托	未披露	未披露	未披露
中融信托	是	3	制定公司高管人员的考核标准和薪酬标准，对公司高管人员的薪酬及奖励执行情况进行监督、检查并向董事会报告；拟定董事和高级管理人员的选任程序和标准；对董事和高级管理人员的任职资格进行初步审核，并向董事会提出建议。
中泰信托	是	5	负责制订董事及高级管理人员的薪酬政策、考核标准并进行考核。
中铁信托	是	3	拟定董事和高管人员的选任程序和标准，对董事和高管人员的任职资格进行初步审核；负责董事及高级管理人员的任职、薪酬与考核管理。
中信信托	是	3	负责拟定董事、高级管理人员、员工的薪酬、福利和其他激励计划，并监督方案的实施；拟定高级管理人员的选择标准、选择程序；对高级管理人员人选的任职资格和条件进行初步审核等。
中原信托	是	3	审议确定公司薪酬相关制度以及负责人年薪发放标准和发放办法。

续表

公司简称	是否设置	人事薪酬委员会人数(人)	人事薪酬委员会职能
重庆信托	是	5	对董事会的规模和构成向董事会提出建议；制订董事及高级管理人员薪酬计划或方案；研究董事、高级管理人员的选择标准和程序，并向董事会提出建议；搜寻合格的独立董事和高级管理人员的人选；对董事、高级管理人员人选进行审查并提出建议；审查公司董事及高级管理人员的履行职责情况；负责对公司薪酬制度执行情况进行监督；董事会授权的其他事宜。
紫金信托	是	3	审核公司薪酬政策或方案；审查公司董事及高级管理人员的履行职责情况并对其进行年度绩效考评；根据公司经营活动情况、资产规模和股权结构对董事会的规模和构成向董事会提出建议；研究董事、高级管理人员的选择标准和程序，并向董事会提出建议；向股东会、董事会提名董事和高级管理人员候选人；对董事、高级管理人员人选进行审查并提出建议；董事会授权的其他事宜。

（三）独立董事分析

设立独立董事是加强公司治理的一个重要手段。上市公司一般要求独立董事人数占全部董事人数的 1/3 以上，这对公司治理非常重要，共有 45 家信托公司符合这一标准。

表 7-1-9　披露的信托公司 2019 年末独立董事人数构成

公司简称	董事会成员人数(人)	独立董事成员人数(人)	独立董事占比(%)
爱建信托	9	3	33.33
安信信托	6	3	50.00
百瑞信托	11	3	27.27
北方信托	8	3	37.50
北京信托	13	5	38.46
渤海信托	8	3	37.50
大业信托	9	3	33.33
东莞信托	6	2	33.33
光大兴陇信托	8	3	37.50
国联信托	9	3	33.33
国民信托	8	4	50.00
国通信托	7	2	28.57
国投泰康信托	8	3	37.50
国元信托	9	3	33.33
杭州工商信托	9	3	33.33
湖南信托	13	5	38.46
华澳信托	6	2	33.33
华宝信托	9	3	33.33
华宸信托	7	3	42.86
华能信托	9	3	33.33
华融信托	9	3	33.33
华润信托	9	3	33.33
华鑫信托	6	2	33.33
华信信托	9	3	33.33
吉林信托	5	3	60.00
建信信托	9	3	33.33
江苏信托	9	3	33.33
交银国际信托	9	3	33.33
金谷信托	8	2	25.00
昆仑信托	9	3	33.33
陆家嘴信托	7	3	42.86
平安信托	9	3	33.33

续表

公司简称	董事会成员人数(人)	独立董事成员人数(人)	独立董事占比(%)
厦门国际信托	9	3	33.33
山东信托	8	3	37.50
山西信托	6	1	16.67
陕国投	9	3	33.33
上海信托	9	3	33.33
四川信托	7	3	42.86
苏州信托	8	3	37.50
天津信托	9	1	11.11
外贸信托	7	3	42.86
万向信托	13	5	38.46
五矿信托	9	3	33.33
西部信托	9	3	33.33
西藏信托	11	3	27.27
新华信托	9	3	33.33
新时代信托	9	3	33.33
兴业信托	9	3	33.33
雪松信托	9	3	33.33
英大信托	9	3	33.33
粤财信托	5	2	40.00
云南信托	9	3	33.33
长安信托	10	3	30.00
长城新盛信托	9	3	33.33
浙金信托	10	3	30.00
中诚信托	13	3	23.08
中国民生信托	12	4	33.33
中海信托	8	3	37.50
中航信托	8	3	37.50
中建投信托	10	3	30.00
中粮信托	9	3	33.33
中融信托	7	2	28.57
中泰信托	9	4	44.44
中铁信托	8	3	37.50
中信信托	9	3	33.33
中原信托	8	2	25.00
重庆信托	10	4	40.00
紫金信托	7	2	28.57
合计	590	201	34.07
平均	8.68	2.96	

除北京信托未披露董事的性别外，其他67家公司的独立董事男性人数合计为164人，占独立董事总人数的84.78%，女性人数合计为32人，占独立董事总人数的14.89%；其中30~39岁的人数为2人，占总人数的1.00%，40岁以上的人数为199人，占独立董事总人数的99.00%；独立董事的平均年龄为58.21岁，高于董事平均年龄。具体情况见表7-1-10、表7-1-11。

表7-1-10　披露的信托公司2019年末独立董事人员性别构成

公司简称	独立董事人员数(人)	其中男性人数(人)	男性所占比例(%)	其中女性人数(人)	女性所占比例(%)
爱建信托	3	3	100.00	—	—
安信信托	3	3	100.00	—	—
百瑞信托	3	3	100.00	—	—
北方信托	3	—	—	3	100.00
北京信托	5	未披露	—	未披露	—
渤海信托	3	3	100.00	—	—

续表

公司简称	独立董事人员数(人)	其中男性人数(人)	男性所占比例(%)	其中女性人数(人)	女性所占比例(%)
大业信托	3	3	100.00	—	—
东莞信托	2	2	100.00	—	—
光大兴陇信托	3	2	66.67	1	33.33
国联信托	3	3	100.00	—	—
国民信托	4	3	75.00	1	25.00
国通信托	2	2	100.00	—	—
国投泰康信托	3	3	100.00	—	—
国元信托	3	2	66.67	1	33.33
杭州工商信托	3	3	100.00	—	—
湖南信托	5	3	60.00	2	40.00
华澳信托	2	1	50.00	1	50.00
华宝信托	3	3	100.00	—	—
华宸信托	3	3	100.00	—	—
华能信托	3	1	33.33	2	66.67
华融信托	3	3	100.00	—	—
华润信托	3	1	33.33	2	66.67
华鑫信托	2	—	—	2	100.00
华信信托	3	3	100.00	—	—
吉林信托	3	3	100.00	—	—
建信信托	3	3	100.00	—	—
江苏信托	3	3	100.00	—	—
交银国际信托	3	3	100.00	—	—
金谷信托	2	2	100.00	—	—
昆仑信托	3	3	100.00	—	—
陆家嘴信托	3	1	33.33	2	66.67
平安信托	3	3	100.00	—	—
厦门国际信托	3	3	100.00	—	—
山东信托	3	2	66.67	1	33.33
山西信托	1	1	100.00	—	—
陕国投	3	3	100.00	—	—
上海信托	3	3	100.00	—	—
四川信托	3	1	33.33	2	66.67
苏州信托	3	3	100.00	—	—
天津信托	1	1	100.00	—	—
外贸信托	3	3	100.00	—	—
万向信托	5	5	100.00	—	—
五矿信托	3	2	66.67	1	33.33
西部信托	3	3	100.00	—	—
西藏信托	3	3	100.00	—	—
新华信托	3	2	66.67	1	33.33
新时代信托	3	3	100.00	—	—
兴业信托	3	3	100.00	—	—
雪松信托	3	3	100.00	—	—
英大信托	3	2	66.67	1	33.33
粤财信托	2	2	100.00	—	—
云南信托	3	3	100.00	—	—
长安信托	3	3	100.00	—	—
长城新盛信托	3	3	100.00	—	—
浙金信托	3	3	100.00	—	—
中诚信托	3	3	100.00	—	—

续表

公司简称	独立董事人员数(人)	其中男性人数(人)	男性所占比例(%)	其中女性人数(人)	女性所占比例(%)
中国民生信托	4	—	—	4	100.00
中海信托	3	2	66.67	1	33.33
中航信托	3	3	100.00	—	—
中建投信托	3	3	100.00	—	—
中粮信托	3	2	66.67	1	33.33
中融信托	2	2	100.00	—	—
中泰信托	4	4	100.00	—	—
中铁信托	3	3	100.00	—	—
中信信托	3	3	100.00	—	—
中原信托	2	1	50.00	1	50.00
重庆信托	4	3	75.00	1	25.00
紫金信托	2	1	50.00	1	50.00
合计	301	164	84.78	32	14.89

注:北京信托未披露独立董事性别情况。

表7-1-11 披露的信托公司2019年末独立董事人员年龄构成分析

序号	公司简称	独立董事人员数(人)	其中30~39岁人数(人)	30~39岁比例(%)	其中40岁以上人数(人)	40岁以上比例(%)	独立董事平均年龄(岁)
1	爱建信托	3	—	—	3	100	55.33
2	安信信托	3	—	—	3	100	59.33
3	百瑞信托	3	—	—	3	100	48.67
4	北方信托	3	—	—	3	100	61.67
5	北京信托	5	—	—	5	100	53.40
6	渤海信托	3	—	—	3	100	49.00
7	大业信托	3	—	—	3	100	70.33
8	东莞信托	2	—	—	2	100	60.50
9	光大兴陇信托	3	—	—	3	100	57.67
10	国联信托	3	—	—	3	100	52.33
11	国民信托	4	—	—	4	100	50.50
12	国通信托	2	—	—	2	100	58.00
13	国投泰康信托	3	—	—	3	100	59.67
14	国元信托	3	1	33.33	2	66.67	48.67
15	杭州工商信托	3	—	—	3	100	61.00
16	湖南信托	5	—	—	5	100	56.60
17	华澳信托	2	—	—	2	100	61.00
18	华宝信托	3	—	—	3	100	54.67
19	华宸信托	3	1	33.33	2	66.67	42.67
20	华能信托	3	—	—	3	100	57.67
21	华融信托	3	—	—	3	100	58.00
22	华润信托	3	—	—	3	100	56.67
23	华鑫信托	2	—	—	2	100	53.50
24	华信信托	3	—	—	3	100	60.33
25	吉林信托	3	—	—	3	100	57.33
26	建信信托	3	—	—	3	100	36.00
27	江苏信托	3	—	—	3	100	55.33
28	交银国际信托	3	—	—	3	100	55.00
29	金谷信托	2	—	—	2	100	63.50
30	昆仑信托	3	—	—	3	100	55.67
31	陆家嘴信托	3	—	—	3	100	47.00
32	平安信托	3	—	—	3	100	59.67

续表

序号	公司简称	独立董事人员数(人)	其中30～39岁人数(人)	30～39岁比例(%)	其中40岁以上人数(人)	40岁以上比例(%)	独立董事平均年龄(岁)
33	厦门国际信托	3	—	—	3	100	58.33
34	山东信托	3	—	—	3	100	51.00
35	山西信托	1	—	—	1	100	42.00
36	陕国投	3	—	—	3	100	52.00
37	上海信托	3	—	—	3	100	59.00
38	四川信托	3	—	—	3	100	56.33
39	苏州信托	3	—	—	3	100	57.33
40	天津信托	1	—	—	1	100	42.00
41	外贸信托	3	—	—	3	100	60.67
42	万向信托	5	—	—	5	100	57.80
43	五矿信托	3	—	—	3	100	51.33
44	西部信托	3	—	—	3	100	50.67
45	西藏信托	3	—	—	3	100	52.00
46	新华信托	3	—	—	3	100	60.33
47	新时代信托	3	—	—	3	100	46.33
48	兴业信托	3	—	—	3	100	62.67
49	雪松信托	3	—	—	3	100	53.67
50	英大信托	3	—	—	3	100	49.33
51	粤财信托	2	—	—	2	100	55.00
52	云南信托	3	—	—	3	100	57.33
53	长安信托	3	—	—	3	100	51.67
54	长城新盛信托	3	—	—	3	100	49.00
55	浙金信托	3	—	—	3	100	49.33
56	中诚信托	3	—	—	3	100	61.00
57	中国民生信托	4	—	—	4	100	57.75
58	中海信托	3	—	—	3	100	63.33
59	中航信托	3	—	—	3	100	55.00
60	中建投信托	3	—	—	3	100	62.00
61	中粮信托	3	—	—	3	100	60.67
62	中融信托	2	—	—	2	100	51.50
63	中泰信托	4	—	—	4	100	58.75
64	中铁信托	3	—	—	3	100	58.00
65	中信信托	3	—	—	3	100	58.00
66	中原信托	2	—	—	2	100	55.00
67	重庆信托	4	—	—	4	100	65.25
68	紫金信托	2	—	—	2	100	48.00
合计		201	2	1	199	99	58.21

（四）监事会及其基本情况分析

68家信托公司中，有32家披露没有发生变动，34家披露了监事变更次数和变更的详情，详见表7－1－12。

表7－1－12　披露的信托公司2019年监事变更情况

公司简称	是否变更	变更次数(次)	期内监事变更详情列示
爱建信托	是	1	2019年12月18日起，杨毅不再担任公司监事。
安信信托	是	2	因任职期限届满，原监事长马惠莉离任。 通过换届选举，选举冯之鑫任监事长一职。
百瑞信托	是	2	2019年2月，经公司工会选举，第六届监事会职工监事闫继红女士辞去职务，岳慎芳女士当选第六届监事会职工监事。 2019年11月至12月，经公司工会选举，第六届监事会职工监事赵群先生和岳慎芳女士辞去职务，高志杰先生和黄彪先生当选第六届监事会职工监事。

续表

公司简称	是否变更	变更次数(次)	期内监事变更详情列示
北方信托	否	—	
北京信托	否	—	
渤海信托	是	1	2019 年 4 月 24 日,经 2018 年股东大会审议通过,选举刘超先生接替程庆芳先生担任公司监事;经第二届监事会第一次会议审议通过,选举刘超先生出任公司监事会主席。
大业信托	否	—	
东莞信托	是	2	2019 年 7 月 12 日,经公司 2019 年股东会第二次临时会议审议通过《关于选举东莞信托有限公司第五届监事会监事的议案》,同意选举庞张欢、唐普新、陈尧燊、陶莉娜、陈国、陈玉清、刘香兰七人为第五届监事会监事。 2019 年 7 月 12 日,经公司第五届监事会第一次会议审议通过《关于选举东莞信托有限公司监事会主席的议案》,同意选举庞张欢为监事会主席。
光大兴陇信托	是	1	2019 年 3 月 27 日,经光大兴陇信托有限责任公司 2019 年第三次临时股东会审议通过,焦宇同志任公司监事,陈昱同志不再担任公司监事职务。
国联信托	否		
国民信托	是	2	2018 年 3 月,经公司股东会审议通过,陶蓉女士辞任监事,并选举常存女士为监事。 2018 年 4 月,经监事会选举,常存女士出任监事会主席。
国通信托	否	—	
国投泰康信托	是	3	2019 年 4 月 10 日,公司 2018 年股东会同意免去霍焱先生监事职务,聘任冯铁良先生为公司监事。 2019 年 8 月 30 日,公司 2019 年第三次临时股东会同意免去鲍红雨女士监事职务,聘任曲刚先生为公司监事。 2019 年 12 月 20 日,公司第六届监事会第四次会议选举曲刚先生接任公司第六届监事会主席。
国元信托	否	—	
杭州工商信托	否	—	
湖南信托	否	—	
华澳信托	是	1	原职工监事孙朋云先生于 2019 年 12 月 12 日经股东会批准不再担任职工监事职务,根据公司职工民主选举,由吴非女士于 2019 年 12 月 12 日经股东会批准担任职工监事职务。
华宝信托	是	2	会议选举沈雁、李伟毅为华宝信托监事会股东代表监事(第六届)。免去贾璐、甘龙华华宝信托监事职务。 2019 年 9 月 27 日,华宝信托 2019 年股东会第六次临时会议以通讯方式召开。会议批准《关于选举黄洪永为监事的议案》,推举黄洪永为华宝信托监事(第六届),任期自股东会决议形成之日起至本届监事会任期届满止,李伟毅不再担任华宝信托有限责任公司监事。
华宸信托	否	—	
华能信托	是	2	刘荣俊担任职工监事,于新仁不再担任职工监事。
华融信托	是	5	工作需要,经公司 2019 年第一次临时股东会审议通过,同意推选孟玲虎为公司监事,免去田玉明监事职务。 经 2019 年第六次临时股东会审议通过,同意免去祝晓军监事职务。 经 2019 年第一次临时监事会审议通过,同意推选孟玲虎为公司监事长。 经 2019 年第三次临时监事会审议通过,监事会调整履职监督委员会、财务监督委员会委员。 经公司第二届第六次职工代表大会审议通过,同意选举刘浩蔚、安维斯为公司职工监事,免去李桂英、李劲职工监事职务。
华润信托	否	—	
华鑫信托	否	—	
华信信托	否	—	
吉林信托	否	—	
建信信托	是	1	2019 年 4 月,因工作调整原因,周志賓不再担任本公司职工监事;经选举,徐谦担任公司职工监事职务。
江苏信托	否	—	
交银国际信托	是	1	2019 年 3 月,公司召开股东会,选举李琳担任公司监事,兰国光不再担任公司监事职务。
金谷信托	是	1	金谷信托第七届监事会任期届满,根据《公司法》和《公司章程》的有关规定,经股东会 2019 年第二次会议审议,进行了监事会的换届选举。选举后,第八届监事会成员为:张小琦、杨莉、张林山、张红雨。2019 年 12 月 13 日,公司工会明确王娜女士为公司第八届监事会职工监事。
昆仑信托	否	—	
陆家嘴信托	否	—	
平安信托	否	—	
厦门国际信托	否	—	
山东信托	是	2	李爱萍女士因工作调整,于 2019 年 9 月 30 日辞任公司职工代表监事职务。 张文彬先生于 2019 年 10 月 25 日获职工代表大会选举为公司职工代表监事,任期自同日起生效。

续表

公司简称	是否变更	变更次数（次）	期内监事变更详情列示
山西信托	否	—	
陕国投	是	6	2019 年 6 月 21 日，公司职工代表大会选举黎惠民为公司第九届监事会职工监事，任期与第九届监事会一致。 2019 年 7 月 10 日，经公司 2019 年第一次临时股东大会采用累计投票制方式选举，王晓芳当选公司第九届监事会监事。 2019 年 7 月 10 日，经公司 2019 年第一次临时股东大会采用累计投票制方式选举，田哲军当选公司第九届监事会监事。 2019 年 12 月 19 日，公司职工代表大会选举祁锁锋为公司第九届监事会职工监事，任期与第九届监事会一致。 2019 年 7 月 10 日，因任职期限届满，王晓烨不再担任职工监事职务。 2019 年 7 月 10 日，因任职期限届满，李易桓不再担任监事职务。
上海信托	是	1	公司于 2019 年 4 月 16 日召开公司第五届第二次职工代表大会，选举张懿弘同志为职工监事，严军同志不再担任上海国际信托有限公司监事职务。
四川信托	是	1	公司董事会、监事会于 2019 年 6 月 28 日进行了换届选举。截至 2019 年 12 月末，新任董事任职资格尚未全部完成监管核准。第三届监事会由 3 名监事组成，孔维文（职工监事）为监事会主席，另两位为股东提名的监事王静轶、喻文娅。
苏州信托	否	—	
天津信托	否	—	
外贸信托	是	2	同意选举付强强担任中国对外经济贸易信托有限公司监事，宋玉增不再担任中国对外经济贸易信托有限公司监事会主席、监事职务。 同意选举经公司职代会选举的职工监事刘郁飞担任中国对外经济贸易信托有限公司职工监事，梁虹不再担任中国对外经济贸易信托有限公司职工监事。
万向信托	是	2	2019 年 12 月，因股东调整监事人选，邵松长不再担任监事一职。 2019 年 10 月，因工作调动，熊文斌不再担任职工监事。
五矿信托	是	1	公司股东会 2019 年第四次会议、股东会 2020 年第一次会议选举王明海先生、刘雁女士、王茜女士为第四届监事会监事。公司职工代表大会选举王智瑞先生、位志宇先生为公司第四届监事会职工监事。公司原监事长姜弘先生在本次换届完成后，不再担任公司监事。
西部信托	是	1	根据股东单位彩虹集团有限公司的提名及公司原职工监事因个人原因，辞去公司职工监事职务，公司工会委员会对职工监事再次进行了选举，公司原监事会主席樊来盈变更为教忠东，原职工监事张伟变更为兰馨。公司于 2019 年 12 月 30 日完成了工商备案工作。
西藏信托	否	—	
新华信托	否	—	
新时代信托	否	—	
兴业信托	是	1	因公司监事会换届原因，2019 年 2 月 24 日，经公司 2019 年第二次临时股东会选举，冯开猛先生当选为公司第六届监事会非职工监事，叶美秀女士不再担任公司非职工监事职务。
雪松信托	是	1	公司于 2019 年 6 月 6 日召开了 2019 年第三次临时股东大会，选举赵斌、张轶骞为第三届监事会非职工监事，与职工监事王雁共同组成公司第三届监事会，任期 3 年。2019 年 9 月 29 日公司完成监事工商变更备案登记，监事会换届顺利完成。
英大信托	是	1	2019 年 1 月，根据公司工会会员大会推选，冯书出任公司职工监事。
粤财信托	是	2	公司原监事长蒋健冬女士因工作需要不再担任公司监事长。根据股东单位广东粤财投资控股有限公司提名，2019 年 11 月公司第三次临时股东会推荐彭金灯先生担任公司监事，第六届监事会第八次会议选举彭金灯先生为公司监事长。
云南信托	否	—	
长安信托	否	—	
长城新盛信托	否	—	
浙金信托	是	1	因王利生女士辞去公司监事职务，2019 年 10 月 29 日公司股东大会选举陈伟先生为公司监事。
中诚信托	是	1	2019 年 4 月 26 日召开 2018 年股东会选举张纪军先生为公司第五届监事会监事，原监事曹剑锋先生不再担任公司监事职务。
中国民生信托	是	3	2019 年 7 月 19 日，经职工代表大会 2019 年第一次会议审议通过，选举欧阳燕红、马世崧、李世朝为公司第三届监事会职工监事。吴斌不再担任公司职工监事。 2019 年 8 月 26 日，经公司 2019 年第二次临时股东会审议通过，选举张博、张喜芳、赵英伟、马骅、舒高勇、田吉申、陈基建、李源光为第三届董事会董事，选举刘纪鹏、严法善、张金清、王建新为第三届董事会独立董事。卢志强、李明海、王彤、陈怀东不再担任公司董事，齐逢昌、田忠华不再担任公司独立董事。选举宋宏谋、程果琦、刘国升、冯壮勇、赵岩、张冬梅为公司第三届监事会监事。赵英伟、刘冰、李能、石磊不再担任公司监事。 2019 年 8 月 26 日，经公司第三届监事会第一次会议审议通过，由宋宏谋担任监事会主席，赵英伟不再担任监事会主席；程果琦担任监事会副主席，宋宏谋不再担任监事会副主席。
中海信托	是	2	2019 年 6 月，经股东中国海油提名，公司股东大会 2019 年第一次临时会议和第四届监事会第六次会议审议选举任敏担任公司监事、监事会主席职务，王宇凡不再担任公司监事会主席职务。 2020 年 4 月，经股东中国海油提名，公司股东大会 2020 年第一次临时会议和第四届监事会第十次会议审议选举金伟根担任公司监事、监事会主席职务，任敏不再担任公司监事会主席职务。

续表

公司简称	是否变更	变更次数(次)	期内监事变更详情列示
中航信托	是	3	2019 年 1 月 26 日,因个人及组织安排原因,章建康不再担任公司董事、吴壮不再担任公司监事、王旺松担任公司监事。 2019 年 2 月 21 日,经监事会选举产生,王旺松担任公司监事会主席。 2019 年 10 月 31 日,因个人原因,康慧珍不再担任公司监事。
中建投信托	否	—	
中粮信托	是	1	报告期内,原监事会主席许良因工作调整调任中粮集团其他下属公司,2020 年 4 月,公司监事会完成换届选举,李德罡当选公司监事会主席。
中融信托	是	2	2019 年 1 月,因工作变动,并经 2019 年第一次临时股东会审议通过,张磊不再担任监事长职务。 2019 年 1 月,由股东推荐,并经 2019 年第一次临时股东会审议通过,高兴山担任监事长职务。
中泰信托	否	—	
中铁信托	是	1	公司于 2019 年 1 月召开二届一次职代会联席会议 2019 年第二次会议,审议通过选举郭洋为公司职工监事,并在公司第五届监事会第五次会议予以通报。
中信信托	否	—	
中原信托	否	—	
重庆信托	否	—	
紫金信托	是	1	2019 年 5 月 31 日,公司职工代表大会选举蒋一雷先生为公司第三届监事会职工代表监事,任期与本届监事会任期一致。

截至 2019 年末,68 家信托公司均设立了监事及监事会,合计监事会成员人数为 290 人,平均每家设置监事 4. 26 人。除北京信托未披露监事性别外,其他 67 家公司男性合计为 201 人,占监事会成员总人数的 71. 02%;女性合计为 82 人,占比为 28. 97%。与董事的性别构成比较,监事的男性占比大于董事的女性占比。详见表 7 -1 -13。

表 7 -1 -13　披露的信托公司 2019 年末监事会人员性别构成

公司简称	监事会成员人数(人)	其中男性人数(人)	男性比例(%)	其中女性人数(人)	女性比例(%)
爱建信托	5	4	80. 00	1	20. 00
安信信托	3	2	66. 67	1	33. 33
百瑞信托	8	7	87. 50	1	12. 50
北方信托	6	3	50. 00	3	50. 00
北京信托	7	未披露	—	未披露	—
渤海信托	3	2	66. 67	1	33. 33
大业信托	5	2	40. 00	3	60. 00
东莞信托	7	4	57. 14	3	42. 86
光大兴陇信托	2	—	—	2	100. 00
国联信托	3	2	66. 67	1	33. 33
国民信托	3	1	33. 33	2	66. 67
国通信托	5	3	60. 00	2	40. 00
国投泰康信托	3	3	100. 00	—	—
国元信托	3	2	66. 67	1	33. 33
杭州工商信托	3	2	66. 67	1	33. 33
湖南信托	4	3	75. 00	1	25. 00
华澳信托	3	2	66. 67	1	33. 33
华宝信托	3	3	100. 00	—	—
华宸信托	3	3	100. 00	—	—
华能信托	3	2	66. 67	1	33. 33
华融信托	7	4	57. 14	3	42. 86
华润信托	3	2	66. 67	1	33. 33
华鑫信托	3	2	66. 67	1	33. 33
华信信托	3	3	100. 00	—	—
吉林信托	3	2	66. 67	1	33. 33
建信信托	4	4	100. 00	—	—
江苏信托	6	5	83. 33	1	16. 67
交银国际信托	3	3	100. 00	—	—

续表

公司简称	监事会成员人数(人)	其中男性人数(人)	男性比例(%)	其中女性人数(人)	女性比例(%)
金谷信托	5	1	20.00	4	80.00
昆仑信托	5	5	100.00	—	—
陆家嘴信托	5	4	80.00	1	20.00
平安信托	4	3	75.00	1	25.00
厦门国际信托	3	3	100.00	—	—
山东信托	9	8	88.89	1	11.11
山西信托	4	1	25.00	3	75.00
陕国投	6	5	83.33	1	16.67
上海信托	3	3	100.00	—	—
四川信托	3	1	33.33	2	66.67
苏州信托	5	3	60.00	2	40.00
天津信托	3	1	33.33	2	66.67
外贸信托	3	3	100.00	—	—
万向信托	3	3	100.00	—	—
五矿信托	5	3	60.00	2	40.00
西部信托	3	2	66.67	1	33.33
西藏信托	3	3	100.00	—	—
新华信托	5	5	100.00	—	—
新时代信托	3	2	66.67	1	33.33
兴业信托	3	3	100.00	—	—
雪松信托	3	2	66.67	1	33.33
英大信托	3	2	66.67	1	33.33
粤财信托	3	1	33.33	2	66.67
云南信托	7	4	57.14	3	42.86
长安信托	6	3	50.00	3	50.00
长城新盛信托	5	5	100.00	—	—
浙金信托	3	1	33.33	2	66.67
中诚信托	12	9	75.00	3	25.00
中国民生信托	9	7	77.78	2	22.22
中海信托	3	1	33.33	2	66.67
中航信托	3	3	100.00	—	—
中建投信托	5	3	60.00	2	40.00
中粮信托	4	3	75.00	1	25.00
中融信托	3	3	100.00	—	—
中泰信托	3	2	66.67	1	33.33
中铁信托	5	4	80.00	1	20.00
中信信托	3	1	33.33	2	66.67
中原信托	5	5	100.00	—	—
重庆信托	5	3	60.00	2	40.00
紫金信托	3	2	66.67	1	33.33
合计	290	201	69.31	82	28.28

从监事的年龄结构来看，20～29岁的监事人数有2人，占监事总人数的0.70%；30～39岁的有42人，占比为14.79%；40岁以上的有241人，占比为84.86%；而监事的平均年龄为47.03岁，年龄结构比董事要年轻。总体来说，监事人数及其构成基本合理。详见表7-1-14。

表7-1-14　披露的信托公司2019年末监事会人员年龄构成

公司简称	监事会成员人数(人)	其中20～29岁人数(人)	20～29岁比例(%)	其中30～39岁人数(人)	30～39岁比例(%)	其中40岁以上人数(人)	40岁以上比例(%)	监事的平均年龄(岁)
爱建信托	5	—	—	1	20.00	4	80.00	48.60
安信信托	3	—	—	1	33.33	2	66.67	41.67
百瑞信托	8	—	—	1	12.50	7	87.50	46.00
北方信托	6	—	—	—	—	6	100.00	52.33

续表

公司简称	监事会成员人数(人)	其中20～29岁人数(人)	20～29岁比例(%)	其中30～39岁人数(人)	30～39岁比例(%)	其中40岁以上人数(人)	40岁以上比例(%)	监事的平均年龄(岁)
北京信托	7	—	—	—	—	7	100.00	52.86
渤海信托	3	—	—	1	33.33	2	66.67	44.67
大业信托	5	—	—	—	—	5	100.00	47.80
东莞信托	7	—	—	1	14.29	6	85.71	52.00
光大兴陇信托	2	—	—	—	—	2	100.00	46.50
国联信托	3	—	—	2	66.67	1	33.33	37.33
国民信托	3	—	—	1	33.33	2	66.67	41.67
国通信托	5	—	—	—	—	5	100.00	46.60
国投泰康信托	3	—	—	—	—	3	100.00	46.33
国元信托	3	0	—	1	33.33	2	66.67	48.00
杭州工商信托	3	—	—	—	—	3	100.00	44.67
湖南信托	4	—	—	—	—	4	100.00	50.75
华澳信托	3	—	—	—	—	3	100.00	47.00
华宝信托	3	—	—	—	—	3	100.00	48.00
华宸信托	3	—	—	—	—	3	100.00	55.67
华能信托	3	—	—	—	—	3	100.00	52.33
华融信托	7	—	—	2	28.57	5	71.43	45.14
华润信托	3	—	—	1	33.33	2	66.67	47.67
华鑫信托	3	—	—	1	33.33	2	66.67	46.67
华信信托	3	—	—	1	33.33	2	66.67	49.67
吉林信托	3	—	—	—	—	3	100.00	57.67
建信信托	4	—	—	—	—	4	100.00	52.75
江苏信托	6	—	—	—	—	6	100.00	49.00
交银国际信托	3	—	—	—	—	3	100.00	49.00
金谷信托	5	—	—	1	20.00	4	80.00	46.40
昆仑信托	5	—	—	1	20.00	4	80.00	45.80
陆家嘴信托	5	—	—	1	20.00	4	80.00	41.40
平安信托	4	—	—	1	25.00	3	75.00	47.25
厦门国际信托	3	—	—	—	—	3	100.00	47.33
山东信托	9	—	—	2	22.22	7	77.78	44.11
山西信托	4	—	—	—	—	4	100.00	47.00
陕国投	6	—	—	—	—	6	100.00	53.00
上海信托	3	—	—	—	—	3	100.00	53.00
四川信托	3	—	—	—	—	3	100.00	48.00
苏州信托	5	—	—	—	—	5	100.00	49.20
天津信托	3	—	—	1	33.33	2	66.67	45.00
外贸信托	3	—	—	—	—	3	100.00	47.00
万向信托	3	—	—	1	33.33	2	66.67	45.33
五矿信托	5	—	—	2	40.00	3	60.00	42.20
西部信托	3	—	—	1	33.33	2	66.67	44.67
西藏信托	3	—	—	—	—	3	100.00	43.33
新华信托	5	—	—	—	—	5	100.00	49.60
新时代信托	3	—	—	1	33.33	2	66.67	48.00
兴业信托	3	—	—	—	—	3	100.00	49.33
雪松信托	3	—	—	—	—	3	100.00	42.67
英大信托	3	—	—	—	—	3	100.00	51.00
粤财信托	3	—	—	—	—	3	100.00	46.33
云南信托	7	2	28.57	2	28.57	4	57.14	38.29
长安信托	6	—	—	1	16.67	5	83.33	47.17

续表

公司简称	监事会成员人数(人)	其中20～29岁人数(人)	20～29岁比例(%)	其中30～39岁人数(人)	30～39岁比例(%)	其中40岁以上人数(人)	40岁以上比例(%)	监事的平均年龄(岁)
长城新盛信托	5	—	—	—	—	5	100.00	48.40
浙金信托	3	—	—	1	33.33	2	66.67	43.00
中诚信托	12	—	—	1	8.33	11	91.67	48.33
中国民生信托	9	—	—	1	11.11	8	88.89	46.11
中海信托	3	—	—	1	33.33	2	66.67	46.00
中航信托	3	—	—	1	33.33	2	66.67	47.67
中建投信托	5	—	—	1	20.00	4	80.00	43.80
中粮信托	4	—	—	—	—	4	100.00	52.00
中融信托	3	—	—	1	33.33	2	66.67	47.67
中泰信托	3	—	—	—	—	3	100.00	49.00
中铁信托	5	—	—	1	20.00	4	80.00	44.80
中信信托	3	—	—	—	—	3	100.00	48.33
中原信托	5	—	—	1	20.00	4	80.00	46.20
重庆信托	5	—	—	—	—	5	100.00	48.60
紫金信托	3	—	—	—	—	3	100.00	48.33
合计	290	2	0.69	38	13.10	251	86.55	47.34

（五）信托公司股东派出董事和监事情况分析

根据68家信托公司所披露的情况，由股东派出的董事为449人，占董事会总人数590人的76.10%，其中，有17家信托公司的董事成员全部由股东派出，平均每家公司派出6.70人。

由股东派出的监事共178人，占监事会总人数290人的61.38%。由此可见，目前信托公司的董事和监事绝大部分是由股东派出，股东对信托公司日常经营的控制非常明显（见表7－1－15）。

表7－1－15　2019年末股东派出董事和监事情况

公司简称	董事			监事		
	总人数(人)	其中股东单位派出人数(人)	股东单位派出占比(%)	总人数(人)	其中股东单位派出人数(人)	股东单位派出占比(%)
爱建信托	9	6	66.67	5	3	60.00
安信信托	6	3	50.00	3	1	33.33
百瑞信托	11	10	90.91	8	5	62.50
北方信托	8	7	87.50	6	4	66.67
北京信托	13	8	61.54	7	5	71.43
渤海信托	8	5	62.50	3	0	—
大业信托	9	8	88.89	5	3	60.00
东莞信托	6	6	100.00	7	4	57.14
光大兴陇信托	8	5	62.50	2	1	50.00
国联信托	9	9	100.00	3	1	33.33
国民信托	8	3	37.50	3	2	66.67
国通信托	7	5	71.43	5	3	60.00
国投泰康信托	8	8	100.00	3	2	66.67
国元信托	9	6	66.67	3	2	66.67
杭州工商信托	9	9	100.00	3	2	66.67
湖南信托	13	12	92.31	4	3	75.00
华澳信托	6	6	100.00	3	2	66.67
华宝信托	9	8	88.89	3	2	66.67
华宸信托	7	4	57.14	3	2	66.67
华能信托	9	5	55.56	3	2	66.67
华融信托	9	9	100.00	7	4	57.14
华润信托	9	6	66.67	3	2	66.67
华鑫信托	6	3	50.00	3	2	66.67

续表

公司简称	董事			监事		
	总人数(人)	其中股东单位派出人数(人)	股东单位派出占比(%)	总人数(人)	其中股东单位派出人数(人)	股东单位派出占比(%)
华信信托	9	6	66.67	3	2	66.67
吉林信托	5	2	40.00	3	1	33.33
建信信托	9	6	66.67	4	2	50.00
江苏信托	9	5	55.56	6	4	66.67
交银国际信托	9	6	66.67	3	2	66.67
金谷信托	8	6	75.00	5	4	80.00
昆仑信托	9	8	88.89	5	3	60.00
陆家嘴信托	7	4	57.14	5	3	60.00
平安信托	9	6	66.67	4	2	50.00
厦门国际信托	9	6	66.67	3	2	66.67
山东信托	8	4	50.00	9	6	66.67
山西信托	6	5	83.33	4	2	50.00
陕国投	9	5	55.56	6	3	50.00
上海信托	9	8	88.89	3	2	66.67
四川信托	7	7	100.00	3	2	66.67
苏州信托	8	7	87.50	5	3	60.00
天津信托	9	8	88.89	3	2	66.67
外贸信托	7	7	100.00	3	2	66.67
万向信托	13	8	61.54	3	2	66.67
五矿信托	9	5	55.56	5	3	60.00
西部信托	9	5	55.56	3	2	66.67
西藏信托	11	11	100.00	3	2	66.67
新华信托	9	6	66.67	5	3	60.00
新时代信托	9	3	33.33	3	2	66.67
兴业信托	9	6	66.67	3	2	66.67
雪松信托	9	9	100.00	3	2	66.67
英大信托	9	5	55.56	3	2	66.67
粤财信托	5	4	80.00	3	2	66.67
云南信托	9	9	100.00	7	4	57.14
长安信托	10	9	90.00	6	4	66.67
长城新盛信托	9	8	88.89	5	3	60.00
浙金信托	10	10	100.00	3	2	66.67
中诚信托	13	8	61.54	12	7	58.33
中国民生信托	12	12	100.00	9	6	66.67
中海信托	8	5	62.50	3	2	66.67
中航信托	8	5	62.50	3	1	33.33
中建投信托	10	9	90.00	5	3	60.00
中粮信托	9	9	100.00	4	3	75.00
中融信托	7	5	71.43	3	2	66.67
中泰信托	9	9	100.00	3	2	66.67
中铁信托	8	5	62.50	5	3	60.00
中信信托	9	9	100.00	3	2	66.67
中原信托	8	5	62.50	5	3	60.00
重庆信托	10	6	60.00	5	3	60.00
紫金信托	7	7	100.00	3	2	66.67
合计	590	449	76.10	290	178	61.38

二、公司高级管理人员情况分析

（一）公司高级管理人员变动情况分析

2019 年，50 家信托公司披露有高级管理人员的变动，详见表 7－2－1。

表 7－2－1　2019 年高级管理人员变更情况

公司简称	是否变更	变更次数（次）	期内高管变更详情列示
爱建信托	是	1	2019 年 11 月 18 日，上海银保监局核准朱亚天爱建信托总经理助理任职资格。
安信信托	是	4	公司第八届董事会第一次会议聘任王荣武为公司总裁。 原董事会秘书、副总裁陶瑾宇换届后不再任其职务。 公司第八届董事会第一次会议聘任王岗为公司董事会秘书、副总裁。 公司第八届董事会第一次会议聘任陆伟军为公司合规总监。
百瑞信托	是	1	2019 年 11 月，根据本人申请并经董事会审议通过，刘英辉女士不再担任公司副总经理（高级管理人员）职务，已向河南银保监局进行了报告。
北方信托	是	2	根据公司第三届董事会 2019 年第五次临时会议决议，解聘包立杰北方国际信托股份有限公司总经理职务，聘任韩立新担任北方国际信托股份有限公司总经理，任职资格经《中国银保监会天津监管局关于韩立新任职资格的批复（津银保监复［2019］275 号）》核准，韩立新自核准之日起履行相应职责。 2020 年 4 月 17 日召开第三届董事会 2020 年第三次临时会议，会议审议通过了《关于提请审议〈韩立新不再担任北方国际信托股份有限公司总经理职务〉的议案》《关于提请审议〈聘任韩立新担任北方国际信托股份有限公司董事长〉的议案》《关于提请审议〈王燕滨代为履行北方国际信托股份有限公司总经理职务〉的议案》。聘任韩立新为北方国际信托股份有限公司董事长，不再担任北方国际信托股份有限公司总经理职务，拟任人任职资格经监管部门核准后生效。聘任王燕滨代为履行北方国际信托股份有限公司总经理职务。
北京信托	是	2	孟广杰任公司首席运营官的任职资格（京银保监复［2019］16 号）。 张昕任公司总经理助理（首席创新官）的任职资格（京银保监复［2019］336 号）。
渤海信托	否		
大业信托	是	2	2019 年 7 月，王毅先生因个人原因辞去公司董事、总经理职务，公司股东会拟聘任战伟宏先生担任公司董事会董事职务，公司董事会拟聘任战伟宏先生担任公司总经理职务。截至 2019 年 12 月 31 日，战伟宏先生的任职资格尚待监管部门核准。 2019 年 11 月，饶森元先生因个人原因辞去公司总经理助理职务。
东莞信托	是	3	2019 年 2 月 26 日，经公司第四届董事会第六十二次会议审议通过《关于聘任公司总经理助理的议案》，同意聘任黄晓光为公司总经理助理，并经中国银行保险业监督管理委员会广东监管局核准。 2019 年 6 月 28 日，经公司第四届董事会第六十五次会议审议通过《关于聘任公司副总经理兼董事会秘书的议案》，同意聘任王晓天为公司副总经理兼董事会秘书，并经中国银行保险业监督管理委员会广东监管局核准。 2019 年 7 月 12 日，经公司第五届董事会第一次会议审议通过《关于选举东莞信托有限公司董事长的议案》，同意选举黄晓雯为董事长；通过《关于聘任东莞信托有限公司总经理的议案》，同意聘任陈英为总经理；通过《关于聘任东莞信托有限公司高级管理人员及财务负责人的议案》，同意聘任冯杰为副总经理、王晓天为副总经理兼董事会秘书、张晓斌为总经理助理、黄晓光为总经理助理，张凌为财务负责人。
光大兴陇信托	是	4	2019 年 1 月，根据中国光大集团股份公司《关于王荣清等 3 名同志职务任免的通知》（光大人发［2019］4 号），王荣清同志任公司党委委员、纪委书记。 2019 年 4 月 1 日，经光大兴陇信托有限责任公司第一届董事会第四十六次会议审议通过，免去黄智洋同志光大兴陇信托有限责任公司董事会秘书职务。 2019 年 7 月 18 日，经光大兴陇信托有限责任公司第一届董事会第五十次会议审议通过，聘任蔡彤同志为公司副总裁。 2019 年 10 月 9 日，经光大兴陇信托有限责任公司第一届董事会第五十三次会议审议通过，聘任邵泉同志为公司总裁，闫桂军同志不再兼任公司总裁职务。
国联信托	是	1	因工作调整，原副总经理周志明不再担任公司副总经理。
国民信托	是	1	2019 年 4 月，经公司董事会审议通过，石俊志先生不再担任公司总经理职务，由肖鹰先生代为履行公司总经理职责。
国通信托	是	1	2019 年 2 月 21 日，中国银保监会湖北监管局核准黄健旋先生担任公司副总裁、首席风险官的任职资格（鄂银监复［2019］200 号）。
国投泰康信托	是	2	2019 年 3 月 22 日，公司第六届董事会第六次会议同意聘任曹莹女士为公司总经理助理。2019 年 6 月 5 日曹莹女士经北京银保监局核准任职资格后正式履职。 2019 年 9 月 29 日，公司第六届董事会第十一次会议同意聘任包恣群先生为公司副总经理。2019 年 11 月 27 日包恣群先生经北京银保监局核准任职资格后正式履职。
国元信托	否	—	

续表

公司简称	是否变更	变更次数（次）	期内高管变更详情列示
杭州工商信托	是	1	公司原总裁丁建萍先生因个人原因于2018年9月提请辞职，第八届董事会第三次会议审议通过《关于公司高级管理人员变更的议案》，同意丁建萍先生的辞职，丁建萍先生不再担任公司总裁等职务，聘任丁建萍先生为公司首席顾问；同意由资产管理总监江龙先生代为行使总裁职权。
湖南信托	是	3	2019年1月31日，经第四届董事会第一百零九次临时会议审议通过，聘任朱昌寿同志为公司总裁。朱昌寿同志总裁任职资格已获得监管机构湖南银保监局核准（湘银监保复[2019]167号）。《关于原副总裁朱昌寿同志任期经济责任审计报告》经2019年2月11日召开的第四届董事会第一百一十次会议审议通过。 2019年1月31日，经第四届董事会第一百零九次会议审议通过，根据公司实际控制人湖南财信金融控股集团有限公司安排，刘宪晨同志辞去公司第四届董事会董事、公司总裁、第四届董事会战略与人力资源委员会委员、第四届董事会信托委员会委员的职务。《关于刘宪晨同志离任审计报告（天职业字[2019]1515号）》经2019年2月11日召开的第四届董事会第一百一十次会议审议通过。 2019年2月11日，经第四届董事会第一百一十一次临时会议审议通过，聘任马晓琴同志为公司总裁助理。马晓琴同志总裁助理任职资格已获得监管机构湖南银保监局核准（湘银监保复[2019]124号文件）。2019年9月17日，公司第五届董事会收到总裁助理马晓琴的辞职报告，因个人原因，马晓琴申请辞去公司总裁助理及其他所担任职务。根据《公司法》《公司章程》等有关规定，马晓琴的辞职报告自送达董事会之日起生效。公司第五届董事会第二次会议通报了该情况。《原总裁助理马晓琴同志离任审计报告》经2019年12月24日召开的第五届董事会第三次会议审议通过。
华澳信托	是	3	吴瑞忠先生于2019年8月21日经董事会批准代行华澳国际信托有限公司总裁职务。 原副总裁陈鸣先生于2019年11月25日经董事会批准不再担任华澳国际信托有限公司副总裁职务，2019年12月16日正式离职。 张一明先生于2019年6月18日经董事会批准担任公司总裁助理，其任职资格于2019年10月21日经上海银保监局核准；周雷先生于2019年6月18日经董事会批准担任公司总裁助理，其任职资格于2019年10月24日经上海银保监局核准。
华宝信托	否	—	
华宸信托	否	—	
华能信托	是	5	孙磊担任公司总经理，金志培不再担任公司总经理。雷妮亚任公司副总经理兼首席合规官，顾学新任公司副总经理，郝杰、王剑任公司总经理助理。
华融信托	是	5	经2019年第二次临时董事会审议通过，同意任赵洪为公司副总经理。 经2019年第十次临时董事会审议通过，同意任王瑨为公司副总经理。 经2019年第十三次临时董事会审议通过，同意任苏小勇为公司风险总监。 经21019年第二十七次临时董事会审议通过，同意免去刘张平副总经理职务。 经2019年第三十七次临时董事会审议通过，同意免去赵洪副总经理职务。
华润信托	是	1	2019年10月，第七届董事会第三次会议审议通过《关于聘任高管的议案》，聘任郭强为公司副总经理。2019年12月，郭强副总经理任职资格经中国银行保险监督管理委员会深圳监管局核准。
华鑫信托	否	—	
华信信托	否	—	
吉林信托	是	1	报告期内，根据吉林省人民政府《关于建议张洪东任职的通知》（吉政干任[2019]59号），经吉林银保监局核准，张洪东任吉林省信托有限责任公司总经理。
建信信托	是	2	1. 公司董事会2019年第二次会议同意聘任孙庆文担任总裁职务；2019年3月22日，北京银保监局核准其任职资格（京银保监复[2019]130号文件）。 2. 公司董事会2019年第一次会议同意聘任周志寰、吴宁、黎代福担任副总裁职务。2019年4月2日，北京银保监局核准周志寰副总裁任职资格（京银保监复[2019]153号文件）；2019年4月4日，北京银保监局核准吴宁副总裁任职资格（京银保监复[2019]158号文件）、核准黎代福副总裁任职资格（京银保监复[2019]159号文件）。
江苏信托	是	1	2019年9月9日，江苏银保监局核准肖冬雪先生、黄河先生为公司副总经理（苏银保监[2019]472号文件）。
交银国际信托	是	1	2019年2月，湖北银保监局核准李依贫担任公司董事、总裁任职资格，核准唐云岳担任公司副总裁任职资格。
金谷信托	是	1	因工作调动，经第八届董事会第一次会议审议通过，周思良不再担任金谷信托总经理职务；武泽平代理总经理职务。
昆仑信托	是	1	董事会新聘任董事会秘书矫德峰。
陆家嘴信托	否	—	
平安信托	是	1	因工作调整，曹宁莉、顾攀、郑翔、刘东不再担任公司副总经理。
厦门国际信托	是	3	2019年6月，因管理需要，公司董事会同意解除对蔡炎坤先生公司副总经理职务的聘任，经相关任职程序后，蔡炎坤先生担任公司控股子公司圆信永丰基金管理有限公司总经理职务。 2019年9月，因工作需要，经公司研究，报中国银行保险监督管理委员会厦门监管局（以下简称：厦门银保监局）任职资格核准后，公司风险管理部总经理张文伟先生兼任公司风险总监。 2019年11月，因公司原总经理李自成先生任期届满，经公司董事会决议通过，并经厦门银保监局任职资格核准，由公司原副总经理胡荣炜先生担任公司总经理，同期，公司原总经理助理苏荣坚先生、郑华女士升任公司副总经理。
山东信托	是	1	经董事会于2019年7月9日审议通过，公司财务总监马文波先生因工作调整，不再担任本公司财务总监一职。董事会已于同日聘任王平先生担任本公司财务总监。于王平先生的任职资格生效前，马文波先生继续承担财务总监职责。王平先生的任职资格已于2019年9月16日经山东银保监局批准生效。

续表

公司简称	是否变更	变更次数（次）	期内高管变更详情列示
山西信托	是	1	经公司董事长提名，董事会审议通过，并经山西银保监局核准，聘任雷淑俊为公司总经理。
陕国投	是	5	2019 年 7 月 10 日，经公司第九届董事会第一次会议审议，决定聘任孙西燕为公司业务总监。 2019 年 7 月 10 日，经公司第九届董事会第一次会议审议，决定聘任李琳为公司高级风控官。 公司于 2019 年 7 月完成了董事会、监事会和经营层换届。 2019 年 7 月 10 日，因李永周任期届满，不再担任副总裁、总会计师职务。 公司董事会于 2019 年 3 月 22 日收到业务总监黄琨递交的书面辞职报告。黄琨女士因计划留学，申请辞去公司业务总监职务，辞职后不再担任公司任何职务。
上海信托	是	1	应华同志因个人原因辞去上海国际信托有限公司副总经理职务。根据上海浦东发展银行《关于变更上海国际信托有限公司高管人选的函》，经公司总经理提名、公司 2019 年 6 月 28 日第六届董事会第三十一次会议表决通过，应华同志不再担任上海国际信托有限公司副总经理职务。
四川信托	是	2	原总稽核吕明昭因退休，不再担任总稽核职务。 原总裁助理陈军因辞职，不再担任总裁助理职务。
苏州信托	是	1	第五届董事会第七次临时会议审议通过拟聘张清同志为公司副总裁，经江苏银保监局任职资格核准（苏银保监复[2019]88 号文件），第五届董事会第十次临时会议审议通过聘任张清同志为公司副总裁。
天津信托	是	5	天津信托有限责任公司第八届董事会 2019 年第七次临时会议（2019 年 5 月 30 日通讯表决方式）审议通过了《关于同意韩立新不再担任天津信托有限责任公司总经理的决议》《关于同意赵毅代为履职天津信托有限责任公司总经理的决议》，代为履职期限 6 个月。 2019 年 2 月 15 日，中国银保监会天津监管局津银保监复（2019）62 号文正式核准付岩天津信托有限责任公司总经理助理任职资格，即日起，开始履行天津信托有限责任公司总经理助理职责。 2019 年 5 月 23 日，中国银保监会天津监管局津银保监复（2019）188 号文正式核准杨锦天津信托有限责任公司营销总监任职资格，即日起，开始履行天津信托有限责任公司营销总监职责。 2019 年 10 月 24 日，中国银保监会天津监管局津银保监复（2019）432 号文正式核准潘庄晨天津信托有限责任公司总经理助理任职资格，即日起，开始履行天津信托有限责任公司总经理助理职责。 2020 年 2 月 10 日，中国银保监会天津监管局津银保监复（2020）58 号文正式核准康雁天津信托有限责任公司运营总监任职资格，即日起，开始履行天津信托有限责任公司运营总监职责。
外贸信托	否	—	
万向信托	否	—	
五矿信托	是	1	公司第三届董事会第三十三次会议同意聘任佟京晶先生为公司总经理助理。任职资格已获监管机构核准。
西部信托	否	—	
西藏信托	是	2	王满同志原任公司总经理助理一职，因工作调整，经公司党支委会审议通过，公司董事会同意聘任王满同志担任公司副总经理。 国鑫同志原任公司信息总监一职，因工作调整，经公司党支委会审议通过，公司董事会同意聘任国鑫同志担任公司运营总监。
新华信托	否	—	
新时代信托	是	1	报告期内，公司聘请李永丰先生、崔延辉先生为副总裁、聘请张华先生、娄源勇先生为总裁助理，其任职资格尚需监管部门审批。
兴业信托	是	2	2019 年 2 月 24 日，经公司第六届董事会第一次会议审议通过，聘任张小坚先生为公司总裁助理，2019 年 4 月，中国银保监会福建监管局以闽银保监复[2019]176 号文件核准其任职资格。 2019 年 6 月 20 日，经公司第六届董事会第三次会议审议通过，聘任杨刚强先生兼任公司总裁助理；2019 年 9 月，中国银保监会福建监管局以闽银保监复[2019]384 号文件核准其任职资格。
英大信托	是	2	2019 年 3 月，经董事会审议，吴骏出任公司总经理，于 2019 年 10 月获北京银监局核准。张传良不再担任公司总经理。 2019 年 3 月，经董事会审议，宁晓龙担任公司副总经理，于 2019 年 8 月获北京银监局核准。
粤财信托	是	3	公司第六届董事会第十八次会议聘任于健先生为公司总经理助理，于健先生的总助任职资格于 2019 年 11 月 14 日获监管部门核准，于 11 月 15 日到任；公司第六届董事会第二十三次会议聘任刘星宇先生为公司副总经理，聘任肖建辉先生为公司总会计师，聘任骆传朋先生为公司总经理助理。刘星宇先生、肖建辉先生、骆传朋先生待中国银行保险监督管理委员会广东监管局核准其任职资格后正式任职。
云南信托	是	1	2019 年 6 月 27 日经《云南银保监局关于毛剑辉任职资格的批复》（云银保监复[2019]404 号）批准，毛剑辉先生正式履行公司总裁助理职责。
长安信托	是	1	2019 年 4 月 12 日，公司董事会批准张金顺先生因个人原因辞去公司总裁职务。
长城新盛信托	否	—	
浙金信托	是	2	因个人原因，2019 年 8 月 5 日，战伟宏先生辞去公司总经理职务；经公司董事会审议通过，同意聘任戴俊先生为公司总经理，戴俊先生的总经理任职资格已获浙江银保监局核准。 因个人原因，2019 年 11 月 15 日，江赛民先生辞去公司风险总监职务；经公司董事会审议通过，同意聘任许向华先生为公司风险总监，许向华先生的风险总监任职资格须经浙江银保监局核准后方能生效。
中诚信托	否	—	

续表

公司简称	是否变更	变更次数（次）	期内高管变更详情列示
中国民生信托	是	2	2019 年 10 月 18 日，经第三届董事会第一次会议审议通过，由田吉申担任公司总裁，张博不再担任公司总裁；陈基建担任公司首席风险控制总监，田吉申不再担任首席风险控制总监；林德琼担任公司首席稽核总监，王彤不再担任首席稽核总监；陈基建担任公司执行副总裁，林德琼不再担任执行副总裁；肖燕明担任公司助理总裁，李永平不再担任助理总裁；裘骆红拟任公司董事会秘书。 2019 年 12 月 25 日，经第三届董事会第二次会议审议通过，拟聘任王少洁担任公司助理总裁。
中海信托	是	1	2019 年 3 月，经公司第四届董事会第十二次会议审议通过，免去张德荣合规总监、张悦总稽核职务，聘任张悦担任公司合规总监。张悦合规总监任职资格已获上海银保监局核准。
中航信托	是	2	2019 年 3 月 8 日，因工作安排原因，余萌不再担任公司总经理职务，暂由董事长姚江涛代为履职。 2019 年 11 月 15 日，经江西银保监局核准，周祺担任公司总经理。
中建投信托	否	—	
雪松信托	否	—	
中粮信托	是	4	2019 年 1 月，因工作调整，经董事会审议通过，陆吕佳、陈德彪均不再担任公司副总经理。 2019 年 9 月，因工作调整，经董事会审议通过，李永东不再担任公司副总经理兼首席风险官。 2019 年 10 月，为公司治理需要，经董事会审议通过并经监管部门核准，公司副总经理马建泽兼任董事会秘书。 2019 年 12 月，为公司业务发展需要，董事会同意刘荣华任公司副总经理（常务），2020 年 1 月，经监管部门核准，刘荣华任职资格生效。
中融信托	是	1	2019 年 10 月，经第六届董事会第五次会议提名，杨莉任总裁助理。
中泰信托	是	2	报告期内，公司原总裁陈乃道先生、副总裁万刚先生因个人原因向董事会提出辞职。经公司董事会审议通过，陈乃道先生不再担任公司总裁职务，公司董事长吴庆斌先生代为履行总裁职责，万刚先生不再担任公司副总裁职务。 报告期内，经公司董事会会议决定，并经上海银保监局核准，胡杰先生就任公司合规总监。
中铁信托	否	—	
中信信托	否	—	
中原信托	否	—	
重庆信托	是	1	报告期内，杨帆先生不再担任公司副总经理（副总裁）。
紫金信托	是	1	2019 年 2 月 20 日，公司第三届董事会第七次会议，通过《关于聘任李薇女士为公司总裁助理的议案》，同意聘任李薇女士为公司总裁助理，任期 3 年。2019 年 5 月 5 日，中国银保监会江苏监管局核准李薇女士紫金信托有限责任公司总裁助理任职资格（苏银保监复〔2019〕89 号文件）。

（二）公司及其董事、监事和高级管理人员受到处罚的情况

50 家信托公司明确表示公司及其董事、监事和高级管理人员未受到处罚，另外 18 家公司受到了相关的处罚。公司及其董事、监事和高级管理人员受到处罚的情况详见表 7－2－2。

表 7－2－2　2019 年公司及其董事、监事和高级管理人员受到处罚的情况

公司简称	是否受到处罚	处罚次数（次）	期内处罚的详情列示
安信信托	是	3	1. 2020 年 3 月 31 日，中国银保监会上海监管局对安信信托出具了《审慎监管强制措施决定书》（沪银保监强制措施决字〔2020〕1 号）及《行政处罚决定书》（沪银保监银罚决字〔2020〕4 号），决定对安信信托采取审慎监管措施。 2020 年 4 月 15 日，安信信托发布公告："安信信托股份有限公司由于部分信托项目未能按期兑付，出现了相关诉讼事项，面临较大流动性风险。公司在相关部门指导协调下积极开展工作。但由于处置事项比较复杂，相关风险处置方案仍在深化研究论证。" 2 根据中国银保监会上海监管局出具的《审慎监管强制措施决定书》（沪银保监强制措施决字〔2020〕1 号）及《行政处罚决定书》（沪银保监银罚决字〔2020〕4 号），提示公司存在 5 个非财务报告内部控制重大缺陷，主要是在信托业务中存在如下行为：违规承诺信托财产不受损失或保证最低收益、违规将信托财产挪用于非信托目的的用途、推介部分信托计划未充分揭示风险、违规开展非标准化理财资金池等具有影子银行特征的业务、未真实、准确、完整披露信息。 3. 2020 年 3 月 31 日，中国银保监会上海监管局（以下简称上海银保监局）对公司出具了《审慎监管强制措施决定书》（沪银保监强制措施决字〔2020〕1 号）及《行政处罚决定书》（沪银保监银罚决字〔2020〕4 号），上海银保监局决定对公司采取以下审慎监管措施：（1）暂停自主管理类资金信托业务；（2）限制向股东上海国之杰投资发展有限公司分配红利。同时，上海银保监局责令公司改正上述违规行为，并处罚款共计 1 400 万元。
百瑞信托	是	2	2019 年 3 月 28 日，公司收到《中国银行保险监督管理委员会河南监管局行政处罚决定书》（豫银保监银罚决字〔2019〕6 号），因公司开展的一只单一资金信托计划存在违规接受第三方金融机构信用担保，公司受到中国银行保险监督管理委员会河南监管局的行政处罚，罚款为 50 万元。公司已足额缴纳上述罚款，处罚所涉及的信托计划已清算完毕。 2019 年 4 月 3 日，公司收到《中国银行保险监督管理委员会河南监管局行政处罚决定书》（豫银保监银罚决字〔2019〕7 号），因公司开展的多只单一资金信托计划存在管理信托财产不审慎，公司受到中国银行保险监督管理委员会河南监管局的行政处罚，罚款为 40 万元。公司已足额缴纳上述罚款，处罚所涉及的信托计划均已清算完毕。
北方信托	是	2	2019 年 3 月，中国银行保险监督管理委员会天津监管局对公司下达了行政处罚决定书，对公司作出罚款 80 万元的行政处罚。 2019 年 10 月，中国银行保险监督管理委员会天津监管局对公司下达了行政处罚决定书，对公司作出罚款 50 万元的行政处罚。

续表

公司简称	是否受到处罚	处罚次数（次）	期内处罚的详情列示
华澳信托	是	2	报告期内，公司因未及时报告公司控股股东和实际控制人变更事项，于2019年6月被上海银保监局行政处罚。 公司已针对存在的不足实施了有针对性的整改提升，并将持续根据相关法律法规和监管规定要求，加强公司日常管理，杜绝类似情形再次发生。 2019年3月，公司股东北京融达投资有限公司因2017年、2018年向职工发放福利，未履行单位源泉扣缴义务，受到国家税务总局北京市税务局第二稽查局的税务处罚，罚金为3.45万元。 报告期内，公司董事、监事、高级管理人员、公司股东重庆财信企业集团有限公司、实际控制人均未受稽查、行政处罚、通报批评及或公开谴责。
华宝信托	是	1	2019年5月，上海银保监局向公司出具了沪银保监银罚决字［2019］14号的处罚决定书，处罚原因是其在2018年对公司开展的关于影子银行与交叉金融专项现场检查中，发现并认定公司在部分银信合作信托项目中存有违规情形，并向公司作出了责令改正和罚款共计210万元的处罚。公司充分重视该监管处罚意见，就相应问题逐条制定了整改方案和实施时间表，并已向上海银保监局提交了整改方案报告，目前公司在按整改方案积极推进落实整改。
华鑫信托	是	1	2019年12月10日，公司收到北京银保监局《行政处罚决定书》（京银保监罚决字［2019]53号），合计罚款为50万元。
吉林信托	是	1	中国银行保险监督管理委员会吉林监管局于2019年8月19日对公司作出了行政处罚，根据《中国银行保险监督管理委员会吉林监管局行政处罚决定书》（吉银保监决字［2019]52号），公司因“治理机制长期严重缺失，股东会、董事会、监事会运行不规范”被处以罚款40万元。
建信信托	是	3	1. 2019年9月5日，北京银保监局给予公司90万元罚款的行政处罚（京银保监罚决字［2019]30号）。 2. 2019年9月24日，北京银保监局给予公司40万元罚款的行政处罚（京银保监罚决字［2019]34号）。 3. 2019年12月10日，北京银保监局给予公司90万元罚款的行政处罚（京银保监罚决字［2019]55号）。 报告年度，公司董事、监事和高级管理人员无受处罚情况。
交银国际信托	是	1	2019年4月10日，公司收到中国人民银行武汉分行行政处罚决定书（武银罚字［2019］第14号），对公司员工未经同意查询个人信息和企业信贷信息的行为处罚款29万元。
山东信托	是	2	2019年8月22日，中国人民银行济南分行向公司下发《行政处罚决定书》（济银罚字［2019］第1号），对公司向中国人民银行数据集中系统、理财与资金信托系统填报数据有误等行为给予警告并处罚款3万元。 2019年12月30日，山东银保监局向公司下发《行政处罚决定书》（鲁银保监罚决字［2019]26号），对公司未依法依规履行信息披露义务、个别房地产融资业务违规罚款70万元。
苏州信托	是	1	报告期内，公司收到苏州银保监罚决字［2019]16号文件因个别业务风险资本计提存在差错被中国银保监会苏州监管分局进行处罚，罚款金额为25万元。除上述事项外，公司董事、监事和高级管理人员没有受到监管部门处罚。
五矿信托	是	1	报告期内，中国银保监会青海监管局向公司下发了《行政处罚决定书》（青银保监罚决字［2020］8号），因尽职管理不到位，导致信托资金用于收购土地，公司被青海银保监局予以行政处罚，处罚方式为罚款，处罚金额为30万元。公司的董事、监事和高级管理人员未发生受到处罚的情况。
粤财信托	是	1	中国银行保险监督管理委员会广东监管局对公司作出行政处罚1次，处罚方式为罚款。
长安信托	是	1	报告期内，中国银保监会陕西监管局对公司作出行政处罚1次，处罚方式为罚款。
中国民生信托	是	1	2019年11月19日，公司收到《北京银保监局行政处罚决定书（中国民生信托有限公司）》（京银保监罚决字［2019]52号）。
中海信托	是	1	2019年12月27日，经江苏省高级人民法院终审裁定，公司原副总裁魏志刚因犯受贿罪（受贿行为发生于2009年、2013年），被判处有期徒刑十年六个月，并处罚金50万元。2020年2月，公司党委根据有关规定，批准给予魏志刚开除党籍、行政开除处分。
中融信托	是	1	报告期内，中国银行保险监督管理委员会黑龙江监管局对公司业务开展存在的个别项目问题作出罚款的行政处罚。
中泰信托	是	3	报告期内，北京银保监局因2018年现场检查发现的公司个别业务开展不合规、不审慎问题，对公司作出三次行政处罚，处罚总金额为190万元。公司高度重视监管处罚，切实落实整改措施，严肃追究责任人员，所涉问题均已有效整改并获得监管认可。

三、人员结构分析

对年报中所披露的信托公司人员构成来看，各信托公司普遍拥有一定比例的博士研究生、硕士研究生及本科以上学历的人员，行业从业人员的整体素质较好。就从业经历而言，大多数人员基本具备了相应的业务经验和一定的专业理财能力。岗位分布包括前台一线业务部门、中台二线业务管理部门、后台三线综合管理部门三个层次。其中，前台一线业务部门包括了信托公司自营、信托业务中直接为客户提供服务的部门，如自营资产管理、运作部门及信托业务的产品研发、营销部门等；中台二线业务管理部门包括了直接为公司自营及信托业务运作提供支持、进行管理与监督的部门，如研究、风险控制、财务核算、稽核审计、信息技术、法律等部门；后台三线综合管理部门包括了除一线、二线以外的其他部门，如人力资源部门、行政管理部门、工会、党办、机关党委等。总体来说，信托公司目前的人员构成基本合理。

(一)员工数量分析

表7-3-1　2019年末员工人数前五名信托公司情况

序号	公司简称	人数(人)
1	光大兴陇信托	944
2	长安信托	872
3	四川信托	792
4	雪松信托	775
5	中信信托	750

表7-3-2　2019年末员工人数后五名信托公司情况

序号	公司简称	人数(人)
1	中泰信托	107
2	西藏信托	105
3	华宸信托	94
4	国联信托	90
5	长城信托	88

(二)年龄构成分析

1. 全体员工的年龄构成

2019年68家公司披露的员工总人数为22 520人,有2家没有披露具体的人员年龄段构成。通过对其余66家公司人员年龄构成分析可以看出,20~29岁的人数占员工总人数的23.49%,30~39岁的人数占比为56.15%,40岁以上的人数占比为20.36%。人员年龄汇总分析见表7-3-3。

表7-3-3　信托公司人员年龄汇总分析

分类	2019年员工人数(人)	所占比例(%)	2018年员工人数(人)	所占比例(%)
20~29岁人数	5 020	23.49	5 453	27.91
30~39岁人数	12 003	56.15	10 127	51.83
40岁以上人数	4 352	20.36	3 959	20.26
小计	21 375	100.00	19 539	100.00
统计公司数量	66		66	
员工总人数	22 520		20 145	

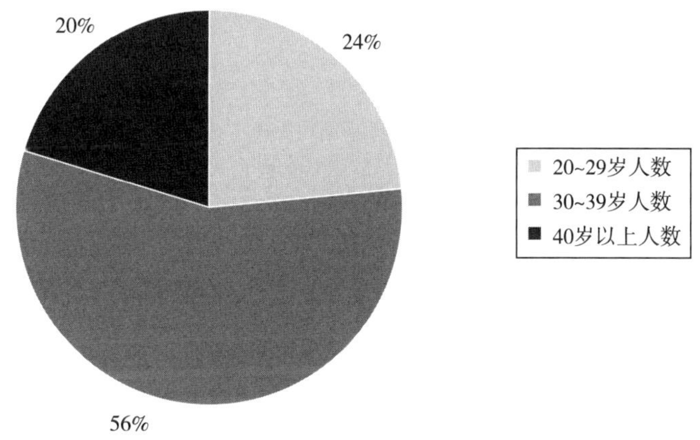

图7-3-1　2019年员工年龄分布

2. 高级管理人员年龄构成分析

2019年68家信托公司的高管总人数为454人,平均每家为6.81人;2018年68家信托公司的高管总人数为463人,平均每家6.81人;2019年各信托公司的平均高管人数略小于2018的平均高管人数。

通过对68家公司高管年龄构成的分析可以看出，主要集中在40岁以上的年龄段，占比为92.01%。高级管理人员年龄汇总分析见表7-3-4。

表7-3-4　信托公司高级管理人员年龄汇总分析

分类	2019年末人数（人）	占比（%）	2018年末人数（人）	占比（%）
20~29岁人数	—	—	—	—
30~39岁人数	38	7.99	37	7.99
40~49岁人数	221	54.64	253	54.64
50岁以上人数	195	36.93	173	37.37
小计	454	100.00	463	100.00

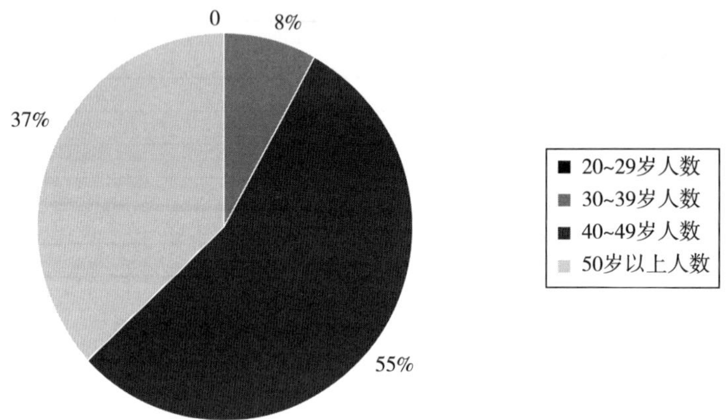

图7-3-2　2019年末高级管理人员年龄分布

（三）高级管理人员性别构成分析

2019年68家信托公司的高管总人数为454人，男性从业人员占78.41%，比2018年有所提高。高级管理人员性别汇总见表7-3-5。

表7-3-5　2019年末68家信托公司高级管理人员性别汇总

分类	2019年末人数（人）	占比（%）	2018年末人数（人）	占比（%）
男性	356	78.41	363	78.16
女性	98	21.59	100	21.84
小计	454	100.00	463	100.00

（四）学历构成分析

1. 员工的学历构成

2019年68家公司披露的员工总人数为22 521人，员工的学历结构比较见表7-3-6。与2018年相比，2019年其他类人员学历的比例下降了0.22%，大专人员的比例下降了-0.10%，本科的比例下降了-0.54%，硕士的比例上升了1.00%，博士的比例基本持平。

表7-3-6　2019年、2018年披露的信托公司员工的学历结构比较

学历	2019年		2018年		2019年与2018年学历结构比较（%）
	人数（人）	比例（%）	人数（人）	比例（%）	
其他	119	0.53	151	0.75	-0.22
大专	918	4.08	841	4.17	-0.10
本科	9 367	41.59	8 488	42.13	-0.54
硕士	11 685	51.88	10 250	50.88	1.00
博士	432	1.92	415	2.06	-0.14
总计	22 521	100.00	20 145	100.00	

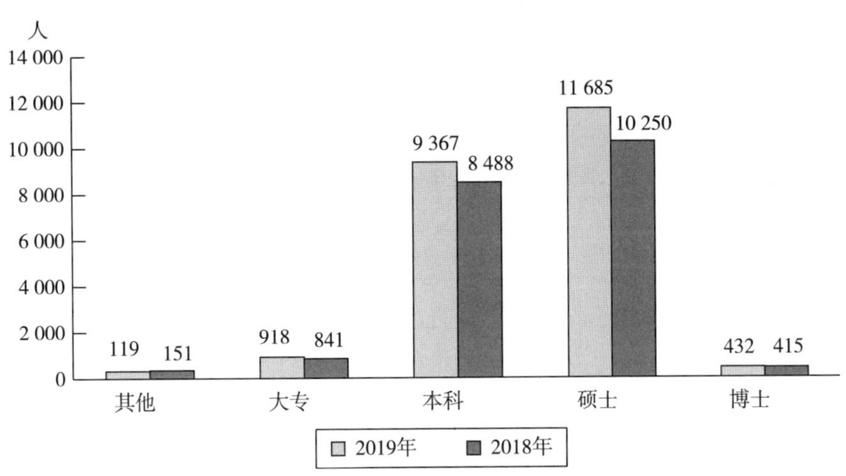

图7-3-3　员工的学历结构比较

2. 高级管理人员的学历构成

68 家信托公司中,2 家未在年报中披露高管学历构成,2 家高管人数为 10 人。2019 年 66 家信托公司高级管理人员的学历构成分析见表 7-3-7。与 2018 年情况相比较,2018 年高管的中博士的比例有所提高。

表 7-3-7　高级管理人员学历结构与上年比较

学历	2019 年		2018 年		2019 年与 2018 年学历结构比较(%)
	人数(人)	比例(%)	人数(人)	比例(%)	
其他	0	—	0	—	—
大专	5	1.13	8	1.77	-0.64
本科	129	29.05	134	29.58	-0.53
硕士	251	56.53	258	56.95	-0.42
博士	59	13.29	53	11.70	1.59
总计	444	100.00	453	100.00	

注:安信信托和华鑫信托未对高级管理人员的学历进行披露。

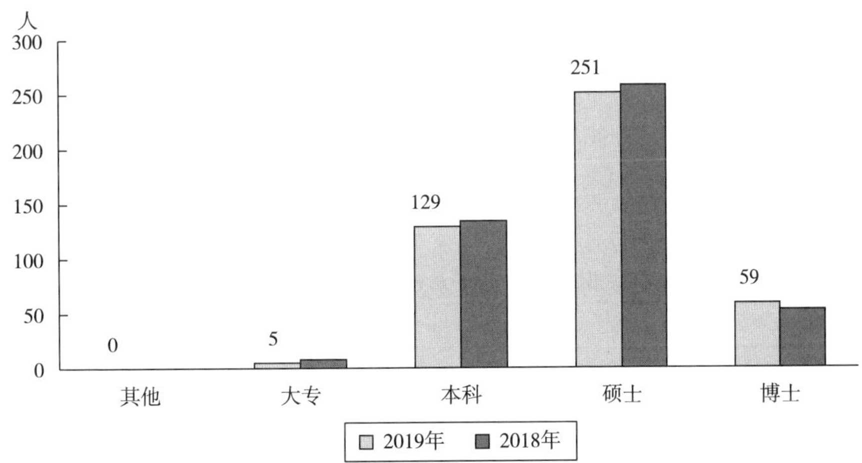

图7-3-4　高级管理人员的学历构成

（五）高级管理人员从业年限结构分析

68 家信托公司中，3 家公司未在年报中披露高级管理人员从业年限结构，3 家高级管理人员人数为 20 人。在披露的 65 家信托公司中，从业年限 15 年以上的高级管理人员人数高于上年。2019 年信托公司高级管理人员从业年限与上年结构分析见表 7 -3 -8。

表 7 -3 -8　2019 年信托公司高级管理人员从业年限与上年结构分析

从业年限	2019 年		2018 年		2019 年与 2018 年从业年限比较（%）
	人数（人）	比例（%）	人数（人）	比例（%）	
3 年以下	1	0. 23	6	1. 34	-1. 11
3 ~4 年	5	1. 15	2	0. 45	0. 71
5 ~8 年	20	4. 61	27	6. 03	-1. 42
9 ~14 年	60	13. 82	76	16. 96	-3. 14
15 年以上	348	80. 18	337	75. 22	4. 96
合计	448	100. 00	447	100. 00	

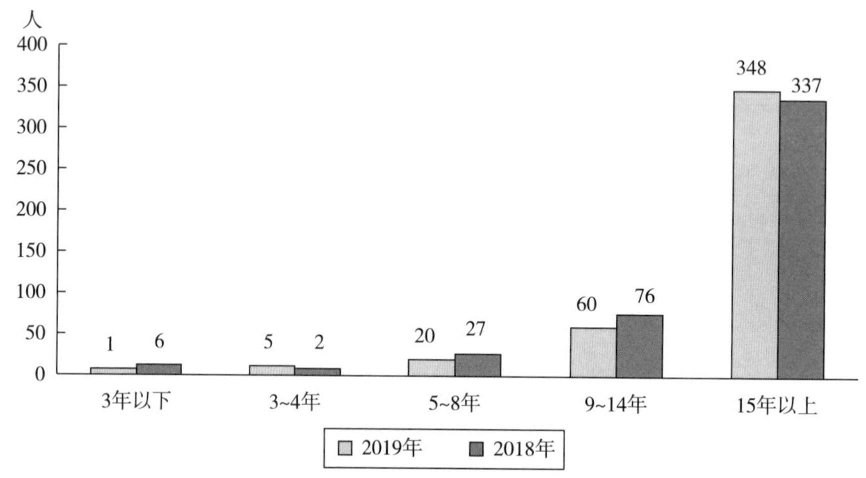

图 7 -3 -5　高级管理人员从业年限结构分析

（六）员工岗位汇总分析

2019 年 68 家信托公司中，有 2 家披露的员工岗位构成中未区分自营业务人员和信托业务人员，1 家公司未披露员工岗位情况。

分析中，2 家披露员工岗位但未区分自营业务人员和信托业务人员的公司员工，我们全部统计在了信托业务人员中，具体员工岗位结构分析情况见表 7 -3 -9。

2019 年末信托公司自营业务人员与信托业务人员占公司人数的 58. 09%，为主要的员工；董事、监事及高级管理人员占公司人数的 2. 97%，其他人员占公司人数的 38. 93%。

表 7 -3 -9　2019 年末 68 家信托公司已披露的员工岗位汇总分析

分类	人数（人）	结构比例（%）
董事、监事及高级管理人员	652	2. 97
自营业务人员	525	2. 39
信托业务人员	12 210	55. 70
其他	8 534	38. 93
合计	21 921	100. 00

注：此表中的高级管理人员人数合计与前述表中的差异是公司部分高级管理人员及职工监事分别为信托业务人员和其他人员。

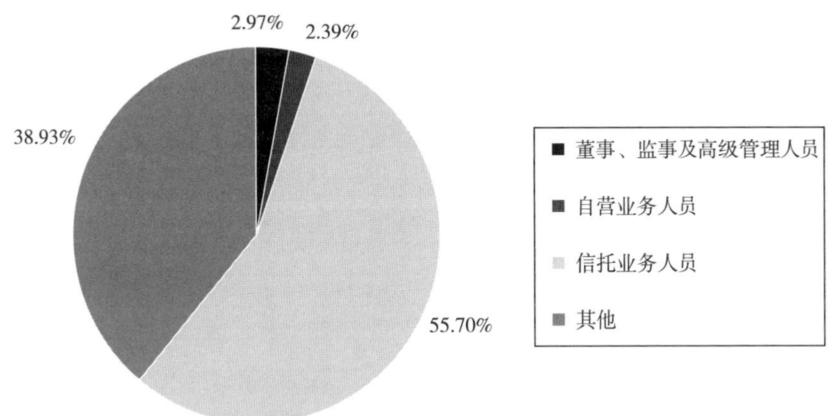

图7-3-6 员工岗位汇总分析

表7-3-10 2019年末披露的信托公司各岗位与效益分析

名称	自营业务	信托业务
人数(人)	525	12 210
营业收入(万元)	14 478 489.95	148 315 517.57
人均营业收入(万元)	27 578.08	12 147.05
净利润(万元)	5 945 460.76	128 818 539.10
人均净利润(万元)	11 324.69	10 550.25
资产总额(万元)	120 234 562.73	2 160 170 139.92
人均资产总额(万元)	229 018.21	176 918.11

对68家披露了员工岗位构成的信托公司2019年度从事自营业务和信托业务的人员和业务经营效益进行分析后可以得出：

1. 从事自营业务人员的人均营业收入为27 578.08万元，比从事信托业务人员的人均营业收入12 147.05万元多15 431.03万元。

2. 从事自营业务人员的人均净利润为11 324.69万元，比从事信托业务人员的人均净利润10 550.25万元多774.44万元。

3. 从事自营业务人员的人均资产为229 018.21万元，比从事信托业务人员的人均资产176 918.11万元多52 100.10万元。

这里应当指出的是，自营业务数据是经过审计的，而信托业务数据未经审计，该因素可能会给数据的计算带来差异。

四、信托公司聘请律师事务所的情况分析

68家信托公司中，有16家公司没有披露聘请律师事务所的相关情况，2家公司明确表示没有聘任律师事务所，其余50家公司披露了聘请的律师事务所的名称及其地址。在50家披露了律师事务所情况的信托公司中，山东信托、紫金信托聘请了两家律师事务所，厦门国际信托聘请了三家律师事务所，金谷信托聘请了五家律师事务所。信托公司披露的年度律师事务所聘请情况见表7-4-1。

表7-4-1 2019年信托公司披露的年度律师事务所聘请情况

公司简称	年度律师事务所	律师事务所地址
爱建信托	未披露	未披露
安信信托	未披露	未披露
百瑞信托	北京市金杜律师事务所	北京市朝阳区东三环中路1号环球金融中心东楼18层
北方信托	未披露	未披露
北京信托	北京市华贸硅谷律师事务所	北京市朝阳区慧忠路5号远大中心C座17层
渤海信托	未披露	未披露
大业信托	中伦文德律师事务所	中国北京市朝阳区西坝河南路1号金泰大厦19层
东莞信托	山东鲁宁律师事务所	青岛市崂山区深圳路179号华沃大厦T1栋5层
光大兴陇信托	北京德恒律师事务所	中国北京市西城区金融街19号富凯大厦B座12层
国联信托	江苏漫修律师事务所	江苏省无锡市智慧路18号智慧大厦607室
国民信托	北京观韬中茂律师事务所	北京市西城区金融大街5号新盛大厦B座18层
国通信托	北京六明律师事务所	北京市朝阳区光华路7号汉威大厦东区15层15A1

续表

公司简称	年度律师事务所	律师事务所地址
国投泰康信托	北京天达共和律师事务所	北京市朝阳区东三环北路8号亮马河大厦1座20层
国元信托	中天恒律师事务所	安徽省合肥市濉溪路287号金鼎广场A座八层
杭州工商信托	浙江天册律师事务所	浙江省杭州市杭大路1号黄龙世纪广场A座11楼
湖南信托	未披露	未披露
华澳信托	无	无
华宝信托	上海市锦天城律师事务所	上海市浦东新区花园石桥路33号花旗集团大厦14楼
华宸信托	未披露	未披露
华能信托	北京中盛律师事务所	北京朝阳区建外大街永安东里甲3号通用国际中心1号楼A座23层
华融信托	北京德恒律师事务所	北京市西城区金融街19号富凯大厦B座12层
华润信托	广东经天律师事务所	深圳市滨河大道5022号联合广场A座25层
华鑫信托	北京德恒律师事务所	北京市西城区金融大街19号富凯大厦B座12层
华信信托	辽宁双护律师事务所	大连市沙河口区西安路90号广荣大厦1601室
吉林信托	吉林开晟律师事务所	长春市绿园区普阳街128号晨光国际大厦B座14楼
建信信托	未披露	未披露
江苏信托	江苏世纪同仁律师事务所	江苏省南京市北京西路26号4－5楼
交银国际信托	上海市锦天城律师事务所	上海市浦东新区银城中路501号上海中心大厦
金谷信托	北京市中伦律师事务所	北京市朝阳区建国门外大街甲6号SK大厦31/36/37层
	北京市环球律师事务所	北京市朝阳区建国路81号华贸中心1号写字楼15层
	北京市京都律师事务所	北京市朝阳区景华南街5号远洋光华国际C座23层
	北京植德律师事务所	北京市东城区东直门南大街1号来福士中心办公楼5层
	北京市中凯律师事务所	北京市东城区安德路大街甲61号红都商务中心6层B1－616室
昆仑信托	上海市锦天城律师事务所	上海市浦东新区银城中路501号上海中心大厦11层、12层
陆家嘴信托	上海市锦天城律师事务所	上海市浦东新区银城中路501号上海中心大厦11楼
平安信托	未披露	未披露
厦门国际信托	上海锦天城（厦门）律师事务所	厦门市思明区展鸿路82号厦门金融中心大厦23层
	福建天衡联合律师事务所	厦门市厦禾路666号海翼大厦A栋16层、17层
	福建闽翔律师事务所	福建省厦门市嘉禾路298号（吕厝福隆国际大厦）702室
山东信托	上海市锦天城律师事务所	上海浦东新区花园石桥路33号
	方达律师事务所	香港中环康乐广场8号交易广场1期26楼
山西信托	北京大成（太原）律师事务所	太原市长风西街16号万国城MOMA16号楼3层
陕国投	未披露	未披露
上海信托	锦天城律师事务所	上海市浦东新区银城中路501号上海中心大厦12层
四川信托	泰和泰律师事务所	成都高新区天府大道中段199号棕榈泉国际中心16～17楼
苏州信托	江苏新天伦律师事务所	苏州工业园区苏桐路37号（星海街口）四号楼3～4楼
天津信托	未披露	未披露
外贸信托	未披露	未披露
万向信托	未披露	未披露
五矿信托	未披露	未披露
西部信托	北京金诚同达律师事务所西安分所	西安市沣惠南路华晶广场B座15层
西藏信托	北京市嘉源律师事务所	北京市西城区复兴门内大街158号远洋大厦F408
新华信托	未披露	未披露
新时代信托	大信会计师事务所 内蒙古炳鸿律师事务所	北京市海淀区知春路一号学院国际大厦15层 包头市青山区恒源银座25层
雪松信托	江西豫章律师事务所	江西南昌
兴业信托	未披露	未披露
英大信托	北京市兰台律师事务所	北京市朝阳区曙光西里甲1号第三置业大厦B座29层
粤财信托	广东君信律师事务所	广州市农林下路83号广发银行大厦20楼
云南信托	云南八谦律师事务所	云南省昆明市滇池路914号摩根道5栋
长安信托	北京市康达（西安）律师事务所	西安市雁塔区太白南路139号云图中心15层
长城信托	北京中简律师事务所	北京市西城区朗琴国际b座1115

续表

公司简称	年度律师事务所	律师事务所地址
浙金信托	上海锦天城律师事务所	上海市浦东新区花园石桥路33号花旗集团大厦14楼
中诚信托	未披露	未披露
中国民生信托	未披露	未披露
中海信托	上海市锦天城律师事务所	上海市浦东新区花园石桥路33号花旗大厦14层
中航信托	北京市君泽君律师事务所	北京市西城区金融大街9号金融街中心南楼6层
中建投信托	浙江天册律师事务所	浙江省杭州市杭大路1号黄龙世纪广场A座11楼
中粮信托	北京市君泽君律师事务所	北京市西城区金融大街9号金融街中心南楼6层
	北京市君泽君(上海)律师事务所	上海市杨高南路729号陆家嘴世纪金融广场13楼
中融信托	中伦律师事务所上海分所	上海市浦东新区世纪大道8号国金中心二期10~11楼
中泰信托	上海市锦天城律师事务所	上海市浦东新区银城中路501号上海中心大厦11层、12层
中铁信托	泰和泰律师事务所	成都市高新区天府大道中段199号棕榈泉国际中心16楼、17楼
中信信托	北京市嘉源律师事务所	北京市西城区复兴门内大街158号远洋大厦F407室
中原信托	北京市大成律师事务所郑州分所	郑州市商务外环路20号海联大厦4层
重庆信托	重庆索通律师事务所	重庆市渝中区瑞天路56号企业天地4号楼九层
紫金信托	锦天城律师事务所(上海)	上海市浦东新区花园石桥路33号花旗集团大厦14楼
	北京中伦律师事务所	中国北京市建国门外大街甲6号SK大厦36~37层

中国信托业
2019—2020
年鉴(下卷)

2019年度各公司年度报告

安徽国元信托有限责任公司

1. 重要提示

1.1 本公司董事会及董事保证本报告所载资料不存在任何虚假记载、误导性陈述或者重大遗漏，并对其内容的真实性、准确性和完整性承担个别及连带责任。

1.2 未有董事对年度报告内容的真实性、准确性和完整性无法保证或存在异议的情况。

1.3 本公司独立董事蒋敏、王昊、朱艳声明：保证年度报告内容的真实、准确、完整。

1.4 天职国际会计师事务所（特殊普通合伙）根据中国注册会计师审计准则对本公司年度财务报告进行审计，出具了标准无保留意见的审计报告。

1.5 本公司董事长许斌、总裁许植、总会计师朱先平，计划财务部总经理陈红原声明：保证本年度报告中财务报告的真实、完整。

2. 公司概况

2.1 公司简介

2.1.1 公司法定中文名称：安徽国元信托有限责任公司
中文名称缩写：国元信托
公司法定英文名称：Anhui Guoyuan Trust Co.,Ltd.
英文名称缩写：Guoyuan Trust

2.1.2 法定代表人：许斌

2.1.3 注册地址：安徽省合肥市庐阳区宿州路20号
邮政编码：230001
公司国际互联网网址：www.gyxt.com.cn
电子信箱：xtbgs@gyxt.com.cn

2.1.4 公司信息披露事务负责人：虞焰智
联系电话：(0551)62631010
传真：(0551)62620261
电子信箱：yuyanzhi@gyxt.com.cn

2.1.5 公司选定的信息披露报纸：《证券时报》

2.1.6 公司年度报告备置地点：安徽省合肥市庐阳区宿州路20号17层及公司网站

2.1.7 公司聘请的会计师事务所：天职国际会计师事务所（特殊普通合伙）
住所：中国北京海淀区车公庄西路19号外文文化创意园12号楼

2.1.8 公司聘请的律师事务所：中天恒律师事务所
住所：安徽省合肥市濉溪路287号金鼎广场A座八层

2.2 组织结构

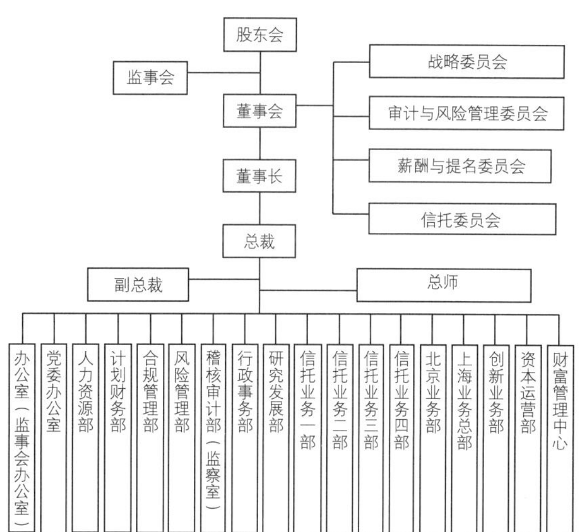

3. 公司治理

3.1 股东

报告期末股东总数7个，前3个股东为安徽国元金融控股集团有限责任公司、深圳中海投资管理有限公司、安徽皖投资产管理有限公司。其中，安徽国元金融控股集团有限责任公司和安徽皖投资产管理有限公司为国有独资公司。

股东名称	持股比例（%）	法人代表	注册资本（万元）	注册地址	主要经营业务及主要财务情况
安徽国元金融控股集团有限责任公司	49.6875	方　旭	600 000.00	安徽省合肥市蜀山区梅山路18号	经营国家授权的集团公司及所属控股企业全部国有资产和国有股权，资本运营，资产管理，收购兼并等。2019年末资产总额10 853 889.47万元，负债为6 597 752.24万元，归属于母公司所有者权益1 452 491.58万元，归属于母公司净利润52 327.99万元。
深圳中海投资管理有限公司	40.375	陈晓峰	265 000.00	深圳市罗湖区翠竹街道翠竹路2058号旭飞华达园裙楼三楼309-3A	股权投资、投资管理、受托资产管理；建筑、投资项目咨询、监理；房地产、国内贸易等。2019年末资产总额为420 343.04万元，负债为4 012.65万元，所有者权益为416 330.39万元，净利润为22 964.00万元。

续表

股东名称	持股比例（%）	法人代表	注册资本（万元）	注册地址	主要经营业务及主要财务情况
安徽皖投资产管理有限公司	9	李家宏	100 000. 00	安徽省合肥市经济技术开发区宿松路3658号	管理、经营、处置托管资产及不良资产；股权、债权投融资业务；资产管理及项目服务，投资咨询服务。 2019年末资产总额为123 008. 62万元，负债为705. 26万元，所有者权益为122 303. 36万元，净利润为2 955. 7万元。
安徽皖维高新材料股份有限公司	0. 625	吴福胜	192 589. 47	安徽省巢湖市巢维路56号	各种高低聚合度和醇解度的PVA系列产品、高强高模聚乙烯醇纤维、超高强高模PVA短纤及长丝、PVA水溶性纤维、聚乙烯醇薄膜、PVB树脂、可再分散性乳胶粉、黏合剂用相关产品、聚乙烯醇强力纱、涤纶纤维、聚酯切片、聚醋酸乙烯乳液、高档面料、水泥、石灰制造、销售，工业与民用建筑工程施工三级（限建筑分公司经营），设备安装，机械加工，铁路轨道衡计量经营；建筑用石料、水泥用混合材、化工产品的生产与销售；自营和代理各类商品和技术的进出口业务。2019年末资产总额为931 421. 09万元，负债为419 188. 14万元，所有者权益为512 232. 95万元，净利润为38 498. 19万元。
安徽新力金融股份有限公司	0. 1875	吴　昊	48 400. 00	安徽省巢湖市长江西路269号	互联网信息服务，投资管理及咨询等。2019年末资产总额为559 019. 94万元，负债为433 191. 51万元，所有者权益为125 828. 43万元，净利润为3 228. 07万元。
安徽国生电器有限责任公司	0. 0625	于伟	2 100. 00	安徽省合肥市庐阳区沿河路106号	家电销售、维修及服务、房屋租赁等。2019年末资产总额为24 213. 5万元，负债为19 305. 5万元，所有者权益为4 908万元，净利润为 –1 353万元。
安徽省信用担保集团有限公司	0. 0625	严　琛	1 076 600. 00	合肥市蜀山区怀宁路288号安徽担保大厦（置地投资广场B座）	贷款担保、票据承兑担保、贸易融资担保、项目担保、信用证担保业务等。2019年末资产总额为2 673 609. 53万元，负债为660 513. 91万元，所有者权益为2 013 095. 62万元，净利润为8 948. 25万元。

3. 2　董事和独立董事

董事

姓名	职务	性别	年龄（岁）	选任日期	所推举的股东名称	该股东持股比例（%）	简要履历
许　斌	董事长	男	56	2018年4月24日	金控集团	49. 6875	历任安徽大学教师，安徽省国际信托投资公司法律部主任，国元集团法律部主任，国元信托信托总部总经理、监事长，国元集团总法律顾问；现任国元集团党委委员、副总经理兼任国元信托党委书记、董事长。
芦　辉	董事	女	58	2018年4月24日	金控集团	49. 6875	历任安徽省国际信托投资公司计划财务部科长、副经理，国元集团计划财务部经理、副总会计师；现任国元集团总会计师。
许　植	董事	男	52	2018年4月24日	金控集团	49. 6875	历任安徽大学教师，安徽省国际信托投资公司、国元信托部门副总经理、总经理，国元信托副总裁、总裁；现任国元信托董事、总裁。
庞金营	董事	男	52	2018年4月24日	中海投资	40. 375	历任中国海外集团有限公司财务资金部助理总经理、副总经理、总经理；现任中海物业集团有限公司执行董事、副总裁。
陈德有	董事	男	49	2018年4月24日	中海投资	40. 375	历任中建总公司党校辅导员、鸿达大厦项目财务负责人、资金部律师，中建电子公司办公室负责人，北京建孚律师事务所兼职律师，中海集团中星网（北京）财务负责人、财务资金部助理总经理，中海集团助理总法律顾问兼法律事务部总经理；现任中海地产集团公司副总裁。
于上游	董事	男	60	2018年4月24日	中海投资	40. 375	历任中国黑龙江国际经济技术合作公司海外投资管理项目经理，中国建筑工程总公司高级经济师，中国海外集团有限公司财务资金部副总经理，中海财务有限公司董事及总经理，中国海外金融投资有限公司副董事长，深圳市中海投资管理有限公司副总经理，中海工银中国投资管理有限公司副总裁兼合规主管，中国海外宏洋集团有限公司执行董事；现任中国海外集团金融业务部总经理。

独立董事

姓名	所在单位及职务	性别	年龄（岁）	选任日期	所推举的股东名称	该股东持股比例（%）	简要履历
蒋　敏	安徽天禾律师事务所合伙人	男	54	2018年4月24日	独立董事		1987年9月至1990年7月，就读于安徽大学法律系研究生，法学硕士学位；1990年研究生毕业后进入法律事务所从事专职律师工作。
王　昊	南京审计大学审计科学研究院副院长、研究员。	男	53	2018年4月24日	独立董事		1986年7月至1999年11月，南京大学科技处科员、副主任科员，科技开发部副主任。1999年11月至今，任南京审计大学科研处副处长、处长，经管实验中心主任，审计信息工程重点实验室主任，审计科学研究院副院长，研究员。
朱　艳	上海念桐投资管理有限公司总裁	女	39	2018年4月24日	独立董事		2003年至2012年任华普天健会计师事务所审计项目经理、审计部门经理；2012年至2017年任华普天健会计师事务所审计合伙人；荣获“全国注册会计师行业审计工作岗位能手”及全国“青年岗位能手”称号；现任上海念桐投资管理有限公司总裁。

3.3 监事

姓名	职务	性别	年龄(岁)	选任日期	所推举的股东名称	该股东持股比例(%)	简要履历
徐景明	监事长	男	56	2018 年 4 月 24 日	金控集团	49.6875	历任人民银行肥东县支行副股长、股长、副行长、行长,人民银行合肥中心支行合作处副处长,人民银行淮北市中心支行副行长,淮北银监分局局长,安徽银监局政策法规处处长、非银处处长,国元信托副总裁;现任国元信托监事长、纪委书记。
陈　浩	监事	男	33	2018 年 4 月 24 日	中海投资	40.375	2007 年 7 月至 2011 年 7 月,任中海地产苏州公司财务资金部财务主管、高级财务主管。2011 年 7 月至 2012 年 9 月,任中国海外集团有限公司财务资金部财务经理;2012 年 9 月至 2014 年 7 月,任中国海外集团有限公司财务资金部高级财务经理;2014 年 7 月至今,任中国海外集团有限公司财务资金部助理总经理。
宋菊芳	监事	女	55	2018 年 4 月 24 日	职工监事		历任中国农业银行芜湖市支行营业部会计股长、内勤主任,安徽省国际信托投资公司长江路营业部副主任、合肥分公司财务部经理,国元信托机构信托部、稽核审计部科长、业务经理、高级业务经理、计划财务部副总经理、风险管理部副总经理。

3.4 高级管理人员

姓　名	职　务	性别	年龄(岁)	选任日期	金融从业年限(年)	学历	专业	简要履历
许　植	总裁	男	52	2018 年 4 月 24 日	21	硕士	法学	历任安徽大学教师,安徽省国际信托投资公司、国元信托部门副总经理、总经理,国元信托副总裁、总裁;现任国元信托董事、总裁。
黄庆兵	副总裁	男	53	2018 年 4 月 24 日	23	硕士	工商管理	历任南京大学工程师,直属机关团总支副书记,华泰证券投资银行部业务经理、高级经理、投资银行业务内核委员,中海财务公司助理总经理,中国海外金融投资公司助理总经理,深圳中海投资助理总经理;现任国元信托副总裁。
魏世春	副总裁	男	49	2018 年 4 月 24 日	27	硕士	政治经济学	历任安徽省信托投资公司综合计划部科员、营业部副主任、办公室副主任、资金计划部副经理、经理,国元信托董事会秘书兼计划财务部总经理、总经济师;现任国元信托副总裁。
朱先平	总会计师	男	53	2018 年 4 月 24 日	22	本科	工业管理工程	历任巢湖东风矿副科长、科长、副矿长,安徽省国际信托投资公司部门副经理、国元信托稽核部经理、计划财务部总经理、董事会秘书;现任国元信托总会计师。
虞焰智	董事会秘书	男	55	2018 年 4 月 24 日	22	本科	计算机	历任合肥炮兵学院教员,安徽省国际信托投资公司电脑中心副主任,国元证券网上经纪业务部副总经理,国元信托信息技术部总经理、办公室主任、人力资源部总经理;现任国元信托董事会秘书。
程碧波	副总裁	女	53	2018 年 4 月 24 日	22	硕士	工商管理	历任安徽省国际信托投资公司投资咨询公司副总经理、证券研究部总经理,国元信托信托业务二部总经理,国元信托总裁助理;现任国元信托副总裁。
陈　康	副总裁	男	49	2018 年 4 月 24 日	28	本科	法学	历任安徽省国际信托投资公司法律事务部业务主办,国元信托法律事务部副主任、风险及合规管理部总经理;现任国元信托副总裁。

3.5 公司员工

项　目		2019 年		2018 年	
		人数(人)	比例(%)	人数(人)	比例(%)
年龄分布	25 岁以下	—	—	—	—
	25 ~29 岁	27	15.98	28	17.28
	30 ~39 岁	64	37.87	53	32.72
	40 岁以上	78	46.15	81	50
学历分布	博士	1	0.59	1	0.62
	硕士	74	43.79	70	43.21
	本科	73	43.19	70	43.21
	专科	21	12.43	21	12.96
	其他	—	—	—	—
岗位分布	董事、监事及高级管理人员	9	5.33	10	6.17
	自营业务人员	8	4.73	8	4.94
	信托业务人员	87	51.48	80	49.38
	其他人员	65	38.46	64	39.51

4. 经营管理

4.1 经营方针、战略规划

4.1.1 经营方针

公司的经营方针是:坚持“依法合规、稳健经营”理念,深入贯彻落实监管各项决策部署,围绕提升公司核心竞争力,在防范化解金融风险的基础上,加快推进业务转型,不断提高资产主动管理能力,推动信托回归本源,服务实体经济和地方建设发展,实现公司持续稳定健康发展。

4.1.2 战略规划

中期目标:以将公司建设成为植根地方、辐射全国,服务实体经济、服务地方、服务广大社会投资者的行业先进的财富管理机构为战略目标,力争在 2020—2022 年成长为内部管理更规范、业务结构更合理、创新能力强、区域综合优势明显的金融服务机构。

长期目标:努力将公司发展成为具有市场影响力、形象良好、资产优良、业务创新能力强、专业化水平高、服务质量好、管理体制灵活、富有竞争力的现代金融企业,发挥党委领导作用,达到完善的公司法人治理结构、规范化的经营管理制度、专业化的公司员工队伍和回归本源的业务定位,进而将公司建设成为区域综合优势明显的信托公司。

4.2 所经营业务的主要内容

公司业务主要分为信托业务和固有业务两大类。信托业务主要从事资金信托、财产信托、股权信托、财务顾问等业务,业务品种主要包括集合资金信托、单一资金信托、财产权信托,按运用方式分为贷款、交易性金融资产、持有至到期投资和长期股权投资等；固有业务主要包括贷款、股权投资和金融产品投资等业务。

自营资产运用与分布表

资产运用	金额（万元）	占比（%）	资产分布	金额（万元）	占比（%）
货币资产	1 358. 57	0. 18	基础产业	157 100. 00	20. 86
贷款及应收款	175 922. 40	23. 36	房地产业	47 861. 62	6. 36
交易性金融资产	2 380. 61	0. 32	证券市场	13 208. 69	1. 75
可供出售金融资产	80 507. 17	10. 69	实业	41 500. 00	5. 51
持有至到期投资	—	—	金融机构	482 399. 65	64. 06
长期股权投资	340 587. 12	45. 23	其他	11 006. 87	1. 46
其他	152 320. 96	20. 22			
资产总计	753 076. 83	100. 00	资产总计	753 076. 83	100. 00

信托资产运用与分布表

资产运用	金额（万元）	占比（%）	资产分布	金额（万元）	占比（%）
货币资产	38 716. 76	0. 22	基础产业	8 529 498. 34	47. 93
贷款	11 708 307. 34	65. 79	房地产业	396 288. 00	2. 23
交易性金融资产	50 000. 00	0. 28	证券市场	50 000. 00	0. 28
可供出售金融资产	—	—	实业	4 247 940. 04	23. 87
持有至到期投资	3 945 232. 74	22. 17	金融机构	3 907 825. 23	21. 96
长期股权投资	1 563 953. 71	8. 79	其他	664 483. 17	3. 73
其他	489 824. 23	2. 75			
资产总计	17 796 034. 78	100. 00	资产总计	17 796 034. 78	100. 00

4. 3　市场分析

4. 3. 1　影响本公司业务发展的有利因素

2019 年，我国国民经济继续保持了总体平稳、稳中有进的发展态势，发展质量稳步提升，主要预期目标较好实现。

截至 2019 年末，信托业转型发展已进入结构性调整的深化阶段，控制规模增长，提高发展质量，巩固风险防控，进一步回归信托本源，助力实体经济，深入开展转型创新，呈现发展新格局。

2019 年，公司牢固坚持“依法合规、稳健经营”理念，严格落实监管要求，强化风险防范，提升内控管理，积极推进转型创新，努力提升主动管理能力，稳中求进，保持公司持续稳定发展。

4. 3. 2　影响本公司业务发展的不利因素

国内经济形势复杂多变，经济结构处于新旧动能转换关键时期，信托行业处于转型创新大环境下，行业管理资产规模有所下降，信托行业的风险项目和风险规模整体有所增加，信托公司专业化财富管理水平和核心竞争力还要继续增强。

4. 4　内部控制

4. 4. 1　内部控制环境和内部控制文化

公司建立了由股东会、董事会、监事会和高级管理层组成的分工明确、权责对应、合理制衡的公司治理结构，实现了“三会一层”的治理体系规范运作。

公司董事会下设战略委员会、审计与风险管理委员会、薪酬与提名委员会、信托委员会四个专业委员会，通过加强对公司长期发展战略、重大投资决策与风险控制、高管任职与考核、信息披露等方面的管理和监督，进一步完善治理结构，促进董事会科学高效决策。

公司内设部门设置健全，职责清晰，建立起多部门联动的内部控制格局和风险隔离机制，加强全流程内控管理，有效防范各类风险。

公司不断加强内部控制文化建设，通过开展一系列专题学习培训、合规文化建设活动，使全体员工全面掌握应知应会的内控要求和相关业务操作流程，牢固树立“依法合规，稳健经营”理念，形成了审慎稳健、勤勉尽责、理性创新、全员参与的内部控制和风险管理文化。

为加大宣传力度，公司内网专设了政策法规、合规建设、监管文件、规章制度等专栏，及时向全体员工传递最新法律法规及监管政策，不断强化员工的职业操守和合规理念。

4. 4. 2　内部控制措施

公司业务流程包括前台业务部门、中台合规风控部门、后台职能支持三大模块，前台、中台、后台岗位职责分离，基本形成了事前防范、事中控制、事后监督和纠正的内控机制。

4. 4. 2. 1　绩效考评控制

公司建立和实施绩效考核办法，科学设置考核指标，并于每年年初为各部门制定年度考核目标，年末进行考核和客观评价。

将合规风险类指标纳入经营业绩考核指标中，新修订的公司《绩效考核暂行办法》，合理设置考评指标和权重，提高内控、合规、风险管理类指标分值。将内部控制执行与评价纳入合规类指标，将反映公司风险状况及变动趋势的指标纳入风险指标，将案防工作纳入考核指标。

4. 4. 2. 2　授权审批控制

公司各级管理人员按照规章制度要求，在授权范围内行使职权和承担责任。

结合经营管理实际，公司修订了《内部控制管理暂行办法》《内部授权管理暂行办法》，经第六届董事会第三次会议审议通过并印发实施。

4. 4. 2. 3　不相容岗位职责分离控制

公司业务流程严格按照前台、中台、后台划分，按照监管要求和公司制度、操作规程、业务指引、风险偏好，前台负责业务受理、初审及具体操作，包括尽职调查、审批后的合同签署、产品发售、后续管理和客户服务等工作；中台贯穿业务决策程序和管理环节，负责项目合法合规性审查、风险控制审查、议事决策、业务综合管理和过程控制，和前台部门共同完成事前防范和事中控制；后台负责财务管理、信息化支持、行政保障、人力资源管理和审计监督，实现内控流程的后端控制。

4. 4. 2. 4　预算控制

公司每年年初开展预算工作，要求各部门在客观分析经济形势的基础上，合理确定部门年度预算。同时，公司年度考评中将年初预算作为年度考核的重要指标，强化预算约束。

4. 4. 2. 5　财产保全控制

公司建立财产日常管理机制和定期清查机制，采取财产记录、实物保管、定期盘点、账实核对等措施，确保财产安全。

4. 4. 2. 6　会计系统控制

财务部门按照国家颁布的会计准则进行会计核算，严格履行会计监督职能，认真执行财务会计制度，通过规范的账务处理流程、可靠的会计凭证、完整的账簿登记、严格的信息核对保障公司各项经营管理活动能够通过会计信息得到准确反映。

4.4.2.7 运营分析控制

公司定期召开经营分析工作会议，各级管理层通过对外部经营环境与内部经营管理活动进行分析，发现存在的问题，分析原因，提出改进建议，为公司制定年度业务工作指引提供依据。

报告期内，公司新增《规章制度管理办法》《数据治理管理规定》《统计工作管理暂行办法》等15项制度，修订《内部控制管理暂行办法》《反洗钱管理办法》《外部审计管理办法》《单一资金信托操作流程》等18项制度，涉及信托业务、固有业务、财务管理、风险控制、合规审计、综合管理、人力资源、信息技术等方面，为经营管理工作提供制度保障。

通过上述内控措施，进一步保障公司在严守合规底线的前提下稳健发展。

4.4.3 信息交流与反馈

4.4.3.1 内部信息传达机制

公司及时印发各类文件和规章制度，在办公内网上开辟《重要通知》《公司文件》《最新来文》《信托研究》《法律园地》《合规建设》《信托业务制度及流程》等栏目，能够及时将最新的法律法规、监管要求、行业动态及本单位的经营和风险状况传递给员工。

4.4.3.2 信息报告机制

通过总裁办公会、季度经营形势分析会、项目管理工作交流汇报会、各部门工作情况汇报以及定期、不定期会议等形式，各部门及各岗位能将经营过程中存在的重大问题及时向高级管理层报告，管理层定期和不定期向董事会、监事会、股东会和监管部门报告。

4.4.3.3 外部沟通机制

公司注重加强与监管部门的沟通和汇报，定期报送财务报表、统计报表、年度财务报告、项目发行与管理报告等，真实、完整、准确、及时地反映公司经营管理状况，重大事项及时汇报请示，就内部和外部审计情况、风险状况、经营情况及时向监管部门沟通、报告。此外，公司积极参加业内举行的各种研讨会，加强业内交流与合作。

公司严格按照法律法规和《公司章程》的规定，根据监管机构要求，真实、准确、及时、完整地披露了2019年度报告。通过公司网站、媒体等途径及时向客户公开披露公司经营状况、信托财产管理状况等信息，并根据文件约定向相关利益人提交书面文件，披露相关信息。此外，公司还通过电话、电子邮件、微信平台等途径与投资者进行交流。报告期内，公司内控制度得到有效执行，未发生因违反内控制度对公司财务状况、经营成果产生重大影响的事项。

4.4.4 监督评价与纠正

4.4.4.1 内部审计监督机制

内审部门是公司的内部稽核审计监督机构，具有独立性，由董事长直接分管。内部专项审计主要包括内部控制风险管理审计、反洗钱工作审计、征信管理工作审计及集合信托项目审计等。内部审计能及时、全面、准确地发现公司内控存在的缺陷与隐患，及时以审计报告、专项报告等形式向公司报告。

4.4.4.2 外部审计监督机制

公司年报审计会计师事务所为天职国际会计师事务所（特殊普通合伙），由董事会选聘，该会计师事务所执业记录良好。公司2019年度审计报告中审计意见为标准无保留意见。

4.4.4.3 内部控制的评价机制

公司每年对内部控制的建设和执行情况进行检查评价，出具年度内部控制评价报告，评价结果能真实反映公司的内控水平。

4.4.4.4 内部控制的纠正机制

公司内外部检查、审计发现的问题能得到限期整改，公司制定有岗位问责和重大事故责任追究制度，并能有效落实。

4.5 风险管理

公司一贯坚持"依法合规、稳健经营"的理念，通过制定健全的内部规章制度，建立职责分工合理的组织架构，将现代风险管理技术与传统风险管理方法相结合，对可能产生的风险及时作出响应，积极采取有效措施进行事前防范、事中控制、事后监督，并根据实际需要及时完善风险管理体系。2019年，公司进一步完善内控管理和风险管理等制度，制定了《内部控制管理暂行办法》《内部授权管理暂行办法》《信托业务风险管理办法》《风险处置预案》等多项内控制度。全年，公司风险管理工作有序开展，保障了公司稳健经营。

4.5.1 信用风险

公司信用风险应对措施是主要通过对交易对手的尽职调查进行事前控制。以交易结构设计、风险定价、设定担保、项目跟踪管理、风险监测等手段防范和监督交易对手信用风险变化，具体包括以下几个方面。

一是交易前，对项目进行分类管理，按照管理责任与项目风险承担将信托业务划分为事务管理类与主动管理类。对于事务管理类信托业务，公司在信托文件中与交易对手明确约定公司仅承担合同约定事务的管理职责，项目投资风险由受益人或信托财产承担。对于固有业务和主动管理类信托业务，公司通过制定、执行尽职调查工作指引等业务规章，强化对交易对手的尽职调查，科学评估交易对手的履约能力和履约意愿；选择有效的、与交易对手信用风险相匹配的增级措施；科学、客观、公正评估担保物，严格控制抵质押率，注重采用多种担保措施提高信用风险的保障系数。

二是审查阶段，对固有项目与集合项目进行集体评审与决策，提出风险控制具体要求。2019年，公司制定执行《风险管理部参与公司项目审查方案》，增加风险管理部对部分项目立项、复审前置、终审会意见落实情况及发行（放款）条件落实情况四个环节的审查，进一步防范项目信用风险。

三是管理阶段，公司对存续项目进行分类管理，对于固有项目和主动管理类集合项目，公司全面收集交易对手生产经营资料和财务数据，了解其异常变动情况等，定期对企业或者项目进行现场检查，对于风险较大的行业与区域，加大现场检查频率，监测项目风险状况及抵（质）押物价值变化情况。对于事务管理类信托业务，公司严格按照监管要求，根据信托文件约定与委托人/受益人指令，履行账户管理、收益分配等信托合同约定事务的管理职责。同时，公司加强项目风险监测与预警。2019年，公司制定了《风险预警管理规定》，要求项目经理在后续管理过程中，对于发现的各种影响项目安全运行的风险信号，严格按照要求及时填报"风险信号预警报送单"；风险管理部定期监测项目本息回收情况，不定期监测各业务部门项目风险预警信号，建立预警项目风险监测台账，加强该类项目的风险监测。此外，公司建立到期项目检查交流汇报会、重点项目督办会、风险处置领导小组会工作机制，项目经理与业务部门负责人定期汇报到期项目兑付工作安排情况与存续单一项目管理情况，风险管理部汇报到期项目非现场检查情况；对于重点项目，公司及时召开处置领导小组会议，明确工作分工，研究部署处置工作，多途径保障存续项目安全运行、督促项目尽快处置。

四是按监管要求开展信用风险压力测试。公司按照监管要求，设置测试情景与参数，构建测试模型，对截至 2019 年末表内外预期信用风险损失开展压力测试工作。测试结果表明，表内外预期信用风险损失总体在可控范围，即使在重度压力情景下，新增表内外损失占公司固有资产比例也较低。

按照资产五级分类标准分类，2019 年末公司固有业务信用风险资产为 708 628. 37 万元，其中信用不良资产期末数为 14 913. 55万元，计提各项资产减值准备 10 165. 57 万元。

4. 5. 2　市场风险

公司市场风险主要表现在开展资产管理业务与固有业务过程中，投资于有公开市场价值的金融产品或者其他产品时，因股价、市场汇率、利率及其他产品价格变动，金融产品或者其他产品的价值发生波动导致资产遭受损失的可能性。公司主要采取以下措施应对市场风险。

一是及时识别、计量、监测和控制市场风险，将市场风险控制在公司可承受的范围之内，实现风险可控前提下的效益最大化。

二是对市场风险较高的业务采取极为审慎的态度开展。截至 2019 年末，公司信托业务中，未开展主动管理类诸如私募阳光化有价证券信托等证券市场投资类信托，也未开展投资货币市场的主动管理类信托业务。固有业务中，开展自营股票投资业务控制在相对较小的额度内。2019 年，未开展市场风险敏感度较高的金融衍生品投资业务及外汇交易业务。截至 2019 年末，公司固有业务中，购买股票、基金及本公司以外的信托产品合计 13 280. 14 万元，占所有者权益的 1. 85%。固有资金主要用于投资金融股权中高流动性、低风险的金融产品及固定收益型产品。

三是严格按照国家产业政策和监管要求进行资金投放。与主营业务为参与地方建设的国有企业合作，公司严格按照监管要求与市场化原则规范开展，明确风险缓释措施，进行区域限额管理与单笔业务限额管理。对于产能过剩行业，公司高度关注该行业的市场情况、融资方实力及资金真实用途等。截至 2019 末，公司固有资金和信托资金均未投向产能过剩行业。对于固有业务与主动管理类房地产项目，公司高度关注房地产市场情况、融资方实力及项目区位，规范开展该类业务。截至 2019 年末，公司存续房地产项目均未出现风险。

四是及时开展市场风险压力测试。鉴于公司不存在外汇及大宗商品相关业务，故测试范围主要集中于利率风险层面，测试结果表明，利率波动对公司固有资产的投资收益与利息收入等直接影响相对较小；对负债的利息支付与信托项目信托报酬基本无直接影响。

4. 5. 3　流动性风险

公司严格按照《信托公司管理办法》等监管规定，加强负债业务管理。为进一步规范公司流动性风险管理，公司制定了《流动性风险管理规定》，按该制度要求，计划财务部按时编制资金预算表，通过测算和分析未来一定时期的资产及负债的现金流、或有资产及或有负债的潜在现金流等，制定流动性补充计划，安排资金来源和运用，保障公司经营的持续、稳健。截至 2019 年末，公司固有业务同业拆入和流动性支持资金余额均为零；其他有息负债系公司成立前发生的历史遗留问题。公司流动性风险主要表现在，公司虽有清偿能力，却无法及时获得充足资金或无法以合理成本及时获得充足资金以满足下列情形：一是不能按期清偿到期债务；二是无法按计划投放固有项目；三是信托项目不能按期清算、分配，公司应承担赔偿责任时的资金需求。对此，公司主要采取以下措施应对流动性风险。

第一，计划财务部定期进行资金需求测算，做好流动性安排。

第二，保持固有业务足够的可变现资产，做好因未尽管理职责，信托项目出现风险时，需以固有资金进行赔付的准备。

第三，项目设计时，根据还款方的现金流及债务情况合理安排项目期限，降低项目还款方出现流动性风险的可能性。

第四，项目管理阶段，根据还款方经营管理情况，预测其现金流，特别是到期前 3 个月、1 个月、7 天、3 天四个时点还款资金安排情况，强化尽职管理。

第五，制订执行恢复与处置计划，建立流动性补足机制。

第六，按监管要求开展流动性压力测试。公司对 2019 年末第一季度、6 个月和 12 个月公司整体流动性进行压力测试，测试结果表明，风险缓释后，轻度与中度压力情景下，公司均不存在现金流缺口；重度压力情景下，公司现金流存在一定缺口，但若剔除公司根据固有资金结余情况自主决定的资金投放计划影响，重度压力情景下，公司无现金流缺口。

4. 5. 4　操作风险

公司操作风险主要表现在因公司治理、内控机制失效或因员工出现失误、欺诈等问题。操作风险表现在信托业务和固有业务的整个管理过程中。公司主要采取以下措施应对操作风险。

一是按照“规范管理、制度先行”的原则开展各类业务，确保每项业务在尽职调查、受理申请、交易结构设计、审查审批、营销签约、项目管理、清算分配等各阶段全流程合法合规。2019 年，公司结合监管要求、内部机构职责、业务条线的变化，进一步查找业务操作漏洞，完善相关内容。公司动态梳理、及时修订有关制度流程，查漏补缺，完善制度基础，全年新增《规章制度管理办法》《关联交易管理办法》《股权事务管理办法》等 15 项制度，修订《内部控制管理暂行办法》《反洗钱管理办法》《外部审计管理办法》《单一资金信托操作流程》等 18 项制度，涉及信托业务、固有业务、财务管理、风险控制、合规审计、综合管理、人力资源、信息技术等方面，为经营管理工作提供制度保障。

二是建立了职责分离、相互监督制约的内控机制。公司建立和完善有效的投资决策机制，实行严格的复核审核程序。公司构建的前台、中台、后台条线清晰，相互制约、相互配合的组织机构，在一定程度上起到岗位隔离与中后台对前台的监督制衡作用。2019 年，公司强化风险管理部在项目前期的审查职能，在防范信用风险的同时，有效降低项目操作风险。

三是通过外部检查与公司内部排查工作，查找经营管理中的不足，补缺补漏，及时整改经营管理过程中不合规、不完善之处。2019 年，人民银行合肥中支、安徽银保监局和国元金控集团等均对公司开展了现场检查和督查。公司风险管理部对到期固有项目与主动管理类集合项目开展非现场检查，及时提出检查意见，要求整改。同时，根据监管要求，公司风险管理部、合规管理部作为中台部门，牵头开展多项风险排查，如季度风险排查、"巩固治乱象成果 促进合规建设"专项排查、全面风险排查、知识产权质押融资情况排查、批量转让不良资产情况排查、投资领域重大风险排查、非法集资和扫黑除恶专项工作排查等；稽核审计部作为后台部门，加强对固有资产、集合项目、合规风险和流动性风险等工作的审计等。通过上述内外检查，及时查缺补漏、落实整改，有效防范操作风险。

四是有效防范洗钱风险。公司高度重视洗钱风险防范工作，及时按照人民银行相关要求，对有关制度进行修订。2019 年，公司及时修订了《反洗钱管理办法》《可疑交易报告管理规定》《客户身份识别和客户身份资料及交易记录保存操作规程》等反洗钱专项制度；加强客户管理，新建客户管理系统，完善客户管理工作。按照人民银行要求，上线反洗钱信息系统，对客户洗钱风险及时进行识别、评估，对可疑交易进行报送，有效防范洗钱风险。

五是强化考核问责，依据公司岗位问责制度，对监管要求与公司制度执行不力的部门与人员进行处罚，强化员工合规操作意识。2019 年，公司根据监管要求与公司规章制度规定，对监管检查及日常经营管理中发现问题的有关责任人进行了问责。

4.5.5 案件风险

公司高度重视案防工作，强化案防工作的组织领导和各项举措。具体采取了以下措施防范案件风险。

一是印发执行《2019 年案件防控工作计划》，开展案件警示教育专题活动。2019 年，公司印发执行《2019 年案件防控工作计划》，明确全年案件防控工作重点及案件风险防范措施，开展季度合规风险排查、全面风险排查、"现金贷"业务自查、风险项目检查、员工行为风险排查等，均未发现重大违法违规行为引发的案件风险的情形。同时，为贯彻落实党中央、国务院决策部署，严厉打击银行业从业人员违法违规行为，充分发挥警示教育作用，根据银保监会《关于开展银行业金融机构案件警示教育活动的通知》要求，2019 年 3 ~6 月，公司集中开展了案件警示教育活动。公司在梳理排查案件风险的基础上，开展了多种形式的警示教育活动。通过此次专项警示教育活动，引导全体员工以案为鉴、以案代训、以案促改，教育全体员工知敬畏、存戒惧、守底线，根植守法合规文化，促进公司稳健运行。

二是加强制度建设，筑牢防火墙。公司建立与业务发展相适应的内控制度。为进一步加强案件防控，促进业务规范开展，2019 年，公司结合监管要求、内部机构职责、业务条线的变化，进一步查找业务操作漏洞和诱发案件的风险因素，完善相关内容。公司通过制度梳理和修订等工作，进一步健全了制度体系，有力保障了公司合规经营，有力防范了案件风险。

三是强化合规、廉洁教育。2019 年，公司组织开展了多场与"合规"相关的全员学习教育和培训活动，加强对有关法律法规、监管政策及公司规章制度的学习，使员工全面掌握应知应会的监管要求和公司内控制度。同时，公司高度重视反腐倡廉、廉洁从业教育，加强全体员工对经营风险、道德风险防范工作的长期性、艰巨性、必要性和重要性的认识。公司开展了"不忘初心，牢记使命"等主题教育，组织员工观看警示教育片，召开组织生活会，开展批评与自我批评等，不断强化员工合规与廉洁从业意识，防范员工欺诈或利用开展业务之机牟取不正当利益。

四是强化绩效考核。公司已将案防工作纳入对各部门的年度考核目标中，明确部门主要负责人为案件防控工作第一责任人，严格执行公司各项制度，有效防范和控制操作风险，杜绝案件和违规违纪行为发生。年度综合绩效目标考核实行案防工作"一票否决制"。同时，公司对案件风险事件实行严格的责任追究，切实强化各部门案防意识，把监管部门对案防工作的各项要求落到实处。

4.5.6 信息科技风险

公司高度重视信息系统建设与安全运行，遵守国家、行业对网络安全、信息安全相关规定，根据相关 IT 管理制度和安全策略建立健全公司的信息安全管理制度，规范操作流程，不断加强软硬件的人力、物力投入，加大员工培训，牢固树立信息安全意识，信息系统建设水平不断提升，网络安全防控能力大大增强，有力地保障了公司业务稳健开展。具体采取以下措施防范信息科技风险。

一是制定了由安全策略、管理制度、操作规程等构成的全面的信息安全管理制度，建立较为完善的信息系统应急预案，并设立完整的信息安全管理流程，控制信息安全管理。

二是加强物理环境建设，对机房的物理访问实行门禁控制，系统密码均由专门人员掌管，计算机终端无人看管时锁定，机房采用集中监控，监控清晰全面，实行 24 小时不间断监控，建立完备、有效的机房技术文档。

三是采取有效的网络安全管理措施，目前，公司拥有两条电信互联网线路，通过互联网交换机接入出口防火墙，出口防火墙后端挂接 IPS（入侵检测系统）。通过上网行为管理系统及核心交换机的策略管理，对内外网进行逻辑划分。公司严格控制接入互联网的台式机数量，对接入互联网的台式电脑登记对应网卡 MAC 和 IP 地址，并在核心交换机的策略规则上进行控制，禁止其接入公司内网网段，防止数据互通。网络设备管理配置均由专人分管负责，确保合理操作，保障网络通畅、安全。

四是加强信息系统安全管理，设备、系统均由专人维护管理，定期对系统的安全配置进行检测。对各信息系统制定相应的备份策略，定期执行恢复程序。建立监控系统，对信息系统和网络设备的运行状况、文件系统使用情况等均实现自动化监控。

公司重视信息系统建设，将继续围绕公司业务、办公需求，合理设计信息化建设发展规划，并分阶段实施信息系统建设工作，使公司的信息系统切实满足业务发展需要。

4.5.7 声誉风险

公司高度重视声誉风险管理工作，做好舆情监测，强化服务意识和沟通意识，正确引导各方预期，积极营造良好的外部环境，保障公司稳健发展。公司采取以下措施防范声誉风险：一是制定《声誉风险管理办法》等相关制度，明确声誉管理的责任部门与出现声誉风险时的处置流程。二是设立舆情工作领导小组，建立舆情监测机制，做好舆情监测工作，及时发现、报告相关舆情，分类处置，扎实做好舆情风险防范工作。

公司努力支持地方经济发展、积极探索创新业务，2019

年，公司在省政府年度金融机构支持地方经济发展经营业绩考核中，获评“优秀”等次（一等奖）；公司发行的“幸福2018年第二期个人消费贷款资产支持证券”获得“‘诚信托’最佳资产证券化信托产品奖；在中债登举办的“2019年债券市场投资策略论坛暨2018年度中债优秀成员颁奖仪式”中荣获“优秀ABS发行人奖”。

公司将继续按照“依法合规、稳健经营”的经营思路，推进改革方案的落实，加快转型创新步伐，继续强化受托理念，提高风险防范意识，严守风险防范底线，持续增强主动管理能力，严格管理，规范操作，保障公司持续稳健发展。

4.5.8 净资本管理

《信托公司净资本管理办法》规定信托公司的净资本监管标准为净资本不低于2亿元；净资本/各项业务风险资本不低于100%；净资本/净资产不低于40%。

2019年末，公司净资本风险控制指标为净资本为571 694.51万元；各项业务风险资本为302 675.29万元；净资本与各项业务风险资本之比为188.88%；净资本与净资产之比为82.30%。各项指标均符合监管标准。

5. 报告期末及上一年度末的比较式会计报表

5.1 自营资产

5.1.1 会计师事务所审计意见全文

审计报告

天职业字[2020]7567号

安徽国元信托有限责任公司全体股东：

一、审计意见

我们审计了安徽国元信托有限责任公司（以下简称国元信托）财务报表，包括2019年12月31日的合并及母公司资产负债表，2019年度的合并及母公司利润表、合并及母公司现金流量表、合并及母公司所有者权益变动表，以及财务报表附注。

我们认为，后附的财务报表在所有重大方面按照企业会计准则的规定编制，公允反映了国元信托2019年12月31日的合并及母公司财务状况以及2019年度的合并及母公司经营成果和现金流量。

二、形成审计意见的基础

我们按照中国注册会计师审计准则的规定执行了审计工作。审计报告的“注册会计师对财务报表审计的责任”部分进一步阐述了我们在这些准则下的责任。按照中国注册会计师职业道德守则，我们独立于国元信托，并履行了职业道德方面的其他责任。我们相信，我们获取的审计证据是充分、适当的，为发表审计意见提供了基础。

三、管理层和治理层对财务报表的责任

管理层负责按照企业会计准则的规定编制财务报表，使其实现公允反映，并设计、执行和维护必要的内部控制，以使财务报表不存在由于舞弊或错误导致的重大错报。

在编制财务报表时，管理层负责评估国元信托的持续经营能力，披露与持续经营相关的事项（如适用），并运用持续经营假设，除非管理层计划清算、终止运营或别无其他现实的选择。

治理层负责监督国元信托的财务报告过程。

四、注册会计师对财务报表审计的责任

我们的目标是对财务报表整体是否不存在由于舞弊或错误导致的重大错报获取合理保证，并出具包含审计意见的审计报告。合理保证是高水平的保证，但并不能保证按照审计准则执行的审计在某一重大错报存在时总能发现。错报可能由于舞弊或错误导致，如果合理预期错报单独或汇总起来可能影响财务报表使用者依据财务报表作出的经济决策，则通常认为错报是重大的。

在按照审计准则执行审计工作的过程中，我们运用了职业判断，并保持职业怀疑。同时，我们也执行以下工作：

（1）识别和评估由于舞弊或错误导致的财务报表重大错报风险，设计和实施审计程序以应对这些风险，并获取充分、适当的审计证据，作为发表审计意见的基础。由于舞弊可能涉及串通、伪造、故意遗漏、虚假陈述或凌驾于内部控制之上，未能发现由于舞弊导致的重大错报的风险高于未能发现由于错误导致的重大错报的风险。

（2）了解与审计相关的内部控制，以设计恰当的审计程序，但目的并非对内部控制的有效性发表意见。

（3）评价管理层选用会计政策的恰当性和作出会计估计及相关披露的合理性。

（4）对管理层使用持续经营假设的恰当性得出结论。同时，根据获取的审计证据，就可能导致对国元信托持续经营能力产生重大疑虑的事项或情况是否存在重大不确定性得出结论。如果我们得出结论认为存在重大不确定性，审计准则要求我们在审计报告中提请报表使用者注意财务报表中的相关披露；如果披露不充分，我们应当发表非无保留意见。我们的结论基于截至审计报告日可获得的信息。然而，未来的事项或情况可能导致国元信托不能持续经营。

（5）评价财务报表的总体列报、结构和内容，并评价财务报表是否公允反映相关交易和事项。

（6）就国元信托中实体或业务活动的财务信息获取充分、适当的审计证据，以对财务报表发表审计意见。我们负责指导、监督和执行集团审计，并对审计意见承担全部责任。

我们与治理层就计划的审计范围、时间安排和重大审计发现等事项进行沟通，包括沟通我们在审计中识别出的值得关注的内部控制缺陷。

中国·北京　　中国注册会计师：张居忠

二〇二〇年四月二十七日　　中国注册会计师：江峰

5.1.2 资产负债表

合并资产负债表

编制单位：安徽国元信托有限责任公司　2019年12月31日　单位：万元

项目	行次	期末余额	期初余额
资产：	1		
货币资金	2	12.44	2.27
存放同业款项	3	1 346.13	3 907.67
以公允价值计量且其变动计入当期损益的金融资产	4	2 380.61	5 034.54
预付款项	5	7.34	10.51
其他应收款	6	588.52	1 121.54
买入返售金融资产	7	20 525.21	20 065.22
发放贷款及垫款	8	175 300.00	150 050.00

续表

项目	行次	期末余额	期初余额
可供出售金融资产	9	80 507. 17	69 836. 86
持有至到期投资	10	—	20 000. 00
长期股权投资	11	340 587. 12	337 953. 10
固定资产	12	2 571. 37	2 891. 09
在建工程	13	46 626. 62	46 528. 51
无形资产	14	702. 87	256. 98
长期待摊费用	15	—	—
递延所得税资产	16	4 395. 27	4 689. 98
其他资产	17	77 526. 15	82 539. 51
	18		
	19		
	20		
	21		
资产总计	22	753 076. 83	744 887. 78
负债:	23		
向中央银行借款	24	—	—
拆入资金	25	—	—
代理买卖证券款	26	—	—
代理承销证券款	27	—	—
应付职工薪酬	28	7 369. 86	7 368. 18
应交税费	29	25 921. 71	30 815. 19
其他应付款	30	1 537. 44	26 557. 71
递延所得税负债	31	453. 75	393. 14
其他负债	32	24. 95	24. 95
负 债 合 计	33	35 307. 71	65 159. 17
所有者权益(或股东权益):	34		
实收资本(或股本)	35	300 000. 00	300 000. 00
资本公积	36	135 134. 31	135 134. 31
其他综合收益	37	2 551. 01	917. 66
盈余公积	38	55 327. 17	50 921. 81
一般风险准备	39	61 098. 38	58 324. 02
未分配利润	40	140 453. 49	111 171. 34
归属于母公司所有者权益(或股东权益)合计	41	694 564. 36	656 469. 15
少数股东权益	42	23 204. 76	23 259. 46
所有者权益(或股东权益)合计	43	717 769. 12	679 728. 61
负债和所有者权益(或股东权益)总计	44	753 076. 83	744 887. 78

法定代表人:许　斌　　主管会计工作负责人:朱先平　　会计机构负责人:陈红原

资产负债表(母公司)

编制单位:安徽国元信托有限责任公司　2019 年 12 月 31 日　单位:万元

项目	行次	期末余额	期初余额
资产:	1		
货币资金	2	12. 44	2. 27
存放同业款项	3	1 331. 60	3 893. 31
以公允价值计量且其变动计入当期损益的金融资产	4	2 380. 61	5 034. 54
预付款项	5	2. 35	10. 51
其他应收款	6	733. 93	1 132. 26
买入返售金融资产	7	20 525. 21	20 065. 22
发放贷款及垫款	8	175 300. 00	150 050. 00
可供出售金融资产	9	80 507. 17	69 836. 86
持有至到期投资	10	—	20 000. 00
长期股权投资	11	363 620. 31	361 217. 60
固定资产	12	2 566. 04	2 889. 59

续表

项目·	行次	期末余额	期初余额
在建工程	13	33. 17	—
无形资产	14	702. 87	256. 98
长期待摊费用	15	64. 93	—
递延所得税资产	16	4 397. 50	4 690. 15
其他资产	17	77 526. 15	82 539. 51
	18	—	—
	19	—	—
资产总计	20	729 704. 27	721 618. 80
负债:	21	—	—
向中央银行借款	22	—	—
拆入资金	23	—	—
代理买卖证券款	24	—	—
代理承销证券款	25	—	—
应付职工薪酬	26	7 369. 86	7 368. 18
应交税费	27	25 917. 68	30 811. 16
其他应付款	28	1 277. 44	26 547. 71
递延所得税负债	29	453. 75	393. 14
其他负债	30	24. 95	24. 95
负债合计	31	35 043. 68	65 145. 14
所有者权益(或股东权益):	32	—	—
实收资本(或股本)	33	300 000. 00	300 000. 00
资本公积	34	135 134. 31	135 134. 31
其他综合收益	35	2 551. 01	917. 66
盈余公积	36	55 327. 17	50 921. 81
一般风险准备	37	61 098. 38	58 324. 02
未分配利润	38	140 549. 72	111 175. 85
所有者权益(或股东权益)合计	39	694 660. 59	656 473. 66
负债和所有者权益(或股东权益)总计	40	729 704. 27	721 618. 80

法定代表人:许　斌　　主管会计工作负责人:朱先平　　会计机构负责人:陈红原

5.1.3 利润表

合并利润表

编制单位:安徽国元信托有限责任公司　2019 年度　单位:万元

项目	行次	本期金额	上期金额
一、营业总收入	1	68 423. 05	57 755. 21
利息净收入	2	13 629. 18	8 067. 08
利息收入	3	13 952. 96	10 636. 29
利息支出	4	323. 79	2 569. 21
手续费及佣金净收入	5	37 560. 81	34 802. 43
手续费及佣金收入	6	37 698. 11	35 033. 29
手续费及佣金支出	7	137. 30	230. 87
其他业务收入	8	23. 28	55. 96
投资收益(损失以"-"号填列)	9	17 337. 98	14 820. 06
其中:对联营企业和合营企业的投资收益	10	12 520. 31	9 160. 61
公允价值变动收益(损失以"-"号填列)	11	-128. 73	-2. 67
汇兑收益(损失以"-"号填列)	12	—	-1. 83
资产处置收益(损失以"-"号填列)	13	0. 54	14. 19
二、营业总成本	14	14 375. 51	11 913. 88
税金及附加	15	484. 04	430. 52
业务及管理费	16	12 140. 99	9 910. 49
资产减值损失	17	1 750. 48	1 572. 88
三、营业利润(亏损以"-"号填列)	18	54 047. 53	45 841. 33

续表

项目	行次	本期金额	上期金额
加：营业外收入	19	25.32	51.72
其中：政府补助	20	—	—
减：营业外支出	21	27.13	15.00
四、利润总额（亏损总额以"－"号填列）	22	54 045.72	45 878.04
减：所得税费用	23	10 138.55	9 057.53
五、净利润（净亏损以"－"号填列）	24	43 907.17	36 820.51
（一）按所有权归属分类：	25	—	—
归属于母公司所有者的净利润	26	43 961.87	36 825.55
＊少数股东损益	27	－54.70	－5.04
（二）按经营持续性分类：	28	—	—
持续经营净利润	29	43 961.87	36 825.55
终止经营净利润	30	—	—
六、其他综合收益的税后净额	31	1 633.34	-15 556.79
归属于母公司所有者的其他综合收益的税后净额	32	1 633.34	-15 556.79
（一）不能重分类进损益的其他综合收益	33	—	—
1. 重新计量设定受益计划变动额	34	—	—
2. 权益法下不能转损益的其他综合收益	35	—	—
3. 其他	36	—	—
（二）将重分类进损益的其他综合收益	37	1 633.34	-15 556.79
1. 权益法下可转损益的其他综合收益	38	1 356.41	-12 221.20
2. 可供出售金融资产公允价值变动损益	39	276.94	-3 335.60
3. 持有至到期投资重分类为可供出售金融资产损益	40	—	—
4. 现金流量套期储备（现金流量套期损益的有效部分）	41	—	—
5. 外币财务报表折算差额	42	—	—
6. 其他	43	—	—
＊归属于少数股东的其他综合收益的税后净额	44	—	—
七、综合收益总额	45	45 540.51	21 263.72
归属于母公司所有者的综合收益总额	46	45 595.21	21 268.76
＊归属于少数股东的综合收益总额	47	－54.70	－5.04

法定代表人：许　斌　　　主管会计工作负责人：朱先平　　　会计机构负责人：陈红原

利润表（母公司）

编制单位：安徽国元信托有限责任公司　　　2019 年度　　　单位：万元

项目	行次	本期金额	上期金额
一、营业总收入	1	68 491.55	57 755.19
利息净收入	2	13 628.99	8 067.06
利息收入	3	13 952.78	10 636.27
利息支出	4	323.79	2 569.21
手续费及佣金净收入	5	37 560.81	34 802.43
手续费及佣金收入	6	37 698.11	35 033.29
手续费及佣金支出	7	137.30	230.87
其他业务收入	8	23.28	55.96

续表

项目	行次	本期金额	上期金额
投资收益（损失以"－"号填列）	9	17 406.66	14 820.06
其中：对联营企业和合营企业的投资收益	10	12 545.82	9 160.61
公允价值变动收益（损失以"－"号填列）	11	－128.73	－2.67
汇兑收益（损失以"－"号填列）	12	—	－1.83
资产处置收益（损失以"－"号填列）	13	0.54	14.19
二、营业总成本	14	14 299.65	11 904.49
税金及附加	15	475.98	422.46
业务及管理费	16	12 065.36	9 908.59
资产减值损失	17	1 758.30	1 573.44
三、营业利润（亏损以"－"号填列）	18	54 191.90	45 850.70
加：营业外收入	19	25.32	51.72
其中：政府补助	20	—	—
减：营业外支出	21	27.13	15.00
四、利润总额（亏损总额以"－"号填列）	22	54 190.08	45 887.42
减：所得税费用	23	10 136.50	9 057.36
五、净利润（净亏损以"－"号填列）	24	44 053.58	36 830.06
（一）按所有权归属分类：	25	—	—
归属于母公司所有者的净利润	26	—	—
＊少数股东损益	27	—	—
（二）按经营持续性分类：	28	—	—
持续经营净利润	29	44 053.58	36 830.06
终止经营净利润	30	—	—
六、其他综合收益的税后净额	31	1 633.34	－15 556.79
归属于母公司所有者的其他综合收益的税后净额	32	—	—
（一）不能重分类进损益的其他综合收益	33	—	—
1. 重新计量设定受益计划变动额	34	—	—
2. 权益法下不能转损益的其他综合收益	35	—	—
3. 其他	36	—	—
（二）将重分类进损益的其他综合收益	37	1 633.34	－15 556.79
1. 权益法下可转损益的其他综合收益	38	1 356.41	－12 221.20
2. 可供出售金融资产公允价值变动损益	39	276.94	－3 335.60
3. 持有至到期投资重分类为可供出售金融资产损益	40	—	—
4. 现金流量套期储备（现金流量套期损益的有效部分）	41	—	—
5. 外币财务报表折算差额	42	—	—
6. 其他	43	—	—
＊归属于少数股东的其他综合收益的税后净额	44	—	—
七、综合收益总额	45	45 686.93	21 273.27
归属于母公司所有者的综合收益总额	46	—	—
＊归属于少数股东的综合收益总额	47	—	—

法定代表人：许斌　　　主管会计工作负责人：朱先平　　　会计机构负责人：陈红原

5.1.4 所有者权益变动表

合并所有者权益变动表

编制单位：安徽国元信托有限责任公司　　2019 年度　　单位：万元

项目	行次	本年金额													
		归属于母公司所有者权益												少数股东权益	所有者权益合计
		实收资本（或股本）	其他权益工具			资本公积	减：库存股	其他综合收益	专项储备	盈余公积	△一般风险准备	未分配利润	小计		
			优先股	永续债	其他										
栏次	—	1	2	3	4	5	6	7	8	9	10	11	12	13	14
一、上年年末余额	1	300 000.00	—	—	—	135 134.31	—	-5 460.26	—	51 524.91	58 324.02	116 599.20	656 122.18	23 259.46	679 381.64
加：会计政策变更	2	—	—	—	—	—	—	—	—	—	—	—	—	—	—
前期差错更正	3	—	—	—	—	—	—	—	—	—	—	—	—	—	—
其他	4	—	—	—	—	—	—	6 377.92	—	-603.10	—	-5 427.86	346.97	—	346.97
二、本年年初余额	5	300 000.00	—	—	—	135 134.31	—	917.66	—	50 921.81	58 324.02	111 171.34	656 469.15	23 259.46	679 728.61
三、本年增减变动金额（减少以"－"号填列）	6	—	—	—	—	—	—	1 633.34	—	4 405.36	2 774.36	29 282.15	38 095.21	-54.70	38 040.51
（一）综合收益总额	7	—	—	—	—	—	—	1 633.34	—	—	—	43 961.87	45 595.21	-54.70	45 540.51
（二）所有者投入和减少资本	8	—	—	—	—	—	—	—	—	—	—	—	—	—	—
1. 所有者投入资本	9	—	—	—	—	—	—	—	—	—	—	—	—	—	—
2. 其他权益工具持有者投入资本	10	—	—	—	—	—	—	—	—	—	—	—	—	—	—
3. 股份支付计入所有者权益的金额	11	—	—	—	—	—	—	—	—	—	—	—	—	—	—
4. 其他	12	—	—	—	—	—	—	—	—	—	—	—	—	—	—
（三）专项储备提取和使用	13	—	—	—	—	—	—	—	—	—	—	—	—	—	—
1. 提取专项储备	14	—	—	—	—	—	—	—	—	—	—	—	—	—	—
2. 使用专项储备	15	—	—	—	—	—	—	—	—	—	—	—	—	—	—
（四）利润分配	16	—	—	—	—	—	—	—	—	4 405.36	2 774.36	-14 679.72	-7 500.00	—	-7 500.00
1. 提取盈余公积	17	—	—	—	—	—	—	—	—	4 405.36	—	-4 405.36	—	—	—
其中：法定公积金	18	—	—	—	—	—	—	—	—	4 405.36	—	-4 405.36	—	—	—
任意公积金	19	—	—	—	—	—	—	—	—	—	—	—	—	—	—
#储备基金	20	—	—	—	—	—	—	—	—	—	—	—	—	—	—
#企业发展基金	21	—	—	—	—	—	—	—	—	—	—	—	—	—	—
#利润归还投资	22	—	—	—	—	—	—	—	—	—	—	—	—	—	—
2. 提取一般风险准备	23	—	—	—	—	—	—	—	—	—	2 774.36	-2 774.36	—	—	—
3. 对所有者（或股东）的分配	24	—	—	—	—	—	—	—	—	—	—	-7 500.00	-7 500.00	—	-7 500.00
4. 其他	25	—	—	—	—	—	—	—	—	—	—	—	—	—	—
（五）所有者权益内部结转	26	—	—	—	—	—	—	—	—	—	—	—	—	—	—
1. 资本公积转增资本（或股本）	27	—	—	—	—	—	—	—	—	—	—	—	—	—	—
2. 盈余公积转增资本（或股本）	28	—	—	—	—	—	—	—	—	—	—	—	—	—	—
3. 盈余公积弥补亏损	29	—	—	—	—	—	—	—	—	—	—	—	—	—	—
4. 设定受益计划变动额结转留存收益	30	—	—	—	—	—	—	—	—	—	—	—	—	—	—
☆5. 其他综合收益结转留存收益	31	—	—	—	—	—	—	—	—	—	—	—	—	—	—
6. 其他	32	—	—	—	—	—	—	—	—	—	—	—	—	—	—
四、本年年末余额	33	300 000.00	—	—	—	135 134.31	—	2 551.01	—	55 327.17	61 098.38	140 453.49	694 564.36	23 204.76	717 769.12

法定代表人：许斌　　主管会计工作负责人：朱先平　　会计机构负责人：陈红原

合并所有者权益变动表（续）

编制单位：安徽国元信托有限责任公司　　2019 年度　　单位：万元

项目	行次	上年金额													
		归属于母公司所有者权益												少数股东权益	所有者权益合计
		实收资本（或股本）	其他权益工具			资本公积	减：库存股	其他综合收益	专项储备	盈余公积	△一般风险准备	未分配利润	小计		
			优先股	永续债	其他										
栏次	—	15	16	17	18	19	20	21	22	23	24	25	26	27	28
一、上年年末余额	1	300 000.00	—	—	—	135 134.31	—	10 096.54	—	47 841.90	55 706.31	95 074.36	643 853.42	23 264.50	667 117.92
加：会计政策变更	2	—	—	—	—	—	—	—	—	—	—	—	—	—	—
前期差错更正	3	—	—	—	—	—	—	—	—	—	—	—	—	—	—
其他	4	—	—	—	—	—	—	—	—	—	—	—	—	—	—
二、本年年初余额	5	300 000.00	—	—	—	135 134.31	—	10 096.54	—	47 841.90	55 706.31	95 074.36	643 853.42	23 264.50	667 117.92
三、本年增减变动金额（减少以“－”号填列）	6	—	—	—	—	—	—	－15 556.79	—	3 683.01	2 617.71	21 524.84	12 268.76	－5.04	12 263.72
（一）综合收益总额	7	—	—	—	—	—	—	－15 556.79	—	—	—	36 825.55	21 268.76	－5.04	21 263.72
（二）所有者投入和减少资本	8	—	—	—	—	—	—	—	—	—	—	—	—	—	—
1. 所有者投入资本	9	—	—	—	—	—	—	—	—	—	—	—	—	—	—
2. 其他权益工具持有者投入资本	10	—	—	—	—	—	—	—	—	—	—	—	—	—	—
3. 股份支付计入所有者权益的金额	11	—	—	—	—	—	—	—	—	—	—	—	—	—	—
4. 其他	12	—	—	—	—	—	—	—	—	—	—	—	—	—	—
（三）专项储备提取和使用	13	—	—	—	—	—	—	—	—	—	—	—	—	—	—
1. 提取专项储备	14	—	—	—	—	—	—	—	—	—	—	—	—	—	—
2. 使用专项储备	15	—	—	—	—	—	—	—	—	—	—	—	—	—	—
（四）利润分配	16	—	—	—	—	—	—	—	—	3 683.01	2 617.71	－15 300.71	－9 000.00	—	－9 000.00
1. 提取盈余公积	17	—	—	—	—	—	—	—	—	3 683.01	—	－3 683.01	—	—	—
其中：法定公积金	18	—	—	—	—	—	—	—	—	3 683.01	—	－3 683.01	—	—	—
任意公积金	19	—	—	—	—	—	—	—	—	—	—	—	—	—	—
#储备基金	20	—	—	—	—	—	—	—	—	—	—	—	—	—	—
#企业发展基金	21	—	—	—	—	—	—	—	—	—	—	—	—	—	—
#利润归还投资	22	—	—	—	—	—	—	—	—	—	—	—	—	—	—
2. 提取一般风险准备	23	—	—	—	—	—	—	—	—	—	2 617.71	－2 617.71	—	—	—
3. 对所有者（或股东）的分配	24	—	—	—	—	—	—	—	—	—	—	－9 000.00	－9 000.00	—	－9 000.00
4. 其他	25	—	—	—	—	—	—	—	—	—	—	—	—	—	—
（五）所有者权益内部结转	26	—	—	—	—	—	—	—	—	—	—	—	—	—	—
1. 资本公积转增资本（或股本）	27	—	—	—	—	—	—	—	—	—	—	—	—	—	—
2. 盈余公积转增资本（或股本）	28	—	—	—	—	—	—	—	—	—	—	—	—	—	—
3. 盈余公积弥补亏损	29	—	—	—	—	—	—	—	—	—	—	—	—	—	—
4. 设定受益计划变动额结转留存收益	30	—	—	—	—	—	—	—	—	—	—	—	—	—	—
☆5. 其他综合收益结转留存收益	31	—	—	—	—	—	—	—	—	—	—	—	—	—	—
6. 其他	32	—	—	—	—	—	—	—	—	—	—	—	—	—	—
四、本年年末余额	33	300 000.00	—	—	—	135 134.31	—	－5 460.26	—	51 524.91	58 324.02	116 599.20	656 122.18	23 259.46	679 381.64

法定代表人：许斌　　主管会计工作负责人：朱先平　　会计机构负责人：陈红原

所有者权益变动表(母公司)

2019 年度

编制单位:安徽国元信托有限责任公司　　　　单位:万元

项目	行次	本年金额											
		归属于母公司所有者权益											所有者权益合计
		实收资本(或股本)	其他权益工具			资本公积	减:库存股	其他综合收益	专项储备	盈余公积	△一般风险准备	未分配利润	
			优先股	永续债	其他								
栏次	—	1	2	3	4	5	6	7	8	9	10	11	14
一、上年年末余额	1	300 000. 00	—	—	—	135 134. 31	—	-5 460. 26	—	51 524. 91	58 324. 02	116 603. 71	656 126. 69
加:会计政策变更	2	—	—	—	—	—	—	—	—	—	—	—	—
前期差错更正	3	—	—	—	—	—	—	—	—	—	—	—	—
其他	4	—	—	—	—	—	—	6 377. 92	—	-603. 10	—	-5 427. 86	346. 97
二、本年年初余额	5	300 000. 00	—	—	—	135 134. 31	—	917. 66	—	50 921. 81	58 324. 02	111 175. 85	656 473. 66
三、本年增减变动金额(减少以“-”号填列)	6	—	—	—	—	—	—	1 633. 34	—	4 405. 36	2 774. 36	29 373. 87	38 186. 93
(一)综合收益总额	7	—	—	—	—	—	—	1 633. 34	—	—	—	44 053. 58	45 686. 93
(二)所有者投入和减少资本	8	—	—	—	—	—	—	—	—	—	—	—	—
1. 所有者投入资本	9	—	—	—	—	—	—	—	—	—	—	—	—
2. 其他权益工具持有者投入资本	10	—	—	—	—	—	—	—	—	—	—	—	—
3. 股份支付计入所有者权益的金额	11	—	—	—	—	—	—	—	—	—	—	—	—
4. 其他	12	—	—	—	—	—	—	—	—	—	—	—	—
(三)专项储备提取和使用	13	—	—	—	—	—	—	—	—	—	—	—	—
1. 提取专项储备	14	—	—	—	—	—	—	—	—	—	—	—	—
2. 使用专项储备	15	—	—	—	—	—	—	—	—	—	—	—	—
(四)利润分配	16	—	—	—	—	—	—	—	—	4 405. 36	2 774. 36	-14 679. 72	-7 500. 00
1. 提取盈余公积	17	—	—	—	—	—	—	—	—	4 405. 36	—	-4 405. 36	—
其中:法定公积金	18	—	—	—	—	—	—	—	—	4 405. 36	—	-4 405. 36	—
任意公积金	19	—	—	—	—	—	—	—	—	—	—	—	—
#储备基金	20	—	—	—	—	—	—	—	—	—	—	—	—
#企业发展基金	21	—	—	—	—	—	—	—	—	—	—	—	—
#利润归还投资	22	—	—	—	—	—	—	—	—	—	—	—	—
2. 提取一般风险准备	23	—	—	—	—	—	—	—	—	—	2 774. 36	-2 774. 36	—
3. 对所有者(或股东)的分配	24	—	—	—	—	—	—	—	—	—	—	-7 500. 00	-7 500. 00
4. 其他	25	—	—	—	—	—	—	—	—	—	—	—	—
(五)所有者权益内部结转	26	—	—	—	—	—	—	—	—	—	—	—	—
1. 资本公积转增资本(或股本)	27	—	—	—	—	—	—	—	—	—	—	—	—
2. 盈余公积转增资本(或股本)	28	—	—	—	—	—	—	—	—	—	—	—	—
3. 盈余公积弥补亏损	29	—	—	—	—	—	—	—	—	—	—	—	—
4. 设定受益计划变动额结转留存收益	30	—	—	—	—	—	—	—	—	—	—	—	—
5. 其他综合收益结转留存收益	31	—	—	—	—	—	—	—	—	—	—	—	—
6. 其他	32	—	—	—	—	—	—	—	—	—	—	—	—
四、本年年末余额	33	300 000. 00	—	—	—	135 134. 31	—	2 551. 01	—	55 327. 17	61 098. 38	140 549. 72	694 660. 59

法定代表人:许斌　　　　主管会计工作负责人:朱先平　　　　会计机构负责人:陈红原

所有者权益变动表（母公司）（续）

编制单位：安徽国元信托有限责任公司　　2019 年度　　单位：万元

项目	行次	上年金额											
		归属于母公司所有者权益											所有者权益合计
		实收资本（或股本）	其他权益工具			资本公积	减：库存股	其他综合收益	专项储备	盈余公积	△一般风险准备	未分配利润	
			优先股	永续债	其他								
栏次	—	15	16	17	18	19	20	21	22	23	24	25	28
一、上年年末余额	1	300 000.00	—	—	—	135 134.31	—	10 096.54	—	47 841.90	55 706.31	95 074.36	643 853.42
加：会计政策变更	2	—	—	—	—	—	—	—	—	—	—	—	—
前期差错更正	3	—	—	—	—	—	—	—	—	—	—	—	—
其他	4	—	—	—	—	—	—	—	—	—	—	—	—
二、本年年初余额	5	300 000.00	—	—	—	135 134.31	—	10 096.54	—	47 841.90	55 706.31	95 074.36	643 853.42
三、本年增减变动金额（减少以"－"号填列）	6	—	—	—	—	—	—	−15 556.79	—	3 683.01	2 617.71	21 529.35	12 273.27
（一）综合收益总额	7	—	—	—	—	—	—	−15 556.79	—	—	—	36 830.06	21 273.27
（二）所有者投入和减少资本	8	—	—	—	—	—	—	—	—	—	—	—	—
1. 所有者投入资本	9	—	—	—	—	—	—	—	—	—	—	—	—
2. 其他权益工具持有者投入资本	10	—	—	—	—	—	—	—	—	—	—	—	—
3. 股份支付计入所有者权益的金额	11	—	—	—	—	—	—	—	—	—	—	—	—
4. 其他	12	—	—	—	—	—	—	—	—	—	—	—	—
（三）专项储备提取和使用	13	—	—	—	—	—	—	—	—	—	—	—	—
1. 提取专项储备	14	—	—	—	—	—	—	—	—	—	—	—	—
2. 使用专项储备	15	—	—	—	—	—	—	—	—	—	—	—	—
（四）利润分配	16	—	—	—	—	—	—	—	—	3 683.01	2 617.71	−15 300.71	−9 000.00
1. 提取盈余公积	17	—	—	—	—	—	—	—	—	3 683.01	—	−3 683.01	—
其中：法定公积金	18	—	—	—	—	—	—	—	—	3 683.01	—	−3 683.01	—
任意公积金	19	—	—	—	—	—	—	—	—	—	—	—	—
#储备基金	20	—	—	—	—	—	—	—	—	—	—	—	—
#企业发展基金	21	—	—	—	—	—	—	—	—	—	—	—	—
#利润归还投资	22	—	—	—	—	—	—	—	—	—	—	—	—
2. 提取一般风险准备	23	—	—	—	—	—	—	—	—	—	2 617.71	−2 617.71	—
3. 对所有者（或股东）的分配	24	—	—	—	—	—	—	—	—	—	—	−9 000.00	−9 000.00
4. 其他	25	—	—	—	—	—	—	—	—	—	—	—	—
（五）所有者权益内部结转	26	—	—	—	—	—	—	—	—	—	—	—	—
1. 资本公积转增资本（或股本）	27	—	—	—	—	—	—	—	—	—	—	—	—
2. 盈余公积转增资本（或股本）	28	—	—	—	—	—	—	—	—	—	—	—	—
3. 盈余公积弥补亏损	29	—	—	—	—	—	—	—	—	—	—	—	—
4. 设定受益计划变动额结转留存收益	30	—	—	—	—	—	—	—	—	—	—	—	—
5. 其他综合收益结转留存收益	31	—	—	—	—	—	—	—	—	—	—	—	—
6. 其他	32	—	—	—	—	—	—	—	—	—	—	—	—
四、本年年末余额	33	300 000.00	—	—	—	135 134.31	—	−5 460.26	—	51 524.91	58 324.02	116 603.71	656 126.69

法定代表人：许斌　　主管会计工作负责人：朱先平　　会计机构负责人：陈红原

5.2 信托资产

5.2.1 信托项目资产负债汇总表

编制单位:安徽国元信托有限责任公司　　2019年12月31日　　单位:万元

信托资产	期末余额	年初余额	信托负债和信托权益	期末余额	年初余额
信托资产:			信托负债:		
货币资金	38 716.76	135 331.73	交易性金融负债	—	—
拆出资金	—	—	衍生金融负债	—	—
存出保证金	—	—	应付受托人报酬	—	—
交易性金融资产	50 000.00	104 065.00	应付托管费	—	—
衍生金融资产	—	—	应付受益人收益	—	—
买入返售金融资产	—	—	应交税费	278.89	2.45
其中:买入返售证券	—	—	应付销售服务费	—	—
买入返售信贷资产	—	—	其他应付款项	440 199.20	328 049.83
应收款项	442 961.38	309 190.43	其他负债		
发放贷款	11 708 307.34	12 871 921.31	信托负债合计	440 478.09	328 052.28
其中:基础产业	5 005 901.34	6 281 145.50	信托权益:		
房地产	366 307.00	230 807.00	实收信托	17 146 894.95	19 283 908.44
其他产业	6 336 099.00	6 359 968.81	其中:资金信托	13 888 635.39	15 116 400.76
可供出售金融资产	—	—	集合	4 047 689.91	4 150 552.91
持有至到期投资	3 945 232.75	4 697 193.40	单一	9 840 945.48	10 965 847.85
长期应收款	—	—	财产信托	3 258 259.56	4 167 507.68
长期股权投资	1 563 953.71	1 601 753.71	资本公积	—	—
其中:基础产业	1 153 723.00	1 159 513.00	未分配利润	208 661.74	164 344.50
房地产	—	—	信托权益合计	17 355 556.69	19 448 252.93
其他产业	410 230.71	442 240.71			
投资性房地产					
固定资产					
无形资产					
长期待摊费用					
其他资产	46 862.84	56 849.64			
其中:融资租赁资产					
信托资产总计	17 796 034.78	19 776 305.21	信托负债及信托权益总计	17 796 034.78	19 776 305.21

单位负责人:许斌　　财务负责人:朱先平　　会计机构负责人:陈红原

5.2.2 信托项目利润及利润分配汇总表

编制单位:安徽国元信托有限责任公司　　2019年度　　单位:万元

项目	本年金额	上年金额
1. 营业收入	1 253 832.13	1 461 639.97
1.1 利息收入	915 396.82	945 674.08
1.2 投资收益	338 435.31	515 448.73
1.2.1 其中:对联营企业和合营企业投资收益	—	—
1.3 公允价值变动收益	—	437.90
1.4 租赁收入	—	—
1.5 汇兑收益	—	—
1.6 其他收入	—	79.26
2. 支出	111 078.47	91 300.31
2.1 营业税金及附加	4 355.60	4 459.04
2.2 受托人报酬	39 835.52	36 104.91
2.3 保管费	6 707.21	7 630.21
2.4 投资管理费	547.68	65.00
2.5 销售服务费	727.23	2.46
2.6 交易费用	163.79	117.11
2.7 资产减值损失	—	—
2.8 其他费用	58 741.44	42 921.58
3. 信托净利润	1 142 753.66	1 370 339.67
4. 其他综合收益		

续表

项目	本年金额	上年金额
5. 综合收益	1 142 753.66	1 370 339.67
6. 加:期初未分配信托利润	164 344.50	96 943.72
7. 可供分配的信托利润	1 307 098.16	1 467 283.39
8. 减:本期已分配信托利润	1 098 436.42	1 302 938.89
9. 期末未分配信托利润	208 661.74	164 344.50

单位负责人:许斌　　财务负责人:朱先平　　会计机构负责人:陈红原

6. 会计报表附注

6.1 会计报表编制基准不符合会计核算基本前提的说明

报告期内公司无上述事项。

6.2 或有事项说明

报告期内公司无上述事项。

6.3 重要资产转让及其出售的说明

报告期内公司无重大资产转让及其出售。

6.4 会计报表中重要项目的明细资料

6.4.1 自营资产经营情况

6.4.1.1 按信用风险五级分类结果披露信用风险资产的期初数、期末数

信用风险资产五级分类	正常类（万元）	关注类（万元）	次级类（万元）	可疑类（万元）	损失类（万元）	信用风险资产合计（万元）	不良资产合计（万元）	不良资产率（%）
期初数	673 795.69	9 561.27	7 000.74	2 470.00	7 533.93	700 361.63	17 004.67	2.28
期末数	682 166.70	11 548.12	2.50	9 566.06	5 344.99	708 628.37	14 913.55	1.98

注:不良资产合计=次级类+可疑类+损失类。

6.4.1.2 各项资产减值损失准备的期初数、本期计提、本期转回、本期核销、期末数

单位:万元

	期初数	本期计提	本期转销	其他变化	期末数
贷款损失准备	6 613.42	1750.00	2 163.42		6 200.00
其他资产减值准备	3 964.78				3 957.18
可供出售金融资产减值准备	3 225.00				3 225.00
持有至到期投资减值准备					
长期股权投资减值准备					
坏账准备	739.78	0.48	8.08		732.18
固定资产减值准备					
其他减值准备					

6.4.1.3 按照投资品种分类，固有股票投资、基金投资、债券投资、股权投资等投资业务的期初数、期末数

单位:万元

	自营股票	基金	债券	长期股权投资	其他投资	合计
期初数	17316.66	7349.52		337606.13	76759.41	439031.72
期末数	18542.79	3825.18		340587.12	81045.01	444000.10

6.4.1.4 按投资入股金额排序，前五名的自营长期股权投资的企业名称、占被投资企业权益的比例、主要经营活动及投资收益情况等

企业名称	占被投资企业权益的比例(%)	主要经营活动	投资损益（万元）
1. 国元证券股份有限公司	13.54	证券经纪、证券买卖	12 381.16
2. 金信基金管理有限公司	31.00	基金募集、基金销售、特定客户资产管理	4.48
3. 安徽国元基金管理有限公司	12.50	基金募集、基金销售、特定客户资产管理	160.18

6.4.1.5 前五名的自营贷款的企业名称、占贷款总额的比例及还款情况等

企业名称	占贷款总额的比例(%)	还款情况
1. 宁国市新农村建设投资有限公司	8.15	正常
2. 安徽省皖北煤电集团有限责任公司	8.10	正常
3. 郎溪道其建设工程有限公司	6.83	正常
4. 宁国市国泰建设有限公司	5.51	正常
5. 萧县交通投资有限责任公司	5.51	正常

6.4.1.6 表外业务的期初数、期末数，按照代理业务、担保业务和其他类型表外业务分别披露表外业务的期初数、期末数情况

单位:万元

表外业务	期初数	期末数
担保业务	—	—
代理业务（委托业务）	—	—
其他	—	—
合 计	—	—

6.4.1.7 公司当年的收入结构

收入结构	金额（万元）	占比（%）
手续费及佣金收入	37 698.11	54.71
其中:信托手续费收入	37 618.36	54.59
投资银行业务收入	79.74	0.12
利息收入	13 952.96	20.25
其他业务收入	23.82	0.03
其中:计入信托业务收入部分	—	—
投资收益	17 337.98	25.16
其中:股权投资收益	13 738.94	19.94
证券投资收益	656.24	0.95
其他投资收益	2 942.80	4.27
公允价值变动收益	-128.73	—
营业外收入	25.32	0.04
收入合计	68 909.45	100.00

注:1. 手续费及佣金收入、利息收入、其他业务收入、投资收益、营业外收入均应为损益表中的一级科目，其中手续费及佣金收入、利息收入、营业外收入为未抵减掉相应支出的全年累计实现收入数。

2. 其他业务收入中包含汇兑收益、租赁收入等。

6.4.2 信托财产管理情况

6.4.2.1 信托资产的期初数、期末数

单位:万元

信托资产	期初数	期末数
集合	4 234 426.36	4 092 015.42
单一	11 262 365.00	10 246 357.55
财产权	4 279 513.85	3 457 661.81
合 计	19 776 305.21	17 796 034.78

6.4.2.1.1　主动管理型信托业务的信托资产期初数、期末数

单位：万元

主动管理型信托资产	期初数	期末数
证券投资类	—	—
股权投资类	17 112.97	17 001.58
融资类	982 645.07	1 410 405.73
事务管理类	400.14	433.34
合　计	1 303 541.15	1 680 412.13

6.4.2.1.2　被动管理型信托业务的信托资产期初数、期末数

单位：万元

被动管理型信托资产	期初数	期末数
证券投资类	104 065.00	50 000.00
股权投资类	1 630 293.26	1 593 401.35
融资类	9 592 738.44	7 477 360.89
事务管理类	4 460 598.49	4 807 840.12
合　计	18 472 764.06	16 115 622.65

6.4.2.2　本年度已清算结束信托项目

6.4.2.2.1　本年度已清算结束信托项目

已清算结束信托项目	项目个数（个）	实收信托合计金额（万元）	加权平均实际年化收益率（%）
集合类	43	7 370 935.32	4.96
单一类	84	3 562 147.00	4.05
财产管理类	28	4 674 208.38	5.07

注：加权平均实际年化收益率 =（信托项目 1 的实际年化收益率 × 信托项目 1 的实收信托 + … + 信托项目 *n* 的实际年化收益率 × 信托项目 *n* 的实收信托）/（信托项目 1 的实收信托 + … + 信托项目 *n* 的实收信托）×100%。

6.4.2.2.2　本年度已清算结束的主动管理型信托项目

已清算结束主动管理型信托项目	项目个数（个）	实收信托合计金额（万元）	加权平均实际年化信托报酬率（%）	加权平均实际年化收益率（%）
证券投资类	1	6 077 761.32	0.10	4.89
投资类	11	217 440.00	1.11	6.69
融资类	27	466 578.00	1.01	6.36
事务管理类	—	—	—	—

注：加权平均实际年化收益率 =（信托项目 1 的实际年化收益率 × 信托项目 1 的实收信托 + … + 信托项目 *n* 的实际年化收益率 × 信托项目 *n* 的实收信托）/（信托项目 1 的实收信托 + … + 信托项目 *n* 的实收信托）×100%。

6.4.2.2.3　本年度已清算结束的被动管理型信托项目

续表

已清算结束被动管理型信托项目	项目个数（个）	实收信托合计金额（万元）	加权平均实际年化信托报酬率（%）	加权平均实际年化收益率（%）
证券投资类	—	—	—	—
投资类	8	913 353.00	0.05	3.81
融资类	80	3 257 950.00	0.12	4.10
事务管理类	28	4 674 208.38	0.05	5.07

6.4.2.3　本年度新增的信托项目

新增信托项目	项目个数（个）	实收信托合计金额（万元）
集合类	62	1 101 469.20
单一类	40	3 792 955.33
财产管理类	13	3 175 347.76
新增合计	115	8 069 772.29
其中：主动管理型	62	1 101 469.20
被动管理型	53	6 968 303.09

注：本年新增信托项目指在本报告年度内累计新增的信托项目个数和金额，包含本年度新增并于本年度内结束的项目和本年度新增至报告期末仍在持续管理的信托项目，包含本年度开放式产品金额。

6.4.2.4　信托业务创新成果和特色业务有关情况

（1）公司不断加强资产证券化业务的创新发展，全年新增资产证券化项目 11 个，规模为 308.53 亿元，同比上升 0.29%。截至 2019 年末，公司存续资产证券化项目 22 个，规模为 304.95 亿元。在资产支持证券（ABS）方面，合作机构和基础资产不断丰富，由公司作为受托人参与的“苏享盈 2019 年第一期个人消费贷款资产支持证券”在银行间市场通过簿记建档方式成功发行，这是公司首次发行以消费金融公司的个人消费贷款作为基础资产的信贷资产证券化产品。在资产支持票据（ABN）方面，公司首批 ABN 项目正在研究推进。

（2）稳健发展家族信托业务。2019 年，“安承”系列家族信托产品新增规模为 2 亿元。截至 2019 年末，存续家族信托产品 4 单，规模为 3.4 亿元。该系列家族信托为长期限不可撤销信托，在收益分配、投资管理、架构设计等方面具有定制化的特点，以实现委托人的个性化需求，帮助委托人实现“财富保值增值、财富代际传承、风险隔离、保护隐私”的财富管理目的。

（3）积极发展公益（慈善）信托业务。截至 2019 年末，公司存续公益（慈善）信托 2 个，分别为“国元爱心慈善公益信托”和“国元慈善信托”，资金用于国元安大奖学金项目、小岗村创新奖励基金项目及安徽省教育、扶贫、自然灾害救助等。截至 2019 年末，公司存续公益（慈善）信托规模为 1 943 万元，同比增长 1.83%，有效支持安徽省社会慈善事业发展。

6.4.2.5　公司履行受托人义务情况

公司作为受托人，严格按照《信托法》《信托公司管理办法》《信托公司集合资金信托计划管理办法》及信托文件对受托人义务的规定，在管理信托财产时，恪尽职守，履行诚实、信用、谨慎、有效管理的义务，为受益人的最大利益处理信托事务。

公司将信托财产与其固有财产分别管理、分别记账，并将不同委托人的信托财产设立信托专户，单独记账，单独核算。

按照信托文件的约定，及时履行定期信托计划的信息披露及报告事项。每个信托计划设立后 5 个工作日内，在公司网站发布成立公告。并按照信托合同的约定，定期发布信托项目管理报告。信托合同终止时，根据信托合同的约定，向受益人支付信托财产及收益。同时，在信托终止后 10 个工作日内作出处理信托事务的清算报告。

妥善保管处理信托事务的完整记录、原始凭证及有关资料，保存期自本信托终止之日起15年。同时对委托人、受益人以及处理信托事务的情况和资料依法保密。

报告期内，公司管理的信托项目运作正常，全年到期清算信托项目为158个，资金规模为1 020.68亿元，未出现因本公司自身责任而导致信托资产损失情况，信托业务稳健发展。

6.5 关联方关系及其交易的披露

6.5.1 关联交易方的数量、关联交易的总金额及关联交易的定价政策等

	关联交易方数量（个）	关联交易金额（万元）	定价政策
合计	16	107 280	市场公允价值

6.5.2 关联交易方与本公司的关系性质，关联交易方的名称、法定代表人、注册地址、注册资本及主营业务等

关系性质	关联方名称	法定代表人	注册地址	注册资本（万元）	主营业务
持有公司49.6875%股权的实际控制人	安徽国元金融控股集团有限责任公司	方　旭	安徽省合肥市蜀山区梅山路18号	600 000	经营国家授权的集团公司及所属控股企业全部国有资产和国有股权，资本运营，资产管理，收购兼并，资产重组，投资咨询。
同受母公司控制	安徽国元投资有限责任公司	沈和付	安徽省合肥市庐阳区宿州路20号	190 000	股权、债权、产业投资管理及咨询，高新技术及产品开发、转让、销售，房地产租赁服务，物业管理，企业财务顾问，企业资产重组、兼并咨询服务，机械设备租赁服务，资产管理及转让咨询服务，商务信息咨询服务，金融信息咨询服务。
同受母公司控制、公司持有股权13.54%	国元证券股份有限公司	蔡　咏	安徽省合肥市梅山路18号	336 544.7047	证券的代理买卖；证券自营买卖；证券承销；证券投资咨询；客户资产管理等。
同受母公司控制	国元农业保险股份有限公司	吴　天	安徽省合肥市蜀山区长江西路315号	231 392.89	农业保险；财产损失保险；责任保险；法定责任保险；信用保险和保证保险；短期健康保险和意外伤害保险；上述业务的再保险业务；公司农业保险及其他涉农保险保费收入总和占全部保费收入的比例不得低于60%（凭许可证经营）。
同受母公司控制、公司持有12.5%股权	安徽国元基金管理有限公司	许　斌	安徽省合肥高新技术产业开发区创新大道2800号合肥创新产业园二期E1栋856室	4 000	受托管理股权投资基金企业的投资业务、资产经营管理、投资管理。
同受母公司控制	安徽国元种子投资基金有限公司	许　斌	安徽省合肥高新技术产业开发区创新大道2800号合肥创新产业园二期E1栋855室	100 000	股权投资、基金投资、债权及其他投资、投资顾问、投资管理、投资咨询、资产管理。
同受母公司控制	安徽省农业产业化发展基金有限公司	许　斌	合肥市包河区锦绣大道与黑龙江路交口（滨湖金融小镇）	280 000	创业投资、股权投资、投资顾问、投资管理、投资咨询。
同受母公司控制	安徽国元保险经纪股份有限公司	查镜钦	安徽省合肥市长江中路168号	1 500	为投保人拟订投保方案、选择保险人、办理投保手续；协助被保险人或受益人进行索赔；再保险经纪业务；为委托人提供防灾、防损或风险评估、风险管理咨询服务；中国保监会批准的其他业务。
同受母公司控制	安徽国元创投有限责任公司	邵文革	安徽省合肥市经济技术开发区翠微路6号海恒大厦316#、318#	50 000	创业投资及咨询；为创业企业提供创业管理服务业务；参加设立创业投资企业与创业投资管理顾问；股权管理咨询。
受母公司间接控制	国元股权投资有限公司	陈家元	中国（上海）自由贸易试验区民生路1199弄1号3层B区	100 000	使用自有资金或者设立直投基金，对企业进行股权投资或者债权投资，或投资于与股权投资、债权投资相关的其他投资基金，为客户提供与股权投资、债权投资相关的财务顾问服务，经中国证监会认可开展的其他业务。
受母公司间接控制	国元创新投资有限公司	陈平	安徽省合肥市包河区包河大道118号包河区机关后勤服务中心三楼310室	150 000	项目投资；股权投资。
同受母公司控制	芜湖国信大酒店有限公司	董帮琪	芜湖开发区浦江路5号	3 000	客房、餐饮、桑拿、美容美发、娱乐服务；日用百货销售；瓶装酒、烟零售；房屋及场地租赁、办公设备租赁、车辆租赁；农副产品收购（除粮、棉、油）；洗衣、健身、会务服务；食堂后勤服务；酒店管理与培训咨询；养老服务咨询。
公司持有31%股权并有重大影响	金信基金管理有限公司	殷克胜	深圳市前海深港合作区前湾一路1号A栋201室	10 000	基金募集、基金销售、特定客户资产管理、资产管理和中国证监会许可的其他业务。
公司持有50%股权并实际管理	合肥海臻房地产开发有限公司	李勇	合肥市包河区滨湖区林芝路278号烟墩社区服务中心办公318室	29 404	房地产信息咨询；公司和股东自持物业的经营管理；餐饮服务；楼宇机电配套设备管理及维修；保洁服务；停车场管理。
同受母公司间接控制	安徽安元投资基金管理有限公司	刘振	安徽省合肥市经开区翠微路6号海恒大厦517室	5 000	受托管理股权投资基金企业的投资业务；投资顾问、投资管理、投资咨询。
同受母公司间接控制	马鞍山国元融资担保有限责任公司	虞舒捷	马鞍山经济技术开发区太白大道699号1栋	10 000	主营贷款担保，票据承兑担保，贸易融资担保，项目融资担保，信用证担保业务；兼营诉讼保全担保，投标担保、预付款担保、工程履约担保、尾付款如约偿付担保等履约担保业务，与担保业务有关的融资咨询、财务顾问中介服务，以自有资金进行投资业务。

6.5.3　本公司与关联方的重大交易事项

6.5.3.1　固有与关联方交易情况：贷款、投资、租赁、应收账款、担保、其他方式等期初汇总数、本期发生额汇总数、期末汇总数

单位：万元

固有与关联方关联交易				
	期初数	借方发生额	贷方发生额	期末数
贷款	—	—	—	—
投资	6 969	2 000	185	8 784
租赁	—	—	—	—
担保	—	—	—	—
应收账款	—	—	—	—
其他	17 894	150	17 380	664
合计	24 863	2 150	17 565	9 448

6.5.3.2　信托与关联方交易情况：贷款、投资、租赁、应收账款、担保、其他方式等期初汇总数、本期发生额汇总数、期末汇总数

单位：万元

信托与关联方关联交易				
	期初数	借方发生额	贷方发生额	期末数
贷款	—	—	—	—
投资	99 075	40 790	46 775	93 090
租赁	—	—	—	—
担保	—	—	—	—
应收账款	—	—	—	—
其他	—	—	—	—
合计	99 075	40 790	46 775	93 090

6.5.3.3　信托公司自有资金运用于自已管理的信托项目（固信交易）、信托公司管理的信托项目之间的相互（信信交易）交易金额，包括余额和本报告年度的发生额

6.5.3.3.1　固有与信托财产之间的交易金额期初汇总数、本期发生额汇总数、期末汇总数

单位：万元

固有财产与信托财产相互交易			
	期初数	本期发生额	期末数
合　计	15 223.00	8 500.00	23 723.00

6.5.3.3.2　信托项目之间的交易金额期初汇总数、本期发生额汇总数、期末汇总数

单位：万元

信托资产与信托财产相互交易			
	期初数	本期发生额	期末数
合　计	17 187.00	21 498.00	38 685.00

6.5.4　关联方逾期未偿还公司资金的详细情况以及公司为关联方担保发生或即将发生垫款的详细情况

报告期内公司无上述事项。

6.6　会计制度的披露

公司固有业务自 2008 年 1 月 1 日起执行财政部 2006 年颁布的《企业会计准则》。

公司信托业务自 2010 年 1 月 1 日起执行财政部 2006 年颁布的《企业会计准则》。

7. 财务情况说明书

7.1　利润实现和分配情况

2019 年，公司实现净利润 44 053.58 万元，加 2018 年初未分配利润 111 175.85 万元，可供分配利润 155 229.43 万元。根据法律法规要求和公司股东会决议，提取法定盈余公积金 4 405.36 万元，提取信托赔偿金 2 202.68 万元，提取一般准备金 571.68 万元，支付普通股股利 7 500.00 万元，年末未分配利润为 140 549.72 万元。

7.2　主要财务指标

指标名称	指标值
资本利润率（%）	6.36
加权年化信托报酬率（%）	0.13
人均净利润（万元）	265.30

注：1. 资本利润率 = 净利润/所有者权益平均余额 ×100%。

2. 加权年化信托报酬率 =（信托项目 1 的实际年化信托报酬率 × 信托项目 1 的实收信托 + 信托项目 2 的实际年化信托报酬率 × 信托项目 2 的实收信托 +… + 信托项目 n 的实际年化信托报酬率 × 信托项目 n 的实收信托）/（信托项目 1 的实收信托 + 信托项目 2 的实收信托 +… + 信托项目 n 的实收信托）×100%。

3. 人均净利润 = 净利润/年平均人数。

4. 平均值采取年初、年末余额简单平均法，公式为：a（平均）=（年初数 + 年末数）/2。

7.3　对本公司财务状况、经营成果有重大影响的其他事项

无。

8. 特别事项揭示

8.1　前五名股东报告期内变动情况及原因

报告期内，公司股东无变化。

8.2　董事、监事及高级管理人员变动情况及原因

报告期内，公司董事、监事及高级管理人员无变化。

8.3　变更注册资本、变更注册地或公司名称、公司分立合并事项

报告期内，公司注册资本、注册地和公司名称未发生变更，未发生分立合并事项。

8.4　公司的重大诉讼事项

报告期内，公司无重大诉讼事项。

8.5 公司及其董事、监事和高级管理人员受到处罚的情况

报告期内，公司及其董事、监事和高级管理人员未发生受到处罚的情况。

8.6 中国银保监会及其派出机构对公司检查的整改情况

2019年，安徽银保监局共向公司下发了二份《检查意见书》和一份《监管意见书》，分别为《检查意见书》（[2019]6号）、《检查意见书》（[2019]15号）、《监管意见书》（[2019]8号）。

公司高度重视贯彻落实及整改工作，召开党委会、总裁办公会研究部署相关工作，根据分工切实制定整改措施，严格按照整改时限完成整改工作，并建立整改台账，实行销号管理，及时报送整改工作进展情况，并将监管要求作为2019年经营发展的重要指导原则，积极实现公司的可持续发展。

8.7 本年度重大事项临时报告的简要内容、披露时间、所披露的媒体及其版面

无。

8.8 中国银保监会及其省级派出机构认定的其他有必要让客户及相关利益人了解的重要信息

报告期内，公司已按有关规定充分披露相关信息，无银保监会及其省级派出机构认定的其他有必要让客户及相关利益人了解的重要信息。

安信信托股份有限公司

1. 重要提示

1.1 2019年度报告摘要来自年度报告全文,为全面了解本公司的经营成果、财务状况及未来发展规划,投资者应当到上海证券交易所网站等中国证监会指定媒体上仔细阅读年度报告全文。

1.2 公司董事会、监事会及董事、监事、高级管理人员保证年度报告内容的真实、准确、完整,不存在虚假记载、误导性陈述或重大遗漏,并承担个别和连带的法律责任。

1.3 公司全体董事出席董事会会议。

1.4 立信会计师事务所(特殊普通合作)为公司出具了保留意见的审计报告。

1.5 经董事会审议的报告期利润分配预案或公积金转增股本预案。

经立信会计师事务所(特殊普通合伙)审计确认,公司2019年实现归属于母公司股东的净利润为 -399 282.78 万元,期末可供分配利润为 -266 561.24 万元。

鉴于公司2019年的净利润为负数,根据《公司章程》有关规定,综合考虑公司发展阶段和下一步经营需要,2019年公司不进行利润分配,也不进行资本公积金转增股本。

2. 公司概况

2.1 公司简介

公司股票简况				
股票种类	股票上市交易所	股票简称	股票代码	变更前股票简称
A股	上海证券交易所	安信信托	600816	鞍山信托

联系人和联系方式	董事会秘书	证券事务代表
姓名	王岗	
办公地址	上海市黄浦区广东路689号海通证券大厦29楼	
电话	021-63410710	
电子信箱	600816@anxintrust.com	

2.2 报告期公司主要业务简介

公司目前经营的主要业务包括固有业务和信托业务。

2.2.1 主要业务

2.2.1.1 固有业务

固有业务指信托公司运用自有资本开展的业务,主要包括但不限于贷款、租赁、投资、同业存放、同业拆放等。公司的固有业务包括固有资金存贷款及投资业务。该类业务由公司内设的固有业务部负责。报告期内,公司的利息收入及投资收益情况如下:

单位:万元

项目	2019年	2018年	2017年
利息净收入	-34 988.52	1 390.81	12 603.22
其中:利息收入	11 009.00	72 489.90	49 822.30
利息支出	45 997.52	71 099.09	37 219.08
投资收益	-28 723.49	-8 527.50	78 463.14
公允价值变动收益	1 301.75	-126 179.00	-59 773.91

2.2.1.2 信托业务

信托业务是指公司作为受托人,按照委托人意愿以公司名义对受托的货币资金或其他财产进行管理或处分,并从中收取手续费的业务。公司的信托业务主要由其下设的各信托业务部门负责开展经营。报告期内,公司与信托业务相关的收入体现在手续费及佣金收入中,具体情况如下:

单位:万元

项目	2019年	2018年	2017年
手续费及佣金收入	36 805.01	155 974.19	527 950.34
其中:信托报酬	35 808.50	153 994.72	524 374.31
手续费及佣金支出	1 141.21	2 221.35	
手续费及佣金净收入	35 663.80	153 752.84	527 950.34

2.2.2 经营模式

公司以基于产业的主动管理信托业务为核心主业,以"实业投行"为战略定位,以产融结合的模式和股债联动的投资方式,灵活运用多种创新金融工具,根据不同产业及企业的特性,致力于在资产端为实业企业提供全方位、个性化的创新金融服务方案,在客户端提供多元化、多层次的投资理财产品,构建连通资产管理与财富管理的桥梁,以客户为中心着力打造信托行业特色的"财富管理平台"。固有业务以自有资金服务主业为宗旨,以安全性、流动性、低风险性为投资原则,布局具备成长性的优质金融资产,在获取稳定投资收益的同时谋求协同发展效应。

2.3 公司主要会计数据和财务指标

2.3.1 近3年的主要会计数据和财务指标

项目	2019年	2018年	本年比上年增减(%)	2017年
总资产(元)	20 793 667 846.30	31 536 201 940.49	-34.06	25 126 115 640.70
营业总收入(元)	478 140 150.91	2 284 919 436.60	-79.07	5 777 726 409.51
归属于上市公司股东的净利润(元)	-3 992 827 810.26	-1 832 796 150.45	-117.85	3 668 212 257.98
归属于上市公司股东的扣除非经常性损益的净利润	-3 988 170 584.24	-1 997 225 417.68	-99.69	3 538 433 031.51
归属于上市公司股东的净资产(元)	7 630 907 984.22	12 011 949 119.20	-36.47	16 191 481 860.03
经营活动产生的现金流量净额	703 308 790.38	-2 534 048 351.03	127.75	1 730 039 924.46
基本每股收益(元/股)	-0.7301	-0.3351	-117.88	0.6708
稀释每股收益(元/股)	-0.7301	-0.3351	-117.88	0.6708
加权平均净资产收益率(%)	-41.55	-13.54	-28.01	25.23

2.3.2 报告期分季度的主要会计数据

单位:元

项目	第一季度(1~3月)	第二季度(4~6月)	第三季度(7~9月)	第四季度(10~12月)
营业总收入	188 984 040.21	262 683 993.45	77 214 955.71	-50 742 838.46
归属于上市公司股东的净利润	312 107 126.23	-300 531 412.21	-356 890 091.29	-3 647 513 432.99
归属于上市公司股东的扣除非经常性损益后的净利润	312 107 126.23	-405 210 033.17	-356 514 651.29	-3 538 553 026.01
经营活动产生的现金流量净额	-443 115 246.17	149 041 110.34	182 244 717.32	815 138 208.89

2.4 股本及股东情况

2.4.1 普通股股东和表决权恢复的优先股股东数量及前10名股东持股情况

截至报告期末普通股股东总数(户)	126 636
年度报告披露日前上月末的普通股股东总数(户)	116 022
截至报告期末表决权恢复的优先股股东总数(户)	—
年度报告披露日前上月末表决权恢复的优先股股东总数(户)	—

前10名股东持股情况

股东名称(全称)	报告期内增减(股)	期末持股数量(股)	比例(%)	持有有限售条件的股份数量(股)	质押或冻结情况		股东性质
					股份状态	数量(股)	
上海国之杰投资发展有限公司		2 867 929 342	52.44	204 847 399	冻结	2 017 929 342	境内非国有法人
中国证券金融股份有限公司		241 360 938	4.41	—	无		国有法人
上海公信实业有限公司	-1 516 800	180 569 777	3.30	—	无		境内非国有法人
瀚博汇鑫(天津)投资有限公司		159 325 756	2.91	—	质押	159 325 756	境内非国有法人
山东岚桥港有限公司		136 564 932	2.50	—	质押	136 564 932	境内非国有法人
湘财证券股份有限公司	-50 052 700	63 751 408	1.17	—	无		境内非国有法人
香港中央结算有限公司	2 806 558	57 414 915	1.05	—	无		境内非国有法人
梁建业	34 596 681	53 566 517	0.98	—	无		境内自然人
中央汇金资产管理有限责任公司		49 542 240	0.91	—	无		国有法人
上海方圆达创投资合伙企业(有限合伙)—方圆—东方8号私募投资基金	10 060 800	17 182 080	0.31	—	无		其他
上述股东关联关系或一致行动的说明	公司股东中上海国之杰投资发展有限公司为本公司实际控制人高天国先生控制的企业，其余股东本公司未知是否存在关联关系及一致行动的情况。						
表决权恢复的优先股股东及持股数量的说明							

2.4.2　公司与控股股东之间的产权及控制关系

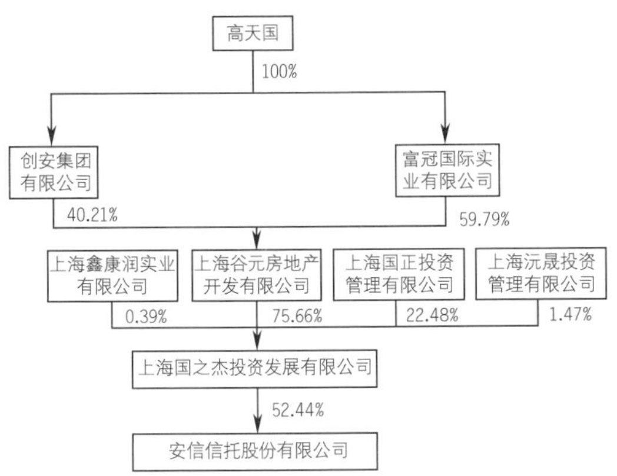

3. 经营情况讨论与分析

2019 年公司实现营业总收入 47 814.02 万元，同比降幅为 79.07%；实现归属于母公司所有者的净利润 -399 282.78万元，同比降幅为 117.85%。截至 2019 年 12 月 31 日，公司总资产为 2 079 366.78 万元，较 2019 年初减少1 074 253.41万元；归属于母公司所有者权益 763 090.80 万元，较 2019 年初减少 438 104.11 万元；截至 2019 年 12 月 31 日，公司每股净资产为 1.3953 元，资产负债率为 59.90%。

3.1　固有业务方面

公司 2019 年固有业务收入比上年有较大幅度下滑，主要是因为受资本市场波动的影响，公司持有的交易性金融资产公允价值下降、部分金融资产需要计提减值准备，主要资产为公司自营证券及参与的各类定向增发类资产等，受期末股价下跌影响，公允价值下降。

3.2　信托业务方面

截至报告期末，存续信托项目为 294 个，受托管理信托资产规模为 1 940.48 亿元；已完成清算的信托项目为 43 个，清算信托规模为 237.57 亿元；新增设立信托项目为 13 个，新增信托规模为 30.25 亿元。上述新增均为集合类信托项目。

3.3　风险化解和清收工作

2019 年，经济、金融不确定性有所上升，中国经济运行总体平稳。同时在金融强监管、"去杠杆"的背景下，市场流动性风险增加，公司面临来自身和市场的双重压力。为系统性化解当前项目风险，最大限度保障公司和投资人利益，公司对组织架构、内部管理作了大量的梳理和调整，成立了以总裁为组长的清收工作领导小组，并成立了以资产管理部为专业管理部门，合规、风控、保全及业务部门共同协作的风险化解和资产清收工作机制。

（1）全力开展清收处置工作，按专职队伍，专门管理，专业处置，专项考核原则，通过内部选调和外部招聘相互结合的方式成立清收处置牵头部门——资产管理部，并由其根据公司管理要求，制定相关的制度，明确职责，处置流程，根据项目情况"一户一策"制定清收处置方案，明确清收目标，通过分工协作和有效激励，高效实施清收处置工作。

（2）全面跟踪资产清收情况，对主动管理类重点项目进行了清收摸底分析，并针对重点项目建立了清收处置跟踪台账，以便及时掌握清收处置进展情况。对每一个项目进行逐一分组，成立清收小组，落实责任、目标及方案，统一协调，做到方案清、责任清、目标清、情况清。

（3）对存续信托业务的后续管理工作中，公司加强风控合规管理部门参与项目风险化解及清收处置工作，从符合信托目的、维护受益人利益的角度出发提出专业合规意见和优化建议，对底层资产的转让、资产及债务重组、项目再融资、风控措施变更、破产债权救济、法律文本审核等方面为公司统筹决策提供法律及合规支持。

（4）加强内部管理，深入开展风险排查。公司针对内部约束和监督机制不够健全，内部控制管理薄弱，风险管理不到位等问题，在有关部门的指导下，根据现阶段状况及时调整工作重心，认真研究，制定解决方案，逐项落实，进一步调整完善相关制度，严肃内部问责。

2019 年，公司严格按照监管要求，深入开展合规风险排查，对各项业务的合规风险管理情况进行排查，对规章制度与业务流程的合法合规性、业务关键环节与关键岗位的合规风险防范、控制与纠正进行自查、检查，并就排查情况形成合规风险报告，评价合规风险管理的有效性，及时发现合规风险并制定整改措施切实整改落实到位。对监管检查和内部自查发现的问题进行检视，与原有制度、流程及制定的风险控制措施进行对照，查找分析所存问题的原因，探索建立合规风险预警机制，从而有助于加强公司内部控制，有效识别和防范合规风险。

4. 自营资产运用与分布情况

截至 2019 年末，公司自营业务总资产（母公司）为 174.23 亿元（较上年减少 11.78%），净资产为 76.96 亿元（较上年末减少 36.13%），本年公司开展担保类业务，截至年末担保业务余额为 5 亿元，具体资产情况如下。

2019 年			2019 年		
资产运用	金额（万元）	占比（%）	资产分布	金额（万元）	占比（%）
货币资产	20 307	1.17	基础产业	—	—
贷款	139 426	8.00	房地产业	49 302	2.83
金融资产	1 191 994	68.41	证券	130 794	7.51
长期投资	63 113	3.62	实业	1 151 325	66.08
其他	327 499	18.80	其他	410 919	23.58
资产总计	1 742 339	100.00	资产总计	1 742 339	100.00

5. 会计师事务所审计意见

一、保留意见

我们审计了安信信托股份有限公司（以下简称安信信托）财务报表，包括 2019 年 12 月 31 日的合并及母公司资产负债表，2019 年度的合并及母公司利润表、合并及母公司现金流量表、合并及母公司所有者权益变动表以及相关财务报表附注。

我们认为，除"形成保留意见的基础"部分所述事项可能产生的影响外，后附的财务报表在所有重大方面按照企业会计准则的规定编制，公允反映了安信信托2019年12月31日的合并及母公司财务状况以及2019年度的合并及母公司经营成果和现金流量。

二、形成保留意见的基础

2019年度发生的多起诉讼显示安信信托存在以签署《信托受益权转让协议》《框架合作协议》或出具《流动性支持函》等形式提供保底承诺等事项的情况。

如财务报表附注十二(二)所述，截至2019年12月31日，安信信托因提供保底承诺等原因引发诉讼28宗，涉诉本金105.39亿元。如财务报表附注五(五十五)所述，2019年12月31日，安信信托管理层针对其中二审未决的诉讼计提了预计负债，针对一审未判决的诉讼，因无法判断被判令承担相应保底承诺义务或其他相关责任的可能性，安信信托管理层未就这些诉讼确认预计负债。我们实施审计程序后，仍无法就安信信托是否存在被判令承担相应保底承诺义务或其他相关责任，以及预计可能发生的损失金额获取充分、适当的审计证据，也无法确定是否有必要对这些金额进行调整。

截至审计报告日，安信信托管理层无法提供已签署或出具过的保底承诺或对外担保的完整清单。因此，我们无法就未涉诉保底承诺及对外担保对财务报表可能产生的影响获取充分、适当的审计证据，也无法确定是否有必要对财务报表相关项目和披露进行调整。

如财务报表附注六、附注七(五)所述。截至2019年12月31日，安信信托纳入合并报表的结构化主体的总资产为101.69亿元。安信信托提供的保底承诺及对外担保影响其对相关结构化主体控制权的评估和判断。

我们无法就安信信托纳入合并报表的结构化主体的完整性获取充分、适当的审计证据。我们按照中国注册会计师审计准则的规定执行了审计工作。审计报告的“注册会计师对财务报表审计的责任”部分进一步阐述了我们在这些准则下的责任。按照中国注册会计师职业道德守则，我们独立于安信信托，并履行了职业道德方面的其他责任。我们相信，我们获取的审计证据是充分、适当的，为发表保留意见提供了基础。

三、与持续经营相关的重大不确定性

我们提醒财务报表使用者关注，如财务报表附注二(二)所述，安信信托2019年度发生净亏损39.94亿元，2018年度发生净亏损18.34亿元，已连续两年发生重大亏损；于2019年12月31日，固有业务负债逾期金额为24.00亿元。

2020年3月31日，中国银保监会上海监管局对安信信托出具了《审慎监管强制措施决定书》(沪银保监强制措施决字[2020]1号)及《行政处罚决定书》(沪银保监银罚决字[2020]4号)，决定对安信信托采取审慎监管措施。

2020年4月15日，安信信托发布公告：“安信信托股份有限公司由于部分信托项目未能按期兑付，出现了相关诉讼事项，面临较大流动性风险。公司在相关部门指导协调下积极开展工作。但由于处置事项比较复杂，相关风险处置方案仍在深化研究论证。”

这些事项和情况，连同财务报表附注二(二)所示的其他事项，表明存在可能导致对安信信托持续经营能力产生重大疑虑的重大不确定性。该事项不影响已发表的保留意见。

四、关键审计事项

关键审计事项是我们根据职业判断，认为对本期财务报表审计最为重要的事项。这些事项的应对以对财务报表整体进行审计并形成审计意见为背景，我们不对这些事项单独发表意见。除“形成保留意见的基础”部分和“与持续经营相关的重大不确定性”部分所述事项外，我们确定下列事项是需要在审计报告中沟通的关键审计事项。

关键审计事项	该事项在审计中是如何应对的
1. 以摊余成本计量的金融资产减值	
事项描述 请参阅财务报表附注五(八)、(九)。截至2019年12月31日，安信信托发放贷款和垫款、债权投资账面价值分别为46.63亿元和15.28亿元，占合并总资产的比例为29.77%，其中发放贷款和垫款账面余额和预期信用损失准备余额分别为96.48亿元和49.85亿元，债权投资账面余额和预期信用损失准备余额分别为26.36亿元和11.08亿元。 发放贷款和垫款、债权投资信用损失准备余额反映了管理层在资产负债表日采用《企业会计准则第22号——金融工具确认和计量》预期信用损失模型，对相关金融资产预期信用损失的最佳估计。 管理层通过评估发放贷款和垫款、债权投资的信用风险自初始确认后是否显著增加，运用三阶段减值模型计量预期信用损失。 预期信用损失计量模型包含重大管理层判断和假设，安信信托就预期信用损失计量建立了相关流程和控制。 考虑到安信信托发放贷款和垫款、债权投资金融资产的识别和损失准备评估过程均涉及重大的管理层判断，该事项被确定为关键审计事项。	审计应对 我们对发放贷款和垫款、债权投资的减值评估和减值计算相关内部控制设计和运行的有效性进行了评估和测试，这些控制包括：预期信用损失模型选择、参数估计、信用风险显著增加、违约和已发生信用损失减值判断以及前瞻性调整的过程审批。 我们抽取样本，就借款人财务状况、非财务信息及其他因素方面复核管理层作出的评估结果是否合理。 我们复核了管理层对前瞻性计量的方法和结果。 基于上述审计程序结果，现有证据能够支持管理层在发放贷款和垫款、债权投资减值评估中所采取的方法。
2. 手续费及佣金收入	
事项描述 请参阅财务报表附注五(七十)。2019年，安信信托确认手续费及佣金收入3.68亿元，较上年同期减少76.40%，其中信托报酬为3.58亿元，占比为97.29%。安信信托管理层对公司管理的信托计划交易对手状况、可供分配信托利益等因素进行评估，认为由于公司管理的部分信托计划交易对手未能正常按照合同约定支付信托报酬，虽然公司根据信托合同约定有提取信托报酬的权利，但是暂无充足证据表明相关信托报酬能如期收到，安信信托对该等项目未确认或未足额确认信托报酬。 考虑到安信信托的信托报酬评估过程涉及重大的管理层判断，该事项被确定为关键审计事项。	审计应对 我们对信托报酬的提取和确认相关内部控制设计和运行的有效性进行了评估和测试。 对超过一定规模的信托计划，获取并阅读信托合同、交易合同、投贷后管理报告等文件主要条款，并执行重新计算程序。 获取未足额提取信托报酬项目清单，了解分析未足额提取信托报酬的原因。 抽取一定比例的项目，对交易对手进行函证、走访，了解信托项目底层资产质量，核实安信信托管理层对信托项目的判断。 基于上述审计程序结果，现有证据能够支持管理层对信托报酬确认的判断和估计。

五、其他信息

安信信托管理层(以下简称管理层)对其他信息负责。其他信息包括安信信托2019年度报告中涵盖的信息,但不包括财务报表和我们的审计报告。

我们对财务报表发表的审计意见不涵盖其他信息,我们也不对其他信息发表任何形式的鉴证结论。

结合我们对财务报表的审计,我们的责任是阅读其他信息,在此过程中,考虑其他信息是否与财务报表或我们在审计过程中了解到的情况存在重大不一致或者似乎存在重大错报。

基于我们已执行的工作,如果我们确定其他信息存在重大错报,我们应当报告该事实。如上述“形成保留意见的基础”部分所述,我们无法就安信信托因提供保底承诺及对外担保导致的影响获取充分、适当的审计证据。因此,我们无法确定与该事项相关的其他信息是否存在重大错报。

六、管理层和治理层对财务报表的责任

管理层负责按照企业会计准则的规定编制财务报表,使其实现公允反映,并设计、执行和维护必要的内部控制,以使财务报表不存在由于舞弊或错误导致的重大错报。

在编制财务报表时,管理层负责评估安信信托的持续经营能力,披露与持续经营相关的事项(如适用),并运用持续经营假设,除非计划进行清算、终止运营或别无其他现实的选择。

治理层负责监督安信信托的财务报告过程。

七、注册会计师对财务报表审计的责任

我们的目标是对财务报表整体是否不存在由于舞弊或错误导致的重大错报获取合理保证,并出具包含审计意见的审计报告。合理保证是高水平的保证,但并不能保证按照审计准则执行的审计在某一重大错报存在时总能发现。错报可能由于舞弊或错误导致,如果合理预期错报单独或汇总起来可能影响财务报表使用者依据财务报表作出的经济决策,则通常认为错报是重大的。

在按照审计准则执行审计工作的过程中,我们运用职业判断,并保持职业怀疑。同时,我们也执行以下工作:

(1)识别和评估由于舞弊或错误导致的财务报表重大错报风险,设计和实施审计程序以应对这些风险,并获取充分、适当的审计证据,作为发表审计意见的基础。由于舞弊可能涉及串通、伪造、故意遗漏、虚假陈述或凌驾于内部控制之上,未能发现由于舞弊导致的重大错报的风险高于未能发现由于错误导致的重大错报的风险。

(2)了解与审计相关的内部控制,以设计恰当的审计程序。

(3)评价管理层选用会计政策的恰当性和作出会计估计及相关披露的合理性。

(4)对管理层使用持续经营假设的恰当性得出结论。同时,根据获取的审计证据,就可能导致对安信信托持续经营能力产生重大疑虑的事项或情况是否存在重大不确定性得出结论。如果我们得出结论认为存在重大不确定性,审计准则要求我们在审计报告中提请报表使用者注意财务报表中的相关披露;如果披露不充分,我们应当发表非无保留意见。我们的结论基于截至审计报告日可获得的信息。然而,未来的事项或情况可能导致安信信托不能持续经营。

(5)评价财务报表的总体列报(包括披露)、结构和内容,并评价财务报表是否公允反映相关交易和事项。

(6)就安信信托中实体或业务活动的财务信息获取充分、适当的审计证据,以对财务报表发表审计意见。我们负责指导、监督和执行集团审计,并对审计意见承担全部责任。

我们与治理层就计划的审计范围、时间安排和重大审计发现等事项进行沟通,包括沟通我们在审计中识别出的值得关注的内部控制缺陷。

我们还就已遵守与独立性相关的职业道德要求向治理层提供声明,并与治理层沟通可能被合理认为影响我们独立性的所有关系和其他事项,以及相关的防范措施(如适用)。

从与治理层沟通过的事项中,我们确定哪些事项对本期财务报表审计最为重要,因而构成关键审计事项。我们在审计报告中描述这些事项,除非法律法规禁止公开披露这些事项,或在极少数情形下,如果合理预期在审计报告中沟通某事项造成的负面后果超过在公众利益方面产生的益处,我们确定不应在审计报告中沟通该事项。

6. 2018年度信托业务年度报告(未经审计)

6.1 信托财务报表

6.1.1 信托项目资产负债汇总表

资产负债表

编制单位:安信信托股份有限公司　　2019年12月31日　　单位:万元

信托资产	期末数	期初数	信托负债和信托权益	期末数	期初数
信托资产:	—	—	信托负债:	—	—
货币资金	93 199.71	120 125.03	交易性金融负债	—	—
拆出资金	—	—	衍生金融负债	—	—
存出保证金	—	—	应付受托人报酬	4 549.30	4 152.27
交易性金融资产	879.36	432.39	应付保管费	351.39	222.09
衍生金融资产	—	—	应付受益人收益	178 814.20	136 726.68
买入返售金融资产	—	—	应交税费	7 941.22	16 231.27
应收款项	6 750 982.77	7 091 114.64	应付销售服务费	—	—
发放贷款	8 255 791.68	11 672 614.06	其他应付款项	149 033.94	128 726.15
可供出售金融资产	—	—	其他负债	—	—

续表

信托资产	期末数	期初数	信托负债和信托权益	期末数	期初数
持有至到期投资	1 292 300. 91	1 207 042. 45	信托负债合计	340 690. 05	286 058. 46
长期应收款	—	—			
长期股权投资	3 011 693. 06	3 276 515. 13	信托权益:		
投资性房地产	—	—	实收信托	18 825 426. 38	22 770 653. 95
固定资产	—	—	资本公积	3 247. 00	3 247. 00
无形资产	—	—	外币报表折算差额	—	—
长期待摊费用	—	—	未分配利润	235 484. 06	307 884. 29
其他资产	—	—	信托权益合计	19 064 157. 44	23 081 785. 24
信托资产总计	19 404 847. 49	23 367 843. 70	信托负债及信托权益总计	19 404 847. 49	23 367 843. 70

6. 1. 2 信托项目利润及利润分配汇总表

利润及利润分配表

编制单位:安信信托股份有限公司　　2019 年度　　单位:万元

项目	本年累计金额	上年累计金额
1. 营业收入	844 071. 39	1 749 913. 95
1. 1 利息收入	211 663. 77	856 654. 11
1. 2 投资收益	445 935. 47	448 210. 35
1. 2. 1 对联营企业和合营企业的投资收益	—	—
1. 3 公允价值变动损益	—	—
1. 4 租赁收入	—	—
1. 5 汇兑损益	—	—
1. 6 其他收入	186 472. 15	445 049. 49
2. 支出	98 035. 79	192 100. 46
2. 1 营业税金及附加	2 919. 67	4 214. 29
2. 2 受托人报酬	50 677. 32	139 606. 57
2. 3 保管费	3 481. 12	6 270. 22
2. 4 投资管理费	—	—
2. 5 销售服务费	952. 65	5 231. 60
2. 6 交易费用	0. 10	—
2. 7 资产减值损失	9 561. 19	2 400. 00
2. 8 其他费用	30 443. 74	34 377. 78
3. 信托净利润	746 035. 60	1 557 813. 49
4. 其他综合收益	—	—
5. 综合收益	746 035. 60	1 557 813. 49
6. 加:期初未分配信托利润	307 884. 29	250 866. 97
7. 可供分配的信托利润	1 053 919. 89	1 808 680. 46
8. 减:本期已分配信托利润	818 435. 83	1 500 796. 17
9. 期末未分配信托利润	235 484. 06	307 884. 29

6. 2 编制基础

公司以信托业务实际发生的交易和事项,按行业监管要求及国家相关财务会计制度规定予以确认和计量,并编制信托财务报表。

6. 3 会计报表中重要项目的明细资料

6. 3. 1 信托资产

单位:万元

信托资产	期初数	期末数
集合	14 620 133. 74	14 231 482. 35
单一	5 884 263. 53	4 148 884. 48
财产权	2 863 446. 43	1 024 480. 66
合计	23 367 843. 70	19 404 847. 49

6. 3. 1. 1 主动管理型信托业务的信托资产

单位:万元

主动管理型信托资产	期初数	期末数
证券投资类	—	—
其他投资类	9 361 209. 05	9 172 464. 26
融资类	7 057 282. 20	6 633 531. 69
事务管理类	—	—
合计	16 418 491. 25	15 805 995. 95

6. 3. 1. 2 被动管理型信托业务的信托资产

单位:万元

被动管理型信托资产	期初数	期末数
证券投资类	—	—
其他投资类	—	—
融资类	—	—
事务管理类	6 949 352. 45	3 598 851. 54
合计	6 949 352. 45	3 598 851. 54

6. 3. 2 本年度已清算结束的信托项目

已清算结束信托项目	项目个数(个)	实收信托合计金额(万元)	加权平均实际年化收益率(%)
集合类	20	299 393. 94	7. 61
单一类	18	1 353 467. 49	6. 31
财产管理类	5	722 873. 58	7. 67

6. 3. 2. 1 本年度已清算结束的主动管理型信托项目

已清算结束主动管理型信托项目	项目个数(个)	实收信托合计金额(万元)	加权平均实际年化信托报酬率(%)	加权平均实际年化收益率(%)
证券投资类	—	—	—	—
其他投资类	2	95 358. 00	6. 15	7. 73
融资类	21	225 435. 94	3. 32	7. 67
事务管理类	—	—	—	—

6. 3. 2. 2 本年度已清算结束的被动管理型信托项目

已清算结束被动管理型信托项目	项目个数(个)	实收信托合计金额(万元)	加权平均实际年化信托报酬率(%)	加权平均实际年化收益率(%)
证券投资类	—	—	—	—

续表

已清算结束被动管理型信托项目	项目个数（个）	实收信托合计金额（万元）	加权平均实际年化信托报酬率（%）	加权平均实际年化收益率（%）
其他投资类	—	—	—	—
融资类	—	—	—	—
事务管理类	20	2 054 941.07	0.38	6.52

6.3.3 本年度新增信托项目

新增信托项目	项目个数（个）	实收信托合计金额（万元）
集合类	13	302 465.13
单一类	—	—
财产管理类	—	—
新增合计	13	302 465.13
其中：主动管理型	13	302 465.13
被动管理型	—	—

6.3.4 信托资产运用与分布表

资产运用	金额（万元）	占比（%）	资产分布	金额（万元）	占比（%）
货币资金	93 199.71	0.48	基础产业	843 691.39	4.35
贷款	8 255 791.68	42.54	房地产	5 549 598.95	28.60
交易性金融资产	879.36	—	证券市场	—	—
可用出售金融资产	—	—	实业	10 412 955.89	53.66
持有至到期投资	1 292 300.91	6.66	金融机构	—	—
长期股权投资	3 011 693.06	15.52	其他	2 598 601.26	13.39
其他	6 750 982.77	34.79			
信托资产总计	19 404 847.49	100.00	信托资产总计	19 404 847.49	100.00

6.4 关联关系及其交易

6.4.1 信托与关联方交易情况

本期无信托与关联方之间的交易。

6.4.2 信托公司自有资金运用于自己管理的信托项目、信托公司管理的信托项目之间关联交易情况

公司用自有资金运用于自己管理的信托计划的信托受益权，期初金额为48.89亿元，期末余额为64.32亿元。

6.5 主要财务指标

指标名称	指标值
加权年化信托报酬率（%）	0.26

6.6 公司履行受托人义务情况及因公司自身责任而导致的信托资产损失情况

近年来，部分信托业务受宏观经济的影响，出现了不同程度的流动性风险。对此，公司已制定相应的风险管理策略，并建立了有效的危机处理机制。公司根据《信托法》《信托公司管理办法》等相关法律法规和信托文件的规定，在管理和处分信托财产时，履行了恪尽职守、诚实、信用、谨慎、有效管理的义务。没有发生任何损害受益人利益的情况，也无自身责任而导致信托财产损失的情况。

6.7 信托赔偿准备金的提取、使用和管理情况

根据2008年11月18日召开的第二次临时股东大会通过的修改后的《公司章程》规定，公司从2008年起按母公司税后净利润5%提取信托赔偿准备金。2019年提取信托赔偿准备金为零，信托赔偿准备金余额为50 975.54万元。

百瑞信托有限责任公司

1. 重要提示

1.1 公司董事会及董事保证本报告所载资料不存在任何虚假记载、误导性陈述或者重大遗漏，并对其内容的真实性、准确性和完整性承担个别及连带责任。

1.2 公司全体董事出席了董事会。无董事声明异议。

1.3 公司独立董事曾刚先生、王京宝先生、任志毅先生声明：保证本年度报告内容的真实性、准确性和完整性。

1.4 立信会计师事务所（特殊普通合伙）为公司出具了标准无保留意见的审计报告。

1.5 公司总经理苏小军先生、副总经理张迎军先生和计划财务部总经理刘芳女士声明：保证本年度报告中财务报告的真实、完整。

2. 公司概况

2.1 公司简介

2.1.1 公司历史沿革

公司前身为郑州信托投资公司，始建于 1986 年 4 月，初始注册资本为 1 000 万元，注册地河南省郑州市；1988 年 7 月，公司开始与郑州市财务开发公司合署办公；1990 年 11 月，郑州市财政局将公司的注册资本补充为 5 006.7 万元；1992 年 10 月，公司与郑州市财务开发公司分设重组，1993 年 2 月重组开业；2002 年 9 月，经中国人民银行总行批准，公司重新登记，更名为百瑞信托投资有限责任公司，注册资本为 35 000 万元；2007 年 11 月，经中国银行保险监督管理委员会（以下简称银保监会）批准，公司换领新的金融许可证后更名为百瑞信托有限责任公司。自 2008 年 3 月起，公司历经数次增资扩股，截至 2019 年末注册资本为 400 000 万元。

2.1.2 公司法定中文名称：百瑞信托有限责任公司
中文简称：百瑞信托
公司法定英文名称：Bridge Trust Co. ,Ltd.
英文缩写：BRTC
公司法定代表人：王振京
公司注册地址：河南省郑州市郑东新区商务外环路 10 号中原广发金融大厦
邮政编码：450018
公司网址：www. brxt. net
公司电子信箱：brxt@ brxt. net

2.1.3 公司负责信息披露事务的高级管理人员：副总经理兼董事会秘书王克槿女士
联系电话：0371-65817171
电子信箱：wkj@ brxt. net

2.1.4 公司负责信息披露事务的联系人：董事会办公室总经理黄彪先生
联系电话：0371-65817268
电子信箱：huangbiao@ brxt. net
传真：0371-69177300

2.1.5 公司选定的信息披露报纸：《上海证券报》《证券时报》

2.1.6 公司年度报告备置地点：董事会办公室

2.1.7 公司聘请的会计师事务所：立信会计师事务所（特殊普通合伙）
住所：北京市朝阳区安定路 5 号院 7 号楼中海国际中心 A 座 17 ~20 层

2.1.8 公司聘请的律师事务所：北京市金杜律师事务所
住所：北京市朝阳区东三环中路 1 号环球金融中心东楼 18 层

2.2 组织结构

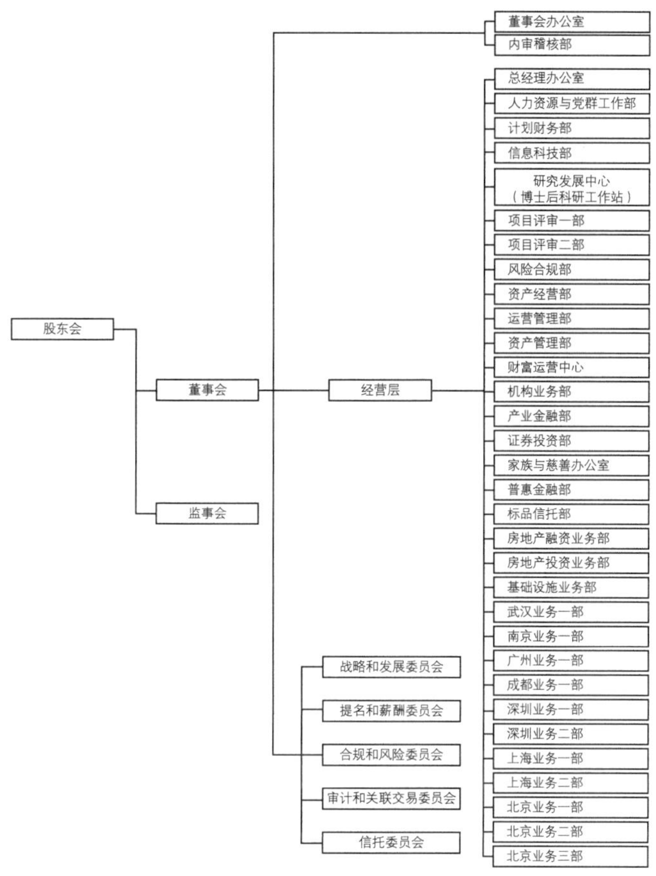

注：上述为截至2020年3月末公司组织结构。

3. 公司治理

3.1 股东

3.1.1 截至2019年12月31日，公司共有8家股东，最终实际控制人为国家电力投资集团有限公司（以下简称国家电投集团公司）。公司控股股东国家电投集团资本控股有限公司（以下简称资本控股）为国家电投集团公司二级单位国家电投集团东方新能源股份有限公司的全资子公司。以下是持有公司10%以上（含10%）出资比例的股东情况。

股东名称	持股比例（%）	法定代表人	注册资本（亿元）	注册地址	主要经营业务及2019年末主要财务情况
国家电投集团资本控股有限公司	50.24	王振京	73.99	北京市西城区金融大街28号院3号楼	主要经营业务：股权投资与资产管理；资产受托管理；投、融资业务的研发与创新；委托与受托投资；为企业重组、并购、创业投资提供服务；投资顾问、投资咨询；有色金属产品销售；组织展览、会议服务（企业依法自主选择经营项目，开展经营活动；依法须经批准的项目，经相关部门批准后依批准的内容开展经营活动；不得从事本市产业政策禁止和限制类项目的经营活动）。 主要财务情况（合并报表）：资产总额为6 639 146.39万元，负债总额为4 055 197.08万元，所有者权益为2 583 949.32万元。
摩根大通	19.99	—	—	c/o CT Corporation，1209 Orange Street， Wilmington， DE2， DE， 19801－1120，United States	主要经营业务：零售及社区银行，企业及投资银行，商业银行和资产管理。 主要财务情况（合并报表）：资产总额为26 873.79亿美元，负债总额为24 260.49亿美元，所有者权益总额为2 613.30亿美元。
郑州市财政局	15.65	赵新民	—	郑州市兴华南街39号	政府职能部门。

3.1.2 公司出资前三位股东的主要股东情况

3.1.2.1 资本控股主要股东情况

主要股东名称	持股比例(%)	法定代表人	注册资本(万元)	注册地址	主要经营业务及2019年末主要财务情况
国家电投集团东方新能源股份有限公司	100	李固旺	110 227.3226	石家庄市裕华区建华南大街161号	主要经营业务:风力发电(限分支机构经营);太阳能发电;热力供应;代收代缴热费;自有房屋租赁;电力的生产(限分支机构经营);电力设施及供热设施的安装、调试、检修、运行维护;供热设备、电力设备及配件的销售;售电;电能的输送与分配(依法须经批准的项目,经相关部门批准后方可开展经营活动)。 主要财务情况(合并报表):资产总额为7 955 007.68万元,负债总额为4 885 652.36万元,所有者权益为3 069 355.32万元。

3.1.2.2 摩根大通主要股东情况

主要股东名称	持股比例(%)	法定代表人	注册资本	注册地址	主要经营业务
The Vanguard Group	7.86	—	—	100 Vanguard Boulevard Malvern, PA 19355	投资管理
BlackRock, Inc.	6.70	—	—	55 East 52nd Street, New York, NY 10055	投资管理

注:此处主要股东指截至2019年12月31日持有摩根大通5%以上(含5%)普通股股份的股东。

3.1.2.3 郑州市财政局为机关法人

3.2 董事

3.2.1 公司董事会成员

姓 名	职 务	性别	年龄(岁)	选任日期	任期(年)	所推举的股东名称	股东持股比例(%)	简要履历
王振京	董事长	男	56	2017年4月27日	3	资本控股	50.24	曾在河南省电力工业局、河南省电力公司工作;2002年12月至2013年12月在中国电力投资集团公司历任财务与产权管理部、财务部副主任;2013年12月至2017年4月分别任中电投融和控股投资有限公司执行董事、总经理、党组书记,中电投财务有限公司董事长、党组成员,国家电投集团资本控股有限公司执行董事、党组书记;2017年4月至2018年5月在国家电投集团资本控股有限公司任执行董事、党委书记,百瑞信托有限责任公司董事长;2018年5月至今在国家电投集团资本控股有限公司任董事长、党委书记,百瑞信托有限责任公司董事长。
陈 立	董事	男	47	2017年4月27日	3	资本控股	50.24	曾在湖南省建行湖南电力专业分行、建行长沙市迎宾办事处、建行长沙市马王堆分理处工作;2010年7月至2016年3月分别在国家核电技术公司财务部、国核财务有限公司资金部、中电投财务有限公司计划资金部历任业务主管、副经理及副总经理(部门总经理级);2016年3月至2016年7月在国家电投集团资本控股有限公司战略发展部任副总经理(部门总经理级);2016年7月至2018年5月在国家电投集团资本控股有限公司战略发展部任总经理;2018年5月至今在国家电投集团资本控股有限公司任总经理助理兼战略发展部总经理。
袁 飞	董事	男	46	2018年4月4日	2	资本控股	50.24	曾在南阳蒲山电厂、南阳蒲山发电运营中心、南阳方达发电运行有限公司、南阳热电有限责任公司工作;2008年8月至2014年7月在中电投河南电力有限公司历任党群工作部及人力资源部薪酬、劳动组织主管、高级主管;2014年7月至2017年2月分别在中电投融和控股投资有限公司、国家电投集团资本控股有限公司任人力资源部薪酬绩效经理;2017年2月至2018年5月在国家电投集团资本控股有限公司人力资源部任副总经理;2018年5月至2019年1月在国家电投集团资本控股有限公司人力资源部任副总经理(主持工作);2019年1月至今在国家电投集团资本控股有限公司人力资源部任总经理。
苏小军	执行董事	男	47	2018年4月4日	2	资本控股	50.24	曾任公司信托业务二部总经理、业务总监;2012年7月至2018年2月任公司副总裁(2017年12月至2018年2月代为履行总裁职权);2018年2月至2018年12月任公司总裁、党支部副书记;2018年12月至今任公司总经理、党委副书记。
樊玉涛	董事	男	54	2017年4月27日	3	郑州股东	29.77	1988年7月起在郑州市财政局工作,历任预算处处长、国库处处长;2009年7月至2016年2月任总经济师;2016年2月至今任党组成员、副局长。
王建伟	董事	男	52	2019年4月12日	1	郑州股东	29.77	曾在郑州惠济区政府办公室、郑州市公用事业局工作,2002年4月至2015年8月在郑州市污水净化有限公司历任纪委书记、副总经理、党委书记、总经理;2015年8月至今,在郑州自来水投资控股有限公司任党委委员、董事、副总经理。

续表

姓　名	职　务	性别	年龄（岁）	选任日期	任期（年）	所推举的股东名称	股东持股比例（%）	简要履历
何耀东	董事	男	45	2017 年 4 月 27 日	3	摩根大通	19.99%	曾在香港德勤会计师事务所、瑞士信贷第一波士顿香港有限公司工作；2005 年 8 月至 2011 年 8 月在摩根大通集团工作，历任亚洲地区信贷市场业务控制专员、亚洲地区自营投资管理首席财务官、中国区财务总监及首席运营官；2011 年 8 月至 2016 年 9 月任摩根大通亚太区财务控制总监；2016 年 9 月至 2017 年 2 月在摩根大通任亚太区财务控制总监兼东南亚、韩国、中国香港及中国台湾首席运营官；2017 年 2 月至 2018 年 7 月在摩根大通任东南亚、韩国、中国香港及台湾地区首席运营官；2018 年 7 月至今在摩根大通任亚太区首席财务官。
张迎军	职工董事	男	50	2018 年 4 月 4 日	2	—	—	曾在人民银行濮阳市中心支行、濮阳银监分局、新乡银监分局工作；2013 年 6 月至 2015 年 11 月在河南银监局党委办公室任副主任、非银行业金融机构监管处任副处长（主持工作）；2015 年 11 月至 2017 年 4 月在信阳银监分局任党委书记、局长；2017 年 4 月起在公司工作，2017 年 6 月至 2017 年 8 月任公司副总裁；2017 年 8 月至 2018 年 12 月任公司副总裁、党支部书记；2018 年 12 月至今任公司副总经理、党委书记。

注：1. 郑州市财政局、郑州自来水投资控股有限公司、郑州市金水区财政局、巩义市财政局、登封市财政局和中牟县财政局合称为郑州股东。

2. “选任日期”栏中袁飞董事、苏小军董事、张迎军董事、王建伟董事任职时间为监管部门核准资格时间，其他董事任职时间为公司股东会审议通过时间。

3.2.2 公司独立董事

姓名	所在单位及职务	性别	年龄（岁）	选任日期	所推举的股东名称	股东持股比例（%）	简要履历
曾　刚	中国社会科学院金融研究所银行研究室研究员、博士生导师，教授	男	45	2017 年 4 月 27 日	资本控股	50.24	2003 年 7 月至 2005 年 9 月在中国社会科学院金融研究所货币理论与政策研究室任助理研究员；2005 年 9 月至 2008 年 10 月在中国社会科学院金融所国际金融与经济研究室任副主任，副研究员；2008 年 10 月至 2015 年 12 月在中国社会科学院金融研究所银行研究室历任副主任、副研究员，主任、研究员；2015 年 12 月至今任中国社会科学院金融研究所银行研究室研究员、博士生导师，多所高校兼职教授。
王京宝	河南大正律师事务所合伙人律师、主任	男	57	2017 年 7 月 19 日	郑州股东	29.77	曾在许昌地区中级人民法院、许昌地区律师事务所、河南省经济律师事务所工作；1997 年 3 月至今任河南大正律师事务所合伙人律师、主任。
任志毅	上海市方达律师事务所合伙人律师	男	44	2017 年 7 月 19 日	摩根大通	19.99	2003 年 10 月至 2011 年 3 月在年利达律师事务所任律师、资深律师；2011 年 3 月至 2013 年 3 月在第一创业摩根大通证券有限公司任法务合规部主管；2013 年 3 月至 2016 年 6 月在摩根大通中国区任合规总监；2016 年 6 月至今在上海市方达律师事务所任合伙人律师。

注：“选任日期”栏中王京宝董事、任志毅董事任职时间为监管部门核准资格时间，曾刚董事任职时间为公司股东会审议通过时间。

3.3 监事

姓　名	职　务	性别	年龄（岁）	选任日期	任期（年）	所推举的股东名称	股东持股比例（%）	简要履历
张玉柱	监事会主席	男	58	2017 年 4 月 27 日	3	郑州股东	29.77	曾在郑州煤炭管理干部学院、郑州市经济体制改革委员会工作；2001 年 10 月至 2016 年 3 月在郑州市财政局历任综合规划处处长、商贸金融处处长、税政条法处处长；2016 年 3 月至 2017 年 4 月在郑州市财政局任总经济师；2017 年 4 月至 2018 年 11 月在郑州市财政局任总经济师，百瑞信托有限责任公司监事会主席；2018 年 11 月至今任百瑞信托有限责任公司监事会主席。
高鹏飞	监事	男	50	2017 年 4 月 27 日	3	资本控股	50.24	曾在山东电力集团公司财务部、审计办公室综合审计处工作；2008 年 4 月至 2016 年 3 月在国家电投保险经纪公司历任总经理助理、副总经理、执行董事兼总经理；2016 年 3 月至 2018 年 5 月在国家电投集团资本控股有限公司任副总会计师兼财务管理部总经理；2018 年 5 月至今在国家电投集团资本控股有限公司任总经理助理兼专职董监事办公室主任。
董生玉	监事	男	45	2017 年 4 月 27 日	3	资本控股	50.24	曾在中瑞华恒信会计师事务所、安永华明会计师事务所、毕马威华振会计师事务所工作；2008 年 3 月至 2014 年 5 月在中电投财务有限公司历任结算管理部会计主管、投资管理部投行业务管理经理、总经理助理兼财务顾问经理；2014 年 5 月至 2016 年 12 月分别在中电投融和控股投资有限公司、国家电投集团资本控股有限公司历任监察审计与风险管理部副总经理、审计与风险管理部副总经理；2016 年 12 月至 2018 年 5 月在国家电投集团资本控股有限公司监察审计部任副总经理；2018 年 5 月至 2018 年 8 月在国家电投集团资本控股有限公司财务管理部任副总经理（主持工作）；2018 年 8 月至 2018 年 12 月在国家电投集团资本控股有限公司财务管理部任总经理；2018 年 12 月至今在国家电投集团资本控股有限公司计划财务部任总经理。

续表

姓 名	职 务	性别	年龄（岁）	选任日期	任期（年）	所推举的股东名称	股东持股比例（%）	简要履历
梁 斌	监事	男	46	2017 年 4 月 27 日	3	摩根大通	19.99	1997 年 8 月至 2005 年 7 月在香港高伟绅国际律师事务所工作；2005 年 7 月至今在摩根大通法律部任职，现任摩根大通集团中国区法律总监。
申中辉	监事	男	47	2018 年 12 月 19 日	1	郑州股东	29.77	1995 年 12 月至 1998 年 10 月在巩义市站街镇财政所工作；1998 年 10 月至 2011 年 10 月，在巩义市投资评审中心工作；2011 年 10 月至今在巩义市财政局国有资产管理科任职。
高志杰	职工监事	男	46	2019 年 12 月 31 日	1	—	—	1997 年 8 月至 2003 年 11 月在中国建设银行股份有限公司濮阳分行历任对公会计、对公客户经理、票据中心主任；2008 年 10 月至 2018 年 12 月在百瑞信托有限责任公司研究发展中心（含博士后工作站）先后任研究员、高级研究员、副总经理、总经理；2018 年 12 月至 2019 年 4 月在百瑞信托有限责任公司任研发中心（含博士后工作站）总经理、纪委委员；2019 年 4 月至 2019 年 12 月在百瑞信托有限责任公司任业务总监兼研究发展中心（含博士后工作站）总经理、纪委委员；2019 年 12 月至今在百瑞信托有限责任公司任业务总监、纪委委员。
郭晓茹	职工监事	女	35	2017 年 4 月 27 日	3	—	—	2010 年 7 月至 2011 年 12 月在公司信托业务二部任信托助理；2011 年 12 月至 2016 年 2 月在公司房地产业务部任信托经理、高级信托经理；2016 年 2 月至 2017 年 7 月在公司房地产融资业务部任副总经理；2017 年 7 月至 2018 年 3 月在公司房地产融资业务部任副总经理、公司党支部委员；2018 年 3 月至 2018 年 12 月在公司房地产融资业务部任总经理、公司党支部委员；2018 年 12 月至今在公司房地产融资业务部任总经理。
黄 彪	职工监事	男	41	2019 年 12 月 4 日	1	—	—	曾在河南省卫生厅国际合作处、河南永华联合会计师事务所工作；2009 年 10 月到 2018 年 8 月在百瑞信托有限责任公司历任计划财务部信托会计助理、信托主管会计、高级信托主管会计、机构业务部高级信托经理、房地产业务部高级信托经理、房地产投资业务部高级信托经理；2018 年 8 月至 2019 年 11 月在百瑞信托有限责任公司任内审稽核部副总经理（主持工作）；2019 年 11 月至今在百瑞信托有限责任公司任内审稽核部副总经理（主持工作），代为行使董事会办公室总经理职权。

3.4 高级管理人员

姓 名	职 务	性别	年龄（岁）	选任日期	金融从业年限（年）	学历	专业	简要履历
苏小军	总经理	男	47	2018 年 2 月 11 日	24	硕士研究生	工商管理	曾任公司信托业务二部总经理、业务总监；2012 年 7 月至 2018 年 2 月任公司副总裁（2017 年 12 月至 2018 年 2 月代为履行总裁职权）；2018 年 2 月至 2018 年 12 月任公司总裁、党支部副书记；2018 年 12 月至今任公司总经理、党委副书记。
张迎军	副总经理	男	50	2017 年 6 月 15 日	30	硕士研究生	政治经济学	曾在人民银行濮阳市中心支行、濮阳银监分局、新乡银监分局工作；2013 年 6 月至 2015 年 11 月在河南银监局党委办公室任副主任、非银行业金融机构监管处任副处长（主持工作）；2015 年 11 月至 2017 年 4 月在信阳银监分局任党委书记、局长；2017 年 4 月起在公司工作，2017 年 6 月至 2017 年 8 月任公司副总裁；2017 年 8 月至 2018 年 12 月任公司副总裁、党支部书记；2018 年 12 月至今任公司副总经理、党委书记。
罗 靖	执行总经理	男	45	2014 年 5 月 13 日	12	博士研究生	金融学	曾任公司研究发展中心高级研究员、主任、业务总监；2012 年 3 月至 2014 年 5 月任公司副总裁；2014 年 5 月至 2018 年 12 月任公司执行总裁；2018 年 12 月至今任公司执行总经理、党委委员。
王克槿	副总经理兼董事会秘书	女	47	2017 年 8 月 15 日	25	硕士研究生	经济法	曾任公司总裁办公室副主任、主任、人力资源部总经理、董事会秘书兼人力资源部总经理；2011 年 3 月至 2014 年 5 月任公司董事会秘书兼财务总监；2014 年 5 月至 2017 年 8 月任公司董事会秘书；2017 年 8 月至 2018 年 12 月任公司副总裁兼董事会秘书、党支部专职副书记；2018 年 12 月至今任公司副总经理兼董事会秘书、党委委员、纪委书记。
陈立军	首席风险官	男	48	2018 年 8 月 3 日	15	硕士研究生	法律	曾任公司合规风险部副总经理、合规风险部总经理、合规总监；2013 年 2 月至 2018 年 8 月任公司业务总监，其间曾分别代职机构业务部、基础设施业务部、产业资本部、基础产业部、产业金融部、资本市场部总经理；2018 年 8 月至 2018 年 12 月任公司首席风险官；2018 年 12 月至今任公司首席风险官、党委委员。

注："选任日期"栏中苏小军总经理、张迎军副总经理、王克槿副总经理兼董事会秘书、陈立军首席风险官任职时间为监管部门核准资格/变更备案时间，罗靖执行总经理任职时间为公司董事会审议通过时间。

3.5 公司员工

项目		报告期年度		上年度	
		人数(人)	比例(%)	人数(人)	比例(%)
年龄分布	25 岁以下	—	—	1	—
	25~29 岁	34	18	34	17
	30~39 岁	115	59	115	57
	40 岁以上	44	23	52	26
学历分布	博士	15	8	13	7
	硕士	143	74	139	69
	本科	32	16	43	21
	专科	2	1	2	1
	其他	1	1	5	2
岗位分布	董事、监事及其他高级管理人员	9	5	10	5
	自营业务人员	14	7	12	6
	信托业务人员	108	56	125	62
	其他人员	62	32	55	27

注:1. “董事、监事及其他高级管理人员”不含未在公司就职的董事和监事。

2. 报告期末职工总数为 193 人,平均年龄为 36 岁。

4. 经营管理

4.1 经营目标、经营方针和战略规划

4.1.1 经营目标和经营方针

“追求卓越,与时俱进,做中国信托业的百年老店”是公司坚持追求的经营目标。“客户至上,品誉第一,稳健高效,精诚服务”是公司始终秉承的经营方针。

4.1.2 战略规划

根据最新的行业发展形势和股东要求,2019 年公司制定《2020—2022 年发展战略规划》,提出要建设成为全国性一流信托公司的战略目标。以服务客户为导向,以风险管理为前提,以创新发展为驱动,依托股东和客户,抓住经济转型升级和结构调整的机遇,服务实体经济发展、服务人民美好生活;践行受托人定位,以受益人利益为本,通过持续创新,构建差异化竞争优势,为客户提供定制化财富管理方案,努力发展成为行业一流的综合财富管理机构。

为了实现行业一流的战略目标,结合市场方向、监管导向和行业情况,公司将私募投行、资产管理、财富管理、服务信托和慈善信托作为未来主要业务领域,私募投行业务向基金化和专业化方向发展,资产管理业务以标准化产品投资为核心,财富管理业务以丰富产品线、满足客户多层次需求为出发点,服务信托以深入挖掘信托制度内涵为着力点,慈善信托努力实现多样化和规模化。同时,为了配合业务转型,公司对组织架构进行了调整,在坚持业务流程化和信息化、管理扁平化、内控管理与制度建设系统化的基础上,持续优化公司治理架构、引进专业人才、改革风险管理体系,进一步提升组织管理水平。未来,公司将继续以优化业务结构和提升公司治理水平为抓手,坚持创新驱动,努力实现向“强而专”的转变。

4.2 所经营业务的主要内容

自营资产运用与分布表

资产运用	金额(万元)	占比(%)	资产分布	金额(万元)	占比(%)
货币资金	15 799.90	1.58	基础产业	—	—
交易性金融资产	543 911.87	54.38	房地产业	125 261.84	12.52
发放贷款和垫款	29 601.00	2.96	证券市场	41 062.92	4.11
债权投资	113 203.80	11.32	实业	261 860.47	26.18
其他权益工具投资	55 451.14	5.54	金融机构	54 772.72	5.48
长期股权投资	20 574.59	2.06	其他	517 288.25	51.72
其他	221 703.90	22.16	—	—	—
资产总计	1 000 246.20	100.00	资产总计	1 000 246.20	100

信托资产运用与分布表

资产运用	金额(万元)	占比(%)	资产分布	金额(万元)	占比(%)
货币资产	128 273.96	0.53	基础产业	5 237 279.45	21.52
贷款	13 239 692.68	54.41	房地产业	5 333 592.11	21.92
交易性金融资产	49 132.28	0.20	证券市场	46 256.10	0.19
可供出售金融资产	2 136 583.90	8.78	实业	9 395 055.35	38.61
持有至到期投资	—	—	金融机构	1 583 853.08	6.51
长期股权投资	2 022 490.17	8.31	其他	2 739 068.85	11.25
其他	6 758 931.95	27.77	—	—	—
信托资产总计	24 335 104.94	100.00	信托资产总计	24 335 104.94	100.00

4.3 市场分析

4.3.1 宏观经济金融形势分析

面对全球经济增长同步放缓以及复杂严峻的国内外环境,2019 年我国国内生产总值同比增长 6.1%,第四季度各类经济指标出现积极变化。总体上,2019 年中国经济在抵御下行压力中显示出较好的韧性和潜力,保持了总体平稳、稳中有进的态势,经济增长保持合理区间,主要指标符合预期。2020 年 1 月,新冠肺炎疫情爆发,对于我国第一季度经济总量造成直接影响,阶段性负面冲击不可避免,但是由于我国经济基本面的长期向好及长久以来经济发展的深厚累积,在抗击疫情时,我国果断采取局部停摆与整体维稳的有力措施,有效控制疫情发展。随着疫情控制局面的好转,全国各地经济生产活动正逐步恢复,再叠加逆周期调节政策力度的持续加大,我国经济在 2020 年下半年有望迎来大幅反弹。

2019 年金融工作重点在于实施“稳金融”政策、加大金融开放力度及推进金融供给侧结构性改革。一方面,完善贷款市场报价利率(LPR)形成机制,多次定向调降存款准备金率,加大对民营小微企业的定向支持,同时,发行永续债,推出科创板;另一方面,中国金融开放进入纵深新阶段,启航沪伦通,大幅降低外资金融机构准入门槛,QFII、RQFII 投资额度限制取消,中国债市、股市被纳入多家国际指数。在金融改革开放步伐加快的同时,中国金融市场运行总体平稳。货币信贷平稳增

长，影子银行规范发展，民营小微企业融资可得性增强，货币市场利率低位运行，企业融资成本趋于下行。2020 年，为了支持疫情防控、复工复产和实体经济发展，人民银行坚持稳健的货币政策并注重灵活适度，加强前瞻性、针对性和逆周期调节。当前，我国货币和社融规模保持合理增长，人民币汇率稳定，金融体系流动性合理充裕。未来，随着全球疫情影响及我国金融改革开放程度进一步加深，我国将可能成为全球金融市场的一个投资高地和“避风港”。

4.3.2 影响公司业务发展的主要因素

4.3.2.1 促进公司业务发展的有利因素

4.3.2.1.1 政策变化带来新的业务机遇

一系列政策倒逼信托公司加速转型。我国经济发展进入转型期后，金融行业也开始进入了强监管时代。2018 年出台的《关于规范金融机构资产管理业务的指导意见》（以下简称《资管新规》）重塑了资产管理行业格局，各监管部门也纷纷发布了相应的《资管新规》细则。信托作为资产管理行业重要组成部分，也制定了一系列的信托监管文件。目前，《信托公司股权管理暂行办法》已经颁布并实施，未来，《信托公司资本管理办法》《资金信托管理办法》《流动性管理办法》等相关监管文件也可能陆续发布。总体来说，《资管新规》及系列监管文件的出台将作为一股自上而下的强大推动力，倒逼信托公司加速转型，引导信托行业进入新的发展阶段。

信托相比其他资管机构仍旧存在优势。随着监管政策的趋于统一，信托公司与其他金融机构将在同等的平台上进行竞争。与其他机构相比，信托依旧在多工具、多市场、跨领域资源配置方面存在不可比拟的优势。一方面，信托可以在服务实体经济的过程中，采取债权融资、股权投资、投贷联动、产业基金、资产证券化等多种方式，将制度优势转化为综合金融服务的能力，为实体经济提供全方位多角度的金融服务，发挥金融对经济结构调整和转型升级的支持作用；另一方面，面对日益崛起的财富管理市场，信托可以创建丰富的产品线，不仅提供传统融资类的固收产品、股权投资类的浮动收益产品、FOF、MOM 及现金管理等标准化产品，还能够满足客户破产隔离、财富传承、公益慈善等多样化、特色化的财富管理需求，突出信托的综合服务优势。

公司顺应形势发展开启全面转型。2019 年，为了适应新的政策导向，探索新的发展空间，公司进一步深化战略转型，不仅重新选定了业务方向，还大刀阔斧地进行了组织架构调整，以尽早实现战略目标。未来，面对政策带来的发展机遇，公司将紧紧围绕国家重大战略，积极拓展业务模式和业务领域，支持实体经济的转型升级。同时，积极响应信托业务回归本源的监管导向，灵活运用信托制度，为客户提供个性化的财富管理方案。

4.3.2.1.2 集团协同发展进一步深化

国家电投集团公司为了全面推进“2035 一流战略”落地，推动从传统能源企业向一流清洁能源企业转型，在产业发展和改革重组过程中，对产融结合深度及金融支持力度都提出了更高要求。公司将依托股东背景、充分利用信托优势，在资产经营和金融服务领域深入整合集团优势资源，有针对性地提升服务集团产业发展的金融供给能力，提供量身定制的解决方案，在满足集团内部金融需求的同时，拓展更多业务增长点，推动业务能力与组织管理能力的转型升级，为实现公司持续健康发展夯实基础。

4.3.2.2 影响公司发展的不利因素

在宏观经济承压、金融监管趋严的背景下，公司发展面临着很多不利因素。

第一，业务转型效果与预期仍有差距。公司虽然较早开始尝试业务转型，但是尚未形成成熟的创新业务模式，创新业务对业务规模和利润的贡献较低，未来仍有较大的提升空间。

第二，科技能力对业务支撑不足。近年来，公司的信息化建设已完成从电子化向信息化过渡的初级阶段。但随着信托业务创新持续推进、风控合规信息化需求持续提升，金融科技水平仍显不足，亟须提升。

第三，企业文化和品牌建设相对滞后。目前，信托行业业务资源和客户资源向头部公司集中的趋势日益明显，企业文化和品牌建设的作用持续增加。未来，公司将更加重视企业文化建设，加强公司品牌建设，进一步强化和发挥研发优势，在业务端和产品端打造良好的品牌形象，助力公司从区域型信托机构向全国一流信托机构迈进。

4.4 内部控制概况

4.4.1 内部控制环境和内部控制文化

为保证公司规范运作，有效防范和化解经营风险，确保公司经营、财务和其他信息真实、准确、完整，最大限度地维护信托当事人、公司股东及其他利益相关者的合法权益，公司按照《公司法》《信托公司治理指引》及相关法律法规的要求，建立了包括股东会、董事会、监事会和高级管理层在内的完善的法人治理结构，各自根据《公司章程》确定的职责范围行使职权，在保持相互独立的基础上，做到了有机协调和相互制衡。

公司通过建立和完善法人治理结构，强化决策机制，充分发挥股东会、董事会和监事会的决策与监督作用。公司采用多种方式将良好、诚信的企业文化在公司内传播，通过责任目标的制定、激励考核机制的导向、晋升通道的完善、以企业文化为主题的各类活动开展增加员工归属感和忠诚度，同时也将“诚信、创新、务实、高效”的理念和“快乐工作、诚信为本、合规经营、敢于承担”的员工行为规范贯穿于公司的各项制度和日常经营管理中，并最终落实在履行受托人职责上。公司牢固树立内部控制和合规风险管理优先的审慎经营理念，积极培养员工的合规风险防范意识，营造浓厚的内控文化氛围。

4.4.2 内部控制措施

4.4.2.1 履行内部控制职能的部门

公司根据业务发展的需要设立了业务部门和职能部门，并按照职责分离的原则设立相应的工作岗位，各个岗位都有明确的岗位职责说明和清晰的报告关系。在此基础上，公司努力建立健全内部约束机制，实行前台、中台、后台的岗位职责分离。

4.4.2.2 内部控制的主要政策、制度、程序及执行情况

公司遵循全面性、审慎性、制衡性和相匹配原则，确定业务受理与初审、业务决策与风险控制、业务核算与业务监督相分离的部门和岗位，建立了对风险进行事前防范、事中控制、事后监督和纠正的动态机制。

公司内部控制制度由公司法人治理制度、基本管理制度、具体规章组成。其中，公司法人治理制度包括《公司章程》《董事、监事产生办法》《股东会议事规则》《董事会议事规则》和

《监事会议事规则》等。公司基本管理制度包括《内部控制管理制度》《风险管理制度》《关联交易管理制度》《财务管理制度》《人力资源管理制度》《信托业务管理制度》《固有业务管理制度》《反腐败、反贿赂、反舞弊管理制度》《内部审计制度》和《信息披露管理制度》等。公司具体规章包括基本管理制度的实施细则或具体业务的管理办法及其附属流程。

《公司章程》的制定充分考虑了《公司法》及相关法律法规的要求，股东会、董事会、监事会、高级管理层等相应的议事规则切实可行，董事会下属委员会有明确的委员构成、职权权限和工作细则，公司日常管理和业务经营决策等环节均有章可循。

内部控制执行方面，一是由公司董事会及下属委员会建立并实施充分有效的内部控制体系，保证公司在法律和政策框架内审慎经营，明确设定可接受的风险水平，保证高级管理层采取必要的风险控制措施，负责监督高级管理层对内部控制体系的充分性与有效性进行监测和评估；二是监事会监督董事会、高级管理层完善内部控制体系，监督董事会、高级管理层及其成员履行内部控制职责；三是高级管理层执行董事会决策，根据董事会确定的可接受的风险水平，制定系统化的制度、流程和方法，采取相应的风险控制措施，建立和完善内部组织机构，保证内部控制的各项职责得到有效履行，组织对内部控制体系的充分性与有效性进行监测和评估；四是公司各部门进行自我评估和分析，对发现的内部控制隐患和缺陷及时报告，并据此对相关规章制度进行调整和补充，使得公司的各项规章制度在实际工作中得到有效执行；五是公司风险合规部与内审稽核部分别承担检查公司制度执行情况、定期评价内部控制设计合理性及运行有效性职责。通过以上措施，公司内部控制体系不断完善，同时经营层的自律和独立于经营层的外部监督，保证了内部控制体系在促进业务稳健经营和持续发展方面能够有效发挥作用。

4.4.3 信息交流与反馈

公司内部信息交流方面，通过建立各项规章制度，明确了公司股东会、董事会、监事会、高级管理层、各部门负责人及员工信息传递职责和报告路径，从而使各级管理者和员工能够及时了解和掌握公司的经营管理情况，有效履行各自的职责。

公司与外部信息交流方面，一是采取书面、邮件、网站公告等形式，向监管部门、受益人报告公司的重大事项和项目管理情况；二是通过推动品牌建设，树立公司良好的企业形象，并通过在网站、微信平台设立信息披露专栏，及时更新和发布公司各类信息和运营动态，让客户更加全面和及时地了解公司、认知公司；三是通过微信互动、设立呼叫中心和在营业场所提供面对面咨询服务等方式，向客户推介产品信息、进行投资者教育，以更好履行自身诚实、信用、谨慎、有效管理的义务；四是不断提升公司内刊《百瑞财富》的编辑出版质量，并通过向重点客户和合作伙伴免费寄送，使其成为客户了解公司的重要载体。

4.4.4 监督评价与纠正

公司的内控监督体系包括三个层面：一是对股东会负责的监事会，主要对董事会、董事及高级管理人员履职情况行使监督职能；二是董事会下属的合规和风险委员会、审计和关联交易委员会、对公司董事会负责的内审稽核部，其中合规和风险委员会主要负责监督、检查公司经营活动的合法合规性，审议风险管理相关制度政策、重大决策的风险评估报告及重大风险解决方案，审议公司全面风险评估报告、风险管理报告及合规报告等，审计和关联交易委员会主要负责检查会计政策、财务报告程序、财务状况、内部控制健全性和有效性、聘请或解聘年度财务报表外部审计机构、监督公司内部审计和外部审计中发现的问题及整改情况等；内审稽核部主要根据董事会的要求，对公司业务经营、财务管理、内部控制进行检查、监督和评价，并对发现的问题督促整改，同时审查和评价风险管理的充分性和有效性；三是对经营层负责的风险合规部主要根据经营层的要求，督导内控制度建设、检查内控制度的执行情况，并组织开展业务活动中合规与法律风险的研究、监控及评价。

为了保证稳健经营，防范和化解经营风险，明确风险责任，公司对不履行或不正确履行国家法律法规和公司内部规章制度的人员进行责任追究。

4.5 风险管理

4.5.1 风险管理概况

4.5.1.1 经营过程面临的主要风险

基于金融行业运营环境和信托业特征，公司在经营过程中面临的主要风险包括战略风险、信用风险、操作风险、市场风险、合规风险、声誉风险、流动性风险及其他风险。

4.5.1.2 风险管理基本原则和控制政策

为有效防范和化解各项风险，保证稳健经营，公司确立了如下风险管理基本原则和政策。

4.5.1.2.1 全面性原则

风险管理覆盖固有业务和信托业务，涵盖公司所面临的各项风险，贯穿项目立项、尽职调查、预审核、决策审批、项目管理、事中风险管理至资产处置的全部业务环节，同时渗透到所有部门和岗位，构建全面风险管理体系。

4.5.1.2.2 独立性原则

保持风险管理决策、监控的独立性，并与业务决策适当分离。公司风控中心在董事会、合规和风险委员会的领导下，客观评价经营风险，独立履行风险管理职能。在业务调研和决策环节，保持风险管理决策和业务决策的适度分离，在业务实施前，独立进行风险研判和风险评判。

4.5.1.2.3 客观性原则

正确认识风险客观存在，避免利益冲突或偏见，如实反映公司的风险状况，遵循内容真实、数字准确、资料可靠的原则。

4.5.1.2.4 前瞻主动原则

风险管理部门及业务部门相互协作，前瞻性地开展风险研究及管理工作，主动识别、选择和承担风险，完善管控措施，确保风险可控；充分了解客户、了解业务，特别是对于公司新介入的创新业务模式，本着实质重于形式的原则，强化事前风险评估和全程风险监控，确保风险可承受。

4.5.1.2.5 定量和定性相结合原则

通过建立完善的风险管理指标体系，依托定量分析和定性分析手段评价和控制风险。

4.5.1.2.6 风险与收益匹配原则

通过主动控制，平衡收益和风险，每类业务活动都应获得至少与其所承担风险相匹配的收益，并实现资本优化配置。

4.5.1.2.7 制衡性原则

坚持内控优先，全面分析公司经营环节和业务流程，合理设置体现制衡原则的前台、中台、后台岗位职责，明确划分相关部门之间、岗位之间、上下级机构之间的职责，建立职责分离、横向与纵向相互监督制约的机制。

4.5.1.2.8 信托财产单独管理原则

信托业务系统和固有业务系统的部门和人员分离；信托业务和固有业务分别由不同的高级管理人员分工管理，实现高级管理人员分工分离；信托财务和固有财务的人员、账表、资产分离，对每项信托业务单独开户、单独核算、单独管理，维护信托财产的独立性，形成管理防火墙。

4.5.1.2.9 风险信息充分披露原则

培育信托产品的合格投资人，强化风险意识，在信托产品设计和销售中充分识别和揭示风险。

4.5.1.3 风险管理组织结构与职责划分

公司建立了以董事会、合规和风险委员会、高级管理层、基层风险管理单位为主体的风险管理组织体系。

董事会就公司全面风险管理工作的有效性对股东会负责，在其下设合规和风险委员会的协助下，了解公司的风险状况，制定公司的风险管理政策；批准需要董事会批准的公司任何合规和内部控制政策或程序；决定业务风险的化解和处置。

合规和风险委员会对董事会负责，在董事会授权范围内对审议事项提出意见或决策，为董事会决策提供支持。

高级管理层负责执行公司风险管理政策，审查监督风险管理程序及具体操作规程，及时向董事会及其下设委员会、监事会报告风险管理情况。

基层风险管理单位包含前台、中台、后台所有与风险管理工作有关的部门，对各部门严格按照风险管理“三道防线”的原则划分风险管理责任。

业务部门承担风险管理第一道防线职责，负责主动承担业务经营活动所承担的风险，实施积极主动的管理，严格执行公司的风险偏好、风险管理政策、程序和集中度限额，确保业务活动不偏离风险管理要求。

风险合规部、项目评审部门、运营管理部为第二道防线。风险合规部统筹开展公司全面风险管理、合规管理及法律事务管理工作，制订年度风险、合规及法律事务管理计划并组织实施，推动公司全面风险管理体系不断完善。项目评审部门负责公司各类型业务的评审，全面参与项目尽职调查、预审核、项目决策审批、事中风险管理等环节，并为业务开展提供法律技术支持，保障业务实施的合法性和合规性。运营管理部负责存续项目后期管理，开展合同执行性工作并对发现的风险信息进行反馈和报告。

内审稽核部为第三道防线，负责对业务运行过程和结果进行独立的审计检查和监督，对风险管理过程和结果进行监督和评价。

上述各部门负责人为本部门风险管理工作的第一责任人，在各自职责范围内承担相应的风险管理职责，负责部门内部基础风险管理工作，将本部门相关风险信息向公司高级管理层和风险合规部报告。

4.5.2 风险状况

4.5.2.1 合规风险状况

合规风险主要是指公司未遵循法律、法规和监管规定而受到法律制裁、监管处罚、重大财务损失和声誉损失的风险。近年来，《关于规范金融机构资产管理业务的指导意见》《法人金融机构洗钱和恐怖融资风险管理指引》《信托公司受托责任尽职指引》等监管文件对信托公司合规管理不断提出更高要求，严监管态势下行业面临的合规风险随之提升。报告期内，公司积极落实监管政策要求，不断完善合规管理体系，加强合规文化建设，开展资管新规整改等重点工作，优化反洗钱工作机制，保障公司合规经营。

4.5.2.2 信用风险状况

信用风险主要指交易对手丧失履行合同义务的意愿或能力而使公司遭受财产损失的可能。2019 年，受宏观经济形势下行、地方债务严控、房地产调控不放松等因素影响，行业面临的信用风险持续加大。报告期内，公司紧跟外部宏观环境和监管要求变化，及时调整业务准入标准，综合运用限额管理、准入管理、事中管理和风险处置等各种管理手段，有效控制信用风险，资产质量整体保持稳定。

4.5.2.3 市场风险状况

市场风险主要指因市场价格（利率、汇率、股票价格等）的不利变化或者波动导致资产价值发生变动，进而使公司固有资产或信托资产遭受损失的可能。2019 年，市场信用广泛收缩，债券违约频现，国内外经济形势复杂严峻，市场不确定因素不断增加。公司密切关注宏观经济政策变化，加强证券投资研究，综合运用集中度控制、投资授权管理、资产池构建、强制止损控制等各项手段，强化抵御市场风险的能力。报告期内，证券投资类信托产品整体运行平稳，固有股票投资业绩显著改善。

4.5.2.4 操作风险状况

操作风险主要指由于内控制度不完善或规章制度执行不到位，给公司经营带来隐患或损失的可能。

报告期内，公司不断完善内控制度体系，通过加强监督和责任追究力度，确保各项制度和流程的执行效果达到预期目标，操作风险得到有效防范和控制。

4.5.2.5 流动性风险状况

流动性风险主要指公司清偿能力不足，或虽然有清偿能力，但无法以合理成本及时获得充足资金以应对资产增长或偿付到期债务所引发的风险。2019 年，受包商银行被接管事件的冲击及信托行业“去通道”等因素影响，银行同业业务大幅萎缩，外部流动性环境相对严峻。公司依托完善的流动性风险管理体系，通过日常限额管理、定期流动性压力测试等措施加强管理。报告期内，公司流动性状况良好，未发生流动性风险事件。

4.5.2.6 其他风险状况

其他风险主要包括法律风险和声誉风险等。

法律风险指公司所签订的合同存在法律瑕疵，从而产生法律纠纷，使公司遭受损失的风险。报告期内公司无该类风险发生。

声誉风险指由公司经营、管理及其他行为或外部事件导致利益相关方对公司负面评价的风险。报告期内公司无该类风险发生。

4.5.3 风险管理

4.5.3.1 合规风险管理

公司合规风险管理体现在以下几个方面：一是建立健全合规风险管理体系，实现合规管理的全面覆盖，对公司运营过程中面临的各项合规风险进行有效识别和管理，确保依法合规经营。二是在“强监管、严问责”的常态化监管趋势下，强化监管政策传导，动态调整合规管理制度、机制，确保员工明晰监管动向，严守合规底线。三是加强合规文化建设，倡导“全员主动合规”“合规创造价值”等合规理念，开展合规培训教育，持续提升员工合规意识及合规专业技能。四是建立健全合规激励、问责及考核机制，鼓励先进，严肃问责，并结合违规行为产生的原因及时修补管理和制度漏洞。

2019 年，公司以“建设一流的风险合规产业金融优秀企业”为目标，积极落实监管要求，累计新建和升版合规管理相关制度 79 项，优化内控合规表单 14 项，通过制度约束、流程约束、系统约束加强合规风险管理，组织合规宣导培训共约 56 小时，员工主动合规意识和执行力显著增强。

4.5.3.2 信用风险管理

公司信用风险管理主要通过充分研判宏观经济、政策及行业变化，及时动态调整风控措施，以限额管理、准入管理、事中管理和风险处置为手段，将风险敞口控制在可承受范围之内。具体措施包括以下几方面。

一是强化限额管理。基于公司风险偏好及战略转型目标，严格控制不同行业业务规模占比；同时，根据交易对手行业地位、与公司的战略协同效应等确定单一最大（集团）客户合作业务限额；将不良资产率作为核心风险指标，防止因行业、单一客户的风险对公司整体业务造成重大不利影响。

二是强化准入管理。结合监管要求和外部环境变化，及时调整各类业务的准入标准，引导业务人员加强各行业中优质客户的拓展和合作；严格执行业务准入标准，加强立项审查，对于不符合风控标准、风险缓释措施不足的项目，不予立项；加强业务尽职调查管理，制定尽调工作手册，持续提升业务尽调的规范性，合理借助中介机构对交易对手资信情况深入调查，充分掌握项目真实状况。

三是强化事中管理。建立项目到期前管理机制，加大存续项目风险排查力度，对重点项目开展现场检查并持续跟踪，对风险预警项目提前制定应对措施，保障公司平稳运营。

四是强化风险处置管理。监测风险预警信号，及时采取有效应对措施，争取实现风险预警信号早发现、早应对、早解决；同时，大力开展风险项目处置工作，综合运用司法处置、债权重组等手段推动风险项目回收。

此外，公司根据监管要求，定期对资产质量进行五级分类。对承担风险和损失的资产提取呆账准备金，由此准确反映公司资产质量情况，并为风险化解储备资金支持。其中一般准备金余额原则上不得低于风险资产期末余额的 1.5%，专项减值准备按照资产风险分类结果计提，其中关注类为 3%，次级类为 30%，可疑类为 60%，损失类为 100%。

在满足监管对减值准备计提标准的基础上，公司自 2019 年 1 月 1 日起执行财政部于 2017 年修订的《企业会计准则第 22 号——金融工具确认和计量》，根据该准则规定，对分类为以摊余成本计量的金融资产计提信用减值损失。

4.5.3.3 市场风险管理

为有效应对市场风险，公司秉承“理性、稳健”的风险偏好，建立了与总体业务发展战略、管理能力、资本实力和风险承受能力相匹配的市场风险管理原则和程序。具体管理措施包括以下几方面。

一是建立健全证券业务投资决策机制。加强业务授权管理，合理确定投资业务人员及部门的权限范围，制定岗位分离、相互制约的投资决策及实施流程。

二是加强投资资产管理。通过设定投资标准，构建合作客户白名单等规范投资范围，选择优质资产和优质客户；加强投资标的限额管理，强化止损止盈控制，防范单一产品或客户的集中度风险。

三是夯实研究基础。加强宏观经济走势、行业发展态势及具体投资策略等研究，提升投研能力。

4.5.3.4 操作风险管理

公司操作风险管理的基本策略是加强内控制度建设、落实和监督。具体措施包括以下几方面。

一是不断优化内控管理。完善规章制度，细化各类业务操作规范，强化监督制衡机制，通过现场检查、非现场检查、合规风险月报等手段发现内控缺陷、操作风险点，并及时整改、完善，确保内控体系的全面性和有效性。

二是强化信息系统约束。将各项操作要求制度化、制度表单化、表单信息化，将重要内控事项嵌入信息管理系统，提升制度执行力，防范操作风险。

三是完善考核与问责机制。将内控合规考核作为绩效考核的重要方面，针对重大违规事项，加大责任追究力度，通过行政责任追究和经济责任追究相结合的问责形式，规范员工操作行为。

2019 年，针对《关于规范金融机构资产管理业务的指导意见》《法人金融机构洗钱和恐怖融资风险管理指引》《信托公司受托责任尽职指引》等监管要求和业务操作中的薄弱环节，公司深入开展多项制度建设和升版工作，细化操作指引，全面提升公司内控水平，有效防范操作风险发生。

4.5.3.5 流动性风险管理

公司流动性风险管理的策略取向为“稳健”，即在适当平衡公司资产收益性和流动性的基础上，保持适度流动性，将流动性风险控制在可以承受的合理范围之内，确保公司的安全运营，维护良好的公众形象。具体措施如下：一是严格执行《公司流动性风险管理暂行办法》有关流动性限额管理的规定，加强流动性限额管理；二是按季度开展流动性压力测试，分析下一季度影响流动性的主要风险因素，采取有针对性的措施，以防范极端情况下的流动性风险，保障公司正常经营；三是按月对到期前项目进行摸排，通过严格控制固有项目、信托项目的风险，防范信用风险向流动性风险传导。四是积极探索通过增资扩股或者其他合法合规方式增强公司抵御流动性风险的能力。

2019 年，公司严格执行上述各项管理措施，流动性风险得到有效控制，未发生流动性风险事件。

4.5.3.6 其他风险管理

公司法律风险管理策略为法律专业人员全面参与涉及法律问题的经营管理事项，为公司重大决策提供法律咨询和建议，为业务运行全过程提供法律支持，有效处理公司法律纠纷案件。具体措施包括：一是全面推进依法治企工作，完善法律事务管理制度，确保重大经营管理事项履行合法性审查程序；二是利用法律手段防范业务风险，由法务人员参与项目立项、尽职调查、审核审批、放款实施、后期管理、风险处置等各个环节，强化业务法律文本的审核和盖章控制，防范法律风险、维护公司权益；三是强化法治文化培育，通过法律培训、考试与教育，提高公司全员的法律风险防范意识。

公司声誉风险管理策略为将声誉构建与发展战略和企业文化进行有机结合，通过尽职管理和充分信息披露塑造专业、诚信形象。具体管理措施包括：一是完善舆情管理制度，依托专业舆情监控系统的技术支持，实现对各类舆情的全天候监控；二是深化与行业媒体的深度合作，积极传达公司价值理念，宣导先进人物和事迹，不断提升公司形象，扩大品牌影响力；三是建立声誉风险突发事件应急机制，确保第一时间发现负面舆情并迅速作出反应，避免公司声誉受到损害。

5. 2019 年度及上年度比较式会计报表

5.1 自营资产

5.1.1 会计师事务所审计意见全文

审 计 报 告

信会师报字［2020］第 ZG10354 号

百瑞信托有限责任公司：

一、审计意见

我们审计了百瑞信托有限责任公司（以下简称百瑞信托）的财务报表，包括2019 年 12 月 31 日的合并及母公司资产负债表，2019 年度的合并及母公司利润表、合并及母公司现金流量表、合并及母公司所有者权益变动表以及相关财务报表附注。

我们认为，后附的财务报表在所有重大方面按照企业会计准则的规定编制，公允反映了百瑞信托 2019 年 12 月 31 日的合并及母公司财务状况以及 2019 年度的合并及母公司经营成果和现金流量。

二、形成审计意见的基础

我们按照中国注册会计师审计准则的规定执行了审计工作。审计报告的“注册会计师对财务报表审计的责任”部分进一步阐述了我们在这些准则下的责任。按照中国注册会计师职业道德守则，我们独立于百瑞信托，并履行了职业道德方面的其他责任。我们相信，我们获取的审计证据是充分、适当的，为发表审计意见提供了基础。

三、管理层和治理层对财务报表的责任

百瑞信托管理层（以下简称管理层）负责按照企业会计准则的规定编制财务报表，使其实现公允反映，并设计、执行和维护必要的内部控制，以使财务报表不存在由于舞弊或错误导致的重大错报。

在编制财务报表时，管理层负责评估百瑞信托的持续经营能力，披露与持续经营相关的事项（如适用），并运用持续经营假设，除非计划进行清算、终止运营或别无其他现实的选择。

治理层负责监督百瑞信托的财务报告过程。

四、注册会计师对财务报表审计的责任

我们的目标是对财务报表整体是否不存在由于舞弊或错误导致的重大错报获取合理保证，并出具包含审计意见的审计报告。合理保证是高水平的保证，但并不能保证按照审计准则执行的审计在某一重大错报存在时总能发现。错报可能由于舞弊或错误导致，如果合理预期错报单独或汇总起来可能影响财务报表使用者依据财务报表作出的经济决策，则通常认为错报是重大的。

在按照审计准则执行审计工作的过程中，我们运用职业判断，并保持职业怀疑。同时，我们也执行以下工作：

（1）识别和评估由于舞弊或错误导致的财务报表重大错报风险，设计和实施审计程序以应对这些风险，并获取充分、适当的审计证据，作为发表审计意见的基础。由于舞弊可能涉及串通、伪造、故意遗漏、虚假陈述或凌驾于内部控制之上，未能发现由于舞弊导致的重大错报的风险高于未能发现由于错误导致的重大错报的风险。

（2）了解与审计相关的内部控制，以设计恰当的审计程序，但目的并非对内部控制的有效性发表意见。

（3）评价管理层选用会计政策的恰当性和作出会计估计及相关披露的合理性。

（4）对管理层使用持续经营假设的恰当性得出结论。同时，根据获取的审计证据，就可能导致对百瑞信托持续经营能力产生重大疑虑的事项或情况是否存在重大不确定性得出结论。如果我们得出结论认为存在重大不确定性，审计准则要求我们在审计报告中提请报表使用者注意财务报表中的相关披露；如果披露不充分，我们应当发表非无保留意见。我们的结论基于截至审计报告日可获得的信息。然而，未来的事项或情况可能导致百瑞信托不能持续经营。

（5）评价财务报表的总体列报（包括披露）、结构和内容，并评价财务报表是否公允反映相关交易和事项。

（6）就百瑞信托中实体或业务活动的财务信息获取充分、适当的审计证据，以及财务报表发表审计意见。我们负责指导、监督和执行集团审计，并对审计意见承担全部责任。

我们与治理层就计划的审计范围、时间安排和重大审计发现等事项进行沟通，包括沟通我们在审计中识别出的值得关注的内部控制缺陷。

立信会计师事务所（特殊普通合伙）

中国注册会计师：

中国注册会计师：

中国・上海　　　　2020 年 4 月 23 日

5.1.2 资产负债表

合并资产负债表

编制单位：百瑞信托有限责任公司　　2019 年 12 月 31 日　　单位：万元

项　目	2019 年 12 月 31 日	2018 年 12 月 31 日
流动资产：	—	—
货币资金	17 117.21	24 995.10
结算备付金	—	—
拆出资金	—	—
交易性金融资产	543 875.71	—
以公允价值计量且其变动计入当期损益的金融资产	—	87 922.73
衍生金融资产	—	—
应收票据	—	—

续表

项　　目	2019 年 12 月 31 日	2018 年 12 月 31 日
应收账款	2 887. 84	506. 75
应收款项融资	—	—
预付款项	530. 81	374. 61
其他应收款	1 847. 01	2 354. 65
买入返售金融资产	—	—
存货	—	—
持有待售资产	—	—
一年内到期的非流动资产	281 910. 50	181 170. 00
其他流动资产	1 042. 09	5. 60
流动资产合计	849 211. 17	297 329. 44
非流动资产：	—	—
发放贷款及垫款	49 401. 00	57 934. 80
债权投资	57 725. 67	—
可供出售金融资产	—	557 662. 54
其他债权投资	—	—
持有至到期投资	—	—
长期应收款	—	—
长期股权投资	23 377. 35	20 193. 07
其他权益工具投资	55 451. 14	—
其他非流动金融资产	—	—
投资性房地产	—	—
固定资产	3 634. 31	3 910. 01
在建工程	—	—
生产性生物资产	—	—
使用权资产	—	—
油气资产	—	—
无形资产	1 491. 53	1 538. 59
开发支出	—	—
商誉	—	—
长期待摊费用	277. 91	104. 09
递延所得税资产	7 624. 47	3 036. 55
其他非流动资产	—	—
非流动资产合计	198 983. 37	644 379. 65
资 产 总 计	1 048 194. 54	941 709. 09

法定代表人：王振京　　主管会计工作负责人：张迎军　　会计机构负责人：刘芳

合并资产负债表（续）

编制单位：百瑞信托有限责任公司　　2019 年 12 月 31 日　　单位：万元

项　　目	2019 年 12 月 31 日	2018 年 12 月 31
流动负债：	—	—
短期借款	—	—
向中央银行借款	—	—
吸收存款及同业存款	—	—
拆入资金	—	—
以公允价值计量且其变动计入当期损益的金融负债	—	—
交易性金融负债	—	—
衍生金融负债	—	—

续表

项　　目	2019 年 12 月 31 日	2018 年 12 月 31
应付票据	—	—
应付账款	—	—
预收款项	2 342. 38	2 578. 19
合同负债	—	—
卖出回购金融资产款	—	—
应付手续费及佣金	—	—
应付职工薪酬	1 621. 90	2 848. 60
应交税费	13 886. 43	14 281. 30
其他应付款	1 481. 97	812. 80
持有待售负债	—	—
一年内到期的非流动负债	—	—
其他流动负债	77 541. 78	71 577. 84
流动负债合计	96 874. 47	92 098. 73
非流动负债：	—	—
长期借款	—	—
应付债券	—	—
其中：优先股	—	—
永续债	—	—
长期应付款	—	—
长期应付职工薪酬	—	—
上级拨入资金	—	—
预计负债	4 512. 56	2 943. 11
递延收益	—	—
递延所得税负债	—	—
其他非流动负债	21 177. 06	22 530. 58
非流动负债合计	25 689. 62	25 473. 69
负 债 合 计	122 564. 09	117 572. 41
所有者权益：	—	—
实收资本	400 000. 00	400 000. 00
国家资本	320 040. 00	320 040. 00
其中：国有法人资本	220 160. 00	220 160. 00
集体资本	—	—
民营资本	—	—
其中：个人资本	—	—
外商资本	79 960. 00	79 960. 00
减：已归还投资	—	—
实收资本净额	400 000. 00	400 000. 00
其他权益工具	—	—
其中：优先股	—	—
永续债	—	—
资本公积	7 983. 90	7 983. 90
减：库存股	—	—
其他综合收益	20 408. 05	16 399. 82
专项储备	—	—
盈余公积	75 817. 22	65 771. 83
其中：法定公积金	75 817. 22	65 771. 83
一般风险准备	63 394. 49	57 159. 82
未分配利润	358 026. 79	276 821. 31
归属于母公司所有者权益合计	925 630. 45	824 136. 68
少数股东权益	—	—
所有者权益合计	925 630. 45	824 136. 68
负债和所有者权益总计	1 048 194. 54	941 709. 09

法定代表人：王振京　　主管会计工作负责人：张迎军　　会计机构负责人：刘芳

母公司资产负债表

编制单位：百瑞信托有限责任公司　　2019 年 12 月 31 日　　单位：万元

项　目	2019 年 12 月 31 日	2018 年 12 月 31 日
流动资产：	—	—
货币资金	15 799. 90	19 765. 46
交易性金融资产	543 911. 87	—
以公允价值计量且其变动计入当期损益的金融资产	—	80 032. 57
衍生金融资产	—	—
应收票据	—	—
应收账款	2 924. 05	553. 63
应收款项融资	—	—
预付款项	530. 81	374. 61
其他应收款	1 969. 39	2 354. 65
存货	—	—
持有待售资产	—	—
一年内到期的非流动资产	202 450. 00	180 970. 00
其他流动资产	666. 86	3 000. 00
流动资产合计	768 252. 88	287 050. 92
非流动资产：	—	—
发放贷款及垫款	29 601. 00	—
债权投资	113 203. 80	—
可供出售金融资产	—	601 719. 69
其他债权投资	—	—
持有至到期投资	—	—
长期应收款	—	—
长期股权投资	20 574. 59	17 318. 37
其他权益工具投资	55 451. 14	—
其他非流动金融资产	—	—
投资性房地产	—	—
固定资产	3 634. 31	3 910. 01
在建工程	—	—
生产性生物资产	—	—
油气资产	—	—
无形资产	1 491. 53	1 538. 59
开发支出	—	—
商誉	—	—
长期待摊费用	277. 91	104. 09
递延所得税资产	7 759. 04	3 037. 29
其他非流动资产	—	—
非流动资产合计	231 993. 31	627 628. 04
资 产 总 计	1 000 246. 20	914 678. 95

母公司资产负债表（续）

编制单位：百瑞信托有限责任公司　　2019 年 12 月 31 日　　单位：万元

项　目	2019 年 12 月 31 日	2018 年 12 月 31 日
流动负债：	—	—
短期借款	—	—
向中央银行借款	—	—
拆入资金	—	—

续表

项　目	2019 年 12 月 31 日	2018 年 12 月 31 日
以公允价值计量且其变动计入当期损益的金融负债	—	—
衍生金融负债	—	—
应付票据	—	—
应付账款	—	—
预收款项	2 342. 38	2 578. 19
应付职工薪酬	1 621. 90	2 848. 60
应交税费	13 792. 99	14 184. 32
其他应付款	1 460. 75	699. 99
持有待售负债	—	—
一年内到期的非流动负债	—	—
其他流动负债	50 131. 03	70 000. 00
流动负债合计	69 349. 05	90 311. 09
非流动负债：	—	—
长期借款	—	—
应付债券	—	—
其中：优先股	—	—
永续债	—	—
长期应付款	—	—
长期应付职工薪酬	—	—
预计负债	4 512. 56	2 943. 11
递延收益	—	—
递延所得税负债	—	—
其他非流动负债	—	—
非流动负债合计	4 512. 56	2 943. 11
负债合计	73 861. 61	93 254. 20
所有者权益：	—	—
实收资本	400 000. 00	400 000. 00
国家资本	320 040. 00	320 040. 00
其中：国有法人资本	220 160. 00	220 160. 00
集体资本	—	—
民营资本	—	—
其中：个人资本	—	—
外商资本	79 960. 00	79 960. 00
减：已归还投资	—	—
实收资本净额	400 000. 00	400 000. 00
其他权益工具	—	—
其中：优先股	—	—
永续债	—	—
资本公积	7 983. 90	7 983. 90
减：库存股	—	—
其他综合收益	20 408. 05	16 399. 82
专项储备	—	—
盈余公积	75 817. 22	65 771. 83
一般风险准备	63 394. 49	57 159. 82
未分配利润	358 780. 92	274 109. 38
所有者权益合计	926 384. 58	821 424. 75
负债和所有者权益总计	1 000 246. 20	914 678. 95

5.1.3 利润表

合并利润表

编制单位：百瑞信托有限责任公司　　2019年度　　单位：万元

项　目	本年金额	上年金额
一、营业收入	162 859.88	163 660.08
利息净收入	33 307.58	19 575.33
其中：利息收入	36 346.75	28 503.96
利息支出	3 039.17	8 928.64
手续费及佣金净收入	104 296.12	95 858.40
其中：手续费及佣金收入	104 296.12	95 858.40
手续费及佣金支出	—	—
投资收益（亏损以"－"号填列）	40 440.30	47 465.13
其中：对联营企业和合营企业的投资收益	1 828.63	277.53
公允价值变动收益（亏损以"－"号填列）	－15 266.05	25.06
租赁收入	—	—
其他收益	81.90	387.05
汇兑损益	0.02	349.08
资产处置收益	—	0.03
二、营业支出	22 994.63	27 728.11
税金及附加	1 096.19	918.20
业务及管理费	24 572.32	20 326.99
资产减值损失	—	6 482.92
信用减值损失	－2 673.88	—
其他业务成本	—	—
三、营业利润（亏损以"－"号填列）	139 865.25	135 931.97
加：营业外收入	1 500.46	1.66
其中：非流动资产处置利得	—	—
非货币性资产交换利得	—	—
政府补助	—	—
债务重组利得	—	—
减：营业外支出	131.02	71.67
其中：非流动资产处置损失	—	—
非货币性资产交换损失	—	—
债务重组损失	—	—
四、利润总额（亏损总额以"－"号填列）	141 234.69	135 861.97
减：所得税费用	32 465.73	33 423.47
五、净利润（净亏损以"－"号填列）	108 768.96	102 438.50
六、其他综合收益的税后净额	－2 284.60	11 869.44
归属于母公司所有者的其他综合收益的税后净额	－2 284.60	11 869.44
（一）以后不能重分类进损益的其他综合收益	－4 158.95	—
其中：1. 重新计量设定受益计划净负债或净资产的变动	—	—
2. 权益法下在被投资单位不能重分类进损益的其他综合收益中享有的份额	—	—
3. 其他权益工具投资公允价值变动	－4 158.95	—
4. 企业自身信用风险公允价值变动	—	—
（二）以后将重分类进损益的其他综合收益	1 874.35	11 869.44
其中：1. 权益法下在被投资单位以后将重分类进损益的其他综合收益中享有的份额	1 874.35	—
2. 其他债权投资公允价值变动	—	—
3. 可供出售金融资产公允价值变动损益	—	11 869.44
4. 金融资产重分类计入其他综合收益的金额	—	—
5. 持有至到期投资重分类为可供出售金融资产损益	—	—
6. 其他债权投资信用减值准备	—	—
7. 现金流量套期储备（现金流量套期损益的有效部分）	—	—
8. 外币财务报表折算差额	—	—
9. 其他	—	—
七、综合收益总额	106 484.35	114 307.94
归属于母公司所有者的综合收益总额	106 484.35	114 307.94
归属于少数股东的综合收益总额	—	—

法定代表人：王振京　　主管会计工作负责人：张迎军　　会计机构负责人：刘芳

母公司利润表

编制单位：百瑞信托有限责任公司　　2019年度　　单位：万元

项　目	本年金额	上年金额
一、营业收入	161 701.04	166 618.08
利息净收入	20 225.62	11 246.02
其中：利息收入	23 264.79	20 174.65
利息支出	3 039.17	8 928.64
手续费及佣金净收入	113 518.02	97 280.01
其中：手续费及佣金收入	113 518.02	97 280.01
手续费及佣金支出	—	—
投资收益（亏损以"－"号填列）	45 963.11	57 355.88
其中：对联营企业和合营企业的投资收益	1 810.57	279.17
公允价值变动收益（亏损以"－"号填列）	－18 087.64	—
租赁收入	—	—
其他收益	81.90	387.05
汇兑损益	0.02	349.08
资产处置收益	—	0.03
二、营业支出	22 049.65	26 964.14
税金及附加	1 055.46	886.73
业务及管理费	23 842.24	20 177.76
资产减值损失	—	5 899.65

续表

项　目	本年金额	上年金额
信用减值损失	-2 848.04	—
其他业务成本	—	—
三、营业利润(亏损以"-"号填列)	139 651.39	139 653.94
加:营业外收入	1 500.46	1.66
其中:非流动资产处置利得	—	—
非货币性资产交换利得	—	—
政府补助	—	—
债务重组利得	—	—
减:营业外支出	131.02	71.67
其中:非流动资产处置损失	—	—
非货币性资产交换损失	—	—
债务重组损失	—	—
四、利润总额(亏损总额以"-"号填列)	141 020.82	139 583.93
减:所得税费用	31 738.27	33 422.98
五、净利润(净亏损以"-"号填列)	109 282.56	106 160.95
六、其他综合收益的税后净额	-2 284.60	11 869.44
(一)以后不能重分类进损益的其他综合收益	-4 158.95	—
其中:1. 重新计量设定受益计划净负债或净资产的变动	—	—
2. 权益法下在被投资单位不能重分类进损益的其他综合收益中享有的份额	—	—
3. 其他权益工具投资公允价值变动	-4 158.95	—
4. 企业自身信用风险公允价值变动	—	—
(二)以后将重分类进损益的其他综合收益	1 874.35	11 869.44
其中:1. 权益法下在被投资单位以后将重分类进损益的其他综合收益中享有的份额	1 874.35	—
2. 其他债权投资公允价值变动	—	—
3. 可供出售金融资产公允价值变动损益	—	11 869.44
4. 金融资产重分类计入其他综合收益的金额	—	—
5. 持有至到期投资重分类为可供出售金融资产损益	—	—
6. 其他债权投资信用减值准备	—	—
7. 现金流量套期储备(现金流量套期损益的有效部分)	—	—
8. 外币财务报表折算差额	—	—
9. 其他	—	—
七、综合收益总额	106 997.95	118 030.39

合并利润分配表

编制单位:百瑞信托有限责任公司　　2019 年度　　单位:万元

项　目	本年累计数	上年累计数
本年净利润	108 768.96	102 438.50
加:(一)年初未分配利润	266 904.30	190 770.58
(二)盈余公积弥亏	—	—
(三)其他调整因素	—	—

续表

项　目	本年累计数	上年累计数
(四)会计政策变更	—	—
可供分配的利润	375 673.26	293 209.09
减:(一)单项留用的利润	—	—
(二)补充流动资本	—	—
(三)提取法定盈余公积	10 928.26	10 616.09
(四)提取法定公益金	—	—
(五)提取信托赔偿准备金	5 464.13	5 308.05
(六)提取一般准备金	1 254.09	463.63
(七)提取企业发展基金	—	—
(八)利润归还投资	—	—
(九)其他	—	—
可供投资者分配的利润	358 026.79	276 821.31
减:(一)应付优先股股利	—	—
(二)提取任意盈余公积	—	—
(三)应付普通股股利	—	—
(四)转作资本(股本)的普通股股利	—	—
(五)其他	—	—
未分配利润	358 026.79	276 821.31

法定代表人:王振京　　主管会计工作负责人:张迎军　　会计机构负责人:刘芳

母公司利润分配表

编制单位:百瑞信托有限责任公司　　2019 年度　　单位:万元

项　目	本年累计数	上年累计数
本年净利润	109 282.56	106 160.95
加:(一)年初未分配利润	267 144.83	184 336.21
(二)盈余公积弥亏	—	—
(三)其他调整因素	—	—
(四)会计政策变更	—	—
可供分配的利润	376 427.39	290 497.16
减:(一)单项留用的利润	—	—
(二)补充流动资本	—	—
(三)提取法定盈余公积	10 928.26	10 616.09
(四)提取法定公益金	—	—
(五)提取信托赔偿准备金	5 464.13	5308.05
(六)提取一般准备金	1 254.09	463.63
(七)提取企业发展基金	—	—
(八)利润归还投资	—	—
(九)其他	—	—
可供投资者分配的利润	358 780.92	274 109.38
减:(一)应付优先股股利	—	—
(二)提取任意盈余公积	—	—
(三)应付普通股股利	—	—
(四)转作资本(股本)的普通股股利	—	—
(五)其他	—	—
未分配利润	358 780.92	274 109.38

5.1.4 所有者权益变动表

合并所有者权益变动表

编制单位:百瑞信托有限责任公司　　2019 年度　　单位:万元

项目	本年数										
	实收资本	其他权益工具			资本公积	减:库存股	其他综合收益	盈余公积	一般风险准备	未分配利润	所有者权益合计
		优先股	永续债	其他							
一、上年年末余额	400 000. 00	—	—	—	7 983. 90	—	16 399. 82	65 771. 83	57 159. 82	276 821. 31	824 136. 68
加:会计政策变更	—	—	—	—	—	—	6 292. 83	-882. 86	-483. 54	-9 917. 01	-4 990. 58
前期差错更正	—	—	—	—	—	—	—	—	—	—	—
其他	—	—	—	—	—	—	—	—	—	—	—
二、本年年初余额	400 000. 00	—	—	—	7 983. 90	—	22 692. 65	64 888. 97	56 676. 27	266 904. 30	819 146. 10
三、本期增减变动金额(减少以"-"号填列)	—	—	—	—	—	—	-2 284. 60	10 928. 26	6 718. 22	91 122. 48	106 484. 35
(一)综合收益总额	—	—	—	—	—	—	-2 284. 60	—	—	108 768. 96	106 484. 35
(二)所有者投入和减少资本	—	—	—	—	—	—	—	—	—	—	—
1. 所有者投入资本	—	—	—	—	—	—	—	—	—	—	—
2. 其他权益工具持有者投入资本	—	—	—	—	—	—	—	—	—	—	—
3. 股份支付计入所有者权益的金额	—	—	—	—	—	—	—	—	—	—	—
4. 其他	—	—	—	—	—	—	—	—	—	—	—
(三)利润分配	—	—	—	—	—	—	—	10 928. 26	6 718. 22	-17 646. 47	—
1. 提取盈余公积	—	—	—	—	—	—	—	10 928. 26	—	-10 928. 26	—
2. 提取一般风险准备	—	—	—	—	—	—	—	—	6 718. 22	-6 718. 22	—
3. 对股东的分配	—	—	—	—	—	—	—	—	—	—	—
4. 其他	—	—	—	—	—	—	—	—	—	—	—
(四)股东权益内部结转	—	—	—	—	—	—	—	—	—	—	—
1. 资本公积转增资本	—	—	—	—	—	—	—	—	—	—	—
2. 盈余公积转增资本	—	—	—	—	—	—	—	—	—	—	—
3. 盈余公积弥补亏损	—	—	—	—	—	—	—	—	—	—	—
4. 设定受益计划变动额结转留存收益	—	—	—	—	—	—	—	—	—	—	—
5. 其他综合收益结转留存收益	—	—	—	—	—	—	—	—	—	—	—
6. 其他	—	—	—	—	—	—	—	—	—	—	—
(五)专项储备	—	—	—	—	—	—	—	—	—	—	—
1. 本期提取	—	—	—	—	—	—	—	—	—	—	—
2. 本期使用	—	—	—	—	—	—	—	—	—	—	—
(六)其他	—	—	—	—	—	—	—	—	—	—	—
四、本期期末余额	400 000. 00	—	—	—	7 983. 90	—	20 408. 05	75 817. 22	63 394. 49	358 026. 79	925 630. 45

法定代表人:王振京　　主管会计工作负责人:张迎军　　会计机构负责人:刘芳

合并所有者权益变动表(续)

编制单位:百瑞信托有限责任公司　　2019 年度　　单位:万元

项目	上年数										
	实收资本	其他权益工具			资本公积	减:库存股	其他综合收益	盈余公积	一般风险准备	未分配利润	所有者权益合计
		优先股	永续债	其他							
一、上年年末余额	400 000. 00	—	—	—	7 609. 33	—	3 395. 56	55 112. 28	51 735. 46	183 597. 59	701 450. 22
加:会计政策变更	—	—	—	—	—	—	—	—	—	—	—
前期差错更正	—	—	—	—	—	—	—	—	—	—	—
其他	—	—	—	—	—	—	1 134. 82	43. 45	-347. 33	7 173. 00	8 003. 95
二、本年年初余额	400 000. 00	—	—	—	7 609. 33	—	4 530. 38	55 155. 73	51 388. 14	190 770. 58	709 454. 17

续表

项目	上年数										
	实收资本	其他权益工具			资本公积	减：库存股	其他综合收益	盈余公积	一般风险准备	未分配利润	所有者权益合计
		优先股	永续债	其他							
三、本期增减变动金额（减少以“-”号填列）	—	—	—	—	374.57	—	11 869.44	10 616.09	5 771.68	86 050.73	114 682.51
（一）综合收益总额	—	—	—	—	—	—	11 869.44	—	—	102 438.50	114 307.94
（二）所有者投入和减少资本	—	—	—	—	374.57	—	—	—	—	—	374.57
1. 所有者投入资本	—	—	—	—	—	—	—	—	—	—	—
2. 其他权益工具持有者投入资本	—	—	—	—	—	—	—	—	—	—	—
3. 股份支付计入所有者权益的金额	—	—	—	—	—	—	—	—	—	—	—
4. 其他	—	—	—	—	374.57	—	—	—	—	—	374.57
（三）利润分配	—	—	—	—	—	—	—	10 616.09	5 771.68	-16 387.77	—
1. 提取盈余公积	—	—	—	—	—	—	—	10 616.09	—	-10 616.09	—
2. 提取一般风险准备	—	—	—	—	—	—	—	—	5 771.68	-5 771.68	—
3. 对股东的分配	—	—	—	—	—	—	—	—	—	—	—
4. 其他	—	—	—	—	—	—	—	—	—	—	—
（四）股东权益内部结转	—	—	—	—	—	—	—	—	—	—	—
1. 资本公积转增资本	—	—	—	—	—	—	—	—	—	—	—
2. 盈余公积转增资本	—	—	—	—	—	—	—	—	—	—	—
3. 盈余公积弥补亏损	—	—	—	—	—	—	—	—	—	—	—
4. 设定受益计划变动额结转留存收益	—	—	—	—	—	—	—	—	—	—	—
5. 其他	—	—	—	—	—	—	—	—	—	—	—
（五）专项储备	—	—	—	—	—	—	—	—	—	—	—
1. 本期提取	—	—	—	—	—	—	—	—	—	—	—
2. 本期使用	—	—	—	—	—	—	—	—	—	—	—
（六）其他	—	—	—	—	—	—	—	—	—	—	—
四、本期期末余额	400 000.00	—	—	—	7 983.90	—	16 399.82	65 771.83	57 159.82	276 821.31	824 136.68

法定代表人：王振京　　主管会计工作负责人：张迎军　　会计机构负责人：刘芳

母公司所有者权益变动表

编制单位：百瑞信托有限责任公司　　2019 年度　　单位：万元

项目	本年数										
	实收资本	其他权益工具			资本公积	减：库存股	其他综合收益	盈余公积	一般风险准备	未分配利润	所有者权益合计
		优先股	永续债	其他							
一、上年年末余额	400 000.00	—	—	—	7 983.90	—	16 399.82	65 771.83	57 159.82	274 109.38	821 424.75
加：会计政策变更	—	—	—	—	—	—	6 292.83	-882.86	-483.54	-6 964.55	-2 038.12
前期差错更正	—	—	—	—	—	—	—	—	—	—	—
其他	—	—	—	—	—	—	—	—	—	—	—
二、本年年初余额	400 000.00	—	—	—	7 983.90	—	22 692.65	64 888.97	56 676.27	267 144.83	819 386.63
三、本期增减变动金额（减少以“-”号填列）	—	—	—	—	—	—	-2 284.60	10 928.26	6 718.22	91 636.08	106 997.95
（一）综合收益总额	—	—	—	—	—	—	-2 284.60	—	—	109 282.56	106 997.95
（二）所有者投入和减少资本	—	—	—	—	—	—	—	—	—	—	—
1. 所有者投入资本	—	—	—	—	—	—	—	—	—	—	—
2. 股份支付计入所有者权益的金额	—	—	—	—	—	—	—	—	—	—	—
3. 其他	—	—	—	—	—	—	—	—	—	—	—
（三）利润分配	—	—	—	—	—	—	—	10 928.26	6 718.22	-17 646.47	—
1. 提取盈余公积	—	—	—	—	—	—	—	10 928.26	—	-10 928.26	—
2. 提取一般风险准备	—	—	—	—	—	—	—	—	6 718.22	-6 718.22	—

续表

项目	本年数										
	实收资本	其他权益工具			资本公积	减:库存股	其他综合收益	盈余公积	一般风险准备	未分配利润	所有者权益合计
		优先股	永续债	其他							
3. 对股东的分配	—	—	—	—	—	—	—	—	—	—	—
4. 其他	—	—	—	—	—	—	—	—	—	—	—
(四)股东权益内部结转	—	—	—	—	—	—	—	—	—	—	—
1. 资本公积转增资本	—	—	—	—	—	—	—	—	—	—	—
2. 盈余公积转增资本	—	—	—	—	—	—	—	—	—	—	—
3. 盈余公积弥补亏损	—	—	—	—	—	—	—	—	—	—	—
4. 设定受益计划变动额结转留存收益	—	—	—	—	—	—	—	—	—	—	—
5. 其他综合收益结转留存收益	—	—	—	—	—	—	—	—	—	—	—
6. 其他	—	—	—	—	—	—	—	—	—	—	—
(五)专项储备	—	—	—	—	—	—	—	—	—	—	—
1. 本期提取	—	—	—	—	—	—	—	—	—	—	—
2. 本期使用	—	—	—	—	—	—	—	—	—	—	—
(六)其他	—	—	—	—	—	—	—	—	—	—	—
四、本期期末余额	400 000.00	—	—	—	7 983.90	—	20 408.05	75 817.22	63 394.49	358 780.92	926 384.58

母公司所有者权益变动表(续)

编制单位:百瑞信托有限责任公司　　2019 年度　　单位:万元

项目	上年数										
	实收资本	其他权益工具			资本公积	减:库存股	其他综合收益	盈余公积	一般风险准备	未分配利润	所有者权益合计
		优先股	永续债	其他							
一、上年年末余额	400 000.00	—	—	—	7 609.33	—	3 395.56	55 112.28	51 735.46	183 597.59	701 450.22
加:会计政策变更	—	—	—	—	—	—	—	—	—	—	—
前期差错更正	—	—	—	—	—	—	—	—	—	—	—
其他	—	—	—	—	—	—	1 134.82	43.45	-347.33	738.62	1 569.57
二、本年年初余额	400 000.00	—	—	—	7 609.33	—	4 530.38	55 155.73	51 388.14	184 336.21	703 019.79
三、本期增减变动金额(减少以“-”号填列)	—	—	—	—	374.57	—	11 869.44	10 616.09	5 771.68	89 773.17	118 404.96
(一)综合收益总额	—	—	—	—	—	—	11 869.44	—	—	106 160.95	118 030.39
(二)所有者投入和减少资本	—	—	—	—	374.57	—	—	—	—	—	374.57
1. 所有者投入资本	—	—	—	—	—	—	—	—	—	—	—
2. 其他权益工具持有者投入资本	—	—	—	—	—	—	—	—	—	—	—
3. 股份支付计入所有者权益的金额	—	—	—	—	—	—	—	—	—	—	—
4. 其他	—	—	—	—	374.57	—	—	—	—	—	374.57
(三)利润分配	—	—	—	—	—	—	—	10 616.09	5 771.68	-16 387.77	—
1. 提取盈余公积	—	—	—	—	—	—	—	10 616.09	—	-10 616.09	—
2. 提取一般风险准备	—	—	—	—	—	—	—	—	5 771.68	-5 771.68	—
3. 对股东的分配	—	—	—	—	—	—	—	—	—	—	—
4. 其他	—	—	—	—	—	—	—	—	—	—	—
(四)股东权益内部结转	—	—	—	—	—	—	—	—	—	—	—
1. 资本公积转增资本	—	—	—	—	—	—	—	—	—	—	—
2. 盈余公积转增资本	—	—	—	—	—	—	—	—	—	—	—
3. 盈余公积弥补亏损	—	—	—	—	—	—	—	—	—	—	—
4. 设定受益计划变动额结转留存收益	—	—	—	—	—	—	—	—	—	—	—
5. 其他	—	—	—	—	—	—	—	—	—	—	—
(五)专项储备	—	—	—	—	—	—	—	—	—	—	—
1. 本期提取	—	—	—	—	—	—	—	—	—	—	—
2. 本期使用	—	—	—	—	—	—	—	—	—	—	—
(六)其他	—	—	—	—	—	—	—	—	—	—	—
四、本期期末余额	400 000.00	—	—	—	7 983.90	—	16 399.82	65 771.83	57 159.82	274 109.38	821 424.75

5.2 信托资产

5.2.1 信托项目资产负债汇总表

信托项目资产负债表

编制单位:百瑞信托有限责任公司　　2019年12月31日　　单位:万元

信托资产	期末余额	期初余额	信托负债和信托权益	期末余额	期初余额
信托资产	—	—	信托负债	—	—
货币资金	128 273.96	204 400.01	交易性金融负债	—	—
拆出资金	—	—	衍生金融负债	—	—
存出保证金	—	—	应付受托人报酬	4 213.37	1 804.59
交易性金融资产	49 132.28	126 715.42	应付托管费	117.18	44.97
衍生金融资产	—	—	应付受益人收益	629.96	4 780.72
买入返售金融资产	251 194.18	431 373.90	应交税费	12 504.04	10 082.67
应收款项	130 878.18	121 199.95	应付销售服务费	—	—
发放贷款	13 239 692.68	9 873 197.37	其他应付款项	605 845.71	461 232.85
可供出售金融资产	2 136 583.90	2 294 662.28	预计负债	—	—
持有至到期投资	—	—	其他负债	—	—
长期应收款	—	—	信托负债合计	623 310.26	477 945.81
长期股权投资	2 022 490.17	2 660 639.39	—	—	—
其他长期投资	—	—	—	—	—
投资性房地产	—	—	信托权益	—	—
固定资产	—	—	实收信托	23 640 193.95	18 468 993.93
无形资产	—	—	资本公积	116 275.88	112 054.88
长期待摊费用	894.07	1 932.42	损益平准金	—	—
其他资产	6 375 965.52	3 362 059.46	未分配利润	-44 675.15	17 185.57
减:各项资产减值准备	—	—	信托权益合计	23 711 794.68	18 598 234.38
信托资产总计	24 335 104.94	19 076 180.19	信托负债和信托权益总计	24 335 104.94	19 076 180.19

法定代表人:王振京　　主管会计工作负责人:张迎军　　会计机构负责人:刘芳

5.2.2 信托项目利润及利润分配汇总表

信托项目利润及利润分配表

编制单位:百瑞信托有限责任公司　　2019年度　　单位:万元

项　目	本年数	上年数
1. 营业收入	1 242 567.59	1 323 431.22
1.1 利息收入	974 541.40	707 444.83
1.2 投资收益(损失以"-"号填列)	171 843.21	446 456.79
1.2.1 其中:对联营企业和合营企业的投资收益	—	—
1.3 公允价值变动收益(损失以"-"号填列)	199.17	106.35
1.4 租赁收入	—	—
1.5 汇兑损益(损失以"-"号填列)	—	—
1.6 其他收入	95 983.81	169 423.25
2. 支出	219 757.80	127 561.48
2.1 营业税金及附加	4 494.95	3 623.25
2.2 受托人报酬	120 228.67	99 740.35
2.3 保管费	6 233.78	6 047.38
2.4 投资管理费	63.83	1 679.54
2.5 销售服务费	13 764.30	9 600.08
2.6 交易费用	48.12	26.98
2.7 资产减值损失	—	—
2.8 其他费用	13 912.09	6 843.91
2.9 其他支出	61 012.06	249.39

续表

项　目	本年数	上年数
3. 信托净利润(净亏损以"-"号填列)	1 022 809.79	1 195 869.74
4. 其他综合收益	—	—
5. 综合收益	1 022 809.79	1 195 869.74
6. 加:期初未分配信托利润	17 185.57	-8 387.64
7. 可供分配的信托利润	1 039 995.36	1 187 482.10
8. 减:本期已分配信托利润	1 084 670.51	1 170 296.53
9. 期末未分配信托利润	-44 675.15	17 185.57

法定代表人:王振京　　主管会计工作负责人:张迎军　　会计机构负责人:刘芳

6. 会计报表附注

6.1 报告年度会计报表编制基准、会计政策、会计估计和核算方法发生的变化

6.1.1 会计报表不符合会计核算基本前提的事项

报告期内无上述事项。

6.1.2 重要会计政策和会计估计说明

6.1.2.1 计提资产减值准备的范围和方法

6.1.2.1.1 计提资产减值准备的原则

公司根据谨慎性原则,预计各项资产可能发生的损失,对可能发生的各项损失计提一般准备和资产减值准备。

6.1.2.1.2　计提范围和方法

6.1.2.1.2.1　一般准备计提范围和方法

根据财政部《金融企业准备金计提管理办法》(财金[2012]20号)规定,为了防范经营风险,增强金融企业抵御风险能力,促进金融企业稳健经营和健康发展,金融企业应提取一般准备作为利润分配处理,并作为股东权益的组成部分。公司根据标准法对风险资产所面临的风险状况定量分析,确定潜在风险估计值。对于潜在风险估计值高于资产减值准备的差额,计提一般准备。当潜在风险估计值低于资产减值准备时,可不计提一般准备。一般准备余额原则上不得低于风险资产期末余额的1.5%。难以一次性达到1.5%的,可以分年到位,原则上不得超过5年。

6.1.2.1.2.2　资产减值准备计提范围和方法

对于固定资产、在建工程、使用寿命有限的无形资产、以成本模式计量的投资性房地产及对子公司、合营企业、联营企业的长期股权投资、商誉等长期资产,公司于资产负债表日判断是否存在减值迹象。如存在减值迹象的,则估计其可收回金额,进行减值测试。商誉、使用寿命不确定的无形资产和尚未达到可使用状态的无形资产,无论是否存在减值迹象,每年均进行减值测试。减值测试结果表明资产的可收回金额低于其账面价值的,按其差额计提减值准备并计入减值损失。上述资产减值损失一经确认,以后期间不予转回。

公司考虑所有合理且有依据的信息,包括前瞻性信息,以单项或组合的方式对以摊余成本计量的金融资产和以公允价值计量且其变动计入其他综合收益的金融资产(债务工具)的预期信用损失进行估计。预期信用损失的计量取决于金融资产自初始确认后是否发生信用风险显著增加。

预期信用损失一般模型如果该金融工具的信用风险自初始确认后已显著增加,公司按照相当于该金融工具整个存续期内预期信用损失的金额计量其损失准备;如果该金融工具的信用风险自初始确认后并未显著增加,公司按照相当于该金融工具未来12个月内预期信用损失的金额计量其损失准备。由此形成的损失准备的增加或转回金额,作为减值损失或利得计入当期损益。

通常逾期超过30日,公司即认为该金融工具的信用风险已显著增加,除非有确凿证据证明该金融工具的信用风险自初始确认后并未显著增加。

具体来说,公司将购买或源生时未发生信用减值的金融工具发生信用减值的过程分为三个阶段,对于不同阶段的金融工具的减值有不同的会计处理方法。

第一阶段:信用风险自初始确认后未显著增加。对于处于该阶段的金融工具,公司按照未来12个月的预期信用损失计量损失准备,并按其账面余额(即未扣除减值准备)和实际利率计算利息收入(若该工具为金融资产,下同)。

第二阶段:信用风险自初始确认后已显著增加但尚未发生信用减值。对于处于该阶段的金融工具,按照该工具整个存续期的预期信用损失计量损失准备,并按其账面余额和实际利率计算利息收入。

第三阶段:初始确认后发生信用减值。对于处于该阶段的金融工具,按照该工具整个存续期的预期信用损失计量损失准备,但对利息收入的计算不同于处于前两阶段的金融资产。对于已发生信用减值的金融资产,按其摊余成本(账面余额减已计提减值准备,也即账面价值)和实际利率计算利息收入。

对于购买或源生时已发生信用减值的金融资产,仅将初始确认后整个存续期内预期信用损失的变动确认为损失准备,并按其摊余成本和经信用调整的实际利率计算利息收入。

公司对在资产负债表日具有较低信用风险的金融工具,选择不与其初始确认时的信用风险进行比较,而直接作出该工具的信用风险自初始确认后未显著增加的假定。

如果公司确定金融工具的违约风险较低,借款人在短期内履行其支付合同现金流量义务的能力很强,并且即使较长时期内经济形势和经营环境存在不利变化,也不一定会降低借款人履行其支付合同现金流量义务的能力,那么该金融工具可被视为具有较低的信用风险。

应收款项。公司对于《企业会计准则第14号——收入》所规定的、不含重大融资成分(包括根据该准则不考虑不超过一年的合同中融资成分的情况)的应收款项,采用预期信用损失的简化模型,始终按照整个存续期内预期信用损失的金额计量其损失准备。

6.1.2.2　金融资产三分类的范围和标准

根据管理的金融资产的业务模式和金融资产的合同现金流量特征,公司将金融资产划分为三类:(1)以摊余成本计量的金融资产;(2)以公允价值计量且其变动计入其他综合收益的金融资产;(3)以公允价值计量且其变动计入当期损益的金融资产。

公司管理金融资产的业务模式,是指公司如何管理金融资产以产生现金流量,以公司关键管理人员决定的对金融资产进行管理的特定业务目标为基础确定,以客观事实为依据。金融资产的合同现金流量特征,是指金融工具合同约定的、反映相关金融资产经济特征的现金流量属性。

6.1.2.2.1　以摊余成本计量的金融资产的范围和标准

以摊余成本计量的金融资产是指同时满足下列条件的金融资产:(1)企业管理该金融资产的业务模式是以收取合同现金流量为目标;(2)该金融资产的合同条款规定,在特定日期产生的现金流量,仅为对本金和以未偿付本金金额为基础的利息的支付。

6.1.2.2.2　以公允价值计量且变动计入其他综合收益的金融资产的范围和标准

以公允价值计量且变动计入其他综合收益的金融资产是指同时满足下列条件的金融资产(债务工具):(1)管理该金融资产的业务模式既以收取合同现金流量为目标又以出售该金融资产为目标;(2)该金融资产的合同条款规定,在特定日期产生的现金流量,仅为对本金和以未偿付本金金额为基础的利息的支付。

对权益工具,在初始确认时,公司可以将非交易性权益工具投资指定为以公允价值计量且其变动计入其他综合收益的金融资产。

6.1.2.2.3　以公允价值计量且其变动计入当期损益的金融资产的范围和标准

除以摊余成本计量的金融资产和以公允价值计量且其变动计入其他综合收益的金融资产外的金融资产,公司将其分类为以公允价值计量且其变动计入当期损益的金融资产。

6.1.2.2.4 金融资产的重分类

公司改变管理金融资产的业务模式，并对所有受影响的相关金融资产进行重分类。自重分类日起采用未来适用法进行相关会计处理，未对以前已经确认的利得、损失（包括减值损失或利得）或利息进行追溯调整。重分类日是指导致企业对金融资产进行重分类的业务模式发生变更后的首个报告期间的第一天。

公司将一项以摊余成本计量的金融资产重分类为以公允价值计量且其变动计入当期损益的金融资产的，按照该资产在重分类日的公允价值进行计量。原账面价值与公允价值之间的差额计入当期损益。

公司将一项以摊余成本计量的金融资产重分类为以公允价值计量且其变动计入其他综合收益的金融资产的，按照该金融资产在重分类日的公允价值进行计量。原账面价值与公允价值之间的差额计入其他综合收益。该金融资产重分类不影响其实际利率和预期信用损失的计量。

公司将一项以公允价值计量且其变动计入其他综合收益的金融资产重分类为以摊余成本计量的金融资产的，将之前计入其他综合收益的累计利得或损失转出，调整该金融资产在重分类日的公允价值，并以调整后的金额作为新的账面价值，即视同该金融资产一直以摊余成本计量。该金融资产重分类不影响其实际利率和预期信用损失的计量。

公司将一项以公允价值计量且其变动计入其他综合收益的金融资产重分类为以公允价值计量且其变动计入当期损益的金融资产的，继续以公允价值计量该金融资产。同时，公司将之前计入其他综合收益的累计利得或损失从其他综合收益转入当期损益。

公司将一项以公允价值计量且其变动计入当期损益的金融资产重分类为以摊余成本计量的金融资产的，以其在重分类日的公允价值作为新的账面余额。

公司将一项以公允价值计量且其变动计入当期损益的金融资产重分类为以公允价值计量且其变动计入其他综合收益的金融资产的，继续以公允价值计量该金融资产。

对金融资产重分类进行处理的，公司根据该金融资产在重分类日的公允价值确定其实际利率。

6.1.2.3 金融资产的计量

公司初始确认金融资产，按照公允价值计量。对于以公允价值计量且其变动计入当期损益的金融资产，相关交易费用直接计入当期损益；对于其他类别的金融资产，相关交易费用计入初始确认金额。但是，公司初始确认的应收账款未包含《企业会计准则第 14 号——收入》所定义的重大融资成分或根据《企业会计准则第 14 号——收入》规定不考虑不超过一年的合同中的融资成分的，按照该准则定义的交易价格进行初始计量。

交易费用是指可直接归属于购买、发行或处置金融工具的增量费用。增量费用是指企业没有发生购买、发行或处置相关金融工具的情形就不会发生的费用，包括支付给代理机构、咨询公司、券商、证券交易所、政府有关部门等的手续费、佣金、相关税费以及其他必要支出，不包括债券溢价、折价、融资费用、内部管理成本和持有成本等与交易不直接相关的费用。

6.1.2.3.1 金融资产的公允价值

公允价值通常为相关金融资产或金融负债的交易价格。金融资产的公允价值与交易价格存在差异的，公司区别下列情况进行处理。

（1）在初始确认时，金融资产的公允价值依据相同资产在活跃市场上的报价或者以仅使用可观察市场数据的估值技术确定的，公司将该公允价值与交易价格之间的差额确认为一项利得或损失。

（2）在初始确认时，金融资产的公允价值以其他方式确定的，公司将该公允价值与交易价格之间的差额递延。初始确认后，公司根据某一因素在相应会计期间的变动程度将该递延差额确认为相应会计期间的利得或损失。该因素应当仅限于市场参与者对该金融工具定价时将予考虑的因素，包括时间等。

6.1.2.3.2 金融资产的后续计量

初始确认后，企业应当对不同类别的金融资产，分别以摊余成本、以公允价值计量且其变动计入其他综合收益或以公允价值计量且其变动计入当期损益进行后续计量。

金融资产的摊余成本，以该金融资产的初始确认金额经下列调整后的结果确定。

（1）扣除已偿还的本金。

（2）加上或减去采用实际利率法将该初始确认金额与到期日金额之间的差额进行摊销形成的累计摊销额。

（3）扣除累计计提的损失准备（仅适用于金融资产）。

实际利率法是指计算金融资产的摊余成本以及将利息收入或利息费用分摊计入各会计期间的方法。

实际利率是指将金融资产在预计存续期的估计未来现金流量，折现为该金融资产账面余额所使用的利率。在确定实际利率时，在考虑金融资产所有合同条款（如提前还款、展期、看涨期权或其他类似期权等）的基础上估计预期现金流量，但不考虑预期信用损失。

公司与交易对手方修改或重新议定合同，未导致金融资产终止确认，但导致合同现金流量发生变化的，将重新计算该金融资产的账面余额，并将相关利得或损失计入当期损益。重新计算的该金融资产的账面余额，根据将重新议定或修改的合同现金流量按金融资产的原实际利率（或者购买或源生的已发生信用减值的金融资产的经信用调整的实际利率）或重新计算的实际利率（如适用）折现的现值确定。对于修改或重新议定合同所产生的所有成本或费用，公司将调整修改后的金融资产账面价值，并在修改后金融资产的剩余期限内进行摊销。

6.1.2.3.3 权益工具的计量

公司对权益工具的投资和与此类投资相联系的合同以公允价值计量。但在有限情况下，如果用以确定公允价值的近期信息不足，或者公允价值的可能估计金额分布范围很广，而成本代表了该范围内对公允价值的最佳估计的，该成本可代表其在该分布范围内对公允价值的恰当估计。

公司利用初始确认日后可获得的关于被投资方业绩和经营的所有信息，判断成本能否代表公允价值。存在下列情形（包含但不限于）之一的，可能表明成本不代表相关金融资产的公允价值，公司将对其公允价值进行估值。

（1）与预算、计划或阶段性目标相比，被投资方业绩发生重大变化。

（2）对被投资方技术产品实现阶段性目标的预期发生变化。

(3)被投资方的权益、产品或潜在产品的市场发生重大变化。

(4)全球经济或被投资方经营所处的经济环境发生重大变化。

(5)被投资方可比企业的业绩或整体市场所显示的估值结果发生重大变化。

(6)被投资方的内部问题,如欺诈、商业纠纷、诉讼、管理或战略变化。

(7)被投资方权益发生了外部交易并有客观证据,包括发行新股等被投资方发生的交易和第三方之间转让被投资方权益工具的交易等。

6.1.2.4 长期股权投资核算方法

长期股权投资是指公司对被投资单位具有控制、共同控制或重大影响的长期股权投资。公司对被投资单位不具有控制、共同控制或重大影响的长期股权投资,作为可供出售金融资产或以公允价值计量且其变动计入当期损益的金融资产核算。

6.1.2.4.1 投资成本的确定

对于企业合并形成的长期股权投资,如为同一控制下的企业合并取得的长期股权投资,在合并日按照取得被合并方所有者权益账面价值的份额作为初始投资成本。通过非同一控制下的企业合并取得的长期股权投资,企业合并成本包括购买方付出的资产、发生或承担的负债、发行的权益性证券的公允价值之和;购买方为企业合并发生的审计、法律服务、评估咨询等中介费用以及其他相关管理费用,应当于发生时计入当期损益;购买方作为合并对价发行的权益性证券或债务性证券的交易费用,应当计入权益性证券或债务性证券的初始确认金额。

除企业合并形成的长期股权投资外的其他股权投资,按成本进行初始计量,该成本视长期股权投资取得方式的不同,分别按照公司实际支付的现金购买价款、公司发行的权益性证券的公允价值、投资合同或协议约定的价值、非货币性资产交换交易中换出资产的公允价值或原账面价值、该项长期股权投资自身的公允价值等方式确定。与取得长期股权投资直接相关的费用、税金及其他必要支出也计入投资成本。

6.1.2.4.2 长期股权投资的后续计量及损益确认方法

对被投资单位具有共同控制(构成共同经营者除外)或重大影响的长期股权投资,采用权益法核算。此外,公司财务报表采用成本法核算能够对被投资单位实施控制的长期股权投资。

采用成本法核算时,长期股权投资按初始投资成本计价,除取得投资时实际支付的价款或者对价中包含的已宣告但尚未发放的现金股利或者利润外,当期投资收益按照享有被投资单位宣告发放的现金股利或利润确认。

采用权益法核算时,长期股权投资的初始投资成本大于投资时应享有被投资单位可辨认净资产公允价值份额的,不调整长期股权投资的初始投资成本;初始投资成本小于投资时应享有被投资单位可辨认净资产公允价值份额的,其差额计入当期损益,同时调整长期股权投资的成本。

采用权益法核算时,当期投资损益为应享有或应分担的被投资单位当年实现的净损益的份额。在确认应享有被投资单位净损益的份额时,以取得投资时被投资单位各项可辨认资产等的公允价值为基础,并按照公司的会计政策及会计期间,对被投资单位的净利润进行调整后确认。对于公司与联营企业及合营之间发生的未实现内部交易损益,按照持股比例计算属于公司的部分予以抵销,在此基础上确认投资损益。但公司与被投资单位发生的未实现内部交易损失,按照《企业会计准则第8号——资产减值》等规定属于所转让资产减值损失的,不予以抵销。对被投资单位的其他综合收益,相应调整长期股权投资的账面价值确认为其他综合收益并计入资本公积。

在确认应分担被投资单位发生的净亏损时,以长期股权投资的账面价值和其他实质上构成对被投资单位净投资的长期权益减记至零为限。此外,如公司对被投资单位负有承担额外损失的义务,则按预计承担的义务确认预计负债,计入当期投资损失。被投资单位以后期间实现净利润的,公司在收益分享额弥补未确认的亏损分担额后,恢复确认收益分享额。

对于公司首次执行新会计准则之前已经持有的对联营企业和合营企业的长期股权投资,如存在与该投资相关的股权投资借方差额,按原剩余期限直线摊销的金额计入当期损益。

收购少数股权时,在编制合并财务报表时,因购买少数股权新增的长期股权投资与按照新增持股比例计算应享有子公司自购买日(或合并日)开始持续计算的净资产份额之间的差额,调整资本公积,资本公积不足冲减的,调整留存收益。

除合并财务报表外的其他情形下的长期股权投资处置,对于处置的股权,其账面价值与实际取得价款的差额,计入当期损益;采用权益法核算的长期股权投资,在处置时将原计入所有者权益的其他综合收益部分按相应的比例转入当期损益。对于剩余股权,按其账面价值确认为长期股权投资或其他相关金融资产,并按前述长期股权投资或金融资产的会计政策进行后续计量。涉及对剩余股权由成本法转为权益法核算的,按相关规定进行追溯调整。

6.1.2.5 固定资产计价和折旧方法

6.1.2.5.1 固定资产确认条件

固定资产是指为生产商品、提供劳务、出租或经营管理而持有的,使用寿命超过一个会计年度的有形资产。固定资产仅在与其有关的经济利益很可能流入公司,且其成本能够可靠地计量时才予以确认。固定资产按成本并考虑预计弃置费用因素的影响进行初始计量。

6.1.2.5.2 固定资产的分类、计价方法及折旧方法

固定资产从达到预定可使用状态的次月起,在使用寿命内计提折旧。各类固定资产的使用寿命、预计净残值和年折旧率、折旧方法如下。

固定资产类别	折旧年限(年)	预计净残值率(%)	年折旧率(%)	折旧方法
房屋建筑物	20~35	5	2.71~4.75	平均年限法
电子设备	3~5	5	19.00~31.67	平均年限法
安全保卫设备	5	5	19	平均年限法
办公设备	5	5	19	平均年限法
交通运输设备	4~5	5	19.00~23.75	平均年限法

预计净残值是指假定固定资产预计使用寿命已满并处于使用寿命终了时的预期状态,公司目前从该项资产处置中获得的扣除预计处置费用后的金额。

6.1.2.5.3　固定资产后续支出的处理

与固定资产有关的后续支出，如果与该固定资产有关的经济利益很可能流入且其成本能可靠地计量，则计入固定资产成本，并终止确认被替换部分的账面价值。除此以外的其他后续支出，在发生时计入当期损益。

当固定资产处于处置状态或预期通过使用或处置不能产生经济利益时，终止确认该固定资产。固定资产出售、转让、报废或毁损的处置收入扣除其账面价值和相关税费后的差额计入当期损益。

公司至少于年度终了对固定资产的使用寿命、预计净残值和折旧方法进行复核，如发生改变则作为会计估计变更处理。

6.1.2.6　无形资产计价及摊销政策

6.1.2.6.1　无形资产的确认及计价方法

无形资产是指公司拥有或者控制的没有实物形态的可辨认非货币性资产。

无形资产按成本进行初始计量。与无形资产有关的支出，如果相关的经济利益很可能流入公司且其成本能可靠地计量，则计入无形资产成本。除此以外的其他项目的支出，在发生时计入当期损益。

取得的土地使用权通常作为无形资产核算。自行开发建造厂房等建筑物，相关的土地使用权支出和建筑物建造成本则分别作为无形资产和固定资产核算。如为外购的房屋及建筑物，则将有关价款在土地使用权和建筑物之间进行分配，难以合理分配的，全部作为固定资产处理。

6.1.2.6.2　无形资产的摊销

使用寿命有限的无形资产自可供使用时起，对其原值减去预计净残值和已计提的减值准备累计金额在其预计使用寿命内采用直线法分期摊销。使用寿命不确定的无形资产不予摊销。

期末，对使用寿命有限的无形资产的使用寿命和摊销方法进行复核，如发生变更则作为会计估计变更处理。此外，还对使用寿命不确定的无形资产的使用寿命进行复核，如果有证据表明该无形资产为企业带来经济利益的期限是可预见的，则估计其使用寿命并按照使用寿命有限的无形资产的摊销政策进行摊销。

6.1.2.7　长期应收款的核算方法

长期应收款的核算内容包括融资租赁产生的应收款项和采用递延方式具有融资性质的提供劳务等产生的应收款项。

出租人融资产生的应收租赁款初始价值按租赁开始日最低租赁收款额与初始直接费用之和进行入账。

采用递延方式分期收款提供劳务产生的长期应收款，在满足收入确认条件时，初始价值按应收的合同或协议价款入账。

6.1.2.8　长期待摊费用的摊销政策

长期待摊费用为已经发生但应由报告期和以后各期负担的分摊期限在1年以上的各项费用。长期待摊费用在预计受益期间按直线法摊销。

6.1.2.9　合并会计报表的编制方法

公司对合并财务报表按照《企业会计准则第33号——合并财务报表》执行。

合并财务报表以母公司和纳入合并范围的子公司的个别财务报表为基础，根据其他有关资料为依据，按照权益法调整对子公司的长期股权投资后，由母公司编制。合并时对内部权益性投资与子公司所有者权益、内部投资收益与子公司利润分配、内部交易事项、内部债权债务进行抵销。

合并成本大于合并中取得的被购买方可辨认净资产公允价值份额的差额，确认为商誉。合并成本小于合并中取得的被购买方可辨认净资产公允价值份额的，其差额计入当期损益。

子公司所采用的会计政策与母公司保持一致。对于子公司所采用的会计政策与母公司不一致的，在编制合并财务报表时，应按母公司会计政策进行必要的调整。

6.1.2.10　收入确认原则和方法

公司的收入包括利息收入、手续费及佣金收入、证券投资业务收入和其他收入。收入在经济利益很可能流入公司，且金额能够可靠计量，并同时满足下列条件时予以确认。

6.1.2.10.1　利息收入

利息收入是指存放于中国人民银行和同业的款项、买入返售金融资产及发放贷款及垫款所产生的利息收入，按照他人使用公司货币资金的时间和实际利率计算确定。发放贷款到期（含展期，下同）90天后尚未收回的，其应计利息停止计入当期利息收入，纳入表外核算；已计提的贷款应收利息，在贷款到期90天后仍未收回的，或在应收利息逾期90天后仍未收到的，冲减原已计入损益的利息收入，转作表外核算。已核销贷款收回超过原本金部分，以及在表外核算的应收利息如有收回，计入当期利息收入。

6.1.2.10.2　手续费及佣金收入

手续费及佣金收入是指公司为客户提供各类信托服务包括信托产品报酬收入以及由信托项目延伸的咨询服务费收入、公司提供的中介服务所取得的收入，如财务咨询顾问服务费收入、委托贷款手续费收入及其他金融服务等各种手续费收入。信托业务收入按照信托合同的约定来确认。中介服务所取得的收入按照合同或协议的约定来确认。

6.1.2.10.3　其他业务收入

其他业务收入于提供相关服务且与其相关的经济利益能够可靠计量时确认。

6.1.2.10.4　投资收益

投资收益包括证券投资业务收入和股权投资业务收入。其中证券投资业务收入是证券出售时，按成交价（扣除实际支付的交易手续费用）与成本价的差额确认收入；股权投资业务收入是在成本法下，按收到股权分红款、收到股权处置款与投资成本的差额确认收入。

6.1.2.11　所得税的会计处理方法

某些资产、负债项目的账面价值与其计税基础之间的差额，以及未作为资产和负债确认但按照税法规定可以确定其计税基础的项目的账面价值与计税基础之间的差额产生的暂时性差异，采用资产负债表债务法确认递延所得税资产及递延所得税负债。

与商誉的初始确认有关，以及与既不是企业合并、发生时也不影响会计利润和应纳税所得额（或可抵扣亏损）的交易中产生的资产或负债的初始确认有关的应纳税暂时性差异，不予确认有关的递延所得税负债。此外，对与子公司、联营企业及合营企业投资相关的应纳税暂时性差异，如果公司能够控制暂时性差异转回的时间，而且该暂时性差异在可预见的未来很可能不会转回，也不予确认有关的递延所得税负债。除上述例外情况，公司确认其他所有应纳税暂时性差异产生的递延所得税负债。

与既不是企业合并、发生时也不影响会计利润和应纳税所得额（或可抵扣亏损）的交易中产生的资产或负债的初始确认有关的可抵扣暂时性差异，不予确认有关的递延所得税资产。此外，对与子公司、联营企业及合营企业投资相关的可抵扣暂时性差异，如果暂时性差异在可预见的未来不是很可能转回，或者未来不是很可能获得用来抵扣可抵扣暂时性差异的应纳税所得额，不予确认有关的递延所得税资产。除上述例外情况，公司以很可能取得用来抵扣可抵扣暂时性差异的应纳税所得额为限，确认其他可抵扣暂时性差异产生的递延所得税资产。

对于能够结转以后年度的可抵扣亏损和税款抵减，以很可能获得用来抵扣可抵扣亏损和税款抵减的未来应纳税所得额为限，确认相应的递延所得税资产。

资产负债表日，对于递延所得税资产和递延所得税负债，根据税法规定，按照预期收回相关资产或清偿相关负债期间的适用税率计量。

于资产负债表日，对递延所得税资产的账面价值进行复核，如果未来很可能无法获得足够的应纳税所得额用以抵扣递延所得税资产的利益，则减记递延所得税资产的账面价值。在很可能获得足够的应纳税所得额时，减记的金额予以转回。

6.1.2.12　信托报酬确认原则和方法

与信托业务相关的利益能够流入公司；收入的金额能够可靠地计量；按照合同、协议约定的收费时间和方法，信托服务已经提供或者有关合同已经履行。

6.1.2.13　会计估计变更

报告期内无会计估计变更。

6.2　或有事项说明

无。

6.3　重要资产转让及其出售的说明

无。

6.4　会计报表中重要项目的明细资料

6.4.1　自营资产经营情况

6.4.1.1　信用风险资产的期初数、期末数

信用风险资产五级分类	正常类（万元）	关注类（万元）	次级类（万元）	可疑类（万元）	损失类（万元）	信用风险资产合计（万元）	不良资产合计（万元）	不良资产率（%）
上年年末数	887 975.56	944.74	10 325.77	—	29 253.93	928 499.99	39 579.70	4.26
期末数	938 875.99	53 394.97	—	—	10 963.30	1 003 234.26	10 963.30	1.09

注：不良资产合计＝次级类＋可疑类＋损失类。

6.4.1.2　各项资产减值损失准备的期初数、本期计提金额、本期转回金额、本期核销金额、期末数

单位：万元

项目	期初金额	本期计提金额	本期转回金额	本期核销金额	期末金额
贷款损失准备	1 730.00	1 119.00	—	—	2 849.00
一般准备	1 730.00	1 119.00	—	—	2 849.00
专项准备	—	—	—	—	—
其他资产减值准备	8.65	—	—	—	8.65
债权投资减值准备	28 976.73	1 015.71	6 050.90	12 209.10	11 732.44
应收利息（报表列入其他流动资产）损失准备	12.20	-5.96	—	—	6.24
坏账准备——应收账款	6.32	718.47	—	—	724.79
坏账准备——其他应收款	926.21	355.64	—	396.63	885.22

6.4.1.3　自营股票投资、基金投资、债券投资、股权投资等投资业务的期初数、期末数

单位：万元

	自营股票投资	基金投资	债券投资	股权投资	其他投资	合计
期初数	94 747.96	80 032.57	—	125 010.57	443 837.26	743 628.36
期末数	40 461.22	104 391.33	—	143 245.41	456 775.89	744 873.85

6.4.1.4　按投资入股金额排序，前三名的自营长期股权投资的企业名称、占被投资企业权益的比例、主要经营活动及投资收益情况

企业名称	占被投资企业权益的比例（%）	主要经营活动	投资损益（万元）
国家电投集团产业基金管理有限公司	30	受托管理股权投资基金（不得从事证券投资活动；不得以公开方式募集资金开展投资活动；不得从事公开募集基金管理业务）；资产管理（不得从事信托、金融资产管理、证券资产管理等业务）；股权投资；投资管理、投资顾问、投资咨询（以上均不含限制项目）	697.00
郑州百瑞创新资本创业投资有限公司	25.71	创业投资；代理其他创业投资企业等机构或个人的创业投资业务；创业投资咨询业务；为创业企业提供创业管理服务；参与设立创业投资企业与创业投资管理顾问机构	－188.83
河南省鸿启企业管理有限公司	24.5	企业管理、企业营销、商务服务、商业活动策划与咨询、经济信息咨询	1 138.75

注：投资损益是指按照企业会计准则规定，核算股权投资确认损益并计入披露年度利润表的金额。

6.4.1.5 前三名的自营贷款的企业名称、占贷款总额的比例和还款情况

企业名称	占贷款总额的比例(%)	还款情况
河南正商企业发展集团有限责任公司	21.3	正常
昆明帕塔泰健康管理发展有限公司	17.1	正常
汝阳杜康酿酒有限公司	12.8	正常
河南锦寓置业有限公司	12.8	正常
河南聚金商业运营服务有限公司	12.8	正常

6.4.1.6 表外业务的期初数、期末数

单位:万元

表外业务	期初数	期末数
担保业务	—	—
代理业务(委托业务)	—	—
其他	—	—
合计	—	—

注:代理业务主要反映因客观原因应规范而尚未完成规范的历史遗留委托业务,包括委托贷款和委托投资。

6.4.1.7 公司当年的收入结构

公司当年的收入结构(合并)

收入结构	金额(万元)	占比(%)
手续费及佣金收入	104 296.12	63.46
其中:信托手续费收入	104 296.12	63.46
投资银行业务收入	—	—
利息收入	33 307.58	20.26
其他业务收入	81.90	0.05
其中:计入信托业务收入部分	—	—
投资收益	40 440.30	24.60
其中:股权投资收益	4 926.64	3.00
证券投资收益	5 713.83	3.48
其他投资收益	29 799.83	18.13
公允价值变动损益	-15 266.05	-9.29
汇兑损益	0.02	—
营业外收入	1 500.46	0.91
收入合计	164 360.33	100.00

注:1. 手续费及佣金收入、其他业务收入、投资收益、营业外收入均应为损益表中的科目,其中手续费及佣金收入、营业外收入为未抵减掉相应支出的全年累计实现收入数。
2. 利息收入为抵减掉利息支出的利息净额。
3. 其他业务收入中包含租赁业务收入等收入。

公司当年的收入结构(母公司)

收入结构	金额(万元)	占比(%)
手续费及佣金收入	113 518.02	69.56
其中:信托手续费收入	113 518.02	69.56
投资银行业务收入	—	—
利息收入	20 225.62	12.39
其他业务收入	81.90	0.05
其中:计入信托业务收入部分	—	—
投资收益	45 963.11	28.16
其中:股权投资收益	4 543.68	2.78
证券投资收益	6 531.75	4.00
其他投资收益	34 887.68	21.38
公允价值变动损益	-18 087.64	-11.08
汇兑损益	0.02	—
营业外收入	1 500.46	0.92
收入合计	163 201.49	100.00

注:1. 手续费及佣金收入、其他业务收入、投资收益、营业外收入均应为损益表中的科目,其中手续费及佣金收入、营业外收入为未抵减掉相应支出的全年累计实现收入数。
2. 利息收入为抵减掉利息支出的利息净额。
3. 其他业务收入中包含租赁业务收入等收入。

6.4.2 披露信托财产管理情况

6.4.2.1 信托资产的期初数、期末数

单位:万元

信托资产	期初数	期末数
集合	13 743 469.49	17 746 769.22
单一	3 838 715.41	3 118 181.50
财产权	1 493 995.29	3 470 154.22
合计	19 076 180.19	24 335 104.94

6.4.2.1.1 主动管理型信托业务的信托资产期初数、期末数

单位:万元

主动管理型信托资产	期初数	期末数
证券投资类	7 984.12	13 075.04
股权投资类	3 439 783.24	4 131 857.47
融资类	7 393 686.39	11 782 553.35
事务管理类	893.65	—
其他投资	2 823 342.65	5 022 460.99
合计	13 665 690.05	20 949 946.85

6.4.2.1.2 被动管理型信托业务的信托资产期初数、期末数

单位:万元

被动管理型信托资产	期初数	期末数
证券投资类	—	—
股权投资类	570 700.80	—
融资类	124 628.30	—
事务管理类	4 535 446.37	3 385 158.09
其他投资	179 714.67	—
合计	5 410 490.14	3 385 158.09

6.4.2.2　本年度已清算结束的信托项目个数、实收信托合计金额、加权平均实际年化收益率

6.4.2.2.1　本年度已清算结束的集合类、单一类资金信托项目和财产管理类信托项目个数、实收信托合计金额、加权平均实际年化收益率

已清算结束信托项目	项目个数(个)	实收信托合计金额(万元)	加权平均实际年化收益率(%)
集合类	72	2 982 508.30	7.27
单一类	19	561 156.00	6.79
财产管理类	9	666 111.42	9.69

注:1. 收益率是指信托项目清算后,给受益人赚取的实际收益水平。

2. 加权平均实际年化收益率=(信托项目1的实际年化收益率×信托项目1的实收信托+信托项目2的实际年化收益率×信托项目2的实收信托+…+信托项目n的实际年化收益率×信托项目n的实收信托)/(信托项目1的实收信托+信托项目2的实收信托+…+信托项目n的实收信托)×100%。

6.4.2.2.2　本年度已清算结束的主动管理型信托项目个数、实收信托合计金额、加权平均实际年化收益率,分证券投资类、股权投资类、融资类、事务管理类及其他投资分别披露

已清算结束的信托项目	项目个数(个)	实收信托合计金额(万元)	加权平均实际年化信托报酬率(%)	加权平均实际年化收益率(%)
证券投资类	—	—	—	—
股权投资类	1	4 010.01	0.13	10.35
融资类	46	1 695 361.68	1.19	7.15
事务管理类	—	—	—	—
其他投资	28	1 274 636.61	1.03	7.34

注:加权平均实际年化信托报酬率=(信托项目1的实际年化信托报酬率×信托项目1的实收信托+信托项目2的实际年化信托报酬率×信托项目2的实收信托+…+信托项目n的实际年化信托报酬率×信托项目n的实收信托)/(信托项目1的实收信托+信托项目2的实收信托+…+信托项目n的实收信托)×100%。

6.4.2.2.3　本年度已清算结束的被动管理型信托项目个数、实收信托合计金额、加权平均实际年化收益率,分证券投资类、股权投资类、融资类、事务管理类及其他投资分别披露

已清算结束的信托项目	项目个数(个)	实收信托合计金额(万元)	加权平均实际年化信托报酬率(%)	加权平均实际年化收益率(%)
证券投资类	—	—	—	—
股权投资类	—	—	—	—
融资类	—	—	—	—
事务管理类	25	1 235 767.42	0.31	7.61
其他投资	—	—	—	—

6.4.2.3　本年度新增的集合类、单一类和财产管理类信托项目个数、实收信托合计金额

新增信托项目	项目个数(个)	实收信托合计金额(万元)
集合类	81	10 203 125.34
单一类	21	619 355.71
财产管理类	22	2 831 313.75
新增合计	124	13 653 794.81
其中:主动管理型	117	13 356 113.65
被动管理型	7	297 681.16

注:本年新增信托项目指在本报告年度内累计新增的信托项目个数和金额。其包含本年度新增并于本年度内结束的项目和本年度新增至报告期末仍在持续管理的信托项目。

6.4.2.4　信托业务创新成果和特色业务有关情况

按照2019年初确定的工作安排和重点,公司积极推动业务转型,在创新业务领域取得积极进展,主要体现在以下四个方面。

第一,坚持回归本源,家族信托和慈善信托取得新成果。家族信托方面,2019年公司成功设立信托受益权家族信托和FOF投资类家族信托。同时,积极拓展机构合作,不断加强与银行、券商、律所和大型移民机构的业务合作,初步建立了以家族信托为中心的业务生态圈。自2018年成立家族与慈善办公室以来,已落地家族信托业务20余单,建立了标准化和定制化两种产品体系,并延伸设立了"家庭信托"产品系列。慈善信托方面,2019年公司新增慈善信托3单,累计落地9单。截至2019年末,公司管理公益慈善类信托资金规模为5 600余万元,实现投资收益累计约1 677万元,向社会累计捐赠资金为1 227万元。

第二,紧抓转型机遇,大力发展标品投资。在资本市场领域,公司创新业务思路,积极扩充产品种类。截至2019年末,共存续4只量化投资信托产品。其中,股票型FOF近两年的实盘业绩大幅超越上证综指、沪深300等重要市场指数,以及75%的主动股票型公募基金。私募FOF业绩表现稳定,能够在市场波动中寻找稳定获利机会,实现了8%左右的年化收益。现金管理类业务方面,"安鑫悦盈"和"安鑫享盈"以客户短期资金灵活配置为出发点,借助平台优势及资产管理配置能力,将资金进行动态配置,为个人及机构客户提供了高效安全的短期资金配置工具,实现了客户资金的保值增值。2019年,公司结合业务实际适时推出"安鑫稳盈",进一步丰富业务产品线,现金管理类项目规模持续增加。

第三,深化产融结合,积极探索供应链金融。2019年,公司在供应链金融服务方面取得较大进展,相继成立"中原金控建业供应链2019年度第一期资产支持票据"和"国家电力投资集团有限公司2019年度第一期资产支持票据"。前者是在银行间市场成功发行的河南省首单资产支持票据业务,公司以资产证券化方式参与地产供应链业务,为地产上下游中小型供应商提供新的金融服务模式。后者是银行间交易商协会审批通过的首单以特殊性质补贴款作为基础资产的资产支持票据业务,是公司响应绿色发展、加强产融结合的重要业务成果。

第四,拓展创新业务种类,深耕普惠金融。2019年,公司成功上线小微金融管理系统,不仅带来普惠金融业务规模的扩大,而且提升了资金投放、回收效率以及资产的风险把控能力。公司普惠金融业务坚持"强场景、优资产"的业务逻辑,"小微企业兴业贷系列"侧重于向小微企业主发放经营性贷款,累计规模为3.9亿元;汽车金融Pre-ABS业务主要围绕商用车融资租赁行业龙头企业进行,"狮桥租赁Pre-ABS产品"累计成立规模10亿元。此外,公司还积极探索农民个人贷款业务,积极为服务"三农"贡献力量。

6.4.2.5　公司履行受托人义务情况及因本公司自身责任而导致的信托资产损失情况

6.4.2.5.1　公司履行受托人义务情况

公司作为受托人,严格按照《信托法》等法律法规及监管部门的要求,履行以下义务。

公司管理信托财产时恪尽职守,本着诚实、信用、谨慎、有

效管理的原则为受益人的最大利益处理信托事务；公司妥善保管处理信托事务的完整记录、原始凭证及有关资料，并且按照信托合同的约定将信托财产的管理运用、处分及收支情况，报告委托人和受益人；公司对委托人、受益人及处理信托事务的情况和资料依法保密；公司以信托财产为限向受益人支付信托利益；法律法规及信托合同规定的其他义务。

6.4.2.5.2　因公司自身责任而导致的信托资产损失情况

报告期内无上述事项。

6.5　关联方关系及其交易的披露

6.5.1 关联交易方的数量、关联交易的总金额及关联交易的定价政策等

	关联交易方数量	关联交易总金额（万元）	定价政策
合计	4	2 291 772.52	市场价

注：关联交易的统计范围应基本与银保监会非现场监管信息系统中关于关联交易的范围和口径一致。关联交易总金额中，信托与关联方之间的交易金额为 167 940.00 万元；信托项目之间的交易金额为 1 721 245.46 万元；固有与信托财产之间的交易金额为 402 587.06 万元。

6.5.2　关联交易方与公司的关系性质、关联交易方的名称、法定代表人、注册地址、注册资本及主营业务等

关系性质	关联方名称	法定代表人	注册地址	注册资本（万元）	主营业务
股东关联企业	青海黄河上游水电开发有限责任公司	谢小平	青海省西宁市城西区五四西路 43 号	650 000	电站的开发与建设：电站的生产、经营；硅产品和太阳能发电设备的生产、销售；铝锭、铝合金及铝型材的生产、销售；碳素制品的生产、销售；经营国家禁止和指定公司经营以外的进出口商品；经营进出口代理业务；配售电；热力生产及供应；火电厂生产的粉煤灰、干渣、脱硫石膏副产品的销售；废旧物资的综合利用及销售（不含危险废物）；送出线路租赁；多晶硅、三氯氢硅、四氯氢硅销售（仅限取得许可的分支机构经营）；系统内部员工岗位培训；会议服务（以上经营范围依法须经批准的项目，经相关部门批准后方可开展经营活动）。
股东关联企业	玉环晶能电力有限公司	宋世荣	玉环经济开发区滨江大道 1 号	36 000	太阳能发电，农业技术开发，电力技术咨询，电力供应，太阳能发电设备安装。
股东关联企业	玉环晶科电力有限公司	宋世荣	浙江省玉环市经济开发区滨江大道 1 号	26 400	太阳能发电，电力工程施工及发电机组设备安装，电力工程设计服务，光伏设备制造、安装、销售，电力技术咨询服务（依法须经批准的项目，经相关部门批准后方可开展经营活动）。
信托公司以托管或信托等其他方式控制的企业	兰州新区城市投资发展基金合伙企业（有限合伙）	执行事务合伙人：北京富诚宝鼎投资基金管理有限公司	甘肃省兰州市兰州新区商业服务中心 4 号楼	—	项目投资、股权投资、股权投资管理、投资管理及咨询、企业管理及咨询。

注：其他关联交易方为公司受托管理的信托项目。

6.5.3　公司与关联方的重大交易事项

6.5.3.1　固有财产与关联方交易情况

报告期内无上述事项。

6.5.3.2　信托与关联方交易情况

单位：万元

信托与关联方关联交易				
	期初数	借方发生额	贷方发生额	期末数
贷款	58 600.00	—	2 800.00	55 800.00
投资	141 000.00	—	29 500.00	111 500.00
租赁	—	—	—	—
担保	—	—	—	—
应收账款	—	—	—	—
其他	—	640.00	—	640.00
合计	199 600.00	640.00	32 300.00	167 940.00

注：以信托资产为关联方提供投融资等服务，或以担保等方式为关联方融资提供便利的业务均应纳入统计披露范围。

6.5.3.3　公司自有资金运用于自己管理的信托项目（固信交易），信托公司管理的信托项目之间的相互（信信交易）交易金额

6.5.3.3.1　固有财产与信托财产之间的交易

单位：万元

固有财产与信托财产相互交易			
	期初数	本期发生额	期末数
合计	365 503.36	37 083.70	402 587.06

注：以固有资金投资公司自己管理的信托项目受益权，或购买自己管理的信托项目的信托资产均应纳入统计披露范围。

6.5.3.3.2　信托项目之间的交易

单位：万元

信托资产与信托财产相互交易			
	期初数	本期发生额	期末数
合计	1 502 616.59	218 628.87	1 721 245.46

注：以公司受托管理的一个信托项目的资金购买自己管理的另一个信托项目的受益权或信托项下资产均应纳入统计披露范围。

6.5.4 关联方逾期未偿还公司资金的详细情况及公司为关联方担保发生或即将发生垫款的详细情况

报告期内无上述事项。

6.6 会计制度的披露

2019年1月1日起，公司固有业务开始执行财政部以财会[2017]7号、8号、14号文件修订的《企业会计准则第22号——金融工具确认和计量》《企业会计准则第23号——金融资产转移》《企业会计准则第37号——金融工具列报》。

公司信托业务执行财政部2006年颁布的《企业会计准则——基本准则》(财政部令第33号)、《财政部关于印发〈企业会计准则第1号——存货〉等38项具体准则的通知》(财会[2006]3号)及2014年财政部分别以财会[2014]6号、7号、8号、14号、23号颁布的《企业会计准则第39号——公允价值计量》《企业会计准则第30号——财务报表列报(2014年修订)》《企业会计准则第9号——职工薪酬(2014年修订)》《企业会计准则第2号——长期股权投资(2014年修订)》《企业会计准则第37号——金融工具列报(2014年修订)》。

7. 财务情况说明书

7.1 利润实现和分配情况

2019年公司合并口径净利润为108 768.96万元，母公司口径净利润为109 282.56万元。根据《金融企业准备金计提管理办法(财金[2012]20号)规定》，从净利润(母公司口径)中足额提取一般准备金1 254.09万元；根据《公司章程》规定，以净利润(母公司口径)的10%足额提取了法定盈余公积金10 928.26万元；根据《信托公司管理办法》(中国银行业监督管理委员会令[2007]第2号)，公司年末提取信托赔偿准备金为5 464.13万元；期末合并口径未分配利润累计为358 026.79万元，母公司口径未分配利润累计为358 780.02万元。

7.2 主要财务指标

指标名称	指标值
资本利润率(合并口径)(%)	12.43
资本利润率(母公司口径)(%)	12.52
加权年化信托报酬率(%)	0.97
人均净利润(万元)	572.16

注：1. 资本利润率＝净利润/所有者权益平均余额×100%。

2. 加权年化信托报酬率＝(信托项目1的实际年化信托报酬率×信托项目1的实收信托＋信托项目2的实际年化信托报酬率×信托项目2的实收信托＋…＋信托项目n的实际年化信托报酬率×信托项目n的实收信托)/(信托项目1的实收信托＋信托项目2的实收信托＋…＋信托项目n的实收信托)×100%。

3. 人均净利润＝净利润/年平均人数。

4. 平均值采取年初、年末余额简单平均法。

5. 公式为：a(平均)＝(年初数＋年末数)/2。

7.3 对公司财务状况、经营成果有重大影响的其他事项

报告期内无上述事项。

8. 净资本、风险资本及风险控制指标等情况

8.1 净资本

截至2019年12月31日，公司净资产为926 384.58万元，净资本为783 850.16万元。

8.2 风险资本

截至2019年12月31日，公司各项业务风险资本之和为428 761.97万元，其中固有业务风险资本为142 583.45万元，信托业务风险资本为286 178.53万元。

8.3 风险控制指标

根据《信托公司净资本管理办法》(中国银行业监督管理委员会令2010年第5号)的有关规定，信托公司需达到以下风险控制指标要求：

(1)信托公司净资本不得低于20 000万元。

(2)信托公司净资本不得低于各项风险资本之和的100%。

(3)信托公司净资本不得低于净资产的40%。

截至2019年12月31日，公司净资本为783 850.16万元，净资本比各项业务风险资本之和为182.93%，净资本比净资产为84.67%，符合以上风险控制指标要求。

9. 社会责任履行情况

2019年，公司积极履行合格企业公民职责，主动承担社会责任，在实现自身可持续发展的同时，积极推动地方经济发展和民生工程建设，为金融生态改善和社会公益慈善事业进步作出应有贡献。

一是充分发挥金融工具职能，通过为基础设施建设和实体经济发展提供综合化金融服务的方式，全面参与地方经济建设。截至2019年末，公司对实体经济进行支持的存续信托规模达到1 351.89亿元。同时，作为郑东新区重点税源单位，公司较好地履行了纳税人义务，2019年纳税总额达到4.68亿元，为地方经济建设和财政收入水平的持续提升作出积极贡献。

二是坚持以服务受益人为己任，持续完善消费者权益保护工作，积极打造线上综合服务平台，全力为客户提供线上"一站式"财富管理及增值服务。当年所有清算项目均按合同约定兑付信托利益，划付差错率为零；先后开展"送金融进企业(社区)""防范非法集资和反洗钱"等主题宣传教育活动12场，均取得良好效果。

三是长期热心公益慈善，致力于践行企业社会责任。2019年先后成立"百瑞仁爱·百年慈善信托""百瑞仁爱·瑞祥慈善信托"和"百瑞仁爱·天爱慈善信托"等慈善信托，慈善目的涵盖教育、科学、文化、体育等《中华人民共和国慈善法》认可的公益事业。2019年内公司先后两次赴汝州金庚医院开展"关爱脑瘫儿童"公益慈善活动，并将"百瑞仁爱·金庚慈善信托"19万元慈善款捐赠给金庚医院，用于继续支持脑瘫儿童救助事业。

四是逐步建立起完善的员工权益保障机制，持续推进EAP(员工帮扶计划)项目，努力推动人力资源管理水平不断提升。

全年组织开展专题内训 69 场、外派培训 26 场，累计受训人员超过 2 770 人次，培训内容涵盖宏观经济分析、创新业务模式探讨、通用素质技能培养、心理调试和压力管理等多个方面。

10. 特别事项揭示

10.1 前五名股东报告期内变动情况及原因

报告期内无上述事项。

10.2 董事、监事及高级管理人员变动情况及原因

10.2.1 董事变动情况及原因

2019 年 4 月，经股东会审议，第六届董事会董事张可欣先生辞去职务；经股东会审议通过及河南银保监局核准通过，王建伟先生当选公司第六届董事会董事并正式履职。

10.2.2 监事变动情况及原因

2019 年 2 月，经公司工会选举，第六届监事会职工监事闫继红女士辞去职务，岳慎芳女士当选第六届监事会职工监事。

2019 年 11 月至 12 月，经公司工会选举，第六届监事会职工监事赵群先生和岳慎芳女士辞去职务，高志杰先生和黄彪先生当选第六届监事会职工监事。

10.2.3 高级管理人员变动情况及原因

2019 年 11 月，根据本人申请并经董事会审议通过，刘英辉女士不再担任公司副总经理（高级管理人员）职务，已向河南银保监局进行了报告。

10.3 公司的重大未决诉讼事项

本年度公司的重大未决诉讼事项为信托业务，固有业务无重大诉讼事项。

序号	原告/申请人	被告/被申请人、第三人	立案时间	案由	标的本金（万元）	进展情况
1	百瑞信托有限责任公司	1. 天津九策实业集团有限公司； 2. 天津市九策高科技产业园有限公司； 3. 深圳市九策投资有限公司； 4. 龚东升； 5. 张荣。	2013 年 8 月 29 日	合同纠纷	40 000	2013 年 11 月 1 日，河南省高级人民法院作出调解书，被告同意向百瑞信托有限责任公司偿还 4 亿元本金及相关费用；后因被告未履行调解书义务，百瑞信托有限责任公司向法院申请了强制执行，执行过程中，天津市第一中级人民法院受理被告之一天津市九策高科技产业园有限公司的破产重整。目前本案处于强制执行程序中。
2	百瑞信托有限责任公司	1. 东方金钰股份有限公司； 2. 深圳市东方金钰珠宝实业有限公司； 3. 云南兴龙实业有限公司； 4. 赵宁； 5. 王瑛琰。	2018 年 6 月 21 日	履行公证债权文书	27 031. 33	2018 年 6 月 12 日，公证处认可百瑞信托有限责任公司的申请，并出具强制执行证书。目前案件处于强制执行程序中。
3	百瑞信托有限责任公司	1. 神州长城股份有限公司； 2. 陈略。	2018 年 9 月 7 日	履行公证债权文书	30 000	2018 年 8 月 29 日，公证处认可百瑞信托有限责任公司的申请，并出具强制执行证书。目前案件处于强制执行程序中。
4	河南兰考农村商业银行股份有限公司	1. 百瑞信托有限责任公司； 2. 宝塔石化集团有限公司； 3. 宁夏宝塔能源化工有限公司； 4. 宁夏宝塔油气销售有限公司； 5. 孙珩超。	2018 年 12 月 28 日	信托纠纷	47 401. 09	2018 年 12 月 26 日，原告向河南省高级人民法院提起诉讼：（1）要求百瑞信托有限责任公司赔偿其本金和利息损失，（2）要求其他被告对上述请求承担连带偿付责任，（3）由各被告承担诉讼费、保全费、保全担保费和律师费等。2019 年 1 月 9 日，河南省高级人民法院向百瑞信托有限责任公司出具［2018］豫民初 114 号《应诉通知书》。该案件已由河南省高级人民法院移送银川市中级人民法院管辖，尚未正式开庭审理。
5	百瑞信托有限责任公司	1. 河南平原控股集团股份有限公司； 2. 郑州鸿兴置业有限公司； 3. 郑州三棉纺织有限公司； 4. 孙罡。	2019 年 9 月 19 日	履行公证债权文书	29 050	2019 年 9 月 17 日，公证处认可百瑞信托有限责任公司的申请，并出具强制执行证书。2019 年 9 月 19 日，百瑞信托有限责任公司向郑州市中级人民法院申请强制执行，目前该案在强制执行程序中。
6	百瑞信托有限责任公司	1. 河南上上集团有限公司； 2. 河南上上置业有限公司。	2018 年 2 月 2 日	合同纠纷	25 000	2017 年 12 月 15 日，公证处认可百瑞信托有限责任公司的申请，并出具强制执行证书。由于涉案信托为事务管理类信托，百瑞信托有限责任公司根据受益人指令，向河南省郑州市中级人民法院申请强制执行，后续提起强制执行程序转破产程序的申请。目前案件处于破产程序中。

续表

序号	原告/申请人	被告/被申请人、第三人	立案时间	案由	标的本金（万元）	进展情况
7	黑龙江林甸农村商业银行股份有限公司	被告：1. 济南农村商业银行股份有限公司；2. 山东卡乐迪尔塑胶科技有限公司；3. 刘中胜；4. 李沂；5. 山东大舜天成置业有限公司；6. 湖北大舜天成置业有限公司；7. 湖北大舜睿城置业有限公司；8. 北京东方高兴资产管理有限公司；9. 深圳市健康传媒有限公司。 第三人：百瑞信托有限责任公司	2018年9月16日	合同纠纷	30 000	2015年5月29日，黑龙江林甸农村商业银行股份有限公司委托百瑞信托有限责任公司设立事务管理类资金信托"百瑞恒益235号单一资金信托（卡乐迪尔）"，指定百瑞信托有限责任公司向借款人发放信托贷款3亿元。因借款人未按照约定偿还信托贷款本息，信托到期后，百瑞信托有限责任公司按照信托约定向委托人原状返还了信托债权。2018年9月，委托人向黑龙江省高级人民法院提起诉讼，诉请济南农村商业银行股份有限公司履行信托受益权回购义务，借款人及担保人连带偿还贷款本息，未诉请百瑞信托有限责任公司作为第三人承担责任。本案尚未开庭。
8	大庆农村商业银行股份有限公司	被告：1. 济南农村商业银行股份有限公司；2. 济南国邦贸易有限公司；3. 刘中胜；4. 李沂；5. 山东大舜天成置业有限公司；6. 湖北大舜天成置业有限公司；7. 湖北大舜睿城置业有限公司；8. 北京东方高兴资产管理有限公司；9. 深圳市健康传媒有限公司。 第三人：百瑞信托有限责任公司	2018年9月16日	合同纠纷	30 000	2014年12月16日，大庆农村商业银行股份有限公司委托百瑞信托有限责任公司设立事务管理类资金信托"百瑞恒益171号单一资金信托（济南国邦）"，指定百瑞信托有限责任公司向借款人发放信托贷款3亿元。因借款人未按照约定偿还信托贷款本息，信托到期后，百瑞信托有限责任公司按照信托约定向委托人原状返还了信托债权。2018年9月，委托人向黑龙江省高级人民法院提起诉讼，诉请济南农村商业银行有限股份公司履行信托受益权回购义务，借款人及担保人连带偿还贷款本息，未诉请百瑞信托有限责任公司作为第三人承担责任。本案尚未开庭。
9	黑龙江杜尔伯特农村商业银行股份有限公司	被告：1. 济南农村商业银行股份有限公司；2. 山东鲜特鲜进出口有限公司；3. 刘中胜；4. 李沂；5. 山东大舜天成置业有限公司；6. 湖北大舜天成置业有限公司；7. 湖北大舜睿城置业有限公司；8. 北京东方高兴资产管理有限公司；9. 深圳市健康传媒有限公司。 第三人：百瑞信托有限责任公司	2018年9月16日	合同纠纷	20 000	2016年3月25日，黑龙江杜尔伯特农村商业银行股份有限公司委托百瑞信托有限责任公司设立事务管理类资金信托"百瑞恒益330号单一资金信托（鲜特鲜）"，指定百瑞信托有限责任公司向借款人发放信托贷款2亿元。因借款人未按照约定偿还信托贷款本息，信托到期后，百瑞信托有限责任公司按照信托约定向委托人原状返还了信托债权。2018年9月，委托人向黑龙江省高级人民法院提起诉讼，诉请济南农村商业银行股份有限公司履行信托受益权回购义务，借款人及担保人连带偿还贷款本息，未诉请百瑞信托有限责任公司作为第三人承担责任。本案尚未开庭。
10	大庆农村商业银行股份有限公司	被告：1. 济南农村商业银行股份有限公司；2. 山东康赢能源有限公司；3. 刘中胜；4. 李沂；5. 山东大舜天成置业有限公司；6. 湖北大舜天成置业有限公司；7. 湖北大舜睿城置业有限公司；8. 北京东方高兴资产管理有限公司；9. 深圳市健康传媒有限公司。 第三人：百瑞信托有限责任公司	2018年9月16日	合同纠纷	12 000	2015年12月21日，大庆农村商业银行股份有限公司委托百瑞信托有限责任公司设立事务管理类资金信托"百瑞恒益289号单一资金信托（康赢能源）"，指定百瑞信托有限责任公司向借款人发放信托贷款1.2亿元。因借款人未按照约定偿还信托贷款本息，信托到期后，百瑞信托有限责任公司按照信托约定向委托人原状返还了信托债权。2018年9月，委托人向黑龙江省高级人民法院提起诉讼，诉请济南农村商业银行股份有限公司履行信托受益权回购义务，借款人及担保人连带偿还贷款本息，未诉请百瑞信托有限责任公司作为第三人承担责任。本案尚未开庭。
11	黑龙江杜尔伯特农村商业银行股份有限公司	被告：1. 济南农村商业银行股份有限公司；2. 济南旺恒能源有限公司；3. 刘中胜；4. 李沂；5. 山东大舜天成置业有限公司；6. 湖北大舜天成置业有限公司；7. 湖北大舜睿城置业有限公司；8. 北京东方高兴资产管理有限公司；9. 深圳市健康传媒有限公司。 第三人：百瑞信托有限责任公司	2018年9月16日	合同纠纷	20 000	2016年3月25日，黑龙江杜尔伯特农村商业银行股份有限公司委托百瑞信托有限责任公司设立事务管理类资金信托"百瑞恒益332号单一资金信托（旺恒能源）"，指定百瑞信托有限责任公司向借款人发放信托贷款2亿元。因借款人未按照约定偿还信托贷款本息，信托到期后，百瑞信托有限责任公司按照信托约定向委托人原状返还了信托债权。2018年9月，委托人向黑龙江省高级人民法院提起诉讼，诉请济南农村商业银行股份有限公司履行信托受益权回购义务，未诉请百瑞信托有限责任公司作为第三人承担责任。本案尚未开庭。
12	黑龙江林甸农村商业银行股份有限公司	被告：1. 济南农村商业银行股份有限公司；2. 济南宝财物资有限公司；3. 刘中胜；4. 李沂；5. 山东大舜天成置业有限公司；6. 湖北大舜天成置业有限公司；7. 湖北大舜睿城置业有限公司；8. 北京东方高兴资产管理有限公司；9. 深圳市健康传媒有限公司。 第三人：百瑞信托有限责任公司	2018年9月16日	合同纠纷	29 400	2015年3月27日，黑龙江林甸农村商业银行股份有限公司委托百瑞信托有限责任公司设立事务管理类资金信托"百瑞恒益200号单一资金信托（济南宝财）"，指定百瑞信托有限责任公司向借款人发放信托贷款3亿元。因借款人未按照约定偿还信托贷款本息，信托到期后，百瑞信托有限责任公司按照信托约定向委托人原状返还了信托债权。2018年9月，委托人向黑龙江省高级人民法院提起诉讼，诉请济南农村商业银行股份有限公司履行信托受益权回购义务，借款人及担保人连带偿还贷款本息，未诉请百瑞信托有限责任公司作为第三人承担责任。本案尚未开庭。

续表

序号	原告/申请人	被告/被申请人、第三人	立案时间	案由	标的本金（万元）	进展情况
13	大庆农村商业银行股份有限公司	被告:1. 济南农村商业银行股份有限公司;2. 山东伟元贸易有限公司;3. 刘中胜;4. 李沂;5. 山东大舜天成置业有限公司;6. 湖北大舜天成置业有限公司;7. 湖北大舜睿城置业有限公司;8. 北京东方高兴资产管理有限公司;9. 深圳市健康传媒有限公司。 第三人:百瑞信托有限责任公司	2018 年 9 月 16 日	合同纠纷	20 000	2015 年 11 月 24 日,大庆农村商业银行股份有限公司委托百瑞信托有限责任公司设立事务管理类资金信托"百瑞恒益 278 号单一资金信托(山东伟元)",指定百瑞信托有限责任公司向借款人发放信托贷款 2 亿元。因借款人未按照约定偿还信托贷款本息,信托到期后,百瑞信托有限责任公司按照信托约定向委托人原状返还了信托债权。2018 年 9 月,委托人向黑龙江省高级人民法院提起诉讼,诉请济南农村商业银行股份有限公司履行信托受益权回购义务,借款人及担保人连带偿还贷款本息,未诉请百瑞信托有限责任公司作为第三人承担责任。本案尚未开庭。
14	黑龙江杜尔伯特农村商业银行股份有限公司	被告:1. 济南农村商业银行股份有限公司;2. 山东民华网络科技有限公司;3. 刘中胜;4. 李沂;5. 山东大舜天成置业有限公司;6. 湖北大舜天成置业有限公司;7. 湖北大舜睿城置业有限公司;8. 北京东方高兴资产管理有限公司;9. 深圳市健康传媒有限公司。 第三人:百瑞信托有限责任公司	2018 年 9 月 16 日	合同纠纷	30 000	2016 年 3 月 25 日,黑龙江杜尔伯特农村商业银行股份有限公司委托百瑞信托有限责任公司设立事务管理类资金信托"百瑞恒益 331 号单一资金信托(山东民华)",指定百瑞信托有限责任公司向借款人发放信托贷款 3 亿元。因借款人未按照约定偿还信托贷款本息,信托到期后,百瑞信托有限责任公司按照信托约定向委托人原状返还了信托债权。2018 年 9 月,委托人向黑龙江省高级人民法院提起诉讼,诉请济南农村商业银行股份有限公司履行信托受益权回购义务,借款人及担保人连带偿还贷款本息,未诉请百瑞信托有限责任公司作为第三人承担责任。本案尚未开庭。
15	大庆农村商业银行股份有限公司	被告:1. 济南农村商业银行股份有限公司;2. 济南吉茂商贸有限公司;3. 刘中胜;4. 李沂;5. 山东大舜天成置业有限公司;6. 湖北大舜天成置业有限公司;7. 湖北大舜睿城置业有限公司;8. 北京东方高兴资产管理有限公司;9. 深圳市健康传媒有限公司。 第三人:百瑞信托有限责任公司	2018 年 9 月 16 日	合同纠纷	20 000	2015 年 11 月 24 日,大庆农村商业银行股份有限公司委托百瑞信托有限责任公司设立事务管理类资金信托"百瑞恒益 277 号单一资金信托(济南吉茂)",指定百瑞信托有限责任公司向借款人发放信托贷款 2 亿元。因借款人未按照约定偿还信托贷款本息,信托到期后,百瑞信托有限责任公司按照信托约定向委托人原状返还了信托债权。2018 年 9 月,委托人向黑龙江省高级人民法院提起诉讼,诉请济南农村商业银行股份有限公司履行信托受益权回购义务,借款人及担保人连带偿还贷款本息,未诉请百瑞信托有限责任公司作为第三人承担责任。本案尚未开庭。
16	大庆农村商业银行股份有限公司	被告:1. 济南农村商业银行股份有限公司;2. 济南凯利斯工贸有限公司;3. 刘中胜;4. 李沂;5. 山东大舜天成置业有限公司;6. 湖北大舜天成置业有限公司;7. 湖北大舜睿城置业有限公司;8. 北京东方高兴资产管理有限公司;9. 深圳市健康传媒有限公司。 第三人:百瑞信托有限责任公司	2018 年 9 月 16 日	合同纠纷	29 400	2014 年 10 月 29 日,大庆农村商业银行股份有限公司委托百瑞信托有限责任公司设立事务管理类资金信托"百瑞恒益 147 号单一资金信托(济南凯利斯二期)",指定百瑞信托有限责任公司向借款人发放信托贷款 3 亿元。因借款人未按照约定偿还信托贷款本息,信托到期后,百瑞信托有限责任公司按照信托约定向委托人原状返还了信托债权。2018 年 9 月,委托人向黑龙江省高级人民法院提起诉讼,诉请济南农村商业银行股份有限公司履行信托受益权回购义务,借款人及担保人连带偿还贷款本息,未诉请百瑞信托有限责任公司作为第三人承担责任。本案尚未开庭。
17	大庆农村商业银行股份有限公司	被告:1. 济南农村商业银行股份有限公司;2. 山东通茂智能科技有限公司;3. 刘中胜;4. 李沂;5. 山东大舜天成置业有限公司;6. 湖北大舜天成置业有限公司;7. 湖北大舜睿城置业有限公司;8. 北京东方高兴资产管理有限公司;9. 深圳市健康传媒有限公司。 第三人:百瑞信托有限责任公司	2018 年 9 月 16 日	合同纠纷	18 000	2015 年 12 月 22 日,大庆农村商业银行股份有限公司委托百瑞信托有限责任公司设立事务管理类资金信托"百瑞恒益 288 号单一资金信托(通茂智能)",指定百瑞信托有限责任公司向借款人发放信托贷款 1.8 亿元。因借款人未按照约定偿还信托贷款本息,信托到期后,百瑞信托有限责任公司按照信托约定向委托人原状返还了信托债权。2018 年 9 月,委托人向黑龙江省高级人民法院提起诉讼,诉请济南农村商业银行股份有限公司履行信托受益权回购义务,借款人及担保人连带偿还贷款本息,未诉请百瑞信托有限责任公司作为第三人承担责任。本案尚未开庭。

10.4 公司及其董事、监事和高级管理人员受到处罚的情况

2019 年 3 月 28 日,公司收到《中国银行保险监督管理委员会河南监管局行政处罚决定书》(豫银保监银罚决字[2019]6 号),因公司开展的一只单一资金信托计划存在违规接受第三方金融机构信用担保,公司受到中国银行保险监督管理委员会河南监管局的行政处罚,罚款 50 万元。公司已足额缴纳上述罚款,处罚所涉及的信托计划已清算完毕。

2019 年 4 月 3 日,公司收到《中国银行保险监督管理委员会河南监管局行政处罚决定书》(豫银保监银罚决字[2019]7 号),因公司开展的多只单一资金信托计划存在管理信托财产不审慎,公司受到中国银行保险监督管理委员会河南监管局的行政处罚,罚款为 40 万元。公司已足额缴纳上述罚款,处罚所涉及的信托计划均已清算完毕。

公司收到上述行政处罚后立即开展相关整改工作,进一步

提升内部控制运行的有效性，针对违规接受第三方金融机构信用担保问题，公司相关部门严格把关，在今后业务开展中，严格遵守《关于规范金融机构同业业务的通知》（银发［2014］127号）要求，开展买入返售（卖出回购）和同业投资业务，不接受和提供任何直接或间接、显性或隐性的第三方金融机构信用担保，国家另有规定的除外；针对管理信托财产不审慎问题，公司已制定《信托项目信息披露管理办法》进行规范，杜绝同类问题再次发生。

2019年，公司董事、监事和高级管理人员没有受到处罚的情况。

10.5 对中国银保监会及其派出机构对公司检查后提出整改意见的整改情况

公司一贯理解、支持和配合各级监管部门的监管工作，对监管部门的监管意见高度重视，及时按照有关要求进行整改，得到了监管部门的肯定。

2019年，公司针对监管部门提出的监管意见和建议，及时逐项制定整改措施，并通过加强领导、责任到人等手段，认真落实到位。整改意见及整改落实情况如下。

10.5.1 明确业务转型方向，提高核心竞争力

为加快转型发展，明确自身定位，提高核心竞争力，公司针对市场情况和监管要求，坚定业务转型信念，明确业务转型方向，进一步细化战略转型方向，围绕服务实体经济、做好本源业务、顺应资管新政的信托业发展方向，拓展以家族信托和慈善信托为代表的信托本源业务，积极探索证券（量化）投资、现金管理、资产证券化、消费金融等业务模式，提升新业务模式规模，形成公司多样化的产品线。

10.5.2 强化机制建设，提升全面风险管控水平

一是强化组织建设。在公司经营层增设风险管理办公会，提前介入风险事项化解，提升风险预警事项的响应速度和处置成效；二是建立项目到期前管理工作机制，在项目到期前关键节点预判项目还款情况并制定针对性方案，做到风险早发现、早化解；三是建立风险量化评估机制，搭建基础设施业务和房地产业务量化模型，量化评估项目风险。

10.5.3 强化风险管控措施，提升尽职管理能力

一是强化事前风险管理，严把项目准入关。适时调整风控标准和合规指导标准，防范项目事前风险；二是强化事中风险管理，做深专项排查、做实常规排查，摸清风险底数，强化排查结果运用；三是加强信息披露工作，做好后期管理；四是做好重点业务领域风险防控，如加大房地产业务管控，加强流动性风险、信用风险和交叉金融风险防控等方面工作。

10.5.4 按照监管要求，做好资管新规过渡期整改工作

按照资管新规等相关要求，公司进行了全面摸底排查，同时审慎评估过渡期内面临的各种潜在风险及可能对公司产生的影响，根据资管新规过渡期内存量信托产品整改方案和风险防控预案，将在过渡期内分阶段有序进行整改，以符合监管要求，同时认真做好风险防范等应对措施。

10.6 本年度重大事项临时报告情况

序号	披露内容	披露时间	披露媒体及版面
1	关于变更常年法律顾问的公告	2019年4月1日	《上海证券报》第9版
2	公司2018年度报告摘要	2019年4月29日	《上海证券报》第65版和《证券时报》B14版
3	关于2018年度报告部分数据修正的公告	2019年5月14日	《上海证券报》第140版和《证券时报》B3版

10.7 中国银保监会及其省级派出机构认定的其他有必要让客户及相关利益人了解的重要信息

报告期内无上述事项。

11. 公司监事会意见

报告期内，公司监事会成员认真负责、勤勉审慎，通过列席董事会、参加或列席经营层会议等方式，对公司依法运作情况进行监督。在此基础上，监事会发表如下独立意见。

11.1 公司依法运作情况

2019年公司董事会按照股东会的决议要求，切实履行了各项决议，决策程序符合《中华人民共和国公司法》《中华人民共和国信托法》和《公司章程》及监管部门的有关规定。公司建立了完善的内部控制制度，董事和高级管理人员在履行职责及行使职权时，履行诚信和勤勉尽责的义务，遵守国家法律法规和《公司章程》，以维护公司股东利益为出发点，认真执行股东会决议。公司目标明确、管理科学、决策民主、运作规范。

11.2 检查公司财务情况

公司监事会长期关注公司财务情况，通过与相关负责人直接沟通并获取公司财务会计报告，了解最新监管政策及公司经营管理的情况，积极履行监督职责。同时监事会通过电话征询会计师事务所、查阅审计报告等方式，认为经立信会计师事务所（特殊普通合伙）出具的标准无保留意见的审计报告（信会师报字［2020］第ZG10354号）真实、客观地反映公司2019年度的财务状况和经营成果。

北方国际信托股份有限公司

1. 重要提示

1.1 公司董事会及董事保证本报告所载资料不存在任何虚假记载、误导性陈述或者重大遗漏,并对其内容的真实性、准确性和完整性承担个别及连带责任。

1.2 公司董事会对公司2019年度报告发表了同意的意见。

1.3 独立董事王爱俭、戴金平、毛翔对公司2019年度报告基于独立判断立场,发表意见如下:公司2019年度报告属实,内容真实、准确、完整。

1.4 安永华明会计师事务所(特殊普通合伙)出具了标准无保留意见的审计报告。

1.5 公司法定代表人、总经理韩立新,主管会计工作负责人王燕滨,会计机构负责人李学娟声明:保证年度报告中财务报告的真实、完整。

2. 公司概况

2.1 公司简介

1	法定名称(及缩写)	北方国际信托股份有限公司(北方信托)
2	英文名称(及缩写)	Northern International Trust Co., Ltd.(NITIC)
3	法定代表人	韩立新
4	注册地址	天津经济技术开发区第三大街39号
5	邮政编码	300457
6	办公地址	天津市河西区友谊路5号北方金融大厦
7	邮政编码	300201
8	互联网网址	http://www.nitic.cn/
9	负责信息披露高级管理人员	王辉
10	联系人	孙晨曦
11	联系电话	022-28370688
12	传真	022-28370088
13	电子信箱	sunchenxi@nitic.cn
14	公司信息披露的报纸名称	《证券时报》
15	公司年度报告备置地点	天津市河西区友谊路5号北方金融大厦26层
16	公司聘请的会计师事务所名称及住所	安永华明会计师事务所(特殊普通合伙) 北京市东城区东长安街1号东方广场安永大楼17层01-12室

2.2 组织结构

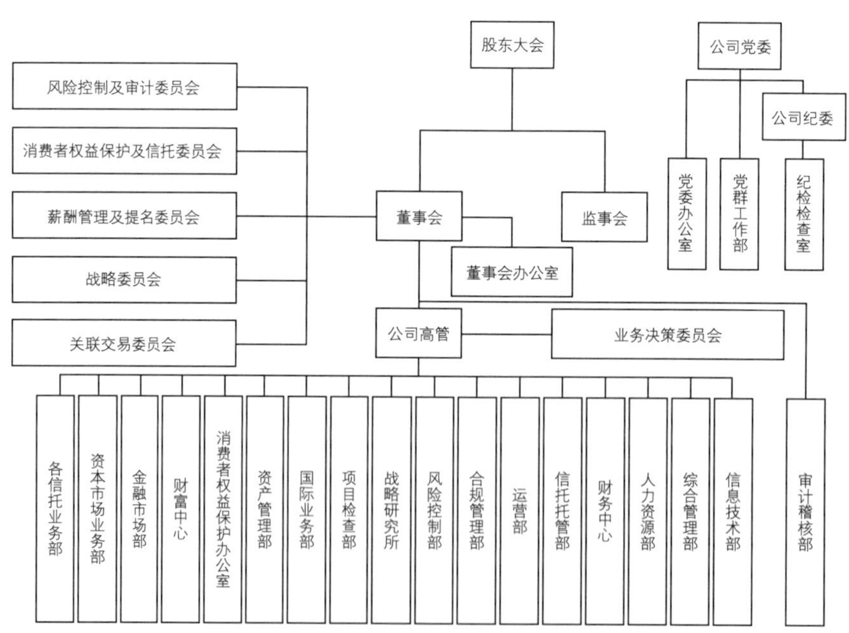

3. 公司治理

3.1 股东

截至信息披露日，股东总数24家。公司前三位股东情况：

股东名称	出资比例（%）	法人代表	注册资本（万元）	注册地址	主要经营业务及主要财务情况
★天津泰达投资控股有限公司	32.33	张秉军	1 007 695	天津经济技术开发区盛达街9号1201	以自有资金对区域内基础设施开发建设、金融、保险、证券业、房地产业、交通运输业、电力、燃气、蒸汽及水电生产和供应业、建筑业、仓储业、旅游业、餐饮业、旅馆业、娱乐服务业、广告、租赁服务业的投资；高新技术开发、咨询、服务、转让；房屋租赁；基础设施建设；土地开发整理；汽车租赁、设备租赁（不含融资租赁）（依法须经批准的项目，经相关部门批准后方可开展经营活动）。
天津渤海文化产业投资有限公司	25.43	于学昕	392 900	天津河西区友谊北路61号银都大厦5层	对文化艺术产业进行投资；文化场馆及设施的租赁；广告业务；商务信息咨询；百货、工艺美术品销售；物业服务（以上范围内国家有专营专项规定的按规定办理）。
天津泰达股份有限公司	5.43	胡军	147 557.3852	天津开发区第三大街16号	以自有资金对建筑业、房地产业、纺织业、化学纤维制造业、批发零售业、交通运输、仓储业、电力生产和供应业、环境和公共设施管理业、住宿和餐饮业、科学研究和技术服务业、教育业、文化、体育和娱乐业等行业投资；资产经营管理（金融资产除外）；投资咨询服务；自有房屋租赁及管理服务（依法须经批准的项目，经相关部门批准后方可开展经营活动）。

3.2 董事

董事长、副董事长、董事

姓　名	职　务	性别	年龄（岁）	选任日期	所推举的股东名称	该股东持股比例（%）	简要履历
申小林	董事	男	53	2014年4月22日	天津泰达投资控股有限公司	32.33	曾任国家冶金工业部经济发展研究中心经济师、高级经济师，首钢总公司计划财务部副部长、高级会计师，中央企业工作委员会国有重点大型企业监事会专职监事，国务院国资委国有重点大型企业监事会专职监事，天津泰达投资控股有限公司董事、副总经理、党委委员，渤海银行股份有限公司董事。
贾晋平	董事	男	56	2014年4月22日	天津泰达电力有限公司	4.31	曾任兰州大学管理学院教师，中国化工进出口总公司甘肃公司业务主办，中粮集团甘肃分公司副科长、科长、总经理助理，天津泰达投资控股有限公司项目评估部副部长、风险控制部部长、财务中心党支部书记；现任天津泰达投资控股有限公司纪委委员、总经理助理。
朱文芳	董事	女	52	2014年4月22日	天津泰达投资控股有限公司	32.33	曾任兰州公共交通公司宣传干事，天津开发区工业投资公司企划部干部，天津泰达集团投资部干部、办公室副主任，天津泰达投资控股有限公司证券部副经理、证券部经理，天津泰达投资控股有限公司金融事业部经理、金融事业部党支部书记；自2018年4月2日起代为履行北方国际信托股份有限公司董事长职务6个月。
胡　军	董事	男	43	2014年4月22日	天津泰达股份有限公司	5.43	曾任中国工商银行天津分行房地产信贷部高级主管，天津泰达投资控股有限公司投资管理部副经理、经理；现任天津泰达股份有限公司董事长，天津市泰达国际控股（集团）有限公司董事。
于学昕	董事	男	54	2015年3月25日	津联集团有限公司	11.21	曾任天津市油漆助剂厂干部，天津市化学工业局干部，天津市经委调整工业办公室科员、副主任科员、主任科员、副主任，天津市国资委企业改革改组处副处长、综合协调处处长，天津市国有企业监事会正处级领导职务专职监事（处长），津联控股公司总经理助理，渤海国资公司副总经理、常务副总经理、总经理、党委书记，津智资本公司党委书记、董事长；现任天津渤海文化产业投资有限公司董事长。

独立董事

姓　名	所在单位及职务	性别	年龄（岁）	选任日期	所推举的股东名称	该股东持股比例（%）	简要履历
王爱俭		女	65	2014年4月22日	天津保税区投资有限公司	1.35	曾任天津财经大学副校长，第十一届全国人大代表，第十二届全国政协委员。
戴金平	南开大学国家经济战略研究院副院长	女	55	2014年4月22日	天津市大安房地产开发有限公司	3.37	曾任河北经贸大学教师，南开大学教师，南开大学国经所所长，南开大学深圳金融工程学院副院长，跨国公司研究中心副主任；现任南开大学国家经济战略研究院副院长、教授、博士生导师。
毛　翔	天津市吉威汇英商务咨询公司经理、天津中审联会计师事务所经理、税务咨询公司经理	女	65	2015年12月23日	监事会	—	曾在二轻局按扣厂会计科工作，曾在天津市计划委员会财政金融处工作，先后负责主抓市财政局及国资委、计算机网络等方面的工作，兼任市计划委员会团副书记，后被派往委机关下属三产主持建立会计师事务所，后组建天津吉威会计师事务所、商务咨询公司、评估公司、税务咨询公司、深圳鹏城会计师事务所北京分所，均任负责人；现任中审联会计师事务所北京分所经理、建科机械（天津）股份有限公司独立董事。

董事会下属委员会

	职　责
风险控制及审计委员会	代表董事会对公司运作和经营活动中的风险进行监督、控制和管理，对公司经营活动行使审计评价和监督职能，是公司经营风险的防范与控制机构，也是对公司内、外部审计和内控活动进行监督、核查的机构。
消费者权益保护及信托委员会	代表董事会督促公司依法履行受托职责，当公司或者股东利益与受益人利益发生冲突时，保证公司为受益人的最大利益服务。
薪酬管理及提名委员会	代表董事会对公司激励机制建设、薪酬分配进行管理，是公司薪酬分配的管理机构，负责拟订董事和高级管理层成员的选任程序和标准，对董事和高级管理层的任职资格进行初步审核，并向董事会提出建议。
战略委员会	代表董事会负责制定公司经营管理目标和长期发展战略，监督、检查年度经营计划、投资方案的执行情况。
关联交易委员会	代表董事会对公司关联交易进行监督、控制和管理，保证公司充分维护受益人的利益。

3.3　监事

监事会成员

姓　名	职　务	性别	年龄（岁）	选任日期	所推举的股东名称	该股东持股比例（%）	简要履历
徐　松	监事长	男	50	2016 年 12 月 9 日	天津市津能投资有限公司	1.73	曾任中共天津市委统战部干部处副主任科员、主任科员，天津市人大常委会办公厅主任科员级、副处级秘书，天津通信科技发展有限公司书记、副总经理、总经理，天津华泽集团副总经理；现任北方信托党委副书记、监事长、工会主席。
王春丽	监事	女	51	2014 年 9 月 10 日	天津天药药业股份有限公司	3.37	曾任天津 NEC 财务部长，艾迪斯鼎力科技（天津）有限公司财务总监，天津天药药业股份有限公司总经理助理兼财务部长，天津天药药业股份有限公司董事、财务总监；现任天津天药药业股份有限公司董事会秘书。
蒲彦泉	监事	男	60	2014 年 4 月 22 日	中国海洋石油渤海有限公司	3.89	曾任渤海公司财务部科长，海油发展油建财务部经理，渤海公司财务部资金经理，中海油渤海公司计划管理部经理；现任中海油渤海公司副总经济师。
王振忠	监事	男	54	2014 年 4 月 22 日	天津水务建设有限公司	0.35	曾任天津市经济体制改革委员会干部，君安证券天津业务部总经理，渤海证券有限公司董事、副总裁，中国节能投资公司总经理助理兼资本运营部主任；现任天津滨海海胜股权投资基金管理有限公司董事长。
					天津市津东房地产投资开发集团有限公司	0.26	
					天津火炬科技发展公司	0.26	
					天津海晶汇利实业有限公司	0.20	
					天津渤海化工有限责任公司天津化工厂	0.19	
					中信天津工业发展公司	0.18	
					天津大沽化工投资发展有限公司	0.11	
					天津经济技术开发区工业投资公司	0.02	
夏金玲	监事	女	52	2014 年 4 月 22 日	职工代表	—	曾任天津滨海信托财务部经理，北方信托计划财务部副经理、托管部经理，天津北信财务咨询服务有限公司副总经理，北方国际信托投资股份有限公司稽核专员，天津北信中乒投资发展有限公司副总经理兼财务总监，北方国际信托股份有限公司审计稽核部总经理；现任北方国际信托股份有限公司运营部总经理。
翟绍菁	监事	女	47	2014 年 10 月 22 日	职工代表	—	曾在天津市人民政府办公厅信息处从事政务信息编辑工作、天津市人民政府法制办公室复议应诉指导处工作，曾任北方国际信托股份有限公司风险控制主管；现任北方国际信托股份有限公司风险控制部副总经理（主持工作）。

3.4　高级管理人员

姓　名	职务	性别	年龄（岁）	选任日期	金融从业年限（年）	学历	专业	简要履历
韩立新	总经理	男	52	2019 年 7 月	28	硕士	经济学	曾在天津信托有限责任公司业务三部、国际业务部、市场开发部任职，曾任天津信托有限责任公司业务三部副经理、国际业务部副经理、业务三部经理、市场开发部经理、公司总经理助理兼市场开发部门经理、公司副总经理、公司常务副总经理、公司总经理；现任北方信托党委书记、总经理。
陆　妍	副总经理	女	51	2008 年 8 月	23	硕士	工商管理	曾任天津国际信托投资公司经理助理，天津泰达集团投资部项目经理，北方信托证券管理总部负责人、总经理助理兼证券投资部总经理；现任北方信托副总经理。

续表

姓　名	职务	性别	年龄（岁）	选任日期	金融从业年限（年）	学历	专业	简要履历
王燕滨	副总经理	男	57	2014 年 11 月	38	硕士	工商管理	曾任内蒙古银行学校教研室主任、团委书记、学生科科长，内蒙古自治区证券公司发行部、上海业务部总经理、公司总经理助理、副总经理，海通证券股份有限公司天津营业部、北京营业部总经理，北方信托业务二部总经理、公司总经理助理；现任北方信托党委委员、副总经理。
金树良	总经济师	男	53	2018 年 12 月	26	硕士	世界经济	曾任北京大学经济学院国际经济系教师，海南省证券公司副总裁，北京华宇世纪投资有限公司副总裁，昆仑证券有限责任公司总裁，北方信托总经理助理兼资产管理部总经理，渤海财产保险股份有限公司常务副总经理、总经理，北方信托总经理助理；现任北方信托总经济师。
王　辉	董事会秘书	男	49	2016 年 12 月	25	博士	金融工程	曾在北方信托电脑部、证券部、投资管理二部任职，曾任战略发展研究所综合研究室副主任、战略发展研究所副所长、综合管理部总经理、公司总经理助理；现任北方信托党委委员、董事会秘书。
曾广炜	风险总监	男	50	2017 年 2 月	19	本科	会计	曾任中国燕兴天津公司财务科副科长，天津开发区总公司会计，天津滨海新兴产业公司财务部副经理，北方信托信托业务四部副经理、证券投资部副总经理、财务中心总经理、风险控制部总经理、公司总经理助理；现任北方信托风险总监。
董　刚	总经理助理	男	44	2018 年 12 月	19	硕士	管理科学与工程	曾在工商银行石家庄支行、天津仁爱投资公司任职，曾在北方信托投资银行部、业务发展总部、信托业务一部任职，曾任北方信托信托业务一部副总经理、信托业务一部副总经理（主持工作）、信托业务一部总经理、公司业务总监、公司首席总监；现任北方信托总经理助理。
刘德发	总经理助理	男	49	2018 年 12 月	26	本科	会计	曾任天津第五建筑公司财务部出纳，曾在北方信托会计部、投资管理部、投资银行部、理财中心、信托业务一部任职，曾任北方信托滨海业务部副总经理（主持工作）、信托业务三部总经理、公司业务总监、公司首席总监；现任北方信托总经理助理。
张文栋	运营总监	男	43	2018 年 12 月	18	硕士	世界经济	曾在深圳新产业投资股份有限公司资产管理部任职，曾在北方信托业务拓展部、信托业务总部、综合业务部、信托业务二部任职，曾任北方信托信托业务二部副总经理（主持工作）、信托业务二部总经理、公司业务总监、公司首席总监；现任北方信托运营总监。

3.5　公司党委委员

姓名	职务	性别	年龄（岁）	选任日期	简要履历
韩立新	党委书记	男	52	2020 年 3 月	曾在天津信托有限责任公司业务三部、国际业务部、市场开发部任职，曾任天津信托有限责任公司业务三部副经理、国际业务部副经理、业务三部经理、市场开发部经理、公司总经理助理兼市场开发部门经理、公司副总经理、公司常务副总经理、公司总经理；现任北方信托党委书记、总经理。
徐　松	党委副书记	男	50	2016 年 9 月	曾任中共天津市委统战部干部处副主任科员、主任科员，天津市人大常委会办公厅主任科员级、副处级秘书，天津通信科技发展有限公司书记、副总经理、总经理，天津华泽集团副总经理；现任北方信托党委副书记、监事长、工会主席。
王燕滨	党委委员	男	57	2014 年 12 月	曾任内蒙古银行学校教研室主任、团委书记、学生科科长，内蒙古自治区证券公司发行部、上海业务部总经理、公司总经理助理、副总经理，海通证券股份有限公司天津营业部、北京营业部总经理，北方信托业务二部总经理、公司总经理助理；现任北方信托党委委员、副总经理。
郭洪军	党委委员	男	50	2015 年 5 月	曾任天津市化工局干部、天津市纪委办公厅科员、副主任科员、主任科员、副处级纪律检查员、副主任、副主任（正处级）、市纪委绩效管理监察室副主任（正处级）、监察综合室副主任（正处级）、市行政投诉中心副主任（正处级）；现任北方国际信托股份有限公司党委委员、纪委书记。
王　辉	党委委员	男	49	2014 年 12 月	曾在北方信托电脑部、证券部、投资管理二部任职，曾任战略发展研究所综合研究室副主任、战略发展研究所副所长、综合管理部总经理、公司总经理助理；现任北方信托党委委员、董事会秘书。

3.6 公司员工

项目		报告期年度		上年度	
		人数（人）	比例（%）	人数（人）	比例（%）
年龄分布	25 岁以下	6	2.17	6	2.18
	25～29 岁	39	14.13	61	22.1
	30～39 岁	135	48.91	118	42.75
	40 岁以上	96	34.78	91	32.97
学历分布	博士	7	2.54	5	1.81
	硕士	161	58.33	152	55.07
	本科	102	36.96	110	39.86
	专科	5	1.81	8	2.9
	其他	1	0.36	1	0.36
岗位分布	董事、监事及高管人员	9	3.26	9	3.26
	自营业务人员	8	2.90	12	4.35
	信托业务人员	151	54.71	111	40.22
	其他人员	108	39.13	144	52.17

注：自营业务人员是指按照岗位分工，专门从事固有资金使用或固有资产管理有关业务的员工；信托业务人员是指按照岗位分工，专门从事信托资金募集、使用等有关信托资产管理业务的员工；其他人员是指未划入自营业务和信托业务范畴的人员。

4. 经营管理

4.1 经营目标、经营方针、战略规划

公司秉承“诚信、稳健、创新、高效”的企业精神，以“做可信赖的信托公司”为目标，贯彻“立足天津、深耕京津冀、辐射全国”的经营方针，抢抓行业转型发展机遇，大力发展主动管理业务，升级营销服务，稳步推进混合所有制改革，着力提升内部管理水平，致力成为内部治理完善、盈利能力强、业务特色鲜明的创新型信托公司。

4.2 所经营业务的主要内容

4.2.1 自营资产运用与分布

自营资产运用与分布表

资产运用	金额（万元）	占比（%）	资产分布	金额（万元）	占比（%）
货币资产	30 816.98	5.65	基础产业	6 500.00	1.21
贷款及应收款	120 829.64	22.17	房地产业	12 600.00	2.34
交易性金融资产	15 135.23	2.78	证券市场	70 675.42	13.13
可供出售金融资产	171 964.61	31.55	实业	33 115.58	6.15
持有至到期投资	1 191.74	0.22	金融机构	220 592.56	39.74
长期股权投资	39 457.38	7.24	其他	201 539.88	37.43
其他资产	165 627.86	30.39			
资产合计	545 023.44	100.00	资产总计	545 023.44	100.00

4.2.2 信托资产运用与分布

信托资产运用与分布表

资产运用	金额（万元）	占比（%）	资产分布	金额（万元）	占比（%）
货币资产	187 596.80	1.11	基础产业	2 375 915.57	14.02
贷款	8 089 745.34	47.75	房地产	1 745 460.24	10.30
交易性金融资产	2 701 091.88	15.94	证券	2 808 947.78	16.58
可供出售金融资产	1 283 670.29	7.58	实业（工商企业）	4 736 912.15	27.96
持有至到期投资	2 459 317.52	14.52	金融机构	359 570.94	2.12
长期股权投资	1 615 692.41	9.54	其他	4 915 822.80	29.01
其他	605 515.24	3.57			
资产总计	16 942 629.48	100.00	资产总计	16 942 629.48	100.00

4.3 市场分析

4.3.1 有利因素

2019 年，我国宏观经济保持了稳中向好的基本趋势，经济总体保持平稳运行态势，经济结构优化升级持续推进；天津区域经济焕发出新的活力，持续推进京津冀协同发展战略，经济结构进一步优化，新动能加快成长，高质量发展态势正在形成。信托行业在监管政策的引导下，迎来转型发展新机遇，信托回归本源、服务实体经济成为行业共识；公司始终坚持党的集中统一领导，以党建促发展，持续优化业务结构，主动管理资产规模创历史新高，业务创新能力、风险控制能力和内部管理水平进一步提升。

4.3.2 不利因素

2019 年，外部环境复杂，不确定因素较多，国内结构性矛盾突出，经济仍面临下行压力。信托行业面临较大的转型压力，一方面在资管行业竞争加剧、资管新规打破刚性兑付背景下，资金募集难度加大；另一方面，由于经济下行，市场风险、信用风险、流动性风险等交织出现，信托业务风险进一步提升。公司发展仍面临困难和挑战，公司正值转型初期，创新业务尚未形成稳定的利润来源、营销体系升级迫在眉睫、产品体系有待丰富和提升、人才队伍建设、运营管理能力还需进一步加强。2020 年，国内外新冠疫情防控和经济形势正在发生新的重大变化，受国内外多种因素影响，经济发展特别是产业链恢复面临新的挑战，当前我国经济下行压力持续加大。

4.4 内部控制概况

公司在持续稳健发展的同时，始终将业务的合规性、风险的有效防控作为前提和保证。公司已经建立起一套较完善的内部控制体系，具备明确的内控目标和原则，覆盖公司各项业务、所有部门和人员。公司坚持倡导合规企业文化，注重引导员工树立合规意识和风险意识，并通过严格业务审批权限、规范业务操作流程、完善全员合规管理责任制、监督考核与奖惩制对员工的行为进行规范、监督。2019 年，在监管力度持续增强的大背景下，公司坚守底线意识，有效防控经营合规风险，建立健全贯穿项目全生命周期的风险管理控制机制，全面加强内控制度建设和业务流程管理，同时加大制度落实执行力度，加

大违反制度问责力度，使制度真正成为公司全员的行为规范。

公司已建立了三个层级的内部控制机构，形成了分工合理、职责明确、运行顺畅、制衡有效的风险管理机制。各级机构均严格履行职责，保证对各种业务风险进行事前、事中、事后的有效监管和控制。2019 年公司在业务决策委员会前设置业务决策（专业）会审议程序，使公司业务评审决策机制得到优化和完善；成立了项目检查部和合规管理部，进一步完善内控机制，构建合规体系。

公司已建立一套涵盖公司经营管理的各个方面及所有业务种类的制度体系。制度中既有原则规范，又包含操作流程、风险点和防范措施，保证可操作性，并根据监管法规政策变化、监管部门检查后的要求、公司经营管理需要及时进行修订和新定。2019 年，为进一步适应监管政策变化，提高管理效率，加强风险节点控制，支持创新业务开展，公司对制度和流程全面梳理和规范，以进一步加强内控制度建设。

公司为各项业务的开发、决策、实施、后期管理设定了标准化、规范化的流程，将业务全流程纳入系统管理，并根据需要对系统进行不断升级改造，完善系统的功能、优化系统流程，以保证业务的规范有序开展。不断加强信息化建设，发挥信息技术在风险管理中的作用；确保内审与评价机制的独立性，对内控制度的执行情况和效果严格监督；倡导先进、优良的风险文化，科学确立风险战略。

4.5　风险管理概况

公司经营活动中可能遇到的风险包括信用风险、市场风险、操作风险、其他风险等。

信用风险即违约风险，指交易对手不能全部或部分按时履行合约义务而造成财务上损失的风险。公司涉及客户信用风险的业务包括存放同业款项、贷款、担保和应收款项。对于信用风险的管理，公司注重事前对交易对手、项目的尽职调查，业务方案设定保证担保、资产抵押、权利质押等多种信用增级方式，项目实施过程中加强跟踪检查，项目结束后及时进行稽核和评价。2019 年公司在业务决策委员会前设置业务决策（专业）会审议程序，使业务风险论证分析的充分性、评审的专业性进一步加强。公司成立了项目检查部，以强化业务后期管理风险的防范。对于固有资产，按要求进行了五级分类管理。对除存放同业款项外的表内信用类资产计提一般准备和专项准备。对出现信用风险的业务，在保证国有资产安全的前提下，公司妥善制定策略，积极协调各方，采取债务重组、流动支持或诉讼清收等手段相结合的方式稳健化解存量不良资产。

市场风险指公司在信托资产及固有资产合法经营中，因为利率、汇率、股价、股指、商品价格等市场价格的波动而产生的风险。对于市场风险的管理，公司加强对经济及金融形势的分析预测，关注市场变动，并提出相应对策及业务调整方案。对房地产、“两高一剩”、政府融资平台等重点行业、重点类型业务定期进行监测，密切关注市场情况，加强风险防范。股权投资避免进入限制类行业和相关项目，不断拓展多元化的投资领域，充分考虑投资项目筛选、运营管理、退出策略，严格投资后的管理。

操作风险主要指因内控机制不健全、管理失误、操作系统不完善，或其他一些人为的错误而导致损失的风险。对于操作风险的管理，一方面公司围绕固有财产、信托资产运营管理、证券投资、会计核算、资金交易、信息系统及文档管理等日常经营、业务开展的各个方面，制定管理规定和操作流程，明确操作权限和内容，严格遵循“决策与操作分离”“业务操作与风险监控分离”等原则，另一方面加强对制度执行的检查、评价，推行责任追究机制，同时加强员工培训，提高员工风险意识。通过建立满足业务需要信息管理系统，将业务全流程纳入系统管理，设定严格的流程与使用权限，赋予风控、运营、项目检查、审计部门监督权，减少人为的操作风险。

其他风险主要有合规风险、道德风险。合规风险指公司经营活动、业务开展因未能遵循国家法律法规、监管部门规则和公司内部规章制度，而可能遭受法律制裁、监管处罚、财务或声誉损失的风险。道德风险主要表现为公司内部人员蓄意违法违规或与公司的利益主体串通而给信托受益人或公司自身带来损失的风险。对于其他风险的管理，公司将合规风险管理作为公司风险管理的基础，从完善公司治理、内控制度、加强合规组织机构及配套机制建设、培育良好合规文化等方面，构建有效的合规风险管理机制。2019 年，公司继续按照监管要求开展“巩固治乱象成果 促进合规建设”专项工作，定期组织对新增业务认真梳理排查，对发现的主要问题或风险隐患坚持即查即改。坚决贯彻落实通道业务规模逐月环比下降、按计划压降、房地产业务规模管控的监管要求，截至 2019 年末，相关规模均达到监管要求。持续进行资管新规整改工作，公司要求各相关业务部门、团队对尚未整改完毕的项目进行梳理，逐笔分析情况，加快整改进程，同时严格按照《关于规范金融机构资产管理业务的指导意见》的要求审慎开展新增业务。2019 年根据上级机关及监管部门要求，公司开展了多次风险排查及各类自查及专项整治。自查均坚持实事求是的原则，层层压实责任，自查结果力求全面准确反映公司情况。通过开展自查，公司梳理了业务和经营管理相关方面的情况，摸清了底数，对发现的问题逐一制定可操作的整改方案，并持续进行监测，相关工作对公司业务的持续健康发展具有重要意义。

公司通过加强党的建设、员工思想政治方面教育，强化内控机制，严格业务流程与监督制衡，加大检查监督的频率和力度，防范道德风险的发生。

4.6　净资本管理

2019 年末净资本为 320 232.82 万元。各项风险资本之和为 176 897.78 万元，其中固有业务风险资本为 56 474.41 万元，信托业务风险资本为 120 423.37 万元。

5. 报告期末及上一年度末的比较式会计报表

5.1　自营资产

5.1.1　会计师事务所审计结论

安永华明会计师事务所审计了北方国际信托股份有限公司的财务报表，包括 2019 年 12 月 31 日的资产负债表，2019 年度的利润表、股东权益变动表和现金流量表以及相关财务报表附注。

安永华明会计师事务所认为，北方国际信托股份有限公司的财务报表在所有重大方面按照企业会计准则的规定编制，公允反映了北方国际信托股份有限公司2019年12月31日的财务状况及2019年度的经营成果和现金流量。

5.1.2 资产负债表

资产负债表

编制单位：北方国际信托股份有限公司　　2019年12月31日　　单位：万元

项目	2019年12月31日	2018年12月31日
资产		
货币资金	30 816.98	50 370.11
拆出资金	10 000.00	—
以公允价值计量且变动计入当期损益的金融资产	15 135.23	24 265.47
买入返售金融资产	57 427.82	20 911.53
应收利息	1 563.24	4 244.74
发放贷款和垫款	120 829.64	87 600.00
可供出售金融资产	206 180.96	138 161.46
持有至到期投资	1 191.74	1 194.79
长期股权投资	5 241.04	5 284.41
投资性房地产	947.97	981.59
固定资产	6 209.13	6 198.84
无形资产	1 208.63	1 240.57
递延所得税资产	13 266.45	16 003.94
其他资产	75 004.63	158 854.58
资产总计	545 023.44	515 312.04
负债和股东权益	—	—
负债	—	—
应付职工薪酬	14 142.68	14 013.05
应交税费	5 622.05	7 878.12
其他负债	55 973.39	58 611.91
负债合计	75 738.11	80 503.07
所有者权益	—	—
股本	100 099.89	100 099.89
资本公积	—	—
其他综合收益	-539.93	-10 470.48
盈余公积	46 076.60	43 622.02
一般风险准备	8 093.25	7 369.76
信托赔偿准备	30 091.03	28 863.74

续表

项目	2019年12月31日	2018年12月31日
资产		
未分配利润	285 464.49	265 324.04
所有者权益合计	469 285.33	434 808.97
负债及所有者权益总计	545 023.44	515 312.04

法定代表人：韩立新　　主管会计工作负责人：王燕滨　　会计机构负责人：李学娟

5.1.3 利润表

利润表

编制单位：北方国际信托股份有限公司　　2019年度　　单位：万元

项目	2019年度	2018年度
一、营业收入	77 448.24	62 551.29
利息净收入	7 777.88	22 256.23
利息收入	9 297.42	23 196.72
利息支出	1 519.54	940.49
手续费及佣金净收入	64 508.32	46 900.84
手续费及佣金收入	64 542.27	47 099.68
手续费及佣金支出	33.96	198.84
投资收益	-4 679.01	1 434.07
公允价值变动收益	9 736.61	-8 115.19
汇兑损益	0.09	0.27
其他业务收入	104.34	75.06
二、营业支出	44 422.26	7 477.89
业务及管理费	31 888.76	26 531.61
税金及附加	615.58	696.34
资产减值损失	11 917.93	-19 750.06
三、营业利润	33 025.97	55 073.40
加：营业外收入	310.49	459.26
减：营业外支出	369.89	419.27
四、利润总额	32 966.57	55 113.39
减：所得税费用	8 420.77	13 168.40
五、净利润	24 545.80	41 944.99
六、其他综合收益的税后净额	9 930.56	-11 328.82
将重分类进损益的其他综合收益	0.00	0.00
权益法下可转损益的其他综合收益	132.99	-138.00
可供出售金融资产公允价值变动	9 797.57	-11 190.82
七、综合收益总额	34 476.36	30 616.16

法定代表人：韩立新　　主管会计工作负责人：王燕滨　　会计机构负责人：李学娟

5.1.4 股东权益变动表

股东权益变动表

编制单位：北方国际信托股份有限公司　　2019年度　　单位：万元

	股本	资本公积	其他综合收益	盈余公积	一般风险准备	信托赔偿准备	未分配利润	股东权益合计
2019年1月1日余额	100 099.89	—	-10 470.48	43 622.02	7 369.76	28 863.74	265 324.04	434 808.97
本年增减变动金额	—	—	—	—	—	—	—	—
(一)综合收益总额	—	—	9 930.56	—	—	—	24 545.80	34 476.36
(二)利润分配	—	—	—	—	—	—	—	—
1. 提取盈余公积	—	—	—	2 454.58	—	—	-2 454.58	—
2. 提取一般风险准备	—	—	—	—	723.49	—	-723.49	—
3. 提取信托赔偿准备	—	—	—	—	—	1 227.29	-1 227.29	—
4. 对股东的分配	—	—	—	—	—	—	—	—
2019年12月31日余额	100 099.89	—	-539.93	46 076.60	8 093.25	30 091.03	285 464.49	469 285.33

法定代表人：韩立新　　主管会计工作负责人：王燕滨　　会计机构负责人：李学娟

5.2 信托资产

5.2.1 信托项目资产负债汇总表

信托项目资产负债表

编制单位:北方国际信托股份有限公司　　2019 年 12 月 31 日　　单位:万元

信托资产	期末数	期初数	信托负债和信托权益	期末数	期初数
信托资产:			信托负债:		
货币资金	187 596. 80	190 452. 55	交易性金融负债	—	—
拆出资金	—	—	衍生金融负债	—	—
存出保证金	—	—	卖出回购金融资产款	—	—
交易性金融资产	2 701 091. 88	3 900 432. 61	应付受托人报酬	1 975. 64	1 612. 06
衍生金融资产	—	—	应付托管费	358. 74	955. 85
买入返售资产	107 855. 90	213 412. 54	应付受益人收益	54 657. 66	32 034. 29
应收款项	433 227. 17	250 588. 09	应交税费	5 217. 42	4 892. 79
发放贷款	8 089 745. 35	11 301 124. 97	应付销售服务费		
可供出售金融资产	1 283 670. 29	1 637 782. 51	其他应付款项	49 598. 34	28 184. 91
持有至到期投资	2 459 317. 52	4 150 701. 39	预计负债	—	—
长期应收款	64 432. 16	12 200. 00	其他负债	—	—
长期股权投资	1 615 692. 41	2 192 391. 41	信托负债合计	111 807. 80	67 679. 90
投资性房地产	—	—	信托权益:		
固定资产	—	—	实收信托	16 841 329. 01	23 429 905. 01
无形资产	—	—	资本公积	33 710. 04	62 288. 45
长期待摊费用	—	—	未分配利润	-44 217. 37	289 212. 71
其他资产	—	—			
			信托权益合计	16 830 821. 68	23 781 406. 17
信托资产总计	16 942 629. 48	23 849 086. 07	信托负债及信托权益总计	16 942 629. 48	23 849 086. 07

5.2.2 信托项目利润及利润分配汇总表

信托项目利润及利润分配表

编制单位:北方国际信托股份有限公司　　2019 年度　　单位:万元

项　　目	本年	上年
一、营业收入	1 151 942. 65	1 308 878. 68
利息收入	816 698. 05	934 534. 57
投资收益(损失以"-"号填列)投资收入	297 128. 35	466 963. 48
其中:对联营企业和合营企业的投资收益	—	—
公允价值变动收益(损失以"-"号填列	36 764. 84	-92 951. 80
租赁收入	—	—
汇兑损益(损失以"-"号填列)	—	—
其他收入	1351. 41	332. 43
二、营业支出	69 070. 06	148 095. 01
营业税金及附加	3 945. 77	4 833. 97
业务及管理费	65 124. 29	143 261. 04
资产减值损失	—	—
三、信托利润(净亏损以"-"号填列)	1 082 872. 59	1 160 783. 67
加:其他综合收益	-11 461. 78	-44 725. 43
四、综合收益	1 071 410. 81	1 116 058. 24
加:期初未分配信托利润	286 530. 99	627 104. 26
五、可供分配的信托利润	1 357 941. 80	1 743 162. 50

续表

项　　目	本年	上年
减:本期已分配信托利润	1 402 159. 17	1 453 949. 79
六、期末未分配信托利润	-44 217. 37	289 212. 71

6. 会计报表附注

6.1 简要说明报告年度会计报表编制基准、会计政策、会计估计和核算方法发生的变化

公司自营业务遵循财政部颁布的《企业会计准则——基本准则》,以及其后颁布及修订的具体会计准则、应用指南、解释及其他相关规定(统称企业会计准则)编制。会计报表编制基准、会计政策、会计估计和核算方法本年度未发生重大变化。

6.2 或有事项说明

2019 年初担保余额为 76 500 万元,年末担保余额为 62 490万元。

6.3 重要资产转让及其出售的说明

无。

6.4 会计报表中重要项目的明细资料

6.4.1 披露自营资产经营情况

6.4.1.1 按信用风险五级分类结果披露信用风险资产的期初数、期末数

风险分类	正常类(万元)	关注类(万元)	次级类(万元)	可疑类(万元)	损失类(万元)	信用风险资产合计(万元)	不良资产合计(万元)	不良资产率(%)
期初数	404 536. 41	82 836. 25	21 676. 47	3 062. 13	1 830. 96	513 942. 22	26 569. 56	5. 17
期末数	399 167. 69	146 512. 72	11 000. 00	3 059. 08	2 375. 73	562 115. 22	16 434. 81	2. 92

注:不良资产合计 = 次级类 + 可疑类 + 损失类。

6.4.1.2 各项资产减值损失准备的期初数、本期计提、本期转回、本期核销、期末数

单位：万元

	期初数	本期计提	本期转回	本期核销	期末数
贷款损失准备	3 000.00	2 400.00	—	—	5 400.00
可供出售金融资产减值准备	30 809.77	9 600	—	—	40 409.77
持有至到期投资减值准备	1 792.18	—	—	—	1 792.18
长期股权投资减值准备	—	—	—	—	—
坏账准备	707.28	-82.07	—	—	625.21
投资性房地产减值准备	—	—	—	—	—
其他减值准备	49.34	—	—	—	49.34
各项资产减值损失准备合计	36 358.57	11 917.93	—	—	48 276.50

6.4.1.3 按照投资品种分类，分别披露固有业务股票投资、基金投资、债券投资、股权投资等投资业务的期初数、期末数

单位：万元

	自营股票投资	基金投资	债券投资	长期股权投资	其他投资	合计
期初数		31 072.95	2 986.97	43 265.86	34 387.56	111 713.34
期末数		60 384.87	2 983.92	43 382.38	28 507.98	135 259.15

6.4.1.4 按投资入股金额排序，前三名的自营长期股权投资的企业名称、占被投资企业权益的比例、主要经营活动及投资收益情况等

企业名称	占被投资企业权益的比例（%）	主要经营活动	投资收益（万元）
天津滨海农村商业银行股份有限公司	2.86	吸收存款、发放贷款、办理结算、同业拆借、办理票据承兑和贴现等	无
渤海财产保险股份有限公司	6.77	财产损失险、责任险、信用保险和保证保险、短期健康险和意外伤害险等	无
长城嘉信资产管理有限公司	22.00	特定客户资产管理业务	263.65

注：投资损益是指按照企业会计准则规定，核算股权投资确认损益并记入披露年度利润表的金额。

6.4.1.5 前三名的自营贷款的企业名称、占贷款总额的比例和还款情况等（从大到小顺序排列）

企业名称	占贷款总额的比例（%）	还款情况
天津泰达国际酒店集团有限公司	24.16	未到期
天津源泰投资控股有限公司	21.63	未到期
广微控股有限公司	16.64	未到期

6.4.1.6 表外业务的期初数、期末数，按照代理业务、担保业务和其他类型表外业务分别披露

单位：万元

表外业务	期初数	期末数
担保业务	76 500	62 490
代理业务（委托业务）	—	—
其他	—	—
合计	76 500	62 490

注：代理业务主要反映因客观原因应规范而尚未完成规范的历史遗留委托业务，包括委托贷款和委托投资。

6.4.1.7 公司当年的收入结构（母公司口径、并表口径同时披露）

收入结构	金额（万元）	占比（%）
手续费及佣金收入	64 542.27	81.38
其中：信托手续费收入	57 987.44	73.11
投资银行业务收入	4 136.82	5.22
利息收入	9 297.42	11.72
其他业务收入	104.43	0.13
其中：计入信托业务收入部分	—	—
投资收益	-4 679.01	-5.90
其中：股权投资收益	427.02	0.54
证券投资收益	-6 620.29	-8.35
其他投资收益	1 514.26	1.91
公允价值变动收益	9 736.61	12.28
营业外收入	310.49	0.39
收入合计	79 312.21	100.00

注：手续费及佣金收入、利息收入、其他业务收入、投资收益、营业外收入均应为损益表中的科目，其中手续费及佣金收入、利息收入、营业外收入为未抵减掉相应支出的全年累计实现收入数。

6.4.2 披露信托财产管理情况

6.4.2.1 信托资产的期初数、期末数

单位：万元

信托资产	期初数	期末数
集合	5 766 120.62	5 384 333.81
单一	16 000 375.93	10 304 986.69
财产权	2 082 589.52	1 253 308.98
合计	23 849 086.07	16 942 629.48

6.4.2.1.1 主动管理型信托业务的信托资产期初数、期末数，分证券投资类、股权投资类、融资类、事务管理类分别披露

单位：万元

主动管理型信托资产	期初数	期末数
证券投资类	—	—
股权投资类	2 600.14	4 750.34
融资类	1 097 761.22	1 876 503.17
事务管理类	—	—
合计	1 100 361.36	1 881 253.51

6.4.2.1.2 被动管理型信托业务的信托资产期初数、期末数，分证券投资类、股权投资类、融资类、事务管理类分别披露

单位：万元

被动管理型信托资产	期初数	期末数
证券投资类	—	—
股权投资类	—	—
融资类	—	—
事务管理类	22 748 724.71	15 061 375.97
合计	22 748 724.71	15 061 375.97

6.4.2.2　本年度已清算结束的信托项目个数、实收信托合计金额、加权平均实际年化收益率

6.4.2.2.1　本年度已清算结束的集合类、单一类资金信托项目和财产管理类信托项目个数、实收信托合计金额、加权平均实际年化收益率

已清算结束的信托项目	项目个数（个）	实收信托合计金额（万元）	加权平均实际年化收益率(%)
集合类	42	1 168 408.38	6.3165
单一类	127	9 446 235.12	6.2459
财产管理类	16	1 172 056.20	4.6469

注:1. 收益率是指信托项目清算后,给受益人赚取的实际收益水平。

2. 加权平均实际年化收益率 =（信托项目 1 的实际年化收益率 × 信托项目 1 的实收信托 + 信托项目 2 的实际年化收益率 × 信托项目 2 的实收信托 + … + 信托项目 n 的实际年化收益率 × 信托项目 n 的实收信托）/（信托项目 1 的实收信托 + 信托项目 2 的实收信托 + … + 信托项目 n 的实收信托）×100%。

6.4.2.2.2　本年度已清算结束的主动管理型信托项目个数、实收信托合计金额、加权平均实际年化收益率,分证券投资类、股权投资类、融资类、事务管理类分别计算并披露

已清算结束的信托项目	项目个数（个）	实收信托合计金额（万元）	加权平均实际年化信托报酬率(%)	加权平均实际年化收益率(%)
证券投资类	—	—	—	—
股权投资类	1	2 000.00	0.5993	8.7925
融资类	26	746 393.00	0.9936	7.6562
事务管理类	—	—	—	—

注:加权平均实际年化信托报酬率 =（信托项目 1 的实际年化信托报酬率 × 信托项目 1 的实收信托 + 信托项目 2 的实际年化信托报酬率 × 信托项目 2 的实收信托 + … + 信托项目 n 的实际年化信托报酬率 × 信托项目 n 的实收信托）/（信托项目 1 的实收信托 + 信托项目 2 的实收信托 + … + 信托项目 n 的实收信托）×100%。

6.4.2.2.3　本年度已清算结束的被动管理型信托项目个数、实收信托合计金额、加权平均实际年化收益率,分证券投资类、股权投资类、融资类、事务管理类分别计算并披露

已清算结束的信托项目	项目个数（个）	实收信托合计金额（万元）	加权平均实际年化信托报酬率(%)	加权平均实际年化收益率(%)
证券投资类	—	—	—	—
股权投资类	—	—	—	—
融资类	—	—	—	—
事务管理类	158	11 038 306.70	0.1428	5.9858

6.4.2.3　本年度新增的集合类、单一类和财产管理类信托项目个数、实收信托合计金额

新增信托项目	项目个数（个）	实收信托合计金额（万元）
集合类	60	553 633.94
单一类	55	1 230 266.00
财产管理类	5	251 856.09
新增合计	120	2 035 756.03
其中:主动管理型	70	826 377.00
被动管理型	50	1 209 379.03

注:本年新增信托项目指在本报告年度内累计新增的信托项目个数和金额。包含本年度新增并于本年度内结束的项目和本年度新增至报告期末仍在持续管理的信托项目。

6.4.2.4　信托创新研究成果和特色业务有关情况

公司积极发挥信托制度优势,探索脱贫攻坚新模式。2019 年,先后成功设立了"信扶 1 号（助困）""信扶 2 号（助学）""南开大学 EMBA90 班爱心助学"三笔慈善信托,有效填补了公司在慈善信托业务领域的空白。这不仅对公司推进业务转型、回归信托本源的探索实践具有重要的战略意义和积极的示范效应,也为更深入、精准地开展扶贫攻坚工作积累了经验。

6.4.2.5　本公司履行受托人义务情况及因本公司自身责任而导致的信托资产损失情况

报告期内,公司严格履行受托人义务,不存在因公司自身责任而导致的信托资产损失情况。

6.5　关联方关系及其交易的披露

6.5.1　关联交易方的数量、关联交易的总金额及关联交易的定价政策等

	关联交易方数量（个）	关联交易金额（万元）	定价政策
合计	3	154 000.00	市场定价

注:"关联交易"定义应以《公司法》《企业会计准则第 36 号——关联方披露》有关规定为准。

6.5.2　关联交易方与本公司的关系性质、关联交易方的名称、法定代表人、注册地址、注册资本及主营业务等

关系性质	关联方名称	法定代表人	注册地址	注册资本（万元）	主营业务
同一控制人	渤海财产保险股份有限公司	许　宁	天津市滨海高新区华苑产业区梅苑路增 10 号 10 – 301 至 10 – 1601	162 500	财产损失保险;责任保险;信用保险和保证保险;短期健康保险和意外伤害保险;上述业务的再保险业务;国家法律、法规允许的保险资金运用业务;经保监会批准的其他业务（以上经营范围涉及行业许可的凭许可证件,在有效期限内经营,国家有专项专营规定的按规定办理）。
公司股东的关联企业	天津国泰会展有限公司	周志远	天津市西青经济开发区赛达新兴产业园赛达九纬路 8 号 E1 座 609 室	273 372	会展服务;基础设施建设;以自有资金对房地产业投资;广告业务;仓储;房屋租赁;代收水费、电费、燃气费、物业费（依法须经批准的项目,经相关部门批准后方可开展经营活动）。
公司股东的关联企业	天津市泰达国际控股（集团）有限公司	刘　轶	天津经济技术开发区盛达街 9 号泰达大厦金融广场 11 层	1 037 279	重点对金融业及国民经济其他行业进行投资控股;监督、管理控股投资企业的各种国内、国际业务;投资管理及相关咨询服务;进行金融综合产品的设计,促进机构间协同,推动金融综合经营;对金融机构的中介服务;金融及相关行业计算机管理、网络系统的设计、建设、管理、维护、咨询服务、技术服务;资产受托管理（依法须经批准的项目,经相关部门批准后方可开展经营活动）。

续表

关系性质	关联方名称	法定代表人	注册地址	注册资本(万元)	主营业务
公司的股东	天津泰达股份有限公司	胡　军	天津开发区第三大街16号	147 557	以自有资金对建筑业、房地产业、纺织业、化学纤维制造业、批发零售业、交通运输、仓储业、电力生产和供应业、环境和公共设施管理业、住宿和餐饮业、科学研究和技术服务业、教育业、文化、体育和娱乐业等行业投资；资产经营管理（金融资产除外）；投资咨询服务；自有房屋租赁及管理服务（依法须经批准的项目，经相关部门批准后方可开展经营活动）。
公司股东的关联企业	天津泰达集团有限公司	陈德强	天津市开发区第三大街16号	358 000	工业、商业、房地产业的投资、房产开发与销售；经营与管理及科技开发咨询业务；化学纤维及其原料、包装物的制造和销售；自营和代理各类商品及技术的进出口业务（国家限定公司经营或禁止进出口的商品及技术除外）；对基础设施开发建设进行投资；自有房屋租赁及管理；产权交易代理中介服务（依法须经批准的项目，经相关部门批准后方可开展经营活动）。
公司股东	天津泰达投资控股有限公司	张秉军	天津经济技术开发区盛达街9号1201	1 007 695	以自有资金对区域内基础设施开发建设、金融、保险、证券业、房地产业、交通运输业、电力、燃气、蒸汽及水的生产和供应业、建筑业、仓储业、旅游业、餐饮业、旅馆业、娱乐服务业、广告、租赁服务业的投资；高新技术开发、咨询、服务、转让；房屋租赁；基础设施建设；土地开发整理；汽车租赁、设备租赁（不含融资租赁）（依法须经批准的项目，经相关部门批准后方可开展经营活动）。
公司股东的关联企业	天津星科置业有限公司	张文涛	天津市津南区八里台工业园区建设路6号A区206室	3 000	房地产开发；物业管理；自有房屋租赁；酒店管理；广告设计、制作、代理、发布（依法须经批准的项目，经相关部门批准后方可开展经营活动）。
公司股东的关联企业	天津星天房地产开发有限公司	刘华洲	天津市津南区八里台工业园区建设路6号A区207室	3 000	房地产开发；房屋中介服务；代理销售商品房；企业管理咨询服务；自有房屋租赁；装饰装修工程设计、施工；建筑用材料、装饰装修材料批发兼零售（依法须经批准的项目，经相关部门批准后方可开展经营活动）。

6.5.3　逐笔披露本公司与关联方的重大交易事项

6.5.3.1　固有财产与关联方：贷款、投资、租赁、担保、应收账款、其他方式等期初汇总数、本期借方和贷方发生额汇总数、期末汇总数

单位：万元

固有与关联方关联交易				
	期初数	借方发生额	贷方发生额	期末数
贷款	—	—	—	—
投资	11 000.00	—	—	11 000.00
租赁	—	—	—	—
担保	—	—	—	—
应收账款	—	—	—	—
其他	—	—	—	—
合计	11 000.00	—	—	11 000.00

6.5.3.2　信托资产与关联方：贷款、投资、租赁、应收账款、担保、其他方式等期初汇总数、本期发生额汇总数、期末汇总数

单位：万元

信托与关联方关联交易				
	期初数	借方发生额	贷方发生额	期末数
贷款	605 800.00	154 000.00	288 952.00	470 848.00
投资	11 000.00	—	—	11 000.00
租赁	—	—	—	—
担保	—	—	—	—
应收账款	—	—	—	—
其他	—	—	—	—
合计	616 800.00	154 000.00	288 952.00	481 848.00

6.5.3.3　信托公司自有资金运用于自己管理的信托项目（固信交易）、信托公司管理的信托项目之间的相互（信信交易）交易金额，包括余额和本报告年度的发生额

6.5.3.3.1　固有财产与信托财产之间的交易金额期初汇总数、本期发生额汇总数、期末汇总数

单位：万元

固有财产与信托财产相互交易			
	期初数	本期发生额	期末数
合计	86 912.72	-900.00	86 012.72

注：以固有资金投资公司自己管理的信托项目受益权，或购买自己管理的信托项目的信托资产均应纳入统计披露范围。

6.5.3.3.2　信托资产与信托财产之间的交易金额期初汇总数、本期发生额汇总数、期末汇总数

单位：万元

信托资产与信托财产相互交易			
	期初数	本期发生额	期末数
合计	30 258.00	742.00	31 000.00

注：以公司受托管理的一个信托项目的资金购买自己管理的另一个信托项目的受益权或信托项下资产均应纳入统计披露范围。

6.5.4　逐笔披露关联方逾期未偿还公司资金的详细情况以及公司为关联方担保发生或即将发生垫款的详细情况

关联方无逾期未偿还公司资金情况，公司无为关联方担保发生或即将发生垫款情况。

6.6　会计制度的披露

公司自营业务遵循2006年度财政部颁布的《企业会计准则——基本准则》及其后颁布及修订的具体会计准则、应用指南、解释及其他相关规定（以下简称企业会计准则）。

信托业务执行2006年度财政部颁布的《企业会计准

则——基本准则》及其后颁布及修订的具体会计准则、应用指南、解释以及其他相关规定(以下简称企业会计准则)。

7. 财务情况说明书

7.1 利润实现和分配情况(母公司口径和并表口径同时披露)

7.1.1 母公司口径

2019年公司实现净利润为24 545.80万元,按净利润的10%提取盈余公积金为2 454.58万元、按5%提取信托赔偿准备金1 227.29万元,本年应计提一般风险准备金723.49万元,进行上述分配后,留存净利润为20 140.44万元。年初未分配利润为265 324.04万元,2019年未向股东分红,2019年末可供分配利润为285 464.49万元。

7.2 主要财务指标

母公司口径

指标名称	指标值
资本利润率(%)	5.43
加权年化信托报酬率(%)	0.1971
人均净利润(万元)	87.35

注:1. 资本利润率=净利润/所有者权益平衡×100%。

2. 加权年化信托报酬率=(信托项目1的实际年化信托报酬率×信托项目1的实收信托+信托项目2的实际年化信托报酬率×信托项目2的实收信托+…+信托项目n的实际年化信托报酬率×信托项目n的实收信托)/(信托项目1的实收信托+信托项目2的实收信托+…+信托项目n的实收信托)×100%。

3. 人均净利润=净利润/年平均人数。

4. 平均值采取年初、年末余额简单平均法。

5. 公式为:a(平均)=(年初数+年末数)/2。

7.3 对公司财务状况、经营成果有重大影响的其他事项

无。

8. 特别事项揭示

8.1 前五名股东报告期内变动情况及原因

2018年11月27日,根据中国银行保险监督管理委员会天津监管局《天津银保监局筹备组关于北方国际信托股份有限公司变更股权的批复(津银保监筹[2018]172号)》,津联集团有限公司将所持有公司112 227 970股股份、天津市财政局将所持有公司62 419 161股股份、天津津融投资服务集团有限公司将所持有公司41 808 064股股份、天津市医药集团有限公司将所持有公司28 937 830股股份、天津泰达投资控股有限公司将法院裁定给其的原天津轮船实业发展集团股份有限公司所持有公司9 206 273股股份转让给天津渤海文化产业投资有限公司。

2019年2月20日,公司在天津市滨海新区市场监督管理局完成变更股权后股东信息的工商备案,并按照《天津银保监局筹备组关于北方国际信托股份有限公司变更股权的批复(津银保监筹[2018]172号)》要求,向中国银行保险监督管理委员会天津监管局报告。

8.2 董事、监事及高级管理人员变动情况及原因

根据2019年第三次临时股东大会决议,审议通过了《北方国际信托股份有限公司第三届董事会董事任免的议案》,拟由公司股东天津渤海文化产业投资有限公司推举的焦勇先生担任公司董事,侯维民先生不再担任公司董事。焦勇先生任职材料正在报批过程中。

公司独立董事苑德军因个人原因,于2019年12月24日辞去公司独立董事、董事会关联交易委员会主任委员及董事会消费者权益保护及信托委员会委员职务。

根据《天津市人民政府关于同意韩立新、包立杰任免职务的函》(津政函[2019]49号),经职工代表大会审议,免去包立杰北方国际信托股份有限公司职工董事的职务。根据公司第三届董事会2019年第五次临时会议决议,解聘包立杰北方国际信托股份有限公司总经理职务,聘任韩立新担任北方国际信托股份有限公司总经理,任职资格经《中国银保监会天津监管局关于韩立新任职资格的批复(津银保监复[2019]275号)》核准,韩立新自核准之日起履行相应职责。

2020年4月10日召开2020年第一次临时股东大会,会议审议通过了《关于提名韩立新担任北方国际信托股份有限公司第三届董事会董事的议案》,推举韩立新担任北方国际信托股份有限公司第三届董事会董事,拟任人任职资格经监管部门核准后生效。

2020年4月17日召开第三届董事会2020年第三次临时会议,会议审议通过了《关于提请审议〈韩立新不再担任北方国际信托股份有限公司总经理职务〉的议案》《关于提请审议〈聘任韩立新担任北方国际信托股份有限公司董事长〉的议案》《关于提请审议〈王燕滨代为履行北方国际信托股份有限公司总经理职务〉的议案》。聘任韩立新为北方国际信托股份有限公司董事长,不再担任北方国际信托股份有限公司总经理职务,拟任人任职资格经监管部门核准后生效。聘任王燕滨代为履行北方国际信托股份有限公司总经理职务。

8.3 变更注册资本、变更注册地或公司名称、公司分立合并事项

截至信息披露日,公司无注册资本、注册地、公司名称变更及分立合并事项。

8.4 公司重大诉讼事项

截至信息披露日,公司不存在重大诉讼事项。

8.5 对会计师事务所出具的有保留意见、否定意见或无法表示意见的审计报告的,公司董事会应就所涉及事项作出说明

安永华明会计师事务所(特殊普通合伙)出具了标准无保留意见的审计报告。

8.6 公司及其董事、监事和高级管理人员受到处罚的情况

2019年3月,中国银行保险监督管理委员会天津监管局

对公司下达了行政处罚决定书，对公司作出罚款 80 万元的行政处罚。

2019 年 10 月，中国银行保险监督管理委员会天津监管局对公司下达了行政处罚决定书，对公司作出罚款 50 万元的行政处罚。

截至信息披露日，监管部门没有发生对公司董事、监事和高级管理人员进行处罚的情况。

8.7 银保监会及其派出机构对公司检查后的整改情况

截至信息披露日的报告期内，中国银行保险监督管理委员会天津监管局对公司进行了处罚，公司及时上缴了罚款。针对检查中所涉及的问题，公司高度重视，认真分析问题原因并制定整改措施，组织相关部门和人员，逐一安排落实，并将有关落实情况上报了天津银保监局。同时，公司对有关管理人员和责任人员进行了相应处罚。

8.8 本年度重大事项临时报告的简要内容、披露时间、所披露的媒体及其版面

2019 年 1 月 9 日，公司在《证券时报》B001 版就变更 2018 年度年审会计师事务所相关事项进行了重大事项临时披露。

2019 年 3 月 20 日，公司在《证券时报》B011 版就修改《公司章程》的相关事项进行了重大事项临时披露。

2019 年 7 月 25 日，公司在《证券时报》B1 版就关于聘任韩立新同志担任总经理相关事项进行了重大事项临时披露。

8.9 其他重大需披露信息

2019 年 2 月 20 日，公司完成国有股权整合工作，股东单位数量由 27 家变更为 24 家。

2019 年 8 月 5 日，公司在天津市滨海新区市场监督管理局完成法定代表人变更工商登记工作。

8.10 公司履行社会责任情况

8.10.1 发挥信托优势、服务实体经济，助力经济社会发展

8.10.1.1 回归信托本源，服务实体经济

2019 年，公司认真贯彻落实监管要求，持续优化业务结构，提升主动管理和服务实体经济的能力。截至 2019 年末，公司信托资产总额为 1 694.26 亿元，较年初减少 690.64 亿元，其中主动管理类信托规模为 188.13 亿元，较年初增加 78.09 亿元；事务管理类信托规模为 1 506.14 亿元，全年累计压降 768.73 亿元。同时，公司利用信托灵活制度优势，全力支持区域经济发展，加大力度向大型商贸企业、上市公司、地方国有优质企业等非房业务领域拓展，努力为客户提供多样化的产品与服务，客户结构进一步优化。

8.10.1.2 自觉履行纳税义务

公司始终坚持诚信经营原则，自觉履行纳税义务，依法足额缴纳各类税费，积极支持国家财政税收和地方经济建设。2019 年，公司累计缴纳各项税费约 5.64 亿元，为增加国家和地方财政收入、促进地方经济发展和社会进步作出了积极贡献。

8.10.2 坚持恪尽职守、履行受托责任，忠实受益人利益

8.10.2.1 信托产品全部安全兑付

2019 年，公司管理的信托产品全部安全兑付，累计为受益人实现收益 107.14 亿元。

8.10.2.2 加强公众金融教育，宣传信托文化

公司持续、深入开展公众金融教育，积极宣传、培育“卖者尽责，买者自负”的信托文化。2019 年，公司开展了“打击治理电信网络新型违法犯罪”“银行保险业消费者权益保护教育宣传”“天津银行业普及金融知识万里行”“防范和打击非法集资宣传”等一系列活动，通过线上和线下相结合的立体化宣传模式，进社区、进乡村、进学校、进家庭、进机关、进企业、进网点的“七进”推进方式，向广大金融消费者普及维权、信托、理财等金融知识，提高重点群体的风险防范意识。

8.10.2.3 保障客户权益，履行保密义务

完善《资金信托客户服务管理办法》《客户投诉管理办法》等制度体系，严格执行客户接待及服务要求，并将客户投诉纳入销售部门的绩效考核；提升 400 客服热线服务质量，延长客户服务在线时间，保证了消费者投诉建议渠道的畅通；通过信息技术升级改造，增加多个独立的 VIP 专属区域、身份识别权限设置、双重备份保存等功能，确保消费者个人金融信息得到有效保护。

8.10.3 强化风险管理、依法合规经营，守住风险底线

8.10.3.1 完善风控体系建设，强化风险管理

公司始终将业务的合规性、风险的有效防控作为持续稳健发展的前提和保证，已建立了完善的风险管控机制。2019 年，公司加强信托项目准入管理，完善业务评审决策机制，强化项目后期管理和审计，增设项目检查部、扩展审计覆盖面。公司加强舆情监测，引入舆情监测系统，梳理舆情管理工作制度，细化舆情管控工作流程，形成舆情风险前置、舆情监测、舆情响应、舆情处置的闭环管理机制，提升舆情风险管控效率。

8.10.3.2 持续推进合规建设，培育良好的合规文化

公司将确保国家法律法规和公司内部规章制度的贯彻执行作为内部控制最主要目标，已建立较完备合规管理制度和操作流程。公司积极倡导和培育良好的合规文化和价值理念，公司员工的合规风险意识，合规责任感有效增强。2019 年，按照监管要求，公司认真开展“巩固治乱象成果 促进合规建设”专项工作、通道业务压降与房地产业务规模管控工作、资管新规整改工作等，相关工作对公司业务的持续健康发展具有重要意义。

8.10.3.3 加大落实、培训和宣传力度，履行反洗钱义务

公司参照《法人金融机构洗钱和恐怖融资风险管理指引（试行）》《银行业金融机构反洗钱和反恐怖融资管理办法》等法规的相关要求，持续完善公司反洗钱内控制度体系，做好客户身份识别、客户身份资料及交易记录的保存工作，提高异常交易人工甄别水平，落实可疑交易上报工作。同时，公司全力配合人民银行的主题宣传工作要求做好反洗钱宣传工作；积极参加人民银行组织的各项培训，并邀请中国人民银行天津分行反洗钱处相关领导到公司进行反洗钱培训；积极征订、学习反洗钱相关书籍材料，切实提高全体员工反洗钱意识和反洗钱工作管理水平。

8.10.4 坚持以人为本、保障员工权益，促进员工职业发展

8.10.4.1 加强员工民主管理

2019 年，公司先后召开了 7 次职工（会员）代表大会，充分

发挥了职工(会员)代表大会作用,加强员工民主管理,构建和谐劳动关系。全年公司工会共召开了 18 次工会委员会会议,充分发挥集体决策的作用,专题讨论研究涉及职工利益方面的重大事项。

8.10.4.2 保障和维护员工合法权益

公司严格执行《劳动法》《劳动合同法》等相关法律法规,建立完善的培训、薪酬及考核体系,保障员工的合法权益。2019 年,公司通过搭建知识管理、人才赋能平台,提升全员职业知识,为员工职业素养和专业技能提升提供平台;进一步完善薪酬福利政策,保障员工利益,持续提升员工的幸福感;加强劳动用工契约化管理,完善市场化用工机制,激发员工干事担当作为。

8.10.4.3 注重员工关爱

结合中华人民共和国成立 70 周年,公司先后开展了改革开放 40 年为主题的春联征集活动,以及“我爱祖国”——庆祝中华人民共和国成立 70 周年摄影作品征集、“我的祖国”知识竞答、“我与祖国”征文,录制“新中国 70 年光辉历程”宣传栏及视频等系列活动。

公司积极推动“智慧工会”平台落地,落实《关心员工生活实施办法》《慰问员工实施细则》,对员工生日、结婚生育、本人及家属生病住院及时慰问。通过开展专题座谈会、职业安全知识培训、文体活动等方式,丰富员工业余文化生活,构建健康、和谐的文化氛围。

8.10.5 践行国企担当、发展慈善信托,履行公益责任

8.10.5.1 助力脱贫攻坚,实现精准扶贫

2019 年,公司以高度的政治责任感和使命感,践行“以人民为中心”发展思想,坚决贯彻落实中央关于精准脱贫的重大决策部署。公司党委领导多次到武清区王庆坨镇蔡家地村、四合庄村进行帮扶工作调研,与镇、帮扶村、帮扶组进行工作对接,研讨帮扶工作中的重点、难点问题。公司累计拨付 120 万元用于帮扶村党支部办公用房建设;拨付 100 万元专项资金用于和田地区对口支援工作;捐款 50 万元用于落实市委、市政府确定的 2019 年扶贫协作和支援合作重点任务,在 2018 年划拨 7 万元的基础上,又划拨 2.5 万元用于帮助村民危房翻建。公司在扎实做好帮扶村党建、帮扶困难群众、发展村集体经济、加强帮扶村基础设施建设及消费扶贫等方面,取得了明显成效,在打赢精准脱贫攻坚战中展现了国有企业的政治担当。

8.10.5.2 利用信托制度,开展慈善信托

公司积极发挥信托制度优势,探索脱贫攻坚新模式。随着脱贫攻坚进入收官期,为助力打赢脱贫攻坚战,公司在做好驻村帮扶工作的同时,充分发挥信托制度优势,积极探索研究利用慈善信托开展扶贫工作。2019 年,先后成功设立了“信扶 1 号(助困)”“信扶 2 号(助学)”“南开大学 EMBA90 班爱心助学”3 笔慈善信托,累计募集扶贫助困资金 170 万元,有效填补了公司在慈善信托业务领域的空白。其中,“北方信托——南开大学 EMBA90 班爱心助学慈善信托”获得“2019 年南开大学教育贡献奖”。这不仅对公司推进业务转型、回归信托本源的探索实践具有重要的战略意义和积极的示范效应,还为更深入、精准地开展扶贫攻坚工作积累了经验。

9. 监事会独立意见

监事会认为,截至信息披露日的报告期内,公司能够严格按照《公司法》《公司章程》及有关法律、法规依法运作,各项经营管理活动依法合规,公司现任董事、高级管理人员履行公司职务时没有违反法律、法规、《公司章程》或损害公司、股东及受益人利益的行为,高级管理层认真执行股东会、董事会的各项决议,经营业绩良好,公司财务报告真实、客观反映了公司的财务状况和经营成果。

北京国际信托有限公司

1. 重要提示

1.1 公司董事会及董事保证本报告所载资料不存在任何虚假记载、误导性陈述或者重大遗漏,并对其内容的真实性、准确性和完整性承担个别及连带责任。本年度报告摘要摘自年度报告全文,客户及相关利益人欲了解详细内容,应阅读年度报告全文。

1.2 无董事对年度报告内容真实性、准确性、完整性无法保证或存在异议进行声明。

1.3 独立董事贝多广、王化成、吴晶妹、王剑钊4人保证本报告所载资料不存在任何虚假记载、误导性陈述或者重大遗漏,并对其内容的真实性、准确性和完整性承担个别及连带责任。

1.4 天职国际会计师事务所(特殊普通合伙)为公司出具了无保留意见的审计报告。

1.5 公司负责人法定代表人周瑞明、总经理何晓峰、总会计师吴京林声明:保证年度报告中财务会计报告的真实、完整。

2. 公司概况

2.1 公司简介

北京国际信托有限公司(以下简称北京信托)是北京市市属国企中唯一一家专业从事信托业务的金融机构。现为中国信托业协会会员、理事单位,中国证券业协会、北京市银行业协会会员单位。公司注册资本22亿元,股东包括北京市国有资产经营公司、航天科技财务公司、威益投资、中石化、上海游久游戏、杭钢、天津开发区投资公司等10家公司。

北京信托是中国信托业从起步到规范发展的重要历史见证人和实践者。公司前身是1979年2月经北京市批准成立的北京工程建设总公司,同年4月更名为北京市经济建设总公司,成为改革开放之初首批可以从事金融信托业务的公司之一。1984年4月,北京市经济建设总公司分拆为北京国际信托投资公司和中国技术进口总公司北京分公司,同年10月北京国际信托投资公司开始营业。2007年11月,公司引进境外战略投资人实施股权重组,更名为北京国际信托有限公司。

公司自成立以来,始终坚守"诚信稳健、创新驱动、适变应变、守正出奇"的经营理念,代表信托公司核心竞争力的主动管理能力稳居行业前列,在引进外资、技术及管理经验等方面发挥了重要的投融资窗口作用,如首家在京开办沪深股票交易业务,承办北京顺鑫农业在深圳证券交易所上市,推出北京朝阳商务中心区CBD信托计划等,在业内赢得了广泛的赞誉。

近年来,北京信托认真贯彻落实党中央重大决策部署和市委、市政府、市国资委各项要求,聚焦服务实体经济,在基础设施建设、现代制造业、科技创新、文化创意、医疗养老、绿色环保、民生公益、海外投资、服务小微和"三农"等领域不断创新。公司资产质量高、流动性良好、抗风险能力强,在行业评级中连续多年保持"A级"(最高级),成为广大投资者高度信赖的优质资产管理和财富管理机构。

2.1.1 中文名称:北京国际信托有限公司
中文名称缩写:北京信托
英文名称:Beijing International Trust Co., Ltd.
英文名称缩写:BJITIC

2.1.2 法定代表人:周瑞明
地址:北京市朝阳区安立路30号院1、2号楼
邮政编码:100012
网址:www.bjitic.com
电子信箱:webmaster@bjitic.com

2.1.3 信息披露事务负责人:夏彬
电话:010-59680888
传真:010-59680999
电子信箱:xiabin@bjitic.com

2.1.4 信息披露报纸:《上海证券报》

2.1.5 年度报告备置地点:北京市朝阳区安立路30号院1、2号楼

2.1.6 公司聘请的会计师事务所:天职国际会计师事务所(特殊普通合伙)
住所:北京市海淀区车公庄西路19号68号楼A-1和A-5区域

2.1.7 财务报表数据口径说明

公司于2011年5月投资设立北京国投汇成创业投资管理有限公司,持有其100%的股权,自2012年起本公司按照《企业会计准则》编制合并报表。公司于2014年4月发起投资设立北信瑞丰基金管理有限公司,持有其60%的股权,自2014年起公司按照《企业会计准则》编制合并报表。

根据会计准则规定,本年财务报表同时存在"合并报表"和"公司报表"两个概念。除特殊说明外,本报告中的相关分析均为合并报表数据口径。

除特别说明外,本报告所有信托业务数值保留至小数点后两位数,若出现总数与各分项数值之和尾数不符的情况,均为四舍五入原因造成的。

2.2 组织结构

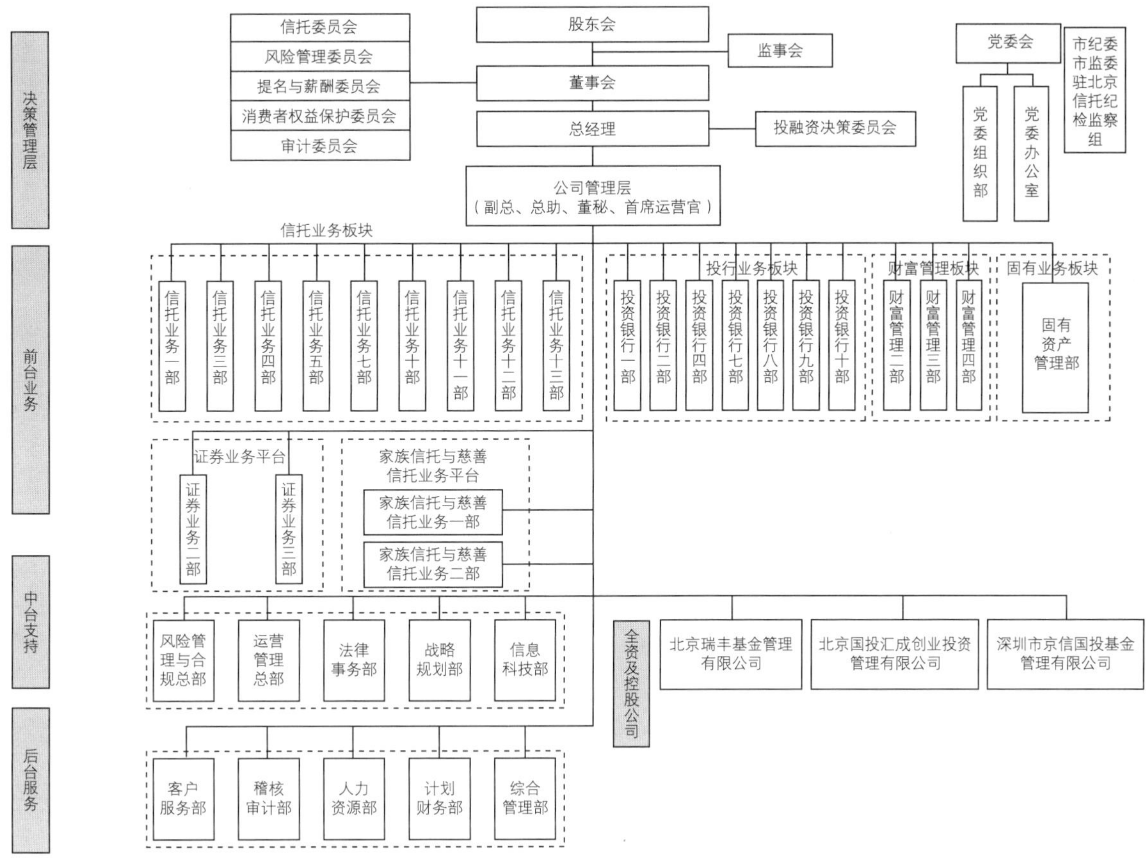

3. 公司治理

3.1 股东

序号	股东名称	持股金额（元）	占比（%）
1	北京市国有资产经营有限责任公司	754 600 000.00	34.30
2	航天科技财务有限责任公司	337 127 377.02	15.32
3	威益投资有限公司（Win Eagle Investments Limited）	336 713 485.67	15.30
4	中国石油化工股份有限公司	314 285 714.29	14.29
5	上海游久游戏股份有限公司	139 595 297.85	6.35
6	杭州钢铁集团有限公司	135 142 857.14	6.14
7	天津经济技术开发区投资有限公司	72 204 464.40	3.28
8	鹏丰投资有限公司	55 371 428.57	2.52
9	北京宏达信资产经营有限公司	36 102 232.20	1.64
10	北京市海淀区欣华农工商公司	18 857 142.86	0.86
	合　计	2 200 000 000	100

3.2 董事

序号	姓名	董事性质	担任本机构及其他机构职务	国别	年龄（岁）	选任时间	任期（连选连任）（年）	代表股东	该股东持股比例（%）
1	周瑞明	董事	法定代表人、董事长	中国	56	2019 年 11 月	3	北京市国有资产经营有限责任公司	34.3
2	何晓峰	董事	总经理	中国	47	2019 年 11 月	3	北京市国有资产经营有限责任公司	34.3
3	孙　婧	董事	董事 北京市国有资产经营有限责任公司副总裁	中国	46	2019 年 11 月	3	北京市国有资产经营有限责任公司	34.3
4	张育明	董事	董事 航天科技财务有限责任公司	中国	61	2017 年 3 月	3	航天科技财务有限责任公司	15.32
5	于宏英	董事	董事 中诚信投资集团有限公司总裁	中国	54	2016 年 3 月	3	威益投资有限公司 （Win Eagle Investments Limited）	15.30
6	刘迎新	董事	董事 中国石化销售股份有限公司 北京石油分公司党委委员、总会计师	中国	43	2019 年 2 月	3	中国石油化工股份有限公司	14.29
7	许汉章	董事	董事 上海游久游戏股份有限公司	中国	62	2015 年 9 月	3	上海游久游戏股份有限公司	6.35
8	于卫东	董事	董事 杭州钢铁集团有限公司 财务资产管理部总经理	中国	51	2019 年 11 月	3	杭州钢铁集团有限公司	6.14
9	贝多广	独立董事	独立董事 中国人民大学中国普惠金融研究院理事会联席主席兼院长	中国	61	2016 年 2 月	3	无	无
10	王化成	独立董事	独立董事 中国人民大学商学院教授	中国	55	2016 年 3 月	3	无	无
11	吴晶妹	独立董事	独立董事 中国人民大学财政金融学院教授	中国	54	2016 年 3 月	3	无	无
12	王剑钊	独立董事	独立董事 北京奋迅律师事务所合伙人	中国	50	2016 年 1 月	3	无	无
13	夏彬	职工董事	董事会秘书	中国	49	2016 年 2 月	3	无	无

注：何晓峰、孙婧、于卫东获得任职资格后履职。

3.3 监事

序号	姓名	监事性质	担任本机构及其他机构职务	国别	年龄（岁）	选任时间	任期（连选连任）（年）	代表股东	该股东持股比例（%）
1	王进才	监事	天津经济技术开发区投资有限公司副总经理	中国	60	2015 年 9 月	3	天津经济技术开发区投资有限公司	3.28
2	王深坤	监事	航天科技财务有限责任公司副总经理	中国	46	2016 年 12 月	3	航天科技财务有限责任公司	15.32
3	孟福增	监事	已退休	中国	65	2015 年 9 月	3	鹏丰投资有限公司	2.52
4	刘率	监事	北京宏达信资产经营有限公司财务总监	中国	44	2015 年 9 月	3	北京宏达信资产经营有限公司	1.64
5	韩新梅	监事	北京市海淀区欣华农工商公司总经理助理	中国	54	2015 年 9 月	3	北京市海淀区欣华农工商公司	0.86
6	韩波	职工监事	北京国际信托有限公司战略管理部总经理	中国	47	2015 年 9 月	3	—	—
7	董颖	职工监事	北京国际信托有限公司	中国	60	2015 年 9 月	3	—	—

3.4 高级管理人员

姓　名	职　务	性别	年龄（岁）	任职日期	金融从业年限（年）	学历	专　业	简要履历
周瑞明	党委书记、董事长	男	56	2019 年 12 月	27	博士	企业管理	中国社会科学院研究生院管理学博士，历任中国人民银行金管司干部，原国务院证券管理委员会办公室副处长、国内市场处处长，中国证券监督管理委员会上市公司部监管二处处长、信息统计部副主任、党委办公室副主任、宣传部副部长，共青团中国证监会委员会书记，北京国际信托有限公司党委副书记、纪委书记、副总经理、副董事长、总经理；现任公司党委书记、董事长。

续表

姓 名	职 务	性别	年龄（岁）	任职日期	金融从业年限（年）	学历	专 业	简要履历
何晓峰	党委副书记、总经理	男	47	2019 年 11 月	16	硕士	工商管理	清华大学工商管理硕士，历任北京国际信托公司信托一部信托经理，信托总部副总经理、高级信托经理，房地产信托业务总部总经理，不动产信托事业一部第一责任人、副总经理；现任公司党委副书记、总经理。
瞿 纲	副总经理	男	45	2013 年 5 月	20	硕士	工商管理	中国科学院研究生院工商管理硕士，历任中国建设银行岳阳分行营业部外汇业务部副经理、经理，中国建银投资有限责任公司处室负责人，中投信托有限责任公司党委委员、副总经理，中国建银投资有限责任公司组负责人；现任公司党委委员、副总经理。
幸宇晖	副总经理	女	55	2013 年 5 月	32	硕士	国际金融	中国人民大学金融硕士，北京国际信托有限公司国际金融部、国际业务部、金融业务部、资金信托部、信托总部等部门经理，北京国际信托有限公司总经理助理、首席风控官兼风险管理部经理；现任公司党委委员、副总经理。
昌青	副总经理	男	54	2019 年 11 月	36	硕士	高级管理人员工商管理硕士	厦门大学高级管理人员工商管理硕士，历任中国工商银行分理处出纳、人保干部，分行副主任科员、主任科员，北京城市合作银行党组秘书，北京市商业银行党委秘书，北京银行股份有限公司党委秘书、支行行长、人力资源总监、行长助理、党委委员、纪委书记；现任公司副总经理。
吴京林	总会计师	男	55	2008 年 7 月	27	硕士	国际工商管理	美国德克萨斯大学阿灵顿分校 EMBA，历任北京国际信托有限公司稽核审计部经理、计划财务部经理、副总会计师等职务；现任公司党委委员、总会计师。
黄晓炜	总经理助理	女	49	2013 年 5 月	26	硕士	政治经济学	中国人民大学经济学硕士，历任北京国际信托有限公司大户交易室经理、信托总部高级信托经理、合规与风险管理部经理、信托业务运营管理部总经理、首席风控官兼风险管理部经理等职务；现任公司总经理助理、党委组织部部长兼人力资源部总经理。
夏 彬	董事会秘书	男	49	2016 年 2 月	13	硕士	政治经济学	浙江大学政治经济学硕士，先后在君安证券、国信证券等公司任职，担任深业集团深业投资开发公司投资总部总经理，中电投资控股公司中电基金合伙人；现任公司董事会秘书。
孟广杰	首席运营官	女	48	2018 年 12 月	25	硕士	会计	中央财经大学会计硕士，历任北京国际信托有限公司信托财务部高级业务经理、托管部副总经理、总经理，运营管理总部总经理；现任公司首席运营官兼运营管理总部总经理。
张 昕	总经理助理（首席创新官）	女	46	2019 年 6 月	19	博士	管理学	中国人民大学土地资源管理专业博士，历任招商银行股份有限公司北京分行亚运村支行会计账务岗、对公业务岗，北京分行审贷三部副总经理、经理、授信审批部总经理助理，北京国际信托有限公司信托业务二总部副总经理、信托基础业务事业二部第一责任人兼总经理、信托业务二部总经理、公司业务董事总经理；现任公司总经理助理（首席创新官）。

注：报告期内，何晓峰、昌青未获得任职资格，资格核准前未履职。

公司专职党委副书记

姓 名	职 务	性别	年龄（岁）	任职日期	金融从业年限（年）	学历	专 业	简要履历
何燕卿	党委副书记	男	57	2016 年 3 月	3	研究生	法律	中共北京市委党校法学专业研究生，历任北京市大兴区地税局常务副局长、丰台区地税局局长、丰台区发改委主任、北京化学工业集团有限公司副总经理等职务；现任公司党委副书记。
彭兴利	市纪委市监委驻北京国际信托有限公司纪检监察组组长	男	55	2019 年 6 月	0.5	研究生	法学理论	中共中央党校法学理论专业研究生，历任北京市行政服务中心副主任，北京东方饭店有限公司总经理、市纪委昌平教育基地主任、市纪委办公厅副主任（正处级）、市纪委市监委办公厅副主任，北京国际信托有限公司党委委员、纪委书记；现任北京国际信托有限公司党委委员、市纪委市监委驻公司纪检监察组组长。

3.5 公司员工

报告期内，公司职工人数为 290 人，平均年龄为 35 岁。

项目		报告期年度（2019 年）		报告期年度（2018 年）	
		人数（人）	比例（%）	人数（人）	比例（%）
年龄分布	20 岁以下	—	—	—	—
	20～29 岁	64	22.1	64	23.9
	30～39 岁	168	57.9	148	55.2
	40 岁以上	58	20	56	20.9
学历分布	博士	6	2.1	7	2.6
	硕士	215	74.1	191	71.3
	本科	65	22.4	65	24.3
	专科	4	1.4	5	1.9
	其他	—	—	—	—
岗位分布	高管人员	9	3.1	6	2.2
	自营业务人员	3	1	4	1.5
	信托业务人员	244	84.1	233	86.9
	其他人员	34	11.7	25	9.3

4. 经营管理

4.1 经营目标、经营方针、战略规划

经营目标：以诚信合规、稳健发展为理念，充分发挥信托功能，建成战略清晰、实力雄厚、管理严谨、风控完备、队伍精良、执行得力的卓越信托公司。

经营方针：继续坚持防范风险、合规经营、持续创新、稳健发展的方针。

战略规划：深耕北京、服务全国，坚持资产管理和财富管理的双引擎驱动，走专业化、特色化、精品化广义投行道路，打造信托行业百年老店；形成具有自身鲜明特色的业务结构和可持续健康发展盈利模式，搭建品种多样、结构合理的新型信托业务结构，确立自身在信托领域的专长优势，为机构投资者和高净值客户提供一流的信托金融服务，并努力使股东获得较好的回报，共享财富稳定增值收益。

4.2 所经营业务的主要内容

4.2.1 自营资产运用与分布表

资产运用	金额（万元）	占比（%）	资产分布	金额（万元）	占比（%）
货币资产	69 840	5.06	基础产业	38 850	2.81
贷款及应收款	620 301	44.91	房地产业	169 998	12.31
交易性金融资产	52 656	3.81	证券市场	46 244	3.35
可供出售金融资产	389 594	28.20	实业	661 628	47.90
持有至到期投资	208 661	15.11	金融机构	430 791	31.19
长期股权投资	6 459	0.47	其他	33 852	2.45
其他	33 851	2.45			
资产总计	1 381 362	100.00	资产总计	1 381 362	100.00

4.2.2 信托资产运用与分布表

资产运用	金额（万元）	占比（%）	资产分布	金额（万元）	占比（%）
货币资产	156 574.59	0.78	基础产业	3 555 701.93	17.80
贷款及拆出	7 403 172.12	37.06	房地产	7 037 562.10	35.23
交易性金融资产	1 705 664.66	8.54	证券市场	2 350 648.35	11.77
可供出售金融资产	802 394.95	4.02	实业	3 275 694.13	16.40
持有至到期投资	3 278 221.44	16.41	金融机构	3 298 016.32	16.51
长期股权投资	5 578 601.44	27.92	其他	460 815.91	2.31
其他	1 053 809.54	5.27			
信托总资产	19 978 438.74	100.00	信托总资产	19 978 438.74	100.00

4.3 市场分析

4.3.1 宏观经济形势分析

2019 年，面对国内外风险挑战明显上升的复杂局面，在以习近平同志为核心的党中央坚强领导下，全党全国坚持稳中求进工作总基调，坚持以供给侧结构性改革为主线，推动高质量发展，保持经济社会持续健康发展。数据显示，2019 年 GDP 同比增长 6.1%，总量达到 99.1 万亿元。

我国经济总体保持平稳运行态势，经济运行中出现诸多积极变化：一是经济结构优化升级持续推进。2019 年内需对经济增长贡献率为 89.0%，其中最终消费支出贡献率为 57.8%，比资本形成总额高 26.6 个百分点。社会消费品零售总额比上年增长 8.0%，规模首次突破 40 万亿元。弱项短板领域投资得到加强。2019 年高技术产业和社会领域投资比上年分别增长 17.3% 和 13.2%。二是产业结构持续优化升级，新动能持续壮大。第三产业增加值占比稳居第一，高新技术产业领域的多项数据明显高于经济增速。全年第三产业增加值占国内生产总值的比重为 53.9%，比上年提高 0.6 个百分点，高于第二产业 14.9 个百分点；对国内生产总值增长的贡献率为 59.4%。工业方面，2019 年，高技术制造业和战略性新兴产业增加值比上年分别增长 8.8% 和 8.4%，增速比规模以上工业分别快 3.1 和 2.7 个百分点。投资方面，高技术产业投资增长 17.3%，快于全部投资 11.9 个百分点，其中高技术制造业和高技术服务业投资分别增长 17.7% 和 16.5%。三是减税降费政策红利，显著促进经济持续健康发展。自 2018 年下半年以来，全国税收增速呈现回落态势，2019 年全年缴入国库的税收同比增长 0.9%，较上年回落 7.9 个百分点，增速持续低于同期名义 GDP 增速。2019 年，全国税收收入占同期名义 GDP 的比重约为 16.0%，较 2018 年、2017 年分别下降 1.1 个和 1.4 个百分点。四是房地产市场“三稳”调控目标稳步落实。2019 年初住房和城市建设部将“稳地价、稳房价、稳预期”工作列在全年重点工作首位。在“房住不炒”调控基调指导下，我国房地产市场总体保持平稳运行，“三稳”调控目标稳步落实，重点城市市场规模有所调整，百城新建住宅价格涨幅进一步收窄，土地市场处低温状态。

但是，我国经济也面临着下行压力加大、工业运行稳中趋缓、物价水平上涨较快、投资需求不振、消费需求不稳、区域增长不平衡加剧等难题。

同时，世界经济形势出现一些新的变化，主要表现在：一是

世界经济的增长动力在减弱，有些主要发达经济体和新兴经济体的一些主要指标增长出现回落，一些国际机构对2019年、2020年世界经济增长的预期进行了下调。二是受中美贸易争端影响，国际贸易增长有所放缓。三是大宗商品价格下跌较多。四是一些主要经济体和新兴经济体的PMI等一些先行指标，也都出现了不同程度的回落。结合这些情况来看，当前世界经济形势出现了一些新变化，挑战和不确定性较过去有所增加。

4.3.2 金融市场分析

2019年我国财税和金融运行总体平稳。财政政策的重点是“降”和“放”，以减税降费为主要手段实现经济发展目标，政策的方向是“加力”和“提效”。在金融领域，作为重大风险在当前阶段的重点领域，金融市场实现了降杠杆、降利率和降风险的“三降”。坚持金融服务实体经济的根本要求，实施稳健的货币政策，保持货币信贷合理增长，推动信贷结构持续优化，加强逆周期调节、结构调整和改革的力度。以改革的办法疏通货币政策传导，降低企业综合融资成本，为实现“六稳”和经济高质量发展营造了适宜的货币金融环境。

一是宏观杠杆率增幅得到控制，金融风险有所缓解。根据人民银行统计，2019年12月末，社会融资存量余额为251.31万亿元，其中，债权融资的存量余额为243.95万亿元。在宏观杠杆率的计算上，如果按照现价GDP核算，宏观杠杆率的值为246%；按照不变价GDP的90.3万亿元进行核算，宏观杠杆率则达到270%。据此比较国家统计局对2016年我国宏观杠杆率测算值257%，尽管宏观杠杆率仍在上升，但上升幅度得到有效控制，3年仅上升13个百分点，实际产出与新增债务之间的协调性明显改善，金融风险得到一定程度缓解。

二是利率政策传导机制建立，企业融资成本明显降低。2019年8月，中国人民银行改革完善贷款市场报价利率（LPR）形成机制，重点是传导政策意图，引导市场协调同步，并有效引进市场报价机制作为最终LPR利率的定价水平。在LPR改革推进以后，市场利率水平可以较好地匹配人民银行的政策意图和中期借贷利率的调整变化。2019年人民银行还采取了定向降准、支持商业银行发行中小企业融资专项债券、大力减少和取消企业融资过程中的不合理收费等措施来降低企业融资成本。2019年第四季度规模以上工业企业的平均融资成本为5.53%，较年初的5.98%有明显的下降，总降幅达到45个基点。

三是金融市场交易量明显增大，交易效率显著提升。2019年中，科创板正式开板，首批公司上市。随后，开通沪伦通和中日ETF互通。我国多层次资本市场进一步完善，互联互通程度加强。债券市场发行规模稳步扩大，2019年，债券市场共发行各类债券45.3万亿元，较上年增长3.1%。银行间市场成交量增加，2019年，债券市场现券交易量为217.4万亿元，同比增长38.6%。

四是信贷资金更多流向实体经济。2019年，金融机构全年新增各类贷款16.81万亿元，同比增长12.3%，同比多增6 349亿元。其中，本外币工业中长期贷款余额9.18亿元，同比增长6.8%，比前三个季度末高1.4个百分点，全年增加5 912亿元。

在金融监管层面，2019年总体稳中求进在守住不发生系统性金融风险的底线上，仍然秉承高标准，严口径，在执行层面更加灵活。

资管方面，资管新规的配套政策纷纷落地，11家银行理财子公司开业，标准化债权细则征求意见稿按照最严口径。2019年末进一步对外资放开，纷纷筹备理财孙公司（理财子和外资合资的资管公司，很可能外资控股），公募资管市场大量扩容。2019年末人民银行和银保监会一起发布现金管理类产品新规征求稿，基本完全照搬证监会和人民银行对货币基金的监管思路，2020年5万亿元的现金管理类产品面临艰难的整改。证监会发布MOM新规，整体是按照现有投顾的监管思路。基金业协会在2019年末发布新的备案须知，对私募备案影响较大。

政府融资层面，2019年6月末中央发布40号文，明确隐性债务化解的基本路径，从而开启了大型商业银行和股份制银行大规模置换到期债务，存量隐性债务展期的竞争。2019年末，中国银保监会发布45号进一步规范对隐性债务化解和置换的基本原则。

2019年末发布的九民纪要对金融行业影响重大，对此前很多灰色地带通过纪要的形式大致划分界限。

房地产方面监管总体政策层面仍然延续现有“房住不炒”监管思路，2019年6月开始对信托和银行的房地产检查力度加大，最重要的是附加额外的额度管控。同年7月中央经济工作会议再次强调房地产严监管，坚决不能拿房地产作为刺激经济手段。

债券市场统一执法力度加大，评级机构监管逐步统一；非上市商业银行也逐步进入交易所市场。防止风险爆发，交易所发布新规发行人不得在发行环节直接或者间接认购自己发行的债券，债券结构化发行被叫停。

4.3.3 影响公司业务发展的主要因素

4.3.3.1 有利因素

2019年在国内外风险挑战明显上升背景下，我国坚持稳中求进，深化改革开放，保持了经济社会持续健康发展，为信托业的发展奠定了良好的社会和经济基础。京津冀协同发展、“一带一路”建设、“珠三角”“长三角”、环渤海及成渝城市群等战略布局进一步实施，基础设施建设尤其是新型基础设施建设进一步发力。随着居民收入提高和消费升级，旅游、文化、养老、健康、体育等领域快速发展，新消费潜能加快释放，企业部门和居民部门融资需求空间巨大。

“三管一提高”监管理念下信托行业加速转型。“强监管”这一主题词在2019年全年深刻贯穿信托行业。2019年初信托监管工作会议提出信托监管核心内容是管战略、管风险、管股东，提高服务实体经济的质效。2019年下半年的监管重点转向坚决遏制信托规模无序扩张、严厉打击信托市场违法违规行为及有力有效处置信托机构风险等。2019年5月，银保监会发布《关于开展“巩固治乱象成果促进合规建设”工作的通知》（银保监发[2019]23号）；同年4月、8月及12月，信托行业累计启动了三次全面的风险排查，全面贯彻监管“治乱象、去嵌套、防风险，打好攻坚战”的总要求，大力整治房地产前融业务和违规通道业务。在一系列监管政策和窗口指导、风险排查等监管治理下，信托行业减量提效，信托资产结构不断优化、行业资本实力继续增强、主动管理能力持续提高、转型发展步伐更加坚定，信托业从高速增长阶段向高质量发展阶段转变。

信托公司加强业务创新。2019年，信托公司加强精细化发展，积极推动业务创新，在资产证券化、房地产股权投资、家族信托、慈善信托等领域业务特色明显，同时，加强风险防控，实现资金来源及投向更加多元化，不断增强主动管理能力。

公司层面不断提升公司治理水平及专业管理能力。中台核心部门改革效果逐步显现；内控制度建设和项目中台和后期管理进一步加强；风险化解工作机制进一步完善。完善与公司转型发展相适应的内部管理机制。持续完善市场化的人力资源体系；推进中台和后台市场化改革、重点引进符合公司转型发展的关键岗位人才、继续完善绩效管理体系。建立完善信息科技体系，强化信息科技对业务的支撑和保障，围绕公司重点业务，持续完善了家族信托、财富营销、项目审议等系统，开发了领导驾驶舱平台、电子发票、数字档案系统，初步满足公司领导及相关业务的使用需求。围绕合规体系建设，开发了可疑交易监测分析、受益人身份识别等系统。

4.3.3.2　不利因素

中美贸易摩擦持续施压，宏观经济增长动力不足，企业违约事件频发，信托行业面临较大市场风险；房地产违规前融受监管清理，房地产信托严格额度管控；证券市场波动较大，极大影响了证券投资业务的拓展；政信合作在市场层面和政策层面均出现了一系列变化，市场展业限制不断增多。

2019年，资金端上，标准化净值化产品和股权类产品的资金募集渠道尚未完全开拓；资产端上，实体融资需求叠加信用风险暴露，信托资金投向上项目风险集聚。

2019年为对冲贸易摩擦，人民币汇率持续走低，信托行业海外跨境投资受到较大影响。

4.4　内部控制

4.4.1　内部控制环境和内部控制文化

4.4.1.1　公司内部控制遵循原则

全面性原则。内部控制覆盖公司的所有部门和岗位，渗透各项业务过程和业务环节。

审慎性原则。内部控制的核心是有效防范各种风险，公司组织体系的构成、内部管理制度的建立以防范风险、审慎经营为出发点。

独立性原则。公司内部机构的设置权责分明，各业务部门相对独立，部门之间建立防火墙。

有效性原则。公司内部管理制度具有高度的权威性。

适时性原则。公司内控制度随着公司经营战略、经营方针、经营理念等内部环境的变化和国家法律法规、政策制度等外部环境的变化进行相应的修改和完善。

相互制约原则。公司在内部组织结构的设计上形成一种相互制约的机制，建立不同岗位之间的制衡体系。

4.4.1.2　公司内部控制的主要政策和程序

授权控制。根据业务发展需要，建立相应的权限管理体系，实行法人统一授权和管理。

岗位分离。明确有关部门分设，有关岗位分离等。

资产隔离。对自营资产和信托资产分别管理。

规范操作。对各项业务制定系统、成文的业务流程和操作指引，实行统一规范的业务标准和操作要求。

4.4.2　组织保障

通过规范法人治理结构、建立内控组织、制定业务运作基本政策和工作流程、完善授权制度、充实内部审计系统等内容，形成内控制度，主要包括以下五个层次。

董事会。负责建立和完善公司的风险管理体系并保持其有效性，负责督促、检查和评价公司的各项内部控制制度的建立与执行，评价公司经营的主要风险，确定这些风险的可控性和可承受程度。

监事会。履行程序化的监督检查职能，具体负责监督董事会和经营层相关风险管理制度的执行情况，并形成报告提交股东会审议。

风险管理委员会。董事会层面的董事会风险管理委员会侧重宏观、中观的风险管理，修订、审核公司风险管理的目标和政策，督促公司风险管理体系建设和流程管控程序等职责。

经营层。经营层负责执行由股东会、董事会批准的年度经营工作计划，履行风险目标设定和资源分配等职能，确定适当的内控政策、各业务系列风险管理的具体目标。

各职能部门和业务管理部门。通过建立合理的业务流程和内部控制制度，明确各部门的职责、部门之间的分工和协作关系。具体为：风险与合规管理部门负责对业务风险进行审核、管理，建立风险体系和各类业务流程系统，统筹管理公司合规事务，负责项目所有法律文件的最终审查，对业务开展提供全流程法律支持；运营管理部门负责信托存续期的管理和监控，负责监督控制信托业务财务运作；法律事务部门负责项目法律纠纷管理工作，负责为特定预警或风险项目的管理和处置提供法律支持；战略管理部门负责公司发展战略的研究及公司信托业务创新平台的建立；稽核审计部门负责完善内部审计流程，定期进行业务全过程管理的检查；计划财务部门负责监督控制全公司经济效益的落实情况；人力资源部门负责人力资源的配置和管理，考核评价员工的风险管理职责的完成情况；客户服务部门负责公司产品营销、客户资料维护等与客户服务相关工作中的风险识别、防范与管理；信息科技部门负责公司信息系统的建设与维护；综合管理部门负责公司对外联络、公司形象及宣传、公司内控制度维护，监督公司整个信息系统的安全性和信息流的规范性。

4.4.3　制度保证

本着规范管理、防范风险的原则，公司加强内控制度的建设并不断进行完善，已制定了包括公司治理、业务管理、合规内控、综合管理等在内的类别清晰体系完整的多项制度，以及实施细则和操作流程，形成较完善的制度保障体系。同时通过标准合同文本指引方式，规范法律文件，基本形成标准化、规范化、制度化的业务管理体系。为适应业务发展需要，加强内控管理，报告期内公司按照其内控制度修订计划，已完成对内控制度的全面修订工作，并实施了业务管理流程的优化工作。

4.4.4　流程约束

公司注重执行力管理和程序管理，在既有的五道防范业务风险的“防火墙”的基础上，将每一道“防火墙”继续细化和对接，使业务流程上下环节协调和相互制衡。

一是项目前期尽职调查。项目评审人员下沉至项目现场，风险监控延伸内嵌到前期尽调阶段，确保项目前期尽职调查的审慎性，切实做好项目的基础调研工作。

二是实行初审制度。公司初审制度，所有项目的前期尽调资料提交风险与合规管理部门、运营管理部门和客户服务部门进行前期审核。初审各部门负责组织项目风险审核与控制工作,重点把握项目的合规性、资料的完整性、经济可行性、风险揭示的充分性、法律文件严谨性以及中后期管理方案的可行性、营销与消费者权益保护方案的合理性等内容。

三是投融资决策委员会决策。实行委员问责制的投融资决策委员会对项目进行综合评判、直接审查,是防范业务风险最重要的环节。

四是风险与合规管理部门、运营管理部门在资金拨付前的把关控制,运营管理部门对信托项目实行独立、标准化的集中管理。

五是风险与合规管理部门和稽核审计部门的追踪监控和评价预警。严格执行中后期管理制度和稽核审计制度,着重对信托项目进行始点管理和过程管理。依据信托项目日常管理及重大事项管理制度、信托财产风险评估制度、信息披露制度及危机处理制度,把控风险控制流程。

4.4.5 信息交流与反馈

公司梳理了所有前期、中期、后期业务流程,根据人员变动和各部门需求继续完善综合业务管理系统和流程,实现了数据流、信息流和资金流的共享。公司优化了项目审批及中后期项目管理业务流程系统,系统针对各个业务环节和操作流程建立了一整套较为规范合理的风险防范和监控功能。公司信息传递路径通畅,各项信息上通下达,交流反馈快捷,确保了公司安全运行和持续发展。

4.4.6 监督评价与纠正机制

公司建立自控、互控、监控三结合的内控机制,对内部控制活动进行检查、评价、监督和纠正。

业务部门对各项业务和项目进行跟踪管理,一旦发现存在问题,及时予以自纠。

风险与合规管理部门按照公司风险管理制度要求进行严格的尽职调查和审查,复核监控项目方案风控措施的具体落实,对项目过程中的重大变更事项实施风险评估。

运营管理部门负责各项业务和项目事中、事后跟踪管理,动态监控项目成立之后风险状况。

稽核审计部门对业务的各项运作和风险管理进行动态审计和检查,对业务的开展进行合规性检查,并进行有效性评价和风险识别,对相关人员的行为规范进行监督和检查。根据审计的结果撰写审计报告,对被审计项目或信托经理作出客观评价,提出意见或建议,并对内审报告作出的结论和处理意见的执行及整改情况进行后期追踪检查,督促整改落实。

4.5 风险管理

4.5.1 风险管理概况

报告期内公司贯彻减量提质的发展战略,严控风险、追求质量、全力转型、深耕资产。面对复杂经济形势,公司始终把业务风险管控作为公司经营管理的首要任务,化挑战为机遇,积极贯彻落实监管部门对风险防控工作的各项要求。公司坚持进一步完善风险管理架构和风控体系的基础建设,明确了年度风险管理政策和目标,严格落实风险防控双线责任,落实风险责任制,从严履行受托人责任,严守风险底线,全力保证信托财产安全运行,努力做到防风险、不出事。

4.5.1.1 进一步强化项目全过程管控,防范发生受托人责任风险

公司严格执行年度风险管理政策,加强了对风控条线部门的人力资源配置;细化了岗位设置和职能分工,风控管理链条进一步延伸,实现项目成立前的全流程管控和项目风险监控内嵌。强化了对业务部门负责人和员工在日常工作中的风控要求,加强项目和业务的风险管控,动态把握项目中后期进程,做好舆情风险管理和风险项目的跟踪处置等工作。

项目立项尽调阶段。2019 年,公司进一步优化项目风控管理,持续贯彻公司风险前置的要求,加强风险管理和创新能力,支持业务发展。项目评审人员全面参与到主动管理业务现场尽调,对项目交易对手及项目本身认真评估,参与项目方案设计,为各个业务部门开展不同类型的业务在项目前期环节提供专业化的建议和意见,为公司项目审议提供决策基础。

2019 年,公司进一步完善二级项目审议会议制度。明确预审会项目审查范围和流程,提高业务部门和中台部门对项目的沟通效率,做到项目的常规交易模式、基本的管理监控要求、基础性保障措施等在提交决策会前基本能落实。同时,公司进一步完善决策会上会的条件和标准。公司切实加大中介机构的管理力度,增加中介机构进场前与项目组和项目主审三方的预沟通环节,拟定财务尽调报告和房地产评估报告模板,提升中介机构出具报告的质量。

项目存续期的中后期管理阶段。公司在项目存续期管理上兼顾效率及质量,管理层次进一步清晰,对背景复杂存续项目实施全程监管,对管理事项较少的项目实施定期排查跟踪管理,视项目复杂程度及风险系数确立管理方式及配备人员,抓住重点,管理要害,确保高效防控风险。同时,公司加强了项目风险排查力度。除根据公司现行制度按季度对项目进行风险排查外,对到期项目排查进一步常态化,频次及深度都不断加强,真正做到公司风险“底数清、数字准、情况明、措施实”。

4.5.1.2 加强舆情监测,防范发生舆情风险

公司全面扩展风险管控的关注面,将声誉风险作为公司核心风险、系统性风险的重要内容强化管理。一是借助专业化手段将舆情监测内容和范围扩宽,监测目标由全网络平台到各类相关媒体,从不同层面和角度开展舆情监测工作;二是提升公司服务水平,进一步完善客户投诉机制与消费者权益保护机制,及时解决客户反映的问题,提升客户服务满意度;三是设置预警机制,制定应急处置预案,细化突发事件报送流程,形成公司快速反应的联动机制,有效的防范公司声誉风险。

4.5.1.3 建立业务展业指引,完善内控制度体系建设

2019 年,公司持续优化内控制度,根据业务发展及监管环境的实际情况,修订完善风险管理的各项制度办法,根据业务发展需要分门别类地拟定业务标准文本,主要分别修订、制定了公司《尽职调查管理办法》《固定收益类信托业务管理办法》《家族信托业务管理暂行办法》《房地产信托业务集中度管理办法》《私募股权投资信托业务管理办法》《受托境外理财业务管理办法》《信托中基金业务展业指引》《交叉风险防控操作指引》《政信合作信托业务展业指引》《信托业务部门债券信用测评操作指引》等。

4.5.2 风险状况

4.5.2.1 信用风险状况

信用风险主要表现为公司交易对手不能履行合约义务带

来的风险，其中包括业务合作伙伴、贷款对象的信用风险，资金往来银行的信用风险，从而导致公司资产价值发生变动遭受损失的风险。公司自营信用风险资产合计 1 343 991 万元，其中正常类信用风险资产为 1 320 657 万元，次级类为 10 000 万元，损失类为 13 334 万元。

4.5.2.2　市场风险状况

市场风险主要表现为因市场价格——利率、汇率、股票价格和商品价格等的不利变动而使公司的表内业务和表外业务发生损失的风险，具体表现为经济运行周期变化风险、金融市场利率波动风险、通货膨胀风险、房地产交易风险、证券市场、货币市场交易风险等。这些风险的存在不但影响信托财产的价值及信托收益水平，也将影响公司由于资产负债结构不匹配等而导致公司整体的、当前和未来收入的损失。报告期内，公司未发生因市场风险所造成的损失。

4.5.2.3　操作风险状况

操作风险主要是公司内部控制、系统及运营过程中的错误或疏忽或外部事件而可能引起潜在损失的风险，表现在信息系统还不够全面及时，风险评估、风险管理的程序和结构、会计系统还不够完善，以及人员操作不规范和责任心不强等方面。报告期内，公司未发生因操作风险所造成的损失。

4.5.2.4　其他风险状况

其他风险主要是指公司业务开展中的合规风险、政策风险、公司信誉风险、人员道德风险等。报告期内，公司未发生因上述风险所造成的损失。

4.5.3　风险管理

4.5.3.1　信用风险管理

为有效规避信用风险，公司主要实施以下风险管理手段。

（1）公司通过事前评估、事中控制、事后评价的风险控制体系来防范和规避信用风险。密切结合国家宏观调控政策、产业导向政策和地区经济发展战略，加强对融资对象的运营状况和信用分析；完善业务各环节的责任评议，做到责任到岗、责任考评、责任追究三个环节紧密相扣，环环问责。

（2）抵（质）押品确认的主要原则：抵（质）押品必须是抵（质）押人所有的或依法有权处分的财产；要求抵（质）押品所有权人在房产、土地等主管部门办理抵（质）押登记手续。

（3）公司根据财政部《金融企业准备金计提管理办法》（财金［2012］20 号）的规定，计提准备金，包括一般准备和相关资产减值准备。一般准备余额原则上不得低于风险资产期末余额的 1.5%。

（4）公司按不低于净利润 5% 的比例从税后利润中计提信托赔偿准备。该赔偿准备累计总额达到公司注册资本的 20% 时，可不再提取信托赔偿准备金。公司出于谨慎性原则，自 2015 年起每年继续计提信托赔偿准备金 10 000 万元，截至 2019 年末累计计提 100 000 万元，达到注册资本的 45.45%。

4.5.3.2　市场风险管理

面临复杂多变的市场风险，公司调整了信托业务布局。在房地产业务方面，公司严格落实中央关于“房住不炒”的精神要求，从城市更新、真实投资、不良资产处置等方向寻求突破。继续贯彻审慎的房地产项目准入政策，从业务布局上整体向区域前景较好、优质交易对手、经济发达地区一二线城市的真实投资类房地产项目倾斜。自 2019 年下半年起，公司严格执行房地产监管政策，一方面逐步压缩房地产业务规模和占比，另一方面进一步提高项目准入的合规性标准。政信合作业务方面，公司不断探索新政策环境下政信业务的发展路径，主动调整政信业务的区域布局和交易模式。公司积极响应京津冀协同发展的国家战略大局和雄安新区建设的千年大计、北京市副中心建设和非首都功能疏解的指导方针，调整战略布局思路，积极参与了多个北京市棚户区改造、天津市保障性住房及河北省棚户区改造项目。

报告期内公司未发生因市场风险所造成的损失。

4.5.3.3　操作风险管理

公司严格履行受托人职责，从严格内控合规管理，严格岗位分离，规范员工行为，保障信息系统安全管理等方面防范操作风险。结合内控制度审计成果，启动了内控制度的集中修订，加强内控执行力；对公司业务审批流程进行持续的优化，明确节点责任；适时优化公司信息系统，为提高管理效能，启动了信息数据智能化项目，推行大数据库建设。

报告期内公司未发生因操作风险所造成的损失。

4.5.3.4　其他风险管理

公司强化了合法合规经营的制度保障，持续关注法律、法规的最新发展，正确理解和准确把握其内涵，并及时对业务程序和操作指引进行梳理和修订；注重员工培训，提高员工的业务技能和风险管理意识；加强职业道德教育，增强员工的工作责任心，提高公司信誉。

报告期内公司未发生因上述风险所造成的损失。

4.6　社会责任

4.6.1　经济责任——主动服务实体经济

公司积极贯彻落实国家宏观政策和产业政策导向，充分利用信托制度的灵活性参与国家重大战略，助推国家经济结构调整，主动服务实体经济发展。

公司通过城市建设发展基金等模式，支持“一带一路”倡议、京津冀协同发展战略，以及支持雄安新区、通州城市副中心、非首都功能疏解、冬奥会等重点领域重大工程建设。

在支持战略性新兴产业、促进高新技术企业发展等方面，公司以多种方式支持节能环保产业发展，资金分别投向 LED 照明、余热发电、垃圾和污水处理、清洁能源管理机制开发等领域。

公司以切身行动支持区域协调发展、推动城乡协调发展，在江苏泰州、江苏句容、江苏镇江、江苏海安、安徽亳州、福建晋江、四川宜宾等地成立了城市发展基金，为地方的城市建设、产业园区开发、交通水利、保障性住房等项目提供资金支持。公司与北京海淀区、昌平区、密云区、门头沟等重点区县签署战略合作协议，积极支持北京市区县经济发展。

4.6.2　民生责任——关注社会事业发展

为助推中小微企业成长，北京信托在服务中小企业的过程中积极探索创新型模式，满足中小企业个性化融资需求，除信托贷款外，还提供股权投资、信托贷款 + 信贷资产转让、信托应收账款权益投资等多种方式加强中小企业服务创新，形成以政府政策和资源为引导，社会资金为支持，信托、担保公司、商业银行等多方互动的高效率、常态化、应用广、风险低并能互利共赢的全新融资模式。

北京信托积极响应北京市委市政府关于农村“土地流转起来、资产经营起来、农民组织起来”的“三起来”号召，联合北京市农村经济研究中心，设计了针对农民个人及农村集体财富管理需求进行服务的“富民系列”信托产品及配合土地流转信托的资金信托产品。信托方案充分体现了信托制度在服务“三农”领域的优势，有效地支持了三农的发展。

4.6.3 受托责任——致力创造可靠财富

2019年，公司继续加强对客户合法权益的保护，完善了风险合规体系建设，落实客户权益保障机制。

在过去的2019年，公司进一步完善风控制度、优化业务审批流程，形成了完备的业务审批和中后期管理体系，夯实风控体系，强化尽责。

在家族信托、小账户理财、养老消费信托及资产证券化等业务中，公司发挥信托制度优势，不断开拓创新，更好地满足了客户的需求。

公司认真贯彻落实监管政策要求，持续完善消费者权益保护工作体制机制建设，将消费者权益保护工作融入公司治理的各个环节，重点优化了产品售前、售中和售后等关键环节管理，通过加大信息科技投入升级现有营销支持系统功能，增设了移动远程双录系统和反洗钱配套系统，进一步巩固落实了“专区双录”、受益所有人识别等合规要求，切实保障了消费者个人信息安全。公司认真履行国有企业社会责任，面向投资人陆续开展了“3·15北京银行业和保险业消费者权益保护宣传活动”“反洗钱宣传月”“金融知识进万家”等多个主题的金融知识宣教活动，取得了良好社会反响，被北京市国资委微信公众号等媒体转载报道。

4.6.4 公益责任——深度参与公益慈善

2019年，公司与多家慈善组织加强合作，推进了不同用途和方式的慈善信托设立。这些慈善信托项目以不同的方式致力于开展慈善活动，信托目的包括扶贫济困助残、支持艺术教育、助力文化产业等。

公司设立文化类慈善信托，信托财产用于支持北京市文化类公益事业，包括但不限于支持中轴线保护与申遗的相关工作。同时，公司完成了1单纪念慈善信托的设立准备工作，为国内纪念型公益事业的推动起到了示范带头作用，并于2019年12月获得了“杰出慈善信托产品奖”。

4.6.5 环境责任——积极投身绿色环保

北京信托大力开展绿色信托，成功开发相关信托计划，投资于综合利用秸秆的技术模式和科技示范基地，以点带面，系统地提升了全国秸秆综合利用技术水平。

5. 报告期末及上一年度末的比较式会计报表

5.1 自营资产（经审计）

5.1.1 会计师事务所审计结论

审 计 报 告

天职业字[2020]5703号

北京国际信托有限公司全体股东：

一、审计意见

我们审计了后附的北京国际信托有限公司（以下简称北京信托）财务报表，包括2019年12月31日的合并及母公司资产负债表，2019年度的合并及母公司利润表、合并及母公司现金流量表、合并及母公司所有者权益变动表，以及财务报表附注。

我们认为，后附的财务报表在所有重大方面按照企业会计准则的规定编制，公允反映了北京信托2019年12月31日的合并及母公司财务状况以及2019年度的合并及母公司经营成果和现金流量。

二、形成审计意见的基础

我们按照中国注册会计师审计准则的规定执行了审计工作。审计报告的“注册会计师对财务报表审计的责任”部分进一步阐述了我们在这些准则下的责任。按照中国注册会计师职业道德守则，我们独立于北京信托，并履行了职业道德方面的其他责任。我们相信，我们获取的审计证据是充分、适当的，为发表审计意见提供了基础。

三、管理层和治理层对财务报表的责任

管理层负责按照企业会计准则的规定编制财务报表，使其实现公允反映，并设计、执行和维护必要的内部控制，以使财务报表不存在由于舞弊或错误导致的重大错报。

在编制财务报表时，管理层负责评估北京信托的持续经营能力，披露与持续经营相关的事项（如适用），并运用持续经营假设，除非计划进行清算、终止运营或别无其他现实的选择。

治理层负责监督北京信托的财务报告过程。

四、注册会计师对财务报表审计的责任

我们的目标是对财务报表整体是否不存在由于舞弊或错误导致的重大错报获取合理保证，并出具包含审计意见的审计报告。合理保证是高水平的保证，但并不能保证按照审计准则执行的审计在某一重大错报存在时总能发现。错报可能由于舞弊或错误导致，如果合理预期错报单独或汇总起来可能影响财务报表使用者依据财务报表作出的经济决策，则通常认为错报是重大的。

在按照审计准则执行审计工作的过程中，我们运用职业判断，并保持职业怀疑。同时，我们也执行以下工作：

（1）识别和评估由于舞弊或错误导致的财务报表重大错报风险，设计和实施审计程序以应对这些风险，并获取充分、适当的审计证据，作为发表审计意见的基础。由于舞弊可能涉及串通、伪造、故意遗漏、虚假陈述或凌驾于内部控制之上，未能发现由于舞弊导致的重大错报的风险高于未能发现由于错误导致的重大错报的风险。

（2）了解与审计相关的内部控制，以设计恰当的审计程序，但目的并非对内部控制的有效性发表意见。

（3）评价管理层选用会计政策的恰当性和作出会计估计及相关披露的合理性。

（4）对管理层使用持续经营假设的恰当性得出结论。同时，根据获取的审计证据，就可能导致对北京信托持续经营能力产生重大疑虑的事项或情况是否存在重大不确定性得出结论。如果我们得出结论认为存在重大不确定性，审计准则要求我们在审计报告中提请报表使用者注意财务报表中的相关披露；如果披露不充分，我们应当发表非无保留意见。我们的结论基于截至审计报告日可获得的信息。然而，未来的事项或情况可能导致北京信托不能持续经营。

（5）评价财务报表的总体列报、结构和内容，并评价财务报表是否公允反映相关交易和事项。

（6）就北京信托中实体或业务活动的财务信息获取充分、适当的审计证据，以对财务报表发表审计意见。我们负责指导、监督和执行集团审计，并对审计意见承担全部责任。

我们与治理层就计划的审计范围、时间安排和重大审计发现等事项进行沟通，包括沟通我们在审计中识别出的值得关注的内部控制缺陷。

中国・北京　　注册会计师：解小雨

二零二零年二月十四日　　注册会计师：张利影

5.1.2　资产负债表

资产负债表

编制单位：北京国际信托有限公司　　2019 年 12 月 31 日　　单位：元

项　目	行次	期末数		期初数	
		合并	母公司	合并	母公司
资产：	1				
现金及银行存款	2	172 905 436. 32	37 574 912. 08	138 524 868. 15	35 586 302. 97
存放中央银行款项	3	—	—	—	—
存放同业款项	4	525 492 561. 07	525 492 561. 07	1 419 152 670. 25	1 419 152 670. 25
贵金属	5	—	—	—	—
预付账款	6	3 678 878. 51	803 354. 10	13 676 734. 92	2 937 845. 95
以公允价值计量且其变动计入当期损益的金融资产	7	526 557 184. 69	395 854 251. 32	261 847 172. 53	125 485 157. 53
衍生金融资产	8	—	—	—	—
买入返售金融资产	9	20 000 000. 00	20 000 000. 00	1 400 000. 00	—
应收账款	10	439 132 953. 24	384 657 706. 21	416 607 637. 31	375 403 466. 31
其他应收款	11	252 339 469. 62	116 735 383. 79	255 851 111. 54	94 281 356. 44
发放贷款和垫款	12	5 487 856 415. 50	5 487 856 415. 50	4 968 266 198. 28	4 968 266 198. 28
可供出售金融资产	13	3 895 939 368. 58	3 757 197 895. 36	2 174 707 556. 23	2 073 451 258. 23
持有至到期投资	14	2 086 610 000. 00	2 086 610 000. 00	1 847 440 000. 00	1 847 440 000. 00
长期股权投资	15	64 588 906. 33	397 980 000. 00	54 106 862. 84	405 900 000. 00
投资性房地产	16	—	—	—	—
固定资产原价	17	58 261 998. 52	47 187 992. 15	57 321 905. 65	46 023 416. 87
减：累计折旧	18	40 815 606. 36	33 099 827. 65	40 593 565. 41	30 939 051. 90
固定资产净值	19	17 446 392. 16	14 088 164. 50	16 728 340. 24	15 084 364. 97
减：固定资产减值准备	20	—	—	—	—
固定资产净额	21	17 446 392. 16	14 088 164. 50	16 728 340. 24	15 084 364. 97
工程物资	22	—	—	—	—
在建工程	23	—	—	—	—
固定资产清理	24	—	—	—	—
无形资产	25	4 119 312. 82	3 055 552. 43	3 987 415. 72	2 053 303. 72
长期待摊费用	26	113 233 800. 84	104 157 567. 22	111 946 296. 49	110 353 199. 49
递延所得税资产	27	203 717 062. 01	203 479 619. 27	147 909 247. 01	147 760 792. 94
其他资产	28				
	29				
	30				
资产总计	31	13 813 617 741. 69	13 535 543 382. 85	11 832 152 111. 51	11 623 155 917. 08

企业负责人：周瑞明　　主管会计工作负责人：吴京林　　会计机构负责人：魏东华

合并及公司资产负债表（续）

编制单位：北京国际信托有限公司　　2019 年 12 月 31 日　　单位：元

项　目	行次	期末数		期初数	
		合并	母公司	合并	母公司
负债：	32				
向中央银行借款	33	—	—	—	—
同业及其他金融机构存放款项	34	—	—	—	—
拆入资金	35	1 300 000 000. 00	1 300 000 000. 00	—	—

续表

项 目	行次	期末数		期初数	
		合并	母公司	合并	母公司
以公允价值计量且其变动计入当期损益的金融负债	36	—	—	—	—
衍生金融负债	37	—	—	—	—
卖出回购金融资产款	38	—	—	—	—
应付账款	39	6 294 855. 00	—	5 101 650. 00	—
应付职工薪酬	40	857 353 565. 43	830 511 133. 70	753 487 363. 20	730 624 818. 13
应交税费	41	412 202 701. 77	395 764 936. 85	375 962 766. 17	369 169 196. 55
预收账款	42	—	—	—	—
其他应付款	43	1 767 053 914. 74	1 744 417 146. 52	1 822 890 260. 15	1 801 733 612. 63
长期应付款	44	30 723. 51	—	—	—
递延所得税负债	45	3 062 588. 35	2 919 088. 35	972 001. 15	942 751. 15
预计负债	46	—	—	—	—
一年内到期的非流动负债	47	23 459. 66	—	—	—
负债合计	48	4 346 021 808. 46	4 273 612 305. 42	2 958 414 040. 67	2 902 470 378. 46
所有者权益:	49	—	—	—	—
实收资本	50	2 200 000 000. 00	2 200 000 000. 00	2 200 000 000. 00	2 200 000 000. 00
国家资本	51	—	—	—	—
集体资本	52	—	—	—	—
法人资本	53	1 863 286 514. 33	1 863 286 514. 33	1 863 286 514. 33	1 863 286 514. 33
其中:国有法人资本	54	1 613 360 412. 85	1 613 360 412. 85	1 613 360 412. 85	1 613 360 412. 85
集体法人资本	55	—	—	—	—
个人资本	56	—	—	—	—
外商资本	57	336 713 485. 67	336 713 485. 67	336 713 485. 67	336 713 485. 67
资本公积	58	1 664 567 702. 24	1 664 000 000. 00	1 664 567 702. 24	1 664 000 000. 00
减:库存股	59	—	—	—	—
其他综合收益	60	9 530 515. 04	8 757 265. 07	-13 356 599. 68	-10 708 401. 28
其中:外币报表折算差额	61	—	—	—	—
盈余公积	62	903 131 897. 62	903 131 897. 62	815 753 910. 38	815 753 910. 38
一般风险准备	63	193 706 262. 44	193 706 262. 44	167 880 014. 94	167 880 014. 94
信托赔偿准备	64	1 000 000 000. 00	1 000 000 000. 00	900 000 000. 00	900 000 000. 00
未分配利润	65	3 372 694 385. 01	3 292 335 652. 30	3 028 119 210. 80	2 983 760 014. 58
外币报表折算差额	66	—	—	—	—
归属于母公司权益合计	67	9 343 630 762. 35	9 261 931 077. 43	8 762 964 238. 68	8 720 685 538. 62
少数股东权益	68	123 965 170. 88	—	110 773 832. 16	—
所有者权益(或股东权益)合计	69	9 467 595 933. 23	9 261 931 077. 43	8 873 738 070. 84	8 720 685 538. 62
负债和所有者权益(或股东权益)总计	70	13 813 617 741. 69	13 535 543 382. 85	11 832 152 111. 51	11 623 155 917. 08

企业负责人:周瑞明　　主管会计工作负责人:吴京林　　会计机构负责人:魏东华

5. 1. 3　利润表

利润表

编制单位:北京国际信托有限公司　　2019 年度　　单位:元

项 目	行次	本期数		上期数	
		合并	母公司	合并	母公司
一、营业收入	1	1 897 817 618. 34	1 712 932 391. 03	1 695 192 547. 32	1 557 380 823. 56
利息净收入	2	408 213 549. 51	407 495 284. 00	217 770 388. 35	217 157 044. 35
利息收入	3	482 530 849. 80	481 810 705. 67	332 368 518. 11	331 755 174. 11
利息支出	4	74 317 300. 29	74 315 421. 67	114 598 129. 76	114 598 129. 76
手续费及佣金净收入	5	1 261 838 693. 17	1 124 082 368. 90	1 170 107 928. 49	1 064 089 303. 49

续表

项　目	行次	本期数		上期数	
		合并	母公司	合并	母公司
手续费及佣金收入	6	1 270 639 084. 65	1 132 882 760. 38	1 181 677 671. 20	1 075 659 046. 20
手续费及佣金支出	7	8 800 391. 48	8 800 391. 48	11 569 742. 71	11 569 742. 71
投资收益/(损失)	8	244 359 824. 65	216 297 504. 46	297 640 518. 56	273 925 984. 97
其中:对联营企业和合营企业的投资收益/(损失)	9	5 532 043. 49	—	5 708 870. 46	—
公允价值变动收益/(损失)	10	-33 849 142. 44	-35 511 329. 14	1 165 076. 96	2 114 427. 96
汇兑收益/(损失)	11	45 062. 98	45 062. 98	94 062. 79	94 062. 79
其他业务收入	12	14 871 307. 33	—	8 300 150. 17	—
其他收益	13	2 565 499. 83	523 499. 83	114 422. 00	—
资产处置收益(损失以"-"号填列)	14	-227 176. 69	—	—	—
二、营业支出	15	668 819 911. 28	552 274 722. 36	584 856 379. 41	472 456 863. 49
税金及附加	16	12 311 352. 83	11 564 960. 69	11 010 465. 23	10 455 917. 11
业务及管理费	17	544 764 805. 92	428 823 498. 66	523 381 427. 31	412 065 865. 43
资产减值损失	18	111 743 752. 53	111 886 263. 01	50 464 486. 87	49 935 080. 95
其他业务成本	19	—	—	—	—
三、营业利润	20	1 228 997 707. 06	1 160 657 668. 67	1 110 336 167. 91	1 084 923 960. 07
加:营业外收入	21	1 859 410. 34	611 172. 31	5 348 040. 70	4 016 256. 66
减:营业外支出	22	795 948. 78	577 569. 66	9 586 111. 26	4 035 450. 25
四、利润总额	23	1 230 061 168. 62	1 160 691 271. 32	1 106 098 097. 35	1 084 904 766. 48
减:所得税费用	24	302 491 349. 03	286 911 398. 86	273 099 278. 83	268 199 692. 61
五、净利润	25	927 569 819. 59	873 779 872. 46	832 998 818. 52	816 705 073. 87
归属于母公司所有者的净利润	26	909 779 408. 95	873 779 872. 46	832 432 394. 72	816 705 073. 87
少数股东损益	27	17 790 410. 64	—	566 423. 80	—
持续经营损益	28	927 569 819. 59	873 779 872. 46	832 998 818. 52	816 705 073. 87
终止经营损益	29	—	—	—	—
六、其他综合收益的税后净额	30	25 288 042. 80	19 465 666. 35	-20 551 016. 36	-20 292 744. 36
(一)以后不能重分类进损益的其他综合收益	31	—	—	—	—
其中:1. 重新计量设定受益计划净负债或净资产的变动	32	—	—	—	—
2. 权益法下在被投资单位不能重分类进损益的其他综合收益中享有的份额	33	—	—	—	—
(二)以后将重分类进损益的其他综合收益	34	25 288 042. 80	19 465 666. 35	-20 551 016. 36	-20 292 744. 36
其中:1. 权益法下在被投资单位以后将重分类进损益的其他综合收益中享有的份额	35	—	—	—	—
2. 可供出售金融资产公允价值变动损益	36	25 288 042. 80	19 465 666. 35	-20 551 016. 36	-20 292 744. 36
3. 持有至到期投资重分类为可供出售金融资产损益	37	—	—	—	—
4. 现金流量套期损益的有效部分	38	—	—	—	—
5. 外币报表折算差额	39	—	—	—	—
七、综合收益总额	40	952 857 862. 39	893 245 538. 81	812 447 802. 16	796 412 329. 51
归属于母公司所有者的综合收益总额	41	932 666 523. 67	893 245 538. 81	811 966 259. 36	796 412 329. 51
*归属于少数股东的综合收益总额	42	20 191 338. 72	—	481 542. 80	—
八、每股收益	43	—	—	—	—
基本每股收益	44	—	—	—	—
稀释每股收益	45	—	—	—	—

企业负责人:周瑞明　　主管会计工作负责人:吴京林　　会计机构负责人:魏东华

5.1.4 所有者权益变动表

合并所有者权益变动表

2019 年度

编制单位：北京国际信托有限公司　　单位：元

项目	行次	本年金额													
		归属于母公司所有者权益											少数股东权益	所有者权益合计
		实收资本（或股本）	其他权益工具	资本公积	减：库存股	其他综合收益	专项储备	盈余公积	Δ一般风险准备	Δ信托赔偿准备	未分配利润	其他	小计		
栏次	—	1	2	3	4	5	6	7	8	—	9	10	11	12	13
一、上期期末余额	1	2 200 000 000.00	—	1 664 567 702.24	—	-13 356 599.68	—	815 753 910.38	167 880 014.94	900 000 000.00	3 028 119 210.80	—	8 762 964 238.68	110 773 832.16	8 873 738 070.84
加：会计政策变更	2	—	—	—	—	—	—	—	—	—	—	—	—	—	—
前期差错更正	3	—	—	—	—	—	—	—	—	—	—	—	—	—	—
其他	4	—	—	—	—	—	—	—	—	—	—	—	—	—	—
二、本期期初余额	5	2 200 000 000.00	—	1 664 567 702.24	—	-13 356 599.68	—	815 753 910.38	167 880 014.94	900 000 000.00	3 028 119 210.80	—	8 762 964 238.68	110 773 832.16	8 873 738 070.84
三、本期增减变动金额（减少以“-”号填列）	6	—	—	—	—	22 887 114.72	—	87 377 987.24	25 826 247.50	100 000 000.00	344 575 174.21	—	580 666 523.67	13 191 338.72	593 857 862.39
（一）综合收益总额	7	—	—	—	—	22 887 114.72	—	—	—	—	909 779 408.95	—	932 666 523.67	20 191 338.72	952 857 862.39
（二）所有者投入和减少资本	8	—	—	—	—	—	—	—	—	—	—	—	—	—	—
1. 所有者投入的普通股	9	—	—	—	—	—	—	—	—	—	—	—	—	—	—
2. 其他权益工具持有者投入资本	10	—	—	—	—	—	—	—	—	—	—	—	—	—	—
3. 股份支付计入所有者权益的金额	11	—	—	—	—	—	—	—	—	—	—	—	—	—	—
4. 其他	12	—	—	—	—	—	—	—	—	—	—	—	—	—	—
（三）专项储备提取和使用	13	—	—	—	—	—	—	—	—	—	—	—	—	—	—
1. 计提专项储备	14	—	—	—	—	—	—	—	—	—	—	—	—	—	—
2. 使用专项储备	15	—	—	—	—	—	—	—	—	—	—	—	—	—	—
（四）利润分配	16	—	—	—	—	—	—	87 377 987.24	25 826 247.50	100 000 000.00	-565 204 234.74	—	-352 000 000.00	-7 000 000.00	-359 000 000.00
1. 提取盈余公积	17	—	—	—	—	—	—	87 377 987.24	—	—	-87 377 987.24	—	—	—	—
其中：法定公积金	18	—	—	—	—	—	—	87 377 987.24	—	—	-87 377 987.24	—	—	—	—
任意公积金	19	—	—	—	—	—	—	—	—	—	—	—	—	—	—
#储备基金	20	—	—	—	—	—	—	—	—	—	—	—	—	—	—
#企业发展基金	21	—	—	—	—	—	—	—	—	—	—	—	—	—	—
#利润归还投资	22	—	—	—	—	—	—	—	—	—	—	—	—	—	—
2. 提取一般风险准备	23	—	—	—	—	—	—	—	25 826 247.50	—	-25 826 247.50	—	—	—	—
3. 对所有者（或股东）的分配	24	—	—	—	—	—	—	—	—	—	-352 000 000.00	—	-352 000 000.00	-7 000 000.00	-359 000 000.00
4. 提取信托赔偿准备	25	—	—	—	—	—	—	—	—	100 000 000.00	-100 000 000.00	—	—	—	—
5. 其他	26	—	—	—	—	—	—	—	—	—	—	—	—	—	—
（五）所有者权益内部结转	27	—	—	—	—	—	—	—	—	—	—	—	—	—	—
1. 资本公积转增资本（或股本）	28	—	—	—	—	—	—	—	—	—	—	—	—	—	—
2. 盈余公积转增资本（或股本）	29	—	—	—	—	—	—	—	—	—	—	—	—	—	—
3. 盈余公积弥补亏损	30	—	—	—	—	—	—	—	—	—	—	—	—	—	—
4. 结转重新计量设定受益计划净负债或净资产所产生的变动	31	—	—	—	—	—	—	—	—	—	—	—	—	—	—
5. 其他	32	—	—	—	—	—	—	—	—	—	—	—	—	—	—
四、本期期末余额	33	2 200 000 000.00	—	1 664 567 702.24	—	9 530 515.04	—	903 131 897.62	193 706 262.44	1 000 000 000.00	3 372 694 385.01	—	9 343 630 762.35	123 965 170.88	9 467 595 933.23

企业负责人：周瑞明　　主管会计工作负责人：吴京林　　会计机构负责人：魏东华

合并所有者权益变动表（续）

编制单位：北京国际信托有限公司　　2019 年度　　单位：元

项目	行次	上年金额													
		归属于母公司所有者权益												少数股东权益	所有者权益合计
		实收资本（或股本）	其他权益工具	资本公积	减：库存股	其他综合收益	专项储备	盈余公积	△一般风险准备	△信托赔偿准备	未分配利润	其他	小计		
栏次	—	1	2	3	4	5	6	7	8	—	9	10	11	12	13
一、上年年末余额	1	2 200 000 000. 00	—	1 664 000 000. 00	—	7 109 535. 68	—	734 083 404. 65	154 688 335. 18	800 000 000. 00	2 742 676 052. 71	—	8 302 557 328. 22	110 976 441. 50	8 413 533 769. 72
加：会计政策变更	2	—	—	—	—	—	—	—	—	—	—	—	—	—	—
前期差错更正	3	—	—	—	—	—	—	—	—	—	—	—	—	—	—
其他	4	—	—	—	—	—	—	—	—	—	—	—	—	—	—
二、本年年初余额	5	2 200 000 000. 00	—	1 664 000 000. 00	—	7 109 535. 68	—	734 083 404. 65	154 688 335. 18	800 000 000. 00	2 742 676 052. 71	—	8 302 557 328. 22	110 976 441. 50	8 413 533 769. 72
三、本年增减变动金额（减少以"－"号填列）	6	—	—	567 702. 24	—	-20 466 135. 36	—	81 670 505. 73	13 191 679. 76	100 000 000. 00	285 443 158. 09	—	460 406 910. 46	-202 609. 34	460 204 301. 12
（一）综合收益总额	7	—	—	—	—	-20 466 135. 36	—	—	—	—	832 432 394. 72	—	811 966 259. 36	481 542. 80	812 447 802. 16
（二）所有者投入和减少资本	8	—	—	—	—	—	—	—	—	—	-16. 60	—	-16. 60	890 847. 86	890 831. 26
1. 所有者投入的普通股	9	—	—	—	—	—	—	—	—	—	—	—	—	6 000 000. 00	6 000 000. 00
2. 其他权益工具持有者投入资本	10	—	—	—	—	—	—	—	—	—	—	—	—	—	—
3. 股份支付计入所有者权益的金额	11	—	—	—	—	—	—	—	—	—	—	—	—	—	—
4. 其他	12	—	—	—	—	—	—	—	—	—	-16. 60	—	-16. 60	-5 109 152. 14	-5 109 168. 74
（三）专项储备提取和使用	13	—	—	—	—	—	—	—	—	—	—	—	—	—	—
1. 计提专项储备	14	—	—	—	—	—	—	—	—	—	—	—	—	—	—
2. 使用专项储备	15	—	—	—	—	—	—	—	—	—	—	—	—	—	—
（四）利润分配	16	—	—	—	—	—	—	81 670 505. 73	13 191 679. 76	100 000 000. 00	-546 862 185. 49	—	-352 000 000. 00	-1 575 000. 00	-353 575 000. 00
1. 提取盈余公积	17	—	—	—	—	—	—	81 670 505. 73	—	—	-81 670 505. 73	—	—	—	—
其中：法定公积金	18	—	—	—	—	—	—	81 670 505. 73	—	—	-81 670 505. 73	—	—	—	—
任意公积金	19	—	—	—	—	—	—	—	—	—	—	—	—	—	—
#储备基金	20	—	—	—	—	—	—	—	—	—	—	—	—	—	—
#企业发展基金	21	—	—	—	—	—	—	—	—	—	—	—	—	—	—
#利润归还投资	22	—	—	—	—	—	—	—	—	—	—	—	—	—	—
2. 提取一般风险准备	23	—	—	—	—	—	—	—	13 191 679. 76	—	-13 191 679. 76	—	—	—	—
3. 对所有者（或股东）的分配	24	—	—	—	—	—	—	—	—	—	-352 000 000. 00	—	-352 000 000. 00	-1 575 000. 00	-353 575 000. 00
4. 提取信托赔偿准备	25	—	—	—	—	—	—	—	—	100 000 000. 00	-100 000 000. 00	—	—	—	—
5. 其他	26	—	—	—	—	—	—	—	—	—	—	—	—	—	—
（五）所有者权益内部结转	27	—	—	567 702. 24	—	—	—	—	—	—	-127 034. 54	—	440 667. 70	—	440 667. 70
1. 资本公积转增资本（或股本）	28	—	—	—	—	—	—	—	—	—	—	—	—	—	—
2. 盈余公积转增资本（或股本）	29	—	—	—	—	—	—	—	—	—	—	—	—	—	—
3. 盈余公积弥补亏损	30	—	—	—	—	—	—	—	—	—	—	—	—	—	—
4. 结转重新计量设定受益计划净负债或净资产所产生的变动	31	—	—	—	—	—	—	—	—	—	—	—	—	—	—
5. 其他	32	—	—	567 702. 24	—	—	—	—	—	—	-127 034. 54	—	440 667. 70	—	440 667. 70
四、本年年末余额	33	2 200 000 000. 00	—	1 664 567 702. 24	—	-13 356 599. 68	—	815 753 910. 38	167 880 014. 94	900 000 000. 00	3 028 119 210. 80	—	8 762 964 238. 68	110 773 832. 16	8 873 738 070. 84

企业负责人：周瑞明　　主管会计工作负责人：吴京林　　会计机构负责人：魏东华

公司所有者权益变动表

编制单位：北京国际信托有限公司　　2019 年度　　单位：元

项目	行次	本年金额											
		实收资本（或股本）	其他权益工具	资本公积	减：库存股	其他综合收益	专项储备	盈余公积	△一般风险准备	△信托赔偿准备	未分配利润	其他	所有者权益合计
栏次	—	1	2	3	4	5	6	7	8	—	9	10	11
一、上期期末余额	1	2 200 000 000. 00	—	1 664 000 000. 00	—	-10 708 401. 28	—	815 753 910. 38	167 880 014. 94	900 000 000. 00	2 983 760 014. 58	—	8 720 685 538. 62
加：会计政策变更	2	—	—	—	—	—	—	—	—	—	—	—	—
前期差错更正	3	—	—	—	—	—	—	—	—	—	—	—	—
其他	4	—	—	—	—	—	—	—	—	—	—	—	—
二、本期期初余额	5	2 200 000 000. 00	—	1 664 000 000. 00	—	-10 708 401. 28	—	815 753 910. 38	167 880 014. 94	900 000 000. 00	2 983 760 014. 58	—	8 720 685 538. 62
三、本期增减变动金额（减少以"-"号填列）	6	—	—	—	—	19 465 666. 35	—	87 377 987. 24	25 826 247. 50	100 000 000. 00	308 575 637. 72	—	541 245 538. 81
（一）综合收益总额	7	—	—	—	—	19 465 666. 35	—	—	—	—	873 779 872. 46	—	893 245 538. 81
（二）所有者投入和减少资本	8	—	—	—	—	—	—	—	—	—	—	—	—
1. 所有者投入的普通股	9	—	—	—	—	—	—	—	—	—	—	—	—
2. 其他权益工具持有者投入资本	10	—	—	—	—	—	—	—	—	—	—	—	—
3. 股份支付计入所有者权益的金额	11	—	—	—	—	—	—	—	—	—	—	—	—
4. 其他	12	—	—	—	—	—	—	—	—	—	—	—	—
（三）专项储备提取和使用	13	—	—	—	—	—	—	—	—	—	—	—	—
1. 计提专项储备	14	—	—	—	—	—	—	—	—	—	—	—	—
2. 使用专项储备	15	—	—	—	—	—	—	—	—	—	—	—	—
（四）利润分配	16	—	—	—	—	—	—	87 377 987. 24	25 826 247. 50	100 000 000. 00	-565 204 234. 74	—	-352 000 000. 00
1. 提取盈余公积	17	—	—	—	—	—	—	87 377 987. 24	—	—	-87 377 987. 24	—	—
其中：法定公积金	18	—	—	—	—	—	—	87 377 987. 24	—	—	-87 377 987. 24	—	—
任意公积金	19	—	—	—	—	—	—	—	—	—	—	—	—
#储备基金	20	—	—	—	—	—	—	—	—	—	—	—	—
#企业发展基金	21	—	—	—	—	—	—	—	—	—	—	—	—
#利润归还投资	22	—	—	—	—	—	—	—	—	—	—	—	—
2. 提取一般风险准备	23	—	—	—	—	—	—	—	25 826 247. 50	—	-25 826 247. 50	—	—
3. 对所有者（或股东）的分配	24	—	—	—	—	—	—	—	—	—	-352 000 000. 00	—	-352 000 000. 00
4. 提取信托赔偿准备	25	—	—	—	—	—	—	—	—	100 000 000. 00	-100 000 000. 00	—	—
5. 其他	26	—	—	—	—	—	—	—	—	—	—	—	—
（五）所有者权益内部结转	27	—	—	—	—	—	—	—	—	—	—	—	—
1. 资本公积转增资本（或股本）	28	—	—	—	—	—	—	—	—	—	—	—	—
2. 盈余公积转增资本（或股本）	29	—	—	—	—	—	—	—	—	—	—	—	—
3. 盈余公积弥补亏损	30	—	—	—	—	—	—	—	—	—	—	—	—
4. 结转重新计量设定受益计划净负债或净资产所产生的变动	31	—	—	—	—	—	—	—	—	—	—	—	—
5. 其他	32	—	—	—	—	—	—	—	—	—	—	—	—
四、本期期末余额	33	2 200 000 000. 00	—	1 664 000 000. 00	—	8 757 265. 07	—	903 131 897. 62	193 706 262. 44	1 000 000 000. 00	3 292 335 652. 30	—	9 261 931 077. 43

企业负责人：周瑞明　　主管会计工作负责人：吴京林　　会计机构负责人：魏东华

公司所有者权益变动表（续）

编制单位：北京国际信托有限公司

2019 年度

单位：元

项目	行次	上年金额											
		实收资本（或股本）	其他权益工具	资本公积	减：库存股	其他综合收益	专项储备	盈余公积	△一般风险准备	△信托赔偿准备	未分配利润	其他	所有者权益合计
栏次	—	1	2	3	4	5	6	7	8	—	9	10	11
一、上年年末余额	1	2 200 000 000. 00	—	1 664 000 000. 00	—	9 584 343. 08	—	734 083 404. 65	154 688 335. 18	800 000 000. 00	2 713 917 142. 80	—	8 276 273 225. 71
加：会计政策变更	2	—	—	—	—	—	—	—	—	—	—	—	—
前期差错更正	3	—	—	—	—	—	—	—	—	—	—	—	—
其他	4	—	—	—	—	—	—	—	—	—	—	—	—
二、本年年初余额	5	2 200 000 000. 00	—	1 664 000 000. 00	—	9 584 343. 08	—	734 083 404. 65	154 688 335. 18	800 000 000. 00	2 713 917 142. 80	—	8 276 273 225. 71
三、本年增减变动金额（减少以"－"号填列）	6	—	—	—	—	-20 292 744. 36	—	81 670 505. 73	13 191 679. 76	100 000 000. 00	269 842 871. 78	—	444 412 312. 91
（一）综合收益总额	7	—	—	—	—	-20 292 744. 36	—	—	—	—	816 705 073. 87	—	796 412 329. 51
（二）所有者投入和减少资本	8	—	—	—	—	—	—	—	—	—	—	—	—
1. 所有者投入的普通股	9	—	—	—	—	—	—	—	—	—	—	—	—
2. 其他权益工具持有者投入资本	10	—	—	—	—	—	—	—	—	—	—	—	—
3. 股份支付计入所有者权益的金额	11	—	—	—	—	—	—	—	—	—	—	—	—
4. 其他	12	—	—	—	—	—	—	—	—	—	—	—	—
（三）专项储备提取和使用	13	—	—	—	—	—	—	—	—	—	—	—	—
1. 计提专项储备	14	—	—	—	—	—	—	—	—	—	—	—	—
2. 使用专项储备	15	—	—	—	—	—	—	—	—	—	—	—	—
（四）利润分配	16	—	—	—	—	—	—	81 670 505. 73	13 191 679. 76	100 000 000. 00	-546 862 202. 09	—	-352 000 016. 60
1. 提取盈余公积	17	—	—	—	—	—	—	81 670 505. 73	—	—	-81 670 505. 73	—	—
其中：法定公积金	18	—	—	—	—	—	—	81 670 505. 73	—	—	-81 670 505. 73	—	—
任意公积金	19	—	—	—	—	—	—	—	—	—	—	—	—
#储备基金	20	—	—	—	—	—	—	—	—	—	—	—	—
#企业发展基金	21	—	—	—	—	—	—	—	—	—	—	—	—
#利润归还投资	22	—	—	—	—	—	—	—	—	—	—	—	—
2. 提取一般风险准备	23	—	—	—	—	—	—	—	13 191 679. 76	—	-13 191 679. 76	—	—
3. 对所有者（或股东）的分配	24	—	—	—	—	—	—	—	—	—	-352 000 000. 00	—	-352 000 000. 00
4. 提取信托赔偿准备	25	—	—	—	—	—	—	—	—	100 000 000. 00	-100 000 000. 00	—	—
5. 其他	26	—	—	—	—	—	—	—	—	—	-16. 60	—	-16. 60
（五）所有者权益内部结转	27	—	—	—	—	—	—	—	—	—	—	—	—
1. 资本公积转增资本（或股本）	28	—	—	—	—	—	—	—	—	—	—	—	—
2. 盈余公积转增资本（或股本）	29	—	—	—	—	—	—	—	—	—	—	—	—
3. 盈余公积弥补亏损	30	—	—	—	—	—	—	—	—	—	—	—	—
4. 结转重新计量设定受益计划净负债或净资产所产生的变动	31	—	—	—	—	—	—	—	—	—	—	—	—
5. 其他	32	—	—	—	—	—	—	—	—	—	—	—	—
四、本年年末余额	33	2 200 000 000. 00	—	1 664 000 000. 00	—	-10 708 401. 28	—	815 753 910. 38	167 880 014. 94	900 000 000. 00	2 983 760 014. 58	—	8 720 685 538. 62

企业负责人：周瑞明　　主管会计工作负责人：吴京林　　会计机构负责人：魏东华

5.2 信托资产

5.2.1 信托项目资产负债汇总表

信托项目资产负债汇总表

编制单位:北京国际信托有限公司　　2019 年 12 月 31 日　　单位:万元

信托资产	期初数	期末数	信托负债和信托权益	期初数	期末数
信托资产:			信托负债:		
货币资金	95 193. 65	140 125. 64	交易性金融负债	—	—
拆出资金	2 407 000. 00	1 800 000. 00	衍生金融负债	—	—
存出保证金	8 700. 35	16 448. 95	应付受托人报酬	1 497. 72	837. 88
交易性金融资产	2 260 472. 32	1 705 664. 66	应付托管费	810. 61	735. 05
衍生金融资产	—	—	应付受益人收益	2 401. 10	3 568. 87
买入返售金融资产	599 353. 73	572 180. 11	应交税费	3 381. 62	2 580. 73
应收款项	250 279. 78	233 169. 09	应付销售服务费	389. 57	111. 06
发放贷款	6 462 808. 08	5 603 172. 12	其他应付款项	41 651. 62	53 027. 44
可供出售金融资产	886 732. 14	802 394. 95	预计负债	—	—
持有至到期投资	3 703 154. 38	3 278 221. 44	其他负债	—	—
长期应收款	1 496. 48	—	信托负债合计	50 132. 24	60 861. 02
长期股权投资	5 764 498. 51	5 578 601. 44			
投资性房地产	—	—	信托权益:	—	—
固定资产	—	—	实收信托	22 264 632. 06	19 552 787. 65
无形资产	1 588. 93	1 588. 93	资本公积	20 563. 03	43 399. 26
长期待摊费用	—	—	损益平准金	—	—
其他资产	258 292. 41	246 871. 41	未分配利润	364 243. 41	321 390. 80
减:各项资产减值准备	—	—	信托权益合计	22 649 428. 51	19 917 577. 72
信托资产总计	22 699 570. 75	19 978 438. 74	信托负债及信托权益总计	22 699 570. 75	19 978 438. 74

会计机构负责人:孟广杰　　复核:陆雅清　　制表:马政毅

5.2.2 信托项目利润及利润分配汇总表

信托项目利润及利润分配汇总表

2019 年度

编制单位:北京国际信托有限公司　　单位:万元

项目	本年数	上年数
1. 营业收入	1 819 413. 84	1 282 507. 78
1. 1 利息收入	765 284. 12	678 267. 30
1. 2 投资收益(损失以“ -”号填列)	1 049 814. 28	605 663. 13
1. 2. 1 其中:对联营企业和合营企业的投资收益	—	—
1. 3 公允价值变动收益(损失以“ -”号填列)	-8 625. 62	-32 610. 48
1. 4 租赁收入	—	—
1. 5 汇兑损益(损失以“ -”号填列)	-258. 17	52. 70
1. 6 其他收入	13 199. 23	31 135. 12
2. 支出	166 282. 88	162 079. 68
2. 1 税金及附加	4 302. 38	3 819. 60
2. 2 受托人报酬	107 295. 90	107 890. 95
2. 3 托管费	17 501. 62	14 505. 55
2. 4 投资管理费	10 408. 46	9 826. 56
2. 5 销售服务费	6 974. 35	5 479. 91
2. 6 交易费用	622. 97	680. 68
2. 7 资产减值损失	—	—
2. 8 其他费用	19 177. 20	19 876. 43

续表

项目	本年数	上年数
3. 信托净利润(净亏损以“ -”号填列)	1 653 130. 97	1 120 428. 09
4. 其他综合收益	—	—
5. 综合收益	1 653 130. 97	1 120 428. 09
6. 加:期初未分配信托利润	364 243. 41	410 279. 87
7. 可供分配的信托利润	2 017 374. 38	1 530 707. 96
8. 减:本期已分配信托利润	1 695 983. 57	1 166 464. 55
9. 期末未分配信托利润	321 390. 80	364 243. 41

会计机构负责人:孟广杰　　复核:陆雅清　　制表:马政毅

6. 会计报表附注

6.1 简要说明报告年度会计报表编制基准、会计政策、会计估计和核算方法发生的变化

6.1.1 计提资产减值准备的范围和方法

根据财政部《金融企业准备金计提管理办法》(财金[2012]20 号)的规定,公司计提一般准备和资产减值准备。原则上一般准备余额不得低于风险资产期末余额的 1.5%。公司按中国银行业监督管理委员会《关于非银行金融机构全面推行资产质量五级分类管理的通知》(银监发[2004]4 号)规定实行以风险为基础的五级分类,按资产风险特征划分为若干组合,计提资产减值准备,包括贷款损失准备、坏账准备和长期投

资减值准备。各项组合计提比例如下。

风险程度	计提比例(%)
正常类	1
关注类	3
次级类	25
可疑类	50
损失类	100

6.1.2 **金融工具**

金融工具存在活跃市场的，公司采用活跃市场中的报价确定其公允价值。活跃市场中的报价是指易于定期从交易所、经纪商、行业协会、定价服务机构等获得的价格，且代表了在公平交易中实际发生的市场交易的价格。金融工具不存在活跃市场的，公司采用估值技术确定其公允价值。估值技术包括参考熟悉情况并自愿交易的各方最近进行的市场交易中使用的价格、参照实质上相同的其他金融工具当前的公允价值、现金流量折现法和期权定价模型等。

6.1.2.1 金融资产的确认及计量

公司按照取得金融资产的目的，将持有的金融资产分成以下四类：以公允价值计量且其变动计入当期损益的金融资产，包括交易性金融资产和指定为以公允价值计量且其变动计入当期损益的金融资产；持有至到期投资；贷款和应收款项；可供出售金融资产。金融资产在初始确认时以公允价值计量，对于不属于以公允价值计量且其变动计入当期损益的金融资产，在初始确认时还需要加上可直接归属于该金融资产购置的相关交易费用。

6.1.2.1.1 以公允价值计量且其变动计入当期损益的金融资产

以公允价值计量且其变动计入当期损益的金融资产包括为交易而持有的金融资产，或是初始确认时就被管理层指定为以公允价值计量且其变动计入当期损益的金融资产。

交易性金融资产是指满足下列条件之一的金融资产：(1)取得该金融资产的目的，主要是为了近期内出售；(2)初始确认时即属于进行集中管理的可辨认金融工具组合的一部分，且有客观证据表明本公司近期采用短期获利方式对该组合进行管理；(3)属于衍生工具，但是被指定且为有效套期工具的衍生工具、属于财务担保合同的衍生工具、与在活跃市场中没有报价且其公允价值不能可靠计量的权益工具投资挂钩并须通过交付该权益工具结算的衍生工具除外。

以公允价值计量且其变动计入当期损益的金融资产采用公允价值进行后续计量，公允价值变动形成的利得或损失以及与该等金融资产相关的股利和利息收入计入当期损益。

本公司交易性金融资产主要包括从二级市场购入的股票、债券和基金以及从一级市场通过网上配售方式认购的新股等。

6.1.2.1.2 持有至到期投资

持有至到期投资是指到期日固定、回收金额固定或可确定，且本公司有明确意图和能力持有至到期的非衍生金融资产。

持有至到期投资采用实际利率法，按摊余成本进行后续计量，在终止确认、发生减值或摊销时产生的利得或损失，计入当期损益。

实际利率法是指按照金融资产或金融负债(含一组金融资产或金融负债)的实际利率计算其摊余成本及各期利息收入或支出的方法。实际利率是指将金融资产或金融负债在预期存续期间或适用的更短期间内的未来现金流量，折现为该金融资产或金融负债当前账面价值所使用的利率。

在计算实际利率时，本公司将在考虑金融资产或金融负债所有合同条款的基础上预计未来现金流量(不考虑未来的信用损失)，同时还将考虑金融资产或金融负债合同各方之间支付或收取的、属于实际利率组成部分的各项收费、交易费用及折价或溢价等。

6.1.2.1.3 贷款和应收款项

贷款和应收款项指具有固定或可确定回收金额，缺乏活跃市场的非衍生金融资产，且本公司没有意图立即或在短期内出售该等资产。贷款和应收款项的价值以按实际利率法计算的摊余成本减去减值准备计量。

当贷款和应收款项被终止确认、出现减值或在摊销时所产生的利得或损失，均计入当期损益。

6.1.2.1.4 可供出售金融资产

可供出售金融资产是指那些被指定为可供出售的非衍生金融资产，或未划分为贷款和应收款项类投资、持有至到期投资或以公允价值计量且其变动计入当期损益的金融资产这三类的其他金融资产。在后续计量期间，该类金融资产以公允价值计量。可供出售类金融资产的公允价值变动所带来的未实现收益，在该金融资产被终止确认或发生减值之前，列入资本公积(其他资本公积)。在该金融资产被终止确认或发生减值时，以前计入在资本公积中的累计公允价值变动应转入当期损益。

本公司将从一级市场通过网下配售方式认购的锁定期3个月以上(含3个月)的新股、认购的封闭期在3个月以上(含3个月)的开放式基金、持有上市公司限售股权且对上市公司不具有控制、共同控制或重大影响的、持有的非上市公司的股权或股权收益权且不具有控制、共同控制或重大影响的划分为可供出售性金融资产。

对于在活跃市场中没有报价且其公允价值不能可靠计量的权益工具投资，以及与该权益工具挂钩并须通过交付该权益工具结算的衍生金融资产，按成本计量。

6.1.2.2 金融资产的减值测试和减值准备计提方法

资产负债表日对以公允价值计量且其变动计入当期损益的金融资产以外的金融资产的账面价值进行检查，如有客观证据表明该金融资产发生减值的，计提减值准备。

对单项金额重大的金融资产单独进行减值测试；对单项金额不重大的金融资产，可以单独进行减值测试，或包括在具有类似信用风险特征的金融资产组合中进行减值测试；单独测试未发生减值的金融资产(包括单项金额重大和不重大的金融资产)，包括在具有类似信用风险特征的金融资产组合中再进行减值测试。

按摊余成本计量的金融资产，期末有客观证据表明其发生了减值的，根据其账面价值与预计未来现金流量现值之间的差额确认减值损失。在活跃市场中没有报价且其公允价值不能可靠计量的权益工具投资，或与该权益工具挂钩并须通过交付该权益工具结算的衍生金融资产发生减值时，将该权益工具投资或衍生金融资产的账面价值，与按照类似金融资产当时市场收益率对未来现金流量折现确定的现值之间的差额，确认为减值损失。可供出售金融资产的公允价值发生较大幅度下降，或在综合考虑各种相关因素后，预期这种下降趋势属于非暂时性的，确认其减值损失，并将原直接计入所有者权益的公允价值累计损失一并转出计入减值损失。

6.1.2.3 贷款

6.1.2.3.1 贷款种类和范围

(1)短期贷款及中长期贷款的分类依据。本公司贷款种类按贷款的发放期限之长短确定。凡合同期限在1年以内(含1年)的贷款作为短期贷款，合同期限在1~5年(含5年)的贷款作为中期贷款，合同期限在5年以上的贷款作为长期贷款。本公司单项金额重大的贷款标注:余额为500万元以上的贷款。

(2)逾期贷款的划分依据。逾期贷款指贷款本金逾期90天以内的没有收回的贷款和透支及垫款。

(3)非应计贷款的划分依据和会计处理方法。非应计贷款系指贷款本金或利息逾期达到或超过90天没有收回的贷款和透支及垫款。非应计贷款不计提应收利息。

(4)自营贷款与委托贷款划分依据。自营贷款是指本公司自主发放并承担风险，并由公司收取本金和利息的贷款;委托贷款系指由委托人提供资金，由公司根据委托人确定的贷款对象、用途、金额、期限、利率等而代理发放、监督使用并协助收回的贷款，其风险由委托人承担，本公司发放委托贷款时，不代垫资金。

6.1.2.3.2 计提贷款损失准备的范围和方法

贷款损失准备计提范围为公司承担风险和损失的贷款(含抵押、质押、保证、信用等贷款)、贴现、信用垫款(如银行承兑汇票垫款、担保垫款、信用证垫款等)、进出口押汇、应收账款保理等表内外信贷资产。

以本公司上述表内外信贷资产按风险分类(五级分类)的结果为基础，结合实际情况，如对借款人还款能力、财务状况、抵押担保充分性等的评价，充分评估可能存在的损失，分析确定各类信贷资产应计提损失准备总额。各类贷款计提贷款损失准备的比例如下。

贷款级次	贷款损失准备计提比例(%)
正常类	1
关注类	3
次级类	25
可疑类	50
损失类	100

对公司不承担风险的委托贷款等，则不计提贷款损失准备。

提取的贷款损失准备计入当期损益，发生贷款损失，冲减已计提的贷款损失准备。已核销的贷款损失以后又收回的，其冲减的贷款损失准备则予以转回。

6.1.2.4 应收款项

应收款项包括应收账款、其他应收款等。

6.1.2.4.1 单项金额重大并单项计提坏账准备的应收账款

本公司单项金额重大的应收款项标准:余额为500万元以上的应收账款、余额为300万元以上的其他应收款。

单项金额重大并单项计提坏账准备的计提方法:对于单项金额重大的应收款项单独进行减值测试，有客观证据表明发生了减值，根据其未来现金流量现值低于其账面价值的差额计提坏账准备。

单项金额重大经单独测试未发生减值的应收款项，再按组合计提坏账准备。

6.1.2.4.2 按组合计提坏账的应收款项

对于单项金额非重大的应收款项，与经单独测试后未减值的应收款项一起按信用风险特征划分为若干组合，根据以前年度与之相同或相类似的，具有类似信用风险特征的应收款项组合的实际损失率为基础，结合现时情况确定以下各项组合计提坏账准备的比例，据此计算当期应计提的坏账准备。

风险程度	计提比例(%)
正常类	1
关注类	3
次级类	25
可疑类	50
损失类	100

公司向金融机构转让不附追索权的应收账款，按交易款项扣除已转销应收账款的账面价值和相关税费后的差额计入当期损益。

提取的坏账准备计入当期损益，发生坏账损失，冲减已计提的坏账准备。已核销的坏账损失以后又收回的，其冲减的坏账准备则予以转回。

6.1.3 长期股权投资核算方法

6.1.3.1 投资成本的确定

同一控制下的企业合并形成的，合并方以支付现金、转让非现金资产、承担债务或发行权益性证券作为合并对价的，在合并日按照取得被合并方所有者权益在最终控制方合并财务报表中的账面价值的份额作为其初始投资成本。长期股权投资初始投资成本与支付的合并对价的账面价值或发行股份的面值总额之间的差额调整资本公积;资本公积不足冲减的，调整留存收益。

非同一控制下的企业合并形成的，在购买日按照支付的合并对价的公允价值作为其初始投资成本。

除企业合并形成以外的，以支付现金取得的，按照实际支付的购买价款作为其初始投资成本;以发行权益性证券取得的，按照发行权益性证券的公允价值作为其初始投资成本;投资者投入的，按照投资合同或协议约定的价值作为其初始投资成本(合同或协议约定价值不公允的除外)。

6.1.3.2 后续计量及损益确认方法

对被投资单位能够实施控制的长期股权投资采用成本法核算，在编制合并财务报表时按照权益法进行调整;对具有共同控制或重大影响的长期股权投资，采用权益法核算。

6.1.3.3　确定对被投资单位具有控制、重大影响的依据

按照合同约定，与被投资单位相关的重要财务和经营决策需要分享控制权的投资方一致同意的，认定为共同控制；对被投资单位的财务和经营政策有参与决策的权力，但并不能够控制或者与其他方一起共同控制这些政策的制定的，认定为重大影响。

6.1.3.4　减值测试方法及减值准备计提方法

对子公司、联营企业及合营企业的投资，在资产负债表日有客观证据表明其发生减值的，按照账面价值与可收回金额的差额计提相应的减值准备。

6.1.4　固定资产计价和折旧方法

6.1.4.1　固定资产确认条件、计价和折旧方法

本公司的固定资产是指为提供劳务、出租或经营管理而持有，并且使用年限超过1年的有形资产。固定资产在同时满足下列条件时予以确认：(1)与该固定资产有关的经济利益很可能流入企业；(2)该固定资产的成本能够可靠地计量。

固定资产取得时按照实际成本进行初始计量。外购固定资产的成本，以购买价款、相关税费、使固定资产达到预定可使用状态前所发生的可归属于该项资产的运输费、装卸费、安装费和专业人员服务费等确定。

6.1.4.2　各类固定资产的折旧方法

本公司采用年限平均法计提折旧，固定资产自达到预定可使用状态时开始计提折旧，终止确认时或划分为持有待售非流动资产是停止计提折旧。在不考虑减值准备的情况下，公司根据固定资产类别、预计使用寿命和预计净残值率分别确定折旧率如下。

固定资产类别	预计净残值率(%)	预计使用寿命(年)	年折旧率(%)
房屋及建筑物	3	30~45	2.16~3.23
机器设备	3	10	9.7
运输设备	3	6	16.17
电子设备及其他	3	3~6	16.17~32.33

预计净残值是指假定固定资产预计使用寿命已满并处于使用寿命终了时的预期状态，本公司目前从该项资产处置中获得的扣除预计处置费用后的金额。

与固定资产有关的后续支出，如果与该固定资产有关的经济利益很可能流入本公司且其成本能可靠地计量，则计入固定资产成本，并终止确认被替换部分的账面价值，除此以外的其他后续支出，在发生时计入当期损益。固定资产装修费用符合资本化条件的，本公司予以资本化。

以融资租赁方式租入的固定资产采用与自有固定资产一致的政策计提租赁资产折旧。能够合理确定租赁期届满时取得租赁资产所有权的在租赁资产使用寿命内计提折旧，无法合理确定租赁期届满能够取得租赁资产所有权的，在租赁期与租赁资产使用寿命两者中较短的期间内计提折旧。

本公司定期对固定资产的使用寿命、预计净残值和折旧方法进行复核，如发生改变则作为会计估计变更处理。

固定资产出售、转让、报废或毁损的处置收入扣除其账面价值和相关税费后的差额计入当期损益。

6.1.5　在建工程

在建工程达到预定可使用状态时，按工程实际成本转入固定资产。已达到预定可使用状态但尚未办理竣工决算的，先按估计价值转入固定资产，待办理竣工决算后再按实际成本调整原暂估价值，但不再调整原已计提的折旧。

资产负债表日，有迹象表明在建工程发生减值的，按照账面价值与可收回金额的差额计提相应的减值准备。

6.1.6　无形资产

无形资产是指本公司拥有或控制的没有实物形态的可辨认非货币性资产。无形资产按成本进行初始计量。与无形资产有关的支出，如果相关的经济利益很可能流入本公司且其成本能可靠地计量，则计入无形资产成本。除此以外的其他无形项目的支出，在发生时计入当期损益。

使用寿命有限的无形资产自可供使用时起，对其原值在其预计的使用寿命内采用直线法分期平均摊销。本公司定期对无形资产的使用寿命及摊销方法进行复核，如发生变更则作为会计估计变更处理。

使用寿命确定的无形资产，在资产负债表日有迹象表明发生减值的，按照账面价值与可收回金额的差额计提相应的减值准备；使用寿命不确定的无形资产和尚未达到可使用状态的无形资产，无论是否存在减值迹象，每年均进行减值测试。

内部研究开发项目研究阶段的支出，于发生时计入当期损益。内部研究开发项目开发阶段的支出，同时满足下列条件的，确认为无形资产：(1)完成该无形资产以使其能够使用或出售在技术上具有可行性；(2)具有完成该无形资产并使用或出售的意图；(3)无形资产产生经济利益的方式，包括能够证明运用该无形资产生产的产品存在市场或无形资产自身存在市场，无形资产将在内部使用的，能证明其有用性；(4)有足够的技术、财务资源和其他资源支持，以完成该无形资产的开发，并有能力使用或出售该无形资产；(5)归属于该无形资产开发阶段的支出能够可靠地计量。

本公司无形资产为计算机软件，为使用寿命有限的无形资产，摊销方法如下：

类别	使用寿命(年)	摊销方法
计算机软件	2	直线法

本公司于本年度终了，对使用寿命有限的无形资产的使用寿命及摊销方法进行复核，与以前估计不同的，调整权限估计数，并按会计估计变更处理。

本公司期末预计某项无形资产已经不能给企业带来未来经济利益的，将该无形资产的账面价值全部转入当期损益。

6.1.7　抵债资产

本公司取得抵债资产时，按公允价值入账。为取得抵债资产支付的抵债资产欠缴的税费、垫付的诉讼费用和取得抵债资产支付的相关税费计入抵债资产价值。

本公司处置抵债资产时，如果取得的处置收入大于抵债资产账面价值，其差额计入营业外收入；如果取得的处置收入小于抵债资产账面价值，其差额计入营业外支出；保管过程中发生的费用直接计入其他业务支出；处置过程中发生的费用从处置收入中抵减。

本公司将抵债资产列入其他资产。

6.1.8 **职工薪酬**

职工薪酬是指本公司为获得职工提供的服务或解除劳动关系而给予的除股份支付以外各种形式的报酬或补偿。职工薪酬包括短期薪酬、离职后福利、辞退福利和其他长期职工福利。本公司提供给职工配偶、子女、受赡养人、已故员工遗属及其他受益人等的福利，也属于职工薪酬。

6.1.8.1 短期薪酬

本公司在职工提供服务的会计期间，将实际发生的短期薪酬确认为负债，并计入当期损益或相关资产成本。其中，非货币性福利按照公允价值计量。

6.1.8.2 辞退福利

本公司在职工劳动合同到期之前解除与职工的劳动关系、或者为鼓励职工自愿接受裁减而提出给予补偿，在本公司不能单方面撤回解除劳动关系计划或裁减建议时和确认与涉及支付辞退福利的重组相关的成本费用时两者孰早日，确认因解除与职工的劳动关系给予补偿而产生的负债，同时计入当期损益。

6.1.8.3 设定提存计划

本公司职工参加了由当地劳动和社会保障部门组织实施的社会基本养老保险。本公司以当地规定的社会基本养老保险缴纳基数和比例，按月向当地社会基本养老保险经办机构缴纳养老保险费。职工退休后，当地劳动及社会保障部门有责任向已退休员工支付社会基本养老金。本公司在职工提供服务的会计期间，将根据上述社保规定计算应缴纳的金额确认为负债，并计入当期损益或相关资产成本。

6.1.8.4 设定收益计划

6.1.8.4.1 内退福利

本公司向接受内部退休安排的职工提供内退福利。内退福利是指向未达到国家规定的退休年龄、经本公司批准自愿退出工作岗位的职工支付的工资及为其缴纳的社会保险费等。本公司自内部退休安排开始之日起至职工达到正常退休年龄止，向内退职工支付内部退养福利。对于内退福利，本公司比照辞退福利进行会计处理，在符合辞退福利相关确认条件时，将自职工停止提供服务日至正常退休日期间拟支付的内退福利，确认为负债，计入当期损益。精算假设变化及福利标准调整引起的差异于发生时计入当期损益。

6.1.8.4.2 其他补充退休福利

本公司也向满足一定条件的职工提供国家规定的保险制度外的补充退休福利，该等补充退休福利属于设定受益计划，资产负债表上确认的设定受益负债为设定受益义务的现值减去计划资产的公允价值。设定受益义务每年由独立精算师采用与义务期限和币种相似的国债利率、以预期累积福利单位法计算。与补充退休福利相关的服务费用(包括当期服务成本、过去服务成本和结算利得或损失)和利息净额计入当期损益或相关资产成本，重新计量设定受益计划净负债或净资产所产生的变动计入其他综合收益。

本公司按规定参加由政府机构设立的职工社会保障体系，包括基本养老保险、医疗保险、住房公积金及其他社会保障制度，相应的支出于发生时计入相关资产成本或当期损益。

养老保险、医疗保险、住房公积金等社会保险基金计算比例如下：

名称	比例(%)
基本养老保险费	16.00
基本医疗保险费	9.00
大额医疗费用互助资金	1.00
补充养老保险	8.33、6
补充医疗保险费	5.00
失业保险费	0.80
工伤保险费	0.20
住房公积金	12.00
生育保险	0.80

在职工劳动合同到期之前解除与职工的劳动关系，或为鼓励职工自愿接受裁剪而提出给予补偿的建议，如果本公司已经制定正式的解除劳动关系计划或提出自愿裁减建议并即将实施，同时本公司不能单方面撤回解除劳动关系计划或裁减建议的，确认因解除与职工劳动关系给予补偿产生的预计负债，并计入当期损益。

6.1.9 **预计负债**

当与或有事项相关的义务同时符合以下条件，本公司将其确认为预计负债：(1)该义务是企业承担的现时义务；(2)该义务的履行很可能导致经济利益流出企业；(3)该义务的金额能够可靠地计量。

预计负债按照履行相关现时义务所需支出的最佳估计数进行初始计量。

企业应当在资产负债表日对预计负债的账面价值进行复核，如有确凿证据表明预计负债账面价值不能真实反映当前最佳估计数的，应当按照当前最佳估计数对该账面价值进行调整。

企业清偿预计负债所需支出全部或部分预期由第三方补偿的，补偿金额只有在基本确定能够收到时才能作为资产单独确认。确认的补偿金额不应当超过预计负债的账面价值。

6.1.10 **收入确认原则和方法**

收入是本公司在开展日常业务活动过程中所取得的各项收入，主要包括利息收入、手续费及佣金收入、投资收益及其他业务收入等。

在相关的经济利益能够流入及收入的金额能够可靠地计量时，本公司确认收入。

6.1.10.1 利息收入

利息收入是指本公司发放自营贷款，按期计提利息所确认的收入。

利息收入按照实际利率法确认，实际利率与合同利率差异较小的，也可按合同利率计算。

实际利率法是指按照金融资产或金融负债的实际利率计算其摊余成本及各期利息收入或利息支出的方法。实际利率，是指将金融资产或金融负债在预期存续期间或适用的更短期间内的未来现金流量，折现为该金融资产或金融负债当前账面价值所使用的利率。在确定实际利率时，本公司在考虑金融资产或金融负债所有合同条款的基础上预计未来现金流量,但不考虑未来信用损失,本公司支付或收取的、属于实际利率组成部分的各项收费、交易费用及溢价或折价等,在确定实际利率时予以考虑。

另外根据财政部有关规定,本公司发放的贷款,按期计提利息并确认收入。发放贷款到期(含展期,下同)90 天后尚未收回的,其应计利息停止计入当期利息收入,纳入表外核算,原在表内反映的应计利息同时冲销当期损益,转入表外核算;同时该笔贷款转作非应计贷款,以后每期计息均在表外核算,不确认当期收益。

金融企业往来存款利息收入在收到存款银行结息通知单时确认存款利息收入。

拆借利息收入按让渡资金使用权的时间和适用利率计算确定。

金融资产发生减值后,利息收入应当按照确定减值损失时对未来现金流量进行折现采用的折现率作为利率确认计算。

6.1.10.2　手续费及佣金收入

手续费及佣金收入主要包括托管及其他受托业务佣金、顾问和咨询费收入。托管及其他受托业务佣金是根据信托合同规定的计提方法、计提标准确认应由信托项目承担的受托人报酬;顾问和咨询费收入,于所提供金融咨询服务的结果能够可靠估计的情况小,按合同或协议约定确认收入。

6.1.10.3　投资收益

本公司的投资收益划分为持有金融工具产生的投资收益和持有长期股权投资产生的投资收益。

对于持有金融工具产生的投资收益,本公司根据持有金融工具的不容,按对应金融工具的确认和计量标准确认投资收益。

对于长期股权投资,在采用成本法核算时,当被投资单位宣告发放现金股利或分派利润时,本公司确认投资收益;在采用权益法核算时,根据被投资单位实现的净利润或经调整后的净利润计算应享有的份额,确认投资收益;出售或处置长期股权投资是,按所获得的收入与投资账面价值之间的差额确认投资收益。

6.1.10.4　汇兑收益

在交易已经完成,实际收到款项时确认汇兑收益。

6.1.11　支出确认原则

支出主要包括利息支出、手续费佣金支出及其他业务支出等。

利息支出采用实际利率法确认在利润表。实际利率与合同利率差异较小的,也可按合同利息计算。

手续费及佣金支出及其他业务支出按权责发生制原则确认和计量。

6.1.12　租赁

本公司将租赁分为融资租赁和经营租赁。

6.1.12.1　经营租赁

公司为承租人时,在租赁期内各个期间按照直线法将租金计入相关资产成本或确认为当期损益,发生的初始直接费用,直接计入当期损益。或有租金在实际发生时计入当期损益。

公司为出租人时,在租赁期内各个期间按照直线法将租金确认为当期损益,发生的初始直接费用,除金额较大的予以资本化并分期计入损益外,均直接计入当期损益;或有租金在实际发生时计入当期损益。

6.1.12.2　融资租赁

公司为承租人时,在租赁期开始日,公司以租赁开始日租赁资产公允价值与最低租赁付款额现值中两者较低者作为租入资产的入账价值,将最低租赁付款额作为长期应付款的入账价值,其差额为未确认融资费用,发生的初始直接费用,计入租赁资产价值。在租赁期各个期间,采用实际利率法计算确认当期的融资费用。采用与自有固定资产相一致的折旧政策计提租赁资产折旧。能够合理确定租赁期届满时取得租赁资产所有权的,应当在租赁资产使用寿命内计提折旧。无法合理确定租赁期届满时能够取得租赁资产所有权的,应当在租赁期与租赁资产使用寿命两者中较短的期间内计提折旧。

公司为出租人时,在租赁期开始日,公司以租赁开始日最低租赁收款额与初始直接费用之和作为应收融资租赁款的入账价值,同时记录未担保余值;将最低租赁收款额、初始直接费用及未担保余值之和与其现值之和的差额确认为未实现融资收益。在租赁期各个期间,采用实际利率法计算确认当期的融资收入。

6.1.13　政府补助

政府补助需同时满足政府补助所附条件及本公司能够收到政府补助的两个条件时,予以确认,包括财政拨款、财政贴息、税收返还、无偿划拨非货币性资产。

政府补助为货币性资产的,按照收到的金额计量;政府补助为非货币性资产的,按照公允价值计量,公允价值不能可靠取得的,按照名义金额计量。

与资产相关的政府补助确认为递延收益,在相关资产使用寿命内平均分配,计入当期损益;使用寿命结束前处置毁损的,将递延收益一次性转入当期损益。

与收益相关的政府补助,用于补偿以后期间的相关费用或损失的,确认为递延收益,在相关费用的期间,计入当期损益;用于补偿已发生的相关费用或损失的,直接计入当期损益。

6.1.14　所得税的会计处理方法

所得税包括当期所得税(当期应交所得税)和递延所得税,均作为所得税费用或收益计入当期损益,但不包括直接计入所有者权益的交易或事项的所得税影响。

本公司对于当期和以前期间形成的当期所得税负债或资产,按照税法规定计算的预期应交纳或返还的所得税金额计量。

本公司根据资产与负债于资产负债表日的账面价值与计税基础之间的暂时性差异,采用资产负债表债务法计提递延所得税。

各种应纳税暂时性差异均据以确认递延所得税负债,除非应纳税暂时性差异是在以下交易中产生的:(1)商誉的初始确认,或者具有以下特征的交易中产生的资产或负债的初始确认:该交易不是企业合并,并且交易发生时既不影响会计利润也不影响应纳税所得额;(2)对于与子公司、合营企业及联营企业投资相关的应纳税暂时性差异,该暂时性差异转回的时间能够控制并且该暂时性差异在可预见的未来很可能不会转回。

本公司以很可能取得用来抵扣可抵扣暂时性差异的应纳

税所得额为限，确认由可抵扣暂时性差异产生的递延所得税资产，除非可抵扣暂时性差异是在以下交易中产生的：(1)该交易不是企业合并，并且交易发生时既不影响会计利润也不影响应纳税所得额；(2)对于与子公司、合营企业及联营企业投资相关的可抵扣暂时性差异，未能满足：暂时性差异在可预见的未来很可能转回，且未来很可能获得用来抵扣可抵扣暂时性差异的应纳税所得额。

本公司于资产负债表日，对于递延所得税资产和递延所得税负债，依据税法规定，按照预期收回该资产或清偿该负债期间的适用税率计量，并反映资产负债表日预期收回资产或清偿负债方式的所得税影响。

于资产负债表日，本公司对递延所得税资产的账面价值进行复核。如果未来期间很可能无法获得足够的应纳税所得额用以抵扣递延所得税资产的利益，减记递延所得税资产的账面价值。在很可能获得足够的应纳税所得额时，减记的金额予以转回。

6.1.15　信托业务核算办法

根据《中华人民共和国信托法》等规定，信托财产与属于受托人所有的财产(固定财产)相区别，不得归入受托人的固有财产或者成为固有财产的一部分。

本公司信托财产是指因承诺信托而取得的财产，对于因信托财产的管理、运用、处分或者其他情形而取得的财产，也归入信托财产。

信托财产不属于本公司的固有资产，也不属于本公司对受益的负债。本公司终止时，信托财产不属于清算资产。

本公司对信托财产与固有财产分别管理、分别记账，并将不同委托人的信托财产分别管理、分别记账。

本公司的信托项目是指根据信托文件的约定，单独或者集合管理、运用、处分信托财产的基本单位，本公司以每个信托项目作为独立的会计核算主体，独立核算信托财产的管理、运用和处分情况。各信托项目分别记账、独立核算并编制财务报表。信托项目财务报表不列入本财务报表。

6.1.16　信托赔偿准备金的计提

根据中国人民银行颁布的《信托投资公司管理办法》有关规定，公司按税后利润的5%计提信托赔偿准备金，公司信托赔偿准备金累计金额为公司注册资本的20%以上时，不再提取。提取的信托赔偿准备金主要用于弥补因管理操作不善而对信托财产造成的损失。

虽然信托赔偿准备累计总额已超过本公司注册资本的20%，本公司因提高公司抗风险能力的需要，效仿银保监会设计的信托业救助基金的基本理念和方案，把公司会计科目项下的信托赔偿准备加上公司对项目责任人预留的风险准备金等，设立公司信托项目缓解风险救助基金，从2015年起分6年每年计提1亿元，共计提取6亿元。本期计提1亿元信托赔偿准备金。

6.1.17　一般准备的计提

一般风险准备是从净利润中提取的、用于部分弥补尚未识别的可能性损失的准备金。

本公司运用动态拨备原理，采用标准法对风险资产所面临的风险状况定量分析，确定潜在风险估计值。计算风险资产的潜在风险估计值后，对于潜在风险估计值高于资产减值准备的，扣减已计提的资产减值准备，计提一般风险准备。当潜在风险估值低于资产减值准备时，不计提一般风险准备。

动态拨备是金融企业根据宏观经济形势变化，采取逆周期计提拨备的方法，即在宏观经济上行周期、风险资产违约率相对较低时多计提拨备，增强财务缓冲能力；在宏观经济下行周期、风险资产违约率相对较高时少计提拨备，并动用积累的拨备吸收资产损失的做法。

本公司每年年度终了对承担风险和损失的资产计提一般风险准备，具体包括发放贷款和垫款、可供出售金融资产、持有至到期投资、长期股权投资、存放同业、拆出资金、抵债资产、应收款项等，一般准备余额原则上不得低于风险资产期末余额的1.5%。

本公司采用标准法确认潜在风险估计值，按潜在风险估计值与资产减值准备的差额，对风险资产计提一般准备。其中，信贷资产根据金融监管部门的有关规定进行风险分类，标准风险系数暂定为：正常类1.5%、关注类3%、次级类30%、可疑类60%、损失类100%；对于其他风险资产参照信贷资产进行风险分类，采用的标准风险系数同上述信贷资产标准风险系数。

财政部将根据宏观经济形势变化，参考金融企业不良贷款额、不良贷款率、不良贷款拨备覆盖率、贷款拨备率、贷款总拨备率等情况，适时调整计提一般风险准备的风险资产范围、标准风险系数、一般风险准备占风险资产的比例要求。本公司将根据财政部的要求适时进行相应调整。

一般风险准备计提不足的，原则上不得进行税后利润分配。一般风险准备经本公司董事会、股东大会审批通过，并报经同级财政部门备案后，可用一般准备弥补亏损，但不得用于分红。因特殊原因，经董事会、股东大会审批通过后，并报经同级财政部门备案后，可将一般准备转为未分配利润。

6.2　或有事项说明

公司对外担保及其他或有事项的期初数、期末数及其对公司存在无影响。

6.3　重要资产转让及其出售的说明

无。

6.4　会计报表中重要项目的明细资料

6.4.1　披露自营资产经营情况

6.4.1.1　按信用风险五级分类结果披露信用风险资产的期初数、期末数

信用风险资产五级分类	正常类(万元)	关注类(万元)	次级类(万元)	可疑类(万元)	损失类(万元)	信用风险资产合计(万元)	不良资产合计(万元)	不良资产率(%)
期初数	1 140 420	—	—	500	4 900	1 145 820	5 400	0.47
期末数	1 320 657	—	10 000	—	13 334	1 343 991	23 334	1.74

注：不良资产合计=次级类+可疑类+损失类。

6.4.1.2 各项资产减值损失准备的期初数、本期计提、本期转回、本期核销、期末数

单位：万元

	期初数	本期计提	本期转回	本期核销	期末数
贷款损失准备	10 166	11 136	—	—	21 302
可供出售金融资产减值准备	—	—	—	—	—
持有至到期投资减值准备	—	—	—	—	—
长期股权投资减值准备	92	5	59	—	38
坏账准备	734	34	91	—	677
投资性房地产减值准备	—	—	—	—	—

6.4.1.3 自营股票投资、基金投资、债券投资、股权投资等投资业务的期初数、期末数

单位：万元

	自营股票投资	基金投资	债券投资	长期股权投资	其他投资	合计
期初数	55 233	10 826	12 849	55 553	299 349	433 810
期末数	9 092	51 230	7 207	47 861	543 979	659 369

6.4.1.4 按投资入股金额排序，前三名的自营长期股权投资的企业名称、占被投资企业权益的比例及投资收益情况等（依大小顺序排列）

企业名称	占被投资企业权益的比例（%）	投资收益（万元）
1. 深圳前海京信供销基金管理有限公司	35	投资管理
2. 中合供销（上海）股权投资基金管理有限公司	40	投资管理
3. 郑州北国投特通股权投资基金管理有限公司	50	投资管理

6.4.1.5 前三名的自营贷款的企业名称、占贷款总额的比例和还款情况等（依大小顺序排列）

企业名称	占贷款总额的比例（%）	还款情况（万元）
1. 北京高斓大厦有限公司	7.02	正常
2. 北京高斓汉威物业管理有限公司	7.02	正常
3. 亿博基业河北物流有限公司	6.81	正常

6.4.1.6 表外业务的期初数、期末数

单位：万元

表外业务	期初数	期末数
担保业务	—	—
代理业务（委托业务）	1 392.89	1 403.07
其他	—	—
合计	1 392.89	1 403.07

6.4.1.7 公司当年的收入结构

收入结构	金额（万元）	占比（%）
手续费及佣金收入	127 064	64.08
其中：信托手续费收入	111 924	56.45
投资银行业务收入	15 140	7.64
利息收入	48 253	24.34
其他业务收入	1 725	0.87
其中：计入信托业务收入部分	—	—
投资收益	24 436	12.32
其中：股权投资收益	14 010	7.07
证券投资收益	-953	-0.48
其他投资收益	11 379	5.74
公允价值变动收益	-3 385	-1.71
营业外收入	186	0.09
收入合计	198 279	100.00

注：手续费及佣金收入、利息收入、其他业务收入、投资收益、营业外收入均应为损益表中的一级科目，其中手续费及佣金收入、利息收入、营业外收入为未抵减掉相应支出的全年累计实现收入数。

6.4.2 披露信托财产管理情况

6.4.2.1 信托资产的期初数、期末数

单位：万元

信托资产	期初数	期末数
集合	12 678 781.08	13 422 593.35
单一	7 032 213.84	5 623 328.18
财产权	2 988 575.83	932 517.21
合计	22 699 570.75	19 978 438.74

6.4.2.1.1 主动管理型信托业务的信托资产期初数、期末数

单位：万元

主动管理型信托资产	期初数	期末数
证券投资类	2 870 784.78	2 225 413.66
其他金融产品投资	446 146.98	304 130.48
股权投资类	2 820 546.94	3 373 820.48
其他投资	108 827.22	97 418.24
融资类	6 284 042.54	7 261 828.79
事务管理类	51 538.80	57 183.31
合计	12 581 887.26	13 319 794.96

注：1. 上市公司股票受益权统计在“证券投资类”。
2. 自2016年起将“其他金融产品投资”从“证券投资类”分离统计。
3. “其他投资”为信托资金直接投资于影视剧、艺术品、贵金属等。

6.4.2.1.2　被动管理型信托业务的信托资产期初数、期末数

单位:万元

被动管理型信托资产	期初数	期末数
证券投资类	—	—
股权投资类	—	—
融资类	35 174.90	20 955.86
事务管理类	10 082 508.59	6 637 687.92
合计	10 117 683.49	6 658 643.78

6.4.2.2　本年度已清算结束的信托项目个数、实收信托合计金额、加权平均实际年化收益率

6.4.2.2.1　本年度已清算结束的集合类、单一类资金信托项目和财产管理类信托项目个数、实收信托合计金额、加权平均实际年化收益率

已清算结束的信托项目	项目个数(个)	实收信托合计金额(万元)	加权平均实际年化收益率(%)
集合	68	3 677 403.49	9.04
单一	55	2 711 123.07	6.53
财产权	6	5 008 963.85	3.82

注:实收信托合计金额是信托本金累计给付额。

6.4.2.2.2　本年度已清算结束的主动管理型信托项目个数、实收信托合计金额、加权平均实际年化收益率

主动管理型

已清算结束信托项目	项目个数(个)	实收信托合计金额(万元)	加权平均实际年化信托报酬率(%)	加权平均实际年化收益率(%)
证券投资类	9	1 320 327.47	0.28	6.93
其他金融产品投资	10	276 425.46	0.46	6.29
股权投资类	14	769 028.00	2.48	8.82
其他投资类	—	—	—	—
融资类	28	2 036 061.00	1.65	7.83
事务管理类	—	—	—	—

注:1. 实收信托合计金额是信托本金累计给付额。
2. 上市公司股票受益权投资统计在证券投资类。
3. 自2016年起将"其他金融产品投资"从"证券投资类"分离统计。
4. "其他投资"为信托资金直接投资于影视剧、艺术品、贵金属等。

6.4.2.2.3　本年度已清算结束的被动管理型信托项目个数、实收信托合计金额、加权平均实际年化收益率

被动管理型

已清算结束的信托项目	项目个数(个)	实收信托合计金额(万元)	加权平均实际年化信托报酬率(%)	加权平均实际年化收益率(%)
证券投资类	—	—	—	—
股权投资类	—	—	—	—
融资类	—	—	—	—
事务管理类	68	6 995 648.48	0.16	5.22

注:实收信托合计金额是信托本金累计给付额。

6.4.2.3　本年度新增的集合类、单一类和财产管理类信托项目个数、实收信托合计金额

新增信托项目	项目个数(个)	实收信托合计金额(万元)
集合	45	2 113 013.98
单一	83	949 641.03
财产权	4	959 716.57
合计	132	4 022 371.58
其中:主动管理型	85	2 436 088.13
被动管理型	47	1 586 283.44

注:实收信托合计金额是本年新增信托项目累计新增的实收信托金额。

6.4.2.4　信托业务创新成果和特色业务

报告期间,公司冷静看待宏观经济金融形势,发挥战略引领作用,聚焦京津冀,服务北京"四个中心"建设,推动与北京市属国企和各区的合作,推进重大项目落地。在房地产业务方面继续深耕细作,围绕城市更新、股权投资、特殊资产等方向寻求突破;在政信业务方面围绕重要城市群探索政信合作新模式;持续进行证券平台建设;加强同业合作。

聚焦京津冀,服务北京"四个中心"建设。围绕国家战略,持续加大京津冀区域交通、物流、基础设施、城市棚改、影视文化等领域投资力度,一批项目先后落地,初步实现了扎根北京、深耕北京、服务京津冀的目标定位。主动服务北京城市副中心建设,探索以"文化+金融"模式支持首都文化产业发展,持续做强北京信托农村集体资产管理品牌,继续打造"富民"系列产品。

大力推动与市属国企的合作。公司组织开展市属企业金融服务需求与公司业务机会分析研究,参加了北京市属企业战略合作大会,宣传公司服务实体企业的业务模式和比较优势。与多家市属企业进行了座谈交流,与市广电局等公司的多个市属企事业单位签订了战略合作协议,与北辰、住总、首创等公司的多个项目落地。

深耕细作信托主业,探索传统业务转型,主要包括以下几个方面。

一是房地产业务方面,坚决落实监管部门关于房地产业务的相关要求,主动调整结构、控制规模,严格区域准入,遴选优质项目,加强项目中后期管理,切实守住不发生重大项目风险的底线。围绕城市更新、股权投资、特殊资产等方向寻求突破,积累了宝贵的经验。

二是政信业务方面,积极探索政信合作新模式,公司重点围绕京津冀、长三角、粤港澳大湾区等重要城市群,寻找新的合作伙伴,在熟悉的区域深耕细作,拓展合作成果。

三是证券平台业务方面,证券投资平台建设成果显著。2018年公司设立了大证券平台,积极引进人才,制定了促进证券业务发展的考核制度和人才激励机制。以证券平台的业务部门为依托,组建了包括信评、投研、资产组合管理、资产证券化和渠道等专业化团队,初步建立了北京信托债券投资的信用评价、股票投资研究以及私募基金市场化选择的基本流程和相关制度。积极拓展市场,初步形成了主动管理的现金管理类系列化产品、多策略的TOF组合投资产品等,同时基于高净值客户的需求积极进行资产配置和组合投资管理,为公司向标准化

产品转型和证券投资大类资产业务的发展进行了有益的探索。

四是家族与慈善信托业务方面，家族与慈善信托业务继续大力发展。公司继遗嘱信托和保险金信托实现突破后，继续以主动管理、资产配置为核心，大力拓展家族信托业务，同时将科技赋能，家族信托管理系统上线；充分发挥信托的制度优势，将慈善信托与北京脱贫攻坚“战役”、中轴路申遗保护、拱卫首都生态环境治理有机结合，服务北京。

五是同业合作方面，进一步拓展与市属银行机构合作领域空间。探索信保合作新模式，与多家保险机构合作取得新突破。积极寻求与证券公司在 ABN、ABS、CMBS 等资产证券化领域开展信证合作；与基金公司开展了 TOF 模式合作。

大力推动业务创新和重大项目落地，推进公司转型。

一是探索公司级重大项目推进机制。着眼于北京市文化中心建设，推进相关产业基金工作；统筹推进公司与央企合作，探索进入能源领域展业布局。

二是中轴线保护与申遗慈善信托取得实质进展。中轴线保护与申遗慈善信托有关工作经相关部门审批，已经开始有计划分步骤实施。在市国资委的指导下，会同国管中心，完成国内首个专注文化遗产申遗保护的“北京京企中轴线保护公益基金会”的设立。

6.4.2.5　截至本报告期末，公司通过归集专户认缴资金信托对应的信托业保障基金余额为 143 803.06 万元。

6.5　关联方关系及其交易的披露

6.5.1　关联交易方的数量、关联交易的总金额及关联交易的定价政策

关联交易方数量	关联交易定价政策	关联交易总金额（万元）
12	基金以市场公允价值计价； 信托产品以合同约定的收益级别定价	330 958

6.5.2　关联交易方与本公司的关系性质、关联交易方的名称、法定代表人、注册地址、注册资本及主营业务等

公司子公司北信瑞丰基金管理有限公司，法定代表人周瑞明，公司注册地址北京市怀柔区九渡河镇黄坎村 735 号，公司注册资本为 17 000 万元，主营业务包括基金募集、基金销售、资产管理。

公司子公司北信瑞丰基金管理有限公司的子公司上海北信瑞丰资产管理有限公司，法定代表人周瑞明，公司注册地址上海市虹口区欧阳路 196 号 10 号楼 5 层 01 室，公司注册资本为 3 000 万元，主营业务包括资产管理、投资咨询、投资管理、企业管理咨询、商务咨询、实业投资、市场信息咨询与调查（不得从事社会调查、社会调研、民意调查、民意测验）、市场营销策划、财务咨询（不得从事代理记账）、金融信息服务（不得从事金融业务）。

6.5.3　本公司与关联方的重大交易事项

北信瑞丰稳定收益 C 基金为公司认购的由北信瑞丰基金管理有限公司发行并管理的北信瑞丰稳定收益 C 基金，该基金不直接从二级市场买入股票、权证等，不参与一级市场的新股申购或增发新股。截至 2019 年 12 月 31 日，该基金公允价值变动为 956 501.90 元。

北信瑞丰鼎丰灵活配置为公司认购的由北信瑞丰基金管理有限公司发行并管理的北信瑞丰鼎丰灵活配置基金，该基金投资于依法发行或上市的股票、债券等金融工具及法律法规或中国证监会允许基金投资的其他金融工具。截至 2019 年 12 月 31 日，该基金公允价值变动为 246 049.20 元。

北信瑞丰宜投宝货币市场基金为北信瑞丰、上海瑞丰认购的由北信瑞丰基金管理有限公司发行并管理的货币市场基金，该基金投资于法律法规及监管机构允许投资的金融工具，包括现金、通知存款、短期融资券、超短期融资券、1 年以内（含 1 年）的银行定期存款和大额存单、期限在 1 年以内（含 1 年）的债券回购，期限在一年以内（含一年）的中央银行票据，剩余期限在 397 天以内（含 397 天）的债券、资产支持证券、中期票据，以及法律法规或中国证监会、中国人民银行允许基金投资的其他具有良好流动性的货币市场工具。截至 2019 年 12 月 31 日，该基金公允价值变动为零。

北信瑞丰鼎利债券型证券投资基金为北信瑞丰认购的由北信瑞丰基金管理有限公司发行并管理的债券型基金，该基金投资于具有良好流动性的金融工具，包括国内依法发行上市的股票、权证、债券、资产支持证券、债券回购、货币市场工具、银行存款、同业存单及法律法规或中国证监会允许基金投资的其他金融工具。截至 2019 年 12 月 31 日，该基金公允价值变动为零。

北信瑞丰研究精选股票型证券投资基金为公司认购的由北信瑞丰基金管理有限公司发行并管理的北信瑞丰研究精选股票型证券投资基金，该基金成立于 2017 年 6 月 28 日，基金类型为股票型，投资范围为具有良好流动性的金融工具，可以投资于股票、债券、债券回购、银行存款、货币市场工具、资产支持证券、权证、股指期货及中国证监会允许投资的其他金融工具。截至 2019 年 12 月 31 日，该基金公允价值变动为 1 017 415.80元。

北信瑞丰鼎丰灵活配置混合型发起式证券投资基金为公司认购的由北信瑞丰基金管理有限公司发行并管理的北信瑞丰鼎丰灵活配置混合型发起式证券投资基金，该基金成立于 2019 年 11 月 13 日，基金类型为混合型，投资于依法发行或上市的股票、债券等金融工具及法律法规或中国证监会允许基金投资的其他金融工具。截至 2019 年 12 月 31 日，该基金公允价值变动为 246 049.20 元。

北信瑞丰产业升级多策略混合型证券投资基金为公司认购的由北信瑞丰基金管理有限公司发行并管理的北信瑞丰产业升级多策略混合型证券投资基金，该基金成立于 2017 年 6 月 23 日，基金类型为混合型，投资范围为具有良好流动性的金融工具，包括国内依法发行上市的股票、债券、资产支持证券、债券回购、货币市场工具、权证、股指期货及法律法规或中国证监会允许基金投资的其他金融工具。本公司截至 2019 年 12 月 31 日，该基金公允价值变动为 9 456 386.52 元。

仟亿资本 002 号集合信托计划、仟亿资本 001 号集合计划、锦程财富 012 号集合资金信托计划、城市发展财富 028 号集合资金信托计划、睿盈财富 017 号集合资金信托计划、城市发展系列集合资金信托计划Ⅲ期、锦钰财富 026 号集合信托计划、城市发展财富 2015010 号集合资金信托计划均是本公司发行并管理的信托产品。本公司以固有资金进行投资，截至 2019 年 12 月 31 日，持有仟亿资本 002 号集合信托计划份额为

100 000 000.00元，持有仟亿资本001号集合信托计划份额为1 000 110 000.00元，持有锦程财富012号集合资金信托计划份额为116 600 000.00元，持有城市发展财富028号集合资金信托计划份额为零，持有睿盈财富017号集合资金信托计划份额为零，持有城市发展系列集合资金信托计划III期份额为300 000 000.00元，持有锦钰财富026号集合信托计划份额为297 600 000.00元，持有城市发展财富2015010号集合资金信托计划份额为122 300 000.00元。

6.5.3.1 固有与关联方：贷款、投资、租赁、应收账款、担保、其他方式等期初汇总数、本期借方和贷方发生额汇总数、期末汇总数

单位：万元

固有与关联方关联交易				
	期初数	借方发生额	贷方发生额	期末数
贷款	—	—	—	—
投资	181 998	176 970	153 988	204 980
租赁	—	—	—	—
担保	—	—	—	—
应收账款	—	—	—	—
其他	—	—	—	—
合计	181 998	176 970	153 988	204 980

6.5.3.2 信托与关联方交易情况：贷款、投资、租赁、应收账款、担保、其他方式等期初汇总数、本期借方和贷方发生额汇总数、期末汇总数

单位：万元

信托与关联方关联交易				
	期初数	借方发生额	贷方发生额	期末数
贷款	—	—	—	—
投资	86 652.21	—	44 495.36	42 156.85
租赁	—	—	—	—
担保	—			—
应收账款	—	—	—	—
其他	—	—	—	—
合计	86 652.21	—	44 495.36	42 156.85

6.5.3.3 固有与信托财产之间的交易金额期初汇总数、本期发生额汇总数、期末汇总数

单位：万元

固有财产与信托财产相互交易			
	期初数	本期发生额	期末数
合计	169 744.00	23 917.00	193 661.00

6.5.3.4 信托项目之间的交易金额期初汇总数、本期发生额汇总数、期末汇总数

单位：万元

信托资产与信托财产相互交易			
	期初数	本期发生额	期末数
合计	385 074.00	117 712.34	502 786.34

6.5.4 关联方逾期未偿还公司资金的情况及公司为关联方担保发生或即将发生垫款的情况

无。

6.6 会计制度的披露

公司固有业务(自营业务)自2008年1月1日起执行财政部2006年发布的《企业会计准则》，信托业务自2010年1月1日起执行《企业会计准则》。

7. 财务情况说明书

7.1 利润实现和分配情况

单位：万元

项目	金额
利润总额	123 006
减：所得税费用	30 249
净利润	92 757
减：少数股东损益	1 779
提取法定盈余公积	8 738
提取一般风险准备	2 583
信托赔偿准备	10 000
加：期初未分配利润	302 812
减：本期利润分配	35 200
期末未分配利润	337 269

7.2 主要财务指标

指标名称	指标值
资本利润率(%)	10.11
加权年化信托报酬率(%)	0.60
人均净利润(万元)	272

注：1. 资本利润率＝净利润/所有者权益平均余额×100%。

2. 加权年化信托报酬率＝(信托项目1的实际年化信托报酬率×信托项目1的实收信托＋信托项目2的实际年化信托报酬率×信托项目2的实收信托＋…＋信托项目n的实际年化信托报酬率×信托项目n的实收信托)/(信托项目1的实收信托＋信托项目2的实收信托＋…＋信托项目n的实收信托)×100%。

3. 人均净利润＝净利润/年平均人数。

4. 平均值采取年初及各季末余额移动算术平均法。

5. 公式为：a(平均)＝($a_0/2+a_1+a_2+a_3+a_4/2$)/4。

7.3 对公司财务状况、经营成果有重大影响的其他事项

无。

7.4 公司净资本情况

信托公司风险控制指标监管报表

2019年12月31日

项目	期末余额	监管标准	备注
净资本(万元)	630 257	≥2亿元	达标
固有业务风险资本(万元)	184 713	—	—
信托业务风险资本(万元)	228 521	—	—
其他业务风险资本(万元)	—	—	—
各项业务风险资本之和(万元)	413 234	—	—
净资本/各项业务风险资本之和(%)	152.52	≥100	达标
净资本/净资产(%)	68.05	≥40	达标

8. 特别事项揭示

8.1 前五名股东报告期内的变动情况

2018 年公司股东情况无变化。前五名股东现为：北京市国有资产经营有限责任公司、航天科技财务有限责任公司、威益投资有限公司、中国石油化工股份有限公司、上海游久游戏股份有限公司。

8.2 董事、监事及高级管理人员变动情况

报告期内，公司董事会、监事会、高管组成情况如下：董事会成员为周瑞明、何晓峰、孙婧、张育明、于宏英、刘迎新、许汉章、于卫东、贝多广、王化成、吴晶妹、王剑钊、夏彬，共 13 人；监事会成员为王进才、王深坤、孟福增、刘率、韩新梅、韩波、董颖，共 7 人；高管人员为周瑞明、何晓峰、瞿纲、幸宇晖、昌青、吴京林、黄晓炜、夏彬、孟广杰、张昕，共 10 人；除何晓峰（京银保监复[2020]10 号）、昌青（京银保监复[2020]78 号）、孙婧（京银保监复[2020]191 号）、于卫东（京银保监复[2020]193 号）外，以上人员的任职资格均在报告期内已获得监管部门核准。

报告期内，中国银行保险业监督管理委员会北京监管局核准了周瑞明任公司董事长的任职资格（京银保监复[2019]1118 号）、刘迎新任公司董事的任职资格（京银保监复[2019]779 号）、孟广杰任公司首席运营官的任职资格（京银保监复[2019]16 号）以及张昕任公司总经理助理（首席创新官）的任职资格（京银保监复[2019]336 号），以上人员均已履职。

8.3 公司重大未决诉讼事项

无。

8.4 会计师事务所出具的审计报告

会计师事务所出具了无保留意见的审计报告。

8.5 公司及其董事、监事和高级管理人员受到处罚的情况

无。

8.6 银保监会及其派出机构对公司检查后提出的整改意见之整改情况简要说明

2019 年，北京银保监局对公司进行了房地产和证券业务重点领域专项现场检查。在北京银保监局出具的现场检查意见书中，北京银保监局对公司内控体系和各项制度进行了总体肯定，认为公司基本能够按照监管法规和内部制度开展工作；同时也对公司在转型过程中部分项目的合规性问题提出了意见和建议。公司按照现场检查意见书的要求，认真开展了整改工作，完善业务内控制度，健全和优化操作流程；全面自查房地产信托业务，加强房地产业务实质审查，积极整改存续项目；严格执行操作指引，规范证券投资业务；严防声誉风险，强化消费者权益保护工作；严防声誉风险，强化消费者权益保护工作。北京银保监局下发了行政处罚决定书，对公司 2 个房地产项目合规性问题作出了责令改正并罚款 50 万元的行政处罚。按照行政处罚决定书的要求，第一时间将罚金划缴至指定账户，对所涉及的 2 个项目展开专项整改工作。同时，按照公司《履职过失问责试行办法》有关规定，对相关责任部门进行了问责。公司已将整改工作情况上报北京银保监局。

8.7 本年度重大事项临时报告

报告期内，公司法定代表人更换为周瑞明同志，已获监管审核并完成工商备案；孟广杰任公司首席运营官，任职资格已获核准（京银保监复[2019]16 号）；张昕任公司总经理助理（首席创新官），任职资格已获核准（京银保监复[2019]336 号）；公司已及时在《上海证券报》披露。

8.8 银保监会及其派出机构认定的其他有必要让客户及其相关利益人了解的重要信息

无。

9. 公司监事会对公司依法运作情况、财务报告情况的独立意见

公司监事会认为，公司董事会各项决议符合《公司法》等法律法规和《公司章程》的规定，公司经营管理活动合法合规，高级管理层认真执行股东会、董事会的各项决议，经营业绩良好，圆满完成了报告期年初制订的经营计划。公司经营中未出现违规操作行为，未出现损害公司、股东及受益人利益的行为。公司财务报告真实、客观地反映了公司的财务状况和经营成果。

渤海国际信托股份有限公司

1. 重要提示

1.1 公司董事会及董事保证本报告所载资料不存在任何虚假记载、误导性陈述或者重大遗漏，并对其内容的真实性、准确性和完整性承担个别及连带责任。

1.2 公司独立董事朱玉杰、苏敬勤、孟庆斌对本报告内容的真实性、准确性和完整性表示认可。

1.3 中兴财光华会计师事务所（特殊普通合伙）为公司出具了标准无保留意见的审计报告。

1.4 公司董事长成小云、执行董事兼总裁马建军、财务总监董丁丁声明：保证年度报告中财务会计报告的真实、完整。

2. 公司概况

2.1 公司简介

渤海国际信托股份有限公司（以下简称渤海信托或公司）前身为河北省国际信托投资有限责任公司，成立于1983年12月，2007年2月增资扩股后，注册资本金增加到72 565万元（含1 500万美元）。2007年11月，公司名称变更为渤海国际信托有限公司。2009年3月由原股东增资7 000万元，注册资本金增加至79 565万元（含1 500万美元）。2011年6月，海航资本控股有限公司（现更名为海航资本集团有限公司）增资120 435万元，注册资本金增加至200 000万元（含1 500万美元）。2015年7月完成股改，更名为渤海国际信托股份有限公司。2017年2月，渤海信托注册资本金增加到360 000万元。

法定中文名称	渤海国际信托股份有限公司
法定中文缩写名称	渤海信托
公司法定英文名称	Bohai International Trust Co., Ltd.
法定英文缩写名称	BITC
法定代表人	成小云
注册地址	石家庄市新石中路377号B座22~23层
公司网址	www.bohaitrust.com
邮政编码	050090
信息披露事务联系人	李晓晨，电话：010－57819191，传真：010－59782079；电子信箱：xch_li@bohaitrust.com
选定的信息披露报纸	《证券时报》
信息披露事务负责人	马建军
公司年报备置地点	石家庄市新石中路377号B座22－23层
聘请的会计师事务所	中兴财光华会计师事务所（特殊普通合伙）
聘请的会计师事务所住所	北京市西城区阜成门外大街2号22层A24

2.2 组织结构

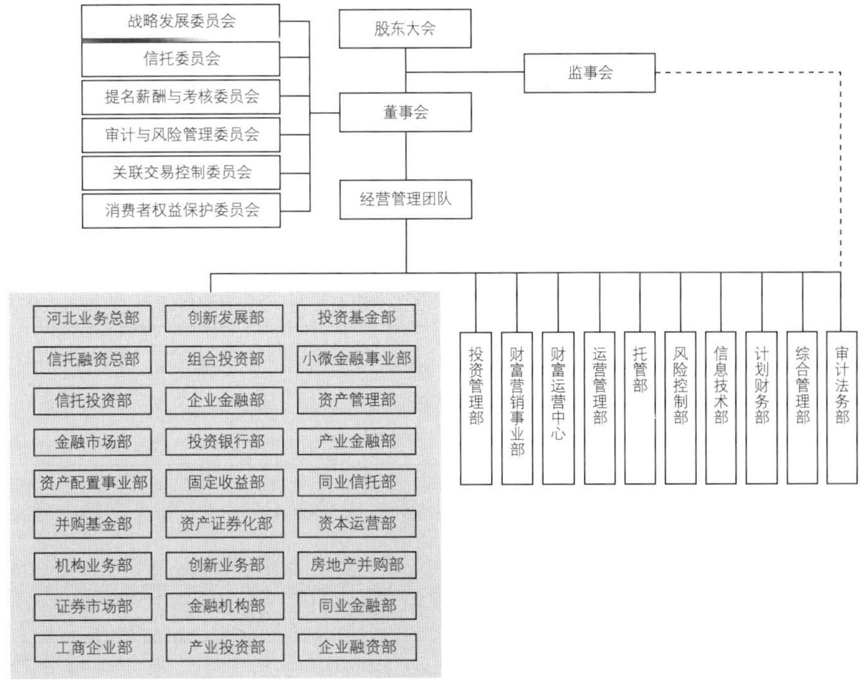

3. 公司治理

3.1 股东

截至2019年末，公司股份总数为360 000万股，股东总数3家；控股股东为海航资本集团有限公司；实际控制人、最终受益人均为海南省慈航公益基金会。

股东名称	持股比例（%）	法人代表	注册资本（万元）	注册地址	主要经营业务
海航资本集团有限公司	51.23	金　川	3 348 035	海南省海口市海秀路29号	企业资产重组、购并及项目策划，财务顾问中介服务，信息咨询服务，交通能源新技术、新材料的投资开发，航空器材的销售及租赁业务，建筑材料、酒店管理，游艇码头设施投资。
北京海航金融控股有限公司	26.67	丁永忠	2 120 000	北京市丰台区丽泽路18号院1号楼701～731室	投资与资产管理；投资咨询；经济贸易咨询；企业策划；财务咨询（不得开展审计、验资、查账、评估、会计咨询、代理记账等需经专项审批的业务，不得出具相应的审计报告、验资报告、查账报告、评估报告等文字材料）；技术开发；技术服务。［1. 未经有关部门批准，不得以公开方式募集资金；2. 不得公开开展证券类产品和金融衍生品交易活动；3. 不得发放贷款；4. 不得对所投资企业以外的其他企业提供担保；5. 不得向投资者承诺投资本金不受损失或者承诺最低收益；不得以公开方式募集资金；不得公开交易证券类产品和金融衍生品；不得发放贷款；不得向所投资企业以外的其他企业提供担保；不得向投资者承诺投资本金不受损失或者承诺最低收益。企业依法自主选择经营项目，开展经营活动；依法须经批准的项目，经相关部门批准后依批准的内容开展经营活动；不得从事本市产业政策禁止和限制类项目的经营活动］。
中国新华航空集团有限公司	22.10	罗　军	438 664.5137	北京市顺义区天竺镇府前一街16号	许可经营项目：由天津始发（部分航班由北京始发）至国内部分城市的航空客、货运输业务（以经营许可证有效期为准）。 一般经营项目：与航空运输相关的服务业务；自有房地产经营；资产管理；航空器材、建筑材料、装饰材料、化工产品（不含危险化学品）、电子产品、日用百货、纺织品、机械、电子设备、黑色金属的销售；广告设计、制作、代理、发布；设计和制作印刷品广告，利用《新华航空》杂志发布国内外广告；进出口业务。

第一大股东海航资本集团有限公司的主要股东如下表所示；控股股东为海航集团有限公司；实际控制人、最终受益人均为海南省慈航公益基金会。

股东名称	持股比例（%）	法人代表	注册资本（万元）	注册地址	主要经营业务
海航集团有限公司	88.05	陈　峰	6 000 000	海口市美兰区国兴大道7号新海航大厦25层	航空运输及机场的投资与管理；酒店及高尔夫球场的投资与管理；信息技术服务；飞机及航材进出口贸易；能源、交通、新技术、新材料的投资开发及股权运作；境内劳务及商务服务中介代理。
珠海东方嘉泽投资管理中心（有限合伙）	11.95	深圳东方藏山资产管理有限公司（执行事务合伙人）	400 010	珠海市横琴新区宝华路6号105室－20074	合伙协议记载的经营范围：投资管理；股权投资；投资咨询；企业管理咨询；投资兴办实业；受托资产管理（依法须经批准的项目，经相关部门批准后方可开展经营活动）。

3.2 董事、董事会及其下属委员会

董事长、董事

姓　名	职　务	性别	年龄（岁）	选任日期	所推举股东名称	该股东持股比例（%）	简要履历
成小云	董事长	男	57	2019年2月28日	海航资本集团有限公司	51.23	历任合肥农村商业银行董事、行长、党委副书记，营口沿海银行董事长，新光海航人寿保险有限责任公司董事长，渤海金控投资股份有限公司监事会主席；现任渤海国际信托股份有限公司董事长。
马建军	执行董事	男	48	2017年1月18日	中国新华航空集团有限公司	22.10	历任渤海国际信托股份有限公司总裁助理，副总裁；现任渤海国际信托股份有限公司执行董事兼总裁。

续表

姓　名	职　务	性别	年龄(岁)	选任日期	所推举股东名称	该股东持股比例(%)	简要履历
李令星	董事	男	52	2013年3月26日	海航资本集团有限公司	51.23	历任河北省国际信托投资有限公司稽核审计部总经理,海航资本集团有限公司合规管理部总经理;现任渤海人寿保险股份有限公司副总经理,渤海国际信托股份有限公司董事。
陈　虹	董事	男	45	2018年3月20日	北京海航金融控股有限公司	26.67	现任中南财经政法大学法学院经济法系副教授,渤海国际信托股份有限公司董事。
金　曦	董事(拟任)	男	38	—	海航资本集团有限公司	51.23	历任海航物流集团有限公司运营总裁,海航资本集团有限公司运营总裁、投资总裁、副总裁,兼任海航资本投资(北京)有限公司董事长,聚宝金科(北京)信息科技有限公司董事长、总裁;现任海航资本集团有限公司副总裁。

注:2019年4月24日,经2018年度股东大会审议通过,选举金曦先生担任公司董事,金曦先生董事任职资格尚需获得河北银保监局核准。

独立董事

姓　名	职　务	性别	年龄(岁)	选任日期	所推举股东名称	该股东持股比例(%)	简要履历
朱玉杰	独立董事	男	50	2017年11月28日	—	—	历任清华大学经济管理学院金融系助教、讲师、副教授;现任清华大学经济管理学院金融系教授,渤海国际信托股份有限公司独立董事。
苏敬勤	独立董事	男	58	2017年11月28日	—	—	历任大连理工大学图书情报专业教研室副主任,技术经济研究所所长,管理学院党总支副书记、党委书记、副院长、党委组织部部长、党校常务副校长、管理学院副院长;现任大连理工大学管理学院院长、中国工业科技管理大连培训中心主任,渤海国际信托股份有限公司独立董事。
孟庆斌	独立董事	男	39	2018年7月20日	—	—	现任中国人民大学商学院财务金融系副教授,渤海国际信托股份有限公司独立董事。

董事会下属委员会

董事会下属委员会名称	职责	组成人员	职务
战略发展委员会	主要负责制定公司经营管理目标和长期发展战略,监督、检查年度经营计划、投资方案的执行情况。	成小云	主任委员
		马建军	委员
		陈　虹	委员
		朱玉杰	委员
		孟庆斌	委员
信托委员会	主要负责督促公司依法履行受托职责。当公司或其股东利益与受益人利益发生冲突时,保证公司为受益人的最大利益服务。	朱玉杰	主任委员
		马建军	委员
		陈　虹	委员
提名薪酬与考核委员会	主要负责拟定董事和高级管理层成员的选任程序和标准,对董事和高级管理层成员的任职资格进行初步审核,并向董事会提出建议;拟定董事和高级管理层成员的薪酬方案,向董事会提出薪酬方案建议,并监督方案实施;制定公司董事及高级管理层成员的考核标准并进行考核。	苏敬勤	主任委员
		成小云	委员
		马建军	委员
审计与风险管理委员会	主要负责检查公司风险及合规状况、会计政策、财务报告程序和财务状况;负责公司年度审计工作,提出外部审计机构的聘请与更换建议,并就审计后的财务报告信息真实性、准确性、完整性和及时性作出判断性报告,提交董事会审议;监督高级管理层关于信用风险、流动性风险、市场风险、操作风险、合规风险和声誉风险等风险的控制情况,对公司风险政策、管理状况及风险承受能力进行定期评估,提出完善公司风险管理和内部控制的意见。	朱玉杰	主任委员
		李令星	委员
		陈　虹	委员
关联交易控制委员会	主要负责公司关联交易的管理、审批,控制关联交易风险。	孟庆斌	主任委员
		李令星	委员
		陈　虹	委员
消费者权益保护委员会	主要负责制定公司金融消费者权益保护工作的战略、政策和目标,对消费者权益保护工作进行总体规划指导,督促高管层有效执行和落实相关工作。	成小云	主任委员
		马建军	委员
		金　曦(拟任)	委员

3.3 监事、监事会及其下属委员会

监事会成员

姓 名	职 务	性别	年龄（岁）	选任日期	所推举股东名称	该股东持股比例（%）	简要履历
刘 超	监事会主席	男	36	2019年4月24日	—	—	历任海航实业控股有限公司人力资源部中心经理，渤海国际信托股份有限公司人力资源部总经理，渤海租赁股份有限公司综合管理部总经理，海航资本集团有限公司董事会秘书兼人力资源部总经理、综合管理部总经理；现任渤海国际信托股份有限公司监事会主席。
唐晓蕾	职工监事	女	46	2019年4月24日	—	—	历任渤海国际信托股份有限公司审计法务部总经理；现任渤海国际信托股份有限公司职工监事、运营管理部总经理。
童 清	监事	男	52	2019年4月24日	—	—	历任华安财产保险股份有限公司董事长特别助理、副总裁；现任华安财产保险股份有限公司执行董事兼总裁，渤海国际信托股份有限公司监事。

3.4 公司高级管理人员

姓 名	职 务	性别	年龄（岁）	任职日期	金融从业年限（年）	学历	专业	简要履历
马建军	总裁	男	48	2017年1月18日	21	本科	金融学	历任渤海国际信托股份有限公司总裁助理，副总裁；现任渤海国际信托股份有限公司执行董事兼总裁。
符高萌	副总裁	男	50	2017年7月14日	26	本科	财政学	历任海南省信托投资公司资金部副经理，海南海信期货经纪有限公司总经理助理，国泰君安证券股份有限责任公司海口营业部资本运作部经理，幸运旅行社项目经理，渤海国际信托股份有限公司总裁助理；现任渤海国际信托股份有限公司副总裁。
姜鲁宁	副总裁	女	36	2017年9月7日	10	硕士	法律	历任渤海国际信托股份有限公司信托融资总部总经理；现任渤海国际信托股份有限公司副总裁。
章全明	副总裁	男	52	2018年3月20日	18	硕士	金融学	历任人民银行营业管理部副主任科员，原中国银监会北京监管局副处长，国民信托有限公司副总裁，中节能财务有限公司副总经理；现任渤海国际信托股份有限公司副总裁。
董丁丁	财务总监	男	39	2016年8月15日	11	硕士	金融学	历任海南航空股份有限公司机组资源管理员，海航集团财务有限公司资金信贷部总经理；现任渤海国际信托股份有限公司财务总监。
李力盛	首席风控官	男	40	2018年7月20日	4	本科	会计	历任普华永道会计师事务所高级审计师，中国海洋石油总公司高级审计师，新东方教育科技集团有限公司审计经理，百年城集团财务总监，首开商业地产有限公司财务总监，渤海国际信托有限公司风险控制部总经理；现任渤海国际信托股份有限公司首席风控官兼风险控制部总经理。
李 欣	总裁助理	女	37	2017年9月7日	12	本科	统计学	历任扬子江地产集团有限公司综合管理部薪酬绩效主管，扬子江保险经纪有限公司综合管理部经理，海航资本集团有限公司人力资源部副总经理；现任渤海国际信托股份有限公司总裁助理兼综合管理部总经理。
侯庆涛	总裁助理	男	37	2017年9月7日	8	硕士	法律	历任渤海国际信托股份有限公司河北业务总部信托业务总监，创新发展部信托总经理；现任渤海国际信托股份有限公司总裁助理兼创新发展部总经理。

3.5 公司员工

项目		报告期年度		上年度	
		人数（人）	比例（%）	人数（人）	比例（%）
年龄分布	20岁以下	—	—	—	—
	20～29岁	51	18.68	80	33.20
	30～39岁	173	63.37	130	53.94
	40岁以上	49	17.95	31	12.86
学历分布	博士	2	0.73	2	0.83
	硕士	121	44.32	113	46.89
	本科	147	53.85	123	51.04
	专科	3	1.10	3	1.24
	其他	—	—	—	—

续表

项目		报告期年度		上年度	
		人数（人）	比例（%）	人数（人）	比例（%）
岗位分布	董事、监事及高管人员	9	3.30	9	3.74
	自营业务人员	5	1.83	5	2.07
	信托业务人员	157	57.51	130	53.94
	其他人员	102	37.36	97	40.25

4. 经营管理

4.1 经营目标、经营方针、战略规划

4.1.1 经营目标

聚焦主业发展。公司坚守信托本源，专注信托主业，致力于成长为核心竞争优势明显、可持续发展能力强的综合金融服务

机构。

提供优质产品。公司以客户投融资需求为导向,提高金融综合服务水平,满足社会资金多元化需求,为客户提供全面金融解决方案。

强化风险管理。公司不断夯实风险管理和内部控制基础,持续提高风险识别和管控能力,为投资者保驾护航。

保持持续盈利。公司推进业务转型,提升研发与创新水平,提高项目的募、投、管、退能力,增强市场竞争力,保持公司盈利能力稳定。

服务实体经济。公司整合运用多种金融工具,在新兴产业、供给侧改革、消费结构升级、中小微企业发展等领域提供全方位的金融服务。

4.1.2 经营方针

公司坚持"诚信、业绩、创新"的企业理念,以诚信树品牌,以市场为导向,以客户为中心,以创新促发展,谨慎规范,坚守底线,创造优异的经营业绩,实现国家、社会、员工和股东价值的共同成长。

4.1.3 战略规划

短期规划。公司响应政策号召,运用信托制度优势,加强风险管控及过程管理,提高项目质量与发展质量,积极布局财富管理业务,着力推动信托业务创新转型,深挖个性化、差异化信托业务领域,大力发展金融科技和普惠金融业务,促进实体经济和民营经济发展。

中长期规划。公司大力发展资产管理业务和财富管理业务,不断提高资产配置及投资能力,打造行业一流资产管理平台和财富管理品牌;回归信托本源,积极开展家族信托、公益信托业务,为客户提供持续稳健的财富增值和财富传承服务;顺应国家及行业转型发展趋势,培育投资银行及股权投资业务,加快间接融资向直接融资转型,更好地服务实体经济;齐头并进,持续推动建设综合性、创新性、有特色、抗风险的一流信托公司。

4.2 所经营业务的主要内容

自营资产运用与分布表

资产运用	金额(万元)	占比(%)	资产分布	金额(万元)	占比(%)
货币资产	134 563.82	8.51	基础产业	3 128.86	0.20
贷款及应收款	144 805.05	9.15	房地产业	—	—
以公允价值及其变动计入当期损益的金融资产	1 850.56	0.12	证券市场	1 950.56	0.12
可供出售金融资产	293 688.03	18.56	实业	1 066 062.44	67.39
持有至到期投资	—	—	金融机构	417 429.55	26.39
长期股权投资	—	—	其他	93 447.19	5.90
其他	1 007 111.14	63.66	—	—	—
资产总计	1 582 018.60	100.00	资产总计	1 582 018.60	100.00

信托资产运用与分布表

资产运用	金额(万元)	占比(%)	资产分布	金额(万元)	占比(%)
货币资产	1 929 275.49	3.23	基础产业	7 526 232.02	12.62
贷款	36 805 823.71	61.69	房地产	6 699 486.13	11.23

续表

资产运用	金额(万元)	占比(%)	资产分布	金额(万元)	占比(%)
以公允价值及其变动计入当期损益的金融资产	1 307 416.03	2.19	证券市场	1 666 813.47	2.79
可供出售金融资产	—	—	实业	33 830 480.99	56.71
持有至到期投资	14 445 998.57	24.21	金融机构	6 999 513.22	11.73
长期股权投资	4 129 613.76	6.92	其他	2 937 770.28	4.92
其他	1 042 168.55	1.76	—	—	—
信托资产总计	59 660 296.11	100.00	信托资产总计	59 660 296.11	100.00

4.3 市场分析

4.3.1 有利因素

在复杂的内外部环境下,国内经济保持了总体平稳、稳中有进的运行态势,展现出了强大的韧性、潜力,为信托业发展提供了广阔的空间。

随着资管新规及其配套细则的相继落地,以及信托受益权账户系统等行业基础设施的渐趋完善,信托的主动管理能力持续加强,业务结构不断优化,行业竞争力逐步提升。

作为唯一一家注册地在河北省的信托机构,公司在抢抓京津冀协同发展和雄安新区规划建设机遇方面具有独特的区位优势。

多年来,公司坚持稳健务实的经营风格,在保持快速发展的同时,公司特色优势更加突出、发展潜力日益显现,赢得了社会各界的广泛认同。

4.3.2 不利因素

资管市场同质化竞争日趋加剧,与银行理财子公司等新兴主体相比,信托业在客户资源、业务模式、资金募集等方面面临巨大挑战。

在金融行业整治全面趋严的背景下,信托业传统的银信、政信及房地产信托等业务受到较大影响,行业管理资产规模仍呈下降态势,业务转型短期内面临较大冲击。

实体经济仍存在较多困难,给信托公司的风险管理和业务拓展带来了极大压力。

4.4 内部控制

4.4.1 内部控制机制依据和内部控制机制覆盖范围

4.4.1.1 内部控制机制依据

渤海信托内部控制评估工作的依据是《公司法》《信托公司管理办法》《信托公司治理指引》等法律法规,《渤海国际信托股份有限公司章程》《渤海国际信托股份有限公司内部控制指引》及其他相关规章制度。

4.4.1.2 内部控制机制覆盖范围

渤海信托内部控制评估涵盖公司治理结构"三会一层",固有、信托两大业务体系及前台、中台、后台各部门。

4.4.2 内部控制制度及执行情况

4.4.2.1 公司治理内控

《公司章程》规范、完善,股东大会、董事会和监事会的议事规则和决策程序健全,董事会和董事长的决策权限明确、具体,对关联交易设置了专门的审议规则和决策机制;董事会、监事会及董事会下设的战略发展委员会、信托委员会、审计与风险管理委员会、提名薪酬与考核委员会、关联交易控制委员会以及消费者权益保护委员会的议事规则健全、决策程序完善、工作职责明确和年度工作计划具体，且落实情况良好，为公司内部控制的运作提供了良好的基础和环境。股东大会正常、有效地行使在决定公司经营方针和投资计划、更换董事、批准财务预算和决算方案等方面的权利。董事会、监事会能够正常有效地行使《公司章程》所赋予的各项职权。

公司股东严格遵守法律、行政法规和监管机构的规定履行出资人义务和行使出资人的权利。公司建立了规范的关联交易管理制度，涉及关联交易项目均严格执行相关审核原则和程序，关联交易活动遵循了平等、自愿、信用和对价的商业原则，向利益关系人予以充分披露关联交易的定价依据，关联交易均按监管要求事先向监管机构报告。

在公司经营管理过程中，董事会、监事会和公司高级管理人员认真履行了《公司章程》及公司内部控制制度所赋予的职责，遵守《公司法》《金融违法行为处罚办法》《金融机构高级管理人员任职资格管理办法》等相关法律法规，以及《公司章程》和内部控制制度所列示的禁止性规定，展现了公正廉洁、遵纪守法、忠于职守、重视内控、规范经营、严防风险的高度责任意识和优良的工作作风；组织管理能力和业务能力与任职相称。

4.4.2.2　业务控制

4.4.2.2.1　信托业务与固有业务独立机制

《中华人民共和国信托法》《信托公司管理办法》《信托公司集合资金信托计划管理办法》等相关法律规定信托业务和固有业务完全独立，形成“防火墙”，确保相关人员、系统及财产不交叉。《渤海国际信托股份有限公司审批流程指引》对此也进行了明确的确认和区分。

4.4.2.2.2　项目独立评审机制

按照《渤海信托业务评审指引》《渤海信托融资类信托项目尽职调查指引》等相关制度，项目尽职调查、审查、评审、审批、执行、后期管理、信息反馈、审计监督基本是相互分离的，项目尽职调查基本上客观、如实地记录和报告了业务状况和风险状况，风险控制部和业务评审委员会在项目审查、评审环节独立发表意见。业务评审委员会在公平、公开的前提下评审项目，业务评审委员对于项目的评审遵循独立客观原则。

4.4.2.2.3　风险量化机制

公司按照《渤海信托融资类信托业务尽职调查指引》暨《渤海信托交易对手及项目评级办法》对交易对手进行量化评估。交易对手及项目评级由定量评价和定性评价构成，评级要素包括市场竞争地位、信誉状况、管理水平、财务指标及项目评估等五个方面。交易对手及项目评级通过对潜在交易对手及拟融资项目主要风险要素的评价，系统分析和识别潜在交易对手及项目存在的风险和问题，据此确定对潜在交易对手融资需求拟采取的风控措施。

4.4.2.2.4　项目操作指引规范化机制

公司重视完善风险管理制度，通过完善业务管理制度，明确业务操作规范。随着业务发展，公司相关部门不断总结风险管理工作经验，积极落实监管要求，逐步提高风险管理工作水平，适时制定并修订《信托项目过程管理办法》《信托业务合同签署和风控措施落实管理办法》《金融消费者权益保护制度》《金融消费者权益保护工作考核评价办法》《产品信息公开查询平台管理制度》《金融消费者投诉处理制度》《金融知识宣传教育管理办法》《集合信托产品销售专区录音录像管理工作制度》《集合资金信托业务客户认购资金退款事项操作指引》《集合资金信托业务信息披露操作指引》《集合资金信托受益权转让登记操作指引》《信托业务档案管理办法》等操作指引，将公司的风险管理理念和工作经验固化到规章制度中，使业务标准和操作程序更加明确，风险管理更加有效。

4.4.2.2.5　项目审计机制

根据监管要求，跟踪审核业务整改情况。监管机构开展年度例行现场检查后，根据发现的问题，提出一系列监管要求，需要管理层或信托业务部门马上落实，对相关问题进行整改。审计法务部对业务部门的整改工作进行审计监督，有效保证了监管要求的落实和缺陷项目的整改，降低了公司经营风险。此外，公司修订并发布《内部审计管理制度》，定期向股东及公司领导上报公司业务发展情况、执行差异及处理情况、即将到期项目还款来源落实情况。上述措施为公司加强内部控制、有效落实各项管理制度、提早落实到期项目还款来源、敦促业务部门及时对已出现执行差异的项目提出和落实解决方案、防范与化解各类经营风险、提升非现场审计风险监控工作水平等，提供了有力的支持。

4.4.2.2.6　合规管理机制

为防控合规风险，由风险控制部负责合规内控事宜。公司与各业务部门签订风险合规责任书和案件防控责任书，落实业务风险合规责任和金融机构案件防控责任。此外，风险控制部密切保持与当地监管部门的工作联系和信息沟通，确保公司治理、业务经营等诸方面均能较好落实监管政策，依法依规稳健经营。

4.4.2.2.7　业务流程监控机制

信息技术部按照《信息化需求管理制度》编制 IT 建设方案并与开发商恒生电子公司协商落实系统开发，积极推进公司业务流程监控系统建设，为科学开展风险管理创造条件。

4.4.2.2.8　注重过程管理机制

为进一步规范信托项目运营管理，提高运营管理水平，公司成立运营管理部。以《信托项目过程管理办法》《信托业务合同签署和风控措施落实管理办法》等制度为依托，严格控制项目操作风险，提高项目过程管理水平。

4.4.2.3　授权审批控制

公司授权管理制度规定清晰、明确。董事会在公司日常经营管理方面对总裁合理授权，经营管理层各位高级管理人员、职能部门负责人和关键人员岗位均在公司经营相应层次和项目管理的相应环节有适度授权，且授权范围及额度根据市场形势及公司业务运作实际需要适时调整。特别是固有资金运用和费用预算审批，在不同层级有明确的授权额度。从实际运行情况看，目前各层级、各类型授权范围及额度是适当的，符合公司经营需要，也能够满足风险控制要求。

4.4.2.4　重大投资控制

对于重大投资项目，公司设有投资风险评估与控制（项目小组、风险控制部、业务评审委员会和审计与风险管理委员会）、财务成本收益监管与控制（计划财务部和财务总监）、董事会决策控制和股东大会授权控制多层次控制机制。

4.4.2.5 信息披露控制

公司信息反馈机制完善,内部报告路径明确完整,交流渠道通畅,不断加强信息系统建设,逐步实现信息的共享,确保公司股东、董事会、监事会和高管层能够及时全面了解公司的经营和内控情况;公司通过监管报表、专项报告、事前报告和重大事项报告等形式向监管部门及时报送各种数据信息和资料;公司严格执行信息披露的监管要求,根据信托文件约定通过公司网站和书面通知的形式,向当事人全面披露信托财产管理运用的相关信息,按时披露公司年报和重要经营信息等重大事项。信息披露内容真实、完整、充分,按照监管机构的规定刊登在全国性报纸上向公众披露有关信息。

4.4.2.6 财务管理内部控制

核算管理方面,公司认真贯彻落实《中华人民共和国国会计法》《企业财务会计报告条例》《企业会计准则》等有关法律、法规;以实际发生的交易或事项为依据,提供的会计信息能够如实反映财务状况、经营成果和现金流量;按照公司制度规定的会计处理方法进行会计核算,核算及时、清晰明了,会计指标口径一致,相互可比;能够及时、准确上报各种财务报表。

资金管理方面,公司的现金管理和银行存款管理均按照《现金管理暂行条例》《人民币银行结算账户管理办法》认真执行,严格账户开立审批制度;根据公司业务开展模式,完善公司资金管理形式,并按照流程严格执行,做到既配合业务部门及时完成资金的划转,同时保证了资金的安全和相对可控。

税收管理方面,公司计划财务部将纳税管理责任落实到具体岗位,实行纳税专管制度;日常税务申报及时;按照税务机关《发票管理办法》购买和正确使用各种发票;按照国务院财政、税务主管部门规定的保管期限保管账簿、记账凭证、完税凭证及其他有关资料。

4.4.2.7 预算控制

公司严格执行相关预算管理办法,控制日常各项经济活动的支出。

4.4.2.8 财产保护控制

公司计划财务部按照公司相关制度每月进行固定资产折旧的计提、无形资产的摊销;按时对资产变动状况进行维护,并保证账务处理正确、及时;对账面保留的原有业务产生的债权、资产,计划财务部积极配合资产处置,提出财务建议和意见,降低公司不良资产率。

4.4.2.9 绩效考评控制

公司高度重视绩效考评工作,通过完善的绩效考评机制,建立竞争意识强又公平公正的公司环境。目前,公司绩效考评从工作业绩、胜任素质、合规管理、风险控制、价值准则,民主评议六个方面展开。根据全员考核成绩确定考核等级,并根据考核等级对干部员工进行相应的激励和处罚,建立起绩效考评与员工激励的联动机制,使绩效考评真正落到实处。

4.4.2.10 反洗钱内部控制

为了建立健全反洗钱工作管理机制,加强公司反洗钱工作,有效预防洗钱活动,保持公司经营稳健,制定并修订《反洗钱工作管理制度及操作流程》《客户身份识别和客户风险等级划分管理办法》《洗钱和恐怖融资风险自评估管理办法》。要求各相关部门按照中国人民银行《人民币银行结算账户管理办法》相关规定,严格审查客户提供的法定代表人身份证、经办人身份证、企业营业执照、组织机构代码证、国地税务登记证以及贷款卡信息等证明文件和资料,确保其真实性、完整性和有效性。交易对手是自然人的,严格审查自然人的身份证明等基本资料。真正做到了解客户、识别客户。对于委托人的信托财产,公司按照《信托法》等有关法律规定严格审查其来源的合法性,严禁与财产来源不明确的委托人开展业务。

4.4.2.11 重大突发事件应急控制

公司制定了《渤海信托信托项目风险应急响应和处置办法》,为应对业务及其他方面的重大突发事件作了预先准备。为妥善处置重大突发事件,在组织领导、工作程序、物质准备、信息披露及反馈等方面进行了周密的计划和安排,将事件对公司的不利影响降到最低。

4.4.2.12 信息系统保障机制

公司的信息系统可全流程支持公司现有全部业务开展。此外,公司为严格防范信息技术风险,积极部署双活系统。公司在全部信息系统均已实现双机热备的基础上,按照"分系统、分步骤"的原则,完成了14个核心生产运营系统的双活,同时聘请专业的信息安全团队为公司提供漏洞扫描、网络防护、渗透测试及应急响应服务,有效为信息系统运营安全提供了保障。

4.4.3 内部控制监督体系

内部控制监督体系由公司的董事会、经营管理层和全体员工共同建立并实施的,公司为控制风险,实现经营管理目标,通过制定和执行一系列制度、程序和方法,对风险进行识别、评估、控制、监测和纠正的动态持续过程和机制。

4.4.4 内部审计机制

审计法务部担任着公司内部审计的职能,按照《信托公司管理办法》《信托公司治理指引》及公司制定的《内部审计管理制度》的有关规定,每年进行两次年度审计。在日常工作中,对公司业务后期管理的跟踪等进行实时、不定期的监督审查。此外,审计法务部还依照《内部审计管理制度》对拟离任的公司高管进行审计,以核查其在任职期间是否依法合规履行自己的权利和义务。

4.4.5 内部控制缺陷认定及跟踪整改机制

公司通过不断完善内控机制,已形成了以合规审核、风险管理和内部审计为主,业务授权控制、会计控制以及业务流程环节控制等方面共同作用的内部监督评价与纠正机制,实现了内控缺陷的及时发现和自主纠正。监督评价机制的有效运作,一方面,促进了业务操作流程的不断优化和完善;另一方面,增强了对操作风险的实时掌控,使内部监督制约机制更加健全有效。同时,审计法务部按照监管要求和公司制度对内部控制机制和业务运作进行监督、检查与跟踪评价,发现问题迅速自纠。公司高级管理层高度重视监管意见和专业机构的审计结果,根据监管政策和业务发展现状,及时梳理公司规章制度和业务审批流程,不断修订完善,确保内部控制体系的科学有效运行。

公司定期聘请外部审计机构对公司的经营状况、财务状况和内部控制状况进行外部审计,并积极采纳外部审计机构的意见,改善和健全自身的内部控制。

4.5 风险管理

4.5.1 风险管理概况

公司终坚持"全员风控"的理念,将"三会一层"和前台、中台、后台各部门、各岗位均纳入了公司风险管理体系，以董事会下设的审计与风险管理委员会做原则统领，经营层下设的业务评审委员会和风险控制部、审计法务部、运营管理部，前台各业务部门（团队）负责具体项目的筛选和风险识别。公司全面实施风险管理精细化、流程化体系建设、明确风险防控目标和职责。通过健全和完善审计与风险管理委员会的功能和作用，建立直接向董事会汇报的内控管理机制；通过建立完善资产质量考核体系和问责制，形成良好的风险管理文化；通过建立重大事项报告和信息沟通制度，为董事会、监事会履行职责和正确决策提供基础。

董事会作为公司的经营决策机构，对公司风险管理承担最终责任；监事会对董事会、董事会审计与风险管理委员会、公司高级管理层对风险管理的有效性进行监督；董事会审计与风险管理委员会统筹负责风险管理政策的制定，并对其执行情况进行监督。高级管理层负责公司风险管理的有效执行，承担有效管理和执行风险管理的责任。业务评审委员会作为总裁领导下的风险管理及决策机构，主要负责对公司的固有项目、信托项目以及与项目有关的其他重大事项进行审查、评估和决策。前台业务部门直接管理，承担风险管理的直接责任；运营管理与风险控制部门统筹推动，承担制定政策和流程，监测和管理风险的责任；审计法务部门监督检查，承担业务部门和风险管理部门履职情况的审计责任。公司建立"三道防线"的风险管理体系，不断促进业务流程优化和系统升级，合理保障公司的稳健经营和健康发展。

公司高度重视风险管理，认为风险管理能力是公司核心竞争力的重要构成，是公司持续稳健发展的基本保障，持续关注业务经营所面临的信用风险、市场风险、流动性风险、操作风险和声誉风险等各类风险。

4.5.2　风险状况

4.5.2.1　信用风险状况

信用风险是指由于债务人或交易对手不能履行或不能按时履行其合同义务，或者信用状况的不利变动而导致的风险。报告期末公司自营业务信用风险资产按资产质量进行五级分类并按规定标准足额提取呆账准备金，公司按规定提取信托赔偿准备金和各项资产减值损失准备。信托业务信用风险资产按照资产五级分类标准均为"正常"，报告期内，信托业务均按期清算，无违约和逾期现象出现。

4.5.2.2　市场风险状况

市场风险是指因市场价格（利率、汇率、股票价格和商品价格）的不利变动而使公司表内和表外业务发生损失的风险。公司开展的证券投资业务比重较低，固有业务和信托业务整体受股价波动的影响较轻；公司融资类业务存在利率风险，面临由于利率水平不利变动产生的收益相对减少的利率风险；商品价格的不利变动可能给交易对手带来销售下降或成本上升收益减少，进而给公司财产或者信托财产带来市场风险；报告期内公司未开展外币业务，汇率变动不会对公司的盈利能力和财务状况产生直接影响。

4.5.2.3　操作风险状况

操作风险是因内部程序、人员和业务系统的不完善或者工作失误给公司造成损失的风险。报告期内，公司不断优化业务操作指引和工作流程，进一步完善以风险管理为导向的综合业务管理平台，前台、中台、后台各部门的业务操作更加规范，公司各项业务运行正常，未发生操作风险事件。

4.5.2.4　合规风险状况

合规风险是指公司因没有遵循法律、规则和准则可能遭受法律制裁、监管处罚、重大财务损失和声誉损失的风险。报告期内，河北银保监局组织开展"巩固治乱象成果、促进合规建设"专项检查，公司自始至终高度重视整治市场乱象工作，认真组织落实各项自查事项，内部自查、配合检查、整改落实等具体工作，工作成果得到监管机构认可。公司未因开展违法违规业务或受托履职不当受到监管处罚，也未因法律风险管控不当导致交易无效或发生重大财务损失。

4.5.2.5　其他风险状况

公司面临的其他风险主要是指声誉风险和战略风险等。报告期内，公司未发生声誉风险和战略风险事件。

4.5.3　风险管理

4.5.3.1　信用风险管理

公司通过规范尽调程序和尽调报告内容，并对业务人员进行专项培训，不断加强尽职调查工作，实施交易对手信用风险量化管理，审慎选择交易对手，严控项目信用风险。公司融资类信托业务普遍采取实物抵押、权利质押、企业保证等风控措施。报告期内，公司交易对手均具有良好的信用记录，没有违约事件发生。在项目前期尽调阶段，业务部门切实履行受托责任，确保收集的信息完整真实；在项目立项审批阶段，业务评审委员会和风险控制部独立评估项目风险及风控措施的充足性有效性，审核合同资料；在项目操作阶段，运营管理部督导业务部门严格落实项目风控措施；在项目执行过程管理中，运营管理部监督项目经理实时跟踪评价交易对手的风险状况。运营管理部建立业务管理台账，加强对公司整体信用风险的动态管理，定期向业务部门收集项目履约情况、风控措施落实情况和还款来源落实情况，进行风险监测。

4.5.3.2　市场风险管理

公司加强对证券投资业务的专业培训，利用外部专业研究机构提供的信息和数据，加强对经济形势、金融市场行情、重点行业状况和行业周期的研究，确定投资范围、设计预警线和止损限额；增设专门实时监控岗位、降低股票质押率和增强信息披露等方式，有效防范股价波动风险；对部分业务通过合同约定实行浮动利率，有效规避利率风险；对于受商品价格影响较大的交易对手，加强对其所处行业的跟踪研究，动态关注其产销情况和盈利能力的变动状况，有效防范商品价格波动带来的风险。报告期内，公司未发生因市场风险造成的损失。

4.5.3.3　操作风险管理

公司高度重视内部控制制度建设，根据监管政策和业务发展需要，不断修订和完善《渤海信托审批流程指引》及各项业务操作流程，调整授权体系，明确岗位职责和操作规范，实行岗位职责和监督检查相结合，形成不同部门和不同岗位之间的既协作配合又监督制衡的关系。信托业务和固有业务实行调查评估、预审、审批、风险监测与监督检查相互分离的原则，风险管控流程覆盖了信托项目以及固有项目的设立、信托财产和固有资金的运用与管理、固有融资到期偿还及信托计划终止与清算等所有业务环节。加强员工业务技能和企业文化培训，提高员工的业务素质、工作品质和职业道德水平；制定完善各类合同文本模板,提升业务规范化程度和操作效率,降低操作风险隐患。

4.5.3.4 合规风险管理

公司始终将合规文化作为企业文化的一个重要组成部分来培育,倡导和培育的合规基调和理念:在公司上下倡导并积极推行诚信和正直的道德行为准则和价值观念,努力培养所有员工的合规意识,强化合规理念、意识和行为准则,促进公司内部合规与外部监管之间的有效互动;合规人人有责,合规应从公司高层做起,主动合规;合规创造价值;依法合规是公司生存与发展的生命线。公司坚持开展制度文件合规审查机制,从制度源头上完善内控建设、加强合规管理;持续开展各类业务合规审核机制,将合规审核内嵌于公司业务审批流程当中,各类业务均需履行合规审查,以实现对各项业务的事前合规审查;深入开展合规文化培训与宣导,培育守法合规意识,纠正片面追求规模扩张、高速发展的粗放式经营理念,注重向管理要效益、向质量要效益、向服务要效益,真正形成“不能违规、不敢违规、不愿违规”的合规文化。

4.5.3.5 其他风险管理

公司不断强化全面风险管理的理念,在合规经营和稳健发展的基础上,着力提升公司的品牌价值和市场形象。

4.6 金融消费者权益保护

公司始终把金融消费者权益保护工作放在重要位置,积极落实国家及监管部门的工作要求,稳步开展公司消费者权益保护各项日常工作,不断完善消费者权益保护工作机制建设,持续提高公司消费者权益保护工作能力和水平。在日常工作中开展了多种形式的金融知识普及宣传活动,定期面向公司干部员工开展消费者权益保护技能培训,不断完善、扩展客户服务质量和内容,提升客户金融服务体验。

公司董事会定期审议消费者权益保护工作报告。董事会下设有专门的消费者权益保护委员会,消费者权益保护委员会及公司高级管理层通过召开工作会议等形式,规划、研究公司消费者权益保护总体工作,对消费者权益保护工作进行系统有效的指导。

2019 年,公司开展了“3·15”消费者权益保护教育宣传周、防范与打击非法集资宣传月、金融知识普及宣传月等金融知识普及宣传系列活动,并面向公司客户开展了丰富多样的主题沙龙活动。通过持续向社会公众普及宣传基本金融知识,不断提高金融消费者金融素养,助力构建更加安全、和谐的社会金融消费环境。

4.7 社会责任履行情况

报告期内,公司围绕“回归本源”“服务实体经济”“防范金融风险”等具体要求,发挥多层次、多领域、多渠道配置资源的优势,积极落实国家重大战略,不断将社会资金引入实体经济领域,全年新增服务实体业务规模达 1 872.4 亿元。公司逐步推进消费者权益保护长效机制建设,组织开展各类投资者教育活动。2019 年,公司充分发挥思想引领与服务保障作用,组织开展各类社会公益活动,向社会注入暖流,同时积极开展慈善信托,在信托服务公益事业方面作出积极有益尝试。凭借服务社会的优秀表现,公司全年荣膺各类荣誉奖项 7 项,并逐步塑造出“诚实守信,规范经营”和积极履行社会责任的正面品牌形象。

5. 报告期末及上一年度末的比较式会计报表

5.1 自营资产

5.1.1 会计师事务所审计意见全文

审 计 报 告

中兴财光华审会字(2020)第 215004 号

渤海国际信托股份有限公司全体股东:

一、审计意见

我们审计了渤海国际信托股份有限公司(以下简称渤海信托公司)财务报表,包括 2019 年 12 月 31 日的资产负债表,2019 年度的利润表、现金流量表、股东权益变动表以及财务报表附注。

我们认为,后附的财务报表在所有重大方面按照企业会计准则的规定编制,公允反映了渤海信托公司 2019 年 12 月 31 日的财务状况以及 2019 年度的经营成果和现金流量。

二、形成审计意见的基础

我们按照中国注册会计师审计准则的规定执行了审计工作。审计报告的“注册会计师对财务报表审计的责任”部分进一步阐述了我们在这些准则下的责任。按照中国注册会计师职业道德守则,我们独立于渤海信托公司,并履行了职业道德方面的其他责任。我们相信,我们获取的审计证据是充分、适当的,为发表审计意见提供了基础。

三、其他信息

渤海信托公司管理层(以下简称管理层)对其他信息负责。其他信息包括渤海信托公司 2019 年年度报告中涵盖的信息,但不包括财务报表和我们的审计报告。

我们对财务报表发表的审计意见不涵盖其他信息,我们也不对其他信息发表任何形式的鉴证结论。

结合我们对财务报表的审计,我们的责任是阅读其他信息,在此过程中,考虑其他信息是否与财务报表或我们在审计过程中了解到的情况存在重大不一致或者似乎存在重大错报。

基于我们已执行的工作,如果我们确定其他信息存在重大错报,我们应当报告该事实。在这方面,我们无任何事项需要报告。

四、管理层和治理层对财务报表的责任

管理层负责按照企业会计准则的规定编制财务报表,使其实现公允反映,并设计、执行和维护必要的内部控制,以使财务报表不存在由于舞弊或错误导致的重大错报。

在编制财务报表时,管理层负责评估渤海信托公司的持续经营能力,披露与持续经营相关的事项(如适用),并运用持续经营假设,除非管理层计划清算渤海信托公司、终止运营或别无其他现实的选择。

治理层负责监督渤海信托公司的财务报告过程。

五、注册会计师对财务报表审计的责任

我们的目标是对财务报表整体是否不存在由于舞弊或错误导致的重大错报获取合理保证，并出具包含审计意见的审计报告。合理保证是高水平的保证，但并不能保证按照审计准则执行的审计在某一重大错报存在时总能发现。错报可能由于舞弊或错误导致，如果合理预期错报单独或汇总起来可能影响财务报表使用者依据财务报表作出的经济决策，则通常认为错报是重大的。

在按照审计准则执行审计工作的过程中，我们运用职业判断，并保持职业怀疑。同时，我们也执行以下工作：

（1）识别和评估由于舞弊或错误导致的财务报表重大错报风险，设计和实施审计程序以应对这些风险，并获取充分、适当的审计证据，作为发表审计意见的基础。由于舞弊可能涉及串通、伪造、故意遗漏、虚假陈述或凌驾于内部控制之上，未能发现由于舞弊导致的重大错报的风险高于未能发现由于错误导致的重大错报的风险。

（2）了解与审计相关的内部控制，以设计恰当的审计程序，但目的并非对内部控制的有效性发表意见。

（3）评价管理层选用会计政策的恰当性和作出会计估计及相关披露的合理性。

（4）对管理层使用持续经营假设的恰当性得出结论。同时，根据获取的审计证据，就可能导致对渤海信托公司持续经营能力产生重大疑虑的事项或情况是否存在重大不确定性得出结论。如果我们得出结论认为存在重大不确定性，审计准则要求我们在审计报告中提请报表使用者注意财务报表中的相关披露；如果披露不充分，我们应当发表非无保留意见。我们的结论基于截至审计报告日可获得的信息。然而，未来的事项或情况可能导致渤海信托公司不能持续经营。

（5）评价财务报表的总体列报、结构和内容，并评价财务报表是否公允反映相关交易和事项。

我们与治理层就计划的审计范围、时间安排和重大审计发现等事项进行沟通，包括沟通我们在审计中识别出的值得关注的内部控制缺陷。

中兴财光华会计师事务所（特殊普通合伙）

中国·北京

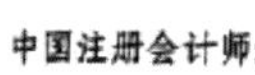

中国注册会计师：

中国注册会计师：

2020年3月10日

5.1.2 资产负债表

资产负债表

编制单位：渤海国际信托股份有限公司　2019年12月31日　单位：元

项　目	期末余额	期初余额
资产：	—	—
现金及存放中央银行款项	11 463.14	11 863.14
存放同业款项	1 345 626 696.63	657 008 325.23
贵金属	—	—
拆出资金	—	—
以公允价值计量且其变动计入当期损益的金融资产	18 505 630.00	18 742 499.62
买入返售金融资产	9 598 520 000.00	5 046 300 013.00
其他应收款	461 880 476.34	373 606 786.52
发放贷款和垫款	986 170 000.00	457 900 000.00
可供出售金融资产	2 936 880 310.74	7 312 536 762.93
持有至到期投资	—	—
长期股权投资	—	—
投资性房地产	20 462 084.96	21 139 388.24
固定资产	1 815 270.97	2 707 176.10
在建工程	5 146 554.64	6 901 432.34
无形资产	17 192 063.41	10 301 885.94
递延所得税资产	427 149 451.60	128 953 403.26
长期待摊费用	825 991.47	1 116 494.16
其他资产	—	—
资产合计	15 820 185 993.90	14 037 226 030.48

资产负债表（续表）

编制单位：渤海国际信托股份有限公司　2019年12月31日　单位：元

项　目	期末余额	期初余额
负债：	—	—
向中央银行借款	—	—
同业及其他金融机构存放款项	—	—
拆入资金	760 000 000.00	—
以公允价值计量且其变动计入当期损益的金融负债	—	—
衍生金融负债	—	—
卖出回购金融资产款	—	—
吸收存款	—	—
应付职工薪酬	160 872 888.59	91 220 888.59
应交税费	636 443 672.85	248 393 411.77
其他应付款	679 733 566.82	1 664 124 618.33
预计负债	448 674 566.33	—
长期借款	—	—
应付债券	—	—
递延所得税负债	—	—
其他负债	247 604.74	247 604.74
负债合计	2 685 972 299.33	2 003 986 523.43
股东权益：	—	—
股本	3 600 000 000.00	3 600 000 000.00
资本公积	5 603 586 997.66	5 603 586 997.66
减：库存股	—	—
其他综合收益	-72 900 744.30	-58 006 091.65
盈余公积	468 830 417.38	357 243 533.36
一般风险准备	255 380 562.01	217 712 066.39
信托赔偿准备金	331 084 252.22	275 290 810.21
未分配利润	2 948 232 209.60	2 037 412 191.08
股东权益合计	13 134 213 694.57	12 033 239 507.05
负债和股东权益总计	15 820 185 993.90	14 037 226 030.48

5.1.3　利润表

利润表

编制单位:渤海国际信托股份有限公司　2019 年度　　　单位:元

项　　目	本年金额	上年金额
一、营业收入	2 924 113 308. 14	1 984 925 510. 76
利息净收入	370 454 123. 97	306 643 262. 05
利息收入	431 635 485. 30	436 640 095. 36
利息支出	61 181 361. 33	129 996 833. 31
手续费及佣金净收入	2 112 827 177. 05	1 572 412 375. 58
手续费及佣金收入	2 382 595 730. 47	1 796 382 216. 13
手续费及佣金支出	269 768 553. 42	223 969 840. 55
投资收益(损失以“-”号填列)	436 357 815. 78	112 630 373. 32
其中:对联营企业和合营企业的投资收益	—	—
公允价值变动损益(损失以“-”号填列)	2 860 464. 37	-8 648 678. 60
汇兑损益(损失以“-”号填列))	882. 24	2 569. 20
资产处置收益(损失以“-”号填列)	—	30. 49
其他收益	—	—
其他业务收入	1 612 844. 73	1 885 578. 72
二、营业支出	1 010 500 585. 57	626 689 774. 65
税金及附加	20 780 408. 30	14 247 552. 21

续表

项　　目	本年金额	上年金额
业务及管理费	411 251 253. 32	341 117 121. 46
资产减值损失	577 791 620. 67	270 647 797. 70
其他业务成本	677 303. 28	677 303. 28
三、营业利润(亏损以“-”号填列)	1 913 612 722. 57	1 358 235 736. 11
加:营业外收入	24 585 295. 60	810 055. 90
减:营业外支出	448 924 966. 33	3 501 984. 42
四、利润总额(亏损总额以“-”号填列)	1 489 273 051. 84	1 355 543 807. 59
减:所得税费用	373 404 211. 67	338 917 897. 14
五、净利润(净亏损以“-”号填列)	1 115 868 840. 17	1 016 625 910. 45
(一)持续经营净利润(净亏损以“-”号填列)	1 115 868 840. 17	1 016 625 910. 45
(二)终止经营净利润(净亏损以“-”号填列)	—	—
六、每股收益:	—	—
基本每股收益	—	—
稀释每股收益	—	—
七、其他综合收益	-14 894 652. 65	-58 006 091. 65
八、综合收益总额	1 100 974 187. 52	958 619 818. 80

5.1.4　所有者权益变动表

所有者权益(股东权益)变动表

编制单位:渤海国际信托股份有限公司　　2019 年度　　单位:元

项　　目	本年金额							
	实收资本(股本)	资本公积	其他综合收益	盈余公积	一般风险准备	信托赔偿准备金	未分配利润	所有者权益合计
一、上年年末余额	3 600 000 000. 00	5 603 586 997. 66	-58 006 091. 65	357 243 533. 36	217 712 066. 39	275 290 810. 21	2 037 412 191. 08	12 033 239 507. 05
加:1. 会计政策变更	—	—	—	—	—	—	—	—
2. 前期差错更正	—	—	—	—	—	—	—	—
二、本年年初余额	3 600 000 000. 00	5 603 586 997. 66	-58 006 091. 65	357 243 533. 36	217 712 066. 39	275 290 810. 21	2 037 412 191. 08	12 033 239 507. 05
三、本年增减变动金额(减少以“-”号填列)	—	—	-14 894 652. 65	111 586 884. 02	37 668 495. 62	55 793 442. 01	910 820 018. 52	1 100 974 187. 52
(一)本年净利润	—	—	—	—	—	—	1 115 868 840. 17	1 115 868 840. 17
(二)其他综合收益	—	—	-14 894 652. 65	—	—	—	—	-14 894 652. 65
上述(一)和(二)小计	—	—	-14 894 652. 65	—	—	—	1 115 868 840. 17	1 100 974 187. 52
(三)股东投入和减少资本	—	—	—	—	—	—	—	—
1. 股东投入资本	—	—	—	—	—	—	—	—
2. 股份支付计入股东权益的金额	—	—	—	—	—	—	—	—
3. 其他	—	—	—	—	—	—	—	—
(四)利润分配	—	—	—	111 586 884. 02	37 668 495. 62	55 793 442. 01	-205 048 821. 65	—
1. 提取盈余公积	—	—	—	111 586 884. 02	—	—	-111 586 884. 02	—
2. 提取一般风险准备	—	—	—	—	37 668 495. 62	—	-37 668 495. 62	—
3. 提取信托赔偿准备金	—	—	—	—	—	55 793 442. 01	-55 793 442. 01	—
4. 对股东的分配	—	—	—	—	—	—	—	—
(五)股东权益内部结转	—	—	—	—	—	—	—	—
1. 资本公积转增股本	—	—	—	—	—	—	—	—

续表

项　目	本年金额							
	实收资本（股本）	资本公积	其他综合收益	盈余公积	一般风险准备	信托赔偿准备金	未分配利润	所有者权益合计
2. 盈余公积转增股本	—	—	—	—	—	—	—	—
3. 盈余公积弥补亏损	—	—	—	—	—	—	—	—
4. 其他	—	—	—	—	—	—	—	—
四、本年年末余额	3 600 000 000. 00	5 603 586 997. 66	-72 900 744. 30	468 830 417. 38	255 380 562. 01	331 084 252. 22	2 948 232 209. 60	13 134 213 694. 57

5.2　信托资产

5.2.1　信托项目资产负债汇总表

信托项目资产负债汇总表

编制单位：渤海国际信托股份有限公司　　2019 年 12 月 31 日　　单位：万元

信托资产	2019 年 12 月 31 日	2018 年 12 月 31 日	信托负债和信托权益	2019 年 12 月 31 日	2018 年 12 月 31 日
信托资产：			信托负债：		
货币资金	1 929 275. 49	2 388 433. 69	交易性金融负债	—	—
拆出资金	471 065. 19	—	衍生金融负债	—	—
存出保证金	—	—	应付账款	889. 00	5 734. 00
买入返售金融资产	—	—	应付受托人报酬	—	—
以公允价值及其变动计入当期损益的金融资产	1 307 416. 03	303 647. 70	应付托管费	—	—
衍生金融资产	—	—	应付受益人收益	—	—
持有至到期投资	14 445 998. 57	17 042 094. 88	其他应付款项	517 303. 83	420 231. 38
应收账款	175 000. 00	200. 00	应交税金	2 329. 01	2 589. 70
应收利息	—	—	卖出回购金融资产款	—	—
应收股利	—	—	其他负债	—	—
应收票据	—	—	信托负债合计	520 521. 84	428 555. 08
其他应收款	396 103. 36	98 152. 44			
长期应收款	—	—			
长期股权投资	4 129 613. 76	4 333 389. 92			
发放贷款	36 805 823. 71	37 867 305. 66			
可供出售金融资产	—	—	信托权益：		
投资性房地产	—	—	实收信托	58 789 301. 59	61 297 560. 33
融资租赁资产	—	—	资本公积	—	—
固定资产	—	—	损益平准金	—	—
固定资产清理	—	—	未分配利润	350 472. 68	307 108. 88
无形资产	—	—	信托权益合计	59 139 774. 27	61 604 669. 21
长期待摊费用	—	—			
其他资产	—	—			
信托资产总计	59 660 296. 11	62 033 224. 29	信托负债和信托权益总计	59 660 296. 11	62 033 224. 29

5.2.2　信托项目利润及利润分配汇总表

信托项目利润及利润分配汇总表

编制单位：渤海国际信托股份有限公司　2019 年度　　单位：万元

项　目	2019 年度	2018 年度
一、营业收入	3 199 809. 79	4 396 938. 58
利息收入	2 854 337. 38	2 900 687. 99
投资收入	291 035. 49	1 465 056. 87
租赁收入	—	—
其他收入	54 436. 92	31 193. 72
二、营业费用	402 201. 92	373 189. 16

续表

项　目	2019 年度	2018 年度
三、营业税金及附加	—	—
四、扣除资产损失前的信托利润	2 797 607. 87	4 023 749. 42
减：资产减值损失	1. 60	1. 30
五、扣除资产损失后的信托利润	2 797 606. 27	4 023 748. 12
加：期初未分配信托利润	307 108. 88	316 740. 51
六、可供分配的信托利润	3 104 715. 15	4 340 488. 63
减：本期已分配信托利润	2 754 242. 47	4 033 379. 75
七、期末未分配信托利润	350 472. 68	307 108. 88

6. 会计报表附注

6.1 财务报表的编制基础

6.1.1 编制基础

公司财务报表以持续经营假设为基础，根据实际发生的交易和事项，按照财政部于2006年2月15日及以后颁布的《企业会计准则——基本准则》和各项具体会计准则、企业会计准则应用指南、企业会计准则解释及其他相关规定（以下合称企业会计准则）的披露规定编制。

根据企业会计准则的相关规定，本公司会计核算以权责发生制为基础。除某些金融工具外，本财务报表均以历史成本为计量基础。资产如果发生减值，则按照相关规定计提相应的减值准备。

6.1.2 持续经营

公司自本报告期末至少12个月内具备持续经营能力，无影响持续经营能力的重大事项。

6.2 重要会计政策和会计估计说明

6.2.1 计提资产减值准备的范围和方法

公司按照中国银监会印发《贷款风险分类指引》（银监发[2007]54号）及企业会计准则的相关规定要求，计提相应的资产减值准备。

6.2.2 金融工具的分类

管理层按照取得持有金融资产和承担金融负债的目的，将其划分为以公允价值计量且其变动计入当期损益的金融资产或金融负债，包括交易性金融资产或金融负债和直接指定为以公允价值计量且其变动计入当期损益的金融资产或金融负债、持有至到期投资、贷款和应收款项、可供出售金融资产、其他金融负债等。

6.2.3 长期股权投资

6.2.3.1 投资成本的确定

6.2.3.1.1 企业合并形成的长期股权投资

同一控制下的企业合并，合并方以支付现金、转让非现金资产或承担债务方式作为合并对价的，应当在合并日按照被合并方所有者权益在最终控制方合并财务报表中的账面价值的份额作为长期股权投资的初始投资成本。长期股权投资初始投资成本与支付的现金、转让的非现金资产以及所承担债务账面价值之间的差额，应当调整资本公积；资本公积不足冲减的，调整留存收益。

合并方以发行权益性证券作为合并对价的，应当在合并日按照被合并方所有者权益在最终控制方合并财务报表中的账面价值的份额作为长期股权投资的初始投资成本。按照发行股份的面值总额作为股本，长期股权投资初始投资成本与所发行股份面值总额之间的差额，应当调整资本公积；资本公积不足冲减的，调整留存收益。

非同一控制下的企业合并，购买方在购买日应当按照《企业会计准则第20号——企业合并》的有关规定确定的合并成本作为长期股权投资的初始投资成本。

合并方或购买方为企业合并发生的审计、法律服务、评估咨询等中介费用以及其他相关管理费用，应当于发生时计入当期损益。

6.2.3.1.2 其他方式取得的长期股权投资

以支付现金取得的长期股权投资，应当按照实际支付的购买价款作为初始投资成本。初始投资成本包括与取得长期股权投资直接相关的费用、税金及其他必要支出。

以发行权益性证券取得的长期股权投资，应当按照发行权益性证券的公允价值作为初始投资成本。与发行权益性证券直接相关的费用，应当按照《企业会计准则第37号——金融工具列报》的有关规定确定。

通过非货币性资产交换取得的长期股权投资，其初始投资成本应当按照《企业会计准则第7号——非货币性资产交换》的有关规定确定。

通过债务重组取得的长期股权投资，其初始投资成本应当按照《企业会计准则第12号——债务重组》的有关规定确定。

6.2.3.2 长期股权投资的核算

投资方能够对被投资单位实施控制的长期股权投资应当采用成本法核算。投资方对联营企业和合营企业的长期股权投资，采用权益法核算。

6.2.4 投资性房地产

投资性房地产包括已出租的土地使用权、持有并准备增值后转让的土地使用权和已出租的建筑物。

投资性房地产按照成本进行初始计量，采用成本模式进行后续计量，按期预计使用寿命及净残值率对建筑物和土地使用权计提折旧或摊销。投资性房地产的预计使用寿命、净残值率及折旧率列示如下：

项目	折旧年限（年）	残值率（%）	年折旧率（%）
房屋及建筑物	20～40	5	2.38～4.75

资产负债表日，若单项投资性房地产的可收回金额低于账面价值时，将资产账面价值减记至可收回金额，减记的金额确认为资产减值损失，计入当期损益，同时计提相应的资产减值准备。投资性房地产减值一经确认，在以后会计期间不再转回。

当投资性房地产被处置，或者永久退出使用且预计不能从其处置中取得经济利益时，终止确认该项投资性房地产。投资性房地产出售、转让、报废或毁损的处置收入扣除其账面价值和相关税费后的金额计入当期损益。

6.2.5 固定资产及其累计折旧

6.2.5.1 固定资产确认条件、计价和折旧方法

固定资产是指为生产商品、提供劳务、出租或经营管理而持有的，使用年限超过一个会计年度的有形资产。

固定资产以取得时的实际成本入账，并从其达到预定可使用状态的次月起采用年限平均法计提折旧。

6.2.5.2 各类固定资产的折旧方法

类别	使用年限（年）	残值率（%）	年折旧率（%）
房屋及建筑物	20～40	5	2.38～4.75
运输设备	5	5	19
电子设备	5	5	19
机器设备	5	5	19
办公家具	5	5	19

6.2.5.3　资产负债表日，有迹象表明固定资产发生减值的，按照账面价值与可收回金额的差额计提相应的减值准备。

6.2.6　无形资产

无形资产包括土地使用权、专利权及非专利技术等，按成本进行初始计量。

使用寿命有限的无形资产，在使用寿命内按照与该项无形资产有关的经济利益的预期实现方式系统合理地摊销，无法可靠确定预期实现方式的，采用直线法摊销。摊销方式如下：

项目	使用寿命(年)	摊销方法	备注
软件	5～10	直线法	

使用寿命确定的无形资产，在资产负债表日有迹象表明发生减值的，按照账面价值与可收回金额的差额计提相应的减值准备；使用寿命不确定的无形资产和尚未达到可使用状态的无形资产，无论是否存在减值迹象，每年均进行减值测试。

6.2.7　在建工程

在建工程同时满足经济利益很可能流入、成本能够可靠计量则予以确认。在建工程按建造该项资产达到预定可使用状态前所发生的实际成本计量。

在建工程达到预定可使用状态时，按工程实际成本转入固定资产。已达到预定可使用状态但尚未办理竣工决算的，先按估计价值转入固定资产，待办理竣工决算后再按实际成本调整原暂估价值，但不再调整原已计提的折旧。

资产负债表日，有迹象表明在建工程发生减值的，按照账面价值与可收回金额的差额计提相应的减值准备。

6.2.8　长期待摊费用的摊销政策

长期待摊费用按实际发生额入账，在受益期或规定的期限内分期平均摊销。如果长期待摊的费用项目不能使以后会计期间受益则将尚未摊销的该项目的摊余价值全部转入当期损益。

6.2.9　收入确认原则

销售商品收入确认的确认标准及收入确认时间的具体判断标准：已将商品所有权上的主要风险和报酬转移给购买方；既没有保留与所有权相联系的继续管理权，也没有对已售出的商品实施有效控制；收入的金额能够可靠地计量；相关的经济利益很可能流入企业；相关的已发生或将发生的成本能够可靠地计量时，确认商品销售收入实现。

提供劳务交易的结果在资产负债表日能够可靠估计的(同时满足收入的金额能够可靠地计量、相关经济利益很可能流入、交易的完工进度能够可靠地确定、交易中已发生和将发生的成本能够可靠地计量)，采用完工百分比法确认提供劳务的收入，并按已完工作的测量确定提供劳务交易的完工进度。提供劳务交易的结果在资产负债表日不能够可靠估计的，若已经发生的劳务成本预计能够得到补偿，按已经发生的劳务成本金额确认提供劳务收入，并按相同金额结转劳务成本；若已经发生的劳务成本预计不能够得到补偿，将已经发生的劳务成本计入当期损益，不确认劳务收入。

让渡资产使用权在同时满足相关的经济利益很可能流入、收入金额能够可靠计量时，确认让渡资产使用权的收入。利息收入按照他人使用本公司货币资金的时间和实际利率计算确定；使用费收入按有关合同或协议约定的收费时间和方法计算确定。

6.2.10　所得税的会计处理方法

所得税包括当期所得税和递延所得税。除由于企业合并产生的调整商誉，或与直接计入所有者权益的交易或者事项相关的递延所得税计入所有者权益外，均作为所得税费用计入当期损益。

当期所得税是按照当期应纳税所得额计算的当期应交所得税金额。应纳税所得额系根据有关税法规定对本年度税前会计利润作相应调整后得出。

本公司根据资产、负债于资产负债表日的账面价值与计税基础之间的暂时性差异，采用资产负债表债务法确认递延所得税。

6.3　或有事项说明

截至2019年，公司对外担保预计将承担4.49亿元的支出。

6.4　资产负债表日后事项

无。

6.5　会计报表中重要项目的明细资料

6.5.1　披露自营资产经营情况

6.5.1.1　按信用风险五级分类结果披露信用风险资产的期初数、期末数

信用风险资产五级分类	正常类(万元)	关注类(万元)	次级类(万元)	可疑类(万元)	损失类(万元)	信用风险资产合计(万元)	不良资产合计(万元)	不良资产率(%)
期初数	1 391 895.00	37 542.00	3 720.00	—	38 473.00	1 471 630.00	42 193.00	0.14
期末数	1 491 263.00	32 648.00	—	23 000.00	85 780.00	1 632 691.00	108 780.00	0.66

注：不良资产合计＝次级类＋可疑类＋损失类。

6.5.1.2　各项资产减值损失准备的期初类、本期计提、本期转回、本期核销、期末数

单位：万元

	期初数	本期计提	本期转回	本期核销	期末数
贷款损失准备	33 430.00	10 570.00	—	—	44 000.00
一般准备	—	—	—	—	—
专项准备	33 430.00	10 570.00	—	—	44 000.00

续表

	期初数	本期计提	本期转回	本期核销	期末数
其他资产减值准备	—	—	—	—	—
可供出售金融资产减值准备	6 460.85	35 072.19	—	—	41 533.04
持有至到期投资减值准备	—	—	—	—	—
长期股权投资减值准备	—	—	—	—	—
坏账准备	263.50	12 136.97	—	—	12 400.47
投资性房地产减值准备	2 859.73	—	—	—	2 859.73

6.5.1.3 按照投资品种分类，分别披露固有业务股票投资、基金投资、债券投资、股权投资等投资业务的期初数、期末数

单位：万元

项目	自营股票投资	基金投资	债券投资	股权	理财产品	合计
期初数	1 866.85	—	—	60 610.49	670 650.58	733 127.92
期末数	1 850.56	—	—	55 814.31	237 873.72	295 538.59

6.5.1.4 按投资入股金额排序，前三名的自营长期股权投资的企业名称、占被投资企业权益的比例、主要经营活动及投资收益情况等（从大到小顺序排列）

企业名称	占被投资企业权益的比例（%）	主要经营活动	投资损益（万元）
—	—	—	—

注：投资损益是指按照企业会计准则规定，核算股权投资确认损益并计入披露年度利润表的金额。

6.5.1.5 前三名的自营贷款的企业名称、占贷款总额的比例和还款情况等（从贷款金额大到小顺序排列）

项目	占贷款总额的比例（%）	还款情况
1	47.06	尚未到期
2	16.13	尚未到期
3	14.37	逾期

6.5.1.6 表外业务的期初数、期末数；按照代理业务、担保业务和其他类型表外业务分别披露

单位：万元

表外业务	期初数	期末数
担保业务	44 867.46	44 867.46
代理业务（委托业务）	—	—
其他	—	—
合计	44 867.46	44 867.46

注：代理业务主要反映因客观原因应规范而尚未完成规范的历史遗留委托业务，包括委托贷款和委托投资。

无其他表外业务。

6.5.1.7 公司当年的收入结构

收入结构	金额（万元）	占比（%）
手续费及佣金收入	238 259.57	72.65
其中：信托手续费收入	238 259.57	72.65
投资银行业务收入	—	—
利息收入	43 163.55	13.16
其他业务收入	161.28	0.05
其中：计入信托业务收入部分	—	—
投资收益	43 635.78	13.30
其中：股权投资收益	322.40	0.10
证券投资收益	−190.38	−0.06
其他投资收益	43 503.76	13.26
公允价值变动收益	286.05	0.09
资产处置收益	—	—
营业外收入	2 458.53	0.75
收入合计	327 964.76	100.00

6.5.2 披露信托财产管理情况

6.5.2.1 信托资产的期初数、期末数

单位：万元

信托资产	期初数	期末数
集合	11 571 112.14	14 834 288.99
单一	45 774 970.57	41 591 605.45
财产权	4 687 141.58	3 234 401.67
合计	62 033 224.29	59 660 296.11

6.5.2.1.1 主动管理型信托业务的信托资产期初数、期末数，分证券投资类、股权投资类、融资类、事务管理类分别披露

单位：万元

主动管理型信托资产	期初数	期末数
证券投资类	—	123 389.20
股权投资类	864 768.68	1 361 600.00
融资类	8 722 025.12	22 506 460.40
事务管理类	678 182.14	209 151.00
合计	10 264 975.94	24 200 600.60

6.5.2.1.2 被动管理型信托业务的信托资产期初数、期末数，分证券投资类、股权投资类、融资类、事务管理类分别披露

单位：万元

被动管理型信托资产	期初数	期末数
证券投资类	2 294 069.45	1 543 424.27
股权投资类	3 326 986.11	2 743 153.28
融资类	41 114 817.65	27 600 217.62
事务管理类	5 032 375.14	3 572 900.34
合计	51 768 248.35	35 459 695.51

6.5.2.2 本年度已清算结束的信托项目个数、实收信托合计金额、加权平均实际年化收益率

6.5.2.2.1 本年度已清算结束的集合类、单一类资金信托项目和财产管理类信托项目个数、实收信托合计金额、加权平均实际年化收益率

已清算结束的信托项目	项目个数（个）	实收信托合计金额（万元）	加权平均实际年化收益率（%）
集合类	58	6 151 058.14	5.81
单一类	426	21 932 797.35	6.70
财产管理类	22	2 521 430.17	1.32

注：1. 收益率是指信托项目清算后，给受益人赚取的实际收益水平。

2. 加权平均实际年化收益率 =（信托项目 1 的实际年化收益率 × 信托项目 1 的实收信托 + 信托项目 2 的实际年化收益率 × 信托项目 2 的实收信托 + … + 信托项目 n 的实际年化收益率 × 信托项目 n 的实收信托）/（信托项目 1 的实收信托 + 信托项目 2 的实收信托 + … + 信托项目 n 的实收信托）×100%。

6.5.2.2.2 本年度已清算结束的主动管理型信托项目个数、实收信托合计金额、加权平均实际年化收益率，分证券投资类、股权投资类、融资类、事务管理类分别计算并披露

已清算结束的信托项目	项目个数（个）	实收信托合计金额（万元）	加权平均实际年化信托报酬率（%）	加权平均实际年化收益率（%）
证券投资类	—	13 910.80	0.30	5.00
股权投资类	1	1 208.68	1.97	8.00
融资类	93	6 110 613.50	0.68	6.77

续表

已清算结束的信托项目	项目个数（个）	实收信托合计金额（万元）	加权平均实际年化信托报酬率（%）	加权平均实际年化收益率（%）
事务管理类	3	251 194.03	0.29	5.43

注：加权平均实际年化信托报酬率 =（信托项目 1 的实际年化信托报酬率 × 信托项目 1 的实收信托 + 信托项目 2 的实际年化信托报酬率 × 信托项目 2 的实收信托 +… + 信托项目 n 的实际年化信托报酬率 × 信托项目 n 的实收信托）/（信托项目 1 的实收信托 + 信托项目 2 的实收信托 +… + 信托项目 n 的实收信托）×100%。

6.5.2.2.3　本年度已清算结束的被动管理型信托项目个数、实收信托合计金额、加权平均实际年化收益率，分证券投资类、股权投资类、融资类、事务管理类分别计算并披露

已清算结束的信托项目	项目个数（个）	实收信托合计金额（万元）	加权平均实际年化信托报酬率（%）	加权平均实际年化收益率（%）
证券投资类	33	750 645.18	0.31	5.69
股权投资类	11	942 022.83	0.25	5.56
融资类	342	19 575 766.14	0.29	6.21
事务管理类	23	2 959 924.50	0.22	3.84

6.5.2.3　本年度新增的集合类、单一类和财产管理类信托项目个数、实收信托合计金额

新增信托项目	项目个数（个）	实收信托合计金额（万元）
集合类	107	9 247 542.61
单一类	446	17 813 484.25
财产管理类	12	1 036 000.00
新增合计	565	28 097 026.86
其中：主动管理型	426	20 422 551.67
被动管理型	139	7 674 475.19

注：本年新增信托项目指在本报告年度内累计新增的信托项目个数和金额，包含本年度新增并于本年度内结束的项目和本年度新增至报告期末仍在持续管理的信托项目。

6.5.2.4　信托业务创新成果和特色业务有关情况

2019 年，公司立足实际、注重效果，有序推动业务的创新转型。小微业务以提升主动管理能力为重点，研发了个人征信直连解析系统，探索推出了“双 SPV”公募资产证券化等新型业务模式，公司对底层资产的把控能力进一步增强，荣获“金貔貅·数字金融金榜公司风控力奖”；产业链金融业务聚焦细分领域，做精做专，核心运营管理能力持续增强，研发推出的胖猫鲲鹏项目摘得“诚信托—最佳创新信托产品奖”；债券业务在服务内涵上持续深化，形成了纯债、标准化、混合型等多个净值型产品系列，公司的标准化业务能力得到了有效提升。此外，公司还结合资管新规要求及监管导向，在养老信托、家族信托、TOF 结构化业务等多个领域进行了布局，其中公司操作的首单家族信托项目被授予“杰出家族信托产品奖”。

6.5.2.5　本公司履行受托人义务情况及因本公司自身责任而导致的信托资产损失情况（合计金额、原因等）

在本信托年度，公司作为受托人，严格遵守《信托法》《信托公司管理办法》等法律法规及公司规章制度，每一信托项目分别开立了信托财产专用账户，对不同的信托资产单独进行管理和核算，公司管理的信托资产与固有资产由不同的部门和人员分别进行管理，信息隔离；同时，公司始终坚持诚实、信用、谨慎、有效管理的原则，牢固树立风险管理的理念，严格按照《信托合同》中约定的管理方式、权限，忠实地为委托人管理、运用及处分信托财产，保证了信托财产的安全完整和受益人的最大利益。

截至目前，公司无信托财产损失情况的发生。

6.6　关联方关系及其交易的披露

6.6.1　关联交易方的数量、关联交易的总金额及关联交易的定价政策等

	关联交易方数量（个）	关联交易金额（万元）	定价政策
合计	11	1 151 321.00	公平的协议价格

6.6.2　关联交易方与本公司的关系性质、关联交易方的名称、法定代表人、注册地址、注册资本及主营业务等

序号	关系性质	关联方名称	法定代表人	注册地址	注册资本（万元）	主营业务
1	母公司之母公司	海航集团有限公司	陈　峰	海口市美兰区国兴大道 7 号新海航大厦 25 层	6 000 000.00	航空运输及机场的投资与管理；酒店及高尔夫球场的投资与管理；信息技术服务；飞机及航材进出口贸易；能源、交通、新技术、新材料的投资开发及股权运作；境内劳务及商务服务中介代理。
2	母公司	海航资本集团有限公司	金　川	海南省海口市海秀路 29 号	3 348 035.00	企业资产重组、购并及项目策划，财务顾问中介服务，信息咨询服务，交通能源新技术、新材料的投资开发，航空器材的销售及租赁业务，建筑材料、酒店管理，游艇码头设施投资。
3	受同一最终控制人控制	海航商业控股有限公司	何家福	北京市顺义区南法信镇府前街 12 号 207 室	1 309 755.00	项目投资及投资管理；货物进出口、技术进出口、代理进出口；专业承包；技术开发、技术咨询、技术服务、技术转让；设备租赁（汽车除外）；销售服装鞋帽、五金交电、日用杂品、文化体育用品、日用百货、珠宝首饰、针纺织品。
4	控股公司间接持股	浦航融资租赁有限公司	戚裔彬	中国（上海）自由贸易试验区正定路 530 号 A5 库区集中辅助区三层 318 室	1 268 340.00	融资租赁业务；自有设施设备租赁；租赁交易咨询（经纪业务除外）；实业投资（股权投资除外）；财务咨询（代理记账业务除外）；向国内外购买融资租赁资产；从事与主营业务相关的货物进出口业务（依法须经批准的项目，经相关部门批准后方可开展经营活动）。
5	受同一最终控制人控制	海航实业集团有限公司	何家福	北京市朝阳区建国路 108 号 18 层 A 区	1 413 652.58	项目投资；投资管理；企业管理；销售机械设备；机械设备租赁。

续表

序号	关系性质	关联方名称	法定代表人	注册地址	注册资本(万元)	主营业务
6	受同一控制人控制	天津渤海四号租赁有限公司	时晨	天津自贸试验区(东疆保税港区)澳洲路6262号查验库办公区202室	10.00	融资租赁业务;租赁业务;向国内外购买租赁财产;租赁财产的残值处理及维修;租赁交易咨询。
7	受同一控制人控制	海口渤海四号租赁有限公司	时　晨	海南省澄迈县老城经济开发区南一环路69号海口综合保税区联检大楼301房-4	10.00	融资租赁(金融租赁公司特有的经营内容除外)业务、租赁业务、租赁财产的残值处理及维修、租赁业务的咨询、向国内外购买租赁资产、货物及技术进出口。
8	受同一最终控制人控制	长江租赁有限公司	邢明月	天津自贸试验区(空港经济区)环河南路88号2-2034室	1 079 000.00	国内外各种先进或适用的生产设备、通信设备、医疗设备、科研设备、检验检测设备、工程机械、交通运输工具(包括飞机、汽车、船舶)等机械设备及其附带技术的直接租赁、转租赁、回租赁、杠杆租赁、委托租赁、联合租赁等不同形式的本外币融资性租赁业务;自有公共设施、房屋、桥梁、隧道等不动产及基础设施租赁;根据承租人的选择,从国内外购买租赁业务所需的货物及附带技术;租赁物品残值变卖及处理业务;租赁交易咨询和担保业务;投资管理;财务顾问咨询;信息咨询服务;以自有资金对交通、能源、新技术、新材料及游艇码头设施进行投资;酒店管理;经商务部批准的其他业务;兼营与主营业务有关的商业保理业务(依法须经批准的项目,经相关部门批准后方可开展经营活动)。
9	受同一最终控制人控制	海航生态科技集团有限公司	桂海鸿	海口市国兴大道7号海航大厦16楼	752 500.00	科技产品的开发、研制,数据中心,科技、能源、物流的投资开发,商务信息咨询。
10	受同一最终控制人控制	海航酒店控股集团有限公司	包宗保	(上海)自由贸易试验区金湘路333号1011室	1 037 730.99	实业投资,酒店经营,酒店管理,酒店用品采购,旅游资源项目开发。
11	海航集团联营企业	大新华航空有限公司	陈　峰	海南省海口市海秀路29号	600 832.40	航空运输;航空维修和服务;机上供应品;与航空运输相关的延伸服务;机场的投资管理;候机楼服务和经营管理,酒店管理。

6.6.3　逐笔披露本公司与关联方的重大交易事项

6.6.3.1　固有与关联方交易情况:贷款、投资、租赁、应收账款担保、其他方式等期初汇总数、本期借方发生额汇总数、贷方发生额汇总数、期末汇总数

单位:万元

固有与关联方关联交易				
	期初数	借方发生额	贷方发生额	期末数
贷款	—	—	—	—
投资	—	—	—	—
租赁	—	—	—	—
担保	—	—	—	—
应收账款	—	—	—	—
其他	—	—	—	—
合计	—	—	—	—

6.6.3.2　信托与关联方交易情况:贷款、投资、租赁、应收账款、担保、其他方式等期初汇总数、本期借方发生额汇总数、贷方发生额汇总数、期末汇总数

单位:万元

信托与关联方关联交易				
	期初数	借方发生额	贷方发生额	期末数
贷款	1 212 922.00	—	76 601.00	1 136 321.00
投资	15 000.00	—	—	15 000.00
租赁	—	—	—	—
担保	—	—	—	—
应收账款	—	—	—	—
其他	—	—	—	—
合计	1 227 922.00	—	76 601.00	1 151 321.00

6.6.3.3　信托公司自有资金运用于自己管理的信托项目(固信交易)、信托公司管理的信托项目之间的相互(信信交易)交易金额,包括余额和本报告年度的发生额

6.6.3.3.1　固有财产与信托财产之间的交易金额期初汇总数、本期发生额汇总数、期末汇总数

单位:万元

固有财产与信托财产相互交易			
	期初数	本期发生额	期末数
合计	71 600.62	-6 219.62	65 381.00

注:以固有资金投资公司自己管理的信托项目受益权,或购买自己管理的信托项目的信托资产均应纳入统计披露范围。

6.6.3.3.2　信托项目之间的交易金额期初汇总数、本期发生额汇总数、期末汇总数

单位:万元

信托资产与信托财产相互交易			
	期初数	本期发生额	期末数
合计	—	—	—

注:以公司受托管理的一个信托项目的资金购买自己管理的另一个信托项目的受益权或信托项下资产均应纳入统计披露范围。

6.6.4　逐笔披露关联方逾期未偿还公司资金的详细情况及公司为关联方担保发生或即将发生垫款的详细情况

无。

6.7 会计制度的披露

固有业务及信托业务均执行2006年及以后颁布的《企业会计准则——基本准则》和各项具体会计准则、企业会计准则应用指南、企业会计准则解释及其他相关规定。

7. 财务情况说明书

7.1 利润实现和分配情况

经中兴财光华会计师事务所(特殊普通合伙)审计后,2019年公司实现利润总额为148 927.30万元,扣除所得税37 340.42万元,实现净利润111 586.88万元,根据《信托公司管理办法》及《公司章程》规定,提取5%信托赔偿准备金5 579.34万元,根据《金融企业准备金计提管理办法》规定计提一般风险准备3 766.85万元,根据《公司法》提取法定盈余公积金11 158.69万元,期末可供股东分配的利润为294 823.22万元。

7.2 主要财务指标

指标名称	指标值
资本利润率(%)	8.87
加权年化信托报酬率(%)	0.38
人均净利润(万元)	434.19

注:1. 资本利润率=净利润/所有者权益平均余额×100%。

2. 加权年化信托报酬率=(信托项目1的实际年化信托报酬率×信托项目1的实收信托+信托项目2的实际年化信托报酬率×信托项目2的实收信托+…+信托项目n的实际年化信托报酬率×信托项目n的实收信托)/(信托项目1的实收信托+信托项目2的实收信托+…+信托项目n的实收信托)×100%。

3. 人均净利润=净利润/平均人数。

4. 平均值采取年初、年末余额简单平均法,公式为:a(平均)=(年初数+年末数)/2。

7.3 对本公司财务状况、经营成果有重大影响的其他事项

报告期内,未发生对财务状况、经营成果有重大影响的其他事项。

7.4 公司净资本情况

报告期内,公司依据《信托公司净资本管理办法》积极推进净资本管理工作。

指标名称	指标值	监管标准
净资本(万元)	1 006 324.15	≥20 000
各项业务风险资产之和(万元)	837 149.39	
净资本/各项业务风险资本之和(%)	120.21	≥100
净资本/净资产(%)	76.62	≥40

8. 特别事项揭示

8.1 报告期内,前五名股东变动情况及原因,股份变动情况

报告期内,公司的股东及股份无变化。

8.2 董事、监事及高级管理人员变动情况及原因

8.2.1 董事变动情况

2019年4月24日,经2018年度股东大会审议通过,选举金曦先生担任公司董事。金曦先生董事任职资格尚需获得河北银保监局核准。

8.2.2 监事变动情况

2019年4月24日,经2018年度股东大会审议通过,选举刘超先生接替程庆芳先生担任公司监事;经第二届监事会第一次会议审议通过,选举刘超先生出任公司监事会主席。

8.2.3 高级管理人员变动情况

报告期内,无高级管理人员变动情况。

8.3 变更注册资本、变更注册地或公司名称、公司分立合并事项

报告期内,无相关变更事项。

8.4 公司的重大诉讼事项

宝塔化工案件,涉诉金额约1.24亿元,执行阶段已取得部分回款,该案保全的财产充足,预计不会造成损失。报告期内,法院以被执行人涉及案件数量较多,需协调统一执行为由,已做出终结执行裁定,法定期限内具备执行条件的可恢复执行。

8.5 公司及其董事、监事和高级管理人员受到处罚的情况

报告期内,公司及董事、监事和高级管理人员未受到相关处罚。

8.6 对国务院银行业监督管理机构或其派出机构提出的检查整改意见处理情况

2019年9月16日至10月15日,河北银保监局对公司进行了"巩固治乱象成果、促进合规建设"现场检查。公司对《河北银监局关于渤海国际信托股份有限公司"巩固治乱象成果促进合规建设"现场检查暨2018年现场检查整改情况后续跟踪检查意见书》(冀银监发[2019]95号)中发现的问题和提出的监管意见高度重视,组织相关部门逐一核查问题产生的原因,并责任到人,限期整改,形成的整改报告已于2019年12月向河北银保监局报送。

8.7 本年度重大事项临时报告的简要内容、披露时间、所披露的媒体及其版面

2019年1月26日,在《证券时报》B2版刊登《渤海国际信托股份有限公司关于〈公司章程〉修改的公告》。

2019年3月27日,在《证券时报》B3版刊登《渤海国际信托股份有限公司关于公司董事长及法定代表人变更的公告》。

2019年4月25日,在《证券时报》B54版刊登《渤海国际信托股份有限公司2018年度报告摘要》。

8.8 股东违反承诺质押公司股权或以股权及其受(收)益权设立信托等金融产品的情况

报告期内无上述情况。

8.9 已向国务院银行业监督管理机构或其派出机构提交行政许可申请但尚未获得批准的事项

报告期内无上述事项。

8.10 国务院银行业监督管理机构或其派出机构认定的其他有必要让客户及相关利益人了解的重要信息

报告期内无上述事项。

9. 公司监事会意见

监事会认为，报告期内，公司能够按照合法决策程序对重大事项进行决策，对所开展的业务经营活动符合《公司法》《信托法》《信托公司管理办法》《信托公司治理指引》等有关法律规定，内部控制制度较为完善，没有发现公司董事、高级管理人员在执行公司职务时有违法违纪和损害委托人、受益人、公司及股东利益的行为。公司财务报告真实、客观地反映了公司的财务状况和经营成果。

长安国际信托股份有限公司

1. 重要提示

1.1　本公司董事会及董事保证本报告所载资料不存在任何虚假记载、误导性陈述或者重大遗漏，并对其内容的真实性、准确性和完整性承担个别及连带责任。

1.2　公司独立董事程守太、王满仓、施继元声明：保证本年度报告内容真实、准确、完整。

1.3　本公司2019年度财务报告经希格玛会计师事务所（特殊普通合伙）审计，并出具了标准无保留意见的审计报告。

1.4　公司董事长高成程、主管会计工作负责人张胜及会计机构负责人马华声明：保证年度报告中财务会计报告的真实、完整。

2. 公司概况

2.1　公司简介

长安国际信托股份有限公司的前身为西安市信托投资公司，1986年8月经中国人民银行批准成立，是国有独资的非银行金融机构。1999年12月公司增资改制为有限责任公司。2002年4月，经中国人民银行总行批准，在信托业清理整顿中予以单独保留。2003年12月经中国银行业监督管理委员会陕西监管局批准，换发了新的中华人民共和国金融许可证。2008年1月，经中国银行业监督管理委员会批准，公司名称变更为西安国际信托有限公司，注册资本变更为3.6亿元。2009年12月经中国银行业监督管理委员会陕西监管局批准，公司注册资本变更为5.1亿元。2011年7月，经中国银行业监督管理委员会陕西监管局批准，公司注册资本变更为5.58亿元。2011年11月，经中国银行业监督管理委员会批准，公司整体变更并更名为长安国际信托股份有限公司，注册资本变更为7.5888亿元。2011年12月，经中国银行业监督管理委员会陕西监管局批准，公司注册资本变更为12.5888亿元。2014年3月，经中国银行业监督管理委员会陕西监管局批准，公司注册资本变更为13.46022857亿元。2016年2月，经中国银行业监督管理委员会陕西监管局批准，公司注册资本变更为33.3亿元。

2.1.1　公司法定中文名称：长安国际信托股份有限公司（简称：长安信托）
公司法定英文名称：Chang' an International Trust Co.,Ltd.（缩写：CITC）

2.1.2　公司法定代表人：高成程

2.1.3　公司注册地址：西安市高新区科技路33号高新国际商务中心23、24层
公司邮政编码：710075
公司国际互联网网址：http://www.caitc.cn

2.1.4　负责信息披露事务人：董事会秘书　谷林强
信息披露事务联系人：陈拓
联系电话：029-87995909
传　　真：029-87990856
电子信箱：chentuo@caitc.cn

2.1.5　公司选定的信息披露报纸：《上海证券报》《金融时报》《证券时报》

2.1.6　公司年度报告备置地点：西安市高新区科技路33号高新国际商务中心24层

2.1.7　公司聘请的会计师事务所名称：希格玛会计师事务所（特殊普通合伙）
住所：陕西省西安市浐灞生态区浐灞大道一号外事大厦6层

2.1.8　公司聘请的律师事务所名称：北京市康达（西安）律师事务所
住所：西安市雁塔区太白南路139号云图中心十五层

2.2　组织结构

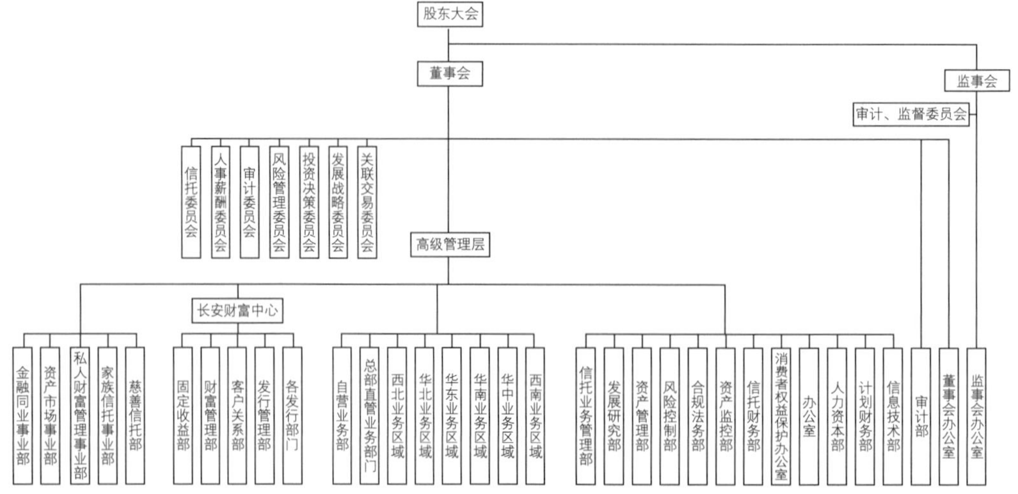

3. 公司治理

3.1 股东

公司股份及前十大股东持股情况

报告期末股份总数(股)	3 330 000 000					
报告期末股东总数(个)	7					
报告期股份变动情况	无					
公司前十大股东						
股东名称	年末持股数（万股）	持股比例（%）	法定代表人	注册资本（万元）	注册地址	主要经营业务
西安投资控股有限公司	134 662. 2138	40. 44	巩宝生	1 422 989. 992577	西安市高新区科技五路 8 号数字大厦四层	投资业务;项目融资;资产管理;资产重组与购并;财务咨询等。
上海淳大资产管理有限公司	72 605. 2237	21. 80	吴秀	252 000	中国(上海)自由贸易试验区长柳路 100 号一层 G 室	实业投资;投资管理咨询;企业管理咨询。
上海证大投资管理有限公司	51 938. 6594	15. 60	朱立宏	200 000	中国(上海)自由贸易试验区民生路 1199 弄 1 号 16 层 1908 室	投资管理,资产管理。
上海随道投资发展有限公司	48 922. 8308	14. 69	周国华	100 000	上海市浦东新区洲海路 2777 号 8 - 11 层	资产经营管理(除金融业务),实业投资,企业管理咨询等。
陕西鼓风机(集团)有限公司	20 339. 8812	6. 11	李宏安	13 738. 247096	西安市临潼区代王街办	分布式能源及能源互联一体化项目的设计、技术研发、工程总包、建设及运营管理;分布式能源及能源互联一体化成套设备、大型压缩机、鼓风机、汽轮机、燃气轮机、通风机、各种透平机械、仪器仪表、智能化设备、自动化装备及其他机电产品的研发、设计、制造、销售、安装调试、售后与维修服务及再制造等。
西安高新技术产业开发区科技投资服务中心	3 238. 0959	0. 97	杨酥	82424. 19	西安市雁塔区高新一路 25 号	为西安高新技术产业开发区企业提供投融资服务;高新技术产业开发区企业提供投融资服务、开发区内中小企业贷款担保服务。
西安广播电视台	1 293. 0952	0. 39	惠 毅	92 087. 79	西安市曲江新区曲江池西路 60 号	制播广播电视节目、移动电视频道及网络电视运营、广播电视节目发射、传输和覆盖技术服务广播电视广告经营等。

注:1. 上海淳大资产管理有限公司和上海证大投资管理有限公司存在关联关系。
2. 西安高新技术产业开发区科技投资服务中心和西安广播电视台为事业单位,其注册资本为开办资金。

3.2 董事、独立董事

3.2.1 董事

姓名	职务	性别	年龄（岁）	选任日期	所推举的股东名称	该股东持股比例(%)	简要履历
高成程	董事长	男	51	2018 年 4 月 23 日	西安投资控股有限公司	40. 44	曾任西安市国际信托投资公司投资租赁部副主任、主任,西安市生产资金管理分局副局长,西安市经济技术投资担保有限公司副总经理、总经理,西安国际信托有限公司董事长;现任长安国际信托股份有限公司董事长。
刘建利	董事	男	48	2018 年 4 月 23 日	西安投资控股有限公司	40. 44	曾任西安旅游股份有限公司副总经理、董事会秘书;现任西安投资控股有限公司副总经理。
鹿山	董事	男	42	2018 年 4 月 23 日	西安投资控股有限公司	40. 44	曾任西安西格玛消防科技股份有限公司副总经理,华融渝富股权投资基金管理有限公司投资总监,西安财经学院教师;现任西安投资控股有限公司副总经理。
徐良	董事	男	47	2018 年 4 月 23 日	上海淳大资产管理有限公司	21. 80	曾任深圳发展银行罗湖支行行长助理,平安银行成都分行行长助理、副行长、行长、党委书记;现任嘉腾控股有限公司董事长。
葛岗	董事	男	50	2018 年 4 月 23 日	上海证大投资管理有限公司	15. 60	曾任成都第八建筑工程公司财务科科长,万腾实业集团有限公司常务副总经理、副总裁等;现任万腾实业集团有限公司总裁。

续表

姓名	职务	性别	年龄（岁）	选任日期	所推举的股东名称	该股东持股比例（%）	简要履历
王逍	董事	男	51	2018 年 4 月 23 日	上海随道投资发展有限公司	14.69	曾任深圳市越众（集团）股份有限公司副总经理，成都中信城市建设有限公司总经理，中信地产成都有限公司党委书记、董事长；现任西藏嘉宜新能源科技有限公司董事长，拉萨市禹巽商贸有限责任公司董事长。
柴　进	董事	男	40	2018 年 4 月 23 日	陕西鼓风机（集团）有限公司	6.11	曾任北大方正集团总务部财务主管，北京北大方正电子有限公司运营管理部运营主管，西安陕鼓动力股份有限公司融资服务部部长助理、副部长；现任西安陕鼓动力股份有限公司董事会秘书、投资副总监。

注：上表“选任日期”为股东大会选举通过时间。

3.2.2 独立董事

姓名	所在单位及职务	性别	年龄（岁）	选任日期	所推举的股东名称	该股东持股比例（%）	简要履历
程守太	泰和泰律师事务所首席合伙人	男	52	2018 年 4 月 23 日	董事会	—	曾任山东省司法学校教师，泰来集团公司董事长助理，成都开元律师事务所专职律师，四川兴立律师事务所合伙人；现任泰和泰律师事务所首席合伙人。
王满仓	西北大学经济管理学院金融系主任、教授	男	56	2018 年 4 月 23 日	西安投资控股有限公司	40.44	曾任西北大学经济管理学院管理系助教、讲师、副教授；现任西北大学经济管理学院教授、金融系主任。
施继元	上海立信会计金融学院教授	男	47	2018 年 4 月 23 日	上海证大投资管理有限公司、上海随道投资发展有限公司	15.60、14.69	曾任上海金融学院国际金融学院教授、副院长；现任上海立信会计金融学院教授，上海金融学会理事。

注：上表“选任日期”为股东大会选举通过时间。

3.3 监事

姓名	职务	性别	年龄（岁）	选任日期	所推举的股东名称	该股东持股比例（%）	简要履历
周文革	监事会主席	男	53	2018 年 4 月 23 日	西安投资控股有限公司	40.44	曾任陆军第 47 集团军 139 师 415 团副连长、连长，西安陆军学院正连职、副营职、正营职教员，西安市财政局控办干部，西安市财政局组织人事处干部；现任长安国际信托股份有限公司监事会主席。
田洪涛	监事	男	48	2018 年 4 月 23 日	上海淳大资产管理有限公司	21.80	曾任联想集团控股公司审计师、审计部副总经理，神州数码控股公司经营管理部副总经理、企业发展部总经理、审计部总经理、集团总裁助理兼企业运营部总经理、法律部总经理、风险管理委员会负责人，神州数码副总裁兼财务部总经理、南区总裁并任集团财经委员会和人力资源委员会负责人、神州数码信息服务有限公司 CFO（常务副总裁），MI 能源控股有限公司执行董事兼执行总裁；现任北京慧康天诚医药科技有限公司董事长。
衡春妮	监事	女	45	2018 年 4 月 23 日	上海证大投资管理有限公司	15.60	曾在广元市工商银行会计处工作，曾任华夏证券广元营业部财务经理，成都中加国联投资有限公司财务总监；现任万腾实业集团副总裁。
刘朵	监事	女	33	2018 年 4 月 23 日	西安高新技术产业开发区科技投资服务中心	0.97	曾任中国人寿保险股份有限公司业务助理；现任西安市高新区财政局所属西安高新技术开发区科技投资服务中心会计。
刘　静	职工代表监事	女	50	2018 年 4 月 23 日	—	—	曾任西安国际信托投资有限公司投资银行部投资经理、投资银行部副总经理、信托二部副总经理；现任长安国际信托股份有限公司审计部总经理。
刘　斌	职工代表监事	男	54	2018 年 4 月 23 日	—	—	曾任建设银行西安市分行人事教育处团专干、信托投资公司信贷员，建设银行陕西省分行所属支行办公室、审批部、房地产信贷部、综合保障部负责人，西安华夏资产管理公司副总经理，长安国际信托股份有限公司总裁办公室、证券业务管理部、信托业务管理部、战略客户部负责人；现任长安国际信托股份有限公司信托业务管理部负责人。

注：周文革先生、田洪涛先生、衡春妮女士和刘朵女士的“选任日期”为股东大会选举通过时间；刘静女士和刘斌先生的“选任日期”为第三届监事会成立日期。

3.4 高级管理人员

姓 名	职 务	性别	年龄（岁）	选任日期	金融从业年限（年）	学历	专业	简要履历
方 灏	常务副总裁	男	45	2018年4月23日	19	博士研究生	人口、资源与环境经济学	曾任中江信托股份有限公司风险管理处处长，国民信托有限责任公司风险管理部总经理，国通信托有限责任公司首席风险控制官；现任长安国际信托股份有限公司常务副总裁。
瞿文康	副总裁	男	53	2018年4月23日	33	硕士研究生	经济管理	曾在西安市财政局、西安市国际信托投资有限公司工作，曾任西安市生产资金管理分局副主任、主任，西安市经济技术投资担保有限公司计财部主任、财务总监、副总经理兼财务负责人；现任长安国际信托股份有限公司副总裁。
张胜	副总裁	男	56	2018年4月23日	32	博士研究生	电路与系统	曾任中国银行朔州支行副科长、科长，华夏银行太原支行个人金融处处长、营业部主任、行长助理、副行长、纪委书记，华夏银行网络银行部总经理、信息技术部总经理、总行机关党委委员、副首席信息官，华夏银行海口分行行长、党委书记，平安银行总行北京首席代表；现任长安国际信托股份有限公司副总裁。
袁 政	副总裁	男	48	2018年4月23日	24	本科	金融学	曾任深圳发展银行长城大厦支行副行长，深圳发展银行龙华支行行长，深圳发展银行总行信贷管理部总经理助理兼信贷监测与预警室经理，深圳发展银行总行资产保全部信贷执行官，深圳发展银行总行信贷管理部副总经理，深圳发展银行成都分行副行长兼信贷执行官，平安银行上海分行副行长兼信贷执行官，平安银行杭州分行副行长兼信贷执行官，平安银行电子信息产业金融事业部副总裁；现任长安国际信托股份有限公司副总裁。
黄海涛	副总裁	男	52	2018年4月23日	31	硕士研究生	工商管理	曾任陕西省邮政储汇局局长助理，商洛市邮政局副局长，陕西省邮政储汇局副局长，中国邮政储蓄银行陕西省分行副行长，中邮证券有限责任公司总经理；现任长安国际信托股份有限公司副总裁。
喻福兴	副总裁	男	52	2018年4月23日	32	本科	信息技术应用与管理	曾任建行浙江省信托投资有限公司信贷科科长，金信信托投资有限公司信托业务二部副经理，平安信托投资有限公司浙江营销中心总经理助理，长安国际信托股份有限公司信托六部总经理、总裁助理；现任长安国际信托股份有限公司副总裁。
黄立军	总裁助理	男	43	2018年4月23日	14	博士研究生	经济学	曾任安信证券研究中心任金融分析师，宏源证券研究所行业公司部主管、公司战略小组成员、所长助理、副所长；现任长安国际信托股份有限公司总裁助理。
傅齐	总裁助理	男	42	2018年4月23日	24	本科	会计学	曾任深圳发展银行成都分行科华北路支行行长助理，深圳发展银行成都分行市场四部团队负责人，平安银行成都分行金融城支行筹备负责人、行长，平安银行成都分行行长室销售总监；现任长安国际信托股份有限公司总裁助理。
谷林强	董事会秘书	男	50	2010年4月20日	24	本科	管理科学	曾任陕西商业专科学校校长办公室秘书，长安国际信托股份有限公司投资银行部副总经理、证券业务部总经理、控股子公司总经理、自营业务部副总经理；现任长安国际信托股份有限公司董事会秘书、董事会办公室主任。

注：上表"选任日期"为董事会审议通过时间。

3.5 公司员工

项目		报告期年度		上年度	
		人数（人）	比例（%）	人数（人）	比例（%）
年龄分布	25岁以下	13	1.49	4	0.56
	25~29岁	140	16.06	148	20.58
	30~39岁	525	60.21	406	56.47
	40岁以上	194	22.25	161	22.39
学历分布	博士	12	1.38	16	2.23
	硕士	439	50.34	371	51.60
	本科	388	44.50	303	42.14
	专科	29	3.33	29	4.03
	其他	4	0.46	—	—
岗位分布	董事、监事及高管	11	1.26	13	1.81
	自营业务人员	5	0.57	4	0.56
	信托业务人员	370	42.43	341	47.43
	其他人员	486	55.73	361	50.20

4. 经营管理

4.1 经营目标、经营方针、战略规划

4.1.1 经营目标

公司的经营目标是以有效服务实体经济为根本出发点，以满足社会日益增长的财富保值增值需求为核心驱动，以合规经营为基本原则，充分发挥信托功能优势和专业特长，不断做强做精信托主业，把自身打造为一家真正专业的资产管理公司，实现长期可持续的稳健发展。

4.1.2 经营方针

公司坚持创新、进取、专业、务实的企业文化，以全面满足客户的投融资需求为目标，以提升主动管理能力为着力点，以增强风险控制能力和专业人才队伍建设为保障，通过持续推进业务和产品创新，不断完善产品和客户服务体系，为客户提供专业、诚信的综合金融服务。

4.1.3 战略目标

公司的长期战略目标为做"高净值客户的最佳金融生活服

务商”。公司将通过打造“六纵六横”来实现上述战略目标。“六纵”是指六大业务条线，分别为投行业务、资本市场、股权投资、创新业务、资产管理、财富管理。六大条线旨在通过聚焦细分市场，实行专业化运作，为客户提供具有竞争优势的产品及服务。“六横”是指六大区域，分别为华北、华东、华南、华中、西南、西北地区。六大区域旨在深耕区域资产和资金，实行综合化经营和特色化并举。通过做大做强“六纵六横”，实现专业化和高效化，快速响应市场需求，获取高附加值业务，推动公司的可持续发展。

4.2　所经营业务的主要内容

4.2.1　自营资产运用与分布情况

自营资产运用与分布表

资产运用	金额（万元）	占比（%）	资产分布	金额（万元）	占比（%）
货币资金	86 184.92	8.36	房地产	81 693.26	7.92
贷款及应收款	1 448.35	0.14	金融机构	203 860.37	19.77
交易性金融资产	45 289.98	4.39	实业	148 247.07	14.38
可供出售金融资产	566 136.82	54.91	证券市场	404 108.07	39.20
持有至到期投资	62 500.00	6.06	其他	193 077.35	18.73
长期股权投资	32 868.73	3.19			
其他	236 557.32	22.95			
资产总计	1 030 986.12	100.00	资产总计	1 030 986.12	100.00

4.2.2　信托资产运用与分布情况

信托资产运用与分布表

资产运用	金额（万元）	占比（%）	资产分布	金额（万元）	占比（%）
货币资产	712 055.62	1.53	基础产业	6 622 340.05	14.22
贷款	18 227 836.57	39.14	房地产	9 115 035.22	19.57
交易性金融资产	3 053 815.01	6.56	证券市场	3 269 786.19	7.02
可供出售金融资产	2 347 836.68	5.04	实业	19 040 447.64	40.89
买入返售金融资产	8 794 567.65	18.89	金融机构	1 420 921.59	3.05
持有至到期投资	6 634 981.67	14.25	其他	7 099 481.14	15.25
长期股权投资	5 837 339.75	12.53			
其他	959 578.88	2.06			
信托资产总计	46 568 011.83	100.00	信托资产总计	46 568 011.83	100.00

4.3　市场分析

4.3.1　影响本公司业务发展的有利因素

2019 年在信托行业回归信托本源、服务实体经济、强化主动管理能力的大趋势下，公司积极通过业务转型紧跟行业发展新形势。一方面，随着“资管新规”及其配套实施细则逐步落地，信托资金配置向实体经济领域倾斜，公司主动管理能力持续加强，业务结构转型初见成效；另一方面，在“资管新规”明确信托行业回归信托本源的要求下，公司财富管理业务、家族信托、慈善信托、国际业务等未“受限”的信托业务逐步成为信托公司业务转型发展的重点，也将为公司带来稳定的利润增长点。与此同时，随着国家进一步打击非法集资、规范“P2P”等非持牌财富管理机构，为信托公司财富管理业务提供了良好的展业环境。

4.3.2　影响本公司业务发展的不利因素

2019 年经济下行压力持续、实体经济“去杠杆化”、经济发展方式转变、资本市场不确定性增加，为信托行业发展带来一定压力。一是现阶段仍处在“资管新规”新政的过渡期，公司一方面要做好存量资产的经营管理工作，同时也要主动向“资管新规”新业务过渡，短期与中长期的转型发展压力剧增；二是在逆经济周期环境下部分行业风险逐步暴露，为信托公司开展业务以及期间管理带来了较大的风险，公司业务风险的甄别、管理、处置难度变大；三是当前资管市场同质化竞争加剧，商业银行理财子公司、证券投资基金、证券期货经营机构的私募资产管理业务等其他类信托业务也均应纳入信托行业范围，未来信托公司将面临更加严峻的同业竞争挑战。

4.4　内部控制

4.4.1　内部控制环境和内部控制文化

按照《公司法》《信托公司治理指引》等相关法律法规及《公司章程》相关要求，公司建立了股东大会、董事会、监事会和高级管理层为核心的法人治理结构。公司的股东大会、董事会、监事会和高级管理层各司其职，各治理主体按照法律法规的有关规定和“独立运作、有效制衡、相互合作、协调运转”的原则，建立了合理的激励、约束机制，科学、高效地决策、执行和监督。

公司内部控制建设的总体目标是遵循法律法规及监管规定，保证经营合法合规；有效整合资源，确保经济、高效地实现公司目标；建立健全内部控制制度，做到有规可循；保障各项业务有序进行、信息传递畅通无误；保障公司资产安全及财务报告质量。

公司重视并积极培育内部控制文化，强调内控建设人人有责。公司从控制环境、制度文化、行为准则等多层次、全方位营造内控优先的管理理念，通过咨询、培训等方式，积极学习借鉴先进管理措施；通过制度规范、宣导教育、考核激励及全员问责等多种方式，倡导营造良好的内控文化氛围，保障内部控制的有效实施。

4.4.2　内部控制措施

公司一直重视内控体系建设工作，不断优化完善内部控制措施。2019 年，公司探索将合规风险、内控管理、操作风险管理及反洗钱风险管理闭环贯穿于信托业务全生命周期，建立一套符合 COSO 整合框架等国际惯例和监管底线性要求、具有信托特色的管理体系。截至报告期末，公司合规内控管理体系建设已进入实质性阶段，完成了现状诊断、合规内控体系工作方案设计、基础数据库的构建等关键性基础工作。后续，公司将根据内外部环境变化及发展战略调整，不断对合规内控管理体系进行优化完善。

4.4.3　信息交流与反馈

公司在与外部信息交流方面，一是根据监管相关要求及时报备业务方案，汇报公司管理、经营情况及监管政策执行情况；二是与其他相关政府机构建立了良好的沟通机制，通过拜访、微信联络群等方式，积极促进了信息的沟通；三是树立良好的外部形象，通过公司官网及时更新和发布了公司动态、产品推介、信息披露等方面信息；四是借助公司内刊《信长安》向客户及合作伙伴传递公司声音。

公司在内部信息交流方面，一是通过总裁办公会、季度工作会等各种会议和行业业务动态及信托业务月报、风险信息快报、工作周报等各种内部文件，加强公司各部门之间的沟通，并快速解决业务和管理中出现的问题；二是通过公司 OA 系统、视频会议系统等信息化平台建设，进一步加强公司内部交流的便利性、保密性。

4.4.4 监督评价与纠正

公司建立了多层次的内控监管体系：监事会依法履行监督职能，对公司董事、高级管理层履职情况进行监督；董事会下设各专业委员会不定期召开会议，检查监督内部控制体系的运行情况；审计部对公司各项经营活动及内部控制制度的执行情况进行检查和评价，提出改进建议并督导落实整改。

4.5 风险管理

4.5.1 风险管理概况

根据发展战略，公司以“顶层设计”理念为核心，秉持“夯实基础、行稳致远”的风险管理工作策略，持续深化和完善全面风险管理体系建设，以优化风险管理体系为基石，以推动业务创新转型为目标，以服务业务发展为出发点，强化受托履职管理，提升主动管理能力。适时调整和完善风险管理制度，升级重塑风险管理流程，加强风险管理团队建设，不断提升公司整体风险管理体系的层次和质量；通过持续优化风险管控政策，丰富和创新风险管控工具，加强业务全流程的风险监督和管控，平衡业务发展与风险管理的关系，全面提升资产质量。引导和支持业务部门稳健开展传统业务，依托自身资源禀赋，逐步创新转型，切实做好风险引领市场的工作。

一是初步完成“矩阵式”风险管理布局。公司坚持风险引导市场理念，推行实施派驻制风险管理，以“嵌入式”风险管理模式支持业务稳健发展。报告期内，公司三大区域审批中心相继落地，“矩阵式”风险管理布局进入实践阶段，通过前移式风险管理，更加贴近市场，提升风险管理质效。

二是推动“四位一体”的合规内控管理体系构建。通过引入外部专业咨询机构，对公司合规内控管理中的问题进行诊断，建立一套符合国际惯例和监管底线性要求，具有信托特色，涵盖合规管理、内控管理、操作风险管理和反洗钱管理“四位一体”的合规内控管理体系。规范业务操作行为，实施业务前台、中台、后台分离，保持内部各环节之间的相互制约和平衡，助力公司构建标准化、现代化内控合规体系。

三是建立全链条深度投后管理体系。基于公司主动管理项目期间管理过程中存在的潜在问题，构建以经营风险为导向，契合长安信托特色的投后管理体系。以“标准化 + 差异化”与“专业化 + 精细化”管理模式为支撑，深入业务实质风险管理，针对传统债权业务、不动产投资业务、标品业务、股权业务等各类业务，搭建了全面监控体系框架，以实现项目全流程、全员工、全品类、全风险、全覆盖目标。

四是搭建风险项目资产保全体系。通过多层次的制度建设，针对风险资产管理中涉及的处置清收、案件管理、绩效考核等层面初步形成体系闭环。

4.5.2 风险状况

4.5.2.1 信用风险

信用风险是指交易对手未能履约所造成的风险，主要表现为在信托贷款、资金回购、后续资金安排、担保、履约承诺等交易过程中，借款人、回购人、担保人、保管人（托管人）等交易对手，不能或不愿履约而使信托资产或固有资产遭受损失的可能性。

4.5.2.2 市场风险

市场风险是指由于市场价格或利率波动而导致的对金融产品或其他产品的资产价值产生负面波动，主要表现为因市场价格，如利率、汇率、股票价格和商品价格等的不利变动而使公司信托资产和固有资产发生损失的风险。

4.5.2.3 操作风险

操作风险是指由不完善或有问题的内部程序、员工和信息科技系统，以及外部事件所造成损失的风险，主要表现为公司信息系统还不够全面，内控程序和结构还不够完善，以及人员操作不规范和责任心不强等造成损失的风险。

4.5.2.4 其他风险

其他风险主要是指公司业务开展中的法律风险、合规风险、声誉风险、人员道德风险等。

4.5.3 风险管理

4.5.3.1 信用风险管理

2019 年，公司持续完善信用风险的管理架构，主要从业务准入、期间管理和兑付管理三个环节进行严控，提升整体风险管理质效。

业务准入环节。一是结合内外部经济形势的研判，适时调整风险管理政策。公司陆续出台了投行类业务、证券投资业务、股权投资业务、创新类业务等业务风险管理政策，涵盖了公司开展的全部业务领域，并持续根据市场环境变化和业务开展实际，适时对部分内容进行修订。二是打造房地产业务政策体系，实施名单制管理。在深入研究房地产行业特征的基础上，以资金链安全性为重要考量因素，构建了基于定量与定性两方面的房地产企业评价指标体系，制定了专门制度和配套准入名单，针对房地产客户准入实施差异化管理。三是通过制定政府平台业务区域合作清单、房地产业务额度清单，并按时更新，加强区域、行业、交易对手限额管理，防范集中度风险。

期间管理环节。一是基于对监管导向与市场趋势的实时监测，公司按照“早发现、早介入、早处置”的监控思路和工作重点，强化风险监测手段，初步建立了基于风险分层的标准化管理规范，制定不同风险监控等级业务针对性监控措施。二是公司加强重点业务、重点区域专项风险排查。三是公司按照合理的计量手段对信托项目的风险等级、风险承担情况等要素进行综合评估，按照差异化管控思路对监控项目进行动态分类管理。四是公司持续加强项目监控力度，提升监控能力，加强部门协同配合，丰富风险化解手段，保障公司存续业务风险可控性。

兑付管理环节。一是公司修订和完善兑付管理制度，提升兑付管理工作标准化、常态化、精细化水平。二是公司针对项目不同到期时间段，实行不同兑付管理措施，做到兑付管理全覆盖。三是区分重点行业、重点区域及重点项目，公司从多个维度、不同视角对业务风险进行交叉检视。四是对于预判具有较大风险预警的项目，公司制定"一户一策"化解方案，使风险化解工作责任到人，按周、按月跟进方案落实情况，评估方案可行性，针对方案实施过程中遇到的问题、障碍及新情况，及时讨论、研究和调整，加强风险化解条线各部门沟通协作，推进风险处置前置介入，争取风险化解时间和空间。

4.5.3.2　市场风险管理

公司不断提高市场风险的管理能力。一是在项目投资方案的设计和审查中，抓住大类资产配置的核心风控逻辑，遵循组合投资、分散风险的原则，限制单一资产集中度，限制高风险资产的配置比例，限制对冲策略的风险敞口；二是产品运行期间，强化了专业化分工管理，建立中央监控平台，通过日常监控、预警提示、流动性风险监控、道德风险监控、后续事项管理等措施，进一步加强公司投资类业务风险管理，监督和防范金融风险。

固有资产层面，不断优化资产配置结构，加强流动性管理，科学安排所投资产到期日，保持固有资产的高流动性，促进固定收益类投资分散化。严格盯市，跟踪净值变化，做好投资产品的期间管理；落实预警、减仓、平仓等措施，严格流程管理，避免合规及操作风险。同时，通过多种渠道增加资金来源，备足流动性储备，避免流动性风险。

4.5.3.3　操作风险管理

公司持续落实监管规定及公司操作风险管理策略，以内控体系为基础，完善操作风险管理制度，优化操作风险管理工具，加强事后审计及监督，强化责任追究，提升操作风险管理的有效性及水平。

一是积极论证、持续推进合规内控体系的建设与实施，公司合规内控体系是通过吸收借鉴银行业成熟且优秀的管理经验，将合规风险、内控管理、操作风险管理及反洗钱风险管理闭环贯穿在信托业务全生命周期，建立一套符合 COSO 整合框架等国际惯例和监管底线性要求、具有信托特色的合规内控管理体系。合规内控体系建设项目经充分论证与初步实施，截至报告期末，内控管理体系已经完成了现状诊断、合规内控管理体系工作方案设计、基础数据库的构建等关键性基础工作。后续将启动具体工作方案的实施，逐步推进合规内控管理一体化信息系统的选择与立项开发。

二是积极开展市场乱象整治、资管新规整改、扫黑除恶专项斗争等各项整治工作，加强案防管理、评级管理、关联交易、授权管理、制度及流程管理等各项日常合规内控管理工作，提升全员日常合规意识，降低操作风险。

三是加强风险信息系统建设，针对普惠金融等业务，通过引入第三方专业信息服务机构和系统等方式，提升信息风险管理水平。

四是加强对各部门操作执行情况的审计监督，通过对审计发现问题的跟踪整改，不断完善操作漏洞，提升管理的质量。同时，加大对发现的问题的责任追究力度，强化制度执行，对操作犯规行为起到警示作用。

4.5.3.4　其他风险管理

公司全面加强员工风险日常管理，丰富员工道德风险、案件风险排查渠道，更加有效地对员工层面可能存在的风险进行预判和管理。此外，切实加强员工的日常沟通和教育，通过例会、座谈、约谈等方式了解员工动态，引导树立全员合规意识，规范业务程序和操作要求，实现人员层面风险的常态化管理。

4.6　净资本管理

2019 年末，公司净资本风险控制指标：净资本为 5 080 065 588元，各项业务风险资本之和为 3 717 424 223 元，净资本/各项业务风险资本之和为 137%，净资本/净资产为 68%。2019 年，公司积极调整优化资产和业务结构，净资本各项监管指标均达到监管要求。

4.7　消费者权益保护

2019 年，公司按照监管机构要求，根据全年工作计划部署，认真贯彻消保理念，加强内部配合协作，不断夯实管理基础，提高消保工作成效。

在制度建设方面，结合监管要求及公司实际情况，修订了内部考评、客户投诉、信息披露等制度，进一步健全消保工作制度体系。

在产品准入方面，公司加强了对投资者需求和发行市场的了解，将投资者的真实需求作为项目评审工作的重要考虑因素。在产品推介销售环节，按照项目决策流程和信托合同准确撰写推介材料，召开推介会，使理财师在产品销售前充分了解产品相关知识，做到专业推介，切实执行"一区双录"操作要求，同时规范开展对双录文件的质检、资料保存、客户信息保护及查阅等工作。在产品期间运营环节，加强期间监控管理，创新监控排查的方式方法，全力维护消费者资金安全，认真执行信息披露管理相关要求，切实保护金融消费者知情权。

在金融知识宣传方面，陆续组织了"3·15 消保教育宣传周""扫黑除恶宣传教育月""金融知识普及月"等活动，同时承办了中国信托业 2019 投资者教育活动。在开展丰富有趣的线下活动的同时，一方面，充分发挥线上活动覆盖面广、传播速度快的优势，开展了消保好声音专题访谈、消保知识竞赛等亮点活动，及全民冲顶答题、守住钱袋子答题有礼、金融知识普及月等你来挑战等互动游戏，创新活动形式，提升群众参与度；另一方面，借助互联网传播范围更广的优势，多媒体平台同步宣传推广，涵盖了《投资时报》、今日头条、新浪网、凤凰网等二十余家主流网络媒体。因在宣传活动中表现突出，公司被监管机构评选为先进单位，并予以通报表扬。

在消保培训方面，公司开展了"全员消保战，夺冠我最行"首届消保知识竞赛活动，并通过现场直播方式，打造为"内训＋外部金融知识宣传"叠加新模式，增添了活动的趣味性和互动性，提高了金融知识对外的普及输出效能。同时，公司参加了人民银行西安分行举办的金融消费者权益保护研修班和陕西金融消费纠纷调解中心举办的金融消费纠纷调解处理技能培训班，学习客户投诉案例和处理方法，提升消保业务能力。

4.8　企业社会责任

公司秉持"长安心、百年业"的可持续发展理念，始终坚守着对股东的回报之心、对客户的诚挚之心、对员工的关爱之心、对社会的奉献之心，坚定履行受托责任、经济责任、员工责任、环境责任等，坚持把积极履行企业社会责任作为实现战略愿景的重要路径和依托。2019 年，公司在诚信纳税、服务实体经济、公益慈善事业、环境保护等方面积极履行社会责任，回馈社会。

公司始终以国家利益为重，在谋求自身稳健、创新发展的同时，恪守诚信之道，合法经营，坚持依法按时缴纳税款、积极履行扣缴义务人代扣代缴税款的义务，连续多年被税务机关评为“纳税信用 A 级纳税人”，树立了诚信纳税的良好企业形象和品牌信誉。

公司热心公益慈善事业发展。2019 年，公司新设立慈善信托 3 单，截至 2019 年末，共存续慈善信托 12 单，形成了良好的社会影响。

公司一直以来积极践行绿色发展理念。在日常运营中，通过采用先进成熟的信息化技术，推行无纸化办公和低碳会议，在员工中，提倡绿色出行、绿色生活，努力实现多领域的绿色环境。同时，公司主动发挥信托功能优势，积极推进绿色信托。

经过多年的实践累积，公司已经形成了以自身专业化的金融服务能力为核心，以信托产品为驱动的履行社会责任的企业特色，并保持与时俱进，不断创新，塑造了负责任的资产管理和财富管理品牌形象，成为推动提高企业履行社会责任的积极力量。

5. 报告期末及上一年度末的比较式会计报表

5.1 自营资产

5.1.1 会计师事务所审计意见全文

审 计 报 告

希会审字(2020) 0746 号

长安国际信托股份有限公司:

一、审计意见

我们审计了长安国际信托股份有限公司(以下简称贵公司)财务报表，包括 2019 年 12 月 31 日的资产负债表，2019 年度的利润表、现金流量表、股东权益变动表以及相关财务报表附注。

我们认为，后附的财务报表在所有重大方面按照企业会计准则的规定编制，公允反映了贵公司 2019 年 12 月 31 日的财务状况以及 2019 年度的经营成果和现金流量。

二、形成审计意见的基础

我们按照中国注册会计师审计准则的规定执行了审计工作。审计报告的“注册会计师对财务报表审计的责任”部分进一步阐述了我们在这些准则下的责任。按照中国注册会计师职业道德守则，我们独立于贵公司，并履行了职业道德方面的其他责任。我们相信，我们获取的审计证据是充分、适当的，为发表审计意见提供了基础。

三、管理层和治理层对财务报表的责任

贵公司管理层(以下简称管理层)负责按照企业会计准则的规定编制财务报表，使其实现公允反映，并设计、执行和维护必要的内部控制，以使财务报表不存在由于舞弊或错误导致的重大错报。

在编制财务报表时，管理层负责评估贵公司的持续经营能力，披露与持续经营相关的事项(如适用)，并运用持续经营假设，除非管理层计划清算贵公司、终止运营或别无其他现实的选择。

治理层负责监督贵公司的财务报告过程。

四、注册会计师对财务报表审计的责任

我们的目标是对财务报表整体是否不存在由于舞弊或错误导致的重大错报获取合理保证，并出具包含审计意见的审计报告。合理保证是高水平的保证，但并不能保证按照审计准则执行的审计在某一重大错报存在时总能发现。错报可能由于舞弊或错误导致，如果合理预期错报单独或汇总起来可能影响财务报表使用者依据财务报表作出的经济决策，则通常认为错报是重大的。

在按照审计准则执行审计工作的过程中，我们运用职业判断，并保持职业怀疑。同时，我们也执行以下工作:

(1) 识别和评估由于舞弊或错误导致的财务报表重大错报风险，设计和实施审计程序以应对这些风险，并获取充分、适当的审计证据，作为发表审计意见的基础。由于舞弊可能涉及串通、伪造、故意遗漏、虚假陈述或凌驾于内部控制之上，未能发现由于舞弊导致的重大错报的风险高于未能发现由于错误导致的重大错报的风险。

(2) 了解与审计相关的内部控制，以设计恰当的审计程序，但目的并非对内部控制的有效性发表意见。

(3) 评价管理层选用会计政策的恰当性和作出会计估计及相关披露的合理性。

(4) 对管理层使用持续经营假设的恰当性得出结论。同时，根据获取的审计证据，就可能导致对贵公司持续经营能力产生重大疑虑的事项或情况是否存在重大不确定性得出结论。如果我们得出结论认为存在重大不确定性，审计准则要求我们在审计报告中提请报表使用者注意财务报表中的相关披露；如果披露不充分，我们应当发表非无保留意见。我们的结论基于截至审计报告日可获得的信息。然而，未来的事项或情况可能导致贵公司不能持续经营。

(5) 评价财务报表的总体列报、结构和内容，并评价财务报表是否公允反映相关交易和事项。

我们与治理层就计划的审计范围、时间安排和重大审计发现等事项进行沟通，包括沟通我们在审计中识别出的值得关注的内部控制缺陷。

希格玛会计师事务所(特殊普通合伙)

中国注册会计师:袁蓉

中国 · 西安　　中国注册会计师:朱洪雄

2020 年 4 月 28 日

5.1.2 资产负债表

资产负债表

2019 年 12 月 31 日

编制单位:长安国际信托股份有限公司　　单位:元

项目	期末余额	期初余额
货币资金	861 849 217.11	551 019 031.55
结算备付金	—	—
拆出资金	—	—
以公允价值计量且其变动计入当期损益的金融资产	452 899 806.10	924 364 305.19

续表

项目	期末余额	期初余额
衍生金融资产	—	—
应收票据及应收账款	—	—
预付款项	25 270 873. 07	14 235 963. 73
其他应收款	1 404 473 676. 87	1 780 357 282. 04
买入返售金融资产	—	—
存货	—	—
持有待售资产	—	—
发放贷款及垫款	14 483 514. 38	477 604 885. 95
可供出售金融资产	5 661 368 183. 57	4 221 880 387. 53
持有至到期投资	625 000 000. 00	—
长期应收款	—	—
长期股权投资	328 687 277. 71	322 259 631. 88
投资性房地产	—	—
固定资产	68 645 024. 48	71 204 207. 38
在建工程	4 801 622. 40	8 889 841. 81
生产性生物资产	—	—
无形资产	39 240 664. 79	16 109 372. 02
开发支出	34 909 353. 93	9 541 916. 07
商誉	—	—
长期待摊费用	23 349 585. 70	19 552 563. 06
递延所得税资产	764 882 434. 42	531 944 438. 40
其他资产	—	7 038 920. 00
资　产　总　计	10 309 861 234. 53	8 956 002 746. 61

法定代表人：高成程　　主管会计工作负责人：张　胜　　会计机构负责人：马　华

资产负债表（续）

2019 年 12 月 31 日

编制单位：长安国际信托股份有限公司　　单位：元

项目	期末余额	期初余额
短期借款	1 220 000 000. 00	—
拆入资金	—	900 000 000. 00
以公允价值计量且其变动计入当期损益的金融负债	—	—
衍生金融负债	—	—
应付票据及应付账款	—	—
预收款项	302 632 717. 16	280 231 312. 05
卖出回购金融资产款	—	—
应付手续费及佣金	—	—
应付职工薪酬	383 790 149. 07	354 591 149. 36
应交税费	365 824 420. 47	218 825 564. 66
其他应付款	14 975 156. 30	25 914 269. 41
持有待售负债	—	—
长期借款	—	—
应付债券	—	—
长期应付款	—	—
长期应付职工薪酬	298 102 303. 75	669 128 286. 25
专项应付款	—	—
预计负债	138 097 388. 74	—
递延收益	—	—
递延所得税负债	119 754 309. 24	761 063. 55
负 债 合 计	2 843 176 444. 73	2 449 451 645. 28
股东权益：		
股本	3 330 000 000. 00	3 330 000 000. 00

续表

项目	期末余额	期初余额
其他权益工具	—	—
资本公积	9 828 804. 44	9 828 804. 44
减：库存股	—	—
其他综合收益	334 868 851. 49	-210 597 397. 29
专项储备	341 883 609. 52	316 155 237. 54
盈余公积	665 278 440. 34	613 821 696. 37
一般风险准备	157 559 613. 72	153 496 780. 00
未分配利润	2 627 265 470. 29	2 293 845 980. 27
股东权益合计	7 466 684 789. 80	6 506 551 101. 33
负债和股东权益总计	10 309 861 234. 53	8 956 002 746. 61

法定代表人：高成程　　主管会计工作负责人：张　胜　　会计机构负责人：马　华

5. 1. 3　利润表

利润表

2019 年度

编制单位：长安国际信托股份有限公司　　单位：元

项　　目	本期发生额	上期发生额
一、营业总收入	2 692 390 818. 82	2 109 921 032. 67
手续费及佣金收入	1 983 541 744. 03	1 814 625 281. 73
其他业务收入	155 204 492. 11	102 042 893. 42
利息收入	51 640 391. 87	33 395 200. 06
其他收益	1 199. 96	2 550 901. 57
投资收益（损失以"－"号填列）	428 323 309. 05	238 771 944. 30
公允价值变动收益（损失以"－"号填列）	73 734 483. 71	-81 529 658. 23
资产处置收益（损失以"－"号填列）	-56 632. 24	58 691. 36
汇兑收益（损失以"－"号填列）	1 830. 33	5 778. 46
二、营业总成本	1 863 932 322. 62	1 634 045 986. 18
利息支出	67 046 250. 01	8 502 722. 23
手续费及佣金支出	—	—
税金及附加	17 359 951. 67	15 954 096. 01
业务及管理费	532 702 522. 10	930 621 803. 36
管理费用	—	—
财务费用	—	—
资产减值损失	1 246 823 598. 84	678 967 364. 58
三、营业利润（亏损以"－"号填列）	828 458 496. 20	475 875 046. 49
加：营业外收入	1 626 777. 66	169 274. 07
减：营业外支出	138 684 631. 63	242 838. 03
四、利润总额（亏损总额以"－"号填列）	691 400 642. 23	475 801 482. 53
减：所得税费用	176 833 202. 54	119 669 634. 76
五、净利润（净亏损以"－"号填列）	514 567 439. 69	356 131 847. 77
（一）持续经营净利润	514 567 439. 69	356 131 847. 77
（二）终止经营净利润		
六、其他综合收益的税后净额	545 466 248. 78	-271 034 322. 30
（一）以后不能重分类进损益的其他综合收益	—	—
其中：1. 重新计量设定受益计划净负债或净资产的变动	—	—
2. 权益法下在被投资单位不能重分类进损益的其他综合收益中享有的份额	—	—

续表

项　目	本期发生额	上期发生额
(二)以后将重分类进损益的其他综合收益	545 466 248. 78	-271 034 322. 30
其中:1. 权益法下在被投资单位以后将重分类进损益的其他综合收益中享有的份额	734 039. 05	-586 366. 16
2. 可供出售金融资产公允价值变动损益	544 732 209. 73	-270 447 956. 14
3. 持有至到期投资重分类为可供出售金融资产损益	—	—
4. 现金流量套期损益的有效部分	—	—
5. 外币财务报表折算差额	—	—
6. 其他	—	—
归属于少数股东的其他综合收益的税后净额	—	—
七、综合收益总额	1 060 033 688. 47	85 097 525. 47
八、每股收益:	—	—
基本每股收益	0. 15	0. 11
稀释每股收益	0. 15	0. 11

法定代表人:高成程　　　主管会计工作负责人:张　胜　　会计机构负责人:马　华

5.2 信托资产

5.2.1 信托项目资产负债汇总

信托项目资产负债表

编制单位:长安国际信托股份有限公司　　　2019 年 12 月 31 日　　　单位:万元

信托资产	期末数	信托负债和信托权益	期末数
信托资产		信托负债	
货币资金	712 055. 62	交易性金融负债	—
拆出资金	—	应付受托人报酬	4 421. 91
存出保证金	—	应付托管费	962. 64
交易性金融资产	3 053 815. 01	应付受益人收益	52 038. 99
买入返售金融资产	8 794 567. 65	其他应付款项	92 709. 06
应收款项	945 999. 45	应交税费	6 493. 70
发放贷款	18 227 836. 57	应付销售服务费	805. 17
可供出售金融资产	2 347 836. 68	其他负债	—
持有至到期投资	6 634 981. 67	信托负债合计	157 431. 47
长期股权投资	5 837 339. 75	信托权益:	
固定资产	—	实收信托	46 230 224. 72
无形资产	—	资本公积	95 675. 43
长期应收款	—	其他综合收益	-160 062. 78
长期待摊费用	88. 68	未分配利润	244 742. 99
其他资产	13 490. 75	信托权益合计	46 410 580. 36
信托资产总计	46 568 011. 83	信托负债及信托权益总计	46 568 011. 83

法定代表人:高成程　　　主管会计工作负责人:瞿文康　　会计机构负责人:李　杰

5.2.2 信托项目利润及利润分配汇总表

信托项目利润及利润分配汇总表

编制单位:长安国际信托股份有限公司　　　2019 年度　　　单位:万元

项　目	本年累计数
一、营业收入	3 503 353. 67
利息收入	2 355 744. 55
投资收益	1 006 512. 81
公允价值变动损益	139 778. 79
租赁收入	—
汇兑损益	8. 54
其他收入	1 308. 98
二、营业支出	319 842. 65
三、信托净利润	3 183 511. 02
四、其他综合收益	20 842. 22
五、综合收益	3 204 353. 24
加:期初未分配信托利润	-442 615. 18
六、可供分配的信托利润	2 740 895. 84
减:本期已分配信托利润	2 496 152. 85
七、期末未分配信托利润	244 742. 99

法定代表人:高成程　　　主管会计工作负责人:瞿文康　　会计机构负责人:李　杰

6. 会计报表附注

6.1 简要说明报告年度会计报表编制基准、会计政策、会计估计和核算方法发生的变化

无。

6.2 或有事项说明

无。

6.3 重要资产转让及其出售的说明

无。

6.4 会计报表中重要项目的明细资料

6.4.1 披露自营资产经营情况

6.4.1.1 按信用风险五级分类结果披露信用风险资产的期初数、期末数

时点	正常类(万元)	关注类(万元)	次级类(万元)	可疑类(万元)	损失类(万元)	信用风险资产合计(万元)	不良资产合计(万元)	已计提资产减值准备合计	不良资产率(%)
期初数	858 414. 18	22 243. 15	—	30 775. 62	1 180. 77	912 613. 72	31 956. 39	17 013. 44	1. 64
期末数	978 267. 80	33 321. 00	—	47 843. 28	77 150. 27	1 136 582. 35	124 993. 55	105 596. 22	1. 71

注:1. 不良资产合计=次级类+可疑类+损失类。
2. 不良率按行业评级公式计算。

6.4.1.2　各项资产减值损失准备的期初数、本期计提、本期转回、本期核销、期末数，贷款的一般准备、专项准备和其他资产减值准备应分别披露

单位：万元

项目	期初数	本期增加	本期减少		期末数
			转回	转销	
一、坏账准备	858.15	27 098.24	2.78	1 538.22	26 415.39
二、贷款损失准备	14 683.92	34 910.50	14 683.92	13 855.48	21 055.02
三、可供出售金融资产减值准备	409.28	59 292.15	—	20 835.69	38 865.74
四、持有至到期投资减值准备	—	17 500.00	—	—	17 500.00
五、长期股权投资减值准备	—	—	—	—	—
六、投资性房地产减值准备	—	—	—	—	—
七、固定资产减值准备	358.20	—	5.91	—	352.29
八、工程物资减值准备	—	—	—	—	—
九、在建工程减值准备	—	—	—	—	—
十、生产性生物资产减值准备	—	—	—	—	—
十一、油气资产减值准备	—	—	—	—	—
十二、无形资产减值准备	—	—	—	—	—
十三、商誉减值准备	—	—	—	—	—
十四、其他	703.89	703.89	—	—	1 407.78
合　计	17 013.44	139 504.78	14 692.61	36 229.39	105 596.22

6.4.1.3　自营股票投资、基金投资、债券投资、股权投资等投资业务的期初数、期末数

单位：万元

时点	自营股票	基金	债券	长期股权投资
期初数	—	190 469.49	6 694.34	32 225.96
期末数	11 903.62	160 349.52	37 193.26	32 868.73

6.4.1.4　前五名的自营长期股权投资的企业名称、占被投资企业权益的比例、主要经营活动及投资收益情况等（从大到小顺序排列）

企业名称	投资比例(%)	经营活动	投资收益情况
上海淳璞投资管理中心（有限合伙）	62.50	投资管理、咨询、企业管理咨询、实业投资、财务咨询。	本年按权益法核算确认 -200.57 万元
长安基金管理有限公司	29.63	公开募集证券投资基金管理，基金销售，特定客户资产管理。	本年按权益法核算确认 843.14 万元
西安企业资本服务中心有限公司	13.16	为企业融资、并购相关业务提供服务；为非上市公司债权、合伙企业财产份额及有关财产权益类产品转让提供服务；其他相关业务。	本年按权益法核算确认 -65.68 万元

续表

企业名称	投资比例(%)	经营活动	投资收益情况
青岛溢源润达投资管理有限公司	40.00	自有资金对外投资及投资咨询。	本年按权益法核算确认 -7.52 万元
西安财金合作发展基金投资管理有限公司	40.00	一般经营项目：股权投资、项目投资、资产管理咨询、投资管理。	账面价值为零，不确认投资收益

6.4.1.5　前五名的自营贷款的企业名称、占贷款总额的比例和还款情况等（从大到小顺序排列）

企业名称	占贷款总额的比例(%)	还款情况
成都天籁酒业有限公司	67.99	未到期
浙江浙农锦城资产管理有限公司	19.26	未到期
韩城市城市空间运营管理有限公司	12.63	未到期
汽车消费贷	0.12	未到期
总计	100.00	

6.4.1.6　表外业务的期初数、期末数；按照代理业务、担保业务和其他类型表外业务分别披露

无。

6.4.1.7　公司当年的收入结构

收入结构	金额（万元）	占比（%）
手续费及佣金收入	198 354.17	73.63
其中：信托手续费收入	198 354.17	100.00
投资银行业务收入	—	—
利息收入	5 164.04	1.92
其他业务收入	15 520.45	5.76
其中：计入信托业务收入的部分	15 520.45	100.00
投资收益	42 832.33	15.90
其中：股权投资收益	4 719.32	11.02
证券投资收益	19 622.05	45.81
其他投资收益	18 490.96	43.17
公允价值变动损益及汇兑损益	7 373.63	2.74
其他收益	0.12	—
资产处置收益	-5.66	—
营业外收入	162.68	0.05
合计	269 401.76	100.00

6.4.2　信托资产管理情况

6.4.2.1　信托资产的期初数、期末数

单位：万元

信托资产	期初数	期末数
集合	26 868 282.87	25 517 962.29
单一	20 665 123.03	17 813 638.49
财产权	4 520 518.99	3 236 411.05
合计	52 053 924.89	46 568 011.83

6.4.2.1.1 主动管理型信托业务的信托资产期初数、期末数

单位:万元

主动管理型信托资产	期初数	期末数
证券投资类	3 063 529.65	1 927 055.78
股权投资类	2 482 093.36	3 091 865.62
权益投资类	1 506 753.94	1 490 837.63
融资类	8 343 322.96	11 686 919.76
事务管理类	1 252.02	2 322.13
合计	15 396 951.93	18 199 000.92

6.4.2.1.2 被动管理型信托业务的信托资产期初数、期末数

单位:万元

被动管理型信托资产	期初数	期末数
证券投资类	644 568.00	261 367.74
股权投资类	23 000.15	63 786.45
权益投资类	30 346.42	100 220.99
融资类	638 816.78	722 432.16
事务管理类	35 320 241.61	27 221 203.57
合计	36 656 972.96	28 369 010.91

6.4.2.2 本年度已清算结束的集合类、单一类资金信托项目和财产管理类信托项目数量、实收信托合计金额、加权平均实际年化收益率

6.4.2.2.1 本年度已清算结束的集合类、单一类资金信托项目和财产管理类信托项目个数、实收信托合计金额、加权平均实际年化收益率

已清算结束的信托项目	项目个数(个)	实收信托合计金额(万元)	加权平均实际年化收益率(%)
集合类	139	6 329 187.59	1.2
单一类	246	11 005 823.54	8.03
财产管理类	47	1 753 723.61	5.09

6.4.2.2.2 本年度已清算结束的主动管理型信托项目个数、实收信托合计金额、加权平均实际年化信托报酬率、加权平均实际年化收益率

已清算结束的信托项目	项目个数(个)	实收信托合计金额(万元)	加权平均实际年化信托报酬率(%)	加权平均实际年化收益率(%)
证券投资类	31	2 522 091.98	0.21	2.76
股权投资类	17	2 035 856.00	1.14	4.82
其他权益投资	42	181 903.88	0.5	5.7
融资类	78	2 877 379.92	1.09	7.56
事务管理类	—	—	—	—

6.4.2.2.3 本年度已清算结束的被动管理型信托项目个数、实收信托合计金额、加权平均实际年化信托报酬率、加权平均实际年化收益率

已清算结束的信托项目	项目个数(个)	实收信托合计金额(万元)	加权平均实际年化信托报酬率(%)	加权平均实际年化收益率(%)
证券投资类	3	98 309.84	0.15	19.85
股权投资类	—	—	—	—
其他权益投资	—	—	—	—
融资类	—	—	—	—
事务管理类	261	11 373 193.12	0.17	5.57

6.4.2.3 本年度新增的集合类、单一类资金信托项目和财产管理类信托项目个数、实收信托合计金额

新增信托项目	项目个数(个)	实收信托合计金额(万元)
集合类	117	6 097 257.90
单一类	211	4 710 080.50
财产管理类	33	1 118 387.60
新增合计	361	11 925 726.00
其中:主动管理型	213	8 487 343.06
被动管理型	148	3 438 382.94

6.4.2.4 信托业务创新成果和特色业务有关情况

公司在回归本源、服务实体经济的政策环境下,按照"资管新规"过渡期内各项要求,逐步深化创新业务、特色业务的发展。2019年,公司家族信托、资本市场业务、国际业务、慈善信托等创新业务亮点深化发展。一是家族信托业务规模稳居行业第一梯队,不断深挖客户需求,推出了可定制化产品服务;二是公司进一步厘清资本市场业务发展思路,通过成立资本市场事业部的模式,为长期开展资本市场业务奠定基础;三是国际业务管理能力加强,公司充分发挥国际业务团队专业管理能力,依托现有外汇额度资源,为客户提供了丰富的境外资产配置;四是积极开展慈善信托充分发挥服务型信托产品功能,助力社会公益事业发展。

6.4.2.5 本公司履行受托人义务情况及因公司自身责任而导致信托资产的损失情况(合计金额、原因等)

无。

6.5 关联方关系及其交易的披露

6.5.1 关联交易方的数量、关联交易的总金额及关联交易的定价政策等

	关联交易数量	关联交易余额(万元)	定价政策
合计	32	454 130.07	公允价格

注:关联交易是指信托公司以自有资产、信托资产为关联方提供投融资等服务,或以担保等方式为关联方融资提供便利的业务。关联交易的统计范围应基本与银监会非现场监管信息系统中关于关联交易的范围和口径一致,也可增加为关联方提供咨询等其他非投融资类业务服务的信息。

6.5.2 关联交易方与本公司的关系性质、关联交易方的名称、法定代表人、注册地址、注册资本及主营业务等

关系性质	关联方名称	法定代表人/执行事务合伙人	注册地址	注册资本（万元）	主营业务
股东	西安投资控股有限公司	巩宝生	西安市高新区科技五路8号数字大厦四层	1 422 989. 992577	投资业务；项目融资；资产管理；资产重组与购并；财务咨询；物业管理；其他市政府批准的业务等。
股东	陕西鼓风机（集团）有限公司	李宏安	西安市临潼区代王街办	13 738. 247096	大型压缩机、鼓风机、通风机及各种透平机械的开发、制造、销售、维修、服务等。
公司与股东发起设立	北京长安信托公益基金会	姜　燕	北京市东城区建国门内大街28号民生金融中心A座8层	200	扶贫济困，资助与教育发展、医疗救助、环境保护相关的公益项目。
股东控制的关联方	西安投融资担保有限公司	赵增宽	西安市曲江新区雁塔南路2216号曲江国际大厦1幢1单元12001室	310 000	主营贷款担保、票据承兑担保、贸易融资担保、项目融资担保、信用证担保及其他法律、法规许可的融资性担保业务等。
股东控制的关联方	德祥汽车产业有限公司	吕　颖	西安经济技术开发区文景路（中段）16号白桦林国际A座11层	994 000	汽车生产线项目建设；厂房建设；建筑工程、市政工程的施工等。
能施加重大影响的关联方	长安基金管理有限公司	万跃楠	上海市虹口区丰镇路806号3幢371室	27 000	公开募集证券投资基金管理，基金销售，特定客户资产管理。
能施加重大影响的关联方	长安新生（深圳）金融投资有限公司	方　灏	深圳市前海深港合作区前湾一路1号A栋201室	16 909. 42	投资兴办实业（具体项目另行申报）；投资管理、投资咨询；金融信息咨询等。
能施加重大影响的关联方的参股公司	长安财富资产管理有限公司	袁丹旭	上海市虹口区广纪路738号2幢428室	10 000	特定客户资产管理业务及中国证监会许可的其他业务。
信托计划控股公司	长安盛世（深圳）资产管理有限公司	谭卫东	深圳市前海深港合作区前湾一路1号A栋201室	30 000	受托资产管理（不得从事信托、金融资产管理、证券资产管理等业务）；投资管理、投资顾问（均不含限制项目）等。
信托计划持股公司	深圳前海中证长凯投资管理有限公司	符　砺	深圳市前海深港合作区前湾一路1号A栋201室	10000	投资管理、投资咨询；受托管理股权投资基金；商务信息咨询、财务咨询等。
信托计划持股公司	湖北长江德馨投资管理有限公司	杜三湖	武汉市汉阳区汉阳大道139号11层10室	1 000	投资管理；对商业、房地产业、农业、工业、建筑业、服务业投资；商务信息咨询等。
信托计划持股公司	青岛福地润达创业投资中心（有限合伙）	青岛溢源润达投资管理有限公司	山东省青岛市崂山区同安路882－1号颐杰鸿泰大厦1号楼808室		创业投资业务；代理其他创业投资企业等机构或个人创业投资业务，创业投资咨询业务等。
能施加重大影响的关联方	青岛溢源润达投资管理有限公司	叶晓飞	山东省青岛市崂山区同安路882－1号颐杰鸿泰大厦1号楼808室	500	自有资金对外投资及投资咨询（未经金融监管部门批准，不得从事吸收存款、代客理财、融资担保等金融业务）。
信托计划持股公司	西安汉长安城投资有限公司	雷灏	西安市石化大道乾源庄酒店内	120 000	土地整理；基础设施建设；城中村改造；房地产开发；城乡统筹建设；绿化工程施工；物业管理；旅游商贸开发等。
信托计划持股公司	宜昌绿色产业基金管理有限公司	陈兆平	宜昌市伍家岗区沿江大道182号	1 000	管理或受托管理股权类投资并从事相关咨询业务等。
信托计划持股公司	深圳长安兴业不动产股权投资管理有限公司	樊振东	深圳市前海深港合作区前湾一路1号A栋201室	2 000	受托资产管理、投资管理、股权投资、受托管理股权投资基金等。
信托计划持股公司	华夏阳光地产有限公司	王明坤	云南省昆明市西山区滇池度假区滇池路1037号华夏曦岸2栋6楼	86 000	房地产开发和经营。
信托计划持股公司的子公司	云南华夏卓越房地产有限公司	王明坤	云南省昆明市西山区滇池路444号福海街道办事处306室	30 000	房地产开发与经营；房屋租赁；房地产经纪业务（依法须经批准的项目，经相关部门批准后方可开展经营活动）。
信托计划持股公司	西咸新区茯茶镇文化产业集团有限公司	褚炜	陕西省西咸新区泾河新城茯茶镇商业街5号楼	35 000	茯茶文化产业园开发与经营；茯茶及文化衍生品研发、检测、生产与经营；房地产开发与经营；物业管理等。
公司董事长	高成程	不涉及	不涉及	不涉及	不涉及
公司高管近亲属	杨　静	不涉及	不涉及	不涉及	不涉及
公司监事	刘　斌	不涉及	不涉及	不涉及	不涉及

6.5.3 逐笔披露本公司与关联方的重大交易事项

6.5.3.1 固有财产与关联方:贷款、投资、租赁、应收账款、担保、其他方式等期初汇总数、本期发生额汇总数、期末汇总数

单位:万元

固有财产与关联方关联交易			
	期初数	本期发生额	期末数
贷款	—	—	—
投资	93 751.25	-13 128.68	80 622.57
租赁	—	—	—
担保	—	—	—
应收账款	—	—	—
其他	—	—	—
合计	93 751.25	-13 128.68	80 622.57

6.5.3.2 信托资产与关联方:贷款、投资、租赁、应收账款、担保、其他方式等期初汇总数、本期发生额汇总数、期末汇总数

单位:万元

信托资产与关联方关联交易			
	期初数	本期发生额	期末数
关联人认购	45 960.00	-37 891.12	8 068.88
贷款	1 300.00	-1 300.00	—
投资	463 381.94	-221 802.08	241 579.86
租赁	—	—	—
担保	94 500.00	-84 000.00	10 500.00
应收账款	—	—	—
其他	23 275.26	90 083.57	113 358.83
合计	628 417.20	-254 909.63	373 507.57

6.5.3.3 信托公司自有资金运用于自己管理的信托项目(固信交易)、信托公司管理的信托项目之间的相互(信信交易)交易金额,包括余额和本报告年度的发生额

6.5.3.3.1 固有财产与信托财产之间的交易金额期初汇总数、本期发生额汇总数、期末汇总数

单位:万元

固有财产与信托财产相互交易			
	期初数	本期发生额	期末数
合计	251 330.26	128 438.44	379 768.70

6.5.3.3.2 信托项目之间的交易金额期初汇总数、本期发生额汇总数、期末汇总数

单位:万元

信托资产与信托财产相互交易			
	期初数	本期发生额	期末数
合计	176 748.82	-175 998.82	750.00

6.5.4 逐笔披露关联方逾期未偿还本公司资金的详细情况以及本公司为关联方担保发生或即将发生垫款的详细情况

未偿还的关联方款项是西安经济技术开发区资产投资有限公司欠款792.56万元,是本公司原控股子公司,注册资本为1 500万元,该欠款主要用于补充其营运资金不足,逾期时间在10年以上。

6.5.5 其他需披露的关联交易事项

报告期内公司以信托计划募集资金出资分别与深圳前海中证长凯投资管理有限公司及湖北长江德髻投资管理有限公司等关联方共同设立有限合伙企业的信托项目共计12个。

6.6 会计制度的披露

固有业务(自营业务)、信托业务执行会计制度的名称及颁布的年份如下。

本公司固有业务和信托业务财务报表均执行2006年2月15日财政部颁布的《企业会计准则》(财政部令第33号)、《企业会计准则应用指南》(财会[2006]18号)以及财政部后续修订或颁布的各项新准则。

本公司编制的固有业务财务报表反映了本公司2019年12月31日的财务状况、2019年度的经营成果和现金流量等信息。

7. 财务情况说明书

7.1 利润实现和分配情况

单位:万元

项目	金额
利润总额(亏损总额以"-"号填列)	69 140.06
减:所得税费用	17 683.32
净利润(净亏损以"-"号填列)	51 456.74
其中:归属于母公司所有者的净利润	51 456.74
少数股东损益	—
每股收益(元):	—
(一)基本每股收益	0.15
(二)稀释每股收益	0.15
其他综合收益	54 546.63
综合收益总额	106 003.37

按照《公司章程》的规定,税后利润按以下顺序进行分配:

按照10%提取法定盈余公积51 456 743.97元;按照5%提取信托赔偿准备金25 728 371.98元;按照《金融企业准备金计提管理办法》(财金[2012]20号)计提一般风险准备4 062 833.72元;向投资者分配利润,具体分配方案由董事会提出预案,股东大会决定。

2019年末可供分配的未分配利润为2 627 265 470.29元。

7.2 主要财务指标

指标名称	指标值
资本利润率(%)	7.00
信托报酬率(%)	0.42
人均净利润(万元)	65.39

注:1. 资本利润率=净利润/所有者权益平均余额×100%。
2. 信托报酬率=信托业务收入/实收信托平均余额×100%。
3. 人均净利润=净利润/年平均人数。
4. 平均值采取年初及各季末余额移动算术平均法,公式为:a(平均)=($a_0/2+a_1+a_2+a_3+a_4/2$)/4。

7.3 对本公司财务状况、经营成果有重大影响的其他事项

无。

8. 特别事项揭示

8.1 前五名股东报告期内变动情况及原因

无。

8.2 董事、监事及高级管理人员变动情况及原因

8.2.1 董事变动情况及原因

2019 年 4 月 11 日，公司董事张金顺先生向董事会递交了辞呈，辞去公司董事职务。

8.2.2 监事变动情况及原因

无。

8.2.3 高级管理人员变动情况及原因

2019 年 4 月 12 日，公司董事会批准张金顺先生因个人原因辞去公司总裁职务。

8.3 变更注册资本、变更注册地或公司名称、公司分立合并事项

无。

8.4 公司的重大诉讼事项

2019 年，公司以前年度存续执行案件及诉讼案件共计 9 宗，标的金额合计为 255 650 万元，全部为信托业务项下，公司申请法院执行融资方、担保方的案件，分别为信集楼俊(120 000万元及利息、罚息及违约金等)、信集东绒(2)(8 200万元及利息、罚息、违约金等)、宁集启成(30 000 万元及利息、罚息、违约金等)、信集志高(30 000 万元及利息、罚息、违约金等)、信集艺投(8 150 万元及利息、罚息、违约金等)、信集万福(30 000万元及利息、罚息、违约金等)、信集锋威(6 500 万元及利息、罚息、违约金等)、信集金业(17 800 万元及利息、罚息、违约金等)、信集镁二(5 000 万元及利息、罚息、违约金等)。

本年公司新增执行案件 3 宗，诉讼案件 5 宗，标的金额合计为 346 516 万元，全部为信托业务项下，公司申请法院执行或起诉融资方、担保方的案件。其中，执行案件分别为宁信集创智(2)(13 500 万元及利息、罚息、违约金等)、信集中龙(6 216万元及利息、罚息、违约金等)、宁集海岸(13 000 万元及利息、罚息、违约金等)；诉讼案件为宁集山物(12 000 万元及利息、罚息、违约金等)、宁集宏图(30 000 万元及利息、罚息、违约金等)、信集丰盛(95 000 万元及利息、罚息、违约金等)、信集东部(160 000 万元及利息、罚息、违约金等)、权集成安(16 800万元及利息、罚息、违约金等)。

2019 年，公司被诉案件主要为信集楼俊项目系列案件，涉及金额合计 82 192 万元。

2019 年，稳健 21 号收回 9 800 万元、信集东绒(2)收回 210 万元、宁集山物收回 3 370 万元、信集东部收回 130 000 万元。

8.5 公司及其董事、监事和高级管理人员受到处罚的情况

报告期内，中国银保监会陕西监管局对公司作出行政处罚 1 次，处罚方式为罚款。除前述事项外公司及公司董事、监事和高级管理人员没有受到监管部门处罚的情况发生。

8.6 中国银监会及其派出机构检查意见的整改情况

中国银保监会陕西监管局及四川监管局对公司开展了现场检查，公司高度重视，积极主动进行信息反馈、问题解释、情况说明及档案资料提供等。报告期内，未收到中国银保监会及其派出机构现场检查意见。

同时，公司按照中国银保监会陕西监管局提示意见，组织开展了案件防控、异地推介及普惠金融、资金池信托、新三板等业务的自查，制定了切实可行的整改方案，有序推进落实各项监管意见。

8.7 本年度重大事项临时报告的简要内容、披露时间、所披露的媒体及其版面

8.7.1 鉴于《公司章程》修订，2019 年 1 月 22 日公司在《上海证券报》第 310 版刊登《长安国际信托股份有限公司关于修改公司章程的公告》。

8.7.2 鉴于《公司总裁》变动，2019 年 4 月 17 日公司在《上海证券报》第 126 版刊登《长安国际信托股份有限公司关于总裁变动的公告》。

8.7.3 鉴于《公司章程》修订，2019 年 11 月 9 日公司在《上海证券报》第 52 版刊登《长安国际信托股份有限公司关于修改公司章程的公告》。

8.8 报告期内股东违反承诺质押信托公司股权或以股权及其受(收)益权设立信托等金融产品的情况

无。

8.9 已向国务院银行业监督管理机构或其派出机构提交行政许可申请但尚未获得批准的事项

无。

8.10 中国银保监会及其省级派出机构认定的其他有必要让客户及相关利益人了解的重要信息

无。

9. 公司监事会意见

监事会认为，报告期内公司能够按照合法决策程序对重大事项进行决策，所开展的业务经营活动符合《中华人民共和国公司法》《中华人民共和国信托法》《信托公司管理办法》《信托公司治理指引》等有关法律法规的规定。没有发现公司董事、高级管理层履行职务时有违法违规、违反公司章程或损害公司及股东利益的行为。监事会认为，希格玛会计师事务所(特殊普通合伙)出具的 2019 年度无保留意见的审计报告，真实、客观地反映了公司的财务状况和经营结果。

长城新盛信托有限责任公司

1. 重要提示

1.1 本公司董事会及董事保证本报告所载资料不存在任何虚假记载、误导性陈述或者重大遗漏，并对其内容的真实性、准确性和完整性承担个别及连带责任。

1.2 本公司未有董事对年度报告内容的真实性、准确性、完整性无法保证或存在异议。

1.3 公司独立董事刘普、马德贵、闫晓旭声明：保证年度报告内容的真实性、准确性、完整性。

1.4 执行本公司审计的会计事务所未对公司出具保留意见（或否定意见、无法表示意见）的审计报告。

1.5 公司董事长王文兵、总经理喻林、财务总监王敏声明：保证本年度财务报告的真实、完整。

2. 公司概况

2.1 公司简介

长城新盛信托有限责任公司（以下简称长城信托）是在重组原伊犁哈萨克自治州信托投资公司基础上设立。伊犁哈萨克自治州信托投资公司设立于1988年12月9日，是经中国人民银行新疆维吾尔自治区分行（新人银［88］金管字第70号）批准并经伊犁哈萨克自治州工商局登记注册，由伊犁哈萨克自治州财政局出资的国有独资地方性金融机构，注册资本为3 000万元。

在信托业第五次清理整顿过程中，2003年12月17日中国银监会下发了《关于同意伊犁州信托投资公司重组方案的复函》（银监函［2003］205号），伊犁哈萨克自治州信托投资公司由此被中国银监会列为13家遗留问题信托公司之一。

2011年9月30日，中国银监会下发了《关于伊犁哈萨克自治州信托投资公司重新登记等有关事项的批复》（银监复［2011］408号），批准由中国长城资产管理公司（2016年更名为中国长城资产管理股份有限公司，以下简称长城资产，持股35%）、新疆生产建设兵团国有资产经营公司（2016年更名为新疆生产建设兵团国有资产经营有限责任公司，以下简称兵团国资，持股35%）、深圳市盛金创业投资发展有限公司（后更名为深圳市盛金投资控股有限公司，以下简称深圳盛金，持股17%）、伊犁哈萨克自治州财信融通融资担保有限公司（以下简称伊犁财信，持股13%）等四家公司在对伊犁哈萨克自治州信托投资公司进行重组的基础上进行增资扩股、更名、改制等事项变更重组。2011年10月8日由中国银监会新疆监管局发放了金融许可证，同日在新疆维吾尔自治区工商局经济技术开发区分局领取了换发后的企业法人营业执照，公司名称由伊犁哈萨克自治州信托投资公司变更为新疆长城新盛信托有限责任公司，公司注册资本由3 000万元变更为30 000万元。

2013年11月8日，经国家工商总局核准并经中国银监会新疆监管局批准，公司名称再次变更为长城新盛信托有限责任公司。

2015年8月21日，经中国银监会新疆监管局核准并经工商登记变更，长城资产下属的全资子公司德阳市国有资产经营有限公司（以下简称德阳国资）受让了深圳盛金所持有长城信托17%的全部股权，由此，长城信托股权结构发生了根本性变化。

2016年12月30日，经中国银监会新疆监管局批复同意并经工商登记变更，长城资产下属的全资子公司德阳国资再次受让了伊犁财信所持有长城信托10%的股权；此次股权转（受）让后，德阳国资合计持有长城信托27%的股权，伊犁财信持有长城信托3%的股权。

2.1.1 公司法定名称

公司中文名称：长城新盛信托有限责任公司

公司英文名称：Great Wall Xinsheng Trust Co., Ltd.

公司英文名称缩写：GWXS TRUST

2.1.2 公司法定代表人：喻林

2.1.3 公司注册地址：乌鲁木齐经济技术开发区卫星路475号紫金矿业研发大厦A座11层

公司邮政编码：830026

公司国际互联网网址：www.gwxstrust.com

公司电子信箱：gwxs@gwxstrust.com

2.1.4 公司负责信息披露事务人员

联系人：王佳

联系电话：0991－2308361

传　　真：0991－3775362

电子信箱：wangjia@gwxstrust.com

2.1.5 公司信息披露报纸名称：《上海证券报》

年度报告备置地点：乌鲁木齐经济技术开发区卫星路475号紫金矿业研发大厦A座11层和北京市西城区月坛北街2号月坛大厦B座7层

登载年度报告的互联网网址：www.gwxstrust.com

2.1.6 公司聘请的会计师事务所名称：德勤华永会计师事务所（特殊普通合伙）北京分所

公司聘请的会计师事务所住所：北京东长安街1号东方广场东方经贸城西二办公楼8层

2.1.7 公司聘请的律师事务所名称：北京市兰台律师事务所

公司聘请的律师事务所住所：北京市朝阳区曙光西里甲1号第三置业B座29层

2.2 组织结构

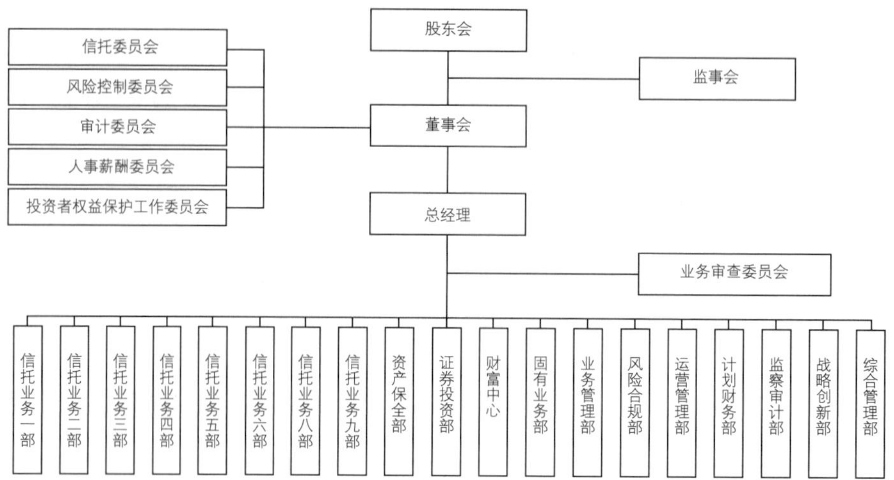

3. 公司治理

3.1 股东

报告期末股东总数为 4 家（3 家股东持有 10% 以上股份），按股东持股比例从大到小排列如下：

股东名称	持股比例（%）	法定代表人	注册资本（万元）	注册地址	主要经营业务及主要财务情况
★长城资产	35	沈晓明	5 123 360.9796	北京市西城区月坛北街 2 号	收购、受托经营金融机构不良资产，对不良资产进行管理、投资和处置；债权转股权，对股权资产进行管理、投资和处置；对外投资；买卖有价证券；发行金融债券、同业拆借和向其他金融机构进行商业融资；破产管理；财务、投资、法律及风险管理咨询和顾问；资产及项目评估；经批准的资产证券化业务、金融机构托管和关闭清算业务；非金融机构不良资产业务；国务院银行业监督管理机构批准的其他业务。企业依法自主选择经营项目，开展经营活动；依法须经批准的项目，经相关部门批准后依批准的内容开展经营活动；不得从事本市产业政策禁止和限制类项目的经营活动。财务状况良好。
兵团国资	35	丁志民	135 156.4415	乌鲁木齐市扬子江路 188 号	新疆生产建设兵团授权范围国有资产经营管理；国有资产产（股）权交易；商业信息咨询；房屋租赁。财务状况良好。
德阳国资	27	孙刚	10 000	四川省德阳市泰山南路二段 733 号 15 层	资产置换、转让与销售，债务重组、资产重组及并购，基金投资与管理；股权投资、投资、财务及法律咨询。（依法须经批准的项目，经相关部门批准后方可开展经营活动）。财务状况良好。
伊犁财信	3	李刚别克	100 023.3507	伊宁市新滨河路怡安家园 1 号综合楼	许可经营项目：贷款担保、票据承兑担保、贸易融资担保、项目融资担保、信用证担保及其他融资性担保业务；兼营诉讼保全担保；投标担保、预付款担保、工程履约担保、尾付款如约偿付担保等履约担保业务；与担保业务有关的融资咨询、财务顾问等中介服务；以自有资金进行投资；办理债券发行担保业务；国家及自治区规定的其他业务。财务状况良好。

注：由于德阳国资属于长城资产全资子公司，故长城信托的实际控制人为长城资产。

3.2 董事

董事长、副董事长、董事

姓名	职务	性别	年龄（岁）	选任日期	所推举的股东名称	该股东持股比例（%）	简要履历
王文兵	董事长	男	58	2018 年 11 月 14 日	长城资产	35	法学学士，西南政法学院刑事侦察专业，经济师，历任福建省人民警察学校教官，中国农业银行福建省分行机关党委、政工办干部、监察室干部、办公室副主任，长城资产福州办事处综合管理部（人力资源部）处长，长城资产重庆办事处副总经理，长城资产法律事务部副总经理、总经理，长城资产法律总监；现任长城资产运营总监，长城信托党委书记、董事长。
陈一滔	副董事长	女	55	2015 年 11 月 16 日	兵团国资	35	硕士研究生，解放军空军工程大学管理科学与工程专业，高级会计师，曾在新疆生产建设兵团外经贸局计财处工作，历任新疆农垦纺织五矿化工机械进出口公司任计财部经理，新疆农垦进出口公司董事、常务副总经理，兵团国资总经理助理兼财务部经理、副总经理、总经理、董事长；现任新疆生产建设兵团投资有限责任公司董事长。

续表

姓 名	职 务	性别	年龄（岁）	选任日期	所推举的股东名称	该股东持股比例（%）	简要履历
顾 涛	董 事	男	49	2016 年 3 月 21 日	长城资产	35	华中理工大学工学、中国政法大学法学双学士，具备证券、银行风险管理、律师从业资格，高级经济师，历任农业银行北京分行资产保全处科员、主任科员，长城资产北京办事处债权管理部项目经理、法律事务部高级经理（副处级），长城资产法律事务部法律审核处副处长、诉讼业务管理处高级副经理、重大诉讼项目处高级经理、专项资产经营管理事业部副主任，长城国融担保有限公司风险总监（总经理助理级）、党委委员、董事，长城资产深圳办事处党委委员、风险总监（副总经理级）；现任长城信托党委委员、副总经理、执行董事。
段合明	董 事	男	56	2017 年 10 月 23 日	德阳国资	27	硕士研究生，经济师，历任石河子联合中学教师，兵团经济专科学校教师，人民银行新疆区分行科员，新疆银监局办公室主任科员，副主任、调研员、非银处处长；现任长城信托党委委员、纪委书记、风险总监、工会主席、执行董事。
蔺怀华	董 事	男	51	2015 年 11 月 16 日	兵团国资	35	法学学士，兰州大学法学专业，执业律师，历任新疆维吾尔自治区高级人民法院审判员，新疆国通律师事务所律师，新疆元正律师事务所律师；现任兵团国资法律顾问，新疆元正盛业律师事务所律师。
喻 林	董 事	男	52	2015 年 11 月 16 日	职工董事	—	大学本科，湖南财经学院工业企业管理专业，经济师，历任中国农业银行湖南省分行信贷管理处副主任科员，长城资产长沙办事处资产经营部主任科员，湖南天一科技股份有限公司副总经理，长城资产长沙办事处资产经营部主任科员、资产经营一部高级副经理、资产经营一部高级副经理（主持工作）、资产经营三部高级副经理（主持工作）、资产经营三部高级经理；业务拓展一部高级经理、党委委员、总经理助理；党委委员、副总经理，长城信托第一副总经理；现任长城信托党委副书记、总经理、执行董事，公司法定代表人。

独立董事

姓 名	职务	性别	年龄（岁）	选任日期	所推举的股东名称	该股东持股比例（%）	简要履历
刘 普	独立董事	男	47	2015 年 11 月 16 日	长城资产	35	博士研究生，武汉大学经济学专业，历任河北滏阳律师事务所律师，河北平乡人民法院审判员，清华控股有限公司高级管理人员，北京市洪范律师事务所高级合伙人、律师，清华大学社科学院经济学研究所博士后，陕西省国际信托股份有限公司北京业务部总经理；现任北京天驰君泰律师事务所高级合伙人兼清华大学中国企业发展研究中心研究员，中国政法大学票据法研究中心副主任，中国银行业协会首届首席法律顾问。
马德贵	独立董事	男	57	2015 年 11 月 16 日	兵团国资	35	硕士研究生，中国社会科学院研究生院工业经济系企业管理专业，历任新疆鄯善县县委办公室文秘，乌鲁木齐市政府办公厅、新疆生产建设兵团党委办公厅秘书，新疆生产建设兵团供销合作公司副总经理，北京鸿运集团新疆分公司总经理，海南睿丰投资公司董事长助理，国泰君安证券股份有限公司乌鲁木齐营业部总经理；现任国泰君安证券股份有限公司巡查委员会巡察员。
闫晓旭	独立董事	男	43	2017 年 10 月 23 日	德阳国资	27	硕士研究生，厦门大学民商法专业，执业律师，历任山西某律师事务所律师助理，大唐移动通讯设备有限公司法律顾问，中国航空技术进出口总公司法律顾问，北京君泽君律师事务所律师（合伙人）；现任北京德恒律师事务所律师。

3.3 监事

监事会成员

姓名	职务	性别	年龄（岁）	选任日期	所推举的股东名称	该股东持股比例（%）	简要履历
李 勇	监事会主席	男	44	2016 年 5 月 23 日	兵团国资	35	大学毕业、经济学学士，新疆财经大学货币银行学专业，历任新疆驰远会计师事务所审计主办，兵团国资公司审计部业务主办、财务管理部副经理、风险管控部经理；现任新疆云洋工业有限公司（兵团国资全资子公司）总经理。
黄 虎	监事会副主席	男	56	2015 年 11 月 16 日	长城资产	35	研究生毕业，硕士学位，长江商学院 EMBA 工商管理专业，高级经济师，历任农业银行广东省分行人事处干部科干部、副科长、科长、处长助理、副处长（主持全面工作），农业银行广东省江门市分行党组成员、副行长并兼任外海支行行长，农业银行广州市分行党委委员，农业银行广州穗西支行行长（正处级），农业银行广东省韶关市分行党委书记、行长，长城资产广州办事处党委委员、副总经理、纪委书记，长城资产海口办事处党委书记、总经理；现任长城融资担保有限公司监事长，长城资产（国际）控股有限公司董事，长城国富置业有限公司董事，长城环亚控股有限公司非执行董事。

续表

姓名	职务	性别	年龄（岁）	选任日期	所推举的股东名称	该股东持股比例（%）	简要履历
顾　雷	监事	男	54	2016 年 3 月 21 日	德阳国资	27	研究生毕业，法学博士学位，中国人民大学刑法学专业，历任上海市人民政府办公厅科员，海通证券有限公司发行部经理，上海财政证券公司证券发行部经理，上海财经大学法学院副教授，长城资产投资银行部高级经理（正处级）、投资银行部受托代理处高级经理、市场拓展部（投资银行部）业务拓展一处高级经理、机构协同部经营监测处高级经理、战略发展部（博士后工作站）研究与刊物编辑处高级经理，天津金融资产交易所有限责任公司总经理助理。
郭　韬	职工监事	男	42	2015 年 11 月 16 日	职工代表大会	—	硕士研究生毕业，中国人民大学经济法学专业，历任长城资产法律事务部、债权管理部副主任科员、法律事务部主任科员、业务主管、高级副经理，长城信托产品研发与运营部总经理兼综合部总经理；现任长城信托资产保全部总经理。
耿全会	职工监事	男	46	2015 年 11 月 16 日	职工代表大会	—	大学毕业，新疆大学法律专业，历任河南洛阳市九都律师事务所律师助理、执业律师，新疆丝路律师事务所执业律师，长城资产乌鲁木齐办事处债权管理处业务员，长城资产乌鲁木齐办事处综合管理处法律事务部业务主管，长城资产乌鲁木齐办事处资产经营二部（南疆项目组）项目经理，长城资产乌鲁木齐办事处资产经营部（北疆项目组）项目经理，伊犁信托重组小组成员，长城信托审计部高级经理；现任长城信托业务九部高级经理。

本公司监事会未下设委员会。

3.4　高级管理人员

姓　名	职　务	性别	年龄（岁）	选任日期	金融从业年限（年）	学历	专业	简要履历
喻　林	总经理	男	52	2016 年 3 月 21 日	29	本科	企业管理	大学本科，湖南财经学院工业企业管理专业，经济师，历任中国农业银行湖南省分行信贷管理处副主任科员，长城资产长沙办事处资产经营部主任科员，湖南天一科技股份有限公司副总经理，长城资产长沙办事处资产经营部主任科员、资产经营一部高级副经理、资产经营一部高级副经理（主持工作）、资产经营三部高级副经理（主持工作）、资产经营三部高级经理；业务拓展一部高级经理、党委委员、总经理助理；党委委员、副总经理，长城信托第一副总经理；现任长城信托党委副书记、总经理、执行董事，公司法定代表人。
顾　涛	副总经理	男	49	2017 年 2 月 10 日	23	本科	法律	华中理工大学工学、中国政法大学法学双学士，具备证券、银行风险管理、律师从业资格，高级经济师，历任农业银行北京分行资产保全处科员、主任科员，长城资产北京办事处债权管理部项目经理、法律事务部高级经理（副处级），长城资产法律事务部法律审核处副处长、诉讼业务管理处高级副经理、重大诉讼项目处高级经理、专项资产经营管理事业部副主任，长城国融担保有限公司风险总监（总经理助理级）、党委委员、董事，长城资产深圳办事处党委委员、风险总监（副总经理级）；现任长城信托党委委员、副总经理、执行董事。
段合明	风险总监	男	56	2017 年 5 月 15 日	24	硕士	农业经济及管理	硕士研究生，经济师，历任石河子联合中学教师，兵团经济专科学校教师，人民银行新疆区分行科员，新疆银监局办公室主任科员、副主任、调研员、非银处处长；现任长城信托党委委员、纪委书记、风险总监、工会主席、执行董事。
王　敏	财务总监	女	52	2016 年 5 月 23 日	8	硕士	金融	研究生学历，新疆财经学院，高级会计师，历任兵团经济专科学校任教师，新疆农垦进出口股份有限公司计财部、结算部经理，兵团国资公司研发部副经理、财务总监，新疆宏海房地产开发有限公司总会计师，兵团国资公司风险管控部经理，长城信托监事会主席；现任长城信托财务总监。
杨　辰	副总经理	男	54	2011 年 10 月 8 日	13	硕士	金融	商学硕士，日本早稻田大学商学专业，历任南开大学金融学系讲师，日本安田火灾海上保险公司总部、安田综合研究所委托研究员，日本安田火灾海上保险公司总部国际业务部业务主办，深圳力合数字电视有限公司副总裁，深圳力合传媒有限公司董事，宁波成功多媒体通讯有限公司董事，深圳盛金董事、副总裁，上海飞乐音响股份有限公司董事、战略委员会委员；现任长城信托副总经理。
孟　庄	董事会秘书	男	59	2011 年 10 月 8 日	34	大专	人事管理	大专学历，中国农业银行天津金融干部管理学院，经济师，历任新疆生产建设兵团农七师 130 团渔场指导员、支部书记，农业银行奎屯支行人事科干事、副股长，农业银行新疆生产建设兵团分行人事处主任科员、副处长，农业银行新疆生产建设兵团分行乌鲁木齐分行行长助理，农业银行新疆生产建设兵团分行中间业务处负责人（主持工作），长城资产乌鲁木齐办事处资产经营处副处长、法律处处长；现任长城信托董事会秘书。

3.5 公司员工

最近两个年度职工人数、年龄分布、学历分布、岗位分布，所有层级加总整体为100%。

项目		报告期年度		上年度	
		人数(人)	比例(%)	人数(人)	比例(%)
年龄分布	25岁以下	—	—	2	1.98
	25~29岁	16	18.18	19	18.81
	30~39岁	48	54.55	60	59.41
	40岁以上	24	27.27	20	19.80
学历分布	博士	2	2.27	2	1.98
	硕士	55	62.50	63	62.38
	本科	29	32.96	32	31.68
	专科	2	2.27	4	3.96
	其他	—	—	—	—
岗位分布	高管人员	7	7.95	8	7.92
	自营业务人员	5	5.68	5	4.95
	信托业务人员	67	76.14	77	76.24
	其他人员	9	10.23	11	10.89

注：自营业务人员是指按照岗位分工，专门或至少主要从事固有资金使用和固有资产管理有关业务的职工；信托业务人员是指按照岗位分工，专门或主要从事信托资金使用和信托资产管理各项业务的职工；对于人力资源部等类似无法明确区分的综合部门归为其他人员。

4. 经营管理

4.1 经营目标、经营方针、战略规划

4.1.1 经营目标

以习近平新时代中国特色社会主义思想为引领，深入贯彻落实党的十九大和十九届二中全会、三中全会、四中全会和中央经济工作会议精神，坚持“稳中求进、顺势而为、量力而行、质量为先”的工作总基调，加强合规经营，优化内部管理，夯实转型基础，推动公司平安稳健持续发展。

4.1.2 经营方针

公司遵循稳健、创新、和谐、发展的经营方针，根据客户需求、风险偏好，充分发挥信托独特的制度优势，采用信托贷款、股权投资、投资理财、资产管理、财富传承等多种方式，为客户提供多样化、专业化的综合金融服务。

4.1.3 战略规划

以习近平新时代中国特色社会主义思想为指导，立足重点城市，辐射全国市场，坚持客户至上的理念，坚持依法合规、稳健经营，依托雄厚的股东背景及其在资产管理领域的竞争优势，专心致力于信托主业，努力做大固收类业务，稳妥开展证券投资等资本市场业务，积极探索RAITS、消费信托、家族信托、慈善信托等创新类业务，不断提高公司风险控制能力、业务创新能力和运营管理能力，将公司发展成为具有一定品牌影响力、具有较强市场竞争力的专业化金融服务机构。

4.2 所经营业务的主要内容

4.2.1 经营的主要业务、品种

公司业务主要分为固有业务及信托业务。

4.2.2 资产组合与分布

公司自营资产中，货币资产占总资产比例为82.88%，交易性金融资产占比为0.45%，其他资产占比为16.66%。

自营资产运用与分布表

资产运用	金额(万元)	占比(%)	资产分布	金额(万元)	占比(%)
货币资产	127 369.81	82.88	基础产业	—	—
贷款及应收款	—	—	房地产业	—	—
交易性金融资产	1611.97	1.05	证券市场	—	—
可供出售金融资产	—	—	实业	—	—
持有至到期投资	—	—	金融机构	148 486.66	96.63
长期股权投资	—	—	其他	5 185.10	3.37
其他	24 689.98	16.07			
资产总计	153 671.76	100	资产总计	153 671.76	100

注：其他资产主要包括其他应收款21 941.95万元、递延所得税资产2 170.99万元、无形资产372.19万元、固定资产189.38万元、待抵扣进项税7.08万元、长期待摊费用8.39万元。

信托资产运用与分布表

资产运用	金额(万元)	占比(%)	资产分布	金额(万元)	占比(%)
货币资产	6 088.89	0.34	基础产业	85 205.78	4.77
贷款	10 490.00	0.59	房地产	862 683.46	48.32
交易性金融资产	31 455.65	1.76	证券市场	23 979.36	1.34
可供出售金融资产	39 544.30	2.21	实业	668 893.39	37.46
持有至到期投资	98 424.04	5.51	金融机构	—	—
长期股权投资	69 5547.61	38.96	其他	144 699.95	8.11
其他	903 911.44	50.63			
信托资产总计	1 785 461.93	100.00	信托资产总计	1 785 461.93	100.00

4.2.3 资本充足率、资产质量和盈利状况

2019年期末公司固有资产为153 671.76万元，固有负债为39 066.53万元，所有者权益为114 605.23万元。公司资本充足，所有者权益比率为74.58%。

2019年末公司无不良资产，整体资产质量较好。

报告期内，公司实现收入合计39 019.40万元，利润总额为30 647.24万元，净利润为23 060.77万元。公司2019年总资产利润率(税前利润/年均总资产)为21.07%，资本利润率(净利润/年均所有者权益)为22.37%，主营业务收益率(净利润/营业总收入)为59.10%。

4.3 市场分析

4.3.1 有利因素

国家供给侧结构性改革深入推进，在去杠杆、去泡沫的监管政策下，市场风险已得到缓释，资产价格估值相对合理，有利于公司充分利用信托牌照功能，围绕产业救助和企业纾困，开展资产重组业务。

国民财富快速增长，企业和个人对不同类型资产配置和财富传承的需求日益旺盛，为信托公司开展资产管理业务，发挥信托本源优势提供有利条件。

政府要求房地产市场平稳健康发展，保持经济在合理区间内运行，行业新增房地产资金信托规模持续攀升，房地产市场保持旺盛的投资需求，为公司适时适机开展房地产业务提供了

有利市场条件。

依托股东资源和品牌优势,在市场上有较高认知度,为业务开展提供得天独厚的条件。

4.3.2 不利因素

国内经济发展呈现降速提质,经济下行尚未触底企稳,隐藏着较大的不确定性和风险隐患,中美贸易战等国际环境变化带来的不利影响叠加,经济转型期间的"阵痛"愈发明显,当前拓展业务将面临更大的市场风险。

随着国家防范化解重大风险攻坚战的打响,金融监管持续加强,《关于规范金融机构资产管理业务的指导意见》等多个办法陆续出台,强调穿透监管、去杠杆、去通道,对信托影响较大。

随着《商业银行理财子公司管理办法》的出台以及国有银行、股份制银行理财子公司的设立,更高层次、更加规范、更加激烈的资管市场的竞争时代已经来临,信托公司的传统主流业务模式及销售渠道将受到更大冲击。

4.4 内部控制

4.4.1 内部控制环境和内部控制文化

公司按照《公司法》《信托公司管理办法》《信托公司治理指引》《企业内部控制基本规范》等法律法规以及《公司章程》的相关要求,建立了由股东会、董事会、监事会、高级管理层组成的分工合理、职责明确、相互制衡、报告关系清晰的公司治理结构。

董事会作为决策机构,负责审核公司内控机制的建设规划,并通过授权管理、投资决策管理、人力资源管理、财务管理、运营管理和运营保障管理等制度建设,建立公司内部控制制度体系并维持其有效性。公司已构建起较为完备的内控质控职能体系,实现内部控制职能的分层控制。公司内部控制职能部门为风险合规部、业务管理部、综合管理部、计划财务部、运营管理部和监察审计部。公司内部控制遵循全面、审慎、有效、独立的原则。2019 年公司制定了《长城新盛信托有限责任公司"三重一大"决策制度实施办法》、修订了《员工违规行为处理办法》,进一步完善了公司内控制度体系。按照监管要求,公司始终重视内控合规文化建设,从上至下树立依法合规经营理念,通过制度完善、内控检查、教育培训、行为管理多种方式加强内控管理水平。

4.4.2 内部控制措施

公司持续健全在各层级、各业务流程、各关键操作环节的控制措施,将人工控制与自动控制相结合,不断改造和升级信息系统,逐步实现关键风险点的自动化管控和监督;前台、中台、后台部门权责明晰,相互监督制衡的运行机制贯穿于全业务流程。

公司内控的控制活动,包括不相容职务分离控制、授权审批控制、业务流程控制、会计系统控制、财产保护控制、运营分析控制、信息系统控制和绩效考评控制,并建立业务预警、应急机制等。

4.4.3 信息交流与反馈

报告期内,公司不断完善信息交流与反馈机制。在信息传达方面,通过办公自动化系统或专题会议形式,将最新的法律法规、监管要求、信托行业及内部经营风险状况等信息及时传递给相关部门,确保员工充分掌握信息并及时作出反馈。在信息报告方面,制定了清晰的信息报告流程,确保各部门将经营过程中存在的重大问题和风险事项及时报告高级管理层、董事会、监事会和相关监管部门。在外部沟通方面,公司严格遵循监管要求,与监管部门建立了完备的沟通和报告机制,及时就公司的经营情况、风险状况、内外部审计情况等向监管部门报告。在部门间工作协调方面,公司内部搭建了高效畅通的信息交流渠道,通过定期会议和随时沟通实现跨部门协作。

4.4.4 监督评价与纠正

公司通过建立自控、互控、监控三位一体的机制,对内部控制活动进行检查、评价、监督和纠正。业务部门对各项业务跟踪管理,经常检查其经营状况,一旦发现存在问题,迅速予以自纠;风险合规管理部门、监察审计部门和财务管理部门分别行使中后台风险管理职能和监督职能,相关部门、岗位之间互相制衡、监督,一旦发现问题,均要求限时纠正。

4.5 风险管理

4.5.1 风险管理概况

公司风险管理的基本原则是合规性,即公司经营活动与所涉及的法律、规则和准则及自身规章制度相一致;全面性,即风险管理涵盖各项业务管理的各环节,并渗透到各项业务过程中;制衡性,即明确划分相关部门、岗位之间的职责,建立职责分离、横向与纵向相互监督制约的机制;资产隔离性,即将公司自营资产与信托资产、不同委托人的信托财产分别管理、分别记账、独立核算;流动性,即突出现金流量管理在公司经营活动中的重要性;程序性,即公司风险管理组织系统的安排遵循事前授权审批、事中控制和事后审计监督三道程序;可衡量性,即采用定性分析与定量分析相结合的方法控制风险。董事会下设风险控制委员会负责对公司风险管理的政策、项目执行过程实施风险监督和评审,并按照公司风险管理总体要求,制定风险管理监督、风险计量检测和风险控制流程等风险监控制度。公司高级管理层根据股东会和董事会制定的风险管理政策、程序,负责对风险控制过程实施管理。对风险控制过程出现和可能出现的风险,制定和采取风险控制措施并及时报告董事会和股东会。公司业务审查委员会负责对信托项目的审核。

风险合规部负责公司风险管理基本政策的制定,起草制定各类风险管理制度,负责建立和完善风险管理体系,进行风险识别、计量和控制,开展公司内部风险评估和报告,参与各类业务的风险评估、管理及对合法性和合规性进行审核,指导公司内部全面开展风险管理。

4.5.2 风险状况

公司经营活动中可能遇到的主要风险有信用风险、市场风险、操作风险等。

4.5.2.1 信用风险状况

信用风险主要指交易对手不履行义务的可能性,主要表现为:在贷款、资产回购、后续资金安排、担保、履约承诺、资金往来、证券投资等交易过程中,借款人、担保人、保管人(托管人)、证券投资开户券商、银行等交易对手不履行承诺,不能或不愿履行合约承诺而使信托财产或固有财产遭受潜在损失的可能性。

公司信托业务的信用风险主要来自融资类信托业务。报告期内,公司按照信托文件要求完成了多个融资类信托项目的终止清算,实现了信托业务的预期目标,对于存续项目公司针对信用风险采取了控制措施,履行了受托人的尽职管理职责。

4.5.2.2　市场风险状况

市场风险主要指在金融市场等投资业务过程中，投资于有公开市场价值的金融产品或者其他产品时，金融产品或者其他产品的价格发生波动导致公司信托财产或固有财产遭受损失的可能性。同时，市场风险还具有很强的传导效应，某些信用风险的根源可能也来自交易对手的市场风险。

报告期内，公司无在公开市场交易的金融产品，受市场风险影响有限。

4.5.2.3　操作风险状况

操作风险表现为由于公司治理机制、内部控制失效或者有关责任人出现失误、欺诈等问题，公司没有充分及时地做好尽职调查、持续监控、信息披露等工作，未能及时作出应有的反应，或作出的反应明显有失专业和常理，甚至违规违约；公司没有履行勤勉尽职管理的义务，或者无法出具充分有效的证据和记录，证明自己已履行勤勉尽职管理的义务。

报告期内，公司按照内部控制制度严格操作流程，明确岗位职责，加强合规宣传，与各部门负责人签订了党风廉政建设和风险防范目标责任书，无操作风险事项的发生。

4.5.2.4　其他风险状况

其他风险主要是指公司业务开展中的流动性风险、政策风险、信誉风险、道德风险等。公司固有业务流动性强，发生流动性风险的可能性较小。政策、信誉、道德风险方面，公司没有发生因信托财产管理、处分不当或其他信托公司的原因，致使信托财产遭受损失，进而致公司声誉受损的情况。公司注重将各方股东的优秀企业文化融入公司内部管理中，致力塑造诚信、专业的公司形象，通过尽职管理和充分披露等方式，避免产生对公司不良影响事件的发生。

4.5.3　风险管理

4.5.3.1　信用风险管理

为适应公司业务规模和业务模式的发展变化，公司继续完善风险管理体系和制度建设。公司强调全流程风险管理、强调风险管理关口前置、强调完善信用风险管理的制度体系、强调对交易对手履约情况的持续跟踪，以各类业务准入政策、业务报审及审批流程等为抓手，严格执行信用风险的事前防范、事中控制和事后检查制度。

信用风险的管理：一是公司严格实行“贷前调查、贷中审查、贷后检查”。在贷前调查（项目立项）阶段，公司规范项目尽职调查的程序、重点和方法；在贷中审查（项目审批）阶段，公司风险合规部进行预审，公司项目评审委员会对业务进行项目可行性风险评估；在贷后检查（项目运营）阶段，公司要求业务部门持续监控交易对手的履约能力。二是注重信用风险的分散和补偿。在产品交易结构设计上，公司综合运用规避、预防、分散、转移、补偿等手段管理风险，尽力降低信用风险敞口。比如：公司通过引入金融机构信用、财产抵押、权利质押等担保方式，将融资主体的信用风险进行分散、转移。为防止因抵（质）押物价值变化扩大信用风险敞口，公司对拟抵（质）押资产设置了抵（质）押率上限，作为价值变化的缓冲；通过账户管理归集和监控项目本身的现金流，作为履约的主要资金来源；在可能的情况下监管交易对手账户，监督资金使用，防止挪用；通过信托受益权的优先劣后安排，将具有不同风险偏好和风险承受能力的客户分开；加大交易对手违约成本，使交易对手不敢轻易违约；通过现场过程监控和非现场信息监控，及时了解项目进展、交易对手经营和资金使用状况；安排信托受益权的流通转让，分散信用风险。三是按照银保监会要求，定期对公司资产进行风险分类。四是严格按财政部和银保监会的要求，提足包括呆账准备金、信托赔偿准备金在内的各项准备金。

4.5.3.2　市场风险管理

市场风险的管理：一是加强对经济及金融形势的分析预测，并据此提出资产配置及其调整方案。密切跟踪市场，及时调整投资策略和投资组合，密切关注经济运行状况，严格规避政策导向变化带来的不利影响；二是坚持稳健原则，在投资组合中配置足够的固定收益类低风险投资品种；三是对证券投资组合的净值、仓位和投资集中度等指标事先设定预警点或止损点；四是通过投资分散化（组合对冲）降低非系统性风险；五是在业务决策和管理过程中，分别通过压力测试进行分析和评估，进行动态跟踪管理；六是积极贯彻落实监管部门有关文件精神，及时对公司信托业务中的房地产业务、证券投资业务和银信合作等业务提出风险提示，密切专注市场变化，加强防范业务风险的措施。

4.5.3.3　操作风险管理

操作风险的管理：一是制定和完善公司内部控制制度，在业务操作、会计系统、信息披露、信息系统、人力资源管理、关联交易、档案管理、紧急事件应变等方面，建立行之有效的内控制度和内控流程。二是明确岗位职责，即在合理的组织机构基础上，将各部门的业务活动和管理活动细化为各个具体的工作岗位，按照岗位确定职责和权限，做到定岗、定责、定职、定编、定人，从而建立起公司内部相互制约、相互督促的工作网络。三是在建立岗位职责的基础上，制定公司的业务授权制度和问责制度。通过授权机制，将从业人员的灵活性和责任制结合起来。四是不断整合公司各项业务流程和管理流程，逐步实现前台、中台、后台分离的业务操作流程化管理。五是建立管理防火墙，以信托财产和固有财产为隔离基础，实现信托业务系统和自营业务系统的部门和人员分离；高管人员管理分工分离；信托财务和自营财务的部门、人员、账表、资产和办公场所分离；每个信托财产的分离，即对每项信托业务单独开户、单独核算、单独管理。六是强调信息系统支持。七是制定公司员工行为规范，加强对员工守法意识、职业道德的教育。八是重视合规文化建设，宣传合规政策，使员工牢固树立“风险管理是公司经营的基础、效益的前提和核心竞争力的保证”这一风险管理核心价值观念。

4.5.3.4　其他风险管理

其他风险的管理：一是加强员工合规培训，要求员工认真学习并执行有关的法律法规，增强合规意识，提高员工的风险管理意识和风险管理水平。二是加强对运作项目的现金流量管理，同时做好公司现金流量的预测和安排。三是加强职业道德教育，规范职业行为，把职业道德、职业操守作为员工教育的一个重要内容，不断增强员工的工作责任心，严格控制道德风险。

4.6　企业社会责任

公司恪尽职守，严格履行受托人诚实、信用、谨慎、有效的管理义务，依托自身在资产管理、风险控制等方面的优势，为投资者创造信托财富，为企业提供全面金融服务。截至 2019 年末，公司已向投资者分配信托利润14.88亿元，为全国多家企业提供全面的金融服务；公司自觉守法经营、照章纳税、公平竞争、合作共赢等理念，积极参与社会公益活动。作为在新疆地区注册的企业，积极贯彻落实中央关于维护社会稳定和长治久安这个新疆工作的总目标，2019年共向新疆南疆地区捐款10万元，用于扶贫和助学活动；认真落实精准扶贫政策，向股东长城资产定点扶贫县陕西陇县捐赠扶贫款50万元。2019年，公司已向注册地新疆乌鲁木齐市经济开发区交纳各项税费合计1.96亿元，是经济开发区重点纳税企业之一。公司不断完善员工关爱体系，推动员工与企业共同成长，通过节日慰问、困难职工情况摸查、文体活动等工作，切实增强员工福利，保障员工权益。

4.7 消费者权益保护

2019年公司持续健全消费者权益保障机制，在产品营销、投诉管理、宣传教育、内部监督、IT科技、客户服务等多方面不断提升消费者权益保护工作能力。2019年，公司对北京财富中心营销网点进行了改造升级，增加了宣传折页、书籍、海报等相关知识的摆放，更加便于来访消费者随时取阅。2019年，公司利用线上线下全方位、立体化开展了一系列以消费者权益保护为主题的金融知识宣教工作：线下走进基层、走进社区、走进学校、走进企业开展了“3·15银行业和保险业消费者权益保护教育宣传咨询周”“金融知识进万家”“与投资者面对面”等多场集中宣教活动；线上利用自媒体、短视频等创新形式开展了内容丰富、形式多样的宣教活动。相关活动在向广大消费者普及金融知识的同时，也提高了消费者的法律意识及自我权益保护意识，取得了良好的效果。

5. 报告期末及上一年度末的比较式会计报表

5.1 自营资产

5.1.1 会计师事务所审计意见全文

审 计 报 告

德师京报（审）字(20)第P00715号

长城新盛信托有限责任公司管理层：

一、审计意见

我们审计了长城新盛信托有限责任公司（以下简称长城新盛信托）的财务报表，包括2019年12月31日的资产负债表、2019年度的利润表、现金流量表、所有者权益变动表以及相关财务报表附注。

我们认为，后附的财务报表在所有重大方面按照企业会计准则的规定编制，公允反映了长城新盛信托2019年12月31日的财务状况以及2019年度的经营成果和现金流量。

二、形成审计意见的基础

我们按照中国注册会计师审计准则的规定执行了审计工作。审计报告的“注册会计师对财务报表审计的责任”部分进一步阐述了我们在这些准则下的责任。按照中国注册会计师职业道德守则，我们独立于长城新盛信托，并履行了职业道德方面的其他责任。我们相信，我们获取的审计证据是充分、适当的，为发表审计意见提供了基础。

三、管理层和治理层对财务报告的责任

长城新盛信托管理层负责按照企业会计准则的规定编制财务报表，使其实现公允反映，并设计、执行和维护必要的内部控制，以使财务报表不存在由于舞弊或错误导致的重大错报。

在编制财务报表时，管理层负责评估长城新盛信托的持续经营能力，披露与持续经营相关的事项（如适用），并运用持续经营假设，除非管理层计划清算长城新盛信托、终止运营或别无其他现实的选择。

治理层负责监督长城新盛信托的财务报告过程。

四、注册会计师对财务报表审计的责任

我们的目标是对财务报表整体是否不存在由于舞弊或错误导致的重大错报获取合理保证，并出具包含审计意见的审计报告。合理保证是高水平的保证，但并不能保证按照审计准则执行的审计在某一重大错报存在时总能发现。错报可能由于舞弊或错误导致，如果合理预期错报单独或汇总起来可能影响财务报表使用者依据财务报表作出的经济决策，则通常认为错报是重大的。

在按照审计准则执行审计工作的过程中，我们运用职业判断，并保持职业怀疑。同时，我们也执行以下工作：

（1）识别和评估由于舞弊或错误导致的财务报表重大错报风险，设计和实施审计程序以应对这些风险，并获取充分、适当的审计证据，作为发表审计意见的基础。由于舞弊可能涉及串通、伪造、故意遗漏、虚假陈述或凌驾于内部控制之上，未能发现由于舞弊导致的重大错报的风险高于未能发现由于错误导致的重大错报的风险。

（2）了解与审计相关的内部控制，以设计恰当的审计程序，但目的并非对内部控制的有效性发表意见。

（3）评价管理层选用会计政策的恰当性和作出会计估计及相关披露的合理性。

（4）对管理层使用持续经营假设的恰当性得出结论。同时，根据获取的审计证据，就可能导致对长城新盛信托持续经营能力产生重大疑虑的事项或情况是否存在重大不确定性得出结论。如果我们得出结论认为存在重大不确定性，审计准则要求我们在审计报告中提请报表使用者注意财务报表中的相关披露；如果披露不充分，我们应当发表非无保留意见。我们的结论基于截至审计报告日可获得的信息。然而，未来的事项或情况可导致长城新盛信托不能持续经营。

（5）评价财务报表的总体列报、结构和内容（包括披露），并评价财务报表是否公允反映相关交易和事项。

我们与治理层就计划的审计范围、时间安排和重大审计发现等事项进行沟通，包括沟通我们在审计中识别出的值得关注的内部控制缺陷。

德勤华永会计师事务所（特殊普通合伙）北京分所

中国注册会计师

中国·北京　　杨小真

秦俊

2020年4月27日

5.1.2 资产负债表

资产负债表

2019 年 12 月 31 日

编制单位:长城新盛信托有限责任公司　　　　单位:元

	附注八	本年年末数	上年年末数
资产			
货币资金	1	1 273 698 115. 39	845 772 114. 74
交易性金融资产	2	16 119 691. 21	不适用
以公允价值计量且其变动计入当期损益的金融资产	3	不适用	201 267 494. 33
可供出售金融资产	4	不适用	35 033 906. 42
应收款项	5	—	3 103 368. 16
固定资产	6	1 893 823. 10	2 281 113. 00
无形资产	7	3 721 858. 32	4 524 345. 56
递延所得税资产	8	21 709 964. 35	12 529 628. 91
其他资产	9	219 574 122. 28	268 525 776. 70
资产总计		1 536 717 574. 65	1 373 037 747. 82
负债			
应付职工薪酬	10	104 093 148. 22	107 660 707. 21
应交税费	11	42 219 239. 47	55 179 392. 29
其他负债	12	244 352 929. 43	294 753 058. 61
负债合计		390 665 317. 12	457 593 158. 11
所有者权益			
实收资本	13	300 000 000. 00	300 000 000. 00
盈余公积	14	89 671 242. 64	66 610 475. 86
信托赔偿准备金	15	44 835 621. 33	33 305 237. 94
未分配利润	16	711 545 393. 56	515 528 875. 91
所有者权益合计		1 146 052 257. 53	915 444 589. 71
负债和所有者权益总计		1 536 717 574. 65	1 373 037 747. 82

5.1.3 利润表

合并及母公司利润表

2019 年 12 月 31 日

编制单位:长城新盛信托有限责任公司　　　　单位:元

	附注八	本集团		本公司
		上年累计数	本年累计数	上年累计数
营业收入		451 939 741. 16	390 194 039. 66	450 587 744. 12
利息净收入	17	22 420 860. 08	30 583 516. 33	22 203 260. 49
手续费及佣金净收入	18	426 895 872. 76	355 620 667. 63	426 895 872. 76
手续费及佣金收入		426 895 872. 76	355 620 667. 63	426 895 872. 76
投资收益	19	1 272 385. 07	5 349 990. 95	137 987. 62
公允价值变动损益		1 267 494. 33	(1 380 994. 33)	1 267 494. 33
资产处置收益		83 128. 92	20 859. 08	83 128. 92
营业支出		119 539 385. 14	83 122 489. 69	118 773 367. 13
税金及附加	20	2 942 352. 36	2 343 309. 08	2 942 317. 36
业务及管理费	21	116 597 032. 78	80 779 180. 61	115 831 049. 77
营业利润		332 400 356. 02	307 071 549. 97	331 814 376. 99
加:营业外收入		335 523. 63	880. 00	335 523. 63
减:营业外支出		988 778. 23	600 000. 00	988 778. 23
利润总额		331 747 101. 42	306 472 429. 97	331 161 122. 39
减:所得税费用	22	86 115 103. 24	75 864 762. 15	85 968 608. 48
净利润		245 631 998. 18	230 607 667. 82	245 192 513. 91
(一)按经营持续性分类				
1. 持续经营净利润		245 631 998. 18	230 607 667. 82	245 192 513. 91
2. 终止经营净利润				

续表

	附注八	本集团		本公司
		上年累计数	本年累计数	上年累计数
（二）按所有权归属分类				
1. 少数股东损益				
2. 归属于母公司所有者的净利润		245 631 998. 18	230 607 667. 82	245 192 513. 91
其他综合收益的税后净额	23	（207 692. 06）	—	（207 692. 06）
归属于母公司所有者的				
其他综合收益的税后净额		（207 692. 06）	—	（207 692. 06）
以后将重分类进损益的				
其他综合收益				
—可供出售金融资产公允价值				
变动损益		（207 692. 06）	不适用	（207 692. 06）
归属于少数股东的其他				
综合收益的税后净额				
综合收益总额		245 424 306. 12	230 607 667. 82	244 984 821. 85
归属于母公司所有者的综合收益总额		245 424 306. 12	230 607 667. 82	244 984 821. 85
归属于少数股东的综合收益总额				

5.1.4 现金流量表

合并及母公司现金流量表

2019 年 12 月 31 日

编制单位：长城新盛信托有限责任公司

单位：元

	附注八	本集团		本公司
		上年累计数	本年累计数	上年累计数
经营活动产生的现金流量				
收到利息、手续费及佣金的现金		454 697 614. 91	410 898 074. 35	454 480 015. 32
为交易目的而持有的金融资产净减少额		—	—	220 400 000. 00
收到其他与经营活动有关的现金		70 606 490. 49	107 415 573. 38	70 606 490. 49
经营活动现金流入小计		525 304 105. 40	738 713 647. 73	525 086 505. 81
支付利息、手续费及佣金的现金		—	67 259. 42	—
支付给职工以及为职工支付的现金		59 310 320. 24	55 785 207. 12	58 635 747. 58
支付的各项税费		125 896 029. 85	195 748 894. 17	125 880 954. 84
为交易目的而持有的金融资产净增加额		200 000 000. 00	—	200 000 000. 00
支付其他与经营活动有关的现金		206 203 434. 51	79 718 716. 81	206 015 727. 22
经营活动现金流出小计		591 409 784. 60	331 320 077. 52	590 532 429. 64
经营活动产生的现金流量净额	23	（66 105 679. 20）	407 393 570. 21	（65 445 923. 83）
投资活动产生的现金流量				
收回投资收到的现金		168 086 434. 25	20 400 000. 00	196 952 036. 80
取得投资收益收到的现金		—	1 156 090. 70	—
处置固定资产、无形资产和其他长期资收回的现金净额		269 786. 60	108 613. 09	269 786. 60
投资活动现金流入小计		168 356 220. 85	21 664 703. 79	197 221 823. 40
购建固定资产、无形资产和其他长期资产支付的现金		5 059 546. 71	1 132 273. 35	5 059 546. 71
投资支付的现金		25 500 000. 00	—	25 500 000. 00
投资活动现金流出小计		30 559 546. 71	1 132 273. 35	30 559 546. 71
投资活动产生的现金流量净额		137 796 674. 14	20 532 430. 44	166 662 276. 69
筹资活动产生的现金流量				
筹资活动现金流入小计		—	—	—
筹资活动现金流出小计		—	—	—
筹资活动产生的现金流量净额		—	—	—
现金及现金等价物净增加额		71 690 994. 94	427 926 000. 65	101 216 352. 86
加：年初现金及现金等价物余额		774 081 119. 80	845 772 114. 74	744 555 761. 88
年末现金及现金等价物余额	24	845 772 114. 74	1 273 698 115. 39	845 772 114. 74

5.1.5 所有者权益变动表

合并所有者权益变动表

2018 年 12 月 31 日

编制单位:长城新盛信托有限责任公司　　单位:元

	实收资本	其他综合收益	盈余公积	信托赔偿准备金	未分配利润	归属于母公司的所有者权益和所有者权益合计
一、2018 年 1 月 1 日余额	300 000 000. 00	207 692. 06	42 091 224. 47	21 045 612. 24	306 675 754. 82	670 020 283. 59
二、本年增减变动金额	—	(207 692. 06)	24 519 251. 39	12 259 625. 70	208 853 121. 09	245 424 306. 12
(一)综合收益总额	—	(207 692. 06)	—	—	245 631 998. 18	245 424 306. 12
(二)利润分配	—	—	24 519 251. 39	12 259 625. 70	—	—
1. 提取法定盈余公积	—	—	24 519 251. 39	—	(24 519 251. 39)	—
2. 提取信托赔偿准备金	—	—	—	12 259 625. 70	(12 259 625. 70)	—
三、2018 年 12 月 31 日余额	300 000 000. 00	—	66 610 475. 86	33 305 237. 94	515 528 875. 91	915 444 589. 71

母公司所有者权益变动表

2019 年 12 月 31 日

编制单位:长城新盛信托有限责任公司　　单位:元

	实收资本	盈余公积	信托赔偿准备金	未分配利润	所有者权益合计
一、2019 年 1 月 1 日余额	300 000 000. 00	66 610 475. 86	33 305 237. 94	515 528 875. 91	915 444 589. 71
二、本年增减变动金额	—	23 060 766. 78	11 530 383. 39	196 016 517. 65	230 607 667. 82
(一)综合收益总额	—	—	—	230 607 667. 82	—
(二)利润分配	—	23 060 766. 78	11 530 383. 39	(34 591 150. 17)	—
1. 提取法定盈余公积	—	23 060 766. 78	—	(23 060 766. 78)	—
2. 提取信托赔偿准备金	—	—	11 530 383. 39	(11 530 383. 39)	—
三、2019 年 12 月 31 日余额	300 000 000. 00	89 671 242. 64	44 835 621. 33	711 545 393. 56	1 146 052 257. 53

	实收资本	其他综合收益	盈余公积	信托赔偿准备金	未分配利润	所有者权益合计
一、2018 年 1 月 1 日余额	300 000 000. 00	207 692. 06	42 091 224. 47	21 045 612. 24	307 115 239. 09	670 459 767. 86
二、本年增减变动金额	—	(207 692. 06)	24 519 251. 39	12 259 625. 70	208 413 636. 82	244 984 821. 85
(一)综合收益总额	—	(207 692. 06)	—	—	245 192 513. 91	244 984 821. 85
(二)利润分配	—	—	24 519 251. 39	12 259 625. 70	(36 778 877. 09)	—
1. 提取法定盈余公积	—	—	24 519 251. 39	—	(24 519 251. 39)	—
2. 提取信托赔偿准备金	—	—	—	12 259 625. 70	(12 259 625. 70)	—
三、2018 年 12 月 31 日余额	300 000 000. 00	—	66 610 475. 86	33 305 237. 94	515 528 875. 91	915 444 589. 71

5.2 信托资产

5.2.1 信托项目资产负债汇总表

信托项目资产负债及利润权益情况表

报送口径:境内汇总数据　　报表日期:2019 年 12 月

第一部分:信托资产负债表　　单位:万元

序号	项目	A	B
		期末余额	年初余额
1	信托资产:		
2	1. 货币资金	6 088. 89	1 472. 78
3	2. 拆出资金	—	—
4	3. 存出保证金	—	—
5	4. 交易性金融资产	31 455. 65	22 000. 00
6	5. 衍生金融资产	—	—
7	6. 买入返售金融资产	868 041. 10	1 374 831. 10
8	其中:6. 1 买入返售证券	—	1 490. 00
9	6. 2 买入返售信贷资产	—	—

续表

序号	项目	A	B
		期末余额	年初余额
10	7. 应收款项	5 870. 34	9 818. 60
11	8. 发放贷款	10 490. 00	91 690. 00
12	其中:8. 1 基础产业	—	—
13	8. 2 房地产	—	—
14	9. 可供出售金融资产	39 544. 30	101 881. 71
15	10. 持有至到期投资	98 424. 04	236 227. 26
16	11. 长期应收款	30 000. 00	30 000. 00
17	12. 长期股权投资	695 547. 61	899 808. 50
18	其中:12. 1 基础产业	—	—
19	12. 2 房地产	144 953. 50	144 953. 50
20	13. 投资性房地产	—	—
21	14. 固定资产	—	—
22	15. 无形资产	—	—
23	16. 长期待摊费用	—	—
24	17. 其他资产	—	—

续表

序号	项目	A	B
		期末余额	年初余额
25	18. 信托资产总计	1 785 461.93	2 767 729.95
26	19. 各项资产减值准备	—	—
27	信托负债:		
28	20. 交易性金融负债	—	—
29	21. 衍生金融负债	—	—
30	22. 应付受托人报酬	564.04	1 419.33
31	23. 应付托管费	3.85	0.38
32	24. 应付受益人收益	949.04	6 426.52
33	25. 应交税费	446.63	35.03
34	26. 应付销售服务费	—	—
35	27. 其他应付款项	3 095.14	596.63
36	28. 其他负债	—	—
37	29. 信托负债合计	5 058.70	8 477.89
38	信托权益:		
39	30. 实收信托	1 756 245.07	2 755 426.38
40	30.1 资金信托	1 590 545.07	2 589 726.38
41	30.1.1 集合	76 150.28	164 253.50
42	30.1.2 单一	1 514 394.79	2 425 472.88
43	30.2 财产信托	165 700.00	165 700.00
44	30.2.1 信贷资产证券化	—	—
45	30.2.2 其他资产(准)证券化	—	—
46	31. 资本公积	—	—
47	32. 外币报表折算差额	—	—
48	33. 未分配利润	24 158.16	3 825.68
49	34. 信托权益合计	1 780 403.23	2 759 252.06
50	35. 信托负债和信托权益总计	1 785 461.93	2 767 729.95

5.2.2 信托项目利润及利润分配汇总表

信托项目资产负债及利润权益情况表

报送口径:境内汇总数据　　报表日期:2019 年 12 月

第二部分:信托项目利润表　　单位:万元

序号	项目	A	B
		本年累计数	上年累计数
1	1. 营业收入	207 846.57	267 950.37
2	1.1 利息收入	107 013.83	133 725.06
3	1.2 投资收益(损失以“-”号填列)	96 012.14	134 225.30
4	1.2.1 其中:对联营企业和合营企业的投资收益	—	—
5	1.3 公允价值变动收益(损失以“-”号填列)	4820.56	—
6	1.4 租赁收入	—	—
7	1.5 汇兑损益(损失以“-”号填列)	—	—
8	1.6 其他收入	0.04	0.01
9	2. 支出	38 664.86	47 795.06
10	2.1 营业税金及附加	742.72	838.39
11	2.2 受托人报酬	37 454.92	46 409.59
12	2.3 托管费	95.82	152.96
13	2.4 投资管理费	—	—
14	2.5 销售服务费	—	—
15	2.6 交易费用	1.40	0.58
16	2.7 资产减值损失	—	—
17	2.8 其他费用	370.00	393.54
18	3. 信托净利润(净亏损以“-”号填列)	169 181.71	220 155.31
19	4. 其他综合收益	—	—

续表

序号	项目	A	B
		本年累计数	上年累计数
20	5. 综合收益	169 181.71	220 155.31
21	6. 加:期初未分配信托利润	3 825.68	-1289.13
22	7. 可供分配的信托利润	173 007.39	218 866.18
23	8. 减:本期已分配信托利润	148 849.23	215 040.50
24	9. 期末未分配信托利润	24 158.16	3 825.68
25	10. 职工人数	97.00	107.00

注:币种为:折合为人民币;单位统一为:万元;格式为:当年数放左边,上年数放右边;期末数放左边,期初数放右边。

6. 会计报表附注

6.1 报告年度会计报表编制基准、会计政策、会计估计和核算方法发生的变化

本年度会计报表编制基准、会计政策、会计估计和核算方法未发生变化。

6.2 或有事项说明

本公司不存在对外担保及其他或有事项。

6.3 重要资产转让及其出售的说明

本公司 2019 年未发生重要资产的转让。

6.4 会计报表中重要项目的明细资料

6.4.1 披露自营资产经营情况

6.4.1.1 按信用风险五级分类结果披露信用风险资产的期初数、期末数

信用风险资产五级分类	正常类(万元)	关注类(万元)	次级类(万元)	可疑类(万元)	损失类(万元)	信用风险资产合计(万元)	不良资产合计(万元)	不良资产率(%)
期初数	135 266.56	—	—	—	—	135 266.56	—	—
期末数	150 923.73	—	—	—	—	150 923.73	—	—

注:不良资产合计=次级类+可疑类+损失类。

6.4.1.2 各项资产减值损失准备的期初、本期计提、本期转回、本期核销、期末数

报告期内,公司无此类业务。

6.4.1.3 按照投资品种分类,分别披露固有业务股票投资、基金投资、债券投资、股权投资等投资业务的期初数、期末数

单位:万元

名称	自营股票	基金	债券	长期股权投资	其他投资	合计
期初数	—	20 126.75	—	—	2 550	22 676.75
期末数	—	—	—	—	498.65	498.65

6.4.1.4 按投资入股金额排序,前五名的自营长期股权投资的企业名称、占被投资企业权益的比例、主要经营活动及投资收益情况等

报告期内,公司无此类业务。

6.4.1.5　前五名的自营贷款的企业名称、占贷款总额的比例和还款情况等

报告期内,公司无此类业务。

6.4.1.6　表外业务的期初数、期末数,按照代理业务、担保业务和其他类型表外业务分别披露

报告期内,公司无此类业务。

6.4.1.7　公司当年的收入结构

收入结构	金额(万元)	占比(%)
手续费及佣金收入	35 562.07	91.14
其中:信托手续费收入	35 562.07	91.14
投资银行业务收入	—	—
利息收入	3 058.35	7.84
其他业务收入(资产处置收益)	—	—
其中:计入信托业务收入部分	—	—
投资收益	535.00	1.37
其中:股权投资收益	—	—
证券投资收益	—	—
其他投资收益	535.00	1.37
公允价值变动收益	-138.10	-0.36
营业外收入	2.17	0.01
收入合计	39 019.49	100

注:手续费及佣金收入、利息收入、其他业务收入、投资收益、营业外收入(包括资产处置收益)均应为损益表中的科目,其中手续费及佣金收入、利息收入、营业外收入为未抵减掉相应支出的全年累计实现收入数。

6.4.2　披露信托财产管理情况

6.4.2.1　信托资产的期初数、期末数

单位:万元

信托资产	期初数	期末数
集合	164 327.79	77 853.33
单一	2 437 592.42	1540857.95
财产权	165 809.74	166 760.66
合计	2 767 729.95	1 785 461.93

6.4.2.1.1　主动管理型信托业务的信托资产期初数、期末数

单位:万元

主动管理型信托资产	期初数	期末数
证券投资类	—	—
股权投资类	382 793.59	148 397.67
融资类	1 630 650.09	913 402.35
事务管理类	—	—
合计	2 013 443.68	1 061 800.02

6.4.2.1.2　被动管理型信托业务的信托资产期初数、期末数

单位:万元

被动管理型信托资产	期初数	期末数
证券投资类	23 011.44	11 281.52
股权投资类	—	—
融资类	25 168.21	23 427.42
事务管理类	706 106.62	688 952.99
合计	754 286.27	723 661.92

6.4.2.2　本年度已清算结束的信托项目个数、实收信托合计金额、加权平均实际年化收益率

本年度已清算信托项目9个,实收信托合计金额为569 100.00万元,加权平均实际年化收益率为2.41%。

6.4.2.2.1　本年度已清算结束的集合类、单一类资金信托项目和财产管理类信托项目个数、实收信托合计金额、加权平均实际年化收益率

已清算结束信托项目	项目个数(个)	实收信托合计金额(万元)	加权平均实际年化收益率(%)
集合类	—	—	—
单一类	9	569 100.00	2.41
财产管理类	—	—	—

注:1. 收益率是指信托项目清算后,给受益人赚取的实际收益水平。

2. 加权平均实际年化收益率=(信托项目1的实际年化收益率×信托项目1的实收信托+信托项目2的实际年化收益率×信托项目2的实收信托+…+信托项目n的实际年化收益率×信托项目n的实收信托)/(信托项目1的实收信托+信托项目2的实收信托+…+信托项目n的实收信托)×100%。

6.4.2.2.2　本年度已清算结束的主动管理型信托项目个数、实收信托合计金额、加权平均实际年化收益率

已清算结束信托项目	项目个数(个)	实收信托合计金额(万元)	加权平均实际年化信托报酬率(%)	加权平均实际年化收益率(%)
证券投资类	—	—	—	—
股权投资类	1	50 600.00	0.22	0.94
融资类	5	515 500.00	0.56	2.56
事务管理类	—	—	—	—

注:加权平均实际年化信托报酬率=(信托项目1的实际年化信托报酬率×信托项目1的实收信托+信托项目2的实际年化信托报酬率×信托项目2的实收信托+…+信托项目n的实际年化信托报酬率×信托项目n的实收信托)/(信托项目1的实收信托+信托项目2的实收信托+…+信托项目n的实收信托)×100%。

6.4.2.2.3　本年度已清算结束的被动管理型信托项目个数、实收信托合计金额、加权平均实际年化收益率

已清算结束信托项目	项目个数(个)	实收信托合计金额(万元)	加权平均实际年化信托报酬率(%)	加权平均实际年化收益率(%)
证券投资类	—	—	—	—
股权投资类	—	—	—	—
融资类	—	—	—	—
事务管理类	3	3 000.00	0.53	0.53

6.4.2.3　本年度新增的集合类、单一类和财产管理类信托项目个数、实收信托合计金额

新增信托项目	项目个数(个)	实收信托合计金额(万元)
集合类	—	—
单一类	1	130.18
财产管理类	—	—
新增合计	1	130.18
其中:主动管理型	—	—
被动管理型	1	130.18

注:本年新增信托项目指在本报告年度内累计新增的信托项目个数和金额,包含本年度新增并于本年度内结束的项目和本年度新增至报告期末仍在持续管理的信托项目。

6.4.2.4　信托业务创新成果和特色业务有关情况

公司目前正在积极探索创新业务和特色业务。

6.4.2.5　本公司履行受托人义务情况及因本公司自身责任而导致的信托资产损失情况

本公司严格遵守信托法律法规及信托文件对受托人义务的规定，为受益人的最大利益处理信托事务，管理信托财产时，恪守职守，履行诚实、信用、谨慎、有效管理的义务。

报告期内，本公司无因自身责任而导致的信托资产损失情况。

6.4.2.6　信托赔偿准备金的提取、使用和管理情况

本公司严格按照《信托公司管理办法》规定，今年仍按照税后利润5%提取信托赔偿准备金，当信托赔偿准备金累计总额达到公司注册资本的20%时不再提取，目前尚未达到20%比例。本公司报告期内未发生需使用信托赔偿准备金弥补亏损的情况。

6.5　关联方关系及其交易的披露

6.5.1　关联交易方的数量、关联交易的总金额及关联交易的定价政策等

名称	关联交易方数量	关联交易金额(万元)	定价政策
合计	6	469 000.46	按市场公允价格

6.5.2　关联交易方与本公司的关系性质、关联交易方的名称、法定代表人、注册地址、注册资本及主营业务等

关系性质	关联方名称	法定代表人	注册地址	注册资本(万元)	主营业务
股东	中国长城资产管理股份有限公司	沈晓明	北京市西城区月坛北街2号	4 315 010.72	不良资产收购。
受同一母公司控制	长城国融投资管理有限公司	许良军	北京市丰台区丽泽路18号院1号楼401－05室	30 003.00	对私募股权基金、能源、信息传输业的投资与投资管理等。
受同一母公司控制	长生人寿保险有限公司	孟晓东	上海市静安区南京西路688号5楼	216 700.00	人寿保险、健康保险和意外伤害保险等保险业务。
受同一母公司控制	长城华西银行股份有限公司	谭运财	四川省德阳市蒙山街14号	230 372.10	吸收公众存款；发放短期、中期和长期贷款；办理国内结算；办理票据贴现等。
受同一母公司控制	上海斯格威大酒店有限公司	邢秀燕	上海市黄浦区打浦路15号	20 000.00	房地产开发经营，自有房屋租赁，物业管理。
受同一母公司控制	长城国瑞证券有限公司	王勇	厦门市思明区莲前西路2号莲富大厦17楼	335 000.00	证券经纪交易服务(证券经纪，证券投资基金代销，代销金融产品，证券投资咨询，与证券交易、证券投资活动有关的财务顾问，证券资产管理，证券自营，融资融券，证券承销与保荐)。

6.5.3　逐笔披露本公司与关联方的重大交易事项

6.5.3.1　固有与关联方交易情况：贷款、投资、租赁、应收账款、担保、其他方式等期初汇总数、本期借方和贷方发生额汇总数、期末汇总数

报告期内，公司无此类业务。

6.5.3.2　信托与关联方交易情况：贷款、投资、租赁、应收账款、担保、其他方式等期初汇总数、本期借方和贷方发生额汇总数、期末汇总数

单位：万元

信托与关联方关联交易				
	期初数	借方发生额	贷方发生额	期末数
贷款	111 690.00	—	77 200.00	34 490.00
投资	774 908.50	160	389 824.11	385 244.39
租赁	—	—	—	—
担保	—	—	—	—
应收账款	—	986.34	265.00	721.34
其他	—	—	—	—
合计	886 598.50	1 146.34	467 289.11	420 455.74

6.5.3.3　信托公司自有资金运用于自己管理的信托项目（固信交易）、信托公司管理的信托项目之间的相互（信信交易）交易金额，包括余额和本报告年度的发生额

6.5.3.3.1　固有与信托财产之间的交易金额期初汇总数、本期发生额汇总数、期末汇总数

单位：万元

固有财产与信托财产相互交易			
	期初数	本期发生额	期末数
合计	2550	－2 051.35	498.65

注：以固有资金投资公司自己管理的信托项目受益权，或购买自己管理的信托项目的信托资产均应纳入统计披露范围。

6.5.3.3.2　信托项目之间的交易金额期初汇总数、本期发生额汇总数、期末汇总数

报告期内，公司无此类业务。

6.5.4　逐笔披露关联方逾期未偿还本公司资金的详细情况以及本公司为关联方担保发生或即将发生垫款的详细情况

报告期内，公司无此类业务。

6.6　会计制度的披露

本报告期公司固有业务及信托业务均执行中华人民共和国财政部颁布的《企业会计准则》（财会[2006]3号）及相关规定。

其中，本公司固有业务于2019年1月1日起执行财政部于2017年修订的《企业会计准则第22号——金融工具确认和计量》《企业会计准则第23号——金融资产转移》《企业会计准则第24号——套期会计》《企业会计准则第37号——金融工具列报》（统一简称新金融工具准则）以及《企业会计准则第14号——收入》。与2019年1月1日之前的金融工具确认和计量与新金融工具准则的要求不一致的，本公司按照新金融工具准则的要求进行衔接调整。涉及前期比较财务报表数据与新金融工具准则要求不一致的，本公司不进行调整。金融工具原账面价值和在新金融工具准则施行日的新账面价值之间的

差额,计入 2019 年 1 月 1 日的留存收益或其他综合收益。施行新金融工具准则对本公司固有财务报表未产生重大影响。

2019 年,本公司信托业务尚未执行修订的新金融工具准则,仍执行修订前的《企业会计准则第 22 号——金融工具确认和计量》《企业会计准则第 23 号——金融资产转移》《企业会计准则第 24 号——套期会计》和《企业会计准则第 37 号——金融工具列报》(统一简称为原金融工具准则)。

7. 财务情况说明书

7.1 利润实现和分配情况

2019 年公司不需编制合并财务报表,母公司口径的利润实现和分配如下:

年利润总额为 30 647.24 万元;所得税费用为7 586.48万元;净利润为 23 060.77 万元;提取法定盈余公积金2 306.08万元;按照《信托公司管理办法》规定,按照税后利润的 5% 提取信托赔偿准备金 1 153.04 万元;2019 年可分配利润为19 601.65万元;2019 年末公司累计可分配利润为 71 154.54万元。

考虑公司实际情况,2019 年公司拟不进行利润分配。

7.2 主要财务指标

指标名称	指标值
资本利润率(%)	22.37
加权年化信托报酬率(%)	1.49
人均净利润(万元)	244.03

注:1. 资本利润率 = 净利润/所有者权益平均余额 ×100%。

2. 加权年化信托报酬率 = (信托项目 1 的实际年化信托报酬率 × 信托项目 1 的实收信托 + 信托项目 2 的实际年化信托报酬率 × 信托项目 2 的实收信托 + … + 信托项目 n 的实际年化信托报酬率 × 信托项目 n 的实收信托)/(信托项目 1 的实收信托 + 信托项目 2 的实收信托 + … + 信托项目 n 的实收信托) ×100%。

3. 人均净利润 = 净利润/年平均人数。

4. 平均值采取年初、年末余额简单平均法,公式为:a(平均) = (年初数 + 年末数)/2。

7.3 对本公司财务状况、经营成果有重大影响的其他事项

报告期内,无对本公司财务状况、经营成果有重大影响的其他事项。

8. 特别事项揭示

8.1 报告期内股东变动情况及原因

报告期内,公司所有股东均未发生变化。

根据新疆生产建设兵团党委对兵团国有企业改革工作的部署要求并经新疆生产建设兵团国有资产监督管理委员会批复同意,兵团国资公司于 2019 年 5 月 9 日将其持有的长城新盛信托 35% 股权在新疆产权交易所挂牌公开转让;8 月 22 日,天瑞集团股份有限公司出资 86 735.25 万元拟受让兵团国资公司持有的长城新盛信托 35% 股权,合计 10 500 万股(每股价格 8.26 元),并已缴纳保证金 13 000 万元。根据《信托公司行政许可事项实施办法》(中国银监会令[2015]年第 5 号)、《信托公司行政许可事项申请材料目录及格式要求》(银监办发[2015]118 号)和《关于加强非金融企业投资金融机构监管的指导意见》(银发[2018]107 号)等相关监管规定要求,公司配合天瑞集团归集编排股东资质申报的相关材料,并于 2019 年12 月 9 日向中国银保监会新疆监管局提交《关于长城新盛信托有限责任公司股权变更事项的申请书》(长信报[2019]144 号),申请由天瑞集团受让兵团国资公司持有长城新盛信托的 35% 股权及变更股权相关事项。报告期内,该事项还在审批中。

8.2 董事、监事及高级管理人员变动情况及原因

报告期内,公司董事、监事及高级管理人员未发生变动。

8.3 变更注册资本、变更注册地或公司名称、公司分立合并事项的说明

报告期内,未发生变更注册资本、变更注册地和公司分立合并事项。

8.4 公司的重大诉讼事项

报告期内,公司无重大诉讼事项。

8.5 公司及其董事、监事和高级管理人员受到处罚的情况

报告期内,无公司及其董事、监事和高级管理人员受到处罚的情况。

8.6 中国银保监会及其派出机构对公司检查后提出整改意见的整改情况

2019 年 9 月,中国银保监会新疆监管局对公司进行了现场检查,重点对信用风险、交叉金融风险进行排查,公司将根据监管要求,继续压缩通道业务规模。

2020 年 4 月 17 日,中国银保监会新疆监管局《关于长城新盛信托有限责任公司 2019 年度监管情况的通报》(新银保监办发[2020]51 号)指出了公司存在的主要问题:一是资本实力明显不足,风险抵御能力薄弱;二是信用风险逐渐暴露,风险处置化解进展缓慢;三是资金投向过于集中,业务结构亟待优化;四是业务经营发展缓慢,缺乏核心竞争力。针对上述问题,公司将在 2020 年度工作中特别是公司股权变更完毕后做进一步调整改进。

8.7 本年度重大事项临时报告的简要内容、披露时间、所披露的媒体及其版面

本年度公司无重大事项临时报告对媒体进行披露。

8.8 中国银保监会及其省级派出机构认定的其他有必要让客户及相关利益人了解的重要信息

报告期内,未发生中国银保监会及其省级派出机构认定的其他有必要让客户及相关利益人了解的重要信息。

8.9 风险资本和净资本情况

8.9.1 风险资本情况

截至 2019 年末，根据《信托公司净资本管理办法》第三章风险资本的计算公式，公司固有业务风险资本为 2 791.39 万元，信托业务风险资本为 12 977.53 万元，其他业务风险资本为零，公司 2019 年末各项风险资本之和为 15 768.92 万元。

8.9.2 净资本情况

截至 2019 年末，根据《信托公司净资本管理办法》，公司基于审计后的净资产调整计算的净资本为 100 706.86 万元，大于年末净资产的 40%，也高于风险资本。

9. 公司监事会意见

监事会认为，公司 2019 年能够认真贯彻国家法律、法规、公司章程和制度的要求，依法合规促发展，不断完善内控制度、持续强化风险管控。董事及高级管理人员能够遵守国家有关金融法律法规和《公司法》的有关规定，认真履职，未发现有违法、违规及违章行为，也没有损害公司利益、股东利益和委托人利益的行为。公司 2019 年度财务报告客观真实地反映了公司的实际财务状况和经营成果，中介机构出具了无保留意见审计报告，本年度报告的内容和格式符合中国银保监会的规定。

重庆国际信托股份有限公司

1. 重要提示

1.1 本公司董事会及董事保证本报告所载资料不存在任何虚假记载、误导性陈述或者重大遗漏，并对其内容的真实性、准确性和完整性承担个别及连带责任。本年度报告摘要摘自年度报告全文，客户及相关利益人欲了解详细内容，应阅读年度报告全文。

1.2 本公司独立董事雷世文、史锦杰、王友伟、王淑慧认为本报告内容是真实、准确、完整的。

1.3 信永中和会计师事务所(特殊普通合伙)为本公司出具了标准无保留意见的审计报告。

1.4 本公司负责人翁振杰先生、财务负责人吕维女士及财务部门负责人刘影女士声明：保证年度报告中财务报告的真实、完整。

2. 公司概况

2.1 公司简介

2.1.1 历史沿革

公司的前身是重庆国际信托投资公司，于1984年10月经中国人民银行批准成立，注册资本金3 500万元。2002年1月，公司引入战略投资者，进行增资改制，并经中国人民银行总行《中国人民银行关于重庆国际信托投资有限公司重新登记有关事项的批复》(银复[2002]9号)批准，获准重新登记，注册资本金增至10.3373亿元(含美元1 565万元)。

2004年末，公司进一步增资扩股，注册资本金增加至16.3373亿元，取得了中国银行业监督管理委员会重庆监管局颁发的中华人民共和国金融许可证(编号为K10226530H002)和重庆市工商行政管理局颁发的企业法人营业执照(注册号为5000001800019)。2007年10月，经中国银行业监督管理委员会《中国银监会关于重庆国际信托投资有限公司变更公司名称和业务范围的批复》(银监复[2007]461号)批准变更公司名称、业务范围并领取新的金融许可证(编号为K0051H250000001)。

2010年11月，经中国银行业监督管理委员会《关于批准重庆国际信托有限公司增加注册资本及调整股权结构等有关事项的批复》(银监复[2010]552号)批准，公司注册资本由16.3373亿元增加至24.3873亿元，公司股权结构由单一股东持股变更为多家机构投资者共同持股，该事项于2010年12月22日完成工商变更登记(注册号为500000000005609)。

2015年9月，经中国银行业监督管理委员会重庆监管局《关于重庆国际信托有限公司变更名称及注册资本的批复》(渝银监复[2015]114号)批准，公司完成股份制改造，变更名称为重庆国际信托股份有限公司，注册资本由24.3873亿元增至128亿元，该事项于2015年9月29日完成工商变更登记(注册号为91500000202805720T)。

2017年12月，经中国银行业监督管理委员会重庆监管局《关于重庆国际信托股份有限公司变更注册资本的批复》(渝银监复[2017]189号)批准，公司注册资本金增至150亿元，该事项于2017年12月21日完成工商变更登记。

2.1.2 公司的法定中文名称：重庆国际信托股份有限公司
中文名称缩写：重庆信托
公司法定英文名称：Chongqing International Trust Inc.
英文名称缩写：CQITI

2.1.3 公司负责人：翁振杰

2.1.4 注册地址：重庆市渝北区龙溪街道金山路9号附7号

2.1.5 邮政编码：401147

2.1.6 公司国际互联网网址：http://www.cqiti.com

2.1.7 电子信箱：cqiti@cqiti.com

2.1.8 信息披露事务负责人：吕维
联系电话：023-89035888
传　　真：023-89035998
电子信箱：cqiti@cqiti.com

2.1.9 年度报告备置地点：重庆市渝中区民权路107号
信息披露报纸：《上海证券报》《证券时报》《金融时报》

2.1.10 聘请的会计师事务所：
信永中和会计师事务所(特殊普通合伙)
住所：北京市东城区朝阳门北大街8号富华大厦A座9层

2.1.11 聘请的律师事务所：
重庆索通律师事务所
住所：重庆市渝中区华盛路7号企业天地7号楼10层、11层、12层

2.2 组织结构

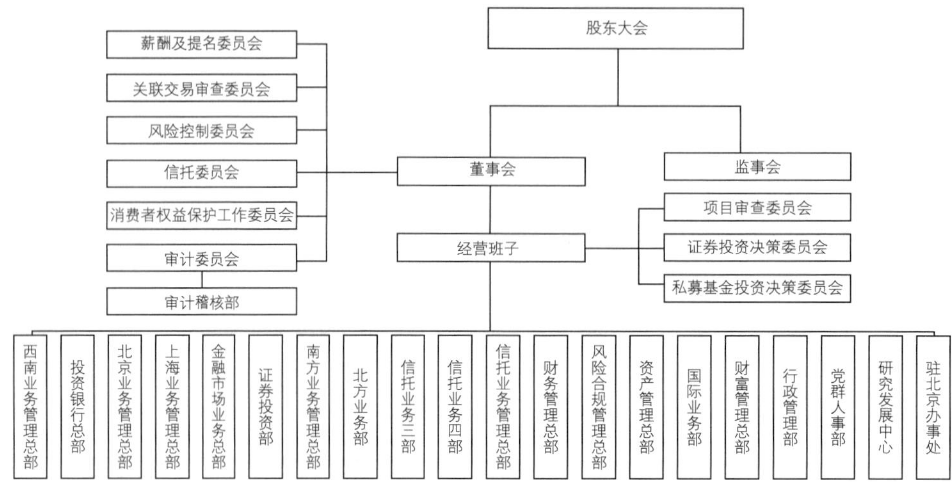

3. 公司治理

3.1 前三位股东

股东名称	持股比例（%）	法定代表人	注册资本（亿元）	注册地址	主要经营业务及主要财务情况
同方国信投资控股有限公司	66.99	刘勤勤	25.74	重庆市渝北区龙溪街道金山路9号附7号	依法进行项目投资与管理、投资咨询业务等。截至2019年末，同方国信合并资产总额为28 243 212.66万元；2019年末，归属于母公司的净利润为274 727.45万元。
国寿投资控股有限公司	26.04	张凤鸣	37.00	北京市朝阳区景华南街5号17层（14）1703单元	投资及投资管理；资产管理等。截至2019年末，合并资产总额为2 276 700.00万元；2019年末，净利润为173 285.81万元。（未经审计）
上海淮矿资产管理有限公司	4.10	马坤明	16.00	中国（上海）自由贸易试验区浦东南路256号803、804室	资产管理，实业投资，投资咨询，财务咨询，企业管理咨询，知识产权代理，国内贸易（除专项规定），从事货物及技术的进出口业务。截至2019年末，合并资产总额为238 083.71万元；2019年末，净利润为9 628.09万元。

3.2 董事

董事长、副董事长、董事

姓 名	职 务	性别	年龄（岁）	选任日期	所推举的股东名称	该股东持股比例（%）	简要履历
翁振杰	董事长	男	57	2018年11月30日	同方国信投资控股有限公司	66.99	硕士研究生，高级经济师，享受国务院特殊津贴专家，历任重庆三峡银行股份有限公司董事长，西南证券股份有限公司董事长，重庆市第三届、第四届人大代表和人大常委会常委，民建九届中央经济委员会委员，民建十届中央财政金融委员会副主任等职；现任重庆国际信托股份有限公司董事长，重庆三峡银行股份有限公司董事，合肥科技农村商业银行股份有限公司董事，国都证券股份有限公司董事长，中国信托业保障基金有限责任公司董事，中国信托登记有限责任公司董事，民建重庆市委副主委，政协重庆市第五届委员会常务委员，民建十一届中央财政金融委员会副主任。
时平生	董事	男	56	2018年11月30日	同方国信投资控股有限公司	66.99	硕士研究生，助理研究员，历任陕西证券常务副总经理，ITG（香港）风险投资公司北京代表处首席代表等职；现任中国新纪元有限公司董事，重庆国际信托股份有限公司董事。
谢维宪	董事	男	64	2018年11月30日	同方国信投资控股有限公司	66.99	大学本科，高级工程师（管理），历任中共中央政法委员会干部，北京市公安局海淀分局副局长，公安部正局级干部；现任重庆国际信托股份有限公司董事。
刘勤勤	董事	男	63	2018年11月30日	同方国信投资控股有限公司	66.99	硕士研究生，讲师、编辑，历任军事经济学院教官，财务理论教研室主任，总后勤部财务结算中心副主任等职；现任同方国信投资控股有限公司董事兼总经理，重庆国际信托股份有限公司董事。

续表

姓　名	职　务	性别	年龄(岁)	选任日期	所推举的股东名称	该股东持股比例(%)	简要履历
窦仁政	董事	男	50	2018年11月30日	同方国信投资控股有限公司	66.99	硕士研究生,高级经济师,历任中国人民银行银行监管一司监管二处副处长,中国银监会财务会计部财务管理处副处长、会计制度处处长,中国银监会财务会计部副主任,中国银监会人事部副主任、组织部副部长及中国银监会国有重点金融机构监事会专职监事;现任重庆国际信托股份有限公司董事、总经理。
刘　蓉	董事	女	50	2018年11月30日	国寿投资控股有限公司	26.04	博士研究生,高级会计师,曾任中保人寿保险有限公司深圳市分公司财务处理中心总经理,中国人寿保险(集团)公司财务会计部高级经理、总经理助理、副总经理,国寿投资控股有限公司财务会计部副总经理(部门总经理级)等职;现任国寿投资控股有限公司财务会计部总经理,重庆国际信托股份有限公司董事。

注:王荣武先生于2019年5月辞去公司董事职务,刘仁军先生于2019年12月辞去公司董事职务。2019年12月,公司股东大会2019年第一次临时会议选举通过陈忠先生任公司股东董事,其任职资格尚待监管部门核准。

独立董事

姓　名	所在单位及职务	性别	年龄(岁)	选任日期	所推举的单位名称	该股东持股比例(%)	简要履历
雷世文	北京市天驰君泰律师事务所	男	55	2018年11月30日	重庆国际信托股份有限公司	—	硕士研究生,助理工程师,律师,曾任职于安徽省机械工业厅、国家工商行政管理局干部;现任北京天驰君泰律师事务所高级合伙人,重庆国际信托股份有限公司独立董事。
史锦杰	重庆市人力资源和社会保障局退休干部	男	72	2018年11月30日	重庆国际信托股份有限公司	—	大学本科,高级经济师,历任重庆市市中区副区长,巴南区区委书记,重庆市劳动保障局局长,重庆市三届政协常委等职;现任重庆国际信托股份有限公司独立董事。
王淑慧	北京化工大学经济管理学院硕士研究生导师	女	59	2018年11月30日	重庆国际信托股份有限公司	—	硕士研究生,教授,北京市教学名师,注册会计师、注册税务师、注册资产评估师,历任北京化工大学经济管理学院副院长、会计财务管理专业负责人等职;现任北京化工大学经济管理学院硕士研究生导师,重庆国际信托股份有限公司独立董事。
王友伟	重庆市国资委退休干部	男	75	2018年11月30日	重庆国际信托股份有限公司	—	高级经济师,历任重庆市团委书记,市总工会常务副主席,市旅游局局长,市企业工委,国资委副书记等职;现任重庆国际信托股份有限公司独立董事。

3.3　监事

监事会成员

姓　名	职　务	性别	年龄(岁)	选任日期	所推举股东名称	该股东持股比例(%)	简要履历
雷万亚	监事会主席	女	65	2018年11月30日	同方国信投资控股有限公司	66.99	硕士研究生,一级高级检察官,曾任重庆市人民检察院副检察长;现任重庆国际信托股份有限公司纪委书记、监事会主席。
吕朝阳	监事	男	48	2018年11月30日	上海淮矿资产管理有限公司	4.10	硕士研究生,现任上海淮矿资产管理有限公司董事、总经理,重庆国际信托股份有限公司监事。
张小龙	监事	男	44	2018年11月30日	国寿投资控股有限公司	26.04	硕士研究生,现任国寿投资控股有限公司风险管理部、信用评估部总经理助理,重庆国际信托股份有限公司监事。
胡雪莲	职工监事	女	46	2018年11月30日	重庆国际信托股份有限公司职代会	—	硕士研究生,注册会计师,现任重庆国际信托股份有限公司投资银行总部总裁、职工监事。
李　静	职工监事	女	40	2018年11月30日	重庆国际信托股份有限公司职代会	—	硕士研究生,律师,现任重庆国际信托股份有限公司党群人事部总裁、职工监事。

注:2020年4月,公司职工代表大会研究决定,因工作需要同意李静女士辞去职工代表监事职务,并选举邹恒舟先生为公司职工代表监事。

3.4　高级管理人员

姓　名	职　务	性别	年龄(岁)	选任时期	金融从业年限(年)	学　历	专　业
窦仁政	总经理	男	50	2018年12月7日	22	硕士	货币银行学
吕　维	副总裁	女	47	2018年12月7日	14	硕士	民商法
方　莉	副总裁	女	46	2018年12月7日	10	大专	EMBA

续表

姓　名	职　务	性别	年龄(岁)	选任时期	金融从业年限(年)	学　历	专　业
潘　峰	副总裁	男	43	2018 年 12 月 7 日	20	本科	政治经济学
罗怀建	副总裁	男	43	2018 年 12 月 7 日	20	本科	金融学经济法
祁绍斌	副总裁	男	52	2018 年 12 月 7 日	27	博士	农业经济管理
叶凌风	副总裁	男	47	2018 年 12 月 7 日	19	博士	国民经济

3.5　公司员工

项　　目		报告期	
		人数(人)	比例(%)
学历分布	博士	7	4.38
	硕士	96	60
	本科	51	31.87
	专科	6	3.75
	其他	—	—
总人数(人)		160	
平均年龄(岁)		37	

4. 经营管理

4.1　经营目标、经营方针、战略规划

4.1.1　经营目标

公司的经营目标是：坚持服务实体经济为己任，多途径、深层次服务实体企业融资需求，调结构、谋转型、促发展，构建多元化业务体系。公司积极回归信托本源，努力满足人民群众日益增长的多元化财富管理需求。持续强化控制、驾驭风险的能力，依托优秀的资产管理能力，形成可持续发展的盈利模式和核心竞争力。在稳居行业头部公司地位的基础上，努力将公司建设为国内一流金融机构，充分实现公司价值、股东权益和社会效益的有机统一、和谐共进。

4.1.2　经营方针

公司的经营方针是：坚持新时代中国特色社会主义思想，以诚信树品牌，以稳健谋发展，以创新促改革，发展壮大与风险防控并重，坚持依法合规经营。

4.1.3　战略规划

公司的战略规划是：立足重庆，紧跟“一带一路”倡议、“长江经济带建设”“京津冀协同发展”“成渝地区双城经济圈”和“粤港澳大湾区发展规划”等国家重大战略部署，以基础设施建设和金融投资为核心，大力发展信托主业，不断探索前沿业务，积极推进金融创新，力争公司信托规模、管理水平、盈利能力不断迈向新的高度；同时，积极探索与国内外金融机构的合作，引进优质战略资本及先进管理技术，不断提升公司的资本实力、管理水平和盈利能力。

4.2　经营业务的主要内容

4.2.1　经营业务的构成

公司经营业务由自营业务、信托业务等构成。自营业务主要开展贷款、金融机构股权投资、证券投资等业务；信托业务主要开展资金信托、财产或财产权信托、信贷(票据)资产转让、投资银行等业务。

4.2.2　信托业务的主要品种

公司信托业务的主要品种是单一资金信托、集合资金信托、股权信托，按运用方式分为投资类信托、贷款类信托、财产(财产权)管理类信托。

4.2.3　资产组合与分布

自营资产运用与分布表

资产运用	金额(万元)	占比(%)	资产分布	金额(万元)	占比(%)
货币资产	124 792.05	3.94	基础产业		
贷款及应收款	247 222.00	7.81	房地产业	55 846.55	1.76
以公允价值计量且其变动计入当期损益的金融资产	26 384.35	0.83	证券市场	207 204.23	6.55
可供出售金融资产	1 846 995.29	58.37	实业	30 020.00	0.95
长期股权投资	811 272.37	25.63	金融机构	2 694 631.49	85.15
其他	108 085.76	3.42	其他	177 049.55	5.59
资产总计	3 164 751.82	100.00	资产总计	3 164 751.82	100.00

信托资产运用与分布表

资产运用	金额(万元)	占比(%)	资产分布	金额(万元)	占比(%)
货币资产	177 638.61	0.84	基础产业	1 074 400.00	5.06
贷款及应收款	14 292 720.99	67.26	房地产业	2 373 310.55	11.17
以公允价值计量且其变动计入当期损益的金融资产	699 958.29	3.29	证券市场	1 029 058.04	4.84
可供出售金融资产	3 665 626.79	17.25	实业	9 116 447.62	42.90
持有至到期投资	99 700.02	0.47	金融机构	5 182 653.04	24.39
长期股权投资	2 313 980.98	10.89	其他	2 473 756.43	11.64
信托资产总计	21 249 625.68	100.00	信托资产总计	21 249 625.68	100.00

4.3　市场分析

当前世界面临百年未有之大变局，面对宏观经济下行压力加大、利率市场化实质推进、金融监管从严从紧、金融科技广泛运用等多方面挑战，中国经济面临更加复杂的国内外环境。特别是新冠肺炎疫情对全球带来的巨大不确定性，全球金融市场开启避险模式，在新冠肺炎疫情得到有效控制之前全球经济增速将再度放缓。从国内情况来看，中国经济仍处在转变发展方式、优化经济结构和转换增长动力的攻关期，各种结构性、体制性、周期性的问题将会相互交织，叠加年初疫情爆发对我国经济发展造成的冲击，全年经济运行依然存在下行压力。

2020 年是全面建成小康社会和“十三五”规划收官之年，要实现第一个百年奋斗目标，为“十四五”发展和实现第二个百年奋斗目标打好基础，做好经济工作十分重要。在党中央的坚

强领导下，全党全国贯彻党中央决策部署，紧扣全面建成小康社会目标任务，坚持稳中求进工作总基调，坚持新发展理念，坚持以供给侧结构性改革为主线不动摇，坚持以改革开放为动力，推动高质量发展。

4.3.1 有利因素

4.3.1.1 "稳增长、去杠杆"，信托业加速转型发展

自2019年以来，信托业持续向回归信托本源、服务实体经济、强化主动管理能力的方向转变，监管部门持续加强对通道业务的监管，信托业资产规模仍呈下降态势。在当前宏观经济环境持续低迷、实体经济去杠杆化、经济发展方式转变、资本市场不确定性增加及资管市场同质化竞争加剧的背景下，信托业作为金融业的重要组成部分，业务转型发展仍面临较大压力。未来，在新的监管环境下，信托业将向财富管理业务、资产证券化业务及股权投资业务等新兴业务方面优化转型，促使信托业的持续性发展。

4.3.1.2 财富管理市场规模快速增长，抢抓战略窗口期

经过改革开放四十余年的高速发展，当前我国财富管理市场存量规模接近200万亿元，其中将近一半来自中国的高净值和超高净值的人群，随着我国经济社会发展进入新时代，这一规模还将稳步增长。在监管趋严、资金面紧缩的大背景下，高净值客户的投资风向悄然变化，资金从非持牌机构向持牌金融机构回流的趋势愈发明显。由于信托具备财富传承、风险隔离等天然优势，以家族信托为代表的财富管理类信托业务，将成为信托业战略布局的着力点，并产生行业发展转型创新的协同力量。

4.3.1.3 监管边界逐渐明晰，公司治理日趋规范

2020年初，中国银保监会印发了《信托公司股权管理暂行办法》，再次释放出公司治理的根本和关键在于股权管理这一监管理念，强化了良好的公司治理是金融机构稳健运行的基础和前提的意识。同时，监管部门初步起草完成《信托公司资本管理办法（试行）》及其相关配套文件，旨在通过信托公司资本监管，提高信托公司风险抵御能力，督促信托公司加强内部管理。随着信托业持续深化转型以及经济社会持续发展，未来信托业市场化、法制化监管体系将会进一步完善，信托业将迎来更加健康、规范、稳健的发展新时代。

4.3.1.4 公司资本实力逐步增强，行业头部地位持续巩固

公司秉承"诚信、稳健、创新、求精"的经营宗旨，积极回归"受人之托、代人理财"的信托本源，在稳健发展传统信托业务的基础上，发挥信托专业优势，不断提高金融创新能力，严控风险，合规经营。截至2019年末，公司注册资本为150亿元，归属于母公司净资产为257.84亿元，资本充足，资产优良，各项经营指标持续稳居行业前列，为进一步提高服务实体经济能力和抗风险能力、实现持续稳定健康发展奠定了坚实的基础。

4.3.2 不利因素

4.3.2.1 监管政策保持高压，风险管控压力加大

自2019年以来，在中央"防范化解重大风险""房住不炒"的战略部署大背景下，监管部门以维护金融稳定、防范化解风险为切入点，对房地产信托业务规模实施增量和增速的控制，预计未来房地产信托业务规模将会明显回落。工商企业信托受经济下行因素的影响，或将成为信托产品出现兑付危机的主要领域，加之企业融资环境恶化、流动性紧张，致使工商企业类信托产品违约风险有所上升；此外，由于部分信托产品以债券作为基础资产，债券市场违约事件频发亦对信托产品的信用风险造成较大冲击。2020年，包括信托业在内的整个金融业将继续面临更为严峻的信用风险管控压力。

4.3.2.2 经济增速继续放缓，新冠肺炎疫情冲击亟待消化

中国经济正在经历从高速增长转向高质量发展的升级、换挡新阶段，供给侧结构性改革稳步推进。当前我国经济处于新旧动能转换阵痛期，优化发展模式、中高速增长正在成为新常态，叠加第一季度爆发的新冠肺炎疫情影响，预计2020年，我国经济增速将继续放缓。受新冠肺炎疫情冲击，资产端客户短期经营遇阻，投资扩张活动降低，生产经营资金需求下降；资金端客户对于疫情带来的不确定性，观望心态上升。由此，疫情抑制了业务活动开展，影响了客户金融服务需求，导致新业务推进和执行进度明显放缓，疫情带来的不利影响亟待消化。

4.3.2.3 资管市场高度竞合，行业内外竞争日趋激烈

我国资管市场发展正加速变革，市场主体呈现高度竞合关系。在"资管新规"等一系列配套政策的支持下，2019年银行理财子公司迎来了发展元年。银行理财子公司与信托公司之间高度竞合，而且在资产管理、参与标准化金融产品方面更具优势，会对原有信托业务产生冲击。为此，信托公司需要积极应对资管市场的各类挑战，不断打造自身完善、丰富且专业的产品线，以满足广大客户对期限、风险的不同需求。

4.4 内部控制

4.4.1 内部控制环境和内部控制文化

公司按照《公司法》《信托公司管理办法》《信托公司治理指引》《信托公司受托责任尽职指引》《信托公司股权管理暂行办法》和监管部门的要求完善公司治理的相关制度和实施细则，进一步明确了"三会一层"的权责和制约关系，公司经营班子与下属部门也形成了有效的授权分责关系。

公司坚持"诚信、稳健、创新、求精"的经营宗旨，坚持以人为本，追求效率与效益，综合运用激励与福利机制，在积极向上的企业文化体系中实现员工与公司共同成长进步。

4.4.2 内部控制措施

公司董事会下设关联交易审查委员会、风险控制委员会、审计委员会、信托委员会、薪酬及提名委员会、消费者权益保护工作委员会等专业委员会，各委员会职责清晰、分工明确，在董事会授权范围内协助董事会开展公司业务；引入了独立董事制度，并由独立董事出任关联交易审查委员会、信托委员会、审计委员会及消费者权益保护工作委员会主任委员，以有效控制公司重大业务的决策风险，其中消费者权益保护工作委员会成员全部由独立董事担任，以有效控制公司重大业务的决策风险与经营风险，实现公司业务的健康可持续发展；公司监事会有效履行监督职责。

公司按职责分离的原则设置内部各部门。前台部门（业务部门）对业务进行受理和初审，并负责实施项目的具体操作；中台部门（信托业务管理总部、风险合规管理总部等）对业务进行审查和事中控制；后台部门（财务管理总部等）对业务进行财务核算和管理。通过内部约束机制达到强化中台、后台对前台的

控制反映和监督评价。

为进一步促进公司银信合作业务及证券投资信托业务的合规开展，按照相关监管要求，结合公司实际情况，修订了《银信合作信托业务管理办法》《证券投资（信托业务）管理办法》等制度；为进一步加强公司业务的合规管理，促进公司业务规范、稳健发展，修订了《关联交易管理办法》，加强了公司内部管理，从制度上对开展的业务进行规范与约束。

4.4.3 信息交流与反馈

公司内部建立了良好的信息交流与反馈制度，通过公司内网、会议、座谈、报告、讲座等方式，公司经营班子和员工之间开展有效的互动和交流，相互传递政策信息；通过公司外部网站及报纸等媒介，根据法律法规规定向公众披露公司资产经营状况；根据信托文件约定向信托委托人（受益人）及时披露信托财产管理运用等相关信息。

4.4.4 监督评价与纠正

公司的内控机制通过内部的自我完善和外部的检查督促来实现监督、评价和纠正，并在实际工作中得到检验。一是自我检验纠错，二是经监管部门的检查提示，在出现遗漏或不足时公司会采取相应措施加以完善。

公司从多方面入手，充分发挥内部审计的监督作用。2019年，内部审计的范围和深度进一步加强，全年出具各类内审报告217份。对审计过程中发现的问题及时与各部门沟通，要求限期完善或整改，并采取后续审计等方式进行跟踪，对防止风险出现或扩大，促进业务合法、合规、稳健经营发挥了积极作用。

4.5 风险管理

4.5.1 风险管理概况

公司坚持“宁可错过，不可做错”的风险管理理念，已形成一套比较完善和行之有效的风控机制、规章制度和操作流程，促进公司各项业务可持续发展。公司经营活动中可能遇到的风险主要有信用风险、市场风险、操作风险、其他风险（如政策风险、法律风险、道德风险、声誉风险）等。

4.5.2 风险状况

4.5.2.1 信用风险状况

信用风险主要是交易对手违约带来的风险，主要来自借款、对外担保、投资等业务。报告期内，公司严格按财政部和中国银保监会的要求，提足各项准备金。2019年末，公司信用风险资产按照资产五级分类标准分类结果为：(1)正常类资产为3 137 528.55万元；(2)关注类资产为11 762.55万元；(3)次级类资产无；(4)可疑类资产无；(5)损失类资产无。公司不良资产期初数为零、期末数为零。

4.5.2.2 市场风险状况

公司面临的市场风险主要是因股价、市场汇率、利率及其他价格因素变动而产生和可能产生的风险。对于公司开展的股票质押信托业务，侧重于选择业绩面好的股票，设置较低的质押率；同时引入了保证金追加制度和止损线，以有效防范市场波动风险；公司目前暂未开展外币业务，不受汇率市场变动影响；公司的信托贷款项目大部分为固定利率贷款，市场利率的变动对投资者的收益及公司信托报酬影响较小。

4.5.2.3 操作风险状况

操作风险主要是由于公司内部程序、人员、系统的不完善或失误，或外部事件而引发的风险。为实现公司标准化、制度化、规范化管理，报告期内，公司进一步清理、修订、拟定了一系列规章制度和操作流程，以提高预防和控制操作风险的能力；同时公司结合业务发展需要，加强员工培训，提高员工技能，加强流程控制；对于外部事件可能给公司经营带来的风险，公司制定专门应急预案，实行突发事件预案管理。报告期内，公司未发生因操作风险带来的损失。

4.5.2.4 其他风险状况

公司面临的其他风险主要有政策风险、法律风险、道德风险、声誉风险等。报告期内，公司适时关注宏观经济政策、行业发展政策和信托业监管政策的变化对公司经营和业务运作带来的影响，顺应政策要求合理设计项目方案；加强公司员工专业技能、职业道德培训，组织开展合规考试，提升依法合规意识和风险管控能力。

4.5.3 风险管理

4.5.3.1 信用风险管理

公司对信用风险的管理，一是加强事前对交易对手（项目）或债务人的尽职调查，审慎选择交易对手、甄选项目，严格按照业务流程开展业务，强化项目风险控制措施的有效性和合法合规性；二是事中对交易对手（项目）进行跟踪检查，流程控制、多手段并用，对重点项目实行现场监管，及时发现和处置风险隐患苗头；三是对重点项目制定应急处置预案，及时化解已发生的风险、降低损失程度；最后，事后对已结束项目进行审计和后续评价，以获取管理经验。此外，在产品结构设计时，通过结构化配置和多样化组合投资来分散和降低风险。

在自有业务方面，公司严格控制对外担保，截至报告日，对外担保余额为零；公司的短期投资主要投资于质地优良、风险低的金融类产品；2019年末，公司存续固有贷款余额为216 490万元，规模较小，风险可控。

在信托业务方面，公司依法合规履行受托人职责，按照公司信托业务相关管理制度以及各专门委员会议事规则的规定，从立项、审批、报备、产品发行，到项目后续管理、风险披露、清算分配，严格履行相应的审批手续。2019年，公司未出现到期未清算项目。

4.5.3.2 市场风险管理

在加强市场风险管理方面，公司采取以下控制措施：发挥现有研发人员作用，积极吸引人才，加强对国家宏观经济政策、货币信贷政策、财政政策等领域的研究，及时掌握市场变化，为调整投资决策提供依据；对产业市场、资本市场等领域实行分散投资，根据公司整体安排，适时调整各领域的投资规模，合理安排期限结构；强化日常风险监控和报告制度，以便及时处置化解风险。

4.5.3.3 操作风险管理

公司根据最新监管规定及公司业务发展需要、部门调整等实际情况，对业务及风险管理制度等进行了一系列补充、修订和完善；公司坚持信托财产与固有财产之间、不同信托财产之间分别管理、分别记账的原则，在部门设置和人员安排上使前台、中台、后台部门分设和人员分离，业务交易、会计记录和后续管理监督分离；加强对员工的业务技能培训，强化员工的责任意识和道德水准；修改完善公司各类法律文本，以便规范化、标准化运行；通过制定业务操作制度和员工行为管理规范，强化员工法律意识、合规意识、风险意识;提升全流程风险管理意识,强化对审批、印章使用、凭证保管等重要操作环节的监督检查,加强内部控制和防范操作风险;制定应急预案,适时启动奖惩机制等措施防范和控制操作风险。

4.5.3.4 其他风险管理

公司通过加强对宏观经济政策和行业政策的跟踪、研究,提高预见性;公司风险合规管理总部、信托业务管理总部、财务管理总部对交易行为或合同进行内部审查,聘请专门的律师事务所和会计师事务所协助公司开展项目法律审查和咨询,以防范和控制业务风险;公司加强员工职业道德和思想教育建设,通过开展培训和座谈、员工行为管理等措施防范和控制道德风险;依法合规开展业务、诚信尽职地履行受托人义务,充分向投资者披露相关信息,对新产品发售注重风险揭示、投资者教育和体验,提升公司信誉度和美誉度。公司还将根据业务发展规模的不断扩大和市场变化等情况,对公司风险管理措施进一步修改和完善。

4.6 企业社会责任

公司始终坚持党的领导,始终牢记服务地方经济发展的使命宗旨,坚持开展扶贫助困活动,积极投身公益事业,用心回馈社会。

截至 2019 年末,公司累计为重庆市经济建设募集资金 1 770.79亿元,为人民群众创造财产性收入近 710 亿元,积极助力重庆打造西部地区重要的增长极,为促进重庆长江上游经济中心建设发挥了重要作用。公司主动对接“一带一路”倡议、“长江经济带建设”“京津冀协同发展”“成渝地区双城经济圈”和“粤港澳大湾区发展规划”等国家重大战略部署,提供综合金融服务,大力拓展公司服务民生、服务实体经济的空间。截至 2019 年末,公司在“一带一路”倡议、长江经济带辐射区域内存续信托业务规模 2 015.42 亿元;服务成渝地区双城经济圈建设存续信托规模 418.81 亿元;服务京津冀地区存续信托业务规模 658.68 亿元;服务粤港澳大湾区建设存续信托业务规模 148.45 亿元。

公司依托在项目设计、资产管理、风险控制等方面积累的大量经验,立足信托行业灵活多变的特点,积极支持民营企业和中小企业的发展,在及时弥补企业资金缺口、加快企业流动资金周转速度、完善企业自身建设方面给予大力支持。2019 年,公司新增服务民营企业信托业务规模 431.38 亿元,持续为区域经济发展、地方城市建设、稳民生、稳就业作出积极贡献。

2019 年,公司持续发力慈善信托,全年共有 6 单慈善信托落地,涉及扶危济困、产业扶贫、民生普惠、爱心助学等多个方面。公司坚持开展扶贫助困活动,积极投身公益事业,用心回馈社会,截至 2019 年末,公司累计向各类慈善活动捐款近 2.30 亿元,主要包括:“金色盾牌·重庆人民警察英烈救助基金公益信托”慰问救助捐款、“春蕾圆梦行动”、酉阳县扶贫捐款、奉节县扶贫捐款等。其中,截至 2019 年末,公司发起设立的“金色盾牌·重庆人民警察英烈救助基金公益信托”已累计拨付慰问救助金 1.59 亿元,累计救助慰问公安干警及其家属和相关人员超 13 000 人次;2019 年,公司继续开展“春蕾圆梦行动”,设立“重庆信托·春蕾圆梦 2 号慈善信托”,为该项行动提供长期资金支持,累计帮扶 210 名贫困女大学生。此外,公司还积极探索慈善信托在脱贫攻坚领域的灵活运用。2019 年 1 月,公司成立“重庆信托·隘口镇扶贫济困慈善信托”,是目前重庆市规模最大的慈善信托,也是重庆市慈善总会首次以慈善信托的形式推进精准扶贫工作的开展,具有良好的社会示范效应。

2020 年,面对突如其来的新冠肺炎疫情,公司广泛动员、连续奋战,短时间内连续设立重庆信托·万众一心共抗疫情慈善信托、重庆信托·三峡银行疫情防控慈善信托,“共抗疫情”系列慈善信托总规模达到 800 万元,资金全部用于支援对新冠疫情的防控防治工作,为打赢疫情防控阻击战贡献力量。

公司 2019 年度消费者权益保护工作有计划、有节奏顺利开展,结合公司实际,加强组织领导,健全制度机制,强化执行落实,提升产品和服务质效,切实保护了消费者的合法权益。公司按照监管部门的统一部署,积极开展 2019 年“金融知识进万家”“普及金融知识万里行”等多项消费者宣传教育活动。在活动开展过程中突出重点、紧抓节点、攻克难点、打造亮点,旨在通过开展常态化、经常性金融知识普及宣传活动,切实提高广大消费者的金融意识和金融素养,确保金融消费者教育活动取得实效。积极配合监管机构的各项工作,接受内外部监督评价,并及时反馈和整改;公司所有信托计划都全部按合同约定及时兑付,未发生负面舆情及重大突发事件情况,未发生消费者诉讼及仲裁情况,未产生侵害消费者基本合法权益的情形。

5. 报告期末及上一年度末的比较式会计报表

5.1 自营资产

5.1.1 会计师事务所审计意见

信永中和会计师事务所(特殊普通合伙)审计了公司财务报表,包括 2019 年 12 月 31 日的合并及母公司资产负债表,2019 年度的合并及母公司利润表、合并及母公司现金流量表、合并及母公司所有者权益变动表以及财务报表附注。会计师事务所认为,公司财务报表在所有重大方面按照企业会计准则的规定编制,公允反映了公司 2019 年 12 月 31 日的合并及母公司财务状况以及 2019 年度的合并及母公司经营成果和现金流量。

5.1.2 资产负债表

5.1.2.1 母公司资产负债表

资产负债表

编制单位:重庆国际信托股份有限公司　　2019 年 12 月 31 日　　单位:万元

资　产	期末数	期初数	负债和所有者权益	期末数	期初数
资　产:			负　债:		
现金及存放银行款项	124 792.05	52 368.84	向中央银行借款	—	—
拆出资金	—	5 000.00	拆入资金	150 000.00	232 000.00

续表

资　　产	期末数	期初数	负债和所有者权益	期末数	期初数
以公允价值计量且其变动计入当期损益的金融资产	26 384. 35	44 273. 97	交易性金融负债	—	—
买入返售金融资产	58 000. 00	46 969. 96	卖出回购金融资产款	—	—
应收股利	3 430. 00	3 430. 00	应付职工薪酬	29 663. 77	42 184. 05
应收利息	826. 86	339. 92	应交税费	87 490. 24	83 136. 67
应收手续费及佣金	6 849. 48	25 930. 32	应付利息	941. 23	1 309. 58
其他应收款	22 873. 01	33 184. 42	其他应付款	55 183. 83	24 255. 12
预付账款			预收手续费及佣金	600. 82	635. 75
贷款及垫款	213 242. 65	162 080. 77	应付债券	—	—
可供出售金融资产	1 846 995. 29	1 745 267. 85	递延所得税负债	15 204. 81	7 804. 81
持有至到期投资	—	—	其他负债	340 000. 00	340 000. 00
长期股权投资	811 272. 37	780 142. 48	负债合计	679 084. 70	731 325. 98
投资性房地产	510. 23	528. 07			
固定资产	3 344. 24	3 425. 87	所有者权益：		
无形资产	68. 80	30. 01	实收资本	1 500 000. 00	1 500 000. 00
递延所得税资产	15 137. 61	20 494. 75	资本公积	213 169. 49	213 169. 49
抵债资产	—	—	其他综合收益	-116 901. 01	-141 604. 48
其他资产	31 024. 88	55 067. 59	盈余公积	129 027. 86	101 652. 38
			一般风险准备	47 415. 80	43 993. 12
			信托赔偿准备	64 513. 93	50 826. 19
			未分配利润	648 441. 05	479 172. 14
			所有者权益合计	2 485 667. 12	2 247 208. 84
资产总计	3 164 751. 82	2 978 534. 82	负债和所有者权益总计	3 164 751. 82	2 978 534. 82

5. 1. 2. 2　合并资产负债表

合并资产负债表

编制单位：重庆国际信托股份有限公司　　2019 年 12 月 31 日　　单位：万元

资　　产	期末数	期初数	负债和所有者权益	期末数	期初数
资　产：			负　债：		
现金及存放银行款项	2 011 013. 20	2 483 977. 41	向中央银行借款	165 000. 00	61 100. 00
贵金属	—	—	同业及其他金融机构存放款项	362 708. 45	553 881. 33
拆出资金	1 644 624. 97	1 065 589. 60	拆入资金	168 552. 12	1 000 124. 26
以公允价值计量且其变动计入当期损益的金融资产	29 562. 21	519 939. 04	交易性金融负债	—	—
衍生金融资产	—	—	衍生金融负债	—	—
买入返售金融资产	717 896. 91	1 192 509. 61	卖出回购金融资产款	859 915. 51	1 099 079. 75
应收利息	133 799. 46	123 993. 78	吸收存款	13 271 865. 56	12 446 388. 56
应收股利	—	—	应付职工薪酬	64 657. 51	74 814. 81
应收手续费及佣金	8 094. 98	26 562. 45	应交税费	102 593. 33	89 987. 70
其他应收款	25 717. 31	37 005. 17	应付利息	133 938. 57	133 157. 90
预付账款	38. 04	150. 28	应付股利	2 171. 62	2 271. 62
金融投资：	7 724 168. 42	—	其他应付款	197 898. 03	211 654. 91
交易性金融资产	1 048 773. 17	—	预收手续费及佣金	3 804. 31	6 289. 08
债权投资	5 606 768. 75	—	预计负债	4 818. 85	—
其他债权投资	1 049 040. 08	—	应付债券	4 038 270. 26	3 633 283. 21
其他权益工具投资	19 586. 42	—	递延所得税负债	17 840. 92	8 536. 58
发放贷款及垫款	8 535 892. 34	6 496 846. 92	其他负债	373 109. 93	392 714. 07
可供出售金融资产	1 874 493. 00	3 257 381. 73	负债合计	19 767 144. 97	19 713 283. 78
持有至到期投资		2 560 676. 66	股东权益：		
应收款项类投资		4 467 425. 02	股本	1 500 000. 00	1 500 000. 00

续表

资　产	期末数	期初数	负债和所有者权益	期末数	期初数
长期股权投资	436 080. 92	410491. 02	减:库存股	—	—
投资性房地产	510. 23	528. 07	资本公积	210 642. 90	213 222. 78
固定资产	59 934. 85	35 220. 15	其他综合收益	−99 008. 29	−128 641. 23
在建工程		23 608. 48	盈余公积	129 099. 79	101 724. 31
无形资产	14 145. 82	12 281. 21	一般风险准备	47 805. 02	44 355. 51
商誉	—	—	信托赔偿准备	64 513. 93	50 826. 19
递延所得税资产	77 585. 64	85 401. 16	未分配利润	725 393. 41	508 496. 07
其他资产	154 989. 81	190 226. 96	归属于母公司股东权益	2 578 446. 76	2 289 983. 63
			少数股东权益	1 102 956. 38	986 547. 31
			股东权益合计	3 681 403. 14	3 276 530. 94
资产总计	23 448 548. 11	22 989 814. 72	负债和股东权益总计	23 448 548. 11	22 989 814. 72

5. 1. 3　利润表

5. 1. 3. 1　母公司利润表

利润表

编制单位:重庆国际信托股份有限公司　　2019 年度　　单位:万元

项　　目	本年数	上年数
一、营业收入	334 260. 99	320 958. 24
利息净收入	−14 203. 03	−7 380. 01
利息收入	9 816. 12	16 565. 00
利息支出	24 019. 15	23 945. 01
手续费及佣金净收入	201 061. 93	198 670. 65
手续费及佣金收入	203 884. 16	199 149. 31
手续费及佣金支出	2 822. 23	478. 66
投资收益(损失以“ −”号填列)	136 540. 84	138 400. 64
其中:对联营企业和合营企业的投资收益	35 935. 48	31 557. 94
公允价值变动损益(损失以“ −”号填列)	10 032. 66	−9 609. 79
汇兑收益(损失以“　”号填列)	0. 02	0. 04
其他业务收入	827. 47	808. 87
资产处置收益(损失以“ −”号填列)	—	—
其他收益	1. 10	67. 84
二、营业支出	7 290. 28	3 861. 69
税金及附加	1 617. 80	1 805. 27
业务及管理费	4 530. 24	4 250. 07
资产减值损失	1 124. 40	−2 211. 49
其他业务成本	17. 84	17. 84
三、营业利润(亏损以“ −”号填列)	326 970. 71	317 096. 55
加:营业外收入	18 216. 44	11 193. 47
减:营业外支出	23. 86	176. 15
四、利润总额(亏损总额以“ −”号填列)	345 163. 29	328 113. 87
减:所得税费用	71 408. 48	69 721. 89
五、净利润(净亏损以“ −”号填列)	273 754. 81	258 391. 98
六、其他综合收益的税后净额	24 703. 47	−25 360. 90
七、综合收益总额	298 458. 28	233 031. 08

5. 1. 3. 2　合并利润表

合并利润表

编制单位:重庆国际信托股份有限公司　2019 年度　　单位:万元

项　　目	本年数	上年数
一、营业收入	787 918. 85	691 059. 55
利息净收入	331 785. 18	356 833. 77
利息收入	951 078. 22	924 242. 10
利息支出	619 293. 04	567 408. 33
手续费及佣金净收入	228 343. 66	211 245. 94
手续费及佣金收入	236 216. 03	217 727. 73
手续费及佣金支出	7 872. 37	6 481. 79
投资收益(损失以“ −”号填列)	206 045. 74	130 696. 30
其中:对联营企业和合营企业的投资收益	35 935. 48	31 557. 94
以摊余成本计量的金融资产终止确认收益	—	—
公允价值变动损益(损失以“ −”号填列)	18 436. 26	−11 403. 06
汇兑收益(损失以“ −”号填列)	396. 72	1 370. 72
其他业务收入	410. 47	209. 64
资产处置收益(损失以“ −”号填列)	101. 88	224. 31
其他收益	2 399. 16	1 881. 93
二、营业支出	244 918. 93	225 797. 17
税金及附加	7 256. 43	6 762. 47
业务及管理费	146 631. 89	143 603. 19
信用减值损失	90 095. 04	—
资产减值损失	735. 70	73 861. 26
其他业务成本	199. 87	1 570. 25
三、营业利润(亏损以“ −”号填列)	542 999. 92	465 262. 38
加:营业外收入	18 311. 79	11 504. 14
减:营业外支出	1 382. 77	561. 16
四、利润总额(亏损总额以“ −”号填列)	559 928. 94	476 205. 36
减:所得税费用	125 223. 56	103 490. 12
五、净利润(净亏损以“ −”号填列)	434 705. 38	372 715. 24
归属于母公司的净利润	322 828. 31	280 646. 44
少数股东损益	111 877. 07	92 068. 80
六、其他综合收益的税后净额	38 784. 66	19 818. 45
七、综合收益总额	473 490. 04	392 533. 69
归属于母公司的综合收益总额	351 923. 76	268 394. 90
归属于少数股东的综合收益总额	121 566. 28	124 138. 79

5.1.4 所有者权益变动表

5.1.4.1 母公司所有者权益变动表

所有者权益变动表

编制单位：重庆国际信托股份有限公司　　2019 年度　　单位：万元

项目	本年金额							
	实收资本	资本公积	其他综合收益	盈余公积	一般风险准备	信托赔偿准备	未分配利润	所有者权益合计
一、上年年末余额	1 500 000.00	213 169.49	-141 604.48	101 652.38	43 993.12	50 826.19	479 172.14	2 247 208.84
加：会计政策变更	—	—	—	—	—	—	—	—
前期差错更正	—	—	—	—	—	—	—	—
其他	—	—	—	—	—	—	—	—
二、本年年初余额	1 500 000.00	213 169.49	-141 604.48	101 652.38	43 993.12	50 826.19	479 172.14	2 247 208.84
三、本年增减变动金额（减少以“-”号填列）	—	—	24 703.47	27 375.48	3 422.68	13 687.74	169 268.91	238 458.28
（一）综合收益总额	—	—	24 703.47	—	—	—	273 754.81	298 458.28
（二）所有者投入和减少资本	—	—	—	—	—	—	—	—
1. 所有者投入资本	—	—	—	—	—	—	—	—
2. 股份支付计入所有者权益的金额	—	—	—	—	—	—	—	—
3. 其他	—	—	—	—	—	—	—	—
（三）利润分配	—	—	—	27 375.48	3 422.68	13 687.74	-104 485.90	-60 000.00
1. 提取盈余公积	—	—	—	27 375.48	—	—	-27 375.48	—
2. 提取一般风险准备	—	—	—	—	3 422.68	—	-3 422.68	—
3. 提取信托赔偿准备	—	—	—	—	—	13 687.74	-13 687.74	—
4. 对所有者（或股东）的分配	—	—	—	—	—	—	-60 000.00	-60 000.00
（四）所有者权益（或股东权益）内部结转	—	—	—	—	—	—	—	—
1. 资本公积转增资本（或股本）	—	—	—	—	—	—	—	—
2. 盈余公积转增资本（或股本）	—	—	—	—	—	—	—	—
3. 盈余公积弥补亏损	—	—	—	—	—	—	—	—
4. 一般风险准备弥补亏损	—	—	—	—	—	—	—	—
5. 其他	—	—	—	—	—	—	—	—
四、本年年末余额	1 500 000.00	213 169.49	-116 901.01	129 027.86	47 415.80	64 513.93	648 441.05	2 485 667.12

所有者权益变动表（续）

编制单位：重庆国际信托股份有限公司　　2019 年度　　单位：万元

项目	上年金额							
	实收资本	资本公积	其他综合收益	盈余公积	一般风险准备	信托赔偿准备	未分配利润	所有者权益合计
一、上年年末余额	1 500 000.00	213 169.49	-116 243.58	75 813.18	41 524.83	37 906.59	292 007.25	2 044 177.76
加：会计政策变更	—	—	—	—	—	—	—	—
前期差错更正	—	—	—	—	—	—	—	—
其他	—	—	—	—	—	—	—	—
二、本年年初余额	1 500 000.00	213 169.49	-116 243.58	75 813.18	41 524.83	37 906.59	292 007.25	2 044 177.76
三、本年增减变动金额（减少以“-”号填列）	—	—	-25 360.90	25 839.20	2 468.29	12 919.60	187 164.89	203 031.08
（一）综合收益总额	—	—	-25 360.90	—	—	—	258 391.98	233 031.08
（二）所有者投入和减少资本	—	—	—	—	—	—	—	—
1. 所有者投入资本	—	—	—	—	—	—	—	—
2. 股份支付计入所有者权益的金额	—	—	—	—	—	—	—	—
3. 其他	—	—	—	—	—	—	—	—
（三）利润分配	—	—	—	25 839.20	2 468.29	12 919.60	-71 227.09	-30 000.00
1. 提取盈余公积	—	—	—	25 839.20	—	—	-25 839.20	—
2. 提取一般风险准备	—	—	—	—	2 468.29	—	-2 468.29	—
3. 提取信托赔偿准备	—	—	—	—	—	12 919.60	-12 919.60	—
4. 对所有者（或股东）的分配	—	—	—	—	—	—	-30 000.00	-30 000.00
（四）所有者权益（或股东权益）内部结转	—	—	—	—	—	—	—	—
1. 资本公积转增资本（或股本）	—	—	—	—	—	—	—	—
2. 盈余公积转增资本（或股本）	—	—	—	—	—	—	—	—
3. 盈余公积弥补亏损	—	—	—	—	—	—	—	—
4. 一般风险准备弥补亏损	—	—	—	—	—	—	—	—
5. 其他	—	—	—	—	—	—	—	—
四、本年年末余额	1 500 000.00	213 169.49	-141 604.48	101 652.38	43 993.12	50 826.19	479 172.14	2 247 208.84

5. 1. 4. 2　合并所有者权益变动表

合并所有者权益变动表

编制单位：重庆国际信托股份有限公司　　　　2019 年度　　　　单位：万元

项　目	本年金额								
	归属于母公司股东的权益							少数股东权益	所有者权益合计
	实收资本	资本公积	其他综合收益	盈余公积	一般风险准备	信托赔偿准备	未分配利润		
一、上年年末余额	1 500 000. 00	213 222. 78	-128 641. 23	101 724. 31	44 355. 51	50 826. 19	508 496. 07	986 547. 31	3 276 530. 94
加：会计政策变更	—	—	537. 49	—	—	—	-1 445. 07	-2 222. 44	-3 130. 02
前期差错更正	—	—	—	—	—	—	—	—	—
其他	—	—	—	—	—	—	—	—	—
二、本年年初余额	1 500 000. 00	213 222. 78	-128 103. 74	101 724. 31	44 355. 51	50 826. 19	507 051. 00	984 324. 87	3 273 400. 92
三、本年增减变动金额（减少以"-"号填列）	—	-2 579. 88	29 095. 45	27 375. 48	3 449. 51	13 687. 74	218 342. 41	118 631. 51	408 002. 22
（一）综合收益总额	—	—	29 095. 45	—	—	—	322 828. 31	121 566. 28	473 490. 04
（二）所有者投入和减少资本	—	-2 579. 88	—	—	—	—	—	-2 960. 12	-5 540. 00
1. 所有者投入资本	—	—	—	—	—	—	—	—	—
2. 股份支付计入所有者权益的金额	—	—	—	—	—	—	—	—	—
3. 其他	—	-2 579. 88	—	—	—	—	—	-2 960. 12	-5 540. 00
（三）利润分配	—	—	—	27 375. 48	3 422. 68	13 687. 74	-104 485. 90	—	-60 000. 00
1. 提取盈余公积	—	—	—	27 375. 48	—	—	-27 375. 48	—	—
2. 提取一般风险准备	—	—	—	—	3 422. 68	—	-3 422. 68	—	—
3. 提取信托赔偿准备	—	—	—	—	—	13 687. 74	-13 687. 74	—	—
4. 对所有者（或股东）的分配	—	—	—	—	—	—	-60 000. 00	—	-60 000. 00
（四）所有者权益内部结转	—	—	—	—	—	—	—	—	—
1. 资本公积转增资本	—	—	—	—	—	—	—	—	—
2. 盈余公积转增资本	—	—	—	—	—	—	—	—	—
3. 盈余公积弥补亏损	—	—	—	—	—	—	—	—	—
4. 一般风险准备弥补亏损	—	—	—	—	—	—	—	—	—
5. 其他	—	—	—	—	—	—	—	—	—
（五）同一控制下合并结转	—	—	—	—	—	—	—	—	—
（六）其他	—	—	—	—	26. 83	—	—	25. 35	52. 18
四、本年年末余额	1 500 000. 00	210 642. 90	-99 008. 29	129 099. 79	47 805. 02	64 513. 93	725 393. 41	1 102 956. 38	3 681 403. 14

合并所有者权益变动表（续）

编制单位：重庆国际信托股份有限公司　　　　2019 年度　　　　单位：万元

项　目	上年金额								
	归属于母公司股东的权益							少数股东权益	所有者权益合计
	实收资本	资本公积	其他综合收益	盈余公积	一般风险准备	信托赔偿准备	未分配利润		
一、上年年末余额	1 500 000. 00	213 222. 78	-116 389. 69	75 885. 11	41 864. 60	37 906. 59	299 076. 72	883 186. 17	2 934 752. 28
加：会计政策变更	—	—	—	—	—	—	—	—	—
前期差错更正	—	—	—	—	—	—	—	—	—
其他	—	—	—	—	—	—	—	—	—
二、本年年初余额	1 500 000. 00	213 222. 78	-116 389. 69	75 885. 11	41 864. 60	37 906. 59	299 076. 72	883 186. 17	2 934 752. 28
三、本年增减变动金额（减少以"-"号填列）	—	—	-12 251. 54	25 839. 20	2 490. 91	12 919. 60	209 419. 35	103 361. 14	341 778. 66
（一）综合收益总额	—	—	—	—	—	—	280 646. 44	124 138. 79	392 533. 69
（二）所有者投入和减少资本	—	—	—	—	—	—	—	—	—
1. 所有者投入资本	—	—	—	—	—	—	—	—	—
2. 股份支付计入所有者权益的金额	—	—	—	—	—	—	—	—	—
3. 其他	—	—	—	—	—	—	—	—	—
（三）利润分配	—	—	—	25 839. 20	2 468. 29	12 919. 60	-71 227. 09	-20 777. 65	-50 777. 65
1. 提取盈余公积	—	—	—	25 839. 20	—	—	-25 839. 20	—	—
2. 提取一般风险准备	—	—	—	—	2 468. 29	—	-2 468. 29	—	—
3. 提取信托赔偿准备	—	—	—	—	—	12 919. 60	-12 919. 60	—	—
4. 对所有者（或股东）的分配	—	—	—	—	—	—	-30 000. 00	-20 777. 65	-50 777. 65

续表

项　目	上年金额								
	归属于母公司股东的权益							少数股东权益	所有者权益合计
	实收资本	资本公积	其他综合收益	盈余公积	一般风险准备	信托赔偿准备	未分配利润		
(四)所有者权益内部结转	—	—	—	—	—	—	—	—	—
1. 资本公积转增资本	—	—	—	—	—	—	—	—	—
2. 盈余公积转增资本	—	—	—	—	—	—	—	—	—
3. 盈余公积弥补亏损	—	—	—	—	—	—	—	—	—
4. 一般风险准备弥补亏损	—	—	—	—	—	—	—	—	—
5. 其他	—	—	—	—	—	—	—	—	—
(五)同一控制下合并结转	—	—	—	—	—	—	—	—	—
(六)其他	—	—	—	—	22.62	—	—	—	22.62
四、本年年末余额	1 500 000.00	213 222.78	-128 641.23	101 724.31	44 355.51	50 826.19	508 496.07	986 547.31	3 276 530.94

5.2 信托资产

5.2.1 信托项目资产负债汇总表

信托项目资产负债表

编制单位:重庆国际信托股份有限公司　　2019 年 12 月 31 日　　单位:万元

信托资产	期末余额	期初余额	信托负债和信托权益	期末余额	期初余额
信托资产:			信托负债:		
货币资金	177 638.61	201 319.10	交易性金融负债	—	—
拆出资金	—	—	衍生金融负债	—	—
存出保证金	—	—	应付受托人报酬	241.10	261.06
以公允价值计量且其变动计入当期损益的金融资产	699 358.28	739 295.56	应付托管费	26.07	25.17
衍生金融资产	—	—	应付受益人收益	452.00	430.55
买入返售金融资产	600.01	4 270.10	应交税费	2 505.65	2 799.95
应收款项	1 873 822.35	1 341 880.76	应付销售服务费		
发放贷款	12 418 898.64	5 303 939.91	其他应付款项	386 270.03	488 258.98
可供出售金融资产	3 665 626.79	6 930 566.38	预计负债	—	—
持有至到期投资	99 700.02	15 647.78	其他负债		
长期应收款	—	—	信托负债合计	389 494.85	491 775.71
长期股权投资	2 313 980.98	4 509 993.24			
投资性房地产	—	—			
固定资产	—	—	信托权益:		
无形资产	—	—	实收信托	20 866 321.39	18 830 802.49
长期待摊费用	—	—	资本公积	—	—
其他资产	—	—	未分配利润	-6 190.56	-275 665.37
减:各项资产减值准备	—	—	信托权益合计	20 860 130.83	18 555 137.12
信托资产总计:	21 249 625.68	19 046 912.83	信托负债和信托权益总计:	21 249 625.68	19 046 912.83

5.2.2 信托项目利润及利润分配汇总表

信托项目利润及利润分配表

编制单位:重庆国际信托股份有限公司　2019 年度　　单位:万元

项　目	本年数	上年数
一、营业收入	1 383 732.48	793 796.21
利息收入	579 233.19	330 083.98
投资收益(损失以"-"号填列)	561 311.15	345 453.97
其中:对联营企业和合营企业的投资收益	—	—
公允价值变动损益(损失以"-"号填列)	207 613.85	-52 601.05
租赁收入	—	—
汇兑损益(损失以"-"号填列)	—	—
其他收入	35 574.29	170 859.31
二、营业支出	217 907.75	238 782.47
税金及附加	5 537.14	3 222.04
受托人报酬	168 687.50	167 283.06

续表

项　目	本年数	上年数
保管费	3 930.26	3 049.31
投资管理费	224.60	554.47
销售服务费	8 553.84	791.97
交易费用	—	—
资产减值损失	—	—
其他费用	30 974.41	63 881.62
三、信托净利润(净亏损以"-"号填列)	1 165 824.73	555 013.74
四、其他综合收益	—	—
五、综合收益	1 165 824.73	555 013.74
加:期初未分配信托利润	-275 665.37	-387 289.16
六、可供分配的信托利润	890 159.36	167 724.58
减:本期已分配信托利润	896 349.92	443 389.95
七、期末未分配信托利润	-6 190.56	-275 665.37

6. 会计报表附注

6.1 会计报表编制基准、会计政策、会计估计和核算方法的变化

报告年度会计报表编制基准、会计估计和核算方法未发生变化。

财政部于 2017 年 3 月 31 日分别发布了《企业会计准则第 22 号——金融工具确认和计量(2017 年修订)》(财会[2017]7 号)、《企业会计准则第 23 号——金融资产转移(2017 年修订)》(财会[2017]8 号)、《企业会计准则第 24 号——套期会计(2017 年修订)》(财会[2017]9 号);2017 年 5 月 2 日发布了《企业会计准则第 37 号——金融工具列报(2017 年修订)》(财会[2017]14 号)(上述准则以下统称新金融工具准则)。要求在境内外同时上市的企业及在境外上市并采用国际财务报告准则或企业会计准则编制财务报告的企业,自 2018 年 1 月 1 日起施行,境内上市企业自 2019 年 1 月 1 日起施行。子公司三峡银行于 2019 年 1 月 1 日开始执行前述新金融工具准则。新金融工具执行日的新账面价值与原账面价值之间的差额计入 2019 年 1 月 1 日的留存收益或其他综合收益。除此之外,其他会计政策未发生变化。

6.2 或有事项说明

6.2.1 对外担保

单位:万元

项目	年末数	年初数
对外担保	—	—
合计	—	—

6.2.2 重大承诺事项

本报告期内公司无重大承诺事项。

6.3 重要资产转让及其出售的说明

本报告期内公司无重要资产转让及其出售情况。

6.4 会计报表中重要项目的明细资料

6.4.1 自营资产经营情况

6.4.1.1 资产风险分类结果

信用风险资产五级分类	正常类(万元)	关注类(万元)	次级类(万元)	可疑类(万元)	损失类(万元)	信用风险资产合计(万元)	不良资产合计(万元)	不良资产率(%)
期初数	2 956 278.82	253.06	—	—	—	2 956 531.88	—	—
期末数	3 137 528.55	11 762.55	—	—	—	3 149 291.10	—	—

6.4.1.2 各项资产减值损失准备

单位:万元

项　目	期初数	本期计提	本期核销	其他增加	期末数
贷款损失准备	2 468.24	779.11	—	—	3 247.35
一般准备	2 468.24	779.11	—	—	3 247.35
专项准备	—	—	—	—	—
其他资产减值准备	7.59	345.29	—	—	352.88
可供出售金融资产减值准备	—	346.53	—	—	346.53
持有至到期投资减值准备	—	—	—	—	—
长期股权投资减值准备	—	—	—	—	—
坏账准备	7.59	-1.24	—	—	6.35
投资性房地产减值准备	—	—	—	—	—

6.4.1.3 股票投资、基金投资、债券投资、股权投资等投资业务

单位:万元

项目	自营股票	基金	债券	长期股权投资	其他投资	合计
期初数	170 262.92	21 333.66	—	780 142.48	1 649 277.73	2 621 016.79
期末数	204 880.51	2 318.06	5.66	811 272.37	1 697 478.04	2 715 954.64

6.4.1.4 前三名的自营长期股权投资

企业名称	占被投资企业权益的比例(%)	主要经营活动	投资损益(万元)
1. 重庆三峡银行股份有限公司	28.9957	人民币业务;吸收存款;发放贷款;办理国内结算等经中国人民银行批准的业务。	—
2. 合肥科技农村商业银行股份有限公司	24.99	吸收公众存款;发放短期、中期和长期贷款;办理国内结算等经中国银行业监督管理委员会批准的业务。	20 793.03
3. 中国信托业保障基金有限责任公司	13.04	受托管理保障基金;参与托管和关闭清算信托公司;通过融资、注资等方式向信托公司提供流动性支持;收购、受托经营信托公司的固有财产,并进行管理、投资和处置等依法经相关部门批准后依批准展开的经营活动。	12 805.31

6.4.1.5 前三名的自营贷款

企业名称	占贷款总额的比例(%)	还款情况
广州卓雅教育投资发展有限公司	32.33	已于 2020 年 1 月 2 日全部收回
重庆庆科商贸有限公司	27.71	已于 2020 年 3 月 31 日全部收回
四川九寨天堂国际会议度假中心有限公司	18.48	尚未到期

6.4.1.6 表外业务

单位:万元

表外业务	期初数	期末数
担保业务	—	—
代理业务(委托业务)	—	—
其他	—	—
合计	—	—

6.4.1.7 公司当年的收入结构

母公司口径

收入结构	金额(万元)	占比(%)
手续费及佣金收入	203 884.16	53.75
其中:信托手续费收入	193 998.11	51.14
投资银行业务收入	9 886.05	2.61
利息收入	9 816.12	2.59
其他业务收入	828.59	0.22
投资收益	136 540.84	36.00
其中:股权投资收益	35 935.48	9.47
证券投资收益	5 076.62	1.34
其他投资收益	95 528.74	25.19
公允价值变动损益	10 032.66	2.64
营业外收入	18 216.44	4.80
收入合计	379 318.81	100.00

合并口径

收入结构	金额(万元)	占比(%)
手续费及佣金收入	236 216.03	16.48
其中:信托手续费收入	193 998.11	13.53
银行理财手续费收入	17 811.61	1.24
基金管理费及销售服务费收入	5 242.39	0.37
其他	19 163.92	1.34
利息收入	951 078.22	66.35
其他业务收入	3 308.01	0.23
投资收益	206 045.74	14.37
其中:股权投资收益	35 935.48	2.51
证券投资收益	5 371.81	0.37
其他投资收益	164 738.45	11.49
公允价值变动损益	18 436.26	1.29
营业外收入	18 311.79	1.28
收入合计	1 433 396.05	100.00

6.4.2 信托财产管理情况

6.4.2.1 信托资产

单位:万元

信托资产	期初数	期末数
集合	14 054 204.03	16 382 789.01
单一	3 249 855.64	2 679 236.13
财产权	1 742 853.16	2 187 600.54
合计	19 046 912.83	21 249 625.68

6.4.2.1.1 主动管理型信托业务

单位:万元

主动管理型信托资产	期初数	期末数
证券投资类	771 211.51	699 443.05
股权投资类	2 941 328.53	1 246 017.83
融资类	4 845 150.04	12 070 552.60
事务管理类	441 932.65	449 528.07
合计	8 999 622.73	14 465 541.55

6.4.2.1.2 被动管理型信托业务

单位:万元

被动管理型信托资产	期初数	期末数
证券投资类	167 411.63	90 884.63
股权投资类	3 813 096.20	1 242 948.40
融资类	4 739 349.12	3 682 850.66
事务管理类	1 327 433.15	1 767 400.44
合计	10 047 290.10	6 784 084.13

6.4.2.2 本年度已清算结束的信托项目

6.4.2.2.1 按信托类型分类

已清算结束的信托项目	项目个数(个)	实收信托合计金额(万元)	加权平均实际年化收益率(%)
集合类	38	4 867 185.00	6.15
单一类	30	2 141 050.72	5.90
财产管理类	5	306 310.00	4.02

6.4.2.2.2 主动管理型

已清算结束的信托项目	项目个数(个)	实收信托合计金额(万元)	加权平均实际年化信托报酬率(%)	加权平均实际年化收益率(%)
证券投资类	4	547 064.00	1.27	4.43
股权投资类	5	1 729 800.00	1.72	6.11
融资类	28	2 539 021.00	3.16	6.76
事务管理类	1	1 470.00	—	—

6.4.2.2.3 被动管理型

已清算结束的信托项目	项目个数(个)	实收信托合计金额(万元)	加权平均实际年化信托报酬率(%)	加权平均实际年化收益率(%)
证券投资类	2	62 500.00	0.24	-2.71
股权投资类	4	769 938.72	0.06	5.31
融资类	25	1 359 912.00	0.28	6.25
事务管理类	4	304 840.00	0.10	4.04

6.4.2.3 本年度新增的信托项目

新增信托项目	项目个数(个)	实收信托合计金额(万元)
集合	72	9 663 538.50
单一	28	1 194 465.72
财产权	13	1 108 899.34
新增合计	113	11 966 903.56
其中:主动管理型	88	10 096 025.50
被动管理型	25	1 870 878.06

6.4.2.4 信托业务创新成果和特色业务有关情况

6.4.2.4.1 资产证券化业务

近年来,为帮助优质企业盘活资产、获得低成本的资金,改善企业经营,公司在资产证券化领域进行了全方位的探索。2019年,公司继续加强对资产证券化业务的开拓,主要担任受托人及发行载体管理机构及资产服务机构,基础资产包括银行信贷资产、个人车贷、应收债权、信托受益权、信托贷款。如公司2019年先后设立了长融2019年第一期个人汽车抵押贷款资产证券化信托、长融2019年第二期个人汽车抵押贷款资产证券化信托，受托财产规模合计约 70 亿元，在银行间市场发行信贷资产支持证券，帮助银行盘活汽车抵押贷款资产。

6.4.2.4.2 慈善信托业务

为响应国家脱困扶贫政策，坚决打好精准脱贫攻坚战，公司近年来以《慈善信托管理办法》为制度基础，与重庆慈善总会等慈善机构建立合作关系，持续推进慈善信托业务发展。2019年公司实现了慈善信托业务的跨越式发展，本年共设立慈善信托 6 笔，在产业扶贫、教育扶贫、扶老、救孤、恤病等公益事业领域全面发力，已经形成了稳定的产品发展模式。

6.4.2.4.3 消费信托

2019 年，公司继续在消费信托业务领域持续探索，以前期设立的重庆信托·尊享系列消费信托产品为基础，深挖在消费信托领域新的业务契机，该信托结构为"理财 + 消费"，投资者通过投资产品获得融汇温泉及重庆融汇丽笙酒店休闲娱乐、餐饮、影院等会员消费权益，不仅实现了投资理财，还将资金和消费品进行了更多结合，使消费品同时具备了金融属性和产业属性，得到投资者广泛认可，是公司服务消费、贯彻普惠金融的有效尝试。

6.4.2.4.4 家族信托

2019 年，公司充分利用信托制度功能，在家族信托领域加大投研力度，全年成功设立了 3 笔家族信托，即重庆信托·臻善传家 1 号家族信托、重庆信托·臻善传家 2 号家族信托、重庆信托·臻善传家 3 号家族信托，全力打造"臻善传家"家族信托品牌。委托人通过家族信托，实现家族财富的风险隔离、保值增值、财富传承等。

6.4.2.5 本公司履行受托人义务的情况及因本公司自身责任而导致的信托资产损失情况

作为信托计划的受托人，公司严格按照国家法律、法规和信托合同的约定，从事信托活动。在信托成立之前，对委托人明示信托投资的风险，不承诺保底收益；在信托计划履行过程中，恪尽诚实、信用、谨慎、有效管理的义务，对所有信托项目均单独开户，单独核算，严格收支管理；从后期管理上，设置专职的信托经理，对信托项目实行及时跟踪管理和书面报告制度，真实记录并全面反映信托项目管理情况和财务状况，并根据法律法规要求及信托文件约定对信托项目的运行情况在公司网站上进行定期的披露。

截至报告期末，所有信托项目均按时分配收益，无拖延拒付情况，也未出现因本公司自身责任而导致信托资产出现损失的情况。

6.5 关联方关系及其交易

6.5.1 关联交易方的数量、关联交易的总金额及关联交易的定价政策

	关联交易方数量	关联交易金额（万元）	定价政策
合计	13	2 787 012.81	按市价公平定价

6.5.2 关联交易方与本公司的关系性质、关联交易方的名称、法人代表、注册地址、注册资本及主营业务

序号	关联性质	关联方名称	法定代表人或负责人	注册地址	注册资本（万元）	主营业务
1	母公司	同方国信投资控股有限公司	刘勤勤	重庆	257 416.25	项目投资与管理。
2	同一母公司	重庆未来投资有限公司	卢　俊	重庆	6 000.00	实业、股权及市场开发投资、资产经营管理、国内贸易等。
3	同一最终控制方	重庆国投财富投资管理有限公司	周　艳	重庆	1 000.00	企业投资管理；企业财务咨询，投资咨询，企业管理咨询，企业营销策划，承办经批准的商务文化交流活动。
4	被投资单位	重庆三峡银行股份有限公司	丁世录	重庆	557 397.50	人民币业务。吸收公众存款；发放短期、中期和长期贷款；办理国内结算等经中国人民银行批准的业务。
5	被投资单位	合肥科技农村商业银行股份有限公司	胡忠庆	合肥	180 034.64	吸收公众存款；发放短期、中期和长期贷款；办理国内结算等经中国银行业监督管理委员会批准的业务。
6	被投资单位	中国信托业保障基金有限责任公司	刘宏宇	北京	1 150 000.00	受托管理保障基金；参与托管和关闭清算信托公司；通过融资、注资等方式向信托公司提供流动性支持；收购、受托经营信托公司的固有财产，并进行管理、投资和处置等依法经相关部门批准后依批准展开的经营活动。
7	被投资单位	国泓资产管理有限公司	康　健	北京	10 000.00	特定客户资产管理业务以及中国证监会许可的其他业务；投资咨询；财务咨询。
8	公司董事、高级管理人员控制或施加重大影响的企业	渔阳饭店有限公司	刘勤勤	北京	42 700.00	住宿；食品制售；提供会议室、停车场；销售日用百货等。
9	公司董事、高级管理人员控制或施加重大影响的企业	云南纺织（集团）股份有限公司	刘勤勤	昆明	12 293.74	棉纺织品、针纺织品、服装的生产、加工销售；商业运营管理；停车场经营；房屋场地出租，仓储服务；物业服务；组织文化艺术交流活动；承办会议及商品展览展示活动；企业管理等。

6.5.3　重大关联方交易

6.5.3.1　固有与关联方交易

单位：万元

	期初数	借方发生额	贷方发生额	期末数
贷款	—	—	—	—
投资	8 085.00	—	—	8 085.00
租赁	—	851.21	351.41	499.80
担保	—	—	—	—
应收账款	—	—	—	—
其他	460 000.00	437 405.64	418 312.84	440 907.20
合计	468 085.00	438 256.85	418 664.25	449 492.00

6.5.3.2　信托与关联方交易

单位：万元

	期初数	借方发生额	贷方发生额	期末数
贷款	387 400.00	100 000.00	13 523.00	473 877.00
投资	—	600.00	—	600.00
租赁	—	—	—	—
担保	—	—	—	—
应收账款	—	—	—	—
其他	1 382.95	—	1 100.00	282.95
合计	388 782.95	100 600.00	14 623.00	474 759.95

6.5.3.3　固信交易与信信交易

6.5.3.3.1　固有财产与信托财产相互交易

单位：万元

固有财产与信托财产相互交易			
	期初数	本期发生额	期末数
合计	1 594 308.00	68 653.86	1 662 961.86

固有财产与信托财产相互交易本年增加 5 430 816.42 万元，本年减少 5 362 162.56 万元。

6.5.3.3.2　信托财产与信托财产相互交易

单位：万元

信托财产与信托财产相互交易			
	期初数	本期发生额	期末数
合计	440 546.57	-240 747.57	199 799.00

6.5.4　报告期末，关联方逾期未偿还本公司资金和为关联方担保发生或即将发生垫款的情况

无。

6.6　会计制度的披露

报告年度，公司自营业务、信托业务均执行《企业会计准则》。

7. 财务情况说明书

7.1　利润实现和分配情况

7.1.1　利润实现和分配情况（母公司）

本报告期初公司未分配利润为 479 172.14 万元，2019 年实现净利润 273 754.81 万元、提取法定盈余公积 27 375.48 万元、提取信托赔偿准备 13 687.74 万元，提取一般风险准备 3 422.68万元、向股东分配 2018 年现金红利 60 000 万元后，剩余可供股东分配的利润为 648 441.05 万元，将用于以后的年度分配。

7.1.2　利润实现和分配情况（合并口径）

本报告期初归属于母公司的未分配利润为 507 051 万元，2019 年实现的归属于母公司的净利润 322 828.31 万元、提取法定盈余公积 27 375.48 万元、提取信托赔偿准备13 687.74 万元、提取一般风险准备 3 422.68 万元、向股东分配 2018 年现金红利 60 000 万元后，剩余可供母公司股东分配的利润为 725 393.41 万元，将用于以后的年度分配。

7.2　主要财务指标

7.2.1　主要财务指标（母公司）

指标名称	指标值
资本收益率（%）	11.57
加权年化信托报酬率（%）	1.01
人均净利润（万元）	1 760.48

7.2.2　主要财务指标（并表口径）

指标名称	指标值
资本利润率（%）	13.26
加权年化信托报酬率（%）	1.01
人均净利润（万元）	2 076.07

7.3　对本公司财务状况、经营成果有重大影响的其他事项

无。

7.4　公司净资本情况

指标名称	指标值	监管标准
净资本（万元）	2 142 328.49	≥2 亿元
各项业务风险资本之和（万元）	804 857.10	—
净资本/各项业务风险资本之和（%）	266.18	≥100
净资本/净资产（%）	86.19	≥40

8. 特别事项揭示

8.1　前五名股东报告期内变动情况及原因

无。

8.2　董事、监事及高级管理人员变动情况及原因

报告期内，王荣武先生、刘仁军先生不再担任公司董事。公司股东大会 2019 年第一次临时会议选举陈忠先生为公司股东董事，其任职资格尚待监管部门核准。

报告期内，杨帆先生不再担任公司副总经理（副总裁）。

8.3　公司的重大未决诉讼事项

固有业务无未结、新办诉讼案件。

信托业务无新办诉讼案件、未结诉讼案件 2 件。

公司与天津丽智置业有限公司、中弘卓业集团有限公司、王永红、韩文虹借款合同纠纷案，涉案本金 3.01 亿元，该案已

于2018年6月5日由重庆市高级人民法院立案受理,2018年12月18日收到法院判决,支持公司诉讼请求。后公司向法院申请执行,因抵押物第一顺位抵押权人申请拍卖抵押物,公司作为第二顺位抵押权人参与被执行财产分配。

公司与重庆华辰物业发展有限公司、林锋、吴育建合同纠纷案,涉案本金3.194亿元,该案已于2017年7月7日由重庆市高级人民法院立案受理并由该院查封涉案财产。2018年10月24日收到法院判决,支持公司诉讼请求。2018年11月6日,重庆华辰物业发展有限公司提起上诉。2019年5月24日公司收到二审判决,驳回对方上诉请求,维持原判。同年6月10日立案执行。2019年8月16日,法院裁定重庆华辰物业发展有限公司破产清算。同年11月4日,确定破产清算管理人。后续,公司向破产管理人申报债权。

以第三人身份应诉案件1件。公司与中国工商银行股份有限公司安庆分行(以下简称工行安庆分行)、雨润控股集团有限公司、江苏雨润农产品集团有限公司、桐城市雨润生物科技有限公司、江苏地华实业集团有限公司、祝义财、吴学琴合同纠纷案,涉案本金3亿元,该案已于2018年1月29日由安徽省高级人民法院立案受理并完成涉案财产查封冻结。该案中公司与原告、被告不存在债权债务关系,仅因作为信托受托人,持有江苏雨润肉类产业集团有限公司(以下称雨润肉类集团)部分股权,原告为冻结该部分股权将公司列为第三人。公司于2018年4月28日收到法院传票并于6月1日向法院提交事实陈述材料。2018年12月29日收到法院判决,公司无须承担责任,但原告有权拍卖公司持有的雨润肉类集团股权。2019年1月9日,雨润控股集团有限公司提起上诉。2019年5月23日收到最高人民法院裁定书,因雨润控股集团有限公司未缴纳诉讼费,最高人民法院裁定按自动撤诉处理,一审判决生效。工行安庆分行申请执行,公司将配合工行处置以信托名义持有的雨润肉类集团部分股权。

8.4 对会计师事务所出具的有保留意见、否定意见或无法表示意见的审计报告的,公司董事会应就所涉及事项作出说明

无。

8.5 公司及其董事、监事和高级管理人员受到处罚的情况

无。

8.6 中国银保监会及其派出机构对公司检查后提出整改意见的整改情况

报告期内,重庆银保监局根据对公司的现场检查和非现场监管,对公司进一步完善公司治理、内部制度、提高合规经营意识、加强后续管理、持续创新等提出了监管要求。公司认真落实监管要求,积极整改,不断完善。公司在报告期内对规章制度进行了重新修订、补充和完善,进一步加强业务流程管理,特别是强化对银信合作、房地产等业务的限制和管控,提升精细化管理水平;强化内部问责机制,确立持续创新,坚持服务实体经济的基本原则,确保公司业务合规、持续、稳健发展。

8.7 本年度重大事项临时报告的简要内容、披露时间、所披露的媒体及其版面

2019年1月16日,公司于《上海证券报》第92版披露《重庆国际信托股份有限公司关于修订〈公司章程〉的公告》。

8.8 中国银保监会及其省级派出机构认定的其他有必要让客户及相关利益人了解的重要信息

无。

9. 公司监事会意见

监事会对任期内公司的生产经营活动进行了监督检查,监事会认为:

2019年,公司面对更加复杂更严峻的国内外形势,攻坚克难,强化风险防控,深化转型发展,实现营业收入78.79亿元、净利润43.47亿元,归属于母公司净利润32.28亿元,圆满完成了股东大会下达的各项经营指标。

董事会及各位董事认真执行了股东大会的各项决议,勤勉尽责,未出现损害公司、股东利益的行为,董事会的各项决议符合《公司法》等法律法规和《公司章程》的要求,重大决策思路清晰,为公司稳健发展奠定了基础。

2019年,公司经营班子认真执行了董事会的各项决议,坚持稳健经营,强化风险防控,深化转型发展,积极发挥公司资本优势,适时适度调整经营策略,圆满完成了公司年初制定的经营计划和利润目标,实现了公司的可持续发展,经营中未出现违规操作行为。

大业信托有限责任公司

1. 重要提示

1.1 本公司董事会及董事保证本报告所载资料不存在任何虚假记载、误导性陈述或者重大遗漏，并对其内容的真实性、准确性和完整性承担个别及连带责任。

1.2 独立董事王仲兴先生、华庆成先生、俞二牛先生认为本报告内容是真实、准确、完整的。

1.3 本公司董事长陈俊标先生、总经理王毅先生、财务总监黄志坤先生及会计机构负责人谢祖江先生声明：保证年度报告中财务报告的真实、完整。

2. 公司概况

2.1 公司简介

大业信托有限责任公司是经中国银监会批准的，在重组原广州科技信托投资公司的基础上，重新登记的非银行金融机构。公司注册资本为10亿元，注册地为广州市，在北京、上海和武汉设有业务管理部。公司在2011年3月10日获取金融许可证，并在2011年3月16日换取新的营业执照正式开业，经允许从事经中国银行业监督管理委员会依照有关法律、行政法规和其他规定批准的业务。

2.1.1 公司的法定名称

中文名称：大业信托有限责任公司

中文简称：大业信托

英文名称：Daye Trust Co.，Ltd.

英文缩写：Daye Trust

2.1.2 公司法定代表人：陈俊标

2.1.3 公司注册地址：广州市花都区迎宾大道163号高晟广场2栋11层

邮政编码：510800

公司国际互联网网址：http://www.dytrustee.com

电子信箱：info@dytrustee.com

2.1.4 公司负责信息披露事务的高级管理人员：汪鑫

电话：020-22679358

传真：020-66356822

电子邮箱：wangx@dytrustee.com

2.1.5 公司选定的信息披露报纸：《金融时报》

2.1.6 公司年度报告备置地点：广州市花都区迎宾大道163号高晟广场2栋11层

2.1.7 公司聘请的会计师事务所：广东中穗会计师事务所有限公司

地址：广州市越秀区寺右新马路17号707房

2.1.8 公司聘请的律师事务所：中伦文德律师事务所

地址：中国北京市朝阳区西坝河南路1号金泰大厦19层

2.2 组织结构

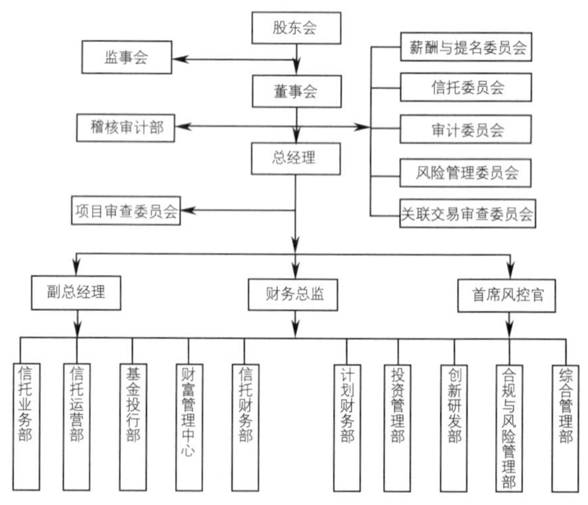

3. 公司治理

3.1 公司治理结构

股东

截至报告期末公司股东共3家。股东情况如下：

股东名称	持股比例（%）	法人代表	注册资本（万元）	注册地址	主要经营业务
广州金融控股集团有限公司	38.33	李舫金	637 095.6472	广州市天河区体育西路191号中石化大厦B座26层2601-2624号房	企业自有资金投资；资产管理（不含许可审批项目）；投资咨询服务；投资管理服务。
中国东方资产管理股份有限公司	41.67	吴　跃	6 824 278.6326	北京市西城区阜成门内大街410号	收购、受托经营金融机构不良资产，对不良资产进行管理、投资和处置；债权转股权，对股权资产进行管理、投资和处置；对外投资；买卖有价证券；发行金融债券、同业拆借和向其他金融机构进行商业融资；破产管理；财务、投资、法律及风险管理咨询和顾问；资产及项目评估；经批准的资产证券化业务、金融机构托管和关闭清算业务；非金融机构不良资产业务；国务院银行业监督管理机构批准的其他业务。

续表

股东名称	持股比例(%)	法人代表	注册资本(万元)	注册地址	主要经营业务
广东京信电力集团有限公司	20	吉金	32 462.00	佛山市南海区西樵镇新田南海发电一厂行政楼二楼	国内贸易、电力投资、投资策划、商务信息咨询、电力技术的咨询服务、物业管理。

3.2 董事

董事长、董事

姓名	职务	性别	年龄(岁)	选任日期	所推举的股东名称	该股东持股比例(%)	简要履历
陈俊标	董事长	男	53	2015年8月3日	广州金融控股集团有限公司	38.33	曾任广发基金资金财务部副总经理,浙江升华拜克生物股份有限公司董事兼董事会秘书,副总经理兼财务负责人,广州国际控股集团有限公司产权管理部总经理,大业信托有限责任公司董事会秘书。
吴林海	董事	男	34	2019年4月19日	广东京信电力集团有限公司	20	曾任震旦(中国)有限公司投资部经理,佛山市南海港能燃料物料有限公司任融资部总经理,总裁兼投融资部总经理;现任广州京信小额贷款有限公司董事长。
李嘉玮	董事	男	42	2018年9月12日	广州金融控股集团有限公司	38.33	曾任广州有色金属集团有限公司财务部预算科副科长,广州钢铁企业集团有限公司财务监管中心副经理,广州有林投资管理有限公司财务总监,广州金融控股集团有限公司财务部副总经理,广东绿色金融投资控股集团有限公司财务总监,广州金控网络金融服务股份有限公司代理董事长;现任立根融资租赁有限公司副总经理,广州金控网络金融服务股份有限公司代理董事长。
杨东	董事	男	48	2015年12月4日	中国东方资产管理股份有限公司	41.67	曾任中国东方资产管理股份有限公司投资管理部项目管理二处经理,投行业务部助理总经理,资产经营部副总经理、总经理、资金运营及金融市场部总经理;现任中国东方资产管理股份有限公司人力资源部总经理。
牛南洁	董事	男	49	2016年10月18日	中国东方资产管理股份有限公司	41.67	曾任中国东方资产管理公司风险管理部总经理,中国东方资产管理公司杭州办事处总经理、党委书记;现任中国东方资产管理股份有限公司风险管理部总经理。
王毅	职工董事	男	57	2010年10月18日			曾任财政部工交财务司主任科员,中国经济开发信托投资公司总经理特别助理兼计财部总经理,中诚信托有限责任公司总裁助理;现任大业信托有限责任公司总经理。

独立董事

姓名	所在单位及职务	性别	年龄(岁)	选任日期	所推举的股东名称	该股东持股比例(%)	简要履历
王仲兴	中山大学法学院	男	75	2010年10月18日	广州金融控股集团有限公司	38.33	曾任中山大学法律学系主任,中山大学刑事法学研究中心主任,中国法学会理事,中国刑法学研究会理事,中国犯罪学会常务理事,广东省法学会副会长,全国高等学校法学学科教学指导委员会委员。
华庆成	—	男	65	2016年10月18日	广东京信电力集团有限公司	20	曾任美国大通曼哈顿银行上海分行副行长,摩根大通银行(中国)有限公司上海分行行长兼董事总经理,摩根大通银行(中国)有限公司副行长兼董事总经理,苏格兰皇家银行(中国)有限公司行长。
俞二牛	中国投资有限责任公司	男	71	2013年11月18日	中国东方资产管理股份有限公司	41.67	曾任财政部人事教育司司长,中国银行董事、董事会薪酬委员会主席,中国投资有限责任公司董事、人力资源总监、公司党委组织部长、工会主席,中央汇金公司派驻光大银行董事、董事会薪酬委员会主任。

3.3 监事

监事会成员

姓名	职务	性别	年龄(岁)	选任日期	所推举的股东名称	该股东持股比例(%)	简要履历
吉金	监事长	男	50	2010年10月18日	广东京信电力集团有限公司	20.00	曾任广东省石油公司部门经理,广东华兴公司副总经理,广东京信电力集团有限公司董事总经理;现任广州国电京信电力投资有限公司董事长。
李珊	监事	女	47	2019年4月19日	中国东方资产管理股份有限公司	41.67	曾任东方资产管理公司债权及市场开发部助理经理、资产经营部副经理、经理、高级经理,中国东方资产管理公司武汉办事处党委委员、助理总经理;现任中国东方资产管理股份有限公司业务管理二部总经理助理。

续表

姓　名	职　务	性别	年龄（岁）	选任日期	所推举的股东名称	该股东持股比例（%）	简要履历
朱琬瑜	监事	女	47	2015 年 8 月 21 日	广州金融控股集团有限公司	38.33	曾任联合证券广州华乐路证券营业部财务部副经理，广州科技风险投资有限公司综合部财务主管，万联证券有限责任公司财务部财务主管，广州金融控股集团有限公司财务部副总经理（主持工作）；现任广州金融控股集团有限公司财务部总经理。
费琳	职工监事	女	45	2012 年 4 月 18 日			曾任中国东方资产管理股份有限公司信息科技部项目经理、处室负责人，大业信托有限责任公司综合管理部、电子金融部总经理。
倪林	职工监事	男	50	2012 年 4 月 18 日			曾任中国银行广州市分行风险管理处副科长，中国银行广东省分行资产保全处科长，广州亿达投资有限公司总经理助理兼风险管理部高级经理；现任大业信托有限责任公司合规与风险管理部资深经理。

3.4　高级管理人员

姓　名	职　务	性别	年龄（岁）	选任日期	金融从业年限（年）	学历	专业	简要履历
王　毅	总经理	男	57	2010 年 10 月 18 日	28	硕士研究生	经济学	曾任财政部工交财务司主任科员，中国经济开发信托投资公司总经理特别助理兼计财部总经理，中诚信托有限责任公司总裁助理。
田　明	常务副总经理	男	46	2011 年 3 月 28 日	17	硕士研究生	工商管理	曾任中诚信托有限责任公司信托业务二部执行经理、信托业务总部高级经理。
陈玉鹏	副总经理	男	57	2010 年 10 月 18 日	36	硕士研究生	金融	曾就职于人民银行总行办公厅财务处、会计司国库处、金融系统纪检组监察局、计划资金司非银行金融机构处，曾任华宝信托有限责任公司董事会秘书兼总裁助理，中国信托业协会秘书长。
孙亚南	副总经理兼首席风险控制官	男	52	2017 年 6 月 12 日	21	本科	物资经营	曾任中国光大银行北京分行公司管理部副处长，中国光大银行金融街支行行长，中国外贸金融租赁有限公司董事、副总经理，大连银行股份有限公司党委委员、副行长。
黄志坤	财务总监	男	53	2017 年 4 月 28 日	3	硕士研究生	工商管理	曾任关王陈方会计师事务所会计，罗兵咸会计师事务所高级会计，中建电讯集团控股有限公司财务经理，亚洲电视有限公司高级财务经理，嘉音电子有限公司财务总监，联太工业有限公司集团财务总监，应用科学技术研究院有限公司高级会计经理，德宝工程集团有限公司财务总监，Timex Corporate Consulting Limited 财务总监。
汪　鑫	董事会秘书	男	34	2015 年 8 月 21 日	10	硕士研究生	经济学	曾任广州有林投资管理有限公司产权管理部主管，广州金融控股集团有限公司人力资源部业务主办、总经理助理，大业信托有限责任公司董事长秘书、董事会办公室总经理。

3.5　公司员工

报告期末，公司共设置部门 35 个，员工 157 名，员工平均年龄为 33.2 岁。

项　目		报告期年度		上年度	
		人数（人）	比例（%）	人数（人）	比例（%）
年龄分布	25 岁以下	3	1.91	8	4.97
	25～29 岁	32	20.38	40	24.84
	30～39 岁	84	53.50	81	50.31
	40 岁以上	38	24.20	32	19.88
学历分布	博士	2	1.27	2	1.24
	硕士	102	64.97	99	61.49
	本科	48	30.57	55	34.16
	大专	5	3.18	5	3.11
岗位分布	高管人员	7	4.46	8	4.97
	自营业务人员	3	1.91	2	1.24
	信托业务人员	93	59.24	95	59.01
	其他人员	54	34.39	56	34.78

4. 经营管理

4.1　经营目标、经营方针、战略规划

4.1.1　经营目标

公司以建设国内一流的信托公司为目标，致力于建成比较优势明显、核心业务较为突出、盈利能力较强、内部管理先进的专业资产管理机构。

4.1.2　经营方针

公司恪守信用、合法经营，以市场为导向，以客户为中心，提供优质金融服务，创造良好经济效益，促进国民经济发展。

4.1.3　战略规划

公司依托粤港澳大湾区建设和广东省的区位经济金融优势，充分利用股东方的行业优势地位，以提升自主管理能力为着力点，以增强风险控制能力为保障，通过持续推进业务和产品创新，不断完善理财产品线和客户服务体系，形成公司优势业务和主导产品，树立公司信托理财品牌，实现以产品为导向的业务模式向客户需求为导向业务模式的转变，逐步形成以资产管理能力、研发能力、营销能力为主要内容的核心竞争力，成

为在部分细分市场领域具有领先地位，在国内具有较大影响力的信托公司。

4.2 所经营业务的主要内容

4.2.1 信托业务

公司坚持发展信托主业，积极顺应监管政策导向，注重内涵式增长，不断培育和增强主动管理能力，大幅增加主动管理规模。

截至2019年12月31日，公司已成立的信托产品规模为6 535.23亿元，存续信托资产余额为751.11亿元。2019年公司信托业务实现收入4.74亿元。

根据信托业务服务内容划分，公司信托业务分为投资类、融资类和事务管理类三大部分。

4.2.1.1 投资类信托

公司将该类业务作为重点发展方向，着力提高产品创新含量、设计水平和管理能力，将自身定位从融资工具转变为个性化产品及基金的设计者和管理者。公司担任受托人和投资管理人，对信托资金的投资运作效果承担责任。截至2019年12月31日，该类业务存续信托资产余额为59.04亿元，约占存续信托资产余额的7.86%。其主要业务包括集合资金信托金融投资、集合资金信托直接投资、集合投资类资产流动化信托、单一授权型信托金融投资和单一授权型信托直接投资。

4.2.1.2 融资类信托

公司在该类业务中担任受托人、贷款人和贷款服务商，主要承担融资项目尽职调查、筛选推荐、交易结构设计、债权及担保管理职责。其主要业务包括集合资金信托贷款、集合资金信托结构性融资、集合融资类资产流动化信托和单一授权型信托贷款。截至2019年12月31日，该类业务存续信托资产余额为177.66亿元，约占存续信托资产余额的23.65%。

4.2.1.3 事务管理类信托

公司在该类业务中主要担任受托人、账户管理人和财务顾问，按照信托文件约定和委托人指令执行或提出建议。这类业务主要是单一指定型信托。

截至2019年12月31日，该类业务存续信托资产余额为514.41亿元，约占存续信托资产余额的68.49%。

4.2.2 固有业务

根据净资本管理办法的要求，结合公司净资本的实际状况以及与信托业务协同发展的需要，公司对固有资金运用制定了高流动性、低风险的投资原则。2019年公司固有业务净收入为0.09亿元。

4.2.3 主要业务的资产组合与分布

4.2.3.1 运用与分布表

资产运用	金额(万元)	占比(%)	资产分布	金额(万元)	占比(%)
货币资产	10 639.01	4.33	金融机构	204 000.98	83.09
应收类款项	14 197.04	5.78	其他	41 521.78	16.91
持有至到期投资	191 314.45	77.92			
其他	29 372.26	11.97			

4.2.3.2 信托资产运用与分布表

资产运用	金额(万元)	占比(%)	资产分布	金额(万元)	占比(%)
贷款	3 251 958.54	43.30	基础产业	994 918.32	13.25

续表

资产运用	金额(万元)	占比(%)	资产分布	金额(万元)	占比(%)
交易性金融资产投资	102 826.91	1.37	房地产	1 836 375.75	24.45
可供出售及持有至到期投资	2 040 537.10	27.17	证券	122 826.91	1.64
长期股权投资	774 718.90	10.31	金融机构	1 058 956.52	14.10
存放同业	59 117.72	0.79	工商企业	1 558 087.14	20.74
其他	1 281 983.90	17.07	其他	1 939 978.43	25.83
资产总计	7 511 143.07	100.00	资产总计	7 511 143.07	100.00

4.3 市场分析

4.3.1 有利因素

国内经济社会发展保持稳中有进、稳中向好的态势，三大攻坚战开局良好，供给侧结构性改革深入推进，改革开放力度加大，宏观政策的效果正在逐步显现，为信托业发展创造了有利环境。

国民财富不断累积，居民可支配收入和高净值人群的持续增长，使通过信托这类专业财富管理机构投资理财的需求日趋旺盛。

信托业在理财市场和资产管理领域的地位和作用及其对中国经济社会发展的价值不断被认识，其在中国金融体系中的地位和影响力不断提升。

监管机构坚持风险防范与创新发展并举，信托业制度与基础建设进一步完善，信托监管不断完善，行业回归信托本源，聚焦服务实体经济。

4.3.2 不利因素

实体经济变化、部分实体企业经营困难的压力传导到信托行业，信托公司业务风险管理压力加大。

行业发展面临新旧动能转换，传统业务规模持续萎缩，创新业务的运作模式、盈利能力仍有待市场检验，调整转型的短期阵痛在所难免。

各类金融机构之间的业务边界趋于模糊，交叉融合度大幅度提升，金融同业机构间的竞合关系和深度已达到历史空前的水平，资产管理市场的竞争趋于白热化。

公司资本规模偏小，未来资本实力的高低将成为制约信托公司业务发展的重要因素。

4.4 内部控制

4.4.1 内部控制环境和内部控制文化

公司建立分工明确、权责对应、合理制衡的公司治理结构；不断完善选贤举能、优胜劣汰、约束监督、科学激励的治理机制。公司重视环境文化、制度文化、组织文化和行为文化等内控文化建设，通过多种形式，研讨讲解内部控制的最新法规制度和政策；加强制度建设，强化员工职业操守；强化公司内控部门的管理，提升公司内控文化。

4.4.2 内部控制措施

公司不断检讨和修订内控制度，监督检查和评价内控的科学性、规范性和可操作性。

公司通过《内部控制指引》对不同业务和管理事项制定有针对性的控制措施，构筑设计监督、操作执行和规范评价三道内控防线，保证了业务管理活动的正常运行。

公司内部不同级次、不同部门之间有明确的授权关系和报告关系；每类业务都有相应的操作规程和风险管理制度。

公司成立信托业务审查委员会和固有业务审查委员会进行项目评审，由公司领导、前中后台部门负责人担任评审委员，对高风险或创新业务进行集体审议。

4.4.3 监督评价与纠正

公司在配合好外部审计工作的同时，注重内部的经济监督及评价，健全内部审计制度，在董事会下设立审计委员会，对公司财务收支及其经济效益进行内部审计监督。同时，董事会下设稽核审计部，对公司内部控制情况进行定期评价，对存在的问题及时指正，并提出相关整改意见和建议。

4.5 风险管理

4.5.1 风险管理概况

公司风险管理的全局性目标是实现长远发展、资本回报和风险暴露之间的平衡，追求运营的高效率和资源的优化配置，追求公司价值最大化。

4.5.2 风险状况

公司经营活动中面临的风险主要有信用风险、市场风险、操作风险及其他风险等。

4.5.2.1 信用风险状况

信用风险主要表现为公司交易对手不能履行合约义务从而导致公司资产价值发生变动遭受损失带来的风险，其中包括业务合作伙伴、贷款对象的信用风险，资金往来银行的信用风险。

4.5.2.2 市场风险状况

市场风险主要表现为因市场价格——利率、汇率、股票价格和商品价格等的不利变动而使公司的表内和表外业务发生损失的风险。其具体表现为经济运行周期变化风险、金融市场利率波动风险、通货膨胀风险、房地产交易风险、证券市场、货币市场交易风险等。这些风险的存在不但影响信托财产的价值及信托收益水平，也将影响公司由于资产负债结构不匹配等而导致公司整体的、当前和未来收入的损失。

4.5.2.3 操作风险状况

操作风险主要是公司内部控制、系统及运营过程中的错误或疏忽或外部事件而可能引起潜在损失的风险，表现在信息系统还不够全面及时，风险评估、风险管理的程序和结构还不够完善，以及人员操作不规范和责任心不强等方面。

4.5.2.4 其他风险状况

政策风险是指国家宏观经济政策的调整可能对公司业务经营或成果造成一定影响。

道德风险是指由于公司内部人员蓄意违规、违法给公司带来损失的可能性。

声誉风险是指由于公司操作失误、违反有关规定、资产质量下降不能按期兑付、不能向公众提供高质量的综合金融服务和管理不善等原因，对公司外部市场地位和声誉产生的消极和不良影响。

4.5.3 风险管理

4.5.3.1 信用风险管理

公司信用风险管理主要通过对交易对手的尽职调查进行事前控制；通过交易结构设计、风险定价、设定担保措施、持续进行风险评估等手段规避和监控交易对手信用风险变化；明确界定业务部门与风险管理等部门的风险管理职责。公司强调风险管理关口前移，注重业务管理的调研和过程控制，严格授权审批制度、决策限额。公司注重信用风险的分散和补偿，关注交易对手的履约能力，并借鉴商业银行信贷管理经验加强该类风险管理。

4.5.3.2 市场风险管理

市场风险管理是识别、计量、监测和控制市场风险的全过程，其目标是通过将市场风险控制在公司可以承受的合理范围内，实现经风险调整后的收益最大化。

公司关注国家宏观政策变化，避免进入限制类行业和相关项目；控制行业集中度，通过业务创新不断拓展多元化的投资领域；充分考虑拟投资项目筛选、评估、运营、退出中的策略、渠道和措施，注重投资项目的调研和分析工作，建立充足的项目储备池，制定风险处置预案锁定项目退出风险，组建专业化的管理团队，明确项目组织管理结构与投资管理责任，并通过对货币政策、行业政策和利率走势等的深入分析研究，进行持续的专项监控。

4.5.3.3 操作风险管理

公司要求每项业务在尽职调查、受理、设计、审批、销售、执行和终止的全过程中都合法合规，按照程序操作。

构建内部控制环境，目前公司的各项控制制度和操作规程涵盖了所有业务领域，基本实现了对公司各项业务操作过程的有效控制。

操作风险管理要点包括注重尽职调查、加强产品规范化管理、借助外部中介机构进行管控、进行持续风险监测和风险评价、加强合同档案管理、规范信息披露、加强信息化支持等。

4.5.3.4 其他风险管理

4.5.3.4.1 政策风险管理

公司及时跟踪研究国家宏观政策和行业政策的调整与变化，尽可能准确地分析宏观政策和监管政策的未来趋势；积极研究、分析外部政策法规变化对信托公司发展方向、盈利模式的影响，不断摸索适合公司发展的道路；加强与政策制定部门的沟通，及时调整发展思路和经营理念，保持公司经营策略与国家政策的一致性。

4.5.3.4.2 道德风险管理

公司通过制度设计完善内部控制机制，规范操作流程；严格执行管理制度及纪律要求；公司加强道德文化教育，鼓励员工遵纪守法，构筑道德风险“防火墙”，不断提高员工廉洁自律和勤勉尽职的意识；公司以员工为本，强调和谐共赢，不断加强企业的凝聚力和员工的归属感，避免各类短期行为和寻租现象；公司加强制度建设，通过制度建设为防范道德风险提供制度保障。

4.5.3.4.3 声誉风险管理

公司将声誉风险管理纳入公司治理和全面风险管理体系，强调在合规经营和健康发展的基础上，主动、有效、灵活地管理声誉风险和应对声誉事件，主要是通过机制和制度建设明晰声誉风险监控、管理和应对流程，通过充分信息披露等方式实现与投资者的良性沟通，通过履行社会责任等积极提升公司的品牌价值和社会形象。

5. 报告期末及上一年度末的比较式会计报表

5.1 自营资产

5.1.1 会计师事务所审计意见全文

审计报告

中穗审字(2020)第 A012 号

大业信托有限责任公司全体股东:

一、审计意见

我们审计了大业信托有限责任公司的财务报表,包括2019年12月31日的资产负债表,2019年度的利润表、现金流量表和所有者权益变动表以及相关财务报表附注。

我们认为,后附的财务报表在所有重大方面按照企业会计准则的规定编制,公允反映了大业信托有限责任公司2019年12月31日的财务状况以及2019年度的经营成果和现金流量。

二、形成审计意见的基础

我们按照中国注册会计师审计准则的规定执行了审计工作。审计报告的"注册会计师对财务报表审计的责任"部分进一步阐述了我们在这些准则下的责任。按照中国注册会计师职业道德守则,我们独立于大业信托有限责任公司,并履行了职业道德方面的其他责任。我们相信,我们获取的审计证据是充分、适当的,为发表审计意见提供了基础。

三、其他信息

大业信托有限责任公司管理层(以下简称管理层)对其他信息负责。其他信息包括大业信托有限责任公司2019年年度报告中涵盖的信息,但不包括财务报表和我们的审计报告。

我们对财务报表发表的审计意见并不涵盖其他信息,我们也不对其他信息发表任何形式的鉴证结论。

结合我们对财务报表的审计,我们的责任是阅读其他信息,在此过程中,考虑其他信息是否与财务报表或我们在审计过程中了解到的情况存在重大不一致或者似乎存在重大错报。

基于我们已执行的工作,如果我们确定该其他信息存在重大错报,我们应当报告该事实。在这方面,我们无任何事项需要报告。

四、管理层和治理层对财务报表的责任

大业信托有限责任公司管理层负责按照企业会计准则的规定编制财务报表,使其实现公允反映,并设计、执行和维护必要的内部控制,以使财务报表不存在由于舞弊或错误导致的重大错报。

在编制财务报表时,管理层负责评估大业信托有限责任公司的持续经营能力,披露与持续经营相关的事项(如适用),并运用持续经营假设,除非管理层计划清算、停止营运或别无其他现实的选择。

治理层负责监督大业信托有限责任公司的财务报告过程。

五、注册会计师对财务报表审计的责任

我们的目标是对财务报表整体是否不存在由于舞弊或错误导致的重大错报获取合理保证,并出具包含审计意见的审计报告。合理保证是高水平的保证,但并不能保证按照审计准则执行的审计在某一重大错报存在时总能发现。错报可能由舞弊或错误所导致,如果合理预期错报单独或汇总起来可能影响财务报表使用者依据财务报表作出的经济决策,则通常认为错报是重大的。

在按照审计准则执行审计的过程中,我们运用职业判断,并保持职业怀疑。同时,我们也执行以下工作:

(1)识别和评估由于舞弊或错误导致的财务报表重大错报风险;设计和实施审计程序以应对这些风险,并获取充分、适当的审计证据,作为发表审计意见的基础。由于舞弊可能涉及串通、伪造、故意遗漏、虚假陈述或凌驾于内部控制之上,未能发现由于舞弊导致的重大错报的风险高于未能发现由于错误导致的重大错报的风险。

(2)了解与审计相关的内部控制,以设计恰当的审计程序。但目的并非对内部控制的有效性发表意见。

(3)评价管理层选用会计政策的恰当性和作出会计估计及相关披露的合理性。

(4)对管理层使用持续经营假设的恰当性得出结论。同时,根据获取的审计证据,就可能导致对大业信托有限责任公司持续经营能力产生重大疑虑的事项或情况是否存在重大不确定性得出结论。如果我们得出结论认为存在重大不确定性,审计准则要求我们在审计报告中提请报表使用者注意财务报表中的相关披露;如果披露不充分,我们应当发表非无保留意见。我们的结论基于截至审计报告日可获得的信息。然而,未来的事项或情况可能导致大业信托有限责任公司不能持续经营。

(5)评价财务报表的总体列报、结构和内容(包括披露),并评价财务报表是否公允反映相关交易和事项。

我们与治理层就计划的审计范围、时间安排和重大审计发现等事项进行沟通,包括沟通我们在审计中识别出的值得关注的内部控制缺陷。

广东中穗会计师事务所有限公司

中国·广州

二〇二〇年三月二十六日

5.1.2 资产负债表

资产负债表

2019年12月31日

编制单位:大业信托有限责任公司　　　　单位:元

资产	期末余额	年初余额	负债和所有者权益(或股东权益)	期末余额	年初余额
流动资产:			流动负债:		
货币资金	106 390 129.82	113 902 709.06	短期借款	—	—

续表

资产	期末余额	年初余额	负债和所有者权益(或股东权益)	期末余额	年初余额
以公允价值计量且其变动计入当期损益的金融资产	20 499 027. 20	2 638 879. 36	以公允价值计量且其变动计入当期损益的金融负债	—	—
应收账款	44 321 741. 93	58 580 945. 71	应付账款	—	—
预付款项	—	—	预收款项	40 193 572. 84	65 426 668. 19
其他应收款	97 648 695. 29	63 720 193. 38	应付职工薪酬	149 767 481. 11	104 679 049. 68
存货	—	—	应交税费	33 595 411. 99	69 756 274. 69
持有待售的资产	—	—	其他应付款	3 959 309. 27	3 454 857. 11
一年内到期的非流动资产	—	—	持有待售的负债	—	—
其他流动资产	—	—	一年内到期的非流动负债	—	—
流动资产合计	268 859 594. 24	238 842 727. 51	其他流动负债	—	—
非流动资产:	—	—	流动负债合计	227 515 775. 21	243 316 849. 67
可供出售金融资产	—	—	非流动负债:	—	—
持有至到期投资	1 913 144 469. 84	2 294 018 358. 58	长期借款	—	—
长期应收款	—	—	应付债券	—	—
长期股权投资	—	—	其中:优先股	—	—
投资性房地产	—	—	永续债	—	—
固定资产	41 222 860. 47	2 748 665. 52	长期应付款	—	—
在建工程	—	—	预计负债	90 550 000. 00	123 200 000. 00
生产性生物资产	—	—	递延收益	—	—
油气资产	—	—	递延所得税负债	—	—
无形资产	5 466 579. 15	5 668 099. 20	其他非流动负债	180 000 000. 00	500 000 000. 00
开发支出	—	—	非流动负债合计	270 550 000. 00	623 200 000. 00
商誉	—	—	负债合计	498 065 775. 21	866 516 849. 67
长期待摊费用	2 625 522. 59	4 243 811. 61	所有者权益(或股东权益):	—	—
递延所得税资产	223 908 551. 04	170 735 806. 07	实收资本(或股本)	1 000 000 000. 00	1 000 000 000. 00
其他非流动资产	—	—	其他权益工具	—	—
非流动资产合计	2 186 367 983. 09	2 477 414 740. 98	其中:优先股	—	—
			盈余公积	204 966 807. 10	194 224 688. 77
			一般风险准备	223 680 803. 57	219 555 835. 23
			未分配利润	528 514 191. 45	435 960 094. 82
			所有者权益(或股东权益)合计	1 957 161 802. 12	1 849 740 618. 82
资产总计	2 455 227 577. 33	2 716 257 468. 49	负债和所有者权益(或股东权益)总计	2 455 227 577. 33	2 716 257 468. 49

法定代表人:陈俊标　　主管会计工作负责人:黄志坤　　会计机构负责人:谢祖江

5. 1. 3　利润表

利润表

编制单位:大业信托有限责任公司　　2019 年度　　单位:元

项目	本期金额	上期金额
一、营业收入	483 036 427. 68	779 109 786. 51
利息净收入	-17 914 588. 34	-13 872 154. 35
利息收入	238 106. 11	1 279 220. 65
利息支出	18 152 694. 45	15 151 375. 00
手续费及佣金净收入	473 802 549. 88	705 386 579. 59
手续费及佣金收入	473 802 549. 88	705 386 579. 59
手续费及佣金支出	—	—
投资收益(损失以"-"号填列)	27 148 466. 14	76 538 599. 95
其中:对联营企业和合营企业的投资收益	—	—
公允价值变动收益(损失以"-"号填列)	—	—
资产处置收益(损失以"-"号填列)	—	-12 566. 72

续表

项目	本期金额	上期金额
其他业务收入	—	—
其他收益	—	11 069 328. 04
减:营业支出	369 761 485. 54	570 337 501. 73
税金及附加	3 031 579. 77	4 822 623. 32
业务及管理费用	166 983 528. 98	139 454 532. 19
资产减值损失	199 746 376. 79	426 060 346. 22
其他业务成本	—	—
二、营业利润(亏损以"-"号填列)	113 274 942. 14	208 772 284. 78
加: 营业外收入	29 805 011. 50	—
减:营业外支出	—	354 106. 89
三、利润总额(亏损总额以"-"号填列)	143 079 953. 64	208 418 177. 89
减:所得税费用	35 658 770. 34	51 154 721. 36
四、净利润(净亏损以"-"号填列)	107 421 183. 30	157 263 456. 53

法定代表人:陈俊标　　主管会计工作负责人:黄志坤　　会计机构负责人:谢祖江

5. 1. 4 所有者权益变动表

所有者权益变动表

编制单位:大业信托有限责任公司　　2019 年度　　单位:元

项目	本期金额				所有者权益合计
	实收资本(或股本)	盈余公积	一般风险准备	未分配利润	
一、上年年末余额	1 000 000 000. 00	194 224 688. 77	219 555 835. 23	435 960 094. 82	1 849 740 618. 82
加:会计政策变更	—	—	—	—	—
前期差错更正	—	—	—	—	—
其他	—	—	—	—	—
二、本年年初余额	1 000 000 000. 00	194 224 688. 77	219 555 835. 23	435 960 094. 82	1 849 740 618. 82
三、本年增减变动金额(减少以"-"号填列)	—	10 742 118. 33	4 124 968. 34	92 554 096. 63	107 421 183. 30
(一)综合收益总额	—	—	—	107 421 183. 30	107 421 183. 30
(二)所有者投入和减少资本	—	—	—	—	—
1. 所有者投入的普通股	—	—	—	—	—
2. 其他权益工具持有者投入资本	—	—	—	—	—
3. 股份支付计入股东权益的金额	—	—	—	—	—
4. 其他	—	—	—	—	—
(三)利润分配	—	10 742 118. 33	4 124 968. 34	-14 867 086. 67	—
1. 提取盈余公积	—	10 742 118. 33	—	-10 742 118. 33	
2. 提取一般风险准备	—	—	4 124 968. 34	-4 124 968. 34	—
3. 对所有者(或股东)的分配	—	—	—	—	—
4. 结转重新计量设定受益计划净负债或净资产所产生的变动	—	—	—	—	—
5. 其他	—	—	—	—	—
(四)所有者权益内部结转	—	—	—	—	—
1. 资本公积转增资本(或股本)					
2. 盈余公积转增资本(或股本)	—	—	—	—	—
3. 盈余公积弥补亏损	—	—	—	—	—
4. 其他	—	—	—	—	—
(五)其他	—	—	—	—	—
四、本年年末余额	1 000 000 000. 00	204 966 807. 10	223 680 803. 57	528 514 191. 45	1 957 161 802. 12

所有者权益变动表

编制单位：大业信托有限责任公司　　2019 年度　　单位：元

项　目	上期金额				所有者权益合计
	实收资本(或股本)	盈余公积	一般风险准备	未分配利润	
一、上年年末余额	1 000 000 000. 00	178 498 343. 12	97 308 839. 44	538 658 079. 73	1 814 465 262. 29
加:会计政策变更	—	—	—	—	—
前期差错更正	—	—	—	—	—
其他	—	—	—	—	—
二、本年年初余额	1 000 000 000. 00	78 498 343. 12	97 308 839. 44	538 658 079. 73	1 814 465 262. 29
三、本年增减变动金额(减少以"-"号填列)	—	15 726 345. 65	122 246 995. 79	-102 697 984. 91	35 275 356. 53
(一)综合收益总额	—	—	—	157 263 456. 53	157 263 456. 53
(二)所有者投入和减少资本	—	—	—	—	—
1. 所有者投入的普通股	—	—	—	—	—
2. 其他权益工具持有者投入资本	—	—	—	—	—
3. 股份支付计入股东权益的金额	—	—	—	—	—
4. 其他	—	—	—	—	—
(三)利润分配	—	15 726 345. 65	122 246 995. 79	-259 961 441. 44	-121 988 100. 00
1. 提取盈余公积	—	15 726 345. 65	—	-15 726 345. 65	—
2. 提取一般风险准备	—	—	122 246 995. 79	-122 246 995. 79	—
3. 对所有者(或股东)的分配	—	—	—	-121 988 100. 00	-121 988 100. 00
4. 结转重新计量设定受益计划净负债或净资产所产生的变动	—	—	—	—	—
5. 其他	—	—	—	—	—
(四)所有者权益内部结转	—	—	—	—	—
1. 资本公积转增资本(或股本)	—	—	—	—	—
2. 盈余公积转增资本(或股本)	—	—	—	—	—
3. 盈余公积弥补亏损	—	—	—	—	—
4. 其他	—	—	—	—	—
(五)其他	—	—	—	—	—
四、本年年末余额	1 000 000 000. 00	194 224 688. 77	219 555 835. 23	435 960 094. 82	1 849 740 618. 82

法定代表人：陈俊标　　主管会计工作负责人：黄志坤　　会计机构负责人：谢祖江

5. 2　信托资产

5. 2. 1　信托项目资产负债汇总表

信托项目资产负债汇总表

编制单位：大业信托有限责任公司　　2019 年 12 月 31 日　　单位：元

资产	年初余额	期末余额	负债与所有者权益	年初余额	期末余额
资产:			负债:		
货币资金	1 525 443 684. 49	610 539 793. 75	交易性金融负债	—	—
拆出资金	—	—	衍生金融负债	—	—
存出保证金	—	—	应付受托人报酬	574 788. 00	2 426 785. 88
交易性金融资产	851 632 703. 32	1 028 269 142. 16	应付托管费	195 184. 52	240 418. 83
衍生金融资产	—	—	应付受益人收益	104 855 601. 33	78 272 291. 52
买入返售金融资产	—	—	应交税费	15 582 710. 16	10 290 866. 53
应收款项	19 064 755 337. 78	6 591 732 448. 04	应付销售服务费	—	—
发放贷款	53 191 962 612. 65	32 519 585 382. 00	其他应付款项	506 270 888. 64	638 894 506. 48
可供出售金融资产	15 924 995 582. 62	12 203 269 896. 47	预计负债	—	—
持有至到期投资	21 020 261 303. 13	8 202 101 139. 19	其他负债	—	—
长期应收款	—	—	负债合计	627 479 172. 65	730 124 869. 24
长期股权投资	17 888 573 936. 73	9 122 768 936. 73			
投资性房地产	—	—	所有者权益:		

续表

资产	年初余额	期末余额	负债与所有者权益	年初余额	期末余额
固定资产	0.00	0.00	实收信托	140 963 100 067.91	74 817 224 218.43
无形资产	—	—	资本公积	261 055 830.00	235 244 056.43
长期待摊费用	0.00	0.00	损益平准金	0.00	0.00
其他资产	11 586 244 000.87	4 833 163 830.56	未分配利润	-797 765 908.97	-671 162 575.20
减:各项资产减值准备	—	—	所有者权益合计	140 426 389 988.94	74 381 305 699.66
资产总计	141 053 869 161.59	75 111 430 568.90	负债和所有者权益总计	141 053 869 161.59	75 111 430 568.90

5.2.2 信托项目利润及利润分配表

信托项目利润及利润分配表

编制单位:大业信托有限责任公司　　2019年度　　单位:元

项目	上期累计数	本期累计数
1. 营业收入	7 575 770 746.96	5 791 340 251.40
1.1 利息收入	5 852 203 131.10	3 385 474 911.72
1.2 投资收益(损失以"-"号填列)	2 130 932 072.71	2 121 259 299.66
1.2.1 其中:对联营企业和合营企业的投资收益	—	—
1.3 公允价值变动收益(损失以"-"号填列)	-414 002 723.14	276 631 509.78
1.4 租赁收入	—	—
1.5 汇兑损益(损失以"-"号填列)	—	—
1.6 其他收入	6 638 266.29	7 974 530.24
2. 支出	1 131 884 778.96	647 780 117.80
2.1 税费及附加	—	—
2.2 受托人报酬	660 154 143.05	454 930 915.60
2.3 保管费	59 581 098.12	28 487 481.04
2.4 投资管理费	—	—
2.5 销售服务费	221 168 443.82	106 086 129.25
2.6 交易费用	12 449 073.01	323 637.07
2.7 资产减值损失	—	—
2.8 其他费用	178 532 020.96	57 951 954.84
3. 信托净利润(净亏损以"-"号填列)	6 443 885 968.00	5 143 560 133.60
4. 其他综合收益	—	—
5. 综合收益	6 443 885 968.00	5 143 560 133.60

续表

项目	上期累计数	本期累计数
6. 加:期初未分配信托利润	301 491 749.20	-797 765 908.97
7. 可供分配的信托利润	6 745 377 717.20	4 345 794 224.63
8. 减:本期已分配信托利润	7 543 143 626.17	5 016 956 799.83
9. 期末未分配信托利润	-797 765 908.97	-671 162 575.20

6. 会计报表附注

6.1 会计报表编制基准不符合会计核算基本前提的说明

6.1.1 会计核算基本前提的说明

公司以持续经营为基础,根据实际发生的交易和事项,按照《企业会计准则——基本准则》和其他各项具体会计准则、应用指南及准则解释的规定进行确认和计量,在此基础上编制财务报表。

公司所编制的会计报表符合企业会计准则的要求,真实、完整地反映了公司的财务状况、经营成果、股东权益变动和现金流量等有关信息。

6.1.2 重要会计政策和会计估计说明

公司自2010年9月开始筹建起执行财政部2006年2月15日颁布的《企业会计准则》(财会[2006]3号)及其后续规定。

6.2 或有事项说明

本期公司无对外担保及其他或有事项。

6.3 重要资产转让及其出售的说明

本期公司无重要资产转让及其出售。

6.4 会计报表中重要项目的明细资料

6.4.1 披露自营资产经营情况

6.4.1.1 按信用风险五级分类结果披露信用风险资产的期初数和期末数

按照银监会《非银行金融机构资产风险分类指导原则(试行)》的分类标准,本年度末公司质量情况如下。

信用风险资产五级分类	正常类(万元)	关注类(万元)	次级类(万元)	可疑类(万元)	损失类(万元)	信用风险资产合计(万元)	不良资产合计(万元)	不良资产率(%)
期初数	102 872.03	148 506.79	—	—	3 060.98	254 439.80	3 060.98	—
期末数	132 328.81	48 772.22	25 642.93	74 034.74	2 951.00	283 729.70	102 628.67	9.89

6.4.1.2　各项资产减值损失准备的期初数、本期计提、本期转回、本期核销、期末数

单位：万元

	期初数	本期计提	本期转回	本期核销	期末数
贷款损失准备：	—	—	—	—	—
一般准备	—	—	—	—	—
专项准备	—	—	—	—	—
其他资产减值准备：	45 557.03	—	—	—	65 531.67
可供出售金融资产减值准备	—	—	—	—	—
持有至到期投资减值准备	44 796.09	19 885.12	—	—	64 681.21
长期股权投资减值准备	—	—	—	—	—
坏账准备	760.94	89.52	—	—	850.46
投资性房地产减值准备	—	—	—	—	—
合计	45 557.03	19 974.64	—	—	65 531.67

6.4.1.3　自营股票投资、基金投资、债券投资、长期股权投资等投资的期初数、期末数

本期公司尚无此类业务。

6.4.1.4　前五名的自营长期股权投资的企业名称、占被投资企业权益的比例、主要经营活动及投资收益情况等

本期公司尚无此类业务。

6.4.1.5　前五名的自营贷款的企业名称、占贷款总额的比例和还款情况等

期末，公司无此类业务。

6.4.1.6　表外业务的期初数、期末数

本期公司尚无此类业务。

6.4.1.7　公司当年的收入结构

收入结构	金额（元）	占比（%）
手续费及佣金收入	473 802 549.88	89.23
其中：信托手续费收入	473 802 549.88	89.23
投资银行业务收入	—	—
利息收入	238 106.11	0.04
其他业务收入	—	—
其中：计入信托业务收入部分	—	—
投资收益	27 148 466.14	5.11
其中：股权投资收益	—	—
证券投资收益	—	—
其他投资收益	27 148 466.14	5.11
公允价值变动收益	—	—
营业外收入	29 805 011.50	5.61
收入合计	530 994 133.63	100.00

6.4.2　信托资产管理情况

6.4.2.1　信托资产的期初数、期末余额数

单位：万元

信托资产	期初数	期末数
集合	7 349 965.42	3 665 683.10
单一	5 690 245.63	3 289 831.13
财产权	1 065 175.87	555 628.84
合计	14 105 386.92	7 511 143.07

6.4.2.1.1　主动管理型信托业务的信托资产期初数、期末数

单位：万元

主动管理型信托资产	期初数	期末数
证券投资类	—	—
其他投资类	988 890.17	494 160.84
融资类	2 115 964.58	1 556 922.19
事务管理类	—	—
合计	3 104 854.75	2 051 083.03

6.4.2.1.2　被动管理型信托业务的信托资产期初数、期末数

单位：万元

被动管理型信托资产	期初数	期末数
证券投资类	232 180.15	122 826.91
其他投资类	—	—
融资类	—	—
事务管理类	10 768 352.02	5 337 233.13
合计	11 000 532.17	5 460 060.04

6.4.2.2　本年度已清算结束的信托项目个数、实收信托合计金额、加权平均实际年化收益率

6.4.2.2.1　本年度已清算结束的集合类、单一类资金信托项目和财产管理类信托项目个数、实收信托合计金额、加权平均实际年化收益率

已清算结束的信托项目	项目个数（个）	实收信托合计金额（万元）	加权平均实际年化信托报酬率（%）	加权平均实际年化收益率（%）
集合类	84	4 384 785.54	0.92	3.13
单一类	63	1 933 088.53	0.33	6.19
财产管理类	3	486 371.96	0.07	6.64

6.4.2.2.2　本年度已清算结束的主动管理型信托项目个数、实收信托合计金额、加权平均实际年化收益率

已清算结束的信托项目	项目个数（个）	实收信托合计金额（万元）	加权平均实际年化信托报酬率（%）	加权平均实际年化收益率（%）
证券投资类	—	—	—	—
其他投资类	12	669 810.00	1.40	6.55
融资类	31	2 903 949.00	1.50	6.39

6.4.2.2.3　本年度已清算结束的被动管理型信托项目个数、实收信托合计金额、加权平均实际年化收益率

已清算结束的信托项目	项目个数（个）	实收信托合计金额（万元）	加权平均实际年化信托报酬率（%）	加权平均实际年化收益率（%）
证券投资类	13	47 045.32	0.42	-44.24
其他投资类	—	—	—	—
融资类	—	—	—	—
事务管理类	94	3 183 441.71	0.47	7.00

6.4.2.3 本年度新增的集合类、单一类和财产管理类信托项目个数、实收信托合计金额

新增信托项目	项目个数(个)	实收信托合计金额(亿元)
集合类	27	112.75
单一类	15	30.92
财产管理类	2	0.03
新增合计	44	143.70
其中:主动管理型	19	98.46
被动管理型	25	45.24

6.4.2.4 本公司履行受托人义务情况及因本公司自身责任而导致的信托资产损失情况

2019 年,公司共成立信托项目 44 个,新增信托规模总计 230.00 亿元(含 2019 年前成立的开放式产品新增的规模);共清算信托项目 150 个,清算信托规模合计 891.46 亿元(含部分清算项目),截至 2019 年 12 月 31 日,存续信托项目 253 个,存续项目信托规模合计 748.17 亿元。

2019 年,全部信托项目共实现信托净利润为 51.44 亿元,加 2018 年初未分配利润 -7.98 亿元,全年可供分配信托利润合计 43.46 亿元,2019 年公司累计共向各类受益人分配信托净利润为 50.17 亿元,正常兑付 150 个已清算项目累计信托本金 894.15 亿元,截至 2019 年末,累计未分配信托利润余额为 -6.71亿元。

6.5 关联方关系及其交易的披露

6.5.1 关联交易方的数量、关联交易的总金额及关联交易的定价政策

	关联交易方数量	关联交易金额(万元)	定价政策
合计	1	56 880.00	按市场公允价格定价

注:本表仅统计资金来源于关联方、运用于关联方的重大关联交易情况。

6.5.2 关联交易方与本公司的关系性质、关联交易方的名称、法定代表人、注册地址、注册资本及主营业务

关系性质	关联方名称	法人代表	注册地址	注册资本(万元)	主营业务
受同一股东控制	万联证券股份有限公司	罗钦城	广州市天河区珠江东路 11 号 18、19 楼全层	595 426.40	证券经纪;证券承销和保荐;证券资产管理;融资融券;为期货公司提供中间介绍业务(限证券公司);机构证券自营投资服务;与证券交易、证券投资活动有关的财务顾问;证券投资咨询;证券投资基金销售服务;代销金融产品。

6.5.3 公司与关联方的重大交易事项

6.5.3.1 固有资产与关联方

报告期内无固有资产与关联方发生重大交易情况。

6.5.3.2 信托资产与关联方

单位:万元

项目	期初数	期末数
贷款	13 500.00	—
投资	78 800.00	56 880.00
租赁	—	—
担保	—	—
应收账款	—	—
其他	—	—
合计	92 300	56 880.00

6.5.3.3 公司自有资金运用于自己管理的信托项目(固信交易)、信托公司管理的信托项目之间的相互(信信交易)交易金额

6.5.3.3.1 固有与信托财产之间的交易金额期初汇总数、本期发生额汇总数、期末汇总数

单位:万元

固有财产与信托财产相互交易			
	期初数	本期发生额	期末数
合计	235 565.99	-1 397.32	234 168.67

6.5.3.3.2 信托项目之间的交易金额期初汇总数、本期发生额汇总数、期末汇总数

单位:万元

信托财产与信托财产相互交易			
	期初数	本期发生额	期末数
合计	567 902.96	-253 424.84	314 478.12

6.5.4 关联方逾期未偿还本公司资金的详细情况及本公司为关联方担保发生或即将发生垫款的情况

关联方无逾期不偿还本公司资金情况,本公司无为关联方担保发生或即将发生垫款情况。

6.6 会计制度的披露

公司固有业务自 2008 年 1 月 1 日起执行财政部 2006 年 2 月 15 日颁布的《企业会计准则》(财会[2006]3 号)及其后续规定。以持续经营为基础,根据实际发生的交易和事项,按照《企业会计准则——基本准则》和其他各项具体会计准则、应用指南及准则解释的规定进行确认和计量,在此基础上编制财务报表。

7. 财务情况说明书

7.1 利润实现和分配情况

2019 年,公司实现净利润为 10 742.12 万元。依据《公司法》《信托公司管理办法》《金融企业准备金计提管理办法》《公司章程》,公司对 2019 年可供分配利润按照 10% 提取法定盈余公积金 1 074.21 万元,提取 5% 的信托赔偿准备金 537.11 万元,根据风险资产质量调整一般准备金余额为 12 119.74 万元。

7.2 主要财务指标

指标名称	指标值
资本收益率(%)	5.64
加权年化信托报酬率(%)	0.63

续表

指标名称	指标值
人均利润（万元）	68.42

注：1. 资本收益率 = 净利润 ÷ 所有者权益平均余额 ×100%。

2. 加权年化信托报酬率 = $\sum_{i=1}^{n}(Ai \times Pi) \div \sum_{i=1}^{n}(Ai)$ ［Ai——信托项目 i 的实收信托规模，Pi——信托项目 i 的实际年化信托报酬率］。

3. 人均净利润 = 净利润 ÷ 期末人数。

7.3 对本公司财务状况、经营成果有重大影响的其他事项

报告期内无上述事项。

8. 特别事项揭示

8.1 股东报告期内变动情况及原因

报告期内无上述事项。

8.2 董事、监事及高级管理人员变动情况及原因

2018 年 9 月，徐胤先生因工作原因辞去公司董事会董事职务，公司股东会拟聘任李嘉玮先生担任公司董事会董事职务。2019 年 12 月 19 日，中国银行保险监督管理委员会广东监管局下发《关于李嘉玮任职资格的批复》（粤银保监复［2019］1017 号），核准了李嘉玮先生担任公司董事会董事的任职资格。

2019 年 4 月，张文健先生因工作原因辞去公司董事会董事职务，公司股东会拟聘任吴林海先生担任公司董事会董事职务。2019 年 12 月 18 日，中国银行保险监督管理委员会广东监管局下发《关于吴林海任职资格的批复》（粤银保监复［2019］1012 号），核准了吴林海先生担任公司董事会董事的任职资格。

2019 年 4 月，牛南洁先生因工作原因辞去公司董事会董事职务，公司股东会拟聘任薛贵先生担任公司董事会董事职务。截至 2019 年 12 月 31 日，薛贵先生的任职资格尚待监管部门核准。

2019 年 7 月，王毅先生因个人原因辞去公司董事、总经理职务，公司股东会拟聘任战伟宏先生担任公司董事会董事职务，公司董事会拟聘任战伟宏先生担任公司总经理职务。截至 2019 年 12 月 31 日，战伟宏先生的任职资格尚待监管部门核准。

2019 年 11 月，饶森元先生因个人原因辞去公司总经理助理职务。

8.3 公司的重大未决诉讼事项

报告期内公司无重大未决诉讼事项。

8.4 公司及其董事、监事和高级管理人员受到处罚的情况

报告期内无上述处罚情况。

8.5 对中国银保监会及其派出机构提出整改意见的整改情况说明

报告期内无上述事项。

8.6 重大事项临时报告情况

报告期内无上述事项。

8.7 其他有必要让客户及相关利益人了解的重要信息

报告期内无其他有必要让客户及相关利益人了解的重要信息。

9. 公司监事会意见

监事会认为，本报告期内，公司决策程序合法，内部控制制度较为完善，没有发现公司董事、经理和其他高级管理人员在执行公司职务时有违法违纪和有损公司及股东利益的行为。公司财务报告真实地反映了公司的财务状况和经营成果。

东莞信托有限公司

1. 重要提示

1.1　公司董事会及董事保证本报告所载资料不存在任何虚假记载、误导性陈述或者重大遗漏，并对其内容的真实性、准确性和完整性承担个别及连带责任。

1.2　公司独立董事林海、陈平、张耀麟声明：保证本年度报告真实、准确和完整。

1.3　公司2019年度财务报告经中审众环会计师事务所（特殊普通合伙）审计，认为公司财务报表已经按照企业会计准则的规定编制，在所有重大方面公允反映了东莞信托有限公司2019年12月31日的财务状况及2019年度的经营成果和现金流量。

1.4　公司董事长黄晓雯及财务负责人张凌声明：保证年度报告中财务会计报告的真实、完整。

2. 公司概况

2.1　公司简介

法定中文名称/缩写	东莞信托有限公司/东莞信托
英文名称/缩写	DongGuan Trust Co. ,Ltd. /DGTC
法定代表人	黄晓雯
注册地址	东莞松山湖高新技术产业开发区创新科技园2号楼
邮政编码	523808
网址	http://www. dgxt. com
电子邮箱	bgs@ dgxt. com
信息披露事务负责人	冯杰

续表

信息披露事务联系人	姓名：李雄晖
	联系电话：0769-26261028
	传真：0769-22389630
	电子邮箱：bgs@ dgxt. com
公司年报信息披露报纸	《证券时报》
公司年报备置地点	东莞松山湖高新技术产业开发区创新科技园2号楼
公司聘请的会计师事务所	名称：中审众环会计师事务所（特殊普通合伙）
	住所：武汉市武昌区东湖路169号
	电话：027-86770549
公司聘请的律师事务所	名称：山东鲁宁律师事务所
	住所：青岛市崂山区深圳路179号华沃大厦T1栋5层
	电话：0532-88010510

2.2　组织结构

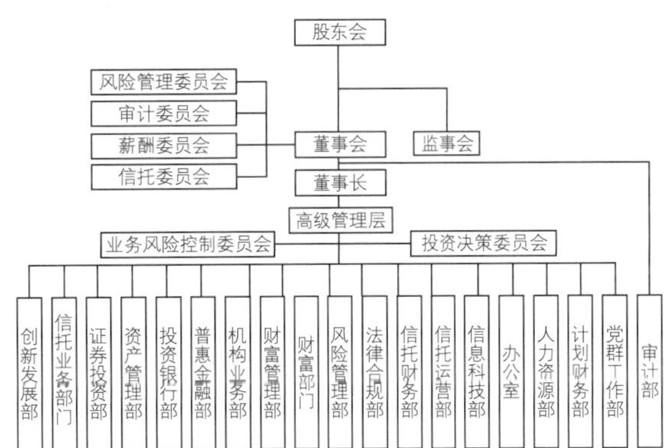

3. 公司治理

3.1　股东

报告期末，公司股东总数6家，主要股东为东莞金融控股集团有限公司，持有本公司60.8276%的股权，以及东莞发展控股股份有限公司，持有本公司22.2069%的股权，其他股东中有3家股东持股比例为4.9655%、有1家股东持股比例为2.0690%。本公司主要股东情况如下。

股东名称	持股比例（%）	法定代表人	注册资本（万元）	注册地址	主要经营业务	主要财务情况
东莞金融控股集团有限公司	60.8276	廖玉林	322 767.72	广东省东莞市松山湖园区红棉路6号3栋501室	股权投资、物业投资，资产管理，商业咨询等	总资产为1 401 929.60万元，总负债为310 690.19万元，所有者权益为1 091 239.41万元。（审计前）
东莞发展控股股份有限公司	22.2069	张庆文	103 951.70	东莞市南城区科技工业园科技路39号	东莞高速公路的投资、建设、经营	总资产为1 180 082.28万元，总负债为439 847.88万元，所有者权益为740 234.40万元。

本公司第一大股东东莞金融控股集团有限公司，是东莞市人民政府国有资产监督管理委员会全资拥有的企业。东莞金融控股集团有限公司股东情况如下。

股东名称	持股比例（%）	法定代表人	注册资本	注册地址	主要经营业务及财务情况
东莞市人民政府国有资产监督管理委员会	100	任洪杰	—	东莞市莞城区万寿路76号	—

3.2 董事

董事长、董事

姓 名	职 务	性别	年龄（岁）	选任日期	所推举的股东名称	该股东持股比例（%）	简要履历
黄晓雯	董事长	女	46	2019 年 7 月	东莞金融控股集团有限公司	60.8276	曾任中国民生银行广州分行东城支行行长，东莞银行副行长、首席风险官，东莞信托有限公司总经理；现任东莞信托有限公司董事长。
陈 英	董事	男	51	2019 年 7 月	东莞金融控股集团有限公司	60.8276	曾任中信实业银行公司银行总部信贷业务部副总经理、公司部产品规划部总经理，中信银行产品发展部总经理、产业金融部总经理，中信银行青岛分行行长助理、副行长、党委委员，长安国际信托股份有限公司副总经理、常务副总裁；现任东莞信托有限公司党委委员、总经理。
江 帆	董事	男	39	2019 年 7 月	东莞金融控股集团有限公司	60.8276	曾任农业银行东莞分行个人业务部经理助理、个人金融部副经理，东莞信托有限公司信托三部副总经理、信托五部总经理；现任东莞金融控股集团有限公司副总经理。
萧瑞兴	董事	女	45	2019 年 7 月	东莞发展控股股份有限公司	22.2069	曾任东莞市交通投资集团有限公司人事监察科副科长、科长、人力资源部部长；现任东莞发展控股股份有限公司党委副书记、董事、总裁，兼任东莞市东能新能源有限公司董事长，东莞市康亿创新能源科技有限公司董事长。
陈贺健	职工董事	男	57	2019 年 7 月	东莞信托有限公司职工代表大会	—	曾任东莞望牛墩农村信用社副主任（主管全面工作），东莞麻涌农村信用社主任、党支部书记，东莞信托有限公司行政部经理、副总经理、党委委员；现任东莞信托有限公司党委副书记、纪委书记、工会主席。

注：第五届董事会董事陈英、江帆、萧瑞兴、陈贺健于 2019 年 12 月获得监管机构核准的任职资格。

独立董事

姓 名	所在单位及职务	性别	年龄（岁）	选任日期	所推举的股东名称	该股东持股比例（%）	简要履历
林 海	广东南粤银行监事长	男	59	2019 年 7 月	东莞金融控股集团有限公司	60.8276	曾任人行广州分行监管专员（副局级），广东银监局党委委员、副局长，东莞银行党委副书记、纪委书记（正行级）、副董事长；现任广东南粤银行监事长。
张耀麟	上海浦东发展银行深圳分行 退休	男	62	2019 年 7 月	东莞发展控股股份有限公司	22.2069	曾任复旦大学物理学教师，中国建设银行湖北省分行国际部副总经理，中国建设银行深圳市分行国际部总经理、信贷处处长，上海浦东发展银行深圳分行筹建负责人，上海浦东发展银行广州分行行长兼党组书记，上海浦东发展银行总行副行长，平安银行总行副行长、上海浦东发展银行深圳分行行长兼党委书记，在上海浦东发展银行深圳分行正式退休；现任洛阳银行独立董事，平安壹账通独立董事。

注：第五届董事会独立董事张耀麟于 2019 年 12 月获得监管机构核准任职资格。

董事会下属委员会

董事会下属委员会名称	职 责	组成人员姓名	职 务
风险管理委员会	建立风险管理制度，对重大业务风险进行识别、监视和综合管理。	黄晓雯	董事长
		陈英	董事
		陈贺健	职工董事
审计委员会	主要负责董事会要求的审计事项，监督公司的内部审计制度及其实施，审查公司内控制度。	林海	独立董事
		黄晓雯	董事长
		萧瑞兴	董事
薪酬委员会	研究和审查高级管理人员的薪酬政策与方案。	陈贺健	职工董事
		江帆	董事
		萧瑞兴	董事
信托委员会	主要负责督促公司依法履行受托职责和组织制定公司信托业务发展专项规划。	张耀麟	独立董事
		江帆	董事
		陈英	董事

3.3 监事

监事会成员

姓　名	职　务	性别	年龄（岁）	选任日期	所推举的股东名称	该股东持股比例（%）	简要履历
庞张欢	党委书记、监事会主席	女	54	2019年7月	东莞金融控股集团有限公司	60.8276	曾任广州机电设备招标局主任科员、招标一处副处长、招标三处处长，广东天兆第一工会委员、副主席，省铁路建设投资集团有限公司资产经营部部长、党支部书记，东莞信托有限公司党委副书记；现任东莞信托有限公司党委书记、监事会主席。
唐普新	监事	男	65	2019年7月	东莞市糖酒集团有限公司	4.9655	曾任东莞市运河上次办公室主任，东莞市糖酒集团有限公司副总经理；现任东莞市糖酒集团有限公司副总裁。
陈尧燊	监事	男	76	2019年7月	东莞市东糖集团有限公司	2.069	曾任重庆市望江机器厂技术员，东糖工人大学及教育培训中心教师、主任，东莞糖厂副厂长、党委副书记，东糖实业集团有限公司党委书记、厂长；现任东莞市东糖集团有限公司董事长。
陶莉娜	专职监事	女	36	2019年7月	广东福地投资有限公司	4.9655	曾任东莞市塘厦镇政府采购中心办事员，东莞市财政局塘厦分局股长，东莞市财政局塘厦分局聘任副局长，东莞市塘厦实业投资控股集团筹建办公室副主任；现任东莞信托有限公司专职监事。
陈国	监事	男	47	2019年7月	职工监事代表	—	曾任东莞农信社万江分社网点负责人、稽核部稽核员，东莞信托有限公司信托一部副总经理、信托七部总经理；现任东莞信托有限公司东莞业务二部总经理。
陈玉清	监事	女	42	2019年7月	职工监事代表	—	曾任建设银行东莞市分行个人金融部业务主管、部门副经理，东莞市莞邑投资有限公司财务部部门经理，东莞信托有限公司人力资源部副总经理；现任审计部总经理。
刘香兰	监事	女	44	2019年7月	职工监事代表	—	曾任广发银行东莞分行公司银行部客户经理、信贷管理部副经理、风险监测组副经理、高级风险经理，东莞信托有限公司稽核部主管、高级稽核经理，现任东莞信托有限公司风险管理部部门副总经理。

3.4 高级管理人员

高级管理人员

姓　名	职　务	性别	年龄（岁）	任职日期	金融从业年限（年）	学历	专业	简要履历
陈　英	总经理	男	51	2019年7月	26	本科	金融	曾任中信银行青岛分行行长助理、纪委书记、党委委员，长安国际信托股份有限公司副总经理、常务副总裁；现任东莞信托有限公司总经理。
冯　杰	副总经理	男	47	2019年7月	23	本科	法学	曾任东莞信托有限公司办公室主管、办公室副主任、办公室主任等；现任东莞信托有限公司副总经理。
王晓天	副总经理兼董事会秘书	男	46	2019年7月	13	博士	金融学	曾任北京市第二外国语学院国际经贸学院教师，招商银行总行战略管理室主管，招商银行广州分行同业金融部总经理，平安银行战略规划部副总经理，华融证券公司董事会秘书（公司副总经理级）兼上海业务总部总经理等；现任东莞信托有限公司副总经理兼董事会秘书。
张晓斌	总经理助理	男	43	2019年7月	22	本科	工商管理	曾任中国银行东莞虎门支行副行长，中国银行东莞分行公司业务部副总经理、总经理，东莞信托有限公司信托二部总经理；现任东莞信托有限公司总经理助理。
黄晓光	总经理助理	女	49	2019年7月	22	本科	法律	曾任广东南粤信托房产开发有限公司经营部副经理，广东发展银行总行资产管理部律师，广东广大、广东安华理达律师事务所专职律师，东莞银行广州分行风险管理岗、合规部副总经理，东莞银行总行合规部副总经理（主持全面），东莞银行广州分行副行长，东莞银行广东自贸试验区南沙分行副行长，东莞信托有限公司法律合规部总经理、风险管理部总经理；现任东莞信托有限公司总经理助理。

3.5 公司员工

公司2019年职工人数为352人，其中信息科技人员共8人，占总人数的2.27%。

项目		报告期年度		上年度	
		人数（人）	比例（%）	人数（人）	比例（%）
年龄分布	25岁以下	9	2.56	2	1
	25～29岁	80	22.72	52	25
	30～39岁	181	51.41	101	48
	40岁以上	82	23.31	55	26
学历分布	博士	4	1.14	1	0.48
	硕士	126	35.8	63	30
	本科	209	59.38	138	65.71
	专科	13	3.68	8	3.81
	其他	—	—	—	—
岗位分布	董事、监事及其高管人员	11	3.13	12	5.71
	自营业务人员	6	1.70	7	3.33
	信托业务人员	115	32.67	109	51.91
	其他人员	220	62.5	82	39.05

4. 经营管理

4.1 经营目标、经营方针、战略规划

4.1.1 经营目标

公司的经营目标是坚持市场化道路，追求风险控制和收益的最佳平衡，探索差异化道路，形成比较优势，成为值得信赖的专业资产管理和财富管理金融机构。

4.1.2 经营方针

公司的经营方针是加强党的领导、持续深化改革，谋求公司长足发展；秉承“怀敬畏之心，立诚信之本，走务实之路，创长青之业”的企业精神，坚持“诚信立业、稳健务实、合规创新、追求效益”的经营理念，以市场为导向，创新业务发展模式、创新赢利模式、创新赢利手段，树立公司品牌，实现公司规范、稳健、可持续发展。

4.1.3 战略规划

公司的战略规划是在坚守风险底线、提升风险合规管理能力的前提下，保持传统融资类业务稳步发展，挖掘信托主流业务的机会，包括积极推动不动产权益投资类业务、探索建立普惠金融体系、坚持通过综合配置方式推动资本市场权益类业务发展；构建和完善财富管理体系，加快财富管理业务发展；调整优化流程，打造高效精简的运营体系；推进金融科技在信托领域的应用；推动品牌建设和文化建设，助力公司行稳致远。区域上深耕粤港澳大湾区，并在北京、上海、武汉等全国重点城市布局，多策并举，打造具备专业能力和地区特色的综合型信托公司。

4.2 所经营业务的主要内容

自营资产运用与分布表

资产运用	金额（万元）	占比（%）	资产分布	金额（万元）	占比（%）
货币资产	34 877.89	5.72	基础产业	—	—
贷款及应收款	15 627.16	2.56	房地产业	—	—
可供出售金融资产	515 442.46	84.58	证券市场	76 880.79	12.62
买入返售金融资产	—	—	实业	—	—
长期股权投资	11 730.59	1.93	金融机构	48 477.58	7.95
其他	31 724.23	5.21	其他	484 043.96	79.43
资产总计	609 402.33	100.00	资产总计	609 402.33	100.00

信托资产运用与分布表

资产运用	金额（万元）	占比（%）	资产分布	金额（万元）	占比（%）
货币资产	232 350.36	3.15	基础产业	69 800.00	0.95
贷款	1 320 661.39	17.92	房地产	1 002 264.06	13.6
交易性金融资产	2 022 601.16	27.45	证券市场	265 786.68	3.61
可供出售金融资产	1 090 735.16	14.80	实业	3 170 498.23	43.03
持有至到期投资	675 108.37	9.16	金融机构	5 330.00	0.07
长期股权投资	27 838.19	0.38	其他	2 855 188.52	38.75
投资性房地产	27 102.46	0.37			
其他	1 972 470.4	26.77			
信托资产总计	7 368 867.49	100.00	信托资产总计	7 368 867.49	100.00

公司为增强金融惠民服务能力，投产了普惠金融系统，系统计划总投入558万元，报告期内投入207.4万元，此系统推动公司金融惠民业务扩展。普惠金融系统中包含智能风控系统，将智能风控嵌入业务流程，提高普惠金融业务风险防范能力。

4.3 市场分析

4.3.1 影响公司业务发展的主要因素

4.3.1.1 有利因素

2019年，中国宏观经济运行总体平稳，经济运行中出现诸多积极变化：经济结构持续优化，消费贡献度大幅提高；工业结构优化调整，新动能持续壮大；减税降费加速落实，促进经济持续健康发展；房地产市场平稳运行，“三稳”调控目标稳步落实。总体平稳的宏观经济，为整个信托行业的转型和发展奠定了良好的外部环境。同时，2019年，面对持续的监管高压态势，信托行业整体机遇与挑战并存。在传统业务受限的情况下，正是信托公司结合自身条件，制定相应的转型策略、提升自身业务能力储备，改善风控机制、全面提升盈利能力，积极探索新业务模式的历史机遇。在当前政策与经济环境下，信托行业将持续向信托本源回归、服务实体经济、强化主动管理能力的方向转变。要深入理解信托本源的内涵，结合自身实际情况积极拓展创新转型业务，逐步将通道业务规模和资源逐步向新兴业务倾斜。深入探索普惠金融业务，打开产业金融业务的新局面，深入拓展资产证券化业务，探索发展服务型信托业务，培育家族信托业务。此外，保险金信托、供应链金融信托和慈善信托也可能迎来新的发展契机。

4.3.1.2 不利因素

2019年，中国宏观经济下行压力凸显，工业运行稳中趋缓，物价水平上涨较快，投资需求不振，消费需求不稳，区域增长不平衡加剧，给信托行业的经营发展带来了一定的困难和挑战，尤其是不利于信托新业务的拓展和资产质量的优化。同

时,2019 年的监管高压使信托公司收到罚单数、罚单金额创出新高。在信托政策持续收紧的作用下,信托资管规模持续走低也成为不争事实。由于信托行业具备顺周期特征,随着宏观经济下行压力增加和刚性兑付的打破,工商企业信托产品以及以债券作为基础资产的信托产品的信用风险受到较大冲击。资金方面,渠道的销售难度加大;此外,银行理财子公司的持续设立等也带来了相应的竞争压力。

整体来看,展望 2020 年,中国宏观经济下行压力犹存,中美贸易摩擦升级效应持续显著,价格形势复杂,CPI 仍有上行空间,投资仍面临下行压力。尤其是 2020 年初,新冠疫情蔓延,短期对我国宏观经济、金融行业形成了显著冲击,信托公司经营发展挑战增大,房地产信托、工商企业信托、基础设施建设信托等业务将受明显影响,新业务营销、存续信托项目资产质量将进一步承压,信托产品线下募集受阻,经营业绩增速下降压力持续增大。在我国经济结构调整、金融供给侧改革、新冠疫情蔓延的大背景下,信托公司转型发展需求日渐迫切,需要培育好信托文化,塑造具有可持续性的商业模式。信托公司需要根据资管新规要求,促进非标业务由类信贷模式向真正的资管业务模式转变,推动净值化管理体系建设,逐步打破刚性兑付;需要积极发展服务信托、家族信托、慈善信托、养老信托、证券化业务等创新业务,充分发挥信托制度优势,回归本源,培育新的盈利增长点,实现差异化、特色化发展;需要增强专业化水平,加强风险管理能力,建设高素质人才队伍,更好地履行受托人职责。公司将致力丰富新业务布局与提高风险管理意识双轮驱动,深耕湾区,强化科技创新活力服务,引领公司高质量、可持续发展,朝着三年规划的目标稳步前进。

4.4 内部控制

4.4.1 内部控制环境和内部控制文化

公司已按照《企业内部控制基本规范》关于现代企业制度的要求,逐步完善了公司组织结构、内部控制和运行机制,建立了科学、合理、有效的内部控制体系,确立了风险管理优先的内控文化。

在内部控制环境方面,公司组织机构包括股东会、董事会、监事会、经营管理层及相关专业委员会。各机构根据《公司法》及《公司章程》规定行使相关职责,公司制定了《风险管理委员会工作细则》《审计委员会工作细则》《薪酬委员会工作细则》《信托委员会工作细则》《投资决策委员会工作制度》《董事会议事规则》《东莞信托有限公司会议管理办法》,明确了各自的议事方式和表决程序。

公司董事会下设风险管理委员会、审计委员会、薪酬委员会及信托委员会;在经营管理层设有业务风险控制委员会、风险管理部、法律合规部及审计部构成的风险管理组织架构。各主体根据其风险管理的职责对公司各项业务的事前、事中和事后风险开展不同层面的管理。

4.4.2 内部控制措施

公司的内部控制制度由组织架构、业务管理制度、授权制度、资金管理制度、会计系统、计算机应用系统及保密、人事管理、风险管理及稽核等方面构成,通过有效建立“防火墙”制度,做到事前防范、事中控制、事后监督和纠正,形成操作、决策、稽核与评价相互监督和纠正的内部约束机制。

2019 年,公司实施流程优化项目,对信托业务流程、风险管理流程、财富管理流程、办公流程等进行了全面梳理和优化,实现了运转顺畅、效率提升、内控强化、保障合规的目的,进一步完善了公司的内控制度和提升公司风险管理能力。2019 年,公司共制定或修订 70 多项制度,涉及公司治理、业务管理、财富管理、授权审批、财务管理、人力资源管理等,进一步完善风险防范机制,提高内部管理有效性。同时,重视完善制度后评价体系,从流程合理性、有效性、执行严格性开展后评价,保证制度体系科学性。

4.4.3 信息交流与反馈

公司积极配合监管部门的监管,按时报送各类报表、报告,主动地向监管部门反映经营状况,并根据监管政策和监管意见对公司内控制度进行不断的完善,使业务合规、健康发展。严格按照信托合同的约定,定期向监管部门、委托人和受益人披露信托项目执行报告,按时披露年度报告,主动接受社会各界的监督。

4.4.4 监督评价与纠正

公司建立了以法律合规部和审计部为核心的内部控制监督、评价机制。

审计部通过常规性审计和专项审计,对公司业务活动、财务收支、资金流转、经济效益及内控执行情况等进行全面的审计监督,对存在问题提出合理化改进建议,持续跟进整改落实情况,并结合公司业务发展和监管要求,对公司各项制度提出修订及更新意见;法律合规部定期出具合规管理报告,统筹建立、修订公司各项规章制度,组织开展制度后评价,使内控制度建设不断完善。

4.5 风险管理

4.5.1 信用风险状况及其管理策略

4.5.1.1 信用风险状况

公司面临的信用风险主要表现为融资业务中交易对手违约造成的风险。公司采用以风险为基础的分类方法评估信用风险资产质量,将其分为正常、关注、次级、可疑和损失五类,其中后三类合称为不良资产。

截至 2019 年 12 月 31 日,公司自营贷款余额为零。

4.5.1.2 信用风险管理

对于信用风险,公司紧密围绕投向管理、投(贷)前管理及投(贷)后管理三个关键环节,结合业务发展实际,不断完善风险管理措施。首先是优化投向管理,通过制定信托业务风险管理指引等风险管理政策,对风险战略和风险偏好、信托业务产品和模式等要素进行优化;其次是做好投(贷)前管控,不断完善业务决策流程及操作流程,采取业务和风控部门双线尽职调查,严把项目准入关。严格执行审贷分离、分级授权审批的原则对投融资项目进行评审。执行集中放款审核的操作模式,由专门部门专职人员负责出账前提条件审核,监督落实风险控制措施;最后是强化投(贷)后管理,公司通过细化贷后管理加强信用风险排查,密切跟进项目进度和资金流向,定期对资产五级分类进行风险的事中控制,通过审计日常检查进行事后控制,通过提取损失准备金来提高抵御风险的能力;通过风险预警项目防控领导小组加强对风险预警情况的快速响应及决策、控制,加强信用风险管理。

在报告期内，公司存量业务信用风险总体可控。公司自营资产按资产质量进行五级分类并按照规定标准足额提取呆账准备金，信托业务信用风险资产按五级分类标准并按规定提取信托赔偿准备金。对存在信用风险的项目，公司将加大应对措施管控，积极防范和化解风险。

4.5.2 市场风险状况及其管理策略

4.5.2.1 市场风险状况

市场风险主要表现为证券市场由于因股市价格、利率、汇率等的变动而导致公司财产或信托财产未预料到的潜在损失的风险。证券投资主要是证券一级、二级市场股票投资、基金投资、证券型资管计划、委托基金公司的专户理财以及债券投资。

4.5.2.2 市场风险管理

公司在自营证券业务方面，通过各种形式（基金专户、有限合伙、信托计划等）寻找优秀的投资管理人和合作伙伴，不断优化固有资产配置组合，确保自营证券获得稳定投资收益。在信托证券业务方面，逐步转变为资产管理者角色，主要通过优选投资管理人，强化对投资管理人评价体系，丰富投资顾问库，适时优胜劣汰，提升产品的过程管理能力，着力发展资产配置类业务，设计符合客户风险、收益偏好的产品。

4.5.3 操作风险状况及其管理策略

4.5.3.1 操作风险状况

操作风险是指公司由于内部程序、系统的不完善或操作失误而产生的风险。公司通过整合优化部门职能，制定完善业务流程，加强员工培训教育及开发信息系统等手段规范业务前台、中台、后台的操作，减少操作风险。

4.5.3.2 操作风险管理

公司建立了证券投资管理系统、业务管理系统、档案管理系统等信息系统，进一步优化、细化业务流程，加强对各项业务事前、事中的风险监控和预警，构建事前、事中、事后的风险控制体系。

4.5.4 流动性风险状况及其管理策略

公司流动性比例 297.56%，自有资产保持了较高的流动性。报告期内公司的流动性负债主要是应付税金、应付职工薪酬支出等，无对外举债。

4.5.5 法律风险及声誉风险状况及其管理策略

4.5.5.1 法律风险、声誉风险状况

公司能够遵守相关法律、法规要求，合规经营，未发生到期无法支付或无法履约所带来的声誉损失；2019 年发生被诉案件 1 起，为鼎立控股集团股份有限公司管理人向公司提起的破产撤销权纠纷诉讼。

4.5.5.2 法律风险和声誉风险管理

公司已制定《东莞信托有限公司声誉风险管理办法》，制度明确了声誉风险的分类、监测、处置、报告等要求，进一步完善风险管理体系，维护和提升公司形象及声誉。公司加强声誉风险排查，针对公司发现涉及网络谣言的负面舆情，公司能及时向监管部门报送舆情监测和处置情况，同时联系外部机构对网络谣言进行持续监测，通过正面引导等方式，及时消除谣言对公司的影响。公司通过聘请专业的律师事务所作为公司法律顾问，加强与中国银保监部门、信托业协会联系沟通等途径，及时了解法规政策的变化，得到专业到位的法律服务。

5. 报告期末及上一年度末的比较式会计报表

5.1 自营资产

5.1.1 会计师事务所审计意见摘要

审 计 报 告

众环审字（2020）050069 号

东莞信托有限公司全体股东：

一、审计意见

我们审计了东莞信托有限公司（以下简称贵公司）财务报表，包括 2019 年 12 月 31 日的资产负债表，2019 年度的利润表、现金流量表、所有者权益变动表，以及财务报表附注。

我们认为，后附的财务报表在所有重大方面按照企业会计准则的规定编制，公允反映了贵公司 2019 年 12 月 31 日的财务状况及 2019 年度的经营成果和现金流量。

二、形成审计意见的基础

我们按照中国注册会计师审计准则的规定执行了审计工作。审计报告的“注册会计师对财务报表审计的责任”部分进一步阐述了我们在这些准则下的责任。按照中国注册会计师职业道德守则，我们独立于贵公司，并履行了职业道德方面的其他责任。我们相信，我们获取的审计证据是充分、适当的，为发表审计意见提供了基础。

三、管理层和治理层对财务报表的责任

贵公司管理层负责按照企业会计准则的规定编制财务报表，使其实现公允反映，并设计、执行和维护必要的内部控制，以使财务报表不存在由于舞弊或错误导致的重大错报。

在编制财务报表时，管理层负责评估贵公司的持续经营能力，披露与持续经营相关的事项（如适用），并运用持续经营假设，除非管理层计划清算贵公司、终止运营或别无其他现实的选择。

治理层负责监督贵公司的财务报告过程。

四、注册会计师对财务报表审计的责任

我们的目标是对财务报表整体是否不存在由于舞弊或错误导致的重大错报获取合理保证，并出具包含审计意见的审计报告。合理保证是高水平的保证，但并不能保证按照审计准则执行的审计在某一重大错报存在时总能发现。错报可能由于舞弊或错误导致，如果合理预期错报单独或汇总起来可能影响财务报表使用者依据财务报表作出的经济决策，则通常认为错报是重大的。

在按照审计准则执行审计工作的过程中，我们运用职业判断，并保持职业怀疑。同时，我们也执行以下工作：

（1）识别和评估由于舞弊或错误导致的财务报表重大错报风险，设计和实施审计程序以应对这些风险，并获取充分、适当的审计证据，作为发表审计意见的基础。由于舞弊可能涉及串通、伪造、故意遗漏、虚假陈述或凌驾于内部控制之上，未能发现由于舞弊导致的重大错报的风险高于未能发现由于错误导致的重大错报的风险。

（2）了解与审计相关的内部控制，以设计恰当的审计程序。

(3)评价管理层选用会计政策的恰当性和作出会计估计及相关披露的合理性。

(4)对管理层使用持续经营假设的恰当性得出结论。同时,根据获取的审计证据,就可能导致对贵公司持续经营能力产生重大疑虑的事项或情况是否存在重大不确定性得出结论。如果我们得出结论认为存在重大不确定性,审计准则要求我们在审计报告中提请报表使用者注意财务报表中的相关披露;如果披露不充分,我们应当发表非无保留意见。我们的结论基于截至审计报告日可获得的信息。然而,未来的事项或情况可能导致贵公司不能持续经营。

(5)评价财务报表的总体列报、结构和内容(包括披露),并评价财务报表是否公允反映相关交易和事项。

我们与治理层就计划的审计范围、时间安排和重大审计发现等事项进行沟通,包括沟通我们在审计中识别出的值得关注的内部控制缺陷。

中审众环会计师事务所(特殊普通合伙)

中国注册会计师:王兵

中国注册会计师:潘桂权

中国·武汉　　2020 年 3 月 6 日

5.1.2 资产负债表

资产负债表

编制单位:东莞信托有限公司　　2019 年 12 月 31 日　　单位:万元

序号	资产	期末余额	期初余额	序号	负债及所有者权益	期末余额	期初余额
1	资产:			25	负债:		
2	货币资金	34 877.89	87 240.44	26	拆入资金	—	—
3	以公允价值计量且其变动计入当期损益的金融资产	—	—	27	以公允价值计量且其变动计入当期损益的金融负债	—	—
4	衍生金融资产	—	—	28	衍生金融负债	—	—
5	买入返售金融资产	—	—	29	应付账款	—	—
6	应收账款	12 806.42	8 023.30	30	应付职工薪酬	24 531.08	25 852.72
7	应收股利	—	—	31	应交税费	10 980.77	9 459.32
8	应收利息	—	—	32	应付股利	—	—
9	其他应收款	2 820.74	1 689.58	33	其他应付款	3 758.79	66 768.72
10	拆出资金	—	—	34	预计负债	—	—
11	发放贷款和垫款	—	—	35	递延所得税负债	4 357.42	7 076.10
12	抵债资产	—	—	36	其他负债	—	—
13	持有至到期投资	—	—	37	负债合计	43 628.06	109 156.86
14	可供出售金融资产	515 442.46	531 452.34	38			
15	长期股权投资	11 730.59	9 063.97	39	所有者权益:		
16	固定资产	15 693.12	508.93	40	实收资本	145 000.00	145 000.00
17	在建工程	—	—	41	资本公积	166 166.58	166 166.58
18	无形资产	624.40	337.10	42	其他综合收益	13 122.55	21 211.83
19	长期待摊费用	4 153.71	3 989.76	43	盈余公积	43 071.76	38 063.69
20	递延所得税资产	5 815.85	4 641.96	44	一般风险准备	8 884.38	10 224.32
21	其他资产	5 437.15	3 992.29	45	信托赔偿准备	21 082.12	18 578.08
22				46	未分配利润	168 446.88	142 538.31
23				47	所有者权益合计	565 774.27	541 782.81
24	资产总计	609 402.33	650 939.67	48	负债和所有者权益合计	609 402.33	650 939.67

法定代表:黄晓雯　　会计机构负责人:张　凌

5.1.3 利润及利润分配表

利润表

编制单位:东莞信托有限公司　　2019 年度　　单位:万元

序号	项　目	2019 年度	2018 年度
1	一、营业收入	109 918.43	91 845.86
2	利息净收入	-1 415.23	-1 476.55
3	手续费及佣金净收入	87 567.35	72 951.54
4	投资收益(损失以“-”号填列)	23 766.31	20 294.01
5	其中:对联营企业合营企业的投资收益	605.45	732.91
6	公允价值变动损益(损失以“-”号填列)	—	—
7	汇兑损益(损失以“-”填列)	—	—
8	其他业务收入	—	—
9	资产处置收益(损失以“-”号填列)	—	—

续表

序号	项　目	2019 年度	2018 年度
10	其他收益	—	76. 86
11	二、营业支出	43 050. 52	30 097. 35
12	税金及附加	583. 18	567. 00
13	业务及管理费	42 460. 52	29 479. 03
14	资产减值损失	6. 82	51. 32
15	其他业务成本	—	—
16	三、营业利润	66 867. 91	61 748. 51
17	加:营业外收入	0. 72	0. 20
18	减:营业外支出	600. 13	85. 48
19	四、利润总额(亏损以“-”号填列)	66 268. 50	61 663. 23
20	减:所得税费用	16 187. 76	15 254. 10
21	五、净利润(亏损以“-”号填列)	50 080. 74	46 409. 13
22	(一)持续经营净利润(净亏损以“-”号填列)	50 080. 74	46 409. 13
23	(二)终止经营净利润(净亏损以“-”号填列)	—	—
24	六、其他综合收益的税后净额	-8 089. 28	-7 054. 45
25	(一)以后不能重分类进损益的其他综合收益	—	—
26	(二)以后将重分类进损益的其他综合收益	-8 089. 28	-7 054. 45
27	1. 权益法可转损益的其他综合收益	9. 53	-11. 40
28	2. 可供出售金融资产公允价值变动损益	-8 098. 81	-7 043. 05
29	七、综合收益总额	41 991. 46	39 354. 68

法定代表人:黄晓雯　　　　会计机构负责人:张　凌

5. 1. 4　所有者权益变动表

所有者权益变动表

编制单位:东莞信托有限公司　　　　2019 年度　　　　单位:万元

项　目	本年金额							
	实收资本	资本公积	其他综合收益	盈余公积	一般风险准备	信托赔偿准备	未分配利润	所有者权益合计
一、上年年末余额	145 000. 00	166 166. 58	21 211. 83	38 063. 69	10 224. 32	18 578. 08	142 538. 31	541 782. 81
加:会计政策变更	—	—	—	—	—	—	—	—
前期差错更正	—	—	—	—	—	—	—	—
其他	—	—	—	—	—	—	—	—
二、本年年初余额	145 000. 00	166 166. 58	21 211. 83	38 063. 69	10 224. 32	18 578. 08	142 538. 31	541 782. 81
三、本年增减变动金额(减少以“-”号填列)	—	—	-8 089. 28	5 008. 07	-1 339. 94	2 504. 04	25 908. 57	23 991. 46
(一)综合收益总额	—	—	-8 089. 28	—	—	—	50 080. 74	41 991. 46
(二)所有者投入和减少资本	—	—	—	—	—	—	—	—
1. 所有者投入资本	—	—	—	—	—	—	—	—
2. 其他权益工具持有者投入资本	—	—	—	—	—	—	—	—
3. 股份支付计入所有者权益的金额	—	—	—	—	—	—	—	—
4. 其他	—	—	—	—	—	—	—	—
(三)利润分配	—	—	—	5 008. 07	-1 339. 94	2 504. 04	-24 172. 17	-18 000. 00
1. 提取盈余公积	—	—	—	5 008. 07	—	—	-5 008. 07	—
2. 提取一般风险准备	—	—	—	—	-1 339. 94	—	1 339. 94	—
3. 对所有者的分配	—	—	—	—	—	—	-18 000. 00	-18 000. 00
4. 其他	—	—	—	—	—	2 504. 04	-2 504. 04	—
(四)所有者权益内部结转	—	—	—	—	—	—	—	—
1. 资本公积转增资本	—	—	—	—	—	—	—	—
2. 盈余公积转增资本	—	—	—	—	—	—	—	—
3. 盈余公积弥补亏损	—	—	—	—	—	—	—	—
4. 未分配利润转增资本	—	—	—	—	—	—	—	—
5. 结转重新计量设定受益计划净负债或净资产所产生的变动	—	—	—	—	—	—	—	—
6. 其他	—	—	—	—	—	—	—	—
四、本年年末余额	145 000. 00	166 166. 58	13 122. 55	43 071. 76	8 884. 38	21 082. 12	168 446. 88	565 774. 27

法定代表人:黄晓雯　　　　会计机构负责人:张凌

5.2 信托资产

5.2.1 信托项目资产负债表

信托项目资产负债表

编制单位:东莞信托有限公司　　2019年12月31日　　单位:万元

序号	资产	期末余额	年初余额	序号	负债及所有者权益	期末余额	年初余额
1	资　产:			27	负　债:		
2	现金	—	—	28	拆入资金	—	—
3	存放同业款项	198 363.36	434 073.25	29	交易性金融负债	—	—
4	其他货币资金	33 987.00	5 138.04	30	衍生金融负债	—	—
5	交易性金融资产	2 022 601.16	1 543 254.73	31	应付账款	—	—
6	衍生金融资产	—	—	32	预收账款	5.00	5.00
7	买入返售金融资产	115 147.75	19 360.38	33	应付受益人收益	4 666.44	1 436.60
8	应收账款	—	—	34	应付受托人报酬	12 535.13	6 774.92
9	预付账款	657.83	600.63	35	应付托管费	371.34	99.86
10	应收手续费及佣金	—	—	36	应付销售及顾问费	—	—
11	应收股利	—	0.52	37	应交税费	5 441.85	3 963.42
12	应收利息	2 937.84	1 730.60	38	其他应付款	108 216.34	50 174.71
13	其他应收款	533 242.33	347 127.09	39	预计负债	—	—
14	拆出资金	—	—	40	递延所得税负债	—	—
15	发放贷款	1 320 661.39	999 100.46	41	其他负债	—	—
16	抵债资产	—	—	42	负债合计	131 236.09	62 454.52
17	持有至到期投资	675 108.37	1 392 993.44	43		—	—
18	可供出售金融资产	1 090 735.16	283 939.40	44	所有者权益:	—	—
19	长期股权投资	27 838.19	38 188.29	45	实收信托	7 015 463.45	5 815 147.76
20	投资性房地产	27 102.46	36 319.97	46	资本公积	—	—
21	固定资产	—	—	47	盈余公积	—	—
22	无形资产	—	—	48	其他综合收益	-367.35	-704.29
23	长期待摊费用	—	—	49	外币报表折算差数	—	—
24	递延所得税资产	—	—	50	未分配利润	222 535.30	156 112.74
25	其他资产	1 320 484.66	931 183.89	51	所有者权益合计	7 237 631.40	5 970 556.21
26	资产总计	7 368 867.49	6 033 010.73	52	负债及所有者权益总计	7 368 867.49	6 033 010.73

法定代表人:黄晓雯　　会计机构负责人:张凌

5.2.2 信托项目利润及利润分配表

信托项目利润及利润分配表

编制单位:东莞信托有限公司　　2019年度　　单位:万元

序号	项目	本期数	上年同期数
1	一、营业收入	590 395.13	369 936.15
2	利息收入	316 256.36	168 724.56
3	租赁收入	77.42	—
4	投资收益(损失以"-"号填列)	235 058.12	195 045.11
5	其中:对联营企业合营企业的投资收益	—	—
6	公允价值变动损益(损失以"-"号填列)	14 796.92	-15 258.10
7	汇兑损益(损失以"-"号填列)	—	—
8	其他收入	24 206.32	21 424.59
9	二、营业支出	142 699.00	110 641.81
10	营业税金及附加	2 122.36	1 106.06
11	管理费用	140 576.64	109 535.75
12	资产减值损失	—	—
13	其他费用	—	—
14	三、信托净利润(亏损以"-"号填列)	447 696.13	259 294.34
15	四、其他综合收益	336.94	-179.34
16	五、综合收益(净亏损以"-"号填列)	448 033.07	259 115.00

续表

序号	项目	本期数	上年同期数
17	六、加:期初未分配信托利润	156 112.74	186 472.72
18	七、加:本期损益平准金	5 402.36	10 599.01
19	八、可供分配的信托利润	609 211.24	456 366.07
20	九、减:本期已分配信托利润	386 675.94	300 253.33
21	十、期末未分配信托利润	222 535.30	156 112.74

法定代表人:黄晓雯　　会计机构负责人:张凌

6. 会计报表附注

6.1 简要说明报告年度会计报表编制基准、会计政策、会计估计和核算方法发生的变化

本公司本年度无会计政策、会计估计和核算方法变更事项。

6.2 或有事项说明

无。

6.3 重要资产转让及其出售的说明

报告期内,公司没有发生重要资产转让及出售。

6.4 会计报表中重要项目的明细资料

6.4.1 披露自营资产经营情况

6.4.1.1 按信用风险五级分类结果披露信用风险资产的期初数、期末数

信用风险资产五级分类	正常类（万元）	关注类（万元）	次级类（万元）	可疑类（万元）	损失类（万元）	信用风险资产合计（万元）	不良资产合计（%）	不良资产率（%）
期初数	643 149.14	—	—	—	—	643 149.14	—	—
期末数	577 548.46	136.44	—	—	—	577 684.9	—	—

6.4.1.2 各项资产减值损失准备的期初数、本期计提、本期转回、本期核销、期末数

单位：万元

	期初数	本期计提	本期转回	本期核销	期末数
贷款损失准备	—	—	—	—	—
一般准备	—	—	—	—	—
专项准备	—	—	—	—	—
其他资产减值准备	—	—	—	—	—
可供出售金融资产减值准备	76.32	—	76.32	—	—
持有至到期投资减值准备	—	—	—	—	—
长期股权投资减值准备	—	—	—	—	—
坏账准备	—	6.82	—	—	6.82
投资性房地产减值准备	—	—	—	—	—

6.4.1.3 按照投资品种分类，分别披露固有业务股票投资、基金投资、债券投资、股权投资等投资业务的期初数、期末数

单位：万元

	自营股票	基金	债券	长期股权投资	其他投资	合计
期初数	—	—	—	9 063.97	531 452.34	540 516.31
期末数	—	—	—	11 730.59	515 442.46	527 173.05

6.4.1.4 按投资入股金额排序，前三名的自营长期股权投资的企业名称、占被投资企业权益的比例、主要经营活动及投资收益情况等

企业名称	占被投资企业权益的比例（%）	主要经营活动	投资损益（万元）
华联期货有限公司	25.02	期货经纪业务、期货信息咨询培训	605.45

6.4.1.5 前三名的自营贷款的企业名称、占贷款总额的比例和还款情况等（从贷款金额大到小顺序排列）

企业名称	占贷款总额的比例	还款情况
—	—	—
—	—	—
—	—	—

6.4.1.6 表外业务的期初数、期末数，按照代理业务、担保业务和其他类型表外业务分别披露

单位：万元

表外业务	期初数	期末数
担保业务	—	—
代理业务（委托业务）	—	—
其他	—	—
合计	—	—

6.4.1.7 公司当年的收入结构

收入结构	金额（万元）	占比（%）
手续费及佣金收入	87 567.35	79.67
其中：信托手续费收入	87 499.56	79.60
投资银行业务收入	—	—
利息净收入	-1415.23	-1.29
其他业务收入	—	—
其他收益	—	—
其中：计入信托业务收入部分	—	—
投资收益	23766.31	21.62
其中：股权投资收益	1934.18	1.76
证券投资收益	950.82	0.86
其他投资收益	20881.31	19.00
公允价值变动收益	—	—
营业外收入	0.72	—
收入合计	109919.15	100.00

6.4.2 披露信托财产管理情况

6.4.2.1 信托资产的期初数、期末数

单位：万元

信托资产	期初数	期末数
集合	2 961 277.17	5 236 479.91
单一	1 810 238.73	1 629 496.65
财产权	1 261 494.83	502 890.93
合计	6 033 010.73	7 368 867.49

6.4.2.1.1 主动管理型信托业务的信托资产期初数、期末数，分证券投资类、股权投资类、融资类、事务管理类、其他投资类分别披露

单位：万元

主动管理型信托资产	期初数	期末数
证券投资类	193 998.54	421 777.26
股权投资类	32 187.35	23 829.24
融资类	2 292 328.66	2 412 602.37
事务管理类	—	—
其他投资类	1 749 194.18	3 319 229.55
合计	4 267 708.73	6 177 438.42

6.4.2.1.2 被动管理型信托业务的信托资产期初数、期末数，分证券投资类、股权投资类、融资类、事务管理类、其他投资类分别披露

单位：万元

被动管理型信托资产	期初数	期末数
证券投资类	—	18 646.12
股权投资类	135.43	135.68
融资类	345 550.70	433 263.57
事务管理类	—	46.23
其他投资类	1 419 615.87	739 337.47
合计	1 765 302.00	1 191 429.07

6.4.2.2 本年度已清算结束的信托项目个数、实收信托合计金额、加权平均实际年化收益率

6.4.2.2.1 本年度已清算结束的集合类、单一类资金信托项目和财产管理类信托项目个数、实收信托合计金额、加权平均实际年化收益率

已清算结束信托项目	项目个数（个）	实收信托合计金额（万元）	加权平均实际年化收益率（%）
集合类	62	1 278 088.30	7.8662

续表

已清算结束信托项目	项目个数（个）	实收信托合计金额（万元）	加权平均实际年化收益率（%）
单一类	23	882 597.00	5.2685
财产管理类	—	—	—

6.4.2.2.2 本年度已清算结束的主动管理型信托项目个数、实收信托合计金额、加权平均实际年化收益率，分证券投资类、股权投资类、融资类、事务管理类、其他分别计算并披露

已清算结束信托项目	项目个数（个）	实收信托合计金额（万元）	加权平均实际年化信托报酬率（%）	加权平均实际年化收益率（%）
证券投资类	7	71 828.30	1.1647	7.9233
股权投资类	1	9 450.00	4.2224	8.4102
融资类	55	1 521 180.00	2.4619	7.0431
事务管理类	—	—	—	—
其他	17	358 577.00	2.3955	6.3935

6.4.2.2.3 本年度已清算结束的被动管理型信托项目个数、实收信托合计金额、加权平均实际年化收益率，分证券投资类、股权投资类、融资类、事务管理类、其他分别计算并披露

已清算结束信托项目	项目个数（个）	实收信托合计金额（万元）	加权平均实际年化信托报酬率（%）	加权平均实际年化收益率（%）
证券投资类	—	—	—	—
股权投资类	—	—	—	—
融资类	4	153 000.00	0.3996	6.1776
事务管理类	—	—	—	—
其他	1	46 650.00	0.2500	2.2174

6.4.2.3 本年度新增的集合类、单一类和财产管理类信托项目个数、实收信托合计金额

新增信托项目	项目个数（个）	实收信托合计金额（万元）
集合类	86	3 120 317.77
单一类	19	221 472.11
财产管理类	1	25.20
新增合计	106	3 341 815.08
其中：主动管理型	94	3 077 694.63
被动管理型	12	264 120.45

6.4.2.4 本公司履行受托人义务情况及因本公司自身责任而导致的信托资产损失情况

报告期内，本公司没有发生因履行受托人义务情况及因本公司自身责任而导致的信托资产损失情况。

6.4.2.5 信托赔偿准备金的提取、使用和管理情况

信托赔偿准备金按公司净利润的5%提取，2019年12月31日信托赔偿准备金余额为21 082.12万元，2019年未使用信托赔偿准备金。

6.5 关联方关系及其交易的披露

6.5.1 关联交易方的数量、关联交易的总金额及关联交易的定价政策等

	关联交易方数量	关联交易金额（万元）	定价政策
合计	13	223 456.14	按市场公允价格定价

信托与关联方重大关联交易 单位：万元

关联方名称	交易方式及内容	定价政策	年初数	本年增加	本年减少	期末数
东莞市莞邑投资有限公司	带回购收益权	公允价格	40 000		40 000	—

6.5.2 关联交易方与本公司的关系性质、关联交易方的名称、法定代表人、注册地址、注册资本及主营业务等

关系性质	关联方名称	法定代表人	注册地址	注册资本（万元）	主营业务
母公司的子公司	东莞金控资本投资有限公司	李肇平	东莞市	25 000	物业投资、商业投资、股权投资、投资信息咨询
母公司的子公司	深圳前海莞信投资基金管理有限公司	江帆	深圳市	10 000	股权投资基金管理；受托资产管理、投资管理；创业投资业务；受托管理创业投资企业等机构或个人的创业投资业务；创业投资咨询业务；为创业企业提供创业管理服务业务；参与设立创业投资企业与创业投资管理顾问；投资兴办实业；投资咨询；投资顾问；股权投资；物业租赁
母公司	东莞金融控股集团有限公司	廖玉林	东莞市	322 767.7183	股权投资、物业投资、资产管理、商业咨询业务
联营企业	华联期货有限公司	甘建明	东莞市	27 587.555	商品期货经纪、金融期货经纪、期货投资咨询、资产管理
母公司的子公司	东莞市莞邑投资有限公司	麦林善	东莞市	5 000	企业资产重组；企业并购、收购和资产转让；企业投资及财务顾问；物业管理；城市综合开发与城市更新、旧城改造、城市单元开发、重大基础设施建设、商业投资、货物或技术进出口；实业投资；房地产开发经营；产业园建设及管理
母公司的联营企业	东莞证券股份有限公司	陈照星	东莞市	150 000	证券经纪；证券投资咨询；与证券交易、证券投资活动有关的财务顾问；证券承销与保荐；证券自营；证券资产管理；证券投资基金代销为期货公司提供中间介绍业务；融资融券；代销金融产品
本公司自有资金投资的企业	东莞市虎门倍增优选股权投资合伙企业（有限合伙）	深圳前海莞信投资基金管理有限公司	东莞市	9 000	股权投资；创业投资；实业投资；股权投资管理、受托管理股权投资基金
本公司自有资金投资的企业	东莞市上市莞企发展投资合伙企业（有限合伙）	深圳前海莞信投资基金管理有限公司	东莞市	170 100	创业投资；股权投资；实业投资；投资咨询；企业管理咨询
本公司自有资金投资的企业	东莞市莞金产业投资合伙企业（有限合伙）	深圳前海莞信投资基金管理有限公司	东莞市	15 000	产业投资；股权投资；创业投资；实业投资；股权投资管理，受托管理股权投资基金

6.5.3 本公司与关联方的重大交易事项

6.5.3.1 固有与关联方交易情况：贷款、投资、租赁、应收账款、担保、其他方式等期初汇总数、本期借方和贷方发生额汇总数、期末汇总数

单位：万元

固有与关联方关联交易				
	期初数	借方发生额	贷方发生额	期末数
贷款	—	—	—	—
投资	—	—	—	—
租赁	74.7	304.49	304.49	74.7
担保	—	—	—	—
应收账款	5.10	71.85	73.65	3.30
其他	—	14.12	14.12	—
合计	79.80	390.46	392.26	78.00

6.5.3.2 信托与关联方交易情况：贷款、投资、租赁、应收账款、担保、其他方式等期初汇总数、本期借方和贷方发生额汇总数、期末汇总数

单位：万元

信托与关联方关联交易				
	期初数	借方发生额	贷方发生额	期末数
贷款	—	—	—	—
投资	—	—	—	—
租赁	—	—	—	—
担保	—	—	—	—
应收账款	—	—	—	—
其他	40 000.00	—	40 000.00	—
合计	40 000.00	—	40 000.00	—

重大关联交易逐笔披露

单位：万元

关联方名称	交易方式及内容	定价政策	年初数	本年增加	本年减少	期末数
东莞市莞邑投资有限公司	带回购收益权	公允价格	40 000.00		40 000.00	—

6.5.3.3 信托公司自有资金运用于自己管理的信托项目（固信交易）、信托公司管理的信托项目之间的相互（信信交易）交易金额，包括余额和本报告年度的发生额

6.5.3.3.1 固有与信托财产之间的交易金额期初汇总数、本期发生额汇总数、期末汇总数

单位：万元

固有财产与信托财产相互交易			
	期初数	本期发生额	期末数
合计	502 011.57	-40 554.01	461 457.56

6.5.3.3.2 信托项目之间的交易金额期初汇总数、本期发生额汇总数、期末汇总数

单位：万元

信托财产与信托财产相互交易			
	期初数	本期发生额	期末数
合计	1 314 656.14	391 758.35	1 706 414.49

6.5.4 逐笔披露关联方逾期未偿还本公司资金的详细情况以及本公司为关联方担保发生或即将发生垫款的详细情况

无。

6.6 会计制度的披露

本公司固有业务及信托业务均执行按照《企业会计准则》和其他各项具体会计准则、应用指南及准则解释的规定进行确认和计量。

7. 财务情况说明书

7.1 利润实现和分配情况

本年实现利润总额为 66 268.51 万元，税后利润为 50 080.74万元，年初未分配利润为 142 538.31 万元，本年按 2019 年净利润提取法定盈余公积 5 008.07 万元、信托赔偿准备2 504.04 万元、一般风险准备 1 339.94 万元，年末未分配利润为168 446.88万元。

7.2 主要财务指标

指标名称	指标值
资本利润率（%）	9.03
加权年化信托报酬率（%）①	2.2217
人均净利润（万元）	178.22

7.3 对本公司财务状况、经营成果有重大影响的其他事项

报告期内，公司没有发生对本公司财务状况、经营成果有重大影响的其他事项。

8. 特别事项揭示

8.1 前五名股东报告期内变动情况及原因

报告期内，五名股东无变动情况。

8.2 董事、监事及高级管理人员变动情况及原因

2019 年 2 月 26 日，经公司第四届董事会第六十二次会议审议通过《关于聘任公司总经理助理的议案》，同意聘任黄晓光为公司总经理助理，并经中国银行保险业监督管理委员会广东监管局核准。

2019 年 6 月 28 日，经公司第四届董事会第六十五次会议审议通过《关于聘任公司副总经理兼董事会秘书的议案》，同意聘任王晓天为公司副总经理兼董事会秘书，并经中国银行保险业监督管理委员会广东监管局核准。

2019 年 7 月 12 日，经公司 2019 年股东会第二次临时会议审议通过《关于选举东莞信托有限公司第五届董事会董事的议案》，同意选举黄晓雯、陈英、江帆、萧瑞兴、林海、张耀麟、陈贺健七人为第五届董事会董事，其中林海、张耀麟为独立董事，并经中国银行保险业监督管理委员会广东监管局核准。

① 报告期结束项目加权年化信托报酬率。

2019 年 7 月 12 日，经公司 2019 年股东会第二次临时会议审议通过《关于选举东莞信托有限公司第五届监事会监事的议案》，同意选举庞张欢、唐普新、陈尧燊、陶莉娜、陈国、陈玉清、刘香兰七人为第五届监事会监事。

2019 年 7 月 12 日，经公司第五届董事会第一次会议审议通过《关于选举东莞信托有限公司董事长的议案》同意选举黄晓雯为董事长；通过《关于聘任东莞信托有限公司总经理的议案》，同意聘任陈英为总经理；通过《关于聘任东莞信托有限公司高级管理人员及财务负责人的议案》，同意聘任冯杰为副总经理、王晓天为副总经理兼董事会秘书、张晓斌为总经理助理、黄晓光为总经理助理，张凌为财务负责人。

2019 年 7 月 12 日，经公司第五届监事会第一次会议审议通过《关于选举东莞信托有限公司监事会主席的议案》，同意选举庞张欢为监事会主席。

8.3 变更注册资本、变更注册地或公司名称、公司分立合并事项

报告期内，公司变更注册资本、未变更注册地或者公司名称、公司分立合并事项。

8.4 公司的重大诉讼事项

8.4.1 重大未决诉讼事项

报告期内，公司新发生 3 项重大未决诉讼事项（单个诉讼案件涉诉贷款本金 1 000 万元以上诉讼事项），均为公司为原告方的信托业务诉讼事项，涉诉债权本金合计 36 052.77 万元。

8.4.2 以前年度发生，于本报告年度内终结的诉讼事项

报告期内，公司发生 2 项以前年度发生、于本报告年度内终结的重大诉讼事项（单个诉讼案件涉诉贷款本金 1 000 万元以上诉讼事项），为信托业务诉讼事项，涉诉债权本金 30 000 万元，为公司胜诉案件。上述涉诉债权已于年内对外转让。

8.4.3 本报告年度发生，于本报告年度内终结的诉讼事项

报告期内，公司有 5 项在本报告年度发生、于本报告年度内终结的重大诉讼事项（单个诉讼案件涉诉贷款本金 1 000 万元以上诉讼事项），均为信托业务诉讼事项，涉诉债权本金 41 930.89万元。上述涉诉债权已于年内对外转让。

8.5 公司及其董事、监事和高级管理人员受到处罚的情况

2019 年公司坚持审慎、合规经营，公司及公司董事、监事和高级管理人员没有受到监管等相关部门的处罚。

8.6 本年度重大事项临时报告的简要内容、披露时间、所披露的媒体及其版面

公司于 2019 年 7 月 16 日在《证券时报》B2 版刊登《东莞信托有限公司重大事项临时公告》。公告主要披露公司股东会、董事会、监事会于 2019 年 7 月 12 日顺利完成换届选举。公司将按监管机构有关规定办理相关人员的任职手续。

公司于 2019 年 12 月 25 日在《证券时报》B2 版刊登《东莞信托有限公司关于董事会、监事会完成换届选举及聘任高级管理层的公告》。公告主要披露公司于 2019 年 7 月 12 日召开股东会、董事会、监事会会议审议通过的公司董事会、监事会换届人员的任职资格经广东银保监局核准情况，以及高级管理层的任职情况。

8.7 中国银保监会及其省级派出机构认定的其他有必要让客户及相关利益人了解的重要信息

报告期内，公司没有未披露银保监会及其省级派出机构认定的其他有必要让客户及相关利益人了解的重要信息。

8.8 报告期内股东违反承诺质押信托公司股权或以股权及其受（收）益权设立信托等金融产品的情况

报告期内，公司股东没有违反承诺质押信托公司股权或以股权及其受（收）益权设立信托等金融产品的情况。

8.9 已向国务院银行业监督管理机构或其派出机构提交行政许可申请但尚未获得批准的事项

报告期内，公司没有向国务院银行业监督管理机构或其派出机构提交行政许可申请但尚未获得批准的事项。

9. 公司监事会意见

本报告期内，公司监事会列席了 2018 年度股东会、2019 年度股东会第二次、第三次临时会议，第四届董事会第六十二次、第六十四次、第六十六次、第五届董事会第一次、第二次会议。监督检查了公司依法运作情况、重大决策和重大经营活动情况及公司的财务、内控状况，并在此基础上发表如下独立意见。

（1）公司依法运作情况。公司能够严格按照《公司法》《东莞信托有限公司章程》及国家有关法律法规运作，公司所有重大决策程序依法合规，没有发现公司董事、高级管理人员在履行公司职责过程中存在违法违规、损害公司利益和委托人、受益人利益的行为。

（2）检查公司财务情况。本报告期公司财务状况良好，2019 年度财务报告经中审众环会计师事务所审计（特殊普通合伙）审计并出具无保留审计意见的审计报告，该报告真实、客观、准确地反映了公司的财务状况和经营成果。

（3）对公司内控的监督情况。本报告期内，监事会对各项制度进行审阅和对其执行情况进行监督，确保公司制定的各项制度及时、完整、合规、有效，确保内控制度较好地得到执行。

（4）对关联交易业务的监督。报告期内，公司发生的关联交易业务均严格遵循市场公允价值，认真执行《信托公司管理办法》有关规定，未发现损害公司利益及委托人、受益人利益的情况。

光大兴陇信托有限责任公司

1. 重要提示

1.1 本公司董事会及董事保证本报告所载资料不存在任何虚假记载、误导性陈述或者重大遗漏,并对其内容的真实性、准确性和完整性承担个别及连带责任。本年度报告摘要摘自年度报告全文,客户及相关利益人欲了解详细内容,应阅读年度报告全文。

1.2 本公司独立董事对年度报告内容的真实性、准确性、完整性无异议。

1.3 安永华明会计师事务所(特殊普通合伙)为本公司出具了标准无保留意见的审计报告。

1.4 本公司董事会郑重声明:保证年度报告中财务报告的真实和完整。

2. 公司概况

2.1 公司简介

2.1.1 公司历史沿革

光大兴陇信托有限责任公司是在原甘肃省信托有限责任公司(以下简称原甘肃信托)基础上重组后成立的。原甘肃信托是1980年2月经甘肃省政府批准成立、1981年6月经中国人民银行和财政部批准续办的甘肃省第一家具有金融业务资格的省属金融机构。1991年、1996年两次经中国人民银行批准进行重新登记,1996年更名为甘肃省信托投资公司。2002年4月,经中国人民银行批准由原甘肃省信托投资公司、天水市信托投资公司和白银市信托投资公司合并重组,组建成立甘肃省信托投资有限责任公司,注册资本金为45 143万元。2009年2月经中国银行业监督管理委员会批准,公司名称变更为甘肃省信托有限责任公司,注册资本金变更为31 819.05万元。2010年5月,经中国银行业监督管理委员会批准,公司注册资本金变更为101 819.05万元。2014年5月,经中国银行业监督管理委员会批准,甘肃省国有资产投资集团有限公司将其持有的51%股权转让至中国光大(集团)总公司。2014年7月1日,经中国银监会甘肃监管局核准,公司名称变更为光大兴陇信托有限责任公司。2015年12月28日,经中国银监会甘肃监管局批准,公司采取原股东等比例一次性增资方式,将公司注册资本金从101 819.05万元增加至341 819.05万元,并于2016年2月26日在甘肃省工商行政管理局完成了工商变更登记法律手续。2018年9月,经公司股东会审议通过、中国银监会甘肃监管局批准,白银市财政局将其持有的公司1.02%股权无偿划转至甘肃金融控股集团有限公司。2018年12月28日,经中国银保监会甘肃监管局批准,公司将注册资本金从341 819.05万元增加至641 819.05万元,并于2019年5月20日在甘肃省市场监督管理局完成了工商变更登记法律手续。

2.1.2 公司的法定名称
中文:光大兴陇信托有限责任公司(缩写:光大兴陇信托)
英文:Everbright Xinglong Trust Co., Ltd.(缩写:EXTC)

2.1.3 公司法定代表人:闫桂军

2.1.4 公司注册地址:甘肃省兰州市城关区东岗西路555号
邮政编码:730030
公司互联网网址:http://www.ebtrust.com
公司电子信箱:contact@ebtrust.com

2.1.5 公司信息披露事务联系人:鲁林岐
办公电话:0931-4650507
办公传真:0931-4650710
电子信箱:lulinqi@ebtrust.com

2.1.6 公司选定的信息披露报纸:《金融时报》《证券时报》

2.1.7 年度报告备置地点:北京市西城区武定侯街6号卓著中心8层;甘肃省兰州市东岗西路555号甘肃金融国际大厦9层

2.1.8 公司聘请的会计师事务所:安永华明会计师事务所(特殊普通合伙)
住所:中国北京市东城区东长安街1号东方广场安永大楼16层

2.1.9 公司聘请的律师事务所:北京德恒律师事务所
住所:中国北京市西城区金融街19号富凯大厦B座12层

2.2 组织结构

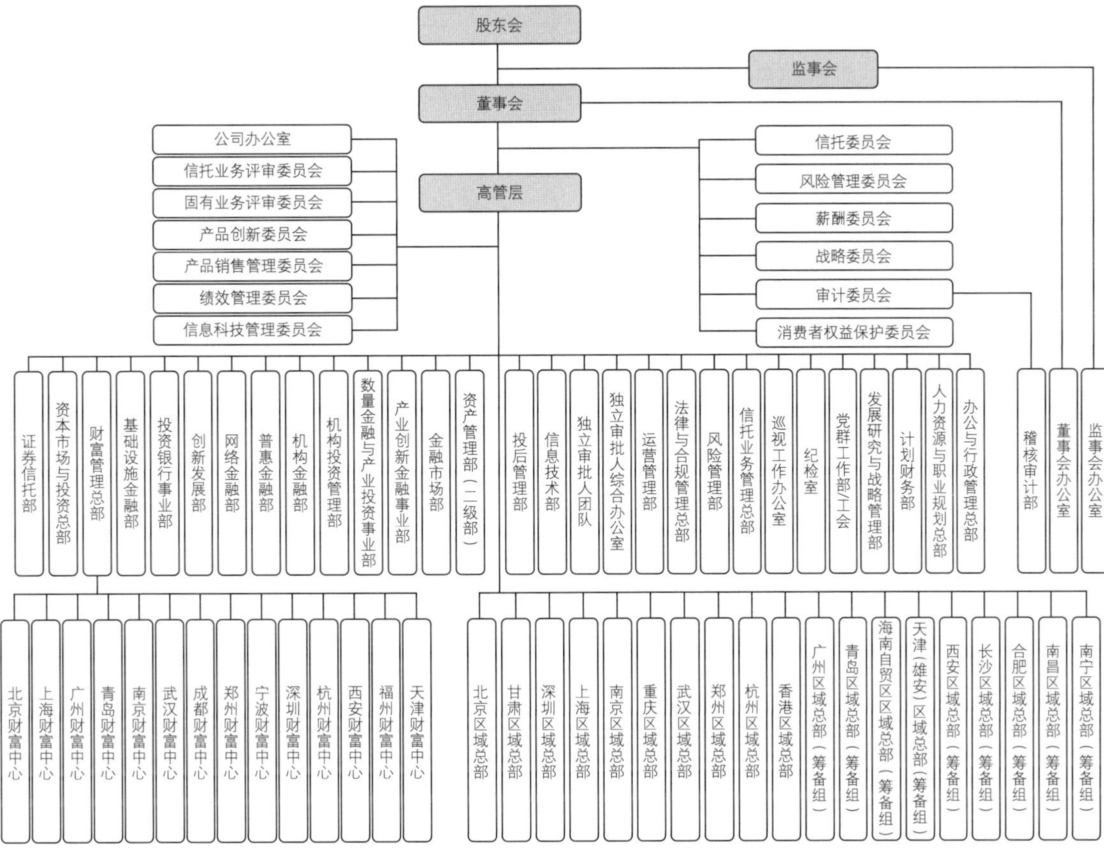

3. 公司治理

3.1 股东和股东会

截至报告期末，股东总数为4名。股东及出资情况如下。

股东名称	出资比例（%）	法定代表人	注册资本（万元）	注册地址	主要经营业务
中国光大集团股份公司	51.00	李晓鹏	6 000 000.00	北京市西城区太平桥大街25号	投资和管理金融业包括银行、证券、保险、基金、信托、期货、租赁、金银交易；资产管理；投资和管理非金融业。
甘肃省国有资产投资集团有限公司	23.42	冯文戈	1 231 309.99	兰州市静宁路308号	国有资本（股权）管理和融资业务，产业整合和投资业务，基金投资和创投业务，上市股权管理和运营业务，有色金属材料的批发和零售，以及经批准的其他业务等。
甘肃金融控股集团有限公司	21.58	陈牧原	1 056 168.88	兰州市城关区东岗西路638号	投资管理银行、证券、保险、基金、担保、信托、租赁、资产管理，股权交易等金融业务、投资管理战略性新兴产业和现代服务业等非金融业务。
天水市财政局	4.00	张栋梁	—	天水市合作北路62号	—

3.2 董事、董事会及其下属委员会

董事长、副董事长、董事

姓名	职务	性别	年龄（岁）	选任日期	任期（年）	所代表（推举）的股东名称	该股东持股比例（%）	简要履历
闫桂军	董事长	男	51	2015年4月任董事，2019年3月任董事长	3	中国光大集团股份公司	51	曾任中国光大银行公司业务部总经理，中国光大银行杭州分行党委书记、行长，光大金控资产管理有限公司党委副书记、总裁；现任光大兴陇信托有限责任公司党委书记、董事长、法定代表人。

续表

姓名	职务	性别	年龄（岁）	选任日期	任期（年）	所代表（推举）的股东名称	该股东持股比例（%）	简要履历
邵　泉	董事	男	50	2019 年 10 月	3	中国光大集团股份公司	51	曾任中国光大银行石家庄分行党委书记、行长，中国光大银行信用审批部总经理；现任光大兴陇信托有限责任公司党委副书记、总裁。
陆卫东	董事（2020 年 1 月不再担任）	男	50	2014 年 9 月	3	中国光大集团股份公司	51	曾任中国光大银行北京分行计划财务部总经理，光大金控资产管理有限公司财务管理部总经理；现任光大金控资产管理有限公司党委委员、副总裁。
吴万华	董事（2020 年 3 月不再担任）	男	54	2014 年 12 月	3	甘肃省国有资产投资集团有限公司、甘肃金融控股集团有限公司、天水市财政局、（三方联合）	49	曾任甘肃省国有资产投资集团有限公司董事长、党委书记，2018 年 7 月任甘肃省人民政府国有资产监督管理委员会党委书记、主任。
蔡彤	董事	男	51	2019 年 7 月	3	甘肃省国有资产投资集团有限公司、甘肃金融控股集团有限公司、天水市财政局、（三方联合）	49	曾任中国人民银行武威市中心支行党委书记、行长兼国家外汇管理局武威市中心支局局长，中国人民银行兰州中心支行党委办公室主任、办公室主任；现任光大兴陇信托有限责任公司党委委员、副总裁。

董事会下属委员会

董事会下属委员会名称	职　责	组成人员姓名	职　务
信托委员会	协助董事会建立和完善公司信托业务职能规则体系并监督实施；对公司信托计划的设立、信托财产、信托当事人、信托的变更与终止等信托事务，进行合法合规性鉴定，以达到信托业务规范运作；对公司信托业务合规管理工作进行监督；对公司信托业务运行情况进行定期评估；负责公司关联交易管理，对重大关联交易事项进行审查并提交董事会审议；董事会授予的其他职责。	周小明	主任委员
		闫桂军	委员
		吴万华	委员
风险管理委员会	根据公司总体战略，审核和修订公司风险政策，对其实施情况及效果进行监督和评价，并向董事会提出建议；对项目风险进行预警、评价；董事会授予的其他职责。	闫桂军	主任委员
		陆卫东	委员
		张　萍	委员
		苑德军	委员
薪酬委员会	拟定董事、独立董事、监事及高级管理人员的薪酬方案，并向董事会提出薪酬方案的建议；负责对公司薪酬制度执行情况进行监督；拟定董事会年度费用预算方案，向董事会提出建议；董事会授予的其他职责。	陆卫东	主任委员
		周小明	委员
		苑德军	委员
战略委员会	研究审议公司长期发展战略；研究审议公司业务及机构发展规划；研究审议公司重大投资融资方案和其他影响公司发展的重大事项；将研究审议结论向公司董事会提出建议及方案。	闫桂军	主任委员
		周小明	委员
		陆卫东	委员
审计委员会	负责检查、监督公司内部控制及实施，并提出完善内部控制的意见；负责检查监督公司内部审计工作、内部审计制度及实施；负责对公司重大关联交易进行审计等。	张　萍	主任委员
		苑德军	委员
		陆卫东	委员
消费者权益保护委员会	拟定公司消费者权益保护工作的战略、政策和目标，从总体规划上指导高级管理层加强消费者权益保护的企业文化建设，将消费者权益保护相关内容纳入公司治理和经营发展战略中等。	闫桂军	主任委员
		吴万华	委员
		张　萍	委员

3.3　监事、监事会及其下属委员会

监事会成员

姓名	职务	性别	年龄（岁）	选任日期	任期（年）	所代表（推举）的股东名称	该股东持股比例（%）	简要履历
焦宇	监事	女	48	2019 年 3 月	3	中国光大集团股份公司	51	曾任光大依波金银珠宝公司财务部副总经理，中国光大集团股份公司财务管理部综合处处长；现任中国光大集团股份公司财务管理部副总经理。
俞静	职工监事	女	45	2014 年 9 月	3	—	—	曾任原甘肃省信托有限责任公司党委委员、总裁助理；现任光大兴陇信托有限责任公司职工监事、稽核审计部总经理。

注：本届监事会未设立下属委员会。

3.4 独立董事

独立董事

姓　名	所在单位及职务	性别	年龄(岁)	选任日期	任期(年)	简要履历
周小明	中国人民大学信托与基金研究所所长	男	53	2014年9月	3	曾任安信信托投资股份有限公司总裁,北京君泽君律师事务所高级合伙人,北京六名律师事务所主任;现任中国人民大学信托与基金研究所所长。
苑德军	中国社科院研究生院客座教授	男	69	2014年9月	3	曾任中国银河证券公司高级经济学家,中国人民大学客座教授(退休后担任);现任中国社科院研究生院客座教授。
张　萍	甘肃茂源会计师事务有限公司董事长	女	51	2014年9月	3	曾在甘肃省审计厅第一审计事务所工作;现任甘肃注册会计师(资产评估)协会副会长,甘肃茂源会计师事务有限公司董事长,甘肃中联茂源工程造价咨询有限公司董事长,中联资产评估集团(甘肃)有限公司总经理。

3.5 高级管理人员

高级管理人员

姓　名	职务	性别	年龄(岁)	任职日期	金融从业年限(年)	学历	专业	简要履历
闫桂军	董事长	男	51	2019年3月	22	本科	金融	曾任中国光大银行公司业务部总经理,中国光大银行杭州分行党委书记、行长,光大金控资产管理有限公司党委副书记、总裁;现任光大兴陇信托有限责任公司党委书记、董事长(2019年5月取得任职资格)。
邵　泉	总裁	男	50	2019年10月	27	硕士	政治经济学	曾任中国光大银行石家庄分行党委书记、行长,中国光大银行信用审批部总经理;现任光大兴陇信托有限责任公司党委副书记、总裁(2019年12月取得任职资格)。
陈凯慧	常务副总裁	男	56	2014年12月	29	博士研究生	管理科学与工程	曾任中国光大银行广州分行党委书记、行长;现任光大兴陇信托有限责任公司党委委员、常务副总裁(2015年7月取得任职资格)。
王荣清	纪委书记	男	55	2019年2月	22	硕士	经济学	曾任光大置业有限公司董事长、党委书记,中国光大实业(集团)有限责任公司党委委员、副总经理、纪委书记;现任光大兴陇信托有限责任公司党委委员、纪委书记。
李招军	副总裁	男	55	2014年12月	27	博士研究生	政治经济学	曾任中国银行业监督管理委员会非银行金融机构监管部处长,河北银监局党委委员、副局长;现任光大兴陇信托有限责任公司党委委员、副总裁(2015年7月取得任职资格)。
刘向东	副总裁	女	52	2014年12月	21	博士研究生	金融学	曾任北京信托首席研究员兼研究发展中心总经理;现任光大兴陇信托有限责任公司党委委员、副总裁(2015年7月取得任职资格)、工会主席、首席经济学家。
蔡　彤	副总裁	男	51	2019年7月	26	硕士	工商管理	曾任中国人民银行武威市中心支行党委书记、行长兼国家外汇管理局武威市中心支局局长,中国人民银行兰州中心支行党委办公室主任、办公室主任;现任光大兴陇信托有限责任公司党委委员、副总裁(2019年9月取得任职资格)。

3.6 公司员工

公司2018年末员工人数为491人,2019年末员工人数为945人。

项　目		报告期年度		上年度	
		人数(人)	比例(%)	人数(人)	比例(%)
年龄分布	25岁以下	9	0.95	2	0.40
	25~29岁	165	17.46	85	17.31
	30~39岁	628	66.46	326	66.40
	40岁以上	142	15.03	78	15.89
学历分布	博　士	24	2.54	16	3.26
	硕　士	561	59.37	298	60.69
	本　科	344	36.40	161	32.79
	专　科	14	1.48	14	2.85
	其　他	2	0.21	2	0.41

续表

项　目		报告期年度		上年度	
		人数(人)	比例(%)	人数(人)	比例(%)
岗位分布	董事、监事及高管人员	7	0.74	5	1.02
	自营业务人员	21	2.22	13	2.65
	信托业务人员	722	76.41	351	71.48
	其他人员	195	20.63	122	24.85

注:自营业务人员是指按照岗位分工,专门或至少从事固有资金使用和固有资产管理有关业务的职工;信托业务人员是指按照岗位分工,专门或至少从事信托资金使用和信托资产管理各项业务的职工;对于人力资源部等类似无法明确区分的综合部门归为其他人员。

4. 经营概况

4.1 经营目标、经营方针、战略规划

4.1.1 经营方针

2019年,公司高举习近平新时代中国特色社会主义思想伟大旗帜,全面贯彻党的十九大和十九届二中、三中和四中全会精

神，按照“稳中求进，变中求机，抓住机遇，迎难而上”的总体工作要求，以“科技引领未来、创新驱动发展”为核心经营理念，秉持“前中后台融合共生”的生态文化和“流程服务于业务”的经营原则，做好回归信托本源、服务实体经济、深化改革发展、防控金融风险工作，经营业绩高速增长，发展质效显著提升。

一是以战略为引领，全力聚焦战略落地。深入贯彻“受人之托，代人理财”的定位，持续打造“基金化、证券化、资产管理化”的经营模式，不断夯实“投资银行、资产管理、财富管理、权益投资和消费金融”五大核心业务板块，大力增强“客户选择、项目选择和区域选择”的核心竞争能力，坚持把信托主业做优、做精、做强。

二是以改革为使命，持续增强发展动力。公司将深化改革作为经营发展的重中之重，以改革促发展，进一步提升价值创造能力。公司围绕目标运营模式建设、人力资源管理改革、风险管理改革、信息科技改革和创新体系改革五个方面，制定改革任务目标，优化机制体制建设，激发创新发展的蓬勃动力。

三是以创新为驱动，不断培育业务发展新动能。公司以创新创业工作为核心，逐步完善创新业务管理制度和机制，有效激发公司上下的创新热情，持续提升新兴业务展业能力，加大力度培育名品，在推动家族信托、慈善信托、资产证券化业务上取得较大突破。其中，落地 20 亿元的最大单笔家族信托，在行业内处于领先水平；慈善信托备案数量和规模稳居行业第一，其中最大单笔慈善信托规模为 5 亿元，位居行业之首；申请 3 项消费金融业务系统专利，申请专利数量位于行业首位。

四是以风险管理为保障，全面提升风险管理能力。公司坚持从“控制风险”到“经营风险”的风险管理战略转型，确保风险偏好与业务战略的协调，全面加强和完善三道风险防线，重视中央风控职能的建立与业务风险审批的优化。公司制定风险偏好政策，修订及制定了信托业务管理制度、创新业务管理制度、声誉风险管理制度等内控制度，对流动性风险、信用风险和操作风险持续加强管理。

4.1.2 战略规划及目标

光大信托发展战略的总体框架是：以“光大信托，助力社会更美好”为愿景，以“全方位领先，具有可持续竞争能力的中国一流信托公司”为十年战略目标，以“发展中转型，成为主业突出、规模领先、质效并举的信托公司，进入行业第二梯队”为五年战略目标，围绕业务组合、运营模式、支撑体系、发展方式四大战略发展主线，落实两大核心业务策略，推行九大战略举措落地。

4.2 所经营业务的主要内容

4.2.1 自营资产运用与分布表

资产运用	金额（万元）	占比（%）	资产分布	金额（万元）	占比（%）
货币资产	775 968.41	55.61	基础产业	—	—
贷款及应收款	20 792.95	1.49	房地产	—	—
交易性金融资产	507 833.28	36.39	证券市场	11 584.98	0.83
使用权资产	50 978.60	3.65	实业	8 857.97	0.63
固定资产	4 061.51	0.29	金融机构	396 787.27	28.43
投资性房地产	3 538.90	0.25	其　他	966 947.10	69.29

续表

资产运用	金额（万元）	占比（%）	资产分布	金额（万元）	占比（%）
其　他	32 314.69	2.32	—	—	—
资产总计	1 395 488.34	100.00	资产总计	1 395 488.34	100.00

4.2.2 信托资产运用与分布表

资产运用	金额（万元）	占比（%）	资产分布	金额（万元）	占比（%）
货币资产	1 212 106.20	1.61	基础产业	21 330 884.76	28.42
贷　款	35 744 411.77	47.63	房地产	8 989 955.31	11.97
交易性金融资产	10 279 425.36	13.69	证券市场	7 202 954.74	9.60
可供出售金融资产	6 379 778.82	8.50	实业	24 022 994.37	32.00
持有至到期投资	78 256.18	0.10	金融机构	4 688 754.66	6.25
长期股权投资	6 943 988.75	9.25	其　他	8 826 156.82	11.76
其　他	14 423 733.58	19.22	—	—	—
信托资产总计	75 061 700.66	100.00	信托资产总计	75 061 700.66	100.00

4.3 市场分析

4.3.1 经济形势分析

2019 年，国际宏观经济形势错综复杂，受贸易保护主义抬头、中美贸易战及地缘政治风险升温等因素影响，世界经济增长持续放缓，需求疲弱，不过受到积极财政政策和货币政策支撑，第四季度全球 PMI 和宏观经济先行指数有一定反弹。具体来看，美、欧等发达经济体 2019 年经济增速均呈下行趋势，但得益于货币政策宽松等政策托底，有企稳迹象。美国经济增速放缓但仍保持稳健水平，欧元区经济触底后走势趋平，日本经济增速在 2019 年上半年反弹后出现较大回落。新兴经济体需求动能弱化，宏观经济增速放缓，下行风险较大。

2019 年我国国民经济运行总体平稳，经济结构持续优化，但是经济下行压力较高。消费对经济增长的拉动作用增强，消费升级态势持续；投资增速缓慢下行，分化态势显著，受到宏观调控政策影响，房地产投资增速逐步放缓，制造业投资增速徘徊，基建投资增速有所反弹；受到中美贸易摩擦影响，外贸出口偏弱；物价逐步高企，结构性通胀压力增大，主要缘于猪肉供给不足。

展望 2020 年，全球经济仍然面临增长放缓，贸易摩擦、地缘政治冲突等不确定性依然存在。此外，新冠肺炎疫情逐步蔓延全球，进一步增加了全球经济增长的不确定性。从我国看，新冠肺炎疫情的影响可能在第二季度逐步消除，已实施的财政政策、货币政策有利于对冲新冠肺炎疫情的冲击。疫情不改变我国经济增长中长期趋势，仍需要深化改革，加快开放，培育新经济增长动能，扶持中小企业和民营企业，解决经济发展中的结构性问题，加快高质量发展步伐。

4.3.2 金融形势分析

从国际市场看，2019 年初美联储停止加息，连续三次降息重启正回购和购买国债，引发全球超过 40 个经济体为支持经济增长或实现通胀目标而降息，部分经济体政策利率已接近或达到历史低位，负利率债券范围占比持续扩大。

从国内市场看，2019 年面对经济下行和局部性社会信用收缩压力，人民银行实施稳健的货币政策，加强逆周期调节，保持货币信贷合理增长，推动信贷结构持续优化，全年三次降准，灵活运用公开市场操作边际调节，改革 LPR 报价，扩大流动性投放平抑流动性分层问题，引导实体融资成本下降，缓解中小微企业“资金困境”。

展望 2020 年，全球经济增速面临下行风险，各国需要保持相对宽松的货币政策，支持经济增长，这有利于金融市场稳定运行。从国内看，我国将加大逆周期调节力度，稳健的货币政策将更加灵活适度，保持流动性将合理充裕，运用结构性货币政策精准滴灌，灵活运用定向降准、再贷款、再贴现、宏观审慎评估等工具，引导资金投向供需共同受益、具有乘数效应的先进制造、民生建设、基础设施短板等领域，降低企业融资成本，促进产业和消费双升级，支持经济高质量发展。

4.3.3　影响本公司业务发展的主要因素

4.3.3.1　有利因素

一是股东单位发展稳健，支持力度持续加大。中国光大集团综合金融优势及甘肃方股东的合力支持成为公司发展强劲的重要力量来源。作为大股东的中国光大集团是具有金融全牌照的金融控股集团，可充分依托集团综合金融优势，深入挖掘信托功能优势，主动加强与中国光大集团内各企业的业务联动，开展多渠道、多层次、多元化业务合作。

二是财富管理领域蕴含巨大的市场潜力。我国居民财富累积水平不断升高，投资管理意识逐步提升，金融脱媒加快，对于资管产品需求不断增加。同时，部分高净值客户对于资产配置、家族财富传承等个性化财富管理服务需求持续上升，财富管理服务正趋于精品化、特色化和多元化，这为公司做大做强财富管理业务提供了良好的机遇，同时也要求公司的财富管理发展方向逐步由卖方思维转向买方思维，转向以客户需求为核心，不断推陈出新。

三是我国经济高质量发展提供了新的信托服务需求。目前，我国发展仍处于并将长期处于重要战略机遇期，建设现代经济体系将坚持质量第一、效益优先，以供给侧结构性改革为主线，增强微观主体活力，加大宏观政策调节力度，适时出台实施相关政策，更加精准地补短板、强弱项，提高经济发展质量和效益。在此过程中，实体经济对于信托金融服务的需求将逐步增大。

四是金融科技将赋能信托业务。金融科技已成为全球金融领域的风口，其主要技术包括人工智能、区块链、大数据、云计算等，并且已在金融领域得到了广泛关注。公司已经开始将金融科技应用于信托产品、服务和管理创新，未来将在风险防控、客户体验、契合监管等多个方面夯实基础管理，提升运营效率。

4.3.3.2　不利因素

一是传统信托业务增长受制约。一方面，宏观经济增速放缓，企业融资需求放缓，展业难度增大；另一方面，地方政府债务治理抑制政信合作，自 2019 年下半年以来监管部门加强了对房地产信托业务额度管控，重点传统信托业务增长空间受限。长期来看，信托公司需要加速回归本源，提升主动管理能力，打造核心竞争力。

二是风险管控难度提升。宏观经济形势依然较为复杂，实体经济增速有放缓趋势，信托行业风险项目个数与规模均呈上升趋势，信托资产风险率持续推高，信托公司兑付压力增大，风险防范和风险处置难度不断增高。

三是信托行业面临的竞争不断增强。随着资管新规的实施，资管机构资产配置范围逐步趋同，信托公司与基金管理公司、证券公司等资管机构共同角逐资产管理市场。此外，银行理财子公司的诞生、海外资管机构的加快布局进一步提升了资管市场的竞争程度。信托公司虽然在创新、非标业务等方面具有突出优势，但是在客户资源、渠道资源、专业人才等方面仍有一定差距。

4.4　风险管理

4.4.1　风险管理概况

报告期内，公司进一步坚持严控风险、稳健经营的方针，不断完善风险管理政策，针对经营活动中的信用风险、市场风险、操作风险以及其他风险，完善风险管理的组织架构和流程，积极推进主营业务准入标准的建立和完善，并根据市场和政策变化及时应变调整，提高风险监测、预警和处置能力，进而保障公司业务的健康发展。

公司风险管理的基本原则是全面性、审慎性、及时性、有效性和独立性。风险管理涵盖公司的各项业务、各个部门和各级人员，渗透到决策、执行、监督、反馈各个环节；风险管理是一项长期持续性工作，贯穿于公司经营过程始终；风险管理的核心是有效防范风险。公司通过制定和不断完善健全的内部控制制度，建立职责分工合理的组织机构，对可能产生的风险及时作出反应，采取有效措施进行事前、事中、事后的有效控制，以促进公司持续、稳健、规范运行。

董事会对公司的风险管理决策承担治理责任，董事会是风险管理的核心，就全面风险管理工作的有效性对股东会负责。董事会下设风险管理委员会以及其他专业委员会按照《公司章程》和相应委员会工作规则履行职责。高级管理层承担并落实董事会确定的风险战略和风险偏好、确定风险容忍度和风险限额、制定风险政策等职责。监事会负责监督董事会和高级管理层在风险方面的履职尽责情况，依法独立履行监督职能。

报告期内，公司加强全面风险管理，优化风险管理机制体制，制定并发布了全面风险管理体系建设方案；加强风险管理制度建设，按照统筹安排、突出重点、整体推进的思路，逐步构建内容协调、有效管用的公司制度体系；积极推进审批机制改革，逐步建立了风险审批体制的底层制度基础，明确了独立审批人、独立审批人会议和评审委员会会议的三级审批体制；公司加强风险管理信息系统化建设，借助科技力量加强投前、投中、投后管理，先后推进了线上审批、预警系统和投后管理系统等多个 IT 风险管理项目；同时公司积极贯彻落实监管要求，认真完成各项风险排查、专项检查等工作任务。

4.4.2　风险状况

4.4.2.1　信用风险状况

信用风险是公司面临的主要风险之一，主要指交易对手因履约意愿或履约能力发生变化导致信托财产或公司财产遭受损失的风险，主要表现为在贷款、资产回购、后续资金安排、担保、履约承诺等交易过程中，借款人、担保人、保管人等交易对手不履行承诺，不能或者不愿履行合约承诺而使信托财产和固有财产遭受损失。

报告期内，公司持续严格履行受托人尽职管理职责，针对存量项目中交易对手违约事件，公司积极采取多项措施化解风险，及时进行信息披露，必要时采取法律手段予以解决，最大限度地保护受托人合法权益，公司信用风险可控。

4.4.2.2　市场风险状况

市场风险主要是指在开展资产管理业务过程中，投资于有公开市场价值的金融产品或者其他产品时，金融产品或者其他产品的价格发生波动导致资产遭受损失的可能性。同时，市场风险还具有很强的传导效应，市场风险很可能引发交易对手的信用风险。

报告期内，公司坚持稳健运营的策略，密切关注宏观政策导向，充分深入调研，对有价证券投资管理状况进行实时监测，控制总体证券投资规模和比例，设置限制性指标和止损限额，通过投资组合分散投资风险。公司信托资产投资、固有资产投资的市场风险情况正常。

4.4.2.3　操作风险状况

操作风险是指由不完善或有问题的内部程序、员工和信息科技系统，以及外部事件所造成损失的风险。公司持续对现有制度和流程进行梳理，建立健全相关制度，并对所开展的业务工作进行操作流程优化的同时，注重提高员工素质和责任心的培养，避免人为主观因素引发操作风险。报告期内公司未发生上述风险情况。

4.4.2.4　其他风险状况

其他风险主要包括流动性风险、政策风险、合规风险和声誉风险等。流动性风险是指信托公司虽然有清偿能力，但无法及时获得充足资金或无法以合理成本及时获得充足资金以应对资产增长或支付到期债务的风险。政策风险主要表现为宏观政策及行业政策的变动对公司经营环境和发展所造成的影响。合规风险是指公司因没有遵循法律、规则和准则可能遭受法律制裁、监管处罚、重大财务损失和声誉损失的风险。声誉风险是指由公司经营、管理及其他行为或外部事件导致利益相关方对公司作出负面评价的风险，影响公司正常经营。报告期内公司其他风险正常。

4.4.3　风险管理

4.4.3.1　信用风险管理

报告期内，公司严格履行受托人职责，积极面对复杂多变的外部形势带来的不利影响和潜在挑战，高度重视信用风险的防范和管理，加强信用风险防范的前瞻性、针对性和及时性，强化过程管理和风险预警处置，及时转移、释放和化解信用风险。具体措施包括：一是公司严格落实监管政策和指导要求，持续推动制度建设，及时调整和优化各项业务政策，着力构建和完善信用风险管理体系；二是改革调整，积极推动审批机制改革，推进审批机制专业化、市场化、差异化；三是制定或修订信托业务系列指引，重点细化尽职调查工作要求，严格规范审查审批等全业务流程、部门职责和实施要求；四是建立和完善投后管理、风险监测分析等各项机制，及时防范和化解信用风险，并加强存量不良资产管理和处置；五是加大信用风险管理信息化投入，建立了有效的风险预警机制，贷后管理信息系统。

4.4.3.2　市场风险管理

针对市场风险，公司加强对宏观经济金融形势、调控政策以及行业周期性的研究，加大股票投资项目调研力度。谨慎选择项目，各项投资活动实施前均经过全面调查，对可能产生市场风险的各因素进行测算评估。对有价证券投资管理状况进行实时监测，增强对资本市场走向及证券投资产品走势的预判，优化证券投资业务策略，提高证券投资业务决策有效性和时效性。严格遵循组合投资、分散风险的原则，通过投资组合分散投资风险并提早做好防范措施。积极发挥业务系统在证券投资及风险管理方面的功能作用，提高证券估值效率和风险评估的科学性，强化预警平仓等风险防范措施。

4.4.3.3　操作风险管理

公司加强内控制度和风险管理制度的落实，不断提升业务操作的规范化水平，有效管理各类操作风险。一是加强内控机制建设，建立系统化的公司制度体系，强化层级授权体系，明确各部门、岗位的职责和权限，使公司业务运行的每一个过程和环节有章可循，各相关业务部门按照各自的职责在授权范围内独立运作，提高业务合规管理和风险管理质量。二是公司不断加强制度培训，提高员工的规范意识和责任意识。通过技术手段对操作权限和内容进行程序设定、制订应急预案等措施控制操作风险。三是根据监管规定对公司固有业务和信托业务进行严格的分离和岗位设置。

4.4.3.4　其他风险管理

一是公司坚持稳健运营的基本原则，合理制定固有资产投资策略，审慎进行固有资产的投资，在固有资产配置上以流动性和安全性为首要原则，提高货币资金、金融产品投资等流动性资产的配置比例，在确保流动性及安全性的基础上取得了较好的经营成效。

二是公司通过加强对国家政策的分析和研究，准确把握政策变化趋势，根据监管政策和市场的变化，加强政策风险管理，适时调整发展战略和经营策略。

三是公司严格按照法律法规规定开展业务，注重与监管部门的沟通，确保公司经营活动符合国家政策和监管要求，从完善公司治理、加强合规组织机构、配套机制建设、培育良好合规文化等方面，构建有效的合规风险管理机制。

四是公司高度重视声誉风险管理，将公司声誉构建与公司发展战略、企业文化进行有机结合，对可能影响公司声誉的业务坚决予以回避，尽职管理受托资产并充分披露，加强舆情监测，积极维护公司良好的声誉和企业形象。

4.5　企业社会责任

2019 年，面对复杂严峻的国内外经济金融形势，公司以金融供给侧结构性改革为主线，将防范和化解金融风险与服务实体经济和人民美好生活有效结合，切实履行社会责任，为美好社会的繁荣发展助力同行。

4.5.1　坚持党的领导毫不动摇，努力实现国有资产保值增值

公司全面加强党的领导，积极落实金融供给侧结构性改革要求，严格服从监管要求，主动调整业务发展规模与速度，依托中国光大集团综合金融服务优势，以国有资产保值增值、股东利益回报稳定为目标，充分发挥信托制度优势与创新理念，不断提升投资效率和效益，公司经营发展再上新台阶。2019 年，公司主要经营指标继续逆势增长、屡创新高，管理资产规模达到 7 372.86 亿元，营业收入实现 41.85 亿元，上缴税金 25.03 亿元，实现净利润 20.78 亿元，兑付投资人收益 384.94 亿元，公司行业综合排名由2014年重组时的倒数第三跨越式进入行业前列。

2019年，公司凭借突出的增长能力和优异的业绩荣获权威媒体评出的“杰出信托公司奖”“中国诚信托—成长优势奖”“年度最具创新性普惠金融信托公司”“社会责任标杆企业”“2019年度信托业品牌建设”等十余个荣誉称号；公司党委书记、董事长闫桂军同志荣膺第八届中国财经峰会“行业影响力人物奖”和21世纪亚洲金融年会“2019年度信托业领导人物”荣誉称号，公司良好的社会形象得到进一步巩固。

4.5.2　充分发挥信托制度优势，大力支持公益慈善事业

截至2019年末，公司向民政部门完成备案的慈善信托产品为25笔，规模合计5.80亿元，慈善信托新增数量、金额位居行业首位。公司慈善信托业务不仅从规模上实现了突破，而且在业务开展的深度广度、与光大集团及各类公益机构间的协同合作等方面也取得显著成效。截至2019年末，已累计支出慈善资金6 449万元，支出资金用于帮扶支持中央“脱贫攻坚”重点区域甘肃省和政、临洮、迭部县和湖南省新化、新田、古丈县，以及广东省粤北贫困山区的扶贫济困、助老助残、社会公益设施等，未来将使20万人左右的贫困家庭和人群受益。

4.5.3　彰显中央企业使命担当，积极开展扶贫工作

公司按照党中央、国务院、光大集团关于精准扶贫有关工作要求，紧紧围绕“精准精细、稳中求进、进中求新”的原则，积极开展信托扶贫创新，促进扶贫资源精准对接，加快农村贫困人口脱贫致富步伐，助力脱贫攻坚事业稳步推进。一是开展产业及民生扶贫，向甘肃省高院定点扶贫县甘肃省临夏回族自治州临夏县的太子山生态农庄项目和乡村人居环境改善提升项目，分别捐助先期帮扶金额40万元和20万元，后期再根据实际扶贫效果追加资金；二是开展教育扶贫，包括中国银保监会定点扶贫县甘肃省临夏回族自治州和政县采购电脑项目、甘肃省定西市临洮县“梦想教室”项目、光大集团定点扶贫县湖南省永州市新田县“梦想教室”项目，以上项目合计帮扶金额80万元；三是开展党建扶贫，按照中组部和光大集团关于补缴党费用于精准扶贫的有关要求，将补缴党费中的100万元以慈善信托的形式资助光大集团定点扶贫县湖南省新化县，用于4个党员活动室（含村级综合服务平台功能）建设项目；四是开展消费扶贫，包括中国银保监会定点扶贫县甘肃省定西市临洮县采购百合项目和光大集团定点扶贫县湖南省新化县采购茶叶项目，以上项目合计金额53万元，拓宽了当地特色产品销路，支持了消费扶贫工作；五是开展爱心捐款活动，包括定点扶贫资金捐助180万元，在2019年“幸福工程——救助贫困母亲行动”捐款活动中公司干部员工合计捐款6.67万元。

4.5.4　坚持多措并举，助力民营企业更好更快发展

民营经济稳定和发展已成为国民经济保持总体平稳的重要基础。金融是经济的血脉，也已经成为推动实体经济，特别是民营企业发展的“利器”。公司坚持“四个一致、四个不一致”原则，聚焦民企融资服务痛点和难点，多方面积极化解民企和中小微企业融资难、融资贵问题，为民企提供投融资全产业链的金融服务。在政策支持方面，公司制定了《关于落实〈中国光大集团服务民营企业和中小企业实施意见〉的实施方案》，对民营企业和中小企业设定了年度服务目标和工作举措；在客户服务方面，公司召开民营企业座谈会，邀请20余家民营企业参会，就“提升信托服务质效、破解民企融资难题”展开深入交流与研讨，共议降低民企融资成本的路径，同时全面落实战略客户管理机制。公司还对民营企业战略客户实行整体授信，在项目审批、资金对接等方面建立绿色通道，已服务民营企业资金规模近3 000亿元，占全部信托存量规模的30%左右，努力以光大信托之为，助力民营企业发展。

4.5.5　坚守绿色发展理念，积极推进绿色信托实践

金融体系的绿色化和可持续发展已经成为当今全球共识。公司紧跟国家绿色发展战略步伐和国际绿色金融发展的最新趋势，深刻领会绿色发展顶层设计思路，重点落实绿色金融发展理论研究与实践，持续创新绿色信托产品与服务。2019年，公司通过组织业务专项研究，贯彻绿色发展理念，融入公司可持续发展战略，制定并印发《关于推动公司绿色信托业务发展助力美丽中国建设的指导意见》，为公司全面开展绿色信托业务，支持绿色产业发展提供政策引领，引导各区域总部、业务部门加强对绿色环保、新能源等行业金融支持力度。截至2019年末，公司存续绿色信托类项目合计规模649.74亿元，新增投放绿色信托类项目合计规模281.55亿元，为积极推进绿色信托的业务实践贡献了自己的力量。

5. 报告期末及上一年度末的比较式会计报表

5.1　自营资产

5.1.1　会计师事务所审计意见全文

审 计 报 告

安永华明(2020)审字第61362549_A01号

光大兴陇信托有限责任公司

光大兴陇信托有限责任公司董事会：

一、审计意见

我们审计了光大兴陇信托有限责任公司的财务报表，包括2019年12月31日的资产负债表，2019年度的利润表、所有者权益变动表和现金流量表及相关财务报表附注。

我们认为，后附的光大兴陇信托有限责任公司的财务报表在所有重大方面按照企业会计准则的规定编制，公允反映了光大兴陇信托有限责任公司2019年12月31日的财务状况以及2019年度的经营成果和现金流量。

二、形成审计意见的基础

我们按照中国注册会计师审计准则的规定执行了审计工作。审计报告的“注册会计师对财务报表审计的责任”部分进一步阐述了我们在这些准则下的责任。按照中国注册会计师职业道德守则，我们独立于光大兴陇信托有限责任公司，并履行了职业道德方面的其他责任。我们相信，我们获取的审计证据是充分、适当的，为发表审计意见提供了基础。

三、其他信息

光大兴陇信托有限责任公司管理层对其他信息负责。其他信息包括年度报告中涵盖的信息，但不包括财务报表和我们的审计报告。

我们对财务报表发表的审计意见不涵盖其他信息，我们也

不对其他信息发表任何形式的鉴证结论。

结合我们对财务报表的审计，我们的责任是阅读其他信息，在此过程中，考虑其他信息是否与财务报表或我们在审计过程中了解到的情况存在重大不一致或者似乎存在重大错报。

基于我们已执行的工作，如果我们确定其他信息存在重大错报，我们应当报告该事实。在这方面，我们无任何事项需要报告。

四、管理层和治理层对财务报表的责任

管理层负责按照企业会计准则的规定编制财务报表，使其实现公允反映，并设计、执行和维护必要的内部控制，以使财务报表不存在由于舞弊或错误导致的重大错报。

在编制财务报表时，管理层负责评估光大兴陇信托有限责任公司的持续经营能力，披露与持续经营相关的事项（如适用），并运用持续经营假设，除非计划进行清算、终止运营或别无其他现实的选择。

治理层负责监督光大兴陇信托有限责任公司的财务报告过程。

五、注册会计师对财务报表审计的责任

我们的目标是对财务报表整体是否不存在由于舞弊或错误导致的重大错报获取合理保证，并出具包含审计意见的审计报告。合理保证是高水平的保证，但并不能保证按照审计准则执行的审计在某一重大错报存在时总能发现。错报可能由于舞弊或错误导致，如果合理预期错报单独或汇总起来可能影响财务报表使用者依据财务报表作出的经济决策，则通常认为错报是重大的。

在按照审计准则执行审计工作的过程中，我们运用职业判断，并保持职业怀疑。同时，我们也执行以下工作：

（1）识别和评估由于舞弊或错误导致的财务报表重大错报风险，设计和实施审计程序以应对这些风险，并获取充分、适当的审计证据，作为发表审计意见的基础。由于舞弊可能涉及串通、伪造、故意遗漏、虚假陈述或凌驾于内部控制之上，未能发现由于舞弊导致的重大错报的风险高于未能发现由于错误导致的重大错报的风险。

（2）了解与审计相关的内部控制，以设计恰当的审计程序，但目的并非对内部控制的有效性发表意见。

（3）评价管理层选用会计政策的恰当性和作出会计估计及相关披露的合理性。

（4）对管理层使用持续经营假设的恰当性得出结论。同时，根据获取的审计证据，就可能导致对光大兴陇信托有限责任公司持续经营能力产生重大疑虑的事项或情况是否存在重大不确定性得出结论。如果我们得出结论认为存在重大不确定性，审计准则要求我们在审计报告中提请报表使用者注意财务报表中的相关披露；如果披露不充分，我们应当发表非无保留意见。我们的结论基于截至审计报告日可获得的信息。然而，未来的事项或情况可能导致光大兴陇信托有限责任公司不能持续经营。

（5）评价财务报表总体列报、结构和内容（包括披露），并评价财务报表是否公允反映相关交易和事项。

我们与治理层就计划的审计范围、时间安排和重大审计发现等事项进行沟通，包括沟通我们在审计中识别出的值得关注的内部控制缺陷。

安永华明会计师事务所（特殊普通合伙）

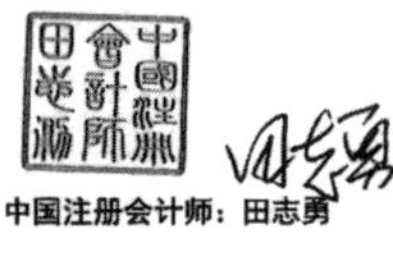

中国注册会计师：田志勇

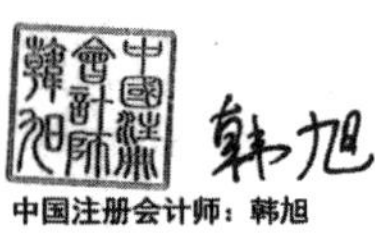

中国注册会计师：韩旭

中国·北京　　　　2020 年 4 月 13 日

5.1.2　资产负债表

资产负债表

编制单位：光大兴陇信托有限责任公司　　　2019 年 12 月 31 日　　　单位：万元

	2019 年 12 月 31 日	2018 年 12 月 31 日	2018 年 1 月 1 日
资产	—	—	—
现金	—	—	1.94
存放同业款项	775 968.41	785 856.28	231 958.57
交易性金融资产	507 833.28	283 037.90	326 498.24
应收账款	20 392.95	3 479.83	2 140.54
应收股利	—	—	—
发放贷款和垫款	400.00	400.00	400.00
其他权益工具投资	8 857.97	9 300.00	9 300.00
使用权资产	50 978.60	—	—
固定资产	4 061.51	4 429.65	4 957.62
无形资产	802.39	920.25	979.78
投资性房地产	3 538.90	3 381.74	3 483.58
递延所得税资产	11 045.95	4 057.98	3 334.65
其他资产	11 608.38	6 719.22	1 733.99
资产总计	1 395 488.34	1 101 582.85	584 788.91
负债和所有者权益	—	—	—
预收款项	—	105 729.56	50 120.12
合同负债	148 733.03	不适用	不适用
租赁负债	52 859.91	不适用	不适用
应付职工薪酬	24 766.84	23 266.84	10 014.49
应交税费	70 684.12	53 374.79	4 935.57
其他负债	7 846.61	6 236.97	18 409.60
预计负债	19 484.57	15 799.09	—
负债合计	324 375.08	204 407.25	83 479.78
所有者权益	—	—	—
实收资本	641 819.05	341 819.05	341 819.05
资本公积	7 730.00	307 730.00	7 730.00
其他综合收益	4 498.48	4 830.00	1 427.13
盈余公积	49 398.19	28 621.31	17 454.74
一般风险准备	12 245.00	12 245.00	9 481.83
信托赔偿准备	25 024.80	14 636.36	9 053.08
未分配利润	330 397.74	187 293.88	114 343.30
所有者权益合计	1 071 113.26	897 175.60	501 309.13
负债和所有者权益总计	1 395 488.34	1 101 582.85	584 788.91

单位负责人：闫桂军　主管会计工作的公司负责人：蔡　晶　会计机构负责人：苏　雪

5.1.3 利润表

利润表

编制单位:光大兴陇信托有限责任公司　　2019 年 12 月 31 日　　单位:万元

	2019 年	2018 年
一、营业收入	418 548.54	212 924.18
利息收入	6 601.85	4 966.50
手续费及佣金收入	374 475.22	183 176.76
投资收益	44 613.11	26 541.57
公允价值变动(损失)/收益	-8 049.13	-2 544.59
其他业务收入	938.24	786.00
汇兑净收益/(损失)	—	-2.06
资产处置收益	-30.75	—
二、营业支出	139 821.35	64 293.41
营业税金及附加	5 004.42	3 058.08
业务及管理费	115 895.73	61 693.65
信用减值损失	-673.25	-560.16

续表

	2019 年	2018 年
其他资产减值损失	19 484.57	—
其他业务成本	109.88	101.84
三、营业利润	278 727.19	148 630.77
加:营业外收入	69.02	0.05
减:营业外支出	600.17	180.57
四、利润总额	278 196.04	148 450.25
减:所得税费用	70 427.19	36 784.69
五、净利润	207 768.85	111 665.56
六、其他综合收益的税后净额以后将重分类进损益的其他综合收益	-331.52	—
其他权益工具投资公允价值变动	-331.52	—
公允价值变动损益	—	—
综合收益总额	207 437.33	111 665.56

单位负责人:闫桂军　主管会计工作的公司负责人:蔡　晶　会计机构负责人:苏　雪

5.1.4 所有者权益变动表

所有者权益变动表

编制单位:光大兴陇信托有限责任公司　　2019 年 12 月 31 日　　单位:万元

2019 年度								
	实收资本	资本公积	其他综合收益	盈余公积	一般风险准备	信托赔偿准备	未分配利润	所有者权益合计
2018 年 12 月 31 日余额	341 819.05	307 730.00	4 830.00	28 621.30	12 245.00	14 636.36	187 293.89	897 175.60
会计政策变更	—	—	—	—	—	—	—	—
2019 年 1 月 1 日余额	341 819.05	307 730.00	4 830.00	28 621.30	12 245.00	14 636.36	187 293.89	897 175.60
本年增减变动金额	—	—	—	—	—	—	—	—
1. 净利润	—	—	—	—	—	—	207 768.85	207 768.85
2. 其他综合收益	—	—	-331.52	—	—	—	—	-331.52
3. 股东注资	300 000.00	-300 000.00	—	—	—	—	—	—
4. 利润分配	—	—	—	—	—	—	—	—
—提取盈余公积	—	—	—	20 776.89	—	—	-20 776.89	—
—提取一般风险准备	—	—	—	—	—	—	—	—
—提取信托赔偿准备	—	—	—	—	—	10 388.44	-10 388.44	—
—分配股利	—	—	—	—	—	—	-33 499.67	-33 499.67
2019 年 12 月 31 日余额	641 819.05	7 730.00	4 498.48	49 398.19	12 245.00	25 024.80	330 397.74	1 071 113.26

2018 年度								
	实收资本	资本公积	其他综合收益	盈余公积	一般风险准备	信托赔偿准备	未分配利润	所有者权益合计
2017 年 12 月 31 日余额	341 819.05	7 730.00	1 427.13	17 454.74	9 481.83	9 053.08	115 022.34	501 988.17
会计政策变更	—	—	3 402.87	—	—	—	-4 081.91	-679.04
会计差错更正	—	—	—	—	—	—	—	—
2018 年 1 月 1 日余额	341 819.05	7 730.00	4 830.00	17 454.74	9 481.83	9 053.08	110 940.43	501 309.13
本年增减变动金额	—	—	—	—	—	—	—	—
1. 净利润	—	—	—	—	—	—	111 665.56	111 665.56
2. 股东注资	—	300 000.00	—	—	—	—	—	300 000.00
3. 利润分配	—	—	—	—	—	—	—	—
—提取盈余公积	—	—	—	11 166.56	—	—	-11 166.56	—
—提取一般风险准备	—	—	—	—	2 763.17	—	-2 763.17	—
—提取信托赔偿准备	—	—	—	—	—	5 583.28	-5 583.28	—
—分配股利	—	—	—	—	—	—	-15 799.09	-15 799.09
2018 年 12 月 31 日余额	341 819.05	307 730.00	4 830.00	28 621.30	12 245.00	14 636.36	187 293.89	897 175.60

单位负责人:闫桂军　　主管会计工作的公司负责人:蔡　晶　　会计机构负责人:苏　雪

5.2 信托资产

5.2.1 信托项目资产负债汇总表

信托项目资产负债汇总表

编制单位:光大兴陇信托有限责任公司 2019年12月31日 单位:万元

信托资产	期末数	期初数	信托负债和信托权益	期末数	期初数
信托资产:	—	—	信托负债:	—	—
货币资金	1 212 106.20	741 937.79	交易性金融负债	—	—
拆出资金	—	—	衍生金融负债	—	—
存出保证金	—	—	应付受托人报酬	26 567.18	10 007.83
交易性金融资产	10 279 425.36	8 893 868.65	应付托管费	4 540.59	2 428.86
衍生金融资产	—	—	应付受益人收益	80 634.86	49 685.44
买入返售金融资产	8 366 600.38	5 173 715.40	应交税费	38 657.40	23 552.81
应收款项	5 981 814.10	3 609 246.43	应付销售服务费	4 537.07	2 603.98
发放贷款	35 744 411.77	32 541 331.69	其他应付款项	709 906.54	296 245.72
可供出售金融资产	6 379 778.82	2 016 014.75	其他负债	—	365 502.07
持有至到期投资	78 256.18	50.00	信托负债合计	864 843.62	750 026.70
长期应收款	—	—	信托权益:	—	—
长期股权投资	6 943 988.75	5 052 432.21	实收信托	73 728 625.79	57 393 949.79
投资性房地产	—	—	资本公积	69 771.10	276 879.74
固定资产	—	—	损益平准金	—	—
无形资产	—	—	未分配利润	398 460.15	-357 870.81
长期待摊费用	—	—			
其他资产	75 319.10	34 388.50	信托权益合计	74 196 857.04	57 312 958.73
信托资产总计	75 061 700.66	58 062 985.43	信托负债及权益总计	75 061 700.66	58 062 985.43

单位负责人:闫桂军 会计主管:苏 雪 复核:陈继辉 制表:吴 娟

5.2.2 信托项目利润及利润分配汇总表

信托项目利润及利润分配汇总表

编制单位:光大兴陇信托有限责任公司 2019年12月31日 单位:万元

项 目	本年数	上年数
一、营业收入	5 188 613.13	2 575 103.61
1. 利息收入	2 924 996.50	2 651 093.22
2. 投资收益	2 043 529.71	162 292.15
3. 公允价值变动损益	186 489.16	-295 995.04
4. 租赁收入	—	—
5. 汇兑损益	—	—
6. 其他收入	33 597.75	57 713.29
二、营业费用	582 849.10	291 499.18
1. 营业税金及附加	13 560.10	9 979.25
2. 受托人报酬	377 801.05	184 435.00
3. 托管费	24 419.69	20 540.27
4. 投资管理费	6 960.53	9 002.02
5. 销售服务费	62 426.62	16 084.74
6. 交易费用	1 291.68	14 652.47
7. 资产减值损失	—	—

续表

项 目	本年数	上年数
8. 其他费用	96 389.43	36 805.43
三、信托净利润(净亏损以"-"填列)	4 605 764.03	2 283 604.43
四、其他综合收益	—	—
五、综合收益	4 605 764.03	2 283 604.43
加:期初未分配信托利润	-357 870.81	176 795.93
六、可供分配信托利润	4 247 893.23	2 460 400.36
减:本期已分配信托利润	3 849 433.08	2 818 271.17
七、期末未分配信托利润	398 460.15	-357 870.81

单位负责人:闫桂军 会计主管:苏 雪 复核:陈继辉 制表:吴 娟

6. 会计报表附注

6.1 会计报表编制基准不符合会计核算基本前提的说明

6.1.1 会计报表不符合会计核算基本前提的事项

无。

6.1.2 合并报表说明

无。

6.2 重要会计政策和会计估计说明

会计年度:本公司会计年度采用公历年度,即每年自1月1日起至12月31日止。

记账本位币:本公司记账本位币和编制本财务报表所采用的货币均为人民币。除有特别说明外,均以人民币元为单位表示。

计量属性在本期发生变化的报表项目及其本期采用的计量属性:编制本财务报表时,除某些金融工具外,均以历史成本为计价原则。资产如果发生减值,则按照相关规定计提相应的减值准备。

现金等价物确定标准:现金是指本公司的库存现金以及可以随时用于支付的存款;现金等价物是指本公司持有的期限短、流动性强、易于转换为已知金额的现金、价值变动风险很小的投资。

6.2.1 计提资产减值准备的范围和方法

6.2.1.1 贷款及应收款项减值准备的范围和方法

本公司以预期信用损失为基础,对以摊余成本计量的金融资产、以公允价值计量且其变动计入其他综合收益的债务工具投资进行减值处理并确认损失准备。

对于不含重大融资成分的应收款项,本公司运用简化计量方法,按照相当于整个存续期内的预期信用损失金额计量损失准备。

6.2.1.2 固定资产、无形资产、长期股权投资减值准备

本公司于资产负债表日判断资产是否存在可能发生减值的迹象,存在减值迹象的,本公司将估计其可收回金额,进行减值测试。

可收回金额根据资产的公允价值减去处置费用后的净额与资产预计未来现金流量的现值两者之间较高者确定。本公司以单项资产为基础估计其可收回金额;难以对单项资产的可收回金额进行估计的,以该资产所属的资产组为基础确定资产组的可收回金额。资产组的认定,以资产组产生的主要现金流入是否独立于其他资产或者资产组的现金流入为依据。

当资产或资产组的可收回金额低于其账面价值时,本公司将其账面价值减记至可收回金额,减记的金额计入当期损益,同时计提相应的资产减值准备。

资产减值损失一经确认,在以后会计期间不会转回。

本公司于资产负债表日对金融资产的账面价值进行检查,有客观证据表明该金融资产发生减值的,计提减值准备。表明金融资产发生减值的客观证据,是指金融资产初始确认后实际发生的、对该金融资产的预计未来现金流量有影响,且企业能够对该影响进行可靠计量的事项。金融资产发生减值的客观证据,包括发行人或债务人发生严重财务困难、债务人违反合同条款(如偿付利息或本金发生违约或逾期等)、债务人很可能倒闭或进行其他财务重组,以及公开的数据显示预计未来现金流量确已减少且可计量。

6.2.1.3 金融资产的减值准备

本公司以预期信用损失为基础,对以摊余成本计量的金融资产、以公允价值计量且其变动计入其他综合收益的债务工具投资、应收款项及财务担保合同进行减值处理并确认损失准备。

对于不含重大融资成分的应收款项,本公司运用简化计量方法,按照相当于整个存续期内的预期信用损失金额计量损失准备。

除上述采用简化计量方法以外的金融资产,本公司在每个资产负债表日评估其信用风险自初始确认后是否已经显著增加,如果信用风险自初始确认后未显著增加,处于第一阶段,本公司按照相当于未来12个月内预期信用损失的金额计量损失准备,并按照账面余额和实际利率计算利息收入;如果信用风险自初始确认后已显著增加但尚未发生信用减值的,处于第二阶段,本公司按照相当于整个存续期内预期信用损失的金额计量损失准备,并按照账面余额和实际利率计算利息收入;如果初始确认后发生信用减值的,处于第三阶段,本公司按照相当于整个存续期内预期信用损失的金额计量损失准备,并按照摊余成本和实际利率计算利息收入。

本公司在每个资产负债表日评估相关金融工具的信用风险自初始确认后是否已显著增加。本公司以单项金融工具或者具有相似信用风险特征的金融工具组合为基础,通过比较金融工具在资产负债表日发生违约的风险与在初始确认日发生违约的风险,以确定金融工具预计存续期内发生违约风险的变化情况。

当对金融资产预期未来现金流量具有不利影响的一项或多项事件发生时,该金融资产成为已发生信用减值的金融资产。

当本公司不再合理预期能够全部或部分收回金融资产合同现金流量时,本公司直接减记该金融资产的账面余额。

6.2.2 金融工具核算方法

本公司的金融资产于初始确认时根据本公司企业管理金融资产的业务模式和金融资产的合同现金流量特征分类为:以公允价值计量且其变动计入当期损益的金融资产、以摊余成本计量的金融资产、以公允价值计量且其变动计入其他综合收益的金融资产。金融资产在初始确认时以公允价值计量,但是因销售商品或提供服务等产生的应收账款或应收票据未包含重大融资成分或不考虑不超过1年的融资成分的,按照交易价格进行初始计量。

对于以公允价值计量且其变动计入当期损益的金融资产,相关交易费用直接计入当期损益,其他类别的金融资产相关交易费用计入其初始确认金额。

6.2.2.1 金融资产的后续计量

金融资产的后续计量取决于其分类。

6.2.2.1.1 以摊余成本计量的债务工具投资

金融资产同时符合下列条件的,分类为以摊余成本计量的金融资产:管理该金融资产的业务模式是以收取合同现金流量为目标;该金融资产的合同条款规定,在特定日期产生的现金流量仅为对本金和以未偿付本金金额为基础的利息的支付。此类金融资产采用实际利率法确认利息收入,其终止确认、修改或减值产生的利得或损失,均计入当期损益。此类金融资产主要包含现金及存放款项、应收账款、发放贷款和垫款和其他应收款等。

6.2.2.1.2 以公允价值计量且其变动计入其他综合收益的债务工具投资

金融资产同时符合下列条件的,分类为以公允价值计量且

其变动计入其他综合收益的金融资产：本公司管理该金融资产的业务模式是既以收取合同现金流量为目标又以出售金融资产为目标；该金融资产的合同条款规定，在特定日期产生的现金流量仅为对本金和以未偿付本金金额为基础的利息的支付。此类金融资产采用实际利率法确认利息收入。除利息收入、减值损失及汇兑差额确认为当期损益外，其余公允价值变动计入其他综合收益。当金融资产终止确认时，之前计入其他综合收益的累计利得或损失从其他综合收益转出，计入当期损益。此类金融资产列报为其他债权投资。

6.2.2.1.3　以公允价值计量且其变动计入其他综合收益的权益工具投资

本公司不可撤销地选择将部分非交易性权益工具投资指定为以公允价值计量且其变动计入其他综合收益的金融资产，仅将相关股利收入（明确作为投资成本部分收回的股利收入除外）计入当期损益，公允价值的后续变动计入其他综合收益，不需计提减值准备。当金融资产终止确认时，之前计入其他综合收益的累计利得或损失从其他综合收益转出，计入留存收益。此类金融资产列报为其他权益投资。

满足下列条件之一的，属于交易性金融资产：取得相关金融资产的目的主要是在近期内出售或回购；属于集中管理的可辨认金融工具组合的一部分，且有客观证据表明企业近期采用短期获利方式模式；属于衍生工具，但是，被指定且为有效套期工具的衍生工具、符合财务担保合同的衍生工具除外。

6.2.2.1.4　以公允价值计量且其变动计入当期损益的金融资产

上述以摊余成本计量的金融资产和以公允价值计量且其变动计入其他综合收益的金融资产之外的金融资产，分类为以公允价值计量且其变动计入当期损益的金融资产。对于此类金融资产，采用公允价值进行后续计量，所有公允价值变动计入当期损益。

当且仅当本公司改变管理金融资产的业务模式时，才对所有受影响的相关金融资产进行重分类。

6.2.2.2　金融负债分类和计量

本公司的金融负债于初始确认时分类为：以公允价值计量且其变动计入当期损益的金融负债、其他金融负债、被指定为有效套期工具的衍生工具。对于以公允价值计量且其变动计入当期损益的金融负债，相关交易费用直接计入当期损益，其他金融负债的相关交易费用计入其初始确认金额。

6.2.2.2.1　以公允价值计量且其变动计入当期损益的金融负债

以公允价值计量且其变动计入当期损益的金融负债，包括交易性金融负债（含属于金融负债的衍生工具）和初始确认时指定为以公允价值计量且其变动计入当期损益的金融负债。交易性金融负债（含属于金融负债的衍生工具），按照公允价值进行后续计量，所有公允价值变动均计入当期损益。对于指定为以公允价值计量且其变动计入当期损益的金融负债，按照公允价值进行后续计量，除由本公司自身信用风险变动引起的公允价值变动计入其他综合收益之外，其他公允价值变动计入当期损益；如果由本公司自身信用风险变动引起的公允价值变动计入其他综合收益会造成或扩大损益中的会计错配，本公司将所有公允价值变动（包括自身信用风险变动的影响金额）计入当期损益。

6.2.2.2.2　其他金融负债

对于此类金融负债，采用实际利率法，按照摊余成本进行后续计量。

6.2.3　租赁资产的核算方法（自 2019 年 1 月 1 日起适用）

6.2.3.1　租赁的识别

在合同开始日，本公司评估合同是否为租赁或者包含租赁，如果合同中一方让渡了在一定期间内控制一项或多项已识别资产使用的权利以换取对价，则该合同为租赁或者包含租赁。为确定合同是否让渡了在一定期间内控制已识别资产使用的权利，本公司评估合同中的客户是否有权获得在使用期间内因使用已识别资产所产生的几乎全部经济利益，并有权在该使用期间主导已识别资产的使用。

6.2.3.2　单独租赁的识别

合同中同时包含多项单独租赁的，本公司将合同予以分拆，并分别各项单独租赁进行会计处理。同时符合下列条件的，使用已识别资产的权利构成合同中的一项单独租赁：（1）本公司作为承租人可从单独使用该资产或将其与易于获得的其他资源一起使用中获利；（2）该资产与合同中的其他资产不存在高度依赖或高度关联关系。

6.2.3.3　租赁期的评估

租赁期是本公司有权使用租赁资产且不可撤销的期间。本公司有续租选择权，即有权选择续租该资产，且合理确定将行使该选择权的，租赁期还包含续租选择权涵盖的期间。本公司有终止租赁选择权，即有权选择终止租赁该资产，但合理确定将不会行使该选择权的，租赁期包含终止租赁选择权涵盖的期间。发生本公司可控范围内的重大事件或变化，且影响本公司是否合理确定将行使相应选择权的，本公司对其是否合理确定将行使续租选择权、购买选择权或不行使终止租赁选择权进行重新评估。

6.2.3.4　租赁变更

租赁变更是原合同条款之外的租赁范围、租赁对价、租赁期限的变更，包括增加或终止一项或多项租赁资产的使用权，延长或缩短合同规定的租赁期等。

租赁发生变更且同时符合下列条件的，本公司将该租赁变更作为一项单独租赁进行会计处理：（1）该租赁变更通过增加一项或多项租赁资产的使用权而扩大了租赁范围；（2）增加的对价与租赁范围扩大部分的单独价格按该合同情况调整后的金额相当。

租赁变更未作为一项单独租赁进行会计处理的，在租赁变更生效日，本公司重新确定租赁期，并采用修订后的折现率对变更后的租赁付款额进行折现，以重新计量租赁负债。在计算变更后租赁付款额的现值时，本公司采用剩余租赁期间的租赁内含利率作为折现率；无法确定剩余租赁期间的租赁内含利率的，采用租赁变更生效日的本公司增量借款利率作为折现率。

就上述租赁负债调整的影响，本公司区分以下情形进行会计处理：（1）租赁变更导致租赁范围缩小或租赁期缩短的，本公司调减使用权资产的账面价值，以反映租赁的部分终止或完全终止，本公司将部分终止或完全终止租赁的相关利得或损失计入当期损益；（2）其他租赁变更，本公司相应调整使用权资产的账面价值。

6.2.3.5 短期租赁和低价值资产租赁

本公司将在租赁期开始日，租赁期不超过 12 个月，且不包含购买选择权的租赁认定为短期租赁；将单项租赁资产为全新资产时价值不超过 5 万元的租赁认定为低价值资产租赁。本公司对短期租赁和低价值资产租赁选择不确认使用权资产和租赁负债，租金在租赁期内各个期间按直线法摊销，计入利润表中的“业务及管理费”。

6.2.3.6 经营租赁出租人

租赁开始日实质上转移了与租赁资产所有权有关的几乎全部风险和报酬的租赁为融资租赁，除此之外的均为经营租赁。

本公司作为经营租赁出租人，经营租赁的租金收入在租赁期内各个期间按直线法摊销，计入利润表中的“其他业务收入”，或有租金在实际发生时计入当期损益。

6.2.3.7 承租人增量借款利率

本公司采用增量借款利率作为折现率计算租赁付款额的现值。确定增量借款利率时，本公司各机构根据所处经济环境，以可观察的利率作为确定增量借款利率的参考基础，在此基础上，根据自身情况、标的资产情况、租赁期和租赁负债金额等租赁业务具体情况对参考利率进行调整以得出适用的增量借款利率。

6.2.3.8 使用权资产

本公司使用权资产类别主要包括房屋及建筑物、运输工具。

在租赁期开始日，本公司将其可在租赁期内使用租赁资产的权利确认为使用权资产，包括：(1)租赁负债的初始计量金额；(2)在租赁期开始日或之前支付的租赁付款额，存在租赁激励的，扣除已享受的租赁激励相关金额；(3)本公司作为承租人发生的初始直接费用；(4)为拆卸及移除租赁资产、复原租赁资产所在场地或将租赁资产恢复至租赁条款约定状态预计将发生的成本。

本公司后续采用年限平均法对使用权资产计提折旧。能够合理确定租赁期届满时取得租赁资产所有权的，本公司在租赁资产剩余使用寿命内计提折旧。无法合理确定租赁期届满时能够取得租赁资产所有权的，本公司在租赁期与租赁资产剩余使用寿命两者孰短的期间内计提折旧。

本公司按照变动后的租赁付款额的现值重新计量租赁负债，并相应调整使用权资产的账面价值时，如使用权资产账面价值已调减至零，但租赁负债仍需进一步调减的，本公司将剩余金额计入当期损益。

6.2.3.9 租赁负债

在租赁期开始日，本公司将尚未支付的租赁付款额的现值确认为租赁负债，短期租赁和低价值资产租赁除外。

在计算租赁付款额的现值时，本公司采用承租人增量借款利率作为折现率。本公司按照固定的周期性利率计算租赁负债在租赁期内各期间的利息费用，并计入当期损益。未纳入租赁负债计量的可变租赁付款额于实际发生时计入当期损益。

租赁期开始日后，当实质固定付款额发生变动、担保余值预计的应付金额发生变化、用于确定租赁付款额的指数或比率发生变动、购买选择权、续租选择权或终止选择权的评估结果或实际行权情况发生变化时，本公司按照变动后的租赁付款额的现值重新计量租赁负债。

6.2.4 固定资产计价和折旧方法

6.2.4.1 固定资产及在建工程的确认

固定资产仅在与其有关的经济利益很可能流入本公司，且其成本能够可靠地计量时才予以确认。与固定资产有关的后续支出，符合该确认条件的，计入固定资产成本，并终止确认被替换部分的账面价值；否则，在发生时计入当期损益。

6.2.4.2 固定资产及在建工程的计价

固定资产按照成本进行初始计量。外购固定资产的初始成本包括购买价款、相关税费以及使该资产达到预定可使用状态前所发生的可归属于该项资产的支出。

6.2.4.3 固定资产折旧方法

固定资产的折旧采用年限平均法计提，各类固定资产的使用寿命、预计净残值率及年折旧率如下：

类 别	使用寿命(年)	预计净残值率(%)	年折旧率(%)
房屋及建筑物	50	5	1.9
运输工具	10	5	9.5
办公设备及其他	5～10	5	0～19

本公司至少于每年度终了，对固定资产的使用寿命、预计净残值和折旧方法进行复核，必要时进行调整。

6.2.5 无形资产计价及摊销政策

无形资产仅在与其有关的经济利益很可能流入本公司，且其成本能够可靠地计量时才予以确认，并以成本进行初始计量。但非同一控制下企业合并中取得的无形资产，其公允价值能够可靠地计量的，即单独确认为无形资产并按照公允价值计量。

无形资产按照其能为本公司带来经济利益的期限确定使用寿命，无法预见其为本公司带来经济利益期限的作为使用寿命不确定的无形资产。各项无形资产的使用寿命如下：

类 别	使用寿命(年)
软件	5～10

本公司至少于每年度终了，对无形资产的使用寿命及摊销方法进行复核，必要时进行调整。

6.2.6 长期待摊费用的摊销政策

长期待摊费用是已经发生但应由本期和以后各期负担的、分摊期限在 1 年以上的各项费用，按预计受益期间分期平均分摊。

6.2.7 合并会计报表的编制方法

无。

6.2.8 收入确认原则和方法

本公司在履行了合同中的履约义务，即在客户取得相关商品或服务控制权时确认收入。取得相关商品或服务的控制权，是指能够主导该商品的使用或该服务的提供并从中获得几乎全部的经济利益。

6.2.8.1 利息收入

金融资产的利息收入根据让渡资金使用权的时间和实际

利率在发生时计入当期损益。利息收入包括折让或溢价摊销，或生息资产的初始账面金额与到期日金额之间的差异按实际利率基准计算的摊销。

实际利率法是指按照金融资产的实际利率计算其摊余成本及利息收入的方法。实际利率是将金融资产在预计存续期间或更短的期间（如适用）内的未来现金流量，折现至该金融资产当前账面价值所使用的利率。在计算实际利率时，本公司会在考虑金融工具的所有合同条款的基础上预计未来现金流量。计算项目包括属于实际利率组成部分的订约方之间所支付或收取的各项费用、交易费用和所有其他溢价或折价。

对于购入或源生的已发生信用减值的金融资产，本公司自初始确认起，按照该金融资产的摊余成本和经信用调整的实际利率计算确定其利息收入。经信用调整的实际利率是指将购入或源生的已发生信用减值的金融资产在预计存续期的估计未来现金流量，折现为该金融资产摊余成本的利率。

对于购入或源生的未发生信用减值、但在后续期间成为已发生信用减值的金融资产，本公司在后续期间，按照该金融资产的摊余成本和实际利率计算确定其利息收入。

6.2.8.2　手续费及佣金收入

本公司通过向客户提供各类服务收取手续费及佣金。其中，通过在一定期间内提供服务收取的手续费及佣金在相应期间内按照履约进度确认，其他手续费及佣金于相关交易完成时确认。

6.2.8.3　股利收入

非上市权益工具投资的股利收入与本公司收取股利的权利确立时在利润表内确认。上市权益工具投资的股利收入在投资项目的股价除息时确认。

6.2.9　所得税的会计处理方法

所得税包括当期所得税和递延所得税。除由于企业合并产生的调整商誉，或与直接计入所有者权益的交易或者事项相关的计入所有者权益外，均作为所得税费用或收益计入当期损益。

本公司对于当期和以前期间形成的当期所得税负债或资产，按照税法规定计算的预期应交纳或返还的所得税金额计量。

本公司根据资产与负债于资产负债表日的账面价值与计税基础之间的暂时性差异，以及未作为资产和负债确认但按照税法规定可以确定其计税基础的项目的账面价值与计税基础之间的差额产生的暂时性差异，采用资产负债表债务法计提递延所得税。

各种应纳税暂时性差异均据以确认递延所得税负债，除非有以下情况发生：

（1）应纳税暂时性差异是在以下交易中产生的：商誉的初始确认，或者具有以下特征的交易中产生的资产或负债的初始确认：该交易不是企业合并，并且交易发生时既不影响会计利润也不影响应纳税所得额或可抵扣亏损。

（2）对于与子公司、合营企业及联营企业投资相关的应纳税暂时性差异，该暂时性差异转回的时间能够控制并且该暂时性差异在可预见的未来很可能不会转回。

对于可抵扣暂时性差异、能够结转以后年度的可抵扣亏损和税款抵减，本公司以很可能取得用来抵扣可抵扣暂时性差异、可抵扣亏损和税款抵减的未来应纳税所得额为限，确认由此产生的递延所得税资产，除非以下情况：

（1）可抵扣暂时性差异是在以下交易中产生的：该交易不是企业合并，并且交易发生时既不影响会计利润也不影响应纳税所得额或可抵扣亏损。

（2）对于与子公司、合营企业及联营企业投资相关的可抵扣暂时性差异，同时满足下列条件的，确认相应的递延所得税资产：暂时性差异在可预见的未来很可能转回，且未来很可能获得用来抵扣可抵扣暂时性差异的应纳税所得额。

本公司于资产负债表日，对于递延所得税资产和递延所得税负债，依据税法规定，按照预期收回该资产或清偿该负债期间的适用税率计量，并反映资产负债表日预期收回资产或清偿负债方式的所得税影响。

于资产负债表日，本公司对递延所得税资产的账面价值进行复核，如果未来期间很可能无法获得足够的应纳税所得额用以抵扣递延所得税资产的利益，减记递延所得税资产的账面价值。于资产负债表日，本公司重新评估未确认的递延所得税资产，在很可能获得足够的应纳税所得额可供所有或部分递延所得税资产转回的限度内，确认递延所得税资产。

如果拥有以净额结算当期所得税资产及当期所得税负债的法定权利，且递延所得税与同一应纳税主体和同一税收征管部门相关，则将递延所得税资产和递延所得税负债以抵销后的净额列示。

6.2.10　信托报酬确认原则和方法

本公司通过向客户提供各类服务收取手续费及佣金。其中，通过在一定期间内提供服务收取的手续费及佣金在相应期间内按照履约进度确认，其他手续费及佣金于相关交易完成时确认。

6.2.11　投资性房地产核算方法

投资性房地产是指为赚取租金或资本增值，或两者兼有而持有的房地产，包括已出租的建筑物。

投资性房地产按照成本进行初始计量。与投资性房地产有关的后续支出，如果与该资产有关的经济利益很可能流入且其成本能够可靠地计量，则计入投资性房地产成本。否则，于发生时计入当期损益。

本公司采用成本模式对投资性房地产进行后续计量。本公司将投资性房地产的成本扣除预计净残值和累计减值准备后在使用寿命内按年限平均法计提折旧。投资性房地产的使用寿命、预计净残值率及年折旧率如下：

	使用寿命（年）	预计净残值率（%）	年折旧率（%）
房屋及建筑物	50	5	1.9

6.2.12　长期应收款的核算方法

无。

6.2.13　其他资产的核算方法

6.2.13.1　其他资产分类

无。

6.2.13.2　抵债资产的计量

无。

6.2.13.3　抵债资产的减值

无。

6.2.14 利润分配

资产负债表日后，经审议批准的利润分配方案中拟分配的股利或利润，不确认为资产负债表日的负债，在附注中单独披露。

6.3 或有事项说明

如果与或有事项相关的义务是本公司承担的现时义务，且该义务的履行很可能会导致经济利益流出本公司，以及有关金额能够可靠地计量，则本公司会确认预计负债。对于货币时间价值影响重大的，预计负债以预计未来现金流量折现后的金额确定。

对过去的交易或者事项形成的潜在义务，其存在须通过未来不确定事项的发生或不发生予以证实；或过去的交易或者事项形成的现时义务，履行该义务不是很可能导致经济利益流出本公司或该义务的金额不能可靠计量，则本公司会将该潜在义务或现时义务披露为或有负债。

6.4 会计报表中重要项目的明细资料

6.4.1 自营资产经营情况

6.4.1.1 按资产风险五级分类结果披露资产的期初数、期末数

信用风险资产五级分类	正常类（万元）	关注类（万元）	次级类（万元）	可疑类（万元）	损失类（万元）	信用风险资产合计（万元）	不良资产合计（万元）	不良资产率（%）
期初数	1 075 243.86	—	—	1 000.00	3 364.05	1 079 607.91	4 364.05	0.40
期末数	1 322 887.53	—	—	1 000.00	3 364.05	1 327 251.58	4 364.05	0.33

注：不良资产合计 = 次级类 + 可疑类 + 损失类。

6.4.1.2 披露资产损失准备的期初数、本期计提、本期转回、本期核销、期末数

单位：万元

	2019 年 1 月 1 日	本期计提	本期转回	2019 年 12 月 31 日
发放贷款和垫款	3 964.05	—	—	3 964.05
可供出售金融资产	—	—	—	—
应收账款	6 527.99	68.94	—	6 596.93
固定资产	73.53	—	—	73.53
其他资产	2 916.61	—	742.19	2174.42
合　计	13 482.18	68.94	742.19	12 808.93

6.4.1.3 披露自营股票投资、基金投资、债券投资、长期股权投资等投资的期初数、期末数

单位：万元

	自营股票	基金	债券	长期股权投资	其他投资	合计
期初数	6 257.73	39 388.40	—	—	237 391.77	283 037.90
期末数	16 020.88	170 574.28	—	—	321 238.12	507 833.28

6.4.1.4 按投资入股金额排序，披露前三名的自营长期股权投资的企业名称、占被投资企业权益的比例、主要经营活动及投资收益情况等

无。

6.4.1.5 披露前三名的自营贷款的企业名称、占贷款总额的比例和还款情况等

企业名称	占贷款总额的比例（%）	还款情况
白银有色金属公司	54.00	逾期
甘肃宏良皮业股份公司	23.09	逾期
甘肃天赐一秀有限公司	22.91	逾期

6.4.1.6 表外业务的期初数、期末数，按照代理业务、担保业务和其他类型表外业务分别披露

无。

6.4.1.7 公司当年的收入结构

收入结构	金额（万元）	占比（%）
手续费及佣金收入	374 475.22	89.46
其中：信托手续费收入	358 913.63	—
投资银行业务收入	15 561.59	—
利息收入	—	—
金融企业往来收入	6 601.85	1.57
其他业务收入	938.24	0.22
其中：计入信托业务收入部分	—	—
汇兑收益	—	—
投资收益	44 613.11	10.66
其中：股权投资收益	2 957.71	—
证券投资收益	−4 382.48	—
其他投资收益	46 037.88	—
公允价值变动收益	−8 049.13	−1.92
营业外收入	69.02	0.02
资产处置收益	−30.75	−0.01
收入合计	418 617.56	100

6.4.1.8 公司净资本、风险资本以及风险控制指标

根据公司审计报告、《信托公司净资本管理办法》（中国银监会令 2010 年第 5 号）和《中国银监会关于印发信托公司净资本计算标准有关事项的通知》（银监发[2011]11 号）的规定计算：截至 2019 年 12 月 31 日，公司净资产为 1 071 113.26 万元，固有业务风险资本为 62 269.32 万元，信托业务风险资本为 678 517.87 万元，其他业务风险资本为零，各项业务风险资本之和为 740 787.20 万元，公司净资本为 971 210.92 万元，符合大于等于 2 亿元的监管标准。

净资本/各项业务风险资本之和为 131. 11%，符合大于等于 100%的监管标准。

净资本/净资产为 90. 67%，符合大于等于 40%的监管标准。

6. 4. 2 **信托资产管理情况**

6. 4. 2. 1 披露履行受托人义务的情况

公司作为受托人，严格按照《中华人民共和国信托法》《信托公司管理办法》《信托公司资金信托管理暂行办法》等法律法规的规定及信托合同等文件的约定，恪尽职守，诚信、谨慎、高效地管理信托财产，严格履行受托人的义务，为委托人的最大利益处理信托事务。

6. 4. 2. 2 披露信托资产的期初数、期末数

单位：万元

信托资产	期初数	期末数
集合	27 824 436. 01	43 270 521. 19
单一	27 554 896. 46	25 646 547. 07
财产权	2 014 617. 32	4 811 557. 53
合计	57 393 949. 79	73 728 625. 79

6. 4. 2. 2. 1 主动管理型信托业务的信托资产期初数、期末数

单位：万元

主动管理型信托资产	期初数	期末数
证券投资类	9 248 570. 82	9 402 971. 05
股权投资类	2 179 252. 61	3 231 563. 99
融资类	7 097 003. 11	25 655 059. 18
事务管理类	2 081 218. 00	2 549 738. 00
其他	761 445. 45	3 228 985. 71
合计	21 367 489. 99	44 068 317. 93

6. 4. 2. 2. 2 被动管理型信托业务的信托资产期初数、期末数

单位：万元

被动管理型信托资产	期初数	期末数
证券投资类	340 900. 00	569 692. 68
股权投资类	3 615 974. 42	655 769. 66
融资类	5 190 092. 08	4 406 873. 26
事务管理类	26 879 493. 30	23 361 290. 14
其他	—	666 682. 12
合计	36 026 459. 80	29 660 307. 86

6. 4. 2. 3 本年度已清算结束的信托项目个数、实收信托合计金额、加权平均实际年化收益率

6. 4. 2. 3. 1 本年度已清算结束的集合类、单一类资金信托项目和财产权类信托项目个数、实收信托合计金额、加权平均实际年化收益率

续表

已清算结束信托项目	项目个数（个）	实收信托合计金额（万元）	加权平均实际年化收益率（%）
集合类	186	18 029 814. 56	6. 44
单一类	247	11 293 164. 40	5. 82
财产权类	38	2 308 254. 73	5. 44
合计	471	31 631 233. 69	6. 15

6. 4. 2. 3. 2 本年度已清算结束的主动管理型信托项目个数、实收信托合计金额、加权平均实际年化信托报酬率、加权平均实际年化收益率

已清算结束信托项目	项目个数（个）	实收信托合计金额（万元）	加权平均实际年化信托报酬率（%）	加权平均实际年化收益率（%）
证券投资类	26	9 175 221. 94	0. 40	5. 52
股权投资类	12	1 157 900. 72	1. 50	8. 57
融资类	38	3 458 280. 71	1. 58	7. 66
事务管理类	9	293 971. 78	0. 36	7. 16
合　计	85	14 085 375. 15	0. 78	6. 33

6. 4. 2. 3. 3 本年度已清算结束的被动管理型信托项目个数、实收信托合计金额、加权平均实际年化信托报酬率、加权平均实际年化收益率

已清算结束信托项目	项目个数（个）	实收信托合计金额（万元）	加权平均实际年化信托报酬率（%）	加权平均实际年化收益率（%）
证券投资类	4	1 706 257. 68	0. 23	4. 67
股权投资类	2	87 546. 27	1. 37	7. 11
融资类	39	2 419 161. 74	0. 50	6. 62
事务管理类	341	13 332 892. 85	0. 18	6. 05
合　计	386	17 545 858. 54	0. 23	6. 00

6. 4. 2. 4 本年度新增的集合类、单一类和财产权类信托项目数量、实收信托合计金额

新增信托项目	项目个数（个）	实收信托合计金额（万元）
集合类	509	33 475 899. 74
单一类	271	9 384 815. 01
财产权类	119	5 105 194. 94
新增合计	899	47 965 909. 69
其中：主动管理型	587	36 786 203. 09
被动管理型	312	11 179 706. 60

6. 4. 2. 5 披露信托财产的损失情况（笔数、合计金额、原因等）

无。

6. 4. 2. 6 披露因本公司自身责任而导致的信托资产损失情况

无。

6. 5 关联方关系及其交易的披露

6. 5. 1 关联交易方的数量、关联交易的总金额及关联交易的定价政策等

关联交易方数量	关联交易方总金额（万元）	关联交易的定价政策
10	8 652 980. 97	按市场价格交易；若无价格，则按公允原则，以不优于对非关联方同类交易的条件交易。

6.5.2 关联交易方与本公司的关系性质、关联交易方的名称、法定代表、注册地址、注册资本及主营业务等

关联交易方与本公司的关系性质	关联交易方的名称	法定代表	注册地址	注册资本(万元)	主营业务
同一母公司控制下的子公司	光大金控资产管理有限公司	杜建军	北京市西城区太平桥大街25号、甲25号13层	300 000.00	股权投资与管理、财务顾问、投资顾问、并购顾问、资产受托、管理咨询等。
同一母公司控制下的子公司	光大证券股份有限公司	刘秋明	上海市静安区新闸路1508号	461 078.76	证券经纪;证券投资咨询;与证券交易、证券投资活动有关的财务顾问;证券承销与保荐;证券自营等。
同一母公司控制下的子公司	中国光大银行股份有限公司	李晓鹏	北京市西城区太平桥大街25号、甲25号中国光大中心	5 248 927.00	吸收公众存款;发放短期、中期和长期贷款;办理国内外结算;办理票据承兑与贴现等。
同一母公司控制下的子公司	中国光大实业(集团)有限责任公司	朱慧民	北京市西城区复兴门外大街6号光大大厦25层	440 000.00	投资及投资管理;企业管理咨询、投资咨询;房地产开发;资产管理;出租商业设施;技术开发等。
重大影响	甘肃省国有资产投资集团有限公司	冯文戈	兰州市静宁路308号	1 231 309.99	国有资本(股权)管理和融资业务,产业整合和投资业务,基金投资和创投业务,上市股权管理和运营业务,有色金属材料的批发和零售,以及经批准的其他业务等。
控股股东	中国光大集团股份公司	李晓鹏	北京市西城区太平桥大街25号	6 000 000.00	投资和管理金融业包括银行、证券、保险、基金、信托、期货、租赁、金银交易;资产管理;投资和管理非金融业。
同一母公司控制下的子公司	嘉事堂药业股份有限公司	续文利	北京市海淀区昆明湖南路11号1号楼	29 170.71	销售中成药、中药饮片、化学原料药、化学药制剂、抗生素、生化药品、生物制品、体外诊断试剂、第二类精神药品制剂、蛋白同化制剂和肽类激素等。
同一母公司控制下的子公司	光大科技有限公司	李璠	北京市石景山区石景山路乙18号院1号楼11层1206	20 000.00	经营电信业务;互联网信息服务;软件开发等。
同一母公司控制下的子公司	光大金瓯资产管理有限公司	康龙	温州市海事路17号205室	300 000.00	资产管理;资产投资及资产管理相关的重组、兼并、投资管理咨询服务等。
同一母公司控制下的子公司	光大永明人寿保险有限公司	张玉宽	天津市和平区南京路75号国际大厦三十七层	540 000.00	人寿保险、健康保险和意外伤害保险等保险业务;上述业务的再保险业务等。

6.5.3 逐笔披露本公司与关联方的重大交易事项

6.5.3.1 固有财产与关联方交易情况

6.5.3.1.1 投资关联交易情况

单位:万元

名称	金额
光大金控资产管理有限公司	4 450.00

6.5.3.1.2 其他关联交易情况

单位:万元

名称	金额
中国光大银行股份有限公司兰州分行营业部房租	236.55
中国光大银行股份有限公司兰州分行营业部存款	510 223.97
中国光大银行股份有限公司北京丰盛支行存款	1 712.95
中国光大银行股份有限公司湖南湘府路支行存款	74.37
中国光大银行股份有限公司总行本部财务中心存款	100 000.00
光大证券股份有限公司上海信闸路证券营业部	0.31
中国光大实业(集团)有限责任公司保洁费	6.60
光大金控资产管理有限公司投资收益	356.00
甘肃省国有资产投资集团有限公司房租	170.91

6.5.3.2 信托资产与关联方交易情况

单位:万元

业务类型	公司名称	金额
贷款类	中国光大银行股份有限公司	5 686 045.97
	光大证券股份有限公司[1]	292 000.00
投资类	中国光大银行股份有限公司	1 015 931.57
	光大证券股份有限公司[1]	545 500.00
	中国光大实业(集团)有限责任公司[2]	310 192.50
应收账款	中国光大银行股份有限公司	181 449.27
其他类[3]	中国光大集团股份公司	3 000.00
	嘉事堂药业股份有限公司	120.00
	中国光大银行股份有限公司	600.00
	中国光大实业(集团)有限责任公司	100.00
	中国光大控股慈善基金有限公司	100.00
	光大科技有限公司	10.00
	光大金瓯资产管理有限公司	20.00
	光大永明人寿保险有限公司	180.00
	光大证券股份有限公司	500.00
合计		8 035 749.31

注:1. 光大证券股份有限公司子公司上海光大证券资产管理有限公司。

2. 中国光大实业(集团)有限责任公司子公司内蒙古光大股权投资管理有限公司。

3. 其他类全部为光大信托自主发行的慈善信托产品。

6.5.3.3 信托公司自有资金运用于自己管理的信托项目(固信交易)、信托公司管理的信托项目之间的相互(信信交易)交易金额

6.5.3.3.1 固有财产与信托财产之间的交易金额、交易方式等期初汇总数、本期发生汇总数、期末汇总数

单位:万元

期初汇总数	本期发生汇总数	期末汇总数
133 495.74	-49 612.53	83 883.21

6.5.3.3.2 信托资产与信托财产之间的交易金额、交易方式等期初汇总数、本期发生汇总数、期末汇总数

单位：万元

期初汇总数	本期发生汇总数	期末汇总数
6 735 538.42	-2 811 092.06	3 924 446.36

6.5.4 逐笔披露关联方逾期未偿还本公司资金的详细情况及公司为关联方担保发生或即将发生垫款的详细情况

无。

6.6 会计制度的披露

为加强公司财务管理，规范财务工作，促进经营业务的发展，提高经济效益，促进本公司法人治理结构的建立和完善，防范财务风险、规范公司会计行为，根据国家有关法律、法规规定和《公司章程》，制定了《光大兴陇信托有限责任公司金融工具准则分类与计量管理办法》《光大兴陇信托有限责任公司金融工具公允价值估值管理办法》《光大兴陇信托有限责任公司金融工具公允价值估值细则》和《光大兴陇信托有限责任公司实施金融工具准则减值管理办法》。

7. 财务情况说明书

7.1 利润实现和分配情况

7.1.1 实现利润

本公司2019年实现利润总额为278 196.04万元，净利润为207 768.85万元。

7.1.2 提取盈余公积

本公司根据《公司章程》规定，按2019年税后利润的10%提取法定盈余公积20 776.89万元（2018年为11 166.56万元）。

7.1.3 提取一般风险准备

根据财政部于2012年3月20日印发的《金融企业准备金计提管理办法》（财金[2012]20号）的规定，一般风险准备是从净利润中计提的、用于部分弥补尚未识别的可能性损失的准备金。原则上一般风险准备余额不低于风险资产期末余额的1.5%。本公司2019年从净利润中提取一般风险准备为零（2018年为2 763.17元）。

7.1.4 提取信托赔偿准备

根据中国银监会于2007年1月23日颁布的《信托公司管理办法》（中国银行业监督管理委员会令2007年第2号）第四十九条及《公司章程》规定，按2019年税后利润的5%提取信托赔偿准备10 388.44万元（2018年为5 583.28万元）。

7.1.5 分配股利

根据2019年9月29日公司2019年第四次临时股东会审议批准，《关于公司2018年度利润分配方案的议案》，分配股利金额为33 499.67万元（2018年为15 779.09万元）。

7.2 主要财务指标

指标名称	指标值
资本利润率（%）	21.11
加权年化信托报酬率（%）	0.66
人均净利润（万元）	289.37

7.3 对本公司财务状况、经营成果有重大影响的其他事项

无。

7.4 其他事项

无。

8. 特别事项揭示

8.1 前五名股东报告期内变动情况及原因

经公司2019年第二次临时股东会审议通过，并根据《中国银保监会甘肃监管局关于批准光大兴陇信托有限责任公司股权变更的批复》（甘银保监复[2019]281号），将甘肃省国有资产投资集团有限公司与甘肃金融控股集团有限公司持有公司股权比例进行调整。调整后的公司股权结构为：(1)中国光大集团股份公司出资额为327 327.72万元，持股比例为51.00%；(2)甘肃省国有资产投资集团有限公司出资额为150 337.49万元，持股比例为23.42%；(3)甘肃金融控股集团有限公司出资额为138 481.00万元，持股比例为21.58%；(4)天水市财政局出资额为25 672.84万元，持股比例为4.00%。以上合计为641 819.05万元，占公司实收资本的100%。2019年11月1日，公司完成了相关工商变更登记法律手续。

8.2 董事、监事及高级管理人员变动情况及原因

8.2.1 董事变动情况

2019年3月27日，经光大兴陇信托有限责任公司第一届董事会第四十七次会议审议通过，选举闫桂军同志任公司董事长。

2019年7月18日，经光大兴陇信托有限责任公司2019年度股东会审议通过，蔡彤同志任公司董事。

2019年10月9日，经光大兴陇信托有限责任公司2019年第五次临时股东会审议通过，邵泉同志任公司董事。

8.2.2 监事变动情况

2019年3月27日，经光大兴陇信托有限责任公司2019年第三次临时股东会审议通过，焦宇同志任公司监事，陈昱同志不再担任公司监事职务。

8.2.3 高管人员变动情况

2019年1月，根据中国光大集团股份公司《关于王荣清等3名同志职务任免的通知》（光大人发[2019]4号），王荣清同志任公司党委委员、纪委书记。

2019年4月1日，经光大兴陇信托有限责任公司第一届董事会第四十六次会议审议通过，免去黄智洋同志光大兴陇信托有限责任公司董事会秘书职务。

2019年7月18日，经光大兴陇信托有限责任公司第一届董事会第五十次会议审议通过，聘任蔡彤同志为公司副总裁。

2019年10月9日，经光大兴陇信托有限责任公司第一届董事会第五十三次会议审议通过，聘任邵泉同志为公司总裁，闫桂军同志不再兼任公司总裁职务。

8.3 变更注册资本、变更注册地或公司名称、公司分立合并事项

经公司2019年第一次临时股东会审议通过,公司注册资本金由341 819.05万元变更为641 819.05万元。2019年5月20日,公司接到甘肃省市场监督管理局核发的新营业执照,公司注册资本金变更为641 819.05万元。

8.4 公司的重大诉讼事项

8.4.1 重大未决诉讼事项

公司自重组以来,本着对投资者负责的态度,积极调用各方资源,协调解决甘肃信托遗留的风险项目,并依法启动相关诉讼程序,具体详情如下。

8.4.1.1 固有业务重大诉讼案件情况

白银有色金属公司(以下简称白银有色)欠公司两笔贷款的借款纠纷案,第一笔经最高人民法院(2002)民二终字第187号《民事判决书》判决公司胜诉,由白银有色偿还贷款本金30 430 000.00元及相应利息;第二笔经甘肃省高级人民法院(2002)甘民二初字第39号《民事判决书》判决公司胜诉,由白银有色偿还贷款本金7 130 000.00元及相应利息,案件受理费75 627.00元由白银有色承担。

依据最高人民法院(2016)最高法执复69号《执行裁定书》裁定,公司全力配合甘肃省高院重新审查原白银有限金属公司诉讼案件的情况,还原案件的真实情景。

8.4.1.2 信托业务重大诉讼案件情况

(1)公司诉江苏东来房地产公司借款合同纠纷一案,该案公司已经作为原告向甘肃省高级人民法院起诉,2015年12月7日收到甘肃省高级人民法院(2015)甘民二初字第27号《民事判决书》,判决江苏东来房地产公司提前偿还借款本息,并需支付自提前到期日至实际偿付日期间所有利息及罚息,各担保人承担连带担保责任,公司对抵押物优先受偿。因江苏东来房地产公司被其他债权人申请破产,公司案件暂停执行,公司已经向破产管理人申报债权,并得到破产管理人对债权的确认,目前等待破产管理人的下一步安排。

(2)公司诉青海省投资集团有限公司金融借款合同纠纷一案,2019年9月11日,公司收到甘肃省高级人民法院民事判决书,判决被告向我司归还相应的本金、利息及其他诉讼费用,各担保人承担连带保证责任。目前被告已经上诉,等待二审结果。

公司相信,通过公平、公正、公开的司法环境,能够促使以上遗留问题的圆满解决。

8.4.2 以前年度发生,于本报告年度内终结的诉讼事项

无。

8.4.3 本报告年度发生,于本报告年度内终结的诉讼事项

无。

8.5 对会计师事务所出具的有解释性说明、保留意见、拒绝表示意见或否定意见的审计报告的,公司董事会应就所涉及事项做出说明

安永华明会计师事务所(特殊普通合伙)为本公司出具了标准无保留意见的审计报告。

8.6 公司及其董事、监事和高级管理人员受到处罚的情况

无。

8.7 中国银保监会及其派出机构对公司检查后提出整改意见的,应简单说明整改情况

2019年度甘肃保银监局对公司采取了非现场监管与现场检查相结合的审慎监管措施,全年累计进行了两次现场督导与检查,分别涉及房地产专项领域,以及重点风险领域。

甘肃银保监局从以下五个方面提出了整改意见及要求:

一是进一步加强公司治理,优化公司内控制度及业务流程。

二是切实推进合规文化建设,进一步做好风险排查工作。

三是健全并完善房地产业务压力测试机制,持续提升对重点领域业务的管控能力。

四是持续加大信息科技投入。

五是对此次检查发现的制度薄弱环节和具体问题项目,公司要按相关监管要求进行认真整改,并适时组织"回头看",扩大和巩固整改成效,防止问题反弹。

公司严格根据以上整改意见和要求积极落实整改问责,建立整改问题跟踪台账,及时向监管部门上报整改报告,同时,加强内部追责处罚力度,确保合规压力的有效传导。

8.8 本年度重大事项临时报告的简要内容、披露时间、所披露的媒体及其版面

2019年5月24日,在《证券时报》B2版对闫桂军同志任公司董事长事项进行了公告。

2019年5月30日,在《证券时报》B6版对公司注册资本金变更事项进行了公告。

2019年11月16日,在《证券时报》B2版对公司修改章程事项进行了公告。

2020年1月2日,在《证券时报》B2版对邵泉同志任公司董事、总裁事项进行了公告。

8.9 中国银保监会及其省级派出机构认定的其他有必要让客户及相关利益人了解的重要信息

无。

9. 公司监事会意见

报告期内,公司监事会严格遵守《公司法》《光大兴陇信托有限责任公司章程》的有关规定,依法独立履行职责,全体监事列席了各次股东会会议及董事会会议,监督检查了公司依法运作、重大决策、重大经营活动情况及财务状况,认为公司能够合规运作。2019年度财务报告经安永华明会计师事务所(特殊普通合伙)审计,出具了标准无保留意见的审计报告,该报告真实、客观、准确地反映了公司财务状况和经营成果。

广东粤财信托有限公司

1. 重要提示

1.1 本公司董事会及董事保证本报告所载资料不存在任何虚假记载、误导性陈述或者重大遗漏,并对其内容的真实性、准确性和完整性承担个别及连带责任。

1.2 公司独立董事对本报告所披露内容进行了认真审查,保证本报告内容的真实性、准确性和完整性。

1.3 致同会计师事务所(特殊普通合伙)广州分所对本公司年度财务报告进行了审计,出具了标准无保留意见的审计报告。

1.4 公司负责人、主管会计工作负责人及会计部门负责人保证年度报告中财务报告的真实、完整。

2. 公司概况

2.1 公司简介

广东粤财信托有限公司成立于1984年,是经中国银保监会批准设立的非银行金融机构,是国内首批设立的信托公司,目前为广东省唯一省属国有信托机构。公司注册资本38亿元,其中,广东粤财投资控股有限公司出资372 931.59万元,出资比例为98.14%;广东省科技创业投资有限公司出资7 068.41万元,出资比例为1.86%。

公司一直坚持"诚信为本、稳健经营、专业进取、开拓创新"的经营方针,以完善的风险控制系统为基础,以金融产品创新为手段,构建专业化、综合性的金融服务平台,为客户提供个性化、专业化、全方位的金融需求解决方案。未来,公司将以"致力更优服务,成就客户与员工价值,引领行业发展"为使命,向着"成为资本实力雄厚、主动管理能力及创新研发能力卓越的全球资产管理与财富管理金融服务商"的目标不断迈进。

2.1.1 公司法定中文名称:广东粤财信托有限公司
英文名称:Guangdong Finance Trust Co.,Ltd.

2.1.2 法定代表人:陈彦卿

2.1.3 注册地址:广东省广州市越秀区东风中路481号粤财大厦1楼自编C区、4、14、40楼

2.1.4 邮政编码:510045

2.1.5 公司国际互联网网址:http://www.utrusts.com

2.1.6 公司电子信箱:wealth@utrust.cn

2.1.7 公司信息披露事务联系人:金虎
联系电话:020-37126321
传真:020-83063082
电子信箱:wealth@utrust.cn

2.1.8 公司本次信息披露报纸名称:《证券时报》《金融时报》

2.1.9 公司年度报告备置地点:广州市东风中路481号粤财大厦14楼

2.1.10 公司聘请的会计师事务所:致同会计师事务所(特殊普通合伙)广州分所
办公地点:中国广州市天河区珠江新城珠江东路32号利通广场10楼

2.2 组织结构

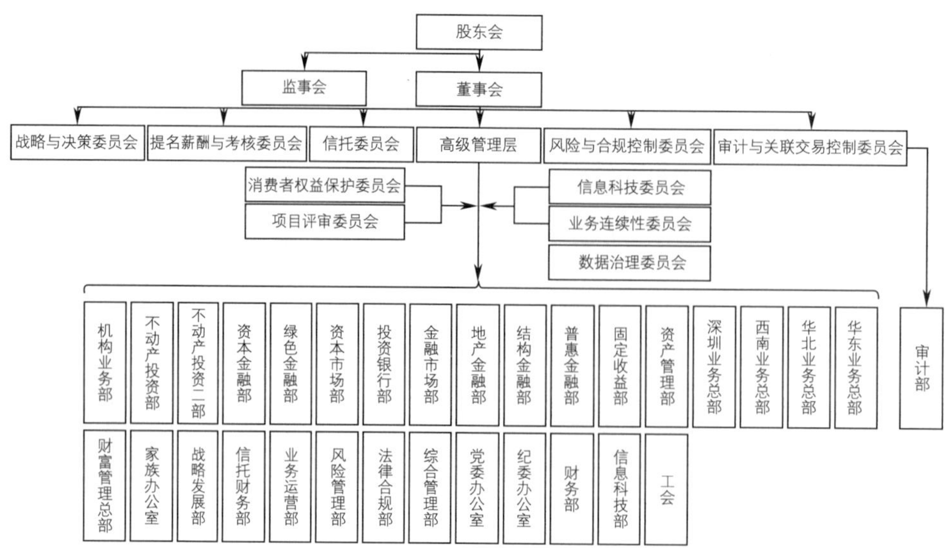

3. 公司治理

3.1 股东

股东构成

股东名称	广东粤财投资控股有限公司	广东省科技创业投资有限公司
出资额(万元)	372 931.59	7 068.41
出资比例(%)	98.14	1.86
法人代表	杨润贵	汪涛
注册资本(亿元)	238	10.402079
注册地址	广州市东风中路 481 号粤财大厦 15 楼	广东省广州市天河区珠江西路 17 号 4301 房自编号 1 房
主要经营业务及主要财务情况	主要经营业务:资本运营管理、资产受托管理、投资项目的管理;科技风险投资、实业投资;企业重组、并购咨询服务。 主要财务情况(未经审计,合并报表):资产总额为 775 亿元;净资产为 410 亿元;当年净利润为 17 亿元。	主要经营业务:创业投资业务;为创业企业提供创业管理服务业务;参与设立创业投资企业与创业投资管理顾问机构;股权投资业务;咨询业务;产业园投资;物业出租。 主要财务情况(未经审计):资产总额为 40.30 亿元;净资产为 14.51 亿元;当年净利润为 0.06 亿元。

3.2 董事、董事会

董事长、董事

职务	姓名	性别	年龄(岁)	选任日期	所推举的股东名称	该股东持股比例(%)	简要履历
董事长	陈彦卿	女	55	2017 年 6 月 14 日	广东粤财投资控股有限公司	98.14	2008 年 10 月任公司副总经理; 2012 年 4 月任广东粤财投资控股有限公司总经理助理; 2017 年 6 月任公司董事长。
董事	杨鹏	男	39	2018 年 1 月 22 日	广东省科技创业投资有限公司	1.86	2006 年 7 月任中国人民银行东莞市中心支行任科员、党委秘书;2009 年 2 月任职招商银行总行计划财务部、招商银行无锡分行计划财务部、招商银行总行 108 项目组(招联消费金融公司)计划财务部; 2016 年 9 月任招商银行广州分行任金融机构部副总经理; 2017 年 3 月任粤科金融集团金融业务部副部长; 2019 年 3 月任广州资产管理有限公司深圳办事处副主任。
董事	刘发宏	男	49	2018 年 12 月 28 日	广东粤财投资控股有限公司	98.14	2005 年 4 月任珠海格力集团(派驻下属企业)财务总监; 2006 年 8 月任珠海市国资委(派驻国有企业)财务总监; 2009 年 6 月任珠海港置业开发有限公司总经理; 2012 年 9 月任酒鬼酒股份有限公司副总经理; 2016 年 11 月任广东粤财投资控股有限公司审计部总经理; 2018 年 12 月任公司职工董事、党委副书记; 2019 年 8 月任广东粤财投资控股有限公司人力资源部总经理; 2019 年 11 月任公司董事。

独立董事

职务	姓名	所在单位及职务	性别	年龄(岁)	选任日期	所推举的股东名称	该股东持股比例(%)	简要履历
独立董事	张天民	北京市君泽君律师事务所合伙人律师	男	49	2008 年 1 月	广东粤财投资控股有限公司	98.14	2004 年起任北京市君泽君律师事务所合伙人律师。
独立董事	李文中	退休	男	61	2019 年 7 月	广东粤财投资控股有限公司	98.14	2001 年 10 月任陕西省电力公司总会计师兼财务部主任; 2002 年 1 月任贵州省电力公司总会计师; 2003 年 2 月任中国南方电网公司财务部主任; 2007 年 11 月任中国南方电网公司副总会计师兼财务部主任; 2008 年 12 月任中国南方电网公司总会计师。

3.3 监事、监事会

监事会成员

职务	姓名	性别	年龄（岁）	选任日期	所推举的股东名称	该股东持股比例（%）	简要履历
监事长	彭金灯	男	51	2019年12月24日	广东粤财投资控股有限公司	98.14	2009年3月任广东粤财投资控股有限公司审计部总经理； 2015年8月任广东粤财物业发展有限公司总经理； 2017年8月兼任粤财控股香港国际有限公司、飞龙国际投资有限公司、香港粤财大厦有限公司、新飞龙国际投资有限公司、粤信（澳门）投资有限公司监事长； 2019年12月任广东粤财信托有限公司监事长。
监事	柯少葭	女	40	2018年11月30日	广东粤财投资控股有限公司	98.14	2007年9月任广东恒健投资控股有限公司计划财务部副经理、经理； 2015年1月任广东省丝丽国际集团股份有限公司审计部部长、董事会秘书、党委会秘书； 2018年8月任广东粤财投资控股有限公司审计部高级经理； 2019年7月任广东粤财基金管理有限公司财务部总经理。
监事	赵敏华	女	48	2017年12月11日	职工代表监事		2003年1月任广东粤财投资控股有限公司资产管理部业务经理、经理、高级经理； 2011年4月任公司资产管理部高级经理； 2018年9月任公司综合管理部高级经理。

3.4 高级管理人员

高级管理人员

职务	姓名	性别	年龄（岁）	任职日期	金融从业年限（年）	学历	专业	简要履历
董事长	陈彦卿	女	55	2017年6月14日	28	硕士研究生	工商管理	2008年10月任公司副总经理； 2012年4月任广东粤财投资控股有限公司总经理助理； 2017年6月任公司董事长。
副总经理	刘东辉	男	51	2015年11月24日	13	博士	企业管理	2012年1月任公司信托管理三部总经理； 2013年7月任公司总经理助理； 2015年11月任公司副总经理。
副总经理	李亚娟	女	50	2013年7月15日	24	硕士研究生	投资经济	2010年1月任广东银监局非银处处长； 2012年9月任广东银监局纪委副书记； 2013年7月任公司副总经理。
总经理助理	于 健	男	38	2019年11月14日	10	硕士研究生	工商管理	2009年7月任华澳国际信托有限公司市场营销管理总部副总经理； 2014年8月任陆家嘴国际信托有限公司市场营销中心总经理； 2019年11月任公司总经理助理。

3.5 公司员工

项目		报告期年度		上年度	
		人数（人）	比例（%）	人数（人）	比例（%）
年龄分布	30岁以下	57	30	60	37
	30～40岁	98	51	70	43
	40～50岁	28	14	24	15
	50岁以上	10	5	9	5
学历分布	博士	9	4.7	6	3.7
	硕士	116	60.1	94	57.7
	本科	64	33.2	60	36.8
	专科	3	1.5	2	1.2
	其他	1	0.5	1	0.6
岗位分布	董事、监事及其高管人员	6	3.1	6	3.7
	自营业务人员	8	4.1	7	4.3
	信托业务人员	139	72.0	116	71
	其他人员	40	20.8	34	21

4. 经营管理

4.1 经营目标、经营方针、战略规划

4.1.1 经营目标

公司的经营目标是成为资本实力雄厚、主动管理能力及创新研发能力卓越的全球资产管理与财富管理金融服务商。

4.1.2 经营方针

公司的经营方针是“诚信为本、稳健经营、专业进取、开拓创新”。

4.1.3 战略规划

在公司股东的大力支持下，加快推进各项改革，积极推动业务创新，通过“管理机制先行、研发营销领先、运营风控优化与家园文化提升”等举措，全面践行“客户倍增战略、业务创新战略、全球服务战略和互联网＋战略”。以“致力更优服务，成就客户与员工价值，引领行业发展”为使命，向着“成为资本实力雄厚、主动管理能力及创新研发能力卓越的全球资产管理与财富管理金融服务商”的目标不断迈进。

4.2　所经营业务的主要内容

中国银保监会核准公司承办以下人民币和外币金融业务：资金信托；动产信托；不动产信托；有价证券信托；其他财产或财产权信托；作为投资基金或者基金管理公司的发起人从事投资基金业务；经营企业资产的重组、购并及项目融资、公司理财、财务顾问等业务；受托经营国务院有关部门批准的证券承销业务；办理居间、咨询、资信调查等业务；代保管及保管箱业务；以存放同业、拆放同业、贷款、租赁、投资方式运用固有财产；以固有财产为他人提供担保；从事同业拆借；法律法规规定或中国银行保险监督管理委员会批准的其他业务。

2019 年度，公司自营资产运用与分布和信托财产运用与分布情况列示如下。

自营资产运用与分布表

资产运用	金额（万元）	占比（%）	资产分布	金额（万元）	占比（%）
货币资产	84 636.11	11.20	基础产业	—	—
贷款及应收款	5 371.36	0.71	房地产业	—	—
可供出售金融资产	339 727.33	44.96	证券市场	9 292.89	1.23
持有至到期投资	5 000.00	0.66	工商企业	—	—
长期股权投资	228 493.31	30.24	金融机构	740 008.89	97.92
其他	92 471.87	12.23	其他	6 398.20	0.85
资产总计	755 699.98	100.00	资产总计	755 699.98	100.00

信托资产运用与分布表

资产运用	金额（万元）	占比（%）	资产分布	金额（万元）	占比（%）
货币资产	563 313.57	2.02	基础产业	224 020.00	0.80
贷款	6 108 444.16	21.91	房地产	1 867 112.17	6.70
交易性金融资产	7 316 804.90	26.24	证券市场	7 863 297.25	28.20
可供出售金融资产	5 022.62	0.02	金融机构	3 881 470.13	13.92
持有至到期投资	11 404 879.65	40.91	工商企业	11 293 481.80	40.51
长期股权投资	2 388 049.93	8.57	其他	2 750 024.15	9.86
其他	92 890.67	0.33			
信托资产总计	27 879 405.50	100.00	信托资产总计	27 879 405.50	100.00

4.3　市场分析

4.3.1　促进本公司业务发展的有利因素

一是我国经济稳中向好、长期向好的基本趋势没有改变，2020 年是全面建成小康社会和“十三五”规划收官之年，为保持经济运行在合理区间，市场发展将受到一定的宏观政策支撑。二是粤港澳大湾区建设作为国家战略正有序推进，孕育了重大的投融资机会。三是企业和金融机构盘活资产、化解风险的动力不断增强，资产证券化业务需求将明显增加，资本市场改革深入推进，初步形成良好预期，证券投资信托业务存在一定发展潜力。四是金融科技力量壮大，业务拓展吸引力及服务有效性不断增强。五是公司作为具有多年稳健经营历史的广东省唯一省属国有信托机构，有着良好的社会声誉和品牌影响力。

4.3.2　影响本公司业务发展的不利因素

一是波及全球的新冠肺炎疫情给实体经济和金融业带来实质性冲击，目前国际上金融市场震荡回稳，经济走势受疫情冲击十分明显，市场风险不断积累，公司需谨慎防范系统性风险。二是为应对疫情对经济就业的冲击，政府采用宽货币和宽信用的组合，提高信贷和社融增速，这将对信托业务产生挤出效应。三是信托行业面临着经济转型攻坚、财富市场需求放缓、金融开放深化、科技驱动加速等外部环境的新变化，公司面临竞争格局重塑、机构重新定位、增量业务受限、风险项目处置难度加大等复杂形势。四是 2020 年“资管新规”过渡期即将结束，大量通道类业务面临结束和整改，资管机构统一起跑线，对公司主动管理能力提出更高要求，竞争压力加大。

4.4　内部控制

公司通过完善的组织架构、内部规章实现内部控制，形成了研究、决策、操作、检查、反馈的 PDCA 管理循环，构建了前台调查、中台审查、后台审计评价相互制衡的内部控制机制。

4.4.1　内部控制环境和内部控制文化

公司按照合法、高效、精简、制衡原则设置组织机构，设股东会、董事会和监事会，实行董事会领导下的总经理负责制。公司董事会及其下设战略与决策委员会和提名薪酬与考核委员会为公司决策系统，在董事会领导下的经营管理层及相关业务部门为公司执行系统，监事会及董事会下设的信托委员会、风险与合规控制委员会以及审计与关联交易控制委员会为公司监督及信息反馈系统，三个系统既相互独立又相互联系。公司大力推进合规文化建设，通过开展内控制度培训、内部合规检查、建立风险问责制度等，促进全体员工牢固树立合规经营、按程序办事的意识。

4.4.2　内部控制措施

公司建立多层次内部控制组织架构，根据《公司法》《信托公司管理办法》《信托公司治理指引》等法律法规，参照《商业银行公司治理指引》，完善《股东会议事规则》《董事会议事规则》《监事会议事规则》等规章制度，严格按章办事，确保董事、监事、经营管理层成员的权力有效约束、职责有效履行。

除董事会下属战略与决策委员会、提名薪酬与考核委员会、信托委员会、风险与合规控制委员会以及审计与关联交易控制委员会外，专设审计部、风险管理部、法律合规部为内部控制职能部门。

其中，风险与合规控制委员会主要负责审议公司内部管理制度；审议公司风险与合规控制制度和监控制度；审议各类操作业务管理办法和财务控制制度；审议批准公司风险与合规控制情况报告，评估公司经营风险与合规控制并提出整改意见；审议批准公司外包战略发展规划、外包范围，审阅外包活动报告及安排外包风险检查；审批批准案件防控工作总体政策及管理体系建设；评估案件防控工作的有效性，指导相关部门对案防工作进行有效审查和监督等。审计与关联交易控制委员会主要负责监督公司的内部审计制度及其实施；审核、批准公司年度审计计划、审计报告；向董事会推荐并聘请外部审计机构对公司进行审计；评估公司内部控制有效性；负责审议批准公司内部审计质量内部评估报告；负责批准聘请内部审计质量外部评估机构；负责内部审计与外部审计之间的沟通；负责公司关联交易的管理，根据授权批准或备案一般关联交易，审查公司重大关联交易，并提交董事会审议批准等。审计部、风险管理部和法律合规部主要按照审计与关联交易控制委员会、风险与合规控制委员会和经营管理层的要求开展具体的工作。

总体来看，公司内部控制职责明确，建立了前中后台分离、集中审批的业务管理架构，确保各业务环节岗位职能分离，相互监督、有效制衡。

4.4.3 信息交流与反馈

公司通过建立详细的工作报告及审核流程，工作信息得以规范、快速、有序传递；内部控制部门通过办公自动化系统实时传递外部监管意见及内部管理信息，业务部门与风险管理部门保持全流程业务信息共享，有效避免因信息交流不足导致的业务差错、信息递减或效率损耗。公司与监管部门建立了良好的沟通机制，各类业务按规定及时报告或报备，有效落实监管意见，为公司合规经营提供支持。

4.4.4 监督评价与纠正

公司定期对内部控制执行情况实施审计，并于本年度进一步加强内部控制监督工作，充实审计队伍，完善相关制度，年度审计稽核及内部合规检查情况显示公司内控执行情况良好，监管部门外部检查及内控检查发现的问题均已得到及时纠正。

4.5 风险管理

4.5.1 风险管理概况

公司推进全面风险管理体系建设，构建以董事会为核心，以战略与决策委员会、提名薪酬与考核委员会、信托委员会、风险与合规控制委员会、审计与关联交易控制委员会为支点的风险管理体系，由内部规章、组织架构、授权制度、技术手段以及审计与事后评价等部分组成。公司编制了全面风险管理办法及信用风险、市场风险、流动性风险、声誉风险、战略风险等各单一风险管理办法，健全公司的风险管理政策制度体系。公司优化了风险偏好体系，建立了风险压力测试体系与方法，从风险偏好的角度对公司的风险偏好指标、风险偏好传导路径、风险偏好管理策略及风险控制指标体系进行优化，并设计了公司全面风险报告体系，明确报告内容和路径。公司建立了风险压力测试体系和方法，形成适合公司的压力测试方法论、压力测试情景设计、压力测试报告模板及相应的管理机制和流程，从底线思维角度评估公司的风险承压能力。在项目运作上建立事前预防、事中控制、事后监督检查的三阶段风险控制流程，在项目审核上经由业务部门、法律合规部门、风险管理部门、项目评审委员会等多道环节进行综合风险管理，尤其强调过程控制，使公司在出现风险苗头时能快速反应，及时有效化解。

4.5.2 风险状况

4.5.2.1 信用风险状况

信用风险是公司经营面临的主要风险，是指交易对手未能履行合同所带来的经济损失，表现为交易对手不履行承诺而使信托资产或自有资产遭受潜在损失的可能性。报告期内，公司固有业务未发生交易对手信用风险事项。信托业务的信用风险主要来自融资类信托业务，公司针对不同类别的信托产品项下的交易对手风险，采取充分的信息披露，紧盯重点领域的交易对手风险隐患，及时充分地向委托人、受益人进行密切沟通和报告，审慎履行受托人职责。

4.5.2.2 市场风险状况

市场风险是指由于基础资产市场价格的不利变动或者急剧波动而导致衍生工具价格或者价值产生负面波动的风险，表现为市场利率、汇率、股票、债券行情等市场价格波动而造成的信托资产、自有资产损失的风险。受国内外经济形势以及资本市场改革和资本市场本身波动等诸多因素影响，2019 年股票市场和债券市场出现数次较大波动，证券投资面临较大的市场风险。公司一方面保持对该类业务风险的高度关注，严格履行信托法律法规以及相关信托法律文件规定的义务和责任，审慎对投资者进行风险偏好、风险承受能力进行分析、识别；另一方面积极加强与投资者的沟通，做好项目的信息披露、风险排查，控制投资进度，将有关风险情况、净值变化等及时知会投资者，妥善管理市场风险。

4.5.2.3 流动性风险状况

流动性风险指公司虽然有清偿能力，但无法及时获得充足资金或无法以合理成本及时获得充足资金以应对资产增长或支付到期债务的风险，表现为公司短期内资金周转困难、无力偿付到期负债而造成损失或破产的风险。公司对流动性风险高度重视，从制度、流程、识别分析、压力测试等多角度进行管理，确保稳健经营。

4.5.2.4 操作风险状况

操作风险是指由于不完善或有问题的内部操作过程、员工、信息系统以及外部事件而导致的直接或间接损失的风险。2019 年公司信托业务规模持续增长，信托项目笔数多、资金流量大、交易流程节点多，公司通过严格执行授权制度、统一业务操作流程等，明确信托开户、保管、资金划付等岗位责任等，最大限度地降低操作风险。2019 年未发生操作风险事故。

4.5.2.5 其他风险状况

公司面临的其他风险有合规风险、声誉风险、信息科技风险等。

合规风险是指公司因未能遵循法律法规、监管要求、规则、自律性组织制定的有关准则，以及适用于自身业务活动的行为准则，而可能遭受法律制裁或监管处罚、重大财务损失或声誉损失的风险。

声誉风险是指由公司经营、管理及其他行为或外部事件导致利益相关方对公司负面评价的风险。

信息科技风险是指信息科技在公司运用过程中，由于自然因素、人为因素、技术漏洞和管理缺陷产生的操作、法律和声誉等风险。

本年度未发生声誉风险、信息科技风险。

4.5.3 风险管理

4.5.3.1 信用风险

公司通过业务部门事前尽职调查、风险管理部门风险审查、项目评审委员会审核决策，项目现金流压力测试、抵（质）押担保、资金监控等予以防范；通过项目实施过程中的跟踪检查以及审计进行事中、事后控制。在合作机构、交易对手信用风险防范方面，通过选择实力雄厚、信誉卓著、业绩优良的金融机构作为合作伙伴，关注交易对手经营管理及财务状况，适时调整合作规模及产品，控制交易对手风险。在出现风险预警后，通过协商、调解、债权申报以及诉讼等多种方式，积极主张权利，化解风险，有效维护信托财产安全。

4.5.3.2 市场风险

公司坚持“诚信为本、稳健发展”的经营理念，避免介入风险较大且难以有效控制的项目，审慎介入风险可控的项目，综合运用敏感性分析、情景分析等方法充分评估潜在市场风险，并通过业务部门—法律合规部—风险管理部—项目评审委员会的多层次审核，结合严格的分级授权、系统支持、逐日盯市、预警止损等制度控制市场风险。

4.5.3.3　流动性风险

公司在风险管理过程中，注重审慎选择资产项目的同时，控制好主动管理类集合资金信托总体规模、信托项目单一集中度，定期开展流动性压力测试，控制好公司整体流动性风险。针对潜在风险项目及早制定、落实化解预案，公司自营资产保持高流动性配置，防控潜在流动性风险。

4.5.3.4　操作风险

公司通过严格的授权制度和业务操作流程，明确岗位职责，建立内部相互制约、相互督促的工作机制；严格依法建账，将信托财产与固有财产分开管理、分别记账，对信托业务与非信托业务分开核算，对每项信托业务单独核算，对各项经营活动过程及资金运作建立严格的复核和监控程序；通过系统权限设置对证券投资操作权限和内容进行严格划分和分工，在业务和资金流转过程中设立双岗核定、确认制度，防范可能出现的漏洞。法律合规部、风险管理部、审计部分别根据自身职责，独立进行定期、不定期的检查，及时发现问题并督促纠正。

4.5.3.5　其他风险

4.5.3.5.1　合规风险

公司严格依法合规经营，建立健全内部控制制度、组织架构以规范与控制公司经营行为。公司设立风险与合规控制委员会和项目评审委员会，并由法律合规部负责法律合规事务，对公司的法律合规风险进行识别、评估、监控，提出合规风险提示和修改完善建议；及时梳理、整合、改进公司规章制度和操作流程；组织员工进行合规培训和反洗钱教育；保持与监管部门的密切沟通，及时掌握政策动向，把握公司业务方向以控制政策风险。

4.5.3.5.2　声誉风险

声誉是信托公司赖以生存的重要资产。公司坚持“诚实守信”原则，审慎尽职履行受托人管理职责，关注各种市场变化、突发事件或风波可能给公司声誉带来的影响，明确舆情管理职责，实时关注舆情信息，加强舆情信息研判，及时披露相关信息，主动接受舆论监督；日常加强分析研究，对可能发生的各类声誉风险事件进行情景分析，制定应急预案，强化声誉风险防范意识，切实防范声誉风险。

4.5.3.5.3　信息科技风险

为顺应公司业务流程信息化与系统建设需求，公司继续大力加强信息系统建设，在推动业务发展的同时切实防范相关风险。公司设立信息科技管理委员会、信息科技部，完善相关组织架构，在梳理、提炼业务系统需求的基础上，认真执行监管部门关于信托业务管理系统开发、金融机构信息科技系统风险防控要求，推动有关监管合规要求在系统开发、测试、维护中的落实；加强信息科技学习培训，逐步完善安全机制；制定相关的业务应急预案，做好演练，确保业务连续性；切实做好信息科技审计，确保信息科技管理各项制度落实到位。

4.5.3.6　净资本及风险资本情况

截至2019年12月31日，公司净资产为70.76亿元，净资本为61.29亿元；公司各项业务风险资本之和为32.95亿元，其中固有业务风险资本为8.90亿元，信托业务风险资本为23.47亿元，其他业务风险资本0.58亿元。净资本比各项业务风险资本之和为186.00%，净资本比净资产为86.62%，符合风险控制要求。

5. 报告期末及上一年度末的比较式会计报表

5.1　自营资产

5.1.1　资产负债表

资产负债表

编制单位：广东粤财信托有限公司　　2019年12月31日　　单位：万元

项　目	期末余额	期初余额	项　目	期末余额	期初余额
资产：	—	—	负债：	—	—
现金及存放中央银行款项	0.93	2.36	向中央银行借款	—	—
存放同业款项	84 635.17	65 185.81	同业及其他金融机构存放款项	—	—
贵金属	—	—	拆入资金	—	—
拆出资金	—	—	以公允价值计量且其变动计入当期损益的金融负债	—	—
以公允价值计量且其变动计入当期损益的金融资产	—	—	衍生金融负债	—	—
衍生金融资产	—	—	卖出回购金融资产款	—	—
买入返售金融资产	—	—	预收账款	3 971.05	691.69
应收账款	3 884.03	3 680.91	应付职工薪酬	6 481.59	4 305.21
应收利息	361.00	480.90	应付股利	—	—
其他应收款	1 126.33	702.71	应交税费	17 255.14	14 184.54
预付账款	—	—	其他应付款	6 040.38	4 417.87

续表

项　　目	期末余额	期初余额	项　　目	期末余额	期初余额
发放贷款及垫款	—	—	应付债券	—	—
可供出售金融资产	339 727. 33	252 621. 82	递延所得税负债	190. 01	—
持有至到期投资	5 000. 00	4 000. 00	其他负债	—	—
长期股权投资	228 493. 31	198 777. 16	负债合计	33 938. 17	23 599. 31
固定资产	3 429. 67	3 699. 38	所有者权益(或股东权益):		
在建工程	—	—	实收资本	380 000. 00	380 000. 00
无形资产	1 253. 84	1 074. 42	资本公积	8 766. 84	—
商誉	—	—	其他综合收益	3 292. 94	1 347. 57
递延所得税资产	994. 07	378. 35	盈余公积	68 659. 73	60 279. 77
其他资产	86 794. 30	120 245. 52	一般风险准备	43 897. 64	38 205. 39
			未分配利润	217 144. 66	147 417. 32
			所有者权益(或股东权益)合计	721 761. 81	627 250. 05
资产总计	755 699. 98	650 849. 35	负债和所有者权益(或股东权益)总计	755 699. 98	650 849. 35

企业负责人:陈彦卿　　　　主管会计机构负责人:李亚娟　　　　会计机构负责人:肖建辉

5. 1. 2　利润表

利润表

编制单位:广东粤财信托有限公司　　　　2019 年度　　　　单位:万元

项　　目	2019 年度	2018 年度
一、营业收入	121 261. 95	95 011. 71
利息净收入	2 095. 86	939. 00
利息收入	2 095. 86	2 390. 67
利息支出	—	1 451. 67
手续费及佣金净收入	56 707. 10	48 329. 41
手续费及佣金收入	58 387. 29	49 555. 82
手续费及佣金支出	1 680. 19	1 226. 42
投资收益(亏损以"-"号填列)	62 374. 34	45 208. 67
其中:交易性金融资产投资收益	—	—
对联营企业和合营企业的投资收益	43 351. 58	34 107. 13
公允价值变动收益(损失以"-"号填列)	—	—
汇兑收益(亏损以"-"号填列)	6. 03	17. 13
其他业务收入	78. 62	17. 20
其他收益	—	500. 30
资产处置收益(损失以"-"号填列)	—	—
二、营业支出	22 592. 12	15 791. 92
税金及附加	394. 11	390. 75
业务及管理费用	22 194. 27	15 401. 18
资产减值损失	3. 74	—
其他业务成本	—	—
三、营业利润(亏损以"-"号填列)	98 669. 83	79 219. 79
加:营业外收入	1. 97	182. 76
减:营业外支出	629. 82	7. 75
四、利润总额(亏损总额以"-"号填列)	98 041. 98	79 394. 80
减:所得税费用	14 242. 43	11 333. 02
五、净利润(净亏损以"-"号填列)	83 799. 55	68 061. 77

续表

项　　目	2019 年度	2018 年度
(一)来自持续经营和终止经营的净利润	—	—
1. 持续经营净利润(净亏损以"-"填列)	83 799. 55	68 061. 77
2. 终止经营净利润(净亏损以"-"填列)	—	—
(二)归属所有者的净利润	83 799. 55	68 061. 77
其中: 归属于母公司所有者的净利润	83 799. 55	68 061. 77
*少数股东损益	—	—
六、其他综合收益的税后净额	1 945. 37	-4 982. 70
归属于母公司所有者的其他综合收益的税后净额	1 945. 37	-4 982. 70
(一)以后不能重分类进损益的其他综合收益	—	—
其中:1. 重新计量设定受益计划净负债或净资产的变动	—	—
2. 权益法下在被投资单位不能重分类进损益的其他综合收益中享有的份额	—	—
(二)将重分类进损益的其他综合收益	1 945. 37	-4 982. 70
其中:1. 权益法下在被投资单位以后将重分类进损益的其他综合收益中享有的份额	1 597. 73	-4 793. 08
2. 可供出售金融资产公允价值变动损益	347. 64	-189. 61
3. 持有至到期投资重分类为可供出售金融资产损益	—	—
4. 现金流量套期损益的有效部分	—	—
5. 外币财务报表折算差额	—	—
*归属于少数股东的其他综合收益的税后净额	—	—
七、综合收益总额	85 744. 92	63 079. 07
归属于母公司所有者的综合收益总额	85 744. 92	63 079. 07
*归属于少数股东的综合收益总额	—	—
八、每股收益:	—	—
基本每股收益	—	—
稀释每股收益	—	—

企业负责人:陈彦卿　　主管会计机构负责人:李亚娟　　会计机构负责人:肖建辉

5.1.3 所有者权益变动表

所有者权益变动表

编制单位：广东粤财信托有限公司　　2019 年度　　单位：万元

项　目	2019 年度							2018 年度						
	实收资本	资本公积	其他综合收益	盈余公积	一般风险准备金	未分配利润	所有者权益合计	实收资本	资本公积	其他综合收益	盈余公积	一般风险准备金	未分配利润	所有者权益合计
一、上年年末余额	380 000. 00	—	1 347. 57	60 279 77	38 205. 39	147 417. 32	627 250. 05	380 000. 00	—	6 330. 26	53 473. 59	34 388. 05	89 979. 06	564 170. 97
加：会计政策变更	—	—	—	—	—	—	—	—	—	—	—	—	—	—
前期差错更正	—	—	—	—	—	—	—	—	—	—	—	—	—	—
其他	—	—	—	—	—	—	—	—	—	—	—	—	—	—
二、本年年初余额	380 000. 00	—	1 347. 57	60 279 77	38 205. 39	147 417. 32	627 250. 05	380 000. 00	—	6 330. 26	53 473. 59	34 388. 05	89 979. 06	564 170. 97
三、本年增减变动金额（减少以“－”号填列）	—	8 766. 84	1 945. 37	8 379. 95	5 692. 26	69 727. 34	94 511. 76	—	—	-4 982. 70	6 806. 18	3 817. 33	57 438. 26	63 079. 07
（一）综合收益总额	—	—	1 945. 37	—	—	83 799. 55	85 744. 92	—	—	-4 982. 70	—	—	68 061. 77	63 079. 07
（二）所有者投入和减少资本	—	8 766. 84	—	—	—	—	8 766. 84	—	—	—	—	—	—	—
1. 所有者投入的普通股	—	—	—	—	—	—	—	—	—	—	—	—	—	—
2. 其他权益工具持有者投入资本	—	—	—	—	—	—	—	—	—	—	—	—	—	—
3. 股份支付计入所有者权益的金额	—	—	—	—	—	—	—	—	—	—	—	—	—	—
4. 其他	—	8 766. 84	—	—	—	—	8 766. 84	—	—	—	—	—	—	—
（三）专项储备提取和使用	—	—	—	—	—	—	—	—	—	—	—	—	—	—
1. 提取专项储备	—	—	—	—	—	—	—	—	—	—	—	—	—	—
2. 使用专项储备	—	—	—	—	—	—	—	—	—	—	—	—	—	—
（四）利润分配	—	—	—	8 379. 95	5 692. 26	-14 072. 21	—	—	—	—	6 806. 18	3 817. 33	-10 623. 51	—
1. 提取盈余公积	—	—	—	8 379. 95	—	-8 379. 95	—	—	—	—	6 806. 18	—	-6 806. 18	—
其中：法定公积金	—	—	—	8 379. 95	—	-8 379. 95	—	—	—	—	6 806. 18	—	-6 806. 18	—
任意公积金	—	—	—	—	—	—	—	—	—	—	—	—	—	—
储备基金	—	—	—	—	—	—	—	—	—	—	—	—	—	—
企业发展基金	—	—	—	—	—	—	—	—	—	—	—	—	—	—
利润归还投资	—	—	—	—	—	—	—	—	—	—	—	—	—	—
2. 提取一般风险准备	—	—	—	—	5 692. 26	-5 692. 26	—	—	—	—	—	3 817. 33	-3 817. 33	—
3. 对所有者（或股东）的分配	—	—	—	—	—	—	—	—	—	—	—	—	—	—
4. 其他	—	—	—	—	—	—	—	—	—	—	—	—	—	—
（五）所有者权益内部结转	—	—	—	—	—	—	—	—	—	—	—	—	—	—
1. 资本公积转增资本（或股本）	—	—	—	—	—	—	—	—	—	—	—	—	—	—
2. 盈余公积转增资本（或股本）	—	—	—	—	—	—	—	—	—	—	—	—	—	—
3. 盈余公积弥补亏损	—	—	—	—	—	—	—	—	—	—	—	—	—	—
4. 结转重新计量设定受益计划净负债或净资产所产生的变动	—	—	—	—	—	—	—	—	—	—	—	—	—	—
5. 其他	—	—	—	—	—	—	—	—	—	—	—	—	—	—
四、本年年末余额	380 000. 00	8 766. 84	3 292. 94	68 659. 73	43 897. 64	217 144. 66	721 761. 81	380 000. 00	—	1 347. 57	60 279. 77	38 205. 39	147 417. 32	627 250. 05

企业负责人：陈彦卿　　主管会计机构负责人：李亚娟　　会计机构负责人：肖建辉

5.2 信托资产

5.2.1 信托项目资产负债汇总表

信托项目资产负债汇总表

编制单位：广东粤财信托有限公司　　2019年12月31日　　单位：万元

信托资产	期初余额	期末余额	信托负债和信托权益	期初余额	期末余额
信托资产：			信托负债：		
货币资金	487 927.08	563 313.57	以公允价值计量且其变动计入当期损益的金融负债	—	—
拆出资金	—	—	衍生金融负债	—	—
存出保证金	—	—	应付受托人报酬	3 851.34	4 576.71
以公允价值计量且其变动计入当期损益的金融资产	6 138 261.24	7 316 804.89	应付托管费	1 078.83	842.79
衍生金融资产	—	—	应付受益人收益	43 378.84	33 813.21
买入返售金融资产	65 863.73	25 464.15	应交税费	1 425.29	2 995.87
应收款项	59 100.90	65 759.28	应付销售服务费	39.91	243.97
发放贷款	8 018 927.39	6 108 444.16	其他应付款项	26 079.95	36 663.95
可供出售金融资产	—	5 022.62	预计负债	—	—
持有至到期投资	9 471 483.66	11 404 879.65	其他负债	—	—
长期应收款	—	—	信托负债合计	75 854.16	79 136.50
长期股权投资	2 829 284.08	2 388 049.93			
投资性房地产	1 552.97	1 398.52	信托权益：		
固定资产	—	—	实收信托	26 796 901.37	26 418 305.34
无形资产	—	—	资本公积	138 907.79	195 601.75
长期待摊费用	191.58	268.71	损益平准金	—	—
其他资产	—	—	未分配利润	60 929.31	1 186 361.89
减：各项资产减值准备	—	—	信托权益合计	26 996 738.47	27 800 268.98
信托资产总计	27 072 592.63	27 879 405.48	信托负债及信托权益总计	27 072 592.63	27 879 405.48

企业负责人：陈彦卿　　主管会计机构负责人：李亚娟　　会计机构负责人：刘鸣

5.2.2 信托项目利润及利润分配汇总表

信托项目利润及利润分配汇总表

编制单位：广东粤财信托有限公司　　2019年度　　单位：万元

项　目	本年累计数	上年同期数
一、营业收入	2 652 309.61	307 903.02
利息收入	1 089 652.72	745 630.99
投资收益（损失以"－"号填列）	809 758.16	303 270.34
其中：对联营企业和合营企业的投资收益	—	—
公允价值变动收益（损失以"－"号填列）	751 178.39	-777 011.99
租赁收入	620.38	610.38
汇兑损益（损失以"－"号填列）	—	—
其他收入	1 099.96	35 403.30
二、支出	188 372.03	160 123.96
税金及附加	5 371.88	21 371.93
受托人报酬	53 316.55	44 717.53
托管费	13 521.22	10 322.66
投资管理费	7 029.38	11 232.48
销售服务费	1 718.70	288.37
交易费用	3 326.36	4 104.01
资产减值损失	—	—
其他费用	104 087.94	68 086.99
三、信托净利润（净亏损以"－"号填列）	2 463 937.58	147 779.06
其他综合收益	—	—
四、综合收益	2 463 937.58	147 779.06
加：期初未分配信托利润	60 929.31	662 935.27
五、可供分配的信托利润	2 524 866.89	810 714.32
减：本期已分配信托利润	1 338 505.00	749 785.02
六、期末未分配信托利润	1 186 361.89	60 929.31

企业负责人：陈彦卿　　主管会计机构负责人：李亚娟　　会计机构负责人：刘鸣

6. 会计报表附注

6.1 会计政策变更

6.1.1 会计政策变更

财政部于2019年5月发布了《企业会计准则第12号——债务重组》（以下简称新债务重组准则），修改了债务重组的定义，明确了债务重组中涉及金融工具的适用《企业会计准则第22号——金融工具确认和计量》等准则，明确了债权人受让金融资产以外的资产初始按成本计量，明确债务人以资产清偿债务时不再区分资产处置损益与债务重组损益。

根据《财政部关于修订印发2019年度一般企业财务报表格式的通知》（财会［2019］6号）的规定，"营业外收入"和"营业外支出"项目不再包含债务重组中因处置非流动资产产生的利得或损失。

本公司对2019年1月1日新发生的债务重组采用未来适用法处理，对2019年1月1日以前发生的债务重组不进行追溯调整。

本期无受影响的报表项目和金额。

财政部于2019年5月发布了《企业会计准则第7号——非货币性资产交换》(以下简称新非货币性交换准则),明确了货币性资产和非货币性资产的概念和准则的适用范围,明确了非货币性资产交换的确认时点,明确了不同条件下非货币交换的价值计量基础和核算方法及同时完善了相关信息披露要求。本公司对2019年1月1日以后新发生的非货币性资产交换交易采用未来适用法处理,对2019年1月1日以前发生的非货币性资产交换交易不进行追溯调整。

本期无受影响的报表项目和金额。

6.1.2 会计估计变更

本公司本期无会计估计变更。

6.2 或有事项说明

本年度公司未发生重要的或有事项。

6.3 重要资产转让及其出售的说明

本年度公司未发生重要资产转让或出售。

6.4 会计报表中重要项目的明细资料

6.4.1 自营资产经营情况

6.4.1.1 信用风险资产五级分类

信用风险资产五级分类	正常类(万元)	关注类(万元)	次级类(万元)	可疑类(万元)	损失类(万元)	信用风险资产合计(万元)	不良资产合计(万元)	不良资产率(%)
2019年12月31日	90 006.54	3.74	—	—	—	90 010.28	—	—
2018年12月31日	70 050.33	—	—	—	—	70 050.33	—	—

注:1. 不良资产合计=次级类+可疑类+损失类。

2. 本公司"信用风险资产"为存放同业款项、贷款、应收账款、其他应收款和应收利息。

6.4.1.2 各项资产减值损失准备

单位:万元

	期初数	本期计提	本期转回	本期核销	其他减少	期末数
贷款损失准备:						
一般准备						
专项准备	—	—	—	—	—	—
其他资产减值准备:						
可供出售金融资产减值准备	—	—	—	—	—	—
持有至到期投资减值准备	—	—	—	—	—	—
长期股权投资减值准备	—	—	—	—	—	—
坏账准备	—	3.74	—	—	—	3.74
投资性房地产减值准备	—	—	—	—	—	—
合　计	—	3.74	—	—	—	3.74

6.4.1.3 投资品种分类

单位:万元

投资品种分类	自营股票	基金	债券	长期股权投资	其他投资	合　计
2019年期初	—	20 829.36	4 000.00	198 777.16	231 792.47	455 398.99
2019年期末	—	4 292.89	5 000.00	228 493.31	335 434.44	573 220.64

6.4.1.4 前五名的自营长期股权投资

企业名称	占被投资企业权益的比例(%)	主要经营活动	按照权益法核算投资损益(万元)
易方达基金管理有限公司	22.6514	基金管理和发起设立基金	43 351.58

6.4.1.5 公司自营贷款

截至2019年12月31日,公司自营贷款余额为0。

6.4.1.6 表外业务分类

单位:万元

表外业务	期初数	期末数
担保业务	—	—
代理业务(委托贷款)	—	—
其他	—	—
合　计	—	—

6.4.1.7 公司当年的收入结构

收入结构	金额(万元)	占比(%)
手续费及佣金收入:	58 387.29	47.50
其中:信托手续费收入	53 583.77	43.58
投资银行业务收入	—	—
利息收入	2 095.85	1.70
其他业务收入	78.62	0.06
其中:计入信托业务收入部分	—	—
投资收益	62 374.34	50.74
其中:股权投资收益	47 129.06	38.33
证券投资收益	—	—
其他投资收益	15 245.28	12.40
公允价值变动收益	—	—
汇兑收益	6.03	—
其他收益	—	—
营业外收入	1.97	—
收入合计	122 944.10	100.00

6.4.2 信托财产管理情况

6.4.2.1 信托资产分类

单位:万元

信托资产	期初数	期末数
集合	7 052 951.38	6 102 014.41
单一	14 971 804.99	13 827 062.57
财产权	5 047 836.26	7 950 328.50
合计	27 072 592.63	27 879 405.48

6.4.2.1.1　主动管理型信托业务的信托资产分类

单位：万元

主动管理型信托资产	期初数	期末数
证券投资类	5 992 494.47	6 950 778.25
股权投资类	3 434 942.37	4 488 490.57
融资类	3 022 271.34	5 587 385.95
事务管理类	25 034.64	104 910.20
合计	12 474 742.82	17 131 564.97

6.4.2.1.2　被动管理型信托业务的信托资产分类

单位：万元

被动管理型信托资产	期初数	期末数
证券投资类	962 975.36	516 498.44
股权投资类	1 826 785.98	322 972.01
融资类	7 653 745.64	2 691 962.11
事务管理类	4 154 342.83	7 216 407.95
合计	14 597 849.81	10 747 840.51

6.4.2.2　本年度已清算结束的信托项目

6.4.2.2.1　本年度已清算结束的信托项目

本报告期内，本年度已清算结束的信托项目个数为 252 个，合计金额为 6 054 808.45 万元，加权平均实际年化收益率为 6.1924%。

已清算结束信托项目	项目个数（个）	实收信托合计金额（万元）	加权平均实际年化收益率（%）
集合类	102	1 697 769.38	6.4363
单一类	130	2 788 811.21	6.2333
财产管理类	20	1 568 227.86	5.7115

注：1. 收益率是指信托项目清算后，给受益人赚取的实际收益水平。

2. 加权平均实际年化收益率 =（信托项目 1 的实际年化收益率 × 信托项目 1 的实收信托 + 信托项目 2 的实际年化收益率 × 信托项目 2 的实收信托 + … + 信托项目 n 的实际年化收益率 × 信托项目 n 的实收信托）/（信托项目 1 的实收信托 + 信托项目 2 的实收信托 + … + 信托项目 n 的实收信托）×100%（下同）。

6.4.2.2.2　本年度已清算结束的主动管理型信托项目

本年度已清算结束的主动管理型信托项目为 120 个，实收信托合计金额为 2 049 498.50 万元，加权平均实际年化收益率为 6.2159%。

已清算结束信托项目	项目个数（个）	实收信托合计金额（万元）	加权平均实际年化收益率（%）
证券投资类	54	431 543.67	6.0324
股权投资类	7	198 737.29	5.3097
融资类	57	1 400 154.34	6.2931
事务管理类	2	19 063.20	8.5756

6.4.2.2.3　本年度已清算结束的被动管理型信托项目

本年度已清算结束的被动管理型信托项目为 132 个，实收信托合计金额为 4 005 309.95 万元，加权平均实际年化收益率为 6.1796%。

已清算结束信托项目	项目个数（个）	实收信托合计金额（万元）	加权平均实际年化收益率（%）
证券投资类	10	46 626.12	2.4299
股权投资类	9	132 753.95	6.2036
融资类	26	657 753.00	6.7204
事务管理类	87	3 168 176.88	6.2821

6.4.2.3　本年度新增的信托项目

新增信托项目	项目个数（个）	实收信托合计金额（万元）
集合类	135	1 508 790.63
单一类	42	1 166 396.93
财产管理类	64	8 526 876.15
新增合计	241	11 202 063.71
其中：主动管理型	198	6 494 522.10
被动管理型	43	4 707 541.61

6.4.2.4　信托业务创新成果和特色业务有关情况

报告期内，公司根据政策变化、规则调整和市场需求情况，有重点地逐步开展创新业务工作，致力于为客户提供专业化的一揽子综合金融服务，为今后优化业务结构，拓展新业务盈利点，打造先行优势和核心竞争力做好充分准备。

6.4.2.4.1　资产证券化和类资产证券化业务种类丰富，行业知名度提升

截至 2019 年末，公司资产证券化类业务余额为 578.68 亿元，其中 2019 年新成立 37 个（类）ABS 项目，新增规模为 383.31 亿元。资产证券化作为公司近年主要的业务发展方向，2019 年初公司成立了专业开展资产证券化业务的结构金融部，资产证券化业务专业化水平不断提高，也得到市场的认可。其中，公司在北京金融资产交易所发行了多款资产证券化产品，而在银登中心发行的 2019 年天津银行第一单联合贷银登流转，则为市场首单联合贷的出表。此外，公司对标准化市场也实现了全部产品的发行，分别发行了金辉大厦 CMBS、湖北科投 CMBS、九州通 ABN 和萃不良资产 CLO 等各类证券化类产品，在银登中心、北金所的业务也实现了突破，意味着公司已经具有全面资产证券化的实操经验。同时，平安银行信贷、民生银行信用卡、微众银行微粒贷、建行重庆同业资产、厦门国际存档质押资产、天津银行联合贷等典型业务案例也打响了行业知名度。

6.4.2.4.2　持续加强服务实体经济，聚焦粤港澳大湾区

公司以习近平新时代中国特色社会主义思想为指导，紧紧围绕“一带一路”倡议及“军民融合”国家战略、广东省沿海经济带综合建设、战略性新兴产业、中小微企业直接融资四大领域，通过实施综合金融战略，丰富金融产品供给，大力支持实体经济。截至 2019 年末，公司服务实体经济项目规模达 1 548.58亿元。除聚焦服务实体经济外，公司加大对广东地区实体经济的投入，服务广东地区实体经济项目规模为 789.97 亿元。公司把握粤港澳大湾区建设的发展机遇，聚焦投入粤港澳大湾区项目，推进粤东西北协调发展。公司积极参与国有企业股权改革，2019 年公司发行了规模为 80 亿元多彩木棉项目，支持广州市城市建设投资集团有限公司参与南航集团股权

多元化改革，这是第一家采取央企和地方合作模式，推进中央企业集团层面股权多元化改革的创新样本。

6.4.2.4.3　创新“服务信托 + 供应链”，服务小微在行动

以受托管理为特点的服务信托业务是近年行业转型发展的重要方向，2019 年公司落地首笔“服务信托 + 供应链”创新业务——普惠供应链 1 号服务信托项目，该项目基于深圳某大型电子通讯企业与其上游数百家中小微企业供应商之间的真实贸易背景，以提升中小微企业应收账款管理效率为出发点，由公司发起设立单一系列财产权信托，供应商将持有的对核心企业的应收账款交付信托财产；信托存续期间，公司通过特有的账户系统、供应链管理系统，提供信托财产的登记、保管和信托利益分配服务，满足中小微企业对应收账款的权利保管、权益流转和到期托收需求，助力中小微企业解决财务管理不规范、账期管理不科学、回款难度偏大等问题，是服务信托与供应链业务结合的有益尝试，在行业内也具有一定示范效应。

6.4.2.4.4　家族慈善信托回归本源，财富体系建设快速推进

公司于 2019 年初搭建了专业化的家族信托团队，团队成员在信托结构设计、税务筹划、跨境资产配置、家族企业融资管理等方面有丰富的工作经验。在团队专业能力优势互补的基础上，公司与外部机构深入合作，借助外部专业机构的力量，合力为家族信托客户提供专业、高效、定制化的综合服务方案。2019 年，家族信托团队以非上市公司股权类家族信托、保险金信托为核心产品，持续进行产品研发和业务拓展；公司于 2019 年 5 月联合大成律师事务所主办了大湾区财富管理服务机构研讨会，与来自私行、律所、信托、保险、家族办公室等 200 多家专业机构共同探索家族财富管理整体解决方案，研讨家族财富管理生态联盟构建；公司润泽慈善信托计划荣获“2018 年度诚信托——最佳慈善信托产品奖”，该项目也上了“2019 年度广州慈善项目影响力榜”，得到了较好的社会反响。2019 年，公司财富管理体系建设取得突破进展，直销能力和服务客户能力有了明显进步。

6.4.2.5　本公司履行受托人义务情况及因本公司自身责任而导致的信托资产损失情况（合计金额、原因等）

公司已成立信托委员会，并按照信托合同条款的规定，履行诚实、信用、谨慎、有效的管理，为收益人的最大利益处理信托事务，除按规定取得信托报酬外，没有利用信托资产为自己谋取利益。

公司设置独立运作的自营与信托业务、财务部门，对信托资产与固有资产分别管理，并为每个信托项目开设专户，分别记账，分别核算。

公司信托业务部门妥善保存处理信托事务的完整记录，定期将信托财产的管理运用、处分及收支情况报告委托人、收益人，对委托人和收益人的信托资料保密。信托项目结束后，公司以信托财产为限向收益人兑付信托财产及收益，无延期兑付和无法兑付情况发生。

本年度没有发生因公司自身责任而导致的信托资产损失。

6.4.2.6　信托赔偿准备金的提取、使用和管理情况

单位：万元

项目	2018 年末余额	2019 年计提	2019 年使用	2019 年末余额
信托赔偿准备金	29 896.06	4 189.98	—	34 086.04

6.5　关联方关系及其交易的披露

6.5.1　关联交易方的数量、关联交易的总金额及关联交易的定价政策等

	关联交易方数量	关联交易金额（万元）	定价政策
合计	6	31 911.21	市场价格、协议定价

6.5.2　关联交易方与本公司的关系性质、关联交易方的名称、法定代表人、注册地址、注册资本及主营业务等

关系性质	关联方名称	法定代表人	注册地址	注册资本（万元）	主营业务
最终控制方	广东粤财投资控股有限公司	杨润贵	广州市越秀区东风中路 481 号粤财大厦 15 楼	2 380 859.25	资本运营管理，资产受托管理，投资项目的管理；科技风险投资，实业投资，企业重组、并购咨询服务，互联网信息服务、网络科技咨询服务。
受同一母公司控制企业	广东粤财金融云科技股份有限公司	胡军	珠海市横琴新区宝华路 6 号 105 室 -15178	58 700	金融产品的研究开发、组合设计、咨询服务、中介及其他相关服务，非公开发行的股权投资基金等各类交易相关配套服务，金融及经济咨询服务、市场调研及数据分析服务，电子商务，会务服务，设计、制作、代理发布各类广告，商务咨询，财务咨询（不得从事代理记账）；第二类增值电信业务中的信息服务业务（仅限互联网信息服务）；计算机软硬件的开发、设计、技术咨询及相关技术服务；计算机系统集成；计算机网络维护；计算机软、硬件的批发、信息咨询、技术推广；计算机数据处理，数据库服务，软件租赁、软件销售及技术服务；信息系统基础设施销售及技术服务；大数据和云计算相关应用服务；法律法规不禁止的其他业务。
受同一母公司控制企业	珠海粤财实业有限公司	邢蓬延	珠海市香洲区吉大景山路 188 号粤财大厦 7 楼 8 单元	15 600	经营珠海粤财假日酒店的住宿、餐饮；卡拉 OK、歌舞厅；桑拿按摩、美容美发；健美健身、桌球、游泳、棋类、桥牌；卷烟、雪茄烟、酒类零售；酒店配套用品的零售；商务；物业管理（以上仅限分支机构）；销售、出租、管理自建的位于珠海吉大景山路 188 号的珠海粤财大厦的商业办公综合楼宇；投资咨询等（以上需行政许可的，凭许可证经营）（依法须经批准的项目，经相关部门批准后方可开展经营活动）。
受同一母公司控制企业	粤财控股（北京）有限公司	邢蓬延	北京市西城区宣武门外大街 18 号粤财控股（北京）有限公司北京粤财金威万豪酒店 201	10 000	项目投资；投资管理；投资咨询；资产管理；物业管理；酒店管理；货物进出口、技术进出口；出租商业用房；出租办公用房；以下项目限分支机构经营：住宿、餐饮项目的筹建。

续表

关系性质	关联方名称	法定代表人	注册地址	注册资本（万元）	主营业务
受同一公司最终控制	广州粤财房地产开发有限公司	李明东	广州市越秀区东风中路481号粤财大厦5楼503室	18 551.35	房地产开发经营
受同一母公司控制企业	广东粤财实业发展有限公司	李明东	广州市越秀区东风中路481号粤财大厦5楼501室	22 270	项目投资;销售:建筑材料,五金、交电,百货,日用杂货,电子产品及通信设备(不含卫星电视广播地面接收设备),仪器仪表,工艺美术品,饲料,农副产品,农畜产品;停车场经营;物业管理。

6.5.3 本公司与关联方的重大交易事项

6.5.3.1 固有与关联方交易情况

单位:万元

固有与关联方关联交易				
	期初数	借方发生额	贷方发生额	期末数
贷款	—	—	—	—
投资	—	—	—	—
租赁	—	625.30	625.30	—
担保	—	—	—	—
应收账款	—	—	—	—
其他	—	31 285.91	31 285.91	—
合计	—	31 911.21	31 911.21	—

6.5.3.2 信托与关联方交易情况

单位:万元

信托与关联方关联交易				
	期初数	借方发生额	贷方发生额	期末数
贷款	—	—	—	—
投资	—	11 600.00	—	11 600.00
租赁	—	—	—	—
担保	—	—	—	—
应收账款	—	—	—	—
其他	—	—	—	—
合计	—	11 600.00	—	11 600.00

6.5.3.3 公司自有资金运用于自己管理的信托项目(固信交易)、公司管理的信托项目之间的相互(信信交易)交易情况

6.5.3.3.1 固有与信托财产之间的交易情况

单位:万元

固有财产与信托财产相互交易				
	期初数	本期增加额	本期减少额	期末数
合计	131 411.67	345 342.00	241 700.03	235 053.64

6.5.3.3.2 信托项目之间的交易情况

单位:万元

	期初数	本期增加额	本期减少额	期末数
合计	—	183 297.69	29 002.45	154 295.24

6.5.4 关联方逾期未偿还本公司资金的详细情况以及本公司为关联方担保发生或即将发生垫款的详细情况

本年度公司无上述情况。

6.6 会计制度的披露

本公司以持续经营为基础,根据实际发生的交易和事项,按照财政部2006年颁布的《企业会计准则》、新颁布或修订的相关会计准则进行会计核算。

根据《中华人民共和国信托法》《信托公司管理办法》等规定,信托财产与属于受托人所有的财产(以下简称固有财产)相区别,不得归入受托人的固有财产或者成为固有财产的一部分。公司将固有财产与信托财产分开管理、分别核算。公司管理的信托项目是指受托人根据信托文件的约定,单独或者集合管理、运用、处分信托财产的基本单位,以每个信托项目作为独立的会计核算主体,独立核算信托财产的管理、运用和处分情况。各信托项目单独记账、单独核算,并编制财务报表。其资产、负债及损益不列入本财务报表。

7. 财务情况说明书

7.1 利润实现和分配情况

本年度公司经审计后实现税后净利润为83 799.55万元,年初未分配利润为147 417.32万元,向所有者分配为零,2019年末可供分配的利润为231 216.87万元。经公司董事会批准,按《信托公司管理办法》规定根据净利润的5%提取信托赔偿准备金为4 189.98万元;根据财政部关于印发《金融企业准备金计提管理办法》的通知按承担风险和损失的资产期末余额的1.5%为其他风险准备金最低限额,计提其他风险准备金1 502.28万元;根据法律法规要求提取法定盈余公积8 379.95万元;年末未分配利润为217 144.66万元。

7.2 主要财务指标

指标名称	指标值
资本利润率(%)	12.42
人均净利润(万元)	470.78

注:1. 资本利润率=净利润/所有者权益平均余额×100%。
2. 人均净利润=净利润/年平均人数。

7.3 对本公司财务状况、经营成果有重大影响的其他事项

本年度公司无其他须披露的重大影响事项。

8. 特别事项揭示

8.1 前两名股东报告期内变动情况及原因

报告期内公司股东无变动情况。

8.2 董事、监事及高级管理人员变动情况及原因

报告期内，公司董事陈彦卿女士、杨鹏先生辞职，在改选出的董事就任前，仍依照监管规定，履行董事职责。公司2019年第一次临时股东会选举莫敏秋先生、周定宏先生担任董事，第六届董事会第十九次会议选举莫敏秋先生为董事长；公司2019年第二次临时股东会选举吴锋先生、杨福明先生担任董事，将刘发宏先生董事类别由职工董事转为股东董事；公司2019年第二次职工代表大会选举王麒麟先生为职工董事。莫敏秋先生、周定宏先生、吴锋先生、杨福明先生、王麒麟先生待中国银行保险监督管理委员会广东监管局核准其任职资格后正式任职。

公司原监事长蒋健冬女士因工作需要不再担任公司监事长。根据股东单位广东粤财投资控股有限公司提名，公司2019年11月第三次临时股东会推荐彭金灯先生担任公司监事，第六届监事会第八次会议选举彭金灯先生为公司监事长。

为完善公司经营管理架构，提高公司内控监督水平，公司第六届董事会第十八次会议聘任于健先生为公司总经理助理，于健先生的总经理助理任职资格于2019年11月14日获监管部门核准，11月15日到任；公司第六届董事会第二十三次会议聘任刘星宇先生为公司副总经理，聘任肖建辉先生为公司总会计师，聘任骆传朋先生为公司总经理助理。刘星宇先生、肖建辉先生、骆传朋先生待中国银行保险监督管理委员会广东监管局核准其任职资格后正式任职。

8.3 公司的重大诉讼事项

报告期内公司无重大诉讼事项。

8.4 公司及其董事、监事和高级管理人员受到处罚的情况

报告期内，中国银行保险监督管理委员会广东监管局对公司作出行政处罚1次，处罚方式为罚款。除前述事项外，公司董事、监事和高级管理人员没有受到监管部门处罚。

8.5 银保监会及派出机构检查后公司的整改情况

中国银行保险监督管理委员会广东监管局于2019年第四季度对公司开展了全面风险排查，同时公司按照广东监管局要求开展了乱象整治、关联交易等自查。结合检查和自查发现的问题，公司通过完善各项制度、优化管控流程、强化操作风险管理等举措，进一步提升了公司治理和内部控制水平，更好地保障了业务发展。

8.6 本年度重大事项临时报告情况

报告期内公司无重大事项临时报告。

8.7 中国银保监会及其省级派出机构认定的其他有必要让客户及相关利益人了解的重要信息

本报告期内无银保监会及其省级派出机构认定的有必要让客户及相关利益人了解的重要信息。

8.8 公司履行社会责任情况

报告期内，公司严格遵守国家法律法规，认真贯彻国家经济金融政策以及监管要求；始终坚持诚信经营，自觉履行纳税义务；不断推动信托产品创新，全力支持实体经济发展；有效履行受托人职责与义务，充分维护受益人利益最大化；2019年，公司信托业务为投资者实现营业收入265.23亿元。

公司认真开展消费者权益保护工作，按照《银行业消费者权益保护工作指引》《中国人民银行金融消费者权益保护实施办法》等文件要求，大力推进消费权益保护工作。公司消费者权益保护委员会切实发挥职能，将消费者权益保护文化嵌入公司发展战略，不断完善消费者权益保护制度体系，加强金融知识宣传教育，配合监管部门、行业协会开展了"3·15消费者权益日""金融知识普及守住'钱袋子'""金融知识万里行"、广东省金融联合宣传教育活动月等宣传活动，2019年开展多次金融知识进社区活动，落实消费者权益保护考核及培训，规范营销行为并按要求认真开展产品销售录音录像工作，充分尊重并自觉保障金融消费者八项权利，消费者权益保护工作取得较好成果。

2016年《慈善信托法》刚颁布，粤财信托就积极探索"慈善＋金融"的创新与改革，为委托人与公益慈善事业搭建桥梁，于2016年设立了广东省首单慈善信托计划——德睿慈善信托计划，信托财产优先使用于广东省内的扶贫济困项目。自设立省内首单慈善信托以来，粤财信托加快推进慈善事业的步伐，2017年至2018年，先后设立广东省扶贫开发协会粤财扶贫慈善信托计划、润泽慈善信托计划、爱蕾慈善信托计划、扶贫济困慈善信托计划，2019年新成立金侨教育助学慈善信托、小蜜蜂乡村阅读公益助学慈善信托、青少年发展基金会公益助学慈善信托、定点帮扶1号慈善信托，已成立慈善信托计划规模总计1 418.5万元，信托计划投向包括扶贫、助学、医疗公益研究等领域，用金融为慈善事业贡献坚实力量。粤财信托严格按照《信托法》《慈善信托管理办法》等监管制度规范进行业务开展和存续期管理，并定期走访慈善项目了解慈善信托资金运用效果，出具慈善信托管理报告，做好信息披露工作。

9. 公司监事会意见

报告期内公司依据国家有关法律、法规和《公司章程》规定，建立了较为完善的内部控制制度，决策程序符合相关规定；公司已建立了较完善的"三会一层"公司治理架构，董事会及其下属委员会的设置较合理，董事会及下属各委员会严格按照相关法律法规和制度要求规范运作。公司董事及其他高级管理人员在履行职责时，勤勉尽责，不存在违反法律、法规及《公司章程》或损害公司及股东利益的行为。报告期内公司财务制度健全、内控制度完善，财务运作规范，没有发现虚假记载或重大遗漏，有效保障了公司生产经营的正常运行。公司财务报告真实、准确、完整地反映了公司的财务状况和经营成果。

国联信托股份有限公司

1. 重要提示

1.1 公司董事会及董事保证本报告所载资料不存在任何虚假记载、误导性陈述或者重大遗漏，并对其内容的真实性、准确性和完整性承担个别及连带责任。

1.2 公司独立董事吴斌、张爱民、景旭对公司2019年年度报告基于独立判断立场，发表意见如下：公司2019年年度报告属实，其内容真实、准确、完整。

1.3 公司董事长周卫平、主管会计工作负责人王颖、会计机构负责人（会计主管人员）陆洋声明：保证年度报告中财务报告的真实、完整。

2. 公司概况

2.1 公司简介

国联信托股份有限公司（以下简称国联信托）前身为无锡市信托投资公司，初创于1987年1月。2003年1月，经中国人民银行批准，公司获准重新登记，更名为国联信托投资有限责任公司。2007年6月，经中国银行业监督管理委员会批准，公司获准换领新金融许可证，并更名为国联信托有限责任公司。2007年9月，经增资扩股，公司注册资本由6.15亿元增至12.3亿元。2008年7月，经中国银行业监督管理委员会批准，公司整体变更为股份公司，并更名为国联信托股份有限公司。2017年12月29日，公司以资本公积及未分配利润转增注册资本获批，公司注册资本由12.3亿元增至30亿元。

公司控股股东为无锡市国联发展（集团）有限公司（以下简称国联集团）。国联集团是无锡市人民政府出资设立并授予国有资产投资主体资格的国有企业集团。

1	法定名称	国联信托股份有限公司
2	英文名称（及缩写）	Guolian Trust Co.,Ltd.（GLTRUST）
3	法定代表人	周卫平
4	注册地址	无锡市滨湖区太湖新城金融一街8号国联金融大厦
5	邮政编码	214131

续表

6	公司国际互联网网址	http://www.gltic.com.cn
7	公司电子信箱	gltic@gltic.com.cn
8	公司负责信息披露事务高级管理人员	朱文革
9	公司负责信息披露事务人	陆洋
10	联系电话	0510-82833729
11	传真电话	0510-82833803
12	电子信箱	zhangwen@gltic.com.cn
13	公司信息披露的报纸名称	《证券时报》
14	公司年度报告备置地点	无锡市滨湖区太湖新城金融一街8号国联金融大厦11楼
15	公司聘请的会计师事务所名称及住所	公证天业会计师事务所（特殊普通合伙） 江苏省无锡市金融三街嘉业财富中心5号楼10层
16	公司聘请的律师事务所名称及住所	江苏漫修律师事务所 江苏省无锡市智慧路18号智慧大厦607室

2.2 组织结构

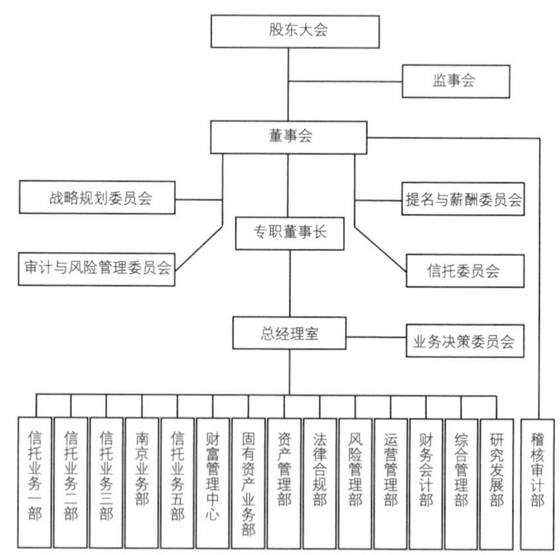

3. 公司治理

3.1 股东

2019年末，公司股东总数4名。

股东名称	持股比例（%）	法人代表	注册资本（万元）	注册地址
★无锡市国联发展（集团）有限公司	69.919	许可	800 000	无锡市金融一街8号
无锡市国联地方电力有限公司	12.195	马桂彬	31 950.6	无锡市金融一街8号

续表

股东名称	持股比例(%)	法人代表	注册资本(万元)	注册地址
无锡华光锅炉股份有限公司	9.756	蒋志坚	55 939.2211	无锡市金融一街8号
无锡商业大厦大东方股份有限公司	8.13	高兵华	73731.6265	无锡市中山路343号

股东名称	主要经营业务	2019年主要财务情况(亿元)		
		总资产	净资产	利润总额
★无锡市国联发展(集团)有限公司	从事资本、资产经营;利用自有资金对外投资;贸易咨询;企业管理服务。	940.15	333.50	24.05
无锡市国联地方电力有限公司	分布式光伏发电;房屋租赁服务;煤炭的销售;贸易咨询服务。	5.86	5.85	0.19
无锡华光锅炉股份有限公司	围绕能源与环保两大产业,主要从事电站装备制造及工程服务、市政环境工程与服务及地方能源供应业务。	135.06	66.47	5.80
无锡商业大厦大东方股份有限公司	食品、黄金、珠宝销售;综合货运站(场)(仓储),普通货运;国内贸易(国家有专项规定的,办理审批手续后经营);金饰品的修理改制;家用电器的安装、维修等。	60.17	35.68	3.41

注:1. ★表示公司实际控制人。

2. 关联关系说明:无锡华光锅炉股份有限公司为无锡市国联发展(集团)有限公司控股子公司;无锡市国联地方电力有限公司为无锡国联实业投资有限公司的全资子公司,是无锡市国联发展(集团)有限公司二级全资子公司;其余无关联。

3.2 董事

根据《公司章程》,公司董事会由9名董事组成,其中独立董事3名。

董事会成员

目前的董事构成中,股东无锡市国联发展(集团)有限公司推荐3名,股东无锡华光锅炉股份有限公司推荐1名,股东无锡市国联地方电力有限公司推荐1名,股东无锡商业大厦大东方股份有限公司推荐1名、独立董事3名。

姓 名	职务	性别	年龄(岁)	选任日期	任期(年)	所推举的股东名称	持股比例(%)	简要履历
周卫平	董事长	男	51	2018年4月20日	3	无锡市国联发展(集团)有限公司	69.919	曾任无锡市探矿机械总厂会计,无锡恒达证券公司财务部经理,无锡市信托投资公司上海邯郸路营业部副经理,在无锡市信托投资公司开信证券营业部先后任副经理、经理,国联证券有限责任公司县前东街营业部总经理,国联证券有限责任公司经纪业务部总经理,无锡国联期货经纪有限公司总经理,无锡市国联发展(集团)有限公司财务部经理兼无锡国联期货经纪有限公司董事长,尚德电力控股有限公司执行董事、总裁、CEO、CFO;现任国联信托股份有限公司董事长。
汪兴平	董事	男	56	2018年4月20日	3	无锡市国联发展(集团)有限公司	69.919	曾任湖北鄂州师范学校教师,纺织工业部管理干部学院讲师,无锡证券、国联证券电子商务部副总经理,高级经济师,上海联狐信息技术有限公司市场总监、经纪业务总监,国联集团法务部经理助理;现任国联集团法务部总经理。
马海疆	董事	男	48	2018年4月20日	3	无锡市国联发展(集团)有限公司	69.919	曾任无锡市证券公司发行调研部主管,无锡证券有限责任公司中山路营业部副总经理、江阴青果路营业部副总经理、总经理,国联证券资产管理部副总经理、并购融资部总经理,无锡国联期货经纪有限公司总经理、董事长;现任无锡市国联发展(集团)有限公司金融投资管理部总经理,无锡国联产业投资有限公司董事长,无锡智慧城市建设发展有限公司董事长。
朱文革	董事	男	52	2018年4月20日	3	无锡市国联地方电力有限公司	12.195	曾任无锡幸福食品厂生产调度、车间主任、副厂长,国联证券有限责任公司营业部总经理、投资银行部总经理、研发部总经理,国联基金管理有限责任公司副总经理,国联信托有限责任公司副总经理,国联创投公司总经理,国联信托副总经理、兼无锡市国联资本管理有限公司总经理,无锡市金融投资有限公司董事长;现任国联信托股份有限公司总经理、无锡国联资本管理有限公司董事长。
钟文俊	董事	男	42	2018年4月20日	3	无锡华光锅炉股份有限公司	9.756	曾任金东纸业(江苏)有限公司机械处担任机械工程师,上海彩之源广告有限公司担任销售经理,上海佳信发艺术印刷有限公司担任销售经理,国联证券股份有限公司并购融资部工作,华英证券有限责任公司企业融资部业务总监、投资银行部无锡负责人,无锡华光锅炉股份有限公司总经理助理;现任无锡华光锅炉股份有限公司副总经理、董秘。
高兵华	董事	男	48	2018年4月20日	3	无锡商业大厦大东方股份有限公司	8.13	曾任中国北方航空公司计划助理,均瑶集团云南分公司总经理,均瑶集团投资部总经理、均瑶集团电子商务业务单元总经理,上海均瑶(集团)有限公司战略与投资总监,江苏无锡商业大厦集团有限公司董事、总经理,上海均瑶(集团)有限公司资产管理部总经理;现任上海均瑶(集团)有限公司副总裁、无锡商业大厦大东方股份有限公司董事长。

独立董事

姓 名	所在单位及职务	性别	年龄（岁）	选任日期	任期（年）	所推举的股东名称	持股比例（%）	简要履历
吴斌	东南大学经济管理学院教授	男	54	2018 年 4 月 20 日	3	无锡市国联发展（集团）有限公司	69.919	曾任南京交通高等专科学校管理系财会教研室主任、副教授；现任东南大学经济管理学院财务与会计系教授。
张爱民	华东理工大学商学院会计学教授、华东理工大学财务处处长	男	54	2018 年 4 月 20 日	3	无锡市国联发展（集团）有限公司	69.919	曾任华东理工大学工商经济学院会计学助教、会计学讲师、会计学副教授、会计学教授，华东理工大学商学院财务与会计学教研室主任、华东理工大学商学院会计学系系主任，华东理工大学财务处处长、华东理工大学审计处处长；现任华东理工大学商学院会计学教授，华东理工大学财务处处长。
景旭	北京市君都律师事务所高级合伙人；西北政法大学兼职教授	男	49	2018 年 4 月 20 日	3	无锡市国联发展（集团）有限公司	69.919	曾任中国远大集团法律顾问，北京市君都律师事务所主任、高级合伙人，现任北京市君都律师事务所高级合伙人，西北政法大学兼职教授。

3.3 监事

姓 名	职 务	性别	年龄（岁）	选任日期	所推举的股东名称	持股比例（%）	简要履历
刘旭峰	监事会主席	男	41	2018 年 4 月 20 日	无锡市国联发展（集团）有限公司	69.919	曾任职于中日合资无锡富士时装有限公司从事财务工作，中美合资无锡梅思安安全设备有限公司担任公司总账会计、成本会计、财务主管、财务经理，无锡市国联发展（集团）有限公司审计监察部项目管理岗；现任无锡市国联发展（集团）有限公司审计监察部总经理助理。
潘双博	监事	男	34	2018 年 4 月 20 日	职工代表	—	曾任国联信托股份有限公司信托业务部信托经理、高级信托经理，国联信托股份有限公司信托业务一部总经理助理；现任国联信托股份有限公司信托业务一部副总经理。
薛晓丽	监事	女	37	2018 年 4 月 20 日	职工代表	—	曾任职于无锡市国联发展（集团）有限公司法务部，国联信托股份有限公司合规管理部副经理，国联信托股份有限公司法律合规部副经理；现任国联信托股份有限公司法律合规部总经理。

3.4 高级管理人员

姓 名	职 务	性别	年龄（岁）	选任日期	金融从业年限（年）	学历	专业	简要履历
朱文革	总经理	男	52	2014 年 9 月 9 日	21	本科	食品工程系	曾任无锡幸福食品厂生产调度、车间主任、副厂长，国联证券有限责任公司营业部总经理、投资银行部总经理、研发部总经理，国联基金管理有限责任公司副总经理，国联信托有限责任公司副总经理，国联创投公司总经理，国联信托副总经理兼无锡市国联资本管理有限公司总经理、无锡市金融投资有限公司董事长；现任国联信托总经理，国联资本董事长。
王 颖	副总经理	女	45	2016 年 8 月 30 日	24	本科	会计学	曾就职于无锡市信托投资公司营业部、证券投资部、恒信证券营业部、财务部，国联信托有限责任公司财务部，曾任国联信托有限责任公司稽核审计部副经理、经理，无锡微研有限公司财务总监（兼），国联信托股份有限公司稽核审计部经理，江苏资产管理有限公司总经理助理；现任国联信托副总经理。

3.5 公司员工表

项 目		报告期年度		上年度	
		人数（人）	比例（%）	人数（人）	比例（%）
年龄分布	25 岁以下	—	—	1	1.23
	25～29 岁	15	16.67	15	18.52
	30～39 岁	50	55.55	43	53.09
	40 岁以上	25	27.78	22	27.16
学历分布	博士	2	2.22	2	2.47
	硕士	34	37.78	30	37.04
	本科	48	53.33	44	54.32
	专科	6	6.67	5	6.17
	其他	—	—	—	—

续表

项 目		报告期年度		上年度	
		人数（人）	比例（%）	人数（人）	比例（%）
岗位分布	董事、监事及高管人员	5	5.56	6	7.41
	自营业务人员	3	3.33	3	3.70
	信托业务人员	29	32.22	24	29.63
	其他人员	55	61.11	49	60.49

注：公司职工监事分别为信托业务人员和其他人员，故岗位百分比大于 100%。

4. 经营管理

4.1 经营目标、经营方针和战略规划

4.1.1 经营目标

公司的经营目标是：立足江苏、面向长三角、适当辐射发达地区，提高主动管理能力，在产业信托、并购信托、家族财富信

托、保险金信托、标品信托、服务信托等领域打造核心竞争力,借助资源禀赋优势,将国联信托打造成一家以信托为基础、综合运用金融市场资源提供综合金融服务的资产管理和财富管理机构。

4.1.2 经营方针

公司的经营方针是:秉承“诚信、稳健、规范、创新”的经营理念,严控风险,审慎经营,以多元化的资产管理手段和金融工具,实现金融、资本和实业的融合,坚持“稳”字为先,谋求信托受益人的利益最大化。

4.1.3 战略规划

公司的战略规划是:回归信托本源,发挥信托制度优势,以客户为中心,以资产管理业务和财富管理业务为两翼,以提升资产管理能力、主动管理能力、财富管理能力为抓手,形成专属竞争优势,全力服务实体经济,提升区域影响力。

4.2 所经营业务的主要内容

4.2.1 自营资产运用与分布表

资产运用	金额(万元)	占比(%)	资产分布	金额(万元)	占比(%)
货币资产	8 089	1.45	基础产业	—	—
贷款及应收款	43 459	7.79	房地产业	4 400	0.79
交易性金融资产投资	1 616	0.29	证券市场	26 076	4.68
可供出售金融资产投资	56 950	10.21	实业	10 318	1.85
持有至到期投资	30 341	5.44	金融机构	290 586	52.11
长期股权投资	354 360	63.55	其他	226 282	40.57
其他	62 847	11.27			
资产总计	557 662	100	资产总计	557 662	100

4.2.2 信托资产运用与分布

资产运用	金额(万元)	占比(%)	资产分布	金额(万元)	占比(%)
货币资产	41 693	0.57	基础产业	1 378 068	18.80
贷款	2 082 650	28.41	房地产	13 400	0.18
交易性金融资产	42 953	0.59	证券市场	42 953	0.59
可供出售金融资产	227 567	3.10	工商企业	711 210	9.70
持有至到期投资	4 720 488	64.38	金融机构	40 006	0.55
长期股权投资	214 858	2.93	其他	5 145 802	70.18
其他	1 330	0.02			
信托资产总计	7 331 439	100	信托资产总计	7 331 439	100

4.3 市场分析

4.3.1 有利因素

一是宏观经济稳中向好。2019 年,面对复杂严峻的内外部形势,我国持续深化供给侧结构性改革,加大逆周期调节,经济结构优化升级持续推进,工业结构优化调整取得实效,减税降费政策红利显著,经济总体保持平稳运行态势。

二是进一步回归本源转型发展。监管部门持续加强对通道业务的监管,推动金融去杠杆,信托通道业务规模减少,多数信托公司主动控制规模和增速,信托行业正在从高度依赖房地产、政府平台类企业融资与牌照通道套利的增长模式向回归信托本源、服务实体经济、强调主动管理能力的方向转变。

三是财富管理进一步深化。经过多年经济高速发展,我国高净值人群日益庞大,居民理财意识和理财需求逐步提升,财富管理市场前景良好。信托财产独立和破产隔离的功能逐渐被高净值人群了解和认可,家族信托、保险金信托、养老信托等财富管理类产品发展迅速。

四是行业更加健康稳健发展。短期内,信托公司的受托管理资产规模和盈利能力在通道业务收缩的压力下将面临较大冲击,长期看,信托公司将顺应资管新时代下标准化、净值化管理、统一监管的发展趋势,加速回归信托本源,提升主动管理能力,打造核心竞争力。新的外部环境有助于提升信托行业资产管理能力和风险防控意识,加快信托行业转型速度,实现可持续健康发展,也促进信托行业健康稳健发展。

4.3.2 不利因素

一是行业生态。伴随国内经济进入减速换挡期,供给侧结构性改革步入深水区,信托行业前期积累的金融风险较大规模地爆发。

二是打破刚兑。刚性兑付的打破,将一定程度上降低信托产品的吸引力,渠道销售难度加大,投资者教育压力加大。

三是市场竞争压力加大。在“资管新规”下,过去粗放型的信托贷款模式和通道业务模式不再适应新的要求,传统业务领域机会减少,来自其他资管机构的竞争压力又持续增大,信托业的市场竞争压力比以前更重。

四是信托转型压力大。信托业监管政策约束不断加强,融资为主的业务模式被监管限制规模,通道业务也继续要求压降规模,业务发展的限制和难度加大,信托业直面转型压力,业务逻辑面临重构。

五是相关配套制度仍待进一步完善。《信托法》已经颁布实施 14 年,一些应有的重要基础配套法律制度仍不健全,仍需完善。

4.4 内部控制概况

4.4.1 内部控制环境和内部控制文化

按照“三会分设、三权分开、有效制约、协调发展”的要求,公司设立了由股东会、董事会、监事会和高级管理层构建的公司治理架构。股东会、董事会、监事会和高级管理层之间既相互独立,又相互制衡和相互协调,形成了权力机构、决策机构、监督机构和管理层之间的制衡机制,在公司经营和发展中持续发挥着各自的职能与作用。董事会引入独立董事制度并下设各专门委员会,能够较好地运行,为公司内部控制制度制定与运行提供了一个良好的内部环境。

公司坚持业务经营与风险管理并重的原则。通过组织员工培训、学习等办法,培养员工风险防范意识,并提升了员工的法律意识,道德规范及自身素质建设,提高了风险管理的自觉性。

4.4.2 内部控制措施

公司在完善内部控制机制中,贯彻健全、合理、制衡、独立的原则,建立起内控岗位授权制度、内控报告制度、内控审计制度及考核评价制度。公司内部控制覆盖了包括环境控制、风险管理控制、合规管理控制、信托业务控制、固有业务控制、会计系统控制、授权体系控制、关联交易控制、信息披露控制、数据管理控制、内部控制保障等各个环节和公司的各项业务、各个部门和各级人员，并贯穿于决策、执行、监督、反馈整个流程。各部门和岗位职权分明、职能独立，且相互牵制、相互制衡，重要岗位实行双人负责制；对担任单岗处理的业务，有相应的后续监督。

报告期内，公司严格执行各项内控制度，操作规范，措施有效。

4.4.3　信息交流与反馈

公司加强信息建设，为内控的设计、执行、反馈提供信息保障。一是建立起管理层与内控管理专职部门信息联结和定期联系机制，及时、真实、完整地传导监管意图、交流信息、沟通问题。制定并执行内控报告制度和突发事件应急管理办法。二是严格执行信息披露制度，主动、及时向社会公众准确披露有关信息，发挥社会公众对公司内控建设的监督作用。

4.4.4　监督评价与纠正

公司推行事前、事中与事后"三位一体"的风险管理和监督评价体系，对业务环节和经营管理进行持续性的全方位、全过程的监督、评价、后评价与纠正。

2019 年，公司充分发挥内、外部审计的监督作用，审计的范围和深度进一步加强，对审计过程中发现的问题及时与各部门沟通，要求限期完善或整改，并采取后续审计等方式进行跟踪，对防止风险出现或扩大，对促进业务合法、合规、稳健经营发挥了积极作用。

4.5　风险管理

4.5.1　风险管理概况

公司持续完善全面风险管理体系，积极倡导"全员风控"理念。公司风险管理架构由董事会及审计与风险管理委员会、监事会、经营管理层、业务决策委员会以及各相关职能部门组成，形成了多层次、上下联动的架构格局。风险管理贯穿于公司业务活动的各个方面和运行过程的每一环节，建立了涵盖业务操作和风险管理各层面的制度体系。

公司风险管理贯彻全覆盖原则、独立性原则、有效性原则、相互制衡原则及责任追究原则，并着重进行事前防范、事中监控和事后稽查三个方面的工作，通过规章制度和规范流程有效运行，保障公司经营目标和风险管理目标的实现。

公司董事会和经营层坚持业务发展与风险管理并重的原则。在新业务开展前，充分研判其风险点及控制措施，在确保风险可控的前提下开展业务；对于已实施的业务项目，做好存续管理，定期开展全面风险排查及针对重点项目的专项排查，若有风险状况及时预警。

报告期内，公司风险管理状况较好，不存在到期未兑付的信托项目，也未新增存在兑付风险的信托项目。

4.5.2　风险状况

4.5.2.1　信用风险状况

信用风险主要指交易对手违约带来的风险，主要来自融资类业务和固定收益类投资。公司在相关业务中优选交易对手、严格落实尽职调查和各项增信措施，并严格按照监管规定足额计提一般准备和资产减值准备，按比例提取信托赔偿准备金，以提高公司抵御风险的能力。报告期末公司不良资产余额为4 775万元，无对外担保余额。

4.5.2.2　市场风险状况

市场风险是指公司在业务经营中所不可避免的因市场参数波动而产生的风险。公司面临的市场风险主要是股价波动风险、利率风险。报告期内公司严格依据信托合同进行投资运营，公司固有项下的权益性投资主要以战略性持有为目的，实质上受市场风险影响的业务规模较小，相关业务整体运营平稳。

4.5.2.3　操作风险状况

操作风险主要表现在相关业务办理过程中，因尽职管理不到位、内部控制缺失或系统的不完善等带来的直接或间接的财务、声誉损失的风险。公司建立了完善的内部控制机制，并制定了各项操作规程，不断提升业务操作的规范化，有效管理各类操作风险。报告期内公司未发生因操作风险所造成的损失。

4.5.2.4　其他风险状况

公司还面临着诸如政策风险、法律风险和声誉风险等其他风险。政策风险主要指由于宏观政策及监管政策的变动对公司经营环境和发展所造成的风险。合规与法律风险主要指因业务模式违规、业务合同不完善等而导致的监管处罚及法律纠纷等风险。声誉风险指由公司在经营、管理及其他行为或外部事件导致利益相关方对公司负面评价的风险。报告期内未发生相关风险事项。

4.5.3　风险管理

4.5.3.1　信用风险管理

对于信用风险的防范，公司执行事前调查、事中审查、事后检查的"三查"制度。公司主要通过制定严格的准入标准及风险管理策略和科学严谨的决策机制来进行风险事前防范；通过严格执行项目审批操作流程及放款审查要求来进行风险事中控制；通过对项目的后续管理和排查预警来进行风险事后控制。

公司通过尽职调查程序，选择信誉良好、管理规范、业绩出色的企业作为交易对手，并严格落实相关增信措施。同时，选择实力雄厚、信誉卓著、业绩优良的金融机构为合作伙伴，作为公司信托业务的托管银行，以防范来自金融同业的交易对手风险。此外，公司自营业务按规定对贷款实行五级分类，并足额计提相应资产损失准备。

4.5.3.2　市场风险管理

对于市场风险的防范，公司制定相关管理制度，规范操作程序，配备与业务规模和市场风险管理要求相适应的专业团队，加强投资立项论证，通过研究、决策、操作、评价相互制衡的机制，结合严格的授权制度，以防范市场风险。

公司合理设计投资组合，密切跟踪市场行情变化，审慎分析预测，及时调整投资策略和方案。公司坚持不仅关注市场风险的管理，更强调市场风险的规避，不盲目追求业务规模和短期的经营业绩。坚持业务规模及复杂程度与公司业务能力相匹配，在市场风险可控前提下开展证券类业务。

4.5.3.3　操作风险管理

对于操作风险的防范，公司不断完善内部控制制度，明确各岗位各节点的操作流程要求，加强对操作流程的监督、检查，及时排除隐患。

公司通过对各部门、各岗位制定明确的职责和权限，坚持信托财产之间、信托财产与固有财产之间分别管理、分别记账等相互分离、相互监督、相互制约的原则，并通过严格的授权制度与过程监控来实施，包括采用技术手段，例如在电脑系统对操作权限和内容进行程序设定，以及在业务和资金流转过程中实施双岗核定确认等。

公司持续加强员工教育培训，使其增强责任意识和业务技能，并通过奖惩激励对其行为进行约束。同时，加大投入，实施软件升级和硬件更新，定期进行系统维护，避免出现故障。

4.5.3.4　其他风险管理

对于政策风险的防范，加强对国家宏观政策和监管规定的跟踪研判，加强与监管部门和行业间的沟通、联系，以尽可能准确地判断分析宏观政策和监管政策的未来趋势，来管理政策风险。

对于合规与法律风险的防范，公司高度重视合规理念与合规文化的培育，持续进行监管政策的宣导，倡导“合规人人有责”的基本理念，坚持合规管理全覆盖。公司法务人员对项目方案、各类法律文本等的合法、合规性进行审查，提出法律审查意见。公司加大合同管理力度，有步骤地建立业务合同标准化体系。

对于声誉风险的防范，将公司声誉构建与公司发展战略和公司文化进行有机结合，通过尽职管理和充分信息披露以塑造公司的专业和诚信形象，对可能影响公司声誉的业务坚决予以回避等。加强员工职业道德教育和公司文化教育，增强员工的工作责任心和团队意识，维护公司信誉，防范声誉风险。

4.6　社会责任履行情况

4.6.1　社会责任履行情况

自国联信托成立以来，始终坚持合规经营、诚实守信的基本原则，以维护良好的金融市场环境为己任，不断提高社会责任感。根据地区经济发展的要求，公司发挥信托联结三个市场的作用和优势，积极投身地方经济建设和社会事业的发展，引导和培育居民投资意识和财富管理理念，实现了地方经济发展与国联信托业务拓展、居民收入增长的有机结合。

2019年，国联信托立足地方，支持区域经济发展，将自身成长与地方经济发展紧密结合，大力促进经济结构调整和产业转型升级，服务实体经济，用实际行动响应无锡“产业强市”的战略号召。

公司始终秉承客户价值优先理念，强调以客户为中心，不断努力提升服务水平。公司不断改进服务，依托国联综合金融平台，在为企业量身定制一揽子金融产品和服务的同时，为地方百姓的财富收入增长提供了重要的投资渠道。

公司积极投身社会公益事业，组织广大干部员工开展各类慈善活动，积极履行企业社会责任，努力推动经济、社会与环境的和谐发展。

4.6.2　消费者权益保护情况

公司一直将消费者权益保护工作作为一项重点工作推进，公司的消费者权益保护工作开展总体情况良好。公司制定了比较完善的消费者权益保护工作制度，并且切实履行各规章制度的各项要求。多年来，公司消费者权益保护工作开展顺利，及时妥善地解答了消费者的投诉及疑惑，有效保护了消费者的权益，未给社会造成任何不良影响。

公司的信托产品与服务在开发设计、审批准入、营销推介等各个流程中都嵌入了消费者权益保护的理念，坚持从客户需求出发，坚持风险可控、合规经营，通过完善的风险管理措施，保障信托计划的顺利运作，实现客户的财富管理目标。

在金融知识宣传与教育方面，公司开展了多次内部学习及培训，有效提高了员工消费者权益保护意识；对外，公司积极开展公众金融知识宣传教育活动，充分利用自有宣传渠道，加大宣传普及力度，并通过进校园、进社区等形式，把金融知识送到百姓身边，加强媒体宣传，让金融知识到达更多受众。

公司高度重视消费者权益维护，强化服务监督体系，建立健全客户投诉建议处理机制，设置了多种投诉渠道，了解客户真实需求，实现服务投诉处理“零距离”、客户投诉“全响应”。自公司成立以来，未有重点消保问题发生。

2019年，公司对业务系统进行了全面升级改造，2020年，公司将继续围绕客户体验，对线上线下服务进行全面升级，力求给投资者更好的体验。

今后，公司将一如既往地重视消费者权益保护工作，进一步加强消费者权益保护理念，恪尽职守，履行诚实、信用、谨慎、有效管理的义务。

5. 报告期末及上一年度末的比较式会计报表

5.1　自营资产（经审计）

5.1.1　会计师事务所审计结论

审　计　报　告

苏公W[2020]A161号

国联信托股份有限公司全体股东：

一、审计意见

我们审计了国联信托股份有限公司（以下简称国联信托公司）财务报表，包括2019年12月31日的合并及母公司资产负债表，2019年度的合并及母公司利润表、合并及母公司现金流量表、合并及母公司所有者权益变动表以及相关财务报表附注。

我们认为，后附的财务报表在所有重大方面按照企业会计准则的规定编制，公允反映了国联信托公司2019年12月31日的合并及母公司财务状况以及2019年度的合并及母公司经营成果和现金流量。

二、形成审计意见的基础

我们按照中国注册会计师审计准则的规定执行了审计工作。审计报告的“注册会计师对财务报表审计的责任”部分进一步阐述了我们在这些准则下的责任。按照中国注册会计师职业道德守则，我们独立于国联信托公司，并履行了职业道德方面的其他责任。我们相信，我们获取的审计证据是充分、适当的，为发表审计意见提供了基础。

三、其他信息

信托公司管理层（以下简称管理层）对其他信息负责。其他信息包括信托公司2019年年度报告中涵盖的信息，但不包括财务报表和我们的审计报告。信托公司2019年年度报告预期将在审计报告日后提供给我们。

我们对财务报表发表的审计意见不涵盖其他信息，我们也

不对其他信息发表任何形式的鉴证结论。

结合我们对财务报表的审计，我们的责任是在能够获取上述其他信息时阅读这些信息，在此过程中，考虑其他信息是否与财务报表或我们在审计过程中了解到的情况存在重大不一致或者似乎存在重大错报。

四、管理层和治理层对财务报表的责任

国联信托公司管理层（以下简称管理层）负责按照企业会计准则的规定编制财务报表，使其实现公允反映，并设计、执行和维护必要的内部控制，以使财务报表不存在由于舞弊或错误导致的重大错报。

在编制财务报表时，管理层负责评估国联信托公司的持续经营能力，披露与持续经营相关的事项（如适用），并运用持续经营假设，除非管理层计划清算国联信托公司、终止运营或别无其他现实的选择。

治理层负责监督国联信托公司的财务报告过程。

五、注册会计师对财务报表审计的责任

我们的目标是对财务报表整体是否不存在由于舞弊或错误导致的重大错报获取合理保证，并出具包含审计意见的审计报告。合理保证是高水平的保证，但并不能保证按照审计准则执行的审计在某一重大错报存在时总能发现。错报可能由于舞弊或错误导致，如果合理预期错报单独或汇总起来可能影响财务报表使用者依据财务报表作出的经济决策，则通常认为错报是重大的。

在按照审计准则执行审计工作的过程中，我们运用职业判断，并保持职业怀疑。同时，我们也执行以下工作：

（1）识别和评估由于舞弊或错误导致的财务报表重大错报风险，设计和实施审计程序以应对这些风险，并获取充分、适当的审计证据，作为发表审计意见的基础。由于舞弊可能涉及串通、伪造、故意遗漏、虚假陈述或凌驾于内部控制之上，未能发现由于舞弊导致的重大错报的风险高于未能发现由于错误导致的重大错报的风险。

（2）了解与审计相关的内部控制，以设计恰当的审计程序，但目的并非对内部控制的有效性发表意见。

（3）评价管理层选用会计政策的恰当性和作出会计估计及相关披露的合理性。

（4）对管理层使用持续经营假设的恰当性得出结论。同时，根据获取的审计证据，就可能导致对国联信托公司持续经营能力产生重大疑虑的事项或情况是否存在重大不确定性得出结论。如果我们得出结论认为存在重大不确定性，审计准则要求我们在审计报告中提请报表使用者注意财务报表中的相关披露；如果披露不充分，我们应当发表非无保留意见。我们的结论基于截至审计报告日可获得的信息。然而，未来的事项或情况可能导致国联信托公司不能持续经营。

（5）评价财务报表的总体列报、结构和内容，并评价财务报表是否公允反映相关交易和事项。

（6）就国联信托公司中实体或业务活动的财务信息获取充分、适当的审计证据，以对财务报表发表审计意见。我们负责指导、监督和执行集团审计，并对审计意见承担全部责任。

我们与治理层就计划的审计范围、时间安排和重大审计发现等事项进行沟通，包括沟通我们在审计中识别出的值得关注的内部控制缺陷。

公证天业会计师事务所（特殊普通合伙）

中国注册会计师　夏正曙

中国注册会计师　赵　明

中国·无锡　　二〇二〇年三月三十日

5.1.2　资产负债表

资产负债表

编制单位：国联信托股份有限公司　　2019年12月31日　　单位：万元

资　　产	附注	合并		母公司	
		期末余额	年初余额	期末余额	年初余额
货币资金		9 947	6 941	8 089	6 541
以公允价值计量且变动计入当期损益的金融资产		1 616	23 225	1 616	23 225
买入返售金融资产		5 220	1 540	4 260	1 540
应收账款		—	—	—	—
其他应收款		19 371	17 835	19 084	17 434
发放贷款和垫款		24 375	14 625	24 375	14 625
可供出售金融资产		110 822	208 681	56 950	207 408
持有至到期投资		39 014	20 157	30 341	16 954
长期股权投资		270 678	158 340	354 360	160 257
固定资产		341	161	340	159
递延所得税资产		848	476	848	476
其他资产		57 409	60 384	57 399	60 385

续表

资　产	附注	合并		母公司	
		期末余额	年初余额	期末余额	年初余额
资产总计		539 641	512 365	557 662	509 004
拆入资金		—	3 000	—	3 000
应付职工薪酬		1 202	1 253	1 202	1 253
应交税费		3 197	1 269	3 161	1 261
其他应付款		68 078	21 460	24 989	21 460
应付股利		—	—	—	—
递延所得税负债		15 209	13 877	15 209	13 877
负债合计		87 686	40 859	44 561	40 851
实收资本		300 000	300 000	300 000	300 000
资本公积		30 536	30 536	30 927	30 927
其他综合收益		107	41 450	107	41 450
盈余公积		41 419	32 385	41 419	32 385
信托赔偿准备		24 251	19 734	24 251	19 734
一般风险准备		8 244	7 537	8 244	7 537
未分配利润		47 398	39 864	108 153	36 120
所有者权益(或股东权益)合计		451 955	471 506	513 101	468 153
负债和所有者权益(或股东权益)合计		539 641	512 365	557 662	509 004

5.1.3　利润表

利润表

编制单位:国联信托股份有限公司　　2019 年度　　单位:万元

项　目	行次	合并		母公司	
		本期金额	上期金额	本期金额	上期金额
一、营业收入	1	109 731	30 201	108 267	30 146
利息净收入	2	-2 458	890	2 005	887
利息收入	3	2 188	890	2 176	887
利息支出	4	4 646	—	171	—
手续费及佣金净收入	5	24 088	22 578	23 881	22 306
手续费及佣金收入	6	24 088	22 578	23 881	22 306
手续费及佣金支出	7	—	—	—	—
投资收益(损失以"-"号填列)	8	87 154	7 598	81 436	7 819
其中:对联营企业和合营企业的投资收益	9	11 047	1 009	10 526	1 231
公允价值变动收益(损失以"-"号填列)	10	930	-865	930	-866
其他收益	11	17	—	15	—
二、营业支出	12	57 944	5 415	9 088	5 137
税金及附加	13	185	174	183	172
业务及管理费	14	6 454	5 002	6 180	4 726
资产减值损失	15	51 305	239	2 725	239
三、营业利润(亏损以"-"号填列)	16	51 787	24 786	99 179	25 009
加:营业外收入	17	12 524	—	12 524	—
减:营业外支出	18	—	42	—	42
四、利润总额(亏损总额以"-"号填列)	19	64 311	24 744	111 703	24 967
减:所得税费用	20	21 411	5 188	21 361	5 184
五、净利润(净亏损以"-"号填列)	21	42 900	19 556	90 342	19 783
六、其他综合收益的税后净额	22	-41 344	-33 863	-41 344	-33 863
以后不能重分类进损益的其他综合收益	23	—	—	—	—

续表

项　　目	行次	合并		母公司	
		本期金额	上期金额	本期金额	上期金额
以后将重分类进损益的其他综合收益	24	-41 344	-33 863	-41 344	-33 863
1. 权益法下在被投资单位其他综合收益享有份额	25	—	-70	—	-70
2. 可供出售金融资产公允价值变动损益	26	-41 344	-33 793	-41 344	-33 793
七、综合收益总额	27	1 556	-14 308	48 998	-14 080
八、每股收益	28	—	—	—	—
（一）基本每股收益	29	0. 14	0. 07	0. 30	0. 07

5. 1. 4　所有者权益变动表（合并）

股东权益变动表

编制单位：国联信托股份有限公司　　2019 年度　　单位：万元

项　　目	2019 年度								2018 年度							
	股本	资本公积	其他综合收益	盈余公积	信托赔偿准备	一般风险准备	未分配利润	所有者权益合计	股本	资本公积	其他综合收益	盈余公积	信托赔偿准备	一般风险准备	未分配利润	所有者权益合计
一、上年年末余额	300 000	30 536	41 450	32 385	19 734	7 537	39 863	471 506	300 000	30 536	75 314	30 407	18 745	8 053	22 759	485 813
1. 会计政策变更	—	—	—	—	—	—	—	—	—	—	—	—	—	—	—	—
2. 其他	—	—	—	—	—	—	-17 057	-17 057	—	—	—	—	—	—	—	—
二、本年年初余额	300 000	30 536	41 450	32 385	19 734	7 537	22 806	454 448	300 000	30 536	75 314	30 407	18 745	8 053	22 759	485 813
三、本年增减变动金额（减少以"－"号填列）	—	—	-41 344	9 034	4 517	707	24 592	-2 494	—	—	-33 863	1 978	989	-516	17 104	-14 308
（一）综合收益总额	—	—	-41 344	—	—	—	42 900	1 556	—	—	-33 863	—	—	—	19 556	-14 308
（二）所有者投入和减少资本	—	—	—	—	—	—	—	—	—	—	—	—	—	—	—	—
1. 股东投入的普通股	—	—	—	—	—	—	—	—	—	—	—	—	—	—	—	—
2. 其他权益工具持有者投入资本	—	—	—	—	—	—	—	—	—	—	—	—	—	—	—	—
3. 股份支付计入所有者权益的金额	—	—	—	—	—	—	—	—	—	—	—	—	—	—	—	—
4. 其他	—	—	—	—	—	—	—	—	—	—	—	—	—	—	—	—
（三）利润分配	—	—	—	9 034	4 517	707	-18 308	-4 050	—	—	—	1 978	989	-516	-2 452	—
1. 提取盈余公积	—	—	—	9 034	4 517	—	-14 258	-707	—	—	—	1 978	989	—	-2 452	516
2. 提取一般风险准备	—	—	—	—	—	707	—	707	—	—	—	—	—	-516	—	-516
3. 对所有者或股东的分配	—	—	—	—	—	—	-4 050	-4 050	—	—	—	—	—	—	—	—
4. 其他	—	—	—	—	—	—	—	—	—	—	—	—	—	—	—	—
（四）所有者权益内部结转	—	—	—	—	—	—	—	—	—	—	—	—	—	—	—	—
1. 资本公积转增资本（或股本）	—	—	—	—	—	—	—	—	—	—	—	—	—	—	—	—
2. 盈余公积转增资本（或股本）	—	—	—	—	—	—	—	—	—	—	—	—	—	—	—	—
3. 盈余公积弥补亏损	—	—	—	—	—	—	—	—	—	—	—	—	—	—	—	—
4. 其他	—	—	—	—	—	—	—	—	—	—	—	—	—	—	—	—
四、本年年末余额	300 000	30 536	107	41 419	24 251	8 244	47 398	451 955	300 000	30 536	41 450	32 385	19 734	7 537	39 863	471 506

5. 1. 5　所有者权益变动表（母公司）

股东权益变动表

编制单位：国联信托股份有限公司　　2019 年度　　单位：万元

项　　目	2019 年度								2018 年度							
	股本	资本公积	其他综合收益	盈余公积	信托赔偿准备	一般风险准备	未分配利润	所有者权益合计	股本	资本公积	其他综合收益	盈余公积	信托赔偿准备	一般风险准备	未分配利润	所有者权益合计
一、上年年末余额	300 000	30 927	41 450	32 385	19 734	7 537	36 120	468 153	300 000	30 927	75 314	30 407	18 745	8 053	18 789	482 233
1. 会计政策变更	—	—	—	—	—	—	—	—	—	—	—	—	—	—	—	—
2. 前期差错更正	—	—	—	—	—	—	—	—	—	—	—	—	—	—	—	—

续表

项目	2019年度								2018年度							
	股本	资本公积	其他综合收益	盈余公积	信托赔偿准备	一般风险准备	未分配利润	所有者权益合计	股本	资本公积	其他综合收益	盈余公积	信托赔偿准备	一般风险准备	未分配利润	所有者权益合计
二、本年年初余额	300 000	30 927	41 450	32 385	19 734	7 537	36 120	468 153	300 000	30 927	75 314	30 407	18 745	8 053	18 789	482 233
三、本年增减变动金额(减少以"-"号填列)	—	—	-41 344	9 034	4 517	707	72 034	44 948	—	—	-33 863	1 978	989	-516	17 331	-14 080
(一)综合收益总额	—	—	-41 344	—	—	—	90 342	48 998	—	—	-33 863	—	—	—	19 783	-14 080
(二)所有者投入和减少资本	—	—	—	—	—	—	—	—	—	—	—	—	—	—	—	—
1. 股东投入的普通股	—	—	—	—	—	—	—	—	—	—	—	—	—	—	—	—
2. 其他权益工具持有者投入资本	—	—	—	—	—	—	—	—	—	—	—	—	—	—	—	—
3. 股份支付计入所有者权益的金额	—	—	—	—	—	—	—	—	—	—	—	—	—	—	—	—
4. 其他	—	—	—	—	—	—	—	—	—	—	—	—	—	—	—	—
(三)利润分配	—	—	—	9 034	4 517	707	-18 308	-4 050	—	—	—	1 978	989	-516	-2 452	
1. 提取盈余公积	—	—	—	9 034	4 517	—	-14 258	-707	—	—	—	1 978	989	—	-2 452	516
2. 提取一般风险准备	—	—	—	—	—	707	—	707	—	—	—	—	—	-516	—	-516
3. 对所有者或股东的分配	—	—	—	—	—	—	-4 050	-4 050	—	—	—	—	—	—	—	—
4. 其他	—	—	—	—	—	—	—	—	—	—	—	—	—	—	—	—
(四)所有者权益内部结转	—	—	—	—	—	—	—	—	—	—	—	—	—	—	—	—
1. 资本公积转增资本(或股本)	—	—	—	—	—	—	—	—	—	—	—	—	—	—	—	—
2. 盈余公积转增资本(或股本)	—	—	—	—	—	—	—	—	—	—	—	—	—	—	—	—
3. 盈余公积弥补亏损	—	—	—	—	—	—	—	—	—	—	—	—	—	—	—	—
4. 其他	—	—	—	—	—	—	—	—	—	—	—	—	—	—	—	—
四、本年年末余额	300 000	30 927	107	41 419	24 251	8 244	108 154	513 101	300 000	30 927	41 450	32 385	19 734	7 537	36 120	468 153

5.2 信托资产

5.2.1 信托资产项目资产负债汇总表

信托项目资产负债汇总表

编制单位:国联信托股份有限公司　　2019年12月31日　　单位:万元

信托资产	行次	年末数	年初数	信托负债和信托权益	行次	年末数	年初数
信托资产:				信托负债:			
货币资金	1	41 593	28 020	交易性金融负债	20	—	—
拆出资金	2	—	—	衍生金融负债	21	—	—
存出保证金	3	—	—	应付受托人报酬	22	—	—
交易性金融资产	4	42 953	—	应付托管费	23	—	—
衍生金融资产	5	—	—	应付受益人收益	24	—	—
买入返售金融资产	6	—	—	应交税费	25	—	—
应收款项	7	1 330	—	应付销售服务费	26	—	—
发放贷款	8	2 082 650	2 639 068	其他应付款项	27	142	336
可供出售金融资产	9	227 567	227 567	预计负债	28	—	—
持有至到期投资	10	4 720 488	4 974 308	其他负债	29	—	—
长期应收款	11	—	—	信托负债合计	30	142	336
长期股权投资	12	214 858	218 177	信托权益:	31	—	—
投资性房地产	13	—	—	实收信托	32	7 257 943	8 027 844
固定资产	14	—	—	资本公积	33	—	—
无形资产	15	—	—	损益平准金	34	—	—
长期待摊费用	16	—	—	未分配利润	35	73 354	58 960
其他资产	17	—	—	信托权益合计	36	7 331 297	8 086 804
减:各项资产减值准备	18	—	—				
信托资产总计	19	7 331 439	8 087 140	信托负债及信托权益总计	37	7 331 439	8 087 140

5.2.2 信托项目利润及利润分配汇总表

信托项目利润及利润分配汇总表

编制单位：国联信托股份有限公司　　2019 年度　　单位：万元

项　目	行次	本年数	上年数
一、营业收入	1	476 097	498 307
利息收入	2	129 646	171 177
投资收益	3	346 436	327 022
其中：对联营企业和合营企业的投资收益	4	—	—
公允价值变动收益（损失以"－"号填列）	5	13	-7
租赁收入	6	—	—
汇兑损益（损失以"－"号填列）	7	—	—
其他收入	8	3	115
二、支出	9	39 865	39 038
税金及附加	10	1 255	1 286
受托人报酬	11	25 286	23 940
托管费	12	6 145	6 517
投资管理费	13	—	—
销售服务费	14	1 075	700
交易费用	15	1	6
资产减值损失	16	—	—
其他费用	17	6 104	6 589
三、信托净利润	18	436 232	459 269
四、其他综合收益	19	—	—
五、综合收益	20	436 232	459 269
加：期初未分配利润	21	58 960	79 756
六、可供分配的信托利润	22	495 192	539 026
减：本期已分配信托利润	23	421 838	480 066
七、期末未分配信托利润	24	73 354	58 960

6. 会计报表附注

6.1 简要说明报告年度会计报表编制基础、会计政策、会计估计和核算方法发生的变化

根据财政部于 2019 年 4 月 30 日发布的《关于修订印发 2019 年度一般企业财务报表格式的通知》（财会〔2019〕6 号），执行企业会计准则的金融企业应当根据金融企业经营活动的性质和要求，比照一般企业财务报表格式进行相应调整。

合并会计报表的范围：本公司 2019 年 12 月 31 日纳入合并范围的子公司共 2 户，与上年度相比增加 1 户。本公司合并子公司为无锡国联资本管理有限公司和无锡国联和富投资中心（有限合伙）。

会计期间以公历年月划分，会计年度自公历 1 月 1 日起至 12 月 31 日止。以权责发生制为基础进行会计确认、计量和报告。在对会计要素进行计量时一般采用历史成本，在保证所确认的会计要素金额能够取得并可靠计量时，采用重置成本、可变现净值、现值、公允价值计量。

根据财政部《关于呆账准备提取有关问题的通知》的规定，以及《金融企业呆账准备提取及呆账核销管理办法》《非银行金融机构资产风险分类指导原则（试行）》的规定，在净利润中按风险资产最低提取比例 1.5% 减值准备即一般风险准备。计提资产减值一般风险准备的范围：交易性金融资产、应收款项、发放贷款和垫款、长期应收款、可供出售金融资产、持有至到期投资、长期股权投资、固定资产、在建工程、无形资产、其他长期资产。

根据《信托公司管理办法》及董事会决议，按净利润的 5% 计提信托赔偿准备金，该赔偿准备金累计总额达到公司注册资本的 20% 时，可不再提取。

6.2 或有事项

无。

6.3 重要资产转让及其出售

无。

6.4 会计报表中重要项目的明细资料

6.4.1 披露自营资产经营情况

6.4.1.1 按资产风险分类的结果披露资产的期初数、期末数

信用风险资产五级分类	正常类（万元）	关注类（万元）	次级类（万元）	可疑类（万元）	损失类（万元）	信用风险资产合计（万元）	不良资产合计（万元）	不良资产率（%）
期初数	503 409	5 500	—	—	375	509 284	375	0.07
期末数	555 339	—	—	4 400	375	560 114	4 775	0.85

注：不良资产合计＝次级类＋可疑类＋损失类。

6.4.1.2 各项资产减值损失准备的期初数、本期计提、本期转回、本期核销、期末数；贷款的一般准备、专项准备及其他资产减值准备

单位：万元

	期初数	本期计提	本期转回	本期核销	期末数
贷款损失准备	375	250	—	—	625
一般准备	375	250	—	—	625
专项准备	—	—	—	—	—
其他资产减值准备	—	—	—	—	—
可供出售金融资产减值准备	375	—	—	—	375
持有至到期投资减值准备	165	2 475	—	—	2 640
长期股权投资准备	—	—	—	—	—
坏账准备	—	—	—	—	—
投资性房地产减值准备	—	—	—	—	—

6.4.1.3 自营股票投资、基金投资、债券投资、长期股权投资等投资的期初数、期末数

单位：万元

	自营股票	基金	债券	长期股权投资	其他投资	合计
期初数	3 974	—	21 894	160 257	273 504	459 629
期末数	21 816	—	—	354 360	70 105	446 281

6.4.1.4 前三名的自营长期股权投资的企业名称、占被投资企业权益的比例、主要经营活动及投资收益情况

企业名称	占被投资企业权益的比例（%）	投资收益（万元）
1. 国联证券股份有限公司（列示于长期股权投资）	20.508	10 526
2. 无锡农村商业银行股份有限公司（列示于长期股权投资）	9	60 664
3. 江苏宜兴农村商业银行股份有限公司（列示于可供出售金融资产）	6.35	108

6.4.1.5　前三名的自营贷款的企业名称、占贷款总额的比例和还款情况

企业名称	占贷款总额的比例(%)	还款情况
1. 常州城建产业发展有限公司	60	贷款未到期、无欠息
2. 海安市新世纪实业有限责任公司	40	贷款未到期、无欠息

6.4.1.6　表外业务的期初数、期末数,按照代理业务、担保业务和其他类型表外业务分别披露

表外业务	期末数(万元)	期初数(万元)
担保业务	—	—
代理业务(委托业务)	1 930	1 930
其他	—	—
合计	1 930	1 930

注:代理业务主要反映因客观原因应规范而尚未完成规范的历史遗留委托业务,包括委托贷款和委托投资。

6.4.1.7　公司当年的收入结构

项目	合并		母公司	
收入结构	金额(万元)	占总收入比例(%)	金额(万元)	占总收入比例(%)
手续费及佣金收入	24 088	21.06	23 881	22.03
其中:信托手续费收入	24 088	21.06	23 881	22.03
投资银行业务收入	—	—	—	—
利息收入	2 188	1.91	2 176	2.01
其他业务收入	—	—	—	—
其中:计入信托业务收入部分	—	—	—	—
投资收益	87 154	76.22	81 436	75.10
其中:股权投资收益	78 386	68.54	76 918	70.94
证券投资收益	1 089	0.95	1 089	1.00
其他投资收益	7 679	6.71	3 429	3.16
公允价值变动收益	930	0.81	930	0.86
收入合计	114 360	100	108 423	100

注:手续费及佣金收入、利息收入、其他业务收入、投资收益、营业外收入均应为损益表中的一级科目,其中手续费及佣金收入、利息收入、营业外收入为未抵减掉相应支出的全年累计实现收入数。

6.4.2　披露信托资产管理情况

6.4.2.1　信托资产的期初数、期末数

单位:万元

信托资产	期末数	期初数
集合	2 446 079	2 818 048
单一	4 885 360	5 269 092
财产权	—	—
合计	7 331 439	8 087 140

6.4.2.1.1　主动管理型信托业务期初数、期末数,分证券投资类、股权投资类、融资类、事务管理类分别披露

单位:万元

主动管理型信托资产	期末数	期初数
证券投资类	42 953	—
股权投资类	78 562	80 462
融资类	669 163	271 308
事务管理类	—	—
其他投资类	973 679	984 325
合计	1 764 357	1 336 095

6.4.2.1.2　被动管理型信托业务期初数、期末数,分证券投资类、股权投资类、融资类、事务管理类分别披露

单位:万元

被动管理型信托资产	期末数	期初数
证券投资类	—	—
股权投资类	—	6 215
融资类	—	5 000
事务管理类	5 562 570	6 736 232
其他投资类	4 512	3 598
合计	5 567 082	6 751 045

6.4.2.2　本年度已清算结束的信托项目个数、实收信托合计金额、加权平均实际年化收益率

本年度已清算结束的信托项目个数为36个、合计金额为1 230 365万元、加权平均实际年化收益率为6.87%。

6.4.2.2.1　本年度已清算结束的集合类、单一类资金信托项目和财产管理类信托项目个数、合计金额、加权平均实际年化收益率

已清算结束信托项目	项目个数(个)	实收信托合计金额(万元)	加权平均实际年化收益率(%)
集合类	25	933 028	5.88
单一类	11	297 337	9.99
财产管理类	—	—	—

注:1. 收益率是指信托项目清算后,给受益人赚取的实际收益水平。

2. 加权平均实际年化收益率=(信托项目1的实际年化收益率×信托项目1的资产总计+信托项目2的实际年化收益率×信托项目2的资产总计+…+信托项目n的实际年化收益率×信托项目n的资产总计)/(信托项目1的资产总计+信托项目2的资产总计+…+信托项目n的资产总计)×100%。

6.4.2.2.2　本年度已清算结束的主动管理型信托项目个数、合计金额、信托报酬率、加权平均实际年化收益率,分证券投资类、股权投资类、融资类、事务管理类分别披露

本年度已清算结束的主动管理型信托项目个数为26个、合计金额为731 625万元、加权平均实际年化收益率为6.19%、加权平均实际年化信托报酬率为1.04%。

已清算结束信托项目	项目个数(个)	实收信托合计金额(万元)	加权平均实际年化信托报酬率(%)	加权平均实际年化收益率(%)
证券投资类	—	—	—	—
股权投资类	—	—	—	—
融资类	11	275 248	1.21	6.35
事务管理类	—	—	—	—
其他投资类	15	456 377	0.94	6.10

6.4.2.2.3　本年度已清算结束的被动管理型信托项目个数、合计金额、信托报酬率、加权平均实际年化收益率,分证券投资券类、股权投资券类、融资券类、事务管理类分别披露

本年度已清算结束的被动管理型信托项目个数为10个、合计金额为498 740万元、加权平均实际年化收益率为

7. 87%、加权平均实际年化信托报酬率为 0. 10%。

已清算结束信托项目	项目个数（个）	实收信托合计金额（万元）	加权平均实际年化信托报酬率（%）	加权平均实际年化收益率（%）
证券投资类	—	—	—	—
股权投资类	—	—	—	—
融资类	—	—	—	—
事务管理类	9	496 740	0. 10	7. 87
其他投资类	1	2 000	0. 49	7. 61

6. 4. 2. 3　本年度新增的集合类、单一类和财产管理类信托项目个数、实收信托合计金额

新增信托项目	项目个数（个）	实收信托合计金额（万元）
集合类	14	438 080
单一类	13	294 370
财产管理类	—	—
新增合计	27	732 450
其中：主动管理型	18	472 720
被动管理型	9	259 730

注：本年新增信托项目指在本报告年度内累计新增的信托项目个数和金额，包含本年度新增并于本年度内结束的项目和本年度新增至报告期末仍在持续管理的信托项目。

6. 4. 2. 4　本公司履行受托人义务情况及因本公司自身责任而导致的信托资产损失情况

截至 2019 年 12 月 31 日，本公司未出现因自身责任导致信托资产损失的情况。

6. 5　关联方关系及其交易的披露

6. 5. 1　关联交易方的数量、关联交易的总金额及关联交易的定价政策等

	关联交易方数量	关联交易金额（万元）	定价政策
合计	2	411	详见注

注：关联交易的定价政策：（1）本公司对关联方交易价格根据市场价或协议价确定，与对非关联方的交易价格基本一致，无重大高于或低于正常交易价格的情况。（2）固有财产、信托资产与关联方贷款按人民银行规定的利率执行，投资按市场公允价确定。（3）信托财产与信托财产之间的关联交易按交易双方协商价格执行。

6. 5. 2　关联交易方与本公司的关系性质、关联交易方的名称、法人代表、注册地址、注册资本及主营业务等

关系性质	关联方名称	法定代表人	注册地址	注册资本（万元）	主营业务
股东的关联方	无锡国联新城投资有限公司	许军	无锡市	40 000	房地产业
股东的关联方	国联科陆无锡新动力有限公司	华晓峰	无锡市	5 000	新能源

6. 5. 3　逐笔披露本公司与关联方的重大交易事项

6. 5. 3. 1　固有财产与关联方：贷款、投资、租赁、应收账款、担保、其他方式等期初汇总数、本期发生额汇总数、期末汇总数

项目名称	类别	年初数	增加额（万元）	减少额	期末数（万元）
无锡国联新城投资有限公司	租赁	—	409	—	409
国联科陆无锡新动力有限公司	租赁	—	2	—	2

6. 5. 3. 2　信托资产与关联方：贷款、投资、租赁、应收账款、担保、其他方式等期初汇总数、本期借方和贷方发生额汇总数、期末汇总数

信托与关联方关联交易				
	期初数（万元）	借方发生额	贷方发生额（万元）	期末数（万元）
贷款	—	—	—	—
投资	—	—	—	—
租赁	—	—	—	—
担保	—	—	—	—
其他应收款	—	—	—	—
其他	—	—	—	—
合计	—	—	—	—

6. 5. 3. 3　信托公司自有资金运用于自己管理的信托项目（固信交易）、信托公司管理的信托项目之间的相互（信信交易）交易金额，包括余额和本报告年度的发生额

6. 5. 3. 3. 1　固有财产与信托财产之间的交易金额期初汇总数、本期发生额汇总数、期末汇总数

单位：万元

固有财产与信托财产相互交易			
	期初数	本期发生额	期末数
合计	16 819	6 862	23 681

注：以固有资金投资公司自己管理的信托项目受益权，或购买自己管理的信托项目的信托资产均应纳入统计披露范围。

6. 5. 3. 3. 2　信托资产与信托财产之间的交易金额期初汇总数、本期发生额汇总数、期末汇总数

单位：万元

信托资产与信托财产相互交易			
	期初数	本期发生额	期末数
合计	659 948	-236 054	423 894

注：以公司受托管理的一个信托项目的资金购买自己管理的另一个信托项目的受益权或信托项下资产均应纳入统计披露范围。

6. 5. 4　逐笔披露关联方逾期未偿还本公司资金的详细情况以及本公司为关联方担保发生或即将发生垫款的详细情况

截至 2019 年 12 月 31 日，本公司未发生关联方逾期未偿还本公司资金的情况，也无本公司为关联方担保发生或即将发生垫款的情况。

6. 6　会计制度的披露

本财务报表（包含固有业务及信托业务）以公司持续经营假设为基础，根据实际发生的交易和事项，按照财政部 2006 年 2 月 15 日颁布的《企业会计准则——基本准则》以及其后颁布及修订的具体会计准则、应用指南、解释以及其他相关规定（统称企业会计准则）编制。

7. 财务情况说明书

7. 1　利润实现和分配情况

母公司：经公证天业会计师事务所（特殊普通合伙）审计，

2019年度公司实现利润111 703万元,企业所得税为21 361万元,实现净利润90 342万元。

根据《公司章程》及财务制度的相关规定:

(1)按净利润的10%计提法定盈余公积金9 034万元。

(2)根据中国银监会令2007年第2号《信托公司管理办法》(中国银行业监督管理委员会令2007年第2号)的规定,按净利润的5%计提信托赔偿准备金4 517万元。

(3)根据财政部《金融企业准备金计提管理办法》的规定,按风险资产1.5%计提一般风险准备707万元。

(4)分配普通股股利4 050万元。

(5)上述各项计提分配后,年末可供股东分配利润为108 154万元。

合并:报告期公司合并实现净利润为42 900万元,调整后2019年初未分配利润为22 806万元,提取盈余公积金9 034万元,信托赔偿准备金4 517万元,一般风险准备707万元,分配普通股股利4 050万元,2019年末可供股东分配利润为47 398万元。

7.2 主要财务指标

	合并	母公司
指标名称	指标值	指标值
资本利润率(%)	9.29	18.41
加权年化信托报酬率(%)	0.66	0.66
人均净利润(万元)	442.27	1115.33

注:1. 资本利润率=净利润/所有者权益平均余额×100%。

2. 加权年化信托报酬率=(信托项目1的实际年化信托报酬率×信托项目1的实收信托+信托项目2的实际年化信托报酬率×信托项目2的实收信托+…+信托项目n的实际年化信托报酬率×信托项目n的实收信托)/(信托项目1的实收信托+信托项目2的实收信托+…+信托项目n的实收信托)×100%。

3. 该指标是反映公司实际的信托报酬水平,计算在报告年度真正清算结束了的项目。

4. 人均净利润=净利润/年平均人数。

5. 平均值采取年初、年末余额简单平均法,公式为:a(平均)=(年初数+年末数)/2。

7.3 对本公司财务状况、经营成果有重大影响的其他事项

无。

7.4 公司净资本监管指标

指标名称	指标值	监管标准
净资本(万元)	456 727	≥2亿元
各项业务风险资本之和(万元)	200 907	—
净资本/各项业务风险资本之和(%)	227.33	≥100
净资本/净资产(%)	89.01	≥40

8. 特别事项揭示

8.1 前五名股东报告期内变动情况及原因

无。

8.2 董事、监事及高级管理人员变动情况及原因

因工作调整,原副总经理周志明不再担任公司副总经理。

8.3 公司的重大未决诉讼事项

本报告年度所有涉诉项目,除了一个集合信托业务外,其余均为事务管理类信托计划,公司作为受托人按照相关法律、法规和信托文件的规定,履行受托义务,及时揭示风险,并按照委托人的指令进行项目操作,项目风险均由委托人自担,案件的所有权利义务均由委托人享有与承担。具体涉诉项目如下:

集合信托起诉个数:1个

诉讼对象:福建医科大学附属协和医院、福建省闽兴医药有限公司;

金额:本金32 715万元。

单一信托起诉个数:2个。

(1)诉讼对象是昆明天和斗特实业(集团)有限公司、史佩欣、昆明和信屋业开发有限责任公司,金额为8 000万元股权转让款。本案已进入执行阶段。

(2)诉讼对象是无锡市电线二厂有限公司、无锡尊园置业投资有限公司、邹玉仙,金额为本金5 000万元。本案已终结本次执行程序。

8.4 对会计师事务所出具的有保留意见、否定意见或无法表示意见的审计报告的,公司董事会应就所涉及事项做出说明

无。

8.5 公司及其董事、监事和高级管理人员受到处罚的情况

无。

8.6 中国银保监会及其派出机构对公司检查后提出整改意见的,应简要说明整改情况

无。

8.7 本年度重大事项临时报告的简要内容、披露时间、所披露的媒体及其版面

无。

8.8 中国银保监会及其省级派出机构认定的其他有必要让客户及相关利益人了解的重要信息

无。

9. 公司监事会意见

9.1 公司依法运作情况

经检查,监事会认为:报告期内,依据国家有关法律、法规和《公司章程》的规定,公司建立了较完善的内部控制制度,决策程序符合相关规定。公司董事及其他高级管理人员在履行

职责时,未发现违反法律、法规、规章以及《公司章程》等的规定或损害公司及股东利益的行为。

9.2 检查公司财务情况

2019 年,监事会对公司的财务制度、内控制度和财务状况等进行了认真细致的检查,认为公司目前财务会计内控制度健全,会计无重大遗漏和虚假记载,公司财务状况、经营成果及现金流量情况良好。

9.3 公司关联交易情况

对于公司 2019 年日常经营相关的关联交易,监事会认为,交易定价公允,符合市场原则,交易公平、公开,无内幕交易行为,也无损害股东利益,特别是中小非关联股东利益的行为。

9.4 公司对外担保及股权、资产置换情况

2019 年公司无对外担保,无债务重组、非货币性交易事项、资产置换,也无其他损害公司股东利益或造成公司资产流失的情况。

9.5 内部控制自我评价报告

公司已建立了适合公司运行的内部控制制度体系并能得到有效的执行。公司内部控制的自我评价报告真实、客观地反映了公司内部控制制度的建设及运行情况。本届监事会将继续严格按照《公司法》《公司章程》和国家有关法规政策的规定,忠实履行自己的职责,进一步促进公司的规范运作。

国民信托有限公司

1. 重要提示

1.1 公司董事会及董事保证本报告所载资料不存在任何虚假记载、误导性陈述或者重大遗漏，并对其内容的真实性、准确性和完整性承担个别及连带责任。

1.2 公司独立董事王海智先生、李建生女士、罗毅先生、王向樂先生申明：本报告所载资料真实、准确、完整。

1.3 公司2019年度财务会计报告经安永华明会计师事务所审计，并出具了标准无保留意见的审计报告。

1.4 公司法定代表人暨董事长肖鹰先生和财务总监曹志强先生申明：保证本年度报告中财务会计报告的真实、完整。

1.5 本年度报告摘要摘自年度报告全文，客户及相关利益人欲了解详细内容，应阅读年度报告全文。

2. 公司概况

2.1 公司简介

2.1.1 法定中文名称：国民信托有限公司
法定英文名称：The National Trust Ltd.
法定英文名称缩写：Natrust

2.1.2 法定代表人：肖鹰
注册地址：北京市东城区安外西滨河路18号院1号
邮政编码：100011
互联网网址：www. natrust. cn
电子信箱：info@ natrust. cn

2.1.3 信息披露事务负责人：付然
电话：010-84268088
传真：010-84268000
电子信箱：florafu@ natrust. cn

2.1.4 信息披露报纸：《上海证券报》

2.1.5 公司年报备置点：北京市东城区安外西滨河路18号院1号

2.1.6 金融许可证机构编码：K0007H211000001
统一社会信用代码：911100001429120804

2.1.7 聘请的会计师事务所：安永华明会计师事务所
住所：北京市东城区东长安街1号东方广场安永大楼16层
聘请的律师事务所：北京观韬中茂律师事务所
住所：北京市西城区金融大街5号新盛大厦B座18层

2.2 组织结构

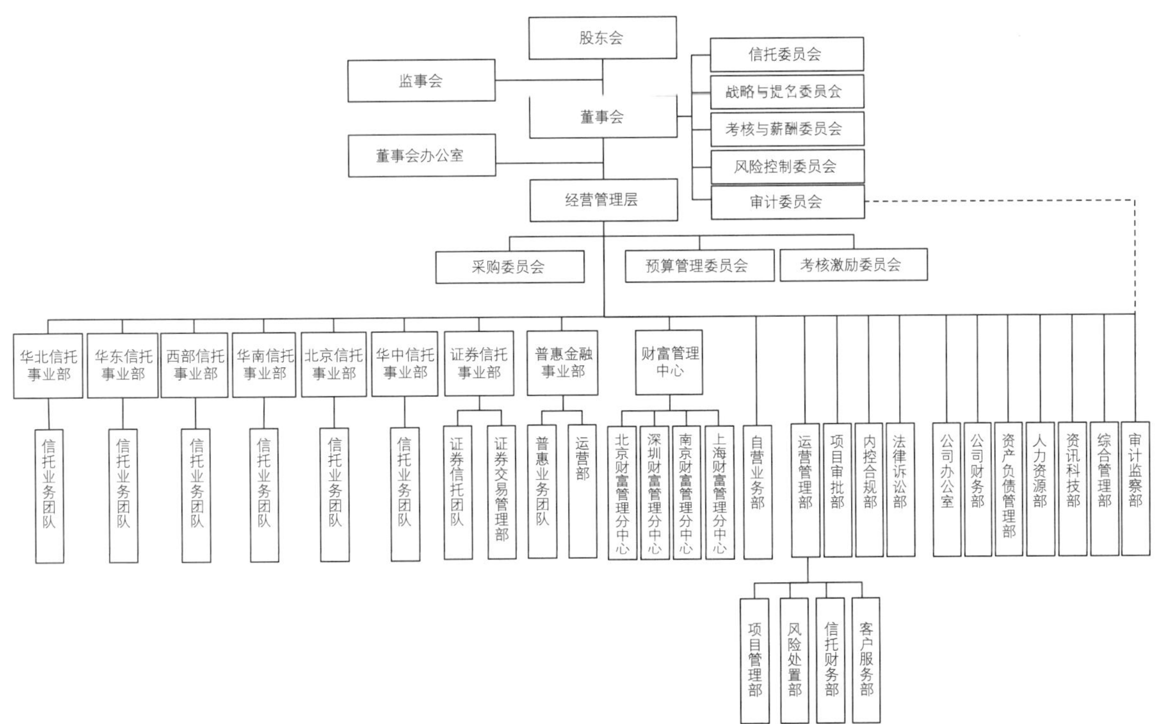

（注：项目管理部、风险处置部、信托财务部、客户服务部为运营管理部下设二级部门）

3. 公司治理

3.1 股东

公司前三位股东的情况如下：

股东名称	持股金额（元）	持股比例（%）	法定代表人	注册资本（万元）	注册地址	主营业务及财务情况
上海丰益股权投资基金有限公司	317 272 727.28	31.73	张峻	55 000	上海市浦东新区莲林路15号403室	主营实业投资、股权投资，财务状况良好。
上海璟安实业有限公司	275 472 727.27	27.55	靳方景	36 120	上海市浦东新区浦东大道555号801室	主营企业管理、财务顾问、园林绿化，财务状况良好。
上海创信资产管理有限公司	241 654 545.45	24.16	李荣辉	100 000	浦东南路1952号238室	主营项目投资，财务状况良好。

注：1. 股东上海璟安股权投资有限公司已更名为上海璟安实业有限公司；上海璟安于2019年11月19日变更法定代表人为靳方景。
2. 股东上海丰益股权投资基金有限公司、股东上海创信资产管理有限公司和股东恒丰裕实业发展有限公司为一致行动人。

3.2 董事及独立董事

董事

姓名	职务	性别	年龄（岁）	选任日期	所推举的股东名称	代表股东持股比例（%）	简要履历
肖鹰	董事长	男	46	2019年2月27日	—	—	毕业于中国人民大学金融学专业，获金融学硕士学位，拥有注册会计师资格。历任中国人民银行银行一处、工商银行监管处副主任科员、副科长，原中国银监会北京监管局国有银行一处科长、副处长、政策法规处副处长、股份银行二处处长、办公室主任、纪委书记、党委委员，具有20年的金融机构监管和从业工作经验，自2016年12月29日起任职公司董事。
李春彦	副董事长	男	55	2017年5月16日	上海丰益股权投资基金有限公司	31.73	毕业于对外经济贸易大学国际法学专业，获法学博士学位[1]。历任中国平安部门总经理、分公司总经理、北京代表处主任，平安银行董事、行长助理、董事会秘书，富德生命人寿董事会秘书、董事，富德财产保险股份有限公司董事长，富德保险控股股份有限公司董事；现任富德控股（集团）有限公司副董事长和深圳市富德资源投资控股有限公司董事长，具备30年的金融从业及管理工作经验，自2016年12月29日起任职公司董事。
张涛	董事	男	40	2016年12月29日	恒丰裕实业发展有限公司	16.56	毕业于中国人民大学金融学（保险）专业获经济学硕士学位，历任太平洋保险部门经理，富德生命人寿部门经理、董事长办公室总监、总经理助理，富德保险控股股份有限公司副总经理、董事会秘书；现任富德财产保险股份有限公司董事，深圳市富德金融投资控股有限公司董事、总经理，富德前海基础设施董事长，恒丰裕实业发展有限公司执行董事、总经理，拥有18年的金融工作经历。
黄晓东	董事	男	56	2017年1月16日	上海创信资产管理有限公司	24.16	毕业于吉林大学政治学理论专业获法学博士学位，历任共青团博罗县县委副书记，博罗县石湾镇镇委副书记，共青团广东省省委正科级干部，深圳市委办公厅副处级秘书，深圳人事局副处长，龙岗镇党委书记，龙岗区区长助理，共青团广东省省委副书记，珠海市香洲区区委书记，珠海市市委常委，南方报业总经理，珠影集团党委书记、董事长；现任富德控股（集团）副总裁，富德（常州）能源化工发展有限公司董事长，拥有多年的经济管理工作经验。

注：杨小阳先生自2019年2月27日起不再担任公司董事、董事长；石俊志先生自2019年3月27日起不再担任公司董事。

独立董事

姓名	所在单位及职务	性别	年龄（岁）	选任日期	所推举的股东名称	代表股东持股比例（%）	简要履历
王海智	—	男	66	2016年12月29日	—	—	毕业于中国农业大学经济管理专业，高级经济师，历任中国银行承德分行、中国银行秦皇岛分行行长，东方资产管理公司石家庄办事处总经理、天津办事处总经理，天津信托公司董事长，拥有28年的金融工作经验。
李建生	—	女	65	2017年1月16日	—	—	毕业于香港浸会大学应用会计与金融理学专业获理学硕士学位，历任铁道部基本建设总局财务处助理会计师、会计师、副处长、处长，中国铁路工程总公司副总会计师、总会计师，中国中铁股份有限公司副总裁、财务总监、总法律顾问，中铁信托董事长，宝盈基金董事长，具有35年的会计、金融从业经验。

续表

姓　名	所在单位及职务	性别	年龄（岁）	选任日期	所推举的股东名称	代表股东持股比例（%）	简要履历
罗　毅	深圳前海宝华盛资产投资管理有限公司总经理	男	57	2016 年 12 月 29 日	—	—	毕业于上海财经大学高级管理人员工商管理专业获工商管理硕士学位，历任南京港务集团财务处主办会计，蛇口中华会计师事务所项目经理，沙河股份财务总监，曙光信息产业（深圳）有限公司财务总监，具有35 年的企业会计核算、财务管理、企业管理及项目投资经验。
王向燊	贝罗斯资本（亚洲）有限公司行政总裁	男	46	2017 年 1 月 16 日	—	—	毕业于上海财经大学金融学专业获经济学博士学位。历任中银香港投资主任，粤海控股集团策划发展部总主任、澳门区主管，雅诺金融分析员、风险投资主管，莎莉美集团董事总经理，具有21 年的投资管理工作经验。

3.3　监事

姓名	职务	性别	年龄（岁）	选任日期	所推举的股东名称	代表股东持股比例（%）	简要履历
常　存	监事会主席	女	41	2018 年 3 月 27 日	上海创信、恒丰裕	24.16 和 16.56	毕业于北京工商大学会计学专业，获管理学硕士学位，曾任职中国保监会、幸福人寿；现任富德生命人寿董事、审计责任人，富德保险控股股份有限公司董事、副总经理、审计责任人，生命保险资产管理有限公司审计责任人，首钢福山资源集团有限公司董事，拥有 17 年的保险从业经历，有着较为丰富的监管检查、合规管理和审计经验。
郭培能	监事	男	48	2016 年 11 月 22 日	上海璟安	27.55	毕业于四川大学法学专业，获法学学士学位，先后于揭阳市公安机关、深圳市交通管理机关、深圳市泰腾材料贸易有限公司任职；现任深圳市锦祥盛投资控股集团有限公司董事长、总经理，具有丰富的经营管理工作经验。
程翔华	职工监事	女	36	2015 年 6 月 11 日	—	—	先后就读于浙江大学竺可桢学院和英国 Lancaster 管理学院，金融管理学硕士，英国皇家特许会计师（ACA），曾就职于伦敦德勤会计师事务所，在各类行业的审计及内控咨询服务工作方面拥有丰富经验。

3.4　高级管理人员

姓名	职务	性别	年龄（岁）	选任日期	金融从业年限（年）	学历	专业
肖　鹰	董事长（代履职总经理）	男	46	2019 年 4 月 19 日	20	硕士	金融学
刘　晶	副总经理	女	46	2013 年 1 月 10 日	19	博士	金融学
付　然	副总经理兼董事会秘书	女	40	2017 年 5 月 9 日	9	硕士	国际商法
何　远	副总经理	男	50	2011 年 10 月 11 日	25	在职研究生	金融学
曹志强	财务总监	男	51	2015 年 3 月 19 日	13	硕士	金融与投资

注：石俊志先生自 2019 年 4 月 19 日起不再担任公司总经理。

3.5　公司员工

报告期内公司员工人数、年龄分布、学历分布，列示如下：

项　目		报告期年度	
		人数（人）	比例（%）
年龄分布	25 岁以下	3	1.25
	26 ~29 岁	25	10.37
	30 ~39 岁	150	62.24
	40 岁以上	63	26.14
学历分布	博士	5	2.08
	硕士	100	41.49
	本科	117	48.55
	专科	13	5.39
	其他	6	2.49

4.　经营管理

4.1　经营目标、经营方针、战略规划

4.1.1　经营目标

公司的战略目标是打造中国一流的信托金融服务机构，以完善的内部控制和风险管理为保障，以差异化的研发能力和高端资产管理服务来建立核心竞争力，立足信托主业，根据市场变化及时有效地进行业务创新，通过向高端客户提供高附加值的金融产品服务，在市场竞争中赢得生存和发展，逐步创建国民信托品牌，致力于客户利益、股东价值和员工满足感的最大化，成为市场领先、客户信赖的综合金融服务商。

4.1.2　经营方针

公司的经营方针是以尽职的员工、可靠的产品、优质的服务和高效的平台为客户提供最佳的金融理财服务。

4.1.3　战略规划

公司战略规划主要有以下几个方面。

发展方向：从传统信托业务向以主动资产管理为核心的现

代金融业务发展。

业务类型：从以项目为导向的投融资业务转向以客户为中心的私人财富管理业务和以机构资产管理为主业的信托金融服务。

费率结构：持续增加信托收入，并逐步转为以主动管理类业务的稳定、持续信托报酬收入为主要利润来源。

短期策略：巩固业务基础和客户群，优化资讯科技平台，完善营运系统、制度和流程，建立高效灵活的管理和营销团队。为顺应信托行业发展、严格执行各项监管政策，公司启动了"改革 转型 发展"模式，扎实、稳妥、逐步推进转型发展。2020 年，公司一方面将依靠升级传统业务实现主营收入；另一方面在各项改革措施深化落实、夯实管理基础、提升经营管理水平的基础上，进一步推动业务转型发展，加快回归信托业务本源，增强主动管理能力建设，打造多元化资金渠道，提升产品研发和投资能力，确保各项监管指标稳健合规，为高质量发展进一步夯实监管环境基础、业务能力基础和人才储备基础。同时，坚持服务实体经济，确保实现受益人合法利益最大化。

中长期策略：逐步扩大市场和产品的深度和广度，加速产品和服务创新，不断优化投资解决方案和服务流程，强化开放式财富管理平台，建立、完善销售、服务团队，改善品牌效应，积极发掘潜在客户和业务，并持续深化高净值客户关系。

长期策略：成长为具有重要市场地位的综合金融服务集团。在信托服务上取得市场领先地位，通过金融科技赋能逐步发展消费金融及证券投资等与现有业务具有协同效应的配套金融业务，保持优秀的投资业绩、明确的发展策略以及稳健的财务状况。以不断优化的体制、机制和管理文化吸引并留住人才，提升客户利益和股东价值，实现公司的可持续发展。

4.2 所经营业务的主要内容

4.2.1 固有业务情况

截至 2019 年 12 月 31 日，公司固有资产运用与分布情况：

固有资产运用与分布表

资产运用	金额（万元）	占比（%）	资产分布	金额（万元）	占比（%）
货币资产	16 068.03	4.96	基础产业	—	—
贷款及应收款	57 345.88	17.71	房地产业	—	—
以公允价值计量且其变动计入当期损益的金融资产	215 984.63	66.70	证券市场	—	—
可供出售金融资产	2 816.58	0.87	实业	—	—
持有至到期投资	30 610.27	9.45	金融机构	249 411.48	77.02
长期股权投资	—	—	其他	74 406.27	22.98
其他	992.36	0.31			
资产合计	323 817.75	100.00	资产合计	323 817.75	100.00

资产分布中，对"其他"事项的说明

资产分布中"其他"事项明细		
资产分布	金额（万元）	占比（%）
货币资产	16 068.03	4.96
贷款及应收款	57 345.88	17.71
其他	992.36	0.31
其他合计	74 406.27	22.98

4.2.2 信托业务情况

截至 2019 年 12 月 31 日，公司受托管理的信托资产运用与分布情况：

信托资产运用与分布表

资产运用	金额（万元）	占比（%）	资产分布	金额（万元）	占比（%）
货币资产	122 029.27	0.55	基础产业	2 653 479.35	11.90
贷款	14 462 912.88	64.83	房地产	1 590 222.00	7.13
交易性金融资产	434 610.57	1.95	证券市场	445 248.42	2.00
可供出售金融资产	1 708 872.40	7.66	金融机构	1 417 692.24	6.36
长期股权投资	1 709 394.22	7.66	实业	14 969 594.59	67.09
其他	3 869 525.62	17.35	其他（注）	1 231 108.36	5.52
信托资产合计	22 307 344.96	100.00	信托资产合计	22 307 344.96	100.00

资产运用和资产分布中，对"其他"事项的说明

资产运用中"其他"事项明细			资产分布中"其他"事项明细		
资产运用	金额（万元）	占比（%）	资产分布	金额（万元）	占比（%）
应收账款	1 220 771.32	5.47	银行存款	122 029.27	0.55
无形资产	2 447 579.30	10.97	应收账款	11 051.28	0.05
买入返售金融资产	15 058.78	0.07	财产权	679 632.20	3.05
其他	186 116.22	0.84	其他	418 395.61	1.87
其他合计	3 869 525.62	17.35	其他合计	1 231 108.36	5.52

4.3 市场分析

展望 2020 年，从国际经济形势看，随着贸易保护主义加剧和地缘政治不确定因素增多，未来 1 ~2 年，全球经济增长动能减弱、贸易增速显著放缓的可能性较大，加之受新冠疫情在全球的扩散以及"石油战"的影响，全球经济金融的稳定性面临挑战。从国内经济形势看，短期内国内经济增速由于受到疫情冲击有明显回落，但预计中央将加大逆周期调控力度，释放政策红利，通过积极的财政政策、灵活稳健的货币政策和金融支持政策刺激社会经济总体保持平稳；同时有望通过加大政府"新基建"投资规模，促进社会信心的提振。

就信托行业而言，由于面对全新的竞争环境和监管要求，改革转型压力巨大。2020 年初，中国银保监会发布了《关于推动银行业和保险业高质量发展的指导意见》（银保监发［2019］52 号），要求信托公司回归"受人之托、代人理财"的职能定位，积极发展服务信托、财富管理信托、慈善信托等本源业务。此外，中国银保监会信托监管工作会议也强调，2020 年是信托业从过去粗放式发展向高质量发展全面转型的元年，信托行业将加速从过去高度依赖企业融资与牌照通道套利的增长模式向回归信托本源、发展财富管理和探索服务信托的方向转变。在监管导向的推动下，服务信托、家族信托、资产证券化或将迎来高速发展的契机，成为信托公司业务转型发展的重点和新的利润增长点。然而，受宏观经济下行压力和同业竞争等因素影响，未来 1 ~2 年，大部分信托公司展业和业务转型发展仍面临较大压力。首先，信托同业竞争不断加剧，展业更加困难。一方面，头部信托公司由于具有品牌信誉度高、资金渠道广、产品线丰富、客户依存度高等优势，行业市场份额加速向头部机构集中，对于中小信托公司的生存空间造成挤压；另一方面，随着商业银行理财子公司的相继成立，资管行业的竞争也将更加白热化。其次，信托行业整体风险规模呈上升趋势。自 2019 年

以来,市场上债务违约事件明显增多,信托行业风险项目个数与规模均呈上升趋势,存续项目的期间管理难度和潜在风险将不断加大。另外,由于新型冠状病毒疫情造成的不确定性和投资人的悲观情绪,新增信托产品发行难度短期内或将加大。

4.4 内部控制

4.4.1 内部控制环境和文化

4.4.1.1 公司治理机制

按照《信托公司治理指引》和现代企业制度的要求,公司设置了以股东会、董事会、监事会和高级管理层为核心的法人治理结构,明确了议事规则和决策程序。股东会为公司最高权力机构;董事会为公司决策机构;高级管理层为公司执行机构,负责执行董事会批准的各项决策和制度;监事会为公司监督机构,主要对公司财务经营状况及董事、高级管理人员履行职务的行为进行监督。公司逐步建立起了分工明确、权责相互制衡的公司治理和内部控制机制,并持续进行改善,实现了董事会对高级管理层经营活动的合理授权和有效监督。在经营管理层面,公司搭建了权责明确、合理制衡、报告关系清晰的组织架构,高级管理层、内审稽核部门定期向董事会及其专门委员会、监事会报告公司合规管理(含反洗钱)、风险管理和内部审计工作情况。

4.4.1.2 内控文化的建设和执行情况

公司在董事会及高级管理层的领导下,形成了诚实守信、稳健经营、恪尽职守的内部控制文化,树立内部控制和合规风险管理优先的审慎经营理念,积极培养员工的合规风险防范意识。公司强化合规经营理念的培育,公司持续关注法律法规、监管政策调整,及时梳理和完善相关内控规章制度,调整操作流程,不断推进公司内控管理工作的规范化、标准化。公司要求董事、监事和高级管理人员在企业文化建设中发挥主导和垂范作用。公司定期制订员工培训计划,定期开展学习培训,提高公司员工的业务能力、合规意识和道德水准,包括通过制定和实施《员工行为规范》,加强员工业务知识培养;通过学习法律法规、分析典型案例等多种形式,引导和规范员工行为,培育积极向上的价值观和诚实守信的执业理念。

报告期内,公司持续完善合规管理体制、培育合规文化从而不断加强合规管理,有效防范合规风险,确保公司各项经营活动的合法合规性。一方面,公司通过培训、学习、研讨、测试、警示教育等多种形式不断加强全员对合规文化的理解与认同,提高合规管理的主观能动性;另一方面,不断加强合规审核人员的培训、教育,提高合规风险识别、防范能力。合规管理的基础是公司员工了解、熟悉现行监管法律法规、政策,并能遵守执行,随着监管政策不断调整,合规管理压力逐渐增大,公司将根据法律法规、监管政策的调整,加强对全员合规管理的指导和培训,及时解读,引导全员依法合规开展业务。

4.4.2 内部控制措施

公司不断完善内控机构设置和制度建设;强调董事会和高级管理层的责任,将风险内控管理作为公司内部管理的核心,营造风险管理的环境。公司建立了董事会风险控制委员会、高级管理层、风险内控管理职能部门和业务部门等四个层级的全面风险管理架构,贯彻全面风险管理的要求和全方位、全过程和全员风控管理的原则,逐步完善在不相容职务分离控制、授权审批控制、会计系统控制、财产保护控制、预算控制、运营分析控制和绩效考评控制等方面的内控活动。公司内部控制制度覆盖公司的各项业务、各个部门和各级人员,并融入到决策、执行、监督、反馈等各个经营环节,保证各个部门和岗位既相互独立又相互制约。

在公司制定的全面风险管理体系架构下,内部控制的主要实施工作由内控合规部门、项目审批部门、运营管理部门、财务部门和内审稽核部门等具体执行。公司现有风险管理体系架构,有效保障风险管理程序的执行力,使公司业务运作和决策更为可控,也使高级管理层能全面及时地掌握公司的日常经营、财务和风险状况并保证风险管控措施有效执行。另外,公司持续建设和完善信息系统,在支持业务发展的同时,帮助加强内部控制,防范风险。

公司根据业务发展、政策变化,持续完善各方面的管理制度,涉及业务管理、操作流程及后台工作等,涵盖业务事前、事中、事后的全过程。报告期内,公司在贯彻现行制度办法的基础上,为适应市场变化、促进公司展业,公司制定、修订并颁布了《消费金融信托业务风控指引》《房地产信托业务风控指引》《个人房抵贷信托业务操作指引(试行)》《基础设施集合类信托业务风控指引》《信托业务存续期管理办法(试行)》等一系列制度;为进一步规范公司关联交易行为,加强关联交易管理、防范关联交易风险,报告期内,公司修订了《关联交易管理制度》,并制定了《关联交易审批管理操作规程》。

报告期内,公司不断加强洗钱风险管理工作。为加强洗钱风险管理工作,建立健全洗钱风险管理体系,完善洗钱风险管理制度和流程,根据中国人民银行对反洗钱工作的要求及相关法律法规规定,报告期内,公司制定、修订了《反洗钱管理制度》《洗钱和恐怖融资风险评估及客户分类管理办法》《洗钱风险自评估操作指引》,进一步完善反洗钱工作机制。

报告期内,公司不断完善消费者权益保护工作管理体系。董事会承担公司消费者权益保护工作的最终责任,公司管理层负责组织消费者权益保护相关工作的依法实施。同时,公司成立消费者权益保护委员会,由总经理担任主任,委员会下设消费者权益保护工作组,指定专人专岗负责该项工作。

4.4.3 监督评价与纠正

公司十分重视内部控制问题的后续追踪整改,对于持续监控、内审稽核、监管检查以及重大事件所反映的内控问题组织持续追踪整改。针对常规内审高风险项目中反映的制度和流程缺陷,公司通过合规部门关注重大合规风险识别、评估、整改要求,对重大违规事项整改情况进行跟踪,持续优化制度和流程,从源头防范内控漏洞,以杜绝类似问题重复发生。公司内部审计人员对业务部门落实整改执行情况进行逐项跟踪,对未按时整改的情况及时予以分析追踪和报告。

4.5 风险管理

4.5.1 风险状况

4.5.1.1 信用风险状况

信用风险不仅包括违约风险,还包括由于交易对手和合作方的信用状况及履约能力的变化而导致公司资产价值发生变动造成损失的风险。信用风险压力主要表现在融资类业务中,对于此类风险,公司严格要求前期的详细尽调、中期的独立审查与评估、后期的及时跟踪管理,同时针对交易对手信用资质情况，要求提供相应的抵押、质押、保证及其他一些增信措施，防范信用风险；同时公司严格按照内部决策流程对投资类业务进行信用评估，选取具有较高信用资质的交易对手，同时从多个维度对投资业务设定风险额度来控制信用风险，有力地保障了公司对信用风险的管控效果。

4.5.1.2　市场风险状况

市场风险是指公司在对信托财产和固有财产的合法经营中，因市场利率、汇率、股指和商品价格等市场参数的波动而产生的风险，包括利率风险、汇率风险、股市风险和通胀风险等。

公司市场风险主要涉及证券投资和股权投资信托业务以及上市公司股权质押融资、不动产投资信托业务等。对于此类业务，公司本着审慎原则，合理配置资产，通过合理的交易安排和严密的管理措施，勤勉、尽职履行受托人职责，最大限度地保障受益人的资金安全。

4.5.1.3　操作风险状况

操作风险是指由于内部控制程序和系统的不完善、人员操作失误或外部突发事件等可能导致公司遭受损失的风险。

公司实行规范化、标准化、制度化管理，各项业务的开展都严格执行内部控制程序及业务操作流程。此外，公司还根据市场环境、监管要求及业务发展变化，不断调整和完善业务操作流程，并将多项制度的执行信息化、自动化，降低操作风险。

4.5.1.4　其他风险状况

除以上三类风险外，公司还面临合规风险、流动性风险、声誉风险、员工道德风险，以及国家法律法规和政策的不确定性对公司经营产生影响的政策风险等。公司针对各项风险建立了较完善的防范、应对机制。其中，合规风险作为公司风险防范的重中之重，是公司经营和管理各方面的红线，公司对于合规尺度坚持严格把控、实质重于形式的原则，为公司的发展提供了坚实的合规基础。

4.5.2　风险管理

4.5.2.1　信用风险管理

公司严格执行信用风险的事前防范、事中控制和事后检查制度。在业务发生前，主要由业务部门对交易对手进行详细的尽职调查，重点确定业务的商业风险可控性、公司收益与风险承担的合理性；内控合规部根据业务部门的尽职调查情况对项目交易结构和合同条款的合规性进行审查；项目审批部负责对信托项目的信用风险和市场风险情况进行充分的评估和审核，"两级评审会"对项目进行审核和评定，从而尽可能地降低信用风险发生的概率；运营管理部负责组织开展项目中后期管理工作，开展定期、不定期风险排查、检查工作，多维度防范、预警项目运行中潜在的信用风险。目前公司信用风险管理框架基本完善，存续项目信用风险敞口较小。

4.5.2.2　市场风险管理

控制市场风险的主要方法是加强对经济及金融形势的分析预测，加强相关行业研究，必要情况下在具体项目尽职调查时聘请专业的机构参与调查，并在业务决策时，参考聘请的外部行业专家对项目进行的行业与市场分析。公司根据业务性质、规模、复杂程度和风险特征，结合总体业务发展战略、管理能力和资本实力，确定总体风险承受水平，并尽量采取分散投资、分散风险的办法。一方面，加强对宏观经济和证券市场的研究，坚持价值投资理念，采取稳健的投资策略，建立止损机制，有效防范资本市场风险；另一方面，定期或不定期对房地产和证券投资等业务进行市场风险压力测试以及动态估值，分析业务对外部市场变化的敏感程度和可能的影响，以制定策略应对市场变化。

2019 年，公司加强了对宏观经济和同行业业务情况的研究，证券业务领域严格按照信托文件进行操作，尽职履行受托人职责，防范操作风险的发生。

4.5.2.3　操作风险管理

公司建立起较完整的内控制度，保障各项业务正常、有序的开展。公司部门间实行明确的职责划分，部门内部细分岗位职责和权限，开展不相容岗位梳理，保证岗位的有效分离与制衡，形成了相互配合、相互监督、相互制约的风控机制。公司各项业务的开展都严格执行内部控制程序及业务操作流程。公司根据市场及其规则的变化不断调整和完善业务操作流程；同时将各项工作的操作规范编入信息系统审批流程，操作风险的防控效率、效果大大提升。

报告期内，为了业务发展和管理的需要，公司加强了项目全周期管理，积极推动流程再造和制度建设，并结合业务转型的需要，加强了 IT 系统的升级和改造，进一步防范了操作风险的发生。

4.5.2.4　其他风险管理

公司加强对国家政策的分析和研究，提高对政策的理解能力，并与监管部门及时沟通，根据要求进行业务调整和制度完善；此外，还不定期与同行进行业务交流，探讨业务经营管理中发现的问题，以提高对政策的理解度和执行力，从而有效地防范政策风险。

公司高度重视法律风险的防范。法律诉讼部为法律风险的主要管理部门，不断强化法律风险的识别和防范，积极有效应对各类诉讼案件。对于重大项目聘请外部律师事务所等专业服务机构提供专业意见，以强化法律方面的风险管理。同时，公司颁布相关制度规范外聘律师操作，防止出现道德风险。

公司高度重视流动性风险，专门成立了流动性工作小组统筹公司流动性管理。公司坚持审慎性原则，持续监测在各产品、各业务条线的流动性风险；公司建立流动资金预警线预警机制，并按照监管要求建立了流动性补充方案。

公司高度重视声誉风险防控，建立了舆情应对应急管理机制，未雨绸缪，防范在前。公司安排专职人员每日对舆情进行监测，一旦发现涉及公司的相关舆情，及时上报相关情况，迅速进行舆情处置，保持各方面的沟通，同时加强对正面舆情的引导工作。

公司全面加强员工素质教育，防范道德风险。公司积极组织员工参加监管部门开展的与信托业务有关的法律法规学习和考试；鼓励员工参加内部和外部培训交流，进一步提高员工的业务能力和专业知识，增强风险意识和预判能力，将风险控制理念融入业务和管理工作的各方面、各环节。

4.6　净资本风险控制指标

公司报告期末的净资本风险控制指标情况如下：

指标名称	期末数	监管标准
净资本（万元）	250 950.16	≥20 000
固有业务风险资本（万元）	28 185.51	—
信托业务风险资本（万元）	53 170.79	—

续表

指标名称	期末数	监管标准
其他业务风险资本(万元)	—	—
各项业务风险资本(万元)	81 356. 30	—
净资本/各项业务风险资本之和(%)	308. 46	≥100
净资本/净资产(%)	91. 28	≥40

5. 会计师事务所审计意见

安永华明会计师事务所对公司2019年财务报表出具了标准无保留意见,认为公司财务报表在所有重大方面已经按照企业会计准则的规定编制,公允地反映了国民信托有限公司2019年12月31日的财务状况以及2019年度的经营成果和现金流量。

6. 公司财务报表及附注

6.1 资产负债表

资产负债表

编制单位:国民信托有限公司　　2019年12月31日　　单位:万元

	2019年12月31日	2018年12月31日
资产		
货币资金	16 068. 03	27 319. 82
以公允价值计量且其变动计入当期损益的金融资产	215 984. 63	210 243. 50
应收账款	4 673. 61	7 008. 45
发放贷款	—	—
可供出售金融资产	2 816. 58	2 531. 63
应收款项类投资	—	30 685. 20
持有至到期投资	30 610. 27	—
固定资产	298. 99	463. 94
无形资产	482. 70	588. 97
其他资产	52 882. 94	82 753. 57
资产合计	323 817. 75	361 595. 08
负债及所有者权益		
负债		
应付职工薪酬	24 007. 62	32 469. 53
应交税费	15 885. 04	27 933. 51
递延所得税负债	2 681. 51	7 935. 38
其他负债	6 325. 18	37 256. 67
负债合计	48 899. 35	105 595. 09
所有者权益		

续表

	2019年12月31日	2018年12月31日
实收资本	100 000. 00	100 000. 00
其他综合收益	78. 23	78. 23
盈余公积	22 129. 37	20 237. 53
一般风险准备	4 063. 67	4 063. 67
信托赔偿准备	10 390. 81	9 444. 89
未分配利润	138 256. 32	122 175. 67
所有者权益合计	274 918. 40	255 999. 99
负债及所有者权益合计	323 817. 75	361 595. 08

6.2 利润表

利润表

编制单位:国民信托有限公司　　2019年度　　单位:万元

	2019年	2018年
营业收入		
手续费及佣金收入	54 871. 80	83 572. 73
投资收益/(损失)	11 170. 85	2 049. 91
公允价值变动收益	-91. 60	416. 45
利息净收入	576. 78	-2 431. 76
其中:利息收入	870. 20	2 026. 35
利息支出	-293. 42	-4 458. 11
其他业务收入	3 760. 93	3 760. 93
其他收益	—	86. 63
资产处置收益	—	-3. 22
营业收入合计	70 288. 76	87 451. 67
营业支出		
营业税金及附加	489. 88	741. 74
业务及管理费	26 140. 94	39 200. 37
资产减值损失	22 630. 05	31 022. 35
营业支出合计	49 260. 87	70 973. 46
营业利润	21 027. 89	16 478. 21
加:营业外收入	4 130. 69	—
减:营业外支出	34. 62	201. 21
利润总额	25 123. 96	16 277. 00
减:所得税费用	6 205. 55	4 373. 96
净利润	18 918. 41	11 903. 04
其他综合收益的税后净额	—	—
综合收益总额	18 918. 41	11 903. 04

6.3 所有者权益变动表

所有者权益变动表

编制单位:国民信托有限公司　　2019年度　　单位:万元

	实收资本	其他综合收益	盈余公积	一般风险准备	信托赔偿准备	未分配利润	所有者权益合计
本年年初余额	100 000. 00	78. 23	20 237. 53	4 063. 67	9 444. 89	122 175. 67	255 999. 99
本年增减变动金额							
(一)综合收益总额	—	—	—	—	—	18 918. 41	18 918. 41
(二)利润分配							

续表

	实收资本	其他综合收益	盈余公积	一般风险准备	信托赔偿准备	未分配利润	所有者权益合计
提取盈余公积	—	—	1 891.84	—	—	(1 891.84)	—
提取一般风险准备	—	—	—	—	—	—	—
提取信托赔偿准备	—	—	—	—	945.92	(945.92)	—
对所有者的分配	—	—	—	—	—	—	—
本年年末余额	100 000.00	78.23	22 129.37	4 063.67	10 390.81	138 256.32	274 918.40

所有者权益变动表(续)

编制单位:国民信托有限公司　　2018 年度　　单位:万元

	实收资本	其他综合收益	盈余公积	一般风险准备	信托赔偿准备	未分配利润	所有者权益合计
本年年初余额	100 000.00	78.23	19 047.22	4 063.67	8 849.74	112 058.09	244 096.95
本年增减变动金额							
(一)综合收益总额	—	—	—	—	—	11 903.04	11 903.04
(二)利润分配	—	—	—	—	—	—	—
提取盈余公积	—	—	1 190.31	—	—	(1 190.31)	—
提取一般风险准备	—	—	—	—	—	—	—
提取信托赔偿准备	—	—	—	—	595.15	(595.15)	—
对所有者的分配	—	—	—	—	—	—	—
本年年末余额	100 000.00	78.23	20 237.53	4 063.67	9 444.89	122 175.67	255 999.99

6.4 财务报表附注

6.4.1 报告期内,公司财务报表编制基准、会计政策、会计估计和核算方法变化情况

本公司 2019 年度会计报表编制基准、会计政策、会计估计和核算方法无重大变化。

6.4.2 财务报表主要项目的明细

6.4.2.1 信用风险资产分类情况

信用风险资产五级分类	正常类(万元)	关注类(万元)	次级类(万元)	可疑类(万元)	损失类(万元)	资产合计(万元)	不良资产合计(万元)	不良资产率(%)
期初数	283 944.55	67 868.30	12 054.17	—	—	363 867.02	12 054.17	3.31
期末数	306 968.03	—	10 463.99	—	55 217.24	372 649.26	65 681.23	—

注:1. 不良资产合计 = 次级类 + 可疑类 + 损失类。

2. 不良资产率计算方法本期与上期不同,上期不良资产率 = 不良资产合计/资产合计;本期不良资产率 = (不良资产合计—不良资产已计提拨备)/资产合计,截至 2019 年末公司不良资产已 100% 计提拨备。

6.4.2.2 各项资产减值损失准备的期初数、本期计提、本期转回、本期核销、期末数

单位:万元

	期初数	本期计提	本期转回	本期核销	期末数
贷款损失准备	—	—	—	—	—
一般准备	—	—	—	—	—
专项准备	—	—	—	—	—
其他资产减值准备	48 070.54	18 418.51	(280.64)	(380.96)	65 827.45
应收款项类资产	38 951.99	13 044.09	(179.40)	—	51 816.68
持有至到期投资减值准备	—	—	—	—	—
长期股权投资减值准备	—	—	—	—	—
坏账准备	9 118.55	5 374.42	(101.24)	(380.96)	14 010.77
投资性房地产减值准备	—	—	—	—	—

6.4.2.3 固有业务股票投资、基金投资、债券投资、股权投资等投资业务的期初数、期末数

单位:万元

	自营股票	基金	债券	长期股权投资	其他投资	合计
期初数	—	58 012.62	—	—	185 447.71	243 460.33
期末数	—	63 845.35	—	—	185 566.13	249 411.48

6.4.2.4 前三名自营长期股权投资(包括以公允价值计量且其变动计入当期损益的金融资产)的企业名称、占被投资企业权益的比例、主要经营活动及投资收益情况等

企业名称	占被投资企业权益的比例(%)	主要经营活动	投资收益(万元)
汇丰人寿保险有限公司	50	人寿保险、健康保险和意外伤害保险等保险业务;以上述业务的再保险业务(法定保险业务除外)。	3 760.93

6.4.2.5　前三名自营贷款的企业名称、占贷款总额的比例和还款情况等

企业名称	占贷款总额的比例(%)	还款情况
—	—	—

6.4.2.6　表外业务的期初数、期末数,按照代理业务、担保业务和其他类型表外业务分别披露

本年度无表外业务。

6.4.2.7　收入结构

收入结构	金额(万元)	占比(%)
手续费及佣金收入	54 871.80	73.44
其中:信托手续费收入	54 871.80	73.44
投资银行业务收入	—	—
利息收入	870.20	1.17
其他业务收入	3 760.93	5.03
其中:计入信托业务收入部分	—	—
投资收益/(损失)	11 170.85	14.95
其中:股权投资收益	—	—
证券投资收益	—	—
其他投资收益	11 170.85	14.95
公允价值变动收益	-91.60	-0.12
营业外收入	4 130.69	5.53
其他收益	—	—
资产处置收益	—	—
收入合计	74 712.87	100.00

注:1. 其他业务收入为合营企业的有关收益;
2. 营业外收入主要为政府奖励收入。

6.4.3　关联方关系及其交易

6.4.3.1　关联交易方的数量、关联交易的总金额及关联交易的定价政策

	关联交易方数量	关联交易金额(万元)	定价政策
合计	—	—	—

6.4.3.2　关联交易方与公司的关系性质、关联交易方的名称、法定代表人、注册地址、注册资本及主营业务

关系性质	关联方名称	法定代表人	注册地址	注册资本(万元)	主营业务
—	—	—	—	—	—

6.4.3.3　公司与关联方的重大交易事项

固有资产与关联方交易情况如下。

单位:万元

固有资产与关联方关联交易				
	期初数	借方发生额	贷方发生额	期末数
贷款	—	—	—	—
投资	—	—	—	—
租赁	—	—	—	—
担保	—	—	—	—
应收账款	—	—	—	—
其他	—	—	—	—
合计	—	—	—	—

6.4.3.4　关联方逾期未偿还公司资金及公司为关联方担保发生或即将发生垫款情况

截至2019年12月31日,公司没有向关联方担保或即将发生垫款情况,也没有关联方逾期未偿还我公司资金情况。

6.4.4　或有事项说明

报告期内,本公司共有数起作为原告方/被告方/申请执行人的诉讼案件,本公司管理层认为目前该等法律诉讼与仲裁事项不会对本公司的财务状况或经营成果产生重大影响。

6.4.5　重要资产转让及其出售的说明

报告期内,本公司并无须作披露的重要资产转让及其出售。

6.4.6　会计制度

公司固有业务执行财政部颁布的《企业会计准则——基本准则》以及其后颁布修订的具体会计准则、应用指南、解释、其他相关规定。

7. 财务情况说明

7.1　利润实现和分配情况

公司2019年总收入为74 712.87万元,总支出为49 588.91万元,实现净利润18 918.41万元。2019年公司未向股东分配利润。

7.2　主要财务指标

指标名称	指标值
资本利润率(%)	7.13
加权年化信托报酬率(%)	0.22
人均净利润(万元)	79.49

注:该指标仅包括本报告年度内已清算结束了的信托项目。

7.3　报告期内,公司有无发生对公司财务状况、经营成果有重大影响的其他事项

无。

8. 信托财务报表及附注

8.1　信托项目资产负债汇总表

信托项目资产负债汇总表

单位:万元

	2019年12月31日	2018年12月31日
信托资产		
货币资金	122 029.27	144 983.07
交易性金融资产	434 610.57	112 229.69
买入返售金融资产	15 058.78	39 252.93
应收款项	1 220 771.32	1 987 559.10
发放贷款	14 462 912.88	27 277 489.22
可供出售金融资产	1 708 872.40	3 794 775.60
长期股权投资	1 709 394.22	1 620 193.64
无形资产	2 447 579.30	3 379 874.49
其他	186 116.22	200 300.00
信托资产总计	22 307 344.96	38 556 657.74
信托负债和信托权益		

续表

	2019 年 12 月 31 日	2018 年 12 月 31 日
信托负债	—	—
应付受托人报酬	475. 94	207. 57
应付托管费	33. 08	2. 75
应付受益人收益	535. 42	2 880. 69
应交税费	1 960. 31	198. 31
其他应付款项	40 603. 28	125 465. 08
信托负债合计	43 608. 03	128 754. 40
信托权益	—	—
实收信托	22 166 533. 07	38 432 717. 12
资本公积	3 942. 07	996. 94
未分配利润	93 261. 79	−5 810. 72
信托权益合计	22 263 736. 93	38 427 903. 34
信托负债和信托权益总计	22 307 344. 96	38 556 657. 74

8. 2 信托项目利润及利润分配汇总表

信托项目利润及利润分配汇总表

单位：万元

	2019 年度	2018 年度
营业收入		
利息收入	1 142 311. 45	2 002 031. 29
投资收益	353 761. 21	9 995. 82
公允价值变动损失	16 270. 61	9 892. 99
其他收入	20. 04	69. 15
营业收入合计	1 512 363. 31	2 021 989. 25
营业支出		
营业税金及附加	5 086. 62	8 181. 25
受托人报酬	56 260. 14	89 905. 97
托管费	10 949. 89	21 270. 43
销售服务费	6 766. 86	−22. 83
交易费用	233. 88	5 018. 35
其他费用	10 515. 98	40 661. 52
营业支出合计	89 813. 37	165 014. 69
信托净（亏损）/利润	1 422 549. 94	1 856 974. 56
其他综合收益	—	—
综合（亏损）/收益	1 422 549. 94	1 856 974. 56
加：期初未分配信托利润	−5 810. 72	16 352. 81
可供分配的信托利润	1 416 739. 22	1 873 327. 37
减：本期已分配信托利润	1 323 477. 43	1 879 138. 09
期末未分配信托收益	93 261. 79	−5 810. 72

8. 3 信托资产管理情况

8. 3. 1 信托资产的期初数、期末数

单位：万元

信托资产	期初数	期末数
集合	3 544 072. 60	2 407 253. 38
单一	33 552 623. 43	19 220 459. 38
财产权	1 459 961. 71	679 632. 20
合计	38 556 657. 74	22 307 344. 96

8. 3. 2 主动管理型信托业务的信托资产期初数、期末数

单位：万元

主动管理型	期初数	期末数
证券投资类	179 230. 40	615 844. 03
股权投资类	17 417. 35	16 735. 31
融资类	367 084. 72	1 005 275. 62
事务管理类	—	—
其他	94 955. 60	328 060. 86
合计	658 688. 07	1 965 915. 82

8. 3. 3 被动管理型信托业务的信托资产期初数、期末数

单位：万元

被动管理型	期初数	期末数
证券投资类	—	—
股权投资类	6 204. 80	1 565 505. 04
融资类	41 049. 42	—
事务管理类	37 850 715. 45	18 775 924. 10
其他	—	—
合计	37 897 969. 67	20 341 429. 14

8. 3. 4 本年度已清算结束的信托项目情况

本年度已清算结束的信托项目为 444 个，实收信托合计金额为 19 972 429. 26 万元，加权平均年化收益率为 4. 93%，加权平均年化报酬率为 0. 22%。公司已依照信托合同约定，将前述已清算信托项目项下信托财产及收益分配信托受益人。

8. 3. 5 本年度已清算结束的集合类、单一类资金信托项目和财产管理类信托项目个数、实收信托合计金额、加权平均实际年化收益率

已清算结束信托项目	项目个数（个）	实收信托合计金额（万元）	加权平均实际年化收益率（%）
集合类	58	2 155 463. 18	2. 95
单一类	375	16 936 296. 08	5. 19
财产管理类	11	880 670. 00	4. 71

8. 3. 6 本年度已清算结束的主动管理型信托项目情况

主动管理型已清算信托项目	项目个数（个）	实收信托合计金额（万元）	加权平均实际年化信托收益率（%）	加权平均实际年化报酬率（%）
证券投资类	8	76 791. 24	−11. 12	0. 79
股权投资类	1	60 000. 00	6. 97	1. 44
融资类	10	259 450. 00	7. 52	1. 19
事务管理类	—	—	—	—
其他	5	61 000. 00	0. 71	0. 25

8. 3. 7 本年度已清算结束的被动管理型信托项目情况

被动管理型已清算信托项目	项目个数（个）	实收信托合计金额（万元）	加权平均实际年化信托收益率（%）	加权平均实际年化报酬率（%）
证券投资类	—	—	—	—
股权投资类	7	621 545. 73	5. 85	0. 14
融资类	2	110 056. 00	8. 99	0. 09
事务管理类	411	18 783 586. 29	4. 91	0. 21
其他	—	—	—	—

8.3.8 本年度新增的集合类、单一类和财产管理类信托项目个数、实收信托合计金额

新增信托项目	项目个数(个)	实收信托合计金额(万元)
集合类	59	1 020 235.52
单一类	124	2 490 969.47
财产管理类	—	—
新增合计	183	3 511 204.99
其中:主动管理类	102	1 634 655.12
被动管理类	81	1 876 549.87

8.4 关联方关系及其交易

8.4.1 信托资产与关联方交易情况

单位:万元

信托资产与关联方关联交易				
	期初数	借方发生额	贷方发生额	期末数
贷款	—	47 500.00	—	47 500.00
投资	—	—	—	—
租赁	—	—	—	—
担保	—	—	—	—
应收账款	—	—	—	—
其他	—	—	—	—
合计	—	47 500.00	—	47 500.00

报告期内,我公司信托资产与关联方深圳市鹏星船务有限公司开展了一笔关联交易。

8.4.2 固有财产与信托财产之间的交易情况

单位:万元

固有财产与信托财产相互交易			
	期初数	本期发生额	期末数
合计	10 285.28	51 779.94	62 065.22

8.4.3 信托财产与信托财产之间的交易情况

单位:万元

信托财产与信托财产相互交易			
	期初数	本期发生额	期末数
合计	—	620.00	620.00

8.5 会计制度

信托业务于2010年1月1日起全面执行财政部2006年2月颁布的《企业会计准则——基本准则》和38项具体会计准则、其后颁布的应用指南、解释及其他相关规定。

9. 特别事项揭示

9.1 前五名股东报告期内变动情况及原因

报告期内,公司股东未发生变动。

9.2 董事、监事及高级管理人员变动情况及原因

2019年2月,经公司董事会审议通过,并报北京银保监局核准,杨小阳先生不再担任公司董事长职务,由肖鹰先生出任公司董事长,同时,肖鹰先生不再担任公司副董事长职务。

2019年3月,石俊志先生董事任职期满,不再担任公司董事职务。

2019年4月,经公司董事会审议通过,石俊志先生不再担任公司总经理职务,由肖鹰先生代为履行公司总经理职责。

9.3 报告期内公司变更注册资本、变更注册地或公司名称、公司分立合并事项

无。

9.4 报告期内公司重大未决诉讼事项

无。

9.5 公司及其董事、监事和高级管理人员在报告期内受到的行政处罚

无。

9.6 中国银保监会及其派出机构对公司检查后提出整改意见及整改情况

2019年5月,北京银保监局向公司下发了《国民信托有限公司2018年度监管意见书》(京银保监发[2019]202号),对公司股权、流动性、信托业务主动管理能力、合规管理能力、内部管理等方面提出了加强和改进意见。为进一步整改落实监管要求,公司已形成《国民信托有限公司关于报送2018年度监管意见整改落实方案的报告》,并按时向北京银保监局报送,同时积极进行整改落实,北京银保监局未对公司的整改落实方案提出进一步意见。

9.7 本年度重大事项临时报告的简要内容、披露时间、所披露的媒体及其版面

序号	刊登内容	刊登时间	报纸名称	所属版面
1	国民信托有限公司关于董事长变更的公告	2019年3月4日	上海证券报	9版
2	国民信托有限公司关于公司章程修改的公告	2019年3月29日	上海证券报	10版
3	国民信托有限公司关于总经理变动的公告	2019年4月24日	上海证券报	168版
4	国民信托有限公司2018年年度报告摘要	2019年4月30日	上海证券报	28版

9.8 其他重大需披露信息

报告期内,公司未发生中国银监保会及其省级派出机构认定的其他有必要让客户及相关利益人了解的重要信息。

报告期内,公司不存在已向中国银保监会或其派出机构提交行政许可申请但尚未获得批准的事项。

10. 公司监事会意见

监事会认为,公司董事会和高级管理层能够遵守法规及政策,稳健经营,业务风险可控;本年度财务报告经安永华明会计师事务所审计并出具无保留审计意见的审计报告,该财务报告真实、客观地反映了公司的财务状况和经营成果。

国通信托有限责任公司

1. 重要提示

1.1　本公司董事会及董事保证:本报告所载资料不存在任何虚假记载、误导性陈述或者重大遗漏,并对其内容的真实性、准确性和完整性承担个别及连带责任。

1.2　本公司独立董事唐建新先生、梁达文先生对年度报告内容的真实性、准确性和完整性无异议。

1.3　本公司2019年度财务报告已经中审众环会计师事务所(特殊普通合伙)根据中国注册会计师独立审计准则审计,并出具了标准无保留意见的审计报告。

1.4　本公司董事长(法定代表人)冯鹏熙先生、总裁周全锋先生、主管会计工作负责人副总裁岳建强先生、会计机构负责人计划财务部李艳桃女士、信托财务部负责人高艺女士声明:保证年度报告中财务报告的真实、完整。

1.5　《公司2019年度报告》全文同时在公司网站上公布(网址:http://www.gt-trust.com)。欲了解公司更为详细的情况,谨请登陆公司网站阅鉴。

2. 公司概况

2.1　公司简介

法定中文名称	国通信托有限责任公司
法定中文缩写名称	国通信托
法定英文名称	Guotong Trust Co., Ltd.
法定英文缩写名称	GUOTONG
法定代表人	冯鹏熙
注册地址	武汉市江汉区新华街296号汉江国际1栋1单元32-38层
邮政编码	430000
国际互联网网址	http://www.gt-trust.com
电子信箱	info@gt-trust.com
信息披露事务负责人	岳建强
联系方式	联系电话:027-85567318;传真:027-85565776
选定的信息披露报纸	《金融时报》《证券时报》
公司年报备置地点	公司董事会办公室
聘请的会计师事务所及住所	中审众环会计师事务所(特殊普通合伙) 武汉市武昌区东湖路169号众环大厦2~9层
聘请的律师事务所及住所	北京六明律师事务所 北京市朝阳区光华路7号汉威大厦东区15层15A1

2.2　组织结构

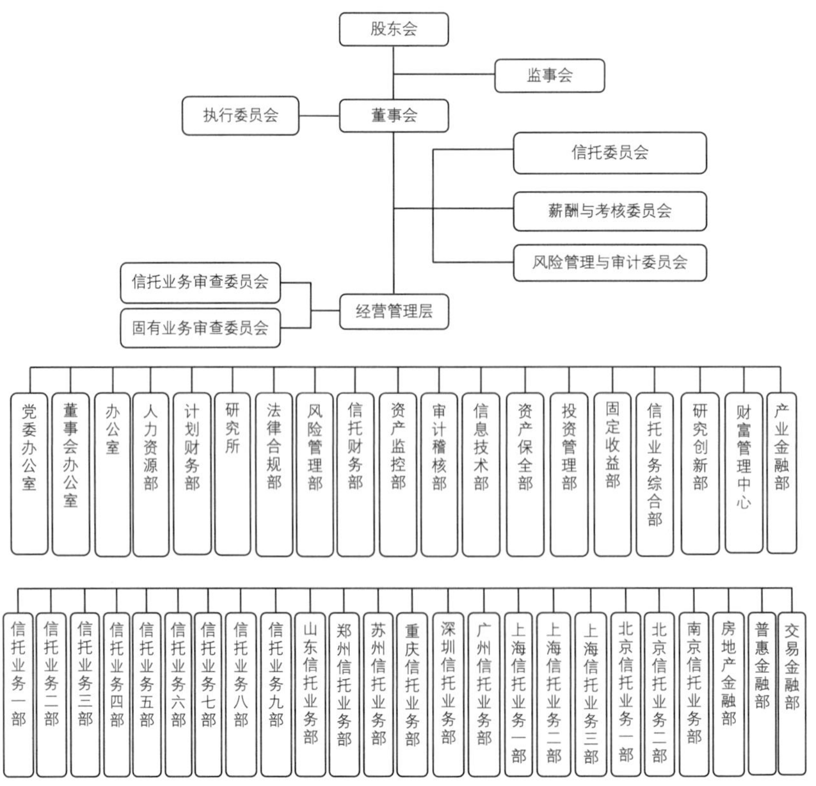

3. 公司治理

3.1 股东

报告期末股东总数为3名。股东之间不存在关联关系。

股东名称	持股比例(%)	法定代表人	注册资本	注册地址	主要经营业务
武汉金融控股(集团)有限公司	67.51	谌赞雄	40亿元	武汉市江汉区长江日报路77号	金融业股权投资及管理等业务。
东亚银行有限公司	19.99	李国宝	股本 港币413.79亿元 (截至2019年12月31日)	香港中环德辅道中10号	商业银行业务。
北大方正集团有限公司	12.50	生玉海	110 252.86万元	北京市海淀区成府路298号	制造方正电子出版系统、技术开发、投资管理等业务。

3.2 董事

公司董事会成员基本情况如下。

姓名	职务	性别	年龄(岁)	选任日期	所推举的股东名称	该股东持股比例(%)	简要履历
冯鹏熙	董事长	男	46	2017年1月17日	武汉金控	67.51	博士,现任武汉金融控股(集团)有限公司副总经理;2013年11月至今,任国通信托有限责任公司董事;2017年1月起任国通信托有限责任公司董事长。
叶志衡	董事	男	45	2015年4月23日	东亚银行	19.99	博士,现任东亚银行有限公司总经理兼中国业务总部主管;2015年4月至今,任国通信托有限责任公司董事。
李胜利	董事	男	47	2015年10月28日	方正集团	12.50	硕士,现任北大方正集团财务有限公司董事、总经理;2015年10月至今,任国通信托有限责任公司董事,其中2015年10月至2017年1月,任国通信托有限责任公司董事长。
岳建强	董事	男	57	2017年8月8日	武汉金控	67.51	硕士,注册会计师,现任国通信托有限责任公司副总裁;2010年9月至2017年7月任国通信托有限责任公司监事;2017年8月至今,任国通信托有限责任公司董事。
唐武	董事	男	51	2018年4月25日	武汉金控	67.51	本科,现任武汉金融控股(集团)有限公司总经理助理;2018年4月至今,任国通信托有限责任公司董事。
唐建新	独立董事	男	55	2017年8月8日	—	—	博士,现任武汉大学经济与管理学院会计系教授、博士生导师;2017年8月至今,任国通信托有限责任公司独立董事。
梁达文	独立董事	男	61	2018年6月14日	—	—	硕士,现任瑞安管理(上海)有限公司资金管理总监;2018年6月至今,任国通信托有限责任公司独立董事。

3.3 监事

公司监事会成员基本情况如下。

姓名	职务	性别	年龄(岁)	选任日期	所推举的股东名称	该股东持股比例(%)	简要履历
郝飚	监事长	男	53	2018年4月26日	武汉金控	67.51	硕士,2018年4月至今,任国通信托有限责任公司监事长。
贾丛笑	监事	女	46	2017年6月12日	东亚银行	19.99	硕士,现任东亚银行(中国)有限公司行长助理兼中西区区长;2017年6月至今,任国通信托有限责任公司监事。
胡滨	监事	男	40	2017年6月12日	方正集团	12.50	本科,特许公认会计师、特许金融分析师、注册会计师;2017年6月至今,任国通信托有限责任公司监事。
李艳桃	职工监事	女	47	2018年4月26日	—	—	硕士,高级会计师,现任国通信托有限责任公司计划财务部总经理;2018年4月至今,任国通信托有限责任公司职工监事。
吴宏亮	职工监事	男	47	2018年4月26日	—	—	硕士,现任国通信托有限责任公司信托业务四部总经理;2018年4月至今,任国通信托有限责任公司职工监事。

3.4 高级管理人员

姓名	职务	性别	年龄（岁）	选任日期	学历/学位	专业	金融从业年限
周全锋	总裁	男	49	2011年12月	硕士	工商管理	17
岳建强	副总裁	男	57	2018年1月	硕士	法学	12
谢从斌	副总裁	男	55	2012年7月	硕士	金融学	32
曹阳	副总裁	男	49	2015年5月	本科	金融学	26
黄健旋	副总裁、首席风险官	男	44	2019年2月	博士	金融学	20
邹晓磊	助理总裁	男	43	2015年5月	硕士	EMBA	13

3.5 公司员工

报告期末，公司职工人数为368人。学历分布比例为博士2.2%、硕士50.5%、本科43.5%、专科3.3%、其他0.5%。

4. 经营管理

4.1 经营目标、经营方针、战略规划

4.1.1 经营目标

公司经营始终坚持以金融服务于实体经济发展，满足人民群众资财保值增值需要，不断创新完善信托理财服务为根本出发点，本着受益人利益最大化的经营原则和风控第一的经营理念，稳健推动公司各项业务不断发展壮大，以“实业投资银行、专业资产管理、优质财富管理”为目标，争创国内一流信托公司，为员工提供良好的发展平台，为股东创造优异的业绩回报，履行应有的社会责任，为社会经济发展努力作出更多更大的贡献。

4.1.2 经营方针

公司经营本着“风控第一、客户至上”的理念，坚持“诚信、专业、高效、创新”的指导方针，以诚信树品牌，以专业、高效拓市场，以创新促发展。公司业务经营严格遵守各级监管部门的各项监管规定，完善全面风险管理，提升公司主动管理能力和信托服务水平。以改革促进公司财富中心建设，拓宽资金渠道，降低资金成本，不断完善产品销售体系和客户服务体系。坚持制度先行，内控优先，强化人才队伍建设，加大IT信息系统投入，提高营运效率，塑造公司良好的品牌形象。通过公司前台、中台、后台的协力推进，为客户提供便捷、专业、系统、高效的一揽子金融服务，不断创造优异业绩，实现公司可持续发展。

4.1.3 战略规划

根据行业特点，立足自身资源禀赋和现实状况，公司确立了实业投行、资产管理与财富管理三大业务协同推进的发展思路，遵循“诚信、专业、创新、高效”的指导方针，不断提升风险管理水平和主动管理能力，精耕细作传统业务，探索发展转型业务，积极拓展彰显本源的服务信托业务，建设“治理规范、资本充足、风控有力、经营稳健、效益良好、变革图强”的国内一流信托公司。

4.2 所经营业务的主要内容

经中国银保监会和公司登记机关核准，公司经营下列本外币业务：

（1）资金信托；（2）动产信托；（3）不动产信托；（4）有价证券信托；（5）其他财产或财产权信托；（6）作为投资基金或者基金管理公司的发起人从事投资基金业务；（7）经营企业资产的重组、购并及项目融资、公司理财、财务顾问等业务；（8）受托经营国务院有关部门批准的证券承销业务；（9）办理居间、咨询、资信调查等业务；（10）代保管及保管箱业务；（11）存放同业、拆放同业、贷款、租赁、投资方式运用固有财产；（12）以固有财产为他人提供担保；（13）从事同业拆借业务；（14）中国银保监会批准的其他业务。

4.2.1 信托业务

报告期内，公司信托资产运用与分布情况见下表。

信托资产运用与分布表

资产运用	金额（万元）	占比（%）	资产分布	金额（万元）	占比（%）
货币资产	298 058.73	1.44	基础产业	3 737 471.99	18.07
贷款	7 732 201.72	37.38	房地产	4 604 494.08	22.26
交易性金融资产	414 260.42	2.00	证券市场	416 833.38	2.02
可供出售金融资产	70 439.27	0.34	实业	6 336 549.66	30.63
持有至到期投资	7 422 377.60	35.89	金融机构	2 198 212.51	10.63
长期股权投资	1 281 881.84	6.20	其他	3 390 469.63	16.39
其他	3 464 811.67	16.75			
信托资产总计	20 684 031.25	100.00	信托资产总计	20 684 031.25	100.00

4.2.2 固有业务

报告期内，公司固有资产运用与分布情况见下表。

固有资产运用与分布表

资产运用	金额（万元）	占比（%）	资产分布	金额（万元）	占比（%）
货币资产	24 216.28	2.97	基础产业	—	—
贷款及应收款	625 641.61	76.75	房地产业	—	—
交易性金融资产	72 585.39	8.90	证券市场	91 068.09	11.17
可供出售金融资产	6 962.61	0.85	实业	—	—
持有至到期投资	—	—	金融机构	557 057.30	68.33
长期股权投资	—	—	其他	167 089.76	20.50
其他	85 809.26	10.53			
资产总计	815 215.15	100.00	资产总计	815 215.15	100.00

4.3 市场分析

4.3.1 影响本公司业务发展的有利因素

一是2019年在世界经济增长趋缓、国内经济下行压力加大的背景下，我国经济仍保持了GDP同比6.1%的增长，这为公司业务经营提供了相对有利的宏观环境。二是供给侧结构性改革继续深化，在经济结构优化升级的过程中，蕴育着巨大的投融资需求，为信托业发展提供了广阔的空间。三是“资管新规”推进实施，金融监管顶层设计得以完善，为信托业转型发展指明了方向。四是社会财富快速积累，2019年我国人均国内生产总值首次突破1万美元大关，不断增大的高净值群体对包括信托理财服务在内的金融服务需求越来越大。

4.3.2 影响本公司业务发展的不利因素

一是2020年在新冠肺炎疫情影响下，宏观经济的不确定性和复杂性加剧，国内经济持下行压力增大，作为总部位于武汉的信托公司，经营发展受到一定程度的影响。二是金融监管

形势持续趋严，监管机构调控措施频出，资管新规过渡期临近结束，对信托公司传统业务发展造成一定影响，转型创新尚处探索阶段，短期内存在一定经营压力。

4.4 内部控制概况

4.4.1 内部控制环境和内部控制文化

公司按照《公司法》和监管机构的要求，把加强党的领导和完善公司治理有机结合，理顺党委会、股东会、董事会、监事会和经营层之间的关系。董事会下设信托委员会、薪酬与考核委员会、风险管理与审计委员会，各机构按照规定的工作程序、议事规则运作，做到有机协调和分权制衡；公司独立董事按照《公司章程》的规定对重大事项发表独立意见；公司监事会强化对董事和经营管理层的约束和监督，推进公司治理制度的有效执行；公司根据内部控制要求和信托业务特点设置内部机构，形成了职责分离、相互监督制约的机制。

公司将内控管理理念融会在各项管理制度和业务流程中，要求员工遵守职业操守和公司规章制度，从制度层面上促进公司合规理念、合规文化的建设。公司定期组织员工开展案件风险行为排查，结合其他公司的案件信息组织员工学习总结，做到警钟长鸣，并通过开展全员合规教育、组织人员参加合规知识测试、专题培训等方式，持续向员工传达遵守法律法规和实施内部控制的重要性，引导员工树立合规意识和风险意识，规范员工职业行为，促进公司长期稳健发展。

4.4.2 内部控制措施

公司股东会、董事会、监事会、经营管理层按照《公司章程》规定的职权，实施内部控制的监督管理；公司前台、中台、后台职责分离，横向与纵向相互监督制约；内审部门负责组织对公司内部控制活动进行监督、检查。公司持续健全完善内部控制制度，根据监管要求、业务发展的需求以及组织机构调整，及时制定修订各项业务管理制度，不断细化工作流程。

4.4.3 监督评价与纠正

公司建立了多层次的内部控制监督评价机制。监事会负责对公司董事及高级管理人员履职情况进行监督；董事会下设的风险管理与审计委员会，依据《公司章程》及议事规则所赋予的职责权限对公司风险管理、关联交易、内部控制与内部审计制度及其实施进行监督；内审部门根据董事会批准的年度内审工作计划，对公司经营管理活动进行审计评价，并督促改进，不断推进公司制度健全，强化制度执行力。

4.5 风险管理概况

公司坚持“宁失效益，不失风控”的风控原则，通过建立和完善全面风险管理体系，使公司风险管理与战略目标相适应，确保公司风险始终在公司确定的承受水平之内，并在此基础上持续提高风险管理水平，促进各项业务稳健发展，实现客户价值、公司价值最大化。

4.5.1 信用风险管理概况

信用风险不仅包括交易对手和合作方的违约风险，还包括由于交易对手和合作方的信用状况和履约能力上的变化而导致公司各类资产价值发生变动所造成损失的风险。公司通过详尽的尽职调查，有效利用各类的信用评级系统和人民银行征信系统，对项目信用风险进行充分的事前评估，审慎选择交易对手；通过事中控制、事后检查持续关注交易对手的信用状况，以及抵（质）押物价值及保证人担保能力的变化，并根据具体情况采取有效的应对措施；通过实施重点客户、区域倾斜，保持一定程度的客户集中度，在依托各种信用增级手段的基础上，切实降低信用风险；通过法律条款的设定，借助外部律师的意见，提高抵御信用风险的能力。

4.5.2 市场风险管理概况

市场风险是指在对公司各类财产的经营管理中，因市场利率、汇率和股价等市场参数的波动而产生的风险。公司建立了市场风险识别、计量、监测和控制程序，以确保市场风险管理能够与业务性质、规模、复杂程度和风险特征相适应，与能够承担的总体市场风险水平相一致；公司加强对宏观经济和市场的研究，及时跟踪市场价格波动情况，对每项业务和产品中的市场风险因素进行分解和分析，以及时准确识别所有业务中市场风险的类别和性质；通过定期或不定期对房地产和证券投资等业务进行市场风险压力测试，分析业务对外部市场变化的敏感程度和可能的影响，以制定策略应对市场变化。

4.5.3 操作风险管理概况

操作风险是指由于不完善或有问题的内部程序、员工、信息科技系统或外部事件所造成损失的风险。公司明确界定各业务部门和管理部门的操作风险管理职责，确保各部门切实履职；公司根据业务特点、管理流程和复杂程度，逐步确定重点操作风险，通过运用操作风险因素清单、关键风险指标、风险与控制自我评估等工具，定期监测并报告操作风险状况和重大损失情况；公司针对潜在损失不断增大的风险，建立了早期的操作风险预警机制，以便及时采取措施控制、降低风险，降低损失事件的发生频率及损失程度；公司还将履约风险作为重大操作风险，实施专项管理，按照信托合同和其他有关法律文件的规定和要求，勤勉尽职履行受托人管理义务，避免因操作不当导致风险事件的发生。

4.5.4 合规风险管理概况

合规风险是指因没有遵循法律法规、监管要求、市场规则、行业准则或内部行为准则，可能遭受法律制裁、监管处罚、重大财务损失和声誉损失的风险。公司董事会、监事会及经营管理层的工作职责包括合规管理职能，并按照相应的权限进行决策、监督、执行和考核；公司设立了满足业务发展需要的法律合规部，并配置 2 名以上关键人员，法律合规部具有独立的职责权限，负责对日常经营管理和业务操作进行合规审查，发现和纠正违规现象，保障公司各项业务发展遵循法律法规、监管要求、市场规则、行业准则或内部行为准则执行，避免由此所导致的财产损失和声誉损失；公司保持与监管机构日常的工作联系，跟踪和评估监管意见和监管要求的落实情况；公司建立了有效的合规问责制度，严格对违规行为的责任认定与追究，及时改进经营管理流程，适时修订相关制度、程序；公司要求新产品和新业务的开发必须经过合规性审核的测试，识别和评估新业务的拓展方式、新客户关系的建立以及客户关系的性质发生重大变化等所产生的合规风险。

4.5.5 其他风险管理概况

其他风险包括政策风险、法律风险、流动性风险、员工道德风险等。公司通过加强对国家政策分析和研究，提高对政策的理解能力，加强与监管部门及同业间的沟通，以提高对政策的理解度和执行力，保持资金投向与宏观调控方向的一致性，从而防范政策风险；公司内设法律合规部，对于重大项目聘请外部律师提供专业意见或法律咨询，尤其是对创新产品强化法律方面的风险管理；公司建立与业务性质、规模、复杂程度和风险特征相适应的流动性风险管理体系，建立科学合理的流动性管理指标，将固有业务、信托业务均纳入流动性风险监测范围，对各项指标进行定期监控、报告，提前制定流动性整体管理对策；公司主要通过制度规范、业务及职业道德培训、内部审计人员的监督与检查来防范员工道德风险。

4.6 消费者权益保护

2019 年公司全面落实金融消费者权益保护相关监管政策要求，按照公司董事会的总体工作部署，继续升级消费者权益保护体系，不断提高员工的消费者权益保护意识，将消费者保护工作融入业务实践全流程，努力提升客户服务质量，以诚信合规、专业高效的服务保障金融消费者的各项合法权益。报告期内，公司对消费者权益保护各职能部门职责及其权责进行了科学界定，并制定或修订了相关公司制度。公司定期召开消费者权益保护工作委员会会议。

4.7 企业社会责任

报告期内，本公司重视发挥企业社会价值，履行社会责任。一是积极响应国家政策，继续加大实体经济支持力度，成立纾困基金，新增拓展慈善信托、服务信托，进一步拓展普惠金融、资产证券化等信托本源业务，引导资金优先投向实体经济。二是始终秉持持续为客户创造价值的理念，切实履行“受人之托，代人理财”的受托责任，为合格投资者提供丰富多样的信托产品和个性化定制式的财富管理服务。三是积极参与公益慈善事业，设立湖北省首单慈善信托—国通信托。“关爱·成长”第一期慈善信托计划，资助咸宁华家村大病家庭及其贫困学生，践行社会责任担当。四是高度重视员工培养，将人才视为企业最有价值的财富，组织丰富的活动和培训。

5. 报告期末会计报表及上一年度末的比较式会计报表

5.1 固有资产

5.1.1 会计师事务所审计意见全文

审 计 报 告

众环审字(2020)011958 号

国通信托有限责任公司全体股东：

一、审计意见

我们审计了国通信托有限责任公司(以下简称国通信托)财务报表，包括 2019 年 12 月 31 日的资产负债表，2019 年度的利润表、现金流量表、所有者权益变动表，以及财务报表附注。

我们认为，后附的财务报表在所有重大方面按照企业会计准则的规定编制，公允反映了国通信托 2019 年 12 月 31 日的财务状况及 2019 年度的经营成果和现金流量。

二、形成审计意见的基础

我们按照中国注册会计师审计准则的规定执行了审计工作。审计报告的“注册会计师对财务报表审计的责任”部分进一步阐述了我们在这些准则下的责任。按照中国注册会计师职业道德守则，我们独立于国通信托，并履行了职业道德方面的其他责任。我们相信，我们获取的审计证据是充分、适当的，为发表审计意见提供了基础。

三、其他信息

国通信托公司管理层对其他信息负责。其他信息包括 2019 年度报告中涵盖的信息，但不包括财务报表和我们的审计报告。

我们对财务报表发表的审计意见不涵盖其他信息，我们也不对其他信息发表任何形式的鉴证结论。

结合我们对财务报表的审计，我们的责任是阅读其他信息，在此过程中，考虑其他信息是否与财务报表或我们在审计过程中了解到的情况存在重大不一致或者似乎存在重大错报。

基于我们已执行的工作，如果我们确定其他信息存在重大错报，我们应当报告该事实。在这方面，我们无任何事项需要报告。

四、管理层和治理层对财务报表的责任

国通信托公司管理层(以下简称管理层)负责按照企业会计准则的规定编制财务报表，使其实现公允反映，并设计、执行和维护必要的内部控制，以使财务报表不存在由于舞弊或错误导致的重大错报。

在编制财务报表时，管理层负责评估国通信托公司的持续经营能力，披露与持续经营相关的事项(如适用)，并运用持续经营假设，除非管理层计划清算国通信托公司、终止运营或别无其他现实的选择。

治理层负责监督国通信托公司的财务报告过程。

五、注册会计师对财务报表审计的责任

我们的目标是对财务报表整体是否不存在由于舞弊或错误导致的重大错报获取合理保证，并出具包含审计意见的审计报告。合理保证是高水平的保证，但并不能保证按照审计准则执行的审计在某一重大错报存在时总能发现。错报可能由于舞弊或错误导致，如果合理预期错报单独或汇总起来可能影响财务报表使用者依据财务报表作出的经济决策，则通常认为错报是重大的。

在按照审计准则执行审计工作的过程中，我们运用职业判断，并保持职业怀疑。同时，我们也执行以下工作：

(1)识别和评估由于舞弊或错误导致的财务报表重大错报风险，设计和实施审计程序以应对这些风险，并获取充分、适当的审计证据，作为发表审计意见的基础。由于舞弊可能涉及串通、伪造、故意遗漏、虚假陈述或凌驾于内部控制之上，未能发现由于舞弊导致的重大错报的风险高于未能发现由于错误导致的重大错报的风险。

(2)了解与审计相关的内部控制，以设计恰当的审计程序，但目的并非对内部控制的有效性发表意见。

(3)评价管理层选用会计政策的恰当性和作出会计估计及相关披露的合理性。

(4)对管理层使用持续经营假设的恰当性得出结论。同时，根据获取的审计证据，就可能导致对国通信托公司持续经营能力产生重大疑虑的事项或情况是否存在重大不确定性得出结论。如果我们得出结论认为存在重大不确定性,审计准则要求我们在审计报告中提请报表使用者注意财务报表中的相关披露;如果披露不充分,我们应当发表非无保留意见。我们的结论基于截至审计报告日可获得的信息。然而,未来的事项或情况可能导致国通信托公司不能持续经营。

(5)评价财务报表的总体列报、结构和内容,并评价财务报表是否公允反映相关交易和事项。

我们与治理层就计划的审计范围、时间安排和重大审计发现等事项进行沟通,包括沟通我们在审计中识别出的值得关注的内部控制缺陷。

中审众环会计师事务所(特殊普通合伙)

中国注册会计师 朱烨

中国注册会计师 李莎

中国·武汉 2020年5月22日

5.1.2 资产负债表

资产负债表

编制单位:国通信托有限责任公司　　2019年12月31日　　单位:元

资　产	2019年12月31日	2018年12月31日	负债和所有者权益	2019年12月31日	2018年12月31日
资产:			负债:		
货币资金	242 162 849.45	130 913 569.03	向中央银行借款	—	—
存放同业款项	—	—	同业及其他金融机构存放款项	—	—
贵金属	—	—	拆入资金	—	—
拆出资金	—	—	交易性金融负债	—	—
交易性金融资产	725 853 922.80	943 826 346.31	衍生金融负债	—	—
衍生金融资产	—	—	卖出回购金融资产款	—	—
买入返售金融资产	115 200 900.00	722 475 000.00	吸收存款	—	—
应收利息	106 481 963.16	71 889 260.39	应付职工薪酬	131 331 240.79	151 358 273.39
发放贷款及垫款	3 824 846.64	—	应交税费	143 868 701.09	317 538 808.29
可供出售金融资产	69 626 079.96	62 402 859.96	应付利息	5 650 000.01	6 984 444.44
持有至到期投资	—	—	预计负债	—	—
应收款项类投资	5 328 410 163.90	4 515 774 151.51	应付债券	—	—
长期股权投资	—	—	递延所得税负债	1 980 491.42	595 789.99
投资性房地产	—	—	其他负债	1 813 628 210.93	2 270 863 789.54
固定资产	193 851 303.22	206 249 536.31	负债合计	2 096 458 644.24	2 747 341 105.65
在建工程	—	—	股东权益:	—	—
无形资产	24 060 629.57	17 406 622.18	实收资本	3 200 000 000.00	3 200 000 000.00
递延所得税资产	156 415 361.51	133 419 667.35	资本公积	25 997 150.00	25 997 150.00
其他资产	1 186 263 507.48	1 494 064 511.73	减:库存股	—	—
			其他综合收益	5 941 474.25	1 787 369.97
			盈余公积	504 975 140.91	454 929 304.91
			一般风险准备	617 098 510.82	552 298 152.65
			未分配利润	1 701 680 607.47	1 316 068 441.59
			外币报表折算差额	—	—
			归属于母公司的股东权益合计	6 055 692 883.45	5 551 080 419.12
			少数股东权益	—	—
			股东权益合计	6 055 692 883.45	5 551 080 419.12
资产总计	8 152 151 527.69	8 298 421 524.77	负债和股东权益总计	8 152 151 527.69	8 298 421 524.77

5.1.3 利润表

利润表

编制单位：国通信托有限责任公司　　2019 年度　　单位：元

项　目	2019 年度	2018 年度
一、营业收入	1 165 438 545. 55	1 290 668 519. 65
利息净收入	-151 919 246. 67	-56 511 450. 97
利息收入	23 493 281. 11	7 326 304. 63
利息支出	175 412 527. 78	63 837 755. 60
手续费及佣金净收入	979 073 722. 61	1 184 836 893. 47
投资收益（损失以“-”号填列）	331 618 933. 73	176 347 723. 94
公允价值变动净收益（损失以“-”号填列）	4 813 404. 02	-23 949 291. 22
汇兑收益（损失以“-”号填列）	1 867 205. 74	6 056 725. 32
资产处理收益	-15 473. 88	—
其他收益	—	3 887 919. 11
二、营业支出	501 473 581. 17	415 162 029. 03

续表

项　目	2019 年度	2018 年度
营业税金及附加	9 653 860. 30	10 057 408. 52
业务及管理费	390 191 539. 24	364 518 792. 16
资产减值损失	101 628 181. 63	40 585 828. 35
其他业务成本	—	—
三、营业利润（亏损以“-”号填列）	663 964 964. 38	875 506 490. 62
加：营业外收入	6 814 660. 90	—
减：营业外支出	—	728 850. 24
四、利润总额（亏损总额以“-”号填列）	670 779 625. 28	874 777 640. 38
减：所得税费用	170 321 265. 23	222 987 759. 08
五、净利润（净亏损以“-”号填列）	500 458 360. 05	651 789 881. 30
六、每股收益：	—	—
（一）基本每股收益（元）	—	—
（二）稀释每股收益（元）	—	—
七、其他综合收益	4 154 104. 28	-3 874 407. 02
八、综合收益总额	504 612 464. 33	647 915 474. 28

5.1.4 所有者权益变动表

所有者权益变动表

编制单位：国通信托有限责任公司　　2019 年度　　单位：元

项　目	2019 年度						
	实收资本	资本公积	其他综合收益	盈余公积	一般风险准备	未分配利润	所有者权益合计
一、上年末余额	3 200 000 000. 00	25 997 150. 00	1 787 369. 97	454 929 304. 91	552 298 152. 65	1 316 068 441. 59	5 551 080 419. 12
加：会计政策变更	—	—	—	—	—	—	—
前期差错更正	—	—	—	—	—	—	—
其他	—	—	—	—	—	—	—
二、本年初余额	3 200 000 000. 00	25 997 150. 00	1 787 369. 97	454 929 304. 91	552 298 152. 65	1 316 068 441. 59	5 551 080 419. 12
三、本期增减变动金额（减少以“-”填列）	—	—	4 154 104. 28	50 045 836. 00	64 800 358. 17	385 612 165. 88	504 612 464. 33
（一）综合收益总额	—	—	4 154 104. 28	—	—	500 458 360. 05	504 612 464. 33
（二）所有者投入和减少资本	—	—	—	—	—	—	—
1. 所有者投入资本	—	—	—	—	—	—	—
2. 其他权益工具持有者投入的资本	—	—	—	—	—	—	—
3. 股份支付计入所有者权益的金额	—	—	—	—	—	—	—
4. 其他	—	—	—	—	—	—	—
（三）专项储备提取和使用	—	—	—	—	—	—	—
1. 提取专项储备	—	—	—	—	—	—	—
2. 使用专项储备	—	—	—	—	—	—	—
（四）利润分配	—	—	—	50 045 836. 00	64 800 358. 17	-114 846 194. 17	—
1. 提取盈余公积	—	—	—	50 045 836. 00	—	-50 045 836. 00	—
2. 提取一般风险准备	—	—	—	—	64 800 358. 17	-64 800 358. 17	—
3. 对所有者的分配	—	—	—	—	—	—	—
4. 其他	—	—	—	—	—	—	—
（五）所有者权益内部结转	—	—	—	—	—	—	—
1. 资本公积转增资本	—	—	—	—	—	—	—
2. 盈余公积转增资本	—	—	—	—	—	—	—
3. 盈余公积弥补亏损	—	—	—	—	—	—	—
4. 未分配利润转增资本	—	—	—	—	—	—	—
四、本年年末余额	3 200 000 000. 00	25 997 150. 00	5 941 474. 25	504 975 140. 91	617 098 510. 82	1 701 680 607. 47	6 055 692 883. 45

所有者权益变动表(续)

编制单位:国通信托有限责任公司　　2019 年度　　单位:元

项　目	2018 年度						
	实收资本	资本公积	其他综合收益	盈余公积	一般风险准备	未分配利润	所有者权益合计
一、上年末余额	3 200 000 000.00	25 997 150.00	5 661 776.99	389 750 316.78	612 927 022.88	668 828 678.19	4 903 164 944.84
加:会计政策变更	—	—	—	—	—	—	—
前期差错更正	—	—	—	—	—	—	—
其他	—	—	—	—	—	—	—
二、本年初余额	3 200 000 000.00	25 997 150.00	5 661 776.99	389 750 316.78	612 927 022.88	668 828 678.19	4 903 164 944.84
三、本期增减变动金额(减少以“-”填列)	—	—	-3 874 407.02	65 178 988.13	-60 628 870.23	647 239 763.40	647 915 474.28
(一)综合收益总额	—	—	-3 874 407.02	—	—	651 789 881.30	647 915 474.28
(二)所有者投入和减少资本	—	—	—	—	—	—	—
1. 所有者投入资本	—	—	—	—	—	—	—
2. 其他权益工具持有者投入的资本	—	—	—	—	—	—	—
3. 股份支付计入所有者权益的金额	—	—	—	—	—	—	—
4. 其他	—	—	—	—	—	—	—
(三)专项储备提取和使用	—	—	—	—	—	—	—
1. 提取专项储备	—	—	—	—	—	—	—
2. 使用专项储备	—	—	—	—	—	—	—
(四)利润分配	—	—	—	65 178 988.13	-60 628 870.23	-4 550 117.90	
1. 提取盈余公积	—	—	—	65 178 988.13	—	-65 178 988.13	—
2. 提取一般风险准备	—	—	—	—	-60 628 870.23	60 628 870.23	—
3. 对所有者的分配	—	—	—	—	—	—	—
4. 其他	—	—	—	—	—	—	—
(五)所有者权益内部结转	—	—	—	—	—	—	—
1. 资本公积转增资本	—	—	—	—	—	—	—
2. 盈余公积转增资本	—	—	—	—	—	—	—
3. 盈余公积弥补亏损	—	—	—	—	—	—	—
4. 其他	—	—	—	—	—	—	—
四、本年年末余额	3 200 000 000.00	25 997 150.00	1 787 369.97	454 929 304.91	552 298 152.65	1 316 068 441.59	5 551 080 419.12

5.2 信托资产

5.2.1 信托项目资产负债汇总表

信托项目资产负债汇总表

编制单位:国通信托有限责任公司　　2019 年 12 月 31 日　　单位:万元

序号	项　目	期末余额	年初余额
1	信托资产		
2	1. 货币资金	298 058.73	746 991.57
3	2. 拆出资金	—	—
4	3. 存出保证金	—	—
5	4. 交易性金融资产	414 260.42	546 274.54
6	5. 衍生金融资产	—	—
7	6. 买入返售金融资产	—	70.00
8	其中:6.1 买入返售证券	—	70.00
9	6.2 买入返售信贷资产	—	—
10	7. 应收款项	424 575.35	768 733.15
11	8. 发放贷款	7 732 201.72	9 375 495.48
12	其中:8.1 基础产业	1 877 053.83	2 372 404.48
13	8.2 房地产	2 258 130.82	2 592 758.92
14	9. 可供出售金融资产	70 439.27	41 030.00
15	10. 持有至到期投资	7 422 377.60	9 254 989.21
16	11. 长期应收款	410 913.88	387 445.10
17	12. 长期股权投资	1 281 881.84	1 318 530.76

续表

序号	项　目	期末余额	年初余额
18	其中:12.1 基础产业	34 120.00	34 000.00
19	12.2 房地产	292 672.40	327 267.40
20	13. 投资性房地产	87 980.74	34 341.62
21	14. 固定资产	—	—
22	15. 无形资产	—	—
23	16. 长期待摊费用	—	—
24	17. 其他资产	2 541 341.70	2 370 350.19
25	18. 信托资产总计	20 684 031.25	24 844 251.62
26	19. 各项资产减值准备	—	—
27	信托负债		
28	20. 交易性金融负债	—	—
29	21. 衍生金融负债	—	—
30	22. 应付受托人报酬	17 220.28	18 413.67
31	23. 应付托管费	3 794.88	3 755.23
32	24. 应付受益人收益	121 113.22	139 738.33
33	25. 应交税费	11 398.04	1 564.24
34	26. 应付销售服务费	124.69	1 345.08
35	27. 其他应付款项	222 115.09	605 394.45
36	28. 其他负债	—	—
37	29. 信托负债合计	375 766.20	770 211.00

续表

序号	项　　目	期末余额	年初余额
38	信托权益：		
39	30. 实收信托	20 633 543. 48	24 249 469. 60
40	30. 1 资金信托	18 633 648. 41	22 324 663. 63
41	30. 1. 1 集合	8 882 946. 38	10 415 826. 92
42	30. 1. 2 单一	9 750 702. 03	11 908 836. 71
43	30. 2 财产信托	1 999 895. 07	1 924 805. 97
44	30. 2. 1 信贷资产证券化	302 436. 98	381 910. 00
45	30. 2. 2 其他资产（准）证券化	3 046. 67	—
46	31. 资本公积	—	—
47	32. 外币报表折算差额	—	—
48	33. 未分配利润	-325 278. 43	-175 428. 98
49	34. 信托权益合计	20 308 265. 05	24 074 040. 62
50	35. 信托负债和信托权益总计	20 684 031. 25	24 844 251. 62

5. 2. 2　信托项目利润及利润分配汇总表

信托项目利润及利润分配汇总表

编制单位：国通信托有限责任公司　　单位：万元

序号	项　　目	2019 年度	2018 年度
1	1. 营业收入	1 422 596. 03	1 096 436. 03
2	1. 1 利息收入	654 509. 16	614 109. 34
3	1. 2 投资收益（损失以"-"号填列）	673 412. 95	735 537. 62
4	1. 2. 1 其中：对联营企业和合营企业的投资收益	—	—
5	1. 3 公允价值变动收益（损失以"-"号填列）	91 797. 44	-300 308. 43
6	1. 4 租赁收入	589. 08	2 555. 64
7	1. 5 汇兑损益（损失以"-"号填列）	—	—
8	1. 6 其他收入	2 287. 40	44 541. 86
9	2. 支出	169 806. 93	156 632. 67
10	2. 1 营业税金及附加	3 958. 40	3 471. 71
11	2. 2 受托人报酬	102 931. 08	94 288. 38
12	2. 3 托管费	8 180. 57	10 214. 66
13	2. 4 投资管理费	1 120. 00	—
14	2. 5 销售服务费	15 096. 25	4 571. 08
15	2. 6 交易费用	564. 40	2 064. 84
16	2. 7 资产减值损失	—	—
17	2. 8 其他费用	37 956. 23	42 022. 00
18	3. 信托净利润（净亏损以"-"号填列）	1 252 789. 10	939 803. 36
19	4. 其他综合收益	—	—
20	5. 综合收益	1 252 789. 10	939 803. 36
21	6. 加：期初未分配信托利润	-175 428. 98	46 441. 18
22	7. 可供分配的信托利润	1 077 360. 12	986 244. 54
23	8. 减：本期已分配信托利润	1 402 638. 55	1 161 673. 52
24	9. 期末未分配信托利润	-325 278. 43	-175 428. 98

6. 会计报表附注

6. 1　会计报表编制基准不符合会计核算基本前提的说明

本公司执行财政部颁布的《企业会计准则》，会计报表编制无不符合会计核算基本前提事项。

6. 2　或有事项说明

本公司在报告期内无须披露的承诺事项及或有事项。

6. 3　重要资产转让及其出售的说明

报告期无重要资产转让或出售。

6. 4　会计报表中重要项目的明细资料

6. 4. 1　披露固有资产经营情况

6. 4. 1. 1　按信用风险五级分类结果披露信用风险资产的期初数、期末数

信用风险资产五级分类	正常类（万元）	关注类（万元）	次级类（万元）	可疑类（万元）	损失类（万元）	信用风险资产合计（万元）	不良资产合计（万元）	不良资产率（%）
期初数	750 028. 27	—	—	—	—	750 028. 27	—	—
期末数	824 583. 86	77 962. 81	20 108. 71	26 793. 3	—	949 448. 68	46 902. 01	4. 94

注：不良资产合计 = 次级类 + 可疑类 + 损失类。

6. 4. 1. 2　各项资产减值损失准备

单位：万元

项目	期初数	本期计提	本期转回	本期核销	期末数
贷款损失准备	—	5. 82	—	—	5. 82
一般准备	—	5. 82	—	—	5. 82
专项准备	—	—	—	—	—
其他资产减值准备	48 749. 11	10 157. 00	—	—	58 906. 11
可供出售金融资产减值准备	—	—	—	—	—
持有至到期投资减值准备	—	—	—	—	—
长期股权投资减值准备	—	—	—	—	—
坏账准备	48 749. 11	10 157. 00	—	—	58 906. 11
投资性房地产减值准备	—	—	—	—	—

6. 4. 1. 3　固有业务投资品种明细

单位：万元

项目	固有股票	基金	债券	长期股权投资	其他投资	合计
期初数	14 590. 70	6 001. 97	156 658. 19	—	494 664. 44	671 915. 30
期末数	25 255. 54	6 962. 61	58 849. 94	—	532 841. 01	623 909. 10

6. 4. 1. 4　前五名固有长期股权投资企业情况

报告期内公司无长期股权投资。

6. 4. 1. 5　前五名固有贷款企业情况

企业名称	贷款金额（万元）	占贷款总额的比例（%）	还款情况
消费金融贷	382. 48	100	正常

6. 4. 1. 6　表外业务情况

报告期内公司无表外业务。

6. 4. 1. 7　公司当年的收入结构

收入结构	金额（万元）	占比（%）
手续费及佣金净收入	97 907. 37	84. 01
其中：信托手续费收入	97 907. 37	84. 01
投资银行业务收入	—	—

续表

收入结构	金额(万元)	占比(%)
利息净收入	-15 191.92	-13.04
其他业务收入	—	—
其中:计入信托业务收入部分	—	—
投资收益	33 161.89	28.45
其中:股权投资收益	—	—
证券投资收益	6 977.77	—
其他投资收益	26 184.12	—
公允价值变动损益	481.34	0.41
汇兑损益	186.72	0.16
资产处置收益	-1.55	—
收入合计	116 543.85	100.00

6.4.2 信托财产管理情况

6.4.2.1 信托资产的期初数、期末数

单位:万元

信托资产	期初数	期末数
集合	10 535 034.68	8 926 207.65
单一	12 214 926.83	9 686 362.51
财产权	2 094 290.11	2 071 461.09
合计	24 844 251.62	20 684 031.25

6.4.2.1.1 主动管理型信托业务的信托资产期初数、期末数

单位:万元

主动管理型信托资产	期初数	期末数
证券投资类	50 240.79	25 997.87
股权投资类	287 928.26	644 277.54
其他投资类	2 555 134.69	1 987 078.34
融资类	2 738 536.65	4 091 619.93
事务管理类	2 044 531.51	147 242.41
合计	7 676 371.90	6 896 216.09

6.4.2.1.2 被动管理型信托业务的信托资产期初数、期末数

单位:万元

被动管理型信托资产	期初数	期末数
证券投资类	251 882.87	393 429.55
股权投资类	—	112 665.92
其他投资类	811 131.98	929 142.53
融资类	—	161 694.39
事务管理类	16 104 864.87	12 190 882.77
合计	17 167 879.72	13 787 815.16

6.4.2.2 本年度已清算结束的信托项目

6.4.2.2.1 本年度已清算结束的集合类,单一类资金信托项目和财产管理类信托项目情况

已清算结束信托项目	项目个数(个)	实收信托合计金额(万元)	加权平均实际年化收益率(%)
集合类	112	5 367 875.44	7.09
单一类	76	5 802 366.93	5.50
财产管理类	9	1 317 096.79	2.52

6.4.2.2.2 本年度已清算结束的主动管理型信托项目情况

已清算结束信托项目	项目个数(个)	实收信托合计金额(万元)	加权平均实际年化信托报酬率(%)	加权平均实际年化收益率(%)
证券投资类	6	107 652.00	0.30	-11.36
股权投资类	4	271 260.00	0.63	6.17
其他投资类	23	456 366.44	1.26	7.80
融资类	53	1 622 555.00	1.18	7.41
事务管理类	6	882 836.00	0.29	8.67

6.4.2.2.3 本年度已清算结束的被动管理型信托项目情况

已清算结束信托项目	项目个数(个)	实收信托合计金额(万元)	加权平均实际年化信托报酬率(%)	加权平均实际年化收益率(%)
证券投资类	12	438 171.00	0.16	16.00
股权投资类	7	185 050.00	1.06	6.16
融资类	—	—	—	—
事务管理类	86	8 523 448.72	0.15	4.86

6.4.2.3 本年度新增信托项目情况

新增信托项目	项目个数(个)	合计金额(万元)
集合类	90	6 463 469.00
单一类	50	2 948 220.52
财产管理类	12	749 703.24
新增合计	152	10 161 392.77
其中:主动管理型	82	5 705 658.47
被动管理型	70	4 455 734.30

6.4.2.4 公司履行受托人义务情况及因公司自身责任而导致的信托财产损失情况

公司严格按照信托相关法律法规规章的规定以及信托文件的约定管理、运用及处分信托财产,恪尽职守,履行诚实、信用、谨慎、有效管理的义务,维护受益人的最大利益。

本年度无因公司自身责任而导致的信托资产损失情况。

6.4.2.5 信托赔偿准备金的提取、使用和管理情况

本年度公司提取信托赔偿准备金 2 502.29 万元,截至 2019 年 12 月 31 日,信托赔偿准备金余额为 25 248.76 万元。报告期内,未使用信托赔偿准备金。

6.5 关联方关系及其交易的披露

6.5.1 关联交易方的数量、关联交易总金额及关联交易的定价政策等

项目	关联交易方的数量	关联交易总金额(万元)	定价原则
合计	1 家	90 000	按市场价格交易,或按公允原则,以不优于对非关联方同类交易的条件定价。

6.5.2 关联交易方情况

关系性质	关联方名称	法定代表人	注册地址	注册资本(万元)	主营业务
控股股东	武汉金融控股(集团)有限公司	谌赞雄	武汉江汉区长江日报路 77 号	400 000	金融业股权投资及管理等业务。

6.5.3 公司与关联方的重大交易事项

6.5.3.1 固有资产与关联方关联交易

无。

6.5.3.2 信托财产与关联方关联交易

单位：万元

信托财产与关联方关联交易				
	期初数	借方发生额	贷方发生额	期末数
贷款	190 000.00	90 000.00	190 000.00	90 000.00
投资	—	—	—	—
租赁	—	—	—	—
担保	—	—	—	—
应收账款	—	—	—	—
其他	—	—	—	—
合计	190 000.00	90 000.00	190 000.00	90 000.00

6.5.3.3 信托公司固有资金运用于自己管理的信托项目（固信交易）、信托公司管理的信托项目之间的相互（信信交易）交易金额，包括余额和本报告年度的发生额

6.5.3.3.1 固有与信托财产相互交易情况

单位：万元

固有财产与信托财产相互交易			
	期初数	本期发生额	期末数
合计	451 189.44	87 530.46	538 719.90

6.5.3.3.2 信托资产与信托财产相互交易情况

单位：万元

信托资产与信托财产相互交易				
	期初数	本年借方发生额	本年贷方发生额	期末数
合计	617 665.00	129 581.39	188 370.84	676 454.45

6.5.4 逐笔披露关联方逾期未偿还本公司资金的详细情况以及本公司为关联方担保发生或即将发生垫款的详细情况

报告期内无关联方逾期未偿还本公司资金的情况以及公司为关联方担保发生或即将发生垫款的情况。

6.6 会计制度的披露

公司固有业务和信托业务执行的是财政部颁布的《企业会计准则》。

7. 财务情况说明书

7.1 利润实现和分配情况

单位：万元

项目	本年数	上年数
本年净利润	50 045.84	65 178.99
加：年初未分配利润	131 606.84	66 882.87
其他转入	—	—
可供分配的利润	181 652.68	132 061.86
减：提取法定盈余公积	5 004.58	6 517.90
提取法定公益金	—	—
提取信托赔偿准备金	2 502.29	3 258.95
提取一般准备金	3 977.75	-9 321.84
提取职工奖励及福利基金	—	—
提取储备基金	—	—
提取企业发展基金	—	—
利润归还投资	—	—
可供投资者分配的利润	170 168.06	131 606.84
减：应付优先股股利	—	—
提取任意盈余公积	—	—
股利分配	—	—
转作股本的普通股股利	—	—
年末未分配利润	170 168.06	131 606.84

7.2 主要财务指标

指标名称	指标值
资本利润率（%）	8.62
加权年化信托报酬率（%）	0.49
人均净利润（万元）	137.68

7.3 对本公司财务状况、经营成果有重大影响的其他事项

报告期内没有发生对本公司财务状况、经营成果有重大影响的其他事项。

8. 特别事项揭示

8.1 前五名股东报告期内变动情况及原因

无。

8.2 董事、监事及高级管理人员变动情况及原因

2019年2月21日，中国银保监会湖北监管局核准黄健旋先生担任公司副总裁、首席风险官的任职资格（鄂银监复[2019]200号）。

8.3 变更注册资本、变更注册地或公司名称、公司分立合并事项

无。

8.4 公司的重大诉讼事项

8.4.1 重大未决诉讼事项

公司诉北京邦文当代艺术投资有限公司、黄宇杰、李红合同纠纷一案，已于2014年12月19日与北京邦文、黄宇杰、李红等在湖北省高级人民法院主持下达成了民事调解书，公司据民事调解书向法院申请司法强制执行。

根据公司与债务人常州华光房地产开发有限公司、常州阳光银河湾置业有限公司、江苏华光银河湾房地产开发有限公司、钱菊生等办理的具有强制执行效力的公证债权文书，公司已申请江苏省高级人民法院强制执行。

根据公司与债务人华门控股有限公司、浙江浙大网新实业发展有限公司、天津安吉拉房地产开发有限公司、南京瑞柏贸

易有限公司、南京嘉坤工贸实业有限公司、南京山水置业有限公司、徐群等办理的具有强制执行效力的公证债权文书，公司向人民法院申请强制执行。

根据公司与债务人中广建设集团有限公司、杭州环东置业有限公司、丁亚平等办理的具有强制执行效力的公证债权文书，公司已向杭州市中级人民法院申请强制执行。

公司起诉江苏赤山湖生态产业有限公司、南京建工产业集团有限公司、南京建工集团有限公司、句容市赤山湖管理委员会、句容市财政局合同纠纷一案，已于 2019 年 9 月 19 日由江苏省南京市中级人民法院受理。

8.4.2 以前年度发生，于本报告期内终结的诉讼事项

委托人斯太尔动力股份有限公司（以下简称斯太尔公司）于 2018 年 5 月对公司及北京天晟同创创业投资中心（有限合伙）提起诉讼，要求解除信托合同及投资顾问合同、返还信托资金。该案经湖北省高级人民法院审理，省高院一审判决公司解除与斯太尔公司的信托合同，驳回斯太尔公司其他诉讼请求。斯太尔公司不服一审判决提起上诉，最高人民法院于 2019 年 11 月作出“驳回上诉，维持原判”的终审判决。该案所涉信托计划系事务管理类信托，该诉讼对公司财产状况无影响。

8.4.3 本报告年度发生，于本报告期内终结的诉讼事项

无。

8.5 公司及其董事、监事和高级管理人员受到处罚的情况

无。

8.6 中国银保监会及其派出机构对公司的整改意见及公司整改情况

报告期内，公司高度重视并认真落实监管部门的监管意见要求，及时向湖北银保监局反馈公司在全面风险排查及房地产业务规模管控、压缩通道业务、加强投后管理等方面的工作措施及成效，切实提升了公司发展质量和风险防控能力。

8.7 公司重大事项临时报告的简要内容、披露时间、所披露的媒体及版面

无。

8.8 中国银保监会及其派出机构认定的其他有必要让客户及相关利益人了解的重要信息

无。

9. 净资本管理情况

报告期内，本公司按照中国银监会《信托公司净资本管理办法》，积极贯彻落实监管要求，优化净资本相关绩效考核指标，引导经营部门加强净资本和风险资本管理意识，加强业务转型和结构调整，提高资本使用效率，各项净资本指标均符合监管要求：截至 2019 年 12 月 31 日，本公司净资产为 60.56 亿元，净资本为 48.90 亿元（监管要求≥2 亿元），各项业务风险资本之和为 38.16 亿元，净资本/各项业务风险资本之和为 128.15%（监管要求≥100%），净资本/净资产为 80.76%（监管要求≥40%）。

10. 监事会意见

报告期内，公司决策程序符合《公司法》《信托法》《信托公司管理办法》和《公司章程》的规定，内部控制制度较为完善，公司董事、高级管理人员认真履行职责，未发生违法行为和损害公司利益的行为。公司 2019 年度财务报告经中审众环会计师事务所（特殊普通合伙）审计，真实反映了公司财务状况和经营成果。

国投泰康信托有限公司

1. 重要提示

1.1 本司董事会及董事保证本报告所载资料不存在任何虚假记载、误导性陈述或者重大遗漏，并对其内容的真实性、准确性和完整性承担个别及连带责任。

1.2 本报告经公司第六届董事会第十七次会议审议通过。本公司独立董事童朋方先生、付磊先生、王相品先生认为本报告内容是真实、准确、完整的。

1.3 立信会计师事务所为本公司出具了标准无保留意见的审计报告。

1.4 公司法定代表人董事长叶柏寿先生、总经理傅强先生、财务总监李涛先生及计划财务部副总经理孙欣妍女士声明：保证年度报告中财务报告的真实、完整。

2. 公司概况

2.1 公司简介

2.1.1 公司法定中文名称：国投泰康信托有限公司

2.1.2 公司法定英文名称：Sdic Taikang Trust Co.，Ltd.

2.1.3 法定代表人：叶柏寿

2.1.4 公司注册地址：
北京市西城区阜成门北大街2号楼16层、17层
邮政编码：100034

2.1.5 国际互联网网址：www.sdictktrust.com

2.1.6 电子信箱：sdictktrust@sdictktrust.com

2.1.7 信息披露事务负责人：李涛
联系电话：010-83321800
传真：010-83321811
电子信箱：sdictktrust@sdictktrust.com

2.1.8 报告期内公司信息披露报纸名称：《证券时报》《金融时报》《上海证券报》

2.1.9 公司年度报告备置地点：
北京市西城区阜成门北大街2号楼17层

2.1.10 公司聘请的会计师事务所：
立信会计师事务所（特殊普通合伙）
地址：北京市朝阳区安定路中海国际A座18层

2.1.11 公司聘请的常年律师事务所：
北京天达共和律师事务所
地址：北京市朝阳区东三环北路8号亮马河大厦1座20层
锦天城律师事务所
地址：北京市东城区东长安街1号东方广场C1座6层

2.2 组织结构

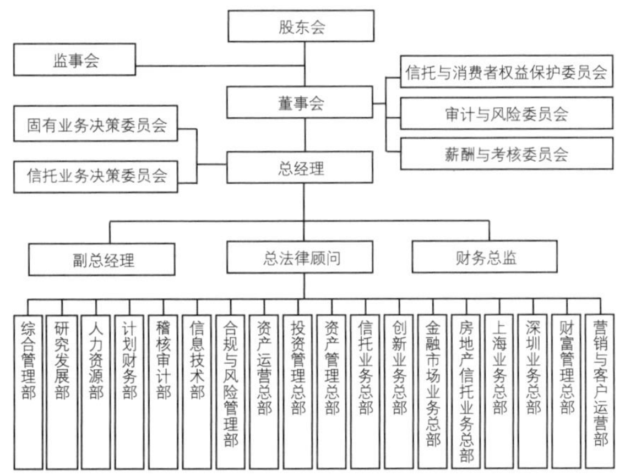

3. 公司治理

3.1 股东

股东名称	出资比例(%)	法人代表	注册资本(亿元)	注册地址	主要经营业务及主要财务情况
国投资本控股有限公司	55.00	叶柏寿	25	北京市西城区阜成门北大街6-6号国际投资大厦A座	从事对外投资、资产管理、接受委托对企业进行管理、投资策划及咨询服务。截至2019年末，公司合并资产总额122亿元；2019年实现合并利润总额16.43亿元。
泰康保险集团股份有限公司	32.98	陈东升	27.2919707	北京市西城区复兴门内大街156号泰康人寿大厦8层、9层	投资设立保险企业，管理投资控股企业，国家法律法规允许的投资业务，经中国保监会批准的保险业务，经中国保监会批准的其他业务。截至2019年末，公司合并资产总额9354.87亿元；2019年实现合并利润总额242.75亿元。
悦达资本股份有限公司	10.00	唐如军	31.2	盐城经济技术开发区希望大道南路5号	资产管理；创业投资；实业投资；投资咨询；自有房屋租赁。截至2019年末，公司合并资产总额134.43亿元；2019年实现合并利润总额2.49亿元。
泰康资产管理有限责任公司	2.02	段国圣	10	中国（上海）自由贸易试验区张杨路828-838号26F07、F08室	管理运用自有资金及保险资金；受托资金管理业务；与资金管理业务相关的咨询业务；公开募集证券投资基金管理业务；国家法律法规允许的其他资产管理业务。截至2019年末，公司合并资产总额117.44亿元；2019年实现合并利润总额25.19亿元。

3.2 董事

董事长、副董事长、董事

姓　名	职　务	性别	年龄（岁）	选任日期	所推举的股东名称	该股东持股比例（%）	简要履历
叶柏寿	董事长	男	57	2015年3月	国投资本控股有限公司	55	大学本科学历，正高级会计师，现任国投泰康信托有限公司董事长，国家开发投资公司副总经济师，国投资本股份有限公司董事长，国投资本控股有限公司董事长，国投瑞银基金管理有限公司董事长，渤海银行股份有限公司董事；曾任国家计委经济研究所财政金融研究室副主任，国家开发投资公司财务会计部资金处处长、财务会计部副主任、主任。
段国圣	副董事长	男	58	2015年3月	泰康保险集团股份有限公司、泰康资产管理有限责任公司	35	博士研究生学历，研究员，现任国投泰康信托有限公司副董事长，泰康保险集团股份有限公司执行副总裁、首席投资官兼泰康资产管理有限责任公司首席执行官，中国保险资产管理业协会会长；曾在江汉石油学院工作，曾任中国平安保险（集团）公司执委会成员、助理首席投资官，泰康人寿保险股份有限公司执行副总裁、首席投资官。
张　帅	董事	男	33	2017年9月	国投资本控股有限公司	55	硕士研究生学历，高级经济师，现任国投泰康信托有限公司董事，国投资本股份有限公司股权管理部部门副总经理；曾任国投资本控股有限公司综合部信息规划业务员、经理，业务管理部业务经理、高级业务经理。
陈　冰	董事	女	44	2018年7月	国投资本控股有限公司	55	大学本科学历，经济师，现任国投泰康信托有限公司董事，国投资本股份有限公司综合部部门总经理；曾在中国成套设备进出口（集团）总公司工作，曾任国投资本控股有限公司项目经理、高级项目经理（外派国投中谷期货综合部经理）、综合部副经理、经理。
霍　焱	董事	男	46	2019年12月	泰康保险集团股份有限公司、泰康资产管理有限责任公司	35	硕士研究生学历，现任国投泰康信托有限公司董事，泰康资产管理有限责任公司投后管理部负责人；曾在广东北电通信设备有限公司、摩托罗拉（中国）有限公司工作，曾任工银瑞信基金管理有限公司财务总监，泰康资产管理有限责任公司财务负责人，财务部负责人，国投泰康信托有限公司监事。

独立董事

姓　名	所在单位及职务	性别	年龄（岁）	选任日期	所推举的股东名称	该股东持股比例（%）	简要履历
童朋方	北京市德润律师事务所主任、律师	男	47	2015年3月	国投资本控股有限公司	55	硕士研究生学历，注册会计师、律师，现任国投泰康信托有限公司独立董事，北京市德润律师事务所主任、律师；曾任财政部中国财政经济出版社会计分社编辑。
付　磊	首都经济贸易大学教授、博士生导师	男	60	2015年3月	泰康保险集团股份有限公司、泰康资产管理有限责任公司	35	博士研究生学历，教授、博士生导师，现任国投泰康信托有限公司独立董事，首都经济贸易大学教授、博士生导师；曾在北京东城机修厂工作，曾任首都经济贸易大学会计学院副院长、党总支书记、院长。
王相品	无	男	64	2019年3月	国投资本控股有限公司	55	博士研究生学历，高级经济师，现任国投泰康信托有限公司独立董事；曾在中国建设银行、国家计划委员会经济研究所、中国人民银行、中国农业发展银行工作，曾任华夏银行总行资金营运部总经理、总行纪委副书记、监察室主任，华夏银行福州分行行长。

3.3 监事

姓　名	职　务	性别	年龄（岁）	选任日期	所推举的股东名称	该股东持股比例（%）	简要履历
曲刚	监事会主席	男	45	2019年8月	国投资本控股有限公司	55	硕士研究生学历，高级会计师，现任国投泰康信托有限公司监事会主席，国投资本股份有限公司副总裁、财务总监；曾在中国人民银行、毕博咨询、国家开发投资公司、国投资本控股有限公司工作，曾任国投财务有限公司副总经理。
冯铁良	监事	男	41	2019年4月	泰康保险集团股份有限公司、泰康资产管理有限责任公司	35	硕士研究生学历，现任国投泰康信托有限公司监事，泰康资产管理有限责任公司副总经理、执行委员会委员；曾在中国国际航空公司、泰康人寿保险股份有限公司工作，曾任泰康资产管理有限责任公司人力资源总监。
汪　斌	职工监事	男	54	2015年1月	—	—	大学本科学历，正高级会计师，现任国投泰康信托有限公司稽核审计部总经理；曾在鞍山市审计局、鞍山市信托投资股份有限公司任职，曾任国投泰康信托有限公司稽核审计部副经理。

3.4 高级管理人员

姓 名	职务	性别	年龄（岁）	选任日期	金融从业年限（年）	学历	专业
傅 强	总经理	男	50	2013 年 8 月	24	硕士研究生	工商管理
李 涛	财务总监（副总经理级）	男	45	2013 年 11 月	14	硕士研究生	会计学
刘桂进	副总经理、总法律顾问	男	48	2015 年 5 月	14	硕士研究生	工商管理
姚少杰	副总经理	男	46	2016 年 5 月	19	大学本科	机械制造工艺及设备
江 芳	副总经理	女	49	2016 年 11 月	26	博士研究生	国际法
包恋群	副总经理	男	47	2019 年 11 月	26	大学本科	财税
高 嵩	总经理助理	女	46	2018 年 11 月	17	大学本科	财政学
曹 莹	总经理助理	女	38	2019 年 6 月	14	大学本科	金融学保险

3.5 公司员工

项目		报告期年度	
		人数（人）	比例（%）
年龄分布	25 岁以下	3	1
	25～29 岁	73	31
	30～39 岁	118	51
	40 岁以上	39	17
学历分布	博士	4	2
	硕士	148	63
	本科	74	32
	专科	7	3
	其他	—	—
岗位分布	董事、监事及其高管人员	8	3
	自营业务人员	8	3
	信托业务人员	133	58
	其他人员	84	36

注：公司 2019 年度在岗员工 233 人（不含外部董事、监事）。

4. 经营管理

4.1 经营目标、经营方针、战略规划

公司依托股东优势资源，坚持“规模适当、业绩优良、风险可控、发展健康”的发展思路，打造实业投行、资产管理、财富管理三大业务板块，围绕提升业务能力和品质、改进管理理念和方法、守住风控与合规底线三方面，贯彻落实“稳中求进”的核心理念，持续提升企业核心竞争力，建设精品信托公司，成为稳健卓越的资产管理机构和值得信赖的财富管理机构。

4.2 所经营业务的主要内容

自营资产运用与分布表

资产运用	金额（万元）	占比（%）	资产分布	金额（万元）	占比（%）
货币资产	26 863	4	基础产业	—	—
贷款及应收款	997	—	房地产业	—	—
交易性金融资产	650 679	93	证券市场	143 962	21
长期股权投资	16 489	2	实业	—	—
其他	5 758	1	金融机构	75 318	11
			其他	481 506	69
资产总计	700 786	100.00	资产总计	700 786	100.00

注：在资产分布中，其他资产包括货币资金 26 863 万元，应收款项 997 万元，公司投资的信托产品、资管计划和信托业保障基金等 447 888 万元，其他固定资产投资、在建工程、无形资产和递延所得税资产等 5 758 万元。

信托资产运用与分布表

资产运用	金额（万元）	占比（%）	资产分布	金额（万元）	占比（%）
货币资产	277 790.76	1.39	基础产业	4 476 444.00	22.35
贷款	6 572 792.33	32.83	房地产	3 364 411.46	16.80
交易性金融资产	1 782 672.41	8.90	证券市场	1 456 933.32	7.28
可供出售金融资产	3 391 434.67	16.94	实业	3 407 030.91	17.02
持有至到期投资	378 907.56	1.89	金融机构	3 680 341.54	18.38
长期股权投资	2 302 807.45	11.50	其他	3 637 813.62	18.17
其他	5 316 569.67	26.55	—	—	—
信托资产总计	20 022 974.85	100.00	信托资产总计	20 022 974.85	100.00

注：在资产运用中，其他主要包括买入返售金融资产、应收款项以及其他资产。在资产分布中，其他主要包括私募基金、货币资金等。

4.3 影响公司业务发展的主要因素

4.3.1 有利因素

宏观经济方面，当前及未来一段时期，我国经济稳中向好、长期向好的基本趋势没有改变；供给侧结构性改革主线始终贯穿于国家宏观调控全过程中，有助于进一步优化经济结构，以新发展理念为指引，提升服务实体经济质效；国家鼓励科技赋能，互联网、大数据、人工智能与实体经济的深度融合，催生产品与业务创新，培育新增长点，形成经济发展新动能。

金融市场方面，继续实施积极财政政策与稳健货币政策，社会融资成本进一步降低；监管密集出台规范性文件，有效防控金融风险，整个金融行业逐步完善，有利于信托行业稳健发展、可持续发展。

信托服务实体经济作用进一步加强。城市更新与存量住房改造提升，基础设施领域进一步补短板，传统融资业务仍有需求，股权、并购等新型业务机会显著增加；消费升级属于人民对美好生活的向往，国家政策促进产业与消费“双升级”，消费金融信托业务发展空间进一步开拓；存量资产盘活现金流需求巨大，资产证券化业务将持续发展；社会财富积累、高净值客户

数量与资产规模快速增长，家族信托、全权委托等业务得到进一步发展；慈善信托助力国家脱贫攻坚任务如期完成。

4.3.2 不利因素

从经济环境来看，世界经济增长持续放缓，仍处在国际金融危机后的深度调整期，国内外风险挑战明显上升；我国经济处在转变发展方式、优化经济结构、转换增长动力的攻关期，结构性、体制性、周期性问题相互交织，“三期叠加”影响持续深化，国内经济下行压力加大。

从金融市场来看，市场信用风险加速暴露，违约事件频发；叠加严监管、去杠杆因素影响，资产匹配难度加大；多项监管政策陆续出台，金融行业发生深刻变革，资产管理市场竞争格局逐渐形成。

从信托行业来看，强监管高压态势持续，行业管理资产规模缩减；房地产行业政策调控明显，信托行业转型需求迫切；优质资产竞争激烈，行业马太效应凸显，龙头公司优势进一步加强；随着监管政策进一步细化，信托公司全行业转型压力进一步增大，未来将成为重要的行业分化期。

2020 年初的新冠疫情将对经济增长带来较为严重的负向冲击，宏观经济受到压制，社会投融资需求下降，信托公司展业将受到明显压力。

4.4 内部控制

4.4.1 内部控制环境和内部控制文化

4.4.1.1 治理机制建设和执行情况

公司设置股东会、董事会、监事会。股东会是公司的最高权力机构。董事会负责公司的重大决策，并向股东会负责，董事会下设信托与消费者权益保护委员会、审计与风险委员会、薪酬与考核委员会三个专业委员会，专业委员会向董事会负责。监事会是公司的监督机构，对股东会负责。

公司经营层设立固有业务决策委员会和信托业务决策委员会，分别对固有财产和信托业务进行分类管理及科学决策。

公司设立金融市场业务总部、创新业务总部、资产管理总部、房地产信托业务总部、投资管理总部、信托业务总部、财富管理总部等业务部门，以及合规与风险管理部、资产运营总部、信息技术部、稽核审计部、计划财务部、综合管理部、研究发展部、人力资源部等职能部门。各业务部门和职能部门按照公司确定的部门职责开展工作。公司主要从业人员均符合中国银行保险监督管理委员会及公司规定的职业操守和职业技能。

公司坚持稳健经营理念，重视风险管控，通过建立风险防范的“三道防线”，构筑了完整的内控管理架构：“第一道防线”为各部门对本部门的业务流程和操作流程进行日常维护和管理，对本部门所面临的主要风险点进行识别、检查和控制；“第二道防线”为风险管理部门对各部门的主要风险点进行日常监控与管理；“第三道防线”为稽核审计部门对各部门的业务运行过程和结果进行稽核与检查。

4.4.1.2 内控文化建设和执行情况

公司的经营宗旨是以市场为导向，以效益为中心，依法规范经营，科学管理，维护股东、债权人、信托当事人和公司自身的合法权益。公司依照诚实、信用、谨慎、有效的原则，遵循监管机构的各项法规政策，倡导“有道而正、信则人任”的企业文化精神。公司加强内控文化建设，组织员工参加公司内外部培训，培育每位员工的内控文化理念，建立以风险管理为核心的公司内控文化和内控环境。

4.4.2 内部控制措施

公司健全内控体系，不断完善风险管理的组织体系、制度体系，强化制度的执行力度。通过持续优化各类制度、流程、指引、业务操作标准，强化执行监督和问责管理，有效控制公司经营管理中的各类风险。

4.4.3 监督评价与纠正

4.4.3.1 内部控制的评价和后评价

公司持续对法律法规、部门规章和公司各项制度的执行情况及执行效果进行评价和后评价，探索和改进内部控制评价的方法，采取定性与定量相结合的方法对内部控制进行科学评价和后评价。本年度各项规章制度、业务流程执行情况良好，业务运作稳健高效，内部控制成效显著。

4.4.3.2 内部控制的监督和纠正

风险管理部门监督检查各部门内控制度的执行情况，稽核审计部门对公司内部控制情况进行稽核审计。对操作过程中发现的内控缺陷按照管辖权限层层上报，经有权管辖的相应层级决定后开展整改。公司各个管理层级在自己的管理权限内对内部控制存在的问题进行纠正。

4.5 风险管理概况

4.5.1 风险状况

4.5.1.1 监管合规风险状况

2019 年，金融监管改革深入推进，行业监管政策及相关细则陆续出台，监管力度空前，对信托公司提出了更高的要求。在此背景下，公司不断培养合规文化，健全合规经营体制、机制和制度，全面系统开展合规管理工作，强化项目合规管理，实现对合规风险的有效管理。

4.5.1.2 信用风险状况

2019 年宏观经济形势和金融市场复杂多变，宏观经济增速放缓，资本市场和资管行业风险事件频发，信托行业面临的信用风险不断加大。2019 年，公司坚持审慎稳健的展业理念，信托业务和固有业务均未发生因信用风险带来的损失。

4.5.1.3 流动性风险状况

公司一直高度重视流动性管理，在日常经营中注重流动性风险监控，坚持资产和负债合理配置、稳健管理，固有资产和信托业务整体流动性风险可控。

4.5.1.4 市场风险状况

市场风险是指因价格、利率、汇率等市场因素的变化导致公司发生损失或收入减少的风险。公司严格遵循价值投资、组合投资、分散风险的原则，目前市场风险基本可控。

4.5.1.5 操作风险状况

2019 年，公司未发生因操作风险带来的损失。公司通过不断完善内控制度、持续优化业务操作流程、加强关键节点监控、加强制度执行的引导教育，有效防范操作风险。

4.5.1.6 洗钱和恐怖融资风险状况

由于信托业务的复杂性和创新性，随着信托行业服务客户数量不断增加、资产管理规模不断扩大，随之而来的洗钱和恐怖融资风险也不断增加。面对反洗钱和反恐怖融资工作的专业性、复杂性、紧迫性和长期性，公司持续推进反洗钱和反恐怖融资内控机制建设，不断增强反洗钱和反恐怖融资工作能力，通过采取预防、监控等措施，有效防范了洗钱和恐怖融资风险。2019 年，公司未发生因洗钱和恐怖融资风险带来的损失。

4.5.1.7 其他风险状况。

2019 年，公司未发生因其他风险带来的损失。

4.5.2 风险管理

4.5.2.1 监管合规风险管理

公司全面贯彻“合规风险全覆盖”理念，持续加强法律与业务合规风险管理，通过事前调查、事中控制、事后检查实现业务全过程管理。公司高度重视交易结构的合规规划和法律文件的审查，根据政策变化，持续完善业务合规要点，加强项目合规性审核及过程管理，持续提升业务整体合规水平。

4.5.2.2 信用风险管理

公司坚持审慎稳健的经营原则，在业务审批中坚持科学决策，根据宏观经济形势变化和市场变化持续优化业务准入标准，重视业务逻辑和风控逻辑，有效识别、评估、计量项目风险。同时，公司持续加强项目过程管理，强化项目风险的预警和处置，对风险做到“早发现、早处置”，有效防控信用风险。

4.5.2.3 流动性风险管理

对于固有业务，公司制定并采取了有效的流动性管理措施，通过对固有资金开展全流程监测、对固有投资进行多元化的期限配置、备付充足的外部流动性补充渠道等方式，持续关注并加强固有资金运作中的风险防范。信托业务方面，公司面临流动性风险的主要是证券投资信托业务和现金管理类信托业务等，公司持续优化资产组合，高度注重资产安全性、流动性、收益性之间的平衡，重视资产的流动性和期限管理，确保流动性风险可控。

4.5.2.4 市场风险管理

公司秉承稳健审慎的投资理念，坚持价值投资和组合投资原则，根据宏观经济形势、市场情况及时调整投资结构，关注资产类别和行业配置，发挥信息技术手段对市场风险的监控作用，对业务数据进行及时跟踪监测、及时预警，采取快速有力措施，有效降低投资组合的市场风险。

4.5.2.5 操作风险管理

公司通过建立和严格执行业务制度和业务流程防范操作风险。通过流程培训、持续督导、风险提示等形式，加强制度执行的引导教育，结合问责机制，履行受托人职责，力促各项制度落到实处，防范操作风险。

4.5.2.6 洗钱和恐怖融资风险管理

公司将洗钱和恐怖融资风险纳入全面风险管理，不断健全洗钱和恐怖融资风险管理体系，对公司洗钱和恐怖融资风险进行持续识别、审慎评估、有效控制和全程管理，并通过培训、考核、内部监督及问责等方式推动全员反洗钱和反恐怖融资尽责履职，不断提升洗钱和恐怖融资风险管理水平。

4.5.2.7 其他风险管理

公司业务发展战略明确，组织架构合理，内控管理严格，管理职责分工明晰，人力资源培训能够满足公司发展需要，有效控制管理风险。

5. 报告期末及上一年度末的比较式会计报表

5.1 自营资产

5.1.1 会计师事务所审计结论

立信会计师事务所（特殊普通合伙）审计结论：贵公司财务报表在所有重大方面按照企业会计准则的规定编制，公允反映了贵公司 2019 年 12 月 31 日的财务状况以及 2019 年度的经营成果和现金流量。

5.1.2 资产负债表

资产负债表（母公司）

编制单位：国投泰康信托有限公司　　2019 年 12 月 31 日　　单位：元

项　目	附注	期末金额	期初余额
流动资产：			
货币资金	附注（一）	268 633 472.32	453 618 646.73
△结算备付金	—	—	—
△拆出资金	—	—	—
☆交易性金融资产	附注（二）	5 675 995 718.03	6 511 901 979.48
以公允价值计量且其变动计入当期损益的金融资产	—	—	—
衍生金融资产	—	—	—
应收票据	—	—	—
应收账款	附注（三）	842 369.80	692 219.80
☆应收款项融资	—	—	—
预付款项	—	—	—
△应收保费	—	—	—
△应收分保账款	—	—	—
△应收分保合同准备金	—	—	—
其他应收款	附注（四）	9 131 510.34	4 762 923.60
△买入返售金融资产	—	—	—
存货	—	—	—
其中：原材料	—	—	—

续表

项　目	附注	期末金额	期初余额
库存商品(产成品)	—	—	—
☆合同资产	—	—	—
持有待售资产	—	—	—
一年内到期的非流动资产	—	—	—
其他流动资产	—	—	—
流动资产合计	—	5 954 603 070. 49	6 970 975 769. 61
非流动资产:			
△发放贷款和垫款	—	—	—
☆债权投资	—	—	—
可供出售金融资产	—	—	—
☆其他债权投资	—	—	—
持有至到期投资	—	—	—
长期应收款	—	—	—
长期股权投资	附注(五)	164 890 632. 19	127 405 619. 89
☆其他权益工具投资	—	—	—
☆其他非流动金融资产	附注(六)	830 788 000. 56	—
投资性房地产	—	—	—
固定资产	附注(七)	7 916 309. 81	6 926 258. 24
在建工程	附注(八)	8 649 898. 94	9 364 557. 12
生产性生物资产	—	—	—
油气资产	—	—	—
☆使用权资产	—	—	—
无形资产	附注(九)	16 585 222. 93	10 746 380. 90
开发支出	—	—	—
商誉	—	—	—
长期待摊费用	附注(十)	1 618 413. 14	—
递延所得税资产	附注(十一)	22 807 348. 14	68 825 211. 65
其他非流动资产	—	—	—
其中:特准储备物资	—	—	—
非流动资产合计	—	1 053 255 825. 71	223 268 027. 80
资产总计	—	7 007 858 896. 20	7 194 243 797. 41

资产负债表(母公司)(续)

编制单位:国投泰康信托有限公司　　2019 年 12 月 31 日　　单位:元

项　目	附注	期末金额	期初余额
流动负债:			
短期借款	—	—	—
△向中央银行借款	—	—	—
△拆入资金	—	—	—
☆交易性金融负债	—	—	—
以公允价值计量且其变动计入当期损益的金融负债	—	—	—
衍生金融负债	—	—	—
应付票据	—	—	—
应付账款	—	—	—
预收款项	—	—	—
☆合同负债	—	—	—
△卖出回购金融资产款	—	—	—
△吸收存款及同业存放	—	—	—
△代理买卖证券款	—	—	—
△代理承销证券款	—	—	—
应付职工薪酬	附注(十二)	196 944 998. 47	149 901 026. 48
其中:应付工资	附注(十二)	176 450 069. 86	130 917 594. 10
应付福利费	—	—	—

续表

项　　目	附注	期末金额	期初余额
#其中:职工奖励及福利基金	—	—	—
应交税费	附注(十三)	51 532 633. 06	91 712 348. 98
其中:应交税金	附注(十三)	50 424 604. 10	90 662 726. 81
其他应付款	附注(十四)	210 904 200. 12	1 333 463 539. 89
△应付手续费及佣金	—	—	—
△应付分保账款	—	—	—
持有待售负债	—	—	—
一年内到期的非流动负债	—	—	—
其他流动负债	—	—	—
流动负债合计	—	459 381 831. 65	1 575 076 915. 35
非流动负债:			
△保险合同准备金	—	—	—
长期借款	—	—	—
应付债券	—	—	—
其中:优先股	—	—	—
永续债	—	—	—
☆租赁负债	—	—	—
长期应付款	—	—	—
长期应付职工薪酬	—	—	—
预计负债	—	—	—
递延收益	—	—	—
递延所得税负债	—	—	—
其他非流动负债	附注(十五)	12 108 206. 68	2 108 206. 68
其中:特准储备基金	—	—	—
非流动负债合计	—	12 108 206. 68	2 108 206. 68
负债合计	—	471 490 038. 33	1 577 185 122. 03
所有者权益(或股东权益):			
实收资本(或股本)	附注(十六)	2 190 545 454. 00	2 190 545 454. 00
国家资本	—	—	—
国有法人资本	附注(十六)	1 423 854 545. 00	1 423 854 545. 00
集体资本	—	—	—
民营资本	附注(十六)	766 690 909. 00	766 690 909. 00
外商资本	—	—	—
#减:已归还投资	—	—	—
实收资本(或股本)净额	附注(十六)	2 190 545 454. 00	2 190 545 454. 00
其他权益工具	—	—	—
其中:优先股	—	—	—
永续债	—	—	—
资本公积	附注(十七)	1 514 016 640. 31	1 514 016 640. 31
减:库存股	—	—	—
其他综合收益	—	—	—
其中:外币报表折算差额	—	—	—
专项储备	—	—	—
盈余公积	附注(十八)	621 511 657. 45	529 580 639. 20
其中:法定公积金	附注(十八)	620 586 949. 50	528 655 931. 25
任意公积金	附注(十八)	924 707. 95	924 707. 95
#储备基金	—	—	—
#企业发展基金	—	—	—
#利润归还投资	—	—	—
△一般风险准备	—	423 753 294. 40	359 785 259. 40
未分配利润	附注(十九)	1 786 541 811. 71	1 023 130 682. 47
所有者权益(或股东权益)合计	—	6 536 368 857. 87	5 617 058 675. 38
负债和所有者权益(或股东权益)总计	—	7 007 858 896. 20	7 194 243 797. 41

注:表中加△项目为金融类企业专用;带#项目为外商投资企业专用;加☆项目为执行新收入/新租赁/新金融工具准则企业适用。

资产负债表(母子公司合并)

编制单位:国投泰康信托有限公司　　2019 年 12 月 31 日　　单位:元

项　　目	附注	期末金额	期初余额
流动资产:			
货币资金	附注(一)	1 239 860 607. 59	1 061 133 985. 40
△结算备付金	—	—	—
△拆出资金	—	—	—
☆交易性金融资产	附注(二)	6 276 188 510. 73	6 289 505 485. 03
以公允价值计量且其变动计入当期损益的金融资产	—	—	—
衍生金融资产	—	—	—
应收票据	—	—	—
应收账款	附注(三)	120 010 278. 94	98 218 543. 42
☆应收款项融资	—	—	—
预付款项	附注(四)	410. 96	—
△应收保费	—	—	—
△应收分保账款	—	—	—
△应收分保合同准备金	—	—	—
其他应收款	附注(五)	49 620 062. 72	63 646 982. 34
△买入返售金融资产	附注(六)	50 000 000. 00	666 580 061. 55
存货	—	—	—
其中:原材料	—	—	—
库存商品(产成品)	—	—	—
☆合同资产	—	—	—
持有待售资产	—	—	—
一年内到期的非流动资产	—	—	—
其他流动资产	附注(七)	40 000. 00	360 000. 00
流动资产合计	—	7 735 719 870. 94	8 179 445 057. 74
非流动资产:			
△发放贷款和垫款	—	—	—
☆债权投资	附注(八)	—	181 742 695. 34
可供出售金融资产	—	—	—
☆其他债权投资	附注(九)	—	21 956 400. 00
持有至到期投资	—	—	—
长期应收款	—	—	—
长期股权投资	附注(十)	53 890 632. 19	16 405 619. 89
☆其他权益工具投资	—	—	—
☆其他非流动金融资产	附注(十一)	726 466 160. 28	—
投资性房地产	—	—	—
固定资产	附注(十二)	23 283 885. 55	26 728 600. 04
在建工程	附注(十三)	13 166 224. 35	14 037 998. 96
生产性生物资产	—	—	—
油气资产	—	—	—
☆使用权资产	—	—	—
无形资产	附注(十四)	35 157 942. 04	25 325 843. 22
开发支出	—	—	—
商誉	附注(十五)	68 578 612. 63	68 578 612. 63
长期待摊费用	附注(十六)	3 513 575. 34	2 164 824. 89
递延所得税资产	附注(十七)	59 399 991. 88	119 521 780. 49
其他非流动资产	—	—	—
其中:特准储备物资	—	—	—
非流动资产合计	—	983 457 024. 26	476 462 375. 46
资产总计	—	8 719 176 895. 20	8 655 907 433. 20

资产负债表（母子公司合并）（续）

编制单位：国投泰康信托有限公司　　2019年12月31日　　单位：元

项　目	附注	期末金额	期初余额
流动负债：			
短期借款	—	—	—
△向中央银行借款	—	—	—
△拆入资金	—	—	—
☆交易性金融负债	—	—	—
以公允价值计量且其变动计入当期损益的金融负债	—	—	—
衍生金融负债	—	—	—
应付票据	—	—	—
应付账款	—	—	—
预收款项	—	—	—
☆合同负债	—	—	—
△卖出回购金融资产款	—	—	—
△吸收存款及同业存放	—	—	—
△代理买卖证券款	—	—	—
△代理承销证券款	—	—	—
应付职工薪酬	附注（十八）	295 757 667. 14	277 254 795. 66
其中：应付工资	附注（十八）	259 948 370. 10	243 081 837. 71
应付福利费	—	—	—
#其中：职工奖励及福利基金	—	—	—
应交税费	附注（十九）	108 344 634. 39	128 324 458. 07
其中：应交税金	附注（十九）	107 017 487. 23	126 652 390. 27
其他应付款	附注（二十）	374 357 749. 65	1 403 709 432. 11
△应付手续费及佣金	附注（二十一）	2 537 022. 12	2 809 820. 21
△应付分保账款	—	—	—
持有待售负债	—	—	—
一年内到期的非流动负债	—	—	—
其他流动负债	附注（二十二）	56 629 047. 03	59 344 248. 40
流动负债合计	—	837 626 120. 33	1 871 442 754. 45
非流动负债：			
△保险合同准备金	—	—	—
长期借款	—	—	—
应付债券	—	—	—
其中：优先股	—	—	—
永续债	—	—	—
☆租赁负债	—	—	—
长期应付款	—	—	—
长期应付职工薪酬	—	—	—
预计负债	—	—	—
递延收益	附注（二十三）	5 189 455. 60	3 683 665. 63
递延所得税负债	—	—	—
其他非流动负债	附注（二十四）	12 108 206. 68	2 108 206. 68
其中：特准储备基金	—	—	—
非流动负债合计	—	17 297 662. 28	5 791 872. 31
负债合计	—	854 923 782. 61	1 877 234 626. 76
所有者权益（或股东权益）：			
实收资本（或股本）	附注（二十五）	2 190 545 454. 00	2 190 545 454. 00
国家资本	—	—	—
国有法人资本	附注（二十五）	1 423 854 545. 00	1 423 854 545. 00
集体资本	—	—	—
民营资本	附注（二十五）	766 690 909. 00	766 690 909. 00
外商资本	—	—	—
#减：已归还投资	—	—	—

续表

项　　目	附注	期末金额	期初余额
实收资本(或股本)净额	附注(二十五)	2 190 545 454. 00	2 190 545 454. 00
其他权益工具	—	—	—
其中:优先股	—	—	—
永续债	—	—	—
资本公积	附注(二十六)	1 514 016 640. 31	1 514 016 640. 31
减:库存股	—	—	—
其他综合收益	—	1 054 151. 04	279 841. 39
其中:外币报表折算差额	—	—	—
专项储备	—	—	—
盈余公积	附注(二十七)	621 511 657. 45	529 580 639. 20
其中:法定公积金	附注(二十七)	620 586 949. 50	528 655 931. 25
任意公积金	附注(二十七)	924 707. 95	924 707. 95
#储备基金	—	—	—
#企业发展基金	—	—	—
#利润归还投资	—	—	—
△一般风险准备	附注(二十八)	828 122 252. 61	731 157 842. 58
未分配利润	附注(二十九)	2 037 397 552. 29	1 222 807 852. 92
归属于母公司所有者权益(或股东权益)合计	—	7 192 647 707. 70	6 188 388 270. 40
少数股东权益	—	671 605 404. 89	590 284 536. 04
所有者权益(或股东权益)合计	—	7 864 253 112. 59	6 778 672 806. 44
负债和所有者权益(或股东权益)总计	—	8 719 176 895. 20	8 655 907 433. 20

注:表中加△项目为金融类企业专用;带#项目为外商投资企业专用;加☆项目为执行新收入/新租赁/新金融工具准则企业适用。

5. 1. 3　利润表

利润表(母公司)

编制单位:国投泰康信托有限公司　　2019 年度　　单位:元

项目	附注	本期金额	上期金额
一、营业总收入	—	1 557 717 263. 15	1 162 837 313. 17
利息收入	附注(二十)	5 337 672. 11	5 748 748. 59
手续费及佣金收入	附注(二十一)	1 033 735 389. 94	878 961 166. 94
投资收益(损失以“-”号填列)	附注(二十二)	286 917 517. 77	277 238 763. 79
其中:对联营企业和合营企业的投资收益	—	14 985 012. 30	8 376 958. 15
其他收益	附注(二十三)	6 901 253. 00	920 949. 80
公允价值变动收益(损失以“-”号填列)	附注(二十四)	224 509 134. 44	—
汇兑收益(损失以“-”号填列)	—	—	—
其他业务收入	—	294 649. 78	—
资产处置收益(损失以“-”号填列)	附注(二十五)	21 646. 11	-32 315. 95
二、营业总支出	—	339 487 960. 53	328 690 333. 15
利息支出	附注(二十)	25 129 424. 14	79 320 930. 96
手续费及佣金支出	附注(二十一)	—	—
税金及附加	—	7 110 097. 32	4 247 060. 23
业务及管理费	附注(二十六)	307 248 439. 07	245 122 341. 96
☆信用减值损失	—	—	—

续表

项目	附注	本期金额	上期金额
资产减值损失	—	—	—
其他业务成本	—	—	—
三、营业利润（亏损以“－”号填列）	—	1 218 229 302.62	834 146 980.02
加：营业外收入	—	—	—
其中：政府补助	—	—	—
减：营业外支出	附注（二十七）	8 022.13	340 714.05
四、利润总额（亏损总额以“－”号填列）	—	1 218 221 280.49	833 806 265.97
减：所得税费用	附注（二十八）	298 911 098.00	205 874 497.42
五、净利润（净亏损以“－”号填列）	—	919 310 182.49	627 931 768.55
（一）持续经营净利润	—	919 310 182.49	627 931 768.55
（二）终止经营净利润	—	—	—
六、其他综合收益的税后净额	—	—	—
（一）不能重分类进损益的其他综合收益	—	—	—
1. 重新计量设定受益计划变动额	—	—	—
2. 权益法下不能转损益的其他综合收益	—	—	—
☆3. 其他权益工具投资公允价值变动	—	—	—
☆4. 企业自身信用风险公允价值变动	—	—	—
5. 其他	—	—	—
（二）将重分类进损益的其他综合收益	—	—	—
1. 权益法下可转损益的其他综合收益	—	—	—
☆2. 其他债权投资公允价值变动	—	—	—
3. 可供出售金融资产公允价值变动损益	—	—	—
☆4. 金融资产重分类计入其他综合收益的金额	—	—	—
5. 持有至到期投资重分类为可供出售金融资产损益	—	—	—
☆6. 其他债权投资信用减值准备	—	—	—
7. 现金流量套期储备（现金流量套期损益的有效部分）	—	—	—
8. 外币财务报表折算差额	—	—	—
9. 其他	—	—	—
七、综合收益总额	—	919 310 182.49	627 931 768.55
八、每股收益：	—	—	—
基本每股收益	—	—	—
稀释每股收益	—	—	—

注：表中加△项目为金融类企业专用；加☆项目为执行新收入/新金融工具准则企业适用。

利润表（母公司合并）

编制单位：国投泰康信托有限公司　　2019 年度　　单位：元

项目	附注	本期金额	上期金额
一、营业总收入	—	2 191 599 997.06	1 593 721 112.87
利息收入	附注（三十）	41 812 846.02	38 905 207.68
手续费及佣金收入	附注（三十一）	1 566 260 183.37	1 432 843 427.75
投资收益（损失以“－”号填列）	附注（三十二）	227 658 302.64	249 035 810.31
其中：对联营企业和合营企业的投资收益	附注（三十二）	14 985 012.30	8 376 958.15
其他收益	附注（三十三）	14 309 687.37	21 950 064.11
公允价值变动收益（损失以“－”号填列）	附注（三十四）	341 322 868.60	－149 030 312.31
汇兑收益（损失以“－”号填列）	—	6 341.25	49 231.28
其他业务收入	—	294 649.78	—
资产处置收益（损失以“－”号填列）	附注（三十五）	－64 881.97	－32 315.95
二、营业总支出	—	755 445 193.80	735 817 433.50

续表

项目	附注	本期金额	上期金额
利息支出	附注(三十)	25 129 424. 14	88 823 942. 48
手续费及佣金支出	附注(三十一)	1 015 421. 81	1 287 567. 28
税金及附加	—	9 327 608. 78	6 658 758. 76
业务及管理费	附注(三十六)	716 248 743. 16	638 987 502. 61
☆信用减值损失	附注(三十七)	3 723 995. 91	—
资产减值损失	附注(三十八)	—	59 662. 37
其他业务成本	—	—	—
三、营业利润(亏损以“－”号填列)	—	1 436 154 803. 26	857 903 679. 37
加:营业外收入	附注(三十九)	100 000. 00	763 399. 74
其中:政府补助	附注(三十九)	100 000. 00	—
减:营业外支出	附注(四十)	8 022. 13	556 641. 53
四、利润总额(亏损总额以“－”号填列)	—	1 436 246 781. 13	858 110 437. 58
减:所得税费用	附注(四十一)	352 184 729. 19	206 051 240. 12
五、净利润(净亏损以“－”号填列)	—	1 084 062 051. 94	652 059 197. 46
(一)按所有权归属分类:	—	—	—
归属于母公司所有者的净利润	—	1 003 485 127. 65	556 422 478. 96
少数股东损益	—	80 576 924. 29	95 636 718. 50
(二)按经营持续性分类:	—	—	—
持续经营净利润	—	1 084 062 051. 94	652 059 197. 46
终止经营净利润	—	—	—
六、其他综合收益的税后净额	—	1 518 254. 21	-41 224 496. 23
归属于母公司所有者的其他综合收益的税后净额	附注(四十一)	774 309. 65	-33 703 605. 33
(一)不能重分类进损益的其他综合收益	—	—	—
1. 重新计量设定受益计划变动额	—	—	—
2. 权益法下不能转损益的其他综合收益	—	—	—
☆3. 其他权益工具投资公允价值变动	—	—	—
☆4. 企业自身信用风险公允价值变动		—	—
5. 其他	—	—	—
(二)将重分类进损益的其他综合收益	附注(四十一)	774 309. 65	-33 703 605. 33
1. 权益法下可转损益的其他综合收益	—	—	—
☆2. 其他债权投资公允价值变动	附注(四十一)	550 940. 58	—
3. 可供出售金融资产公允价值变动损益	附注(四十一)	—	-34 108 931. 33
☆4. 金融资产重分类计入其他综合收益的金额	—	—	—
5. 持有至到期投资重分类为可供出售金融资产损益	—	—	—
☆6. 其他债权投资信用减值准备	—	—	—
7. 现金流量套期储备(现金流量套期损益的有效部分)	—	—	—
8. 外币财务报表折算差额	附注(四十一)	223 369. 07	405 326. 00
9. 其他	—	—	—
归属于少数股东的其他综合收益的税后净额	—	743 944. 56	-7 520 890. 90
七、综合收益总额	—	1 085 580 306. 15	610 834 701. 23
归属于母公司所有者的综合收益总额	—	1 004 259 437. 30	522 718 873. 63
归属于少数股东的综合收益总额	—	81 320 868. 85	88 115 827. 60
八、每股收益	—	—	—
基本每股收益	—	—	—
稀释每股收益	—	—	—

5. 1. 4 所有者权益变动表

所有者权益变动表（母公司）

编制单位：国投泰康信托有限公司　　2019 年度　　单位：元

项目	本年金额											
	实收资本（或股本）	其他权益工具			资本公积	减：库存股	其他综合收益	专项储备	盈余公积	△一般风险准备	未分配利润	所有者权益合计
		优先股	永续债	其他								
一、上年年末余额	2 190 545 454. 00	—	—	—	1 514 016 640. 31	—	-187 795 515. 30	—	540 027 273. 49	365 008 576. 54	1 111 927 073. 90	5 533 729 502. 94
加：会计政策变更	—	—	—	—	—	—	187 795 515. 30	—	-10 446 634. 29	-5 223 317. 14	-88 796 391. 43	83 329 172. 44
前期差错更正	—	—	—	—	—	—	—	—	—	—	—	—
其他	—	—	—	—	—	—	—	—	—	—	—	—
二、本年年初余额	2 190 545 454. 00	—	—	—	1 514 016 640. 31	—	—	—	529 580 639. 20	359 785 259. 40	1 023 130 682. 47	5 617 058 675. 38
三、本期增减变动金额（减少以"－"号填列）	—	—	—	—	—	—	—	—	91 931 018. 25	63 968 035. 00	763 411 129. 24	919 310 182. 49
（一）综合收益总额	—	—	—	—	—	—	—	—	—	—	919 310 182. 49	919 310 182. 49
（二）所有者投入和减少资本	—	—	—	—	—	—	—	—	—	—	—	—
1. 所有者投入资本	—	—	—	—	—	—	—	—	—	—	—	—
2. 其他权益工具持有者投入资本	—	—	—	—	—	—	—	—	—	—	—	—
3. 股份支付计入所有者权益的金额	—	—	—	—	—	—	—	—	—	—	—	—
4. 其他	—	—	—	—	—	—	—	—	—	—	—	—
（三）专项储备提取和使用	—	—	—	—	—	—	—	—	—	—	—	—
1. 提取专项储备	—	—	—	—	—	—	—	—	—	—	—	—
2. 使用专项储备	—	—	—	—	—	—	—	—	—	—	—	—
（四）利润分配	—	—	—	—	—	—	—	—	91 931 018. 25	63 968 035. 00	-155 899 053. 25	—
1. 提取盈余公积	—	—	—	—	—	—	—	—	91 931 018. 25	—	-91 931 018. 25	—
其中：法定公积金	—	—	—	—	—	—	—	—	91 931 018. 25	—	-91 931 018. 25	—
任意公积金	—	—	—	—	—	—	—	—	—	—	—	—
#储备基金	—	—	—	—	—	—	—	—	—	—	—	—
#企业发展基金	—	—	—	—	—	—	—	—	—	—	—	—
#利润归还投资	—	—	—	—	—	—	—	—	—	—	—	—
△2. 提取一般风险准备	—	—	—	—	—	—	—	—	—	63 968 035. 00	-63 968 035. 00	—
3. 对所有者（或股东）的分配	—	—	—	—	—	—	—	—	—	—	—	—
4. 其他	—	—	—	—	—	—	—	—	—	—	—	—
（五）所有者权益内部结转	—	—	—	—	—	—	—	—	—	—	—	—
1. 资本公积转增资本（或股本）	—	—	—	—	—	—	—	—	—	—	—	—
2. 盈余公积转增资本（或股本）	—	—	—	—	—	—	—	—	—	—	—	—
3. 盈余公积弥补亏损	—	—	—	—	—	—	—	—	—	—	—	—
4. 设定受益计划变动额结转留存收益	—	—	—	—	—	—	—	—	—	—	—	—
☆5. 其他综合收益结转留存收益	—	—	—	—	—	—	—	—	—	—	—	—
6. 其他	—	—	—	—	—	—	—	—	—	—	—	—
四、本年年末余额	2 190 545 454. 00	—	—	—	1 514 016 640. 31	—	—	—	621 511 657. 45	423 753 294. 40	1 786 541 811. 71	6 536 368 857. 87

注：表中加△项目为金融类企业专用；加#项目为外商投资企业专用；加☆项目为执行新金融工具准则企业适用。

所有者权益变动表(母公司)(续)

2019 年度

编制单位:国投泰康信托有限公司　　　　单位:元

项目	上年金额											
	实收资本(或股本)	其他权益工具			资本公积	减:库存股	其他综合收益	专项储备	盈余公积	△一般风险准备	未分配利润	所有者权益合计
		优先股	永续债	其他								
一、上年年末余额	2 190 545 454.00	—	—	—	1 514 016 640.31	—	3 827 657.38	—	477 234 096.64	333 983 364.16	577 813 694.58	5 097 420 907.07
加:会计政策变更	—	—	—	—	—	—	—	—	—	—	—	—
前期差错更正	—	—	—	—	—	—	—	—	—	—	—	—
其他	—	—	—	—	—	—	—	—	—	—	—	—
二、本年年初余额	2 190 545 454.00	—	—	—	1 514 016 640.31	—	3 827 657.38	—	477 234 096.64	333 983 364.16	577 813 694.58	5 097 420 907.07
三、本期增减变动金额(减少以"-"号填列)	—	—	—	—	—	—	-191 623 172.68	—	62 793 176.85	31 025 212.38	534 113 379.32	436 308 595.87
(一)综合收益总额	—	—	—	—	—	—	-191 623 172.68	—	—	—	627 931 768.55	436 308 595.87
(二)所有者投入和减少资本	—	—	—	—	—	—	—	—	—	—	—	—
1. 所有者投入资本	—	—	—	—	—	—	—	—	—	—	—	—
2. 其他权益工具持有者投入资本	—	—	—	—	—	—	—	—	—	—	—	—
3. 股份支付计入所有者权益的金额	—	—	—	—	—	—	—	—	—	—	—	—
4. 其他	—	—	—	—	—	—	—	—	—	—	—	—
(三)专项储备提取和使用	—	—	—	—	—	—	—	—	—	—	—	—
1. 提取专项储备	—	—	—	—	—	—	—	—	—	—	—	—
2. 使用专项储备	—	—	—	—	—	—	—	—	—	—	—	—
(四)利润分配	—	—	—	—	—	—	—	—	62 793 176.85	31 025 212.38	-93 818 389.23	—
1. 提取盈余公积	—	—	—	—	—	—	—	—	62 793 176.85	—	-62 793 176.85	—
其中:法定公积金	—	—	—	—	—	—	—	—	62 793 176.85	—	-62 793 176.85	—
任意公积金	—	—	—	—	—	—	—	—	—	—	—	—
#储备基金	—	—	—	—	—	—	—	—	—	—	—	—
#企业发展基金	—	—	—	—	—	—	—	—	—	—	—	—
#利润归还投资	—	—	—	—	—	—	—	—	—	—	—	—
△2. 提取一般风险准备	—	—	—	—	—	—	—	—	—	31 025 212.38	-31 025 212.38	—
3. 对所有者(或股东)的分配	—	—	—	—	—	—	—	—	—	—	—	—
4. 其他	—	—	—	—	—	—	—	—	—	—	—	—
(五)所有者权益内部结转	—	—	—	—	—	—	—	—	—	—	—	—
1. 资本公积转增资本(或股本)	—	—	—	—	—	—	—	—	—	—	—	—
2. 盈余公积转增资本(或股本)	—	—	—	—	—	—	—	—	—	—	—	—
3. 盈余公积弥补亏损	—	—	—	—	—	—	—	—	—	—	—	—
4. 设定受益计划变动额结转留存收益	—	—	—	—	—	—	—	—	—	—	—	—
☆5. 其他综合收益结转留存收益	—	—	—	—	—	—	—	—	—	—	—	—
6. 其他	—	—	—	—	—	—	—	—	—	—	—	—
四、本年年末余额	2 190 545 454.00	—	—	—	1 514 016 640.31	—	-187 795 515.30	—	540 027 273.49	365 008 576.54	1 111 927 073.90	5 533 729 502.94

注:表中加△项目为金融类企业专用;加#项目为外商投资企业专用;加☆项目为执行新金融工具准则企业适用。

所有者权益变动表（母子公司合并）

2019 年度

编制单位：国投泰康信托有限公司　　　　　　单位：元

项　目	本年金额													
	归属于母公司所有者权益												少数股东权益	所有者权益合计
	实收资本（或股本）	其他权益工具			资本公积	减：库存股	其他综合收益	专项储备	盈余公积	△一般风险准备	未分配利润	小计		
		优先股	永续债	其他										
一、上年年末余额	2 190 545 454.00	—	—	—	1 514 016 640.31	—	-17 408 128.09	—	540 027 273.49	736 381 159.72	1 141 496 698.53	6 105 059 097.96	590 284 536.04	6 695 343 634.00
加：会计政策变更	—	—	—	—	—	—	17 687 969.48	—	-10 446 634.29	-5 223 317.14	81 311 154.39	83 329 172.44	—	83 329 172.44
前期差错更正	—	—	—	—	—	—	—	—	—	—	—	—	—	—
其他	—	—	—	—	—	—	—	—	—	—	—	—	—	—
二、本年年初余额	2 190 545 454.00	—	—	—	1 514 016 640.31	—	279 841.39	—	529 580 639.20	731 157 842.58	1 222 807 852.92	6 188 388 270.40	590 284 536.04	6 778 672 806.44
三、本期增减变动金额（减少以“-”号填列）	—	—	—	—	—	—	774 309.65	—	91 931 018.25	96 964 410.03	814 589 699.37	1 004 259 437.30	81 320 868.85	1 085 580 306.15
（一）综合收益总额	—	—	—	—	—	—	774 309.65	—	—	—	1 003 485 127.65	1 004 259 437.30	81 320 868.85	1 085 580 306.15
（二）所有者投入和减少资本	—	—	—	—	—	—	—	—	—	—	—	—	—	—
1. 所有者投入资本	—	—	—	—	—	—	—	—	—	—	—	—	—	—
2. 其他权益工具持有者投入资本	—	—	—	—	—	—	—	—	—	—	—	—	—	—
3. 股份支付计入所有者权益的金额	—	—	—	—	—	—	—	—	—	—	—	—	—	—
4. 其他	—	—	—	—	—	—	—	—	—	—	—	—	—	—
（三）专项储备提取和使用	—	—	—	—	—	—	—	—	—	—	—	—	—	—
1. 提取专项储备	—	—	—	—	—	—	—	—	—	—	—	—	—	—
2. 使用专项储备	—	—	—	—	—	—	—	—	—	—	—	—	—	—
（四）利润分配	—	—	—	—	—	—	—	—	91 931 018.25	96 964 410.03	-188 895 428.28	—	—	—
1. 提取盈余公积	—	—	—	—	—	—	—	—	91 931 018.25	—	-91 931 018.25	—	—	—
其中：法定公积金	—	—	—	—	—	—	—	—	91 931 018.25	—	-91 931 018.25	—	—	—
任意公积金	—	—	—	—	—	—	—	—	—	—	—	—	—	—
#储备基金	—	—	—	—	—	—	—	—	—	—	—	—	—	—
#企业发展基金	—	—	—	—	—	—	—	—	—	—	—	—	—	—
#利润归还投资	—	—	—	—	—	—	—	—	—	—	—	—	—	—
△2. 提取一般风险准备	—	—	—	—	—	—	—	—	—	96 964 410.03	-96 964 410.03	—	—	—
3. 对所有者（或股东）的分配	—	—	—	—	—	—	—	—	—	—	—	—	—	—
4. 其他	—	—	—	—	—	—	—	—	—	—	—	—	—	—
（五）所有者权益内部结转	—	—	—	—	—	—	—	—	—	—	—	—	—	—
1. 资本公积转增资本（或股本）	—	—	—	—	—	—	—	—	—	—	—	—	—	—
2. 盈余公积转增资本（或股本）	—	—	—	—	—	—	—	—	—	—	—	—	—	—
3. 盈余公积弥补亏损	—	—	—	—	—	—	—	—	—	—	—	—	—	—
4. 设定受益计划变动额结转留存收益	—	—	—	—	—	—	—	—	—	—	—	—	—	—
☆5. 其他综合收益结转留存收益	—	—	—	—	—	—	—	—	—	—	—	—	—	—
6. 其他	—	—	—	—	—	—	—	—	—	—	—	—	—	—
四、本年年末余额	2 190 545 454.00	—	—	—	1 514 016 640.31	—	1 054 151.04	—	621 511 657.45	828 122 252.61	2 037 397 552.29	7 192 647 707.70	671 605 404.89	7 864 253 112.59

所有者权益变动表（母子公司合并）（续）

编制单位：国投泰康信托有限公司　　2019 年度　　单位：元

项目	上年金额													
	归属于母公司所有者权益											少数股东权益	所有者权益合计
	实收资本（或股本）	其他权益工具			资本公积	减：库存股	其他综合收益	专项储备	盈余公积	△一般风险准备	未分配利润	小计		
		优先股	永续债	其他										
一、上年年末余额	2 190 545 454.00	—	—	—	1 514 016 640.31	—	16 295 477.24	—	477 234 096.64	620 435 640.98	763 812 915.16	5 582 340 224.33	502 168 708.44	6 084 508 932.77
加：会计政策变更	—	—	—	—	—	—	—	—	—	—	—	—	—	—
前期差错更正	—	—	—	—	—	—	—	—	—	—	—	—	—	—
其他	—	—	—	—	—	—	—	—	—	—	—	—	—	—
二、本年年初余额	2 190 545 454.00	—	—	—	1 514 016 640.31	—	16 295 477.24	—	477 234 096.64	620 435 640.98	763 812 915.16	5 582 340 224.33	502 168 708.44	6 084 508 932.77
三、本期增减变动金额（减少以"－"号填列）	—	—	—	—	—	—	-33 703 605.33	—	62 793 176.85	115 945 518.74	377 683 783.37	522 718 873.63	88 115 827.60	610 834 701.23
（一）综合收益总额	—	—	—	—	—	—	-33 703 605.33	—	—	—	556 422 478.96	522 718 873.63	88 115 827.60	610 834 701.23
（二）所有者投入和减少资本	—	—	—	—	—	—	—	—	—	—	—	—	—	—
1. 所有者投入资本	—	—	—	—	—	—	—	—	—	—	—	—	—	—
2. 其他权益工具持有者投入资本	—	—	—	—	—	—	—	—	—	—	—	—	—	—
3. 股份支付计入所有者权益的金额	—	—	—	—	—	—	—	—	—	—	—	—	—	—
4. 其他	—	—	—	—	—	—	—	—	—	—	—	—	—	—
（三）专项储备提取和使用	—	—	—	—	—	—	—	—	—	—	—	—	—	—
1. 提取专项储备	—	—	—	—	—	—	—	—	—	—	—	—	—	—
2. 使用专项储备	—	—	—	—	—	—	—	—	—	—	—	—	—	—
（四）利润分配	—	—	—	—	—	—	—	—	62 793 176.85	115 945 518.74	-178 738 695.59	—	—	—
1. 提取盈余公积	—	—	—	—	—	—	—	—	62 793 176.85	—	-62 793 176.85	—	—	—
其中：法定公积金	—	—	—	—	—	—	—	—	62 793 176.85	—	-62 793 176.85	—	—	—
任意公积金	—	—	—	—	—	—	—	—	—	—	—	—	—	—
#储备基金	—	—	—	—	—	—	—	—	—	—	—	—	—	—
#企业发展基金	—	—	—	—	—	—	—	—	—	—	—	—	—	—
#利润归还投资	—	—	—	—	—	—	—	—	—	—	—	—	—	—
2. 提取一般风险准备	—	—	—	—	—	—	—	—	—	115 945 518.74	-115 945 518.74	—	—	—
3. 对所有者（或股东）的分配	—	—	—	—	—	—	—	—	—	—	—	—	—	—
4. 其他	—	—	—	—	—	—	—	—	—	—	—	—	—	—
（五）所有者权益内部结转	—	—	—	—	—	—	—	—	—	—	—	—	—	—
1. 资本公积转增资本（或股本）	—	—	—	—	—	—	—	—	—	—	—	—	—	—
2. 盈余公积转增资本（或股本）	—	—	—	—	—	—	—	—	—	—	—	—	—	—
3. 盈余公积弥补亏损	—	—	—	—	—	—	—	—	—	—	—	—	—	—
4. 设定受益计划变动额结转留存收益	—	—	—	—	—	—	—	—	—	—	—	—	—	—
☆5. 其他综合收益结转留存收益	—	—	—	—	—	—	—	—	—	—	—	—	—	—
6. 其他	—	—	—	—	—	—	—	—	—	—	—	—	—	—
四、本年年末余额	2 190 545 454.00	—	—	—	1 514 016 640.31	—	-17 408 128.09	—	540 027 273.49	736 381 159.72	1 141 496 698.53	6 105 059 097.96	590 284 536.04	6 695 343 634.00

注：表中加△项目为金融类企业专用；加#项目为外商投资企业专用；加☆项目为执行新金融工具准则企业适用。

5.2 信托资产

5.2.1 信托项目资产负债汇总表

信托项目资产负债汇总表

编制单位:国投泰康信托有限公司　　2019 年 12 月 31 日　　单位:万元

信托资产	期末数	年初数	信托负债和信托权益	期末数	年初数
信托资产:			信托负债:		
货币资金	277 790. 76	233 398. 57	交易性金融负债	—	—
拆出资金	—	—	衍生金融负债	—	—
存出保证金	—	—	应付受托人报酬	2 437. 41	1 165. 79
交易性金融资产	1 782 672. 41	1 575 866. 16	应付托管费	236. 67	457. 73
衍生金融资产	—	—	应付受益人收益	36 061. 54	55 983. 89
买入返售金融资产	3 801 091. 13	187 884. 79	应交税费	2 478. 71	1 378. 62
应收款项	152 406. 64	479 109. 45	应付销售服务费	2 669. 92	611. 85
发放贷款	6 572 792. 33	10 492 238. 86	其他应付款项	19 632. 30	162 681. 15
可供出售金融资产	3 391 434. 67	6 914 825. 35	预计负债	—	—
持有至到期投资	378 907. 56	718 129. 44	其他负债	—	—
长期应收款	—	—	信托负债合计	63 516. 55	222 279. 03
长期股权投资	2 302 807. 45	2 779 213. 85			
投资性房地产	—	—	信托权益:		
固定资产	—	—	实收信托	19 919 302. 68	26 735 450. 94
无形资产	—	—	资本公积	10 801. 54	—
长期待摊费用	—	—	损益平准金	—	—
其他资产	1 363 071. 90	3 552 744. 56	未分配利润	29 354. 08	-24 318. 94
减: 各项资产减值准备	—	—	信托权益合计	19 959 458. 30	26 711 132. 00
信托资产总计	20 022 974. 85	26 933 411. 03	信托负债及信托权益总计	20 022 974. 85	26 933 411. 03

5.2.2 信托项目利润及利润分配汇总表

信托项目利润及利润分配汇总表

编制单位:国投泰康信托有限公司　　2019 年度　　单位:万元

项目	本期金额	上期金额
1. 营业收入	1 572 359. 42	1 774 567. 69
1. 1 利息收入	772 436. 40	1 004 606. 59
1. 2 投资收益(损失以“ -”号填列)	727 118. 31	645 415. 91
1. 2. 1 其中:对联营企业和合营企业的投资收益	—	—
1. 3 公允价值变动收益(损失以“ -”号填列)	18 794. 42	-30 800. 33
1. 4 租赁收入	—	—
1. 5 汇兑损益(损失以“ -”号填列)	-2 441. 59	3 052. 30
1. 6 其他收入	56 451. 88	152 293. 22
2. 支出	157 016. 19	145 672. 30
2. 1 营业税金及附加	5 029. 46	5 865. 18
2. 2 受托人报酬	92 505. 69	92 913. 41
2. 3 托管费	7 085. 81	9 793. 67
2. 4 投资管理费	—	—
2. 5 销售服务费	22 247. 21	6 496. 43
2. 6 交易费用	1 075. 80	1 350. 96
2. 7 资产减值损失	—	—
2. 8 其他费用	29 072. 22	29 252. 65

续表

项目	本期金额	上期金额
3. 信托净利润(净亏损以“ -”号填列)	1 415 343. 23	1 628 895. 39
4. 其他综合收益	—	—
5. 综合收益	1 415 343. 23	1 628 895. 39
6. 加:期初未分配信托利润	-24 318. 94	85 237. 53
7. 可供分配的信托利润	1 391 024. 29	1 714 132. 92
8. 减:本期已分配信托利润	1 361 670. 21	1 738 451. 86
9. 期末未分配信托利润	29 354. 08	-24 318. 94

6. 会计报表附注

6.1 简要说明报告年度会计报表编制基准、会计政策、会计估计和核算方法发生的变化

财政部于 2019 年 4 月 30 日发布了《关于修订印发 2019 年度一般企业财务报表格式的通知》(财会[2019]6 号),于 2019 年 9 月 19 日发布了《关于修订印发合并财务报表格式(2019 版)的通知》(财会[2019]16 号),对一般企业财务报表和合并财务报表格式进行了修订。除因新金融工具准则、新收入准则、新租赁准则产生的列报变化外,前述文件对资产负债表、利润表、现金流量表和所有者权益变动表(或股东权益变动表)进行了修订,将“应收票据和应收账款”项目拆分为“应收票据”和“应收账款”两个项目,将“应付票据及应付账款”项目

分拆为“应付票据”和“应付账款”两个项目,新增了“应收款项融资”,在“投资收益”项目下新增“以摊余成本计量的金融资产终止确认收益”项目,调整了利润表部分项目的列报位置。企业按照相关规定采用追溯调整法,对可比会计期间的比较数据进行相应调整。

财政部于 2017 年修订了《企业会计准则第 22 号——金融工具确认和计量》《企业会计准则第 23 号——金融资产转移》《企业会计准则第 24 号——套期会计》《企业会计准则第 37 号——金融工具列报》。修订后的准则规定,对于首次执行日尚未终止确认的金融工具,之前的确认和计量与修订后的准则要求不一致的,应当追溯调整。涉及前期比较报表数据与修订后的准则要求不一致的,无须调整。执行新金融工具准则,2019 年 1 月 1 日将因追溯调整产生的累积影响数体现在 2019 年 1 月 1 日的留存收益和其他综合收益的调整金额。

除此之外,本公司会计估计和核算方法未发生变化。

6.2 或有事项说明

截至 2019 年 12 月 31 日,本公司无须披露的重大或有事项。

6.3 重要资产转让及其出售的说明

截至报告日,公司无需要披露的重要资产转让及其出售事项。

6.4 会计报表中重要项目的明细资料

6.4.1 自营资产经营情况

6.4.1.1 信用风险资产分类

信用风险资产五级分类	正常类(万元)	关注类(万元)	次级类(万元)	可疑类(万元)	损失类(万元)	信用风险资产合计(万元)	不良资产合计(万元)	不良资产率(%)
期初数	777 580	—	—	—	—	777 580	—	—
期末数	787 079	—	—	—	—	787 079	—	—

注:不良资产合计 = 次级类 + 可疑类 + 损失类。

6.4.1.2 各项资产减值损失准备

无。

6.4.1.3 固有业务投资品种明细

单位:万元

	自营股票	基金	债券	长期股权投资	其他投资	合计
期初数	—	30 288	—	12 741	609 792	652 821
期末数	—	43 016	—	16 489	607 662	667 167

6.4.1.4 前三名的自营长期股权投资情况

企业名称	占被投资企业权益的比例(%)	主要经营活动	投资损益(万元)
国投瑞银基金管理有限公司	51.00	基金管理	—
国投万和资产管理有限公司	45.00	资产管理	1 499

6.4.1.5 前三名的自营贷款的企业情况

无。

6.4.1.6 表外业务情况

无。

6.4.1.7 公司当年的收入结构

收入结构	母公司		母子合并	
	金额(万元)	占比(%)	金额(万元)	占比(%)
手续费及佣金收入	103 374	66.36	156 626	71.46
其中:信托手续费收入	103 374	66.36	103 374	47.17
投资银行业务收入	—	—	—	—
利息收入	534	0.34	4 181	1.91
其他业务收入	721	0.46	1 455	0.66
其中:计入信托业务收入部分	—	—	—	—
投资收益	28 692	18.42	22 766	10.39
其中:股权投资收益	5 777	3.71	4969	2.27
证券投资收益	-3902	-2.50	-3902	-1.78
其他投资收益	26 817	17.22	21699	9.90
公允价值变动收益	22451	14.41	34 132	15.57
营业外收入	—	—	10	—
收入合计	155 772	100.00	219 170	100.00

6.4.2 信托财产管理情况

6.4.2.1 信托资产的期初数、期末数

单位:万元

信托资产	期初数	期末数
集合	11 592 885.39	11 521 484.34
单一	12 561 726.10	7 121 626.50
财产权	2 778 799.54	1 379 864.01
合计	26 933 411.03	20 022 974.85

6.4.2.1.1 主动管理型信托业务的信托资产

单位:万元

主动管理型信托资产	期初数	期末数
证券投资类	1 349 545.28	1 816 935.70
股权投资类	1 061 679.61	587 145.19
融资类	3 125 477.25	4 127 720.78
事务管理类	144.71	537 741.82
其他	2 185 404.77	1 739 220.68
合计	7 722 251.62	8 808 764.17

6.4.2.1.2 被动管理型信托业务的信托资产

单位:万元

被动管理型信托资产	期初数	期末数
证券投资类	898 317.41	750 039.54
股权投资类	1 710 944.55	1 356 962.80
融资类	12 005 482.34	6 297 836.17
事务管理类	2 657 472.12	773 206.92
其他	1 938 942.99	2 036 165.25
合计	19 211 159.41	11 214 210.68

6.4.2.2 本年度已清算结束的信托项目

6.4.2.2.1 本年度已清算结束的集合类、单一类资金信托项目和财产管理类信托项目

已清算结束信托项目	项目个数(个)	实收信托合计金额(万元)	加权平均实际年化收益率(%)
集合类	47	3 339 986.80	6.59
单一类	136	6 713 920.98	6.10
财产管理类	26	1 073 927.97	3.98

6.4.2.2.2 本年度已清算结束的主动管理型信托项目

已清算结束信托项目	项目个数（个）	实收信托合计金额（万元）	加权平均实际年化信托报酬率（%）	加权平均实际年化收益率（%）
证券投资类	2	166 758.56	0.08	10.22
股权投资类	2	300 000.00	0.43	3.21
融资类	20	1 153 080.00	1.08	7.03
事务管理类	—	—	—	—
其他	19	1 649 240.00	1.17	7.13

6.4.2.2.3 本年度已清算结束的被动管理型信托项目

已清算结束信托项目	项目个数（个）	实收信托合计金额（万元）	加权平均实际年化信托报酬率（%）	加权平均实际年化收益率（%）
证券投资类	15	631 834.80	0.32	1.78
股权投资类	2	68 862.37	0.08	0.10
融资类	118	6 046 455.29	0.15	6.48
事务管理类	26	1 004 009.97	0.03	2.84
其他	5	107 594.76	0.10	5.18

6.4.2.3 本年度新增集合类、单一类和财产管理类信托项目

新增信托项目	项目个数（个）	实收信托合计金额（万元）
集合类	109	3 702 988.93
单一类	28	889 600.00
财产管理类	14	1 121 960.98
新增合计	151	5 714 549.91
其中：主动管理型	128	4 905 900.91
被动管理型	23	808 649.00

6.4.2.4 信托业务创新成果和特色业务有关情况

2019年，公司信托业务转型与创新取得了显著成绩。公司首次担任资产服务机构发起设立的银行间市场非金融企业债务融资工具成功落地；标准化投资设立多只净值型证券产品，把握时间窗口推出科创板打新产品，投资业绩良好；积极拓展战略性股权投资业务新模式，发起设立供应链产业基金，为公司进一步布局供应链信托业务创造条件。

6.4.2.5 本公司履行受托人义务情况及因本公司自身责任而导致的信托资产损失情况

公司严格按照《中华人民共和国信托法》《信托公司管理办法》《信托公司集合资金信托计划管理办法》等法律法规的规定及信托合同等文件的约定，诚实、信用、谨慎、有效地管理信托财产，严格履行受托人的义务。报告期内公司没有发生因自身责任而导致的信托资产损失情况。

6.4.3 公司净资本及风险资本情况

截至2019年末，公司净资本为563 751.24万元，公司开展固有业务、信托业务等占用的风险资本为318 454.96万元，公司净资本高于各项风险资本之和，高于公司净资产的40%，符合《信托公司净资本管理办法》的风险控制指标。

6.5 关联方关系及其交易的披露

6.5.1 关联交易概况

	关联交易方数量（个）	关联交易金额（万元）	定价政策
合计	5	1 282 715.47	本公司向关联方提供贷款、管理咨询服务等的交易价格由双方协商确定，与非关联方的交易价格并无重大差异；收取的信托项目手续费按照信托合同的约定确定。

6.5.2 关联交易方情况

关系性质	关联方名称	法定代表人	注册地址	注册资本（亿元）	主营业务
最终控制方	国家开发投资集团有限公司	白 涛	北京市西城区阜成门北大街6号-6国际投资大厦	338	经营国务院授权范围内的国有资产并开展有关投资业务；能源、交通运输、化肥、高科技产业、金融服务、咨询、担保、贸易、生物质能源、养老产业、大数据、医疗健康、检验检测等领域的投资及投资管理；资产管理；经济信息咨询；技术开发、技术服务。
母公司	国投资本控股有限公司	叶柏寿	北京市西城区阜成门北大街6号-6国际投资大厦A座	25	对外投资，资产管理，接受委托对企业进行管理，投资策划及咨询服务。
子公司	国投瑞银基金管理有限公司	叶柏寿	上海市虹口区东大名路638号7层	1	基金募集、基金销售、资产管理、中国证监会许可的其他业务。
合营企业	国投万和资产管理有限公司	姚少杰	珠海市横琴新区宝华路6号105室-19507	1	资产管理、股权投资。
受同一最终控制方控制的其他企业	国投物业有限责任公司	韩 松	北京市西城区阜成门北大街6号-6国际投资大厦	1	物业管理；出租办公用房；机动车公共停车场服务；洗车服务；餐饮服务；销售食品。
受同一最终控制方控制的其他企业	国投亚华（上海）有限公司	耿永军	上海市虹口区东大名路638号二层	23	实业投资、投资管理（除股权投资和股权投资管理），投资咨询，房地产开发经营，物业管理，会展会务服务，商务咨询（除经纪）。
受同一最终控制方控制的其他企业	国投资本股份有限公司	叶柏寿	中国（上海）自由贸易试验区北张家浜路128号204-3、204-4、204-5室	42.27129727	投资管理，企业管理，资产管理，商务信息咨询服务，实业投资，创业投资，从事货物及技术的进出口业务，计算机软硬件开发，物业管理。

续表

关系性质	关联方名称	法定代表人	注册地址	注册资本（亿元）	主营业务
受同一最终控制方控制的其他企业	国投财务有限公司	李旭荣	北京市西城区阜成门北大街2号18层	50	对成员单位办理财务和融资顾问、信用鉴证及相关咨询、代理业务；协助成员单位实现交易款项的收付；经批准的保险代理业务；对成员单位提供担保；办理成员单位之间的委托贷款及委托投资；对成员单位办理票据承兑与贴现；办理成员单位之间的内部转账结算及相应的结算、清算方案设计；吸收成员单位的存款；对成员单位办理贷款及融资租赁；从事同业拆借；经批准发行财务公司债券；承销成员单位的企业债券；对金融机构的股权投资；有价证券投资；成员单位产品的买方信贷。
受同一最终控制方控制的其他企业	国投亚华（北京）有限公司	徐波	北京市西城区阜成门北大街2号楼1层至7层东侧北侧西侧地下一层、地下二层	7.3	房地产开发；销售商品房；信息咨询（中介除外）；出租商业用房、办公用房；租赁计算机及辅助设备；建设工程项目管理；体育场馆经营；住宿；游泳馆。
受同一最终控制方控制的其他企业	安信证券股份有限公司	王连志	深圳市福田区金田路4018号安联大厦35层、28层A02单元	70	证券经纪；证券投资咨询；与证券交易、证券投资活动有关的财务顾问；证券承销与保荐；证券自营；证券资产管理；融资融券；代销金融产品；证券投资基金销售；为期货公司提供中间介绍业务；证券投资基金托管；中国证监会批准的其他证券业务。
受同一最终控制方控制的其他企业	中国投融资担保股份有限公司	兰如达	北京市海淀区西三环北路100号北京金玉大厦写字楼9层	45	融资性担保业务：贷款担保、票据承兑担保、贸易融资担保、项目融资担保、信用证担保及其他融资性担保业务；监管部门批准的其他业务：债券担保、诉讼保全担保、投标担保、预付款担保、工程履约担保、尾付款如约偿付担保等履约担保业务，与担保业务有关的融资咨询、财务顾问等中介服务，以自有资金投资；投资及投资相关的策划、咨询；资产受托管理；经济信息咨询；人员培训；新技术、新产品的开发、生产和产品销售；仓储服务；组织、主办会议及交流活动；上述范围涉及国家专项规定管理的按有关规定办理。
其他关联方	泰康人寿保险有限责任公司	陈东升	北京市昌平区科技园区科学园路21-1号（泰康中关村创新中心）1层	30	开展各类人民币、外币的人身保险业务，其中包括各类人寿保险、健康保险（不包括团体长期健康保险）、意外伤害保险等保险业务；上述业务的再保险及共保业务；开展为境内外的保险机构代理保险、检验、理赔等业务；在中国保险监督管理委员会批准的范围内，代理泰康在线财产保险股份有限公司的保险业务；开展保险咨询业务；依照有关法规从事资金运用业务；证券投资基金销售业务；开展经中国保险监督管理委员会批准的其他业务。
股东	泰康资产管理有限责任公司	段国圣	中国（上海）自由贸易试验区张杨路828－838号26F07、F08室	10	管理运用自有资金及保险资金，受托资金管理业务，与资金管理业务相关的咨询业务，公开募集证券投资基金管理业务，国家法律法规允许的其他资产管理业务。
其他关联方	悦达融资租赁有限公司	唐如军	盐城经济技术开发区希望大道南路5号3幢1407室	7.67	融资租赁业务、租赁业务（含汽车租赁）、向国内外购买租赁财产、对租赁财产的残值处理及维修、租赁交易咨询；二手车经纪；与主营业务有关的商业保理业务；一、二类医疗器械销售；三类医疗器械销售（凭许可证经营）。
受同一最终控制方控制的其他企业	天津国投津能发电有限公司	朱基伟	天津市滨海新区汉沽汉南路266号	35.81	电力、热力、海水淡化设施的开发建设、生产、供应；燃料灰渣的综合利用；旅馆住宿服务。
其他关联方	渤海银行股份有限公司	李伏安	天津市河东区海河东路218号	144.5	吸收公众存款；发放短期、中期和长期贷款；办理国内外结算；办理票据承兑与贴现；发行金融证券；代理发行、代理兑付、承销政府债券；买卖政府债券、金融债券；从事同业拆借；买卖、代理买卖外汇；结汇、售汇业务；从事银行卡业务；提供信用证服务及担保；代理收付款项及保险兼业代理；提供保管箱服务；从事衍生产品交易业务；证券投资基金托管、保险资金托管业务；证券投资基金销售业务；经国务院银行业监督管理机构批准的其他业务。

6.5.3 本公司与关联方的重大交易事项

6.5.3.1 固有与关联方交易情况

单位：万元

固有与关联方关联交易				
	期初数	借方发生额	贷方发生额	期末数
贷款	—	—	—	—
投资	60 811.76	4 487	—	65 298.76
租赁	—	2 816.18	—	2 816.18

续表

固有与关联方关联交易				
	期初数	借方发生额	贷方发生额	期末数
担保	—	—	—	—
应收账款	—	—	—	—
其他	15 274.30	57 183.43	59 242.86	13 214.87
合计	76 086.06	64 486.61	59 242.86	81 329.81

6.5.3.2　信托与关联方交易情况

单位：万元

信托与关联方关联交易				
	期初数	借方发生额	贷方发生额	期末数
贷款	20 423.50	—	7 050.00	13 373.50
投资	—	—	—	—
租赁	—	—	—	—
担保	—	—	—	—
应收账款	—	—	—	—
其他	—	—	—	—
合计	20 423.50	—	7 050.00	13 373.50

6.5.3.3　信托公司自有资金运用于自己管理的信托项目（固信交易）、信托公司管理的信托项目之间的相互（信信交易）交易金额

6.5.3.3.1　固有与信托财产之间的交易

单位：万元

固有财产与信托财产相互交易				
	期初数	借方发生额	贷方发生额	期末数
合计	274 915	426 867	320 089	381 693

6.5.3.3.2　信托项目之间的交易

单位：万元

	期初数	本期增加	本期减少	期末数
合计	520 237.00	67 690.00	337 290.00	250 637.00

6.5.4　报告期有无关联方逾期未偿还本公司资金，有无为关联方担保发生或即将发生垫款的情况

无。

6.6　会计制度的披露

本公司根据实际发生的交易和事项，按照财政部颁布的《企业会计准则——基本准则》和陆续颁布的各项具体会计准则、企业会计准则应用指南、企业会计准则解释及其他相关规定进行确认和计量，在此基础上编制财务报表。

7. 财务情况说明书

7.1　利润实现和分配情况

母公司口径：公司累计实现利润总额为 121 822 万元，较 2018 年同期增加 38 441 万元，增幅为 46.1%。实现净利润 91 931万元，较 2018 年同期增加 29 138 万元，增幅为 46.40%。按相关法规及《公司章程》提取盈余公积 9 193 万元，提取一般准备金6 397万元。

合并口径：公司累计实现利润总额为 143 625 万元，较 2018 年同期增加 57 814 万元，增幅为 67.37%。实现净利润 108 406 万元，较 2018 年同期增加 43 200 万元，增幅为 66.25%。按相关法规及《公司章程》提取盈余公积 9 193 万元，提取一般准备金9 696万元。

7.2　主要财务指标

指标名称	指标值（母公司）	指标值（母子公司合并）
资本利润率（%）	15.13	14.81
加权年化信托报酬率（%）	0.54	0.54
人均净利润（万元）	392.87	232.13

7.3　对本公司财务状况、经营成果有重大影响的其他事项

报告期内无对本公司财务状况、经营成果有重大影响的其他事项。

8. 特别事项揭示

8.1　前五名股东报告期内变动情况及原因

无。

8.2　董事、监事及高级管理人员变动情况及原因

2019 年 1 月 25 日，公司 2019 年第一次临时股东会同意聘任王相品先生为公司独立董事。2019 年 3 月 28 日王相品先生经北京银保监局核准任职资格后正式履职。

2019 年 3 月 22 日，公司第六届董事会第六次会议同意聘任曹莹女士为公司总经理助理。2019 年 6 月 5 日曹莹女士经北京银保监局核准任职资格后正式履职。

2019 年 4 月 10 日，公司 2018 年度股东会同意免去祁广亚先生、谭祖愈先生董事职务，聘任唐如军先生、霍焱先生为公司董事。公司按照监管要求，2019 年 5 月 15 日向北京银保监局对祁广亚先生、谭祖愈先生离任进行了报告；2019 年 12 月 18 日霍焱先生经北京银保监局核准任职资格后正式履职，唐如军先生董事任职资格正在核准中。

2019 年 4 月 10 日，公司 2018 年度股东会同意免去霍焱先生监事职务，聘任冯铁良先生为公司监事。

2019 年 8 月 30 日，公司 2019 年第三次临时股东会同意免去鲍红雨女士监事职务，聘任曲刚先生为公司监事。

2019 年 9 月 29 日，公司第六届董事会第十一次会议同意聘任包恋群先生为公司副总经理。2019 年 11 月 27 日包恋群先生经北京银保监局核准任职资格后正式履职。

2019 年 12 月 20 日，公司第六届监事会第四次会议选举曲刚先生接任公司第六届监事会主席。

8.3　公司的重大未决诉讼事项

8.3.1　重大未决诉讼事项

截至 2019 年末，公司无新增重大未决起诉案件，存续重大未决被诉案件 1 件，涉案金额为 700 万元，发生时间为 2012 年 8 月，起诉人为沈阳万鹏投资有限责任公司。案件已上诉至辽宁省高级人民法院进行二审，辽宁省高级人民法院于 2017 年 4 月开庭，尚未作出判决。该案为国投集团收购公司前遗留事项，公司实际承担责任的可能性较小。

8.3.2 以前年度发生，于本报告年度内终结的诉讼事项

无。

8.4 对会计师事务所出具的有保留意见、否定意见或无法表示意见的审计报告的，公司董事会应就所涉及事项作出说明

会计师事务所出具了无保留意见审计报告。

8.5 公司及其董事、监事和高级管理人员受到处罚的情况

报告期内，公司及其董事、监事和高级管理人员未受到处罚。

8.6 中国银保监会及其派出机构对公司检查后提出整改意见的，应简单说明整改情况

报告期内，银保监局未对公司开展现场检查。

8.7 本年度重大事项临时报告的简要内容、披露时间、所披露的媒体及其版面

无。

8.8 中国银保监会及其省级派出机构认定的其他有必要让客户及相关利益人了解的重要信息

无。

9. 公司监事会意见

报告期内，监事列席了股东会、董事会会议并发表了独立意见，对公司依法经营情况、财务情况进行了监督。公司监事会无下属委员会。

监事会认为，公司2019年的经营和运作，符合法律规范和监管部门的要求，完成了各项年度重点工作；公司各位董事、高级管理人员在执行公司职务时能够恪尽职守，合规经营，依法管理，围绕股东会确定的年度目标审慎经营、规范运作，各项决策程序合法有效；依据立信会计师事务所2020年3月12日发布的编号为信会师报字[2020]第ZG21396号、第ZG21397号的审计报告，公司财务报告客观真实地反映了公司财务状况及经营成果。依据公司的内部审计报告，未发现公司存在违法、违规和损害股东、投资者利益的行为，也未发现公司因违法、违规给公司自身和客户财产造成损失的问题。

10. 公司履行社会责任情况

作为中央企业控股的信托公司和中国信托业协会理事单位，公司始终秉承“有道而正、信则人任”的核心价值观，以务实的精神、稳健的作风以及细致的服务，为客户、为员工、为股东、为社会创造最大价值。公司严格遵守国家法律法规、监管部门规章、规范性文件以及《信托公司社会责任公约》《公司章程》的规定，依法合规稳健经营，所有主动管理产品均实现平稳运行，树立了良好的社会形象，2019年荣获“优秀管理团队奖”“年度金牌风控力信托公司”“卓越财富管理品牌大奖”和“2019年度信托业新媒体影响力Top10”等多个重量级奖项。

公司积极履行社会责任，主动投身公益慈善事业，将开展公益信托、慈善信托作为重要的战略方向，已成为全国领先的慈善信托业务践行者。2019年公司顺利结束“国投泰康信托2016年真爱梦想1号教育慈善信托”项目。此外，公司仍有3单慈善信托存续运作，其中“国投泰康信托·2018甘肃临洮产业扶贫慈善信托”支持甘肃临洮县扶贫开发，资助购买巨灾指数保险，有效降低了干旱和强降水的负面影响；“国投泰康信托2016年国投慈善1号慈善信托”规模增加至5 000万元，进一步支持贫困地区群众生活改善与教育提升；“国投泰康信托2017年真爱梦想2号教育慈善信托”建设真爱梦想教室，支持全国素养教育研究和推广。

在经营过程中，公司高度重视利益相关方的权益保护工作，高度注重风险管控，依照诚实、信用、谨慎、有效的原则，审慎管理信托资产，切实维护客户权益，年度内到期项目全部顺利清算，未出现兑付风险，存续项目运转良好，为客户投资理财的安全性、稳定性提供了必要保障。公司不断健全客户服务体系，以实际行动践行“普惠金融”的理念；公司高度重视客户投诉，持续完善客户投诉受理机制，客户投诉得到妥善处理；公司重视和保护员工合法权益，定期组织职业培训与相关技能培训，关心员工成长；公司按照监管部门要求，积极有效地开展反洗钱、治理商业贿赂、案件防控和消费者权益保护工作，为维护社会安定和金融秩序作出努力。

杭州工商信托股份有限公司

1. 重要提示

1.1　本报告根据中国银行保险监督管理委员会的有关规定编制。本公司董事会及董事保证本报告所载资料不存在任何虚假记载、误导性陈述或者重大遗漏,并对其内容的真实性、准确性和完整性承担个别及连带责任。本年度报告摘要摘自年度报告全文,客户及相关利益人欲了解详细内容,应阅读年度报告全文。

1.2　独立董事金雪军先生、梅建平先生、竺福江先生认为本年度报告内容是真实、准确、完整的。

1.3　公司总裁江龙先生、主管会计工作负责人康波女士及会计主管人员吴庆元先生声明:保证年度报告中财务报告的真实、完整。

2. 公司概况

2.1　公司简介

2.1.1　公司法定中文名称:杭州工商信托股份有限公司
公司法定英文名称:Hangzhou Industrial & Commercial Trust Co. ,Ltd.

2.1.2　法定代表人:虞利明

2.1.3　注册地址:浙江省杭州市江干区迪凯国际中心3801 室、4101 室、裙房 4 楼

2.1.4　邮政编码:310016

2.1.5　公司国际互联网网址:www. hztrust. com

2.1.6　电子信箱:hztrust@ hztrust. com

2.1.7　信息披露事务负责人:张锐
联系电话/传真:0571-87213936
电子信箱:zhangrui@ hztrust. com

2.1.8　公司选定的信息披露报纸名称:《证券时报》《上海证券报》

2.1.9　公司年度报告备置地点:浙江省杭州市江干区迪凯国际中心 38 层、41 层、42 层及裙房 4 楼

2.1.10　公司聘请的会计师事务所名称:德勤华永会计师事务所(特殊普通合伙)
住所:上海市延安东路 222 号外滩中心 30 楼

2.1.11　公司聘请的律师事务所名称:浙江天册律师事务所
住所:浙江省杭州市杭大路 1 号黄龙世纪广场 A 座 11 楼

2.2　组织结构

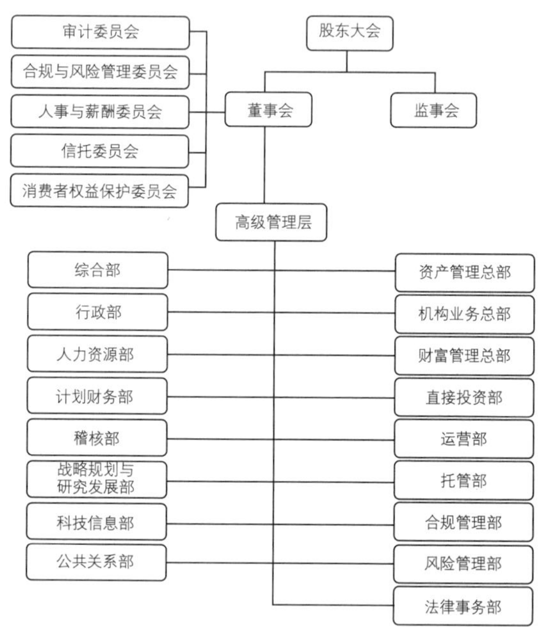

3. 公司治理

3.1　股东

公司报告期末股东总数为 9 家,报告期间股权无变动情况。

3.1.1　报告期末股东持股情况

股东名称	股份数量	持股比例(%)
杭州市金融投资集团有限公司	869 880 001. 46	57. 992
绿地金融投资控股集团有限公司	298 500 000. 00	19. 9
百大集团股份有限公司	93 937 500. 00	6. 2625
浙江大学控股集团有限公司	66 515 625. 00	4. 434375
西子电梯集团有限公司	66 515 625. 00	4. 434375
浙江省东联集团有限责任公司	38 135 623. 54	2. 542375
浙江物产元通汽车集团有限公司	28 380 001. 48	1. 892

续表

股东名称	股份数量	持股比例(%)
浙江省冶金物资有限公司	19 067 811.76	1.2711875
浙江省盐业集团有限公司	19 067 811.76	1.2711875
总计	1 500 000 000	100

3.1.2 公司前三位股东情况

股东名称	出资比例(%)	法人代表	注册资本	注册地址	主要经营业务及主要财务情况
杭州市金融投资集团有限公司	57.992	张锦铭	50 亿元	杭州市上城区庆春路 155 号中财发展大厦 12 楼	市政府授权范围内的国有资产经营,市政府及有关部门委托经营的资产;矿产品、建材及化工厂产品、机械设备、五金产品及电子产品的批发;其他无须报经审批的一切合法项目。2019 年末净资产为 201.49 亿元,净利润为 17.91 亿元(合并口径)。
绿地金融投资控股集团有限公司	19.9	耿　靖	90 亿元	上海市崇明县潘园公路 1800 号 2 号楼 888 室(上海泰和经济开发区)	金融资产投资,资产管理,投资管理,商务咨询与服务。2019 年末净资产为 185.28 亿元,净利润为 30.60 亿元(合并口径)。
百大集团股份有限公司	6.2625	陈夏鑫	376 240 316 元	杭州市下城区延安路 546 号	百货批发零售。2019 年末净资产为 19.00 亿元,净利润为 2.05 亿元(合并口径)。

3.1.3 报告期末主要股东及其控股股东、实际控制人、关联方、一致行动人、最终受益人情况

主要股东名称	该股东的控股股东	该股东的实际控制人	一致行动人	最终受益人
杭州市金融投资集团有限公司	杭州市人民政府	杭州市人民政府	无	杭州市人民政府、浙江省财政厅
绿地金融投资控股集团有限公司	绿地控股集团有限公司	无实际控制人	无	绿地控股集团股份有限公司
百大集团股份有限公司	西子国际控股有限公司	陈桂花及其配偶王水福	无	陈桂花及其配偶王水福
西子电梯集团有限公司	王水福	王水福	陈桂花	王水福、陈夏鑫

3.1.4 报告期末主要股东关联方名单

主要股东名称	关联方名单
杭州市金融投资集团有限公司	杭州工商信托股份有限公司、杭州市民卡有限公司、杭州金投资本管理有限公司、杭州市财开投资集团有限公司、杭州金投企业集团有限公司等,详见公开挂网的《杭州市金融投资集团有限公司 2019 年年度报告》。
绿地金融投资控股集团有限公司	绿地控股集团有限公司、绿地创新投资有限责任公司、绿地永续财富投资管理有限公司、贵州省绿地金融资产交易有限公司、黑龙江省金融资产交易中心有限公司、大连绿地文化产权交易中心有限公司、绿地融资租赁有限公司、华臻国际商业保理有限公司、上海绿地股权投资管理有限公司、上海绿地欣业资产管理有限公司、上海绿联资本管理有限公司、上海绿地创极投资管理有限公司、上海绿臻资产管理有限公司、上海绿堃资产管理有限公司、上海绿珩投资管理有限公司、苏州绿创创联投资管理中心(有限合伙)、苏州绿创产投投资合伙企业(有限合伙)、上海绿鹍信息科技有限公司、绿地联行信息科技有限责任公司、山东省电子商务综合运营管理有限公司、深圳前海联奇在线信息技术服务有限公司、上海绿地吉客智能科技有限公司、深圳市绿信科技集团有限公司、上海易涟信息技术有限公司、上海廪溢投资合伙企业(有限合伙)、北京绿锦投资有限公司、上海奉贤绿地小额贷款股份有限公司、重庆保税港区绿地小额贷款有限公司、宁波江北区绿地小额贷款有限责任公司、青岛绿地申花小额贷款有限公司、广州市绿地吉客小额贷款有限责任公司、绿地教育产业投资集团有限公司、绿学产业投资有限公司、绿学资产管理有限公司、上海绿优培训学校有限公司、上海徐汇绿优托育有限公司、上海绿地金谷股权投资基金管理有限公司、上海绿地交信投资管理有限责任公司、绿地金融海外投资集团有限公司、绿地国际资本有限公司、绿地资产管理有限公司、Greenland (Singapore) Trust Management Pte. Ltd. 、绿地海外集团投资有限公司、绿地联合金融投资有限公司、绿地虚拟金融股份有限公司、绿地(亚洲)证券有限公司、绿地金融财务有限公司、绿地财富(澳门)投资一人有限公司、宁波绿珷投资管理有限公司、上海绿投磐徵商务服务有限公司、上海绿地弘途投资发展有限公司、上海绿地融资担保有限公司、上海绿地典当有限公司、宿州绿登商务信息咨询有限公司、上海加财投资管理有限公司、上海廪岳股权投资合伙企业(有限合伙)、上海廪荟股权投资合伙企业(有限合伙)、上海珑樽投资管理有限公司、上海廪辉股权投资合伙企业(有限合伙)、上海廪君股权投资管理合伙企业(有限合伙)、上海廪臻投资合伙企业(有限合伙)、上海彤翼资产管理有限公司、上海茁蕴投资管理合伙企业(有限合伙)、上海绿艾投资合伙企业(有限合伙)、上海茁蓄投资管理合伙企业(有限合伙)、上海绿廪创舸投资合伙企业(有限合伙)、上海绿开投资合伙企业(有限合伙)、Oasis Bunon Limited、湖州廪信股权投资合伙企业(有限合伙)、GMT Holding、上海碧昶企业管理合伙企业(有限合伙)、上海绿昶企业管理合伙企业(有限合伙)、宁波绿琎投资管理有限公司、绿安创兴有限公司、GEM Holding、上海绿槐企业管理合伙企业(有限合伙)、宁波廪峰投资管理合伙企业(有限合伙)、GPT Holding、苏州绿缜创业投资合伙企业(有限合伙)、上海绿穗信息科技有限责任公司、上海廪蔚企业管理合伙企业(有限合伙)、上海廪泓企业管理合伙企业(有限合伙)、宿州绿玖企业管理有限公司、上海绿綦企业管理合伙企业(有限合伙)、Greentech Tianhong Investment Holding Limited、上海廪骏企业管理合伙企业(有限合伙)、上海绿佰企业管理合伙企业(有限合伙)、宿州绿联恒阳股权投资合伙企业(有限合伙)、宿州绿杲企业管理有限公司、哈尔滨樽升投资有限公司、上海奉翊实业发展有限公司、上海鹏塔网络科技有限公司、杭州工商信托股份有限公司、中金瑞德(上海)股权投资管理有限公司、中国绿地博大绿泽集团有限公司、雅居乐雅生活服务股份有限公司、上海绿地建设(集团)有限公司、绿地集团南京宝地置业有限公司、绿地集团合肥紫峰置业有限公司、河南绿地新城置业有限公司、河南绿地御湖置业有限公司、河南绿地广场置业发展有限公司、河南广海房地产开发有限公司、上海恺泰房地产开发有限公司、沈阳辰宇建设集团有限责任公司、沈阳顺天建设集团有限公司、本溪高新技术产业开发区绿地置业有限公司、上海绿地优鲜超市有限公司、绿地集团四川申宏置业有限公司、上海市锦绿实业发展有限公司、上海绿地集团绿化工程有限公司、上海绿地建筑工程有限公司、上海卢湾绿地商业管理有限公司、上海绿地集团森茂园林有限公司、昆山联合商业发展有限公司、上海市锦绿建筑工程有限公司、上海康宸房地产开发有限公司、绿地地产集团有限公司、上海绿地海珀置业有限公司、上海徐汇绿地商业管理有限公司、上海翱禹资产管理有限公司、上海绿地汽车服务(集团)有限公司、上海绿地仓储物流有限公司、绿地香港投资集团有限公司、上海绿鼎置业有限公司。
百大集团股份有限公司	西子电梯集团有限公司、西子国际控股有限公司、浙江百大置业有限公司、浙江百大酒店管理有限公司、浙江百大资产管理有限公司等。

续表

主要股东名称	关联方名单
西子电梯集团有限公司	西子联合控股有限公司、浙江西子节能服务有限公司、杭州西子富沃德电器有限公司、宁波西子海港资产管理有限公司、浙江西子商业经营管理有限公司、浙江西子重工钢构有限公司、杭州必锐经贸有限公司、浙江西子重工机械有限公司、浙江三农物流有限公司、天津西子联合有限公司、浙江方向投资有限公司、宁波西子资产管理有限公司、浙江西子电梯部件有限公司、杭州锅炉集团股份有限公司、杭州西子孚信科技有限公司、浙江西子势必锐航空工业有限公司、浙江西子工业质量技术研究院有限公司、浙江西航企业管理有限公司、杭州素春斋餐饮管理有限公司、浙江蒲惠智造科技有限公司、浙江方向融资租赁有限公司、杭州西子典当有限责任公司、浙江西子飞机部件有限公司、沈阳西子航空产业有限公司、浙江西子航空紧固件有限公司、杭州杭锅钢构有限公司、杭州起重机械有限公司、浙江西子别墅电梯制造有限公司、杭州西子农业开发有限公司、杭州市优质农产品展示展销中心有限公司、杭州临安清凉峰旅游开发有限公司、杭州新世纪设备租赁有限公司、杭州杭锅江南能源有限公司、浙江国新股权投资有限公司、杭州锅炉检测技术有限公司、杭州锅炉厂工程物资有限公司、浙江杭锅江南国际贸易有限公司、杭州杭锅电气科技有限公司、浙江西子联合工程有限公司、杭州杭锅工业锅炉有限公司、杭州西子星月产业园经营管理有限公司、杭州新世纪能源环保工程股份有限公司、浙江杭锅能源投资管理有限公司、杭州杭锅通用设备有限公司、江西乐浩综合利用电业有限公司、杭州西子机电技术学校、杭锅国际实业有限公司、浙江西子联合设备成套有限公司、浙江杭胜锅炉有限公司、杭州莱德锅炉辅机有限公司、杭州杭锅设备成套工程有限公司、杭州国祯伊泰克工程技术有限公司、杭州临安绿能环保发电有限公司、深圳市迪博能源科技有限公司、厦门西子原卉能源投资有限公司、杭州西子轨道交通设备有限公司、杭州西子智能停车股份有限公司、杭州西子停车产业有限公司、杭州西子智能工程有限公司、杭州泊锦科技有限公司、重庆西子停车场管理有限公司、北京西子停车管理有限公司、安徽省西子蓝鸟停车产业有限公司、杭州尚诚西子停车场管理有限公司、上海西子停车管理有限公司、西子联合控股有限公司澳大利亚发中心有限公司、奥的斯机电电梯有限公司、奥的斯机电电梯（重庆）有限公司、奥的斯机电电梯（上海）有限公司、浙江大学创新技术研究院有限公司、上海西子联合投资有限公司、上海西子投资控股有限公司、杭州西奥投资控股有限公司、西子国际控股有限公司、宁波铸英投资合伙企业（有限合伙）、杭州西子投资担保有限公司、上海西子联合实业有限公司、新华园房产集团有限公司、浙江绿西物业管理有限公司、浙江西子富沃德电机有限公司、杭州优迈科技有限公司、宁波铸石投资管理有限公司、莱茵达（桐庐）体育发展有限公司、上海莘伦投资有限公司、杭州经济技术开发区邻里商贸有限公司、杭州御园置业有限公司、杭州绿城墅园置业有限公司、浙江西子绿城房地产集团有限公司、杭州大奇山郡实业有限公司、浙江绿西房地产集团有限公司、杭州笕桥商会实业有限公司、杭州临安西子房地产开发有限公司、杭州沁都置业有限公司、杭州紫元绿西房地产有限公司、上海绿西物业管理有限公司、南通金管家物业管理有限公司、宁波绿新物业管理有限公司、成都西子孚信科技有限公司、杭州余杭西子置业有限公司、桐庐大奇山郡置业有限公司、桐庐大奇山郡旅游开发有限公司、桐庐大奇山郡运动休闲有限公司、桐庐大奇山郡酒店有限公司、杭州大奇山教育管理咨询有限公司、浙江绿城新兴置业有限公司、杭州临安西园酒店管理有限公司、杭州西子富沃德精密机械有限公司、杭州江悦郡置业有限公司、浙江新西奥资产管理有限公司、上海西子电梯有限公司、杭州临宜房地产开发有限公司、新西奥电梯集团有限公司、宁波西子太平洋置业有限公司、西子电梯科技有限公司、速捷电梯有限公司、杭州西子电梯工程有限公司、杭州西奥电梯安装服务有限公司、杭州西奥电梯有限公司、西安航源盛置业有限公司、浙江新西奥典当有限公司、宁波西子太平洋商业管理有限公司、宁海西子国际大酒店有限公司、杭州斯沃德电梯有限公司、广州西奥电梯安装工程有限公司、杭州西奥电梯现代化更新有限公司、宁波西子太平洋百货有限公司、杭州昂璨机电设备有限公司、郑州西奥电梯现代化更新有限公司、九江市跨贸小镇建设有限公司、杭州守峰建设管理有限公司、诸暨祥生景辉置业有限公司、百大集团股份有限公司、浙江百大置业有限公司、浙江百大酒店管理有限公司、百大物服（杭州）物业服务有限责任公司、浙江百大资产管理有限公司、杭州百大置业有限公司、杭州全程商业零售有限公司、恒都国际有限公司、孚信（澳洲）有限公司、杭州艺高景观工程有限公司、浙江华瑞航空制造有限公司。

报告期内，公司股东无出质公司股权情况。

3.2 董事

董事长、董事

姓　名	职　务	性别	年龄（岁）	选任日期	所推举的股东名称	该股东持股比例（%）	简要履历
虞利明	董事长	男	53	2017 年 10 月（换届连任）	杭州市金融投资集团有限公司	57.992	曾任交通银行杭州分行党委委员、副行长，杭州市投资控股有限公司董事长、总经理；现任杭州市金融投资集团有限公司副董事长、总经理。
徐云鹤	董事	男	56	2017 年 10 月（换届连任）	杭州市金融投资集团有限公司	57.992	曾任杭州市投资控股有限公司投资发展部经理，董事、副总经理；现任杭州市金融投资集团有限公司副总经理。
丁建萍	董事	男	54	2017 年 10 月（换届连任）	杭州市金融投资集团有限公司	57.992	曾任海南万通集团有限公司咨讯事业部总经理，新加坡大洋企业有限公司副总经理，杭州市投资控股有限公司投资发展部经理，杭州工商信托股份有限公司执行总经理和总裁；现任聚光科技（杭州）股份有限公司董事长，杭州前岩企业管理咨询有限公司总经理，杭州工商信托股份有限公司首席顾问。
江　龙	董事	男	45	2018 年 10 月（股东大会选举）2018 年 12 月（监管机构核准）	杭州市金融投资集团有限公司	57.992	曾任杭州工商信托股份有限公司证券营业部电脑部及科技部主管、投资银行部信托经理，市场开发部客户经理、金融信托部副总经理、结构融资部负责人、结构融资部总经理、资产管理总监、副总裁；现任杭州工商信托股份有限公司总裁。
朱　虹	董事	女	52	2017 年 10 月（换届连任）	绿地金融投资控股集团有限公司	19.9	曾任职于中国人民银行上海分行金融机构管理处和稽核处，里昂证券上海办事处首席代表，汉宇资本（亚洲）有限公司董事总经理，蓝涛亚洲及上海蓝涛投资咨询有限公司董事总经理；现任绿地金融投资控股集团有限公司执行副总裁。
施征宇	董事	男	47	2017 年 10 月（换届选举）2018 年 2 月（监管机构核准）	绿地金融投资控股集团有限公司	19.9	曾任中国农业银行上海市分行房地产金融部总经理；现任绿地金融投资控股集团有限公司副总经理。

独立董事

姓　名	所在单位及职务	性别	年龄（岁）	选任日期	所推举的股东名称	该股东持股比例（%）	简要履历
金雪军	浙江大学教授	男	61	2017 年 10 月（换届连任）	各股东协商提名	100	曾任浙江大学金融研究所所长，浙大外经贸学院副院长兼经济与金融系主任，浙大经济学院副院长兼金融系主任，金融学院院长；现任浙江省特级专家，浙大求是特聘教授、国务院政府特殊津贴专家、金融学博导，浙大资产管理研究中心主任，浙江（浙江大学）工程师学院互联网金融分院院长、省高校财政金融学教指委主任、省政府咨询委员、中国金融学会常务理事、省监查委特约监查员、浙大金融研究院学术委员会主任等。
梅建平	长江商学院副院长、教授	男	59	2017 年 10 月（换届选举）2017 年 12 月（监管机构核准）	各股东协商提名	100	曾任纽约大学金融学副教授，芝加哥大学访问副教授，清华大学特聘教授；现任长江商学院副院长、金融学教授、长江房地产研究中心主任。
竺福江	杭州民生医药控股集团董事长、总裁；杭州民生药业党委书记、董事长；浙江浙商健投资产管理有限公司董事长	男	63	2017 年 10 月（换届选举）2018 年 2 月（监管机构核准）	各股东协商提名	100	曾任杭州民生药厂车间副主任、厂工会主席、党委副书记、书记、副董事长，杭州民生药业集团公司董事长、总经理、党委书记，杭州赛诺菲圣德拉堡民生制药有限公司董事长，杭州民生药业集团有限公司董事长、总裁、党委书记，杭州民生集团有限公司董事长、总裁，现任杭州民生医药控股集团董事长、总裁，杭州民生药业党委书记、董事长，浙江浙商健投资产管理有限公司董事长。

3.3　监事

监事会成员

姓　名	职　务	性别	年龄（岁）	选任日期	所推举的股东名称	该股东持股比例（%）	简要履历
董振东	监事会主席	男	44	2017 年 10 月（换届选举）	各股东协商提名	100	曾先后供职于中国银行江苏省分行、新利软件股份有限公司、浙江国信创业投资有限公司、杭州锅炉集团股份有限公司、西子电梯集团有限公司、百大集团股份有限公司；现任百大集团股份有限公司执行副总经理、董事，兼任宁波铸石投资管理有限公司执行董事，杭州西子智能停车股份有限公司董事，浙江红土创业投资有限公司董事。
沈卫勤	监事	女	49	2017 年 10 月（换届选举）	各股东协商提名	100	曾先后供职于杭州市财税局、浙江东方会计事务所、杭州市财开投资集团、杭州市金融投资集团有限公司、杭州金投融资租赁有限公司；现任杭州市金融投资集团有限公司财务管理部（资金管理部）总经理。
石　峰	监事	男	41	2017 年 10 月（换届连任）	职工监事	—	曾先后供职于浙江天名律师事务所、浙江浙元律师事务所、杭州工商信托股份有限公司合规与风险管理部；现任杭州工商信托股份有限公司法律事务部副总经理（主持工作）。

3.4　高级管理人员

姓　名	职　务	性别	年龄（岁）	选任日期	金融从业年限（年）	学历	专业
江　龙	总裁	男	45	2018 年 9 月（资产管理总监，代行总裁职权）2018 年 12 月（副总裁，代行总裁职权）2019 年 3 月（总裁）	25	硕士	金融学、工商管理
张　锐	副总裁	男	58	2017 年 11 月（行政总监，换届连任）2018 年 12 月（副总裁）	39	本科	经济管理
汪　勇	副总裁	男	47	2017 年 11 月（投资运营总监，换届连任）2018 年 12 月（副总裁）	24	本科	会计学
马晓涛	副总裁	男	50	2017 年 11 月（风险管理总监，换届连任）2018 年 12 月（副总裁）	32	硕士	工商管理
康波	副总裁	女	55	2017 年 11 月（财务总监，换届连任）2018 年 12 月（副总裁）	36	本科	经济管理

3.5 公司员工

报告期内，职工人数:200 人;平均年龄为 34.96 岁。

学历分布比率

学历	人数(人)	学历分布比例(%)
博士	—	—
硕士	96	48.0
本科	94	47.0
专科	7	3.5
其他	3	1.5

4. 经营管理

4.1 经营目标、经营方针、战略规划

4.1.1 经营目标

公司的经营目标是充分发挥和利用信托的制度与功能优势，打造优秀的资产管理团队，为客户提供持续的个性化的资产管理产品和金融服务，打造国内领先的、具有鲜明专业特色的信托资产管理机构。

4.1.2 经营方针

公司将坚持"有所为、有所不为"的发展思路和"投资化、中长期化、基金化、产品化"的业务战略，关注经济增长的新领域，加大对传统产业转型升级、新兴产业发展空间的业务开发力度，实施以分散投资为核心的基金化策略和私募金融工具为目标资产的投资策略，着重拓展资产管理、私募投行、财富管理三大业务领域，完善内控体系建设，推进业务转型，创新服务模式，优化客户结构，构建扁平化的高效内部管理体系，实现合规经营、稳健发展。

4.1.3 战略规划

公司的战略规划是建立以账户管理为核心的内部管理体系，不断完善内控体系与资产管理框架，提高公司核心竞争力和风险管理能力，提升公司整体价值，合规经营，稳健发展。

4.2 所经营业务的主要内容

4.2.1 经营业务、品种

公司业务主要分为信托业务和固有财产管理两大类。

公司目前的信托业务主要包括:

(1)以组合投资管理为主要特征的资产管理业务，包括房地产投资信托等私募投资管理业务。

(2)以项目或企业融资为主的信托投行业务。

(3)事务管理类信托业务。

公司目前信托业务品种主要有单一资金信托、集合资金信托、财产权信托。按运用方式分有投资类信托、融资类信托、组合投资管理类信托。

4.2.2 资产组合与分布

自营资产运用与分布表

资产运用	金额(万元)	占比(%)	资产分布	金额(万元)	占比(%)
货币资产	1 863	0.37	基础产业	—	—
贷款及应收款	83 878	16.78	房地产业	56 700	11.34
交易性金融资产投资	—	—	证券市场	251	0.05
可供出售金融资产投资	371 957	74.40	实业	16 250	3.25
持有至到期投资	—	—	金融机构	344 458	68.90
长期股权投资	5 000	1.00	其他	82 308	16.46
其他	37 269	7.45			
资产总计	499 967	100.00	资产总计	499 967	100.00

信托资产运用与分布表

资产运用	金额(万元)	占比(%)	资产分布	金额(万元)	占比(%)
货币资产	153 152	3.06	基础产业	65 100	1.30
贷款	1 333 001	26.63	房地产	3 803 195	75.98
交易性金融资产投资	—	—	证券市场	114 752	2.29
可供出售金融资产投资	338 418	6.76	实业	185 245	3.70
持有至到期投资	—	—	金融机构	243 824	4.87
长期股权投资	409 722	8.19	其他	593 619	11.86
其他	2 771 442	55.36			
信托资产总计	5 005 735	100.00	信托资产总计	5 005 735	100.00

4.3 市场分析

4.3.1 有利因素

随着我国由高速发展向高质量发展转型进程不断推进，金融供给侧改革进一步深化，市场化机制日趋健全。多项监管政策文件的出台体现了严监管、精细化监管思路的延续，行业监管体系逐渐完善，为信托公司转型指明了方向。近年来，信托业加速回归本源、切实服务实体经济，在稳增长、调结构、促转型等方面发挥了积极的作用，信托业在全社会的认可度和受关注度持续增长。居民财富的积累带来了日益增长的财富管理与财富增值需求，培养投资能力、发展服务信托将成为信托公司与金融同业展开差异化竞争的新兴领域。

公司长期坚持"投资化、中长期化、基金化、产品化"的战略方向和"专业、精致、恒久"的经营理念，形成了以主动管理为主导的业务特色。2019 年公司加速转型，深入开展股权投资业务与基金化信托业务，不断探索纾困基金、不良资产处置信托、基础设施类信托、绿色信托、慈善信托、员工持股信托、家族信托等服务信托等业务领域，在资产管理、财富管理和专业化的受托服务等领域培养和打造核心竞争力。公司历年来稳健经营，积极履行社会责任，市场形象良好。

4.3.2 不利因素

中美贸易摩擦、英国脱欧等国际政治经济不稳定因素导致国内金融市场波动性加剧。国内经济转型过程仍在进行中，新旧动能转换尚未完成，宏观经济下行压力增大，房地产调控力度加大，房地产信托业务规模受限，信托行业监管趋严。信托公司面临经营环境变化和经营模式转型的挑战，需顺应监管导向，结合自身特色和比较优势进行精准定位，注重可持续发展的内生性动力，追求发展质量，谋求合规转型、稳健发展。

4.4 内部控制概况

公司建立了完善的内部治理架构，清晰的内部控制目标和

原则，经营管理层牢固树立了内控优先的风险管理理念，公司前台、中台、后台职责明确，操作独立、运行顺畅。公司根据《中华人民共和国信托法》《信托公司管理办法》等相关法律法规的要求，建立了一整套顺应公司业务发展、符合监管政策的内部控制制度体系，公司现行内控制度渗透到公司的各项业务过程和各个操作环节，基本覆盖所有的部门和岗位，基本形成对风险进行事前防范、事中控制、事后监督和纠正的内控机制，体现了较好的完整性、合理性和有效性，在控制金融风险方面起到了积极的作用，并根据监管要求和经营管理发展需要，适时新增或修订内部控制制度。公司建立了上传下达、下情上达的充分、合理的信息沟通制度，通过多种渠道获取各类信息。公司内部监督分为日常监督和专项监督，合规管理部、风险管理部和稽核部职能分离、职责分明、协同合作，成为公司合规风险的前后道防线，并能组织落实公司的合规风险评估，整个控制活动措施到位，帮助公司降低和规避各类风险，通过后续纠正和改进达到合规和降低风险的目的。

4.5 风险管理概况

公司在经营活动中所面临的风险主要包括信用风险、市场风险、操作风险及其他各类风险。针对不同类型的风险，公司在确保尽职调查工作质量的基础上进一步提高对交易对手和项目的选择标准，有效控制集中度，强化项目管理和风险预警以防范信用风险；加强对宏观经济形势和行业特征的研究，通过适时调整策略和优化升级业务结构以防范市场风险；严格执行并不断补充和完善各项经营管理制度，通过问责和考核机制提高制度执行力和有效性，优化和提升系统支持功能，以防范操作风险；认真研究国家政策，聘请专业法律顾问机构，完善合规制度体系和合规管理工作机制，以防范政策风险、法律合规风险及其他风险。

报告期内，公司深入贯彻执行国家政策、法律法规及监管要求，持续强化公司风险管理体系建设，建立健全风险管理长效机制，加强制度建设提高制度执行力，不断完善合规风险管理，通过风险排查、定期检查等方式落实项目后期管理及各项风险控制措施。目前公司经营正常，报告期内所有信托计划（项目）均正常存续，到期项目均正常完成信托财产的清算（分配）工作。

5. 报告期末及上一年度末的比较式会计报表

5.1 自营资产

5.1.1 会计师事务所审计结论

德勤华永会计师事务所（特殊普通合伙）出具了标准无保留审计意见。

5.1.2 资产负债表

资产负债表（母公司）

编制单位：杭州工商信托股份有限公司　　2019 年 12 月 31 日　　单位：万元

资　　产	期末余额	年初余额	负债和所有者权益（或股东权益）	期末余额	年初余额
资　产：			负　债：		
现金及存放中央银行款项	1	—	向中央银行借款	—	—
存放同业款项	1 862	8 950	同业及其他金融机构存放款项	—	—
贵金属	—	—	拆入资产	—	—
拆出资金	—	—	交易性金融负债	—	—
交易性金融资产	—	—	衍生金融负债	—	—
衍生金融资产	—	—	卖出回购金融资产款	—	—
买入返售金融资产	—	—	吸收存款	—	—
应收利息	1 806	685	应付职工薪酬	3 130	3 407
发放贷款和垫款	83 878	47 000	应交税费	20 804	16 870
可供出售金融资产	371 957	406 771	应付利息	—	—
持有至到期投资	—	14 746	预计负债	—	—
长期股权投资	5 000	5 000	应付债券	—	—
投资性房地产	1 097	1 196	递延所得税负债	—	—
固定资产	295	338	其他负债	47 565	103 330
无形资产	1 251	419	负债合计	71 499	123 607
递延所得税资产	7 617	6 479	股东权益：		
其他资产	25 203	28 993	股本	150 000	150 000
			资本公积	334	334
			减：库存股	—	—

续表

资　产	期末余额	年初余额	负债和所有者权益（或股东权益）	期末余额	年初余额
			其他综合收益	5 170	4 971
			盈余公积	43 791	37 811
			一般风险准备	30 145	26 950
			未分配利润	199 028	176 904
			股东权益	428 468	396 970
资产总计	499 967	520 577	负债和股东权益总计	499 967	520 577

企业负责人：虞利明　　　　财务负责人：康　波　　　　制表：陈翔宇

资产负债表（合并报表）

编制单位：杭州工商信托股份有限公司　　　　2019 年 12 月 31 日　　　　单位：万元

资　产	期末余额	年初余额	负债和所有者权益（或股东权益）	期末余额	年初余额
资　产：			负　债：		
现金及存放中央银行款项	1	—	向中央银行借款	—	—
存放同业款项	1 888	9 002	同业及其他金融机构存放款项	—	—
贵金属	—	—	拆入资产	—	—
拆出资金	—	—	交易性金融负债	—	—
交易性金融资产	—	—	衍生金融负债	—	—
衍生金融资产	—	—	卖出回购金融资产款	—	—
买入返售金融资产	—	—	吸收存款	—	—
应收利息	1 806	685	应付职工薪酬	3 135	3 411
发放贷款和垫款	83 878	47 000	应交税费	20 912	16 995
可供出售金融资产	394 598	427 784	应付利息	—	—
持有至到期投资	—	14 746	预计负债	—	—
长期股权投资	1 209	1 029	应付债券	—	—
投资性房地产	1 097	1 196	递延所得税负债	126	120
固定资产	296	340	其他负债	51 924	107 318
无形资产	1 251	419	负债合计	76 097	127 844
递延所得税资产	7 617	6 479	股东权益：		
其他资产	25 497	26 656	股本	150 000	150 000
			资本公积	334	334
			减：库存股	—	—
			其他综合收益	5 547	5 330
			盈余公积	43 791	37 811
			一般风险准备	30 145	26 950
			未分配利润	213 224	187 067
			股东权益	443 041	407 492
资产总计	519 138	535 336	负债和股东权益总计	519 138	535 336

企业负责人：虞利明　　　　财务负责人：康　波　　　　制表：陈翔宇

5.1.3 利润表

利润表(母公司)

编制单位:杭州工商信托股份有限公司　　2019 年度　　单位:万元

项　目	本期累计金额	上期累计金额
一、营业收入	107 793	100 574
利息净收入	7 756	7 525
利息收入	8 824	8 137
利息支出	1 068	612
手续费及佣金净收入	72 577	73 693
手续费及佣金收入	72 577	73 693
手续费及佣金支出	—	—
投资收益(损失以“ - ”号填列)	27 254	18 430
其中:对联营企业和合营企业的投资收益	—	—
公允价值变动收益(损失以“ - ”号填列)	—	—
汇兑收益(损失以“ - ”号填列)	—	—
其他业务收入	183	779
资产处置收益	10	—
其他收益	13	147
二、营业支出	28 268	27 565
税金及附加	592	768
业务及管理费	26 845	26 698
资产减值损失	732	—
其他业务成本	99	99
三、营业利润(亏损以“ - ”号填列)	79 525	73 009
加:营业外收入	—	—
减:营业外支出	83	101
四、利润总额(亏损总额以“ - ”号填列)	79 442	72 908
减:所得税费用	19 644	18 285
五、净利润(净亏损以“ - ”填列)	59 798	54 623
六、每股收益:	—	—
(一)基本每股收益	0.40	0.36
(二)稀释每股收益	0.40	0.36

企业负责人:虞利明　　财务负责人:康　波　　制表:陈翔宇

利润表(合并报表)

编制单位:杭州工商信托股份有限公司　　2019 年度　　单位:万元

项　目	本期累计金额	上期累计金额
一、营业收入	113 329	113 197
利息净收入	7 756	7 525
利息收入	8 824	8 137
利息支出	1 068	612
手续费及佣金净收入	72 939	74 118
手续费及佣金收入	72 939	74 118
手续费及佣金支出	—	—
投资收益(损失以“ - ”号填列)	32 343	30 533
其中:对联营企业和合营企业的投资收益	328	192
公允价值变动收益(损失以“ - ”号填列)	—	—
汇兑收益(损失以“ - ”号填列)	—	—
其他业务收入	268	873
资产处置收益	10	—
其他收益	13	148
二、营业支出	28 738	28 058
税金及附加	597	778
业务及管理费	27 299	27 181
资产减值损失	743	—
其他业务成本	99	99
三、营业利润(亏损以“ - ”号填列)	84 591	85 139
加:营业外收入	201	7
减:营业外支出	82	100
四、利润总额(亏损总额以“ - ”号填列)	84 710	85 046
减:所得税费用	20 879	21 277
五、净利润(净亏损以“ - ”填列)	63 831	63 769
六、每股收益:		
(一)基本每股收益	0.43	0.43
(二)稀释每股收益	0.43	0.43

企业负责人:虞利明　　财务负责人:康　波　　制表:陈翔宇

5.1.4 股东权益变动表

股东权益变动表(母公司)

编制单位:杭州工商信托股份有限公司　　2019 年 12 月 31 日　　单位:万元

	股本	资本公积	其他综合收益	盈余公积	一般风险准备	信托赔偿准备	未分配利润	股东权益
一、2018 年 12 月 31 日	150 000	334	4 970	37 811	7 554	19 397	176 904	396 970
二、2019 年 1 月 1 日余额	150 000	334	4 970	37 811	7 554	19 397	176 904	396 970
三、本年增减变动金额	—	—	—	—	—	—	—	—
(一)净利润	—	—	—	—	—	—	59 798	59 798
(二)其他综合收益	—	—	200	—	—	—	—	200
(一)和(二)小计	—	—	200	—	—	—	59 798	59 998
(三)股东投入和减少资本	—	—	—	—	—	—	—	—
(四)利润分配	—	—	—	—	—	—	—	—

续表

	股本	资本公积	其他综合收益	盈余公积	一般风险准备	信托赔偿准备	未分配利润	股东权益
1. 提取盈余公积	—	—	—	5 980	—	—	-5 980	
2. 提取一般风险准备	—	—	—	—	204	—	-204	—
3. 提取信托赔偿准备	—	—	—	—	—	2 990	-2 990	—
4. 对股东的分配	—	—	—	—	—	—	-28 500	-28 500
（五）股东权益内部结转	—	—	—	—	—	—	—	—
四、2019 年 12 月 31 日余额	150 000	334	5 170	43 791	7 758	22 387	199 028	428 468

股东权益变动表（母公司）（续）

编制单位：杭州工商信托股份有限公司　　2018 年 12 月 31 日　　单位：万元

	股本	资本公积	其他综合收益	盈余公积	一般风险准备	信托赔偿准备	未分配利润	股东权益
一、2017 年 12 月 31 日	150 000	334	3 929	32 349	7 227	16 666	157 800	368 305
二、2018 年 1 月 1 日余额	150 000	334	3 929	32 349	7 227	16 666	157 800	368 305
三、本年增减变动金额	—	—	—	—	—	—	—	—
（一）净利润	—	—	—	—	—	—	54 624	54 624
（二）其他综合收益	—	—	1 041	—	—	—	—	1 041
（一）和（二）小计	—	—	1 041	—	—	—	54 624	55 665
（三）股东投入和减少资本	—	—	—	—	—	—	—	—
（四）利润分配	—	—	—	—	—	—	—	—
1. 提取盈余公积	—	—	—	5 462	—	—	-5 462	—
2. 提取一般风险准备	—	—	—	—	327	—	-327	—
3. 提取信托赔偿准备	—	—	—	—	—	2 731	-2 731	—
4. 对股东的分配	—	—	—	—	—	—	-27 000	-27 000
（五）股东权益内部结转	—	—	—	—	—	—	—	—
四、2018 年 12 月 31 日余额	150 000	334	4 970	37 811	7 554	19 397	176 904	396 970

股东权益变动表（合并报表）

编制单位：杭州工商信托股份有限公司　　2019 年 12 月 31 日　　单位：万元

	归属于母公司股东权益							少数股东权益	股东权益合计
	股本	资本公积	其他综合收益	盈余公积	一般风险准备	信托赔偿准备	未分配利润		
一、2018 年 12 月 31 日	150 000	334	5 329	37 811	7 554	19 397	187 067	—	407 492
二、2019 年 1 月 1 日余额	150 000	334	5 329	37 811	7 554	19 397	187 067	—	407 492
三、本年增减变动金额	—	—	—	—	—	—	—	—	—
（一）净利润	—	—	—	—	—	—	63 831	—	63 831
（二）其他综合收益	—	—	218	—	—	—	—	—	218
（一）和（二）小计	—	—	218	—	—	—	63 831	—	64 049
（三）股东投入和减少资本	—	—	—	—	—	—	—	—	—
（四）利润分配	—	—	—	—	—	—	—	—	—
1. 提取盈余公积	—	—	—	5 980	—	—	-5 980	—	—
2. 提取一般风险准备	—	—	—	—	204	—	-204	—	
3. 提取信托赔偿准备	—	—	—	—	—	2 990	-2 990	—	—
4. 对股东的分配	—	—	—	—	—	—	-28 500	—	-28 500
（五）股东权益内部结转	—	—	—	—	—	—	—	—	—
四、2019 年 12 月 31 日余额	150 000	334	5 547	43 791	7 758	22 387	213 224	—	443 041

股东权益变动表(合并报表)(续)

编制单位:杭州工商信托股份有限公司　　2018 年 12 月 31 日　　单位:万元

	归属于母公司股东权益							少数股东权益	股东权益合计
	股本	资本公积	其他综合收益	盈余公积	一般风险准备	信托赔偿准备	未分配利润		
一、2017 年 12 月 31 日	150 000	334	3 971	32 349	7 228	16 666	158 817	—	369 365
二、2018 年 1 月 1 日余额	150 000	334	3 971	32 349	7 228	16 666	158 817	—	369 365
三、本年增减变动金额	—	—	—	—	—	—	—	—	—
(一)净利润	—	—	—	—	—	—	63 769	—	63 769
(二)其他综合收益	—	—	1 358	—	—	—	—	—	1 358
(一)和(二)小计	—	—	1 358	—	—	—	63 769	—	65 127
(三)股东投入和减少资本	—	—	—	—	—	—	—	—	—
(四)利润分配	—	—	—	—	—	—	—	—	—
1. 提取盈余公积	—	—	—	5 462	—	—	-5 462	—	—
2. 提取一般风险准备	—	—	—	—	326	—	-326	—	—
3. 提取信托赔偿准备	—	—	—	—	—	2 731	-2 731	—	—
4. 对股东的分配	—	—	—	—	—	—	-27 000	—	-27 000
(五)股东权益内部结转	—	—	—	—	—	—	—	—	—
四、2018 年 12 月 31 日余额	150 000	334	5 329	37 811	7 554	19 397	187 067	—	407 492

5.2 信托资产

5.2.1 信托项目资产负债汇总表

信托项目资产负债汇总表

编制单位:杭州工商信托股份有限公司　　2019 年 12 月 31 日　　单位:万元

信托资产	期初数	期末数	信托负债和信托权益	期初数	期末数
信托资产:			信托负债:		
货币资金	36 013	153 152	交易性金融负债	—	—
拆出资金	—	—	衍生金融负债	—	
存出保证金	—	—	应付受托人报酬	42 973	37 927
以公允价值计量且其变动计入当前损益的金融资产	—	—	应付托管费	17	13
衍生金融资产	—	—	应付受益人收益	283	689
买入返售金融资产	—	52 792	应交税费	76	528
应收款项	27 253	8 955	应付销售服务费	—	—
发放贷款	1 288 922	1 333 001	其他应付款项	55 127	128 598
可供出售金融资产	684 841	338 418	其他负债	—	—
持有至到期投资	—	—	信托负债合计	98 476	167 755
长期应收款	—	—			
长期股权投资	463 400	409 722	信托权益:		
投资性房地产	—	—	实收信托	5 082 603	4 761 163
固定资产	—	—	资本公积	—	—
无形资产	—	—	外币报表折算差额	—	—
长期待摊费用	—	—	未分配利润	60 693	76 817
其他资产	2 741 343	2 709 695	信托权益合计	5 143 296	4 837 980
信托资产总计	5 241 772	5 005 735	信托负债和信托权益总计	5 241 772	5 005 735

企业负责人:虞利明　　财务负责人:康　波　　制表:陈俏敏

5.2.2 信托项目利润及利润分配汇总表

信托项目利润及利润分配汇总表

编制单位：杭州工商信托股份有限公司　　2019 年度　　单位：万元

项　目	本年累计数	上年累计数
一、营业收入	492 147	442 211
利息收入	381 067	338 547
投资收益	105 209	96 622
公允价值变动收益	24	-24
财务顾问收入	—	—
租赁收入	—	—
汇兑损益	—	—
其他收入	5 847	7 066
二、支出	78 334	90 014
营业税金及附加	1 838	1 363
受托人报酬	74 207	85 919
保管费	—	—
投资管理费	—	—
销售服务费	—	—
交易费用	—	—
资产减值损失	—	—
其他费用	2 289	2 732
三、信托净利润	413 813	352 197
四、其他综合收益	—	—
五、综合收益	413 813	352 197
加：期初未分配信托利润	60 692	65 746
六、可供分配的信托利润	474 505	417 943
减：本期已分配信托利润	397 688	357 251
七、期末未分配信托利润	76 817	60 692

企业负责人：虞利明　　财务负责人：康　波　　制表：陈俏敏

6. 会计报表附注

6.1 简要说明报告年度会计报表编制基准、会计政策、会计估计和核算方法发生的变化

无。

6.2 或有事项说明

截至报告日，本公司不存在需要披露的重大或有事项。

6.3 重要资产转让及其出售的说明

无。

6.4 会计报表中重要项目的明细资料

6.4.1 披露自营资产经营情况

6.4.1.1 按信用风险五级分类结果披露信用风险资产的期初数、期末数

信用风险资产五级分类	正常类（万元）	关注类（万元）	次级类（万元）	可疑类（万元）	损失类（万元）	信用风险资产合计（万元）	不良资产合计（万元）	不良资产率（%）
期初数	506 982	—	—	—	—	506 982	—	—
期末数	452 854	36 610	—	—	—	489 464	—	—

注：不良资产合计 = 次级类 + 可疑类 + 损失类。

6.4.1.2 各项资产减值损失准备的期初数、本期计提、本期转回、本期核销、期末数，贷款的一般准备、专项准备和其他资产减值准备应分别披露

单位：万元

	期初数	本期计提	本期转回	本期核销	期末数
贷款损失准备	—	772	40	—	732
一般准备	—	—	—	—	—
专项准备	—	772	40	—	732
其他资产减值准备	95	—	—	—	95
可供出售金融资产减值准备	—	—	—	—	—
持有至到期投资减值准备	—	—	—	—	—
长期股权投资减值准备	—	—	—	—	—
坏账准备	—	—	—	—	—
投资性房地产减值准备	—	—	—	—	—
其他资产减值准备	95	—	—	—	95

6.4.1.3 自营股票投资、基金投资、债券投资、股权投资等投资业务的期初数、期末数

单位：万元

	自营股票	基金	债券	股权投资	其他投资	合计
期初数	222	—	14 746	28 603	382 946	426 517
期末数	251	—	—	29 610	347 095	376 956

6.4.1.4 按投资入股金额排序，前五名的自营长期股权投资的企业名称、占被投资企业权益的比例、主要经营活动及投资收益情况等（从大到小顺序排列）

企业名称	占被投资企业权益的比例（%）	主要经营活动	投资损益（万元）
浙江蓝桂资产管理有限公司	100.00	资产管理，投资管理，企业管理，商务咨询，实业投资	—

注：投资损益是指按照企业会计准则规定，核算股权投资确认损益并计入披露年报利润表的金额。

6.4.1.5 前五名的自营贷款的企业名称、占贷款总额的比例和还款情况（从大到小顺序排列）

企业名称	贷款金额（万元）	占贷款总额的比例（%）	还款情况
1. 惠州市启旸房地产开发有限公司	22 000	26.00	正常收息，未到期
2. 银江科技集团有限公司	21 610	25.54	正常收息，未到期
3. 徐州德翼置业有限公司	20 000	23.64	正常收息，未到期
4. 远洲池州有限公司	15 000	17.73	正常收息，未到期
5. 上海伊禾食品国际贸易有限公司	6 000	7.09	正常收息，未到期
合计	84 610	100	—

6.4.1.6 表外业务的期初数、期末数，按照代理业务、担保业务和其他类型表外业务分别披露

单位：万元

表外业务	期初数	期末数
担保业务	—	—
代理业务（委托业务）	4 211	4 211
其他	—	—
合计	4 211	4 211

注：代理业务主要反映因客观原因应规范而尚未完成规范的历史遗留委托业务，包括委托贷款和委托投资。

6.4.1.7　公司当年的收入结构(母公司口径、并表口径同时披露)

收入结构	母公司口径		合并口径	
	金额(万元)	占比(%)	金额(万元)	占比(%)
手续费及佣金收入	72 577	66.67	72 939	63.65
其中:信托手续费收入	72 577	66.67	72 577	63.33
投资银行业务收入	—	—	—	—
利息收入	8 824	8.11	8 824	7.70
其他业务收入	183	0.17	268	0.23
其中:计入信托业务收入部分	—	—	—	—
投资收益	27 254	25.03	32 343	28.22
其中:股权投资收益	1 508	1.38	1 836	1.60
证券投资收益	10	0.01	10	0.01
其他投资收益	25 736	23.64	30 497	26.61
资产处置收益	13	0.01	13	0.01
其他收益	10	0.01	10	0.01
营业外收入	—	—	201	0.18
收入合计	108 861	100.00	114 598	100.00

注:手续费及佣金收入、利息收入、其他业务收入、投资收益、营业外收入均应为损益表中的一级科目,其中手续费及佣金收入、利息收入、营业外收入为未抵减掉相应支出的全年累计实现收入数。

6.4.2　披露信托资产管理情况

6.4.2.1　信托资产的期初数、期末数

单位:万元

信托资产	期初数	期末数
集合	4 887 899	4 655 867
单一	253 873	229 868
财产权	100 000	120 000
合计	5 241 772	5 005 735

6.4.2.1.1　主动管理型信托业务的信托资产期初数、期末数,按证券投资类、股权投资类、组合投资类、融资类、事务管理类等分别披露

单位:万元

主动管理型信托资产	期初数	期末数
证券投资类	—	—
股权投资类	2 021 749	1 838 727
组合投资类	1 513 902	1 560 138
融资类	1 444 740	1 224 516
事务管理类	—	62
其他投资	—	—
合计	4 980 391	4 623 443

6.4.2.1.2　被动管理型信托业务的信托资产期初数、期末数,分证券投资类、股权投资类、融资类、事务管理类分别披露

单位:万元

被动管理型信托资产	期初数	期末数
证券投资类	—	—
股权投资类	—	—
融资类	—	—
事务管理类	261 381	382 292
合计	261 381	382 292

6.4.2.2　本年度已清算结束的信托项目个数、实收信托合计金额、加权平均实际年化收益率

6.4.2.2.1　本年度已清算结束的集合类、单一类资金信托项目和财产管理类信托项目个数、实收信托合计金额、加权平均实际年化收益率

已清算结束信托项目	项目个数(个)	实收信托合计金额(万元)	加权平均实际年化收益率(%)
集合类	32	1 493 932.03	8.93
单一类	6	72 502.74	11.77
财产管理类	—	—	—

注:1. 收益率是指信托项目清算后,给受益人赚取的实际收益水平。

2. 加权平均实际年化收益率=(信托项目1的实际年化收益率×信托项目1的实收信托+信托项目2的实际年化收益率×信托项目2的实收信托+…+信托项目n的实际年化收益率×信托项目n的实收信托)/(信托项目1的实收信托+信托项目2的实收信托+…+信托项目n的实收信托)×100%。

6.4.2.2.2　本年度已清算结束的主动管理型信托项目个数、实收信托合计金额、加权平均实际信托报酬率、加权平均实际年化收益率,分证券投资类、股权投资类、组合投资类、融资类、事务管理类分别披露

已清算结束信托项目	项目个数(个)	实收信托合计金额(万元)	加权平均实际年化信托报酬率(%)	加权平均实际年化收益率(%)
证券投资类	—	—	—	—
股权投资类	16	758 332.74	1.78	8.48
组合投资类	3	60 062.03	3.54	10.07
融资类	16	739 640.00	2.13	7.66
事务管理类	—	—	—	—

6.4.2.2.3　本年度已清算结束的被动管理型信托项目个数、实收信托合计金额、加权平均实际年化信托报酬率、加权平均实际年化收益率,分证券投资类、股权投资类、融资类、事务管理类分别披露

已清算结束信托项目	项目个数(个)	实收信托合计金额(万元)	加权平均实际年化信托报酬率(%)	加权平均实际年化收益率(%)
证券投资类	—	—	—	—
股权投资类	—	—	—	—
融资类	—	—	—	—
事务管理类	3.00	8 400.00	6.55	20.93

6.4.2.3　本年度新增的集合类、单一类和财产管理类信托项目个数、实收信托合计金额

新增信托项目	项目个数(个)	实收信托合计金额(万元)
集合类	38	1 994 244
单一类	5	107 665
财产管理类	—	—
新增合计	43	2 101 909

注:仅为新发行项目规模,不包括以前年度成立项目在本年度后续发行的规模。

6.4.2.4　信托业务创新成果和特色业务有关情况(此部分为可选项,即公司可自主决定是否披露、部分披露或全部披露)

公司坚持"投资化、中长期化、基金化、产品化"的业务战略,推动资产管理业务稳步发展;明确提出将财富管理业务作

为战略业务板块，加快财富管理业务转型。公司加大在家族财富管理业务上的投入力度，积极引进专业人才、搭建家族信托办公室，2019 年家族信托业务实现零突破，成立了首单“嘉和汇家族信托”。公司于 2019 年设立房地产研究院，发挥自身在房地产信托领域长期积累的业务优势与专业能力，提升行业能力与金融能力的融合度。公司继续推进投资化和基金化业务实践，推出多个投资项目、3 个“飞鹰”系列房地产信托基金，以及基于战略房企集团客户的专项主题基金，其中飞鹰 20 号信托计划荣获第十二届“诚信托”评选中“诚信托 · 最佳房地产信托产品奖”及第十二届中国优秀信托公司评选中“2019 年度优秀房地产信托计划”两项大奖。公司积极践行绿色金融，多次参加行业绿色信托专题研讨；推出绿色信托“杭工信 · 鸿利 10 号集合资金信托计划”。

社会责任履行情况：在加速业务转型、持续开拓业务新领域的同时，公司积极承担社会责任，开展了多项慈善公益活动和消费者权益保护活动。（1）积极参与公益活动，提供人力与资金帮助。公司多年积极参与“春风行动”“联乡结村”“三服务”“百千万”和助学捐赠等活动，2019 年捐赠资金超过 80 万元，员工志愿者服务时长近 150 小时。（2）持续开展爱心助学活动。2019 年 6 月，公司开展“六一微心愿”活动，党政工团代表把根据学生们填写的心愿单采购的礼物送往遂昌湖山乡中心小学，该项目荣获“杭州市金融系统优秀公益项目提名奖”。同年 9 月，公司为湖山乡中心小学 13 名贫困生捐赠每人 1 000 元的爱心助学金，为江山市廿八都中心小学 3 名贫困生捐赠每人 500 元的爱心助学金。（3）公司持续关注弱势群体，在 2019 年推出 3 单慈善信托。“杭工信 · 阳光 2 号母亲微笑行动慈善信托”为贫困家庭唇腭裂及面部畸形患儿提供免费医疗救治，该慈善信托荣获杭州市金融系统优秀公益项目奖；“杭工信 · 阳光 3 号联乡结村慈善信托”用于扶持浙江省建德市洋尾片四村种植吴茱萸的低收入农户；为促进青少年教育事业的全面发展，帮助孩子实现艺术梦，成立“杭工信 · 阳光 5 号教育助学慈善信托”，首批慈善资金用于采购山区学校音乐器材等教具。（4）多次组织下乡慰问。公司组织党员赴富阳场口镇华丰村、青江村开展“百千万”集中总结提高阶段回访工作、赠送慰问品，为村民新春送健康；开展“走亲连心三服务”蹲点调研、送金融服务下乡。（5）加强消费者权益保护工作。2019 年 6 月，公司组织开展“普及金融知识，守住‘钱袋子’活动”宣传服务月，为消费者普及金融知识，强化消费者的风险意识和责任意识。（6）公司积极参与中国信托业协会组织开展的绿色信托研究。2019 年作为小组成员参与《绿色信托指引》制定等相关工作专题研讨，为推动绿色信托发展，推广绿色金融理念贡献力量。2019 年，公司荣获“浙江省创建和谐劳动关系暨双爱活动先进企业”称号；被评为“杭州市 2018 年‘春风行动’先进单位”；在《证券时报》主办的第十二届中国优秀信托公司评选中获“2019 年度优秀风控信托公司”奖项；在《浙商》杂志、世界浙商网主办的评选中获评“2019（第十届）浙商最信赖金融机构”。

6.4.2.5　本公司履行受托人义务情况及因本公司自身责任而导致的信托资产损失情况（合计金额、原因等）

无。

6.5　关联方关系及其交易的披露

6.5.1　关联交易方的数量、关联交易的总金额及关联交易的定价政策等

	关联交易方数量	关联交易金额（万元）	定价政策
合计	3	266	市场公允价格

注：“关联交易”定义应以《公司法》《企业会计准则第 36 号——关联方披露》有关规定为准。

6.5.2　关联交易方与本公司的关系性质、关联交易方的名称、法定代表人、注册地址、注册资本及主营业务等

关系性质	关联方名称	法定代表人	注册地址	注册资本（万元）	主营业务
受同一母公司控制	杭州国际机场大厦开发有限公司	姚建惠	浙江省杭州市江干区庆春东路 2－6 号 102 室	16 000	杭州国际机场大厦开发（凭资质证书经营），自有房屋租赁。
受同一母公司控制	杭州惠金资产管理有限公司	岑君仙	浙江省杭州市婺江路 217 号 2 号楼 13 层 1301 室	5 000	服务：接受企业委托从事资产管理，投资管理，投资咨询（除证券、期货），财务管理咨询（除代理记账），企业管理咨询，股权投资，经济信息咨询，计算机软件的技术开发，接受金融机构委托从事金融信息技术外包，接受金融机构委托从事金融业务流程外包（未经金融等监管部门批准，不得从事向公众融资存款、融资担保、代客户理财等金融服务）（依法须经批准的项目，经相关部门批准后方可开展经营活动）。
受同一母公司控制	杭州金锤资产管理有限公司	郑齐定	浙江省杭州市上城区崔家巷 4 号 2 幢 108 室	15 000	服务：受托企业资产管理、实业投资、投资管理、投资咨询（未经金融等监管部门批准，不得从事向公众融资存款、融资担保、代客理财等金融服务）；批发、零售：百货。

6.5.3　本公司与关联方的重大交易事项

6.5.3.1　固有与关联方交易情况：贷款、投资、租赁、应收账款、担保、其他方式等期初汇总数、本期借方和贷方发生额汇总数、期末汇总数

单位：万元

固有与关联方关联交易				
	期初数	借方发生额	贷方发生额	期末数
贷款	—	—	—	—
投资	—	258	258	—

续表

固有与关联方关联交易				
	期初数	借方发生额	贷方发生额	期末数
租赁	—	8	8	—
担保	—	—	—	—
应收账款	—	—	—	—
其他	—	—	—	—
合计	—	266	266	—

6.5.3.2 信托资产与关联方：贷款、投资、租赁、应收账款、担保、其他方式等期初汇总数、本期发生额汇总数、期末汇总数

单位：万元

信托与关联方关联交易				
	期初数	借方发生额	贷方发生额	期末数
贷款	—	—	—	—
投资	—	—	—	—
租赁	—	—	—	—
担保	—	—	—	—
应收账款	—	—	—	—
其他	—	—	—	—
合计	—	—	—	—

6.5.3.3 信托公司自有资金运用于自己管理的信托项目(固信交易)、信托公司管理的信托项目之间的相互(信信交易)交易金额，包括余额和本报告年度的发生额

6.5.3.3.1 固有财产与信托财产之间的交易金额期初汇总数、本期发生额汇总数、期末汇总数

单位：万元

固有财产与信托财产相互交易			
	期初数	本期发生额	期末数
合计	340 485	-4 789	335 696

注：以固有资金投资公司自己管理的信托项目受益权，或购买自己管理的信托项目的信托资产均应纳入统计披露范围。

6.5.3.3.2 信托项目之间的交易金额期初汇总数、本期发生额汇总数、期末汇总数

单位：万元

信托资产与信托财产相互交易			
	期初数	本期发生额	期末数
合计	354 815	-131 149	223 666

注：以公司受托管理的一个信托项目的资金购买自己管理的另一个信托项目的受益权或信托项下资产均应纳入统计披露范围。

6.5.4 逐笔披露关联方逾期未偿还本公司资金的详细情况以及本公司为关联方担保发生或即将发生垫款的详细情况

无。

6.6 会计制度的披露

固有业务(自营业务)、信托业务：本公司执行财政部颁布的企业会计准则(包括于2014年新颁布的新的和修订的企业会计准则)及相关规定。

7. 财务情况说明书

7.1 利润实现和分配情况(母公司口径和并表口径同时披露)

(1)母公司口径：本年度实现利润总额为79 442万元，所得税费用为19 644万元(其中当期所得税20 849万元、递延所得税-1 205万元)，净利润为59 798万元，年初未分配利润为176 904万元，年末未分配利润为199 028万元。

并表口径：本年度实现利润总额为84 710万元，所得税费用为20 879万元(其中当期所得税22 084万元、递延所得税-1 205万元)，净利润为63 831万元，年初未分配利润为187 067万元，年末未分配利润为213 224万元。

(2)母公司口径：按10%提取法定盈余公积5 980万元。

并表口径：按10%提取法定盈余公积5 980万元。

(3)母公司口径：按5%提取信托赔偿准备金2 990万元。

并表口径：按5%提取信托赔偿准备金2 990万元。

(4)母公司口径：按风险资产余额的1.5%计提一般风险准备金204万元。

并表口径：按风险资产余额的1.5%计提一般风险准备金204万元。

(5)母公司口径：年末可供分配的利润为199 028万元。

并表口径：年末可供分配的利润为213 224万元。

7.2 主要财务指标(母公司口径和并表口径同时披露)

指标名称	指标值	
	母公司口径	合并口径
资本利润率(%)	14.70	15.22
加权年化信托报酬率(%)	2.51	2.51
人均净利润(万元)	299	307

注：1. 资本利润率=净利润/股东权益平均余额×100%。

2. 股东权益平均余额采取年初及各季末余额移动算术平均法，公式为：a(平均)=($a0/2+a1+a2+a3+a4/2$)/4。

3. 加权年化信托报酬率=(信托项目1的实际年化信托报酬率×信托项目1的实收信托+信托项目2的实际年化信托报酬率×信托项目2的实收信托+…+信托项目n的实际年化信托报酬率×信托项目n的实收信托)/(信托项目1的实收信托+信托项目2的实收信托+…+信托项目n的实收信托)×100%。

4. 人均净利润=净利润/年平均人数。

5. 平均人数采取年初、年末余额简单平均法，公式为：a(平均)=(年初数+年末数)/2。

7.3 对本公司财务状况、经营成果有重大影响的其他事项

无。

8. 特别事项揭示

8.1 前五名股东报告期内变动情况及原因

无。

8.2 董事、监事及高级管理人员变动情况及原因

2018年9月27日，第八届董事会第三次会议同意公司原总裁丁建萍先生因个人原因辞去总裁等职务，由江龙先生代为行使总裁职权。2019年3月11日，按照《公司章程》相关规定，由相关股东提名，公司第八届董事会第六次会议审议通过《关于聘任公司总裁的议案》。2019年3月27日，中国银保监会浙江监管局出具《关于江龙任职资格的批复》(浙银保监复[2019]387号)，公司聘任江龙先生为公司总裁，任期至公司第八届董事会届满之日止。

8.3 公司的重大诉讼事项

无。

8.4　对会计师事务所出具的有保留意见、否定意见或无法表示意见的审计报告的，公司董事会应就所涉及事项作出说明

无。

8.5　公司及其董事、监事和高级管理人员受到处罚的情况

无。

8.6　中国银保监会及其派出机构对公司检查后提出整改意见的，应简单说明整改情况

2019年5月，中国银保监会浙江监管局下发《中国银保监会浙江监管局关于杭州工商信托股份有限公司2018年度监管的意见》（浙银保监发[2019]80号），评价公司2018年积极探索资产管理和组合投资业务模式，受托管理资产规模稳步上升，资产管理能力和金融服务水平进一步提升，各项风险可控，盈利状况良好，经营总体稳定。同时，指出公司存在部分领域合规管理不到位、面临一定风险防控压力等问题，针对存在的问题提出了相应的监管要求。公司高度重视监管意见，由风险管理部牵头各相关部门，针对监管提出的问题进行梳理，逐一对照并制定了相应的整改方案。截至目前，监管意见所指出的问题均已整改完毕，同时，公司也通过“进一步完善合规管理体系”“持续加强信用风险防控”“强化流动性风险管理”“夯实操作风险防控基础”“切实防范交叉金融风险”等措施，切实提升合规管理水平，并持续做好风险防控工作。

8.7　本年度重大事项临时报告的简要内容、披露时间、所披露的媒体及其版面

经公司第八届董事会第六次会议审议通过，中国银保监会浙江监管局资格核准（浙银保监复[2019]387号），公司聘任江龙先生为公司总裁，任期至公司第八届董事会届满之日止。上述内容于2019年4月22日在《证券时报》B019版披露。

经第七届董事会第十次会议决议，公司的办公场所由杭州市江干区迪凯国际中心41层变更为杭州市江干区迪凯国际中心3801室、4101室、裙房4楼，该变更已经浙江银保监局批复同意（浙银保监复[2019]430号）。根据《公司法》工商行政管理部门要求及公司实际，经公司2018年度股东大会决议，对《公司章程》进行了相关修订，修订后的《公司章程》已经浙江银保监局批复同意（浙银保监复[2019]1028号）。上述事项均已于日前完成工商变更登记备案。上述内容于2019年9月28日在《证券时报》B001版披露。

8.8　本年度净资本管理情况

项　目	期末余额	监管标准
净资本（万元）	334 815	≥20 000
净资本/各项业务风险资本之和（%）	171.78	≥100
净资本/净资产（%）	78.14	≥40

8.9　中国银保监会及其省级派出机构认定的其他有必要让客户及相关利益人了解的重要信息

无。

9. 公司监事会意见

监事会认为，本报告期内，公司决策程序合法，内部控制制度较为完善，没有发现公司董事、总裁和其他高级管理人员在执行公司职务时有违法违纪或有损公司及股东利益的行为。公司财务报告真实地反映了公司的财务状况和经营成果。

湖南省财信信托有限责任公司

1. 重要提示

1.1 本公司董事会及其董事保证本报告所载资料不存在任何虚假记载、误导性陈述或者重大遗漏,并对其内容的真实性、准确性和完整性承担个别及连带责任。

1.2 未有公司董事声明对本年度报告内容的真实性、准确性、完整性存在异议。

1.3 公司独立董事张强、屈茂辉、陈长春声明:保证本年度报告内容真实、准确、完整。

1.4 公司董事长王双云、分管财务工作副总裁段湘姬声明:保证本年度报告中财务报告的真实、完整。

2. 公司概况

2.1 公司简介

湖南省财信信托有限责任公司原名为湖南省信托有限责任公司,前身为湖南省信托投资公司,成立于1985年,2002年12月4日经中国人民银行总行《关于湖南省信托投资公司重新登记的批复》(银复[2002]345号)核准重新登记更名为湖南省信托投资有限责任公司,2008年10月23日经中国银行业监督管理委员会《中国银监会关于湖南省信托投资有限责任公司变更公司名称和业务范围的批复》(银监复[2008]429号)批准同意更名为湖南省信托有限责任公司,2020年3月16日经中国银保监会湖南监管局《关于湖南省信托有限责任公司变更名称的批复》(湘银保监复[2020]89号)同意更名为湖南省财信信托有限责任公司。

公司目前注册资本为24.5132亿元。湖南财信投资控股有限责任公司和湖南省国有投资经营有限公司分别持有96%、4%的股权。

法定名称	湖南省财信信托有限责任公司
中文缩写	财信信托
英文名称(及缩写)	Hunan Chasing Trust Co.,Ltd.(英文缩写:Hunan Chasing Trust)

续表

法定代表人	王双云
注册地址	长沙市天心区城南西路1号财信大厦6~9层
邮政编码	410015
公司国际互联网网址	www.cxxt.com
公司电子信箱	cxxt@cxxt.com
公司负责信息披露事务人	邓冰
联系电话	0731-85196916
传真电话	0731-85196911
电子信箱	dengbing@cxxt.com
公司信息披露报纸名称	《证券时报》《上海证券报》
公司年度报告备置地点	长沙市天心区城南西路1号财信大厦9楼902室
公司聘请的会计师事务所名称及住所	天职国际会计师事务所(特殊普通合伙); 地址:北京市海淀区车公庄西路19号外文文化创意园12号楼 电　话:(8610)88827799

2.2 组织结构

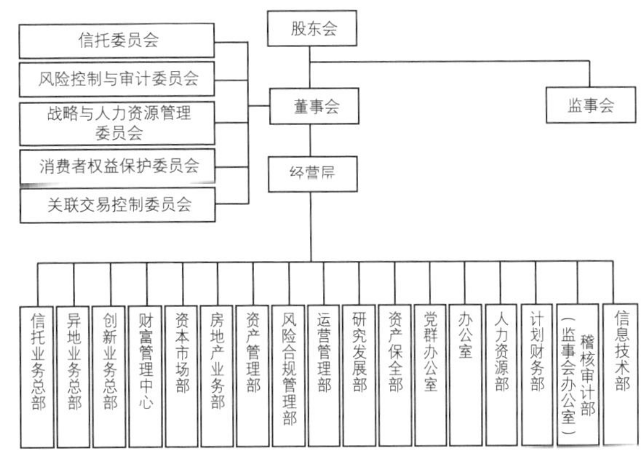

3. 公司治理

3.1 股东

报告期末公司股东总数:2个。

公司2名股东全部为国有法人独资公司,湖南财信投资控股有限责任公司、湖南省国有投资经营有限公司均为湖南财信金融控股集团有限公司的全资子公司。

股东情况

股东名称	持股比例(%)	法人代表	注册资本(万元)	注册地址	主要经营业务及主要财务情况
湖南财信投资控股有限责任公司	96	胡贺波	374 418.89	长沙市天心区城南西路1号	主要经营业务:法律、法规允许的资产投资、经营及管理(依法须经批准的项目,经相关部门批准后方可开展经营活动)。主要财务情况:截至2019年12月31日,公司资产总额为441.25亿元,负债总额为284.61亿元,少数股东权益为5.38亿元,归属于母公司所有者权益为151.26亿元,全年实现净利润为11.25亿元。

续表

股东名称	持股比例(%)	法人代表	注册资本(万元)	注册地址	主要经营业务及主要财务情况
湖南省国有投资经营有限公司	4	李立新	33 282. 06	长沙市天心区城南西路1号	主要经营业务:授权范围内的国有资产投资、经营、管理与处置,企业资产重组、债务重组,企业托管、并购、委托投资,投资咨询、财务顾问;旅游资源投资、开发、经营(限分支机构凭许可证书经营);经营商品和技术的进出口业务(不得从事吸收存款、集资收款、受托贷款、发行票据、发放贷款等国家金融监管及财政信用业务;依法须经批准的项目,经相关部门批准后方可开展经营活动)。 主要财务情况:截至2019年12月31日,公司实现总收入为14 652万元,总支出为13 717万元,净利润为935万元;资产总额为229 536. 65万元,负债总额为194 068. 65万元,所有者权益为35 468万元。

注:湖南财信投资控股有限责任公司为公司控股股东、主要股东,是湖南财信金融控股集团全资子公司。公司实际控制人为湖南财信金融控股集团有限公司。

股东名称	湖南财信投资控股有限责任公司	湖南省国有投资经营有限公司
出资方式	货币及评估后净资产	货币
出资额(元)	2 353 270 000	98 050 000
出资比例(%)	96	4

3. 2　董事、董事会及其下属委员会

董事长、董事

姓　名	职　务	性别	年龄(岁)	选任日期	所推举的股东名称	该股东持股比例(%)	简要履历
王双云	董事长	男	55	2016年3月	湖南财信投资控股有限责任公司	96	曾任湖南省财政厅经济建设处副处长,湖南省财政厅监督检查局副局长、省财政稽查办公室主任(正处长级),湖南省财政厅机关党委专职副书记、党办主任、机关工会主席,湖南省财政厅人事教育处处长,湖南财信金融控股集团有限公司党委副书记;现任公司董事长。
朱昌寿	董事	男	47	2019年8月	湖南财信投资控股有限责任公司	96	曾任财富证券有限责任公司计划财务部总经理,财富通典当有限责任公司总经理,公司财务总监、公司副总裁。 公司董事任职资格于2019年3月经湖南银保监局核准,自2019年8月起担任公司董事。
刘京韬	董事	男	36	2019年8月	湖南财信投资控股有限责任公司	96	曾任微软(中国)有限公司开发工具及平台事业部市场合作经理,IPG资本高级顾问,中华少年儿童慈善救助基金会项目发展部总监兼资助中心主任,南华生物医药股份有限公司市场部总经理,湖南财信金融控股集团有限公司战略与投资部总经理。公司董事任职资格于2019年4月经湖南银保监局核准,自2019年8月起担任公司董事。
刘之彦	职工董事	男	34	2019年8月		96	曾任吉祥人寿保险股份有限公司资产管理部投研总监,湖南财信投资控股有限责任公司投资管理部投资经理,湖南省财信产业基金管理有限公司副总经理,湖南财信金融控股集团有限公司战略与投资部总经理;现任湖南财信金融科技服务有限公司董事长。公司董事任职资格于2019年8月经湖南银保监局核准,自2019年8月起担任我公司董事。
曾若冰	董事	男	41	2017年9月	湖南财信投资控股有限责任公司	96	自2019年8月起,不再担任公司董事会董事。
陆小平	董事	男	56	2012年4月	湖南省国有投资经营有限公司	4	自2019年8月起,不再担任公司董事会董事。
刘宛晨	董事	男	49	2017年12月	湖南财信投资控股有限责任公司	96	自2019年1月起,不再担任公司董事会董事。
曾　慧	职工董事	女	47	2016年12月			自2019年8月起,不再担任公司董事会董事。

独立董事

姓名	所在单位及职务	性别	年龄（岁）	选任日期	任期（年）	所推举的股东名称	该股东持股比例(%)	简要履历
张　强	湖南大学教育基金会理事长	女	65	2019年8月	3	湖南财信投资控股有限责任公司	96	曾任中共湖南大学委员会常委，湖南大学常务副校长；现任湖南大学教育基金会理事长，金融与统计学院教授、博士生导师。公司董事的任职资格于2019年4月经湖南银保监局核准，自2019年8月起担任公司董事。
屈茂辉	湖南大学法学院院长	男	57	2019年8月	3	湖南财信投资控股有限责任公司	96	湖南大学法学院院长，湖南大学学位委员会委员、教学委员会委员、法学一级学科博士点和省级重点学科带头人。公司董事任职资格于2019年4月经湖南银保监局核准，自2019年8月起担任公司董事。
陈长春	大华会计师事务所湖南分所所长	男	41	2019年8月	3	湖南财信投资控股有限责任公司	96	注册会计师，注册税务师，注册资产评估师，注册房地产估价师，现为大华会计师事务所湖南分所所长。公司董事任职资格于2019年4月经湖南银保监局核准，自2019年8月起担任公司董事。
张军建	中南大学法学院教授	男	62	2015年10月	3	湖南财信投资控股有限责任公司	96	自2019年8月起，不再担任公司董事。
戴晓凤	湖南大学金融与统计学院教授	女	58	2016年9月	3	湖南财信投资控股有限责任公司	96	自2019年8月起，不再担任公司董事。

3.3 监事、监事会及其下属委员会

监事会成员

姓名	职务	性别	年龄（岁）	选任日期	所提名的股东名称	该股东持股比例(%)	简要履历
欧光荣	监事会主席	男	57	2019年8月	湖南财信投资控股有限责任公司	96	先后在中国人民银行邵阳分行、湖南省分行、长沙金融监管办事处和湖南银监局从事会计、监管和纪检监察工作，曾任湖南银监局纪委办主任、监察室主任；现任公司监事会主席。
唐　杰	监事	男	49	2019年8月	湖南财信投资控股有限责任公司	96	先后在湖南省国有资产投资经营总公司、湖南省财信投资控股有限责任公司、湖南省联合产权交易所有限公司工作；现任湖南财信金融控股集团有限公司审计部总经理。自2019年8月起担任公司监事。
刘　畅	职工监事	女	48	2019年8月		—	曾任公司计划财务部会计、稽核审计部稽核专员；现任公司稽核审计部总经理，职工监事。
杨科宇	监事	男	49	2012年4月	湖南省国有投资经营有限公司	4	自2019年8月起，不再担任公司监事。

3.4 高级管理人员

姓　名	职务	性别	年龄（岁）	选任日期	金融从业年限（年）	学历	专业	简要履历
朱昌寿	总裁	男	47	2019年3月	21	本科	会计学	曾任财富证券有限责任公司计划财务部总经理，财富通典当有限责任公司总经理，公司财务总监、副总裁；现任我公司总裁。
杨　云	副总裁	男	39	2012年5月	11	硕士	金融信息工程	曾任湖南财信投资控股有限责任公司人力资源部总经理，公司行政总监、工会主席、党总支负责人；曾挂职担任湘潭县县委常委、副县长，湘潭市化债办副主任，兼任财政部PPP专家库专家成员，湘潭市人民政府金融顾问、湖南大学金融学硕士生导师；现任我公司副总裁。
段湘姬	副总裁	女	47	2017年2月	15	本科	工商管理	曾在长沙市农业银行、湖南省农业银行任职多年，曾任湖南农业大学后勤服务集团副总经理、湖南水利投资有限公司财务总监，湖南省水利发展投资有限公司副总经理。现任公司副总裁。
彭　耀	副总裁	男	48	2017年9月	22	本科	财政税收	曾任公司资产管理总部总经理、信托业务一部总经理；现任我公司副总裁。
邓　冰	董事会秘书、总裁助理	男	37	2018年6月	9	硕士	政治经济学	曾任我公司上海业务总部总经理。现任我公司董事会秘书、总裁助理。
刘宪晨	总裁	男	49	2018年6月	13	博士	国际贸易	自2019年1月起，不再担任我公司总裁。
马晓琴	总裁助理	女	45	2019年3月	22	本科	会计学	自2019年9月起，不再担任我公司总裁助理。

3.5 公司员工

报告期内，公司员工 202 人，平均年龄 36 岁。

项　目		报告期年度		上年度	
		人数（人）	比例（%）	人数（人）	比例（%）
年龄分布	20 岁以下	—	—	—	—
	20～29 岁	39	19.31	66	33.50
	30～39 岁	113	55.94	84	42.64
	40 岁以上	50	24.75	47	23.86
学历分布	博士	5	2.48	7	3.55
	硕士	91	45.05	75	38.07
	本科	93	46.04	98	49.75
	专科	8	3.96	9	4.57
	其他	5	2.47	8	4.06
岗位分布	董事、监事及其高管人员	8	3.96	8	4.06
	自营业务人员	6	2.97	6	3.05
	信托业务人员	119	58.91	114	57.87
	其他人员	69	34.16	69	35.02

3.6 年度内召开股东会情况

2019 年度召开股东会会议 6 次，其中定期会议 4 次，临时会议 2 次。会议召开程序符合法律法规和《公司章程》的规定，具体情况如下：

（1）2019 年 3 月 1 日，股东会 2019 年度第一次会议审议通过了《关于第五届董事会董事候选人任职资格审查意见的报告》《关于董事会换届选举的议案》《关于监事会换届选举的议案》。

（2）2019 年 4 月 29 日，股东会 2019 年度第二次会议审议通过了《2018 年度董事会工作报告》《2018 年度监事会工作报告》《2018 年度财务决算报告》《2019 年度财务预算预案》《2018 年度公司股东评估报告》《董事会工作条例（2019 年修订版）》。

（3）2019 年 9 月 26 日，股东会 2019 年度第三次会议审议通过了《2019 年上半年度董事会工作报告》《2019 年度自有资金使用计划》。

（4）2019 年 12 月 20 日，股东会 2019 年度第四次会议审议通过了《关于认购长沙银行股份有限公司优先股的议案》《关于向股东进行利润分配的议案》《关于将公司资本公积转增注册资本的议案》。

（5）2019 年 3 月 28 日，股东会 2019 年度第一次临时会议审议通过了《关于以自持的信托产品受益权为基础资产发行 ABS 的议案》。

（6）2019 年 12 月 26 日，股东会 2019 年度第二次临时会议审议通过了《关于将所持华融湘江银行股份有限公司 20% 股权转让至湖南财信投资控股有限责任公司的议案》。

4. 经营管理

4.1 经营目标、经营方针、战略规划

4.1.1 经营目标

公司的经营目标是坚持以习近平新时代中国特色社会主义思想为指导，坚持以服务地方经济社会发展为宗旨，围绕湖南财信金控集团“精干主业、精济实业、精耕湖南”的发展方略，不断完善公司治理结构，严守合规经营底线，提升发展质量、风控水平与综合金融服务能力，以更好地服务实体经济为着眼点，加快推进业务转型。

4.1.2 经营方针

公司的经营方针是精干主业、精济实业、精耕湖南、稳中求进、改革转型。

4.1.3 战略规划

公司的战略规划是立足湖南、走向全国，发挥信托的功能优势，创新发展业务，为经济建设服务，为客户创造财富，为股东创造价值，切实加强全面风险管理能力，不断提高核心竞争力，实施专业化、差异化服务的内涵型发展，使公司品牌在全国范围内被市场广泛认知，并形成强大的品牌效应，最终打造成为资本充足、信誉良好、经营稳健、勇于创新的专业资产管理机构与财富管理机构。

4.2 所经营业务的主要内容

公司业务主要分为信托业务和固有业务两大类。

4.2.1 信托业务

报告期末，公司信托资产运用与分布情况如下。

信托资产运用与分布表

资产运用	金额（万元）	占比（%）	资产分布	金额（万元）	占比（%）
货币资产	147 800	1.38	基础产业	3 653 359	34.15
贷款	7 804 304	72.94	房地产业	478 998	4.48
交易性金融资产	183 153	1.71	证券市场	295 044	2.76
可供出售金融资产	1 628	0.02	实业	3 734 138	34.90
持有至到期投资	2 335 761	21.83	金融机构	1 360 044	12.71
长期股权投资	49 883	0.47	其他	1 177 651	11.01
其他	176 705	1.65			
信托资产总计	10 699 234	100.00	信托资产总计	10 699 234	100.00

注：资产运用类中的“其他”内容为应收款项 176 705 万元；资产分布类中的“其他”为其他行业运用 1 177 651 万元。

4.2.2 固有业务

报告期末，公司固有资产运用与分布情况如下。

固有资产运用与分布表（合并口径）

资产运用	金额（万元）	占比（%）	资产分布	金额（万元）	占比（%）
货币资产	352 022	38.32	基础产业	309 748	33.72
贷款及应收款	65 513	7.13	房地产业	4 944	0.54
交易性金融资产	13 286	1.45	证券市场	27 479	2.99
可供出售金融资产	474 393	51.64	实业	3 209	0.35
其他	13 507	1.46	金融机构	551 374	60.02
			其他	21 967	2.38
资产总计	918 721	100.00	资产总计	918 721	100.00

注：1.“资产运用”中“其他”项主要明细说明：递延所得税资产 12 802 万元、固定资产 608 万元等。

2.“资产分布”中“其他”项主要明细说明：可供出售金融资产 6 770 万元、其他应收款 272 万元、递延所得税资产 12 802 万元等。

4.3 市场分析

影响本公司的业务发展主要有以下两个因素。

一是有利因素:(1)我国经济延续稳中向好发展态势。(2)行业发展所带来的机遇。(3)区域经济发展所带来的优势。另外,湖南省在大力发展经济的同时更加关注民生建设、生态建设和文化建设,全力推进经济、社会、环境、人口的可持续协调发展,自主创新能力进一步增强,民生质量继续提高,社会保障不断完善,节能减排和生态环境建设迈出重大步伐,城乡统筹和区域统筹和谐推进,城市综合竞争力进一步提升。

二是不利因素:(1)竞争环境日益激烈。(2)公司的业务收入结构单一,没有形成可持续的业务发展模式,面临业务调整和转型的压力。(3)行业风险不断显现和暴露。(4)自有资金主动管理能力依然不足。

4.4 内部控制

根据国家有关法律法规和《公司章程》,公司构建了较为完善的法人治理结构,逐步建立起权责分明、制衡合理、报告关系清晰的组织结构与决策程序,公司不断优化内部控制体系,董事会下设风险控制与审计委员会,负责公司风险控制、管理、监督和评估,以确保公司对风险的识别、防范和反馈纠正等管理活动能够有效的开展。

公司积极引导员工树立合规意识和风险意识。通过各种形式的讲座、交流和培训活动,将有关内部控制的最新制度和要求及时传达给员工,强调风险管理、内部控制、合规经营的重要性,不断提高员工职业道德水准,规范员工职业行为。

4.5 风险管理

4.5.1 风险管理概况

公司的主要风险是信用风险、流动性风险、市场风险、操作风险、声誉风险和其他风险。

4.5.2 风险状况及管理情况

4.5.2.1 信用风险状况及管理情况

公司通过详实的尽职调查,对交易对手和项目进行事前筛选,选取符合公司风控要求的项目。注重增信措施安排,增强风险保障。严格执行内部评审制度,通过分级授权与专家评审会议进行风险识别与控制。项目后期,公司按照《后期管理办法》进行后期管理,持续关注交易对手经营情况变化,及时采取风险预警措施。报告期末,公司无因不良信用资产造成的损失。

4.5.2.2 流动性风险状况及管理情况

公司综合考虑年内固有资金投资与流动性需求,对固有资金使用进行合理安排,制订年度固有资金投资计划。落实《恢复与处置计划》,建立流动性补足机制,有效应对流动性风险。对具体业务,公司建立合理的流动性需求测算方法,对资产端、负债端之间的期限、规模实行动态监测,及时测算流动性需求,合理控制资金头寸与久期。报告期内,公司通过强化项目风险管理、合理控制资金头寸、加强资产端与负债端的匹配性管理等措施,未出现流动性风险导致的风险事件。

4.5.2.3 市场风险状况及管理情况

一是加强对宏观经济及金融形势的分析和预测,增强预警性,以防范利率、汇率等风险;二是密切关注国家相关行业政策变化并采取相应对策,加强对投资、贷款单位的监管;三是密切关注宏观经济形势变化。报告期内,公司重视市场风险管理,严格落实各项风险管理措施,未发生由于市场风险引发的风险事件。

4.5.2.4 操作风险状况及管理情况

一是建立有效的决策机制;二是建立岗位职责分离、内部牵制制度;三是加强员工培训、强化责任追究;四是及时发现风险隐患并及时整改;五是对前台、中台、后台全面实施风险考核,并将风险考核运用到公司风险管理、绩效分配、资源配置、人力资源管理等方面。报告期内,公司尚未发现因公司内部业务流程、计算机系统、工作人员在操作中的不完善造成损失的风险,也尚未发现公司因外部因素如通信系统故障等给公司造成损失或影响公司的正常运行。

4.5.2.5 声誉风险状况及管理情况

声誉风险的管理,一是按照《舆情管理办法》,建立上下贯通、全面覆盖的舆情监控网络;二是加强舆情监测力度,及时掌握舆情动态;三是严格落实《处置舆情突发事件应急预案》,按照既定的负面舆情报告路径,做好舆情应急准备,确保早报告、早处置;四是建立迅速回应机制,明确舆情反应时间,确保舆情管理及时、有效;五是根据声誉风险事件发展阶段,对发酵期、高涨期制定相应的应对方案;六是加强公司正面形象宣传。报告期内,公司未发生声誉风险导致的重大风险事件。

4.5.2.6 其他风险状况及管理情况

公司落实《全面风险管理办法(试行)》《合规风险管理办法》等一系列风险管理与内控制度,执行风险考核与内部稽核审计,加强了公司的全面风险管理。公司通过强化、执行依法合规经营的各项规章制度,加强风险合规管理部、稽核审计部门对业务合规性的审查、专项稽核检查和内部审计来控制合规性风险;通过对宏观政策和行业政策的研究和适用,来控制政策风险;通过建立完善内部控制制度、责任追究制度、业务流程,不断加强员工的职业道德教育,来控制操作风险和道德风险。报告期内,未发现该类风险给公司造成损失或影响公司的正常运行。

5. 报告期末及上一年度末的比较式会计报表

5.1 自营资产

5.1.1 会计师事务所审计意见全文

审 计 报 告

天职业字[2020]20004 号

湖南省财信信托有限责任公司:

一、审计意见

我们审计了湖南省财信信托有限责任公司(以下简称贵公司)财务报表,包括 2019 年 12 月 31 日的合并资产负债表及资产负债表,2019 年度的合并利润表及利润表、合并现金流量表及现金流量表和合并所有者权益变动表及所有者权益变动表及财务报表附注。

我们认为,后附的财务报表在所有重大方面按照企业会计准则的规定编制,公允反映了贵公司 2019 年 12 月 31 日的合并财务状况及财务状况以及2019年度的合并经营成果和合并现金流量及经营成果和现金流量。

二、形成审计意见的基础

我们按照中国注册会计师审计准则的规定执行了审计工作。审计报告的“注册会计师对财务报表审计的责任”部分进一步阐述了我们在这些准则下的责任。按照中国注册会计师职业道德守则，我们独立于贵公司，并履行了职业道德方面的其他责任。我们相信，我们获取的审计证据是充分、适当的，为发表审计意见提供了基础。

三、管理层和治理层对财务报表的责任

贵公司管理层（以下简称管理层）负责按照企业会计准则的规定编制财务报表，使其实现公允反映，并设计、执行和维护必要的内部控制，以使财务报表不存在由于舞弊或错误导致的重大错报。

在编制财务报表时，管理层负责评估贵公司的持续经营能力，披露与持续经营相关的事项（如适用），并运用持续经营假设，除非管理层计划清算贵公司、终止运营或别无其他现实的选择。

治理层负责监督贵公司的财务报告过程。

四、注册会计师对财务报表审计的责任

我们的目标是对财务报表整体是否不存在由于舞弊或错误导致的重大错报获取合理保证，并出具包含审计意见的审计报告。合理保证是高水平的保证，但并不能保证按照审计准则执行的审计在某一重大错报存在时总能发现。错报可能由于舞弊或错误导致，如果合理预期错报单独或汇总起来可能影响财务报表使用者依据财务报表作出的经济决策，则通常认为错报是重大的。

在按照审计准则执行审计工作的过程中，我们运用了职业判断，并保持职业怀疑。同时，我们也执行以下工作：

（1）识别和评估由于舞弊或错误导致的财务报表重大错报风险，设计和实施审计程序以应对这些风险，并获取充分、适当的审计证据，作为发表审计意见的基础。由于舞弊可能涉及串通、伪造、故意遗漏、虚假陈述或凌驾于内部控制之上，未能发现由于舞弊导致的重大错报的风险高于未能发现由于错误导致的重大错报的风险。

（2）了解与审计相关的内部控制，以设计恰当的审计程序，但目的并非对内部控制的有效性发表意见。

（3）评价管理层选用会计政策的恰当性和作出会计估计及相关披露的合理性。

（4）对管理层使用持续经营假设的恰当性得出结论。同时，根据获取的审计证据，就可能导致对贵公司持续经营能力产生重大疑虑的事项或情况是否存在重大不确定性得出结论。如果我们得出结论认为存在重大不确定性，审计准则要求我们在审计报告中提请报表使用者注意财务报表中的相关披露；如果披露不充分，我们应当发表非无保留意见。我们的结论基于截至审计报告日可获得的信息。然而，未来的事项或情况可能导致贵公司不能持续经营。

（5）评价财务报表的总体列报、结构和内容，并评价财务报表是否公允反映相关交易和事项。

（6）就贵公司中实体或业务活动的财务信息获取充分、适当的审计证据，以对财务报表发表审计意见。我们负责指导、监督和执行集团审计，并对审计意见承担全部责任。

我们与治理层就计划的审计范围、时间安排和重大审计发现等事项进行沟通，包括沟通我们在审计中识别出的值得关注的内部控制缺陷。

中国注册会计师：

中国注册会计师：

中国注册会计师：

5.1.2 资产负债表

资产负债表

编制单位：湖南省财信信托有限责任公司　　2019年12月31日　　单位：万元

项目	行次	期末数		年初数	
		合并	母公司	合并	母公司
资产：	1				
现金及银行存款	2	352 022.06	352 021.91	59 579.75	59 568.67
存放中央银行款项	3	—	—	—	—
存放同业款项	4	—	—	—	—
拆出资金	5	—	—	40 000.00	40 000.00
预付账款	6	—	—	—	—
以公允价值计量且其变动计入当期损益的金融资产	7	13 286.26	13 286.26	12 813.77	12 813.77
衍生金融资产	8	—	—	—	—

续表

项　目	行次	期末数		年初数	
		合并	母公司	合并	母公司
买入返售金融资产	9	—	—	—	—
应收账款	10	—	—	—	—
应收利息	11	—	—	—	—
其他应收款	12	1 553. 36	1 553. 36	1 500. 67	1 500. 67
发放贷款和垫款	13	63 960. 00	63 960. 00	—	—
可供出售金融资产	14	474 392. 73	474 000. 55	479 705. 84	479 236. 97
持有至到期投资	15	—	—	—	—
长期股权投资	16	—	—	432 402. 90	432 402. 90
投资性房地产	17	—	—	—	—
固定资产原价	18	1 816. 37	1 816. 37	1 746. 43	1 746. 43
减:累计折旧	19	1 208. 31	1 208. 31	1 233. 35	1 233. 35
固定资产净值	20	608. 06	608. 06	513. 08	513. 08
减:固定资产减值准备	21	—	—	—	—
固定资产净额	22	608. 06	608. 06	513. 08	513. 08
工程物资	23	—	—	—	—
在建工程	24	—	—	—	—
固定资产清理	25	—	—	—	—
无形资产	26	82. 41	82. 41	95. 95	95. 95
长期待摊费用	27	13. 31	13. 31	32. 40	32. 40
递延所得税资产	28	12 802. 33	12 802. 33	3 758. 58	3 786. 51
其他资产	29	—	—	—	—
	30				
	31				
	32				
	33				
	34				
	35				
	36				
	37				
	38				
	39				
资　产　总　计	40	918 720. 54	918 328. 20	1 030 402. 96	1 029 950. 93

法定代表人:王双云　　主管会计工作负责人:段湘姬　　会计机构负责人:熊一芬

资产负债表(续)

编制单位:湖南省财信信托有限责任公司　　2019 年 12 月 31 日　　单位:万元

项　目	行次	期末数		年初数	
		合并	母公司	合并	母公司
负债:	41				
向中央银行借款	42	—	—	—	—
同业及其他金融机构存放款项	43	—	—	—	—
拆入资金	44	85 630. 00	85 630. 00	65 000. 00	65 000. 00
以公允价值计量且其变动计入当期损益的金融负债	45	325. 92	—	455. 88	—
衍生金融负债	46	—	—	—	—
卖出回购金融资产款	47	—	—	—	—
应付账款	48	—	—	—	—

续表

项　　目	行次	期末数		年初数	
		合并	母公司	合并	母公司
预收账款	49	12 724. 58	12 724. 58	10 077. 57	10 077. 57
应付职工薪酬	50	11 492. 02	11 492. 02	9 905. 05	9 905. 05
应交税费	51	13 928. 28	13 928. 28	9 680. 25	9 680. 25
应付利息	52	—	—	—	—
应付股利	53	—	—	—	—
其他应付款	54	96 582. 94	96 516. 45	183 768. 38	183 743. 05
递延所得税负债	55	317. 54	373. 61	—	—
预计负债	56	—	—	—	—
其他负债	57	15. 77	15. 77	15. 77	15. 77
负债合计	58	221 017. 05	220 680. 72	278 902. 89	278 421. 69
所有者权益:	59				
实收资本	60	245 132. 00	245 132. 00	245 132. 00	245 132. 00
国家资本	61	—	—	—	—
集体资本	62	—	—	—	—
法人资本	63	245 132. 00	245 132. 00	245 132. 00	245 132. 00
其中:国有法人资本	64	245 132. 00	245 132. 00	245 132. 00	245 132. 00
集体法人资本	65	—	—	—	—
个人资本	66	—	—	—	—
外商资本	67	—	—	—	—
资本公积	68	205 865. 44	205 865. 44	201 573. 58	201 573. 58
减:库存股	69	—	—	—	—
其他综合收益	70	171. 07	339. 28	3 146. 93	3 063. 16
其中:外币报表折算差额	71	—	—	—	—
盈余公积	72	47 781. 39	47 781. 39	45 326. 37	45 326. 37
一般风险准备	73	13 993. 18	13 993. 18	15 190. 98	15 190. 98
信托赔偿准备	74	35 704. 34	35 704. 34	34 476. 83	34 476. 83
未分配利润	75	149 056. 06	148 831. 85	206 653. 38	206 766. 32
外币报表折算差额	76	—	—	—	—
归属于母公司权益合计	77	697 703. 48	—	751 500. 07	—
少数股东权益	78	—	—	—	—
所有者权益(或股东权益)合计	79	697 703. 48	697 647. 48	751 500. 07	751 529. 24
负债和所有者权益(或股东权益)总计	80	918 720. 54	918 328. 20	1 030 402. 96	1 029 950. 93

法定代表人:王双云　　主管会计工作负责人:段湘姬　　会计机构负责人:熊一芬

5. 1. 3　利润表

利润表

编制单位:湖南省财信信托有限责任公司　　2019 年度　　单位:万元

项　　目	行次	本期数		上期数	
		合并	母公司	合并	母公司
一、营业收入	1	87 380. 35	86 943. 62	125 574. 37	125 576. 44
利息净收入	2	-4 491. 64	-4 491. 81	-3 442. 62	-3 442. 82
利息收入	3	5 172. 05	5 171. 88	915. 45	915. 24
利息支出	4	9 663. 69	9 663. 69	4 358. 06	4 358. 06
手续费及佣金净收入	5	65 099. 09	65 108. 73	54 032. 61	54 044. 38
手续费及佣金收入	6	65 101. 98	65 111. 61	54 032. 61	54 044. 38
手续费及佣金支出	7	2. 88	2. 88	—	—
投资收益/(损失)	8	24 867. 98	24 867. 98	75 847. 46	75 847. 46

续表

项　目	行次	本期数		上期数	
		合并	母公司	合并	母公司
其中:对联营企业和合营企业的投资收益/(损失)	9	—	—	53 951. 17	53 951. 17
公允价值变动收益/(损失)	10	1 875. 74	1 429. 54	-870. 44	-879. 94
汇兑收益/(损失)	11	—	—	—	—
其他业务收入	12	—	—	—	—
其他收益	13	4. 36	4. 36	10. 41	10. 41
资产处置收益	14	24. 82	24. 82	-3. 04	-3. 04
二、营业支出	15	54 432. 97	54 333. 39	12 552. 31	12 459. 42
税金及附加	16	951. 13	951. 13	423. 99	423. 99
业务及管理费	17	16 103. 27	16 003. 69	9 667. 28	9 574. 44
资产减值损失	18	37 378. 56	37 378. 56	2 461. 05	2 460. 99
其他业务成本	19	—	—	—	—
三、营业利润	20	32 947. 39	32 610. 23	113 022. 06	113 117. 02
加:营业外收入	21	34. 19	34. 19	105. 06	105. 06
减:营业外支出	22	31. 88	31. 88	70. 50	70. 50
四、利润总额	23	32 949. 69	32 612. 53	113 056. 62	113 151. 58
减:所得税费用	24	8 062. 26	8 062. 26	13 074. 52	13 074. 53
五、净利润	25	24 887. 43	24 550. 27	99 982. 10	100 077. 05
归属于母公司所有者的净利润	26	24 887. 43	—	99 982. 10	—
少数股东损益	27	—	—	—	—
持续经营损益	28	24 887. 43	24 550. 27	99 982. 10	100 077. 05
终止经营损益	29	—	—	—	—
六、其他综合收益的税后净额	30	-2 975. 86	-2 723. 88	-2 665. 06	-2 735. 31
(一)以后不能重分类进损益的其他综合收益	31	—	—	—	—
其中:1. 重新计量设定受益计划净负债或净资产的变动	32	—	—	—	
2. 权益法下在被投资单位不能重分类进损益的其他综合收益中享有的份额	33	—	—	—	—
(二)以后将重分类进损益的其他综合收益	34	-2 975. 86	-2 723. 88	-2 665. 06	-2 735. 31
其中:1. 权益法下在被投资单位以后将重分类进损益的其他综合收益中享有的份额	35	-4 194. 75	-4 194. 75	492. 66	492. 66
2. 可供出售金融资产公允价值变动损益	36	1 218. 89	1 470. 88	-3 157. 72	-3 227. 97
3. 持有至到期投资重分类为可供出售金融资产损益	37	—	—	—	—
4. 现金流量套期损益的有效部分	38	—	—	—	—
5. 外币报表折算差额	39	—	—	—	—
七、综合收益总额	40	21 911. 56	21 826. 39	97 317. 05	97 341. 75
归属于母公司所有者的综合收益总额	41	21 911. 56	—	97 317. 05	—
*归属于少数股东的综合收益总额	42	—	—	—	—
八、每股收益	43	—	—	—	—
基本每股收益	44	—	—	—	—
稀释每股收益	45	—	—	—	—

法定代表人:王双云　　主管会计工作负责人:段湘姬　　会计机构负责人:熊一芬

5.1.4 所有者权益变动表

合并所有者权益变动表

编制单位：湖南省财信信托有限责任公司　　2019 年度　　单位：万元

项目	行次	本年金额													
		归属于母公司所有者权益												少数股东权益	所有者权益合计
		实收资本（或股本）	其他权益工具	资本公积	减：库存股	其他综合收益	专项储备	盈余公积	△一般风险准备	△信托赔偿准备	未分配利润	其他	小计		
栏次	—	1	2	3	4	5	6	7	8	9	10	11	12	13	14
一、上年年末余额	1	245 132. 00	—	201 573. 58	—	3 146. 93	—	45 326. 37	15 190. 98	34 476. 83	206 653. 38	—	751 500. 07	—	751 500. 07
加：会计政策变更	2	—	—	—	—	—	—	—	—	—	—	—	—	—	—
前期差错更正	3	—	—	—	—	—	—	—	—	—	—	—	—	—	—
其他	4	—	—	—	—	—	—	—	—	—	—	—	—	—	—
二、本年年初余额	5	245 132. 00	—	201 573. 58	—	3 146. 93	—	45 326. 37	15 190. 98	34 476. 83	206 653. 38	—	751 500. 07	—	751 500. 07
三、本年增减变动金额（减少以“－”号填列）	6	—	—	4 291. 85	—	-2 975. 86	—	2 455. 03	-1 197. 80	1 227. 51	-57 597. 31	—	-53 796. 58	—	-53 796. 58
（一）综合收益总额	7	—	—	—	—	-2 975. 86	—	—	—	—	24 887. 43	—	21 911. 57	—	21 911. 57
（二）所有者投入和减少资本	8	—	—	4 291. 85	—	—	—	—	—	—	—	—	4 291. 85	—	4 291. 85
1. 所有者投入的普通股	9	—	—	4 291. 85	—	—	—	—	—	—	—	—	4 291. 85	—	4 291. 85
2. 其他权益工具持有者投入资本	10	—	—	—	—	—	—	—	—	—	—	—	—	—	—
3. 股份支付计入所有者权益的金额	11	—	—	—	—	—	—	—	—	—	—	—	—	—	—
4. 其他	12	—	—	—	—	—	—	—	—	—	—	—	—	—	—
（三）专项储备提取和使用	13	—	—	—	—	—	—	—	—	—	—	—	—	—	—
1. 计提专项储备	14	—	—	—	—	—	—	—	—	—	—	—	—	—	—
2. 使用专项储备	15	—	—	—	—	—	—	—	—	—	—	—	—	—	—
（四）利润分配	16	—	—	—	—	—	—	2 455. 03	-1 197. 80	1 227. 51	-82 484. 74	—	-80 000. 00	—	-80 000. 00
1. 提取盈余公积	17	—	—	—	—	—	—	2 455. 03	—	—	-2 455. 03	—	—	—	—
其中：法定公积金	18	—	—	—	—	—	—	2 455. 03	—	—	-2 455. 03	—	—	—	—
任意公积金	19	—	—	—	—	—	—	—	—	—	—	—	—	—	—
#储备基金	20	—	—	—	—	—	—	—	—	—	—	—	—	—	—
#企业发展基金	21	—	—	—	—	—	—	—	—	—	—	—	—	—	—
#利润归还投资	22	—	—	—	—	—	—	—	—	—	—	—	—	—	—
2. 提取一般风险准备	23	—	—	—	—	—	—	—	-1 197. 80	—	1 197. 80	—	—	—	—
3. 对所有者（或股东）的分配	24	—	—	—	—	—	—	—	—	—	-80 000. 00	—	-80 000. 00	—	-80 000. 00
4. 提取信托赔偿准备	25	—	—	—	—	—	—	—	—	1 227. 51	-1 227. 51	—	—	—	—
（五）所有者权益内部结转	26	—	—	—	—	—	—	—	—	—	—	—	—	—	—
1. 资本公积转增资本（或股本）	27	—	—	—	—	—	—	—	—	—	—	—	—	—	—
2. 盈余公积转增资本（或股本）	28	—	—	—	—	—	—	—	—	—	—	—	—	—	—
3. 盈余公积弥补亏损	29	—	—	—	—	—	—	—	—	—	—	—	—	—	—
4. 结转重新计量设定受益计划净负债或净资产所产生的变动	30	—	—	—	—	—	—	—	—	—	—	—	—	—	—
5. 其他	31	—	—	—	—	—	—	—	—	—	—	—	—	—	—
四、本年年末余额	32	245 132. 00	—	205 865. 44	—	171. 07	—	47 781. 39	13 993. 18	35 704. 34	149 056. 06	—	697 703. 48	—	697 703. 48

法定代表人：王双云　　主管会计工作负责人：段湘姬　　会计机构负责人：熊一芬

合并所有者权益变动表(续)

编制单位:湖南省财信信托有限责任公司　　2019 年度　　单位:万元

项目	行次	上年金额													
		归属于母公司所有者权益												少数股东权益	所有者权益合计
		实收资本(或股本)	其他权益二具	资本公积	减:库存股	其他综合收益	专项储备	盈余公积	△一般风险准备	△信托赔偿准备	未分配利润	其他	小计		
栏　次	—	15	16	17	18	19	20	21	22	23	24	25	26	27	28
一、上年年末余额	1	245 132. 00	—	201 573. 58	—	2 109. 90	—	35 296. 87	12 927. 84	29 462. 08	160 560. 74	—	687 063. 02	—	687 063. 02
加:会计政策变更	2	—	—	—	—	—	—	—	—	—	—	—	—	—	—
前期差错更正	3	—	—	—	—	—	—	—	—	—	—	—	—	—	—
其他	4	—	—	—	—	3 702. 09	—	21. 79	—	10. 9	185. 23	—	3 920. 00	—	3 920. 00
二、本年年初余额	5	245 132. 00	—	201 573. 58	—	5 811. 99	—	35 318. 66	12 927. 84	29 472. 98	160 745. 97	—	690 983. 02	—	690 983. 02
三、本年增减变动金额(减少以"-"号填列)	6	—	—	—	—	-2 665. 06	—	10 007. 71	2 263. 14	5 003. 85	45 907. 41	—	60 517. 05	—	60 517. 05
(一)综合收益总额	7	—	—	—	—	-2 665. 06	—	—	—	—	99 982. 10	—	97 317. 05	—	97 317. 05
(二)所有者投入和减少资本	8	—	—	—	—	—	—	—	—	—	—	—	—	—	—
1. 所有者投入的普通股	9	—	—	—	—	—	—	—	—	—	—	—	—	—	—
2. 其他权益工具持有者投入资本	10	—	—	—	—	—	—	—	—	—	—	—	—	—	—
3. 股份支付计入所有者权益的金额	11	—	—	—	—	—	—	—	—	—	—	—	—	—	—
4. 其他	12	—	—	—	—	—	—	—	—	—	—	—	—	—	—
(三)专项储备提取和使用	13	—	—	—	—	—	—	—	—	—	—	—	—	—	—
1. 计提专项储备	14	—	—	—	—	—	—	—	—	—	—	—	—	—	—
2. 使用专项储备	15	—	—	—	—	—	—	—	—	—	—	—	—	—	—
(四)利润分配	16	—	—	—	—	—	—	10 007. 71	2 263. 14	5 003. 85	-54 074. 70	—	-36 800. 00	—	-36 800. 00
1. 提取盈余公积	17	—	—	—	—	—	—	10 007. 71	—	—	-10 007. 71	—	—	—	—
其中:法定公积金	18	—	—	—	—	—	—	10 007. 71	—	—	-10 007. 71	—	—	—	—
任意公积金	19	—	—	—	—	—	—	—	—	—	—	—	—	—	—
#储备基金	20	—	—	—	—	—	—	—	—	—	—	—	—	—	—
#企业发展基金	21	—	—	—	—	—	—	—	—	—	—	—	—	—	—
#利润归还投资	22	—	—	—	—	—	—	—	—	—	—	—	—	—	—
2. 提取一般风险准备	23	—	—	—	—	—	—	—	2 263. 14	—	-2 263. 14	—	—	—	—
3. 对所有者(或股东)的分配	24	—	—	—	—	—	—	—	—	—	-36 800. 00	—	-36 800. 00	—	-36 800. 00
4. 提取信托赔偿准备	25	—	—	—	—	—	—	—	—	5 003. 85	-5 003. 85	—	—	—	—
(五)所有者权益内部结转	26	—	—	—	—	—	—	—	—	—	—	—	—	—	—
1. 资本公积转增资本(或股本)	27	—	—	—	—	—	—	—	—	—	—	—	—	—	—
2. 盈余公积转增资本(或股本)	28	—	—	—	—	—	—	—	—	—	—	—	—	—	—
3. 盈余公积弥补亏损	29	—	—	—	—	—	—	—	—	—	—	—	—	—	—
4. 结转重新计量设定受益计划净负债或净资产所产生的变动	30	—	—	—	—	—	—	—	—	—	—	—	—	—	—
5. 其他	31	—	—	—	—	—	—	—	—	—	—	—	—	—	—
四、本年年末余额	32	245 132. 00	—	201 573. 58	—	3 146. 93	—	45 326. 37	15 190. 98	34 476. 83	206 653. 38	—	751 500. 07	—	751 500. 07

法定代表人:王双云　　主管会计工作负责人:段湘姬　　会计机构负责人:熊一芬

5.2 信托资产

5.2.1 信托项目资产负债汇总表

信托项目资产负债汇总表

编制单位：湖南省财信信托有限责任公司　　2019 年 12 月 31 日　　单位：万元

信托资产	期末数	年初数	信托负债和信托权益	期末数	年初数
信托资产	—	—	一、信托负债	—	—
货币资金	147 800	71 934	交易性金融负债	—	—
拆出资金	—	—	衍生金融负债	—	—
存出保证金	—	—	应付受托人报酬	5 601	-610
交易性金融资产	183 153	145 539	应付托管费	108	327
衍生金融资产	—	—	应付受益人收益	2 715	1 439
买入返售金融资产	—	14 740	应交税费	7 200	4 575
应收款项	176 705	143 265	应付销售服务费	—	—
发放贷款	7 804 304	6 661 757	其他应付款项	181 782	140 019
可供出售金融资产	1 628	1 628	其他负债	—	—
持有至到期投资	1 163 744	617 042		—	—
长期应收款	—	—	信托负债合计	197 406	145 750
长期股权投资	49 883	109 196		—	—
投资性房地产	—	—	二、信托权益	—	—
固定资产	—	—	实收信托	10 347 481	11 683 973
无形资产	—	—	资本公积	7 015	4 415
长期待摊费用	—	—	外币报表折算差额	—	—
其他资产	1 172 017	4 076 237	未分配利润	147 332	7 200
减：各项资产减值准备	—	—	信托权益合计	10 501 828	11 695 588
信托资产总计	10 699 234	11 841 338	信托负债和信托权益总计	10 699 234	11 841 338

法定代表人：王双云　　主管会计工作负责人：段湘姬　　会计人员：唐　亚

5.2.2 信托项目利润及利润分配汇总表

信托项目利润及利润分配汇总表

编制单位：湖南省财信信托有限责任公司　　2019 年度　　单位：万元

项　目	本年数	上年数
1. 营业收入	1 013 171	507 053
1.1 利息收入	656 321	453 870
1.2 投资收益（损失以"－"号填列）	355 433	94 069
1.2.1 其中：对联营企业和合营企业的投资收益	—	—
1.3 公允价值变动收益（损失以"－"号填列）	1 417	-41 946
1.4 租赁收入	—	—
1.5 汇兑损益（损失以"－"号填列）	—	—
1.6 其他收入	—	1 060
2. 支出	130 391	57 210
2.1 营业税金及附加	3 283	1 924
2.2 受托人报酬	77 288	39 289
2.3 托管费	4 811	5 684
2.4 投资管理费	38	108
2.5 销售服务费	10 620	—
2.6 交易费用	67	364
2.7 资产减值损失	—	—
2.8 其他费用	34 284	9 841
3. 信托净利润（净亏损以"－"号填列）	882 780	449 843
4. 其他综合收益	—	—
5. 综合收益	882 780	449 843
6. 加：期初未分配信托利润	7 200	76 866
7. 可供分配的信托利润	889 980	526 709
8. 减：本期已分配信托利润	742 648	519 509
9. 期末未分配信托利润	147 332	7 200

法定代表人：王双云　　主管会计工作负责人：段湘姬　　会计人员：唐　亚

6. 会计报表附注

6.1 会计报表编制基准不符合会计核算基本前提的说明

6.1.1 会计报表不符合会计核算基本前提的事项

报告期内，本公司会计报表无不符合会计核算基本前提的事项。

6.1.2 对编制合并财务报表的公司，应予以说明

报告期内，本公司无纳入合并财务报表范围的子公司。

本公司 2019 年度纳入合并财务报表范围的结构化主体为轻盐创投稳赢 1 号私募股权基金，该基金设立于 2017 年，本公司为基金管理人，本公司 2019 年持有轻盐创投稳赢 1 号私募股权基金 23 369 297.46 份，占总份额的 90.91%。

6.2 重要会计政策和会计估计说明

2019 年度合并财务报表以公司持续经营假设为基础，根据实际发生的交易事项，按照财政部颁布的最新《企业会计准则》及其应用指南的有关规定，并基于以下所述重要会计政策、会计估计进行编制。

6.2.1 计提资产减值准备的范围和方法

6.2.1.1 金融资产减值

除了以公允价值计量且其变动计入当期损益的金融资产，公司在每个资产负债表日对其他金融资产的账面价值进行检查，有客观证据表明金融资产发生减值的，计提减值准备。

6.2.1.2 其他资产减值

本公司在每一个资产负债表日检查长期股权投资、固定资

产、在建工程、投资性房地产、使用寿命确定的无形资产等长期资产是否存在可能发生减值的迹象。

如果该等资产存在减值迹象，则估计其可收回金额。估计资产的可收回金额以单项资产为基础，如果难以对单项资产的可收回金额进行估计的，则以该资产所属的资产组为基础确定资产组的可收回金额。如果资产的可收回金额低于其账面价值，按其差额计提资产减值准备，并计入当期损益。

6.2.2 金融资产分类的范围和标准

金融资产在初始确认时划分为以公允价值计量且其变动计入当期损益的金融资产、持有至到期投资、贷款和应收款项以及可供出售金融资产。初始确认金融资产，以公允价值计量。对于以公允价值计量且其变动计入当期损益的金融资产，相关的交易费用直接计入当期损益，对于其他类别的金融资产，相关交易费用计入初始确认金额。

6.2.3 交易性金融资产核算方法

以公允价值计量且其变动计入当期损益的金融资产采用公允价值进行后续计量，公允价值变动形成的利得或损失，以及与该等金融资产相关的股利和利息收入计入当期损益。

6.2.4 可供出售金融资产核算方法

可供出售金融资产采用公允价值进行后续计量，公允价值变动形成的利得或损失，除减值损失和外币货币性金融资产与摊余成本相关的汇兑差额计入当期损益外，直接计入所有者权益，在该金融资产终止确认时转出，计入当期损益。

可供出售金融资产持有期间取得的利息及被投资单位宣告发放的现金股利，计入投资收益。

6.2.5 持有至到期投资核算方法

持有至到期投资采用实际利率法，按摊余成本进行后续计量，在终止确认、发生减值或摊销时产生的利得或损失，计入当期损益。

6.2.6 长期股权投资核算方法

6.2.6.1 共同控制、重要影响的判断

按照相关约定对某项安排存在共有的控制，并且该安排的相关活动必须经过分享控制权的参与方一致同意后才能决策，认定为共同控制。对被投资单位的财务和经营政策有参与决策的权力，但并不能够控制或者与其他方一起共同控制这些政策的制定，认定为重大影响。

6.2.6.2 投资成本的确定

同一控制下的企业合并形成的，合并方以支付现金、转让非现金资产、承担债务或发行权益性证券作为合并对价的，在合并日按照取得被合并方所有者权益在最终控制方合并财务报表中的账面价值的份额作为其初始投资成本。长期股权投资初始投资成本与支付的合并对价的账面价值或发行股份的面值总额之间的差额调整资本公积；资本公积不足冲减的，调整留存收益。

非同一控制下的企业合并形成的，在购买日按照支付的合并对价的公允价值作为其初始投资成本。

除企业合并形成以外的：以支付现金取得的，按照实际支付的购买价款作为其初始投资成本；以发行权益性证券取得的，按照发行权益性证券的公允价值作为其初始投资成本；以债务重组方式取得的，按《企业会计准则第12号——债务重组》确定其初始投资成本；以非货币性资产交换取得的，按《企业会计准则第7号——非货币性资产交换》确定其初始投资成本。

6.2.6.3 后续计量及损益确认方法

对被投资单位能够实施控制的长期股权投资采用成本法核算；对联营企业和合营企业的长期股权投资，采用权益法核算。

6.2.6.4 减值测试方法及减值准备计提方法

对子公司、联营企业及合营企业的投资，在资产负债表日有客观证据表明其发生减值的，按照账面价值高于可收回金额的差额计提相应的减值准备。

6.2.7 投资性房地产核算方法

截至报告期末，本公司无投资性房地产。

6.2.8 固定资产计价和折旧方法

6.2.8.1 固定资产的确认条件

固定资产是指为生产商品、提供劳务、出租或经营管理而持有的，使用年限超过一个会计年度的有形资产。固定资产在同时满足经济利益很可能流入、成本能够可靠计量时予以确认。

6.2.8.2 各类固定资产的折旧方法

类别	折旧方法	折旧年限（年）	残值率（%）	年折旧率（%）
房屋及建筑物	年限平均法	35	—	2.857
运输设备	年限平均法	6	—	16.67
电器设备	年限平均法	5	—	20.00
电子设备	年限平均法	3	—	33.33
办公设备其他	年限平均法	5	—	20.00

6.2.8.3 固定资产减值准备

资产负债表日，有迹象表明固定资产发生减值的，按照账面价值高于可收回金额的差额计提相应的减值准备。

6.2.9 无形资产计价及摊销政策

无形资产包括土地使用权、专利权及非专利技术等，按成本进行初始计量。

使用寿命有限的无形资产，在使用寿命内按照与该项无形资产有关的经济利益的预期实现方式系统合理地摊销，无法可靠确定预期实现方式的，采用直线法摊销。具体年限如下。

项目	摊销年限（年）
土地使用权	50
软件	3～10

使用寿命确定的无形资产，在资产负债表日有迹象表明发生减值的，按照账面价值高于可收回金额的差额计提相应的减值准备；使用寿命不确定的无形资产和尚未达到可使用状态的无形资产，无论是否存在减值迹象，每年均进行减值测试。

内部研究开发项目研究阶段的支出，于发生时计入当期损益。内部研究开发项目开发阶段的支出，同时满足下列条件的，确认为无形资产：(1)完成该无形资产以使其能够使用或出售在技术上具有可行性；(2)具有完成该无形资产并使用或出售的意图；(3)无形资产产生经济利益的方式，包括能够证明运用该无形资产生产的产品存在市场或无形资产自身存在市场，无形资产将在内部使用的，能证明其有用性；(4)有足够的技

术、财务资源和其他资源支持，以完成该无形资产的开发，并有能力使用或出售该无形资产；（5）归属于该无形资产开发阶段的支出能够可靠地计量。

6.2.10 长期应收款的核算方法

截至报告期末，本公司无长期应收款。

6.2.11 长期待摊费用的摊销政策

长期待摊费用按实际发生额入账，在受益期或规定的期限内分期平均摊销。如果长期待摊的费用项目不能使以后会计期间受益则将尚未摊销的该项目的摊余价值全部转入当期损益。

6.2.12 预计负债

因对外提供担保、诉讼事项、产品质量保证、亏损合同等或有事项形成的义务成为公司承担的现时义务，履行该义务很可能导致经济利益流出公司，且该义务的金额能够可靠的计量时，公司将该项义务确认为预计负债。

公司按照履行相关现时义务所需支出的最佳估计数对预计负债进行初始计量，并在资产负债表日对预计负债的账面价值进行复核。

6.2.13 合并会计报表的编制方法

母公司将其控制的所有子公司和结构化主体纳入合并财务报表的合并范围。合并财务报表以母公司及其子公司和结构化主体的财务报表为基础，根据其他有关资料，按照权益法对投资进行调整后，由母公司按照《企业会计准则第33号——合并财务报表》编制。

6.2.14 收入确认原则和方法

6.2.14.1 手续费收入及财务顾问费收入

信托手续费收入及财务顾问费收入按财务报表年度确认收入。

6.2.14.2 利息收入

利息收入按照他人使用本公司货币资金的时间和实际利率计算确定。

6.2.15 政府补助

政府补助包括与资产相关的政府补助和与收益相关的政府补助。

政府补助为货币性资产的，按照收到或应收的金额计量；政府补助为非货币性资产的，按照公允价值计量，公允价值不能可靠取得的，按照名义金额计量。

政府补助采用总额法：（1）与资产相关的政府补助，确认为递延收益，在相关资产使用寿命内按照合理、系统的方法分期计入损益。相关资产在使用寿命结束前被出售、转让、报废或发生毁损的，将尚未分配的相关递延收益余额转入资产处置当期的损益。（2）与收益相关的政府补助，用于补偿以后期间的相关费用或损失的，确认为递延收益，在确认相关费用的期间，计入当期损益；用于补偿已发生的相关费用或损失的，直接计入当期损益。

对于同时包含与资产相关部分和与收益相关部分的政府补助，区分不同部分分别进行会计处理；难以区分的，整体归类为与收益相关的政府补助。

本公司将与本公司日常活动相关的政府补助按照经济业务实质计入其他收益；与本公司日常活动无关的政府补助，计入营业外收支。

6.2.16 所得税的会计处理方法

根据资产、负债的账面价值与其计税基础之间的差额（未作为资产和负债确认的项目按照税法规定可以确定其计税基础的，该计税基础与其账面数之间的差额），按照预期收回该资产或清偿该负债期间的适用税率计算确认递延所得税资产或递延所得税负债。

确认递延所得税资产以很可能取得用来抵扣可抵扣暂时性差异的应纳税所得额为限。资产负债表日，有确凿证据表明未来期间很可能获得足够的应纳税所得额用来抵扣可抵扣暂时性差异的，确认以前会计期间未确认的递延所得税资产。

资产负债表日，对递延所得税资产的账面价值进行复核，如果未来期间很可能无法获得足够的应纳税所得额用以抵扣递延所得税资产的利益，则减记递延所得税资产的账面价值。在很可能获得足够的应纳税所得额时，转回减记的金额。

公司当期所得税和递延所得税作为所得税费用或收益计入当期损益，但不包括下列情况产生的所得税：（1）企业合并；（2）直接在所有者权益中确认的交易或者事项。

6.3 或有事项说明

报告期内，本公司无相关说明事项。

6.4 重要资产转让及其出售的说明

根据湖南省财信信托有限责任公司股东会2019年度第一次临时会议审议通过的《湖南省信托有限责任公司关于将所持华融湘江银行股份有限公司20%股权转让至湖南财信投资控股有限责任公司的议案》，湖南省财信信托有限责任公司将所持华融湘江银行股份有限公司20%股权（1 550 031 668股）转让至湖南财信投资控股有限责任公司，转让基准日为2019年1月1日。

6.5 主要会计政策变更

报告期内，本公司无需要披露的重大会计政策变更事项。

6.6 会计估计变更情况

报告期内，本公司无需要披露的重大会计估计变更事项。

6.7 前期重大会计差错更正情况

报告期内，本公司无前期重大会计差错更正事项。

6.8 其他

无。

6.9 会计报表中重要项目的明细资料

6.9.1 披露自营资产经营情况

6.9.1.1 按资产风险分类的结果披露资产的期初数、期末数

信用风险资产五级分类	正常类（万元）	关注类（万元）	次级类（万元）	可疑类（万元）	损失类（万元）	信用风险资产合计（万元）	不良资产合计（万元）	不良资产率（%）
期初数	101 103	—	—	—	—	101 103	—	—
期末数	420 152	—	—	—	—	420 152	—	—

注：不良资产合计=次级类+可疑类+损失类。

6.9.1.2　各项资产减值损失准备的期初数、本期计提、本期转回、资产转让、期末数

单位：万元

	期初数	本期计提	本期转回	资产核销	期末数
贷款损失准备	—	1 640	—	—	1 640
一般准备	—	—	—	—	—
专项准备	—	—	—	—	—
其他资产减值准备	—	—	—	—	—
可供出售金融资产减值准备	3 941	34 785	—	—	38 726
持有至到期投资减值准备	—	—	—	—	—
长期股权投资减值准备	—	—	—	—	—
坏账准备	23	954	—	—	977
投资性房地产减值准备	—	—	—	—	—

6.9.1.3　自营股票投资、基金投资、债券投资、股权投资等投资业务的期初数、期末数

单位：万元

	自营股票	基金	债券	长期股权投资	其他投资	合计
期初数	2 884	6 840	3 090	432 403	479 706	924 923
期末数	5 919	6 857	510	—	474 393	487 679

6.9.1.4　前五名的自营长期股权投资的企业名称、占被投资企业权益的比例、主要经营活动及投资收益情况等

报告期末，本公司无自营长期股权投资。

6.9.1.5　前五名的自营贷款的企业名称、占贷款总额的比例和还款情况等

企业名称	占贷款总额的比例(%)	还款情况
大方金龙城镇开发建设投资有限公司	30.49	正常
桃源县经济开发区开发投资有限公司	28.20	正常
桂阳东升新城投资有限公司	16.77	正常
湖南省楚之晟控股实业集团有限公司	10.67	正常
醴陵市滨城开发建设有限公司	7.62	正常

6.9.1.6　表外业务的期初数、期末数，按照代理业务、担保业务和其他类型表外业务分别披露

单位：万元

表外业务	期初数	期末数
担保业务	—	—
代理业务(委托业务)	—	—
其他	—	—
合计	—	—

6.9.1.7　公司当年的收入结构

收入结构	金额(万元)	占比(%)
手续费及佣金净收入	65 099	74.47
其中：信托手续费收入	65 031	74.48
投资银行业务收入	—	—
利息净收入	-4 492	-5.14
其他业务收入	—	—
其中：计入信托业务收入部分	—	—
投资收益	24 868	28.45
其中：股权投资收益	—	—
证券投资收益	393	0.45
其他投资收益	24 475	28.00
公允价值变动收益	1 876	2.15
其他收益	4	—
资产处置损益	25	0.03
营业外收入	34	0.04
收入合计	87 414	100.00

6.9.2　披露信托资产管理情况

6.9.2.1　信托资产的期初数、期末数

单位：万元

信托资产	期初数	期末数
集合	4 211 327	4 369 552
单一	3 534 381	5 142 967
财产权	4 095 630	1 186 715
合计	11 841 338	10 699 234

6.9.2.1.1　主动管理型信托业务期初数、期末数，分证券投资类、股权投资类、融资类、事务管理类分别披露

单位：万元

主动管理型信托资产	期初数	期末数
证券投资类	212 889	161 144
股权投资类	62 754	62 035
融资类	3 137 263	3 613 517
事务管理类	3 153	3 297
合计	3 416 059	3 839 993

6.9.2.1.2　被动管理型信托业务期初数、期末数，分证券投资类、股权投资类、融资类、事务管理类分别披露

单位：万元

被动管理型信托资产	期初数	期末数
证券投资类	—	—
股权投资类	—	—
融资类	6	4
事务管理类	8 425 273	6 859 237
合计	8 425 279	6 859 241

6.9.2.2　本年度已清算结束的信托项目个数、实收信托合计金额、加权平均实际年化收益率

6.9.2.2.1　本年度已清算结束的集合类、单一类资金信托项目和财产管理类信托项目个数、实收信托合计金额、加权平均实际年化收益率

已清算结束信托项目	项目个数(个)	实收信托合计金额(万元)	加权平均实际年化收益率(%)
集合类	105	1 847 534	3.73
单一类	60	2 280 818	9.60
财产管理类	7	5 494 137	4.06

6.9.2.2.2 本年度已清算结束的主动管理型信托项目个数、实收信托合计金额、加权平均实际年化信托报酬率、加权平均实际年化收益率，分证券投资类、股权投资类、融资类、事务管理类分别披露

已清算结束主动管理型信托项目	项目个数（个）	实收信托合计金额（万元）	加权平均实际年化信托报酬率（%）	加权平均实际年化收益率（%）
证券投资类	22	274 576	0.07	0.26
股权投资类	—	2 403	2.98	21.84
融资类	89	1 660 843	1.69	6.99
事务管理类	—	—	—	—

6.9.2.2.3 本年度已清算结束的被动管理型信托项目个数、实收信托合计金额、加权平均实际年化信托报酬率、加权平均实际年化收益率，分证券投资类、股权投资类、融资类、事务管理类分别披露

已清算结束被动管理型信托项目	项目个数（个）	实收信托合计金额（万元）	加权平均实际年化信托报酬率（%）	加权平均实际年化收益率（%）
证券投资类	—	—	—	—
股权投资类	—	—	—	—
融资类	—	—	—	—
事务管理类	61	7 684 667	0.11	5.86

6.9.2.3 本年度新增的集合类、单一类和财产管理类信托项目个数、实收信托合计金额

新增信托项目	项目个数（个）	实收信托合计金额（万元）
集合类	101	2 625 841
单一类	79	3 188 335
财产管理类	10	2 471 821
新增合计	190	8 285 997
其中：主动管理型	100	2 322 865
被动管理型	90	5 963 132

续表

6.9.2.4 本公司履行受托人义务情况及因公司自身责任而导致的信托资产损失情况（合计金额、原因等）

公司在管理信托财产的过程中，恪尽职守，履行诚实、信用、谨慎、有效管理的义务，公司没有发生损害受益人利益的情况。

报告期内公司没有发生因公司自身责任而导致的信托资产损失情况。

6.9.2.5 信托赔偿准备金的提取、使用和管理情况

《信托公司管理办法》第五十条规定：信托公司每年应当从税后利润中提取5%作为信托赔偿准备金，累计总额达到公司注册资本的20%时，可不再提取。根据该规定，公司当年提取信托赔偿准备金1 227万元，截至2019年12月31日，信托赔偿准备金余额为35 704万元。

报告期内，公司未发生需要使用信托赔偿准备金的情况，也未使用信托赔偿准备金。

6.10 关联方关系及重大关联交易的披露

6.10.1 关联交易方的数量、关联交易的总金额及关联交易的定价政策等

	关联交易方数量	关联交易金额（万元）	定价政策
合计	54	1 364 917	市场公允价格

6.10.2 关联交易方与本公司的关系性质、关联交易方的名称、法定代表人、注册地址、注册资本及主营业务等

关系性质	关联方名称	法定代表人	注册地址	注册资本（万元）	主营业务
母公司	湖南财信投资控股有限责任公司	胡贺波	长沙市天心区城南西路一号	374 418.89	法律法规允许的资产投资、经营及管理。
实际控制人	湖南财信金融控股集团有限公司	胡贺波	长沙市天心区城南西路3号	454 000.00	省政府授权的国有资产投资、经营、管理等。
本公司股东	湖南省国有投资经营有限公司	李立新	长沙市天心区城南西路1号	33 282.06	授权范围内的国有资产投资、经营、管理与处置，企业资产重组、债务重组，企业托管、并购、委托投资，投资咨询、财务顾问。
受同一实际控制人控制	财信证券有限责任公司	刘宛晨	长沙市芙蓉中路二段80号顺天国际财富中心26层	396 500.50	证券经纪；证券投资咨询；与证券交易、证券投资活动有关的财务顾问；证券承销与保荐；证券自营；证券资产管理；融资融券；证券投资基金代销；代销金融产品。
受同一实际控制人控制	湖南省财信资产管理有限公司	曾世民	长沙市天心区城南西路3号财信大厦10楼	300 000.00	省内金融机构不良资产批量收购；收购、管理和处置金融机构、类金融机构和其他机构的不良资产；资产管理；资产投资及资产管理相关的重组、兼并、投资管理咨询服务等。
受同一实际控制人控制	北京湘财福地酒楼有限责任公司	石君喜	北京市西城区马连道东街15号院红莲西里3号楼	50	制售中餐（含冷荤凉菜）；销售酒、饮料；销售百货。
受同一实际控制人控制	湖南财信金融科技服务有限公司	刘之彦	长沙市岳麓区观沙岭街道滨江路53号楷林国际C栋29楼2906号	15 000.00	软件开发及技术咨询、转让、推广、服务；信息系统集成服务；数据处理和存储服务；企业管理、商务信息、财务信息咨询；电子商务平台的开发建设等。
受同一实际控制人控制	湖南财信经济投资有限公司	宁海成	长沙市开福区浏阳河路12号	87 486.83	以自有合法资产进行股权投资，投资咨询服务；财务咨询服务。

续表

关系性质	关联方名称	法定代表人	注册地址	注册资本（万元）	主营业务
受同一实际控制人控制	衡阳市资产管理有限公司	成新航	湖南省衡阳市蒸湘区解放大道58号珠江．愉景新城三期10栋1112室	10 000.00	资产收购、管理、处置、重组；接受委托或委托对资产进行管理、处置；以自有资金从事股权投资、债权投资；资产管理、企业资产重组与并购咨询服务等。
关联方	华融湘江银行股份有限公司	张永宏	长沙市天心区芙蓉南路一段828号杰座大厦	775 043.14	吸收公众存款；发放短期、中期和长期贷款；办理国内外结算；办理票据承兑与贴现；发行金融债券；代理发行、代理兑付、承销政府债券；买卖政府债券、金融债券；从事同业拆借等。

6.10.3 公司与关联方的重大交易事项

6.10.3.1 逐笔披露固有与关联方的重大交易情况

6.10.3.1.1 本公司与关联方转让/受让金融产品情况

转让方	受让方	产品名称	交易金额(万元)
湖南省资产管理有限公司	本公司	安顺投资信托贷款项目1号集合信托计划	19 900
		湘财盛2017－51号项目二期、湘财盛2016－11号信托计划	24 849
		桃源农村安全饮水巩固提升建设项目二期	18 000
		湘财源2018－8号B、湘财源2018－8号A－1信托计划	20 830
本公司	湖南省资产管理有限公司	湘财盛2017－51号项目二期、湘财盛2016－11号信托计划	24 714
		湘财源2018－8号B、湘财源2018－8号A－1信托计划	20 830
		湘财兴2018－5号、湘财源2018－3号、天易科技城创新创业园一期工程项目信托计划	25 151

6.10.3.1.2 关联方应收应付情况

项目名称	关联方名称	期末金额	期初金额(万元)
其他应付款——拆入款	湖南财信金融控股集团有限公司	—	29 400
其他应付款——拆入款	湖南财信投资控股有限责任公司	—	80 000

6.10.3.2 信托与关联方的交易情况

单位：万元

信托与关联方关联交易				
	期初数	借方发生数	贷方发生数	期末数
贷款	148 600	—	100 600	48 000
投资	—	1 019 009	235 271	783 738
其他	—	23 959	—	23 959

6.10.3.2.1 逐笔披露信托与关联方的重大交易情况

信托计划向关联方发放信托贷款情况

单位：万元

关联方名称	关联交易类型	信托项目名称	期初余额	本期减少	期末余额
湖南省资产管理有限公司	信托贷款	湘信东银单一资金信托	148 600	100 600	48 000

关联方投资本公司发行的信托计划情况

单位：万元

关联方名称	信托项目名称	认购金额
湖南省资产管理有限公司	湘信资富2019－10号	17 700
湖南省资产管理有限公司	湘财通2019－19号	58 000
湖南省资产管理有限公司	湘财诚2019－13号	33 549
湖南省资产管理有限公司	湘信资富2019－15号	50 000
湖南省资产管理有限公司	湘财通2019－17号	14 400
湖南省资产管理有限公司	湘财通2019－20号	50 000
湖南省资产管理有限公司	湖南信托湘财瑞2019－6号	20 000
湖南省资产管理有限公司	湖南资产－国美控股单一资金信托计划	60 000

续表

关联方名称	信托项目名称	认购金额
湖南省资产管理有限公司	湖南信托湘财诚 2019 -31 号单一资金信托计划	30 000
湖南省资产管理有限公司	湖南信托湘财诚 2019 -3 号单一资金信托计划	32 000
湖南财信金融科技服务有限公司	湖南信托消费金融 2019 -2 号单一资金信托计划	50 000
湖南财信金融科技服务有限公司	湖南信托消费金融 2019 -3 号单一资金信托计划	45 000
湖南省信托有限责任公司(代湖南信托湘财瑞 2019 -2 号)	湖南信托湘财瑞 2019 -1 号	47 500
湖南财信经济投资有限公司	湖南财信经投 24 000 万元单一资金信托计划	24 000
华融湘江银行股份有限公司	湘财汇 2017 -3 号第 15 期	35 000
华融湘江银行股份有限公司	湘财汇 2017 -3 号第 9 -15 期	80 000
华融湘江银行股份有限公司	湘财诚 2018 -6 号	12 500
衡阳市资产管理有限公司	衡阳资管 - 衡阳县经投单一资金信托计划	30 000
华融湘江银行股份有限公司	湖南信托华湘共赢 1 号财产权信托	204 680

关联方代销本公司的信托计划情况

单位:万元

关联方名称	信托项目名称	代销金额
财富证券有限责任公司	湖南信托醴陵陶瓷文化特色旅游产业园建设项目	13 760

6. 10. 3. 3　信托公司自有资金运用于自己管理的信托项目(固信交易)、信托公司管理的信托项目之间的相互(信信交易)交易金额,包括余额和本报告年度的发生额

6. 10. 3. 3. 1　固有与信托财产之间的交易金额

无。

6. 10. 3. 3. 2　信托项目之间的交易金额

单位:万元

	信托资产与信托财产相互交易		
	期初数	本期发生额	期末数
合计	96 712	-13 550	83 162

6. 10. 3. 3. 3　逐笔披露信托项目之间的重大交易情况

单位:万元

信托计划名称	交易对方信托计划名称	期初余额	本期增加	本期减少	期末余额
现金增利集合资金信托计划 A	湘财盛 2016 -4、洪江城投小江防护圈等信托计划等 15 个信托项目	18 635	—	15 293	3 342
芙蓉聚金 2015 -1 到 2015 -18 号集合资金信托计划	芙蓉聚金集合资金信托计划	42 757	—	42 757	—
融通 11 号集合资金信托计划	南金 2 号集合信托计划	16 000	—	16 000	—
湖南信托湘财瑞 2019 -2 号项目单一无指定信托计划	湘财瑞 2019 -1	—	47 500	—	47 500

6. 10. 4　逐笔披露关联方逾期偿还本公司资金的详细情况以及本公司为关联方担保发生或即将发生垫款的详细情况

无。

6. 11　会计制度的披露

本公司固有业务(自营业务)已于 2008 年 1 月 1 日起执行新的《企业会计准则》,同时所有与会计有关的内容均做出相应修改。

信托业务于 2010 年 1 月 1 日起执行新的《企业会计准则》,同时所有与会计有关的内容均做出相应修改。

7. 财务情况说明书

7. 1　利润实现和分配情况

经天职国际会计师事务所(特殊普通合伙)审计,公司 2019 年实现利润总额为 32 950 万元,净利润为 24 887 万元。计提法定盈余公积 2 455 万元,提取信托赔偿准备 1 227 万元,提取一般风险准备 -1 198 万元。

公司 2019 年以累计未分配利润向股东分配利润 80 000 万元。

7. 2　主要财务指标

指标名称	指标值
资本利润率(%)	3. 43
人均净利润(万元)	123
净资本(万元)	636 540
风险资本(万元)	175 611
净资本/各项风险资本(%)	362. 47
净资本/净资产(%)	91. 24

注:1. 资本利润率 = 净利润/所有者权益平均余额 ×100%。
2. 所有者权益平均余额是指年初及年末所有者权益余额的简单平均数。
3. 人均净利润 = 净利润/年平均人数。
4. 年平均人数是指年初及年末人数的简单平均数。

7.3 对本公司财务情况、经营成果有重大影响的其他事项

报告期内，公司没有对财务状况、经营成果产生重大影响的其他事项。

8. 特别事项揭示

8.1 最大十名股东报告期内变动情况及原因

无。

8.2 董事、监事及高级管理人员变动情况及原因

报告期内，2019 年 3 月，董事会换届经股东会 2019 年度第一次会议审批通过。2019 年 8 月 28 日，第五届董事会董事王双云、朱昌寿、刘京韬、张强、屈茂辉、陈长春、刘之彦 7 人董事任职资格均获监管部门核准（湘银监保复[2019]166 号、270 号、271 号、554 号），第五届董事会董事正式履职。

2019 年 1 月 31 日，经第四届董事会第一百零九次临时会议审议通过，聘任朱昌寿同志为公司总裁。朱昌寿同志总裁任职资格已获得监管机构湖南银保监局核准（湘银监保复[2019]167 号）。《关于原副总裁朱昌寿同志任期经济责任审计报告》经 2019 年 2 月 11 日召开的第四届董事会第一百一十次会议审议通过。

2019 年 1 月 31 日，经第四届董事会第一百零九次会议审议通过，根据公司实际控制人湖南财信金融控股集团有限公司安排，刘宛晨同志辞去公司第四届董事会董事、公司总裁、第四届董事会战略与人力资源委员会委员、第四届董事会信托委员会委员的职务。《关于刘宛晨同志离任审计报告（天职业字[2019]1515 号）》经 2019 年 2 月 11 日召开的第四届董事会第一百一十次会议审议通过。

2019 年 2 月 11 日，经第四届董事会第 111 次临时会议审议通过，聘任马晓琴同志为公司总裁助理。马晓琴同志总裁助理任职资格已获得监管机构湖南银保监局核准（湘银监保复[2019]124 号）。2019 年 9 月 17 日，公司第五届董事会收到总裁助理马晓琴的辞职报告，因个人原因，马晓琴申请辞去公司总裁助理及其他所担任职务。根据《公司法》《公司章程》等有关规定，马晓琴的辞职报告自送达董事会之日起生效。公司第五届董事会第二次会议通报了该情况。《原总裁助理马晓琴同志离任审计报告》经 2019 年 12 月 24 日召开的第五届董事会第 3 次会议审议通过。

8.3 变更注册资本、变更注册地或公司名称、公司分立合并事项

无。

8.4 公司的重大诉讼事项

8.4.1 重大未决诉讼事项

8.4.1.1 本公司作为原告的重大未决诉讼

序号	原告（申请人）	被告（被申请人）	案由	标的及金额	目前诉讼进展情况
1	本公司	湖南湘渝电力投资有限责任公司、湖南金垣电力集团股份有限公司	金融借款合同纠纷	本金 3 200 万元及相应利（罚）息	强制执行阶段
2	本公司	湖南博兴创业投资有限公司、湖南博雅眼科医院有限公司、李迎康、严素娥	借款合同纠纷	本金 1 800 万元及相应利息、违约金	强制执行阶段（终结本次执行）
3	本公司	湖南蟠桃宴酒业有限公司、湖南天运生物技术集团有限公司	债权转让合同纠纷	3 270 万元及相应利（罚）息等	强制执行阶段（天运生物破产中）
4	本公司	湖南蟠桃宴酒业有限公司、湖南天健纤维板有限公司、湖南天运生物技术集团有限公司、文靖波	债权转让合同纠纷	1 523.428 万元及相应利（罚）息等	强制执行阶段（天运生物破产中）
5	本公司	湖南省科农林业科技开发有限公司	金融借款合同纠纷	本金 1 400 万元及相应利（罚）息等	强制执行阶段，已收回部分款项
6	本公司	湖南省德胜房地产开发有限公司	金融借款合同纠纷	本金 1.35 亿元及相应利（罚）息等	强制执行阶段
7	本公司	淮南志高动漫文化科技发展有限责任公司、志高实业（龙岩）有限公司、泰安志高实业集团有限责任公司、江焕溢	金融借款合同纠纷	本金 2.999 亿元及相应利（罚）息等	抵押人破产清算阶段
8	本公司	长沙三瑞环保科技实业有限公司、湖南天福泉酒业有限公司	金融借款合同纠纷	本金 1 000 万元及相应利（罚）息等	强制执行阶段（终结本次执行程序）
9	本公司	湖南洞庭珍珠开发有限公司	金融借款合同纠纷	本金 2 000 万元及相应利（罚）息等	破产阶段
10	本公司	湖南山江技术开发有限公司、世银联控股有限公司、崔璀	金融借款合同纠纷	本金 2 000 万元及相应利（罚）息等	强制执行阶段
11	本公司	袁洁云；向平；李季；北京中科时代资产管理有限公司；中国科学院长春应用化学科技总公司；长沙坤宇实业有限公司	与公司有关的纠纷	赔偿款 2 300 万元及和解损失约 40 万元	强制执行阶段（终结本次执行）

续表

序号	原告(申请人)	被告(被申请人)	案由	标的及金额	目前诉讼进展情况
12	本公司	湖南欧珀投资置业有限公司、贺延伟、张福芝	信托纠纷	本金7 200万元及相应利(罚)息等	通过强制执行已收回大部分款项
13	本公司	湖南千山制药机械股份有限公司、刘祥华、陈端华、湖南乐福地医药包材科技有限公司	金融借款合同纠纷	1.98亿元本金及相应利(罚)息等	强制执行阶段
14	本公司	陈端华、邓诗蒙、张洪飞、李莉、刘飞、江苏大红鹰恒顺药业有限公司	债权人撤销权纠纷	江苏大红鹰恒顺药业有限公司77.78%的股权	一审已开庭,尚未判决
15	本公司	福建同孚实业有限公司、上海五天实业有限公司、上海五天供应链服务有限公司、林文昌、林文洪、林文智、蔡佼骏福建冠福实业有限公司、冠福控股股份有限公司	金融借款合同纠纷	1.9亿元本金及相应利(罚)息等	胜诉判决已生效,拟申请强制执行
16	本公司	海航创新股份有限公司、海航旅游集团有限公司、海航实业集团有限公司	金融借款合同纠纷	本金2.57亿元及相应利(罚)息等	强制执行阶段
17	本公司	凯迪生态环境科技股份有限公司、阳光凯迪新能源集团有限公司	金融借款合同纠纷	4 300万元本金及相应利(罚)息等	胜诉判决已生效,拟申请强制执行
18	本公司	海航实业集团有限公司、海航商业控股有限公司	金融借款合同纠纷	本金4亿元及相应利(罚)息等	一审已开庭,未判决
19	本公司	张奇华	营业信托纠纷	5 100万元	达成调解并收回部分款项
20	本公司	弘高融资租赁有限公司、湖南津湘投资有限责任公司、范可风、朱文胜、湖南多力物业经营管理有限公司、中安南方控股有限公司	金融借款合同纠纷	本金2 700万元及相应利(罚)息等	强制执行阶段,已收回部分款项
21	本公司	上海市华信金融控股有限公司、上海华信国际集团有限公司	金融借款合同纠纷	本金1.9965亿元及相应利(罚)息	一审未开庭

8.4.1.2 本公司作为第三人的重大未决诉讼

序号	原告(申请人)	被告(被申请人)	案由	标的及金额	目前诉讼进展情况
1	华宸未来资产管理有限公司	何新芸、张来普、毛珍芳、彭日大、张传棉、滁州中普置业有限公司	金融借款合同纠纷	本金2.951亿元及其相应利(罚)息等	二审未开庭

8.4.2 以前年度发生,于本报告年度内终结的诉讼事项

序号	原告(申请人)	被告(被申请人)	案由	标的及金额	结案情况
1	甘孜州农村信用联社股份有限公司	广安科塔金属有限公司、四川科亨矿业(集团)有限公司、中鸿联合融资担保有限公司、郑正、易兴旺、刘幸福	普通破产债权确认纠纷	本金1亿元及逾期利息	胜诉结案
2	谭杰	湖南嘉运置业有限责任公司、吴建根、湖南省财信房地产开发有限责任公司、湖南信托	民间借贷纠纷	借款本息1105万元及律师费、差旅费	胜诉结案

8.4.3 本报告年度发生,于本报告年度内终结的诉讼事项

序号	原告(申请人)	被告(被申请人)	案由	标的及金额	目前诉讼进展情况
1	本公司	广东国森林业有限公司、广州粤泰集团股份有限公司、广州粤泰控股集团有限公司、海南白马天鹅湾置业有限公司、杨树坪	金融借款合同纠纷	本金1亿元及其相应利(罚)息等	和解结案并已收回全部款项

8.5 公司及其董事、监事和高级管理人员受到处罚的情况

无。

8.6 中国银保监会及其派出机构对公司的检查意见及其整改情况说明

报告期内,湖南银保监局于2019年3月21日与公司进行了年度审慎监管会谈,出具了《监管会谈纪要》([2019]24号),提出了监管意见;于2019年8月派出检查组对公司房地产信托业务进行了现场检查,出具了《关于房地产信托、股权和关联交易管理的监管意见》(湘银保监管[2019]34号),提出了监管要求。公司高度重视,积极落实整改和建议,整改情况如下。

一是将"党的领导"等内容嵌入《公司章程》《董事会工作条例》,融入公司治理各个环节。二是起草中长期战略发展规划,明确公司战略定位。三是进一步提高"三会一层"运作质效,加强董事会会议材料把关与会前沟通,监事会重点考核评价董事对议案的研究和审议情况。四是修订《重大业务决策会工作规程》《投资决策会工作规程》,调整并规范人员配置和职能职责。五是按季度开展全面风险排查,重点排查流动性风险、信用风险以及交叉金融风险,并制定切实可行的风险处置预案。六是加强重点领域风险防控。制定《流动性风险管理办法》,每年开展压力测试;印发《信用风险管理办法》,每月排查半年内到期项目;落实合规管理部门的一票否决权,每年一次员工合规教育,全面筑牢前台、中台、后台三道防线;建立完善舆情监测及报告机制,每季度声誉风险排查,每年度声誉风险

应急演练,加强负面舆情研判与媒体关系维护;开展案件警示教育,加强员工行为监督管理。七是压实风险防范与化解责任,加强风控顶层设计,始终把风险防控放在业务发展首位,同时积极推进存量风险项目处置进程。八是前期市场乱象问题整改基本完成,继续深入巩固治理成果。九是切实规范房地产业务模式和交易结构,进一步核实项目资本金情况,持续加强投后管理,严格进行余额管控。十是从严整改关联交易管理相关事项,严肃问责追责。

8.7 本年度重大事项临时报告的简要内容、披露时间、所披露的媒体及其版面

2019 年 1 月 12 日,《证券时报》B02 版、《上海证券报》10 版,分别刊登了经公司股东会 2018 年度第三次会议审议通过的《关于修改公司章程的公告》。

2019 年 2 月 12 日,《证券时报》B27 版、《上海证券报》10 版,分别刊登了经公司第四届董事会第 109 次临时会议审议通过的《关于刘宪晨先生辞去公司董事及总裁职务的公告》。

2019 年 4 月 30 日,《证券时报》B329 版、《上海证券报》46 版,分别刊登了经公司第四届董事会第二十一次会议审议通过的《2018 年度报告摘要》。

2019 年 9 月 11 日,《证券时报》B001 版、《上海证券报》45 版,分别刊登了《关于董事会换届和 2019 年度累计变更董事人数超过董事会成员人数三分之一的公告》。

2019 年 10 月 10 日,《证券时报》B1 版、《上海证券报》70 版,分别刊登了《关于更换公司常年法律顾问律师事务所的公告》。

8.8 中国银保监会及其省级派出机构认定的其他有必要让客户及相关利益人了解的重要信息

无。

9. 履行社会责任情况

公司在支持实体经济发展的同时,高度重视公益慈善,彰显国企责任担当。一是全年发行信托计划筹集资金 1 035 亿元,缴税 4.71 亿元,为投资者创造收益 74 亿元,支持了湖南省经济建设的发展,保障了投资者资金的安全和增值。二是发挥信托功能积极支持公益事业,“湘信 · 善达农村医疗援助公益信托计划”已运行五年多,首批项目已共援建 10 个县的 51 间村卫生室和 3 间乡镇卫生院,投入资金共计 860 万元。第二批项目选定辰溪、绥宁、城步、桃源、邵阳、茶陵、桑植、洞口 8 个县作为援建实施地,共计 42 间村卫生室、1 间乡镇卫生院的建设,已发放援建资金 415 万元,另有 85 万元待建设完成且验收通过后发放。第三批项目选定慈利县、石门县、安化县、麻阳苗族自治县、湘潭县、沅陵县和汉寿县作为援建实施地,共计 3 间卫生院和 42 间卫生室的建设,已发放援建资金 385 万元,另有 385 万元有待建设完成且验收通过后发放。三是于 2015 年伊始,公司精心管理和运行自强助学金慈善信托计划,截至 2019 年末,共捐助了 400 名高三考入大学的贫困学子。四是为献礼中华人民共和国成立 70 周年,财信信托开展以“守初心 担使命 踏征程 逐梦想,我和祖国一同奔跑”为主题的 7 公里橘洲迷你马拉松公益跑活动,助力打赢脱贫攻坚战,充分展现公司在支持湖南省经济社会发展中的创新实践、典型经验及顽强拼搏的精神气概,与湖南省经济共生共荣,意气风发、矢志前行的责任与担当。五是深入贯彻落实党中央国务院和湖南省委省政府关于打好打赢脱贫攻坚战的战略部署,更好地履行社会责任,更好地回馈社会,公司开展“不忘初心、牢记使命,齐献爱心,温暖助学”主题党日活动,组织全体党员向财信金控集团对口扶贫的邵阳县罗城乡罗城村的贫困学子捐款 24 700 元,用于资助罗城村品学兼优的困难家庭学生,以及用于改善村小学的教学设施和办公条件。

华澳国际信托有限公司

1. 重要提示

1.1 本公司董事会及董事保证本报告所载资料不存在任何虚假记载、误导性陈述或者重大遗漏,并对其内容的真实性、准确性和完整性承担个别及连带责任。

1.2 本公司全体董事出席董事会会议。

1.3 本公司设独立董事制度,独立董事王家祥、翟立宏在此发表独立声明,确认本报告所载资料及内容的真实性、准确性和完整性并无异议。

1.4 本公司已聘请信永中和会计师事务所根据中国注册会计师审计准则对本公司年度财务报告进行审计,该审计机构已为本公司出具了标准无保留意见的审计报告和审计结论。

1.5 公司法定代表人及董事长吴瑞忠、主管会计工作负责人解媛媛及会计部门负责人(会计主管人员)钱旭在此声明:保证本年度报告所载财务资料和内容的真实性、准确性和完整性。

2. 公司概况

2.1 公司简介

2.1.1 公司法定中文名称:华澳国际信托有限公司
公司法定中文名称缩写:华澳信托
公司法定英文名称:Sino-Australian International Trust Co., Ltd.
公司英文名称缩写:SATC

2.1.2 公司法定代表人:吴瑞忠

2.1.3 注册地址:中国(上海)自由贸易试验区花园石桥路33号花旗集团大厦1702室
邮政编码:200120
公司国际互联网网址:www.huaao-trust.com
公司电子信箱:enquiry@huaao-trust.com

2.1.4 公司信息披露事务负责人姓名:周雷
联系电话:+86(021)68883700
传真:+86(021)68885995
电子信箱:haxxpl@huaao-trust.com

2.1.5 公司信息披露报纸名称:《证券时报》

2.1.6 公司年度报告备置地点:中国(上海)自由贸易试验区花园石桥路33号花旗集团大厦14层及1702室

2.1.7 公司聘请的境内会计师事务所名称:信永中和会计师事务所(特殊普通合伙)
办公地址:中国北京市东城区朝阳门北大街8号富华大厦A座9层
联系电话:+86(010)6554 7190

2.1.8 公司聘请的境内律师事务所名称:报告期内,公司未聘请担任常年法律顾问的律师事务所

2.2 组织结构

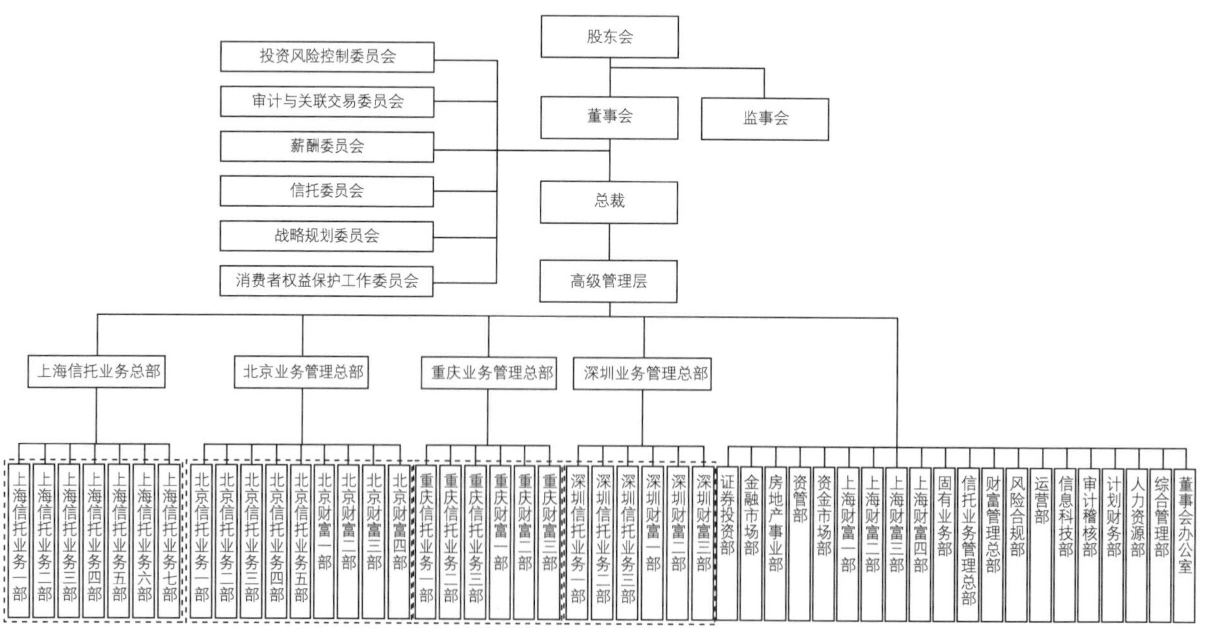

3. 公司治理

3.1 股东

3.1.1 股东及其实际控制人

报告期末股东总数2家。

公司全部股东均持有公司10%以上(含10%)出资比例,股东名称及持股情况如下:

股东名称	持股比例(%)	法人代表	注册资本(万元)	注册地址	主要经营业务
北京融达投资有限公司	50.01	杨昌文	130 000.00	北京市海淀区首体南路20号国兴家园4号楼D1三层	投资管理、资产管理、销售机械设备。
重庆财信企业集团有限公司★	49.99	卢生举	111 600.00	重庆市江北区江北城西大街3号14-1、15-1、16-1	利用自有资金对建设工程项目进行投资,农业及旅游业项目开发;销售建筑材料、装饰材料、金属材料、化工产品及原料;环境污染防治工程设计,环境污染治理。

注:表中股东名称一栏中★为公司实际控制人。

3.1.2 关联方

截至2019年12月末,华澳信托关联方包括公司股东重庆财信企业集团有限公司、北京融达投资有限公司、华澳信托董事会、监事会及高级管理人员为15人、公司股东重庆财信企业集团有限公司董事及监事人员6人、关联企业180家、其他关联自然人35人。

3.1.3 一致行动人

不适用。

3.1.4 最终受益人

公司最终受益人为卢生举先生。

3.2 董事会

董事长、副董事长、董事

姓名	职务	性别	年龄(岁)	选任日期	所推举的股东名称	该股东持股比例(%)	简要履历
吴瑞忠	董事长	男	55	2019年8月19日	北京融达投资有限公司	50.01	曾任兴业银行总行企业金融总部风险总监、企业金融信用业务首席审批官,兴业银行重庆分行党委书记、行长;现任华澳国际信托有限公司董事长、总裁(代)。
彭陵江	董事	男	48	2015年11月11日	重庆财信企业集团有限公司	49.99	曾任重庆财信企业集团有限公司总裁助理、常务副总裁、执行总裁、总裁、联席总裁;现任财信投资集团有限公司董事局副主席、执行董事、执行总裁,重庆财信企业集团有限公司联席董事长,财信地产发展集团股份有限公司董事。
罗宇星	董事	男	57	2016年6月12日	重庆财信企业集团有限公司	49.99	曾任重庆市江北区检察院副检察长,重庆市江北区法院副院长,重庆市江北区委政策研究室主任,重庆市江北区市政绿化管理委员会主任、党工委书记,历任重庆市城市建设投资(集团)有限公司法律审计部主任、党委委员,重庆渝开发股份有限公司总经理、党委书记,安诚财产保险股份有限公司总经理、党委书记,历任重庆财信企业集团有限公司高级副总裁、常务副总裁;现任财信投资集团有限公司董事局执行董事、高级副总裁,重庆财信企业集团有限公司党委书记,重庆市财信环保投资股份有限公司董事长,财信地产发展集团股份有限公司董事,重庆农村商业银行股份有限公司非执行董事。
毛彪勇	董事	男	53	2019年6月12日	北京融达投资有限公司	50.01	曾任河北省政协委员,历任工商银行洋浦分行副行长,海口市分行副行长,海南省分行资产风险管理处副处长,历任中国华融资产管理公司郑州办事处副总经理,海口办事处副总经理、纪委书记,国际业务部副总经理,融德资产管理有限公司(合资企业)副总经理(常务副总裁),中国华融资产管理公司经营决策委员会秘书处秘书长(总经理级),中国华融资产管理股份有限公司河北分公司总经理、党委书记、业务审查部副总经理(总经理级)、风险管理部副总经理(总经理级),华融晋商资产管理股份有限公司党委副书记、总经理、董事,中国华融资产管理股份有限公司风险管理部总经理兼任职工监事,金亚投国际资本控股(北京)集团有限公司执行总裁;现任财信投资集团有限公司首席风控官,财信地产发展集团股份有限公司董事。

独立董事

姓名	所在单位及职务	性别	年龄（岁）	选任日期	所推举的股东名称	该股东持股比例（%）	简要履历
王家祥	—	女	72	2017年7月31日	重庆财信企业集团有限公司	49.99	曾任上海国际信托投资公司申信进出口公司建设部经理，正大国际财务有限公司总裁助理，上海实业联合集团股份有限公司总经理助理；现任浦银安盛基金管理有限公司独立董事。
翟立宏	西南财经大学信托与理财研究所所长	男	50	2017年7月31日	北京融达投资有限公司	50.01	曾任山东工商学院经济学院副院长；现任西南财经大学金融学院教授、博士生导师，西南财经大学信托与理财研究所所长，中国信托业协会非会员理事，泰安银行独立董事，凉山农村商业银行独立董事。

3.3 监事会

姓名	职务	性别	年龄（岁）	选任日期	所推举的股东名称	该股东持股比例（%）	简要履历
张 宏	监事长	男	59	2018年11月6日	北京融达投资有限公司	50.01	曾任北京国利能源投资有限公司副总经理，华澳国际信托有限公司总裁、监事长、董事长；现任南京证券有限责任公司独立董事，信达澳银基金管理有限公司独立董事。
李登峰	监事	男	40	2016年3月3日	重庆财信企业集团有限公司	49.99	曾任重庆辉腾律师事务所律师，重庆盛世文辉律师事务所律师，重庆财信企业集团有限公司法务中心总经理；现任重庆财信企业集团有限公司风险控制部总经理，财信智慧生活服务集团有限公司副总裁，重庆财信环境资源股份有限公司监事会主席。
吴非	职工监事	女	42	2019年12月12日	—	—	曾任兴业基金管理有限公司计划财务部副总经理（主持工作）；现任华澳国际信托有限公司审计稽核部总经理。

3.4 高级管理人员

姓名	职务	性别	年龄（岁）	选任日期	金融从业年限（年）	学历	专业	简要履历
吴瑞忠	总裁（代行）	男	55	2019年8月22日	38	硕士	工商管理	曾任兴业银行总行企业金融总部风险总监、企业金融信用业务首席审批官，兴业银行重庆分行党委书记、行长，具有丰富的金融行业管理、风控等背景及从业经验。
杨伟琳	高级副总裁	男	43	2018年3月16日	25	本科	法学	曾任兴业银行南昌分行副行长，兼任分行企业金融总部副总裁、金融市场总部南昌分部总裁等职，具有丰富的金融从业经验和资深的金融公司管理经验。
曾珊珊	副总裁	女	36	2017年12月8日	16	硕士	软件工程	曾任重庆农商行资金运营部副总经理，兴业国际信托投资银行部总经理、华北业务总部总经理等职，兼备一线业务工作经验和条线管理经验，拥有丰富的金融市场、企业金融业务经验。
解媛媛	首席财务官	女	49	2019年4月1日	4	硕士	工商管理	曾任天健会计事务所审计部负责人，重庆财信企业集团总裁助理兼重庆财信房地产开发有限公司副总裁，重庆市财务局财政投资评审经理，具有丰富审计及管理方面的从业经验。
李爱民	总裁助理	男	44	2018年7月23日	20	硕士	国际法	曾任职于大业信托、外贸信托、安信信托等机构，于信托业务及风控合规管理领域有丰富经验。
张一明	总裁助理	男	44	2019年10月21日	10	硕士	工商管理	曾任职于陆家嘴信托人力总监，远东国际租赁人力资源部副总经理，中国建设银行苏州分行住房信贷科科长，具有丰富人力资源管理及金融从业经验。
周雷	董事会秘书	男	41	2019年10月24日	18	硕士	法学	曾任职于中国人民银行及原中国银监会，担任科长、副处长等职务，具有长期的金融监管及从业工作经验。

3.5 公司员工

本报告期,公司在岗员工 224 人。

项目		本报告期		2018 年末	
		人数(人)	比例(%)	人数(人)	比例(%)
年龄分布	25 岁以下	2	0.89	7	3.4
	25~29 岁	58	25.89	56	27.1
	30~39 岁	129	57.59	116	56.0
	40 岁以上	35	15.63	28	13.5
学历分布	博士	1	0.45	—	—
	硕士	109	48.66	102	49.3
	本科	107	47.77	99	47.8
	专科	7	3.13	6	2.9
	其他	—	—	—	—
岗位分布	董事长、监事长及高管人员	8	3.57	6	2.90
	自营业务人员	9	4.02	9	4.35
	信托业务人员	74	33.04	54	26.09
	财富营销人员	38	16.96	32	15.46
	其他人员	95	42.41	138	51.21

4. 经营管理

4.1 经营目标、经营方针、战略规划

4.1.1 经营目标

公司的经营目标是:认真贯彻落实金融监管要求,以服务客户为中心,聚焦打造"小而美、精而专"的信托公司,深化体制和机制改革,提升全面风险管理能力,增强稳健经营的内生动力;强化公司在"资产管理、财富管理和受托服务"三个领域的差异化竞争优势,提升传统业务主动管理能力,优化信托资产结构,增强公司信托主业的发展后劲;培育行业鲜明的信托文化,持续推动"科技赋能信托、科技赋能流程",提高内部精细化管理水平。

4.1.2 经营方针

公司的经营方针是:面对复杂严峻的发展环境,公司坚持"依法经营、合规展业"和"风险为本"的基本方针不动摇,调整风险管理组织架构,健全前台、中台、后台三道风险防控防线,提升效率和服务水平。顺应资管发展规律,优化业务激励考核政策,深耕传统信托业务,促进主动管理业务规模增长。

4.1.3 战略规划

公司的战略规划是:围绕"小而美、精而专"的四大内涵——"效率高、体制机制活、风控能力强、盈利水平优",持续完善公司治理和内部控制机制,贯彻实施三大转型策略——"被动管理向主动管理转型、债权投资向股权投资转型、资产端向资金端转型";强化七个领域的建设:以风险为前提、以客户为根本、以团队为基础、以业务为核心、以效益为中心、以文化为引领、以体制机制为保障。坚持"依法展业、合规经营"和"风险为本"的基本方针,持续提升公司服务实体企业、满足客户信托需求的资产管理能力、财富管理能力和受托服务能力,努力推动公司发展成为良好信托文化的践行者、先行者。

4.2 所经营业务的主要内容

4.2.1 公司主营业务

信托业务方面,2019 年公司在切实提升合规和风控能力水平基础上,坚持行业深化转型和可持续健康发展。在错综复杂的经济、金融及政策监管环境下,公司定位"小而美、精而专",聚焦"被动管理向主动管理转型、债权投资向股权投资转型、资产端向资金端转型"的三大转型目标,打造"小公司服务大客户"的能力,不断提高信托资产的主动管理能力。面对复杂的经济金融形势和强监管态势,公司内部强调顺势而为,准确把握市场的形势及监管态势,增强风险管理的能力,加快三大战略转型目标。坚持"稳发展、控风险、强基础、促转型、增效益"的战略定位,夯实根基、促进转型、狠抓落实,在充分认清市场及自身状况的基础上,发挥优势,稳健有效的推进信托业务持续健康的发展。

公司信托业务主要包括:(1)做实传统业务。在房地产板块,重点开展"强主体""强项目"的两强模式。在信政业务板块,对于经济发达区域、债务水平可控、高层级地方政府核心融资平台,鼓励拓展高等级的业务合作机会,优化结构。另外根据政府及监管部门的政策导向,逐步加大对实体经济、民营经济的支持力度。(2)推进转型业务。拓展险资合作类业务及资产证券化业务等,在合规经营、风险可控的基础上,实现公司业务品类多元化发展。稳健开展标准化业务,加强与金融机构的合作,公司做好风险收益的管理。积极推动股权类业务,主动学习同业在该类业务上的成熟经验。尝试探索债券型产品。审慎推动资本市场业务,包括私募 FOF 和权益互换类产品等的发行。家族信托,慈善公益信托,消费金融等本源业务逐步加强,跟随行业发展的步伐。

固有业务方面,以投资为主,同时更加重视流动性管理,为确保公司稳健经营的流动性安全,适度开展同业拆借业务及信托业保障基金公司的流动性支持业务;固有资金同时作为公司风险缓释的重要手段,给予信托项目一定的流动性支持,帮助信托项目解决成立及垫付信保基金等时点上需求。

公司固有业务主要包括:(1)贷款类业务。贷款类业务是提高固有资金运营效率的重要手段,公司通过对贷款结构、期限、规模的动态调整和优化,积极把握各类行业领域孕育的投资机会,从客户资源、渠道资源、项目资源等方面为信托主业提供有力支持,同时获得风险可控的较高收益。(2)金融产品投资类业务。金融产品投资类业务较为灵活,可根据公司当期资金情况,提高资金使用效率。适当配比不同种类的金融产品时,可降低投资组合风险。同时在风险相对较低的情况下可获得可观收益。目前,金融产品投资类业务主要包括购买信托产品、定向资管产品等。(3)固定收益业务。固定收益业务对公司在优化固有资产投资结构、提升固有资产运营效率等方面发挥着重要作用。公司以确保资金的安全性和资产的流动性为原则,通过对固定收益市场和相关投资品种的深入研究,根据市场环境的变化动态调整和优化资产配置结构,构成稳健的投资组合,获取固定收益。

目前公司各类投资产品为银行同业定存、货币基金、定向资管、基金、信托产品、其他债权类投资等。

4.2.2 资产组合与分布

2019 年末,公司净资本为 246 767.64 万元,各项业务风险资

本之和为 169 696.86 万元，净资本/各项业务风险资本为 145.42%。

自营资产运用与分布表

资产运用	金额（万元）	占比（%）	资产分布	金额（万元）	占比（%）
货币资产	5 063.63	0.94	工商企业	428 734.20	79.25
交易性金融资产	—	—	基础产业	50 000.00	9.24
发放贷款	—	—	金融机构	20 000.00	3.70
可供出售金融资产	438 623.90	81.08	其他	42 238.02	7.81
持有至到期投资	—	—	证券	—	—
长期股权投资	—	—	房地产	—	—
其他资产	97 284.70	17.98			
合计	540 972.22	100.00	合计	540 972.22	100.00

信托资产运用与分布表

资产运用	金额（万元）	占比（%）	资产分布	金额（万元）	占比（%）
货币资金	88 257.49	0.67	工商企业	4 529 697.29	34.26
交易性金融资产	75 654.55	0.57	基础产业	4 551 096.39	34.42
买入返售金融资产	2 000.40	0.02	金融机构	453 399.27	3.43
应收款项	2 754 102.21	20.83	其他	1 440 043.09	10.89
发放贷款	6 800 538.42	51.44	证券	104 621.63	0.79
可供出售金融资产	2 588 289.03	19.58	房地产	2 141 481.80	16.20
长期应收款	—	—			
长期股权投资	911 497.37	6.89			
其他资产	—	—			
合计	13 220 339.47	100.00	合计	13 220 339.47	100.00

4.3 市场分析

2019 年，经过年初短暂的“小阳春”，经济于二季度再度进入下行通道，经济下行压力持续加大。前几年以来地方政府、企业、居民三大部门不断加杠杆，杠杆率较高，再加杠杆空间有限，我们处在金融周期和债务周期的高点，防化风险重要性凸显。2019 年，在全球经济下行趋势明显的背景下，中国经济发展的内外部环境更趋复杂，前三个季度 GDP 增长6.2%。中美贸易摩擦、猪肉价格上涨、实体经济需求低迷、债券违约风险或向信贷市场传导等，成为中国经济金融面临的主要风险。

2019 年 11 月 28 日，中国银行研究院在京发布的《2020 年度经济金融展望报告》中显示，中国经济面临的风险和挑战增多，总体判断“谨慎乐观”。同时，金融业发展环境依然复杂，面对新的变局，金融业需构建高质量发展评估框架，推动组织变革和战略转型，以谋求发展突破。预计未来金融环境方面，会面临三个方面的主要风险：一是金融风险隐患继续凸显；二是民营企业的流动性压力加大；三是运用多层次资本市场的深度和广度有待进一步提升。

在新的监管环境下，信托行业未来发展目标即服务于实体经济，服务于现代金融体系的建设。一方面，2020 年信托公司将进一步提高主动管理能力回归信托本源业务，助力实体经济的发展，但目前信托公司主动管理业务占比持续提升更多是被动调整业务结构的结果，真正的主动管理能力的强化仍需要一个逐步发展的过程，信托公司的转型不再是简单地推动单个创新业务的诞生，而是一个系统建设过程，尤其是在具有先天的客户资源、雄厚的资本实力和品牌效应等优势的商业银行理财子公司的成立之后，信托公司亟须创新经营模式，构建差异化核心竞争力。另一方面，信托行业信托风险项目持续增长，在当前宏观经济环境持续低迷，企业经营情况难以实质性改善的情况下，由于信托行业具有较强的顺周期特征，未来工商企业类信托项目风险仍需持续关注。此外，刚性兑付的打破将使信托产品吸引力下降，渠道销售难度加大，且在新的监管环境下，在原信托业务结构中占比较高的银信通道业务和信政业务将面临进一步萎缩，从而带动信托资产规模继续收缩，加之资本市场不确定性增加，未来信托公司的盈利水平存在一定的不确定性。

但从长期来看，新的外部环境有助于提升信托行业资产管理能力和风险防控意识，加快信托行业转型速度，促进信托行业健康稳健发展。

4.4 内部控制

4.4.1 内部环境和内部控制文化

治理结构。公司建立了“三会一层”治理结构，股东会、董事会、监事会、高级管理层在各自权限范围内履行职责，保障业务决策和日常管理安全有序。公司设置了前台、中台、后台分离的部门组织架构，职责流程、报告关系较为清晰，共同保证经营目标有效实施。

经营战略。公司聚焦资产管理、财富管理和受托服务三大领域，努力打造“资本充足、信誉良好、经营稳健、产融结合”的特色品牌。2019 年，公司积极坚定实施“两强”的业务策略和风险策略，持续推进“直销 + 代销”的营销策略，改革体制和机制，开展流程优化和数据治理，提升全面风险管理水平。

激励约束。公司制定了前台部门信托和财富业务条线绩效考核制度，综合考量业务达成和合规因素，鼓励业务创新，推动经营目标实现，并根据阶段实施情况予以调整。公司尝试优化中后台薪酬考核机制，建立更加贴近市场的薪酬管理制度。

廉政建设。公司持续开展“廉洁自律、勤勉尽职”专项工作，从完善廉洁从业和问责制度、宣导不当收入处理规定及廉政监察邮箱、不定期开展教育培训、签订员工行为自律承诺书等方面，倡导清廉司风，遏制违规行为。

4.4.2 内部控制措施

公司以建立“全面有效的风险管理体系”为目标，制定与公司战略、业务发展相匹配的风险偏好和风险策略；公司重视信用风险防范，通过前台部门尽职调查、中台部门审批复核，业务落地后定期走访，中台部门定期舆情监测，建立事前、事中、事后全流程风险控制机制；公司定期开展合规经营培训，加强风险评价体系制度建设，将监管部门专项治理、案件排查、全面风险自查工作常态化。公司固有业务和信托业务分属不同的业务部门，部门之间相互独立、相互制约，能够确保固有业务风险和信托业务风险有效隔离。计财、运营、固有等部门对会计账表、统计信息进行分工，建立内部复核机制，对外报送路径清晰。公司建立了操作风险突发事件和非业务法律事务突发事件应急预案。

4.4.3 信息交流与反馈

内部交流方面，公司通过定期会议、专题会议、公文系统、邮件系统等多种形式,确保信息传导及时完整;外部沟通方面,公司与监管机关建立了沟通报告机制,与股东建立了公文传递机制,与客户建立了咨询和投诉反馈机制,以保障信息传递流畅,有利于组织目标实现。

4.4.4 监督评价与纠正

公司审计与关联交易委员会下设审计稽核部履行内审监督职能。2019 年,公司持续健全内部审计各项工作规范,完善内部审计体系,提高审计工作质量。在内部审计制度的基础上,不断完善各类审计管理办法。2019 年审计部门完成专项、离任、终止审计共 10 个项目,审计职能范围覆盖面不断扩大,独立性和有效性得到持续提升。

4.5 风险管理

4.5.1 风险管理概况

4.5.1.1 公司风险管理的宗旨

公司风险管理以保护委托人(受益人)和股东最大利益为宗旨。(1)风险管理是公司整体经营和各项业务稳健持续发展的保障。(2)董事会和公司最高管理层对风险的识别和管理负最终责任。(3)分工明确、相互制约的组织架构是公司风险管理的前提。(4)完善的制度体系建设是风险管理的基础。

4.5.1.2 公司风险管理的总体目标

(1)提升公司经营管理效果,促进经营和业务积极稳健发展。(2)确保公司经营合法合规以及公司内部规章制度得以贯彻执行。(3)确保将公司经营和业务风险控制在与公司总体目标相适应并可承受的范围内。(4)确保公司建立各类重大风险(包括但不限于合规风险、信用风险、市场风险、流动性风险、操作风险、声誉风险、道德风险等)的防范和应急处理机制,保护公司不因灾害性风险或人为失误而遭受重大损失。(5)形成良好的风险管理文化,使全体员工不断强化风险防范和风险管理意识。

4.5.1.3 公司风险管理的原则

(1)全面性。公司风险管理应当做到事前、事中、事后控制相统一;覆盖公司的所有业务、部门和人员,渗透到决策、执行、监督、反馈等各个环节,确保不存在风险管理的空白或漏洞。(2)独立性。承担风险管理监督检查职能的部门应当独立于公司其他部门。各业务部门的业务环节应相互独立,各司其职。(3)制衡性。公司部门和岗位的设置应当权责分明、相互制衡,一线业务运作与二线管理支持及三线监督检查应适当分离。

4.5.1.4 公司风险管理的组织架构

公司积极推进涵盖合规风险、信用风险、流动性风险、操作风险和声誉风险等方面的全面风险管理体系框架建设,逐步构建包括从治理层面到经营层面的组织架构和职能设置,业务事前、事中、事后全流程管控,前台、中台和后台"三道防线"的全面风险管理机制,以及不同风险类型的管控机制,通过不断强化全员风险管理理念,厘清风险管理三道防线的职责,实现从项目尽职调查到项目清算的全流程、全方位的风险防范体系。

董事会作为公司最高风险管理机构,审批风险管理战略,确定风险管理的机构设置、职能分工、审批公司风险管理制度、年度目标、监督考核等。

监事会承担公司全面风险管理的监督责任,负责监督检查董事会和高级管理层(执行委员会)在风险管理方面的履职尽责情况。

董事会下设的投资风险控制委员会由公司董事组成,负责提出公司经营管理过程中防范和控制风险的指导意见,监督公司风险管理的制度建设;负责审查(审批)重大业务风险;对公司风险状况和风险管理能力及水平进行评价,提出完善公司风险管理的建议。

执行委员会实施公司战略发展规划,监督业务风险管理制度、业务流程的制定,落实各项风险管理工作。

项目评审委员会由高级管理人员及相关部门负责人组成,负责对公司各项业务的评审和审批,包括对项目合规风险、法律风险、信用风险、市场风险、流动性风险、操作风险、声誉风险等的综合审议;只有经该委员会评审通过的项目方可实施或提交公司投资风险控制委员会审批(根据不同权限)。

前台业务部门是项目风险防范的第一责任人以及风险管理第一道防线,按照公司业务指引和风险管理制度要求,履行所经办业务(项目)的事前尽调、事中管理和风险处置等风险管控职能职责,并对业务(项目)的真实性负责。

风险合规部作为公司全面风险管理的牵头协调部门和第二道风险防线,负责制定公司及各业务的风险管理政策和风险管理制度体系搭建,不断完善公司风险管理文化;依据公司的总体战略和风险偏好,制定风控规划并确定公司风险容忍度;负责存续项目风险管理及相关的制度和流程管理;负责存续项目的信息搜集、整理、统计分析;按照监管部门要求,协调公司各相关部门牵头完成与存续项目风险管理相关的各专项及临时监管信息的报备工作;负责公司法律合规风险管理和咨询服务,对业务部门送审的项目进行法律合规风险审查,提出独立审查意见;负责牵头处理监管部门有关事务,组织案防、反洗钱相关工作;代表公司处理非诉及诉讼等相关事宜;负责促进公司合规文化建设,确保公司各项经营管理活动合法合规。

运营部作为公司信托业务中后端集中运营服务的管理综合平台,主要承担对信托资产存续期的运营处理、核算估值、运营分析和监督控制等职责。

审计稽核部作为风险管理第三道防线,负责风险管理制度和流程执行的监督、审计并进行独立的风险评估;负责协助公司改进风险管理与内部控制系统;通过评价内部控制的效率与效果、促进内部控制的持续改善;对所发现的重大风险事项可直接向审计和关联交易委员会及投资风险控制委员会汇报。

信托业务管理总部负责对公司信托业务进行统筹管理,优化资源配置,提升公司核心盈利能力,促进公司信托业务目标的达成,引领公司信托业务研究与创新;负责针对业务主要风险环节制定相应的业务操作流程。

固有业务部负责公司自有资金的运用和管理,依据年度资金计划,开展固有投资及支持主业发展的各项资金投放,在信托业务需要启动预警机制时,及时调配资金及通过合规手段提供流动性支持,保障公司正常经营运转;同时,负责风险项目的处置清收,通过各种法律手段化解风险项目,最大限度清收回款,降低损失。

计划财务部负责固有资金预测和收支管理,确保业务资金需求和资金安全,为固有资金运用提供数据支持和建议;及时、准确地计算和报送公司净资本、风险资本及各项监管指标,对指标异动进行分析和警示。本公司在每个资产负债表日采用个别识别减值的方式评估资产的减值情况。

4.5.2　风险状况

4.5.2.1　信用风险状况

信用风险主要指交易对手不履行义务的可能性，主要表现为：在信托贷款、资产回购、后续资金安排、担保、履约承诺等交易过程中，借款人、担保人、保管人（托管人）等交易对手不履行承诺，不能或不愿履行约定或承诺而使信托财产和固有财产遭受潜在损失的可能性。同时，当信用风险发生时，如受托人没有尽职管理、安排预算不恰当时，或信托项目违法违规未能如期执行时，则可能会发生流动性风险。

2019 年末，公司已按照净利润的5%计提了信托项目赔偿准备金，年末余额为 8 956.79 万元，较 2018 年末增加了 1 530.88万元；已按风险资产的 1.5%计提了一般风险准备，年末余额为 8 473.14 万元，与 2018 年末持平。

4.5.2.2　市场风险状况

市场风险是指公司在运营过程中可能因股价、市场汇率、利率及其他商品价格因素等变动而产生的风险。其具体表现为经济运作周期变化、金融市场利率波动、通货膨胀、房地产交易、证券市场变化等造成的风险，这些风险可能影响信托财产的价值及信托收益水平，也可能影响公司固有资产价值或导致损失。报告期内，公司未发生因市场风险所造成的损失。

利率风险主要源于市场利率变动对利率敏感金融工具的公允价值或未来现金流量的影响。根据公司资金运作的实际情况，公司计息资产主要为短期同业存放及一年内到期的短期贷款，受市场利率变动的影响可控。

汇率风险指因汇率变动产生损失的风险。截至 2019 年末，公司主要业务活动均以人民币计价结算。故此，公司暂不存在汇率风险。

其他价格风险是指金融工具的公允价值受市场利率和外汇汇率以外的市场价格因素变动发生波动的风险。报告期内，公司不存在重大的其他价格风险。

4.5.2.3　操作风险状况

操作风险是指由于不完善或有问题的内部操作过程、人员、系统或外部事件而导致的直接或间接损失的风险。报告期内，公司经营管理活动严格按照相关制度和操作流程执行，未出现重大差错、失误及责任事故。同时，公司将持续重视和加强操作风险管理，严控操作风险。

4.5.2.4　其他风险状况

其他风险主要指公司业务开展中的流动性风险等。流动性风险是指没有足够资金以满足到期债务支付的风险。根据公司资金运作的实际情况及对流动性的预测，公司的资本基本能够满足日常的业务与投资需求，通过同业拆入等形式的外部融资，能够在一定程度上补充公司流动性，公司流动性风险总体可控。

4.5.3　风险管理

4.5.3.1　信用风险管理

为管理和防范信用风险，公司已初步建立信托业务和固有业务全过程风险管理体系框架，风控措施覆盖项目立项、尽职调查、评审审批、发行、存续管理、清算等全过程。

公司各项目审查人员根据公司项目评审及风险防范相关原则，通过参与项目前期尽职调查、审核项目材料、参加项目预沟通会、优化交易方案等方式，有效识别、计量、揭示并控制项目存在的各类风险。

公司存续项目管理人员通过对存续项目开展常规检查、集中检查、专项检查及现场检查，持续监控存续期项目风险状况。存续期内，通过查询交易对手（包括抵押人和保证人）涉诉及负面报道情况、查询征信报告、每月向业务部门发布并流动性提示及要求对未来即将到期的信托项目提交具有可操作性的资金安排计划等管理方式，及时跟踪交易对手的信用状况。

同时，公司还通过规范项目重大事项变更审批流程、项目风险事件汇报路线和应急处置流程来持续加强和优化审批流程，将授权和相互协调制约机制细化到具体经办流程中去。

本着业务发展制度先行的原则，公司根据市场及行业发展状况不断梳理和完善风险管理风险制度、风险办法、风险指引。报告期内，公司新增或修订了《信政业务准入指引》《结构化证券投资信托业务操作指引》《FOF 业务指引》《FOF 投资决策管理规则》及《结构化证券投资（固收类）信托业务操作指引》等制度，细化和完善了公司各类业务的操作指导；通过梳理评审会及投委会议事规则、集团客户授信管理、项目事前风险审查、存续期项目风险排查等流程及操作规范，进一步明确评审员的专业化分工，优化和规范风险管理操作流程；推进评审员专业化管理，补充业务审核和存续管理力量。

4.5.3.2　市场风险管理

2019 年公司在以往年度制度建设的基础上，根据监管部门监管政策以及公司经营发展需要和市场环境变化，在业务指引方面分别修订并出台了地方政府融资平台类业务、结构化证券投资类业务、FOF 业务等多项制度、办法及指引。公司根据市场及行业发展状况，新制定或者修订了相关制度、办法、指引，基本覆盖了公司已开展和拟开展业务类型，为管控市场风险提供制度保障。

4.5.3.3　操作风险管理

报告期内，公司根据内部制度规定对一位员工保密意识缺乏导致的失当行为进行了问责，并给予了解聘处分。为此，我司高度重视，通过采取一系列措施规范操作流程，进一步降低操作风险：(1)建立严格的部门职责和员工岗位职责，梳理各项业务流程和操作规程；(2)建立职责分离、相互监督制约的机制，建立严格的审核、复核程序；(3)建立规范的信息系统管理流程并配置灾备系统；(4)公司不断完善各项规章制度，使之更加完整严密。

通过在业务尽职调查、产品规范化管理、外部中介机构管控、风险监测评价、档案管理、信息披露等方面不断细化管理要点和规范操作流程，提升业务操作的规范化和标准化水平，消除操作风险隐患，有效管理各类操作风险。

4.5.3.4　其他风险管理

4.5.3.4.1　声誉风险

公司高度重视声誉风险管理，通过建立积极、合理、有效的声誉风险管理机制，实现对声誉风险的识别、监测、控制和化解。公司实时关注舆情信息，及时澄清虚假信息或不完整信息。建立信息披露管理制度，及时准确地向公众发布信息，主动接受舆论监督，为正常的新闻采访活动提供便利和必要保障。公司创建多种渠道与投资人进行良好互动，保障客户合法权益，不断提升客户综合满意度，巩固和提升公司的良好形象，推动公司持续稳健发展。

4.5.3.4.2 道德风险

公司通过制度设计完善内部控制机制，规范操作流程；严格执行管理制度及纪律要求；加强道德文化教育，要求员工遵纪守法，签署《华澳国际信托有限公司员工行为自律规范》，不断提高员工廉洁自律和勤勉尽职的意识；以员工为本，强调和谐共赢，不断加强企业的凝聚力和员工的归属感，使员工认识到与公司共同成长的重要性，为防范道德风险提供制度保障。

4.5.3.4.3 流动性风险

公司充分重视流动性风险的管理和控制，已制定《华澳国际信托流动性风险管理办法》（暂行），保持固有资产流动性适度充沛，信托业务在方案设计及后续管理中把流动性风险管理作为重要风险要素之一。公司不断提高识别、监测和调控头寸的能力，随着业务项目的增加，将逐步完善流动性风险管理体系的建设。流动性管理实行分工管理、实时监控、动态调整原则，固有业务部对固有投资、公司整体的流动性需求及缺口进行测算；运营部对信托项目流动性缺口进行测算；风险合规部通过定期风险排查、投贷后管理、流动性风险提示函等方式，及时跟踪并向公司管理层汇报存续项目可能存在的流动性风险，审计稽核部通过对日常经营管理定期审计，对业务项目常规的阶段性稽核及1个月内到期项目的专项稽核等对流动性管理情况进行监督检查；基本达到提高资金使用效率，保障公司经营持续、稳健的目的。

5. 报告期末及上一年度末的比较式会计报表

5.1 自营资产（会计报表已经审计）

5.1.1 会计师事务所审计意见全文

审计报告

XYZH/2020CQA20076

华澳国际信托有限公司全体股东：

一、审计意见

我们审计了华澳国际信托有限公司（以下简称华澳信托）财务报表，包括2019年12月31日的合并及母公司资产负债表，2019年度合并及母公司利润表、合并及母公司现金流量表、合并及母公司所有者权益变动表以及财务报表附注。

我们认为，后附的财务报表在所有重大方面按照企业会计准则的规定编制，公允反映了华澳信托2019年12月31日的合并及母公司财务状况及2019年度的合并及母公司经营成果和现金流量。

二、形成审计意见的基础

我们按照中国注册会计师审计准则的规定执行了审计工作。审计报告的“注册会计师对财务报表审计的责任”部分进一步阐述了我们在这些准则下的责任。按照中国注册会计师职业道德守则，我们独立于华澳信托，并履行了职业道德方面的其他责任。我们相信，我们获取的审计证据是充分、适当的，为发表审计意见提供了基础。

三、其他信息

华澳信托管理层（以下简称管理层）对其他信息负责。其他信息包括华澳信托2019年年度报告中涵盖的信息，但不包括财务报表和我们的审计报告。

我们对财务报表发表的审计意见不涵盖其他信息，我们也不对其他信息发表任何形式的鉴证结论。

结合我们对财务报表的审计，我们的责任是阅读其他信息，在此过程中，考虑其他信息是否与财务报表或我们在审计过程中了解到的情况存在重大不一致或者存在重大错报。

基于我们已执行的工作，如果我们确定其他信息存在重大错报，我们应当报告该事实。在这方面，我们无任何事项需要报告。

四、管理层和治理层对财务报表的责任

华澳信托管理层负责按照企业会计准则的规定编制财务报表，使其实现公允反映，并设计、执行和维护必要的内部控制，以使财务报表不存在由于舞弊或错误导致的重大错报。

在编制财务报表时，管理层负责评估华澳信托的持续经营能力，披露与持续经营相关的事项（如适用），并运用持续经营假设，除非管理层计划清算华澳信托、终止运营或别无其他现实的选择。

治理层负责监督华澳信托的财务报告过程。

五、注册会计师对财务报表审计的责任

我们的目标是对财务报表整体是否不存在由于舞弊或错误导致的重大错报获取合理保证，并出具包含审计意见的审计报告。合理保证是高水平的保证，但并不能保证按照审计准则执行的审计在某一重大错报存在时总能发现。错报可能由于舞弊或错误导致，如果合理预期错报单独或汇总起来可能影响财务报表使用者依据财务报表作出的经济决策，则通常认为错报是重大的。

在按照审计准则执行审计工作的过程中，我们运用职业判断，并保持职业怀疑。同时，我们也执行以下工作：

（1）识别和评估由于舞弊或错误导致的财务报表重大错报风险，设计和实施审计程序以应对这些风险，并获取充分、适当的审计证据，作为发表审计意见的基础。由于舞弊可能涉及串通、伪造、故意遗漏、虚假陈述或凌驾于内部控制之上，未能发现由于舞弊导致的重大错报的风险高于未能发现由于错误导致的重大错报的风险。

（2）了解与审计相关的内部控制，以设计恰当的审计程序，但目的并非对内部控制的有效性发表意见。

（3）评价管理层选用会计政策的恰当性和作出会计估计及相关披露的合理性。

（4）对管理层使用持续经营假设的恰当性得出结论。同时，根据获取的审计证据，就可能导致对华澳信托持续经营能力产生重大疑虑的事项或情况是否存在重大不确定性得出结论。如果我们得出结论认为存在重大不确定性，审计准则要求我们在审计报告中提请报表使用者注意财务报表中的相关披露；如果披露不充分，我们应当发表非无保留意见。我们的结论基于截至审计报告日可获得的信息。然而，未来的事项或情况可能导致华澳信托不能持续经营。

（5）评价财务报表的总体列报、结构和内容，并评价财务报表是否公允反映相关交易和事项。

（6）就华澳信托中实体或业务活动的财务信息获取充分、适当的审计证据，以对财务报表发表审计意见。我们负责指导、监督和执行集团审计，并对审计意见承担全部责任。

我们与治理层就计划的审计范围、时间安排和重大审计发现等事项进行沟通，包括沟通我们在审计中识别出的值得关注的内部控制缺陷。

信永中和会计师事务所（特殊普通合伙）

中国注册会计师：阳伟

中国注册会计师：陈星国华

中国·北京　　二〇二〇年四月二十七日

5.1.2　资产负债表

资产负债表

编制单位：华澳国际信托有限公司　　2019 年 12 月 31 日　　单位：万元

资　　产	合并		母公司	
	年末余额	年初余额	年末余额	年初余额
资产				
现金及存放银行款项	5 063.63	7 343.70	5 063.63	7 343.70
存放中央银行款项	—	—	—	—
贵金属	—	—	—	—
拆出资金	20 000.00	—	20 000.00	—
以公允价值计量且其变动计入当期损益的金融资产	—	—	—	—
衍生金融资产	—	—	—	—
买入返售金融资产	—	—	—	—
应收利息	2 962.98	5 945.51	2 962.98	5 945.51
应收手续费及佣金	—	—	—	—
其他应收款	54 826.44	56 395.45	54 826.44	56 395.45
预付账款	—	—	—	—
持有待售资产	—	—	—	—
发放贷款及垫款	3 269.36	7 550.00	—	4 925.00
可供出售金融资产	185 643.58	377 650.99	438 623.90	487 148.49
持有至到期投资	—	—	—	—
应收款项类投资	249 710.96	106 872.50	—	—
长期股权投资	—	—	—	—
投资性房地产	—	—	—	—
固定资产	419.11	412.65	419.11	412.65
无形资产	1 305.65	1 142.79	1 305.65	1 142.79
商誉	—	—	—	—
递延所得税资产	12 647.35	3 689.54	12 647.35	3 689.54
抵债资产	—	—	—	—
其他资产	5 123.16	3 824.80	5 123.16	3 824.80
资产总计	540 972.22	570 827.93	540 972.22	570 827.93

法定代表人：吴瑞忠　　主管会计工作的负责人：解媛媛　　会计机构负责人：钱　旭

资产负债表（续）

编制单位：华澳国际信托有限公司　　2019 年 12 月 31 日　　单位：万元

负债和股东权益	合并		母公司	
	年末余额	年初余额	年末余额	年初余额
负债				
向中央银行借款	—	—	—	—
同业及其他金融机构存放款项	—	—	—	—
拆入资金	20 000.00	53 000.00	20 000.00	53 000.00
交易性金融负债	—	—	—	—
衍生金融负债	—	—	—	—
卖出回购金融资产款	—	—	—	—
吸收存款	—	—	—	—
应付职工薪酬	7 018.60	5 501.40	7 018.60	5 501.40

续表

负债和股东权益	合并		母公司	
	年末余额	年初余额	年末余额	年初余额
应交税费	21 152. 41	12 819. 95	21 152. 41	12 819. 95
应付利息	150. 90	361. 67	150. 90	361. 67
其他应付款	24 514. 50	16 626. 73	24 514. 50	16 626. 73
预收手续费及佣金	—	—	—	—
持有待售负债	—	—	—	—
预计负债	—	—	—	—
应付债券	—	—	—	—
递延所得税负债	—	—	—	—
其他负债	55 000. 00	100 000. 00	55 000. 00	100 000. 00
负债合计	127 836. 41	188 309. 75	127 836. 41	188 309. 75
股东权益				
实收资本	250 000. 00	250 000. 00	250 000. 00	250 000. 00
减:库存股	—	—	—	—
资本公积	—	—	—	—
其他综合收益	—	—	—	—
盈余公积	17 913. 58	14 851. 82	17 913. 58	14 851. 82
一般风险准备	8 473. 14	8 473. 14	8 473. 14	8 473. 14
信托赔偿准备	8 956. 79	7 425. 91	8 956. 79	7 425. 91
未分配利润	127 792. 30	101 767. 31	127 792. 30	101 767. 31
归属于母公司所有者权益	413 135. 81	382 518. 18	413 135. 81	382 518. 18
少数股东权益	—	—	—	—
所有者权益合计	413 135. 81	382 518. 18	413 135. 81	382 518. 18
负债和所有者权益总计	540 972. 22	570 827. 93	540 972. 22	570 827. 93

法定代表人:吴瑞忠　　主管会计工作的负责人:解媛媛　　会计机构负责人:钱　旭

5. 1. 3　利润表

利润表

编制单位:华澳国际信托有限公司　　2019 年度　　单位:万元

项　　目	合并		母公司	
	年末余额	年初余额	年末余额	年初余额
一、营业收入	99 362. 94	73 778. 63	99 362. 94	73 778. 63
利息净收入	6 744. 48	-1 328. 98	-6 252. 33	-6 773. 20
利息收入	14 246. 03	7 919. 78	1 249. 22	2 475. 56
利息支出	7 501. 55	9 248. 76	7 501. 55	9 248. 76
手续费及佣金净收入	51 496. 21	43 037. 02	51 496. 21	43 037. 02
手续费及佣金收入	52 845. 24	46 999. 36	52 845. 24	46 999. 36
手续费及佣金支出	1 349. 03	3 962. 34	1 349. 03	3 962. 34
投资收益	41 122. 25	32 070. 59	54 119. 06	37 514. 81
其中:对联营企业及合营企业的投资收益	—	—	—	—
公允价值变动损益	—	—	—	—
汇兑收益	—	—	—	—
资产处置收益(损失以“ -”号填列)	—	—	—	—
其他收益	—	—	—	—
二、营业支出	60 515. 85	20 697. 22	60 515. 85	20 697. 22
税金及附加	281. 31	272. 35	281. 31	272. 35
业务及管理费	25 920. 47	20 422. 28	25 920. 47	20 422. 28
资产减值损失	34 314. 07	2. 59	34 314. 07	2. 59
其他业务成本	—	—	—	—
三、营业利润	38 847. 09	53 081. 41	38 847. 09	53 081. 41
加:营业外收入	2 190. 68	1 755. 38	2 190. 68	1 755. 38
减:营业外支出	56. 37	26. 14	56. 37	26. 14
四、利润总额	40 981. 40	54 810. 65	40 981. 40	54 810. 65

续表

项　目	合并		母公司	
	年末余额	年初余额	年末余额	年初余额
减：所得税费用	10 363.77	13 769.03	10 363.77	13 769.03
五、净利润	30 617.63	41 041.62	30 617.63	41 041.62
归属于母公司的净利润	30 617.63	41 041.62	—	—
少数股东损益	—	—	—	—
(一)持续经营净利润(净亏损以"-"号填列)	—	—	—	—
(二)终止经营净利润(净亏损以"-"号填列)	—	—	—	—
六、其他综合收益的税后净额	—	—	—	—
归属母公司所有者的其他综合收益的税后净额	—	—	—	—
七、综合收益总额	30 617.63	41 041.62	30 617.63	41 041.62
归属于母公司股东的综合收益总额	30 617.63	41 041.62	—	—

法定代表人：吴瑞忠　　主管会计工作的负责人：解媛媛　　会计机构负责人：钱　旭

5.1.4　所有者权益变动表

所有者权益变动表

编制单位：华澳国际信托有限公司　　2019 年度　　单位：万元

项　目	本年(合并/母公司)					
	实收资本	盈余公积	一般风险准备	信托赔偿准备	未分配利润	所有者权益合计
一、上年年末余额	250 000.00	14 851.82	8 473.14	7 425.91	101 767.31	382 518.18
加：会计政策变更	—	—	—	—	—	—
前期差错更正	—	—	—	—	—	—
二、本年年初余额	250 000.00	14 851.82	8 473.14	7 425.91	101 767.31	382 518.18
三、本年增减变动金额(减少以"-"号填列)	—	3 061.76	—	1 530.88	26 024.99	30 617.63
(一)综合收益总额	—	—	—	—	30 617.63	30 617.63
1. 净利润	—	—	—	—	30 617.63	30 617.63
2. 其他综合收益	—	—	—	—	—	—
(二)所有者投入和减少资本	—	—	—	—	—	—
1. 股东投入资本	—	—	—	—	—	—
2. 股份支付计入所有者权益的金额	—	—	—	—	—	—
3. 其他	—	—	—	—	—	—
(三)利润分配	—	3 061.76	—	1 530.88	-4 592.64	—
1. 提取盈余公积	—	3 061.76	—	—	-3 061.76	—
2. 提取一般风险准备	—	—	—	—	—	—
3. 提取信托赔偿准备	—	—	—	1 530.88	-1 530.88	—
4. 对股东的分配	—	—	—	—	—	—
5. 其他	—	—	—	—	—	—
四、本年年末余额	250 000.00	17 913.58	8 473.14	8 956.79	127 792.30	413 135.81

项　目	上年(合并/母公司)					
	实收资本	盈余公积	一般风险准备	信托赔偿准备	未分配利润	所有者权益合计
一、上年年末余额	250 000.00	10 747.66	6 704.82	5 373.83	68 650.25	341 476.56
加：会计政策变更	—	—	—	—	—	—
前期差错更正	—	—	—	—	—	—
二、本年年初余额	250 000.00	10 747.66	6 704.82	5 373.83	68 650.25	341 476.56
三、本年增减变动金额(减少以"-"号填列)	—	4 104.16	1 768.32	2 052.08	33 117.06	41 041.62
(一)综合收益总额	—	—	—	—	41 041.62	41 041.62
1. 净利润	—	—	—	—	41 041.62	41 041.62
2. 其他综合收益	—	—	—	—	—	—
(二)所有者投入和减少资本	—	—	—	—	—	—
1. 股东投入资本	—	—	—	—	—	—
2. 股份支付计入所有者权益的金额	—	—	—	—	—	—
3. 其他	—	—	—	—	—	—
(三)利润分配	—	4 104.16	1 768.32	2 052.08	-7 924.56	—

续表

项　目	上年(合并/母公司)					
	实收资本	盈余公积	一般风险准备	信托赔偿准备	未分配利润	所有者权益合计
1. 提取盈余公积	—	4 104. 16	—	—	-4 104. 16	—
2. 提取一般风险准备	—	—	1 768. 32	—	-1 768. 32	—
3. 提取信托赔偿准备	—	—	—	2 052. 08	-2 052. 08	—
4. 对股东的分配	—	—	—	—	—	—
5. 其他	—	—	—	—	—	—
四、本年年末余额	250 000. 00	14 851. 82	8 473. 14	7 425. 91	101 767. 31	382 518. 18

法定代表人:吴瑞忠　　主管会计工作的负责人:解媛媛　　会计机构负责人:钱　旭

5.2 信托资产

5.2.1 信托项目资产负债汇总表

信托项目资产负债汇总表

编制单位:华澳国际信托有限公司　　2019 年 12 月 31 日　　单位:万元

信托资产	年末数	年初数	信托负债和信托权益	年末数	年初数
信托资产:			信托负债:		
货币资金	88 257. 49	107 726. 31	应付受托人报酬	53. 21	129. 23
拆出资金	—	—	应付托管费	5. 65	55. 19
交易性金融资产	75 654. 55	189 867. 55	交易性金融负债	—	—
应收款项	2 754 102. 21	2 973 117. 03	应付受益人收益	21 242. 75	19 519. 84
买入返售资产	2 000. 40	5 130. 33	应付销售服务费	—	—
可供出售金融资产	2 588 289. 03	3 116 153. 92	其他应付款项	142 651. 94	109 983. 32
长期应收款	—	—	卖出回购资产款	—	—
长期股权投资	911 497. 37	903 559. 38	应交税费	238. 38	2 057. 50
客户贷款	6 800 538. 42	5 477 616. 73	其他负债		
应收融资租赁款	—	—	信托负债合计	164 191. 93	131 745. 08
固定资产	—	—	信托权益	—	—
无形资产	—	—	实收信托	13 096 529. 11	12 767 538. 60
长期待摊费用	—	—	资金公积	—	—
其他资产	—	20 000. 00	未分配利润	-40 381. 57	-106 112. 42
内部往来	—	—	信托权益合计	13 056 147. 54	12 661 426. 18
信托资产总计	13 220 339. 47	12 793 171. 25	信托负债和信托权益总计	13 220 339. 47	12 793 171. 25

5.2.2 信托项目利润及利润分配汇总表

信托项目利润及利润分配汇总表

编制单位:华澳国际信托有限公司　　2019 年 12 月 31 日　　单位:万元

项目	本年数	上年数
一、营业收入	910 303. 54	628 357. 12
1. 利息收入	634 425. 30	472 650. 70
2. 投资收益	202 726. 47	214 821. 54
3. 公允价值变动损益	57 548. 98	-143 654. 65
4. 租赁收入	—	—
5. 其他收入	15 602. 80	84 539. 54
二、营业费用	76 401. 66	72 505. 31
三、营业税金及附加	2 754. 54	2 131. 69
四、扣除资产减值准备前的信托利润	831 147. 34	553 720. 13
减:资产减值准备	—	—
五、扣除资产减值准备后的信托利润	831 147. 34	553 720. 13
加:年初未分配信托利润	-106 112. 42	25 835. 07
六、可供分配的信托利润	725 034. 92	579 555. 20
减:本年已分配信托利润	765 416. 49	685 667. 62
加:损益平准金	—	—
七、年末未分配信托利润	-40 381. 57	-106 112. 42

6. 会计报表附注

6.1 会计报表编制基准不符合会计核算基本前提的说明

本报告期会计报表编制基准不存在不符合会计核算基本前提的事项。

本公司编制的财务报表符合企业会计准则的要求,真实、完整地反映了本公司的财务状况、经营成果和现金流量等有关信息。

本公司的会计期间为公历 1 月 1 日至 12 月 31 日。

本公司以人民币为记账本位币。

本公司会计核算以权责发生制为记账基础。除某些金融工具以公允价值计量外,本财务报表以历史成本作为计量基础。资产如果发生减值,则按照相关规定计提相应的减值准备。

在历史成本计量下,资产按照购置时支付的现金或者现金等价物的金额或者所付出的对价的公允价值计量。负债按照因承担现时义务而实际收到的款项或者资产的金额,或者承担现时义务的合同金额,或者按照日常活动中为偿还负债预期需要支付的现金或者现金等价物的金额计量。

公允价值是市场参与者在计量日发生的有序交易中,出售资产所能收到或者转移一项负债所需支付的价格。无论公允价值是可观察到的还是采用估值技术估计的，在本财务报表中计量和披露的公允价值均在此基础上予以确定。

公允价值计量基于公允价值的输入值的可观察程度以及该等输入值对公允价值计量整体的重要性，被划分为以下三个层次：

第一层次输入值是在计量日能够取得的相同资产或负债在活跃市场上未经调整的报价；

第二层次输入值是除第一层次输入值外相关资产或负债直接或间接可观察的输入值；

第三层次输入值是相关资产或负债的不可观察输入值。

合并财务报表的合并范围以控制为基础予以确定。控制是指投资方拥有对被投资方的权力，通过参与被投资方的相关活动而享有可变回报，并且有能力运用对被投资方的权力影响其回报金额。一旦相关事实和情况的变化导致上述控制定义涉及的相关要素发生了变化，本公司将进行重新评估。

合并起始于本公司获得对该结构化主体的控制权时，终止于本公司丧失对结构化主体的控制权时。

对公司处置的结构化主体，处置日（丧失控制权的日期）前的经营成果和现金流量已经适当地包括在合并利润表和合并现金流量表中。

结构化主体采用的主要会计政策和会计期间按照本公司统一规定的会计政策和会计期间厘定。

本公司与结构化主体相互之间发生的内部交易对合并财务报表的影响于合并时抵销。

结构化主体股东权益中不属于母公司的份额作为其他投资者的权益，在合并资产负债表中以“其他应付款”项目列示。结构化主体当期净损益中属于其他投资者的份额，在合并利润表中与“投资收益”抵销列示。

6.2 或有事项说明

报告期内，本公司未发生对外担保及其他或有事项。

6.3 重要资产转让及其出售的说明

报告期内，本公司未发生重要资产转让及出售情况。

6.4 会计报表中重要项目的明细资料

6.4.1 自营资产经营情况

6.4.1.1 信用风险资产五级分类情况

信用风险资产五级分类	正常类（万元）	关注类（万元）	次级类（万元）	可疑类（万元）	损失类（万元）	信用风险资产合计（万元）	不良资产合计（万元）	不良资产率（%）
年初数	561 415.58	3 360.00	—	—	100.53	564 876.10	100.53	0.02
年末数	421 705.18	45 882.69	75 691.23	19 548.03	1 131.40	563 958.53	96 370.66	17.09

注：不良资产合计＝次级类＋可疑类＋损失类。

6.4.1.2 各项资产减值损失准备情况表

单位：万元

分类	年初数	本年计提	本年转回	本年核销	年末数
贷款损失准备	75.00	—	-75.00	—	—
一般准备	75.00	—	-75.00	—	—
专项准备	—	—	—	—	—
其他资产减值准备	9 181.76	35 356.77	-967.70	—	43 570.83
可供出售金融资产减值准备	8 113.53	35 356.77	—	—	43 470.30
持有至到期投资减值准备	—	—	—	—	—
长期股权投资减值准备	—	—	—	—	—
坏账准备	1 068.23	—	-967.70	—	100.53
投资性房地产减值准备	—	—	—	—	—

6.4.1.3 按照投资品种分类，固有业务股票投资、基金投资、债券投资、股权投资等投资业务的年初数、年末数

单位：万元

时间	自营股票	基金	债券	长期股权投资	其他投资	合计
年初数	—	3 360.00	—	—	491 902.02	495 262.02
年末数	—	37 860.00	—	—	444 234.20	482 094.20

6.4.1.4 按投资入股金额排序，前五名的自营长期股权投资的企业名称、占被投资企业权益的比例、主要经营活动及投资收益情况等

报告期内，本公司无长期股权投资。

6.4.1.5 前五名的自营贷款的企业名称、占贷款总额的比例和还款情况等

报告期内，本公司无自营贷款。

企业名称	占贷款总额的比例（%）	还款情况
—	—	—

6.4.1.6 表外业务的期初数、期末数，按照代理业务、担保业务和其他类型表外业务分别披露

单位：万元

表外业务	年初数	年末数
担保业务	—	—
代理业务（委托业务）	—	—
其他	—	—
合计	—	—

6.4.1.7 公司当年的收入结构

收入结构	合并		母公司	
	金额（万元）	占比（%）	金额（万元）	占比（%）
手续费及佣金收入	52 845.24	47.87	52 845.24	47.87
其中：信托手续费收入	45 063.47	40.82	45 063.47	40.82
其他手续费收入	7 781.77	7.05	7 781.77	7.05
利息收入	14 246.03	12.90	1 249.22	1.13
其他业务收入	—	—	—	—
投资收益	41 122.25	37.25	54 119.06	49.02
公允价值变动收益	—	—	—	—
汇兑收益	—	—	—	—
营业外收入	2 190.68	1.98	2 190.68	1.98
收入合计	110 404.20	100.00	110 404.20	100.00

6.4.2 信托财产管理情况

6.4.2.1 信托资产的年初数、年末数

单位：万元

信托资产	年初数	年末数
集合	2 033 129. 88	3 095 487. 87
单一	8 633 502. 26	8 493 669. 58
财产权	2 126 539. 11	1 631 182. 02
合计	12 793 171. 25	13 220 339. 47

6.4.2.1.1 主动管理型信托业务的信托资产年初数、年末数

单位：万元

主动管理型信托资产	年初数	年末数
其他投资类	233 491. 40	41164. 76
证券投资类	40 813. 62	41 133. 13
股权投资类	—	56560. 60
融资类	1 495 248. 48	2 543 152. 96
事务管理类	—	—
合计	1 769 553. 50	2 682 011. 45

6.4.2.1.2 被动管理型信托业务的信托资产年初数、年末数

单位：万元

被动管理型信托资产	年初数	年末数
其他投资类	—	—
证券投资类	57 888. 44	—
股权投资类	—	—
融资类	107. 15	106. 76
事务管理类	10 965 622. 16	10 538 221. 26
合计	11 023 617. 75	10 538 328. 02

6.4.2.2 本年度整体已清算结束的信托项目个数、实收信托合计金额、加权平均实际年化收益率

6.4.2.2.1 本年度整体已清算结束的信托项目个数、实收信托合计金额、加权平均实际年化收益率

已清算结束信托项目	项目个数(个)	实收信托合计金额(万元)	加权平均实际年化收益率(%)
集合类	42	1 363 869. 00	7. 75
单一类	54	7 065 420. 81	5. 12
财产管理类	11	384 516. 42	5. 48

注：$\text{加权平均实际年化收益率} = \frac{\sum_{i=1}^{n}(\text{信托项目 } i \text{ 的实际年化收益率} \times \text{信托项目 } i \text{ 的实收信托})}{\sum_{i=1}^{n} \text{信托项目 } i \text{ 的实收信托}} \times 100\%$。

6.4.2.2.2 本年度整体已清算结束的主动管理型信托项目个数、实收信托合计金额、加权平均实际年化信托报酬率、加权平均实际年化收益率

已清算结束信托项目	项目个数(个)	实收信托合计金额(万元)	加权平均实际年化信托报酬率(%)	加权平均实际年化收益率(%)
证券投资类	1	12 000. 00	0. 27	-2. 37
股权投资类	—	—	—	—
融资类	28	897 075. 00	1. 44	7. 58
事务管理类	—	—	—	—
其他投资类	2	65 486. 00	0. 86	1. 20

注：$\text{加权平均实际年化收益率} = \frac{\sum_{i=1}^{n}(\text{信托项目 } i \text{ 的实际年化收益率} \times \text{信托项目 } i \text{ 的实收信托})}{\sum_{i=1}^{n} \text{信托项目 } i \text{ 的实收信托}} \times 100\%$。

6.4.2.2.3 本年度整体已清算结束的被动管理型信托项目

已清算结束信托项目	项目个数(个)	实收信托合计金额(万元)	加权平均实际年化信托报酬率(%)	加权平均实际年化收益率(%)
证券投资类	—	—	—	—
股权投资类	—	—	—	—
融资类	—	—	—	—
事务管理类	76	7 839 245. 23	0. 14	5. 36

注：$\text{加权平均实际年化收益率} = \frac{\sum_{i=1}^{n}(\text{信托项目 } i \text{ 的实际年化收益率} \times \text{信托项目 } i \text{ 的实收信托})}{\sum_{i=1}^{n} \text{信托项目 } i \text{ 的实收信托}} \times 100\%$。

6.4.2.3 本年度整体新增信托项目个数、实收信托合计金额

新增信托项目	项目个数(个)	实收信托合计金额(万元)
集合类	54	2 615 386. 00
单一类	50	2 547 016. 36
财产管理类	3	154 647. 72
新增合计	107	5 317 050. 08
其中：主动管理型	54	2 341 872. 00
被动管理型	53	2 975 178. 08

6.4.2.4 信托业务创新成果和特色业务有关情况

公司各类业务创新成果和特色业务有关情况将于公司网站不时披露。

6.4.2.5 本公司履行受托人义务情况及因本公司自身责任而导致的信托资产损失情况

本公司没有发生任何因受托人自身责任或处理信托事务不当而导致所管理信托财产发生损失并致信托受益人利益受损的情况。

6.5 关联方关系及其交易的披露

6.5.1 关联交易方的数量、关联交易的总金额及关联交易的定价政策等

项目	关联交易方数量(个)	关联交易金额(万元)	定价政策
合计	5	481 100	公允的市场价格

6.5.2 关联交易方与本公司的关系性质、关联交易方的名称、法定代表人、注册地址、注册资本及主营业务等

关系性质	关联方名称	法定代表人	注册地址	注册资本（万元）	主营业务
母公司	重庆财信企业集团有限公司	卢生举	重庆市江北区江北城西大街3号14－1、15－1、16－1	111 600	利用自有资金对建设工程项目进行投资（不得从事吸收公众存款或变相吸收公众存款、发放贷款及证券、期货等金融业务），农业及旅游业项目开发；销售建筑材料、装饰材料（不含危险化学品）、金属材料（不含稀贵金属）、化工产品及原料（不含危险化学品）（以下经营范围凭资质证书执业）环境污染防治工程设计，环境污染治理。
受同一母公司控制的其他企业	北京国兴嘉业房地产开发有限责任公司	郑海山	北京市朝阳区姚家园路105号观湖公寓1号楼5层	20 000	房地产开发，销售商品房；自由房产的物业管理；房地产信息咨询；设备租赁（不含车辆）；出租商业用房、出租办公用房。
受同一母公司控制的其他企业	重庆市弘信投资有限公司	徐小净	重庆市沙坪坝区土湾胜利村101#	5 000	房地产开发（凭相关资质证书）；利用自有资金对房地产行业进行投资；投资信息咨询；企业管理信息咨询；商务信息咨询（以上范围国家法律、法规禁止经营的不得经营；国家法律、法规应经审批而未获审批前不得经营）。
受同一母公司控制的其他企业	大足石刻影视文化有限责任公司	安华	重庆市大足区玉龙镇龙水湖（溜水社区9组）	34 096.2	影视艺术培训；影视基地建设、旅游基础设施建设、房地产开发；接受政府委托从事土地收购、储备及土地出让前的开发整治工作；旅游产品生产、销售，房屋出租。
关联自然人直接或间接控制、或担任董事、监事及高级管理人员的其他企业	重庆农村商业银行股份有限公司	刘建忠	重庆市江北区金沙门路36号	1 135 700	吸收公众存款；发放短期、中期和长期贷款；办理国内结算；办理票据承兑与贴现；代理发行、代理兑付、承销政府债券；买卖政府债券、金融债券；从事同业拆借；从事银行卡业务；代理收付款项业务；提供保管箱服务；经中国银行业监督管理机构批准的其他业务。

6.5.3 公司与关联方的重大交易事项

6.5.3.1 固有与关联方交易情况：贷款、投资、租赁、应收账款、担保、其他方式等期初汇总数、本年借方和贷方发生额汇总数、年末汇总数

单位：万元

固有与关联方关联交易				
项目	年初数	借方发生额	贷方发生额	年末数
贷款	—	—	—	—
投资	—	—	—	—
租赁	—	—	—	—
担保	100 000	198 000	243 000	55 000
其中：附抵押	—	88 000	33 000	55 000
应收账款	—	—	—	—
其他	—	277 300	277 300	—
合计	100 000	475 300	520 300	55 000

6.5.3.2 信托与关联方交易情况：贷款、投资、租赁、应收账款、担保、其他方式等期初汇总数、本年借方和贷方发生额汇总数、年末汇总数

单位：万元

信托与关联方关联交易				
项目	年初数	借方发生额	贷方发生额	年末数
贷款	—	—	—	—
投资	—	—	—	—
租赁	—	—	—	—
担保	—	—	—	—
应收账款	—	—	—	—
其他	12.300	5 800	12.300	5 800
合计	12.300	5 800	12.300	5 800

6.5.3.3 信托公司自有资金运用于自己管理的信托项目（固信交易）、信托公司管理的信托项目之间的相互（信信交易）交易金额，包括余额和本报告年度的发生额

6.5.3.3.1 信托公司自有资金运用于自己管理的信托项目年初汇总数、本年发生额汇总数、年末汇总数

单位：万元

自有资金运用于自己管理的信托项目			
项目	年初数	本年发生数	年末数
合计	—	7 000.00	7 000.00

6.5.3.3.2 信托公司管理的信托项目之间关联交易

报告期内，本公司未发生新增的信托项目之间的关联交易。

6.5.4 逐笔披露关联方逾期未偿还本公司资金的详细情况及本公司为关联方担保发生或即将发生垫款的详细情况

报告期内，无关联方逾期未偿还本公司资金的情况以及本公司为关联方担保发生或即将发生垫款的情况。

6.6 会计制度的披露

公司执行财政部2006年2月15日颁布的《企业会计准则》。

7. 财务情况说明书

7.1 利润实现和分配情况

报告期内本公司实现利润总额为40 981.40万元，企业所得税费用为10 363.77万元，实现净利润为30 617.63万元。

本公司申请的2019年度财政扶持款4 772.40万元已于2020年3月26日到账，该项财政扶持未计入公司2019年营业外收入。

按有关法律、法规规定，对净利润作了如下处理：

(1)按当年度实现的净利润提取 10% 的法定盈余公积金 3 061.76万元；

(2)按当年度实现的净利润提取 5% 的信托赔偿准备 1 530.88万元；

(3)按风险资产余额提取 1.5% 的一般风险准备，本年一般风险准备余额与上年持平；

上述各项提取之后，剩余部分为 26 024.99 万元。

2019 年末可供分配的利润为 127 792.30 万元。

7.2 主要财务指标

指标名称	指标值
资本利润率(%)	7.70
加权年化信托报酬率(%)	0.28
人均净利润(万元)	142.08

注：1. 资本利润率 = 净利润/所有者权益平均余额 ×100%。

$$2.\ 加权年化信托报酬率 = \frac{\sum_{i=1}^{n}(信托项目 i 的实际年化信托报酬率 \times 信托项目 i 的实收信托)}{\sum_{i=1}^{n} 信托项目 i 的实收信托} \times 100\%。$$

3. 人均净利润 = 净利润/年平均人数。

7.3 对本公司财务状况、经营成果有重大影响的其他事项

报告期内，本公司没有发生对财务状况、经营成果有重大影响的其他事项。

8. 特别事项揭示

8.1 前五名股东报告期内变动情况及原因

无。

8.2 董事、监事及高级管理人员变动情况及原因

(1)董事变动情况如下：

毛彪勇先生于 2019 年 3 月 6 日经股东会批准担任公司董事，其任职资格于 2019 年 6 月 12 日经监管部门核准。

公司董事、总裁吴瑞忠先生于 2019 年 5 月 15 日经董事会批准不再担任总裁职务，并由董事会选举为公司第三届董事会董事长，其任职资格于 2019 年 8 月 19 日经监管部门核准。

(2)监事变动情况如下：

原职工监事孙朋云先生于 2019 年 12 月 12 日经股东会批准不再担任职工监事职务，根据公司职工民主选举，由吴非女士于 2019 年 12 月 12 日经股东会批准担任职工监事职务。

(3)高级管理人员变动情况如下：

吴瑞忠先生于 2019 年 8 月 21 日经董事会批准代行华澳国际信托有限公司总裁职务。

原副总裁陈鸣先生于 2019 年 11 月 25 日经董事会批准不再担任华澳国际信托有限公司副总裁职务，2019 年 12 月 16 日正式离职。

张一明先生于 2019 年 6 月 18 日经董事会批准担任公司总裁助理，其任职资格于 2019 年 10 月 21 日经上海银保监局核准；周雷先生于 2019 年 6 月 18 日经董事会批准担任公司总裁助理，其任职资格于 2019 年 10 月 24 日经上海银保监局核准。

8.3 报告期内股东违反承诺质押信托公司股权或以股权及其受(收)益权设立信托等金融产品的情况

报告期内，公司股东无违反承诺质押信托公司股权或以股权及其受(收)益权设立信托等金融产品的情况。

8.4 报告期内已向中国银行保险监督管理委员会或其派出机构提交行政许可申请但尚未获得批准的事项

报告期内，公司无已向中国银行保险监督管理委员会或其派出机构提交公司股权管理相关的行政许可申请但尚未获得批准的事项。

8.5 可能影响股东资质条件或导致公司股权发生重大变化的事项

报告期内，股东未披露可能影响股东资质条件或导致公司股权发生重大变化的事项。

8.6 变更注册资本、变更注册地或公司名称、公司分立合并事项

报告期内，公司无变更注册资本、无变更注册地或公司名称、公司分立合并事项。

8.7 公司的重大诉讼事项

8.7.1 重大未决诉讼事项

报告期内，公司无重大未决诉讼事项。

8.7.2 以前年度发生，于本报告年度内终结的诉讼事项

报告期内，公司固有业务及信托业务方面均无此前年度发生于本报告年度内终结的诉讼事项。

8.7.3 本报告年度发生，于本报告年度内终结的诉讼事项

报告期内，公司固有业务及信托业务方面均无本报告年度发生并于本报告年度内终结的诉讼事项。

8.8 公司及其董事、监事和高级管理人员受到处罚的情况

报告期内，公司因未及时报告公司控股股东和实际控制人变更事项，于 2019 年 6 月被上海银保监局行政处罚。

公司已针对存在的不足实施了有针对性的整改提升，并将持续根据相关法律法规和监管规定要求，加强公司日常管理，杜绝类似情形再次发生。

2019 年 3 月，公司股东北京融达投资有限公司因 2016 年、2017 年向职工发放福利，未履行单位源泉扣缴义务，受到国家税务总局北京市税务局第二稽查局的税务处罚，罚金为 3.45 万元。

报告期内，公司董事、监事、高级管理人员、公司股东重庆

财信企业集团有限公司、实际控制人均未受稽查、行政处罚、通报批评及或公开谴责。

8.9 中国银保监会及其派出机构对公司检查后提出整改意见的,应简单说明整改情况

报告期内,按照中国银保监会统一部署,上海银保监局分别于2019年9月和12月对公司实施了两轮次的全面风险排查现场核查工作。公司按照监管部门现场核查发现和反馈的问题,对应制定了整改方案和整改措施,并相应开展整改提升工作。

8.10 公司全年履行社会责任的情况

报告期内,公司积极贯彻国家宏观调控政策,发挥金融杠杆作用,充分发挥信托制度优势,创新业务模式,将金融资本引入实体经济,促进民生改善,助力经济发展。在开展业务的过程中,向国家政策支持的绿色产业、生态农业、中小企业等领域靠拢,以实际行动支持社会可持续发展。并落实监管要求,按照反洗钱风险防控、预警和处理程序,健全反洗钱工作体系,有效履行反洗钱企业义务和社会责任,为维护金融稳定贡献力量。

(1)公司实际缴纳企业所得税为10 660.65万元、个人所得税为2 563.14万元、增值税为24 083.85万元、城建税为1 685.87万元、教育费附加为963.35万元、印花税为3.41万元、车船税为0.95万元,共计39 961.22万元。

(2)公司信托资产管理规模为1 322亿元,从行业集中度来看,主要投向基础产业和工商企业等实体经济领域。其中,投向基础产业类的信托管理规模为455.11亿元,占公司信托业务分布首位,占总规模的34.43%;投向工商企业类的信托管理规模为452.97亿元,占比为34.26%。

(3)公司为受益人创造信托利润83.11亿元,实际分配信托收益为76.54亿元。

(4)公司工会向上海市慈善基金会捐赠社区爱心牛奶8万元,为浦东新区60~69周岁的低保家庭老人和特困供养老人提供牛奶补贴。

(5)公司先后荣获《证券时报》“2019年突破成长信托公司奖”“2019年优秀风控信托公司奖”,《上海证券报》“2018年度诚信托·成长优势奖”,中国新经济论坛“2018中国最具发展潜力信托公司奖”,第八届中国财经峰会“2019杰出品牌形象奖”等奖项。

8.11 本年度重大事项临时报告的简要内容、披露时间、所披露的媒体及其版面

本年度公司无重大事项临时报告等披露事项。

8.12 中国银保监会及其省级派出机构认定的其他有必要让客户及相关利益人了解的重要信息

报告期内,公司不存在中国银保监会及上海银保监局认定的有必要让客户及相关利益人了解的未进行披露的重要信息。

9. 公司监事会意见

报告期内,公司监事会无需要作出特别声明的意见。

华宝信托有限责任公司

1. 重要提示

1.1 本公司董事会及董事保证本报告所载资料不存在任何虚假记载、误导性陈述或者重大遗漏,并对其内容的真实性、准确性和完整性承担个别及连带责任。

1.2 独立董事赵欣舸、廖海、张续超认为本报告内容是真实、准确、完整的。

1.3 公司负责人总经理张轶,主管会计工作负责人副总经理张晓喆及会计部门负责人财务部总经理蒋勋声明:保证年度报告中财务报告的真实、准确、完整。

2. 公司概况

2.1 公司简介

2.1.1 企业简介

华宝信托有限责任公司(以下简称华宝信托)成立于1998年,是中国宝武钢铁集团有限公司旗下的产业金融业板块成员公司,中国宝武钢铁集团有限公司持股98%,舟山市国有资产投资经营有限公司持股2%。华宝信托注册资本金为47.44亿元(含1 500万美元),旗下控股华宝基金管理有限公司(中美合资),管理华宝(上海)股权投资基金管理有限公司和华宝都鼎(上海)融资租赁有限公司。

华宝信托的大股东中国宝武信誉卓著、实力雄厚。秉承中国宝武一贯的严谨稳健、诚信规范作风,华宝信托始终以"受益人利益最大化"为经营理念,以专业化和差异化发展为基本战略,以资产管理与信托服务为两大主业,立足资本市场,不断强化能力建设、渠道建设和品牌建设。公司以"专业化发展""一体化管理"为目标,整合优势业务领域,构建产融业务、资本市场业务、机构金融业务、工商业务四大业务板块和"5 +α"核心业务条线,以更好地发挥金融与产业协同效应,支持实体经济发展。

多年来华宝信托始终保持创新意识,多项业务资格或行动处于行业领先地位。2019年,按照中国宝武"一基五元"战略业务布局,全力建立多维度、强有力的产业金融发展体系和钢铁行业产业链生态圈。2018年,设立产融业务总部,共建高质量钢铁生态圈;成立公司首单慈善信托,助力家族信托客户践行慈善事业。2017年,公司自主开发并落地成都双流区PPP项目,并在业内首批上线家族信托管理系统。2016年,公司首单家族信托业务成功落地,并正式推出"世家华传"和"基业宝承"两个子系列服务产品。2015年,联手上海临港集团设立百亿元开发基金,并成功发行公司首单QDII集合信托计划。2014年,通过人力资源和社会保障部的企业年金管理资格延续申请,成为国内为数不多的拥有"法人受托机构"和"账户管理人"两项资格的信托公司。2013年,推出公益性质的信托——华宝爱心信托,建立标准化信托服务平台——华宝流通宝平台。2012年,推出信托产品评级,申请到以信托计划名义设立的股指期货套保交易编码和套利交易编码。2011年,成为业内较早获得股指期货交易业务资格的信托公司。2007年,新"两规"颁布后首批获准换发金融牌照。2005年,取得人社部颁发的年金受托人及账管人资格,并在业内较早开展结构化证券信托业务。2004年,引入独立董事。2003年,在公开媒体开展信息披露,并在业内较早发起成立合资基金公司。

此外,公司2012年获得受托境外理财业务资格,2008年获得大宗交易系统合格投资者资格,2006年获得资产证券化业务资格,2005年首批获得新股发行询价对象资格,业务资格全面。

自成立以来,华宝信托为投资者创造了良好收益,1998—2019年累计为客户实现收益1 994亿元。截至2019年末,华宝信托管理的信托资产规模为4 892亿元(不含年金)。华宝信托也为股东创造了良好收益,自1998年成立以来,公司连续22年都实现盈利。

近年来,华宝信托在各类外部评选中多次荣获各类奖项。其中2019年,公司荣获2018年度"浦东新区金融业突出贡献奖""中央企业先进集体""上海市五一劳动奖状"、《上海证券报》第十二届"诚信托"卓越公司奖、《21世纪经济报道》第十二届"金贝奖"最佳产业扶持信托公司奖等重要奖项。

目前,华宝信托产品利用多种结构和工具覆盖了资本市场、货币市场、实体经济等各大投资领域,并在现金管理、金融市场、境外投资、产业金融深度服务、薪酬福利、家族信托等业务领域不断探索创新。同时,在风控方面,华宝信托形成了由董事会及管理层直接领导,以风险管理部门为依托,相关职能部门配合,与各个业务部门全面联系的三级风险管理组织体系,公司治理结构及风险控制水平行业领先。

展望未来,华宝信托将继续以高端客户需求为核心,专注于现金管理、金融市场、境外投资、产业金融深度服务、薪酬福利、家族信托等领域,提供另类财富管理和综合金融解决方案,打造中国领先的综合金融服务商。我们将进一步丰富产品线及提升信托服务能力,为客户打造更好产品,提供更好服务,让更多的市场主体参与信托,享受信托制度的优势。

2.1.2 历史沿革

1998年,华宝信托投资有限责任公司经过增资、更名、迁址。

2001年,第一批获得中国人民银行核准"重新登记",注册资本金为10亿元(其中1 500万美元),获得中国证监会筹建经纪公司方案的批复,正式成立并开始营业。

2007年,通过重新登记,更名为华宝信托有限责任公司。

2011年,经股东增资,华宝信托注册资本由10亿元增加至20亿元(含1 500万美元)。

2014年,完成工商变更及备案登记手续,注册资本由20亿元(含1 500万美元)增加至37.44亿元(含1 500万美元)。

2019年,完成工商变更及备案登记手续,原股东舟山市财政局不再持有公司股权，舟山市国有资产投资经营有限公司持有公司2%的股权。

2019年，华宝信托股东会批准《关于增加10亿元注册资本金的议案》，并于2020年1月正式在工商部门完成关于注册资本金的登记变更，变更后营业执照登记的公司注册资本为47.44亿元。

2.1.3 基本信息

2.1.3.1 公司的法定中文名称：华宝信托有限责任公司
中文名称缩写：华宝信托
公司的法定英文名称：Hwabao Trust Co.，Ltd.
英文名称缩写：Hwabao Trust

2.1.3.2 法定代表人：张轶

2.1.3.3 注册地址：中国（上海）自由贸易试验区世纪大道100号59层

2.1.3.4 邮政编码：200120

2.1.3.5 国际互联网网址：www.hwabaotrust.com

2.1.3.6 电子信箱：hbservice@hwabaotrust.com

2.1.3.7 负责信息披露的高管人员：张晓喆
联系人：毛怡玲
联系电话：021-38506666
传真：021-68403999
电子信箱：mao_yiling@hwabaotrust.com

2.1.3.8 信息披露报纸：《中国证券报》《上海证券报》《证券时报》

2.1.3.9 年度报告备置地点：中国（上海）自由贸易试验区世纪大道100号59层

2.1.3.10 聘请的会计师事务所：天健会计师事务所
住所：杭州市江干区钱江路1366号华润大厦B座

2.1.3.11 聘请的律师事务所：上海市锦天城律师事务所
住所：上海市浦东新区银城中路501号上海中心大厦9层、11层、12层

2.2 组织结构

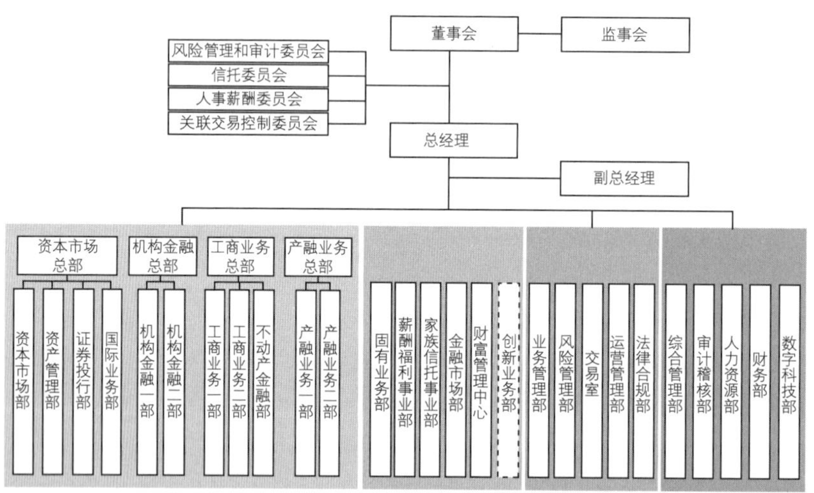

3. 公司治理

3.1 股东

股东总数：2家。

股东名称	持股比例（%）	法人代表	注册资本（万元）	注册地址	主要经营业务及主要财务情况
中国宝武钢铁集团有限公司★	98	陈德荣	5 279 110.10	上海市浦东新区世博大道1859号	经营国务院授权范围内的国有资产，开展有关国有资本投资、运营业务（企业经营涉及行政许可的，凭许可证经营）。
舟山市国有资产投资经营有限公司	2	董慧跃	55 000	浙江省舟山市定海区临城街道翁山路416号中浪国际大厦C座2103－1室（自贸试验区内）	授权范围内的国有资产经营，房地产开发、围垦、政府授权范围内的土地收储、土地整理开发、旅游项目开发，景区开发（以上涉及资质的凭证经营）；燃料油（不含危险化学品）、化工产品（不含危险化学品及易制毒品）、煤炭及制品、金属及矿产品批发，股权投资、投资管理、投资咨询（未经金融等监管部门批准，不得从事向公众融资存款、融资担保、代客理财等金融服务）（依法须经批准的项目，经相关部门批准后方可开展经营活动）。

注：★表示最终实际控制人。

3.2 董事、董事会及其下属委员会

董事长、董事

姓名	职务	性别	年龄(岁)	选任日期	所推举的股东名称	该股东持股比例(%)	简要履历
朱永红	董事长	男	50	2019年2月	中国宝武钢铁集团有限公司	98	曾在中国地质大学经济学院、武汉市蔡甸经济开发区等任职。历任武钢集团战略研究室主任、财务部部长、财务总监,武钢国贸党委书记、副总经理,武钢集团副总会计师、总会计师等职;现任中国宝武总会计师、董事会秘书,华宝信托董事长。
李琦强	董事	男	48	2019年8月	中国宝武钢铁集团有限公司	98	曾任宝钢集团计划财务部技术协理、成本管理综合主管、计划经营综合主管,宝钢集团成本管理处成本管理综合主管,宝钢股份成本管理处成本综合主管,宝钢集团浦钢公司财务部副部长、部长,宝钢股份中厚板分公司财务部部长,宝钢股份财务部部长助理、副部长、部长,八一钢铁总会计师,宝钢集团(中国宝武)财务部总经理,中国宝武产业金融发展中心总经理、产业金融党工委书记、华宝投资总经理,中国宝武总经理助理等职;现任华宝信托党委书记、董事。
张　轶	董事	男	45	2019年2月	中国宝武钢铁集团有限公司	98	曾任宝钢集团计划财务部主办,宝金公司财务经理、董事,宝钢国际经营财务部信用风险控制高级主管,宝钢股份贸易分公司风险管理部部长,宝钢贸易副总经理,宝钢国际副总经理,宝钢集团资金总监,华宝投资总经理助理(期间先后兼任华宝投资金融市场部总经理、财务部总经理,华宝股权投资基金公司总经理等)等职;现任华宝信托总经理、董事。
胡爱民	董事	男	46	2019年8月	中国宝武钢铁集团有限公司	98	曾任宝钢集团财务部分项技术协理、资本市场分析高级管理师,宝钢集团资本经营部资本市场分析高级管理师、投资项目专业研究员、投资并购主管、副总经理兼财务顾问首席经理,华宝投资资本运营部(宝钢集团资本运营部)副总经理,宝钢集团资本运营部副总经理、总经理,宝钢集团(中国宝武)投资管理部(产业金融发展中心)总经理,宝钢包装党委副书记、副总经理、党委书记、高级副总裁等职;现任中国宝武产业金融发展中心总经理、产业金融党工委书记、华宝投资总经理,华宝信托董事。
李　磊	董事	男	43	2019年2月	舟山市国有资产投资经营有限公司	2	从事财政金融工作多年,历任舟山市财政局预算局副局长,舟山市财政局外债金融处处长,舟山市财政局金融贸易处处长,舟山市国有资产投资经营有限公司董事长、总经理等职务;现任舟山市财金投资控股有限公司董事长、总经理,华宝信托董事。
卢晓亮	职工董事	男	39	2019年2月	—	—	历任华宝信托稽核审查部法务,投资基金信托部产品经理,合规风险管理部法务专员,产品企划部高级产品经理、首席产品经理,产品创新与研发中心副总经理(主持工作)、总经理;现任华宝信托业务管理部总经理、职工董事。

独立董事

姓名	所在单位及职务	性别	年龄(岁)	选任日期	所推举的股东名称	该股东持股比例(%)	简要履历
赵欣舸	中欧国际工商学院会计学教授	男	49	2019年2月	中国宝武钢铁集团有限公司	98	曾任哈尔滨市对外科技交流中心职员,美国威廉与玛丽学院商学院金融学助理教授,中欧国际工商学院金融学与会计学副教授;现任中欧国际工商学院金融学与会计学教授,华宝信托独立董事。
廖　海	源泰律师事务所主任合伙人	男	53	2019年2月	中国宝武钢铁集团有限公司	98	曾任北京市中伦金通律师事务所上海分所合伙人;现任上海源泰律师事务所主任合伙人,华宝信托独立董事。
张续超	中合中小企业融资担保股份有限公司独立董事	男	62	2019年2月	中国宝武钢铁集团有限公司	98	曾任国家能源投资公司国际合作局副处长、副局长,国家开发银行国际金融局副局长,美国联亚集团公司执行副总裁,北京第一会达风险管理科技有限公司总裁;现任中合中小企业融资担保股份有限公司独立董事,中国企业联合会管理咨询委员会副主任,华宝信托独立董事。

3.3 监事、监事会

监事会成员

姓名	职务	性别	年龄(岁)	选任日期	所推举的股东名称	该股东持股比例(%)	简要履历
沈　雁	监事会主席	男	54	2019年2月	中国宝武钢铁集团有限公司	98	曾在宝钢教委职工大学、宝钢企管处工作,历任宝钢法务室合同法务主办、主管,宝钢集团法务部合同处主管、副处长,宝钢股份法律事务管理处副处长、处长,宝钢股份法律事务部副部长、部长,宝钢集团(中国宝武)法律事务部部长兼诉讼管理处长等职;现任中国宝武副总法律顾问、法律事务部部长兼诉讼管理处长,华宝信托监事会主席。

续表

姓 名	职 务	性别	年龄（岁）	选任日期	所推举的股东名称	该股东持股比例（%）	简要履历
黄洪永	监事	男	47	2019 年 9 月	中国宝武钢铁集团有限公司	98	曾在宝钢热轧厂、宝钢集团企业管理处工作，历任宝钢集团规划部、管理创新部综合主管，宝钢工程人力资源部、党委组织部部长，广东钢铁规划部副部长，广东宝钢置业副总经理，宝钢集团人事效率总监、领导力发展总监，中国宝武领导力发展总监等职；现任中国宝武产业金融党工委副书记、纪工委书记，华宝信托监事。
刘文力	职工监事	男	43	2016 年 3 月	—	—	1998 年 7 月加入华宝信托，先后担任计划财务部税务、预算、统计、会计总账岗位，稽核监察部高级稽核经理、稽核主管；现任华宝信托稽核专家、职工监事。

3.4 高级管理人员

姓 名	职 务	性别	年龄（岁）	选任日期	金融从业年限（年）	学历	专业
张 铁	总经理	男	45	2018 年 7 月	9	硕士	Mpacc
张晓喆	副总经理	女	48	2009 年 10 月	10	硕士	工商管理
王锦凌	副总经理	女	48	2013 年 5 月	21	硕士	国民经济；工商管理
刘雪莲	总经理助理	女	38	2016 年 4 月	15	硕士	金融学
丁 杰	总经理助理	男	38	2016 年 4 月	12	硕士	行政管理；高级管理人员工商管理硕士
高卫星	董事会秘书	女	49	2013 年 5 月	24	硕士	法学；高级管理人员工商管理硕士
杨一鎏	总经理助理、资产管理部总经理	男	43	2018 年 5 月	14	本科	企业管理

3.5 公司员工

最近两个年度职工人数、年龄分布、学历分布、岗位分布，所有层级加总整体为 100%。

项 目		报告期年度		上年度	
		人数（人）	比例（%）	人数（人）	比例（%）
年龄分布	25 岁以下	6	2	13	4
	25 ~29 岁	68	21	86	26
	30 ~39 岁	192	59	182	54
	40 岁以上	59	18	52	16
学历分布	博士	5	2	7	2
	硕士	162	49	162	48
	本科	155	47	161	48
	专科	1	1	1	1
	其他	2	1	2	1
岗位分布	董事、监事及其高管人员	7	2	8	2
	自营业务人员	3	1	4	1
	信托业务人员	172	53	173	52
	其他人员	143	44	148	45

注：自营业务人员是指按照岗位分工，专门或至少主要从事固有资金使用和固有资产管理有关业务的职工；信托业务人员是指按照岗位分工，专门或主要从事信托资金使用和信托资产管理各项业务的职工；对于人力资源部等类似无法明确区分的综合部门归为其他人员。

4. 经营管理

4.1 经营目标、经营方针、战略规划

公司定位于立足钢铁生态圈专业化信托服务，为上下游机构和高端客户提供差异化财富管理和综合金融解决方案。

作为集团金融板块的主要企业，承担着生态圈金融平台的基础构架和主要服务商角色。

华宝信托将携信托制度优势和专业管理优势，立足中国宝武集团钢铁生态圈专业化信托服务，为上下游机构和高端客户提供各类金融服务，在产业金融深度融合服务方面成为中国宝武产业链金融发展的推动者和实践者。

华宝信托的大股东中国宝武信誉卓著、实力雄厚。秉承中国宝武一贯的严谨稳健、诚信规范作风，华宝信托始终以“受益人利益最大化”为经营理念，以专业化和差异化发展为基本战略，以资产管理与信托服务为两大主业，不断强化能力建设、渠道建设和品牌建设。公司业务门类齐全、专业化分工清晰、团队阵容整齐、主动管理与创新能力强大、业绩持续良好。

4.2 所经营业务的主要内容

4.2.1 资本充足率、资产质量和盈利状况

按照合并报表口径，报告期末公司固有资产为 131.69 亿元，固有负债为 18.37 亿元，少数股东权益为 10.45 亿元，所有者权益（扣除少数股东权益）为 102.87 亿元。公司资本充足，所有者权益（扣除少数股东权益）比率为 78.12%。

公司报告期末净资本为 76.55 亿元，各项业务风险资本之和为 31.60 亿元，净资本/各项业务风险资本之和的比率为 242.24%，均符合监管指标要求。

公司对不良资产计提资产损失准备充足，整体资产质量较好。

按照合并口径，报告期内公司实现收入合计 268 194.10 万元，利润总额为 145 568.53 万元，净利润为 113 021.89 万元。公司 2019 年总资产利润率（税前利润/年均总资产）为 11.31%，资本利润率（净利润/年均所有者权益）为 10.70%，主营业务收益率（净利润/营业总收入）为 42.17%。

4.2.2 经营的主要业务、品种

公司业务主要分为资产管理和信托服务两个大类：资产管理，目前主要从事面向资本市场的股票、基金、债券及组合投资以及项目融资等业务。信托服务，目前主要开展私募基金、年金及福利计划及平台等业务。

4.2.3 资产组合与分布

母公司固有资产中，货币资产占总资产比例为 8.91%，交

易性金融资产占1.77%,可供出售金融资产占55.76%,长期股权投资占7.64%,其他资产占25.92%。

固有资产运用与分布表(母公司)

资产运用	金额(万元)	占比(%)	资产分布	金额(万元)	占比(%)
货币资产	94 495.10	8.91	基础产业	—	—
贷款及应收款	—	—	房地产业	74.26	0.01
交易性金融资产	18 788.08	1.77	证券市场	57 231.94	5.40
可供出售金融资产	591 462.97	55.76	实业	—	—
持有至到期投资	—	—	金融机构	973 057.25	91.73
长期股权投资	81 021.41	7.64	其他	30 418.98	2.86
其他	275 014.87	25.92			
资产总计	1 060 782.43	100.00	资产总计	1 060 782.43	100.00

注:资产运用其他包含保障基金23.76亿元。

信托资产运用与分布表

资产运用	金额(万元)	占比(%)	资产分布	金额(万元)	占比(%)
货币资产	2 114 421.11	4.32	基础产业	10 081 525.02	20.61
贷款及应收款	12 694 653.66	25.95	房地产业	3 284 099.34	6.71
交易性金融资产	11 813 333.10	24.15	证券市场	14 749 500.20	30.15
可供出售金融资产	13 681 810.66	27.97	实业	4 579 627.77	9.36
持有至到期投资	—	—	金融机构	2 620 947.23	5.36
长期股权投资	6 306 057.29	12.89	其他	13 607 229.07	27.81
其他	2 312 652.81	4.72			
资产总计	48 922 928.63	100.00	资产总计	48 922 928.63	100.00

注:资产分布的"其他"中649 436.89万元为财产信托,12 951 204.73万元为其他。

4.3 市场分析

宏观经济。在全球经济增长放缓,贸易保护主义升温的背景下,中国经济保持相对平稳增长,显示出较强韧性。2019年中国GDP增长6.1%,较2018年下降0.5个百分点,其中上半年6.2%,下半年6%。2019年中国经济主要呈现以下特征:(1)全球经济同步放缓,出口产业链成为中国经济下行压力的主要来源。2019年主要发达经济体增速一致下行,经济增速均不及2018年,美欧经济增速降幅较大。预计2019年美国经济增长2.2%,欧元区经济增长1.2%,均比2018年回落0.7个百分点;新兴国家下行压力也较大。与此同时美方已经采取的加征关税措施对我国高科技产业、对美出口制造业及相关产业链的消极影响持续显现,部分企业特别是民营企业经营较为困难。(2)经济结构趋向优化。2019年,三次产业增加值占GDP的比重分别为7.1%、39.0%和53.9%,与2018年相比,第一产业比重提高0.1个百分点,第二产业比重下降0.7个百分点,第三产业比重提高0.6个百分点。2019年,规模以上工业战略性新兴产业增加值增长8.4%,规模以上工业高技术制造业增加值增长8.8%,分别快于全部规模以上工业增加值增速2.7个百分点和3.1个百分点。(3)居民消费价格通胀与企业价格通缩并存。2019年,CPI上涨2.9%,从月度来看,前高后低,12月CPI高达4.5%。2019年,食品价格上涨9.2%,涨幅比2018年扩大7.4个百分点,其中,猪肉价格全年平均上涨42.5%,占食品价格涨幅的一半多。2019年,PPI由2018年上涨3.5%转为下降0.3%。其中,生产资料价格下降0.8%,影响PPI下降约0.57个百分点,是PPI下降的主要原因。(4)货币保持定力,金融市场信用分化。2019年全球经济增速放缓趋势明显,全球中央银行启动降息周期,我国人民银行保持定力,坚决不搞"大水漫灌",主动维护好我国在主要经济体中少数实行常态货币政策国家的地位。同时保持流动性合理充裕和社会融资规模合理增长,2019年社会融资规模增速扭转了自2017年下半年开始的快速持续下降态势,出现了恢复性上行;贷款市场利率并轨改革启动以来,贷款市场报价利率(LPR)出现一定幅度下调。金融市场信用分化明显,在政策利率基本稳定、高等级信用债利差下行的同时,中低等级信用债利差仍有所扩大,主要原因在于中小银行和影子银行信用收缩、传统行业和中小民营企业转型升级较为艰难。展望2020年,全球经济在各大央行陆续放松的基础上,有望出现阶段性企稳。中国经济将继续保持平稳态势,预计2020年中国GDP为6%;通胀水平相对温和,CPI预计3.5%,PPI为0.8%。中期来看,总量经济依然处于下行通道;政策重心更多是结构发力、不走"老路"。根据中央经济工作会议,结合近期中央工作部署,政策维稳将围绕"补短板"和"促转型"重点发力。

证券市场。自2019年以来沪指累计上涨约22%、深指上涨44%、创业板上涨44%,相较于2018年,三大股指走势明显回暖。在28个申万一级行业中,食品饮料、电子、建筑材料涨幅靠前,分别达到77%、74%、58%,仅采掘和建筑装饰两个行业出现下跌,股市整体财富效应显著。2019年的市场主要涨幅集中在第一季度,而估值修复则是上涨的主要动力。A股从2019年1月4日"见底",用了仅仅3个月的时间就完成了2018年全年的估值修复。其原因主要有三个方面:一是第一季度基建放量和天量社融给了市场货币政策放水和经济企稳的强烈信号;二是市场普遍预期中美将在年中前可以达成有效的初步协议;三是市场经过2018年的全年单边下跌,大量股票处于严重低估的估值水平。从2019年4月至12月,上证指数除了在第一波上涨后回调到2 733点之外,基本上都处于2 850~3 050的窄幅震荡之中,其中个股活跃,呈现较为明显结构性行情。市场对此前过于乐观的预期进行部分修正:一是房地产在第一季度稍有过热的迹象时,人民银行迅速对货币政策中性反复表态,特别强调不搞大水漫灌的刺激。二是中美双方的谈判再起波澜,让市场再一次认识到中美贸易谈判的艰巨性和曲折性。三是市场经过第一季度快速上涨后,需要一定时间消化整固。展望2020年,宏观环境难以有大幅的波动,经济增长大概率相对平稳、货币大幅宽松和收紧概率皆不高,市场大概率呈现震荡走势。资本市场基础制度改革继续推进,市场向着"有效性"的方向发展,将延续二八分化的结构性行情,证券市场期望收益率不及2019年但大概率为正。

信托市场。2019年在"稳增长、稳杠杆"的背景下信托行业资产规模降幅较上年末有所收窄。(1)信托资产规模稳步回落,结构调整变化明显。截至2019年第三季度末,全国68家信托公司受托资产余额为21.99万亿元,信托资产规模连降7个季度。从结构上看,截至2019年第三季度末,投向工商企业的信托资金占比依然稳居首位,信托行业支持实体经济的立业之基坚定不动摇,相较于第二季度末,投向工商企业、基础产业及证券投资领域的信托资金占比有所上升,投向房地产与金融机构领域的信托资金占比下降明显。(2)信托公司主动管理业务增长明显，传统银信合作通道业务持续式微，行业深化转型效果逐步显现。(3)经营业绩稳步提升。2019 年第三季度，信托业实现经营收入累计 795.64 亿元，较 2018 年第三季度同比增长 6.42%；第三季度累计利润为 559.35 亿元，同比增长 13.13%，信托行业盈利水平稳步提升。(4)风险项目持续暴露。截至 2019 年第三季度末，信托行业风险项目个数与规模方面均呈上升趋势，风险项目数量为 1 305 个，环比增长 18.64%；风险项目规模为 4 611.36 亿元，环比增长 32.72%。从信托风险项目的资产来源角度，集合类信托与财产权信托风险项目规模占比呈下降趋势，单一类信托风险率有所提升，信托行业总体风险仍在可控范围。展望 2020 年，宏观经济形势难以迅速扭转，信托行业监管预计更加严格，防范化解金融风险压力仍然较大，信托业将总体上继续呈现稳中求进格局。一方面，信托业 2020 年仍将保持稳健发展局面，在受托资产规模、盈利水平等方面预计不会出现大幅波动；另一方面，信托业将继续从信托业务结构、部分产品领域、机构资本实力以及行业收入结构等方面积极转型求变。

法律法规。(1)2019 年 2 月，中国银保监会信托部制定的《信托公司资金信托管理办法》对各省级银保监局的征求意见结束。该办法主要对标资管新规相关要求，进一步梳理并明确了具体业务的监管规则，将信托由“私募”扩展到“公募”，信托公司的业务模式从此前以“非标”单轮驱动为主，逐步转向“非标 + 标准”双轮驱动为主。(2)2019 年 5 月 17 日，中国银保监会发布了《关于开展“巩固治乱象成果促进合规建设”工作的通知》(银保监发[2019]23)，对于信托公司开展房地产业务提出严格要求，继续加码对相关业务的监管。(3)2019 年 7 月 2 日，中国银保监会发布《中国银保监会办公厅关于保险资金投资集合资金信托有关事项的通知》(银保监办发[2019]144 号)，扩大了“保信”合作范围，有利于为保险机构和信托公司营造良好的公平竞争环境；明确保险资金“去通道”“去嵌套”的监管导向；明确保险资金投资信托的信用增级安排不得由金融机构提供，有利于打破金融机构刚性兑付；明确基础资产投资范围，有利于进一步发挥信托公司在非标资产方面积累的行业优势，引导保险资金更多地流入实体经济。(4)2019 年 8 月，中国银保监会向各银保监局信托监管处室下发了《中国银保监会信托部关于进一步做好下半年信托监管工作的通知》(信托函[2019]64 号)，意味着信托窗口指导及相关的监管处置将步入常态化，并坚决遏制房地产信托过快增长、风险过度积累的势头。(5)2019 年 11 月 14 日，《全国法院民商事审判工作会议纪要》发布。在“信托财产的诉讼保全”一节明确了信托财产独立性原则：信托财产在信托存续期间独立于委托人、受托人、受益人各自的固有财产；还从司法的角度对 2018 年的“资管新规”所确定的部分思想精神进行进一步确认，例如第五章对金融消费者权益保护纠纷案件的规定，从司法的角度明确了金融产品买卖中“卖者尽责、买者自负”的原则。(6)2019 年 11 月 22 日，《信托公司股权管理暂行办法(征求意见稿)》(以下简称《暂行办法》)正式发布。《暂行办法》对信托公司股权管理提出了一个非常系统化的要求。当前，个别信托公司存在着股权管理乱象等问题，给行业整体带来声誉风险，阻碍信托业的转型发展。及时出台《暂行办法》，符合大多数信托公司的股权管理现状和治理提升需求。

4.3.1 有利条件

中国高净值人群理财需求处在高速增长期。2019 年中国人均 GDP 突破 1 万美元，根据瑞士信贷《2019 全球财富报告》，截至 2019 年年中，中国有 1 亿人财富名列全球前 10%，首次超过美国，后者为 9 900 万人。预计到 2020 年，可投资资产大于 600 万元的家庭将达到 346 万户。而 2015 年这一数据只有 201 万户，年均增速为 13%，远远高于全球 5.9% 的平均速度。而中国高净值人数的激增，该如何多样化资产配置以分散风险，成为迫切需要。高净值人群呈现年轻化以及专业人士化的特征，他们没有机会能像私营企业主对持有企业进行再投资，更少的渠道获取投资机会和更少的时间管理个人财富。信托公司通过专业化的产品设计，将不具备交易条件的资产进行一定标准化设计，形成产品面向公众销售，从而起到了较好的资金需求和理财桥梁作用。高净值人群与信托公司在理财、融资及其他金融服务方面的合作将进一步拓展。与生俱来的制度优势、宽泛的投资领域和灵活的交易安排使得信托在某种程度上成为一种稀缺资源，在增值需求的推动下，大资金向信托的靠拢将是一种长期趋势。

在我国发展面临国内外复杂严峻形势、经济出现下行压力的环境下，信托业通过深化供给侧结构性改革，引导社会资本投向经济社会发展的重点领域和薄弱环节，为实体经济发展提供更高质量、更有效率的金融服务，实现了信托业与实体经济的良性互动、协调发展。信托投资可以横跨货币市场、资本市场和实业部门，通过积极转型，将迎来新的发展机遇：(1)扩大主动管理业务比重和管理能力，满足人民美好生活需求。经济持续高速增长，财富快速累积，财富管理作为居民生活水平提高、财富积累达到一定程度后的必然需求。信托公司应进一步加大金融服务创新力度，推进财富管理水平持续提升和扩大主动管理业务比重，提供以资产配置、产品选择、投资建议为核心的全方位定制化服务，为资产管理行业的发展注入新的活力。(2)服务实体经济。信托业通过证券化、供应链金融、PPP、产业基金等形式，引入民间资本助力基础设施建设和国家经济发展；同时，通过私募股权投资，为我国一大批创业者、企业家提供资金支持，成为新经济发展的重要推动力量。(3)深度发掘资本市场业务潜力。扩大直接融资比重、发展多层次资本市场体系是大势所趋，信托公司可在资产证券化、投资、融资、兼并重组、PE 等多领域发掘投资机会。(4)拓展国际业务。加大金融领域开放力度和“一带一路”倡议的推进，高净值客户境外理财与全球资产配置需求日益强烈，国际业务将是信托业务重要方向。(5)服务型信托。立足受托人本位，信托公司可以探索创新以受托服务为核心的服务信托，除资金信托之外，拓展提供丰富的信托供给，创新探索开展服务信托，将金融服务与财富管理服务相结合，在家族信托、家庭信托、员工利益信托、资产证券化信托、账户管理信托等方面积极开拓，运用金融科技结合具体场景，满足客户多元需求，提高信托服务的效率和效果。

政策支持。中国的经济社会发展进入新时代，在这个背景下，仅仅依靠股权类和债券类的金融产品已经远远不能满足处置错综复杂的经济社会发展问题，需要有从事财富管理的专业化机构，这就决定了必须充分运用信托机制来完善经济管理和社会管理。近几年来信托业曲折发展，如今在政府推动和“一法三规”约束引导下，逐步认清信托定位，积极转型，正在回归“受人之托，代人理财”本源，在服务实体经济方面发挥巨大的作用。展望未来，在资管新规和一系列监管政策的共同作用下，信托公司过去“重量而轻质”的发展路径难以为继，面临从高速度发展模式向高质量发展模式的转变。信托业应强化风险管控、把握发展速度、提升发展质效，努力顺应新时代。从发达国家经验看，信托业的良好发展都离不开较为完备的信托法律制度，中国信托业距离美日等发达国家水平仍有相当大的差距，也意味着中国信托业仍有较大的发展空间。

公司依托优良的资产、规范诚信的经营、良好的品牌形象与商誉、专业化的人才队伍，以及控股股东中国宝武集团的大力支持，为业务拓展和健康成长奠定了基础。

4.3.2 不利条件

监管趋严的风险。伴随国内经济进入减速换挡期，供给侧结构性改革步入深水区，行业监管迎来“史上最严”期。较长一段时期内，作为国内“唯二”能开展发放贷款业务的金融机构之一，信托业因其制度优势，既可作为连接银行理财资金进入证券市场的桥梁，又可承接银行资金不便进入的非标债权领域，银信合作等通道类业务发展迅速，促进信托业资产规模快速增长的同时，也在一定程度上规避了银行业面临的贷款投向、存贷比、资本金等监管要求，与其他相关金融产品和金融机构形成了密切复杂的风险共振关系，具有较为明显的影子银行特征，进一步增加了错误定价风险、操作风险、流动性风险等金融体系不稳定因素发生的概率。对此，银保监会等监管机构对信托业展业中涉及的通道业务、多层嵌套、刚性兑付、资金池等问题持续加大监管力度，不断提出更高要求，倒逼行业挤压泡沫夯实质量合规发展。但需要指出的是，经过几十年发展，信托业客观上已经积累了较大规模的存量业务有待按照规范要求进行整改，在具体实施过程中，需要协调处理监管调度、同业竞合、时间摆布、资金匹配、产品接续、融资方管控、投资者关系维护等多重复杂关系，增加了风险防控化解的难度，不可避免地提高了发生风险事件的概率。

“资管”领域竞争加剧。“资管”新时代，在统一监管下，大类产品同质化程度会越来越高，客户需求对于市场的决定性作用会越来越大，市场对于客户的争抢越来越激烈。特别是银行理财子公司成立，竞争将更趋激烈。在具有先天的客户资源、雄厚的资本实力和品牌效应等优势的商业银行理财子公司的成立之后，信托公司亟需创新经营模式，构建差异化核心竞争力。刚性兑付的打破将使信托产品吸引力下降，渠道销售难度加大，且在新的监管环境下，在原信托业务结构中占比较高的银信通道业务和信政业务将面临进一步萎缩，从而带动信托资产规模继续收缩，加之资本市场不确定性增加，未来信托公司的盈利水平存在一定的不确定性。

业务风险。宏观经济不景气、融资环境收紧以及债券违约事件的频发加剧了信托行业的风险聚集。信托行业具有较强的顺周期特征，信托行业的信用风险伴随着宏观经济下行和刚性兑付的打破逐渐暴露。工商企业信托受经济下行因素的影响成为信托产品出现兑付危机的主要领域，银行抽贷断贷导致企业融资环境恶化，流动性紧张，致使工商企业类信托产品违约风险有所上升；此外，由于部分信托产品以债券作为基础资产，债券市场违约事件频发也对信托产品的信用风险造成较大冲击。未来信托公司需要摆脱信贷文化以及刚兑思维，建立针对特定风险、特定产品特点的风控体系和风险管理工具；风险控制的目的降低产品波动性，提升对于客户资产的保护，能够更好地尽职履责。创新能力是信托所具有的特质，但是这种创新不是绕监管、规避监管，而是以服务客户需求为根本出发点，创设既合规又能满足客户需求的资管产品。

4.4 内部控制

4.4.1 内部控制环境和内部控制文化

公司根据国家有关法律法规和《公司章程》，构建了完备的法人治理结构，设立了股东会、董事会和监事会，“三会”分工明确并相互制衡、各司其职、规范运作，分别行使决策权、执行权和监督权。

股东会是公司的权力机构；董事会是公司的常设决策机构，向股东会负责；监事会是公司的监督机构，负责对公司董事、高级管理人员及公司财务和管理进行监督。董事会下设风险管理和审计委员会、信托委员会、人事薪酬委员会和关联交易控制委员会四个专业委员会，加强对公司长期发展战略、高管任职与考核、重大投资风险控制、重大关联交易的审议、信息披露等方面的管理和监督，以进一步完善治理结构、促进董事会科学高效决策。其中风险管理和审计委员会负责审查企业内部控制，监督内部控制的有效实施和内部控制自我评价情况，协调内部控制审计及其他相关事宜。

公司根据自身业务特点和内部控制要求设立了科学、规范的机构及岗位。综合管理部负责组织协调内部控制的建立实施及日常工作。审计稽核部作为内部审计机构对内部控制的有效性进行监督检查。内部审计机构对监督检查中发现的内部控制缺陷，按照内部审计工作程序进行报告；对监督检查中发现的内部控制重大缺陷，有权直接向董事会及其审计委员会、监事会报告。

公司明确界定各部门、各岗位的目标、职责和权限，建立相应的授权、检查和逐级问责制度，确保不相容岗位的相互分离及其在授权范围内履行职能；公司控制架构完善，并制定各层级之间的控制程序，保证董事会及高级管理人员下达的指令能够被有效执行。

公司提倡业务部门是内部控制及风险管理的第一道防线的内控文化。

4.4.2 内部控制措施

公司管理层下设投资决策委员会，在董事会的授权范围内明确分级授权制度、健全投资控制体系、持续完善事前管理及过程控制和事后评价，研究、决策、操作、审核、评价体系既相互配合，又相互制衡。

在日常业务中，公司对固有资产和信托资产设立了相互独立的运作部门，同时在财务核算等环节，通过核算岗位隔离与财务信息隔离，进一步保证了公司固有财产与信托财产的独立管理。

在信托资产运营环节，通过前台、中台、后台分工协作，实现了投资决策和交易分离、财产运营和监控保管分离。部门间有效配合且相互制衡，确保投资风险可控。

公司通过事前、事中、事后控制三者结合进行综合风险防范，重点强调过程控制，各部门发生异常情况后及时汇报，及时应对，采取相应措施，确保公司内部控制的有效性。

公司还建立了重大风险预警机制和突发事件应急处理机制，明确风险预警标准，对可能发生的重大风险或突发事件，制定应急预案，明确责任人员，规范处理程序，确保突发事件得到及时妥善处理。

4.4.3 信息交流与反馈

公司建立了信息与沟通制度，明确内部控制相关信息的收集、处理和传递程序，确保信息及时沟通，促进内部控制有效运行。

公司各业务部门、财务会计部门、法律合规部门、风险管理部门及行政管理部门负责收集各自职责范围内的各种内部信息和外部信息，通过财务会计资料、经营管理资料、调研报告、专项信息、内部刊物、办公网络等渠道获取内部信息；通过行业协会组织、社会中介机构、业务往来单位、市场调查、来信来访、网络媒体以及有关监管部门等渠道获取外部信息；并对收集的信息进行合理筛选、核对、整合，提高信息的有用性。

公司重要信息及时传递给董事会、监事会。

公司利用信息技术促进信息的集成与共享，充分发挥信息技术在信息与沟通中的作用。公司加强对信息系统开发与维护、访问与变更、数据输入与输出、文件储存与保管、网络安全等方面的控制，保证信息系统安全稳定运行。

公司针对敏感岗位制定了《经营风险控制十条禁令》，明确了敏感岗位需要明令禁止的高风险事项。

公司建立了举报投诉制度和举报人保护制度，设置举报专线，明确举报投诉处理程序、办理时限和办理要求，确保举报、投诉成为公司有效掌握信息的重要途径。

举报投诉制度和举报人保护制度通过《员工手册》在发布和新员工入职时传达至员工本人。

4.4.4 监督评价与纠正

公司审计稽核部门负责对公司内部控制的监督评价与纠正。

公司具有较为完善的内部控制机制，公司审计稽核部是公司独立的监督部门，直接向董事会汇报，是对公司经营活动全过程进行的一种内在经济监督，以防范风险、纠正违规、加强内控为工作目标，对公司内控制度、业务经营、财务活动等实施稽核监督。公司内控管理部门负责牵头对公司规章制度和操作流程的健全性、有效性进行不断梳理整合，使公司的内部控制更加有效，并趋于完善。

4.5 风险管理

4.5.1 风险管理概况

公司重视风险管理，通过制定和不断完善内部规章制度，建立职责分工合理的组织架构，设置专业的风险管理机构，将现代风险管理技术与传统风险管理方法相结合，对可能产生的风险及时采取措施，全面防范，对实际发生的风险积极处理，全力化解，有效进行事前、事中、事后的控制与管理，并根据实际需要随时对风险管理体系进行调整。

公司风险管理遵循全面性原则、独立性原则、有效性原则和及时性原则。

4.5.1.1 公司经营活动中可能遇到的风险

公司经营活动中可能遇到的风险主要有：信用风险、市场风险、操作风险、流动性风险、政策风险等。

4.5.1.2 公司风险管理的基本原则与政策

公司风险管理贯彻全面性、独立性、有效性、及时性等原则，覆盖到公司所有业务、部门和人员，并渗透到公司各项业务和经营管理的各个环节；通过事前防范、事中控制、事后监督对风险进行全面综合地管理，促进公司持续、稳健、规范、健康运行。

4.5.1.3 公司风险管理组织架构与职责划分

公司建立以党委会、董事会及风险管理与审计委员会、经营管理层、风险管理职能部门为主的自上而下的多层次风险管理架构，并在此基础上构建了以业务经营条线、风险条线、审计条线为主的风险管理三道“防线”。

公司党委会承担落实防范化解重大风险政治责任，定期听取重大风险管理情况汇报，定期研究风险管理工作机制；对全面风险管理报告等涉及“三重一大”的风险管理事项履行前置审核程序。

公司董事会。董事会是公司风险管理的最高决策机构，根据外部监管和内部控制要求，结合稳健保守的风险偏好，制定公司总体的风险管理策略，引导公司不断健全全面风险管理体系，保障公司持续稳定经营。

董事会风险管理和审计委员会是董事会设立的专门工作机构，主要负责公司合规和风险管理、监督和评估，公司审计稽核工作的沟通、监督和核查工作的审核。

公司经营管理层承担全面风险管理的实施责任，执行董事会的决议，逐步建立适应全面风险管理的经营管理架构，明确公司业务部门、风险管理职能部门以及其他部门在风险管理中的职责分工，组织制定风险管理制度，定期对公司的资产质量和风险管理状况进行评估，监控、管理、控制公司的各种风险，并定期向董事会报告。公司经营管理层通过投资决策委员会直接对信托项目进行风险评估和决策。

投资决策委员会（以下简称投决会）是对公司业务进行审议和表决的决策机构，分设固有业务投决会和信托业务投决会，分别负责公司管理层权限内的固有业务和信托业务的重要投资决策。

投资预审委员会（以下简称投审会）是投决会的前置程序，针对公司业务各个环节进行可行性评审，为投决会决策提供支持。投审会按照业务属性由固有业务投资预审委员会和信托业务投资预审委员会组成。

财务部通过会计核算和财务管理对公司财务状况及经营情况进行分析管理。

业务管理部负责行业研究与战略规划，制定公司业务标准，资金资产配置管理，统筹管理公司流动性风险和战略风险，承担投审会办公室职责及业务信息分析。

综合管理部负责根据公司发展规划和业务发展进程，对组织机构持续优化调整，梳理部门职责，明确部门分工；负责董事会与公司治理相关事项；负责公司操作风险管理。

风险管理部负责建立和完善公司风险管理体系和风险管理相关制度；负责公司各类投融资业务的风险审查；负责公司各业务风险的日常管理，对公司经营管理活动中的各类风险实施有效的事前评估和过程监控，有效化解和降低公司运营风险。

法律合规部主要负责关注、跟踪有关金融法规的最新发展情况,及时组织研究对公司有重大影响的法律合规动态;负责组织公司业务合规管理流程的制定、完善和执行监督;负责合同审查、法律纠纷处理、律师库管理等;负责反洗钱管理工作。

审计稽核部主要负责检查公司内部风险管理制度的日常执行情况,对公司内部风险控制制度的合理性、有效性进行分析,提出改进意见并直接向董事会报告。

各业务部门是风险管理的第一责任部门,承担与其业务相关的风险管理责任。各业务部门是公司风险管理的具体实施单位,在公司各项基本管理制度的基础上,根据具体情况制订本部门的业务管理规定、业务操作流程及风险控制规定。

4.5.2 风险状况

4.5.2.1 信用风险状况

信用风险主要是指交易对手违约造成损失的风险,主要表现为公司在开展固有业务和信托业务时,可能会因交易对手违约而给公司或信托财产带来风险。报告期内,公司发生的各类业务均履行了严格的内部评审程序,合法合规,担保措施充足,交易对手信用等级相对较高,信用风险可控。按母公司口径,2019年不良信用风险资产期初数为 74 720.04 万元,期末数为 96 311.52万元,略有增加。基于谨慎角度,截至2019年末,公司已对于上述不良信用风险资产计提 89 813.22 万元减值准备。

4.5.2.2 市场风险状况

市场风险是指公司在运营过程中可能因股价、市场汇率、利率及其他价格因素等变动而产生的风险。其具体表现为经济运作周期变化、金融市场利率波动、通货膨胀、房地产交易、证券市场变化等造成的风险,这些风险可能影响信托财产的价值及信托收益水平,也可能影响公司固有资产价值或导致损失。

自 2019 年以来整个宏观经济形势下行压力加大,外部风险因素持续冲击,资本市场经过第一季度大幅上涨后逐步回落,整体呈现震荡向上走势。从市场表现来看,上证 50、沪深 300、中证 500 等主要指数整年涨幅分别为 33.58%、36.07% 及 26.38%。在此市场环境下,公司充分融合监管要求与管理操作实践,继续夯实公司权责明确、有效运转的市场风险管理体系;进一步优化公司市场风险的限额管控、授权及决策体系,以契合业务稳定有序的发展需求,同时加强控制与防范公司所面临的市场风险;在系统管控方面,公司采用资产管理信息系统进行事前风控,每日监控产品净值并进行事后分析。

4.5.2.3 操作风险状况

操作风险是指由不完善或有问题的内部程序、员工和信息科技系统,以及外部事件所造成损失的风险。

报告期内,公司未发生重大操作风险。

4.5.2.4 流动性风险状况

流动性风险在公司层面是指公司无法及时获得充足资金或无法以合理成本及时获得充足资金用于支付到期债务(如拆借);在业务层面是指公司无法及时获得充足资金或无法以合理成本及时获得充足资金应对因业务安排导致的到期资产现金流不满足到期资金现金流、赎回资金大于申购资金等情形所导致的资金需求风险。

公司固有资金主要投资有价证券类,并支持信托业务的发展。公司设置专岗定期跟踪固有资金投向的资产类型,目前流动资产结构和变现能力良好,偿付能力较强。

4.5.2.5 其他风险状况

其他风险主要包括法律风险、声誉风险、战略风险等。法律风险是指公司在业务经营过程中由于不当的法律文书、违约行为或怠于行使自身法律权利等所造成的风险。声誉风险是指由于公司内部管理或服务出现问题而引起自身外部社会名声、信誉和公众信任度下降,从而对公司外部市场地位产生消极和不良影响的风险。战略风险是指公司在战略制定过程中,无法对宏观经济环境、市场需求、行业竞争格局等变化情况进行准确把握,影响决策的风险。报告期内公司未发生重大其他风险。

4.5.3 风险管理

4.5.3.1 信用风险管理

公司高度重视交易对手信用风险管理,通过事前评估、事中控制、事后监督的风险管理体系来防范和规避信用风险,具体措施包括:(1)严格按照业务流程、制度规定和相应程序开展各项业务,确保决策者充分了解业务涉及的信用风险;(2)对交易对手进行全面、深入的信用调查与分析,形成客观、翔实的尽职调查报告;(3)完善投决会议事规则,坚持横向、纵向相结合和集体决策的评审制度,多方面介入排查风险;(4)制定相关业务展业指引和尽调指引,规范业务发展;(5)严格落实贷款担保等措施,注意对抵(质)押物权属有效性、合法性进行审查,客观、公正评估抵(质)押物;(6)强调事中管理和监控,通过对风险缓释措施的积极落实、放款审核等项目实施过程中的业务跟踪,进行有效事中控制;(7)要求定期与不定期进行后期检查。对重点项目,业务部门会同风险管理部门定期进行现场实地走访,对项目运作、企业财务状况及当地市场环境作进一步调研和分析,形成现场检查报告,发现问题及时上报并第一时间采取措施,有效防范和化解各类信用风险;(8)根据项目风险预警信号建立了相应的报告路线和应对处置流程;规范了五级分类、风险准备金的计提比例和流程,以提高抗风险能力;(9)公司每年从税后利润中按 10%(2009 年及以前年度为 5%)的比例提取信托赔偿准备金;公司按照《金融企业准备金计提管理办法》《银行信贷损失计提指引》规定,足额计提一般准备,根据金融企业承担风险和损失的资产期末余额的 1.5% 扣除年初一般风险准备余额,提取一般风险准备,以提高公司抵御风险的能力。

4.5.3.2 市场风险管理

公司采取积极的市场风险管理策略和方法,对于证券投资信托都要求有相应的风险管理策略和风险控制措施,包括大类资产配置、仓位比例、个股投资比例限制等,将市场风险控制在一定的范围内。

市场风险的监控对系统的依赖度较高,主观判断较少。随着公司内部管理的不断优化,市场风险相关制度不断细化,IT 系统的不断完善,公司市场风险管理能力不断提高,公司整体面临的市场风险也将更为可控。

从公司业务架构来看,公司设有法律合规部、风险管理部对证券项目独立发表法律专业意见和风控专业意见,交易室负责独立下单,实现业务部门与操作部门相分离;同时,财务部、运营管理部对相关业务进行资金划付监管和支持。审计稽核部负责事后审核稽查。上述组织架构形成了有效的三级风险管理体系，使得公司的研究、决策、操作及评价相互分离、相互制衡、相互监督，保证公司经营业务持续、规范、健康运行。

4.5.3.3 操作风险管理

公司持续完善、细化内控管理制度，坚持业务发展与内控管理并举，规范操作程序、防范操作风险。公司在业务尽职调查、产品规范化管理、风险监控、合同档案管理、信息披露等方面不断细化管理要求和规范操作流程，提升业务操作的规范化和精细化水平。从制度、流程、岗位、系统等角度持续强化执行力，提升对制度执行有效性的监督和检查，在日常工作中形成奖惩机制，持续促进规章制度的有效执行，消除操作风险隐患，防范各类操作风险。

2019 年公司持续加强操作风险管理，发布了操作风险信息管理规范，规范操作风险监测与报告流程，收集和管理操作风险信息，防范操作风险，为公司稳健经营提供保障。公司内部审计稽核部门持续开展审计工作，对审计发现的流程、内控、操作问题及时予以整改完善，以切实提高内控管理水平，降低操作风险。

4.5.3.4 流动性风险管理

公司高度重视流动性风险，制定流动性风险管理办法，建立流动性风险应急管理机制，公司将持续加强固有资金现金流测算及配置管理，设置具有较高变现能力的自有资金规模的限制，保持固有资金稳定的流动性配置，逐步完善流动性风险管理体系的建设。

4.5.3.5 其他风险管理

法律风险管理方面，公司严格按照相关监管规章，对所有拟开展业务进行合规性审查，确保公司业务开展符合国家相关法律法规的规定，并不断优化产品结构和法律文本设计，严格按公司法律文件审批程序进行审批后办理业务。

声誉风险管理方面，公司把声誉构建与公司发展战略和企业文化进行有机结合，对可能影响公司声誉的业务坚决予以回避，尽职管理受托资产，并充分披露，塑造公司专业和诚信的社会形象。

战略风险管理方面，公司管理层根据董事会制定的战略规划，对公司进行经营管理，定期向董事会报告战略执行情况。同时公司投资决策委员会根据公司的战略规划，确定具体的投资规模、投资原则和投资方向，对公司的重大项目进行集体决策。公司配置了专业的研究人员，关注和跟踪宏观经济环境、行业环境和政策的变化，为公司的战略决策提供有力的支持。

5. 报告期末及上一年度末的比较式会计报表

5.1 固有资产

5.1.1 会计师事务所审计意见全文

审计报告

天健审〔2020〕6－144 号

华宝信托有限责任公司：

一、审计意见

我们审计了华宝信托有限责任公司（以下简称华宝信托公司）财务报表，包括 2019 年 12 月 31 日的合并及母公司资产负债表，2019 年度的合并及母公司利润表、合并及母公司现金流量表、合并及母公司所有者权益变动表，以及相关财务报表附注。

我们认为，后附的财务报表在所有重大方面按照企业会计准则的规定编制，公允反映了华宝信托公司 2019 年 12 月 31 日的合并及母公司财务状况，以及 2019 年度的合并及母公司经营成果和现金流量。

二、形成审计意见的基础

我们按照中国注册会计师审计准则的规定执行了审计工作。审计报告的“注册会计师对财务报表审计的责任”部分进一步阐述了我们在这些准则下的责任。按照中国注册会计师职业道德守则，我们独立于华宝信托公司，并履行了职业道德方面的其他责任。我们相信，我们获取的审计证据是充分、适当的，为发表审计意见提供了基础。

三、管理层和治理层对财务报表的责任

华宝信托公司管理层（以下简称管理层）负责按照企业会计准则的规定编制财务报表，使其实现公允反映，并设计、执行和维护必要的内部控制，以使财务报表不存在由于舞弊或错误导致的重大错报。

在编制财务报表时，管理层负责评估华宝信托公司的持续经营能力，披露与持续经营相关的事项（如适用），并运用持续经营假设，除非计划进行清算、终止运营或别无其他现实的选择。

华宝信托公司治理层（以下简称治理层）负责监督华宝信托公司的财务报告过程。

四、注册会计师对财务报表审计的责任

我们的目标是对财务报表整体是否不存在由于舞弊或错误导致的重大错报获取合理保证，并出具包含审计意见的审计报告。合理保证是高水平的保证，但并不能保证按照审计准则执行的审计在某一重大错报存在时总能发现。错报可能由于舞弊或错误导致，如果合理预期错报单独或汇总起来可能影响财务报表使用者依据财务报表作出的经济决策，则通常认为错报是重大的。

在按照审计准则执行审计工作的过程中，我们运用职业判断，并保持职业怀疑。同时，我们也执行以下工作：

（1）识别和评估由于舞弊或错误导致的财务报表重大错报风险，设计和实施审计程序以应对这些风险，并获取充分、适当的审计证据，作为发表审计意见的基础。由于舞弊可能涉及串通、伪造、故意遗漏、虚假陈述或凌驾于内部控制之上，未能发现由于舞弊导致的重大错报的风险高于未能发现由于错误导致的重大错报的风险。

（2）了解与审计相关的内部控制，以设计恰当的审计程序，但目的并非对内部控制的有效性发表意见。

（3）评价管理层选用会计政策的恰当性和作出会计估计及相关披露的合理性。

（4）对管理层使用持续经营假设的恰当性得出结论。同时，根据获取的审计证据，就可能导致对华宝信托公司持续经营能力产生重大疑虑的事项或情况是否存在重大不确定性得出结论。如果我们得出结论认为存在重大不确定性，审计准则要求我们在审计报告中提请报表使用者注意财务报表中的相关披露;如果披露不充分,我们应当发表非无保留意见。我们的结论基于截至审计报告日可获得的信息。然而,未来的事项或情况可能导致华宝信托公司不能持续经营。

(5)评价财务报表的总体列报、结构和内容,并评价财务报表是否公允反映相关交易和事项。

(6)就华宝信托公司中实体或业务活动的财务信息获取充分、适当的审计证据,以对财务报表发表审计意见。我们负责指导、监督和执行集团审计,并对审计意见承担全部责任。

我们与治理层就计划的审计范围、时间安排和重大审计发现等事项进行沟通,包括沟通我们在审计中识别出的值得关注的内部控制缺陷。

5.1.2 资产负债表

合并资产负债表

2019 年 12 月 31 日

编制单位:华宝信托有限责任公司　　单位:万元

项目	年末余额	年初余额	项目	年末余额	年初余额
流动资产			流动负债		
货币资金	288 139.08	230 055.11	短期借款	—	—
结算备付金	557.45	571.35	向中央银行借款	—	—
拆出资金	—	—	拆入资金	—	—
交易性金融资产	—	—	交易性金融负债	—	—
以公允价值计量且其变动计入当期损益的金融资产	86 607.78	212 546.32	以公允价值计量且其变动计入当期损益的金融负债	1 972.71	792.82
衍生金融资产	—	—	衍生金融负债	—	—
应收票据	—	—	应付票据	—	—
应收账款	9 955.05	11 426.83	应付账款	—	—
应收款项融资	—	—	预收款项	—	—
预付款项	123.41	801.78	合同负债	—	—
其他应收款	6 451.82	7 482.86	卖出回购金融资产款	—	—
买入返售金融资产	25 005.87	54 800.20	吸收存款及同业存放	—	—
存货	—	—	应付职工薪酬	31 207.64	41 204.31
合同资产	—	—	应交税费	21 782.28	35 279.45
持有待售资产	—	—	其他应付款	34 513.84	51 434.09
一年内到期的非流动资产	—	—	应付手续费及佣金	—	—
其他流动资产	19.87	60.20	应付分保账款	—	—
流动资产合计	416 860.34	517 744.64	持有待售负债	—	—
			一年内到期的非流动负债	164.09	—
			其他流动负债	73 729.57	120 000.00
			流动负债合计	163 370.13	248 710.68
			非流动负债		
			长期借款	—	—
			应付债券	—	—
			其中:优先股	—	—
			永续债	—	—
			租赁负债	51.56	363.44
非流动资产			长期应付款	—	—
发放贷款和垫款	—	—	长期应付职工薪酬	1 409.64	525.20
债权投资	—		预计负债	—	—
可供出售金融资产	541 252.90	395 335.96	递延收益	—	—
其他债券投资	—	—	递延所得税负债	6 196.97	3 816.48
持有至到期投资	—	—	其他非流动负债	12 719.35	24 649.74
长期应收款	—	—	非流动负债合计	20 377.53	29 354.85
长期股权投资	81 199.64	77 716.75	负债合计	183 747.66	278 065.53
其他权益工具投资	—	—	所有者权益:		
其他非流动金融资产	—	—	实收资本	474 400.00	374 400.00
投资性房地产	74.26	79.04	其他权益工具	—	—
固定资产	2 325.66	2 049.17	其中:优先股	—	—
在建工程	1 570.51	322.83	永续债	—	—
生产性生物资产	—	—	资本公积	3 726.17	3 726.17

续表

项目	年末余额	年初余额	项目	年末余额	年初余额
油气资产	—	—	减：库存股	—	—
使用权资产	185. 40	336. 79	其他综合收益	20 025. 97	10 552. 55
无形资产	4 738. 36	1 786. 44	专项储备	—	—
开发支出	—	—	盈余公积	91 279. 69	83 623. 79
商誉	—	—	一般风险准备	106 733. 56	100 851. 61
长期待摊费用	1 016. 53	470. 42	未分配利润	330. 525. 74	309 025. 91
递延所得税资产	29 258. 25	26 559. 79	归属于母公司所有者权益合计	1 028 691. 14	832 180. 01
其他非流动资产	238 446. 58	235 478. 90	少数股东权益	104 489. 64	97 635. 17
非流动资产合计	9 068. 09	740 136. 08	所有者权益合计	1 133 180. 77	979 815. 19
资产总计	1 316 928. 43	1 257 880. 72	负债和所有者权益总计	1 316 928. 43	1 257 880. 72

法定代表人：张　轶　　主管会计工作负责人：张晓喆　　会计机构负责人：蒋　勋

母公司资产负债表

编制单位：华宝信托有限责任公司　　2019 年 12 月 31 日　　单位：万元

资产	年末数	年初数	负债和所有者权益	年末数	年初数
资产：			负债：		
现金及存放中央银行款项	94 495. 10	96 808. 81	工向中央银行借款	—	—
存放同业款项	—	—	同业及其他金融机构存放款项	—	—
贵金属	—	—	拆入资金	—	—
拆出资金	—	—	以公允价值计量且其变动计入当期损益的金融负债	—	—
衍生金融资产	—	—	衍生金融负债	—	—
买入返售金融资产	—	50 000. 05	卖出回购金融资产款	—	—
持有待售资产	—	—	吸收存款	—	—
发放贷款和垫款	—	—	应付职工薪酬	17 363. 78	22 256. 05
以公允价值计量且其变动计入当期损益的金融资产	18 788. 08	105 341. 20	应交税费	11 141. 07	18 076. 93
可供出售金融资产	591 462. 97	411 019. 92	持有待售负债	—	—
持有至到期投资	—	—	预计负债	—	—
应收款项类投资	—	—	应付债券	—	—
长期股权投资	81 021. 41	77 538. 52	其中：优先股	—	—
投资性房地产	74. 26	79. 04	永续债	—	—
固定资产	1 024. 58	1 188. 44	递延所得税负债	9 184. 81	5 259. 15
在建工程	1 570. 51	322. 83	其他负债	106 709. 75	182 183. 35
无形资产	2 895. 31	1 435. 67	负债合计	144 399. 41	227 775. 48
商誉	—	—	所有者权益：		
递延所得税资产	24 928. 58	20 991. 91	实收资本	474 400. 00	374 400. 00
其他资产	244 521. 63	242 217. 47	其他权益工具	—	—
			其中：优先股	—	—
			永续债	—	—
			资本公积	10 877. 67	10 877. 67
			减：库存股	—	—
			其他综合收益	26 975. 45	11 658. 04
			盈余公积	92 006. 62	84 350. 72
			一般风险准备	109 097. 03	101 215. 07
			未分配利润	203 026. 25	196 466. 88
			所有者权益合计	916 383. 02	779 168. 37
资产总计	1 060 782. 43	1 006 943. 85	负债和所有者权益总计	1 060 782. 43	1 006 943. 85

法定代表人：张　轶　　主管会计工作负责人：张晓喆　　会计机构负责人：蒋　勋

5.1.3 利润表

合并利润表

编制单位:华宝信托有限责任公司　2019 年度　单位:万元

项目	本年金额	上年金额
营业总收入	216 938. 26	231 347. 47
其中:营业收入	98. 21	72. 87
利息收入	12 113. 03	13 133. 84
手续费及佣金收入	204 727. 03	218 140. 76
二、营业总成本	107 201. 99	113 668. 71
其中:营业成本	4. 78	4. 78
利息支出	5 683. 00	4 175. 90
手续费及佣金支出	2 449. 36	1 860. 08
税金及附加	1 199. 69	1 341. 32
业务及管理费	97 865. 17	105 285. 63
加:其他收益	10 578. 38	16 512. 00
投资收益(损失以"－"号填列)	35 306. 79	3 947. 32
其中:对联营企业和合营企业的投资收益	2 118. 73	549. 48
以摊余成本计量的金融资产终止确认收益	—	—
汇兑收益(损失以"－"号填列)	-62. 91	4. 08
净敞口套期收益(损失以"－"号填列)	—	—
公允价值变动收益(损失以"－"号填列)	5 277. 67	-4 799. 44
信用减值损失(损失以"－"号填列)	—	—
资产减值损失(损失以"－"号填列)	-15 093. 18	-60. 00
资产处置收益(损失以"－"号填列)	-59. 52	—
三、营业利润(损失以"－"号填列)	145 683. 50	168 282. 72
加:营业外收入	155. 90	77. 44
减:营业外支出	270. 88	56. 41
四、利润总额(亏损总额以"－"号填列)	145 568. 53	163 303. 75
减:所得税费用	32 546. 63	40 514. 65
五、净利润(净亏损以"－"号填列)	113 021. 69	127 789. 10
(一)按经营持续性分类	—	—
1. 持续经营净利润(净亏损以"－"号填列)	113 021. 69	127 789. 10
2. 终止经营净利润(净亏损以"－"号填列)	—	
(二)按所有权归属分类	—	—
1. 归属于母公司所有者的净利润(净亏损以"－"号填列)	91 499. 50	106 274. 42
2. 少数股东损益(净亏损以"－"号填列)	21 522. 40	21514. 69
六、其他综合收益的税后净额	8 180. 90	-7 137. 52
归属于母公司所有者的其他综合收益的税后净额	8 148. 83	-7 198. 78
(一)不能重分类进损益的其他综合收益	798. 66	—
1. 重新计量设定受益计划变动额	—	—
2. 权益法下不能转损益的其他综合收益	798. 66	—
3. 其他权益工具投资公允价值变动	—	—
4. 企业自身信用风险公允价值变动	—	—
5. 其他	—	—
(二)将重分类进损益的其他综合收益	7 350. 181	-7 198. 78
1. 权益法下可转损益的其他综合收益	799. 97	-1232. 98
2. 其他债权投资公允价值变动	—	—
3. 可供出售金融资产公允价值变动损益	6 516. 83	-6 029. 55
4. 金融资产重分类计入其他综合收益的金额	—	—
5. 持有至到期投资重分类为可供出售金融资产损益	—	—
6. 其他债权投资信用减值准备	—	—
7. 现金流量套期储备(现金流量套期损益的有效部分)	—	—

续表

项目	本年金额	上年金额
8. 外币财务报表折算差额	33. 38	63. 75
9. 其他	—	—
归属于少数股东的其他综合收益的税后净额	32. 07	61. 25
七、综合收益总额	121 202. 80	120. 651. 58
归属于母公司所有者的综合收益总额	99 648. 33	99 075. 64
归属于少数股东的综合收益总额	21 554. 46	21 575. 94

法定代表人:张　铁　　主管会计工作负责人:张晓喆　　会计机构负责人:蒋　勋

母公司利润表

编制单位:华宝信托有限责任公司　2019 年度　单位:万元

项目	本年数	上年数
一、营业收入	147 751. 61	164 957. 39
利息净收入	-1 093. 08	1 111. 49
利息收入	4. 574. 68	5 287. 39
利息支出	5. 667. 76	4. 175. 90
手续费及佣金净收入	97 663. 57	104 306. 02
手续费及佣金收入	100 112. 93	106 166. 10
手续费及佣金支出	2 449. 36	1 860. 08
投资收益(损失以"－"填列)	42 983. 00	43 825. 11
其中:对联营企业和合营企业的投资收益	2 118. 73	549. 48
其他收益	8 767. 22	14 978. 22
公允价值变动收益(损失以"－"号填列)	-556. 25	693. 87
汇兑收益(损失以"－"号填列)	-42. 82	12. 74
其他业务收入	29. 96	29. 96
资产处置收益(损失以"－"号填列)	—	—
二、营业支出	52 225. 99	43 167. 97
税金及附加	727. 71	743. 60
业务及管理费	36 400. 32	42 419. 60
资产减值损失	15 093. 18	—
其他业务成本	4. 78	4. 78
三、营业利润(亏损以"－"填列)	95 525. 62	121 789. 42
加:营业外收入	155. 40	38. 77
减:营业外支出	260. 83	—
四、利润总额(亏损总额以"－"填列)	95 420. 20	121 828. 19
减:所得税费用	18 861. 15	26 934. 08
五、净利润(净亏损以"－"号填列)	76 559. 04	94 894. 12
(一)持续经营净利润(净亏损以"－"号填列)	76 559. 04	94 894. 12
(二)终止经营净利润(净亏损以"－"号填列)	—	—
六、其他综合收益	13 792. 81	-8 037. 52
(一)以后不能重分类进损益的其他综合收益	798. 66	—
1. 重新计量设定受益计划变动额	—	—
2. 权益法下不能转损益的其他综合收益	798. 66	—
3. 其他	—	—
(二)以后将重分类进损益的其他综合收益	12 994. 16	-8 037. 52
1. 权益法下可转损益的其他综合收益	799. 97	-1 232. 98
2. 可供出售金融资产公允价值变动损益	12 194. 19	-6 804. 54
3. 持有至到期投资重分类为可供出售金融资产损益	—	—
4. 现金流量套期储备(现金流量套期损益的有效部分)	—	—
5. 外币财务报表折算差额	—	—
6. 其他	—	—
七、综合收益总额	90 351. 85	86 856. 59

法定代表人:张　铁　　主管会计工作负责人:张晓喆　　会计机构负责人:蒋　勋

5. 1. 4　所有者权益变动

合并所有者权益变动表

编制单位：华宝信托有限责任公司　　2019 年度　　单位：万元

项　目	本年金额									
	归属于母公司所有者权益								少数股东权益	所有者权益合计
	实收资本	其他权益工具	资本公积	减：库存股	其他综合收益	盈余公积	一般风险准备	未分配利润		
一、上年年末余额	374 400. 00	—	3 726. 17	—	8 682. 93	83 623. 79	100 851. 61	311 207. 32	97 640. 83	980 132. 65
加：会计政策变更	—	—	—	—	—	—	—	-5. 89	-5. 66	-11. 55
前期差错更正	—	—	—	—	—	—	—	—	—	—
同一控制下企业合并	—	—	—	—	—	—	—	—	—	—
其他	—	—	—	—	1 869. 61	—	—	-2 175. 53	—	-305. 92
二、本年年初余额	374 400. 00	—	3 726. 17	—	10 552. 55	83 623. 79	100 851. 61	309 025. 91	97 635. 17	979 815. 19
三、本年增减变动金额（减少以“ - ”号填列）	100 000. 00	—	—	—	9 473. 43	7 655. 90	7 881. 96	21 499. 83	6 854. 46	153 365. 59
（一）综合收益总额	—	—	—	—	8 148. 83	—	—	91 499. 50	21 554. 46	121 202. 80
（二）所有者投入和减少资本	100 000. 00	—	—	—	—	—	—	—	—	100 000. 00
1. 所有者投入资本	100 000. 00	—	—	—	—	—	—	—	—	100 000. 00
2. 其他权益工具持有者投入资本	—	—	—	—	—	—	—	—	—	—
3. 股份支付计入所有者权益的金额	—	—	—	—	—	—	—	—	—	—
4. 其他	—	—	—	—	—	—	—	—	—	—
（三）利润分配	—	—	—	—	—	7 655. 90	7881. 96	-68 675. 07	-14 700. 00	-67 837. 21
1. 提取盈余公积	—	—	—	—	—	7 655. 90	—	-7 655. 90	—	—
2. 提取一般风险准备	—	—	—	—	—	—	7 881. 96	-7 881. 96	—	—
3. 对所有者的分配	—	—	—	—	—	—	—	-53 137. 21	-14 700. 00	-67 837. 21
4. 其他	—	—	—	—	—	—	—	—	—	—
（四）所有者权益内部结转	—	—	—	—	1 324. 59	—	—	-1 324. 59	—	—
1. 资本公积转增资本	—	—	—	—	—	—	—	—	—	—
2. 盈余公积转增资本	—	—	—	—	—	—	—	—	—	—
3. 盈余公积弥补亏损	—	—	—	—	—	—	—	—	—	—
4. 设定受益计划变动额结转留存收益	—	—	—	—	—	—	—	—	—	—
5. 其他综合收益结转留存收益	—	—	—	—	1 324. 59	—	—	-1 324. 59	—	—
6. 其他	—	—	—	—	—	—	—	—	—	—
（五）专项储备	—	—	—	—	—	—	—	—	—	—
1. 本年提取	—	—	—	—	—	—	—	—	—	—
2. 本年使用	—	—	—	—	—	—	—	—	—	—
（六）其他	—	—	—	—	—	—	—	—	—	—
四、本年年末余额	474 400. 00	—	3 726. 17	—	20 025. 97	91 279. 69	108 733. 56	330 525. 74	104 489. 64	1 133 180. 77

法定代表人：张　轶　　主管会计工作负责人：张晓喆　　会计机构负责人：蒋　勋

合并所有者权益变动表(续)

编制单位:华宝信托有限责任公司　　2019 年度　　单位:万元

项目	上年金额									
	归属于母公司所有者权益								少数股东权益	所有者权益合计
	实收资本	其他权益工具	资本公积	减:库存股	其他综合收益	盈余公积	一般风险准备	未分配利润		
一、上年年末余额	374 400. 00	—	3 726. 17	—	15 881. 71	74 134. 37	90 843. 43	253 011. 66	85 864. 89	897 862. 23
加:会计政策变更	—	—	—	—	—	—	—	—	—	—
前期差错更正	—	—	—	—	—	—	—	—	—	—
同一控制下企业合并	—	—	—	—	—	—	—	—	—	—
其他	—	—	—	—	—	—	—	—	—	—
二、本年年初余额	374 400. 00	—	3 726. 17	—	15 881. 71	74 134. 37	90 843. 43	253 011. 66	85 864. 89	897 862. 23
三、本年增减变动金额(减少以“-”号填列)	—	—	—	—	-7 198. 78	9. 489. 41	10 008. 18	58 195. 67	11 775. 94	82 270. 42
(一)综合收益总额	—	—	—	—	-7 198. 78	—	—	106 274. 42	21 575. 94	120 651. 58
(二)所有者投入和减少资本	—	—	—	—	—	—	—	—	—	—
1. 所有者投入资本	—	—	—	—	—	—	—	—	—	—
2. 其他权益工具持有者投入资本	—	—	—	—	—	—	—	—	—	—
3. 股份支付计入所有者权益的金额	—	—	—	—	—	—	—	—	—	—
4. 其他	—	—	—	—	—	—	—	—	—	—
(三)利润分配	—	—	—	—	—	9. 489. 41	10 008. 18	-48 078. 75	-9 800. 00	-38 381. 16
1. 提取盈余公积	—	—	—	—	—	9. 489. 41	—	-9. 489. 41	—	—
2. 提取一般风险准备	—	—	—	—	—	—	10 008. 18	-10 008. 18	—	—
3. 对所有者的分配	—	—	—	—	—	—	—	-28 581. 16	-9 800. 00	-38 381. 16
4. 其他	—	—	—	—	—	—	—	—	—	—
(四)所有者权益内部结转	—	—	—	—	—	—	—	—	—	—
1. 资本公积转增资本	—	—	—	—	—	—	—	—	—	—
2. 盈余公积转增资本	—	—	—	—	—	—	—	—	—	—
3. 盈余公积弥补亏损	—	—	—	—	—	—	—	—	—	—
4. 设定受益计划变动额结转留存收益	—	—	—	—	—	—	—	—	—	—
5. 其他综合收益结转留存收益	—	—	—	—	—	—	—	—	—	—
6. 其他	—	—	—	—	—	—	—	—	—	—
(五)专项储备	—	—	—	—	—	—	—	—	—	—
1. 本年提取	—	—	—	—	—	—	—	—	—	—
2. 本年使用	—	—	—	—	—	—	—	—	—	—
(六)其他	—	—	—	—	—	—	—	—	—	—
四、本年年末余额	374 400. 00	—	3 726. 17	—	8. 682. 93	83 623. 79	100 851. 61	311 207. 32	97 640. 83	980 132. 65

法定代表人:张　轶　　主管会计工作负责人:张晓喆　　会计机构负责人:蒋　勋

母公司所有者权益变动表

编制单位：华宝信托有限责任公司　　2019 年度　　单位：万元

项　目	本年金额								
	实收资本	其他权益工具	资本公积	减：库存股	其他综合收益	盈余公积	一般风险准备	未分配利润	所有者权益合计
一、上年年末余额	374 400. 00	—	10 877. 67	—	9. 988. 43	84 350. 72	101 215. 07	198 642. 40	779 474. 29
加：会计政策变更	—	—	—	—	—	—	—	—	—
前期差错更正	—	—	—	—	—	—	—	—	—
其他	—	—	—	—	1 869. 61	—	—	-2 175. 53	-305. 92
二、本年年初余额	374 400. 00	—	10 877. 67	—	11 858. 04	84 350. 72	101 215. 07	196 466. 88	779 168. 37
三、本年增减变动金额（减少以"－"号填列）	100 000. 00	—	—	—	15 117. 41	7. 655. 90	7. 881. 96	6. 559. 38	137 214. 64
（一）综合收益总额	—	—	—	—	13 792. 81	—	—	76 559. 04	90 31. 85
（二）所有者投入和减少资本	100 000. 00	—	—	—	—	—	—	—	100 000. 00
1. 所有者投入资本	100 000. 00	—	—	—	—	—	—	—	100 000. 00
2. 其他权益工具持有者投入资本	—	—	—	—	—	—	—	—	—
3. 股份支付计入所有者权益的金额	—	—	—	—	—	—	—	—	—
4. 其他	—	—	—	—	—	—	—	—	—
（三）利润分配	—	—	—	—	—	7 655. 90	7 881. 96	-68 675. 07	-53 137. 21
1. 提取盈余公积	—	—	—	—	—	7 655. 90	—	-7 655. 90	—
2. 提取一般风险准备	—	—	—	—	—	—	7 881. 96	-7 881. 96	—
3. 对所有者的分配	—	—	—	—	—	—	—	-53 137. 21	-53 137. 21
4. 其他	—	—	—	—	—	—	—	—	—
（四）所有者权益内部结转	—	—	—	—	1 324. 59	—	—	-1 324. 59	—
1. 资本公积转增资本	—	—	—	—	—	—	—	—	—
2. 盈余公积转增资本	—	—	—	—	—	—	—	—	—
3. 盈余公积弥补亏损	—	—	—	—	—	—	—	—	—
4. 设定受益计划变动额结转留存收益	—	—	—	—	—	—	—	—	—
5. 其他综合收益结转留存收益	—	—	—	—	1. 324. 59	—	—	-1 324. 59	—
6. 其他	—	—	—	—	—	—	—	—	—
（五）其他	—	—	—	—	—	—	—	—	—
四、本年年末余额	474 400. 00	—	10 877. 67	—	26 975. 45	92 006. 62	109 097. 03	203 026. 25	916 383. 02

法定代表人：张　轶　　主管会计工作负责人：张晓喆　　会计机构负责人：蒋　勋

母公司所有者权益变动表（续）

编制单位：华宝信托有限责任公司　　2019 年度　　单位：万元

项　目	上年金额								
	实收资本	其他权益工具	资本公积	减：库存股	其他综合收益	盈余公积	一般风险准备	未分配利润	所有者权益合计
一、上年年末余额	374 400. 00	—	10 877. 67	—	18 025. 95	74 861. 30	91 206. 89	151 827. 04	721 198. 86
加：会计政策变更	—	—	—	—	—	—	—	—	—
前期差错更正	—	—	—	—	—	—	—	—	—
其他	—	—	—	—	—	—	—	—	—
二、本年年初余额	374 400. 00	—	10 877. 67	—	18 025. 95	74 861. 30	91 206. 89	151 827. 04	721 198. 86
三、本年增减变动金额（减少以"－"号填列）	—	—	—	—	−8 037. 52	9. 489. 41	10 008. 18	46 815. 37	58 275. 43
（一）综合收益总额	—	—	—	—	−8 037. 52	—	—	94 894. 12	86 856. 59
（二）所有者投入和减少资本	—	—	—	—	—	—	—	—	—
1. 所有者投入资本	—	—	—	—	—	—	—	—	—
2. 其他权益工具持有者投入资本	—	—	—	—	—	—	—	—	—
3. 股份支付计入所有者权益的金额	—	—	—	—	—	—	—	—	—
4. 其他	—	—	—	—	—	—	—	—	—
（三）利润分配	—	—	—	—	—	9. 489. 41	10 008. 18	−48 078. 75	−28 581. 16
1. 提取盈余公积	—	—	—	—	—	9489. 41	—	−9 489. 41	—
2. 提取一般风险准备	—	—	—	—	—	—	10 008. 18	−10 008. 18	—
3. 对所有者的分配	—	—	—	—	—	—	—	−28 581. 16	−28 581. 16
4. 其他	—	—	—	—	—	—	—	—	—
（四）所有者权益内部结转	—	—	—	—	—	—	—	—	—
1. 资本公积转增资本	—	—	—	—	—	—	—	—	—
2. 盈余公积转增资本	—	—	—	—	—	—	—	—	—
3. 盈余公积弥补亏损	—	—	—	—	—	—	—	—	—
4. 设定受益计划变动额结转留存收益	—	—	—	—	—	—	—	—	—
5. 其他综合收益结转留存收益	—	—	—	—	—	—	—	—	—
6. 其他	—	—	—	—	—	—	—	—	—
（五）其他	—	—	—	—	—	—	—	—	—
四、本年年末余额	374 400. 00	—	10 877. 67	—	9 988. 43	84 350. 72	101 215. 07	198 642. 40	779 474. 29

法定代表人：张　轶　　主管会计工作负责人：张晓喆　　会计机构负责人：蒋　勋

5.2 信托资产

5.2.1 信托项目资产负债汇总表

信托项目资产负债汇总表

编制单位:华宝信托有限责任公司　　2019 年 12 月 31 日　　单位:万元

资产	期末数	期初数	负债	期末数	期初数
资产:			负债:		
现金及存放中央银行款项	—	—	向中央银行借款	—	—
存放同业款项	2 114 421. 11	2 655 171. 19	同业及其他金融机构存放款项	—	—
拆出资金	—	—	拆入资金	—	—
以公允价值计量且其变动计入当期损益的金融资产	11 813 333. 10	12 520 227. 77	以公允价值计量且其变动计入当期损益的金融负债	—	—
衍生金融资产	—	—	衍生金融负债	—	—
买入返售金融资产	2 312 652. 81	3 512 167. 74	应付受托人报酬	—	—
应收票据	—	—	应付保管费	—	—
应收账款	—	—	应付受益人收益	—	—
应收股利	—	—	应付销售服务费	—	—
应收利息	—	—	应交税费	3 196. 23	3 797. 23
其他应收献	1 217 816. 39	858 770. 2s	其他应付款	644 820. 28	710 518. 93
发放贷款和垫款	11 463 751. 24	11 090 495. 72	其他负债	—	—
可供出售金融资产	13 681 810. 66	16 527 156. 04	负债合计	648 016. 51	714 316. 16
持有至到期投资	—	—			
长期股权投资	6 306 057. 29	6 305 454. 51	信托权益:	—	—
投资性房地产	—	—	实收信托	43. 282 769. 39	48 389 135. 18
固定资产	—	—	资本公积	37 317. 96	37 989. 96
无形资产	—	—	其他综合收益	66 754. 23	7 632. 33
其他资产	13 086. 04	12 849. 49	未分配利润	4. 888 070. 53	4 333 219. 06
			信托权益合计	48 274 912. 12	52 767 976. 52
资产总计	48 922928. 63	53 482 292. 68	负值和信托权益总计	48 922 928. 63	53 482. 292. 68

法定代表人:张　轶　　主管会计工作负责人:张晓喆　　会计机构负责人:蒋　勋

5.2.2 信托项目利润及利润分配汇总表

信托项目利润及利润分配汇总表

编制单位:华宝信托有限责任公司　2019 年度　　单位:万元

项　目	本年累计数	上年累计数
信托营业收入	3 024 188. 05	2 191 775. 29
利息收入	1 071 921. 52	815 923. 98
投资收益(损失以"-"号填列)	1 660 528. 81	1 209 418. 73
其中:对联营企业和合营企业的投资收益	—	—
公允价值变动收益(损失以"-"号填列)	252 149. 95	19 623. 80
租赁收入	—	—
汇兑收益(损失以"-"号填列)	1 915. 86	5 673. 03
其他业务收入	37 671. 91	141 135. 75
二、信托营业支出	142 663. 10	141 062. 05
税金及附加	6 309. 65	4 105. 17
业务及管理费	136 353. 45	136 956. 88
资产减值损失	—	—
其他业务成本	—	—
三、利润总额(亏损总额以"-"填列)	2 881 524. 95	2 050 713. 24
加:期初未分配信托利润	4 333 219. 06	3 101 520. 13

续表

项　目	本年累计数	上年累计数
损益平准金影响额	2 250 325. 83	2 557 150. 74
四、可供分配的信托利润	9 465 069. 84	7 709 384. 11
减:本期己分配信托利润	4 576 999. 30	3 376 165. 05
五、期末未分配信托利润	4 888 070. 53	4 333 219. 06
六、其他综合收益	59 121. 91	-350 857. 10
七、综合收益总额	5 190 972. 69	4 257 006. 88

法定代表人:张　轶　　主管会计工作负责人:张晓喆　　会计机构负责人:蒋　勋

6. 会计报表附注

6.1 年度会计报表编制基准、会计政策、会计估计和核算方法发生的变化

本公司根据财政部《关于修订印发 2019 年度一般企业财务报表格式的通知》(财会[2019]6 号)和企业会计准则的要求编制 2019 年度财务报表,此项会计政策变更采用追溯调整法。

本公司的孙公司华宝资产管理(香港)有限公司自 2019 年

1月1日起执行新租赁准则。其作为承租人,根据新租赁准则衔接规定,对可比期间信息不予调整,首次执行日执行新租赁准则与原准则的差异追溯调整本报告期期初留存收益及财务报表其他相关项目金额。

本公司投资的联营企业华宝证券有限责任公司于2019年1月1日起执行新金融工具准则,根据新金融工具准则衔接规定,其对可比期间信息不予调整,首次执行日执行新金融工具准则与原准则的差异追溯调整本报告期期初留存收益及财务报表其他相关项目金额。

6.2 或有事项说明

截至2019年12月31日,本公司无需要披露的重大或有事项。

6.3 重要资产转让及其出售的说明

本公司2019年未发生重要资产的转让。

6.4 会计报表中重要项目的明细资料(以下为母公司口径)

6.4.1 固有资产经营情况

6.4.1.1 按信用风险五级分类结果披露信用风险资产的期初、期末数

信用风险资产五级分类	正常类(万元)	关注类(万元)	次级类(万元)	可疑类(万元)	损失类(万元)	信用风险资产合计(万元)	不良信用风险资产合计(万元)	不良信用风险资产率(%)
期末数	793 259.21	—	21 591.48	74 702.84	17.20	889 570.73	96 311.52	10.83
期初数	747 111.75	—	—	74 702.84	17.20	821 831.79	74 720.04	9.09

注:不良资产合计=次级类+可疑类+损失类。

6.4.1.2 各项资产减值损失准备的期初数、本期计提、本期转回、本期核销、期末数

单位:万元

	期初数	本期计提	本期转回	本期核销	期末数
贷款损失准备	—	—	—	—	—
一般准备	—	—	—	—	—
专项准备	—	—	—	—	—
其他资产减值准备	81 786.27	15 093.18	—	—	96 879.45
可供出售金融资产减值准备	74 702.84	15 093.18	—	—	89 796.02
持有至到期投资减值准备	—	—	—	—	—
长期股权投资减值准备	7 066.23	—	—	—	7 066.23
坏账准备	17.20	—	—	—	17.20
投资性房地产减值准备	—	—	—	—	—

注:公司于以前年度对华宝证券的长期股权投资计提了7 066.23万元减值准备,根据目前华宝证券的经营情况,实际该项长期股权投资已不存在减值迹象。

6.4.1.3 固有业务股票投资、基金投资、债券投资、股权投资等投资业务的期初数、期末数

单位:万元

	股票	基金	债券	长期股权投资	其他投资	合计
期初数	1 081.47	110 281.48	—	77 538.52	404 998.17	593 899.64
期末数	1 403.84	19 839.04	122.57	81 021.41	588 885.60	691 272.46

6.4.1.4 固有长期股权投资的企业名称、占被投资企业权益的比例、主要经营活动及投资收益情况等

企业名称	占被投资企业权益的比例(%)	主要经营活动	投资收益(万元)
1. 华宝基金管理有限公司	51	基金管理、发起设立基金以及中国证监会批准的其他业务。	15 300.00
2. 华宝证券有限责任公司	16.9322	证券经纪、证券投资咨询、证券自营。	2 118.73

注:投资收益的口径为影响2019年损益的长期股权投资收益金额。

6.4.1.5 固有贷款的企业名称、占贷款总额的比例和还款情况等

无。

6.4.1.6 表外业务的期初数、期末数;按照代理业务、担保业务和其他类型表外业务分别披露

无。

6.4.1.7 公司当年的收入结构

收入结构	合并口径		母公司口径	
	金额(万元)	占比(%)	金额(万元)	占比(%)
手续费及佣金收入	204 727.03	76.32	100 112.93	64.15
其中:信托手续费收入	100 112.93	37.32	100 112.93	64.15
投资银行业务收入	—	—	—	—
利息收入	12 113.03	4.52	4 574.68	2.93
其他业务收入	98.21	0.04	20.06	0.02
其中:计入信托业务收入部分	—	—	—	—
投资收益	40 584.46	15.13	42 426.75	27.18
其中:股权投资收益	4 718.73	1.76	17 418.73	11.16
公允价值变动收益	5 277.67	1.97	-556.25	-0.36
其他投资收益	30 588.06	11.40	25 564.27	16.38
营业外收入	10 734.29	3.99	8 922.63	5.72
收入合计	268 257.02	100.00	156 066.95	100.00

注:以上收入结构表为规定格式,故此处收入合计未含汇兑损益。

本年度公司(母公司口径)实现信托业务收入总额为100 112.93万元,其中以手续费及佣金确认的信托业务收入金额为84 498.01万元,以业绩报酬形式确认的信托业务收入(浮动报酬)金额为15 614.92万元,无以其他形式确认的信托业务收入。

6.4.2 披露信托资产管理情况

6.4.2.1 信托资产的期初数、期末数

单位:万元

信托资产	期初数	期末数
集合	12 911 077.16	12 804 325.03
单一	39 382 138.87	35 400 941.30
财产权	1 189 076.65	717 662.30
合计	53 482 292.68	48 922 928.63

6.4.2.1.1　主动管理型信托业务的信托资产期初数、期末数

单位：万元

主动管理型信托资产	期初数	期末数
证券投资类	958 647.71	952 424.59
股权投资类	497 638.35	368 555.30
融资类	3 948 638.51	4 339 261.05
事务管理类	—	—
组合投资类	3 924 701.78	4 525 777.08
合计	9 329 626.35	10 186 018.02

6.4.2.1.2　被动管理型信托业务的信托资产期初数、期末数

单位：万元

被动管理型信托资产	期初数	期末数
证券投资类	17 359 073.87	15 283 756.48
股权投资类	850 675.91	782 675.89
融资类	2 548 823.54	3 004 011.14
事务管理类	20 560 424.97	17 826 688.01
组合投资类	2 833 668.04	1 839 779.09
合计	44 152 666.33	38 736 910.61

6.4.2.2　本年度已清算结束的信托项目个数、实收信托合计金额、加权平均实际年化收益率

本公司2019年度终止的信托项目个数为300个，本金合计为6 372 146.06万元，加权平均实际年化收益率为5.10%。

6.4.2.2.1　本年度已清算结束的集合类、单一类资金信托项目和财产管理类信托项目个数、实收信托合计金额、加权平均实际年化收益率

已清算结束信托项目	项目个数（个）	实收信托合计金额（万元）	加权平均实际年化收益率（%）
集合类	57	2 115 722.43	5.54
单一类	237	3 957 634.72	4.99
财产管理类	6	298 788.91	3.32

6.4.2.2.2　本年度已清算结束的主动管理型信托项目个数、实收信托合计金额、加权平均实际年化收益率

已清算结束信托项目	项目个数（个）	实收信托合计金额（万元）	加权平均实际年化收益率（%）
证券投资类	89	366 253.75	7.65
股权投资类	3	262 921.58	6.45
融资类	16	718 538.77	6.57
组合投资类	16	346 160.93	9.37
事务管理类	0	—	—

6.4.2.2.3　本年度已清算结束的被动管理型信托项目个数、实收信托合计金额、加权平均实际年化收益率

续表

已清算结束信托项目	项目个数（个）	实收信托合计金额（万元）	加权平均实际年化收益率（%）
证券投资类	1	—	—
股权投资类	2	124 030.00	3.89
融资类	21	805 239.00	5.60
组合投资类	4	355 674.03	3.84
事务管理类	148	3 393 328.00	4.02

6.4.2.3　本年度新增的集合类、单一类和财产管理类信托项目个数、实收信托合计金额

新增信托项目	项目个数（个）	实收信托合计金额（万元）
集合类	231	1 936 858.16
单一类	150	2 090 964.97
财产管理类	17	243 250.85
新增合计	398	4 271 073.98
其中：主动管理型	240	2 206 133.40
被动管理型	158	2 064 940.58

6.4.2.4　信托业务创新成果和特色业务有关情况

在“资管新规”和一系列监管政策的共同作用下，信托业管理资产规模增速和发展效益水平均出现回落趋势，同时信托资产结构不断优化、行业资本实力继续增强、主动管理能力持续提高，转型发展步伐更加坚定，信托业已经开始从高速增长阶段迈向高质量发展阶段。

公司结合自身禀赋，顺应市场变化，主动寻求转型，确认了发展方向和战略定位。相关特色业务情况具体如下：

一是生态圈金融业务领域，钢铁生态圈业务是公司依托股东背景独有的信托展业领域。通过产业金融深度融合业务，实现公司客户、股东及员工利益，充分发挥信托支持产业的金融功效，进而实现集团和公司的战略发展和转型目标。华宝信托作为集团金融板块的主要企业，承担着生态圈金融平台的基础构架和主要服务商角色，定位于立足钢铁生态圈专业化信托服务，为上下游机构和高端客户提供差异化财富管理和综合金融解决方案。基于上述定位，公司在钢铁生态圈中的服务客户是上下游机构和高端客户，服务内容是财富管理和综合金融解决方案，服务特色是差异化。

二是薪酬福利业务方面，公司的薪酬福利及年金信托业务在行业内独树一帜。由于公司的先发优势，自取得企业年金受托人、账户管理人2项资格后，公司积极开拓企业年金业务，并在企业年金业务拓展过程中，逐步开展了薪酬福利类业务，形成了以企业年金业务为主的业务体系，并取得了企业年金业务在信托行业内排名第一的成绩。后续将继续加强及提高信息化建设水平及稳健管理水平，努力保持企业年金及薪酬福利业务在信托行业内第一的排名地位。

三是国际信托业务方面，是公司全方位资产管理能力的重要体现。截至2019年12月31日，华宝信托的QD额度19亿美元，为信托行业排名第一。公司将不断通过各类手段提升利用率及全年资产管理水平。一方面，公司通过持续升级境外产品，聘请海外投资顾问，将信托财产投资于境外相关资产组合，为投资者提供多元化海外资产配置选择；另一方面，公司向主动管理类、创新型发展，结合自身资源及规模优势选择适合自己的创新战略和方法。

6.4.2.5 本公司履行受托人义务情况及因本公司自身责任而导致的信托资产损失情况

本公司遵守信托法和信托文件对受托人义务的规定，为受益人的最大利益处理信托事务，管理信托财产时，恪尽职守，履行诚实、信用、谨慎、有效管理的义务，没有损害受益人利益的情况。本公司无因自身责任而导致的信托资产损失情况。

6.5 关联方关系及其交易的披露

6.5.1 关联交易方的数量、关联交易的总金额及关联交易的定价政策等

	关联交易方数量	关联交易金额（万元）	定价政策
合计	2	30 396	按市场公允价格定价

注："关联交易"定义应以《公司法》《企业会计准则第36号——关联方披露》有关规定为准。

6.5.2 关联交易方与本公司的关系性质、关联交易方的名称、法定代表人、注册地址、注册资本及主营业务

关系性质	关联交易方名称	法定代表人	注册地址	注册资本（万元）	主营业务
子公司	华宝基金管理有限公司	孔祥清	中国（上海）自由贸易试验区世纪大道100号环球金融中心58层	15 000.00	一、在中国境内从事基金管理、发起设立基金；二、中国证监会批准的其他业务（依法须经批准的项目，经相关部门批准后方可开展经营活动）。
同一控制人	马钢（集团）控股有限公司	魏尧	安徽马鞍山市九华西路8号	629 829.00	资本经营；矿产品采选；建筑工程施工；建材、机械制造、维修、设计；对外贸易；国内贸易（国家限制的项目除外）；物资供销、仓储；物业管理；咨询服务；租赁；农林业。（限下属各分支机构经营）（依法需经批准的项目经相关部门批准后方可开展经营活动）

6.5.3 逐笔披露本公司与关联方的重大交易事项

6.5.3.1 固有与关联方交易情况：贷款、投资、租赁、应收账款、担保、其他方式等期初汇总数、本期借方和贷方发生额汇总数、期末汇总数

单位：万元

固有与关联方关联交易				
	期初数	借方发生额	贷方发生额	期末数
贷款	—	—	—	—
投资	—	—	—	—
租赁	—	—	—	—
担保	—	—	—	—
应收账款	—	—	—	—
其他	—	—	—	—
合计	—	—	—	—

6.5.3.2 信托与关联方交易情况：贷款、投资、租赁、应收账款、担保、其他方式等期初汇总数、本期借方和贷方发生额汇总数、期末汇总数

单位：万元

信托与关联方关联交易				
	期初数	借方发生额	贷方发生额	期末数
贷款	—	—	—	—
投资	53 372	30 396	61 290	22 478
租赁	—	—	—	—
担保	—	—	—	—
应收账款	—	—	—	—
其他	—	—	—	—
合计	53 372	30 396	61 290	22 478

6.5.3.3 信托公司自有资金运用于自己管理的信托项目（固信交易）、信托公司管理的信托项目之间的相互（信信交易）交易金额，包括余额和本报告年度的发生额

6.5.3.3.1 固有与信托财产之间的交易金额期初汇总数、本期发生额汇总数、期末汇总数

单位：万元

固有财产与信托财产相互交易			
	期初数	本期发生额	期末数
合计	353 720	553 501	511 971

注：以固有资金投资公司自己管理的信托项目受益权，或购买自己管理的信托项目的信托资产均应纳入统计披露范围。

6.5.3.3.2 信托项目之间的交易金额期初汇总数、本期发生额汇总数、期末汇总数

单位：万元

信托资产与信托财产相互交易			
	期初数	本期发生额	期末数
合计	3 553 099	4 398 909	3 943 518

注：以公司受托管理的一个信托项目的资金购买自己管理的另一个信托项目的受益权或信托项下资产均应纳入统计披露范围。

6.5.4 逐笔披露关联方逾期未偿还本公司资金的详细情况及本公司为关联方担保发生或即将发生垫款的详细情况

本报告期公司无上述情况。

6.6 会计制度的披露

本报告期公司固有业务（自营业务）及信托业务均执行《企业会计准则》。

7. 财务情况说明书

7.1 利润实现和分配情况

根据公司2019年度的经营实绩，对2019年度利润进行如下分配：

（1）当年利润总额为954 201 952.46元。

（2）当年母公司所得税费用为188 611 543.86元（已考虑

纳税调整和递延税款）。

（3）当年母公司净利润为 765 590 408.60 元。

（4）提取法定盈余公积金为 76 559 040.86 元。

（5）按照《信托公司管理办法》规定，按照母公司税后利润的 10% 提取信托赔偿准备金 76 559 040.86 元。

（6）按照《非银行金融机构外汇业务管理规定》要求，按照母公司税后外汇利润的 50% 提取外汇资本准备金 2 260 523.12元。

（7）按照《金融企业准备金计提管理办法》《银行信贷损失计提指引》规定，按照金融企业承担风险和损失的资产期末余额的 1.5% 扣除年初一般风险准备余额，提取一般风险准备，公司一般风险准备年初余额已足额提取，本年度不再计提。

（8）2019 年公司母公司可供分配利润 610 211 803.76 元。

（9）2019 年经审计合并报表中当年归属于母公司所有者的净利润为 914 994 975.17 元。根据集团公司最新规定，按 2019 年度合并报表中当年实现的归属于母公司的净利润为基数并考虑调整因素，按 50% 的比例进行利润分配，考虑到公司发展规划及业务拓展的需求，分配 2019 年利润 477 114 888.48元。

综上可知，2019 年分配利润 477 114 888.48 元，其中宝武集为 467 572 590.71 元，舟山国投为 9 542 297.77 元。

7.2 主要财务指标

指标名称	母公司	合并
资本利润率（%）	9.03	10.70
人均净利润（万元）	232.70	343.53

注：1. 资本利润率 = 净利润/所有者权益平均余额 ×100%。
2. 人均净利润 = 净利润/年平均人数。
3. 平均值采取年初、年末余额简单平均法，公式为：a（平均）=（年初数 + 年末数）/2。

7.3 对本公司财务状况、经营成果有重大影响的其他事项

无。

8. 特别事项揭示

8.1 公司股东报告期内变动情况及原因

2019 年 1 月 7 日，华宝信托 2019 年股东会第一次临时会议以通讯方式召开。会议同意股东舟山市国有资产投资经营有限公司受让舟山市财政局持有的本公司 2% 的股权。其他股东放弃优先购买权。股权转让后，中国宝武钢铁集团有限公司认缴出资额为 366 912 万元，出资比例为 98%；舟山市国有资产投资经营有限公司，认缴出资额为 7 488 万元，出资比例为 2%。

8.2 董事、监事及高级管理人员变动情况及原因

2019 年 2 月 12 日，华宝信托 2019 年股东会第二次临时会议以通信方式召开。会议选举朱永红、张轶、孔祥清、王明东、李磊、赵欣舸（独立董事）、廖海（独立董事）、张续超（独立董事）为公司董事会董事（第七届）。职工董事 1 名，由职工通过职工代表大会、职工大会或者其他形式民主选举产生。免去朱可炳、王波董事职务，免去林利军独立董事职务。新任董事朱永红、张轶、王明东、张续超（独立董事）、职工董事，自监管部门核准任职资格且发文后正式履职。会议选举沈雁、李伟毅为华宝信托监事会股东代表监事（第六届）。免去贾璐、甘龙华华宝信托监事职务。

2019 年 8 月 20 日，华宝信托 2019 年股东会第五次临时会议以通信方式召开。会议批准《关于选举李琦强、胡爱民为董事的议案》，推举李琦强、胡爱民为公司董事，任期自监管部门核准其任职资格之日起至本届董事会任期届满止，王明东、孔祥清自监管部门对李琦强、胡爱民任职资格核准通过之日起不再担任华宝信托有限责任公司董事。

2019 年 9 月 27 日，华宝信托 2019 年股东会第六次临时会议以通信方式召开。会议批准《关于选举黄洪永为监事的议案》，推举黄洪永为华宝信托监事（第六届），任期自股东会决议形成之日起至本届监事会任期届满止，李伟毅不再担任华宝信托有限责任公司监事。

8.3 变更注册资本、变更注册地或公司名称、公司分立合并事项

2019 年 5 月 24 日，华宝信托 2019 年股东会第三次临时会议以通信方式召开。会议批准《关于增加 10 亿元注册资本金的议案》。

2020 年 1 月 10 日，正式在工商部门完成关于注册资本金的登记变更，变更后营业执照登记的公司注册资本为 474 400 万元。

8.4 公司的重大诉讼事项

报告期内，公司有信托项目项下发生了交易对手违约，公司作为受托人，为了积极维护受益人权益，已向法院提起了民事诉讼。

8.5 本报告期内公司及其董事、监事和高级管理人员受到处罚的情况

2019 年 5 月，上海银保监局向公司出具了沪银保监银罚决字[2019]14 号的处罚决定书，处罚原因是其在 2018 年对公司开展的关于影子银行与交叉金融专项现场检查中，发现并认定公司在部分银信合作信托项目中存有违规情形，并向公司作出了责令改正和罚款共计 210 万元的处罚。公司充分重视该监管处罚意见，就相应问题逐条制定了整改方案和实施时间表，并已向上海银保监局提交了整改方案报告，目前公司在按整改方案积极推进落实整改。

8.6 中国银保监会及其派出机构对公司检查后提出整改意见的，应简单说明整改情况

上海银保监局结合 2019 年对公司的日常监管情况，于 2019 年 11 月向公司出具相应书面意见，就其发现的相关风险进行了提示。目前公司已按其要求制定整改方案，后续将按监管部门要求相应进行整改落实。

8.7　本年度重大事项临时报告的简要内容、披露时间、所披露的媒体及其版面

报告期内发布《华宝信托有限责任公司关于董事长及董事变更的公告》，经华宝信托有限责任公司 2019 年股东会第二次临时会议及第七届董事会第一次会议审议通过，选举朱永红、张轶、孔祥清、王明东、李磊、赵欣舸(独立董事)、廖海(独立董事)、张续超(独立董事)为公司第七届董事会董事，并选举朱永红为公司董事长。职工董事卢晓亮，由公司职工通过职工代表大会选举产生。公司董事报告期内累计变更超过 50%，披露时间为 2019 年 4 月 30 日，《上海证券报》48 版。

8.8　中国银保监会及其省级派出机构认定的其他有必要让客户及相关利益人了解的重要信息

无。

9. 公司监事会意见

监事会认为，本报告期内，公司决策程序合法，内部控制制度较为完善，没有发现公司董事、经理和其他高级管理人员在执行公司职务时有违法违纪和有损公司及股东利益的行为。公司财务报告真实地反映了公司的财务状况和经营成果。

华宸信托有限责任公司

1. 重要提示

1.1　本公司董事会及董事保证本报告所载资料不存在任何虚假记载、误导性陈述或者重大遗漏，并对其内容的真实性、准确性和完整性承担个别及连带责任。

1.2　本公司独立董事郭晓川、赵廉慧、任国兵对年度报告内容的真实性、准确性和完整性无异议。

1.3　本公司负责人田跃勇、主管财务工作负责人孙琦、财务部门负责人李晓燕声明：保证年度报告中财务报告的真实、完整。

2. 公司概况

2.1　公司简介

2.1.1　公司基本情况

公司名称(中文)	华宸信托有限责任公司　(简称:华宸信托)
公司名称(英文)	Hua Chen Trust Limited Corporation (缩写:HCTRUST)
法定代表人	田跃勇

续表

注册地址	内蒙古自治区呼和浩特市赛罕区如意西街23号
邮政编码	010011
公司国际互联网网址	http://www.hctrust.cn
电子信箱	hctrust@hctrust.cn
公司信息披露的报纸	《证券时报》
公司年度报告备置地点	内蒙古自治区呼和浩特市赛罕区如意西街23号

2.1.2　联系人和联系方式

	董事会秘书	公司信息披露联系人
姓名	晋军	王秀娟
联系地址	内蒙古自治区呼和浩特市赛罕区如意西街23号	内蒙古自治区呼和浩特市赛罕区如意西街23号
电话	0471-4193902	0471-4193826
传真	0471-4193908	0471-4193901
电子信箱	jinjun@hctrust.cn	ljy@hctrust.cn

2.1.3　公司聘请的会计师事务所

信永中和会计师事务所(特殊普通合伙)

办公地址：北京市东城区朝阳门北大街8号富华大厦A座9层

2.2　组织结构

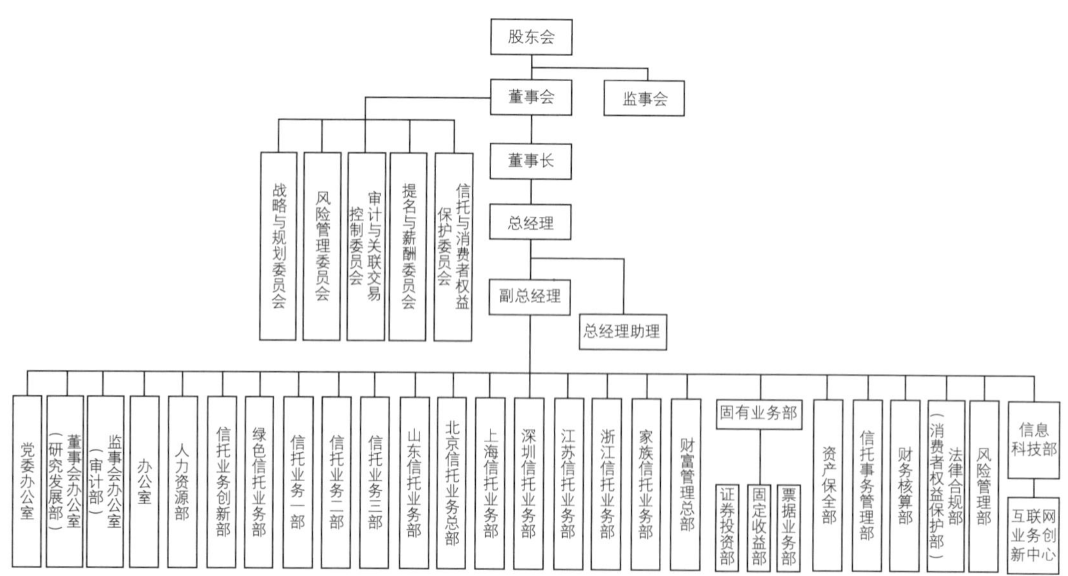

3. 公司治理

3.1 股东

公司前三位股东情况如下：

股东名称	持股比例(%)	法定代表人	主要经营业务及主要财务情况
内蒙古交通投资(集团)有限责任公司	36.5	郑　俊	投资与资产管理;经营正常
中国大唐集团资本控股有限公司	32.45	迟润东	投资管理;资产管理;投资咨询;经营正常
内蒙古自治区人民政府国有资产监督管理委员会	30.2	张金亮	行政单位

3.2 董事

董事会成员

姓　名	职　务	性别	年龄(岁)	选任日期	简要履历
田跃勇	董事长	男	53	2019年6月18日	历任内蒙古自治区物价局副主任科员,内蒙古自治区计委国民经济综合处调研员,内蒙古自治区金融办综合处处长,内蒙古自治区金融办党组成员、副主任,内蒙古银行党委委员、执行董事、副董事长,华宸信托有限责任公司党委书记、董事长。
晋军	执行董事	男	48	2019年6月18日	历任内蒙古信托投资公司人事劳资部职员、副经理、人事资源部经理,华宸信托有限责任公司办公室主任、人力资源部经理、总经理助理、董事会秘书、党委副书记、总经理。
孙　乐	非执行董事	女	34	2019年9月2日	历任恒泰证券股份有限公司稽核审计部审计岗职员,内蒙古交通投资有限责任公司投融资部投资主管,内蒙古交通投资有限责任公司航空事业部副经理、经理,内蒙古航空旅游投资(集团)有限公司副总经理。
甄学军	职工董事	男	55	2019年4月3日	历任内蒙古农业大学农经系教师、团总支书记,内蒙古信托有限责任公司业务二部副经理、信贷管理部副经理、经理、公司副总经理、总经理、董事。

独立董事

姓　名	所在单位及职务	性别	年龄(岁)	选任日期	简要履历
郭晓川	内蒙古大学经济管理学院教授,博士生导师	男	53	2019年9月2日	历任内蒙古大学助教、副教授、内蒙古大学经济管理学院副院长、院长、教授、博士生导师。
赵廉慧	中国政法大学民商经济法学院教授、硕士生导师,中国政法大学信托法研究中心主任	男	45	2019年4月3日	历任中国政法大学民商经济法学院教授、硕士生导师,中国政法大学信托法研究中心主任,美国哥伦比亚大学访问学者,中国人民大学信托与基金研究所资深研究员,《中国信托业发展报告》副主编。
任国兵	北京市竞天公诚律师事务所,合伙人	男	30	2019年9月2日	历任锦天城律师事务所金融信托部律师助理、初级律师、主办律师、资深律师,中国民生信托有限责任公司法律合规管理总部高级法规经理、法规专业总监,北京市竞天公诚律师事务所金融业务部资深律师、合伙人。

3.3 监事

监事会成员

姓　名	职　务	性别	年龄(岁)	选任日期	所推举的股东名称	该股东持股比例(%)	简要履历
张俊强	监事会主席	男	55	2019年4月3日	内蒙古自治区人民政府国有资产监督管理委员会	30.2	2012年8月至2014年1月任内蒙古党委组织部综合考评处调研员; 2014年1月至2015年11月任华宸信托有限责任公司党委副书记; 2015年11月至2016年4月任华宸信托有限责任公司党委副书记、工会主席; 2016年4月至2018年8月任华宸信托有限责任公司党委副书记、工会主席、纪委书记; 2018年8月至2019年4月任华宸信托有限责任公司党委副书记、工会主席; 2019年4月至今任华宸信托有限责任公司党委副书记、工会主席、监事会主席。
戴苏河	监事	男	55	2019年4月3日	呼和浩特市财政局	0.5	2002年2月至2003年3月任呼市财政局企业科科长; 2003年3月至2007年4月任呼市财政局国库科科长; 2007年4月至2008年6月任呼市财政局教科文科科长; 2008年6月至2009年12月任预算编审中心主任兼预算科科长(副处级); 2008年6月至2013年8月任呼市财政局预算编审中心主任; 2013年8月至2015年6月任呼市财政局国库收付中心主任; 2015年6月至2019年4月任呼和浩特市城乡建设投资有限责任公司董事长; 2019年4月至今任呼和浩特市城乡建设投资有限责任公司董事长、华宸信托有限责任公司监事。

续表

姓　名	职　务	性别	年龄（岁）	选任日期	所推举的股东名称	该股东持股比例（%）	简要履历
杜东方	监事	男	57	2019 年 4 月 3 日	职工监事	—	2006 年，任华宸信托有限责任公司信托资产部副经理； 2007 年至 2015 年 3 月任华宸信托有限责任公司信托业务一部 副经理； 2015 年 4 月至 2017 年 6 月任华宸信托有限责任公司党群工作部 副主任； 2017 年 7 月至 2019 年 6 月任华宸信托有限责任公司党群工作部主任、党委办公室主； 2019 年 6 月至今任华宸信托有限责任公司纪检监察室主任； 2019 年 4 月至今任华宸信托有限责任公司职工监事。

3.4　高级管理人员

高级管理人员

姓名	职务	性别	年龄（岁）	选任日期	金融从业年限（年）	学历	专业
晋　军	总经理、董事	男	48	2019 年 6 月 18 日	24	大学本科、经济学硕士学位	经济信息管理专业
孙　琦	总经理助理	男	47	2019 年 10 月 16 日	25	硕士研究生	金融学

3.5　公司员工

截至 2019 年末，公司共有在职员工 94 人，平均年龄为 41.86 岁。学历分布情况为：博士 4 人，占在岗员工总数的 4.26%；硕士研究生 44 人，占在岗员工总数的 46.81%%；大学本科 37 人，占在岗员工总数的 39.36%；大学专科 6 人，占在岗员工总数的 6.38%；中专及以下 3 人，占在岗职工人数的 3.19%。

4. 经营管理

4.1　经营目标、经营方针、战略规划

4.1.1　经营目标

公司以创造价值为目标，充分发挥信托功能，搭建联结资本市场、货币市场和产业市场的多元化金融理财平台，立足受托人定位，实现受益人利益最大化，为股东和社会创造满意的回报。

4.1.2　经营方针

公司坚持专业化道路，不求“大”，也不求“全”，但求“强”“实”和“特色”。

4.1.3　战略规划

公司的战略规划是立足内蒙古，跻身增长极，服务实体经济，服务中小企业，服务中产客户，以财富管理为主体，以私募投行和资产管理为两翼，以财富管理为核心业务，以资产管理为基础业务，以私募投行为生存业务，做专财富管理，做强资产管理，做精私募投行，以供应链金融和互联网金融为平台，打造成为具有较强资产管理能力的财富管理机构，走市场化、专业化、精细化和特色化发展之路。

4.2　所经营业务的主要内容

自营资产运用与分布表

资产运用	金额（万元）	占比（%）	资产分布	金额（万元）	占比（%）
货币资产	25 672.55	20.00	基础产业	4 495.59	3.50
买入返售金融资产	—	—	房地产业	22 120.14	17.23

续表

资产运用	金额（万元）	占比（%）	资产分布	金额（万元）	占比（%）
贷款及应收款	8 234.67	6.41	证券市场	4 127.80	3.21
可供出售金融资产	79 653.87	62.04	实业	3 620.91	2.82
交易性金融资产	—	—	金融机构	86 394.55	67.29
持有至到期投资	—	—	其他	7 633.83	5.95
长期股权投资	565.40	0.44			
其他资产	14 266.33	11.11			
资产总计	128 392.82	100.00	资产总计	128 392.82	100.00

注：资产分布中其他项目包括固定资产、递延所得税资产、无形资产等。

信托资产运用与分布表

资产运用	金额（万元）	占比（%）	资产分布	金额（万元）	占比（%）
货币资产	390.73	0.19	基础产业	—	—
贷款	15 120.00	7.07	房地产	167 827.18	78.48
买入返售金融资产	160 732.63	75.16	金融机构	—	—
可供出售金融资产	—	—	工商企业	10 010.66	4.68
持有至到期投资	—	—	其他	36 002.50	16.84
长期股权投资	20 000.00	9.35			
其他	17 596.98	8.23			
资产总计	213 840.34	100.00	资产总计	213 840.34	100.00

注：资产分布中其他 36 002.50 万元，主要包括：采矿业 3 582.94 万元，水利、环境和公共设施管理业 27 611.10 万元，居民服务和其他服务业 4 000.07 万元，金融业 0.63 万元，其他 807.76 万元。

4.3　市场分析

4.3.1　影响公司发展的有利因素

信托独有的风险隔离优势以及目前中国个人财富的不断积累，让信托公司在财富管理领域有更多的机遇；同时公司的发展得到了内蒙古自治区的高度重视和大力支持，公司也在发展过程中注重与自治区政府有关部门的沟通和交流，建立了良好的合作关系。

4.3.2　影响公司发展的不利因素

国内经济增长放缓；资管行业竞争态势持续加剧；信托业政策法律法规有待完善；公司净资本实力较弱，抵抗风险能力有待提升，业务创新能力和团队建设需要不断加强。

4.4　内部控制

4.4.1　内部控制环境和内部控制文化

公司高度重视内部控制建设，建立了符合监管要求且适应公司经营管理需要的内部控制体系。公司始终秉承“受人之托，代人理财”的宗旨和“诚实、信用、谨慎、有效”的经营理念，

创造了健康有序的内部环境。

在公司治理层面，公司已建立了由股东会、董事会、监事会和高级管理层组成的法人治理结构，董事会下设战略与规划委员会、风险管理委员会、提名与薪酬委员会、审计与关联交易控制委员会和信托与消费者权益保护委员会。监事会是公司的监督机构，对公司经营管理进行监督。公司的股东会、董事会、监事会均按照相关法律法规、《公司章程》、自身议事规则及议事程序的规定，规范有效的运作。组织机构设置中，业务部门、审计部、法律合规部、风险管理、信托事务管理部以及财务核算部等部门相互协调、互相制衡，形成了一套行之有效的内控机制。

公司通过培训、讲座、交流研讨等形式，学习掌握最新法律法规，修订和制定公司制度，强化员工职业操守，充实合规风险管理，形成了良好的内控合规文化。

4.4.2 内部控制措施

为最大限度控制和降低经营风险，公司构建了“业务部门→法律合规部/风险管理部→业务决策委员会→董事会”的业务决策内控机制，通过层层推进、层层把关的梯次式、立体型的内部控制管理体系。同时形成了严格分离、制度保障、合规管理、风险评估与内部审计的全方位内部控制措施。为强化制度的刚性约束，公司建立了覆盖业务操作各环节的信息系统，按照业务审批层级为各层级管理人员设置相应的权限，促使各项决策和执行活动可控制、可追溯、可检查。通过信息系统的强制性来强化制度的刚性约束，来规范经营决策。

4.4.3 信息交流与反馈

信息交流与反馈是建立有效内部控制的重要条件，公司依据监管政策的要求，结合公司内部组织架构，按照业务类型建立了不同路径的信息交流与反馈机制，确保公司各类信息能够有效、准确、及时地在公司各个层级、各个部门传达和反馈，每一项信息均能够传递给相关的部门和员工。

4.4.4 监督评价与纠正

公司建立了多层的内控监管体系，充分发挥各职能机构的监督评价作用。公司监事会依法对公司董事、高级管理层履职情况进行监督评价；审计部、法律合规部依据职能在公司内部开展内控检查、合规检查等工作，提出整改意见和纠正措施。公司审计部同时为监事会办公室，强化了审计部的监督职能，提升了监督评价与纠正的有效性。

4.5 风险管理

2019 年在持续的严监管背景下，信托业发展处于增速回落、结构调整的关键时期，面临着由高速增长向高质量发展转换的关键阶段，业务转型发展仍面临较大压力。面对转型发展的要求和挑战，公司始终把业务风险管控作为公司经营管理的首要任务，积极贯彻落实监管部门对风险防控工作的各项要求，确保公司规范经营、稳健发展。

报告期内，公司继续坚持“依法合规、稳健经营”的管理理念，将风险管控作为各项工作的重中之重，坚守风险底线。公司现已建立了包括董事会、经营层、职能管理部门和各业务部门组成的四级风险管理体系，并形成了事前、事中、事后三条风险管理的主线。同时，面对转型发展，公司坚持进一步完善风险管理架构和风控体系的基础建设，做好人才队伍搭建，加大风险管控和风险项目处置力度，不断夯实基础、调整结构，提升全员的合规经营理念和风险管理意识，全面风险管理体系有效运转，为公司的经营发展营造了安全的环境。

公司在经营活动中可能遇到的风险包括信用风险、市场风险、操作风险和其他风险等。

信用风险主要指交易对手不履行义务的可能性导致信托财产或公司财产遭受损失。为有效防范信用风险，公司严格按照业务流程、制度规定开展各项业务，以业务流程为导向，持续优化、完善风险防控手段，加强对信用风险的管理。公司严格履行受托人尽职管理职责，对发生的各类业务依照各项制度严格进行审批和管理。此外，公司按照相关制度要求足额定计提一般准备、据实计提专项准备以提高公司抵御风险的能力。报告期内，公司信托业务无新增风险项目，整体信用风险可控。

市场风险主要是由市场因素变动使公司遭受潜在损失的可能性，主要表现在股价、汇率、利率及其他价格因素变动，对公司固有资产或信托财产的价值或收益水平可能产生的影响。公司注重对宏观经济政策、货币信贷政策、财政政策的研究，密切关注经济运行状况，及时对特定业务作出风险提示，加强风险防范。报告期内，公司坚持稳健运营的策略，通过投资组合分散投资风险，市场风险整体可控。

操作风险主要是由于公司内部业务流程的不完善、计算机系统的错误、工作人员在操作过程中的失误，而给公司造成的直接或间接损失的风险。公司高度重视内部控制制度建设，根据监管政策和业务发展需要，不断修订和完善各项业务操作流程，调整授权体系，明确岗位职责和操作规范，推动信息系统的改造升级工作，加强员工业务技能和企业文化培训，通过制定完善各类合同文本模板，提升业务规范化程度和操作效率，降低操作风险隐患。报告期内，公司未发生操作风险。

其他风险主要表现为流动性风险、政策风险和声誉风险等。对于流动性风险，公司加强对固有资金的现金流管理，合理控制资金头寸与久期，严格依据法律、法规、监管规定对流动性风险管理体系进行不断完善；对于政策风险，公司及时跟踪研究国家宏观政策和行业政策的调整与变化，动态分析宏观政策和监管政策的变动趋势，及时调整发展思路和经营理念，保持公司经营策略与国家政策的一致性；对于声誉风险，公司认真履行受益托人职责，对受托资产进行充分披露，积极维护公司良好的声誉和企业形象，对可能影响公司声誉的业务坚决予以回避。

5. 报告期末及上一年度末的比较式会计报表

5.1 自营资产

5.1.1 会计师事务所审计意见全文

审计报告

XYZH/2020BJA180207

华宸信托有限责任公司：

一、审计意见

我们审计了华宸信托有限责任公司（以下简称华宸信托公司）财务报表，包括 2019 年 12 月 31 日的资产负债表，2019 年度的利润表、现金流量表、所有者权益变动表，以及相关财务报表附注。

我们认为，后附的财务报表在所有重大方面按照企业会计准则的规定编制，公允反映了华宸信托公司 2019 年 12 月 31 日的财务状况以及 2019 年度的经营成果和现金流量。

二、形成审计意见的基础

我们按照中国注册会计师审计准则的规定执行了审计工作。审计报告的“注册会计师对财务报表审计的责任”部分进一步阐述了我们在这些准则下的责任。按照中国注册会计师职业道德守则，我们独立于华宸信托公司，并履行了职业道德方面的其他责任。我们相信，我们获取的审计证据是充分、适当的，为发表审计意见提供了基础。

三、管理层和治理层对财务报表的责任

管理层负责按照企业会计准则的规定编制财务报表，使其实现公允反映，并设计、执行和维护必要的内部控制，以使财务报表不存在由于舞弊或错误导致的重大错报。

在编制财务报表时，管理层负责评估华宸信托公司的持续经营能力，披露与持续经营相关的事项（如适用），并运用持续经营假设，除非管理层计划清算华宸信托公司、终止运营或别无其他现实的选择。

治理层负责监督华宸信托公司的财务报告过程。

四、注册会计师对财务报表审计的责任

我们的目标是对财务报表整体是否不存在由于舞弊或错误导致的重大错报获取合理保证，并出具包含审计意见的审计报告。合理保证是高水平的保证，但并不能保证按照审计准则执行的审计在某一重大错报存在时总能发现。错报可能由于舞弊或错误导致，如果合理预期错报单独或汇总起来可能影响财务报表使用者依据财务报表作出的经济决策，则通常认为错报是重大的。

在按照审计准则执行审计工作的过程中，我们运用职业判断，并保持职业怀疑。同时，我们也执行以下工作：

（1）识别和评估由于舞弊或错误导致的财务报表重大错报风险，设计和实施审计程序以应对这些风险，并获取充分、适当的审计证据，作为发表审计意见的基础。由于舞弊可能涉及串通、伪造、故意遗漏、虚假陈述或凌驾于内部控制之上，未能发现由于舞弊导致的重大错报的风险高于未能发现由于错误导致的重大错报的风险。

（2）了解与审计相关的内部控制，以设计恰当的审计程序，但目的并非对内部控制的有效性发表意见。

（3）评价管理层选用会计政策的恰当性和作出会计估计及相关披露的合理性。

（4）对管理层使用持续经营假设的恰当性得出结论。同时，根据获取的审计证据，就可能导致对华宸信托公司持续经营能力产生重大疑虑的事项或情况是否存在重大不确定性得出结论。如果我们得出结论认为存在重大不确定性，审计准则要求我们在审计报告中提请报表使用者注意财务报表中的相关披露；如果披露不充分，我们应当发表非无保留意见。我们的结论基于截至审计报告日可获得的信息。然而，未来的事项或情况可能导致华宸信托公司不能持续经营。

（5）评价财务报表的总体列报、结构和内容，并评价财务报表是否公允反映相关交易和事项。

我们与华宸信托公司治理层就计划的审计范围、时间安排和重大审计发现等事项进行沟通，包括沟通我们在审计中识别出的值得关注的内部控制缺陷。

信永中和会计师事务所（特殊普通合伙）

中国注册会计师（项目合伙人）：

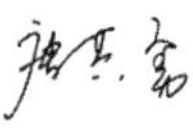

中国注册会计师：

中国·北京

二〇二〇年四月十日

5.1.2　资产负债表

资产负债表

编制单位：华宸信托有限责任公司　　2019 年 12 月 31 日　　单位：元

项　目	期末余额	年初余额	项　目	期末余额	年初余额
资产：			负债：		
货币资金	256 725 502. 88	197 793 486. 21	向中央银行借款	—	—
存放同业款项	—	—	同业及其他金融机构存放款	—	—
贵金属	—	—	拆入资金	—	—
拆出资金	—	—	以公允价值计量且其变动计入当期损益的金融负债	—	—
以公允价值计量且其变动计入当期损益的金融资产	—	—	衍生金融负债	—	—
衍生金融资产	—	—	卖出回购金融资产款	—	—
买入返售金融资产	—	—	吸收存款	—	—
应收利息	920 547. 95	810 082. 19	应付职工薪酬	22 342 281. 70	26 455 793. 34
应收股利			应交税费	890 389. 76	1 330 061. 48
应收账款	4 169 591. 16	6 236 091. 16	应付利息	—	—
其他应收款	42 256 588. 98	23 282 092. 90	应付股利	27 496 711. 59	27 496 711. 59

续表

项　目	期末余额	年初余额	项　目	期末余额	年初余额
持有待售资产	—	—	其他应付款	157 040 251. 07	162 922 955. 03
发放贷款及垫款	35 000 000. 00	48 500 000. 00	持有待售负债	—	—
可供出售金融资产	796 538 693. 57	726 782 527. 57	预计负债	—	—
持有至到期投资			应付债券	—	—
长期股权投资	5 653 995. 78	17 009 622. 86	递延所得税负债	—	—
投资性房地产			其他负债	6 659 720. 55	6 659 720. 55
固定资产	18 660 650. 77	19 294 972. 90	负债合计	214 429 354. 67	224 865 241. 99
在建工程	—	—	所有者权益(或股东权益):		
无形资产	2 774 222. 38	1 890 053. 44	实收资本(股本)	800 000 000. 00	800 000 000. 00
递延所得税资产	58 736 945. 39	88 634 029. 62	其他权益工具	—	—
其他资产	62 491 477. 77	85 985 777. 90	资本公积	1 242 831. 40	1 242 831. 40
			减:库存股	—	—
			其他综合收益	205 245 843. 89	66 562 493. 71
			盈余公积	96 805 725. 11	96 805 725. 11
			专项储备		
			一般风险准备	22 831 907. 62	22 831 907. 62
			信托赔偿准备金	48 402 862. 56	48 402 862. 56
			未分配利润	-105 030 308. 62	-44 492 325. 64
			所有者权益合计	1 069 498 861. 96	991 353 494. 76
资产总计	1 283 928 216. 63	1 216 218 736. 75	负债和所有者权益总计	1 283 928 216. 63	1 216 218 736. 75

5. 1. 3　利润表

利润表

编制单位:华宸信托有限责任公司　　2019 年度　　单位:元

项　目	本期金额	上期金额
一、营业总收入	4 197 943. 08	51 970 623. 56
利息收入	14 370 019. 53	6 251 353. 20
手续费及佣金收入	4 312 069. 14	9 083 245. 76
投资收益(损失以“ -”号填列)	-15 512 817. 05	35 104 382. 24
其中:对联营企业和合营企业的投资收益	-11 028 027. 08	-12 315 512. 20
其他收益	44 890. 57	106 044. 04
公允价值变动收益(损失以“ -”号填列)	—	—
汇兑收益(损失以“ -”号填列)	—	—
其他业务收入	983 780. 89	1 424 798. 02
资产处置收益(损失以“ -”号填列)	—	—
二、营业总成本	81 215 044. 71	210 772 903. 01
利息支出	—	—
手续费及佣金支出	16 981. 12	261 554. 68
税金及附加	579 519. 45	817 375. 55
业务及管理费	32 938 175. 59	29 081 826. 58
资产减值损失	47 364 197. 11	180 295 974. 76
其他业务成本	316 171. 44	316 171. 44
三、营业利润(亏损以“ -”号填列)	-77 017 101. 63	-158 802 279. 45
加:营业外收入	39 419. 42	185 000. 00
减:营业外支出	200. 00	2 554 273. 71
四、利润总额(亏损总额以“ -”号填列)	-76 977 882. 21	-161 171 553. 16
减:所得税费用	-16 439 899. 23	-41 929 544. 21
五、净利润(净亏损以“ -”号填列)	-60 537 982. 98	-119 242 008. 95
1. 持续经营净利润(净亏损以“ -”号填列)	-60 537 982. 98	-119 242 008. 95
2. 终止经营净利润(净亏损以“ -”号填列)	—	—
六、其他综合收益的税后净额	138 683 350. 18	-59 521 479. 65
(一)以后不能重分类进损益的其他综合收益	—	—
其中:1. 重新计量设定受益计划净负债或净资产的变动	—	—

续表

项　目	本期金额	上期金额
2. 权益法下在被投资单位不能重分类进损益的其他综合收益中享有的份额	—	—
(二)以后将重分类进损益的其他综合收益	138 683 350. 18	-59 521 479. 65
其中:1. 权益法下在被投资单位以后将重分类进损益的其他综合收益中享有的份额	-327 600. 00	—
2. 可供出售金融资产公允价值变动损益	139 010 950. 18	-59 521 479. 65
3. 持有至到期投资重分类为可供出售金融资产损益	—	—
4. 现金流量套期损益的有效部分	—	—
5. 外币财务报表折算差额	—	—
七、综合收益总额	78 145 367. 20	-178 763 488. 60

5. 1. 4　所有者权益变动表

所有者权益变动表

编制单位:华宸信托有限责任公司　　2019 年度　　单位:元

项　目	本年数										
	实收资本(或股本)	其他权益工具	资本公积	减:库存股	其他综合收益	盈余公积	专项储备	一般风险准备	信托赔偿准备金	未分配利润	所有者权益合计
一、上年年末余额	800 000 000. 00	—	1 242 831. 40	—	66 562 493. 71	96 805 725. 11	—	22 831 907. 62	48 402 862. 56	-44 492 325. 64	991 353 494. 76
加:会计政策变更	—	—	—	—	—	—	—	—	—	—	—
前期差错更正	—	—	—	—	—	—	—	—	—	—	—
其他	—	—	—	—	—	—	—	—	—	—	—
二、本年年初余额	800 000 000. 00	—	1 242 831. 40	—	66 562 493. 71	96 805 725. 11	—	22 831 907. 62	48 402 862. 56	-44 492 325. 64	991 353 494. 76
三、本年增减变动金额(减少以"-"号填列)	—	—	—	—	138 683 350. 18	—	—	—	—	-60 537 982. 98	78 145 367. 20
(一)综合收益总额	—	—	—	—	138 683 350. 18	—	—	—	—	-60 537 982. 98	78 145 367. 20
(二)所有者投入和减少资本	—	—	—	—	—	—	—	—	—	—	—
1. 所有者投入资本	—	—	—	—	—	—	—	—	—	—	—
2. 其他权益工具持有者投入资本	—	—	—	—	—	—	—	—	—	—	—
3. 股份支付计入所有者权益的金额	—	—	—	—	—	—	—	—	—	—	—
4. 其他	—	—	—	—	—	—	—	—	—	—	—
(三)专项储备提取和使用	—	—	—	—	—	—	—	—	—	—	—
1. 提取专项储备	—	—	—	—	—	—	—	—	—	—	—
2. 使用专项储备	—	—	—	—	—	—	—	—	—	—	—
(四)利润分配	—	—	—	—	—	—	—	—	—	—	—
1. 提取盈余公积	—	—	—	—	—	—	—	—	—	—	—
2. 提取一般风险准备	—	—	—	—	—	—	—	—	—	—	—
3. 提取信托赔偿准备金	—	—	—	—	—	—	—	—	—	—	—
4. 所有者(或股东)的分配	—	—	—	—	—	—	—	—	—	—	—
5. 其他	—	—	—	—	—	—	—	—	—	—	—
(五)所有者权益内部结转	—	—	—	—	—	—	—	—	—	—	—
1. 资本公积转增资本(或股本)	—	—	—	—	—	—	—	—	—	—	—
2. 盈余公积转增资本(或股本)	—	—	—	—	—	—	—	—	—	—	—
3. 盈余公积弥补亏损	—	—	—	—	—	—	—	—	—	—	—
4. 其他	—	—	—	—	—	—	—	—	—	—	—
四、本年年末余额	800 000 000. 00	—	1 242 831. 40	—	205 245 843. 89	96 805 725. 11	—	22 831 907. 62	48 402 862. 56	-105 030 308. 62	1 069 498 861. 96

所有者权益变动表(续)

编制单位:华宸信托有限责任公司　　2019 年度　　单位:元

项　目	上年数										
	实收资本(或股本)	其他权益工具	资本公积	减:库存股	其他综合收益	盈余公积	专项储备	一般风险准备	信托赔偿准备金	未分配利润	所有者权益合计
一、上年年末余额	800 000 000. 00	—	1 242 831. 40	—	126 083 973. 36	96 805 725. 11	—	22 831 907. 62	48 402 862. 56	74 749 683. 31	1 170 116 983. 36
加:会计政策变更	—	—	—	—	—	—	—	—	—	—	—

续表

项　目	上年数										
	实收资本（或股本）	其他权益工具	资本公积	减：库存股	其他综合收益	盈余公积	专项储备	一般风险准备	信托赔偿准备金	未分配利润	所有者权益合计
前期差错更正	—	—	—	—	—	—	—	—	—	—	—
其他	—	—	—	—	—	—	—	—	—	—	—
二、本年年初余额	800 000 000. 00	—	1 242 831. 40	—	126 083 973. 36	96 805 725. 11	—	22 831 907. 62	48 402 862. 56	74 749 683. 31	1 170 116 983. 36
三、本年增减变动金额（减少以“-”号填列）	—	—	—	—	-59 521 479. 65	—	—	—	—	-119 242 008. 95	-178 763 488. 60
（一）综合收益总额	—	—	—	—	-59 521 479. 65	—	—	—	—	-119 242 008. 95	-178 763 488. 60
（二）所有者投入和减少资本	—	—	—	—	—	—	—	—	—	—	—
1. 所有者投入资本	—	—	—	—	—	—	—	—	—	—	—
2. 其他权益工具持有者投入资本	—	—	—	—	—	—	—	—	—	—	—
3. 股份支付计入所有者权益的金额	—	—	—	—	—	—	—	—	—	—	—
4. 其他	—	—	—	—	—	—	—	—	—	—	—
（三）专项储备提取和使用	—	—	—	—	—	—	—	—	—	—	—
1. 提取专项储备	—	—	—	—	—	—	—	—	—	—	—
2. 使用专项储备	—	—	—	—	—	—	—	—	—	—	—
（四）利润分配	—	—	—	—	—	—	—	—	—	—	—
1. 提取盈余公积	—	—	—	—	—	—	—	—	—	—	—
2. 提取一般风险准备	—	—	—	—	—	—	—	—	—	—	—
3. 提取信托赔偿准备金	—	—	—	—	—	—	—	—	—	—	—
4. 所有者（或股东）的分配	—	—	—	—	—	—	—	—	—	—	—
5. 其他	—	—	—	—	—	—	—	—	—	—	—
（五）所有者权益内部结转	—	—	—	—	—	—	—	—	—	—	—
1. 资本公积转增资本（或股本）	—	—	—	—	—	—	—	—	—	—	—
2. 盈余公积转增资本（或股本）	—	—	—	—	—	—	—	—	—	—	—
3. 盈余公积弥补亏损	—	—	—	—	—	—	—	—	—	—	—
4. 其他	—	—	—	—	—	—	—	—	—	—	—
四、本年年末余额	800 000 000. 00	—	1 242 831. 40	—	66 562 493. 71	96 805 725. 11	—	22 831 907. 62	48 402 862. 56	-44 492 325. 64	991 353 494. 76

5.2 信托资产

5.2.1 信托项目资产负债汇总表

资产负债汇总表

编制单位：华宸信托有限责任公司　　2019 年 12 月 31 日　　单位：元

信托资产	期末数	年初数	信托负债和信托权益	期末数	年初数
信托资产：			信托负债：		
货币资金	3 907 309. 32	7 449 620. 85	交易性金融负债	—	—
拆出资金	—	—	衍生金融负债	—	—
存出保证金	—	—	应付受托人报酬	7 766 609. 27	7 825 775. 94
交易性金融资产	—	—	应付托管费	—	—
衍生金融资产	—	—	应付受益人收益	—	—
买入返售金融资产	1 607 326 274. 74	1 617 726 274. 74	应交税费	—	—
应收款项	175 969 850. 65	73 536 814. 99	应付销售服务费	—	—
发放贷款	151 200 000. 00	198 950 000. 00	应付交易费用	—	—
可供出售金融资产	—	—	应付投资管理费	—	—
持有至到期投资	—	—	应付银行服务费	—	—
长期应收款	—	—	其他应付款项	83 460 340. 14	83 903 196. 24
长期股权投资	200 000 000. 00	200 000 000. 00	预计负债	—	—
投资性房地产	—	—	其他负债	—	—
固定资产	—	—	信托负债合计	91 226 949. 41	91 728 972. 18
无形资产	—	—			
长期待摊费用	—	—	信托权益：		
其他资产	—	101 475 000. 00	实收信托	1 898 965 000. 00	2 058 801 100. 00
减：各项资产减值准备	—		资本公积	—	—

续表

信托资产	期末数	年初数	信托负债和信托权益	期末数	年初数
			外币报表折算差额	—	—
			未分配利润	148 211 485. 30	48 607 638. 40
			信托权益合计	2 047 176 485. 30	2 107 408 738. 40
信托资产总计	2 138 403 434. 71	2 199 137 710. 58	信托负债及信托权益总计	2 138 403 434. 71	2 199 137 710. 58

5. 2. 2　信托项目利润及利润分配汇总表

利润及利润分配汇总表

编制单位:华宸信托有限责任公司　　2019 年度　　单位:元

项　目	本年金额	上年金额
1. 营业收入	194 380 331. 93	232 913 016. 12
1. 1 利息收入	192 380 331. 93	230 817 796. 46
1. 2 投资收益	2 000 000. 00	2 095 219. 66
1. 3 公允价值变动损益	—	—
1. 4 租赁收入	—	—
1. 5 汇兑损益	—	—
1. 6 其他收入	—	—
2. 支出	4 505 414. 74	8 838 506. 41
2. 1 营业税金及附加	419 434. 59	794 897. 43
2. 2 受托人报酬	4 234 821. 80	6 725 911. 59
2. 3 托管费	1 259. 71	5 727. 39
2. 4 投资管理费	—	—
2. 5 销售服务费	—	—
2. 6 交易费用	—	—
2. 7 资产减值损失	—	—
2. 8. 1 律师费	—	—
2. 8. 2 资料印刷费	—	—
2. 8. 3 差旅费	51 414. 00	74 542. 00
2. 8. 4 印花税	2 000. 00	17 500. 00
2. 8. 5 银行结算费	7 584. 64	20 240. 30
2. 8. 6 银行服务费	—	—
2. 8. 7 招待费	—	—
2. 8. 8 机动车费用	—	—
2. 8. 9 其他费用	-211 100. 00	1 199 687. 70
3. 信托净利润	189 874 917. 19	224 074 509. 71
4. 其他综合收益	—	—
5. 扣除资产减值准备前的信托利润	189 874 917. 19	224 074 509. 71
6. 减:资产减值损失	—	—
7. 扣除资产减值准备后的信托利润	189 874 917. 19	224 074 509. 71
8. 加:期初未分配信托利润	48 607 638. 40	54 350 725. 50
9. 可供分配的信托利润	238 482 555. 59	278 425 235. 21
10. 减:本期已分配信托利润	90 271 070. 29	229 817 596. 81
11. 期末未分配信托利润	148 211 485. 30	48 607 638. 40

6. 会计报表附注

6. 1　报告年度会计报表编制基准、会计政策、会计估值和核算方法发生的变化

报告期内,本公司会计报表编制基准、会计政策、会计估值和核算方法均未发生变化。

6. 2　或有事项说明

截至 2019 年 12 月 31 日,本公司无重大或有事项。

6. 3　重要资产转让及其出售的说明

2019 年度本公司无重要资产转让、出售业务发生。

6. 4　会计报表中重要项目的明细资料

6. 4. 1　披露自营资产经营情况

6. 4. 1. 1　按风险资产分类的结果披露资产的期初数、期末数

信用风险资产五级分类	正常类（万元）	关注类（万元）	次级类（万元）	可疑类（万元）	损失类（万元）	资产合计（万元）	不良资产合计（万元）	不良资产率（%）
期初数	102 249. 66	5 395. 00	24 081. 09	6 693. 26	18 829. 59	151 853. 60	49 603. 94	32. 67
期末数	99 226. 16	—	38 282. 70	5 921. 93	19 930. 16	163 360. 95	64 134. 79	39. 26

注:不良资产合计 = 次级类 + 可疑类 + 损失类。

6. 4. 1. 2　资产减值准备情况

单位:万元

项目	年初余额	本年增加额	本年减少额		年末余额
		本年计提额	因资产价值回升转回额	转销额	
坏账准备	19 617. 74	1 193. 83	—	—	20 811. 57
贷款损失准备	150. 00	1 350. 00	—	—	1 500. 00
可供出售金融资产减值准备	10 457. 43	—	—	462. 00	9 995. 43
抵债资产减值准备	6. 55	2 654. 58	—	—	2 661. 13
合计	30 231. 72	5 198. 41	—	462. 00	34 968. 13

6. 4. 1. 3　自营股票投资、基金投资、债券投资、长期股权投资等投资的期初数、期末数

单位:万元

项目	自营股票	基金	债券	长期股权投资	其他投资	合计
期初数		26 260. 48	3 987. 30	1 700. 96	44 056. 56	76 005. 30
期末数		1004. 41	3992. 19	565. 40	57286. 56	62 848. 56

6. 4. 1. 4　前五名的自营长期股权投资的企业名称、占被投资企业权益的比例、主要经营活动及投资收益情况等（按公司拥有权益比例从大到小顺序排列）

企业名称	占被投资企业权益的比例（%）	主要经营活动	投资收益（万元）
华宸未来基金管理有限公司	40	基金募集、基金销售、特定客户资产管理等	-1 102. 80

注:华宸未来基金管理有限公司注册资本为 20 000 万元,是本公司与西安长涛电子科技有限公司和未来资产基金管理公司共同出资设立,本公司出资 8 000 万元,占比为 40%,不能对该公司实施控制,按权益法核算,公司于 2012 年 6 月 20 日成立并取得营业执照。

6. 4. 1. 5　前五名的自营贷款的企业名称、占贷款总额的比例和还款情况等

企业名称	贷款金额（万元）	占总额比例（%）	还款情况
内蒙古万丰物资有限责任公司	5 000	100	2014 年发放贷款,已到期,未收回本息。

6.4.1.6　表外业务的期初数、期末数

报告期内公司未开展表外业务。

6.4.1.7　公司当年的收入结构

收入结构	金额(万元)	占比(%)
手续费及佣金收入	431.21	101.76
其中:信托手续费收入	431.21	101.76
利息收入	1 437.00	339.13
其他业务收入	102.87	24.28
其中:计入信托业务收入部分	—	—
投资收益	-1 551.28	-366.10
其中:股权投资收益	-1 102.80	-260.26
证券投资收益	714.74	168.68
其他投资收益	-1 163.22	-274.51
公允价值变动收益	—	—
营业外收入	3.94	0.93
收入合计	423.74	100.00

6.4.2　披露信托资产管理情况

6.4.2.1　信托资产的期初数、期末数

单位:万元

信托资产	期初数	期末数
集合	67 269.61	59 312.82
单一	142 496.66	154 527.52
财产权	10 147.50	—
合计	219 913.77	213 840.34

6.4.2.1.1　主动管理型信托业务期初数、期末数,分证券投资类、股权投资类、融资类、事务管理类分别披露

单位:万元

主动管理型信托资产	期初数	期末数
证券投资类	—	—
股权投资类	35 443.32	30 286.17
融资类	35 408.43	32 608.97
事务管理类	12 148.76	0.63
合计	83 000.52	62 895.77

6.4.2.1.2　被动管理型信托业务期初数、期末数

单位:万元

被动管理型信托资产	期初数	期末数
证券投资类	—	—
股权投资类	—	—
融资类	125 070.09	—
事务管理类	11 843.16	150 944.57
合计	136 913.25	150 944.57

6.4.2.2　本年度已清算结束信托项目个数、实收信托合计金额、加权平均实际年化收益率

本年度已清算结束信托项目10个,实收信托合计金额为145 213.61万元,加权平均实际年化收益率为11.10%

6.4.2.2.1　本年度已清算结束的集合类、单一类资金信托项目和财产管理类信托项目个数、实收信托合计金额、加权平均实际年化收益率

已清算结束信托项目	项目个数(个)	实收信托合计金额(万元)	加权平均实际年化收益率(%)
集合类	4	7 061.11	8.99
单一类	5	128 005.00	12.14
财产管理类	1	10 147.5	0.00

6.4.2.2.2　本年度已清算结束的主动管理型信托项目个数、实收信托合计金额、加权平均实际年化信托报酬率、加权平均实际年化收益率

已清算结束信托项目	项目个数(个)	实收信托合计金额(万元)	加权平均实际年化信托报酬率(%)	加权平均实际年化收益率(%)
证券投资类	—	—	—	—
股权投资类	—	—	—	—
融资类	2	7 040.00	3.07	9.01
事务管理类	4	12 168.61	0.39	2.41

6.4.2.2.3　本年度已清算结束的被动管理型信托项目个数、实收信托合计金额、加权平均实际年化信托报酬率、加权平均实际年化收益率

已清算结束信托项目	项目个数(个)	实收信托合计金额(万元)	加权平均实际年化信托报酬率(%)	加权平均实际年化收益率(%)
证券投资类	—	—	—	—
股权投资类	—	—	—	—
融资类	3	123 500.00	0.14	12.32
事务管理类	1	2 505.00	0.24	8.63

6.4.2.3　本年度新增的集合类、单一类、财产管理类信托项目个数、合计金额

新增信托项目	项目个数(个)	合计金额(万元)
集合类	—	—
单一类	3	132 000.00
财产管理类	—	—
新增合计	3	132 000.00
其中:主动管理型	—	—
被动管理型	3	132 000.00

6.4.2.4　本公司履行受托人义务情况及因本公司自身责任而导致的信托资产损失情况(合计金额、原因等)

本公司以诚实、信用、谨慎、有效管理为原则,在有效防范和着力控制风险的前提下,以受益人的利益最大化为宗旨,恪尽职守地处理各项信托事务,管理信托财产;加强信托项目的后期跟踪管理工作,及时向委托人、受益人披露有关信息,到期信托本金均如期或提前兑付,应分配的信托收益均如期支付受益人。截至2019年末,公司未发生因本公司自身责任而导致信托财产损失的情况。

6.5　关联方关系及其交易的披露

6.5.1　关联交易方的数量、关联交易的总金额及关联交易的定价政策等

	关联交易方数量	关联交易金额(万元)	定价政策
华宸未来基金管理有限公司	1	2 000.00	市场定价
内蒙古交通投资(集团)有现在责任公司	1	4 000.00	市场定价
合计	2	6 000.00	

6.5.2　关联交易方与本公司的关系性质、关联交易方的名称、法定代表人、注册地址、注册资本及主营业务等

关系性质	关联方名称	法定代表人	注册地址	注册资本（万元）	主营业务
参股公司	华宸未来基金管理有限公司	赵澍堂	上海市虹口区四川北路259号中信广场1608室	20000	基金募集、基金销售、特定客户资产管理等
股东	内蒙古交通投资（集团）有现在责任公司	郑俊	内蒙古自治区呼和浩特市新城区新华东街55号	1 090 000	投资与资产管理；经营正常

6.5.3　本公司与关联方的重大交易事项

6.5.3.1　固有与关联方交易情况

固有与关联交易方关联交易

单位：万元

	期初数	借方发生额	贷方发生额	期末余额
贷款	—	—	—	—
投资	—	—	—	—
租赁	—	—	—	—
担保	—	—	—	—
应收账款	18.00	—	—	18.00
其他	2 749.67	2 000.00	—	4 749.67
合计	2 767.67	2 000.00	—	4 767.67

6.5.3.2　信托与关联方交易情况

信托与关联交易方关联交易

单位：万元

	期初数	借方发生额	贷方发生额	期末余额
贷款	—	4 000.00	—	4 000.00
投资	—	—	—	—
租赁	—	—	—	—
担保	—	—	—	—
应收账款	—	—	—	—
其他	—	—	—	—
合计	—	4 000.00	—	4 000.00

6.5.3.3　本公司自有资金运用于自己管理的信托项目（固信交易），信托公司管理的信托项目之间的相互（信信交易）交易金额

报告期内，公司未开展此类业务。

6.5.3.3.1　固有与信托财产之间的交易金额期初汇总数、本期发生额汇总数、期末汇总数

单位：万元

项　目	期初数	本年发生额	期末数
合计	31 571.96	-770.00	30 801.96

6.5.3.3.2　信托项目之间的交易金额期初汇总数、本期发生额汇总数、期末汇总数

无。

6.5.4　关联方逾期未偿还本公司资金的详细情况以及本公司为关联方担保发生或即将发生垫款的情况

报告期内，关联方无逾期不偿还本公司资金情况，本公司无为关联方担保发生或即将发生垫款情况。

6.6　会计制度的披露

本公司固有业务和信托业务分别于2008年和2010年开始执行财政部2006年2月15日颁布的《企业会计准则》。

7. 财务情况说明书

7.1　利润实现和分配情况

本公司期初未分配利润为-4 449.23万元，本年实现净利润为-6 053.80万元，由于发生亏损，未提取法定盈余公积、信托赔偿准备以及一般风险准备，期末未分配利润为-10 503.03万元。

7.2　主要财务指标

指标名称	指标值
资本利润率（%）	-5.88
加权年化信托报酬率（%）	0.37
人均净利润（万元）	-69.58

注：1. 资本利润率=净利润/所有者权益平均余额×100%。

2. 加权年化信托报酬率=（信托项目1的实际年化信托报率×信托项目1的实收信托+信托项目2的实际年化信托报率×信托项目2的实收信托+…+信托项目n的实际年化信托报率×信托项目n的实收信托）/（信托项目1的实收信托+信托项目2的实收信托+…+n的实收信托）×100%。

3. 人均净利润=净利润/平均人数。

4. 平均值采取年初、末余额简单平均法，公式为：a（平均）=（年初数+年末数）/2。

7.3　对本公司财务状况、经营成果有重大影响的其他事项

无。

8. 特别事项揭示

8.1　前五名股东报告期内变动情况及原因

报告期内未有此类情况发生。

8.2　董事、监事及高级管理人员变动情况及原因

2019年4月3日，公司召开了2019年度第一次临时股东会会议，审议通过了《关于董事会换届选举的议案》；选举田跃勇、晋军、甄学军、孙乐、郭晓川、赵廉慧、任国兵等9人为公司第五届董事会候选人，其中上述7人已获得监管机构任职资格的批复，于2019年正式履职，另外2名董事候选人未在2019年通过任职资格审核，因此未履职。

同时，公司第四届董事会董事刘玉瀛、宋弘、刘传东、王温、张瑞平，以及第四届董事会独立董事郝占魁不再担任公司董

事、独立董事。

8.3 变更注册资本、变更注册地或公司名称、公司分离合并事项

报告期内,公司未发生此类情况。

8.4 公司重大诉讼事项

8.4.1 重大未决诉讼事项

公司以前年度重大未决诉讼事项7起(含仲裁案件),其中作为原告6起,被告1起。作为原告的案件主要是因信托融资引发的与债务人的纠纷,案件均已胜诉。作为被告的案件主要是因转让信托财产引发,目前案件已经入执行阶段。

2019年,公司新增1起诉讼,为信托纠纷案件。案件标的1.5亿元,目前正处于诉讼阶段。

8.4.2 以前年度发生,于本报告年度内终结的诉讼事项

无。

8.4.3 本报告年度发生,于本报告年度内终结的诉讼事项

无。

8.5 公司及其董事、监事和高级管理人员受到处罚的情况

报告期内,公司董事、监事和高级管理人员未受到监管处罚。

8.6 银监会及其派出机构对公司检查后提出整改意见的,应简单说明整改情况

2019年,银保监会及其派出机构对公司进行了2次现场检查,分别为房地产融资项目检查和全面风险检查;3次非现场检查,分别为:"巩固治乱象成果、促进合规建设"工作自查、关于开展关联交易的自查及关于开展应收账款相关信托业务自查。公司积极配合检查,贯彻落实各项监管政策,对自查中发现的制度、业务、管理中存在的问题积极了整改。通过检查整改,有力地推动了公司治理结构的完善、内控水平提高,规范了业务操作,提升了公司的内控合规经营水平。

8.7 本年度重大事项临时报告的简要内容、披露时间、所披露的媒体及其版面

报告期内,公司共进行重大事项临时报告披露2次,具体如下:

披露事项	披露时间	披露媒体及版面
关于更换年报审计会计师事务所的公告	2019年4月20日	《证券时报》B4版
关于修改《公司章程》及公司董事长、总经理变更的公告	2019年7月10日	《证券时报》B6版

8.8 中国银保监会及其省级派出机构认定的其他有必要让客户及相关利益人了解的重要信息

无。

8.9 履行社会责任情况

报告期内,公司严格遵守国家法律法规,认真贯彻执行国家经济金融政策以及各项监管要求,大力支持实体经济发展。坚持诚信经营,自觉履行纳税义务,严格按照税法规定及时、足额缴纳各项税款。公司主动落实金融机构反洗钱反恐怖融资、案防和消费者权益保护责任,不断完善工作制度体系,设置公共教育宣传区,并结合线上方式积极开展金融知识宣传,引导消费者树立正确的的投资理念。年内开展了"3·15金融消费者权益日""防范非法集资宣传月""金融知识普及月·金融知识进万家·争做理性投资者·争做金融好网民"等活动,取得了良好的效果。

同时,充分发挥党组织引领作用,助力脱贫攻坚。2019年完成了30万元慈善信托指定的兴安盟扎赉特旗音德尔镇前进嘎查基础设施建设项目的使用,其中建设两处文化广场,面积合计3 000多平方米,建设两个公共厕所,积极推进了贫困地区精神文明和美丽乡村建设。公司党委2名驻村干部走访贫困户、宣传扶贫政策、了解贫困户生活动态,为相关贫困户筹集了危房补贴、医疗药物补贴,并帮助前进嘎查村民销售农产品。此外,为了贯彻落实自治区政府和内蒙古银保监局扶贫工作部署,公司还在兴安盟、察右中旗、察右后旗等地开展消费扶贫,助力当地贫困户脱贫。

9. 净资本管理情况

截至2019年末,本公司净资本为74 341.15万元,符合银监会要求的不得低于2亿元的监管指标。各项业务风险资本之和为12 421.14万元,其中固有业务风险资本为11 052.45万元,信托业务风险资本为1 368.69万元。本期末净资本管理监管指标变化情况为本公司"净资本/各项业务风险资本之和"的比率为598.51%,符合中国银监会大于100%的监管要求;本公司"净资本/净资产"的比率为69.51%,符合中国银保监会大于40%的监管要求。

10. 公司监事会意见

监事会认为公司能够依法合规运作,公司董事及高级管理人员在履行公司职务时未有违反法律法规、《公司章程》或损害公司利益的行为。公司财务报告真实反映了公司的财务状况和经营成果。

华能贵诚信托有限公司

1. 重要提示

1.1 公司董事会及董事保证本报告所载资料不存在任何虚假记载、误导性陈述或者重大遗漏,并对其内容的真实性、准确性和完整性承担个别及连带责任。

1.2 公司独立董事对年度报告内容的真实性、准确性、完整性无异议。

1.3 公司总经理孙磊、主管会计工作的副总经理鲍吉胜保证年度报告中财务报告的真实、完整。

2. 公司概况

2.1 公司简介

华能贵诚信托有限公司成立于2002年,2008年12月由华能资本服务有限公司增资扩股重组而成。2009年2月,经中国银监会批准,公司换发新的金融许可证。目前公司注册资本金为61.94557406亿元。

2.1.1 中文名称:华能贵诚信托有限公司
中文名称缩写:华能信托
英文名称:Huaneng Guicheng Trust Corporation Limited
英文名称缩写:HNGCTC

2.1.2 法定代表人:田军
注册地址:贵州省贵阳市观山湖区长岭北路55号贵州金融城1期商务区10号楼23层、24层
邮政编码:550081
网址:www.hngtrust.com
电子邮箱:public@hngtrust.com

2.1.3 公司负责信息披露事务的高级管理人员:赵刚
公司信息披露事务联系人:万灵
电　话:0851-88661688
传　真:0851-88661708
信息披露报纸:《金融时报》

2.1.4 年度报告备置地点:贵州省贵阳市观山湖区长岭北路55号贵州金融城1期商务区10号楼23、24层

2.1.5 公司聘请的会计师事务所:德勤华永会计师事务所(特殊普通合伙)北京分所
办公地点:北京市朝阳区针织路23号中国人寿金融中心12层

2.1.6 公司聘请的律师事务所:北京市中盛律师事务所
办公地点:北京朝阳区建外大街8号国际财源中心22层

2.2 组织结构

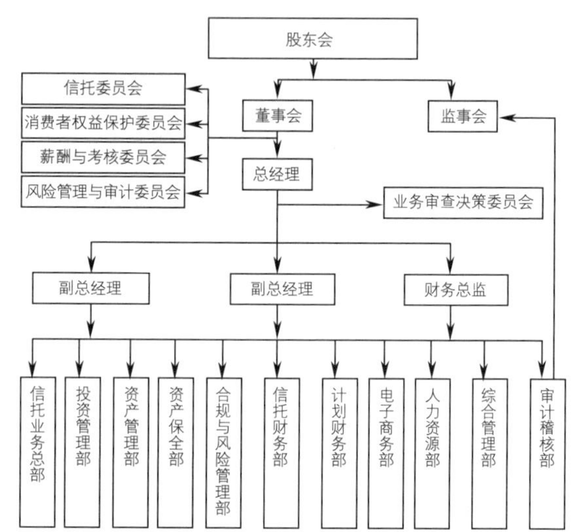

3. 公司治理

3.1 股东

报告期末公司股东总数为8家,占公司15%以上(含15%)出资比例的股东数为2家。

股东名称	持股比例(%)	法人代表
华能资本服务有限公司	67.92	李　进
贵州乌江能源投资有限公司	31.48	何　瑛
人保投资控股有限公司	0.16	谢一群
贵州省技术改造投资有限责任公司	0.16	王通波
中国有色金属工业贵阳有限责任公司	0.09	游来理
中国华融资产管理股份有限公司	0.09	王占峰
首钢水城钢铁(集团)有限责任公司	0.07	王建伟
贵州开磷有限责任公司	0.03	姚金蕊

公司第一大股东

股东名称	出资比例(%)	法人代表
华能资本服务有限公司	67.92	李　进

3.2 董事

董事会成员

姓 名	职 务	性别	年龄（岁）	选任日期	所推举的股东名称	该股东持股比例（%）	简要履历
田 军	董事长	男	56	2017 年 3 月	华能资本服务有限公司	67.92	中国社科院研究生部货币银行专业研究生学历，华能资本服务有限公司党委委员，本公司董事长。
李仪华	副董事长	男	62	2015 年 5 月	贵州乌江能源投资有限公司	31.48	中南财经大学硕士研究生，本公司副董事长。
段心烨	董 事	女	43	2019 年 3 月	华能资本服务有限公司	67.92	澳大利亚南昆士兰大学工商管理硕士，华能资本服务有限公司股权管理部主任。
段一萍	董 事	女	43	2015 年 5 月	华能资本服务有限公司	67.92	中国人民大学硕士研究生，高级会计师，华能资本服务有限公司研发部主任。
田 露	董 事	女	31	2019 年 3 月	贵州乌江能源投资有限公司	31.48	江西财经大学管理学学士，中级会计师，贵州乌江能源集团有限责任公司计划财务部副经理。
孙 磊	职工董事	男	46	2019 年 3 月	—	—	香港中文大学金融 MBA，注册会计师，本公司总经理。

独立董事

姓 名	所在单位及职务	性别	年龄（岁）	选任日期	所推举的股东名称	该股东持股比例（%）	简要履历
徐 英	—	女	66	2017 年 5 月	—	—	北京财贸学院金融系，经济学学士，历任北京财贸学院金融系助教、讲师，海南汇通国际信托投资公司副总经理、常务副总经理、长城证券有限公司总裁、董事长、党委书记，景顺长城基金管理有限公司全职董事长，中国证券业协会理事，新华资产管理股份有限公司全职副董事长，已退休。
矫丽燕	基点商品期货交易公司（北京）董事总经理	女	56	2015 年 5 月	—	—	北京第二外国语学院外语专业毕业，基点商品期货交易公司（北京）董事总经理。
王 涌	中国政法大学民商经济法学院法学教授	男	51	2015 年 5 月	—	—	中国政法大学博士研究生学历，现担任中国政法大学民商经济法学院法学教授，博士生导师。

3.3 监事

姓名	职务	性别	年龄（岁）	选任日期	所推举的股东名称	该股东持股比例（%）	简要履历
周英序	监事会主席	男	61	2015 年 5 月	贵州乌江能源投资有限公司	31.48	贵州师范大学本科学历，本公司监事会主席。
何 瑛	监 事	女	44	2015 年 5 月	贵州乌江能源投资有限公司	31.48	贵州财经学院大学本科学历，贵州乌江能源集团有限责任公司计划财务部经理、总经理助理，贵州乌江能源投资有限公司法定代表人、董事长。
刘荣俊	职工监事	男	50	2019 年 3 月	—	—	山西财经大学本科学历，经济学学士，会计师，本公司审计稽核部经理。

3.4 高级管理人员

姓名	职务	性别	年龄（岁）	任职日期	金融从业年限（年）	学历	专业
孙 磊	总经理	男	46	2019 年 2 月	24	硕士研究生，MBA	金融
涂继国	副总经理	男	55	2015 年 5 月	29	大学本科	经济学
鲍吉胜	副总经理兼财务总监	男	55	2015 年 5 月	31	大学本科	经济管理
刘 芳	副总经理	女	48	2017 年 3 月	25	大学本科	经济学
雷妮亚	副总经理兼首席合规官	女	40	2019 年 2 月	6	硕士研究生	民商法学
顾学新	副总经理	男	55	2019 年 2 月	35	大学本科	机械制造及设备
赵 刚	总经理助理兼董事会秘书	男	48	2017 年 3 月 2017 年 7 月	12	大学本科	经济信息管理
黄海峰	总经理助理	女	48	2017 年 3 月	22	研究生	金融学
郝杰	总经理助理	男	42	2019 年 2 月	6	硕士研究生	法学
王 剑	总经理助理	男	42	2019 年 2 月	23	大学本科	法律

3.5 公司员工

报告期内，员工人数为365人，平均年龄34岁，博士生占比为2%，硕士生占比为48%，本科生占比为49%，专科生占比为1%。

4. 经营管理

4.1 经营目标、经营方针、战略规划

4.1.1 经营目标

公司经营目标是围绕提高公司核心资产管理能力和理财能力，以发展自主管理类信托业务为重点，打造专属产品，逐步培育和形成公司核心竞争力，推动公司发展方式从外延式增长向内涵式增长转变；围绕穿越经济周期目标，着力推进风险管控能力建设。通过努力，确保完成董事会下达的各项经营指标，力争信托业务规模和利润再上新台阶。

4.1.2 经营方针

公司的经营方针是诚信、专业、创新、和谐。

4.1.3 战略规划

公司的战略规划是依托股东的管理与资源优势，打造核心竞争力，重点发展面向能源、基础设施行业的产业投资基金业务和企业资产证券化业务，把公司建设成为在信托规模、盈利能力和管理水平上行业领先的、国内一流的信托公司。

4.2 所经营业务的主要内容

除另有注明外，本报告中所有披露内容均为母公司口径。

自营资产运用与分布表

资产运用	金额（万元）	占比（%）	资产运用	金额（万元）	占比（%）
货币资产	28 616.12	1.17	基础产业	—	—
贷款及应收款	—	—	房地产业	—	—
交易性金融资产投资	255 222.75	10.45	证券市场	280 238.48	11.48
可供出售金融资产投资	2 049 218.87	83.92	实业	—	—
持有至到期投资	—	—	金融机构	2 072 819.26	84.88
长期股权投资	20 000.00	0.82	其他	88 903.69	3.64
其他	88 903.69	3.64	—	—	—
资产合计	2 441 961.43	100.00	资产合计	2 441 961.43	100.00

信托资产运用与分布表

资产运用	金额（万元）	占比（%）	资产运用	金额（万元）	占比（%）
货币资产	1 131 631.90	1.56	基础产业	3 190 889.47	4.40
贷款及应收款	15 537 111.69	21.43	房地产业	5 389 908.00	7.43
交易性金融资产投资	650 555.23	0.90	证券市场	642 315.15	0.89
可供出售金融资产投资	12 871 294.34	17.75	实业	12 096 842.63	16.68
持有至到期投资	—	—	金融机构	7 698 959.22	10.62
长期股权投资	6 315 221.29	8.71	其他	43 485 790.70	59.98
其他	35 998 890.72	49.65	—	—	—
资产合计	72 504 705.17	100.00	资产合计	72 504 705.17	100.00

4.3 市场分析

4.3.1 公司业务发展的有利因素

一是虽受新冠肺炎疫情的冲击，仍不改中国经济长期向好的基本面。在世界范围内的新冠肺炎疫情"大考"中，我国防控措施取得积极成效，经济并没有"伤筋动骨"，目前已经走出最困难、最艰巨的阶段，企业复工复产积极有序推进，经济运行加快回归常态。

二是科技进步和产业变革对传统产业正在进行颠覆式重构。新产品、新工艺和新技术快速融入传统产业，大幅提升产业升级空间；同时，智能化经营方式的变革带来了全新的经营方式和经营理念，助推了新商业秩序的形成，也给金融行业带来全新的机会。

三是正本清源的信托文化正在逐步确立。20年信托业年会明确提出"弘扬信托文化"的主题，从行业顶层设计上追本溯源，助力正处于转型爬坡期的信托公司回归受托人定位，实现全行业业务模式和经营方式的根本转变。

四是公司品牌竞争力不断增强，在信托业协会评级初评中获评"A级"，在监管评级中被评为"创新类"，在公开市场主体信用评级中被评为"AAA级"，均保持最优等级。

4.3.2 影响公司业务发展的不利因素

一是国际、国内环境正在发生深刻变化，国际方面，经济持续下行，贸易摩擦与投资争端压力凸显，新冠肺炎疫情在全球扩散为未来经济走向蒙上阴影；国内方面，通胀攀升压力上升，新旧动能转换进展缓慢，投融资增长放缓，资产价格波动加剧，债务风险频发。

二是信托行业面临激烈竞争。从行业外部看，金融市场参与主体不断扩容，信托制度红利消散；从行业内部看，传统业务领域已经无法承载信托行业新的发展需求，但新的驱动尚未形成，信托公司间同质化竞争严重。

三是金融监管力度持续加大。2019年，金融监管力度和强度都达到了空前的高度，风险排查和现场检查工作呈现出系统化、常态化趋势，要求信托公司尽快转型，回归本源。

4.4 内部控制

4.4.1 内部控制环境和内部控制文化

公司按照现代企业制度要求，以受益人利益为根本出发点，建立了以党委会、股东会、董事会、监事会、管理层等为主体的法人治理结构，党委会与"三会一层"作为整体，对公司的整个经营活动统一协调，各个管理层面制度健全、运作规范、分权制衡。董事会下设信托、风险管理与审计、薪酬与考核、消费者权益保护四个专业委员会，制定了董事会各专业委员会议事规则及独立董事工作规则。报告期内，各管理层认真履行职责，党委会发挥政治核心作用。股东会有效发挥管控作用。董事会对战略定位、风险偏好、业务发展进行有效控制，董事会信托委员会、风险管理与审计委员会、监事会和独立董事充分发挥监督职能。监事会充分发挥对董事会和管理层的监督职能。基于董事会对内部控制机制和内控文化建设的高度重视，公司紧密围绕年度目标和战略转型，以能力建设为抓手，牢牢聚焦构建均衡协调的"一体两翼"资产池新格局，持续优化业务结构，全面推进业务创新和转型，建立与之匹配的内部组织架构，

强化和充实核心业务人才，加强人才队伍建设，着力完善绩效考评机制，为实现公司战略目标注入动能和活力。在经营层面，公司建立了权责明确、合理制衡、报告关系清晰的组织架构，建立了业务审查决策委员会集体决策机制，建立了合规与风险管理部、审计稽核部定期分别向董事会提交风险管理及内部审计工作情况的报告机制。公司目前已经形成了“分级管理、灵活高效、有效监督”的内部运行机制，并进行持续改善。

董事会、管理层大力倡导和培育“诚信为本、规范运作、稳健经营”的信托文化理念，严格按照监管规范要求展业，时刻将控制信托业务风险放在首位，各项经营正常稳健，未发生项目不能兑付，未因重大合规问题遭受重大财务损失或声誉损失，基本实现合规风险的有效管理。公司贯彻依法治司，严守合规底线，围绕回归本源，创新转型主题，通过合规教育、学习、测试与检查，全面提升内控管理能力。

4.4.2　内部控制措施

党委会、董事会、监事会等制定了严格的议事规则和内部控制制度。管理层本着规范管理、防范风险的原则，制定和建立了公司员工行为准则和职业道德规范，建立了合理授权、有效问责、内部举报和奖惩制度。公司内部实行授权控制、资产隔离、岗位分离、规范操作。

4.4.3　信息交流与反馈

公司建立了信息交流与反馈制度，持续提高信息化建设水平。公司信息管理系统高效运转，董事会、监事会、管理层能及时了解公司的经营和风险状况，每一项信息均能够及时传递给相关的员工，各个部门和员工的有关信息均能够顺畅反馈。

4.4.4　监督评价与纠正

公司建立了业务部门（岗位）自查、业务部门（岗位）互相制约、员工内部举报、合规部门检查、内审部门审计相结合的机制。按照风险管理“事前全面调查”“事中严格管理”“事后跟踪审查”的要求，相应规范内部审批、操作和风险管理程序，细化和完善内部控制制度，实行“全过程、嵌入式”管理。审计稽核部对业务的各项运作和风险管理进行动态审计和检查，提出整改意见和纠正措施，并督促各部门严格落实。并直接向董事会、管理层报告。

4.5　风险管理

4.5.1　风险管理概况

公司以诚信和尽职履责理念为引领，建立并不断完善了以发展战略为导向，以防范和控制风险为核心，以信息系统为支撑，覆盖公司决策、执行、监督、反馈等各环节，科学、完善、高效的风险管理体系，忠实履行受托人职责，切实实现受益人利益最大化。

4.5.2　风险状况

公司主要面临的风险包括信用风险、市场风险、操作风险等。

4.5.2.1　信用风险状况

报告期内，公司资产质量良好，项目运行正常，资产分类均为正常类，信用风险可控。公司到期的全部信托项目，均按期向受益人安全兑付信托利益。公司无新增不良资产，并严格按照有关规定计提信托赔偿准备金及风险准备。信用风险防范手段的实施以到期清偿为目的，附加过程管理，在维护受益人利益的同时，也促进了合作对手的良性发展。

4.5.2.2　市场风险状况

报告期内，公司注重市场风险的提前预判与识别，在经营目标上合理设立盈利目标，避免过分追求盈利而承受较大风险。在投资类业务上，公司对市场风险实施限额管理，根据业务性质、资本规模和风险承受能力制定对各类业务和各级限额的内部审批程序和操作规程。

4.5.2.3　操作风险状况

报告期内，公司严格执行各项规章制度，从产品设计、尽职调查、风险管控、产品营销、后续管理等环节入手，通过修订、完善各项业务指引，有效指导业务发展；通过强化法律文本的标准化制定，规范业务操作模式，防范操作风险。

4.5.2.4　其他风险状况

其他风险包括流动性风险、法律合规风险等。

4.5.2.4.1　流动性风险状况

报告期内，公司固有业务项下各项财务指标均在正常范围之内，未发生流动性异常状况。信托业务方面，对于新增项目，严格执行资管新规要求，落实资金和资产期限匹配。公司整体流动性风险控制良好。

4.5.2.4.2　法律合规风险状况

报告期内，公司通过不断强化责任意识，全面提升合规管理能力。公司严格执行各项监管要求，牢固树立“防风险、促规范”的合规意识，以强化合规经营作为经营活动的重点，以防范金融风险作为经营活动的底线，通过加强监管政策的学习和宣讲，开展多种形式的职业道德和风险警示教育，强化合规风控基础管理，确保依法合规经营，公司没有因法律合规问题而遭受法律制裁、重大财务损失或声誉损失。

4.5.3　风险管理

2019 年，公司始终围绕穿越经济周期目标，着力推进风险管控能力建设。

4.5.3.1　信用风险管理

报告期内，公司不断强化信用风险管控。严格交易对手准入标准，项目选择上坚持合法合规及符合国家政策，加大并完善对存续项目的信用风险管理。

一是以“穿越经济周期”的视角遴选交易对手，严把项目准入关。二是不断健全信用风险监测预警机制，按照“一户一策”原则，摸清摸透信用风险隐患。三是建立信用风险转移机制，切实做到“卖者有责，买者自负”。

4.5.3.2　市场风险管理

报告期内，公司通过严格监测业务风险限额，健全风险监测预警和干预机制，对各种有市场风险敞口的资产进行组合化管理，严格遵守资产配置比例要求，秉持“价值投资”理念，确保总体风险控制在风险偏好和风险承受能力之内，有效控制市场风险。

一是合理设立盈利目标，避免因过分追求盈利而承受较大风险。二是注重市场风险的提前预判与识别，强调在经营过程中提前设置相关措施对未来市场风险进行监测、对冲乃至化解。三是做到前瞻性防控、投前研判专业化、投后管理精细化。

4.5.3.3　操作风险管理

报告期内，公司持续加强操作风险防范。进一步完善内控管理制度，做好审计监督，狠抓落实，加强审核监管规定及内控制度的落实、执行情况；坚持合规风险一票否决制，严格遵守审贷分离、审投分离；强化尽职调查、抵（质）押办理、中后期管理等基础管理工作，坚决防范对操作风险的麻木和迟钝。

一是进一步建立健全内控管理制度，完善内控制度体系。二是不断强化内部审计监督，保证内部控制制度得到有效执行。三是切实加强系统建设，将信息系统的建设纳入风险管理体系建设的范畴，为业务发展和风险管理提供有力支撑。

4.5.3.4 其他风险的管理

4.5.3.4.1 流动性风险管理

报告期内，公司高度关注宏观经济政策、货币政策及资金市场供需的变化情况，公司遵循审慎、稳健的原则，针对固有业务和信托业务均制定了严格的流动性风险防范措施。

一是固有业务方面，加强资金流动性缺口的预测和风险评估，明确规定公司固有资金投资条件以及流程，保持固有资产的高流动性及收益稳定性。二是严格执行资管新规要求，加强对产品资金来源与运用的期限结构匹配性分析，严格按照“穿透”原则监测底层资产流动性状况，落实资金和资产期限匹配。三是定期对公司固有业务及信托业务进行流动性风险压力测试。

4.5.3.4.2 法律合规风险管理

报告期内，公司始终坚持业务发展与风险防控并重，把“依法合规经营”作为公司业务发展的立足点，持续开展多种形式的合规培训教育，推行诚信与正直的职业操守，强化合规经营理念的传导机制。

一是通过定期、不定期组织开展形式多样的合规教育培训及岗位规范培训。二是结合公司业务类型的发展变化，公司不断制定针对各个业务类型的业务指引和合规风控标准。三是严格问责，持续优化考核流程，不断完善激励约束机制。

5. 报告期末及上一年度末的比较式会计报表

5.1 自营资产

5.1.1 会计师事务所审计结论

德勤华永会计师事务所认为，华能贵诚信托有限公司的财务报表在所有重大方面按照企业会计准则的规定编制，公允反映了2019年12月31日的合并及母公司财务状况以及2019年度的合并及母公司经营成果和现金流量。

5.1.2 资产负债表

资产负债表

编制单位：华能贵诚信托有限公司　　2019年12月31日　　单位：万元

项　目	合并		母公司	
	年末数	年初数	年末数	年初数
资　产：				
货币资金	28 993.33	4 339.95	28 616.12	4 285.79
贵金属	—	—	—	—
拆出资金	—	—	—	—
以公允价值计量且其变动计入当期损益的金融资产	240 322.68	109 827.28	240 322.68	109 827.28
衍生金融资产	—	—	—	—
买入返售金融资产	14 900.07	86 070.44	14 900.07	86 070.44
应收利息	—	—	—	—
发放贷款和垫款	—	—	—	—
可供出售金融资产	2 072 868.82	1 846 559.55	2 049 218.87	1 824 600.36
持有至到期投资	—	—	—	—
长期股权投资	—	—	20 000.00	20 000.00
投资性房地产	—	—	—	—
固定资产	1 956.98	2 064.88	1 956.98	2 064.88
无形资产	1 207.80	1 040.40	1 207.80	1 040.40
递延所得税资产	33 333.39	28 171.22	33 333.39	28 171.22
其他资产	52 405.52	55 517.07	52 405.52	55 517.07
资产总计	2 445 988.59	2 133 590.79	2 441 961.43	2 131 577.44

资产负债表（续）

编制单位：华能贵诚信托有限公司　　2019年12月31日　　单位：万元

项　目	合并		母公司	
	年末数	年初数	年末数	年初数
负　债：				
向中央银行借款	—	—	—	—
同业及其他金融机构存放款项	—	—	—	—
拆入资金	—	—	—	—
交易性金融负债	—	—	—	—
衍生金融负债	—	—	—	—
卖出回购金融资产款	—	—	—	—
吸收存款	—	—	—	—
应付职工薪酬	101 308.61	80 858.10	101 308.61	80 858.10
应交税费	77 410.56	101 304.75	77 096.22	101 216.87
应付股利	—	—	—	—
预计负债	—	—	—	—
应付债券	—	—	—	—
递延所得税负债	5 888.44	1 560.33	5 873.79	1 559.54
其他负债	214 603.34	102 844.28	214 603.34	102 844.28
负债合计	399 210.95	286 567.46	398 881.96	286 478.79
所有者权益：				
实收资本	619 455.74	619 455.74	619 455.74	619 455.74
资本公积	606 313.90	606 313.90	606 313.90	606 313.90
减：库存股	—	—	—	—
其他综合收益	1 941.79	−288.02	1 897.81	−290.39
盈余公积	141 154.58	109 575.32	141 154.58	109 575.32
一般风险准备	105 990.09	84 514.73	105 990.09	84 514.73
未分配利润	571 921.54	427 451.66	568 267.35	425 529.35
所有者权益合计	2 046 777.64	1 847 023.33	2 043 079.47	1 845 098.65
负债和所有者权益总计	2 445 988.59	2 133 590.79	2 441 961.43	2 131 577.44

5.1.3 利润和利润分配表

利润和利润分配表

编制单位:华能贵诚信托有限公司　　2019年度　　单位:万元

项　目	合并		母公司	
	2019年度	2018年度	2019年度	2018年度
一、营业收入	506 940.96	349 188.55	504 618.04	347 738.87
利息净收入	-7 340.66	-12 237.84	-7 344.99	-12 241.09
利息收入	4 322.84	1 368.48	4 318.51	1 365.23
利息支出	11 663.50	13 606.32	11 663.50	13 606.32
手续费及佣金净收入	317 505.18	243 888.17	317 505.18	243 888.17
手续费及佣金收入	317 543.02	244 673.85	317 543.02	244 673.85
手续费及佣金支出	37.84	785.68	37.84	785.68
投资收益(损失以"-"号填列)	170 285.05	130 208.65	167 966.46	128 762.22
其中:对联营企业和合营企业的投资收益	—	—	—	—
公允价值变动收益(损失以"-"号填列)	23 295.56	-14 181.31	23 295.56	-14 181.31
汇兑收益(损失以"-"号填列)	0.32	0.92	0.32	0.92
其他业务收入	134.58	144.83	134.58	144.83
资产处置收益(损失以"-"号填列)	—	—	—	—
其他收益	3 060.93	1 365.13	3 060.93	1 365.13
二、营业支出	98 321.99	44 073.24	98 308.32	44 033.92
税金及附加	2 343.96	1 818.04	2 343.96	1 818.04
业务及管理费	86 823.70	35 966.87	86 810.03	35 927.55
资产减值损失	9 154.33	6 288.33	9 154.33	6 288.33
其他业务成本	—	—	—	—
三、营业利润(亏损以"-"号填列)	408 618.97	305 115.31	406 309.72	303 704.95
加:营业外收入	12 530.24	15 696.06	12 530.24	15 696.06
减:营业外支出	55.30	292.38	55.30	292.38
四、利润总额(亏损以"-"号填列)	421 093.91	320 518.99	418 784.66	319 108.63
减:所得税费用	103 569.41	78 689.00	102 992.04	78 336.19
五、净利润(净亏损以"-"号填列)	317 524.50	241 829.99	315 792.62	240 772.44
加:年初未分配利润	427 451.66	349 878.89	425 529.35	349 014.13
六、可供分配的利润	744 976.16	591 708.88	741 321.97	589 786.57
减:提取法定盈余公积	31 579.26	24 077.24	31 579.20	24 077.24
提取信托赔偿准备	15 789.63	12 038.62	15 789.63	12 038.62
提取一般风险准备	5 685.73	8 141.36	5 685.73	8 141.36
其他减少	—	—	—	—
七、可供股东分配的利润	691 921.54	547 451.66	688 267.35	545 529.35
减:分配股东股利	120 000.00	120 000.00	120 000.00	120 000.00
八、未分配利润	571 921.54	427 451.66	568 267.35	425 529.35

5.2 信托资产

5.2.1 信托项目资产负债汇总表

信托项目资产负债表

编制单位:华能贵诚信托有限公司　　2019年12月31日　　单位:万元

信托资产	期末余额	年初余额	信托负债和信托权益	期末余额	年初余额
信托资产:			信托负债:		
货币资金	1 107 081.74	2 050 814.54	交易性金融负债	—	—
拆出资金	—	—	衍生金融负债	—	—
存出保证金	24 550.16	5 095.00	应付受托人报酬	6 515.27	7 809.36
交易性金融资产	650 555.23	634 682.80	应付托管费	192.12	258.34
衍生金融资产	—	—	应付受益人收益	3 335.32	6 213.75
买入返售金融资产	4 153 490.13	5 568 923.41	应交税费	1 929.03	160.01
应收款项	22 480.68	112 139.42	应付销售服务费	541.77	588.18
发放贷款	15 514 631.01	12 210 236.33	其他应付款项	102 554.65	20 177.39

续表

信托资产	期末余额	年初余额	信托负债和信托权益	期末余额	年初余额
可供出售金融资产	12 871 294.34	14 528 768.19	预计负债	—	—
持有至到期投资	—	—	其他负债	—	—
长期应收款	—	—	信托负债合计	115 068.16	35 207.03
长期股权投资	6 315 221.29	9 317 591.20			
投资性房地产	—	—	信托权益:		
固定资产	—	—	实收信托	71 280 102.31	71 975 807.37
无形资产	—	—	资本公积	120 295.95	69 028.43
长期待摊费用	—	—	损益平准金	—	—
其他资产	31 845 400.59	28 361 488.87	未分配利润	989 238.75	709 696.93
减:各项资产减值准备	—	—	信托权益合计	72 389 637.01	72 754 532.73
信托资产总计	72 504 705.17	72 789 739.76	信托负债及信托权益合计	72 504 705.17	72 789 739.76

5.2.2 信托项目利润及利润分配汇总表

信托项目利润及利润分配汇总表

编制单位:华能贵诚信托有限公司　　单位:万元

项　目	2019 年度	2018 年度
1. 营业收入	5 369 310.74	5 451 912.27
1.1 利息收入	971 389.17	927 547.11
1.2 投资收益(损失以“-”号填列)	4 319 355.69	4 674 215.55
1.2.1 其中:对联营企业和合营企业的投资收益	—	—
1.3 公允价值变动收益(损失以“-”号填列)	78 386.90	-153 359.96
1.4 租赁收入	—	—
1.5 汇兑损益(损失以“-”号填列)	—	—
1.6 其他收入	178.98	3 509.57
2. 支出	793 864.67	552 145.22
2.1 营业税金及附加	15 013.77	12 279.44
2.2 受托人报酬	268 818.25	240 075.69
2.3 托管费	21 597.28	30 166.65
2.4 投资管理费	272.69	105.56
2.5 销售服务费	69 639.24	30 847.47
2.6 交易费用	1 016.18	671.05
2.7 资产减值损失	491.92	11 265.39
2.8 其他费用	417 015.34	226 733.97
3. 信托净利润(净亏损以“-”号填列)	4 575 446.07	4 899 767.04
4. 其他综合收益	4 298.38	6 789.52
5. 综合收益	4 579 744.45	4 906 556.57
6. 加:期初未分配信托利润	709 696.93	1 269 626.56
7. 可供分配的信托利润	5 289 441.38	6 176 183.13
8. 减:本期已分配信托利润	4 300 202.63	5 466 486.19
9. 期末未分配信托利润	989 238.75	709 696.93

6. 会计报表附注

6.1 会计报表编制基准、会计政策和会计估计变更、核算方法的说明

本公司财务报表以持续经营假设为基础,根据实际发生的交易和事项,按照财政部2006 年2 月15 日颁布的《企业会计准则》及其应用指南的有关规定,并基于以下所述重要会计政策、会计估计进行编制。

主要会计政策变更:本公司按财政部于2019 年4 月30 日颁布的《关于修订印发2019 年度一般企业财务报表格式的通知》(财会[2019]6 号,以下简称财会6 号文件)编制2019 年度财务报表。财会6 号文件对资产负债表和利润表的列报项目进行了修订,将“应收票据及应收账款”项目分拆为“应收票据”和“应收账款”两个项目,将“应付票据及应付账款”项目分拆为“应付票据”和“应付账款”两个项目,新增了“专项储备”项目,同时明确或修订了“一年内到期的非流动资产”“递延收益”“其他权益工具”“研发费用”“财务费用”项目下的“利息收入”“其他收益”“资产处置收益”“营业外收入”和“营业外支出”行目的列报内容,调整了“资产减值损失”项目的列示位置。在所有者权益变动表中新增了“专项储备”项目,明确了“其他权益工具持有者投入资本”项目的列报内容。对于上述列报项目的变更,本公司对上年比较数据进行了追溯调整。

6.2 或有事项说明

无。

6.3 重要资产(不含股权转让)转让及其出售的说明

无。

6.4 会计报表中重要项目的明细资料

6.4.1 披露自营资产经营情况

6.4.1.1 信用风险资产

信用风险资产五级分类	正常类(万元)	关注类(万元)	次级类(万元)	可疑类(万元)	损失类(万元)	信用风险资产合计(万元)	不良资产合计(万元)	不良资产率(%)
期初数	2 102 444.61	—	—	926.32	1 308.11	2 104 679.04	2 234.43	0.11
期末数	2 419 258.64	—	—	781.32	1 453.11	2 421 493.07	2 234.43	0.09

注:不良资产合计=次级类+可疑类+损失类。

(1)盛安房地产开发有限公司应收款项为781.32 万元,为代垫盛安公司台湾大厦后续建设资金。公司将此款项划分为可疑类,全额计提损失准备。

(2)海南贵州大厦应收款项为145 万元,为2008 年公司履行担保责任代海南贵州大厦支付执行款。该公司产权未理顺,经营不善。公司将此款项划分为损失类,全额计提损失准备。

(3)2003 年,公司信托资金委托华夏证券理财。华夏证券于2008 年7 月31 日经法院裁定受理破产,现已进入清算程序,应收华夏证券股份有限公司的余额为1 053.42 万元。公司将此款项划分为损失类,全额计提损失准备。

(4)海南发展银行清算组应收款项为247.44万元,为本公司1993年发放贷款,所质押的海南发展银行定期存单,由于海南发展银行被人民银行关闭清算,该笔定期存单成为清算债权。经清算组确认领取了海南发展银行债务确认书,目前,海南发展银行尚未清算完毕。公司将此款项划分为损失类,全额计提损失准备。

(5)李伟煤款应收款项7.25万元,为2007年子公司信达贸易公司注销转入,法院已判决,但无可执行财产。公司将此款项划分为损失类,全额计提损失准备。

前述1~5项不良资产全部为2009年公司重组前存续的不良资产。

6.4.1.2　各项资产减值损失准备

单位:万元

	期初数	本期计提	本期转回	本期核销	期末数
贷款损失准备	—	—	—	—	—
一般准备	—	—	—	—	—
专项准备	—	—	—	—	—
其他资产减值准备	5 376.67	0.00	0.00	0.00	5 376.67
可供出售金融资产减值准备	9 004.82	9 154.33	0.00	0.00	18 159.14
持有至到期投资减值准备	—	—	—	—	—
长期股权投资减值准备	—	—	—	—	—
坏账准备	2 234.43	0.00	0.00	0.00	2 234.43
投资性房地产减值准备	—	—	—	—	—

6.4.1.3　自营股票投资、基金投资、债券投资、股权投资等投资业务

单位:万元

	自营股票	基金	债券	长期股权投资
期初数	97 480.70	43 218.21	10 997.48	20 000.00
期末数	199 451.60	55 159.36	1 030.66	20 000.00

6.4.1.4　前三名的自营长期股权投资的企业名称、占被投资企业权益的比例、主要经营活动及投资收益情况等

企业名称	占被投资企业权益的比例(%)	主要经营活动	投资收益(万元)
贵诚汇鑫股权投资有限公司	100	股权投资管理等	—

6.4.1.5　前三名的自营贷款的企业名称、占贷款总额的比例和还款情况等

无。

6.4.1.6　表外业务

无。

6.4.1.7　收入结构

收入结构	合并		母公司	
	金额(万元)	占比(%)	金额(万元)	占比(%)
手续费及佣金收入	317 543.02	59.78	317 543.02	60.04
其中:信托手续费收入	317 543.02	59.78	317 543.02	60.04
投资银行业务收入	—	—	—	—
利息收入	4 322.84	0.81	4 318.51	0.82
其他业务收入	3 195.83	0.60	3 195.83	0.60
其中:计入信托业务收入部分	—	—	—	—
投资收益	193 580.61	36.45	191 262.02	36.17
其中:股权投资收益	2 600.00	0.49	2 600.00	0.49
公允价值变动收益	23 295.56	4.39	23 295.56	4.41
其他投资收益	167 685.05	31.57	165 366.46	31.27
营业外收入	12 530.24	2.36	12 530.24	2.37
收入合计	531 172.54	100.00	528 849.62	100.00

6.4.2　披露信托资产管理情况

6.4.2.1　信托资产

单位:万元

信托资产	期初数	期末数
集合	22 216 288.91	20 591 349.90
单一	21 889 427.65	19 796 512.83
财产权	28 684 023.20	32 116 842.44
合计	72 789 739.76	72 504 705.17

6.4.2.1.1　主动管理型信托业务

单位:万元

主动管理型信托资产	期初数	期末数
证券投资类	427 100.82	552 051.54
股权投资类	3 731 896.56	2 682 900.00
其他投资类	6 513 017.57	6 964 124.11
融资类	12 956 956.98	14 589 105.51
事务管理类	107.86	40.13
合计	23 629 079.79	24 788 221.29

6.4.2.1.2　被动管理型信托业务

单位:万元

被动管理型信托资产	期初数	期末数
证券投资类	—	—
股权投资类	—	—
其他投资类	—	—
融资类	—	—
事务管理类	49 160 659.97	47 716 483.88
合计	49 160 659.97	47 716 483.88

6.4.2.2　本年度已清算结束的信托项目个数、实收信托合计金额、加权平均实际年化收益率

本年度有774个项目清算,实收信托合计金额为3 114.45亿元,加权平均实际年化收益率为6.32%。

6.4.2.2.1　本年度已清算结束的集合类、单一类资金信托项目和财产管理类信托项目

已清算结束信托项目	项目个数(个)	实收信托合计金额(万元)	加权平均实际年化收益率(%)
集合类	322	12 456 175.53	6.27
单一类	369	7 729 522.15	6.56
财产管理类	83	10 958 776.03	6.24

6.4.2.2.2　本年度已清算结束的主动管理型信托项目

已清算结束信托项目	项目个数(个)	实收信托合计金额(万元)	加权平均实际年化收益率(%)
证券投资类	8	285 210.83	7.31
股权投资类	6	767 648.00	6.60

续表

已清算结束信托项目	项目个数（个）	实收信托合计金额（万元）	加权平均实际年化收益率（%）
其他投资类	395	6 741 601.34	6.58
融资类	101	6 922 912.64	6.03
事务管理类	—	—	—

6.4.2.2.3　本年度已清算结束的被动管理型信托项目

已清算结束信托项目	项目个数（个）	实收信托合计金额（万元）	加权平均实际年化收益率（%）
证券投资类	—	—	—
股权投资类	—	—	—
其他投资类	—	—	—
融资类	—	—	—
事务管理类	264	16 427 100.90	6.32%

6.4.2.3　本年度新增的集合类、单一类和财产管理类信托项目

新增信托项目	项目个数（个）	合计金额（万元）
集合类	356	13 417 391.25
单一类	365	8 468 062.46
财产管理类	81	25 655 231.85
新增合计	802	47 540 685.56

续表

新增信托项目	项目个数（个）	合计金额（万元）
其中：主动管理型	587	19 438 939.62
被动管理型	215	28 101 745.94

6.4.2.4　信托业务创新成果和特色业务有关情况

公司坚持以创新为第一驱动力，树立跨界融合新理念，以信托的灵活机制为核心抓手，打破传统思维藩篱，灵活运用多种金融手段，满足日益复杂和个性的客户需求。在资产证券化、消费金融、家族信托、慈善信托等多个领域都取得了进展，在持续丰富公司资产池内涵的同时，品牌影响力不断增强，成为某些细分领域的行业领跑者。

6.4.2.5　本公司履行受托人义务情况及因本公司自身责任而导致的信托资产损失情况

公司严格遵照行业监管法规和信托合同规定，在信息披露、受托资产管理、信托财务核算、项目到期清算及信托财产分配等方面都能自觉履行受托人义务，全年不存在因公司自身责任导致信托资产发生损失的情况。

6.5　关联方关系及其交易披露

6.5.1　关联交易方的数量、关联交易的总金额及关联交易的定价政策等

	关联交易方数量	关联交易金额（万元）	定价政策
合计	6	7 919 699.58	以市场交易价格为定价依据

6.5.2　关联交易方与本公司的关系性质、关联交易方的名称、法定代表人、注册地址、注册资本及主营业务等

关系性质	关联方名称	法定代表人	注册地址	注册资本（万元）	主营业务
实际控制人	中国华能集团公司	舒印彪	北京市海淀区复兴路甲23号	3 490 000	组织电力（煤电、气电、水电、风电、太阳能发电、核电、生物质能发电等）、热、冷、汽的开发、投资、建设、生产、经营、输送和销售等。
同属一最终控制方	中国华能财务有限责任公司	张咸阳	北京市西城区复兴门南大街丙2号天银大厦C段西区7层、8层	500 000	对成员单位办理财务和融资顾问、信用鉴定及相关的咨询、代理业务等。
同属一母公司控制	长城证券股份有限公司	曹　宏	深圳市福田区福田街道金田路2026号能源大厦南塔楼10－19层	310 341	证券经纪；证券投资咨询；与证券交易、证券投资活动有关的财务顾问等。
同属一母公司控制	永城财产保险股份有限公司	许　坚	中国（上海）自由贸易试验区世博馆路200号	217 800	财产损失保险、责任保险、信用保险和保证保险；短期健康保险和意外伤害保险；上述业务的再保险业务，国家法律、法规允许的保险资金运用业务；经保监会批准的其他业务。
股东的关联企业	贵阳银行股份有限公司	张正海	贵州省贵阳市观山湖区长岭北路中天·会展城B区金融商务区东区1－6栋	321 803	人民币业务：吸收公众存款；发放短期、中期和长期贷款；办理国内结算；办理票据帖现、承兑；发行金融债券；代理发行、代理兑付、承销政府债券；买卖政府债券；从事同业拆借等。
自有资金投资的企业的关联企业	珠海横琴汇鑫创投一号投资管理合伙企业（有限合伙）	顾学新	珠海市横琴新区环岛东路1889号创意谷19栋－4	20 000	股权投资，项目投资及投资管理；企业管理咨询、投资咨询，财务顾问；从事其他投资及投资管理业务。

6.5.3　本公司与关联方的重大交易事项

6.5.3.1　固有财产与关联方

单位：万元

固有财产与关联方关联交易			
	期初数	发生额	期末数
贷款	—	—	—
投资	—	—	—
租赁	—	—	—

续表

固有财产与关联方关联交易			
	期初数	发生额	期末数
担保	—	—	—
应收账款	—	—	—
其他应收款项	9.11	78.77	87.88
其他应付款项	—	—	—
其他	—	550 224.10	—
合计	9.11	550 302.87	87.88

6.5.3.2　信托资产与关联方

单位:万元

信托资产与关联方关联交易			
	期初数	发生额	期末数
贷款	89 975.00	909 670.00	999 645.00
投资	—	10.00	10.00
租赁	—	—	—
担保	—	—	—
应收账款	—	—	—
其他	250 010.00	-123 242.84	126 767.17
合计	339 985.00	786 437.17	1 126 422.17

信托资产与关联方交易:主要关联交易对家共3家,分别为中国华能集团有限公司、贵阳银行股份有限公司、珠海横琴汇鑫创投一号投资管理合伙企业(有限合伙)。具体关联交易方与本公司的关系性质、关联交易方的名称、法定代表人、注册地址、注册资本及主营业务等详见表6.5.2。

6.5.3.3　固有财产与信托财产之间的交易

单位:万元

固有财产与信托财产相互交易			
	期初数	本期发生额	期末数
合计	1 390 772.59	370 469.53	1 761 242.12

6.5.3.4　信托资产与信托财产之间的交易

单位:万元

信托资产与信托财产相互交易			
	期初数	本期发生额	期末数
合计	1 069 698.68	3 962 248.73	5 031 947.41

6.5.4　关联方逾期未偿还本公司资金的详细情况以及本公司为关联方担保发生或即将发生垫款的详细情况

无。

6.6　会计制度的披露

本公司固有业务和信托业务均执行财政部颁布的企业会计准则及相关规定。

7. 财务情况说明书

7.1　利润实现和分配情况

2019年,公司实现净利润为315 792.62万元,按净利润5%的比例提取信托赔偿准备15 789.63万元,按净利润10%的比例提取盈余公积31 579.26万元,当年分配股利120 000万元,年末未分配利润为568 267.35万元。

7.2　主要财务指标

指标名称	指标值(合并)	指标值(母公司)
资本利润率(%)	16.49	16.42
人均净利润(万元)	875.33	870.55

7.3　对本公司财务状况、经营成果有重大影响的其他事项

本年政府补贴收入12 468.17万元。

7.4　净资本情况

指标名称	指标值
净资本(万元)	1 781 163.16
风险资本(万元)	841 634.69
净资本/各项业务风险资本之和(%)	211.63
净资本/净资产(%)	87.18

8. 特别事项揭示

8.1　前五名股东报告期内变动情况

贵州产业投资(集团)有限责任公司更名为贵州乌江能源投资有限公司。

8.2　董事、监事及高级管理层变化情况

报告期内,因工作原因,段心烨、田露担任公司董事,严晓茂、王颖不再担任公司董事。孙磊担任职工董事,金志培不再担任职工董事。刘荣俊担任职工监事,于新仁不再担任职工监事。孙磊任公司总经理,金志培不再担任公司总经理。雷妮亚任公司副总经理兼首席合规官,顾学新任公司副总经理,郝杰、王剑任公司总经理助理。

8.3　变更注册资本、变更公司名称、地址

无。

8.4　公司重大诉讼事项

无。

8.5　公司及其董事、监事和高级管理人员受到处罚的情况

无。

8.6　银监会及其派出机构对公司检查后的整改情况

无。

8.7　本年度重大事项临时报告的简要内容、披露时间、所披露的媒体及其版面

(1)2019年1月10日,在《金融时报》第3版刊登了公司注册资本变更的公告。

(2)2019年4月15日,在《金融时报》第3版刊登了变更公司章程和总经理的公告。

(3)2019年12月6日,在《金融时报》第3版刊登了公司章程及会计师事务所变更的公告。

8.8 中国银保监会及其省级派出机构认定的其他有必要让客户及相关利益人了解的重要信息

无。

9. 公司监事会意见

公司监事会严格按照《公司法》《公司章程》等的规定，认真履行职责，积极参加股东会，列席董事会会议，对公司2019年依法运作进行监督。监事会认为，公司不断健全和完善内部控制制度；公司党委会了发挥政治核心作用；董事会运作规范、决策合理、程序合法，认真执行股东大会的各项决议，忠实履行了诚信义务；公司董事、高级管理人员执行公司职务时不存在违反法律法规、《公司章程》或损害公司利益的行为；合规管理工作与业务发展并重；财务制度健全、内控制度完善，财务运作规范、财务状况良好；董事会编制和审核公司2019年度报告的程序符合法律、行政法规的规定，报告内容真实、准确、完整地反映了公司的财务状况和经营成果，不存在任何虚假记载、误导性陈述或者重大遗漏。

华融国际信托有限责任公司

1. 重要提示

1.1 公司董事会及董事保证本报告所载资料不存在任何虚假记载、误导性陈述或者重大遗漏，并对其内容的真实性、准确性和完整性承担个别及连带责任。

1.2 公司独立董事邢成、何维达、周利国声明：保证年度报告内容的真实性、准确性、完整性。

1.3 公司董事长白俊杰、会计部门负责人杨丽声明：保证本年度财务会计报告的真实、完整。

2. 公司概况

2.1 公司简介

华融国际信托有限责任公司（以下简称华融信托）是在重组新疆国际信托投资有限责任公司基础上设立的，新疆国际信托投资有限责任公司成立于1987年1月。2002年5月，公司增资改制为有限责任公司。2002年7月，中国人民银行以银复[2002]216号文批准予以重新登记。2008年2月，中国银监会以银监复[2008]78号文批准中国华融资产管理股份有限公司重组新疆国际信托投资有限责任公司。公司注册地址：新疆乌鲁木齐市天山区中山路333号，注册资本金为303 565.33万元。

2.1.1 公司法定中文名称：华融国际信托有限责任公司

公司英文名称：Huarong International Trust Co.，Ltd.

公司英文名称缩写：Huarong Trust

2.1.2 公司法定代表人：白俊杰

2.1.3 公司注册地址：新疆乌鲁木齐市天山区中山路333号

邮政编码：830002

公司国际互联网网址：http//www.huarongtrust.com.cn

公司电子信箱：hrxt@chamc.com.cn

2.1.4 公司负责信息披露事务人员

联系人：张园园

联系电话：010-57783648

传真：010-56678537

电子信箱：zhangyy@chamc.com.cn

2.1.5 公司信息披露报纸名称：《证券时报》

公司年度报告备置地点：新疆维吾尔自治区乌鲁木齐市中山路333号

登载年度报告的互联网网址：http//www.huarongtrust.com.cn

2.1.6 公司聘请的会计师事务所名称：德勤华永会计师事务所（特殊普通合伙）北京分所

公司聘请的会计师事务所办公地址：北京市朝阳区针织路23号中国人寿金融中心

公司聘请的律师事务所名称：北京市兰台律师事务所

公司聘请的律师事务所办公地址：北京市朝阳区曙光西里甲一号（第三置业大厦）B座29层

2.2　组织结构

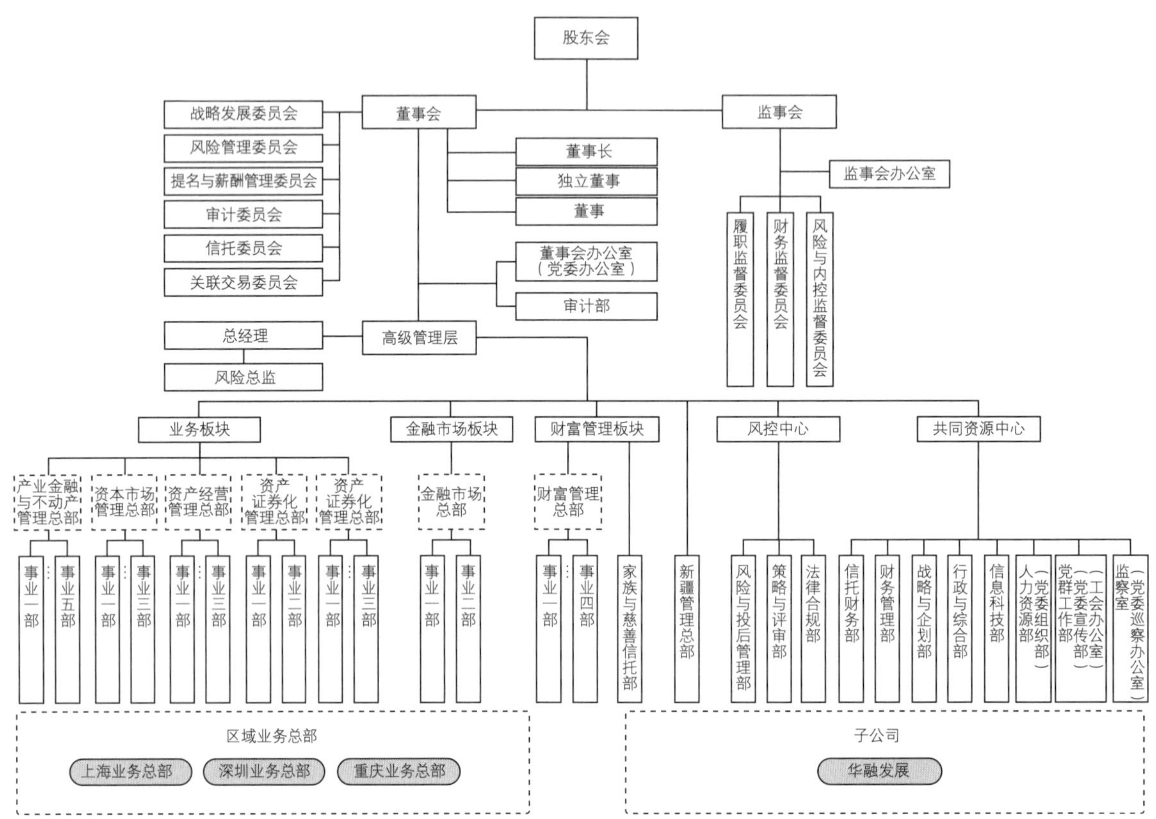

3. 公司治理

3.1　股东

报告期末股东总数为5家。

股东名称	持股比例（%）	法人代表	注册资本（万元）	注册地址	主要经营业务及主要财务情况
中国华融资产管理股份有限公司★	76.79	王占峰	3 907 020.85	北京市西城区金融大街8号	收购受托经营金融机构和非金融机构不良资产，对不良资产进行管理、投资和处置；债权转股权，对股权资产进行管理、投资和处置；破产管理；对外投资；买卖有价证券；发行金融债券、同业拆借和向其他金融机构进行商业融资；经批准的资产证券化业务、金融机构托管和关闭清算业务；财务、投资、法律及风险管理咨询和顾问业务；资产及项目评估。财务状况良好。
长城人寿保险股份有限公司	14.64	白力	553 164.39	北京市西城区平安里西大街31号3层	人寿保险、健康保险、意外伤害保险等各类人身保险业务；上述业务的再保险业务；国家法律、法规允许的保险资金运用业务；经中国保监会批准的其他业务（企业依法自主选择经营项目，开展经营活动；依法须经批准的项目，经相关部门批准后依批准的内容开展经营活动；不得从事本市产业政策禁止和限制类项目的经营活动）。财务状况良好。
珠海市华策集团有限公司	7.32	杨峰	10 000	珠海市拱北侨光路5号华策大厦14楼	房地产开发；自有物业租赁；电脑平面设计；商业批发；零售（不含许可经营项目）。财务状况良好。
新疆凯迪投资有限责任公司	0.74	李新忠	42 000	乌鲁木齐市高新区（新市区）鲤鱼山北路199号	证券业投资、矿业投资、项目投资、股权投资；资产管理；房屋、车辆、设备租赁；与投资相关的咨询服务；原油、成品油、其他石油制品销售。财务状况良好。
新疆恒合投资股份有限公司	0.51	王誉谚	11 440	新疆乌鲁木齐市沙依巴克区黄河路1号	高新技术产业；新兴产业的风险投资、经营及管理；优势传统产业、资本市场的投资、经营管理；投资及融资信息咨询；汽车、房屋及机械设备的租赁。财务状况良好。

注：最终实际控制人在股东名称一栏中加★表示。

3.2 董事

董事长、董事

姓名	职务	性别	年龄（岁）	选任日期	所推举的股东名称	该股东持股比例（%）	简要履历
白俊杰	董事、董事长	男	52	2019年11月21日	中国华融资产管理股份有限公司	76.79	本科，曾在中国工商银行福建省分行、中国华融资产管理公司福州办事处、研究发展部、经营发展部、投资事业部、重庆办事处等多部门工作，历任中国华融资产管理股份有限公司重庆市分公司党委书记、总经理，中国华融资产管理股份有限公司资产经营事业部总经理，中国华融资产管理股份有限公司投资拓展部总经理兼华融西部开发投资股份有限公司董事，华融资本管理有限公司党委书记、董事长、法定代表人，中国华融资产管理股份有限公司投资拓展部总经理，华融国际金融控股有限公司董事长，华融华侨资产管理股份有限公司党委副书记、董事长、法定代表人；现任华融国际信托有限责任公司党委书记、董事、董事长、法定代表人。
马肯·穆哈买提都拉	董事	男	59	2014年10月24日	中国华融资产管理股份有限公司	76.79	本科，历任中国工商银行新疆区分行工业信贷处副处长（正处级），中国工商银行新疆区分行副总经济师，中国华融资产管理公司乌鲁木齐办事处党委书记、总经理，中国华融资产管理股份有限公司新疆维吾尔自治区分公司党委书记、总经理；现任华融国际信托有限责任公司董事。
王　鹰	职工董事	男	57	2016年12月23日	中国华融资产管理股份有限公司	76.79	硕士，历任新疆国际信托投资公司计划财务部经理、证券投资部经理，新疆国际信托投资公司副总经理、党委委员，华融国际信托有限责任公司总经理助理、副总经理、党委委员，华融国际信托有限责任公司风险执行评审委员会副主任委员；现任华融国际信托有限责任公司职工董事。
苏小勇	董事、风险总监	男	43	2019年12月11日	中国华融资产管理股份有限公司	76.79	博士，曾在河南理工大学参加工作，历任中国华融资产管理公司法律事务部高级经理，华融前海财富管理股份有限公司党委委员、董事、副总经理、风险总监、纪委书记；现任华融国际信托有限责任公司党委委员、董事、风险总监。
唐　军	董事	男	50	2019年1月3日	长城人寿保险股份有限公司	14.64	博士，历任北京市化学工业研究院副院长，明天集团总裁助理，建通投资公司执行总裁，财富联合投资集团副总裁，北京金融街投资（集团）金融保险部经理，长城人寿保险股份有限公司副总经理、董事会秘书，长城财富保险资产管理股份有限公司董事长；现任长城人寿保险股份有限公司董事会秘书，华融国际信托有限责任公司董事。
魏哲明	董事	男	37	2019年11月29日	新疆凯迪投资有限责任公司	0.95	硕士，历任特变电工股份有限公司处长助理、大客户经理、部长助理，上海永宣（联创）股权投资管理有限公司投资总监，新疆天山毛纺织股份有限公司董事会秘书、副总经理，新疆西拓矿业股份有限公司董事，新疆凯迪毛纺织股份有限公司副总经理、董事会秘书，德展大健康股份有限公司（000813）董事；现任新疆凯迪投资有限责任公司投资总监，新疆交易市场建设集团有限公司董事，新疆智联趋势信息科技有限公司董事，新疆天山产业投资基金管理有限公司董事长，华融国际信托有限责任公司董事。

独立董事

姓名	所在单位及职务	性别	年龄（岁）	选任日期	所推举的股东名称	该股东持股比例（%）	简要履历
邢　成	中国人民大学信托与基金研究所执行所长	男	57	2009年3月5日	中国华融资产管理股份有限公司	76.79	南开大学博士，现任中国人民大学信托与基金研究所执行所长、教授。
何维达	北京科技大学经管学院教授、企业与产业发展研究所所长	男	59	2010年2月26日	中国华融资产管理股份有限公司	76.79	中南财经政法大学博士，现任北京科技大学经济管理学院教授，企业与产业发展研究所所长。
周利国	中央财经大学商学院教授、博士生导师、经济学博士	男	61	2016年10月24日	中国华融资产管理股份有限公司	76.79	中央财经大学博士，现任中央财经大学商学院教授、博士生导师。

3.3 监事

监事会成员

姓名	职务	性别	年龄（岁）	选任日期	所推举的股东名称	该股东持股比例（%）	简要履历
孟玲虎	监事长	男	57	2019年2月20日	中国华融资产管理股份有限公司	76.79	本科，曾在中国人民银行兰州西固新城分理处工作，历任中国工商银行兰州市支行会计出纳科副科长、东岗办事处副主任，中国工商银行兰州市分行会计部主任、副行长，中国工商银行甘肃省分行公存委代处副处长、项目信贷处副处长，中国华融资产管理公司兰州办事处资金财务部负责人、资金财务部高级经理，中国华融资产管理公司郑州办事处党委委员、总经理助理、副总经理，中国华融资产管理公司呼和浩特办事处党委副书记、副总经理、党委书记、总经理，中国华融资产管理股份有限公司内蒙古自治区分公司党委书记、总经理，中国华融资产管理股份有限公司河南省分公司党委书记、总经理；现任华融国际信托有限责任公司党委副书记、监事会监事、监事长。

续表

姓　名	职　务	性别	年龄（岁）	选任日期	所推举的股东名称	该股东持股比例（%）	简要履历
刘绍华	专职监事	男	55	2016年1月8日	中国华融资产管理股份有限公司	76.79	本科，历任新疆国际信托投资公司金融部经理、第二支部书记，新疆国际信托投资公司党委委员、副总经理、董事，华融国际信托有限责任公司党委委员、信托业务一部副总经理，华融国际信托有限责任公司党委委员、总经理助理兼信托业务二部总经理，华融国际信托有限责任公司党委委员、副总经理，华融国际信托有限责任公司党委委员、纪委书记、工会主席；现任华融国际信托有限责任公司监事会监事。
黄增伟	监事	男	39	2018年3月12日	新疆凯迪投资有限责任公司	0.74	本科，历任天山水泥股份有限公司及天山建材（集团）公司会计、财务部部长，新疆自治区审计厅科员，中泰化学和中泰集团审计、投资管理部副部长，新疆中泰矿冶有限公司财务总监，新疆中泰托克逊能化有限公司、新疆新冶能化有限公司财务总监，新疆中泰圣雄能源工业园区财务总监；现任新疆凯迪投资有限公司计划财务部经理。
闫　剑	监事	男	47	2017年2月17日	新疆恒合投资股份有限公司	0.51	硕士，历任新疆金新金融研究所副所长，安徽蚌埠商业银行董事长助理，新疆国际信托投资公司信托经理，新疆西部伟业投资公司总经理，云南三鑫矿业公司总经理，新疆康普建设投资（集团）有限公司负责筹建小额贷款公司；现任新疆恒合投资股份有限公司常务副总经理。
刘浩蔚	职工监事	女	43	2019年11月8日	职工代表大会	—	本科，曾在北京住房公积金管理中心、中国华融资产管理公司工作，历任华融国际信托有限责任公司资金财务部高级会计经理、资金财务部副总经理、信托财务部总经理、托管运营部总经理、运营总监；现任华融国际信托有限责任公司信托财务部总经理。
王　娜	职工监事	女	40	2016年11月14日	职工代表大会	—	博士，历任邮储银行四川省分行直属支行信贷业务主管，邮储银行四川省分行信贷业务部零售贷款审批人，兴业银行成都分行信用审查部对公信贷审查，兴业银行总行投行部高级风险经理，华融国际信托有限责任公司业务审查部副总经理；现任华融国际信托有限责任公司策略与评审部副总经理。
安维斯	职工监事	女	35	2019年11月8日	职工代表大会	—	硕士，历任安永华明会计师事务所高级审计师，华融国际信托有限责任公司审计部职员、审计部审计经理、审计部高级审计经理、审计部总经理助理；现任华融国际信托有限责任公司审计部副总经理。

3.4　高级管理人员

高级管理人员

姓　名	职务	性别	年龄（岁）	选任日期	金融从业年限（年）	学历	专业
高翠霞	党委副书记（总经理级）	女	57	2016年5月24日	8	博士	自然地理学
王璠	党委委员、副总经理	男	45	2019年6月6日	16	硕士	金融学
苏小勇	党委委员、董事、风险总监	男	43	2019年11月21日	7	博士	金融学
马雪梅	党委委员、纪委书记	女	45	2017年8月18日	6	硕士	日语
何保庆	副总经理	男	54	2016年12月12日	25	本科	农业经济及管理
刘建春	副总经理	男	53	2017年4月26日	31	本科	金融学
李厚啟	副总经理	男	52	2016年6月13日	31	硕士	工商管理

3.5　公司员工

项　目		报告期年度		上年度	
		人数（人）	比例（%）	人数（人）	比例（%）
年龄分布	25岁以下	1	0	5	1
	25～29岁	38	14	61	17
	30～39岁	157	56	196	56
	40岁以上	84	30	91	26%
学历分布	博士	12	4	14	4
	硕士	163	58	208	59
	本科	99	35	124	35
	专科及其他	6	2	7	2

续表

项　目		报告期年度		上年度	
		人数（人）	比例（%）	人数（人）	比例（%）
岗位分布	高管人员	14	5	16	5
	业务人员	154	55	235	67
	其他	110	39	100	28

4. 经营管理

4.1　经营目标、经营方针、战略规划

4.1.1　经营目标

公司经营目标是加快创新转型，优化业务结构，发展成以

不良资产经营为特色、信托本源业务突出、主动管理能力强、风险管控水平高、核心竞争力显著的优秀信托公司。

4.1.2 经营方针

公司经营方针是坚守合规底线，严格执行监管政策和监管要求；回归信托本源，围绕服务实体经济布局业务；强化集团协同，充分发掘大股东优势资源；提升发展质量，以全面风险防控体系保障可持续发展。

4.1.3 战略规划

公司战略规划是以监管政策与资管新规为准绳，以中国华融“两个回归”为引领，发挥华融主业和信托制度“两个优势”，强化与华融分公司战略协同，围绕不良做优良，坚守本源做信托，实现不良资产业务和信托本源业务“双轮驱动”，打造聚焦不良资产业务、坚守信托本源业务的专业金融服务机构。

4.2 所经营业务的主要内容

公司目前经营的业务品种主要分为信托业务和固有业务。

4.2.1 信托业务

截至 2019 年末，华融信托当年新增信托资产规模为 467.91 亿元，管理存续信托资产规模为 1 424.61 亿元。管理的存续信托资产规模中，主要投向工商企业、房地产行业和基础产业；新增信托项目的主要投向是房地产行业、工商企业、基础产业和金融机构。整体来看，存续资产的行业分布较为均衡，有利于资产的风险分散和资产安全。

信托资产运用与分布表

序号	资金运用	金额（万元）	占比（%）	资产分布	金额（万元）	占比（%）
1	货币资金	266 827.29	1.87	金融机构	2 341 847.87	16.44
2	买入返售金融资产	93 458.18	0.66	证券投资	1 635 541.10	11.48
3	交易性金融资产	1 057 575.80	7.42	工商企业	4 197 651.49	29.47
4	可供出售金融资产	3 414 777.54	23.97	基础产业	2 450 413.97	17.20
5	持有至到期投资	288 467.38	2.02	房地产	3 250 401.83	22.81
6	长期股权投资	2 478 757.37	17.40	其他	370 211.40	2.60
7	客户贷款	5 447 899.13	38.24	—	—	—
8	其他	1 198 304.97	8.42	—	—	—
	资产总计	14 246 067.66	100.00	资产总计	14 246 067.66	100.00

4.2.2 固有业务

固有资产运用与分布表

序号	资金运用	金额（万元）	占比（%）	资产分布	金额（万元）	占比（%）
1	货币资产	166 580.33	9.71	基础产业	—	—
2	贷款及应收款	59 669.98	3.48	房地产业	—	—
3	交易性金融资产	957 668.02	55.80	证券市场	16 307.76	0.95
4	其他债权投资	459 793.32	26.79	实业	—	—
5	递延所得税资产	56 173.36	3.27	金融机构	1 567 733.91	91.34
6	长期股权投资	1 319.01	0.08	其他	132 112.81	7.71
7	其他	14 950.46	0.87	—	—	—
8	资产总计	1 716 154.48	100.00	资产总计	1 716 154.48	100.00

4.3 市场分析

4.3.1 有利因素

供给侧结构性改革取得实效，经济结构进一步优化，发展质量提升。经济新动能开始发力，高新技术产业、大健康行业、消费升级产业、新能源行业、新兴服务业带来更多投资机会。国家加大基础设施投资、加快推进国企混改、鼓励并购重组等政策，为信托行业带来广阔的业务空间。

随着中国家族财富的不断积累，高净值客户日益增多，对财富管理的需求持续上涨，财产管理类信托具有较大的发展潜力，将为信托行业带来稳定的利润增长点。

大资管业的统一监管创造更加公平的竞争环境，当前监管引导信托回归本源，服务实体经济，鼓励合规开展公益信托、资产证券化、法治化市场化债转股、股权投资等业务，信托公司市场空间依然较大。

金融科技等新技术将从渠道创新、产品服务创新和运营创新三个层面为信托业带来创新发展机遇。

4.3.2 不利因素

国外经济不确定性因素增加，国内经济结构性、周期性调整带来阵痛，宏观经济稳中有变、变中有忧，信用风险持续爆发，信托公司风险管控难度加大。

监管形势趋严，强调去嵌套、去通道、去杠杆，治市场乱象力度持续加大，传统业务和通道业务受限，总体业务规模收缩，对信托公司盈利能力提出了考验。

信托公司长期以来的发展模式存在短板，缺乏核心竞争力。净值化管理、打破刚性兑付的发展趋势对信托行业转型提出了迫切要求，对信托公司创新能力形成挑战。

各大商业银行理财子公司纷纷设立，信托公司将面临更加激烈的同业竞争环境。

4.4 内部控制

4.4.1 内部控制环境和内部控制文化

华融信托按照现代金融企业制度要求，建立科学的公司法人治理结构，成立股东会、董事会、监事会并制定相应议事规则，根据有关法律法规及《公司章程》分别行使职责。董事会层面设立战略发展委员会、风险管理委员会、提名与薪酬管理委员会、审计委员会、信托委员会及关联交易委员会，对涉及公司战略发展、薪酬考核、风险控制等重大事项进行民主决策、集体审议；监事会层面设立风险与内控监督委员会、财务监督委员会、履职监督委员会，对公司风控、财务、履职等情况进行有效监督，各委员会均制定了工作规则，使公司在科学决策和风险管控方面增强了独立性、专业性和科学性。公司设立的独立董事工作制度进一步完善了公司的法人治理结构，加强了公司董事会决策的科学性，强化了对内部董事及经营层的约束和监督机制；董事会组建经营层，由总经理组织公司日常经营管理工作并对董事会负责；总经理层面设立总经理办公会、业务审查委员会、资产评估审查委员会、风险项目处置委员会、资金财务审查委员会、大额采购委员会，分别负责对公司重大决策事项、各项业务方案、重大风险管理解决方案和重大资金运用与支出等事项进行审查。根据银监会监管要求及实际需要，公司设立董事会办公室、监事会办公室、行政与综合部、纪委办公室、人力资源部、风险与投后管理部、策略与评审部、法律合规部、财务管理部、信托财务部及其他业务部门等系列职能部室，从而形成一个结构合理、管理科学、内部控制有效的治理结构和机制。

4.4.2 内部控制措施

公司建立了完善的各层级授权制度，明确董事会、监事会、经营层的权限及职责。董事会作为公司决策机构，负责决定公司内部管理机构的设置、制定公司的基本管理制度、决定公司对外重大投资、重大资产处置事项、决定公司资本金运用、资产抵押、对外担保、关联交易等事项。为防范风险，董事会对重大资本金项目、重大信托项目负责审查审批。董事会严格按照董事会议事规则召开会议。公司设立监事会，监事会为公司的监督机构。监事会按照《公司法》和《公司章程》赋予的职责和权利，依法运作，认真履职。经营层通过董事会的授权在权限范围内履行职责，建立健全内部控制体系，保证内部控制的各项职责得到有效履行，负责对内部控制的充分性与有效性进行监测评估；并负责执行董事会批准的各项规划、决策和制度。

公司坚持制度先行、规范经营的理念。2019 年，公司根据新实施的监管政策和法规，以及公司业务开展和风险管理的实际需要，修订《党委工作规则》《党委贯彻落实“三重一大”决策制度的实施细则（2019 年版）》，新建《党委党务公开实施细则（试行）》《党的建设工作规划整改规范阶段实施方案（2019 年 7 月 –2020 年 6 月）》，进一步规范党委工作，发挥党委政治核心作用；修订《股东会议事规则（2019 年版）》《董事会议事规则（2019 年版）》，规范股东会和董事会的组织和行为；修订《业务审查工作规则（2019 年版）》《风险项目审议工作规则（2019 年版）》《信托业务尽职调查操作指引（2019 年版）》，进一步规范业务报审全流程，提升审查决策的科学性、民主性、专业性和有效性；同时，对各项业务制度重新进行了全面的梳理、完善和补充，进一步优化业务流程，有效防范及控制各种风险。

4.4.3 信息交流与反馈

公司建立了信息披露工作制度及信息交流、汇报、反馈程序，以及督办工作机制，通过工作简报、办公会议纪要、专题报告、督办报表、内部要情通报、审计报告等多种形式进行信息交流、汇报和反馈，使董事会和经营层能够及时了解业务信息、管理信息以及其他重要风险信息；所有员工能充分了解相关信息、遵守涉及其责任和义务的政策、程序；及时、真实、完整地向监管机构和外界报告、披露相关信息；及时把与企业既定经营目标有关的信息提供给所有员工等。

4.4.4 监督评价与纠正

公司自觉接受监事会的监督。公司监事列席董事会，随时对公司特别是董事和高管人员的合规运作及勤勉尽责情况进行监督。严格按照有关信托法规，进一步完善内部控制制度。做到公司自营业务和信托业务分离，维护委托人和受益人的合法权益。加强内部审计部门职能，坚持按季度对公司业务进行审计，并报告董事会、监事会和监管部门。

4.5 风险管理

4.5.1 风险管理概况

公司坚持“稳中求进”工作总基调和“建设高质量发展新华融”目标，加大工作力度，树立正确的发展观和风险观，不断健全全面风险防控体系，较好地控制了公司经营管理中的各类风险；坚持全面风险管理理念，始终将“防风险”作为稳健发展的重要保障，牢固树立审慎经营理念，不断提高全员风险管理意识，逐步完善风险预警机制，明确和落实各级风险管理职责，积极适应业务发展和业务创新的需要，切实把风险管理工作做深、做实、做细；2019 年全面推进公司内部控制与操作风险管理体系建设，继续对风险管理全流程各环节的相关制度进行梳理、调整和完善。召开年度风险管理工作会议，落实金融风险防控的工作要求；强化风险防化责任，签订风险防化目标责任状；落实监管，组织开展进一步深化整治银行业市场乱象工作。完善资产分类办法，做好减值、估值工作，加强风险资产管理水平；落实总部风险限额管理要求，防范客户集中度风险；将反洗钱纳入全面风险管理体系中，强化反洗钱管理。

为加强风险管理，公司在董事会下设风险管理委员会、审计委员会。董事会风险管理委员会负责向董事会报告公司的风险合规与内部控制等情况，同时负责对提交董事会审议的重大业务项目提出审查意见。审计委员会主要负责审查公司内部控制制度以及公司建立的用于监控行为准则遵循情况的规划，负责监督董事会决议的执行情况、在公司重大财务问题的处理上提出独立的意见等。在经营层层面设立风险管理和内部控制委员会，负责公司风险管理和内部控制的协调、议事及重大事项的决策。公司设立风险与投后管理部、策略与评审部和法律合规部等风控部门。风险与投后管理部负责组织推动公司全面风险管理体系建设，组织制定公司风险管理基本政策和基本制度；负责对公司项目进行监测、分析和评价；负责与业务、审查等部门就项目的后期管理工作进行衔接、督促检查和评价；负责组织协调业务部门及时拟定风险项目的处置预案，督促处置预案的落实；负责组织开展项目风险案例警示工作；负责牵头组织公司风险项目处置工作；负责对公司拟实施项目出具合规性意见。策略与评审部负责对提交公司业务审查委员会审议的项目进行独立业务审查，提出审查意见，并出具审查意见书，负责向业务审查委员会报告并接受委员询问。法律合规部负责对公司拟实施项目发表法律审查意见，对公司签署的法律合同、法律文件进行审查；负责对相关外部律师的聘用进行管理等。

4.5.2 风险状况

4.5.2.1 信用风险状况

公司可能面临的信用风险主要是交易对手无法履约的风险。对于信用风险的控制，一是公司注重交易对手的选择，通过项目前期尽职调查、交易结构设计、抵（质）押担保条件的设置、项目投后尽职管理、现金流的监测、资金监管等措施，从项目的全过程加强对信用风险的防范和控制；二是采用资产分类、信贷资产评级等信用度量指标进行信用风险评级，并不断改进信用分析方法和技术；三是公司始终坚持抵押品确认原则，抵押品必须足值、足额、合法、有效、容易变现；四是严格按照规定对信用风险资产合理计提一般准备和专项准备。

公司按照有关规定足额计提各类风险准备。一般准备金的计提比例由公司综合考虑其所面临的风险状况等因素确定，原则上一般准备金余额不低于风险资产期末余额的 1.5%。信托赔偿准备金按照税后净利润的 5% 计提，累计总额达到公司注册资本的 20% 时不再提取。

公司严格按照监管制度和公司制度定期对公司资产质量进行分类。截至2019年12月31日,公司不良资产账面值为21 342.13万元。

4.5.2.2 市场风险状况

市场风险指公司因股价、市场汇率、利率及其他价格因素变动给公司盈利能力和财务状况带来的风险。公司管理的金融产品主要包括债券、货币基金、债券基金和股票等。由于货币基金及债券基金主要投资低风险资产,因此受价格变动影响较小,且流动性强,市场风险较低。尽管面临着未来利率市场化和国家相关利率调控政策的影响,该类金融资产的贷款利率和收益率均已经稳定在合理市场水平,受到市场波动而导致获利受影响的范围较小。

4.5.2.3 操作风险状况

操作风险主要表现在由于公司内部人员在相关业务办理过程中因操作失误和内部控制制度不完善而出现的风险。截至2019年12月31日,公司未出现操作风险事件。公司对所有项目均严格进行尽职调查,积极履行受托人职责,尽职管理,忠实执行合同,严格履行信息披露义务,实现了预期目标。公司信托和固有业务监管账户分开设立、印章使用、资金划拨、抵(质)押物变更审批等管理规范,严格执行抵(质)押权证保管登记制度,定期核实保管的权证,严防操作风险。

4.5.2.4 其他风险状况

其他风险主要包括合规风险和政策风险。2019年,公司的各项业务严格按照国家相关政策,依法合规操作,未出现违反国家相关政策及违规事件。各项指标均大幅优于监管规定要求。

4.5.3 风险管理

4.5.3.1 信用风险管理

公司不断优化业务结构,实现传统业务向新型业务的平稳过渡。调整信用风险指数较高的融资类业务占比,不断缓解信用风险压力。公司在信用风险管理上,主要采取以下具体举措:一是细化完善业务策略,不断改进信用分析方法和技术;二是持续关注抵(质)押物价值变动,确保抵(质)押率保持合理水平,抵(质)押物的担保价值足值;三是严格按照规定对信用风险资产合理计提一般准备和专项准备;四是密切关注宏观经济形式及国家产业政策、信贷政策及其他调控政策的变化,及时研究对策和措施,防控政策风险引起的企业信用风险;五是对交易对手进行事中动态管理,定期了解交易对手经营情况和财务情况,并及时向经营层和董事会报告。

4.5.3.2 市场风险管理

公司开展各项业务时,全面客观的分析经济形势,谨慎选择项目,对风险难以把握的项目,不轻易进入;在项目开展前,对金融市场有可能产生的市场风险的各个因素进行分析研究,提早做好防范措施;尽量采取分散投资,分散风险的办法;加强对项目的审查、决策;对涉及资本市场的项目或质押物设立相关股票的警戒线、止损位,并对相关股票价格变动进行动态监测。

4.5.3.3 合规风险管理

公司设立了专门的风险与投后管理部和法律合规部,引入具有丰富金融从业经验和法律工作经验的人才,对业务交易结构的合法合规性进行专门的评估、把握和应对,为业务的合法合规开展提供保障。根据《信托公司净资本管理办法》(中国银监会令2010年第5号)规定的披露要求,截至2019年12月31日,公司净资本为61.82亿元,远高于2亿元的监管要求;净资本/各项业务风险资本之和为143.89%,达到净资本不得低于各项风险资本之和的100%的规定;净资本/净资产为71.44%,达到净资本不得低于净资产40%的规定。

4.5.3.4 操作风险管理

公司指定部门定期对业务规章制度、操作流程等进行修订完善,多种方式举办培训班,加强对员工制度、业务培训;多层次设置"防火墙",采取事前、事中、事后多角度控制操作风险:一是项目经理作为第一责任人全面负责项目风险;二是风险与投后管理部负责定期检查项目执行情况,分析项目风险并向公司提交风险报告;三是审计部门同步跟进;四是公司经营层定期向董事会提交公司经营风险报告;五是设计和逐步完善风险控制信息系统,做好系统数据的备份,借助信息技术控制操作风险。

4.6 消费者权益保护

为切实维护金融秩序、防范和化解金融风险,夯实消费者权益保护工作主体责任,实现可持续、健康发展,公司恪守社会公德,依法经营,诚信经营,切实履行消费者权益保护各项义务,积极落实消费者权益保护各项工作,充分尊重并自觉保障消费者的财产安全权、知情权、自主选择权、公平交易权、依法求偿权、受教育权、受尊重权、信息安全权等八项基本权利,推动实现消费者在与公司发生业务往来的各个阶段始终得到公平、公正和诚信的对待。2019年公司积极响应监管部门号召,不断完善消费者权益保护工作体系,通过优化消费者权益保护工作组织架构、完善消费者权益保护工作制度体系及风险管控流程、升级"双录"工作基础设施建设、开展投资者教育等手段,不断增强公司风险防控能力,将消费者权益保护工作融入公司经营管理的各个环节,促使消费者权益保护工作落到实处,取得实效。

4.7 社会责任履行情况

报告期内,华融信托以习近平总书记扶贫工作理论为指导,全面贯彻习总书记扶贫重要理论,积极落实新疆自治区政府、中国华融扶贫工作要求及新疆银保监局对"访惠聚"工作安排和部署,切实履行国有企业扶贫帮困的社会责任,助力新疆、四川贫困地区脱贫攻坚。一是扎实推进定点扶贫工作。根据新疆自治区政府有关要求,公司积极开展新疆自治区塔什库尔干县马尔洋乡布候其拉甫村定点帮扶工作。截至2019年,累计投入帮扶资金78万元,支持村里基础设施建设,改善人居环境和生产生活条件。二是精准助力金融扶贫项目。根据集团金融扶贫工作要求,为充分发挥信托的金融特色和功能,2019年公司对集团定点扶贫四川宣汉县的14个项目进行了实地调研,目前,公司已制定完成"华融信托·定点扶贫1号"慈善信托方案,信托规模为20万元,公司出资19万元,期限为1年,协同宣汉县人民医院开展白内障贫困患者手术救助项目,助力贫困白内障患者复明。三是深入落实"访惠聚"驻村工作。为贯彻落实新疆自治区党委关于把加强民族团结工作,公司积极开展支持帮助新疆和田地区和田县阿瓦提乡塔格艾日克村"访汇聚”驻村维稳和精准扶贫工作，向“访惠聚”工作队、村委会累计捐赠29.34万元扶贫款。同时，公司组织人员还曾多次前往阿瓦提乡塔格艾日克村进行调研和慰问驻村工作队、驻村干部及贫困户，为他们送去了温暖和关怀，增强他们的工作信心和战胜贫困的决心。四是积极完成集团消费扶贫任务。按照集团统一安排部署，2019年度消费扶贫活动主要面向宣汉县的农副产品，帮助贫困户解决农产品“销售难、销路愁”等困难，带动当地农业特色产业发展，采购金额达25 200元。五是积极开展爱心助学活动。2019年，集团组织对宣汉县贫困学生“一对一”爱心助学活动，公司向全体员工发出倡议，公司多名员工积极响应，参与宣汉县贫困学生匹配结对，持续资助贫困学生完成学业。另外，公司在经营管理、业务发展、客户服务及消费者权益保护等方面积极履行法律责任、经济责任、公益责任和环境责任，并根据相关法规、监管部门及行业协会要求通过各种渠道进行了信息披露。

5. 报告期末及上一年度末的比较式会计报表

5.1 自营资产

5.1.1 审计报告

审 计 报 告

德师京报（审）字（20）第P00890号

一、审计意见

我们审计了华融国际信托有限责任公司（以下简称华融信托）的财务报表，包括2019年12月31日的合并及母公司资产负债表、2019年度的合并及母公司利润表、合并及母公司所有者权益变动表、合并及母公司现金流量表以及相关财务报表附注。

我们认为，后附的财务报表在所有重大方面按照企业会计准则的规定编制，公允反映了华融信托2019年12月31日的合并及母公司财务状况以及2019年度的合并及母公司经营成果和合并及母公司现金流量。

二、形成审计意见的基础

我们按照中国注册会计师审计准则的规定执行了审计工作。审计报告的“注册会计师对财务报表审计的责任”部分进一步阐述了我们在这些准则下的责任。按照中国注册会计师职业道德守则，我们独立于华融信托，并履行了职业道德方面的其他责任。我们相信，我们获取的审计证据是充分、适当的，为发表审计意见提供了基础。

三、管理层和治理层对财务报表的责任

华融信托管理层负责按照企业会计准则的规定编制财务报表，使其实现公允反映，并设计、执行和维护必要的内部控制，以使财务报表不存在由于舞弊或错误导致的重大错报。

在编制财务报表时，管理层负责评估华融信托的持续经营能力，披露与持续经营相关的事项（如适用），并运用持续经营假设，除非管理层计划清算华融信托、终止运营或别无其他现实的选择。

治理层负责监督华融信托的财务报告过程。

四、注册会计师对财务报表审计的责任

我们的目标是对财务报表整体是否不存在由于舞弊或错误导致的重大错报获取合理保证，并出具包含审计意见的审计报告。合理保证是高水平的保证，但并不能保证按照审计准则执行的审计在某一重大错报存在时总能发现。错报可能由于舞弊或错误导致，如果合理预期错报单独或汇总起来可能影响财务报表使用者依据财务报表作出的经济决策，则通常认为错报是重大的。

在按照审计准则执行审计工作的过程中，我们运用职业判断，并保持职业怀疑。同时，我们也执行以下工作：

（1）识别和评估由于舞弊或错误导致的财务报表重大错报风险，设计和实施审计程序以应对这些风险，并获取充分、适当的审计证据，作为发表审计意见的基础。由于舞弊可能涉及串通、伪造、故意遗漏、虚假陈述或凌驾于内部控制之上，未能发现由于舞弊导致的重大错报的风险高于未能发现由于错误导致的重大错报的风险。

（2）了解与审计相关的内部控制，以设计恰当的审计程序，但目的并非对内部控制的有效性发表意见。

（3）评价管理层选用会计政策的恰当性和作出会计估计及相关披露的合理性。

（4）对管理层使用持续经营假设的恰当性得出结论。同时，根据获取的审计证据，就可能导致对华融信托持续经营能力产生重大疑虑的事项或情况是否存在重大不确定性得出结论。如果我们得出结论认为存在重大不确定性，审计准则要求我们在审计报告中提请报表使用者注意财务报表中的相关披露；如果披露不充分，我们应当发表非无保留意见。我们的结论基于截至审计报告日可获得的信息。然而，未来的事项或情况可能导致华融信托不能持续经营。

（5）评价财务报表的总体列报（包括披露）、结构和内容，并评价财务报表是否公允反映相关交易和事项。

（6）就华融信托中实体或业务活动的财务信息获取充分、适当的审计证据，以对财务报表发表审计意见。我们负责指导、监督和执行集团审计，并对审计意见承担全部责任。我们与治理层就计划的审计范围、时间安排和重大审计发现等事项进行沟通，包括沟通我们在审计中识别出的值得关注的内部控制缺陷。

德勤华永会计师事务所（特殊普通合伙）北京分所

中国注册会计师：郭新华

中国注册会计师：郝　琪

二〇二〇年四月二十四日

5.1.2 资产负债表

资产负债表

2019年12月31日

编制单位：华融国际信托有限责任公司　　　　单位：万元

项　　目	期末余额	期初余额
货币资金	166 580.33	91 457.89
交易性金融资产	957 668.02	895 169.07

续表

项　目	期末余额	期初余额
债权投资	—	44 227. 04
其他债权投资	459 793. 32	454 437. 51
长期股权投资	1 319. 01	1 628. 17
投资性房地产	1 192. 72	1 672. 91
固定资产	2 332. 13	2 189. 68
无形资产	1 546. 83	1 555. 54
递延所得税资产	56 173. 36	56 221. 74
其他资产	69 548. 76	78 175. 39
资产总计	1 716 154. 48	1 626 734. 94

资产负债表(续)

2019 年 12 月 31 日

编制单位:华融国际信托有限责任公司　　单位:万元

项　目	期末余额	期初余额
拆入资金	—	—
卖出回购金融资产款	—	—
应付职工薪酬	21 526. 68	22 271. 42
应交税费	6 406. 72	5 396. 31
其他负债	813 143. 62	674 643. 24
负债合计	841 077. 02	702 310. 97
实收资本	303 565. 33	303 565. 33
其他权益工具	—	—
其中:优先股	—	—
永续债	—	—
资本公积	288 212. 12	288 212. 12
减:库存股	—	—
其他综合收益	807. 90	8 872. 05
盈余公积	57 748. 44	57 748. 44
信托赔偿准备金	37 221. 67	37 221. 67
未分配利润	187 522. 00	228 804. 36
归属于母公司所有者权益	875 077. 46	924 423. 97
少数股东权益	—	—
股东权益合计	875 077. 46	924 423. 97
负债和股东权益总计	1 716 154. 48	1 626 734. 94

5. 1. 3　利润表

利润表

2019 年度

编制单位:华融国际信托有限责任公司　　单位:万元

项　目	本期金额	上期金额
一、营业收入	80 494. 47	41 519. 70
利息净收入	—	—
利息收入	626. 22	1 426. 02
手续费及佣金净收入	58 624. 07	93 941. 10
手续费及佣金收入	58 624. 07	93 941. 10
手续费及佣金支出	—	—
投资收益(损失以“-”号填列)	49 989. 00	62 372. 34
公允价值变动收益(损失以“-”号填列)	-28 900. 90	-116 479. 24
汇兑收益(损失以“-”号填列)	—	—
其他业务收入	156. 08	259. 48
二、营业支出	114 601. 87	32 985. 25
利息支出	58 555. 09	32 878. 65
营业税金及附加	493. 33	766. 19
业务及管理费	28 814. 07	39 532. 92
资产减值损失(损失以“-”号填列)	26 595. 30	-40 295. 67
其他业务成本	144. 08	103. 16
三、营业利润(损失以“-”号填列)	-34 107. 40	8 534. 45
加:营业外收入	3 467. 41	1 553. 93
减:营业外支出	24. 90	824. 58
四、利润总额(损失以“-”号填列)	-30 664. 89	9 263. 80
减:所得税费用	10 562. 45	3 873. 65
五、净利润(损失以“-”号填列)	-41 227. 34	5 390. 15
归属于母公司所有者的净利润(损失以“-”号填列)	-41 227. 34	5 390. 15
少数股东损益	—	—
六、每股收益:		
(一)基本每股收益	—	—
(二)稀释每股收益	—	—
七、其他综合收益(损失以“-”号填列)	-8 064. 15	1 412. 36
八、综合收益总额(损失以“-”号填列)	-49 291. 49	6 802. 51
归属于母公司所有者的综合收益总额(损失以“-”号填列)	-49 291. 49	6 802. 51

5.1.4 所有者权益变动表

所有者权益变动表

编制单位：华融国际信托有限责任公司　　2019 年度　　单位：万元

项目	本期金额							上期金额						
	股本	资本公积	盈余公积	信托赔偿准备金	未分配利润	其他综合收益	股东权益合计	股本	资本公积	盈余公积	信托赔偿准备金	未分配利润	其他综合收益	股东权益合计
一、上年年末余额	303 565.33	288 212.12	57 748.44	37 221.67	228 804.36	8 872.05	924 423.97	303 565.33	288 212.12	57 748.44	37 221.67	289 708.33	(14 391.59)	962 064.30
加：会计政策变更	—	—	—	—	—	—	—	—	—	—	—	(17 398.15)	21 851.28	4 453.13
前期差错更正	—	—	—	—	—	—	—	—	—	—	—	—	—	—
二、本年年初余额	303 565.33	288 212.12	57 748.44	37 221.67	228 804.36	8 872.05	924 423.97	303 565.33	288 212.12	57 748.44	37 221.67	272 310.18	7 459.69	966 517.43
三、本年增减变动金额（减少以"－"号填列）	—	—	—	—	-41 282.36	-8 064.15	-49 346.51	—	—	—	—	-43 505.82	1 412.36	-42 093.46
（一）净利润	—	—	—	—	-41 227.34	—	-41 227.34	—	—	—	—	5 390.15	—	5 390.15
（二）其他综合收益	—	—	—	—	—	-8 064.15	-8 064.15	—	—	—	—	—	1 412.36	1 412.36
上述（一）和（二）小计	—	—	—	—	-41 227.34	-8 064.15	-49 291.49	—	—	—	—	5 390.15	1 412.36	6 802.51
（三）股东投入和减少资本	—	—	—	—	-55.02	—	-55.02	—	—	—	—	—	—	—
1. 股东投入资本	—	—	—	—	—	—	—	—	—	—	—	—	—	—
2. 股份支付计入股东权益的金额	—	—	—	—	—	—	—	—	—	—	—	—	—	—
3. 其他	—	—	—	—	-55.02	—	-55.02	—	—	—	—	—	—	—
（四）利润分配	—	—	—	—	—	—	—	—	—	—	—	-48 895.98	—	-48 895.97
1. 提取盈余公积	—	—	—	—	—	—	—	—	—	—	—	—	—	—
2. 提取一般风险准备	—	—	—	—	—	—	—	—	—	—	—	—	—	—
3. 对股东的分配	—	—	—	—	—	—	—	—	—	—	—	-48 895.98	—	-48 895.97
4. 其他	—	—	—	—	—	—	—	—	—	—	—	—	—	—
（五）所有者权益内部结转	—	—	—	—	—	—	—	—	—	—	—	—	—	—
1. 资本公积转增股本	—	—	—	—	—	—	—	—	—	—	—	—	—	—
2. 盈余公积转增股本	—	—	—	—	—	—	—	—	—	—	—	—	—	—
3. 盈余公积弥补亏损	—	—	—	—	—	—	—	—	—	—	—	—	—	—
4. 其他	—	—	—	—	—	—	—	—	—	—	—	—	—	—
（六）专项储备	—	—	—	—	—	—	—	—	—	—	—	—	—	—
1. 本期提取	—	—	—	—	—	—	—	—	—	—	—	—	—	—
2. 本期使用	—	—	—	—	—	—	—	—	—	—	—	—	—	—
四、本年年末余额	303 565.33	288 212.12	57 748.44	37 221.67	187 522.00	807.90	875 077.46	303 565.33	288 212.12	57 748.44	37 221.67	228 804.36	8 872.05	924 423.97

5.2 信托资产

5.2.1 信托项目资产负债汇总表

信托项目资产负债汇总表

编制单位：华融国际信托有限责任公司　　2019 年 12 月 31 日　　单位：万元

序号	项　目	A 期末余额	B 年初余额
1	信托资产：		
2	1. 货币资金	266 827. 29	438 894. 48
3	2. 拆出资金	—	—
4	3. 存出保证金	—	—
5	4. 交易性金融资产	1 057 575. 80	1 474 165. 49
6	5. 衍生金融资产	—	—
7	6. 买入返售金融资产	93 458. 18	452 104. 42
8	其中：6. 1 买入返售证券	7 618. 18	20 086. 42
9	6. 2 买入返售信贷资产	—	—
10	7. 应收款项	1 198 304. 97	1 360 731. 77
11	8. 发放贷款	5 447 899. 13	8 217 199. 64
12	其中：8. 1 基础产业	1 593 691. 63	1 433 868. 70
13	8. 2 房地产	1 155 609. 71	2 331 213. 14
14	9. 可供出售金融资产	3 414 777. 54	4 914 168. 87
15	10. 持有至到期投资	288 467. 38	440 797. 28
16	11. 长期应收款	—	—
17	12. 长期股权投资	2 478 757. 37	2 558 459. 89
18	其中：12. 1 基础产业	413 330. 00	351 230. 00
19	12. 2 房地产	856 954. 17	912 311. 01
20	13. 投资性房地产	—	—
21	14. 固定资产	—	—
22	15. 无形资产	—	—
23	16. 长期待摊费用	—	—
24	17. 其他资产	—	—
25	18. 信托资产总计	14 246 067. 66	19 856 521. 84
26	19. 各项资产减值准备	—	—
27	信托负债：		
28	20. 交易性金融负债	—	—
29	21. 衍生金融负债	—	—
30	22. 应付受托人报酬	8 424. 10	2 813. 91
31	23. 应付托管费	528. 42	1 048. 65
32	24. 应付受益人收益	343 274. 79	369 179. 70
33	25. 应交税费	5 338. 89	10 706. 29
34	26. 应付销售服务费	2 549. 89	1 448. 69
35	27. 其他应付款项	985 208. 76	1 089 068. 93
36	28. 其他负债	57 521. 98	61 660. 16
37	29. 信托负债合计	1 402 846. 83	1 535 926. 33
38	信托权益：		
39	30. 实收信托	13 445 865. 73	18 929 381. 36
40	30. 1 资金信托	11 246 279. 52	15 866 106. 02
41	30. 1. 1 集合	6 855 341. 44	11 857 366. 89
42	30. 1. 2 单一	4 390 938. 08	4 008 739. 13
43	30. 2 财产信托	2 199 586. 21	3 063 275. 34
44	30. 2. 1 信贷资产证券化	16 396. 97	115 626. 75
45	30. 2. 2 其他资产（准）证券化	—	—
46	31. 资本公积	—	—
47	32. 外币报表折算差额	—	—
48	33. 未分配利润（损失以“ - ”号填列）	-602 644. 90	-608 785. 85
49	34. 信托权益合计	12 843 220. 83	18 320 595. 51
50	35. 信托负债和信托权益总计	14 246 067. 66	19 856 521. 84

5.2.2 信托项目利润及利润分配汇总表

信托项目利润及利润分配汇总表

编制单位：华融国际信托有限责任公司　　2019 年度　　单位：万元

序号	项　目	A 本年数	B 上年数
1	1. 营业收入	767 562. 92	935 854. 96
2	1. 1 利息收入	410 764. 07	775 717. 04
3	1. 2 投资收益	245 036. 85	662 568. 75
4	1. 3 公允价值变动收益（损失以“ - ”号填列）	102 637. 29	-514 103. 59
5	1. 4 租赁收入	—	—
6	1. 5 其他收入	9 124. 71	11 672. 76
7	2. 营业费用	88 359. 80	177 506. 88
8	3. 营业税金及附加	1 914. 99	3 967. 12
9	4. 扣除资产损失前的信托利润	677 288. 13	754 380. 96
10	5. 减：资产减值损失	65 493. 74	—
11	6. 扣除资产损失后的信托利润	611 794. 39	754 380. 96
12	7. 加：期初未分配信托利润（损失以“ - ”号填列）	-608 785. 85	273 383. 30
13	8. 可供分配的信托利润	3 008. 54	1 027 764. 26
14	9. 减：本期已分配信托利润	605 653. 44	1 636 550. 11
15	10. 期末未分配信托利润（损失以“ - ”号填列）	-602 644. 90	-608 785. 85

6. 会计报表附注

6.1 会计报表编制基准不符合会计核算基本前提的说明

报告期内会计报表不存在不符合会计核算基本前提的事项。

6.2 重要会计政策和会计估计说明

公司执行新企业会计准则，并自 2018 年 1 月 1 日起执行财政部于 2017 年修订的《企业会计准则第 22 号——金融工具确认和计量》《企业会计准则第 23 号——金融资产转移》《企业会计准则第 24 号——套期会计》和《企业会计准则第 37 号——金融工具列报》（以下简称新金融工具准则），修订前的《企业会计准则第 22 号——金融工具确认和计量》《企业会计准则第 23 号——金融资产转移》《企业会计准则第 24 号——套期会计》《企业会计准则第 37 号——金融工具列报》统一简称为原金融工具准则。

公司自2019年1月1日（首次执行日）起执行财政部于2018年修订的《企业会计准则第21号——租赁》（以下简称新租赁准则，修订前的租赁准则简称为原租赁准则）。新租赁准则完善了租赁的定义，增加了租赁的识别、分拆和合并等内容；取消承租人经营租赁和融资租赁的分类，要求在租赁期开始日对所有租赁（短期租赁和低价值资产租赁除外）确认使用权资产和租赁负债，并分别确认折旧和利息费用。

公司根据首次执行新租赁准则的累积影响数，调整首次执行日财务报表相关项目金额，不调整留存收益及可比期间信息。

公司以人民币为记账本位币，会计年度自公历1月1日起至12月31日止。

6.2.1 计提资产减值准备的范围和方法

金融资产减值方面，新金融工具准则有关减值的要求适用于以摊余成本计量以及以公允价值计量且其变动计入其他综合收益的金融资产、应收融资租赁款、应收账款、合同资产以及特定未提用的贷款承诺和财务担保合同。新金融工具准则要求采用预期信用损失模型以替代原先的已发生信用损失模型。新减值模型要求采用三阶段模型，依据相关项目自初始确认后信用风险是否发生显著增加，信用损失准备按12个月内预期信用损失或者整个存续期的预期信用损失进行计提。

非金融资产减值方面，公司在每一个资产负债表日检查长期股权投资、投资性房地产、固定资产、使用寿命确定的无形资产是否存在可能发生减值的迹象。如果该等资产存在减值迹象，则估计其可收回金额。使用寿命不确定的无形资产和尚未达到可使用状态的无形资产，无论是否存在减值迹象，每年均进行减值测试。如果资产的可收回金额低于其账面价值，按其差额计提资产减值准备，并计入当期损益。上述资产减值损失一经确认，在以后会计期间不予转回。

6.2.2 金融资产三分类的范围和标准

6.2.2.1 金融资产三分类的范围

初始确认后，公司对不同类别的金融资产，分别以摊余成本、以公允价值计量且其变动计入其他综合收益或以公允价值计量且其变动计入当期损益进行后续计量。

6.2.2.2 金融资产三分类的标准

金融资产的合同条款规定在特定日期产生的现金流量仅为对本金和以未偿付本金金额为基础的利息的支付，且本公司管理该金融资产的业务模式是以收取合同现金流量为目标，则将该金融资产分类为以摊余成本计量的金融资产。此类金融资产主要包括货币资金、应收款项、其他应收款和债权投资等。

金融资产的合同条款规定在特定日期产生的现金流量仅为对本金和以未偿付本金金额为基础的利息的支付，且管理该金融资产的业务模式既以收取合同现金流量为目标又以出售该金融资产为目标的，则该金融资产分类为以公允价值计量且其变动计入其他综合收益的金融资产。

以公允价值计量且其变动计入当期损益的金融资产包括分类为以公允价值计量且其变动计入当期损益的金融资产和指定为以公允价值计量且其变动计入当期损益的金融资产，列示于交易性金融资产。

6.2.3 以摊余成本计量的金融资产核算方法

该金融资产采用实际利率法，按摊余成本进行后续计量，发生减值时或终止确认产生的利得或损失，计入当期损益。

对分类为以摊余成本计量的金融资产与分类为以公允价值计量且其变动计入其他综合收益的金融资产按照实际利率法确认利息收入。

6.2.4 以公允价值计量且其变动计入其他综合收益的金融资产核算方法

分类为以公允价值计量且其变动计入其他综合收益的金融资产相关的减值损失或利得，采用实际利率法计算的利息收入及汇兑损益计入当期损益，除此以外该金融资产的公允价值变动均计入其他综合收益。该金融资产计入各期损益的金额与视同其一直按摊余成本计量而计入各期损益的金额相等。该金融资产终止确认时，之前计入其他综合收益的累计利得或损失从其他综合收益中转出，计入当期损益。

将非交易性权益工具投资指定为以公允价值计量且其变动计入其他综合收益的金融资产后，该金融资产的公允价值变动在其他综合收益中进行确认，该金融资产终止确认时，之前计入其他综合收益的累计利得或损失从其他综合收益中转出，计入留存收益。本公司持有该权益工具投资期间，在收取股利的权利已经确立，与股利相关的经济利益很可能流入本公司，且股利的金额能够可靠计量时，确认股利收入并计入当期损益。

6.2.5 长期股权投资核算方法

6.2.5.1 长期股权投资的初始计量

对于同一控制下的企业合并取得的长期股权投资，在合并日按照被合并方所有者权益在最终控制方合并财务报表中的账面价值的份额作为长期股权投资的初始投资成本。长期股权投资初始投资成本与支付的现金、转让的非现金资产以及所承担债务账面价值之间的差额，调整资本公积；资本公积不足冲减的，调整留存收益。以发行权益性证券作为合并对价的，在合并日按照被合并方所有者权益在最终控制方合并财务报表中的账面价值的份额作为长期股权投资的初始投资成本，按照发行股份的面值总额作为股本，长期股权投资初始投资成本与所发行股份面值总额之间的差额，调整资本公积；资本公积不足冲减的，调整留存收益。

对于非同一控制下的企业合并取得的长期股权投资，在购买日按照合并成本作为长期股权投资的初始投资成本。

合并方或购买方为企业合并发生的审计、法律服务、评估咨询等中介费用以及其他相关管理费用，于发生时计入当期损益。

除企业合并形成的长期股权投资外其他方式取得的长期股权投资，按成本进行初始计量。对于因追加投资能够对被投资单位实施重大影响或实施共同控制但不构成控制的，长期股权投资成本为按照《企业会计准则第22号——金融工具确认和计量》确定的原持有股权投资的公允价值加上新增投资成本之和。

6.2.5.2 长期股权投资的后续计量及投资收益确认方法

采用成本法核算的长期股权投资按照初始投资成本计价。追加或收回投资调整长期股权投资的成本。当期投资收益按照享有被投资单位宣告发放的现金股利或利润确认。

采用权益法核算的长期股权投资，按照应享有的被投资单位实现的净损益的份额，确认投资损益并调整长期股权投资的账面价值。

公司确认被投资单位发生的净亏损，以长期股权投资的账面价值以及其他实质上构成对被投资单位净投资的长期权益减记至零为限。

6.2.5.3　长期股权投资处置

处置长期股权投资时，其账面价值与实际取得价款的差额，计入当期损益。采用权益法核算的长期股权投资，处置后的剩余股权仍采用权益法核算的，原采用权益法核算而确认的其他综合收益采用与被投资单位直接处置相关资产或负债相同的基础进行会计处理，并按比例结转当期损益；因被投资方除净损益、其他综合收益和利润分配以外的其他所有者权益变动而确认的所有者权益，按比例结转入当期损益。采用成本法核算的长期股权投资，处置后剩余股权仍采用成本法核算的，其在取得对被投资单位的控制之前因采用权益法核算或金融工具确认和计量准则核算而确认的其他综合收益，采用与被投资单位直接处置相关资产或负债相同的基础进行会计处理，并按比例结转。

6.2.6　投资性房地产核算方法

投资性房地产是指为赚取租金或资本增值，或两者兼有而持有的房地产。本公司投资性房地产包括已出租的土地使用权和已出租的建筑物。

6.2.6.1　投资性房地产的确认

投资性房地产同时满足下列条件，才能确认：(1)与投资性房地产有关的经济利益很可能流入企业；(2)该投资性房地产的成本能够可靠计量。

6.2.6.2　投资性房地产初始计量

外购投资性房地产的成本，包括购买价款、相关税费和可直接归属于该资产的其他支出；自行建造投资性房地产的成本，由建造该项资产达到预定可使用状态前所发生的必要支出构成；以其他方式取得的投资性房地产的成本，按照相关会计准则的规定确定；与投资性房地产有关的后续支出，满足投资性房地产确认条件的，计入投资性房地产成本；不满足确认条件的在发生时计入当期损益。

6.2.6.3　投资性房地产的后续计量

本公司在资产负债表日采用成本模式对投资性房地产进行后续计量。根据《企业会计准则第4号——固定资产》和《企业会计准则第6号——无形资产》的有关规定，对投资性房地产在预计可使用年限内按年限平均法摊销或计提折旧。

6.2.6.4　投资性房地产的转换

本公司有确凿证据表明房地产用途发生改变，将投资性房地产转换为其他资产，或将其他资产转换为投资性房地产，将房地产转换前的账面价值作为转换后的入账价值。

6.2.6.5　投资性房地产减值准备

采用成本模式进行后续计量的投资性房地产，其减值准备的确认标准和计提方法参照固定资产和无形资产。

6.2.7　固定资产计价和折旧方法

6.2.7.1　固定资产的计价

固定资产按其成本作为入账价值，其中，外购的固定资产的成本包括购买价款、相关税费、使固定资产达到预定可使用状态前所发生的可直接归属于该资产的其他支出；投资者投入的固定资产的成本按照投资合同或协议约定的价值确定。

6.2.7.2　固定资产的分类

公司固定资产分为房屋及建筑物、运输工具、电子设备、其他设备等。

6.2.7.3　固定资产折旧方法

公司固定资产折旧采用年限平均法计提折旧。按固定资产的类别、使用寿命和预计净残值率确定的年折旧率如下：

固定资产类别	预计使用年限(年)	预计净残值率(%)	年折旧率(%)
房屋、建筑物	30～40	5	2.37～3.17
电子设备	3	5	31.67
运输工具	4	5	23.75
其他	5	5	19.00

6.2.8　无形资产计价及摊销政策

6.2.8.1　无形资产的计价方法

无形资产在取得时，按实际成本计量。购入的无形资产，按实际支付的价款作为实际成本；投资者投入的无形资产，按投资各方确认的价值作为实际成本；自行开发的无形资产，其成本包括自满足无形资产确认规定后至达到预定用途前所发生的支出总额，以前期间已经费用化的支出不再调整。

6.2.8.2　无形资产摊销方法

无形资产采用直线法摊销。无形资产的应摊销金额为其成本扣除预计残值后的金额。已计提减值准备的无形资产，还应扣除已计提的无形资产减值准备累计金额。无形资产的摊销金额计入当期损益。使用寿命不确定的无形资产不摊销，期末进行减值测试。

6.2.8.3　无形资产减值准备的计提方法

公司一般以单项无形资产为基础估计其可收回金额，可收回金额根据无形资产的公允价值减去处置费用后的净额与无形资产预计未来现金流量的现值两者之间较高者确定。可收回金额的计量结果表明无形资产的可收回金额低于其账面价值的，将其账面价值减记至可收回金额，减记的金额确认为资产减值损失，计入当期损益，同时计提相应的无形资产减值准备。难以对单项无形资产的可收回金额进行估计的，以该无形资产所属的资产组为基础确定资产组的可收回金额，并按照《企业会计准则第8号——资产减值》有关规定计提无形资产减值准备。减值损失一经确认，在以后会计期间不能转回。

6.2.9　长期应收款的核算方法

新准则设置了“长期应收款”和“未实现融资收益”科目。采用递延方式分期收款销售商品或提供劳务等经营活动产生的长期应收款、实质上具有融资性质的经营活动，满足收入确认条件的，按应收的合同或协议价款，借记本科目，按应收合同或协议价款的公允价值(折现值)，贷记“手续费及佣金收入”等科目，按其差额，贷记“未实现融资收益”科目。涉及增值税的，进行相应处理。

6.2.10　长期待摊费用的摊销政策

长期待摊费用是指已经发生但不能全部计入当年损益，应当在以后年度内分期摊销的各项费用，如开办费、经营租赁方式租入的固定资产发生的改良支出、已提足折旧固定资产改良支出及摊销期限在1年以上的其他待摊费用。

长期待摊费用单独核算，在费用项目的受益期限内分期平均摊销。租入固定资产改良支出应当在租赁期限与租赁资产尚可使用年限两者孰短的期限内平均摊销；其他长期待摊费用应当在受益期内平均摊销。如果长期待摊的费用项目不能使以后会计期间受益的，应当将尚未摊销的该项目的摊余价值全部转入当期损益。其在资产负债表中的数额反映的是企业各项尚未摊销完毕的长期待摊费用的摊余价值。

6.2.11　租赁的核算方法

6.2.11.1　租赁是指在一定期间内，出租人将资产的使用权让与承租人以获取对价的合同

在合同开始日，公司评估该合同是否为租赁或者包含租赁。除非合同条款和条件发生变化，公司不重新评估合同是否为租赁或者包含租赁。

6.2.11.2　使用权资产

除短期租赁外，公司在租赁期开始日对租赁确认使用权资产。租赁期开始日是指出租人提供租赁资产使其可供本集团使用的起始日期。使用权资产按照成本进行初始计量。

参照《企业会计准则第4号——固定资产》有关折旧规定，对使用权资产计提折旧。能够合理确定租赁期届满时取得租赁资产所有权的，使用权资产在租赁资产剩余使用寿命内计提折旧；无法合理确定租赁期届满时能够取得租赁资产所有权的，在租赁期与租赁资产剩余使用寿命两者孰短的期间内计提折旧。

按照《企业会计准则第8号——资产减值》的相关规定来确定使用权资产是否已发生减值并进行会计处理。

6.2.11.3　租赁负债

除短期租赁外，在租赁期开始日按照该日尚未支付的租赁付款额的现值对租赁负债进行初始计量。在计算租赁付款额的现值时，采用增量借款利率作为折现率。

6.2.11.4　短期租赁

本集团对房屋及建筑物的短期租赁，选择不确认使用权资产和租赁负债。短期租赁是指在租赁期开始日，租赁期不超过12个月且不包含购买选择权的租赁。本集团将短期租赁的租赁付款额，在租赁期内各个期间按照直线法计入当期损益。

6.2.12　收入确认原则和方法

6.2.12.1　金融企业往来收入

金融企业往来收入按让渡资金使用权的时间和适用利率计算确定。

6.2.12.2　证券销售差价收入

证券销售差价收入是在与证券交易清算时按成交价扣除买入成本、相关税费后的净额确认。

6.2.12.3　手续费收入

手续费收入是在向客户提供相关服务时确认收入。

6.2.12.4　贷款利息收入

贷款利息收入是按期计提利息并确认收入。

6.2.13　所得税的会计处理方法

公司所得税的会计核算采用资产负债表债务法。公司在取得资产、负债时，确定其计税基础。资产、负债的账面价值与其计税基础存在的暂时性差异，按照《企业会计准则第18号——所得税》的有关规定，确认所产生的递延所得税资产或递延所得税负债。

公司所得税分季度预缴，由主管税务机关具体核定。在年终汇算清缴时，少缴的所得税税额，在下一年度内缴纳；多缴纳的所得税税额，在下一年度内抵缴。

公司所得税采取独立纳税方式缴纳。

6.2.14　信托报酬确认原则和方法

信托业务手续费收入依照信托合同中关于信托报酬的约定确认收入。

6.3　报告期内公司是否存在对外担保及其他或有事项

报告期内公司不存在对外担保及其他或有事项。

6.4　重要资产转让及其出售的说明

报告期内公司无重大资产转让及出售事项。

6.5　会计报表中重要项目的明细资料

6.5.1　自营资产经营情况

6.5.1.1　信用风险五级分类结果

信用风险资产五级分类	正常类（万元）	关注类（万元）	次级类（万元）	可疑类（万元）	损失类（万元）	信用风险资产合计（万元）	不良资产合计（万元）	不良资产率（%）
期初数	171 629.68	652.74	3 084.13	—	—	175 366.55	3 084.13	1.76
期末数	232 161.80	—	—	—	2 542.13	234 703.93	2 542.13	1.08

注：不良资产合计＝次级类＋可疑类＋损失类。

6.5.1.2　各项资产减值损失准备情况

单位：万元

	期初数	本期计提	本期转回	本期核销	期末数
贷款损失准备	—	—	—	—	—
一般准备	—	—	—	—	—
专项准备	—	—	—	—	—
其他资产减值准备	15 951.97	41 067.64	14 472.34	—	42 547.27
其他债权投资	9 370.44	38 811.06	13 567.30	—	34 614.20
债权投资	772.96	—	772.96	—	—
坏账准备	5 808.57	2 256.58	132.08	—	7 933.07
投资性房地产减值准备	—	—	—	—	—
其他资产减值准备	—	—	—	—	—
贷款损失准备	—	—	—	—	—

6.5.1.3　按照投资品种分类的自有资金投资情况

单位：万元

	自营股票	基金	债券	长期股权投资	其他投资	合计
期初数	9 390.76	44 260.53	—	1 628.17	1 340 182.32	1 395 461.79
期末数	16 307.76	15 860.11	—	1 319.01	1 385 293.47	1 418 780.35

6.5.1.4　按投资入股金额排序，前五名的自营长期股权投资的企业名称、占被投资企业权益的比例、主要经营活动及投资收益情况等。（从大到小顺序排列）

企业名称	占被投资企业权益的比例（%）	主要经营活动	投资收益（万元）
1. 深圳市华佳股权投资基金管理有限公司	50	受托资产管理、投资管理；股权投资；实业投资；投资咨询。	-4.95

续表

企业名称	占被投资企业权益的比例(%)	主要经营活动	投资收益(万元)
2. 深圳融策股权投资管理有限公司	50	受托资产管理;投资管理。	-146.93
3. 华信(天津)股权投资基金管理有限公司	40	受托管理股权投资企业,从事投资管理及相关咨询服务。	-228.70
4. 华信天裕投资基金管理(北京)有限公司	40	非证券业务的投资管理、咨询(中介除外);股权投资管理。	71.35
5. 北京华盈椿股权投资基金管理有限公司	40	非证券业务的投资管理、咨询(中介除外);股权投资管理。	0.082
6. 华章资本管理(北京)有限公司	30	资产管理、股权投资、投资咨询、投资顾问	—

6.5.1.5　前五名的自营贷款的企业名称、占贷款总额的比例和还款情况等(从贷款金额大到小顺序排列)

截至 2019 年 12 月 31 日,无自营贷款。

6.5.1.6　表外业务的期初数、期末数,按照代理业务、担保业务和其他类型表外业务分别披露

单位:万元

表外业务	期初数	期末数
担保业务	—	—
代理业务(委托业务)	—	—
其他	—	—
合计	—	—

6.5.1.7　公司当年的收入结构

收入结构	金额(万元)	占比(%)
手续费及佣金收入	58 624.07	69.81
其中:信托手续费收入	58 624.07	69.82
投资银行业务收入	—	—
利息收入	626.22	0.75
其他业务收入	156.08	0.19
其中:计入信托业务收入部分	—	—
投资收益	49 989.00	59.54
其中:股权投资收益	(309.16)	-0.37
证券投资收益	7.43	0.01
其他投资收益	50 290.73	59.90
公允价值变动收益	(28 900.90)	-34.42
营业外收入	3 467.41	4.13
收入合计	83 961.88	100.00

注:报告期公司实现的信托业务收入全部是以手续费及佣金确认的信托业务收入。

6.5.2　披露信托财产管理情况

6.5.2.1　信托资产的期初数、期末数

单位:万元

信托资产	期初数	期末数
集合	12 261 436.62	7 193 980.61
单一	4 427 141.55	4 797 346.32
财产权	3 167 943.67	2 254 740.73
合计	19 856 521.84	14 246 067.66

6.5.2.1.1　主动管理型信托业务的信托资产期初数、期末数,分证券投资类、股权投资类、融资类、事务管理类分别披露

单位:万元

主动管理型信托资产	期初数	期末数
证券投资类	39 221.16	7 954.96
股权投资类	340 977.58	235 525.18
融资类	9 670 602.49	6 261 820.54
事务管理类	—	—
合计	10 050 801.23	6 505 300.68

6.5.2.1.2　被动管理型信托业务的信托资产期初数、期末数,分证券投资类、股权投资类、融资类、事务管理类分别披露

单位:万元

被动管理型信托资产	期初数	期末数
证券投资类	941 124.51	794 219.33
股权投资类	702 020.41	667 792.74
融资类	2 611 256.93	1 124 847.76
事务管理类	5 551 318.76	5 153 907.15
合计	9 805 720.61	7 740 766.98

6.5.2.2　本年度已清算结束的信托项目个数、实收信托合计金额、加权平均实际年化收益率

2019 年 1～12 月累计到期清算结束信托项目 78 个,均按期向受益人进行了信托利益兑付,累计分配信托本金为 14 008 767.34万元(含跨年分配本金),累计分配信托收益为 1 476 268.39万元,无违约情况发生。

6.5.2.2.1　本年度已清算结束的集合类、单一类资金信托项目个数、实收信托合计金额、加权平均实际年化收益率

已清算结束信托项目	项目个数(个)	实收信托合计金额(万元)	加权平均实际年化收益率(%)
集合类	49	12 125 247.44	6.14
单一类	21	1 195 370.00	6.14
财产权	8	688 149.90	8.77

注:1. 收益率是指信托项目清算后,给受益人赚取的实际收益水平。

2. 加权平均实际年化收益率 =(信托项目 1 的实际年化收益率 × 信托项目 1 的实收信托 + 信托项目 2 的实际年化收益率 × 信托项目 2 的实收信托 + … + 信托项目 n 的实际年化收益率 × 信托项目 n 的实收信托)/(信托项目 1 的实收信托 + 信托项目 2 的实收信托 + … + 信托项目 n 的实收信托)×100%。

6.5.2.2.2　本年度已清算结束的主动管理型信托项目个数、实收信托合计金额、加权平均实际年化信托报酬率、加权平均实际年化收益率,分证券投资类、投资类、融资类分别计算并披露

已清算结束信托项目	项目个数(个)	实收信托合计金额(万元)	加权平均实际年化信托报酬率(%)	加权平均实际年化收益率(%)
融资类	43	3 027 215.23	1.00	6.54
投资类	3	152 600.00	8.74	7.77
证券投资类	1	129 970.00	0.13	6.43
事务管理类	—	—	—	—

注:加权平均实际年化信托报酬率 =(信托项目 1 的实际年化信托报酬率 × 信托项目 1 的实收信托 + 信托项目 2 的实际年化信托报酬率 × 信托项目 2 的实收信托 + … + 信托项目 n 的实际年化信托报酬率 × 信托项目 n 的实收信托)/(信托项目 1 的实收信托 + 信托项目 2 的实收信托 + … + 信托项目 n 的实收信托)×100%。

6.5.2.2.3　本年度已清算结束的被动管理型信托项目个数、实收信托合计金额、加权平均实际年化信托报酬率、加权平均实际年化收益率，分证券投资类、投资类、融资类、事务管理类分别计算并披露

已清算结束信托项目	项目个数（个）	实收信托合计金额（万元）	加权平均实际年化信托报酬率（%）	加权平均实际年化收益率（%）
融资类	11	1 993 900.00	0.11	6.69
投资类	2	67 994.90	0.28	11.62
证券投资类	2	35 430.00	0.14	4.70
事务管理类	16	8 601 657.21	0.14	6.03

6.5.2.3　本年度新增的集合类、单一类、财产管理类信托项目个数、实收信托合计金额

新增信托项目	项目个数（个）	实收信托合计金额（万元）
集合类	46	3 122 102.73
单一类	26	1 556 983.30
财产管理类	—	—
新增合计	72	4 679 086.03
其中：主动管理型	44	3 014 739.44
被动管理型	28	1 664 346.59

注：本年新增信托项目指在本报告年度内累计新增的信托项目个数和金额，包含本年度新增并于本年度内结束的项目和本年度新增至报告期末仍在持续管理的信托项目。

6.5.2.4　报告期内本公司是否存在因本公司自身责任而导致的信托资产损失情况

报告期内本公司严格履行受托人义务，不存在因本公司自身责任而导致的信托资产损失情况。

6.5.2.5　信托赔偿准备金的提取、使用和管理情况

报告期公司信托赔偿准备金期末余额为 37 221.67 万元。报告期内正常管理信托赔偿准备金，未使用该准备金。

6.6　关联方关系及其交易的披露

6.6.1　关联交易整体情况

	关联交易方数量	关联交易金额（万元）	定价政策
合计	6	1 494 512.08	市场交易价格

6.6.2　主要关联交易方的情况及与本公司的关系

关系性质	关联方名称	法定代表人	注册地址	注册资本（万元）	主营业务
与本公司同受一母公司控制	华融湘江银行股份有限公司	张永宏	长沙市天心区芙蓉南路一段 828 号杰座大厦	775 043.14	吸收公众存款、发放贷款、办理国内外结算、办理票据承兑与贴现、发行金融债券。
与本公司同受一母公司控制	华融致远投资管理有限责任公司	李剑波	北京市西城区金融大街 8 号	69 100.00	投资和资产管理、物业管理。
本公司股东	珠海市华策集团有限公司	杨峰	珠海市香洲区侨光路 1 号 14 楼	10 000.00	房地产开发；自有物业租赁；电脑平面设计；商业批发、零售。
本公司股东的关联公司	深圳市宁佳置业有限公司	邢国琳	深圳市龙岗区龙岗街道龙岗大道 6037 号华策大厦 1 -3 层	10 000.00	投资兴办实业；在合法取得使用权的地块上从事房地产开发。
本公司股东的关联公司	深圳市融策置业有限公司	邢国琳	深圳市龙岗区龙岗街道龙岗大道 6037 号华策大厦 1 -3 层	5 000.00	投资兴办实业；在合法取得使用权的地块上从事房地产经营开发；房地产经纪；物业租赁；国内贸易。
本公司控股公司	珠海市粤港澳城镇股权投资中心（有限合伙）	深圳融策股权投资管理有限公司	珠海市南屏科技工业园屏东三路 6 号三楼 310 房	22 010.00	商业服务。

6.6.3　逐笔披露本公司与关联方的重大交易事项

6.6.3.1　固有与关联方交易情况：贷款、投资、租赁、应收账款、担保、其他方式等期初汇总数、本期借方和贷方发生额汇总数、期末汇总数

单位：万元

固有与关联方关联交易				
	期初数	借方发生额	贷方发生额	期末数
贷款	—	—	—	—
投资	—	—	—	—
租赁	—	—	—	—
担保	—	—	—	—
应收账款	—	—	—	—
其他	333 898.59	265 090.93	415 086.57	483 894.23
合计	333 898.59	265 090.93	415 086.57	483 894.23

6.6.3.2　信托与关联方交易情况：贷款、投资、租赁、应收账款、担保、其他方式等期初汇总数、本期借方和贷方发生额汇总数、期末汇总数

单位：万元

信托与关联方关联交易				
	期初数	借方发生额	贷方发生额	期末数
贷款	1 019 619.89	—	617 548.00	402 071.89

续表

信托与关联方关联交易				
	期初数	借方发生额	贷方发生额	期末数
投资	—	—	—	—
租赁	—	—	—	—
担保	—	—	—	—
应收账款	—	—	—	—
其他	563 258.00	162 062.59	116 774.63	608 545.96
合计	1 582 877.89	162 062.59	734 322.63	1 010 617.85

6.6.3.3　信托公司自有资金运用于主动管理的信托项目(固信交易)、信托公司管理的信托项目之间的相互(信信交易)交易金额,包括余额和本报告年度的发生额

6.6.3.3.1　固有与信托财产之间的交易金额期初汇总数、本期发生额汇总数、期末汇总数

单位:万元

固有财产与信托财产相互交易			
	期初数	本期发生额	期末数
合计	1 271 143.87	(5 702.02)	1 265 441.85

注:以固有资金投资公司自己管理的信托项目受益权,或购买自己管理的信托项目的信托资产均应纳入统计披露范围。

6.6.3.3.2　信托项目之间的交易金额期初汇总数、本期发生额汇总数、期末汇总数

单位:万元

信托资产与信托财产相互交易			
	期初数	本期发生额	期末数
合计	—	—	—

注:以公司受托管理的一个信托项目的资金购买自己管理的另一个信托项目的受益权或信托项下资产均应纳入统计披露范围。

6.6.4　报告期内是否存在关联方逾期未偿还本公司资金情况以及本公司为关联方担保发生或即将发生垫款情况

无。

6.7　会计制度的披露

公司执行中华人民共和国财政部(以下简称财政部)于2006年2月颁布的《企业会计准则——基本准则》和38项具体会计准则,自2018年1月1日起执行财政部于2017年修订的《企业会计准则第14号——收入》《企业会计准则第22号——金融工具确认和计量》《企业会计准则第23号——金融资产转移》《企业会计准则第37号——金融工具列报》、自2019年1月1日起执行财政部于2018年修订的《企业会计准则第21号——租赁》,其后颁布的应用指南、解释及其他相关规定,以及财政部于2005年1月颁布的《信托业务会计核算办法》。

7. 财务情况说明书

7.1　利润实现和分配情况

2019年公司实现利润总额为 -30 664.89万元,当年所得税费用为10 562.45万元,实现净利润为 -41 227.34万元。

7.2　主要财务指标

指标名称	指标值
资本利润率(%)(损失以"-"号填列)	-2.47
人均净利润(万元)(损失以"-"号填列)	-130.26

注:1. 资本利润率 = 净利润/所有者权益平均余额 ×100%。

2. 人均净利润 = 净利润/年平均人数。

3. 平均值采取年初、年末余额简单平均法,公式为:*a*(平均) = (年初数 + 年末数)/2。

7.3　对本公司财务状况、经营成果有重大影响的其他事项

本报告期内未发生对本公司财务状况、经营成果有重大影响的其他事项。

8. 特别事项揭示

8.1　董事、监事及高级管理人员变动情况及原因

报告期内,因工作需要,经公司2019年第一次临时股东会审议通过,同意推选孟玲虎为公司监事,免去田玉明监事职务;经2019年第二次临时股东会审议通过,同意免去金文秀董事职务;经2019年第五次临时股东会审议通过,同意推选白俊杰为公司董事;经2019年第六次临时股东会审议通过,同意免去祝晓军监事职务;经2019年第八次临时股东会审议通过,同意推选苏小勇为公司董事;经2019年第二次临时董事会审议通过,同意任赵洪为公司副总经理;经2019年第十次临时董事会审议通过,同意任王璠为公司副总经理;经2019年第十三次临时董事会审议通过,同意任苏小勇为公司风险总监经2019年第二十五次临时董事会审议通过,同意推选白俊杰为公司董事长;经21019年第二十七次临时董事会审议通过,同意免去刘张平副总经理职务;经2019年第三十七次临时董事会审议通过,同意免去赵洪副总经理职务;经2019年第一次临时监事会审议通过,同意推选孟玲虎为公司监事长;经2019年第三次临时监事会审议通过,监事会调整履职监督委员会、财务监督委员会委员。经公司第二届第六次职工代表大会审议通过,同意选举刘浩蔚、安维斯为公司职工监事,免去李桂英、李劲职工监事职务。

8.2　报告期内公司重大诉讼事项

无。

8.3 报告期内会计师事务所出具的有保留意见、否定意见或无法表示意见的审计报告

无。

8.4 报告期内公司及其董事、监事和高级管理人员收到处罚的情况

无。

8.5 中国银保监会及其派出机构对公司检查意见

2019 年，针对新疆银保监局检查提出的监管意见，结合公司既有的经营水平、业务开展、业绩目标、内外部监管与约束等实际情况，主要采取了以下执行落实措施：一是持续推进全面风险管理理念，完善风险制度修订和流程优化；二是夯实风险家底，细化落实风险化解三年攻坚方案；三是加强流动性风险防控，严守流动性风险安全底线；四是优化业务结构，切实提质瘦身；五是切实转变风险管理理念，重塑公司风险文化；六是强化风险责任认定和追责问责，加快建立风控激励约束机制。

9. 公司监事会意见

监事会认为，报告期内，公司的经营运作符合国家法律、法规和公司章程及相关制度的规定，建立健全了有效的内控制度，持续提升了风险管控水平。董事会严格按照《公司法》《公司章程》等有关规定，认真贯彻各股东单位的意志，规范运作，依法合规组织召开股东会、董事会和各专业委员会会议，各项决策程序合法有效。经营层认真执行股东会和董事会决议，进一步强化内部管理，加强合规建设，全力应对各类风险，拓宽融资渠道，优化业务结构，加快推进公司转型发展。2019 年公司财务报告已经德勤华永会计师事务所审计并出具无保留意见，并真实反映了公司财务状况和经营成果。

华润深国投信托有限公司

1. 重要提示

1.1 本公司董事会及董事保证本报告所载资料不存在任何虚假记载、误导性陈述或者重大遗漏，并对其内容的真实性、准确性和完整性承担个别及连带责任。

1.2 公司独立董事杨鶤、牛秋芳、谢兰军对年度报告内容的真实性、准确性和完整性无异议。

1.3 天职国际会计师事务所(特殊普通合伙)出具了标准无保留意见的审计报告。

1.4 公司董事长、总经理、财务负责人郭庆卫声明：保证本年度报告中财务报告真实、准确、完整。

2. 公司概况

2.1 公司简介

公司的法定中文名称	华润深国投信托有限公司(简称：华润信托)
公司的法定英文名称	China Resources SZITIC TrustCo., Ltd.(缩写：CR Trust)
法定代表人	刘小腊
注册地址	深圳市福田区中心四路1-1号嘉里建设广场第三座第10~12层
邮政编码	518048
公司国际互联网网址	http://www.crctrust.com
电子信箱	crctrust@crctrust.com
信息披露事务负责人	郭庆卫
信息披露事务联系人	李志清
联系电话	0755-33355762
传真	0755-33380599
电子信箱	lizq1@crctrust.com
年度报告备置地点	深圳市福田区中心四路1-1号嘉里建设广场第三座第10层
信息披露报纸名称	《证券时报》《上海证券报》
聘请的会计师事务所	天职国际会计师事务所(特殊普通合伙)
住所	北京海淀区车公庄西路19号外文文化创意园12号楼
聘请的律师事务所	广东经天律师事务所
住所	深圳市滨河大道5022号联合广场A座25层

2.2 组织结构

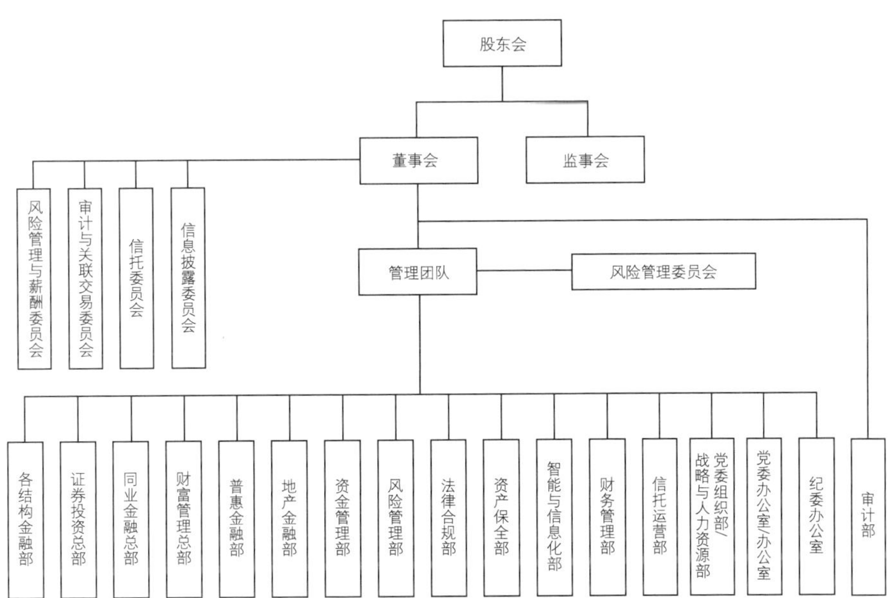

3. 公司治理

3.1 股东

报告期末，股东总数为 2 家。

股东

股东名称	持股比例（%）	法人代表	注册资本（万元）	注册地址	主要经营业务
★华润股份有限公司	51	傅育宁	1 646 706.35	深圳市南山区滨海大道 3001 号深圳湾体育中心体育场三楼	对金融、保险、能源、交通、电力、通信、仓储运输、食品饮料生产企业的投资；对商业零售企业（含连锁超市）、民用建筑工程施工的投资与管理；石油化工、轻纺织品、建筑材料产品的生产；电子及机电产品的加工、生产、销售；物业管理；民用建筑工程的外装修及室内装修，技术交流。
深圳市投资控股有限公司	49	王勇健	2 534 900.00	深圳市福田区深南路投资大厦 18 楼	银行、证券、保险、基金、担保等金融和类金融股权的投资与并购；在合法取得土地使用权范围内从事房地产开发经营业务；开展战略性新兴产业领域投资与服务；通过重组整合、资本运作、资产处置等手段，对全资、控股和参股企业国有股权进行投资、运营和管理；市国资委授权开展的其他业务。

注：★表示实际控制人。

3.2 董事、董事会及其下属委员会

董事会成员

姓名	职务	性别	年龄（岁）	选任日期	所代表的股东名称	股东持股比例（%）	简要履历
刘晓勇[1]	董事长	男	56	2016 年 6 月	华润股份有限公司	51	曾任解放军总参三部副连职助理研究员，人民银行总行银行监管二司及管理司副处长，银监会法规部处长、副主任，山西银监局党委书记、局长；现任华润（集团）有限公司战略管理部高级副总监，华润深国投信托有限公司董事长。
桂自强[2]	董事	男	54	2010 年 5 月	深圳市投资控股有限公司	49	曾任深圳市投资管理公司企业管理部工程师、业务经理、信息中心副主任、主任、计划财务部副部长，深圳市国资委统计评价处副处长、业绩考核处调研员、统计预算处调研员、企业一处调研员、处长，深圳市国有资产监督管理局企业一处处长，深圳市人民政府国有资产监督管理委员会企业一处处长；现任深圳市特发集团有限公司副总经理，华润深国投信托有限公司董事。
谭颖	董事	女	43	2019 年 12 月	华润股份有限公司	51	曾任深圳发展银行总行市场管理总部零售业务部副经理，联想信息产品（深圳）有限公司资金经理，平安银行总行资金部产品管理经理，华润集团财务部资金组、资本组高级经理，华润（集团）有限公司财务部助理总监；现任华润（集团）有限公司财务部副总监。
杨鹤	独立董事	女	64	2016 年 6 月			先后在中国银行国际金融研究所、香港中银集团经济研究部从事研究工作，曾任招商银行证券部总经理，深圳中大投资管理公司常务副总经理、总经理，长盛基金管理公司副总经理，中信基金管理有限公司总经理，博时基金管理有限公司董事长，招商证券股份有限公司董事、总裁，招商局金融集团有限公司高级顾问；现任华润深国投信托有限公司独立董事。
牛秋芳	独立董事	女	56	2017 年 12 月			曾任中国运载火箭技术研究院综合财务处会计，深圳万源实业有限公司总经理助理兼财务部经理，航天信托证券营业部总经理、东方证券红荔路营业部副总经理，深圳腾源投资有限公司投资部经理，深圳弘信方正投资管理有限公司副总经理，深圳龙浩南方投资管理有限公司投资部经理、深圳力和信达投资有限公司总经理；现任华润深国投信托有限公司独立董事。
谢兰军	独立董事	男	53	2018 年 12 月			曾任广东省河源市司法局执业律师、副科长，深圳市执业律师；现任北京市中银（深圳）律师事务所党支部书记、高级合伙人、律师，华润深国投信托有限公司独立董事。
刘小腊	董事	男	49	2016 年 6 月	华润股份有限公司	51	曾任招商银行计划资金部经理，资金交易部总经理助理、副总经理，金融市场部总经理，同业金融总部常务副总经理兼资产管理部总经理，招商银行佛山分行党委书记，珠海华润银行党委副书记、常务副行长；现任华润深国投信托有限公司党委书记、董事、总经理。
洪霄	董事	男	56	2016 年 6 月	深圳市投资控股有限公司	49	曾任浙江省经贸学院教师，浙江省工商银行信托投资股份有限公司信贷科长、柯桥证券部经理，天和证券经纪有限公司温岭证券营业部柯桥证券营业部总经理、温岭证券营业部总经理，国信证券有限责任公司义乌稠州北路证券营业部总经理、浙南第二分公司总经理，国信证券股份有限公司总裁助理兼资产管理总部总经理；现任华润深国投信托有限公司董事、副总经理。
郭庆卫[3]	董事	男	49	2018 年 12 月	华润股份有限公司	51	曾任中国人民银行总行货币发行司副主任科员；中国光大银行总行稽核部业务经理，资产保全部副处长、总行办公室副处长，总行行长秘书，人力资源部副处长，党务工作部群工处处长、资产保全部系统管理处处长，总行资产保全部总经理助理，深圳分行党委委员、风险总监，总行资产保全部副总经理，总行法律合规部副总经理；中国民生信托有限公司副总裁，四川省国际信托投资公司重组工作组组长；现任华润深国投信托有限公司党委委员、董事、董事会秘书、副总经理。

注：1. 2019 年 10 月 11 日，公司召开 2019 年第三次股东会，审议决定变更董事刘晓勇为李福利。新的董事任职资格经中国银行保险监督管理委员会深圳监管局核准后生效，核准前原董事仍履职。

2. 2020 年 1 月 20 日，公司召开 2020 年第一次股东会，审议决定变更董事桂自强为姚飞。新的董事任职资格经中国银行保险监督管理委员会深圳监管局核准后生效，核准前原董事仍履职。

3. 2019 年 10 月 11 日，公司召开 2019 年第三次股东会，审议决定变更董事郭庆卫为任海川。新的董事任职资格经中国银行保险监督管理委员会深圳监管局核准后生效，核准前原董事仍履职。

董事会下属委员会

名称	职 责
风险管理与薪酬委员会	负责对高级管理层在合规、业务、市场、操作等方面的风险控制情况和薪酬方案的实施情况进行监督；对公司的风险状况进行定期评估并提出完善风险管理、内部控制和薪酬方案的意见；审议公司薪酬管理制度和政策。
审计与关联交易委员会	负责检查公司财务报告；监督公司内部审计制度及其实施，批准授权范围内的关联交易事项；评估公司内控制度健全性及关联交易情况；审核公司财务信息及其披露，检查、监督公司关联交易管理情况；批准公司内部审计部门负责人的任免；提出外部审计机构的聘请与更换建议。
信息披露委员会	负责公司年度报告的披露；公司重大事项临时报告的披露。
信托委员会	负责督促公司依法履行受托职责；检查公司信托业务情况，保证公司为受益人的最大利益服务；审批公司拟定的投资者权益保护方案并监督实施情况。

3.3 监事会

监事会成员

姓 名	职 务	性别	年龄（岁）	选任日期	所代表的股东名称	股东持股比例（%）	简要履历
李富川	监事会主席	男	59	2018 年 10 月	深圳市投资控股有限公司	49	曾任深圳市振业股份有限公司投资决策研究室证券科科长、投资决策办主任兼资产管理部经理、董事会秘书，深圳市振业（集团）股份有限公司董事会办公室主任兼董事会秘书、总经理助理兼董事会秘书兼广东振业资产管理公司总经理、副总经理兼董事会秘书、党委副书记、董事、总经理，深圳市深福保（集团）有限公司党委书记、董事长；现任华润深国投信托有限公司监事会主席。
陈向军	监事	男	48	2016 年 4 月	华润股份有限公司	51	曾任中国华润总公司人事部劳资科科员、副经理、经理，五丰行有限公司投资部主任、副经理、高级经理、助理总经理兼五丰食品（深圳）有限公司常务副总、总经理，华润金融控股有限公司战略及业务发展部联席董事、风险管理及审计部联席董事、副总监；现任华润金融控股有限公司助理总经理，华润深国投信托有限公司监事。
陈晓芬	职工监事	女	36	2018 年 10 月			曾任华润深国投信托有限公司信托二部信托经理助理，战略发展部（后更名为研究发展部、投资管理部）经理兼长园集团股份有限公司监事；现任华润深国投信托有限公司监事、战略与人力资源部总监。

注：本公司监事会未设立下属委员会。

3.4 高级管理人员

高级管理人员

姓名	职务	性别	年龄（岁）	任职日期	金融从业年限（年）	最高学历	专业	简要履历
刘小腊	总经理	男	49	2016 年 6 月	21	博士研究生	财政学	曾任招商银行计划资金部经理，资金交易部总经理助理、副总经理，金融市场部总经理，同业金融总部常务副总经理兼资产管理部总经理，招商银行佛山分行党委书记，珠海华润银行党委副书记、常务副行长；现任华润深国投信托有限公司党委书记、董事、总经理。
洪 霄	副总经理	男	56	2016 年 6 月	25	硕士	工商管理	曾任浙江省经贸学院教师，浙江省工商银行信托投资股份有限公司信贷科长、柯桥证券部经理，天和证券经纪有限公司温岭证券营业部柯桥证券营业部总经理、温岭证券营业部总经理，国信证券有限责任公司义乌稠州北路证券营业部总经理、浙南第二分公司总经理，国信证券股份有限公司总裁助理兼资产管理总部总经理；现任华润深国投信托有限公司董事、副总经理。
程 红	副总经理	女	53	2016 年 6 月	27	硕士研究生	经济法	曾任深圳广信生物工程公司职员，深圳市医药生产供应公司业务员，深圳市人民保险公司办公室科员，深圳国际信托投资公司办公室科员、秘书档案科副科长、办公室主任助理、信托业务部经理助理、副总经理，深国投商业投资有限公司副总经理，深国投商用置业有限公司副总经理，深圳国际信托投资有限公司信托二部总经理，华润深国投信托有限公司信托业务本部总经理、结构融资部总经理；现任华润深国投信托有限公司副总经理、工会主席、工会委员会委员。
郭庆卫	副总经理	男	49	2017 年 12 月	27	硕士研究生	国际金融	曾任中国人民银行总行货币发行司副主任科员，中国光大银行总行稽核部业务经理、资产保全部副处长、总行办公室副处长、总行行长秘书、人力资源部副处长、党务工作部群工处处长、资产保全部系统管理处处长、总行资产保全部总经理助理、深圳分行党委委员、风险总监，总行资产保全部副总经理、总行法律合规部副总经理，中国民生信托有限公司副总裁，四川省国际信托投资公司重组工作组组长；现任华润深国投信托有限公司党委委员、董事、董事会秘书、副总经理。

续表

姓名	职务	性别	年龄（岁）	任职日期	金融从业年限（年）	最高学历	专业	简要履历
郭强	副总经理	男	50	2020 年 1 月	27	硕士	金融学	曾任深圳发展银行深圳上步支行信贷管理部信贷员，总行离岸业务部离岸业务员、离岸业务部信贷管理室副主任、资产保全部综合室副经理、办公室室经理、离岸业务部室经理，北京分行公司业务部总经理，总行离岸业务部总经理助理、副总经理，总行企业关系部总经理助理、副总经理、副总经理（主持工作），总行公司营销管理部副主管（主持工作）、主管（公司银行总经理），总行对公营销及销售管理部主管、贸易融资部主管、贸易金融事业部总裁，华润金融控股有限公司风险管理部总经理、风险审计部总经理；现任华润深国投信托有限公司党委委员、副总经理。
卢伦	副总经理[1]（拟任）	女	43	2016 年 6 月	6	硕士研究生	金融数学	曾任华为技术有限公司人力资源部经理，晨星（深圳）资讯有限公司股票研究部上市公司财务分析师、行业分析员，华润（集团）有限公司财务部经理、高级经理，华润深国投信托有限公司财务运营部总经理、财务管理部总经理、财务总监；现任华润深国投信托有限公司党委委员、副总经理（拟任）。
张宏山	总经理助理	男	47	2018 年 12 月	25	本科	会计学	曾任山东三鑫（集团）宝迪房地产公司会计，中国银行烟台分行财会部会计、会计系统专家组成员、主管，深圳发展银行总行会计出纳部制度主管，贵阳、苏州、昆明分行筹备组财会负责人，总行办公室文秘宣传主管，南京分行财会部副总经理（主持工作）、总经理，珠海分行计财总监、运营总监、财务执行官兼运营执行官，珠海华润银行总行战略规划与机构管理部总经理、人力资源部总经理，广州分行党支部书记、行长，华润资产管理有限公司法律风控党支部书记、风险管理部总经理兼法律合规部总经理；现任华润深国投信托党委委员、纪委书记、总经理助理。

注：2020 年 1 月 20 日，公司召开第七届董事会第五次会议，审议决定聘任卢伦为公司副总经理，不再担任财务总监。其任职资格经中国银行保险监督管理委员会深圳监管局核准后生效。

3.5 公司员工

		2019 年末		2018 年末	
		人数（人）	比例（%）	人数（人）	比例（%）
年龄分布	20 岁以下	—	—	—	—
	21～30 岁	135	35.90	154	40.96
	31～40 岁	180	47.87	170	45.21
	41 岁以上	61	16.23	52	13.83
学历分布	博士	11	2.93	14	3.72
	硕士	250	66.48	246	65.43
	本科	108	28.72	110	29.26
	专科	6	1.60	4	1.06
	其他	1	0.27	2	0.53
岗位分布	董事、监事及高管人员	8	2.13	7	1.86
	自营业务人员	3	0.80	4	1.06
	信托业务人员	239	63.56	229	60.90
	其他人员	126	33.51	136	36.17

4. 经营管理

4.1 经营目标、经营方针、战略规划

4.1.1 经营目标

公司以客户为导向，通过持续创新，建立专业专长，为客户持续提供定制化、差异化的综合解决方案，成为国内领先的资产管理服务公司。

4.1.2 经营方针

公司定位于资产管理服务，践行“平台化、基金化”之“两化”战略，以平台化（资管服务）为主，基金化（投资管理）为辅，以平台孵化基金，以基金反哺平台。

4.1.3 战略规划

公司持续深入贯彻实施“平台化、基金化”战略，加强与股东产融协同，积极探索创新业务模式，实现转型创新科学发展，做优结构金融业务，做强资产证券化业务，做大普惠金融业务，做实财富管理业务，做精证券投资业务，做好资产管理业务。

4.2 经营业务的主要内容

公司主要经营业务为信托业务和固有业务。

4.2.1 信托业务

信托业务品种主要包括单一资金信托、集合资金信托、财产信托等。信托财产的运用方式主要为贷款和投资。

信托资产运用与分布表

资产运用	金额（万元）	占比（%）	资产分布	金额（万元）	占比（%）
货币资产	3 366 285.27	3.53	基础产业	2 971 795.15	3.11
拆出资金	—	—	房地产业	5 206 173.10	5.45
贷款及应收款	41 243 380.35	43.18	证券市场	37 649 363.33	39.43
交易性金融资产	35 130 462.25	36.79	实业	22 137 336.47	23.18
买入返售金融资产	3 291 791.08	3.45	金融机构	6 358 088.16	6.66
可供出售金融资产	11 311 613.27	11.85	其他	21 165 822.19	22.17
持有至到期投资	707 930.88	0.74			
长期股权投资	437 115.30	0.46			
信托资产总计	95 488 578.40	100.00	信托资产总计	95 488 578.40	100.00

注：除另有注明外，本报告中所有披露内容均为母公司口径。

4.2.2 固有业务

固有业务是指使用公司固有资金进行的投资活动，包括但不限于公司信托产品投资、股权类投资、其他金融产品投资等，

以及在符合公司固有资金运用原则下开展授信类业务，包括但不限于同业拆放、贷款（含过桥贷款）、提供增信、担保等。

自营资产运用与分布表

资产运用	金额（万元）	占比（%）	资产分布	金额（万元）	占比（%）
货币资产	21 918.24	0.86	基础产业	—	—
贷款及应收款	271 122.38	10.61	房地产业	631 468.20	24.72
交易性金融资产	—	—	证券市场	5 114.81	0.20
可供出售金融资产	878 576.47	34.39	实业	99.35	—
持有至到期投资	—	—	金融机构	1 375 564.48	53.85
长期股权投资	1 335 464.62	52.28	其他	542 306.87	21.23
其他	47 472.00	1.86			
资产总计	2 554 553.71	100.00	资产总计	2 554 553.71	100.00

4.3 市场分析

4.3.1 经济形势分析与金融形势分析

在外部环境复杂多变、宏观经济下行压力增大、金融风险不断积聚的背景下，信托行业在“治乱象、去嵌套、防风险”的监管氛围中积极顺应国家政策和监管形势，回归信托本源、助力实体经济，行业发展取得了长足进步。截至2019年末，全国68家信托公司受托资产规模为21.6万亿元，信托本源业务持续发展，业务结构不断优化，为信托公司带来更加稳定的发展格局。

4.3.2 影响本公司业务发展的主要因素

2020年，信托行业文化建设的第一个五年计划正式启动，信托的受托人责任属性将进一步深入人心，服务实体经济与推动社会发展的功能将具有更加广阔的发展空间。与此同时，随着居民财富的不断积累，通过信托服务进行财富管理和代际传承的需求不断增加，公司的信托本源业务当前正处于有所作为的时代。

4.4 风险管理

4.4.1 风险管理概况

2019年，面对复杂多变的宏观经济形势，公司继续提升全面风险管理能力，通过管理架构建设、管理流程优化、风险监测强化等方式，为公司业务持续健康发展保驾护航。

公司持续建设符合监管要求的风险管理架构，风险管理委员会在公司管理层领导下，负责研究确定公司风险管理策略、目标，指导、协调、监督各专业线条部门的风险管理工作。风险管理委员会下设投融资项目评审委员会、固有与财富业务投资委员会，针对不同类型的业务进行专业化决策。

公司结合业务发展需要不断优化管理流程，深化专业化分工，丰富完善覆盖各业务类型的风险管理策略，确保各项策略的时效性与可操作性；根据业务风险度特征，优化中低风险、批量标准化业务审批流程，有效提高效率。

公司高度重视风险防控工作，通过日常风险监测、压力测试及常态化全面风险排查工作机制等措施，摸清风险底数，提升了风险识别与风险应对能力。

4.4.2 风险状况

2019年，公司无新增主动管理风险项目。面对宏观经济及房地产市场下行风险，公司进一步加强风险监测，对公司总体风险状况和风险隐患进行跟踪分析，并根据风险变化情况明确应对措施。

4.4.2.1 信用风险状况

信用风险主要指交易对手因履约意愿或履约能力发生变化的违约而导致交易资产价值损失的风险。公司加强了房地产行业交易对手的准入与监测，交易对手以大型综合型企业为主，严格落实项目增信管控措施；不断推进普惠金融业务风控能力建设，加快人民银行个人征信相关模块的升级及优化，动态监控风控阈值，确保业务平稳发展。报告期内，存续项目信用风险整体可控，呈稳定态势。

4.4.2.2 市场风险状况

市场风险指公司因股价、市场汇率、利率及其他价格因素变动而产生的风险。报告期内，公司未发生重大市场风险事项。

4.4.2.3 操作风险状况

操作风险是由不完善或有问题的内部流程、员工、信息科技系统等造成损失的风险。报告期内，公司未发生重大操作风险事项。

4.4.3 风险管理

公司秉承受益人利益最大化的目标，建立了相互独立、相互制衡的内部控制体系和统一、规范、高效的内部流程，对经营活动实施全面、持续的风险监控，以专业手段有效管理各类风险。

4.4.3.1 信用风险管理

针对信用风险，公司对项目投前审查、投中出账、投后管理实施全流程风险管控。投前审查遵循专业化分类原则，根据不同类型业务的客户和项目特征、监管要求变化等适时修订更新业务指引，明确风险偏好与风险策略，有针对性的匹配风险管控措施；投中出账严格执行放款流程，确保资金合法依规使用；投后管理严格执行风险监测，确保管控措施落实到位，关注重点业务交易对手与项目运营情况，做到风险隐患早发现、早预警，早预案。

4.4.3.2 市场风险管理

针对市场风险，公司主要采取了如下管理策略：一是及时调整投资策略和投资组合，注重低风险多元化对冲策略配置，密切关注经济运行状况。通过销售管理委员会，传递市场资金信息，通过提升项目融资成本，避免公司收益空间收窄，缓解资金募集压力；二是积极拓展机构和渠道募资渠道，提升资金募集能力。

2019年，在信托业务评审工作中，继续坚持充分识别揭露项目市场风险，评估风险程度，制定应对预案进行控制，提升项目可行性；在证券业务中，约定预警线及平仓线，持续完善信息化系统建设，进行实时监测，并按照法律法规规定按期进行信息披露，向投资者充分揭示市场风险；指定专职人员负责逐日盯市，进行风险监控，严格执行信托文件约定的投资限制条件；定期发布《投研参考月报》《华润信托中国对冲基金指数（CRE-FI）月报》《润信资讯（半月刊）》，识别系统性商机和业务机会，结合宏观经济政策情况、行业格局以及公司自身情况对行业面临的系统性风险进行分析和预警。

4.4.3.3 操作风险管理

公司坚持从以下几个方面防范操作风险：一是进行了组织架构优化调整，通过明晰前中后台部门职权分工、明确岗位职责，构建相互监督制约的组织架构；二是加大风险管理相关专业人员配备，提高人员队伍专业素质和水平，完善授权管理和风险绩效考评机制；三是加强制度建设和信息化建设，实现内部操作流程规范化和标准化；四是不断完善内外部审计监察工作，着力构建“大监督”体系，强化内部风险检查和宣传教育，积极营造和培育风险管理文化。

5. 报告期末及上一年度末的比较式会计报表

5.1 自营资产

5.1.1 会计师事务所审计意见全文

审 计 报 告

天职业字[2020]16093 号

华润深国投信托有限公司：

一、审计意见

我们审计了后附的华润深国投信托有限公司（以下简称华润信托）财务报表，包括 2019 年 12 月 31 日的合并及母公司资产负债表，2019 年度的合并及母公司利润表、合并及母公司现金流量表、合并及母公司所有者权益变动表，以及财务报表附注。

我们认为，后附的财务报表在所有重大方面按照企业会计准则的规定编制，公允反映了华润信托 2019 年 12 月 31 日的合并及母公司财务状况以及 2019 年度的合并及母公司经营成果和合并及母公司现金流量。

二、形成审计意见的基础

我们按照中国注册会计师审计准则的规定执行了审计工作。审计报告的“注册会计师对财务报表审计的责任”部分进一步阐述了我们在这些准则下的责任。按照中国注册会计师职业道德守则，我们独立于华润信托，并履行了职业道德方面的其他责任。我们相信，我们获取的审计证据是充分、适当的，为发表审计意见提供了基础。

三、管理层和治理层对财务报表的责任

管理层负责按照企业会计准则的规定编制财务报表，使其实现公允反映，并设计、执行和维护必要的内部控制，以使财务报表不存在由于舞弊或错误导致的重大错报。

在编制财务报表时，管理层负责评估华润信托的持续经营能力，披露与持续经营相关的事项（如适用），并运用持续经营假设，除非计划进行清算、终止运营或别无其他现实的选择。

治理层负责监督华润信托的财务报告过程。

四、注册会计师对财务报表审计的责任

我们的目标是对财务报表整体是否不存在由于舞弊或错误导致的重大错报获取合理保证，并出具包含审计意见的审计报告。合理保证是高水平的保证，但并不能保证按照审计准则执行的审计在某一重大错报存在时总能发现。错报可能由于舞弊或错误导致，如果合理预期错报单独或汇总起来可能影响财务报表使用者依据财务报表作出的经济决策，则通常认为错报是重大的。

在按照审计准则执行审计工作的过程中，我们运用了职业判断，并保持职业怀疑。同时，我们也执行以下工作：

（1）识别和评估由于舞弊或错误导致的财务报表重大错报风险，设计和实施审计程序以应对这些风险，并获取充分、适当的审计证据，作为发表审计意见的基础。由于舞弊可能涉及串通、伪造、故意遗漏、虚假陈述或凌驾于内部控制之上，未能发现由于舞弊导致的重大错报的风险高于未能发现由于错误导致的重大错报的风险。

（2）了解与审计相关的内部控制，以设计恰当的审计程序，但目的并非对内部控制的有效性发表意见。

（3）评价管理层选用会计政策的恰当性和作出会计估计及相关披露的合理性。

（4）对管理层使用持续经营假设的恰当性得出结论。同时，根据获取的审计证据，就可能导致对华润信托持续经营能力产生重大疑虑的事项或情况是否存在重大不确定性得出结论。如果我们得出结论认为存在重大不确定性，审计准则要求我们在审计报告中提请报表使用者注意财务报表中的相关披露；如果披露不充分，我们应当发表非无保留意见。我们的结论基于截至审计报告日可获得的信息。然而，未来的事项或情况可能导致华润信托不能持续经营。

（5）评价财务报表的总体列报、结构和内容（包括披露），并评价财务报表是否公允反映相关交易和事项。

（6）就华润信托中实体或业务活动的财务信息获取充分、适当的审计证据，以对财务报表发表审计意见。我们负责指导、监督和执行集团审计，并对审计意见承担全部责任。

我们与治理层就计划的审计范围、时间安排和重大审计发现等事项进行沟通，包括沟通我们在审计中识别出的值得关注的内部控制缺陷。

天职国际会计师事务所（特殊普通合伙）

中国注册会计师：黎　明

中国注册会计师：何小兵

中国·北京　　二〇二〇年四月二十二日

5.1.2 资产负债表

资产负债表

编制单位：华润深国投信托有限公司　　2019 年 12 月 31 日　　单位：万元

项　目	合并		母公司	
	期末数	期初数	期末数	期初数
资产				
货币资金	42 676.51	46 732.34	21 918.24	36 912.15
以公允价值计量且其变动计入当期损益的金融资产	11 184.64	2 339.76	—	—
买入返售金融资产	—	—	—	—

续表

项　目	合并		母公司	
	期末数	期初数	期末数	期初数
应收股利	—	—	—	—
应收利息	71. 31	45. 90	—	—
预付款项	1 348. 11	1 292. 23	1 256. 11	1 110. 21
应收账款	45 531. 24	49 092. 20	44 582. 81	47 413. 61
其他应收款	261 889. 01	325 438. 72	225 283. 46	279 725. 67
长期应收款	—	—	—	—
发放贷款及垫款	—	—	—	—
可供出售金融资产	926 698. 46	702 416. 24	878 576. 47	659 747. 90
持有至到期投资	—	—	—	—
长期股权投资	1 285 679. 52	1 190 646. 68	1 335 464. 62	1 225 139. 54
投资性房地产	1 821. 83	1 893. 95	1 821. 83	1 893. 95
固定资产	7 983. 61	8 167. 14	7 865. 97	7 989. 95
在建工程	—	—	—	—
无形资产	3 288. 18	3 333. 94	2 827. 32	2 998. 94
递延所得税资产	37 035. 23	55 098. 99	34 710. 74	54 849. 65
其他资产	313. 51	1 442. 60	246. 14	277. 19
资产总计	2 625 521. 16	2 387 940. 69	2 554 553. 71	2 318 058. 76

资产负债表(续)

编制单位:华润深国投信托有限公司　　2019 年 12 月 31 日　　单位:万元

项　目	合并		母公司	
	期末数	期初数	期末数	期初数
负债				
吸收存款及同业存放	—	—	—	—
拆入资金	70 000. 00	130 000. 00	70 000. 00	130 000. 00
以公允价值计量且其变动计入当期损益的金融负债	—	—	—	—
卖出回购金融资产款	—	—	—	—
短期借款	—	—	—	—
预收款项	5 143. 65	512. 25	5 044. 12	388. 93
应付职工薪酬	29 238. 52	25 757. 54	28 010. 02	24 601. 23
应交税费	11 443. 32	14 129. 76	10 932. 44	13 600. 70
应付利息	1 354. 44	394. 17	1 354. 44	394. 17
应付股利	—	—	—	—
其他应付款	33 099. 29	34 499. 07	32 235. 02	27 211. 46
预计负债	19 853. 76	19 853. 76	19 853. 76	19 853. 76
长期借款	—	—	—	—
递延所得税负债	3 075. 25	2 136. 96	2 963. 80	2 136. 96
递延收益	—	—	—	—
其他负债	173 908. 80	130 000. 00	173 908. 80	130 000. 00
负债合计	347 117. 03	357 283. 51	344 311. 30	348 187. 21
所有者权益				
实收资本	1 100 000. 00	1 100 000. 00	1 100 000. 00	1 100 000. 00
资本公积	87 890. 88	87 807. 75	87 890. 88	87 807. 75
其他综合收益	-29 302. 19	-28 688. 46	-29 636. 55	-28 137. 59
盈余公积	155 544. 78	126 678. 11	155 544. 78	126 678. 11
信托赔偿准备金	97 497. 39	83 064. 05	97 497. 39	83 064. 05
一般风险准备	37 635. 18	35 353. 74	37 635. 18	35 353. 74
未分配利润	813 865. 71	623 941. 80	761 310. 73	565 105. 49
归属于母公司所有者权益合计	2 263 131. 75	2 028 156. 99	—	—
少数股东权益	15 272. 38	2 500. 19	—	—
所有者权益合计	2 278 404. 13	2 030 657. 18	2 210 242. 41	1 969 871. 55
负债及所有者权益合计	2 625 521. 16	2 387 940. 69	2 554 553. 71	2 318 058. 76

5.1.3 利润表

利润表

编制单位:华润深国投信托有限公司　　2019 年度　　单位:万元

项　目	合并		母公司	
	当年数	上年数	当年数	上年数
一、营业收入	304 631.18	270 783.09	307 407.42	238 753.95
利息净收入	-11 163.83	-15 408.17	-11 326.79	-15 438.29
利息收入	1 154.41	480.63	824.60	233.23
利息支出	12 318.24	15 888.80	12 151.39	15 671.52
手续费及佣金净收入	137 906.02	131 444.08	132 026.54	124 427.99
手续费及佣金收入	141 079.64	131 527.68	135 227.67	124 511.59
手续费及佣金支出	3 173.62	83.60	3 201.13	83.60
投资收益	175 049.80	153 233.57	184 012.81	128 316.92
其中:对联营企业的投资收益	123 831.75	85 931.69	123 823.99	86 090.56
公允价值变动收益	40.59	—	—	—
汇兑收益	-2.80	-3.45	-1.96	-3.88
其他业务收入	1 507.97	1 370.03	1 462.68	1 321.49
资产处置收益	66.28	0.37	66.28	0.37
其他收益	1 227.15	146.66	1 167.86	129.35
二、营业支出	-29 041.29	21 712.44	-35 901.34	13 133.02
税金及附加	1 215.07	1 187.31	1 176.21	1 146.08
业务及管理费	49 813.49	49 726.21	42 992.32	41 188.02
资产减值损失	-80 545.95	-29 574.56	-80 545.95	-29 574.56
其他业务成本	476.10	373.48	476.08	373.48
三、营业利润	333 672.47	249 070.65	343 308.76	225 620.93
加:营业外收入	1 241.54	31 343.04	1 241.54	31 343.04
减:营业外支出	100.70	772.47	100.70	772.47
四、利润总额	334 813.31	279 641.22	344 449.60	256 191.50
减:所得税费用	54 355.76	49 047.38	55 782.91	42 139.59
五、净利润	280 457.55	230 593.84	288 666.69	214 051.91
归属于母公司所有者的净利润	282 385.36	232 606.06	—	—
*少数股东损益	-1 927.81	-2 012.22	—	—
六、其他综合收益的税后净额	-613.73	-46 216.82	-1 498.96	-45 385.80
归属于母公司所有者的其他综合收益的税后净额	-613.73	-46 216.82	—	—
(一)不能重分类进损益的其他综合收益	—	—	—	—
(二)将重分类进损益的其他综合收益	-613.73	-46 216.82	-1 498.96	-45 385.80
1. 权益法下可转损益的其他综合收益	-4 152.52	-45 448.72	-4 152.52	-45 448.72
2. 可供出售金融资产公允价值变动损益	3 538.79	-768.10	2 653.56	62.92
归属于少数股东的其他综合收益的税后净额	—	—	—	—
七、综合收益总额	279 843.82	184 377.03	287 167.73	168 666.11
归属于母公司所有者的综合收益总额	281 771.63	186 389.25	—	—
归属于少数股东的综合收益总额	-1 927.81	-2 012.22	—	—

注:亏损项目以“-”号填列。

5.1.4 所有者权益变动表

所有者权益变动表(合并)

编制单位:华润深国投信托有限公司　　2019年度　　单位:万元

项目	本年金额									
	归属于母公司所有者权益								少数股东权益	所有者权益合计
	实收资本(或股本)	资本公积	其他综合收益	盈余公积	信托赔偿准备金	一般风险准备	未分配利润	小计		
一、上年年末余额	1 100 000. 00	87 807. 75	-28 688. 46	126 678. 11	83 064. 05	35 353. 74	623 941. 80	2 028 156. 99	2 500. 19	2 030 657. 18
二、本年年初余额	1 100 000. 00	87 807. 75	-28 688. 46	126 678. 11	83 064. 05	35 353. 74	623 941. 80	2 028 156. 99	2 500. 19	2 030 657. 18
三、本年增减变动金额(减少以“-”号填列)	—	83. 13	-613. 74	28 866. 67	14 433. 34	2 281. 44	189 923. 91	234 974. 75	12 772. 19	247 746. 94
(一)综合收益总额	—	—	-530. 61	—	—	—	282 385. 36	281 854. 75	-1 927. 81	279 926. 94
(二)所有者投入和减少资本	—	—	—	—	—	—	—	—	14 700. 00	14 700. 00
1. 所有者投入的普通股	—	—	—	—	—	—	—	—	14 700. 00	14 700. 00
2. 其他权益工具持有者投入资本	—	—	—	—	—	—	—	—	—	—
3. 股份支付计入股东权益的金额	—	—	—	—	—	—	—	—	—	—
4. 其他	—	—	—	—	—	—	—	—	—	—
(三)利润分配	—	—	—	28 866. 67	14 433. 34	2 281. 44	-92 461. 45	-46 880. 00	—	-46 880. 00
1. 提取盈余公积	—	—	—	28 866. 67	—	—	-28 866. 67	—	—	—
2. 提取信托赔偿准备金	—	—	—	—	14 433. 34	—	-14 433. 34	—	—	—
3. 提取一般风险准备金	—	—	—	—	—	2 281. 44	-2 281. 44	—	—	—
4. 对所有者(或股东)的分配	—	—	—	—	—	—	-46 880. 00	-46 880. 00	—	-46 880. 00
5. 其他	—	—	—	—	—	—	—	—	—	—
(四)所有者权益内部结转	—	83. 13	-83. 13	—	—	—	—	—	—	—
1. 资本公积转增资本(或股本)	—	—	—	—	—	—	—	—	—	—
2. 盈余公积转增资本(或股本)	—	—	—	—	—	—	—	—	—	—
3. 盈余公积弥补亏损	—	—	—	—	—	—	—	—	—	—
4. 设定受益计划变动额结转留存收益	—	—	—	—	—	—	—	—	—	—
5. 其他	—	83. 13	-83. 13	—	—	—	—	—	—	—
四、本年年末余额	1 100 000. 00	87 890. 88	-29 302. 19	155 544. 78	97 497. 39	37 635. 18	813 865. 71	2 263 131. 75	15 272. 38	2 278 404. 13

所有者权益变动表(合并)(续)

编制单位:华润深国投信托有限公司　　2019年度　　单位:万元

项目	上年金额									
	归属于母公司所有者权益								少数股东权益	所有者权益合计
	实收资本(或股本)	资本公积	其他综合收益	盈余公积	信托赔偿准备金	一般风险准备	未分配利润	小计		
一、上年年末余额	600 000. 00	87 871. 31	17 528. 36	105 272. 92	72 361. 45	33 431. 38	970 566. 15	1 887 031. 57	4 512. 41	1 891 543. 98
二、本年年初余额	600 000. 00	87 871. 31	17 528. 36	105 272. 92	72 361. 45	33 431. 38	970 566. 15	1 887 031. 57	4 512. 41	1 891 543. 98
三、本年增减变动金额(减少以“-”号填列)	500 000. 00	-63. 56	-46 216. 82	21 405. 19	10 702. 60	1 922. 36	-346 624. 35	141 125. 42	-2 012. 22	139 113. 20
(一)综合收益总额	—	—	-46 280. 38	—	—	—	232 606. 06	186 325. 68	-2 012. 22	184 313. 46
(二)所有者投入和减少资本	—	—	—	—	—	—	—	—	—	—
1. 所有者投入的普通股	—	—	—	—	—	—	—	—	—	—
2. 其他权益工具持有者投入资本	—	—	—	—	—	—	—	—	—	—
3. 股份支付计入股东权益的金额	—	—	—	—	—	—	—	—	—	—
4. 其他	—	—	—	—	—	—	—	—	—	—
(三)利润分配	—	—	—	21 405. 19	10 702. 60	1 922. 36	-79 230. 41	-45 200. 26	—	-45 200. 26
1. 提取盈余公积	—	—	—	21 405. 19	—	—	-21 405. 19	—	—	—

续表

项　目	上年金额									
	归属于母公司所有者权益								少数股东权益	所有者权益合计
	实收资本（或股本）	资本公积	其他综合收益	盈余公积	信托赔偿准备金	一般风险准备	未分配利润	小计		
2. 提取信托赔偿准备金	—	—	—	—	10 702. 60	—	-10 702. 60	—	—	—
3. 提取一般风险准备金	—	—	—	—	—	1 922. 36	-1 922. 36	—	—	—
4. 对所有者（或股东）的分配	—	—	—	—	—	—	-45 200. 26	-45 200. 26	—	-45 200. 26
5. 其他	—	—	—	—	—	—	—	—	—	—
（四）所有者权益内部结转	500 000. 00	-63. 56	63. 56	—	—	—	-500 000. 00	—	—	—
1. 资本公积转增资本（或股本）	—	—	—	—	—	—	—	—	—	—
2. 盈余公积转增资本（或股本）	—	—	—	—	—	—	—	—	—	—
3. 盈余公积弥补亏损	—	—	—	—	—	—	—	—	—	—
4. 设定受益计划变动额结转留存收益	—	—	—	—	—	—	—	—	—	—
5. 其他	500 000. 00	-63. 56	63. 56	—	—	—	-500 000. 00	—	—	—
四、本年年末余额	1 100 000. 00	87 807. 75	-28 688. 46	126 678. 11	83 064. 05	35 353. 74	623 941. 80	2 028 156. 99	2 500. 19	2 030 657. 18

所有者权益变动表（母公司）

编制单位：华润深国投信托有限公司　　2019 年度　　单位：万元

项　目	本年金额							
	归属于母公司所有者权益							所有者权益合计
	实收资本（或股本）	资本公积	其他综合收益	盈余公积	信托赔偿准备金	一般风险准备	未分配利润	
一、上年年末余额	1 100 000. 00	87 807. 75	-28 137. 59	126 678. 11	83 064. 05	35 353. 74	565 105. 49	1 969 871. 55
二、本年年初余额	1 100 000. 00	87 807. 75	-28 137. 59	126 678. 11	83 064. 05	35 353. 74	565 105. 49	1 969 871. 55
三、本年增减变动金额（减少以"-"号填列）	—	83. 13	-1 498. 96	28 866. 67	14 433. 34	2 281. 44	196 205. 24	240 370. 86
（一）综合收益总额	—	—	-1 415. 83	—	—	—	288 666. 69	287 250. 86
（二）所有者投入和减少资本	—	—	—	—	—	—	—	—
1. 所有者投入的普通股	—	—	—	—	—	—	—	—
2. 其他权益工具持有者投入资本	—	—	—	—	—	—	—	—
3. 股份支付计入股东权益的金额	—	—	—	—	—	—	—	—
4. 其他	—	—	—	—	—	—	—	—
（三）利润分配	—	—	—	28 866. 67	14 433. 34	2 281. 44	-92 461. 45	-46 880. 00
1. 提取盈余公积	—	—	—	28 866. 67	—	—	-28 866. 67	—
2. 提取信托赔偿准备金	—	—	—	—	14 433. 34	—	-14 433. 34	—
3. 提取一般风险准备金	—	—	—	—	—	2 281. 44	-2 281. 44	—
4. 对所有者（或股东）的分配	—	—	—	—	—	—	-46 880. 00	-46 880. 00
5. 其他	—	—	—	—	—	—	—	—
（四）所有者权益内部结转	—	83. 13	-83. 13	—	—	—	—	—
1. 资本公积转增资本（或股本）	—	—	—	—	—	—	—	—
2. 盈余公积转增资本（或股本）	—	—	—	—	—	—	—	—
3. 盈余公积弥补亏损	—	—	—	—	—	—	—	—
4. 设定受益计划变动额结转留存收益	—	—	—	—	—	—	—	—
5. 其他	—	83. 13	-83. 13	—	—	—	—	—
四、本年年末余额	1 100 000. 00	87 890. 88	-29 636. 55	155 544. 78	97 497. 39	37 635. 18	761 310. 73	2 210 242. 41

所有者权益变动表（母公司）（续）

编制单位：华润深国投信托有限公司　　2019 年度　　单位：万元

项　目	上年金额							
	归属于母公司所有者权益							所有者权益合计
	实收资本（或股本）	资本公积	其他综合收益	盈余公积	信托赔偿准备金	一般风险准备	未分配利润	
一、上年年末余额	600 000. 00	87 871. 31	17 248. 21	105 272. 92	72 361. 45	33 431. 38	930 283. 99	1 846 469. 26
二、本年年初余额	600 000. 00	87 871. 31	17 248. 21	105 272. 92	72 361. 45	33 431. 38	930 283. 99	1 846 469. 26

续表

项　目	上年金额							
	归属于母公司所有者权益							所有者权益合计
	实收资本（或股本）	资本公积	其他综合收益	盈余公积	信托赔偿准备金	一般风险准备	未分配利润	
三、本年增减变动金额（减少以“－”号填列）	500 000. 00	-63. 56	-45 385. 80	21 405. 19	10 702. 60	1 922. 36	-365 178. 50	123 402. 29
（一）综合收益总额	—	—	-45 449. 36	—	—	—	214 051. 91	168 602. 55
（二）所有者投入和减少资本	—	—	—	—	—	—	—	—
1. 所有者投入的普通股	—	—	—	—	—	—	—	—
2. 其他权益工具持有者投入资本	—	—	—	—	—	—	—	—
3. 股份支付计入股东权益的金额	—	—	—	—	—	—	—	—
4. 其他	—	—	—	—	—	—	—	—
（三）利润分配	—	—	—	21 405. 19	10 702. 60	1 922. 36	-79 230. 41	-45 200. 26
1. 提取盈余公积	—	—	—	21 405. 19	—	—	-21 405. 19	—
2. 提取信托赔偿准备金	—	—	—	—	10 702. 60	—	-10 702. 60	—
3. 提取一般风险准备金	—	—	—	—	—	1 922. 36	-1 922. 36	—
4. 对所有者（或股东）的分配	—	—	—	—	—	—	-45 200. 26	-45 200. 26
5. 其他	—	—	—	—	—	—	—	—
（四）所有者权益内部结转	500 000. 00	-63. 56	63. 56	—	—	—	-500 000. 00	—
1. 资本公积转增资本（或股本）	—	—	—	—	—	—	—	—
2. 盈余公积转增资本（或股本）	—	—	—	—	—	—	—	—
3. 盈余公积弥补亏损	—	—	—	—	—	—	—	—
4. 设定受益计划变动额结转留存收益	—	—	—	—	—	—	—	—
5. 其他	500 000. 00	-63. 56	63. 56	—	—	—	-500 000. 00	—
四、本年年末余额	1 100 000. 00	87 807. 75	-28 137. 59	126 678. 11	83 064. 05	35 353. 74	565 105. 49	1 969 871. 55

5. 2　信托财产

5. 2. 1　信托项目资产负债汇总表

信托项目资产负债汇总表

编制单位：华润深国投信托有限公司　　2019 年 12 月 31 日　　单位：万元

信托资产	期末数	期初数	信托负债和权益	期末数	期初数
信托资产：			信托负债：		
货币资金	3 366 285. 27	1 943 005. 65	应付受托人报酬	29 120. 04	26 595. 57
拆出资金	—	—	应付托管费	7 096. 45	7 550. 00
应收款项	6 790 023. 57	5 750 008. 95	应付受益人收益	138 202. 98	890 814. 99
买入返售金融资产	3 291 791. 08	2 964 332. 05	其他应付款项	375 895. 21	235 935. 43
交易性金融资产	35 130 462. 25	39 440 280. 95	应交税费	38 160. 75	20 297. 19
可供出售金融资产	11 311 613. 27	16 672 422. 51	卖出回购资产款	1 645 861. 52	3 811 184. 37
持有至到期投资	707 930. 88	—	交易性金融负债	—	—
长期股权投资	437 115. 30	644 306. 90	其他负债	—	—
贷款	34 453 356. 78	28 077 587. 58	信托负债合计	2 234 336. 95	4 992 377. 55
应收融资租赁款	—	—	信托权益：		
固定资产	—	—	实收信托	89 891 221. 52	89 938 400. 59
无形资产	—	—	资本公积	-547 662. 59	169 779. 29
长期待摊费用	—	—	未分配利润	3 910 682. 52	391 387. 16
其他资产	—	—	信托权益合计	93 254 241. 45	90 499 567. 04
信托资产总计	95 488 578. 40	95 491 944. 59	信托负债及权益总计	95 488 578. 40	95 491 944. 59

5.2.2　信托项目利润及利润分配汇总表

信托项目利润及利润分配汇总表

编制单位:华润深国投信托有限公司　　2019 年度　　单位:万元

项　目	当年数	上年数
一、营业收入	7 734 685.26	1 538 218.07
利息收入	3 586 761.51	3 604 891.94
投资收益	2 149 745.81	293 002.77
公允价值变动损益	1 998 389.89	−2 359 860.01
汇兑收益	—	—
其他业务收入	−211.95	183.37
二、营业支出	836 562.19	591 680.53
利息支出	—	—
营业税金及附加	14 992.43	11 771.23
业务及管理费	630 858.29	530 680.98
资产减值损失	190 711.47	49 228.32
其他业务成本	—	—
三、信托营业利润	6 898 123.07	946 537.54
加:营业外收入	—	—
减:营业外支出	41 257.27	57 265.85
四、信托利润	6 856 865.80	889 271.69
加:期初未分配信托利润	391 387.16	4 001 239.29
五、可供分配的信托利润	7 248 252.96	4 890 510.98
减:本期已分配信托利润	3 337 570.44	4 499 123.82
六、期末未分配信托利润	3 910 682.52	391 387.16

6. 会计报表附注

6.1　年度会计报表编制基础及合并报表的并表范围说明

本财务报表以公司持续经营假设为基础，根据实际发生的交易事项，按照财政部颁布的《企业会计准则》及其应用指南的有关规定，并基于重要的会计政策、会计估计进行编制。

本年纳入合并报表范围的子企业及结构化主体基本情况

企业名称	注册地	业务性质	注册资本(万元)	持股比例(%)	享有的表决权(%)
深圳红树林创业投资有限公司	深圳	创业投资	20 000.00	100.00	100.00
华润元大基金管理有限公司	深圳	基金管理	60 000.00	51.00	51.00
深圳华润元大资产管理有限公司	深圳	资产管理	11 800.00	51.00	51.00

6.2　重要会计政策和会计估计说明

6.2.1　计提资产减值准备的范围和方法

6.2.1.1　金融资产减值

除了以公允价值计量且其变动计入当期损益的金融资产外，本公司在每个资产负债表日对其他金融资产的账面价值进行检查，有客观证据表明金融资产发生减值的，计提减值准备。

金融资产发生减值的客观证据，包括下列可观察到的各项事项：

发行方或债务人发生严重财务困难；债务人违反了合同条款，如偿付利息或本金发生违约或逾期等；本公司出于经济或法律等方面因素的考虑，对发生财务困难的债务人作出让步；债务人很可能倒闭或者进行其他财务重组；因发行方发生重大财务困难，导致金融资产无法在活跃市场继续交易；无法辨认一组金融资产中的某项资产的现金流量是否已经减少，但根据公开的数据对其进行总体评价后发现，该组金融资产自初始确认以来的预计未来现金流量确已减少且可计量，包括：(1)该组金融资产的债务人支付能力逐步恶化；(2)债务人所在国家或地区经济出现了可能导致该组金融资产无法支付的状况；(3)债务人经营所处的技术、市场、经济或法律环境等发生重大不利变化，使权益工具投资人可能无法收回投资成本；(4)权益工具投资的公允价值发生严重或非暂时性下跌；(5)其他表明金融资产发生减值的客观证据。

6.2.1.1.1　持有至到期投资、贷款和应收款项减值

以成本或摊余成本计量的金融资产将其账面价值减记至预计未来现金流量现值，减记金额确认为减值损失，计入当期损益。金融资产在确认减值损失后，如有客观证据表明该金融资产价值已恢复，且客观上与确认该损失后发生的事项有关，原确认的减值损失予以转回，金融资产转回减值损失后的账面价值不超过假定不计提减值准备情况下该金融资产在转回日的摊余成本。

6.2.1.1.2　可供出售金融资产减值

可供出售金融资产的公允价值下跌至可供出售金融资产发生减值时，将原直接计入资本公积的因公允价值下降形成的累计损失予以转出并计入当期损益，该转出的累计损失为该资产初始取得成本扣除已收回本金和已摊销金额、当前公允价值和原已计入损益的减值损失后的余额。

在确认减值损失后，期后如有客观证据表明该金融资产价值已恢复，且客观上与确认该损失后发生的事项有关，原确认的减值损失予以转回，可供出售权益工具投资的减值损失转回计入权益，可供出售债务工具的减值损失转回计入当期损益。在活跃市场中没有报价且其公允价值不能可靠计量的权益工具投资，或与该权益工具挂钩并须通过交付该权益工具结算的衍生金融资产的减值损失，不予转回。

6.2.1.2　其他资产减值

本公司在每一个资产负债表日检查长期股权投资、固定资产、在建工程、投资性房地产、使用寿命确定的无形资产等长期资产是否存在可能发生减值的迹象。

如果该等资产存在减值迹象，则估计其可收回金额。估计资产的可收回金额以单项资产为基础，如果难以对单项资产的可收回金额进行估计的，则以该资产所属的资产组为基础确定资产组的可收回金额。如果资产的可收回金额低于其账面价值，按其差额计提资产减值准备，并计入当期损益。

可收回金额为资产的公允价值减去处置费用后的净额与资产预计未来现金流量的现值两者之中的较高者。资产的公允价值根据公平交易中销售协议价格确定；不存在销售协议但存在资产活跃市场的，公允价值按照该资产的买方出价确定；不存在销售协议和资产活跃市场的，则以可获取的最佳信息为基础估计资产的公允价值。处置费用包括与资产处置有关的法律费用、相关税费、搬运费以及为使资产达到可销售状态所发生的直接费用。

其他资产的减值损失一经确认，在以后会计期间不予转回。

6.2.1.2.1 计提资产减值准备的范围

持有至到期投资、贷款及应收款项、可供出售金融资产、长期股权投资、投资性房地产、固定资产、在建工程、无形资产(包括资本化的开发支出)、商誉等。

6.2.1.2.2 计提资产减值准备的方法

(1)持有至到期投资、贷款及应收款项减值的计量。

公司采用单独减值评估和组合减值评估两种方法评估此类金融资产减值损失:对单项金额重大的金融资产是否存在减值的客观证据进行单独评估,对单项金额不重大的金融资产是否存在发生减值的客观证据进行组合评估。如果没有客观证据表明单独评估的金融资产存在减值情况,无论该金融资产金额是否重大,公司将其包括在具有类似信用风险特征的金融资产组别中,再进行组合减值评估。单独进行评估减值并且已确认或继续确认减值损失的资产,不再纳入组合减值评估的范围。

持有至到期投资、贷款及应收款项金融资产确认减值损失后,如有客观证据表明该金融资产价值已恢复,且客观上与确认该损失后发生的事项有关(如债务人的信用评级已提高等),原确认的减值准备予以转回,计入当期损益。转回后的账面价值不超过假定不计提减值准备情况下该金融资产在转回日的摊余成本。

(2)可供出售金融资产减值的计量。

可供出售金融资产发生减值时,原直接计入股东权益中的因公允价值下降形成的累计损失,予以转出,计入当期损益。该转出的累计损失,等于可供出售金融的初始取得成本扣除已收回本金和已摊销金额、当前公允价值和原已计入损益的减值损失后的余额。

在活跃市场中没有报价且其公允价值不能计量的权益工具投资,发生减值时,将该权益工具投资的账面价值,与按照类似金融资产当时市场收益率对未来现金流量折现确定的现值之间的差额,确认减值损失,计入当期损益。

已经确认减值损失的可供出售债务工具,在随后的会计期间公允价值已上升且客观上与确认原减值损失后发生的事项有关,原确认的减值损失予以转回,计入当期损益。可供出售权益工具投资发生的减值损失,不通过损益转回。

(3)对长期股权投资减值的计量。

资产负债表日,若因市价持续下跌或被投资单位经营状况恶化等原因使长期股权投资存在减值迹象时,根据长期股权投资的公允价值减去处置费用后的净额与长期股权投资预计未来现金流量的现值两者之间较高者确定长期股权投资的可回收金额。

长期股权投资的可收回金额低于账面价值时,按其差额计提资产减值准备。所计提的长期股权投资减值准备在以后年度不再转回。

(4)其他资产减值的计量。

对除金融资产以外的资产减值,按以下方法确定:资产负债表日判断资产是否存在可能发生减值的迹象,存在减值迹象的,公司将估计其可收回金额,进行减值测试。

可收回金额根据资产的公允价值减去处置费用后的净额与资产预计未来现金流量的现值两者之间较高者确定。公司以单项资产为基础估计其可收回金额;难以对单项资产的可收回金额进行估计的,以该资产所属的资产组为基础确定资产组的可收回金额。资产组的认定,以资产组产生的主要现金流入是否独立于其他资产或者资产组的现金流入为依据。

当资产或资产组的可收回金额低于其账面价值时,将其账面价值减记至可收回金额,减记的金额计入当期损益,同时计提相应的资产减值准备。

6.2.1.2.3 可能发生减值资产的认定

公司在资产负债表日判断资产是否存在可能发生减值的迹象。因企业合并所形成的商誉和使用寿命不确定的无形资产,无论是否存在减值迹象,每年都进行减值测试。存在下列迹象的,表明资产可能发生了减值。

(1)资产的市价当期大幅度下跌,其跌幅明显高于因时间的推移或者正常使用而预计的下跌。

(2)公司经营所处的经济、技术或者法律等环境以及资产所处的市场在当期或者将在近期发生重大变化,从而对公司产生不利影响。

(3)市场利率或者其他市场投资报酬率在当期已经提高,从而影响公司计算资产预计未来现金流量现值的折现率,导致资产可收回金额大幅度降低。

(4)有证据表明资产已经陈旧过时或者其实体已经损坏。

(5)资产已经或者将被闲置、终止使用或者计划提前处置。

(6)公司内部报告的证据表明资产的经济绩效已经低于或者将低于预期,如资产所创造的净现金流量或者实现的营业利润(或者亏损)远远低于(或者高于)预计金额等。

(7)其他表明资产可能已经发生减值的迹象。

6.2.1.2.4 资产可收回金额的计量

资产存在减值迹象的,估计其可收回金额。可收回金额根据资产的公允价值减去处置费用后的净额与资产预计未来现金流量的现值两者之间较高者确定。资产的公允价值根据公平交易中销售协议价格确定;不存在销售协议但存在资产活跃市场的,公允价值按照该资产的买方出价确定;不存在销售协议和资产活跃市场的,则以可获取的最佳信息为基础估计资产的公允价值。处置费用包括与资产处置有关的法律费用、相关税费、搬运费以及为使资产达到可销售状态所发生的直接费用。

6.2.1.2.5 资产减值损失的确定

可收回金额的计量结果表明,资产的可收回金额低于其账面价值的,将资产的账面价值减记至可收回金额,减记的金额确认为资产减值损失,计入当期损益,同时计提相应的资产减值准备。资产减值损失确认后,减值资产的折旧或者摊销费用在未来期间作相应调整,以使该资产在剩余使用寿命内,系统地分摊调整后的资产账面价值(扣除预计净残值)。资产减值损失一经确认,在以后会计期间不能转回。

6.2.2 交易性金融资产的核算方法

交易性金融资产取得时以公允价值作为初始确认金额,相关的交易费用在发生时计入当期损益。支付的价款中包含已宣告但尚未发放的现金股利或已到付息期但尚未领取的债券利息,应当单独确认为应收项目。持有期间将取得的利息或现金股利确认为投资收益,期末将公允价值变动计入当期损益。处置时,其公允价值与账面价值之间的差额确认为投资收益,同时调整公允价值变动损益。

6.2.3 可供出售金融资产的核算方法

可供出售金融资产应当按取得该金融资产的公允价值和

相关交易费用之和作为初始确认金额。支付的价款中包含的已到付息期但尚未领取的债券利息或已宣告但尚未发放的现金股利，应单独确认为应收项目。可供出售金融资产持有期间取得的利息或现金股利，应当计入投资收益。资产负债表日，可供出售金融资产应当以公允价值计量，且将公允价值变动计入其他综合收益。处置时，将取得的价款与该金融资产账面价值之间的差额，计入投资损益；同时，将原直接计入所有者权益的公允价值变动累计额对应处置部分的金额转出，计入投资损益。

6.2.4 持有至到期投资的核算方法

持有至到期投资应当按取得时的公允价值和相关交易费用之和作为初始确认金额。支付的价款中包含的已到付息期但尚未领取的债券利息，应单独确认为应收项目。持有至到期投资在持有期间应当按照摊余成本和实际利率计算确认利息收入，计入投资收益。实际利率应当在取得持有至到期投资时确定，在该持有至到期投资预期存续期间或适用的更短期间内保持不变。实际利率与票面利率差别较小的，也可按票面利率计算利息收入，计入投资收益。处置持有至到期投资时，应将所取得价款与该投资账面价值之间的差额确认为投资收益。

企业将尚未到期的某项持有至到期投资在本会计年度内出售或重分类为可供出售金融资产的金额，相对于该类投资在出售或重分类前的总额较大时，则公司将该类投资的剩余部分重分类为可供出售金融资产，且在本会计期间或以后两个完整会计年度内不再将任何金融资产分类为持有至到期，但下列情况除外：出售日或重分类日距离该项投资到期日或赎回日较近（如到期前3个月内），市场利率变化对该项投资的公允价值没有显著影响；根据合同约定的定期偿付或提前还款方式收回该投资几乎所有初始本金后，将剩余部分予以出售或重分类；出售或重分类是由于企业无法控制、预期不会重复发生且难以合理预计的独立事项所引起。

6.2.5 长期股权投资的核算方法

长期股权投资是指投资方对被投资单位实施控制、重大影响的权益性投资，以及对其合营企业的权益性投资。

6.2.5.1 初始计量

6.2.5.1.1 企业合并形成的长期股权投资

同一控制下的企业合并，合并方以支付现金、转让非现金资产或承担债务方式作为合并对价的，应当在合并日按照被合并方所有者权益在最终控制方合并财务报表中的账面价值的份额作为长期股权投资的初始投资成本。长期股权投资初始投资成本与支付的现金、转让的非现金资产以及所承担债务账面价值之间的差额，应当调整资本公积；资本公积不足冲减的，调整留存收益。

合并方以发行权益性证券作为合并对价的，应当在合并日按照被合并方所有者权益在最终控制方合并财务报表中的账面价值的份额作为长期股权投资的初始投资成本。按照发行股份的面值总额作为股本，长期股权投资初始投资成本与所发行股份面值总额之间的差额，应当调整资本公积；资本公积不足冲减的，调整留存收益。

非同一控制下的企业合并，购买方在购买日应当按照《企业会计准则第20号——企业合并》的有关规定确定的合并成本作为长期股权投资的初始投资成本。

为企业合并发生的审计、法律服务、评估咨询等中介费用以及其他相关管理费用，应当于发生时计入当期损益。

6.2.5.1.2 其他方式取得的长期股权投资

以支付现金取得的长期股权投资，应当按照实际支付的购买价款作为初始投资成本。初始投资成本包括与取得长期股权投资直接相关的费用、税金及其他必要支出。

以发行权益性证券取得的长期股权投资，应当按照发行权益性证券的公允价值作为初始投资成本。与发行权益行证券直接相关的费用，应当按照《企业会计准则第37号——金融工具列报》的有关规定确定。

通过非货币性资产交换取得的长期股权投资，其初始投资成本应当按照《企业会计准则第7号——非货币性资产交换》的有关规定确定。

通过债务重组取得的长期股权投资，其初始投资成本应当按照《企业会计准则第12号——债务重组》的有关规定确定。

6.2.5.2 后续计量及收益确认

公司能够对被投资单位实施控制的长期股权投资应当采用成本法核算。采用成本法核算的长期股权投资应当按照初始投资成本计价。追加或收回投资应当调整长期股权投资的成本。被投资单位宣告分派的现金股利或利润，应当确认为当期投资收益。

公司对联营企业和合营企业的长期股权投资，采用权益法核算。

长期股权投资的初始投资成本大于投资时应享有被投资单位可辨认净资产公允价值份额的，不调整长期股权投资的初始投资成本；长期股权投资的初始投资成本小于投资时应享有被投资单位可辨认净资产公允价值份额的，其差额应当计入当期损益，同时调整长期股权投资的成本。

公司取得长期股权投资后，按照应享有或应分担的被投资单位实现的净损益和其他综合收益的份额，分别确认投资收益和其他综合收益，同时调整长期股权投资的账面价值；公司按照被投资单位宣告分派的利润或现金股利计算应享有的部分，相应减少长期股权投资的账面价值；公司对于被投资单位除净损益、其他综合收益和利润分配以外所有者权益的其他变动，调整长期股权投资的账面价值并计入所有者权益。

公司在确认应享有被投资单位净损益的份额时，以取得投资时被投资单位可辨认净资产的公允价值为基础，对被投资单位的净利润进行调整后确认。

公司确认被投资单位发生的净亏损，以长期股权投资的账面价值以及其他实质上构成对被投资单位净投资的长期权益减记至零为限，投资方负有承担额外损失义务的除外。

被投资单位以后实现净利润的，公司在其收益分享额弥补未确认的亏损分担额后，恢复确认收益分享额。

6.2.6 投资性房地产的核算方法

公司的投资性房地产是指为赚取租金或资本增值，或两者兼有而持有的房地产。主要包括：（1）已出租的土地使用权；（2）持有并准备增值后转让的土地使用权；（3）已出租的建筑物。

公司的投资性房地产采用成本模式计量。

公司对投资性房地产成本减累计减值及净残值后按直线法，按估计可使用年限计算折旧，计入当期损益。

对使用寿命不确定的已出租的划拨土地使用权不计算折旧。

6.2.7 固定资产计价和折旧方法

6.2.7.1 固定资产确认条件

固定资产指为生产商品、提供劳务、出租或经营管理而持有,并且使用年限超过1年的有形资产。固定资产在同时满足下列条件时予以确认:(1)与该固定资产有关的经济利益很可能流入企业;(2)该固定资产的成本能够可靠地计量。

6.2.7.2 固定资产的分类

固定资产分类为:房屋及建筑物、运输设备、电子设备、其他设备。

6.2.7.3 固定资产的初始计量

固定资产取得时按照实际成本进行初始计量。

外购固定资产的成本,以购买价款、相关税费、使固定资产达到预定可使用状态前所发生的可归属于该项资产的运输费、装卸费、安装费和专业人员服务费等确定。购买固定资产的价款超过正常信用条件延期支付,实质上具有融资性质的,固定资产的成本以购买价款的现值为基础确定。

自行建造固定资产的成本,由建造该项资产达到预定可使用状态前所发生的必要支出构成。

债务重组取得债务人用以抵债的固定资产,以该固定资产的公允价值为基础确定其入账价值,并将重组债权的账面价值与该用以抵债的固定资产公允价值之间的差额,计入当期损益。

在非货币性资产交换具备商业实质和换入资产或换出资产的公允价值能够可靠计量的前提下,换入的固定资产以换出资产的公允价值为基础确定其入账价值,除非有确凿证据表明换入资产的公允价值更加可靠;不满足上述前提的非货币性资产交换,以换出资产的账面价值和应支付的相关税费作为换入固定资产的成本,不确认损益。

以同一控制下的企业吸收合并方式取得的固定资产按被合并方的账面价值确定其入账价值;以非同一控制下的企业吸收合并方式取得的固定资产按公允价值确定其入账价值。

融资租入的固定资产,按租赁开始日租赁资产公允价值与最低租赁付款额现值两者中较低者作为入账价值。

6.2.7.4 固定资产折旧

固定资产以取得时的实际成本入账,并从其达到预定可使用状态的次月起,采用直线法计提折旧。各类固定资产的估计残值率、折旧年限和年折旧率如下:

各类固定资产的估计残值率、折旧年限和年折旧率

类别	估计残值率(%)	折旧年限(年)	年折旧率(%)
房屋建筑物	0~5	50	1.90~2.00
电子设备	—	3~5	25.00~33.33
运输工具	—	8	12.50
其他设备	—	3~5	20.00~33.30

6.2.8 合并会计报表的编制方法

合并财务报表反映本公司及子公司形成的集团报表整体财务状况、经营成果和现金流量。

合并财务报表的合并范围以控制为基础予以确定。控制是指投资方拥有对被投资方的权力,通过参与被投资方的相关活动而享有可变回报,并且有能力运用对被投资方的权力影响其回报金额。

合并财务报表以本公司及子公司的财务报表为基础,由本公司编制。本公司及子公司保持一致的会计政策、会计期间。本公司及子公司的内部交易及余额在编制合并财务报表时予以抵销,归属于子公司的少数股东权益和损益分别在合并资产负债表和合并利润表中单独列示。

子公司少数股东分担的当期亏损超过了少数股东在该子公司期初股东权益中所享有的份额,除公司章程或股东协议规定少数股东有义务承担,并且少数股东有能力予以弥补的部分外,其余部分冲减本公司股东权益。该子公司以后期间实现的利润,在弥补了由本公司股东权益所承担的属于少数股东的损失之前,全部归属于本公司的股东权益。

通过同一控制下企业合并取得的子公司,在编制当期合并财务报表时,视同被合并子公司在最终控制方对其开始实施控制时纳入合并财务报表范围,并对合并财务报表的年初数及前期比较报表进行相应调整,且自最终控制方对被合并子公司开始实施控制时起将合并子公司的各项资产、负债以其账面价值纳入合并资产负债表,被合并子公司经营成果纳入合并利润表。

通过非同一控制下企业合并取得的子公司在编制当期合并财务报表时,以购买日确定的项可辨认资产、负债的公允价值为基础对子公司的财务报表进行调整,并自购买日起将被购买子公司资产、负债及经营成果纳入合并财务报表中。

6.2.9 收入确认原则和方法

在经济利益能够流入本公司,以及相关的收入和成本能够可靠地计量时,根据下列方法确认各项收入。

6.2.9.1 利息收入

利息收入应按让渡资金使用权的时间和适用利率计算确定,在与交易相关的经济利益能够流入、且有关收入可以可靠计量时,按权责发生制确认。

发放贷款本金到期(含展期,下同)90天后尚未收回的,其应计利息停止计入当期利息收入,纳入表外核算;对已计提的贷款应收利息,如在贷款到期90天后仍未收回,或在应收利息逾期90天后仍未收到,则冲减原已计入损益的利息收入,转作表外核算。

贷款自应计贷款转为非应计贷款后,在收到该笔贷款的还款时,首先冲减本金;待本金全部收回后,再收到的还款则确认为当期利息收入。

6.2.9.2 担保业务收入

担保业务收入在同时满足以下条件时予以确认:担保合同成立并承担相应担保责任;与担保合同相关的经济利益能够流入企业;与担保合同相关的收入能够可靠地计量。

6.2.10 信托报酬确认原则和方法

信托报酬是指信托公司对信托财产进行管理而收取的管理费或佣金,信托报酬收取的标准一般是与委托人或受益人等有关当事人协商确定的。若信托报酬由信托财产承担,则按照信托合同的约定来计算、提取并按权责发生制确认信托报酬收入;若信托报酬由委托人等有关当事人直接承担,则按协议约定另行向有关当事人收取,并按权责发生制确认信托报酬收入。

6.3 或有事项说明

报告期内,公司期末无对外不可撤销的承诺。

6.4 重要资产转让及其出售的说明

报告期内,公司无重要资产转让及其出售。

6.5 会计报表中重要项目的明细资料

6.5.1 自营资产经营情况

6.5.1.1 按信用风险五级分类的结果披露信用风险资产的期初数、期末数

信用风险资产五级分类	正常类(万元)	关注类(万元)	次级类(万元)	可疑类(万元)	损失类(万元)	信用风险资产合计(万元)	不良资产合计(万元)	不良资产率(%)
期初数	2 331 224.56	47.21	—	116 326.85	1 711.30	2 449 309.92	118 038.15	0.00
期末数	2 503 302.88	4 854.57	—	115 552.35	2 086.75	2 625 796.55	117 639.10	0.00

注：不良资产合计＝次级类＋可疑类＋损失类。

6.5.1.2 各项资产减值损失准备的期初数、本期计提、本期转回、本期核销、期末数

单位：万元

	期初数	本期计提	本期转回	本期核销	期末数
贷款损失准备	—	—	—	—	—
一般准备	—	—	—	—	—
专项准备	—	—	—	—	—
其他资产减值准备	188 924.19	9 078.37	90 081.05	—	107 921.51
持有至到期投资减值准备	—	—	—	—	—
长期股权投资减值准备	—	—	—	—	—
坏账准备	11 438.34	855.79	399.05	—	11 895.08
投资性房地产减值准备	409.89	—	—	—	409.89

6.5.1.3 按投资品种分类，分别披露固有业务股票投资、基金投资、债券投资、股权投资等投资业务的期初数、期末数

单位：万元

	自营股票	基金	债券	长期股权投资	其他投资	合计
期初数	—	33 045.99	129 907.40	1 225 139.54	496 794.51	1 884 887.44
期末数	—	20 401.72	—	1 335 464.62	858 174.75	2 214 041.09

6.5.1.4 前五名的自营长期股权投资的企业名称、占被投资企业权益的比例、主要经营活动及投资收益情况

企业名称	占被投资企业权益的比例(%)	主要经营活动	投资损益(万元)
1. 国信证券股份有限公司	25.15	证券的代理、承销、咨询及自营买卖业务	123 823.99
2. 华润元大基金管理有限公司	51.00	基金管理	—
3. 深圳红树林创业投资有限公司	100.00	创业投资	—

6.5.1.5 前五名的自营贷款的企业名称、占贷款总额的比例和还款情况等

贷款项目	期初数(万元)	本期增加(万元)	本期减少(万元)	期末数(万元)	占比(%)
合计	—	—	—	—	—

6.5.2 披露信托资产管理情况

6.5.2.1 信托资产的期初数、期末数

单位：万元

信托资产	期初数	期末数
集合类	27 150 660.16	25 101 195.64
单一类	41 445 443.33	40 588 494.11
财产管理类	26 895 841.10	29 798 888.65
合计	95 491 944.59	95 488 578.40

注：期初数、期末数按报告年度信托资产总额填列，非信托规模总额，以下均同。

6.5.2.1.1 主动管理型信托业务的信托资产期初数、期末数，分证券投资类、股权投资类、融资类、事务管理类等分别披露

单位：万元

主动管理型信托资产	期初数	期末数
证券投资类	36 646 180.64	29 578 745.11
股权投资类	2 115.16	723.55
其他投资类	144 389.64	134 592.96
融资类	3 175 580.97	3 691 164.91
其他类	257 432.32	282 894.99
合计	40 225 698.73	33 688 121.52

注：其他类为融资类项目劣后财产等。

6.5.2.1.2 被动管理型信托业务的信托资产期初数、期末数，分证券投资类、股权投资类、融资类、事务管理类分别披露

单位：万元

被动管理型信托资产	期初数	期末数
证券投资类	—	—
股权投资类	—	—
融资类	—	—
事务管理类	55 266 245.86	61 800 456.88
合计	55 266 245.86	61 800 456.88

6.5.2.2 本年度已清算结束的信托项目个数、实收信托合计金额、加权平均实际年化收益率

6.5.2.2.1 本年度已清算结束的集合类、单一类资金信托项目和财产管理类信托项目个数、实收信托合计金额、加权平均实际年化收益率

已清算结束信托项目	项目个数(个)	实收信托合计金额(万元)	加权平均实际年化收益率(%)
集合类	259	7 365 511.38	4.26
其中：固定收益类	43	3 068 216.09	6.72
单一类	98	5 600 998.18	5.78
财产管理类	38	7 465 717.09	6.07

注：1. 收益率是指信托项目清算后，给受益人赚取的实际收益水平。

2. 加权平均实际年化收益率＝(信托项目 1 的实际年化收益率×信托项目 1 的实收信托＋信托项目 2 的实际年化收益率×信托项目 2 的实收信托＋…＋信托项目 n 的实际年化收益率×信托项目 n 的实收信托)/(信托项目 1 的实收信托＋信托项目 2 的实收信托＋…＋信托项目 n 的实收信托)×100%。

6.5.2.2.2　本年度已清算结束的主动管理型信托项目个数、实收信托合计金额、加权平均实际年化收益率，分证券投资类、股权投资类、融资类、其他类分别计算并披露

已清算结束信托项目	项目个数（个）	实收信托合计金额（万元）	加权平均实际年化收益率（%）
证券投资类	244	6 205 650.38	—
股权投资类	—	—	—
融资类	19	1 424 267.74	6.42
其他类	2	17 029.23	4.93

注：证券投资类项目申赎按净值计算。

6.5.2.2.3　本年度已清算结束的被动管理型信托项目个数、实收信托合计金额、加权平均实际年化收益率，分证券投资类、股权投资类、融资类、事务管理类分别计算并披露

已清算结束信托项目	项目个数（个）	实收信托合计金额（万元）	加权平均实际年化收益率（%）
证券投资类	—	—	—
股权投资类	—	—	—
融资类	—	—	—
事务管理类	130	12 785 279.30	6.38

6.5.2.3　本年度新增的集合类、单一类和财产管理类信托项目个数、实收信托合计金额

新增信托项目	项目个数（个）	实收信托合计金额（万元）
集合类	418	7 612 413.00
单一类	457	7 730 742.00
财产管理类	81	20 840 162.00
新增合计	956	36 183 317.00
其中：主动管理型	476	9 036 896.00
被动管理型	480	27 146 421.00

注：本年新增信托项目指在本报告年度内累计新增的信托项目个数和金额，包含本年度新增并于本年度内结束的项目和本年度新增至报告期末仍在持续管理的信托项目。

6.5.2.4　本公司履行受托人义务情况及因本公司自身责任而导致的信托资产损失情况

6.5.2.4.1　履行受托人义务情况

公司按照《中华人民共和国信托法》《信托公司管理办法》《信托公司集合资金信托计划管理办法》等法律法规的规定严格履行受托人的义务。

（1）严格遵守信托文件的规定，恪尽职守，履行诚实、信用、谨慎、有效管理的义务，为受益人的利益处理信托事务。

（2）每个信托计划设立后，按照信托合同的规定，定期将信托资金运用及收益情况告知信托文件规定的人。

（3）将信托财产与公司固有财产分别管理、分别记账；并对不同的信托财产分别管理；根据不同的信托资金分别开设独立的银行账户。

（4）信托合同到期、集合信托计划终止时，根据信托合同的规定，以信托财产为限向受益人支付信托利益。同时，在信托终止后及时作出处理信托事务的清算报告，按合同约定方式报告。

（5）妥善保管处理信托事务的完整记录、原始凭证及资料，保存期自信托计划终止之日起十五年。同时对委托人、受益人以及处理信托事务的情况和资料依法保密。

（6）根据信托合同及信托计划约定履行其他管理义务。

报告期内公司为受益人累计分配信托收益333.76亿元。

6.5.2.4.2　2019年因公司自身责任导致的信托资产损失；集合信托资产管理赔付等情况

2019年未发生因公司自身责任导致的信托资产损失；集合信托资产管理没有发生赔付等情况。

6.6　关联方关系及其交易的披露

6.6.1　关联交易方的数量、关联交易的总金额及关联交易的定价政策

	关联交易方数量（个）	关联交易金额（万元）	定价政策
合计	22	5 971 144.71	见注

注：关联交易的定价政策：本公司董事会认为上述交易根据正常的商业交易条件进行，并以一般交易价格为定价基础。

6.6.2　关联交易方与本公司的关系性质、关联交易方的名称、法定代表人、注册地址、注册资本及主营业务等

关系性质	关联方名称	法定代表人	注册地址	注册资本	主营业务
股东的股东	深圳市人民政府国有资产监督管理委员会	余钢	深圳市福田区深南大道4009号投资大厦17楼	不适用	代表国家履行出资人职责，依法对企业国有资产进行监管。
股东	华润股份有限公司	傅育宁	深圳市南山区滨海大道3001号深圳湾体育中心体育场三楼	1 646 706.35万元	金融保险、能源交通、电力通信、仓储运输、食品饮料生产企业的投资；商业零售企业（含连锁超市）的投资与管理；石油化工、轻工纺织、建筑材料产品的生产；电子及机电产品的加工、制造、批发零售；物业管理；酒店经营管理；民用建筑工程的施工、民用建筑工程的外装修和室内装修；技术交流。
重大影响的其他公司	北京领秀睿华管理咨询中心（有限合伙）	—	北京市海淀区西二旗中路6号院二区15号楼三层306	90 200.00万元	经济贸易咨询（下期出资时间为2019年10月31日；依法须经批准的项目，经相关部门批准后依批准的内容开展经营活动）。
同一最终控制母公司	珠海华润银行股份有限公司	刘晓勇	广东省珠海市吉大九洲大道东1346号	604 268.72万元	经营中国银行业监督管理委员会批准的金融业务（具体按B0199H244040001号许可证经营）。
同一最终控制母公司	北京华润大厦有限公司	陈鹰	北京市东城区建国门北大街8号	1 200.00美元	在规划范围内进行房屋及附属配套设施开发、建设及物业管理，包括写字楼的出售、商业设施的租售。

续表

关系性质	关联方名称	法定代表人	注册地址	注册资本	主营业务
同一最终控制母公司	华润金控投资有限公司	任海川	深圳市前海深港合作区前湾一路1号A栋201室	540 000.00万元	一般经营项目是：金融企业投资；投资管理、资产管理（不得从事信托、金融资产管理、证券资产管理及其他限制项目）；投资顾问、财务顾问及商务信息咨询（以上均不含限制项目）（以上各项涉及法律、行政法规、国务院决定禁止的项目除外，限制的项目须取得许可后方可经营）。
同一最终控制母公司	华润置地（北京）物业管理有限责任公司杭州分公司	覃永辰	浙江省州市江干区万象城4幢101室	不适用	批发、零售：五金交电，化工产品（除化学危险品及易制毒化学品），针、纺织品，百货，工艺美术品，机电设备，制冷空调设备，家具；服务：接受委托进行物业管理，经济信息咨询（除商品中介），承办展览展示，组织文化艺术交流活动（演出及演出中介除外）。
同一最终控制母公司	华润新鸿基房地产（杭州）有限公司	方朋	杭州市江干区四季青街道富春路701号	99 000.00港元	投资开发建设位于杭州市钱江新城E06、E07、E08地块的购物中心、住宅、酒店、写字楼、综合性商业用房、配套公共设施及其物业管理、咨询服务、自有房产租赁；酒店管理；会务服务；礼仪服务，展览展示服务；国内广告设计、制作、发布、代理（除网络广告）；鞋包修理、服装修改；验光及配镜（除角膜接触镜）；溜冰、游泳、健身、保龄球、台球、沙弧球、壁球、棋牌；小型车停放服务；饮品店；从事日用百货、日用杂品、化妆品、针纺织品、服装鞋帽（含商品展示）、皮革制品、化工原料及产品（不含化学危险品及易制毒化学品）、工艺美术品、珠宝首饰、金银制品、通讯设备、五金家电、家具、建筑装饰材料、文化体育用品、预包装食品、散装食品、乳制品（不含婴幼儿配方乳粉）、保健食品、药品、医疗器械、酒类的零售、批发及进出口业务；限分支机构经营：住宿、中西餐饮制售（含凉菜、生食海产品、糕点、裱花蛋糕）、洗浴桑拿、美容、理发、打字、复印、洗衣、皮具护理（涉及许可证的凭证经营）（涉及国家规定实施准入特别管理措施的除外）（依法须经批准的项目，经相关部门批准后方可开展经营活动）。
同一最终控制母公司	润联软件系统（深圳）有限公司	董坤磊	深圳市南山区桃源街道桃源社区高发西路20号方大广场2号楼2301	10 467.72万元	计算机硬件、软件系统及配套零件、网络产品、多媒体产品、电子信息产品及通讯产品、办公自动化设备、仪器仪表、电气设备的批发、进出口及相关配套业务（不涉及国营贸易管理商品，涉及配额、许可证管理及其他专项规定管理的商品，按国家有关规定办理申请）；计算机软件开发及相关技术服务、技术转让、技术咨询；计算机系统的集成；以承接服务外包方式从事系统应用管理和维护、信息技术支持管理、软件开发、数据处理等信息技术和业务流程外包服务。信息咨询（不含限制项目）；经济信息咨询（不含限制项目）；贸易咨询；企业管理咨询（不含限制项目）；商务信息咨询；商业信息咨询。，许可经营项目是：智能建筑；建筑智能化工程的施工；增值电信业务。
同一最终控制母公司	华润（深圳）有限公司	孔小凯	深圳市罗湖区宝安南路1001号华润大厦7楼	50 000.00港元	房地产开发及经营；经营管理酒店（仅限分支机构经营）；附设商务中心；物业管理；国际经济、科技信息咨询及技术交流；酒店管理咨询，文化艺术活动策划，展览展示策划及展销，艺术展览与画廊；出租部分商场、酒店设施、分租部分商场、酒店的场地予国内分租户从事合法经营；自营商品的仓储、搬运装卸、商品配送；进出口及相关配套业务（不涉及国营贸易管理商品，涉及配额、许可证管理及其他专项规定管理的商品，按国家有关规定办理申请）。
同一母公司控制公司	华润深国投投资有限公司	彭晓吾	深圳市福田区农林路69号深国投广场1号楼12层1202C室	50 000.00万元	投资兴办实业，投资管理和咨询，在合法取得使用权的土地上从事房地产开发经营，物业管理。
子公司	深圳红树林创业投资有限公司	刘小腊	深圳市福田区中心四路1－1号嘉里建设广场第三座11楼1101室	20 000.00万元	创业投资业务，代理其他创业投资企业等机构或个人的创业投资业务，创业投资咨询业务，为创业企业提供创业管理服务业务，参与设立创业投资企业与创业投资管理顾问机构。
子公司	华润元大基金管理有限公司	邹新	深圳市前海深港合作区前湾一路1号A栋201室（入驻深圳市前海商务秘书有限公司）	30 000.00万元	基金募集、基金销售、特定客户资产管理、资产管理和中国证监会许可的其他业务。
孙公司	深圳华润元大资产管理有限公司	李仆	深圳市前海深港合作区前湾一路鲤鱼门街1号前海深港合作区管理局综合办公楼A栋201室（深圳市前海商务秘书有限公司）	5 500.00万元	特定客户资产管理业务以及中国证监会许可的其他业务。

续表

关系性质	关联方名称	法定代表人	注册地址	注册资本（万元）	主营业务
联营公司	国信证券股份有限公司	何如	深圳市罗湖区红岭中路1012号国信证券大厦十六层至二十六层	820 000.00万元	证券经纪；证券投资咨询；与证券交易，证券投资活动有关的财务顾问；证券承销与保荐；证券自营；证券资产管理；融资融券；证券投资基金代销；金融产品代销；为期货公司提供中间介绍业务；证券投资基金托管业务。股票期权做市。
重大影响的其他公司	深圳市润鑫四号投资合伙企业（有限合伙）	—	深圳市福田区中心四路1－1号嘉里建设广场第三座第10层第1002室	7 450.00万元	投资兴办实业（具体项目另行申报）。
重大影响的其他公司	汕头市华信汉威联接基金合伙企业（有限合伙）	—	汕头市龙湖区中山路198号柏嘉半岛花园12幢111号之02	250 000.00万元	股权投资，创业投资，投资管理。
重大影响的其他公司	南宁领秀润红管理咨询合伙企业（有限合伙）	—	南宁市洪胜路5号丽汇科技工业园标准厂房综合楼1515－14号房	169 831.00万元	从事企业管理咨询、商品信息咨询（除国家有专项规定外）。
重大影响的其他公司	北京领秀润红管理咨询中心（有限合伙）	—	北京市海淀区西二旗中路6号院二区15号楼一层107	62 700.00万元	经济贸易咨询（企业依法自主选择经营项目，开展经营活动；依法须经批准的项目，经相关部门批准后依批准的内容开展经营活动；不得从事本市产业政策禁止和限制类项目的经营活动）。
重大影响的其他公司	珠海顺富股权投资基金合伙企业（有限合伙）	—	珠海市横琴新区宝华路6号105室－55950（集中办公区）	23 503.21万元	协议记载的经营范围：股权投资（私募基金应及时在中国证券投资基金业协会完成备案）（依法须经批准的项目，经相关部门批准后方可开展经营活动）。
重大影响的其他公司	深圳华润农业发展基金合伙企业（有限合伙）	—	深圳市前海深港合作区前湾一路1号A栋201室	不适用	投资兴办实业（具体项目另行申报）；投资管理（不含限制项目）；投资咨询（不含限制项目）；投资顾问（不含限制项目）；信息咨询（不含限制项目）。
重大影响的其他公司	华润北控（汕头）新能源产业基金合伙企业（有限合伙）	—	汕头市龙湖区珠池港区3号桥西侧珠港新城B－1－06－A地块（航天卫星大厦）二楼东侧之十一	不适用	股权投资；实业投资。

6.6.3　本公司与关联方的重大交易事项

6.6.3.1　固有与关联方：贷款、投资、租赁、应收账款、担保、其他方式等期初汇总数、本期借方和贷方发生额汇总数、期末汇总数

单位：万元

固有与关联方关联交易				
	期初数	借方发生额	贷方发生额	期末数
贷款	—	—	—	—
投资	102 981.51	94 850.00	67 290.95	130 540.56
租赁	—	—	—	—
担保	—	—	—	—
应收账款	—	191.68	—	191.68
预付账款	—	17.74	—	17.74
其他应收款项	285.87	990.09	971.96	304.00
其他应付款项	117.49	—	2 543.92	2 661.41
其他负债	—	22 971.20	46 880.00	23 908.80
拆入资金	—	19 000.00	89 000.00	70 000.00
合计	103 384.87	138 020.71	206 686.83	227 624.19

6.6.3.2　信托与关联方交易情况：贷款、投资、租赁、应收账款、担保、其他方式等期初汇总数、本期借方和贷方发生额汇总数、期末汇总数

单位：万元

信托与关联方关联交易				
	期初数	借方发生数	贷方发生数	期末数
贷款	—	—	—	—
投资	105 500.00	3 000.00	42 050.00	66 450.00
租赁	—	—	—	—
担保	—	—	—	—
应收账款	—	—	—	—
其他	5 071 281.08	—	2 290 968.74	2 780 312.34
合计	5 176 781.08	3 000.00	2 333 018.74	2 846 762.34

6.6.3.3　信托公司自有资金运用于自己管理的信托项目（固信交易），信托公司管理的信托项目之间的相互（信信交易）交易金额、包括余额和本报告年度的发生额

6.6.3.3.1　固有财产与信托财产之间的交易金额期初汇总数、本期发生额汇总数、期末汇总数

单位：万元

固有财产与信托财产相互交易			
	期初数	本期发生数	期末数
合计	558 253.60	222 121.78	780 375.38

6.6.3.3.2　信托项目之间的交易金额期初汇总数、本期发生额汇总数、期末汇总数

单位：万元

信托资产与信托财产相互交易			
	期初数	本期发生数	期末数
合计	3 037 761.78	-921 378.98	2 116 382.80

6.6.4　逐笔披露关联方逾期未偿还本公司资金的详细情况以及本公司为关联方担保发生或即将发生垫款的详细情况

无。

7. 财务情况说明书

7.1 利润实现和分配情况

7.1.1 母公司利润实现和分配情况

经天职国际会计师事务所（特殊普通合伙）审计，2019 年母公司利润总额为 344 449.60 万元，扣除所得税费用 55 782.91万元，实现净利润为 288 666.69 万元。根据《公司章程》及财务制度的相关规定，按以下利润分配方案分配 2019 年度利润：

（1）根据《公司章程》提取法定盈余公积 28 866.67 万元。

（2）根据银监会《信托公司管理办法》的规定提取信托赔偿准备金 14 433.34 万元。

（3）根据《关于印发〈金融企业准备金计提管理办法〉的通知》（财金［2012］20 号）的规定及自身实际情况，选择标准法对风险资产所面临的风险状况定量分析，确定潜在风险估计值，对于潜在风险估计值高于资产减值准备的差额，计提一般准备。2019 年提取一般风险准备金 2 281.44 万元，2019 年末一般风险准备余额为 37 635.18 万元。

7.1.2 合并利润实现和分配情况

经天职国际会计师事务所（特殊普通合伙）审计，2019 年公司合并利润总额为 334 813.31 万元，扣除所得税费用 54 355.76万元，实现净利润为 280 457.55 万元，其中归属于母公司的净利润为 282 385.36 万元。根据《公司章程》及财务制度的相关规定，按以下利润分配方案分配 2019 年度利润：

（1）根据《公司章程》提取法定盈余公积 28 866.67 万元。

（2）根据银监会《信托公司管理办法》的规定提取信托赔偿准备金 14 433.34 万元。

（3）根据《关于印发〈金融企业准备金计提管理办法〉的通知》（财金［2012］20 号）的规定及自身实际情况，选择标准法对风险资产所面临的风险状况定量分析，确定潜在风险估计值，对于潜在风险估计值高于资产减值准备的差额，计提一般准备。2019 年提取一般风险准备金 2 281.44 万元，2019 年末一般风险准备余额为 37 635.18 万元。

7.2 主要财务指标

指标名称	指标值合并	指标值母公司
资本利润率（%）	13.16	13.81
人均净利润（万元）	609.90	767.73

注：1. 资本利润率 = 净利润/所有者权益平均余额 ×100%。

2. 人均净利润 = 净利润/年平均人数。

3. 平均值采取期初、期末余额简单平均法，公式为：平均值 =（期初数 + 期末数）/2。

7.3 对本公司财务状况、经营成果有重大影响的其他事项

无。

8. 特别事项揭示

8.1 前五名股东报告期内变动情况及原因

2019 年 6 月，公司 2019 年第二次股东会审议通过《关于变更深圳市国资委所持公司股权事项的议案》，深圳市国资委将所持公司 49% 股权转让至深投控。2019 年 9 月，变更股权事项经中国银行保险监督管理委员会深圳监管局核准（深银保监复［2019］563 号）。目前，华润股份持有公司 51% 的股权，深投控持有公司 49% 的股权。

8.2 董事、监事及高级管理人员变动情况及原因

8.2.1 董事变动情况及原因

2019 年 10 月，公司 2019 年第三次股东会审议通过《关于变更董事的议案》，由谭颖担任公司董事，陈荣不再担任公司董事。2019 年 12 月，谭颖董事任职资格经中国银行保险监督管理委员会深圳监管局核准。

8.2.2 监事变动情况及原因

报告期内，公司无监事变动情况。

8.2.3 高级管理人员变动情况及原因

2019 年 10 月，第七届董事会第三次会议审议通过《关于聘任高管的议案》，聘任郭强为公司副总经理。2019 年 12 月，郭强副总经理任职资格经中国银行保险监督管理委员会深圳监管局核准。

8.3 变更注册资本、变更注册地或公司名称、公司分立合并事项

报告期内，公司无变更注册资本、变更注册地或公司名称、公司分立合并事项。

8.4 公司的重大诉讼事项

报告期内，公司无重大诉讼事项。

8.5 公司及其董事、监事和高级管理人员受到处罚的情况

报告期内，公司及其董事、监事和高级管理人员未受到处罚。

8.6 中国银保监会及其派出机构对公司检查意见

报告期内，中国银保监会及其派出机构未对公司开展现场检查。

8.7 本年度重大事项临时报告的简要内容、披露时间、所披露的媒体及其版面

2019 年 9 月 27 日，公司分别在《上海证券报》第 9 版和《证券时报》B2 版披露《关于变更股权获监管机构核准的公告》，内容摘要如下：经公司 2019 年第二次股东会决议通过，并报中国银行保险监督管理委员会深圳监管局核准（深银保监复［2019］563 号），深圳市国资委将所持公司 49% 的股权转让至深投控。

2019 年 11 月 27 日，公司在《证券时报》B2 版披露《关于法定代表人变更的公告》和《关于公司章程修订获监管核准的公告》，内容摘要如下：经公司 2019 年第三次股东会审议通过，公司法定代表人变更为刘小腊，公司已于 2019 年 11 月 21 日完成相关工商变更登记；经公司 2019 年第三次股东会审议通

过,并报中国银行保险监督管理委员会深圳监管局核准(深银保监复[2019]708号),修改后的《公司章程》自2019年11月20日起生效实施,公司已完成相关工商变更登记。

2019年12月31日,公司在官网披露《关于董事及高管任职资格核准的公告》,内容摘要如下:经公司2019年第三次股东会审议通过,并报中国银行保险监督管理委员会深圳监管局核准,谭颖担任本公司董事(深银保监复[2019]783号),郭强担任本公司副总经理(深银保监复[2019]784号)。

8.8 履行社会责任情况

2019年,公司积极发扬中央企业红色使命,践行社会责任,以受益人的最大利益处理信托事务,恪尽职守,履行诚实、信用、谨慎、有效管理的义务。一是落实客户责任,保障消费者权益,做好投资者教育;二是落实公共责任,将资金注入实体经济,支持基础设施建设和新兴产业发展,推行普惠金融;三是落实员工责任,关爱员工身心健康,展现以人为本的人文关怀;四是充分发挥党建引领作用,以"润心慈善信托"为平台载体,累计募集资金280余万元支援精准扶贫、乡村教育、希望小镇建设,为公益慈善事业贡献力量。

8.9 中国银保监会及其省级派出机构认定的其他有必要让客户及相关利益人了解的重要信息

报告期内,公司无中国银保监会及其省级派出机构认定的其他有必要让客户及相关利益人了解的重要信息。

9. 公司监事会意见

2019年度内,监事会根据法律法规及《公司章程》,认真履行监督职责,对公司依法运作情况、董事及管理层履职情况、财务工作情况作出了独立的监督意见。

9.1 对公司依法运作情况的监督意见

监事会积极参加股东会,列席董事会,对公司2019年依法运作进行监督,认为:在股东的大力支持下,公司不断健全和完善内部控制体系,依法运作,各项决策程序合法有效。董事会运作规范、决策合理、程序合法,全体董事及管理层能够按照法律法规和《公司章程》规定勤勉尽职,未发现存在违反法律法规、《公司章程》或损害信托受益人、股东和公司利益的行为。

9.2 对公司财务工作情况的监督意见

监事会对公司2019年度财务状况和财务成果等进行了有效的监督、检查和审核,认为:公司能够严格执行国家财务会计法律法规和监管要求,财务制度健全、操作流程规范、财务状况良好。财务报告客观、真实、准确地反映了公司财务状况和经营成果,未发现有违反相关法律法规和规章制度的行为。

华鑫国际信托有限公司

1. 重要提示

1.1 公司董事会及董事保证本报告所载资料不存在任何虚假记载、误导性陈述或者重大遗漏,并对其内容的真实性、准确性和完整性承担个别及连带责任。

1.2 公司全体董事出席了董事会。无董事声明异议。

1.3 公司独立董事王昊女士、孟向洁女士声明:保证本年度报告内容的真实性、准确性和完整性。

1.4 天职国际会计师事务所(特殊普通合伙)对本公司年度财务报告进行审计,出具了标准无保留意见的审计报告。

1.5 公司董事长褚玉先生、总经理朱勇先生、财务总监刘伟女士声明:保证年度报告中财务报告的真实、完整。

2. 公司概况

2.1 公司简介

华鑫国际信托有限公司(以下简称公司)是经中国银行业监督管理委员会依法批准设立的非银行金融机构,前身为佛山国际信托投资有限公司,公司于2008年12月24日重新登记并更名为华鑫国际信托有限公司,2009年9月完成验资工作,注册资本金为3.2亿元,其中,中国华电集团有限公司占比为51%,中国华电集团财务有限公司占比为49%;2010年2月9日,取得中国银监会颁发的金融许可证,2010年3月15日,经营地址迁至北京市西城区,并于2010年3月18日正式挂牌开业;2010年12月23日,经股东方同意并报中国银监会批准,股东同比例增资至12亿元;2012年4月9日,经股东方同意并报中国银监会批准,股东同比例增资至22亿元;2018年5月23日,经股东方同意并报北京银监局批准,中国华电集团有限公司将所持51%股份转让给中国华电集团资本控股有限公司,同时中国华电集团资本控股有限公司增加资本金28亿元,增资后实收资本为35.7亿元,中国华电集团资本控股有限公司占比为69.84%,中国华电集团财务有限公司占比为30.16%。

公司自重新挂牌营业以来,先后获得“年度金牌成长潜力信托公司”“年度金牌风控力信托公司”“年度金牌服务力信托公司”“年度金牌品牌力信托公司”“全国企业文化建设百佳单位”“全国企业文化十佳诚信单位”等称号;连续获得中国华电集团公司“文明单位”“先进集体”“信息化A级企业”荣誉称号;荣获北京市西城区人民政府“年度发展区域经济突出贡献奖”,入选北京市首批重点总部企业名录;消费者权益保护监管评级二级A,年度纳税信用A级等。

2.1.1 公司法定中文名称:华鑫国际信托有限公司
中文名称缩写:华鑫信托
公司英文名称:China Fortune International Trust Co., Ltd.
公司英文名称缩写:China Fortune Trust

2.1.2 公司法定代表人:褚玉

2.1.3 公司注册地址:北京市西城区宣武门内大街2号华电大厦B座11层
邮政编码:100031
公司国际互联网网址:http://www.cfitc.com
公司电子信箱:hxxt@cfitc.com

2.1.4 公司信息披露联系人:赵凯
联系电话:400-680-1616/010-83568201转
传真:010-83568281
电子信箱:service@cfitc.com

2.1.5 公司信息披露报纸名称:《金融时报》
备置地点:北京市西城区宣武门内大街2号华电大厦B座11层

2.1.6 公司聘请的会计师事务所名称:天职国际会计师事务所(特殊普通合伙)
住所:北京市海淀区车公庄路乙19号208-210室

2.1.7 公司聘请的律师事务所名称:北京德恒律师事务所
住所:北京市西城区金融大街19号富凯大厦B座12层

2.2 组织结构

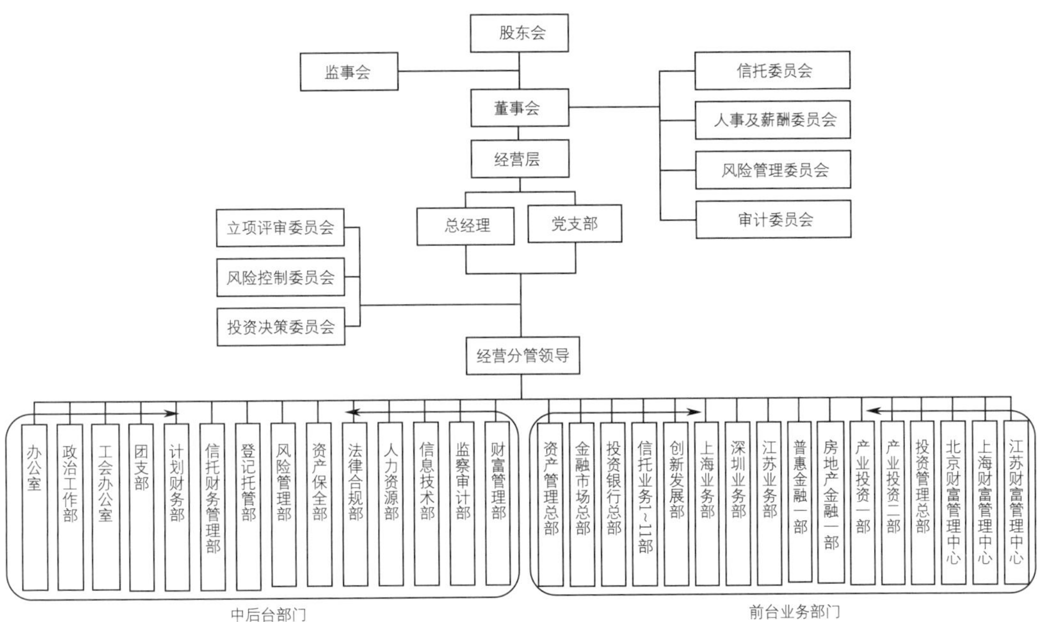

3. 公司治理

3.1 股东

股东总数:2 家。

股东名称	持股(%)	法人代表	注册地址	主营业务
中国华电集团资本控股有限公司★	69.84	褚　玉	北京市西城区宣武门内大街 2 号楼 -3 ~ 15 层西楼办公 10 层 1019 ~ 1028 室	投资及资产管理;资产受托管理;投资策划;咨询服务;产权经纪。
中国华电集团财务有限公司	30.16	郝　彬	北京市西城区宣武门内大街 2 号楼西楼 10 层	对成员单位办理财务和融资顾问、信用鉴证及相关的咨询、代理业务;协助成员单位实现交易款项的收付;经批准的保险代理业务;对成员单位提供担保;办理成员单位之间的委托贷款及委托投资等。

注:★中表示国华电集团资本控股有限公司为实际控制人。

3.2 董事会成员

董事长、董事

姓名	职务	性别	年龄(岁)	任职时间	简要履历
褚　玉	董事长	男	57	2018 年 7 月	现任中国华电集团资本控股有限公司董事长、党委书记。
赵远波	董事	男	44	2018 年 3 月	现任中国华电集团财务有限公司党委委员、副总经理、总法律顾问。
华淑蕊	董事	女	41	2018 年 4 月	现任中国华电集团资本控股有限公司总经理助理。
羿锦峰	职工董事	男	49	2018 年 4 月	现任华鑫国际信托有限公司风险总监。

独立董事

姓名	职务	性别	年龄(岁)	任职时间	简要履历
王　昊	独立董事	女	45	2009 年 11 月	现任瑞银律师事务所高级合伙人。
孟向洁	独立董事	女	62	2012 年 10 月	现任北京中资北方投资顾问有限公司董事长。

董事会下属委员会

董事会下属委员会名称	职责	组成人员姓名	职务
信托委员会	负责督促公司依法履行受托职责，了解公司信托业务的发展情况，维护受益人的最大利益。	孟向洁	主任委员
		赵远波	委员
		华淑蕊	委员
人事及薪酬委员会	负责制定公司董事及高级人员的考核标准并进行考核；制定、审查公司董事及高级管理人员的薪酬政策与方案；制定公司长期激励机制和方案，为公司发展提供人才激励保障；制定公司人力资源发展规划。	褚　玉	主任委员
		赵远波	委员
		孟向洁	委员
风险管理委员会	负责公司风险的控制、管理、监督和评估。	褚　玉	主任委员
		王　昊	委员
		羿锦峰	委员
审计委员会	负责内、外部审计的沟通、监督和核查工作以及重大关联交易的审核。	孟向洁	主任委员
		王　昊	委员
		羿锦峰	委员

3.3　监事、监事会成员

监事会成员

姓名	职务	性别	年龄(岁)	选任日期	简要履历
刘　晖	监事长	男	57	2018 年 4 月	现任中国华电集团资本控股有限公司副总经理、党委委员、总法律顾问。
卢　勇	监事	男	45	2018 年 4 月	现任中国华电集团财务有限公司资金运营部经理。
常法迪	职工监事	女	38	2018 年 4 月	现任华鑫国际信托有限公司投资银行总部副总经理(主持工作)。

3.4　高级管理人员

姓名	职务	性别	年龄(岁)	选任日期	简要履历
朱　勇	总经理	男	51	2011 年 1 月	现任华鑫国际信托有限公司党支部书记、总经理。
陶　钧	副总经理	男	50	2014 年 3 月	现任华鑫国际信托有限公司党支部委员、副总经理、工会主席。
王晓波	副总经理	男	46	2018 年 8 月	现任华鑫国际信托有限公司党支部纪检委员、副总经理。
吉学斌	副总经理	男	45	2018 年 8 月	现任华鑫国际信托有限公司副总经理。
刘　伟	财务总监	女	46	2018 年 8 月	现任华鑫国际信托有限公司党支部委员、财务总监。

3.5　公司员工

项目		本年度		上年度	
		人数(人)	比例(%)	人数(人)	比例(%)
年龄分布	25 岁以下	3	1.4	4	2.0
	25~29 岁	31	15.0	31	15.7
	30~39 岁	121	58.5	110	55.8
	40 岁以上	52	25.1	52	26.4
学历分布	博士	6	2.9	6	3.0
	硕士	134	64.7	125	63.5
	本科	64	30.9	61	31.0
	专科	3	1.4	5	2.5
岗位分布	董事、监事及其高管人员	12	5.8	14	7.1
	固有业务人员	7	3.4	7	3.6
	信托业务人员	114	55.1	108	54.8
	其他人员	74	35.7	68	34.5

3.6　公司治理信息

3.6.1　年度内召开股东会情况

本年度共召开股东会 3 次，审议并通过了《关于监事会 2018 年度工作报告的议案》等 8 项议案。

3.6.2　年度内召开董事会情况

本年度召开董事会两次，审议通过了《关于董事会 2018 年度工作报告的议案》等 29 项议案。

3.6.3　监事会及履行职责情况

本年度召开监事会 1 次，审议并通过了《关于监事会 2018 年度工作报告的议案》。本报告年度内，监事会列席了董事会历次会议。

3.6.4　高级管理人员履行职责情况

2019 年，公司紧紧围绕“稳健发展、转型升级”主线，分析研判外部经济形势、监管趋势和行业规律，坚持解放思想、守正创新，认真实施“一二三四”发展战略，持续优化公司经营管理体制，不断探索专业化、特色化、差异化发展道路，打造具备核心竞争力的产品和业务模式，保持了公司健康平稳运行。

4. 经营管理

4.1 经营目标、经营方针、战略规划

4.1.1 经营目标

本报告期公司紧紧围绕“稳健发展、转型升级”主线，全力抓好“调结构、控风险、稳规模、提效益”四大中心任务，持续优化传统业务结构，不断加快转型升级步伐，快速提升主动管理能力和风险管控水平，在业务布局、财富管理、能力建设等方面取得了长足进步，保持了健康高质量发展。

4.1.2 经营方针

本报告期公司经营方针是：稳健经营、价值至上。

4.1.3 战略规划

公司明确了“一体、两翼、三大方向、四大基石”的“一二三四”发展战略，其中，“一体”指以主动管理信托业务为主体；“两翼”指巩固固有业务优势，明显增强资金获取能力；“三大方向”指做强资产证券化、股权投资以及服务居民财富增长与消费升级的创新业务；“四大基石”指巩固资本市场、政信、房地产、产融结合四大传统业务优势，并探索传统业务的转型升级。

4.2 所经营业务的主要内容

4.2.1 经营的主要业务及品种

公司经营的主要业务为信托业务和固有业务。

4.2.1.1 信托业务

公司主要经营的信托业务包括：资金信托；动产信托；不动产信托；有价证券信托；其他财产或财产权信托；作为投资基金或者基金管理公司的发起人从事投资基金业务；经营企业资产的重组、购并及项目融资、公司理财、财务顾问等业务；受托经营国务院有关部门批准的证券承销业务；办理居间、咨询、资信调查等业务；代保管及保管箱业务等。

4.2.1.2 固有业务

公司主要自营业务包括：存放同业；拆放同业；贷款业务；租赁业务；投资业务；以固有财产为他人提供担保；同业拆借；居间服务；法律法规规定或中国银行业监督管理委员会批准的其他业务。

4.2.2 资产组合与分布

4.2.2.1 固有资产运用与分布表

资产运用	期末余额（万元）	占比（%）	资产分布	期末余额（万元）	占比（%）
货币资金	12 979	1.67	房地产	—	—
发放贷款和垫款	—	—	基础产业	—	—
交易性金融资产	40 649	5.25	工商企业	—	—
可供出售金融资产	542 896	70.06	证券市场	208 843	26.95
持有至到期投资	—	—	金融机构	566 031	73.05
其他	178 350	23.02			
固有资产总计	774 874	100.0	固有资产总计	774 874	100.0

4.2.2.2 信托资产运用与分布表

资产运用	金额（万元）	占比（%）	资产分布	金额（万元）	占比（%）
货币资产	331 313	1.26	基础产业	4 909 170	18.73
贷款	11 404 572	43.52	房地产	2 864 359	10.93
交易性金融资产	2 373 860	9.06	证券市场	2 494 175	9.52
可供出售金融资产	378 123	1.44	工商企业	12 394 954	47.30
持有至到期投资	10 217 105	38.99	金融机构	1 923 095	7.34
长期股权投资	1 443 051	5.51	其他	1 621 857	6.19
其他	59 586	0.23			
信托资产总计	26 207 610	100.00	信托资产总计	26 207 610	100.00

4.3 市场分析

4.3.1 宏观经济形势分析

2019 年我国 GDP 同比增长 6.1%，总量达到 99.1 万亿元，突破 1 万美元的大关。但经济增速回落幅度较大，2019 年后两个季度，经济增长出现十年新低，且经济结构分化明显，债务风险也仍然存在。

4.3.2 行业形势分析

2019 年，监管仍然继续严监管态势，落实“资管新规”要求，促使信托行业持续向回归信托本源、服务实体经济、强化主动管理能力的方向转变。在宏观经济环境持续低迷、经济发展方式转变、监管加强的背景下，发展仍面临较大压力。

4.3.3 影响公司发展的主要因素

对同业通道业务的严格监管，以及自 2019 年下半年以来，房地产信托业务增量和增速，受到更为严格的控制，公司的受托管理资产规模和盈利能力面临较大冲击。

4.4 内部控制

4.4.1 内部控制环境和内部控制文化

公司按照内部控制的要求设立了权责明确、合理制衡、报告关系清晰的组织结构，公司组织架构设置及各部门的职责划分基本以公司发展战略为导向，符合公司自身发展的特点，公司内控组织体系的各级机构与部门在内控规范与建设方面发挥了积极作用。公司高度重视内部控制文化建设，大力培育合规理念、风险意识，强化员工职业操守、诚信观念和道德水准。

4.4.2 内部控制措施

公司建立了较为完善的分级授权体系，形成了“全员参与、流程管理、立体监督”的内控体系。公司董事会负责内控的建立健全和有效实施。董事会下设的审计委员会负责审查企业内部控制，监督内部控制的有效实施和内部控制的自我评价情况，协调内部控制审计及其他相关事宜。监事会对董事会建立与实施内部控制进行监督。

4.4.3 信息交流与反馈

公司建立了信息与沟通制度，明确内部控制相关信息的收集、处理和传递程序，确保信息及时沟通，促进内部控制有效运行；公司重要信息通过专门的联络人员及时传递给董事会、监

事会；及时就内外部审计情况、风险状况、经营情况与监管部门沟通报告，保证外部沟通机制有效。

4.4.4 监督评价与纠正

公司监察审计部负责对公司内部控制进行监督评价与纠正，及时发现公司内控存在的缺陷或不足，通过有效整改持续完善公司内控建设，防范风险，提质增效。

4.5 风险管理

4.5.1 风险管理概况

4.5.1.1 公司经营活动中可能遇到的风险

公司经营活动中可能遇到的风险主要有：信用风险、流动性风险、市场风险、操作风险、政策风险、道德风险、声誉风险等。

4.5.1.2 公司风险管理的基本原则与政策

风险管理贯彻全面性、审慎性、及时性、有效性等原则，覆盖到公司各项业务、各个部门和各级人员，并渗透到研究、决策、执行、监督、评价等各个环节；通过事前防范、事中控制、事后监督对风险进行全面综合管理，促进公司持续、稳健、规范、健康运行。

4.5.1.3 公司风险管理组织结构与职责划分

公司按照现代公司治理和全面风险管理的基本要求，相继制定了股东会、董事会、监事会、四个专业委员会的议事规则及总经理办公会工作规程等，逐步构建了以董事会为核心的覆盖公司整体的风险管理体系。

4.5.2 风险状况

4.5.2.1 信用风险状况

信用风险是指交易对手未能或不愿履行其承诺而造成损失的风险，公司的信用风险压力主要体现在融资类及准权益类信托业务和固有板块的贷款业务中。

报告期内，公司到期清算信托产品 194 个，当年累计清算信托本金 756.78 亿元，全部实现足额清算。

4.5.2.2 流动性风险状况

流动性风险主要是指非现金资产不能按现有市场价值及时变现而导致损失的可能性，以及现金流不能满足支出的需求而使资产提前进行清算，从而使账面潜在损失变为实际损失。

报告期内，公司密切关注流动性风险，公司各业务条线未发生重大流动性兑付危机，流动性风险可控。

4.5.2.3 市场风险状况

市场风险是指由于市场波动导致资产遭到损失的的风险，市场波动主要包括利率、证券价格、商品价格、汇率等金融产品价格的波动，以及市场发展方向、供求关系的变化等。信托的市场风险主要有委托管理的资本市场投资组合的市场风险及信托各业务线的市场风险。

报告期内，未发生上述风险。

4.5.2.4 操作风险状况

操作风险是指公司内部业务流程、计算机系统、员工在操作中的不完善或失误，可能给公司造成损失的风险；公司外部因素例如通讯系统故障等可能给公司造成损失或影响公司正常运行的风险。

报告期内，公司未因内部程序、系统不完善、人员操作失误等原因出现操作风险。

4.5.2.5 其他风险状况

其他风险主要包括法律风险、声誉风险、员工道德风险等。报告期内公司未发生上述风险。

4.5.3 风险管理

4.5.3.1 信用风险管理

公司通过事前评估、事中控制、事后监督的风险管理体系来防范和规避信用风险。

4.5.3.2 流动性风险管理

公司采取多种风险管理手段来防范流动性风险：加强对运作项目的现金流量管理，做好公司现金流量的预测和安排；保持足够的可变现资产、合理安排资产的期限组合；定期开展流动性压力测试，做好流动性风险防范及预警工作。

4.5.3.3 市场风险管理

公司制定并不断完善与总体业务发展战略、管理能力、资本实力和能够承担的总体风险水平相一致的市场风险管理原则和程序，对相关业务和产品中的市场风险因素进行分解和分析，及时准确识别业务中市场风险的类别和性质，通过多种途径进行市场风险的管理。

4.5.3.4 操作风险管理

公司通过合理的组织架构和岗位设置，优化业务操作流程，加强规章制度建设，通过专业知识培训，不断提高员工素质和专业知识水平，积极推进系统化建设，将流程嵌入到操作系统中，最大限度地减少人工干预，制定应急预案等措施有效地控制操作风险，主动防范并大大降低操作风险。

4.5.3.5 其他风险管理

对于政策风险，公司及时跟踪研究国家宏观政策和行业政策的调整与变化，动态分析宏观政策和监管政策的变动趋势，不断探索适合公司业务发展的道路，保持公司经营策略与国家政策的一致性。

对于法律合规风险，公司对要开展业务按照相关监管规章，严格进行合规性审查，坚持遵纪守法的经营方针和经营宗旨，报告期内，公司对信托业务进行分类梳理，形成了合规要点提示，完成标准化合同文本库更新引导依法合规开展业务。

对于声誉风险，公司制定了声誉风险管理制度，对声誉事件实行分类分级管理，明确管理权限、职责和报告路径等。

4.6 社会责任

4.6.1 坚持合规自律，依法规范经营

公司严格遵守各项法律法规，认真落实监管要求，积极推进内部控制体系建设，加强自律管理；严格按照有关法律、法规、规章要求，履行信息披露义务；自觉履行纳税义务，依法及时足额纳税；恪守社会公德和商业道德，遵守信托行业自律有关规定，积极践行《信托公司社会责任公约》；履行反洗钱义务，自觉维护国家金融秩序和金融安全；秉承“受人之托、代人理财”的契约精神，忠实履行受托责任。

4.6.2 积极响应国家宏观政策，服务实体经济

公司积极响应国家宏观政策，聚焦产业结构调整，主动对接“一带一路”倡议和国家级发展战略，优先支持符合国家发展政策的工商企业，为国家重要基础设施项目、战略性新兴产业的发展提供资金来源，联手纾困基金为上市公司提供流动性支持。

4.6.3 利用专业优势,积极支持公益事业

公司热心参与社会公益事业,积极开展捐款赈灾、捐资助学以及扶危济困等公益活动,成立慈善信托,促进经济社会和谐发展。

4.6.4 推广私人财富专业理财知识,提升信托专业服务水平

公司全力打造投资者信任品牌,采取了现场厅堂"微沙龙"宣传、举办讲座、制作知识折页、现场咨询服务、微信公众宣传以及编播快板、组建"党员先锋队"活动等多种形式,向广大金融消费者、投资者、网民普及基础金融知识和风险防范技能。

4.6.5 勤勉尽责,维护投资者和受托人的利益最大化

公司持续健全消费者权益保护制度建设,从产品开发准入环节即融入消保理念,严格筛选交易对手,加强营销过程管理,做好客户风险测评、风险提示、客户面签和双录工作,畅通客户投诉通道,妥善解决客户投诉,努力提高客户满意度,切实保护消费者权益。

4.6.6 保护股东权益,促进国有资产保值增值

报告期内,公司实现净利润6.54亿元,国有资产保值增值率为110.98%。

5. 报告期末及上一年度末的比较式会计报表

5.1 固有资产

5.1.1 会计师事务所审计意见全文

审 计 报 告

天职业字[2020]6630号

华鑫国际信托有限公司全体股东:

一、审计意见

我们审计了华鑫国际信托有限公司(以下简称华鑫信托公司)财务报表,包括2019年12月31日的合并及母公司资产负债表,2019年度的合并及母公司利润表、合并及母公司现金流量表、合并及母公司所有者权益变动表以及相关财务报表附注。

我们认为,后附的财务报表在所有重大方面按照企业会计准则的规定编制,公允反映了华鑫信托公司2019年12月31日的合并及母公司财务状况及2019年度的合并及母公司经营成果和现金流量。

二、形成审计意见的基础

我们按照中国注册会计师审计准则的规定执行了审计工作。审计报告的"注册会计师对财务报表审计的责任"部分进一步阐述了我们在这些准则下的责任。按照中国注册会计师职业道德守则,我们独立于华鑫信托公司,并履行了职业道德方面的其他责任。我们相信,我们获取的审计证据是充分、适当的,为发表审计意见提供了基础。

三、管理层和治理层对财务报表的责任

管理层负责按照企业会计准则的规定编制财务报表,使其实现公允反映,并设计、执行和维护必要的内部控制,以使财务报表不存在由于舞弊或错误导致的重大错报。

在编制财务报表时,管理层负责评估江苏信托的持续经营能力,披露与持续经营相关的事项(如适用),并运用持续经营假设,除非管理层计划清算华鑫信托公司、终止运营或别无其他现实的选择。

治理层负责监督华鑫信托公司的财务报告过程。

四、注册会计师对财务报表审计的责任

我们的目标是对财务报表整体是否不存在由于舞弊或错误导致的重大错报获取合理保证,并出具包含审计意见的审计报告。合理保证是高水平的保证,但并不能保证按照审计准则执行的审计在某一重大错报存在时总能发现。错报可能由于舞弊或错误导致,如果合理预期错报单独或汇总起来可能影响财务报表使用者依据财务报表作出的经济决策,则通常认为错报是重大的。

在按照审计准则执行审计工作的过程中,我们运用职业判断,并保持职业怀疑。同时,我们也执行以下工作:

(1)识别和评估由于舞弊或错误导致的财务报表重大错报风险,设计和实施审计程序以应对这些风险,并获取充分、适当的审计证据,作为发表审计意见的基础。由于舞弊可能涉及串通、伪造、故意遗漏、虚假陈述或凌驾于内部控制之上,未能发现由于舞弊导致的重大错报的风险高于未能发现由于错误导致的重大错报的风险。

(2)了解与审计相关的内部控制,以设计恰当的审计程序,但目的并非对内部控制的有效性发表意见。

(3)评价管理层选用会计政策的恰当性和作出会计估计及相关披露的合理性。

(4)对管理层使用持续经营假设的恰当性得出结论。同时,根据获取的审计证据,就可能导致对华鑫信托公司持续经营能力产生重大疑虑的事项或情况是否存在重大不确定性得出结论。如果我们得出结论认为存在重大不确定性,审计准则要求我们在审计报告中提请报表使用者注意财务报表中的相关披露;如果披露不充分,我们应当发表非无保留意见。我们的结论基于截至审计报告日可获得的信息。然而,未来的事项或情况可能导致华鑫信托不能持续经营。

(5)评价财务报表的总体列报、结构和内容(包括披露),并评价财务报表是否公允反映相关交易和事项。

(6)就华鑫信托公司中实体或业务活动的财务信息获取充分、适当的审计证据,以对财务报表发表审计意见。我们负责指导、监督和执行集团审计,并对审计意见承担全部责任。

我们与治理层就计划的审计范围、时间安排和重大审计发现等事项进行沟通,包括沟通我们在审计中识别出的值得关注的内部控制缺陷。

中国注册会计师:

中国注册会计师:

5.1.2 资产负债表

资产负债表（合并）

编制单位：华鑫国际信托有限公司　　2019 年 12 月 31 日　　单位：万元

资　产	期末余额	年初余额	负债和所有者权益	期末余额	年初余额
资　产：			负　债：		
现金	0. 00	0. 33	预收账款	0. 00	28. 30
存放同业款项	12 979. 41	12 869. 69	应付职工薪酬	6 840. 37	6 295. 96
交易性金融资产	40 649. 47	54 902. 06	应交税费	16 286. 65	9 387. 82
预付账款	194. 80	0. 00	应付股利	49 784. 58	0. 00
应收账款	22 197. 28	24 035. 85	预计负债	11 484. 50	20 595. 49
应收利息	1 891. 12	645. 16	递延所得税负债	22. 87	0. 36
发放贷款和垫款	0. 00	0. 00	其他负债	74 088. 52	54 662. 44
可供出售金融资产	542 895. 72	510 233. 98	负债合计	158 507. 49	90 970. 37
持有至到期投资	0. 00	0. 00	所有者权益		
抵债资产	2 851. 85	2 118. 80	实收资本（或股本）	357 484. 04	357 484. 04
长期股权投资	0. 00	0. 00	资本公积	142 515. 96	142 515. 96
固定资产原值	1 170. 63	1 114. 04	其他综合收益	−2 107. 33	−9 989. 85
累计折旧	863. 14	755. 64	盈余公积	43 171. 46	36 628. 86
固定资产净值	307. 49	358. 40	一般风险准备	32 875. 43	29 484. 66
无形资产	780. 36	793. 46	未分配利润	42 426. 90	97 588. 03
递延所得税资产	16 953. 34	14 963. 02	归属于母公司所有者权益合计	616 366. 46	653 711. 70
其他资产	133 173. 11	123 761. 32	*少数股东权益	0. 00	0. 00
			所有者权益合计	616 366. 46	653 711. 70
资产总计	774 873. 95	744 682. 07	负债和所有者权益总计	774 873. 95	744 682. 07

资产负债表（母公司）

编制单位：华鑫国际信托有限公司　　2019 年 12 月 31 日　　单位：万元

资　产	期末余额	年初余额	负债和所有者权益	期末余额	年初余额
资　产：			负　债：		
现金	0. 00	0. 33	交易性金融负债	0. 00	0. 00
存放同业款项	12 979. 41	12 869. 69	预收账款	0. 00	28. 30
交易性金融资产	40 649. 47	54 902. 06	应付职工薪酬	6 840. 37	6 295. 96
预付账款	194. 80	0. 00	应交税费	16 286. 65	9 387. 82
应收账款	22 197. 28	24 035. 85	应付股利	49 784. 58	0. 00
应收利息	1 891. 12	645. 16	预计负债	11 484. 50	20 595. 49
发放贷款和垫款	0. 00	0. 00	递延所得税负债	22. 87	0. 36
可供出售金融资产	542 895. 72	510 233. 98	其他负债	74 088. 52	54 662. 44
持有至到期投资	0. 00	0. 00	负债合计	158 507. 49	90 970. 37
抵债资产	2 851. 85	2 118. 80	所有者权益		
长期股权投资	0. 00	0. 00	实收资本（或股本）	357 484. 04	357 484. 04
固定资产原值	1 170. 63	1 114. 04	资本公积	142 515. 96	142 515. 96
累计折旧	863. 14	755. 64	其他综合收益	−2 107. 33	−9 989. 85
固定资产净值	307. 49	358. 40	盈余公积	43 171. 46	36 628. 86
无形资产	780. 36	793. 46	一般风险准备	32 875. 43	29 484. 66
递延所得税资产	16 953. 34	14 963. 02	未分配利润	42 426. 90	97 588. 03
其他资产	133 173. 11	123 761. 32	所有者权益合计	616 366. 46	653 711. 70
资产总计	774 873. 95	744 682. 07	负债和所有者权益总计	774 873. 95	744 682. 07

5.1.3 利润表

利润表（合并）

编制单位：华鑫国际信托有限公司　　2019 年度　　单位：万元

项　目	本年数	上年数
一、营业收入	128 197.28	103 407.15
利息净收入	2 180.58	1 800.45
利息收入	2 189.69	1 845.83
利息支出	9.11	45.38
手续费及佣金净收入	92 751.25	70 236.69
手续费及佣金收入	96 572.24	71 450.10
手续费及佣金支出	3 820.99	1 213.41
投资收益（损失以“－”填列）	33 175.41	31 369.60
公允价值变动收益<损益>（损失以“－”填列）	90.04	0.41
其他业务收入	0.00	0.00
二、营业支出	42 531.92	23 043.06
营业税金及附加	758.16	662.90
业务及管理费	32 421.29	23 286.36
资产减值损失	9 352.47	-874.71
其他业务成本	0.00	-31.49
三、营业利润（亏损以“－”号填列）	85 665.37	80 364.08
加：营业外收入	362.10	0.00
减：营业外支出	50.18	2.25
四、利润总额（亏损总额以“－”号填列）	85 977.28	80 361.83
减：所得税费用	20 551.26	20 482.74
五、净利润（净亏损以“－”号填列）	65 426.02	59 879.09
归属于母公司所有者的净利润	65 426.02	59 879.09
＊少数股东损益	—	—

利润表（母公司）

编制单位：华鑫国际信托有限公司　　2019 年度　　单位：万元

项　目	本年数	上年数
一、营业收入	128 107.28	103 407.15
利息净收入	2 180.58	1 800.45
利息收入	2 189.69	1 845.83
利息支出	9.11	45.38
手续费及佣金净收入	92 751.25	70 236.69
手续费及佣金收入	96 572.24	71 450.10
手续费及佣金支出	3 820.99	1 213.41
投资收益（损失以“－”填列）	33 175.41	31 369.60
公允价值变动收益<损益>（损失以“－”填列）	90.04	0.41
其他业务收入	0.00	0.00
二、营业支出	42 531.92	23 043.06
营业税金及附加	758.16	662.90
业务及管理费	32 421.29	23 286.36
资产减值损失	9 352.47	-874.71
其他业务成本	0.00	-31.49
三、营业利润（亏损以“－”号填列）	85 665.37	80 364.08
加：营业外收入	362.10	0.00
减：营业外支出	50.18	2.25
四、利润总额（亏损总额以“－”号填列）	85 977.28	80 361.83
减：所得税费用	20 551.26	20 482.74
五、净利润（净亏损以“－”号填列）	65 426.02	59 879.09

5.1.4 所有者权益变动表

所有者权益变动表(合并)

编制单位:华鑫国际信托有限公司　　2019 年度　　单位:万元

项目	本年金额						
	归属于母公司所有者权益						所有者权益合计
	实收资本	资本公积	其他综合收益	盈余公积	一般风险准备	未分配利润	
栏次	1	2	3	4	5	6	7
一、上年年末余额	357 484.04	142 515.96	-9 989.85	36 628.86	29 484.66	97 588.03	653 711.70
加:会计政策变更	—	—	—	—	—	—	—
前期差错更正	—	—	—	—	—	—	—
其他	—	—	—	—	—	—	—
二、本年年初余额	357 484.04	142 515.96	-9 989.85	36 628.86	29 484.66	97 588.03	653 711.70
三、本年增减变动金额(减少以"-"号填列)	—	—	7 882.52	6 542.60	3 390.77	-55 161.13	-37 345.24
(一)净利润	—	—	—	—	—	65 426.02	65 426.02
(二)其他综合收益	—	—	7 882.52	—	—	—	7 882.52
综合收益小计	—	—	7 882.52	—	—	65 426.02	73 308.54
(三)所有者投入和减少资本	—	—	—	—	—	—	—
1. 所有者投入资本	—	—	—	—	—	—	—
2. 股份支付计入所有者权益的金额	—	—	—	—	—	—	—
3. 对所有者的分配	—	—	—	—	—	-110 653.78	-110 653.78
(四)专项储备提取和使用	—	—	—	—	—	—	—
(五)利润分配	—	—	—	6 542.60	3 390.77	-9 933.37	—
1. 提取盈余公积	—	—	—	6 542.60	—	-6 542.60	—
其中:法定盈余公积	—	—	—	6 542.60	—	-6 542.60	—
任意盈余公积	—	—	—	—	—	—	—
2. 提取一般风险准备	—	—	—	—	3 390.77	-3 390.77	—
四、本年年末余额	357 484.04	142 515.96	-2 107.33	43 171.46	32 875.43	42 426.90	616 366.46

所有者权益变动表(合并)(续)

编制单位:华鑫国际信托有限公司　　2018 年度　　单位:万元

项目	上年金额						
	归属于母公司所有者权益						所有者权益合计
	实收资本	资本公积	其他综合收益	盈余公积	一般风险准备	未分配利润	
栏次	1	2	3	4	5	6	7
一、上年年末余额	220 000.00	0.00	264.68	30 640.95	22 816.37	177 905.21	451 627.21
加:会计政策变更	—	—	—	—	—	—	—
前期差错更正	—	—	—	—	—	—	—
其他	—	—	—	—	—	—	—
二、本年年初余额	220 000.00	—	264.68	30 640.95	22 816.37	177 905.21	451 627.21
三、本年增减变动金额(减少以"-"号填列)	137 484.04	142 515.96	-10 254.53	5 987.91	6 668.29	-80 317.18	202 084.49
(一)净利润	—	—	—	—	—	59 879.09	59 879.09
(二)其他综合收益	—	—	-10 254.53	—	—	—	-10 254.53
综合收益小计	—	—	-10 254.53	—	—	59 879.09	49 624.56
(三)所有者投入和减少资本	137 484.04	142 515.96	—	—	—	—	280 000.00
1. 所有者投入资本	137 484.04	142 515.96	—	—	—	—	280 000.00
2. 股份支付计入所有者权益的金额	—	—	—	—	—	—	—
3. 对所有者的分配	—	—	—	—	—	-127 540.07	-127 540.07
(四)专项储备提取和使用	—	—	—	—	—	—	—
(五)利润分配	—	—	—	5 987.91	6 668.29	-12 656.20	—
1. 提取盈余公积	—	—	—	5 987.91	—	-5 987.91	—
其中:法定盈余公积	—	—	—	5 987.91	—	-5 987.91	—
任意盈余公积	—	—	—	—	—	—	—
2. 提取一般风险准备	—	—	—	—	6 668.29	-6 668.29	—
四、本年年末余额	357 484.04	142 515.96	-9 989.85	36 628.86	29 484.66	97 588.03	653 711.70

所有者权益变动表(母公司)

编制单位:华鑫国际信托有限公司　　2019 年度　　单位:万元

项　　目	本年金额						
	归属于母公司所有者权益						所有者权益合计
	实收资本	资本公积	其他综合收益	盈余公积	一般风险准备	未分配利润	
栏　　次	1	2	3	4	5	6	7
一、上年年末余额	357 484. 04	142 515. 96	-9 989. 85	36 628. 86	29 484. 66	97 588. 03	653 711. 70
加:会计政策变更	—	—	—	—	—	—	—
前期差错更正	—	—	—	—	—	—	—
其他	—	—	—	—	—	—	—
二、本年年初余额	357 484. 04	142 515. 96	-9 989. 85	36 628. 86	29 484. 66	97 588. 03	653 711. 70
三、本年增减变动金额(减少以“-”号填列)	—	—	7 882. 52	6 542. 60	3 390. 77	-55 161. 13	-37 345. 24
(一)净利润	—	—	—	—	—	65 426. 02	65 426. 02
(二)其他综合收益	—	—	7 882. 52	—	—	—	7 882. 52
综合收益小计	—	—	7 882. 52	—	—	65 426. 02	73 308. 54
(三)所有者投入和减少资本	—	—	—	—	—	—	—
1. 所有者投入资本	—	—	—	—	—	—	—
2. 股份支付计入所有者权益的金额	—	—	—	—	—	—	—
3. 对所有者的分配	—	—	—	—	—	-110 653. 78	-110 653. 78
(四)专项储备提取和使用	—	—	—	—	—	—	—
(五)利润分配	—	—	—	6 542. 60	3 390. 77	-9 933. 37	—
1. 提取盈余公积	—	—	—	6 542. 60	—	-6 542. 60	—
其中:法定盈余公积	—	—	—	6 542. 60	—	-6 542. 60	—
任意盈余公积	—	—	—	—	—	—	—
2. 提取一般风险准备	—	—	—	—	3 390. 77	-3 390. 77	—
四、本年年末余额	357 484. 04	142 515. 96	-2 107. 33	43 171. 46	32 875. 43	42 426. 90	616 366. 46

所有者权益变动表(母公司)(续)

编制单位:华鑫国际信托有限公司　　2019 年度　　单位:万元

项　　目	上年金额						
	归属于母公司所有者权益						所有者权益合计
	实收资本	资本公积	其他综合收益	盈余公积	一般风险准备	未分配利润	
栏　　次	1	2	3	4	5	6	7
一、上年年末余额	220 000. 00	0. 00	264. 68	30 640. 95	22 816. 37	177 905. 21	451 627. 21
加:会计政策变更	—	—	—	—	—	—	—
前期差错更正	—	—	—	—	—	—	—
其他	—	—	—	—	—	—	—
二、本年年初余额	220 000. 00	0. 00	264. 68	30 640. 95	22 816. 37	177 905. 21	451 627. 21
三、本年增减变动金额(减少以“-”号填列)	137 484. 04	142 515. 96	-10 254. 53	5 987. 91	6 668. 29	-80 317. 18	202 084. 49
(一)净利润	—	—	—	—	—	59 879. 09	59 879. 09
(二)其他综合收益	—		-10 254. 53	—	—	—	-10 254. 53
综合收益小计	—	—	-10 254. 53	—	—	59 879. 09	49 624. 56
(三)所有者投入和减少资本	137 484. 04	142 515. 96	—	—	—	—	280 000. 00
1. 所有者投入资本	137 484. 04	142 515. 96	—	—	—	—	280 000. 00
2. 股份支付计入所有者权益的金额	—	—	—	—	—	—	—
3. 对所有者的分配	—	—	—	—	—	-127 540. 07	-127 540. 07
(四)专项储备提取和使用	—	—	—	—	—	—	—
(五)利润分配	—	—	—	5 987. 91	6 668. 29	-12 656. 20	—
1. 提取盈余公积	—	—	—	5 987. 91	—	-5 987. 91	—
其中:法定盈余公积	—	—	—	5 987. 91	—	-5 987. 91	—
任意盈余公积	—	—	—	—	—	—	—
2. 提取一般风险准备	—	—	—	—	6 668. 29	-6 668. 29	—
四、本年年末余额	357 484. 04	142 515. 96	-9 989. 85	36 628. 86	29 484. 66	97 588. 03	653 711. 70

5.2 信托资产

5.2.1 信托项目资产负债汇总表

信托项目资产负债汇总表

编制单位:华鑫国际信托有限公司　　2019 年 12 月 31 日　　单位:万元

信托资产	期末余额	年初余额	信托负债和信托权益	期末余额	年初余额
信托资产			信托负债		
货币资金	331 313.14	229 624.18	交易性金融负债	—	—
拆出资金	—	—	衍生金融负债	—	—
存出保证金	—	—	应付受托人报酬	20 595.97	20 060.19
交易性金融资产	2 373 860.38	2 910 932.03	应付托管费	4 220.51	3 419.74
衍生金融资产	—	—	应付受益人收益	24 047.73	38 659.12
买入返售金融资产	53 853.47	133 493.57	应交税费	14 258.00	11 488.45
应收款项	5 731.22	2 625.57	应付销售服务费	243.42	275.23
发放贷款	11 404 572.38	11 862 188.98	其他应付款项	395 212.04	210 757.89
可供出售金融资产	378 123.32	45 822.69	预计负债	—	—
持有至到期投资	10 217 104.50	8 513 352.39	其他负债	—	—
长期应收款	—	—	信托负债合计	458 577.67	284 660.62
长期股权投资	1 443 051.29	2 127 366.09			
投资性房地产	—	—	信托权益		
固定资产	—	—	实收信托	26 916 719.19	26 939 461.96
无形资产	—	—	资本公积	112 901.52	223 294.93
长期待摊费用	—	—	损益平准金	—	—
其他资产	—	—	未分配利润	-1 280 588.68	-1 622 012.00
减:各项资产减值准备	—	—	信托权益合计	25 749 032.03	25 540 744.89
信托资产总计	26 207 609.70	25 825 405.51	信托负债和信托权益总计	26 207 609.70	25 825 405.51

5.2.2 信托项目利润及利润分配汇总

信托项目利润及利润分配汇总表

编制单位:华鑫国际信托有限公司　　2019 年度　　单位:万元

项　目	本年金额	上年金额
1. 营业收入	2 064 169.92	-937 061.65
1.1 利息收入	831 224.22	635 883.05
1.2 投资收益(损失以"-"号填列)	694 290.33	-529 295.75
1.2.1 其中:对联营企业和合营企业的投资收益	—	—
1.3 公允价值变动收益(损失以"-"号填列)	414 692.54	-1 227 977.16
1.4 租赁收入	—	—
1.5 汇兑损益(损失以"-"号填列)	—	—
1.6 其他收入	123 962.83	184 328.21
2. 支出	215 869.27	150 994.12
2.1 营业税金及附加	5 948.07	3 884.36
2.2 受托人报酬	101 548.66	75 216.71
2.3 托管费	11 202.52	14 300.42
2.4 投资管理费	1 205.43	3 757.49
2.5 销售服务费	34 862.73	2 980.69
2.6 交易费用	1 335.27	13 522.26
2.7 资产减值损失	—	—
2.8 其他费用	59 766.59	37 332.19
3. 信托净利润(净亏损以"-"号填列)	1 848 300.65	-1 088 055.77
4. 其他综合收益	—	—

续表

项　目	本年金额	上年金额
5. 综合收益	1 848 300.65	-1 088 055.77
6. 加:期初未分配信托利润	-1 622 012.00	-233 558.44
7. 可供分配的信托利润	226 288.66	-1 321 614.20
8. 减:本期已分配信托利润	1 506 877.34	300 397.80
9. 期末未分配信托利润	-1 280 588.68	-1 622 012.00

6. 会计报表附注

6.1 简要说明报告年度会计报表编制基准

公司根据实际发生的交易和事项,按照财政部颁布的《企业会计准则——基本准则》和陆续颁布的各项具体会计准则、企业会计准则应用指南、企业会计准则解释及其他相关规定进行确认和计量,在此基础上编制财务报表。

6.2 重要会计政策、会计估计和核算方法的说明

报告期内,无重要会计政策、会计估计和核算方法的变化。

6.3 或有事项说明

报告期内,公司无对外担保和其他或有事项。

6.4 重要资产转让及其出售的说明

报告期内,公司无重要资产转让及出售。

6.5 会计报表中重要项目的明细资料

6.5.1 披露固有资产经营情况

6.5.1.1 按信用风险五级分类结果披露信用风险资产的期初数、期末数

信用风险资产五级分类	正常类（万元）	关注类（万元）	次级类（万元）	可疑类（万元）	损失类（万元）	信用风险资产合计（万元）	不良资产合计（万元）	不良资产率（%）
期初数	744 682.07	—	—	—	—	744 682.07	—	—
期末数	774 873.95	—	—	—	—	774 873.95	—	—

注：不良资产合计 = 次级类 + 可疑类 + 损失类。

6.5.1.2 各项资产减值损失准备的期初数、本期计提、本期转回、本期核销、期末数

单位：万元

	期初数	本期计提	本期转回	本期核销	期末数
贷款损失准备	5 738.65	—	784.74	—	4 953.91
一般准备	—	—	—	—	—
专项准备	5 738.65	—	784.74	—	4 953.91
可供出售金融资产减值准备	39 728.99	20 000.00	751.80	—	58 977.19
持有至到期投资减值准备	0.00	—	—	—	0.00
应收款项坏账准备	1 122.04	—	—	—	1 122.04
抵债资产减值准备	—	—	—	—	0.00

6.5.1.3 按照投资品种分类，披露固有业务股票投资、基金投资、债券投资、股权投资等投资业务

单位：万元

	股票	基金	债券	长期股权投资	其他投资	合计
期初数	19 993.57	90 332.22	00 000.00	—	417 857.60	618 183.39
期末数	18 481.75	97 360.88	101 525.20	—	427 872.82	645 240.65

6.5.1.4 按照投资入股金额排序，披露前五名的固有长期股权投资情况

本报告期公司无长期股权投资业务。

6.5.1.5 固有贷款的企业名称、占贷款总额的比例和还款情况

企业名称	占贷款总额的比例（%）	还款情况（万元）
宁夏玉成置业有限公司	100.00	逾期

6.5.1.6 表外业务的期初数、期末数；按照代理业务、担保业务和其他类型分别披露表外业务

本报告期公司无表外业务。

6.5.1.7 公司当年的收入结构

收入结构	金额（万元）	占比（%）
手续费及佣金收入	96 572.24	73.15
其中：信托手续费收入	96 572.24	73.15
利息收入	2 189.69	1.66
投资收益	33 175.41	25.13
其中：证券投资收益	4 207.64	3.19
其他投资收益	28 967.77	21.94
公允价值变动收益	90.04	0.07
收入合计	132 027.38	100.00

6.5.2 披露信托财产管理情况

6.5.2.1 信托资产的期初数、期末数

单位：万元

信托资产	期初数	期末数
集合	10 877 860.20	12 186 874.82
单一	13 686 281.77	13 493 482.56
财产权	1 261 263.54	527 252.32
合计	25 825 405.51	26 207 609.70

6.5.2.1.1 主动管理型信托业务期初数、期末数

单位：万元

主动管理型信托资产	期初数	期末数
证券投资类	1 464 681.00	1 599 992.52
股权投资类	401 010.14	323 048.14
融资类	2 564 968.75	7 774 294.36
事务管理类	—	—
合计	4 430 659.89	9 697 335.02

6.5.2.1.2 被动管理型信托业务期初数、期末数

单位：万元

被动管理型信托资产	期初数	期末数
证券投资类	1 782 644.45	1 093 545.69
股权投资类	3 467 789.77	2 440 493.24
融资类	10 469 304.80	5 422 035.34
事务管理类	5 675 006.60	7 554 200.41
合计	21 394 745.62	16 510 274.68

6.5.2.2 本年度已清算结束的信托项目个数、实收信托合计金额、加权平均实际年化收益率

6.5.2.2.1 本年度已清算结束的集合类、单一类资金信托项目和财产管理类信托项目个数、实收信托合计金额、加权平均实际年化收益率

已清算结束信托项目	项目个数（个）	实收信托合计金额（万元）	加权平均实际年化收益率（%）
集合类	68	2 151 364.64	3.33
单一类	120	4 817 946.41	5.76
财产管理类	6	598 480.83	4.82

6.5.2.2.2 本年度已清算结束的主动管理型信托项目个数、实收信托合计金额、加权平均实际年化收益率、加权平均年化报酬率

已清算结束信托项目	项目个数（个）	实收信托合计金额（万元）	加权平均实际年化收益率（%）	加权平均年化报酬率（%）
证券投资类	2	69 295.81	7.86	0.48
股权投资类	3	103 500.00	7.60	0.30
融资类	23	770 688.00	6.36	0.79
事务管理类	—	—	—	—

注：加权平均实际年化收益率 =（信托项目 1 的实际年化收益率 × 信托项目 1 的实收信托 + … + 信托项目 n 的实际年化收益率 × 信托项目 n 的实收信托）/（信托项目 1 的实收信托 + … + 信托项目 n 的实收信托）×100%。

6.5.2.2.3　本年度已清算结束的被动管理型信托项目个数、实收信托合计金额、加权平均实际年化收益率，加权平均年化报酬率，分投资类、融资类、事务类分别披露

已清算结束信托项目	项目个数（个）	实收信托合计金额（万元）	加权平均实际年化收益率（%）	加权平均年化报酬率（%）
证券投资类	32	863 508.56	-3.96	0.49
股权投资类	21	755 054.62	6.65	0.12
融资类	66	2 412 646.73	6.16	0.18
事务管理类	47	2 593 098.15	5.35	0.22

6.5.2.3　本年度新增的集合类、单一类、财产管理类信托项目个数、实收信托合计金额

新增信托项目	项目个数（个）	实收信托合计金额（万元）
集合类	130	5 809 003.34
单一类	246	5 643 979.00
财产管理类	5	886 377.03
新增合计	381	12 339 359.36
其中：主动管理型	216	5 073 008.37
被动管理型	165	7 266 350.99

6.5.2.4　信托业务创新成果和特色业务有关情况

公司积极发展资产证券化、消费金融、家族信托等创新业务，与银行、券商等多家机构合作，参与资产证券化业务；加大与知名消费金融公司等机构的合作力度，大力发展消费金融业务。

6.5.2.5　本公司履行受托人义务情况及因本公司自身责任而导致的信托资产损失情况

报告期内未发生因自身责任而导致的信托资产损失情况。

6.5.2.6　信托赔偿准备金的提取、使用和管理情况

本报告期，公司计提信托赔偿金3 271万元，累计金额为21 586万元，累计金额小于公司注册资本的20%。根据期末风险资产余额，本年计提一般准备金119万元，期末余额为11 290万元。

6.6　关联方关系及其交易的披露

6.6.1　关联交易方的数量、关联交易的总金额及关联交易的定价政策

	关联交易方数量	关联交易金额（万元）	定价政策
合计	42	463 205.48	以市场交易价格为依据

6.6.2　关联交易方与本公司的关系性质、关联交易方的名称、法定代表人、注册地址、注册资本及主营业务等

关联关系	关联方名称	法定代表人	注册地址	注册资本（亿元）	主营业务
公司股东	中国华电集团财务有限公司	郝彬	北京市西城区宣武门内大街2号B座10层	50	对成员单位办理财务和融资、担保、结算等；从事同业拆借；对金融机构的股权投资；中国银行业监督管理委员会批准的其他业务等。

6.6.3　本公司与关联方的重大交易事项

6.6.3.1　固有与关联方交易情况

无。

6.6.3.2　信托资产与关联方：贷款、投资、租赁、应收账款、担保、其他方式等期初汇总数、本期发生汇总额、期末汇总数

单位：万元

信托资产与关联方关联交易				
	期初数	借方发生额	贷方发生额	期末数
贷款	50 800.00	53 826.89	37 200.00	67 426.89
合计	50 800.00	53 826.89	37 200.00	67 426.89

6.6.3.3　信托公司自有资金运用于自己管理的信托项目（固信交易）、信托公司管理的信托项目之间的相互（信信交易）交易金额，包括余额和本报告年度的发生额

6.6.3.3.1　固有与信托财产之间的交易金额期初汇总数、本期发生额汇总数、期末汇总数

单位：万元

固有财产与信托财产相互交易			
	期初数	本期发生额	期末数
合计	300 428.30	26 554.84	326 983.14

6.6.3.3.2　信托资产与信托财产之间的交易金额期初汇总数、本期发生额汇总数、期末汇总数

单位：万元

信托资产与信托财产相互交易			
	期初数	本期发生额	期末数
合计	51 137.79	17 657.66	68 795.45

6.6.4　逐笔披露关联方逾期未偿还本公司资金的详细情况以及本公司为关联方担保发生或即将发生垫款的详细情况

本报告期，公司无上述事项发生。

6.7　会计制度的披露

本公司固有业务和信托业务均执行财政部2006年颁布的《企业会计准则》和陆续颁布的各项具体会计准则、企业会计准则应用指南、企业会计准则解释及其他相关规定。

7. 财务情况说明书

7.1　利润实现和利润分配情况

本报告期，公司实现利润总额为85 977万元，所得税费用为20 551万元，净利润为65 426万元。

根据《公司法》《信托公司管理办法》《金融企业呆账准备提取管理办法》等规定，2019年度利润分配如下：

（1）按净利润的10%提取法定盈余公积金6 543万元。

（2）按净利润的5%提取信托赔偿准备金3 271万元。

（3）按风险资产余额的1.5%提取一般风险准备119万元。

（4）分配股东股利为110 654万元。

上述各项提取和分配后，年末剩余可供股东分配利润42 427万元。

7.2　主要财务指标

指标名称	指标值
资本利润率（%）	10.30

续表

指标名称	指标值
加权年化信托报酬率(%)	0.38
人均净利润(万元)	337.25

注:1. 资本利润率 =净利润/所有者权益期初期末平均金额 ×100%。

2. 加权年化信托报酬率 =(信托项目 1 的年化信托报酬率 ×信托项目 1 的实收信托 +… +信托项目 n 的年化信托报酬率 ×信托项目 n 的实收信托)/(信托项目 1 的实收信托 +… +信托项目 n 的实收信托) ×100%。

3. 人均净利润 =净利润/期初期末平均人数。

7.3 净资本和风险资本情况

项目	期初数	期末数
净资本(万元)	548 234.56	487 608.65
风险资本(万元)	344 193.83	344 168.74
净资本/风险资本(%)	159.28	141.68
净资本/净资产(%)	83.86	79.11

报告期内,公司净资本及各项比例符合监督管理要求。

7.4 对本公司财务状况、经营成果有重大影响的其他事项

报告期内,公司未发生对财务状况、经营成果有重大影响的其他事项。

8. 特别事项揭示

8.1 前五名股东报告期内变动情况及原因

报告期内,前五名股东未发生变动情况。

8.2 董事、监事及高级管理人员变动情况及原因

报告期内无上述事项。

8.3 变更注册资本、注册地或公司名称及公司分立合并事项

报告期内无上述事项。

8.4 公司的重大诉讼事项

报告期内公司无被诉讼事项。

8.5 公司及其董事、监事和高级管理人员受到处罚的情况

2019 年 12 月 10 日,公司收到北京银保监局行政处罚决定书(京银保监罚决字[2019]53 号),罚款合计 50 万元。

8.6 对中国银保监会及其派出机构所提监管意见的整改情况

报告期内无上述事项。

8.7 本年度重大事项常规及临时报告的简要内容、披露时间、所披露的媒体及其版面

2019 年 4 月 26 日,在《金融时报》第 15 版披露《华鑫国际信托有限公司年度报告摘要》。

8.8 中国银保监会及其省级派出机构认定的其他有必要让客户及相关利益人了解的重要信息

报告期内无上述事项。

9. 公司监事会意见

报告期内,公司监事会认为,公司决策程序合法,内部控制制度完善,未发现董事、经理和其他高级管理人员在执行职务时有违法、违纪及有损公司和股东利益的行为。财务报告真实反映了公司的财务状况和经营成果。

华信信托股份有限公司

1. 重要提示

1.1 公司董事会及董事保证本报告所载资料不存在任何虚假记载、误导性陈述或者重大遗漏，并对其内容的真实性、准确性和完整性承担个别及连带责任。本年度报告摘要摘自年度报告全文，客户及相关利益人欲了解详细内容，应阅读年度报告全文。

1.2 独立董事认为公司年度报告内容真实、准确、完整。

1.3 公司年度财务报告经永拓会计师事务所（特殊普通合伙）大连分所审计，并出具了标准无保留意见的审计报告。

1.4 公司董事长董永成、主管会计工作负责人黄铎及会计机构负责人王艳杰声明：保证年度报告中财务报告的真实、完整。

2. 公司概况

2.1 公司简介

公司设立于1987年，原名中国工商银行大连市信托投资公司；1988年改制为股份有限公司，更名为中国工商银行大连信托投资股份有限公司；1997年更名为大连华信信托投资股份有限公司；2001年成为全国首批、东北地区首家完成重新登记的信托投资公司；2006年注册资本金增加到10.01亿元；2007年注册资本增加到12.1亿元；2007年更名为大连华信信托股份有限公司；2010年注册资本增加到20.57亿元；2012年注册资本增加到30亿元；2013年注册资本增加到33亿元，更名为华信信托股份有限公司；2016年注册资本增加到66亿元。

2.1.1 公司基本情况

法定中文名称	华信信托股份有限公司
中文名称缩写	华信信托
法定英文名称	Huaxin Trust Co.,Ltd.
英文名称缩写	Huxin Trust
法定代表人	董永成
注册地址	大连市西岗区大公街34号

续表

邮政编码	116011
国际互联网网址	www.huaxintrust.com
电子信箱	huaxin@hxtic.cn
选定的信息披露报纸	《金融时报》
年度报告备置地点	华信信托财富管理中心
聘请的会计师事务所	名称：永拓会计师事务所（特殊普通合伙）大连分所 注册地址：大连市沙河口区中山路594号1单元20层2号
聘请的律师事务所	名称：辽宁法大律师事务所 注册地址：大连市中山区中山路136号希望大厦38层

2.1.2 信息披露事务负责人

姓名	杜国涛
职务	董事会秘书
联系电话	0411-83611895
传真	0411-83638415
电子信箱	huaxin@hxtic.cn

2.2 组织结构

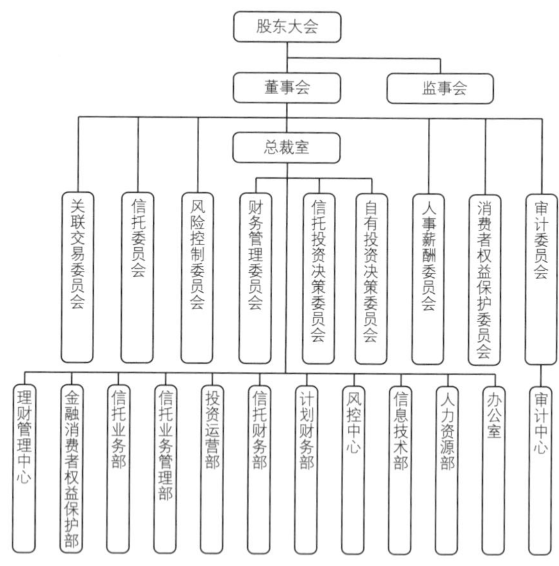

3. 公司治理

3.1 股东

公司前3位股东

名称	出资比例（%）	法人代表	注册资本（万元）	注册地址	主要经营业务及财务状况
华信汇通集团有限公司	25.91	董永成	330 000	北京市西城区金融街28号2号楼19层	投资及资产管理；经济信息咨询；财务咨询等。2019年末，资产总额为881 234.78万元，利润总额为33 354.61万元（未经审计）。

续表

名称	出资比例（%）	法人代表	注册资本（万元）	注册地址	主要经营业务及财务状况
北京万联同创网络科技有限公司	19.9	张桂芝	131 460	北京市朝阳区东三环南路甲52楼17层20B	技术服务；技术转让；技术咨询；开发计算机软硬件；企业管理策划；市场营销策划；商务咨询；投资咨询；投资管理。2019年末，资产总额为132 073.37万元，利润总额为2.77万元（未经审计）。
沈阳品成投资有限公司	15.42	林　峰	110 000	沈阳市沈河区市府大路262甲号	利用自有资金对外投资；投资咨询；经济信息咨询；企业管理策划。2019年末，资产总额为161 509.55万元，利润总额为3.58万元（未经审计）。

3.2 董事

董事会成员

姓　名	职　务	性别	年龄（岁）	选任日期	所推举的股东名称	该股东持股比例（%）	简要履历
董永成	董事长	男	63	2017年4月27日	华信汇通集团有限公司	25.91	曾任中国工商银行大连市分行技改处副处长，中国工商银行大连信托投资股份有限公司总经理；现任现任华信汇通集团有限公司董事长、总经理，华信信托股份有限公司董事长。
钟　石	董事	男	41	2017年4月27日	华信汇通集团有限公司	25.91	曾任华信汇通集团有限公司审计部副总经理；现任华信汇通集团有限公司副总经理，华信信托股份有限公司董事。
刘　雯	董事	女	36	2018年6月1日	华信汇通集团有限公司	25.91	曾任大连诚誉会计师事务所会计，华信信托股份有限公司审计部审计员；现任华信汇通集团有限公司财务部会计主管，华信信托股份有限公司董事。
周喆人	董事	男	42	2017年4月27日	沈阳品成投资有限公司	15.42	曾任上海市国茂律师事务所律师、合伙人；现任国浩律师（上海）事务所律师，沈阳品成投资有限公司副总经理，华信信托股份有限公司董事。
刘　辉	董事	男	48	2017年4月27日	西藏海涵实业有限公司	4.48	曾任海口卉烽粮油有限公司董事长、西藏海涵实业有限公司总经理；现任锦州港股份有限公司总经理，辽港大宗商品交易有限公司总经理，锦国投（大连）发展有限公司董事长、总经理，华信信托股份有限公司董事。
姜顺杰	董事	男	57	2017年4月27日	大连顺联达集团有限责任公司	4.48	曾任大连纺织厂财务科科长，大连碧海山庄旅游集团财务处长、总经理助理，大连凯撒餐饮有限公司总经理；现任大连保税区顺林石化有限公司董事长、总经理，大连顺林运输有限公司总经理，大连顺联达集团有限责任公司高级顾问，华信信托股份有限公司董事。
于永顺	独立董事	男	69	2017年4月27日	—	—	曾任中国建设银行总行副处长、处长、审计部总经理、首席审计官；现任华信信托股份有限公司独立董事。
单建保	独立董事	男	65	2017年4月27日	—	—	曾任光大银行总行副行长；现任华信信托股份有限公司独立董事。
方红星	独立董事	男	47	2017年12月26日	—	—	曾任东北财经大学出版社社长；现任东北财经大学会计学院院长，华信信托股份有限公司独立董事。

独立董事

姓　名	职务	性别	年龄（岁）	选任日期	提名人	简要履历
于永顺	独立董事	男	69	2017年4月27日	董事会	曾任中国建设银行总行副处长、处长、审计部总经理、首席审计官；现任华信信托股份有限公司独立董事。
单建保	独立董事	男	65	2017年4月27日	董事会	曾任光大银行总行副行长；现任华信信托股份有限公司独立董事。
方红星	独立董事	男	47	2017年12月26日	董事会	曾任东北财经大学出版社社长；现任东北财经大学会计学院院长，华信信托股份有限公司独立董事。

3.3 监事

姓　名	职　务	性别	年龄（岁）	选任日期	所推举的股东名称	该股东持股比例（%）	简要履历
姜尚君	监事长	男	65	2017年4月27日	华信汇通集团有限公司	25.91	曾任中国农业银行运营总监、营销总监、公司业务总监；现任华信汇通集团有限公司董事，华信信托股份有限公司监事长。
邱宇博	监事	男	36	2017年4月27日	北京万联同创网络科技有限公司	19.9	曾任北京万联同创网络科技有限公司会计；现任北京万联同创网络科技有限公司财务负责人，华信信托股份有限公司监事。
刘永锋	监事	男	48	2017年4月27日	—	—	曾任华信信托股份有限公司信托业务管理部信托经理；现任华信信托股份有限公司风控中心风控经理，华信信托股份有限公司职工代表监事。

3.4 高级管理人员

姓 名	职务	性别	年龄（岁）	选任日期	金融从业年限（年）	学历	专业
黄 铎	总裁	男	67	2010 年 12 月 29 日	29	大专	管理
王 瑾	常务副总裁	女	53	2019 年 6 月 14 日	22	本科	统计
崔相斌	副总裁	男	52	2010 年 12 月 29 日	28	硕士研究生	管理
董福航	副总裁	男	35	2015 年 3 月 28 日	9	本科	金融
宋 秋	副总裁	女	49	2017 年 2 月 3 日	25	硕士研究生	管理
杜国涛	董事会秘书	男	42	2019 年 1 月 2 日	19	本科	金融

3.5 公司员工

项目		报告期年度	
		人数（人）	比例（%）
年龄分布	25 岁以下	5	3.36
	25 ~29 岁	35	23.49
	30 ~39 岁	67	44.96
	40 岁以上	42	28.19
学历分布	博士	1	0.67
	硕士	82	55.03
	本科	60	40.27
	专科	6	4.03
岗位分布	董事、监事及高管人员	9	6.04
	自营业务人员	11	7.38
	信托业务人员	100	67.12
	其他人员	29	19.46

4. 经营管理

4.1 经营目标、经营方针、战略规划

4.1.1 经营目标

公司以提升资产管理能力和盈利能力为核心，以风险控制为前提、团队建设为关键、机制完善为保障，金融科技为推手，致力于发挥信托功能优势，为客户提供安全稳健的金融产品和高效便捷的金融服务，将公司建设成为拥有优秀金融品牌、领先盈利能力、核心竞争力突出的金融企业。

4.1.2 经营方针

公司的经营方针是恪守诚信、稳健合规、开拓创新、和谐共赢。

4.1.3 战略规划

公司的战略规划是充分发挥公司较强的自主管理能力、品牌影响力和协同效应，扩展投资领域、完善投资管理体系，提升资产管理能力和业务规模，带动盈利能力持续提升；提高风险管理能力，建立起科学、高效的风险分析与评价体系，准确识别、控制各类风险；加强企业文化建设、完善人才培养机制和绩效考核机制，建立一支富有创新意识、高素质、高水平的专业团队；丰富理财产品体系、提升客户服务水平，扩大客户群体。

4.2 所经营业务的主要内容

公司业务主要分为固有业务和信托业务。其中，固有业务主要包括金融类公司股权投资业务、金融产品投资业务、贷款业务和担保业务等；信托业务主要包括财富管理类信托、融资类信托和投资类信托等常规类信托业务和资产支持证券信托、受托境外理财业务（QDII）等特许经营类信托业务。

4.3 市场分析

4.3.1 公司发展的有利因素

公司发展的有利因素包括：一是国内经济发展保持稳中有进、稳中向好的态势，经济结构调整持续优化，经济发展的内生动力不断增强，为信托业的发展创造了良好的环境；二是供给侧改革、城镇化发展和国企改革，蕴藏巨大的投融资需求，为信托公司提供了广阔的市场空间；三是信托登记制度的完善，规范和强化了信息披露，增强了信托财产的独立性，加强了对信托受益人的保护，从而进一步增强了信托行业的公信力，提升了信托行业的整体竞争力；四是随着我国经济多年的高速发展，社会财富的绝对存量大幅度增加，因而社会对财富的传承、家族传承、税务筹划等需求逐渐增强，这为发挥信托优势，开展资产管理业务奠定了坚实基础；五是多年来公司诚信为本、稳健经营，树立了良好的社会信誉，投资者对公司品牌认可度与信任度不断提升。

4.3.2 公司发展的不利因素

公司发展的不利因素包括：一是我国经济正处在新旧产业转换的关键期，特别是受新冠肺炎疫情影响，经济形势错综复杂；二是资管行业竞争加剧，监管政策趋严，信托公司转型压力加大；三是基建、房地产等投资回落，信托公司传统业务的风险管理压力增大。

4.4 内部控制

公司始终致力于内控制度的建设及完善，建立了"三级风险管理体系"和"三道防线内控组织"，形成了纵横交错、多方合力的内部控制体系。公司的内部控制体系涵盖了全部业务和管理活动，从公司治理、业务操作、财务管理、风险控制与合规管理、审计监督、人力资源管理和其他事务管理等多方面进行规范。

公司倡导以"合规"和"诚信"为核心的企业文化，加强合规培训和合规绩效考核，提高全员合规意识；业务发展以合规运作及风险可控为前提，切实履行受托责任，尽职管理信托财产，努力实现受益人利益最大化。

公司不断完善法人治理，切实发挥监事会、独立董事的监督职能，加强外部监督；管理层建立了合理授权、有效问责、内部举报和奖惩制度；不断完善风险控制和合规管理，建立了固有业务和信托业务相互分离的业务管理体系；各项业务均有健全的决策机构和决策程序，岗位之间职责分明、边界清晰，实现

了前台、中台、后台分工协作又相对独立科学的、高效的运营机制;建立业务预警及突发事件应急机制,不断提高风险防范和处置能力,保障持续经营;建立并不断完善通畅、双向的信息交流与反馈机制;建立了部门自查、岗位相互制约、员工内部举报、合规检查及内部审计相结合的监督与纠正机制。

4.5 风险管理

4.5.1 风险管理概况

公司经营中面临的主要风险包括信用风险、流动性风险、市场风险、操作风险、合规风险、兑付风险、声誉风险及信息科技风险等。

4.5.2 风险分类

信用风险是指因交易对手违约或信用等级下降,给公司造成的可能损失。公司按照"事前调查评估、事中防范控制、事后监督管理"的原则对信用风险进行有效防范。

流动性风险就信托公司层面,指信托公司虽然有清偿能力,但无法及时获得充足资金或无法以合理成本及时获得充足资金以应对业务增长或支付到期债务的风险;流动性风险就信托项目层面,指具体信托项目不能按期变现兑付清算的风险,以及对期间开放的信托计划来说,存在赎回资金规模大于申购资金规模的可能性。报告期内公司加强流动性风险管控,未发生流动性风险。

市场风险主要指由于利率、汇率、股市价格等因素变动而产生的未知潜在损失的风险。公司持有的美元资产、自营贷款业务、信托贷款业务、自营证券投资业务以及证券投资类资金信托业务等均可能面临市场风险。报告期内公司通过资产组合投资等方法分散风险,将市场风险控制在可承受范围内。

操作风险是指由于内部程序、人员、系统不完善或失误,或外部事件造成损失的风险。公司通过完善治理结构、加强内控管理等措施防控操作风险。报告期内未发生因操作风险所造成的损失。

其他风险主要是指公司业务开展中的合规风险、兑付风险、声誉风险、洗钱风险、信息科技风险等。报告期内公司未发生因其他风险所造成的损失。

4.6 净资本管理

公司依据《信托公司净资本管理办法》实施净资本管理,报告期内公司资本充足,流动性良好,能够抵御各项业务带来的不可预期的风险。截至2019年末,公司净资本为950 517.10万元,各项业务风险资本之和为186 553.76万元,净资本/各项业务风险资本之和为509.51%,净资本/净资产为76.06%,均符合《信托公司净资本管理办法》要求,具有较大业务发展空间。

4.7 薪酬管理

报告期内公司贯彻按劳分配原则,不断完善公司的激励与约束机制,充分调动广大员工的工作积极性、主动性和创造性,激励和吸引优秀人才,确保公司发展战略目标的实现。公司的薪酬管理体现内部公平性与外部竞争性相结合的原则,同时坚持严格考核,薪酬分配以绩效考核为依据。

公司薪酬的最高管理机构为董事会,下设人事薪酬委员会,负责审定公司薪酬管理制度;公司设置薪酬绩效考核领导小组,负责拟定年度实施细则。

5. 报告期末及上一年度末的比较式会计报表

5.1 自营资产

5.1.1 会计师事务所审计意见全文

京永辽审字[2020]第007号

华信信托股份有限公司全体股东:

一、审计意见

我们审计了华信信托股份有限公司(以下简称贵公司)财务报表,包括2019年12月31日的资产负债表、2019年度的利润表、现金流量表和所有者权益变动表以及相关财务报表附注。

我们认为,后附的财务报表在所有重大方面按照企业会计准则的规定编制,公允反映了贵公司2019年12月31日的财务状况以及2019年度的经营成果和现金流量。

二、形成审计意见的基础

我们按照中国注册会计师审计准则的规定执行了审计工作。审计报告的"注册会计师对财务报表审计的责任"部分进一步阐述了我们在这些准则下的责任。按照中国注册会计师职业道德守则,我们独立于贵公司,并履行了职业道德方面的其他责任。我们相信,我们获取的审计证据是充分、适当的,为发表审计意见提供了基础。

三、其他信息

贵公司管理层对其他信息负责。其他信息包括贵公司2019年年度报告中涵盖的信息,但不包括财务报表和我们的审计报告。

我们对财务报表发表的审计意见不涵盖其他信息,我们也不对其他信息发表任何形式的鉴证结论。

结合我们对财务报表的审计,我们的责任是阅读其他信息,在此过程中,考虑其他信息是否与财务报表或我们在审计过程中了解到的情况存在重大不一致或者似乎存在重大错报。

基于我们已执行的工作,如果我们确定其他信息存在重大错报,我们应当报告该事实。在这方面,我们无任何事项需要报告。

四、管理层和治理层对财务报表的责任

管理层负责按照企业会计准则的规定编制财务报表,使其实现公允反映,并设计、执行和维护必要的内部控制,以使财务报表不存在由于舞弊或错误导致的重大错报。

在编制财务报表时,管理层负责评估贵公司的持续经营能力,披露与持续经营相关的事项,并运用持续经营假设,除非贵公司计划进行清算、终止运营或别无其他现实的选择。

治理层负责监督贵公司的财务报告过程。

五、注册会计师对财务报表审计的责任

我们的目标是对财务报表整体是否不存在由于舞弊或错误导致的重大错报获取合理保证,并出具包含审计意见的审计报告。合理保证是高水平的保证,但并不能保证按照审计准则执行的审计在某一重大错报存在时总能发现。错报可能由于舞弊或错误导致，如果合理预期错报单独或汇总起来可能影响财务报表使用者依据财务报表作出的经济决策，则通常认为错报是重大的。

在按照审计准则执行审计工作的过程中，我们运用职业判断，并保持职业怀疑。同时，我们也执行以下工作：

（1）识别和评估由于舞弊或错误导致的财务报表重大错报风险，设计和实施审计程序以应对这些风险，并获取充分、适当的审计证据，作为发表审计意见的基础。由于舞弊可能涉及串通、伪造、故意遗漏、虚假陈述或凌驾于内部控制之上，未能发现由于舞弊导致的重大错报的风险高于未能发现由于错误导致的重大错报的风险。

（2）了解与审计相关的内部控制，以设计恰当的审计程序。

（3）评价管理层选用会计政策的恰当性和作出会计估计及相关披露的合理性。

（4）对管理层使用持续经营假设的恰当性得出结论。同时，根据获取的审计证据，就可能导致对贵公司持续经营能力产生重大疑虑的事项或情况是否存在重大不确定性得出结论。如果我们得出结论认为存在重大不确定性，审计准则要求我们在审计报告中提请报表使用者注意财务报表中的相关披露；如果披露不充分，我们应当发表非无保留意见。我们的结论基于截至审计报告日可获得的信息。然而，未来的事项或情况可能导致贵公司不能持续经营。

（5）评价财务报表的总体列报、结构和内容，并评价财务报表是否公允反映相关交易和事项。

（6）就集团中实体或业务活动的财务信息获取充分、适当的审计证据，以对财务报表发表审计意见。我们负责指导、监督和执行集团审计，并对审计意见承担全部责任。

我们与治理层就计划的审计范围、时间安排和重大审计发现等事项进行沟通，包括沟通我们在审计中识别出的值得关注的内部控制缺陷。

永拓会计师事务所
（特殊普通合伙）大连分所　　中国注册会计师：贾天波
中国·大连　　中国注册会计师：冷作祥
二〇二〇年三月三十一日

5.1.2 资产负债表

资产负债表

编制单位：华信信托股份有限公司　　2019年12月31日　　单位：万元

项　目	期末数	期初数
资产：		
现金及存放中央银行款项	97 280.64	121 327.13
存放同业款项	—	—
贵金属	—	—
拆出资金	—	—
以公允价值计量且其变动计入当期损益的金融资产	—	—
衍生金融资产	—	—
买入返售金融资产	18 750.19	5 150.15
应收利息	1 133.43	7 291.49
发放贷款和垫款	—	—
可供出售金融资产	340 916.82	284 462.10
持有至到期投资	443 621.25	466 700.00
应收款项类投资	—	—
长期股权投资	264 906.68	260 477.87
投资性房地产	—	—
固定资产	4 036.80	4 238.78
无形资产	1 034.79	1 183.61
商誉	—	—
递延所得税资产	60 573.81	59 752.20
其他资产	5 345.23	8 867.78
资产总计	1 237 599.64	1 219 451.11
负债：		
拆入资金	—	—
以公允价值计量且其变动计入当期损益的金融负债	—	—
衍生金融负债	—	—
应付职工薪酬	213.40	241.75
应交税费	4 623.14	9 669.47
应付利息	—	—
应付股利	2 211.06	2 211.06
代理业务	1 594.66	1 596.82
递延所得税负债	6.75	—
其他负债	25.27	24.28
负债合计	8 674.28	13 743.38
股东权益：		
股本	660 000.00	660 000.00
资本公积	60 476.00	60 476.00
其他综合收益	−143 932.92	−182 395.28
盈余公积	114 110.69	114 110.69
一般风险准备	66 744.39	71 219.39
未分配利润	471 527.20	482 296.93
股东权益合计	1 228 925.36	1 205 707.73
负债和股东权益总计	1 237 599.64	1 219 451.11

法定代表人：董永成　　主管会计工作负责人：黄　铎　　会计机构负责人：王艳杰

5.1.3 利润表

利润表

编制单位:华信信托股份有限公司　　2019 年度　　单位:万元

项　　目	本期金额	上期金额
一、营业收入	57 276. 33	114 565. 59
利息净收入	1 876. 69	-812. 43
利息收入	1 876. 69	1 445. 97
利息支出	—	2 258. 40
手续费及佣金净收入	33 798. 92	63 237. 61
手续费及佣金收入	33 798. 92	63 237. 61
手续费及佣金支出	—	—
其他收益	—	—
投资收益/(损失)	21 302. 15	51 478. 85
其中:对联营企业和合营企业的投资收益/(损失)	4 385. 48	2 779. 45
公允价值变动收益/(损失)	—	—
汇兑收益/(损失)	198. 66	562. 14

续表

项　　目	本期金额	上期金额
其他业务收入	99. 91	99. 42
资产处置收益(损失以"-"号填列)	—	—
二、营业支出	80 749. 95	10 424. 11
税金及附加	333. 78	526. 26
业务及管理费	8 022. 83	9 897. 85
资产减值损失	72 393. 34	—
其他业务成本	—	—
三、营业利润	-23 473. 62	104 141. 48
加:营业外收入	0. 32	0. 41
减:营业外支出	149. 13	0. 28
四、利润总额	-23 622. 43	104 141. 61
减:所得税费用	-8 377. 70	23 462. 73
五、净利润	-15 244. 73	80 678. 88
(一)持续经营净利润(净亏损以"-"号填列)	-15 244. 73	80 678. 88
(二)终止经营净利润(净亏损以"-"号填列)	—	—

法定代表人:董永成　　主管会计工作负责人:黄铎　　会计机构负责人:王艳杰

5.1.4 所有者权益(股东权益)变动表

所有者权益变动表(股东权益)

编制单位:华信信托股份有限公司　　2019 年度　　单位:万元

项　目	2019 年度						
	股本	资本公积	其他综合收益	盈余公积	一般风险准备	未分配利润	股东权益合计
一、上期期末余额	660 000. 00	60 476. 00	-182 395. 28	114 110. 69	71 219. 39	482 296. 93	1 205 707. 73
加:会计政策变更	—	—	—	—	—	—	—
前期差错更正	—	—	—	—	—	—	—
其他	—	—	—	—	—	—	—
二、本年年初余额	660 000. 00	60 476. 00	-182 395. 28	114 110. 69	71 219. 39	482 296. 93	1 205 707. 73
三、本年增减变动金额(减少以"-"号填列)	—	—	38 462. 36	—	-4 475. 00	-10 769. 73	23 217. 63
(一)综合收益总额	—	—	38 462. 36	—	—	-15 244. 73	23 217. 63
(二)股东投入和减少资本	—	—	—	—	—	—	—
1. 股东投入资本	—	—	—	—	—	—	—
2. 股份支付计入股东权益的金额	—	—	—	—	—	—	—
3. 其他	—	—	—	—	—	—	—
(三)利润分配	—	—	—	—	-4 475. 00	4 475. 00	—
1. 提取盈余公积	—	—	—	—	—	—	—
2. 提取一般风险准备	—	—	—	—	-4 475. 00	4 475. 00	—
3. 对股东的分配	—	—	—	—	—	—	—
4. 其他	—	—	—	—	—	—	—
(四)股东权益内部结转	—	—	—	—	—	—	—
1. 资本公积转增股本	—	—	—	—	—	—	—
2. 盈余公积转增股本	—	—	—	—	—	—	—
3. 盈余公积弥补亏损	—	—	—	—	—	—	—
4. 其他	—	—	—	—	—	—	—
(五)专项储备	—	—	—	—	—	—	—
1. 本期提取	—	—	—	—	—	—	—
2. 本期使用	—	—	—	—	—	—	—
(六)其他	—	—	—	—	—	—	—
四、本期期末余额	660 000. 00	60 476. 00	-143 932. 92	114 110. 69	66 744. 39	471 527. 20	1 228 925. 36

法定代表人:董永成　　主管会计工作负责人:黄铎　　会计机构负责人:王艳杰

所有者权益变动表（续）（股东权益）

编制单位:华信信托股份有限公司　　2019年度　　单位:万元

项　目	2018年度						
	股本	资本公积	其他综合收益	盈余公积	一般风险准备	未分配利润	股东权益合计
一、上期期末余额	660 000.00	60 476.00	-132 693.37	106 042.80	70 565.64	410 339.69	1 174 730.76
加:会计政策变更	—	—	—	—	—	—	—
前期差错更正	—	—	—	—	—	—	—
其他	—	—	—	—	—	—	—
二、本年年初余额	660 000.00	60 476.00	-132 693.37	106 042.80	70 565.64	410 339.69	1 174 730.76
三、本年增减变动金额(减少以"-"号填列)	—	—	-49 701.91	8 067.89	653.75	71 957.24	30 976.97
(一)综合收益总额	—	—	-49 701.91	—	—	80 678.88	30 976.97
(二)股东投入和减少资本	—	—	—	—	—	—	—
1. 股东投入资本	—	—	—	—	—	—	—
2. 股份支付计入股东权益的金额	—	—	—	—	—	—	—
3. 其他	—	—	—	—	—	—	—
(三)利润分配	—	—	—	8 067.89	653.75	-8 721.64	—
1. 提取盈余公积	—	—	—	8 067.89	—	-8 067.89	—
2. 提取一般风险准备	—	—	—	—	653.75	-653.75	—
3. 对股东的分配	—	—	—	—	—	—	—
4. 其他	—	—	—	—	—	—	—
(四)股东权益内部结转	—	—	—	—	—	—	—
1. 资本公积转增股本	—	—	—	—	—	—	—
2. 盈余公积转增股本	—	—	—	—	—	—	—
3. 盈余公积弥补亏损	—	—	—	—	—	—	—
4. 其他	—	—	—	—	—	—	—
(五)专项储备	—	—	—	—	—	—	—
1. 本期提取	—	—	—	—	—	—	—
2. 本期使用	—	—	—	—	—	—	—
(六)其他	—	—	—	—	—	—	—
四、本期期末余额	660 000.00	60 476.00	-182 395.28	114 110.69	71 219.39	482 296.93	1 205 707.73

法定代表人:董永成　　主管会计工作负责人:黄铎　　会计机构负责人:王艳杰

5.2 信托资产

5.2.1 信托项目资产负债汇总表

信托项目资产负债汇总表

编制单位:华信信托股份有限公司　　2019年12月31日　　单位:万元

信托资产	期末数	期初数	信托负债和信托权益	期末数	期初数
信托资产:			信托负债:		
货币资金	121 752.62	138 674.86	应付受托人报酬	3 589.00	7 725.31
拆出资金	—	—	应付托管费	17.90	224.93
应收款项	118 898.53	111 904.94	应付受益人收益	—	—
买入返售资产	—	9 000.15	其他应付款项	11 211.40	11 513.56
交易性金融资产	23 207.70	672 158.21	应交税金	825.44	1 206.80
可供出售金融资产	—	—	其他负债	916.17	143.09
持有至到期投资	3 052 843.50	4 513 344.86	信托负债合计	16 559.91	20 813.69
长期股权投资	20 890.46	42 590.46	信托权益:		
贷款	2 820 390.05	4 675 696.82	实收信托	6 076 092.94	10 134 164.26
应收融资租赁款	—	—	资本公积	21 121.58	246 849.15
固定资产	—	—	未分配利润	44 208.43	-238 456.80
无形资产	—	—			
长期待摊费用	—	—			
其他资产	—	—	信托权益合计	6 141 422.95	10 142 556.61
信托资产总计	6 157 982.86	10 163 370.30	信托负债及信托权益总计	6 157 982.86	10 163 370.30

法定代表人:董永成　　主管会计工作负责人:崔相斌　　会计机构负责人:李月英

5.2.2 信托项目利润及利润分配汇总表

信托项目利润及利润分配汇总表

编制单位:华信信托股份有限公司　　2019 年度　　单位:万元

项　目	当年数	上年数
一、营业收入	531 396.93	256 007.88
利息收入	244 900.92	348 191.18
投资收益	-26 754.24	211 410.78
公允价值变动收益	313 214.05	-302 818.45
租赁收入	—	—
汇兑收益	36.20	-775.63
其他收入	—	—
二、营业费用	47 445.15	84 775.03
三、税金及附加	1 062.79	1 934.19
四、扣除资产损失前的信托利润	482 888.99	169 298.66
减:资产减值损失	13 400.00	—
五、扣除资产损失后的信托利润	469 488.99	169 298.66
加:期初未分配信托利润	-238 456.80	205 566.69
其他转入	312 925.45	135 106.89
六、可供分配的信托利润	543 957.64	509 972.24
减:本期已分配信托利润	499 749.21	748 429.04
七、期末未分配信托利润	44 208.43	-238 456.80

法定代表人:董永成　　主管会计工作负责人:崔相斌　　会计机构负责人:李月英

6. 会计报表附注

6.1 报告年度会计报表编制基准、会计政策、会计估计和核算方法变化情况

本报告期无变化。

6.2 或有事项说明

报告期内无需要说明的或有事项。

6.3 重要资产转让及其出售的说明

报告期内无重要资产转让及其出售。

6.4 会计报表中重要项目的明细资料

6.4.1 披露自营资产经营情况

6.4.1.1 按信用风险五级分类结果披露信用风险资产的期初数、期末数

信用风险资产五级分类	正常类(万元)	关注类(万元)	次级类(万元)	可疑类(万元)	损失类(万元)	信用风险资产合计(万元)	不良资产合计(万元)	不良资产率(%)
期初数	724 691.18	—	—	—	—	724 691.18	—	—
期末数	247 729.43	236 585.00	157 957.53	0.00	0.00	642 271.96	157 957.53	16.11

6.4.1.2 各项资产减值损失准备的期初数、本期计提、本期转回、本期核销、期末数

单位:万元

	期初数	本期计提	本期转回	本期核销	期末数
贷款损失准备	—	—	—	—	—
一般准备	—	—	—	—	—
专项准备	—	—	—	—	—
其他资产减值准备	—	—	—	—	—
可供出售金融资产减值准备	—	—	—	—	—
持有至到期投资减值准备	—	54 484.81	—	—	54 484.81
长期股权投资减值准备	—	—	—	—	—
投资性房地产减值准备	—	—	—	—	—
其他	—	17 908.53	—	17 908.53	—

6.4.1.3 自营股票投资、基金投资、债券投资、股权投资等投资业务的期初数、期末数

单位:万元

	自营股票	基金	债券	长期股权投资
期初数	255 091.84	—	—	260 477.87
期末数	311 244.90	—	—	264 906.68

6.4.1.4 按投资入股金额排序,前五名的自营长期股权投资的企业名称、占被投资企业权益的比例、主要经营活动及投资收益情况等

企业名称	占被投资企业权益的比例(%)	主要经营活动	投资损益(万元)
1. 大通证券股份有限公司	37.42	证券经纪;证券投资咨询;与证券交易、证券投资活动有关的财务顾问;证券承销与保荐;证券自营;证券资产管理;为期货公司提供中间介绍业务;证券投资基金代销;融资融券业务;代销金融产品业务等	4 385.48

6.4.1.5 前五名的自营贷款的企业名称、占贷款总额的比例和还款情况等

报告期末,无自营贷款发生额、余额。

6.4.1.6 表外业务的期初数、期末数

单位:万元

表外业务	期初数	期末数
担保业务	93 999.89	79 000.00
代理业务(委托业务)	1 030.45	1 030.45
合计	95 030.34	80 030.45

6.4.1.7 公司当年的收入结构

收入结构	金额(万元)	占比(%)
手续费及佣金收入	33 798.92	59.01
其中:信托手续费收入	32 328.64	56.44
投资银行业务收入	852.96	1.49
利息收入	1 876.69	3.28
其他业务收入	99.91	0.17
其中:计入信托业务收入部分	—	—
投资收益	21 302.15	37.19
其中:股权投资收益	4 385.48	7.66
证券投资收益	8 069.39	14.09
其他投资收益	8 847.28	15.45
公允价值变动收益	—	—
汇兑收益	198.66	0.35
营业外收入	0.32	—
收入合计	57 276.65	100.00

6.4.2 披露信托财产管理情况

6.4.2.1 信托资产的期初数、期末数

单位：万元

信托资产	期初数	期末数
集合	5 081 760.76	4 022 833.60
单一	4 274 374.45	2 032 211.00
财产权	807 235.09	102 938.26
合计	10 163 370.30	6 157 982.86

6.4.2.1.1 主动管理型信托业务的信托资产期初数、期末数

单位：万元

主动管理型信托资产	期初数	期末数
证券投资类	730 453.97	13 695.72
股权投资类	2 525.17	2 525.36
权益投资类	1 620 523.77	1 573 243.28
融资类	2 703 434.73	2 398 624.90
事务管理类	50.00	0.00
合计	5 056 987.64	3 988 089.26

6.4.2.1.2 被动管理型信托业务的信托资产期初数、期末数

单位：万元

被动管理型信托资产	期初数	期末数
证券投资类	30 599.36	13 694.67
股权投资类	1 191.81	691.25
权益投资类	0.00	0.00
融资类	0.00	0.00
事务管理类	5 074 591.49	2 155 507.68
合计	5 106 382.66	2 169 893.60

6.4.2.2 本年度已清算结束的信托项目个数、实收信托合计金额、加权平均实际年化收益率

6.4.2.2.1 本年度已清算结束的集合类、单一类资金信托项目和财产管理类信托项目个数、实收信托合计金额、加权平均实际年化收益率

已清算结束信托项目	项目个数（个）	实收信托合计金额（万元）	加权平均实际年化收益率（%）
集合类	140	2 770 300.00	0.06
单一类	25	1 580 554.00	7.01
财产管理类	12	687 509.45	0.4

6.4.2.2.2 本年度已清算结束的主动管理型信托项目个数、实收信托合计金额、加权平均实际年化信托报酬率、加权平均实际年化收益率

已清算结束信托项目	项目个数（个）	实收信托合计金额（万元）	加权平均实际年化信托报酬率（%）	加权平均实际年化收益率（%）
证券投资类	13	724 100.00	0.23	-21.02
股权投资类	—	—	—	—
权益投资类	112	1 172 448.00	1.76	7.15
融资类	13	613 031.00	1.45	7.11
事务管理类	1	50.00	0	3.04

6.4.2.2.3 本年度已清算结束的被动管理型信托项目个数、实收信托合计金额、加权平均实际年化信托报酬率、加权平均实际年化收益率

已清算结束信托项目	项目个数（个）	实收信托合计金额（万元）	加权平均实际年化信托报酬率（%）	加权平均实际年化收益率（%）
证券投资类	—	—	—	—
股权投资类	1	500.00	0.51	8.24
权益投资类	—	—	—	—
融资类	—	—	—	—
事务管理类	37	2 528 234.45	0.14	5.54

6.4.2.3 本年度新增的集合类、单一类和财产管理类信托项目个数、实收信托合计金额

新增信托项目	项目个数（个）	实收信托合计金额（万元）
集合类	119	1 281 670.00
单一类	4	102 000.00
财产管理类	0	0.00
新增合计	123	1 383 670.00
其中：主动管理型	119	1 281 670.00
被动管理型	4	102 000.00

6.4.2.4 本公司履行受托人义务情况及因本公司自身责任而导致的信托资产损失情况（合计金额、原因等）

在报告期内公司作为受托人严格按照《信托公司管理办法》等法规及信托合同规定严格履行受托责任，为信托资产安全和受益人利益尽职管理，未出现因本公司自身责任或其他原因导致信托资产损失情况。

6.5 关联方关系及其交易的披露

6.5.1 关联交易方的数量、关联交易的总金额及关联交易的定价政策等

	关联交易方数量	关联交易金额（万元）	定价政策
合计	1	1 312 289.83	有市场公允价格的按市场价格；没有市场价格或规定价格的，双方协商定价

6.5.2 关联交易方与本公司的关系性质、关联交易方的名称、法定代表人、注册地址、注册资本及主营业务等

关系性质	关联方名称	法定代表人	注册地址	注册资本（万元）	主营业务
参股公司	大通证券股份有限公司	赵　玺	大连市	330 000	证券经纪；证券投资咨询；与证券交易、证券投资活动有关的财务顾问；证券承销；证券自营；证券资产管理；为期货公司提供中间介绍业务；证券投资基金销售业务；融资融券业务；代销金融产品业务。

6.5.3 逐笔披露本公司与关联方的重大交易事项

6.5.3.1 固有与关联方交易情况

单位：万元

固有与关联方关联交易				
	期初数	借方发生额	贷方发生额	期末数
贷款	—	—	—	—

续表

固有与关联方关联交易				
	期初数	借方发生额	贷方发生额	期末数
投资	553 384. 41	952 311	1 116 137. 78	389 557. 63
租赁	—	—	—	—
担保	—	—	—	—
应收账款	—	—	—	—
其他	—	—	—	—
合计	553 384. 41	952 311	1 116 137. 78	389 557. 63

注:报告期内固有与关联方交易内容为认购关联方大通证券股份有限公司定向资产管理计划。

6.5.3.2 信托与关联方交易情况

报告期内无相关情况。

6.5.3.3 信托公司自有资金运用于自己管理的信托项目(固信交易)、信托公司管理的信托项目之间的相互(信信交易)交易金额

6.5.3.3.1 固有与信托财产之间的交易金额期初汇总数、本期发生额汇总数、期末汇总数

单位:万元

固有财产与信托财产相互交易				
	期初数	本期发生额	本期减少额	期末数
合计	0	359 978. 83	164 746. 00	195 232. 83

6.5.4 逐笔披露关联方逾期未偿还本公司资金的详细情况以及本公司为关联方担保发生或即将发生垫款的详细情况

报告期内无相关情况。

6.6 会计制度的披露

固有业务、信托业务会计制度均执行2006年2月15日颁布的《企业会计准则》。

7. 财务情况说明书

7.1 利润实现和分配情况

项目	金额(万元)
利润总额	–23 622. 43
减:所得税	–8 377. 70
净利润	–15 244. 73
加:年初未分配利润	482 296. 93
减:提取盈余公积	—
提取一般风险准备	–4 475. 00
对股东的分配	—
年末未分配利润	471 527. 20

7.2 主要财务指标

指标名称	指标值
资本利润率(%)	–1. 22
加权年化信托报酬率(%)	1. 89
人均净利润(万元)	–98. 99

7.3 对公司财务状况、经营成果有重大影响的其他事项

报告期内无上述情况。

8. 特别事项揭示

8.1 前五名股东报告期内变动情况及原因

报告期内无股东变化。

8.2 董事及高级管理人员变动情况及原因

报告期内董事无变化。

报告期内,付绍波不再担任副总裁职务;董事会聘任杜国涛为董事会秘书。

8.3 变更注册资本事项

报告期内无变更注册资本事项。

8.4 公司的重大诉讼事项

报告期内无重大诉讼事项。

8.5 公司及其董事、监事和高级管理人员受到处罚的情况

报告期内公司及其董事、监事和高级管理人员未受到处罚。

8.6 中国银保监会及其派出机构对公司检查及整改情况

2019年,大连银保监局对公司进行了房地产信托业务专项检查和"巩固治乱象成果 促进合规建设"现场检查。公司对监管部门的检查工作高度重视,针对每次检查,成立以公司总裁为组长的检查整改工作领导小组,对照监管部门现场检查意见书提出的问题,组织有关部门人员逐项认真研究,制定整改方案并监督落实。以监管检查为契机,公司进一步提高了治理能力和经营管理水平,强化了各级人员的合规意识和履职意识。通过对检查中发现的问题的整改,使公司的项目管理和风险防范能力得到加强,为公司的稳健发展提供更加坚实的保证。

8.7 本年度重大事项临时报告的简要内容、披露时间、所披露的媒体及其版面

2019年3月16日在《中国证券报》A09版,对修订《公司章程》事项进行了披露。

8.8 中国银保监会及其省级派出机构认定的其他有必要让客户及相关利益人了解的重要信息

报告期内无上述事项。

8.9 社会责任履行情况

2019年,根据监管政策指引,在公司董事会指导下,公司消费者权益保护工作委员会组织对《金融消费者权益保护工作

规定》《消费者权益保护委员会议事规则》《理财管理中心优质服务标准化管理规定》《资金信托信息披露管理办法》《资金信托业务投诉处置办法》《消费者权益保护工作审计管理规定》等一系列消费者权益保护制度进行修订并落实执行。在产品设计和流程管理方面，消保部充分考虑消费者权益对每只产品进行严格审核。公司坚持开展无障碍网点建设，严格实施理财产品销售专区建设及双录工作，充分揭示金融产品风险，及时披露产品信息；开展了“3·15 银行业和保险业消费者权益保护教育宣传周”活动、“携手筑网 同防同治”为主题的防范非法集资宣传月活动、“四深入、送服务”宣传教育活动、“普及金融知识万里行”活动、“金融知识普及月 金融知识进万家 争做理性投资者 争做金融好网民”活动，通过营业网点、新闻媒体、公司网站、微信短信平台等各种途径开展金融知识普及，进一步加强了消费者权益保护工作机制建设，消费者权益保护工作的管理得到完善，提升了金融服务水平，较好地完成了全年的消费者权益保护工作。

公司始终秉承服务实体企业、支持地方经济建设的宗旨，积极引导社会资金投向实体经济，通过贷款、股权、权益投资等灵活多样的方式为企业解决融资难题，促进地方经济转型升级。

公司强调贯彻落实科学发展观，坚持以人为本和全面协调可持续发展，不仅关注经济指标，而且注重人文关怀、节约资源、保护环境等。公司一直倡导绿色办公和环保理念，引导全体员工在工作和生活中厉行节约，降低能耗，减少污染，重视人才引进和培养，为职工提供了完善的社会保障和良好的发展平台，切实履行企业公民的社会责任。

9. 公司监事会意见

监事会认为，报告期内，公司在经营活动中能够遵守《中华人民共和国公司法》《中华人民共和国信托法》《信托公司管理办法》等国家法律、法规和公司章程的相关规定。公司 2019 年度财务报告真实、客观、准确地反映了公司的财务状况和经营成果。

吉林省信托有限责任公司

1. 重要提示

1.1 公司董事会及董事保证本报告所载资料不存在任何虚假记载、误导性陈述或者重大遗漏,并对其内容的真实性、准确性和完整性承担个别及连带责任。

1.2 公司董事长郜戈、主管会计工作负责人张洪东、会计机构负责人常青慧声明:保证年度报告中财务会计报告的真实、完整。

2. 公司概况

2.1 公司简介

2.1.1 公司概况

公司前身为吉林省经济开发公司,成立于1985年,2002年3月1日经中国人民银行总行《关于吉林省信托投资公司重新登记有关事项的批复》(银复[2002]47号)批准获得重新登记,更名为吉林省信托投资有限责任公司。2009年2月18日,经中国银监会《关于吉林省信托投资有限责任公司变更公司名称和业务范围的批复》(银监复[2009]53号),更名为吉林省信托有限责任公司。金融许可证注册号K0016H222010001企业法人营业执照注册号营业执照220000000098284,组织机构代码证编号12391664-1。截至报告期末,公司注册资本金15.96亿元(含外汇1 815万美元),吉林省财政厅代表吉林省政府持股97.496%,其余4家股东吉林省能源交通总公司、吉林炭素集团有限责任公司、吉林粮食集团有限公司、吉林化纤集团有限责任公司各持股0.626%。

2.1.2 公司法定名称

公司法定中文名称:吉林省信托有限责任公司

中文名称缩写:吉林信托

公司法定英文名称:Jilin Province Trust Co. ,Ltd.

英文名称缩写:JPTC

2.1.3 法定代表人:郜戈

2.1.4 注册地址:吉林省长春市人民大街9889号

2.1.5 邮政编码:130022

2.1.6 国际互联网网址:www. jptic. com. cn

2.1.7 电子信箱:jptic@ jptic. com. cn

2.1.8 负责信息披露事务人:曹轩

联系电话:0431-88993572

传　　真:0431-88993573

电子信箱:1067997349@ qq. com

2.1.9 信息披露报纸:《证券时报》

2.1.10 年度报告备置地点:吉林省长春市人民大街9889号

2.1.11 聘请的会计师事务所:中准会计师事务所(特殊普通合伙)

住所:北京市海淀区首体南路22号楼4层

2.1.12 聘请的律师事务所:吉林开晟律师事务所

住所:长春市绿园区普阳街128号晨光国际大厦B座14楼

2.2 组织结构

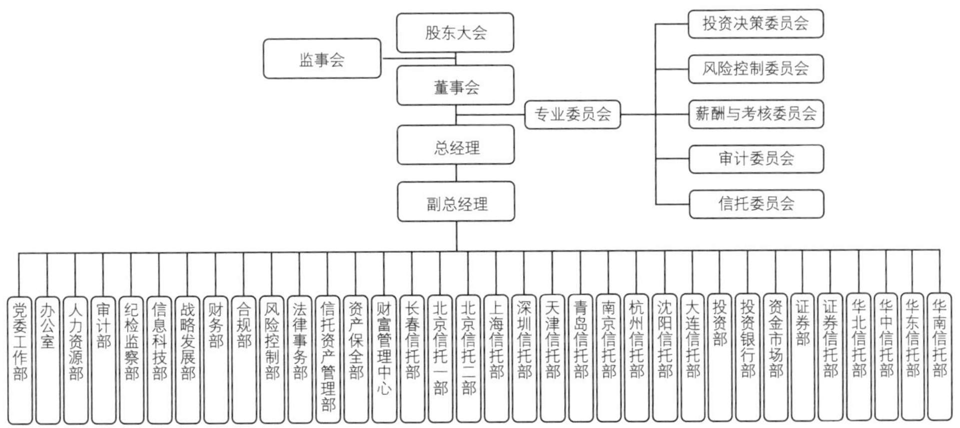

3. 公司治理

3.1 股东

报告期末共有股东5家，最终控制人为吉林省财政厅，持股10%以上股份的股东情况

股东名称	持股比例（%）	法定代表人
吉林省财政厅★	97.496	谢忠岩

公司前三位股东情况

股东名称	持股比例（%）	法人代表	注册资本（亿元）	注册地址	主要经营业务及主要财务情况
吉林省财政厅	97.496	谢忠岩			
吉林碳素有限公司	0.626	鞠自力	10	吉林省吉林市和平街9号	炭素及石墨制品的研制、开发、加工生产、销售、技术服务、检测服务；计算机软件开发、维护；设备租赁；设计、制作、代理、发布国内各类广告；房屋租赁、场地租赁（经消防审批合格后，方可开展经营活动）；期刊发行、批发（由下属分支机构经营，需单独办理营业执照）（依法须经批准的项目，经相关部门批准后方可开展经营活动）。
吉林化纤集团有限责任公司	0.626	宋德武	8.1	吉林省吉林市九站街516－1号	国有资产经营；承包境外化纤行业工程及境内国际招标工程；上述境外工程所需的设备、材料出口；对外派遣实施上述境外工程所需的劳务人员。

3.2 董事、董事会及其下属委员会

3.2.1 董事会成员

职务	姓名	性别	年龄（岁）	选任日期	代表股东	该股东持股比例（%）	简要履历
董事长	郤戈	男	49	2018年6月	吉林省财政厅	97.496	1993年9月至2005年4月任职中国银行、中国光大银行长春分行公司业务部；2005年4月至2006年1任月光大银行长春分行公司风险控制部总经理助理；2006年1月至2008年3月任光大银行长春分行公司业务管理部副总经理、总经理；2008年4任月至2009年12月任吉林银行行长助理；2008年10月至2009年11月任吉林银行四平分行行长、党委书记（兼）；2009年12月至2016年9月任吉林银行副行长、党委委员；2016年9月至2018年6月任吉林省信托有限责任公司总经理；现任吉林省信托有限责任公司董事长、党委书记。
董事	王劲松	男	56	2007年12月27日	吉林省财政厅	97.496	曾任吉林省社会科学院软科学所副所长、副研究员，吉林省政府办公厅综合处助理调研员，吉林省委组织部经济干部处助理调研员，吉林省企业工委组织部副部长、调研员，吉林省国资委企业领导人员管理处副处长、调研员，吉林森林工业集团公司董事、通化钢铁集团公司国有股股东代表，吉林省国资委董事会监事会工作处处长，吉林省监事会工作办公室主任；现任吉林省信托有限责任公司党委副书记、董事。
董事	张巍	男	42	2010年3月19日	职工董事		曾任天富期货经纪有限公司办公室主任、海口营业部负责人，吉林省信托有限责任公司总经理秘书、办公室副主任，吉林省信托有限责任公司办公室主任；现任吉林省信托有限责任公司董事、董事会秘书、总经理助理。
董事	程松彬	男	63	2019年5月5日	独立董事		曾任吉林省政府研究室财贸处处长，吉林国际合作公司投资部总经理，吉林国际信托投资公司常务副总经理，吉林吉信国际经贸（集团）股份有限公司副总裁，吉林省经济贸易委员会总经济师，长春市政府办公厅副主任，长春市商业银行党委书记、行长，吉林银行股份有限公司执行董事、副行长；现任长春市城市发展投资（集团）股份有限公司首席经济顾问，长春高新技术产业（集团）股份有限公司独立董事。
董事	付亚辰	男	67	2019年5月5日	独立董事		曾任吉林财贸学院金融系副主任，长春税务学院金融系副主任、主任，金融学院院长，吉林财经大学金融学院院长，教授，硕士研究生导师；现任吉林银行独立董事。

3.2.2 董事会人员变动

报告期内，程松彬、付亚辰担任吉林省信托有限责任公司独立董事。

3.2.3 董事会下属委员会

名称	职责	组成人员姓名	职务
投资决策委员会	对重大投资决策向董事会提出意见和建议。	郤戈	主任委员
		付亚辰	委员
		张巍	委员

续表

名称	职责	组成人员姓名	职务
风险控制委员会	负责制定、审核风险控制制度，监督制度执行。对重大业务事项从风险管理角度向董事会提出意见和建议。	王劲松	主任委员
		程松彬	委员
		张　巍	委员
提名与薪酬委员会	负责董事会任命人员提名及资格审核，负责薪酬制度及具体方案的评估、审定以及落实情况的跟踪、监督。	郜　戈	主任委员
		王劲松	委员
		张　巍	委员
信托委员会	对信托计划设立、发行、信托计划运营、信托财产管理运用或处分、信托计划变更、终止与清算提出意见或建议；了解信托业务开展情况，督促公司依法履行受托职责；对信托利益计算和支付等提出意见或建议，保证公司为受益人的最大利益服务。	程松彬	主任委员
		王劲松	委员
		张　巍	委员
审计委员会	负责批准公司内部审计制度、中长期审计规划和年度工作计划，监督公司的内部审计基本制度及其实施及内部审计与外部审计之间的沟通。	付亚辰	主任委员
		郜　戈	委员
		王劲松	委员

3.3 监事、监事会及其下属委员会

3.3.1 监事会成员

职务	姓名	性别	年龄（岁）	选任日期	代表股东	该股东持股比例（%）	简要履历
监事长	钟湘华	男	61	2007年1月22日	吉林省国资委委派	97.496	曾任吉林省审计局商贸审计处科员、副主任科员、主任科员，吉林省审计局商贸处、金融审计处副处长，吉林省审计局（厅）金融审计处处长，吉林省政府办公厅财务处处长，吉林省政府驻上海办事处副主任、党组成员，吉林省省属国有企业监事会主席（副厅长级），吉林省信托有限责任公司监事会主席。
监事	项前	男	56	2003年3月12日	职工监事		曾任吉林省信托投资有限责任公司审计稽核研发部副经理、自营基金部经理助理、合规监控部副经理，吉林省信托有限责任公司监事、法律事务总经理。
监事	郭燕	女	56	2005年11月8日	职工监事		曾任吉林省信托投资公司党委人事部副经理，吉林省信托投资有限责任公司人力资源部经理、信托业务部经理，吉林省信托有限责任公司监事、投资总监、投资部总经理。

3.3.2 监事会下属委员会

监事会未设立下属委员会。

3.4 主要高级管理人员

姓　名	职　务	性别	年龄（岁）	选任日期	金融从业年限（年）	学历	专业	简要履历
张洪东	总经理	男	55	2019年10月	31	大学本科	会计	曾任中国人民银行白山市中心支行外汇科工作人员、科员，中国人民银行浑江市分行办公室副科级巡视员，白山市农村信用联社副主任、党支部书记、纪委书记、党委副书记，吉林市农信社党委成员、副主任、党委副书记、党委书记、理事长，吉林省农村信用社联合社副主任、党委委员；现任吉林省信托有限责任公司总经理、党委副书记。
崔学斌	副总经理	男	51	2008年3月	23	硕士	会计	曾任吉林省国际信托投资公司财务处会计，吉林省国际经济贸易开发公司财务处会计、科长、副处长，吉林省兴业国际有限公司财务部经理，东北证券有限责任公司计划财务部总经理、稽核审计部总经理，吉林省信托投资有限责任公司计划财务部经理；现任吉林省信托有限责任公司副总经理。
吕文龙	副总经理	男	56	2008年8月	29	硕士	金融	曾任吉林省人民银行金融管理处办事员、科员、副处长，吉林省人民银行银行处副处长，吉林省人民银行外汇管理处副处长，吉林省人民银行非银行处副处长，中国证监会长春特派办机构处处长、稽查处处长，中国证监会吉林监管局期货处处长，吉林省信托投资有限责任公司总经理助理；现任吉林省信托有限责任公司副总经理。
李建光	副总经理	男	55	2015年9月15日	26	硕士	区域经济专业	曾任吉林省信托有限责任公司外经处 职员，吉林省开源实业有限责任公司办公室主任，吉林省信托有限责任公司自营业务部副经理吉林省信托有限责任公司办公室主任，吉林省信托有限责任公司财政委托部经理，吉林省信托有限责任公司资金信托部经理，天富期货有限责任公司董事长党支部书记，吉林省信托有限责任公司信托部总经理党支部书记，长春信托一部总经理第二党支部书记；现任吉林省信托有限责任公司副总经理。
张　巍	总经理助理	男	42	2015年6月	17	硕士	工商管理专业	曾任天富期货经纪有限公司办公室主任、海口营业部负责人，吉林省信托有限责任公司总经理秘书、办公室副主任，吉林省信托有限责任公司办公室主任；现任吉林省信托有限责任公司董事、董事会秘书、总经理助理。

3.5 公司员工

项目		2018 年度		2019 年度	
		人数(人)	比例(%)	人数(人)	比例(%)
年龄分布	20 岁以下	—	—	—	—
	20 ~29 岁	18	10.84	20	11.29
	30 ~39 岁	87	52.41	93	52.54
	40 岁以上	61	36.75	64	36.15
学历分布	博士	5	3.01	6	3.38
	硕士	48	28.92	52	29.37
	本科	97	50	104	58.75
	专科	12	7.23	12	6.77
	其他	4	2.41	3	1.69
岗位分布	董事、监事及高管人员	7	4.19	8	4.51
	自营业务人员	18	10.78	12	6.77
	信托业务人员	55	32.93	70	39.54
	其他人员	87	52.10	87	49.15

注:公司在册人员 177 人,此表中董事、监事及高管人员一栏不含 2 名独立董事。

4. 经营概况

4.1 经营目标、经营方针、战略规划

4.1.1 经营目标

公司坚持服务实体经济和支持地方经济建设的导向,以“一流的信誉、一流的水平、一流的技术、一流的管理”,珍视所托、专业服务、铸就诚信,坚守合规风险底线,推进创新发展,着力提升资产管理和财富管理水平,努力为实体经济和社会公众提供值得信赖的高质量的资产管理和财富管理服务,逐步将公司打造成为具有较强核心竞争力的信托机构。

4.1.2 经营方针

公司遵循“面向市场、规模适度”的宗旨和“恪尽职守、诚信为本、客户至上”的理念,始终以风险防范为主线,不断加强业务创新,根据客户对风险和收益的不同偏好,在资本市场、货币市场、实业投资领域为客户提供金融信托、基金管理、证券投资、投资银行、融资租赁、期货经纪等专业化的金融服务,最大限度地满足客户的多样化、个性化需求。

4.1.3 战略规划

公司发展规划的指导思想是:以党的十九大精神为统领,坚持以习近平新时代中国特色社会主义思想为指导,全面贯彻中央和全省经济工作会议精神,贯彻新发展理念,牢牢把握“转型创新、严控风险、稳健经营”的总体工作思路,深入实施“吉林信托、吉林优先”发展战略,全面强化风险防控,提高合规经营水平;全面优化调整业务结构,做大做强信托主业;全面提升基础管理水平,推动高质量发展;全面推进党建工作,培育良好受托文化,打造先进企业文化,锐意进取,开拓创新,努力开创吉林信托改革发展新局面。

公司发展战略的目标是:进一步完善法人治理结构,不断提升资产管理能力和财富管理水平,增强核心竞争力,逐步形成以信托为主业,涵盖基金、期货、保险、证券、商行等业务领域的金融控股公司,形成健全的市场化运营机制和稳定的盈利模式,打造一流的高端财富服务机构。

4.2 所经营业务的主要内容

4.2.1 经营的业务和品种

按照中国银行业监督管理委员会规定的业务范围,公司开展的业务主要分为信托业务和固有资产管理业务两类。信托业务主要包括资金信托、财产信托等业务。资金信托包括单一资金信托和集合资金信托。按资金运用方式划分,信托业务包括投资类信托、融资类信托等。固有业务主要为金融企业股权投资、贷款、证券投资、资金市场业务、担保等。

4.2.2 资产组合与分布

自营资产运用与分布表

资产运用	金额(万元)	占比(%)	资产分布	金额(万元)	占比(%)
货币资产	14 140.19	2.11	基础产业	—	—
贷款及应收款	102 607.69	15.29	房地产业	—	—
以公允价值计量且其变动计入当期损益的金融资产	31 266.21	4.66	证券市场	395 501.15	58.92
可供出售金融资产	443 285.90	66.04	实业	—	—
持有至到期投资	98.50	0.01	金融机构	89 610.77	13.35
长期股权投资	19 552.25	2.91	其他	186 148.18	27.73
其他	60 309.36	8.98			
资产总计	671 260.10	100.00	资产总计	671 260.10	100.00

信托资产运用与分布表

资产运用	金额(万元)	占比(%)	资产分布	金额(万元)	占比(%)
货币资产	11 806.37	0.18	基础产业	132 432.57	2.04
贷款	2 196 380.37	33.84	房地产业	435 018.73	6.70
交易性金融资产	41 137.13	0.63	证券市场	8 541.48	0.13
可供出售金融资产	—	—	实业	4 195 351.60	64.64
持有至到期投资	1 972 820.80	30.40	金融机构	1 343 057.48	20.69
长期股权投资	221 984.00	3.42	其他	375 599.11	5.80
其他(买入返售)	2 045 872.30	31.53			
资产总计	6 490 000.97	100.00	资产总计	6 490 000.97	100.00

4.3 市场分析

4.3.1 影响本公司业务发展的有利因素

国家“十九大”绘就的蓝图为信托业发展带来新机遇;信托监管的不断完善护航信托业持续稳健发展;信托业面临着广阔发展空间。

4.3.2 影响本公司业务发展的不利因素

宏观经济由高速增长转为中高速增长,给信托业务开展带来挑战;信托原有优势持续衰减;信托业的转型发展尚未成形;公司自身的体制机制仍然制约公司的快速发展。

4.4 内部控制

4.4.1 内部控制环境和内部控制文化

企业内控环境是有效实施内部控制的一项基本保障。报告期内,公司继续加大风险控制力度,公司不断优化内部控制环境,完善法人治理结构,形成决策机构、监督机构和管理层之

间的相互制衡机制。通过建立权责明确、关系清晰的组织结构和科学的决策系统,制定有效的激励与约束机制,完善制度体系建设,公司治理机制运行合理、执行有效。

培育良好的内部控制文化,在全体员工中树立合规经营和风险控制第一的经营理念,并将其作为公司一贯遵循的原则。针对新的法律法规、监管政策及公司创新业务的开展,及时梳理和完善相关规章制度,优化操作流程,保证规章制度能覆盖关键风险点,促进公司内控管理的规范化、流程化和标准化。加强员工法律法规培训,保证全体员工熟练掌握公司各项规章制度,及时了解国家法律法规和监管部门的各项规定,使各项风险防范措施嵌入到各个岗位和环节之中。良好的内部控制文化提高了公司员工防范风险和合规经营的意识,促进了公司各项业务的健康发展。

4.4.2 内部控制措施

公司内部控制的主要内容包括环境控制、业务控制、关联交易控制、财务管理控制、人力资源管理控制、印章管理控制、信息系统安全控制、信息披露控制等。为此公司建立了人力资源管理(含授权管理)、信托业务管理、固有业务管理、投资管理、融资管理、担保管理、关联交易管理、印章使用管理、财务管理、信息系统安全管理、信息披露管理等专项管理制度。涉及的内部控制措施主要包括授权审批控制、业务流程控制、会计系统控制、信息系统控制、绩效考评控制,以及重大事项预警、应急处置机制等。公司内部不同层次之间有明确的业务审批权限,每类业务都有相应的操作规程和风险管理措施,实现了信托业务系统和固有业务系统之间的部门分离、人员分离、财务分离,以防范风险传递。此外,公司建立了重大事项报告机制,设立风险化解领导小组,并建立应急处置机制。

4.4.3 信息交流与反馈

公司已基本实现管理信息化,建立了清晰完整的报告路径,建立了有效的信息共享、信息交流和信息反馈机制,不断完善信息识别、收集、处理、交流、沟通、反馈、披露的渠道和方式,确保董事会、监事会和高级管理层及时了解本公司的经营和风险状况,确保每一项信息均能传递给相关的员工,各部门和员工的有关信息均能够顺畅反馈。信息交流和反馈机制运行有效。

公司通过门户网站、电子信息、书面通知等多种方式,对客户和社会公众依法进行信息披露,与委托人、受益人和社会公众实现信息共享。公司通过非现场监管报告、关联方交易事前报告,集合资金信托计划推介后报告、临时事项报告等方式向监管部门报告相关信息。

4.4.4 监督评价与纠正

公司已建立起立体的、全方位的监督制约体系:纵向监督体现为董事会、监事会对管理层的监督制约,管理层对业务部门的监督制约;横向监督主要体现为5个管理委员会(风险控制委员会、投资决策委员会、提名与薪酬委员会、审计委员会和信托委员会)对管理层的监督制约,部门之间、岗位之间的相互监督制约。

4.5 风险管理

4.5.1 风险管理概况

4.5.1.1 公司经营活动中可能遇到的风险

公司经营活动中可能遇到的风险主要有信用风险、市场风险、操作风险、合规风险、法律风险、政策风险、其他风险。

4.5.1.2 公司风险管理的基本原则与政策

风险管理贯彻全面性、及时性、有效性、制约性、审慎性、独立性等原则,覆盖公司各项业务、所有机构、部门和岗位,渗透到决策、执行、监督、反馈各个环节,成为业务流程、管理架构和公司整体体系及员工责任的有机组成部分,对风险进行事前防范、事中控制、事后监督,促进公司规范经营、持续发展。

公司致力于建设以“全面的风险管理范围、全面的风险管理体系、全程的风险管理过程、全员的风险管理文化和全额的风险计量”为核心的风险管理体系,实现业务增长、资本回报和风险暴露之间的平衡,追求运营高效率和资源优化配置,实现国有资产保值增值。

4.5.1.3 公司风险管理组织结构与职责划分

(1)公司董事会对风险管理负最终责任。

(2)董事会投资决策委员会对重大投资决策向董事会提出意见和建议。

(3)董事会风险控制委员会负责制定风险控制制度,监督制度执行。对重大业务事项从风险管理角度向董事会提出意见和建议。

(4)董事会审计委员会监督公司审计稽核制度的实施。

(5)管理层面的投资决策委员会负责对业务事项进行整体评价,是业务审批的综合评议机构。

(6)管理层面的风险控制委员会负责对拟开展项目进行风险分析和风险揭示并提出防控风险措施建议。

(7)业务部指定专人负责识别和控制风险工作,负责人对本部门经营活动的风险负首要责任。

(8)合规部负责对公司信托业务及自营贷款业务进行合规性审查;对公司合规经营提出合规建议;公司制度的管理工作;公司与监管部门的沟通工作;信托业务的贷后现场检查工作;定期对公司各类风险开展压力测试工作。

(9)风险控制部负责对公司业务项目的风险咨询、风险审核、集合项目的现场核实,负责过程中的风险监控及公司层面的舆情及声誉风险管理,负责组织定期及不定期的全面风险排查工作及组织制定风险化解方案,以及对风险管理相关制度流程的制定与完善等。

(10)法律事务部:公司聘请常年法律顾问,与法律事务部共同负责日常法律咨询及公司业务法律风险防范、控制工作,并负责业务相关合同的审查工作。

(11)资产管理部负责对风控、投决会议意见的落实情况进行监督;与业务部门共同对公司存量资产进行后期非现场跟踪、监督管理。

(12)审计部负责公司内部审计工作。

4.5.2 风险状况

4.5.2.1 信用风险状况

公司面临的信用风险主要是在业务开展中交易对手或贷款类资产其贷款对象违约的风险,以及因其他信托公司的信用危机而引发的信托行业的信用风险。

报告期内,公司实现了信托业务的预期目标,切实履行了受托人尽职管理职责;固有业务总体处于正常运行状态。

4.5.2.2 市场风险状况

市场风险主要指股价、汇率、利率变动所产生的风险。公司的市场风险主要是由于国家汇率政策变化及相应股票价格变动可能给公司带来的损失。

公司严格依据信托合同进行管理，确保各项风控措施有效落地执行，投资类信托产品及公司自有权益类投资业务运行平稳。

4.5.2.3　操作风险状况

操作风险主要是由于内部业务流程、系统不完善或工作人员操作失误可能给公司造成损失的风险；公司外部因素如网络安全问题、通讯系统故障等原因也可能给公司造成损失或影响公司正常运营。

报告期内，公司不断优化业务操作流程，提高前台、中台、后台部门的业务操作规范性，进一步控制操作风险。

4.5.2.4　合规与法律风险状况

公司坚持“合规优先”的原则开展业务。报告期内，公司高度关注监管形势变化，及时跟进监管政策要求，扎实开展政策学习、内部自查、配合检查、整改落实等工作。公司未因开展违法违规业务或受托履职不当受到监管处罚，也未因法律风险管控不当导致交易无效或发生重大财务损失。

4.5.2.5　其他风险状况

其他风险主要包括政策风险、道德风险和声誉风险等。

政策风险表现为政策变动可能对公司经营和发展产生的影响。

道德风险主要由于公司内部人员主观原因不能诚信、合法、合规经营给公司带来的影响和损失，公司通过组织全员培训，提高全体员工的职业操守及道德水平。报告期内，公司未发生因员工道德问题使信托或固有财产遭到损失的情形。

声誉风险是指由于公司违反有关规定、不能按期终止清算和管理不善等原因，对公司外部市场地位和声誉产生的消极和不良影响。报告期内，未发生重大负面舆情、案件和群体事件，维护了良好的品牌声誉。

4.5.3　风险管理

4.5.3.1　信用风险管理

信用风险管理主要通过事前对交易对手信用状况详尽调查、设定担保、事前审查、资产风险分类、计提风险准备、聘请外部律师等措施防范信用风险。对贷款项目均要求设定担保，以抵押登记手续完备和可变现为抵押品确认原则，根据抵押品价值可能变动情况及可变现值分别确定抵押品与贷款本金的比例；对保证类贷款在《融资担保管理暂行办法》中不仅规定了担保人的条件、范围而且详细规定了对此类业务的审查标准。公司根据中国银行业监督管理委员会《关于非银行金融机构全面推行资产质量五级分类管理的通知》文件规定实行以风险为基础的资产五级分类管理。公司按照财政部《金融企业准备金计提管理办法》规定，计提各项准备，风险准备金余额原则上不低于风险资产期末余额的1.5%。报告期公司不良信用风险资产期初数为12 494.48万元，期末数为37 863.12万元。

4.5.3.2　市场风险管理

公司通过科学选择、组合投资、分散投资规避股市风险；通过关注国家汇率政策变化并采取相应对策化解汇率风险；通过加强信息研发，关注金融运行状况，增强前瞻性、预见性，防范利率风险。公司密切关注经济发展的变化趋势，通过全面客观经济形势分析，科学选择组合投资、分散投资，跟踪分析汇率、利率变动走势等方式把股价和利率变动造成的影响控制在合理范围之内，确保资产安全。强化风险揭示和风险教育，确保客户明确知晓和独立承担市场风险。

4.5.3.3　操作风险管理

公司建立信息化操作管理系统，减少手工操作可能导致的损失，同时采用加大技术手段投入、强化业务过程监控、提高业务技能等一系列措施控制操作风险。

报告期内，公司制定和修订了多项业务管理制度，进一步明确部门和岗位职责，优化业务流程。同时，通过审计部开展审计工作，对审计发现的流程、内控、操作等问题及时予以整改完善，降低操作风险。

4.5.3.4　合规与法律风险管理

公司高度重视合规理念塑造与合规文化培育，始终坚持合规优先原则。在严监管的常态化趋势下，公司进一步强化监管政策贯彻，审慎研判合规风险。公司持续加强法律风险管理，强调交易结构简洁适当、法律关系清晰明确，倡导内部法务与外聘律师的信息共享、智力叠加，防范法律风险。

4.5.3.5　其他风险管理

公司通过对宏观政策和行业政策的及时跟踪研究，把握和调整经营方向，规避政策风险。通过完善公司治理结构、内控制度、激励和约束机制、员工行为规范，加强思想教育，提高合法合规经营意识，控制道德风险。通过加强企业文化建设，坚持依法合规稳健经营，高度重视自身声誉，防范声誉风险。

4.6　消费者权益保护

公司高度重视金融机构消费者权益保护工作，建立了完善的消费者权益保护工作机制和内控制度，将消费者保护工作嵌入全公司产品和服务的售前、售中、售后各环节的业务流程之中。报告期内，公司认真贯彻监管要求，完善消费者权益保护工作相关内控制度，加强消费者投诉管理与突发事件应对能力，梳理内部分工及工作流程，强化事后评价和考核机制，积极响应监管部门专项消费者权益保护教育活动。报告期内共受理消费者投诉4起，采取有效措施积极维护消费者权益，未发生因侵害消费者权益而引起大规模投诉或被诉讼的情形，不存在虚报、瞒报等问题。

4.7　企业社会责任

作为吉林省属国有金融企业，公司在经营发展中始终坚持以新时代中国特色社会主义思想为指导，牢固树立高质量发展理念，认真贯彻中央和吉林省委、省政府决策部署，在服务实体经济、防范化解重大风险、扶贫攻坚、企业党建、绿色发展等方面主动担当、积极作为，充分履行社会责任，实现了稳健可持续发展。

坚持服务实体经济的根本宗旨。公司积极响应国家重大战略及倡议，紧紧围绕“一带一路”倡议及长江经济带建设、东北老工业基地振兴战略等重要工作部署，立足信托公司的职能定位，疏通金融进入实体经济的管道，助力战略新兴产业、绿色环保产业及乡村振兴战略的实施，积极破解中小微企业融资难、融资贵问题，不断扩大服务实体经济的广度和深度。

坚持服务地方经济导向。围绕吉林省“三个五”发展战略和“一主六双”产业布局，进一步加大资源整合力度，提升金融服务地方经济的精准性、有效性,发挥好多层次、多领域、多渠道配置资源的独特优势,加大对吉林省内企业的支持力度,努力为吉林全面振兴、全方位振兴发挥积极作用。全年提供资金规模累计达到61亿元,服务省内经济和企业的质效明显提升。

积极助力扶贫攻坚。2019年,公司向包保的安图县龙山村和山泉村投入扶贫资金120余万元,实施了乡村美化工程、木耳发酵菌棚扩建、蔬菜大棚建设等扶贫项目,推进扶贫产业品牌化建设,经过四年的扶贫工作,两村建档立卡的52户贫困户共84人已全部实现脱贫,提前完成扶贫目标。报告期内,公司还开发了吉林省内首批慈善信托业务"吉信·天和精准扶贫1号、2号、3号慈善信托计划",帮助敦化市、靖宇县、洮南市等地300余名群众解决了实际生活困难,受到省慈善总会的表彰。

5. 报告期末及上一年度末的比较式会计报表

5.1 自营资产

5.1.1 会计师事务所审计意见全文

审 计 报 告

中准审字[2020]2062号

吉林省信托有限责任公司全体股东:

一、审计意见

我们审计了吉林省信托有限责任公司(以下简称吉林信托公司)财务报表,包括2019年12月31日的合并及母公司资产负债表,2019年度的合并及母公司利润表、合并及母公司现金流量表、合并及母公司股东权益变动表及相关财务报表附注。

我们认为,后附的财务报表在所有重大方面按照企业会计准则的规定编制,公允反映了吉林信托公司2019年12月31日的合并及母公司财务状况以及2019年度的合并及母公司经营成果和现金流量。

二、形成审计意见的基础

我们按照中国注册会计师审计准则的规定执行了审计工作。审计报告的"注册会计师对财务报表审计的责任"部分进一步阐述了我们在这些准则下的责任。按照中国注册会计师职业道德守则,我们独立于吉林信托公司,并履行了职业道德方面的其他责任。我们相信,我们获取的审计证据是充分、适当的,为发表审计意见提供了基础。

三、管理层和治理层对财务报表的责任

吉林信托公司管理层(以下简称管理层)负责按照企业会计准则的规定编制财务报表,使其实现公允反映,并设计、执行和维护必要的内部控制,以使财务报表不存在由于舞弊或错误导致的重大错报。

在编制财务报表时,管理层负责评估吉林信托公司的持续经营能力,披露与持续经营相关的事项,并运用持续经营假设,除非管理层计划进行清算、终止运营或别无其他现实的选择。

治理层负责监督吉林信托公司的财务报告过程。

四、注册会计师对财务报表审计的责任

我们的目标是对财务报表整体是否不存在由于舞弊或错误导致的重大错报获取合理保证,并出具包含审计意见的审计报告。合理保证是高水平的保证,但并不能保证按照审计准则执行的审计在某一重大错报存在时总能发现。错报可能由于舞弊或错误导致,如果合理预期错报单独或汇总起来可能影响财务报表使用者依据财务报表作出的经济决策,则通常认为错报是重大的。

在按照审计准则执行审计工作的过程中,我们运用职业判断,并保持职业怀疑。同时,我们也执行以下工作:

(1)识别和评估由于舞弊或错误导致的财务报表重大错报风险,设计和实施审计程序以应对这些风险,并获取充分、适当的审计证据,作为发表审计意见的基础。由于舞弊可能涉及串通、伪造、故意遗漏、虚假陈述或凌驾于内部控制之上,未能发现由于舞弊导致的重大错报的风险高于未能发现由于错误导致的重大错报的风险。

(2)了解与审计相关的内部控制,以设计恰当的审计程序,但目的并非对内部控制的有效性发表审计意见。

(3)评价管理层选用会计政策的恰当性和作出会计估计及相关披露的合理性。

(4)对管理层使用持续经营假设的恰当性得出结论。同时,根据获取的审计证据,就可能导致对吉林信托公司持续经营能力产生重大疑虑的事项或情况是否存在重大不确定性得出结论。如果我们得出结论认为存在重大不确定性,审计准则要求我们在审计报告中提请报表使用者注意财务报表中的相关披露;如果披露不充分,我们应当发表非无保留意见。我们的结论基于截至审计报告日可获得的信息。然而,未来的事项或情况可能导致吉林信托公司不能持续经营。

(5)评价财务报表的总体列报、结构和内容,并评价财务报表是否公允反映相关交易和事项。

(6)就吉林信托公司集团中实体或业务活动中财务信息获取充分、适当的审计证据,以对合并财务报表发表审计意见。我们负责指导、监督和执行集团审计,并对审计意见承担全部责任。

我们与治理层就计划的审计范围、时间安排和重大审计发现等事项进行沟通,包括沟通我们在审计中识别出的值得关注的内部控制缺陷。

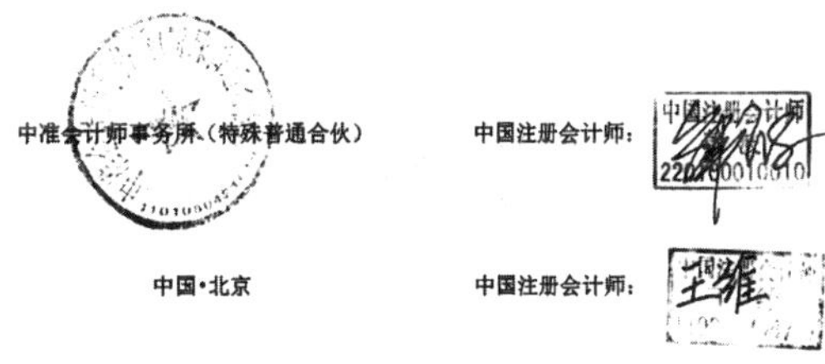

二〇二〇年四月十日

5.1.2 资产负债表

合并资产负债表

编制单位：吉林省信托有限责任公司　　2019 年 12 月 31 日　　单位：万元

项　　目	年初数	年末数
资产：		
现金及银行存款	54 584. 40	18 236. 56
存放中央银行款项	35. 86	10 984. 81
贵金属	—	—
存放联行款项	—	—
存放同业款项	—	—
拆出资金	—	29 100. 00
以公允价值计量且其变动计入当期 损益的金融资产	62 022. 02	40 456. 24
衍生金融资产	—	—
买入返售金融资产	220. 00	—
持有待售资产	—	—
应收款项类金融资产	8 315. 79	14 169. 86
应收利息	2 047. 27	596. 29
其他应收款	20 824. 73	33 761. 37
发放贷款和垫款	89 186. 57	69 595. 17
*金融投资	—	—
*交易性金融资产	—	—
*债权投资	—	—
*其他债权投资	—	—
*其他权益工具投资	—	—
可供出售金融资产	411 716. 60	446 285. 90
持有至到期投资	5 301. 81	5 301. 81
长期股权投资	133. 00	133. 00
投资性房地产	496. 26	105. 88
固定资产	18 343. 66	18 328. 00
在建工程	—	—
使用权资产	—	—
无形资产	323. 79	298. 70
商誉	4. 05	4. 05
长期待摊费用	339. 65	141. 69
抵债资产	8 301. 84	4 793. 18
递延所得税资产	14 843. 73	9 370. 23
其他资产	744. 04	436. 20
资产总计	697 785. 06	702 098. 94

合并资产负债表（续）

编制单位：吉林省信托有限责任公司　　2019 年 12 月 31 日　　单位：万元

项　　目	年初数	年末数
负债：		
向中央银行借款	—	—
联行存放款项	—	—
同业及其他金融机构存放款项	—	—
拆入资金	54 000. 00	66 000. 00
以公允价值计量且其变动计入当期损益的金融负债	—	—
衍生金融负债	—	—
*交易性金融负债	—	—
卖出回购金融资产款	37 987. 17	—
吸收存款	—	—

续表

项　　目	年初数	年末数
应付职工薪酬	7 083. 23	7 771. 06
其中：工资、奖金、津贴和补贴	6 815. 77	7 201. 21
应交税费	808. 76	1 290. 02
应付利息	—	—
持有待售负债	—	—
其他应付款	6 746. 73	10 640. 57
租赁负债	—	—
预计负债	—	—
应付债券	—	—
递延所得税负债	156. 21	64. 82
其他负债	214 884. 06	204 399. 89
负债合计	321 666. 16	290 166. 36
所有者权益（或股东权益）：		
实收资本（或股本）	159 659. 75	159 659. 75
国家资本	155 659. 75	155 659. 75
集体资本	—	—
法人资本	4 000. 00	4 000. 00
其中：国有法人资本	4 000. 00	4 000. 00
个人资本	—	—
外商资本	—	—
其他权益工具	—	—
资本公积	8 334. 16	8 334. 16
减：库存股	—	—
其他综合收益	-30 871. 96	-6 688. 74
盈余公积	43 779. 31	47 886. 31
一般风险准备	40 770. 20	41 367. 93
未分配利润	137 488. 30	145 447. 11
归属于母公司所有者权益合计	359 159. 75	396 006. 52
少数股东权益	16 959. 15	15 926. 06
所有者权益（或股东权益）合计	376 118. 90	411 932. 58
负债和所有者权益（或股东权益）总计	697 785. 06	702 098. 94

法定代表人：邰戈　　主管会计工作负责人：张洪东　　会计机构负责人：常青慧

母公司资产负债表

编制单位：吉林省信托有限责任公司　　2019 年 12 月 31 日　　单位：万元

项　　目	年初数	年末数
资产：		
现金及银行存款	30 215. 65	3 155. 39
存放中央银行款项	35. 86	10 984. 81
贵金属	—	—
存放联行款项	—	—
存放同业款项	—	—
拆出资金	—	29 100. 00
以公允价值计量且其变动计入当期损益的金融资产	59 213. 72	31 266. 21
衍生金融资产	—	—
买入返售金融资产	220. 00	—
持有待售资产	—	—
应收款项类金融资产	—	—
应收利息	1 961. 26	510. 28
其他应收款	19 591. 29	32 560. 97
发放贷款和垫款	88 826. 57	69 595. 17
*金融投资	—	—

续表

项　　目	年初数	年末数
＊交易性金融资产	—	—
＊债权投资	—	—
＊其他债权投资	—	—
＊其他权益工具投资	—	—
可供出售金融资产	411 815.10	443 285.90
持有至到期投资	98.50	98.50
长期股权投资	19 552.25	19 552.25
投资性房地产	1 924.36	1 493.44
固定资产	14 953.64	15 168.94
在建工程	—	—
使用权资产	—	—
无形资产	141.90	169.33
商誉	—	—
长期待摊费用	165.58	81.06
抵债资产	4 738.94	4 793.18
递延所得税资产	14 918.54	9 444.67
其他资产	469.17	—
资产总计	668 842.33	671 260.10

母公司资产负债表(续)

编制单位:吉林省信托有限责任公司　　2019 年 12 月 31 日　　单位:万元

项　　目	年初数	年末数
负债:		
向中央银行借款	—	—
联行存放款项	—	—
同业及其他金融机构存放款项	—	—
拆入资金	54 000.00	66 000.00
以公允价值计量且其变动计入当期损益的金融负债	—	—
衍生金融负债	—	—
＊交易性金融负债	—	—
卖出回购金融资产款	37 987.17	—
吸收存款	—	—
应付职工薪酬	6 581.52	7 396.01
其中:工资、奖金、津贴和补贴	6 394.91	6 904.41
应交税费	590.98	1 229.07
应付利息	—	—
持有待售负债	—	—
其他应付款	4 736.21	9 463.70
租赁负债	—	—
预计负债	—	—
应付债券	—	—
递延所得税负债	156.21	64.82
其他负债	201 313.22	185 343.66
负债合计	305 365.30	269 497.26
所有者权益(或股东权益):		
实收资本(或股本)	159 659.75	159 659.75
国家资本	155 659.75	155 659.75
集体资本	—	—
法人资本	4 000.00	4 000.00
其中:国有法人资本	4 000.00	4 000.00
个人资本	—	—
外商资本	—	—

续表

项　　目	年初数	年末数
其他权益工具	—	—
资本公积	6 500.00	6 500.00
减:库存股	—	—
其他综合收益	-30 871.96	-6 688.74
盈余公积	43 779.31	47 886.31
一般风险准备	40 770.20	41 367.93
未分配利润	143 639.74	153 037.59
归属于母公司所有者权益合计	363 477.03	401 762.84
少数股东权益	—	—
所有者权益(或股东权益)合计	363 477.03	401 762.84
负债和所有者权益(或股东权益)总计	668 842.33	671 260.10

法定代表人:郃戈　　主管会计工作负责人:张洪东　　会计机构负责人:常青慧

5.1.3　利润表

合并利润表

编制单位:吉林省信托有限责任公司　　2019 年度　　单位:万元

项　　目	上年数	本年数
一、营业收入	62 653.03	58 764.97
(一)利息净收入	22 283.59	20 672.05
利息收入	26 041.71	23 871.23
利息支出	3 758.12	3 199.18
(二)手续费及佣金净收入	26 590.88	24 517.01
手续费及佣金收入	26 590.88	24 517.01
手续费及佣金支出	—	—
(三)投资收益(损失以"－"号填列)	13 399.09	11 282.69
其中:对联营企业和合营企业的投资收益	—	—
＊以摊余成本计量的金融资产终止确认产生的收益(损失以"－"号填列)	—	—
(四)＊净敞口套期收益(损失以"－"号填列)	—	—
(五)公允价值变动收益(损失以"－"号填列)	-233.76	1 896.60
(六)汇兑收益(损失以"－"号填列)	107.19	53.76
(七)其他业务收入	67.83	62.29
(八)资产处置收益(损失以"－"号填列)	270.06	17.10
(九)其他收益	168.14	263.47
二、营业支出	18 629.48	37 403.14
(一)税金及附加	725.96	631.13
(二)业务及管理费	25 230.18	26 579.41
(三)＊信用减值损失(转回金额以"－"号填列)	—	—
(四)＊其他资产减值损失(转回金额以"－"号填列)	—	—
(五)资产减值损失(转回金额以"－"号填列)	-7 340.45	10 186.08
(六)其他业务成本	13.78	6.52
三、营业利润(亏损以"－"号填列)	44 023.55	21 361.83
加:营业外收入	292.57	277.39
减:营业外支出	147.25	270.51
四、利润总额(亏损以"－"号填列)	44 168.87	21 368.71
减:所得税费用	9 164.88	3 305.82
五、净利润(亏损以"－"号填列)	35 003.99	18 062.89
归属于母公司所有者的净利润	35 931.76	19 095.98
少数股东损益	-927.77	-1 033.09
六、其他综合收益的税后净额	-49 636.97	24 183.22

续表

项　　目	上年数	本年数
(一)归属于母公司所有者的其他综合收益的税后净额	-49 636.97	24 183.22
1. 以后不能重分类进损益的其他综合收益	—	—
2. 以后将重分类进损益的其他综合收益	-49 636.97	24 183.22
(1)权益法下在被投资单位以后将重分类进损益的其他综合收益中享有的份额	—	—
(2)可供出售金融资产公允价值变动损益	-49 636.97	24 183.22
(3)持有至到期投资重分类为可供出售金融资产损益	—	—
(4) * 其他债权投资公允价值变动	—	—
(5) * 金融资产重分类计入其他综合收益的金额	—	—
(6) * 其他债权投资信用损失准备	—	—
(7)现金流量套期损益的有效部分	—	—
(8)外币财务报表折算差额	—	—
(9)其他	—	—
(二)归属于少数股东的其他综合收益的税后净额	—	—
七、综合收益总额	-14 632.97	42 246.11
归属于母公司所有者的综合收益总额	-13 705.21	43 279.20
归属于少数股东的综合收益总额	-927.77	-1 033.09
八、每股收益:	—	—
(一)基本每股收益	—	—
(二)稀释每股收益	—	—

法定代表人:邰戈　　主管会计工作负责人:张洪东　　会计机构负责人:常青慧

母公司利润表

编制单位:吉林省信托有限责任公司　　2019 年度　　单位:万元

项　　目	上年数	本年数
一、营业收入	55 962.69	52 872.52
(一)利息净收入	21 549.80	20 104.84
利息收入	25 307.91	23 304.02
利息支出	3 758.12	3 199.18
(二)手续费及佣金净收入	20 552.62	20 096.38
手续费及佣金收入	20 552.62	20 096.38
手续费及佣金支出	—	—
(三)投资收益(损失以"-"号填列)	12 868.08	12 720.32
其中:对联营企业和合营企业的投资收益	—	—
* 以摊余成本计量的金融资产终止确认产生的收益(损失以"-"号填列)	—	—
(四) * 净敞口套期收益(损失以"-"号填列)	—	—
(五)公允价值变动收益(损失以"-"号填列)	663.33	-365.56
(六)汇兑收益(损失以"-"号填列)	107.19	53.76

续表

项　　目	上年数	本年数
(七)其他业务收入	133.05	216.33
(八)资产处置收益(损失以"-"号填列)	64.73	23.08
(九)其他收益	23.88	23.37
二、营业支出	9 442.77	29 157.68
(一)税金及附加	687.11	596.20
(二)业务及管理费	16 052.67	18 333.81
(三) * 信用减值损失(转回金额以"-"号填列)	—	—
(四) * 其他资产减值损失(转回金额以"-"号填列)	—	—
(五)资产减值损失(转回金额以"-"号填列)	-7 352.29	10 180.60
(六)其他业务成本	55.27	47.07
三、营业利润(亏损以"-"号填列)	46 519.92	23 714.84
加:营业外收入	195.91	251.68
减:营业外支出	141.91	125.74
四、利润总额(亏损以"-"号填列)	46 573.92	23 840.78
减:所得税费用	8 877.59	3 305.76
五、净利润(亏损以"-"号填列)	37 696.33	20 535.02
归属于母公司所有者的净利润	37 696.33	20 535.02
少数股东损益	—	—
六、其他综合收益的税后净额	-49 636.97	24 183.22
(一)归属于母公司所有者的其他综合收益的税后净额	-49 636.97	24 183.22
1. 以后不能重分类进损益的其他综合收益	—	—
2. 以后将重分类进损益的其他综合收益	-49 636.97	24 183.22
(1)权益法下在被投资单位以后将重分类进损益的其他综合收益中享有的份额	—	—
(2)可供出售金融资产公允价值变动损益	-49 636.97	24 183.22
(3)持有至到期投资重分类为可供出售金融资产损益	—	—
(4) * 其他债权投资公允价值变动	—	—
(5) * 金融资产重分类计入其他综合收益的金额	—	—
(6) * 其他债权投资信用损失准备	—	—
(7)现金流量套期损益的有效部分	—	—
(8)外币财务报表折算差额	—	—
(9)其他	—	—
(二)归属于少数股东的其他综合收益的税后净额	—	—
七、综合收益总额	-11 940.64	44 718.24
归属于母公司所有者的综合收益总额	-11 940.64	44 718.24
归属于少数股东的综合收益总额	—	—
八、每股收益:	—	—
(一)基本每股收益	—	—
(二)稀释每股收益	—	—

法定代表人:邰戈　　主管会计工作负责人:张洪东　　会计机构负责人:常青慧

5.1.4 所有者权益变动表

合并所有者权益变动表

编制单位:吉林省信托有限责任公司　　2019 年度　　单位:万元

项　　目	本年金额									
	归属于母公司所有者权益								少数股东权益	所有者权益合计
	实收资本(或股本)	其他权益工具	资本公积	减:库存股	其他综合收益	盈余公积	一般风险准备	未分配利润		
一、上年年末余额	159 659.75	—	8 334.16	—	-30 871.96	43 779.31	40 770.20	137 488.30	16 959.15	376 118.90
加:会计政策变更	—	—	—	—	—	—	—	—	—	—

续表

项目	本年金额									
	归属于母公司所有者权益								少数股东权益	所有者权益合计
	实收资本（或股本）	其他权益工具	资本公积	减:库存股	其他综合收益	盈余公积	一般风险准备	未分配利润		
前期差错更正	—	—	—	—	—	—	—	—	—	—
二、本年年初余额	159 659.75	—	8 334.16	—	-30 871.96	43 779.31	40 770.20	137 488.30	16 959.15	376 118.90
三、本年增减变动金额（减少以"-"号填列）	—	—	—	—	24 183.22	4 107.00	597.73	7 958.82	-1 033.09	35 813.68
（一）综合收益总额	—	—	—	—	24 183.22	—	—	19 095.98	-1 033.09	42 246.11
（二）所有者投入和减少资本	—	—	—	—	—	—	—	—	—	—
1. 所有者投入资本	—	—	—	—	—	—	—	—	—	—
2. 其他权益工具持有者投入资本	—	—	—	—	—	—	—	—	—	—
3. 股份支付计入所有者权益的金额	—	—	—	—	—	—	—	—	—	—
4. 其他	—	—	—	—	—	—	—	—	—	—
（三）利润分配	—	—	—	—	—	4 107.00	597.73	-11 137.16	—	-6 432.43
1. 提取盈余公积	—	—	—	—	—	4 107.00	—	-4 107.00	—	—
2. 提取一般风险准备	—	—	—	—	—	—	597.73	-597.73	—	—
3. 对所有者（或股东）的分配	—	—	—	—	—	—	—	-6 432.43	—	-6 432.43
4. 对其他权益工具持有者的分配	—	—	—	—	—	—	—	—	—	—
5. 其他	—	—	—	—	—	—	—	—	—	—
（四）所有者权益内部结转	—	—	—	—	—	—	—	—	—	—
1. 资本公积转增资本（或股本）	—	—	—	—	—	—	—	—	—	—
2. 盈余公积转增资本（或股本）	—	—	—	—	—	—	—	—	—	—
3. 盈余公积弥补亏损	—	—	—	—	—	—	—	—	—	—
4. 一般风险准备弥补亏损	—	—	—	—	—	—	—	—	—	—
5. 设定受益计划变动额结转留存收益	—	—	—	—	—	—	—	—	—	—
6. ＊其他综合收益结转留存收益	—	—	—	—	—	—	—	—	—	—
7. 其他	—	—	—	—	—	—	—	—	—	—
四、本年年末余额	159 659.75	—	8 334.16	—	-6 688.74	47 886.31	41 367.93	145 447.11	15 926.06	411 932.58

合并所有者权益变动表（续）

编制单位：吉林省信托有限责任公司　　2019 年度　　单位：万元

项目	上年金额									
	归属于母公司所有者权益								少数股东权益	所有者权益合计
	实收资本（或股本）	其他权益工具	资本公积	减:库存股	其他综合收益	盈余公积	一般风险准备	未分配利润		
一、上年年末余额	159 659.75	—	8 334.16	—	18 765.00	36 240.04	40 770.20	116 579.20	18 975.91	399 324.27
加：会计政策变更	—	—	—	—	—	—	—	—	—	—
前期差错更正	—	—	—	—	—	—	—	—	—	—
二、本年年初余额	159 659.75	—	8 334.16	—	18 765.00	36 240.04	40 770.20	116 579.20	18 975.91	399 324.27
三、本年增减变动金额（减少以"-"号填列）	—	—	—	—	-49 636.97	7 539.27	—	20 909.10	-2 016.77	-23 205.37
（一）综合收益总额	—	—	—	—	-49 636.97	—	—	35 931.76	-927.77	-14 632.97
（二）所有者投入和减少资本	—	—	—	—	—	—	—	—	-1 089.00	-1 089.00
1. 所有者投入资本	—	—	—	—	—	—	—	—	—	—
2. 其他权益工具持有者投入资本	—	—	—	—	—	—	—	—	—	—
3. 股份支付计入所有者权益的金额	—	—	—	—	—	—	—	—	—	—
4. 其他	—	—	—	—	—	—	—	—	-1 089.00	-1 089.00

续表

项目	上年金额									
	归属于母公司所有者权益								少数股东权益	所有者权益合计
	实收资本（或股本）	其他权益工具	资本公积	减:库存股	其他综合收益	盈余公积	一般风险准备	未分配利润		
（三）利润分配	—	—	—	—	—	7 539. 27	—	-15 022. 66	—	-7 483. 40
1. 提取盈余公积	—	—	—	—	—	7 539. 27	—	-7 539. 27	—	—
2. 提取一般风险准备	—	—	—	—	—	—	—	—	—	—
3. 对所有者（或股东）的分配	—	—	—	—	—	—	—	-7 483. 40	—	-7 483. 40
4. 对其他权益工具持有者的分配	—	—	—	—	—	—	—	—	—	—
5. 其他	—	—	—	—	—	—	—	—	—	—
（四）所有者权益内部结转	—	—	—	—	—	—	—	—	—	—
1. 资本公积转增资本（或股本）	—	—	—	—	—	—	—	—	—	—
2. 盈余公积转增资本（或股本）	—	—	—	—	—	—	—	—	—	—
3. 盈余公积弥补亏损	—	—	—	—	—	—	—	—	—	—
4. 一般风险准备弥补亏损	—	—	—	—	—	—	—	—	—	—
5. 设定受益计划变动额结转留存收益	—	—	—	—	—	—	—	—	—	—
6. *其他综合收益结转留存收益	—	—	—	—	—	—	—	—	—	—
7. 其他	—	—	—	—	—	—	—	—	—	—
四、本年年末余额	159 659. 75	—	8 334. 16	—	-30 871. 96	43 779. 31	40 770. 20	137 488. 30	16 959. 15	376 118. 90

法定代表人:邰戈　　　　主管会计工作负责人:张洪东　　　　会计机构负责人:常青慧

母公司所有者权益变动表

编制单位:吉林省信托有限责任公司　　　　2019 年度　　　　单位:万元

项目	本年金额									
	归属于母公司所有者权益								少数股东权益	所有者权益合计
	实收资本（或股本）	其他权益工具	资本公积	减:库存股	其他综合收益	盈余公积	一般风险准备	未分配利润		
一、上年年末余额	159 659. 75	—	6 500. 00	—	-30 871. 96	43 779. 31	40 770. 20	143 639. 74	—	363 477. 03
加:会计政策变更	—	—	—	—	—	—	—	—	—	—
前期差错更正	—	—	—	—	—	—	—	—	—	—
二、本年年初余额	159 659. 75	—	6 500. 00	—	-30 871. 96	43 779. 31	40 770. 20	143 639. 74	—	363 477. 03
三、本年增减变动金额（减少以“-”号填列）	—	—	—	—	24 183. 22	4 107. 00	597. 73	9 397. 85	—	38 285. 81
（一）综合收益总额	—	—	—	—	24 183. 22	—	—	20 535. 02	—	44 718. 24
（二）所有者投入和减少资本	—	—	—	—	—	—	—	—	—	—
1. 所有者投入资本	—	—	—	—	—	—	—	—	—	—
2. 其他权益工具持有者投入资本	—	—	—	—	—	—	—	—	—	—
3. 股份支付计入所有者权益的金额	—	—	—	—	—	—	—	—	—	—
4. 其他	—	—	—	—	—	—	—	—	—	—
（三）利润分配	—	—	—	—	—	4 107. 00	597. 73	-11 137. 16	—	-6 432. 43
1. 提取盈余公积	—	—	—	—	—	4 107. 00	—	-4 107. 00	—	—
2. 提取一般风险准备	—	—	—	—	—	—	597. 73	-597. 73	—	—
3. 对所有者（或股东）的分配	—	—	—	—	—	—	—	-6 432. 43	—	-6 432. 43
4. 对其他权益工具持有者的分配	—	—	—	—	—	—	—	—	—	—
5. 其他	—	—	—	—	—	—	—	—	—	—
（四）所有者权益内部结转	—	—	—	—	—	—	—	—	—	—
1. 资本公积转增资本（或股本）	—	—	—	—	—	—	—	—	—	—
2. 盈余公积转增资本（或股本）	—	—	—	—	—	—	—	—	—	—

续表

项目	本年金额									
	归属于母公司所有者权益								少数股东权益	所有者权益合计
	实收资本(或股本)	其他权益工具	资本公积	减:库存股	其他综合收益	盈余公积	一般风险准备	未分配利润		
3. 盈余公积弥补亏损	—	—	—	—	—	—	—	—	—	—
4. 一般风险准备弥补亏损	—	—	—	—	—	—	—	—	—	—
5. 设定受益计划变动额结转留存收益	—	—	—	—	—	—	—	—	—	—
6. * 其他综合收益结转留存收益	—	—	—	—	—	—	—	—	—	—
7. 其他	—	—	—	—	—	—	—	—	—	—
四、本年年末余额	159 659. 75	—	6 500. 00	—	-6 688. 74	47 886. 31	41 367. 93	153 037. 59	—	401 762. 84

母公司所有者权益变动表(续)

编制单位:吉林省信托有限责任公司　　2019 年度　　单位:万元

项目	上年金额									
	归属于母公司所有者权益								少数股东权益	所有者权益合计
	实收资本(或股本)	其他权益工具	资本公积	减:库存股	其他综合收益	盈余公积	一般风险准备	未分配利润		
一、上年年末余额	159 659. 75	—	6 500. 00	—	18 765. 00	36 240. 04	40 770. 20	120 966. 07	—	382 901. 07
加:会计政策变更	—	—	—	—	—	—	—	—	—	—
前期差错更正	—	—	—	—	—	—	—	—	—	—
二、本年年初余额	159 659. 75	—	6 500. 00	—	18 765. 00	36 240. 04	40 770. 20	120 966. 07	—	382 901. 07
三、本年增减变动金额(减少以"-"号填列)	—	—	—	—	-49 636. 97	7 539. 27	—	22 673. 67	—	-19 424. 03
(一)综合收益总额	—	—	—	—	-49 636. 97	—	—	37 696. 33	—	-11 940. 64
(二)所有者投入和减少资本	—	—	—	—	—	—	—	—	—	—
1. 所有者投入资本	—	—	—	—	—	—	—	—	—	—
2. 其他权益工具持有者投入资本	—	—	—	—	—	—	—	—	—	—
3. 股份支付计入所有者权益的金额	—	—	—	—	—		—	—	—	—
4 其他	—	—	—	—	—	—	—	—	—	—
(三)利润分配	—	—	—	—	—	7 539. 27	—	-15 022. 66	—	-7 483. 40
1. 提取盈余公积	—	—	—	—	—	7 539. 27	—	-7 539. 27	—	—
2. 提取一般风险准备	—	—	—	—	—	—	—	—	—	—
3. 对所有者(或股东)的分配	—	—	—	—	—	—	—	-7 483. 40	—	-7 483. 40
4. 对其他权益工具持有者的分配	—	—	—	—	—	—	—	—	—	—
5. 其他	—	—	—	—	—	—	—	—	—	—
(四)所有者权益内部结转	—	—	—	—	—	—	—	—	—	—
1. 资本公积转增资本(或股本)	—	—	—	—	—	—	—	—	—	—
2. 盈余公积转增资本(或股本)	—	—	—	—	—	—	—	—	—	—
3. 盈余公积弥补亏损	—	—	—	—	—	—	—	—	—	—
4. 一般风险准备弥补亏损	—	—	—	—	—	—	—	—	—	—
5. 设定受益计划变动额结转留存收益	—	—	—	—	—	—	—	—	—	—
6. * 其他综合收益结转留存收益	—	—	—	—	—	—	—	—	—	—
7. 其他	—	—	—	—	—	—	—	—	—	—
四、本年年末余额	159 659. 75	—	6 500. 00	—	-30 871. 96	43 779. 31	40 770. 20	143 639. 74	—	363 477. 03

法定代表人:郎戈　　主管会计工作负责人:张洪东　　会计机构负责人:常青慧

5.2 信托资产

5.2.1 信托项目资产负债汇总表

信托项目资产负债表

编制单位：吉林省信托有限责任公司　　2019 年 12 月 31 日　　单位：万元

信托资产	期末数	年初数	信托负债和信托收益	期末数	年初数
信托资产：			信托负债：		
货币资金	11 806.37	84 723.60	应付受托人报酬	3 970.56	3 262.29
拆出资金	—	—	应付托管费	58.25	56.02
应收款项	192 726.97	59 919.55	应付受益人收益	54 048.02	38 666.84
买入返售资产	2 200.00	9 820.03	其他应付款项	131 849.84	27 241.92
交易性金融资产	41 137.13	67 428.45	应交税金	266.18	518.52
持有至到期投资	1 972 820.80	2 689 967.89	卖出回购资产款	—	—
长期股权投资	221 984.00	245 084.00	其他负债	—	—
客户贷款	2 196 380.37	3 180 152.05	信托负债合计	190 192.85	69 745.59
应收融资租赁款	—	—	信托权益：		
固定资产	—	—	实收信托	6 299 103.46	8 654 193.09
无形资产	—	—	资本公积	—	100.00
长期待摊费用	—	—	未分配利润	704.66	4 360.12
其他资产	1 850 945.33	2 391 303.23	信托权益合计	6 299 808.12	8 658 653.21
信托资产总计	6 490 000.97	8 728 398.80	信托负债及信托权益总计	6 490 000.97	8 728 398.80

公司负责人：邰戈　　主管会计工作负责人：崔学斌　　会计机构负责人：娄敬群

5.2.2 信托项目利润及利润分配汇总表

信托项目利润及利润分配汇总表

编制单位：吉林省信托有限责任公司　　2019 年度　　单位：万元

项　目	本年累计数	上年累计数
一、营业收入	453 567.46	503 743.60
利息收入	223 242.61	253 567.42
投资收益	230 334.81	250 378.15
租赁收入	—	—
其他收入	0.03	1 928.93
二、营业费用	19 909.92	27 705.19
三、营业税金及附加	1 397.83	1 505.85
四、扣除资产损失前的信托利润	432 259.71	474 532.56
减：资产减值损失	—	—
五、扣除资产损失后的信托利润	432 259.71	474 532.56
加：期初未分配信托利润	4 360.12	3 786.16
减：调整期初未分配利润	—	—
六、可供分配的信托利润	436 719.83	478 318.72
减：本期已分配信托利润	436 015.17	473 958.59
七、期末未分配信托利润	704.66	4 360.12

公司负责人：邰　戈　　主管会计工作负责人：崔学斌　　会计机构负责人：娄敬群

6. 会计报表附注

6.1 会计报表编制基础、会计政策、会计估计和核算方法发生的变化的说明

6.1.1 会计报表编制基础

本公司财务报表以持续经营假设为基础，根据实际发生的交易和事项，按照财政部颁布的《企业会计准则——基本准则》和各项具体会计准则、企业会计准则应用指南、企业会计准则解释及其他相关规定（以下合称企业会计准则）的披露规定编制

6.1.2 纳入合并范围的子公司

序号	企业名称	级次	企业类型	注册地	业务性质	注册资本（万元）	持股比例（%）	享有的表决权	投资额（万元）
1	天治基金管理有限公司	2	2	上海市	基金业	16 000.00	61.25	61.25	11 600.00
2	天富期货有限公司	2	2	长春市	期货业	15 000.00	55.00	55.00	8 250.00

注：企业类型：（1）境内非金融子企业；（2）境内金融子企业；（3）境外子企业；（4）事业单位；（5）基建单位。

6.1.3 会计政策、会计估计和核算方法的变更

6.1.3.1 重要会计政策变更

财政部于 2019 年 4 月发布了《关于修订印发 2019 年度一般企业财务报表格式的通知》（财会［2019］6 号）（以下简称财务报表格式），执行企业会计准则的金融企业应当按照《财政部关于修订印发 2018 年度金融企业财务报表格式的通知》（财会

[2018]36 号)的要求编制财务报表,结合本通知的格式对金融企业专用项目之外的相关财务报表项目进行相应调整。公司本年度参考金融企业财务报表格式修改编制财务报表,比较报表项目列报的主要变化如下:

单位:万元

变更前		变更后	
报表项目	金额	报表项目	金额
货币资金	54 620. 26	现金及银行存款	54 584. 40
		存放中央银行款项	35. 86
应收票据及应收账款	8 315. 79	应收款项类金融资产	8 315. 79
其他应收款	22 819. 90	应收利息	2 047. 27
		其他应收款	20 824. 73
预付款项	52. 10		
其他流动资产	744. 04	其他资产	744. 04
其他非流动资产	8 301. 84	抵债资产	8 301. 84
应付票据及应付账款	12 529. 74	其他负债	214 884. 06
预收款项	200 781. 53		
其他流动负债	1 024. 58		
其他非流动负债	548. 21		
营业收入	67. 83	其他业务收入	67. 83
营业成本	13. 78	其他业务成本	13. 78
拆入资金净增加额	-530. 00	向其他金融机构拆入资金净增加额	-530. 00
处置以公允价值计量且变动计入当期损益的金融资产净增加额	2 275. 42	收到其他与经营活动有关的现金	56 974. 57
回购业务资金净增加额	39 767. 18		
收到其他与经营活动有关的现金	14 931. 97		
处置固定资产、无形资产和其他长期资产所收回的现金净额	154. 80	收到其他与投资有关的现金	154. 80
收到其他与投资有关的现金			

公司自 2019 年 6 月 10 日起,执行财政部 2019 年 5 月修订颁布的《企业会计准则第 7 号——非货币性资产交换》。执行该准则对公司无重大影响。

公司自 2019 年 6 月 17 日起,执行财政部 2019 年 5 月修订颁布的《企业会计准则第 12 号——债务重组》。执行该准则对公司无重大影响。

6. 1. 3. 2　会计估计变更

本报告期主要会计估计未变更。

6. 2　重要会计政策和会计估计

6. 3　或有事项

截至 2019 年 12 月 31 日,公司对外提供担保情况如下:

担保对象	担保方式	担保金额(万元)	贷款到期日
吉林宏日新能源股份有限公司	保证	4 900. 00	2020 年 7 月 17 日

续表

担保对象	担保方式	担保金额(万元)	贷款到期日
吉林省永道贸易有限公司	保证	36 000. 00	2022 年 4 月 29 日
合计		40 900. 00	

6. 4　重要资产转让及其出售

本公司本年度无重要资产转让及其出售情况。

6. 5　会计报表中重要项目的明细资料

6. 5. 1　自营资产经营情况

6. 5. 1. 1　公司信用风险资产五级分类

信用风险资产五级分类	正常类(万元)	关注类(万元)	次级类(万元)	可疑类(万元)	损失类(万元)	信用风险资产合计(万元)	不良信用风险资产合计(万元)	信用风险资产不良率(%)
期初数	100 607. 79	40 000		5 881. 44	6 613. 04	153 102. 27	12 494. 48	8. 16
期末数	196 292. 34	92 054	21 368. 64	9 881. 44	6 613. 04	326 209. 46	37 863. 12	11. 61

6. 5. 1. 2　资产损失准备的期初数、本期计提、本期转回、本期核销、期末数

单位:万元

项目	期初数	本期计提	本期转回	本期核销	其他变化	期末数
贷款损失准备	5 454. 86	2 411. 40	—	—	—	7 866. 26
可供出售金融资产减值准备	6 271. 30	479. 25	—	—	—	6 750. 55
持有至到期投资减值准备	1. 50	—	—	—	—	1. 50
长期股权投资减值准备	297. 75	—	—	—	—	297. 75
坏账准备	6 939. 09	6 366. 70	—	—	—	13 305. 79
投资性房地产减值准备	—	—	—	—	—	—
抵债资产减值准备	482. 74	23. 25	—	—	—	505. 99
拆出资金减值准备	—	900. 00	—	—	—	900. 00
合计	19 447. 24	10 180. 60	—	—	—	29 627. 84

6. 5. 1. 3　自营股票投资、基金投资、债券投资、股权投资等投资的期初数、期末数

单位:万元

	自营股票	基金	债券	股权投资	其他投资	合计
期初数	1 642. 71	5 178. 29	51 767. 90	447 998. 65	4 249. 01	510 836. 56
期末数	3 045. 94	—	27 961. 00	447 998. 65	3 734. 77	482 740. 36

6. 5. 1. 4　公司前五名的自营股权投资的企业名称、占被投资企业权益的比例、主要经营活动及投资收益情况

企业名称	占被投资企业权益的比例(%)	主要经营活动	投资收益(万元)
东北证券股份有限公司	11. 8	证券经纪;证券投资咨询;与证券交易、证券投资活动有关的财务顾问;证券承销与保荐;证券自营;融资融券;证券投资基金代销;代销金融产品业务。	本年度分红为 2 760. 74

续表

企业名称	占被投资企业权益的比例(%)	主要经营活动	投资收益(万元)
九台农村商业银行	9.61	吸收人民币公众存款；发放人民币短期、中期和长期贷款；办理国内结算；办理票据承兑与贴现；代理发行、代理兑付、承销政府债券；买卖政府债券、金融债券，参与货币市场；从事同业拆借；代理收付款项及代理保险业务；提供保险箱服务；代理买卖基金、信托产品及其他理财产品；基金销售；从事银行卡业务；外汇借款、外汇票据的承兑和贴现、外汇担保、自营及代客外汇买卖、外汇存款、外汇贷款、外汇汇款、外币兑换、国际结算、同业外汇拆借和资信调查、咨询、见证，外汇借款、外汇票据的承兑和贴现、外汇担保、即期结售汇、自营及代客外汇买卖；经中国银行业监督管理委员会批准的其他业务；信息服务业务（不含固定网信息服务业务项目）（依法须经批准的项目，经相关部门批准后方可开展经营活动）。	本年度分红为6 892.74
中融人寿保险股份有限公司	6.15	人寿保险、健康保险、意外伤害保险等各类人身保险业务；上述业务的再保险业务；国家法律、法规允许的保险资金运用业务；经中国保监会批准的其他业务（企业依法自主选择经营项目，开展经营活动；依法须经批准的项目，经相关部门批准后依批准的内容开展经营活动；不得从事本市产业政策禁止和限制类项目的经营活动）。	本年度未分红
吉林银行股份有限公司	1.17	吸收公众存款；发放短期、中期和长期贷款；办理国内外结算；办理票据承兑与贴现；发行金融债券；代理发行、代理兑付、承销政府债券；买卖政府债券；从事同业拆借；提供担保；代理收付款项及代理保险业务；提供保管箱服务；办理委托存贷款业务；代理销售黄金业务；办理结汇、售汇业务；外汇借款；外币兑换；发行或代理发行股票以外的外币有价证券；买卖或代理买卖股票以外的外币有价证券；资信调查、咨询、见证业务；证券投资基金销售业务；经银行业监督管理机构批准的其他业务。	本年度未分红
吉林公主岭农村商业银行股份有限公司	10	吸收人民币公众存款；发放人民币短期、中期和长期贷款；办理国内结算；办理票据承兑与贴现；代理发行、代理兑付、承销政府债券；买卖政府债券、金融债券，参与货币市场；从事同业拆借；代理收付款项及代理保险业务；提供保管箱服务；从事银行卡（借记卡）业务；经中国银行业监督管理委员会批准的其他业务（依法须经批准的项目，经相关部门批准后方可开展经营活动）。	本年度分红为780

6.5.1.5　公司前五名的自营贷款的企业名称、占贷款总额的比例和还款情况

企业名称	占贷款总额的比例(%)	还款情况
吉林省乳业集团有限公司	32.79	2020年7月31日到期
吉林国金商贸有限责任公司	16.52	2020年4月23日到期
吉林市国有资本发展控股集团有限公司	15.49	2020年1月29日到期
吉林市国有资本发展控股集团有限公司	12.91	2020年4月3日到期
吉林大药房药业股份有限公司	7.75	2020年8月27日到期

6.5.1.6　表外业务的期初数、期末数

单位：万元

表外业务	期初数	期末数
担保业务	—	40 900
代理业务（委托业务）	—	—
其他	—	—
合计	—	40 900

6.5.1.7　公司当年的收入结构

收入结构	合并		母公司	
	金额(万元)	占比(%)	金额(万元)	占比(%)
手续费及佣金收入	24 517.01	39.39	20 096.38	35.68
其中：信托业务手续费收入	19 807.00	31.82	19 807.00	35.17
担保业务手续费收入	289.38	0.47	289.38	0.51
基金管理手续费收入	3 021.21	4.85	—	—
期货业务手续费收入	1 399.43	2.25	—	—
典当业务手续费收入	—	—	—	—
其他手续费收入	—	—	—	—

续表

收入结构	合并		母公司	
	金额(万元)	占比(%)	金额(万元)	占比(%)
利息类收入	23 871.23	38.35	23 304.02	41.38
其他业务收入	62.29	0.10	216.33	0.38
其中：计入信托业务收入部分	—	—	—	—
投资收益	11 282.69	18.13	12 720.32	22.58
其中：股权投资收益	11 221.30	18.03	11 221.30	19.92
证券投资收益	3.85	0.01	1 441.48	2.56
其他投资收益	57.54	0.09	57.54	0.1
公允价值变动收益	1 896.60	3.05	-365.56	-0.65
汇兑损益	53.76	0.09	53.76	0.10
其他收益	263.47	0.42	23.37	0.04
资产处置收益	17.10	0.03	23.08	0.04
营业外收入	277.39	0.45	251.68	0.45
收入合计	62 241.54	100.00	56 323.38	100.00

6.5.2　信托资产管理情况

6.5.2.1　信托资产的期初、期末数

单位：万元

信托资产	期初数	期末数
集合	564 367.91	521 590.14
单一	5 824 136.05	4 050 052.03
财产权	2 339 894.83	1 918 358.79
合计	8 728 398.80	6 490 000.97

6.5.2.1.1　主动管理型信托业务的信托资产期初数、期末数，分证券投资类、股权投资类、融资类、事务管理类分别披露

单位：万元

主动管理型信托资产	期初数	期末数
证券投资类	6 059.28	777.91

续表

主动管理型信托资产	期初数	期末数
股权投资类	749 958.76	1 025 663.93
融资类	1 451 489.99	1 433 438.82
事务管理类	—	—
合计	2 207 508.03	2 459 880.66

6.5.2.1.2 被动管理型信托业务的信托资产期初数、期末数，分证券投资类、股权投资类、融资类、事务管理类分别披露

单位：万元

被动管理型信托资产	期初数	期末数
证券投资类	772 190.13	707 260.16
股权投资类	1 010.11	39 014.70
融资类	129 606.84	173 201.26
事务管理类	5 618 083.69	3 110 644.19
合计	6 520 890.76	4 030 120.31

6.5.2.2 本年度已清算结束的项目个数，实收信托合计金额、加权平均实际年化收益率

6.5.2.2.1 本年度已清算结束的集合类、单一类资金信托项目和财产管理类信托项目个数、实收信托合计金额、加权平均实际年化收益率

已清算结束的信托项目	项目个数（个）	实收信托合计金额（万元）	加权平均实际年化收益率（%）
集合类	8	95 170.60	6.68
单一类	82	3 145 425.12	6.93
财产管理类	13	792 503.71	0.43

6.5.2.2.2 本年度已清算结束的主动管理型信托项目个数、实收信托合计金额、加权平均实际年化信托报酬率、加权平均实际年化收益率

已清算结束的信托项目	项目个数（个）	实收信托合计金额（万元）	加权平均实际年化信托报酬率（%）	加权平均实际年化收益率（%）
证券投资类	1	6 062.00	0.34	3.56
股权投资类	6	124 954.90	0.68	8.32
融资类	10	592 975.48	0.46	6.54
事务管理类	—	—	—	—

6.5.2.2.3 本年度已清算结束的被动管理型信托项目个数、实收信托合计金额、加权平均实际年化信托报酬率、加权平均实际年化收益率

已清算结束的信托项目	项目个数（个）	实收信托合计金额（万元）	加权平均实际年化信托报酬率（%）	加权平均实际年化收益率（%）
证券投资类	2	329 580.52	0.06	1.83
股权投资类	—	—	—	—
融资类	2	18 430.00	3.16	10.43
事务管理类	82	2 961 096.53	0.16	5.76

6.5.2.3 本年度新增的集合类、单一类资金信托项目和财产管理类信托项目数量、合计金额

新增信托项目	项目个数（个）	实收信托合计金额（万元）
集合类	6	53 034.00
单一类	34	1 938 311.64
财产管理类	11	314 074.90
新增合计	51	2 305 420.54

续表

新增信托项目	项目个数（个）	实收信托合计金额（万元）
其中：主动管理型	28	942 438.64
被动管理型	23	1 362 981.90

6.5.2.4 信托业务创新成果和特色业务有关情况

2019 年公司在业务发展创新委员会的统筹下，进一步依托公司优势资源和力量，加强组织协调和发挥联动效能，全力推动业务创新。

6.5.2.4.1 创新业务

一是开展慈善信托业务。2019 年公司结合吉林省扶贫工作实际，在省民政厅、省银保监局、省慈善总会等部门的支持下，先后成立了吉信·天和精准扶贫 1 号、2 号、3 号三只慈善信托计划，信托规模总计 60 万元，以金融扶贫的方式推动定点慈善工作，共计为 315 名群众解决了实际生活困难，开创了吉林省扶贫工作和慈善事业的新模式。慈善信托业务，属于他益信托中的公益信托，与传统的自益信托相比，具有创新性；从实现公益目的和精准扶贫上看，也具有创新性。

二是开展家族信托业务。2019 公司先后成立了吉信·家和 5 号、6 号宜安传家信托计划两笔家族信托，信托规模为 2 260万元，公司在回归信托业务本源，加强财富管理能力，加快"以产品为中心"向"以客户为中心"的转变上迈出了积极探索的一步。家族信托业务，属于限制于血亲和姻亲内部的他益信托，与传统自益信托相比，具有创新性。

6.5.2.4.2 特色业务

农牧业信托业务。东北是中国农业主产区，公司在多年服务地方农业发展的基础上形成了较为丰富的农牧业投融资经验，顺应国家产业政策导向，通过土地流转信托、发放贷款、权益投资等灵活多样的资金运用方式为现代化农业发展与升级提供金融支持。

"吉林振兴"系列信托产品。公司 2019 年 3 月推出"吉信·吉林振兴"品牌系列信托产品，全年共推出 16 笔信托计划，规模为 47 亿元，大力支持地方实体经济和基础设施建设，全力助推吉林新一轮振兴发展。

6.5.2.4.3 研究成果

公司针对监管变化，编制政策解读类报告，对监管形势进行分析，对未来业务拓展进行探讨；针对行业转型发展，对服务信托、资产证券化、产品净值化等课题进行研究；出版季度期刊《吉林信托》，对金融领域的理论与实践进行研究、探讨等。

6.5.2.5 信托赔偿准备金的提取、使用和管理情况

本公司根据《信托公司管理办法》及吉林省国资委《关于对吉林信托提高信托赔偿准备金提取比例的批复》（吉国资发预算[2013]155 号），按公司注册资本的 20% 提足准备。截至报告期末，公司尚未发生信托业务损失，信托赔偿准备金尚未使用。信托赔偿准备金期末余额为 31 932 万元。

6.6 关联方关系及其交易

6.6.1 关联交易方的数量、关联交易的总金额及关联交易的定价政策

	关联交易方数量（个）	关联交易金额（万元）	定价政策
合计	3	5 999.30	双方协议/市场价格确定

6.6.2 关联交易方与本公司的关系性质、关联交易方的名称、法定代表人、注册地址、注册资本及主营业务

关系性质	关联方名称	法定代表人	注册地址	注册资本（万元）	主营业务
二级子公司	天富期货有限公司	鲍海松	长春市	15 000.00	商品期货经纪，金融期货经纪；期货投资咨询。
二级子公司	天治基金管理有限公司	单　宇	上海市	16 000.00	基金管理业务，发起设立基金，中国证监会批准的其他业务。
三级子公司	天治北部资产管理有限公司	王　醒	北京市	10 000.00	为特定客户资产管理业务以及中国证监会许可的其他业务。

6.6.3 逐笔披露本公司与关联方的重大交易事项

6.6.3.1 固有财产与关联方重大交易事项

单位：万元

固有与关联方关联交易				
	期初数	借方发生额	贷方发生额	期末数
贷款	—	—	—	—
投资	24 950.00	43.50	5 143.50	19 850
租赁	—	455.80	419.13	36.67
担保	—	—	—	—
应收账款	—	—	—	—
其他	—	—	400.00	400.00
合计	24 950.00	499.30	5 962.63	20 286.67

6.6.3.2 信托资产与关联方

单位：万元

信托与关联方关联交易				
	期初数	借方发生额	贷方发生额	期末数
贷款	—	—	—	—
投资	—	—	—	—
租赁	—	—	—	—
担保	—	—	—	—
应收账款	—	—	—	—
其他	—	—	—	—
合计	—	—	—	—

6.6.3.3 信托公司自有资金运用于自己管理的信托项目（固信交易）、信托公司管理的信托项目之间的相互（信信交易）交易金额

6.6.3.3.1 固有财产与信托财产

单位：万元

固有财产与信托财产相互交易			
	期初数	本期发生额	期末数
合计	—	—	—

6.6.3.3.2 信托资产与信托财产

单位：万元

信托资产与信托财产相互交易			
	期初数	本期发生额	期末数
合计	—	—	—

6.6.4 逐笔披露关联方逾期未偿还本公司资金详细情况以及公司为关联方担保发生或即将发生垫款的详细情况

报告期公司无上述情况。

6.7 会计制度

本公司固有业务、信托业务均执行《企业会计准则》《企业会计准则——应用指南》及其修订准则等相关规定。

7. 财务情况说明书

7.1 利润实现和分配情况（母公司口径与合并口径）

单位：万元

指标名称	合并口径	母公司
利润总额	21 368.71	23 840.78
所得税费用	3 305.82	3 305.76
少数股东损益	-1 033.09	—
归属于母公司所有者的净利润	19 095.98	20 535.02
提取盈余公积	4 107.00	4 107.00
提取信托赔偿准备金	—	—
提取一般准备	597.73	597.73
上缴国有资本收益	6 432.43	6 432.43

7.2 主要财务指标（母公司口径与合并口径）

指标名称	合并指标值	母公司指标值
资产收益率（%）	2.58	3.06
资本收益率（净资产收益率）（%）	4.58	5.37
加权年化信托报酬率（%）	—	0.22
人均利润（万元）	60.71	134.69

注：1. 资产收益率＝净利润/平均资产总额×100%。
2. 资本收益率＝净利润/平均净资产×100%。
3. 加权信托报酬率为2018年已清算结束项目的加权年化信托报酬率。
4. 人均利润＝利润总额/本年在册职工人数。

7.3 公司净资本情况

2019年末，公司净资本余额为180 272.13万元；各项业务风险资本之和为113 339.21万元，净资本/各项业务风险资本之和159.06%；净资本/净资产为44.87%，以上指标符合《信托公司净资本管理办法》（中国银监会令2010年第5号）各项监管指标。

7.4 对公司财务状况、经营成果有重大影响的其他事项

无。

8. 特别事项揭示

8.1 前五名股东报告期内变动情况及原因

公司股东无变化。

8.2 董事、监事及高级管理人员变动情况及原因

报告期内，根据吉林省人民政府《关于建议张洪东任职的通知》（吉政干任［2019］59号），经吉林银保监局核准，张洪东任吉林省信托有限责任公司总经理。

报告期内，经吉林银保监局核准，程松彬、付亚辰任吉林省信托有限责任公司独立董事。

8.3 变更注册资本、变更注册地或公司名称、公司分立合并事项

无。

8.4 公司的重大诉讼事项

（1）吉林省高级人民法院（2018）吉民初94号合同纠纷案。

（2）吉林省高级人民法院（2018）吉民初57号金融借款合同纠纷。

（3）长春市中级人民法院（2019）吉01民初1137号金融借款合同纠纷案。

（4）长春市中级人民法院（2019）吉01民初1035号合同纠纷案。

（5）中国国际经济贸易仲裁委员会DS20191089号投资合作协议争议仲裁案。

（6）沈阳市中级人民法院（2019）辽01民初980号合同纠纷案。

8.5 公司及其董事、监事和高级管理人员受到处罚的情况

中国银行保险监督管理委员会吉林监管局于2019年8月19日对公司作出了行政处罚，根据《中国银行保险监督管理委员会吉林监管局行政处罚决定书》（吉银保监决字［2019］52号），公司因“治理机制长期严重缺失，股东会、董事会、监事会运行不规范”被处以罚款40万元。

8.6 中国银保监会派出机构对公司检查结论和公司整改情况

中国银行保险监督管理委员会吉林监管局于2019年7月12日至7月31日及2019年11月26日至2019年12月6日，对公司开展了现场检查，并于检查后下发了《现场检查意见书》。按照该意见书的要求，公司组织相关业务部、室针对检查中存在的问题进行梳理和分析，制定了切实可行的整改方案，认真落实各项监管意见和要求，使公司信托业务依法合规、稳健开展。具体整改措施如下：

（1）强化内控执行力度，提高前台、中台、后台相互监督的水平，牢固树立依法合规经营理念。

（2）持续强化风险防控理念，强化贷后风险管理工作，严格执行风险处置预案，积极推进风险处置进程。

（3）强化合规、风险管理制度机制建设，完善了风险管理制度、相关审批内容及流程，杜绝违规操作行为发生。

（4）夯实内部管理基础工作，提升内部审批流程的规范性、归档文件的完整性。

（5）持续加强尽职管理，提高自主管理信托财产能力。

（6）强化制度约束与制衡机制，加大内控制度执行力度。

（7）加大监管意见落实力度，加强责任追究。

（8）全面提升员工素质，倡导合规风险文化。

9. 公司监事会意见

本报告期内公司依法运作，决策程序合法，内部控制制度较为完善。2019年度财务报告客观、真实地反映了公司2019年12月31日的合并财务状况和2019年度的合并经营成果及合并现金流量。

建信信托有限责任公司

1. 重要提示

1.1 本公司董事会保证本报告所载资料不存在任何虚假记载、误导性陈述或者重大遗漏，并对其内容的真实性、准确性和完整性承担个别及连带责任。

1.2 公司独立董事范从来、张峥保证本报告内容真实、准确、完整。

1.3 安永华明会计师事务所对本公司年度财务报告进行审计，出具了审计报告。

1.4 公司董事长王宝魁、首席财务官（副总裁）王晓薇、财务部门负责人玄雅莉声明：保证本年度报告中财务报告真实、完整。

2. 公司概况

2.1 公司简介

建信信托有限责任公司（简称建信信托）是经中国银监会批准，由中国建设银行投资控股的非银行金融机构。

2.1.1 公司法定中文名称：建信信托有限责任公司
中文名称缩写：建信信托
公司法定英文名称：CCB Trust Co.,Ltd.
英文名称缩写：CCBT

2.1.2 法定代表人：王宝魁

2.1.3 注册地址：安徽省合肥市九狮桥街45号
邮政编码：230001
网　　址：www.ccbtrust.com.cn

2.1.4 信息披露分管领导：王晓薇
信息披露联系人：高朝晖
联系电话：010-67596155
传　　真：010-67596590
电子邮箱：jxxt@ccbtrust.com.cn

2.1.5 信息披露报纸名称：《证券时报》
年度报告备置地点：北京市西城区闹市口大街一号院4号楼长安兴融中心10层

2.1.6 会计师事务所：安永华明会计师事务所（特殊普通合伙）
住所：北京市东城区东长安街1号东方广场大楼

2.2 组织结构

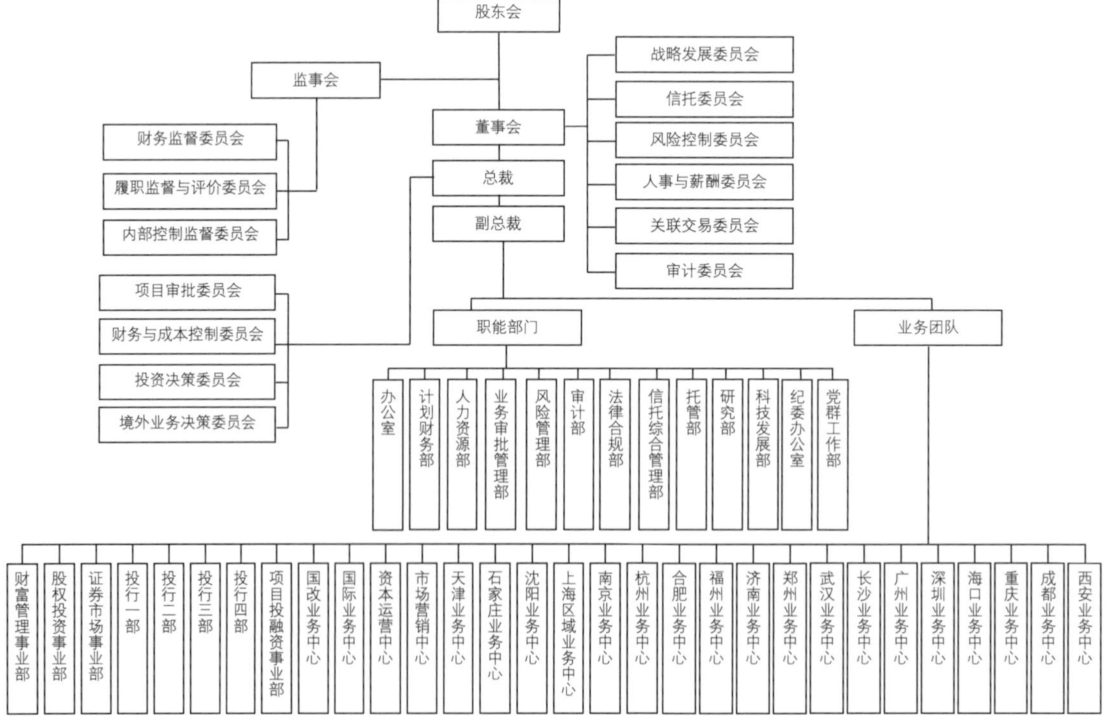

3. 公司治理

3.1 股东

报告期末，本公司股东总数 2 家，持股比例超过 10% 的股东有 2 家。

股东名称	持股比例(%)	出资额(元)	法定代表人	注册资本(亿元)	注册地址	主要经营业务及主要财务情况
中国建设银行股份有限公司	67	1 652 799 366.00	田国立	2 500.11	北京市西城区金融大街 25 号	公司银行业务、个人银行业务、资金业务、投资银行业务及海外业务。
合肥兴泰金融控股(集团)有限公司	33	814 066 703.00	程儒林	60.00	安徽省合肥市蜀山区祁门路 1688 号	对授权范围内的国有资产进行经营以及从事企业策划、管理咨询、财务顾问、公司理财、产业投资以及经批准的其他经营活动。

注：报告期内，本公司股东未质押公司股权，不存在以股权及其受(收)益权设立信托等金融产品的情况。

报告期末，主要股东及其控股股东、实际控制人、一致行动人、最终受益人、关联方情况

股东名称	其控股股东	其实际控制人	其一致行动人	最终受益人	关联方
中国建设银行股份有限公司	中央汇金投资有限责任公司	—	—	—	(1)建设银行的控股股东中央汇金；(2) 建设银行的子公司；(3) 与建设银行受同一控股股东中央汇金控制的其他企业；(4) 对建设银行实施共同控制的投资方；(5) 对建设银行施加重大影响的投资方；(6) 建设银行的联营企业；(7) 建设银行的合营企业；(8) 建设银行的主要投资者个人及与其关系密切的家庭成员(主要投资者个人是指能够控制、共同控制一个企业或者对一个企业施加重大影响的个人投资者)；(9) 建设银行的关键管理人员及与其关系密切的家庭成员(关键管理人员是指有权力并负责计划、指挥和控制企业活动的人员，包括所有董事)；(10) 中央汇金的关键管理人员及与其关系密切的家庭成员；(11) 建设银行的主要投资者个人、关键管理人员或与其关系密切的家庭成员控制或共同控制的其他企业；(12) 为建设银行或作为建设银行关联方任何实体的雇员福利而设的离职后福利计划；(13) 持有建设银行 5% 以上股份的企业或者一致行动人；(14) 直接或者间接持有建设银行 5% 以上股份的个人及其关系密切的家庭成员；(15) 在过去 12 个月内或者根据相关协议安排在未来 12 个月内，存在上述(1)、(3)和(13)情形之一的企业；(16) 在过去 12 个月内或者根据相关协议安排在未来 12 个月内，存在(9)、(10)和(14)情形之一的个人；及(17) 由(9)、(10)、(14)和(16)直接或者间接控制的、或者担任董事、高级管理人员的，除建设银行及其控股子公司以外的企业。
合肥兴泰金融控股(集团)有限公司	合肥市人民政府国有资产监督管理委员会	—	—	合肥市人民政府国有资产监督管理委员会	(1)兴泰控股的子公司；(2) 兴泰控股的联营企业；(3) 兴泰控股的合营企业；(4) 兴泰控股的关键管理人员及与其关系密切的家庭成员(关键管理人员是指有权力并负责计划、指挥和控制企业活动的人员，包括所有董事)；(5) 兴泰控股关键管理人员或与其关系密切的家庭成员控制或共同控制的其他企业；(6) 在过去 12 个月内或者根据相关协议安排在未来 12 个月内，存在(4)或一致行动人情形之一的个人；及(7)由(4)、(5)直接或者间接控制的、或者担任董事、高级管理人员的，除兴泰控股及其控股子公司以外的企业。

3.2 董事

董事会成员(非独立董事)

姓 名	职 务	性别	年龄(岁)	选任日期	所推举的股东名称	该股东持股比例(%)	简要履历
王宝魁	董事长(执行董事)	男	56	2018 年 7 月 5 日(2014 年 3 月 15 日)	中国建设银行股份有限公司	67	曾任中国建设银行北京市分行多个部门副总经理、总经理，建行北京朝阳支行行长，建信信托副总裁、总裁；现任建信信托执行董事、董事长。
孙庆文	执行董事	男	53	2019 年 1 月 24 日			曾任中国建设银行北京市分行多家支行副行长、行长，北京市分行公司业务部总经理、副行长；现任建信信托执行董事、总裁。
李 钺	非执行董事	女	55	2018 年 9 月 30 日			曾任中国建设银行公司业务部高级副经理、高级经理、票据中心副主任；现任中国建设银行公司业务部副总经理。
蒋 畅	非执行董事	女	53	2018 年 9 月 30 日			曾任中国建设银行国际业务部副处长、新加坡分行资金部副主管，中国建设银行国际业务部高级经理、资深经理；现任中国建设银行股权与投资管理部资深经理。
郑晓静	非执行董事	女	40	2018 年 8 月 9 日	合肥兴泰金融控股(集团)有限公司	33	曾任合肥市财政局预算处副处长，合肥市金融办多个部门处长，合肥兴泰控股集团有限公司副总裁，合肥兴泰金融控股(集团)有限公司副总经理，合肥市大数据资产运营有限公司董事长；现任兴泰金融控股(集团)有限公司总经理，合肥兴泰资本管理有限公司董事长，合肥滨湖金融小镇管理有限公司董事长，合肥兴泰光电智能创业投资有限公司董事长，合肥兴盛投资管理有限公司董事长，海通新创投资管理有限公司副总经理。
陈 锐	非执行董事	男	42	2019 年 8 月 5 日			曾任合肥兴泰资产管理有限公司副总经理、总经理、董事长，合肥兴泰小额贷款有限公司总经理、董事长；现任合肥兴泰金融控股(集团)有限公司副总经理，合肥市兴泰融资担保集团有限公司董事长，合肥市兴泰担保行业保障金运营有限公司董事长。

独立董事

姓　名	所在单位及职务	性别	年龄（岁）	选任日期	简要履历
王　巍	中国并购公会创始会长、中国金融博物馆（集团）理事长、万盟并购董事长	男	61	2015 年 3 月 25 日	曾任职于中国建设银行、中国银行，曾任美国化学银行分析师，美国世界银行顾问，中国南方证券有限公司副总裁、万盟投资管理有限公司董事长；现任中国并购公会创始会长，中国金融博物馆（集团）理事长，万盟并购集团有限公司董事长。
张　峥	北京大学光华管理学院院务委员会副主任、金融系教授、博士生导师	男	47	2019 年 7 月 4 日	曾任北京大学光华管理学院金融系助理研究员、助理教授、副教授、博士生导师，金融系副主任；现任北京大学光华管理学院院务委员会副主任、金融系教授、博士生导师。
范从来	南京大学长三角经济社会发展研究中心主任	男	57	2019 年 8 月 5 日	曾任南京大学商学院经济学系主任、商学院副院长、南京大学学科处处长，商学院常务副院长、校长助理；现任南京大学长江三角洲经济社会发展研究中心主任。

注：2020 年 3 月 25 日，北京银保监局核准彭剑锋建信信托独立董事任职资格，王巍辞任建信信托独立董事。

3.3 监事

监事会成员

姓　名	职　务	性别	年龄（岁）	选任日期	所代表股东	股东持股比例（%）	简要履历
王金生	监事长	男	55	2010 年 4 月 9 日	合肥兴泰金融控股（集团）有限公司	33	曾任合肥市粮食局财务处长，合肥大米公司经理（法人代表），合肥市国有资产管理局综合处长、局长助理，合肥市产权交易管理办公室副主任，合肥市国有资产控股公司副总经理，丰乐种业股份有限公司外部董事，合肥市财政局（合肥市国有资产管理办公室）专职副主任，合肥市人民政府国有资产监督管理委员会副主任；现任建信信托监事长。
杨洲德	监事	男	59	2018 年 6 月 27 日	中国建设银行	67	曾任中国建设银行监察室党风廉政建设处高级副经理（主持工作）、高级经理，青岛市分行纪委书记，中国建设银行纪委、监察部资深副经理，中共中国建设银行委员会巡视组副组长；现任建信期货监事、建信信托监事。
王彦青	职工监事	男	56	2010 年 9 月 20 日	—	—	曾任中国建设银行河北省分行计划财务部、资产保全部副总经理，中国建设银行河北省总审计室现场一处高级副经理（主持工作）；现任建信信托审计部总经理。
徐谦	职工监事	男	44	2019 年 4 月	—	—	曾任中国建设银行四川省分行办公室主任助理、副主任，成都第五支行副行长，建信信托成都业务部总经理、投行部总经理；现任建信信托业务评审及管理部总经理。

3.4 高级管理人员

姓名	职务	性别	年龄（岁）	选任日期	金融从业年限（年）	学历	专业
孙庆文	总裁	男	53	2019 年 3 月 22 日	27	大学本科	金融
王晓薇	首席财务官（副总裁）董事会秘书	女	46	2018 年 4 月 3 日	21	硕士研究生	国际金融
王业强	首席投资官（副总裁）	男	39	2017 年 8 月 15 日	17	硕士研究生	资产管理
周志賽	副总裁	男	48	2019 年 4 月 2 日	25	硕士研究生	金融学
吴　宁	副总裁	男	46	2019 年 4 月 4 日	23	大学本科	应用电子技术
黎代福	副总裁	男	48	2019 年 4 月 4 日	25	博士研究生	会计学

3.5 公司员工

截至 2019 年 12 月 31 日，公司共有员工 423 人，平均年龄 35 岁，其中，博士学历 20 人，占比为 4.7%；硕士学历 289 人，占比为 68.4%；本科学历 107 人，占比为 25.3%；专科学历 3 人，占比为 0.7%；其他学历 4 人，占比为 0.9%。

4. 经营管理

4.1 经营目标、经营方针、战略规划

4.1.1 经营目标

公司的经营目标是成为一流全能型资管机构。

4.1.2 经营方针

公司的经营方针是立足国家经济建设主战场，坚持投资银行、资产管理、财富管理三大转型业务方向，全面对标国际一流资管机构，创新引领、全能配置，支持实体经济发展，满足客户多元化需求，服务人民美好生活。

4.1.3 战略规划

公司的战略规划是着力提升证券投资管理能力，做大做强证券业务；加强科技赋能，打造数字建信、智慧建信；提高交易撮合、客户服务、产品销售、投资研究等业务核心能力；构建业务管理闭环、条线协同、风险管控等完整高效的管理体系；建设“想为”“敢为”“能为”“慎为”的高素质人才队伍。

4.2 所经营业务的主要内容

公司经营业务主要包括信托业务和固有业务。

4.2.1 信托业务

信托业务是本公司的主营业务，主要包括集合信托、单一信托、财产权信托等。2019 年末，本公司信托资产规模为 13 912.32亿元，全年所有信托项目均按期足额兑付。

财富管理业务规模突破500亿元，服务超高净值客户近1 600名，荣获《中国经营报》金琥珀奖之“2019最佳财富管理信托公司”奖、蝉联《亚洲银行家》“中国年度家族信托”奖。

资产证券化业务当年发行规模、累计发行规模、存量规模等三项指标均以明显优势蝉联市场第一，荣获2019年度中债成员综合评定“优秀发行机构”“优秀资产管理人”奖项。

信托资产运用与分布

资产运用	金额（万元）	占比（%）	资产分布	金额（万元）	占比（%）
货币资产	6 360 188.29	4.57	基础产业	5 044 906.89	3.62
贷款	67 391 180.13	48.44	房地产	2 891 549.73	2.08
交易性金融资产	13 987 041.13	10.05	证券市场	26 846 449.49	19.30
可供出售金融资产	18 254 895.82	13.12	实业	4 882 906.42	3.51
持有至到期投资	24 997 576.42	17.97	金融机构	31 674 180.99	22.77
长期股权投资	4 636 336.88	3.34	其他	67 783 230.22	48.72
其他	3 496 005.07	2.51			
信托资产总计	139 123 223.74	100.00	信托资产总计	139 123 223.74	100.00

4.2.2 固有业务

固有业务指运用自有资产开展的业务，主要包括股权投资和金融产品投资。

固有资产运用与分布表

资产运用	金额（万元）	占比（%）	资产分布	金额（万元）	占比（%）
货币资产	96 638.75	4.56	基础产业	222 921.51	10.51
贷款及应收款	—	—	房地产业	247 061.90	11.65
交易性金融资产	1 159 735.59	54.69	证券市场	38 593.03	1.82
可供出售金融资产	—	—	实业	80 902.21	3.82
持有至到期投资	—	—	金融机构	772 426.96	36.43
长期股权投资	646 008.10	30.47	其他	758 545.72	35.77
其他	218 068.89	10.28			
资产总计	2 120 451.33	100.00	资产总计	2 120 451.33	100.00

注：资产运用中的“其他”主要是应收款项15.40亿元、其他权益工具投资2.50亿元，以及固定资产、租赁使用权、无形资产等其他长期资产。资产分布中的“其他”主要是私募股权基金投资份额。

4.3 市场分析

4.3.1 影响信托业务发展的有利因素

一是中国经济韧性好、潜力足。我国产业门类齐全、产业链条完备，拥有超大规模的市场优势和内需潜力，支撑经济稳步发展的要素优势没有改变，科技、文化、医疗、民生等行业正在加快转型升级。

二是宏观政策调整缓解经济下行压力。我国在推进供给侧结构性改革、推动高质量发展、做好“六稳”工作以及打好三大攻坚战等方面成绩显著，国民经济运行总体平稳；同时，宏观政策强调逆周期调节工具的运用，改善了实体经济融资环境。

三是监管政策引导信托行业转型发展。监管要求信托公司积极发展服务信托、财富管理信托、慈善信托等本源业务；“资管新规”及配套实施细则逐步落地，促进信托公司加快向家族信托、资产证券化、股权投资等创新业务转型。

4.3.2 影响业务发展的不利因素

一是外部环境复杂多变。当前我国经济结构性、体制性、周期性问题相互交织，“三期叠加”影响持续深化；同时，全球动荡源和风险点显著增多，世界大变局加速演变的特征更趋明显，经济环境的不确定性上升，信托公司展业难度增大。

二是传统业务空间进一步收窄。地方政府融资平台举债和房地产企业融资受到管控，特别是地方融资平台融资政策调整，基础设施融资、房地产信托等融资类信托业务迫切需要创新业务模式。

三是资管市场竞争加剧。随着监管政策逐步统一，我国资管市场竞争日益加剧，信托公司在财富管理、投资银行、资产管理等细分领域的核心能力亟待提升，加快转型的紧迫性明显增强

4.4 内部控制

公司建立了权责明确、制衡合理的治理结构和前台、中台、后台分离，报告路径清晰的组织架构，明确界定了各部门的职责和权限，确保其在授权范围内行使职能。

健全了各项内部控制制度和机制，使内部控制渗透到决策、执行、监督、反馈等各个环节，覆盖公司所有业务、部门和岗位。

建立了有效的信息交流和反馈机制，能够将经营管理过程中存在的重大问题及时向高级管理层、董事会、监事会、股东和监管部门报告。

建立了完善的信息披露制度和程序，通过公司网站等平台及时向委托人和社会公众准确、及时披露公司有关信息。

建立了内部控制检查、评估和纠正机制，确保内控措施的执行落实和对发现问题的及时整改。

报告年度，本公司持续完善规章制度、授权体系、内控流程，加强内部控制管理工作，内部控制体系不断完善。

4.5 风险管理

依托“三会一层”和内设部门，构建了全面覆盖、层次清晰、职责明确的风险管理架构，形成了“四个层级、三道防线”的风险管理体系。本公司坚持依法合规的经营理念，培育健康的风险管理文化，防范和化解经营过程中面临的各种风险，促进公司持续健康发展。

4.5.1 信用风险状况及其管理

公司信托业务的信用风险主要来自于融资类信托项目和投资类信托中的信用债。报告期内，融资类存续项目资产质量较好，到期信托项目均按期清算兑付；投资类项目中的信用债均符合公司风险限额指标，信用风险可控。公司固有业务信用风险主要来自于固定收益类资产，报告期末，不良资产余额为零。

公司遵循集团整体风险偏好，加强对项目前期风险评估工作，审慎选择交易对手，合理选择增信措施，强化抵质押品管理；持续关注交易对手的履约能力，加强项目资金监管，确保项目还款来源；强化项目的运行管理，加大对重点项目管理力度。

4.5.2 市场风险状况及其管理

公司市场风险主要来自证券投资业务，包含固定收益类产

品、股票类产品和混合类产品。报告期内，证券投资产品运行平稳，风险敞口、价格波动在公司设定限额以内，市场风险可控。

公司通过建立有效的投资组合，设置合理的投资比例和风险限额，加强各类价格波动的监测，严格执行信托文件中对预警线及止损线的具体约定，防范市场价格波动带来的风险。

4.5.3　操作风险状况及其管理

公司持续规范各项业务的操作流程，明确操作权限和内容，在业务尽职调查、产品管理、风险监控、档案管理、信息披露等方面不断细化管理要求、规范操作流程，消除操作风险隐患。报告期内，本公司未发生因操作风险所造成的损失。

4.5.4　其他风险状况及其管理

其他风险主要包括政策风险、法律风险、关联交易风险和声誉风险等。

公司深入分析国家宏观经济政策、行业发展政策、监管政策以及国家法律法规，及时调整经营策略。报告年度，本公司未发生因政策风险所造成的损失。

公司加强法律性事务管理，对交易行为、法律性文件认真进行法律审查。报告年度，本公司未发生因法律风险所造成的损失。

公司不断完善关联交易相关制度和操作流程，及时准确地识别、审查、统计关联交易，按照要求及时向监管部门事前报告。报告年度，本公司未发生因关联交易风险所造成的损失。

公司强调在依法合规经营、持续稳健发展的基础上，主动、有效、灵活地管理声誉风险，制定了对声誉风险监控、处置和应对的工作制度。报告年度，本公司未发生因声誉风险所造成的损失。

5. 报告期末及上一年度末的比较式会计报表

5.1　固有资产

5.1.1　会计师事务所审计意见全文

审 计 报 告

安永华明(2020)审字第61379741_A01号

建信信托有限责任公司董事会：

一、审计意见

我们审计了建信信托股份有限公司的财务报表，包括2019年12月31日的合并及公司资产负债表，2019年度的合并及公司利润表、所有者权益变动表和现金流量表以及相关财务报表附注。

我们认为，后附的建信信托有限责任公司财务报表在所有重大方面按照企业会计准则的规定编制，公允反映了建信信托有限责任公司2019年12月31日的合并及公司财务状况以及2019年度的合并及公司经营成果和现金流量。

二、形成审计意见的基础

我们按照中国注册会计师审计准则的规定执行了审计工作。审计报告的“注册会计师对财务报表审计的责任”部分进一步阐述了我们在这些准则下的责任。按照中国注册会计师职业道德守则，我们独立于建信信托有限责任公司，并履行了职业道德方面的其他责任。我们相信，我们获取的审计证据是充分、适当的，为发表审计意见提供了基础。

三、其他信息

建信信托有限责任公司管理层对其他信息负责。其他信息包括年度报告中涵盖的信息，但不包括财务报表和我们的审计报告。

我们对财务报表发表的审计意见不涵盖其他信息，我们也不对其他信息发表任何形式的鉴证结论。

结合我们对财务报表的审计，我们的责任是阅读其他信息，在此过程中，考虑其他信息是否与财务报表或我们在审计过程中了解到的情况存在重大不一致或者似乎存在重大错报。

基于我们已经执行的工作，如果我们确定其他信息存在重大错报，我们应当报告该事实。在这方面，我们无任何事项需要报告。

四、管理层和治理层对财务报表的责任

管理层负责按照企业会计准则的规定编制财务报表，使其实现公允反映，并设计、执行和维护必要的内部控制，以使财务报表不存在由于舞弊或错误导致的重大错报。

在编制财务报表时，管理层负责评估建信信托有限责任公司的持续经营能力，披露与持续经营相关的事项（如适用），并运用持续经营假设，除非管理层进行清算、终止运营或别无其他现实的选择。

治理层负责监督建信信托有限责任公司的财务报告过程。

五、注册会计师对财务报表审计的责任

我们的目标是对财务报表整体是否不存在由于舞弊或错误导致的重大错报获取合理保证，并出具包含审计意见的审计报告。合理保证是高水平的保证，但并不能保证按照审计准则执行的审计在某一重大错报存在时总能发现。错报可能由于舞弊或错误导致，如果合理预期错报单独或汇总起来可能影响财务报表使用者依据财务报表作出的经济决策，则通常认为错报是重大的。

在按照审计准则执行审计工作的过程中，我们运用职业判断，并保持职业怀疑。同时，我们也执行以下工作：

（1）识别和评估由于舞弊或错误导致的财务报表重大错报风险；设计和实施审计程序以应对这些风险，并获取充分、适当的审计证据，作为发表审计意见的基础。由于舞弊可能涉及串通、伪造、故意遗漏、虚假陈述或凌驾于内部控制之上，未能发现由于舞弊导致的重大错报的风险高于未能发现由于错误导致的重大错报的风险。

（2）了解与审计相关的内部控制，以设计恰当的审计程序，但目的并非对内部控制的有效性发表意见。

（3）评价管理层选用会计政策的恰当性和作出会计估计及相关披露的合理性。

（4）对管理层使用持续经营假设的恰当性得出结论。同时，根据获取的审计证据，就可能导致对建信信托有限责任公司持续经营能力产生重大疑虑的事项或情况是否存在重大不确定性得出结论。如果我们得出结论认为存在重大不确定性，审计准则要求我们在审计报告中提请报表使用者注意财务报表中的相关披露；如果披露不充分，我们应当发表非无保留意见。我们的结论基于截至审计报告日可获得的信息。然而，未来的事项或情况可能导致建信信托有限责任公司不能持续经营。

(5)评价财务报表的总体列报、结构和内容(包括披露)，并评价财务报表是否公允反映相关交易和事项。

(6)就建信信托有限责任公司中实体或业务活动的财务信息获取充分、适当的审计证据，以对合并财务报表发表审计意见。我们负责指导、监督和执行集团审计，并对审计意见承担全部责任。

我们与治理层就计划的审计范围、时间安排和重大审计发现等事项进行沟通，包括沟通我们在审计中识别出的值得关注的内部控制缺陷。

安永华明会计师事务所（特殊普通合伙）

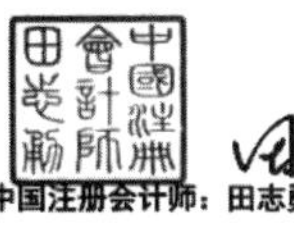

中国注册会计师：田志勇

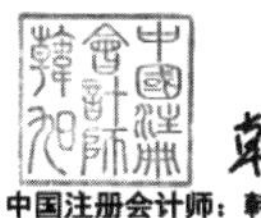

中国注册会计师：韩 旭

中国·北京　　2020 年 4 月 27 日

5.1.2　资产负债表

资产负债表(母公司)

编制单位:建信信托有限责任公司　　2019 年 12 月 31 日　　单位:万元

项目	2019 年 12 月 31 日	2018 年 12 月 31 日	项目	2019 年 12 月 31 日	2018 年 12 月 31 日
资产			负债		
现金及存放款项	98 039. 70	76 733. 24	应付职工薪酬	36 492. 91	26 639. 44
应收账款	56 611. 34	88 582. 54	应交税费	81 802. 95	50 034. 96
金融投资	—	—	租赁负债	6 653. 71	—
交易性金融资产	1 159 735. 59	409 479. 98	合同负债	10 249. 11	10 255. 47
其他权益工具投资	24 973. 78	21 807. 40	其他负债	7 566. 71	1 242. 99
长期股权投资	646 008. 10	478 651. 20	负债合计	142 765. 39	88 172. 86
投资性房地产	812. 54	902. 75			
固定资产	10 482. 30	11 272. 97	所有者权益		
在建工程	129. 44	35. 07	实收资本	246 686. 61	152 727. 00
无形资产	4 964. 12	3 112. 80	资本公积	770 239. 09	264 198. 70
使用权资产	9 802. 20	—	其他综合收益	377. 61	128. 52
递延所得税资产	11 195. 89	13 467. 86	盈余公积	107 380. 50	88 401. 92
其他资产	97 696. 33	271 778. 05	一般风险准备	13 580. 81	13 580. 81
			信托赔偿准备	44 197. 45	34 708. 16
			未分配利润	795 223. 87	733 905. 89
			所有者权益合计	1 977 685. 94	1 287 651. 00
资产总计	2 120 451. 33	1 375 823. 86	负债和所有者权益总计	2 120 451. 33	1 375 823. 86

资产负债表(合并)

编制单位:建信信托有限责任公司　　2019 年 12 月 31 日　　单位:万元

项目	2019 年 12 月 31 日	2018 年 12 月 31 日	项目	2019 年 12 月 31 日	2018 年 12 月 31 日
资产			负债		
现金及存放款项	445 760. 80	441 202. 85	短期借款	123 705. 98	95 632. 28
衍生金融资产	—	51. 06	衍生金融负债	1 154. 53	183. 90
应收账款	68 106. 61	100 900. 12	应付职工薪酬	42 527. 26	31 438. 87
应收票据	225. 93	—	应交税费	86 478. 81	54 453. 68
合同资产	353. 75	147. 40	应付账款	—	1 337. 13
买入返售金融资产	—	4 650. 19	应付票据	161 856. 62	93 921. 75
金融投资	—	—	租赁负债	8 870. 74	—
交易性金融资产	1 394 311. 75	570 489. 13	合同负债	10 549. 33	10 398. 55
债权投资	17 902. 33	2 188. 13	预计负债	—	40. 00
其他权益工具投资	25 113. 78	21 947. 40	长期借款	76 305. 04	59 524. 86
长期股权投资	697 111. 36	696 576. 86	递延所得税负债	52. 18	96. 25
投资性房地产	812. 54	902. 75	其他负债	566 941. 96	522 400. 04
固定资产	11 166. 28	12 297. 85	负债合计	1 078 442. 45	869 427. 31
在建工程	184. 30	47. 62			
无形资产	5 092. 09	3 305. 96	所有者权益		
使用权资产	12 057. 30	—	实收资本	246 686. 61	152 727. 00

续表

项目	2019 年 12 月 31 日	2018 年 12 月 31 日	项目	2019 年 12 月 31 日	2018 年 12 月 31 日
商誉	1 018. 84	1 018. 84	资本公积	765 565. 32	259 524. 93
递延所得税资产	11 592. 61	15 139. 49	其他综合收益	2 748. 34	2 345. 67
其他资产	467 752. 66	356 629. 87	盈余公积	107 380. 50	88 401. 92
			一般风险准备	14 204. 53	14 178. 65
			信托赔偿准备	44 197. 45	34 708. 16
			未分配利润	885 567. 47	792 450. 07
			归属于母公司股东权益合计	2 066 350. 22	1 344 336. 40
			少数股东权益	13 770. 26	13 731. 81
			所有者权益合计	2 080 120. 48	1 358 068. 21
资产总计	3 158 562. 93	2 227 495. 52	负债和所有者权益总计	3 158 562. 93	2 227 495. 52

5. 1. 3　利润表

利润表（母公司）

编制单位：建信信托有限责任公司　　2019 年度　　单位：万元

项　目	2019 年度	2018 年度
一、营业收入	319 605. 89	293 723. 58
利息净收入	1 443. 99	1 110. 85
其中：利息收入	1 621. 14	1 453. 27
利息支出	177. 15	342. 42
手续费及佣金净收入	237 506. 45	216 942. 51
其中：手续费及佣金收入	237 538. 24	216 973. 40
手续费及佣金支出	31. 79	30. 89
投资收益	73 791. 87	50 837. 73
其他收益	—	105. 37
公允价值变动损益	5 765. 16	23 490. 16
其他业务收入	1 107. 44	1 238. 30
资产处置收益	-9. 02	-1. 33
二、营业支出	65 424. 08	55 402. 90
税金及附加	2 178. 54	1 872. 09
业务及管理费	59 378. 70	53 439. 26
信用减值损失	3 776. 62	1. 15
其他业务成本	90. 21	90. 40
三、营业利润	254 181. 81	238 320. 68
营业外收入	27. 28	23. 22
营业外支出	263. 99	59. 28
四、利润总额	253 945. 10	238 284. 61
所得税费用	64 159. 25	56 625. 59
五、净利润	189 785. 85	181 659. 03
六、其他综合收益的税后净额	249. 09	339. 67
（一）以后不能重分类进损益的其他综合收益	212. 85	387. 46
其他权益工具投资公允价值变动	212. 85	387. 46
（二）以后将重分类进损益的其他综合收益	36. 23	-47. 79
权益法下在被投资单位以后将重分类进损益的其他综合收益中享有的份额	36. 23	-47. 79
七、综合收益总额	190 034. 94	181 998. 70
归属于母公司股东的综合收益总额	190 034. 94	181 998. 70

利润表（合并）

编制单位：建信信托有限责任公司　　2019 年度　　单位：万元

项　目	2019 年度	2018 年度
一、营业收入	497 738. 86	453 477. 30
利息净收入	4 173. 73	7 122. 06
利息收入	13 934. 56	14 127. 07

续表

项　目	2019 年度	2018 年度
利息支出	9 760. 83	7 005. 01
手续费及佣金净收入	270 262. 35	243 524. 36
手续费及佣金收入	274 118. 65	246 602. 95
手续费及佣金支出	3 856. 30	3 078. 59
投资收益	98 007. 73	67 567. 78
其中：对联营和合营企业的投资收益	61 903. 47	43 155. 41
其他收益	547. 33	370. 13
公允价值变动收益	3 796. 60	26 038. 47
其他业务收入	120 982. 62	108 855. 82
资产处置收益	-9. 02	-1. 33
汇兑损益	-22. 48	—
二、营业支出	202 783. 92	184 473. 05
税金及附加	2 424. 04	2 074. 50
业务及管理费	80 445. 21	75 243. 26
信用减值损失	193. 99	9. 60
其他业务成本	119 720. 68	107 145. 69
三、营业利润	294 954. 94	269 004. 25
加：营业外收入	74. 26	23. 22
减：营业外支出	369. 55	180. 39
四、利润总额	294 659. 65	268 847. 07
减：所得税费用	72 890. 67	63 260. 65
五、净利润	221 768. 98	205 586. 41
（一）按经营持续性分类		
持续经营净利润	221 768. 98	205 586. 41
终止经营净利润	—	—
（二）按所有权归属分类	—	—
归属于母公司股东的净利润	221 611. 16	205 033. 74
少数股东损益	157. 82	552. 68
六、其他综合收益的税后净额	402. 66	481. 21
（一）不能重分类进损益的其他综合收益	212. 85	387. 46
其他权益工具投资公允价值变动	212. 85	387. 46
（二）将重分类进损益的其他综合收益	—	—
权益法下可转损益的其他综合收益	-97. 89	-47. 79
外币财务报表折算差额	287. 70	141. 54
七、综合收益总额	222 171. 64	206 067. 62
（一）归属于母公司股东的综合收益总额	222 013. 82	205 514. 94
（二）归属于少数股东的综合收益总额	157. 82	552. 68

5.1.4 所有者权益变动表

所有者权益变动表(母公司)

编制单位:建信信托有限责任公司　　2019 年 12 月 31 日　　单位:万元

	实收资本	资本公积	其他综合收益	盈余公积	一般风险准备	信托赔偿准备	未分配利润	所有者权益合计
2018 年 1 月 1 日余额	152 727.00	264 198.70	-211.15	70 236.01	16 808.39	34 708.16	567 185.19	1 105 652.30
本年增减变动金额	—	—	—	—	—	—	—	—
(一) 综合收益总额	—	—	339.67	—	—	—	181 659.03	181 998.70
(二) 利润分配	—	—	—	—	—	—	—	—
1. 提取盈余公积	—	—	—	18 165.90	—	—	-18 165.90	—
2. 提取一般风险准备	—	—	—	—	-3 227.58	—	3 227.58	—
3. 提取信托赔偿准备	—	—	—	—	—	—	—	—
2018 年 12 月 31 日余额	152 727.00	264 198.70	128.52	88 401.92	13 580.81	34 708.16	733 905.89	1 287 651.00
2019 年 1 月 1 日余额	152 727.00	264 198.70	128.52	88 401.92	13 580.81	34 708.16	733 905.89	1 287 651.00
本年增减变动金额	—	—	—	—	—	—	—	—
(一) 综合收益总额	—	—	249.09	—	—	—	189 785.85	190 034.94
(二) 股东投入和减少资本	93 959.61	506 040.39	—	—	—	—	—	600 000.00
(三) 利润分配	—	—	—	—	—	—	—	—
1. 提取盈余公积	—	—	—	18 978.59	—	—	-18 978.59	—
2. 对股东的分配	—	—	—	—	—	—	-100 000.00	-100 000.00
3. 提取一般风险准备	—	—	—	—	—	—	—	—
4. 提取信托赔偿准备	—	—	—	—	—	9 489.29	-9 489.29	—
2019 年 12 月 31 日余额	246 686.61	770 239.09	377.61	107 380.50	13 580.81	44 197.45	795 223.87	1 977 685.94

所有者权益变动表(合并)

编制单位:建信信托有限责任公司　　2019 年 12 月 31 日　　单位:万元

	实收资本	资本公积	其他综合收益	盈余公积	一般风险准备	信托赔偿准备	未分配利润	少数股东权益	所有者权益合计
2018 年 1 月 1 日余额	152 727.00	259 524.93	1 864.47	70 236.01	17 235.71	34 708.16	602 525.18	13 282.12	1 152 103.57
本年增减变动金额	—	—	—	—	—		—	—	—
(一) 综合收益总额	—	—	481.20	—	—	—	205 033.74	552.68	206 067.62
(二) 利润分配	—	—	—	—	—	—	—	—	—
1. 提取盈余公积	—	—	—	18 165.90	—	—	-18 165.90	—	—
2. 提取一般风险准备	—	—	—	—	-3 057.06	—	3 057.06	—	—
3. 提取信托赔偿准备	—	—	—	—	—	—	—	—	—
4. 对股东的分配	—	—	—	—	—	—	—	-102.99	-102.99
2018 年 12 月 31 日余额	152 727.00	259 524.93	2 345.67	88 401.92	14 178.65	34 708.16	792 450.07	13 731.81	1 358 068.21
2019 年 1 月 1 日余额	152 727.00	259 524.93	2 345.67	88 401.92	14 178.65	34 708.16	792 450.07	13 731.81	1 358 068.21
本年增减变动金额	—	—	—	—	—	—	—	—	—
(一) 综合收益总额	—	—	402.66	—	—	—	221 611.16	157.82	222 171.64
(二) 股东投入资本	93 959.61	506 040.39	—	—	—	—	—	—	600 000.00
(三) 利润分配	—	—	—	—	—	—	—	—	—
1. 提取盈余公积	—	—	—	18 978.59	—	—	-18 978.59	—	—
2. 提取一般风险准备	—	—	—	—	25.89	—	-25.89	—	—
3. 提取信托赔偿准备	—	—	—	—	—	9 489.29	-9 489.29	—	—
4. 对股东的分配	—	—	—	—	—	—	-100 000.00	-119.37	-100 119.37
2019 年 12 月 31 日余额	246 686.61	765 565.32	2 748.34	107 380.50	14 204.53	44 197.45	885 567.47	13 770.26	2 080 120.48

5.2 信托资产

5.2.1 信托项目资产负债汇总表

信托项目资产负债汇总表

编制单位：建信信托有限责任公司　　2019 年 12 月 31 日　　单位：万元

信托资产	期末数	期初数	信托负债和信托权益	期末数	期初数
信托资产：			信托负债：		
货币资金	6 333 279. 51	17 847 882. 72	交易性金融负债	—	—
拆出资金	—	—	衍生金融负债	—	—
存出保证金	26 908. 78	51 295. 71	应付受托人报酬	44 114. 06	80 933. 74
交易性金融资产	13 987 041. 13	11 443 312. 20	应付保管费	52 608. 14	57 248. 59
衍生金融资产	—	—	应付受益人收益	36 508. 19	142 752. 31
买入返售金融资产	2 378 991. 15	5 155 742. 82	应交税费	26 588. 03	34 819. 86
应收款项	1 117 013. 92	-680 739. 47	应付销售服务费	771. 31	820. 50
贷款	67 391 180. 13	54 622 147. 34	其他应付款项	2 188 721. 76	662 861. 58
可供出售金融资产	18 254 895. 82	20 184 532. 20	预计负债	—	—
持有至到期投资	24 997 576. 42	26 642 217. 81	其他负债	—	—
长期应收款	—	—	信托负债合计	2 349 311. 49	979 436. 58
长期股权投资	4 636 336. 88	5 127 500. 36			
投资性房地产	—	—	信托权益：		
固定资产	—	—	实收信托	129 458 619. 70	134 050 286. 59
无形资产	—	—	资本公积	91 121. 93	25 823. 85
长期待摊费用	—	—	损益平准金	—	—
其他资产	—	—	未分配利润	7 224 170. 62	5 338 344. 67
			信托权益合计	136 773 912. 25	139 414 455. 11
信托资产总计	139 123 223. 74	140 393 891. 69	信托负债和信托权益总计	139 123 223. 74	140 393 891. 69

5.2.2 信托项目利润及利润分配汇总表

信托项目利润及利润分配汇总表

编制单位：建信信托有限责任公司　　2019 年度　　单位：万元

项目	当年数	上年数
1. 营业收入	7 929 573. 98	7 171 351. 31
1. 1 利息收入	4 190 824. 52	3 173 067. 83
1. 2 投资收益	3 481 258. 58	3 910 043. 56
1. 2. 1 其中：对联营企业和合营企业的投资收益	—	—
1. 3 公允价值变动收益	236 697. 71	79 507. 88
1. 4 租赁收入	—	—
1. 5 汇兑损益（损失以“-”号填列）	11. 00	-879. 11
1. 6 其他收入	20 782. 17	9 611. 15
2. 支出	625 705. 30	940 983. 06
2. 1 营业税金及附加	15 897. 20	9 653. 18
2. 2 受托人报酬	172 291. 55	194 276. 94
2. 3 托管费	36 430. 05	33 323. 97
2. 4 投资管理费	—	—
2. 5 销售服务费	3 199. 05	1 644. 49
2. 6 交易费用	313. 03	651. 66
2. 7 资产减值损失	18 126. 52	468 756. 32
2. 8 其他费用	379 447. 90	232 676. 50

续表

项目	当年数	上年数
3. 信托净利润（净亏损以“-”号填列）	7 303 868. 68	6 230 368. 25
4. 其他综合收益	—	—
5. 综合收益	7 303 868. 68	6 230 368. 25
加：期初未分配信托利润	5 338 344. 67	5 053 359. 62
加：损益平准金	-34 830. 21	-615 074. 66
6. 可供分配的信托利润	12 607 383. 14	10 668 653. 21
减：本期已分配信托利润	5 383 212. 52	5 330 308. 54
7. 期末未分配信托利润	7 224 170. 62	5 338 344. 67

6. 会计报表附注

6.1 会计报表编制基准不符合会计核算基本前提的说明

本公司会计报表编制基准不存在不符合会计核算基本前提的情况。

本公司执行财政部 2006 年 2 月 15 日颁布的《企业会计准则》（财会［2006］3 号）及其后续规定。公司以持续经营为基础，根据实际发生的交易和事项，按照《企业会计准则——基本准则》和其他各项具体会计准则、应用指南及准则解释的规定进行确认和计量，在此基础上编制财务报表。

6.2 或有事项说明

报告年度,本公司无对外担保及其他或有事项。

6.3 重要资产转让及其出售的说明

报告年度,本公司无重要资产转让及出售事项。

6.4 会计报表中重要项目的明细资料

6.4.1 固有资产经营情况

6.4.1.1 风险五级分类情况

信用风险资产五级分类	正常类(万元)	关注类(万元)	次级类(万元)	可疑类(万元)	损失类(万元)	信用风险资产合计(万元)	不良资产合计(万元)	不良资产率(%)
期初数	1 332 871.54	12 439.03	—	—	—	1 345 310.57	—	—
期末数	2 119 638.79	8 800.00	—	—	—	2 176 112.26	—	—

6.4.1.2 各项资产减值损失准备情况

单位:万元

	期初数	本期计提	本期转回	本期核销	期末数
贷款损失准备	—	—	—	—	—
一般准备	—	—	—	—	—
专项准备	—	—	—	—	—
其他资产减值准备	106.18	3 776.62	—	—	3 882.80
可供出售金融资产减值准备	—	—	—	—	—
持有至到期投资减值准备	—	—	—	—	—
长期股权投资减值准备	—	3 723.75	—	—	3 723.75
坏账准备	—	40.67	—	—	40.67
投资性房地产减值准备	—	—	—	—	—

6.4.1.3 股票投资、基金投资、债券投资、股权投资等投资业务情况

单位:万元

	自营股票	基金	债券	长期股权投资	其他投资	合计
期初数	539.03	40 000.00	—	478 651.20	390 748.34	909 938.57
期末数	616.78	—	—	646 008.10	1 184 092.59	1 830 717.47

6.4.1.4 长期股权投资情况

本公司前五名的自营长期股权投资的企业情况

企业名称	本公司持股比例	主要经营活动	投资收益(万元)
建信(北京)投资基金管理公司	100.00	非证券业务的投资管理和咨询	—
海南建银建信专项基金一号合伙企业	49.96	股权投资、投资管理及咨询	37 811.20
建信期货有限责任公司	80.00	商品期货经纪业务、金融期货经纪业务	477.64
北京建信股权投资基金(有限合伙)	50.91	非证券业务投资、投资管理、咨询	7 267.38
广东国有企业重组发展基金(有限合伙)	62.08	股权投资	4.84

6.4.1.5 固有贷款情况

企业名称	占贷款总额的比例(%)	还款情况(万元)
—	—	—

6.4.1.6 表外业务情况

单位:万元

表外业务	期初数	期末数
担保业务	—	—
代理业务(委托业务)	—	—
其他	—	1 065 000.00
合计	—	1 065 000.00

注:表外业务中的其他为债券承销(分销)业务本年累计发生额。

6.4.1.7 公司当年收入结构

6.4.1.7.1 母公司收入结构

收入结构	金额(万元)	占比(%)
手续费及佣金收入	237 538.24	74.27
其中:信托手续费收入	237 380.96	74.22
投资银行业务收入	—	—
利息收入	1 621.14	0.51
其他业务收入	1 098.42	0.34
其中:计入信托业务收入部分	—	—
投资收益	73 791.87	23.07
其中:股权投资收益	50 612.53	15.82
证券投资收益	164.14	0.05%
其他投资收益	23 015.20	7.20
公允价值变动收益	5 765.16	1.80
营业外收入	27.28	0.01
收入合计	319 842.11	100.00

6.4.1.7.2 合并收入结构

收入结构	金额(万元)	占比(%)
手续费及佣金收入	274 118.65	53.60
其中:信托手续费收入	237 380.96	46.42
投资银行业务收入	—	—
利息收入	13 934.56	2.72
其他业务收入	121 498.45	23.76
其中:计入信托业务收入部分	—	—
投资收益	98 007.73	19.16
其中:股权投资收益	69 295.85	13.55
证券投资收益	1 888.17	0.37
其他投资收益	26 823.71	5.24
公允价值变动收益	3 796.60	0.74
营业外收入	74.26	0.01
收入合计	511 430.25	100.00

注:合并口径的其他业务收入主要是建信期货子公司建信商贸的现货销售收入。

6.4.2　披露信托财产管理情况

6.4.2.1　信托资产

单位：万元

信托资产	期初数	期末数
集合	28 829 668.84	41 576 960.34
单一	63 316 563.57	39 730 735.85
财产权	48 247 659.28	57 815 527.55
合计	140 393 891.69	139 123 223.74

6.4.2.1.1　主动管理型信托业务的信托资产

单位：万元

主动管理型信托资产	期初数	期末数
证券投资类	971 582.16	2 416 161.91
股权及其他投资类	17 018 220.09	18 967 006.09
融资类	6 681 469.25	11 062 870.69
事务管理类	0.00	0.00
合计	24 671 271.50	32 446 038.69

6.4.2.1.2　被动管理型信托业务的信托资产

单位：万元

被动管理型信托资产	期初数	期末数
证券投资类	26 993 599.32	24 430 408.33
股权及其他投资类	17 794 717.60	6 210 296.64
融资类	—	—
事务管理类	70 934 303.27	76 036 480.08
合计	115 722 620.19	106 677 185.05

6.4.2.2　本年度已清算结束的信托项目情况

本年度已清算结束的信托项目163个、实收信托合计金额为6 177 252.78万元，加权平均实际年化收益率为5.6107%。

6.4.2.2.1　本年度已清算结束的信托项目

已清算结束信托项目	项目个数（个）	实收信托合计金额（万元）	加权平均实际年化收益率（%）
集合类	78	3 633 264.03	5.9071
单一类	70	632 587.50	6.2168
财产管理类	15	1 911 401.25	4.8466

6.4.2.2.2　本年度已清算结束的主动管理型信托项目

本年度已清算结束的主动管理型信托项目111个，实收信托合计金额为3 530 447.22万元，加权平均实际年化收益率为5.9024%。

已清算结束信托项目	项目个数（个）	实收信托合计金额（万元）	加权平均实际年化信托报酬率（%）	加权平均实际年化收益率（%）
证券投资类	9	89 760.00	0.0000	4.7115
股权及其他投资类	75	1 896 812.22	0.7961	6.0568
融资类	27	1 543 875.00	0.6910	5.7819
事务管理类	0	0.00	0.0000	0.0000

6.4.2.2.3　本年度已清算结束的被动管理型信托项目

本年度已清算结束的被动管理型信托项目52个，实收信托合计金额为2 646 805.56万元，加权平均实际年化收益率为5.2215%。

已清算结束信托项目	项目个数（个）	实收信托合计金额（万元）	加权平均实际年化信托报酬率（%）	加权平均实际年化收益率（%）
证券投资类	4	—	0.0499	4.4166
股权及其他投资类	1	5.55	0.0672	6.8994
融资类	0	—	—	—
事务管理类	47	2 646 800.01	0.1164	5.2215

6.4.2.3　本年度新增信托项目

报告年度新增的集合类、单一类、财产管理类信托项目916个，实收信托合计金额为36 323 679.78万元。

新增信托项目	项目个数（个）	实收信托合计金额（万元）
集合类	151	4 585 913.60
单一类	707	1 291 863.00
财产管理类	58	30 445 903.18
新增合计	916	36 323 679.78
其中：主动管理型	846	5 604 941.99
被动管理型	70	30 718 737.79

6.4.2.4　本公司履行受托人义务情况及本公司自身责任而导致的信托资产损失情况

本公司在信托财产的管理运用和处分过程中，严格按信托合同等信托文件的约定对信托财产进行管理，切实履行了受托人的诚实、信用、谨慎、有效管理的义务，维护受益人的最大利益；报告年度，公司没有发生因自身责任而导致的信托资产损失情况。

6.5　关联方关系及其交易的披露

6.5.1　关联交易方的数量、总金额及关联交易的定价政策等

	关联交易方数量	关联交易金额（万元）	定价政策
合计	13	4 964 100.47	市场公允价格

6.5.2　关联交易方情况

关系性质	关联方名称	法定代表人	注册地址	注册资本（亿元）	主营业务
股东	中国建设银行股份有限公司	田国立	北京市西城区金融大街25号	2 500.11	公司银行业务、个人银行业务、资金业务、投资银行业务及海外业务。
股东	合肥兴泰金融控股（集团）有限公司	程儒林	安徽省合肥市蜀山区祁门路1688号	60	对授权范围内的国有资产进行经营以及从事企业策划、管理咨询、财务顾问、公司理财、产业投资以及经批准的其他经营活动。
子公司	建信财富（北京）股权投资基金管理有限公司	黄建峰	北京市丰台区西站南路168号1114室	0.24	投资管理；投资咨询；实业投资；资产管理；财务咨询；企业管理咨询。

续表

关系性质	关联方名称	法定代表人	注册地址	注册资本(亿元)	主营业务
子公司	建信(北京)投资基金管理有限责任公司	王业强	北京市西城区闹市口大街1号院2号楼3层3B8	20.61	投资管理、投资咨询;实业投资;资产管理;财务咨询、企业管理咨询。
子公司	建信期货有限责任公司	葛文杰	中国(上海)自由贸易试验区银城路99号502、503室	5.61	商品期货经纪、金融期货经纪。
子公司	芜湖建信宸乾投资管理有限公司	黎代福	安徽省芜湖市镜湖区观澜路1号滨江商务楼17层1713	2	投资管理,投资咨询(证券、期货咨询除外),企业管理及咨询。
被投资单位	北京建信财富股权投资基金(有限合伙)	黄建峰	北京市丰台区西站南路168号1008室	—	非证券业务的投资、投资管理、咨询。
被投资单位	北京建信股权投资基金(有限合伙)	王业强	北京市丰台区西站南路168号1201室	—	非证券业务的投资、投资管理、咨询。
主要股东的关联方	建信人寿保险股份有限公司	段超良	中国(上海)自由贸易试验区银城路99号建行大厦29-33层	44.96	人寿保险、健康保险、意外伤害保险等各类人身保险业务;上述业务的再保险业务;国家法律、法规允许的保险资金运用业务;经中国保监会批准的其他业务。
主要股东的关联方	建信金融租赁有限公司	刘 晖	北京市西城区闹市口大街长安兴融中心1号院4号楼6层	80	资租赁业务;转让和受让融资租赁资产;固定收益类证券投资业务;接受承租人的租赁保证金;同业拆借;向金融机构借款;境外借款;租赁物变卖及处理业务;经济咨询;在境内保税地区设立项目公司开展租赁业务;为控股子公司、项目公司对外融资提供担保;银监会批准的其他业务。
主要股东的关联方	建信养老金管理有限责任公司	石亭峰	北京市海淀区知春路7号致真大厦A座10-11层	23	全国社会保障基金投资管理业务;企业年金基金管理相关业务;受托管理委托人委托的以养老保障为目的的资金;与上述资产管理相关的养老咨询业务;经国务院银行业监督管理机构批准的其他业务。
主要股东的关联方	中德住房储蓄银行有限责任公司	李凡	天津市和平区贵州路19号	20	吸收住房储蓄存款及其他公众存款;发放住房储蓄类贷款及其他个人住房贷款;发放国家政策支持的保障性住房开发类贷款;受托办理公积金贷款;办理国内结算;与上述业务相关的借记卡业务和电子银行业务;从事同业拆借;发行金融债券;买卖政府债券和金融债券;经银监会批准的其他业务。
主要股东的关联方	合肥兴泰资本管理有限公司	郑晓静	安徽省合肥市蜀山区祁门路1688号	0.916	股权投资管理,创业投资管理、投资咨询。

6.5.3 本公司与关联方的重大交易事项

6.5.3.1 固有与关联方交易情况

单位:万元

固有与关联方关联交易				
	期初数	借方发生额	贷方发生额	期末数
贷款	—	—	—	—
投资	—	—	—	—
租赁	—	—	—	—
担保		—	—	—
应收账款	228 276.31	52 235.42	203 675.78	76 835.96
其他	9 078.95	4 160 476.63	4 162 776.39	6 779.20
合计	237 355.26	4 212 712.05	4 366 452.17	82 615.16

6.5.3.2 信托与关联方交易情况

单位:万元

信托与关联方关联交易				
	期初数	借方发生额	贷方发生额	期末数
贷款	—	—	—	—
投资	—	—	—	—
租赁	—	—	—	—
担保	—	—	—	—
应收账款	—	—	—	—

续表

信托与关联方关联交易				
	期初数	借方发生额	贷方发生额	期末数
其他	86 937 196.15	202 561 435.39	212 644 676.06	76 853 955.48
合计	86 937 196.15	202 561 435.39	212 644 676.06	76 853 955.48

6.5.3.3 固信交易、信信交易情况

6.5.3.3.1 固有财产与信托财产之间的交易

单位:万元

固有财产与信托财产相互交易			
	期初数	本期发生额	期末数
合计	143 938.14	751 735.42	895 673.56

6.5.3.3.2 信托项目之间的交易

单位:万元

信托资产与信托财产相互交易			
	期初数	本期发生额	期末数
合计	9 844 358.34	1 439 359.79	11 283 718.13

6.5.4 关联方逾期未偿还本公司资金的详细情况及本公司为关联方担保发生或即将发生垫款的详细情况

报告年度,本公司无上述情况。

6.6 会计制度

本公司执行财政部于 2006 年 2 月 15 日颁布的《企业会计准则——基本准则》和 38 项具体会计准则、其后颁布的企业会计准则应用指南、企业会计准则解释以及其他相关规定。

7. 财务情况说明书

7.1 利润实现和分配情况

7.1.1 母公司情况

报告年度，本公司分配股利 100 000.00 万元，实现净利润为 189 785.85 万元。根据《公司章程》《金融企业财务规则》的规定，提取盈余公积 18 978.59 万元，提取信托赔偿准备9 489.29 万元，截至 2019 年末，未分配利润为 795 223.87 万元。

7.1.2 合并口径情况

2019 年实现的归属本公司净利润为 221 768.98 万元，提取盈余公积 18 978.59 万元，提取信托赔偿准备 9 489.29 万元，提取一般风险准备 25.89 万元。

7.2 主要财务指标

指标名称	母公司指标值	合并指标值
资本利润率（%）	11.62	12.90
加权年化信托报酬率（%）	0.18	0.18
人均净利润（万元）	470.93	309.73

7.3 对本公司财务状况、经营成果有重大影响的其他事项

报告年度，本公司未发生对财务状况、经营成果有重大影响的其他事项。

8. 特别事项揭示

8.1 股东变动情况及原因

报告年度，本公司股东无变动。

8.2 董事、监事、高级管理人员变动情况及原因

8.2.1 董事变动情况及原因

（1）经中国建设银行提名，公司 2018 年第六次临时股东会选举李钺担任董事；2019 年 1 月 22 日，北京银保监局核准其任职资格（京银保监复[2019]38 号）。

（2）经中国建设银行提名，公司 2018 年第六次临时股东会选举蒋畅担任董事；2019 年 2 月 20 日，北京银保监局核准其任职资格（京银保监复[2019]84 号）。

（3）经合肥兴泰金融控股（集团）有限公司提名，公司 2018 年第五次临时股东会选举郑晓静担任董事；2019 年 2 月 20 日，北京银保监局核准其任职资格（京银保监复[2019]85 号）。

（4）2019 年 3 月 22 日，程远国辞任本公司董事职务。

（5）经中国建设银行提名，公司 2019 年第一次临时股东会选举孙庆文担任执行董事；2019 年 3 月 22 日，北京银保监局核准其任职资格（京银保监复[2019]130 号）。

（6）2019 年 3 月 29 日，高同国辞任本公司董事职务。

（7）经董事会提名，公司 2019 年第四次临时股东会选举张峥担任独立董事；2019 年 11 月 5 日，北京银保监局核准其任职资格（京银保监复[2019]884 号）。

（8）经董事会提名，公司 2019 年第四次临时股东会选举彭剑锋担任独立董事；报告年度已向北京银保监局提交任职申请材料，2020 年 3 月 25 日，北京银保监局核准其任职资格。

（9）经合肥兴泰金融控股（集团）有限公司提名，公司 2019 年第五次临时股东会选举陈锐担任董事，2019 年 12 月 18 日，北京银保监局核准其任职资格（京银保监复[2019]1049 号）。

（10）经董事会提名，公司 2019 年第五次临时股东会选举范从来担任独立董事；2019 年 12 月 23 日，北京银保监局核准其任职资格（京银保监复[2019]1066 号）。

（11）2019 年 12 月 24 日，范成法辞任本公司独立董事职务。

8.2.2 监事变动情况及原因

2019 年 4 月，因工作调整原因，周志寰不再担任本公司职工监事；经选举，徐谦担任本公司职工监事职务。

8.2.3 高级管理人员变动情况及原因

公司董事会 2019 年第 2 次会议同意聘任孙庆文担任总裁职务；2019 年 3 月 22 日，北京银保监局核准其任职资格（京银保监复[2019]130 号）。

公司董事会 2019 年第一次会议同意聘任周志寰、吴宁、黎代福担任副总裁职务。2019 年 4 月 2 日，北京银保监局核准周志寰副总裁任职资格（京银保监复[2019]153 号）；2019 年 4 月 4 日，北京银保监局核准吴宁副总裁任职资格（京银保监复[2019]158 号）、核准黎代福副总裁任职资格（京银保监复[2019]159 号）。

8.3 公司重大未决诉讼事项

报告年度，本公司无重大诉讼未决事项。

8.4 会计师事务对审计报告所出具保留意见、否定意见或无法表示意见的情况

无。

8.5 公司及其董事、监事和高级管理人员受到处罚的情况

2019 年 9 月 5 日，北京银保监局给予本公司 90 万元罚款的行政处罚（京银保监罚决字[2019]30 号）。

2019 年 9 月 24 日，北京银保监局给予本公司 40 万元罚款的行政处罚（京银保监罚决字[2019]34 号）。

2019 年 12 月 10 日，北京银保监局给予本公司 90 万元罚款的行政处罚（京银保监罚决字[2019]55 号）。

报告年度，本公司董事、监事和高级管理人员无受处罚情况。

8.6 银保监会及其派出机构对公司检查后提出整改意见及整改情况

8.6.1 2018 年度监管意见

2019 年 5 月 17 日，北京银保监局下发《建信信托有限责任

公司2018年度监管意见书》。公司于2019年6月17日向北京银保监局报送了整改落实方案，并按照方案认真整改落实。

8.6.2 下属公司业务合规性核查

2019年2月1日，北京银保监局下发《关于建信信托有限责任公司下属公司业务合规性核查情况的监管意见》。公司于2019年4月29日向北京银保监局报送了整改落实报告，并按照报告认真整改落实。

8.7 报告年度重大事项报告

（1）修改《公司章程》。根据中国银保监会《关于信托机构参照〈商业银行股权管理暂行办法〉加强股权管理的通知》（银保监办发[2018]75号）相关要求，本公司对《公司章程》中有关股东权责的内容进行了相应修改。该事项于2019年1月31日在《金融时报》第六版公开披露。

（2）公司总裁变动。经北京银保监局核准，孙庆文任本公司执行董事、总裁。该事项于2019年3月29日在《金融时报》第八版公开披露。

（3）注册资本变更。经北京银保监局批准，公司注册资本由1 527 270 000元增至2 466 866 069元，股权结构未发生变化；并对《公司章程》进行了相应修改。上述事项于2019年12月18日在《金融时报》第八版公开披露。

8.8 中国银保监会及其省级派出机构认定的其他有必要让客户及相关利益人了解的重要信息

无。

8.9 净资本、风险资本及风险控制指标等情况

按照《中国银监会关于印发信托公司净资本计算标准有关事项的通知》（银监发[2011]11号），截至2019年12月31日，本公司净资本为1 511 974.33万元，净资产为1 977 685.04万元，净资本与净资产之比为76.45%，各项业务风险资本之和876 353.72万元，净资本与各项风险资本之和的比例为172.53%，以上指标均高于监管要求。

9. 社会责任履行情况

报告年度，本公司认真贯彻国家经济金融政策和监管要求，积极支持和服务实体经济，满足客户多样化金融需求；坚持依法合规、稳健经营，有效履行受托人职责义务，维护受益人利益最大化，所有到期信托产品均实现了按期清算、足额兑付。

报告年度，本公司积极发挥信托功能优势，多种形式助力精准扶贫。受托管理的“建信联合精准扶贫慈善信托”募集资金246万元，向陕西省安康市所辖医院捐赠“云巡诊车”价值240万元；积极参与中国信托业协会统筹协调的精准扶贫工作，捐赠15万元助力呼伦贝尔扶贫慈善信托落地；与上海市儿童基金会继续合作“智者择善”慈善信托，捐赠187万元为贫困家庭儿童提供医疗救助。此外，组织员工捐款8万余元，资助陕西省安康市汉滨区大竹园镇粮茶村的贫困学生和爱心扶贫超市。

10. 消费者权益保护情况

本公司不断完善消费者权益保护工作制度体系，优化工作体制机制，规范营销推介行为，积极开展宣传教育和培训，消费者权益保护工作取得明显成效。报告年度，没有发生有效投诉。

11. 公司监事会意见

监事会认为，公司依法合规运作，认真贯彻国家经济金融政策和监管要求；董事会、高管层及其成员勤勉尽责、忠诚履职，没有违反法律、法规、《公司章程》或损害公司利益的行为；报告年度，公司克服不利因素，取得了良好的经营业绩，年度报告真实反映了公司的财务状况和经营成果。

江苏省国际信托有限责任公司

1. 重要提示

1.1 本公司董事会及董事保证本报告所载资料不存在任何虚假记载、误导性陈述或者重大遗漏，并对其内容的真实性、准确性和完整性承担个别及连带责任。

1.2 公司独立董事对本报告内容真实性、完整性和准确性无异议。

1.3 公司编制的2019年度财务报告已经天衡会计师事务所(特殊普通合伙)审计，并出具了标准无保留意见的审计报告。

1.4 公司法定代表人胡军、主管会计工作负责人王会清和会计机构负责人陈飞声明并保证年度报告中财务报告的真实和完整。

2. 公司概况

2.1 公司简介

2.1.1 公司历史沿革

公司前身为江苏省国际信托投资公司，于1981年10月经国家外资管理委员会和江苏省人民政府批准正式成立。2001年8月，江苏省政府决定对江苏省国际信托投资公司和江苏省投资管理有限责任公司进行集团化重组改制，组建江苏省国信资产管理集团有限公司(现已更名为江苏省国信集团有限公司，以下简称国信集团)。2002年8月，经中国人民银行批准，江苏省国际信托投资公司予以重新登记，并更名为江苏省国际信托投资有限责任公司，注册资金为248 389.9万元。2007年6月，根据新两规要求，经中国银监会(现已更名为中国银行保险监督管理委员会，以下简称中国银保监会)批准，江苏省国际信托投资有限责任公司更名为江苏省国际信托有限责任公司，同时变更业务范围。2013年12月，公司注册资本增至268 389.9万元。2016年，江苏舜天船舶股份有限公司向国信集团发行股份以收购其所拥有的江苏省国际信托有限责任公司81.49%的股权，公司已办理股东变更手续。2017年，江苏舜天船舶股份有限公司更名为江苏国信股份有限公司。2018年6月，中国银监会江苏监管局(现已更名为中国银保监会江苏监管局)批复同意公司注册资本增至376 033.66万元。

公司坚持“发展、创新、高效、稳健”的经营理念，积极按照新两规要求，发挥“受人之托、代人理财”的特点，立足信托本业，完善治理结构，改善经营机制，探索业务创新，加强人才开发，经济效益稳步增长，切实维护了委托人的最大利益。公司已经发展成为我国信托业中资产质量优良、管理规范、经营合规、信息透明、风控能力较强的信托公司。

2.1.2 公司的法定名称

公司法定中文名称：江苏省国际信托有限责任公司

中文缩写：江苏信托

公司法定英文名称：Jiangsu International Trust Corporation Limited

英文缩写：JSITC

2.1.3 公司法定代表人：胡军

2.1.4 公司注册地址：江苏省南京市长江路2号22至26层

邮编：210005

公司国际互联网网址：http://www.jsitc.net

公司电子邮箱：jsitc@jsitc.net

2.1.5 公司负责信息披露事务的高级管理人员：王会清

公司信息披露事务联系人：贾宇

联系电话：025-89667797

传　　真：025-89667700

电子信箱：jiayu@jsitc.net

2.1.6 公司选定的信息披露报纸：《证券时报》

2.1.7 年报备置地点：江苏省南京市玄武区长江路2号26层

2.1.8 公司聘请的会计师事务所：天衡会计师事务所(特殊普通合伙)

办公地址：江苏省南京市建邺区江东中路106号万达广场商务楼B座19~20层

2.1.9 公司聘请的律师事务所：上海市锦天城(南京)律师事务所

办公地址：南京市中山路228号地铁大厦19~20层

2.2 组织结构

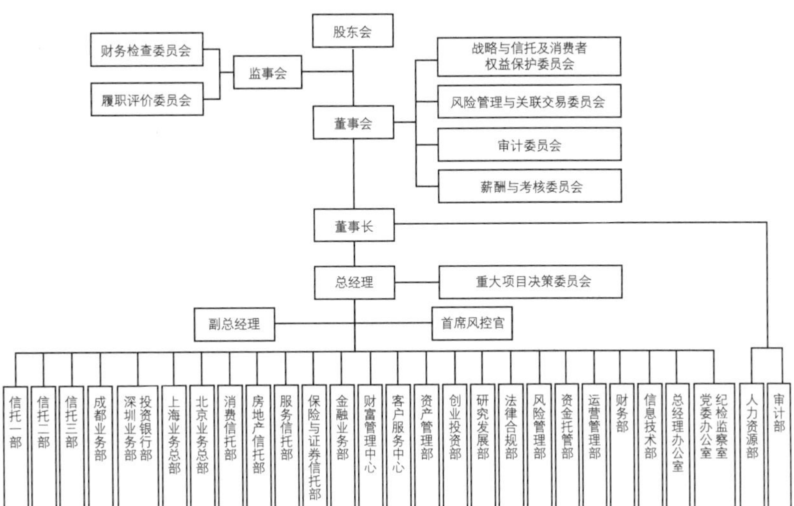

3. 公司治理

3.1 股东

报告期末公司股东总数为4家，持有本公司股份的股东及持股情况如下：

股东名称	持股比例（%）	法人代表	注册资本（亿元）	注册地址	主要经营业务及主要财务情况
江苏国信股份有限公司（以下简称江苏国信）★	81.4904	浦宝英	37.78	江苏省南京市长江路88号	实业投资、股权投资（包括金融、电力能源股权等）、投资管理与咨询；电力项目开发建设和运营管理，电力技术咨询、节能产品销售，进出口贸易。2019年末，江苏国信总资产为701.94亿元，归属上市公司股东的净资产为270.31亿元，营业总收入为210.90亿元，归属上市公司股东净利润为24.04亿元。
江苏省苏豪控股集团有限公司（以下简称苏豪控股）	10.0100	王正喜	20	江苏省南京市软件大道48号	金融、实业投资，授权范围内国有资产的经营、管理；国贸贸易；房屋租赁；蚕丝绸、纺织服装的生产、研发和销售。2019年末，苏豪控股总资产为271.73亿元、净资产为129.17亿元、营业收入为175.21亿元、利润总额为16.04亿元（未审计）。
江苏省农垦集团有限公司（以下简称江苏农垦）	4.2962	魏红军	33	江苏省南京市珠江路4号	省政府授权范围内的国有资产经营。2019年末，农垦集团总资产为457.81亿元，净资产为250.65亿元，营业收入为327亿元，利润总额为56.27亿元。
江苏高科技投资集团有限公司（以下简称江苏高投）	3.3028	董梁	30	江苏省南京市山西路128号	金融投资、实业投资、创业投资、股权投资及投资管理业务；省政府授权范围内国有资产经营、管理、兼并重组以及经批准的其他业务。投资咨询。2019年末，江苏高投总资产为185.86亿元，净资产为114.59亿元，2019年度营业收入为9.06亿元，利润总额为7.71亿元。

3.2 董事

董事会成员

姓　名	职　务	性别	出生年份（年）	选任日期	所推举的股东名称	该股东持股比例（%）	简要履历
胡　军	董事长	男	1970	2018年7月	江苏国信	81.4904	硕士研究生，历任江苏信托总经理助理、副总经理、总经理，党委副书记、总经理；现任江苏信托党委书记、董事长。
王会清	董事	男	1970	2018年7月	江苏国信	81.4904	硕士研究生，注册会计师、律师，历任江苏信托审计部副总经理（主持工作）、财务部副总经理（主持工作），江苏省国信集团审计与法律事务部总经理，江苏国信副总经理、董事会秘书；现任国信集团党委组织部部长、人力资源部总经理，江苏信托党委副书记、总经理。

续表

姓 名	职 务	性别	出生年份（年）	选任日期	所推举的股东名称	该股东持股比例(%)	简要履历
唐 进	董事	男	1966	2018 年 11 月	苏豪控股	10. 9106	党校研究生学历，历任省政府研究室综合研究处副处长，省政府办公厅教科文卫处副处长，省政府办公厅秘书五处调研员，江苏省对口支援四川绵竹地震灾后恢复重建指挥部办公室（党群工作处）主任（处长），省政府办公厅信息处处长，省政府办公厅秘书七处处长；现任江苏省苏豪控股集团有限公司副总裁、党委委员。
张晓红	董事	女	1967	2019 年 11 月	江苏高投	3. 3028	大学本科，国际商务师，历任江苏高投管理有限公司 TMT 投资部高级投资经理，江苏高科技投资集团资产管理部副总经理；现任江苏高科技投资集团投资运营部总经理。
章 明	董事（拟任）	男	1974	2019 年 9 月	江苏国信	81. 4904	硕士研究生，高级会计师，深圳证券交易所董事会秘书资格，历任扬州第二发电有限责任公司财务部主任副总会计师，江苏省国信集团有限公司财务部副总经理，江苏国信股份有限公司副总经理、财务负责人、董秘；现任国信集团财务部总经理。
裴硕秋	职工董事	男	1968	2018 年 11 月	职工大会	—	博士研究生，高级经济师，历任江苏省国际信托有限公司创业投资部副总经理、研究发展部 总经理、创业投资部总经理；现任江苏信托党委办公室/纪检监察室主任，兼任创业投资部总经理。

独立董事

姓 名	所在单位及职务	性别	出生年份（年）	选任日期	简要履历
王长江	南京大学商学院教授	男	1964	2018 年 11 月	硕士研究生，南京大学商学院教授。
俞妙根	富越汇通金融服务（上海）有限公司董事长兼总经理	男	1961	2018 年 7 月	大学本科，高级经济师，历任上海国投副总经理，华安基金总经理、董事长；现任富越汇通金融服务（上海）有限公司董事长兼总经理。
吴 涛	深圳东方藏山资产管理有限公司总裁	男	1969	2018 年 7 月	硕士研究生，历任中国银行总行风险管理部处长，金地集团基金管理部总经理，稳盛投资总裁，北京藏山资本投资有限公司董事长；现任深圳东方藏山资产管理有限公司总裁。

3. 3 监事

监事会成员

姓 名	职 务	性别	出生年份（年）	选任日期	所推举的股东名称	该股东持股比例(%)	简要履历
顾中林	监事长	男	1971	2019 年 9 月	江苏国信	81. 4904	硕士研究生，高级会计师，历任扬州第二发电有限公司财务部副部长、财务部主任、副总会计师兼财务部主任，江苏省国信资产管理集团有限公司财务部副总经理；现任江苏国信股份有限公司副总经理、董事会秘书、财务总监（集团中层正职级）。
徐文进	监事	男	1977	2018 年 7 月	江苏国信	81. 4904	硕士研究生，高级经济师，历任国信集团总经理办公室主任、企业管理办公室主任；现任国信集团副总经理、党委委员
王 涛	监事	男	1976	2018 年 7 月	苏豪控股	10. 9106	历任江苏省苏豪控股集团有限公司风险控制部副总经理，江苏苏豪国际集团股份有限公司党委委员、纪委书记；现任江苏省苏豪控股集团有限公司投资发展部副总经理。
张瑞琪	监事	男	1963	2018 年 7 月	江苏农垦	4. 2962	大专学历，会计师，历任江苏农垦审计部副部长、审计监察部副部长，江苏省苏舜工贸集团有限公司党委委员、财务总监、董事，南京中山大厦财务总监、党委委员；现在江苏农垦资产经营部工作。
陆振东	职工代表监事	男	1971	2018 年 3 月	职工代表大会	—	本科，江苏信托资金托管部总经理。
崇志兵	职工代表监事	女	1968	2018 年 3 月	职工代表大会	—	本科，江苏信托人力资源部业务经理。

3. 4 高级管理人员

姓名	职务	性别	出生年份（年）	选任日期	金融从业年限（年）	学历	专业	简要履历
胡 军	董事长	男	1970	2017 年 8 月	24	硕士研究生	金融	历任江苏省国际信托投资公司投资二部副经理、总经理助理，江苏省国际信托有限责任公司副总经理、总经理。
王会清	总经理	男	1970	2017 年 10 月	10	硕士研究生	会计、法律	历任江苏省国际信托有限责任公司审计部副总经理（主持工作）、财务部副总经理（主持工作），江苏省国信集团审计与法律事务部总经理，江苏国信股份有限公司副总经理、董事会秘书。

续表

姓名	职务	性别	出生年份(年)	选任日期	金融从业年限(年)	学历	专业	简要履历
李起年	副总经理	男	1964	2016 年 12 月	26	硕士研究生	经济	历任江苏省国际信托有限责任公司信托一部副总经理、市场发展部总经理、事务信托部总经理。
严　珊	副总经理、首席风控官	女	1969	2017 年 4 月	22	硕士研究生	货币银行学	历任南京人民银行非银处副主任科员、主任科员,江苏银监局非银处主任科员、副处级、副处长。
肖冬雪	副总经理	男	1985	2019 年 9 月	7	大学本科	工业工程	历任春秋财富(北京)投资有限公司总经理,上海爱建信托有限责任公司北京信托业务总部总经理。
黄　河	副总经理	男	1983	2019 年 9 月	9	大学本科	注册会计师专门化	历任中航信托股份有限公司风险管理部副总经理,普惠金融事业部副总经理(主持工作)。

3.5　公司员工

项　目		报告期年度	
		人数(人)	比例(%)
年龄分布	25 岁以下	2	1.1
	25 ~29 岁	47	25.3
	30 ~39 岁	92	49.4
	40 岁以上	45	24.2
平均年龄	35 岁		
学历分布	博士	2	1.1
	硕士	110	59.1
	本科	68	36.6
	专科	5	2.7
	其他	1	0.5
岗位分布	董事、监事及高管人员	9	4.8
	自营业务人员	14	7.5
	信托业务人员	105	56.5
	其他人员	58	31.2
总人数		186	

4. 经营管理

4.1　经营目标、经营方针、战略规划

4.1.1　经营目标

公司的经营目标是:大力发展金融股权投资,形成多元金融投资的格局,提升公司经营控制力和影响力;以客户需求为导向,以服务实体经济发展为根本,大力发展财富管理和资产管理能力,提升公司竞争活力和抗风险能力;大力推动市场化转型,提升公司治理水平和管理能力,形成与市场化发展相适应的组织结构、经营决策机制与人力资源体系。

4.1.2　经营方针

公司的经营方针是发展、创新、高效、稳健。

4.1.3　战略规划

公司的战略规划是:以适应新常态经济发展规律为指导,顺应不断变化的内外部环境,抢抓发展方式转变和区域发展的战略机遇,深化公司体制机制改革和经营管理创新,构建完善的法人治理结构,加大业务创新和转型,保持稳健良好的资产质量,全面履行社会责任,实现江苏信托向市场化一流金融企业的跨越。

4.2　经营业务

4.2.1　公司经营业务和品种

公司经营业务主要分为自营业务和信托业务。

自营业务主要包括股权投资、自营贷款、自营证券、金融产品投资等。信托业务是本公司的主营业务和重要收入来源,主要包括集合资金信托、单一资金信托、财产权信托等。

4.2.2　公司资产组合和分布

自营资产运用与分布表

资产运用	金额(万元)	占比(%)	资产分布	金额(万元)	占比(%)
货币资产	5 080.43	0.22	基础产业	—	—
贷款及应收款	169 513.48	7.24	房地产业	—	—
交易性金融资产	720 933.81	30.77	金融机构	2 217 762.44	94.66
其他权益工具投资	23 790.80	1.02	实 业	—	—
长期股权投资	1 404 076.88	59.93	证 券	1 768.89	0.08
其他	19 409.66	0.83	其 他	123 273.73	5.26
资产总计	2 342 805.06	100.00	资产总计	2 342 805.06	100.00

信托资产运用与分布表

资产运用	金额(万元)	占比(%)	资产分布	金额(万元)	占比(%)
货币资产	3 765 095.44	10.24	基础产业	8 066 619.07	21.94
贷款	13 956 801.55	37.95	房地产业	3 235 885.36	8.80
交易性金融资产	9 911 626.03	26.95	金融机构	3 866 740.16	10.52
持有至到期投资	6 218 513.60	16.91	证券	15 291 398.87	41.58
长期股权投资	2 218 617.62	6.03	工商企业	6 033 031.55	16.41
其他	701 670.52	1.91	其他	278 649.75	0.76
资产总计	36 772 324.76	100.00	资产总计	36 772 324.76	100.00

4.3　市场分析

4.3.1　影响公司发展的有利因素:

一是良好的区域经济环境。江苏信托地处经济发达的长三角地区,经济活跃度高,市场需求旺盛,民间资本富裕,特别是区域经济的快速发展、长三角一体化战略的实施为江苏信托的业务发展提供了良好机遇。

二是良好的资产质量和股东背景。公司拥有较高的净资本,资产质量好,可开展业务空间宽裕。公司股东都是江苏省属国有企业,实力雄厚,经营各具特色,有助于发挥资源协同

效应。

三是良好的品牌信誉。公司经过30多年的发展，秉承“发展、创新、高效、稳健”的经营理念，发挥信托独特的功能优势，为客户提供多样化的综合金融服务，赢得了良好信誉，综合实力居同类型信托公司前列，树立了良好的品牌形象。

四是日趋完善的公司管理。公司内部机构设置完备，责权清晰、管理规范、制度完善，有良好的企业文化，塑造和培养了一支高素质的员工队伍，为公司业务开拓奠定了坚实基础。

4.3.2 影响公司发展的制约因素

一是经济发展进入新常态，实体经济转型升级步伐加快，部分行业或领域风险积聚，传统业务模式受到挑战。

二是资产管理市场全面放开，市场竞争日趋激烈，行业新商业模式仍在探索之中，公司转型发展面临挑战。

三是建立科学现代化的经营管理机制既是公司治理结构完善的要求，也是公司保持稳定发展的基础，公司在此方面需要进一步完善。

4.4 内部控制

公司建立了“三会一层”各司其职、各负其责、相互制约的治理机制，并且营造合规经营的内部控制文化；通过采取不同的措施，公司的内部控制得到了进一步加强，风险也得到了有效的防范和控制；公司信息交流和反馈机制逐步完善；公司内审部门不断加强公司内部控制的监督和评价，内审工作频度和范围也逐步加大，年度内审内容基本覆盖公司全部集合信托项目和重大单一信托项目。

4.5 风险管理

公司针对经营活动中可能会遇到的信用风险、市场风险、操作风险、道德风险、政策风险、法律风险、声誉风险等，建立了以“事前预防为主、事中控制及事后补救为辅”的风险控制基本原则，切实开展各项工作，及时防范、化解风险，保障公司业务工作的正常开展。

公司风险管理组织结构与职责划分为：董事会主要负责对公司风险管理政策的制定和审批；风险管理委员会主要负责设计或修正公司的风险管理政策和程序，并对公司风险管理执行进行监督，加强董事会对公司的风险监控；首席风控官负责提出风险管理的政策和程序，从执行层面监督风险管理政策和程序的实施，建立风险管理评价标准，组织落实风险管理与内控体系建设相关措施；风险管理部主要负责草拟公司风险管理方面的规章制度，落实有关风险管理措施；法律合规部主要负责具体项目的合法合规性审查，以及包括合同（协议）在内的全部法律文件的审核，防范法律合规风险；审计部负责项目的稽核审查、项目后续管理跟踪与监督以及定期的内部审计工作；运营管理部、资金托管部和财务部主要负责筹资、投资、资金回收及收益分配等的风险管理。

公司不断完善内部控制制度，对各部门、岗位制定了明确的职责和权限，职责的制定体现岗位相互分离的原则，能够实现中台、后台对前台的监督；对公司的各项业务制定了具体的业务操作流程，在集合信托项目中全面推行信托经理AB角制度，严格尽职调查工作标准，减少和消除人为因素而造成的风险，保障风险控制体系的有序规范运行，并通过事后评价和总结，防止相类似的风险发生。公司定期或不定期对员工进行培训，对渎职、超越权限或违背操作规定的人员进行问责；公司定期对内部的计算机信息系统进行维护，保证其正常运行，加强系统数据的管理，消除风险隐患。公司运营管理部对所有存续信托项目进行统一、集中的后续管理，独立运作，有助于防范操作风险。

5. 报告期末及上一年末的比较式会计报表

5.1 自营资产

5.1.1 会计师事务所审计意见全文

审 计 报 告

天衡审字[2020] 00842号

江苏省国际信托有限责任公司全体股东：

一、审计意见

我们审计了江苏省国际信托有限责任公司的财务报表，包括2019年12月31日的资产负债表，2019年度的利润表、现金流量表、股东权益变动表以及财务报表附注。

我们认为，后附的财务报表在所有重大方面按照企业会计准则的规定编制，公允反映了江苏省国际信托有限责任公司2019年12月31日的财务状况及2019年度的经营成果和现金流量。

二、形成审计意见的基础

我们按照中国注册会计师审计准则的规定执行了审计工作。审计报告的“注册会计师对财务报表审计的责任”部分进一步阐述了我们在这些准则下的责任。按照中国注册会计师职业道德守则，我们独立于江苏省国际信托有限责任公司，并履行了职业道德方面的其他责任。我们相信，我们获取的审计证据是充分、适当的，为发表审计意见提供了基础。

三、管理层和治理层对财务报表的责任

管理层负责按照企业会计准则的规定编制财务报表，使其实现公允反映，并设计、执行和维护必要的内部控制，以使财务报表不存在由于舞弊或错误导致的重大错报。

在编制财务报表时，管理层负责评估江苏省国际信托有限责任公司的持续经营能力，披露与持续经营相关的事项（如适用），并运用持续经营假设，除非管理层计划清算公司、终止运营或别无其他现实的选择。

治理层负责监督江苏省国际信托有限责任公司的财务报告过程。

四、注册会计师对财务报表审计的责任

我们的目标是对财务报表整体是否不存在由于舞弊或错误导致的重大错报获取合理保证，并出具包含审计意见的审计报告。合理保证是高水平的保证，但并不能保证按照审计准则执行的审计在某一重大错报存在时总能发现。错报可能由于舞弊或错误导致，如果合理预期错报单独或汇总起来可能影响财务报表使用者依据财务报表作出的经济决策，则通常认为错报是重大的。

在按照审计准则执行审计工作的过程中，我们运用职业判断，并保持职业怀疑。同时，我们也执行以下工作：

（1）识别和评估由于舞弊或错误导致的财务报表重大错报风险，设计和实施审计程序以应对这些风险，并获取充分、适当的审计证据，作为发表审计意见的基础。由于舞弊可能涉及串通、伪造、故意遗漏、虚假陈述或凌驾于内部控制之上，未能发现由于舞弊导致的重大错报的风险高于未能发现由于错误导致的重大错报的风险。

（2）了解与审计相关的内部控制，以设计恰当的审计程序，但目的并非对内部控制的有效性发表意见。

（3）评价管理层选用会计政策的恰当性和作出会计估计及相关披露的合理性。

（4）对管理层使用持续经营假设的恰当性得出结论。同时，根据获取的审计证据，就可能导致对江苏省国际信托有限责任公司持续经营能力产生重大疑虑的事项或情况是否存在重大不确定性得出结论。如果我们得出结论认为存在重大不确定性，审计准则要求我们在审计报告中提请报表使用者注意财务报表中的相关披露；如果披露不充分，我们应当发表非无保留意见。我们的结论基于截至审计报告日可获得的信息。然而，未来的事项或情况可能导致江苏省国际信托有限责任公司不能持续经营。

（5）评价财务报表的总体列报（包括披露）、结构和内容，并评价财务报表是否公允反映相关交易和事项。

（6）就江苏省国际信托有限责任公司中实体或业务活动的财务信息获取充分、适当的审计证据，以对财务报表发表审计意见。我们负责指导、监督和执行审计，并对审计意见承担全部责任。

我们与治理层就计划的审计范围、时间安排和重大审计发现等事项进行沟通，包括沟通我们在审计中识别出的值得关注的内部控制缺陷。

天衡会计师事务所（特殊普通合伙）

中国・南京　　中国注册会计师：陆德忠

2020 年 4 月 23 日　　中国注册会计师：魏　娜

5.1.2　资产负债表

资产负债表

编制单位：江苏省国际信托有限责任公司　　2019 年 12 月 31 日　　单位：万元

资　　产	期末数	期初数	负债和所有者权益	期末数	期初数
资产：			负债：		
现金及存放中央银行款项	0.67	0.21	拆入资金	—	—
存放同业款项	5 079.76	5 418.71	交易性金融负债	—	—
拆出资金	—	—	卖出回购金融资产款	—	—
交易性金融资产	720 933.81	—	应付职工薪酬	15 917.13	11 222.42
买入返售金融资产	—	—	应交税费	18 306.38	23 232.11
应收账款	—	—	应付利息	—	—
应收利息	1 238.29	2 052.00	预计负债	—	—
应收股利	—	—	递延所得税负债	26 679.01	1 161.51
发放贷款	—	—	其他负债	233 284.08	249 745.70
可供出售金融资产	—	662 874.68	负债合计	294 186.60	285 361.74
持有至到期投资	—	31 150.00	所有者权益：		
其他权益工具投资	23 790.80	—	实收资本	376 033.66	376 033.66
长期股权投资	1 404 076.88	838 608.31	资本公积	567 737.02	544 705.27
投资性房地产	—	—	其他综合收益	27 742.99	6 045.92
固定资产	18 950.45	18 278.02	盈余公积	352 016.44	327 279.32
在建工程	—	—	一般风险准备	34 821.17	30 570.56
无形资产	459.21	626.88	信托赔偿准备	105 112.39	93 019.80
递延所得税资产	—	—	未分配利润	585 154.78	401 425.95
其他资产	168 275.19	505 433.41	外币报表折算差额	—	—
			所有者权益合计	2 048 618.46	1 779 080.48
资产总计	2 342 805.06	2 064 442.22	负债和所有者权益合计	2 342 805.06	2 064 442.22

公司法定代表人：胡　军　　主管会计工作负责人：王会清　　会计机构负责人：陈飞

5.1.3　利润表

利润表

编制单位：江苏省国际信托有限责任公司　　2019 年度　　单位：万元

项　　目	本年数	上年数
一、营业收入	323 543.00	227 019.03
利息净收入	-3 678.48	-1 541.92
其中：利息收入	2 285.66	2 361.00
利息支出	5 964.14	3 902.92

续表

项　目	本年数	上年数
手续费及佣金净收入	115 297. 54	110 673. 85
其中:手续费及佣金收入	115 297. 54	110 673. 85
手续费及佣金支出	—	—
投资收益(损失以"－"号列示)	200 659. 40	117 847. 28
其中:对联营企业和合营企业的投资收益	176 460. 62	94 535. 60
公允价值变动收益(损失以"－"号列示)	11 250. 08	—
汇兑收益(损失以"－"号列示)	3. 50	10. 21
其他业务收入	—	—
资产处置收益(损失以"－"号填列)	—	—
其他收益	10. 96	29. 61
二、营业支出	28 434. 58	13 444. 35
税金及附加	692. 62	991. 54
业务及管理费	22 450. 59	12 361. 94
信用减值损失	5 291. 37	—
资产减值损失	—	90. 87
其他业务成本	—	—
三、营业利润(损失以"－"号列示)	295 108. 42	213 574. 68
加:营业外收入	—	3 615. 69
减:营业外支出	105. 50	45. 48
四、利润总额(损失以"－"号列示)	295 002. 92	217 144. 89
减:所得税费用	53 150. 99	31 403. 99
五、净利润(净亏损以"－"列示)	241 851. 93	185 740. 90
(一)持续经营净利润(净亏损以"－"号填列)	241 851. 93	185 740. 90
(二)终止经营净利润(净亏损以"－"号填列)	—	—
六、其他综合收益的税后净额	27 742. 99	6 045. 92
(一)不能重分类进损益的其他综合收益	—	—
1. 重新计量设定受益计划变动额	—	—
2. 权益法下不能转损益的其他综合收益	—	—
3. 其他权益工具投资公允价值变动	—	—
4. 企业自身信用风险公允价值变动	—	—
5. 其他	—	—
(二)将重分类进损益的其他综合收益	27 742. 99	6 045. 92
1. 权益法下可转损益的其他综合收益	27 742. 99	4 733. 73
2. 其他债权投资公允价值变动	—	—
3. 可供出售金融资产公允价值变动损益	—	1 312. 19
4. 金融资产重分类计入其他综合收益的金额	—	—
5. 持有至到期投资重分类为可供出售金融资产损益	—	—
6. 其他债权投资信用减值准备	—	—
7. 现金流量套期损益的有效部分	—	—
8. 外币财务报表折算差额	—	—
9. 其他	—	—
七、综合收益总额	269 594. 92	191 786. 82

公司法定代表人:胡　军　　　　主管会计工作负责人:王会清　　　　会计机构负责人:陈飞

5. 1. 4　所有者权益变动表

所有者权益变动表

编制单位:江苏省国际信托有限责任公司　　　　2019 年度　　　　单位:万元

项　目	实收资本	资本公积	其他综合收益	盈余公积	一般风险准备	未分配利润	所有者权益合计
一、上年年末余额	376 033. 66	544 705. 27	6 045. 92	327 279. 32	123 590. 36	401 425. 95	1 779 080. 48
加:会计政策变更	—	—	－1 312. 19	551. 92	—	4 967. 33	4 207. 06
前期差错更正	—	—	—	—	—	—	—
其他	—	—	—	—	—	—	—
二、本期年初余额	376 033. 66	544 705. 27	4 733. 73	327 831. 24	123 590. 36	406 393. 28	1 783 287. 54

续表

项　目	实收资本	资本公积	其他综合收益	盈余公积	一般风险准备	未分配利润	所有者权益合计
三、本期增减变动金额	—	23 031. 75	23 009. 26	24 185. 20	16 343. 21	178 761. 50	265 330. 92
(一)综合收益总额	—	—	23 009. 26	—	—	241 851. 93	264 861. 19
(二)所有者投入和减少资本	—	—	—	—	—	—	—
1. 所有者投入资本	—	—	—	—	—	—	—
2. 其他权益工具持有者投入资本	—	—	—	—	—	—	—
3. 股份支付计入所有者权益的金额	—	—	—	—	—	—	—
4. 其他	—	—	—	—	—	—	—
(三)利润分配	—	—	—	24 185. 20	16 343. 21	-63 090. 43	-22 562. 02
1. 提取盈余公积	—	—	—	24 185. 20	—	-24 185. 20	—
2. 提取一般风险准备	—	—	—	—	16 343. 21	-16 343. 21	—
3. 对所有者(或股东)的分配	—	—	—	—	—	-22 562. 02	-22 562. 02
4. 其他	—	—	—	—	—	—	—
(四)所有者权益内部结转	—	—	—	—	—	—	—
1. 资本公积转增资本(或股本)	—	—	—	—	—	—	—
2. 盈余公积转增资本(或股本)	—	—	—	—	—	—	—
3. 盈余公积弥补亏损	—	—	—	—	—	—	—
4. 设定受益计划变动额结转留存收益	—	—	—	—	—	—	—
5. 其他综合收益结转留存收益	—	—	—	—	—	—	—
6. 其他	—	—	—	—	—	—	—
(五)专项储备	—	—	—	—	—	—	—
1. 本期提取	—	—	—	—	—	—	—
2. 本期使用	—	—	—	—	—	—	—
(六)其他	—	23 031. 75	—	—	—	—	23 031. 75
四、本期期末余额	376 033. 66	567 737. 02	27 742. 99	352 016. 44	139 933. 57	585 154. 78	2 048 618. 46

公司法定代表人:胡　军　　主管会计工作负责人:王会清　　会计机构负责人:陈飞

5.2 信托资产

5.2.1 信托项目资产负债汇总表

信托项目资产负债表

编制单位:江苏省国际信托有限责任公司　　2019 年 12 月 31 日　　单位:万元

资产	行次	期末数	年初数
资产:	1		
现金及存放中央银行款项	2	290 485. 44	239 952. 68
存放同业款项	3	3 474 610. 00	2 865 161. 00
拆出资金	4	—	—
交易性金融资产	5	9 911 626. 02	16 468 474. 40
衍生金融资产	6	—	—
买入返售金融资产	7	266 728. 03	300 014. 26
应收账款	8	—	—
应收利息	9	318 626. 77	3 909. 35
应收股利	10	12. 05	—
其他应收款	11	116 303. 68	12 475. 02
贷款	12	13 956 801. 55	9 149 971. 15
可供出售金融资产	13	—	—
持有至到期投资	14	6 218 513. 60	8 737 983. 96
长期应收款	15	—	—
未实现融资收益	16	—	—
长期股权投资	17	2 218 617. 62	2 955 198. 38
投资性房地产	18	—	—
固定资产	19	—	—
无形资产	20	—	—
长期待摊费用	21	—	—

续表

资产	行次	期末数	年初数
其他资产	22	—	—
	23		
资产合计	24	36 772 324. 76	40 733 110. 20

公司法定代表人:胡　军　　主管会计工作负责人:王会清　　会计机构负责人:陈飞

信托项目资产负债表(续)

编制单位:江苏省国际信托有限责任公司　　2019 年 12 月 31 日　　单位:万元

负债及所有者权益	行次	期末数	年初数
负债:	25		
拆入资金	26	—	—
交易性金融负债	27	—	—
衍生金融负债	28	—	—
卖出回购金融资产款	29	—	—
应付受托人报酬	30	646. 53	38. 29
应付托管费	31	1 362. 05	6. 63
应付受益人收益	32	-178. 17	1 213. 45
应交税费	33	94. 78	452. 68
应付利息	34	—	—
其他应付款	35	112 845. 28	57 773. 16
预计负债	36	—	—
其他负债	37	—	—
负债合计	38	114 770. 47	59 484. 21
所有者权益	39		
实收信托	40	34 998 160. 34	39 410 894. 41
资本公积	41	5 496. 00	21 119. 92
盈余公积	42	—	—

续表

负债及所有者权益	行次	期末数	年初数
一般风险准备	43	—	—
信托赔偿准备	44	—	—
未分配利润	45	1 653 897.95	1 241 641.66
所有者权益合计	46	36 657 554.29	40 673 655.99
	47		
负债及所有者权益总计	48	36 772 324.76	40 733 140.20

公司法定代表人：胡　军　　主管会计工作负责人：王会清　　会计机构负责人：陈飞

5.2.2 信托项目利润及利润分配汇总表

信托项目利润及利润分配表

编制单位：江苏省国际信托有限责任公司　　2019 年度　　单位：万元

项　目	序号	本期金额	上期金额
一、收入	1	3 037 197.34	2 721 028.20
利息收入	2	1 213 140.61	1 317 970.86
手续费及佣金收入	3	31 668.10	28 195.70
投资收益	4	1 765 887.18	1 404 532.42
公允价值变动损益	5	26 499.98	-29 748.87
其他业务收入	6	1.47	78.09
二、支出	7	137 745.78	151 313.19
营业税金及附加	8	6 875.14	4 108.74
业务及管理费	9	130 870.64	147 204.45
资产减值损失	10	—	—
其他费用	11	—	—
其他业务成本	12	—	—
三、营业利润	13	2 899 451.56	2 569 715.01
加：营业外收入	14	—	—
减：营业外支出	15	—	—
四、利润总额	16	2 899 451.56	2 569 715.01
加：期初未分配利润	17	1 241 641.66	1 211 644.57
五、可供分配的信托利润	18	4 141 093.22	3 781 359.58
减：本期已分配信托利润	19	2 487 195.27	2 539 717.92
六、期末未分配信托利润	20	1 653 897.95	1 241 641.66

公司法定代表人：胡　军　　主管会计工作负责人：王会清　　会计机构负责人：陈飞

6. 会计报表附注

6.1 简要说明报告年度会计报表编制基准、会计政策、会计估计和核算方法的变化

财政部于 2017 年 3 月 31 日分别发布了《企业会计准则第 22 号——金融工具确认和计量(2017 年修订)》(财会[2017] 7 号)、《企业会计准则第 23 号——金融资产转移(2017 年修订)》(财会[2017]8 号)、《企业会计准则第 24 号——套期会计(2017 年修订)》(财会[2017]9 号)，于 2017 年 5 月 2 日发布了《企业会计准则第 37 号——金融工具列报(2017 年修订)》(财会[2017]14 号)(上述准则以下统称新金融工具准则)，要求在境内外同时上市的企业以及在境外上市并采用国际财务报告准则或企业会计准则编制财务报告的企业，自 2018 年 1 月 1 日起施行；其他境内上市企业自 2019 年 1 月 1 日起施行。根据新金融工具准则的相关规定，本公司对于首次执行该准则的累积影响数调整 2019 年初留存收益以及财务报表其他相关项目金额，未对 2018 年度的比较财务报表进行调整。

期末公司没有纳入合并会计报表范围的控股子公司。

6.2 或有事项说明

无。

6.3 重要资产转让及其出售的说明

报告期内，公司未发生重要资产转让及出售行为。

6.4 会计报表中重要项目的明细资料

6.4.1 自营资产经营情况

6.4.1.1 信用风险资产分类

信用风险资产五级分类	正常类（万元）	关注类（万元）	次级类（万元）	可疑类（万元）	损失类（万元）	信用风险资产合计（万元）	不良资产合计（万元）	不良资产率（%）
期初数	676 086.10	—	—	—	—	676 086.10	—	—
期末数	722 871.79	—	—	—	—	722 871.79	—	—

注：1. 不良资产合计 = 次级类 + 可疑类 + 损失类。

2. 本年由于执行金融工具会计准则，对信用风险资产期初数进行了相应调整。

6.4.1.2 各项资产减值准备的计提及转回

单位：万元

	期初数	本期计提	本期转回	本期核销	其他	期末数
贷款损失准备	—	—	—	—	—	—
一般准备	—	—	—	—	—	—
专项准备	—	—	—	—	—	—
其他资产减值准备	719.24	5 072.13	—	—	-500.00	5 291.37
可供出售金融资产减值准备	500.00	—	—	—	-500.00	—
持有至到期投资减值准备	—	—	—	—	—	—
长期股权投资减值准备	—	—	—	—	—	—
坏账准备	219.24	5 072.13	—	—	—	5 291.37
投资性房地产减值准备	—	—	—	—	—	—

6.4.1.3 固有投资业务按投资品种分类

单位：万元

	自营股票	基金	债券	长期股权投资	其他投资	合计
期初数	4 075.18	11 378.39	—	838 608.31	678 571.11	1 532 632.99
期末数	1 768.89	17 790.80	—	1 404 076.88	725 164.92	2 148 801.49

6.4.1.4 前五名的自营长期股权投资企业情况

企业名称	占被投资单位权益的比例(%)	主要经营活动	投资收益（万元）
江苏银行股份有限公司	8.04	存贷款等银行业务	81 967.81
利安人寿保险股份有限公司	22.79	人身保险等业务	94 762.81
江苏如皋农村商业银行股份有限公司	4.99	存贷款等银行业务	449.10
江苏国投衡盈创业投资中心(有限合伙)	20.00	投资与管理	827.28
江苏民丰农村商业银行股份有限公司	6.00	存贷款等银行业务	360.00

注：投资收益是指按照企业会计准则规定，核算股权投资确认损益并计入披露年度利润表的金额。

6.4.1.5 公司前三名的自营贷款情况

报告期末，公司自营贷款余额为零。

6.4.1.6　表外业务

报告期内，公司自营资产无表外业务。

6.4.1.7　公司本年的收入结构情况

收入结构	金额（万元）	占比（%）
手续费及佣金收入	115 297.54	34.61
其中：信托业务收入	115 297.54	34.61
投资银行业务收入	—	—
利息收入	2 285.66	0.69
其他业务收入	—	—
其中：计入信托业务收入部分	—	—
投资收益	200 659.40	60.24
其中：股权投资收益	180 108.17	54.07
证券投资收益	2 074.70	0.62
其他投资收益	18 476.53	5.55
公允价值变动损益	11 250.08	3.38
资产处置收益（损失以“－”号填列）	—	—
其他收益	10.96	—
营业外收入	3 615.69	1.09
收入合计	333 119.32	100.00

注：手续费及佣金收入、利息收入、其他业务收入、投资收益、营业外收入均为损益表中的科目，其中手续费及佣金收入、利息收入、其他业务收入、投资收益、营业外收入为未抵减相应支出的全年累计实现收入数。

6.4.2　信托资产管理情况

6.4.2.1　信托资产的期初数、期末数

单位：万元

信托资产	期初数	期末数
集合	6 219 645.67	10 316 713.51
单一	33 727 190.60	25 630 993.33
财产权	786 303.92	824 617.92
合计	40 733 140.20	36 772 324.76

6.4.2.1.1　主动管理型信托资产

单位：万元

主动管理型信托资产	期初数	期末数
证券投资类	49 235.59	613 022.91
股权投资类	81 869.40	72 875.00
融资类	5 942 046.56	10 670 373.92
事务管理类	0.00	0.00
合计	6 073 151.55	11 356 271.83

注：“合计”行要求填主动管理型信托项目的总额，它包含所有运用方式的的主动型产品，“证券投资类”“股权投资类”“融资类”“事务管理类”是主动管理型信托中的几个重点类别，包含在“合计”中，但是与“合计”行没有勾稽关系，“合计”行应大于或等于这四类之和。

6.4.2.1.2　被动管理型信托资产

单位：万元

被动管理型信托资产	期初数	期末数
证券投资类	21 318 113.40	14 696 598.70
股权投资类	2 951 426.91	2 197 577.12

续表

被动管理型信托资产	期初数	期末数
融资类	10 390 448.34	8 521 877.11
事务管理类	0.00	0.00
合计	34 659 988.65	25 416 052.93

注：“合计”数与主动管理类同理。

6.4.2.2　信托项目清算情况

6.4.2.2.1　本年度已清算信托项目

已清算结束的信托项目	项目个数（个）	实收信托合计金额（万元）	加权平均实际年化收益率（%）
集合	51	2 959 079.45	4.56
单一	82	5 856 438.33	5.44
财产权	9	972 736.50	4.04

6.4.2.2.2　已清算主动管理型信托项目

已清算结束的信托项目	项目个数（个）	实收信托合计金额（万元）	加权平均实际年化信托报酬率（%）	加权平均实际年化收益率（%）
证券投资类	3	3 431.00	0.39	-8.78
股权投资类	—	—	—	—
融资类	42	1 994 258.85	1.41	5.12
事务管理类	—	—	—	—

6.4.2.2.3　已清算结束的被动管理型信托项目

已清算结束的信托项目	项目个数（个）	实收信托合计金额（万元）	加权平均实际年化信托报酬率（%）	加权平均实际年化收益率（%）
证券投资类	6	383 840.00	0.11	4.94
股权投资类	10	638 725.00	0.09	5.00
融资类	81	6 867 999.43	0.08	5.02
事务管理类	—	—	—	—

6.4.2.3　新增信托项目情况

新增信托项目	项目个数（个）	实收信托合计金额（万元）
集合	94	6 590 968.48
单一	111	3 113 712.00
财产权	9	760 962.65
新增合计	214	10 465 643.13
其中：主动管理型	136	6 868 847.48
被动管理型	78	3 596 795.65

6.4.2.4　信托业务创新成果和特色业务有关情况

2019年，江苏信托秉持“金融服务实体经济”的宗旨，继续深耕江苏省内基础产业等传统信托资金配置领域，打造出“鼎信”系列、“御信”系列等产品，形成了公司有特色、可复制、系列化的业务模式，有力支持了基础产业、新兴产业和地方经济的发展。

公司持续推动市场化改革和业务结构转型，积极介入资产证券化、消费信托等领域。2019年，公司首单信贷资产证券化

业务正式获批。经过不懈努力，公司首次中标了江苏银行 100 亿元住房抵押贷款资产支持证券（RMBS）业务，该信贷资产证券化业务的开展为公司后续此类标准化业务拓展打下了基础。公司将消费信托作为 2019 年重要展业方向之一，发挥信托制度优势，探索推进并加快复制消费信托业务。消费信托业务不仅能够帮助消费者完成跨期消费、实现特定目的的消费，更能够进一步提升金融对促进消费的支持作用，进而增强消费对经济发展的基础性作用。

6.4.2.5 本公司履行受托人义务情况及因本公司自身责任而导致的信托资产损失情况

公司严格按照《信托法》《信托公司管理办法》《信托公司集合资金信托管理办法》开展各项信托业务。公司作为受托人，严格遵守信托文件的规定，为受益人的最大利益处理信托事务，管理信托财产，恪尽职守，履行诚实、信用、谨慎、有效管理的义务。在信托业务的设立、运用、内控、终止等环节和全过程做到合法、合规。公司信托财产没有因公司自身责任而导致信托资产损失的情况。

6.4.2.6 信托赔偿准备金的提取、使用和管理情况

单位：万元

年初数	本年计提	年末数
93 019.80	12 092.60	105 112.39

报告期内未发生信托财产损失的情况，信托赔偿准备金未使用。

6.5 关联方关系及其交易事项

6.5.1 关联交易方的数量、关联交易的总金额及关联交易的定价政策等

	关联交易方数量	关联交易金额（万元）	定价政策
合计	8	360 833.61	另见注

注：关联交易的定价政策：（1）本公司对关联方交易价格根据市场价或协议价确定，与对非关联方的交易价格基本一致，无重大高于或低于正常交易价格的情况。（2）固有财产、信托资产与关联方贷款按人民银行规定的利率执行，投资按市场公允价确定。

6.5.2 关联交易方与本公司的关系性质、关联交易方的名称、法人代表、注册地址、注册资本及主营业务等

关系性质	关联方名称	法定代表人	注册地址	注册资本（万元）	主营业务
母公司	江苏国信股份有限公司	浦宝英	江苏省南京市	377 807.97	实业投资、股权投资（包括金融、电力能源股权等）、投资管理与咨询；电力项目开发建设和运营管理，电力技术咨询、节能产品销售，进出口贸易。
实际控制人	江苏省国信集团有限公司	王　晖	江苏省南京市	3 000 000.00	国有资本投资、管理、经 营、转让，企业托管、资产重组、管理咨询、房屋租赁以及经批准的其他业务。
联营企业	江苏银行股份有限公司	夏　平	江苏省南京市	1 154 445.00	存贷款等银行业务。
同一实际控制人	江苏省国信集团财务有限公司	周俊淑	江苏省南京市	150 000.00	办理成员单位之间的委托贷款及委托投资等。
同一实际控制人	南京国信大酒店有限公司	严　华	江苏省南京市	2 000.00	住宿、餐饮（制售中、西餐）等业务。
同一实际控制人	江苏外汽汽车维修服务有限公司	张学义	江苏省南京市	300.00	汽车维修，汽车及零配件销售，汽车装潢。
同一实际控制人	江苏外汽机关接待车队有限公司	金远明	江苏省南京市	1 000.00	包车客运、旅游客运。
同一实际控制人	江苏省医药有限公司	高　旭	江苏省南京市	26 613.4398	药品批发、零售；医疗器械销售。

6.5.3 本公司与关联方的重大交易事项

6.5.3.1 固有财产与关联方交易

单位：万元

固有财产与关联方关联交易				
	期初数	借方发生额	贷方发生额	期末数
贷款	—	—	—	—
投资	—	—	—	—
租赁	—	—	—	—
担保	—	—	—	—
应收账款	-89 811.44	89 811.66	—	0.22
其他	—	360 833.61	360 833.61	—
合计	-89 811.44	450 645.27	360 833.61	0.22

6.5.3.2 信托资产与关联方交易

单位：万元

信托资产与关联方关联交易				
	期初数	借方发生数	贷方发生数	期末数
贷款	—	—	—	—
投资	29 090.03	—	—	29 090.03
租赁	—	—	—	—

续表

信托资产与关联方关联交易				
	期初数	借方发生数	贷方发生数	期末数
担保	—	—	—	—
应收账款	—	—	—	—
其他	—	—	—	—
合计	29 090.03	—	—	29 090.03

6.5.3.3 信托公司自有资金运用于自己管理的信托项目及信托公司管理的信托项目之间的相互交易

6.5.3.3.1 固有与信托财产之间的交易情况

单位：万元

固有财产与信托财产相互交易			
	期初数	本期发生额	期末数
合计	393 487.25	2 295 179.21	513 903.55

6.5.3.3.2 信托项目之间的交易情况

单位：万元

信托资产与信托财产相互交易			
	期初数	本期发生额	期末数
合计	1 249 666.07	868 865.10	2 118 531.17

6.5.4 逐笔披露关联方逾期未偿还本公司资金的详细情况以及本公司为关联方担保发生或即将发生垫款的详细情况

报告期内,公司未发生以上所述情况。

6.6 会计制度

固有业务和信托业务均执行《企业会计准则》。

7. 财务情况说明书

7.1 利润实现和分配情况

经天衡会计师事务所审计,江苏省国际信托有限责任公司因会计政策变更调整后的年初未分配利润为 406 393.28 万元,2019 年实现利润总额 295 002.92 万元,扣除企业所得税 53 150.99万元,实现税后净利润为 241 851.93 万元。根据法律法规要求和公司股东会决议,计提法定盈余公积金 24 185.20万元、计提信托赔偿准备金 12 092.60 万元、一般准备金4 250.61万元,分配现金红利 22 562.02 万元,年末未分配利润为 585 154.78 万元。

7.2 主要财务指标

指标名称	指标值
资本利润率(%)	12.64
加权年化信托报酬率(%)	0.41
人均净利润(万元)	1 448.22

注:1. 资本利润率 = 净利润/所有者权益平均余额 × 100% = 241 851.93/[(1 779 080.48 +2 048 618.46)/2] ×100% =12.64%。

2. 加权年化信托报酬率 =(信托项目 1 的实际年化信托报酬率 × 信托项目 1 的实收信托 + 信托项目 2 的实际年化信托报酬率 × 信托项目 2 的实收信托 + 实收信托项目 *n* 的实际年化信托报酬率 × 信托项目 *n* 的实收信托)/(信托项目 1 的实收信托 + 信托项目 2 的实收信托 + 实收信托项目 *n* 的实收信托) =0.41%。

3. 人均净利润 = 净利润/年平均人数 = 241 851.93/[(148 + 186)/2] = 1 448.22万元。

4. 平均值采取年初及年末余额简单平均法,公式为:*a*(平均) =(年初数 + 年末数)/2。

7.3 报告期内对公司财务状况、经营成果产生重大影响的其他事项

无。

8. 特别事项揭示

8.1 股东报告期内变动情况及原因

无。

8.2 董事、监事及高级管理人员变动情况及原因

2019 年 9 月 9 日,江苏银保监局核准肖冬雪先生、黄河先生为公司副总经理(苏银保监[2019]472 号)。

2019 年 9 月 27 日,公司股东会召开第二次临时会议,选举顾中林先生为公司第五届监事会监事长,章明先生不再担任公司监事长。选举章明先生为公司第五届董事会董事,章明先生的任职资格需待中国银保监会核准后方可生效。

2019 年 11 月 6 日,江苏银保监局核准张晓红女士为公司董事(苏银保监[2019]593 号),刘志红女士不再担任公司董事。

8.3 公司的重大诉讼事项

贤丰控股集团有限公司违约诉讼案

2017 年 2 月,江苏信托与贤丰控股集团有限公司签订了《贤丰控股集团有限公司信托贷款单一资金信托贷款合同》(以下简称《贷款合同》),双方约定向贤丰控股集团有限公司(以下简称为贤丰控股)发放贷款 1 600 000 000.00 元,贷款期限为 60 个月,自 2017 年 2 月 23 日至 2022 年 2 月 22 日;贷款利率执行浮动利率,按各期信托贷款放款日中国人民银行公布的金融机构 1 ~5 年期人民币贷款基准利率上浮 22.1%(四舍五入保留小数点后两位,下同)或 5.8% 孰高者计息,并自各期信托贷款放款日起每满 12 个月之日的次日重新定价,利率按当日中国人民银行公布的金融机构 1 ~5 年期人民币贷款基准利率上浮 22.1% 或 5.8% 孰高者计息,首期贷款利率为 5.8%。贷款按日计息,按季结息,结息日为每季度末月的第 20 日,贤丰控股应于每个结息日支付已发生的利息。贤丰控股未按期足额偿还《贷款合同》项下贷款利息的,江苏信托有权要求其限期清偿,并对逾期利息按照逾期罚息利率按日计收复利。贤丰控股应当承担江苏信托为实现债权所支出的费用,包括但不限于诉讼费、律师费、评估费、拍卖费等。

同日,江苏信托与珠海贤丰粤富投资合伙企业签订《质押担保合同》,约定珠海贤丰粤富投资合伙企业以其持有的 25 亿股广东民营投资股份有限公司的股份为为《贷款合同》项下全部债务提供质押担保,并于 2017 年 2 月 23 日在广东省市场监督管理局办理股权出质设立登记手续,江苏信托取得该质押股权的质权。江苏信托分别与广东贤丰控股有限公司、谢海滔(单个人)、谢松峰(单个人)签订《保证合同》,约定分别由广东贤丰控股有限公司、谢海滔(单个人)、谢松峰(单个人)对《贷款合同》项下全部债务提供全额连带责任保证担保,无论《贷款合同》项下的债权是否拥有其他担保,江苏信托均有权直接要求广东贤丰控股有限公司、谢海滔(单个人)、谢松峰(单个人)在保证范围内承担保证责任。

2017 年 2 月 23 日,江苏信托按约向贤丰控股发放贷款 1 600 000 000.00元,2019 年 3 月 21 日,贤丰控股未按约在偿还贷款利息 23 200 000.00 元,贤丰控股未按约定还款付息已构成严重违约。江苏信托为实现自身及委托人/受益人的合法权益,向江苏省高级人民法院提起诉讼。2019 年 10 月 16 日,该案在江苏省高级人民法院开庭审理。2019 年 12 月,江苏省高级人民法院出具了编号为(2019)苏民初 28 号的民事判决书,根据前述民事判决书的内容,江苏信托的诉讼请求基本成立且被法院支持。

本次诉讼涉及的单一信托项目系事务管理类信托,根据有关信托文件约定,江苏信托不承担信托财产投资的实际损失,该投资损失风险由委托人/受益人自担,即:江苏信托不承担任何诉讼风险,无须计提资产减值准备或预计负债。

8.4 公司及其董事、监事和高级管理人员受到处罚情况

无。

8.5　中国银保监会现场检查情况及整改措施

无。

8.6　公司重大事项临时报告

无。

8.7　中国银保监会及其省级派出机构认定的其他有必要让客户及相关利益人了解的重要信息

根据《信托公司净资本管理办法》规定，公司净资本监管风险控制指标（根据审计后数据计算）执行情况如下：

（1）净资本/各项业务风险资本之和 = 1 662 654.09/892 637.43 × 100% = 186.26% ≥ 100%（监管标准）。

（2）净资本/净资产 = 1 662 654.09/2 048 618.46 × 100% = 81.16% ≥ 40%（监管标准）。

9. 公司监事会意见

报告期内公司决策程序合法有效，内控制度进一步完善，公司董事及高级管理人员能够按照国家有关法律、法规和《公司章程》的规定履行职责，未发现有违法违纪和损害公司利益及股东利益的行为。公司财务报告内容完整、真实地反映公司的财务状况和经营成果。

交银国际信托有限公司

1. 重要提示

1.1 本公司董事会及董事保证本年度报告所载资料不存在任何虚假记载、误导性陈述或者重大遗漏，并对其内容的真实性、准确性和完整性承担个别及连带责任。

1.2 公司独立董事戴国强先生、刘红忠先生、王华先生声明：保证本年度报告内容的真实、准确和完整。

1.3 普华永道中天会计师事务所（特殊普通合伙）根据中国注册会计师审计准则对本公司 2019 年度财务报告进行审计，出具了标准无保留意见的审计报告。

1.4 公司法定代表人、董事长童学卫，总裁李依贫（分管财务），预算财务部总经理张悦迎声明：保证本年度报告中财务报告的真实、完整。

2. 公司概况

2.1 公司简介

法定中文名称	交银国际信托有限公司
法定中文缩写名称	交银国际信托
公司法定英文名称	Bank of Communications International Trust Co., Ltd.

续表

法定英文缩写名称	BOCOMMTRUST
法定代表人	童学卫
注册地址	湖北省武汉市江汉区建设大道 847 号瑞通广场 B 座 16～17 层
邮政编码	430015
国际互联网网址	www. bocommtrust. com
电子信箱	jygx_nianbao@ bankcomm. com
信息披露事务联系人	赵德刚
信息披露事务联系人联系方式	电话：021 –32169666；传真：021 –62706820
选定的信息披露报纸	《金融时报》《上海证券报》《证券时报》
公司年报备置地点	湖北省武汉市江汉区建设大道 847 号瑞通广场 B 座 16 层
聘请的会计师事务所	普华永道中天会计师事务所（特殊普通合伙）
聘请的会计师事务所住所	上海市黄浦区湖滨路 202 号企业天地 2 号楼普华永道中心 11 楼
聘请的律师事务所	上海市锦天城律师事务所
聘请的律师事务所住所	上海市浦东新区银城中路 501 号上海中心大厦

2.2 组织结构

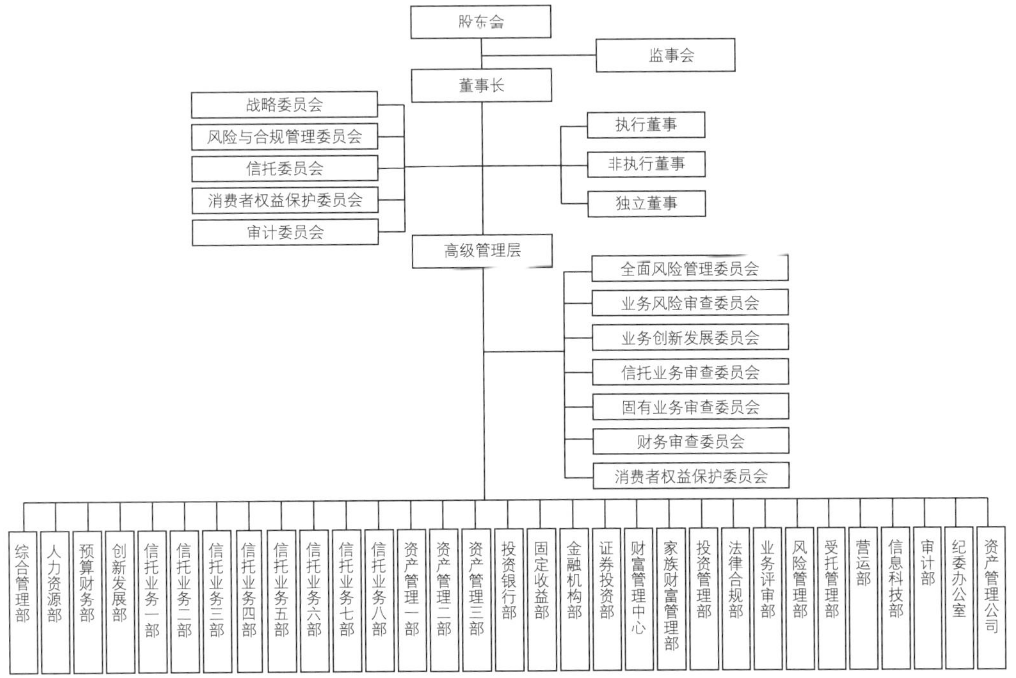

3. 公司治理

3.1 股东

报告期内，公司股东总数2家。出资比例及股东情况如下：

序号	股东名称	持股比例(%)	法定代表人（负责人）	注册资本（亿元）	注册地址	主要经营业务	主要财务状况
1	★交通银行股份有限公司	85	任德奇	742.63	上海市浦东新区银城中路188号	银行业务	2019年末，资产总额为99 056亿元，每股净资产为9.34元，资本充足率14.83%，全年实现净利润（归属于母公司股东）为772.81亿元。
2	湖北省交通投资集团有限公司	15	龙传华	100	武汉市汉阳区龙阳大道36号顶琇广场A栋25楼	交通基础项目建设等	2019年末，资产总额为4 330亿元，负债总额为2 999亿元，全年实现净利润为23.59亿元。

注：★表示实际控制人。

报告期内，公司主要股东总数为2家。主要股东及其控股股东、实际控制人、一致行动人、最终受益人情况如下：

主要股东名称	股东的控股股东	股东的实际控制人	股东的一致行动人	最终受益人
交通银行	无	无	无	不适用
湖北省交通投资集团有限公司	湖北省人民政府国有资产监督管理委员会	湖北省人民政府国有资产监督管理委员会	无	不适用

3.2 董事

姓名	职务	性别	年龄（岁）	选任日期	所推举的股东名称	该股东持股比例（%）	简要履历
童学卫	董事长	男	55	2018年9月10日	交通银行股份有限公司	85	硕士，高级经济师，历任交通银行南京分行综合计划处副处长，交通银行白下支行行长，交通银行南京分行国际业务部经理，交通银行宁波分行副行长、高级信贷执行官，交通银行总行公司业务部/公司机构业务部副总经理（总行部门正职级）、金融机构部总经理；现任交银国际信托有限公司董事长（省分行正职级）。
龙传华	董事	男	57	2014年12月31日	湖北省交通投资集团有限公司	15	博士，高级经济师，历任黄石市委政研室副主任、主任，黄石市经济开发区管委会副主任，湖北省交通厅副厅长，湖北省交通投资集团有限公司总经理；现任湖北省交通投资集团有限公司董事长。
金旗	董事	男	51	2017年12月4日	交通银行股份有限公司	85	本科，中级经济师，历任交通银行上海分行市南支行副行长，交通银行总行公司业务部高级经理、公司业务部/公司机构业务部总经理助理、副总经理，票据业务中心副总裁（主持工作）、总裁，交通银行总行资产管理业务中心总裁；现任交银理财有限责任公司执行董事、总裁。
陈蔚	董事	男	54	2017年12月4日	交通银行股份有限公司	85	硕士，高级经济师，历任交通银行武汉分行汉阳支行行长，交通银行武昌支行行长，交通银行华南授信审批中心副总经理、总经理，交通银行广东省分行副行长，交通银行总行零售信贷管理部/小企业信贷部副总经理（总行部门正职级）、风险管理部（资产保全部）副总经理、小企业金融部副总经理，法律合规部总经理；现任交通银行湖南省分行行长。
颇颖	董事	女	48	2013年1月25日	交通银行股份有限公司	85	硕士，高级会计师，历任交通银行南宁分行计划处副处长，交通银行总行财务会计部副处长、高级经理，交通银行苏州分行副行长，交通银行总行预算财务部副总经理；现任交通银行总行战略投资部总经理。
李依贫	执行董事	男	55	2018年12月29日	交通银行股份有限公司	85	硕士，高级经济师，历任交通银行武汉分行太平洋支行行长助理、交通银行江岸支行副行长及行长，交通银行青山支行行长，交通银行武汉分行公司业务部高级经理、交银国际信托有限公司副总裁；现任交银国际信托有限公司执行董事、总裁。
戴国强	独立董事	男	67	2015年5月27日	—	—	博士，历任上海财经大学讲师、副教授、教授，财务金融学院副院长，金融学院常务副院长、院长，MBA学院院长，商学院副院长；现任上海财经大学商学院教授、博士研究生导师，享受国务院政府特殊津贴专家，中国金融学会常务理事，中国国际金融学会常务理事，上海城市金融学会副会长等。
刘红忠	独立董事	男	55	2018年12月29日	—	—	博士，历任复旦大学讲师、副教授、教授，国际金融系主任、金融研究院副院长等；现任复旦大学金融学教授、博士生导师，中国金融史研究中心副主任，金融研究中心副主任，中国金融学会理事，中国国际金融学会理事等。
王华	独立董事	男	43	2018年12月29日	—	—	博士，中国注册会计师，历任中南财经政法大学讲师、副教授、教授，会计学院成本管理教研室副主任、财务管理系副主任、国际会计教育中心主任；现任中南财经政法大学会计学院副院长、教授、博士生导师，管理会计与绩效研究所所长等，财政部管理会计咨询委员会委员等。

注：2019年12月3日，本公司股东会第三次会议（临时会议）选举汤晓东、周黎勤担任本公司非执行董事，陈蔚、金旗不再担任本公司非执行董事职务。

3.3 监事

姓名	职务	性别	年龄(岁)	选任日期	所推举的股东名称	该股东持股比例(%)	简要履历
郑智勇	监事长	男	45	2018年11月19日	交通银行股份有限公司	85	硕士,会计师,经济师,历任交通银行总行公司业务部高级经理、公司业务部/公司机构业务部总经理助理、副总经理,交通银行海南省分行副行长;现任交通银行总行公司机构业务部副总经理(省分行副职级),兼任交银国际信托有限公司监事长。
李琳	监事	男	45	2019年3月29日	湖北省交通投资集团有限公司	15	硕士,会计师,历任湖北省交通投资集团有限公司融资财务部副部长、证券部部长、资本运营部部长、董事会办公室主任;现任湖北省交通投资集团有限公司审计部部长。
韩泽民	职工监事	男	57	2010年11月5日	—	—	本科,经济师,历任湖北省国际信托投资公司金融部经理、国际金融部经理、办公室副主任,交银国际信托有限公司综合管理部副总经理、监察室副主任;现任交银国际信托有限公司人力资源部副总经理(主持工作)。

3.4 高级管理人员

姓名	职务	性别	年龄(岁)	选任日期	金融从业年限(年)	学历/学位	专业
李依贫	总裁	男	55	2019年2月26日	23	硕士	财务金融
孟宪宇	副总裁	男	42	2013年4月28日	20	硕士	企业管理
谢洁	副总裁	男	46	2013年4月28日	19	硕士	世界经济
蔡平	副总裁	男	57	2013年9月3日	7	硕士	管理工程
唐云岳	副总裁	男	43	2019年2月26日	17	硕士	国际贸易

3.5 公司员工

报告期末,员工总数为236人,平均年龄为36岁,学历分布比率:博士为0%;硕士为62.7%;本科为36.1%;专科为0.4%;其他为0.8%。

4. 经营管理

4.1 经营目标、经营方针、战略规划

认真贯彻落实国家宏观政策和金融监管要求,立足内外部形势变化,发挥信托制度和集团资源两个优势,聚焦“专业资产管理、高端财富管理、优质受托服务”三大核心业务,积极服务实体经济,积极服务人民美好生活需要,持续打造“最值得信赖的信托资产管理机构”。

4.2 所经营业务的主要内容

4.2.1 信托业务

资产管理类业务包括信托贷款、应收账款融资、并购融资、房地产融资、投资基金、证券投资信托等产品。财富管理类业务包括高端信托理财产品、家族财富管理信托、现金管理类产品、受托境外理财(QDII)等产品。受托管理类业务包括信贷资产证券化、企业资产证券化、公益慈善信托、消费信托、员工持股计划等产品。

4.2.2 自营业务

公司按照“低风险、多元化”的配置原则管理运用自有资金,适量投资理财产品,合理有序发放贷款和投资债券,适度进行股票投资和股权投资,发展创新业务,兼顾权益类和固定收益类,充分考虑资产流动性、期限和收益之间的合理平衡,确保上述各类资产配置比例都在合理范围内。

信托资产运用与分布表

资产运用	金额(万元)	占比(%)	资产分布	金额(万元)	占比(%)
货币资产	579 668.15	0.76	基础产业	21 293 144.56	27.95
贷款	21 420 232.86	28.12	房地产	6 259 199.86	8.22
交易性金融资产	7 739 449.75	10.16	证券市场	8 047 956.08	10.56
可供出售金融资产	1 123 226.03	1.47	实业	12 356 665.02	16.22
持有至到期投资	3 844 440.73	5.05	金融机构	17 885 695.64	23.48
长期股权投资	1 245 055.39	1.63	其他	10 342 355.42	13.57
其他	40 232 943.67	52.81	—	—	—
信托资产总计	76 185 016.58	100.00	信托资产总计	76 185 016.58	100.00

自营资产运用与分布表

资产运用	金额(万元)	占比(%)	资产分布	金额(万元)	占比(%)
货币资产	75 880.47	5.88	基础产业	85 459.99	6.63
交易性金融资产	671 376.69	52.05	房地产业	239 092.00	18.54
债权投资	418 435.93	32.44	证券市场	514 000.00	39.85
发放贷款和垫款	42 400.91	3.29	实业	-	—
长期股权投资	643.42	0.05	金融机构	32 000.00	2.48
其他	81 210.12	6.29	其他	419 395.55	32.51
资产总计	1 289 947.54	100.00	资产总计	1 289 947.54	100.00

4.3 市场分析

4.3.1 有利因素

一是我国经济运行稳中有进。2019年我国国内生产总值接近100万亿元,稳居世界第二,人均GDP突破1万美元大关,三大攻坚战取得关键进展,精准脱贫成效显著,经济结构持续优化,全面建成小康社会取得了新的重大进展,为信托公司发展提供了稳定的宏观经济环境。

二是居民财富收入不断提升,企业和金融机构盘活存量、化解风险的动力不断增强,资本市场良好预期不断强化,为信托公司发展财富管理、资产证券化、证券投资等创新业务,培育新的业务增长点提供了良好的市场环境。

三是随着“资管新规”及配套实施细则逐步落地，信托资金配置向实体经济不断倾斜，主动管理能力持续增强，信托行业业务结构转型初见成效。监管部门明确提出信托公司要回归“受人之托，代人理财”的职能定位，积极发展服务信托、财富管理信托、公益（慈善）信托等本源业务，为未来一段时间信托业发展方向定下重要基调。

4.3.2 不利因素

一是世界经济增长持续放缓，全球动荡源和风险点显著增多，我国正处于转变发展方式、优化经济结构、转换增长动力的攻关期，经济下行压力加大。受 2019 年末爆发的新冠疫情影响，对企业复工复产造成较大冲击。信用风险、市场风险和流动性风险交织叠加，对信托公司风险管控提出更高要求。

二是目前我国金融风险形势更加严峻，资管新规过渡期即将结束，监管部门对信托公司压通道、控房地产业务、资本管理、融资类信托、资金信托净值化等方面提出了严格的要求，信托公司传统业务发展承压，转型升级任务艰巨。

4.4 内部控制

4.4.1 内部控制环境和内部控制文化

公司按照“纵到底、横到边、全覆盖”的要求，着力营造依法合规、运转高效的内部控制环境。第一，持续改进公司治理，不断完善公司治理架构。第二，强化内部审计监督作用，促进内部控制稳健运行。第三，强化制度建设与执行，确保业务运行的各环节均有章可循。第四，按照权责分明、相互制约的原则设置部门和岗位。

公司积极弘扬全员合规与内控优先的内部控制文化。第一，公司“三会一层”均牢固树立合法合规经营的理念，弘扬合规文化，加强合规教育，促进“专业、勤勉、尽职”良好合规经营文化环境；同时，公司积极学习监管政策，将监管政策内化为日常业务的行动指南。第二，公司上下树立起内控优先的意识，建立公司员工合规行为准则、职业道德规范，并持续开展合规管理、合规宣传和合规培训，积极提升合规文化整体氛围和全员的合规经营意识，进一步夯实内控制度的落实与执行。

4.4.2 内部控制措施

公司坚持“内控优先、制度先行”的管理理念，持续加强内控制度体系建设和完善细化工作，制定出台多项业务管理和基础管理制度。公司建立健全“防火墙”制度，实现四个分离：信托业务与自营业务相分离；不同的信托财产之间相分离；同一信托财产运用与保管相分离；业务操作与风险监控相分离。

对于信托业务，在设立环节，公司严格按照制度规定开展信托项目审批，制定规范的信托文件和项目尽职调查标准；在资金运用环节，公司严格履行受托人职责，依法运用信托财产，实现审批、运用和保管分离；在管理环节，公司不断完善风险识别、评估、监控、报告体系，前台、中台、后台紧密配合，形成职责明晰、相互制约的管理机制；在清算终止环节，公司严格依据法律法规、信托文件制作清算报告，并向受益人进行信息披露，持续完善信托业务档案管理制度。

对于固有业务，公司建立健全固有业务决策机制，2019 年初制定科学合理的年度自有资金配置计划与风险容忍度，并严格按照相关程序进行审批，实现固有业务协调发展；通过动态的监控机制、严密的账户管理、严格的资金审批调度、规范的交易操作以及完善的业务档案管理，公司严格控制固有资金的投资风险，重要投资均有详细的风险分析支持。

4.4.3 监督评价与纠正

公司建立了内部控制检查、报告和纠正机制，确保内控制度的执行落实和对发现问题的及时整改。内审部门对公司内部控制制度的执行情况进行持续的检查和监督，对被审计项目作出客观评价，提出意见或建议，并对内审报告作出的结论和处理意见的执行及整改情况进行后期追踪检查，督促整改落实。董事会定期评价内部控制的有效性，定期召开审计委员会会议，听取公司内部控制管理工作的汇报与建议，并根据环境变化适时调整和完善。

4.5 风险管理

4.5.1 风险管理概况

公司经营活动中面临信用风险、市场风险、操作风险及其他风险等。公司形成了“事前防范、事中控制、事后评价”的风险管理机制。

4.5.1.1 信用风险状况

（1）信托业务信用风险状况。截至 2019 年 12 月 31 日，公司存续信托项目 1 093 个，存续受托规模为 7 413.61 亿元，公司按照相关要求计提准备。

（2）固有业务信用风险状况。截至 2019 年 12 月 31 日，公司自有资金贷款余额为 4.34 亿元，固有贷款业务信用风险资产均为正常类，固有贷款不良资产的期初数与期末数均为零，按照相关要求计提准备。截至 2019 年末，交易对手履约情况正常，公司固有业务信用风险处于较低水平。

4.5.1.2 市场风险状况

截至 2019 年 12 月 31 日，信托资产投资、固有资产投资市场风险情况正常；自有资金证券投资未突破公司确定的风险容忍度限额。

4.5.1.3 操作风险状况

公司建立了严格的部门职责、员工岗位职责、业务流程和操作规程，形成了职责分明、相互监督制约的机制和严格的审核、复核程序。截至 2019 年 12 月 31 日，公司未发现重大操作风险事件。

4.5.1.4 其他风险状况

其他风险主要有合规风险、政策风险等。截至 2019 年 12 月 31 日，公司未发生因上述风险造成的损失。

4.5.2 风险管理

4.5.2.1 信用风险管理

公司高度重视交易对手的信用情况，加强项目运行前端的风险管控，以尽职调查为重要风控抓手，科学评估交易对手的履约能力与意愿，筛选现金流充裕且第二还款来源稳固的项目，辅以有效的信用增级措施，如聘请专业的评估机构对抵押品进行评估，对担保物的充足性进行严格把关，审慎评估保证人的履约能力等，切实提高信用风险的保障系数。已根据监管要求按照注册资本 20% 足额提取信托赔偿准备金。

在项目运行过程中，公司深入研究影响交易对手履约能力的各种风险因素，持续跟踪抵质押物价值对融资本息的保障系数，加强监测有关还款来源的变化情况，持续加强业务日常监测、换手查访、风险排查、风险预警、风险提示和督导落实的力度,有效落实项目到期兑付资金安排监测机制,持续高效开展项目后续管理,并根据具体问题研究采取相关应对措施,确保项目信用风险的可控、可测、可承受。

4.5.2.2 市场风险管理

第一,公司高度重视市场价格风险因素的管理,不断强化对自有资金投资项目的科学决策与管理,密切关注经济运行状况,严控因宏观政策调整带来不利影响的风险。第二,在业务评审环节,公司详细评估项目的市场风险;在资金运用环节,公司密切关注有关风险因子、情景的变化情况,采取有针对性的举措。第三,公司配备了与市场风险管理需求相适应的专业团队,对市场风险的研究较为充分、投资行为较为审慎。第四,公司加强对宏观经济及金融形势的分析预测,制定年度自有资金配置计划与风险容忍度,并严格执行该配置计划及风险容忍度指标。

4.5.2.3 操作风险管理

第一,公司建立了严格的部门职责、员工岗位职责、业务流程和操作规程,形成了职责分明、相互监督制约的管理机制,通过建立健全内控考核机制,有效提升了操作风险管理实效;第二,公司持续推进综合业务系统开发上线,不断开发、完善业务管理信息系统,并建立了贴合业务实际、满足业务需求的信息系统管理流程;第三,公司不断完善各项规章制度,持续完善操作风险管理机制,切实提高业务管理的精细化水平。截至2019年12月31日,未发现重大操作风险事件。

4.5.2.4 其他风险管理

公司严格按照国家法律法规和监管部门的有关要求开展业务;公司不断完善突发事件应急处理机制,以应对可能发生的突发事件。

4.5.3 净资本管理

2019年末,公司净资本风险控制指标:净资本为110.64亿元,各项风险资本为86.83亿元,净资本与各项业务风险资本之和之比为127.4%,符合监管要求的不低于100%标准;净资本与净资产之比为91.4%,符合监管要求的不低于40%标准。2019年末净资本监管各项指标全面达标。

4.6 消费者权益保护

2019年,公司积极贯彻落实监管机构关于消费者权益保护工作的各项要求,认真履行消费者权益保护职责,持续完善消保体制机制建设,在业务流程不断优化中融入消保理念,同时加强金融知识宣传,努力提升客户服务水平,消费者权益保护工作得到有效开展。在湖北银保监局2018年消保工作考核评价中获评一级,保持全年零投诉。董事会下设消费者权益保护委员会,高级管理层下设消费者权益保护工作部。公司持续开展落实金融消费者宣传教育工作,持续提高消费者对信托行业及信托产品的认识和了解,不断提升消费者的风险防范意识,切实有效保护金融消费者合法权益。

4.7 企业社会责任

报告期内,本公司重视发挥企业社会价值,积极履行社会责任,践行国有金融企业责任担当。一是助力脱贫攻坚,累计投入扶贫资金276.8万元。其中,引进100万元消费扶贫资金购买国家级贫困县甘肃省天祝县农产品,引进50万元帮扶资金资助当地教育事业;发挥党建扶贫优势,投入76.8万元,在甘肃天祝、四川理塘、四川色达等贫困地区开展党建扶贫,联合湖北省交通投资集团有限公司投入50万元在湖北鹤峰建立党员教育实践基地。组织公司员工在"六一"儿童节期间向天祝县打柴沟镇打柴沟小学捐赠图书1 000余册。二是发挥信托构建证券化基础资产的特点,盘活存量资产,降低企业融资成本,落地同煤供应链、川投航信停车场PPP储架式等企业ABN项目。三是出资并设立湖北省首单备案慈善信托"2019适老宜居暖巢慈善信托",关爱老年人生活健康。四是注重员工关爱,为员工解决"小事、实事、具体事",开展丰富多彩的员工活动,推动企业与个人共同发展。

5. 报告期末及上一年末的比较式会计报表

5.1 自营资产

5.1.1 会计师事务所审计意见全文

审 计 报 告

普华永道中天审字(2020)第25099号

交银国际信托有限公司董事会:

一、审计意见

(一)我们审计的内容

我们审计了交银国际信托有限公司(以下简称贵公司)的财务报表,包括2019年12月31日的合并及公司资产负债表,2019年度的合并及公司利润表、合并及公司现金流量表、合并及公司所有者权益变动表及财务报表附注。

(二)我们的意见

我们认为,后附的财务报表在所有重大方面按照企业会计准则的规定编制,公允反映了贵公司2019年12月31日的合并及公司财务状况以及2019年度的合并及公司经营成果和现金流量。

二、形成审计意见的基础

我们按照中国注册会计师审计准则的规定执行了审计工作。审计报告的"注册会计师对财务报表审计的责任"部分进一步阐述了我们在这些准则下的责任。我们相信,我们获取的审计证据是充分、适当的,为发表审计意见提供了基础。

按照中国注册会计师职业道德守则,我们独立于贵公司,并履行了职业道德方面的其他责任。

三、其他信息

贵公司管理层对其他信息负责。其他信息包括贵公司2018年年度报告中涵盖的信息,但不包括财务报表和我们的审计报告。

我们对财务报表发表的审计意见不涵盖其他信息,我们也不对其他信息发表任何形式的鉴证结论。

结合我们对财务报表的审计,我们的责任是阅读其他信息,在此过程中,考虑其他信息是否与财务报表或我们在审计过程中了解到的情况存在重大不一致或者似乎存在重大错报。基于我们已经执行的工作,如果我们确定其他信息存在重大错报,我们应当报告该事实。在这方面,我们无任何事项需要报告。

四、管理层和治理层对财务报表的责任

贵公司管理层负责按照企业会计准则的规定编制财务报表，使其实现公允反映，并设计、执行和维护必要的内部控制，以使财务报表不存在由于舞弊或错误导致的重大错报。

在编制财务报表时，管理层负责评估贵公司的持续经营能力，披露与持续经营相关的事项（如适用），并运用持续经营假设，除非管理层计划清算贵公司、终止运营或别无其他现实的选择。

治理层负责监督贵公司的财务报告过程。

五、注册会计师对财务报表审计的责任

我们的目标是对财务报表整体是否不存在由于舞弊或错误导致的重大错报获取合理保证，并出具包含审计意见的审计报告。合理保证是高水平的保证，但并不能保证按照审计准则执行的审计在某一重大错报存在时总能发现。错报可能由于舞弊或错误导致，如果合理预期错报单独或汇总起来可能影响财务报表使用者依据财务报表作出的经济决策，则通常认为错报是重大的。

在按照审计准则执行审计工作的过程中，我们运用职业判断，并保持职业怀疑。同时，我们也执行以下工作：

（1）识别和评估由于舞弊或错误导致的财务报表重大错报风险；设计和实施审计程序以应对这些风险，并获取充分、适当的审计证据，作为发表审计意见的基础。由于舞弊可能涉及串通、伪造、故意遗漏、虚假陈述或凌驾于内部控制之上，未能发现由于舞弊导致的重大错报的风险高于未能发现由于错误导致的重大错报的风险。

（2）了解与审计相关的内部控制，以设计恰当的审计程序，但目的并非对内部控制的有效性发表意见。

（3）评价管理层选用会计政策的恰当性和作出会计估计及相关披露的合理性。

（4）对管理层使用持续经营假设的恰当性得出结论。同时，根据获取的审计证据，就可能导致对贵公司持续经营能力产生重大疑虑的事项或情况是否存在重大不确定性得出结论。如果我们得出结论认为存在重大不确定性，审计准则要求我们在审计报告中提请报表使用者注意财务报表中的相关披露；如果披露不充分，我们应当发表非无保留意见。我们的结论基于截至审计报告日可获得的信息。然而，未来的事项或情况可能导致贵公司不能持续经营。

（5）评价财务报表的总体列报、结构和内容（包括披露），并评价财务报表是否公允反映相关交易和事项。

（6）就贵公司中实体或业务活动的财务信息获取充分、适当的审计证据，以对合并财务报表发表审计意见。我们负责指导、监督和执行集团审计，并对审计意见承担全部责任。

我们与治理层就计划的审计范围、时间安排和重大审计发现等事项进行沟通，包括沟通我们在审计中识别出的值得关注的内部控制缺陷。

普华永道中天
会计师事务所（特殊普通合伙）　　注册会计师：胡　亮
中国·上海市　　注册会计师：王　岗
2020 年 4 月 28 日

5.1.2　公司及合并资产负债表

合并资产负债表

编制单位：交银国际信托有限公司　　2019 年 12 月 31 日　　单位：元

	附注	2019 年 12 月 31 日	2018 年 12 月 31 日
		合并	合并
资产			
货币资金		758 804 699. 86	999 487 535. 70
金融投资：			
交易性金融资产		6 713 766 896. 02	4 462 109 015. 83
债权投资		4 184 359 325. 42	5 343 233 762. 72
发放贷款及垫款		424 009 068. 51	263 510 342. 47
长期股权投资		6 434 158. 75	6 824 373. 89
固定资产		23 338 412. 67	23 731 308. 04
使用权资产		44 425 819. 68	不适用
无形资产		12 216 108. 08	9 249 184. 27
递延所得税资产		10 817 383. 75	25 832 764. 81
其他资产		721 303 558. 72	992 471 895. 04
资产总计		12 899 475 431. 46	12 126 450 182. 77
负债			
合同负债		39 174 982. 95	不适用
应付职工薪酬		144 110 568. 35	131 893 479. 57
应交税费		109 536 200. 91	220 033 605. 35
租赁负债		46 448 978. 19	不适用
递延所得税负债		21 983. 23	1 091 443. 81
其他负债		414 961 160. 55	707 013 905. 30
负债合计		754 253 874. 18	1 060 032 434. 03
所有者权益			
实收资本		5 764 705 882. 35	5 764 705 882. 35
盈余公积		645 453 972. 12	532 818 601. 77
一般风险准备		191 923 372. 12	165 772 516. 91
信托赔偿准备		1 152 941 176. 47	1 152 941 176. 47
未分配利润		4 390 197 154. 22	3 450 179 571. 24
所有者权益合计		12 145 221 557. 28	11 066 417 748. 74
负债和所有者权益总计		12 899 475 431. 46	12 126 450 182. 77

企业负责人：童学卫　　主管会计工作的负责人：李依贫　　会计机构负责人：张悦迎

公司资产负债表（续）

编制单位：交银国际信托有限公司　　2019 年 12 月 31 日　　单位：元

	附注	2019 年 12 月 31 日	2018 年 12 月 31 日
		公司	公司
资产			
货币资金		662 098 896. 42	956 387 731. 69
金融投资：			
交易性金融资产		5 235 153 188. 55	3 398 613 468. 42
债权投资		3 918 056 936. 97	5 319 436 422. 59
发放贷款及垫款		424 009 068. 51	263 510 342. 47
长期股权投资		2 000 000 000. 00	1 300 000 000. 00
固定资产		23 268 278. 51	23 661 173. 88
使用权资产		44 425 819. 68	不适用
无形资产		12 216 108. 08	9 249 184. 27

续表

	附注	2019 年 12 月 31 日	2018 年 12 月 31 日
		公司	公司
递延所得税资产		9 384 020. 31	25 632 431. 43
其他资产		519 105 710. 17	790 513 324. 93
资产总计		12 847 718 027. 20	12 087 004 079. 68
负债			
合同负债		39 174 982. 95	不适用
应付职工薪酬		143 846 807. 43	131 686 757. 74
应交税费		106 823 125. 56	216 861 298. 08
租赁负债		46 448 978. 19	不适用
其他负债		411 392 486. 75	705 642 958. 00
负债合计		747 686 380. 88	1 054 191 013. 82
所有者权益			
实收资本		5 764 705 882. 35	5 764 705 882. 35
盈余公积		645 453 972. 12	532 818 601. 77
一般风险准备		191 923 372. 12	165 772 516. 91
信托赔偿准备		1 152 941 176. 47	1 152 941 176. 47
未分配利润		4 345 007 243. 26	3 416 574 888. 36
所有者权益合计		12 100 031 646. 32	11 032 813 065. 86
负债和所有者权益总计		12 847 718 027. 20	12 087 004 079. 68

企业负责人:童学卫　　主管会计工作的负责人:李依贫　　会计机构负责人:张悦迎

5. 1. 3　合并及公司利润表

合并利润表

编制单位:交银国际信托有限公司　　2019 年度　　单位:元

	附注	2019 年度	2018 年度
		合并	合并
一、营业收入		1 877 087 481. 20	1 727 623 298. 27
利息净收入		295 758 798. 62	347 919 376. 82
手续费及佣金收入		1 320 413 260. 20	1 084 037 969. 53
公允价值变动收益		37 025 837. 50	(9 993 821. 82)
投资收益		152 427 293. 89	127 967 503. 33
其中:对联营企业和合营企业的投资收益		99 010. 17	216 731. 27
其他收益		16 966 666. 67	50 872 451. 67
汇兑收益		1 972 030. 09	5 507 099. 72
其他业务收入		52 523 594. 23	121 462 868. 13
资产处置收益		—	(150 149. 11)
二、营业支出		(362 635 300. 87)	(323 343 983. 49)
税金及附加		(9 556 378. 09)	(8 509 532. 58)
业务及管理费		(352 089 744. 30)	(301 804 124. 10)
信用减值损失		(989 178. 48)	(13 030 326. 81)
三、营业利润		1 514 452 180. 33	1 404 279 314. 78
加:营业外收入		6 956. 94	0. 05
减:营业外支出		(891 131. 06)	—
四、利润总额		1 513 568 006. 21	1 404 279 314. 83
减:所得税费用		(375 629 074. 66)	(346 928 934. 00)
五、净利润		1 137 938 931. 55	1 057 350 380. 83
按经营持续性分类			
持续经营净利润		1 137 938 931. 55	1 057 350 380. 83
终止经营净利润		—	—
按所有权归属分类			
少数股东损益		—	—
归属于母公司股东的净利润		1 137 938 931. 55	1 057 350 380. 83
六、其他综合收益税后净额		—	—
七、综合收益总额		1 137 938 931. 55	1 057 350 380. 83

企业负责人:童学卫　　主管会计工作的负责人:李依贫　　会计机构负责人:张悦迎

公司利润表(续)

编制单位:交银国际信托有限公司　　2019 年度　　单位:元

	附注	2019 年度	2018 年度
		公司	公司
一、营业收入		1 845 934 319. 21	1 699 473 224. 51
利息净收入		287 248 480. 72	338 366 505. 11
手续费及佣金收入		1 308 522 739. 01	1 071 664 734. 80
公允价值变动收益		34 167 850. 66	(13 717 422. 95)
投资收益		144 832 957. 83	125 607 565. 62
其他收益		16 666 666. 67	50 732 023. 19
汇兑收益		1 972 030. 09	5 507 099. 72
其他业务收入		52 523 594. 23	121 462 868. 13
资产处置收益		—	(150 149. 11)
二、营业支出		(346 340 527. 46)	(317 662 338. 76)
税金及附加		(9 338 679. 72)	(8 305 332. 83)
业务及管理费		(345 987 551. 60)	(295 628 692. 14)
信用减值损失		8 985 703. 86	(13 728 313. 79)
三、营业利润		1 499 593 791. 75	1 381 810 885. 75
加:营业外收入		—	0. 05
减:营业外支出		(881 102. 88)	—
四、利润总额		1 498 712 688. 87	1 381 810 885. 80
减:所得税费用		(372 358 985. 40)	(341 330 511. 99)
五、净利润		1 126 353 703. 47	1 040 480 373. 81
按经营持续性分类			
持续经营净利润		1 126 353 703. 47	1 040 480 373. 81
终止经营净利润		—	—
六、其他综合收益税后净额		—	—
七、综合收益总额		1 126 353 703. 47	1 040 480 373. 81

企业负责人:童学卫　　主管会计工作的负责人:李依贫　　会计机构负责人:张悦迎

5. 1. 4　合并及公司所有者权益变动表

合并所有者权益变动表

编制单位:交银国际信托有限公司　　2019 年度　　单位:元

	附注	实收资本	盈余公积	一般风险准备	信托赔偿准备	未分配利润	所有者权益合计
2018 年 1 月 1 日年初余额		5 764 705 882. 35	428 770 564. 39	112 326 319. 57	801 359 727. 50	2 924 934 926. 06	10 032 097 419. 87
2018 年度增减变动额		—	—	—	—	—	—
综合收益总额		—	—	—	—	—	—

续表

	附注	实收资本	盈余公积	一般风险准备	信托赔偿准备	未分配利润	所有者权益合计
净利润		—	—	—	—	1 057 350 380. 83	1 057 350 380. 83
利润分配		—	—	—	—	—	—
对所有者的分配		—	—	—	—	(23 030 051. 96)	(23 030 051. 96)
提取盈余公积		—	104 048 037. 38	—	—	(104 048 037. 38)	—
提取一般风险准备		—	—	53 446 197. 34	—	(53 446 197. 34)	—
提取信托赔偿准备金		—	—	—	351 581 448. 97	(351 581 448. 97)	—
2018 年 12 月 31 日年末余额		5 764 705 882. 35	532 818 601. 77	165 772 516. 91	1 152 941 176. 47	3 450 179 571. 24	11 066 417 748. 74
2018 年 12 月 31 日年末余额		5 764 705 882. 35	532 818 601. 77	165 772 516. 91	1 152 941 176. 47	3 450 179 571. 24	11 066 417 748. 74
会计政策变更		—	—	—	—	(6 155 954. 66)	(6 155 954. 66)
2019 年 1 月 1 日年初余额		5 764 705 882. 35	532 818 601. 77	165 772 516. 91	1 152 941 176. 47	3 444 023 616. 58	11 060 261 794. 08
2019 年度增减变动额		—	—	—	—	—	—
综合收益总额		—	—	—	—	—	—
净利润		—	—	—	—	1 137 938 931. 55	1 137 938 931. 55
利润分配		—	—	—	—	—	—
对所有者的分配		—	—	—	—	(52 979 168. 35)	(52 979 168. 35)
提取盈余公积		—	112 635 370. 35	—	—	(112 635 370. 35)	—
提取一般风险准备		—	—	26 150 855. 21	—	(26 150 855. 21)	—
2019 年 12 月 31 日年末余额		5 764 705 882. 35	645 453 972. 12	191 923 372. 12	1 152 941 176. 47	4 390 197 154. 22	12 145 221 557. 28

企业负责人：童学卫　　主管会计工作的负责人：李依贫　　会计机构负责人：张悦迎

公司所有者权益变动表（续）

编制单位：交银国际信托有限公司　　2019 年度　　单位：元

	附注	实收资本	盈余公积	一般风险准备	信托赔偿准备	未分配利润	所有者权益合计
2018 年 1 月 1 日年初余额		5 764 705 882. 35	428 770 564. 39	112 326 319. 57	801 359 727. 50	2 908 200 250. 20	10 015 362 744. 01
2018 年度增减变动额		—	—	—	—	—	—
综合收益总额		—	—	—	—	—	—
净利润		—	—	—	—	1 040 480 373. 81	1 040 480 373. 81
利润分配		—	—	—	—	—	—
对所有者的分配		—	—	—	—	(23 030 051. 96)	(23 030 051. 96)
提取盈余公积		—	104 048 037. 38	—	—	(104 048 037. 38)	—
提取一般风险准备		—	—	53 446 197. 34	—	(53 446 197. 34)	—
提取信托风险准备		—	—	—	351 581 448. 97	(351 581 448. 97)	—
2018 年 12 月 31 日年末余额		5 764 705 882. 35	532 818 601. 77	165 772 516. 91	1 152 941 176. 47	3 416 574 888. 36	11 032 813 065. 86
2018 年 12 月 31 日年末余额		5 764 705 882. 35	532 818 601. 77	165 772 516. 91	1 152 941 176. 47	3 416 574 888. 36	11 032 813 065. 86
会计政策变更		—	—	—	—	(6 155 954. 66)	(6 155 954. 66)
2019 年 1 月 1 日年初余额		5 764 705 882. 35	532 818 601. 77	165 772 516. 91	1 152 941 176. 47	3 410 418 933. 70	11 026 657 111. 20
2019 年度增减变动额		—	—	—	—	—	—
综合收益总额		—	—	—	—	—	—
净利润		—	—	—	—	1 126 353 703. 47	1 126 353 703. 47
利润分配		—	—	—	—	—	—
对所有者的分配		—	—	—	—	(52 979 168. 35)	(52 979 168. 35)
提取盈余公积		—	112 635 370. 35	—	—	(112 635 370. 35)	—
提取一般风险准备		—	—	26 150 855. 21	—	(26 150 855. 21)	—
2019 年 12 月 31 日年末余额		5 764 705 882. 35	645 453 972. 12	191 923 372. 12	1 152 941 176. 47	4 345 007 243. 26	12 100 031 646. 32

企业负责人：童学卫　　主管会计工作的负责人：李依贫　　会计机构负责人：张悦迎

5.2 信托资产

5.2.1 信托项目资产负债汇总表

信托项目资产负债汇总表(未经审计)

编制单位:交银国际信托有限公司　　2019 年 12 月 31 日　　单位:万元

序号	项目	期末余额	年初余额
1	信托资产:		
2	1. 货币资金	579 668. 15	2 508 715. 54
3	2. 拆出资金	—	—
4	3. 存出保证金	—	—
5	4. 交易性金融资产	7 739 449. 75	11 567 685. 04
6	5. 衍生金融资产	—	—
7	6. 买入返售金融资产	22 175 369. 73	23 576 556. 10
8	7. 应收款项	316 668. 75	399 835. 57
9	8. 发放贷款	21 420 232. 86	24 724 886. 70
10	9. 可供出售金融资产	1 123 226. 03	1 441 290. 32
11	10. 持有至到期投资	3 844 440. 73	4 044 403. 70
12	11. 长期应收款	—	—
13	12. 长期股权投资	1 245 055. 39	1 496 529. 92
14	13. 投资性房地产	—	—
15	14. 固定资产	—	—
16	15. 无形资产	—	—
17	16. 长期待摊费用	—	—
18	17. 其他资产	17 740 905. 19	17 292 251. 60
19	18. 信托资产总计	76 185 016. 58	87 052 154. 49
20	19. 各项资产减值准备	56 609. 68	56 125. 15
21	信托负债:		
22	20. 交易性金融负债	—	—
23	21. 衍生金融负债	—	—
24	22. 应付受托人报酬	9 286. 60	10 601. 93
25	23. 应付托管费	2 384. 50	3 239. 3
26	24. 应付受益人收益	45 851. 81	113 608. 37
27	25. 应交税费	6 142. 19	11 710. 47
28	26. 应付销售服务费	—	30. 18
29	27. 其他应付款项	388 956. 82	418 414. 62
30	28. 其他负债	—	—
31	29. 信托负债合计	452 621. 92	557 694. 87
32	信托权益:		
33	30. 实收信托	74 136 117. 47	85 442 619. 37
34	31. 资本公积	809 388. 70	682 096. 95
35	32. 外币报表折算差额	11 876. 87	11 023. 05
36	33. 未分配利润	775 011. 59	358 720. 25
37	34. 信托权益合计	75 732 394. 66	86 494 459. 62
38	35. 信托负债和信托权益总计	76 185 016. 58	87 052 154. 49

公司负责人:童学卫　主管信托会计工作负责人:李依贫 信托会计机构负责人:张悦迎

5.2.2 信托项目利润及利润分配汇总表

信托项目利润及利润分配汇总表

编制单位:交银国际信托有限公司　　2019 年度　　单位:万元

续表

序号	项目	本期数	上期数
1	1. 营业收入	4 992 774. 93	4 680 385. 56
2	1. 1 利息收入	3 327 763. 75	3 591 257. 56
3	1. 2 投资收益(损失以“ - ”号填列)	1 553 531. 36	1 202 594. 79
4	1. 2. 1 其中:对联营企业和合营企业的投资收益	—	—
5	1. 3 公允价值变动收益(损失以“ - ”号填列)	101 605. 53	-126 925. 65
6	1. 4 租赁收入	0. 00	—
7	1. 5 汇兑损益(损失以“ - ”号填列)	192. 72	868. 42
8	1. 6 其他收入	9 681. 57	12 590. 44
9	2. 支出	616 479. 11	406 580. 09
10	2. 1 营业税金及附加	14 879. 64	13 241. 11
11	2. 2 受托人报酬	149 963. 03	129 816. 04
12	2. 3 托管费	31 542. 67	38 002. 60
13	2. 4 投资管理费	-617. 08	-3 182. 91
14	2. 5 销售服务费	21 009. 63	12 308. 92
15	2. 6 交易费用	2 848. 02	3 242. 75
16	2. 7 资产减值损失	484. 53	56 125. 15
17	2. 8 其他费用	396 368. 67	157 026. 43
18	3. 信托净利润(净亏损以“ - ”号填列)	4 376 295. 82	4 273 805. 47
19	4. 其他综合收益	49 311. 12	17 685. 11
20	5. 综合收益	4 425 606. 94	4 291 490. 58
21	6. 加:期初未分配信托利润	358 720. 25	883 353. 69
22	7. 可供分配的信托利润	4 735 016. 06	5 157 159. 16
23	8. 减:本期已分配信托利润	3 960 004. 47	4 798 438. 91
24	9. 期末未分配信托利润	775 011. 59	358 720. 25

公司负责人:童学卫　主管信托会计工作负责人:李依贫 信托会计机构负责人:张悦迎

6. 会计报表附注

6.1 会计报表编制基准不符合会计核算基本前提的说明

会计报表编制无不符合会计核算基本前提事项。

6.2 或有事项说明

报告期内,公司未发生对外担保及其他或有事项。

6.3 重要资产转让及其出售的说明

报告期内,无重要资产转让或出售。

6.4 会计报表中重要项目的明细资料

6.4.1 披露自营资产经营情况

6.4.1.1 按信用风险五级分类结果披露信用风险资产的期初数、期末数

信用风险资产五级分类	正常类(万元)	关注类(万元)	次级类(万元)	可疑类(万元)	损失类(万元)	信用风险资产合计(万元)	不良资产合计(万元)	不良资产率(%)
期初数	1 105 150. 11	—	—	—	—	1 105 150. 11	—	—
期末数	1 235 726. 15	43 763. 00	—	—	—	1 279 489. 15	—	—

6.4.1.2 各项资产减值损失准备的期初数、本期计提、本期转回、本期核销、期末数

单位：万元

项目	期初数	本期计提	本期转回	本期核销	期末数
贷款损失准备	675.00	410.00	—	—	1 085.00
一般准备	675.00	410.00	—	—	1 085.00
专项准备	—	—	—	—	—
其他资产减值准备	—	—	—	—	—
债权投资减值准备	4 815.72	—	263.6	—	4 552.12
其他减值准备	—	—	—	—	—
可供出售金融资产减值准备	—	—	—	—	—
持有至到期投资减值准备	—	—	—	—	—
长期股权投资减值准备	—	—	—	—	—
坏账准备	545.91	—	47.48	—	498.43
投资性房地产减值准备	—	—	—	—	—

6.4.1.3 自营股票投资、基金投资、债券投资、长期股权投资等投资的期初数、期末数

单位：万元

项目	自营股票	基金	债券	长期股权投资	其他投资	合计
期初数	—	—	33 460.65	682.44	947 073.63	981 216.72
期末数	—	—	35 657.82	643.42	1 054 154.80	1 090 456.04

6.4.1.4 按照投资入股金额排序，前五名的自营长期股权投资的企业名称、占被投资企业权益的比例、主要经营活动及投资收益情况等

企业名称	占被投资企业权益的比例（%）	主要经营活动	投资收益
上海锦项投资管理有限公司	49	投资管理、资产管理、实业投资、投资咨询、企业资产重组并购策划。	11.10
上海中交达资产管理有限公司	40	资产管理，投资管理。	-1.97
杭州投发交银投资管理有限公司	49	投资管理，投资咨询（除证券、期货），经济信息咨询（除商品中介），财务咨询，企业管理咨询。	0.77

6.4.1.5 前五名的自营贷款的企业名称、占贷款总额的比例和还款情况

企业名称	占贷款总额的比例（%）	还款情况（万元）
农工商房地产（集团）有限公司	56	正常
光明房地产集团有限公司	44	正常

6.4.1.6 表外业务的期初数、期末数；按照代理业务、担保业务和其他类型表外业务分别披露

报告期内，本公司无代理业务、担保业务和其他类型表外业务。

6.4.1.7 公司当年的收入结构

收入结构	金额（万元）	占比（%）
手续费及佣金收入	132 041.33	70.34
其中：信托手续费收入	130 852.27	—
基金和资管计划管理费收入	1 189.06	—
利息收入	29 575.88	15.76
其他业务收入	5 252.36	2.80
其中：计入信托业务收入部分	5 252.36	—
投资收益	15 242.73	8.12
其中：股权投资收益	2 168.48	—
证券投资收益	—	—
其他投资收益	13 074.25	—
公允价值变动收益	3 702.58	1.97
汇兑收益	197.20	0.11
其他收益	1 696.67	0.90
资产处置收益	0.00	0.00
收入合计	187 708.75	100

其他业务收入主要指公司为融资企业提供财务顾问、咨询及融资方案设计等服务，获得的财务顾问费收入。

本报告年度共实现信托业务收入总额为 136 104.63 万元，其中手续费及佣金收入为 130 852.27 万元、财务顾问费收入为 5 252.36 万元。

6.4.2 披露信托财产管理情况

6.4.2.1 信托资产的期初数、期末数

单位：万元

信托资产	期初数	期末数
集合	48 893 854.11	48 902 323.37
单一	37 544 777.28	27 093 881.20
财产权	613 523.10	188 812.01
合计	87 052 154.49	76 185 016.58

6.4.2.1.1 主动管理类信托业务的信托资产期初数、期末数，分证券投资类、股权投资类、融资类、事务管理类分别披露

单位：万元

主动管理类信托资产	期初数	期末数
投资类	852 258.77	842 905.23
融资类	20 235 535.94	19 075 390.29
合计	21 087 794.71	19 918 295.52

6.4.2.1.2 事务管理类信托业务的信托资产期初数、期末数

单位：万元

事务管理类信托资产	期初数	期末数
事务管理类	65 964 359.78	56 266 721.06
合计	65 964 359.78	56 266 721.06

6.4.2.2 本年度已清算结束的信托项目个数、实收信托合计金额、加权平均实际年化收益率

6.4.2.2.1 本年度已清算结束的集合类，单一类资金信托项目和财产管理类信托项目个数、实收信托合计金额、加权平均实际年化收益率

已清算结束信托项目	项目个数（个）	实收信托合计金额（万元）	加权平均实际年化收益率（%）
集合类	58	2 906 320.34	5.55
单一类	159	5 935 332.81	5.18
财产管理类	2	379 307.83	-5.71

6.4.2.2.2　本年度已清算结束的主动管理类信托项目个数、实收信托合计金额、加权平均实际年化信托报酬率、加权平均实际年化收益率，分投资类、融资类分别计算并披露

已清算结束信托项目	项目个数（个）	实收信托合计金额（万元）	加权平均实际年化信托报酬率（%）	加权平均实际年化收益率（%）
投资类	2	716.54	0.19	4.66
融资类	35	1 534 140.00	0.57	5.93

6.4.2.2.3　本年度已清算结束的事务管理类信托项目个数、实收信托合计金额、加权平均实际年化信托报酬率、加权平均实际年化收益率

已清算结束信托项目	项目个数（个）	实收信托合计金额（万元）	加权平均实际年化信托报酬率（%）	加权平均实际年化收益率（%）
事务管理类	182	7 686 104.44	0.14	4.89

6.4.2.3　本年度新增的集合类、单一类和财产管理类信托项目个数、实收信托合计金额

新增信托项目	项目个数（个）	实收信托合计金额（万元）
集合类	101	15 302 573.33
单一类	163	3 258 441.01
财产管理类	1	75 631.60
新增合计	265	18 636 645.94
其中：主动管理类	79	7 726 601.00
事务管理类	186	10 910 044.94

注：本年新增信托项目指在本报告年度内累计新增的信托项目个数和金额。包含本年度新增并于本年度内结束的项目和本年度新增至报告期末仍在持续管理的信托项目。

6.4.2.4　信托业务创新成果和特色业务有关情况

一是信贷资产证券化。报告期内，公司进一步巩固"信托受托服务＋银行主承销商"服务模式，发行交盈2019年个人住房RMBS、工元安居2019年个人住房RMBS、农盈2019年不良资产支持证券、屹昂2019年个人汽车贷款资产支持证券等多单信贷资产证券化项目，公募信贷资产证券化发行规模为670.54亿元，位居行业第五位。凭借全流程专业服务，连续6年被中央国债登记结算有限责任公司评为"资产支持证券（ABS）优秀发行人"。

二是企业资产证券化。公司紧紧把握市场发展机遇，持续创新企业资产证券化产品。报告期内，公司成功落地大同煤矿全国首单能源企业供应链ABN、川投航信停车场全国首单PPP储架式ABS、国电电力宁夏新能源绿色资产支持票据、易鑫融资租赁资产支持票据等项目，全年发行公募企业资产证券化规模为51.57亿元。

三是家族财富管理。公司紧抓家族财富管理市场需求，不断挖掘家族财富管理业务的新模式和新内涵，积极探索慈善、养老、保险金等新型业务，构建"模块化＋定制化"多层次的财富管理和传承服务体系。2019年，新增家族财富管理信托业务规模达14.00亿元。成功落地湖北省首单备案慈善信托"2019适老宜居暖巢慈善信托"，成功落地"臻承2号保险金信托"公司首单保险金信托业务。

6.4.2.5　本公司履行受托人义务情况及因本公司自身责任而导致的信托资产损失情况

报告期内，本公司无因本公司自身责任而导致的信托资产损失情况。

6.5　关联方关系及其交易的披露

6.5.1　固有业务关联交易方情

	关联交易方数量（家）	关联交易金额（万元）	定价政策
合计	4	88 570.05	按市场价格交易；若无市场价格，则按公允原则，以不优于对非关联方同类交易的条件定价交易。

6.5.2　信托业务关联交易方情况

	关联交易方数量（家）	关联交易金额（万元）	定价政策
合计	2	3 503 821.54	按市场价格交易；若无市场价格，则按公允原则，以不优于对非关联方同类交易的条件定价交易。

注：关联交易方明细情况详见本公司官网披露的2019年度报告全文版。

6.5.3　公司与关联方的重大交易事项

6.5.3.1　固有财产与关联方交易情况：贷款、投资、租赁、应收账款、担保、其他方式等期初汇总数、本期借方和贷方发生额汇总数、期末汇总数

单位：万元

固有与关联方关联交易				
	期初数	借方发生额	贷方发生额	期末数
贷款	—	—	—	—
投资	—	7 050.00	—	7 050.00
租赁	7 978.73	—	3 541.07	4 437.66
担保	—	—	—	—
应收账款	—	—	—	—
其他	90 237.28	1 831 265.17	1 844 420.06	77 082.39
合计	98 216.01	1 838 315.17	1 847 961.13	88 570.05

注：固有财产与关联方重大交易逐笔披露情况详见本公司官网披露的2019年度报告全文版。

6.5.3.2　信托与关联方交易情况：贷款、投资、租赁、应收账款、担保、其他方式等期初汇总数、本期借方和贷方发生额汇总数、期末汇总数

单位：万元

信托与关联方关联交易				
	期初数	借方发生额	贷方发生额	期末数
贷款	334 000.00	—	30 000.00	304 000.00
投资	—	—	—	—
租赁	—	—	—	—
担保	—	—	—	—
应收账款	—	—	—	—
其他	4 204 986.82	1 508 207.99	2 513 373.27	3 199 821.54
合计	4 538 986.82	1 508 207.99	2 543 373.27	3 503 821.54

注：信托与关联方重大交易逐笔披露情况详见本公司官网披露的2019年度报告全文版。

6.5.3.3 信托公司自有资金运用于自己管理的信托项目（固信交易）、信托公司管理的信托项目之间的相互（信信交易）金额，包括余额和本报告年度的发生额

6.5.3.3.1 固有与信托财产之间的交易

单位：万元

固有财产与信托财产相互交易				
	年初数	本年借方发生额	本年贷方发生额	年末数
合计	715 265.46	525 620.00	567 607.08	673 278.38

注：固有财产与信托财产重大交易逐笔披露情况详见本公司官网披露的 2019 年度报告全文版。

6.5.3.3.2 信托项目之间的交易金额期初汇总数、本期发生额汇总数、期末汇总数

单位：万元

信托资产与信托财产相互交易			
	期初数	本期发生额	期末数
合计	2 774 513.79	-147 048.58	2 627 465.21

注：以公司受托管理的一个信托项目的资金购买自己管理的另一个信托项目的受益权或信托项下资产均应纳入统计披露范围。

6.5.4 关联方逾期未偿还公司资金的情况

无。

6.6 会计制度的披露

公司固有业务和信托业务的会计核算执行中华人民共和国财政部 2006 年颁布的《企业会计准则》及其相关规定。

7. 财务情况说明书

7.1 利润实现和分配情况

本报告期母公司实现净利润 1 126 353 703.47 元，有关利润分配方案如下：

（1）根据《公司法》和《公司章程》规定，按照净利润的 10% 计提法定公积金 112 635 370.35 元。

（2）根据财政部《金融企业准备金计提管理办法》规定，按照公司 2019 年末风险资产账面余额的 1.5% 差额计提一般准备金26 150 855.21元。

（3）根据《信托公司管理办法》规定及银保监会监管要求，信托公司信托赔偿准备金计提比例达到公司注册资本的 20% 时可以不再计提。2019 年末，公司注册资本为 5 764 705 882.35 元，应计提信托赔偿准备金 1 152 941 176.47 元，公司已计提的信托赔偿准备金 1 152 941 176.47 元，已达到注册资本 20%，本年度未计提信托赔偿准备金。

（4）扣除上述 1 ~3 项利润分配项目后，公司 2019 年母公司剩余可供分配利润为 987 567 477.91 元，拟按照剩余可供分配利润的 6% 向股东分配利润 59 254 048.67 元。

7.2 主要财务指标

指标名称	指标值
资本利润率（%）	9.80
加权年化信托报酬率（%）	0.2036
人均净利润（万元）	492.61

7.3 对公司财务状况、经营成果有重大影响的其他事项

2019 年无其他对公司财务状况、经营成果有重大影响的其他事项。

8. 特别事项揭示

8.1 前五名股东报告期内变动情况及原因

无。

8.2 董事、监事及高级管理人员变动情况及原因

（1）2019 年 2 月，湖北银保监局核准李依贫担任本公司董事、总裁任职资格，核准唐云岳担任本公司副总裁任职资格。

（2）2019 年 3 月，公司召开股东会，选举李琳担任公司监事，兰国光不再担任公司监事职务。

（3）2019 年 4 月，湖北银保监局核准刘红忠、王华担任本公司独立董事任职资格。

（4）2019 年 12 月，公司召开股东会，选举汤晓东、周黎勤担任公司非执行董事，陈蔚、金旗不再担任公司非执行董事职务。

8.3 变更注册资本、变更注册地或公司名称、公司分立合并事项

无。

8.4 公司的重大未决诉讼事项

报告期内，公司信托项目"交银国信 - 中宏投资贷款集合资金信托计划"由于出现融资方违约情况仍涉及司法程序。同时，个别事务管理类项目存在代为诉讼或涉诉情形，相关风险均由委托人承担。

8.5 公司及其高级管理人员受到处罚的情况

2019 年 4 月 10 日，公司收到中国人民银行武汉分行行政处罚决定书（武银罚字[2019]第 14 号），对公司员工未经同意查询个人信息和企业信贷信息的行为处罚款 29 万元。

报告期内，无公司董事、监事和高级管理人员受处罚情况。

8.6 中国银保监会及其派出机构对公司检查后提出的整改意见

报告期内，中国银保监会及其派出机构未对公司开展现场检查工作。

8.7 本年度重大事项临时报告的简要内容、披露时间、所披露的媒体及其版面

2019 年 2 月 28 日，在《金融时报》第六版披露了总裁任职公告。简要内容：根据本公司股东会、董事会决议，李依贫任执行董事、总裁，其任职资格已获中国银保监会湖北监管局批复核准（鄂银保监复[2019]199 号）。

2019 年 3 月 5 日，在《金融时报》第七版披露了公司章程修

改公告。简要内容:为贯彻落实《中国银监会湖北监管局办公室转发中国银保监会办公厅关于信托机构参照〈商业银行股权管理暂行办法〉加强股权管理的通知》(鄂银监办发[2018]224号)有关要求,经交银国际信托有限2018年股东会第四次会议(临时会议)批准,对本公司章程第二十九条等相关条款内容作了适当修订,增加了股东管理、股东权利义务相关内容。

8.8 中国银保监会及其省级派出机构认定的其他有必要让客户及相关利益人了解的重要信息

无。

9. 监事会意见

监事会认为,报告期内,公司的决策程序符合国家法律、法规和公司章程及相关制度,建立健全了比较有效的内控制度,建立了相对完善的独立董事和董事会下属专业委员会,董事会全体成员及高级管理层认真履行职责,未发现有违法、违规、违章行为,也没有损害公司利益、股东利益和委托人利益的行为。报告期内,公司财务报告真实、客观地反映了公司的财务状况和经营成果。

昆仑信托有限责任公司

1. 重要提示

1.1 本公司董事会及董事保证本报告所载资料不存在任何虚假记载、误导性陈述或者重大遗漏，并对其内容的真实性、准确性和完整性承担个别及连带责任。

1.2 独立董事邢成先生、寇日明先生、崔树霖先生认为本报告内容真实、准确、完整。

1.3 本公司法定代表人董事长肖华先生、总裁吴妍女士、主管会计工作负责人张建慧女士、会计机构负责人康剑桥先生、托管部负责人武义双先生声明：保证年度报告中财务报告的真实、完整。

2. 公司概况

2.1 公司简介

昆仑信托有限责任公司前身是中国工商银行宁波市信托投资公司，成立于1986年11月，1994年改组为有限责任公司。1997年6月，公司与工商银行脱钩，更名为宁波市金港信托投资有限责任公司。2002年5月，公司增资扩股，获准重新登记。2005年5月，天津经济技术开发区国有资产经营公司收购部分原股东股权后成为控股股东。2008年10月，公司换发金融许可证，变更经营范围，公司名称变更为金港信托有限责任公司。2009年5月，公司增资扩股，中油资产管理有限公司成为控股股东，公司名称变更为昆仑信托有限责任公司，注册资本为30亿元。2016年9月，公司再次增资扩股，获准重新登记，注册资本为102亿元。

公司法定中文名称	昆仑信托有限责任公司
中文缩写	昆仑信托
公司法定英文名称	Kunlun Trust Co. ,Ltd.
英文缩写	KUNLUN TRUST
法定代表人	肖华
注册地址	浙江省宁波市鄞州区和济街180号1幢24-27层
邮政编码	315042
国际互联网网址	www. kunluntrust. com
电子信箱	klinfo@ cnpc. com. cn
信息披露负责人员	矫德峰
信息披露联系人员	刘爽
联系电话	010-63597802
传真	010-63597604
电子信箱	ls216317@ cnpc. com. cn
公司信息披露的报纸名称	《金融时报》《证券时报》《上海证券报》
公司年度报告备置地	公司本部
公司聘请的会计师事务所及其住所	立信会计师事务所（特殊普通合伙） 上海市黄浦区南京东路61号四楼
公司聘请的律师事务所及其住所	上海市锦天城律师事务所 上海市浦东新区银城中路501号上海中心大厦9楼、11楼、12楼

2.2 组织结构

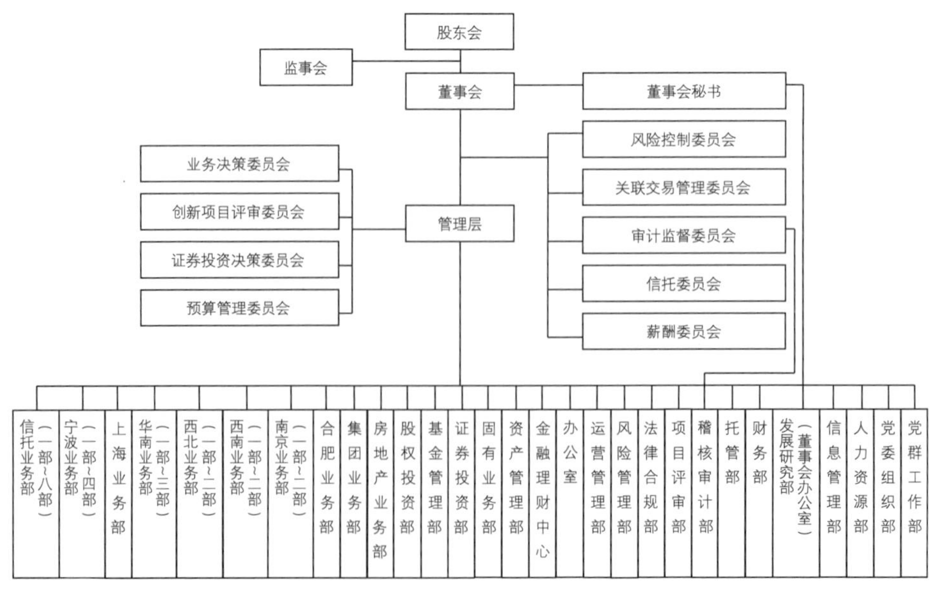

3. 公司治理

3.1 股东

本报告期末，公司共有 3 家法人股东，其中持有本公司 10% 以上出资比例的股东 2 家。

股东名称	持股比例(%)	法人代表	注册资本(万元)	注册地址	主要经营业务
★中油资产管理有限公司	82.18	肖华	1 372 518	北京市东城区东直门北大街 9 号	资产经营管理、投资、资本运营策划与咨询。
天津经济技术开发区国有资产经营公司	12.82	叶旺	1 580 000	天津开发区宏达街 19 号	投资、参股及国有资产的股权管理；国有资产评估、验资；房地产开发、服务及咨询。
广博控股集团有限公司	5.00	胡志明	48 000	宁波市鄞州区首南街道鄞县大道中段 1357 号 2603 室	项目投资。

注：★表示控股股东。股东之间无关联关系。

3.2 董事

3.2.1 董事会成员

姓名	职务	性别	年龄(岁)	选任日期	所推举的股东名称	该股东持股比例(%)	简要履历
肖 华	董事长	男	54	2018 年 4 月 25 日	中油资产管理有限公司	82.18	教授级高级经济师，曾任华东化工销售分公司副总经理兼总会计师、党委书记、纪委书记、工会主席、总经理（兼任上海中油石油交易中心有限公司执行董事）；现任中油资产管理有限公司党委书记、执行董事、工会主席，昆仑信托有限责任公司董事长。
吴 妍	董事	女	56	2018 年 4 月 25 日	中油资产管理有限公司	82.18	曾任庄胜集团北京代表处首席代表，JUNEFIELD（L. A.）LIMITED 总经理，美国恒康互惠保险公司保险经纪和财务顾问，美国保德信金融集团北京代表处首席代表，中国出口信用保险公司海外投资保险部与总公司第二营业部副总经理，中国石油海外勘探开发公司（中国石油天然气勘探开发公司）副总经理；现任中油资产管理有限公司总经理，昆仑信托有限责任公司总裁。
赵雪松	董事	男	52	2019 年 5 月 7 日	中油资产管理有限公司	82.18	高级会计师，曾任中国石油天然气集团公司储备油办公室副主任（副总经理）、财务资产部资金处处长、财务资产部副总会计师，中国石油天然气集团公司资金部副总会计师；现任中国石油集团资本股份有限公司副总经理。
王利平	董事	男	59	2018 年 4 月 25 日	广博控股集团有限公司	5.00	高级经济师，现任广博集团股份有限公司董事长，兼任宿迁广博控股集团有限公司董事长，宁波市鄞州联枫投资咨询有限公司执行董事兼总经理，宁波广博建设开发有限公司董事，江苏博迁新材料股份有限公司董事长，上海有金人家金银珠宝股份有限公司董事，Geoswift Asset Management Limited（汇元通）公司董事，第十二届、十三届全国人大代表，中国文教体育用品协会副会长，获"全国文教体育用品行业优秀企业家""中华慈善突出贡献人物奖""浙江省优秀中国特色社会主义事业建设者""新中国百名杰出贡献印刷企业家"等荣誉。
叶 旺	董事	男	54	2018 年 4 月 25 日	天津经济技术开发区国有资产经营公司	12.82	曾任天津开发区管委会政策研究室办公室主任，天津开发区财政局副局长；现任天津经济技术开发区国有资产经营公司总经理。
李效熙	董事	男	37	2018 年 4 月 25 日	职工推选		曾任北京国际信托投资有限公司投资银行部经理，金港信托有限责任公司信托一部副总经理、总裁助理、战略发展及执行委员会副主席、主席、副董事长；现任昆仑信托有限责任公司副总裁。

3.2.2 独立董事

姓名	职务	性别	年龄(岁)	选任日期	所推举的股东名称	该股东持股比例(%)	简要履历
邢 成	独立董事	男	57	2018 年 4 月 25 日	中油资产管理有限公司	82.18	经济学博士、教授，曾任天津市财政局干部，天津财经大学教授，北方信托股份有限责任公司战略发展研究所所长兼业务发展部总经理；现任中国人民大学信托与基金研究所执行所长。
寇日明	独立董事	男	61	2018 年 4 月 25 日	中油资产管理有限公司	82.18	高级会计师、工程师、理学博士。曾任国家开发银行国际金融局副局长，中国长江电力股份公司党委委员，瑞银集团投资银行（香港分行）固定收益部董事总经理，中国再保险集团公司党委委员、副总裁；现为中美绿色基金合伙人、高级董事总经理兼 CFO。
崔树霖	独立董事	男	49	2018 年 4 月 25 日	中油资产管理有限公司	82.18	高级经济师、经济学博士后，曾任中国新兴（集团）总公司资产保全处负责人，北京青云航空仪表有限公司总经理助理，北京中汇银货币与债券市场投资顾问中心总经理，日信证券有限责任公司助理总裁；现任泛融金资产管理有限公司董事长兼总经理。

3.2.3 董事会秘书

姓名	职务	性别	年龄（岁）	选任日期	金融从业年限	学历	专业	简要履历
矫德峰	董事会秘书	男	45	2019 年 6 月 6 日	11	硕士	金融管理	高级会计师，曾任大连石油化工公司总经办秘书、资金代办处副主任、资本运营中心主任、石化服务总公司总会计师、资本运营中心主任（副处级），中国石油天然气集团公司企业年金处副处长、处长，国联产业投资基金管理（北京）有限公司首席投资官、总经理，昆仑信托有限公司基金管理部总经理、发展研究部总经理、董事会办公室主任、办公室主任；现任昆仑信托有限公司董事会秘书。

3.3 监事

姓名	职务	性别	年龄（岁）	选任日期	所推举的股东名称	该股东持股比例（%）	简要履历
朱德操	监事会主席	男	43	2018 年 4 月 25 日	中油资产管理有限公司	82.18	中国政法大学工商管理硕士专业研究生，曾先后在大港油田钻井工程公司、中国石油天然气股份有限公司财务部、中国石油天然气集团公司（股份公司）内控与风险管理部工作，曾任中国石油天然气集团公司（股份公司）内控与风险管理部海外风险控制处副处长，中国石油天然气集团公司（股份公司）改革与企业管理部风险管理处副处长；现任中国石油集团资本股份有限公司风险合规部总经理。
陈六亿	监事	男	48	2018 年 4 月 25 日	中油资产管理有限公司	82.18	高级经济师，曾先后在兰州化学工业公司、兰州石油化工公司、中国石油天然气集团公司发展研究部、政策研究室工作，曾任昆仑银行股份有限公司办公室副主任；现任中国石油集团资本股份有限公司办公室主任、党群工作部主任。
杨　远	监事	男	39	2018 年 4 月 25 日	广博控股集团有限公司 天津经济技术开发区国有资产经营公司	17.82	研究生学历，现任广博集团股份有限公司董事、副总经理，兼任北京广盛泰文化传媒有限公司执行董事、宁波仲裁委员会仲裁员、中证中小投资者服务中心宁波调解室调解员。
马荣伟	职工监事	男	46	2018 年 4 月 25 日	职工推选		高级经济师，曾任中国石油天然气集团公司、中国石油天然气股份有限公司法律事务部高级主管；现任昆仑信托有限责任公司信托业务三部总经理。
邹艳飞	职工监事	男	53	2018 年 4 月 25 日	职工推选		高级政工师，曾任辽河油田旅游服务公司经理办秘书、副主任，辽河石油勘探局（后为辽河油田公司）党委办公室科长、副主任；现任昆仑信托有限责任公司工会常务副主席、党群工作部部长。

3.4 高级管理人员

姓名	职务	性别	年龄（岁）	选任日期	金融从业年限（年）	学历	专业	简要履历
吴　妍	总裁	女	56	2018 年 4 月 25 日	21	学士	国际经济信息	曾任庄胜集团北京代表处首席代表，JUNEFIELD（L. A. ）LIMITED 总经理，美国恒康互惠保险公司保险经纪和财务顾问，美国保德信金融集团北京代表处首席代表，中国出口信用保险公司海外投资保险部与总公司第二营业部副总经理，中国石油海外勘探开发公司（中国石油天然气勘探开发公司）副总经理；现任中油资产管理有限公司总经理，昆仑信托有限责任公司总裁。
李效熙	副总裁	男	37	2018 年 4 月 25 日	18	硕士	经济学	曾任北京国际信托投资有限公司投资银行部经理，金港信托有限责任公司信托一部副总经理、总裁助理、战略发展及执行委员会副主席、主席、副董事长；现任昆仑信托有限责任公司副总裁。
朱佳平	副总裁首席风控官	男	56	2018 年 4 月 25 日	39	硕士	工商管理	高级经济师，曾任中国工商银行宁波市信托投资公司上海证券交易营业部经理、公司副总经理，金港信托有限责任公司总经理、副董事长、副总裁；现任昆仑信托有限责任公司副总裁兼首席风控官。
刘　刚	副总裁	男	48	2018 年 4 月 25 日	9	硕士	工商管理	高级会计师，曾任中国石油天然气股份有限公司华东销售分公司财务处高级主管，中国石油天然气股份有限公司江西销售分公司总会计师，中国石油天然气股份有限公司浙江销售分公司总会计师兼财务资产处处长；现任昆仑信托有限责任公司副总裁。
黄志斌	副总裁	男	53	2018 年 4 月 25 日	37	硕士	工商管理	高级经济师，曾任中国工商银行宁波市信托投资公司信托业务部经理、总经理助理、副总经理，宁波市信托投资公司信托业务部经理、总经理助理、副总经理，金港信托有限责任公司副总经理、副总裁、常务副总裁；现任昆仑信托有限责任公司副总裁兼董事会秘书。
张建慧	财务总监	女	46	2018 年 4 月 25 日	11	硕士	管理学	高级会计师，曾任中国华油集团公司财务资产处高级主管，中国石油天然气集团公司财务资产部会计处高级主管、财务稽查处副处长、综合授信处负责人，中油财务有限责任公司综合授信处负责人，昆仑信托有限责任公司财务部总经理；现任昆仑信托有限责任公司财务总监。
周江天	总裁助理	男	53	2018 年 4 月 25 日	15	学士	文　学	曾任驻意大利使馆商务处二等秘书、一等秘书，商务部科技司综合处副处长，中国出口信用保险公司总公司第二营业部综合处处长，中合中小企业融资担保股份有限公司风险管理部兼公司业务评审委员会办公室负责人，职工监事；现任昆仑信托有限责任公司总裁助理。

3.5 公司员工

项目		报告期年度		上一年度	
		人数(人)	比例(%)	人数(人)	比例(%)
年龄分布	20岁以下	0	0	0	0
	20~29岁	52	19	57	21
	30~39岁	141	51	119	44
	40岁以上	82	30	92	34
学历分布	博士	9	3	9	3
	硕士	143	52	127	47
	本科	118	43	125	47
	专科	5	2	7	3
	其他	0	0	0	0
岗位分布	董事、监事及其高管人员	11	4	11	4
	自营业务人员	6	2	6	2
	信托业务人员	191	70	185	69
	其他人员	67	24	66	25

4. 经营管理

4.1 经营目标、经营方针、战略规划

4.1.1 经营目标

公司的经营目标是建设具有石油特色的、行业一流、有知名度、有影响力、有竞争力的信托公司。

4.1.2 经营方针

公司的经营方针是以习近平新时代中国特色社会主义思想为指导，全面贯彻中国石油集团公司工作会议精神和中油资本工作部署，严格落实监管要求，以高质量发展为目标，坚持产业金融导向，把握稳中求进，预防稳中有变，做到变中有策，持续推进公司“12345”总体战略，深度实施四大发展战略，妥善应对挑战，有效防控风险，真抓实干，务求实效，顺应新时代，激发新动能，稳健推进公司高质量发展。

4.1.3 战略规划

“十三五”以来，公司坚持产业金融发展方向和稳中求进总基调，服从服务于集团公司总体战略，探索可持续发展道路，逐步形成了“12345”战略，“1”为建设具有石油特色的、行业一流、有知名度、有影响力、有竞争力的信托公司；“2”为坚持从严治党、坚持稳中求进；“3”为突出特色化、突出市场化、突出专业化；“4”为人才强企、创新驱动、区域发展、规模效益；“5”为坚定不移走石油特色发展道路，坚定不移贯彻“低风险偏好”风控理念，坚定不移地坚持市场化导向，坚定不移地提高创新能力，坚定不移地树立服务意识。

4.2 所经营业务的主要内容

公司业务分为信托业务和自营业务两个大类。信托业务主要品种包括单一资金信托、集合资金信托、财产信托等，自营业务主要开展金融股权投资、金融产品投资及贷款等业务。

4.2.1 自营资产运用与分布表

资产运用	金额(万元)	占比(%)	资产分布	金额(万元)	占比(%)
货币资产	93 054.19	6.77	基础产业	67 502.00	4.91
贷款及应收款	135 406.05	9.85	房地产业	329 276.47	23.96
交易性金融资产投资	358 483.23	26.09	证券市场	188 952.00	13.75
债权投资	609 258.29	44.34	实业	276 723.98	20.14
其他权益工具投资	125 662.12	9.15	金融机构	114 000.00	8.30
长期股权投资	3 113.51	0.23	其他	397 591.30	28.94
其他	49 068.41	3.57			
资产总计	1 374 045.80	100	资产总计	1 374 045.80	100

4.2.2 信托资产运用与分布表

资产运用	金额(万元)	占比(%)	资产分布	金额(万元)	占比(%)
货币资产	309 985.62	1.14	基础产业	3 515 250.00	12.93
贷款	10 621 055.60	39.07	房地产	2 139 604.91	7.87
交易性金融资产投资	231 861.87	0.85	证券市场	216 895.57	0.80
可供出售金融资产投资	—	—	实业	7 737 961.59	28.47
持有至到期投资	13 001 117.81	47.83	金融机构	6 961 394.61	25.61
长期股权投资	2 997 423.01	11.03	其他	6 612 065.26	24.32
其他	21 728.03	0.08			
信托资产总计	27 183 171.94	100	信托资产总计	27 183 171.94	100

4.3 市场分析

4.3.1 有利因素

4.3.1.1 行业转型初见成效

2019年，不管是信托规模减少，还是最严监管来袭，全行业投身转型热潮中，是机遇大于挑战的年份，在监管“降杠杆、去嵌套、压通道”政策引导下，转型已然信托公司转型的主旋律。同时，进一步加强风险防范化解，创新新业务，形成新的效益增长点，促进行业进一步健康发展。

4.3.1.2 昆仑信托的自身优势

4.3.1.2.1 公司的区位优势

长三角地区金融生态环境较为成熟，信用基础好。公司注册地为宁波市，金融环境位居国内前列，各类金融机构齐全，金融生态非常成熟，企业和居民的投资理财理念十分超前，信用基础很好。以宁波为注册地，业务辐射长三角地区，能够享受长三角地区经济快速增长带来的业务机会，充分利用该地区的金融资源，撬动高净值客户的理财需求，实现公司业务的持续快速发展。

公司实际运营总部设在北京。这种布局既不放弃注册地经济发达、民间经济富庶的优势，又充分享受公司股东所在地政治、文化、经济以及与股东资源方便对接的区位优势。

4.3.1.2.2 公司的发展优势

一是品牌优势。昆仑信托属于中央企业控股型信托公司，是由中国石油控股的金融企业。在理财产品市场上，昆仑信托

发行的产品无形中带有中石油集团的品牌，更容易被投资者所接受。在项目开拓方面，融资方往往也倾向于选择大型中央企业控股的信托公司作为交易对手，减少交易中存在的信用风险。借助集团公司的品牌，公司在开展业务时具有一定优势，融资方认可度较高。

二是资金与信用支持优势。借助集团公司和中油资产较为充沛的闲置资金，股东可以为昆仑信托提供一定额度的流动性支持，以满足项目推进的需要，增强公司对外业务谈判能力。同时，便于公司设计灵活多样的信托产品，鼓励公司进行业务创新。

三是具有专业的人才资源、项目资源、销售资源、技术资源等油气能源资源领域的潜在优势，为设计开发能源特色类信托产品提供有利条件。

4.3.2 不利因素

4.3.2.1 经济形势机遇风险并存

我国经济稳中向好、长期向好的基本趋势没有改变，但是当前正处在转变发展方式、优化经济结构、转换增长动力的攻关期，结构性、体制性、周期性问题相互交织，经济下行压力加大，风险挑战长期存在。

4.3.2.2 严监管成为新常态

“资管新规”过渡期即将结束，严监管已然成为新常态。坚定转型发展信心，坚守受托人职责，锲而不舍地开展信托文化建设，通过文化力量重塑行业新形象，注入发展新动能；提高风险管理能力，坚守合规底线；回归本源，积极发展服务信托、财富管理信托、慈善信托等业务。

4.3.2.3 受托管理能力要求更高

在“资管新规”和一系列监管政策的共同作用下，信托公司过去“重量而轻质”的发展路径难以为继，面临从高速度发展向高质量发展模式的转变，对信托公司主动管理能力的要求进一步强化。同时，刚性兑付的打破，使信托公司未来在客户关系的处理上，承受着比以往更大的压力，信托公司需要不断提升公司财富管理品牌影响力和知名度，改善客户服务水平，提升客户认可度，满足高净值客户投资需求。

4.4 内部控制

4.4.1 内部控制环境和内部控制文化

报告期内，公司召开了4次股东会、4次董事会、1次监事会和5次董事会专门委员会会议，先后通过了利润分配预案、修订《公司章程》、财务预算决算等47项议案，公司治理结构合规有序运转。

“三会一层”（股东会、董事会、监事会、管理层）的职能、权力和责任明确，在章程中明确党组织在公司法人治理结构中的法定地位，规定重大决策、重要人事任免、重大项目安排和大额度资金运作事项须经公司党委讨论和决定，全面贯彻执行董事会、经理层决策重大问题党委前置程序，确保了治理的合理性和有效性；建立科学的经营管理授权制度，董事会制定的年度经营计划能有效通过经营管理层付诸实行；建立并已实施绩效考核制度和问责制度，有效实现全方位的激励考核。

依法合规经营，认真贯彻信托法律法规和各项监管要求，坚持“低风险偏好”风控理念，坚守合规底线，全方位、全过程严控风险，稳健经营、稳健发展，妥善应对各种挑战，有序推进各项工作，创新业务初见成效，经营业绩稳步增长，党群工作扎实开展，综合实力不断增强。

4.4.2 内部控制措施

公司制度手册涵盖了公司治理、业务发展、内部控制和风险管理等多方面内容，并能适时根据政策的变化和业务发展的需要进行修订和完善，制度建设比较全面，执行有效。

公司主要职能部门之间建立了“防火墙”制度，实行岗位分离，保证了自营、信托业务各成体系、独立运行；严格信托业务前台、中台、后台的工作职责，形成有监督、有制衡的业务运作体系；通过具体、明确、合理的分工与授权，严格执行操作规程，确定各部门的目标、职责和权限，使其在授权范围内行使职能、操作相互独立；定期或不定期检查和评价有关内控制度建设与执行情况，及时改进内控制度，确保公司稳健发展。

报告期内，公司进一步完善业务流程，持续关注项目风险、操作风险及内控的有效性；继续加强合规审查和检查的力度，不断提升全员合规意识，严控合规风险；不断完善案防和反洗钱工作体系建设，修订完善各层级制度流程，细化各项考核。

4.4.3 信息交流与反馈

公司按规定披露关联交易、公司重大事项、年度报告及集合信托计划信息，将相关信息及时告知委托人和股东；以信托综合业务管理系统为平台，收集、处理、存储、利用和反馈信托业务信息、财务信息、管理信息和客户信息，分级授权享用；实时视频会议系统，确保了多地信息传递和督办落实；风控可视化系统，进一步提升了办公效率；网上客户平台使内外沟通更加顺畅，营造了和谐的公共关系。

4.4.4 监督评价与纠正

公司建立了内部控制评价、监督、纠正机制。公司稽核审计部受董事会审计监督委员会领导，承担公司内部控制的监督、评价工作，有效发挥内控第三道“防线”的作用。

报告期内，公司内审部门坚持以风险为导向、以控制为主线、以治理为手段、以增值为目标开展内部审计工作，实施操作风险检查等12个专项审计、2项离任审计、开展关键岗位人员强制休假检查，及时发现管理薄弱环节，提出改进建议，督促问题整改，为公司可持续发展营造良好环境。

4.5 风险管理

4.5.1 风险管理概况

4.5.1.1 公司经营活动中可能遇到的风险

公司经营活动中可能遇到的风险主要有信用风险、市场风险、操作风险、合规风险、政策风险、集中度风险。

4.5.1.2 公司风险管理的基本原则与政策

公司风险管理遵循合规性、全面性、审慎性、适时性原则，坚持以制度为基础、以流程为依托，充分识别和评估各类风险，将风险管理覆盖到公司经营管理的各个环节和岗位中。依据风险管理决策流程，对不同的业务分类实施相应控制措施，形成“事前防范、事中控制、事后评价”的风险管理机制。

公司坚持“低风险偏好”的理念，秉承合规、稳健的经营思路，追求风险可控的经济效益；对各业务类型，分别确定相应的风险容忍度，并确保总体风险敞口在公司风险容忍度的范围内；对不同业务领域的风险性质、风险类型和风险评估结果，恰当选择风险承担、风险规避、风险转移、风险转换、风险补偿、风险控制等风险对策。

4.5.1.3 公司风险管理组织结构与职责划分

风险控制委员会负责根据国家经济金融政策和相关监管制度，结合公司实际情况，通过审核、批准公司的风险管理和控制的政策及制度，对风险进行整体分析和评估，以及对公司运作过程中的重大事项进行风险管理和控制，建立公司风险管理和控制体系，以防范风险。

关联交易管理委员会负责公司关联交易的管理与监督，防范不正当关联交易导致的风险。

审计监督委员会负责审核公司内控制度，监督内部审计制度的实施状况与效果。

业务决策委员会负责公司业务的控制、管理、监督和评估，在授权范围内对各项业务及公司管理层等上级机构指定的其他审批事项进行决策审批。

证券投资决策委员会负责公司固有资金证券投资的控制、监督和评估，在授权范围内进行运营风险决策。

创新项目评审委员会负责对于业务模式在公司内部具有创新性的信托业务或自营业务的评审，在授权范围内进行运营风险决策。

项目评审部：负责公司自营业务、信托业务的初审，并出具审查意见；根据市场经济状况，明确公司业务导向，制定、实施业务开展指导原则及项目准入标准。

风险管理部负责公司自营业务、信托业务的风险管理，不断完善公司经营风险管理体系和内部风险控制制度，持续跟踪项目运营，防范风险事件。

法律合规部负责公司自营业务、信托业务的合规性和合同条款的初审，并出具审查意见；负责公司法律事务管理、合规管理、确保依法经营；制定并执行合规管理职责和计划，实施合规风险管理流程，防范案件发生。

托管部负责核算和监督信托财产运用部门按照信托文件约定运用信托财产。

财务部负责核算和监督固有财产运用部门按照合同文件约定运用管理；通过会计核算和财务管理对公司财务状况及经营情况进行分析管理和监督。

稽核审计部负责对公司日常经营以及公司风险管理流程的执行进行审计监督。

公司各部门负责人是非业务操作风险、道德风险、商誉风险等风险的第一责任人。

公司自营业务与信托业务分离，在资金、账户、部门、人员、信息以及财务核算等方面严格分开；信托财产运用部门独立于其他部门，并分别设立29个信托业务部门。

4.5.2 风险状况

4.5.2.1 信用风险状况

信用风险是指由于金融企业各项金融业务的交易对手不能履行合同义务，或者信用状况的不利变动而造成损失的风险。

公司充分利用行业和企业信息，进行信用风险评估，审批项目，监测风险资产，进行风险预警和风险处置，形成信用风险分析报告。

2019年公司自有资产保持较好的资产质量。风险资产分类：截至2019年12月31日，公司风险资产合计为889 148.40万元，其中正常类资产为559 685.52万元，关注类资产为170 386.46万元，次级类资产为45 295.46万元，可疑类资产为65 786.86万元，损失类资产为47 994.10万元。

2019年公司对各类资产按照相应资产减值方法计算潜在风险估计值，并计提减值准备。公司一般风险准备包括一般风险准备金和信托赔偿金：一般风险准备金按风险资产总额的1.5%提取，信托赔偿准备金按税后利润的5%提取。

截至2019年12月31日，公司信托信用类资产共计26 341 696.42万元，其中正常类财产为26 054 871.42万元，关注类财产为233 825.00万元，次级类财产为零，可疑类资产为15 000.00万元，损失类财产为38 000.00万元。

4.5.2.2 市场风险状况

市场风险包括经济周期风险、通货膨胀风险、利率风险、汇率风险、商品风险和金融市场风险等，是市场波动导致信托业务的资产遭到损失的可能性。这些市场波动主要包括利率、证券价格、商品价格、汇率、其他金融产品价格的波动；市场发展方向、供求关系的变动；市场流动性的变动等。

市场风险主要体现在投资于证券市场、货币市场的自营业务和信托产品。截至2019年12月31日，公司自有资金涉及证券投资领域79 055.68万元，主要是二级市场买入的股票、基金，浮动盈利2 244.34万元，当年已实现盈利6 860.68万元，盈利合计为9 104.83万元。

4.5.2.3 操作风险状况

公司内部业务流程、计算机系统、工作人员在操作中的不完善或失误，可能给公司造成损失的风险。公司外部因素例如通信系统故障等，可能给公司造成损失或影响公司正常运行的风险。

2019年公司操作风险运行情况整体正常，未发生可能影响公司运营或损失的操作风险事件。根据公司操作风险自我检查及内控测试结果反映，当前公司各项规章制度能够得到有效执行，业务流程运行顺畅，能够满足公司的要求。

4.5.2.4 合规风险状况

合规风险是指金融企业因没有遵循法律、规则和准则或者员工因不合规的经营管理行为可能遭受法律制裁、监管处罚、重大财务损失和声誉损失的风险。合规风险包括反洗钱以及资本（充足率）管理的风险。

4.5.2.5 其他风险状况

其他风险主要指政策风险和集中度风险。政策风险集中表现为国家宏观政策、法律法规以及行业政策的变动对公司经营环境和未来发展所造成的影响。集中度风险是指交易集中于某一交易对手，或交易对手如果集中于某一行业或地区或共同具备某些经济特性，其风险通常会相应提高。

2019年，全球经济环境错综复杂，外需不旺、内需不稳，国内经济下行压力增大，防范化解风险是2019年金融领域工作的主线。在行业监管规则逐步细化、资管行业竞争日益激烈、风险因素前后叠加的环境下，公司迎难而上，用多种创新举措防范和化解风险，持续加强区域、行业、交易对手的集中度控制，较好地防范了集中度风险事件的发生。

4.5.3 风险管理

4.5.3.1 信用风险管理

一般准备、专项准备的计提方法和统计方法：公司每年一次按自有风险资产的五级分类结果计提资产损失准备。公司按信托法律法规规定，每年按当年净利润的5%计提信托赔偿准备金，当该信托赔偿准备金累计总额达到公司注册资本的20%时，不再提取。

根据中国银行业监督管理委员会、财政部于2014年12月10月颁布的《信托业保障基金管理办法》（银监发［2014］50号）相关规定，信托业保障基金认购执行下列统一标准：（1）信托公司按净资产余额的1%认购，每年4月末前以上年度末的净资产余额为基数动态调整；（2）资金信托按新发行金额的1%认购，其中：属于购买标准化产品的投资性资金信托的，由信托公司认购；属于融资性资金信托的，由融资者认购。在每个资金信托产品发行结束时，缴入信托公司基金专户，由信托公司按季向保障基金公司集中划缴；（3）新设立的财产信托按信托公司收取报酬的5%计算，由信托公司认购。

抵押品确认的主要原则：抵押品属依法可办理抵押的物品，抵押品权属清晰，确属担保人所有，不存在限制转移的情形，变现能力强。抵押品评估价值由中介评估机构确认，融资本金基本上不高于抵押品确认价值的55%。

保证贷款管理原则：严格控制谨慎从事保证方式贷款，贷款方必须具备经公司认定的良好的信用纪录，保证方必须是具有很强保证能力的企业。公司对保证能力进行充分审查，谨慎签署保证合同，明确融资方与保证人的权利与义务，防止公司信用风险。

制定严格的项目立项及集体决策制度，择优筛选项目，实现控制信用风险关口前移。

4.5.3.2　市场风险管理

针对证券市场风险，公司以稳健、谨慎的投资理念投资证券产品。公司制定了证券业务的规章制度，规范操作程序，设定风险防范措施；建立日常的业务决策审批制度；引进、配备高素质的专业人才，组织专门人员研究金融市场形势，分析证券市场行情，为业务决策审批提供方案，在市场风险可控的状况下，实施证券投资运营。

4.5.3.3　操作风险管理

公司制定了操作风险管理制度，操作风险管理覆盖公司各个部门，并由稽核审计部对操作风险管理体系的运作情况进行定期检查评估。

公司通过完善业务操作流程，严格划分业务前台、中台、后台，加强员工培训，提高员工技能等措施控制操作风险。

业务前台负责受理和初审业务，并负责业务的具体操作，完成项目审批前的尽职调查、方案设计和提交，以及项目审批后的合同签署、产品发售、投资交易、客户服务等工作，并在持续监控项目的过程中适时启动提前收款、贷款利率调整、要求履约担保、审计、诉讼、召开受益人会议等管理措施。前台由各业务部门组成。

中台贯穿于业务的决策程序和管理环节。负责项目的合法、合规性审核，风险评估，议事决策，以及业务综合管理与过程控制，和前台部门共同完成事前防范和事中控制，针对各种风险提出指导意见和改进措施，并对风险发出预警信号。中台部门由项目评审部、风险管理部、法律合规部组成。

后台负责对业务进行财务管理、会计核算、审计监督，为前台、中台提供服务支持、信息服务和监督评价。后台由托管部、财务部、稽核审计部等组成。

公司通过配置券商的PB系统，加强了证券操作风险的控制，将固有、信托证券业务严格纳入该系统操作，按照设定的证券池以及预警线和止损线设置指标，每日实时监控交易状况，有效地防止人为的违规操作和越权操作，对预警和止损发出风险信号，提高了总体风险控制的效果。

4.5.3.4　合规风险管理

公司设置法律合规部，全面负责公司合规工作。同时根据政策规定和监管部门指导意见，在公司层面通过完善制度，确保有关政策得以顺利执行。

4.5.3.5　其他风险管理

公司通过对宏观政策、行业政策、法律法规的跟踪和研究，提高经营预见性，控制政策风险。通过对关键行业和企业进行总量控制的方式，严格控制集中度风险。

5. 报告期末及上一年度末的比较式会计报表

5.1　自营资产

5.1.1　会计师事务所审计意见全文

审计报告

信会师报字［2020］第ZK20550号

昆仑信托有限责任公司全体股东：

一、审计意见

我们审计了昆仑信托有限责任公司（以下简称昆仑信托）财务报表，包括2019年12月31日的资产负债表，2019年度的利润表、现金流量表、所有者权益变动表以及相关财务报表附注。

我们认为，后附的财务报表在所有重大方面按照企业会计准则的规定编制，公允反映了昆仑信托2019年12月31日的财务状况及2019年度的经营成果和现金流量。

二、形成审计意见的基础

我们按照中国注册会计师审计准则的规定执行了审计工作。审计报告的“注册会计师对财务报表审计的责任”部分进一步阐述了我们在这些准则下的责任。按照中国注册会计师职业道德守则，我们独立于昆仑信托，并履行了职业道德方面的其他责任。我们相信，我们获取的审计证据是充分、适当的，为发表审计意见提供了基础。

三、管理层和治理层对财务报表的责任

昆仑信托管理层（以下简称管理层）负责按照企业会计准则的规定编制财务报表，使其实现公允反映，并设计、执行和维护必要的内部控制，以使财务报表不存在由于舞弊或错误导致的重大错报。

在编制财务报表时，管理层负责评估昆仑信托的持续经营能力，披露与持续经营相关的事项（如适用），并运用持续经营假设，除非计划进行清算、终止运营或别无其他现实的选择。

治理层负责监督昆仑信托的财务报告过程。

四、注册会计师对财务报表审计的责任

我们的目标是对财务报表整体是否不存在由于舞弊或错

误导致的重大错报获取合理保证，并出具包含审计意见的审计报告。合理保证是高水平的保证，但并不能保证按照审计准则执行的审计在某一重大错报存在时总能发现。错报可能由于舞弊或错误导致，如果合理预期错报单独或汇总起来可能影响财务报表使用者依据财务报表作出的经济决策，则通常认为错报是重大的。

在按照审计准则执行审计工作的过程中，我们运用职业判断，并保持职业怀疑。同时，我们也执行以下工作：

(1)识别和评估由于舞弊或错误导致的财务报表重大错报风险，设计和实施审计程序以应对这些风险，并获取充分、适当的审计证据，作为发表审计意见的基础。由于舞弊可能涉及串通、伪造、故意遗漏、虚假陈述或凌驾于内部控制之上，未能发现由于舞弊导致的重大错报的风险高于未能发现由于错误导致的重大错报的风险。

(2)了解与审计相关的内部控制，以设计恰当的审计程序。

(3)评价管理层选用会计政策的恰当性和作出会计估计及相关披露的合理性。

(4)对管理层使用持续经营假设的恰当性得出结论。同时，根据获取的审计证据，就可能导致对昆仑信托持续经营能力产生重大疑虑的事项或情况是否存在重大不确定性得出结论。如果我们得出结论认为存在重大不确定性，审计准则要求我们在审计报告中提请报表使用者注意财务报表中的相关披露；如果披露不充分，我们应当发表非无保留意见。我们的结论基于截至审计报告日可获得的信息。然而，未来的事项或情况可能导致昆仑信托不能持续经营。

(5)评价财务报表的总体列报、结构和内容，并评价财务报表是否公允反映相关交易和事项。

(6)就昆仑信托中实体或业务活动的财务信息获取充分、适当的审计证据，以对财务报表发表审计意见。我们负责指导、监督和执行集团审计，并对审计意见承担全部责任。

我们与治理层就计划的审计范围、时间安排和重大审计发现等事项进行沟通，包括沟通我们在审计中识别出的值得关注的内部控制缺陷。

立信会计师事务所　　中国注册会计师：韩子荣
(特殊普通合伙)
　　中国注册会计师：焦奇峰
中国·上海　　二〇二〇年四月十七日

5.1.2 资产负债表

资产负债表

编制单位：昆仑信托有限责任公司　　2019 年 12 月 31 日　　单位：万元

资　产	期末余额	上年年末余额
资产：		
现金及存放中央银行款项	—	—
存放同业款项	93 054. 19	110 788. 25
贵金属	—	—
拆出资金	—	—
融出资金	—	—
衍生金融资产	—	—
存出保证金	—	—
应收款项	—	—
买入返售金融资产	—	—
持有待售资产	—	—
金融投资：	—	—
交易性金融资产	358 483. 23	—
以公允价值计量且其变动计入当期损益的金融资产	—	—
债权投资	609 258. 29	—
可供出售金融资产	—	1 073 885. 73
其他债权投资	—	—
持有至到期投资	—	—
其他权益工具投资	125 662. 12	—
长期股权投资	3 113. 51	8 974. 09
投资性房地产	—	—
固定资产	11 766. 05	12 414. 78
在建工程	337. 64	549. 51
无形资产	2 050. 68	1 359. 53
商誉	—	—
递延所得税资产	34 846. 26	26 414. 80
其他资产	135 473. 83	83 185. 05
资产总计	1 374 045. 80	1 317 571. 74
负债和所有者权益(或股东权益)	期末余额	上年年末余额
负债：		
向中央银行借款	—	—
同业及其他金融机构存放款项	—	—
拆入资金	—	—
交易性金融负债	—	—
以公允价值计量且其变动计入当期损益的金融负债	—	—
衍生金融负债	—	—
卖出回购金融资产款	—	—
代理买卖证券款	—	—
代理承销证券款	—	—
应付职工薪酬	1 373. 15	1 053. 30
应交税费	16 039. 70	10 314. 44
应付款项	—	—
持有待售负债	—	—
预计负债	—	—
长期借款	—	—
应付债券	—	—
其中：优先股	—	—
永续债	—	—
长期应付职工薪酬	—	—
递延收益	—	—
递延所得税负债	8 226. 59	510. 50
其他负债	28 173. 91	22 424. 69
负债合计	53 813. 35	34 302. 93
所有者权益(或股东权益)：		
实收资本(或股本)	1 022 705. 89	1 022 705. 89
其他权益工具	—	—
其中：优先股	—	—
永续债	—	—
资本公积	62 663. 74	62 663. 74
减：库存股	—	—
其他综合收益	13. 25	−3 605. 53
盈余公积	83 320. 99	73 407. 42
一般风险准备	56 440. 71	51 483. 92
未分配利润	95 087. 87	76 613. 37
所有者权益(或股东权益)合计	1 320 232. 45	1 283 268. 81
负债和所有者权益(或股东权益)总计	1 374 045. 80	1 317 571. 74

法定代表人：肖华　　财务总监：张建慧　　会计机构负责人：康剑桥

5. 1. 3 利润表

利润表

编制单位：昆仑信托有限责任公司　　2019 年度　　单位：万元

项目	本期发金额	上期发金额
一、营业总收入	193 887. 33	150 670. 17
利息净收入	1 629. 72	1 369. 09
其中：利息收入	1 657. 92	1 369. 09
利息支出	28. 19	0
手续费及佣金净收入	102 293. 48	87 260. 13
其中：手续费及佣金收入	102 308. 56	87 307. 48
手续费及佣金支出	15. 08	47. 34
投资收益（损失以"－"号列示）	46 278. 32	61 784. 25
其中：对联营企业和合营企业的投资收益	－64. 93	2 020. 61
以摊余成本计量的金融资产终止确认产生的收益（损失以"－"号填列）	—	—
净敞口套期收益（损失以"－"号填列）	—	—
其他收益	—	32. 64
公允价值变动收益（损失以"－"号列示）	43 541. 05	－22. 20
汇兑收益（损失以"－"号列示）	—	—
其他业务收入	144. 75	164. 27
资产处置收益（损失以"－"号填列）	—	81. 98
二、营业总支出	68 478. 86	29 759. 74
税金及附加	632. 42	569. 20
业务及管理费	31 312. 33	29 386. 01
资产减值损失	—	－229. 97
信用减值损失	36 534. 11	—
其他资产减值损失	—	—
其他业务成本	—	34. 50
三、营业利润（亏损以"－"号列示）	125 408. 46	120 910. 43
加：营业外收入	7 354. 39	8 018. 65

续表

项目	本期发金额	上期发金额
减：营业外支出	31. 65	—
四、利润总额（亏损总额以"－"号列示）	132 731. 20	128 929. 08
减：所得税费用	33 595. 46	31 125. 47
五、净利润（净亏损以"－"号列示）	99 135. 74	97 803. 61
（一）持续经营净利润（净亏损以"－"号填列）	99 135. 74	97 803. 61
（二）终止经营净利润（净亏损以"－"号填列）	—	—
六、其他综合收益的税后净额	1. 47	－17 003. 42
（一）不能重分类进损益的其他综合收益	—	—
1. 重新计量设定受益计划变动额	—	—
2. 权益法下不能转损益的其他综合收益	—	—
3. 其他权益工具投资公允价值变动	—	—
4. 企业自身信用风险公允价值变动	—	—
（二）将重分类进损益的其他综合收益	1. 47	－17 003. 42
1. 权益法下可转损益的其他综合收益	1. 47	－104. 22
2. 其他债权投资公允价值变动	—	—
3. 可供出售金融资产公允价值变动损益	—	－16 899. 20
4. 金融资产重分类计入其他综合收益的金额	—	—
5. 持有至到期投资重分类为可供出售金融资产损益	—	—
6. 其他债权投资信用损失准备	—	—
7. 现金流量套期储备（现金流量套期损益的有效部分）	—	—
8. 外币财务报表折算差额	—	—
9. 其他	—	—
七、综合收益总额	99 137. 21	80 800. 19
八、每股收益	—	—
（一）基本每股收益（元/股）	—	—
（二）稀释每股收益（元/股）	—	—

法定代表人：肖华　　财务总监：张建慧　　会计机构负责人：康剑桥

5. 1. 4 所有者权益变动表

所有者权益变动表

编制单位：昆仑信托有限责任公司　　2019 年度　　单位：万元

项目	本期金额										
	实收资本（或股本）	其他权益工具			资本公积	减：库存股	其他综合收益	盈余公积	一般风险准备	未分配利润	所有者权益合计
		优先股	永续债	其他							
一、上年年末余额	1 022 705. 89	—	—	—	62 663. 74	—	－3 605. 53	73 407. 42	51 483. 92	76 613. 37	1 283 268. 81
加：会计政策变更	—	—	—	—	—	—	3 617. 31	—	—	－12 602. 29	－8 984. 98
前期差错更正	—	—	—	—	—	—	—	—	—	—	—
其他	—	—	—	—	—	—	—	—	—	—	—
二、本年年初余额	1 022 705. 89	—	—	—	62 663. 74	—	11. 78	73 407. 42	51 483. 92	64 011. 08	1 274 283. 83
三、本年增减变动金额（减少以"－"号填列）	—	—	—	—	—	—	1. 47	9 913. 57	4 956. 79	31 076. 79	45 948. 62
（一）综合收益总额	—	—	—	—	—	—	1. 47	—	—	99 135. 74	99 137. 21
（二）所有者投入和减少资本	—	—	—	—	—	—	—	—	—	—	—
1. 所有者投入的普通股	—	—	—	—	—	—	—	—	—	—	—
2. 其他权益工具持有者投入资本	—	—	—	—	—	—	—	—	—	—	—
3. 股份支付计入所有者权益的金额	—	—	—	—	—	—	—	—	—	—	—
4. 其他	—	—	—	—	—	—	—	—	—	—	—
（三）利润分配	—	—	—	—	—	—	—	9 913. 57	4 956. 79	－68 058. 95	－53 188. 59
1. 提取盈余公积	—	—	—	—	—	—	—	9 913. 57	—	－9 913. 57	—
2. 提取一般风险准备	—	—	—	—	—	—	—	—	4 956. 79	－4 956. 79	—
3. 对所有者（或股东）的分配	—	—	—	—	—	—	—	—	—	－53 188. 59	－53 188. 59

续表

项目	本期金额									
	实收资本（或股本）	其他权益工具			资本公积	减：库存股	其他综合收益	盈余公积	一般风险准备	未分配利润	所有者权益合计
		优先股	永续债	其他							
4. 其他	—	—	—	—	—	—	—	—	—	—	—
（四）所有者权益内部结转	—	—	—	—	—	—	—	—	—	—	—
1. 资本公积转增资本（或股本）	—	—	—	—	—	—	—	—	—	—	—
2. 盈余公积转增资本（或股本）	—	—	—	—	—	—	—	—	—	—	—
3. 盈余公积弥补亏损	—	—	—	—	—	—	—	—	—	—	—
4. 设定受益计划变动额结转留存收益	—	—	—	—	—	—	—	—	—	—	—
5. 其他综合收益结转留存收益	—	—	—	—	—	—	—	—	—	—	—
6. 其他	—	—	—	—	—	—	—	—	—	—	—
四、本期期末余额	1 022 705.89	—	—	—	62 663.74	—	13.25	83 320.99	56 440.71	95 087.87	1 320 232.45

法定代表人：肖华　　财务总监：张建慧　　会计机构负责人：康剑桥

5.2 信托资产

5.2.1 信托项目资产负债汇总表

信托项目资产负债汇总表

编制单位：昆仑信托有限责任公司　　2019 年 12 月 31 日　　单位：万元

项目	期末余额	年初余额
信托资产：		
1. 货币资金	309 985.62	172 724.32
2. 拆出资金	—	—
3. 存出保证金	—	—
4. 交易性金融资产	231 861.87	332 265.72
5. 衍生金融资产	—	—
6. 买入返售金融资产	—	—
其中：6.1 买入返售证券	—	—
6.2 买入返售信贷资产	—	—
7. 应收款项	21 728.03	17 628.25
8. 发放贷款	10 621 055.60	11 063 716.59
其中：8.1 基础产业	2 190 150.00	2 409 400.00
8.2 房地产	1 081 730.00	1 219 235.00
9. 可供出售金融资产	—	—
10. 持有至到期投资	13 001 117.81	14 041 304.47
11. 长期应收款	—	—
12. 长期股权投资	2 997 423.01	3 819 999.04
其中：12.1 基础产业	9 100.00	10 000.00
12.2 房地产	200.00	200.00
13. 投资性房地产	—	—
14. 固定资产	—	—
15. 无形资产	—	—
16. 长期待摊费用	—	—
17. 其他资产	—	70.32
18. 信托资产总计	27 183 171.94	29 447 708.71
19. 各项资产减值准备	—	—
信托负债：		
20. 交易性金融负债	—	—
21. 衍生金融负债	—	—
22. 应付受托人报酬	287.12	3 360.14
23. 应付托管费	852.20	—
24. 应付受益人收益	2 824.65	3 992.51
25. 应交税费	579.88	232.03

续表

项目	期末余额	年初余额
26. 应付销售服务费	—	—
27. 其他应付款项	63 917.40	77 164.17
28. 其他负债	—	—
29. 信托负债合计	68 461.25	84 748.85
信托权益：		
30. 实收信托	26 781 849.12	28 963 724.88
30.1 资金信托	22 471 456.60	22 219 337.34
30.1.1 集合	13 003 527.89	12 230 071.96
30.1.2 单一	9 467 928.71	9 989 265.38
30.2 财产信托	4 310 392.52	6 744 387.54
30.2.1 信贷资产证券化	—	—
30.2.2 其他资产（准）证券化	2 158 386.98	5 352 512.69
31. 资本公积	50 010.75	41 148.53
32. 外币报表折算差额	—	—
33. 未分配利润	282 850.82	358 086.45
34. 信托权益合计	27 114 710.69	29 362 959.86
35. 信托负债和信托权益总计	27 183 171.94	29 447 708.71

法定代表人：肖华　　财务总监：张建慧　　托管部负责人：武义双　　填表人：邵国忠

5.2.2 信托项目利润及利润分配汇总表

信托项目利润及利润分配汇总表

编制单位：昆仑信托有限责任公司　　2019 年度　　单位：万元

项目	本年度累计	上年度累计
1. 营业收入	1 821 947.10	2 047 119.75
1.1 利息收入	609 683.97	650 048.88
1.2 投资收益（损失以"－"号填列）	1 180 593.74	1 415 917.78
1.2.1 其中：对联营企业和合营企业的投资收益	—	—
1.3 公允价值变动收益（损失以"－"号填列）	30 539.53	－19 139.98
1.4 租赁收入	—	—
1.5 汇兑损益（损失以"－"号填列）	—	—
1.6 其他收入	1 129.86	293.07
2. 支出	207 206.46	138 898.59
2.1 营业税金及附加	4 683.12	4 938.19
2.2 受托人报酬	85 147.32	87 355.81
2.3 托管费	6 619.36	7 336.91

续表

项目	本年度累计	上年度累计
2.4 投资管理费	—	9 727.34
2.5 销售服务费	1 357.39	144.97
2.6 交易费用	159.99	25.39
2.7 资产减值损失	—	—
2.8 其他费用	109 239.28	29 369.98
3. 信托净利润(净亏损以"－"号填列)	1 614 740.64	1 908 221.16
4. 其他综合收益	-300.00	—
5. 综合收益	1 614 440.64	1 908 221.16
6. 加:期初未分配信托利润	358 086.45	216 603.06
7. 可供分配的信托利润	1 972 827.09	2 124 824.22
8. 减:本期已分配信托利润	1 689 976.27	1 766 737.77
9. 期末未分配信托利润	282 850.82	358 086.45

法定代表人:肖华　财务总监:张建慧　托管部负责人:武义双　填表人:邵国忠

6. 会计报表附注

6.1 会计报表编制基准不符合会计核算基本前提的说明

6.1.1 会计报表编制基准不符合会计核算基本前提说明

无。

6.1.2 本公司编制合并会计报表

无。

6.2 或有事项说明

无。

6.3 重要资产转让及其出售的说明

报告期内,本公司无重要资产转让及出售。

6.4 会计报表中重要项目的明细资料

6.4.1 自营资产经营情况

6.4.1.1 信用风险资产的期初数、期末数

信用风险资产五级分类	正常类(万元)	关注类(万元)	次级类(万元)	可疑类(万元)	损失类(万元)	信用风险资产合计(万元)	不良资产合计(万元)	不良资产率(%)
期初数	730 465.88	163 447.77	40 587.76	14 900.00	50 934.11	1 000 335.52	106 421.87	7.53
期末数	559 685.52	170 386.46	45 295.46	65 786.86	47 994.10	889 148.40	159 076.42	10.50

注:不良资产合计=次级类+可疑类+损失类。

6.4.1.2 各项资产减值损失准备的期初数、本期计提、本期转回、本期核销、期末数

单位:万元

项　目	期初数	本期计提	本期转回	本期核销	期末数
贷款损失准备	—	—	—	—	—
一般准备	—	—	—	—	—
专项准备	—	—	—	—	—
其他资产减值准备	—	—	—	—	—
可供出售金融资产减值准备	38 649.64	15 946.33	—	—	54 595.97
持有至到期投资减值准备	188.67	—	109.51	—	79.16
长期股权投资减值准备	66 107.64	20 587.78	—	—	86 695.42
坏账准备	—	—	—	—	—
投资性房地产减值准	—	—	—	—	—

6.4.1.3 自营股票投资、基金投资、债券投资、股权投资等投资业务的期初数、期末数

单位:万元

项目	自营股票	基金	债券	长期股权投资
期初数	38 773.57	91 001.15	—	8 974.09
期末数	35 190.13	46 109.88	—	3 113.51

6.4.1.4 前五名的自营长期股权投资的企业名称、占被投资企业权益的比例及投资收益情况

企业名称	占被投资企业权益的比例(%)	投资收益(万元)
1. 融源广达(天津)股权投资管理合伙企业(有限合伙)	47.50	-967.31
2. 国联产业投资基金管理(北京)有限公司	20.83	12.22

6.4.1.5 前五名的自营贷款的企业名称、占贷款总额的比例和还款情况

公司期末无对外贷款。

6.4.1.6 表外业务的期初数、期末数

报告期内,公司无表外业务。

6.4.1.7 公司当年收入结构

收入结构	金额(万元)	占比(%)
手续费及佣金收入	102 293.48	51
其中:信托手续费收入	102 293.48	51
投资银行业务收入	—	—
利息收入	1 657.92	0.82
其他业务收入	144.75	0.07
其中:计入信托业务收入部分	—	—
投资收益	46 278.32	22.99
其中:股权投资收益	3 895.06	1.94
其他投资收益	42 383.26	21.06
公允价值变动收益	43541.05	21.63
营业外收入	7 354.39	3.65
收入合计	201 269.91	100.00

注:手续费及佣金收入、利息收入、其他业务收入、投资收益、营业外收入均应为损益表中的一级科目,其中手续费及佣金收入、利息收入、营业外收入为未抵减掉相应支出的全年累计实现收入数。

6.4.2 信托资产管理情况

6.4.2.1 信托资产的期初数、期末数

单位:万元

信托资产	期初数	期末数
集合	12 230 071.96	13 003 527.89
单一	9 989 265.38	9 467 928.71

续表

信托资产	期初数	期末数
财产权	6 744 387. 54	4 310 392. 52
合 计	28 963 724. 88	26 781 849. 12

6. 4. 2. 1. 1　主动管理型信托业务期初数、期末数

单位:万元

主动管理型信托资产	期初数	期末数
证券投资类	649 400. 00	786 830. 22
股权投资类	3 046 321. 01	2 370 656. 57
融资类	13 879 431. 55	15 536 062. 22
事务管理类	—	—
合 计	17 575 152. 56	18 693 549. 01

6. 4. 2. 1. 2　被动管理型信托业务期初数、期末数

单位:万元

被动管理型信托资产	期初数	期末数
证券投资类	—	—
股权投资类	—	—
融资类	70 000. 00	—
事务管理类	11 318 572. 32	8 088 300. 11
合计	11 388 572. 32	8 088 300. 11

6. 4. 2. 2　本年度已清算结束的信托项目个数、实收信托合计金额、加权平均实际年化收益率

6. 4. 2. 2. 1　本年度已清算结束的集合类、单一类资金信托项目和财产管理类信托项目个数、实收信托合计金额、加权平均实际年化收益率

已清算结束信托项目	项目个数(个)	实收信托合计金额(万元)	加权平均实际年化收益率(%)
集合类	43	1 910 176. 90	7. 09
单一类	23	1 658 574. 24	5. 07
财产管理类	18	4 021 728. 88	9. 96

注:加权平均实际年化收益率 =(信托项目 1 的实际年化收益率 × 信托项目 1 的资产总计 + 信托项目 2 的实际年化收益率 × 信托项目 2 的资产总计 + … + 信托项目 n 的实际年化收益率 × 信托项目 n 的资产总计)/(信托项目 1 的资产总计 + 信托项目 2 的资产总计 + … + 信托项目 n 的资产总计)×100%。

6. 4. 2. 2. 2　本年度已清算结束的主动管理型信托项目个数、实收信托合计金额、加权平均实际年化信托报酬率、加权平均实际年化收益率

已清算结束信托项目	项目个数(个)	实收信托合计金额(万元)	加权平均实际年化信托报酬率(%)	加权平均实际年化收益率(%)
证券投资类	—	—	—	—
股权投资类	3	255 214. 24	1. 49	5. 00
融资类	44	2 102 276. 9	0. 84	6. 95
事务管理类	—	—	—	—

6. 4. 2. 2. 3　本年度已清算结束的被动管理型信托项目个数、实收信托合计金额、加权平均实际年化信托报酬率、加权平均实际年化收益率

已清算结束信托项目	项目个数(个)	实收信托合计金额(万元)	加权平均实际年化信托报酬率(%)	加权平均实际年化收益率(%)
证券投资类	—	—	—	—
股权投资类	—	—	—	—
融资类	1	70 000. 00	0. 30	6. 08
事务管理类	36	5 162 988. 88	0. 12	8. 85

6. 4. 2. 3　本年度新增的集合类、单一类和财产管理类信托项目个数、实收信托合计金额

新增信托项目	项目个数(个)	实收信托合计金额(万元)
集合类	65	2 734 210. 84
单一类	16	796 279. 24
财产管理类	11	1 223 816. 06
新增合计	92	4 754 306. 14
其中:主动管理型	75	2 966 371. 84
被动管理型	17	1 787 934. 30

6. 4. 2. 4　本公司履行受托人义务情况及因本公司自身责任而导致的信托资产损失情况

本公司根据《信托法》《信托公司管理办法》等相关法律法规的规定,在管理或处分信托财产时,履行了恪尽职守,诚实、信用、谨慎、有效管理的义务。具体为:(1)遵守信托文件的规定,为受益人的最大利益处理信托事务;(2)将受托人的固有财产与信托财产进行分别管理、分别记账,并将不同委托人的信托财产分别管理、分别记账。

截至 2019 年 12 月 31 日,本公司未发生因自身责任导致信托资产损失的情况。

6. 4. 2. 5　信托赔偿准备金的提取、使用和管理情况

公司按信托法律法规规定,每年按当年净利润的 5% 计提信托赔偿准备金,当该信托赔偿准备金累计总额达到公司注册资本的 20% 时,不再提取。

6. 5　关联方关系及其交易的披露

6. 5. 1　关联交易方的数量、关联交易的总金额及关联交易的定价政策

	关联交易数量(个)	关联交易金额(万元)	定价政策
合 计	5	1 132 800. 00	坚持价格公允原则,由当事人依据市场价格通过合同约定。

注:关联交易以《公司法》和《企业会计准则第 36 号——关联方披露》有关规定为准。

6. 5. 2　关联交易方与本公司的关系性质、关联交易方基本信息

关系性质	关联方名称	法定代表人	注册地址	注册资本	主营业务
受同一大股东控股	中国石油天然气集团公司商业储备油分公司	肖燕明	北京市西城区六铺炕街 6 号 1 号楼 523 房间	500 000 万元	石油和天然气开采辅助活动。
	北京国联能源产业投资基金	无法人	北京市昌平区科技园区创新路 7 号 2 号楼 2027 号	505 亿元	投资、投资管理、投资咨询服务。
	四川家益石油房地产开发有限公司	陈 灵	四川成都市青羊区狮子巷 55 号华油楼 4 -5 号楼	4 700 万元	房地产开发
	内蒙古基兴泰铁路运输有限责任公司	赵守忠	内蒙古自治区呼和浩特市赛罕区金桥开发区金桥路中油呼炼小区平招 10 栋	500 万元	铁路货运服务、普通道路货物运输等。

6.5.3 本公司与关联方的重大交易事项

6.5.3.1 固有财产与关联方交易情况

单位：万元

分类	期初数	借方发生额	贷方发生额	期末数
贷款	—	—	—	—
投资	—	—	4 722.60	—
租赁	—	3 935.44	123.68	—
其他	—	2 269.44	109.58	—
合计	—	6 204.88	4 955.86	—

6.5.3.2 信托与关联方交易情况

单位：万元

信托与关联方关联交易				
分类	期初数	借方发生额	贷方发生额	期末数
贷款	492 000.00	800.00	—	492 800.00
投资	600 000.00	—	—	600 000.00
租赁	—	—	—	—
担保	—	—	—	—
应收账款	—	—	—	—
其他	40 000.00	—	—	40 000.00
合计	1 132 000.00	800.00	—	1 132 800.00

6.5.3.3 固信交易与信信交易情况

6.5.3.3.1 固信交易情况

单位：万元

固有财产与信托财产相互交易			
	期初数	本期发生额	期末数
合计	676 805.23	15 767.25	692 572.48

6.5.3.3.2 信信交易情况

单位：万元

信托资产与信托财产相互交易			
	期初数	本期发生额	期末数
合计	2 094 463.46	-103 332.61	1 991 130.85

6.5.4 关联方逾期未偿还本公司资金情况及本公司为关联方担保垫款情况

报告期内，无关联方逾期未偿还情况发生，无为关联方担保垫款情况。

6.6 会计制度的披露

固有业务（自营业务）：本公司执行《企业会计准则》和《金融企业会计制度》及相关规定。

信托业务：本公司执行《企业会计准则》和《金融企业会计制度》及相关规定。

7. 财务情况说明书

7.1 利润实现和分配情况

2019 年利润总额为 132 731.2 万元，同比增加 3 802.11 万元，增长 2.95%。净利润为 99 135.74 万元，同比增加 1 332.13万元，增长 1.36%。

报告期末分配利润变动情况如下：

单位：万元

项　目	金　额
本年年初余额	64 011.08
本年增加额	99 135.74
其中：本年净利润转入	99 135.74
其他调整因素	—
本年减少额	68 058.95
其中：本年提取盈余公积	9 913.57
本年提取一般风险准备	4 956.79
本年分配现金股利数	53 188.59
转增资本	—
其他减少	—
本年年末余额	95 087.87

7.2 主要财务指标

指标名称	指标值
资本利润率（%）	7.64
加权年化信托报酬率（%）	0.32
人均净利润（万元）	357.89

注：1. 资本利润率 = 净利润/所有者权益平均余额 ×100%。

2. 加权年化信托报酬率 =（信托项目 1 的实际年化信托报酬率 × 信托项目 1 的实收信托 + 信托项目 2 的实际年化信托报酬率 × 信托项目 2 的实收信托 +… + 信托项目 n 的实际年化信托报酬率 × 信托项目 n 的实收信托）/（信托项目 1 的实收信托 + 信托项目 2 的实收信托 +… + 信托项目 n 的实收信托）×100%。

3. 人均净利润 = 净利润/年平均人数。

4. 平均值采取年初、年末余额简单平均法。

7.3 对本公司财务状况、经营成果有重大影响的其他事项

无。

8. 特别事项揭示

8.1 前五名股东报告期内变动情况及原因

报告期内，股东情况无变动。

8.2 董事、监事及高级管理人员变动情况及原因

职务	前任	现任	变动原因
董　事	肖华、吴妍、周远鸿、叶旺、王利平、李效熙、邢成、寇日明、崔树霖	肖华、吴妍、赵雪松、叶旺、王利平、李效熙、邢成、寇日明、崔树霖	股东方中油资产管理有限公司重新推荐董事人选。
董事会秘书	黄志斌	矫德峰	董事会新聘任董事会秘书。

8.3 公司的重大诉讼事项

未决诉讼事项

序号	被告/被执行人	诉讼基本情况	涉诉金额(万元)	诉讼(仲裁)进展
1	唐山市华瑞房地产有限责任公司、河北融投、李文东	因与被执行人唐山市华瑞房地产有限责任公司合同纠纷,昆仑信托向法院申请追究被执行人及担保人河北融投、李文东的责任。	51 196.56	2015年4月,北京高院裁定由北京二中院执行。2015年4月及2016年6月,北京二中院下达执行裁定。此案件正在执行中。2018年9月至今,昆仑信托积极寻求合作方共同处置所涉的资产。
2	濮阳恒润筑邦石油化工有限责任公司、濮阳市恒润石油化工有限责任公司、濮阳市恒润投资管理公司、尚拥军	因与被执行人濮阳恒润筑邦石油化工有限公司合同纠纷,昆仑信托向法院申请追究被执行人及担保人濮阳市恒润石油化工有限公司、濮阳市恒润投资管理有限公司、尚拥军的责任。	12 150.21	2015年6月,昆仑信托向河南省高院申请强制执行,河南省高院指定濮阳市中院负责执行。2015年6月及2015年8月,濮阳市中院裁定财产保全事宜。2018年7月3日,昆仑信托与被执行人及担保人签订和解协议。2018年7月19日、2019年12月27日,被执行人分别已按和解协议偿还第一期2 000万元和第二期3 000万元。第三期款项应于2020年12月31日前偿还(3 000万元)。
3	安徽宝迪肉类食品有限责任公司、银川恒润置业有限责任公司、天津宝迪农业科技股份有限责任公司	因与被执行人安徽宝迪肉类食品有限公司合同纠纷,昆仑信托向法院申请追究被执行人及担保人银川恒润置业有限公司、天津宝迪农业科技股份有限公司的责任。	15 000	2016年10月,银川市西夏区法院对抵押物进行查封。2018年4月17日,昆仑信托收到了西夏法院出具的执行裁定书以及协助执行通知书,裁定被执行人部分房产作价2.28亿元,交付昆仑信托抵偿债务。已将抵押房产折抵。此案件执行终止。
4	陕西中登投资有限责任公司、中登地产、宋玉庆及其配偶	因与被执行人陕西中登投资有限公司合同纠纷,向法院申请追究被执行人及担保人中登地产、法定代表人宋玉庆及其配偶的责任。	44 000	2016年4月至2017年5月西安中院对抵(质)押物进行查封,2017年5月,查封的50套房产进入司法拍卖程序。2018年1月15日,昆仑信托与陕西中登实业集团签署和解协议。2019年2月1日西安中院裁定受理了陕西中登投资有限公司破产清算申请。现昆仑信托作为债权人已申报债权。
5	天津港圣翰石化物流有限公司、天津市宏发投资集团有限公司、天津开发区宏发房地产有限公司	因与被执行人天津港圣翰石化物流有限公司合同纠纷,向法院申请追究被执行人及担保人天津市宏发投资集团有限公司、天津开发区宏发房地产有限公司的责任。	55 000	2019年9月5日,天津市第三中级人民法院立案并完成了抵押物查封。现昆仑信托与圣瀚石化商谈还款事宜,依据商谈情况昆仑信托决定是否启动抵押物司法拍卖程序。
6	上海华信国际集团有限公司、深圳华信国际控股有限公司	因与被执行人深圳华信国际控股有限公司合同纠纷,向法院申请追究被执行人及担保人上海华信国际集团有限公司的责任。	50 000	2018年5-6月,上海市高级人民法院立案并完成股权查封事宜。由于深圳华信国际控股有限公司等已被相关政府部门统一接管,昆仑信托在等待政府出具处置方案的同时,也向相关机构提交函件恳请加快已查封股权的处置。2019年11月上海市第三中级人民法院裁定受理东莞证券股份有限公司申请上海华信国际集团有限公司破产清算案。现昆仑信托作债权人已向管理人申报债权。
7	北京华亿安顺企业管理有限公司、北京光耀东方商业管理有限公司、北京泰和翔装修工程有限责任公司、李贵杰	因与被执行人北京华亿安顺企业管理有限公司合同纠纷,向法院申请追究被执行人及担保人北京光耀东方商业管理有限公司、北京泰和翔装修工程有限责任公司、李贵杰的责任。	40 000	2019年4月11日,昆仑信托启向法院申请强制执行。2019年4-10月,完成查封、冻结工作。现昆仑信托积极与法院沟通并推进查封房产的司法拍卖程序。

8.4 公司及其董事、监事和高级管理人员受到处罚情况

无。

8.5 本年度重大事项临时报告情况

《昆仑信托有限责任公司2018年度报告摘要》,披露于2019年4月25日《金融时报》08版和《证券时报》B58版。

《昆仑信托有限责任公司变更董事、董事会秘书的公告》和《昆仑信托有限责任公司关于修改公司章程的公告》,披露于2019年12月4日《金融时报》08版。

8.6 其他重要信息

8.6.1 净资本管理情况

截至2019年末,公司各项净资本管理指标均符合银监会监管要求。2019年末,净资本余额为1 089 033.24万元;各项业务风险资本之和为516 157.71万元,其中,固有业务风险资本为227 587.19万元,信托业务风险资本为288 570.52万元。净资本监管指标如下。

序号	指标名称	指标值	监管要求
1	净资本余额(亿元)	108.90	≥2
2	固有业务风险资本(亿元)	22.76	—

续表

序号	指标名称	指标值	监管要求
3	信托业务风险资本(亿元)	28.86	—
4	各项业务风险资本之和(亿元)	51.62	
5	净资本/各项业务风险资本之和(%)	210.99	≥100
6	净资本/净资产(%)	82.49	≥40

8.6.2 社会责任履行情况

昆仑信托致力于发挥信托的独特制度优势，履行国有企业社会责任，着力塑造“诚信稳健、分享共赢、服务社会、造福民生”的企业品格，以实际行动践行中国石油“奉献能源，创造和谐”的企业宗旨。

公司探索将信托制度优势与慈善公益事业相结合的慈善信托模式，发起设立“昆仑爱心一号”助学慈善信托、“昆仑爱心二号”助困慈善信托、“昆仑爱心三号”助医慈善信托等三个慈善信托，运用信托平台，将部分信托利益和信托报酬捐献给慈善事业，得到了宁波市慈善总会及地方政府的高度评价，荣获“宁波市鄞州区慈善之光”荣誉称号。

昆仑信托依托中国石油良好的品牌资源和雄厚的资金优势，为宁波市提供全方位金融服务，全力支持宁波市经济发展。公司多次荣获“浙江省优秀金融企业”、宁波市“纳税50强企业”、鄞州区“突出贡献企业”和“五星级骨干企业”称号。

9. 公司监事会独立意见

9.1 关于公司依法运作情况的意见

2019年，公司坚持依法合规经营，不断完善内部控制制度，决策程序符合法律法规及《公司章程》的有关规定。董事会、高级管理层成员认真履行职责，未发现有违反法律法规或损害公司利益的行为。

9.2 关于公司财务报告的意见

公司2019年度财务报告按照中国企业会计准则编制。经立信会计师事务所审计过的公司财务报表，真实、公允地反映了公司的财务状况和经营成果，会计师事务所出具的无保留意见书是客观公正的。

9.3 关于关联交易的意见

公司2019年关联交易业务，符合商业原则和银监会监管要求，未发现有损害股东利益、公司利益和信托受益人利益的情形。

陆家嘴国际信托有限公司

1. 重要提示

1.1 本公司董事会及董事保证本报告所载资料不存在任何虚假记载、误导性陈述或者重大遗漏，并对其内容的真实性、准确性和完整性承担个别及连带责任。

1.2 本公司独立董事张广鸿、李颖琦、毕玥声明：保证年度报告内容的真实、准确、完整。

1.3 普华永道中天会计师事务所（特殊普通合伙）根据中国注册会计师审计准则对本公司年度财务报告进行审计，出具了标准无保留意见的审计报告。

1.4 本公司董事长黎作强、总经理崔斌、副总经理兼董事会秘书马家顺声明：保证年度报告中财务报告的真实、完整。

2. 公司概况

2.1 公司简介

2.1.1 公司历史沿革

陆家嘴国际信托有限公司（以下简称陆家嘴信托或公司）是上海陆家嘴金融发展有限公司（以下简称陆金发）控股的信托机构，注册资本为40亿元。公司注册地为青岛，在部分城市设立业务团队。公司前身为2003年10月15日经中国银监会批准成立的青岛海协信托投资有限公司（以下简称海协信托）。公司经过重组，2011年1月26日，中国银监会批复同意新疆威仕达实业（集团）股份有限公司、新疆棉花产业（集团）有限责任公司、中铁十八局集团有限公司、安徽丰原集团有限公司四家股东合计持有的海协信托71.606%的股权转让给陆金发；2011年5月5日，经工商变更登记，陆金发成为海协信托股东。2011年9月16日，中国银监会批复同意山东海川集团控股公司和青岛联宇时装有限公司两家股东合计持有海协信托28.394%的股权转让给青岛国信发展（集团）有限责任公司（以下简称青岛国信）；2011年10月27日，经工商变更登记，青岛国信成为海协信托股东。2012年2月27日，中国银监会批复同意公司名称变更为陆家嘴国际信托有限公司，同意公司根据《信托公司管理办法》的有关规定开展中国银监会批准的业务。至此，海协信托重组工作取得重大突破，为公司稳健成长揭开崭新的一页。2012年11月5日，中国银监会青岛监管局批复同意公司注册资本金由31 500万元变更为106 834.62万元。2014年12月15日，中国银监会批复同意公司注册资本金增至30亿元，增资后陆金发持股比例为71.606%，青岛国信持股比例为10.112%，青岛国信金融控股有限公司（以下简称国信金控）持股比例为18.282%。2018年6月25日，中国银监会批复同意公司注册资本金增至40亿元，公司股东出资比例保持不变，2018年7月27日公司完成工商变更登记手续。该次增资有效地增强了资金实力、主业协同和风险缓冲能力。2019年公司无增资等重大变更事项。

2.1.2 基本信息

2.1.2.1 公司法定中文名称：陆家嘴国际信托有限公司

中文名称缩写：陆家嘴信托

公司法定英文名称：Lujiazui International Trust Corporation Limited

英文缩写：Lujiazui Trust

2.1.2.2 法定代表人：黎作强

2.1.2.3 注册地址：青岛市崂山区香港东路195号3号楼青岛上实中心12层

邮政编码：266071

公司国际互联网网址：http://www.ljzitc.com.cn

电子信箱：ljzxt@ljzitc.com.cn

2.1.2.4 公司负责信息披露事务的高级管理人员：马家顺

公司信息披露联系人：李炜

联系电话：021-50587809

传　　真：021-50588225

电子信箱：ljzxt@ljzitc.com.cn

2.1.2.5 公司选定的信息披露报纸：《上海证券报》

公司年度报告备置地点：青岛市崂山区香港东路195号3号楼青岛上实中心12层

上海市浦东新区世纪大道1600号30楼

2.1.2.6 公司聘请的会计师事务所（年报审计机构）：普华永道中天会计师事务所（特殊普通合伙）

住所：中国（上海）自由贸易试验区陆家嘴环路1318号星展银行大厦507单元01室

2.1.2.7 公司聘请的律师事务所（常年法律顾问）：上海市锦天城律师事务所

住所：上海市浦东新区银城中路501号上海中心大厦11楼

2.2 组织结构

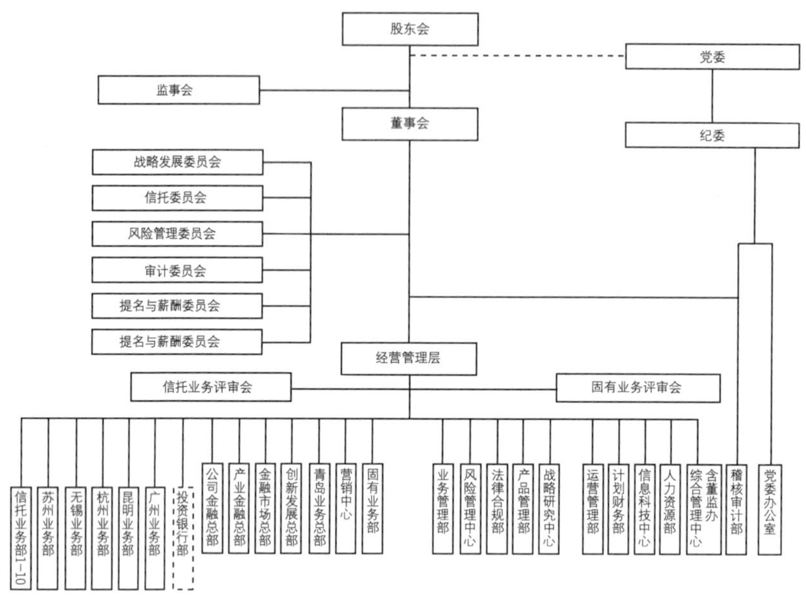

3. 公司治理

3.1 股东

报告期末股东总数为3家。其中，青岛国信金融控股有限公司为青岛国信发展（集团）有限责任公司直接和间接100%持股的子公司。

股东名称	持股比例（%）	法人代表	注册资本（万元）	注册地址	主要经营业务及主要财务情况
上海陆家嘴金融发展有限公司★	71.606	黎作强	800 000	中国（上海）自由贸易试验区世纪大道1600号2901室	金融产业、工业、商业、城市基础设施等项目的投资、管理，投资咨询，企业收购、兼并（依法须经批准的项目，经相关部门批准后方可开展经营活动）。截至2019年末，公司资产总额约为210.96亿元。
青岛国信金融控股有限公司	18.282	刘冰冰	370 000	青岛市崂山区苗岭路9号	金融及金融服务性机构的投资与运营、资产管理与基金管理、股权投资及资本运营、证券与基金投资、投资策划与咨询服务；经政府及有关监管机构批准的其他资产投资与运营（依法须经批准的项目，经相关部门批准后方可开展经营活动）。截至2019年末，公司资产总额约为341.03亿元。
青岛国信发展（集团）有限责任公司	10.112	王建辉	300 000	青岛市市南区东海西路15号	城乡重大基础设施项目投资建设与运营；政府重大公益项目的投资建设与运营；经营房产、旅游、土地开发等服务业及经批准的非银行金融服务业；经政府批准的国家法律、法规禁止以外的其他资产投资与运营（依法须经批准的项目，经相关部门批准后方可开展经营活动）。截至2019年末，公司资产总额约为802.03亿元。

注：股东名称一栏中★为公司最终实际控制人。

3.2 董事、董事会及其下属委员会

董事长、副董事长、董事

姓名	职务	性别	年龄（岁）	选任日期	所推举的股东名称	该股东持股比例（%）	简要履历
黎作强	董事长	男	53	2018年4月	上海陆家嘴金融发展有限公司	71.606	曾任国泰君安湖北分公司人事管理部办公室副主任、监事会办公室（纪检监察室）副经理、上海分公司党委书记、总裁办主任；现任上海陆家嘴（集团）有限公司党委委员、副总经理，上海陆家嘴金融贸易区开发股份有限公司董事，上海陆家嘴金融发展有限公司党委书记、董事长、法定代表人，爱建证券有限责任公司党委书记、董事长，陆家嘴国泰人寿保险有限责任公司董事长、法定代表人，陆家嘴国际信托有限公司党委书记、董事长、法定代表人。

续表

姓名	职务	性别	年龄（岁）	选任日期	所推举的股东名称	该股东持股比例（%）	简要履历
崔　斌	董事	男	46	2018年4月	上海陆家嘴金融发展有限公司	71.606	曾任苏州产权交易所交易部部门负责人，苏州国有资产管理局产权处科员，北京证券投行华东部项目经理、苏州营业部投行部副经理，苏州信托有限公司部门经理、总助、副总经理、总裁，合景泰富地产有限公司苏州公司副总经理，苏州柯利达集团副总裁，陆家嘴国际信托有限公司副总经理，紫金信托有限责任公司总裁、党总支书记，上海陆家嘴金融发展有限公司副总经理；现任上海陆家嘴金融发展有限公司党委委员，陆家嘴国际信托有限公司党委副书记、总经理。
奚　峰	董事	男	41	2018年4月	上海陆家嘴金融发展有限公司	71.606	曾任上海氯碱化工股份有限公司法律顾问，上海良友集团·粮油仓储公司法务主管，长江经济联合发展集团法务经理，上海三盛宏业投资集团法律事务部总经理，复星集团·星泓控股高级法务总监；现任上海陆家嘴金融发展有限公司风险控制部总经理。
邓友成	董事	男	48	2018年4月	青岛国信金融控股有限公司、青岛国信发展（集团）有限责任公司	合计持有28.394	曾任山东大信会计师事务所所长，青岛国信胶州湾交通有限公司副总经理，青岛国信金融控股有限公司总经理、董事长；现任青岛国信发展（集团）有限责任公司总经理、董事，中路财产保险股份有限公司董事，国投聚力投资管理有限公司董事，青岛银行股份有限公司董事，青岛国信实业有限公司董事，青岛国信发展投资有限公司董事，青岛国信投资控股股份有限公司董事兼总经理。

独立董事

姓名	所在单位及职务	性别	年龄（岁）	选任日期	所推举的股东名称	该股东持股比例（%）	简要履历
李颖琦	上海国家会计学院教授、博士生导师	女	43	2018年4月	—	—	曾任上海立信会计学院会计学助教，澳大利亚 Charles Sturt University 访问学者，上海立信会计学院会计学讲师、副教授、教授，上海立信会计金融学院会计学教授；现任上海国家会计学院会计学教授、博导。
张广鸿	退休	男	62	2018年4月	—	—	曾任青岛市证券公司总经理助理，青岛市财贸委员会副主任，青岛证券交易中心副总经理，青岛市商业银行行长及党委书记，青岛银行董事长及党委书记，青岛市国有资产管理委员会副主任，北京金融资产交易所常务副总裁；现已退休。
毕　玥	上海日盈律师事务所 合伙人	女	36	2018年4月	—	—	曾任上海秋实律师事务所律师、合伙人；现任上海日盈律师事务所合伙人、主任，兼任爱建证券有限责任公司独立董事。

董事会下属委员会

董事会下属委员会名称	职责	组成人员姓名	职务
战略发展委员会	对公司中长期发展战略规划和发展方针进行研究并提出建议；对《公司章程》规定的须经董事会批准的重大事项进行研究并提出建议；对其他影响公司发展的重大事项进行研究并提出建议；对以上事项的实施进行跟踪检查；董事会授权的其他事宜。	黎作强	主任委员
		邓友成	委员
		崔　斌	委员
信托委员会	组织制定公司信托业务发展规划；对公司信托业务运行情况进行定期评价；就银监会及其派出机构对公司信托业务的检查决定或意见，提出具体整改措施；指导公司开展信托业务创新；当公司或股东利益与受益人利益发生冲突时，提出维护受益人权益的具体措施；审查公司是否存在侵占受益人利益，获取不当信托报酬的行为；监督信托业务的信息披露情况；董事会授予的其他职责。	毕　玥	主任委员
		崔　斌	委员
		邓友成	委员
审计委员会	监督公司内部审计制度及其实施；负责内部审计与外部审计之间的沟通；审核公司的财务信息及其披露；提议聘请或更换外部审计机构；董事会授予的其他职责。	李颖琦	主任委员
		张广鸿	委员
		毕　玥	委员
风险管理委员会	向董事会提交公司全面风险管理年度报告；确定公司风险管理的总体目标、风险偏好、风险承受度、风险管理策略和重大风险管理解决方案；提出完善公司风险管理和内部控制的建议；对公司信托业务和固有业务的风险控制及管理情况进行监督；对公司固有财产和信托财产的风险管理状况进行定期评价；对公司关联交易业务风险进行评估，对重大关联交易事项进行审查并提交董事会审议；董事会授予的其他职责。	张广鸿	主任委员
		崔　斌	委员
		李颖琦	委员
提名与薪酬委员会	根据公司经营发展战略、资产规模和业务结构等，对董事会的规模和结构向董事会提出建议；拟定公司董事和高级管理人员的选任程序和标准，对董事和高级管理人员的任职资格和条件进行初步审核，并向董事会提出建议；拟定公司董事和高级管理人员的考核标准，据此进行考核并提出建议；拟定公司董事和高级管理人员的具体薪酬和激励方案，向董事会提出薪酬方案的建议，并监督实施；董事会授权的其他事宜。	黎作强	主任委员
		李颖琦	委员
		毕　玥	委员

3.3 监事、监事会及其下属委员会

监事会成员

姓名	职务	性别	年龄（岁）	选任日期	所推举的股东名称	该股东持股比例（%）	简要履历
蔡　嵘	监事会主席	男	46	2018年4月	上海陆家嘴金融发展有限公司	71.606	曾任职于上海建材工业学院监察审计室，同济大学审计处，浦东新区财税局预算处科员，浦东新区财政局预算处科员、副主任科员、主任科员，浦东新区财政局农业税征收管理所副主任，浦东新区国有资产管理委员会企业资产管理处副处长，浦东新区国有资产监督管理委员会综合规划处副处长，浦东新区企业工作党委委员，国有资产监督管理委员会主任助理、党委委员，浦东新区国有资产监督管理委员会主任助理、副主任、党委副书记，上海陆家嘴（集团）有限公司党委副书记；现任上海浦东开发（集团）有限公司党委副书记、总经理。
肖　霄	监事	男	37	2018年4月	上海陆家嘴金融发展有限公司	71.606	曾任上海市现代管理研究中心　世界经济研究所项目组组员，海航大新华物流控股（集团）有限公司企划投资部业务主管等职务；现任上海陆家嘴金融发展有限公司投资管理部副总经理。
扈　鑫	监事	男	41	2018年4月	青岛国信金融控股有限公司、青岛国信发展（集团）有限责任公司	合计持有28.394	曾任青岛国信发展（集团）有限责任公司财务审计部副部长，山东医药保健品进出口有限公司财务部副经理，青岛海信东海商贸有限公司财务部副部长，青岛青啤朝日饮品有限公司副总会计师等职务；现任中路财产保险股份有限公司财务部总经理。
汪　晖	监事	男	43	2018年1月	职工代表	—	曾任中国银行上海市分行风险管理处金融分析师，华鑫证券财务部总会计师，加拿大安省交通部财务部高级金融分析师，陆家嘴国际信托有限公司运营管理部总经理、固有资产管理部总经理等职务；现任陆家嘴国际信托有限公司计划财务部总经理。
章　惠	监事	女	40	2018年1月	职工代表	—	曾任安徽省黄山市工商银行柜面会计、科员，上海子能高科股份有限公司法务、董事长秘书，中泰信托有限责任公司运营中心高级经理、稽核审计部总经理；现任陆家嘴国际信托有限公司稽核审计部总经理、工会经审主任。

注：本报告期内，公司监事会未设下属委员会。

3.4 高级管理人员

姓名	职务	性别	年龄（岁）	选任日期	金融从业年限（年）	学历（位）	专业	简要履历
崔　斌	总经理	男	46	2018年1月	17	硕士	工商管理	曾任苏州产权交易所交易部部门负责人，苏州国有资产管理局产权处科员，北京证券投行华东部项目经理、苏州营业部投行部副经理，苏州信托有限公司部门经理、总助、副总经理、总裁，合景泰富地产有限公司苏州公司副总经理，苏州柯利达集团副总裁，陆家嘴国际信托有限公司副总经理，紫金信托有限责任公司总裁、党总支书记，上海陆家嘴金融发展有限公司副总经理；现任上海陆家嘴金融发展有限公司党委委员，陆家嘴国际信托有限公司党委副书记、总经理。
叶晓军	副总经理	男	50	2011年11月	18	硕士	经济学	曾任海南民生燃气（集团）股份有限公司总裁办主任、部门经理，中泰信托有限责任公司部门总经理、总裁助理；现任陆家嘴国际信托有限公司副总经理。
马家顺	副总经理	男	51	2018年7月	11	博士研究生	经济学	曾任郑州华达软件科技公司软件开发部程序员、副经理，郑州证券（后更名为黄河证券）信息技术中心副总经理、资产管理部总经理、总工程师，黄河证券（后更名为民生证券）总裁助理（兼研究所所长）、副总裁，上海浦东发展（集团）有限公司投资部副总经理、房产部副总经理，上海浦东发展置业有限公司党委委员、副总经理，上海南汇建设投资有限公司执行董事、总经理，上海浦东路桥建设股份有限公司党委委员、副总经理、董事会秘书；现任陆家嘴国际信托有限公司党委委员、纪委书记、副总经理、董事会秘书。
邱　翔	副总经理	女	53	2014年9月	5	硕士	会计学	曾任青岛市财政局外经科员，山东汇德会计师事务所业务一部部长，青岛国信发展（集团）有限公司规划发展部部长；现任陆家嘴国际信托有限公司副总经理。
浦凤丹	副总经理	女	44	2016年1月	22	本科学士	经济学	曾任中国人寿保险公司武汉分公司职员，中保康联人寿保险有限公司财务部总经理兼投资经理，交银康联人寿保险有限公司财务部高级经理，陆家嘴国际信托有限公司计划财务部负责人、财务总监；现任陆家嘴国际信托有限公司副总经理。
许月健	副总经理	男	42	2017年4月	18	硕士研究生	工商管理	曾任中国银行上海市分行浦东开发区支行客户经理、业务部主任，中国银行上海市分行张江支行行长，陆家嘴国际信托有限公司信托业务九部总经理；现任陆家嘴国际信托有限公司党委委员、副总经理。
傅艳	总经理助理	女	40	2017年4月	18	硕士研究生	工商管理	曾任南方证券股份有限公司上海分公B股分析员，华一银行风险管理部高级主任，华宝信托有限责任公司合规和风险管理部高级风控经理，陆家嘴国际信托有限公司风控总监兼风控部、合规部总经理；现任陆家嘴国际信托有限公司党委委员、总经理助理。

3.5 公司员工

项目		报告期年度		上年度	
		人数(人)	比例(%)	人数(人)	比例(%)
年龄分布	25 岁以下	2	0.57	2	0.64
	25 ~29 岁	48	13.79	60	19.23
	30 ~39 岁	233	66.95	194	62.18
	40 岁以上	65	18.68	56	17.95
学历分布	博士	6	1.72	5	1.60
	硕士	169	48.56	164	52.57
	本科	159	45.69	131	41.99
	专科	11	3.16	9	2.88
	其他	3	0.86	3	0.96
岗位分布	董事、监事及高管人员	9	2.59	9	2.88
	自营业务人员	3	0.86	2	0.64
	信托业务人员	120	34.48	127	40.71
	其他人员	216	62.07	174	55.77

4. 经营管理

4.1 经营目标、经营方针、战略规划

4.1.1 经营目标

公司贯彻“专业化发展、差异化竞争、精细化管理、品牌化经营”的发展理念,实现合规经营与业务发展并重、市场拓展与战略创新并驱、资产管理与财富管理并行,力争到 2021 年综合实力达到同类公司领先水平。

4.1.2 经营方针

公司以服务城市发展和城市生活为中心,坚持“两大主场、三层协同、四端优化、五项经营”的发展思路,围绕“3 +3”业务布局,巩固升级房地产业务、基础设施类业务、同业业务“三个核心”,重点推进资产证券化、股权投资、资本市场“三个突破”,打造资产管理、财富管理、信托服务“三项核心能力”,实现长期、稳健、可持续发展。

一个中心:致力于满足对传统地产改造升级、完善城市配套功能、优化服务业态等级、提供全方位服务的金融需求,促进城市高质量发展;以自身专业化能力服务城市成长,改善民生,针对多样化、专业化的居民理财需求,提供高质量的金融服务。实现公司内涵价值的增长与提升。

两大主场:深耕上海、青岛两大主场,构筑北京战略高地;经营好长三角战略重地,拓展山东战略要地;重点布局长三角区域一体化、环渤海都市经济圈及粤港澳大湾区;辐射沿海城市群和沿长江经济带,强化特色定位,实现差异化发展。

三层协同:加强公司与股东实业板块、股东金融板块以及区域发展的协同。一是加强信托与地产板块、基建板块的协同,借助陆家嘴集团在房地产领域的优势,深度介入房地产全产业链,借助青岛国信在基础设施及城市功能开发领域的优势,提升平台项目主动管理能力;二是加强与陆家嘴集团、青岛国信集团下辖金融机构之间的协同,发挥各板块金融牌照优势,形成机制协同、业务协同、客户协同;三是加强公司与浦东“二次创业”、上海国际金融中心建设、青岛财富管理金融综合改革试验区之间的战略协同,积极发挥信托功能,助力双主场经济发展。

四端优化:资金、资产两端发力,产品、管理两端加强。资产端,重点围绕“3 +3”业务布局,推动团队专业化建设,按照基础资产条线组建专业团队,提升细分领域行业竞争力,增强资产获取和专业投资能力。资金端,加强“五项能力”建设,强化精准营销,实现资金与资产的高效匹配,在客户分层、体系深耕及立体营销等方面取得突破性进展。产品端,贯彻“四化”发展理念,构建类别、收益、期限等方面梯度配比合理的产品体系,覆盖各类用户投资需求,打造系列品牌产品,提升市场影响力。管理端,加强精细化管理,优化组织架构,树立合规底线,加强主动风险管理,推进全面预算管理,提升公司发展质量和经营效益。

五项经营:一是经营区域,资产端重点布局长三角、环渤海及粤港澳,辐射沿海城市群和沿长江经济带,深耕战略客户;资金端扩大财富管理区域布局,提升精准营销能力。二是经营客户,从资金端和资产端对客户进行分级分类管理,深度挖掘客户需求,通过产品设计提供最合适的解决方案。三是经营风险,风险评估与经营策略和整体战略相匹配,针对成熟型业务制定标准化流程,针对创新类业务加强深度研究。四是经营人才,优化激励约束机制,为人才创造良好展业环境。五是经营品牌,塑造公司品牌,建立财富管理品牌,推进产品系列化、标准化,提升品牌价值。

4.1.3 战略规划

(1)战略定位。公司作为上海陆家嘴金融发展有限公司的旗舰企业,将围绕陆家嘴集团“地产 +金融”战略布局,建立专业化、差异化的核心竞争力,立足上海、青岛,面向长三角、环渤海、粤港澳,全面提升品牌影响力和美誉度。

(2)战略愿景。公司致力于成为聚焦城市高质量发展与高品质生活的国内一流综合金融服务机构。

4.2 所经营业务的主要内容

公司主要业务分为信托业务和自营业务。

4.2.1 信托业务

从委托人数量看,信托业务包括单一信托和集合信托;从委托人交付信托财产的性质看,信托业务包括资金信托和财产权信托;从信托财产运用方式看,信托业务包括融资类信托、证券投资类信托、股权投资类信托和其他投资类信托等。

信托资产运用与分布表

资产运用	金额(万元)	占比(%)	资产分布	金额(万元)	占比(%)
货币资产	188 405.65	0.81	基础产业	8 214 490.49	35.18
贷款	7 142 774.85	30.59	房地产	7 192 977.29	30.81
交易性金融资产	12 324.39	0.05	证券市场	112 367.12	0.48
可供出售金融资产	10 894 054.27	46.66	工商企业	3 841 489.36	16.46
长期股权投资	2 899 779.18	12.42	金融机构	775 947.71	3.32
买入返售金融资产	1 596 271.89	6.84	其他	3 210 309.12	13.75
其他	613 970.86	2.63			
信托资产总计	23 347 581.09	100.00	信托资产总计	23 347 581.09	100.00

注:1.“其他”主要包括应收款项、长期待摊费用和财产权投资。

2.“其他”主要包括投向信托计划、证券理财、银行理财等金融产品。

4.2.2 固有业务

本报告期内公司固有业务主要开展金融产品投资业务。

自营资产运用与分布表

资产运用	金额（万元）	占比（%）	资产分布	金额（万元）	占比（%）
货币资产	7 757	1.18	基础产业	—	—
贷款及应收款	40 060	6.09	房地产业	—	—
交易性金融资产	579 585	88.11	证券市场	10 863	1.65
可供出售金融资产	—	—	实业	—	—
持有至到期投资	—	—	金融机构	7 757	1.18
长期股权投资	—	—	其他	639 191	97.17
其他	30 409	4.62			
资产总计	657 811	100.00	资产总计	657 811	100.00

4.3 市场分析

2019 年全球经济复苏缓慢，主要经济体增速下行。贸易摩擦、地缘冲突等因素给全球经济发展带来较大的不确定性，全球主要国家货币政策普遍转向宽松。中国银保监会保持严监管的态势，持续整治金融市场乱象，引导整个金融行业回归本源，提升服务实体经济的质效。随着金融供给侧结构性改革推进，防范化解重大金融风险攻坚战取得积极进展。

2019 年信托行业发展呈现以下几方面特点。

一是监管整顿贯穿始终。2019 年信托监管核心是“三管一提高一加强”，即管战略、管风险、管股东，提高服务实体经济的质效，加强党建。信托行业在史无前例的强监管氛围中践行“治乱象、去嵌套、防风险”，多项监管措施陆续出台，多次风险排查全面深入，为行业持续健康发展奠定基础。

二是传统业务有保有压。房地产信托受到窗口指导和余额管控，通道业务要求持续压降规模。截至 2019 年第三季度末，受托资产余额为 22 万亿元，同比下降 4.94%。更多信托公司发力基础设施信托，同业竞争加剧。

三是风险暴露有所上升。截至 2019 年第三季度末，行业信托风险项目数量 1305 个，平均每家公司 19 个；信托风险项目规模为 4 611 亿元，平均每家公司 68 亿元；风险率为 2.1%，较 2019 年初的 0.98%上升 1.12 个百分点。信托资产风险率继续上升，风控压力不断增大。

四是加快布局本源业务。《中国银保监会关于推动银行业和保险业高质量发展的指导意见》明确指出，信托公司要回归“受人之托、代人理财”的职能定位。信托公司纷纷加快布局服务信托、财富管理、慈善信托等本源业务，培育新的业务增长点。

4.4 内部控制

4.4.1 内部控制环境和内部控制文化

公司构建由股东会、董事会、监事会和高级管理层构成的现代公司治理机制，“三会”分设，形成有效制约、协调发展。公司各治理主体职责明确，严格按照法律法规、《公司章程》及相关制度的规定，相对独立地开展工作，充分发挥有效的制衡作用。

公司以建立良好的公司治理为目标，以树立合法合规经营的理念和风险控制优先的意识为前提，形成业务不断发展和风险有效控制的运行机制。公司高度重视内部控制文化建设，大力培育全面风险管理理念，通过各类培训、内刊刊载、研讨活动等形式，提升员工的法治观念、诚信观念和道德水准，提高风险管理的自觉性。

4.4.2 内部控制措施

公司按照现代企业制度的要求，遵循全覆盖、制衡性、审慎性、相匹配的原则和决策、执行、交流、监督、反馈的内控制度程序，采取五个方面的措施来加强公司的内控制度建设。

4.4.2.1 组织结构内部控制

公司依据业务系统、决策系统、执行系统、监督系统相互制衡的原则，建立科学的、相互制约的前台、中台、后台组织机构设置。公司各职能部门按照职责分工履行各自的管理职责并实现经营目标。公司采取自营业务和信托业务相分离的机构安排，构建权责清晰、目标明确、相互制衡、协调统一的组织机构设置。

股东层面：股东会审议批准董事会制定的各项政策与经营计划。董事会负责审议公司的整体经营战略和重大政策；批准公司基本管理制度；任命高级管理层；董事会对管理层、审计机构、监管机构的内部控制评估报告进行审查，并监督管理层落实整改措施。

经营层面：高级管理层负责实施经董事会批准的内部控制的总体政策及策略，并通过制定相应的内部管理制度和业务管理制度来具体执行；采取固有财产与信托财产隔离、前中后台职责分离的管理理念，分设前台（公司金融总部、产业金融总部、金融市场总部、创新发展总部、北京业务总部、青岛业务总部、信托业务部门、营销中心、固有业务部等业务部门）、中台（业务管理部、风险管理中心、法律合规部、产品管理部、战略研究中心等部门）和后台（运营管理部、计划财务部、信息科技中心、综合管理中心、人力资源部、稽核审计部等部门）。通过部门设置的不断完善，公司形成了相互制衡的控制体系，有效降低了经营风险。

监督层面：监事会负责检查公司整体运营情况和风险管理情况，对董事、高级管理人员执行公司职务的行为进行监督，对违反法律、行政法规、中国银保监会的相关规定、《公司章程》或者股东会决议的董事、高级管理人员提出罢免的建议，当董事、高级管理人员的行为损害公司的利益时，要求其予以纠正，检查公司财务等。董事会下设信托委员会、风险管理委员会、审计委员会、提名与薪酬委员会、战略发展委员会，并分别履行职能。信托委员会负责监督公司依法履行的受托职责；风险管理委员会负责公司的风险控制、管理、监督和评估，以及重大关联交易的审核；审计委员会负责公司内、外部审计的沟通，监督公司内部审计制度及其实施；提名与薪酬委员会负责提名公司高管，拟定董事及高管的考核标准并进行考核，审查董事和高管的薪酬政策和方案；战略发展委员会根据金融市场的发展及政策变化，研究金融行业在各个时段的特征，对公司业务发展方向提出指导性的意见。稽核部门负责对各部门、各岗位、各项业务的开展情况实施全面的监督检查和评价。

4.4.2.2 授权内部控制

公司建立统一、完善的授权体系，形成层级分明、权限清晰的授权理念。同时，公司建立以基本授权和特别授权为内容的授权管理制度，明确各部门、各岗位的管理及业务操作、审批权限，并将权限管理与业务系统、审批程序相结合，保证各级管理人员和操作人员在各自授权范围内行使职权并承担责任。公司各项投资决策按规定程序办理，并保留相应记录，严控各种违反授权行为的发生。

4.4.2.3　业务内部控制

公司在业务管理上，除了制定较为完善的业务管理制度、业务操作流程、岗位操作手册外，还注重资产的合理配置，以防范资产过度集中于高风险领域，保障资产安全性。同时，公司着力做好固有业务和信托业务的内部“防火墙”工作，具体包括：(1)公司的自营业务和信托业务相互分离，分别由不同的业务部门管理；(2)公司固有财产和信托财产分开管理、分别核算，并由不同的会计人员负责；(3)自营业务和信托业务做到信息隔离、各业务信息相互独立，业务人员做到对工作中知悉的未公开的业务信息保密。公司组建了流程优化小组，系统地对流程管理工作进行规划，并分阶段对信托业务、固有业务和管理流程进行优化。

4.4.2.4　关联交易内部控制

公司为加强关联交易决策和监督的控制，防范关联交易所导致的风险，制定关联交易管理制度，包括但不限于关联交易的范围、关联方的范围、公允价格的确定、董事会或者经营决策机构对关联交易的监督管理、重大关联交易识别等。公司做好日常对关联方的信息收集与管理工作、回避制度、内部审计监督、信息披露等内容。关联交易按照国家法律法规的规定和中国银保监会的要求，做到比例控制和充分信息披露。

4.4.2.5　突发事件处理机制

公司为了防范突发事件给公司正常经营造成困难，制定了《项目异常处理办法》《项目异常处置预案规范及操作指引》。当信托项目异常性质触发项目异常处置小组成立条件，则项目异常处置预案启动。启动后，由风控分管领导和业务分管领导牵头，落实项目处置方案与程序，寻找项目对接资金，并积极同资管公司、金融同业、交易对手共同商议处置办法，以降低项目异常造成的损失。

4.4.2.6　制度内部控制

公司本着规范管理、防范风险的原则，不断加强内控制度的建设和完善。公司通过制定基本管理制度、具体规章制度、部门规章制度，建立层次分明、权责清晰、管控合理的规章制度体系。随着公司的发展，公司不断建立、健全各级规章制度，以加强内部控制，降低各类风险事件的发生；内部规章制度所涉及的范围包括但不限于战略管理、业务管理、营销管理、产品管理、风险管理、法律合规、信息管理、财务管理、人力资源、综合管理、内部控制、稽核审计等。

4.4.3　信息交流与反馈

公司的相关业务流程中设有信息反馈环节，确保公司各项管理信息在部门之间、部门内部能进行及时的传递和正确的处理。公司建立信息科技中心，配备专职信息技术人员，按照要求加强公司信息系统的建设。

公司建立了有效的信息交流和反馈机制，确保股东会、董事会、监事会、高级管理层及时了解本行业的经营和风险状况，确保信息能够传递给相关的人员，各个部门和人员的有关信息能够顺畅反馈。

公司建立了完善的内部管理信息系统，为内部控制的设计、执行和反馈提供信息保障，建立与各部门定期沟通机制，及时、真实、完整地传导和交流信息，并做到及时反馈信息。

公司及时、准确地向监管部门报送监管部门所需要的各种数据和资料，并将监管部门的意见及时、准确地传达给公司相关人员。

通过公司网站、报纸等平台，向社会公众准确、及时地披露公司有关信息，充分发挥社会公众对公司内控制度的监督作用。

4.4.4　监督评价与纠正

公司建立内部控制监督的报告和信息反馈制度，内部审计部门、内控管理职能部门、业务部门人员应将发现的内部控制缺陷，按照规定报告路线及时报告董事会、监事会、高级管理层或相关部门。

公司设立稽核部门，负责内部控制的监督评价，发现内部控制的隐患和缺陷时，及时报告与纠正；对内部控制的制度建设和执行情况定期进行检查评价，并根据检查结果提出内部控制缺陷及改进建议。

公司设立监事会，负责监督公司整体运营情况和风险管理情况，并进行评价。

公司根据监管机构检查结果和所提的改进意见，明确整改措施，并督促相关部门落实。

4.5　风险管理

4.5.1　风险管理概况

公司重视风险管理，通过建立健全各项规章制度，制定清晰的岗位职责，设置专职的风险管理部门，将现代风险管理技术与传统风险管理方法相结合，对可能产生的风险及时做出反应。公司建立以事前防范为主、事中控制及事后监督并举的全面风险管理体系，切实开展各项工作，及时防范、化解风险，保障公司持续、稳健、规范、健康地运行。

4.5.1.1　公司经营活动中可能遇到的风险

公司经营活动中可能遇到的风险主要包括信用风险、市场风险、操作风险、法律风险、政策风险、声誉风险。

4.5.1.2　公司风险管理的基本原则与政策

公司风险管理遵循全面性、重要性、制衡性、适应性、审慎性、独立性、成本效益及“防火墙”原则，风险管理贯穿于整个公司，是全员参与的全过程管理，覆盖到公司各个部门、各级人员及各项业务，并渗透到分析、决策、执行、监督、评价等各个环节。

4.5.1.3　公司风险管理组织结构与职责划分

公司构建以董事会为核心的覆盖全公司的矩阵式风险管理组织结构，主要包括以下几项核心要素。

董事会：负责审批公司风险管理战略，审定公司总体风险水平，监控和评价风险管理的有效性和公司管理层在风险管理方面的履职情况；董事会及董事会各委员会通过各项管理政策的逐级下达，实现对公司经营风险的前端控制和纵向风险信息的传递。

高级管理层：公司设立总经理办公会、固有业务评审会、信托业务评审会，分别负责高级管理层权限内的公司日常管理事务、固有业务、信托业务的审议和决策。

风险管理中心：负责建立健全公司风险管理体系；负责制定风险管理相关制度；负责公司各类业务风险的日常管理，对公司业务开展中的各类风险实施事前评估、项目的存续期间管理，化解和降低公司运营风险。

法律合规部：负责公司经营的合规性审查；负责公司业务的合规性审查；承担公司的法律事务，审核相关法律文书及合同，防范法律风险；代表公司对外处理相关法律事务，维护公司的合法权益；负责公司内控机制建设。

产品管理部:负责资产和资金之间的拟合,做好产销匹配和产品适销度的管理,提高项目落地效率;负责收集资金市场需求,以优化信托产品资金端的设计;推动公司主动管理信托产品评级工作;根据公司战略规划、政策导向整合公司资源,牵头推进产品创新。

战略研究中心:负责制定公司战略,负责行业研究、业务研究和市场研究。

营销中心:负责对信托产品销售环节的风险控制;负责投资者适当性管理,负责合格投资人审查;负责审查资金来源合法合规;负责日常维护公司现金管理类产品。

运营管理部:负责信托产品开户、托管、估值、清算分配及信托产品信息披露。

计划财务部:负责固有项目收付款;通过会计核算和财务管理对公司财务状况及经营情况进行分析管理。

稽核审计部:检查公司内部风险管理制度和流程的日常执行情况,对公司内部风险控制制度的合理性、有效性进行分析,提出改进意见并直接向董事会和审计委员会报告。

业务部门:各业务部门是风险管理的第一责任部门,承担与其业务相关的风险管理责任。各业务部门是公司业务风险管理的具体实施单位,在公司各项基本管理制度的基础上,根据具体情况确定本部门的业务开拓方向。

4.5.2 风险状况

公司经营活动中可能遇到的主要风险包括信用风险、市场风险、操作风险等。

4.5.2.1 信用风险状况

信用风险主要是指交易对手不能或不愿按期偿还债务而使委托人或公司遭受损失的可能性。报告期内,公司发生的各类业务均经过严格的内部评审程序,合法合规,保障措施充分,交易对手信用度较好,信用风险可控。报告期内,公司未因该类风险造成受益人信托利益兑付损失。

4.5.2.2 市场风险状况

市场风险主要是指由于金融市场的波动或行情的变化给公司或其他信托当事人带来损失的可能性,主要表现为因经济运作周期变化、金融市场利率波动、通货膨胀、房地产交易、证券市场变化等造成的风险,这些风险可能影响信托财产的价值及信托收益水平,也可能影响公司固有资产价值或导致损失。2019年公司密切关注各类市场风险,勤勉、尽职履行职责,市场风险整体可控。

4.5.2.3 操作风险状况

操作风险主要指由于内部程序、人员、系统的不完善或失误,或外部事情造成直接或间接损失的风险,即由公司内部操作流程、人为因素、体制及外部事件引起的风险。报告期内,公司未发生此类风险致使公司及受益人造成损失。

4.5.2.4 其他风险状况

其他风险主要包括法律风险、政策风险、声誉风险等。法律风险是指公司在业务经营过程中由于不当的法律文书、违约行为或怠于行使自身法律权利等所造成的风险。政策风险是因国家宏观政策或监管政策发生变化,而导致经营风险、项目风险上升。声誉风险是指由于公司内部管理或服务出现问题而引起自身外部社会名声、信誉和公众信任度下降,从而对公司外部市场地位产生消极和不良影响的风险。报告期内,公司未发生此类风险。

4.5.3 风险管理

4.5.3.1 信用风险管理

公司通过事前评估、事中控制、事后监督的风险管理体系来防范和规避信用风险,具体措施包括:(1)严格按照业务流程、制度规定和相应程序开展各项业务,确保决策者充分了解业务涉及的信用风险;(2)对交易对手进行全面、深入的信用调查与分析,形成客观、翔实的尽职调查报告;(3)完善评审规则和流程,坚持集体决策的评审制度,全方面排查风险;(4)严格落实项目的保障措施,注意对抵押物权属有效性、合法性进行审查,客观、公正评估抵押物;(5)业务部门、投后管理部进行项目期间管理,跟踪交易对手情况、监控担保品价值及项目进度,若发现问题及时采取措施有效防范和化解各类风险;(6)严格按要求,足额计提相关资产减值准备,并按规定比例提取信托赔偿准备金,以提高公司抵御风险的能力。

4.5.3.2 市场风险管理

公司制定并不断完善市场风险管理原则和程序,对每项业务和产品中的市场风险因素进行分解和分析,及时准确识别业务中市场风险的类别和性质,具体措施包括:(1)对宏观经济走势、政策变化、投资策略演变及其他影响市场变化的因素进行持续分析,为投资决策提供参考;(2)关注国家宏观政策变化,规避限制类行业和相关项目;(3)进行资产组合管理,并动态调整资产配置方案,以规避或降低市场风险;(4)控制行业集中度,控制总体证券投资规模、设定证券投资限制指标和止损点;(5)加强对投资品种的研究和科学论证,按严格的流程进行控制;(6)密切监控已开展业务的运行情况,根据市场风险情况及时做出投资调整,避免或降低市场风险引起的损失。同时,公司通过做好实时监控、风险敞口限额控制、止损设置、压力测试等措施,最大限度降低风险。

4.5.3.3 操作风险管理

公司通过不断完善规章制度,对部门、岗位制定了明确的职责和权限,职责的制定体现岗位相互分离的原则,能够实现中台、后台对前台的监督;对公司的各项业务制定了具体的业务操作流程,消除人为因素而造成的风险,保障风险控制体系的有序规范运行,并通过事后评价和总结,防止相类似的风险发生。公司定期或不定期对员工进行培训,并对渎职、越权或违背操作规定的人员进行问责;公司定期对内部的计算机信息系统进行维护和保养,加强技术系统的管理,保证其正常运行,消除风险隐患。

4.5.3.4 其他风险管理

对于法律风险,公司设置法律合规部,配备法律专业人员,同时聘请外部法律顾问,处理公司的各项法律、合规事务,帮助公司把好守法合规经营关;同时,公司通过员工教育和培训,强化合法合规意识,培育内部法律合规环境。

对于政策风险,公司严格依法合规经营,与监管部门保持紧密联系,及时获得和了解政策动向;公司定期或不定期组织员工学习相关政策文件,加强对宏观形势的分析研究。

良好的声誉是一家金融机构健康发展的重要资源。公司对可能影响公司声誉的业务坚决予以回避,尽职管理受托资产,履行承诺事项,并充分披露相关信息,塑造公司专业和诚信的社会形象。

4.6 履行社会责任情况

信托公司肩负着服务实体经济、为民创造财富的责任和使命。陆家嘴信托致力于推动慈善公益活动的开展,2019 年公司继续向上海欣州六里劳动服务公司的征地困难职工提供经济及生活上的资助。2019 年 9 月,陆家嘴信托成立"陆信弘远"慈善信托系列首单信托计划——弘远 1 号,聚焦西部贫困山区学生上学难题,捐助资金总额超过 50 万元,募集资金作为深度贫困村贫困寄宿学生的交通补贴,为西部教育和甘肃临洮脱贫攻坚事业贡献力量。

5. 报告期末及上一年度末的比较式会计报表

5.1 自营资产(经审计)

5.1.1 会计师事务所审计意见

审计报告

普华永道中天(2019)第 24587 号

陆家嘴国际信托有限公司董事会:

一、审计意见

(一)我们审计的内容

我们审计了陆家嘴国际信托有限公司(以下简称贵公司)的财务报表,包括 2019 年 12 月 31 日的合并及公司资产负债表,2019 年度的合并及公司利润表、合并及公司现金流量表、合并及公司所有者权益变动表以及财务报表附注。

(二)我们的意见

我们认为,后附的财务报表在所有重大方面按照企业会计准则的规定编制,公允反映了贵公司 2019 年 12 月 31 日的合并及公司财务状况及 2019 年度的合并及公司经营成果和现金流量。

二、形成审计意见的基础

我们按照中国注册会计师审计准则的规定执行了审计工作。审计报告的"注册会计师对财务报表审计的责任"部分进一步阐述了我们在这些准则下的责任。我们相信,我们获取的审计证据是充分、适当的,为发表审计意见提供了基础。

按照中国注册会计师职业道德守则,我们独立于贵公司,并履行了职业道德方面的其他责任。

三、其他信息

贵公司管理层对其他信息负责。其他信息包括贵公司 2018 年年度报告中涵盖的信息,但不包括财务报表和我们的审计报告。

我们对财务报表发表的审计意见不涵盖其他信息,我们也不对其他信息发表任何形式的鉴证结论。

结合我们对财务报表的审计,我们的责任是阅读其他信息,在此过程中,考虑其他信息是否与财务报表或我们在审计过程中了解到的情况存在重大不一致或者似乎存在重大错报。基于我们已经执行的工作,如果我们确定其他信息存在重大错报,我们应当报告该事实。在这方面,我们无任何事项需要报告。

四、管理层和治理层对财务报表的责任

贵公司管理层负责按照企业会计准则的规定编制财务报表,使其实现公允反映,并设计、执行和维护必要的内部控制,以使财务报表不存在由于舞弊或错误导致的重大错报。

在编制财务报表时,管理层负责评估贵公司的持续经营能力,披露与持续经营相关的事项(如适用),并运用持续经营假设,除非管理层计划清算贵公司、终止运营或别无其他现实的选择。

治理层负责监督贵公司的财务报告过程。

五、注册会计师对财务报表审计的责任

我们的目标是对财务报表整体是否不存在由于舞弊或错误导致的重大错报获取合理保证,并出具包含审计意见的审计报告。合理保证是高水平的保证,但并不能保证按照审计准则执行的审计在某一重大错报存在时总能发现。错报可能由于舞弊或错误至致,如里合理预期错报单独或汇总起来可能影响财务报表使用者依据财务报表作出的经济决策,则通常认为错报是重大的。

在按照审计准则执行审计工作的过程中,我们运用职业判断,并保持职业怀疑。同时,我们也执行以下工作:

(1)识别和评估由于舞弊或错误导致的财务报表重大错报风险,设计和实施审计程序以应对这些风险,并获取充分、适当的审计证据,作为发表审计意见的基础。由于舞弊可能涉及串通、伪造、故意遗漏、虚假陈述或凌驾于内部控制之上,未能发现由于舞弊导致的重大错报的风险高于未能发现由于错误导致的重大错报的风险。

(2)了解与审计相关的内部控制,以设计恰当的审计程序,但目的并非对内部控制的有效性发表意见。

(3)评价管理层选用会计政策的恰当性和作出会计估计及相关披露的合理性。

(4)对管理层使用持续经营假设的恰当性得出结论。同时,根据获取的审计证据,就可能导致对陆家嘴国际信托有限公司持续经营能力产生重大疑虑的事项或情况是否存在重大不确定性得出结论。如果我们得出结论认为存在重大不确定性,审计准则要求我们在审计报告中提请报表使用者注意财务报表中的相关披露;如果披露不充分,我们应当发表非无保留意见。我们的结论基于截至审计报告日可获得的信息。然而,未来的事项或情况可能导致陆家嘴国际信托有限公司不能持续经营。

(5)评价财务报表总体列报、结构和内容(包括披露),并评价财务报表是否公允反映相关交易和事项。

(6)就贵公司中实体或业务活动的财务信息获取充分、适当的审计证据,以对合并财务报表发表审计意见。我们负责指导、监督和执行集团审计,并对审计意见承担合部责任。

我们与治理层就计划的审计范围、时间安排和重大审计发现等事项进行沟通,包括沟通我们在审计中识别出的值得关注的内部控制缺陷。

普华永道中天
会计师事务所(特殊普通合伙)

注册会计师 卢冰

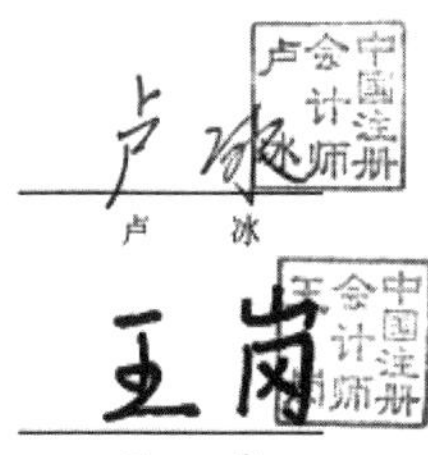

中国·上海市
2020 年 3 月 25 日

注册会计师 王岗

5.1.2 资产负债表

5.1.2.1 资产负债表(单体)

资产负债表(单体)

编制单位:陆家嘴国际信托有限公司　　2019 年 12 月 31 日　　单位:元

项目	行次	年初数	年末数	项目	行次	年初数	年末数
资产:				负债:			
现金及银行存款	1	5 227. 16	5 192. 16	向中央银行借款	24	—	—
存放中央银行款项	2	—	—	联行存放款项	25	—	—
贵金属	3	—	—	同业及其他金融机构存放款项	26	—	—
存放联行款项	4	—	—	拆入资金	27	—	—
存放同业款项	5	106 311 465. 73	77 565 424. 13	以公允价值计量且其变动计入当期损益的金融负债	28	—	—
拆出资金	6	—	—	衍生金融负债	29	—	—
以公允价值计量且其变动计入当期损益的金融资产	7	799 018 519. 32	—	卖出回购金融资产款	30	—	—
金融投资:				吸收存款	31	—	—
交易性金融资产	8	—	5 795 845 130. 11	应付职工薪酬	32	495 685 947. 81	608 169 093. 77
债权投资	9	—	—	应交税费	33	77 881 258. 41	101 527 813. 28
买入返售金融资产	10	50 002 000. 00		其他应付款	34	30 528 346. 16	32 284 087. 58
发放贷款和垫款	11	—	—	预计负债	35	—	—
可供出售金融资产	12	4 965 283 855. 21	—	应付债券	36	—	—
衍生金融资产	13	—	—	递延所得税负债	37	453 620. 72	—
长期股权投资	14	—	—	其他负债	38	1 400 000 000. 00	310 634 377. 71
投资性房地产	15	—	—	负债合计	39	2 004 549 173. 10	1 052 615 372. 34
固定资产	16	6 313 896. 96	9 219 518. 44	所有者权益(或股东权益):			
在建工程	17	—	—	实收资本(或股本)	40	4 000 000 000. 00	4 000 000 000. 00
固定资产清理	18	—	—	国家资本	41	—	—
无形资产	19	12 011 404. 33	16 104 701. 28	集体资本	42	—	—
商誉	20	—	—	法人资本	43	4 000 000 000. 00	4 000 000 000. 00
递延所得税资产	21	189 295 188. 24	224 660 261. 35	其中:国有法人资本	44	4 000 000 000. 00	4 000 000 000. 00
其他资产	22	731 944 731. 03	454 708 593. 63	个人资本	45	—	—
				外商资本	46	—	—
				其他权益工具	47	—	—
				资本公积	48	—	—
				减:库存股	49	—	—
				其他综合收益	50	—	—
				盈余公积	51	269 657 928. 59	334 036 018. 71
				一般风险准备	52	339 007 307. 08	371 196 352. 14
				未分配利润	53	246 971 879. 21	820 261 077. 91
				归属于母公司所有者权益合计	54	4 855 637 114. 88	5 525 493 448. 76
				少数股东权益	55	—	—
				所有者权益(或股东权益)合计	56	4 855 637 114. 88	5 525 493 448. 76
资产总计	23	6 860 186 287. 98	6 578 108 821. 10	负债和所有者权益(或股东权益)总计	57	6 860 186 287. 98	6 578 108 821. 10

总经理:崔斌　　财务分管负责人:马家顺　　会计机构负责人:汪晖　　制表:陈燕

5.1.2.2 资产负债表

资产负债表(合并)

编制单位:陆家嘴国际信托有限公司　　2019 年 12 月 31 日　　单位:元

项目	行次	年初数	年末数	项目	行次	年初数	年末数
资产:				负债:			
现金及银行存款	1	5 227. 16	5 192. 16	向中央银行借款	24	—	—

续表

项目	行次	年初数	年末数	项目	行次	年初数	年末数
存放中央银行款项	2	—	—	联行存放款项	25	—	—
贵金属	3	—	—	同业及其他金融机构存放款项	26	—	—
存放联行款项	4	—	—	拆入资金	27	—	—
存放同业款项	5	150 504 017. 27	167 150 667. 40	以公允价值计量且其变动计入当期损益的金融负债	28	—	—
拆出资金	6	—	—	衍生金融负债	29	—	—
以公允价值计量且其变动计入当期损益的金融资产	7	776 929 323. 85	—	卖出回购金融资产款	30	—	—
金融投资:				吸收存款	31	—	—
交易性金融资产	8	—	2 299 859 068. 53	应付职工薪酬	32	499 313 980. 98	612 039 066. 34
债权投资	9	—	3 886 276 391. 13	应交税费	33	81 281 251. 63	109 342 236. 45
买入返售金融资产	10	1 764 202 000. 00	1 706 743 562. 86	其他应付款	34	29 114 254. 25	92 081 540. 04
发放贷款和垫款	11	2 048 000 000. 00	1 030 813 284. 30	预计负债	35	—	—
可供出售金融资产	12	3 379 781 177. 73	—	应付债券	36	—	—
衍生金融资产	13	—	—	递延所得税负债	37	453 620. 72	—
长期股权投资	14	—	—	其他负债	38	3 574 219 020. 27	3 454 155 202. 06
投资性房地产	15	—	—	负债合计	39	4 184 382 127. 85	4 267 618 044. 89
固定资产	16	6 673 417. 37	9 434 173. 02	所有者权益(或股东权益):			
在建工程	17	—	—	实收资本(或股本)	40	4 000 000 000. 00	4 000 000 000. 00
固定资产清理	18	—	—	国家资本	41	—	—
无形资产	19	12 881 849. 57	16 700 842. 14	集体资本	42	—	—
商誉	20	—	—	法人资本	43	4 000 000 000. 00	4 000 000 000. 00
递延所得税资产	21	190 178 860. 92	225 578 408. 72	其中:国有法人资本	44	4 000 000 000. 00	4 000 000 000. 00
其他资产	22	733 150 942. 38	455 317 227. 89	个人资本	45	—	—
				外商资本	46	—	—
				其他权益工具	47	—	—
				资本公积	48	—	—
				减:库存股	49	—	—
				其他综合收益	50	—	—
				盈余公积	51	269 657 928. 59	334 036 018. 71
				一般风险准备	52	339 007 307. 08	371 196 352. 14
				未分配利润	53	269 259 452. 73	825 028 402. 41
				归属于母公司所有者权益合计	54	4 877 924 688. 40	5 530 260 773. 26
				少数股东权益	55	—	—
				所有者权益(或股东权益)合计	56	4 877 924 688. 40	5 530 260 773. 26
资产总计	23	9 062 306 816. 25	9 797 878 818. 15	负债和所有者权益(或股东权益)总计	57	9 062 306 816. 25	9 797 878 818. 15

总经理:崔斌　　财务分管负责人:马家顺　　会计机构负责人:汪晖　　制表:陈燕

注:合并会计报表的编制方法详见会计报表附注 6. 2. 0。

5. 1. 3　利润表

5. 1. 3. 1　利润表(单体)

利润表(单体)

编制单位:陆家嘴国际信托有限公司　　2019 年度　　单位:元

项目	行次	上年数	本年数	项目	行次	上年数	本年数
一、营业收入	1	1 119 609 138. 20	1 441 444 973. 12	四、利润总额	24	585 572 370. 01	861 415 281. 45
(一)利息净收入	2	-47 472 646. 47	-36 175 796. 70	减:所得税费用	25	149 868 635. 41	217 634 380. 28
利息收入	3	10 202 592. 42	9 764 044. 06	五、净利润(亏损以"-"号填列)	26	435 703 734. 60	643 780 901. 17
利息支出	4	57 675 238. 89	45 939 840. 76	归属于母公司所有者的净利润	27	435 703 734. 60	643 780 901. 17
(二)手续费及佣金净收入	5	896 037 622. 89	1 096 867 129. 63	少数股东损益	28	—	—
手续费及佣金收入	6	896 037 622. 89	1 096 867 129. 63	持续经营损益	29	435 703 734. 60	643 780 901. 17
手续费及佣金支出	7	—	—	终止经营损益	30	—	—

续表

项目	行次	上年数	本年数	项目	行次	上年数	本年数
(三)投资收益(损失以"－"号填列)	8	259 371 616.81	427 667 407.90	六、其他综合收益的税后净额	31	—	—
其中:对联营企业和合营企业的投资收益	9	—	—	(一)归属于母公司所有者的其他综合收益的税后净额	32	—	—
(四)公允价值变动收益(损失以"－"号填列)	10	2 594 000.00	-98 190 443.65	1. 以后不能重分类进损益的其他综合收益	33	—	—
(五)汇兑收益(损失以"－"号填列)	11	—	—	2. 以后将重分类进损益的其他综合收益	34	—	—
(六)其他业务收入	12	9 014 359.73	—	(1)权益法下在被投资单位以后将重分类进损益的其他综合收益中享有的份额	35	—	—
(七)资产处置收益	13	-7 761.18	-9 402.79	(2)可供出售金融资产公允价值变动损益	36	—	—
(八)其他收益	14	71 946.42	51 286 078.73	(3)持有至到期投资重分类为可供出售金融资产损益	37	—	—
二、营业支出	15	533 406 768.19	579 649 691.67	(4)现金流量套期损益的有效部分	38	—	—
(一)税金及附加	16	6 199 453.18	7 367 949.38	(5)外币财务报表折算差额	39	—	—
(二)业务及管理费	17	396 936 241.13	517 950 742.29	(6)其他	40	—	—
(三)资产减值损失(转回金额以"－"号填列)	18	130 271 073.88	—	(二)归属于少数股东的其他综合收益的税后净额	41	—	—
(四)信用减值损失	19	—	—	七、综合收益总额	42	435 703 734.60	643 780 901.17
(五)其他资产减值损失	20	—	54 331 000.00	归属于母公司所有者的综合收益总额	43	435 703 734.60	643 780 901.17
三、营业利润(亏损以"－"号填列)	21	586 202 370.01	861 795 281.45	归属于少数股东的综合收益总额	44	—	—
加:营业外收入	22	—	—	八、每股收益	45	—	—
减:营业外支出	23	630 000.00	380 000.00				

总经理:崔　斌　　财务分管负责人:马家顺　　会计机构负责人:汪晖　　制表:陈燕

5.1.3.2　利润表(合并)

利润表(合并)

编制单位:陆家嘴国际信托有限公司　　2019 年度　　单位:元

项目	行次	上年数	本年数	项目	行次	上年数	本年数
一、营业收入	1	1 136 775 509.08	1 444 749 840.98	四、利润总额	24	592 731 858.52	844 669 909.37
(一)利息净收入	2	82 866 222.11	352 920 366.49	减:所得税费用	25	151 760 647.22	219 229 110.28
利息收入	3	260 818 663.19	645 436 776.29	五、净利润(亏损以"－"号填列)	26	440 971 211.30	625 440 799.09
利息支出	4	177 952 441.08	292 516 409.80	归属于母公司所有者的净利润	27	440 971 211.30	625 440 799.09
(二)手续费及佣金净收入	5	854 459 646.70	1 002 085 255.80	少数股东损益	28	—	—
手续费及佣金收入	6	854 459 646.70	1 002 085 255.80	持续经营损益	29	440 971 211.30	625 440 799.09
手续费及佣金支出	7	—	—	终止经营损益	30	—	—
(三)投资收益(损失以"－"号填列)	8	191 671 358.43	136 905 199.63	六、其他综合收益的税后净额	31	—	—
其中:对联营企业和合营企业的投资收益	9	—	—	(一)归属于母公司所有者的其他综合收益的税后净额	32	—	—
(四)公允价值变动收益(损失以"－"号填列)	10	-3 128 853.35	-99 340 674.90	1. 以后不能重分类进损益的其他综合收益	33	—	—
(五)汇兑收益(损失以"－"号填列)	11	—	—	2. 以后将重分类进损益的其他综合收益	34	—	—
(六)其他业务收入	12	9 014 359.73	—	(1)权益法下在被投资单位以后将重分类进损益的其他综合收益中享有的份额	35	—	—
(七)资产处置收益	13	-7 761.18	-9 402.79	(2)可供出售金融资产公允价值变动损益	36	—	—
(八)其他收益	14	1 900 536.64	52 189 096.75	(3)持有至到期投资重分类为可供出售金融资产损益	37	—	—

续表

项目	行次	上年数	本年数	项目	行次	上年数	本年数
二、营业支出	15	543 413 600. 56	599 699 931. 61	(4)现金流量套期损益的有效部分	38	—	—
(一)税金及附加	16	7 515 991. 19	9 996 578. 50	(5)外币财务报表折算差额	39	—	—
(二)业务及管理费	17	405 626 535. 49	539 025 196. 23	(6)其他	40	—	—
(三)资产减值损失(转回金额以“-”号填列)	18	130 271 073. 88	—	(二)归属于少数股东的其他综合收益的税后净额	41	—	—
(四)信用减值损失	19	—	-3 652 843. 12	七、综合收益总额	42	440 971 211. 30	625 440 799. 09
(五)其他资产减值损失	20	—	54 331 000. 00	归属于母公司所有者的综合收益总额	43	440 971 211. 30	625 440 799. 09
三、营业利润(亏损以“-”号填列)	21	593 361 908. 52	845 049 909. 37	归属于少数股东的综合收益总额	44	—	—
加:营业外收入	22	—	—	八、每股收益	45	—	—
减:营业外支出	23	630 050. 00	380 000. 00				

总经理:崔　斌　　财务分管负责人:马家顺　　会计机构负责人:汪　晖　　制表:陈　燕

注:合并会计报表的编制方法详见会计报表附注6. 2. 8。

5. 1. 4　所有者权益变动表

5. 1. 4. 1　所有者权益变动表(单体)

所有者权益变动表(单体)

编制单位:陆家嘴国际信托有限公司　　2019 年度　　单位:元

项　目	行次	2018 年度										
		归属于母公司所有者权益									少数股东权益	所有者权益合计
		实收资本(或股本)	其他权益工具	资本公积	减:库存股	其他综合收益	盈余公积	一般风险准备	信托赔偿准备	未分配利润		
栏　次		1	2	3	4	5	6	7	8	9	10	11
一、上年年末余额	1	3 000 000 000. 00	—	—	—	—	226 087 555. 13	78 623 986. 75	115 221 838. 40	405 507 479. 25		3 825 440 859. 53
加:会计政策变更	2	—	—	—	—	—	—	—	—	—	—	—
前期差错更正	3	—	—	—	—	—	—	—	—	—	—	—
二、本年年初余额	4	3 000 000 000. 00	—	—	—	—	226 087 555. 13	78 623 986. 75	115 221 838. 40	405 507 479. 25	—	3 825 440 859. 53
三、本年增减变动金额(减少以“-”号填列)	5	1 000 000 000. 00	—	—	—	—	43 570 373. 46	123 376 295. 20	21 785 186. 73	-158 535 600. 04	—	1 030 196 255. 35
(一)综合收益总额	6	—	—	—	—	—		—	—	435 703 734. 60	—	435 703 734. 60
(二)所有者投入和减少资本	7	1 000 000 000. 00	—	—	—	—	—	—	—	—	—	1 000 000 000. 00
1. 所有者投入资本	8	1 000 000 000. 00	—	—	—	—	—	—	—	—	—	1 000 000 000. 00
2. 其他权益工具持有者投入资本	9	—	—	—	—	—	—	—	—	—	—	—
3. 股份支付计入所有者权益的金额	10	—	—	—	—	—	—	—	—	—	—	—
4. 其他	11	—	—	—	—	—	—	—	—	—	—	—
(三)利润分配	12	—	—	—	—	—	43 570 373. 46	123 376 295. 20	21 785 186. 73	-594 239 334. 64	—	-405 507 479. 25
1. 提取盈余公积	13	—	—	—	—	—	43 570 373. 46	—	—	-43 570 373. 46	—	—
2. 提取一般风险准备	14	—	—	—	—	—	—	123 376 295. 20	—	-123 376 295. 20	—	—
3. 提取信托赔偿准备	15	—	—	—	—	—	—	—	21 785 186. 73	-21 785 186. 73	—	—
4. 对所有者(或股东)的分配	16	—	—	—	—	—	—	—	—	-405 507 479. 25	—	-405 507 479. 25
(四)所有者权益内部结转	17	—	—	—	—	—	—	—	—	—	—	—
1. 资本公积转增资本(或股本)	18	—	—	—	—	—	—	—	—	—	—	—
2. 盈余公积转增资本(或股本)	19	—	—	—	—	—	—	—	—	—	—	—
3. 盈余公积弥补亏损	20	—	—	—	—	—	—	—	—	—	—	—
4. 一般风险准备弥补亏损	21	—	—	—	—	—	—	—	—	—	—	—
5. 其他	22	—	—	—	—	—	—	—	—	—	—	—
四、本年年末余额	23	4 000 000 000. 00	—	—	—	—	269 657 928. 59	202 000 281. 95	137 007 025. 13	246 971 879. 21	—	4 855 637 114. 88

总经理:崔　斌　　财务分管负责人:马家顺　　会计机构负责人:汪　晖　　制表:陈　燕

所有者权益变动表（单体）（续）

编制单位：陆家嘴国际信托有限公司　　2019 年度　　单位：元

项　目	行次	2019 年度										
		归属于母公司所有者权益									少数股东权益	所有者权益合计
		实收资本（或股本）	其他权益工具	资本公积	减：库存股	其他综合收益	盈余公积	一般风险准备	信托赔偿准备	未分配利润		
栏　次		12	13	14	15	16	17	18	19	20	21	22
一、上年年末余额	1	4 000 000 000. 00	—	—	—	—	269 657 928. 59	202 000 281. 95	137 007 025. 13	246 971 879. 21	—	4 855 637 114. 88
加：会计政策变更	2	—	—	—	—	—	—	—	—	26 075 432. 71	—	26 075 432. 71
前期差错更正	3	—	—	—	—	—	—	—	—	—	—	—
二、本年年初余额	4	4 000 000 000. 00	—	—	—	—	269 657 928. 59	202 000 281. 95	137 007 025. 13	273 047 311. 92	—	4 881 712 547. 59
三、本年增减变动金额（减少以"－"号填列）	5	—	—	—	—	—	64 378 090. 12	—	32 189 045. 06	547 213 765. 99	—	643 780 901. 17
（一）综合收益总额	6	—	—	—	—	—	—	—	—	643 780 901. 17	—	643 780 901. 17
（二）所有者投入和减少资本	7	—	—	—	—	—	—	—	—	—	—	—
1. 所有者投入资本	8	—	—	—	—	—	—	—	—	—	—	—
2. 其他权益工具持有者投入资本	9	—	—	—	—	—	—	—	—	—	—	—
3. 股份支付计入所有者权益金额	10	—	—	—	—	—	—	—	—	—	—	—
4. 其他	11	—	—	—	—	—	—	—	—	—	—	—
（三）利润分配	12	—	—	—	—	—	64 378 090. 12	—	32 189 045. 06	－96 567 135. 18	—	—
1. 提取盈余公积	13	—	—	—	—	—	64 378 090. 12	—	—	－64 378 090. 12	—	—
2. 提取一般风险准备	14	—	—	—	—	—	—	—	—	—	—	—
3. 提取信托赔偿准备	15	—	—	—	—	—	—	—	32 189 045. 06	－32 189 045. 06	—	—
4. 对所有者（或股东）的分配	16	—	—	—	—	—	—	—	—	—	—	—
（四）所有者权益内部结转	17	—	—	—	—	—	—	—	—	—	—	—
1. 资本公积转增资本（或股本）	18	—	—	—	—	—	—	—	—	—	—	—
2. 盈余公积转增资本（或股本）	19	—	—	—	—	—	—	—	—	—	—	—
3. 盈余公积弥补亏损	20	—	—	—	—	—	—	—	—	—	—	—
4. 一般风险准备弥补亏损	21	—	—	—	—	—	—	—	—	—	—	—
5. 其他	22	—	—	—	—	—	—	—	—	—	—	—
四、本年年末余额	23	4 000 000 000. 00		—	—	—	334 036 018. 71	202 000 281. 95	169 196 070. 19	820 261 077. 91	—	5 525 493 448. 76

总经理：崔　斌　　财务分管负责人：马家顺　　会计机构负责人：汪　晖　　制表：陈　燕

5. 1. 4. 2　所有者权益变动表（合并）

所有者权益变动表（合并）

编制单位：陆家嘴国际信托有限公司　　2019 年度　　单位：元

项　目	行次	2018 年度										
		归属于母公司所有者权益									少数股东权益	所有者权益合计
		实收资本（或股本）	其他权益工具	资本公积	减：库存股	其他综合收益	盈余公积	一般风险准备	信托赔偿准备	未分配利润		
栏　次		1	2	3	4	5	6	7	8	9	10	11
一、上年年末余额	1	3 000 000 000. 00	—	—	—	—	226 087 555. 13	78 623 986. 75	115 221 838. 40	422 527 576. 07	—	3 842 460 956. 35
加：会计政策变更	2	—	—	—	—	—	—	—	—	—	—	—
前期差错更正	3	—	—	—	—	—	—	—	—	—	—	—
二、本年年初余额	4	3 000 000 000. 00	—	—	—	—	226 087 555. 13	78 623 986. 75	115 221 838. 40	422 527 576. 07	—	3 842 460 956. 35
三、本年增减变动金额（减少以"－"号填列）	5	1 000 000 000. 00	—	—	—	—	43 570 373. 46	123 376 295. 20	21 785 186. 73	－153 268 123. 34	—	1 035 463 732. 05
（一）综合收益总额	6	—	—	—	—	—	—	—	—	440 971 211. 30	—	440 971 211. 30
（二）所有者投入和减少资本	7	1 000 000 000. 00	—	—	—	—	—	—	—	—	—	1 000 000 000. 00
1. 所有者投入资本	8	1 000 000 000. 00	—	—	—	—	—	—	—	—	—	1 000 000 000. 00
2. 其他权益工具持有者投入资本	9	—	—	—	—	—	—	—	—	—	—	—
3. 股份支付计入所有者权益的金额	10	—	—	—	—	—	—	—	—	—	—	—
4. 其他	11	—	—	—	—	—	—	—	—	—	—	—
（三）利润分配	12	—	—	—	—	—	43 570 373. 46	123 376 295. 20	21 785 186. 73	－594 239 334. 64	—	－405 507 479. 25

续表

项　目	行次	2018 年度										
		归属于母公司所有者权益									少数股东权益	所有者权益合计
		实收资本(或股本)	其他权益工具	资本公积	减:库存股	其他综合收益	盈余公积	一般风险准备	信托赔偿准备	未分配利润		
栏　次		1	2	3	4	5	6	7	8	9	10	11
1. 提取盈余公积	13	—	—	—	—	—	43 570 373. 46	—	—	-43 570 373. 46	—	—
2. 提取一般风险准备	14	—	—	—	—	—	—	123 376 295. 20	—	-123 376 295. 20	—	—
3. 提取信托赔偿准备	15	—	—	—	—	—	—	—	21 785 186. 73	-21 785 186. 73	—	—
4. 对所有者(或股东)的分配	16	—	—	—	—	—	—	—	—	-405 507 479. 25	—	-405 507 479. 25
(四)所有者权益内部结转	17	—	—	—	—	—	—	—	—	—	—	—
1. 资本公积转增资本(或股本)	18	—	—	—	—	—	—	—	—	—	—	—
2. 盈余公积转增资本(或股本)	19	—	—	—	—	—	—	—	—	—	—	—
3. 盈余公积弥补亏损	20	—	—	—	—	—	—	—	—	—	—	—
4. 一般风险准备弥补亏损	21	—	—	—	—	—	—	—	—	—	—	—
5. 其他	22	—	—	—	—	—	—	—	—	—	—	—
四、本年年末余额	23	4 000 000 000. 00	—	—	—	—	269 657 928. 59	202 000 281. 95	137 007 025. 13	269 259 452. 73	—	4 877 924 688. 40

总经理:崔　斌　　财务分管负责人:马家顺　　会计机构负责人:汪　晖　　制表:陈　燕

所有者权益变动表(合并)(续)

编制单位:陆家嘴国际信托有限公司　　2019 年度　　单位:元

项　目	行次	2019 年度										
		归属于母公司所有者权益									少数股东权益	所有者权益合计
		实收资本(或股本)	其他权益工具	资本公积	减:库存股	其他综合收益	盈余公积	一般风险准备	信托赔偿准备	未分配利润		
栏　次		12	13	14	15	16	17	18	19	20	21	22
一、上年年末余额	1	4 000 000 000. 00	—	—	—	—	269 657 928. 59	202 000 281. 95	137 007 025. 13	269 259 452. 73	—	4 877 924 688. 40
加:会计政策变更	2	—	—	—	—	—	—	—	—	26 895 285. 77	—	26 895 285. 77
前期差错更正	3	—	—	—	—	—	—	—	—	—	—	—
二、本年年初余额	4	4 000 000 000. 00	—	—	—	—	269 657 928. 59	202 000 281. 95	137 007 025. 13	296 154 738. 50	—	4 904 819 974. 17
三、本年增减变动金额(减少以"-"号填列)	5	—	—	—	—	—	64 378 090. 12		32 189 045. 06	528 873 663. 91	—	625 440 799. 09
(一)综合收益总额	0	—	—	—	—	—	—	—	—	625 440 799. 09	—	625 440 799. 09
(二)所有者投入和减少资本	7	—	—	—	—	—	—	—	—	—	—	—
1. 所有者投入资本	8	—	—	—	—	—	—	—	—	—	—	—
2. 其他权益工具持有者投入资本	9	—	—	—	—	—	—	—	—	—	—	—
3. 股份支付计入所有者权益的金额	10	—	—	—	—	—	—	—	—	—	—	—
4. 其他	11	—	—	—	—	—	—	—	—	—	—	—
(三)利润分配	12	—	—	—	—	—	64 378 090. 12	—	32 189 045. 06	-96 567 135. 18	-	—
1. 提取盈余公积	13	—	—	—	—		04 378 090. 12	—	—	-64 378 090. 12	—	—
? 提取- 般风险准备	14	—	—	—	—	—	—	—	—	—	—	—
3. 提取信托赔偿准备	15	—	—	—	—	—	—	—	32 189 045. 06	-32 189 045. 06	—	—
4. 对所有者(或股东)的分配	16	—	—	—	—	—	—	—	—	—	—	—
(四)所有者权益内部结转	17	—	—	—	—	—	—	—	—	—	—	—
1. 资本公积转增资本(或股本)	18	—	—	—	—	—	—	—	—	—	—	—
2. 盈余公积转增资本(或股本)	19	—	—	—	—	—	—	—	—	—	—	—
3. 盈余公积弥补亏损	20	—	—	—	—	—	—	—	—	—	—	—
4. 一般风险准备弥补亏损	21	—	—	—	—	—	—	—	—	—	—	—
5. 其他	22	—	—	—	—	—	—	—	—	—	—	—
四、本年年末余额	23	4 000 000 000. 00	—	—	—	—	334 036 018. 71	202 000 281. 95	169 196 070. 19	825 028 402. 41	—	5 530 260 773. 26

总经理:崔　斌　　财务分管负责人:马家顺　　会计机构负责人:汪　晖　　制表:陈　燕

注:合并会计报表的编制方法详见会计报表附注6. 2. 8。

5.2 信托资产

5.2.1 信托项目资产负债汇总表

信托项目资产负债汇总表

编制单位:陆家嘴国际信托有限公司　　2019 年 12 月 31 日　　单位:万元

信托资产	期末数	期初数	信托负债和信托权益	期末数	期初数
信托资产:			信托负债:		
货币资金	188 405.65	580 558.89	交易性金融负债	—	—
拆出资金	—	—	衍生金融负债	—	—
存出保证金	—	—	应付受托人报酬	4 450.58	2 626.17
交易性金融资产	12 324.39	28 939.84	应付托管费	150.06	136.71
衍生金融资产	—	—	应付受益人收益	12 299.65	19 423.38
买入返售金融资产	1 596 271.89	2 569 282.14	应交税费	14 043.95	11 986.10
应收款项	37 134.73	37 907.91	应付销售服务费	392.13	12 097.50
发放贷款	7 142 774.85	8 788 601.06	其他应付款项	18 762.71	363 841.70
可供出售金融资产	10 894 054.27	6 443 160.69	预计负债	—	—
持有至到期投资	—	—	其他负债	—	—
长期应收款	—	—	信托负债合计	50 099.08	410 111.56
长期股权投资	2 899 779.18	3 710 189.28	信托权益:	—	—
投资性房地产	—	—	实收信托	23 113 211.77	22 842 427.61
固定资产	—	—	资本公积	0.00	0.00
无形资产	—	—	外币报表折算差额	—	—
长期待摊费用	—	1.64	未分配利润	184 270.24	71 171.85
其他资产	576 836.13	1 165 069.57	信托权益合计	23 297 482.01	22 913 599.46
信托资产总计	23 347 581.09	23 323 711.02	信托负债及信托权益总计	23 347 581.09	23 323 711.02

公司负责人:崔斌　　复　核:娄佩琍　　制　表:冯伟

5.2.2 信托项目利润和利润分配汇总表

信托项目利润及利润分配汇总表

编制单位:陆家嘴国际信托有限公司　　2019 年度　　单位:万元

项目	本年金额	上年金额
1. 营业收入	1 718 632.73	1 520 255.02
1.1 利息收入	768 181.11	930 637.16
1.2 投资收益	940 921.30	583 636.43
1.2.1 对联营企业和合营企业的投资收益	—	—
1.3 公允价值变动损益	9 530.32	5 259.56
1.4 租赁收入	—	—
1.5 汇兑损益	—	—
1.6 其他收入	—	721.87
2. 支出	243 384.41	171 558.20
2.1 营业税金及附加	5 823.33	4 544.93
2.2 受托人报酬	112 645.61	87 086.24
2.3 托管费	17 084.08	12 338.74
2.4 投资管理费	—	—
2.5 销售服务费	76 018.73	48 281.81
2.6 交易费用	187.95	194.13
2.7 资产减值损失	—	—
2.8 其他费用	31 624.71	19 112.35
3. 信托净利润	1 475 248.32	1 348 696.82
4. 其他综合收益	—	—
5. 综合收益	1 475 248.32	1 348 696.82

续表

项目	本年金额	上年金额
6. 加:期初未分配信托利润	71 171.85	115 671.60
7. 可供分配的信托利润	1 548 463.09	1 495 329.42
8. 减:本期已分配信托利润	1 364 192.85	1 424 157.57
9. 期末未分配信托利润	184 270.24	71 171.85

公司负责人:崔斌　　复　核:娄佩琍　　制　表:冯伟

6. 会计报表附注

本会计报表附注中陆家嘴国际信托有限公司简称本公司,陆家嘴国际信托有限公司及其子公司和纳入合并范围的结构化主体简称本集团。

6.1 会计报表编制基准不符合会计核算基本前提的说明

6.1.1 会计报表不符合会计核算基本前提的事项

本财务报表以持续经营为基础,根据实际发生的交易和事项,按照《企业会计准则——基本准则》和其他各项会计准则的规定进行确认和计量,在此基础上编制财务报表,无不符合会计核算基本前提的事项。

6.1.2 纳入合并财务报表范围子公司的基本情况

报告期内,本公司将上海陆投资产管理有限公司作为子公司纳入合并会计报表范围。

上海陆投资产管理有限公司注册资本为 10 000 万元,截至 2019 年 12 月 31 日,实收资本为 6 000 万元。经营范围为资产管理、投资管理、实业投资，已建立了较为完善的规章制度，组建专业的资产管理及股权投资团队，目前企业运行一切正常。

6.1.3 纳入合并财务报表范围结构化主体相关信息

2019年度本公司管理或投资的结构化主体中有21个纳入合并财务报表范围，主要包括报告期末持有本公司作为受托人发行的信托计划等。

6.2 重要会计政策和会计估计说明

6.2.1 金融工具

金融工具是指形成一方的金融资产并形成其他方的金融负债或权益工具的合同。当本集团成为金融工具合同的一方时，确认相关的金融资产或金融负债。

6.2.1.1 金融资产分类和计量

本集团根据管理金融资产的业务模式和金融资产的合同现金流量特征，将金融资产划分为：(1)以摊余成本计量的金融资产；(2)以公允价值计量且其变动计入其他综合收益的金融资产；(3)以公允价值计量且其变动计入当期损益的金融资产。

于初始确认时，本集团按公允价值计量金融资产，对于不是以公允价值计量且其变动计入损益的金融资产，则还应该加上或减去可直接归属于获得或发行该金融资产的交易费用，例如手续费和佣金。以公允价值计量且其变动计入损益的金融资产的交易费用作为费用计入损益。初始确认后，对于以摊余成本计量的金融资产及以公允价值计量且其变动计入其他综合收益的债务工具投资，立即确认预期信用损失准备并计入损益。

本集团持有的债务工具是指从发行方角度分析符合金融负债定义的工具，分别采用以下三种方式进行计量。

(1)以摊余成本计量。本集团管理此类金融资产的业务模式为以收取合同现金流量为目标，且此类金融资产的合同现金流量特征与基本借贷安排相一致，即在特定日期产生的现金流量，仅为对本金和以未偿付本金金额为基础的利息的支付。本集团对于此类金融资产按照实际利率法确认利息收入。此类金融资产主要包括货币资金、债权投资和发放贷款和垫款等。

(2)以公允价值计量且其变动计入其他综合收益。本集团管理此类金融资产的业务模式为既以收取合同现金流量为目标又以出售为目标，且此类金融资产的合同现金流量特征与基本借贷安排相一致。此类金融资产按照公允价值计量且其变动计入其他综合收益，但减值损失或利得、汇兑损益和按照实际利率法计算的利息收入计入当期损益。此类金融资产列示为其他债权投资。本集团暂无以公允价值计量且其变动计入其他综合收益的金融资产。

(3)以公允价值计量且其变动计入当期损益。本集团将持有的未划分为以摊余成本计量和以公允价值计量且其变动计入其他综合收益的债务工具，以公允价值计量且其变动计入当期损益，列示为交易性金融资产。本集团将对其没有控制、共同控制和重大影响的权益工具投资按照公允价值计量且其变动计入当期损益，列示为交易性金融资产。

6.2.1.2 金融资产减值

本集团对于以摊余成本计量的金融资产等，以预期信用损失为基础确认损失准备。

本集团考虑有关过去事项、当前状况以及对未来经济状况的预测等合理且有依据的信息，以发生违约的风险为权重，计算合同应收的现金流量与预期能收到的现金流量之间差额的现值的概率加权金额，确认预期信用损失。

于每个资产负债表日，本集团对于处于不同阶段的金融工具的预期信用损失分别进行计量。金融工具自初始确认后信用风险未显著增加的，处于第一阶段，本集团按照未来12个月内的预期信用损失计量损失准备；金融工具自初始确认后信用风险已显著增加但尚未发生信用减值的，处于第二阶段，本集团按照该工具整个存续期的预期信用损失计量损失准备；金融工具自初始确认后已经发生信用减值的，处于第三阶段，本集团按照该工具整个存续期的预期信用损失计量损失准备。

对于在资产负债表日具有较低信用风险的金融工具，本集团假设其信用风险自初始确认后并未显著增加，按照未来12个月内的预期信用损失计量损失准备。

本集团对于处于第一阶段、第二阶段及较低信用风险的金融工具，按照其未扣除减值准备的账面余额和实际利率计算利息收入。对于处于第三阶段的金融工具，按照其账面余额减已计提减值准备后的摊余成本和实际利率计算利息收入。

对于应收账款，无论是否存在重大融资成分，本集团均按照整个存续期的预期信用损失计量损失准备。本集团将计提或转回的损失准备计入当期损益。

本集团依据信用风险特征将应收款项划分为若干组合，在组合基础上计算预期信用损失，对于划分为组合的应收账款，本集团参考历史信用损失经验，结合当前状况以及对未来经济状况的预测，通过违约风险敞口和整个存续期预期信用损失率，计算预期信用损失。

6.2.1.3 金融资产终止确认

金融资产满足下列条件之一的，予以终止确认：(1)收取该金融资产现金流量的合同权利终止；(2)该金融资产已转移，且本集团将金融资产所有权上几乎所有的风险和报酬转移给转入方；(3)该金融资产已转移，虽然本集团既没有转移也没有保留金融资产所有权上几乎所有的风险和报酬，但是放弃了对该金融资产控制。

金融资产终止确认时，其账面价值与收到的对价的差额，计入当期损益。

6.2.1.4 金融负债

金融负债于初始确认时分类为以摊余成本计量的金融负债和以公允价值计量且其变动计入当期损益的金融负债。

本集团的金融负债主要为以摊余成本计量的金融负债。该类金融负债按其公允价值扣除交易费用后的金额进行初始计量，并采用实际利率法进行后续计量。

当金融负债的现时义务全部或部分已经解除时，本集团终止确认该金融负债或义务已解除的部分。终止确认部分的账面价值与支付的对价之间的差额，计入当期损益。

6.2.1.5 金融工具的公允价值确定

存在活跃市场的金融工具，以活跃市场中的报价确定其公允价值。不存在活跃市场的金融工具，采用估值技术确定其公允价值。在估值时，本集团采用在当前情况下适用并且有足够可利用数据和其他信息支持的估值技术，选择与市场参与者在相关资产或负债的交易中所考虑的资产或负债特征相一致的输入值，并尽可能优先使用相关可观察输入值。在相关可观察输入值无法取得或取得不切实可行的情况下，使用不可观察输入值。

6.2.2　长期股权投资核算方法

截至报告期末，本集团无长期股权投资。

6.2.3　投资性房地产核算方法

截至报告期末，本集团无投资性房地产。

6.2.4　固定资产计价和折旧方法

6.2.4.1　固定资产确认

固定资产包括电子设备、运输工具、办公设备及其他设备等。

6.2.4.2　固定资产初始计量和后续计量

购置或新建的固定资产按取得时的成本进行初始计量。与固定资产有关的后续支出，在相关的经济利益很可能流入本集团且其成本能够可靠的计量时，计入固定资产成本；对于被替换的部分，终止确认其账面价值；所有其他后续支出于发生时计入当期损益。

6.2.4.3　各类固定资产的折旧方法

固定资产折旧采用年限平均法并按其入账价值减去预计净残值后在预计使用寿命内计提。对计提了减值准备的固定资产，则在未来期间按扣除减值准备后的账面价值及依据尚可使用年限确定折旧额。

固定资产的预计使用寿命、预计净残值率及年折旧率列示如下：

固定资产类别	预计使用寿命（年）	预计净残值率（%）	年折旧率（%）
电子设备	3	5	31.67
运输工具	4	5	23.75
办公设备	5	5	19
其他设备	5	5	19

对固定资产的预计使用寿命、预计净残值和折旧方法于每年年度终了进行复核并作适当调整。

当固定资产被处置、或者预期通过使用或处置不能产生经济利益时，终止确认该固定资产。固定资产出售、转让、报废或毁损的处置收入扣除其账面价值和相关税费后的金额计入当期损益。

6.2.5　无形资产计价及摊销政策

无形资产是指本集团拥有或者控制的没有实物形态的可辨认非货币性资产。

无形资产按成本进行初始计量。使用寿命有限的无形资产自可供使用时起，对其原值在其预计使用寿命内采用直线法分期平均摊销。使用寿命不确定的无形资产不予摊销。本集团至少于年度终了，对使用寿命有限的无形资产的使用寿命和摊销方法进行复核，必要时进行调整。

6.2.6　长期应收款的核算方法

截至报告期末，本集团无长期应收款。

6.2.7　长期待摊费用的摊销政策

长期待摊费用包括经营租入固定资产改良及其他已经发生但应由本期和以后各期负担的、分摊期限在1年以上的各项费用，按预计受益期间分期平均摊销，并以实际支出减去累计摊销后的净额列示。

6.2.8　合并会计报表的编制方法

编制合并财务报表时，本公司将全部子公司及控制的结构化主体纳入合并会计报表的合并范围。

子公司是指被本集团控制的主体。控制是指本集团拥有对被投资方的权利，通过参与被投资方的相关活动而享有的可变动报酬。

结构化主体是指在确定其控制方时没有将表决权或类似权利作为决定因素而设计的主体，比如表决权仅与行政工作相关，而相关运营活动通过合同约定来安排。本公司根据合约条款就本公司对实体的参与面临可变回报的风险或取得可变回报的权利，以及利用对实体的权力影响该等回报金额的能力评估是否合并。由本公司控制的信托计划等结构化主体，纳入财务报表合并范围。

集团内所有重大往来余额、交易及未实现利润在合并财务报表编制时予以抵销。子公司的所有者权益、当期净损益及综合收益总额中不属于本公司所拥有的部分分别作为少数股东权益、少数股东损益及归属于少数股东的综合收益总额在合并财务报表中所有者权益、净利润及综合收益总额项下单独列示。本公司向子公司出售资产所发生的未实现内部交易损益，全额抵销归属于母公司股东的净利润；子公司向本公司出售资产所发生的未实现内部交易损益，按本公司对该子公司的分配比例在归属于母公司股东的净利润和少数股东损益之间分配抵销。子公司之间出售资产所发生的未实现内部交易损益，按照母公司对出售方子公司的分配比例在归属于母公司股东的净利润和少数股东损益之间分配抵销。

如果以本集团为会计主体与以本公司或子公司为会计主体对同一交易的认定不同时，从本集团的角度对该交易予以调整。

6.2.9　收入确认原则和方法

收入的金额按照本集团在日常经营活动中销售商品和提供劳务时，已收或应收合同或协议价款的公允价值确定。

与交易相关的经济利益很可能流入本集团，相关的收入能够可靠计量且满足下列各项经营活动的特定收入确认标准时，确认相关的收入。

6.2.9.1　利息收入和支出

利息净收入包含贷款利息收入、买入返售金融资产利息收入及货币资金利息收入减去借款利息支出。利息收入是用实际利率乘以金融资产账面余额计算得出，以下情况除外：对于源生或购入已发生信用减值的金融资产，其利息收入用经信用调整的原实际利率乘以该金融资产摊余成本计算得出；不属于源生或购入已发生信用减值的金融资产，但后续已发生信用减值的金融资产（或第三阶段），其利息收入用实际利率乘以摊余成本（扣除损失准备后的净额）计算得出。

实际利率是指按金融资产或金融负债的预计存续期间将其预计未来现金流入或流出折现至该金融资产账面余额（扣除损失准备之前的摊余成本）或该金融负债摊余成本的利率。实际利率的计算需要考虑金融工具的合同条款并且包括所有归属于实际利率组成部分的费用和所有交易成本。

利息支出按借入货币资金的时间和实际利率计算确认。

6.2.9.2　手续费及佣金收入和支出

手续费及佣金收入于服务已经提供且收取的金额能够可靠地计量确认收入。其中，对于具有固定信托报酬条款的信托项目，在未来很有可能取得该固定信托报酬且能够可靠计量的情况下,本集团在期末根据信托合同或协议约定的条款对固定信托报酬确认收入。对于需要依靠未来某些条件的发生或者不发生来确定的浮动收益,一般在信托计划实际分配即收到浮动收益时或在取得该收益的权利确定,且能够可靠计量时,本集团才予以确认。

6.2.9.3 咨询服务费收入

咨询服务费收入于服务已经提供且收取的金额能够可靠地计量时,根据信托合同或协议约定的费率及期限按期确认为收入。

6.2.10 所得税的会计处理方法

本集团在多个地区缴纳企业所得税。在正常的经营活动中,部分交易和事项的最终的税务处理存在不确定性。在计提各个地区的所得税费用时,本集团需要作出重大判断。如果这些税务事项的最终认定结果与最初入账的金额存在差异,该差异将对作出上述最终认定期间的所得税费用和递延所得税的金额产生影响。

6.2.11 信托报酬确认原则和方法

信托报酬是指信托公司对信托财产进行管理而收取的管理费或佣金,信托报酬收取的标准一般是与委托人或受益人等有关当事人协商确定的,按照合同或者协议的约定进行确认。若信托报酬由信托财产承担,则按照信托合同的约定来计算、提取并确认信托报酬收入;若信托报酬由委托人等有关当事人直接承担,则按协议约定另行向有关当事人收取。

6.2.12 其他会计政策、会计估计变更

本公司于2019年1月1日起执行新金融工具会计准则,自首日执行之时,本集团和本公司未分配利润分别增加2 689.53万元和2 607.54万元。

6.2.13 前期差错更正

6.2.13.1 合并报表期初差错更正

截至报告期末,本集团无合并报表期初差错更正。

6.2.13.2 单体报表期初差错更正

截至报告期末,本公司无单体报表期初差错更正。

6.2.14 买入返售金融资产

买入返售金融资产是指按规定进行证券回购业务而融出的资金,按买入证券实际支付的成本入账,并在证券持有期内按实际利率计提买入返售证券收入,计入当期损益。

6.2.15 研究与开发

根据内部研究开发项目支出的性质以及研发活动最终形成无形资产是否具有较大不确定性,分为研究阶段支出和开发阶段支出。

研究阶段的支出,于发生时计入当期损益;开发阶段的支出,同时满足下列条件的,予以资本化:(1)完成该无形资产以使其能够使用或出售在技术上具有可行性;(2)管理层具有完成该无形资产并使用或出售的意图;(3)能够证明该无形资产将如何产生经济利益;(4)有足够的技术、财务资源和其他资源支持,以完成该无形资产的开发,并有能力使用或出售该无形资产;(5)归属于该无形资产开发阶段的支出能够可靠地计量。

不满足上述条件的开发阶段的支出,于发生时计入当期损益。前期已计入损益的开发支出不在以后期间重新确认为资产。已资本化的开发阶段的支出在资产负债表上列示为开发支出,自该项目达到预定可使用状态之日起转为无形资产。

创新性研究与应用的科技投入情况:(1)2019年公司用于创新性研究与应用的科技投入合计342.39万元;(2)2019年公司科技人员数量为14人,占比为4.02%(截至2019年末全公司员工数为348人)。

6.2.16 抵债资产

抵债资产按公允价值进行初始计量。本集团对于法院判决获得的抵债资产按外部评估机构出具的评估报告中注明的评估价值作为公允价值进行初始计量。资产负债表日,抵债资产按照账面价值与可变现净值孰低计量,当可变现净值低于账面价值时,对抵债资产计提减值准备。

抵债资产处置时,取得的处置收入与抵债资产账面价值的差额计入营业外收入或支出。

6.2.17 长期待摊费用

长期待摊费用包括经营租入固定资产改良及其他已经发生但应由本期和以后各期负担的、分摊期限在1年以上的各项费用,按预计受益期间分期平均摊销,并以实际支出减去累计摊销后的净额列示。

6.2.18 长期资产减值

固定资产、使用寿命有限的无形资产及对子公司的长期股权投资等,于资产负债表日存在减值迹象的,进行减值测试;尚未达到可使用状态的无形资产,无论是否存在减值迹象,至少每年进行减值测试。减值测试结果表明资产的可收回金额低于其账面价值的,按其差额计提减值准备并计入减值损失。可收回金额为资产的公允价值减去处置费用后的净额与资产预计未来现金流量的现值两者之间的较高者。资产减值准备按单项资产为基础计算并确认,如果难以对单项资产的可收回金额进行估计的,以该资产所属的资产组确定资产组的可收回金额。资产组是能够独立产生现金流入的最小资产组合。

6.2.19 借款

借款按其公允价值扣除交易费用后的金额进行初始计量,并采用实际利率法按摊余成本进行后续计量。借款期限在1年以下(含1年)的借款为短期借款,其余借款为长期借款。

6.2.20 职工薪酬

职工薪酬是本集团为获得职工提供的服务或解除劳动关系而给予的各种形式的报酬或补偿,包括短期薪酬、离职后福利和其他长期职工福利等。

6.2.20.1 短期薪酬

短期薪酬包括工资、奖金、津贴和补贴、职工福利费、医疗保险费、工伤保险费、生育保险费、住房公积金、工会和教育经费、短期带薪缺勤等。本集团在职工提供服务的会计期间,将实际发生的短期薪酬确认为负债,并计入当期损益或相关资产成本。其中,非货币性福利按照公允价值计量。

6.2.20.2 离职后福利

本集团将离职后福利计划分类为设定提存计划和设定受益计划。设定提存计划是本集团向独立的基金缴存固定费用后,不再承担进一步支付义务的离职后福利计划;设定受益计划是除设定提存计划以外的离职后福利计划。于报告期内,本集团的离职后福利主要是为员工缴纳的基本养老保险和失业保险,均属于设定提存计划。

6.2.20.3 辞退福利

本集团在职工劳动合同到期之前解除与职工的劳动关系,

或者为鼓励职工自愿接受裁减而提出给予补偿，在本集团不能单方面撤回解除劳动关系计划或裁减建议时和确认与涉及支付辞退福利的重组相关的成本费用时两者孰早日，确认因解除与职工的劳动关系给予补偿而产生的负债，同时计入当期损益。

6.2.21　递延所得税资产和递延所得税负债

递延所得税资产和递延所得税负债根据资产和负债的计税基础与其账面价值的差额（暂时性差异）计算确认。对于按照税法规定能够于以后年度抵减应纳税所得额的可抵扣亏损，确认相应的递延所得税资产。对于商誉的初始确认产生的暂时性差异，不确认相应的递延所得税负债。对于既不影响会计利润也不影响应纳税所得额（或可抵扣亏损）的非企业合并的交易中产生的资产或负债的初始确认形成的暂时性差异，不确认相应的递延所得税资产和递延所得税负债。于资产负债表日，递延所得税资产和递延所得税负债，按照预期收回该资产或清偿该负债期间的适用税率计量。

递延所得税资产的确认以很可能取得用来抵扣可抵扣暂时性差异、可抵扣亏损和税款抵减的应纳税所得额为限。

对与子公司（包括控制的结构化主体）投资相关的应纳税暂时性差异，确认递延所得税负债，除非本集团能够控制该暂时性差异转回的时间且该暂时性差异在可预见的未来很可能不会转回。对与子公司（包括控制的结构化主体）投资相关的可抵扣暂时性差异，当该暂时性差异在可预见的未来很可能转回且未来很可能获得用来抵扣可抵扣暂时性差异的应纳税所得额时，确认递延所得税资产。

6.2.22　风险准备

风险准备包括一般准备及信托赔偿准备。

6.2.22.1　一般风险准备

根据财政部《关于印发〈金融企业准备金计提管理办法〉的通知》（财金［2012］20号），本公司按风险资产期末余额一定比例提取一般风险准备，原则上一般风险准备余额不低于风险资产期末余额的1.5%。一般风险准备从年度税后净利润中提取，用于弥补尚未识别的可能性损失的准备，并作为所有者权益的组成部分。

6.2.22.2　信托赔偿准备

《信托公司管理办法》（中国银行业监督管理委员会令2007年第2号）规定，本公司每年应当从税后利润中提取5%作为信托赔偿准备金，该赔偿准备金累计总额达到公司注册资本的20%时，可不再提取。

6.2.23　租赁

实质上未转移与资产所有权有关的全部风险和报酬的租赁为经营租赁。经营租赁的租金支出在租赁期内按照直线法计入相关资产成本或当期损益。

6.2.24　利润分配

拟发放的利润于股东会批准的当期，确认为负债。

6.2.25　企业合并

6.2.25.1　同一控制下的企业合并

合并方支付的合并对价及取得的净资产均按账面价值计量。合并方取得的净资产账面价值与支付的合并对价账面价值的差额，调整资本公积（资本溢价）；资本公积（资本溢价）不足以冲减的，调整留存收益。为进行企业合并发生的直接相关费用于发生时计入当期损益。为企业合并而发行权益性证券或债务性证券的交易费用，计入权益性证券或债务性证券的初始确认金额。

6.2.25.2　非同一控制下的企业合并

购买方发生的合并成本及在合并中取得的可辨认净资产按购买日的公允价值计量。合并成本大于合并中取得的被购买方于购买日可辨认净资产公允价值份额的差额，确认为商誉；合并成本小于合并中取得的被购买方可辨认净资产公允价值份额的差额，计入当期损益。为进行企业合并发生的直接相关费用于发生时计入当期损益。为企业合并而发行权益性证券或债务性证券的交易费用，计入权益性证券或债务性证券的初始确认金额。

6.3　或有事项说明

本报告期内，本集团未发生影响本财务报表阅读和理解的重大或有事项。

6.4　重要资产转让及其出售的说明

本报告期内，本集团无重要资产转让或出售。

6.5　会计报表中重要项目的明细资料

6.5.1　披露自营资产经营情况

6.5.1.1　按信用风险五级分类结果披露信用风险资产的期初数、期末数

信用风险资产五级分类	正常类（万元）	关注类（万元）	次级类（万元）	可疑类（万元）	损失类（万元）	信用风险资产合计（万元）	不良资产合计（万元）	不良资产率（%）
期初数	677 356	—	—	—	31 679	709 035	31 679	4.47
期末数	627 401	—	—	—	31 679	659 080	31 679	4.81

注：不良资产合计＝次级类＋可疑类＋损失类。

6.5.1.2　各项资产减值损失准备的期初数、本期计提、本期转回、本期核销、期末数

单位：万元

	期初数	本期计提	本期转回	本期核销	期末数
贷款损失准备	29 913	—	—	—	29 913
一般准备	—	—	—	—	—
专项准备	—	—	—	—	—
其他资产减值准备	1 766	5 433	—	—	7 199
以摊余成本计量金融资产的减值准备	—	—	—	—	—
以公允价值计量且其变动计入其他综合收益金融资产的减值准备	—	—	—	—	—
坏账准备	1 766	—	—	—	1 766
其他资产减值准备	—	5 433	—	—	5 433

注：因本公司自2019年1月1日起执行新金融工具会计准则，期初数按照新金融工具会计准则口径进行调整。

6.5.1.3 按照投资品种分类,分别披露固有业务股票投资、基金投资、债券投资、股权投资等投资业务的期初数、期末数

单位:万元

	自营股票	基金	债券	长期股权投资	其他投资	合计
期初数	—	8 001	—	—	573 429	581 430
期末数	—	—	—	—	579 585	579 585

6.5.1.4 按投资入股金额排序,前五名的自营长期股权投资的企业名称、占被投资企业权益的比例、主要经营活动及投资收益情况等

本报告期内,本公司无长期股权投资。

6.5.1.5 前五名的自营贷款的企业名称、占贷款总额的比例等

企业名称	占贷款总额的比例(%)
1. 檀源木业有限公司	87.93
2. 河北昌泰纸业有限公司	12.07

6.5.1.6 表外业务的期初数、期末数;按照代理业务、担保业务和其他类型表外业务分别披露

本报告期内,本公司无表外业务。

6.5.1.7 公司当年的收入结构

收入结构(单体)

收入结构	金额(万元)	占比(%)
手续费及佣金收入	109 687	73.74
其中:信托手续费收入	109 687	73.74
投资银行业务收入	—	—
利息收入	976	0.66
其他业务收入	—	—
其中:计入信托业务收入部分	—	—
投资收益	42 767	28.75
其中:股权投资收益	—	—
证券投资收益	2 066	1.39
其他投资收益	40 701	27.36
公允价值变动收益	-9 819	-6.60
资产处置收益	-1	0.00
其他收益	5 129	3.45
营业外收入	—	—
收入合计	148 739	100

注:手续费及佣金收入、利息收入、其他业务收入、投资收益、营业外收入均为损益表中的科目,其中手续费及佣金收入、利息收入、营业外收入为未抵减掉相应支出的全年累计实现收入数。

收入结构(合并)

收入结构	金额(万元)	占比(%)
手续费及佣金收入	100 209	57.68
其中:信托手续费收入	100 209	57.68
投资银行业务收入	—	—
利息收入	64 544	37.15
其他业务收入	—	—
其中:计入信托业务收入部分	—	—
投资收益	13 690	7.89
其中:股权投资收益	—	—
证券投资收益	2 939	1.69
其他投资收益	10 751	6.20
公允价值变动收益	-9 934	-5.72
资产处置收益	-1	—
其他收益	5 219	3.00
营业外收入	—	—
收入合计	173 727	100.00

注:手续费及佣金收入、利息收入、其他业务收入、投资收益、营业外收入均为损益表中的科目,其中手续费及佣金收入、利息收入、营业外收入为未抵减掉相应支出的全年累计实现收入数。

6.5.2 披露信托财产管理情况

6.5.2.1 信托资产的期初数、期末数

单位:万元

信托资产	期初数	期末数
集合	14 578 564.95	14 862 543.27
单一	7 589 259.47	8 027 945.17
财产权	1 155 886.60	457 092.65
合计	23 323 711.02	23 347 581.09

6.5.2.1.1 主动管理型信托业务的信托资产期初数、期末数

单位:万元

主动管理型信托资产	期初数	期末数
证券投资类	20 928.97	18 774.24
股权及其他投资类	4 725 224.27	3 160 424.09
融资类	3 929 629.37	8 439 655.95
事务管理类	—	—
合计	8 675 782.61	11 618 854.28

6.5.2.1.2 被动管理型信托业务的信托资产期初数、期末数

单位:万元

被动管理型信托资产	期初数	期末数
证券投资类	320 505.64	180 284.61
股权及其他投资类	3 430 454.07	2 933 540.23
融资类	9 771 555.89	8 157 809.32
事务管理类	1 125 412.81	457 092.65
合计	14 647 928.41	11 728 726.81

6.5.2.2 本年度已清算结束的信托项目表

6.5.2.2.1 本年度已清算结束的信托项目

已清算结束信托项目	项目个数(个)	实收信托合计金额(万元)	加权平均实际年化收益率(%)
单一类	90	3 515 149.86	6.90
集合类	118	8 574 165.94	5.52
财产管理类	7	538 402.66	6.72

注:1. 收益率是指信托项目清算后,给受益人赚取的实际收益水平。

2. 加权平均实际年化收益率=(信托项目1的实际年化收益率×信托项目1的实收信托+信托项目2的实际年化收益率×信托项目2的实收信托+…+信托项目n的实际年化收益率×信托项目n的实收信托)/(信托项目1的实收信托+信托项目2的实收信托+…+信托项目n的实收信托)×100%。

6.5.2.2.2　本年度已清算结束的主动管理型信托项目

已清算结束信托项目	项目个数（个）	实收信托合计金额（万元）	加权平均实际年化信托报酬率（%）	加权平均实际年化收益率（%）
证券投资类	2	19 314.28	2.01	4.73
股权及其他投资类	19	2 537 664.28	0.98	6.08
融资类	73	3 182 248.00	1.28	6.85
事务管理类	—	—	—	—

注：加权平均实际年化信托报酬率 =（信托项目 1 的实际年化信托报酬率 × 信托项目 1 的实收信托 + 信托项目 2 的实际年化信托报酬率 × 信托项目 2 的实收信托 + … + 信托项目 n 的实际年化信托报酬率 × 信托项目 n 的实收信托）/（信托项目 1 的实收信托 + 信托项目 2 的实收信托 + … + 信托项目 n 的实收信托）×100%。

6.5.2.2.3　本年度已清算结束的被动管理型信托项目

已清算结束信托项目	项目个数（个）	实收信托合计金额（万元）	加权平均实际年化信托报酬率（%）	加权平均实际年化收益率（%）
证券投资类	5	169 904.83	0.19	-8.09
股权及其他投资类	31	2 606 153.70	0.19	5.84
融资类	79	3 619 030.71	0.32	6.23
事务管理类	6	493 402.66	0.15	6.41

6.5.2.3　本年度新增的信托项目

新增信托项目	项目个数（个）	实收信托合计金额（万元）
集合类	179	9 629 706.26
单一类	53	4 574 855.56
财产管理类	6	301 000.00
新增合计	238	14 505 561.82
其中：主动管理型	193	10 270 250.92
被动管理型	45	4 235 310.90

注：本年新增信托项目指在本报告年度内累计新增的信托项目个数和金额（包括以前年度成立本年度新增的分期信托项目），包含本年度新增并于本年度内结束的项目和本年度新增至报告期末仍在持续管理的信托项目。

6.5.2.4　信托业务创新成果和特色业务有关情况

2019 年，公司在保证传统业务稳步增长的前提下，积极探索新型业务，推动公司业务转型。一是成功发行两单 ABN 产品，分别为租赁保理 ABN 和租赁汽车融资 ABN，为资产证券化业务持续发展奠定坚实基础，有效地提升综合金融服务水平。二是设立家族信托办公室，不断推出信托主导型家族信托产品，大力发展信托本源业务，为高净值客户提供资产配置、财产保护、家族传承、税收筹划等增值服务。三是发布慈善信托品牌“陆信弘远”，年内设立两单慈善信托产品。其中，“弘远 1 号”用于向西部贫困山区学生提供交通补贴，与股东合作的陆金发扶困慈善信托用于帮扶上海市因病致困职工，充分发挥信托优势，积极践行社会责任。

6.5.2.5　本公司履行受托人义务情况及因本公司自身责任而导致的信托资产损失情况

本公司遵守信托法和信托文件对受托人义务的规定，为受益人的最大利益处理信托事务，管理信托财产时，恪守职守，履行诚实、信用、谨慎、有效管理的义务，没有损害受益人利益的情况。本公司无因自身责任而导致的信托资产损失情况。

6.6　关联方关系及其交易的披露

6.6.1　关联交易方的数量、关联交易的总金额及关联交易的定价政策等

	关联交易方数量（个）	关联交易金额（万元）	定价政策
合计	10	266 172.06	关联交易遵循公平、公开、公允的原则进行定价。存在市场价格的，按照市场价格定价；不存在市场价格的，以不优于非关联方同期同类型交易的条件进行定价。

注：“关联交易”定义以《公司法》《企业会计准则第 36 号——关联方披露》有关规定为准。

6.6.2　关联交易方与本公司的关系性质、关联交易方的名称、法定代表人、注册地址、注册资本及主营业务等

关系性质	关联方名称	法定代表人	注册地址	注册资本（万元）	主营业务
控股公司	上海陆家嘴金融贸易区开发股份有限公司	李晋昭	中国（上海）自由贸易试验区浦东大道 981 号	336 183.12	房地产开发、经营、销售、出租和中介；市政基础设施的开发建设；纺织品、鞋帽服装、日用百货、日用化学产品，机电设备、五金制品、数码产品、文教用品、玩具、体育器材、首饰、黄金珠宝首饰、包装服务、工艺美术品、皮革制品、鲜花、钟表、箱包、眼镜（隐形眼镜除外）、汽车装饰用品、乐器、家居用品、化妆品、家用电器用品、计算机（除计算机信息系统安全专用产品）、影像器材、通讯器材、一类医疗器材、食品（不含生猪产品）、酒类的批发佣金代理（拍卖除外）零售和进出口；音响设备租赁。（依法须经批准的项目，经相关部门批准后方可开展经营活动）。
受同一控股股东控制的企业	陆家嘴国泰人寿保险有限责任公司	黎作强	中国（上海）自由贸易试验区世纪大道 1168 号东方金融广场 B 座 19 楼及 A 座 11 层 1104 室	300 000.00	在上海市行政辖区内及已设立分公司的省、自治区、直辖市内经营下列业务（法定保险业务除外）：（1）人寿保险、健康保险和意外伤害保险等保险业务；（2）上述业务的再保险业务；（3）保险兼业代理业务（依法须经批准的项目，经相关部门批准后方可开展经营活动）。
受同一控股股东控制的企业	上海陆家嘴商务广场有限公司	徐而进	中国（上海）自由贸易试验区世纪大道 1600 号	51 806.10	房地产综合开发、经营、物业管理、出租出售内外销商品房、房地产中介咨询，建设、经营公用停车场设施（依法须经批准的项目，经相关部门批准后方可开展经营活动）。
股东	青岛国信金融控股有限公司	刘冰冰	青岛市崂山区苗岭路 9 号	370 000.00	金融及金融服务性机构的投资与运营、资产管理与基金管理、股权投资及资本运营、证券与基金投资、投资策划与咨询服务；经政府及有关监管机构批准的其他资产投资与运营（依法须经批准的项目，经相关部门批准后方可开展经营活动）。

续表

关系性质	关联方名称	法定代表人	注册地址	注册资本（万元）	主营业务
子公司	上海陆投资产管理有限公司	叶晓军	中国(上海)自由贸易试验区罗山路1502弄14号403－14室	10 000.00	资产管理，投资管理，实业投资(依法须经批准的项目，经相关部门批准后方可开展经营活动)。
受同一控股股东控制的公司	爱建证券有限责任公司	祝　健	中国(上海)自由贸易试验区世纪大道1600号1幢32楼	110 000.00	证券经纪；证券投资咨询；与证券交易、证券投资活动有关的财务顾问；证券承销与保荐；证券自营；证券资产管理；证券投资基金代销；融资融券；代销金融产品业务(依法须经批准的项目，经相关部门批准后方可开展经营活动)。

6.6.3　逐笔披露本公司与关联方的重大交易事项

6.6.3.1　固有与关联方交易情况：贷款、投资、租赁、应收账款、担保、其他方式等期初汇总数、本期借方和贷方发生额汇总数、期末汇总数

单位：万元

固有与关联方关联交易				
	期初数	借方发生额	贷方发生额	期末数
贷款	—	—	—	—
投资	—	—	—	—
租赁	—	—	—	—
担保	—	—	—	—
应收账款	—	—	—	—
其他	4 265.91	3 860.53	—	8 126.44
合计	4 265.91	3 860.53	—	8 126.44

6.6.3.2　信托与关联方交易情况：贷款、投资、租赁、应收账款、担保、其他方式等期初汇总数、本期借方和贷方发生额汇总数、期末汇总数

单位：万元

信托与关联方关联交易				
	期初数	借方发生额	贷方发生额	期末数
贷款	—	50 000.00	—	50 000.00
投资	308 109.13	212 250.00	36 784.57	483 574.56
租赁	—	—	—	—
担保	—	—	—	—
应收账款	—	—	—	—
其他	20 369.81	61.53	—	20 431.34
合计	328 478.94	262 311.53	36 784.57	554 005.90

6.6.3.3　信托公司自有资金运用于自己管理的信托项目(固信交易)、信托公司管理的信托项目之间的相互(信信交易)交易金额，包括余额和本报告年度的发生额

6.6.3.3.1　固有与信托财产之间的交易金额期初汇总数、本期发生额汇总数、期末汇总数

单位：万元

固有财产与信托财产相互交易			
	期初数	本期发生额	期末数
合计	477 084.68	1 013 709	526 322.91

注：以固有资金投资公司自己管理的信托项目受益权，或购买自己管理的信托项目的信托资产均纳入统计披露范围。

6.6.3.3.2　信托项目之间的交易金额期初汇总数、本期发生额汇总数、期末汇总数

单位：万元

信托资产与信托财产相互交易			
	期初数	本期发生额	期末数
合计	374 382.78	932 676.16	729 872.25

注：以公司受托管理的一个信托项目的资金购买自己管理的另一个信托项目的受益权或信托项下资产均纳入统计披露范围。

6.6.4　逐笔披露关联方逾期未偿还本公司资金的详细情况以及本公司为关联方担保发生或即将发生垫款的详细情况

本报告期内，公司未发生关联方逾期未偿还本公司资金以及本公司为关联方担保发生或即将发生垫款的情况。

6.7　会计制度的披露

本公司固有业务和信托业务，同时执行财政部颁布的《企业会计准则——基本准则》和各项具体会计准则、其后颁布的企业会计准则应用指南、企业会计准则解释以及其他相关规定。

7. 财务情况说明书

7.1　利润实现和分配情况

2019年公司实现净利润为64 378.09万元，扣除当年提取10%的法定公积金6 437.81万元、提取5%的信托赔偿准备金3 218.9万元后，加上2018年累计未分配利润24 697.19万元，再加上2019年1月1日执行新金融工具准则未分配利润调整2 607.54万元，2019年末可供分配利润为82 026.11万元。

2019年本集团实现合并净利润为62 544.08万元，扣除当年提取10%的法定公积金6 437.81万元、提取5%的信托赔偿准备金3 218.9万元后，加上2018年累计未分配利润26 925.94万元，再加上2019年1月1日执行新金融工具准则未分配利润调整2 689.53万元，2019年末可供分配利润为82 502.84万元。

7.2　主要财务指标

财务指标(单体)

指标名称	指标值
资本利润率(%)	12.37
加权年化信托报酬率(%)	0.58
人均净利润(万元)	191.6

财务指标（合并）

指标名称	指标值
资本利润率（%）	11.99
加权年化信托报酬率（%）	0.58
人均净利润（万元）	186.14

注：1. 资本利润率＝净利润/所有者权益平均余额×100%。

2. 所有者权益平均余额＝（年初净资产＋0.5×净利润＋因增资、新发行股票、债转股等引起的净资产增加额×（新增净资产下一月份起至年末的月份数÷12）－因现金分红等引起的净资产减少额×（减少净资产下一月份起至年末的月份数÷12）。

3. 加权年化信托报酬率＝（信托项目1的实际年化信托报酬率×信托项目1的实收信托＋信托项目2的实际年化信托报酬率×信托项目2的实收信托＋…＋信托项目n的实际年化信托报酬率×信托项目n的实收信托）/（信托项目1的实收信托＋信托项目2的实收信托＋…＋信托项目n的实收信托）×100%。

4. 加权年化信托报酬率指标反映的是报告年度清算结束项目的信托报酬率。

5. 人均净利润＝净利润/年平均人数。

6. 年平均人数＝$\sum$每月末人数/12。

7.3 净资本和风险资本情况

指标名称	期末数	监管指标
净资本（万元）	454 000.84	大于监管要求的2亿元
风险资本（万元）	340 176.13	—
净资本/风险资本（%）	133.46	大于监管要求的100%
净资本/净资产（%）	82.16	大于监管要求的40%

7.4 对本公司财务状况、经营成果有重大影响的其他事项

本报告期内，未发生对本公司财务状况、经营成果有重大影响的其他事项。

8. 特别事项揭示

8.1 前五名股东报告期内变动情况及原因

本报告期内，公司未发生前五名股东变动的情况。

8.2 董事、监事及高级管理人员变动情况及原因

8.2.1 董事变动情况

本报告期内，公司董事未发生变动情况。

8.2.2 监事变动情况

本报告期内，公司监事未发生变动情况。

8.2.3 高级管理人员变动情况

本报告期内，高级管理人员未发生变动情况。

8.3 变更注册资本、变更注册地或公司名称、公司分立合并事项

本报告期内，公司未发生变更注册资本、变更注册地或公司名称、公司分立合并事项。

8.4 公司重大诉讼事项

8.4.1 重大未决诉讼事项

本报告期内，公司未发生重大未决诉讼事项。

8.4.2 以前年度发生，于本报告年度内终结的诉讼事项

本报告期内，公司未发生以前年度发生并于本报告年度内终结的诉讼事项。

8.4.3 本报告年度发生，于本报告年度内终结的诉讼事项

本报告期内，公司固有项下未发生本报告年度发生并于本报告年度内终结的诉讼事项；信托项下新增1例于本报告年度发生并于本报告年度内终结的起诉案件；未发生本报告年度发生并于本报告年度内终结的被起诉案件。

该例信托项下起诉案件所涉信托计划为"陆家嘴信托·万诚39号静安协和集合资金信托计划"，涉案金额为12.4亿元，该信托计划的两名委托人均为具有风险识别能力和承受能力的专业机构投资者。公司起诉后于2019年1月23日完成财产保全实现首轮查封，2019年4月15日，上海市高级人民法院出具一审判决支持公司诉讼请求，后融资方提起上诉，2019年12月27日，最高人民法院出具二审（终审）判决书，驳回上诉，维持原判。

8.5 公司及其董事、监事和高级管理人员受到处罚的情况

本报告期限内，公司及董事、监事和高级管理人员未发生受到处罚的情况。

8.6 中国银保监会及其派出机构检查意见的整改情况

2019年中国银保监会青岛监管局通过现场检查、监管谈话等方式对公司加强监管，要求公司进一步完善各项管理机制，包括完善公司治理、完善内控制度、加强业务管理、强化合规理念、提高统计质量等方面。根据相关意见精神，公司认真总结公司日常经营活动中存在的不足，并通过完善机制、修订制度、优化流程、明确责任、加强培训、优化系统等多种手段积极开展相关整改工作，进一步推进了公司全面合规风险管理体系的建设。

8.7 本年度公司重大事项临时事项披露内容

本报告期内，公司未发生需要临时披露的重大事项。

8.8 中国银保监会及其省级派出机构认定的其他有必要让客户及相关利益人了解的重要信息

本报告期内，公司未发生中国银保监会及其派出机构认定的其他有必要让客户及相关利益人了解的重大信息。

9. 公司监事会意见

公司第四届监事会根据《监事会议事规则》及相关法律法规，监督检查了公司重大决策、重大经营活动情况及财务状况，认为公司能依法规范运作，公司董事、高级管理人员在履行公司职务时未发生违反法律、法规、公司章程或损害公司利益的行为，公司年度报告真实反映了公司的财务状况和经营成果。

平安信托有限责任公司

1. 重要提示

1.1　本公司董事会及董事保证本报告所载资料不存在任何虚假记载、误导性陈述或者重大遗漏，并对其内容的真实性、准确性和完整性承担个别及连带责任。本年度报告摘自年度报告全文，客户及相关利益人欲了解详细内容，应阅读年度报告全文。

1.2　独立董事曲毅民、李祥军、陈勇认为，本报告真实、准确、完整地披露了公司2019年度的经营管理情况。

1.3　普华永道中天会计师事务所（特殊普通合伙）为本公司出具了标准无保留意见的年度审计报告。

1.4　公司董事长姚贵平、主管会计工作负责人章永怀、财务部门负责人邹兴国保证年度报告中财务报告的真实、完整。

2. 公司概况

2.1　公司简介

2.1.1　公司法定中文名称：平安信托有限责任公司
公司法定英文名称：Ping An Trust Co.，Ltd.（缩写为 PATC）

2.1.2　公司法定代表人：姚贵平

2.1.3　公司注册地址：深圳市福田区益田路5033号平安金融中心29层（西南、西北）、31层（3120室、3122室）、32层、33层
邮政编码：518048
公司国际互联网网址：https://trust.pingan.com
电子邮箱：Pub_PATMB@pingan.com.cn

2.1.4　信息披露事务负责人：戴巍
信息披露事务联系人：胡滕
电话：4008866338
传真：（0755）82415828
电子邮箱：Pub_PATMB@pingan.com.cn

2.1.5　公司选定的信息披露报纸：《证券时报》《中国证券报》《上海证券报》《证券日报》《金融时报》
公司年度报告备置地点：公司董事会秘书处

2.1.6　公司聘请的会计师事务所名称：普华永道中天会计师事务所（特殊普通合伙）
会计师事务所办公地址：上海市湖滨路202号普华永道中心11楼

2.2　组织结构

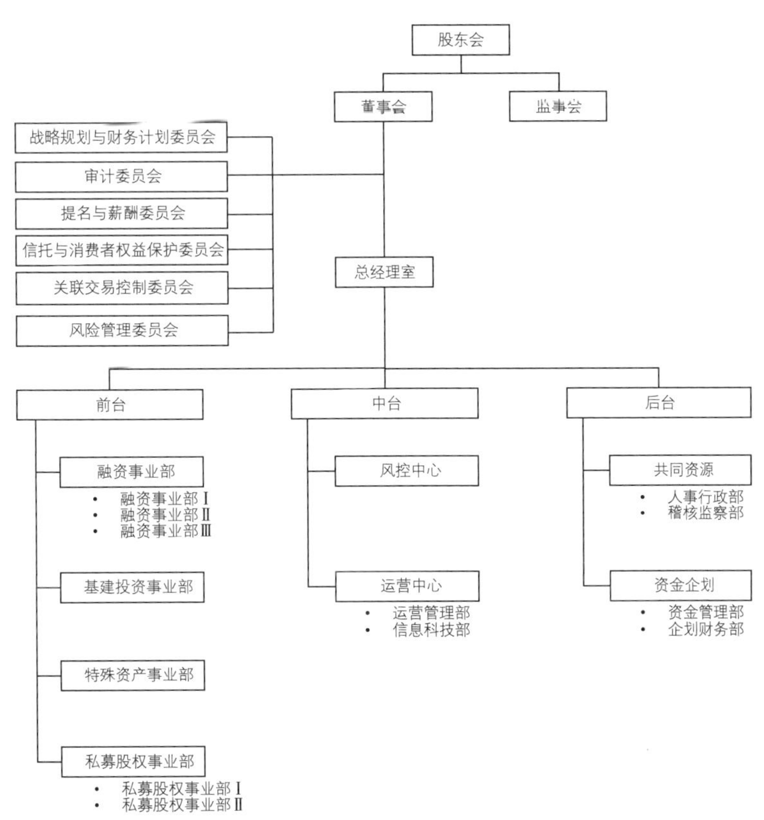

3. 业绩概览

3.1 信托资产规模变动情况

3.1.1 公司报告期的信托资产规模变动情况

	2019年12月31日信托资产规模（万元）	2018年12月31日信托资产规模（万元）	本年末比上年末增减额（万元）	本年末比上年末增减比例（%）
信托资产规模	44 260 816.75	53 412 359.98	-9 151 543.23	-17.13
其中：主动管理型	25 747 680.95	28 669 886.86	-2 922 205.91	-10.19
被动管理型	18 513 135.80	24 742 472.12	-6 229 336.32	-25.18
主动管理型占比（%）	58.17	53.68	上升4.49个百分点	—

3.1.2 公司报告期新增信托项目情况

	2019年度新增信托项目规模（万元）	2018年度新增信托项目规模（万元）	本年末比上年末增减额（万元）	本年末比上年末增减比例（%）
实收信托金额	12 629 948.37	11 788 753.69	841 194.68	7.14
其中：主动管理型	9 033 024.45	9 366 450.45	-333 426.00	-3.56
被动管理型	3 596 923.92	2 422 303.24	1 174 620.68	48.49
主动管理型占比（%）	71.52	79.45	下降7.93百分点	—

3.2 母公司主要会计数据和财务指标

	2019年12月31日（万元）	2018年12月31日（万元）	本年末比上年末增减额（万元）	本年末比上年末增减比例（%）
总资产	2 940 108.90	2 510 926.82	429 182.08	17.09
总负债	609 673.06	439 596.16	170 076.90	38.69
净资产	2 330 435.84	2 071 330.66	259 105.18	12.51
实收资本	1 300 000.00	1 300 000.00	—	—
营业收入	467 860.03	497 785.29	-29 925.26	-6.01
净利润	265 154.55	317 425.25	-52 270.70	-16.47
资产负债率（%）	20.74	17.51	上升3.23个百分点	—
净资产收益率（%）	12.05	14.23	下降2.18个百分点	—

3.3 信托大事纪

3.3.1 平安信托锚定全新发展战略，大力弘扬信托文化

2019年，平安信托响应监管要求，加强主动管理，推进业务结构优化，通过"置放新机制""打造新模式"，在行业内率先启动转型，确定"特殊资产投资、基建投资、服务信托、私募股权投资"四大核心业务方向，助力实体经济高质量发展；同时，大力培育受托文化、合规文化、领先文化在内的信托文化，致力于将平安信托打造成为中国信托业第一品牌。

3.3.2 3 100亿资金支持实体经济，新增产业扶贫近20亿元

2019年，平安信托积极践行ESG责任投资理念，聚焦中西部民生项目、健康、环保及现代制造等重点行业，投入实体经济规模超3 100亿元。同时，公司发挥专业优势，以股权投资、基建投资方式参与平安集团"三村扶贫工程"建设，新增产业扶贫金额近20亿元，助力西藏、内蒙、陕西等省份贫困区域经济发展，为贫困地区引入金融"活水"。

3.3.3 首单特殊资产投资项目成功落地，发行规模近13亿元

2019年，平安信托首个特殊资产投资项目落地，公司成功发行规模12.82亿元的特殊资产收益权信托计划。这是平安信托启动全面转型，深耕特殊资产"生态圈"建设，实现生态经营的标志性成果。从启动特资业务、搭建专业团队到首单项目落地，用时不到3个月，体现了平安信托在特殊资产投资领域具备"特种作战"的综合实力。

3.3.4 基建投资基金化转型成效显著，轻资产业务占比超70%

2019年，平安信托基建投资业务持续推动基金化转型，与行业龙头、活跃对手合作，深入挖掘基建领域权益类资产，为保险类机构客户建立长久期、收益稳定的基建类资产配置。同时，重点关注基础设施新建压力较大、负债率较高的区域，积极参与国有存量资产盘活业务。

3.3.5 多元化专业化产品生态建成，落地多个业内首单业务

2019年，平安信托通过重构产品体系，积极布局夹层、股权等创新业务，建立多元化、专业化的产品生态，年内落地多个业内首单项目，包括国内首单"三绿"资产证券化项目、首单点心债业务、首单亿元级保险金信托业务。

3.3.6 综金升级、区域转型实现突破，年内落地规模超1 100亿元

2019年，平安信托构建全新的团金制式化工作体系，组建综金专营团队，全面打通与平安银行、平安证券等集团各子公司合作,年内落地综合金融业务规模近700亿元。同时,区域团队积极转型,为机构客户提供优质资产管理服务的同时,实体经济对接了稳定且低成本的资金,公司全年为机构客户配置资产超445亿元,同比增长20%。

3.3.7 成功募集55亿消费科技基金,打造集团医疗战略"生力军"

2019年,平安信托通过积极输出长期积累的PE投资与管理经验,助力平安集团股权投资业务发展,协助平安PE全年新增投资万得资讯、君乐宝乳业等领军企业;新增退出项目药明康德、信达生物、NextCure等,取得超4倍的优异投资回报;年内顺利募集完成"平安消费科技2期基金",规模超55亿元。同时,公司通过积极发力科创领域,助力平安集团战略控股联想智慧医疗,成为集团医疗战略生态布局中的"生力军"。

3.3.8 创新和特色化工作机制做精做专,多个特色团队出炉

2019年,平安信托成功建立创新和特色化工作机制,鼓励业务团队聚焦细分领域,做精做专,提升主动管理能力,围绕产品、服务、流程、风控、价格五个方面打造差异化优势。2019年,平安信托已推出"保险年金募资团队""环保资产持有型股权投资团队""高速公路股权投资团队"等多个特色团队。

3.3.9 组织机制持续提速,激发组织活力提升经营效率

2019年,平安信托构建全新人才激励及绩效考评体系,将"发动机"安装到每一名员工身上,打开员工收入、职业和精神通道。同时,公司积极布局新型资金生态圈,打造资金撮合、渠道快速接入方案;实行风险垂直架构管理,构建智能风控、智能法审平台,全面提升经营效率。

3.3.10 平安信托开展"正风肃纪"专项行动暨"砺剑行动"

2019年,响应平安集团统一部署,平安信托开展"正风肃纪"专项行动暨"砺剑行动",启动廉政合规问题专项整治活动,在公司内构建"不敢违、不能违、不愿违"的合规意识,营造风清气正、守法合规的工作氛围,保障公司战略转型和持续稳健发展。

4. 荣誉奖项

2019年,平安信托敏锐把握宏观经济趋势,持续引领行业转型升级,综合实力进一步增强、品牌美誉度不断提升。凭借卓越的创新能力、优秀的客户口碑和在践行企业社会责任方面的突出表现,公司连续获得多方好评,相继斩获《证券时报》"中国优秀信托公司奖"、《上海证券报》"年度卓越公司奖"、《第一财经日报》"最佳创新转型信托公司奖"等十余项权威荣誉,涵盖公司整体、风险管控、产品创新、投资能力、公益慈善、品牌建设等多个领域。

4.1 企业实力

《证券时报》评定的"中国优秀信托公司"奖。
《21世纪经济报道》评定的"最佳信托公司"奖。
《上海证券报》评定的"年度卓越公司"奖。
《金融界》评定的"年度杰出信托公司"奖。
《中国经营报》评定的"卓越竞争力信托公司"奖。
《金融时报》评定的"年度最佳信托公司"奖项。
《每日经济新闻》评定的"年度卓越信托公司"奖。
《第一财经日报》评定的"最佳创新转型信托公司"奖。
《经济观察报》评定的"年度卓越品牌建设公司"奖。

4.2 风控、产品与投资能力

《金融时报》评定的"年度最佳科技赋能信托公司"奖。
《银行家》杂志评定的"十佳智能风控创新"奖。
《上海证券报》评定的"最佳资产证券化信托产品"奖。
《证券时报》评定的"年度优秀资产证券化信托计划"奖。
《金融界》评定的"年度杰出家族信托产品"奖。
《中国证券报》评定的"年度金牛集合信托公司"奖。

4.3 社会责任

《中国网》评定的"优秀扶贫先锋机构"奖。
《华夏时报》评定的"年度支持实体经济"奖。
深圳文化产权交易所评定的"年度深圳公益服务"奖。

5. 愿景使命、经营目标、业务规划

5.1 愿景使命

平安信托紧跟国家发展战略,围绕"稳增长、调结构、化风险、惠民生"的发展理念,以服务实体经济、服务现代金融体系建设和居民美好生活为使命,推动业务回归本源,守正出新,行稳致远,做客户信任、员工支持、股东满意、社会尊重的中国投资投行领域的第一品牌。

5.2 经营目标

平安信托依托平安集团"金融+科技""金融+生态"战略优势和行业领先的团队优势,聚焦产品、投资与风控能力的持续提升,以科技赋能数据化经营,做金融支持实体经济发展的典范,并保持主要经营业绩的行业领先。

5.3 业务规划

平安信托转型聚焦"特殊资产投资、基建投资、服务信托、私募股权投资"四大核心业务,持续深化科技应用,支持业务创新和打造智能服务平台,同时积极执行国际ESG(Environment Social, Governancc)体系推动责任投资和可持续业务发展,持续助力实体经济高质量发展。

5.3.1 聚焦四大核心业务

在特殊资产投资方面,平安信托立足于服务实体经济,致力于探索创新模式与渠道,积极构建特殊资产生态大平台,整合优质资源,助力实体经济风险化解,为企业提供特殊资产投行服务。

在基建投资方面,平安信托紧跟国家战略方向,聚焦城市基础设施、交通、能源等领域,为保险资金和机构投资者提供现金流稳定、风险回报合理的金融产品,支持国家基础设施建设升级。

在服务信托方面,平安信托加强主动管理,聚焦B端业务拓展,为机构投资者提供优质的信托服务。

在私募股权方面,平安信托通过积极输出长期积累的专业

投资与管理经验，聚焦节能环保、高端制造、医疗健康等新兴产业领域内的优质企业，帮助企业提升经营能效和价值，助力国家产业结构升级。

5.3.2 深化科技应用

平安信托持续强化数字化、智能化建设，打造业内智能科技应用典范。一方面，平安信托运用科技手段，构建信托资金、资产、产品运营和经营分析四大智能服务平台，赋能业务与经营；另一方面，不断运用科技手段赋能风控，实现风险的全流程智能化管理，打造行业审慎经营、风险控制最佳的全面风险管理体系。

5.3.3 践行社会责任和推动可持续发展

2020 年是我国脱贫攻坚关键年，平安信托将积极响应平安集团 ESG 责任投资（责任投资、影响力投资、可持续金融、绿色金融）发展理念和“三村扶贫工程”建设号召，将可持续发展、责任投资理念贯彻在业务开展中，以实现绿色的环境、和谐的社会以及可持续的经济建设为目标，聚焦民生基建、绿色环保、医疗健康、高新科技等国家重点发展领域，驱动公司业务的可持续增长，助力实体经济高质量发展；以产业扶贫、慈善信托等方式助力国家精准扶贫攻坚，践行企业社会责任。

6. 市场分析

2019 年，国内经济运行平稳，经济结构不断优化。随着金融监管改革不断深化、“资管新规”细则逐步落地，叠加风险加速暴露因素，信托行业发展面临新的挑战和机遇。

6.1 行业发展面临的挑战

信托行业面临资管行业竞争加剧、监管持续引导市场深化结构调整、市场信用风险加快释放等挑战，推动行业加速转型。

一是资管行业竞争加剧。“资管新规”实施后，各资产管理机构的监管尺度逐渐统一，同业竞争进一步加剧。一方面，竞争主体不断增加，33 家银行理财子公告成立，其中 7 家已开业；另一方面，打破刚性兑付将使信托产品吸引力下降，销售难度进一步加大。

二是监管持续引导市场深化结构调整。监管深入推进资本市场清理整顿，结构化“降杠杆”政策督导力度升级，推动行业加快转型，业务回归本源。2019 年，监管以降通道、控地产、优化结构、遏制规模无序扩张为重点，22 家信托公司收到银保监会、人民银行罚单，罚单金额远超往年。2020 年，监管将继续推进市场乱象整治，压降金融同业通道业务，整治影子银行乱象，加强房地产信托业务管控等；提升风险管控力度，推进建立风险排查常态机制，推动信托公司加速处置风险资产和提升风险抵补能力；引导金融科技应用和加强信托文化建设。

三是市场信用风险加快释放。在多重政策的引导和管控下，以往较为依赖表外融资的企业客户，面临融资渠道收窄的难题，即使在宽信用环境下，企业违约风险仍处于较高水平。2019 年第三季度末，信托风险项目规模突破了 4 000 亿元。信托资产风险率为 2.1%，较第二季度上升 0.56 个百分点。信托行业整体风险率上升至 10 年来最高峰。

四是信托行业转型加速。“三去一补”（去通道、去杠杆、去刚兑、补主动管理能力）仍是行业转型基调，顺应金融供给侧改革，信托行业回归本源，聚焦服务实体经济成为共识。信托公司传统的银信通道、房地产及政信业务持续萎缩，转型探索的供应链金融、普惠金融、消费金融、家族信托等业务尚未形成有效支撑，未来信托公司的盈利水平存在较大的不确定性。

6.2 行业发展面临的机遇

一是宏观经济总体平稳，国家战略带来新的投资机会。2019 年中国国内生产总值逾 99 万亿元，同比增长 6.1%，国民经济各项数据均稳步提升。随着供给侧结构性改革的不断深入，“一带一路”倡议、京津冀协同发展、长江经济带、粤港澳大湾区等国家级战略推动区域发展的良性互动格局加快形成，高铁、高速、公路加快建设；创新发展战略深入实施，新科技、新产业、新生态等新动能快速成长，加快传统产业转型升级；改革财税体制，深入推进简政减税减费，实体经济活力不断释放；推动金融体系改革，引导金融支持实体经济，鼓励直接投融资等，均带来了新的机遇。

二是回归本源，强化主动管理。随着监管政策不断出台，引导信托回归本源、服务实体经济，适度控制增速平稳健康发展已成行业共识。从行业整体看，截至 2019 年第三季度末，投向工商企业的信托资金占比依然稳居首位，信托行业支持实体经济的立业之基坚定不动摇。信托公司逐步由关注资产规模转变为关注资产结构。信托公司积极转型谋发展、提升主动管理能力和业务创新能力，强化风险管控，把握发展速度并提升发展质量与效率。

三是具有不断创新、不断适应市场的制度优势。与其他资管机构相比，信托依旧在多工具、多市场、跨领域资源配置等方面具有不可比拟的优势。信托制度的独立性、灵活性、稳定性和安全性等特点，也使信托公司在家族信托、慈善信托等资管业务上具备优势。

7. 业务经营分析

近年来，依托信托制度优势和平安集团综合金融优势，平安信托与中国信托业一起，立足服务实体经济高质量发展和金融业风险管控，打造金融支持实体经济典范，助力人民美好生活。

2019 年，平安信托贯彻落实国家供给侧改革和“三去一降一补”的政策方向，缩短金融中介链条，以多种综合金融解决方案服务国内众多优秀企业，提升实体经济直接融资占比，降低杠杆率，助力中国经济高质量发展。平安信托聚焦中西部民生项目及健康、环保、现代制造等重点行业，投入实体经济规模超 3 100 亿元；参与平安集团“三村扶贫工程”建设，新增产业扶贫金额近 20 亿元；助力西藏、内蒙、陕西等省份贫困区域经济发展。过去 5 年，平安信托累计投入实体经济规模超过 1.5 万亿元，累计纳税超过 70 亿元。

特殊资产方面，聚焦经济新旧动能转换过程中资源错配、市场出清的机会，通过恢复资产流动性、提升资产运用效率，实现资产价值重新发现或提升。依托平安集团综合金融及科技优势，坚持生态化、投行化、智能化经营，打造特殊资产生态圈，全面布局股权、债权、物权等多元业务模式，打通特殊资产市场的“堰塞湖”“肠梗阻”问题，服务实体经济高质量发展。

基建投资方面，紧跟国家战略方向，顺应“一带一路”建设、粤港澳大湾区、长江经济带发展等重大发展需要，聚焦城市基础设施、交通、能源等领域，为保险资金和机构投资者提供现金流稳定、风险回报合理的金融产品，支持国家基础设施建设升级。一方面，继续保持业内领先地位，发展面向机构客户的高信用信托贷款业务，为高信用客户提供低成本、长久期的、大体量的资金，用于支持国家、地方各大领域的重点基础设施项目建设；另一方面，深入挖掘基础设施股权类资产（如高速公路、风电），强化打造专业投资管理平台，致力成为国内领先的基础设施资产管理人。

服务信托方面，以回归信托本源、支持实体经济为指引，聚焦B端业务拓展，为机构投资者提供专业、高效、差异化的服务。同时建立创新型、专业化的产品生态，发行业内首单“三绿”资产支持票据、落地业内首单点心债业务、新增企业跨境融资服务，助力企业降低融资成本、丰富融资渠道。

私募股权投资方面，以集团战略为指导，聚焦消费升级、高端制造、医疗健康、环保、现代服务五大领域，完善私募股权投资和管理链条，提供全生命周期、一站式金融服务；依托业内精英团队，积极输出长期积累的专业投资与管理经验，为被投企业提供融资服务、资产管理、财务顾问、并购重组等服务；助力集团全力打造涵盖金融、地产、汽车、医疗和智慧城市的五大生态圈。

本公司（本报告中所称的“本公司”或“公司”，均指母公司；本报告中所称的“本集团”或“集团”，则为本公司及其子公司）的主要经营业务包括自营业务和信托业务。

自营资产运用与分布表

资产运用	金额（万元）	占比（%）	资产分布	金额（万元）	占比（%）
货币资产	242 802. 17	8. 26	基础产业	—	—
交易性金融资产	1 400 560. 98	47. 64	房地产业	156 086. 33	5. 31
债权投资	84 886. 33	2. 89	证券市场	—	—
其他权益工具投资	498. 91	0. 02	实业	443 620. 55	15. 09
长期股权投资	943 569. 79	32. 09	金融机构	2 287 126. 02	77. 79
应收股利	35 670. 00	1. 21	其他	53 276. 00	1. 81
其他应收款	176 249. 01	5. 99			
其他	55 871. 71	1. 90			
资产总计	2 940 108. 90	100. 00	资产总计	2 940 108. 90	100. 00

注：1. 除特别说明外，本报告中数据均以人民币计量。

2. 资产运用中“其他”项主要包括固定资产、无形资产、递延所得税资产、使用权资产等。

信托资产运用与分布表

资产运用	金额（万元）	占比（%）	资产分布	金额（万元）	占比（%）
货币资产	907 207. 49	2. 05	基础产业	3 625 437. 09	8. 19
贷款	24 910 085. 77	56. 29	房地产	13 148 769. 36	29. 71
交易性金融资产	6 091 730. 93	13. 76	证券市场	5 754 664. 06	13. 00
可供出售金融资产	5 699 593. 75	12. 88	实业	13 727 438. 17	31. 01
持有至到期投资	99 491. 78	0. 22	金融机构	7 579 740. 49	17. 13
长期股权投资	1 035 758. 98	2. 34	其他	424 767. 58	0. 96
买入返售资产	121 535. 59	0. 27			
其他	5 395 412. 46	12. 19			
资产总计	44 260 816. 75	100. 00	资产总计	44 260 816. 75	100. 00

8. 内部控制、风险管理

8. 1　内部控制

8. 1. 1　内部控制环境和内部控制文化

公司一贯致力于构建符合国际标准和监管要求的内部控制体系，根据风险状况和控制环境的变化，持续优化内部控制机制。根据国家法律法规以及各监管机构的要求，公司以现代国际一流金融企业为标杆，秉承综合金融发展战略，结合经营管理需要，践行“法规 +1”的合规理念，贯彻“目标明确、覆盖全面、运作规范、执行到位、监督有力”的方针，完善内部控制运行机制，着力提高抵御风险的能力，确保公司经营管理合法合规，符合监管要求，促进业务可持续健康发展。公司遵循“以制度为基础、以风险为导向、以流程为纽带”思路，强化内部控制日常化运作机制，持续提升内控工作的水平和效果，为公司持续稳健发展提供保障。

公司根据《中华人民共和国公司法》《中华人民共和国信托法》《信托公司管理办法》《信托公司治理指引》及《企业内部控制基本规范》等国家相关法律法规和《公司章程》的要求，建立了由股东会、董事会、监事会和高级管理层组成的法人治理结构，形成了权力机构、决策机构、监督机构和管理层之间分工配合、相互协调、相互制衡的运行机制。公司股东会、董事会、监事会均按照相关法律、法规、规范性文件及《公司章程》的规定，规范有效地运作。公司完善的法人治理结构为公司内部控制目标的实现提供了合理保证。

公司积极开展合规文化建设，为合规管理工作的开展和内部控制建设营造优越的内部环境及合规文化氛围。公司通过《员工行为准则》，对违纪类型、违纪处理流程等作出明确规定，倡导员工诚信守法、廉洁自律，遵守公司内部规章制度，维护公司形象及社会公共秩序；通过《“红、黄、蓝”牌处罚制度》体系，对员工违规行为严格惩处，营造良好的内控环境；通过《合规手册》，明确公司合规管理职责，完善内部控制和风险管理体系；推动员工签署《合规履职承诺函》，从遵法守规、商业秘密、利益冲突等方面规范员工行为，提升员工知法守规意识。此外，公司通过全员大会、宣导专刊、面授培训、知鸟课程等多种形式高频次地开展内控文化宣导，在全公司范围内营造高层垂范、人人合规的良好氛围，增强全员合规内控意识。

8. 1. 2　内部控制措施

按照相关法律法规、监管规定和内部制度的要求，公司建立了组织架构完善、权责清晰、分工明确、人员配备精良的内部控制组织体系。公司董事会负责内部控制的建立健全和有效实施，董事会下设审计委员会，负责监督、审查、评价公司内部控制的实施情况，协调内部控制审计及其他相关事宜；监事会负责对董事会建立与实施的内部控制进行监督，对公司管理层履职情况进行检查监督；2019 年，公司持续加强“业务及职能部门直接承担管理、法律合规部门统筹推动支持、稽核监察部门监督检查审计”三道防线的分工与协作，强化工作衔接与信息共享机制，有效地实施内部控制，实现内部控制“促管理、促发展、促效益”的目标。公司持续优化内控治理结构，完善操作风险与内控管理、关联交易管理、反洗钱管理、授权管理、绩效考核管理、消费者权益保护管理、员工行为管理等机制，持续优化公司内部控制政策、框架、流程、系统及工具标准，提升管理水平，并加强高风险事件管控，防范系统性风险及风险传递，落实合规内控考核，进一步促进内部控制有效实施。2019 年，公司继续贯彻落实《企业内部控制基本规范》及配套指引的相关要求，积极开展内控评价工作，如期完成公司层面控制、信托管理、财务管理与信息技术控制等流程的内控自评工作；同时，公司持续关注主要业务和新增业务的合规发展和内部控制，通过有效识别、评估以防范和化解内控风险，为公司的稳健经营提供保障。

8.1.3 监督评价与纠正

公司已形成事前、事中与事后“三位一体”的风险管理和监督评价体系，对业务环节和经营管理进行持续性的全方位、全过程的监督、评价与纠正。2019 年度全面完成内部控制检查评价计划，符合《企业内部控制基本规范》等监管规定和公司完善治理结构、强化内部控制体系建设的总体要求。

事前监督主要从制度建设、制度与流程检视与完善、风险信息收集、识别与监测整合等方面展开，对公司的内部控制进行事前管理；事中监控包括投资评估部和法律合规部的业务评审、风险管理部和资产监控部的业务监控、业务部门及投后管理团队的持续监控；事后监督通过常规稽核、专项稽核、离任稽核、信访调查等模式发现、评估公司经营中存在的制度和流程执行缺陷，并建立规范的后续整改跟踪程序确保改进措施得到落实，有效提升公司的内控水平。

8.2 风险管理

8.2.1 风险管理概况

2019 年公司围绕整体战略转型布局，持续优化风险管理机制，推动落实“全员参与、全流程管控、业务全覆盖”的风险管控体系。公司建立定期沟通汇报机制，全面宣导公司整体业务情况及各类风险管控要求，充分沟通并深入了解各项业务开展情况及面临的风险状况，提前应对，严守风险；进一步提高业务与资产信息的透明度，“横到边、竖到底”，强化“投前、投中、投后”全员参与及全流程管控。

公司设风控部，并按照具体工作职责划分评审、资产监控、法律合规及风险管理等，其中评审负责业务投前评估审核，充分研究及分析业务风险，前端管控；资产监控负责业务投中及投后的监控及处置，严格落实业务投后管理；法律合规负责对业务的合规性、以及相关的法律事项进行把控，保障公司各项业务在符合监管要求的前提下合规展业；风险管理负责对交易对手信用评级以及风险管理相关系统的维护等。

报告期内，公司完善全面风险管理体系，梳理风险管理范畴，优化风险管理类型，涵盖信用风险、市场风险、流动性风险、合规操作风险（含运营风险、信息科技风险、关联交易风险、其他操作风险）、声誉风险等，并搭建了统一的系统、大数据平台及统一的汇报机制，进一步提升风险管理的全面性，强化对各类风险的管控措施。同时，公司明确整体风险偏好，建立 2019 年风险偏好与限额体系，持续做到保持充足的净资本，严控资产质量水平，确保市场风险可承受，保持充裕的流动性，满足监管的合规管理要求，维护良好的声誉，提升运营风险识别及防范能力，确保公司信息系统安全稳定等。

8.2.2 风险状况

8.2.2.1 信用风险状况

信用风险是指交易对手未能履行合同所带来的经济损失。公司主要表现为：在信托贷款、资产回购、后续资金安排、担保、履约承诺等交易过程中，借款人、担保人、保管人（托管人）等交易对手不履行承诺，不能或不愿履行合约承诺而使信托资产或自有资产遭受潜在损失的可能性。

信托业务的信用风险主要来自融资类信托业务。报告期内，公司顺利完成 149 个融资类信托项目的终止清算，分配信托本金 1 210.25 亿元，实现了信托业务的预期目标，履行了受托人的尽职管理职责。

固有业务信用风险主要来自固定收益类资产。公司结合各项固有资产性质、日常监测情况和风险项目专项排查结果，对所有资产是否存在减值迹象及其可回收金额进行逐一检视。报告期末，公司固有业务信用风险资产按照资产五级分类结果为：（1）正常类资产为 278.42 亿元；（2）关注类资产为 8.79 亿元；（3）次级类资产为零；（4）可疑类资产为 2.00 亿元；（5）损失类资产为 0.18 亿元。公司不良资产期初余额为 0.18 亿元，期末余额为 2.18 亿元。

此外，公司依据《信托公司管理办法》，信托赔偿准备金按照净利润的5%提取，报告期公司提取信托赔偿准备金 1.33 亿元，期末余额为 13.53 亿元；公司依据财政部《金融企业准备金计提管理办法》，报告期计提一般风险准备金 0.66 亿元，期末余额为 3.81 亿元；公司按照会计准则要求计提各项资产的减值损失准备，报告期计提资产减值准备 2.28 亿元，期末余额为 2.47 亿元。

对于保证贷款管理原则主要是通过建立健全保证担保管理制度，恰当选择保证担保方式，完善保证担保手续，规范保证担保合同内容，强化贷后管理，实现保证担保债权，提高贷款的安全及流动性。

对于抵押品的确认遵循合法性、有效性、审慎性、从属性等主要原则，包括：（1）押品管理应符合法律法规规定，确保抵押品合法；（2）抵（质）押担保手续完备，押品估值合理并易于处置变现，具有较好的债权保障作用，确保抵押品有效；（3）充分考虑押品本身可能存在的风险因素，动态评估押品价值及风险缓释作用，审慎管理抵押品；（4）抵押品缓释信用风险以全面评估债务人的偿债能力为前提。

同时，根据每笔信托业务的情况，内部合理设定抵押品及贷款本金之比，确保贷款本息与抵押品评估价值在一定的合理范围，充分缓释业务的信用风险。

8.2.2.2 市场风险状况

市场风险是指由于市场价格或利率波动而导致的对金融工具的资产价值产生负面波动的风险，可以区分为系统性风险和非系统性风险两大类。公司所面临的市场风险主要是指由于市场价格，如利率、股票价格、债券价格等波动而造成的信托资产损失的风险。报告期内，公司严格依据信托合同进行投资运营，确保各项风险控制措施有效执行，有价证券投资类信托产品整体运行平稳。

另外，公司固有业务未投资二级市场证券，报告期内，因股价、市场汇率、利率及其他价格因素变动而产生的风险极小，对公司的盈利能力及财务状况无重大影响。

8.2.2.3 流动性风险状况

流动性风险是指公司短期内资金周转困难无力偿付到期负债而造成损失或破产的风险。公司对流动性风险高度重视，从监控流程、管理制度、识别分析、压力测试等多角度进行管理，确保公司稳健经营。报告期内，公司动态监测流动性风险指标、推动落实各项管控措施，有效把控流动性风险。

8.2.2.4 操作风险状况

操作风险是指由不完善或有问题的内部程序、员工和信息科技系统，以及外部事件所造成损失的风险。报告期内，公司不断完善制度管理、加强流程规范，并强化监督问责机制，操作风险得到有效防控和控制。

8.2.2.5 其他风险状况

公司面临的其他风险包括运营风险、声誉风险、信息科技风险、关联交易风险等。报告期内，公司通过差异化管控措施，严控其他各类风险，未出现重大风险事件。

运营风险是指在覆盖整个价值流程中任何由于在操作流程、人员及跨部门协作的不足或失误而引致的风险损失。

声誉风险是指由公司经营、管理及其他行为或外部事件导致利益相关方对公司负面评价的风险。

信息科技风险是指信息科技在公司运用过程中，由于自然因素、人为因素、技术漏洞和管理缺陷产生信息安全事件和信息系统故障的风险；报告期内，公司信息科技风险监测指标均达标，未发生重大信息安全和信息系统故障事件。

关联交易风险是指公司在关联交易控制过程中，由于关联方界定不准确、关联交易定价不合理以及关联交易活动中断等原因导致的各种风险。

8.2.3 风险管理

8.2.3.1 信用风险管理

公司持续完善信用风险的管理架构，规范投融资业务管理流程，及时出台配套的管理制度，完善制度体系；根据外部环境变化适时调整风险策略，明确风险策略重点支持领域，加强风险管理的前瞻性和引领性；加强量化管理工具应用，提高精细化管理水平，树立风险与收益匹配意识；梳理投后管理各项操作流程、完善修订投后管理规章制度办法；搭建统一的投后管理平台，做到统一台账管理、统一账户监管、统一系统管理和统一信息披露，对全产品线实行分类管理和全流程监控，遵循实质重于形式原则制定标准化管控流程和风险监控方案；推行统一的投后闭环信息管理平台，实现从风险资产识别、上报、预案到风险处置和履职排查的标准化流程管理。具体表现为以下几个方面。

在信用风险防控方面，平安信托对于项目的甄选有着严格的准入标准，明确了投融资业务在行业选择、客户选择、信用评级、项目选择、投融资商业逻辑及合理规模、区域选择、担保方式、具体风控措施等各方面要求。在信用风险跟踪及监控方面，平安信托通过定期及日常跟踪分析宏观及微观经济情况、各行业动态、国家及监管政策、交易对手情况、区域市场情况，动态梳理主要行业项下的交易对手合作名单、区域市场展业要求。抵押品方面，平安信托主要选择流动性较高且不存在产权瑕疵的不动产作为抵押品；抵押率方面，为审慎控制信用风险、保护信托投资人权益，平安信托以抵押物评估净值作为抵押率分母，并根据区域市场体量及市场活跃度、抵押品业态及流动性，核定可接受的不同抵押率。

投前审查方面，平安信托不断优化审批流程及机制，持续优化尽调、评审报告模板；决策阶段建立项目集中审议制及分级授权制；项目投中实行双人核实，集中审查，即合同面签、抵质押登记与权证领取等流程均双人完成，并实行放款审查集中管理。建立与完善健全科学、有效的风险信息监测及预警机制；项目投后实行“分类管理、全程监控”，针对项目管控难易情况，制定“一户一策”专项管控方案。同时，采用非现场、现场检查相结合的方式持续动态监控。非现场检查方面，强化贷款资金使用监管，同时建立健全舆情监控机制，充分利用公司内外部资源多方面了解客户、项目、所在区域及行业的潜在舆情信息，及时开展舆情分析及风险排查，提升项目投后日常监控的质量。现场检查方面，加大现场风险排查力度，根据项目风险程度对重点客户、重点行业和重点区域实施差异化管理，针对房地产业务定期进行压力测试，地方政府融资平台、大型企业集团加强舆情监测管理，做好对存量资产的整体投后管控，防范风险进一步新增。

在风险与收益匹配方面，公司继续完善量化管理体系，有效运用量化管理工具，逐步推进信用评级在风险准入、投后管理、风险计量等方面的应用，采用科学定量方法，为保证业务决策工作的准确度和一致性提供有力的支持。

在风险处置方面，公司高度重视风险项目的处置、化解，通过成立专门的清收处置团队，提升专业化水平，综合施策、创新手段、精准化解。在合法合规的前提下，及时有效地化解项目风险，维护委托人合法权益。

8.2.3.2 市场风险管理

2019年公司持续完善与风险管理战略相适应的市场风险管理体系，优化业务流程、限额管理、监控报告及日常管控流程，提高市场风险管理的针对性和有效性。在日常管理中，加强对宏观经济及市场走势的预判，进一步提升市场风险管理的有效性及精细程度，建立健全投资集中度、加权久期、投资规模等限额管理体系，根据市场形势变化，适时调整产品组合策略；及时跟踪市场舆情及风险事件，监控市场利率变动及限额执行情况；同时建立定期汇报机制，及时向公司管理层汇报公司整体及各业务部门的市场风险状况以及变化情况。

公司从管理层和投资者能够承担的风险出发，根据对市场行情的跟踪和研究，对于可能出现的风险事件，也建立了相应的内外部风险处置流程。设定合理的情景，对资产组合进行利率压力测试，准确把握不同市场行情下资产风险敞口大小，并据此向投资者充分披露。另外，公司严格履行受托人的尽职管理职责，严格按照信托法律、法规及合同进行操作和处理信托事务。

8.2.3.3 流动性风险管理

2019年公司继续完善流动性风险管理体系，流动性管理坚持全面性、审慎性、前瞻性、合规性等原则，完善流动性管理框架，从风险识别、风险计量、风险监测及风险控制方面细化管理程序。各部门在风险管理中各司其责，充分运用合理的管理手段，强化对流动性风险的管控。

公司根据业务发展需要，更新流动性风险偏好，结合以往流动性风险管理经验，继续完善流动性风险管理监控和限额指标，并实现了流动性风险管理逐日盯市和限额监控管理手段。同时，继续完善流动性压力测试体系，从搭建应急小组、完善应急流程、加强事后处理及定期演练方面确保应对紧急情况下的流动性需求。依据市场环境变化对模型假设、参数进行调整和更新，实现定期压力测试和报告，以检测公司整体和产品的承压能力，并根据压力测试结构制定相应应急计划。此外，完善了流动性风险报告体系，确保能够提前准确地反映流动性风险，并针对市场不利变动储备有效的应急措施。

通过对流动性风险管控机制和措施的改进和加强，公司不仅提高了流动性风险的管理和监控水平，同时还有效提升了自身的资金运营效率，保证了公司高效、稳定的运行。

8.2.3.4　操作风险管理

公司持续落实监管规定及公司操作风险管理策略，以现行合规管理以及内部控制体系为基础，整合监管及行业关于操作风险管理的先进标准、方法和工具，优化操作风险管理架构，完善操作风险管理制度，加强各部门配合与协作，确立日常监测与报告机制，定期向管理层汇报操作风险整体情况；运用操作风险三大工具，从事前、事中、事后三个维度进行风险监控与数据分析；推动开展年度操作风险与控制自我评估，全面检视及优化重要业务流程；针对高风险事件开展专项检视，防范、化解业务风险；同时建立了常态化与专题化相结合的宣导机制，持续提升操作风险管理的有效性及水平。

公司主要通过以下机制和措施管理操作风险。

一是建立健全公司操作风险识别、评估、监测、控制、缓释、报告的全面管理体系。

二是持续优化公司操作风险管理政策、框架、流程、系统及工具标准，提升操作风险管理水平。

三是优化并推动各业务职能部门运用实施操作风险管理工具，如风险与控制自我评估、关键风险指标、操作风险损失事件收集。

四是关键风险领域开展专项排查检视。

五是通过开展操作风险管理方面的培训倡导，推动操作风险管理文化建设。

8.2.3.5　其他风险管理

运营风险方面，公司不断完善运营管理体系，统筹梳理运营范畴内产品全周期主流程，整理涉及运营品质及时效服务方面多项预警措施，通过各项预警建设，提升运营风险识别及管控能力。另外，持续优化系统建设，加强运营管理流程的系统化控制，规划搭建新信息披露平台，实现作业流程线上一体化，流程中增加时效管理及预警提示，并支持报表管理，实现对相关风险的动态、有效监控。此外，公司启动并实施了流程优化项目，按业务类型梳理业务流程，提出优化点及控制点，并完善运营系统功能，确保数据完整、及时和准确。项目覆盖各类型资产的投前、投中、投后全流程，兼顾新增业务和存量业务，最终实现统一操作入口，一次性录入数据，规范业务流程，降低操作风险。通过流程及系统优化，提升运营风险管理能力。

声誉风险方面，公司重视声誉风险管理，将其纳入公司全面风险管理体系，提升声誉风险主动管理能力。报告期内，公司进一步明晰公司声誉风险管理组织架构，规范声誉风险管理处理流程，形成覆盖事前、事中、事后全流程的工作响应机制，包括风险排查、分析研判、制作预案、风险整改、舆情应对、声誉修复等环节。报告期内，公司组织多次声誉风险排查，拟定预警应对方案，有效管理负面舆情，并通过积极的舆论引导，配合并推动公司风险项目的整体化解与处置。

信息科技风险方面，公司持续完善信息安全和 IT 运营管理，保障信息系统安全、持续、稳健运行。为进一步加强信息安全管理，公司完善了信息安全管理制度和信息安全管理委员会章程，并强化监督审计和培训宣导工作，在日常工作中营造“信息安全，人人有责”的氛围。报告期内，公司圆满完成了广东省“护网 2019”攻防演习和中华人民共和国成立 70 周年网络安全保障任务，公司信息系统也顺利通过了等级保护测评。同时，公司积极参与行业课题研究工作，牵头的《信托公司信息安全管理建设研究》课题报告入围“2019 年信托业十大研究课题”。为进一步加强 IT 运营管理，优化了运维管理制度，规范了信息系统运营流程，针对系统情况进行实时监测预警、快速响应、及时处理、追踪通报、优化改进，保障稳定运行。公司采用异地远程灾备模式，以保证关键信息系统能够在重大灾难发生后，在一定的时间内恢复必要的处理能力，保障业务连续性。

关联交易风险方面，公司修订完善《关联交易管理制度》，将主要股东及其控股股东、实际控制人、关联方、一致行动人、最终受益人纳入公司关联方清单，并增加了对股东相关信息的披露要求，修订了《董事会关联交易控制委员会议事规则》及《董事会关联交易控制委员会授权规则》，进一步优化了关联交易授权审批体系。2019 年公司未出现关联交易风险状况。

9. 信托业务创新成果和特色业务情况

公司在传统业务稳健发展的基础上，积极开展创新与特色业务。

9.1　守正出新，布局特殊资产投资业务

一方面，公司通过股权投资、基建投资等“常规作战”方式支持实体经济，培育经济新引擎、新动能；另一方面，在战略选择上守正出新，聚焦新旧动能转换过程中资源错配、市场出清、存量资产盘活的机会，把特殊资产投资作为转型四大核心业务之一，以“特种作战”思维，解决市场存在的问题，为实体经济减缓相关风险压力。

特殊资产投资业务，是聚焦困境地产和基建项目，关注困境资产流动性折价的恢复、主动管理带来的资产增值及跨周期资产价值的提升，打通资产沉淀在渠道环节的“堰塞湖”，疏通困境资产难以消化的“肠梗阻”，助力实体经济风险化解；以“智能化、生态化、投行化”的理念开展业务，打造信托行业特殊资产经营顶尖品牌。

9.2　推进特色化转型，鼓励做精做专，建立多支特色团队

2019 年，公司启动战略转型，并建立了特色化工作机制，旨在鼓励业务团队聚焦细分领域，做精做专，提升主动管理能力。公司特色化建设推动各业务团队通过深层错位，寻找差异化的定位，形成核心竞争力，打造可持续的、富有生命力的发展模式，获得市场数一数二的领先地位，同时成为公司重要的利润支撑和转型先锋。截至 2019 年末，公司已经认定保险年金募资、高速公路股权投资、债券委外、持有型环保资产投资等多支特色团队。

未来，平安信托将在平安集团“金融 + 科技”“金融 + 生态”战略指引下，继续在信托业务领域锐意进取，开拓创新，提高主动管理能力及团队专业能力，为企业提供更加专业化、多

元化的金融服务，切实助力实体经济高质量发展。

10. 消费者权益保护工作

为维持公平、正义的市场环境，促进金融市场健康稳定运行，有效维护金融消费者合法权益，实现金融机构可持续健康发展，平安信托恪守社会公德，依法经营，诚信经营，积极落实消费者权益保护各项工作，使金融消费者合法权益得到保障。

2019 年，平安信托升级了消费者权益保护体系，通过完善消费者权益保护工作制度体系、建立消费者权益保护工作机制、加强金融消费者权益保护宣传教育等提升强化公司员工消费者权益保护意识，同时帮助消费者识别风险，增强风险防控能力。

10.1 完善消费者权益保护工作制度体系

根据监管要求和市场变化，平安信托对消费者权益保护制度进行全面检视和梳理，新增制度 3 个，包括《金融消费者权益保护管理办法》《消费者权益保护工作考核细则》《金融消费者权益保护宣传教育工作管理办法》，修订制度 6 个，包括《客户信息管理办法》《信托产品息披露管理办法》《产品风险评级管理办法》《客户投诉管理办法》《重大事项报告管理办法》《群体性上访事件应急预案》，进一步建立建全消费者权益保护的制度体系。

10.2 建立消费者权益保护工作机制

平安信托设立专职部门作为消费者权益保护的统筹部门，负责落实安排消费者权益保护的日常管理工作机制，包括定期会议沟通、定期高管汇报，确保高级管理层对消费者权益保护工作进行系统有效的指导监督，切实将消费者权益保护工作纳入企业文化建设和经营发展战略中。

10.3 加强金融消费者权益保护宣传教育

在公众宣传教育方面，平安信托开展了多场金融消费者权益保护活动，2019 年“3・15”期间，平安信托围绕中国银保监会公布的活动口号“以消费者为中心优化服务”，通过官方微博、微信公众号和官方网站策划推出多篇投资者教育主题文章；2019 年 11 月举行“消费者权益保护进社区”活动；制定“平信科普绘”系列宣传材料，2019 年 12 月完成了《平信科普绘第一期：认识你自己》的制作并通过官方网站、微信公众号等多个渠道宣传，意在主动预防和化解潜在矛盾，引导消费者正确使用金融服务，依法维护自身权益。

除了公众宣传教育，2019 年平安信托还开展了“金融消费者在身边”的全员培训活动，通过培训，有效提升了员工的消费者权益保护意识和业务技能水平。

11. 社会责任履行情况

11.1 发挥党委政治引领作用

报告期内，公司高度重视党建工作，充分发挥党委政治引领与政治核心作用。在架构设置中，完成平安信托第三届党委、纪委的组建，明确党委未来 5 年的工作方向与工作路线，新一届党委成员与公司经营班子实现“双向进入、交叉任职”的要求；在日常管理中，公司党委会与每月经营班子重要会议“两会合一”，党委制定《党委会议事规则》，明确党委会整体工作机制与工作内容，将党委会审议纳入公司“三重一大”的决策中，确保将党的理论路线、方针政策和上级党组织要求贯彻到公司经营管理过程中，促进公司持续、健康、稳定发展。

11.2 转型升级服务实体经济

报告期内，平安信托坚持回归业务本源，加强主动管理，一方面，公司通过股权投资、基建投资等“常规作战”方式支持实体经济，培育经济新引擎、新动能；另一方面，公司在战略选择上守正出新，聚焦新旧动能转换过程中资源错配、市场出清、存量资产盘活的机会，把特殊资产投资作为转型四大核心业务之一，以“特种作战”思维，解决市场存在的问题，为实体经济减缓相关风险压力。数据显示，平安信托 2019 全年投入实体经济规模超过 3 100 亿元，投向工商企业资金占比超 44%，诸多信托项目涉及医疗健康、新能源、环境保护、先进制造等国家重点发展的产业。

11.3 助力国家精准扶贫

平安信托响应国家精准扶贫和平安集团“三村扶贫工程”号召，报告期内完成产业扶贫投资近 20 亿元，助力西藏、内蒙、陕西等省份贫困区域经济发展。同时，平安信托发挥自身专业优势，通过推出慈善信托，打造公益信托产品平台，开展精准扶贫活动，开创了“金融 + 公益”的崭新模式。作为国内首支集合永续型慈善信托，由平安信托受托管理的“中国平安教育发展慈善信托计划”累计总规模超过 2 000 万元。经过两年多的运作管理，该慈善信托已资助包括“幕天公益・捐书助教”“中国支教 2.0・远程网络教室”“蔚蓝行动・关注特殊儿童教育”等在内的十余个教育类慈善项目，落地公益资金超过千万元，并通过定向开放募集，壮大资金规模。

11.4 重视文化驱动培育信托文化

2019 年中国信托业年会提出，信托业在转型发展的关键时期，全行业要下大力气开展文化建设，通过文化的力量重塑行业新形象，注入发展新动能；同时要重视和强化合规建设，坚守合规底线。一直以来，平安信托高度重视文化建设，将管理机制的升级、信托文化的培育作为公司转型发展的动力。

2019 年下半年，平安信托提出“守正出新，行稳致远，打造中国信托业第一品牌”的愿景目标。一方面，平安信托按照专业、勤勉、尽职的要求积极培育受托文化、信义文化，严格履行受托人的义务，升级完善消费者权益保护体系，通过将消保工作纳入《公司章程》、完善消保工作机制、举办形式多样的宣传活动全面加强消费者权益保护工作。2019 年 11 月，平安信托在深圳、上海等地举办“消费者权益保护进社区”活动，公司董事长姚贵平带领近 600 名员工现场宣誓，全面加强消费者权益保护工作。另一方面，平安信托全面加强风险管控，在公司内部开展“正风肃纪”专项行动，强化合规经营意识，改进工作作风，营造简单务实、风清气正的合规文化。

11.5 倾听员工心声、解决员工诉求

报告期内，公司以倾听员工心声为方向，重点解决员工诉

求，促进公司“置放新机制、打造新模式”，提升员工凝聚力与归属感。公司层面，公司党委书记、董事长牵头发起“建言献策直通车”沟通协调机制，4 期直通车项目共计收到调查问卷 518 份，解决员工关注共性问题 409 项，打通公司员工与管理层之间沟通交流的“绿色通道”、发现经营管理中的薄弱环节，汇集助力公司发展的“金点子”；基层员工层面，公司组织各部门代表“倾听心声”沟通会，从需求痛点、难点、热点出发，更好倾听各部门员工需求心声，加强与各部门的连接与沟通；工会平台层面，组织各部门员工推选固定员工代表参与议事，并召开两次员工代表大会，审议工作制度，维护员工权益。

12. 公司治理结构

12.1 股东

报告期末公司股东总数为 2 家。

股东名称	持股比例(%)	法定代表人	注册资本(亿元)	注册地址	主要经营业务及主要财务情况
★中国平安保险(集团)股份有限公司(以下简称平安集团公司)	99.88	马明哲	182.80	深圳市	投资金融、保险企业；监督管理控股投资企业的各种国内、国际业务；开展资金运用业务。2019 年末其资产总额为 82 229.29 亿元。
上海市糖业烟酒(集团)有限公司	0.12	龚屹	5.54	上海市	食品贸易，产业投资与管理，现代服务业等。2019 年末其资产总额为 87.10 亿元。

注：★为公司最终实际控制人。

报告期内，公司股东及持股比例未发生变化。

报告期末，公司股东及其控股股东、实际控制人、一致行动人、最终受益人情况如下。

股东名称	该股东的控股股东	该股东的实际控制人	该股东的一致行动人	最终受益人
平安集团公司	无	无	无	平安集团公司
上海市糖业烟酒(集团)有限公司	光明食品(集团)有限公司	光明食品(集团)有限公司	无	上海市糖业烟酒(集团)有限公司

报告期末，平安集团公司的关联方情况详见公开挂网的《中国平安保险(集团)股份有限公司 2019 年年度报告》。

报告期内，公司股东无出质公司股权情况。

12.2 董事

董事长、副董事长、董事

姓名	职务	性别	年龄(岁)	选任日期	所推举的股东名称	该股东持股比例(%)	简要履历
姚贵平[1]	董事长	男	58	2019 年 8 月	平安集团	99.88	2007 年加入平安集团；现任平安信托董事长；高级会计师，获得湖北教育学院经济管理专业学士学位。
宋成立	副董事长	男	59	2016 年 11 月	—	—	1992 年 12 月加入中国平安，2003 年 7 月加入平安信托；现任本公司副董事长、总经理；获青岛海洋大学经济学硕士学位。
姚　波	董事	男	49	2007 年 12 月	平安集团公司	99.88	2001 年 5 月加入中国平安；现任平安集团公司执行董事、常务副总经理、首席财务官、总精算师。曾任职德勤会计师事务所精算咨询高级经理；获美国纽约大学工商管理硕士学位。
李　锐	董事	男	49	2018 年 12 月	平安集团公司	99.88	2017 年 10 月加入平安集团；现任平安集团财务总监兼财务部总经理；获美国明尼苏达州立大学工商管理硕士学位。
高　鹏	董事	男	43	2015 年 2 月	平安集团公司	99.88	现任平安集团公司人力资源中心薪酬规则部总经理；获浙江大学金融学学士学位。
沈建厅	董事	男	57	2018 年 12 月	上海市糖业烟酒(集团)有限公司	0.12	2017 年 11 月起任上海市糖业烟酒(集团)有限公司财务总监，获中国人民解放军空军政治学院经济管理专业本科学历。

注：2019 年 6 月 14 日，公司 2019 年第一次临时股东会选举姚贵平为公司董事；后经监管批复同意，8 月 16 日，公司正式任命姚贵平为平安信托有限责任公司董事长，姚贵平正式履职。

独立董事

姓名	所在单位及职务	性别	年龄(岁)	选任日期	所推举的股东名称	该股东持股比例(%)	简要履历
曲毅民	退休	男	65	2014 年 12 月	—	—	曾供职于中远集团、远洋地产，并曾担任平安集团、招商银行、华泰保险等多家公司董事；高级会计师，大专学历。
李祥军	中勤万信会计师事务所执行合伙人	男	57	2017 年 3 月	—	—	现任中勤万信会计师事务所执行合伙人，并担任中国并购公会(全联并购公会)副会长，深圳市企业战略理财研究会会长等社会职务。

续表

姓名	所在单位及职务	性别	年龄（岁）	选任日期	所推举的股东名称	该股东持股比例（%）	简要履历
陈　勇	上海海高咨询有限公司董事总经理	男	57	2015 年 3 月	—	—	现任上海海高咨询有限公司董事总经理。曾供职于伯林翰律师事务所、美国 Navios 公司；获纽约州立大学海运学院理学硕士学位。

12.3 监事

监事会成员

姓名	职务	性别	年龄（岁）	选任日期	所推举的股东名称	该股东持股比例（%）	简要履历
胡剑锋	监事会主席	男	43	2017 年 4 月	平安集团公司	99.88	现任平安集团稽核监察部总经理。
许　黎[1]	监事	女	38	2017 年 4 月	平安集团公司	99.88	现任深圳平安综合金融服务有限公司稽核监察项目中心稽核咨询服务部副总经理。
方渭清	监事	男	43	2010 年 12 月	职工代表	—	现任本公司稽核监察部副总经理
孔祥云〔注2〕	外部监事	男	65	2019 年 11 月	—	—	曾供职于江西财经大学、江西华财大厦实业投资公司、中国投资银行深圳分行、平安银行深圳分行，并担任振业集团、长盈精密、海能达等多家公司董事。

注：2019 年 11 月 8 日，公司 2019 年第二次临时股东会审议通过聘任孔祥云为公司外部监事的议案，股东监事许黎不再担任公司监事一职。

12.4 高级管理人员

报告期末，公司在职高级管理人员情况如下：

姓名	职务	性别	年龄（岁）	选任日期	金融从业年限（年）	学历	专业	简要履历
宋成立	副董事长兼总经理	男	59	2016 年 11 月/2017 年 5 月	27	硕士	企业管理	2003 年 7 月加入平安信托，1992 年 12 月加入中国平安；现任本公司副董事长、总经理。
戴巍	副总经理	男	54	2019 年 11 月	36	硕士	经济学	2019 年 7 月加入平安信托，2015 年 7 月加入平安银行，原任平安银行特殊资产管理事业部总裁。
李宇航	副总经理	男	50	2017 年 9 月	23	硕士	工商管理	2010 年 1 月加入平安信托，1996 年 9 月加入中国平安，原任平安信托基础产业投资事业部总经理。
张中朝	总经理助理	男	41	2019 年 11 月	16	硕士	金融学	2019 年 8 月加入平安信托，2017 年 1 月加入平安银行，原任平安银行金融同业事业部总裁。
张承刚	风险总监	男	41	2019 年 6 月	17	硕士	计算数学	于 2019 年 2 月加入平安信托，2008 年 1 月加入中国平安，原任平安集团高级资产策略经理。

12.5 公司员工

报告期末，公司职工人数为 463 人，平均年龄 35 岁，其中博士学历占 1%、硕士学历占 47%、本科学历占 49%、其他学历占 3%。

13. 会计报表

13.1 自营资产

13.1.1 会计师事务所审计结论

审计报告

普华永道中天审字[2020]第 20109 号

一、审计意见

（一）我们审计的内容

我们审计了平安信托有限责任公司（以下简称平安信托公司）的财务报表，包括 2019 年 12 月 31 日的合并及公司资产负债表，2019 年度的合并及公司利润表、合并及公司现金流量表、合并及公司所有者权益变动表以及财务报表附注。

（二）我们的意见

我们认为，后附的财务报表在所有重大方面按照企业会计准则的规定编制，公允反映了平安信托公司 2019 年 12 月 31 日的合并及公司财务状况以及 2018 年度的合并及公司经营成果和现金流量。

二、形成审计意见的基础

我们按照中国注册会计师审计准则的规定执行了审计工作。审计报告的“注册会计师对财务报表审计的责任”部分进一步阐述了我们在这些准则下的责任。我们相信，我们获取的审计证据是充分、适当的，为发表审计意见提供了基础。

按照中国注册会计师职业道德守则，我们独立于平安信托公司，并履行了职业道德方面的其他责任。

三、其他信息

平安信托公司管理层对其他信息负责。其他信息包括平安信托公司2018年年度报告中涵盖的信息，但不包括财务报表和我们的审计报告。

我们对财务报表发表的审计意见不涵盖其他信息，我们也不对其他信息发表任何形式的鉴证结论。

结合我们对财务报表的审计，我们的责任是阅读其他信息，在此过程中，考虑其他信息是否与财务报表或我们在审计过程中了解到的情况存在重大不一致或者似乎存在重大错报。基于我们已经执行的工作，如果我们确定其他信息存在重大错报，我们应当报告该事实。在这方面，我们无任何事项需要报告。

四、管理层和治理层对财务报表的责任

平安信托公司管理层负责按照企业会计准则的规定编制财务报表，使其实现公允反映，并设计、执行和维护必要的内部控制，以使财务报表不存在由于舞弊或错误导致的重大错报。

在编制财务报表时，管理层负责评估平安信托公司的持续经营能力，披露与持续经营相关的事项（如适用），并运用持续经营假设，除非管理层计划清算平安信托公司、终止运营或别无其他现实的选择。

治理层负责监督平安信托公司的财务报告过程。

五、注册会计师对财务报表审计的责任

我们的目标是对财务报表整体是否不存在由于舞弊或错误导致的重大错报获取合理保证，并出具包含审计意见的审计报告。合理保证是高水平的保证，但并不能保证按照审计准则执行的审计在某一重大错报存在时总能发现。错报可能由于舞弊或错误导致，如果合理预期错报单独或汇总起来可能影响财务报表使用者依据财务报表作出的经济决策，则通常认为错报是重大的。

在按照审计准则执行审计工作的过程中，我们运用职业判断，并保持职业怀疑。同时，我们也执行以下工作：

（1）识别和评估由于舞弊或错误导致的财务报表重大错报风险；设计和实施审计程序以应对这些风险，并获取充分、适当的审计证据，作为发表审计意见的基础。由于舞弊可能涉及串通、伪造、故意遗漏、虚假陈述或凌驾于内部控制之上，未能发现由于舞弊导致的重大错报的风险高于未能发现由于错误导致的重大错报的风险。

（2）了解与审计相关的内部控制，以设计恰当的审计程序，但目的并非对内部控制的有效性发表意见。

（3）评价管理层选用会计政策的恰当性和作出会计估计及相关披露的合理性。

（4）对管理层使用持续经营假设的恰当性得出结论。同时，根据获取的审计证据，就可能导致对平安信托公司持续经营能力产生重大疑虑的事项或情况是否存在重大不确定性得出结论。如果我们得出结论认为存在重大不确定性，审计准则要求我们在审计报告中提请报表使用者注意财务报表中的相关披露；如果披露不充分，我们应当发表非无保留意见。我们的结论基于截至审计报告日可获得的信息。然而，未来的事项或情况可能导致平安信托公司不能持续经营。

（5）评价财务报表的总体列报（包括披露）、结构和内容，并评价财务报表是否公允反映相关交易和事项。

（6）就平安信托公司中实体或业务活动的财务信息获取充分、适当的审计证据，以对合并财务报表发表审计意见。我们负责指导、监督和执行集团审计，并对审计意见承担全部责任。

我们与治理层就计划的审计范围、时间安排和重大审计发现等事项进行沟通，包括沟通我们在审计中识别出的值得关注的内部控制缺陷。

普华永道中天会计师事务所（特殊普通合伙）

注册会计师　甘莉莉

中国·上海市　注册会计师　邓昭君

2020年4月9日

13.1.2　资产负债表

资产负债表

编制单位：平安信托有限责任公司　　2019年12月31日　　单位：万元

资产	本集团		本公司	
	2019年12月31日	2018年12月31日	2019年12月31日	2018年12月31日
货币资金	4 870 369.14	2 734 515.19	242 802.17	300 832.71
结算备付金	620 250.59	896 474.32	—	—
拆出资金	20 000.00	150 000.00	20 000.00	150 000.00
融出资金	2 444 650.63	1 675 163.16	—	—
衍生金融资产	9 921.89	—	—	—
存出保证金	273 246.93	129 282.14	—	—
买入返售金融资产	1 359 002.69	1 213 590.04	—	—
预付款项	935.46	552.40	—	—
存货	114 625.32	82 680.98	—	—
持有待售的资产	—	13 770.00	—	13 770.00
金融投资：				
交易性金融资产	4 255 528.24	4 824 515.92	1 400 560.98	992 285.17
债权投资	269 049.54	489 283.89	84 886.33	—
其他债权投资	2 303 288.09	2 816 851.08	—	—

续表

资产	本集团		本公司	
	2019 年 12 月 31 日	2018 年 12 月 31 日	2019 年 12 月 31 日	2018 年 12 月 31 日
其他权益工具投资	1 927. 92	1 452. 40	498. 91	498. 91
长期股权投资	90 202. 56	97 769. 66	943 569. 79	767 854. 26
商誉	28 965. 42	28 965. 42	—	—
投资性房地产	855. 30	894. 78	—	—
固定资产	28 458. 29	30 551. 44	622. 70	949. 81
无形资产	34 240. 69	35 232. 48	853. 22	785. 93
使用权资产	47 562. 60	—	8 157. 97	—
递延所得税资产	67 111. 89	56 301. 96	18 784. 38	16 076. 16
其他资产	441 162. 10	429 784. 61	219 372. 45	267 873. 87
资产总计	17 281 355. 29	15 707 631. 87	2 940 108. 90	2 510 926. 82

资产负债表(续)

编制单位:平安信托有限责任公司　　2019 年 12 月 31 日　　单位:万元

负债及所有者权益	本集团		本公司	
	2019 年 12 月 31 日	2018 年 12 月 31 日	2019 年 12 月 31 日	2018 年 12 月 31 日
短期借款	24 507. 90	34 056. 19	—	—
交易性金融负债	888 030. 43	753 848. 37	—	—
拆入资金	20 010. 31	—	—	—
衍生金融负债	16 606. 36	7 885. 85	—	—
卖出回购金融资产款	2 357 659. 73	3 244 459. 47	—	—
代理买卖证券款	3 864 544. 92	2 526 332. 73	—	—
预收款项	—	67 247. 70	—	—
应付职工薪酬	303 063. 86	282 709. 92	50 505. 23	53 729. 57
应交税费	95 140. 40	107 734. 56	28 396. 11	45 229. 57
合同负债	21 020. 99	20 937. 90	—	—
应付票据	35 950. 76	—	—	—
应付债券	2 650 637. 76	1 522 057. 83	—	—
租赁负债	49 029. 30	—	8 617. 69	—
递延所得税负债	498. 12	326. 96	—	—
其他负债	1 222 866. 99	1 956 520. 06	522 154. 03	340 637. 02
负债合计	11 549 567. 83	10 524 117. 54	609 673. 06	439 596. 16
实收资本	1 300 000. 00	1 300 000. 00	1 300 000. 00	1 300 000. 00
资本公积	199 053. 36	215 038. 78	10 811. 68	16 861. 05
其他综合收益	20 930. 82	15 585. 51	-	—
盈余公积	270 577. 74	244 062. 29	270 577. 74	244 062. 29
一般风险准备	581 249. 11	467 994. 10	173 416. 46	153 557. 65
未分配利润	1 811 610. 76	1 504 150. 75	575 629. 96	356 849. 67
归属于母公司所有者权益合计	4 183 421. 79	3 746 831. 43	2 330 435. 84	2 071 330. 66
少数股东权益	1 548 365. 67	1 436 682. 90	—	—
所有者权益合计	5 731 787. 46	5 183 514. 33	2 330 435. 84	2 071 330. 66
负债和所有者权益总计	17 281 355. 29	15 707 631. 87	2 940 108. 90	2 510 926. 82

13. 1. 3 利润表

利润表

编制单位：平安信托有限责任公司　　2019 年度　　单位：万元

项目	本集团		本公司	
	2019 年度	2018 年度	2019 年度	2018 年度
一、营业收入	1 870 505. 32	1 619 364. 43	467 860. 03	497 785. 29
手续费及佣金净收入	980 207. 10	878 649. 20	353 054. 90	368 421. 68
其中：手续费及佣金收入	1 117 493. 55	974 934. 12	372 082. 38	380 053. 95
手续费及佣金支出	-137 286. 45	-96 284. 92	-19 027. 48	-11 632. 27
利息净收入	143 723. 34	134 608. 63	11 616. 50	9 819. 11
其中：利息收入	448 840. 46	374 771. 99	26 121. 06	21 236. 12
利息支出	-305 117. 12	-240 163. 36	-14 504. 56	-11 417. 01
投资收益	234 052. 72	346 708. 72	41 036. 93	107 726. 08
公允价值变动收益/（损失）	-1 188. 98	-74 600. 13	10 215. 22	-6 189. 03
汇兑收益	112. 87	461. 70	29. 08	84. 63
其他业务收入	504 967. 48	330 535. 76	50 943. 61	17 229. 11
资产处置收益	3 167. 59	4. 67	—	—
其他收益	5 463. 20	2 995. 88	963. 79	693. 71
二、营业成本	-1 134 004. 64	-902 912. 42	-122 743. 96	-102 602. 88
税金及附加	-9 152. 59	-7 595. 82	-2 826. 07	-2 556. 42
业务及管理费	-616 937. 96	-578 866. 18	-96 992. 43	-99 524. 12
其他业务成本	-440 888. 97	-294 453. 04	-102. 12	-522. 34
信用减值损失	-67 025. 12	-20 101. 75	-22 823. 34	—
其他资产减值损失	—	-1 895. 63	—	—
三、营业利润	736 500. 68	716 452. 01	345 116. 07	395 182. 41
加：营业外收入	606. 65	943. 97	298. 68	437. 42
减：营业外支出	-1 877. 86	-1 334. 46	-296. 74	-372. 68
四、利润总额	735 229. 47	716 061. 52	345 118. 01	395 247. 15
减：所得税费用	-162 246. 24	-144 928. 26	-79 963. 46	-77 821. 90
五、净利润	572 983. 23	571 133. 26	265 154. 55	317 425. 25
归属于母公司所有者的净利润	447 230. 47	471 508. 28	265 154. 55	317 425. 25
少数股东损益	125 752. 76	99 624. 98	—	—
六、其他综合收益税后净额	9 603. 69	54 474. 87	—	—
归属于母公司所有者的其他综合收益	5 345. 31	30 320. 11	—	—
归属于少数股东的其他综合收益	4 258. 38	24 154. 76	—	—
七、综合收益总额	582 586. 92	625 608. 13	265 154. 55	317 425. 25
归属母公司所有者的综合收益总额	452 575. 78	501 828. 39	265 154. 55	317 425. 25
归属少数股东的综合收益总额	130 011. 14	123 779. 74	—	—

13.1.4 所有者权益变动表

所有者权益变动表

2019 年度

编制单位:平安信托有限责任公司　　　　单位:万元

项　目	本集团								本公司						
	归属于母公司所有者权益						少数股东权益	所有者权益合计	股本	资本公积	其他综合收益	盈余公积	一般风险准备	未分配利润	所有者权益合计
	股本	资本公积	其他综合收益	盈余公积	一般风险准备	未分配利润									
一、2019 年 1 月 1 日余额	1 300 000. 00	215 038. 78	15 585. 51	244 062. 29	467 994. 10	1 504 150. 75	1 436 682. 90	5 183 514. 33	1 300 000. 00	16 861. 05	—	244 062. 29	153 557. 65	356 849. 67	2 071 330. 66
二、本年增减变动金额	—	—	—	—	—	—	—	—	—	—	—	—	—	—	—
(一)净利润	—	—	—	—	—	447 230. 47	125 752. 76	572 983. 23	—	—	—	—	—	265 154. 55	265 154. 55
(二)其他综合收益	—	—	5 345. 31	—	—	—	4 258. 38	9 603. 69	—	—	—	—	—	—	—
综合收益总额	—	—	5 345. 31	—	—	447 230. 47	130 011. 14	582 586. 92	—	—	—	—	—	265 154. 55	265 154. 55
(三)利润分配	—	—	—	—	—	—	—	—	—	—	—	—	—	—	—
1. 提取盈余公积	—	—	—	26 515. 45	—	-26 515. 45	—	—	—	—	—	26 515. 45	—	-26 515. 45	—
2. 提取一般风险准备	—	—	—	—	113 255. 01	-113 255. 01	—	—	—	—	—	—	19 858. 81	-19 858. 81	—
(四)向少数股东分红	—	—	—	—	—	—	-11 345. 06	-11 345. 06	—	—	—	—	—	—	—
(五)少数股东投资	—	—	—	—	—	—	100. 00	100. 00	—	—	—	—	—	—	—
(六)股份支付	—	-15 985. 42	—	—	—	—	-7 083. 31	-23 068. 73	—	-6 049. 37	—	—	—	—	-6 049. 37
三、2019 年 12 月 31 日余额	1 300 000. 00	199 053. 36	20 930. 82	270 577. 74	581 249. 11	1 811 610. 76	1 548 365. 67	5 731 787. 46	1 300 000. 00	10 811. 68	—	270 577. 74	173 416. 46	575 629. 96	2 330 435. 84

所有者权益变动表（续）

编制单位：平安信托有限责任公司　　2018 年度　　单位：万元

项目	本集团								本公司						
	归属于母公司所有者权益						少数股东权益	所有者权益合计	股本	资本公积	其他综合收益	盈余公积	一般风险准备	未分配利润	所有者权益合计
	股本	资本公积	其他综合收益	盈余公积	一般风险准备	未分配利润									
一、2017 年 12 月 31 日余额	1 300 000.00	216 648.47	79 077.83	212 319.77	378 718.14	1 714 632.11	1 300 926.92	5 202 323.24	1 300 000.00	17 010.42	38 027.66	212 319.77	137 686.39	686 397.12	2 391 441.36
会计政策变更	—	—	-93 812.43	—	—	89 028.84	384.35	-4 399.24	—	—	-38 027.66	—	—	50 641.08	12 613.42
二、2018 年 1 月 1 日余额	1 300 000.00	216 648.47	-14 734.60	212 319.77	378 718.14	1 803 660.95	1 301 311.27	5 197 924.00	1 300 000.00	17 010.42	—	212 319.77	137 686.39	737 038.20	2 404 054.78
三、本年增减变动金额	—	—	—	—	—	—	—	—	—	—	—	—	—	—	—
（一）净利润	—	—	—	—	—	471 508.28	99 624.98	571 133.26	—	—	—	—	—	317 425.25	317 425.25
（二）其他综合收益	—	—	30 320.11	—	—	—	24 154.76	54 474.87	—	—	—	—	—	—	—
综合收益总额	—	—	30 320.11	—	—	471 508.28	123 779.74	625 608.13	—	—	—	—	—	317 425.25	317 425.25
（三）利润分配	—	—	—	—	—	—	—	—	—	—	—	—	—	—	—
1. 提取盈余公积	—	—	—	31 742.52	—	-31 742.52	—	—	—	—	—	31 742.52	—	-31 742.52	—
2. 提取一般风险准备	—	—	—	—	89 275.96	-89 275.96	—	—	—	—	—	—	15 871.26	-15 871.26	—
3. 对股东的分配	—	—	—	—	—	-650 000.00	—	-650 000.00	—	—	—	—	—	-650 000.00	-650 000.00
（四）向少数股东分红	—	—	—	—	—	—	-4 001.54	-4 001.54	—	—	—	—	—	—	—
（五）处置子公司	—	—	—	—	—	—	-150.56	-150.56	—	—	—	—	—	—	—
（六）股份支付	—	-160.50	—	—	—	—	-5.20	-165.70	—	-149.37	—	—	—	—	-149.37
（七）少数股东增资	—	—	—	—	—	—	14 300.00	14 300.00	—	—	—	—	—	—	—
（八）与少数股东的权益性交易	—	-1 449.19	—	—	—	—	1 449.19	—	—	—	—	—	—	—	—
四、2018 年 12 月 31 日余额	1 300 000.00	215 038.78	15 585.51	244 062.29	467 994.10	1 504 150.75	1 436 682.90	5 183 514.33	1 300 000.00	16 861.05	—	244 062.29	153 557.65	356 849.67	2 071 330.66

13.2 信托资产

13.2.1 信托项目资产负债汇总表

信托项目资产负债汇总表

编制单位:平安信托有限责任公司　　2019 年 12 月 31 日　　单位:万元

信托资产	2019 年 12 月 31 日	2018 年 12 月 31 日	信托负债	2019 年 12 月 31 日	2018 年 12 月 31 日
货币资金	844 171.79	897 642.35	应付受托人报酬	65 193.05	63 987.57
拆出资金	—	—	应付托管费	5 638.79	6 867.82
存出保证金	63 035.70	48 309.80	应付受益人收益	37 415.57	18 903.10
交易性金融资产	6 091 730.93	5 321 981.45	应交税费	52 124.29	53 522.09
衍生金融资产	10 647.44	13 760.05	应付销售服务费	3 240.24	—
买入返售金融资产	121 535.59	127 004.07	其他应付款项	357 570.96	497 313.53
应收款项	4 872 439.32	5 682 004.06	其他负债	—	—
发放贷款	24 910 085.77	29 740 259.51	信托负债合计	521 182.90	640 594.11
可供出售金融资产	5 699 593.75	10 371 997.44	信托权益	—	—
持有至到期投资	99 491.78	—	实收信托	41 689 130.25	51 365 002.80
长期股权投资	1 035 758.98	1 207 254.28	资本公积	112 191.30	67 484.23
投资性房地产	2 146.97	2 146.97	外币报表折算差额	—	2 232.62
固定资产	—	—	未分配利润	1 938 312.30	1 337 046.22
其他资产	510 178.73	—	权益合计	43 739 633.85	52 771 765.87
信托资产总计	44 260 816.75	53 412 359.98	负债和权益合计	44 260 816.75	53 412 359.98

13.2.2 信托项目利润及利润分配汇总表

信托项目利润及利润分配汇总表

编制单位:平安信托有限责任公司　　2019 年度　　单位:万元

项　目	2019 年度	2018 年度
一、营业收入	4 059 816.11	2 993 561.31
利息收入	2 095 940.04	2 464 807.94
投资收入	1 282 542.66	1 178 055.41
租赁收入	—	—
公允价值变动损益	679 226.62	-651 724.01
汇兑损益	1 452.10	2 232.62
其他收入	654.69	189.35
二、营业费用	-430 501.64	-419 774.11
三、税金及附加	-10 165.83	-10 096.47
加:营业外收入	—	4 384.37
减:营业外支出	-481.37	—
四、扣除资产减值损失前的信托利润	3 618 667.27	2 568 075.10
减:资产减值损失	151 361.49	—
五、净利润	3 467 305.78	2 568 075.10
加:期初未分配信托利润	1 337 046.22	2 392 895.57
六、可供分配的信托利润	4 804 352.00	4 960 970.67
减:本期已分配信托利润	2 866 039.69	3 623 924.45
七、期末未分配信托利润	1 938 312.31	1 337 046.22

14. 会计报表附注

14.1 会计报表编制基准不符合会计核算基本前提的说明

14.1.1 公司会计报表编制基准存在不符合会计核算基本前提的情况

无。

14.1.2 会计报表编制基准说明

公司财务报表按照财政部于 2006 年 2 月 15 日及以后期间颁布的《企业会计准则——基本准则》、各项具体会计准则及相关规定(以下合称企业会计准则)编制。

14.1.3 本年度重大会计政策变更

财政部于 2019 年颁布了修订后的《企业会计准则第 7 号——非货币性资产交换》(以下简称非货币性资产交换准则)和《企业会计准则第 12 号——债务重组》(以下简称债务重组准则)。该准则的修订对本公司的财务报表无重大影响。

财政部于 2018 年颁布了修订后的《企业会计准则第 21 号——租赁》(以下简称新租赁准则)。本公司于 2019 年 1 月 1 日首次执行新租赁准则,根据相关规定,本公司对于首次执行日前已存在的合同选择不再重新评估。该准则的修订对本公司的财务报表无重大影响。

14.2 或有事项说明

报告期末,公司无须外担保及其他或有事项。

14.3 重要资产转让及其出售的说明

报告期内,公司无须披露的重要资产转让及其出售。

14.4 会计报表中重要项目的明细资料

14.4.1 自营资产经营情况

14.4.1.1 信用资产风险分类情况

本公司报告期的信用风险资产分类情况如下。

信用风险资产五级分类	正常类（万元）	关注类（万元）	次级类（万元）	可疑类（万元）	损失类（万元）	信用风险资产合计（万元）	不良资产合计（万元）	不良资产率（%）
期初数	2 436 701.00	—	—	—	1 829.34	2 438 530.34	1 829.34	0.08
期末数	2 784 214.00	87 900.00	—	19 996.33	1 829.34	2 893 939.67	21 825.67	0.75

14.4.1.2 资产损失准备情况

本公司报告期的资产减值损失准备情况如下。

单位：万元

项目	期初数	本期增加	本期核销	本期转回已核销贷款	期末数
贷款损失准备	—	—	—	—	—
其中：一般准备	—	—	—	—	—
专项准备	—	—	—	—	—
其他资产减值准备	—	—	—	—	—
债权投资减值准备	—	3 013.67	—	—	3 013.67
长期股权投资减值准备	1 829.34	—	—	—	1 829.34
坏账准备	—	19 809.67	—	—	19 809.67

14.4.1.3 投资情况

本公司报告期自营股票投资、基金投资、债券投资、长期股权投资等投资的期初数、期末数如下。

单位：万元

项目	自营股票	基金	债券	长期股权投资	其他投资	合计
期初数	—	151 601.25	—	767 854.26	854 952.83	1 774 408.34
期末数	—	161 796.48	—	943 569.79	1 324 149.74	2 429 516.01

14.4.1.4 前五名自营长期股权投资的企业情况

本公司报告期的前四名长期股权投资的企业情况如下（总共四名）。

名称	占被投资企业权益的比例（%）	主要经营活动	2019年投资损益（万元）
深圳市平安创新资本投资有限公司	100.00	投资控股	—
平安证券有限责任公司	55.66	证券投资与经纪	—
平安基金管理有限公司	68.19	基金募集及销售	—
平安利顺国际货币经纪有限责任公司	67.00	货币经纪	4 020

14.4.1.5 前五名自营贷款情况

本公司报告期的无自营贷款。

14.4.1.6 表外业务情况

本公司报告期的表外业务情况如下。

表外业务	期数数	期末数
担保业务	—	—
代理业务（委托业务）	—	—
其他	—	—
合计	—	—

14.4.1.7 公司当年的收入结构

收入结构	本集团		本公司	
	金额（万元）	占比（%）	金额（万元）	占比（%）
手续费及佣金收入	1 117 493.55	48.30	372 082.38	74.17
其中：信托手续费收入	358 742.15	15.51	369 310.74	73.61
投资银行业务收入	113 831.19	4.92	—	—
利息收入	448 840.46	19.40	26 121.06	5.21
其他业务收入	504 967.48	21.82	50 943.61	10.15
其中：计入信托业务收入部分	—	—	—	—
资产处置损益	3 167.59	0.14	—	—
其他收益	5 463.20	0.24	963.79	0.19
投资收益	234 052.72	10.12	41 036.93	8.18
其中：股权投资收益	2 832.63	0.12	4 020.00	0.80
证券投资收益	88 253.77	3.81	37 016.93	7.38
公允价值变动收益/（损失）	−1 188.98	−0.05	10 215.22	2.04
汇兑损益	112.87	—	29.08	0.01
营业外收入	606.65	0.03	298.68	0.05
收入合计	2 313 515.54	100.00	501 690.75	100.00

14.4.2 信托财产管理情况

14.4.2.1 信托资产的期初数、期末数

单位：万元

信托资产	期初数	期末数
集合	32 769 063.26	26 878 033.78
单一	18 822 505.70	14 324 901.06
财产权	1 820 791.02	3 057 881.91
合计	53 412 359.98	44 260 816.75

14.4.2.1.1 主动管理型信托业务的信托资产期初数、期末数

单位：万元

主动管理型信托资产	期初数	期末数
证券投资类	4 864 832.62	5 873 778.04
股权投资类	361 904.98	319 866.35
其他投资类	4 856 180.79	2 106 439.57
融资类	18 586 968.47	17 447 596.99
事务管理类	—	—
合计	28 669 886.86	25 747 680.95

14.4.2.1.2 被动管理型信托业务的信托资产期初数、期末数

单位:万元

被动管理型信托资产	期初数	期末数
证券投资类	44 401.04	—
股权投资类	74 707.36	73.88
其他投资类	—	—
融资类	83 225.16	—
事务管理类	24 540 139.56	18 513 061.92
合计	24 742 473.12	18 513 135.80

14.4.2.2 本年度信托项目清算情况

14.4.2.2.1 本年度已清算结束的信托项目

已清算结束信托项目	项目个数(个)	实收信托合计金额(万元)	加权平均实际年化信托报酬率(%)	加权平均实际年化收益率(%)
集合	184	19 149 949.02	0.66	4.28
单一	122	7 730 007.45	0.23	5.90
财产管理类	8	1 690 620.00	0.04	2.85

14.4.2.2.2 本年度已清算结束的主动管理型信托项目

已清算结束信托项目	项目个数(个)	实收信托合计金额(万元)	加权平均实际年化信托报酬率(%)	加权平均实际年化收益率(%)
证券投资类	16	4 417 888.43	0.08	0.53
股权投资类	4	443 890.00	0.30	1.84
其他投资类	34	2 921 346.35	0.71	3.36
融资类	149	12 102 493.01	0.88	6.31
事务管理类	—	—	—	—

14.4.2.2.3 本年度已清算结束的被动管理型信托项目

已清算结束信托项目	项目个数(个)	实收信托合计金额(万元)	加权平均实际年化信托报酬率(%)	加权平均实际年化收益率(%)
证券投资类	1	199 072.00	0.03	3.82
股权投资类	—	—	—	—
其他投资类	—	—	—	—
融资类	4	96 000.00	0.19	5.99
事务管理类	106	8 389 886.68	0.13	4.97

14.4.2.3 本年度新增信托项目情况

新增信托项目	项目个数(个)	实收信托合计金额(万元)
集合类	194	8 244 034.68
单一类	123	2 332 092.71
财产管理类	451	2 053 820.98
新增合计	768	12 629 948.37
其中:主动管理型	646	9 033 024.45
被动管理型	122	3 596 923.92

14.4.2.4 履行受托人义务情况

本公司作为信托项目的受托人,严格按照《中华人民共和国信托法》《信托公司管理办法》《信托公司集合资金信托计划管理办法》等法律法规的规定及信托合同等文件的约定,恪尽职守,诚实、信用、谨慎、有效地管理信托财产,严格履行受托人的义务,为受益人的最大利益处理信托事务,公平、公正地处置信托财产。

14.5 关联方关系及其交易

14.5.1 关联方交易

本公司报告期关联交易方的数量、关联交易的总金额及关联交易的定价政策等如下:

	关联交易方的数量(个)	关联交易总金额(万元)	定价政策
合计	40	2 728 166.14	本公司2019年度发生的关联方交易均根据一般正常的交易条件进行,并以市场价格作为定价依据。

14.5.2 关联交易方

报告期涉及关联交易的关联方情况如下。

关系性质	关联方名称	法定代表人	注册地址	注册资本(万元)	主营业务
母公司	中国平安保险(集团)股份有限公司	马明哲	深圳	1 828 024	投资金融、保险企业;监督管理控股投资企业的各种国内、国际业务;开展资金运用业务
母公司控制的公司	平安付科技服务有限公司	钟 毅	深圳	68 000	互联网服务
母公司控制的公司	平安科技(深圳)有限公司	TAN SIN YIN	深圳	292 476	信息技术服务
母公司控制的公司	中国平安财产保险股份有限公司	孙建平	深圳	2 100 000	财产保险
母公司控制的公司	中国平安人寿保险股份有限公司	丁新民	深圳	3 380 000	人身保险
母公司控制的公司	平安养老保险股份有限公司	甘为民	上海	486 000	养老保险
母公司控制的公司	平安健康保险股份有限公司	杨铮	上海	181 658	健康保险
母公司控制的公司	深圳平安综合金融服务有限公司	卢跃	深圳	59 858	信息技术和业务流程外包服务
母公司控制的公司	上海沪平投资管理有限公司	张启辉	上海	100	物业管理
母公司控制的公司	深圳平安金融中心建设发展有限公司	张启辉	深圳	574 887	物业租赁和物业管理

续表

关系性质	关联方名称	法定代表人	注册地址	注册资本(万元)	主营业务
母公司控制的公司	平安国际融资租赁有限公司	方蔚豪	上海	1 389 682	融资租赁
母公司控制的公司	深圳平安通信科技有限公司	庞晶	深圳	21 000	数据及计算机网络服务
母公司控制的公司	深圳平安金融科技咨询有限公司	王仕永	深圳	3 040 600	企业管理咨询
母公司施加重大影响的法人或其他组织	平安健康互联网股份有限公司	秦戬	深圳	35 000	健康管理咨询、健康医疗器械销售等
母公司控制的公司	深圳万里通网络信息技术有限公司	王延斌	深圳	20 000	客户忠诚度服务
母公司施加重大影响的法人或其他组织	平安万家医疗投资管理有限责任公司	秦戬	深圳	100 000	医疗行业投资
母公司控制的公司	平安资产管理有限责任公司	万放	上海	150 000	资产管理
母公司控制的公司	平安银行股份有限公司	谢永林	深圳	1 940 592	银行
母公司控制的公司	深圳市平安德成投资有限公司	唐志刚	深圳	30 000	投资咨询
母公司控制的公司	平安财富理财管理有限公司	高艳萍	上海	10 000	咨询业务
母公司控制的公司	北京双融汇投资有限公司	耿梅	北京	25 632	物业出租
母公司控制的公司	北京汇安投资管理有限公司	耿梅	北京	300	投资管理;物业管理等
母公司控制的公司	三亚家化旅业有限公司	孟甡	三亚	24 000	旅馆业、住宿
母公司控制的公司	北京京信丽泽投资有限公司	李文强	北京	116 000	投资管理
母公司控制的公司	成都平安蓉城置业有限公司	王玉涛	四川	60 000	物业管理;自有房屋租赁及销售等
母公司控制的公司	广州市信平置业有限公司	王丹	广州	5 000	物业出租
母公司控制的公司	北京京平尚地投资有限公司	李文强	北京	4 500	物业出租
母公司控制的公司	北京京平尚北投资有限公司	李文强	北京	4 200	投资;资产管理
母公司控制的公司	平安直通咨询有限公司	卢跃	深圳	5 000	企业管理咨询;股权投资等
母公司施加重大影响的法人或其他组织	深圳壹账通智能科技有限公司	叶望春	深圳	120 000	从事互联网科技、软件科技领域内的技术开发等
母公司施加重大影响的法人或其他组织	平安国际智慧城市科技股份有限公司	俞太尉	深圳	100 000	智慧城市模式、体系、标准、平台的技术研究与应用等
母公司控制的公司	上海安壹通电子商务有限公司	程炜文	上海	1 000	电子商务(不得从事金融业务),商务信息咨询,企业管理咨询等
母公司施加重大影响的法人或其他组织	陆控(深圳)科技服务有限公司	Gregory Dean Gibb	深圳	30 000	投资咨询、经济信息咨询、商务管理咨询等
母公司施加重大影响的法人或其他组织	平安万家医疗投资管理有限责任公司	秦戬	深圳	100 000	健康产业投资;医疗行业投资等
母公司施加重大影响的法人或其他组织	深圳安安诊所	金海燕	深圳	200	医疗服务
合并子公司	平安证券股份有限公司	何之江	深圳	1 380 000	证券投资与经纪
合并子公司	深圳市平安创新资本投资有限公司	陶丹阳	深圳	400 000	投资兴办各类实业,企业管理咨询
合并子公司	平安利顺国际货币经纪有限责任公司	黄绍宇	深圳	5 000	货币经纪
合并子公司	平安基金管理有限公司	罗春风	深圳	130 000	基金
合并子公司	深圳平安汇通投资管理有限公司	罗春风	深圳	80 000	特定客户资产管理业务和中国证监会许可的其他业务

14.5.3 **本公司与关联方的重大交易事项**

14.5.3.1 固有与关联方交易情况

单位:万元

固有与关联方关联交易				
	期初数	借方发生额	贷方发生额	期末数
贷款	—	—	—	—
投资	641 287.91	—	—	641 287.91
租赁	—	—	—	—
担保	—	—	—	—
应收账款	—	—	—	—
其他	35 367.06	24 443.04	33 369.65	26 440.45
合计	676 654.97	24 443.04	33 369.65	667 728.36

14.5.3.2 信托与关联方交易情况

单位:万元

信托与关联方关联交易				
	期初数	借方发生额	贷方发生额	期末数
贷款	—	—	—	—
投资	200 000.00	—	200 000.00	—
租赁	—	—	—	—
担保	—	—	—	—
应收账款	—	—	—	—
其他	645 573.51	294 854.99	—	940 428.50
合计	845 573.51	294 854.99	200 000.00	940 428.50

14.5.3.3 固有与信托财产之间交易情况

单位:万元

固有财产与信托财产相互交易			
	期初数	本期发生额	期末数
合计	256 015.64	265 401.35	521 416.99

14.5.3.4 信托项目之间交易情况

单位:万元

信托资产与信托财产相互交易			
	期初数	本期发生额	期末数
合计	1 156 120.10	-557 527.81	598 592.29

14.5.4 **报告期,关联方逾期未偿还公司资金的事项以及公司为关联方担保发生或即将发生垫款的事项**

无。

14.6 会计制度的披露

公司固有业务自2007年起执行财政部于2006年2月15日及以后期间颁布的《企业会计准则——基本准则》、各项具体会计准则及相关规定。

公司信托业务自2009年起执行新《企业会计准则》(财政部2006年颁布)。

15. 财务情况说明书

15.1 利润实现和分配情况

报告期公司实现净利润为265 154.55万元,期初未分配利润为356 849.67万元,提取盈余公积26 515.45万元,提取一般风险准备19 858.81万元,本期末累计未分配利润为575 629.96万元。

报告期本集团实现归属于母公司所有者的净利润为447 230.47万元,期末累计未分配利润为1 811 610.76万元。

15.2 主要财务指标

本公司报告期的主要财务指标如下:

指标名称	指标值		计算公式
	本公司	本集团	
资本利润率(%)	12.05	10.50	净利润/所有者权益平均余额×100%。
加权年化信托报酬率(%)	0.50	0.50	(信托项目1的年化信托报酬率×信托项目1的实收信托+信托项目2的年化信托报酬率×信托项目2的实收信托+…+信托项目n的年化信托报酬率×信托项目n的实收信托)/(信托项目1的实收信托+信托项目2的实收信托+…+信托项目n的实收信托)
人均净利润(万元)	627.58	1 356.17	净利润/年平均人数。

15.3 对公司财务状况、经营成果有重大影响的其他事项

报告期内,没有对公司财务状况、经营成果有重大影响的其他事项。

16. 特别事项揭示

16.1 前五名股东报告期内变动情况及原因

报告期内,本公司股东没有发生变动。

股东名称	期初持股比例(%)	期末持股比例(%)
中国平安保险(集团)股份有限公司	99.88	99.88
上海市糖业烟酒(集团)有限公司	0.12	0.12
合计	100.00	100.00

16.2 董事、监事及高级管理人员变动情况及原因

报告期内,因工作调整,任汇川先生不再担任公司董事、董事长职务。经监管批复同意,2019年8月16日,公司正式任命姚贵平为平安信托有限责任公司董事长,姚贵平正式履职。

报告期内,因工作调整,曹宁莉、顾攀、郑翔、刘东不再担任公司副总经理。

16.3 变更注册资本、变更注册地或公司名称、公司分立合并事项

报告期内,因公司减租办公面积,经公司董事会和股东会审议通过,并经深圳银保监局批准,平安信托注册地址变更为深圳市福田区益田路5033号平安金融中心29层(西南、西北)、31层(3120室、3122室)、32层、33层。

16.4 公司的重大诉讼事项

报告期内,公司没有重大诉讼事项发生。

16.5 公司及其董事、监事和高级管理人员受到处罚的情况

报告期内,公司及其董事、监事和高级管理人员没有受到

监管部门处罚的情况发生。

16.6 银保监会及其派出机构对公司检查的情况

报告期内，银保监会派出检查组对公司开展了现场检查，并就公司经营管理及运作等方面提出了宝贵意见及建议。公司高度重视，诚恳接受检查组检查意见，积极认真研究、快速统一部署，严格根据监管意见规范公司各类经营活动，充分保障监管意见的深入贯彻和落实，并以此为契机进一步完善公司风险防控机制，强化风险意识及合规意识，回归信托本源，更好地服务实体经济发展。

16.7 本年度重大事项临时报告的简要内容、披露时间、所披露的媒体及其版面

报告期内，2019 年 4 月，公司在指定的信息披露媒体上披露了《公司 2018 年度报告》；2019 年 6 月，公司在指定的信息披露媒体上披露了《平安信托有限责任公司董事长变动的公告》；2019 年 9 月，公司在指定的信息披露媒体上披露了《平安信托有限责任公司关于办公地址变更的公告》。

16.8 中国银保监会及其省级派出机构认定的其他有必要让客户及相关利益人了解的重要信息

报告期内，没有发生中国银保监会及其省级派出机构认定的其他有必要让客户及相关利益人了解的重要事项。

17. 公司监事会意见

公司监事会认为，报告期内，公司依法运作，决策程序合法有效，没有发现公司董事、高级管理层履行职务时有违法违规、违反《公司章程》或损害公司及股东利益的行为。公司 2019 年度财务报告中披露的财务信息，真实地反映了公司的财务状况和经营成果。

山东省国际信托股份有限公司

1. 重要提示

1.1　本年度报告摘要摘自年度报告全文，为全面了解本公司的经营成果、财务状况及未来发展规划，投资者应当仔细阅读年度报告全文。

1.2　公司董事会、监事会及董事、监事、高级管理人员保证本报告内容的真实、准确、完整，不存在虚假记载、误导性陈述或重大遗漏，并承担个别和连带的责任。

1.3　公司独立非执行董事颜怀江先生、丁慧平先生、孟茹静女士对年度报告内容的真实性、准确性、完整性无异议。

1.4　2020 年 3 月 26 日，公司第二届董事会举行第十七次会议，审议通过了公司 2019 年度报告（2019 年度业绩公告）。会议应出席董事 8 名，实际亲自出席董事 8 名。

1.5　公司按中国会计准则和国际财务报告准则编制的 2019 年度财务报告已经普华永道中天会计师事务所（特殊普通合伙）和罗兵咸永道会计师事务所分别根据中国和国际审计准则审计，并出具标准无保留意见的审计报告。

1.6　公司董事会建议按照每股 0.055 元（含税）向股东派发 2019 年度现金股息。该利润分配方案将提请公司 2019 年度股东大会审议。

1.7　公司法定代表人万众先生、主管财务工作负责人财务总监王平先生及财务部门负责人孙加宝先生保证年度报告中财务报告的真实、准确、完整。

2. 公司概况

2.1　公司简介

2.1.1　公司基本情况

山东省国际信托股份有限公司（以下简称山东国信或公司、本公司）成立于 1987 年 3 月，是经中国人民银行和山东省人民政府批准设立的非银行金融机构，现为中国信托业协会理事单位。2017 年 12 月，公司在香港联合交易所主板挂牌上市，股份代号为 1697，成为国内信托公司登陆国际资本市场第一股。2019 年 1 月，公司注册资本增至 4 658 850 000 元，资本实力持续增强。

公司始终坚持稳中求进、进中提质，综合运用多种金融工具服务经济社会发展，有效嫁接货币市场、资本市场和实体经济，构建了“根植山东，辐射全国，走向国际”的发展格局，多次获得中国信托行业评级最高级“A 级”和山东省地方金融企业绩效评价最高“AAA 级”，已发展成为综合实力领先、品牌美誉度高的综合金融和财富管理服务提供商。

公司善于把握机遇，敢于迎接挑战，为国家和地方经济发展提供了多类型、全方位、全产业链的优质投融资服务，为机构和个人投资者提供了专业化、差异化、个性化的综合金融理财服务。公司将立足“产品专业化、服务综合化、经营规范化”，创新产融结合，嫁接全球资源，助力美好生活，为国际与国内的广大投资者创造更大的价值。

2.1.2　公司的法定中文名称：山东省国际信托股份有限公司
中文名称缩写：山东国信
公司的法定英文名称：Shandong International Trust Co.，Ltd.
英文名称缩写：SITC

2.1.3　法定代表人：万众

2.1.4　注册地址：中国山东省济南市历下区解放路 166 号

2.1.5　邮政编码：250013

2.1.6　国际互联网网址：http：//www. sitic. com. cn

2.1.7　电子信箱：ir1697@ luxin. cn

2.1.8　负责信息披露事务的高级管理人员：贺创业
信息披露事务联系人：袁方
联系电话：0531－86566593
传真：0531－86566593
电子信箱：ir1697@ luxin. cn

2.1.9　公司选定的信息披露报纸：《上海证券报》

2.1.10　年度报告备置地点：中国山东省济南市历下区解放路 166 号

2.1.11　聘请的会计师事务所：
普华永道中天会计师事务所（特殊普通合伙）
住所：上海市黄浦区湖滨路 202 号企业天地 2 号楼普华永道中心
罗兵咸永道会计师事务所
住所：香港中环太子大厦 22 楼

2.1.12　聘请的律师事务所：
上海市方达律师事务所
住所：中国上海市石门一路 288 号兴业太古汇香港兴业中心二座 24 楼
方达律师事务所
住所：香港中环康乐广场 8 号交易广场 1 期 26 楼

2.2 组织结构

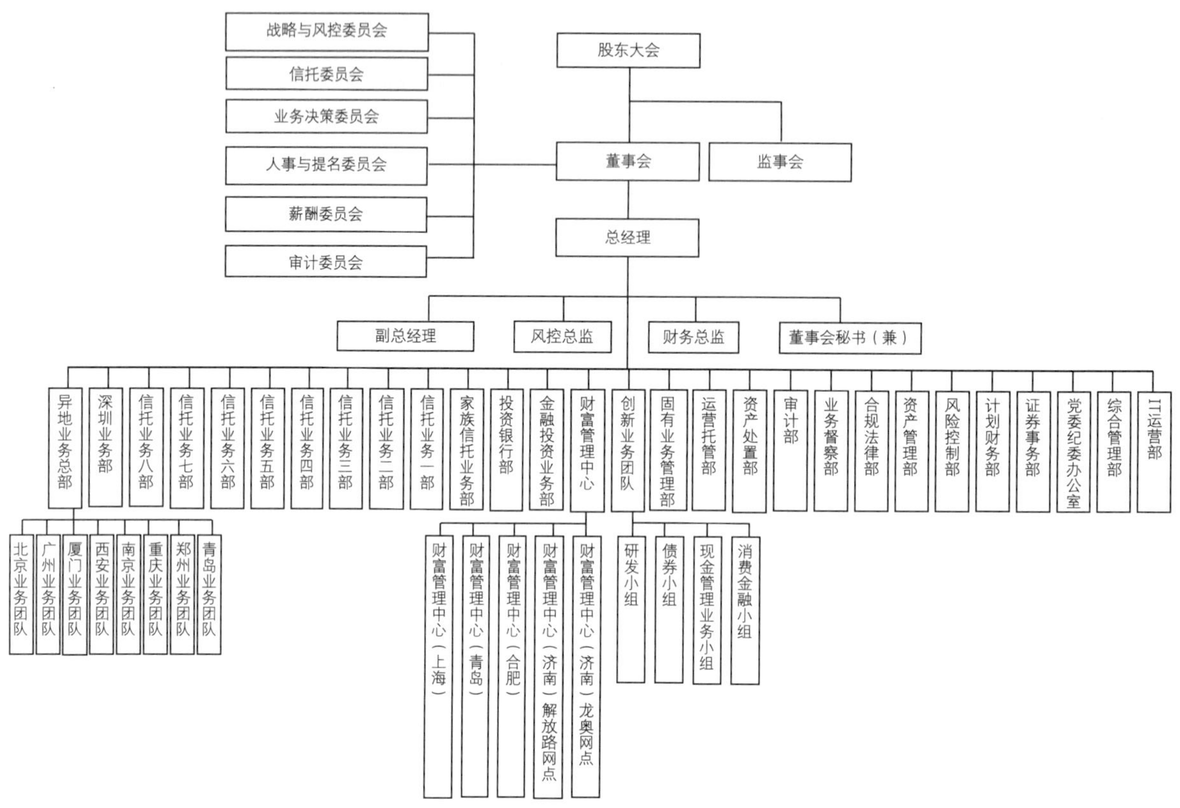

3. 公司治理

3.1 股东情况

截至2019年12月31日，根据公司股东名册，公司共有64名H股股东（由H股过户登记处提供）以及6名内资股股东。

截至2019年12月31日，持有公司10%以上股份的股东情况如下。

股东名称	持股比例（%）	法定代表人	注册资本（万元）	注册地址	主要经营业务	股份种类
山东省鲁信投资控股集团有限公司	47.12	李　玮	1 150 000	济南市解放路166号	金融和实业投资、资产管理服务、资本运营和物业管理	内资股
中油资产管理有限公司	18.75	肖　华	1 372 518.049626	北京市东城区东直门北大街9号	投资和资产管理	内资股
香港中央结算（代理人）有限公司	19.57	—	—	—	—	H股

注：香港中央结算（代理人）有限公司所持股份数量不含济南金融控股集团有限公司所持股份数量。

公司前十大股东中，除山东省高新技术创业投资有限公司为山东省鲁信投资控股集团有限公司（以下简称鲁信集团）的间接非全资子公司外，公司未知前十大股东之间存在关联关系或一致行动关系。

截至2019年12月31日，公司第一大股东鲁信集团由山东省人民政府国有资产监督管理委员会、山东国惠投资有限公司及山东省社会保障基金理事会分别持有70%、20%及10%的股权。

截至2019年度报告日期，鲁信集团由山东省财政厅和山东省社会保障基金理事会分别持有97.39%及2.61%的股权。

3.2 董事、董事会及其下属委员会

董事

姓名	年龄（岁）	性别	职务	本届选任日期	任期（年）	所推举的股东名称	所推举的股东持股比例（%）	简要履历
万　众	46	男	董事兼执行董事	2018年7月10日	至本届董事会届满	鲁信集团	47.12	山东经济学院毕业，天津财经学院管理学硕士，高级经济师，曾任公司不同部门经理、公司副总经理及山东鲁信实业集团有限公司副总经理、总经理、董事长；现任鲁信集团副总经理，公司党委书记、董事长、执行董事。
肖　华	54	男	副董事长兼非执行董事	2018年7月10日	至本届董事会届满	中油资产管理有限公司	18.75	复旦大学工商管理硕士；曾在中国石油天然气集团公司华东化工销售分公司等多家单位工作并担任总经理、党委书记等职务；现任中油资产管理有限公司党委书记、执行董事、工会主席，昆仑信托有限责任公司党委书记、董事长、执行董事、工会主席。
岳增光	46	男	执行董事	2018年8月28日	至本届董事会届满	不适用	不适用	山东经济学院会计专业，天津大学工商管理硕士，曾在山东鲁信实业集团公司及鲁信集团等从事会计工作，先后担任公司计划财务部总经理、总经理助理、风险控制部总经理及风控总监，鲁信集团纪委办公室（监察审计部）主任（部长）；现任公司党委副书记、执行董事、总经理。
金同水	55	男	非执行董事	2018年7月10日	至本届董事会届满	鲁信集团	47.12	北京工商大学会计学毕业，曾任公司计划财务部、风险控制部经理，鲁信集团产权管理部部长；现任山东省金融资产管理股份有限公司董事长，济南农村商业银行股份有限公司董事。
王百灵	41	女	非执行董事	2020年3月25日	至本届董事会届满	济南金融控股集团有限公司	5.43	烟台大学法律硕士，曾任济南金控典当有限公司董事及总经理，山东赛得拍卖有限公司担任拍卖师及总经理助理等职务；现任济南金控资产管理部副部长，全程国际金融控股有限公司董事及总经理，济南文化产业投资有限公司董事及总经理。

注：所推举的股东持股比例为截至2019年12月31日数据。

独立非执行董事

姓名	年龄（岁）	性别	职务	本届选任日期	任期（年）	简要履历
颜怀江	47	男	独立非执行董事	2018年7月10日	至本届董事会届满	美国金门大学金融学理学硕士，曾任职瑞士银行副董事，瑞银证券副董事；现为磐合家族办公室创办人。
丁慧平	63	男	独立非执行董事	2018年7月10日	至本届董事会届满	企业经济学博士，北京交通大学会计学教授、博士生导师，中国企业竞争力研究中心主任；现任京投发展、华电国际、中国海诚独立董事、招商银行外部监事。
孟茹静	42	女	独立非执行董事	2018年7月10日	至本届董事会届满	北京大学管理学学士，美国杜克大学富卡商学院金融学博士；现任香港大学经济及工商管理学院首席讲师、香港大学金融学硕士项目主任。

董事会下属委员会及职责

董事会下属委员会	职责
审计委员会	（1）就外聘审计师的委任、重新委任及罢免撤换向董事会提供建议，批准外聘审计师的薪酬及聘用条款，及处理任何有关该审计师辞职或辞退该审计师的问题。 （2）按适用的标准检讨及监察外聘审计师是否独立客观及审计程序是否有效；审计委员会应于审计工作开始前先与审计师讨论审计性质及范畴及有关申报责任。 （3）就外聘审计师提供非审计服务制定政策，并予以执行。就此规定而言，外聘审计师包括与负责审计的公司处于同一控制权、所有权或管理权之下的任何机构，或一个合理知悉所有有关资料的第三方，在合理情况下会断定该机构属于该负责审计的公司的本土或国际业务的一部分的任何机构。审计委员会应就其认为必须采取的行动或改善的事项向董事会报告，并提出建议。 （4）监察公司的财务报表及公司年度报告及账目、半年度报告及（若拟刊发）季度报告的完整性、准确性及公正性，并审阅报表及报告所载有关财务申报的重大意见。审计委员会在向董事会提交财务报表及公司年度报告及账目、半年度报告及（若拟刊发）季度报告前对有关报表及报告作出审阅时，应特别针对下列事项： ① 会计政策及实务的任何更改； ② 涉及重要判断的事项； ③ 因审计而出现的重大调整； ④ 企业持续经营的假设及任何保留意见； ⑤ 是否遵守会计准则； ⑥ 是否遵守有关财务申报的《香港上市规则》及其他法律规定。 （5）就上述（4）项而言： ①审计委员会委员须与公司的董事会及高级管理人员联络。审计委员会须至少每年与公司的外聘审计师召开两次会议； ②审计委员会应考虑于该等报告及账目中所反映或需反映的任何重大或不寻常事项，并须适当考虑任何由公司的属下会计及财务汇报职员、监察主任或审计师提出的事项。

续表

董事会下属委员会	职责
审计委员会	(6)检讨公司的财务监控，以及(除非有另设的董事会辖下风险控制审计委员会又或董事会本身会明确处理)检讨公司的风险管理及内部监控系统。 (7)与管理层讨论风险管理及内部监控系统，确保管理层已履行职责建立及维持有效的系统。讨论内容应包括考虑公司在会计及财务汇报职能方面的资源、员工资历及经验是否足够及员工所接受的培训课程和有关预算是否充足。 (8)主动或应董事会的委派，就有关风险管理及内部监控事宜的重要调查结果及管理层对调查结果的响应进行研究。 (9)须确保内部和外聘审计师的工作得到协调；也须确保内部审核功能在公司内部有足够资源运作，并且有适当的地位；以及审查及监察内部审核功能是否有效。 (10)检讨集团的财务及会计政策及实务。 (11)检查外聘审计师给予管理层的审核情况说明函件、审计师就会计纪录、财务账目或监控制度向管理层提出的任何重大疑问及管理层作出的响应。 (12)确保董事会及时响应于外聘审计师给予管理层的审核情况说明函件中提出的事宜。 (13)就上市规则的附录 14 中标题为审核审计委员会内所载的事宜向董事会汇报。 (14)审计委员会应处理以下事项。 ①检讨公司有设定如下安排：公司雇员可暗中就财务汇报、内部监控或其他方面可能发生的不正当行为提出关注。审计委员会应确保有适当安排，让公司对此等事宜作出公平独立的调查及采取适当行动； ②审计委员会应制定举报政策及系统，让雇员及其他与公司有往来的人士可暗中向审计委员会提出其对任何可能关于公司的不正当行为的关注。 (15)担任公司与外聘审计师之间的主要代表，负责监察二者之间的关系。 (16)公司董事会授权的其他事宜。
人事与提名委员会	(1)至少每年检讨董事会的架构、人数及组成(包括技能、知识及经验方面)，并就任何为配合公司的策略拟对董事会作出的变动提出建议。 (2)物色具备合适资格可担任董事、总经理及董事会秘书外的其他高级管理人员的人士，并挑选、提名有关人士出任董事或总经理及董事会秘书外的高级管理人员或就此向董事会提供意见。 (3)评核独立董事的独立性。 (4)就董事委任或重新委任以及董事(尤其是董事长及总经理)继任计划的有关事宜向董事会提出建议。 (5)董事会授权的其他事宜。
薪酬委员会	(1)就董事及高级管理层的整体薪酬政策及架构，以及就设立正规而具透明度的程序制定薪酬政策，向董事会提出建议。 (2)评审公司董事和高级管理人员的履职情况并对其进行绩效考核评价。 (3)对公司薪酬制度执行情况进行监督。 (4)因应董事会所定企业方针及目标而检讨及批准管理层的薪酬建议。 (5)就厘定个别执行董事及高级管理层的薪酬待遇，包括非金钱利益、退休金权利及赔偿金额(包括丧失或终止职务或委任的赔偿)向董事会提出建议。 (6)就非执行董事的薪酬向董事会提出建议。 (7)考虑同类公司支付的薪酬，须付出的时间及职责以及集团内其他职位的雇用条件。 (8)检讨及批准向执行董事及高级管理层就其丧失或终止职务或委任而须支付的赔偿，以确保该等赔偿与合约条款一致；若未能与合约条款一致，赔偿亦须公平合理，不致过多。 (9)检讨及批准因董事行为失当而解雇或罢免有关董事所涉及的赔偿安排，以确保该等安排与合约条款一致；若未能与合约条款一致，有关赔偿也须合理适当。 (10)确保任何董事或其任何联系人(根据上市规则的定义)不得参与厘定他自己的薪酬。 (11)就其他执行董事的薪酬建议咨询董事长及(或)总经理。 (12)董事会授权的其他事宜。
业务决策委员会	(1)审查批准总经理办公会提交的集合资金信托业务。 (2)审查批准总经理办公会认为有必要的重大单一资金信托业务。 (3)审查批准公司自有资金贷款项目。 (4)审查批准公司集合信托风险项目或总经理办公会认为有必要的单一信托项目的处置方案。 (5)向董事会提交年度工作报告。 (6)董事会授权的其他职责。
战略与风控委员会	(1)根据宏观经济环境、行业发展趋势和公司经营状况，对公司中长期发展战略进行研究并提出建议。 (2)检查、监督和评估公司发展战略的执行情况。 (3)组织制定公司信托业务、自营业务发展等专项规划。 (4)了解和掌握公司面临的各项重大风险及其风险管理现状。 (5)审议公司年度或专项风险管理报告。 (6)审查公司风险管理的体制机制是否健全、政策措施是否有效、风险控制流程是否合理。 (7)审议风险策略、重大风险管理解决方案以及重大决策、重大风险、重大事件和重要业务流程的判断标准或判断机制。 (8)审查、监督本公司遵守、执行法律法规的情况。 (9)为公司信托业务的风险防控提供意见和建议。 (10)董事会规定的其他职责。
信托委员会	(1)审查本公司信托业务到期兑付及受益人利益实现情况。 (2)监督集合信托财产的管理运用情况。 (3)对公司信托业务运行情况进行定期评估，为公司信托业务开展提供意见和建议。 (4)当公司或股东利益与受益人利益发生冲突时，审议维护受益人权益的具体措施，督促本公司依法履行受托职责。 (5)审查公司消费者权益保护工作情况。 (6)董事会规定的其他职责。

3.3 监事、监事会及其下属委员会

公司监事会由 9 名成员组成，监事会未下设委员会。

监事会成员

姓名	年龄(岁)	性别	职务	本届选任日期	任期(年)	所推举的股东名称	所推举的股东持股比例(%)
郭守贵	55	男	监事长	2018 年 7 月 10 日	至本届董事会届满	山东省高新技术创业投资有限公司	4.83
侯振凯	38	男	监事	2018 年 7 月 10 日	至本届董事会届满	鲁信集团	47.12
陈 勇	46	男	监事	2018 年 7 月 10 日	至本届董事会届满	中油资产管理有限公司	18.75
吴 晨	45	男	监事	2018 年 7 月 10 日	至本届董事会届满	山东黄金集团有限公司	1.72
王志梅	40	女	监事	2018 年 7 月 10 日	至本届董事会届满	潍坊市投资集团有限公司	1.29
官 伟	43	男	监事	2018 年 7 月 10 日	至本届董事会届满	济南市能源投资有限责任公司	1.29
田志国	47	男	监事	2018 年 5 月 25 日	至本届董事会届满	不适用	不适用
左 辉	49	男	监事	2018 年 5 月 25 日	至本届董事会届满	不适用	不适用
张文彬	34	男	监事	2018 年 10 月 25 日	至本届董事会届满	不适用	不适用

注：1. 所推举的股东持股比例为截至 2019 年 12 月 31 日数据。

2. 田志国、左辉、张文彬为公司职工代表监事。

3.4 高级管理人员

姓名	年龄(岁)	性别	职务	任职日期	金融从业年限(年)	学位	专业
岳增光	46	男	总经理	2018 年 9 月 3 日	26	硕士	工商管理
周建蕖	47	女	副总经理	2011 年 10 月 26 日	21	硕士	工商管理
贺创业	44	男	副总经理 兼董事会秘书	2016 年 4 月 7 日	20	硕士	金融学
王平	52	男	财务总监	2019 年 9 月 16 日	30	硕士	工商管理
付吉广	51	男	风控总监	2016 年 7 月 27 日	27	硕士	企业管理
牛序成	44	男	副总经理	2018 年 4 月 13 日	17	硕士	财政学

3.5 公司员工

截至 2018 年 12 月 31 日及 2019 年 12 月 31 日，公司共有 221 及 229 名雇员。在不同部门工作的雇员人数及比例如下。

岗位分布	2018 年 12 月 31 日		2019 年 12 月 31 日	
	雇员人数(人)	比例(%)	雇员人数(人)	比例(%)
管理层	8	3.62	8	3.49
信托业务雇员	89	40.27	93	40.63
固有业务雇员	6	2.72	12	5.24
财富管理雇员	24	10.86	26	11.35
风险控制和审计雇员	30	13.57	27	11.79
财务会计雇员	16	7.24	14	6.11
运营管理雇员	32	14.48	32	13.97
其他员工	16	7.24	17	7.42
合计	221	100	229	100

注：1. 其他员工包括在人力资源部、研发部及其他后台部门的雇员。

截至 2018 年 12 月 31 日及 2019 年 12 月 31 日，按年龄分类的雇员详情如下。

年龄	2018 年 12 月 31 日		2019 年 12 月 31 日	
	雇员人数(人)	比例(%)	雇员人数(人)	比例(%)
25 岁及以下	4	1.81	2	0.87
25 ~29 岁	49	22.17	47	20.52
30 ~39 岁	117	52.94	126	55.03
40 岁及以上	51	23.08	54	23.58
合计	221	100	229	100

截至 2018 年 12 月 31 日及 2019 年 12 月 31 日，按教育程度分类的雇员详情如下。

教育程度	2018 年 12 月 31 日		2019 年 12 月 31 日	
	雇员人数(人)	比例(%)	雇员人数(人)	比例(%)
博士学位及以上	6	2.71	6	2.62
硕士学位	152	68.78	161	70.31
学士学位	52	23.53	51	22.27
大专及以下	11	4.98	11	4.80
合计	221	100	229	100

4. 经营管理

4.1 经营目标、经营方针、战略规划

公司将积极顺应资管新规与信托监管导向，以高质量发展“135 战略规划”为引领，以服务实体为根本、回归本源为核心、智慧信托为支撑，发挥香港上市平台优势，全力加快转型创新改革步伐。

第一，巩固传统优势业务，加快创新业务开拓，培育业务增长“新引擎”。一是持续优化传统优势业务商业模式。公司进一步提升主动管理能力，以股权投资思维开展主动管理项目，打造战略客户生态圈，锻炼公司主动管理人才队伍。二是持续做大创新业务规模。消费金融业务方面，公司进一步完善关键风控措施，升级业务模式，稳妥扩大业务规模；债券业务方面，完善产品投研体系，推出特色化的债券自主管理产品和品牌；现金管理类业务方面，加快信息系统建设进度，确保产品稳健运营，尽快提升业务规模；股权直接投资业务方面，逐步形成公司自主创投业务重点方向。三是坚持回归本源，持续发力彰显

受托人职责的专属业务。公司巩固扩大家族信托业务优势，升级高端定制化服务，推出“普惠”标准化家庭信托，通过主动管理满足客户全生命周期的财富规划、家业传承等多元需求；抢占服务信托业务发展先机，积极与相关社会资源和场景对接寻求合作机会；推进资产证券化及类资产证券化业务，培育业务部门将其作为主要发展方向。四是深化研发创造价值理念，有效推动公司业务创新，组织编制公司“十四五”发展规划，为公司转型发展提供战略指引。

第二，以金融科技为支撑，强化智慧信托战略发展。公司以“智能信托战略二期系统”建设为契机，重点围绕 IT 基础能力提升、大中台建设、信息安全基础能力提升和核心业务需求，积极推进方案逐项落地。公司完成智慧信托 3 ~5 年战略规划编制，持续推进信息系统安全升级，积极推进数据中心、报表平台建设，及时响应内部运营存在的突出“痛点”、问题和需求，提升运营管理的在线化、标准化、智能化水平，以技术支撑及科技赋能业务发展，进一步推动公司运营效率不断提升。

第三，持续增强自主营销能力，加快财富管理转型。公司进一步加快财富网点布局和营销体系建设，有序在济南市继续增设网点，建设理财师团队；推动在线线下相结合，加快在线营销发展；深入接洽省内金融机构、国有企业等机构，大力拓展机构客户，择机设立专业部门；大力拓展财富账户管理业务，进一步充实财富管理团队和金融同业人才队伍，加快推动资金端由产品销售向财富管理转型。

第四，多措并举，加快构建综合金融服务平台。一是重点推动泰信基金完成增资并实现稳健发展。公司加大泰信基金经营团队组建、体制机制建设等工作力度，着力提升资产管理规模，切实增强盈利能力。二是加快推动公司现有金融牌照整合，优化金融股权投资布局。公司加快处置非核心金融股权，探索推进战略投资新的金融股权事宜。三是借助香港上市公司平台优势，加快国际业务布局，实现境内外业务协同联动，满足境内企业和高净值客户的跨境投融资需求。

第五，持续深化“三项制度”改革，守住风险底线，强化合规文化建设。一是进一步优化组织结构与人力资源管理体系。公司着力推动部门整合重构，优化薪酬考核制度体系，引导人才资源在创新业务、本源业务领域充分涌流；进一步完善人才培养机制，制定个性化人才培养方案，全方位提升人力资源管理工作的科学化、系统化水平。二是坚持风险管理“可测、可控、可承受”原则，把防风险摆到更突出的位置。公司完善风控制度体系，探索新的风控模式，严把项目准入关口，加强“临期管理”；加大不良资产处置力度，积极推动风险项目处置，着力保持资产质量稳定。三是加强合规文化建设，打造特色信托文化。公司开展从业人员行为管理、制度培训与测试、销售适当性建设等系列工作，大力营造“合规创造价值、合规人人有责”的合规氛围，创建“不能违规、不敢违规、不愿违规”的合规文化。

4.2 所经营业务的主要内容

公司的业务可划分为信托业务和固有业务。信托业务是本公司的核心业务。作为受托人，公司接纳委托客户的资金和（或）财产委托，并管理此类委托资金和（或）财产，以满足委托客户的投资和财富管理需要，以及交易对手客户的融资需要。公司的固有业务通过将固有资产配置到各个资产类别，以及投资于对信托业务有战略价值的各种业务，从而维持并增加固有资产的价值。

下表载列公司在所示期间的分部收入及其主要部分。

项目	截至 2018 年 12 月 31 日		截至 2019 年 12 月 31 日	
	金额（千元）	占比（%）	金额（千元）	占比（%）
信托业务				
经营收入	943 651	51.66	1 309 816	51.72
分部收入	943 651	51.66	1 309 816	51.72
固有业务				
经营收入	750 855	41.10	846 850	42.12
分占以权益法计量的投资的利润	132 197	7.24	123 705	6.16
分部收入	883 052	48.34	970 555	48.28
合计	1 826 703	100.00	2 010 371	100.00

2019 年，公司的信托业务及固有业务的收入分别占公司收入总额的 51.7% 和 48.3%。

4.2.1 信托业务

2019 年，公司积极应对中国经济形势及监管政策环境变化，持续加强主动管理，坚定回归信托本源，加快转型创新步伐。一是持续发力主动管理业务，信托业务提质增效显著。主动管理业务质升量增，业务结构、收入结构不断优化。二是坚定回归信托本源，创新家族信托运作模式。家族信托业务规模持续扩大，“德善齐家”品牌影响力不断提升；成功创设非上市公司股权型、自主管理型家族信托，研发推出婚嫁金、教育金等标准化产品，定制化、专业化服务能力进一步提升；新增多家寿险公司、商业银行等合作机构，战略合作伙伴范围不断扩大。三是转型创新步伐不断加快，发展新动能加快释放。积极布局标准化业务，“天禧盈”现金管理类信托产品、标准化 ABS 信托顺利推出，消费信托、债券信托规模不断扩大，公司产品线更加丰富，为投资者拓宽了多元化的稳健投资渠道。四是营销渠道不断拓展，营销能力稳步提升。营销队伍不断壮大，财富网点陆续增多，全员营销扎实开展，自主营销能力显著提升；代销渠道和机构合作进一步深化，资金端获客能力不断增强。

截至 2019 年 12 月 31 日，公司管理的信托资产规模为 257 664百万元，信托总数为 1 202 个；主动管理型信托资产规模为 109 677 百万元，占公司管理的全部信托资产规模的 42.6%，同比提高 3.9 个百分点；报告期内，公司管理的主动管理型信托产生的收入为 797 百万元，占全部信托业务收入中的手续费及佣金收入的 76.8%，同比上升 6.4 个百分点。

4.2.2 固有业务

2019 年，为合理稳健配置自有资金，满足境内外业务战略发展规划布局要求，提高自有资金运作质效，公司坚持长中短期结合的策略，积极运用自有资金进行投资。一是充分发挥固有业务与信托业务的协同效应，积极实施投贷联动，大力支持信托业务“股 + 债”等转型创新。二是充分利用固有资产从事股权投资业务资格，参与投资创投基金，推动固有业务转型发展，打造效益增长新引擎。三是审时度势，积极推动泰信基金管理有限公司转型发展，着力优化金融股权投资业务布局。四是在保证流动性的前提下,积极开展多元化投资,以流动性资金进行国债逆回购、购买货币基金、境外资产专户管理等短期运作,提高境内外资金使用效益。五是加强与驻港金融企业交流沟通,积极探索打通境内外资产配置信道方案,为海外展业打下坚实基础。2019 年实现固有业务分部收入 970.6 百万元,同比增长 9.9%。

4.3 市场分析

4.3.1 经济形势分析

未来一段时期,国际经济金融形势仍然错综复杂,世界大变局加速演变的特征更趋明显,贸易摩擦、金融市场情绪、地缘政治、突发公共卫生事件等将加剧全球经济和金融市场的不确定性。中国经济仍面临较大的下行压力,但经济增长保持韧性,增长动力持续转换,经济稳中向好、长期向好的基本趋势没有改变。

4.3.2 金融形势分析

金融业将以深化供给侧结构性改革为主线,加大对推动高质量发展的支持力度,降低社会融资成本,打好防范化解金融风险攻坚战,进一步扩大金融高水平双向开放,促进国民经济整体良性循环。信托业将进一步坚定转型发展信心,坚守受托人定位,坚持信托本源,坚持服务实体经济,坚持满足人民群众日益增长的财富管理需求,锲而不舍地开展信托文化建设,提高风险管理能力,坚守合规底线,努力实现行业的高质量发展。

4.3.3 影响公司业务发展的主要因素

公司的业务运营在中国进行,且公司大部分收入于中国境内产生。作为一家中国金融机构,公司的业务、财务状况、经营业绩及前景受中国整体经济及金融市场状况的重大影响。

中国经济经历 40 年的快速增长后,目前已转向高质量发展阶段,其特征为经济结构优化和产业转型升级。中国经济的结构转型、宏观经济政策及金融市场的波动给本公司的业务带来挑战。一方面,公司的客户可能会在经济放缓时减少投资活动或融资需求,这或会减少对公司的多种信托产品的需求;另一方面,公司可能会在经济转型期识别新的业务机会并利用金融市场状况的变化,而且公司可能会在能够抵销经济下行周期影响的领域增加业务。

公司已经对多个金融机构进行固有投资,并且公司大部分的固有资产以不同类型金融产品的形式持有。该等投资的价值受宏观经济状况、资本市场的表现和一般投资者情绪的影响。因此,中国整体经济及金融市场状况的变化也将影响公司固有投资的价值及投资收益。

此外,公司的经营业绩、财务状况及发展前景皆受中国监管环境的影响。中国信托业的主要监管机构——中国银保监会持续关注行业的发展状态,发布了多项规定和政策以不时鼓励或不提倡甚至是禁止某些种类的信托业务开展。近年来,“去杠杆”“防风险”成为中国金融业监管的主基调。2018 年 4 月,中国人民银行、中国银保监会、中国证监会、国家外汇管理局联合下发《关于规范金融机构资产管理业务的指导意见》(银发[2018]106 号),对资产管理业务按照产品类型统一监管标准,要求包括信托公司在内的金融机构在开展资产管理业务时“去信道”“去嵌套”。2019 年,监管部门加大了对信托公司通道业务的治理力度,旨在督促信托公司提升主动管理能力,进一步提高风险管理水平,增强风险抵御能力。上述这些政策短期内可能会对信托公司经营产生一定的紧缩效应,但长期来看有利于信托公司提升主动管理能力,回归信托本源。

此外,中国其他金融行业的监管环境也可能会间接影响公司的信托业务。例如,2018 年 9 月,中国银保监会发布《商业银行理财业务监督管理办法》,同年 12 月发布《商业银行理财子公司管理办法》,对商业银行开展理财业务进行了明确规定,允许商业银行通过设立理财子公司开展资产管理业务。公司传统上受益于信托牌照下广泛的业务范围,然而,由于其他金融机构例如商业银行将能够提供越来越多与公司类似的产品及服务,而公司可能会因此面对更激烈的竞争而丧失部分优势。

4.4 风险管理

4.4.1 风险管理概况

公司一直致力于建立健全风险管理和内部控制体系,其中包括公司认为适合本公司业务经营的目标、原则、组织框架、流程和应对主要风险的方法,而且公司已建立一套涵盖本公司业务经营各个方面的全面风险管理体系。公司精细的风险管理文化、以目标为导向及完善的风险管理体系与机制,确保本公司的业务持续稳定发展,为公司识别和管理业务运营所涉及的风险奠定坚实基础。

4.4.2 风险管理

4.4.2.1 信用风险管理

信用风险指公司客户及交易对手未能履行合约责任的风险。公司的信用风险由本公司的信托业务及固有业务引起。

报告期内,公司严格遵守中国银保监会有关信用风险管理指引等监管要求,在董事会战略与风控委员会和高级管理层的领导下,以配合实现战略目标为中心,完善信用风险管理的制度和系统建设,加强重点领域的风险管控,全力控制和化解信用风险。

4.4.2.2 市场风险管理

市场风险主要指金融工具的公允价值或未来现金流将因市场价格变化而导致波动,主要由于价格风险、利率风险及汇兑风险导致波动风险。报告期内,公司主要透过多样化及谨慎挑选的投资组合和本公司严格的投资决策机制管理此类风险。

4.4.2.3 流动性风险管理

流动性风险指由于债权到期公司或不能获取足够的现金以全面结算本公司的债务,或公司仅可在重大不利的条款下获取足够的现金以全面结算公司的债务的风险。

报告期内,公司定期预测本公司的现金流和监测公司的短期和长期资本需求,以确保有足够的现金储备和金融资产可较易转换成现金。公司持有足够的不受限银行及手头现金以满足公司日常运营的资本需求。

4.4.2.4 合规风险管理

合规风险指因公司的业务活动或雇员的活动违反有关法律、法规或规则而遭受法律制裁、被采取监管措施、纪律处分、蒙受财产损失或声誉损失的风险。公司已制定若干合规制度和政策,由合规法律部专门监察本公司日常运营各方面的整体合规状况。

报告期内，公司的合规法律部也持续追踪相关法律法规和政策的最新发展，并向相关部门提交制定和修订相关内部制度和政策的方案。此外，公司根据不同部门的相关业务活动的性质组织若干雇员培训项目，持续更新有关现有法律和法规要求及内部政策。

4.4.2.5　操作风险管理

操作风险指因交易过程或管理系统操作不当而引致财务损失的风险。报告期内，为了将操作风险减至最低，公司已实施严格的风险控制机制，以降低技术违规或人为失误的风险，并提高操作风险管理的有效性。此外，公司的审计部负责内部审计及评估操作风险管理的有效性。

4.4.2.6　声誉风险管理

公司非常珍惜多年来经营的良好市场形象，积极采取有效措施规避和防范声誉风险，防止本公司声誉受到不良损害。公司制定了《声誉风险管理办法》。报告期内，公司通过优秀的财富管理能力提高客户忠诚度的同时，加强对外宣传力度，积极履行社会责任，开辟多种渠道与监管机构、媒体、公众等利益相关者进行沟通，强化"专业、诚信、勤勉、成就"的企业核心价值观。

4.4.2.7　其他风险管理

公司通过对国家宏观经济政策和行业政策的分析、研究，提高预见性和应变能力，控制政策风险；通过建立健全法人治理结构、内部控制制度、业务操作流程，保证工作流程的完整性和科学性。公司不断加强员工思想教育，树立恪尽职守的观念和先进的风险管理理念，避免道德风险，同时加强法制意识教育，深入开展全体员工廉洁从业教育活动。公司设置专门的法律岗位，聘请常年法律顾问等，有效控制法律风险。

5. 报告期末及上一年度末的比较式会计报表

5.1　自营资产

5.1.1　会计师事务所审计意见全文

致山东省国际信托股份有限公司股东：

一、我们已审计的内容

山东省国际信托股份有限公司（贵公司）及其子公司（贵集团）列载于第163至272页的合并财务报表，包括：2019年12月31日的合并财务状况表；截至该日年度合并全面收益表；截至该日年度合并权益变动表；截至该日年度合并现金流量表；合并财务报表附注，包括主要会计政策概要。

二、我们的意见

我们认为，该等合并财务报表已根据《国际财务报告准则》真实而中肯地反映了贵集团于2019年12月31日的合并财务状况及其截至该日年度合并财务表现及合并现金流量，并已遵照香港《公司条例》的披露规定妥为拟备。

三、意见的基础

我们已根据《国际审计准则》进行审计。我们在该等准则下承担的责任已在本报告"审计师就审计合并财务报表承担的责任"部分中作进一步阐述。

我们相信，我们所获得的审计凭证能充足及适当地为我们的审计意见提供基础。

四、独立性

根据国际会计师专业操守理事会颁布的专业会计师道德守则（包括国际独立性守则）（IESBA守则），我们独立于贵集团，并已履行IESBA守则中的其他专业道德责任。

五、关键审计事项

关键审计事项是根据我们的专业判断，认为对本期合并财务报表的审计最为重要的事项。这些事项是在我们审计整体合并财务报表及出具意见时进行处理的。我们不会对这些事项提供单独意见。

我们在审计中识别的关键审计事项概述如下：

第一，信托计划的合并评估；

第二，客户贷款的预期信用损失（"ECL"）；

第三，以公允价值计量且分类为第三层级的金融工具及于联营企业的投资的估值。

六、关键审计事项

（一）信托计划的合并评估

请参阅合并财务报表附注2.4、2.7、3(c)及37。

贵集团管理或投资多项信托计划。于2019年12月31日，于所有该等信托计划中，贵集团已合并总额约9 212百万元，未合并总额约248 452百万元。

管理层根据国际财务报告准则第10号——合并财务报表（国际财务报告准则第10号）对控制权的三个要素（对信托计划相关活动的权力、承担可变回报披露及贵集团利用其权力影响来自信托计划的可变回报的能力）作出评估，以厘定由贵集团管理或投资的信托计划是否应进行合并。于进行评估时，当中涉及重大判断，以厘定贵集团于安排中的角色为主要责任人还是代理人。倘贵集团作为主要责任人，贵集团控制信托计划，而信托计划须进行合并。

我们关注于此领域，乃因为贵集团所参与的信托计划十分重要，且该等信托计划的合并评估涉及重大判断。

（二）我们的审计如何处理关键审计事项

我们了解管理层对信托计划合并评估的控制。

此外，我们对贵集团投资或管理的信托计划进行抽样测试，并就管理层对信托计划合并的评估作出下列程序：

1. 了解交易结构的目的和设计，检查相关合同条款，并评估贵集团是否有权指导该等信托计划的相关活动。

2. 检查与贵集团来自该等抽样信托计划的可变回报（包括管理费、直接投资及流动资金支持）有关的合约条款，将该数据与应用于管理层对可变回报的评估中的参数相核对。

3. 根据合约条款重新计算贵集团来自该等信托计划的可变回报。

4. 通过分析贵集团运用其权力影响信托计划可变回报的能力，评估贵集团在信托计划中的角色为委托人或代理人，以可变回报水平为基准来衡量贵集团作为委托人是否符合国际财务报告准则第10号中的指引。

根据上述工作，我们认为管理层对信托计划作出的合并评估可接受。

（三）客户贷款的预期信用损失（ECL）

请参阅合并财务报表附注 2. 16. 1（ii）、3（a）、14、21（b）及 42. 1。

2019 年 12 月 31 日，贵集团录得客户贷款总额 9 027 百万元，于贵集团合并财务状况表中确认减值准备 1 276 百万元。贵集团截至 2019 年 12 月 31 日年度合并利润表中确认客户贷款减值损失 676 百万元。

客户贷款减值准备余额指管理层依据国际财务报告准则第九号：金融工具（预期信用损失模型）于资产负债表日以模型要求对预期信用损失作出的最佳估计。

贵集团就客户贷款及垫款的信用风险自其初始确认后是否已显著增加进行评估，并采用“三阶段”减值模型以计算其预期信用损失。对于第一阶段及第二阶段的客户贷款管理层对纳入了违约概率、违约损失率、违约风险敞口及折现率等关键参数的减值准备进行评估。对于第三阶段的客户贷款，管理层透过估计贷款所产生的现金流量对减值准备进行评估。

预期信用损失计量模型涉及管理层的重大判断及假设，主要内容如下。为预期信用损失的计量选择合适的模型和假设；决定信用风险是否显著增加或已发生违约或减值损失的标准；前瞻性计量的经济指标以及应用经济情景及权重；第三阶段客户贷款的预计未来现金流量。

为计量预期信用损失，贵集团已采用模型，该等模型运用诸多参数及数据，并应用管理层的重大判断及假设。此外，客户贷款及垫款以及已计提减值准备及拨备金额重大。鉴于此等原因，我们因而确定此乃一项关键审计事项。

我们了解管理层用于计算预期信用损失的方法，并评估管理层有关客户贷款及垫款的预期信用损失计量的关键控制程序。

此外，我们履行以下程序：

1. 我们审核预期信用损失计量的建模方法，并就组合分项、模型选择、关键参数估计、有关模型的重大判断及假设的合理性作出评估。

2. 我们评估管理层有关厘定信用风险是否显著增加或是否存在违约或信用减值贷款的标准。此外，我们在虑及借款人的财务及非财务资料、有关外部证据及其他因素的基础上选择样本，以评估管理层对在识别信用风险显著增加、违约及信用减值贷款方面的恰当性。

3. 就前瞻性计量而言，我们审核管理层对其经济指标选择的模型分析；所运用的经济情景及权重，评估经济指标预测的合理性，并进行敏感度分析。

4. 我们基于所选样本审核预期信用损失模型的主要参数，包括历史数据及计量日期的数据，以评估其准确性及完整性。

5. 我们基于样本审查由贵集团依据借款人及担保人的财务资料、抵押品最近估值及其他可用资料连同支持第三阶段客户贷款减值准备计算的折现率而编制的预测未来现金流量。

基于我们所展开的程序，有关 ECL 模型、关键参数、管理层采用的重大判断及假设以及预期信用损失的计量结果均被认为可予接纳。

（四）以公允价值计量且分类为第三层级的金融工具及联营企业的投资的估值

请参阅贵集团合并财务报表附注 2. 16、20、27 及 42. 5。

2019 年 12 月 31 日，贵集团金融工具及联营企业得投资包括公允价值层级中分类为第三层级的金融工具及联营企业的投资（第三层级金融工具及于联营企业的投资），第三层级金融工具及联营企业的投资采用重要不可观察输入值（不可观察参数）作为关键假设计量公允价值，此类参数包括未来估计现金流量、流动性折让、市净率等。2019 年 12 月 31 日，第三层级金融工具及联营企业的投资分别为 912 970 千元及752 808 千元。

由于第三层级金融工具及联营企业的投资金额重大及管理层在估值时采用不可观察参数作为关键假设需要作出重大判断，第三层级的金融工具及联营企业的投资估值被确定为审计重点领域。

我们了解与评估了管理程序与对估值模型数据输入的控制，以及对该模型的持续监测和优化。

此外，我们履行以下程序：

1. 基于我们对行业惯例的了解，我们对管理层第三层级金融工具及联营企业的投资估值中采用的模型的合理性进行了评估。

2. 基于相关市场数据及贵集团提供的文件，我们也对管理层在计量第三层级金融工具及联营企业的投资之公允价值时采用的不可观察输入值及可观察输入值，包括预期未来现金流量、流动性折让、波动性、风险调整后贴现率及市净率等之准确性和适当性进行了抽样检查。

3. 我们重新估值第三层级金融工具及联营企业的投资的部分样本。我们已比较我们及贵集团各自的估值结果。

基于上述审计程序，我们认为管理层采用的模型和输入值是可接受的。

七、其他数据

贵公司董事须对其他资料负责。其他资料包括年度报告内的所有资料（合并财务报表及我们的审计师报告除外）。我们对合并财务报表的意见并不涵盖其他数据，我们不对该等其他数据发表任何形式的鉴证结论。

结合我们对合并财务报表的审计，我们的责任是阅读有关资料，在此过程中，考虑其他资料是否与合并财务报表或我们在审计过程中所了解的情况存在重大抵触或者似乎存在重大错误陈述的情况。

基于我们已履行的工作，倘我们认为其他数据存在重大错误陈述，我们需要报告该事实。就此而言，我们并无事项报告。

八、董事及负责管治者就合并财务报表须承担的责任

贵公司董事须负责根据《国际财务报告准则》及香港《公司条例》的披露规定编制真实而中肯的合并财务报表，并对其认为为使合并财务报表的编制不存在由于欺诈或错误而导致的重大错误陈述所需的内部控制负责。

在编制合并财务报表时，董事负责评估贵集团持续经营的能力，并在适用情况下披露与持续经营有关的事项，以及使用持续经营为会计基础，除非董事有意将贵集团清盘或停止经营，或别无其他实际的替代方案。

负责管治者须负责监督贵集团的财务报告过程。

九、审计师就审计合并财务报表承担的责任

我们的目标，是对合并财务报表整体是否不存在由于欺诈或错误而导致的重大错误陈述取得合理保证，并出具包括我们意见的审计师报告。我们向阁下（作为整体）报告，除此之外，本报告别无其他目的。我们不会就本报告的内容向任何其他人士负上或承担任何责任。合理保证是高水准的保证，但不能保证按照《国际审计准则》进行的审计，在某一重大错误陈述存在时总能被发现。错误陈述可以由欺诈或错误引起，如果合理预期它们单独或汇总起来可能影响合并财务报表使用者依赖合并财务报表所作出的经济决定，则有关的错误陈述可被视作重大。

在根据《国际审计准则》进行审计的过程中，我们运用了专业判断，保持了专业怀疑态度。

第一，识别和评估由于欺诈或错误而导致合并财务报表存在重大错误陈述的风险，设计及执行审计程序以应对这些风险，以及获取充足和适当的审计凭证，作为我们意见的基础。由于欺诈可能涉及串谋、伪造、蓄意遗漏、虚假陈述，或凌驾于内部控制之上，因此未能发现因欺诈而导致的重大错误陈述的风险高于未能发现因错误而导致的重大错误陈述的风险。

第二，了解与审计相关的内部控制，以设计适当的审计程序，但目的并非对贵集团内部控制的有效性发表意见。

第三，评价董事所采用会计政策的恰当性及作出会计估计和相关披露的合理性。

第四，对董事采用持续经营会计基础的恰当性作出结论。根据所获取的审计凭证，确定是否存在与事项或情况有关的重大不确定性，从而可能导致对贵集团的持续经营能力产生重大疑虑。如果我们认为存在重大不确定性，则有必要在审计师报告中提请使用者注意合并财务报表中的相关披露。假若有关的披露不足，则我们应当发表非无保留意见。我们的结论是基于审计师报告日止所取得的审计凭证。然而，未来事项或情况可能导致贵集团不能持续经营。

第五，评价合并财务报表的整体列报方式、结构和内容，包括披露，以及合并财务报表是否中肯反映交易和事项。

第六，贵集团内实体或业务活动的财务信息获取充足、适当的审计凭证，以便对合并财务报表发表意见。我们负责集团审计的方向、监督和执行。我们为审计意见承担全部责任。

除其他事项外，我们与负责管治者沟通了计划的审计范围、时间安排、重大审计发现等，包括我们在审计中识别出内部控制的任何重大缺陷。

我们还向负责管治者提交声明，说明我们已符合有关独立性的相关专业道德要求，并与他们沟通有可能合理地被认为会影响我们独立性的所有关系和其他事项，以及在适用的情况下，相关的防范措施。

从与负责管治者沟通的事项中，我们确定哪些事项对本期合并财务报表的审计最为重要，因而构成关键审计事项。我们在审计师报告中描述这些事项，除非法律法规不允许公开披露这些事项，或在极端罕见的情况下，如果合理预期在我们报告中沟通某事项造成的负面后果超过产生的公众利益，我们决定不应在报告中沟通该事项。

出具本独立审计师报告的审计项目合伙人是叶少宽。

罗兵咸永道会计师事务所

执业会计师

香港　2020 年 3 月 26 日

5.1.2　资产负债表

资产负债表

2019 年 12 月 31 日

编制单位：山东省国际信托股份有限公司（合并）　　单位：千元

项目	2018 年 12 月 31 日	2019 年 12 月 31 日
资产		
非流动资产		
物业、厂房及设备	130 128	126 522
投资性房地产	—	148 825
使用权资产	不适用	1 043
无形资产	5 701	5 829
于联营企业的投资	2 108 781	2 776 345
以公允价值计量且其变动计入当期损益的金融资产	1 129 884	912 970
客户贷款	3 249 109	5 659 408
金融投资－摊余成本	32 761	18 541
预付款项	160 990	25 326
递延所得税资产	98 256	230 110
其他非流动资产	362 569	359 503
非流动资产总额	7 278 179	10 264 422
流动资产		
现金及银行存款余额	1 081 254	964 424
以公允价值计量且其变动计入当期损益的金融资产	448 987	611 455
买入返售金融资产	95 100	11 026
客户贷款	3 907 644	2 143 563
金融投资－摊余成本	88 714	60 828
应收信托报酬	251 825	214 056
其他流动资产	460 049	302 516
流动资产总额	6 333 573	4 307 868
总资产	13 611 752	14 572 290
权益及负债		
股本	2 588 250	4 658 850
资本储备	2 231 139	143 285
法定盈余储备	767 319	845 282
法定一般储备	756 073	834 036
其他储备	－1 301	–865
保留盈利	3 199 212	3 329 825
总权益	9 540 692	9 810 413
负债		
非流动负债		
应付薪酬和福利	62 697	48 899
租赁负债	不适用	346

续表

项目	2018 年 12 月 31 日	2019 年 12 月 31 日
归属于合并结构性实体其他受益人的净资产	1 735 269	2 647 623
非流动负债总额	1 797 966	2 696 868
流动负债		
短期借款	450 000	320 000
租赁负债		708
应付薪酬和福利	18 738	61 961
归属于合并结构性实体其他受益人的净资产	790 494	757 118
应付所得税	188 854	186 357
应付股息	—	4 374
其他流动负债	825 008	734 491
流动负债总额	2 273 094	2 065 009
负债总额	4 071 060	4 761 877
总权益及负债	13 611 752	14 572 290

5.1.3 利润表

利润表

编制单位：山东省国际信托股份有限公司（合并）　2019 年度　单位：千元

项目	2018 年度	2019 年度
手续费及佣金收入	891 301	1 037 771
利息收入	647 511	529 807

续表

项目	2018 年度	2019 年度
以公允价值计量且其变动计入当期损益的金融资产公允价值变动净额	-32 274	299 999
投资收益/（损失）	-25 231	14 231
处置经合并的结构性实体持有的联营企业净收益	160 851	3 062
其他经营收入	52 348	1 796
总经营收入	1 694 506	1 886 666
利息支出	-192 801	-137 873
员工成本（包括董事及监事薪酬）	-125 519	-189 401
经营租赁支出	-11 661	-9 070
折旧及摊销	-8 106	-10 406
归属于合并结构性实体其他受益人的净资产变动	-19 754	-475
税金及附加	-12 978	-18 917
其他经营开支	-73 330	-62 813
核数师酬金	-1 792	-1 792
贷款减值支出及其他信用风险准备	-220 822	-688 059
其他资产减值损失	-33 093	-13 730
总经营开支	-699 856	-1 132 536
分占以权益法计量的投资的利润	132 197	123 705
除所得税前经营利润	1 126 847	877 835
所得税费用	-254 599	-213 929
归属于本公司股东的净利润	872 248	663 906

5.1.4 所有者权益变动表

所有者权益变动表

编制单位：山东省国际信托股份有限公司（合并）　2019 年度　单位：千元

项目	股本	资本储备	法定盈余储备	法定一般储备	其他储备	保留盈利	合计
于 2019 年 1 月 1 日的余额	2 588 250	2 231 139	767 319	756 073	-1 301	3 199 212	9 540 692
年内净利润	—	—	—	—	—	663 906	663 906
年内其他综合收益	—	—	—	—	436	—	436
综合收益总额	—	—	—	—	436	663 906	664 342
拨至法定盈余储备	—	—	77 963	—	—	-77 963	—
拨至法定一般储备	—	—	—	77 963	—	-77 963	—
资本公积转增股本	2 070 600	-2 070 600	—	—	—	—	—
已付股息	—	—	—	—	—	-377 367	-377 367
其他	—	-17 254	—	—	—	—	-17 254
于 2019 年 12 月 31 日的余额	4 658 850	143 285	845 282	834 036	-865	3 329 825	9 810 413
于 2018 年 1 月 1 日的余额	2 588 250	2 215 637	688 876	718 772	29 449	2 906 556	9 147 540
首次执行国际财务报告准则第 9 号产生的变化	—	—	—	—	-36 800	-16 082	-52 882
于 2018 年 1 月 1 日的余额（经重述）	2 588 250	2 215 637	688 876	718 772	-7 351	2 890 474	9 094 658
年内净利润	—	—	—	—	—	872 248	872 248
年内其他综合收益	—	—	—	—	6 050	—	6 050
综合收益总额	—	—	—	—	6 050	872 248	878 298
拨至法定盈余储备	—	—	78 443	—	—	-78 443	—
拨至法定一般储备	—	—	—	37 301	—	-37 301	—
已付股息	—	—	—	—	—	-447 766	-447 766
其他	—	15 502	—	—	—	—	15 502
于 2018 年 12 月 31 日的余额	2 588 250	2 231 139	767 319	756 073	-1 301	3 199 212	9 540 692

5.2 信托资产

5.2.1 信托项目资产负债汇总表

信托项目资产负债汇总表

编制单位:山东省国际信托股份有限公司　　2019 年 12 月 31 日　　单位:万元

资产	期末余额	年初余额	负债和权益	期末余额	年初余额
资产:			负债:		
货币资金	369 541. 32	253 117. 32	交易性金融负债	—	—
拆出资金	—	—	衍生金融负债	—	—
结算备付金	36 250. 96	46 908. 89	卖出回购金融资产款	4 999. 98	10 959. 28
交易性金融资产	1 912 911. 69	2 061 098. 22	应付账款	0. 04	0. 04
衍生金融资产	—	—	应付赎回款	211 619. 85	18 337. 13
买入返售金融资产	69 802. 31	169 362. 92	应付受托人报酬	21 495. 11	22 570. 96
应收账款	—	—	应付受益人收益	27 141. 51	23 799. 34
应收利息	45 968. 23	43 234. 37	应付托管费	740. 76	679. 07
应收股利	16 112. 97	11 269. 35	应付销售服务费	1. 56	1. 56
应收票据	—	—	应交税费	8 198. 58	1 632. 07
应收申购款	—	—	应付利息	1. 57	21. 69
其他应收款	229 772. 49	162 746. 90	其他应付款	19 578. 40	141 765. 67
存出保证金	—	—	其他负债	1 642. 39	1 050. 55
发放贷款	10 509 347. 27	11 415 879. 78	负债合计	295 419. 75	220 817. 36
长期应收款	88 527. 15	189 855. 53			
可供出售金融资产	4 201. 40	1 001. 72			
持有至到期投资	9 959 996. 96	7 040 963. 05			
长期股权投资	1 458 016. 10	1 689 500. 12	权益:		
投资性房地产	—	—	实收信托	25 766 445. 72	23 192 163. 07
融资租赁资产	—	—	资本公积	68 620. 46	90 828. 49
固定资产	—	—	损益平准	—	—
固定资产清理	—	—	未分配利润	327 577. 60	246 867. 72
无形资产	—	—	权益合计	26 162 643. 78	23 529 859. 28
长期待摊费用	—	—			
其他资产	1 757 614. 68	665 738. 47			
信托资产总计	26 458 063. 53	23 750 676. 64			
减:各项资产减值准备	—	—			
资产总计	26 458 063. 53	23 750 676. 64	负债和权益总计	26 458 063. 53	23 750 676. 64

5.2.2 信托项目利润及利润分配汇总表

信托业务利润及利润分配汇总表

编制单位:山东省国际信托股份有限公司　　2019 年度　　单位:万元

项目	本年累计数	上年累计数
一、收入	1 293 687. 30	1 861 916. 30
利息收入	957 570. 42	879 286. 46
投资收益(损失以"-"号填列)	469 692. 80	878 551. 04
其中:对联营企业和合营企业的投资收益	—	—
公允价值变动收益(损失以"-"号填列)	-134 360. 39	102 761. 82
租赁收入	-36. 07	—
汇兑损益(损失以"-"号填列)	—	—
其他收入	820. 54	1 316. 98
二、支出	191 935. 17	240 256. 04
营业税金及附加	4 369. 92	5 708. 54

续表

项目	本年累计数	上年累计数
受托人报酬	110 599. 37	128 810. 11
托管费	12 153. 46	9 736. 31
销售服务费	8 819. 70	5 141. 25
交易费用	5 284. 71	4 450. 69
利息支出	—	—
资产减值损失	—	—
其他费用	50 708. 01	86 409. 14
三、净利润(净亏损以"-"号填列)	1 101 752. 13	1 621 660. 26
四、其他综合收益	1 078. 29	4 808. 80
五、综合收益	1 102 830. 42	1 626 469. 06
六、期初未分配利润	468 058. 83	246 867. 72
七、本期已分配信托利润	1 324 021. 53	1 545 759. 18
八、期末未分配利润	246 867. 72	327 577. 60

6. 会计报表附注

6.1 会计报表编制基准不符合会计核算基本前提的说明

本公司无上述情况。

6.2 重要会计政策和会计估计说明

6.2.1 计提资产减值准备的范围和方法

6.2.1.1 金融资产的减值

本集团在前瞻性的基础上评估与其持有的以摊余成本和以公允价值计量且其变动计入其他综合收益计量的债务工具资产相关的预期信用损失，以及与贷款承诺和金融担保合同相关的风险敞口。本集团在各报告日期对该等损失确认减值准备。预期信用损失的计量反映如下：通过评估一系列可能的结果而确定的无偏颇概率加权金额；货币的时间价值；于本报告期，毋须付出不必要的额外成本或努力即可获得有关过去事件、当前状况和对预测未来经济状况的合理及有理据的资料。

计量以摊余成本计量和以公允价值计量且其变动计入其他综合收益的金融资产的预期信用损失准备，需要运用复杂模型和对未来经济状态以及信用行为的重要假设（如客户违约的可能性以及造成的损失）。

应用于计量预期信用损失的会计要求也需要作出一些重大判断，例如：为计量预期信用损失选择合适的模型及假设；厘定信用风险是否显著增加或是否产生违约或减值损失的标准；前瞻性计量的经济指标以及经济场景及权重的应用；第三阶段客户贷款的估计未来现金流量。

6.2.1.2 非金融资产减值损失拨备

各报告期末，本集团复核其有形及无形资产账面价值以确定是否存在任何迹象显示该等资产出现减值损失。如果存在任何此类迹象，则会对资产的可收回金额作出估计，以确定减值损失的程度（如有）。可收回金额是指一项资产的公允价值减去处置费用后的净额与该资产使用价值两者间的较高者。

如果资产的可收回金额估计低于其账面价值，则将该资产的账面价值减至其可收回金额，减值损失计入当期损益。

6.2.2 长期股权投资核算方法

长期股权投资包括：公司对受本公司控制的结构化主体（以下合称本集团）的长期股权投资，以及本集团对联营企业的长期股权投资。

6.2.2.1 子公司

子公司指本集团对其具有控制权的所有实体（包括结构性实体）。当本集团因为参与该被投资单位而承担可变回报的风险或享有可变回报的权益，并有能力透过其对该被投资单位的权力影响此等回报时，本集团即控制该被投资单位。

本公司财务状况表中，子公司的投资由成本减减值计量。子公司的业绩由本公司按已收及应收股息计量。如股息超过宣派股息期内子公司的综合收益总额，或如在独立财务报表的投资账面值超过合并财务报表中被投资单位净资产的账面值，则必须对子公司投资作减值测试。

6.2.2.2 联营企业

联营企业指所有本集团对其有重大影响力而无控制权的实体，通常附带有20% ~50%投票权的股权。联营企业的投资以权益法计量。根据权益法，投资初始以成本确认，而账面值被增加或减少以确认投资者享有被投资者在收购日期后的损益份额。本集团于联营企业的投资包括收购时已辨认的商誉。在收购联营企业的所有者权益时，购买成本与本集团享有的对联营企业可辨认资产和负债的公允价值净额的差额确认为商誉。

本集团应占联营企业收购后利润或亏损于损益内确认，而应占其收购后的其他综合收益变动则于其他综合收益内确认，并相应调整投资账面值。如本集团应占一家联营企业的亏损等于或超过其在该联营企业的权益，包括任何其他无抵押应收款，本集团不会确认进一步亏损，除非本集团对联营企业已产生法律或推定义务或已代联营企业作出付款。本公司通过风险资本组织或共同基金、信托公司及类似实体（包括投资相关保险资金）间接持有其对联营公司的所有投资，其可按照国际财务报告准则第九号选择以公允价值计量且其变动计入损益计量。未通过风险资本组织或共同基金、信托公司及类似实体（包括投资相关保险资金）持有的联营公司的投资以权益法计量。

本集团在每个报告日期厘定是否有客观证据证明对联营企业投资已减值。如投资已减值，本集团计算减值，数额为联营企业可收回数额与其账面值的差额，并在损益中确认于应占按权益法计量的投资的利润份额内。

6.2.3 固定资产计价和折旧方法

固定资产包括房屋及建筑物、运输工具、计算机及电子设备以及办公设备等。购置或新建的固定资产按取得时的成本进行初始计量。

与固定资产有关的后续支出，在相关的经济利益很可能流入本集团且其成本能够可靠的计量时，计入固定资产成本；对于被替换的部分，终止确认其账面价值；所有其他后续支出于发生时计入当期损益。

固定资产折旧采用年限平均法并按其入账价值减去预计净残值后在预计使用寿命内计提。对计提了减值准备的固定资产，则在未来期间按扣除减值准备后的账面价值及依据尚可使用年限确定折旧额。

固定资产的预计使用寿命、净残值率及年折旧率列示如下：

	预计使用寿命（年）	预计净残值率（%）	年折旧率（%）
房屋及建筑物	20 ~40	3	2.43 ~4.85
运输工具	8	3	12.13
计算机及电子设备	3 ~5	3	19.40 ~32.33
办公设备	5 ~10	3	9.70 ~19.40

对固定资产的预计使用寿命、预计净残值和折旧方法于每年年度终了进行复核并作适当调整。

当固定资产被处置、或者预期通过使用或处置不能产生经济利益时，终止确认该固定资产。固定资产出售、转让、报废或毁损的处置收入扣除其账面价值和相关税费后的金额计入当期损益。

6.2.4　合并会计报表的编制方法

编制合并财务报表时，合并范围包括本公司及全部子公司。

子公司是指可以被本集团控制的主体（包括受本公司控制的结构化主体）。控制是指本集团拥有对被投资方的权力，通过参与被投资方的相关活动而享有可变动报酬，并且有能力利用对被投资方的权力影响其报酬。本集团在获得子公司控制权当日合并子公司，并在丧失控制权当日将其终止合并入账。

结构化主体是指在判断主体的控制方时，表决权或类似权力没有被作为设计主体架构时的决定性因素（例如表决权仅与行政管理事务相关），而主导该主体相关活动的依据是合同或相应安排。

当本集团在结构化主体中担任管理人（如作为信托计划的受托人）时，本集团将评估就该结构化主体而言，本集团是代理人还是主要责任人。如果资产管理人仅仅是代理人，则其主要代表其他方（结构化主体的其他投资者）行事，因此并不控制该结构化主体。但若资产管理人被判断为主要代表其自身行事，则是主要责任人，因而控制该结构化主体。

本集团经营活动中涉及的结构化主体包括信托计划、基金投资和资产管理计划投资等。本公司设立信托计划，通过向信托计划的委托人（投资者）提供受托及管理服务赚取信托报酬。信托计划主要包括融资类信托计划和投资类信托计划等，本公司也可能在本公司设立及管理的信托计划中进行投资。

本集团在决定是否合并结构化主体时，根据合同约定评估本集团是否拥有对结构化主体的权力，通过参与结构化主体的相关活动而享有可变动报酬，并且有能力利用对结构化主体的权力影响其报酬。固定期限和可卖回工具中的归属于第三方受益人的权益在合并资产负债表中列示为其他负债。合并融资类信托计划中归属于第三方受益人的损益变动在合并利润表中列示为利息支出，合并投资类信托计划中归属于第三方受益人的损益变动在合并利润表中列示为合并结构化主体中归属于第三方投资者的净资产份额变动。

6.2.5　收入确认原则和方法

收入的金额按照本集团在日常经营活动中提供劳务时，已收或应收合同或协议价款的公允价值确定。

与交易相关的经济利益很可能流入本集团，相关的收入能够可靠计量且满足下列各项经营活动的特定收入确认标准时，确认相关的收入。

6.2.5.1　手续费及佣金收入

本公司作为信托业务受托人取得的信托报酬，根据信托合同或协议约定的费率及期限按期确认为收入。

6.2.5.2　利息收入和支出

利息收入和支出按照相关金融资产和金融负债的摊余成本采用实际利率法计算，计入当期损益。

已发生信用减值金融资产的利息收入，按确定减值损失时对未来现金流量进行折现采用的折现率作为利率进行计算。

6.2.5.3　股利收入

股利于收取股利的权利被确立时确认为收入。

6.2.6　所得税的会计处理方法

当期所得税包括根据当期应纳税所得额及报告期末适用税率计算的预期应交所得税和对以前年度应交所得税的调整。本集团就资产或负债的账面价值与其计税基础之间的暂时性差异确认为递延所得税资产和递延所得税负债。对于能够结转以后年度的可抵扣亏损和税款抵减亦会产生递延所得税。递延所得税资产的确认以很可能取得用来抵扣可抵扣暂时性差异的应纳税所得额为限。

本集团除了将与直接计入其他综合收益或股东权益的交易或者事项有关的所得税影响计入其他综合收益或股东权益外，当期所得税费用和递延所得税变动计入当期损益。报告期末，本集团根据递延所得税资产和负债的预期实现或结算方式，依据税法规定，按预期收回该资产或清偿该负债期间的适用税率计量该递延所得税资产和递延所得税负债的账面价值。

当本集团有法定权利以当期所得税负债抵销当期所得税资产，并且递延所得税资产和递延所得税负债归属于同一纳税实体和同一税务机关时，本集团将抵销递延所得税资产和递延所得税负债。否则，递延所得税资产和负债及其变动额分别列示，不相互抵销。

6.3　或有事项说明

公司对外担保的年初数为零，期末数为零。

6.4　重要资产转让及其出售的说明

本年度未发生重要资产转让及其出售事项。

6.5　会计报表中重要项目的明细资料

6.5.1　自营资产经营情况

6.5.1.1　信用风险资产的期初数、期末数

单位：千元

项目	2019 年 12 月 31 日	2018 年 12 月 31 日
资产		
现金及银行存款余额	964 424	1 081 254
买入返售金融资产	11 026	95 100
客户贷款（包括应收利息）	7 802 971	7 156 753
金融投资—摊余成本（包括应收利息）	79 369	121 475
其他金融资产—摊余成本	817 195	914 390
合计	9 674 985	9 368 972

6.5.1.2　前五名的自营长期股权投资的企业名称、占被投资企业权益的比例、主要经营活动及投资收益情况等

单位：万元

被投资企业名称	占被投资企业权益的比例（%）	主要经营活动	投资收益（万元）
泰信基金管理有限公司	45.00	证券投资基金管理	-2 133.91
山东豪沃汽车金融有限公司	10.00	汽车金融	194.84
富国基金管理有限公司	16.68	证券投资基金管理	13 548.67
泰山财产保险股份有限公司	9.85	保险产品和服务	928.47
德州银行股份有限公司	2.37	商业银行服务	-2 912.50

6.5.2 信托资产管理情况

6.5.2.1 信托资产的期初数、期末数

单位:万元

信托资产	期初数	期末数
集合	10 088 200.42	11 160 882.69
单一	12 913 882.29	13 383 368.10
财产权	748 593.93	1 913 812.74
合 计	23 750 676.64	26 458 063.53

6.5.2.2 本年度已清算结束的信托项目个数、实收信托合计金额、加权平均实际年化收益率

6.5.2.2.1 本年度已清算结束的集合、单一资金信托项目和财产权信托项目

已清算结束信托项目	项目个数(个)	实收信托合计金额(万元)	加权平均实际年化收益率(%)
集合	234	4 484 006.13	6.65
单一	246	4 958 250.69	6.35
财产权	1	10 000.00	5.56%

注:加权平均实际年化收益率=(信托项目1的实际年化收益率×信托项目1的资产总计+信托项目2的实际年化收益率×信托项目2的资产总计+…+信托项目n的实际年化收益率×信托项目n的资产总计)/(信托项目1的资产总计+信托项目2的资产总计+…+信托项目n的资产总计)×100%。

6.5.2.2.2 本年度已清算结束的融资类、投资类、事务管理型信托项目

已清算结束信托项目	项目个数(个)	实收信托合计金额(万元)	加权平均实际年化信托报酬率(%)	加权平均实际年化收益率(%)
融资类	79	2 568 486.87	1.28	7.50
投资类	205	1 660 359.12	1.14	7.32
事务管理型	197	5 223 410.83	0.21	5.67

6.5.2.3 本年度新增的集合、单一和财产权信托项目个数、实收信托合计金额

新增信托项目类型	项目个数(个)	实收信托合计金额(万元)
集合	264	5 223 064.23
单一	329	4 452 255.58
财产权	12	532 272.41
新增合计	605	10 207 592.22
其中:主动管理型	461	5 995 345.68
事务管理型	144	4 212 246.54

6.5.2.4 本公司履行受托人义务情况及因本公司自身责任而导致的信托资产损失情况

本公司遵守信托法和信托文件对受托人义务的规定,为受益人的最大利益处理信托事务。管理信托财产时,恪尽职守,履行诚实、信用、谨慎、有效管理的义务,没有因本公司自身责任而导致的信托资产损失情况。

6.6 关联方关系及其交易

6.6.1 定价政策

公司在正常业务过程中发生的关联交易遵守一般商业条款。关联交易的价格主要参考市场价格经双方协商后确定。

6.6.2 关联方作为信托计划的委托人

截至2019年12月31日,鲁信集团及其子公司、合营企业及联营企业存在作为本集团设立及管理的部分信托计划的委托人的情况。

6.6.2.1 关联方作为并表信托计划的委托人

关联方于该等并表信托计划的权益已于本集团合并财务状况表中以其他负债列报。

单位:千元

项目	2019年12月31日	2018年12月31日
关联方作为委托人的并表信托计划数目	7	7
关联方于该等并表信托计划的权益	92 217	130 530

6.6.2.2 关联方作为本集团未经并表信托计划的委托人

单位:千元

项目	2019年12月31日	2018年12月31日
关联方作为委托人的未经并表信托计划数目	20	43
关联方的受托资产	2 966 262	3 637 494
该等未经并表信托计划的受托资产总额	4 181 270	9 639 127

6.6.2.3 由信托计划提供资金的关联方

单位:千元

项目	2019年12月31日	2018年12月31日
向关联方提供资金的未经并表信托计划数目	10	14
所提供的资金总额	2 197 153	4 352 876
该等未经并表信托计划的受托资产总额	2 197 153	4 964 296

6.6.3 本公司与关联方的重大交易事项

6.6.3.1 信托资产与关联方:贷款、投资、租赁、应收账款、担保、其他方式等期初汇总数、本期发生额汇总数、期末汇总数

单位:万元

项目	信托财产与关联方关联交易			
	期初数	借方发生额	贷方发生额	期末数
贷款	341 899.69	31 109.49	176 880.00	196 129.18
投资	62 900.00	—	1 850.00	61 050.00
租赁	—	—	—	—
担保	—	—	—	—
应收账款	—	—	—	—
其他	80 000.00	74 549.25	80 000.00	74 549.25
合计	484 799.69	105 658.74	258 730.00	331 728.43

6.6.3.2 本公司自有资金运用于自己管理的信托项目(固信交易)、本公司管理的信托项目之间的相互交易(信信交易)交易金额,包括余额和本报告年度的发生额

6.6.3.2.1 固有财产与信托财产之间的交易金额期初汇总数、本期发生额汇总数、期末汇总数

单位:万元

固有财产与信托财产相互交易			
项目	期初数	本期发生额	期末数
合计	671 238.35	-107 529.59	563 708.76

6.6.3.2.2 信托资产与信托财产之间的交易金额期初汇总数、本期发生额汇总数、期末汇总数

单位：万元

信托资产与信托财产相互交易			
项目	期初数	本期发生额	期末数
合计	148 835.16	148 609.48	297 444.64

6.6.4 关联方逾期未偿还本公司资金的详细情况以及本公司为关联方担保发生或即将发生垫款的详细情况

本公司本年年度不存在上述情况。

7. 财务情况说明书

7.1 利润实现和分配情况

合并利润实现和分配情况：

利润总额为87 783.53万元；所得税费用为21 392.90万元；归属于母公司的净利润为66 390.63万元；加年初未分配利润余额为319 921.23万元；可供分配利润为386 311.86万元；提取法定公积金7 796.28万元；按照本年实现净利润的10%提取信托赔偿准备金，当信托赔偿准备金余额达到实收资本的20%时不再计提，本年计提7 796.28万元。向公司股东分配股利37 736.69万元；期末未分配利润为332 982.61万元。

7.2 主要财务指标

指标名称	指标值
加权净资产收益率(%)	6.9
每股收益(元)	0.14

注：1. 加权净资产收益率=扣除非经常性损益后归属于公司普通股股东的净利润/(归属于公司普通股股东的期初净资产+归属于公司普通股股东的净利润÷2+报告期发行新股或债转股等新增的、归属于公司普通股股东的净资产×新增净资产次月起至报告期期末的累计月数÷报告期月份数－报告期回购或现金分红等减少的、归属于公司普通股股东的净资产×减少净资产次月起至报告期期末的累计月数÷报告期月份数)×100%。

2. 每股收益=归属于母公司普通股股东的合并净利润/本公司发行在外普通股的加权平均数。

7.3 对本公司财务状况、经营成果有重大影响的其他事项

无。

8. 特别事项揭示

8.1 前五名股东报告期内变动情况及原因

截至2019年12月31日，本公司前五名股东持股情况如下。

序号	股东名称	报告期内增减(+,-)	期末持股数量	期末持股比例(%)	股份种类
1	鲁信集团	+975 734 480	2 195 402 580	47.12	内资股
2	中油资产管理有限公司	+388 235 000	873 528 750	18.75	内资股
3	香港中央结算(代理人)有限公司	+405 224 650(	911 695 650	19.57	H股

续表

序号	股东名称	报告期内增减(+,-)	期末持股数量	期末持股比例(%)	股份种类
4	济南金融控股集团有限公司	+112 340 000	252 765 000	5.43	H股
5	山东省高新技术创业投资有限公司	+100 000 000	225 000 000	4.83	内资股

注：香港中央结算(代理人)有限公司是以代理人身份持有H股合计数(上表中所列济南金融控股集团有限公司所持有的H股除外)。

8.2 董事、监事及高级管理人员变动情况及原因

报告期内，本公司董事、监事、高级管理层变动情况如下。

万众先生已获董事会委任为董事长，其董事长的任职资格已获山东银保监局核准，自2019年1月9日起生效。王百灵女士已经于本公司于2019年11月28日举行的2019年度第一次临时股东大会被选举为本公司非执行董事，并经董事会委任，担任信托委员会委员。王女士非执行董事的任职资格已于2020年3月25日获得山东银保监局核准，其在上述委员会的任职已经作实。

李爱萍女士因工作调整，于2019年9月30日辞任本公司职工代表监事职务。张文彬先生已于2019年10月25日举行的职工代表大会被选举为本公司职工代表监事，任期自同日起生效。

经董事会2019年7月9日审议通过，本公司财务总监马文波先生因工作调整，不再担任本公司财务总监一职。董事会已于同日聘任王平先生担任本公司财务总监。王平先生的任职资格生效前，马文波先生继续承担财务总监职责。王平先生的任职资格已于2019年9月16日经山东银保监局批准生效。

8.3 变更注册资本、变更注册地或公司名称、公司分立合并事项

本公司已按照2018年第二次临时股东大会授权2019年1月8日完成以资本化本公司资本公积金方式向股东按比例发行共计2 070 600 000股新股，包括1 552 940 000股新内资股及517 660 000股新H股。资本化发行完成后，本公司已发行股本由2 588 250 000元增至4 658 850 000元。本公司已于2019年1月17日完成办理变更注册资本的工商登记手续，本公司注册资本由2 588 250 00元增至4 658 850 000元。除此之外，2019年，本公司未发生其他变更注册资本、变更注册地或公司名称、公司分立合并事项。

8.4 公司的重大诉讼事项

截至2019年12月31日，本公司作为原告及申请人牵涉2宗诉讼或仲裁金额超过10百万元的且尚在审理程序中的未决重大诉讼及仲裁案，涉及诉讼或仲裁金额总计约325.12百万元。该等法律诉讼主要为本公司向相关交易对手客户就未能偿还本公司信托授予的贷款而提起的诉讼或仲裁。

截至2019年12月31日，本公司作为被告牵涉5宗诉讼或仲裁金额超过10百万元的且尚在审理程序中的未决重大诉讼及仲裁案，涉及诉讼或仲裁金额总计约396.39百万元。该

等法律诉讼主要为合同纠纷。

8.5 公司及其董事、监事和高级管理人员受到处罚的情况

2019 年 8 月 22 日，中国人民银行济南分行向公司下发《行政处罚决定书》(济银罚字[2019]第 1 号)，对公司向中国人民银行数据集中系统、理财与资金信托系统填报数据有误等行为给予警告并处罚款 3 万元。

2019 年 12 月 30 日，山东银保监局向公司下发《行政处罚决定书》(鲁银保监罚决字[2019]26 号)，对公司未依法依规履行信息披露义务、个别房地产融资业务违规罚款 70 万元。

报告期内，公司已支付了上述罚款，并按监管要求进行了整改。

除以上披露外，报告期内，本公司及本公司董事、监事、高级管理层未受到任何处罚。

8.6 公司对中国银保监会及其派出机构对公司检查的整改情况

2019 年 7 月中下旬，山东银保监局按照中国银保监会统一部署，对公司的房地产信托业务进行核查，并于 2019 年 8 月 30 日向公司发出《非现场监管意见书》。公司按照监管要求进行了整改落实，并向山东银保监局报送相关报告。

2019 年 9 月 4 日至 9 月 30 日，山东银保监局按照《中国银保监会关于开展“巩固治乱象成果 促进合规建设”工作的通知》和《中国银保监会办公厅关于印发 2019 年非银行机构现场工作要点和 2019 年银保监会非银机构现场检查计划的通知》等有关要求，对公司开展“巩固治乱象成果”综合整治稽核调查，并于 2019 年 12 月 3 日发出《现场检查意见书》。公司针对检查意见中指出的问题，制定了有针对性的整改方案，整改工作取得积极进展。

2019 年 12 月 16 日至 2020 年 1 月 7 日，山东银保监局根据中国银保监会统一部署，对公司开展了新一轮信托风险全面排查，并于 2020 年 2 月 20 日发出《非现场监管意见书》。公司按照监管要求落实相关事项，并按要求逐步向山东银保监局报送相关报告。

除年度报告中所披露的信息外，公司报告期后未发生任何重大事项。

8.7 本年度重大事项临时报告

2019 年 2 月 2 日，因公司董事长、总经理及注册资本发生变更，公司在《上海证券报》刊发《山东省国际信托股份有限公司关于董事长、总经理及注册资本变更的公告》。

8.8 中国银保监会及其省级派出机构认定的其他有必要让客户及相关利益人了解的重要信息

除年度报告中所披露的信息外，截至 2019 年 12 月 31 日，公司不存在中国银保监会及其省级派出机构认定的其他有必要让客户及相关利益人了解的重要信息。

9. 公司监事会意见

2019 年，监事会根据《公司章程》等有关规定，履行了对公司董事会、高级管理层履职情况的监督职责。就相关问题出具意见如下：

公司董事会人员组成符合境内外监管要求对信托公司治理的规定，董事具备多元化专业背景，具有较强的互补性，具有独立的专业判断能力，符合所聘任岗位的履职要求。报告期内，公司董事会及各专门委员会能够严格按照《公司章程》、董事会及各专门委员会议事规则、上市规则等有关规定，依法合规运作，有效落实股东大会的决议。报告期内，未发现董事存在违反相关法律法规及损害公司股东利益的行为。

报告期内，公司高级管理层努力开展工作，认真履行职责，切实贯彻落实公司股东大会和董事会各项决议，没有违反法律法规和《公司章程》或损害本公司利益的行为。

公司 2019 年度的财务报告客观、真实、完整地反映了本公司的财务状况和经营成果。

2020 年，公司监事会及各位监事要按照《公司法》《信托公司治理指引》《公司章程》等有关规定，继续提高工作能力和履职监督水平，积极开拓工作思路，认真履行监督职能，督促本公司进一步完善公司治理结构，提升风险管控水平，坚持依法合规稳健经营，切实维护公司及公司股东的合法权益，实现公司持续健康发展。

除以上披露事项外，监事会对报告期内其他监督事项无异议。

山西信托股份有限公司

1. 重要提示

1.1 本公司董事会及董事保证本报告所载资料不存在任何虚假记载、误导性陈述或者重大遗漏，并对其内容的真实性、准确性和完整性承担个别及连带责任。

1.2 未有公司董事声明对本年度报告内容的真实性、准确性、完整性存在异议。

1.3 公司独立董事陈凯保证本年度报告内容真实、准确、完整。

1.4 毕马威华振会计师事务所(特殊普通合伙)对本公司年度财务报告进行审计，出具了标准无保留意见的审计报告。

1.5 公司负责人刘叔肄、主管会计工作负责人雷淑俊、会计部门负责人刘峻声明：保证年度报告中财务报告的真实、完整。

2. 公司概况

2.1 公司简介

公司前身为经中国人民银行批准成立于1985年4月1日的山西省经济开发投资公司，1991年更名为山西省信托投资公司；2002年4月，经中国人民银行总行核准(银复[2002]85号)，山西省信托投资公司吸收合并太原市信托投资公司，增加了新的股东，重新登记改制为山西信托投资有限责任公司；2007年8月，经中国银行业监督管理委员会核准(银监复[2007]338号)，公司更名为山西信托有限责任公司；2013年4月，经中国银行业监督管理委员会《中国银监会关于山西信托有限责任公司变更组织形式及公司名称等有关事项的批复》(银监复[2013]183号)批准，公司更名为山西信托股份有限公司；截至本报告期末，公司注册资本为13.57亿元，其中山西金融投资控股集团有限公司持股90.7%，太原市海信资产管理有限公司持股8.3%，山西国际电力集团有限公司持股1%。

1	法定中文名称	山西信托股份有限公司(中文缩写：山西信托)
2	法定英文名称	Shanxi Trust Co.,Ltd.(英文缩写：STC)
3	法定代表人	刘叔肄
4	注册地址	山西省太原市府西街69号
5	邮政编码	030002
6	国际互联网网址	http://www.sxxt.net
7	公司电子信箱	websxxt@sxxt.net
8	信息披露事务负责人	陈 强
9	信息披露事务联系人	吴 晶
10	联系电话	0351-8686278
11	传真	0351-8686111
12	电子信箱	websxxt@sxxt.net
13	本次信息披露报纸	《金融时报》
14	年度报告备置地点	山西省太原市府西街69号山西国际贸易中心A座37层
15	公司聘请的会计师事务所及其住所	毕马威华振会计师事务所(特殊普通合伙) 地址：北京市东城区东长安街1号东方广场2座3层
16	公司聘请的律师事务所及其住所	北京大成(太原)律师事务所 地址：太原市晋源区集阜路1号鸿升时代金融广场19层

2.2 组织结构

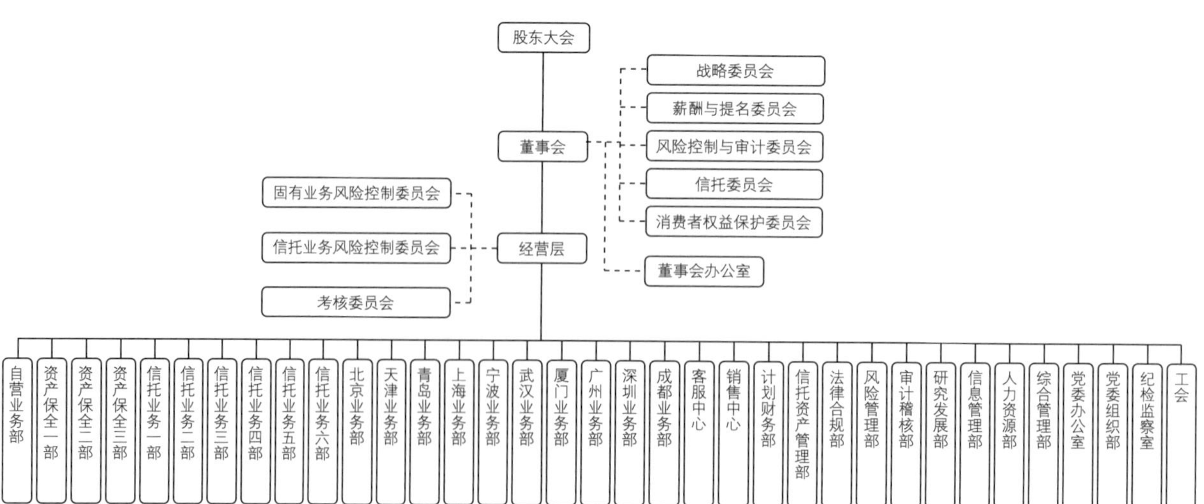

3. 公司治理

3.1 股东

股东总数:3 家。

股东名称	出资比例(%)	法人代表	注册资本(亿元)	注册地址	主要经营业务
山西金融投资控股集团有限公司★	90.7	张炯威	106.467	太原市杏花岭区府西街69号	投资和管理金融业包括银行、证券、保险、基金、信托、期货、租赁;资产管理;投资和管理非金融业。报告期内,公司财务状况良好。
太原市海信资产管理有限公司	8.3	李晔军	81.129	太原市新建路152号	投资及资产委托管理,投资咨询及企业财务法律咨询;创业投资业务服务;城市建设投资等。
山西国际电力集团有限公司	1	李国彪	60	太原市东缉虎营37号	电、热的生产和销售,发电、输变电工程的技术咨询,电力调度、生产管理及电力营销服务等。

注:1. 本公司3家股东之间不存在关联关系。
2. 股东财务状况数字截至2019年12月31日。
3. ★号表示公司最终实际控制人。

公司名称	股份总数(万股)	控股股东	实际控制人	一致行动人	最终受益人
山西信托股份有限公司	135 700.0	山西金融投资控股集团有限公司	山西省财政厅	无	山西省财政厅

注:1. 报告期内,公司股东及持股比例未发生变化。
2. 公司关联方名单详见公司2019年年度报告。

3.2 董事

董事

姓名	职务	性别	年龄(岁)	选任日期	所推举的股东名称	该股东持股比例(%)	简要履历
刘叔肄	董事长	男	54	2016年6月	山西金融投资控股集团有限公司	90.7	曾任山西省信托投资公司运城证券营业部经理、运城办事处副主任,山西信托投资有限责任公司地市信托部经理,太原资产管理公司经理,汇丰晋信基金公司副督察长,山西信托有限责任公司总经理,山西信托股份有限公司党委书记、董事长、总经理;现任山西信托股份有限公司党委书记、董事长。
雷淑俊	董事	女	50	2019年12月	山西金融投资控股集团有限公司	90.7	曾任山西信托投资有限责任公司营业部监理、信托资金管理部(营业部)监理,山西信托有限责任公司信托资金管理部经理、创新业务部经理、资本运营部经理,山西信托有限责任公司副总经理、财务总监,山西信托股份有限公司党委委员、副总经理、财务总监,山西信托股份有限公司党委委员、副总经理(代行总经理职责)、财务总监;现任山西信托股份有限公司党委副书记、总经理。
武旭	董事	男	41	2017年11月	山西金融投资控股集团有限公司	90.7	曾任山西信托有限责任公司合规风控部副总经理,山西信托股份有限公司董事会办公室(党委办公室)主任,山西金融投资控股集团有限公司董事会办公室(办公室)副主任(主持工作);现任山西金融投资控股集团有限公司综合管理部总经理。
赵雅明	董事	男	49	2015年6月	太原市海信资产管理有限公司	8.3	曾任太原市海信资产管理有限公司业务部主任;现任太原市海信资产管理有限公司工会主席、投资部主任、风控部主任。
王建军	董事	男	47	2013年5月	山西国际电力集团有限公司	1	曾任山西国际电力集团工程管理公司工程部经理、产业部经理,通宝能源有限公司党委书记、总经理,山西国际电力集团有限公司产业管理部经理;现任晋能集团吕梁公司党委书记、执行董事。
杨鹏霄	职工董事	男	39	2017年8月			曾任山西信托股份有限公司广州业务部副经理,山西信托股份有限公司中小企业三部总经理,山西信托股份有限公司同业信托部总经理;现任山西信托股份有限公司信托业务四部总经理。

独立董事

姓名	所在单位及职务	性别	年龄(岁)	选任日期	所推举的股东名称	该股东持股比例(%)	简要履历
陈　凯	万商天勤(上海)律师事务所律师、合伙人。	男	43	2016年11月	山西金融投资控股集团有限公司	90.7	曾任上海震旦律师事务所律师,上海傅玄杰律师事务所律师;现任万商天勤(上海)律师事务所合伙人、律师,兼任山西信托股份有限公司、宣城市华菱精工科技股份有限公司、无锡德林海环保科技股份有限公司、上海雅仕投资发展股份有限公司独立董事。

3.3 监事

姓名	职务	性别	年龄（岁）	选任日期	所推举的股东名称	该股东持股比例（%）	简要履历
牛海芳	监事	女	49	2013年5月	太原市海信资产管理有限公司	8.3	曾任太原市信托投资公司会计，太原市海信资产管理有限公司财务科科长；现任太原市海信资产管理有限公司副总经理。
宋晓伟	监事	女	55	2013年5月	山西国际电力集团有限公司	1	曾任太原理工天成科技股份有限公司副总经理，通宝能源有限公司总会计师，山西国际电力集团有限公司法律审计部经理，晋能集团有限公司资本运作中心部长。
逄　晶	职工监事	女	42	2017年4月	—	—	曾任山西卓融投资有限公司副总经理；现任山西信托股份有限公司纪委副书记、纪检监察室主任。
王　浩	职工监事	男	42	2017年4月	—	—	曾任山西省投资促进局干部，山西信托股份有限公司股权信托部总经理；现任山西信托股份有限公司信托业务二部总经理。

3.4 高级管理人员

姓名	职务	性别	年龄（岁）	选任日期	金融从业年限（年）	学历	专业	简要履历
雷淑俊	党委副书记、总经理	女	50	2019年12月	27	本科	金融	曾任山西信托投资有限责任公司营业部监理、信托资金管理部（营业部）监理，山西信托有限责任公司信托资金管理部经理、创新业务部经理、资本运营部经理，山西信托有限责任公司副总经理、财务总监，山西信托股份有限公司党委委员、副总经理、财务总监，山西信托股份有限公司党委委员、副总经理（代行总经理职责）、财务总监；现任山西信托股份有限公司党委副书记、总经理。
崔　强	党委副书记	男	47	2019年12月	3	本科	法学	曾任山西省财政厅派驻省属地方金融类企业监事会副调研员，山西金融投资控股集团有限公司审计部（风控合规部）副总经理，山西金融投资控股集团有限公司首席法律顾问兼风控合规部总经理，山西金融租赁有限公司董事等职；现任山西信托股份有限公司党委副书记、山西金融租赁有限公司董事。
乔彦林	专职党委副书记	男	56	2016年12月	34	本科	经济	曾任山西省信托投资公司委托处副处长、信托部经理，山西信托投资有限责任公司机构信托部经理、信托一部经理，山西信托有限责任公司党委委员、监事会召集人、监事长，山西信托股份有限公司党委委员；现任山西信托股份有限公司专职党委副书记。
邢秉华	党委委员、纪委书记	男	51	2016年12月	12	本科	法律	曾任晋城市煤炭资产经营有限责任公司执行董事、总经理、支部书记，山西省煤炭资产经营有限公司总经理助理，中煤财产保险股份有限公司党委委员、监事会主席；现任山西信托股份有限公司党委委员、纪委书记。
陈　强	党委委员、副总经理、董事会秘书	男	51	2013年5月	26	研究生	经济	曾任山西省信托投资公司人事部副主任，山西信托投资有限责任公司综合管理部副经理、经理，山西信托有限责任公司副总经理、董事会秘书；现任山西信托股份有限公司党委委员、副总经理、董事会秘书。
赵小军	总经理助理	男	57	2017年7月	24	本科	法律	曾任山西省信托投资公司党总支副书记（副处级），山西信托有限责任公司信托一部经理，山西信托股份有限公司工会专职副主席，山西信托股份有限公司综合管理部总经理；现任山西信托股份有限公司总经理助理。
刘凌鹏	总经理助理	男	46	2017年6月	17	研究生	政治经济学	曾任山西信托股份有限公司投资业务事业部业务部总经理，山西信托股份有限公司金融市场事业部业务一部总经理；现任山西信托股份有限公司总经理助理。
温国志	总经理助理	男	50	2017年6月	26	本科	工业与民用建筑工程	曾任山西信托股份有限公司信托北京总部总经理，山西信托股份有限公司城镇化建设事业部业务二部总经理；现任山西信托股份有限公司总经理助理。
刘拓旺	风控总监	男	57	2017年7月	25	研究生	工商管理	曾任山西信托投资有限公司计划财务部副经理，山西证券有限责任公司清算存管部副总经理、总监，山西信托股份有限公司计划财务部总经理；现任山西信托股份有限公司风控总监。
吴　岗	投资总监	男	48	2017年6月	26	本科	投资经济管理	曾任山西信托股份有限公司金融市场事业部资本市场部总经理，山西信托股份有限公司自营业务部总经理；现任山西信托股份有限公司投资总监。

3.5 公司员工

职工人数(人)		241(岁)
平均年龄		38.29
学历分布比例(%)	博士	1
	硕士	75
	本科	148
	专科	9
	其他	8

注:此数据包括子公司及外派人员。

4. 经营管理

4.1 经营目标、经营方针、战略规划

4.1.1 经营目标

公司的经营目标是服务客户,成就员工,奉献社会,回报股东。

4.1.2 经营方针

公司的经营方针是信守承诺,珍视托付,稳健创新,超越期待。

4.1.3 战略规划

公司坚持“依法合规、稳健经营”发展理念,以市场为导向,以转型发展、创新发展为引领,谋转型、求创新,改机制、增活力,建制度、防风险,拓业务、促发展,坚持走差异化发展道路。聚焦风险控制、基础管理和业务创新,深挖信托制度优势,充分发挥信托功能,构建科学、合理、稳定的盈利模式,努力将公司建设成为资本资产质量优、综合服务能力强、具备核心竞争力的金融机构。

4.2 所经营业务的主要内容

自营资产运用与分布表

资产运用	金额(万元)	占比(%)	资产分布	金额(万元)	占比(%)
货币资产	22 176.08	9.24	基础产业	—	—
买入返售金融资产	—	—	房地产业	—	—
以公允价值计量且其变动计入当期损益的金融资产	—	—	证券市场	9 862.20	4.11
可供出售金融资产	116 168.07	48.41	实业	1 000	0.42
持有至到期投资	—	—	金融机构	66 474.76	27.70
长期股权投资	68 002.54	28.34	其他 *	162 624.34	67.77
其他	33 614.61	14.01			
资产总计	239 961.30	100	资产总计	239 961.30	100

注:资产分布中,“其他”资产主要包括固定资产、无形资产、可供出售金融资产等。

信托资产运用与分布表

续表

资产运用	金额(万元)	占比(%)	资产分布	金额(万元)	占比(%)
货币资产	52 500.40	1.37	基础产业	72 949.29	1.90
贷款	2 950 701.25	76.99	房地产	186 090.31	4.85
交易性金融资产投资	21 479.92	0.56	证券市场	30 470.86	0.80
买入返售金融资产	15 479.41	0.40	实业	3 122 360.89	81.46
可供出售金融资产投资	124 559.80	3.25	金融机构	215 233.54	5.62
持有至到期投资	220 387.41	5.75	其他	205 665.40	5.37
长期股权投资	178 550.41	4.66			
其他	269 111.69	7.02			
信托资产总计	3 832 770.29	100.00	信托资产总计	3 832 770.29	100.00

注:资产分布中,“其他”资产主要包括货币资金、收益权类资产等。

4.3 市场分析

4.3.1 影响本公司业务发展的有利因素

2019年我国经济总体运行稳健,人均GDP超过1万美元,经济总量稳居世界第二位,高质量发展扎实推进。消费增势平稳,对经济增长贡献率上升。投资缓中趋稳,国际贸易规模扩大,结构优化。农业生产形势较好,工业生产基本稳定。房地产行业销售额、价格增速放缓,行业投资稳中微升。宏观经济的长期向好趋势为公司发展信托业务提供了良好的环境和多元化的行业支持。

2019年我国金融市场整体运行平稳。货币市场交易活跃,市场利率维持较低水平,债券发行量、交易量上升。股票市场指数回升,成交量和筹资额同比增加。债券市场、资本市场、保险市场制度建设稳步发展,金融基础设施体系建设逐步完善,为公司开展业务创造了良好的条件。

我国信托行业处于转型发展、结构调整的深化阶段。各信托公司积极以“资管新规”的颁行为契机,立足本源、明确定位、寻求差异化优势和特色化经营模式,更好地服务实体经济,谋求行业高质量发展,这为公司转型发展营造了良好的行业氛围。

4.3.2 影响本公司业务发展的不利因素

我国经济处于调整期,下行压力较大。经济结构性、体制性、周期性问题相互交织,“三期叠加”影响持续深化。企业投资增长仍显乏力,部分中小金融机构风险偏好下降。我国消费品价格结构性上涨特征明显,通胀预期有所提升。以上因素对公司开展业务带来了挑战。

国际金融市场受贸易摩擦、经济增速放缓等影响,恐慌情绪一度导致国际市场债券收益率下降甚至为负,负利率债券范围扩大催生资产价格泡沫,动荡源和风险点增多。国际金融市场的大环境及风险因素会影响到公司业务的开展。

信托行业整体风险状况依然严峻,风险项目个数、规模呈上升趋势,这对行业风险处置能力提出挑战,亟待健全完善行业风险防控和合规建设,这也对公司风控系统和业务开展提出挑战。

4.4 内部控制概况

公司按照现代企业制度的要求,建立了产权明晰、责任明确、管理科学的企业制度;根据法人治理机制的要求,建立了权责分明、有效制衡、协调运作的治理结构;依照金融企业运行的

需要，加强内控文化的建设，制定了相对完善的内控制度；公司牢固树立内控优先的理念，不断增强全体员工合规展业与依法经营的意识；公司建立了责任追究制度，把内控文化的建设和执行落到实处，营造良好的内控环境。此外，公司根据业务特点和内部控制的需要，科学划分内部控制管理职能、合理配置资源，为内部控制的实施提供了有效保障。

4.5 风险管理概况

风险管理是公司的一项基础性工作，公司始终遵循“事前预防、事中控制、事后监督”的原则，建立了多层次、全覆盖的风险控制体系，明确每个项目对应的直接责任人、直接领导责任人和主要领导责任人。公司以“立体防控、安全发展”为抓手，以“控制增量、化解存量”为手段，以全方位做好金融风险防范为目的，严格准入，严控增量风险；部门、人员、任务三到位，化解存量风险。

4.5.1 信用风险

信用风险主要是由于交易对手不履行合同义务，未经许可擅自改变资金用途，经济状况恶化导致不能到期还本付息等对资产安全产生的影响。公司高度重视尽职调查，重视对项目进行严格的、全方位的审查和评估，并根据实际情况采用抵押、质押、保证等增信措施控制风险。项目运作过程中持续关注项目运作情况，实施动态管理、动态监督，严格防范信用风险。

4.5.2 流动性风险

流动性风险分为固有业务和信托业务。固有业务流动性风险指公司无法以合理成本及时获得充足资金，以偿付到期债务、履行其他支付义务和满足正常业务开展的资金需求的风险。信托业务流动性风险指项目本身无法正常回款，造成不能按时兑付。公司注重流动性日常监测与防控，强化信托业务与固有业务分别核算、分别监测、分别管理，防止两大业务“交叉感染”。

4.5.3 市场风险

公司关注国家宏观政策，加强行业风险研究，规避行业周期产生的市场风险；遵循组合投资、分散风险的原则，制定投资比例和投资策略，确立风险止损点，根据市场变化积极调整证券投资规模，优化证券投资结构，防范证券跌价风险；控制投资于同一行业、同一区域的项目规模和数量，避免风险过于集中，积极拓展多元化投资领域和项目。

4.5.4 操作风险

公司坚持前台、中台、后台职责分离和部门、岗位之间相互制衡原则，通过明确工作职责，严格执行操作规程和权限设置，注重全流程监控，关键节点操作留痕；定期对业务规章和操作流程进行修订和完善，加大信息化建设投入，加强对员工技能培训，完备相应管理记录，防范操作风险。

4.5.5 其他风险

公司根据国家法律、宏观政策和行业政策的导向，积极调整经营策略和业务拓展方向，确保公司经营方向与国家政策保持一致；公司通过加强员工的风险管理教育、合规教育，强化内控机制建设，完善业务制度和流程，加大检查监督的力度等措施，防范道德风险的发生；公司将发展战略和企业文化与声誉构建进行有机结合，通过尽职管理和充分信息披露塑造公司的专业和诚信形象，加强业务的评审和风险管理，有效规避声誉风险。

5. 报告期末及上一年度末的比较式会计报表

5.1 自营资产

5.1.1 会计师事务所审计意见全文

毕马威华振会计师事务所对本公司年度财务报告进行审计，并出具了标准无保留意见的审计报告。

审 计 报 告

毕马威华振审字第2002571号

山西信托股份有限公司董事会：

一、审计意见

我们审计了后附的山西信托股份有限责任公司（以下简称山西信托）财务报表，包括2019年12月31日的合并及母公司资产负债表，2019年度的合并及母公司利润表、合并及母公司现金流量表、合并及母公司股东权益变动表以及相关财务报表附注。

我们认为，后附的财务报表在所有重大方面按照中华人民共和国财政部颁布的企业会计准则（以下简称企业会计准则）的规定编制，公允反映了山西信托2019年12月31日的合并及母公司财务状况以及2019年度的合并及母公司经营成果和现金流量。

二、形成审计意见的基础

我们按照中国注册会计师审计准则（以下简称审计准则）的规定执行了审计工作。审计报告的“注册会计师对财务报表审计的责任”部分进一步阐述了我们在这些准则下的责任。按照中国注册会计师职业道德守则，我们独立于山西信托，并履行了职业道德方面的其他责任。我们相信，我们获取的审计证据是充分、适当的，为发表审计意见提供了基础。

三、其他信息

山西信托管理层对其他信息负责。其他信息包括山西信托2018年年度报告中涵盖的信息，但不包括财务报表和我们的审计报告。

我们对财务报表发表的审计意见不涵盖其他信息，我们也不对其他信息发表任何形式的鉴证结论。

结合我们对财务报表的审计，我们的责任是阅读其他信息，在此过程中，考虑其他信息是否与财务报表或我们在审计过程中了解到的情况存在重大不一致或者似乎存在重大错报。

基于我们已执行的工作，如果我们确定其他信息存在重大错报，我们应当报告该事实。在这方面，我们无任何事项需要报告。

四、管理层和治理层对财务报表的责任

管理层负责按照企业会计准则的规定编制财务报表，使其实现公允反映，并设计、执行和维护必要的内部控制，以使财务报表不存在由于舞弊或错误导致的重大错报。

在编制财务报表时，管理层负责评估山西信托的持续经营能力，披露与持续经营相关的事项（如适用），并运用持续经营假设,除非山西信托计划进行清算、终止运营或别无其他现实的选择。

治理层负责监督山西信托的财务报告过程。

五、注册会计师对财务报表审计的责任

我们的目标是对财务报表整体是否不存在由于舞弊或错误导致的重大错报获取合理保证,并出具包含审计意见的审计报告。合理保证是高水平的保证,但并不能保证按照审计准则执行的审计在某一重大错报存在时总能发现。错报可能由于舞弊或错误导致,如果合理预期错报单独或汇总起来可能影响财务报表使用者依据财务报表作出的经济决策,则通常认为错报是重大的。

在按照审计准则执行审计工作的过程中,我们运用职业判断,并保持职业怀疑。同时,我们也执行以下工作:

(1)识别和评估由于舞弊或错误导致的财务报表重大错报风险,设计和实施审计程序以应对这些风险,并获取充分、适当的审计证据,作为发表审计意见的基础。由于舞弊可能涉及串通、伪造、故意遗漏、虚假陈述或凌驾于内部控制之上,未能发现由于舞弊导致的重大错报的风险高于未能发现由于错误导致的重大错报的风险。

(2)了解与审计相关的内部控制,以设计恰当的审计程序,但目的并非对内部控制的有效性发表意见。

(3)评价管理层选用会计政策的恰当性和作出会计估计及相关披露的合理性。

(4)对管理层使用持续经营假设的恰当性得出结论。同时,根据获取的审计证据,就可能导致对山西信托持续经营能力产生重大疑虑的事项或情况是否存在重大不确定性得出结论。如果我们得出结论认为存在重大不确定性,审计准则要求我们在审计报告中提请报表使用者注意财务报表中的相关披露;如果披露不充分,我们应当发表非无保留意见。我们的结论基于截至审计报告日可获得的信息。然而,未来的事项或情况可能导致山西信托不能持续经营。

(5)评价财务报表的总体列报、结构和内容(包括披露),并评价财务报表是否公允反映相关交易和事项。

(6)就山西信托中实体或业务活动的财务信息获取充分、适当的审计证据,以对财务报表发表审计意见。我们负责指导、监督和执行集团审计,并对审计意见承担全部责任。

我们与治理层就计划的审计范围、时间安排和重大审计发现等事项进行沟通,包括沟通我们在审计中识别出的值得关注的内部控制缺陷。

毕马威华振会计师事务所(特殊普通合伙)　　中国注册会计师

唐莹慧

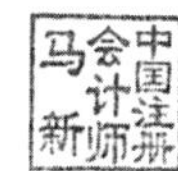

马新

中国·北京　　2020年4月24日

5.1.2 资产负债表

资产负债表

编制单位:山西信托股份有限公司　　2019年12月31日　　单位:万元

资产	合并		母公司		负债及所有者权益	合并		母公司	
	期末数	期初数	期末数	期初数		期末数	期初数	期末数	期初数
存放同业款项	29 141.01	21 731.11	22 176.08	8 690.97	拆入资金	15 000.00	13 000.00	15 000.00	13 000.00
交易性金融资产	2 360.30	6 843.22	—	5 644.52	应付职工薪酬	4 557.92	5 127.98	4 345.69	4 955.14
买入返售金融资产	750.00	25 690.00	—	20 910.00	交易性金融负债	—	—	—	—
应收利息	3 990.15	6 921.47	2 141.36	6 174.85	应交/(预缴)税费	971.70	1 326.90	981.78	1 265.06
贷款和应收款项	190 039.40	213 902.12	7 667.88	7 445.88	预计负债	3 581.79	3 384.38	20 606.48	17 376.10
可供出售金融资产	126 800.37	118 023.68	116 168.07	94 241.80	其他负债	216 183.61	250 862.75	5 989.78	8 943.69
长期股权投资	44 298.68	46 555.94	68 002.54	70 259.80	递延所得税负债	2 089.87	664.58	—	—
投资性房地产	8 810.52	2 911.75	2 810.52	2 911.75	负债合计	242 384.89	274 366.59	46 923.73	45 539.99
固定资产	2 764.63	2 986.97	2 757.83	2 979.70	股本	135 700.00	135 700.00	135 700.00	135 700.00
在建工程	2 587.66	2 699.93	2 587.66	2 699.93	资本公积	5 127.44	8 983.99	6 627.35	10 483.91
无形资产	290.22	275.14	290.22	275.14	其他综合收益	6 685.28	−58.49	1 963.21	−995.06
递延所得税资产	10 228.32	10 570.61	11 009.98	11 353.79	盈余公积	6 923.61	6 618.94	6 923.61	6 618.94
其他资产	4 357.84	3 543.31	4 349.16	2 841.05	风险准备	24 220.74	23 763.74	24 220.74	23 763.74
					未分配利润	13 855.15	12 920.56	17 602.66	15 317.66

续表

资产	合并		母公司		负债及所有者权益	合并		母公司	
	期末数	期初数	期末数	期初数		期末数	期初数	期末数	期初数
					归属于母公司股东的权益合计	192 512. 22	187 928. 74	193 037. 57	190 889. 19
					少数股东权益	321. 99	359. 92	—	—
					股东权益合计	192 834. 21	188 288. 66	193 037. 57	190 889. 19
资产总计	435 219. 10	462 655. 25	239 961. 30	236 429. 18	负债和股东权益总计	435 219. 10	462 655. 25	239 961. 30	236 429. 18

总经理：雷淑俊　　计划财务部总经理：刘峻　　制表：杨晶茹

注：合并财务报表范围包括本公司、本公司子公司及纳入合并范围的结构化主体。

5. 1. 3　利润表

利润表

编制单位：山西信托股份有限公司　　2019 年度　　单位：万元

	合并		母公司	
	2019 年度	2018 年度	2019 年度	2018 年度
一、营业收入	19 216. 46	30 130. 48	24 978. 78	31 909. 54
利息净收入	-7 797. 16	-1 207. 40	-420. 52	268. 24
利息收入	7 358. 66	14 290. 13	567. 44	873. 54
利息支出	15 155. 82	15 497. 53	987. 96	605. 30
手续费及佣金净收入	16 477. 31	10 157. 64	18 233. 27	15 793. 64
手续费及佣金收入	16 502. 91	10 248. 44	18 237. 01	15 806. 92
手续费及佣金支出	25. 60	90. 80	3. 74	13. 28
投资收益（损失以"-"号填列）	9 080. 97	21 235. 49	6 523. 54	15 062. 53
公允价值变动损益（损失以"-"号填列）	1 187. 87	-669. 48	375. 02	170. 90
汇兑收益（损失以"-"号填列）	120. 95	305. 21	120. 95	305. 21
其他业务收入	113. 08	281. 13	113. 08	281. 13
其他收益	52. 80	27. 89	52. 80	27. 89
资产处置收益/（损失）	-19. 36	—	-19. 36	—
二、营业支出	17 281. 21	29 688. 03	18 834. 13	28 524. 85
营业税金及附加	322. 29	346. 37	308. 91	325. 50
业务及管理费	20 668. 36	22 129. 90	18 991. 10	20 241. 27
资产减值损失（转回以"-"号填列）	-3 810. 67	6 280. 30	-567. 11	7 026. 62
其他业务支出	101. 23	931. 46	101. 23	931. 46
三、营业利润（损失以"-"号填列）	1 935. 25	442. 45	6 144. 65	3 384. 69
加：营业外收入	1. 19	386. 43	1. 17	0. 12
减：营业外支出	197. 41	60. 01	3 230. 38	2 568. 00
四、利润总额（损失以"-"号填列）	1 739. 03	768. 87	2 915. 44	816. 81
减：所得税费用	82. 00	-639. 61	-131. 23	-288. 12
五、净利润（损失以"-"号填列）	1 657. 03	1 408. 48	3 046. 67	1 104. 93
其他综合收益	6 745. 08	-13 760. 27	2 958. 27	-3 931. 44
综合收益总额	8 402. 11	-12 351. 79	6 004. 94	-2 826. 51

总经理：雷淑俊　　计划财务部总经理：刘峻　　制表：杨晶茹

注：合并财务报表范围包括本公司、本公司子公司及纳入合并范围的结构化主体。

5.1.4 所有者权益变动表

母公司所有者权益变动表

2019 年度

编制单位：山西信托股份有限公司　　单位：万元

项目	2019 年							2018 年						
	实收资本（股本）	资本公积	其他综合收益	盈余公积	风险准备	未分配利润	所有者权益合计	实收资本（股本）	资本公积	其他综合收益	盈余公积	风险准备	未分配利润	所有者权益合计
1. 上年年末余额	135 700.00	10 483.91	-995.06	6 618.94	23 763.74	15 317.66	190 889.19	135 700.00	10 483.91	2 936.37	6 508.45	23 598.00	17 095.97	196 322.70
2. 会计政策变更及差错更正	—	—	—	—	—	—	—	—	—	—	—	—	—	—
3. 本年年初余额	135 700.00	10 483.91	-995.06	6 618.94	23 763.74	15 317.66	190 889.19	135 700.00	10 483.91	2 936.37	6 508.45	23 598.00	17 095.97	196 322.70
4. 本年增减变动金额合计（减少以"-"号填列）	—	-3 856.56	2 958.27	304.67	457.00	2 285.00	2 148.38	—	—	-3 931.43	110.49	165.74	-1 778.31	-5 433.51
4.1 净利润	—	—	—	—	—	3 046.67	3 046.67	—	—	—	—	—	1 104.93	1 104.93
4.2 直接计入所有者权益的利得和损失	—	-3 856.56	2 958.27	—	—	—	-898.29	—	—	-3 931.43	—	—	—	-3 931.43
4.2.1 可供出售金融资产公允价值变动净额	—	—	3 294.85	—	—	—	—	—	—	-4 433.87	—	—	—	—
4.2.2 权益法下被投资单位其他所有者权益变动的影响	—	—	487.13	—	—	—	—	—	—	-606.03	—	—	—	—
4.2.3 与计入所有者权益项目相关的所得税影响	—	—	-823.71	—	—	—	—	—	—	1 108.47	—	—	—	—
4.2.4 其他	—	-3 856.56	—	—	—	—	—	—	—	—	—	—	—	—
4.3 所有者投入和减少资本	—	—	—	—	—	—	—	—	—	—	—	—	—	—
4.3.1 所有者投入资本	—	—	—	—	—	—	—	—	—	—	—	—	—	—
4.3.2 股份支付计入所有者权益的金额	—	—	—	—	—	—	—	—	—	—	—	—	—	—
4.3.3 其他	—	—	—	—	—	—	—	—	—	—	—	—	—	—
4.4 利润分配	—	—	—	304.67	457.00	-761.67	—	—	—	—	110.49	165.74	-2 883.24	-2 607.01
4.4.1 提取盈余公积	—	—	—	304.67	—	-304.67	—	—	—	—	110.49	—	-110.49	—
4.4.2 提取风险准备	—	—	—	—	457.00	-457.00	—	—	—	—	—	165.74	-165.74	—
4.4.3 对股东的分配	—	—	—	—	—	—	—	—	—	—	—	—	-2 607.01	-2 607.01
4.4.4 其他	—	—	—	—	—	—	—	—	—	—	—	—	—	—
4.5 所有者权益内部结转	—	—	—	—	—	—	—	—	—	—	—	—	—	—
4.5.1 资本公积转增资本（或股本）	—	—	—	—	—	—	—	—	—	—	—	—	—	—
4.5.2 盈余公积转增资本（或股本）	—	—	—	—	—	—	—	—	—	—	—	—	—	—
4.5.3 盈余公积弥补亏损	—	—	—	—	—	—	—	—	—	—	—	—	—	—
4.5.4 一般风险准备弥补亏损	—	—	—	—	—	—	—	—	—	—	—	—	—	—
4.5.5 其他	—	—	—	—	—	—	—	—	—	—	—	—	—	—
4.6 外币报表折算差额	—	—	—	—	—	—	—	—	—	—	—	—	—	—
5. 本年年末余额	135 700.00	6 627.35	1 963.21	6 923.61	24 220.74	17 602.66	193 037.57	135 700.00	10 483.91	-995.06	6 618.94	23 763.74	15 317.66	190 889.19

总经理：雷淑俊　　计划财务部总经理：刘峻　　制表：杨晶茹

5.2 信托资产

5.2.1 信托项目资产负债汇总表

信托项目资产负债汇总表

编制单位：山西信托股份有限公司　　2019 年 12 月 31 日　　单位：万元

资产	2019 年 12 月 31 日	2018 年 12 月 31 日	负债	2019 年 12 月 31 日	2018 年 12 月 31 日
货币资金	52 500.40	63 145.64	交易性金融负债	—	—
拆出资金	—	—	衍生金融负债	—	—
存出保证金	—	—	应付受托人报酬	6 543.09	2 476.02
应收款项	24 247.13	33 968.16	应付受益人款项	2 488.96	8 551.82
交易性金融资产	21 479.92	25 702.02	应付管理人报酬	—	—
衍生金融资产	—	—	应付托管费	127.21	451.54
买入返售金融资产	15 479.41	118 453.37	应付利息	—	—
贷款	2 950 701.25	3 276 499.33	应交税金	846.46	190.24
可供出售金融资产	124 559.80	195 095.37	其他应付款	67 008.85	83 925.21
持有至到期投资	220 387.41	312 842.42	递延所得税负债	—	—
长期股权投资	178 550.41	243 130.41	其他负债	—	—
投资性房地产	—	—	负债合计	77 014.57	95 594.83
固定资产	—	—	所有者权益：		
应收账款	—	—	实收信托	3 730 091.24	4 379 887.42
减：坏账准备	—	—	资本公积	—	1 305.60
无形资产	—	—	盈余公积	—	—
递延所得税资产	—	—	未分配利润	25 664.48	51 894.81
其他资产	244 864.56	259 845.94	所有者权益合计	3 755 755.72	4 433 087.83
资产总计	3 832 770.29	4 528 682.66	负债和所有者权益总计	3 832 770.29	4 528 682.66

总经理：雷淑俊　　信托资产管理部总经理：赵景丽　　制表：力静

5.2.2 信托项目利润及利润分配汇总表

信托项目利润及利润分配汇总表

编制单位：山西信托股份有限公司　　2019 年度　　单位：万元

项目	2019 年度	2018 年度
一、营业收入	262 537.72	342 869.95
利息收入	167 258.02	241 960.17
投资收益（损失以“－”号填列）	85 877.72	97 489.74
租赁收入	—	—
公允价值变动收益（损失以“－”号填列）	7 778.87	3 415.54
汇兑收益（损失以“－”号填列）	—	—
其他业务收入	1 623.11	4.50
二、营业支出	22 758.36	20 175.65
业务及管理费	22 148.05	19 409.73
营业税金及附加	610.31	765.92
资产减值损失	—	—
其他业务支出	—	—
三、营业利润（亏损以“－”号填列）	239 779.36	322 694.30
加：营业外收入	—	—
减：营业外支出	—	—
四、本期利润总额（亏损总额以“－”号填列）	239 779.36	322 694.30
加：期初未分配利润	51 894.81	88 300.71
减：本期已分配利润	266 009.69	359 100.20
五、期末未分配信托利润	25 664.48	51 894.81

总经理：雷淑俊　　信托资产管理部总经理：赵景丽　　制表：力静

6. 会计报表附注

6.1 与上一期年度报告相比，会计政策、会计估计和核算方法发生变化的情况说明

本公司于 2019 年度首次执行了财政部于近年颁布的以下企业会计准则修订：

《关于修订印发 2019 年度一般企业财务报表格式的通知》（财会[2019]6 号）；

《企业会计准则第 7 号——非货币性资产交换（修订）》[以下简称准则 7 号(2019)]；

《企业会计准则第 12 号——债务重组（修订）》[以下简称准则 12 号（2019）]。

本公司采用上述企业会计准则解释及修订的规定未对本公司财务状况和经营成果产生重大影响。

6.2 或有事项说明

截至 2019 年 12 月 31 日，根据太原市吉业房地产发展有限公司诉讼申请，太原市中级人民法院判决公司对山西中景泰房地产开发有限公司应付其 3 650 万元借款本金及按照同期银行贷款利率计算的自 2013 年 8 月 15 日起至借款全部还清时的利息承担连带赔偿责任。经公司上诉，该案件被山西省高级人民法院发回重审。2018 年 4 月 28 日，太原市中级人民法院重审后维持原判决结果。2018 年 6 月 25 日，本公司已向山

西省高级人民法院重新提起上诉,截至2019年12月31日,山西省高级人民法院尚未开庭审理。经咨询专业律师的意见,公司认为难以准确估计法院重审后对该诉讼案件的判决结果和本公司可能承担的诉讼损失金额。

6.3 重要资产转让及其出售的说明

本公司报告期内没有发生重要资产转让及其出售的情况。

6.4 会计报表中重要项目的明细资料

6.4.1 披露自营资产经营情况

6.4.1.1 按信用风险五级分类结果披露的信用风险资产

信用风险资产五级分类	正常类(万元)	关注类(万元)	次级类(万元)	可疑类(万元)	损失类(万元)	信用风险资产合计(万元)	不良资产合计(万元)	不良资产率(%)
期初数	192 467.84	3 300.00	—	—	22 833.87	218 601.71	22 833.87	10.45
期末数	210 066.31	3 300.00	—	—	36 533.90	249 900.21	36 533.90	14.62

注:不良资产合计=次级类+可疑类+损失类。

6.4.1.2 各项资产减值损失准备情况

单位:万元

	期初数	本期计提	本期转回	本期转出	本期核销	期末数
贷款损失准备	—	—	—	—	—	—
一般准备	—	—	—	—	—	—
专项准备	—	—	—	—	—	—
其他资产减值准备	31 790.86	2 496.25	3 063.36	—	—	31 223.75
可供出售金融资产减值准备	23 347.25	1 032.98	3 063.36	—	—	21 316.87
持有至到期投资减值准备	—	—	—	—	—	—
长期股权投资减值准备	3 300.00	—	—	—	—	3 300.00
坏账准备	242.43	—	—	—	—	242.43
固定资产减值准备	203.77	—	—	—	—	203.77
投资性房地产减值准备	—	—	—	—	—	—
应收利息减值准备	4 697.41	1 463.27	—	—	—	6 160.68

6.4.1.3 自营股票投资、基金投资、债券投资、股权投资等投资业务的情况

单位:万元

	自营股票	基金	债券	长期股权投资	其他投资	合计
期初数	12 687.25	—	—	70 259.80	—	82 947.05
期末数	9 862.20	—	—	68 002.54	16 160.00	94 024.74

6.4.1.4 前五名的自营长期股权投资的企业名称、占被投资企业权益的比例、主要经营活动及投资收益情况(从大到小顺序排列)

企业名称	占被投资企业权益的比例(%)	主要经营活动	投资收益(万元)
1. 汇丰晋信基金管理有限公司	51	证券投资基金管理	1 742.74
2. 长治银行股份有限公司	5.04	商业银行业务	1 462.33
3. 山西卓融投资有限公司	98	投资业务	—

6.4.1.5 前三名的自营贷款的企业名称、占贷款总额的比例和还款情况(从大到小顺序排列)

2018年10月公司以自有资金向山西飞流电力工程有限公司发放贷款3 000万元,2018年11月归还1 000万元,2019年2月归还1 000万元,截至报告期末,自营贷款余额1 000万元。

6.4.1.6 表外业务的情况

本公司报告期内无表外业务。

6.4.1.7 公司当年的收入结构

收入结构	金额(万元)	占比(%)
手续费及佣金收入	18 237.01	70.36
其中:信托手续费收入	18 237.01	—
投资银行业务收入	—	—
利息收入	567.44	2.19
其他业务收入	113.08	0.44
其中:计入信托业务收入部分	—	—
投资收益	6 523.54	25.17
其中:股权投资收益	3 505.60	—
证券投资收益	544.73	—
汇兑损益	120.95	0.46
公允价值变动收益	375.02	1.45
资产处置收益	-19.36	-0.07
营业外收入	1.17	—
收入合计	25 918.85	100

注:手续费及佣金收入、利息收入、其他业务收入、投资收益、营业外收入均应为损益表中的一级科目,其中手续费及佣金收入、利息收入、营业外收入为未抵减掉相应支出的全年累计实现收入数。

6.4.2 信托资产管理情况

6.4.2.1 信托资产的情况

单位:万元

信托资产	期初数	期末数
集合	1 384 287.57	972 301.00
单一	2 880 996.10	2 616 486.52
财产权	263 398.99	243 982.77
合计	4 528 682.66	3 832 770.29

注:截至2019年末,本公司代保管资产余额为620 410.33万元。

6.4.2.1.1 主动管理型信托业务的情况

单位:万元

主动管理型信托资产	期初数	期末数
证券投资类	35 612.19	27 785.02
股权投资类	111 557.12	105 528.40
融资类	355 998.99	911 259.99
事务管理类	3 024.39	2 901.45
其他类	301 712.65	134 474.99
合计	807 905.34	1 181 949.85

6.4.2.1.2　被动管理型信托业务的情况

单位：万元

被动管理型信托资产	期初数	期末数
证券投资类	3.73	3.79
股权投资类	134 574.81	82 286.45
融资类	2 692 400.08	2 071 006.00
事务管理类	865 130.01	486 825.92
其他类	28 668.69	10 698.28
合计	3 720 777.32	2 650 820.44

6.4.2.2　本年度已清算结束的信托项目的情况

6.4.2.2.1　本年度已清算结束的集合类、单一类资金信托项目和财产管理类信托项目的情况

已清算结束信托项目	项目个数（个）	实收信托合计金额（万元）	加权平均实际年化收益率（%）
集合类	36	604 416.21	9.92
单一类	80	2 043 695.54	6.80
财产管理类	10	254 893.10	7.19

注：1. 收益率是指信托项目清算后，给受益人赚取的实际收益水平。
2. 加权平均实际年化收益率 =（信托项目 1 的实际年化收益率 × 信托项目 1 的实收信托 + 信托项目 2 的实际年化收益率 × 信托项目 2 的实收信托 + … + 信托项目 n 的实际年化收益率 × 信托项目 n 的实收信托）/（信托项目 1 的实收信托 + 信托项目 2 的实收信托 + … + 信托项目 n 的实收信托）× 100%。

6.4.2.2.2　本年度已清算结束的主动管理型信托项目的情况

已清算结束信托项目	项目个数（个）	实收信托合计金额（万元）	加权平均实际年化收益率（%）
证券投资类	3	13 584.94	3.70
股权投资类	—	—	—
融资类	25	101 758.62	8.11
事务管理类	—	—	—
其他类	7	170 386.15	7.38

6.4.2.2.3　本年度已清算结束的被动管理型信托项目的情况

已清算结束信托项目	项目个数（个）	实收信托合计金额（万元）	加权平均实际年化收益率（%）
证券投资类	—	—	—
股权投资类	2	110 580.00	7.82
融资类	71	1 774 845.32	8.55
事务管理类	16	705 289.82	5.09
其他类	2	26 560.00	6.94

6.4.2.3　本年度新增的集合类、单一类和财产管理类信托项目的情况

新增信托项目	项目个数（个）	合计金额（万元）
集合类	36	227 954.00
单一类	50	1 789 609.40
财产管理类	13	235 645.27
新增合计	99	2 253 208.67
其中：主动管理型	34	680 491.00
被动管理型	65	1 572 717.67

注：本年新增信托项目指在本报告年度累计新增的信托项目个数和金额，包含本年度新增并于本年度内结束的项目和本年度新增至报告期末仍在持续管理的信托项目。

6.4.2.4　信托业务创新成果和特色业务有关情况

公司开发成立的“循环经济财产权信托计划”，累计募集资金 4.39 亿元，用于支持绿色经济行业中的相关企业回收、处理、利用产能过剩行业的固定资产，促进其产生新的经济效益，大力发展绿色经济、绿色金融、绿色信托。

公司开展医美分期、房抵贷相关信托业务，业务开发 APP 上线，依托金融科技助力消费金融发展已找到突破口。

公司设立的“山西信托 · 晋善慈善信托计划”，积极支持山西省扶贫济困、救灾防害、生态保护等公益事业的发展，公司将慈善信托计划收益捐赠给石楼县教育科技局，专门用于石楼县第三中学暖气的维修改造工程，宣传引导社会各界力量和更多资金参与公益事业，共同助力山西省公益慈善事业的发展。

6.4.2.5　公司履行受托人义务情况及因本公司自身责任而导致的信托资产损失情况

公司作为受托人，已经建立了完整的信托事务管理制度，严格遵守相关法律、行政法规以及信托合同的约定，恪尽职守，履行诚实、信用、谨慎、有效管理的义务。本着忠实于委托人、争取受益人最大利益的原则处理信托事务。

截至本报告期末，本公司未发生因自身责任导致信托财产损失情况。

6.5　关联方关系及其交易的披露

6.5.1　关联交易方的数量、关联交易的总金额及关联交易的定价政策

	关联交易方数量（个）	关联交易金额（万元）	定价政策
合计	1	922	本公司在正常业务过程中发生的关联交易遵守一般商业条款。关联交易的价格主要参考市场价格经双方协商后确定。

6.5.2　关联交易方与本公司的关系性质、关联交易方的名称、法定代表人、注册地址、注册资本及主营业务

关系性质	关联交易方的名称	法定代表人	注册地址	注册资本（万元）	主营业务
与本公司同受山西金控集团控制	山西国贸物业管理有限公司	任晓东	山西省太原市府西街 69 号	300	物业管理等

6.5.3 本公司与关联方的重大交易事项

6.5.3.1 固有财产与关联方关联交易情况

报告期内公司以自有资金交纳山西国贸物业管理有限公司租赁及物业费922万元。

6.5.3.2 信托资产与关联方关联交易情况

报告期信托资产与关联方无重大关联交易发生。

6.5.3.3 信托公司自有资金运用于自己管理的信托项目(固信交易)、信托公司管理的信托项目之间的相互(信信交易)交易情况

6.5.3.3.1 固有财产与信托财产之间的交易情况

单位:万元

	期初数	本期变动	期末数
合计	101 421.06	8 147.63	109 568.69

6.5.3.3.2 信托资产与信托财产之间的交易情况

单位:万元

	期初数	本期新增	期末数
合计	153 270.00	-49 781.48	103 488.52

6.5.4 关联方逾期未偿还本公司资金的详细情况以及本公司为关联方担保发生或即将发生垫款的详细情况

报告期本公司无上述情况发生。

6.6 会计制度的披露

公司固有业务和信托业务,同时执行财政部2006年2月15日颁布的《企业会计准则——基本准则》和各项具体会计准则、其后颁布的企业会计准则应用指南、企业会计准则解释及其他相关规定。

7. 财务情况说明书

7.1 利润实现和分配情况

2019年,公司实现净利润为3 046.67万元。提取法定盈余公积304.67万元,提取一般风险准备304.67万元,提取信托赔偿准备152.33万元。年末可供分配的利润为17 602.66万元。

7.2 主要财务指标

指标名称	指标值
资本利润率(%)	0.59
加权平均实际年化信托报酬率(%)	0.51
人均净利润(万元)	12.75

注:1. 资本利润率=净利润/所有者权益平均余额×100%。

2. 加权平均实际年化信托报酬率=(信托项目1的实际年化信托报酬率×信托项目1的实收信托+信托项目2的实际年化信托报酬率×信托项目2的实收信托+…+信托项目n的实际年化信托报酬率×信托项目n的实收信托)/(信托项目1的实收信托+信托项目2的实收信托+…+信托项目n的实收信托)×100%。

3. 人均净利润=净利润/年平均人数。

4. 平均值采取年初、年末余额简单平均法,公式为:a(平均)=(年初数+年末数)/2。

7.3 公司净资本监管指标

指标名称	指标值	监管标准
净资本(亿元)	14.44	≥2
各项业务风险资本之和(亿元)	10.05	—
净资本/各项业务风险资本之和(%)	143.68	≥100
净资本/净资产(%)	74.82	≥40

7.4 对本公司财务状况、经营成果有重大影响的其他事项

报告期内本公司无对财务状况、经营成果有重大影响的其他事项。

8. 企业社会责任

8.1 聚焦山西本地,助力实体发展

公司通过不断提升服务山西实体经济质效,努力使经济发展成果更多、更公平地惠及更广泛的社会群体,助力山西转型综改建设。截至2019年末,公司共为各类工商企业提供信托资金规模325.97亿元,其中为山西转型综改建设相关近50家企业提供资金支持100.96亿元,为山西重点工程建设提供信托资金9 000万元。

8.2 发展绿色金融,支持可持续发展

公司积极适应经营环境的变化,努力优化各项业务的配置,进一步提升绿色金融对相关企业的服务力度,助推地方经济可持续发展。2019年,公司设立循环经济系列财产权信托,累计发行8个项目,总规模为4.39亿元,为3家专业拆除回收再利用企业补充了流动资金,涉及的拆除回收再利用项目遍及山西、河北、重庆、山东、贵州五省市。

公司持续关注小微企业和民营企业等实体企业的融资需求,准确把握其发展特征,不断加强与小微企业和民营企业的深度沟通与合作,优化旧业务,创造新业务,发挥资本连接的纽带作用,为新兴产业提供融资服务。2019年,公司共为中小民营企业提供128.34亿元信托资金支持。

8.3 推进精准扶贫,践行社会责任

公司高度重视扶贫工作,专题研究,全面部署,结合帮扶临县青家堰村、凰背局村的实际,不断细化"靶向措施",夯实与结对群众的对接联系制度,坚持以心贴心的思想、实打实的行动做实结对帮扶工作。同时,公司利用晋善慈善信托、晋信爱心信托和金融扶贫信托等一系列信托产品,探索出了一条适合山西省省情和公司司情的金融扶贫的新模式。2019年,"晋善慈善信托"向石楼县第三中学捐赠了14.1万元;"晋信爱心信托计划"为岢岚中学考上大学的12名品学兼优的贫困学生每人捐赠1万元助学金;金融扶贫信托发挥桥梁作用,帮助临县1 000户贫困户脱贫解困,有力地支持了临县的扶贫脱贫工作。

8.4 坚持以人为本，助力员工发展

公司秉承“以人为本”的理念，关注员工合法权益保障，实行全员劳动合同制管理。

公司坚持党管干部原则与市场化原则，把握正确的选人、用人导向，建立了“能者上、庸者下”的考核机制，逐步提升整体员工队伍的专业水准和管理能力，为公司可持续发展提供人力支持。

公司通过打造多元培训体系，不断加强员工队伍建设；通过积极构建多渠道职业发展通道，鼓励员工积极进取，增强员工的自信心和创造力；通过开展丰富多彩的文体活动，构建和谐的职场氛围，提升员工的归属感和向心力。

9. 特别事项揭示

9.1 报告期内股东变动情况及原因

报告期内，公司无股东变动相关事项。

9.2 报告期内，公司存在股权被质押或以股权及其受（收）益权设立信托等金融产品的情况

无。

9.3 董事、监事及高级管理人员变动情况及原因

报告期内，经山西金融投资控股集团有限公司推荐，公司董事会提名，公司股东大会选举雷淑俊为山西信托股份有限公司董事（已经山西银保监局核准）。

经公司董事长提名，董事会审议通过，并经山西银保监局核准，聘任雷淑俊为公司总经理。

9.4 报告期内，公司变更注册资本、变更注册地或公司名称、公司分立合并事项

无。

9.5 公司重大诉讼事项

9.5.1 重大未决诉讼事项

9.5.1.1 固有业务

报告期内未发生重大诉讼事项。

9.5.1.2 信托业务

2018年11月，公司向法院申请执行，执行对象为山西沃德建筑工程有限公司等，执行金额为47 393.39万元，目前案件正在执行中。

9.6 报告期内，公司及其董事、监事和高级管理人员受到处罚的情况

报告期内，公司及其董事、监事和高级管理人员未有受到处罚的情况。

9.7 报告期内，公司已向银行业监督管理机构或其派出机构提交行政许可申请但尚未获得批准的事项

报告期内，公司不存在已向银行业监督管理机构或其派出机构提交行政许可申请但尚未获得批准的事项。

9.8 中国银保监会及其派出机构对公司检查后提出整改意见的，应简单说明整改情况

中国银行保险监督管理委员会山西监管局于2019年7月至8月对公司房地产信托业务进行了专项检查。针对检查中指出的问题和提出的意见，公司进行了认真整改。修订完善公司制度和流程，提高制度执行力，全程管控，切实提高风险管控能力。公司将严格依照法律法规及监管规定开展业务，严格按照公司制度做好日常管理，将风险控制与合规建设落实到具体工作中，为公司稳健经营、合规发展奠定基础。

9.9 公司重大事项临时报告情况说明

经公司第一届董事会2019年第一次临时会议审议通过，刘叔肄不再兼任公司总经理，由副总经理雷淑俊代行总经理职责，该事项已在《金融时报》进行了披露。

经公司第一届董事会2019年第四次临时会议审议通过，并经山西银保监局核准，聘任雷淑俊为公司总经理，该事项已在《金融时报》进行了披露。

9.10 报告期内，中国银保监会及其省级派出机构认定的其他有必要让客户及相关利益人了解的重要信息

无。

10. 公司监事会意见

10.1 监事会对公司依法运作情况的独立意见

监事会认为，公司董事会、经营层能够按照国家有关法律法规和《公司章程》的规定履行职责，决策程序合规有效；本报告期内未发现董事、高级管理人员履行职务时有违法违规、违反《公司章程》或损害公司及投资人利益的行为。

10.2 监事会对公司财务状况的独立意见

监事会认为，公司能够认真贯彻执行国家有关政策和法律法规，公司财务报告内容完整，客观真实地反映了公司的财务状况和经营成果。

陕西省国际信托股份有限公司

1. 重要提示

本年度报告摘要来自年度报告全文，为全面了解本公司的经营成果、财务状况及未来发展规划，投资者应当到证监会指定媒体仔细阅读年度报告全文。

2. 公司概况

2.1 公司简介

2.1.1 公司信息

股票简称	陕国投 A	股票代码	000563
变更后的股票简称(如有)	无		
股票上市证券交易所	深圳证券交易所		
公司的中文名称	陕西省国际信托股份有限公司		
公司的中文简称	陕国投		
公司的外文名称(如有)	Shaanxi International Trust Co. ,Ltd.		

续表

公司的外文名称缩写(如有)	SITI
公司的法定代表人	薛季民
注册地址	西安市高新区科技路 50 号金桥国际广场 C 座
注册地址的邮政编码	710075
办公地址	西安市高新区科技路 50 号金桥国际广场 C 座
办公地址的邮政编码	710075
公司网址	http://www. siti. com. cn
电子信箱	sgtdm@ siti. com. cn

2.1.2 联系人和联系方式

	董事会秘书	证券事务代表
姓名	李玲	孙一娟
联系地址	西安市高新区科技路 50 号金桥国际广场 C 座 24 层	西安市高新区科技路 50 号金桥国际广场 C 座 24 层
电话	(029)81870262/88897633	(029)81870262/88897633
传真	(029)88851989	(029)88851989
电子信箱	sgtdm@ siti. com. cn	sgtdm@ siti. com. cn

2.2 组织结构

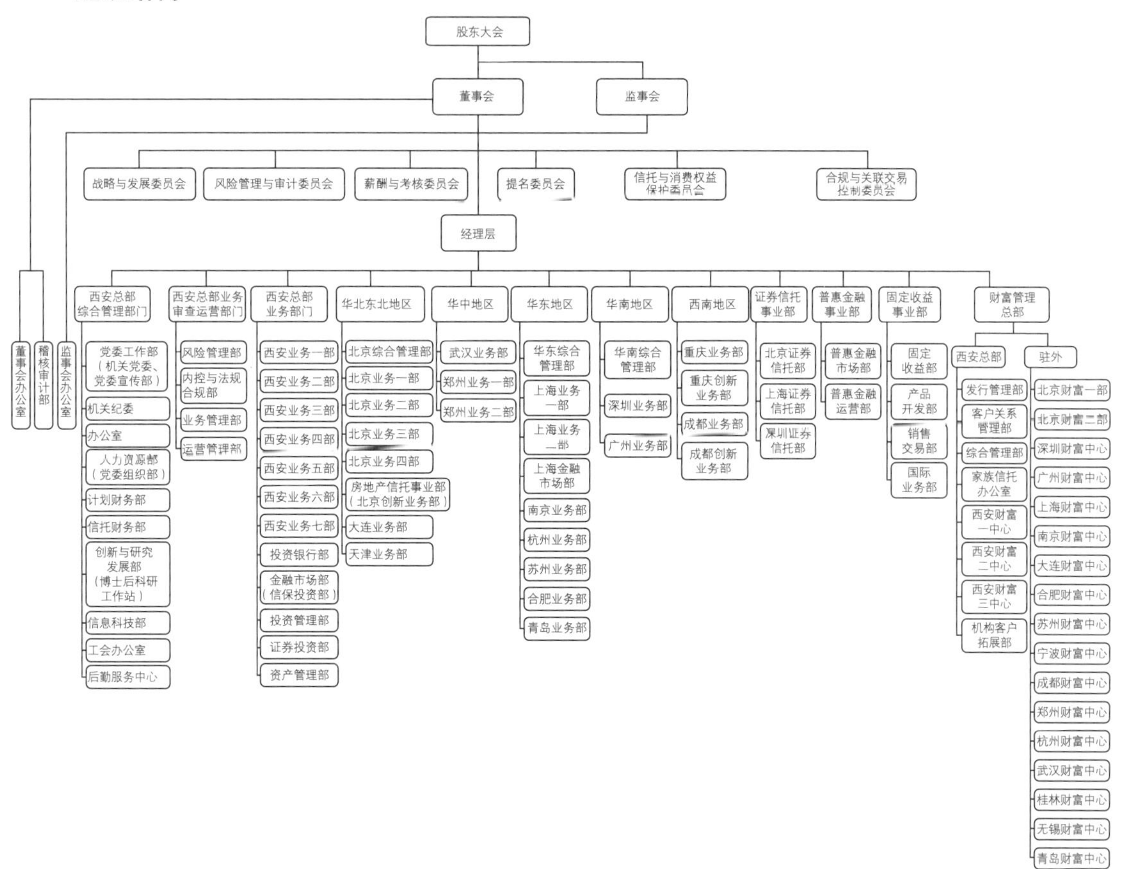

3. 主要会计数据和财务指标

	2019 年	2018 年	本年比上年增减(%)	2017 年
营业收入(元)	1 755 654 630. 76	1 027 334 487. 80	70. 89	1 150 598 361. 43
归属于上市公司股东的净利润(元)	581 527 983. 85	319 474 221. 09	82. 03	352 236 506. 88
归属于上市公司股东的扣除非经常性损益的净利润(元)	581 317 454. 05	419 630 626. 84	38. 53	365 326 637. 52
经营活动产生的现金流量净额(元)	-1 401 958 227. 00	-1 297 219 358. 49	-8. 07	1 042 625 907. 38
基本每股收益(元)	0. 1467	0. 0912	60. 86	0. 1111
稀释每股收益(元)	0. 1467	0. 0912	60. 86	0. 1111
加权平均净资产收益率	5. 46	3. 56	增加 1. 90 个百分点	4. 50
	2019 年末	2018 年末	本年末比上年末增减	2017 年末
总资产(元)	14 666 736 402. 38	12 279 353 222. 88	19. 44	9 448 211 891. 02
归属于上市公司股东的净资产(元)	10 977 363 711. 96	10 414 858 172. 41	5. 40	7 931 129 586. 51

注：公司 2018 年下半年完成了配股增资，按会计准则要求，对 2017 年度每股收益重新计算后列报。

4. 前十名股东持股情况表

报告期末普通股股东总数	128 808	年度报告披露日前上一月末普通股股东总数	120 818	报告期末表决权恢复的优先股股东总数(如有)(参见注 8)	—	年度报告披露日前上一月末表决权恢复的优先股股东总数(如有)(参见注 8)	—

持股 5% 以上的股东或前十名股东持股情况								
股东名称	股东性质	持股比例(%)	报告期末持股数量	报告期内增减变动情况	持有有限售条件的股份数量	持有无限售条件的股份数量(股)	质押或冻结情况	
							股份状态	数量
陕西煤业化工集团有限责任公司	国有法人	34. 58	1 370 585 727	-18 630 800	—	1 370 585 727	—	—
陕西省高速公路建设集团公司	国有法人	21. 62	857 135 697	—	—	857 135 697	—	—
华宝信托有限责任公司	国有法人	1. 38	54 645 737	-30 730 933	—	54 645 737	—	—
中央汇金资产管理有限责任公司	国有法人	1. 31	52 069 680	—	—	52 069 680	—	—
人保投资控股有限公司	国有法人	0. 70	27 677 000	—	—	27 677 000	—	—
中国农业银行股份有限公司——中证 500 交易型开放式指数证券投资基金	基金、理财产品等	0. 49	19 503 786	-2 031 650	—	19 503 786	—	—
香港中央结算有限公司	境外法人	0. 38	15 042 557	8 850 536	—	15 042 557	—	—
芦虎	境内自然人	0. 15%	5 861 117	5 861 117	—	5 861 117	—	—
中信银行股份有限公司——建信中证 500 指数增强型证券投资基金	基金、理财产品等	0. 14	5 499 137	5 499 137	—	5 499 137	—	—
蔡晓钧	境内自然人	0. 11	4 489 810	—	—	4 489 810	—	—
战略投资者或一般法人因配售新股成为前 10 名股东的情况(如有)(参见注 3)	—							
上述股东关联关系或一致行动的说明	1. 公司第一大股东和第二大股东均为省属国有独资企业。 2. 公司第一大股东陕西煤业化工集团有限责任公司与除第二大股东陕西省高速公路建设集团公司外其他前十名股东之间不存在关联关系，也不属于《上市公司股东持股变动信息披露管理办法》中规定的一致行动人；未知前十名其他股东之间是否存在关联关系和是否属于《上市公司股东持股变动信息披露管理办法》中规定的一致行动人。							

前十名无限售条件股东持股情况			
股东名称	报告期末持有无限售条件股份数量(股)	股份种类	
		股份种类	数量(股)
陕西煤业化工集团有限责任公司	1 370 585 727	人民币普通股	1 370 585 727
陕西省高速公路建设集团公司	857 135 697	人民币普通股	857 135 697
华宝信托有限责任公司	54 645 737	人民币普通股	54 645 737
中央汇金资产管理有限责任公司	52 069 680	人民币普通股	52 069 680
人保投资控股有限公司	27 677 000	人民币普通股	27 677 000
中国农业银行股份有限公司——中证 500 交易型开放式指数证券投资基金	19 503 786	人民币普通股	19 503 786

续表

股东名称	报告期末持有无限售条件股份数量(股)	股份种类	
		股份种类	数量(股)
香港中央结算有限公司	15 042 557	人民币普通股	15 042 557
芦虎	5 861 117	人民币普通股	5 861 117
中信银行股份有限公司——建信中证 500 指数增强型证券投资基金	5 499 137	人民币普通股	5 499 137
蔡晓钧	4 489 810	人民币普通股	4 489 810
前十名无限售流通股股东之间,以及前十名无限售流通股股东和前十名股东之间关联关系或一致行动的说明	1. 公司第一大股东和第二大股东均为省属国有独资企业。 2. 公司第一大股东陕西煤业化工集团有限责任公司与除第二大股东陕西省高速公路建设集团公司外其他前十名股东之间不存在关联关系,也不属于《上市公司股东持股变动信息披露管理办法》中规定的一致行动人;未知前十名其他股东之间是否存在关联关系和是否属于《上市公司股东持股变动信息披露管理办法》中规定的一致行动人。		
前十名普通股股东参与融资融券业务情况说明(如有)(参见注4)	公司股东蔡晓钧通过国泰君安证券股份有限公司客户信用交易担保证券账户持有 4 489 810 股公司股份。		

5. 披露公司与实际控制人之间的产权及控制关系

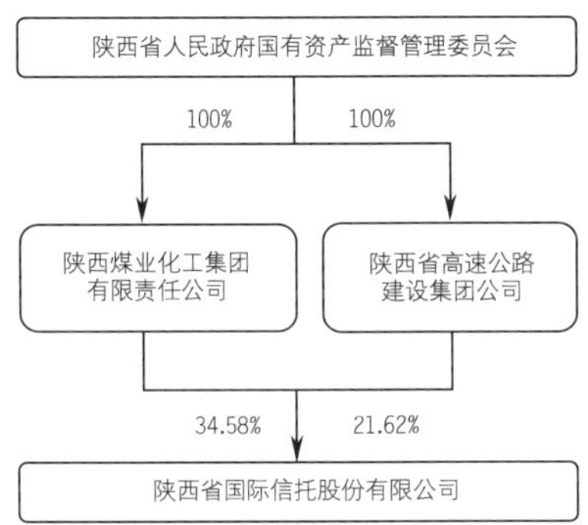

6. 管理层讨论与分析

2019 年,面对错综复杂的市场环境和不断加大的经济下行压力,公司按照"十三五"规划的总体部署,抓主业促创新,积极强化经营管理,深化改革优化机制激活力,从而确保公司主业持续稳定增长,进一步夯实高质量发展的基础。公司连续 9 年蝉联"最具区域影响力信托公司",连续多年被省政府评为"陕西省优秀金融机构",被人民银行综合评价为"A 类非银行机构"。全年实现营业收入 17.56 亿元,较 2018 年增长 70.89%;实现利润总额为 7.6 亿元,同比增长 78.83%,实现净利润为 5.82 亿元,同比增长 82.03%;新增信托项目 266 个,新增项目的规模为 994.43 亿元,同比增长 27.48%,到期安全兑付 1 172.87 亿元。截至 2019 年末,公司信托资产规模为 2 887.13 亿元,同比减少 0.28%,信托主业手续费及佣金净收入为 9.27 亿元。公司大力延揽创新引领型金融高端人才,积极拓展业务,严控经营风险,调优业务结构,提升主动管理能力,在强化信托主业、推动市场化改革等方面取得了较好成效。

深耕信托传统业务,积极拓展创新业务。一是主动作为稳拓市场,传统业务优化升级,积极拓展主动管理型业务,有序推动证券投资信托、房地产信托、基础设施信托等业务,确保信托主业的总体稳定。二是积极探索稳推创新,转型创新渐趋深化,利用创新业务事业部体制,拓展资产证券化、普惠金融、慈善信托、家族信托等创新业务。

拓展财富管理条线,提升客户服务质量。一是财富管理条线以服务、管理再升级为抓手,发行募集规模实现飞跃,全年募集资金 470 多亿元。二是同业合作取得突破,积极拓展代销渠道及直投业务。三是全国布局成效显著,设立省外财富中心 15 个。四是"陕国投财富"品牌在省内外影响力持续提升,有效维护消费者权益。

强化运作提升效益,固有业务取得良好投资收益。一是公司进行专业化、集中化运作,自有资金运作体制机制、业务策略得到显著变革。二是加大信托业务支持力度,创造更多收益。三是抢抓证券市场机会,精心运作,当期效益显著。四是大力支持省内经济发展,促进区域经济发展。五是加强长期股权投资项目管理,促进各被投企业强化经营管理为股东创造价值。

构建全面风险体系,守住合法合规底线。一是深入推进全面风险管理体系建设,持续强化内控机制。二是完善公司管理制度和操作规程,制定修订相关制度 29 项。三是积极与金融同业、业务部门就市场情况、行业热点等进行座谈交流,紧贴市场动态调整业务指引和风控条件,指导业务安全开发运作。四是通过"差异化、重实质、走出去"的风险排查工作机制,对存续项目进行分配排查。五是积极开展扫黑除恶排查、案件警示教育等活动,强化合规文化和合规机制建设。

完善体制机制管理,促进公司运营效能。一是新一届班子成员以新作风、新作为展现新形象,积极推动经营管理体制创效。二是组织完成第五轮机构改革和全员竞争上岗工作,搭建引领和保障转型创新的事业部制体制平台,选拔了一批年轻骨干人才,增强公司发展后劲。三是积极实施"人才强企"战略,专业队伍实力不断增强。四是实施"信息化"战略,全力推进数据质量管理体系建设,上线公司管理驾驶舱,完成 TA 系统升级、IPV6 改造工作等,通过科技赋能提升公司经营管理质效。五是针对工作作风、工作纪律等问题进行了多次监督检查、警示通报,切实改进了公司内部工作作风、精神风貌等。

7. 按中国银保监会要求需披露的其他信息

7.1 信用风险资产五级分类

7.1.1 按原值计算

信用风险资产五级分类	正常类（万元）	关注类（万元）	次级类（万元）	可疑类（万元）	损失类（万元）	信用风险资产合计（万元）	不良资产合计（万元）	不良资产率（%）
2018 年	1 137 679. 91	23 949. 22	12 602. 79	66 945. 89	7 625. 36	1 248 803. 17	87 174. 04	6. 98
2019 年	1 202 414. 35	71 246. 83	10 931. 29	68 365. 80	24 069. 37	1 377 027. 63	103 366. 46	7. 51

7.1.2 按净值计算

信用风险资产五级分类	正常类（万元）	关注类（万元）	次级类（万元）	可疑类（万元）	损失类（万元）	信用风险资产合计（万元）	不良资产合计（万元）	不良资产率（%）
2018 年	1 120 943. 75	22 751. 76	10 082. 24	24 775. 99	—	1 178 553. 73	34 858. 22	2. 96
2019 年	1 194 912. 64	61 698. 26	3 821. 99	16 054. 64	133. 38	1 276 620. 91	20 010. 02	1. 57

注:1. 上表反映的是公司固有业务投融资情况。

2. 出于谨慎性考虑,将 1 年以内的应收款划分为关注类;1 ~2 年的划分为次级类,2 ~3 年的划分为可疑类,3 年以上的划分为损失类,后三类归入不良资产。

3. 2019 年末,公司不良资产余额（含次级、可疑和损失三类资产）主要为 2013 年、2014 年信托项目出现风险后,公司用 8. 05 亿元自有资金受让裕丰项目和南方林业项目,收回部分资产后的原值 6. 45 亿元,按照要求计提减值准备后净值为 1. 53 亿元;正在清收处置抵质押资产的神州长城、赫美等项目原值为 3. 61 亿元,按照要求计提减值准备后净值为 0. 36 亿元。此外,包含账龄在 1 年以上的应收款原值为 0. 28 亿元,净值为 0. 11 亿元。

7.2 信托公司风险控制指标监管报表

项　目（信托公司）	期末余额	监管标准	备注
净资本（万元）	808 595. 04	≥2 亿元	—
固有业务风险资本（万元）	144 518. 57	—	—
信托业务风险资本（万元）	323 648. 33	—	—
其他业务风险资本（万元）	—	—	—
各项业务风险资本之和（万元）	468 166. 90	—	—
净资本/各项业务风险资本之和（%）	172. 72	≥100	—
净资本/净资产（%）	73. 66	≥40	—

7.3 自有资产运用与分布表

资产运用	金额（万元）	占比（%）	资产分布	金额（万元）	占比（%）
货币资金	82 705. 38	5. 64	基础产业	186 062. 93	12. 69
交易性金融资产	320 886. 81	21. 88	房地产业	263 642. 95	17. 98
买入返售金融资产	26 248. 70	1. 79	证券市场	189 146. 42	12. 90
贷 款	420 264. 11	28. 65	实业	14 869. 61	1. 01
债权投资	326 821. 57	22. 28	金融机构	259 921. 31	17. 72
其他权益工具投资	139 489. 23	9. 51	其他	553 030. 43	37. 71
其他资产	150 257. 84	10. 24			
合 计	1 466 673. 64	100. 00	合计	1 466 673. 64	100. 00

7.4 信托财务报告

7.4.1 信托财务报告

7.4.1.1 信托项目资产负债汇总表

信托项目资产负债表

编制单位:陕西省国际信托股份有限公司　　2019 年 12 月 31 日　　单位:元

信托资产	期末余额	年初余额	信托负债和信托权益	期末余额	年初余额
信托资产:			信托负债:		
货币资金	3 614 361 415. 83	8 384 129 393. 42	交易性金融负债	—	—
拆出资金	—	—	衍生金融负债	—	—
交易性金融资产	47 839 308 200. 79	55 860 453 237. 03	卖出回购金融资产款	—	—
衍生金融资产	—	—	应付利息	—	—
买入返售金融资产	1 049 041 029. 26	2 231 123 770. 22	应付受托人报酬	—	—
应收票据	—	—	应付受益人收益	—	—
应收账款	—	—	应付保管费	—	—
应收利息	111 549 472. 39	125 069 982. 88	其他应付款	2 441 934 983. 49	905 940 824. 63
应收股利	2 947 526. 50	11 589 642. 46	应交税费	90 624 462. 93	11 072 521. 93
其他应收款	1 918 095 415. 04	390 486 532. 86	其他负债	—	—
贷款	120 926 015 137. 66	152 075 170 195. 03	—	—	—
可供出售金融资产	709 791 653. 94	2 680 449 039. 75	—	—	—
持有至到期投资	82 977 248 908. 87	32 908 030 923. 40	—	—	—
长期股权投资	27 844 013 808. 37	27 854 401 402. 30	信托负债合计	2 532 559 446. 42	917 013 346. 56

续表

信托资产	期末余额	年初余额	信托负债和信托权益	期末余额	年初余额
长期应收款	—	—	信托权益:		
投资性房地产	—	—	实收信托	293 246 080 796.36	308 596 573 065.41
固定资产	—	—	资本公积	7 606 092 206.16	10 068 581 434.08
无形资产	—	—	未分配利润	-14 672 159 311.86	-30 057 824 158.27
长期待摊费用	—	—			
其他资产	1 720 200 568.43	7 003 439 568.43	信托权益合计	286 180 013 690.66	288 607 330 341.22
信托资产总计	288 712 573 137.08	289 524 343 687.78	信托负债和信托权益总计	288 712 573 137.08	289 524 343 687.78

公司负责人:薛季民　主管会计工作的公司负责人:王晓雁　会计机构负责人:王小兵

7.4.1.2　信托项目利润及利润分配汇总表

信托项目利润及利润分配表

编制单位:陕西省国际信托股份有限公司　2019 年度　单位:元

项目	本年数	上年数
一、营业收入	24 815 261 165.48	-21 021 888 408.06
利息收入	9 912 353 400.66	12 816 784 558.49
投资收益(损失以"-"填列)	5 883 104 912.18	-13 974 988 373.89
公允价值变动收益(损失以"-"填列)	9 007 872 032.99	-19 871 822 426.12
汇兑收益(损失以"-"填列)	—	—
其他业务收入	11 930 819.65	8 137 833.46
二、营业支出	1 994 682 620.31	2 086 842 019.35
利息支出	—	—
手续费及佣金支出	—	6 828.00
税金及附加	69 632 209.85	64 965 077.33
业务及管理费	1 925 050 410.46	2 021 870 114.02
资产减值损失	—	—
其他业务成本	—	—
三、信托营业利润(损失以"-"填列)	22 820 578 545.17	-23 108 730 427.41
加:营业外收入	—	—
减:营业外支出	—	—
四、信托利润(损失以"-"填列)	22 820 578 545.17	-23 108 730 427.41
加:期初未分配信托利润	-30 057 824 158.27	2 507 891 272.82
五、可供分配的信托利润	-7 237 245 613.10	-20 600 839 154.59
减:本期已分配信托利润	7 434 913 698.76	9 456 985 003.68
六、期末未分配信托利润	-14 672 159 311.86	-30 057 824 158.27

公司负责人:薛季民　主管会计工作的公司负责人:王晓雁　会计机构负责人:王小兵

7.4.2　信托报酬确认原则和方法

本公司信托报酬按照信托文件的规定,以权责发生制原则为基础进行确认和计量。

7.4.3　信托资产运用与分布表

信托资产运用与分布表

资产运用	金额(万元)	占比(%)	资产分布	金额(万元)	占比(%)
货币资金	361 436.14	1.25	基础产业	8 500 691.75	29.44
交易性金融资产	4 783 930.82	16.57	房地产业	2 334 685.66	8.09
买入返售金融资产	104 904.10	0.36	证券市场	5 262 736.28	18.23
贷款	12 092 601.51	41.88	实业	5 068 606.41	17.56
可供出售金融资产	70 979.17	0.25	金融机构	2 989 996.10	10.36
持有至到期投资	8 297 724.89	28.74	其他	4 714 541.11	16.32
长期股权投资	2 784 401.38	9.64			
其他资产	172 020.06	0.60			
应收款项	203 259.24	0.71			
合计	28 871 257.31	100.00	合计	28 871 257.31	100.00

7.4.4　信托资产的期初数、期末数

单位:万元

类别	年初数	期末数
集合	13 751 096.34	15 447 618.38
单一	14 623 470.68	12 984 790.59
财产权	577 867.35	438 848.34
合计	28 952 434.37	28 871 257.31

7.4.4.1　主动管理型信托业务的信托资产

单位:万元

类别	年初数	期末数
证券投资类	6 558 019.88	5 189 240.36
股权投资类	398 166.23	305 604.63
融资类	6 185 952.13	10 190 180.55
事务管理类	388 965.63	71 036.92
合计	13 531 103.87	15 756 062.46

7.4.4.2　被动管理型信托业务的信托资产

单位:万元

类别	年初数	期末数
证券投资类	—	—
股权投资类	2 386 533.81	2 479 497.87
融资类	4 101 767.76	3 196 600.27
事务管理类	8 933 028.93	7 439 096.71
合计	15 421 330.50	13 115 194.85

7.4.5　本期已清算结束的信托项目的有关情况

7.4.5.1　本期已清算结束的集合类、单一类资金信托项目和财产管理类信托项目

类别	项目个数(个)	实收信托合计金额(万元)	加权平均实际收益率(%)
集合类	200	6 850 932.15	-5.22
单一类	117	4 792 804.45	5.91
财产管理类	1	85 000.00	0.21
合计	318	11 728 736.60	-0.57

7.4.5.2　本期已清算结束的主动管理型信托项目

类别	项目个数(个)	实收信托合计金额(万元)	加权平均实际年化信托报酬率(%)	加权平均实际收益率(%)
证券投资类	110	3 771 937.89	0.24	-15.21
股权投资类	4	112 000.00	1.25	7.08
融资类	55	2 258 225.00	0.94	6.84
事务管理类	1	35 000.00	0.33	6.52

7.4.5.3 本期已清算结束的被动管理型信托项目

类别	项目个数（个）	实收信托合计金额（万元）	加权平均实际年化信托报酬率（%）	加权平均实际收益率（%）
证券投资类	—	—	—	—
股权投资类	4	87 400.00	0.19	8.63
融资类	43	1 813 710.42	0.16	6.17
事务管理类	101	3 650 463.29	0.17	5.92

7.4.6 本期新增的集合类、单一类和财产管理类信托项目的有关情况

类别	项目个数（个）	实收信托合计金额（万元）
集合类	175	7 959 106.82
单一类	76	1 833 220.43
财产管理类	15	151 956.00
合计	266	9 944 283.25
其中：主动管理型	187	8 307 399.93
被动管理型	79	1 636 883.32

7.4.7 本公司履行受托人义务情况及因自身责任而导致的信托资产损失情况

本公司根据《信托法》及《信托公司管理办法》等相关法律法规和信托文件的规定，在管理和处分信托财产时，履行了恪尽职守、诚实、信用、谨慎、有效管理的义务。没有发生过任何损害受益人利益的情况，也无因自身责任而导致信托资产损失的情况。

7.4.8 信托与关联方交易情况

单位：万元

项目	年初数	本期增加额	本期减少额	期末数
贷款	100 000.00	255 500.00	100 000.00	255 500.00
投资	1 158 300.00	—	—	1 158 300.00
租赁	—	—	—	—
担保	—	—	—	—
应收账款	—	—	—	—
其他	—	—	—	—
合计	1 258 300.00	255 500.00	100 000.00	1 413 800.00

7.4.9 固有资产投资信托计划

单位：万元

期初数	本期发生额	期末数
277 090.00	-24 272.47	252 817.53

7.4.10 信托项目投资信托项目（TOT）

单位：万元

期初数	本期发生额	期末数
218 970.00	-99 860.27	119 109.73

7.4.11 会计制度的披露

按照《企业会计准则——基本准则》和其他各项具体准则、应用指南及准则解释的规定进行确认和计量，在此基础上编制财务报表。

7.4.12 主要财务指标

指标名称	指标值
加权年化信托报酬率（%）	0.31

8. 经营管理

8.1 经营目标、经营方针

8.1.1 经营目标

公司坚持稳中求进工作总基调，紧盯高质量发展目标，紧扣追赶超越和"五个扎实"要求，紧跟信托业回归本源的改革转型步伐，围绕落实"五新"战略任务和大力发展"三个经济"，提升服务实体经济的质效，稳健经营和创新驱动并举，推进"财富管理革命"、金融战略布局、多元化运作，努力实现"五化陕国投"战略目标。

8.1.2 经营方针

公司以稳中求进抓经营、高质发展推转型、补齐短板强弱项、担当作为促超越为主线，稳字当先，稳健运营求长远，稳推创新求质量，稳控风险求安全，稳促改革求活力，稳抓管理求效益，坚持稳中求进、稳中求变、稳中求快、稳中求好，落实新发展理念，坚定打造"五化陕国投"。

8.2 市场形势等的分析

8.2.1 有利因素

2018年主要发达经济体维持相对强劲的增长，国际贸易增速提高，主要新兴经济体出现不同程度的复苏，全年国内生产总值900 309亿元，按可比价格计算，比2018年增长6.6%，经济社会发展的主要预期目标较好完成，三大攻坚战开局良好，供给侧结构性改革深入推进，改革开放力度加大，人民生活持续改善，国民经济运行保持在合理区间。

国家层面推进经济结构优化生计、科技创新，强化开放力度的政策支持，精确实施财政政策和稳健的货币政策，坚持结构性去杠杆基本思路、稳妥处理地方债务将给信托业带来机遇，为信托展业提供良好的宏观经济环境。

完成了全国化布局，持续实施人才强企战略，不断优化激励约束机制，依靠高素质专业化人才引领和推动创新转型，持续打造核心竞争力，战略布局成效提升。

业务开发与品牌宣传结合，强化品牌提升和塑造，不断扩大影响力，形成良性循环和良好社会效应，陕国投品牌价值进一步提升。

监管层对行业提出新的监管理念，作出相应的政策调整与安排，将有力引导和推动信托行业回归本源、精准定位、强化主业、高品质发展。

8.2.2 不利因素

世界经济动能出现放缓迹象，美国保护主义抬头、全球经贸规则演变，使我国发展的外部环境正在发生深刻变化，面临复杂严峻的挑战，不利因素增多。特别是中美经贸摩擦给我国经济持续平稳发展带来新的压力，需要高度重视并妥善应对。

当前经济金融风险集中在非金融企业杠杆率过高、地方债务风险、民营企业债务风险以及居民杠杆率增长过快等方面，在经济整体下行的态势下，防范金融市场异常波动和共振，风险管控压力增大。

资管新规和银行理财子公司新规落地及一系列监管政策出台，将重塑金融市场格局，信托机构将会面临较大的挑战。

8.3 内部控制

8.3.1 内部控制环境和内部控制文化

报告期内，在监管部门的正确领导下，公司以“案件警示教育”活动为契机，坚持合规经营、稳健运营，通过强化公司治理，加强制度执行力，推进全面风险管理体系建设等措施，提升合规风险管理能力，推动公司完善全面内控管理机制，为公司稳健发展提供坚实保障。

8.3.2 内部控制措施

完善体系，提升管控。报告期内，为建立健全公司全面风险管理体系，提高公司经营管理水平和风险防范能力，确保安全稳健运行，公司按照全面风险管理体系建设实施方案，进一步完善了全面风险管理手册，同时不断优化梳理流程，加强内控制度建设，建立健全全面内控管理体系，进一步提升风险管理水平。

查漏补缺，完善制度。公司以建立全面风险管理体系为目的，健全自我约束机制，加快内控制度建设。结合资管新规的相关要求和检查发现的问题，查找制度漏项，不断完善内控制度。报告期内，公司编制修订了《信托受益权账户代理业务管理办法》《信托项目评审决策管理办法》《反洗钱内部控制制度》《金融资产分类管理暂行办法》等多项制度，加强公司合规管理水平，促进各项业务稳健、持续、快速发展。

积极宣传，营造氛围。公司积极开展内控合规文化的宣传引导工作，通过标语宣传、现场宣讲、安放展板、发放宣传材料、在微信公众号上推送相关知识、开展线上答题等活动，积极对“案件警示教育”活动进行宣传，并于2019年下半年分别开展了反洗钱主题宣传月活动、“扫黑除恶专项斗争”“防范非法集资”等专项宣传活动。

合规运作，强化执行。按照上市公司内控规范建设要求，公司从组织机构设置、业务流程、事权管理、授权管理、责任追究等方面进一步优化了内控管理体系，有效地保证了公司经营管理水平的不断提升和战略规划的实施。董事会风险管理与审计委员会、监事会、经营层、职能部门分别按照各自职责开展内控工作，形成了有效且相互制衡的决策、执行和监督机制，取得了良好的效果。公司内设的稽核审计部加强了效能监察，强化了对公司决策执行情况的检查、督导，执行效率得到有效提升。详细情况见公司《2019年内部控制自我评价报告》。

8.3.3 信息交流与反馈

公司不断完善信息交流与反馈机制。结合机构改革以及内控制度完善等工作，进一步明确了股东大会、董事会、监事会、高级管理层、各部门及员工的职责和报告路径，做到了内部信息传输顺畅、有效；根据监管要求，采取多种形式向监管部门、受益人报告公司重大事项和项目管理情况，并充分运用公司网站及时发布和更新相关信息，树立公司良好的管理人形象。报告期内，公司信息传递路径通畅，各项信息上通下达，交流反馈快捷，确保了公司安全运行，持续发展。

8.3.4 监督评价与纠正

公司建立了内部控制监督评价与纠正机制，能够按照各项业务不同阶段的管理特征规范相应的内部审批、操作和风险管理程序，通过制度化、流程化来监控和管理各项业务，并按照风险管理原则对拟开展业务进行严格的事前审查，对已开展业务进行事中持续跟踪管理和监控；公司监事会对股东大会负责，对公司财务以及公司董事及高管履行职责的合法性进行监督，维护公司及股东的合法权益；公司稽核审计部对内部控制制度的健全性、有效性进行动态检查评价，对各项业务开展进行合规性检查及风险识别，对相关人员的行为规范进行监督和检查，对被审计项目或信托经理做出客观评价，提出意见或建议，并对审计结论和处理意见的执行及整改情况进行后期追踪检查，督促整改落实。

8.4 风险管理

8.4.1 风险管理概况

2019年，在公司党委和董事会坚强领导下，在监事会有效监督下，公司坚持“稳规模、提质效、抢机会、抓转型、强管理”总方针，在国内外经济下行压力加大，金融监管持续趋严的形势下，强化全面风险管理体系建设，紧盯高质量发展目标，切实提升公司风险管理水平和抵御化解能力，保证了公司稳健发展，风险管理工作取得了良好的效果。

公司在经营活动中可能遇到的风险主要包括信用风险、市场风险、操作风险、法律风险、声誉风险、道德风险等。报告期内，公司积极应对金融强监管、经济增长内生动力不足等，进一步加大对部分行业和领域的风险排查，持续提高风险防控意识、完善风险管理体系，优化评审决策程序，采取更加高效、审慎的评审决策方法。根据最新经济形势、监管政策、信托行业变化及业务发展要求，适时制定或修订了《2019年信托业务指引》《固有和信托业务尽职调查管理办法》《信托项目评审决策管理办法》《金融资产分类管理暂行办法》《证券投资信托业务管理办法》《反洗钱内部控制制度》等多项制度及指引，同时加强对存续项目的风险排查，强化了事中管理。

8.4.2 风险状况

8.4.2.1 信用风险状况

信用风险主要是指交易对手违约造成损失的风险，主要表现为公司在开展自有资金运作和信托投融资理财等业务时，可能会因交易对手违约而给我公司或信托财产带来风险。报告期内，面对经济下行压力，公司强化了交易对手信用等级的要求，对发生的各类业务均履行了严格的内部评审程序和事中控制、事后监督等，担保措施充足，整体信用风险可控。

8.4.2.2 市场风险状况

市场风险是指公司在运营过程中可能因股价、市场汇率、利率及其他商品价格因素等变动而产生的风险。其具体表现为经济周期变化、利率波动、通货膨胀、房地产交易、证券市场变化等造成的风险，这些风险可能影响信托财产的价值及信托收益水平，也可能影响公司固有资产价值或导致损失。2019年公司密切关注金融业持续强监管态势及传统业务受政策调整带来的影响，将事中事后管理常态化。结合金融风险高发态势，持续加大对重点项目的贷后核查和风险排查力度，动态监控项目运行，强化存续项目风险隐患预警和应急能力，确保公司平稳发展。

8.4.2.3 操作风险

公司面临的操作风险主要是制度和操作流程以及现有制度和流程不能得到有效执行而可能引起的经营风险。2019年公司深入贯彻全面风险管控理念及合规文化建设，以开展“巩

固治乱象成果 促进合规建设"工作、"强内控促合规建设年"及案件警示教育活动为契机，进一步加强了员工合规运营及风险防范意识和风险防范责任教育，强化了风险识别技巧培训，员工的操作风险防范意识和能力得到提升。

8.4.2.4 其他风险

其他风险主要包括法律风险、声誉风险、道德风险等。随着信托行业竞争的进一步加剧，声誉风险已成为需要防范的重点风险之一。报告期内，公司从理财产品销售、兑付等环节入手，同时加强舆情监测，进一步强化了声誉风险管理。报告期内公司未发生此类风险。

8.4.3 风险管理

8.4.3.1 信用风险管理

公司从提升尽职调查水平入手，从项目论证、评审、贷后管理等方面防范和规避信用风险，具体措施包括：(1)公司制定《2019年信托业务指引》，对2019年形势从宏观、中微观进行分析，明确了当年公司业务发展的指导思想及不同业务的分类指引意见；(2)公司制定有《信托业务关联交易管理办法》《固有业务审查决策管理办法》《固有和信托业务尽职调查管理办法》《信托项目评审决策管理办法》信托项目期间管理暂行办法》等制度，全流程管控项目信用风险；(3)坚持风险防控端口前移，对重大项目，风控部门深入现场落实相关问题，实地评估项目风险；(4)持续对交易对手的财务数据、经营状况和信用状况进行跟踪评价，不定期到现场进行财务、项目工程进度和销售情况检查，加强风险排查，督导资金使用；(5)严格按照国家法律、法规相关要求，足额计提相关资产减值准备、一般准备、信托赔偿准备，提升公司的风险抵御能力。

8.4.3.2 市场风险管理

紧跟宏观经济形势的变化，密切关注和防范市场风险，具体措施包括：(1)对宏观经济走势、政策变化、投资策略及其他影响市场变化的因素进行分析研究，为项目决策提供参考；(2)审慎开展新业务，结合市场情况，严格遴选实力较强的交易对手，注重交易对手现金流覆盖情况，做足抵(质)押等风控措施；同时高度重视即将到期信托计划的安全兑付问题；(3)继续严格执行以风险预警和止损为核心的风险管控制度，严控证券投资信托业务风险；(4)密切监控已开展业务的运行情况，根据市场风险情况及时做出投资调整、提前结束等风险管理措施，避免或降低市场风险引起的损失。

8.4.3.3 操作风险管理

在操作风险的防范上，公司要求每项业务在尽职调查、受理申请、交易结构设计、审查审批、营销签约、执行终止各阶段全过程合法合规。公司建立了职责分离、相互监督制约的内控机制，建立和完善有效的投资决策机制，实行严格的复核审核程序，制定严格的信息系统管理制度和档案管理制度，根据监管法规的要求制定了符合公司实际的规章制度，从机制和制度上降低操作风险，实现对公司各项业务操作过程的有效控制。强化流程控制，严格执行不兼容岗位分离制度，严格执行复核、审批程序，将合规与风险管理贯穿于业务各环节之中。结合内控规范建设，进一步强化了监事会、审计部等部门的监督职能。

8.4.3.4 其他风险管理

对于法律风险，公司严格按照相关监管规章，突出强化合规风险红线意识，对所有拟开展业务进行合规性审查，确保公司业务开展符合国家相关法律法规规定，并不断优化产品结构和法律文本设计，严格按公司法律文件进行审批；对于声誉风险，公司把声誉构建与公司发展战略和企业文化进行有机结合，对可能影响公司声誉的业务坚决回避，尽职管理受托资产，并充分披露，塑造公司专业和诚信的社会形象；对于员工道德风险，公司从制度、教育、监督、纪律处罚等多方面着手，不断优化激励约束机制，对员工及其行为进行约束和规范。

9. 涉及财务报告的相关事项

9.1 与上年度财务报告相比，会计政策、会计估计和核算方法发生变化的情况说明

9.1.1 重要会计政策变更

会计政策变更的内容和原因	审批程序	备注
本公司2019年1月1日起采用财政部于2017年发布的经修订的《企业会计准则第22号——金融工具确认和计量》《企业会计准则第23号——金融资产转移》《企业会计准则第24号——套期会计》和2017年5月发布的经修订的《企业会计准则第37号——金融工具列报》(以下简称修订后的金融工具会计准则)。该准则的执行构成了重大会计政策变更，且相关金额的调整已经确认在财务报表中。	2019年4月24日第八届董事会第三十七次会议审议通过	根据修订后的金融工具会计准则的过渡要求，本公司不对比较期间信息进行重述。金融资产和金融负债于首次执行日的账面价值调整计入当期的期初留存收益和其他综合收益。
2018年12月26日财政部发布《关于修订印发2018年度金融企业财务报表格式的通知》(财会[2018]36号)，公司从2019年1月1日起采用修订后的金融企业财务报表格式编制财务报表	2019年4月24日第八届董事会第三十七次会议审议通过	本公司按照规定，相应对财务报表格式进行了修订。

9.1.2 重要会计估计变更

无。

9.1.3 财务报表相关项目情况说明

2019年起执行新金融工具准则、新收入准则或新租赁准则调整执行当年年初财务报表相关项目情况。

上海爱建信托有限责任公司

1. 重要提示

1.1　本公司董事会及董事保证本报告内容的真实、准确和完整，不存在重大错报及虚假记载、误导性陈述或重大遗漏，并对其承担个别及连带责任。

1.2　独立董事潘飞、吴斌、黄辉认为本报告：公司年报所记载的资料不存在重大错报及虚假记载，也没有误导性陈述和重大遗漏，本报告的内容真实、准确、完整。

1.3　本公司年度财务报告已经立信会计师事务所（特殊普通合伙）根据中国注册会计师审计准则审计，并出具了标准无保留意见的审计报告。

1.4　公司董事长周伟忠，总经理吴文新，分管自营财务负责人、信托财务负责人朱建高，自营财务部门负责人黄晓，信托财务部门负责人李闽声明：保证年度报告中财务报告的真实、完整。

2. 公司概况

2.1　公司简介

2.1.1　公司法定中文名称：上海爱建信托有限责任公司

缩写爱建信托

公司法定英文名称：Shanghai Aj Trust Co. ,Ltd.

缩写 AJT

2.1.2　法定代表人：周伟忠

2.1.3　注册地址：上海市徐汇区肇嘉浜路 746 号 3-8 层

邮政编码：200030

办公地址：上海市徐汇区肇嘉浜路 746 号 3-8 层

邮政编码：200030

国际互联网网址：http://www. ajxt. com. cn

电子信箱：ajmail-1@ ajfc. com. cn

2.1.4　信息披露事务负责人：李洋洋

联系电话：021-64386833

传　　真：021-64392072

电子信箱：lyy@ ajfc. com. cn

2.1.5　信息披露报纸名称：《上海证券报》

年度报告备置地点：公司各营销部门网点

2.1.6　公司聘请的会计师事务所：立信会计师事务所（特殊普通合伙）

住所：上海市黄浦区南京东路 61 号 4 楼

2.2　组织结构

上海爱建信托有限责任公司2019年组织架构图

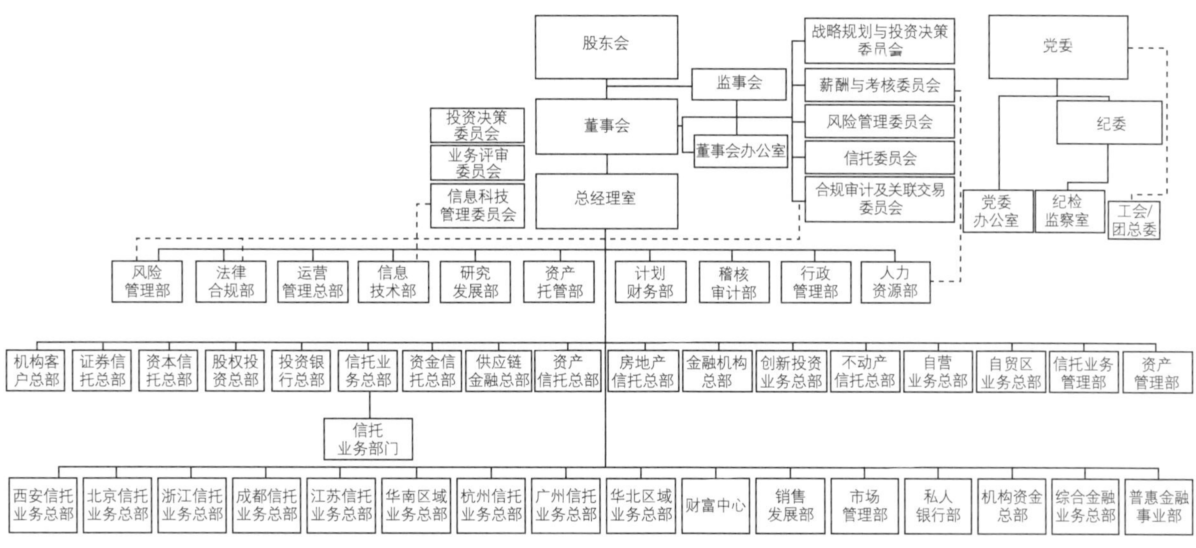

3. 公司治理结构

3.1 股东

股东名称	持股比例（%）	法定代表人	注册资本（万元）	注册地址	主要经营业务及主要财务情况
★上海爱建集团股份有限公司	99.33	王均金	162 192.2452	上海浦东新区泰谷路168号	实业投资，投资管理，外经贸部批准的进出口业务（按批文），商务咨询。 2019年营业总收入为380 245.54万元，归属于母公司股东的净利润为131 885.20万元。
上海爱建纺织品有限公司	0.33	徐闰生	1 800	上海香港路59号	针纺织品、建筑装饰材料、纺织原料（除棉花）、服装（含加工）、服饰及辅料、百货、从事货物及技术进出口业务、附设分支。 2019年营业收入为68.57万元，净利润为61.13万元。
上海爱建进出口有限公司	0.33	吴宪华	3 400	上海浦东新区成山路220号1806室	经营和代理除国家组织统一经营的进出口商品外的商品及技术的进出口业务，经营进料加工和"三来一补"业务，经营对销贸易和转口贸易业务，从事对外经济贸易咨询服务，从事出口基地实业投资业务，金属材料、钢材、焦炭、冶金产品、矿产品、化工原料及产品（危险化学品凭许可证经营）、润滑油、燃料油、沥青、建筑材料、汽车、机电设备、通讯设备、环保设备、食用农产品、电子产品、日用百货、仪器仪表的销售，煤炭经营，食品销售。 2019年营业收入为41 031.43万元，净利润为223.70万元。

注：★说明股东之间存在关联关系，上海爱建集团股份有限公司为上海爱建纺织品有限公司和上海爱建进出口有限公司的唯一股东。

3.2 董事

董事长、副董事长、董事

姓名	职务	性别	年龄（岁）	选任日期	所推举的股东名称	该股东持股比例（%）	简要履历
周伟忠	董事长	男	56	2013年11月4日	上海爱建集团股份有限公司	99.33	曾任中国人民银行舟山市分行普陀区支行副行长、行长，中国人民银行舟山市分行行长助理、副行长、行长兼国家外汇管理局舟山市外汇管理支局局长，中国人民银行上海分行金融稳定处处长，中国人民银行上海总部金融稳定部综合处处长、金融稳定部副主任，爱建信托公司副总经理、总经理，爱建资产公司董事长，爱建集团副总经理；现任爱建集团总经理、爱建信托董事长。
蒋明康	董事	男	55	2016年12月9日	上海爱建集团股份有限公司	99.33	曾任国家外汇管理局上海分局外资处外债科副科长，中国人民银行上海市分行外资处科长、银行监管一处科长，中国人民银行上海分行银行监管一处、外资银行处、银行管理处、城商处副处长，上海银监局政策法规处处长，上海银监局副局长，曾在上海均瑶（集团）有限公司工作，曾任爱建集团副总经理，爱建信托副董事长，爱建财富公司董事长；现任上海华瑞银行股份有限公司监事会主席，爱建信托董事。
侯学东	董事	男	58	2016年12月9日	上海爱建集团股份有限公司	99.33	曾任解放军军事院校教研室教官、副主任、代主任，空军某飞行团代副政委，上海爱建股份有限公司党委办公室干部、总经理室干部、董事会办公室副主任（主持工作）、主任，爱建证券公司董事、副董事长；现任爱建集团副总经理、董事会秘书，上海方达投资发展有限公司董事长，爱建信托董事。
赵德源	董事	男	55	2018年1月5日	上海爱建集团股份有限公司	99.33	曾任中国工商银行上海市浦东分行计划财务部经理助理、副经理、浦东分行行长助理，中国工商银行上海市外滩支行副行长，中国工商银行上海市分行公司金融部副总经理、第二营业部副总经理（主持工作）、外高桥支行行长，上海农村商业银行办公室主任、董事会秘书；现任爱建集团财务总监（财务负责人），爱建信托董事，爱建资本董事长，爱建资产董事长、总经理，爱建产业董事长。
吴文新	董事	男	53	2016年12月9日	上海爱建集团股份有限公司	99.33	曾任上海市松江区农业局员工，中国建设银行松江支行副行长、奉贤支行行长、宝钢宝山支行行长、上海市分行公司部总经理，上海华瑞银行副行长；现任上海华瑞银行董事，爱建集团党委委员，爱建信托董事、党委副书记、总经理。
吴　淳	董事	男	47	2016年12月9日	上海爱建集团股份有限公司	99.33	曾任上海爱建信托有限责任公司信贷部信贷员、信贷部本币一科副科长、信托业务科副科长、资金信托部客户经理、资金信托总部副总经理、资金信托总部总经理，金融机构总部总经理；爱建信托总经理助理、副总经理；现任爱建信托董事、党委副书记、常务副总经理。

注：上表信息截至时间为2019年12月31日。

独立董事

姓名	职务	性别	年龄（岁）	选任日期	所推举的股东名称	该股东持股比例(%)	简要履历
潘　飞	独立董事	男	63	2014 年 9 月 14 日	独立董事	—	曾任上海财经大学会计学院助教、讲师、副教授、教授、院长；现任上海财经大学会计学院教授，爱建信托独立董事。
吴　斌	独立董事	男	46	2016 年 12 月 9 日	独立董事	—	曾任海通证券股份有限公司投资银行部项目经理、国际业务部总经理助理、办公室副主任、主任、合规总监、战略规划及 IT 治理委员会主任、公司党委委员、副总经理，上海文化广播影视集团、上海电视台党委委员、副总裁；现任上海中平国瑀资产管理公司总经理，爱建信托独立董事。
黄　辉	独立董事	男	57	2016 年 12 月 9 日	独立董事	—	曾在德国赫斯特公司法兰克福任职，任毕马威管理咨询公司日本区董事总经理，董事会代表，毕马威管理咨询公司全球高级副总裁、大中华区 CEO、全球执行副总裁；上海均瑶（集团）有限公司 CEO，矢光投资总裁，德国电信大中华区总裁；现任德太投资集团执行合伙人，爱建信托独立董事。

注：上表信息截至时间为 2019 年 12 月 31 日。

3.3　监事

监事会成员

姓名	职务	性别	年龄（岁）	选任日期	所推举的股东名称	该股东持股比例(%)	简要履历
胡爱军	监事长	男	50	2018 年 12 月 26 日	上海爱建集团股份有限公司	99.33	曾任共青团上海市委组织部副部长、管理信息部部长，上海市信息化委员会征信行业监管处处长，上海市经济和信息化委员会信用管理处处长，上海爱建集团股份有限公司总经理助理等；现任爱建集团监事会副主席（代行监事会主席职权）、纪委书记、党委委员，兼爱建信托党委书记、监事长。
张凤翔	监事	男	53	2018 年 1 月 5 日	上海爱建集团股份有限公司	99.33	曾任上海浦东新区法院书记员、助理审判员、民二庭审判员，上海市高级法院助理审判员、民二庭审判员、民四庭审判员、民四庭审判长助理、民二庭审判长；现任爱建集团法律合规总部总经理，爱建信托监事。
杨　毅	监事（2019 年 12 月 18 日离任）	男	39	2018 年 12 月 26 日	上海爱建集团股份有限公司	99.33	任雅马哈乐器音响中国投资有限公司市场企划担当，润欣通信技术上海有限公司市场企划主管，新华保险上海分公司企划机构部高级经理，湖南财信投资控股有限责任公司战略及资本规划部总经理，吉祥人寿保险股份有限公司监事，上海爱建集团股份有限公司战略投资管理总部总经理，上海爱建资产管理有限公司董事、总经理，上海爱建产业发展有限公司董事、法人代表、董事长、总经理，君信（上海）股权投资基金管理有限公司董事，爱建证券有限责任公司监事、上海爱建信托有限责任公司监事；现任爱建信托副总经理（拟任）。
朱学明	职工监事	男	55	2013 年 11 月 4 日	职工代表	—	曾任上海爱建信托有限责任公司自营业务总部法律事务主管、资产保全首席代表、资产管理部副经理（主持工作）、经理；现任爱建信托职工监事，资产管理部总经理。
陈抗非	职工监事	女	46	2016 年 12 月 9 日	职工代表	—	曾任浙江工人日报社职员，嘉利生化集团有限公司人力资源总监，上海上药第一生化药业有限公司人力资源部经理；现任上海爱建信托有限责任公司党委委员、人力资源部总经理、党委办公室主任、纪检监察室主任，爱建信托职工监事。

注：上表信息截至时间为 2019 年 12 月 31 日。

3.4　高级管理人员

姓名	职务	性别	年龄（岁）	任职日期	金融从业年限（年）	学历/学位	专业	简要履历
吴文新	总经理	男	53	2018 年 1 月 5 日	31	本科/硕士	EMBA	曾任上海市松江区农业局员工，中国建设银行松江支行副行长、奉贤支行行长、宝钢宝山支行行长、上海市分行公司部总经理，上海华瑞银行副行长；现任上海华瑞银行董事，爱建集团党委委员，爱建信托董事、党委副书记、总经理。

续表

姓名	职务	性别	年龄（岁）	任职日期	金融从业年限（年）	学历/学位	专业	简要履历
吴 淳	常务副总经理	男	47	2015 年 5 月 12 日	27	研究生/硕士	MBA	曾任上海爱建信托有限责任公司信贷部信贷员、信贷部本币一科副科长、信托业务科副科长、资金信托部客户经理、资金信托总部副总经理、资金信托总部总经理、金融机构总部总经理，上海爱建信托有限责任公司总经理助理、副总经理；现任爱建信托董事、党委副书记、常务副总经理。
杨 毅	副总经理（拟任）	男	39	2019 年 12 月 18 日	8	研究生/硕士	工商管理	任雅马哈乐器音响中国投资有限公司市场企划担当，润欣通信技术上海有限公司市场企划主管，新华保险上海分公司企划机构部高级经理，湖南财信投资控股有限责任公司战略及资本规划部总经理，吉祥人寿保险股份有限公司监事，上海爱建集团股份有限公司战略投资管理总部总经理，上海爱建资产管理有限公司董事、总经理，上海爱建产业发展有限公司董事、法人代表、董事长、总经理，君信（上海）股权投资基金管理有限公司董事，爱建证券有限责任公司监事，上海爱建信托有限责任公司监事；现任爱建信托副总经理（拟任）。
朱建高	首席财务官	男	53	2016 年 3 月 3 日	6.5	研究生/硕士	工商管理	曾任上海爱建普陀实业公司副总经理，上海爱建杨浦实业公司总经理，爱建（香港）有限公司副总经理，爱建集团资金部经理、财务管理总部总经理，爱建集团审计总部总经理、职工监事；现任爱建信托首席财务官，上海市政协委员，民建上海市委委员，爱建委员会主任委员。
李洋洋	副总经理/董事会秘书	男	51	2013 年 11 月 4 日	18	研究生/博士	经济及金融	曾任海通证券股份有限公司研究所高级研究员，湘财证券有限责任公司并购部高级经理，上海利成投资咨询公司并购部副总经理，上海爱建信托有限责任公司兼并收购总部、资金信托总部及自营业务总部高级经理、企业策划部副经理、风控合规总部副总经理、总经理兼研究发展部经理；爱建信托总经理助理；现任爱建信托董事会秘书、副总经理、合规总监。
张保华	副总经理	男	48	2013 年 11 月 4 日	22	研究生/硕士	EMBA	曾任广东汕头海洋集团公司财务审计部财务审计，深圳市会计师事务所财务咨询、审计，平安保险公司稽核部，平安证券公司南京营业部负责人，平安集团上海总部投资管理中心任职，平安团险市场营销部副总、平安团险安徽分公司总经理，西安康鸿信息技术股份有限公司副总、平安信托公司产品部副总、成都分公司兼管重庆分公司筹建和经营；爱建信托营销总监；现任爱建信托副总经理，柏瑞爱建资产管理（上海）有限公司总经理。
望 秋	总经理助理	女	42	2017 年 4 月 1 日	16	研究生/硕士	EMBA	曾任中德安联人寿总部市场部万能险产品经理，友邦保险中国区总部直复营销部华南区业务经理，花旗银行（中国）总行贵宾理财市场营销总监，渣打银行（中国）总行财富管理及国际个人银行业务及战略发展总监，恒丰银行总行零售金融客群与市场部总监，爱建信托营销总监；现任爱建信托总经理助理兼私人银行部总经理。
武 彪	总经理助理	男	48	2017 年 11 月 6 日	26	研究生/博士	经济学专业	曾任农业银行平凉分行计划财务部科员，中泰信托有限责任公司创新业务总部总裁业务助理、业务总监，中国长城资产管理股份公司投资投行事业部总经理助理、上海自贸区分公司副总经理，长城新盛信托有限责任公司董事、副总经理；现任爱建信托总经理助理。
朱亚天	总经理助理	男	39	2019 年 11 月 18 日	16	研究生/硕士	金融统计学专业	曾任建设银行上海分行会计部一级科员、建设银行总行信用卡中心数据分析师、业务经理、北京银行上海分行零售部高级业务经理，上海银行总行零售业务部高级经理，尚诚消费金融股份有限公司风险部风险总监；现任爱建信托总经理助理。

注：上表信息截至时间为 2019 年 12 月 31 日。

3.5 公司员工

报告期内，公司在编、在岗职工人数为 525 人，平均年龄为 36.7 岁，学历分布比率为：博士占 1.33%，硕士占 44.76%，本科占 49.14%，专科占 4.19 %，其他占 0.57%。

4. 经营管理

4.1 经营目标、经营方针、战略规划

公司以"爱国建设"为宗旨,发扬"稳健、诚信、创新、发展"的企业精神,培育公司的核心竞争力,为股东创造价值,同时承担相应的社会责任。公司制定的2017—2020年战略规划以"树龙头、补短板、强中台"为总体发展思路,在经营理念、产品体系、组织架构、激励约束机制及人才制度五大领域积极寻求变革。2019年,在宏观环境错综复杂和监管环境趋严的背景下,公司保持战略定力,按照既定的战略思路,梳理和优化内部流程,做精做强信托核心业务,不断提升专业能力。

4.2 所经营业务的主要内容

自营资产运用与分布表

资产运用	金额(万元)	占比(%)	资产分布	金额(万元)	占比(%)
货币资产	49 978.99	4.91	基础产业	218 045.78	21.44
金融投资	801 393.11	78.80	房地产业	481 029.58	47.30
贷款	145 986.72	14.35	证券市场	19 006.02	1.87
应收款项类投资	0.00	0.00	实业	171 891.64	16.90
长期股权投资	4 128.64	0.41	金融机构	101 410.10	9.97
其他	15 515.77	1.53	其他	25 620.11	2.52
资产总计	1 017 003.23	100.00	资产总计	1 017 003.23	100.00

注:该表与资产负债表资产总额的差额(4 634.82万元)是计提的资产减值准备。

信托资产运用与分布表

资产运用	金额(万元)	占比(%)	资产分布	金额(万元)	占比(%)
货币资产	171 429.98	0.94	基础产业	3 331 075.20	18.19
贷款	7 759 264.86	42.38	房地产	5 610 040.37	30.64
交易性金融资产	1 319 983.54	7.21	证券市场	683 966.29	3.74
可供出售金融资产	162 629.64	0.89	工商企业	5 547 094.25	30.30
持有至到期投资	219 613.80	1.20	金融机构	1 685 615.02	9.21
买入返售	23 020.01	0.13	其他	1 450 796.13	7.92
长期股权投资	3 153 504.65	17.22			
长期应收款	5 313 184.27	29.02			
投资性房地产	30 000.00	0.16			
应收账款	156 762.51	0.85			
信托资产总计	18 309 393.26	100.00	信托资产总计	18 309 393.26	100.00

4.3 市场分析

2019年,我国经济下行逐步趋稳,全年增长6.1%。宏观政策坚持供给侧结构性改革和扩大开放双主线,继续实施积极的财政政策和稳健的货币政策,保持市场流动性的合理充裕,以及货币信贷、社会融资规模增长同经济发展相适应,多渠道降低社会融资成本。展望2020年,新冠疫情、"黑天鹅"事件对国内及全球经济将产生不同程度的冲击,对我国的外贸出口及全球产业链相关行业影响较大,加快复工复产、支持中小微企业及扩大内需成为保持经济稳定的当务之急。预计财政政策和货币政策都将加大力度,支持经济的复苏。

房地产市场方面,2019年政策环境呈现两大特点:一是有保有压的因城施策;二是调控重点从需求端逐渐转向供给端。市场走势方面,总体需求周期性走弱,但下行周期中总量数据呈现较大的韧性。展望2020年,预计政策基调将坚持"房住不炒",供给端的管控将愈加明显,由于融资受限,房企将更注重现金流管理,投资维持谨慎。区域市场方面,各能级城市分化依旧,总体一线城市经过两三年的调整将逐步企稳回升,而三四线城市中,一些有产业支撑、人口持续流入的城市仍有机会,而资源匮乏的封闭式三四线城市则可能进入长期低迷。

2019年信托监管持续强化,重点围绕治乱象、去嵌套、去通道、防风险等方面展开,2019年中收紧信托公司对房地产企业的融资,年末继续加强信托融资类业务的管控力度。长远来看,这有利于信托公司回归本源,实现健康规范稳健发展,但从中短期而言,这将使信托公司过去建立的以融资业务为主的经营模式受到较大挑战,业务转型压力空前。在这样的倒逼下,信托公司也将加快新业务的布局和探索,包括供应链金融、资本市场业务、普惠金融、慈善信托、服务信托等,都可能成为信托公司未来发力的方向。

4.4 内部控制

4.4.1 内部控制环境和内部控制文化

公司按照现代企业制度的要求,建立了以股东会、董事会、监事会以及经营管理层为核心的内部法人治理结构。不断完善和深化管理体制,规范股东会、董事会、监事会和经营管理班子的权责关系,明确了四者的议事规则和决策程序。设置权责明确、分工合理的决策系统、执行系统和监督系统,建立了以岗位职责、授权体系、风险管理、监督检查与评价为基础的内控体系,形成了科学有效的职责分工和制衡机制。不断强化风险管理意识,完善风险管控体系,持续提高风险控制能力,防范操作风险是公司重点工作,并贯穿于全年。一是公司经营层大力倡导合规管理风险控制严防操作风险为先的经营理念,公司内部通过逐步调整合规政策、加强合规宣导和执行,不断强化贯彻、落实监管要求。二是不断推进与强化公司稳健发展的制衡机制,2019年在多重审批机制的业务决策模式上,关注业务评审各环节所揭示的风险控制薄弱环节预防措施的制定和落实及信息反馈,强化风控前置与运营事中的风险管控及检查监督职责,以期达到对重要风险识别充分,防控措施适当,执行有效,剩余风险控制在公司可接受的范围中。三是继续加强制度建设,完善制度体系,构建覆盖全过程、全岗位的风险管理与控制的制度体系。2019年,公司增修订了《销售专区录音录像管理办法》《关于进一步规范公司费用报销及增值税发票的管理规定》《合同管理办法》《审批管理条例》《信托业务评审管理办法(试行)》《公司职位职级管理办法(试行)》《消费金融业务管理指引(试行)》《供应链金融业务管理指引(试行)》《合规管理制度》《关联交易管理办法》《风险管理办法》《独立董事管理制度》《信息技术管理制度》《行政管理制度》《财务管理制度》《会计处理基本规范》《人力资源管理制度》《自营业务评审委员会项目评审工作规则》《企业年金方案》《2019年业务风险政策》《招聘管理操作细则》《受托机构管理指引(试行)》《集团客户授信管理办法》《普惠金融事业部组织架构及岗位职责管理办法》《预算管理办法(试行)》《集团客户管理指引》《计划产品推

介和销售风险适应性管理办法》《证券投资业务流程管理暂行规定》《财富经理职位职级管理办法》《销售专区录音录像管理办法（直销）》《关于报审报备操作指引》《委派投资企业董事监事高级管理人员管理规定》《反洗钱客户风险等级划分操作指引及附表》《代销业务管理办法（暂行）》《代销业务操作流程指引》《客户投诉管理办法》《关于固有资金投资 T 类信托计划业务管理指引（暂行）》等制度。通过不断完善和优化合规风险管理体系与控制制度和流程，有效减少了经营活动全过程的合规风险控制薄弱环节，补全了短板，合规风险管理举措更趋有效。四是树立全员合规风险意识，将提高员工的职业操守和诚信意识作为公司的一项长期工作，营造全体员工充分了解并履行职责的合规文化氛围。通过建立有效的激励约束机制，不断强化风险防范和合规经营理念，培育良好的内部控制文化，提高了全员参与的风险控制意识和效果，使风险管控贯穿于经营活动的全过程，营造了合规经营、风险控制为先的企业文化。

4.4.2 内部控制措施

自营业务部门和信托业务部门相互独立，各部门目标明确，职责和权限清晰，有效保障了自营业务和信托业务各部门及员工在授权范围内行使相应的职责。

公司设置专门的资产托管部门进行信托财产的记录、核算与估值，并与固有资产分离，对每项信托业务设立独立的信托财产账户，分别进行会计核算和会计控制。公司进一步强化信托资产管理能力，完善信托项目管理流程，提升控制效果。公司设置专门的运营管理部门进行信托项目自成立至清算期间的存续管理，通过项目资料及相关合同的归口管理，严格对信托项目成立、存续及清算过程中各环节可能存在的操作风险进行控制和监督，保障项目运行中相关合同条款能够切实有效地执行。

公司以业务流程为主线，致力于建立健全前台、中台、后台并重的内控体系，致力于控制措施覆盖业务流程重要环节。

报告期间，通过明确的业务、销售、风控、合规、研发、运营、内部审计在风险管理工作中的职能定位，各司其职开展经营活动和各领域的风险识别、评估、管理和监督管理控制，以及对管理控制效果进行的再监督和评价，合理保证公司对风险事项、风险环节进行事前识别和防范、事中控制和化解、事后检查和纠正，形成了有效的风险控制和反馈机制。强化业务决策机制，自营、信托业务评审委员会按照《项目评审工作规则》进行业务评审，给决策层提供决策依据，为业务拓展树立起坚实的防范风险的屏障。

在整体合规管理方面，公司已建立了较为全面、有效的合规风险管理体系，整体合规风险水平良好。公司各部门在开展自身业务活动和履行管理职责时识别各自职责范围内的合规风险；中台、后台管理部门对自身管理职责范围内事项和环节进行合规监控和及时纠正。法律合规部对公司各项制度、政策、指引等文件进行合规审核，确保各项政策、程序和操作指南符合法律、规则和准则的要求，且法律合规部对其他部门履行合规职责的情况进行评价、检查和监督。在具体项目层面，公司风险管理部的合规人员嵌入审批流程中，对立项报告和材料进行审查、评估，出具项目评审报告。评审委员会结合项目报告、评审报告，对项目进行针对性提问、评审和投票表决。评审通过的项目方可实施。项目存续期间风险管理部对信息披露和推介文件进行合规审核，识别管控合规风险。项目成立后，由运营管理部跟踪项目成立、实施及管理节点的合规性，分析、评价和报告项目期间运营质量情况，梳理信托资金运用和期间管理操作的相关环节，结合评审要求和期间管理方案查找管理流程存在的缺陷和操作风险点，为公司完善信托业务流程管理操作提出意见和建议。资产托管部负责信托财产账户管理和收付款流程的完整性、及时性和准确性。销售发展部和市场管理部负责项目成立发行阶段的销售推介管理、合格投资者管理、代销机构管理等产品发行端和消费者权益保护工作中的合规管理。

风险管理部、运营管理部、销售发展部及市场管理部等各职能部门识别、评估本部门的合规风险，若发现存在重大合规风险的，向法律合规部门以书面形式报告，必要时向合规总监报告，经评估后，可视具体情况自行处理或由公司管理层决定实施处理措施；必要时公司组建专项小组进行研究和处理。合规总监依据合规风险事项影响程度，可向公司董事会、监事会或总经理报告。

4.4.3 监督评价与纠正

公司建立了自控、互控与监控三结合的监督机制，对内部控制活动进行检查、监督和纠正。通过对业务项目的尽职调查、风控合规事前评估和业务及运营的事中检查以及监督，实现对业务活动事前、事中的管理和控制的检测，揭示风险，制定风险防范和控制措施。通过相关部门之间相互制衡、监督，发现问题，要求限时纠正。通过内部审计的再监督，对公司各项业务实施全面监督、评价，直接向总经理和董事会报告，并督促审计意见整改落实。

报告期内，主要审计事项包括公司经营管理中内部风险控制执行情况及内部控制制度适当性和有效性方面的审计、监管部门明确要求开展的内部审计事项。通过内部审计的再监督提出审计意见和建议，揭示了公司现行制度有待完善、执行力有待进一步提高、操作及运营工作有待加强、信息系统功能需改进等方面的不足。针对审计中发现的问题，督促改进落实并跟踪检查。通过对审计揭示问题的整改落实，促进了公司经营活动中风险管理与控制能力的不断提高，制度的不断完善，执行力的不断加强。

4.5 风险管理概况

公司的业务风险管理架构由公司董事会、监事会、管理层、业务评审委员会、前台、中台、后台风险管理相关部门组成，各层级协同管理公司风险。公司董事会或者管理层根据董事会授权负责公司所有投资项目及重大事项的决策，从公司整体层面考虑是否符合公司利益；业务评审委员会负责信托和自营项目的风险和可行性进行评估，并作出决议；前台业务部门根据风险政策开展业务，对各类业务进行尽调和可行性分析；中台风险管理部门负责根据管理层授权制定各类业务的风险政策，对项目风险进行评估，识别、量化、监控公司整体及各产品的风险指标，形成风险缓释建议，向业务评审委员会和公司决策层汇报；内审部门负责对公司内部控制、特定事项进行审计监督，承担第三道防线的职责。

公司已建立风险管理基本制度框架及覆盖业务主要流程的管理文件。2019 年，公司进一步完善各项风险管理制度和风控流程，更新了信息化系统，并强化了执行力和项目期间管理，从业务全流程的尽职调查、项目实施、事中管理等各个环节着手，稳步提高公司风险管理水平。

公司通过适时调整发展规划和经营策略，拓宽业务类型，进一步推动业务、合规、风险、运营专业化管理，稳步推进实施全面风险管理。

2019 年，公司在组织架构建设方面重点关注信托业务的具体细分、创新类业务的积极推进、全国范围内重点区域的业务布局、资金募集能力的提升和管理，以及中台部门职能划分等工作，持续推动各信托业务部门朝着专业化、规范化和规模化的方向的发展，保证公司经营管理各项工作健康、有序、稳定发展。

在资产端方面，撤销原有部分业务部门；增设苏州、杭州信托业务总部，负责信托业务拓展及资金募集；增设普惠金融事业部，负责普惠金融业务的开展；增设综合金融总部，下辖信托业务四、六、十部、苏州信托业务总部；原信托业务五部更名为供应链金融总部、原南京信托业务总部更名为江苏信托业务总部。

在资金端方面，原财富拓展总部更名为私人银行部、原财富一部 N 部更名为各区域财富中心。根据宏观环境，以及国家政策和监管精神的变化，公司适时调整风控政策和业务布局，对房地产业务进一步优选区域和交易对手，推动完善集团授信管理机制，同时提高期间管理方案的个性化和针对性，进一步深化对传统房地产业务的运营管理，有力地保障了房地产业务的健康快速发展；对信政合作业务，进一步深化与地方政府的战略合作，回归商业原则，密切关注地方债务整顿的后续政策，严防区域性风险和集中度风险，提高尽调要求、加强期间管理，并着力降低资金端成本，保持了信政类业务的平稳发展；对于供应链业务，积极响应国家支持服务实体经济的号召，加强研发能力支持，切入以真实交易为背景的产业链，优选行业和交易对手，配备驻场人员强化期间管理，保证资产可控、还款来源充足、安全；对于事务管理类项目，积极响应监管政策，在满足合规的要求下审慎开展，总体压缩规模，严守监管底线。在资产端方面，2019 年，面对金融去杠杆的不断深化、房地产融资政策的加剧收紧等复杂严峻的外部形势，公司信托业务的开展面临巨大的挑战。管理层坚定发展战略，从容应对挑战与考验，及时调整业务方向和策略。第一，坚持去通道目标不变，通道业务规模从 1 800 亿元降至 1 000 亿元。严禁为委托方监管套利、隐匿风险提供便利的信托通道业务，加大存量信托通道业务压缩力度，原则上到期必须清算，不得展期。第二，严格控制地产类信托存续规模，持续加强合规管理。第三，主动管理规模有所提升，主动管理规模从 2019 年初的 740 亿元增至年末的 850 亿元，主动管理类业务占信托总体业务比重进一步提高。公司坚持推动优化业务结构，调整固有业务结构，确保固有资产保持充分流动性和安全性。

在资金端方面，公司采取机构资金端多元化策略，重视与主流商业银行的代销合作，聚焦城商行直投业务，扩展保险公司的合作以及非金企业的合作。直销管理中台整合，初步实现一手抓销售业绩推进，一手抓合规销售管理。制度建设方面，出台《消费者权益保护管理办法》《客户投诉管理办法》《销售双录管理办法》等管理制度，以及客户管户管理、运营、日常操作等通知。直销前端明确销售合规要求。初步搭建了理财中心自查、销售管理部门核查和稽核合规部门抽查的检查体系。依据制度的规定，公司对销售前端的执行情况进行检查督促，及时整改，防范风险。月度例会增加“合规教育”专门板块，学习合规案例，宣讲合规材料。公司依托系统功能挖掘和优化，从系统权限管控、系统监管、系统运用等方面不断优化操作控制，降低人为影响，减少操作风险。代销管理方面，公司进一步搭建代销业务管理体系，出台《上海爱建信托有限责任公司代销业务管理办法》《代销业务操作流程指引》全面完善公司代销制度及业务流程，严格规范代销业务。

在风险管理方面，公司于 2019 年内修订了风险政策，完善审批流程制度建设，精简流程环节，加强评审管控，提高相关审批文件格式标准化程度，进一步促进了风险管理的体系化、专业化、标准化。此外，对《风险管理办法》进行了修订，在基本制度中，强化了全面风险管理理念。

2019 年，公司进一步加强信息系统的建设，自研开发建设了“期间管理风险预警系统”“供应链业务系统”“消费金融业务系统”，使之不断满足公司传统业务和创新业务的操作管理要求，满足公司业务的风险管理要求。

此外，重新明确了风险排查的归口部门和工作流程，优化风险排查方案，推进了风险检查工作的常态化，专业化。

2019 年，公司组织修订完善了《爱建信托销售专区录音录像管理办法》《爱建信托关于进一步规范公司费用报销及增值税发票的管理规定》《爱建信托合同管理办法》《爱建信托审批管理条例》《爱建信托信托业务评审管理办法（试行）》《爱建信托公司职位职级管理办法（试行）》《爱建信托消费金融业务管理指引（试行）》《爱建信托供应链金融业务管理指引（试行）》《爱建信托合规管理制度》《爱建信托关联交易管理办法》《爱建信托风险管理办法》《爱建信托独立董事管理制度》《爱建信托信息技术管理制度》《爱建信托行政管理制度》《爱建信托财务管理制度》《爱建信托会计处理基本规范》《爱建信托人力资源管理制度》《爱建信托自营业务评审委员会项目评审工作规则》《爱建信托企业年金方案》《爱建信托 2019 年业务风险政策》《爱建信托招聘管理操作细则》《爱建信托受托机构管理指引（试行）》《爱建信托集团客户授信管理办法》《爱建信托普惠金融事业部组织架构及岗位职责管理办法》《爱建信托预算管理办法（试行）》《爱建信托集团客户管理指引》《爱建信托计划产品推介和销售风险适应性管理办法》《爱建信托证券投资业务流程管理暂行规定》《财富经理职位职级管理办法》《爱建信托销售专区录音录像管理办法（直销）》《爱建信托关于报审报备操作指引》《爱建信托案件防控调查及问责管理办法》《爱建信托委派投资企业董事监事高级管理人员管理规定》《爱建信托反洗钱客户风险等级划分操作指引及附表》《爱建信托代销业务管理办法（暂行）》《爱建信托代销业务操作流程指引》《爱建信托客户投诉管理办法》《爱建信托关于固有资金投资 T 类信托计划业务管理指引（暂行）》等制度，涵盖信托业务管理制度、风险政策、流程指引等方面。

公司近年来审慎经营，风控管理架构、制度、管控流程不断完善和充实。公司全面风险管理能力逐年提高，在尽职调查、期间管理方面的风险管控能力稳步提升，基本实现各类业务在不同环节的风险能够有效、及时地识别、评估和监测。首先，公司十分重视业务准入环节风险管控，针对不同类型业务制定了尽职调查管理办法及主要业务类型的尽职调查要点指引，相关业务需满足制度要求并通过集体决策后方可执行；其次，公司持续加强集团授信管理制度与机制的建立完善，逐步加强交易对手信用风险管理水平；最后，中台风险管理部门在项目成立后通过监测区域风险、交易对手负面信息、比对项目运行情况与期间管理方案之间的差异等手段，及时识别、评估、报告风险；此外，公司按照监管部门要求开展定期的全面风险排查和压力测试工作，以及房地产信用风险、信托公司流动性风险等专项压力测试工作。

截至 2019 年末，公司净资本为 60. 99 亿元，各项风险资本之和为 35. 44 亿元，净资本/各项业务风险资本之和为 172. 10%，净资本/净资产为 81. 97%。

4. 5. 1　风险状况

4. 5. 1. 1　信用风险状况

2019 年，国内经济增长乏力，政策持续加码以对冲经济周期影响，但国家对于房地产行业调控力度未见减弱，地方政府融资行为规范度提高；企业部门因盈利能力减弱、资产质量下滑、再融资能力不足等因素导致的违约事件频发，交易对手整体信用风险升高。特别是房地产企业债务负担重，财务风险高。公司信托业务规模虽整体有所下降，但主动管理类业务规模进一步上升，其中上半年房地产业务占比进一步扩大，下半年信政类业务规模快速增长，此外，2019 年随着公司供应链业务管理经验的逐步成熟，供应链业务规模进一步上升。

4. 5. 1. 1. 1　内在风险水平描述

（1）自营信贷组合

公司自营贷款类型有抵押贷款、质押贷款，贷款余额为 145 986. 72万元，均为正常类贷款，不良贷款余额为零。不良信用资产余额为 3 632. 63 万元，比 2018 年末下降 56. 09%。

公司严格按照中国银保监会的要求进行资产五级分类，并按照相关规定计提了减值准备，截至 2019 年末，公司计提各项资产减值准备 4 634. 82 万元。

公司 2019 年新增贷款为 67 986. 72 万元，都为正常贷款。

（2）信托业务

2019 年末公司信托贷款余额为 7 759 264. 86 万元，占信托业务总规模的比重为 42. 38%。其中，1 年内到期贷款占贷款总额的 43. 00%；1 ~2 年内到期贷款占贷款总额的 24. 10%；逾期贷款 365 245. 00 万元，占贷款总额的比重为 4. 71%。

（3）委托业务

2019 年末，公司委托贷款余额为 57 227. 97 万元，比上期同期减少 2. 00 万元。公司无尚未放贷的委托存款。公司在贷款业务方面主要是做好清理工作，因目前现存的委托贷款的资产质量较差，基本上都为逾期贷款，且逾期时间较长，清理工作有一定的难度。

4. 5. 1. 1. 2　信用风险管理政策

公司决策层根据国家宏观经济、政策导向以及市场情况，充分考虑公司资源禀赋，确定当年资产配置策略，并设置与资产配置策略相匹配的风险政策，引导业务在合法合规、风险可控的框架下开展。风险政策中包含信用风险、市场风险、操作风险等多种风险的管控要求。公司对信用风险的管理能力逐年增强，形成了较为完善的信用风险管理和业务审批制度。通过业务评审委员会、总经理、董事会的逐级决策机制，强化了交易对手信用风险的评估与控制。在风险政策落实方面，公司通过各种形式向前台业务部门进行宣导，中台及后台部门对业务部门展业是否符合风险政策进行审核、检查。

4. 5. 1. 2　市场风险状况

公司的市场风险主要表现在房地产市场价格波动、利率波动、汇率波动、证券市场价格波动的风险。

2019 年，国内国际宏观经济形势复杂多变，国内监管机构延续了 2018 年的一系列去杠杆政策，在“房住不炒”的基调下，房地产市场区域分化明显。行业宏观调控政策、棚改和土地整理等政策很大程度上主导了房地产的市场价格波动、流动性。与此同时，利率市场化进程加快，资本市场日趋理性化，投资者专业化、去散户化，证券市场波动幅度增加，市场风险有所上升。

公司信托业务中，房地产投资类业务的风险主要反映在土地和房地产的价格波动，价格的波动对投资标的的价值产生直接影响；证券类业务风险主要反映在信托资金投资于本市场的证券以及其他金融资产的价格波动，继而影响到信托份额的净值和风险敞口。

4. 5. 1. 2. 1　自营业务分析

公司自有资金投资余额为 805 622. 36 万元。其中，信托计划投资余额为 762 408. 25 万元。

4. 5. 1. 2. 2　信托业务分析

信托业务中长期股权投资为 3 153 504. 65 万元，其中非事务管理型股权投资为 1 078 356. 66 万元。

4. 5. 1. 3　操作风险状况

随着公司业务规模持续发展，业务品类增加，新员工数量大幅增加，对公司操作风险管理提出更高的要求。公司高度重视操作风险管理，2019 年通过业务流程梳理、内控检查、制度建设、风险管理文化建设等多个维度提升操作风险管理水平。

2019 年，公司对业务管理的信息系统做了大量的优化、改进工作，集成了文件水印防伪、身份证件联网核查、增值税发票联网验证、电子发票等多项新技术，使公司各类业务在信息系统中的处理更加规范、便捷、安全。同时，对于公司拓展的一些创新业务，如消费信托业务、供应链业务等，也及时开发相应的业务管理系统，并制定相应的操作流程和制度，使此类业务的操作、管理、风控实现信息化，减少业务的操作风险。

目前，公司的运营流程，包括开户，成立，划款，信息披露等已梳理得更为清晰顺畅，运营与风控的职责划分也更为清楚，对于不同业务归口部门也更为明确。2019 年，公司进一步强化信托业务的期间管理，提高了项目期间检查的频率和深度，以对信托项目风险信号尽早发现，尽早预警。

此外，2019 年，公司加强信托总部对产品设立、发行销售、合规监督的全流程执行和管理，进一步加强销售合规管理，对服务联络点实行严格的监控管理要求，对理财经理的销售推介行为进行全流程管控及异常行为监控。

4. 5. 2　风险管理

4. 5. 2. 1　信用风险管理

信用风险是指交易对手不履行到期债务的风险。信托公司的信用风险主要表现为：融资类信托业务和自营业务借款人、担保人、承诺人等交易对手不履行还款义务，而使信托财产或自有资产遭受潜在损失的可能性。由于公司信托业务和自营业务中涉及融资行为较多,信用风险为公司面临的重要风险之一。

2019 年,信托公司面临的外部环境总体趋紧,交易对手信用风险持续上升。在中央一系列防控金融风险的政策调控影响下,"去杠杆、去通道"趋势明显,金融乱象得到有效遏制;受到全球经济疲软拖累,我国出口贡献率持续下滑,国内经济增长乏力,企业盈利能力持续下滑。虽然人民银行启动了多次定向降准,但是货币乘数效应不及预期,中小型企业仍面临"融资难、融资贵"问题,政策刺激效果并不显著。2019 年,国家坚持房地产市场"因城施策"调控政策,调控力度未见显著放松,各种"限购、限贷、限价"政策持续,一线、二线城市房价保持稳定,三线、四线及以下城市去化明显收缩,三线、四线城市布局较多的房地产开发企业以及中小型房地产开发商面临较大的资金压力。地方政府及平台公司融资行为受到进一步规范,并强化金融机构责任,导致地方政府融资平台公司再融资难度加大,特别是部分经济不发达的非核心平台,主体信用水平下降。2019 年,债券市场、上市公司股权质押融资违约情况持续发生。总体而言,公司面临的交易对手信用风险较上 2018 年度明显增加。

4.5.2.2　市场风险管理

为加强风险管控,对于投资类房地产项目,公司在展业区域选择上,进一步发挥房地产区域评价体系的指导作用,优选区域进行展业;鼓励与控盘能力较强的高等级交易对手合作,对项目报酬率,现金覆盖率等作更高的要求,并在管控方案上,加强公司的主动权,从严把控期间管理方案,以降低因房地产价格波动造成的市场风险。证券类业务方面,公司通过加强投资管控,设置适当的风险缓释措施,控制因利率、证券及金融产品价格波动造成的市场风险。

4.5.2.3　操作风险管理

操作风险是指由于不完善或有问题的内部操作过程、人员、系统或外部事件而导致的直接或间接损失的风险,但不包含策略性风险和声誉风险。

内部控制与审计。主要审计事项为公司经营管理中内部风险控制执行情况以及内部控制制度适当性和有效性方面的审计、监管部门明确要求开展的内部专项审计与评价事项。通过内部审计的再监督提出审计意见和建议,揭示了公司现行制度有待完善、执行力有待进一步提高、操作及运营工作有待加强、信息系统功能需改进等方面的不足。针对审计中发现的问题,督促改进落实并跟踪检查。通过对审计揭示问题的整改落实,促进了公司经营活动中风险管理与控制能力的不断提高,制度的不断完善,执行力的不断加强。

制度建设。公司通过不断完善风险管理与控制流程和制度,有效减少了经营活动全过程的风险控制薄弱环节。

风险管理文化建设。在人员风险意识、风险技能、风险防范等风险管理方面,公司通过开展各层级培训,实现对全体员工风险意识强化和对合规知识的普及。2019 年,公司持续围绕各部门培训需求,以及员工培训四维模型,分类别、分层级、分阶段展开相关工作。

针对全体员工,按照监管要求,定期开展全员反洗钱、消费者权益保护、信息安全知识培训,并将培训的参与率、考核通过率等作为评估员工个人及部门绩效的主要指标之一;同时通过内部培训师传授公司年度风险管控政策与逻辑矩阵等,在员工群体中持续贯彻公司风险管理理念,在企业内部形成持续的风险管理理念;此外,公司还持续维护"爱・学堂"全员线上学习平台及线下书吧,其中囊括了上千册金融企业风险管控主题书籍,让员工在业余学习时间也能学习掌握必要的金融操作风险管控知识。

针对公司中高管和业务骨干,组织参加专业资管研究院所举办的专题公开课、沙龙、论坛等活动,以及信托业高管研修班、中层骨干培训和全员从业资格培训,创造与同业交流学习的机会,借鉴同业公司在风险管理工作方面的经验做法,提升自身在的专业能力水平;针对公司高潜员工,举办了"爱・学堂"引航系列培训班,将金融风险管理专题课程融入整体培训中,针对骨干员工加强风险管理知识培训。同时,公司纪委在党委领导下,还组织开展了廉洁警示作品征集评选活动,倡导全体员工主动增强廉洁从业和风险防控意识,、敲响预防职务犯罪的警钟,将风险管理落到实处。

上述培训工作贯穿于 2019 年全年,且根据公司实际情况实时动态调整培训内容与培训时间,以确保风险管理培训工作取得应有的效果。

公司按照风险管理流程进行业务管理和监控,对操作风险的监控覆盖了业务经营和公司管理的各个层面,具有充分性和适当性。

2019 年,在继续完善公司信息系统灾备体系和信息系统突发事件的预警、处理能力,提高公司信息系统抗风险能力。同时,开展核心业务系统、网站系统(含网上信托)和邮件系统的网络安全等级保护测评和复测工作,持续提升网络安全风险的防范能力。

在信托项目期间管理方面,公司进一步强化信托业务的期间管理,提高了项目期间检查的频率和深度,完善了风险信号的跟踪处理机制,以对信托项目风险信号尽早发现,尽早预警,尽早处理。

在销售管理方面,公司对服务联络点实行严格的监控管理要求,如对理财经理的销售推介行为进行全流程管控及异常行为监控,要求推介方式、推介话术合法合规;加强服务联络点的舆情监控,对潜在的风险事件进行预案准备;构建合规管理部门、理财管理部门、理财服务人员三位一体的动态合规监测体系,通过事前宣导、事中风险点监测报告、定期不定期检查整改等方式,对理财服务人员行为全维度、动态化监测管理。

此外,2019 年,公司推动各职能部门制定业务管理操作手册,以规范和明确各业务环节的具体操作规范和要求。目前,各职能部门的业务操作手册基本已制定完成,未来将根据业务发展的需要及时维护,以规范业务操作程序,降低人员交接的操作风险。

4.6　企业社会责任

报告期内,公司坚定战略,以"守正创新、合规经营、提质增效、转型发展"为经营指导思想,努力提升经营管理水平,将社会责任理念融入发展战略、经营管理与日常工作中,在支持实体经济、改善民生、客户服务等领域积极践行信托行业的社会责任。一年来,爱建信托不断推出预期收益率较高,风控措施到位的集合信托产品，受到市场欢迎，使新老客户获取较好的理财收益，持续提升客户满意度。2019 年，爱建信托蝉联"上海市级文明单位"称号，并连续获评《证券时报》《上海证券报》《21 世纪经济报道》等多家权威机构颁发的"年度突破成长信托公司""创新领先奖""年度优秀信托公司"等资管界荣誉。爱建信托还向民建"爱建梦想专项基金"捐赠，该专项基金主要用于帮困助学，促进社会慈善公益事业发展。

5. 报告期末及上一年度末的比较式会计报表

5.1 自营资产

5.1.1 立信会计师事务所(特殊普通合伙)审计意见

上海爱建信托有限责任公司财务报表在所有重大方面按照企业会计准则的规定编制，公允反映了爱建信托 2019 年 12 月 31 日的财务状况以及 2019 年度的经营成果和现金流量。

5.1.2 资产负债表

资产负债表

编制单位：上海爱建信托有限责任公司　　2019 年 12 月 31 日　　单位：万元

资产类	期末余额	上年年末余额	负债及所有者权益类	期末余额	上年年末余额
资产：			负债：		
现金及存放中央银行款项	9.26	9.38	向中央银行借款	—	—
存放同业款项	49 969.73	22 494.05	同业及其他金融机构存放款项	—	—
贵金属	—	—	拆入资金	—	—
拆出资金	—	—	以公允价值计量且其变动计入当期损益的金融负债	—	—
衍生金融资产	—	—	衍生金融负债	—	—
买入返售金融资产	—	—	卖出回购金融资产款	—	—
持有待售资产	—	—	吸收存款	—	—
发放贷款和垫款	143 784.15	77 220.00	应付职工薪酬	—	—
金融投资：			应交税费	35 474.29	29 981.22
交易性金融资产	773 632.04	—	应付利息	39 633.72	54 883.20
债权投资	23 656.54	—	持有待售负债	—	—
其他债权投资	—	—	应付债券	—	—
其他权益工具投资	1 604.54	—	其中：优先股	—	—
以公允价值计量且其变动计入当期损益的金融资产	—	212.74	永续债	—	—
可供出售金融资产	—	799 142.92	长期应付职工薪酬	—	—
持有至到期投资	—	—	预计负债	—	—
应收款项类投资	—	—	递延所得税负债	63.48	38.90
长期股权投资	4 128.64	4 285.42	其他负债	193 155.14	256 477.60
投资性房地产	—	—	负债合计	268 326.63	341 380.92
固定资产	947.13	760.72	所有者权益(或股东权益)：		
在建工程	—	—	实收资本(或股本)	460 268.46	460 268.46
无形资产	2 291.08	1 977.24	其他权益工具	—	—
商誉	—	—	其中：优先股	—	—
递延所得税资产	4 237.30	3 622.32	永续债	—	—
其他资产	8 108.01	80 512.16	资本公积	9 096.93	9 096.93
			减：库存股	—	—
			其他综合收益	-1 604.54	337.43
			盈余公积	54 671.92	41 980.37
			一般风险准备	15 142.30	14 778.98
			信托赔偿准备金	49 977.68	37 286.13
			未分配利润	156 489.04	85 107.73
			所有者权益合计	744 041.79	648 856.03
资产总计	1 012 368.42	990 236.95	负债和所有者权益总计	1 012 368.42	990 236.95

法定代表人：周伟忠　　主管会计工作负责人：朱建高　　会计机构负责人：黄　晓

5.1.3 利润表

利润表

编制单位:上海爱建信托有限责任公司　　2019 年度　　单位:万元

项目	本期金额	上期金额
一、营业总收入	255 832.05	202 900.57
利息净收入	-3 156.58	-4 951.13
利息收入	11 116.92	8 018.97
利息支出	14 273.50	12 970.10
手续费及佣金净收入	206 191.94	184 690.26
手续费及佣金收入	207 398.50	186 345.51
手续费及佣金支出	1 206.56	1 655.25
投资收益(损失以"-"号填列)	53 026.80	22 851.44
其中:对联营企业和合营企业的投资收益	-156.78	-43.40
以摊余成本计量的金融资产终止确认产生的投资收益(损失以"-"号填列)	—	—
净敞口套期收益(损失以"-"号填列)	—	—
其他收益	28.75	24.50
公允价值变动收益(损失以"-"号填列)	-384.60	55.30
汇兑收益(损失以"-"号填列)	125.74	221.28
其他业务收入	—	7.71
资产处置收益(损失以"-"号填列)	—	1.21
二、营业总支出	75 676.86	53 798.40
税金及附加	1 432.30	1 358.52
业务及管理费	73 188.73	51 771.81
资产减值损失	—	668.07
信用减值损失	1 055.83	—
其他资产减值损失	—	—
其他业务成本	—	—
三、营业利润(亏损以"-"号填列)	180 155.19	149 102.17
加:营业外收入	11.90	21.52
减:营业外支出	14 639.36	54.32
四、利润总额(亏损总额以"-"号填列)	165 527.73	149 069.37
减:所得税费用	41 741.30	37 541.00
五、净利润(净亏损以"-"号填列)	123 786.43	111 528.37
(一)持续经营净利润(净亏损以"-"号填列)	123 786.43	111 528.37
(二)终止经营净利润(净亏损以"-"号填列)	—	—
六、其他综合收益的税后净额	—	-96.64
(一)不能重分类进损益的其他综合收益	—	—
1. 重新计量设定受益计划变动额	—	—
2. 权益法下不能转损益的其他综合收益	—	—
3. 其他权益工具投资公允价值变动	—	—
4. 企业自身信用风险公允价值变动	—	—
(二)将重分类进损益的其他综合收益	—	-96.64
1. 权益法下可转损益的其他综合收益—	—	—
2. 其他债权投资公允价值变动	—	—
3. 可供出售金融资产公允价值变动损益	—	-96.64
4. 金融资产重分类计入其他综合收益的金额	—	—
5. 持有至到期投资重分类为可供出售金融资产损益	—	—
6. 其他债权投资信用损失准备	—	—
7. 现金流量套期储备(现金流量套期损益的有效部分)	—	—
8. 外币财务报表折算差额	—	—
9. 其他	—	—

续表

项目	本期金额	上期金额
七、综合收益总额	123 786. 43	111 431. 73
八、每股收益	—	—
(一)基本每股收益(元/股)	—	—
(二)稀释每股收益(元/股)	—	—

法定代表人：周伟忠　　主管会计工作负责人：朱建高　　会计机构负责人：黄晓

5. 1. 4 现金流量表

现金流量表

编制单位：上海爱建信托有限责任公司　　2019 年度　　单位：万元

项目	本期发生额	上期发生额
一、经营活动产生的现金流量：		
客户存款和同业存放款项净增加额	—	—
向中央银行借款净增加额	—	—
向其他金融机构拆入资金净增加额	—	—
收取利息、手续费及佣金的现金	230 175. 86	207 543. 04
回购业务资金净增加额	—	30 000. 00
收到其他与经营活动有关的现金	164 034. 44	72 761. 59
经营活动现金流入小计	394 210. 30	310 304. 63
客户贷款及垫款净增加额	44 033. 10	7 700. 00
存放中央银行和同业款项净增加额	—	—
为交易目的而持有的金融资产净增加额	—	—
拆出资金净增加额	—	—
返售业务资金净增加额	—	—
支付利息、手续费及佣金的现金	16 186. 58	3 051. 00
支付给职工及为职工支付的现金	54 427. 03	38 862. 45
支付的各项税费	111 038. 75	51 289. 20
支付其他与经营活动有关的现金	117 769. 02	134 973. 86
经营活动现金流出小计	343 454. 48	235 876. 51
经营活动产生的现金流量净额	50 755. 82	74 428. 12
二、投资活动产生的现金流量：		
收回投资收到的现金	3 011 936. 49	1 787 771. 38
取得投资收益收到的现金	52 924. 37	32 956. 29
处置固定资产、无形资产和其他长期资产收回的现金净额	—	2. 50
收到其他与投资活动有关的现金	—	—
投资活动现金流入小计	3 064 860. 86	1 820 730. 17
投资支付的现金	3 006 220. 81	2 129 235. 95
购建固定资产、无形资产和其他长期资产支付的现金	1 540. 16	1 983. 30
支付其他与投资活动有关的现金	—	—
投资活动现金流出小计	3 007 760. 97	2 131 219. 25
投资活动产生的现金流量净额	57 099. 89	-310 489. 08
三、筹资活动产生的现金流量：		
吸收投资收到的现金	—	160 268. 46
取得借款收到的现金	245 000. 00	207 000. 00
发行债券收到的现金	—	—
收到其他与筹资活动有关的现金	—	—
筹资活动现金流入小计	245 000. 00	367 268. 46
偿还债务支付的现金	284 000. 00	130 000. 00
分配股利、利润或偿付利息支付支付的现金	31 376. 18	67 491. 06
支付其他与筹资活动有关的现金	—	—
筹资活动现金流出小计	315 376. 18	197 491. 06
筹资活动产生的现金流量净额	-70 376. 18	169 777. 40
四、汇率变动对现金及现金等价物的影响	125. 74	4. 14
五、现金及现金等价物净增加额	37 605. 27	-66 279. 42
加：期初现金及现金等价物余额	12 373. 72	78 653. 14
六、期末现金及现金等价物余额	49 978. 99	12 373. 72

法定代表人：周伟忠　　主管会计工作负责人：朱建高　　会计机构负责人：黄晓

5.1.5 所有者权益变动表

所有者权益变动表

2019 年 12 月 31 日

编制单位：上海爱建信托有限责任公司　　　　单位：万元

项目	本期金额									上年同期金额								
	归属于母公司所有者权益								所有者权益合计	归属于母公司所有者权益								所有者权益合计
	实收资本（或股本）	资本公积	减：库存股	其他综合收益	盈余公积	一般风险准备	信托赔偿准备金	未分配利润		实收资本（或股本）	资本公积	减：库存股	其他综合收益	盈余公积	一般风险准备	信托赔偿准备金	未分配利润	
一、上年年末余额	460 268.46	9 096.93	—	337.43	41 980.37	14 778.98	37 286.13	85 107.73	648 856.03	300 000.00	9 096.93	—	434.07	30 827.53	10 664.02	26 133.29	72 530.26	449 686.10
加：会计政策变更	—	—	—	-1 941.97	312.90	—	312.90	2 503.20	1 187.03	—	—	—	—	—	—	—	—	—
前期差错更正	—	—	—	—	—	—	—	—	—	—	—	—	—	—	—	—	—	—
其他	—	—	—	—	—	—	—	—	—	—	—	—	—	—	—	—	—	—
二、本年年初余额	460 268.46	9 096.93	—	-1 604.54	42 293.27	14 778.98	37 599.03	87 610.93	650 043.06	300 000.00	9 096.93	—	434.07	30 827.53	10 664.02	26 133.29	72 530.26	449 686.10
三、本年增减变动金额（减少以“-”号填列）	—	—	—	—	12 378.65	363.32	12 378.65	68 878.11	93 998.73	160 268.46	—	—	-96.64	11 152.84	4 114.96	11 152.84	12 577.47	199 169.93
（一）综合收益总额	—	—	—	—	—	—	—	123 786.43	123 786.43	—	—	—	-96.64	—	—	—	111 528.37	111 431.73
（二）所有者投入和减少资本	—	—	—	—	—	—	—	—	—	160 268.46	—	—	—	—	—	—	—	160 268.46
1. 所有者投入资本	—	—	—	—	—	—	—	—	—	160 268.46	—	—	—	—	—	—	—	160 268.46
2. 其他权益工具持有者投入资本	—	—	—	—	—	—	—	—	—	—	—	—	—	—	—	—	—	—
3. 股份支付计入所有者权益的金额	—	—	—	—	—	—	—	—	—	—	—	—	—	—	—	—	—	—
4. 其他	—	—	—	—	—	—	—	—	—	—	—	—	—	—	—	—	—	—
（三）利润分配	—	—	—	—	12 378.65	363.32	12 378.65	-54 908.32	-29 787.70	—	—	—	—	11 152.84	4 114.96	11 152.84	-98 950.90	—
1. 提取盈余公积	—	—	—	—	12 378.65	—	—	-12 378.65	—	—	—	—	—	11 152.84	—	—	-11 152.84	—
2. 提取一般风险准备	—	—	—	—	—	363.32	12 378.65	-12 741.97	—	—	—	—	—	—	4 114.96	11 152.84	-15 267.80	—
3. 对所有者（或股东）的分配	—	—	—	—	—	—	—	-29 787.70	-29 787.70	—	—	—	—	—	—	—	-72 530.26	-72 530.26
4. 其他	—	—	—	—	—	—	—	—	—	—	—	—	—	—	—	—	—	—
（四）所有者权益内部结转	—	—	—	—	—	—	—	—	—	—	—	—	—	—	—	—	—	—
1. 资本公积转增资本（或股本）	—	—	—	—	—	—	—	—	—	—	—	—	—	—	—	—	—	—
2. 盈余公积转增资本（或股本）	—	—	—	—	—	—	—	—	—	—	—	—	—	—	—	—	—	—
3. 盈余公积弥补亏损	—	—	—	—	—	—	—	—	—	—	—	—	—	—	—	—	—	—
4. 其他	—	—	—	—	—	—	—	—	—	—	—	—	—	—	—	—	—	—
（五）专项储备	—	—	—	—	—	—	—	—	—	—	—	—	—	—	—	—	—	—
1. 本期提取	—	—	—	—	—	—	—	—	—	—	—	—	—	—	—	—	—	—
2. 本期使用	—	—	—	—	—	—	—	—	—	—	—	—	—	—	—	—	—	—
（六）其他	—	—	—	—	—	—	—	—	—	—	—	—	—	—	—	—	—	—
四、本期期末余额	460 268.46	9 096.93	—	-1 604.54	54 671.92	15 142.30	49 977.68	156 489.04	744 041.79	460 268.46	9 096.93	—	337.43	41 980.37	14 778.98	37 286.13	85 107.73	648 856.03

法定代表人：周伟忠　　　　主管会计工作负责人：朱建高　　　　会计机构负责人：黄晓

5.2 信托资产

5.2.1 信托项目资产负债汇总表

信托项目资产负债汇总表

编制单位：上海爱建信托有限责任公司　　2019年12月31日　　单位：万元

资产类	期末余额	期初余额	负债及所有者权益类	期末余额	期初余额
资产：			负债：		
现金及存放中央银行款项	—	—	向中央银行借款	—	—
存放同业款项	171 429.98	151 099.21	同业及其他金融机构存放款项	—	—
贵金属	—	—	拆入资金	—	—
拆出资金	—	—	交易性金融负债	—	—
交易性金融资产	1 319 983.54	2 239 477.74	衍生金融负债	—	—
衍生金融资产	—	—	卖出回购金融资产款	—	—
买入返售金融资产	23 020.01	74 000.00	吸收存款	—	—
应收利息	—	—	应付职工薪酬	—	—
发放贷款和垫款	7 759 264.86	9 786 591.45	应交税费	4 837.40	3 624.48
可供出售金融资产	162 629.64	2 458 810.00	应付利息	—	—
持有至到期投资	219 613.80	962 560.72	预计负债	—	—
长期股权投资	3 153 504.65	3 893 946.88	应付债券	—	—
投资性房地产	30 000.00	30 000.00	递延所得税负债	—	—
固定资产	—	—	其他负债	166 624.99	105 492.36
无形资产	—	—			
递延所得税资产	—	—	负债合计	171 462.39	109 116.84
其他资产	5 469 946.78	5 815 838.45			
			所有者权益：		
			实收信托	17 873 653.63	25 073 546.63
			资本公积	28 157.87	92 661.96
			减：库存股	—	—
			盈余公积	—	—
			一般风险准备	—	—
			未分配利润	236 119.37	136 999.02
			所有者权益合计	18 137 930.87	25 303 207.61
资产总计：	18 309 393.26	25 412 324.45	负债及所有者权益总计：	18 309 393.26	25 412 324.45

法定代表人：周伟忠　　主管会计工作负责人：朱建高　　会计机构负责人：李闽

5.2.2 信托项目利润及利润分配汇总表

信托项目利润及利润分配汇总表

编制单位：上海爱建信托有限责任公司　　2019年度　　单位：万元

项　目	行号	本期金额	上期金额
一、营业收入	1	699 015.16	1 086 956.20
利息净收入	2	814 092.42	781 324.11
利息收入	3	814 092.42	781 324.11
利息支出	4	—	—
手续费及佣金净收入	5	—	—
手续费及佣金收入	6	—	—
手续费及佣金支出	7	—	—
投资收益（损失以"－"号填列）	8	－181 740.09	335 536.73
其中：对联营企业和合营企业的投资收益	9	—	—
公允价值变动收益（损失以"－"号填列）	10	66 363.20	－43 661.98
汇兑收益（损失以"－"号填列）	11	—	—
其他业务收入	12	299.63	13 757.34
二、营业支出	13	302 531.30	250 085.49

续表

项　目	行号	本期金额	上期金额
营业税金及附加	14	4 203.57	3 866.56
信托管理费用	15	298 327.73	246 218.93
资产减值损失	16	—	—
其他业务成本	17	—	—
三、营业利润（亏损以"－"号填列）	18	396 483.86	836 870.71
加：营业外收入	19	—	—
减：营业外支出	20	—	—
四、利润总额	21	396 483.86	836 870.71
减：所得税费用	22	—	—
五、净利润（净亏损以"－"号填列）	23	396 483.86	836 870.71
六、每股收益：	24	—	—
（一）基本每股收益	25	—	—
（二）稀释每股收益	26	—	—
七、期初未分配信托利润	27	136 999.02	138 285.16
八、可供分配信托利润		903 761.38	1 311 990.77
减：本期已分配信托利润	28	667 642.01	1 174 991.75
九、期末未分配信托利润	29	236 119.37	136 999.02

法定代表人：周伟忠　　主管会计工作负责人：朱建高　　会计机构负责人：李闽

6. 会计报表附注

6.1 会计报表编制基础

6.1.1 编制基础

本公司以持续经营为基础，根据实际发生的交易和事项，按照财政部颁布的《企业会计准则——基本准则》和各项具体会计准则、企业会计准则应用指南、企业会计准则解释及其他相关规定（以下合称企业会计准则），以及中国证券监督管理委员会《公开发行证券的公司信息披露编报规则第 15 号——财务报告的一般规定》的披露规定编制财务报表。

6.1.2 持续经营

公司自报告期末起 12 个月不存在对本公司持续经营能力产生重大疑虑的事项或情况。

6.2 重要会计政策和会计估计说明

6.2.1 遵循企业会计准则的声明

本财务报表符合财政部颁布的企业会计准则的要求，真实、完整地反映了公司 2019 年 12 月 31 日的财务状况以及 2019 年度的经营成果和现金流量。

6.2.2 会计期间

自公历 1 月 1 日至 12 月 31 日为一个会计年度。本报告期为 2019 年 1 月 1 日至 2019 年 12 月 31 日。

6.2.3 营业周期

公司营业周期为 12 个月。

6.2.4 记账本位币

人民币与外币业务采用分账制。

6.2.5 现金等价物的确定标准

在编制现金流量表时，将公司库存现金以及可以随时用于支付的存款确认为现金。将同时具备期限短（从购买日起 3 个月内到期）、流动性强、易于转换为已知现金、价值变动风险很小 4 个条件的投资，确定为现金等价物。

6.2.6 外币财务报表的折算方法

外币核算采用分账制，资产负债表日，按照下列规定对相应的外币账户余额分货币性项目和非货币性项目进行调整。

（1）外币货币性项目，采用资产负债表日即期汇率折算。因资产负债表日即期汇率与初始确认时或者前一资产负债表日即期汇率不同而产生的汇兑差额，计入当期损益。

（2）以历史成本计量的外币非货币性项目，仍采用交易发生日的即期汇率折算，不改变其记账本位币金额。

货币性项目是指企业持有的货币资金和将以固定或可确定的金额收取的资产或者偿付的负债；非货币性项目是指货币性项目以外的项目。采用分账制记账方法，其产生的汇兑差额的处理结果与统账制一致。

6.2.7 金融工具

金融工具包括金融资产、金融负债和权益工具。

6.2.7.1 金融工具的分类

6.2.7.1.1 自 2019 年 1 月 1 日起适用的会计政策。

根据公司管理金融资产的业务模式和金融资产的合同现金流量特征，金融资产于初始确认时分类为以摊余成本计量的金融资产、以公允价值计量且其变动计入其他综合收益的金融资产（债务工具）、以公允价值计量且其变动计入当期损益的金融资产。

业务模式是以收取合同现金流量为目标且合同现金流量仅为对本金和以未偿付本金金额为基础的利息的支付的，分类为以摊余成本计量的金融资产；业务模式既以收取合同现金流量又以出售该金融资产为目标且合同现金流量仅为对本金和以未偿付本金金额为基础的利息的支付的，分类为以公允价值计量且其变动计入其他综合收益的金融资产（债务工具）；除此之外的其他金融资产，分类为以公允价值计量且其变动计入当期损益的金融资产。

对于非交易性权益工具投资，本公司在初始确认时确定是否将其指定为以公允价值计量且其变动计入其他综合收益的金融资产（权益工具）。

金融负债于初始确认时分类为以公允价值计量且其变动计入当期损益的金融负债和以摊余成本计量的金融负债。

6.2.7.1.2 2019 年 1 月 1 日前适用的会计政策

金融资产和金融负债于初始确认时分类为：以公允价值计量且其变动计入当期损益的金融资产或金融负债，包括交易性金融资产或金融负债和直接指定为以公允价值计量且其变动计入当期损益的金融资产或金融负债；持有至到期投资；应收款项；可供出售金融资产；其他金融负债等。

6.2.7.2 金融工具的确认依据和计量方法

6.2.7.2.1 自 2019 年 1 月 1 日起适用的会计政策

（1）以摊余成本计量的金融资产。以摊余成本计量的金融资产包括货币资金、应收票据、应收账款、其他应收款、买入返售金融资产、发放贷款和贷款、长期应收款、债权投资等，按公允价值进行初始计量，相关交易费用计入初始确认金额；不包含重大融资成分的应收账款以及公司决定不考虑不超过 1 年的融资成分的应收账款，以合同交易价格进行初始计量。持有期间采用实际利率法计算的利息计入当期损益。收回或处置时，将取得的价款与该金融资产账面价值之间的差额计入当期损益。

（2）以公允价值计量且其变动计入其他综合收益的金融资产（债务工具）。以公允价值计量且其变动计入其他综合收益的金融资产（债务工具）包括应收款项融资、其他债权投资等，按公允价值进行初始计量，相关交易费用计入初始确认金额。该金融资产按公允价值进行后续计量，公允价值变动除采用实际利率法计算的利息、减值损失或利得和汇兑损益之外，均计入其他综合收益。终止确认时，之前计入其他综合收益的累计利得或损失从其他综合收益中转出，计入当期损益。

（3）以公允价值计量且其变动计入其他综合收益的金融资产（权益工具）。以公允价值计量且其变动计入其他综合收益的金融资产（权益工具）包括其他权益工具投资等，按公允价值进行初始计量，相关交易费用计入初始确认金额。该金融资产按公允价值进行后续计量，公允价值变动计入其他综合收益。取得的股利计入当期损益。终止确认时，之前计入其他综合收益的累计利得或损失从其他综合收益中转出，计入留存收益。

（4）以公允价值计量且其变动计入当期损益的金融资产。以公允价值计量且其变动计入当期损益的金融资产包括交易性金融资产、衍生金融资产、其他非流动金融资产等，按公允价值进行初始计量，相关交易费用计入当期损益。该金融资产按公允价值进行后续计量，公允价值变动计入当期损益。终止确认时，其公允价值与初始入账金额之间的差额确认为投资收益，同时调整公允价值变动损益。

（5）以公允价值计量且其变动计入当期损益的金融负债。以公允价值计量且其变动计入当期损益的金融负债包括交易性金融负债、衍生金融负债等，按公允价值进行初始计量，相关交易费用计入当期损益。该金融负债按公允价值进行后续计量，公允价值变动计入当期损益。终止确认时，其公允价值与初始入账金额之间的差额确认为投资收益，同时调整公允价值变动损益。

（6）以摊余成本计量的金融负债。以摊余成本计量的金融负债包括短期借款、应付票据、应付账款、其他应付款、长期借款、应付债券、长期应付款，按公允价值进行初始计量，相关交易费用计入初始确认金额。持有期间采用实际利率法计算的利息计入当期损益。终止确认时，将支付的对价与该金融负债账面价值之间的差额计入当期损益。

6.2.7.2.2　2019 年 1 月 1 日前适用的会计政策

（1）以公允价值计量且其变动计入当期损益的金融资产（金融负债）。取得时以公允价值（扣除已宣告但尚未发放的现金股利或已到付息期但尚未领取的债券利息）作为初始确认金额，相关的交易费用计入当期损益。持有期间将取得的利息或现金股利确认为投资收益，期末将公允价值变动计入当期损益。处置时，其公允价值与初始入账金额之间的差额确认为投资收益，同时调整公允价值变动损益。

（2）持有至到期投资。取得时按公允价值（扣除已到付息期但尚未领取的债券利息）和相关交易费用之和作为初始确认金额。持有期间按照摊余成本和实际利率（如实际利率与票面利率差别较小的，按票面利率）计算确认利息收入，计入投资收益。实际利率在取得时确定，在该预期存续期间或适用的更短期间内保持不变。处置时，将所取得价款与该投资账面价值之间的差额计入投资收益。

（3）贷款和应收款项。贷款是指金融企业发放的贷款。按当前市场条件发放的贷款，按发放贷款的本金和相关交易费用之和作为初始确认金额。贷款持有期间所确认的利息收入，根据实际利率计算。实际利率在取得贷款时确定，在该贷款预期存续期间或适用的更短期间内保持不变。实际利率与合同利率差别较小的，也按合同利率计算利息收入。

公司对外销售商品或提供劳务形成的应收债权，以及公司持有的其他企业的不包括在活跃市场上有报价的债务工具的债权，包括应收账款、应收票据、预付账款、其他应收款、长期应收款等，以向购货方或债务人应收的合同或协议价款作为初始确认金额；具有融资性质的，按其现值进行初始确认。收回或处置时，将取得的价款与该应收款项账面价值之间的差额计入当期损益。

（4）可供出售金融资产。取得时按公允价值（扣除已宣告但尚未发放的现金股利或已到付息期但尚未领取的债券利息）和相关交易费用之和作为初始确认金额。持有期间将取得的利息或现金股利确认为投资收益。期末以公允价值计量且将公允价值变动计入其他综合收益。但是，在活跃市场中没有报价且其公允价值不能可靠计量的权益工具投资，以及与该权益工具挂钩并须通过交付该权益工具结算的衍生金融资产，按照成本计量。处置时，将取得的价款与该金融资产账面价值之间的差额，计入投资损益；同时，将原直接计入其他综合收益的公允价值变动累计额对应处置部分的金额转出，计入当期损益。

（5）其他金融负债。按其公允价值和相关交易费用之和作为初始确认金额。采用摊余成本进行后续计量。

6.2.7.3　金融资产转移的确认依据和计量方法

公司发生金融资产转移时，如已将金融资产所有权上几乎所有的风险和报酬转移给转入方，则终止确认该金融资产；如保留了金融资产所有权上几乎所有的风险和报酬的，则不终止确认该金融资产。

在判断金融资产转移是否满足上述金融资产终止确认条件时，采用实质重于形式的原则。公司将金融资产转移区分为金融资产整体转移和部分转移。金融资产整体转移满足终止确认条件的，将以下两项金额的差额计入当期损益：（1）所转移金融资产的账面价值；（2）因转移而收到的对价，与原直接计入所有者权益的公允价值变动累计额（涉及转移的金融资产为可供出售金融资产的情形）之和。

金融资产部分转移满足终止确认条件的，将所转移金融资产整体的账面价值，在终止确认部分和未终止确认部分之间，按照各自的相对公允价值进行分摊，并将以下两项金额的差额计入当期损益：（1）终止确认部分的账面价值；（2）终止确认部分的对价，与原直接计入所有者权益的公允价值变动累计额中对应终止确认部分的金额（涉及转移的金融资产为可供出售金融资产的情形）之和。

金融资产转移不满足终止确认条件的，继续确认该金融资产，所收到的对价确认为一项金融负债。

6.2.7.4　金融负债终止确认条件

金融负债的现时义务全部或部分已经解除的，则终止确认该金融负债或其一部分；本公司若与债权人签定协议，以承担新金融负债方式替换现存金融负债，且新金融负债与现存金融负债的合同条款实质上不同的，则终止确认现存金融负债，并同时确认新金融负债。

对现存金融负债全部或部分合同条款作出实质性修改的，则终止确认现存金融负债或其一部分，同时将修改条款后的金融负债确认为一项新金融负债。

金融负债全部或部分终止确认时，终止确认的金融负债账面价值与支付对价（包括转出的非现金资产或承担的新金融负债）之间的差额，计入当期损益。

本公司若回购部分金融负债的，在回购日按照继续确认部分与终止确认部分的相对公允价值，将该金融负债整体的账面价值进行分配。分配给终止确认部分的账面价值与支付的对价（包括转出的非现金资产或承担的新金融负债）之间的差额，计入当期损益。

6.2.7.5　金融资产和金融负债的公允价值的确定方法

存在活跃市场的金融工具，以活跃市场中的报价确定其公允价值；不存在活跃市场的金融工具，采用估值技术确定其公允价值。在估值时，本公司采用在当前情况下适用并且有足够可利用数据和其他信息支持的估值技术，选择与市场参与者在相关资产或负债的交易中所考虑的资产或负债特征相一致的输入值，并优先使用相关可观察输入值。只有在相关可观察输入值无法取得或取得不切实可行的情况下，才使用不可观察输入值。

6.2.7.6 金融资产减值（不含贷款和应收款项）的测试方法及会计处理方法

6.2.7.6.1 自2019年1月1日起适用的会计政策

本公司考虑所有合理且有依据的信息，包括前瞻性信息，以单项或组合的方式对以摊余成本计量的金融资产和以公允价值计量且其变动计入其他综合收益的金融资产（债务工具）的预期信用损失进行估计。预期信用损失的计量取决于金融资产自初始确认后是否发生信用风险显著增加。

如果该金融工具的信用风险自初始确认后已显著增加，本公司按照相当于该金融工具整个存续期内预期信用损失的金额计量其损失准备；如果该金融工具的信用风险自初始确认后并未显著增加，本公司按照相当于该金融工具未来12个月内预期信用损失的金额计量其损失准备。由此形成的损失准备的增加或转回金额，作为减值损失或利得计入当期损益。

通常逾期超过90日，本公司即认为该金融工具的信用风险已显著增加，除非有确凿证据证明该金融工具的信用风险自初始确认后并未显著增加。

如果金融工具于资产负债表日的信用风险较低，本公司即认为该金融工具的信用风险自初始确认后并未显著增加。

6.2.7.6.2 2019年1月1日前适用的会计政策

除以公允价值计量且其变动计入当期损益的金融资产外，本公司于资产负债表日对金融资产的账面价值进行检查，如果有客观证据表明某项金融资产发生减值的，计提减值准备。

（1）可供出售金融资产的减值准备。期末如果可供出售金融资产的公允价值发生严重下降，或在综合考虑各种相关因素后，预期这种下降趋势属于非暂时性的，就认定其已发生减值，将原直接计入所有者权益的公允价值下降形成的累计损失一并转出，确认减值损失。本公司对可供出售权益工具投资的公允价值下跌“严重”的标准为：该权益工具在资产负债表日的公允价值低于其初始投资成本超过50%（含50%）。本公司对可供出售权益工具投资的公允价值下跌“非暂时性”的标准为：该权益工具的公允价值低于其初始成本持续时间超过1年（含1年）。

公司持有的在活跃市场中没有报价且公允价值不能可靠计量的存在减值迹象的权益工具投资，根据其账面价值与按类似金融资产当时市场收益率对未来现金流量折现确定的现值之间的差额确认减值损失，计入当期损益。

对于可供出售债务工具，通过评估是否存在如发行方或债务人发生严重财务困难、债务人违反了合同条款等客观证据，以判断可供出售债权类金融资产是否发生了减值。

对于已确认减值损失的可供出售债务工具，在随后的会计期间公允价值已上升且客观上与确认原减值损失确认后发生的事项有关的，原确认的减值损失予以转回，计入当期损益。

可供出售权益工具投资发生的减值损失，不通过损益转回。

（2）持有至到期投资的减值准备。持有至到期投资减值损失的计量比照应收款项减值损失计量方法处理。

6.2.8 贷款和应收款

贷款和应收款项主要是指金融企业发放的贷款和一般企业销售商品或提供劳务形成的应收款项等债权。贷款和应收款项在活跃市场中没有报价。

金融企业按当前市场条件发放的贷款，应按发放贷款的本金和相关交易费用之和作为初始确认金额。一般企业对外销售商品或提供劳务形成的应收债权，通常应按从购货方应收的合同或协议价款作为初始确认金额。

贷款持有期间所确认的利息收入，应当根据实际利率计算。实际利率应在取得贷款时确定，在该贷款预期存续期间或适用的更短期间内保持不变。实际利率与合同利率差别较小的，也可按合同利率计算利息收入。

企业收回或处置贷款和应收款项时，应将取得的价款与该贷款和应收款项账面价值之间的差额计入当期损益。

公司对外提供劳务形成的应收债权，以及公司持有的其他企业的不包括在活跃市场上有报价的债务工具的债权，包括应收账款、应收票据、预付账款、其他应收款、长期应收款等，以向购货方应收的合同或协议价款作为初始确认金额；具有融资性质的，按其现值进行初始确认。收回或处置时，将取得的价款与该应收款项账面价值之间的差额计入当期损益。

6.2.8.1 贷款和应收款坏账准备，自2019年1月1日起适用的会计政策

6.2.8.1.1 贷款

对于贷款，公司按照相当于整个存续期内预期信用损失的金额计量其损失准备，由此形成的损失准备的增加或转回金额，作为减值损失或利得计入当期损益。

本公司对每一单项贷款按其资产质量分为正常、关注、次级、可疑和损失五类，其主要分类的标准和计提损失准备的比例如下：

正常类：交易对手能够履行合同或协议，没有足够理由怀疑债务本金和收益不能按时足额偿还。计提损失准备为1%。

关注类：尽管交易对手目前有能力偿还，但存在一些可能对偿还产生不利影响的因素的债权类资产；交易对手的现金偿还能力出现明显问题，但交易对手抵押或质押的可变现资产大于等于其债务的本金及收益。计提损失准备为2%。

次级类：交易对手的偿还能力出现明显问题，完全依靠其正常经营收入无法足额偿还债务本金及收益，即使执行担保，也可能会造成一定损失。计提损失准备为25%。

可疑类：交易对手无法足额偿还债务本金及收益，即使执行担保，也肯定要造成较大损失。计提损失准备为50%。

损失类：在采取所有可能的措施或一切必要的法律程序后，资产及收益仍然无法收回，或只能收回极少部分。计提损失准备为100%。

如果有客观证据表明某项贷款已经发生信用减值，则本公司对该贷款单项计提坏账准备并确认预期信用损失。

6.2.8.1.2 应收账款（不含应收保理款）

对于应收账款，无论是否包含重大融资成分，本公司始终按照相当于整个存续期内预期信用损失的金额计量其损失准备，由此形成的损失准备的增加或转回金额，作为减值损失或利得计入当期损益。

本公司将该应收账款按类似信用风险特征（账龄）进行组合，并基于所有合理且有依据的信息，包括前瞻性信息，对该应收账款坏账准备的计提比例进行如下估计。

账龄	应收账款计提比例(%)
1~180 天	6
181~360 天	25
361~720 天	50
720 天以上	100

如果有客观证据表明某项应收账款已经发生信用减值，则本公司对该应收账款单项计提坏账准备并确认预期信用损失。

6.2.8.1.3　其他应收款

对于划分为组合的其他应收款，本公司参考历史信用损失经验，结合当前状况等预测未来 6~12 个月内或整个存续期预期信用损失率，计算预期信用损失。其中以账龄划分的其他应收款组合所计提预期信用损失率如下：

账龄	预期信用损失类型	计提比例(%)
1~180 天	未来 6 个月预期信用损失	6
181~360 天	未来 12 个月预期信用损失	25
361~720 天	整个存续期预期信用损失	50
720 天以上	整个存续期预期信用损失	100

如果有客观证据表明某项其他应收款已经发生信用减值，则本公司对该其他应收款单项计提坏账准备并确认预期信用损失。

本公司关联企业间的往来款在整个存续期内预期信用损失为零，关联企业间应收款项不计提坏账准备。

6.2.8.2　2019 年 1 月 1 日前适用的会计政策

6.2.8.2.1　贷款减值准备的确认标准和计提方法

自有贷款质量分为正常类、关注类、次级类、可疑类和损失类五类，其主要分类的标准和计提损失准备的比例如下：

正常类：能够按账面价值随时变现；有足够理由证明现值大于或等于账面价值（以成本与市价孰低原则衡量）；交易对手能够履行合同或协议，没有足够理由怀疑债务本金和收益不能按时足额偿还。计提损失准备为 1%。

关注类：已经按成本与市价孰低原则提足准备，相当于市场价值部分的权益类资产；有足够理由证明资产价值的减值程度控制在 2% 以内；尽管交易对手目前有能力偿还，但存在一些可能对偿还产生不利影响的因素的债权类资产；交易对手的现金偿还能力出现明显问题，但交易对手抵押或质押的可变现资产大于等于其债务的本金及收益。计提损失准备为 2%。

次级类：有足够理由证明资产价值的减值程度可以控制在 2%~25%；交易对手的偿还能力出现明显问题，完全依靠其正常经营收入无法足额偿还债务本金及收益，即使执行担保，也可能会造成一定损失。计提损失准备为 25%。

可疑类：有足够能力证明资产价值的减值程度可以控制在 25%~50%；交易对手无法足额偿还债务本金及收益，即使执行担保，也肯定要造成较大损失。计提损失准备为 50%。

损失类：按成本与市价孰低原则计提准备的权益类资产，其中计提的准备金部分；有足够理由证明资产价值的减值程度在 50% 以上；在采取所有可能的措施或一切必要的法律程序后，资产及收益仍然无法收回，或只能收回极少部分；由于技术更新的原因造成固定资产、无形资产的贬值损失。计提损失准备为 100%。

6.2.8.2.2　应收款项减值准备

(1) 单项金额重大的应收款项坏账准备计提。单项金额重大的判断依据或金额标准：应收款项余额前五名或占应收款项余额 10% 以上的款项。单项金额重大应收款项坏账准备的计提方法：单独进行减值测试，按预计未来现金流量现值低于其账面价值的差额，计提坏账准备，确认减值损失。

(2) 应收款项质量以账龄作为主要参考因素，分为四档，其主要分类的标准和计提损失准备的比例如下：

档次	账龄	计提比例(%)
第一档	1~180 天	6
第二档	181~360 天	25
第三档	361~720 天	50
第四档	720 天以上	100

(3) 单项金额虽不重大但单项计提坏账准备的应收款项。单独进行减值测试，按预计未来现金流量现值低于其账面价值的差额计提坏账准备，计入当期损益。

6.2.9　买入返售金融资产和卖出回购金融资产款

购买时根据协议约定于未来某确定日返售的资产将不在资产负债表内予以确认。为买入该等资产所支付的成本，包括应计利息，在资产负债表中列示为买入返售款项。购入与返售价格之差额在协议期间内按实际利率法确认，计入利息收入。

根据协议约定于未来某确定日期回购的已售出资产不在资产负债表内予以终止确认。出售该等资产所得款项，包括应计利息，在资产负债表中列示为卖出回购款项，以反映其作为向本公司贷款的经济实质。售价与回购价之差额在协议期间内按实际利率法确认，计入利息支出。

证券借入和借出交易一般均附有抵押，以证券或现金作为抵押品。只有当与证券所有权相关的风险和收益同时转移时，与交易对手之间的证券转移才于资产负债表中反映。所支付的现金或收取的现金抵押品分别确认为资产或负债。

借入的证券不在资产负债表内确认。如该类证券出售给第三方，偿还债券的责任确认为为交易而持有的金融负债，并按公允价值计量。

6.2.10　持有待售

本公司将同时满足下列条件的非流动资产或处置组划分为持有待售类别：(1) 根据类似交易中出售此类资产或处置组的惯例，在当前状况下即可立即出售；(2) 出售极可能发生，即本公司已经就一项出售计划作出决议且获得确定的购买承诺，预计出售将在 1 年内完成。有关规定要求本公司相关权力机构或者监管部门批准后方可出售的，已经获得批准。

6.2.11　长期股权投资核算方法

6.2.11.1　共同控制、重大影响的判断标准

共同控制是指按照相关约定对某项安排所共有的控制，并且该安排的相关活动必须经过分享控制权的参与方一致同意后才能决策。公司与其他合营方一同对被投资单位实施共同控制且对被投资单位净资产享有权利的，被投资单位为本公司的合营企业。

重大影响是指对一个企业的财务和经营决策有参与决策的权力，但并不能够控制或者与其他方一起共同控制这些政策的制定。本公司能够对被投资单位施加重大影响的，被投资单位为本公司联营企业。

6.2.11.2 初始投资成本的确定

6.2.11.2.1 企业合并形成的长期股权投资

同一控制下的企业合并:公司以支付现金、转让非现金资产或承担债务方式以及以发行权益性证券作为合并对价的,在合并日按照取得被合并方所有者权益在最终控制方合并财务报表中的账面价值的份额作为长期股权投资的初始投资成本。因追加投资等原因能够对同一控制下的被投资单位实施控制的,在合并日根据合并后应享有被合并方净资产在最终控制方合并财务报表中的账面价值的份额,确定长期股权投资的初始投资成本。合并日长期股权投资的初始投资成本,与达到合并前的长期股权投资账面价值加上合并日进一步取得股份新支付对价的账面价值之和的差额,调整股本溢价,股本溢价不足冲减的,冲减留存收益。

非同一控制下的企业合并:公司按照购买日确定的合并成本作为长期股权投资的初始投资成本。因追加投资等原因能够对非同一控制下的被投资单位实施控制的,按照原持有的股权投资账面价值加上新增投资成本之和,作为改按成本法核算的初始投资成本。

6.2.11.2.2 其他方式取得的长期股权投资

以支付现金方式取得的长期股权投资,按照实际支付的购买价款作为初始投资成本。

以发行权益性证券取得的长期股权投资,按照发行权益性证券的公允价值作为初始投资成本。

在非货币性资产交换具有商业实质,且换入资产或换出资产的公允价值能够可靠计量时,以公允价值为基础计量。如换入资产和换出资产的公允价值均能可靠计量的,对于换入的长期股权投资,以换出资产的公允价值和应支付的相关税费作为换入的长期股权投资的初始投资成本,除非有确凿证据表明换入资产的公允价值更加可靠。非货币性资产交换不具有商业实质,或换入资产和换出资产的公允价值均不能可靠计量的,对于换入的长期股权投资,以换出资产的账面价值和应支付的相关税费作为换入长期股权投资的初始投资成本。

通过债务重组取得的长期股权投资,以所放弃债权的公允价值和可直接归属于该资产的税金等其他成本确定其入账价值,并将所放弃债权的公允价值与账面价值之间的差额,计入当期损益。

6.2.11.3 后续计量及损益确认方法

6.2.11.3.1 成本法核算的长期股权投资

公司对子公司的长期股权投资,采用成本法核算。除取得投资时实际支付的价款或对价中包含的已宣告但尚未发放的现金股利或利润外,公司按照享有被投资单位宣告发放的现金股利或利润确认当期投资收益。

6.2.11.3.2 权益法核算的长期股权投资

对联营企业和合营企业的长期股权投资,采用权益法核算。初始投资成本大于投资时应享有被投资单位可辨认净资产公允价值份额的差额,不调整长期股权投资的初始投资成本;初始投资成本小于投资时应享有被投资单位可辨认净资产公允价值份额的差额,计入当期损益。

公司按照应享有或应分担的被投资单位实现的净损益和其他综合收益的份额,分别确认投资收益和其他综合收益,同时调整长期股权投资的账面价值;按照被投资单位宣告分派的利润或现金股利计算应享有的部分,相应减少长期股权投资的账面价值;对于被投资单位除净损益、其他综合收益和利润分配以外所有者权益的其他变动,调整长期股权投资的账面价值并计入所有者权益。

在确认应享有被投资单位净损益的份额时,以取得投资时被投资单位可辨认净资产的公允价值为基础,并按照公司的会计政策及会计期间,对被投资单位的净利润进行调整后确认。在持有投资期间,被投资单位编制合并财务报表的,以合并财务报表中的净利润、其他综合收益和其他所有者权益变动中归属于被投资单位的金额为基础进行核算。

公司与联营企业、合营企业之间发生的未实现内部交易损益按照应享有的比例计算归属于公司的部分,予以抵销,在此基础上确认投资收益。与被投资单位发生的未实现内部交易损失,属于资产减值损失的,全额确认。

在公司确认应分担被投资单位发生的亏损时,按照以下顺序进行处理:首先,冲减长期股权投资的账面价值;其次,长期股权投资的账面价值不足以冲减的,以其他实质上构成对被投资单位净投资的长期权益账面价值为限继续确认投资损失,冲减长期应收项目等的账面价值;最后,经过上述处理,按照投资合同或协议约定企业仍承担额外义务的,按预计承担的义务确认预计负债,计入当期投资损失。

6.2.11.3.3 长期股权投资的处置

处置长期股权投资,其账面价值与实际取得价款的差额,计入当期损益。

采用权益法核算的长期股权投资,在处置该项投资时,采用与被投资单位直接处置相关资产或负债相同的基础,按相应比例对原计入其他综合收益的部分进行会计处理。因被投资单位除净损益、其他综合收益和利润分配以外的其他所有者权益变动而确认的所有者权益,按比例结转入当期损益,由于被投资方重新计量设定受益计划净负债或净资产变动而产生的其他综合收益除外。

因处置部分股权投资等原因丧失了对被投资单位的共同控制或重大影响的,处置后的剩余股权改按金融工具确认和计量准则核算,其在丧失共同控制或重大影响之日的公允价值与账面价值之间的差额计入当期损益。原股权投资因采用权益法核算而确认的其他综合收益,在终止采用权益法核算时采用与被投资单位直接处置相关资产或负债相同的基础进行会计处理。因被投资方除净损益、其他综合收益和利润分配以外的其他所有者权益变动而确认的所有者权益,在终止采用权益法核算时全部转入当期损益。

因处置部分股权投资、因其他投资方对子公司增资而导致本公司持股比例下降等原因丧失了对被投资单位控制权的,在编制个别财务报表时,剩余股权能够对被投资单位实施共同控制或重大影响的,改按权益法核算,并对该剩余股权视同自取得时即采用权益法核算进行调整;剩余股权不能对被投资单位实施共同控制或施加重大影响的,改按金融工具确认和计量准则的有关规定进行会计处理,其在丧失控制之日的公允价值与账面价值间的差额计入当期损益。

处置的股权是因追加投资等原因通过企业合并取得的,在编制个别财务报表时,处置后的剩余股权采用成本法或权益法核算的,购买日之前持有的股权投资因采用权益法核算而确认的其他综合收益和其他所有者权益按比例结转；处置后的剩余股权改按金融工具确认和计量准则进行会计处理的，其他综合收益和其他所有者权益全部结转。

6.2.12 固定资产

6.2.12.1 固定资产确认条件

固定资产指为生产商品、提供劳务、出租或经营管理而持有，并且使用寿命超过一个会计年度的有形资产。固定资产在同时满足下列条件时予以确认：（1）与该固定资产有关的经济利益很可能流入企业；（2）该固定资产的成本能够可靠地计量。

6.2.12.2 折旧方法

固定资产折旧采用年限平均法分类计提，根据固定资产类别、预计使用寿命和预计净残值率确定折旧率。如固定资产各组成部分的使用寿命不同或者以不同方式为企业提供经济利益，则选择不同折旧率或折旧方法，分别计提折旧。

各类固定资产折旧方法、折旧年限、残值率和年折旧率如下：

类　别	折旧方法	折旧年限（年）	净残值率（%）	年折旧率（%）
电子设备	平均年限法	3、5	5	19、31.67
运输工具	平均年限法	4、5	5	19、23.75
机具设备	平均年限法	5	5	19
业务设备	平均年限法	5	5	19
家具设备	平均年限法	5	5	19
其　他	平均年限法	5	5	19

6.2.13 无形资产

6.2.13.1 无形资产的计价方法

6.2.13.1.1 本公司取得无形资产时按成本进行初始计量

外购无形资产的成本，包括购买价款、相关税费以及直接归属于使该项资产达到预定用途所发生的其他支出。购买无形资产的价款超过正常信用条件延期支付，实质上具有融资性质的，无形资产的成本以购买价款的现值为基础确定。

债务重组取得债务人用以抵债的无形资产，以该无形资产的公允价值为基础确定其入账价值，并将重组债务的账面价值与该用以抵债的无形资产公允价值之间的差额，计入当期损益。

在非货币性资产交换具备商业实质且换入资产或换出资产的公允价值能够可靠计量的前提下，非货币性资产交换换入的无形资产以换出资产的公允价值为基础确定其入账价值，除非有确凿证据表明换入资产的公允价值更加可靠；不满足上述前提的非货币性资产交换，以换出资产的账面价值和应支付的相关税费作为换入无形资产的成本，不确认损益。

6.2.13.1.2 后续计量

在取得无形资产时分析判断其使用寿命。

对于使用寿命有限的无形资产，在为企业带来经济利益的期限内按直线法摊销；无法预见无形资产为企业带来经济利益期限的，视为使用寿命不确定的无形资产，不予摊销。

6.2.13.2 使用寿命有限的无形资产的使用寿命估计情况

项　目	预计使用寿命（年）	依　据
电脑软件	5年	预计使用年限
车辆牌照	10年	按税法规定

每期末，对使用寿命有限的无形资产的使用寿命及摊销方法进行复核。

经复核，本年期末无形资产的使用寿命及摊销方法与以前估计未有不同。

6.2.14 长期资产减值

长期股权投资、采用成本模式计量的投资性房地产、固定资产、在建工程、使用寿命有限的无形资产等长期资产，于资产负债表日存在减值迹象的，进行减值测试。减值测试结果表明资产的可收回金额低于其账面价值的，按其差额计提减值准备并计入减值损失。可收回金额为资产的公允价值减去处置费用后的净额与资产预计未来现金流量的现值两者之间的较高者。资产减值准备按单项资产为基础计算并确认，如果难以对单项资产的可收回金额进行估计的，以该资产所属的资产组确定资产组的可收回金额。资产组是能够独立产生现金流入的最小资产组合。

商誉、使用寿命不确定的无形资产、尚未达到可使用状态的无形资产至少在每年年度终了进行减值测试。

本公司进行商誉减值测试，对于因企业合并形成的商誉的账面价值，自购买日起按照合理的方法分摊至相关的资产组；难以分摊至相关的资产组的，将其分摊至相关的资产组组合。本公司在分摊商誉的账面价值时，根据相关资产组或资产组组合能够从企业合并的协同效应中获得的相对受益情况进行分摊，在此基础上进行商誉减值测试。在对包含商誉的相关资产组或者资产组组合进行减值测试时，如与商誉相关的资产组或者资产组组合存在减值迹象的，先对不包含商誉的资产组或者资产组组合进行减值测试，计算可收回金额，并与相关账面价值相比较，确认相应的减值损失。再对包含商誉的资产组或者资产组组合进行减值测试，比较这些相关资产组或者资产组组合的账面价值（包括所分摊的商誉的账面价值部分）与其可收回金额，如相关资产组或者资产组组合的可收回金额低于其账面价值的，确认商誉的减值损失。

上述资产减值损失一经确认，在以后会计期间不予转回。

6.2.15 职工薪酬

6.2.15.1 短期薪酬的会计处理方法

本公司在职工为本公司提供服务的会计期间，将实际发生的短期薪酬确认为负债，并计入当期损益或相关资产成本。

本公司为职工缴纳的社会保险费和住房公积金，以及按规定提取的工会经费和职工教育经费，在职工为本公司提供服务的会计期间，根据规定的计提基础和计提比例计算确定相应的职工薪酬金额。

职工福利费为非货币性福利的，如能够可靠计量的，按照公允价值计量。

6.2.15.2 离职后福利的会计处理方法

设定提存计划。本公司按当地政府的相关规定为职工缴纳基本养老保险和失业保险，在职工为本公司提供服务的会计期间，按以当地规定的缴纳基数和比例计算应缴纳金额，确认为负债，并计入当期损益或相关资产成本。

除基本养老保险外，本公司还依据国家企业年金制度的相关政策建立了企业年金缴费制度（补充养老保险）/企业年金计划。本公司按职工工资总额的一定比例向当地社会保险机构缴费/年金计划缴费，相应支出计入当期损益或相关资产成本。

6.2.15.3　辞退福利的会计处理方法

本公司在不能单方面撤回因解除劳动关系计划或裁减建议所提供的辞退福利时，或确认与涉及支付辞退福利的重组相关的成本或费用时（两者孰早），确认辞退福利产生的职工薪酬负债，并计入当期损益。

6.2.16　收入确认原则和方法

6.2.16.1　手续费收入及佣金收入

6.2.16.1.1　信托管理费收入

信托合同到期，与委托人结算时，按信托合同规定的比例计算应由公司享有的管理费收益，确认为当期收益；或合同中规定公司按约定比例收取管理费和业绩报酬，则在合同期内分期确认管理费和业绩报酬收益。

6.2.16.1.2　顾问及咨询费收入

按照有关合同或协议约定，在向客户提供相关服务并收到款项时确认收入。

6.2.16.2　利息收入

6.2.16.2.1　发放贷款及垫款利息收入

按照客户使用本企业货币资金的时间和实际利率计算确定。实际利率与合同约定利率差别较小的，按合同约定利率确认为当期收入。

6.2.16.2.2　买入返售证券收入

按返售价格与买入成本价格的差额，确认为当期收入。实际利率与合同约定利率差别较小的，按合同约定利率确认为当期收入。

6.2.16.2.3　存放同业利息收入

在相关的收入金额能够可靠地计量，相关的经济利益可以收到时，按资金使用时间和实际利率确认利息收入。

6.2.17　政府补助

6.2.17.1　政府补助的类型

政府补助是本公司从政府无偿取得的货币性资产与非货币性资产，分为与资产相关的政府补助和与收益相关的政府补助。

与资产相关的政府补助是指本公司取得的、用于购建或以其他方式形成长期资产的政府补助。与收益相关的政府补助是指除与资产相关的政府补助之外的政府补助。

本公司将政府补助划分为与资产相关的具体标准为：政府文件明确规定补助对象为企业取得、购建或以其他方式形成的长期资产。

本公司将政府补助划分为与收益相关的具体标准为：政府文件明确规定补助对象为费用支出或损失。

对于政府文件未明确规定补助对象，难以区分的，本公司将政府补助整体归类为与收益相关的政府补助，视情况不同计入当期损益，或者在项目期内分期确认为当期收益。

公司本期收到的政府补助主要为税费返还，公司认为该补助属于对过去发生费用的补偿，是与资产相关的补助之外的补助，因此将其作为与收益相关的政府补助。

6.2.17.2　政府补助确认时点

公司于实际收到款项时确认为政府补助。

6.2.17.3　政府补助会计处理

与资产相关的政府补助，冲减相关资产账面价值或确认为递延收益。确认为递延收益的，在相关资产使用寿命内按照合理、系统的方法分期计入当期损益（与本公司日常活动相关的，计入其他收益；与本公司日常活动无关的，计入营业外收入）。

与收益相关的政府补助，用于补偿本公司以后期间的相关成本费用或损失的，确认为递延收益，并在确认相关成本费用或损失的期间，计入当期损益（与本公司日常活动相关的，计入其他收益；与本公司日常活动无关的，计入营业外收入）或冲减相关成本费用或损失；用于补偿本公司已发生的相关成本费用或损失的，直接计入当期损益（与本公司日常活动相关的，计入其他收益；与本公司日常活动无关的，计入营业外收入）或冲减相关成本费用或损失。

6.2.18　递延所得税资产和递延所得税负债

对于可抵扣暂时性差异确认递延所得税资产，以未来期间很可能取得的用来抵扣可抵扣暂时性差异的应纳税所得额为限。对于能够结转以后年度的可抵扣亏损和税款抵减，以很可能获得用来抵扣可抵扣亏损和税款抵减的未来应纳税所得额为限，确认相应的递延所得税资产。

对于应纳税暂时性差异，除特殊情况外，确认递延所得税负债。

不确认递延所得税资产或递延所得税负债的特殊情况包括：商誉的初始确认；除企业合并以外的发生时既不影响会计利润也不影响应纳税所得额（或可抵扣亏损）的其他交易或事项。

对与子公司、联营企业及合营企业投资相关的应纳税暂时性差异，确认递延所得税负债，除非本公司能够控制该暂时性差异转回的时间且该暂时性差异在可预见的未来很可能不会转回。对与子公司、联营企业及合营企业投资相关的可抵扣暂时性差异，当该暂时性差异在可预见的未来很可能转回且未来很可能获得用来抵扣可抵扣暂时性差异的应纳税所得额时，确认递延所得税资产。

当拥有以净额结算的法定权利，且意图以净额结算或取得资产、清偿负债同时进行时，当期所得税资产及当期所得税负债以抵销后的净额列报。

当拥有以净额结算当期所得税资产及当期所得税负债的法定权利，且递延所得税资产及递延所得税负债是与同一税收征管部门对同一纳税主体征收的所得税相关或者是对不同的纳税主体相关，但在未来每一具有重要性的递延所得税资产及负债转回的期间内，涉及的纳税主体意图以净额结算当期所得税资产和负债或是同时取得资产、清偿负债时，递延所得税资产及递延所得税负债以抵销后的净额列报。

6.2.19　信托赔偿准备金

根据中国银行业监督管理委员会颁布的《信托公司管理办法》有关规定，公司按当年税后净利润的10%计提信托赔偿准备金。

6.2.20　一般风险准备

财政部印发《金融企业准备金计提管理办法》（财金[2012]20号），为了防范经营风险，增强金融企业抵御风险能力，金融企业应提取一般风险准备做为利润分配处理，并作为股东权益的组成部分。一般风险准备的计提比例由金融企业综合考虑所面临的风险状况等因素确定，原则上一般风险准备余额不低于风险资产期末余额的1.5%。

6.2.21　信托业保障基金

根据中国银行业监督管理委员会、财政部于2014年12月

10 日颁布的《信托业保障基金管理办法》（银监发[2014]50 号）及中国银监会办公厅于 2015 年 2 月 26 日颁发《中国银监会办公厅关于做好信托业保障基金筹集和管理等有关具体事项的通知》（银监办发[2015]32 号）的相关规定，信托业保障基金认购执行下列统一标准：(1)2015 年 4 月 1 日前信托公司按上年度未经审计的母公司净资产余额的 1%认购保障基金，以后年度以上年度末未经审计的母公司净资产余额为基数动态调整；(2)2015 年 4 月 1 日起新发行的资金信托按新发行金额的 1%计算并认购保障基金；(3)2015 年 4 月 1 日起新设立的财产信托按信托公司收取报酬的 5%计算并认购保障基金。

6.2.22 重要会计政策和会计估计的变更

6.2.22.1 重要会计政策变更

6.2.22.1.1 执行《企业会计准则第 22 号——金融工具确认和计量》《企业会计准则第 23 号——金融资产转移》《企业会计准则第 24 号——套期会计》和《企业会计准则第 37 号——金融工具列报》(2017 年修订)

财政部于 2017 年度修订了《企业会计准则第 22 号——金融工具确认和计量》《企业会计准则第 23 号——金融资产转移》《企业会计准则第 24 号——套期会计》和《企业会计准则第 37 号——金融工具列报》。本公司自 2019 年 1 月 1 日起开始执行上述新金融工具准则。根据新金融工具准则的衔接规定，对于首次执行日尚未终止确认的金融工具，之前的确认和计量与修订后的准则要求不一致的，应当追溯调整。涉及前期比较财务报表数据与修订后的准则要求不一致的，无需调整。本公司将因追溯调整产生的累积影响数调整首次执行当年年初留存收益和其他综合收益，执行上述准则的主要影响如下：

会计政策变更的内容和原因	受影响的报表项目名称和金额
	本公司
(1)因报表项目名称变更，将"以公允价值计量且其变动计入当期损益的金融资产"重分类至"交易性金融资产"。	以公允价值计量且其变动计入当期损益的金融资产减少 212.74 万元。 交易性金融资产(负债)增加 212.74 万元。
(2)可供出售权益工具投资重分类为"以公允价值计量且其变动计入当期损益的金融资产"。	交易性金融资产增加 701 641.84 万元。 其他资产增加 1 250.00 万元。 可供出售金融资产减少 702 406.53 万元。 可供出售金融资产减值准备：减少 814.23 万元。 其他综合收益减少 485.31 万元。 留存收益增加 1 178.21 万元。 递延所得税负债增加 121.33 万元。
(3)非交易性的可供出售权益工具投资指定为"以公允价值计量且其变动计入其他综合收益的金融资产"。	可供出售金融资产减少 3 209.07 万元。 可供出售金融资产减值准备减少 1 604.54 万元。 其他权益工具投资增加 1 604.54 万元。 其他综合收益减少 1 604.54 万元。 留存收益增加 1 604.54 万元。
(4)可供出售债务工具投资重分类为"以摊余成本计量的金融资产"。	可供出售金融资产减少 95 946.09 万元。 债权投资增加 95 946.09 万元。
(5)关联方的应收款项因被认定为在整个存续期内预期信用损失为零，冲减原计提坏账准备对公司的影响。	其他资产—其他应收款坏账准备减少 11.74 万元。 递延所得税资产减少 2.93 万元。 留存收益增加 8.81 万元。

2019 年 1 月 1 日各项金融资产和金融负债按照修订前后金融工具确认计量准则的规定进行分类和计量结果对比如下：

单位：万元

原金融工具准则			新金融工具准则		
列报项目	计量类型	账面价值(万元)	列报项目	计量类型	账面价值(万元)
现金及存放中央银行款项	摊余成本		现金及存放中央银行款项	摊余成本	
存放同业款项	摊余成本		存放同业款项	摊余成本	
发放贷款和垫款	摊余成本	77 220.00	发放贷款和垫款	摊余成本	77 220.00
			发放贷款和垫款	以公允价值计量且其变动计入其他综合收益	
			发放贷款和垫款	以公允价值计量且其变动计入当期损益	
以公允价值计量且其变动计入当期损益的金融资产	以公允价值计量且其变动计入当期损益	212.74	交易性金融资产	以公允价值计量且其变动计入当期损益	212.74
可供出售金融资产	以公允价值计量且其变动计入其他综合收益(债务工具)	95 946.09	债权投资	摊余成本	95 946.09
			其他债权投资	以公允价值计量且其变动计入其他综合收益	
	以公允价值计量且其变动计入其他综合收益（权益工具)		交易性金融资产	以公允价值计量且其变动计入当期损益	
			交易性金融资产	以公允价值计量且其变动计入当期损益	
	以成本计量(权益工具)	703 196.83	其他权益工具投资	以公允价值计量且其变动计入其他综合收益	
			交易性金融资产	以公允价值计量且其变动计入当期损益	700 342.29
			其他权益工具投资	以公允价值计量且其变动计入其他综合收益	1 604.54
			其他资产	以公允价值计量且其变动计入其他综合收益	1 250.00

6.2.22.1.2 执行《企业会计准则第7号——非货币性资产交换》(2019修订)情况

财政部于2019年5月9日发布了《企业会计准则第7号——非货币性资产交换》(2019修订)(财会[2019]8号),修订后的准则自2019年6月10日起施行,对2019年1月1日至本准则施行日之间发生的非货币性资产交换,应根据本准则进行调整。对2019年1月1日之前发生的非货币性资产交换,不需要按照本准则的规定进行追溯调整。本公司执行上述准则在本报告期内无影响。

6.2.22.1.3 执行《企业会计准则第12号——债务重组》(2019修订)

财政部于2019年5月16日发布了《企业会计准则第12号——债务重组》(2019修订)(财会[2019]9号),修订后的准则自2019年6月17日起施行,对2019年1月1日至本准则施行日之间发生的债务重组,应根据本准则进行调整。对2019年1月1日之前发生的债务重组,不需要按照本准则的规定进行追溯调整。本公司执行上述准则在本报告期内无影响。

6.2.22.2 重要会计估计变更

报告期本公司主要会计估计未发生变更。

6.2.22.3 2019年1月1日首次执行新金融工具准则调整首次执行当年年初财务报表相关项目情况

单位:万元

科目	上年年末余额	年初余额	调整数		
			重分类	重新计量	合计
资产:	9.38	9.38	—	—	—
现金及存放中央银行款项	22 494.05	22 494.05	—	—	—
存放同业款项	—	—	—	—	—
贵金属	—	—	—	—	—
拆出资金	—	—	—	—	—
衍生金融资产	—	—	—	—	—
买入返售金融资产	—	—	—	—	—
持有待售资产	77 220.00	77 220.00	—	—	—
发放贷款和垫款	—	—	—	—	—
金融投资:	不适用	701 854.58	700 555.04	1 299.54	701 854.58
交易性金融资产	不适用	95 946.09	95 946.09	—	95 946.09
债权投资	不适用	—	—	—	—
其他债权投资	不适用	1 604.54	1 604.54		1 604.54
其他权益工具投资	212.74	不适用	-212.74	—	-212.74
以公允价值计量且其变动计入当期损益的金融资产	799 142.92	不适用	-799 142.92	—	-799 142.92
可供出售金融资产	—	不适用	—	—	—
持有至到期投资	—	不适用	—	—	—
应收款项类投资	4 285.42	4 285.42	—	—	—
长期股权投资	—	—	—	—	—
投资性房地产	760.72	760.72	—	—	—
固定资产	—	—	—	—	—
在建工程	1 977.24	1 977.24	—	—	—
无形资产	—	—	—	—	—
商誉	3 622.32	3 619.39	—	-2.93	-2.93
递延所得税资产	80 512.16	81 773.90	1 250.00	11.74	1 261.74
其他资产	990 236.96	991 545.31	—	1 308.35	1 308.35
资产总计	—	—	—	—	—

续表

科目	上年年末余额	年初余额	调整数		
			重分类	重新计量	合计
负债:					
向中央银行借款	—	—	—	—	—
同业及其他金融机构存放款项	—	—	—	—	—
拆入资金	不适用	—	—	—	
交易性金融负债	—	不适用	—	—	—
以公允价值计量且其变动计入当期损益的金融负债	—	—	—	—	—
衍生金融负债	—	—	—	—	—
卖出回购金融资产款	—	—	—	—	
吸收存款	29 981.22	29 981.22	—	—	
应付职工薪酬	54 883.20	54 883.20	—	—	—
应交税费	—	—	—	—	
持有待售负债	—	—	—	—	
预计负债	—	—	—	—	
应付债券	—	—	—	—	
其中:优先股	—	—	—	—	—
永续债	—	—	—	—	
长期应付职工薪酬	38.90	160.23	—	121.33	121.33
递延所得税负债	256 477.60	256 477.60	—	—	—
其他负债	341 380.92	341 502.25	—	121.33	121.33
负债合计	—	—	—	—	—
所有者权益(或股东权益):	460 268.46	460 268.46	—	—	—
实收资本(或股本)	—	—	—	—	—
其他权益工具	—	—	—	—	
其中:优先股	—	—	—	—	—
永续债	9 096.93	9 096.93	—	—	—
资本公积	—	—	—	—	—
减:库存股	337.42	-1 604.54	—	-1 941.96	-1 941.96
其他综合收益	41 980.38	42 293.27	—	312.89	312.89
盈余公积	14 778.98	14 778.98	—	—	—
一般风险准备	37 286.14	37 599.04	—	312.90	312.90
信托赔偿准备金	85 107.73	87 610.92	—	2 503.19	2 503.19
未分配利润	648 856.04	650 043.06	—	1 187.02	1 187.02
所有者权益(或股东权益)合计	990 236.96	991 545.31	—	1 308.35	1 308.35
负债和所有者权益(或股东权益)总计	9.38	9.38	—	—	—

6.3 或有事项说明

无。

6.4 重要资产转让及出售说明

本公司无上述情况。

6.5 会计报表中重要项目的明细资料

6.5.1 自营资产经营情况

6.5.1.1 信用风险资产情况

信用风险资产五级分类	正常类（万元）	关注类（万元）	次级类（万元）	可疑类（万元）	损失类（万元）	信用风险资产合计（万元）	不良资产合计（万元）	不良资产率（%）
上年年末数	972 353.47	5 172.13	1 547.33	5 724.99	1 000.00	985 797.92	8 272.32	0.84
期末数	926 053.18	75 753.79	132.63	2 500.00	1 000.00	1 005 439.60	3 632.63	0.36

注:不良资产合计 = 次级类 + 可疑类 + 损失类。

6.5.1.2 各项资产减值损失准备情况

单位:万元

	上年年末数	本期计提	本期转回	本期核销	期末数
贷款损失准备	780.00	2 512.57	1 090.00	—	2 202.57
一般准备	—	—	—	—	—
专项准备	—	—	—	—	—
其他资产减值准备	5 229.50	-2 797.25	—	—	2 432.25
可供出售金融资产减值准备	3 668.77	-1 250.00	2 418.77	—	—
持有至到期投资减值准备	—	—	—	—	—
其他债权投资减值准备	—	1 250.00	—	—	1 250.00
长期股权投资减值准备	—	—	—	—	—
坏账准备	1 519.94	-378.48	—	—	1 141.46
抵债资产减值准备	40.79	—	—	—	40.79

6.5.1.3 固有业务股票投资、基金投资、债券投资、股权投资等投资业务情况

单位:万元

	自营股票	基金	债券	股权投资	其他投资	合计
上年年末数	3 131.66	96 367.86	0.00	12 869.27	762 264.69	874 633.48
期末数	3 128.00	23 656.54	100.60	11 223.55	767 513.67	805 622.36

6.5.1.4 前五名的自营长期股权投资情况

企业名称	占被投资企业权益的比例(%)	主要经营活动	投资损益(万元)
1. 柏瑞爱建资产管理(上海)有限公司	35.67	资产经营管理	-156.78
2. 上海正浩资产管理有限公司	12.75	资产经营管理	—
3. 天安保险股份有限公司	0.12	保险	—
4. 上海汇付互联网金融信息创业股权投资中心(有限合伙)	6.45	投资	—

注:投资损益是指按照企业会计准则规定,核算股权投资确认损益并计入披露年度利润表的金额。

6.5.1.5 前五名的自营贷款情况

企业名称	占贷款总额的比例(%)	还款情况
1. 如皋锐进贸易有限公司	29.98	贷款尚未到期
2. 中如建工集团有限公司	16.10	贷款尚未到期
3. 永修新鸿房地产开发有限公司	13.70	贷款尚未到期
4. 上海易笙贸易有限公司	9.25	贷款尚未到期
5. 上海申光食用化学品有限责任公司	8.03	贷款尚未到期

6.5.1.6 表外业务情况

单位:万元

表外业务	期初数	期末数
担保业务	—	—
代理业务(委托业务)	57 229.97	57 227.97
其他	69 712.11	68 712.11
合计	126 942.08	125 940.08

注:其他主要反映信托代保管项目。

6.5.1.7 公司当年的收入结构

续表

收入结构	金额(万元)	占比(%)
手续费及佣金收入	207 398.50	76.44
其中:信托业务收入	207 141.64	76.34
投资银行业务收入	249.66	0.09
利息收入	11 116.92	4.10
其他业务收入	—	—
其中:计入信托业务收入部分	—	—
投资收益	53 026.80	19.54
其中:股权投资收益	-108.23	-0.04
证券投资收益	303.37	0.11
其他投资收益	52 831.66	19.47
公允价值变动收益	-384.60	-0.14
其他收益	28.76	0.01
营业外收入	11.90	—
收入合计	271 324.00	100.00

注:手续费及佣金收入、利息收入、其他业务收入、投资收益、营业外收入均应为损益表中的科目,其中手续费及佣金收入、利息收入、营业外收入为未抵减掉相应支出的全年累计实现收入数。

6.5.2 信托财产管理情况

6.5.2.1 信托资产情况

6.5.2.1.1 非事务管理型信托业务的信托资产情况

单位:万元

非事务管理型信托资产	期初数	期末数
证券投资类	247 123.33	378 210.93
股权投资类	1 110 111.58	1 221 370.45
融资类	4 924 080.71	6 173 376.38
其他类	1 102 414.43	706 407.73
合计	7 383 730.05	8 479 365.49

6.5.2.1.2 事务管理型信托业务的信托资产情况

单位:万元

事务管理型信托资产	期初数	期末数
证券投资类	632 020.81	305 755.35
股权投资类	2 779 091.24	2 094 968.32
融资类	7 237 503.95	4 968 339.95
其他类	7 379 978.40	2 460 964.15
合计	18 028 594.40	9 830 027.77

6.5.2.2 本年度已清算的信托项目情况

6.5.2.2.1 本年度已清算的信托项目情况

已清算结束信托项目	项目个数(个)	实收信托合计金额(万元)	加权平均实际年化收益率(%)
集合类	193	10 549 423.20	-0.30
单一类	100	4 423 297.40	6.41
财产管理类	6	531 048.64	6.23

6.5.2.2.2 本年度已清算结束的非事务管理型信托项目情况

已清算结束信托项目	项目个数(个)	实收信托合计金额(万元)	加权平均实际年化信托报酬率(%)	加权平均实际年化收益率(%)
证券投资类	1	6 400.00	0.64	0.72
股权投资类	14	867 210.00	2.83	8.02
融资类	110	4 471 812.97	2.68	7.07
其他类	29	767 917.62	1.37	6.31

6.5.2.2.3 本年度已清算结束的事务管理型信托项目情况

已清算结束信托项目	项目个数(个)	实收信托合计金额(万元)	加权平均实际年化信托报酬率(%)	加权平均实际年化收益率(%)
证券投资类	15	358 157.00	0.22	-1.35
股权投资类	6	259 895.33	0.14	4.45
融资类	89	3 816 919.40	0.18	6.63
其他类	35	4 955 456.92	0.17%	-8.26

6.5.2.3　本年度新增的信托项目情况表

新增信托项目	项目个数（个）	实收信托合计金额（万元）
集合类	306	8 445 877.00
单一类	57	1 394 933.50
财产管理类	10	385 318.00
新增合计	373	10 226 128.50
其中：非事务管理型	307	8 663 927.00
事务管理型	66	1 562 201.50

6.5.2.4　信托业务创新成果和特色业务有关情况

2019年，公司根据市场及政策变化情况积极拓展创新业务，成立了普惠金融事业部、供应链金融总部，公司继续重点推进了供应链金融、消费金融和股权投资等符合监管政策导向的业务，使得公司业务类型更趋多元，降低了单一业务的集中度风险。从创新业务的实际推进情况上看，2019年公司成功落地了供应链金融、消费金融、ABN、慈善信托等新型业务。在权益投资方面，公司组织投研团队继续研究市场动向、分析上市公司基本面、探讨和调整证券投资策略，通过信托计划进行证券投资业务。在创新业务开展过程中，公司注重法律法规要求和监管文件精神，努力创建合规经营和全面风险管理的企业管理文化。

6.5.2.5　公司履行受托人义务情况及因本公司自身责任而导致的信托资产损失情况

无。

6.5.2.6　信托赔偿准备金的提取、使用和管理情况

根据中国银行保险监督管理委员会颁布的《信托公司管理办法》有关规定，公司按当年税后净利润的10%计提信托赔偿准备金。2019年公司提取信托赔偿准备金12 378.65万元。

截至报告期末，公司未发生对信托产品赔偿的事项。

6.6　关联方关系及其交易

6.6.1　关联交易

	关联交易方数量（个）	关联交易金额（万元）	定价政策
合计	29	363 006.54	按不含税市场公允价值确定

6.6.2　关联方关系

关系性质	关联方名称	法定代表人	注册地址	注册资本（万元）	主营业务
母公司	上海爱建集团股份有限公司	王均金	上海浦东新区泰谷路168号	162 192.2452	实业投资，投资管理，外经贸部批准的进出口业务（按批文），商务咨询。
重大影响	柏瑞爱建资产管理（上海）有限公司	房伟力	中国（上海）自由贸易试验区业盛路188号	15 000	资产经营管理

6.6.3　本公司与关联方的重大交易事项

6.6.3.1　固有与关联方之间交易情况

单位：万元

固有与关联方关联交易				
	期初数	借方发生额	贷方发生额	期末数
贷款	—	—	—	—
投资	—	—	—	—
租赁及物业管理	—	1 545.17	1 545.17	—
担保	—	—	—	—
应收账款	—	—	—	—
其他	—	572.49	572.49	—
合计	—	2 117.66	2 117.66	—

6.6.3.2　信托与关联方交易情况

单位：万元

信托与关联方关联交易				
	期初数	借方发生额	贷方发生额	期末数
贷款	—	—	—	—
投资	—	—	—	—
租赁	—	—	—	—
担保	—	—	—	—
应收账款	—	—	—	—
其他（提供服务）	—	9 377.32	9 377.32	—
其他（认购/受让/转让）	167 967.97	351 511.56	302 592.54	119 048.95
合计	167 967.97	360 888.88	311 969.86	119 048.95

6.6.3.3　信托公司自有资金运用于自己管理的信托项目（固信交易）、信托公司管理的信托项目之间的相互（信信交易）交易情况

6.6.3.3.1　固有与信托财产之间的交易情况

单位：万元

固有财产与信托财产相互交易			
	期初数	本期发生额	期末数
合计	687 228.33	58 601.25	745 829.58

6.6.3.3.2　信托项目之间的交易情况

单位：万元

信托资产与信托财产相互交易			
	期初数	本期发生净额	期末数
合计	391 453.10	−321 547.10	69 906.00

6.6.4　关联方逾期未偿还公司资金的详细情况以及公司为关联方担保发生或即将发生垫款的详细情况

无。

6.7　会计制度的披露

本公司固有业务自2007年起执行财政部2006年颁布的《企业会计准则》进行会计核算；并根据《企业会计准则第30号——财务报表列表》有关规定及应用指南中商业银行会计报表格式进行编制。

本公司已执行财政部于2014年颁布的下列新的及修订的企业会计准则：

《企业会计准则—基本准则》(修订)、《企业会计准则第2号——长期股权投资》(修订)、《企业会计准则第9号——职工薪酬》(修订)、《企业会计准则第30号——财务报表列报》(修订)、《企业会计准则第33号——合并财务报表》(修订)、《企业会计准则第37号——金融工具列报》(修订)、《企业会计准则第39号——公允价值计量》、《企业会计准则第40号——合营安排》、《企业会计准则第41号——在其他主体中权益的披露》、《企业会计准则第22号——金融工具确认和计量》(修订)、《企业会计准则第23号——金融资产转移》(修订)、《企业会计准则第24号——套期会计》(修订)、《企业会计准则第37号——金融工具列报》(修订)。

本公司信托业务自2010年起执行财政部2006年颁布的《企业会计准则》进行会计核算;并参照《企业会计准则第30号——财务报表列表》有关规定及应用指南中商业银行会计报表格式进行编制。

7. 财务情况说明书

7.1 利润实现和分配情况

2019年,公司实现净利润为123 786.43万元,计提盈余公积12 378.65万元、信托赔偿准备金12 378.65万元及一般风险准备金363.32万元后,未分配利润为156 489.04万元。

7.2 主要财务指标

指标名称	指标值
资本利润率(%)	17.77
加权年化信托报酬率(%)	1.10
人均净利润(万元)	265.64

注:1. 资本利润率=净利润/所有者权益平均余额×100%。

2. 加权年化信托报酬率=(已清算信托项目1的实际年化信托报酬率×已清算信托项目1的实收信托+已清算信托项目2的实际年化信托报酬率×已清算信托项目2的实收信托+…+已清算信托项目n的实际年化信托报酬率×已清算信托项目n的实收信托)/(已清算信托项目1的实收信托+已清算信托项目2的实收信托+…+已清算信托项目n的实收信托)×100%。

3. 人均净利润=净利润/年平均人数。

4. 平均值采取年初、年末余额简单平均法,公式为:a(平均)=(年初数+年末数)/2。

7.3 对本公司财务状况、经营成果有重大影响的其他事项

无。

8. 特别事项揭示

8.1 前五名股东报告期内变动情况及原因

无。

8.2 董事、监事及高级管理人员变动情况及原因

2019年11月18日,上海银保监局核准朱亚天爱建信托总经理助理任职资格。

2019年12月18日起,杨毅不再担任公司监事。

8.3 公司的重大未决诉讼事项

公司的重大未决诉讼事项1件,为方大炭素诉损害债权人利益责任纠纷案件。

爱建信托于2014年12月收到上海一中院签发的应诉通知书及民事起诉状,原告方大炭素新材料科技股份有限公司(以下简称方大炭素)诉爱建信托等承担股东出资款不到位所导致的损失赔偿责任,其中爱建信托承担股东出资8 690万元及利息。该诉讼系爱建信托作为信托代持股东所引发的法律纠纷,所涉股东出资问题,经初步核查,已按法定程序完成,依法不应承担其他责任,爱建信托已积极应诉。之后原告方大炭素以证据尚不完善为由,向上海一中院申请撤回对被告爱建信托的起诉。后该案移送至北京市第四中级人民法院审理。

2016年3月,方大炭素向北京市第四中级人民法院书面申请追加爱建信托为共同被告。2017年7月爱建信托收到北京市第四中级人民法院送达的一审民事判决书([2015]四中民(商)初字第00124号),判决爱建信托在未出资资本金以及利息范围内向原告承担补充赔偿责任,随后爱建信托于2017年7月向北京市最高人民法院递交了上诉状,2018年2月及12月北京市高级人民法院开庭审理本案。2019年7月公司收到北京市最高人民法院民事判决书([2017]京民终601号),维持原判。2019年8月,北京市第四中级人民法院出具裁定书([2019]京04执126号),扣划公司被冻结款存款5 600万元、美元存款660万元,另外冻结信托专户资金约3.24亿元。经公司与北京市第四中级人民法院执行局交涉,2019年9月公司收到通知书([2019]京04执126号),确认公司应付款约1.45亿元,现已履行完毕。冻结的账户均已解冻。

公司注意到审理法院在认定事实、适用法律上存在一定的不当与错误,于2019年8月向最高人民法院提出再审申请,力争保护公司的合法权益。2019年12月最高人民法院出具民事裁定书([2019]最高法民申4930号)。最高人民法院认为,爱建信托的再审申请符合《中华人民共和国民事诉讼法》第二百条规定的情形。最高人民法院依照《中华人民共和国民事诉讼法》第二百零四条、第二百零六条以及《最高人民法院关于适用中华人民共和国民事诉讼法的解释》第三百九十五条第一款规定裁定:(1)三门峡案件由最高人民法院提审;(2)再审期间,中止原判决的执行。

8.4 对会计师事务所出具的有保留意见、否定意见或无法表示意见的审计报告的说明

无。

8.5 公司及其董事、监事和高级管理人员受到处罚的情况

无。

8.6 监管意见及整改情况

2019年3月7日,上海银保监局向公司下发《上海银保监局关于上海爱建信托有限责任公司2018年度的监管意见》(沪银保监发[2019]20号)。收到监管意见后,公司高度重视,逐条对照监管意见及关注重点进行梳理,制定相应的落实方案和

计划。公司整改计划落实情况如下：通过发布T类账户使用规则、严控T类账户使用，持续做强直销团队、不断提升直销规模及比例，已基本落实“回归信托本源，有效改善流动性风险状况”；通过动态调整风控政策、实行多维度强化矩阵管理，推动存续项目期间管理进一步精细化、专业化，严格执行房地产压力测试、初步规范压力测试工作流程，持续加强业务集中度管理和交易对手管理，已基本落实“强化业务管控，切实防范房地产业务风险”；通过排查梳理事务管理类业务流程及合同，及时整改优化管理，进一步加强事务管理类业务期间管理及风险处置，明确风险处置原则，最大程度降低公司声誉风险，已落实“依据信托合同，严格履行事务管理类业务的受托责任”；通过持续健全销售合规管理机制、增修订系列销售管理制度，开展存续项目销售排查，检视问题即查即改，同时成立专门工作小组大力推进信息系统建设，已基本落实“做好销售管理，细致规范销售标准及流程”。

8.7 本年度重大事项临时报告

无。

8.8 中国银保监会及其省级派出机构认定的其他有必要让客户及相关利益人了解的重要信息

无。

9. 公司监事会意见

监事会对《上海爱建信托有限责任公司2019年度报告》的独立意见如下。

公司2019年度报告的编制和审议程序符合法律法规、《公司章程》和公司内部制度的各项规定。

公司2019年度报告的内容与格式符合监管部门的要求和规定，所包含的信息能从各方面真实地反映出公司2019年的经营管理和财务状况等事项。

在提出本意见前，没有发现参与年度报告编制和审议的人员有违反保密规定的行为。

上海国际信托有限公司

1. 重要提示

1.1 本公司董事会及董事保证本报告所载资料不存在任何虚假记载、误导性陈述或者重大遗漏,并对其内容的真实性、准确性和完整性承担个别及连带责任。年报中所列数据,除标示合并口径之外均为母公司口径。

1.2 本公司9名董事出席董事会会议,3名监事列席了本次会议。

1.3 本公司独立董事陈学彬、李宪明、谢荣声明:保证年度报告内容的真实、准确、完整。

1.4 毕马威华振会计师事务所(特殊普通合伙)根据中国注册会计师审计准则对本公司年度财务报告进行审计,出具了标准无保留意见的审计报告。

1.5 本公司董事长潘卫东、总经理陈兵、分管财务副总经理严军、会计部门负责人朱红声明:保证年度报告中财务报告的真实、完整。

2. 公司概况

2.1 公司简介

上海国际信托有限公司(以下简称公司)成立于1981年,注册资本金为50亿元。公司长期致力于产品创新,获得资产证券化、代客境外理财(QDII)业务受托人、股指期货交易业务资格、非金融企业债务融资工具承销商资格。公司曾被国务院指定为全国对外融资十大窗口之一;获地方金融机构最高信用评级(穆迪Baa2、标普BBB-);被指定为非银行金融机构首家合规试点单位;发起设立中国第一家信托登记机构——上海信托登记中心,并被推选为理事长单位;连续担任中国信托业协会副会长单位。近年来,公司先后荣获权威媒体评选的多项行业大奖;公司资产配置、QDII、新一代信息系统、ABS等项目先后获得"上海市政府金融创新奖"。此外,公司还荣膺上海黄浦区高端服务业十强企业,获得行业内外的广泛好评。

2019年,公司全面贯彻落实监管要求,在定位上回归本源、突出主业,不断深化风险管理,强化合规经营。公司进一步优化业务布局和结构,持续提升服务实体经济效能;公司投资类业务核心优势持续巩固,业务创新转型不断深化;公司坚持科技引领,打造转型发展源动力;公司加速资产管理和财富管理双轮驱动,推动财富管理转型,为公司高质量可持续发展打下了坚实基础。

2.1.1 基本信息

2.1.1.1 公司法定中文名称:上海国际信托有限公司
中文名称缩写:上海信托
公司法定英文名称:Shanghai International Trust Co., Ltd.
英文缩写:Shanghai Trust

2.1.1.2 法定代表人:潘卫东

2.1.1.3 注册地址:中国上海市九江路111号
邮政编码:200002
公司国际互联网网址:www.shanghaitrust.com
电子信箱:info@shanghaitrust.com

2.1.1.4 公司信息披露联系人:宋雪程
联系电话:021-23131111转
传真:021-63235348
电子信箱:info@shanghaitrust.com

2.1.1.5 公司选定的信息披露报纸:《上海证券报》《中国证券报》
公司年度报告备置地点:上海市九江路111号上投大厦3楼

2.1.1.6 公司聘请的会计师事务所:毕马威华振会计师事务所(特殊普通合伙)
住所:北京市东长安街1号东方广场东2座8层
联系电话:010-85085000

2.1.1.7 公司聘请的律师事务所:锦天城律师事务所
住所:上海市浦东新区银城中路501号上海中心大厦12层
联系电话:021-20511000

2.2 组织结构

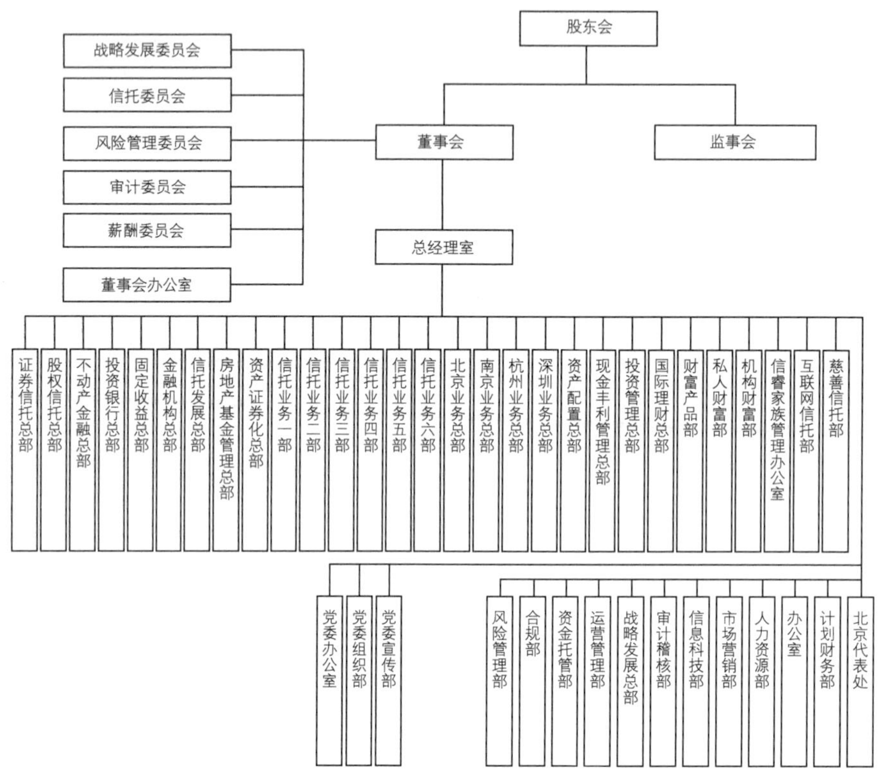

3. 公司治理

3.1 股东

公司前三位股东的主要情况：

股东名称	出资比例(%)	法人代表	注册资本(万元)	注册地址	主要经营业务	主要财务情况(万元)	
上海浦东发展银行股份有限公司★	97.3333	郑杨	2 935 208.0397	上海市中山东一路12号	吸收公众存款、发放短期、中期和长期贷款、办理结算、办理票据贴现、发行金融债券、代理发行、代理兑付、承销政府债券、买卖政府债券、同业拆借、提供信用证服务及担保等。	资产总额	700 592 900
						负债总额	644 487 800
						利润总额	6 981 700
						净利润	5 950 600
						股东权益合计	56 105 100
上海汽车集团股权投资有限公司	2.0000	王晓秋	403 102.40	上海市静安区威海路489号上汽大厦803室	股权投资，创业投资，资产管理。	资产总额	613 744.75
						负债总额	151 145.18
						利润总额	27 276.62
						净利润	20 807.75
						所有者权益	462 599.57
上海新黄浦实业集团股份有限公司	0.6667	仇瑜峰	67 339.6786	上海市北京东路668号西楼32层	房地产经营，旧危房改造，室内外建筑装潢，物业管理，房产咨询等。	资产总额	1 512 598.87
						负债总额	1 085 675.49
						利润总额	-49 848.57
						净利润	-54 230.89
						所有者权益	426 923.38

注：股东名称一栏中★为公司最终实际控制人。

3.2 董事

董事长、副董事长、董事

姓名	职务	性别	年龄（岁）	选任日期	所推举的股东名称	该股东持股比例（%）	简要履历
潘卫东	董事长	男	53	2016年4月	上海浦东发展银行股份有限公司	97.3333	经济学硕士研究生，中共党员，高级经济师，在中国人民银行杭州市分行计划资金处参加工作，曾任上海浦东发展银行宁波分行副行长，上海浦东发展银行昆明分行行长、党组书记，上海市金融服务办公室机构处处长（挂职）、上海国际集团有限公司总经理助理、副总裁，上海浦东发展银行党委委员、副行长，上海国际信托有限公司党委书记、董事长；现任上海浦东发展银行党委副书记、行长，上海国际信托有限公司董事长、法人代表。
陈　兵	董事	男	51	2016年4月	上海浦东发展银行股份有限公司	97.3333%	管理学博士，中共党员，高级经济师，金融工程师，曾任上海浦东发展银行总行综合计划科副科长，上海浦东发展银行大连分行资金财务部总经理（兼任会计部总经理）、上海浦东发展银行总行资金财务部总经理助理、个人银行管理会计部总经理、个人银行财富管理部总经理，上海国际信托有限公司党委委员、副总经理、董事会秘书、公司党委副书记、副董事长、总经理；现任上海国际信托有限公司党委书记、董事、总经理，兼任上投摩根基金管理有限公司董事长。
陈海宁	董事	男	48	2016年4月	上海浦东发展银行股份有限公司	97.3333	工学硕士，中共党员，经济师，曾任中国工商银行陕西省分行工商信贷处科长、信贷处副处长，工商东亚金融控股公司上海代表处代表，上海浦东发展银行总行公司金融部总经理助理、公司及投资银行总部贸易融资部总经理，上海浦东发展银行武汉分行党委委员、副行长、党委书记、行长，上海浦东发展银行资产负债管理部、战略发展部总经理；现任上海浦东发展银行资产负债管理部总经理，上海国际信托有限公司董事。
林仪桥	董事	男	46	2019年8月	上海浦东发展银行股份有限公司	97.3333	工商管理硕士，中共党员，会计师、经济师，曾就职于上海浦东发展银行存汇部、会计部、清算中心、产品开发部、资材部财务部，曾任上海浦东发展银行风险管理总部副科长、见习总经理、资金总部总经理助理、金融市场部总经理助理，上海浦东发展银行总行金融机构部总经理助理；现任上海浦东发展银行总行金融机构部副总经理，上海国际信托有限公司董事。
冯金安	董事	男	52	2019年3月	上海汽车集团股权投资有限公司	2	工商管理硕士，民建会员，研究员级高级工程师，曾就职于中航工业总公司第六一五研究所、杨浦城投集团、杨浦科技创新集团、上海汽车资产经营有限公司，曾任上海汽车集团股权投资有限公司副总经理，上海汽车资产经营有限公司担任总经理；现任上海汽车集团股权投资有限公司总经理，上海国际信托有限公司董事。
朱　红	职工董事	女	51	2017年4月	—	—	管理学硕士，群众，高级会计师，中国注册会计师，中国注册资产评估师，曾任上海浦东轮船公司财务部会计、主管会计、财务部经理，丹碧蔻国际贸易（上海）有限公司财务总监，上海国际信托有限公司计划财务部经理助理、副总经理；现任上海国际信托有限公司工会主席，计划财务部、资金托管部总经理，职工董事。

注：2019年8月23日经公司2019年第二次股东会议审议，同意增补林仪桥同志为公司第六届董事会董事，并于2020年1月17日获中国银保监会上海监管局核准任职资格。刘长江同志不再担任上海国际信托有限公司董事职务。

独立董事

姓名	所在单位及职务	性别	年龄（岁）	选任日期	所推举的股东名称	该股东持股比例（%）	简要履历
陈学彬	复旦大学金融研究院荣休教授	男	66	2016年4月	—	—	经济学博士，中共党员，教授，曾任四川省自贡市经济研究所研究所、计划委员会、体改委、信息中心研究员，上海财经大学金融学院教授，复旦大学金融研究院教授，已退休；现任上海国际信托有限公司独立董事。
李宪明	上海市锦天城律师事务所合伙人	男	50	2016年4月	—	—	法学博士，中共党员，执业律师，曾在吉林大学法学院工作；现任上海市锦天城律师事务所合伙人，上海国际信托有限公司独立董事。
谢　荣	上海国家会计学院荣休教授	男	67	2016年4月	—	—	会计学博士，中共党员，教授，曾任上海财经大学会计学系助教、讲师、副教授、教授、博士生导师、系副主任，毕马威华振会计师事务所合伙人，上海国家会计学院教授兼副院长，已退休；现任申万宏源独立董事，上海国际信托有限公司独立董事。

3.3 监事

监事会成员

姓名	职务	性别	年龄（岁）	选任日期	所推举的股东名称	该股东持股比例（%）	简要履历
赵峥嵘	监事长	男	57	2016年9月	上海浦东发展银行股份有限公司	97.3333	工商管理硕士，中共党员，高级经济师，曾任温州市文成县人民政府办公室副主任，中国工商银行温州市文成县支行行长、中国工商银行温州城西支行行长，中国工商银行温州分行副行长，上海浦东发展银行公司部副总经理，中国工商银行温州分行行长，中国工商银行杭州分行行长；现任上海国际信托有限公司党委副书记、纪委书记、监事长，兼任上投摩根基金管理有限公司监事会主席。
姚建东	监事	男	49	2016年4月	上海新黄浦实业集团股份有限公司	0.6667	高级会计师，曾任上海市第一建筑工程有限公司成本主管，长发集团上海房地产公司财务主管；现任上海新黄浦实业集团股份有限公司监事、总经理助理、审计合规部总经理，上海国际信托有限公司监事。
张懿弘	职工监事	男	53	2019年4月	—	—	大学毕业，经济师，曾就职于上海市缝纫机研究所、上海上投浦东经济发展公司、上国投浦分公司、上海国际信托有限公司资金信托总部、运营管理部。曾任上海国际信托有限公司运营管理部总经理助理（主持工作）、副总经理（主持工作）、总经理；现任上海国际信托有限公司审计稽核部总经理、职工监事。

本报告期公司监事会未设下属委员会。

3.4 高级管理人员

姓名	职务	性别	年龄（岁）	选任日期	金融从业年限（年）	学历（位）	专业	简要履历
陈兵	总经理	男	51	2016年4月	24	研究生 管理学博士	企业管理	管理学博士，中共党员，高级经济师，金融工程师，曾任上海浦东发展银行总行综合计划科副科长，上海浦东发展银行大连分行资金财务部总经理（兼任会计部总经理），上海浦东发展银行总行资金财务部总经理助理，总行个人银行管理会计部总经理，总行个人银行财富管理部总经理，上海国际信托有限公司党委委员、副总经理、董事会秘书，公司党委副书记、副董事长、总经理；现任上海国际信托有限公司党委书记、董事、总经理，兼任上投摩根基金管理有限公司董事长。
叶力俭	副总经理	男	47	2017年12月	21	本科 管理学硕士	企业管理	管理学硕士，中共党员，经济师，曾就职于黄浦区国有资产总公司、海通证券公司投资银行部，曾任上海国际信托有限公司资金信托总部科长，资金信托总部总经理助理、资产管理总部总经理助理、副总经理、资产管理总部总经理、投资管理总部总经理、信托发展总部总经理、公司党委委员、总经理助理；现任上海国际信托有限公司党委委员、副总经理。
吴海波	副总经理	男	45	2017年12月	10	研究生 经济学博士	金融学	经济学博士，中共党员，高级经济师，曾任上海国际集团有限公司发展研究部副科长，上海国际信托有限公司董事会办公室副主任、行政管理部副总经理、总经理，公司党委委员、总经理助理；现任上海国际信托有限公司党委委员、董事会秘书、副总经理，兼董事会办公室主任。
严　军	副总经理	男	51	2018年10月	21	研究生法学硕士	思想政治	法学硕士，中共党员，曾就职于合肥晶体管厂、安徽省机械设备成套局、上海浦东发展银行人事部，曾任上海浦东发展银行人事部副科长、科长，人力资源部干部一处副处长（主持工作）、上海浦东发展银行南京分行镇江支行副行长、总行纪检监察室监察一处处长，上海国际信托有限公司党委委员、纪委书记；现任上海国际信托有限公司党委委员、纪委委员、副总经理。
邹　俪	总经理助理	女	43	2017年1月	21	研究生经济学硕士	区域经济	经济学硕士，中共党员，经济师，曾任金华信托上海证券总部基金部项目经理，上海国际信托有限公司资金信托总部业务员、项目经理、运营管理部总经理助理，金融机构总部总经理助理、副总经理、总经理兼固定收益总部总经理；现任上海国际信托有限公司党委委员、总经理助理、合规总监。

3.5 公司员工

本报告期公司在岗员工 398 人,2018 年度公司在岗员工 395 人。

项目		报告期年度		上年度	
		人数(人)	比例(%)	人数(人)	比例(%)
年龄分布	25 岁以下	8	2.01	10	2.53
	25~29 岁	100	25.13	119	30.13
	30~39 岁	217	54.52	196	49.62
	40 岁以上	73	18.34	70	17.72
学历分布	博士	10	2.51	10	2.53
	硕士	268	67.34	264	66.84
	本科	112	28.14	113	28.61
	专科	7	1.76	7	1.77
	其他	1	0.25	1	0.25
岗位分布	董事、监事及其高管人员	9	2.26	9	2.28
	自营业务人员	10	2.51	9	2.28
	信托业务人员	244	61.31	254	64.05
	其他人员	135	33.92	123	31.39

注:1. 自营业务人员是指按照岗位分工,专门或至少主要从事固有资金使用和固有资产管理有关业务的职工。

2. 信托业务人员是指按照岗位分工,专门或主要从事信托资金使用和信托资产管理各项业务的职工。

3. 对于人力资源部等类似无法明确区分的综合部门归为其他人员。

4. 经营管理

4.1 经营目标、经营方针、战略规划

4.1.1 经营目标

本报告期内公司的经营目标是:积极适应当前经济社会环境发展新变化,把握加入浦发银行带来的巨大机遇,加强集团业务协同,推进公司信托业务和自营业务稳定、健康增长,以改革促转型,以风控保发展,做到风险可控、合法合规、积极创新,不断增强核心竞争力,全力开创上海信托高质量发展新局面。

4.1.2 经营方针

本报告期公司的经营方针是:诚信、专业、稳健、合规、创新。

4.1.3 战略规划

公司的战略规划是:在加入浦发银行集团的战略机遇下,紧紧抓住信托行业转型契机,持续大力发展资产管理和财富管理业务,构建平衡的业务组合和紧密的业务协同架构,形成"投资银行、资产配置、家族信托"三大业务板块,构建"基金化、投行化、股权化、国际化和数字化"的五大发展路径,全面提升公司前台、中台、后台管理效能,打造可持续的发展模式,为客户持续创造财富和价值,为社会发展持续贡献力量。公司积极适应经济结构转型升级的趋势,加强与浦发银行集团协同发展,顺势而为,深度挖掘有潜力的业务领域,与合作伙伴开展深度长期合作,创新出差异化、可持续的业务模式,努力形成新的盈利增长点;继续深化机制创新,以管理升级和专业化团队建设有效推动公司财富管理、家族信托和慈善信托业务的发展;牢固树立风险底线思维,持续优化风险管理架构,完善运营管理机制,构建坚实有效的风险防线;以强化内部管理为基础,加强精细化管理运作,在提升保障能力上出实效,努力把公司打造成为全球资产和财富管理服务提供商。

4.2 所经营业务的主要内容

4.2.1 经营的主要业务及品种

公司经营的主要业务为信托业务和自营业务。

4.2.1.1 信托业务

信托业务主要品种包括:(1)金融产品配置组合类信托。以高端客户的财富管理需求为出发点,凭借强大的投资管理能力和专业的资产配置能力,将投资者的资金在多种金融工具间进行组合投资,为投资者获取稳定安全的投资收益。(2)不动产金融类信托。选择房地产行业的优秀企业和优质项目,采用灵活多样的业务手段设计"风险适度、期限灵活、回报丰厚"的信托产品,让投资者分享房地产行业的成长收益。(3)证券投资类信托。汇聚全新产品设计理念和技术,投资于股票、基金及债券等金融产品,综合采用结构化设计、聘请投资顾问、应用 CPPI 投资策略与数量投资工具等多种方式,开创投资者在风险市场上获取稳定收益的业务新模式。(4)股权投资信托。对于优质的成长性企业,通过股权受益权融资、股权投资、并购融资、受托股权管理、财务顾问等形式提供全面金融服务。(5)债权投资类信托。公司将募集的信托资金运用于购买各种债权,主要包括银行信贷资产、各类依法合规的受益权以及优秀工商企业的应收账款等,通过回收本息或转让等方式兑现信托财产,实现信托收益。(6)公司及项目金融类信托。通过信托贷款、债权融资以及股权投资等方式,协助优秀企业获取融资,推动基础设施类项目顺利开展。(7)国际理财类信托。以大类资产配置为基础理念,与境外金融机构开展深度合作,捕捉海外市场投资机遇,采用结构性票据、指数投资、各类现货和期货投资、外币贷款等灵活运用方式,实现投资者财富增值。(8)另类投资信托。运用结构化设计,有效结合金融资本与实业经济,将公司专业化投资优势和外部投资顾问专业能力相结合,投资于包括酒类、艺术品、茶类、古董以及贵金属在内的非传统投资领域,满足高净值财富群体的投资期望和艺术文化消费。(9)养老保障、福利计划等信托服务。利用公司在信托服务领域积累的宝贵经验,根据企业员工在养老保障、福利提升、激励促进等方面的具体要求,为企业员工量身定制持续优质的资产管理服务,实现企业改革发展及员工福利改善的有机结合。(10)资产证券化信托服务。充分利用信托公司资源配置、破产隔离的制度优势,充当各类资产证券化项目的资产受托机构,搭建协同平台,探索国内资产证券化的新路径和模式,为各类优质资产提供流动性。(11)非金融企业债券承销业务。利用非金融企业债务融资工具资格,在银行间市场开展承销业务,主要包括短期融资券(短融,CP)、中期票据(中票,MTN)、中小企业集合票据(SMECN)、超短期融资券(超短融,SCP)、非公开定向发行债务融资工具(PPN)、资产支持票据(ABN)等。(12)财产权信托服务。公司接受委托人的委托,将其合法拥有并且交付给公司的财产权设立财产权信托,依据信托文件的约定忠实受托人职责,为受益人利益或特定目的,管理或处分该财产权。(13)家族信托。公司接受委托,按照委托人的意愿,对家族资产进行管理和处分,提供包括现金流规划、投资规划、风险管理、税务安排、利益协同、传承安排等一系列定制化的服

务。(14)公益(慈善)信托。由委托人提供一定的财产设立,公司作为受托人管理信托财产,并将信托财产用于信托文件制定的公益(慈善)目的。

4.2.1.2 自营业务

自营业务主要包括:(1)固定收益业务。以确保资金的安全性和资产的流动性为原则,通过对固定收益市场和相关投资品种的深入研究,根据市场环境的变化动态调整和优化资产配置结构,构建稳健的投资组合,获取固定收益。目前,固定收益业务主要包括货币市场投资和债券市场投资。(2)股权投资业务。通过对股权投资结构、期限、规模的动态调整和优化,把握各类行业领域孕育的投资机会,开展具有战略意义的金融股权投资或与信托主业联动的直接股权投资,从客户资源、渠道资源、项目资源等方面为信托主业提供有力支持,同时获得长期稳定的投资收益。(3)证券投资业务。追求适度风险条件下的绝对收益最大化,坚持稳健投资的原则,注重对宏观经济动向、监管政策变化、重点行业发展趋势和相关个股的深入分析。公司已建立了专业化的证券投资管理团队,锤炼了与公司经营风格相适应的投资理念,形成了科学严谨的投资决策体系,提升了证券投资的主动管理能力和投资收益水平。

4.2.2 资产组合与分布

4.2.2.1 自营资产运用与分布表

资产运用	金额(万元)	占比(%)	资产分布	金额(万元)	占比(%)
货币资产	94 356.55	5.14	基础产业	—	—
贷款及应收款	—	—	房地产业	—	—
以公允价值计量且变动计入当期损益的金融资产	526 819.26	28.69	证券市场	206 848.16	11.27
可供出售金融资产	688 745.40	37.51	实业	—	—
持有至到期投资	—	—	金融机构	1 556 259.35	84.75
长期股权投资	150 583.10	8.20	其他	73 166.56	3.98
其他	375 769.76	20.46			
资产总计	1 836 274.07	100	资产总计	1 836 274.07	100

注:其他资产中主要项目包括其他应收款、递延所得税资产、固定资产和纳入合并范围的结构化主体投资。

4.2.2.2 信托资产运用与分布表

资产运用	金额(万元)	占比(%)	资产分布	金额(万元)	占比(%)
货币资产	1 395 039.22	2.01	基础产业	23 444 614.57	33.85
贷款	27 864 507.67	40.23	工商企业	13 007 151.57	18.78
以公允价值计量且变动计入当期损益的金融资产	7 484 302.59	10.80	房地产	4 161 174.51	6.01
可供出售金融资产	9 792 773.34	14.14	证券	4 257 685.61	6.15
持有至到期投资	0.00	0.00	金融机构	20 070 890.63	28.97
长期股权投资	2 346 003.11	3.39	其他	4 323 697.40	6.24
买入返售	171 887.58	0.25	—	—	—
其他	20 210 700.78	29.18	—	—	—
信托资产总计	69 265 214.29	100.00	信托资产总计	69 265 214.29	100.00

4.3 市场分析

2019 年我国经济运行总体平稳,结构持续优化,就业保持稳定,物价结构性上涨特征明显,内外部风险挑战增多,经济下行压力加大。中央强调要坚持稳中求进工作总基调,深入贯彻新发展理念,落实高质量发展要求,以供给侧结构性改革为主线,着力深化改革扩大开放,坚决守住不发生系统性金融风险的底线,打好促进脱贫的攻坚战,有效应对外部环境深刻变化,实现既定的主要经济增长目标。2019 年,我国全年国内生产总值为 99.09 万亿元,同比增长 6.1%。其中,最终消费支出对国内生产总值增长的贡献率为 57.8%,资本形成总额的贡献率为 31.2%,货物和服务净出口的贡献率为 11.0%。2019 年,我国全社会固定资产投资(不含农户)55.15 万亿元,同比增长 5.4%。其中,房地产开发投资 13.22 万亿元,累计同比增长 9.9%,基础设施投资(不含电力、热力、燃气及水生产和供应业)累计同比增长 3.8%,制造业投资累计同比增长 3.1%,民间固定资产投资同比增长 4.7%。2019 年,我国社会消费品零售总额 41.16 万亿元,同比增长 8.0%;汽车消费成为下拉零售消费增速的主要因素,除汽车以外的消费品零售额为 37.23 亿元,同比增长 9.0%。2019 年,我国外贸进出口总值 31.55 万亿元,同比增长 3.4%。其中,出口 17.23 万亿元,同比增长 5.0%;进口 14.32 万亿元,同比增长 1.6%;贸易顺差 2.92 万亿元,同比增长 25.2%。

2019 年,政策引导金融支持实体经济力度不断增强,全年社会融资规模增量为 25.58 万亿元,比上年多 3.08 万亿元。其中,对实体经济发放的人民币贷款增加 16.88 万亿元,同比增加 1.21 万亿元,占比为 66.0%,表内贷款仍是社会融资规模的主要增量;表外融资持续减少,委托贷款减少 9 396 亿元,信托贷款减少 3 467 亿元,未贴现的银行承兑汇票减少 4757 亿元;此外,企业债券净融资 3.24 万亿元,地方政府债券净融资 4.72 万亿元,非金融企业境内股票融资 3 479 亿元。2019 年,M2 同比增长 8.7%,M1 同比增长 4.4%;LPR 机制已正式运作,利率传导效率不断提升,实体融资成本实质下降。2019 年,我国 CPI 全年同比上涨 2.9%,PPI 同比下滑 0.3%;截至 2019 年末,CFETS 人民币汇率指数为 91.39,人民币汇率预期总体稳定。

2019 年,在金融监管政策持续趋严的影响下,信托行业管理资产规模有所下降,但结构持续优化,主动管理能力不断提升,行业高质量发展效果逐步显现。截至 2019 年末,信托行业管理资产规模余额为 21.60 万亿元,同比下降 4.85%。其中,集合资金信托余额为 9.92 万亿元,较 2018 年同期增长 8 000 亿元,占比为 45.93%,较 2018 年同期提高 5.81 个百分比;事务管理类信托余额为 10.65 万亿元,占比为 49.30%,同比下降 19.60%,为行业资产规模下降的主要因素。2019 年,信托行业实现营业收入累计 1 200.12 亿元,同比增长 5.22%;信托业务收入累计 833.82 亿元,占比为 69.48%,同比增长 0.94%;固有业务收入累计 341.24 亿元,同比增长 9.95%;利润总额累计 727.05 亿元,与 2018 年基本持平;平均年化综合信托报酬率为 0.37%,同比上升 0.02%。截至 2019 年末,信托行业风险项目个数为 1 547 个,规模为 5 770.47 亿元。信托行业风险资产规模显著增加最主要的原因,是监管部门加大了风险排查的力度和频率，之前被隐匿的风险得到了更充分的暴露，并不意味着增量风险的加速上升。随着风险的充分暴露，预计信托风险资产规模变化将趋于平稳，行业整体风险也将逐步从发散进入收敛状态。

2019 年信托行业发展状况既反映了宏观经济运行和金融监管环境变化的影响，也进一步表明信托公司加快转型创新的紧迫性和必要性。随着资管新规配套制度的不断落地，信托业将面临统一监管、同场竞技的大资管竞争。信托行业将加速回归本源，提升主动管理能力，坚持服务实体经济导向，主动融入我国经济社会改革发展的大格局中，顺势而为，努力实现高质量发展。

4.4 内部控制

4.4.1 内部控制环境和内部控制文化

根据《公司法》《信托公司治理指引》《企业内部控制基本规范》等法律法规的规定以及《公司章程》的要求，以受益人利益为根本出发点，公司建立了由股东会、董事会、监事会和高级管理层组成的分工明确、权责对应、合理制衡的公司治理结构。董事会下设战略、薪酬、信托、风险管理和审计等五个专门委员会。

报告期内，公司"三会一层"认真履行职责，股东会有效发挥管控作用，董事会对战略定位、风险偏好、业务发展速度和规模进行有效控制，监事会充分发挥对董事会与高管层的监督职能。基于董事会对内部控制机制和内控文化建设的重视，公司紧密围绕战略转型和年度目标，牢牢聚焦资产管理和财富管理，持续优化业务结构，全面推进业务创新与转型，并建立与之匹配的内部组织架构，强化和充实核心业务干部力量，加快人才队伍建设，着力完善绩效评价体系，为实施战略目标进一步注入动能和活力。

公司始终秉持"合规经营、稳健发展"的宗旨，注重信托文化培育、强化合规体系建设，不断增强主动管理能力、创新业务模式，全力推动各类业务转型发展，基本形成全员参与、人人合规的体系与文化。公司各项经营正常稳健，严格按照"资管新规""一法三规"及其他监管要求展业，2019 年未受监管处罚、未因重大合规问题遭受重大财务损失或声誉损失，基本实现了合规风险的有效管理，进一步推进了合规管理长效机制建设。

4.4.2 内部控制措施

公司内部控制职能部门为合规部、风险管理部。

公司内部控制遵循全面性、制衡性、审慎性、相匹配、重要性和成本效益原则。

2019 年，公司致力于不断完善信用风险、流动性风险、操作风险、法律合规风险、声誉风险等风险管理体系，及时更新资产证券化业务、股性业务、反洗钱与财务管理等制度，2019 年新增或修订规章制度 29 份、废止 27 份，动态调整完善业务指引，有效加强内控体系建设，切实保障公司依法、合规、稳健经营。公司业务流程严格按照前台、中台、后台划分：前台负责业务受理、初审及具体操作，完成项目审批前的尽职调查、信托方案设计和提交、项目审批后的合同签署、产品发售、投资交易、运作管理和客户服务等工作；中台贯穿业务决策程序和管理环节，负责信托项目的合法合规性审核、议事决策、业务综合管理和过程控制，和前台部门共同完成事前防范和事中控制；后台负责对业务的财务管理及会计核算、信息化支持、行政保障、人力资源管理和审计监督。

公司建立资产隔离制度，依法建账，将公司信托财产与其固有财产分别管理、分别记账，并将不同委托人的信托财产分别管理、分别记账。

公司综合运用信托业务和自营业务的设计、营销、运营、财务等方面的信息，定期开展运营情况分析，发现存在的问题，及时查明原因并加以改进。

公司建立危机事件预警机制和突发事件应急处理机制，明确风险预警标准，规范处置程序，完善信息科技突发事件应急处置流程，确保突发事件得到及时妥善处理。

公司对各项业务实行净资本管理，使公司业务协调、高效、有重点地运行，并符合监管及公司战略发展要求。

4.4.3 监督评价与纠正

公司设立独立的审计稽核部，审查评价并督促改善公司经营活动、风险管理、内控合规和公司治理效果。内部审计活动遵循独立性、客观性原则，独立于业务经营、风险管理和内控合规。内部审计工作覆盖公司全部业务。审计稽核部每半年向公司董事会提交内部审计报告。

4.5 风险管理

4.5.1 信用风险状况及其管理

信用风险是指因债务人或交易对手的直接违约或履约能力下降而造成损失的风险。公司固有业务信用风险资产按五级分为正常类、关注类、次级类、可疑类和损失类。公司根据《金融企业准备金计提管理办法》（财金［2012］20 号）和公司《准备金计提管理办法》计提一般准备和资产减值准备。其中，一般风险准备从当年净利润中提取，作为利润分配处理，用于弥补尚未识别的可能性损失的准备；各项资产减值准备的计提范围和方法见会计报表附注。

在信用风险管理上，一是通过专家判断和定量计算相结合的手段，对客户信用风险进行区分，审慎度量公司面临的交易对手信用风险形式和规模；二是建立项目评审会制度，对涉及信用风险的信托融资项目和固有投资、贷款项目等，均纳入公司项目评审会进行评审；三是实施大额交易信用风险集中度管理，对重点地区和大额交易对手的业务集中度进行控制和管理，防范集中度风险；四是建立风险预警机制，加强项目贷后风险管理，充分了解交易对手财务情况、人事变更、经营情况及银企关系等重要变化信息，建立灵敏有效的风险预警机制；五是加强抵（质）押物管理，明确抵质押物的类型、条件和日常管理机制，管控抵质押物工具的合法性、有效性、稳定性及充足性，充分发挥风险缓释工具在信用风险管理中的保障作用；六是建立完整有效的资产保全和风险化解制度，加大不良资产现金清收和风险化解力度，提升风险处置质效。

4.5.2 市场风险状况及其管理

市场风险是指由于金融市场的波动或行情的变化（利率、汇率、股票价格和商品价格）而带来损失的可能性，包括利率风险、汇率风险、证券价格波动风险等。报告期内，公司密切关注各类市场风险，及时调整投资策略，市场风险可控。

在市场风险管理上，一是加强固有业务市场风险管理，对交易性资产和可供出售类资产完善估值管理，及时反映资产公允价值变化对当期损益和资本的影响；二是加强信托业务市场风险管理，健全信托业务市场风险管理和内控，做好风险揭示、尽职管理和信息披露，加强股票市值盯市管理；三是坚持稳健原则，在投资组合中配置足够的固定收益类等低风险投资品种，对证券投资组合的净值、仓位和投资集中度等指标事先设定预警点或止损点，通过投资分散化（组合对冲）降低非系统性风险。

4.5.3 操作风险状况及其管理

操作风险是指由不完善或有问题的内部程序、员工和信息科技系统，以及外部事件所造成损失的风险。报告期内，公司及时发现操作风险点，制定纠正措施，避免发生因操作风险造成的损失。

在操作风险管理上，根据重要性原则，逐步梳理固有业务和信托业务操作风险点，将每个业务种类中潜在的风险进行分离和分类管理。采用定性、定量分析相结合的方法，明确产生操作风险的关键点并实施控制。公司在业务尽职调查、运营规范化管理、外部中介机构管理、合同档案管理、信息披露等方面，不断细化管理和规范操作流程，提升业务操作的规范化和标准化水平。报告期内，公司更新各类业务展业指引，优化业务审批流程，规范中介机构管理等。同时，审计稽核部对审计发现的流程、内控、操作问题及时予以整改完善，努力降低操作风险。

4.5.4 其他风险状况及其管理

其他风险主要是指公司业务开展中的合规风险、流动性风险、法律风险、政策风险、信誉风险、道德风险等。报告期内，公司未发生因其他风险所造成的损失。

在其他风险管理上，一是加强员工合规培训，要求员工认真学习并执行有关的法律法规，增强合规意识和风险管理意识，提高风险管理能力；二是加强对运作项目的现金流量管理，做好公司现金流量的预测和安排。同时，组合运用多种工具，有效保证公司流动性；三是加强声誉风险管理，制定了《舆情危机管理办法》《新闻发布管理办法》，构建了舆情监测组织体系和工作机制，重视潜在声誉风险因素排查预警，开展声誉风险识别、评估和报告工作，持续完善声誉风险管理体系和机制建设，通过微信公众号、公司网站、内刊等形式开展投资者教育工作，积极维护公司良好的声誉和企业形象；四是强化公司战略规划，持续考量公司战略的发展情况，积极控制战略风险，五是严格执行人民银行反洗钱法律法规要求，落实反洗钱管理，严控洗钱风险；六是积极推进公司的科技信息化建设，配合业务发展开发相应的信息科技系统，重点强化数据治理，进一步应用先进的金融科技手段提升管理水平，夯实信息科技风险管理；七是加强职业道德教育，规范职业行为，把职业道德、职业操守作为员工教育的一个重要内容，不断增强员工的工作责任心，严格控制道德风险。

4.6 净资本管理概况

公司严格遵照监管要求，积极推进净资本管理。报告期末，公司净资本各项指标均处于符合监管要求的较好水平。

指标	期末数	监管标准
净资本（万元）	1 311 326.48	≥2
各项业务风险资本之和（万元）	594 831.37	—
净资本/各项业务风险资本之和（%）	220.45	≥100
净资本/净资产（%）	87.17	≥40

4.7 消费者权益保护

公司高度重视消费者权益保护工作，完善消费者权益保护组织架构体系，董事会承担公司消费者权益保护工作的最终责任，在董事会下设消费者权益保护工作委员会，听取高管层关于消费者权益保护工作开展情况专题报告，督促其有效执行和落实相关工作。高级管理层有效协调工作开展，确保落实各项监管要求，保障消费者的合法权益。

报告期内，公司严格按照相关制度规定落实消费者权益保护措施，在产品设计开发环节开展消费者权益保护审查，在产品营销推介环节落实投资者适当性原则，真实、全面地披露产品信息，合理揭示风险，做好录音录像工作，在产品存续运作期间做好项目贷后管理以及运维工作，及时披露与消费者权益保护相关的事项，切实保护消费者合法权益。

为有效维护金融消费者合法权益，提升金融消费者信心，公司响应监管规定，积极组织开展了“3·15消费者维权宣传教育活动”“防范非法集资”集中宣传月活动和“金融知识进万家”宣传服务月活动，并在客户接待过程中对消费者进行日常性、持续性的金融知识宣传教育，开展消费者权益保护相关培训和消保测试，提升消费者的金融素养和员工的消费者权益保护工作能力。此外，公司通过开展“财智系列：2019年投资市场展望及资产配置策略”“金融知识进社区”等金融知识宣传教育活动，向消费者讲解金融理财知识，分享投资理财经验，帮助消费者树立理性的投资理念，践行普惠金融理念，使消费者权益保护工作机制和内控制度得到进一步地完善，有效推动了公司健康、全面、稳健发展。

4.8 企业社会责任

报告期内，公司在严守风险合规底线、提升经营管理水平的同时，将社会责任理念融入发展战略、经营管理与日常工作中，在支持实体经济、支持小微企业和民营企业发展、改善民生、环境保护、客户服务、社会共建等领域积极践行社会责任。公司不断强化信托服务实体经济的力度，将小微企业和民营企业作为重要拓展方向，投向民营企业存续规模达1 118亿元，累计发行小微企业贷款资产支持证券达85亿元，有效服务29 618家小微企业。公司主动响应国家重大战略，深度参与扶贫攻坚战。持续打造“上善公益”慈善信托品牌，连续数年支持云南贫困地区基础教育，并将慈善助学项目的范围拓展至贵州、内蒙、重庆、甘肃等七地，积极推进贫困地区医护人员技能培训项目，与融资类客户首次实现慈善项目合作，全力塑造扶贫攻坚共同体。报告期内上信上善慈善母信托新增18个慈善项目，管理存续规模超5 100万元，累计共完成43笔慈善支出1 770万元。目前公司备案慈善信托数量已达上海市慈善信托备案数量的60%。公司大力支持文化公益事业，通过信托计划模式扶持艺术文化领域的各类项目和活动，连续9年对高端文化音乐会进行赞助。同时，公司保持军企共建互学传统，与“南京路上好八连”军企共建合作关系已持续14年。公司深入贯彻习近平生态文明思想，坚持自身节能减排，倡导节约资源、降低能耗，推行无纸化办公，开展垃圾减量分类、低碳生活等环保主题活动，积极支持绿色环保项目，履行环境保护职责。年内，公司因切实践行企业社会责任，获得2018年度精准扶贫先锋机构、值得托付信托机构、卓越公司奖及最佳家族信托产品奖等多项大奖。

5. 报告期末及上一年度末的比较式会计报表

5.1 自营资产

5.1.1 会计师事务所审计意见

毕马威华振会计师事务所(特殊普通合伙)对公司所作的审计意见如下:

上海国际信托有限公司财务报表在所有重大方面按照审计报告的财务报表附注所述编制基础编制,公允反映了上海信托公司2019年12月31日的合并及公司财务状况以及2019年度的合并及公司经营成果和现金流量。

5.1.2 资产负债表

资产负债表

编制单位:上海国际信托有限公司　　2019年12月31日　　单位:万元

资产	年末数		年初数		负债及所有者权益	年末数		年初数	
	合并	母公司	合并	母公司		合并	母公司	合并	母公司
资产:					负债:				
现金及存放中央银行款项	3.32	0.11	8.63	0.08	向中央银行借款	—	—	—	—
存放同业款项	383 401.65	94 356.44	356 079.57	81 094.78	同业及其他金融机构存放款	—	—	—	—
贵金属	—	—	—	—	拆入资金	—	—	—	—
拆出资金	—	—	—	—	以公允价值计量且其变动计入当期损益的负债	189 991.58	—	297 710.94	—
以公允价值计量且变动计入当期损益的金融资产	636 032.09	526 819.26	499 719.18	403 327.86	衍生金融负债	—	—	—	—
衍生金融资产	—	—	—	—	卖出回购金融资产款	—	—	—	—
买入返售金融资产	—	—	—	—	吸收存款	—	—	—	
应收款项	48 501.66	21 629.20	41 532.08	19 583.57	应付职工薪酬	111 421.59	63 136.12	89 369.92	50 094.18
发放贷款和垫款	228 934.72		423 326.84		应交税费	131 949.58	120 883.96	132 467.28	122 212.87
可供出售金融资产	681 236.62	688 745.40	540 046.57	668 235.54	预计负债	—	—	—	—
持有至到期投资	—	—	—	—	应付债券	—	—	—	—
长期股权投资	20 775.04	150 583.10	19 547.96	145 668.23	递延所得税负债	20.52	—	0.01	—
投资性房地产	—	—	—	—	划分为持有待售负债	—	—	—	—
固定资产	17 491.05	15 799.97	19 132.80	17 315.11	递延收益	25 108.39	24 808.39	20 189.16	19 873.36
在建工程	585.02	585.02	431.48	431.48	其他负债	145 178.43	104 687.98	116 877.50	99 217.84
无形资产	2 124.91	569.63	1 840.71	433.50	负债合计	603 670.09	313 516.45	656 614.81	291 398.25
递延所得税资产	25 660.39	15 225.61	24 122.50	18 024.00	所有者权益:				
划分为持有待售的资产	—	—	—	—	实收资本	500 000.00	500 000.00	500 000.00	500 000.00
其他资产	342 903.18	321 960.33	324 121.22	297 733.05	其他权益工具		—	—	—
商誉	1 065.17	—	1 065.17	—	资本公积	—	—	—	—
					其他综合收益	7 823.57	14 396.92	3 640.38	2 689.72
					盈余公积	303 589.50	303 589.50	261 827.80	261 827.80
					风险准备	169 073.60	98 692.59	153 885.69	90 183.24
					未分配利润	694 027.94	606 078.61	574 618.05	505 748.19
					归属于母公司所有者权益合计	1 674 514.61	1 522 757.62	1 493 971.92	1 360 448.95
					少数股东权益	110 530.12	—	100 387.98	—
					所有者权益合计	1 785 044.73	1 522 757.62	1 594 359.90	1 360 448.95
资产总计	2 388 714.82	1 836 274.07	2 250 974.71	1 651 847.20	负债和所有者权益总计	2 388 714.82	1 836 274.07	2 250 974.71	1 651 847.20

法定代表人:潘卫东　　主管会计工作负责人:严军　　会计机构负责人:朱红

5.1.3 利润表

利润表

编制单位：上海国际信托有限公司　　2019年度　　单位：万元

项目	本年数		上年数	
	合并	母公司	合并	母公司
一、营业收入	458 682.56	267 114.54	392 436.38	240 396.76
利息净收入	14 621.75	−88.41	12 048.78	−17 249.62
利息收入	24 218.95	2 688.52	41 155.81	918.41
利息支出	9 597.20	2 776.93	29 107.03	18 168.03
手续费及佣金净收入	356 578.19	185 139.20	344 598.30	181 903.36
手续费及佣金收入	357 379.37	185 143.68	344 679.15	181 907.99
手续费及佣金支出	801.18	4.48	80.85	4.63
投资收益（损失以"－"号填列）	59 520.25	73 697.66	31 930.21	72 421.74
其中：对联营企业和合营企业的投资收益	1 227.09	−110.13	−1 143.09	60.85
公允价值变动损益（损失以"－"号填列）	8 833.49	3 685.14	−13 024.56	−892.24
汇兑收益（损失以"－"号填列）	−249.52	−148.91	−349.11	−367.82
资产处置收益	24.45	2.06	−69.29	—
其他收益	7 438.66	4 763.21	7 487.40	4 522.98
其他业务收入	11 915.29	64.59	9 814.65	58.36
二、营业支出	192 300.05	72 068.18	172 101.64	79 172.36
营业税金及附加	2 485.51	1 408.51	2 403.93	1 382.55
业务及管理费	190 060.64	70 236.63	172 355.06	60 802.45
资产减值损失	−271.02	398.12	−2 678.76	16 965.95
其他业务成本	24.92	24.92	21.41	21.41
三、营业利润（亏损以"－"号填列）	266 382.51	195 046.36	220 334.74	161 224.40
加：营业外收入	45.69	22.98	91.55	23.40
减：营业外支出	2 358.15	2 357.37	643.78	636.42
四、利润总额（亏损总额以"－"号填列）	264 070.05	192 711.97	219 782.51	160 611.38
减：所得税费用	64 092.43	42 110.50	49 107.00	27 103.60
五、净利润（净亏损以"－"号填列）	199 977.62	150 601.47	170 675.51	133 507.78
归属于母公司所有者的净利润	176 972.50	150 601.47	147 861.78	133 507.78
少数股东损益	23 005.12	—	22 813.73	—
六、其他综合收益	4 219.67	11 707.20	467.96	115.19
归属于母公司股东的其他综合收益的税后净额	4 183.19	11 707.20	425.04	115.19
以后将重分类进损益的其他综合收益	4 183.19	11 707.20	425.04	115.19
可供出售金融资产公允价值变动	3 661.88	11 185.39	−1 891.91	−1 193.32
外币报表折算差额	521.31	521.81	2 316.95	1 308.51
归属于少数股东的其他综合收益的税后净额	36.48	—	42.92	—
七、综合收益总额	204 197.29	162 308.67	171 143.47	133 622.97
归属于母公司所有者的综合收益总额	181 155.69	162 308.67	148 286.82	133 622.97
归属于少数股东的综合收益总额	23 041.60	—	22 856.65	—

法定代表人：潘卫东　　主管会计工作负责人：严军　　会计机构负责人：朱红

5.1.4 所有者权益变动表

所有者权益变动表（合并）

2019 年度

编制单位：上海国际信托有限公司　　单位：万元

项目	本年金额											上年金额										
	归属于母公司所有者权益									少数股东权益	所有者权益合计	归属于母公司所有者权益									少数股东权益	所有者权益合计
	实收资本	其他权益工具	资本公积	减：库存股	其他综合收益	盈余公积	风险准备	未分配利润	小计			实收资本	其他权益工具	资本公积	减：库存股	其他综合收益	盈余公积	一般风险准备	未分配利润	小计		
一、上年年末余额	500 000.00	—	—	—	3 640.38	261 827.80	153 885.69	574 618.05	1 493 971.92	100 387.98	1 594 359.90	500 000.00	—	—	—	3 215.34	217 267.64	142 548.67	483 122.63	1 346 154.28	92 025.42	1 438 179.70
加：会计政策变更	—	—	—	—	—	—	—	—	—	—	—	—	—	—	—	—	—	—	—	—	—	—
前期差错更正	—	—	—	—	—	—	—	—	—	—	—	—	—	—	—	—	—	—	—	—	—	—
其他	—	—	—	—	—	—	—	—	—	—	—	—	—	—	—	—	—	—	—	—	—	—
二、本年年初余额	500 000.00	—	—	—	3 640.38	261 827.80	153 885.69	574 618.05	1 493 971.92	100 387.98	1 594 359.90	500 000.00	—	—	—	3 215.34	217 267.64	142 548.67	483 122.63	1 346 154.28	92 025.42	1 438 179.70
三、本年增减变动金额（减少以“－”号填列）	—	—	—	—	—	—	—	—	—	—	—	—	—	—	—	—	—	—	—	—	—	—
（一）综合收益总额	—	—	—	—	4 183.19	—	—	176 972.50	181 155.69	23 041.60	204 197.29	—	—	—	—	425.04	—	—	147 861.78	148 286.82	22 856.65	171 143.47
（二）所有者投入和减少资本	—	—	—	—	—	—	—	—	—	—	—	—	—	—	—	—	—	—	—	—	—	—
1. 所有者投入资本	—	—	—	—	—	—	—	—	—	2 475.00	2 475.00	—	—	—	—	—	—	—	—	—	—	—
2. 其他权益工具持有者投入资本	—	—	—	—	—	—	—	—	—	—	—	—	—	—	—	—	—	—	—	—	—	—
3. 股份支付计入所有者权益的金额	—	—	—	—	—	—	—	—	—	—	—	—	—	—	—	—	—	—	—	—	—	—
4. 其他	—	—	—	—	—	—	—	—	—	—	—	—	—	—	—	—	—	—	—	—	—	—
（三）利润分配	—	—	—	—	—	—	—	—	—	—	—	—	—	—	—	—	—	—	—	—	—	—
1. 提取盈余公积	—	—	—	—	—	41 761.70	—	-41 761.70	—	—	—	—	—	—	—	—	44 560.16	—	-44 560.16	—	—	—
2. 提取风险准备	—	—	—	—	—	—	15 187.91	-15 187.91	—	—	—	—	—	—	—	—	—	11 337.02	-11 337.02	—	—	—
3. 对所有者的分配	—	—	—	—	—	—	—	—	—	-15 072.53	-15 072.53	—	—	—	—	—	—	—	—	—	-14 263.00	-14 263.00
4. 其他	—	—	—	—	—	—	—	-613.00	-613.00	-301.93	-914.93	—	—	—	—	—	—	—	-469.18	-469.18	-231.09	-700.27
（四）所有者权益内部结转	—	—	—	—	—	—	—	—	—	—	—	—	—	—	—	—	—	—	—	—	—	—
1. 资本公积转增资本	—	—	—	—	—	—	—	—	—	—	—	—	—	—	—	—	—	—	—	—	—	—
2. 盈余公积转增资本	—	—	—	—	—	—	—	—	—	—	—	—	—	—	—	—	—	—	—	—	—	—
3. 盈余公积弥补亏损	—	—	—	—	—	—	—	—	—	—	—	—	—	—	—	—	—	—	—	—	—	—
4. 一般风险准备弥补亏损	—	—	—	—	—	—	—	—	—	—	—	—	—	—	—	—	—	—	—	—	—	—
5. 结转重新计量设定受益计划净负债或净资产所产生的变动	—	—	—	—	—	—	—	—	—	—	—	—	—	—	—	—	—	—	—	—	—	—
6. 其他	—	—	—	—	—	—	—	—	—	—	—	—	—	—	—	—	—	—	—	—	—	—
四、本年年末余额	500 000.00	—	—	—	7 823.57	303 589.50	169 073.60	694 027.94	1 674 514.61	110 530.12	1 785 044.73	500 000.00	—	—	—	3 640.38	261 827.80	153 885.69	574 618.05	1 493 971.92	100 387.98	1 594 359.90

法定代表人：潘卫东　　主管会计工作负责人：严军　　会计机构负责人：朱红

所有者权益变动表

编制单位：上海国际信托有限公司

2019 年度

单位：万元

项目	本年金额									上年金额								
	实收资本	其他权益工具	资本公积	减：库存股	其他综合收益	盈余公积	风险准备	未分配利润	所有者权益合计	实收资本	其他权益工具	资本公积	减：库存股	其他综合收益	盈余公积	一般风险准备	未分配利润	所有者权益合计
一、上年年末余额	500 000.00	—	—	—	2 689.72	261 827.80	90 183.24	505 748.19	1 360 448.95	500 000.00	—	—	—	2 574.53	217 267.65	86 102.62	420 881.18	1 226 825.98
加：会计政策变更	—	—	—	—	—	—	—	—	—	—	—	—	—	—	—	—	—	—
前期差错更正	—	—	—	—	—	—	—	—	—	—	—	—	—	—	—	—	—	—
其他	—	—	—	—	—	—	—	—	—	—	—	—	—	—	—	—	—	—
二、本年年初余额	500 000.00	—	—	—	2 689.72	261 827.80	90 183.24	505 748.19	1 360 448.95	500 000.00	—	—	—	2 574.53	217 267.65	86 102.62	420 881.18	1 226 825.98
三、本年增减变动金额（减少以"－"号填列）	—	—	—	—	—	—	—	—	—	—	—	—	—	—	—	—	—	—
（一）综合收益总额	—	—	—	—	11 707.20	—	—	150 601.47	162 308.67	—	—	—	—	115.19	—	—	133 507.78	133 622.97
（二）所有者投入和减少资本	—	—	—	—	—	—	—	—	—	—	—	—	—	—	—	—	—	—
1. 所有者投入资本	—	—	—	—	—	—	—	—	—	—	—	—	—	—	—	—	—	—
2. 其他权益工具持有者投入资本	—	—	—	—	—	—	—	—	—	—	—	—	—	—	—	—	—	—
3. 股份支付计入所有者权益的金额	—	—	—	—	—	—	—	—	—	—	—	—	—	—	—	—	—	—
4. 其他	—	—	—	—	—	—	—	—	—	—	—	—	—	—	—	—	—	—
（三）利润分配	—	—	—	—	—	—	—	—	—	—	—	—	—	—	—	—	—	—
1. 提取盈余公积	—	—	—	—	—	41 761.70	—	-41 761.70	—	—	—	—	—	—	44 560.15	—	-44 560.15	—
2. 提取风险准备	—	—	—	—	—	—	8 509.35	-8 509.35	—	—	—	—	—	—	—	4 080.62	-4 080.62	—
3. 对所有者的分配	—	—	—	—	—	—	—	—	—	—	—	—	—	—	—	—	—	—
4. 其他	—	—	—	—	—	—	—	—	—	—	—	—	—	—	—	—	—	—
（四）所有者权益内部结转	—	—	—	—	—	—	—	—	—	—	—	—	—	—	—	—	—	—
1. 资本公积转增资本	—	—	—	—	—	—	—	—	—	—	—	—	—	—	—	—	—	—
2. 盈余公积转增资本	—	—	—	—	—	—	—	—	—	—	—	—	—	—	—	—	—	—
3. 盈余公积弥补亏损	—	—	—	—	—	—	—	—	—	—	—	—	—	—	—	—	—	—
4. 一般风险准备弥补亏损	—	—	—	—	—	—	—	—	—	—	—	—	—	—	—	—	—	—
5. 结转重新计量设定受益计划净负债或净资产所产生的变动	—	—	—	—	—	—	—	—	—	—	—	—	—	—	—	—	—	—
6. 其他	—	—	—	—	—	—	—	—	—	—	—	—	—	—	—	—	—	—
四、本年年末余额	500 000.00	—	—	—	14 396.92	303 589.50	98 692.59	606 078.61	1 522 757.62	500 000.00	—	—	—	2 689.72	261 827.80	90 183.24	505 748.19	1 360 448.95

法定代表人：潘卫东　　主管会计工作负责人：严军　　会计机构负责人：朱红

5.2 信托资产

5.2.1 信托项目资产负债汇总表

信托项目资产负债汇总表

编制单位:上海国际信托有限公司　　2019 年 12 月 31 日　　单位:万元

信托资产	期末余额	年初余额	信托负债和信托权益	期末余额	年初余额
信托资产:			信托负债:		
货币资金	1 395 039. 22	1 187 465. 56	以公允价值计量且变动计入当期损益的金融负债	—	—
拆出资金	—	—	衍生金融负债	—	—
存出保证金	—	—	应付受托人报酬	28 295. 73	14 770. 97
以公允价值计量且变动计入当期损益的金融资产	7 484 302. 59	6 290 892. 71	应付托管费	3 171. 82	1 754. 99
衍生金融资产	—	—	应付受益人收益	7 435. 06	210. 03
买入返售金融资产	171 887. 58	261 753. 82	应交税费	6 121. 84	3 782. 65
应收款项	17 509 102. 61	16 222 801. 75	应付销售服务费	2 609. 56	2 134. 85
发放贷款	27 864 507. 67	36 292 607. 29	其他应付款	944 018. 79	803 328. 98
可供出售金融资产	9 792 773. 34	9 571 658. 03	预计负债	—	—
持有至到期投资	—	—	其他负债	—	—
长期应收款	—	—	信托负债合计	991 652. 80	825 982. 47
长期股权投资	2 346 003. 11	3 245 868. 23	信托权益:		
投资性房地产	—	—	实收信托	67 566 700. 08	75 700 366. 86
固定资产	—	—	资本公积	9 028. 17	7 522. 33
无形资产	—	—	其他综合收益	-123 139. 10	-136 421. 50
长期待摊费用	—	—	未分配利润	820 972. 34	471 026. 61
其他资产	2 701 598. 17	3 795 429. 38	信托权益合计	68 273 561. 49	76 042 494. 30
信托资产总计	69 265 214. 29	76 868 476. 77	信托负债及信托权益总计	69 265 214. 29	76 868 476. 77

企业负责人:潘卫东　　复核:施未　　制表:伍晓燕

5.2.2 信托项目利润和利润分配汇总表

信托项目利润和利润分配汇总表

编制单位:上海国际信托有限公司　　2019 年度　　单位:万元

项目	本年金额	上年金额
1. 营业收入	4 146 898. 49	3 537 324. 19
1. 1 利息收入	3 215 954. 73	3 343 272. 96
1. 2 投资收益	806 613. 53	338 285. 99
1. 2. 1 其中:对联营企业和合营企业的投资收益	—	—
1. 3 公允价值变动收益	122 860. 26	-146 367. 47
1. 4 租赁收入	—	—
1. 5 汇兑损益	-745. 86	392. 78
1. 6 其他收入	2 215. 83	1 739. 93
2. 支出	484 672. 92	369 079. 23
2. 1 营业税金及附加	11 944. 41	13 231. 50
2. 2 受托人报酬	246 236. 56	185 221. 23
2. 3 托管费	28 405. 63	34 723. 22
2. 4 投资管理费	13 224. 82	7 082. 76
2. 5 销售服务费	9 751. 62	8 288. 77
2. 6 交易费用	1 234. 70	1 659. 24
2. 7 资产减值损失	12 556. 02	5 789. 26
2. 8 其他费用	161 319. 16	113 083. 25
3. 信托净利润	3 662 225. 57	3 168 244. 96
4. 其他综合收益	13 282. 40	11 915. 40
(一)以后不能重分类进损益的其他综合收益	—	—
其中:1. 重新计量设定收益计划净负债或净资产的变动	—	—

续表

项目	本年金额	上年金额
2. 权益法下在被投资单位不能重分类进损益的其他综合收益中享有的份额	—	—
(二)以后将重分类进损益的其他综合收益	13 282. 40	11 915. 40
其中:1. 权益法下在被投资单位以后将重分类进损益的其他综合收益中享有的份额	—	—
2. 可供出售金融资产公允价值变动损益	12 719. 29	6 636. 31
3. 持有至到期投资重分类为可供出售金融资产损益	—	—
4. 现金流量套期损益的有效部分	—	—
5. 外币财务报表折算差额	563. 11	5 279. 09
5. 综合收益	3 675 507. 97	3 180 160. 36
6. 加:期初未分配信托利润	471 026. 61	747 060. 79
7. 可供分配的信托利润	4 418 705. 29	3 853 469. 27
8. 减:本期已分配信托利润	3 597 732. 95	3 382 442. 66
9. 期末未分配信托利润	820 972. 34	471 026. 61

企业负责人:潘卫东　　复核:施未　　制表:伍晓燕

6. 会计报表附注

6.1 报告年度会计报表编制基准、会计政策、会计估计和核算方法发生的变化

公司财务报表以持续经营假设为基础,根据实际发生的交易和事项,按照财政部于 2006 年 2 月 15 日及以后期间颁布的《企业会计准则——基本准则》、各项具体会计准则及相关规定(以下合称企业会计准则)编制。

6.2 或有事项说明

报告期内，本公司未发生对外担保及其他或有事项。

6.3 重要资产转让及其出售的说明

报告期内，上投摩根基金管理公司（以下简称上投摩根）由本公司持股51%，摩根资产管理（英国）有限公司持股49%。本公司持有的2%股权目前正处于转让过程中，买方为摩根资产管理。

根据国务院金融稳定发展委员会《关于进一步扩大金融业对外开放的有关举措》及中国证券监督管理委员会之安排，自2020年4月1日起，在全国范围内取消基金管理公司外资股比限制。在此背景下，公司收到摩根资产管理的通知，摩根资产管理拟收购公司持有的上投摩根剩余的股份。为落实国家金融业对外开放并优化集团发展战略，公司将根据监管规定、国有资产管理的要求以及《公司章程》的规定，基于互惠互利的商业原则，启动上述股权转让的沟通协商、评估、挂牌等相关事宜。

6.4 会计报表中重要项目的明细资料

6.4.1 披露自营资产经营情况

6.4.1.1 按信用风险五级分类结果披露信用风险资产的期初数、期末数

信用风险资产五级分类	正常类（万元）	关注类（万元）	次级类（万元）	可疑类（万元）	损失类（万元）	信用风险资产合计（万元）	不良资产合计（万元）	不良资产率（%）
期初数	1 630 442.29	—	—	7 818.78	—	1 638 261.07	7 818.78	0.47
期末数	1 798 818.98	19 906.00	—	7 818.78	—	1 826 543.76	7 818.78	0.43

注：1. 不良资产合计=次级类+可疑类+损失类。

2. 信用风险资产按照银保监会非现场监管G11报表口径统计。

6.4.1.2 各项资产减值损失准备的期初、本期计提、本期转回、本期核销、期末数

单位：万元

	期初数	本期计提	本期转回	本期核销	本期转出	期末数
贷款损失准备	—	—	—	—	—	—
一般准备	—	—	—	—	—	—
专项准备	—	—	—	—	—	—
其他减值准备	25 335.00	398.12	—	—	3 116.62	22 616.50
持有至到期投资减值准备	—	—	—	—	—	—
长期股权投资减值准备	53.60	—	—	—	—	53.60
坏账准备	—	—	—	—	—	—
投资性房地产减值准备	—	—	—	—	—	—
可供出售金融资产减值准备	25 281.40	398.12	—	—	3 116.62	22 562.90

注：可供出售金融资产减值准备是"纳入合并范围的结构化主体投资"计提的减值准备。

6.4.1.3 按照投资品种分类，分别披露固有业务股票投资、基金投资、债券投资、股权投资等投资业务的期初数、期末数

单位：万元

	自营股票	基金	债券	长期股权投资	其他投资	合计
期初数	9 609.23	157 961.55	3 523.37	145 668.23	900 469.26	1 217 231.64
期末数	16 246.31	186 753.89	3 735.39	150 583.10	1 008 829.07	1 366 147.76

6.4.1.4 按投资入股金额排序，前三名的自营长期股权投资的企业名称、占被投资企业权益的比例、主要经营活动及投资收益情况等

	企业名称	占被投资企业权益的比例（%）	主要经营活动	投资损益（万元）
1	上信资产管理有限公司	100.00	资产管理，股权投资及管理等。	—
2	上投摩根基金管理有限公司	51.00	基金管理等。	10 257.59
3	中国信托登记有限责任公司	3.33	信托产品信息、受益权信息及其变动情况的登记等。	-110.13
4	上海国利货币经纪有限公司	67.00	证券经纪；证券投资咨询；证券自营等。	10 050.00

注：1. 对上投摩根基金管理有限公司股权投资的说明详见6.3。

2. 公司对中国信托登记有限责任公司的表决权比例为11.11%，故将其作为联营企业核算。

6.4.1.5 前三名的自营贷款的企业名称、占贷款总额的比例和还款情况等

报告期末，本公司无自营贷款。

6.4.1.6 表外业务的期初数、期末数；按照代理业务、担保业务和其他类型表外业务分别披露

单位：万元

表外业务	期初数	期末数
担保业务	—	—
代理业务（委托业务）	2 864.42	2 864.42
其他	1 330.00	1 330.00
合计	4 194.42	4 194.42

6.4.1.7 公司当年的收入结构

合并口径：

收入结构	金额（万元）	占比（%）
手续费及佣金收入	357 379.38	76.14
其中：信托手续费收入	177 655.52	37.85
投资银行业务收入	3 036.58	0.65
利息收入	24 218.95	5.16
其他业务收入	11 915.29	2.54
其中：计入信托业务收入部分	—	—
投资收益	59 520.25	12.68
其中：股权投资收益	3 827.09	0.82
证券投资收益	55 693.16	11.87
其他投资收益	—	—
公允价值变动收益	8 833.50	1.88
资产处置收益	24.45	0.01
其他收益	7 438.66	1.58
营业外收入	45.69	0.01
收入合计	469 376.17	100.00

母公司口径：

收入结构	金额（万元）	占比（%）
手续费及佣金收入	185 143.68	68.56
其中：信托手续费收入	181 975.56	67.38
投资银行业务收入	3 036.58	1.12
利息收入	2 688.52	1.00
其他业务收入	64.59	0.02
其中：计入信托业务收入部分	—	—
投资收益	73 697.66	27.29
其中：股权投资收益	20 197.46	7.48
证券投资收益	53 500.20	19.81
其他投资收益	—	—
公允价值变动收益	3 685.14	1.36
资产处置收益	2.06	0.00
其他收益	4 763.21	1.76
营业外收入	22.98	0.01
收入合计	270 067.84	100.00

2019 年，以手续费及佣金确认的信托业务收入金额为148 957.10万元，以业绩报酬形式确认的信托业务收入金额为24 409.85 万元，以其他形式确认的信托业务收入金额为8 608.61万元。

6.4.2 披露信托财产管理情况

6.4.2.1 信托资产的期初数、期末数

单位：万元

信托资产	期初数	期末数
集合	26 276 404.30	23 140 237.70
单一	32 764 386.47	27 822 705.33
财产权	17 827 686.00	18 302 271.26
合计	76 868 476.77	69 265 214.29

6.4.2.1.1 主动管理型信托业务的信托资产期初数、期末数

单位：万元

主动管理型信托资产	期初数	期末数
证券投资类	8 302 676.11	10 040 338.92
股权投资类	1 051 686.57	523 172.15
融资类	8 793 330.83	8 696 434.44
合计	18 417 809.20	19 811 994.76

6.4.2.1.2 事务管理型信托业务的信托资产期初数、期末数

单位：万元

事务管理型信托资产	期初数	期末数
证券投资类	547 574.01	703 041.38
股权投资类	3 694 192.57	3 067 802.04
融资类	46 652 288.59	38 821 256.04
合计	58 450 667.57	49 453 219.53

6.4.2.2 本年度已清算结束的信托项目表

6.4.2.2.1 本年度已清算结束的信托项目

已清算结束信托项目	项目个数（个）	实收信托合计金额（万元）	加权平均实际年化收益率（%）
集合资金类	112	7 504 713.31	6.54
单一资金类	120	3 027 746.11	5.80
财产管理类	37	4 386 318.23	6.63

注：加权平均实际年化收益率 =（信托项目 1 的实际年化收益率 × 信托项目 1 的实收信托 + … + 信托项目 n 的实际年化收益率 × 信托项目 n 的实收信托）/（信托项目 1 的实收信托 + … + 信托项目 n 的实收信托）×100%。

6.4.2.2.2 本年度已清算结束的主动管理型信托项目

已清算结束信托项目	项目个数（个）	实收信托合计金额（万元）	加权平均实际年化信托报酬率（%）	加权平均实际年化收益率（%）
证券投资类	21	167 331.92	0.53	3.11
股权投资类	3	466 900.00	0.40	4.86
融资类	68	6 087 120.00	0.38	6.74

注：加权平均实际年化收益率 =（信托项目 1 的实际年化收益率 × 信托项目 1 的实收信托 + … + 信托项目 n 的实际年化收益率 × 信托项目 n 的实收信托）/（信托项目 1 的实收信托 + … + 信托项目 n 的实收信托）×100%。

6.4.2.2.3 本年度已清算结束的事务管理型信托项目

已清算结束信托项目	项目个数（个）	实收信托合计金额（万元）	加权平均实际年化信托报酬率（%）	加权平均实际年化收益率（%）
证券投资类	2	6 163.22	0.47	−13.49
股权投资类	4	95 000.00	0.08	5.27
融资类	131	7 944 871.12	0.16	6.27

注：加权平均实际年化收益率 =（信托项目 1 的实际年化收益率 × 信托项目 1 的实收信托 + … + 信托项目 n 的实际年化收益率 × 信托项目 n 的实收信托）/（信托项目 1 的实收信托 + … + 信托项目 n 的实收信托）×100%。

6.4.2.3 本年度新增的信托项目

新增信托项目	项目个数（个）	实收信托合计金额（万元）
集合类	162	5 855 539.54
单一类	158	717 593.67
财产管理类	83	13 147 448.83
新增合计	403	19 720 582.04
其中：主动管理型	355	6 050 803.55
事务管理型	48	13 669 778.49

注：本年新增信托项目指在本报告年度内累计新增的信托项目个数和金额，包含本年度新增并于本年度内结束的项目和本年度新增至报告期末仍在持续管理的信托项目。

6.4.2.4 信托业务创新成果和特色业务有关情况

报告期内，公司坚持以创新为抓手，大力推进信托业务转型，优化组织架构和激励机制，探索建立新的业务结构和可持续发展模式，努力提升核心竞争力，实现了多项业务发展的新突破。在私募投行领域，公司优化升级融资类业务，打通资产获取、产品设计、ABS 受托服务和债券承销各个环节，逐步建立综合化投融资服务平台，纵向上实现“宏观大类资产配置、中观行业资产配置、微观个体项目配置”的层级梯度化，横向上实现“债权、股权、股债联动、ABS 和债券承销”的手段多样化，打造

公司私募投行业务的全新模式。股权业务方面，公司优化投资决策流程，建设公司投决会和投资研究部，大力推动业务转型，组建专业化股权团队，充实上信资产团队，做实子公司股权投资平台功能，并在科创母基金、金融科技基金、浦信盈科基金、文化产业基金等领域形成突破。资本市场业务方面，公司优化现金丰利、红宝石客户结构，进一步拓宽个人客户占比；通过整合公司资源，搭建投研平台，建立投研一体化队伍，丰富产品类型，完善投资决策体系，不断提高标准化产品的投资交易能力和资产配置能力。财富管理方面，公司加快财富板块机构改革，进一步优化组织架构和激励机制，加速由“成本中心”向“利润中心”转变，在产品体系、客户经理体系、客户和渠道体系三个方面进一步深化发展。家族信托方面，公司进一步做大“信睿”家族信托客户的数量和规模，提升收益水平，目前存续数量接近400单，存续规模超过50亿元。慈善信托方面，作为国内信托行业的排头兵，上海信托积极履行企业社会责任，主动承担“信托为美好生活创造价值”的历史使命，率行业之先，以慈善信托为工具，努力践行社会公益慈善事业，助力脱贫攻坚。目前，上海信托聚焦教育和医疗领域，已经形成品牌化、系列化和规模化的慈善信托产品，覆盖了云南、贵州、四川、重庆、内蒙古、甘肃、西藏、江西、新疆、上海10个省市，累计受益超过100 000人次，创造了金融扶贫的“上海信托模式”，为社会发展和人民美好生活提供了“上海信托方案”。国际业务方面，公司凭借专业的人才队伍和丰富的管理经验，努力提高主动管理能力，全面参与国际市场投资和海外资产配置，年内跨境投资和纯离岸海外投资产品线合并管理资产规模已突破100亿人民币。

6.4.2.5 本公司履行受托人义务情况

公司严格按照《信托法》《信托公司管理办法》《信托公司集合资金信托计划管理办法》及信托文件等规定，履行诚实、信用、谨慎、有效管理的义务，为受益人的最大利益处理信托事务。

根据银保监会的要求，每个信托产品发行前均有一整套的产品相关信息备忘录等资料置于受托人营业场所，以备委托人（受益人）查阅。

委托人在认购信托计划前，提示投资者认真阅读信托计划说明书和其他信托文件。同时，严格审核委托人为合格投资者，并以自己合法所有的资金认购信托单位。

公司将信托财产与其固有财产分别管理、分别记账。同时，对不同的信托资金建立单独的会计账户分别核算，并在银行分别开设单独的银行账户，在证券交易机构分别开设独立的证券账户与资金账户。

根据信托文件的规定，及时履行定期信托计划的信息披露义务。每个信托计划设立后5个工作日内，就信托合同数与信托资金总额向委托人（受益人）进行披露。并按照信托合同的规定，定期将信托资金运用及收益情况以书面信函告知信托文件规定的人。

信托合同终止时，根据信托合同的规定，以信托财产为限向受益人支付信托利益。同时，公司严格根据银保监会的要求，在信托终止后10个工作日内作出处理信托事务的清算报告，经审计后送达信托财产归属人。

根据《信托法》要求，妥善保管处理信托事务的完整记录、原始凭证及资料，保存期自信托计划终止之日起15年。同时对委托人、受益人以及处理信托事务的情况和资料依法保密。

报告期内，公司管理的信托项目运作正常，到期信托产品合同金额为1 491.88亿元，全部安全交付受益人，未出现因本公司自身责任而导致的信托资产损失情况。

6.5 关联方关系及其交易的披露

6.5.1 关联交易方的数量、关联交易的总金额及关联交易的定价政策等

	关联交易方数量	关联交易金额（万元）	定价政策
合计	5	467 549.32	按市场价格交易；若无市场价格，则按公允原则，以不优于对非关联方同类交易的条件定价交易。

6.5.2 关联交易方与本公司的关系性质、关联交易方的名称、法定代表人、注册地址、注册资本及主营业务等

关系性质	关联方名称	法定代表人	注册地址	注册资本（万元）	主营业务
控股股东	上海浦东发展银行股份有限公司	郑杨	上海市中山东一路12号	1 865 347.1415	银行及金融服务
受同一最终控制方控制	浦银安盛基金管理有限公司	谢伟	中国（上海）自由贸易试验区浦东大道981号3幢316室	191 000.00	基金募集、销售和资产管理
受同一方控制、共同控制	浦发硅谷银行有限公司	郑杨	上海市杨浦区大连路588号宝地广场B座21层及22层01、06室	100 000.00	银行及金融服务
控股子公司	上信资产管理有限公司	陈兵	武昌路559号B楼151室	120 000.00	股权投资和资产管理
控股子公司	上投摩根基金管理有限公司	陈兵	中国（上海）自由贸易试验区富城路99号震旦国际大楼20楼	25 000.00	基金募集、基金销售、资产管理。

6.5.3　逐笔披露本公司与关联方的重大交易事项

6.5.3.1　固有与关联方交易情况：贷款、投资、租赁、应收账款、担保、其他方式等期初汇总数、本期借方和贷方发生额汇总数、期末汇总数

单位：万元

固有与关联方关联交易				
	期初数	借方发生额	贷方发生额	期末数
贷款	—	—	—	—
投资	63 823.27	82 946.36	119 507.16	27 262.47
租赁	—	—	—	—
担保	—	—	—	—
应收账款	—	147.14	—	147.14
其他	—	—	—	—
合计	63 823.27	83 093.50	119 507.16	27 409.61

6.5.3.2　信托与关联方交易情况：贷款、投资、租赁、应收账款、担保、其他方式等期初汇总数、本期借方和贷方发生额汇总数、期末汇总数

单位：万元

信托与关联方关联交易				
	期初数	借方发生额	贷方发生额	期末数
贷款	—	—	—	—
投资	107 449.99	1 300.00	7 450.00	101 299.99
租赁	—	—	—	—
担保	—	—	—	—
应收账款	—	—	—	—
其他	85 400.00	—	85 400.00	—
合计	192 849.99	1 300.00	92 850.00	101 299.99

6.5.3.3　本公司自有资金运用于自已管理的信托项目（固信交易）、本公司管理的信托项目之间的相互（信信交易）交易金额，包括余额和本报告年度的发生额

6.5.3.3.1　固有与信托财产之间的交易金额期初汇总数、本期发生额汇总数、期末汇总数

单位：万元

固有财产与信托财产相互交易			
	期初数	本期发生额	期末数
合计	798 134.38	106 308.89	904 443.27

6.5.3.3.2　信托项目之间的交易金额期初汇总数、本期发生额汇总数、期末汇总数

单位：万元

信托资产与信托财产相互交易			
	期初数	本期发生额	期末数
合计	1 357 871.69	64 489.77	1 422 361.46

6.5.4　逐笔披露关联方逾期未偿还公司资金的详细情况以及公司为关联方担保发生或即将发生垫款的详细情况

公司无关联方逾期未偿还本公司资金的情况以及为关联方担保发生或即将发生垫款的情况。

6.6　会计制度的披露

公司固有业务2008年1月1日起执行财政部2006年2月15日及以后期间颁布的《企业会计准则——基本准则》、各项具体会计准则及相关规定。

公司信托业务2010年1月1日起执行财政部2006年2月15日及以后期间颁布的《企业会计准则——基本准则》、各项具体会计准则及相关规定。

7.　财务情况说明书

7.1　利润实现和分配情况

7.1.1　母公司利润实现和分配情况

本报告期母公司实现利润总额为192 711.97万元，发生企业所得税费用为42 110.50万元，实现净利润为150 601.47万元。

依据《公司法》《信托公司管理办法》和《金融企业准备金计提管理办法》（财金［2012］20号）的规定，2019年度利润分配如下：

（1）提取10%的法定盈余公积金15 060.15万元。

（2）提取20%的任意盈余公积金30 120.29万元。

（3）按照《金融企业准备金计提管理办法》的规定，以标准法计算以及年末一般准备余额不低于风险资产期末余额1.5%的原则，计提一般风险准备979.28万元。

（4）根据本公司《信托赔偿准备金的提取、使用和管理办法》规定，按税后利润的5%计提信托赔偿准备金7 530.07万元。

（5）向全体股东现金分红15 000.00万元。

上述各项提取之后，剩余部分为81 911.68万元，加上年初未分配利润479 046.62万元，2019年末剩余未分配利润为560 958.30万元。

2020年4月23日经本公司股东会审议通过2019年度利润分配方案。

7.1.2　合并报表利润实现和分配情况

本报告期合并报表实现利润总额为264 070.05万元，发生企业所得税费用为64 092.43万元，实现净利润为199 977.62万元，其中归属于母公司所有者的净利润为176 972.50万元，少数股东损益为23 005.12万元。

依据《公司法》《信托公司管理办法》和《金融企业准备金计提管理办法》的规定，母公司、上信资产管理有限公司、上投摩根基金管理有限公司及上海国利货币经纪有限公司的2019年度合并报表利润分配如下：

根据母公司净利润提取10%的法定盈余公积15 060.15万元。

根据母公司净利润提取20%的任意盈余公积30 120.29万元。

根据母公司提取的一般风险准备，以及子公司上投摩根基金管理有限公司和上海国利货币经纪有限公司提取一般风险准备按母公司投资比例确认的部分，合计计提7 657.84万元。

根据母公司净利润提取5%的信托赔偿准备金7 530.07万元。

根据上海国利货币经纪有限公司提取的职工奖励及福利基金按母公司投资比例确认613.00万元；

向全体股东现金分红15 000.00万元。

上述各项提取之后，剩余部分为100 991.15万元，加上年

初未分配利润547 916.49万元，2019年末剩余未分配利润为648 907.64万元。

7.2 主要财务指标

合并口径：

指标名称	指标值
资本利润率（%）	11.17
加权年化信托报酬率（%）	0.2666
人均净利润（万元）	446.34

母公司口径：

指标名称	指标值
资本利润率（%）	10.45
加权年化信托报酬率（%）	0.2666
人均净利润（万元）	379.83

注：1. 资本利润率＝净利润/所有者权益加权平均余额×100%。

2. 加权年化信托报酬率＝（信托项目1的实际年化信托报酬率×信托项目1的实收信托＋信托项目2的实际年化信托报酬率×信托项目2的实收信托＋…＋信托项目n的实际年化信托报酬率×信托项目n的实收信托）/（信托项目1的实收信托＋信托项目2的实收信托＋…＋信托项目n的实收信托）×100%。

3. 人均净利润＝净利润/年平均人数。

4. 平均值采取年初、年末余额简单平均法，公式为：a（平均）＝（年初数＋年末数）/2。

7.3 对本公司财务状况、经营成果有重大影响的其他事项

报告期内，本公司未发生对财务状况、经营成果有重大影响的其他事项。

8. 特别事项揭示

8.1 前五名股东报告期内变动情况及原因

报告期内，公司3名股东未发生变动。

8.2 董事、监事及高级管理人员变动情况及原因

公司于2019年3月25日以通信方式召开2019年第一次股东会议，同意增补冯金安同志为公司第六届董事会董事。由于冯金安同志于2016年6月至2018年7月曾任公司第六届董事会董事，根据《中国银保监会非银行金融机构行政许可事项实施办法》，未中断任职1年以上的拟任人在同一法人机构任职，不需重新申请核准任职资格，该同志于2019年3月25日正式出任公司第六届董事会董事。陆永涛先生不再担任上海国际信托有限公司董事职务。

公司于2019年8月23日以通讯方式召开2019年第二次股东会议，同意增补林仪桥同志为公司第六届董事会董事，并于2020年1月17日经中国银保监会上海监管局核准任职资格。刘长江同志不再担任上海国际信托有限公司董事职务。

公司于2019年4月16日召开公司第五届第二次职工代表大会，选举张懿弘同志为职工监事，严军同志不再担任上海国际信托有限公司监事职务。

应华同志因个人原因辞去上海国际信托有限公司副总经理职务。根据上海浦东发展银行《关于变更上海国际信托有限公司高管人选的函》，经公司总经理提名、公司2019年6月28日第六届董事会第三十一次会议表决通过，应华同志不再担任上海国际信托有限公司副总经理职务。

8.3 变更注册资本、变更注册地或公司名称、公司分立合并事项

报告期内，公司注册地和公司名称未发生变更，未发生分立合并事项。

8.4 公司重大诉讼事项

无。

8.5 公司及其董事、监事和高级管理人员受到处罚的情况

无。

8.6 中国银保监会检查意见的整改情况

报告期内，外部监管机构未对公司进行正式的现场检查。

8.7 本年公司重大事项临时事项披露内容

报告期内，根据公司第六届董事会第三十次会议表决通过，公司2019年审计师事务所更换为毕马威华振会计师事务所（特殊普通合伙）。

9. 公司监事会意见

关于公司依法运作情况的意见。报告期内，公司的决策程序符合国家法律法规和《公司章程》及相关制度，建立健全了比较有效的内控制度，董事会全体成员及董事会聘任的高级管理人员认真履行了职责，未发现有重大违法、违规、违章的行为，也没有损害公司利益、股东利益和委托人利益的行为。

关于公司财务报告真实性的意见。报告期内，公司财务报告真实地反映了公司财务状况和经营成果。

本年度报告的编制和审议程序符合国家法律法规和《公司章程》，报告的内容和格式符合中国银保监会的规定。

四川信托有限公司

1. 重要提示

1.1 本公司董事会及董事保证本报告所载资料不存在任何虚假记载、误导性陈述或者重大遗漏，并对其内容的真实性、准确性和完整性承担个别及连带责任。

1.2 公司独立董事李光金、熊敬英、王元声明：保证本报告的内容真实、准确、完整。

1.3 致同会计师事务所对本公司出具了无保留意见的审计报告。

1.4 公司董事长牟跃先生、总裁刘景峰先生、财务总监胡应福先生声明：保证本年度财务报告的真实、完整。

2. 公司概况

2.1 公司简介

四川信托有限公司（以下简称公司）是在四川省信托投资公司、四川省建设信托投资公司整顿重组，合并部分优质资产并引入战略投资者的基础上改制设立的信托公司，于2010年11月28日正式开业。目前，公司注册资本为35亿元，共有10家股东，包括省内外大型的国有企业、民营企业、上市公司等，管理信托资产规模逾2 000亿元。

2.1.1 公司法定中文名称：四川信托有限公司
公司法定英文名称：Sichuan Trust Co.，Ltd.（缩写为SCTC）

2.1.2 公司法定代表人：牟跃

2.1.3 公司注册地址：成都市锦江区人民南路2段18号川信红照壁大厦
邮政编码：610016
公司国际互联网址：http://www.schtrust.com
电子信箱：schtrust@schtrust.com
客服及投诉电话：4008896999

2.1.4 信息披露事务负责人：陈洪亮
信息披露事务联系人：胡杨帆
电话：028-86200639
传真：028-86200678
电子邮箱：huyangfan@schtrust.com

2.1.5 公司选定的信息披露报纸：《金融时报》《证券时报》《上海证券报》
公司年度报告将备置在公司营业场所及网站供查询。

2.1.6 公司聘请的会计师事务所名称：致同会计师事务所
联系地址：四川省成都市青羊工业集中发展区（东区）敬业路229号H区7幢501号
公司常年法律顾问：泰和泰律师事务所
联系地址：成都高新区天府大道中段199号棕榈泉国际中心16－17楼

2.2 组织结构

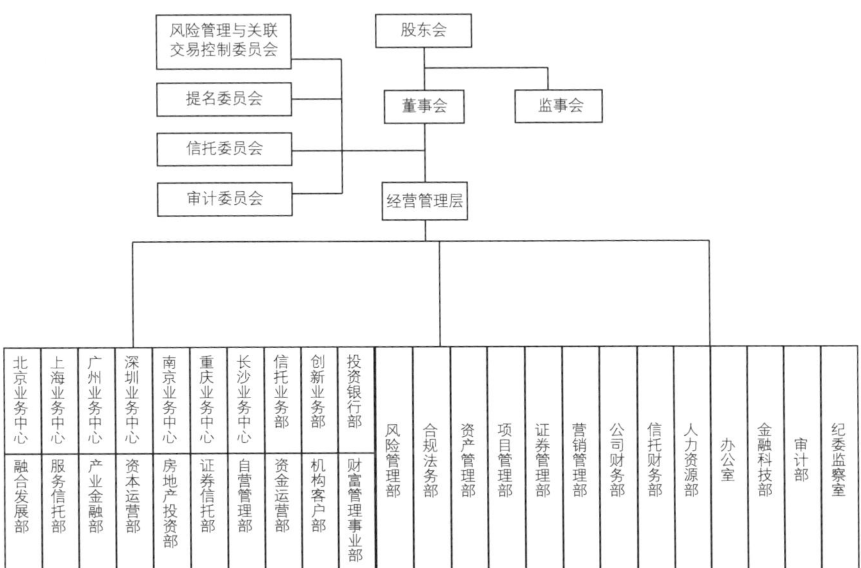

3. 公司治理结构

3.1 股东

报告期末公司股东总数为 10 家，持有本公司 10% 以上（含 10%）股份（或出资比例）的股东分别为：四川宏达（集团）有限公司、中海信托股份有限公司、四川宏达股份有限公司。

股东名称	持股比例（%）	法人代表	注册资本（亿元）	注册地址	主要经营业务及主要财务情况
四川宏达（集团）有限公司	32.0388	李卓	12.5	四川省什邡市师古镇成林村	化工机械制造及设备检测、安装；化工产品及原销售及进出口业务；对旅游业、房地产业、采矿业、化工行业、贸易业、餐饮娱乐业、仓储业投资；房地产开发及物业管理；旅游产品开发。
中海信托股份有限公司	30.2534	张德荣	25	上海市黄浦区蒙自路763 号 36 楼	信托投行业务、资产管理业务及事务性信托业务。截至 2019 年末，公司资产总额为 71.02 亿元，净资产为 63.34 亿元。公司管理信托资产规模达到 3 063.43 亿元，实现营业收入为 11.22 亿元，利润总额为 9.15 亿元，净利润为 7.34 亿元（未经审计）。
四川宏达股份有限公司	22.1605	黄建军	20.32	四川省什邡市师古镇蓥山村	主要从事有色金属锌的冶炼和磷化工生产（主要财务情况以上市公司披露的为准）。

股东间关联关系情况：四川宏达（集团）有限公司与四川宏达股份有限公司的实际控制人同为刘沧龙先生。

3.2 第二届董事、董事会及其下属委员会

董事长、副董事长、董事

姓名	职务	性别	年龄（岁）	选任日期	所推举的股东名称	该股东持股比例（%）	简要履历
牟 跃	董事长	男	61	2015 年 8 月	四川宏达（集团）有限公司	32.0388	曾任四川省忠县、仪陇县人民政府副县长，四川省证券监督管理办公室发行上市部主任，中国证券监督管理委员会四川监管局上市公司监管处处长、机构监管处处长，四川宏达（集团）有限公司董事、副总裁，四川宏达股份有限公司副董事长，宏信证券有限责任公司党委书记、董事。
黄晓峰	副董事长	男	54	2016 年 11 月	中海信托股份有限公司	30.2534	曾任中国海洋石油有限公司资金融资部总经理，中海石油财务有限责任公司董事、总经理，中海信托股份有限公司总裁；现任中海信托股份有限公司党委书记、董事长。
刘 军	董事	男	38	2016 年 11 月	四川宏达股份有限公司	22.1605	曾任四川宏达集团总裁助理、副总裁，四川宏达集团董事局董事、副总裁、总裁，和兴证券经纪有限责任公司（现为宏信证券有限责任公司）董事；现任四川宏达（集团）有限公司副董事长。
朱开友	董事	男	64	2010 年 11 月	汇源集团有限公司	3.8436	曾任成都市金牛区医药管理局及物资局局长，成都汇源光缆厂厂长；现任汇源集团有限公司董事长，西部汇源矿业有限公司董事长，四川电器集团股份有限公司董事长，成都新汇源医药有限公司董事长，四川省政协委员等职务。

独立董事

姓名	所在单位及职务	性别	年龄（岁）	选任日期	所推举的股东名称	该股东持股比例（%）	简要履历
王 元	中美国际保险销售服务有限公司首席风险官	女	63	2015 年 4 月	中海信托股份有限公司	30.2534	先后在泰康人寿保险股份有限公司稽核部、合规法律部、法律部工作，担任过员工监事、公司法律责任人。
李光金	四川大学商学院教授、博士导师	男	53	2013 年 11 月	四川宏达（集团）有限公司	32.0388	曾在西南交通大学经济管理学院任教，在四川联合大学管理工程系任教，并担任系科研秘书，在四川大学工商管理学院任教，担任副院长，先后主管过硕士与博士研究生、MBA、ME、外事、EMBA 等工作，其中 2003 年 7 月晋升教授，后被聘为博士导师。
熊敬英	达成铁路有限责任公司副总经理	女	53	2010 年 11 月	成都铁路局	3.5691	曾任成都铁路局成都车务段助理经济师，成都铁路局财务处会计师、高级会计师、副科长、科长，成都铁路局国资办任副主任、主任，成都铁路局财务处副处长。

董事会下属委员会

董事会下属委员会	职责	组成人员名单	职务
风险管理与关联交易控制委员会	研究公司发生重大、突发性事项的对策；研究制定总体风险管理、关联交易控制政策供董事会审议；研究公司风险管理的战略结构和资源，并使之与公司的内部风险管理政策相兼容；研究重要的风险边界；对相关的风险管理、关联交易控制政策进行监督、审查和向董事会提出建议等。	王 元	独立董事
		黄晓峰	副董事长
		熊敬英	独立董事

续表

董事会下属委员会	职责	组成人员名单	职务
提名委员会	研究董事和总裁的选择标准和程序并提出建议；广泛搜寻合格的董事和总裁人选；对董事候选人和总裁人选进行审查并提出建议等。	牟　跃	董事长
		黄晓峰	副董事长
		刘　军	董事
信托委员会	调查研究信托行业的发展变化，对公司信托业务的发展方向和战略规划进行研究和提出建议；审议单个主动管理集合信托规模超过15亿元（含）以上的融资类集合信托项目；审议集合资金计划3亿元（含）以上，除信政合作业务中应收账款质押项目外，以信用融资、保证担保的，或以非上市公司且非金融机构股权质押的，或其他存有风险敞口方式（抵押物评估价值不能覆盖信托本金）为融资方提供融资的；针对中国银行业监督管理委员会及其派出机构检查公司信托业务后要求董事会组织整改的问题，研究提出具体措施；当公司或股东利益与受益人利益发生冲突时，研究提出维护受益人权益的具体措施等。	李光金	独立董事
		刘军	董事
		朱开友	董事
审计委员会	提议聘请或更换外部审计机构；监督公司的内部审计制度及其实施；负责内部审计与外部审计之间的沟通；审核公司的财务信息及其披露；审查公司内控制度等。	熊敬英	独立董事
		李光金	独立董事
		刘军	董事

2019年6月28日，公司董事会进行了换届选举。截至2019年12月末，新任董事任职资格尚未全部完成监管核准。

3.3　监事、监事会及其下属委员会

姓名	职务	性别	年龄（岁）	选任日期	所推举的股东名称	该股东持股比例（%）	简要履历
孔维文	监事会主席	男	56	2016年4月	公司职工	—	曾任四川银监局办公室主任，达州银监分局局长，四川信托首席风控官、副总裁；现任四川信托监事会主席。
喻文娅	监事	女	45	2019年6月	四川成渝高速公路股份有限公司	1.1715	曾任四川众信资产管理有限公司、成都成渝建信股权投资基金管理有限公司财务总监，四川省知识产权运营股权投资基金投资决策委员会委员；现任四川成渝高速公路股份有限公司财务会计部（资金中心）主任。
王静轶	监事	女	45	2013年1月	四川省投资集团有限责任公司	1.3924	曾任四川川投资产管理有限责任公司财务经理、四川川投水务集团有限公司副总会计师；现任四川省投资集团有限责任公司资金财务部副经理。

注：2019年6月28日，公司监事会进行了换届选举。

3.4　高级管理人员

报告期末，公司在职高级管理人员情况如下：

姓名	职务	性别	年龄（岁）	选任日期	金融从业年限（年）	学历	专业	简要履历
刘景峰	总裁	男	53	2015年7月	25	硕士	经济学	曾任中融国际信托投资有限公司投资银行部副总经理，中融国际信托投资有限公司北京业务部总经理，中融国际信托投资有限公司副总裁，中植集团有限公司总裁，四川信托副总裁；现任四川信托党委副书记、总裁。
陈洪亮	常务副总裁	男	58	2011年10月	27	硕士	工商管理	曾任中国银行遂宁分行行长，四川宏达集团有限公司副总裁，四川信托副董事长；现任四川信托党委委员、纪委书记、常务副总裁、工会主席。
严　整	副总裁	男	51	2011年10月	18	博士	会计学	曾任四川证监局上市监管处副处长、法制工作处处长；现任四川信托副总裁。
周可彤	副总裁	男	51	2012年8月	31	本科	金融学	曾任四川银监局现场检查六处处长，非银行金融机构监管处处长；现任四川信托副总裁。
刘学川	副总裁	男	55	2016年11月	20	硕士	法学	曾任四川宏达（集团）有限公司副总裁，和兴证券经纪有限责任公司（现为宏信证券有限责任公司）副总裁兼董事会秘书；现任四川信托副总裁。
胡应福	财务总监	男	53	2013年5月	8	本科	财会	曾任中国国际期货经纪有限公司、中期证券经纪有限责任公司财务总监、总会计师，四川宏达股份有限公司任总会计师；现任四川信托财务总监。
马振邦	总裁助理	男	43	2016年8月	10	本科	工商管理	曾任四川信托有限公司金融市场部信托经理，四川信托金融市场二部总经理，四川信托华北片区副总经理、总经理；现任四川信托总裁助理。
陈　进	总裁助理	男	45	2016年8月	17	本科	贸易经济	曾任重庆国际信托有限公司信托业务一部副总经理，四川信托有限公司金融机构二部总经理，四川信托有限公司公司业务部（西南片区）总经理，四川信托有限公司结构金融部（重庆片区）总经理；现任四川信托总裁助理。
李长君	总裁助理	男	49	2017年3月	19	硕士	工商管理	曾任四川省投资集团有限公司资金结算中心主任，四川省川投化学工业集团公司总会计师，上海银行成都分行公司业务三部总经理，四川信托信托业务三部总经理、西部片区总经理；现任四川信托总裁助理。

3.5 公司员工

报告期末，公司职工人数为 792 人。

项目		报告期年度		上年度	
		人数（人）	比例（%）	人数（人）	比例（%）
年龄分布	25 岁以下	13	1.64	12	1.63
	25～29 岁	148	18.69	163	22.21
	30～39 岁	481	60.73	413	56.27
	40～49 岁	110	13.89	106	14.44
	50 岁以上	40	5.05	40	5.45
学历分布	博士	5	0.63	4	0.54
	硕士	254	32.07	235	32.02
	本科	426	53.79	395	53.82
	专科	90	11.36	87	11.85
	其他	17	2.15	13	1.77
岗位分布	高级管理人员	12	1.52	13	1.77
	中后台人员	157	19.82	138	18.80
	自营业务人员	6	0.76	6	0.82
	信托业务人员	556	70.2	517	70.44
	其他人员	61	7.7	60	8.17

注：报告期末人数含营销人员 214 人。

4. 经营管理

4.1 指导思想、经营方针、战略目标

4.1.1 指导思想

公司以习近平新时代中国特色社会主义思想为指导，实现川信稳健发展。

4.1.2 经营方针

公司以“立足本源、防控风险、合规经营、稳健发展”为工作指导方针，秉承“风险防范第一、效益发展第二”的经营理念，在风险可控前提下审慎合规开展业务。

4.1.3 战略目标

公司以资产管理、投资银行、私人财富管理为公司核心业务，在资产端、资金端、管理端三方面齐头并进，协调发展，从“资金提供者”向“资产管理者”转变，力争 5 年内发展成为国内一流的资产管理机构。

4.2 经营业务的主要内容

4.2.1 业务范围

经中国银保监会批准和公司登记机关核准，公司经营下列人民币和外币业务：资金信托；动产信托；不动产信托；有价证券信托；其他财产或财产权信托；作为投资基金或者基金管理公司的发起人从事投资基金业务；经营企业资产的重组、购并及项目融资、公司理财、财务顾问等业务；受托经营国务院有关部门批准的证券承销业务；办理居间、咨询、资信调查等业务；代保管及保管箱业务；以存放同业、拆放同业、贷款、租赁、投资方式运用固有财产；以固有财产为他人提供担保；从事同业拆借；法律法规规定或中国银保监会批准的其他业务。

4.2.2 资产组合与分布

自营资产运用与分布表

资产运用	金额（万元）	占比（%）	资产分布	金额（万元）	占比（%）
货币资产	155 257.73	15.70	基础产业	25 610.00	2.59
贷款及应收款项	187 968.46	19.00	房地产业	152 050.00	15.37
交易性金融资产	0.00	0.00	证券市场	3 063.75	0.31
可供出售金融资产	482 308.42	48.76	实业	42 481.79	4.29
长期股权投资	84 453.03	8.54	金融机构	294 840.13	29.81
其他	79 145.75	8.00	其他	471 087.72	47.63
资产总计	989 133.39	100	资产总计	989 133.39	100

注：除特别说明外，本报告中数据均以人民币计量。

信托资产运用与分布表

资产运用	金额（万元）	占比（%）	资产分布	金额（万元）	占比（%）
货币资产	226 448.57	0.97	基础产业	816 621.18	3.50
贷款	9 471 850.24	40.58	房地产业	3 460 405.50	14.82
交易性金融资产	1 268 174.26	5.43	证券市场	1 406 370.45	6.03
可供出售金融资产	9 547 460.13	40.90	实业	5 215 118.81	22.34
长期股权投资	1 416 022.51	6.07	金融机构	5 283 804.60	22.64
其他	1 411 818.17	6.05	其他	7 159 453.34	30.67
信托资产总计	23 341 773.88	100.00	信托资产总计	23 341 773.88	100.00

4.3 市场分析

4.3.1 有利因素

服务信托方向逐渐明晰。2019 年，服务信托从内涵到业务领域都进一步明确。服务信托业务作为信托三大业务领域之一，肩负了信托业服务实体经济、回归信托本源的重任。在具体业务方向上，资产证券化、家族信托、证券受托等业务发展迅速，其他业务也不断落地。总体来看，在广度和深度上都进一步探索。

资本市场被提高到战略性高度。资本市场被赋予了降杠杆、科创兴国的重任。2019 年，科创板落地，资本市场各项改革加速推出。对于信托行业来说，加大标准资产投资是大势所趋：产品类型日渐丰富，金融科技投入加大，专业团队逐步扩充。基于庞大的资本市场容量，信托公司积极以各种方式参与资本市场。

财富管理加快发展。资金端对信托公司日益重要。积极发展面向个人投资者的财富管理，既是服务人民美好生活的体现，也是信托公司转型发展的需要。2019 年各家机构纷纷大力扩充财富管理团队，提高金融科技水平，完善激励约束机制，积极丰富产品类型，满足投资者多样化的需求。

4.3.2 不利因素

“资管新规”的一些影响逐渐显现。从资管行业格局看，银行理财子公司在产品起点、销售渠道、投向资本市场等方面均有所放宽。这将削弱信托在同业合作和非标等领域的竞争优

势。从信托行业自身看，随着配套细则的逐渐出台，总体上资金信托和非标债权的收紧趋势明显，整个行业的业务转型和盈利能力承压。

房地产业务监管。自2019年以来，居民杠杆率增速较快，对房地产贷款和投资的调控进一步强化。受此影响，从2019年第二季度末开始，行业房地产信托业务有所下滑。尽管信托行业在近年来积极转型，业务结构逐渐多元化，房地产信托业务仍然是不少机构的重要收入来源。以危为机，投贷联动等房地产股权业务正在加大探索。

风险暴露压力加大，但总体可控。随着行业资产管理规模回落，盈利水平承压，整个行业面临的风险有所提升。风险资产的规模和项目数量有所回升，但风险总体可控。在加强合规风控的基础上，需要切实加大业务转型和创新力度。

4.4 内部控制

4.4.1 内部控制环境和内部控制文化

公司建立了由股东会、董事会、监事会和经营管理层组成的治理结构，形成了权力机构、决策机构、监督机构和经营层之间分工配合、相互协调、相互制衡的运行机制。公司"三会一层"均按照相关法律法规及《公司章程》的规定，科学制定了内部分级授权管理制度并严格实施，规范运作，为公司营造了良好的内部控制环境。

公司坚持"风险防范第一、效益发展第二"的经营理念，根据宏观经济发展状况、监管政策要求及公司实际经营情况，逐步建立健全涵盖公司各管理环节的内部控制措施，促进了公司内控文化的建设。

4.4.2 内部控制措施

公司建立了自上而下的分级授权体系，形成了"全员参与、流程管理、立体监督"的合规风控体系，对项目风险进行事前防范与事中控制，发挥了风险防火墙的作用。公司建立了动态的制度管理体系，根据业务发展的需要，对制度进行实时修订与完善，进一步健全了公司内部控制体系。

公司建立了董事会领导下的内审制度，审计部针对公司内部管理及各项业务组织开展审计工作，形成了独立的审计报告并及时督促整改，通过事后检查和监督进一步强化内部控制力度。

公司通过科技手段加强内部控制。根据公司业务的开展情况，对现有系统功能进行持续地整合、优化、开发和升级，通过严格的审批流程有效控制操作风险。

4.4.3 信息交流与反馈

公司制定了《信息披露管理办法》《重大信息内部报告制度》《向董事会报告制度》等信息披露和报告管理制度，并有专门部门负责对外的信息收集、发布及媒体关系管理，确保信息交流过程中及时发现问题、解决问题。

公司建立了顺畅的报告及通报制度。经营管理层及时通过书面报告、会议报告等方式，将公司经营管理状况、财务状况、内部审计情况、风险与合规状况等向董事会、监事会报告，并根据《公司章程》报告股东会。经营管理层建立各项会议制度，及时收集、听取并研究经营管理各项工作。各部门在职责范围内收集内外部信息，通过财务会计资料、经营管理资料、调研报告、政策分析等，将信息有效送达相关部门和人员。

4.4.4 监督评价与纠正

审计部为公司审计监督检查和评价的执行部门，负责监督各项内部控制制度的执行情况，收集与评价内部控制的反馈意见，对发现的内部控制缺陷，按照规定程序有针对性地建议公司或要求相关部门或责任人予以纠正，并定期向董事会报告工作。

4.5 风险管理

4.5.1 风险管理概况

公司建立了完善的风险管理制度和风险控制机制，以促进公司各项业务的可持续性发展。2019年公司根据内外部环境，适时调整业务方向，风险审查进行专业化分工，前端介入项目尽调，项目评审会制度持续优化，设立专门贷后管理部门，不断强化投贷后风险管理，执行定期风险排查，实现全流程风控。

4.5.2 风险状况

4.5.2.1 信用风险状况

信用风险是指交易对手未能履行合同所带来的经济损失风险，报告期末，公司信托业务信用风险处于正常水平。

4.5.2.2 市场风险状况

市场风险是指公司在业务经营中，不可避免地因市场价格的波动而产生和可能产生的风险。报告期内，公司未因市场风险而对盈利能力及财务状况产生重大影响。

4.5.2.3 流动性风险状况

流动性风险是指金融机构虽然有清偿能力，但无法及时获得充足资金或无法以合理成本及时获得充足资金以应对业务增长或提供偿付的风险。报告期内，公司未出现流动性风险。

4.5.2.4 操作风险状况

操作风险是指由于不完善或有问题的内部操作过程、人员、系统或外部事件而造成的直接或间接损失的风险。报告期内，公司进一步完善、修订和拟定了一系列规章制度和操作流程，以提高预防和控制操作风险的能力。报告期内，公司未发生因操作风险造成的损失。

4.5.2.5 其他风险状况

其他风险主要为政策风险、声誉风险及法律风险等。报告期内，公司未发生因其他风险所造成的损失。

4.5.3 风险管理

4.5.3.1 信用风险管理

公司严格按照监管部门的要求，在风险可控的前提下审慎合规开展业务，信托项目的风险敞口具有合理的分散性，抵押担保有效足值，不存在违反审慎授信标准的情况。公司在进行项目审查时，重点考量交易对手的实力、交易对手资信情况、抵质押物是否足值、还款来源等因素，充分评估和考量项目的信用风险，并将可能面临的信用风险充分向委托人进行披露。

4.5.3.2 市场风险管理

公司时刻关注宏观经济和行业信息，及时掌握市场变化，不定期对市场风险进行评估、研讨，及时调整项目准入标准及风控条件，并随着市场价格、利率的调整，合理定价，从而给信托受益人获取与市场风险匹配的收益。

4.5.3.3 流动性风险管理

公司时刻将流动性风险视为公司管理过程中的重要风险。(1)在信托项目流动性风险管理方面，公司严把项目准入关，严格测算交易对手现金流，从多个方面评判融资方到期的兑付能力以及集中还款压力，并要求于投贷后不定期对项目进行压力测试，持续关注企业的后续经营状况及其现金流状况；(2)在固有业务流动性风险管理方面，公司自有资金使用按照“安全、审慎”原则，将自有资金投向流动性较强的固定收益类及公司主动管理的信托计划，确保公司持续保持较好的流动性。同时公司不断优化固有资产配置，提升固有资产对流动性风险的抵补能力；(3)在资金池流动性风险管理方面，对资金池的流动性进行适时监测，并定期开展压力测试，进行缺口管理。同时，为稳定资金池的资金来源，公司对资金池产品进行统一定价、规范发行，并且不断加深同业交流与合作，丰富资金来源。

4.5.3.4 操作风险管理

公司建立了制衡有效的风控组织结构，通过权力制衡，抑制“内部人”控制、“道德风险”的发生。按照“机构扁平化、业务垂直化”的要求，推进管理架构和业务流程再造，从根本上解决操作风险的控制问题；完善绩效考评办法，合理确定任务指标，把风险管理及内控管理纳入考核体系，切实加强和改善公司的经营和管理体系；公司 IT 信息系统建立了满足业务发展需要的财务核算系统、办公自动化系统、证券估值系统等，为公司风险防范提供现代化手段的技术保障。

4.5.3.5 其他风险管理

公司十分关注宏观环境及监管政策的动向，对于对公司影响重大的政策变动积极响应，及时调整内部制度和业务方向，力争与宏观环境和监管政策保持步调一致。

公司设置了总法律顾问，并制定实施《法律顾问及法律工作机构管理办法》，进一步完善了法律风险控制体系，统筹管理与防控法律风险。

公司建立了良好的声誉风险管理体系，专人负责舆情监督，与主流媒体建立常态沟通机制，借助各种媒体平台，不定期宣传公司的价值理念，并及时处理投诉和纠纷，不断提高服务质量和效率，切实维护委托人利益，化解和防范声誉风险。

4.6 净资本风险控制指标

本公司报告期末的净资本风险控制指标情况如下：

指标名称	期末数	监管标准
净资本（亿元）	59.56	≥2
固有业务风险资本（亿元）	12.71	—
信托业务风险资本（亿元）	19.24	—
其他业务风险资本（亿元）	—	—
各项业务风险资本之和（亿元）	31.95	—
净资本/各项业务风险资本之和（%）	186	≥100
净资本/净资产（%）	74	≥40

5. 会计报表

5.1 自营资产

5.1.1 会计师事务所审计结论

审计报告

致同审字（2020）第 510ZB3937 号

一、审计意见

我们审计了四川信托有限公司（以下简称四川信托公司）财务报表，包括 2019 年 12 月 31 日的合并及公司资产负债表，2019 年度的合并及公司利润表、合并及公司现金流量表、合并及公司所有者权益变动表以及相关财务报表附注。

我们认为，后附的财务报表在所有重大方面按照企业会计准则的规定编制，公允反映了四川信托公司 2019 年 12 月 31 日的合并及公司财务状况及 2019 年度的合并及公司的经营成果和现金流量。

二、形成审计意见的基础

我们按照中国注册会计师审计准则的规定执行了审计工作。审计报告的“注册会计师对财务报表审计的责任”部分进一步阐述了我们在这些准则下的责任。按照中国注册会计师职业道德守则，我们独立于四川信托公司，并履行了职业道德方面的其他责任。我们相信，我们获取的审计证据是充分、适当的，为发表审计意见提供了基础。

三、其他信息

四川信托公司管理层（以下简称管理层）对其他信息负责。其他信息包括四川信托公司 2019 年年度报告中涵盖的信息，但不包括财务报表和我们的审计报告。

我们对财务报表发表的审计意见不涵盖其他信息，我们也不对其他信息发表任何形式的鉴证结论。

结合我们对财务报表的审计，我们的责任是阅读其他信息，在此过程中，考虑其他信息是否与财务报表或我们在审计过程中了解到的情况存在重大不一致或者似乎存在重大错报。

基于我们已执行的工作，如果我们确定其他信息存在重大错报，我们应当报告该事实。在这方面，我们无任何事项需要报告。

四、管理层和治理层对财务报表的责任

四川信托公司管理层负责按照企业会计准则的规定编制财务报表，使其实现公允反映，并设计、执行和维护必要的内部控制，以使财务报表不存在由于舞弊或错误导致的重大错报。

在编制财务报表时，管理层负责评估四川信托公司的持续经营能力，披露与持续经营相关的事项（如适用），并运用持续经营假设，除非管理层计划清算四川信托公司、终止运营或别无其他现实的选择。

治理层负责监督四川信托公司的财务报告过程。

五、注册会计师对财务报表审计的责任

我们的目标是对财务报表整体是否不存在由于舞弊或错误导致的重大错报获取合理保证，并出具包含审计意见的审计报告。合理保证是高水平的保证，但并不能保证按照审计准则执行的审计在某一重大错报存在时总能发现。错报可能由于舞弊或错误导致，如果合理预期错报单独或汇总起来可能影响财务报表使用者依据财务报表作出的经济决策，则通常认为错报是重大的。

在按照审计准则执行审计工作的过程中，我们运用职业判断，并保持职业怀疑。同时，我们也执行以下工作：

(1)识别和评估由于舞弊或错误导致的财务报表重大错报风险，设计和实施审计程序以应对这些风险，并获取充分、适当的审计证据，作为发表审计意见的基础。由于舞弊可能涉及串通、伪造、故意遗漏、虚假陈述或凌驾于内部控制之上,未能发现由于舞弊导致的重大错报的风险高于未能发现由于错误导致的重大错报的风险。

(2)了解与审计相关的内部控制,以设计恰当的审计程序,但目的并非对内部控制的有效性发表意见。

(3)评价管理层选用会计政策的恰当性和作出会计估计及相关披露的合理性。

(4)对管理层使用持续经营假设的恰当性得出结论。同时,根据所获取的审计证据,就可能导致对四川信托公司的持续经营能力产生重大疑虑的事项或情况是否存在重大不确定性得出结论。如果我们得出结论认为存在重大不确定性,审计准则要求我们在审计报告中提请报表使用者注意财务报表中的相关披露;如果披露不充分,我们应当发表非无保留意见。我们的结论基于截至审计报告日可获得的信息。然而,未来的事项或情况可能导致四川信托公司不能持续经营。

(5)评价财务报表的总体列报、结构和内容(包括披露),并评价财务报表是否公允反映相关交易和事项。

(6)就四川信托公司中实体或业务活动的财务信息获取充分、适当的审计证据,以对财务报表发表意见。我们负责指导、监督和执行集团审计,并对审计意见承担全部责任。

我们与治理层就计划的审计范围、时间安排和重大审计发现等事项进行沟通,包括沟通我们在审计中识别出的值得关注的内部控制缺陷。

中国注册会计师

中国注册会计师

中国·北京　　　　二〇二〇年三月二十六日

5.1.2 资产负债表

资产负债表

编制单位:四川信托有限公司　　　　2019年12月31日　　　　单位:元

项目	期末数		期初数	
	合并	公司	合并	公司
资产:				
现金及存放中央银行款项	67 718. 18	57 497. 45	12 630. 12	24. 56
存放同业款项	5 015 410 587. 17	1 552 519 789. 60	3 445 185 342. 21	1 353 236 583. 71
结算备付金	1 004 280 828. 58	—	837 316 763. 31	—
融出资金	1 167 553 798. 50	—	1 034 910 925. 30	—
以公允价值计量且其变动计入当期损益的金融资产	4 927 730 071. 37	—	4 762 433 162. 62	27 086 547. 00
衍生金融资产	—	—	—	—
买入返售金融资产	1 075 828 705. 71	—	1 412 200 986. 31	—
应收利息	149 460 632. 68	23 494 344. 44	129 670 581. 50	7 659 638. 87
发放贷款和垫款	1 057 600 000. 00	769 600 000. 00	756 000 000. 00	756 000 000. 00
可供出售金融资产	4 444 761 178. 32	4 823 084 158. 64	5 236 953 146. 19	5 605 159 954. 59
持有至到期投资	—	—	—	—
应收款项类投资	1 627 139 147. 83	1 110 084 602. 15	1 168 019 728. 58	762 591 400. 96
长期股权投资	—	844 530 283. 51	—	844 530 283. 51
投资性房地产	207 760 711. 92	168 531 579. 28	211 221 256. 44	174 612 100. 40
固定资产	325 112 515. 65	191 605 894. 51	344 213 493. 71	201 268 010. 10
在建工程	7 151 967. 33	6 295 950. 49	10 030 620. 76	6 805 532. 73
无形资产	81 287 568. 66	11 626 083. 29	72 752 166. 07	9 782 907. 20
商誉	153 827 957. 59	—	153 827 957. 59	—
递延所得税资产	466 850 755. 65	380 848 873. 03	310 033 775. 59	242 263 611. 09
其他资产	31 056 388. 49	9 054 883. 09	25 993 717. 35	3 571 126. 88
资产总计	21 742 880 533. 63	9 891 333 939. 48	19 910 776 253. 65	9 994 467 787. 60
负债:				
向中央银行借款	—	—	—	—
同业及其他金融机构存放款项	—	—	—	—

续表

项目	期末数		期初数	
	合并	公司	合并	公司
拆入资金	1 220 000 000. 00	120 000 000. 00	1 005 000 000. 00	635 000 000. 00
以公允价值计量且其变动计入当期损益的金融负债	110 567 211. 40	—	933 257. 41	—
衍生金融负债	—	—	—	—
卖出回购金融资产款	2 247 227 000. 00	—	1 525 150 000. 00	—
代理买卖证券款	3 855 613 367. 83	—	2 748 762 662. 53	—
应付职工薪酬	377 415 914. 08	141 895 959. 55	345 423 218. 85	142 895 464. 13
应交税费	302 143 514. 87	243 757 695. 66	268 661 427. 87	221 199 569. 15
应付利息	23 208 987. 65	3 054 480. 56	19 566 721. 78	3 681 666. 66
预计负债	337 200 000. 00	337 200 000. 00	459 609 863. 46	459 609 863. 46
应付债券	600 000 000. 00	—	700 000 000. 00	—
递延所得税负债	20 890 719. 12	—	19 569 713. 99	—
其他负债	2 979 827 674. 69	1 033 124 189. 66	3 813 592 889. 53	1 028 035 873. 01
负债合计	12 074 094 389. 64	1 879 032 325. 43	10 906 269 755. 42	2 490 422 436. 41
所有者权益:				
实收资本	3 500 000 000. 00	3 500 000 000. 00	3 500 000 000. 00	3 500 000 000. 00
资本公积	1 835 024. 84	—	1 835 024. 84	—
减:库存股	—	—	—	—
其他综合收益	-166 025 095. 60	-150 546 873. 63	-134 650 226. 08	-137 419 868. 91
盈余公积	780 784 848. 75	780 784 848. 75	728 646 521. 99	728 646 521. 99
一般风险准备	1 019 174 808. 08	1 019 174 808. 08	978 684 042. 83	978 684 042. 83
未分配利润	3 608 110 300. 07	2 862 888 830. 85	3 053 267 507. 89	2 434 134 655. 28
归属于母公司所有者权益合计	8 743 879 886. 14	8 012 301 614. 05	8 127 782 871. 47	7 504 045 351. 19
少数股东权益	924 906 257. 85	—	876 723 626. 76	—
所有者权益合计	9 668 786 143. 99	8 012 301 614. 05	9 004 506 498. 23	7 504 045 351. 19
负债及所有者权益总计	21 742 880 533. 63	9 891 333 939. 48	19 910 776 253. 65	9 994 467 787. 60

5. 1. 3 利润表

利润表

编制单位:四川信托有限公司　　2019 年度　　单位:元

项目	本期金额		上期金额	
	合并	公司	合并	公司
一、营业收入	3 170 719 478. 41	2 323 013 137. 36	2 787 644 071. 35	2 231 953 211. 42
利息净收入	16 746 598. 29	15 962 303. 77	-5 014 479. 79	-6 892 387. 26
利息收入	391 053 784. 31	110 844 123. 52	376 956 718. 88	89 334 751. 84
利息支出	374 307 186. 02	94 881 819. 75	381 971 198. 67	96 227 139. 10
手续费及佣金净收入	2 429 895 694. 72	1 915 203 313. 78	2 455 968 364. 12	2 092 554 487. 04
手续费及佣金收入	2 496 401 958. 97	1 919 357 666. 61	2 518 598 069. 16	2 098 745 388. 41
手续费及佣金支出	66 506 264. 25	4 154 352. 83	62 629 705. 04	6 190 901. 37
投资收益/(损失)	679 341 678. 33	376 495 738. 94	381 595 043. 10	130 692 751. 65

续表

项目	本期金额		上期金额	
	合并	公司	合并	公司
其中:对联营企业和合营企业的投资收益/(损失)	—	—	—	—
公允价值变动收益/(损失)	24 847 646.53	3 602 139.00	-69 150 690.35	-621 381.62
汇兑收益/(损失)	—	—	—	—
其他业务收入	17 256 325.14	11 223 706.02	18 603 901.65	12 018 501.40
其他收益	2 631 535.40	525 935.85	5 716 104.41	4 201 240.21
资产处置收益(损失以"-"号填列)	—	—	-74 171.79	—
二、营业支出	2 244 535 392.74	1 673 212 818.77	1 567 983 334.61	1 076 729 538.63
税金及附加	29 701 684.51	20 266 084.55	30 870 675.93	22 540 841.15
业务及管理费	1 508 149 893.14	985 698 758.14	1 362 559 288.26	891 137 206.09
资产减值损失	688 935 211.67	659 883 445.84	154 698 579.72	155 386 137.87
其他业务成本	17 748 603.42	7 364 530.24	19 854 790.70	7 665 353.52
三、营业利润(亏损以"-"号填列)	926 184 085.67	649 800 318.59	1 219 660 736.74	1 155 223 672.79
加:营业外收入	1 357 652.53	58 637.31	3 241 118.90	904 112.65
减:营业外支出	-44 292 085.01	-45 299 373.15	173 989 441.70	172 552 958.19
四、利润总额(亏损总额以"-"号填列)	971 833 823.21	695 158 329.05	1 048 912 413.94	983 574 827.25
减:所得税费用	241 062 186.09	173 775 061.47	270 659 209.37	243 467 701.53
五、净利润(净亏损以"-"号填列)	730 771 637.12	521 383 267.58	778 253 204.57	740 107 125.72
(一)按经营持续性分类:	—	—	—	—
其中:持续经营净利润(净亏损以"-"号填列)	730 771 637.12	521 383 267.58	778 253 204.57	740 107 125.72
终止经营净利润(净亏损以"-"号填列)	—	—	—	—
(二)按所有权归属分类:	—	—	—	
其中:少数股东损益(净亏损以"-"号填列)	72 360 965.33	—	45 135 395.33	—
归属于母公司股东的净利润(净亏损以"-"号填列)	658 410 671.79	—	733 117 809.24	—
六、其他综合收益的税后净额	-33 365 153.04	-13 127 004.72	-146 069 006.27	-149 348 396.26
归属于母公司股东的其他综合收益的税后净额	-33 422 282.64	-13 127 004.72	-145 941 967.76	-149 348 396.26
(一)以后不能重分类进损益的其他综合收益	—	—	—	—
1. 重新计量设定受益计划变动额	—	—	—	—
2. 权益法下不能转损益的其他综合收益	—	—	—	—
3. 其他	—	—	—	—
(二)以后将重分类进损益的其他综合收益	-33 422 282.64	-13 127 004.72	-145 941 967.76	-149 348 396.26
1. 权益法下可转损益的其他综合收益	—	—	—	—
2. 可供出售金融资产公允价值变动损益	-33 422 282.64	-13 127 004.72	-145 941 967.76	-149 348 396.26
归属于少数股东的其他综合收益的税后净额	57 129.60	—	-127 038.51	—
七、综合收益总额	697 406 484.08	508 256 262.86	632 184 198.30	590 758 729.46
归属于母公司股东的综合收益总额	624 988 389.15	—	587 175 841.48	—
归属于少数股东的综合收益总额	72 418 094.93	—	45 008 356.82	—

5. 1. 4 所有者权益变动表

所有者权益变动表

编制单位：四川信托有限公司　　2019 年度　　单位：元

项　目	本期金额								上期金额							
	实收资本	资本公积	减：库存股	其他综合收益	盈余公积	一般风险准备金	未分配利润	所有者权益合计	实收资本	资本公积	减：库存股	其他综合收益	盈余公积	一般风险准备金	未分配利润	所有者权益合计
一、上年年末余额	3 500 000 000. 00			-137 419 868. 91	728 646 521. 99	978 684 042. 83	2 434 134 655. 28	7 504 045 351. 19	3 500 000 000. 00	—	—	11 928 527. 35	654 635 809. 42	844 936 103. 92	1 901 786 181. 04	6 913 286 621. 73
加：会计政策变更	—	—	—	—	—	—	—	—	—	—	—	—	—	—	—	—
前期差错更正	—	—	—	—	—	—	—	—	—	—	—	—	—	—	—	—
其他	—	—	—	—	—	—	—	—	—	—	—	—	—	—	—	—
二、本年年初余额	3 500 000 000. 00	—	—	-137 419 868. 91	728 646 521. 99	978 684 042. 83	2 434 134 655. 28	7 504 045 351. 19	3 500 000 000. 00	—	—	11 928 527. 35	654 635 809. 42	844 936 103. 92	1 901 786 181. 04	6 913 286 621. 73
三、本年增减变动金额（减少以"-"号填列）	—	—	—	-13 127 004. 72	52 138 326. 76	40 490 765. 25	428 754 175. 57	508 256 262. 86	—	—	—	-149 348 396. 26	74 010 712. 57	133 747 938. 91	532 348 474. 24	590 758 729. 46
（一）综合收益总额	—	—	—	-13 127 004. 72	—	—	521 383 267. 58	508 256 262. 86	—	—	—	-149 348 396. 26	—	—	740 107 125. 72	590 758 729. 46
（二）所有者投入和减少资本	—	—	—	—	—	—	—	—	—	—	—	—	—	—	—	—
1. 所有者投入的普通股	—	—	—	—	—	—	—	—	—	—	—	—	—	—	—	—
2. 其他权益工具持有者投入资本	—	—	—	—	—	—	—	—	—	—	—	—	—	—	—	—
3. 股份支付计入所有者权益的金额	—	—	—	—	—	—	—	—	—	—	—	—	—	—	—	—
4. 其他	—	—	—	—	—	—	—	—	—	—	—	—	—	—	—	—
（三）利润分配	—	—	—	—	52 138 326. 76	40 490 765. 25	-92 629 092. 01	—	—	—	—	—	74 010 712. 57	133 747 938. 91	-207 758 651. 48	—
1. 提取盈余公积	—	—	—	—	52 138 326. 76	—	-52 138 326. 76	—	—	—	—	—	74 010 712. 57	—	-74 010 712. 57	—
2. 提取一般风险准备	—	—	—	—	—	40 490 765. 25	-40 490 765. 25	—	—	—	—	—	—	133 747 938. 91	-133 747 938. 91	—
3. 对所有者的分配	—	—	—	—	—	—	—	—	—	—	—	—	—	—	—	—
4. 其他	—	—	—	—	—	—	—	—	—	—	—	—	—	—	—	—
（四）股东所有者权益内部结转	—	—	—	—	—	—	—	—	—	—	—	—	—	—	—	—
1. 资本公积转增资本	—	—	—	—	—	—	—	—	—	—	—	—	—	—	—	—
2. 盈余公积转增资本	—	—	—	—	—	—	—	—	—	—	—	—	—	—	—	—
3. 盈余公积弥补亏损	—	—	—	—	—	—	—	—	—	—	—	—	—	—	—	—
4. 一般风险准备弥补亏损	—	—	—	—	—	—	—	—	—	—	—	—	—	—	—	—
5. 设定受益计划变动额结转留存收益	—	—	—	—	—	—	—	—	—	—	—	—	—	—	—	—
6. 其他	—	—	—	—	—	—	—	—	—	—	—	—	—	—	—	—
（五）其他	—	—	—	—	—	—	—	—	—	—	—	—	—	—	—	—
四、本年末余额	3 500 000 000. 00	—	—	-150 546 873. 63	780 784 848. 75	1 019 174 808. 08	2 862 888 830. 85	8 012 301 614. 05	3 500 000 000. 00	—	—	-137 419 868. 91	728 646 521. 99	978 684 042. 83	2 434 134 655. 28	7 504 045 351. 19

5.2 信托资产

5.2.1 信托项目资产负债汇总表

信托项目资产负债汇总表

编制单位:四川信托有限公司　　2019 年 12 月 31 日　　单位:万元

信托资产	期末数	期初数	信托负债	期末数	期初数
货币资金	226 448.57	413 885.29	应付受托人报酬	56 941.09	49 703.03
拆出资金	—	—	应付托管费	1 686.90	2 001.20
交易性金融资产	1 268 174.26	2 646 552.49	应付受益人收益	127 787.55	90 710.00
买入返售金融资产	33 259.36	40 105.97	应交税费	11 875.67	17 715.52
应收款项	1 061 507.60	921 111.03	其他应付款项	198 072.18	219 315.78
贷款	9 471 850.24	14 167 369.94	其他负债	—	—
可供出售金融资产	9 547 460.13	10 374 568.61	信托负债合计	396 363.39	379 445.53
持有至到期投资	86 589.76	1 425 888.72	信托权益:		
长期股权投资	1 416 022.51	1 937 802.89	实收信托	22 753 284.29	31 476 312.74
投资性房地产	27 961.45	—	资本公积	87 462.36	117 855.11
固定资产	—	—	未分配利润	104 663.84	375 171.56
无形资产	—	—	信托权益合计	22 945 410.49	31 969 339.41
其他资产	202 500.00	421 500.00			
资产合计	23 341 773.88	32 348 784.94	负债和权益合计	23 341 773.88	32 348 784.94

5.2.2 信托项目利润及利润分配汇总表

信托项目利润及利润分配汇总表

编制单位:四川信托有限公司　　2019 年度　　单位:万元

项目	本期数	上期数
一、营业收入	1 589 159.89	1 762 161.73
利息收入	872 836.73	1 296 387.42
投资收入	656 619.26	721 211.73
租赁收入	—	—
公允价值变动损益	59 677.35	-255 437.42
其他收入	26.55	—
二、营业费用	258 894.11	300 617.67
三、营业税金及附加	4 826.89	6 070.09
加:营业外收入	—	—
减:营业外支出	—	—
四、扣除资产减值损失前的信托利润	1 325 438.89	—
减:资产减值损失	40 148.00	—
五、净利润	1 285 290.89	1 455 473.97
加:期初未分配信托利润	375 171.56	874 403.72
六、可供分配的信托利润	1 660 462.45	2 329 877.69
减:本期已分配信托利润	1 555 798.61	1 954 706.13
七、期末未分配信托利润	104 663.84	375 171.56

6. 会计报表附注

6.1 公司主要会计政策、会计估计

6.1.1 财务报表的编制基础

本财务报表按照财政部颁布的企业会计准则及其应用指南、解释及其他有关规定(统称企业会计准则)编制。

本财务报表以持续经营为基础列报。

本公司会计核算以权责发生制为基础。除某些金融工具外,本财务报表均以历史成本为计量基础。资产如果发生减值,则按照相关规定计提相应的减值准备。

6.1.2 重要会计政策变更

6.1.2.1 新债务重组准则

财政部于 2019 年 5 月 16 日发布了《企业会计准则第 12 号——债务重组》(以下简称新债务重组准则),修改了债务重组的定义,明确了债务重组中涉及金融工具的适用《企业会计准则第 22 号——金融工具确认和计量》等准则,明确了债权人受让金融资产以外的资产初始按成本计量,明确债务人以资产清偿债务时不再区分资产处置损益与债务重组损益。

根据财会[2019]6 号文件的规定,"营业外收入"和"营业外支出"项目不再包含债务重组中因处置非流动资产产生的利得或损失。

本公司对 2019 年 1 月 1 日新发生的债务重组采用未来适用法处理,对 2019 年 1 月 1 日以前发生的债务重组不进行追溯调整。

新债务重组准则对本公司 2019 年度财务状况和经营成果没有影响。

6.1.2.2 新非货币性交换准则

财政部于 2019 年 5 月 16 日发布了《企业会计准则第 7 号——非货币性资产交换》(以下简称新非货币性交换准则),明确了货币性资产和非货币性资产的概念和准则的适用范围,明确了非货币性资产交换的确认时点,明确了不同条件下非货币交换的价值计量基础和核算方法及同时完善了相关信息披露要求。本公司对 2019 年 1 月 1 日以后新发生的非货币性资产交换交易采用未来适用法处理,对 2019 年 1 月 1 日以前发生的非货币性资产交换交易不进行追溯调整。

新非货币性资产交换准则对本公司 2019 年度财务状况和经营成果没有影响。

6.1.2.3　子公司宏信证券公司执行新金融工具准则

纳入合并范围内的宏信证券公司于2019年1月1日起执行财政部2017年度修订发布的《企业会计准则第22号——金融工具确认和计量》、《企业会计准则第23号——金融资产转移》《企业会计准则第24号——套期保值》以及《企业会计准则第37号——金融工具列报》（以下简称新金融工具准则）；同时于2019年1月1日起按照财政部2018年12月发布的《关于修订印发2018年度金融企业财务报表格式的通知》（财会[2018]36号）及《关于修订印发2019年度一般企业财务报表格式的通知》（财会[2019]6号），对金融企业财务报表格式进行了修订。

宏信证券按照新金融工具准则的规定，除某些特定情形外，对金融工具的分类和计量（含减值）进行追溯调整，将金融工具原账面价值和在新金融工具准则施行日（即2019年1月1日）的新账面价值之间的差额计入2019年初留存收益或其他综合收益。合并财务财务及附注已按母公司报表格式予以调整，不对比较期财务报表数据进行调整。

2019年1月1日，宏信证券执行新金融工具准则对本合并报表影响如下：

单位：元

项目	调整前账面金额（2018年12月31日）	重分类	重新计量	调整后账面金额（2019年1月1日）
资产：				
融出资金	1 034 910 925.30	—	-104 384.48	1 034 806 540.82
以公允价值计量且其变动计入当期损益的金融资产	4 762 433 162.62	66 088 641.60	—	4 828 521 804.22
买入返售金融资产	1 412 200 986.31	—	-3 503 813.91	1 408 697 172.40
可供出售金融资产	5 236 953 146.19	-66 088 641.60	3 481 217.44	5 174 345 722.03
应收款项类投资	1 168 019 728.58	—	-1 200 188.27	1 166 819 540.31
递延所得税资产	310 033 775.59	—	545 287.06	310 579 062.65
负债：				
递延所得税负债	19 569 713.99	—	213 494.75	19 783 208.74
所有者权益：				
其他综合收益	-134 650 226.08	—	2 047 413.12	-132 602 812.96
未分配利润	3 053 267 507.89	—	-2 648 381.88	3 050 619 126.01
少数股东权益	876 723 626.76	—	-394 408.15	876 329 218.61

6.2　或有事项

2016年9月，本公司因房租合同纠纷向成都市锦江区人民法院起诉成都荣兴贵金属投资有限责任公司（以下简称荣兴公司），要求其支付拖欠房租192 343元、违约金72 805.77元并支付房屋使用费1 143 398.40元，并恢复房屋原状返还。因荣兴公司下落不明，成都市锦江市人民法院多次公告开庭后缺席审理，于2018年12月27日出具（2016）川0104民初7245号民事判决书，2019年1月1日再次公告荣兴公司领取判决书，但荣兴及法定代表人陈俊荣至今仍失踪。

四川省建设信托投资公司于2017年11月起诉宏信证券及本公司盈余分配纠纷，宏信证券反诉四川省建设信托两案，成都市锦江区人民法院于2018年7月17日作出（2017）川0104民初10368号民事判决书，判决公司胜诉。四川省建设信托投资不服提起上诉，成都中级人民法院裁定发回重审，成都锦江市人民法院于2019年9月5日作出（2019）川0104民初741号民事判决书，判决公司应支付四川省建设信托投资公司盈余分配款573.52万元及资金占用利息。宏信证券于2019年9月27日向成都市中级人民法院提起上诉，已于2019年12月12日开庭审理，截至报告日尚未收到二审判决。

宏信证券公司经纪业务客户熊明霞因融资购入股票估值下降，被强制平仓后资金不足以偿还融资本息，且客户后续未补充融资保证金。宏信证券于2018年9月向成都市锦江区人民法院提起诉讼，锦江区人民法院于2019年开庭审理并出具0104民初11664号民事判决书，判决熊明霞偿还融资本金70 081.86元及利息、违约金。因熊明霞下落不明于2019年11月5日公告判决书，公告日期60日。

本公司因与力诚国际贸易股份有限公司、成都美美力诚百货有限公司、陈龙等房屋租赁合同纠纷，于2018年6月向成都市锦江区人民法院提起诉讼，成都市锦江区人民法院于2018年12月10日出具（2018）川0104民初5361号、（2018）川0104民初5178号民事判决书，判决力诚国际、美美力诚、陈龙等支付公司房租并恢复房屋原状，因被告无力偿还，本公司已审请强制执行，并限制被告相关人员高消费行为。

因委托代理合同纠纷，浙江六和律师事务所于2019年7月向成都市锦江区人民法院提起诉讼，要求公司支付委托代理费456.50万元及逾期违约金。锦江区人民法院已于2019年9月开庭审理，截至报告日尚未出具判决结果。

公司持有宏信证券60 376.13万股（每1元出资为1股计算）的股份，因融资担保质押给中国信托业保障基金有限责任公司，质押期为2019年3月28日至2020年3月28日。

截至2019年12月31日，本公司不存在其他应披露的或有事项。

6.3 承诺事项

6.3.1 重要的承诺事项

6.3.1.1 受托业务

本公司向第三方提供信托及资产管理服务。来自于受托业务的收入已包括在财务报表“手续费及佣金净收入”中。这些受托资产除纳入合并的结构化主体11.77亿元（其中浦宏1号资管计划8.64亿元、安融信托计划3.13亿元）以外，其他没有包括在本公司的合并资产负债表内。

单位：亿元

项目	期末数	期初数
信托资产	2 334.18	3 234.88
资产管理计划	686.72	517.79
合计	3 020.90	3 752.67

6.3.1.2 经营租赁承诺

截至资产负债表日，本公司对外签订的不可撤销的经营租赁合约情况如下：

单位：万元

不可撤销经营租赁的最低租赁付款额	期末数	期初数
资产负债表日后第一年	49 598 750.06	46 269 990.78
资产负债表日后第二年	27 381 560.52	29 499 183.85
资产负债表日后第三年	9 155 287.33	14 126 122.38
以后年度	3 564 322.89	4 727 912.27
合计	89 699 920.80	94 623 209.28

截至2019年12月31日，本公司不存在其他应披露的承诺事项。

（本报告以下部分为母公司口径）

6.4 会计报表中重要项目的明细资料

以下明细表格除特别注明外，金额单位为万元人民币，期初指2019年1月1日，期末指2019年12月31日。

6.4.1 披露自营资产经营情况

6.4.1.1 按信用风险五级分类结果披露信用风险资产的期初数、期末数

信用风险资产五级分类	正常类（万元）	关注类（万元）	次级类（万元）	可疑类（万元）	损失类（万元）	信用风险资产合计（万元）	不良资产合计（万元）	不良资产率（%）
期初数	839 912.19	80 669.59	33 016.59	—	13 618.69	967 217.06	46 635.28	4.82
期末数	560 435.03	225 082.68	196 053.26	11 211.46	16 969.42	1 009 751.85	224 234.14	22.21

注：不良资产合计 = 次级类 + 可疑类 + 损失类。

6.4.1.2 各项资产减值损失准备的期初数、本期计提、本期转回、本期核销、期末数

单位：万元

	期初数	本期计提	本期转回	本期核销	期末数
贷款损失准备	900.00	17 140.00	—	—	18 040.00
一般准备	—	—	—	—	—
专项准备	900.00	17 140.00	—	—	18 040.00
其他资产减值准备	30 690.62	48 848.34	—	158.42	79 380.54
可供出售金融资产减值准备	3 866.00	16 210.93	—	—	20 076.93
持有至到期投资减值准备	—	—	—	—	—
长期股权投资减值准备	—	—	—	—	—
坏账准备	26 824.62	32 637.41	—	158.42	59 303.61
投资性房地产减值准	—	—	—	—	—

6.4.1.3 自营股票投资、基金投资、债券投资、长期股权投资等投资业务的期初数、期末数

单位：万元

	自营股票	基金	债券	长期股权投资	其他投资
期初数	2 708.65	—	—	84 453.03	560 516.00
期末数	—	—	—	84 453.03	482 308.42

6.4.1.4 前五名的自营长期股权投资的企业名称、占被投资企业权益的比例、主要经营活动及投资收益情况等

企业名称	占被投资企业权益的比例（%）	主要经营活动	投资收益（万元）
1. 宏信证券有限责任公司	60.376	证券经纪；证券投资咨询；证券资产管理；证券自营；证券投资基金销售；证券承销；融资融券	3 622.57
2. 四川川信物业管理有限责任公司	95	物业管理、清洁服务	—

6.4.1.5 前五名的自营贷款的企业名称、占贷款总额的比例和还款情况等

企业名称	占贷款总额的比例（%）	还款情况
成都启维科技发展有限责任公司	17.89	正常
金花投资控股集团有限公司	15.79	正常
四川省佳宇建设集团有限公司	14.74	正常
成都科甲投资开发有限公司	14.21	欠息
四川吉家村食品有限公司	12.42	逾期

6.4.1.6 表外业务的期初数、期末数；按照代理业务、担保业务和其他类型表外业务分别披露

本期期初期末，无表外业务。

6.4.1.7 公司当年的收入结构

收入结构	金额（万元）	占比（%）
手续费及佣金收入	191 935.77	79.24
其中：信托手续费收入	191 935.77	79.24
其他手续费及佣金收入	—	—
利息收入	11 084.41	4.58
其他业务收入	1 122.37	0.46
投资收益	37 649.57	15.54
其中：股权投资收益	16 043.12	6.62
交易性金融资产收益	2 970.17	1.23
可供出售金融资产投资收益	18 636.28	7.69
公允价值变动收益	360.21	0.15
其他收益	52.59	0.02
营业外收入	5.86	—
收入合计	242 210.78	100

注：手续费及佣金收入、利息收入、其他业务收入、投资收益、营业外收入均为损益表中的一级科目，其中手续费及佣金收入、利息收入、营业外收入为未抵减掉相应支出的全年累计实现收入数。

6.4.2 披露信托财产经营情况

6.4.2.1 信托资产的期初数、期末数

单位：万元

信托资产	期初数	期末数
集合	14 629 793.07	13 097 748.92
单一	17 297 391.81	9 991 466.44
财产权	421 600.06	252 558.52
合计	32 348 784.94	23 341 773.88

6.4.2.1.1 主动管理型信托资产

单位：万元

主动管理型信托资产	期初数	期末数
证券投资类	1 185 819.93	2 401 759.05
股权投资类	1 137 744.17	1 031 487.89
其他投资	4 138 855.47	4 344 260.77
融资类	3 947 839.34	6 352 413.77
事务管理类	—	—
合计	10 410 258.91	14 129 921.48

6.4.2.1.2 被动管理型信托资产

单位：万元

被动管理型信托资产	期初数	期末数
证券投资类	2 925 238.95	—
股权投资类	63 992.90	—
其他投资	275 713.26	—
融资类	1 505 096.75	—
事务管理类	17 168 484.16	9 211 852.41
合计	21 938 526.02	9 211 852.41

6.4.2.2 本年度已清算结束的信托项目情况

6.4.2.2.1 本年度已清算结束的集合类、单一类资金信托项目和财产管理类信托项目情况

已清算结束信托项目	项目个数（个）	实收信托合计金额（万元）	加权平均实际年化收益率（%）
集合类	279	6 844 292.45	7.20
单一类	123	8 828 138.65	5.45
财产管理类	3	220 000.00	4.56

6.4.2.2.2 本年度已清算结束的主动管理型信托项目情况

已清算结束信托项目	项目个数（个）	实收信托合计金额（万元）	加权平均实际年化信托报酬率（%）	加权平均实际年化收益率（%）
证券投资类	13	1 527 877.42	0.15	5.01
股权投资类	28	1 058 070.00	5.90	8.48
其他投资类	202	2 320 473.94	0.53	7.46
融资类	31	2 909 664.06	1.58	8.59
事务管理类	—	—	—	—

6.4.2.2.3 本年度已清算结束的被动管理型信托项目情况

已清算结束信托项目	项目个数（个）	实收信托合计金额（万元）	加权平均实际年化信托报酬率（%）	加权平均实际年化收益率（%）
证券投资类	—	—	—	—
股权投资类	—	—	—	—
其他投资	—	—	—	—
融资类	—	—	—	—
事务管理类	131	8 076 345.58	0.19	5.12

6.4.2.3 本年度新增信托项目情况

新增信托项目	项目个数（个）	实收信托合计金额（万元）
集合类	335	7 461 688.19
单一类	18	2 315 326.49
财产管理类	2	51 000.00
新增合计	355	9 828 014.68
其中：主动管理型	339	8 995 104.68
被动管理型	16	832 910.00

6.5 关联方关系及其交易的披露

6.5.1 关联交易方的数量、关联交易的总金额及关联交易的定价政策等

	关联交易方数量（个）	关联交易金额（万元）	定价政策
合计	3	974.22	本公司的关联交易以公平的市场价格定价。

注："关联交易"定义应以《公司法》和《企业会计准则第36号——关联方披露》有关规定为准。上述关联交易金额系本年度固有、信托与关联方的发生额。

6.5.2 关联交易方与本公司的关系性质、关联交易方的名称、法定代表人、注册地址、注册资本及主营业务等

关系性质	关联方名称	法定代表人	注册地址	注册资本(万元)	主营业务	实际投资额(万元)	母公司所持有的权益性资本的比例(%)
子公司(纳入合并报表)	宏信证券有限责任公司	吴玉明	四川成都	100 000.00	证券经纪;证券投资咨询;证券资产管理;证券自营;证券投资基金销售;证券承销;融资融券	83 871.23	60.376
子公司(纳入合并报表)	四川川信物业管理有限责任公司	刘君谟	四川成都	500.00	物业管理、清洁服务	581.79	95

6.5.3 逐笔披露本公司与关联方的重大交易事项

6.5.3.1 固有与关联方交易情况

单位:万元

固有与关联方交易				
	期初数	借方发生额	贷方发生额	期末数
贷款	—	—	—	—
投资	—	—	—	—
租赁	—	211.18	211.18	—
担保	—	—	—	—
应收账款	—	—	—	—
其他	—	763.03	763.03	—
合计	—	974.21	974.21	—

6.5.3.2 信托资产与关联方交易情况

单位:万元

信托资产与关联方关联交易				
	期初数	借方发生额	贷方发生额	期末数
贷款	—	—	—	—
投资	15 500.00	—	2 800.00	12 700.00
租赁	—	—	—	—
担保	—	—	—	—
应收账款	—	—	—	—
其他	—	—	—	—
合计	15 500.00	—	2 800.00	12 700.00

单位:万元

固有财产与信托财产相互交易情况			
	期初数	本期发生额	期末数
合 计	379 089.94	-79 101.28	299 988.66

单位:万元

信托资产与信托财产相互交易情况			
	期初数	本期发生额	期末数
合计	583 828.21	-312 429.43	271 398.78

6.6 薪酬管理信息

公司认真贯彻落实《商业银行稳健薪酬监管指引》要求,在依法合规的前提下,制定并不断优化与战略目标实施和竞争力提升、人才培养、风险控制相适应的薪酬机制,实行科学合理、统一规范、与稳健发展相适应的薪酬管理架构。公司薪酬管理制度和政策设计经董事会批准,管理层组织实施,人力资源部门负责具体事项的落实,风险控制、合规审计、计划财务等部门参与并监督薪酬机制的执行和完善性反馈工作。根据不同岗位性质和层级,建立薪酬和考评挂钩机制,并实行绩效薪酬延期支付及追索、风险扣回等制度。

员工薪酬由基本工资、绩效工资、激励性薪酬构成。在保障全体员工基本薪酬和法定福利的基础上,以能力素质和价值贡献为核心,遵循科学激励与有效制衡相结合、奖勤罚懒与优胜劣汰相结合、责权利对等的原则,实行分级管理、逐级考核、覆盖全员的绩效考评机制。绩效考评充分结合了合规经营、风险管理、经营效益、发展转型、社会责任等要求。薪酬支付综合考虑了人员总量、结构及公司财务状况、经营成果、风险控制及中长期激励等多种因素。通过绩效考评及挂钩、绩效延期支付及追索、风险扣回等风险调整措施,确保薪酬支付与相应业务的风险相匹配。

6.7 信托业务创新成果和特色业务有关情况

2019 年,公司积极加大业务转型创新力度,并将研发成果切实服务于业务发展。公司顺应经济形势的变化与监管部门的要求,主动调整业务方向,加强主动管理能力,回归信托本源。

在资产端,公司坚持发展具有直接融资特点的资金信托业务。传统融资类信托业务进一步精细化、加快发展投贷联动业务、积极寻找资本市场业务机会;同时,创新发展以受托管理为特点的服务信托,在家族信托、债券受托业务、供应链金融等各领域多点开花,加快转型。

在资金端,公司"锦绣财富"平台不断完善。家族信托机构建设和平台建设进一步完善,落地率持续提高,同时积极探索附带康养、教育等权益的家族信托产品,满足客户的多元化需求。截至 2019 年末,公司共计成立 9 单慈善信托,居于全国前列。公司"锦绣云财富"APP 顺利上线运行,推动建立客户在线咨询、线上预览、电子合同、线上双录等一体化的销售流程。

6.8 公司履行受托人义务情况及因公司自身责任而导致的信托资产损失情况

公司严格按照信托相关法律法规及公司制度的要求管理、运用及处分信托财产,履行诚实、信用、谨慎、有效管理的义务,维护受益人的最大利益。

无因自身责任而导致信托资产损失的情况。

7. 财务情况说明书

7.1 利润实现和分配情况

报告期,公司实现利润总额为 69 515.83 万元,税后净利

润为 52 138.32 万元。根据《公司章程》的规定，分别按当年实现净利润的 10% 提取法定公积金 5 213.83 万元、信托赔偿准备金 5 213.83 万元；根据《金融企业准备金计提管理办法》的规定，按当年年末风险资产的 5% 计提一般准备 –1 164.76 万元，期末累计未分配利润为 286 288.88 万元。

7.2 主要财务指标

本公司报告期的主要财务指标如下：

指标名称	指标值	计算公式
信托资产规模(亿元)	2334.18	—
人均信托资产规模(亿元)	2.95	—
信托业务收入占营业收入比重(%)	82.44	手续费及佣金净收入/营业收入 ×100%
资本利润率(%)	6.72	净利润/所有者权益平均余额 ×100%
人均净利润(万元)	68.33	净利润/年平均人数

7.3 对公司财务状况、经营成果有重大影响的其他事项

报告期内，没有公司财务状况、经营成果有重大影响的其他事项。

8. 特别事项揭示

8.1 前五名股东报告期内变动情况及原因

无。

8.2 董事、监事及高级管理人员变动情况及原因

公司董事会、监事会于 2019 年 6 月 28 日进行了换届选举。截至 2019 年 12 月末，新任董事任职资格尚未全部完成监管核准。第三届监事会由 3 名监事组成，孔维文(职工监事)为监事会主席，另两位为股东提名的监事王静轶、喻文娅。

原总稽核吕明昭因退休，不再担任总稽核职务。

原总裁助理陈军因辞职，不再担任总裁助理职务。

8.3 变更注册资本、变更注册地或公司名称、公司分立合并事项

无。

8.4 公司的重大诉讼事项

无。

8.5 公司及其董事、监事和高级管理人员受到处罚的情况

无。

8.6 中国银保监会及其派出机构对公司检查的情况

2019 年 10—11 月，银保监会检查组对公司开展了公司治理专项现场检查，并相应提出了整改意见。根据要求，公司将全面研究和制定落实整改方案，不断完善和修订相关内控制度，认真严肃进行整改和内部问责。

8.7 本年度重大事项临时报告的简要内容、披露时间、所披露的媒体及版面

《四川信托有限公司关于修改公司章程的公告》披露于 2019 年 4 月 15 日《上海证券报》信息披露/64 版。

8.8 中国银保监会及其省级派出机构认定的其他有必要让客户及相关利益人了解的重要信息

无。

8.9 履行社会责任情况

四川信托始终秉承专业服务社会的责任理念，将履行企业社会责任作为一项重要的战略举措和对社会的郑重承诺，推动经济、社会与环境健康协调发展。自开业以来，公司充分发挥信托制度优势，大力拓展服务实体经济的广度和深度，截至 2019 年末，累计投向实体经济领域的资金规模为 10 023.22 亿元，成为实体经济发展的有利支持者；全力支持四川自贸区、西部金融中心、天府新区建设、西部综合枢纽建设等省内经济发展，累计投入为 3 572.48 亿元；持续加大对中小企业的支持力度，为助力中小企业发展累计提供资金支持 6 231.81 亿元；不断加强对民生领域金融支持，合理配置信贷资源，投入资金为 390.17 亿元；依法诚信纳税，累计缴纳各种税款总额为 60.28 亿元，为四川经济社会的发展做出了积极贡献；进一步满足客户资产管理和财富管理的多样化需求，累计为投资者创造收益1 661 亿元。

在注重自身快速稳健发展的同时，四川信托积极推动社会公益事业的模式创新，推出多个慈善信托产品，将信托价值深入到社会事业领域；持续实施“两个计划”，不断完善“授人予渔”的造血扶贫机制；适时启动慈善救助计划，缅怀抗洪救灾英烈；积极开展“暖冬行动”“以购代捐”“情系夕阳”等志愿者活动，以实际行动为社会发展作出应有贡献。

9. 公司监事会意见

监事会认为，本公司决策程序符合法律法规和《公司章程》的规定，并建立了较为完善的内部控制制度，公司董事、管理层认真履行职责，未发生执行职务时有违反法律法规《公司章程》或损害公司利益的行为。公司财务报告经致同会计师事务所审计，真实地反映了公司财务状况和经营成果。

苏州信托有限公司

1. 重要提示

1.1 本公司保证本报告所载资料不存在任何虚假记载、误导性陈述或者重大遗漏,并对本报告所载资料内容的真实性、准确性和完整性承担个别及连带责任。本年度报告摘要摘自年度报告全文,客户及相关利益人欲了解详细内容,应阅读年度报告全文。

1.2 公司独立董事顾迎斌先生、庄毓敏女士、王则斌先生声明:本年度报告内容真实、准确、完整。

1.3 公司董事长沈光俊先生、主管会计工作的负责人周也勤先生、会计机构负责人赵晓萍女士声明:本报告中财务会计报告内容真实、完整。

2. 公司概况

2.1 公司简介

苏州信托有限公司(以下简称苏州信托)原名苏州信托投资有限公司,于1991年3月18日经中国人民银行批准设立;2002年9月18日获准重新工商登记;2007年7月12日经银监会(银监复[2007]282号文)批准同意,公司变更为现名称,并调整业务范围,同年9月4日换领新的金融许可证;2008年5月20日,公司获中国银行业监督管理委员会(银监复[2008]182号)文件的批复,同意引进新股东,实行增资扩股,注册资本增至5.9亿元人民币;2012年9月,公司获江苏监管局(苏银监复[2012]447号文)批准同意,完成二次增资,注册资本金增至12亿元人民币。

公司中文名称	苏州信托有限公司
中文简称	苏州信托
公司英文名称	Suzhou Trust Co., Ltd.
英文缩写	Suzhou Trust
法定代表人	沈光俊
注册地址	苏州市工业园区苏雅路308号信投大厦18层
邮政编码	215021
国际互联网网址	www. trustsz. com
电子信箱	sztic@ trustsz. com
公司负责信息披露事务的高级管理人员	汪瑜
公司负责信息披露事务的联系人	联系人:孙焕
	联系电话:0512 -65728980
	传真:0512 -65291886
	电子信箱:sunh@ trustsz. com.
公司选定信息披露的报纸	《证券时报》
登载公司年度报告的国际互联网网址	www. trustsz. com
公司年度报告备置地点	苏州市工业园区苏雅路308号信投大厦18层
公司聘请的会计师事务所	天衡会计师事务所(特殊普通合伙)
会计师事务所办公住所	南京市建邺区江东中路106号1907室
公司聘请的律师事务所	江苏新天伦律师事务所
律师事务所办公场所	苏州工业园区苏桐路37号(星海街口)四号楼3-4楼

2.2 组织结构

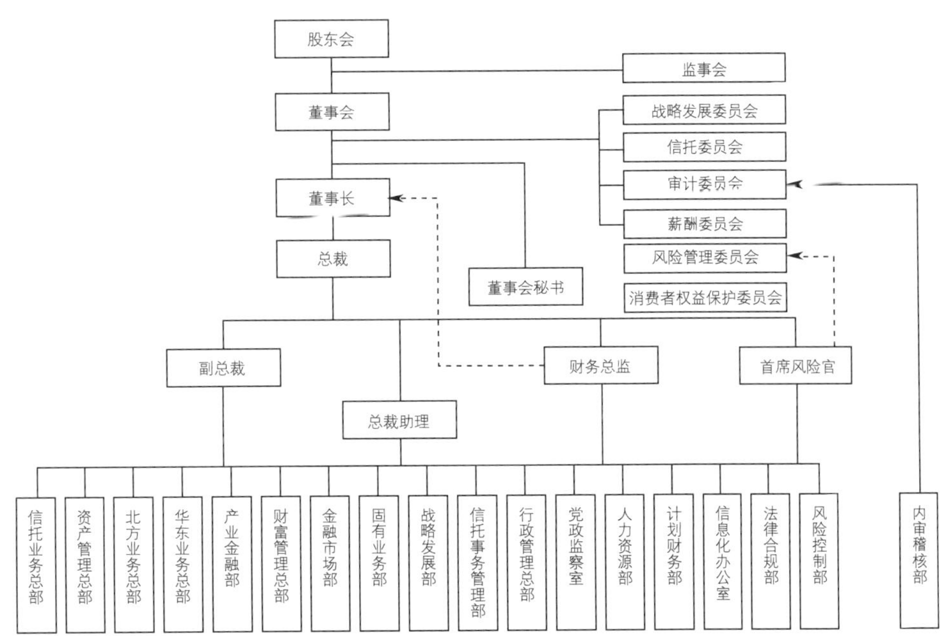

3. 公司治理

3.1 公司股东

截至报告期末公司股东有三家。

股东名称	持股比例(%)	法定代表人	注册资本(亿元)	注册地址	主要经营业务及主要财务情况
苏州国际发展集团有限公司	70.01	黄建林	25	苏州市人民路3118号	授权范围内的国有资产经营管理,国内商业、物资供销业(国家规定的专营、专项审批商品除外),及各类咨询服务。2018年末公司总资产为1 230亿元,净资产为343亿元,净利润为7.0亿元。
苏州文化旅游发展集团有限公司	19.99	王金兴	11	苏州市人民路1430号	受出资人委托全面管理和经营授权范围内的国有资产;对各类文化旅游及相关产业投资、建设、开发和管理;房地产及酒店投资;资产租赁;自营和代理各类商品及技术的进出口业务。2018年末公司总资产为53.8亿元,净资产为22.8亿元,净利润为1.3亿元。
联想控股股份有限公司	10	柳传志	23.56	北京市海淀区科学院南路2号院1号楼17层1701	IT、风险投资、并购投资等非相关多元化领域。2018年末公司总资产为5 588亿元,净资产为836亿元,净利润为72亿元

3.2 公司第一大股东的主要股东情况

股东名称	出资比例(%)	负责人
苏州市国有资产监督管理委员会	100	盛红明(主任)

3.3 董事、董事会及其下属委员会

姓　名	职　务	性别	年龄(岁)	任期(年)	选任日期	所推举的股东名称	该股东持股比例(%)	简要履历
沈光俊	董事长	男	48	3	2018年7月	苏州国际发展集团有限公司	70.01	曾先后任职于苏州资产评估事务所项目助理、项目经理、部门经理、合伙人,苏州仁合资产评估有限公司董事及南京分公司总经理,苏州信托有限公司理财服务中心副主任、主任、总经理助理、副总裁、总裁、董事长。
李　蓬	董事	男	48	3	2017年9月	联想控股股份有限公司	10	曾先后任职于中国对外贸易运输公司、Solectria Corporation、Teradyne Connection Systems,后担任联想控股有限公司投资管理部总经理、企划办副主任、财务资产部总经理、战略投资部总经理、高级副总裁、总裁。
郑　刚	董事	男	45	3	2017年9月	苏州国际发展集团有限公司	70.01	曾先后任职于苏州互感器厂、苏州电器发展实业有限公司,苏州市住房置业担保有限公司、副总经理、总经理、董事长,苏州国际发展集团有限公司经济发展部经理。
马伟华	董事	男	49	3	2017年9月	苏州文化旅游发展集团有限公司	19.99	曾先后任职于苏州市物资局,苏州物资控股(集团)有限责任公司综合经营管理处副处长、投资发展处副处长、处长,苏州文化旅游发展集团有限公司投资发展部经理、苏州国际贸易中心董事长。
刘文忠	职工董事	男	41	3	2017年9月	—	—	曾先后任职于山东网通集团泰安分公司、苏州信托有限公司法律事务部;现任苏州信托有限公司法律合规部总经理。

独立董事

姓名	职务	性别	年龄(岁)	任期(年)	选任日期	所推举的股东名称	该股东持股比例(%)	简要履历
顾迎斌	独立董事	男	56	3	2017年9月	苏州国际发展集团有限公司	70.01	曾任南通市对外经济律师事务所律师,江苏金信达律师事务所律师、主任;北京市建元律师事务所南通分所律师、主任;现任北京大成(南通)律师事务所律师、主任。
庄毓敏	独立董事	女	57	3	2017年9月	苏州文化旅游发展集团有限公司	19.99	曾历任中国人民大学财政金融系副主任、财政金融学院副院长,挂职苏州市人民政府市长助理,福建省闽江学院副院长(主持工作),中国人民大学研究生院副院长;现任中国人民大学财政金融学院院长、教授、博士生导师,第十三届全国人大代表。
王则斌	独立董事	男	59	3	2017年9月	联想控股股份有限公司	10	曾历任苏州大学财经学院教师、会计系党支部书记、商学院会计系主任、东吴商学院副院长、院长;现任苏州大学东吴商学院教授。

董事会下属各委员会

董事会下属委员会名称	职责	组成人员姓名
审计委员会	负责公司与外部审计的沟通及对其的监督核查、对内部审计的监管,以及评估、分析公司内控机制和风险管理方面存在的问题。	王则斌、胡斌、顾迎斌、周洵、张生明
薪酬委员会	负责核准公司年度薪酬方案,审定公司董事及高级管理人员的考核标准;负责审定公司董事及高管人员的薪酬及激励计划与方案并提交董事会审议。	庄毓敏、顾迎斌、沈光俊、马伟华、李蓬
风险管理委员会	审核和拟订公司的风险管理战略、政策和规程以及内部控制制度,并监督上述战略、政策、规程和内部控制制度的执行。	沈光俊、胡斌、陈利民、朱燕琳、庄毓敏
信托委员会	负责督促公司依法履行受托职责,当公司或股东利益与受益人利益发生冲突时,信托委员会应保证公司为受益人的最大利益服务。	王则斌、郑刚、庄毓敏、马伟华、张生明
战略发展委员会	负责公司战略发展规划、业务及机构发展规划和其他影响公司发展的重大事项进行研究。	庄毓敏、王则斌、沈光俊、陈利民、李蓬
消费者权益保护委员会	拟订消费者权益保护工作的战略、政策和目标,督促高管层有效执行和落实相关工作,监督、评价消费者权益保护工作的全面性、及时性、有效性。	顾迎斌、郑刚、王则斌、周洵、朱燕琳

3.4 公司监事、监事会及其下属委员会

姓名	职务	性别	年龄(岁)	任期(年)	选任日期	所推举的股东名称	该股东持股比例(%)	简要履历
胡　斌	监事长	男	51	3	2017 年 9 月	苏州国际发展集团有限公司	70.01	曾任中国包装进出口总公司江苏苏州支公司干部,苏州市外经局科员,苏州市政府办公室处长,苏州国际发展集团有限公司总经理助理。
陈利民	监事	男	56	3	2017 年 9 月	苏州文化旅游发展集团有限公司	19.99	曾任职于苏州地区木材建材公司、苏州市物资局,后任苏州市物资局、物资控股(集团)有限责任公司财务处副处长、处长、总经理助理、苏州物资控股(集团)有限责任公司董事长。
朱燕琳	监事	女	41	3	2013 年 11 月	联想控股股份有限公司	10	曾先后任职于上海文广新闻传媒集团广告经营中心、上海锐界数码科技有限公司,曾任联想控股股份有限公司金融服务投资部高级投资经理,联想控股子公司正奇金融下属上海投资公司副总经理。
陈　磊	职工监事	男	56	3	2013 年 11 月	—	—	曾任省国资局副主任科员、主任科员,江苏省产权交易所副所长,资产评估中心副主任,江苏省财政厅工贸发展处调研员兼产权交易所所长,股权登记中心主任、苏州信托下属苏信创业投资有限公司董事长。
徐李梅	职工监事	女	42	3	2013 年 11 月	—	—	曾任职于苏州市投资公司投资部,后担任苏州信托有限公司固有业务部业务主管、信托业务总部副经理、苏州信托有限公司人力资源部总经理。

公司监事会未设立下属委员会。

3.5 高级管理人员

姓名	职务	性别	年龄(岁)	选任日期	金融从业年限(年)	学历	专业	简要履历
沈光俊	董事长	男	48	2018 年 7 月	16	本科	财政	曾任职于苏州资产评估事务所评估部项目经理、工程造价审计部经理,苏州仁合资产评估有限公司董事及南京分公司总经理,先后担任苏州信托有限公司理财服务中心副主任、主任、总经理助理、副总裁、总裁、董事长。
周也勤	副总裁 财务总监	男	56	2010 年 12 月	30	中专	会计	曾任职于苏州前进化工厂财务科,后担任苏州信托有限公司财务部经理、总经理助理、副总裁兼财务总监。
汪　瑜	副总裁	女	41	2014 年 10 月	19	研究生	行政管理	曾任职于恒远证券,先后担任苏州信托有限公司综合管理部副经理、经理、总裁助理、副总裁。
姚文德	副总裁	男	51	2016 年 5 月	17	本科	财政	曾任职苏州市财政局国有资产评估中心,苏州资产评估事务所评估部副经理,江苏仁合资产评估有限公司资产评估部经理,先后担任苏州信托有限公司信托业务部副经理、经理、总裁助理、副总裁。
张　言	副总裁 董事会秘书	女	54	2016 年 3 月	31	研究生	政经	曾任教苏州市供销中专专业课程,工商银行苏州分行证券营业部副经理、固定资产信贷科副科长,苏州信托投资有限公司办公室主任,东吴证券发展规划部副总经理,先后担任苏州信托有限公司研究发展部经理、理财服务中心主任、办公室主任、副总裁、董事会秘书。

续表

姓名	职务	性别	年龄（岁）	选任日期	金融从业年限（年）	学历	专业	简要履历
张　清	副总裁	男	44	2019年5月	15	本科	经济管理	曾任职苏州市拍卖行，先后担任苏州信托有限公司理财服务中心、市场发展部、研究发展部、财富管理中心主要负责人、助理总裁兼信托业务总部总经理、上海办事处主任、总裁助理、副总裁。
袁敏文	首席风险官	男	50	2016年3月	28	本科	会计	曾任职苏州市庆丰仪表厂财务科总账会计，先后担任苏州信托有限公司计划财务部、内审稽核部、项目管理部、理财服务中心、风险控制部、合规管理部、法律事务部、战略发展部等部门主要负责人、助理总裁、首席风险官。
顾向明	总裁助理	男	45	2016年11月	21	本科	国际金融	曾任职交通银行苏州分行国际业务部，先后担任苏州信托有限公司信托业务部副经理、经理、信托业务总部副总经理，助理总裁兼信托业务总部总经理、助理总裁兼资产管理总部总经理、总裁助理。

3.6 公司员工

在岗职工人数（人）		175	
平均年龄（岁）		35	
		人数（人）	比例（%）
年龄分布	30岁以下	57	32.57
	31～40岁	77	44.00
	41～50岁	29	16.57
	51岁以上	12	6.86
	小计	175	100.00
学历分布	博士研究生	2	1.14
	硕士研究生	104	59.43
	本科	63	36.00
	专科	3	1.71
	其他	3	1.71
	小计	175	100.00
岗位分布	高级管理人员	10	5.71
	自营业务人员	3	1.71
	信托业务人员	82	46.86
	中台人员	47	26.86
	后台人员	33	18.86
	小计	175	100.00

4. 经营管理

4.1 经营目标、经营方针、战略规划

4.1.1 公司经营目标

公司的经营目标是继续理顺治理机制；完善以规划为导向、以人才为基础、以制度为标准的科学发展模式；积极探索利用股东资源和开发战略联盟资源进行合作的方式，拓宽和加深核心业务的开发培育；逐步建立更加有效的绩效考核和激励机制，吸引更多更优秀的人才为公司发展服务；进一步提升市场营销与项目拓展能力，加大客户开发、产品供给的力度，为客户提供更丰富的产品和更优质的服务；努力实现由地方性中小机构向全国性信托公司转变，最终成为独具特色的信托理财专业机构。

4.1.2 公司经营方针

公司坚持依法合规和稳健经营，坚持以健康可持续发展为导向、以“诚信、创新、协作、敬业、自律”为核心理念的发展路径，通过规范的公司治理和不断完善的经营管理机制，以及依靠外部引进的高层次人才，推进信托主业的转型和全面发展。

4.1.3 公司战略规划

公司的战略规划是以“独具特色的财富受托人”为愿景，打造特色化的信托产品、综合的理财服务，以及全国性的影响力。

4.2 所经营业务的主要内容

自营资产运用与分布表

资产运用	金额（万元）	占比（%）	资产分布	金额（万元）	占比（%）
货币资产	153 363	27.10	基础产业	—	—
贷款及应收款	20 729	3.66	房地产业	—	—
交易性金融资产	1	0.00	证券市场	74 427	13.15
可供出售金融资产	354 271	62.60	实业	35 734	6.31
持有至到期投资	—	—	金融机构	415 486	73.42
长期股权投资	13 087	2.31	其他	40 272	7.12
其他	24 468	4.33			
资产总计	565 919	100.00	资产总计	565 919	100.00

信托资产运用与分布表

资产运用	金额（万元）	占比（%）	资产分布	金额（万元）	占比（%）
货币资金	109 679.65	1.15	基础产业	1 155 032.00	12.16
贷款	2 809 712.95	29.57	房地产	266 535.40	2.80
交易性金融资产	398 663.21	4.20	证券	171 480.02	1.80
持有至到期投资	4 114 242.99	43.30	金融机构	1 027 492.26	10.81
长期股权投资	1 070 686.89	11.27	工商企业	4 074 111.34	42.88
长期应收款	—	—	其他	2 807 708.83	29.55
买入返售金融资产	—	—			
应收款项	9 130.09	0.09			
其他资产	990 244.07	10.42			
信托资产总计	9 502 359.85	100.00	信托资产总计	9 502 359.85	100.00

4.3 市场分析

4.3.1 宏观经济分析

2019 年中国经济稳中有进，保持经济运行在合理区间，推动高质量发展。中国加强宏观逆周期调节，减税降费规模空前，降低企业成本负担；通过降低部分基础设施项目最低资本金比例，更好地支持有效投资；稳健的货币政策灵活适度，支持银行增加制造业中长期贷款，金融支持实体经济力度增强。

4.3.2 金融形势分析

2019 年金融市场运行平稳，货币信贷平稳增长，货币市场利率低位运行，企业融资成本趋于下行，人民币汇率企稳。信托业严格落实“资管新规”过渡期的整改要求，严监管、强合规、重治理的监督执行效果明显，信托业管理资产规模平稳回落，结构调整变化明显，风险项目持续暴露。

4.3.3 影响本公司业务发展的主要因素

报告期内，本公司业务发展的有利因素：国内经济发展稳中有进，供给侧结构性改革不断向纵深推进；业态发展逐步丰富，慈善信托、家族信托、消费信托、资产证券化等创新业务快速发展；在国家政策的引导下，基于金融业务发展的实际需要，服务实体经济已经成为信托公司共同的战略选择；信托业各企业开始寻求特色化、差异化发展，展现了更加蓬勃的发展生机；股东单位的大力支持，为公司健康发展奠定了基础。

报告期内，本公司业务面临的不利影响有：经济下行压力加大，信托业务模式面临调整；资管行业竞争愈加激烈，信托公司牌照优势不断弱化；信托行业进一步回归信托本源，提升主动管理能力，强化风险管控手段，迫切需要加快转型发展；此外，市场风险及个别信托公司兑付危机带来的声誉风险都对信托公司发展不利。

4.4 内部控制

4.4.1 内部控制环境和内部控制文化

公司始终致力于构建全面完善的内部控制管理体系。公司内部控制旨在合理保证经营管理的合法合规性、提高经营效率和效果、促进公司实现发展战略等目标，不断改善内部控制环境，建立了合理的内部控制体系。

公司按照《中华人民共和国公司法》《中华人民共和国信托法》《信托公司治理指引》《企业内部控制基本规范》等法律法规以及《公司章程》的相关要求，建立了由股东会、董事会、监事会以及高级管理层组成的法人治理结构，形成了权力机构、决策机构、监督机构和管理层之间分工配合、相互制衡的运行机制。公司董事会和各位董事始终按照《公司法》《公司章程》等相关法律法规的规定，认真履行公司股东会赋予的职责，规范运作、科学决策，积极推进公司各项工作的开展，实现公司健康稳定地发展。董事会下设信托委员会、审计委员会、薪酬委员会、风险管理委员会、战略发展委员会、消费者权益保护委员会，各委员会分工明确，协助董事会开展公司的各项工作。公司董事会建立了独立董事制度，聘请业内专家担任独立董事，公司独立董事具有丰富的经济、金融和法律实践经验，对经济形势和金融局势具有敏锐观察力，能认真履行职责，指导公司防范信托行业中存在的风险，把握业务发展的方向。监事会对公司的各项经营活动进行监督，报告期内监事会依法履行职责，督促公司合法、合规经营和加强风险防范，为公司健康、稳步发展发挥了重要作用。

公司积极营造合规文化，为合规管理工作的开展和内部控制体系的建设创造良好的环境。多年来，公司把诚信经营、合规经营作为内控文化的主旋律，并通过制度建设、员工培训、考核激励与问责等方式将其融入日常工作和企业行为中，引导公司员工自觉主动合规工作，将合规管理理念贯穿于日常经营的每个环节。

4.4.2 内部控制

公司根据业务发展以及监管要求定期进行制度和流程修订工作，建立了相对完备的内部控制制度体系，2019 年公司新增制度 12 个，包括《慈善信托业务管理办法》《投资者适当性管理办法》《数据治理管理办法》等；修订制度 17 个，包括《业务审批授权额度》《重大投资决策管理委员会工作细则》《公司信托业务决策委员会的组成与议事规则》等。

公司不断完善在业务管理、风险管理、后续管理等方面的内部控制制度和流程，业务运作中实现了前台、中台、后台的严格分离及各部门之间高效衔接、密切合作。此外，公司建立健全严格的隔离机制，实现信托业务与固有业务相互独立运作，各部门实行有效的岗位分工，进一步保证公司内部控制制度的有效执行。

公司建立了明确的授权制度，执行严格的审批程序与审批权限。根据业务需要，建立了有效的业务决策系统：各业务部门对项目进行初步筛选，风险控制部、法律合规部对项目进行风险审查，客观出具审查报告。公司针对信托业务和固有业务的业务特性，分别成立了信托业务决策委员会和固有业务决策委员会进行项目评审，对公司各项业务进行集体审议，科学决策。

报告期内，公司组织开展了巩固治乱象成果促进合规建设、全面风险排查、股权和关联交易专项整治、员工异常行为排查、扫黑除恶、案件防控等专项风险排查工作，并根据排查结果出具相关报告、要求相关部门进行整改。

公司建立业务风险预警机制和突发事件应急处理机制，明确风险预警标准，规范处置程序，制定了《业务风险预警及应急处置管理暂行办法》，完善突发事件应急处置流程，确保突发事件得到及时妥善处理。公司特别强调项目随访制度的执行，密切关注到期项目的流动性风险和交易对手违约风险，一旦发生预警信息，将及时进行业务预警和风险处置。

4.4.3 信息交流与反馈

公司建立了良好的信息沟通机制，确保信息在公司内部、公司内部与外部之间的有效沟通和顺畅反馈。公司通过业务系统、电话、公司官方网站、微信公众号、信托登记系统等，收集、处理、存储、利用和反馈管理信息和业务信息，保证高级管理层、公司员工等相关人员能够及时了解掌握各类信息，监管部门和客户能及时获得真实、准确、完整的信息。

报告期内，公司积极推进信息科技系统建设，加强技术支持和系统运行优化与维护，制定和执行应急演练预案，保障公司对内及对外信息沟通交流。

4.4.4 监督评价与纠正

公司设有内审稽核部门，负责内部控制的监督评价，对内部控制体系的建立和执行情况进行定期的监督检查，确保内部控制有效运行。根据检查结果提出内部控制缺陷以及改进建议，内审稽核部有权直接向董事会、监事会和公司高管层报告内部控制审计情况，具有充分的独立性。

2019年针对内审稽核部内部检查及监管部门提出的监管意见，公司组织相关部门制定整改方案，要求相关部门落实整改，并在今后工作中加以防范，目前整改落实情况良好。

4.5 风险管理

4.5.1 风险管理概况

公司始终认为积极、高效的风险管理工作是公司内部控制环节中重要的组成部分，是公司持续经营、业务稳健发展的基础之一。公司风险管理的主要目的是通过积极、主动的风险管理活动，提升风险管理能力，实现风险和收益的平衡，构建全面风险管理体系，保证各项业务可持续发展。

公司在风险管理和内部控制方面已建立起符合监管要求的框架体系。公司董事会下设风险管理委员会，负责审核风险管理政策和内部控制制度，并对其实施情况及效果进行监督和评价，风险管理工作具有独立性。董事会履行公司章程中规定的风险管理职责，并授权风险管理委员会负责通过设定具体限制、授权资格及其他财务或非财务指标准确定公司各类风险的总体风险承受度。风险控制部作为公司风险管理的职能部门，按照公司风险管理政策和制度的要求开展工作，有效识别和管理风险，做到事前防范、事中监督和控制、事后总结和分析。

4.5.2 风险状况

4.5.2.1 信用风险状况

信用风险是指由于交易对手不履行与公司的合约而给公司带来潜在损失的可能性，信用风险的主要表现为在贷款、资产回购、担保、履约承诺等交易过程中，借款人、回购人、担保人等交易对手不能或者不愿履行合约而使信托财产或者固有财产遭受潜在损失的可能性。

公司信用风险主要存在于非事务管理的融资类信托业务和固有贷款业务。公司目前存续上述业务运行基本正常，融资项目均在贷前落实各项抵/质押、担保等保障措施，风险可控。

4.5.2.2 市场风险状况

市场风险是指公司在对信托财产和固有财产的经营管理中，因市场利率、汇率、股价等市场参数的波动而产生的风险，包括利率风险、汇率风险、股市风险等。报告期内，公司固有业务和信托业务中，主动管理型证券投资业务保持比较低的比例，市场利率和汇率等波动对公司所管理的资产影响较小。

在报告期内，各项业务未出现风险损失，市场风险管理状况良好。

4.5.2.3 操作风险状况

操作风险是指由于员工出现失误等个人因素导致操作不当所引发的风险；因公司治理机制、内部控制失效或制度不完善引发的风险；或者是由于信息系统出现故障等导致业务无法正常运行而引发的风险等。

在报告期内，公司各项业务都严格执行内部控制程序及业务操作流程，公司未发生因操作风险所造成的损失。

4.5.2.4 其他风险状况

公司所面临的风险还包括政策风险、合规风险、流动性风险、声誉风险及道德风险等其他风险。报告期内，公司未发生因其他风险所造成的损失。

4.5.3 风险管理

4.5.3.1 信用风险管理

对于信用风险的管理，公司严格落实监管政策和指导要求，不断完善制度建设，构建完善的信用风险管理体系。公司通过修订现有制度、组织开展员工培训，及考核等方式进一步强调尽职调查工作的规范性、完备性要求。在展业过程中，根据业务需要利用第三方机构出具的专业意见，提高尽职调查信息的可靠性和专业性。公司主要通过对交易对手的资信状况等方面的尽职调查进行事前风险防范。同时，通过风控前置、组织论证会等形式多渠道识别并防范信用风险。此外，公司强调项目保障措施的充分有效性，选取担保实力强、资质较好的企业或个人作为担保人，选取由专业评估机构评估的、易于变现的、具有一定公允价值的核心资产作为抵（质）押物，并控制抵（质）押率，为项目提供进一步的综合保障。

公司在项目实施过程中，通过对项目运行的有效管理，跟踪交易对手的信用情况、定期进行事中风险检查、开展资产分类评级工作，以及开展信用风险专项检查等，对信用风险进行动态管理。2019年，公司组织开展了全面风险大排查，并已建立常态化风险排查、监测、报告制度，按季度开展全面风险排查工作，对信用风险等风险进行动态监控。除此之外，按照公司风险预警及应急处置机制，风险控制部动态评估项目风险情况，及时针对所发现的问题发出风险提示及风险预警，并对预警项目进行追踪报告。对即将到期项目实行偿付预案备案机制，做到风险早发现、早处理。公司通过对项目结束后的内部稽核和评价进行业务的事后控制和综合评价。

4.5.3.2 市场风险管理

公司通过加强对宏观经济和市场的研究，及时跟踪市场价格波动情况，对各项业务的市场风险因素进行分析，以及时准确地识别所有业务中市场风险的类别和性质。通过定期或不定期地对房地产和证券投资业务进行市场风险压力测试、专项检查，分析业务对外部市场变化的敏感程度和可能的影响，以制定策略应对市场变化。公司不仅关注市场风险的控制，更注重通过组合策略来合理规避市场风险。此外，针对证券市场风险，依据投资组合的净值、仓位和投资集中度等指标事先设定预警点或止损点，逐日盯市，及时预警；针对房地产行业市场风险，引入外部合作机构参与项目尽职调查和可行性分析，为公司对房地产信托项目的市场判断提供有效的决策依据。

4.5.3.3 操作风险管理

为防范操作风险，公司制定了一系列覆盖公司治理、财务管理、业务操作等各方面的制度及操作程序，并有效地识别、报告、管理和控制操作风险。此外，公司还根据市场环境、监管规则及业务发展变化，不断调整和完善操作流程和制度，并将多项制度和流程系统化，以降低操作风险。公司明确各部门、各岗位的职责和权限，保证不相容岗位的有效分离与制衡，并实行严格的授权制度与过程监控。公司对于重点流程和业务通过定期或不定期地开展操作风险专项检查，做到操作风险早发现、早处理。此外，公司通过投诉举报、案件防控、员工培训等方式，加强员工行为的管理和监督，切实防范和降低操作风险。

4.5.3.4 其他风险管理

公司加强对国家政策的分析和研究，及时与监管部门沟通，并根据要求及时更新和完善各类制度，并通过组织员工培训、线上考试等方式，提高员工对政策的理解能力和执行力度，确保公司按照法律法规及监管要求开展各项工作，从而有效防范政策风险及合规风险。

公司高度重视流动性风险的管控，尤其针对现金类和配置类产品，公司持续进行流动性监控，定期开展压力测试，严控现金缺口，防范流动性风险。

对声誉风险的防范，公司建立了舆情管理机制，明确了“严控源头、持续监控、强化沟通、密切配合、高效处置、杜绝声誉风险”的舆情管理原则，设专人负责舆情管理的日常工作，同时通过充分的信息披露，提高信息透明度，以及与投资者、利益相关方等的良好沟通，切实防范声誉风险。

对于道德风险的防范，公司重视员工职业道德教育，通过积极组织员工培训、考试、同业交流等形式提升员工的专业知识和能力，同时公司党政监察室、人力资源部也会对员工行为进行监督、考核，以防范道德风险。

4.6 净资本管理概况

公司依据《信托公司净资本管理办法》积极推进净资本管理。报告期末，净资本各项指标均处于符合监管要求的较好水平。

指标（母公司口径）	期末数	监管标准
净资本（万元）	339 938	≥2 亿元
各项风险资本之和（万元）	121 090	—
净资本/各项风险资本之和（%）	280.73	≥100
净资本/净资产（%）	81.87	≥40

4.7 履行社会责任

报告期内，本公司贯彻落实“三重一大”决策制度，进一步完善法人治理结构、内控体系及风险管理，有效控制各类风险；积极发展主动管理类信托业务，完善客户服务体系，优化产品结构，紧跟政策指引，顾全大局，充分发挥国有金融机构功能，积极支持实体经济发展；支持苏州地方经济转型发展，提供优质的信托金融服务；加强党风廉政建设；保障员工基本权益，提供各类专项培训、健全的保险保障和丰富的活动；推行绿色金融，支持低碳环保经济；积极投身金融知识宣传和消费者权益保护工作，构建立体化投教体系，切实保障投资者各项合法权益。开展金融知识普及月、扫黑除恶、防范非法集资和反洗钱等主题宣传；积极发展公益信托，致力于精准扶贫和教育事业；积极有效开展案件防控和反洗钱工作。

5. 报告期末及上一年度末的比较式会计报表

5.1 自营资产

5.1.1 会计师事务所审计结论

审计报告

天衡审字（2020）00262 号

苏州信托有限公司全体股东：

一、审计意见

我们审计了苏州信托有限公司（以下简称苏州信托公司）财务报表，包括 2019 年 12 月 31 日的合并及母公司资产负债表，2019 年度的合并及母公司利润表、合并及母公司现金流量表、合并及母公司所有者权益变动表以及财务报表附注。

我们认为，后附的财务报表在所有重大方面按照企业会计准则的规定编制，公允反映了苏州信托公司 2019 年 12 月 31 日的合并及母公司财务状况以及 2019 年度的合并及母公司经营成果和现金流量。

二、形成审计意见的基础

我们按照中国注册会计师审计准则的规定执行了审计工作。审计报告的“注册会计师对财务报表审计的责任”部分进一步阐述了我们在这些准则下的责任。按照中国注册会计师职业道德守则，我们独立于苏州信托公司，并履行了职业道德方面的其他责任。我们相信，我们获取的审计证据是充分、适当的，为发表审计意见提供了基础。

三、管理层和治理层对财务报表的责任

苏州信托公司管理层负责按照企业会计准则的规定编制财务报表，使其实现公允反映，并设计、执行和维护必要的内部控制，以使财务报表不存在由于舞弊或错误导致的重大错报。

在编制财务报表时，管理层负责评估苏州信托公司的持续经营能力，披露与持续经营相关的事项（如适用），并运用持续经营假设，除非管理层计划清算苏州信托公司、终止运营或别无其他现实的选择。

治理层负责监督苏州信托公司的财务报告过程。

四、注册会计师对财务报表审计的责任

我们的目标是对财务报表整体是否不存在由于舞弊或错误导致的重大错报获取合理保证，并出具包含审计意见的审计报告。合理保证是高水平的保证，但并不能保证按照审计准则执行的审计在某一重大错报存在时总能发现。错报可能由于舞弊或错误导致，如果合理预期错报单独或汇总起来可能影响财务报表使用者依据财务报表作出的经济决策，则通常认为错报是重大的。

在按照审计准则执行审计工作的过程中，我们运用职业判断，并保持职业怀疑。同时，我们也执行以下工作：

（1）识别和评估由于舞弊或错误导致的财务报表重大错报风险，设计和实施审计程序以应对这些风险，并获取充分、适当的审计证据，作为发表审计意见的基础。由于舞弊可能涉及串通、伪造、故意遗漏、虚假陈述或凌驾于内部控制之上，未能发现由于舞弊导致的重大错报的风险高于未能发现由于错误导致的重大错报的风险。

（2）了解与审计相关的内部控制，以设计恰当的审计程序，但目的并非对内部控制的有效性发表意见。

（3）评价管理层选用会计政策的恰当性和作出会计估计及相关披露的合理性。

（4）对管理层使用持续经营假设的恰当性得出结论。同时，根据获取的审计证据，就可能导致对苏州信托公司持续经营能力产生重大疑虑的事项或情况是否存在重大不确定性得出结论。如果我们得出结论认为存在重大不确定性，审计准则要求我们在审计报告中提请报表使用者注意财务报表中的相关披露；如果披露不充分，我们应当发表非无保留意见。我们的结论基于截至审计报告日可获得的信息。然而，未来的事项或情况可能导致苏州信托公司不能持续经营。

（5）评价财务报表的总体列报（包括披露）、结构和内容，并评价财务报表是否公允反映相关交易和事项。

（6）就苏州信托公司中实体或业务活动的财务信息获取充分、适当的审计证据，以对合并财务报表发表审计意见。我们负责指导、监督和执行集团审计，并对审计意见承担全部责任。

我们与治理层就计划的审计范围、时间安排和重大审计发现等事项进行沟通，包括沟通我们在审计中识别出的值得关注的内部控制缺陷。

5.1.2 资产负债表

合并资产负债表

编制单位：苏州信托有限公司　　2019 年 12 月 31 日　　单位：元

资产	注释	期末余额	期初余额
资产：			
货币资金	五、1	1 533 634 589.77	266 817 057.80
结算备付金		—	—
拆出资金			
以公允价值计量且其变动计入当期损益的金融资产	五、2	9 608.61	42 411.12
衍生金融资产		—	—
应收账款		—	—
应收股利		—	—
买入返售金融资产	五、3	—	918 102 055.00
发放贷款及垫款	五、4	49 250 000.00	130 719 350.00
可供出售金融资产	五、5	3 542 710 325.09	3 178 708 841.78
持有至到期投资		—	—
长期股权投资	五、6	130 866 382.18	125 466 448.41
投资性房地产	五、7	10 470 157.79	—
固定资产	五、8	188 705 338.81	209 519 126.24
无形资产	五、9	747 612.08	630 731.91
商誉	五、10	1 854 025.67	1 854 025.67
递延所得税资产	五、11	41 523 226.72	42 001 392.80
其他资产	五、12	159 416 267.98	86 982 683.30
资产总计		5 659 187 534.70	4 960 844 124.03
负债：			
短期借款		—	—
向中央银行借款		—	—
吸收存款及同业存放		—	—
拆入资金		—	—
以公允价值计量且其变动计入当期损益的金融负债		—	—
衍生金融负债		—	—
卖出回购金融资产款		—	—
应付职工薪酬	五、13	232 043 007.40	201 538 966.33
应交税费	五、14	118 570 623.00	98 393 540.06
应付利息		—	—
应付股利		—	—
应付债券		—	—
预计负债		—	—
递延所得税负债	五、11	164 866 535.98	115 277 548.08
其他负债	五、15	65 687 560.47	70 447 876.16
负债合计		581 167 726.85	485 657 930.63
所有者权益（或股东权益）：			
实收资本	五、16	1 200 000 000.00	1 200 000 000.00
其他权益工具		—	—
其中：优先股		—	—
永续债		—	—

续表

资产	注释	期末余额	期初余额
资本公积	五、17	249 100.00	249 100.00
减:库存股		—	—
其他综合收益	五、18	494 483 903.13	345 564 796.87
盈余公积	五、19	434 493 401.30	387 925 816.58
一般风险准备	五、20	252 626 548.59	225 589 998.17
未分配利润	五、21	2 677 271 126.70	2 271 087 366.95
归属于母公司所有者权益合计		5 059 124 079.72	4 430 417 078.57
少数股东权益		18 895 728.13	44 769 114.83
所有者权益合计		5 078 019 807.85	4 475 186 193.40
负债和所有者权益总计		5 659 187 534.70	4 960 844 124.03

法定代表人:沈光俊　　主管会计工作负责人:周也勤　　会计机构负责人:赵晓萍

资产负债表

编制单位:苏州信托有限公司　　2019 年 12 月 31 日　　单位:元

资产	注释	期末余额	期初余额
资产:			
货币资金		1 514 492 909.49	245 341 024.67
结算备付金		—	—
拆出资金		—	—
以公允价值计量且其变动计入当期损益的金融资产		9 608.61	42 411.12
衍生金融资产		—	—
应收账款		—	—
应收股利		—	—
买入返售金融资产		—	918 102 055.00
发放贷款及垫款		49 250 000.00	130 719 350.00
可供出售金融资产	十五、1	3 442 048 623.67	3 017 703 840.36
持有至到期投资		—	—
长期股权投资	十五、2	100 000 000.00	118 523 283.33
固定资产		188 640 320.44	198 343 890.57
无形资产		747 612.08	630 731.91
商誉		—	—
递延所得税资产		41 523 226.72	42 001 392.80
其他资产		127 266 947.98	81 835 668.27
资产总计		5 463 979 248.99	4 753 243 648.03
负债:			
短期借款		—	—
向中央银行借款		—	—
吸收存款及同业存放		—	—
拆入资金		—	—
以公允价值计量且其变动计入当期损益的金融负债		—	—
衍生金融负债			—
卖出回购金融资产款		—	—
应付职工薪酬		232 039 948.13	201 538 966.33
应交税费		117 888 734.41	94 983 550.57
应付利息		—	—
应付股利		—	—
应付债券		—	—
预计负债		—	—
递延所得税负债		164 866 535.98	115 277 548.08
其他负债		49 950 662.00	56 805 167.99
负债合计		564 745 880.52	468 605 232.97
所有者权益(或股东权益):			
实收资本		1 200 000 000.00	1 200 000 000.00
其他权益工具		—	—
其中:优先股		—	—
永续债		—	—

续表

资产	注释	期末余额	期初余额
资本公积		249 100. 00	249 100. 00
减:库存股		—	—
其他综合收益		494 483 903. 13	345 564 796. 87
盈余公积		431 298 089. 78	384 730 505. 06
一般风险准备		252 626 548. 59	225 589 998. 17
未分配利润		2 520 575 726. 97	2 128 504 014. 96
所有者权益合计		4 899 233 368. 47	4 284 638 415. 06
负债和所有者权益总计		5 463 979 248. 99	4 753 243 648. 03

法定代表人:沈光俊　　主管会计工作负责人:周也勤　　会计机构负责人:赵晓萍

5.1.3 利润表

合并利润表

编制单位:苏州信托有限公司　　2019 年度　　单位:元

项目	注释	本期发生额	上期发生额
一、营业总收入		818 877 671. 62	552 860 026. 36
其中:利息净收入	五、22	42 361 690. 78	36 705 486. 61
手续费及佣金净收入	五、23	549 093 726. 96	374 378 856. 39
投资收益	五、24	223 970 621. 13	132 078 044. 02
公允价值变动损益	五、25	-11 032. 87	-52 925. 70
其他业务收入	五、26	3 462 665. 62	9 750 565. 04
二、营业总成本		188 443 078. 62	61 350 628. 10
税金及附加	五、27	7 203 011. 68	5 573 985. 24
其他业务支出	五、26	634 259. 52	—
业务及管理费	五、27	180 262 357. 42	136 285 992. 86
资产减值损失	五、28	343 450. 00	-80 509 350. 00
加:资产处置收益(损失以"-"号填列)	五、29	2 065. 04	7 727. 46
汇兑收益(损失以"-"号填列)		—	—
其他收益	五、31	298 967. 17	533 570. 70
三、营业利润(亏损以"-"号填列)		630 735 625. 21	492 050 696. 42
加:营业外收入	五、32	125 582. 68	—
减:营业外支出	五、33	258 558. 39	56 930. 44
四、利润总额(亏损总额以"-"号填列)		630 602 649. 50	491 993 765. 98
减:所得税费用	五、34	151 038 141. 31	115 623 554. 27
五、净利润(净亏损以"-"号填列)		479 564 508. 19	376 370 211. 71
(一)按经营持续性分类		—	—
1. 持续经营净利润(净亏损以"-"号填列)		479 564 508. 19	376 370 211. 71
2. 终止经营净利润(净亏损以"-"号填列)		—	—
(二)按所有权属分类		—	—
1. 少数股东损益		-223 386. 70	-223. 20
2. 归属于母公司股东的净利润		479 787 894. 89	376 370 434. 91
六、其他综合收益的税后净额		148 919 106. 26	-179 078 971. 44
归属于母公司所有者的其他综合收益税后净额		148 919 106. 26	-179 078 971. 44
(一)以后不能重分类进损益的其他综合收益		—	—
1. 重新计量设定受益计划净负债或净资产的变动		—	—
2. 权益法下在被投资单位不能重分类进损益的其他综合收益中享有的份额		—	—
(二)以后将重分类进损益的其他综合收益		148 919 106. 26	-179 078 971. 44
1. 权益法下在被投资单位以后将重分类进损益的其他综合收益中享有的份额		—	—
2. 可供出售金融资产公允价值变动损益		148 919 106. 26	-179 078 971. 44
3. 持有至到期投资重分类为可供出售金融资产损益		—	—
4. 现金流量套期损益的有效部分		—	—
5. 外币财务报表折算差额		—	—
6. 其他		—	—
归属于少数股东的其他综合收益的税后净额		—	—

续表

项目	注释	本期发生额	上期发生额
七、综合收益总额		628 483 614. 45	197 291 240. 27
归属于母公司所有者的综合收益总额		628 707 001. 15	197 291 463. 47
归属于少数股东的综合收益总额		-223 386. 70	-223. 20
八、每股收益:		—	—
(一)基本每股收益(元/股)		—	—
(二)稀释每股收益(元/股)		—	—

法定代表人:沈光俊　　主管会计工作负责人:周也勤　　会计机构负责人:赵晓萍

利润表

编制单位:苏州信托有限公司　　2019 年度　　单位:元

项目	注释	本期发生额	上期发生额
一、营业收入		795 312 193. 31	527 446 080. 08
其中:利息净收入	十五、3	42 306 805. 70	36 669 559. 47
手续费及佣金净收入	十五、4	549 093 726. 96	374 378 856. 39
投资收益	十五、5	203 922 693. 52	116 450 589. 92
公允价值变动损益		-11 032. 87	-52 925. 70
其他业务收入		—	—
二、营业总成本		183 600 502. 57	53 959 940. 58
税金及附加		7 134 230. 33	5 431 632. 04
业务及管理费		176 122 822. 24	129 037 658. 54
资产减值损失		343 450. 00	-80 509 350. 00
加:资产处置收益(损失以"-"号填列)		2 065. 04	7 727. 46
汇兑收益(损失以"-"号填列)		—	—
其他收益		190 498. 56	533 570. 70
三、营业利润(亏损以"-"号填列)		611 904 254. 34	474 027 437. 66
加:营业外收入		—	—
减:营业外支出		257 440. 00	56 912. 00
四、利润总额(亏损总额以"-"号填列)		611 646 814. 34	473 970 525. 66
减:所得税费用		145 970 967. 19	111 982 763. 61
五、净利润(净亏损以"-"号填列)		465 675 847. 15	361 987 762. 05
(一)持续经营净利润(净亏损以"-"号填列)		465 675 847. 15	361 987 762. 05
(二)终止经营净利润(净亏损以"-"号填列)		—	—
六、其他综合收益的税后净额		148 919 106. 26	-179 078 971. 44
(一)以后不能重分类进损益的其他综合收益		—	—
1. 重新计量设定受益计划净负债或净资产的变动		—	—
2. 权益法下在被投资单位不能重分类进损益的其他综合收益中享有的份额		—	—
(二)以后将重分类进损益的其他综合收益		148 919 106. 26	-179 078 971. 44
1. 权益法下在被投资单位以后将重分类进损益的其他综合收益中享有的份额		—	—
2. 可供出售金融资产公允价值变动损益		148 919 106. 26	-179 078 971. 44
3. 持有至到期投资重分类为可供出售金融资产损益		—	—
4. 现金流量套期损益的有效部分		—	—
5. 外币财务报表折算差额		—	—
6. 其他		—	—
七、综合收益总额		614 594 953. 41	182 908 790. 61
八、每股收益:		—	—
(一)基本每股收益(元/股)		—	—
(二)稀释每股收益(元/股)		—	—

法定代表人:沈光俊　　主管会计工作负责人:周也勤　　会计机构负责人:赵晓萍

5.1.4　现金流量表

合并现金流量表

编制单位：苏州信托有限公司　　2019年度　　单位：元

项目	注释	本期发生额	上期发生额
一、经营活动产生的现金流量：		—	—
销售商品、提供劳务收到的现金		—	—
客户存款和同业存放款项净增加额		—	—
向中央银行借款净增加额		—	—
向其他金融机构拆入资金净增加额		—	—
收到原保险合同保费取得的现金		—	—
收到再保险业务现金净额		—	—
保户储金及投资款净增加额		—	—
处置以公允价值计量且其变动计入当期损益的金融资产净增加额		—	—
收取利息、手续费及佣金的现金		626 497 472.54	444 038 850.17
客户贷款及垫款净减少额		82 710 000.00	5 150 000.00
拆入资金净增加额		—	—
回购业务资金净增加额		918 102 055.00	—
收到的税费返还		—	297 980.81
收到其他与经营活动有关的现金		184 572 240.10	131 536 419.70
经营活动现金流入小计		1 811 881 767.64	581 023 250.68
购买商品、接受劳务支付的现金		—	—
客户贷款及垫款净增加额		—	—
回购业务资金净减少额		—	918 102 055.00
存放中央银行和同业款项净增加额		—	—
支付原保险合同赔付款项的现金		—	—
支付利息、手续费及佣金的现金		—	—
支付保单红利的现金		—	—
支付给职工以及为职工支付的现金		110 283 009.75	114 956 991.28
支付的各项税费		362 761 555.90	243 710 971.34
支付其他与经营活动有关的现金		106 900 151.98	30 365 453.24
经营活动现金流出小计		579 944 717.63	1 307 135 470.86
经营活动产生的现金流量净额		1 231 937 050.01	-726 112 220.18
二、投资活动产生的现金流量：		—	—
收回投资收到的现金		1 021 344 296.93	1 034 199 053.97
取得投资收益收到的现金		234 919 443.92	136 818 855.07
处置固定资产、无形资产和其他长期资产收回的现金净额		10 172.50	18 200.96
处置子公司及其他营业单位收到的现金净额		—	—
取得子公司及其他营业单位收到的现金净额		—	—
收到其他与投资活动有关的现金		—	—
投资活动现金流入小计		1 256 273 913.35	1 171 036 110.00
购建固定资产、无形资产和其他长期资产支付的现金		2 450 829.13	955 793.20
投资支付的现金		1 193 292 602.26	872 150 117.85
质押贷款净增加额		—	—
取得子公司及其他营业单位支付的现金净额		—	—
支付其他与投资活动有关的现金		—	—
投资活动现金流出小计		1 195 743 431.39	873 105 911.05
投资活动产生的现金流量净额		60 530 481.96	297 930 198.95
三、筹资活动产生的现金流量：		—	—
吸收投资收到的现金		—	20 000 000.00
其中：子公司吸收少数股东投资收到的现金		—	20 000 000.00
取得借款收到的现金		—	—
发行债券收到的现金		—	—
收到其他与筹资活动有关的现金		—	—
筹资活动现金流入小计		—	20 000 000.00
偿还债务支付的现金		—	—
分配股利、利润或偿付利息支付的现金		—	—
其中：子公司支付给少数股东的股利、利润		—	—

续表

项目	注释	本期发生额	上期发生额
支付其他与筹资活动有关的现金		25 650 000. 00	—
筹资活动现金流出小计		25 650 000. 00	—
筹资活动产生的现金流量净额		-25 650 000. 00	20 000 000. 00
四、汇率变动对现金及现金等价物的影响		—	—
五、现金及现金等价物净增加额		1 266 817 531. 97	-408 182 021. 23
加:期初现金及现金等价物余额		266 817 057. 80	674 999 079. 03
六、期末现金及现金等价物余额	五、35(2)	1 533 634 589. 77	266 817 057. 80

法定代表人:沈光俊　　主管会计工作负责人:周也勤　　会计机构负责人:赵晓萍

现金流量表

2019 年度

编制单位:苏州信托有限公司　　单位:元

项目	注释	本期发生额	上期发生额
一、经营活动产生的现金流量:		—	—
收取利息、手续费及佣金的现金		622 682 001. 84	433 559 703. 86
客户贷款及垫款净减少额		82 710 000. 00	5 150 000. 00
回购业务资金净增加额		918 102 055. 00	—
收到其他与经营活动有关的现金		181 011 593. 71	129 487 188. 17
经营活动现金流入小计		1 804 505 650. 55	568 196 892. 03
购买商品、接受劳务支付的现金		—	—
回购业务资金净减少额			918 102 055. 00
支付给职工以及为职工支付的现金		106 859 938. 67	111 567 570. 89
支付的各项税费		354 465 208. 92	242 306 983. 39
支付其他与经营活动有关的现金		56 336 495. 46	24 970 772. 84
经营活动现金流出小计		517 661 643. 05	1 296 947 382. 12
经营活动产生的现金流量净额		1 286 844 007. 50	-728 750 490. 09
二、投资活动产生的现金流量:		—	—
收回投资收到的现金		876 044 296. 93	939 399 053. 97
取得投资收益收到的现金		212 079 048. 13	122 257 896. 53
处置固定资产、无形资产和其他长期资产收回的现金净额		10 172. 50	18 200. 96
处置子公司及其他营业单位收到的现金净额		—	—
收到其他与投资活动有关的现金		—	—
投资活动现金流入小计		1 088 133 517. 56	1 061 675 151. 46
购建固定资产、无形资产和其他长期资产支付的现金		2 433 037. 98	913 558. 72
投资支付的现金		1 103 392 602. 26	746 650 117. 85
取得子公司及其他营业单位支付的现金净额		—	—
支付其他与投资活动有关的现金		—	—
投资活动现金流出小计		1 105 825 640. 24	747 563 676. 57
投资活动产生的现金流量净额		-17 692 122. 68	314 111 474. 89
三、筹资活动产生的现金流量:		—	—
吸收投资收到的现金		—	—
取得借款收到的现金		—	—
发行债券收到的现金		—	—
收到其他与筹资活动有关的现金		—	—
筹资活动现金流入小计		—	—
偿还债务支付的现金		—	—
分配股利、利润或偿付利息支付的现金		—	—
支付其他与筹资活动有关的现金		—	—
筹资活动现金流出小计		—	—
筹资活动产生的现金流量净额		—	—
四、汇率变动对现金及现金等价物的影响		—	—
五、现金及现金等价物净增加额		1 269 151 884. 82	-414 639 015. 20
加:期初现金及现金等价物余额		245 341 024. 67	659 980 039. 87
六、期末现金及现金等价物余额	十五、6(2)	1 514 492 909. 49	245 341 024. 67

法定代表人:沈光俊　　主管会计工作负责人:周也勤　　会计机构负责人:赵晓萍

5. 1. 5 所有者权益变动表

合并所有者权益变动表

编制单位：苏州信托有限公司　　2019 年度　　单位：元

项目	本期金额												
	归属于母公司所有者权益											少数股东权益	所有者权益合计
	实收资本	其他权益工具			资本公积	减：库存股	其他综合收益	信托赔偿准备	盈余公积	一般风险准备	未分配利润		
		优先股	永续债	其他									
一、上年期末余额	1 200 000 000. 00	—	—	—	249 100. 00	—	345 564 796. 87	187 191 585. 14	387 925 816. 58	38 398 413. 03	2 271 087 366. 95	44 769 114. 83	4 475 186 193. 40
加：会计政策变更	—	—	—	—	—	—	—	—	—	—	—	—	—
前期差错更正	—	—	—	—	—	—	—	—	—	—	—	—	—
同一控制下企业合并	—	—	—	—	—	—	—	—	—	—	—	—	—
其他	—	—	—	—	—	—	—	—	—	—	—	—	—
二、本年期初余额	1 200 000 000. 00	—	—	—	249 100. 00	—	345 564 796. 87	187 191 585. 14	387 925 816. 58	38 398 413. 03	2 271 087 366. 95	44 769 114. 83	4 475 186 193. 40
三、本期增减变动金额（减少以"－"号填列）	—	—	—	—	—	—	148 919 106. 26	23 283 792. 36	46 567 584. 72	3 752 758. 06	406 183 759. 75	-25 873 386. 70	602 833 614. 45
（一）综合收益总额	—	—	—	—	—	—	148 919 106. 26	—	—	—	479 787 894. 89	-223 386. 70	628 483 614. 45
（二）所有者投入和减少资本	—	—	—	—	—	—	—	—	—	—	—	-25 650 000. 00	-25 650 000. 00
1. 股东投入的普通股	—	—	—	—	—	—	—	—	—	—	—	—	—
2. 其他权益工具持有者投入资本	—	—	—	—	—	—	—	—	—	—	—	—	
3. 股份支付计入所有者权益的金额	—	—	—	—	—	—	—	—	—	—	—	—	—
4. 其他	—	—	—	—	—	—	—	—	—	—	—	-25 650 000. 00	-25 650 000. 00
（三）利润分配	—	—	—	—	—	—	—	23 283 792. 36	46 567 584. 72	3 752 758. 06	-73 604 135. 14	—	—
1. 提取盈余公积	—	—	—	—	—	—	—	—	46 567 584. 72	—	-46 567 584. 72	—	—
2. 提取一般风险准备	—	—	—	—	—	—	—	—	—	3 752 758. 06	-3 752 758. 06	—	—
3. 对所有者（或股东）的分配	—	—	—	—	—	—	—	—	—	—	—	—	—
4. 信托赔偿准备	—	—	—	—	—	—	—	23 283 792. 36	—	—	-23 283 792. 36	—	—
（四）所有者权益内部结转	—	—	—	—	—	—	—	—	—	—	—	—	—
1. 资本公积转增资本（或股本）	—	—	—	—	—	—	—	—	—	—	—	—	—
2. 盈余公积转增资本（或股本）	—	—	—	—	—	—	—	—	—	—	—	—	—
3. 盈余公积弥补亏损	—	—	—	—	—	—	—	—	—	—	—	—	—
4. 其他	—	—	—	—	—	—	—	—	—	—	—	—	—
（五）专项储备	—	—	—	—	—	—	—	—	—	—	—	—	—
1. 本期提取	—	—	—	—	—	—	—	—	—	—	—	—	—
2. 本期使用	—	—	—	—	—	—	—	—	—	—	—	—	—
（六）其他	—	—	—	—	—	—	—	—	—	—	—	—	—
四、本期期末余额	1 200 000 000. 00	—	—	—	249 100. 00	—	494 483 903. 13	210 475 377. 50	434 493 401. 30	42 151 171. 09	2 677 271 126. 70	18 895 728. 13	5 078 019 807. 85

合并所有者权益变动表(续)

编制单位:苏州信托有限公司　　　　2019 年度　　　　单位:元

项目	上期金额												
	归属于母公司所有者权益											少数股东权益	所有者权益合计
	实收资本	其他权益工具			资本公积	减:库存股	其他综合收益	信托赔偿准备	盈余公积	一般风险准备	未分配利润		
		优先股	永续债	其他									
一、上年期末余额	1 200 000 000. 00	—	—	—	249 100. 00	—	524 643 768. 31	169 092 197. 04	351 727 040. 37	43 254 956. 59	1 944 158 552. 79	24 769 338. 03	4 257 894 953. 13
加:会计政策变更	—	—	—	—	—	—	—	—	—	—	—	—	—
前期差错更正	—	—	—	—	—	—	—	—	—	—	—	—	—
同一控制下企业合并	—	—	—	—	—	—	—	—	—	—	—	—	—
其他	—	—	—	—	—	—	—	—	—	—	—	—	—
二、本年期初余额	1 200 000 000. 00	—	—	—	249 100. 00	—	524 643 768. 31	169 092 197. 04	351 727 040. 37	43 254 956. 59	1 944 158 552. 79	24 769 338. 03	4 257 894 953. 13
三、本期增减变动金额(减少以“-”号填列)	—	—	—	—	—	—	-179 078 971. 44	18 099 388. 10	36 198 776. 21	-4 856 543. 56	326 928 814. 16	19 999 776. 80	217 291 240. 27
(一)综合收益总额	—	—	—	—	—	—	-179 078 971. 44	—	—	—	376 370 434. 91	-223. 20	197 291 240. 27
(二)所有者投入和减少资本	—	—	—	—	—	—	—	—	—	—	—	20 000 000. 00	20 000 000. 00
1. 股东投入的普通股	—	—	—	—	—	—	—	—	—	—	—	20 000 000. 00	20 000 000. 00
2. 其他权益工具持有者投入资本	—	—	—	—	—	—	—	—	—	—	—	—	—
3. 股份支付计入所有者权益的金额	—	—	—	—	—	—	—	—	—	—	—	—	
4. 其他	—	—	—	—	—	—	—	—	—	—	—	—	—
(三)利润分配	—	—	—	—	—	—	—	18 099 388. 10	36 198 776. 21	-4 856 543. 56	-49 441 620. 75	—	—
1. 提取盈余公积	—	—	—	—	—	—	—	—	36 198 776. 21	—	-36 198 776. 21	—	—
2. 提取一般风险准备	—	—	—	—	—	—	—	—	—	-4 856 543. 56	4 856 543. 56	—	—
3. 对所有者(或股东)的分配	—	—	—	—	—	—	—	—	—	—	—	—	—
4. 信托赔偿准备	—	—	—	—	—	—	—	18 099 388. 10	—	—	-18 099 388. 10	—	—
(四)所有者权益内部结转	—	—	—	—	—	—	—	—	—	—	—	—	—
1. 资本公积转增资本(或股本)	—	—	—	—	—	—	—	—	—	—	—	—	—
2. 盈余公积转增资本(或股本)	—	—	—	—	—	—	—	—	—	—	—	—	—
3. 盈余公积弥补亏损	—	—	—	—	—	—	—	—	—	—	—	—	—
4. 其他	—	—	—	—	—	—	—	—	—	—	—	—	—
(五)专项储备	—	—	—	—	—	—	—	—	—	—	—	—	—
1. 本期提取	—	—	—	—	—	—	—	—	—	—	—	—	—
2. 本期使用	—	—	—	—	—	—	—	—	—	—	—	—	—
(六)其他	—	—	—	—	—	—	—	—	—	—	—	—	—
四、本期期末余额	1 200 000 000. 00	—	—	—	249 100. 00	—	345 564 796. 87	187 191 585. 14	387 925 816. 58	38 398 413. 03	2 271 087 366. 95	44 769 114. 83	4 475 186 193. 40

法定代表人:沈光俊　　　　主管会计工作负责人:周也勤　　　　会计机构负责人:赵晓萍

所有者权益变动表

2019 年度

编制单位：苏州信托有限公司　　　　单位：元

项目	本期金额											
	实收资本	其他权益工具			资本公积	减：库存股	其他综合收益	信托赔偿准备	盈余公积	一般风险准备	未分配利润	所有者权益合计
		优先股	永续债	其他								
一、上年期末余额	1 200 000 000. 00	—	—	—	249 100. 00	—	345 564 796. 87	187 191 585. 14	384 730 505. 06	38 398 413. 03	2 128 504 014. 96	4 284 638 415. 06
加：会计政策变更	—	—	—	—	—	—	—	—	—	—	—	—
前期差错更正	—	—	—	—	—	—	—	—	—	—	—	—
其他	—	—	—	—	—	—	—	—	—	—	—	—
二、本年期初余额	1 200 000 000. 00	—	—	—	249 100. 00	—	345 564 796. 87	187 191 585. 14	384 730 505. 06	38 398 413. 03	2 128 504 014. 96	4 284 638 415. 06
三、本期增减变动金额（减少以"－"号填列）	—	—	—	—	—	—	148 919 106. 26	23 283 792. 36	46 567 584. 72	3 752 758. 06	392 071 712. 01	614 594 953. 41
（一）综合收益总额	—	—	—	—	—	—	148 919 106. 26	—	—	—	465 675 847. 15	614 594 953. 41
（二）所有者投入和减少资本	—	—	—	—	—	—	—	—	—	—	—	—
1. 股东投入的普通股	—	—	—	—	—	—	—	—	—	—	—	—
2. 其他权益工具持有者投入资本	—	—	—	—	—	—	—	—	—	—	—	—
3. 股份支付计入所有者权益的金额	—	—	—	—	—	—	—	—	—	—	—	—
4. 其他	—	—	—	—	—	—	—	—	—	—	—	—
（三）利润分配	—	—	—	—	—	—	—	23 283 792. 36	46 567 584. 72	3 752 758. 06	－73 604 135. 14	—
1. 提取盈余公积	—	—	—	—	—	—	—	—	46 567 584. 72	—	－46 567 584. 72	—
2. 对所有者（或股东）的分配	—	—	—	—	—	—	—	—	—	—	—	—
3. 提取一般风险准备	—	—	—	—	—	—	—	—	—	3 752 758. 06	－3 752 758. 06	—
4. 信托赔偿准备	—	—	—	—	—	—	—	23 283 792. 36	—	—	－23 283 792. 36	—
（四）所有者权益内部结转	—	—	—	—	—	—	—	—	—	—	—	—
1. 资本公积转增资本（或股本）	—	—	—	—	—	—	—	—	—	—	—	—
2. 盈余公积转增资本（或股本）	—	—	—	—	—	—	—	—	—	—	—	—
3. 盈余公积弥补亏损	—	—	—	—	—	—	—	—	—	—	—	—
4. 其他	—	—	—	—	—	—	—	—	—	—	—	—
（五）专项储备	—	—	—	—	—	—	—	—	—	—	—	—
1. 本期提取	—	—	—	—	—	—	—	—	—	—	—	—
2. 本期使用	—	—	—	—	—	—	—	—	—	—	—	—
（六）其他	—	—	—	—	—	—	—	—	—	—	—	—
四、本期期末余额	1 200 000 000. 00	—	—	—	249 100. 00	—	494 483 903. 13	210 475 377. 50	431 298 089. 78	42 151 171. 09	2 520 575 726. 97	4 899 233 368. 47

所有者权益变动表(续)

编制单位:苏州信托有限公司　　2019 年度　　单位:元

项目	上期金额											
	实收资本	其他权益工具			资本公积	减:库存股	其他综合收益	信托赔偿准备	盈余公积	一般风险准备	未分配利润	所有者权益合计
		优先股	永续债	其他								
一、上年期末余额	1 200 000 000. 00	—	—	—	249 100. 00	—	524 643 768. 31	169 092 197. 04	348 531 728. 85	43 254 956. 59	1 815 957 873. 66	4 101 729 624. 45
加:会计政策变更	—	—	—	—	—	—	—	—	—	—	—	—
前期差错更正	—	—	—	—	—	—	—	—	—	—	—	—
其他	—	—	—	—	—	—	—	—	—	—	—	—
二、本年期初余额	1 200 000 000. 00	—	—	—	249 100. 00	—	524 643 768. 31	169 092 197. 04	348 531 728. 85	43 254 956. 59	1 815 957 873. 66	4 101 729 624. 45
三、本期增减变动金额(减少以"-"号填列)	—	—	—	—	—	—	-179 078 971. 44	18 099 388. 10	36 198 776. 21	-4 856 543. 56	312 546 141. 30	182 908 790. 61
(一)综合收益总额	—	—	—	—	—	—	-179 078 971. 44	—	—	—	361 987 762. 05	182 908 790. 61
(二)所有者投入和减少资本	—	—	—	—	—	—	—	—	—	—	—	—
1. 股东投入的普通股	—	—	—	—	—	—	—	—	—	—	—	—
2. 其他权益工具持有者投入资本	—	—	—	—	—	—	—	—	—	—	—	—
3. 股份支付计入所有者权益的金额	—	—	—	—	—	—	—	—	—	—	—	—
4. 其他	—	—	—	—	—	—	—	—	—	—	—	—
(三)利润分配	—	—	—	—	—	—	—	18 099 388. 10	36 198 776. 21	-4 856 543. 56	-49 441 620. 75	—
1. 提取盈余公积	—	—	—	—	—	—	—	—	36 198 776. 21	—	-36 198 776. 21	—
2. 对所有者(或股东)的分配	—	—	—	—	—	—	—	—	—	—	—	—
3. 提取一般风险准备	—	—	—	—	—	—	—	—	—	-4 856 543. 56	4 856 543. 56	—
4. 信托赔偿准备	—	—	—	—	—	—	—	18 099 388. 10	—	—	-18 099 388. 10	—
(四)所有者权益内部结转	—	—	—	—	—	—	—	—	—	—	—	—
1. 资本公积转增资本(或股本)	—	—	—	—	—	—	—	—	—	—	—	—
2. 盈余公积转增资本(或股本)	—	—	—	—	—	—	—	—	—	—	—	—
3. 盈余公积弥补亏损	—	—	—	—	—	—	—	—	—	—	—	—
4. 其他	—	—	—	—	—	—	—	—	—	—	—	—
(五)专项储备	—	—	—	—	—	—	—	—	—	—	—	—
1. 本期提取	—	—	—	—	—	—	—	—	—	—	—	—
2. 本期使用	—	—	—	—	—	—	—	—	—	—	—	—
(六)其他	—	—	—	—	—	—	—	—	—	—	—	—
四、本期期末余额	1 200 000 000. 00	—	—	—	249 100. 00	—	345 564 796. 87	187 191 585. 14	384 730 505. 06	38 398 413. 03	2 128 504 014. 96	4 284 638 415. 06

法定代表人:沈光俊　　主管会计工作负责人:周也勤　　会计机构负责人:赵晓萍

5.2 信托资产(未经审计)

5.2.1 信托项目资产负债汇总表

信托项目资产负债汇总表

编制单位:苏州信托有限公司　　2019 年 12 月 31 日　　单位:万元

信托资产	期末余额	年初余额	信托负债和信托权益	期末余额	年初余额
信托资产	—	—	信托负债	—	—
货币资金	109 679.65	288 814.11	交易性金融负债	—	—
拆出资金	—	—	衍生金融负债	—	—
存出保证金	—	—	应付受托人报酬	1 105.27	819.58
交易性金融资产	398 663.21	305 989.84	应付托管费	257.99	152.03
衍生金融资产	—	—	应付受益人收益	645.33	526.64
买入返售金融资产	—	47 360.62	应交税费	5 404.72	3 770.94
应收款项	9 130.09	1 990.89	应付销售服务费	—	—
发放贷款	2 809 712.95	2 828 784.66	其他应付款项	68 334.33	62 846.86
可供出售金融资产	—	—	预计负债	792.85	611.90
持有至到期投资	4 114 242.99	3 186 213.40	其他负债	—	—
长期应收款	—	—	信托负债合计	76 540.49	68 727.95
长期股权投资	1 070 686.89	1 475 462.22	信托权益	—	—
投资性房地产	—	—	实收信托	9 299 854.73	8 272 465.19
固定资产	—	—	资本公积	—	—
无形资产	—	—	损益平准金	—	—
长期待摊费用	—	—	未分配利润	125 964.63	103 769.82
其他资产	990 244.07	310 347.22	信托权益合计	9 425 819.36	8 376 235.01
信托资产总计	9 502 359.85	8 444 962.96	信托负债和信托权益总计	9 502 359.85	8 444 962.96

公司负责人:沈光俊　　主管会计工作的公司负责人:周也勤　　信托会计机构负责人:钱悦

5.2.2 信托项目利润及利润分配汇总表

信托项目利润及利润分配汇总表

编制单位:苏州信托有限公司　　2019 年度　　单位:万元

项目	本年金额	上年金额
1. 营业收入	607 654.23	501 357.44
1.1 利息收入	189 532.47	212 362.26
1.2 投资收益(损失以“-”号填列)	417 010.39	338 591.52
其中:对联营企业和合营企业的投资收益	—	—
1.3 公允价值变动收益(损失以“-”号填列)	373.82	-49 781.26
1.4 租赁收入	—	—
1.5 汇兑损益(损失以“-”号填列)	—	—
1.6 其他收入	737.55	184.92
2. 支出	76 158.31	53 016.47
2.1 营业税金及附加	1 936.72	1 381.52
2.2 受托人报酬	58 068.49	39 506.06
2.3 托管费	3 488.07	4 618.04
2.4 投资管理费	—	—
2.5 销售服务费	—	—
2.6 交易费用	5.46	10.71
2.7 资产减值损失	—	—
2.8 其他费用	12 659.57	7 500.14
3. 信托净利润(净亏损以“-”号填列)	531 495.92	448 340.97
4. 其他综合收益	—	—
5. 综合收益	531 495.92	448 340.97

续表

项目	本年金额	上年金额
6. 加:期初未分配信托利润	103 769.82	128 215.60
7. 可供分配的信托利润	635 265.74	576 556.57
8. 减:本期已分配信托利润	509 301.11	472 786.75
9. 期末未分配信托利润	125 964.63	103 769.82

公司负责人:沈光俊　主管会计工作的公司负责人:周也勤　信托会计机构负责人:钱悦

6. 会计报表附注

6.1 会计报表不符合会计核算基本前提的说明

无。

6.1.1 会计报表不符合会计核算基本前提的事项

无。

6.1.2 对编制合并会计报表的公司应说明纳入合并范围的子公司情况、母公司所持有的权益性资本的比例及合并期间

合并财务报表的合并范围以控制为基础确定,包括本公司及本公司的子公司(指被本公司控制的主体,包括企业、被投资单位中可分割部分,以及企业所控制的结构化主体等)。子公司的经营成果和财务状况由控制开始日起至控制结束日止包含于合并财务报表中。公司 2019 年度纳入合并范围的子公司共 10 户。子公司所采用的会计期间或会计政策与本公司不一致时,在编制合并财务报表时按本公司的会计期间或会计政策对子公司的财务报表进行必要的调整。

本集团通过设立或投资等方式取得的子公司：

子公司名称	主要经营地	注册地	业务性质	持股比例		取得方式
				直接(%)	间接(%)	
苏州市苏信创业投资有限公司	苏州	苏州	创业投资	100	—	设立
苏州苏信宜和投资管理有限公司	苏州	苏州	投资管理;创业投资咨询	—	100	设立
苏州苏信百汇资产管理有限公司	苏州	苏州	投资管理;实业投资	—	100	设立
苏州苏信创新资产管理有限公司	苏州	苏州	资产管理	—	100	设立
苏州苏信创新资本管理企业(有限合伙)	苏州	苏州	资产管理;创业投资咨询	—	100	设立
苏州苏信嘉会创业投资企业(有限合伙)	苏州	苏州	资产管理;创业投资咨询	—	100	设立
苏州苏信资产管理中心(有限合伙)	苏州	苏州	资产管理;创业投资咨询	—	100	设立
苏州工业园区苏信其祥创业投资合伙企业(有限合伙)	苏州	苏州	创业投资咨询;创业管理服务	—	100	设立
苏州苏信禾才创业投资企业(有限合伙)	苏州	苏州	资产管理;创业投资咨询	—	50.12	设立
苏州苏信元丰股权投资企业(有限合伙)	苏州	苏州	股权投资	—	100	非同一控制下企业合并

本公司及下属子公司(以下简称本集团)经营范围为资金信托;动产信托;不动产信托;有价证券信托;其他财产或财产权信托;作为投资基金或者基金管理公司的发起人从事投资基金业务;经营企业资产的重组、并购及项目融资、公司理财、财务顾问业务;受托经营国务院有关部门批准的证券承销业务;办理居间、咨询、资信调查等业务;代保管及保管箱业务;以存放同业、拆放同业、贷款、租赁、投资方式运用固有财产;以固有财产为他人提供担保;从事同业拆借;法律法规规定或中国银行业监督管理委员会批准的其他业务。

本公司编制的财务报表符合企业会计准则的要求,真实、完整地反映了本公司2019年12月31日的合并及母公司财务状况,以及2019年度合并及母公司经营成果和现金流量等有关信息。

6.2 重要会计政策和会计估计说明

6.2.1 计提金融资产减值的范围和方法

本公司在期末对以公允价值计量且其变动计入当期损益的金融资产以外的金融资产的账面价值进行检查,有客观证据表明该金融资产发生减值的,确认减值损失,计提减值准备。

(1)以摊余成本计量的金融资产的减值准备,按该金融资产预计未来现金流量现值低于其账面价值的差额计提,计入当期损益。

本公司对单项金额重大的金融资产单独进行减值测试,对单项金额不重大的金融资产,单独或包括在具有类似信用风险特征的金融资产组合中进行减值测试。单独测试未发生减值的金融资产,无论单项金额重大与否,仍将包括在具有类似信用风险特征的金融资产组合中再进行减值测试。已单独确认减值损失的金融资产,不包括在具有类似信用风险特征的金融资产组合中进行减值测试。

对以摊余成本计量的金融资产确认资产减值损失后,如有客观证据表明该金融资产价值已经恢复,且客观上与确认该损失后发生的事项有关,原确认的减值损失予以转回,计入当期损益。

(2)可供出售金融资产减值:

当综合相关因素判断可供出售权益工具投资公允价值下跌是严重或非暂时性下跌时,表明该可供出售权益工具投资发生减值。其中"严重下跌"是指公允价值下跌幅度累计超过50%;"非暂时性下跌"是指公允价值连续下跌时间超过12个月。

可供出售金融资产的公允价值发生非暂时性下跌时,即使该金融资产没有终止确认,原直接计入其他综合收益的因公允价值下降形成的累计损失,予以转出,计入当期损益。

对可供出售债务工具投资确认资产减值损失后,如有客观证据表明该金融资产价值已经恢复,且客观上与确认该损失后发生的事项有关,原确认的减值损失予以转回,计入当期损益。

可供出售权益工具投资发生的减值损失,不通过损益转回。

6.2.2 金融资产的确认及后续计量

金融资产于初始确认时分类为以公允价值计量且其变动计入当期损益的金融资产、贷款及应收款项、持有至到期投资和可供出售金融资产。金融资产的分类取决于本公司对金融资产的持有意图和持有能力。

金融资产于本公司成为金融工具合同的一方时,按公允价值确认。对于以公允价值计量且其变动计入当期损益的金融资产,相关交易费用直接计入当期损益;对于其他类别的金融资产,相关交易费用计入初始确认金额。

以公允价值计量且其变动计入当期损益的金融资产,采用公允价值进行后续计量,公允价值变动形成的利得或损失,计入当期损益。

贷款及应收款项和持有至到期投资,采用实际利率法,按摊余成本进行后续计量,终止确认、减值以及摊销形成的利得或损失,计入当期损益。

可供出售金融资产,采用公允价值进行后续计量,公允价值变动计入其他综合收益,在该可供出售金融资产发生减值或终止确认时转出,计入当期损益。可供出售债务工具投资在持有期间按实际利率法计算的利息,计入当期损益。可供出售权益工具投资的现金股利,在被投资单位宣告发放股利时计入当期损益。

对于在活跃市场中没有报价且其公允价值不能可靠计量的权益工具投资以成本法计量。

6.2.3 长期股权投资

6.2.3.1 重大影响、共同控制的判断标准

本公司结合以下情形综合考虑是否对被投资单位具有重大影响:是否在被投资单位董事会或类似权利机构中派有代表;是否参与被投资单位财务和经营政策制定过程;是否与被

投资单位之间发生重要交易；是否向被投资单位派出管理人员；是否向被投资单位提供关键技术资料。

若本公司与其他参与方均受某合营安排的约束，任何一个参与方不能单独控制该安排，任何一个参与方均能够阻止其他参与方或参与方组合单独控制该安排，本公司判断对该项合营安排具有共同控制。

6.2.3.2　投资成本确定

企业合并形成的长期股权投资，按以下方法确定投资成本：

(1)对于同一控制下企业合并形成的对子公司投资，以在合并日取得被合并方所有者权益在最终控制方合并财务报表中账面价值的份额作为长期股权投资的投资成本。

分步实现的同一控制下企业合并，在合并日根据合并后应享有被合并方净资产在最终控制方合并财务报表中的账面价值的份额，确定长期股权投资的初始投资成本；初始投资成本与达到合并前长期股权投资账面价值加上合并日进一步取得股份新支付对价的账面价值之和的差额，调整资本公积(资/股本溢价)，资本公积不足冲减的，冲减留存收益。合并日之前持有的股权投资，因采用权益法核算或金融工具确认和计量准则核算而确认的其他综合收益暂不进行会计处理，直至处置该项投资时采用与被投资单位直接处置相关资产或负债相同的基础进行会计处理；因采用权益法核算而确认的被投资单位净资产中除净损益、其他综合收益和利润分配以外的所有者权益其他变动，暂不进行会计处理，直至处置该项投资时转入当期损益。其中，处置后的剩余股权根据本准则采用成本法或权益法核算的，其他综合收益和其他所有者权益应按比例结转，处置后的剩余股权改按金融工具确认和计量准则进行会计处理的，其他综合收益和其他所有者权益应全部结转。

(2)对于非同一控制下企业合并形成的对子公司投资，以企业合并成本作为投资成本。

追加投资能够对非同一控制下的被投资单位实施控制的，以购买日之前所持被购买方的股权投资的账面价值与购买日新增投资成本之和，作为改按成本法核算的初始投资成本；购买日之前持有的被购买方的股权投资因采用权益法核算而确认的其他综合收益，在处置该项投资时采用与被投资单位直接处置相关资产或负债相同的基础进行会计处理。购买日之前持有的股权投资按照《企业会计准则第22号——金融工具确认和计量》有关规定进行会计处理的，原计入其他综合收益的累计公允价值变动应当在改按成本法核算时转入当期损益。

除企业合并形成的长期股权投资以外，其他方式取得的长期股权投资，按以下方法确定投资成本。

一是以支付现金取得的长期股权投资，按实际支付的购买价款作为投资成本。

二是以发行权益性证券取得的长期股权投资，按发行权益性证券的公允价值作为投资成本。

因追加投资等原因，能够对被投资单位施加重大影响或实施共同控制但不构成控制的，应当按照《企业会计准则第22号——金融工具确认和计量》确定的原持有股权的公允价值加上新增投资成本之和，作为改按权益法核算的初始投资成本。原持有的股权投资分类为可供出售金融资产的，其公允价值与账面价值之间的差额，以及原计入其他综合收益的累计公允价值变动应当转入改按权益法核算的当期损益。

6.2.3.3　后续计量及损益确认方法

6.2.3.3.1　对子公司投资

在合并财务报表中，对子公司投资按6.2.8合并会计报表的编制方法进行处理。

在母公司财务报表中，对子公司投资采用成本法核算，在被投资单位宣告分派的现金股利或利润时，确认投资收益。

6.2.3.3.2　对合营企业投资和对联营企业投资

对合营企业投资和对联营企业投资采用权益法核算，具体会计处理包括：

对于初始投资成本大于投资时应享有被投资单位可辨认净资产公允价值份额的，其差额包含在长期股权投资成本中；对于初始投资成本小于投资时应享有被投资单位可辨认净资产公允价值份额的，其差额计入当期损益，同时调整长期股权投资成本。

取得对合营企业投资和对联营企业投资后，按照应享有或应分担的被投资单位实现的净损益和其他综合收益的份额，分别确认投资损益和其他综合收益并调整长期股权投资的账面价值；按照被投资单位宣告分派的现金股利或利润应分得的部分，相应减少长期股权投资的账面价值。

在计算应享有或应分担的被投资单位实现的净损益的份额时，以取得投资时被投资单位可辨认净资产的公允价值为基础确定，对于被投资单位的会计政策或会计期间与本公司不同的，权益法核算时按照本公司的会计政策或会计期间对被投资单位的财务报表进行必要调整。与合营企业和联营企业之间内部交易产生的未实现损益按照持股比例计算归属于本公司的部分，在权益法核算时予以抵销。内部交易产生的未实现损失，有证据表明该损失是相关资产减值损失的，则全额确认该损失。

对合营企业或联营企业发生的净亏损，除本公司负有承担额外损失义务外，以长期股权投资的账面价值以及其他实质上构成对被投资单位净投资的长期权益减记至零为限。被投资企业以后实现净利润的，在收益分享额弥补未确认的亏损分担额后，恢复确认收益分享额。

对于被投资单位除净损益、其他综合收益和利润分配以外所有者权益的其他变动，调整长期股权投资的账面价值并计入资本公积。处置该项投资时，将原计入资本公积的部分按相应比例转入当期损益。

6.2.3.4　处置长期股权投资

处置长期股权投资，其账面价值与实际取得价款的差额计入当期损益，采用权益法核算的长期股权投资，处置时，采用与被投资单位直接处置相关资产或负债相同的基础，按相应比例对原计入其他综合收益的部分进行会计处理。

因处置部分权益性投资等原因丧失了对被投资单位共同控制或重大影响的，处置后的剩余股权按《企业会计准则第22号——金融工具确认和计量》核算，其在丧失共同控制或重大影响之日的公允价值与账面价值间的差额计入当期损益。原股权投资因采用权益法核算而确认的其他综合收益，应当在终止采用权益法核算时采用与被投资单位直接处置相关资产或负债相同的基础进行会计处理。

因处置部分权益性投资等原因丧失了对被投资单位控制

的,在编制个别财务报表时,处置后的剩余股权能够对被投资单位实施共同控制或重大影响的,改按权益法核算,并对剩余股权视同自取得时即采用权益法核算进行调整。处置后剩余股权不能对被投资单位实施共同控制或重大影响的,按《企业会计准则第22号——金融工具确认和计量》的有关规定进行会计处理,其在丧失控制权之日的公允价值与账面价值间的差额计入当期损益。

6.2.4 固定资产计价和折旧办法

固定资产是指为生产商品、提供劳务、出租或经营管理而持有的,使用寿命超过一个会计年度的有形资产。

本公司采用直线法计提固定资产折旧,各类固定资产使用寿命、预计净残值率和年折旧率如下:

类别	折旧年限(年)	预计净残值率(%)	年折旧率(%)
房屋建筑物	30	5	3.17
运输设备	4~5	5	19~23.75
办公设备	3	5	31.67
其他设备	5	5	19.00

本公司至少在每年年度终了对固定资产的使用寿命、预计净残值和折旧方法进行复核。

6.2.5 无形资产计价及摊销政策

6.2.5.1 无形资产的计价

无形资产按照取得时的成本进行初始计量。

6.2.5.2 无形资产的摊销方法

对于使用寿命有限的无形资产,在使用寿命期限内,采用直线法摊销。本公司至少于每年年度终了对无形资产的使用寿命及摊销方法进行复核。

对于使用寿命不确定的无形资产,不摊销。于每年年度终了,对使用寿命不确定的无形资产的使用寿命进行复核,如果有证据表明其使用寿命是有限的,则估计其使用寿命,并按其使用寿命进行摊销。

6.2.6 贷款和应收款项的核算方法

贷款及应收款项采用实际利率法,按摊余成本进行后续计量,终止确认、减值以及摊销形成的利得或损失,计入当期损益。

6.2.6.1 单项金额重大的发放贷款及垫款坏账准备的计提方法

单独进行减值测试,当存在客观证据表明将无法按原有条款收回款项时,根据其预计未来现金流量现值低于其账面价值的差额计提贷款损失准备。

6.2.6.2 按组合计提坏账准备的发放贷款及垫款

按风险特征组合计提贷款损失准备的比例如下:

风险特征	本期计提比例(%)	上期计提比例(%)
正常	1.5	1.5
关注	3	3
次级	30	30
可疑	60	60
损失	100	100

6.2.6.3 单项金额虽不重大但单项计提坏账准备的发放贷款及垫款

单独进行减值测试,根据其未来现金流量现值低于其账面价值的差额计提贷款损失准备。

6.2.7 长期待摊费用的摊销政策

本集团已发生但应由本期和以后各期负担的分摊期限在1年以上的各项费用,按受益期限内平均摊销。

6.2.8 合并会计报表的编制方法

本公司通过同一控制下企业合并取得的子公司,在编制合并当期财务报表时,视同被合并子公司在本公司最终控制方对其实施控制时纳入合并范围,并对合并财务报表的期初数以及前期比较报表进行相应调整。

本公司通过非同一控制下企业合并取得的子公司,在编制合并当期财务报表时,以购买日确定的各项可辨认资产、负债的公允价值为基础对子公司的财务报表进行调整,并自购买日起将被合并子公司纳入合并范围。

子公司所采用的会计期间或会计政策与本公司不一致时,在编制合并财务报表时按本公司的会计期间或会计政策对子公司的财务报表进行必要的调整。合并范围内企业之间所有重大交易、余额以及未实现损益在编制合并财务报表时予以抵销。内部交易发生的未实现损失,有证据表明该损失是相关资产减值损失的,则不予抵销。

子公司少数股东应占的权益和损益分别在合并资产负债表中股东权益项目下和合并利润表中净利润项目下单独列示。

子公司少数股东分担的当期亏损超过了少数股东在该子公司期初所有者权益中所享有的份额的,其余额应当冲减少数股东权益。

因处置部分股权投资或其他原因丧失了对原有子公司控制权的,对于剩余股权,按照其在丧失控制权日的公允价值进行重新计量。处置股权取得的对价与剩余股权公允价值之和,减去按原持股比例计算应享有原有子公司自购买日开始持续计算的净资产的份额之间的差额,计入丧失控制权当期的投资收益,同时冲减商誉。与原有子公司股权投资相关的其他综合收益、其他所有者权益变动,在丧失控制权时转为当期投资收益,由于被投资方重新计量设定受益计划净负债或净资产变动而产生的其他综合收益除外。

通过多次交易分步处置对子公司股权投资直至丧失控制权的,需考虑各项交易是否构成一揽子交易,处置对子公司股权投资的各项交易的条款、条件以及经济影响符合以下一种或多种情况,表明应将多次交易事项作为一揽子交易进行会计处理:(1)这些交易是同时或者在考虑了彼此影响的情况下订立的;(2)这些交易整体才能达成一项完整的商业结果;(3)一项交易的发生取决于其他至少一项交易的发生;(4)一项交易单独看是不经济的,但是和其他交易一并考虑时是经济的。

不属于一揽子交易的,对其中每一项交易分别按照前述进行会计处理;若各项交易属于一揽子交易的,将各项交易作为一项处置子公司并丧失控制权的交易进行会计处理;但是,在丧失控制权之前每一次处置价款与处置投资对应的享有该子公司净资产份额的差额,在合并财务报表中确认为其他综合收益,在丧失控制权时一并转入丧失控制权当期的损益。

6.2.9 收入确定原则和方法

6.2.9.1 手续费及佣金收入

6.2.9.1.1 顾问及咨询费收入

顾问及咨询费收入于服务已经提供且收取的金额能够可靠计量时,按权责发生制确认收入。

6.2.9.1.2　信托管理费收入

信托管理费收入于信托合同到期，与委托人结算时，按信托合同规定的比例计算应由公司享有的管理费收益，确认为当期收益；或合同中规定公司按约定比例收取管理费和业绩报酬，则在合同期内分期确认管理费和业绩报酬收益。

6.2.9.2　利息收入

6.2.9.2.1　存放同业利息收入

存放同业利息收入是在相关的收入金额能够可靠地计量，相关的经济利益可以收到时，按资金使用时间和实际利率确认利息收入。

6.2.9.2.2　买入返售证券收入

买入返售证券收入按返售价格与买入成本价格的差额，确认为当期收入。实际利率与合同约定利率差别较小的，按合同约定利率确认为当期收入。

6.2.9.2.3　发放贷款及垫款利息收入

发放贷款及垫款利息收入是按照客户使用本企业货币资金的时间和实际利率计算确定。实际利率与合同约定利率差别较小的，按合同约定利率确认为当期收入。

6.2.10　所得税的会计处理方法

本公司采用资产负债表债务法进行所得税会计处理。

除与直接计入股东权益的交易或事项有关的所得税影响计入股东权益外，当期所得税费用和递延所得税费用（或收益）计入当期损益。

当期所得税费用是按本年度应纳税所得额和税法规定的税率计算的预期应交所得税，加上对以前年度应交所得税的调整。

资产负债表日，如果纳税主体拥有以净额结算的法定权利并且意图以净额结算或取得资产、清偿负债同时进行时，那么当期所得税资产及当期所得税负债以抵销后的净额列示。

递延所得税资产和递延所得税负债分别根据可抵扣暂时性差异和应纳税暂时性差异确定，按照预期收回资产或清偿债务期间的适用税率计量。暂时性差异是指资产或负债的账面价值与其计税基础之间的差额，包括能够结转以后年度抵扣的亏损和税款递减。递延所得税资产的确认以很可能取得用来抵扣暂时性差异的应纳税所得额为限。

对于既不影响会计利润也不影响应纳税所得额（或可抵扣亏损）的非企业合并交易中产生的资产或负债初始确认形成的暂时性差异，不确认递延所得税。商誉的初始确认导致的暂时性差异也不产生递延所得税。

资产负债表日，根据递延所得税资产和负债的预期收回或结算方式，依据已颁布的税法规定，按照预期收回该资产或清偿该负债期间的适用税率计量该递延所得税资产和负债的账面金额。

资产负债表日，递延所得税资产及递延所得税负债在同时满足以下条件时以抵销后的净额列示：（1）纳税主体拥有以净额结算当期所得税资产及当期所得税负债的法定权利；（2）递延所得税资产及递延所得税负债是与同一税收征管部门对同一纳税主体征收的所得税相关或者是对不同的纳税主体相关，但在未来每一具有重要性的递延所得税资产及负债转回的期间内，涉及的纳税主体意图以净额结算当期所得税资产和负债或是同时取得资产、清偿负债。

6.2.11　信托报酬确认原则和方法

信托报酬收入于服务已经提供且收取的金额能够可靠计量时，按权责发生制确认收入。

6.3　或有事项说明

公司对外提供借款担保的期初、期末无余额。

6.4　重要资产转让及其出售的说明

无。

6.5　会计报表中重要项目的明细资料

6.5.1　披露自营资产经营情况

6.5.1.1　按信用风险五级分类结果披露信用风险资产的期初数、期末数

风险分类	正常类（万元）	关注类（万元）	次级类（万元）	可疑类（万元）	损失类（万元）	信用风险资产合计（万元）	不良资产合计（万元）	不良资产率（%）
期初数	474 353	—	—	—	—	474 353	—	—
期末数	545 184	—	—	—	—	545 184	—	—

注：不良资产合计＝次级类＋可疑类＋损失类。

6.5.1.2　资产减值损失准备的期初数、本期计提、本期转回、本期核销、期末数

单位：万元

	期初数	本期计提	本期转回	本期核销	期末数
贷款损失	199	−124	—	—	75
一般准备	199	−124	—	—	75
专项准备	—	—	—	—	—
其他资产减值准备	—	—	—	—	—
可供出售金融资产减值准备	3 500	158	—	—	3 658
持有至到期投资减值准备	—	—	—	—	—
长期股权投资减值准备	—	—	—	—	—
坏账准备	—	—	—	—	—
投资性房地产减值准备	—	—	—	—	—

6.5.1.3　按照投资品种分类，分别披露固有业务股票投资、基金投资、债券投资、股权投资等投资业务的期初数、期末数

单位：万元

	自营股票	基金	债券	长期股权投资	其他投资	合计
期初数	56 338	—	—	12 547	265 037	333 922
期末数	74 427	—	—	13 087	283 503	371 017

6.5.1.4　本集团按照企业会计准则对长期股权投资进行重分类后，披露长期股权投资的企业名称、占被投资企业权益的比例、主要经营活动及投资收益情况等

单位：万元

企业名称	占被投资企业权益的比例（%）	主要经营活动	权益法下确认的投资损益
苏州苏信元和股权投资有限公司	42.86	投资业务	70
苏州保信商业保理有限公司	45.00	保理业务	850

6.5.1.5 前五名的自营贷款的企业名称、占贷款总额的比例和还款情况等(从贷款金额大到小顺序排列)

企业名称	占贷款总额的比例(%)	还款情况
仁泰体育产业发展有限公司	100	正常

6.5.1.6 表外业务的期初数、期末数;按照代理业务、担保业务和其他类型表外业务分别披露

单位:万元

表外业务	期初数	期末数
担保业务	—	—
代理业务(委托业务)	—	—
其他	—	—
合计	—	—

报告期内,公司未发生代理业务(委托业务)。

6.5.1.7 公司当年的收入结构

收入结构	金额(万元)	占比(%)
手续费及佣金收入	54 909	67.02
其中:信托手续费收入	54 909	67.02
投资银行业务收入	—	—
利息收入	4 236	5.17
其他业务收入	346	0.42
其中:计入信托业务收入部分	—	—
投资收益	22 397	27.34
其中:股权投资收益	1 282	1.57
证券投资收益	8 564	10.45
其他投资收益	12 551	15.32
公允价值变动收益	-1	—
资产处置收益	—	—
其他收益	30	0.04
营业外收入	13	0.01
全年总收入	81 930	100.00

报告年度母公司实现信托业务收入总额为54 909万元,全部以手续费及佣金收入形式确定。

6.5.2 披露信托财产管理情况

6.5.2.1 信托资产的期初数、期末数

单位:万元

信托资产	期初数	期末数
集合	3 702 529.51	4 890 400.64
单一	4 362 414.07	3 547 635.84
财产权	380 019.38	1 064 323.37
合计	8 444 962.96	9 502 359.85

6.5.2.1.1 主动管理型信托业务的信托资产期初数、期末数、分证券投资类、非证券投资类、融资类、事务管理类分别披露

单位:万元

主动管理型信托资产	期初数	期末数
证券投资类	—	—
非证券投资类	1 166 714.87	1 189 120.86
融资类	2 211 004.75	3 650 098.75
事务管理类	25 000.36	—
合计	3 402 719.98	4 839 219.61

6.5.2.1.2 被动管理型信托业务的信托资产期初数、期末数,分证券投资类、非证券投资类、融资类、事务管理类分别披露

单位:万元

被动管理型信托资产	期初数	期末数
证券投资类	—	—
非证券投资类	31.45	—
融资类	85 543.13	10 530.51
事务管理类	4 956 668.40	4 652 609.73
合计	5 042 242.98	4 663 140.24

6.5.2.2 本年度已清算结束的信托项目个数、实收信托合计金额、加权平均年化收益率

本年度已清算结束的信托项目80个、实收信托合计金额275.72亿元、加权平均实际年化收益率6.30%。

6.5.2.2.1 本年度已清算结束的集合类、单一类资金信托项目和财产管理类信托项目个数、实收信托合计金额、加权平均实际年化收益率

已清算结束信托项目	项目个数(个)	实收信托合计金额(万元)	加权平均实际年化收益率(%)
集合类	37	1 119 067.31	6.13
单一类	43	1 638 172.00	6.41
财产管理类	—	—	—

注:1. 收益率是指信托项目清算后,给受益人赚取的实际收益水平。

2. 加权平均实际年化收益率=(信托项目1的实际年化收益率×信托项目1的实收信托+信托项目2的实际年化收益率×信托项目2的实收信托+…+信托项目n的实际年化收益率×信托项目n的实收信托)/(信托项目1的实收信托+信托项目2的实收信托+…+信托项目n的实收信托)×100%。

6.5.2.2.2 本年度已清算结束的主动管理型信托项目个数、实收信托合计金额、加权平均实际年化信托报酬率、加权平均实际年化收益率,分证券投资类、非证券投资类、融资类、事务管理类分别计算并披露

已清算结束信托项目	项目个数(个)	实收信托合计金额(万元)	加权平均实际年化信托报酬率(%)	加权平均实际年化收益率(%)
证券投资类	—	—	—	—
非证券投资类	6	166 181.00	1.23	5.80
融资类	29	817 497.00	1.30	6.69
事务管理类	1	200 000.00	0.10	8.57

注:加权平均实际年化信托报酬率=(信托项目1的实际年化信托报酬率×信托项目1的实收信托+信托项目2的实际年化信托报酬率×信托项目2的实收信托+…+信托项目n的实际年化信托报酬率×信托项目n的实收信托)/(信托项目1的实收信托+信托项目2的实收信托+…+信托项目n的实收信托)×100%。

6.5.2.2.3 本年度已清算结束的被动管理型信托项目个数、实收信托合计金额、加权平均实际年化信托报酬率、加权平均实际化收益率,分证券投资类、非证券投资类、融资类、事务管理类分别计算并披露

已清算结束信托项目	项目个数(个)	实收信托合计金额(万元)	加权平均实际年化信托报酬率(%)	加权平均实际年化收益率(%)
证券投资类	—	—	—	—
非证券投资类	—	—	—	—
融资类	4	100 000.00	0.15	7.15
事务管理类	40	1 473 561.31	0.10	5.77

6.5.2.3　本年度新增的集合类、单一类和财产管理类信托项目个数、实收信托合计金额

新增信托项目	项目个数(个)	实收信托合计金额(万元)
集合类	133	3 555 245.45
单一类	18	859 709.97
财产管理类	3	759 608.16
新增合计	154	5 174 563.58
其中:主动管理型	138	3 849 046.47
被动管理型	16	1 325 517.11

注:本年新增信托项目指在本报告年度内累计新增的信托项目个数和金额,包括含本年度新增并于本年度内结束的项目和本年度新增至报告期末仍在持续管理的信托项目。

6.5.2.4　信托业务创新成果和特色业务有关情况

6.5.2.4.1　创新业务资格

公司已经获得特定目的信托受托机构资格。

6.5.2.4.2　创新业务品种

2019 年,公司积极开拓资产证券化业务,扩张业务类型。新设立了 1 单以租赁资产为底层资产的资产支持票据信托,并在银行间市场发行资产支持票据。

2019 年,公司继续开展慈善信托业务。2019 年新设立 1 单由外部资金捐助的慈善信托,截至目前共已成功设立 7 单慈善信托。2019 年新设的慈善信托,捐赠方向主要包括相城区特殊教育学校的书本购置和文化活动、贵州省石阡县甘溪乡的扶贫工作及相城区困难群众的医疗保险。此外,公司继续对 2018 年相关慈善信托项目进行回访和捐赠,包括贵州省铜仁市思南县场坪小学、姑苏区特殊教育学校和东山镇护理院等。公司充分发挥信托制度优势,积极推进慈善事业的发展。此外,与文化艺术类相关慈善信托项目也正在有序推进中。2019 年,公司慈善信托研究和相关业务先后荣获苏州金融学会组织的金融理论实务与征文活动“三等奖”、《中国证券报》“诚信托”评选“最佳慈善信托奖”,以及苏州市慈善总会“苏州慈善服务先进单位”等荣誉称号。

2019 年,公司设立家族信托办公室,并落地首单家族信托业务,根据委托人意愿调整完善家族信托方案,对信托资金进行投资运用管理,目前已完成两笔资金追加,共计募集规模 1336 万元,投资信托项目 4 个,完成信托收益分配 3 次。

2019 年,公司新设立了 1 单涉及供应链金融的信托项目。信托资金用于受让核心企业支付给供货商的商业承兑汇票的收益权,供应商以该笔应收账款向信托计划质押融资,到期还本付息。核心企业为本信托计划提供连带责任担保。

2019 年,公司设立了涉及文化产业领域的信托项目。将信托资金投资于影视文化类有限合伙份额,合伙企业的设立目的为联合发行国内外优质的拟在国内院线上映电影。

财富管理方面,公司初步建立起以平衡配置、稳健配置、积极配置、增强配置为投资策略的华荣系列信托产品、创设各类专户财富管理服务的华彩华丽系列产品,以及以单一特定需求定制的华丰信托产品、现金管理的华冠信托产品等四大财富管理类产品体系,满足不同客户对财富管理信托产品的投资需求。

6.5.2.4.3　创新业务规模

公司根据战略目标,加大创新力度,深化业务模式的创新,分别在资产证券化、慈善信托、文化产业领域、财富管理等领域取得了实质性的突破。

(1)积极开拓新的资产证券化业务,2019 年全年共新增 1 单资产证券化产品,业务规模总计达到 27.99 亿元。

(2)积极开展慈善信托,2019 年新设立 4 单慈善信托,累计已设立 7 单,总共募集金额为 7 183 万元,捐助金额 167 万元。

(3)积极发展家族信托,2019 年新设立 1 单家族信托,募集规模 1 336 万元。

(4)积极探索供应链金融类业务,2019 年新设立 1 单供应链金融类信托,规模 1 400 万元。

(5)积极探索文化产业领域信托,共计发行 1 单相关信托项目,规模总计 1 810 万元。

(6)积极探索和推动财富管理业务的发展。截至 2019 年底,存续管理的财富管理类信托产品 25 个,存续管理信托规模共计 99.55 亿元。

6.5.2.5　本公司履行受托人义务情况及因本公司自身责任而导致的信托资产损失情况(合计金额、原因等)。

无。

6.5.2.6　信托赔偿准备金的提取、使用及管理情况

集团按净利润的 5% 计提信托赔偿准备金,本报告期内计提信托赔偿准备金 2 328 万元,截至 2019 年 12 月 31 日,累计已计提信托赔偿准备金 21 047 万元,报告期内未使用信托赔偿准备金。

6.6　关联方关系及其交易的披露

6.6.1　关联交易方的数量、关联交易的总金额及关联交易的定价政策等

	关联交易方数量(个)	关联交易金额(万元)	定价政策
合计	117	4 395 227 878.48	市场定价原则

注:“关联交易”定义应以《公司法》和《企业会计准则 36 号——关联方披露》有关规定为准。上述“关联交易方数量”及“关联交易金额”是本报告期的期末余额。

6.6.2　关联交易方与本公司的关系性质、关联交易方的名称、法定代表人、注册地址、注册资本及主营业务等

关系性质	关联方名称	法定代表人	注册地址	注册资本(万元)	主营业务
本公司信托产品	苏信理财・恒信 C1808 集合资金信托计划	无	无	实收信托规模:14 991	无
本公司信托产品	苏信财富・华彩 H1501 单一资金信托	无	无	实收信托规模:37 600	无
本公司信托产品	苏信财富・华彩 H1603 单一资金信托	无	无	实收信托规模:160 000	无
本公司信托产品	苏信财富・华彩 H1701 单一资金信托	无	无	实收信托规模:4 120	无
本公司信托产品	苏信财富・华彩 H1802 单一资金信托	无	无	实收信托规模:89 500	无
本公司信托产品	苏信财富・华彩 H1804 单一资金信托	无	无	实收信托规模:50 910	无
本公司信托产品	苏信财富・华彩 H1901 单一资金信托	无	无	实收信托规模:2 800	无

续表

关系性质	关联方名称	法定代表人	注册地址	注册资本(万元)	主营业务
本公司信托产品	苏信财富・华丰 1206 单一资金信托	无	无	实收信托规模:100	无
本公司信托产品	苏信财富・华冠 H1401(稳健配置 A)集合资金信托计划	无	无	实收信托规模:352 755.18	无
本公司信托产品	苏信财富・华丽 H1601 单一资金信托	无	无	实收信托规模:1 400	无
本公司信托产品	苏信财富・华丽 H1602 单一资金信托	无	无	实收信托规模:800	无
本公司信托产品	苏信财富・华丽 H1801 单一资金信托	无	无	实收信托规模:7 005	无
本公司信托产品	苏信财富・华荣 H1304(平衡配置)集合资金信托计划	无	无	实收信托规模:99 654	无
本公司信托产品	苏信财富・华荣 H1402(平衡配置)爱心公益集合资金信托计划	无	无	实收信托规模:14 400	无
本公司信托产品	苏信财富・华荣 H1502(积极配置)集合资金信托计划	无	无	实收信托规模:38 000	无
本公司信托产品	苏信财富・华荣 H1504(平衡配置)集合资金信托计划	无	无	实收信托规模:63 050	无
本公司信托产品	苏信财富・华荣 H1601(积极配置)集合资金信托计划	无	无	实收信托规模:4 600	无
本公司信托产品	苏信财富・华荣 H1603(积极配置)集合资金信托计划	无	无	实收信托规模:4 981	无
本公司信托产品	苏信理财. 恒信 C1902X 集合资金信托计划	无	无	实收信托规模:15 000	无
本公司信托产品	苏信理财・富诚 C1604 集合资金信托计划	无	无	实收信托规模:50 000	无
本公司信托产品	苏信理财・富诚 J1901X 集合资金信托计划	无	无	实收信托规模:10 000	无
本公司信托产品	苏信理财・恒信 A1710 集合资金信托计划	无	无	实收信托规模:17 350	无
本公司信托产品	苏信理财・恒信 A1808 集合资金信托计划	无	无	实收信托规模:12 334	无
本公司信托产品	苏信理财・恒信 A1812 集合资金信托计划	无	无	实收信托规模:9 328	无
本公司信托产品	苏信理财・恒信 A1818 集合资金信托计划	无	无	实收信托规模:9 693	无
本公司信托产品	苏信理财・恒信 A1825 集合资金信托计划	无	无	实收信托规模:20 000	无
本公司信托产品	苏信理财・恒信 A1833X 集合资金信托计划	无	无	实收信托规模:23 239	无
本公司信托产品	苏信理财・恒信 A1836X 集合资金信托计划	无	无	实收信托规模:19 000	无
本公司信托产品	苏信理财・恒信 A1901X 集合资金信托计划	无	无	实收信托规模:20 000	无
本公司信托产品	苏信理财・恒信 A1903X 集合资金信托计划	无	无	实收信托规模:41 000	无
本公司信托产品	苏信理财・恒信 A1906X 集合资金信托计划	无	无	实收信托规模:20 000	无
本公司信托产品	苏信理财・恒信 A1922X 集合资金信托计划	无	无	实收信托规模:14 950	无
本公司信托产品	苏信理财・恒信 A1929X 集合资金信托计划	无	无	实收信托规模:10 000	无
本公司信托产品	苏信理财・恒信 A1930X 集合资金信托计划	无	无	实收信托规模:20 000	无
本公司信托产品	苏信理财・恒信 A1935X 集合资金信托计划	无	无	实收信托规模:20 000	无
本公司信托产品	苏信理财・恒信 B1607 集合资金信托计划	无	无	实收信托规模:50 000	无
本公司信托产品	苏信理财・恒信 B1610 集合资金信托计划	无	无	实收信托规模:99 000	无
本公司信托产品	苏信理财・恒信 B1613 集合资金信托计划	无	无	实收信托规模:99 900	无
本公司信托产品	苏信理财・恒信 B1702 集合资金信托计划	无	无	实收信托规模:47 206	无
本公司信托产品	苏信理财・恒信 B1704 集合资金信托计划	无	无	实收信托规模:44 790	无
本公司信托产品	苏信理财・恒信 B1713 集合资金信托计划	无	无	实收信托规模:25 423	无
本公司信托产品	苏信理财・恒信 B1714 集合资金信托计划	无	无	实收信托规模:47 000	无
本公司信托产品	苏信理财・恒信 B1717 集合资金信托计划	无	无	实收信托规模:26 939	无
本公司信托产品	苏信理财・恒信 B1811 集合资金信托计划	无	无	实收信托规模:10 100	无
本公司信托产品	苏信理财・恒信 B1812 集合资金信托计划	无	无	实收信托规模:19 288	无
本公司信托产品	苏信理财・恒信 B1908X 集合资金信托计划	无	无	实收信托规模:19 867	无
本公司信托产品	苏信理财・恒信 B1911X 集合资金信托计划	无	无	实收信托规模:19 985	无
本公司信托产品	苏信理财・恒信 B1913X 集合资金信托计划	无	无	实收信托规模:12 000	无
本公司信托产品	苏信理财・恒信 C1602 集合资金信托计划	无	无	实收信托规模:7 148	无
本公司信托产品	苏信理财・恒信 C1603 单一资金信托计划	无	无	实收信托规模:50 000	无
本公司信托产品	苏信理财・恒信 C1607 事务管理集合资金信托计划	无	无	实收信托规模:30 000	无
本公司信托产品	苏信理财・恒信 C1608 单一资金信托计划	无	无	实收信托规模:30 000	无
本公司信托产品	苏信理财・恒信 C1611 单一资金信托计划	无	无	实收信托规模:20 000	无
本公司信托产品	苏信理财・恒信 C1715 集合资金信托计划	无	无	实收信托规模:19 047	无
本公司信托产品	苏信理财・恒信 C1802 集合资金信托计划	无	无	实收信托规模:14 910	无
本公司信托产品	苏信理财・恒信 C1804 集合资金信托计划	无	无	实收信托规模:17 715	无
本公司信托产品	苏信理财・恒信 C1806 集合资金信托计划	无	无	实收信托规模:20 000	无
本公司信托产品	苏信理财・恒信 C1901X 集合资金信托计划	无	无	实收信托规模:45 635	无
本公司信托产品	苏信理财・恒信 C1903X 集合资金信托计划	无	无	实收信托规模:20 000	无
本公司信托产品	苏信理财・恒信 C1937X 集合资金信托计划	无	无	实收信托规模:19 976	无

续表

关系性质	关联方名称	法定代表人	注册地址	注册资本(万元)	主营业务
本公司信托产品	苏信理财·恒信 C1941X 集合资金信托计划	无	无	实收信托规模:7 940	无
本公司信托产品	苏信理财·恒信 E1718 集合资金信托计划	无	无	实收信托规模:11 445	无
本公司信托产品	苏信理财·恒信 E1805 集合资金信托计划	无	无	实收信托规模:13 990	无
本公司信托产品	苏信理财·恒信 E1806 集合资金信托计划	无	无	实收信托规模:9 915	无
本公司信托产品	苏信理财·恒信 E1809X 集合资金信托计划	无	无	实收信托规模:39 257	无
本公司信托产品	苏信理财·恒信 E1901X 集合资金信托计划	无	无	实收信托规模:40 000	无
本公司信托产品	苏信理财·恒信 E1902X 集合资金信托计划	无	无	实收信托规模:11 900	无
本公司信托产品	苏信理财·恒信 F1706 集合资金信托计划	无	无	实收信托规模:43 954	无
本公司信托产品	苏信理财·恒信 F1710 集合资金信托计划	无	无	实收信托规模:9 520	无
本公司信托产品	苏信理财·恒信 F1816 集合资金信托计划	无	无	实收信托规模:25 850	无
本公司信托产品	苏信理财·恒信 F1820X 集合资金信托计划	无	无	实收信托规模:17 591	无
本公司信托产品	苏信理财·恒信 F1821 集合资金信托计划	无	无	实收信托规模:20 000	无
本公司信托产品	苏信理财·恒信 F1823 集合资金信托计划	无	无	实收信托规模:10 000	无
本公司信托产品	苏信理财·恒信 F1828X 集合资金信托计划	无	无	实收信托规模:19 978	无
本公司信托产品	苏信理财·恒信 F1902X 集合资金信托计划	无	无	实收信托规模:19 950	无
本公司信托产品	苏信理财·恒信 F1916X 集合资金信托计划	无	无	实收信托规模:9 880	无
本公司信托产品	苏信理财·恒信 F1920X 集合资金信托计划	无	无	实收信托规模:19 946	无
本公司信托产品	苏信理财·恒信 F1923X 集合资金信托计划	无	无	实收信托规模:10 000	无
本公司信托产品	苏信理财·恒信 F1924X 集合资金信托计划	无	无	实收信托规模:20 000	无
本公司信托产品	苏信理财·恒信 F1930X 集合资金信托计划	无	无	实收信托规模:19 862	无
本公司信托产品	苏信理财·恒信 J1620 集合资金信托计划	无	无	实收信托规模:99 000	无
本公司信托产品	苏信理财·恒信 J1706 集合资金信托计划	无	无	实收信托规模:30 000	无
本公司信托产品	苏信理财·恒信 J1714 集合资金信托计划	无	无	实收信托规模:14 940	无
本公司信托产品	苏信理财·恒信 J1715 集合资金信托计划	无	无	实收信托规模:21 788	无
本公司信托产品	苏信理财·恒信 J1720 集合资金信托计划	无	无	实收信托规模:4 200	无
本公司信托产品	苏信理财·恒信 J1727 集合资金信托计划	无	无	实收信托规模:19 504	无
本公司信托产品	苏信理财·恒信 J1734 集合资金信托计划	无	无	实收信托规模:15 834	无
本公司信托产品	苏信理财·恒信 J1804 集合资金信托计划	无	无	实收信托规模:15 000	无
本公司信托产品	苏信理财·恒信 J1817 集合资金信托计划	无	无	实收信托规模:10 000	无
本公司信托产品	苏信理财·恒信 J1844 集合资金信托计划	无	无	实收信托规模:20 000	无
本公司信托产品	苏信理财·恒信 J1850X 集合资金信托计划	无	无	实收信托规模:8 010	无
本公司信托产品	苏信理财·恒信 J1861X 集合资金信托计划	无	无	实收信托规模:4 932	无
本公司信托产品	苏信理财·恒信 J1865X 集合资金信托计划	无	无	实收信托规模:18 000	无
本公司信托产品	苏信理财·恒信 J1869X 集合资金信托计划	无	无	实收信托规模:40 000	无
本公司信托产品	苏信理财·恒信 J1904X 集合资金信托计划	无	无	实收信托规模:19 599	无
本公司信托产品	苏信理财·恒信 J1905X 集合资金信托计划	无	无	实收信托规模:9 893	无
本公司信托产品	苏信理财·恒信 J1908X 集合资金信托计划	无	无	实收信托规模:18 635	无
本公司信托产品	苏信理财·恒信 J1922X 集合资金信托计划	无	无	实收信托规模:19 949	无
本公司信托产品	苏信理财·恒信 J1924X 集合资金信托计划	无	无	实收信托规模:14 930	无
本公司信托产品	苏信理财·恒信 J1926X 集合资金信托计划	无	无	实收信托规模:19 990	无
本公司信托产品	苏信理财·恒信 J1929X 集合资金信托计划	无	无	实收信托规模:19 623	无
本公司信托产品	苏信理财·恒信 J1946X 集合资金信托计划	无	无	实收信托规模:19 928	无
本公司信托产品	苏信理财·恒信 J1947X 集合资金信托计划	无	无	实收信托规模:19 800	无
本公司信托产品	苏信理财·恒信 J1962X 集合资金信托计划	无	无	实收信托规模:10 651	无
本公司信托产品	苏信理财·恒信 J1969X 集合资金信托计划	无	无	实收信托规模:14 932	无
本公司信托产品	苏信理财·恒信 J1987X 集合资金信托计划	无	无	实收信托规模:15 957	无
本公司信托产品	苏信理财·恒信 J1997X 集合资金信托计划	无	无	实收信托规模:14 640	无
本公司信托产品	苏信理财·恒信 J1998X 集合资金信托计划	无	无	实收信托规模:19 940	无

续表

关系性质	关联方名称	法定代表人	注册地址	注册资本(万元)	主营业务
本公司信托产品	苏信理财·恒信 M1902X 集合资金信托计划	无	无	实收信托规模:19 995	无
本公司信托产品	苏信理财·恒信 N1903X 集合资金信托计划	无	无	实收信托规模:20 000	无
本公司信托产品	苏信理财·恒信 N1911X 集合资金信托计划	无	无	实收信托规模:14 612	无
本公司信托产品	苏信理财·恒源 L1701 集合资金信托计划	无	无	实收信托规模:35 000	无
本公司信托产品	苏信理财·瑞城 A1604 集合资金信托计划	无	无	实收信托规模:20 000	无
本公司信托产品	苏信理财·瑞城 J1702 集合资金信托计划	无	无	实收信托规模:80 000	无
本公司信托产品	苏信理财·信诚 N1903X 单一资金信托计划	无	无	实收信托规模: 800	无
本公司信托产品	苏信理财瑞城 0801 集合资金信托计划	无	无	实收信托规模:68 150	无

6.6.3 本公司与关联方的重大交易事项

6.6.3.1 固有与关联方交易情况:贷款、投资、租赁、应收账款、担保、其他方式等期初汇总数、本期借方和贷方发生额汇总数、期末汇总数

本期固有与关联方无交易情况发生。

6.6.3.2 信托与关联方交易情况:贷款、投资、租赁、应收账款、担保、其他方式等期初汇总数、本期借方和贷方发生额汇总数、期末汇总数

本期信托与关联方无交易情况发生。

6.6.3.3 信托公司自有资金运用于自己管理的信托项目(固信交易)、信托公司管理的信托项目之间的相互(信信交易)交易金额,包括余额和本报告年度的发生额

6.6.3.3.1 固有与信托财产之间的交易金额期初汇总数、本期发生额汇总数、期末汇总数

自有资金运用于自己管理的信托项目

单位:万元

期初汇总数	本期发生额汇总数		期末汇总数
	本年增加	本年减少	
135 900	94 227	65 000	165 127

注:应监管部门要求,公司于2014年起对自有资金运用于本公司管理的信托项目情况进行上报。

6.6.3.3.2 信托财产与信托财产之间的交易情况

单位:元

信托财产与信托财产关联交易																				
贷款			投资			租赁			担保			应收账款			其他			合计		
期初	发生额	期末	期初	发生额	期末	期初	发生额	期末	期初	发生额	期末	期初	发生额	期末	期初	发生额	期末	期初	发生额	期末
			3 463 300 141.85	931 927 736.63	4 395 227 878.48	—	—	—	—	—	—	—	—	—	—	—	—	3 463 300 141.85	931 927 736.63	4 395 227 878.48

6.7 会计制度的披露

6.7.1 固有业务(自营业务)执行会计制度的名称、颁布年份

本集团执行财政部于2006年2月15日颁布的企业会计准则,包括于2017年新颁布和经修订的企业会计准则。

2017年4月28日,财政部财会〔2017〕13号发布了《企业会计准则第42号——持有待售的非流动资产、处置组和终止经营)》,要求自2017年5月28日起在所有执行企业会计准则的企业范围内施行。对于准则施行日存在的持有待售的非流动资产、处置组和终止经营,采用未来适用法处理。

2017年5月10日,财政部财会〔2017〕15号对《企业会计准则第16号——政府补助》进行了修订,要求自2017年6月12日起在所有执行企业会计准则的企业范围内施行。并要求对2017年1月1日存在的政府补助采用未来适用法处理,对2017年1月1日至准则施行日之间新增的政府补助根据修订后准则进行调整。

2017年12月25日财政部发布《财政部关于修订印发一般企业财务报表格式的通知》(财会[2017]30号),针对2017年施行的《企业会计准则第42号——持有待售的非流动资产、处置组和终止经营》和《企业会计准则第16号——政府补助》的相关规定,对一般企业财务报表格式进行了修订,新增了“其他收益”“资产处置收益”“(一)持续经营净利润”和“(二)终止经营净利润等报表项目,并对营业外收支的核算范围进行了调整。

《关于修订印发2019年度一般企业财务报表格式的通知》(财会[2019]6号)和《关于修订印发合并财务报表格式(2019版)的通知》(财会[2019]16号),针对企业会计准则实施中的有关情况,对一般企业财务报表格式进行了修订,本公司根据通知要求进行了调整。

根据《关于印发修订〈企业会计准则第7号——非货币性资产交换〉的通知》(财会[2019]8号)和《关于印发修订〈企业会计准则第12号——债务重组〉的通知》(财会[2019]9号),财政部修订了非货币性资产交换及债务重组和核算要求,相关修订适用于2019年1月1日之后的交易,本公司对公司管理层认为,前述准则的采用未对本公司财务报告产生重大影响 。

本公司按照准则生效日期开始执行前述新颁布或修订的企业会计准则,并根据各准则衔接要求进行了调整。

6.7.2 信托业务执行会计制度的名称、颁布年份

信托业务核算执行财政部于2006年2月15日正式颁发的企业会计准则。

7. 财务情况说明书

7.1 利润实现和分配情况

2019年集团实现利润总额为63 060万元，比上年增长28.17%；实现净利润为47 956万元比上年增长27.42%。

2019年初集团未分配利润为227 109万元，2019年实现净利润为47 956万元，少数股东损益为-22万元，归属于母公司股东的净利润为47 979万元，年末提取法定盈余公积金4 657万元、信托赔偿准备金2 328万元、一般风险准备375万元，2019年末未分配利润余额为267 727万元。

7.2 主要财务指标

指标名称	指标值
资本利润率（%）	10.04
加权平均实际年化信托报酬率（%）	0.55
人均净利润（万元）	270.18

注：1. 资本利润率＝净利润/所有者权益平均余额×100%。

2. 加权平均实际年化信托报酬率＝（信托项目1的实际年化信托报酬率×信托项目1的实收信托＋信托项目2的实际年化信托报酬率×信托项目2的实收信托＋…＋信托项目n的实际年化信托报酬率×信托项目n的实收信托）/（信托项目1的实收信托＋信托项目2的实收信托＋…＋信托项目n的实收信托）×100%。

3. 人均净利润＝净利润/年平均人数。

4. 平均值采取年初、年末余额简单平均法，公式为：平均值＝（年初数＋年末数）/2。

5. 此利润率中平均所有者权益＝（A0＋A4）/2。

6. 此人均，职工平均数＝（A0＋A4）/2。

7.3 对公司财务状况、经营成果有重大影响的其他事项

无。

8. 特别事项揭示

8.1 前五名股东报告期内变动情况及原因

报告期内公司股东及持股比例无变动。

8.2 公司董事、监事及高级管理人员变动情况及原因

第五届董事会第七次临时会议审议通过拟聘张清同志为公司副总裁，经江苏银保监局任职资格核准（苏银保监复［2019］88号），第五届董事会第十次临时会议审议通过聘任张清同志为公司副总裁。

8.3 变更注册资本、变更注册地或公司名称、公司分立合并事项

报告期内未发生变更注册资本、变更注册地、公司名称、公司分立合并事项。

8.4 公司的重大诉讼事项

公司与债务人苏州兴力达房地产开发有限公司的信托债务纠纷，涉案主债权金额为150 000 000.00元，公司累计收回债权32 845 595.00元。

因建设工程施工合同产生争议，公司（被申请人）、上海市政工程设计研究总院（集团）有限公司（被申请人）与中海外建设集团有限公司（申请人）的信托债务纠纷一案正通过仲裁途径解决中。

8.5 公司及其董事、监事和高级管理人员受到处罚情况

报告期内，公司因个别业务风险资本计提存在差错被中国银保监会苏州监管分局进行处罚，罚款25万元（苏州银保监罚决字［2019］16号）。除上述事项外，公司董事、监事和高级管理人员没有受到监管部门处罚。

8.6 对中国银保监会及其派出机构提出的检查整改意见处理情况

2018年12月末，中国银保监会苏州监管分局就现场检查情况向公司下发了《苏州银保监分局筹备组关于苏州信托有限公司全面检查的意见书》（以下简称《意见书》），公司针对《意见书》中提出的问题，立即组织相关部门从优化治理、健全制度、加强内控能力等方面进行整改，2019年3月按规定将整改落实情况以书面形式向中国银保监会苏州监管分局进行了报告。

2019年12月9日，中国银保监会苏州监管分局向公司下发了《关于加强苏州信托经营管理的监管意见书》，公司积极组织相关部门进行整改，目前已基本完成问题整改，公司将继续跟踪整改落实情况并按照监管要求及时上报整改情况。

8.7 本年度重大事项临时报告的简要内容、披露时间、所披露的媒体及其版面

无。

8.8 中国银保监会及省级派出机构认定的其他有必要让客户及相关利益人了解的重要信息

无。

9. 公司监事会意见

9.1 关于内部控制

监事会认为，公司依法经营、规范管理，合规管理工作坚持业务发展与合规管理并重，自觉践行依法合规理念，公司业务稳步发展，合规管理工作有序开展；公司内部管理制度和流程得到进一步完善，经营活动稳健规范，全员合规意识显著增强，内部控制机制运行有效；公司经营决策程序符合法律、法规和公司章程的规定，符合“三重一大”有关规定的要求，未发现任何违反国家法律法规、公司章程或损害信托受益人、股东和公司利益的行为。

公司严守风险底线，全面风险管理体系建设成效显著，风险识别能力、分析能力、评估能力和管理水平提升明显，风控体系为公司经营发展提供了有力支持；风险管理文化建设水平得到提高，并积极探索新的市场环境下业务发展和风险管理的良

性互动、有机结合;公司各项业务决策机制和决策程序科学,运行有效,公司信托业务及固有业务运转正常,均能按照相关文件约定执行,未发生案件或外部处罚情况。

公司内审工作覆盖了公司运营的各个方面以及全部流程,日常审计与专项审计结合、全面审计和重点项目审计结合,较好地形成了对公司日常经营的支持;内审部门在内部审计工作开展过程中,依据有关法律法规和内部工作规范,按照客观、公正的原则进行审查监督,认真履行了内审职责,较好地起到了规范经营行为、加强风险防范的作用。

9.2 关于财务报告

监事会认为,公司财务会计管理制度健全、内控扎实有效,公司2019年度的财务预算执行报告的编制和审核程序符合法律、行政法规和监管规定,真实、公允地反映了公司财务收支状况和经营成果。

9.3 关于高管履职

监事会认为,报告期内公司高管人员在行使各自职权时遵纪守法,履行诚信、勤勉之义务,自觉维护公司利益和股东权益,未发现上述人员违反法律法规、《公司章程》或损害公司利益的行为。

10. 期后事项

自财务审计报告签发之日至本报告披露之日,公司未发生重大会计日后事项。

天津信托有限责任公司

1. 重要提示

1.1 本公司董事会及董事保证本报告所载资料不存在任何虚假记载、误导性陈述或者重大遗漏,并对其内容的真实性、准确性和完整性承担个别及连带责任。本年度报告摘要摘自年度报告全文,客户及相关利益人欲了解详细内容,应阅读年度报告全文。

1.2 公司股东董事弓劲梅因公务未能出席董事会会议,但委托股东董事刁锋出席董事会会议并行使表决权。

1.3 公司独立董事对本年度报告所披露的内容进行了认真审查,认为本年度报告的内容是真实、准确、完整的。

1.4 中审华会计师事务所(特殊普通合伙)为本公司出具了标准无保留意见的审计报告。

1.5 公司董事长赵毅、副总经理王辉、财会部负责人李瑞聪声明:保证本年度报告中财务报告真实、完整。

2. 公司概况

2.1 公司简介

2.1.1 公司的法定中文名称:天津信托有限责任公司

2.1.2 公司的法定英文名称:Tianjin Trust Co. ,Ltd.

2.1.3 法定代表人:赵 毅

2.1.4 注册地址:天津市河西区围堤道 125-127 号天信大厦

邮政编码:300074

2.1.5 国际互联网网址: www. tjtrust. com

电子信箱:office@ tjtrust. com

2.1.6 信息披露事务负责人:王辉

信息披露事务联系人:冉启文

联系电话:022-28408259

传　　真:022-28408279

电子信箱:office@ tjtrust. com

2.1.7 公司指定信息披露报纸:《证券时报》

2.1.8 公司年度报告备置地点:天津信托有限责任公司董事会(天信大厦)

2.1.9 公司聘请的会计师事务所:中审华会计师事务所(特殊普通合伙)

地址:天津市和平区解放北路 188 号信达广场 52 层

2.1.10 公司聘请的律师事务所:无

2.2 组织结构

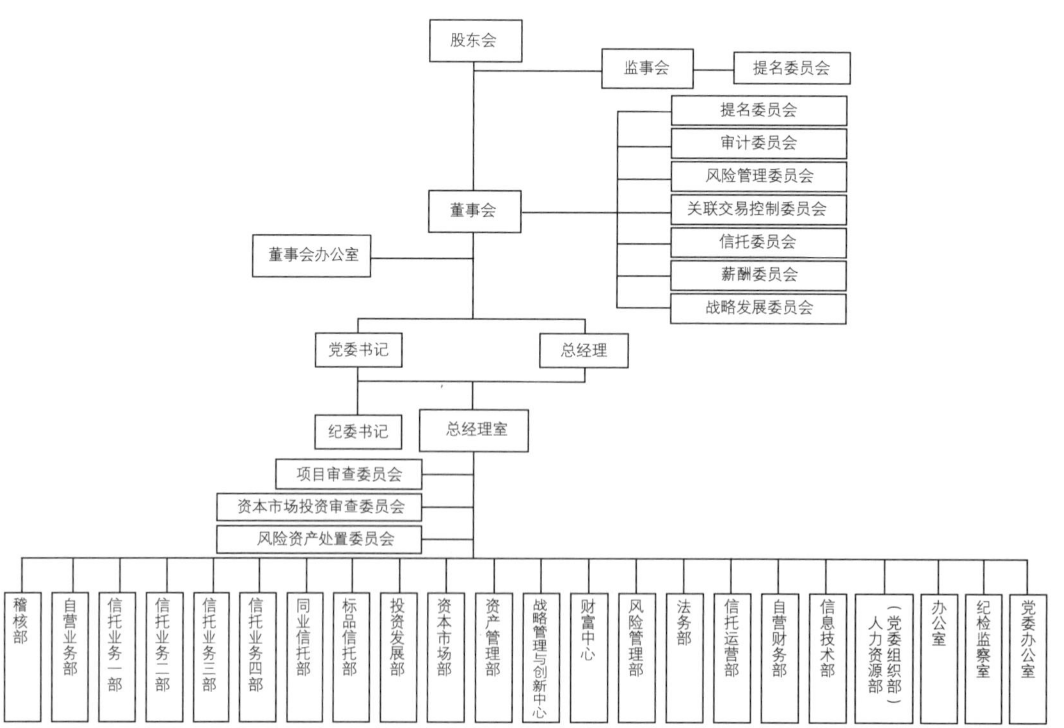

3. 公司治理

3.1 股东

截至2019年末，公司股东5家，前三家股东如下：

股东名称	持股比例（%）	法定代表人	注册资本	注册地址	主要经营业务及主要财务情况
天津海泰控股集团有限公司★	51.58	单泽峰	556 153万元	天津滨海高新区滨海科技园日新道188号5号楼2-3层	主营业务为：房地产与基础设施建设、金融与投资、高科技产业与现代服务业。2019年末集团总资产为309.62亿元，总负债为193.34亿元，所有者权益为116.28亿元。
天津市泰达国际控股（集团）有限公司	42.11	刘　轶	103.7亿元	天津经济技术开发区盛达街9号泰达金融广场11层	主营业务为：重点对金融业及国民经济其他行业进行投资控股；监督、管理控股投资企业的各种国内、国际业务；投资管理及相关咨询服务；进行金融综合产品的设计，促进机构间协同，推动金融综合经营；对金融机构的中介服务；金融及相关行业计算机管理、网络系统的设计、建设、管理、维护、咨询服务、技术服务；资产受托管理。2019年末总资产为726.74亿元，总负债为421.38亿元，所有者权益为305.36亿元。
大家人寿保险股份有限公司	3.9	何肖锋	307.9亿元	北京市朝阳区建国门外大街6号10层1002	主营业务为：人寿保险、健康保险、意外伤害保险等各类人身保险业务；上述业务的再保险业务；国家法律、法规允许的保险资金运用业务；经中国银保监会批准的其他业务。2019年末寿险总资产为6680.22亿元，总负债为6607.27亿元，所有者权益为72.95亿元（以上数据未经审计）。

注：本公司股东之间不存在关联关系。

3.2 董事

截至2019年末，公司董事会人员构成如下：

董事长、副董事长、董事

姓名	职务	性别	年龄（岁）	选任日期	所推举的股东名称	该股东持股比例（%）	简要履历
赵　毅	董事长	男	46	2015年9月	天津海泰控股集团有限公司	51.58	1996年7月至1998年12月在中国投资银行天津分行国际业务部工作；1998年12月至2005年10月在国家开发银行天津分行信贷处工作，任正科级行员（其间：1999年9月至2002年7月在南开大学工商管理专业学习，并获得硕士学位；2002年9月至2005年7月在南开大学金融学专业学习，并获得博士学位）；2005年10月至2007年1月任天津松江集团财务总监；2007年1月至2008年3月在天津海泰控股集团有限公司财务管理部部长；2008年3月至2009年9月任天津新技术产业园区管委会财政局（物价局）局长兼财务管理中心主任；2009年9月至2011年5月任天津滨海高新技术产业开发区管委会财政局（物价局）局长兼财务管理中心主任；2011年5月至2014年9月任天津海泰控股集团有限公司副总经理。2014年9月至2015年9月任天津市和平区委常委、委员（挂职）职务、副区长；2015年9月至今，任天津信托有限责任公司董事长。其中，2019年6～12月，董事长赵毅代为履职天津信托有限责任公司总经理职责，代为履职期限6个月。
李　林	董事	男	56	2009年8月	天津海泰控股集团有限公司	51.58	1985年7月至1994年3月在天津师范大学教育系任教师；1994年3月至1996年6月在天津新技术产业园区开发总公司工作；1996年6月至1997年5月任园区总公司工业投资分公司助理经理；1997年5月至1997年12月任园区报关行副经理；1997年12月至2003年5月任园区报关行经理；2003年5月至2006年6月任天津海泰控股集团有限公司资产部部长；2006年6月至2006年12月任天津海泰控股集团有限公司投资发展部副部长；2006年12月至今，任天津海泰控股集团有限公司企业运营部副部长、部长、投资发展部部长、办公室主任。
王雪利	董　事	女	47	2013年10月	天津海泰控股集团有限公司	51.58	1991年9月至1995年7月为内蒙古医学院药学系药学专业学生；1995年7月至1996年8月为天津市药材公司成药分公司业务部职员；1996年8月至1998年4月任天津市药材公司成药分公司市场开发部部长助理；1998年4月至1999年9月任青岛海信（天津）经销中心经理助理；1999年9月至2002年7月为南开大学国际商学院工商管理专业学生；2002年7月至2003年6月任天津海泰科技管理咨询有限公司部长；2003年6月至2004年10月任天津海泰生物科技发展有限公司部长；2004年10月至2010年6月任天津海泰控股集团有限公司企业运营部干部（2003年9月至2007年3月为天津大学管理学院技术经济及管理专业学生，获博士学位）；2010年6月至今天任津海泰控股集团有限公司企业运营部副部长、部长。
苏　欣	董　事	女	50	2016年12月	天津海泰控股集团有限公司	51.58	1987年7月至1991年7月为天津财经大学审计学专业学生；1991年7月至1998年11月为天津市农业生产资料总公司财务部出纳、会计；1998年11月至2002年2月任天津市农业生产资料有限责任公司审计部干部；2002年2月至2003年4月任天津市农业生产资料有限责任公司审计部副部长；2003年4月至2004年5月任天津市中嘉农业生产资料有限公司财务部部长；2004年5月至2016年2月任天津海泰控股集团有限公司财务管理部财务、资金主管。2016年2月至今任天津海泰控股集团有限公司资金运营部副部长（主持工作）。

续表

姓名	职务	性别	年龄（岁）	选任日期	所推举的股东名称	该股东持股比例（%）	简要履历
弓劲梅	董　事	女	47	2010 年 4 月	天津市泰达国际控股（集团）有限公司	42.11	2002 年 1 月至 2006 年 10 月为天弘基金管理有限公司筹备组成员、高级研究员、职工监事；2006 年 11 月至 2008 年 7 月任天津泰达投资控股有限公司资产管理部高级项目经理；2008 年 8 月至 2009 年 4 月任天津市泰达国际控股（集团）有限公司融资与风险管理部部长助理；2009 年 5 月至 2009 年 12 月任天津市泰达国际控股（集团）有限公司融资与风险管理部副部长；2010 年 1 月至 2019 年 10 月，任天津市泰达国际控股（集团）有限公司资产管理部副部长、部长；2019 年 10 月至今，任恒安标准人寿保险有限公司副总经理。
刁　锋	董　事	男	45	2015 年 8 月	天津市泰达国际控股（集团）有限公司	42.11	1999 年 7 月至 2006 年 7 月任北方国际信托股份有限公司证券交易部、信托业务部、财务中心等交易员、信托经理、信托部经理等；2006 年 8 月至 2009 年 7 月任渤海财险股份有限公司资金运用部总经理助理；2009 年 8 月至 2010 年 10 月任天津泰达投资控股有限公司资产管理部高级项目经理；2010 年 11 月至 2019 年 10 月，任天津市泰达国际控股（集团）有限公司财务部副部长、部长；2019 年 10 月至今，任天津房地产集团有限公司总会计师。
韩立新	董　事	男	51	2015 年 9 月	管理层及职工代表		1990 年 7 月至 2010 年 7 月，历任天津信托投资有限责任公司干部、部门经理、副总经理（其间：1996 年 9 月至 1999 年 7 月在南开大学经济学系政治经济学专业在职研究生学习，获经济学硕士学位）；2010 年 7 月至 2015 年 8 月，历任天津信托有限责任公司副总经理、常务副总经理。2015 年 8 月至 2019 年 5 月，任天津信托有限责任公司总经理；2019 年 5 月调任北方信托总经理。
王　威	独立董事	男	42	2016 年 12 月	天津海泰控股集团有限公司	51.58	1996 年 9 月至 2000 年 6 月在吉林大学金融学本科专业学习；2002 年 9 月至 2003 年 12 月在英国 Heriot－Watt 大学；2000 年 7 月至 2002 年 7 月任中国建设银行吉林省分行国际业务部信贷经理；2004 年 1 月至 2004 年 9 月任华龙证券股份有限公司投资银行部项目经理；2004 年 10 月至 2012 年 2 月任中信证券股份有限公司投资银行部高级副总裁；2013 年 10 月至 2015 年 6 月在长江商学院 EMBA 学习；2012 年 3 月至今任北京正唐嘉业投资管理有限公司董事长。

注：以上董事任期期限为 3 年，即 2016 年 12 月至 2019 年 12 月。

截至 2019 年末，公司独立董事情况如下：

独立董事

姓名	所在单位及职务	性别	年龄（岁）	选任日期	所推举的股东名称	该股东持股比例（%）	简要履历
王　威	独立董事	男	42	2016 年 12 月	天津海泰控股集团有限公司	51.58	1996 年 9 月至 2000 年 6 月在吉林大学金融学本科专业学习；2002 年 9 月至 2003 年 12 月在英国 Heriot－Watt 大学；2000 年 7 月至 2002 年 7 月任中国建设银行吉林省分行国际业务部信贷经理；2004 年 1 月至 2004 年 9 月任华龙证券股份有限公司投资银行部项目经理；2004 年 10 月至 2012 年 2 月任中信证券股份有限公司投资银行部高级副总裁；2013 年 10 月至 2015 年 6 月在长江商学院 EMBA 学习；2012 年 3 月至今任北京正唐嘉业投资管理有限公司董事长。

3.3　监事会

截至 2019 年末，公司监事会人员构成如下：

监事会成员

姓名	职务	性别	年龄（岁）	选任日期	所推举的股东名称	该股东持股比例（%）	简要履历
于　浛	监　事	女	39	2016 年 12 月	天津海泰控股集团有限公司	51.58	2007 年 12 月至 2009 年 12 月任天津海泰建设开发有限公司，财务部部长助理（主持工作）；2010 年 1 月至 2011 年 8 月任天津海泰建设开发有限公司财务部代部长；2011 年 9 月至 2014 年 2 月任天津海泰建设开发有限公司财务部部长；2014 年 3 月至今任天津海泰控股集团有限公司资金运营部副部长、投资发展部部长。
杨雪屏	监　事	女	48	2016 年 12 月	天津市泰达国际控股（集团）有限公司	42.11	1990 年 9 月至 1995 年 7 月在天津大学电气与自动化系电气工程专业学习；1995 年 7 月至 2002 年 2 月为天津青年报社记者、编辑；2002 年 2 月至 2003 年 12 月为滨海时报社记者、编辑（2000 年 9 月至 2003 年 7 月在中国人民大学新闻学院新闻传播专业学习）；2003 年 12 月至 2007 年 6 月为天津泰达投资控股有限公司办公室文秘科科员；2007 年 12 月至 2012 年 5 月任天津泰达投资控股有限公司办公室文秘科科长；2012 年 5 月至 2014 年 12 月任天津市泰达国际控股（集团）有限公司资产管理部高级项目经理；2014 年 12 月至 2015 年 5 月任天津市泰达国际控股（集团）有限公司综合办公室副主任；2015 年 5 月至 2019 年 4 月任天津市泰达国际控股（集团）有限公司党委办公室副主任、办公室副主任；2019 年 4 月至 2019 年 12 月任天津市泰达国际控股（集团）有限公司投资管理部副部长；2019.12 月至今，任天津市泰达国际控股（集团）有限公司战略发展部副部长（主持工作）。

续表

姓名	职务	性别	年龄（岁）	选任日期	所推举的股东名称	该股东持股比例（%）	简要履历
丁粤军	监　事	男	48	2010年4年	职工监事		1988年9月至1990年6月为西安交通大学审计专业专科学生;1990年12月至2000年12月任天津市审计局直属分局干部;;2000年12月至2004年3月任天津市审计局主任科员;2004年3月至2010年2月任天津信托投资有限责任公司稽核部干部;2010年2月至2010年7月任天津信托投资有限责任公司稽核部副总经理;2010年7月至今任天津信托有限责任公司稽核部副经理、经理,纪检监察室主任(兼)。

注:以上监事任期期限为3年,即2016年12月至2019年12月。

本公司监事会下设提名委员会。

3.4　高级管理人员

截至2019年末,公司高级管理人员构成如下:

姓名	职务	性别	年龄（岁）	选任日期	金融从业年限（年）	学历	专业	简要履历
赵　毅	董事长	男	46	2015年9月	12	博士研究生	金融学	1996年7月至1998年12月在中国投资银行天津分行国际业务部工作;1998年12月至2005年10月历任国家开发银行天津分行客户处科员、副科级行员、正科级行员(其间:1999年9月至2002年7月在南开大学工商管理专业学习,并获得硕士学位;2002年9月至2005年7月在南开大学金融学专业学习,并获得博士学位);2005年10月至2007年1月任天津松江集团财务总监;2007年1月至2008年3月任天津海泰控股集团有限公司财务管理部部长;2008年3月至2009年9月任天津新技术产业园区管委会财政局(物价局)局长兼财务管理中心主任;2009年9月至2011年5月任天津滨海高新技术产业开发区管委会财政局(物价局)局长兼财务管理中心主任;2011年5月至2014年9月任天津海泰控股集团有限公司副总经理。2014年9月至2015年7月任天津市和平区委常委、委员(挂职)职务、副区长;2015年7月至今任天津信托有限责任公司董事长。其间,2019年6月至12月,董事长赵毅代为履职天津信托有限责任公司总经理职责,代为履职期限6个月。
杨　湧	副总经理	男	51	2007年11月	24	研究生	管理	1991年7月至1994年12月,在天津油墨股份公司工作,任秘书;1994年12月至2007年11月,历任天津信托投资公司证券业务部干部、投资银行二部副总经理、证券投资部副经理、经理、总经理助理兼证券投资部经理,2007年11月至2010年7月,任天津信托投资有限责任公司副总经理(其间:2007年7月至2009年7月在南开大学商学院高级管理人员工商管理硕士专业学习,获高级管理人员工商管理硕士学位);2010年7月至今,任天津信托有限责任公司副总经理。
王　辉	副总经理	女	48	2015年12月	24	研究生	工商管理	1994年7月至2010年7月历任天津信托投资有限责任公司干部、部门副总经理、部门总经理(其间:2003年9月至2005年12月南开大学工商管理专业学习,获工商管理硕士学位);2010年7月至2010年9月任天津信托有限责任公司业务经营管理部总经理;2010年9月至2013年1月任天津信托有限责任公司总经理助理兼业务经营管理部总经理;2013年7月至2015年11月任天津信托有限责任公司总经理助理;2015年11月至今,任天津信托有限责任公司副总经理。
李文涛	总经理助理	男	48	2012年5月	26	研究生	工商管理	1992年10月至2010年7月历任天津信托投资有限责任公司干部、部门副总经理、部门总经理(其间:2006年9月至2008年12月在南开大学商学院工商管理专业硕士研究生学习,获硕士学位);2010年7月至2011年12月任天津信托有限责任公司信托业务二部总经理;2011年12月至2014年1月任天津信托有限责任公司总经理助理兼信托业务二部总经理;2014年1月至今任天津信托有限责任公司总经理助理。
潘庄晨	总经理助理	男	35	2018年9月	8	博士研究生	国际贸易学	2011年7月至2012年1月 深圳发展银行天津分行职员;2012年1月至2012年2月为浙商银行股份有限公司天津分行职员;2012年2月至2012年6月任浙商银行股份有限公司天津分行市场拓展四部总经理;2012年7月至2012年9月为渤海银行股份有限公司天津分行职员;2012年9月至2014年10月任渤海银行股份有限公司天津分行投资银行部总经理;2014年10月至2016年1月任渤海银行股份有限公司天津分行市场营销总监兼投资银行部总经理;2016年1月至2016年9月为浙商银行股份有限公司天津分行党委委员;2016年9月至2016年10月任浙商银行股份有限公司天津分行党委委员、副行长;2016年10月至2018年5月任浙商银行股份有限公司天津分行党委委员、副行长兼天津自由贸易试验区分行行长(2014年1月至2016年12月南开大学商学院工商管理学博士后出站);2018年5月至2019年10月任天津信托有限责任公司总经理助理(试用期一年,拟任)兼同业信托部总经理;2019年10月至今天津信托有限责任公司总经理助理兼同业信托部总经理。

续表

姓名	职务	性别	年龄（岁）	选任日期	金融从业年限（年）	学历	专业	简要履历
付　岩	总经理助理	男	44	2018 年 9 月	21	大学本科	管理工程	1998 年 8 月至 1999 年 9 月北洋（天津）物产有限公司期货部职员；1999 年 9 月至 2002 年 11 月中国经济开发信托投资公司天津证券部干部；2002 年 11 月至 2004 年 9 月任天津顺驰地产有限公司资管部高级经理；2004 年 9 月至 2011 年 12 月任天津信托有限责任公司投资银行部干部；2011 年 12 月至 2013 年 4 月任天津信托有限责任公司自营业务部副总经理；2013 年 4 月至 2014 年 7 月任天津信托有限责任公司自营业务部副总经理兼基金发展部副总经理；2014 年 7 月至 2016 年 3 月任天津信托有限责任公司自营业务部总经理兼基金发展部副总经理；2016 年 3 月至 2017 年 2 月任天津信托有限责任公司自营业务部总经理；2017 年 2 月至 2018 年 9 月天津信托有限责任公司自营业务部总经理兼同业信托部总经理；2018 年 9 月至 2019 年 2 月任天津信托有限责任公司总经理助理（拟任）兼自营业务部、投资发展部总经理；2019 年 2 月至今任天津信托有限责任公司总经理助理兼自营业务部、投资发展部总经理。
冉启文	董事会秘书	男	54	2016 年 12 月	30	研究生	工商管理	1988 年 7 月至 2002 年 2 月历任天津信托投资公司信托业务三部业务员、外汇部副经理、国际业务部副总经理、金融开发中心、资金部和证券研究部研究员；2002 年 2 月至 2006 年 6 月历任天津信托投资有限责任公司市场开发部副总经理、总经理；2006 年 6 月至 2007 年 3 月历任天津信托投资有限责任公司董事会秘书兼风险管理部经理；2007 年 3 月至 2010 年 2 月历任天津信托有限责任公司董事会秘书；2010 年 2 月至 2013 年 1 月历任天津信托有限责任公司董事会秘书（2012 年 6 月开始，总经理助理职级）兼办公室主任；2013 年 1 月至今任天津信托有限责任公司董事会秘书（总经理助理职级）。
康　雁	运营总监	男	55	2018 年 9 月	29	大学本科	金融学	1984 年 9 月至 1990 年 12 月任天津公交二厂干部；1990 年 12 月至 2004 年 5 月任天津信托投资公司业务三部干部；2004 年 5 月至 2008 年 5 月任天津信托投资有限责任公司集合信托部副经理；2008 年 5 月至 2009 年 2 月任天津信托投资有限责任公司集合信托部副经理（主持工作）；2009 年 2 月至 2009 年 5 月任天津信托投资有限责任公司市场营销部经理；2009 年 5 月至 2015 年 12 月天津信托有限责任公司信托业务一部总经理；2015 年 12 月至 2017 年 1 月任天津信托有限责任公司中层正职管理人员、协助总经理先后分管信托业务一部、信托三部到十部、创新业务部；2017 年 1 月至 2020 年 2 月任天津信托有限责任公司中层正职管理人员，协助总经理分管信托业务一部、信托业务四部；2020 年 2 月至今任天津信托有限责任公司运营总监，协助总经理分管信托业务一部、信托业务四部。
杨　锦	营销总监	女	49	2018 年 9 月	26	大学本科	会计学	1993 年 7 月至 2004 年 1 月任天津信托投资公司干部；2004 年 1 月至 2009 年 2 月任天津信托投资有限责任公司财会部副经理；2009 年 2 月至 2009 年 5 月任天津信托投资有限责任公司财会部经理；2009 年 5 月至 2014 年 2 月任天津信托有限责任公司市场营销部总经理；2014 年 2 月至 2015 年 12 月任天津信托有限责任公司财富中心总经理；2015 年 12 月至 2019 年 5 月任天津信托有限责任公司营销总监（拟任）兼财富中心总经理；2019 年 5 月至今任天津信托有限责任公司营销总监兼财富中心总经理。

3.5　公司党委委员

截至 2019 年末，公司党委委员如下：

姓名	职务	性别	年龄（岁）	选任日期	简要履历
赵　毅	党委书记	男	46	2016 年 11 月	1996 年 7 月至 1998 年 12 月在中国投资银行天津分行国际业务部工作；1998 年 12 月至 2005 年 10 月历任国家开发银行天津分行客户处科员、副科级行员、正科级行员（其间：1999 年 9 月至 2002 年 7 月在南开大学工商管理专业学习，并获得硕士学位；2002 年 9 月至 2005 年 7 月在南开大学金融学专业学习，并获得博士学位）；2005 年 10 月至 2007 年 1 月任天津松江集团财务总监；2007 年 1 月至 2008 年 3 月任天津海泰控股集团有限公司财务管理部部长；2008 年 3 月至 2009 年 9 月任天津新技术产业园区管委会财政局（物价局）局长兼财务管理中心主任；2009 年 9 月至 2011 年 5 月任天津滨海高新技术产业开发区管委会财政局（物价局）局长兼财务管理中心主任；2011 年 5 月至 2014 年 9 月任天津海泰控股集团有限公司副总经理。2014 年 9 月至 2015 年 7 月任天津市和平区委常委、委员（挂职）职务、副区长；2015 年 7 月至今任天津信托有限责任公司董事长。其间，2019 年 6 月至 12 月，董事长赵毅代为履职天津信托有限责任公司总经理职责，代为履职期限 6 个月。
杨　湧	党委委员	男	51	2016 年 11 月	1991 年 7 月至 1994 年 12 月，在天津油墨股份公司工作，任秘书；1994 年 12 月至 2007 年 11 月，历任天津信托投资公司证券业务部干部、投资银行二部副总经理、证券投资部副经理、经理、总经理助理兼证券投资部经理，2007 年 11 月至 2010 年 7 月，任天津信托投资有限责任公司副总经理（其间：2007 年 7 月至 2009 年 7 月在南开大学商学院高级管理人员工商管理硕士专业学习，获高级管理人员工商管理硕士学位）；2010 年 7 月至今，任天津信托有限责任公司副总经理。

续表

姓名	职务	性别	年龄（岁）	选任日期	简要履历
刘建军	党委委员 纪委书记	男	49	2016年11月	1993年7月至1995年3月任天津市红光农场干部；1995年3月至2001年3月任南开区委研究室科员、副科长；2001年3月至2004年6月任天津市纪委办公厅副主任科员、主任科员；2004年6月至2007年9月任天津市委巡视工作办公室主任科员；2007年9月至2010年6月任天津市纪委政策法规室副主任；2010年6月至2016年4月历任天津市纪委领导干部廉洁自律室副主任（正处级）、党风廉政建设室、执法和效能监督室、市委巡视工作办公室副主任（正处级巡视专员）；2016年4月至今任天津信托有限责任公司党委委员、纪委书记。
王　辉	党委委员	女	48	2016年11月	1994年7月至2010年7月历任天津信托投资有限责任公司干部、部门副总经理、部门总经理（其间：2003年9月至2005年12月南开大学工商管理专业学习，获工商管理硕士学位）；2010年7月至2010年9月任天津信托有限责任公司业务经营管理部总经理；2010年9月至2013年1月任天津信托有限责任公司总经理助理兼业务经营管理部总经理；2013年7月至2015年11月任天津信托有限责任公司总经理助理；2015年11月至今，任天津信托有限责任公司副总经理。

3.6　公司员工

项目		报告期年度		上年度	
		人数（人）	比例（%）	人数（人）	比例（%）
年龄分布	25岁以下	—	—	1	0.6
	25~29岁	24	15.0	30	19.1
	30~39岁	62	38.8	49	31.2
	40岁以上	74	46.2	77	49.1
学历分布	博士研究生	3	1.9	3	1.9
	硕士研究生	73	45.6	76	48.4
	本科	73	45.6	64	40.8
	专科	11	6.9	14	8.9
	其他	—	—	—	—
岗位分布	董事、监事及其他高管人员	10	6.3	6	3.8
	自营业务人员	21	13.1	21	13.4
	信托业务人员	87	54.4	91	58.0
	其他人员	42	26.2	39	24.8

4. 经营管理

4.1　经营目标、经营方针、战略规划

4.1.1　经营目标

公司经营目标是本着“诚信、稳健、高效”的经营理念，坚持“对社会负责，对客户负责，对股东负责，对员工负责”的服务宗旨，立足金融信托本业，抓住京津冀协同发展带来的机遇，进一步适应经济发展新常态，坚持稳中求进、回归本源的工作基调，努力认清形势，客观分析自己，促进业务创新升级，做好传承和创新两篇文章，做优做强信托业务，做好做精固有业务，在重点领域进行创新发展，依法合规经营，防范化解风险，强化管理，优化流程，相得益彰，共同发展，形成公司可具持续发展的盈利模式和核心竞争力，将公司塑造成为中国信托业的优秀品牌。

4.1.2　经营方针

公司经营方针是以遵循国家和监管部门法规为依托，以诚信合规、稳健发展高效运营为理念，进一步健全和强化法人治理、内控严密、管理合规的内部控制体系；以业务开拓创新为动力，以风险防控为前提，进一步提升和增强公司的核心竞争力；以受益人利益最大化和股东稳定回报为原则，努力创建公司、股东、客户共赢平台。注重加强人才队伍、企业文化和长效机制建设，不断提高公司的盈利能力、风险控制能力、创新能力、营销能力，正确把握宏观经济形势和政策环境，推进公司又好又快地发展。

2019—2021年，公司总体战略规划是：以习近平新时代中国特色社会主义思想为引领，加强党对金融工作的统一领导，紧紧围绕服务实体经济、防控金融风险、深化金融改革三项任务，坚持稳中求进、回归本源的基本原则，注重受益人利益最大化和股东稳定回报；坚持诚信合规经营理念，注重风险防控，体制机制和产品创新，不断提升公司核心竞争力，努力创建公司、股东、客户共赢平台，同时实现员工价值。

4.2　所经营业务的主要内容

4.2.1　经营范围

经中国银监会批准，公司的经营范围为：资金信托；动产信托；不动产信托；有价证券信托；其他财产或财产权信托；作为投资基金或者基金管理公司的发起人从事投资基金业务；经营企业资产的重组、购并及项目融资、公司理财、财务顾问等业务；受托经营国务院有关部门批准的证券承销业务；办理居间、咨询、资信调查等业务；代保管及保管箱业务；以存放同业、拆放同业、贷款、租赁、投资方式运用固有财产；以固有财产为他人提供担保；从事同业拆借；法律法规规定或中国银行业监督管理委员会批准的其他业务（以上业务范围包括本外币业务、国家有专营专项规定的按规定办理）。

4.2.2　公司经营的业务品种

4.2.2.1　固有资产业务

公司运用固有资产经营的主要业务品种包括：自营贷款、融资租赁、自营证券投资、自营金融股权投资、金融产品投资、财务顾问业务等。

4.2.2.2　信托业务

公司信托业务主要品种包括：集合资金信托、单一资金信托、财产权信托、以及家族信托、慈善信托等。

4.2.3　资产分布

2019年末，公司管理的资产总规模为2 247.75亿元，其中固有资产为80.69亿元，占资产总规模的3.59%；信托资产为2 167.06亿元，占管理资产总规模的96.41%。

自营资产运用与分布表

资产运用	金额（万元）	占比（%）	资产分布	金额（万元）	占比（%）
货币资产	39 005	4.83	基础产业	108 567	13.45
贷款及应收款	146 931	18.21	房地产业	66 847	8.28
交易性金融资产	—	—	证券市场	75 709	9.38
可供出售金融资产	245 299	30.40	实业	23 228	2.88
持有至到期投资	—	—	金融机构	420 125	52.07
长期股权投资	182 464	22.61	其他	112 461	13.94
其他	193 238	23.95			
资产总计	806 937	100.00	资产总计	806 937	100.00

注：1. 资产运用中"其他"包括拆出资金20 000万元、买入返售金融资产95 523万元、递延所得税资产56 518万元、投资性房地产及固定资产15 702万元、无形资产2 851万元等。

2. 资产分布中"其他"包括递延所得税资产56 518万元、投资房地产及固定资产15 702万元、无形资产2 851万元、其他应收款25 136万元等。

信托资产运用与分布表

资产运用	金额（万元）	占比（%）	资产分布	金额（万元）	占比（%）
货币资产	541 491	2.50	基础产业	819 368	3.78
贷款	2 457 100	11.34	房地产业	773 989	3.57
交易性金融资产	241 609	1.11	证券市场	101 488	0.47
可供出售金融资产	116 765	0.54	实业	17 821 593	82.24
持有至到期投资	15 745 453	72.66	金融机构	621 542	2.87
长期股权投资	539 112	2.49	其他	1 532 613	7.07
其他	2 029 063	9.36			
信托资产总计	21 670 593	100.00	信托资产总计	21 670 593	100.00

注：资产运用中"其他"包括应收账款781 588万元，买入返售资产706 810万元，拆出资金409 070万元。

4.3 市场分析

4.3.1 影响业务发展的有利因素

影响业务发展的有利因素：一是我国当前经济正由高速增长阶段转向高质量发展阶段，坚持质量第一、效益优先，以供给侧结构性改革为主线，推动经济发展质量变革、效率变革、动力变革，建立现代化经济体系，将不断提升供给质量和推动消费升级，共享经济、绿色低碳、现代信息技术、生物技术等产业将快速发展，旅游、文化、体育、健康等服务消费将持续活跃，成为推动在更高层次、更高水平上形成供需良性循环，为经济发展提供强大的内在动能；二是信托公司已从财富管理业务、资产证券化业务及股权投资业务等新兴业务中找到新的方向，促使了信托行业的持续性发展，加速了市场发展步伐，为信托行业带来了稳定的利润增长点；三是公司混合所有制改革取得了重大突破，2019年12月30日公司混改项目已在天津产权交易中心挂牌，为公司的下一步发展迈出重要的一步。

4.3.2 影响业务发展的不利因素

影响业务发展的不利因素：一是中美贸易摩擦对中国经济带来了较大的负面影响，实体经济及企业投资层面出现了一定程度的观望情绪，而资本市场则由于心理预期的影响，在持续低迷的同时受到了阶段性冲击；二是天津的经济形势仍处于滚石上山阶段，市内经济下行压力较大，实体经济困难较多，重点领域风险仍存，市内经济面临外部不确定性因素增多，稳增长的基础还尚未牢固；三是在2019年整体行业均在以强监管，整治乱象，"去嵌套""去通道"，防风险为主基调，在此大背景下，信托业从风险排查到监管趋严，从地产信托缩紧到行业排雷，正在经历转型"阵痛"。

4.4 内部控制

4.4.1 内部控制环境和内部控制文化

公司遵循全面性原则、审慎性原则、权威性原则、制衡性原则、适应性原则、成本效益性原则建立与实施内部控制。公司内部控制目标为确保国家法律规定和公司内部规章制度的贯彻执行；确保公司发展战略和经营目标的全面实施和充分实现；确保风险管理体系的有效性和资产安全；确保业务记录、财务信息和其他管理信息的及时、真实、准确和完整。

为防范风险，保障公司稳健运行，公司多年来一直秉承"诚信、稳健、高效"的经营理念，把对委托人负责作为内控文化建设的重要内容，全体员工均树立了内控优先的风险防范理念；公司形成了较为完善的内部控制组织架构和岗位职责，部门设置科学、分工合理、职责明确；公司打造出内控管理体系，对风险进行事前防范、事中控制、事后监督和纠正，形成事前出台制度—事中风险排查—事后稽核—业务整改—后续稽核—修订制度这一封闭环路，充分发挥了各环节的管理控制作用。同时，公司还通过后续教育培训，不断提高内控人员的职业操守和专业能力。

4.4.2 内部控制措施

公司始终坚持稳健经营的理念，坚持以信托评级指标为指导加强内控管理及合规管理工作，从完善业务管理制度、加强项目审查、强化合规管理、提升信息系统、推进人力资源改革等各个方面强化内控管理工作。公司完善了分级授权审批体系，明确各部门和岗位的工作职责，实施了业务前中后台操作的隔离制度，对项目实施事前准入、事中检查、事后评价的全程管理。在新业务开发上采取制度先行的管理策略，通过发挥一系列监督管理职能保证内部运营体系的健康有效，建立应急机制以应对突发事件造成的经营风险。公司董事会下设战略发展委员会、提名委员会、风险管理委员会、薪酬委员会、信托委员会、审计委员会、关联交易控制委员会，主要负责审定公司中长期发展战略规划，拟定董事和高级管理层成员的选任程序和标准，审核和监督公司风险管理的政策、目标和程序，制定和考评公司薪酬计划或方案，监督公司依法合规管理信托财产，对公司内外部审计进行监督和审查，关联交易的管理、审查、批准和控制。

公司设立项目审查委员会、资本市场投资审查委员会，负责审议公司的投融资项目、资本市场投资等业务，严格控制业务经营决策风险。公司项目审查委员会充分发挥业务审查、关口把控作用。一是持续完善审查委员会"合议制"，将业务、预审与项审会有机结合起来，形成既对立又统一的审查方式，最大限度实现集体决策，尽可能避免个人意见左右业务，二是进一步调整补充项审委员，采取多种形式进一步加强培训学习，提高项目审查能力水平。风险管理部根据公司风险独立调查工作程序，针对报会审查的重点项目，派员组织开展业务风险独立调查，全方位、多角度进行业务前置风险的筛查与研判。

公司在本报告年度内进一步加强了前置风险审查力度，对于新增的客户和项目，风控人员提前介入进行调查。同时，进一步严把项目尽职调查的底线，重点审查报审业务中交易主体、资金用途、还款来源、风控措施等方面有无瑕疵或风险隐患，提出独立性审查意见及防范措施建议。同时加强预审岗的业务审查及相应考核，风险管理部预审岗与业务部项目经理相互促进、相互提升，使尽职调查水平得到有效提升。对于传统业务，继续做好业务交易对手、交易结构、交易环节、资金运作等方面合法合规性审查，同时加强对基金化业务等创新业务类型审查要点的研究，引导项目经理从项目遴选、尽职调查阶段提升业务质量，确保拟上会项目恪守法律和监管政策底线，经营风险有效控制。

为规范公司风险资产处置工作，加强风险资产处置方案审查，确保风险资产处置工作合法依规开展，公司成立了风险资产处置委员会，建立起风险资产处置专业评审机制，负责对风险暴露项目的处置方案进行审议、决策，对于配合风险资产司法处置进程，加快清收不良资产起到了推动作用。

公司风险管理部牵头负责公司业务制度、程序的拟定、审视和调整，按照公司整体战略发展要求，围绕监管动态，传达监管意图，促进管理工作的主动性和及时性，支持公司业务发展，促进业务管理、监督业务风险，提升精细化管理水平；负责执行公司制度、办法、流程，实行专业化的合规管理；负责拟定和完善公司风险管理制度，通过对内外部风险的识别、评估、分析，提出应对措施和化解建议，防范公司经营活动中可能出现的风险。

信托运营部承担着从信托项目设立、估值核算、存续期管理直到清算结束全流程的所有内部管理工作，负责信托计划运行全程专业托管，实现了业务管理流程的全覆盖。

信托运营部代表信托产品投资者履行对信托产品运作管理的监督职能，以履行受托管理事务为职责，通过参与运作资金的监管、他项权证管理、配合业务人员进行事中管理管理控制等实现对信托项目"双人双线"管理，切实降低和防范操作风险，提升信托运营管理的效率和规范程度，真正实现对信托业务管理一"部"到位的"流水线"管理。

信息化建设方面，公司一是以支持消费金融科技为重心，以高质量快速反应对接为原则，完成代销、小微、签章、征信等信息系统建设，支持公司各项业务开展。二是持续完善优化信托业务管理系统功能，保证系统平稳运行。三是灾备中心建设初步完成，提升了系统风险防范能力。持续加强互联网漏洞排查和修复，强化网络安全。四是以信息系统为抓手，对现有系统进行功能优化，推动管理创新。

4.4.3 信息交流与反馈

公司多项措施保障了与监管部门、董事会、高管层和员工之间的信息传递和交流。

公司定期和不定期召开股东会、董事会，通报公司经营成果、存在的风险问题、拟采取的管理手段等，股东会、董事会成员评议并通过各项内控政策和重大事项决策。

公司高管层在各层级会议上传达公司经营政策和风险管理理念，通过内部网络及时向员工发布各项监管政策、内控制度和行业信息，并将改版后的政策、制度汇编装订成册下发给各部门。公司员工可以通过直接交流、书面报告或通过内部网络及总经理信箱反馈经营过程中发现的问题，使高管层、董事会能够及时了解内部控制环节中的隐患和缺陷。

公司与监管部门做到充分沟通，就新业务拓展、存续业务规范等工作进行经常性交流，除每个信托项目在运作前提交中信登进行登记外，主动管理类集合信托项目和创新型信托项目还向监管部门进行事前报告。

4.4.4 监督评价与纠正

公司设立稽核部，依据国家有关法律法规、内部审计准则和公司内部管理规定开展工作。稽核工作向董事会负责，接受监事会、董事会审计委员会的指导和监督。完成年度稽核工作计划，独立、客观地履行监督、评价和建议职能。公司内部控制和风险管理适当、有效，经营活动规范。遵守和执行相关法律法规、监管制度和公司内部制度规定。2019 年，公司实施了专项稽核、专项调查、离任审计、征信工作专项检查等现场稽核和到期项目管理情况等非现场稽核，按制度规定进行了两次后续稽核。稽核发现问题及时整改，稽核结果定期向公司主要领导、审计委员会、董事会和监管机关报告。

公司建立了制度定期审视机制，坚持制度先行的管理理念，对制度进行认真梳理，及时发现公司现行制度中存在的问题，取消多余、合并重叠，以最大限度地提高公司的办事效率和办事效能为原则，增强制度体系对公司工作流程变化的敏感性及灵活性，使公司管理水平、风险防控和化解能力得到持续的提升，保证公司管理的及时性、有效性，随着国家宏观经济形势变化及监管要求不断充实、完善业务管理制度，坚持制度先行的管理理念，从改进工作流程、加强合规管理等各个方面完善内控制度，以提高公司风险控制能力，促进公司可持续发展。

4.5 风险管理

4.5.1 风险管理概况

公司在经营活动中可能面临诸多风险，其中主要包括信用风险、市场风险、操作风险和其他风险。

为加强风险管理，提高竞争能力，公司把风险的识别、风险测量和评估、风险处理和控制、风险管理的评估和调整，以及风险准备等方面作为风险管理的核心内容，通过制定健全的内部规章制度，建立职责分工合理的组织机构，对可能产生的风险及时作出反应，采取有效措施进行事前、事中、事后的有效控制，根据实际需要，保持对风险管理体系运行情况的持续调整。

公司风险管理坚持全面性、持续性、审慎性、独立性和有效性的原则。风险管理涵盖公司的各项业务、各个部门和各级人员，渗透到决策、执行、监督、反馈各环节；风险管理是一项长期持续性的工作，贯穿于公司经营过程始终；风险管理的核心是有效防范风险；公司各专业管理委员会、风险管理部门具有相对独立性，对各部门业务风险评估、风险检查不受非正常因素干扰；公司风险管理制度是按照国家有关法律、法规要求，结合公司实际制定的，具有权威性、有效性，是所有员工严格遵守的行动指南，执行风险控制制度不存在例外情况，任何人不得拥有超越制度或违反规章的权力。

公司建立了较为健全的风险管理组织体系，以确保各项风险管理政策切实得以落实，确保各种风险信息可以有效传递和反馈。公司股东会、董事会、监事会、高管层及各职能部门分工协作，且互相监督制约，确保各项经营活动都在规范制度体系内得以有序进行,最大限度地确保各种风险都能被有效识别、计量、监测和控制,进而实现公司总体发展战略和经营目标。

公司通过科学的机构设置,建立起以风险管理为中心的“三道防线”:各业务部门是风险管理的“第一条防线”,在业务前端识别、评估、应对、监控与报告风险;风险管理部、信托运营部、自营财会部和信息技术部等职能部门是风险管理的“第二条防线”,综合协调制定各类风险制度、标准和限额,实施风险管理措施,提出应对建议;稽核部是风险管理的“第三条防线”,针对公司已经建立的风险管理流程和各项风险的控制程序和活动进行监督和评价。对于公司面临每一项风险,均由以上三个层次的管理框架进行控制,确保将各种风险控制在公司可承受的范围内。

报告期内,公司坚持党对金融企业的集中统一领导,紧紧围绕服务实体经济、防控金融风险、深化金融改革三项核心任务,坚决贯彻落实“巩固、增强、提升、畅通”八字方针,坚持“以混改统领改革发展,以提质增效促进经营管理”的工作方针,强化传统业务优势,推进转型创新发展,以最大的决心推进混合所有制改革,不断提升经济效益和管理水平。顺应于监管导向,公司全面深化合规经营理念,遵照股东会认可的风险偏好,以高质量、可持续为发展目标,立足于服务实体经济发展,将风险防控视为一以贯之的主基调,着力于持续完善全面风险管理体系建设。按照“主动防范、系统应对、标本兼治、守住底线”的总体思路,坚持严格的项目准入审查,深化项目期间双线管控,严防新增信用风险,死守不发生流动性风险底线,在发展中逐步化解风险及风险隐患,多措并举推进存续边缘资产的转化与提升,稳定公司管理资产质量,促进公司持续、健康发展。

4.5.2 风险状况及风险管理

4.5.2.1 信用风险状况及信用风险管理

信用风险是指交易对手未能按照合同的约定履行义务或信用质量发生变化,影响公司债权的实现或其他金融产品的价值,使公司遭受经济损失的风险。

公司对信用风险采取如下防范控制措施:一是实行客户名单式管理,定期对客户资信情况进行级次界定,采取差异化的准入审查及期间管理标准。二是采用资产风险分类、信贷资产评级等信用度量指标进行信用风险评级并不断改进信用分析方法和技术。三是严格按照规定对固有财产进行减值测试,并按测试结果计提专项准备和一般准备。四是对所有信托资产和自营资产进行全面压力测试,对发现的问题制定风险处置预案。五是风控措施综合考量原则,对于不同地区、不同性质、不同信誉度的企业遵循不同的风控标准。六是严格控制集团客户的融资规模,依据集团客户整体情况核定总体融资额度,实施总量控制。七是密切关注融资企业的信贷征信系统变化情况,对有风险迹象的客户及时采取控制措施。

受经济转型、产业调整、周期性与结构性问题叠加,以及区域性金融生态环境恶化等不利影响,公司存续自主管理业务面临信用下沉压力,新的投融资项目拓展难度显著加大,切实提升存续资产质量,审慎寻求管理资产体量和质量的动态平衡,成为公司经营管理的核心要务之一。

遵循宏观经济形势以及总体经营导向,公司加强了传统融资类业务引导,不断强化前置风险审查力度,在坚持真实有效的财务核查、双人审查的基础上,借助各类信用体系数据综合分析判断,进一步提升尽职调查质量与水平,细化放款前置条件和期间管控要点,做实预期还款来源现金流分析,强化风险防控预案的真实性和可操作性。对于存量业务,公司坚持双线、全覆盖的业务期间管理。强化项目经理作为第一责任人,对项目的全程运营负责,并按照公司后期管理要求,及时、规范、有效的开展项目常规检查,不断提升检查质量;信托运营部、风险部各司其职,对业务全周期所涉及的资金用途检查、季度定期检查和到期风险预警检查等一系列后期管理工作进行全面的监督管理;继续由风险管理部主导,筛选易受宏观政策波动影响的敏感行业、重要企业集团或涉及异地融资项目列为现场检查重点,组织开展现场检查和资金用途真实性核查,切实防范业务风险。针对重点客户,公司建立了名单式管理,由相关业务部门组织实施高频风险管控,实时反馈资产风险现状,持续做好存量业务资产质量的转化与提升工作。依托于全流程风控体系的有效运行,公司在规模与利润、风险与收益的多重平衡中稳中求进,公司整体资产质量维持在合理区间。

4.5.2.2 市场风险状况及市场风险管理

市场风险是指公司固有财产和信托财产的价值或收入由于市场价格(如利率、汇率、股票或商品价格)或指数的变动而减少的风险。公司主要业务领域包括证券市场、货币市场等,在股价、汇率、利率等因素发生变动时,造成这些市场价格产生较大波动,可能给公司经营和财务状况带来重大影响。

在加强市场风险管理方面,公司采取以下控制措施。建立与公司的业务性质、规模和复杂程度相适应的、完善的、可靠的市场风险管理体系。加强对国家宏观经济政策、货币信贷政策、财政政策的研究,及时掌握市场变化,为调整投资决策提供依据;积极引进人才,开展市场调研,购置权威部门的研究成果,作为决策参考;提高资产配置的有效性,根据公司整体安排,适时调整各领域的投资规模,合理安排期限结构;建立有效的市场风险预警机制等。

公司权益投资业务秉承稳健投资原则,在投资品种、仓位限制和止损等方面严格执行公司相关规定,谨慎操作。2019年,受中美贸易谈判、CPI等基本面和政策面的影响,债券市场整体呈现震荡行情,但信用债在回报方面的全年表现仍整体优于利率。针对上述形势,公司在信用债上涨时,适时进行了获利了结,兑现了大部分品种;同时加大了转债投资,在保证流动性基础上增加投资收益。总体来看,公司所持债券风险较低,获取了相对稳定的投资收益。

4.5.2.3 操作风险状况及操作风险管理

操作风险是指由不完善或有问题的内部程序、员工和信息科技系统,以及外部事件所造成损失的风险。

目前公司的各项控制制度和操作规程涵盖了所有业务领域,基本实现了对公司各项业务操作过程的有效控制。公司在操作风险管理方面,采取一系列措施加以控制。

制度层面,建立了适当的职责分工和监控制度;建立和完善了授权制度和业务操作规程;坚持每年修订完善风险点和对风险点进行风险排查制度;坚持实行重要岗位轮换和强制休假制度。

控制层面,加强风险管理三道防线的作用,采取对各类资产的风险评估、对内控制度执行情况和经办人员尽职情况检查等方法,约束从业人员的职业行为。

为进一步适应监管政策的变化、提高项目管理效率、加强风险节点控制、支持创新业务开展，针对机构调整情况、在日常经营中反映的问题以及监管政策调整，公司继续本着"制度优先"原则，不断强化定期审视机制、调整业务管理制度、完善制度管理方式，加强内控合规管理。报告期内，继续深化开展覆盖公司全部业务管理制度的制度与流程调整优化工作。通过全面梳理公司各项内部制度，排查制度与监管法律、法规、规章和指导性文件等监管规定的对接情况，评估内部制度的全面性、完善性、合规性，以及对于业务和风险的新变化、新现象、新特征的覆盖和适应程度；通过对现行业务制度规章的精简、合并与完善，最终形成涵盖信托业务、自营业务、内部控制、风险管理、法务管理、自营财务、信息技术七大类的最新业务管理制度体系，以不断提升业务流程的运作效率、运行效果和公司操作风险管控水平。

4.5.2.4　其他风险状况及其管理

其他风险主要包括流动性风险、法律合规风险、政策与战略风险和声誉风险。

流动性风险是指公司虽有清偿或兑付能力，但无法及时获得充足资金或无法以合理成本及时获得充足资金以支付到期债务，或无法兑付到期信托计划的风险。流动性风险管理遵循分散性的资产负债管理原则，根据自身资产结构和业务开展情况，建立动态的净资本管理机制，确保公司固有资产充足并保持必要的流动性；建立健全信托项目流动化和应急机制，采取信托项目弹性期限设置、非现金资产分配以及信托资产转让处置等手段缓释风险。

总体看来，公司负债规模整体较为稳定，结构较为合理。报告期内，针对经济形势调整和市场资金面变化预估，公司遵循分散性的资产负债管理原则，在保持公司自营资金流动性、安全性的前提下，以公司风险承受能力为基础，设定现金流期限错配限额，并设专岗逐日监测现金流量及资产配置。公司通过不断加强固有资产流动性和负债资金来源稳定性两个方向着手，持续提升应对市场波动的能力。

法律合规风险是指公司因没有遵循法律、法规和监管政策可能遭受法律制裁的风险。法律合规风险管理遵循合规创造价值的管理理念，公司经营管理与法律、规则、监管规定与自律性行业准则相一致，公司建立健全了合规管理体系，并通过多种形式的宣传形成了全员合规的良好氛围；不断加强法律风险防控，并根据外部相关法律、法规的变化，适时调整内控制度和业务模式，确保公司各项经营活动合法合规。

2019 年，金融监管形势保持高压态势，延续金融市场乱象整治主基调，各类专项治理、排查、清理、整顿任务频发，压力逐级传导。基于资管行业顶层设计逐步完善的行业背景，以及行业监管更加深入、处罚力度持续升级的监管环境，公司明确持续深化合规经营理念，本着上下"穿透"和"实质重于形式"原则，严格做好各类业务准入的合规审查，确保业务开展符合国家宏观调控政策、法律和监管政策底线。在严格落实"去嵌套"、清理低效通道业务监管要求的基础上，立足于回归信托本源定位，挖潜信托功能，提升服务实体经济能力，着力开展资产证券化信托、家族财富管理信托、慈善信托等差异化信托产品，谋求业务转型，寻求稳健可持续的发展路径。

政策与战略风险是指由于国家宏观经济政策或监管政策的调整和变化，给公司经营活动带来不确定影响，以及公司各项中长期经营计划、策略与外部宏观形势和经济政策不适应导致公司经营出现偏差而产生的风险。政策与战略风险管理主要遵循国家法律法规要求以及资管行业发展趋势，根据宏观形势、监管政策和业务模式等新变化，积极调整公司发展规划和业务方向。报告期内，公司着重关注国家宏观战略走向，支持实体经济，增加对先进制造业与现代服务业的支持力度，积极开拓新的客户资源，重点在上市公司、消费金融、重点区域城市的大中型地产项目等行业和领域下功夫。公司以积极的心态适应监管政策的变化，加强与监管部门的沟通与反馈，遵循监管导向，"坚决遏制信托规模无序扩张"，向符合服务实体经济、标准化运作业务倾斜，有保有降、分类施策，主动优化存量业务结构。此外，公司视开拓创新为重要的工作目标，积极探索新的业务模式与盈利模式，以普惠金融为突破口，积极拓展主动管理模式，在多个市场拓展资产流转业务模式，增强多元化经营水平，为长远发展储备后劲。

声誉风险状况及其风险管理。声誉风险是指在商业活动中或者在业务办理中，公司因违法或未能达到利益相关者需要或期望的标准而被社会公众、监管方或股东方等产生的不利评价的风险。声誉风险管理强调在合规经营和健康发展的基础上，主动、有效、灵活地管理声誉风险，应对声誉事件；公司不进行任何能够实质性地影响公司声誉的交易；对于经营活动中不可避免的声誉风险及时进行识别、评估，以依法合规、透明公开的原则处理各种突发风险事件；通过充分信息披露等方式实现与投资者的良性沟通；通过履行社会责任等方式不断提升公司品牌价值和社会形象。

公司以"诚信"作为生存发展的根基，切实做好消费者保护各项工作，持续开展投资者教育活动，不断提高对公司客户的服务水平。公司注重于自身声誉的维护，一方面，公司持续做好与新闻主管部门及相关主流财经媒体的常规化沟通，坚持正向宣传；另一方面，持续加强舆情的监测与管理，以期快速、恰当回应。公司当前仍处于混改关键时期，社会及媒体的关注度、敏感度普遍较高，为此，公司主动作为，着力做好日常监测，对于可能引发舆情的情况提前做好应对预案，确保了混改期间舆情平稳。

5. 报告期末及上一年度末的比较式会计报表

5.1　自营资产

5.1.1　会计师事务所审计意见全文

审计报告

CAC 津审字[2020]0390 号

天津信托有限责任公司全体股东：

一、审计意见

我们审计了天津信托有限责任公司(以下简称贵公司)自营业务财务报表，包括 2019 年 12 月 31 日的资产负债表，2019 年度的利润表、现金流量表、股东权益变动表以及相关财务报表附注。

我们认为，后附的财务报表在所有重大方面按照企业会计准则的规定编制，公允反映了贵公司 2019 年 12 月 31 日的财务状况以及2019年度的经营成果和现金流量。

二、形成审计意见的基础

我们按照中国注册会计师审计准则的规定执行了审计工作。审计报告的“注册会计师对财务报表审计的责任”部分进一步阐述了我们在这些准则下的责任。按照中国注册会计师职业道德守则，我们独立于贵公司，并履行了职业道德方面的其他责任。我们相信，我们获取的审计证据是充分、适当的，为发表审计意见提供了基础。

三、管理层和治理层对财务报表的责任

管理层负责按照企业会计准则的规定编制财务报表，使其实现公允反映，并设计、执行和维护必要的内部控制，以使财务报表不存在由于舞弊或错误导致的重大错报。

在编制财务报表时，管理层负责评估贵公司的持续经营能力，并运用持续经营假设，除非管理层计划清算贵公司、终止运营或别无其他现实的选择。

治理层负责监督贵公司的财务报告过程。

四、注册会计师对财务报表审计的责任

我们的目标是对财务报表整体是否不存在由于舞弊或错误导致的重大错报获取合理保证，并出具包含审计意见的审计报告。合理保证是高水平的保证，但并不能保证按照审计准则执行的审计在某一重大错报存在时总能发现。错报可能由于舞弊或错误导致，如果合理预期错报单独或汇总起来可能影响财务报表使用者依据财务报表作出的经济决策，则通常认为错报是重大的。

在按照审计准则执行审计工作的过程中，我们运用职业判断，并保持职业怀疑。同时，我们也执行以下工作：

（1）识别和评估由于舞弊或错误导致的财务报表重大错报风险，设计和实施审计程序以应对这些风险，并获取充分、适当的审计证据，作为发表审计意见的基础。由于舞弊可能涉及串通、伪造、故意遗漏、虚假陈述或凌驾于内部控制之上，未能发现由于舞弊导致的重大错报的风险高于未能发现由于错误导致的重大错报的风险。

（2）了解与审计相关的内部控制，以设计恰当的审计程序，但目的并非对内部控制的有效性发表意见。

（3）评价管理层选用会计政策的恰当性和作出会计估计及相关披露的合理性。

（4）对管理层使用持续经营假设的恰当性得出结论。同时，根据获取的审计证据，就可能导致对公司持续经营能力产生重大疑虑的事项或情况是否存在重大不确定性得出结论。如果我们得出结论认为存在重大不确定性，审计准则要求我们在审计报告中提请报表使用者注意财务报表中的相关披露；如果披露不充分，我们应当发表非无保留意见。我们的结论基于截至审计报告日可获得的信息。然而，未来的事项或情况可能导致贵公司不能持续经营。

（5）评价财务报表的总体列报、结构和内容（包括披露），并评价财务报表是否公允反映相关交易和事项。

我们与治理层就计划的审计范围、时间安排和重大审计发现等事项进行沟通，包括沟通我们在审计中识别出的值得关注的内部控制缺陷。

中国·天津　　2020年4月28日

5.1.2 资产负债表

资产负债表

编制单位：天津信托有限责任公司　　2019年12月31日　　单位：万元

资　产	期末数	期初数	负债和股东权益	期末数	期初数
资产：			负债：		
现金及存放中央银行款项	—	—	向中央银行借款	—	—
存放同业款项	39 004.76	41 666.72	同业及其他金融机构存放款项	—	—
贵金属	—	—	拆入资金	30 000.00	30 000.00
拆出资金	20 000.00	—	交易性金融负债	—	—
交易性金融资产	—	—	衍生金融负债	—	—
衍生金融资产	—	—	卖出回购金融资产款	—	—
买入返售金融资产	95 523.00	74 710.16	吸收存款	—	—
应收利息	9 610.34	5 590.74	应付职工薪酬	23 042.50	20 076.55
发放贷款和垫款	112 185.16	80 366.39	应交税费	3 597.70	6 613.75
可供出售金融资产	245 298.90	231 724.29	应付利息	2.75	40.00
持有至到期投资	—	—	预计负债	80 850.00	88 450.00
长期股权投资	182 464.10	145 233.72	应付债券	—	—
投资性房地产	8 833.14	9 864.17	递延所得税负债	267.71	24.47
固定资产	6 869.30	6 513.57	其他负债	96 171.10	90 336.79
无形资产	2 850.80	3 033.37	负债合计	233 931.76	235 541.56
递延所得税资产	56 518.27	55 286.30	所有者权益：		
其他资产	27 779.49	95 340.75	实收资本（或股本）	170 000.00	170 000.00

续表

资　产	期末数	期初数	负债和股东权益	期末数	期初数
			资本公积	18 559.73	18 559.73
			减:库存股	—	—
			其他综合收益	848.94	-329.62
			盈余公积	51 427.33	45 623.50
			一般风险准备	4 759.00	4 759.00
			信托赔偿准备	29 615.75	26 713.83
			未分配利润	297 794.75	248 462.18
			所有者权益合计	573 005.50	513 788.62
资产总计	806 937.26	749 330.18	负债及所有者权益总计	806 937.26	749 330.18

企业法定代表人:赵毅　　主管会计工作负责人:王辉　　会计部门负责人:李瑞聪

5.1.3　利润表

利润表

编制单位:天津信托有限责任公司　　2019 年度　　单位:万元

项　目	本期数	上期数
一、营业收入	84 264.51	116 495.52
利息净收入	1 287.43	3 883.07
利息收入	14 666.92	10 038.52
利息支出	13 379.49	6 155.45
手续费及佣金净收入	33 476.95	46 790.77
手续费及佣金收入	33 476.95	46 790.77
手续费及佣金支出	—	—
投资收益(损失以"-"号填列)	47 952.70	60 629.03
其中:对联营企业和合营企业的投资收益	37 193.09	51 553.29
公允价值变动收益(损失以"-"号填列)	—	—
资产处置收益	—	—
其他收益	414.56	207.71
其他业务收入	1 132.87	4 984.94
二、营业支出	27 503.38	18 423.48
税金及附加	648.20	787.53
业务及管理费	15 882.35	16 792.38
资产减值损失	10 500.04	439.34
其他业务成本	472.79	404.23
三、营业利润(亏损以"-"号填列)	56 761.13	98 072.04
加:营业外收入	13.47	84.13
减:营业外支出	-7 176.38	37 476.28
四、利润总额(亏损总额以"-"号填列)	63 950.98	60 679.89
减:所得税费用	6 135.88	2 260.86
其中:当期所得税	7 579.43	12 645.62
递延所得税	-1 443.55	-10 384.76
五、净利润(净亏损以"-"号填列)	57 815.10	58 419.03
持续经营净利润	57 815.10	58 419.03
六、其他综合收益的税后净额	1 414.94	-397.67
(一)以后不能重分类进损益的其他综合收益	—	—
1. 重新计量设定受益计划净负债或净资产的变动	—	—
2. 权益法下在被投资单位不能重分类进损益的其他综合收益变动中享有的份额	—	—
(二)以后将重分类进损益的其他综合收益	1 414.94	-397.67
1. 权益法下在被投资单位以后将重分类进损益的其他综合收益中享有的份额	50.46	137.64
2. 可供出售金融资产公允价值变动损益	1 364.48	-535.31
3. 持有至到期投资重分类为可供出售金融资产损益	—	—
4. 外币财务报表折算差额	—	—
七、综合收益总额	59 230.04	58 021.36

企业法定代表人:赵毅　　主管会计工作负责人:王辉　　会计部门负责人:李瑞聪

5.1.4 所有者权益变动表

所有者权益变动表

编制单位：天津信托有限责任公司　　2019年度　　单位：万元

项目	本年数							
	实收资本	资本公积	其他综合收益	盈余公积	一般风险准备	信托赔偿准备	未分配利润	所有者权益合计
一、上期期末数	170 000. 00	18 559. 73	-329. 62	45 623. 50	4 759. 00	26 713. 83	248 462. 18	513 788. 62
加：会计政策变更	—	—	-236. 38	—	—	—	223. 22	-13. 16
前期差错更正	—	—	—	—	—	—	—	—
其他	—	—	—	—	—	—	—	—
二、本期期初数	170 000. 00	18 559. 73	-566. 00	45 623. 50	4 759. 00	26 713. 83	248 685. 40	513 775. 46
三、本期增减变动金额（减少以"－"填列）	—	—	1 414. 94	5 803. 83	—	2 901. 92	49 109. 35	59 230. 04
（一）综合收益总额	—	—	1 414. 94	—	—	—	57 815. 10	59 230. 04
（二）所有者投入和减少资本	—	—	—	—	—	—	—	—
1. 所有者投入的普通股	—	—	—	—	—	—	—	—
2. 其他权益工具持有者投入资本	—	—	—	—	—	—	—	—
3. 股份支付计入所有者权益的金额	—	—	—	—	—	—	—	—
4. 其他	—	—	—	—	—	—	—	—
（三）利润分配	—	—	—	5 803. 83	—	2 901. 92	-8 705. 75	—
1. 提取盈余公积	—	—	—	5 803. 83	—	—	-5 803. 83	—
2. 提取一般风险准备	—	—	—	—	—	—	—	—
3. 提取信托赔偿准备	—	—	—	—	—	2 901. 92	-2 901. 92	—
4. 对所有者（股东）的分配	—	—	—	—	—	—	—	—
5. 其他	—	—	—	—	—	—	—	—
（四）所有者权益内部结转	—	—	—	—	—	—	—	—
1. 资本公积转增资本（或股本）	—	—	—	—	—	—	—	—
2. 盈余公积转增资本（或股本）	—	—	—	—	—	—	—	—
3. 盈余公积弥补亏损	—	—	—	—	—	—	—	—
4. 结转重新计量设定受益计划净负债或净资产所产生的变动	—	—	—	—	—	—	—	—
5. 其他	—	—	—	—	—	—	—	—
（五）其他	—	—	—	—	—	—	—	—
四、本期期末数	170 000. 00	18 559. 73	848. 94	51 427. 33	4 759. 00	29 615. 75	297 794. 75	573 005. 50

企业法定代表人：赵毅　　主管会计工作负责人：王辉　　会计部门负责人：李瑞聪

所有者权益变动表（续）

编制单位：天津信托有限责任公司　　2019年度　　单位：万元

项目	上年数							
	实收资本	资本公积	其他综合收益	盈余公积	一般风险准备	信托赔偿准备	未分配利润	所有者权益合计
一、上期期末数	170 000. 00	18 543. 38	68. 05	39 781. 60	4 759. 00	23 792. 88	198 806. 09	455 751. 00
加：会计政策变更	—	—	—	—	—	—	—	—
前期差错更正	—	—	—	—	—	—	—	—
其他	—	—	—	—	—	—	—	—
二、本期期初数	170 000. 00	18 543. 38	68. 05	39 781. 60	4 759. 00	23 792. 88	198 806. 09	455 751. 00
三、本期增减变动金额（减少以"－"填列）	—	16. 35	-397. 67	5 841. 90	—	2 920. 95	49 656. 09	58 037. 62
（一）综合收益总额	—	—	-397. 67	—	—	—	58 419. 03	58 021. 36
（二）所有者投入和减少资本	—	16. 35	—	—	—	—	—	16. 35
1. 所有者投入的普通股	—	—	—	—	—	—	—	—
2. 其他权益工具持有者投入资本	—	—	—	—	—	—	—	—
3. 股份支付计入所有者权益的金额	—	—	—	—	—	—	—	—
4. 其他	—	16. 35	—	—	—	—	—	16. 35
（三）利润分配	—	—	—	5 841. 90	—	2 920. 95	-8 762. 94	-0. 09
1. 提取盈余公积	—	—	—	5 841. 90	—	—	-5 841. 90	—
2. 提取一般风险准备	—	—	—	—	—	—	—	—
3. 提取信托赔偿准备	—	—	—	—	—	2 920. 95	-2 920. 95	—
4. 对所有者（股东）的分配	—	—	—	—	—	—	—	—

续表

项目	上年数							
	实收资本	资本公积	其他综合收益	盈余公积	一般风险准备	信托赔偿准备	未分配利润	所有者权益合计
5. 其他	—	—	—	—	—	—	-0.09	-0.09
(四)所有者权益内部结转	—	—	—	—	—	—	—	—
1. 资本公积转增资本(或股本)	—	—	—	—	—	—	—	—
2. 盈余公积转增资本(或股本)	—	—	—	—	—	—	—	—
3. 盈余公积弥补亏损	—	—	—	—	—	—	—	—
4. 结转重新计量设定受益计划净负债或净资产所产生的变动	—	—	—	—	—	—	—	—
5. 其他	—	—	—	—	—	—	—	—
(五)其他	—	—	—	—	—	—	—	—
四、本期期末数	170 000.00	18 559.73	-329.62	45 623.50	4 759.00	26 713.83	248 462.18	513 788.62

企业法定代表人:赵毅　　主管会计工作负责人:王辉　　会计部门负责人:李瑞聪

5.2 信托资产

5.2.1 信托项目资产负债汇总表

信托项目资产负债表

编制单位:天津信托有限责任公司　　2019 年 12 月 31 日　　单位:万元

信托资产	期末余额	年初余额	信托负债和信托权益	期末余额	年初余额
信托资产:			信托负债:		
货币资金	541 490.75	83 427.58	交易性金融负债	—	—
拆出资金	304 070.00	409 070.00	衍生金融负债	—	—
存出保证金	—	—	应付受托人报酬	2 273.00	1 407.79
交易性金融资产	241 609.04	247 417.80	应付托管费	169.02	287.26
衍生金融资产	—	—	应付受益人收益	10 101.62	4 234.95
买入返售金融资产	930 870.00	706 810.00	应付销售服务费	—	—
应收款项	794 123.17	781 587.80	应付投资管理费	381.11	221.49
发放贷款	2 457 100.03	2 823 259.98	应交税费	5 381.54	4 661.30
可供出售金融资产	116 765.07	—	其他应付款项	240 649.73	68 618.81
持有至到期投资	15 745 453.37	9 113 637.42	其他负债	—	—
长期应收款	—	—	信托负债合计	258 956.01	79 431.60
长期股权投资	539 111.85	766 541.85	信托权益:	—	—
投资性房地产	—	—	实收信托	20 737 960.94	14 727 986.23
固定资产	—	—	资本公积	18 110.84	17 056.56
无形资产	—	—	外币报表折算差额	—	—
长期待摊费用	—	—	未分配利润	655 565.48	107 278.04
其他资产	—	—	信托权益合计	21 411 637.26	14 852 320.83
信托资产总计	21 670 593.27	14 931 752.43	信托负债和信托权益总计	21 670 593.27	14 931 752.43

企业法定代表人:赵毅　　主管会计工作负责人:王辉　　会计部门负责人:孙红全

5.2.2 信托项目利润及利润分配汇总表

信托项目利润及利润分配表

编制单位:天津信托有限责任公司　　2019 年度　　单位:万元

项目	本期累计金额	上期累计金额
一、营业收入	1 138 641.24	1 080 112.61
利息收入	220 685.91	454 656.24
投资收益(损失以"-"号填列)	485 014.71	689 102.64
其中:对联营企业和合营企业的投资收益	—	—
公允价值变动收益(损失以"-"号填列)	28 165.27	-86 596.94
租赁收入	—	—
汇兑损益(损失以"-"号填列)	—	—
其他收入	404 775.35	22 950.67
二、营业支出	153 591.58	443 002.58
营业税金及附加	4 197.05	4 412.36
受托人报酬	35 617.41	48 945.13

续表

项目	本期累计金额	上期累计金额
托管费	1 845.84	2 984.83
投资管理费	46 352.88	370 372.36
销售服务费	3 144.97	4.89
交易费用	114.08	1 739.41
资产减值损失	—	—
其他费用	62 319.36	14 543.60
三、信托净利润(净亏损以"-"号填列)	985 049.65	637 110.03
四、其他综合收益	16 591.94	116 714.64
五、综合收益	1 001 641.60	753 824.67
加:期初未分配信托利润	107 278.04	1 023.54
六、可供分配的信托利润	1 092 327.70	638 133.57
减:本期已分配信托利润	436 762.21	530 855.53
七、期末未分配信托利润	655 565.48	107 278.04

企业法定代表人:赵毅　　主管会计工作负责人:王辉　　会计部门负责人:孙红全

6. 会计报表附注

6.1 会计报表编制基准的说明

公司以持续经营为基础，根据实际发生的交易和事项，按照财政部颁布的《企业会计准则——基本准则》和42项具体会计准则，其后颁布的企业会计准则应用指南、企业会计准则解释及其他相关规定（以下简称企业会计准则）的规定进行确认和计量，在此基础上编制财务报表。

6.2 重要会计政策和会计估计说明

6.2.1 计提资产减值准备的主要范围和方法

6.2.1.1 计提资产减值准备的时间

资产减值准备是按季度于季度末月份计提，但有证据证明月度资产有减值迹象的应当按月计提。

6.2.1.2 计提资产减值准备的标准

各类资产计提减值准备的标准，均依据公司《天津信托有限责任公司信贷资产、应收款项和长期投资风险分类管理办法》（津信管字[2018]9号）进行资产风险分类的结果进行。

6.2.1.3 计提资产减值准备的方法

6.2.1.3.1 贷款、应收账款、买入返售金融资产减值准备核算方法

资产负债表日对贷款、应收账款、买入返售金融资产分别进行减值测试。如有客观证据表明其发生了减值的，依据《天津信托有限责任公司准备金计提管理办法》（津信会字[2012]1号）及《天津信托有限责任公司准备金计提管理办法的补充规定（试行）》（津信会字[2013]2号）计提减值准备。

6.2.1.3.2 长期股权投资、抵债资产减值准备核算方法

资产负债表日，本公司对长期股权投资、抵债资产进行减值测试，发现有减值迹象的，依据《天津信托有限责任公司准备金计提管理办法》（津信会字[2012]1号）及《天津信托有限责任公司准备金计提管理办法的补充规定（试行）》（津信会字[2013]2号）计提减值准备。长期股权投资、抵债资产减值准备一经确认，不再转回。

6.2.1.3.3 可供出售金融资产减值准备核算方法

（1）当可供出售金融资产公允价值低于成本的50%，且有证据判断未来公允价值继续下跌的。

（2）可供出售金融资产公允价值持续性下跌1年以上（含1年），且下跌幅度超过20%的并有证据判断未来公允价值继续下跌的。

符合上述两个条件之一的，业务部门可以认定该可供出售金融资产已经发生减值，应按照公允价值损失部分全额计提减值准备。

可供出售金融资产减值的计算，依据《天津信托有限责任公司准备金计提管理办法》（津信会字[2012]1号）及《天津信托有限责任公司准备金计提管理办法的补充规定（试行）》（津信会字[2013]2号）进行。

6.2.2 金融资产分类的范围和标准

6.2.2.1 以公允价值计量且其变动计入当期损益的金融资产

以公允价值计量且其变动计入当期损益的金融资产是指本公司为了近期内出售而持有的股票、债券、基金。包括交易性金融资产和指定以公允价值计量且其变动计入当期损益的金融资产。

6.2.2.2 持有至到期投资

持有至到期投资是指本公司购入的到期日固定、回收金额固定或可确定且本公司明确意图和能力持有至到期的固定利率国债、浮动利率公司债券等。

6.2.2.3 应收款项和贷款

应收款项（本公司指应收利息、其他应收款和长期应收款）按合同或协议价款作为初始入账金额。贷款的后续计量以摊余成本计量。

6.2.2.4 可供出售金融资产

可供出售金融资产是指本公司没有划分为以公允价值计量且其变动计入当期损益的金融资产、持有至到期投资、贷款和应收款项的其他金融资产。

6.2.3 交易性金融资产核算方法

取得时以公允价值（扣除已宣告但尚未发放的现金股利或已到付息期但尚未领取的债券利息）作为初始确认金额。

持有期间将取得的利息或现金股利确认为投资收益，资产负债表日将公允价值变动计入当期损益。

处置时，公允价值与初始入账金额之间的差额确认为投资收益，同时调整公允价值变动损益。

6.2.4 可供出售金融资产核算方法

取得时按公允价值（扣除已宣告但尚未发放的现金股利或已到付息期但尚未领取的债券利息）和相关交易费用之和作为初始确认金额。

持有期间将取得的利息或现金股利确认为投资收益。资产负债表日将公允价值变动计入其他综合收益。

处置时，将取得的价款与该金融资产账面价值之间的差额，计入投资损益；同时，将原直接计入所有者权益的公允价值变动累计额对应处置部分的金额转出，计入投资损益。

6.2.5 持有至到期投资核算方法

取得时按公允价值（扣除已到付息期但尚未领取的债券利息）和相关交易费用之和作为初始确认金额。

持有期间按照摊余成本和实际利率（如实际利率与票面利率差别较小的，按票面利率）计算确认利息收入，计入投资收益。实际利率在取得时确定，在该预期存续期间或适用的更短期间内保持不变。

处置时，将所取得价款与该投资账面价值之间的差额计入投资收益。

6.2.6 长期股权投资核算方法

6.2.6.1 权益法

本公司对联营企业和合营企业的长期股权投资，采用权益法核算。

6.2.6.2 成本法

公司能够对被投资企业实施控制，即本公司拥有对被投资方的权力，通过参与被投资方的相关活动而享有可变回报，并且有能力运用对被投资方的权力影响其回报金额的，应采用成本法核算。

6.2.7 投资性房地产核算方法

投资性房地产是指为赚取租金或资本增值，或两者兼有而持有的房地产。本公司的投资性房地产为公司办公大楼出租

部分的房产。

本公司的投资性房产采用成本模式计量。对按照成本模式计量的投资性房地产采用与本公司固定资产、无形资产相同的折旧或摊销政策。在资产负债表日按投资性房产的成本与可收回金额孰低计价，可收回金额低于成本的，按两者的差额计提减值准备。

6.2.8 固定资产计价和折旧方法

6.2.8.1 固定资产的标准

同时具备以下三个条件的，确认为固定资产：(1)本公司实际拥有所有权的实物资产；(2)预计使用期限在1年以上(不含1年)；(3)单项实物资产的购置或建造价值在2 000元以上。

6.2.8.2 固定资产的计价

固定资产发生的修理费用，符合规定的固定资产确认条件的计入固定资产成本；不符合规定的固定资产确认条件的在发生时直接计入当期成本、费用。

6.2.8.3 固定资产折旧计提方法

固定资产从其投入使用的次月起采用直线法计提折旧，预计净残值为原价的3%，估计经济使用年限和年折旧率如下：

资产类别	预计使用年限(年)	年折旧率(%)
房屋建筑物	30～43	3.23～2.26
机器设备	5～20	19.40～4.85
运输设备	6	16.17
电子设备	3～5	32.33～19.40
其　他	5	19.40

6.2.9 无形资产计价及摊销政策

6.2.9.1 无形资产的计价

无形资产在取得时，按实际成本计价。取得时的实际成本按以下方法确定：一是购入的无形资产，按实际支付的价款作为实际成本；二是自行开发并按法律程序申请取得的无形资产按依法取得时发生的注册费、聘请律师费等入账，开发过程中发生的费用直接计入当期损益。

6.2.9.2 无形资产的摊销

无形资产自取得当月起在预计使用年限内分期平均摊销，预计使用年限按受益年限和法律规定的有效年限两者孰短的原则确定，对无受益年限和法律规定的有效年限的则按不超过10年的摊销年限内分期平均摊销，计入当期损益。

6.2.10 长期应收款的核算方法

本公司长期应收款核算应收融资租赁本金和应收融资租赁收益，融资租赁资产出租时，将该项融资租赁资产的初始账面价值由记入"长期应收款——应收融资租赁本金"，将应向承租人收取的各期租金与终止转让价款之和，扣除购入租赁物时实际支付价款及相关税费后的差额，记入"长期应收款——应收融资租赁收益"。

收到融资租赁租金时，根据该项融资租赁业务的《租金表》或《未确认融资收益分配表》，按实际收到金额中的本金部分，冲减"长期应收款——应收融资租赁本金"；按实际收到金额中的收益部分，冲减"长期应收款——应收融资租赁收益"。同时，按实际收到金额中的收益部分，记入"未实现融资收益"和"租赁收入"。

6.2.11 长期待摊费用的摊销政策

本公司长期待摊费用在费用项目的受益期限内分期平均摊销。

6.2.12 预计负债的核算方法

本公司当与或有事项相关的义务同时符合以下条件，确认为预计负债：(1)该义务是本司承担的现时义务；(2)履行该义务很可能导致经济利益流出；(3)该义务的金额能够可靠地计量。

在资产负债表日，考虑与或有事项有关的风险、不确定性和货币时间价值等因素，按照履行相关现时义务所需支出的最佳估计数对预计负债进行计量。

最佳估计数分别以下情况处理：

所需支出存在一个连续范围(或区间)，且该范围内各种结果发生的可能性相同的，则最佳估计数按照该范围的中间值即上下限金额的平均数确定。

所需支出不存在一个连续范围(或区间)，或虽然存在一个连续范围但该范围内各种结果发生的可能性不相同的，如或有事项涉及单个项目的，则最佳估计数按照最可能发生金额确定；如或有事项涉及多个项目的，则最佳估计数按各种可能结果及相关概率计算确定。

如果清偿预计负债所需支出全部或部分预期由第三方补偿的，补偿金额在基本确定能够收到时，作为资产单独确认，且确认的补偿金额不超过预计负债的账面价值。

6.2.13 合并会计报表的编制方法

对本公司拥有实际控制权的被投资企业合并财务报表，公司能够控制的特殊目的主体(如：非法人单位的合作项目)也列入合并报表范围。按照《企业会计准则》第33号"合并财务报表"准则的相关规定，编制合并财务报表。

6.2.14 收入确认原则和方法

6.2.14.1 利息收入

本公司的利息收入是指本公司存放于银行和其他金融机构的款项、对外放款、拆出资金、买入返售金融资产等业务所形成的利息收入。

①贷款利息收入是按贷款合同在贷款结息日，按照贷款合同(借据)金额和合同利率计算确定的应收未收利息，记入"应收利息"科目；按贷款的摊余成本和实际利率计算确定的利息收入。②拆出资金和买入返售金融资产的利息收入比照贷款利息收入的规定确认。③存放银行和其他金融机构款项的利息收入：按结息日实际收到的金额计入利息收入。

6.2.14.2 融资租赁收益

本公司采用实际利率法计算当期应确认的融资租赁收入，并将未实现融资租赁收益在租赁期内的各个期间进行分配。

6.2.14.3 手续费及佣金净收入

本公司的手续费收入是指本公司自营业务的手续费收入以及从本公司所管理的信托业务中按信托合同规定从信托收益中提取或向委托人及第三方收取的受托人报酬。自营业务手续费收入：按合同收取时确认收入；信托业务手续费参见"6.2.16信托报酬确认原则和方法"。

6.2.14.4 其他营业收入

本公司以合同已签订并执行，款项已收到或取得收取款项凭据时确认为收入实现。

6.2.15 所得税的会计处理方法

本公司所得税费用采用资产负债表债务法核算。资产、负债的账面价值与其计税基础存在差异的，按照规定确认所产生的递延所得税资产或递延所得税负债。

本公司在计算确定当期所得税（即当期应交所得税）以及递延税项（递延所得税费用或收益）的基础上，将两者之和确认为利润表中的所得税费用（或收益），但不包括直接计入所有者权益的交易或事项的所得税影响。

资产负债表日，本公司按照暂时性差异与适用所得税税率计算的结果，确认递延所得税负债、递延所得税资产以及相应的递延所得税费用（或收益）。一般情况下，所有应税暂时性差异产生的递延所得税负债均予确认，而递延所得税资产则只能在未来应纳税利润足以用作抵销暂时性差异的限度内，才予以确认。

6.2.16 信托报酬确认原则和方法

信托业务手续费收入（受托人报酬）：依据信托合同的约定，按季度、合同中期分配、合同到期分配收取时，计算及确认收入。

6.2.17 会计政策变更的披露

因执行新企业会计准则导致的会计政策的变更。财政部于 2017 年及 2019 年颁布了以下企业会计准则修订：

《企业会计准则第 7 号——非货币性资产交换（修订）》（以下简称准则 7 号（2019））；《企业会计准则第 12 号——债务重组（修订）》（以下简称准则 12 号（2019））。

本公司于 2019 年度执行上述企业会计准则修订，对会计政策相关内容进行调整。本公司采用上述企业会计准则修订的主要影响如下。

（1）准则 7 号（2019）《企业会计准则第 7 号——非货币性资产交换（修订）》。准则 7 号（2019）细化了非货币性资产交换准则的适用范围，明确了换入资产的确认时点和换出资产的终止确认时点并规定了两个时点不一致时的会计处理方法，修订了以公允价值为基础计量的非货币性资产交换中同时换入或换出多项资产时的计量原则，此外新增了对非货币资产交换是否具有商业实质及其原因的披露要求。

准则 7 号（2019）自 2019 年 6 月 10 日起施行，对 2019 年 1 月 1 日至准则施行日之间发生的非货币性资产交换根据该准则规定进行调整，对 2019 年 1 月 1 日之前发生的非货币性资产交换，不再进行追溯调整。

采用该准则未对本公司的财务状况和经营成果产生重大影响。

（2）准则 12 号（2019）《企业会计准则第 12 号——债务重组（修订）》。准则 12 号（2019）修改了债务重组的定义，明确了该准则的适用范围，并规定债务重组中涉及的金融工具的确认、计量和列报适用金融工具相关准则的规定。对于以资产清偿债务方式进行债务重组的，准则 12 号（2019）修改了债权人受让非金融资产初始确认时的计量原则，并对于债务人在债务重组中产生的利得和损失不再区分资产转让损益和债务重组损益两项损益进行列报。对于将债务转为权益工具方式进行债务重组的，准则 12 号（2019）修改了债权人初始确认享有股份的计量原则，并对于债务人初始确认权益工具的计量原则增加了指引。

准则 12 号（2019）自 2019 年 6 月 17 日起施行，对 2019 年 1 月 1 日至准则施行日之间发生的债务重组根据该准则规定进行调整，对 2019 年 1 月 1 日之前发生的债务重组，不再进行追溯调整。

采用该准则未对本公司的财务状况和经营成果产生重大影响。

6.3 或有事项说明

未发生影响财务报表阅读的重大或有事项。

6.4 重要资产转让及其出售的说明

未发生重要资产转让及其出售事项。

6.5 会计报表中重要项目的明细资料

6.5.1 自营资产经营情况

6.5.1.1 信用风险资产的期初数、期末数（按信用风险五级分类）

信用风险资产五级分类	正常类（万元）	关注类（万元）	次级类（万元）	可疑类（万元）	损失类（万元）	信用风险资产合计（万元）	不良资产合计（万元）	不良资产率（%）
期初数	538 201.27	180 316.63	20 000.00	0.00	48 535.94	787 053.84	68 535.94	8.71
期末数	601 247.02	169 266.63	16 050.00	20 000.00	48 143.66	854 707.31	84 193.66	9.85

注：1. 期初不良资产包括：（1）对山西大禾新农业科技有限公司贷款 17 010 万元，属于损失类，判决已生效，已计提减值准备 17 010 万元；（2）对山西普大煤业集团有限公司贷款 15 000万元，属于损失类，判决已生效，已计提减值准备 15 000 万元；（3）对天津市一代天成国际贸易有限公司贷款 10 000 万元，属于损失类，判决已生效，已计提减值准备 10 000万元；（4）对天津市常天管道有限公司融资及利息 6 525.94 万元，属于损失类，判决已生效，已计提减值准备 6 525.94 万元。（5）对新昌营造建筑有限公司贷款 20 000 万元，属于次级类，已计提减值准备 11 980 万元。

2. 2019 年不良类资产变化包括：（1）对辽宁同济置业有限公司贷款 6 050 万元，属于次级类，已计提减值准备 3 600 万元；（2）对天津海丰畅远科技有限公司贷款 10 000 万元，属于次级类，判决已生效，已计提减值准备 5 900 万元；（3）对新昌营造建筑有限公司贷款 20 000 万元，降为可疑类，已计提减值准备 16 780 万元；（4）对天津市常天管道有限公司融资执行回款 212.28 万元，减少不良资产 212.28 万元；（5）对山西大禾新农业科技有限公司执行回款 150 万元，减少不良资产 150 万元；（6）对山西普大煤业集团有限公司执行回款 30 万元，减少不良资产 30 万元。

6.5.1.2 各项资产减值损失准备的期初、本期计提、本期转回、本期核销、期末数

单位:万元

	期初数	本期计提	本期转回	本期核销	期末数
贷款损失准备	84 783.61	16 936.23	22 565.00	—	79 154.84
其中:一般准备	—	—	—	—	—
专项准备	84 783.61	16 936.23	22 565.00	—	79 154.84
其他资产减值准备	29 117.55	21 360.00	5 231.19	—	45 246.36
其中:可供出售金融资产减值准备	9 570.00	19 865.00	3 060.00	—	26 375.00
持有至到期投资减值准备	—	—	—	—	—
长期股权投资减值准备	—	—	—	—	—
坏账准备	4 040.10	—	493.81	—	3 546.29
投资性房地产减值准备	—	—	—	—	—
抵债资产减值准备	400.00	—	—	—	400.00
买入返售金融资产减值准备	15 107.45	1 495.00	1 677.38	—	14 925.07

6.5.1.3 固有业务股票投资、基金投资、债券投资、股权投资等投资业务的期初数、期末数(按照投资品种分类)

单位:万元

	自营股票	基金	债券	长期股权投资	其他投资	合计
期初数	377.83	15 107.93	25 004.27	145 233.72	191 234.25	376 958.00
期末数	7 865.04	22 371.26	6 984.54	182 464.10	208 078.06	427 763.00

6.5.1.4 按投资入股金额排序,前五名的自营长期股权投资的企业名称、占被投资企业权益的比例、主要经营活动及投资收益情况等

单位:万元

企业名称	占被投资企业权益的比例(%)	主要经营活动	投资收益
天弘基金管理有限公司	16.00	基金募集、基金销售、资产管理和中国证监会许可的其他业务	37 193.09

6.5.1.5 前五名的自营贷款的企业名称、占贷款总额的比例和还款情况等

企业名称	占贷款总额的比例(%)	还款情况
辽宁同济置业有限公司	14.63	未全部归还
天津国恒投资控股有限公司	13.07	合同未到期
湖南锦艺云辉置业有限公司	10.98	合同未到期
山西碧源置业有限公司	10.98	合同未到期
新昌营造建筑有限公司	10.45	未全部归还

6.5.1.6 担保业务、代理业务(委托业务)

表外业务	期初数	期末数
担保业务	—	—
代理业务(委托业务)	—	—
其他	—	—
合计	—	—

6.5.1.7 公司当年的收入结构

收入结构	金额(万元)	占比(%)
手续费及佣金收入	33 476.95	39.72
其中:信托手续费收入	33 476.95	39.72
投资银行业务收入	—	—
利息净收入	1 287.43	1.53
其他业务收入	1 132.87	1.34
其中:计入信托业务收入部分	—	—
投资收益	47 952.70	56.90
其中:股权投资收益	38 392.92	45.56
证券投资收益	4 166.43	4.94
其他投资收益	5 393.35	6.40
其他收益	414.56	0.49
营业外收入	13.47	0.02
收入合计	84 277.98	100.00

6.5.2 披露信托财产管理情况

6.5.2.1 信托资产的期初数、期末数

单位:万元

信托财产	期初数	期末数
集合	3 118 458.76	6 334 306.93
单一	7 825 755.40	4 582 177.99
财产权	3 987 538.27	10 754 108.35
其中:集合财产权	137 789.49	143 422.47
单一财产权	3 849 748.78	10 610 685.88
合计	14 931 752.43	21 670 593.27

6.5.2.1.1 主动管理型信托业务的信托资产期初数、期末数,分证券投资类、股权投资类、融资类、事务管理类分别披露

单位:万元

主动管理型信托资产	期初数	期末数
证券投资类	171 246.61	121 198.30
股权投资类	17 004.93	17 005.25
其他投资类	—	1 620 025.83
融资类	3 875 421.01	9 886 644.70
事务管理类	—	440.04
合计	4 063 672.55	11 645 314.12

6.5.2.1.2 被动管理型信托业务的信托资产期初数、期末数，分证券投资类、股权投资类、融资类、事务管理类分别披露

单位：万元

被动管理型信托资产	期初数	期末数
证券投资类	—	—
股权投资类	—	—
其他投资类	—	—
融资类	—	—
事务管理类	10 868 079.88	10 025 279.15
合计	10 868 079.88	10 025 279.15

6.5.2.2 本年度已清算结束的信托项目个数、实收信托合计金额、加权平均实际年化收益率

6.5.2.2.1 本年度已清算结束的集合类、单一类资金信托项目和财产管理类信托项目个数、实收信托合计金额、加权平均实际年化收益率

已清算结束信托项目	项目个数（个）	实收信托合计金额（万元）	加权平均实际年化收益率（%）
集合类	65	3 693 199.74	6.25
单一类	64	4 287 388.00	1.65
财产管理类	12	2 341 686.00	5.77

注：1. 收益率是指信托项目清算后，给受益人赚取的实际收益水平。

2. 加权平均实际年化收益率 =（信托项目 1 的实际年化收益率 × 信托项目 1 的实收信托 + 信托项目 2 的实际年化收益率 × 信托项目 2 的实收信托 + … + 信托项目 n 的实际年化收益率 × 信托项目 n 的实收信托）/（信托项目 1 的实收信托 + 信托项目 2 的实收信托 + … + 信托项目 n 的实收信托）×100%。

6.5.2.2.2 本年度已清算结束的主动管理型信托项目个数、实收信托合计金额、加权平均实际年化收益率，分证券投资类、股权投资类、融资类、事务管理类分别计算并披露

已清算结束信托项目	项目个数（个）	实收信托合计金额（万元）	加权平均实际年化信托报酬率（%）	加权平均实际年化收益率（%）
证券投资类	2	45 610.00	1.16	7.31
股权投资类	—	—	—	—
其他投资类	2	640.00	—	—
融资类	71	3 179 570.00	0.72	6.61
事务管理类	—	—	—	—

注：加权平均实际年化信托报酬率 =（信托项目 1 的实际年化信托报酬率 × 信托项目 1 的实收信托 + 信托项目 2 的实际年化信托报酬率 × 信托项目 2 的实收信托 + … + 信托项目 n 的实际年化信托报酬率 × 信托项目 n 的实收信托）/（信托项目 1 的实收信托 + 信托项目 2 的实收信托 + … + 信托项目 n 的实收信托）×100%。

6.5.2.2.3 本年度已清算结束的被动管理型信托项目个数、实收信托合计金额、加权平均实际年化收益率，分证券投资类、股权投资类、融资类、事务管理类分别计算并披露

已清算结束信托项目	项目个数（个）	实收信托合计金额（万元）	加权平均实际年化信托报酬率（%）	加权平均实际年化收益率（%）
证券投资类	—	—	—	—
股权投资类	—	—	—	—
其他投资类	—	—	—	—
融资类	—	—	—	—
事务管理类	66	7 096 453.74	0.08	3.15

6.5.2.3 本年度新增的集合类、单一类和财产管理类信托项目个数、实收信托合计金额

新增信托项目	项目个数（个）	实收信托合计金额（万元）
集合类	103	5 330 279.97
单一类	46	922 767.00
财产管理类	59	9 278 776.13
新增合计	208	15 531 823.10
其中：主动管理型	135	10 972 676.44
被动管理型	73	4 559 146.66

注：本年新增信托项目指在本报告年度内累计新增的信托项目个数和金额，包含本年度新增并于本年度内结束的项目和本年度新增至报告期末仍在持续管理的信托项目。

6.5.2.4 信托业务创新成果和特色业务有关情况

2019 年，公司认真贯彻落实国家宏观政策和金融监管要求，以推动公司转型与结构调整为契机，不断推进业务创新，主要体现在以下几个方面。

（1）普惠消费金融业务稳步推进，公司进一步加强与蚂蚁金服的全面合作，形成了信托放款加资产流转的主要业务模式，并已逐步实现该模式在不同资产、不同市场的推广，形成了一定的规模效应。目前资产类型包括小微消费类、经营类资产，均已实现信托放款，资产实现了在银行间债券市场、证券交易所、银登中心等多个市场的流转。

（2）资产证券化业务不断突破。2019 年公司在银行间债券市场累计发行 28 期 ABN 信托计划，规模共计 350 亿元。2019 年末，公司收到了银行业信贷资产登记流转中心发来的感谢信，对公司在业务中积极参与、专业规范、开拓创新的做法、给业界起到的引领示范作用以及为市场的完善和发展作出的杰出贡献表示感谢。

（3）家族、慈善信托业务规模效应初显。2019 年公司不断加大家族信托、慈善信托创新力度，社会和经济效益有效提升。全年设立慈善信托项目 9 个，规模合计 440 万元，涉及扶贫、安老、助学、助困等多个领域，取得良好社会影响；成功设立"天信世嘉·信远系列家族信托"3 个，资金类家族信托业务规模持续增长。

6.5.2.5 本公司履行受托人义务情况

本公司作为受托人，严格遵守信托法规的规定和信托协议（合同）的约定，尽职尽责履行受托人职责和义务，为委托人管理好各项信托财产，精心组织信托财产的运作；依照信托法规和信托协议（合同）约定，定期出具信托财产的管理报告；信托协议（合同）终止时，及时办理信托事务清算事宜；按信托协议（合同）的约定，按期及时向受益人支付信托受益并在信托协议（合同）终止时及时按约定向委托人（受益人）支付信托财产（本金）；按信托法规和信托协议（合同）的约定收取受托人报酬（手

续费),本年度没有发生违反受托人职责和义务的情况,没有出现信托协议(合同)到期由于受托人的责任不支付信托财产和受益人收益的情况。受托人按信托法规和信托协议(合同)管理、运用信托财产,管理和分配信托收益以及收取手续费(受托人报酬)时,没有出现侵占委托人和受益人合法权益的情况。

6.5.2.6 信托赔偿准备金的提取、使用和管理情况

信托赔偿准备金的提取情况表

单位:万元

项目	期初数	本年增加	本年减少	期末数
信托赔偿准备金	26 713.83	2 901.92	—	29 615.75

6.6 关联方关系及其交易的披露

6.6.1 关联交易方的数量、关联交易的总金额及管理交易的定价政策等

	关联交易数量	关联交易金额(万元)	定价政策
合 计	—	—	—

6.6.2 关联方交易与本公司的关系性质、关联交易方名称、法定代表人、注册地址、注册资本及主营业务等

关系性质	关联方名称	法定代表人	注册地址	注册资本(万元)	主营业务
—	—	—	—	—	—

6.6.3 逐笔披露本公司与关联方的重大交易事项

6.6.3.1 固有财产与关联方:贷款、投资、租赁、应收账款、担保、其他方式等期初汇总数、本期发生额汇总数、期末汇总数

单位:万元

固有财产与关联方关联交易				
	期初数	借方发生额	贷方发生额	期末数
贷款	—	—	—	—
投资	—	—	—	—
租赁	—	—	—	—
担保	—	—	—	—
应收账款	—	—	—	—
其他	—	—	—	—
合计	—	—	—	—

6.6.3.2 信托资产与关联方:贷款、投资、租赁、应收账款、担保、其他方式等期初汇总数、本期发生额汇总数、期末汇总数

单位:万元

信托资产与关联方关联交易				
	期初数	借方发生额	贷方发生额	期末数
贷款	37 500	—	37 500	—
投资	—	—	—	—
租赁	—	—	—	—
担保	—	—	—	—
应收账款	—	—	—	—
其他	—	—	—	—
合计	37 500	—	37 500	—

6.6.3.3 信托公司自有资金运用于自己管理的信托项目(固信交易)、信托公司管理的信托项目之间的相互(信信交易)交易金额,包括余额和本报告年度的发生额

6.6.3.3.1 固有与信托财产之间的交易金额期初汇总数、本期发生额汇总数、期末汇总数

单位:万元

固有财产与信托财产相互交易			
	期初数	本期发生额	期末数
合计	—	—	—

6.6.3.3.2 信托项目之间的交易金额期初汇总数、本期发生额汇总数、期末汇总数

单位:万元

信托财产与信托财产相互交易			
	期初数	本期发生额	期末数
合计	—	—	—

6.6.4 逐笔披露关联方逾期未偿还本公司资金的详细情况以及本公司为关联方担保发生或即将发生垫款的详细情况

公司本年度未出现关联方逾期未偿还本公司资金的情况,未出现本公司为关联方担保的情况。

6.7 会计制度的披露

本公司固有业务从2008年1月1日起、信托业务从2010年1月1日起按照财政部颁布的《企业会计准则——基本准则》和其他各项会计准则的规定对固有业务及信托业务进行确认和计量,在此基础上编制财务报表。

6.8 净资本管理情况

根据《信托公司净资本管理办法》和2011年2月下发的净资本具体计算标准,2019年末公司的净资产为57.3亿元,净资本为35.25亿元(监管标准≥2亿元),各项风险资本之和为20.27亿元,净资本/各项业务风险资本为173.9%(监管标准≥100%),净资本/净资产为61.52%(监管标准为≥40%),净资本各项指标达到规定标准。

7. 财务情况说明书

7.1 利润实现和分配情况

2019年,公司实现税前利润为63 950.98万元,比上年增加3 271.09万元,增幅为5.39%;净利润为57 815.1万元,比上年减少603.93万元,降幅为1.03%。按照相关法规及《公司章程》,本年净提取法定盈余公积金5 803.83万元和信托赔偿准备金2 901.92万元。

7.2 主要财务指标

2019年主要财务指标情况表

指标名称	指标值
资本利润率(%)	10.64
加权年化信托报酬率(%)	0.21
人均净利润(万元)	363.62

注:全年在岗职工平均人数159人。

7.3 对本公司财务状况、经营成果有重大影响的其他事项

无。

8. 特别事项揭示

8.1 公司股东股权变动情况

无。

8.2 董事、监事及高级管理人员变动情况及原因

天津信托有限责任公司股东会2019年第二次临时会议(2019年2月12日通讯表决方式)审议通过了《关于同意黎维彬担任天津信托有限责任公司独立董事的决议》。由于黎维彬个人原因,其独立董事任职资格公司没有向监管部门申报。

天津信托有限责任公司股东会2019年第四次临时会议(2019年5月29日通讯表决方式)审议通过了《关于同意钟玲玲不再担任天津信托有限责任公司股东董事的决议》和《关于同意陈伟明担任天津信托有限责任公司股东董事的决议》。陈伟明的股东董事任职资格正待与监管部门沟通协调中。

天津信托有限责任公司第八届董事会2019年第七次临时会议(2019年5月30日通讯表决方式)审议通过了《关于同意韩立新不再担任天津信托有限责任公司总经理的决议》《关于同意赵毅代为履职天津信托有限责任公司总经理的决议》,代为履职期限6个月。

天津信托有限责任公司股东会2020年第一次临时会议(2020年1月15日通讯表决方式)审议通过了《关于同意韩立新不再担任天津信托有限责任公司职工董事的决议。

天津信托有限责任公司股东会2020年第一次会议(2020年4月24召开)审议通过了《关于同意郭田勇不再担任天津信托有限责任公司独立董事的决议》。

2019年2月15日,中国银保监会天津监管局津银保监复[2019]62号文正式核准付岩天津信托有限责任公司总经理助理任职资格,即日起,开始履行天津信托有限责任公司总经理助理职责。

2019年5月23日,中国银保监会天津监管局津银保监复[2019]188号文正式核准杨锦天津信托有限责任公司营销总监任职资格,即日起,开始履行天津信托有限责任公司营销总监职责。

2019年10月24日,中国银保监会天津监管局津银保监复[2019]432号文正式核准潘庄晨天津信托有限责任公司总经理助理任职资格,即日起,开始履行天津信托有限责任公司总经理助理职责。

2020年2月10日,中国银保监会天津监管局津银保监复[2020]58号文正式核准康雁天津信托有限责任公司运营总监任职资格,即日起,开始履行天津信托有限责任公司运营总监职责。

除此之外,公司董事、监事及高级管理人员未有变动。

8.3 本年度,公司注册资本、注册地、公司名称、公司分立合并事项

公司注册资本、注册地、公司分立合并事项无变更。

8.4 公司的重大诉讼事项

截至报告期末,公司未发生对经营活动产生重大影响的诉讼、仲裁事项。

8.5 本年度,公司及其董事、监事和高级管理人员受到处罚情况

2019年公司及董事、监事和高级管理人员无受到处罚情况。

8.6 中国银保监会派出机构风险检查情况

2019年6月,天津银保监局组织召开了公司2018年度监管会议,对公司2018年经营管理成效进行了评价,认为公司在稳健经营、强化内控管理、提高营销能力、拓展创新业务等方面取得了一定成绩,同时对公司提出了监管意见。

2019年10—11月,天津银保监局到公司开展了重点风险领域暨影子银行和交叉金融现场检查,对存在的问题提出了监管意见。公司领导高度重视,积极部署落实监管意见,逐项制定整改方案及台账,将责任明确落实到人,已分别按要求报送了整改方案及落实情况。

8.7 重大事项临时报告

无。

9. 公司监事会意见

9.1 公司依法运作情况

通过检查监督,监事会认为,公司建立了较为完善的公司法人治理结构,进一步加强了内部控制制度建设和风险管理,强化了内部管理和审计制度。公司决策事项程序合法,公司董事、经理和其他高级管理人员,能够按照《公司法》“信托一法三规”《公司章程》等有关法律、法规及监管部门的要求,认真履行相关职责,勤勉工作,积极维护股东利益、公司利益和客户利益。

9.2 关于公司财务报告

依据中审华会计师事务所(特殊普通合伙)出具的审计报告和公司的财务报表,监事会认真检查和审核了公司财务状况和经营成果,认为公司本年度财务报告是客观、公允的。

万向信托股份公司

1. 重要提示

1.1 本公司董事会及董事保证本报告所载资料不存在任何虚假记载、误导性陈述或者重大遗漏，并对其内容的真实性、准确性和完整性承担个别及连带责任。本年度报告摘要摘自年度报告全文，客户及相关利益人欲了解详细内容，应阅读年度报告全文。

1.2 本公司独立董事成保良、刁维仁、汪炜、姚铮、钟鸿钧认为：公司年报所记载的资料没有存在任何的虚假记载，也没有任何误导性陈述和重大遗漏，本报告的内容真实、准确、完整。

1.3 本公司董事长肖风先生、公司总裁王永刚先生、财务负责人黄鹏先生声明：保证年度报告中财务报告的真实、完整。

2. 公司概况

2.1 公司简介

2.1.1 法定中文名称：万向信托股份公司（缩写：万向信托）

法定英文名称：Wanxiang Trust Co. ,Ltd.

2.1.2 法定代表人：肖风

2.1.3 注册地址：浙江省杭州市下城区体育场路 429 号天和大厦 4 -6 层及 9 -17 层

邮政编码：310006

2.1.4 国际互联网网址：www. wxtrust. com

电子信箱：wxtrust@ wxtrust. com

2.1.5 信息披露事务联系人姓名：陆炯

信息披露事务联系人电子信箱：jlu@ wxtrust. com

信息披露事务联系人办公电话：0571－85807978

信息披露事务联系人办公传真：0571－85179809

2.1.6 选定的信息披露报纸名称：《证券时报》

2.1.7 年度报告备置地点：杭州市体育场路 429 号天和大厦 16 层

2.1.8 聘请的会计师事务所名称：大华会计师事务所（特殊普通合伙）

聘请的会计师事务所住所：杭州市江干区钱潮路 636 号万邦大楼二幢

2.2 组织结构

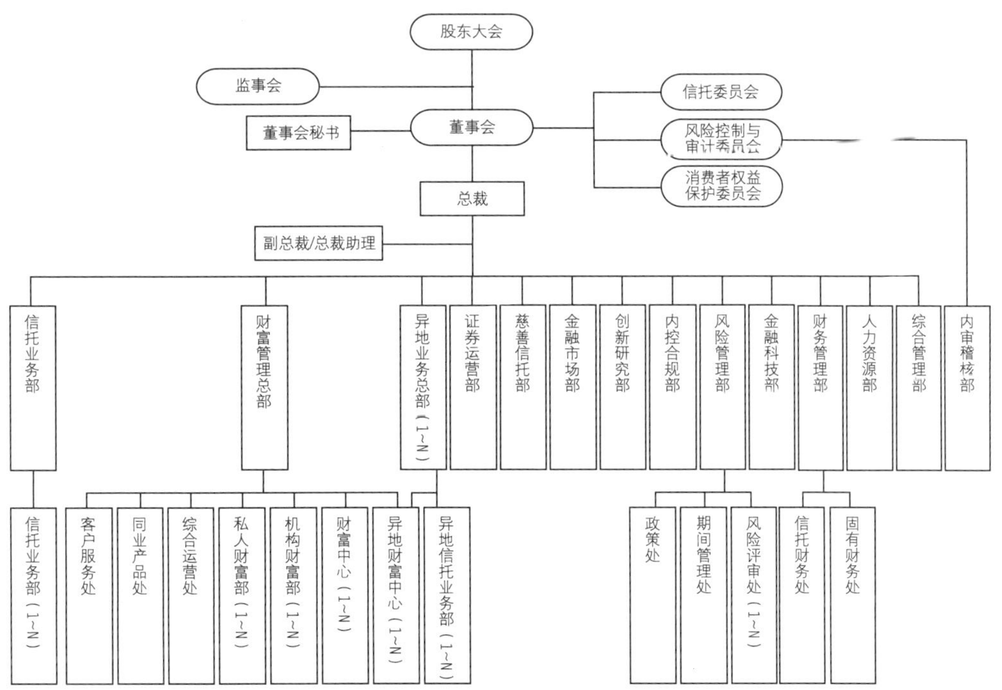

3. 公司治理

3.1 股东

截至2019年末，公司股东5家。

股东构成

股东名称	投股比例（%）	法定代表人	注册资本（万元）	注册地址	主要经营业务	控股股东	实际控制人	最终受益人
中国万向控股有限公司★	76.50	鲁伟鼎	120 000.00	中国（上海）自由贸易试验区陆家嘴西路99号万向大厦	实业投资、投资管理、物业管理、金融专业技术领域内的技术咨询、技术开发等。	鲁伟鼎	鲁伟鼎	中国万向控股有限公司
浙江烟草投资管理有限责任公司	14.49	潘昵琥	440 714.68	杭州市上城区解放路108号杭州中维香溢大酒店619室	投资管理、实业投资、酒店管理、经营进出口业务。	中国烟草总公司浙江省公司	中国烟草总公司	浙江烟草投资管理有限责任公司
北京中邮资产管理有限公司	3.97	龚启华	504 188.0468	北京市西城区金融大街3号，甲3号13层甲3－1301	投资管理；资产管理；销售五金交电等。	中邮资本管理有限公司	中国邮政集团有限公司	北京中邮资产管理有限公司
巨化集团有限公司	2.86	胡仲明	400 000.00	杭州市江干区泛海国际中心2幢2001室	化肥、化工原料及产品、化学纤维、医药原料等。	浙江省人民政府国有资产监督管理委员会	浙江省人民政府国有资产监督管理委员会	巨化集团有限公司
浙江省金融控股有限公司	2.18	章启诚	1 200 000.00	杭州市下城区环城北路165号汇金国际大厦东1幢16层1601室	金融类股权投资、政府性股权投资基金管理与资产管理业务。	浙江省财务开发公司	浙江省财政厅	浙江省金融控股有限公司

注：★代表本公司实际控制人；本公司股东之间不存在关联关系。股东不存在转让、质押公司股权的行为。

3.2 董事、董事会及其下属委员会

董事

姓名	职务	性别	年龄（岁）	所推举的股东名称	该股东持股比例（%）	简要履历
肖　风	董事长	男	59	中国万向控股有限公司	76.50	南开大学世界经济学博士，中国万向控股有限公司执行副董事长。
傅志芳	董事	男	55	中国万向控股有限公司	76.50	中欧国际工商学院硕士，万向财务有限公司董事长，万向集团公司副总裁、财务负责人。
徐初斌	董事	男	43	中国万向控股有限公司	76.50	同济大学应用数学硕士，民生人寿保险股份有限公司执委、董事会秘书、总精算师。
葛旋	董事	男	48	中国万向控股有限公司	76.50	长江商学院高级管理人员工商管理硕士，民生通惠资产管理有限公司总经理、董事。
潘昵琥	董事	男	58	浙江烟草投资管理有限责任公司	14.49	河南师范大学化学系学士，浙江烟草投资管理有限责任公司总经理、党委书记、董事。
杨嘉树	董事	男	52	北京中邮资产管理有限公司	3.97	上海财经大学工商管理硕士，中国邮政集团浙江省分公司党组成员、副总经理。
唐顺良	董事	男	43	巨化集团有限公司	2.86	上海财经大学金融学硕士，巨化控股有限公司副总经理。
王建	董事	男	39	浙江省金融控股有限公司	2.18	南京邮电大学企业管理硕士，浙江省金融控股有限公司金融管理部总经理。

注：经万向信托股份公司2019年第一次临时股东大会会议审议通过，选举葛旋为公司董事，葛旋的董事任职资格于2020年4月13日经监管部门核准生效，开始正式履职。

独立董事

姓名	简要履历	性别	年龄（岁）
成保良	万置资本管理有限公司董事长。	男	59
刁维仁	曾任群益国际控股有限公司上海代表处首席代表，上海市台商协会副秘书长。	男	66
汪　炜	浙江大学经济学院教授，浙江省金融业发展促进会常务副会长、秘书长，浙江省金融研究院院长。	男	53
姚　铮	浙江大学管理学院教授，企业投资研究所副所长。	男	63
钟鸿钧	上海财经大学商学院数字经济研究中心主任。	男	48

注：经万向信托股份公司2019年第一次临时股东大会会议审议通过，选举钟鸿钧为公司独立董事，钟鸿钧的独立董事任职资格于2020年2月20日经监管部门核准生效，开始正式履职。

董事会下属专门委员会

名称	职责	成员	职务
风险控制与审计委员会	确定公司风险管理的总体目标、风险偏好、风险承受度、风险管理策略和重大风险管理解决方案；评估公司关联交易业务风险；监督公司信托业务和自营业务的风险控制及管理；监督公司信息披露的真实、准确、完整和合规性；提出完善公司风险管理和内部控制及内部审计实施的建议等。	刁维仁	主任委员
		杨嘉树	委员
		徐初斌	委员
信托委员会	组织制定公司信托业务发展规划；定期评估公司信托业务运行情况；研究并提出具体措施落实监管部门提出的整改要求；当公司或股东利益与受益人利益发生冲突时，研究并提出维护受益人权益的具体措施等。	潘昵琥	委员

续表

名称	职责	成员	职务
消费者权益保护委员会	负责将消费者权益保护纳入企业文化、公司治理和经营发展战略中，监督高级管理层落实消费者权益保护工作发展战略规划；监督、评估公司消费者权益保护工作以及高级管理层相关履职情况；研究并提出维护受益人权益的具体措施等。	徐初斌	主任委员
		王　建	委员
		成保良	委员

注：信托委员会成员正在补选中。

3.3 监事、监事会及其下属委员会

监事

姓名	职务	性别	年龄（岁）	所推举的股东名称	该股东持股比例（%）	简要履历
鲁伟鼎	监事长	男	49	中国万向控股有限公司	76.50	万向集团公司党委书记、董事长、CEO，中国万向控股有限公司董事长。
邵松长（已辞任）	监事	男	50	浙江烟草投资管理有限责任公司	14.49	浙江省烟草专卖局（公司）审计处副处长。
熊文斌（已辞任）	职工监事	男	37	—	—	万向信托人力资源部总经理。

注：1. 公司监事会没有下属委员会。

2. 2019 年 12 月 23 日，万向信托股份公司收到股东浙江烟草投资管理有限责任公司《关于调整万向信托股份公司监事人选的函》，推荐方泽亮为监事候选人，邵松长不再担任公司监事，公司将依据《公司法》和公司章程的规定履行监事变更程序。

3. 职工监事熊文斌因工作调动于 2019 年 9 月 10 日离职。在熊文斌离职后，公司职工代表大会于 2020 年 4 月选举产生李元龙为新任职工监事。

3.4 高级管理人员

高级管理人员构成

姓名	职务	性别	年龄（岁）	学历	任职日期	专业	金融从业年限（年）
王永刚	总裁	男	55	硕士	2017 年 10 月 23 日	工商管理	32
余勇文	副总裁 董事会秘书	男	48	硕士	2017 年 6 月 7 日 2018 年 8 月 31 日	工商管理	26
王　波	副总裁	男	47	硕士	2018 年 7 月 12 日	投资经济、工商管理	21
斯伟波	副总裁	男	47	本科	2017 年 6 月 13 日	银行货币学	26
张学峰	总裁助理	男	54	硕士	2015 年 12 月 22 日	经济学	31

3.5 公司员工

员工分布表

项　目		报告期年度		上年度	
		人数（人）	比例（%）	人数（人）	比例（%）
年龄分布	30 岁以下	114	28.01	114	31.67
	30～39 岁	242	59.46	200	55.55
	40 岁以上	51	12.53	46	12.78
性别分布	男	205	50.37	191	53.06
	女	202	49.63	169	46.94
学历分布	博士	4	0.98	5	1.39
	硕士	192	47.17	182	50.56
	本科	196	48.16	162	45
	专科	15	3.69	11	3.05
岗位分布	董事、监事及其他高管人员	5	1.23	6	1.67
	信托业务人员	248	60.93	220	61.11
	其他人员	154	37.84	134	37.22
合计		407	100	360	100

注："董事、监事及其他高级管理人员"不含未在公司就职的董事和监事。

4. 经营概况

4.1 经营目标、经营方针、战略规划

4.1.1 经营目标

公司的经营目标是以"信托即责任"为理念，以"受益人利益最大化"为宗旨，成为中国最受信任的财富管理机构。

4.1.2 经营方针

公司的经营方针是：以客户需求为导向，进一步丰富产品结构，完善公司管理架构，加强风险管理，提升运营效率，为受益人提供最优质的服务。

4.1.3 战略规划

公司主要经营指标达到行业前位水平，成长为中国优秀信托公司。

围绕"回归本源"，加强创新和风控两大核心能力建设，推进财富管理转型与服务提升，完善资产的创设与组合机制，构建数字智能商业模式。

发挥财富在业务转型中的引领作用，构建客户分群及产品分层体系，升级财富管理的资产配置能力。

优化业务结构，建设投资能力，服务实体经济；推动通道业务转型，发展特定服务信托、慈善信托、家族信托、消费信托；以非标投资能力为基础，打造"固收＋"业务及团队，增加权益类产品的规模。

全面提升风险管理能力，逐步实施量化管理。加强战略管理，调整业务结构，优化关键指标。

4.2 所经营业务的主要内容

4.2.1 信托业务

报告期末，公司信托资产运用与分布如下：

信托资产运用与分布表

资产运用	金额（万元）	占比（%）	资产分布	金额（万元）	占比（%）
货币资产	93 199.74	0.70	基础产业	1 893 055.54	14.15
贷款及应收款	9 396 332.87	70.23	房地产业	6 794 874.81	50.78
交易性金融资产	—	—	证券市场	117 217.91	0.88
买入返售金融资产	383 510.22	2.86	工商企业	2 427 344.61	18.14
可供出售金融资产	389 789.03	2.91	金融机构	1 631 704.78	12.20
持有至到期投资	2 130 919.52	15.93	其他	515 697.32	3.85
长期股权投资	556 821.86	4.16			
其他	429 321.73	3.21			
资产总计	13 379 894.97	100.00	资产总计	13 379 894.97	100.00

4.2.2 自营业务

报告期末，公司自营资产运用与分布如下：

自营资产运用与分布表

资产运用	金额（万元）	占比（%）	资产分布	金额（万元）	占比（%）
货币资产	69 004.17	15.79	基础产业	15 070.00	3.45
贷款及应收款	44 182.18	10.11	房地产业	137 309.77	31.42
可供出售金融资产	300 069.99	68.67	证券市场	3 810.00	0.87
其他	23 743.97	5.43	工商企业	122 853.05	28.11
			金融机构	130 110.38	29.77
			其他	27 847.11	6.38
资产总计	437 000.31	100.00	资产总计	437 000.31	100.00

4.3 市场分析

受新冠疫情全球蔓延的影响，全球经济受到重创，地缘经贸关系预计将会重构。但中国经济的韧性仍然强健，消费潜力巨大，长期增长的趋势没有发生变化。2020 年是“十三五”规划和第一个百年奋斗目标的收官之年，在创新和改革开放的双轮驱动下，随着供给侧结构性改革的深入，以及积极的财政政策和稳健的货币政策带来的逆周期调节作用的显现，经济增速将呈现企稳态势，经济发展质量稳步提升。

4.3.1 有利因素

“金融治乱象”取得决定性成果，对于合法稳健的金融机构而言，机遇大于危机。随着我国金融业对外开放程度进一步提升，更多外资的进入将进一步为我国金融市场注入活力。人民的财富不断累积，大量的家族传承、子女教育、养老和慈善需求将被释放出来，为家族信托和慈善信托带来巨大的市场潜力。

4.3.2 不利因素

当前，以美国为首的单边主义盛行，全球经济增长持续放缓，外围市场风险加大，为金融市场和资产价格带来强波动；行业风险尚未出清。

4.4 内部控制

内部控制目标是保证公司经营管理合法法规、资产安全、财务报告及相关信息真实完整，提高经营效率和效果。

公司依据监管法规和公司发展战略的要求，以加强合规管理、风险管理和提高工作效率为目标，进一步梳理、改造和优化各项制度，建立公司制度库，进一步完善内部控制机制，为公司规范运营和管理工作提供保障。公司坚持“受益人利益最大化”的宗旨和“信托即责任”的使命，积极创造良好的内部环境。在公司法人治理、组织机构设置、内部审计监督、人力资源政策、内部控制文化等方面不断完善，保证内部控制的有效实施。

公司建立由股东大会、董事会、监事会和高级管理层组成的公司治理结构，完善分层授权体系，形成权力机构、决策机构、监督机构基础上管理层之间分工配合、各司其职、协调运作、相互制衡的内控运行机制，从而确保对各类风险的事前防范、事中控制、事后监督得到有效执行，为公司发展提供良好的内部控制环境。

公司董事会下设风险控制与审计委员会，主要负责确定公司风险管理的总体目标、风险偏好、风险承受度、风险管理策略和重大风险管理解决方案；监督公司信托业务和固有业务的风险控制及隔离；监督公司信息披露的真实性、准确性、完整性和合规性；提出完善公司风险管理和内部控制及内部审计实施的建议等。

公司组织架构及前台、中台、后台的设置科学合理，岗位职责清晰，分工明确，相互制衡。严格按照信托业务与固有业务隔离要求，业务体系、财务体系有效分离。公司设置内控合规部负责公司内控合规事务，修订并发布《风险内控工作指南》，进一步明确工作流程和岗位分工，建立“专业、高效、协同”的工作秩序。

公司继续落实可持续发展的人力资源政策，定期进行岗位调研评估，根据相关法律法规，确立合理的架构和岗位设定。公司结合战略目标制定与之配套的激励约束机制，主要体现在薪酬管理、绩效管理、高级管理人员内部问责、员工责任承担、关键岗位离任审计、内部流动、履职回避、奖惩管理、培训管理等多方面。在员工考核管理方面，依据内部制度，结合任职要求实施考核，同时通过严格的目标责任书进行年度考核，明确公司各部门及高级管理人员权、责、利，促成公司战略目标实现。

公司高度重视合规文化建设，倡导诚信为本、稳健经营的价值观念，对员工行为进行全面规范，将诚实守信的经营理念融入日常经营过程。公司通过合规教育培训、资格认证考试、建立绩效约束机制等方式加强合规尽责文化建设，落实各部门和关键岗位职责分工和合规管理责任，健全和完善高管审核、管理层持续监督、内部审计事后监督的多层监控体系，明确各岗位应尽职责，全面宣导公司核心价值观，建立、培养良好的合规文化氛围。

4.5 风险管理

公司注重对各类风险管理机制的完善，公司全面风险管理体系覆盖各类风险，包括信用风险、市场风险、操作风险、信息科技风险、业务连续性和其他风险。

报告期内，公司牢固确立风险管理的战略核心地位，在公司各项经营管理和业务活动中贯彻和坚持风控优先的战略思想。在经营管理上，始终将“严控风险”作为稳健发展的重要保障，制定出台一系列标准化的风险管理制度与准入及审批标准，定期开展系统性风险制度与业务指引修订更新，积极对员工进行风险文化教育和职业技能培训，将风险管理涵盖到公司经营管理的各个环节和岗位。在业务活动中，公司在项目准入、尽职调查、风险审查、决策会审议、法律合规审核、核保核签、放款审核、期间管理等节点严格把控，将风险管理落实到每一具体业务环节。公司不断加强风控信息化建设，开发完善各项风险管理系统，强化信息采集、分析能力，同时充分发挥信息科技委员会的作用，进一步提升信息科技管理水平，提高管理效率，为公司业务稳健发展提供了坚实有力的保障。

5. 报告期末及上一年度末的比较式会计报表

5.1 自营资产

5.1.1 会计师事务所审计结论

审计报告

大华审字[2020]050046 号

万向信托股份公司：

一、审计意见

我们审计了后附的万向信托股份公司（以下简称万向信托

公司）财务报表，包括2019年12月31日的资产负债表，2019年度的利润表、现金流量表、所有者权益变动表，以及相关财务报表附注。

我们认为，后附的财务报表在所有重大方面按照企业会计准则的规定编制，公允反映了万向信托公司2019年12月31日的财务状况及2019年度的经营成果和现金流量。

二、形成审计意见的基础

我们按照中国注册会计师审计准则的规定执行了审计工作。审计报告的“注册会计师对财务报表审计的责任”部分进一步阐述了我们在这些准则下的责任。按照中国注册会计师职业道德守则，我们独立于万向信托公司，并履行了职业道德方面的其他责任。我们相信，我们获取的审计证据是充分、适当的，为发表审计意见提供了基础。

三、管理层和治理层对财务报表的责任

万向信托公司管理层（以下简称管理层）负责按照企业会计准则的规定编制财务报表，使其实现公允反映，并设计、执行和维护必要的内部控制，以使财务报表不存在由于舞弊或错误导致的重大错报。

在编制财务报表时，管理层负责评估万向信托公司的持续经营能力，披露与持续经营相关的事项（如适用），并运用持续经营假设，除非管理层计划清算万向信托公司、终止运营或别无其他现实的选择。

治理层负责监督万向信托公司的财务报告过程。

四、注册会计师对财务报表审计的责任

我们的目标是对财务报表整体是否不存在由于舞弊或错误导致的重大错报获取合理保证，并出具包含审计意见的审计报告。合理保证是高水平的保证，但并不能保证按照审计准则执行的审计在某一重大错报存在时总能发现。错报可能由于舞弊或错误导致，如果合理预期错报单独或汇总起来可能影响财务报表使用者依据财务报表作出的经济决策，则通常认为错报是重大的。

在按照审计准则执行审计工作的过程中，我们运用职业判断，并保持职业怀疑。同时，我们也执行以下工作：

（1）识别和评估由于舞弊或错误导致的财务报表重大错报风险，设计和实施审计程序以应对这些风险，并获取充分、适当的审计证据，作为发表审计意见的基础。由于舞弊可能涉及串通、伪造、故意遗漏、虚假陈述或凌驾于内部控制之上，未能发现由于舞弊导致的重大错报的风险高于未能发现由于错误导致的重大错报的风险。

（2）了解与审计相关的内部控制，以设计恰当的审计程序，但目的并非对内部控制的有效性发表意见。

（3）评价管理层选用会计政策的恰当性和作出会计估计及相关披露的合理性。

（4）对管理层使用持续经营假设的恰当性得出结论。同时，根据获取的审计证据，就可能导致对万向信托公司持续经营能力产生重大疑虑的事项或情况是否存在重大不确定性得出结论。如果我们得出结论认为存在重大不确定性，审计准则要求我们在审计报告中提请报表使用者注意财务报表中的相关披露；如果披露不充分，我们应当发表非无保留意见。我们的结论基于截至审计报告日可获得的信息。然而，未来的事项或情况可能导致万向信托公司不能持续经营。

（5）评价财务报表的总体列报、结构和内容，并评价财务报表是否公允反映相关交易和事项。

我们与治理层就计划的审计范围、时间安排和重大审计发现等事项进行沟通，包括沟通我们在审计中识别出的值得关注的内部控制缺陷。

大华会计师事务所（特殊普通合伙）浙江万邦分所

中国·杭州

中国注册会计师：

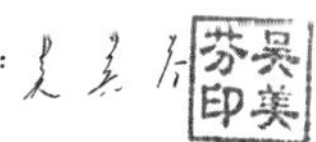

中国注册会计师：

二〇二〇年三月十五日

5.1.2　资产负债表

资产负债表

编制单位：万向信托股份公司　　2019年12月31日　　单位：元

资产	期末余额	年初余额	负债和所有者权益（或股东权益）	期末余额	年初余额
资产：			负债：		
现金及存放中央银行款项	690 041 704.66	1 203 949 705.99	向中央银行借款	—	—
贵金属	—	—	联行存放款项	—	—
存放联行款项	—	—	同业及其他金融机构存放款项	—	—
存放同业款项	—	—	拆入资金	150 000 000.00	380 000 000.00
拆出资金	—	—	以公允价值计量且其变动计入当期损益的金融负债	—	—
以公允价值计量且其变动计入当期损益的金融资产	—	—	衍生金融负债	—	—
衍生金融资产	—	—	卖出回购金融资产款	—	—
买入返售金融资产	—	—	吸收存款	—	—
持有待售资产	—	—	应付职工薪酬	256 387 872.09	239 541 755.21
应收款项类金融资产	—	—	应交税费	319 882 250.98	306 635 152.35
应收利息	—	—	应付利息	1 258 750.00	1 111 444.44

续表

资产	期末余额	年初余额	负债和所有者权益（或股东权益）	期末余额	年初余额
其他应收款	441 821 803. 31	654 589 081. 46	持有待售负债	—	—
发放贷款和垫款	—	—	其他应付款	2 524 440. 89	2 962 131. 03
可供出售金融资产	3 000 699 929. 37	1 964 799 705. 76	预计负债	—	—
持有至到期投资	—	—	应付债券	—	—
长期股权投资	—	—	递延收益	—	—
投资性房地产	—	—	递延所得税负债	—	—
固定资产	9 614 044. 35	5 403 362. 17	其他负债	2 793 986. 63	17 263 643. 25
在建工程	—	—	负债合计	732 847 300. 59	947 514 126. 28
无形资产	3 333 047. 52	4 266 347. 49	所有者权益（或股东权益）：	—	—
商誉	—	—	实收资本（或股本）	1 339 000 000. 00	1 339 000 000. 00
长期待摊费用	18 383 834. 05	20 628 894. 68	其他权益工具	—	—
抵债资产	—	—	其中：优先股	—	—
递延所得税资产	34 317 742. 21	19 314 117. 30	永续债	—	—
其他资产	171 790 949. 67	13 410 457. 51	资本公积	691 334 772. 77	691 334 772. 77
			减：库存股	—	—
			其他综合收益	—	—
			盈余公积	175 687 046. 12	105 856 225. 27
			一般风险准备	157 554 418. 83	122 639 008. 41
			未分配利润	1 273 579 516. 83	680 017 539. 63
			所有者权益（或股东权益）合计	3 637 155 754. 55	2 938 847 546. 08
资产总计	4 370 003 055. 14	3 886 361 672. 36	负债和所有者权益（或股东权益）总计	4 370 003 055. 14	3 886 361 672. 36

5.1.3 利润表

利润表

编制单位：万向信托股份公司　　2019 年度　　单位：元

项　目	本期金额	上期金额	项　目	本期金额	上期金额
一、营业收入	1 414 510 331. 20	1 018 114 226. 21	减：营业外支出	37 216. 60	1 143 865. 58
（一）利息净收入	3 405 520. 06	-10 704 418. 86	四、利润总额（亏损总额以“-”号填列）	950 542 372. 50	679 355 133. 56
利息收入	23 910 992. 28	16 213 053. 35	减：所得税费用	252 234 164. 03	173 863 864. 33
利息支出	20 505 472. 22	26 917 472. 21	五、净利润（净亏损以“-”号填列）	698 308 208. 47	505 491 269. 23
（二）手续费及佣金净收入	1 279 419 034. 71	813 825 173. 05	（一）持续经营净利润（净亏损以“-”号填列）	698 308 208. 47	505 491 269. 23
手续费及佣金收入	1 279 836 823. 81	814 205 470. 75	（二）终止经营净利润（净亏损以“-”号填列）	—	—
手续费及佣金支出	417 789. 10	380 297. 70	六、其他综合收益的税后净额	—	—
（三）投资收益（损失以“-”号填列）	128 411 101. 27	208 767 400. 63	（一）不能重分类进损益的其他综合收益	—	—
其中：对联营企业和合营企业的投资收益	—	—	1. 重新计量设定受益计划变动额	—	—
（四）公允价值变动收益（损失以“-”号填列）	—	—	2. 权益法下不能转损益的其他综合收益	—	—
（五）汇兑收益（损失以“-”号填列）	—	—	（二）将重分类进损益的其他综合收益	—	—
（六）其他业务收入	3 274 675. 16	5 280 380. 87	1. 权益法下可转损益的其他综合收益	—	—
（七）资产处置收益（损失以“-”号填列）	—	—	2. 可供出售金融资产公允价值变动损益	—	—
（八）其他收益	—	945 690. 52	3. 持有至到期投资重分类为可供出售金融资产损益	—	—
二、营业支出	464 099 942. 10	349 090 627. 07	4. 现金流量套期损益的有效部分	—	—
（一）税金及附加	8 292 460. 58	5 234 632. 17	5. 外币财务报表折算差额	—	—
（二）业务及管理费	398 296 600. 27	333 355 994. 90	6. 其他	—	—
（三）资产减值损失（转回金额以“-”号填列）	57 510 881. 25	10 500 000. 00	七、综合收益总额	698 308 208. 47	505 491 269. 23
（四）其他业务成本	—	—	八、每股收益：	—	—
三、营业利润（亏损以“-”号填列）	950 410 389. 10	669 023 599. 14	（一）基本每股收益	—	—
加：营业外收入	169 200. 00	11 475 400. 00	（二）稀释每股收益	—	—

5.1.4 所有者权益变动表

所有者权益变动表

编制单位:万向信托股份公司　　2019 年度　　单位:元

项目	本年金额								
	实收资本(或股本)	其他权益工具	资本公积	减:库存股	其他综合收益	盈余公积	一般风险准备	未分配利润	所有者权益合计
栏次	1	2	3	4	5	6	7	8	9
一、上年年末余额	1 339 000 000. 00	—	691 334 772. 77	—	—	105 856 225. 27	122 639 008. 41	680 017 539. 63	2 938 847 546. 08
加:会计政策变更	—	—	—	—	—	—	—	—	—
前期差错更正	—	—	—	—	—	—	—	—	—
二、本年年初余额	1 339 000 000. 00	—	691 334 772. 77	—	—	105 856 225. 27	122 639 008. 41	680 017 539. 63	2 938 847 546. 08
三、本年增减变动金额(减少以"-"号填列)	—	—	—	—	—	69 830 820. 85	34 915 410. 42	593 561 977. 20	698 308 208. 47
(一)综合收益总额	—	—	—	—	—	—	—	698 308 208. 47	698 308 208. 47
(二)所有者投入和减少资本	—	—	—	—	—	—	—	—	—
1. 所有者投入的普通股	—	—	—	—	—	—	—	—	—
2. 其他权益工具持有者投入资本	—	—	—	—	—	—	—	—	—
3. 股份支付计入所有者权益的金额	—	—	—	—	—	—	—	—	—
4. 其他	—	—	—	—	—	—	—	—	—
(三)利润分配	—	—	—	—	—	69 830 820. 85	34 915 410. 42	-104 746 231. 27	—
1. 提取盈余公积	—	—	—	—	—	69 830 820. 85	—	-69 830 820. 85	—
2. 提取一般风险准备	—	—	—	—	—	—	34 915 410. 42	-34 915 410. 42	—
3. 对所有者(或股东)的分配	—	—	—	—	—	—	—	—	—
4. 其他	—	—	—	—	—	—	—	—	—
(四)所有者权益内部结转	—	—	—	—	—	—	—	—	—
1. 资本公积转增资本(或股本)	—	—	—	—	—	—	—	—	—
2. 盈余公积转增资本(或股本)	—	—	—	—	—	—	—	—	—
3. 盈余公积弥补亏损	—	—	—	—	—	—	—	—	—
4. 一般风险准备弥补亏损	—	—	—	—	—	—	—	—	—
5. 设定受益计划变动额结转留存收益	—	—	—	—	—	—	—	—	—
6. 其他	—	—	—	—	—	—	—	—	—
四、本年年末余额	1 339 000 000. 00	—	691 334 772. 77	—	—	175 687 046. 12	157 554 418. 83	1 273 579 516. 83	3 637 155 754. 55

所有者权益变动表（续）

编制单位：万向信托股份公司　　2019 年度　　单位：元

项目	上年金额								
	实收资本（或股本）	其他权益工具	资本公积	减：库存股	其他综合收益	盈余公积	一般风险准备	未分配利润	所有者权益合计
栏次	10	11	12	13	14	15	16	17	18
一、上年年末余额	1 339 000 000. 00	—	—	—	—	153 201 340. 70	97 364 444. 95	843 790 491. 20	2 433 356 276. 85
加：会计政策变更	—	—	—	—	—	—	—	—	—
前期差错更正	—	—	—	—	—	—	—	—	—
二、本年年初余额	1 339 000 000. 00	—	—	—	—	153 201 340. 70	97 364 444. 95	843 790 491. 20	2 433 356 276. 85
三、本年增减变动金额（减少以"－"号填列）	—	—	691 334 772. 77	—	—	-47 345 115. 43	25 274 563. 46	-163 772 951. 57	505 491 269. 23
（一）综合收益总额	—	—	—	—	—	—	—	505 491 269. 23	505 491 269. 23
（二）所有者投入和减少资本	—	—	691 334 772. 77	—	—	—	—	—	691 334 772. 77
1. 所有者投入的普通股	—	—	—	—	—	—	—	—	—
2. 其他权益工具持有者投入资本	—	—	—	—	—	—	—	—	—
3. 股份支付计入所有者权益的金额	—	—	—	—	—	—	—	—	—
4. 其他	—	—	691 334 772. 77	—	—	—	—	—	691 334 772. 77
（三）利润分配	—	—	—	—	—	50 549 126. 92	25 274 563. 46	-75 823 690. 38	—
1. 提取盈余公积	—	—	—	—	—	50 549 126. 92	—	-50 549 126. 92	—
2. 提取一般风险准备	—	—	—	—	—	—	25 274 563. 46	-25 274 563. 46	—
3. 对所有者（或股东）的分配	—	—	—	—	—	—	—	—	—
4. 其他	—	—	—	—	—	—	—	—	—
（四）所有者权益内部结转	—	—	—	—	—	-97 894 242. 35	—	-593 440 530. 42	-691 334 772. 77
1. 资本公积转增资本（或股本）	—	—	—	—	—	—	—	—	—
2. 盈余公积转增资本（或股本）	—	—	—	—	—	—	—	—	—
3. 盈余公积弥补亏损	—	—	—	—	—	—	—	—	—
4. 一般风险准备弥补亏损	—	—	—	—	—	—	—	—	—
5. 设定受益计划变动额结转留存收益	—	—	—	—	—	—	—	—	—
6. 其他	—	—	—	—	—	-97 894 242. 35	—	-593 440 530. 42	-691 334 772. 77
四、本年年末余额	1 339 000 000. 00	—	691 334 772. 77	—	—	105 856 225. 27	122 639 008. 41	680 017 539. 63	2 938 847 546. 08

5.2 信托资产

5.2.1 信托项目资产负债汇总表

信托项目资产负债汇总表

编制单位:万向信托股份公司　　2019 年 12 月 31 日　　单位:万元

信托资产	年初数	期末数	信托负债和信托权益	年初数	期末数
信托资产:			信托负债:		
货币资金	129 231. 21	93 199. 74	交易性金融负债	—	—
拆出资金	—	—	衍生金融负债	—	—
存出保证金	—	—	应付受托人报酬	649. 40	539. 21
交易性金融资产	—	—	应付托管费	233. 13	167. 83
衍生金融资产	—	—	应付受益人收益	23 032. 47	7 104. 47
买入返售金融资产	679 965. 00	383 510. 22	应交税费	—	—
应收款项	9 646. 01	1 081. 38	应付销售服务费	8. 52	8. 52
发放贷款	8 936 953. 00	9 395 251. 49	其他应付款项	62 482. 57	26 006. 12
可供出售金融资产	465 455. 21	389 789. 03	预计负债	—	—
持有至到期投资	4 064 720. 55	2 130 919. 52	其他负债	—	—
长期应收款	—	—	信托负债合计	86 406. 09	33 826. 15
长期股权投资	651 266. 12	556 821. 86	信托权益:		
投资性房地产	—	—	实收信托	15 924 973. 67	13 241 984. 14
固定资产	—	—	资本公积	36 134. 83	34 636. 56
无形资产	—	—	外币报表折算差额	—	—
长期待摊费用	—	—	未分配利润	69 427. 95	69 448. 12
其他资产	1 179 705. 44	429 321. 73	信托权益合计	16 030 536. 45	13 346 068. 82
信托资产总计	16 116 942. 54	13 379 894. 97	信托负债及权益总计	16 116 942. 54	13 379 894. 97

5.2.2 信托项目利润及利润分配汇总表

信托项目利润及利润分配汇总表

编制单位:万向信托股份公司　　单位:万元

项目	2019 年度	2018 年度
一、营业收入	1 293 583. 69	1 389 300. 66
利息收入	970 640. 77	836 211. 48
投资收益	321 402. 27	552 292. 97
租赁收入	—	—
公允价值变动损益	83. 72	—
汇兑损益	—	—
其他收入	1 456. 93	796. 21
二、营业费用	168 262. 06	166 153. 63
受托人报酬	133 763. 01	84 053. 13
托管费	4 540. 29	6 615. 01
投资管理费	—	—
销售服务费	—	750. 26
交易费用	—	—
资产减值损失	—	—
其他费用	29 958. 76	74 735. 23
三、营业税金及附加	3 890. 39	3 129. 92
四、扣除资产损失前的信托利润	1 121 431. 24	1 220 017. 11
减:资产减值损失	—	—
五、扣除资产损失后的信托利润	1 121 431. 24	1 220 017. 11
加:期初未分配信托利润	69 427. 95	34 949. 61
六、可供分配的信托利润	1 190 859. 19	1 254 966. 72
减:本期已分配信托利润	1 121 411. 07	1 185 538. 77
七、期末未分配信托利润	69 448. 12	69 427. 95

6. 会计报表附注

6.1 会计报表编制基准不符合会计核算基本前提的说明

公司以持续经营为基础,根据实际发生的交易和事项,按照财政部 2006 年 2 月颁布的《企业会计准则——基本准则》和其他各项具体会计准则及其他相关规定(以下合称企业会计准则)进行确认和计量,在此基础上编制财务报表。本报告期会计报表编制基准不存在不符合会计核算基本前提的事项。

6.2 重要会计政策和会计估计说明

6.2.1 计提资产减值准备的范围和方法

资产负债表日对以公允价值计量且其变动计入当期损益的金融资产以外的金融资产的账面价值进行检查,如有客观证据表明该金融资产发生减值的,计提减值准备。

金融资产发生减值的客观证据,包括但不限于:(1)发行方或债务人发生严重财务困难;(2)债务人违反了合同条款,如偿付利息或本金发生违约或逾期等;(3)债权人出于经济或法律等方面因素的考虑,对发生财务困难的债务人作出让步;(4)债务人很可能倒闭或进行其他财务重组;(5)因发行方发生重大财务困难,该金融资产无法在活跃市场继续交易;(6)无法辨认一组金融资产中的某项资产的现金流量是否已经减少,但根据公开的数据对其进行总体评价后发现,该组金融资产自初始确认以来的预计未来现金流量确已减少且可计量,如该组金融资产的债务人支付能力逐步恶化,或债务人所在国家或地区失业率提高、担保物在其所在地区的价格明显下降、所处行业不景气等；(7)权益工具发行方经营所处的技术、市场、经济或法律环境等发生重大不利变化，使权益工具投资人可能无法收回投资成本；(8)权益工具投资的公允价值发生严重或非暂时性下跌。

各项金融资产减值损失的计量方法如下：

按照《中国银行业监督管理委员会关于非银行金融机构全面推进资产质量五级分类管理的通知》(银监发[2004]4号)和财政部《金融企业准备金计提管理办法》(财金[2012]20号)有关规定，对发放贷款和垫款、同业债权、抵债资产等金融资产进行五级分类，并计提各项减值准备。

风险类别	正常类	关注类	次级类	可疑类	损失类
计提比例(%)	—	3	30	60	100

正常类：能够按账面价值随时变现；有足够理由证明现值大于或等于账面价值(以成本与市价孰低原则衡量)；交易对手能够履行合同或协议，没有足够理由怀疑债务本金和收益不能按时足额偿还。

关注类：尽管交易对手目前有能力偿还，但存在一些可能对偿还产生不利影响的因素的债权类资产；或交易对手的现金偿还能力出现明显问题，但交易对手抵押或质押的可变现资产大于等于其债务的本金及收益。

次级类：交易对手的偿还能力出现明显问题，完全依靠其正常经营收入无法足额偿还债务本金及收益，即使执行担保，也可能会造成一定损失。

可疑类：交易对手无法足额偿还债务本金及收益，即使执行担保，也肯定要造成较大损失。

损失类：在采取所有可能的措施或一切必要的法律程序后，资产及收益仍然无法收回，或只能收回极少部分。

在五级分类中，各类资产逾期时间与分类认定的关系如下：

贷款：本金或利息逾期90天以内，一般划分为关注类；本金或利息逾期90天至180天，一般划分为次级类；本金或利息逾期180天至360天，一般划分为可疑类；本金或利息逾期360天以上，一般划分损失类。

同业债权：逾期，一般划分为次级类；逾期3个月以上，一般划分为可疑类；逾期6个月以上的，一般划分为损失类。交易对手为已撤销或破产的金融机构，其同业债权应至少划分为可疑类。交易对手虽未撤销或破产，但已停止经营、名存实亡，且无财产可执行的，应划分为损失类。

其他应收款：账龄为3个月之内的，一般划分为正常类；账龄为3个月至6个月的，一般划分为关注类；账龄为6个月至1年的，一般划分为次级类；账龄为1年至2年的，一般划分为可疑类；账龄为2年以上的，一般划分为损失类。

非上市债券：债券国债、政策性金融债以及未到期3A级企业债，一般划分为正常类；对已到期3A级企业债、未到期其他企业债，一般应划分为关注类；对已到期其他企业债一般应划分为次级类。

抵债资产：以抵债资产的评估价值和变现能力为主要分类依据。能在市场上随时变现，且市场价值或评估价值不低于资产抵债时价值的抵债资产，划分为正常类或关注类；能在市场上随时变现，但市场价值或评估价值低于资产抵债时价值的抵债资产，至少划分为次级类；变现能力较差，或变现时资产减值幅度较大的抵债资产，至少划分为可疑类。

6.2.2 金融资产四分类的范围和标准

6.2.2.1 持有至到期投资

持有至到期投资是指到期日固定、回收金额固定或可确定，且企业有明确意图和能力持有至到期的非衍生金融资产。

6.2.2.2 贷款和应收款项

贷款和应收款项是指在活跃市场中没有报价、回收金额固定或可确定的非衍生金融资产。

贷款是指以合法方式筹集的资金自主发放的贷款，其风险自担，并收取本金和利息。公司对外提供劳务或让渡资产使用权等经营活动中形成的应收债权，以及公司持有的其他企业的不包括在活跃市场上有报价的债务工具的债权，包括应收利息、其他应收款等，以向客户应收的合同或协议价款作为初始确认金额；具有融资性质的，按其现值进行初始确认。

6.2.2.3 可供出售金融资产

可供出售金融资产是指初始确认时即被指定为可供出售的非衍生金融资产，以及除下列各类资产以外的金融资产：贷款和应收款项；持有至到期投资；以公允价值计量且其变动计入当期损益的金融资产。

6.2.2.4 以公允价值计量且其变动计入当期损益的金融资产

以公允价值计量且其变动计入当期损益的金融资产，包括交易性金融资产和指定为以公允价值计量且其变动计入当期损益的金融资产；金融资产满足下列条件之一的，划分为交易性金融资产：(1)取得该金融资产的目的，主要是为了近期内出售或回购；(2)属于进行集中管理的可辨认金融工具组合的一部分，且有客观证据表明企业近期采用短期获利方式对该组合进行管理；(3)属于衍生工具，但是被指定且为有效套期工具的衍生工具、属于财务担保合同的衍生工具、与在活跃市场中没有报价且其公允价值不能可靠计量的权益工具投资挂钩并须通过交付该权益工具结算的衍生工具除外。

6.2.3 以公允价值计量且其变动计入当期损益的金融资产核算方法

企业划分为以公允价值计量且其变动计入当期损益的金融资产的股票、债券、基金，以及不作为有效套期工具的衍生工具，按照取得时的公允价值作为初始确认金额，相关的交易费用在发生时计入当期损益。支付的价款中包含已宣告但尚未发放的现金股利或已到付息期但尚未领取的债券利息，应当单独确认为应收项目。

企业在持有以公允价值计量且其变动计入当期损益的金融资产期间取得的利息或现金股利，应当确认为投资收益。资产负债表日，企业应将以公允价值计量且其变动计入当期损益的金融资产或金融负债的公允价值变动计入当期损益。

处置该金融资产或金融负债时，其公允价值与初始入账金额之间的差额应确认为投资收益，同时调整公允价值变动损益。

6.2.4 可供出售金融资产核算方法

本公司对可供出售金融资产，在取得时按公允价值(扣除已宣告但尚未发放的现金股利或已到付息期但尚未领取的债券利息)和相关交易费用之和作为初始确认金额。持有期间将取得的利息或现金股利确认为投资收益。可供出售金融资产的公允价值变动形成的利得或损失,除减值损失和外币货币性金融资产形成的汇兑差额外,直接计入其他综合收益。处置可供出售金融资产时,将取得的价款与该金融资产账面价值之间的差额,计入投资损益;同时,将原直接计入其他综合收益的公允价值变动累计额对应处置部分的金额转出,计入投资损益。

本公司对在活跃市场中没有报价且其公允价值不能可靠计量的权益工具投资,以及与该权益工具挂钩并须通过交付该权益工具结算的衍生金融资产,按照成本计量。

6.2.5 持有至到期投资核算方法

本公司无持有至到期投资。

6.2.6 长期股权投资核算方法

本公司无长期股权投资。

6.2.7 投资性房地产核算方法

本公司无投资性房地产。

6.2.8 长期应收款的核算方法

本公司无长期应收款。

6.2.9 短期投资核算方法

本公司无短期投资。

6.2.10 固定资产计价和折旧方法

6.2.10.1 固定资产确认条件

固定资产是指为提供金融商品服务、出租或经营管理而持有的,使用期限超过一个会计年度且不属于低值易耗品范围的有形资产。固定资产在同时满足下列条件时予以确认:(1)与该固定资产有关的经济利益很可能流入企业;(2)该固定资产的成本能够可靠地计量。

6.2.10.2 固定资产的计价方法

本公司固定资产按成本进行初始计量。其中,外购的固定资产的成本包括买价、进口关税等相关税费,以及为使固定资产达到预定可使用状态前所发生的可直接归属于该资产的其他支出。自行建造固定资产的成本,由建造该项资产达到预定可使用状态前所发生的必要支出构成。投资者投入的固定资产,按投资合同或协议约定的价值作为入账价值,但合同或协议约定价值不公允的按公允价值入账。购买固定资产的价款超过正常信用条件延期支付,实质上具有融资性质的,固定资产的成本以购买价款的现值为基础确定。实际支付的价款与购买价款的现值之间的差额,除应予资本化的以外,在信用期间内计入当期损益。

6.2.10.3 各类固定资产的折旧方法

固定资产折旧按其入账价值减去预计净残值后在预计使用寿命内计提。对计提了减值准备的固定资产,则在未来期间按扣除减值准备后的账面价值及依据尚可使用年限确定折旧额。

本公司根据固定资产的性质和使用情况,确定固定资产的使用寿命和预计净残值。并在年度终了,对固定资产的使用寿命、预计净残值和折旧方法进行复核,如与原先估计数存在差异的,进行相应的调整。

各类固定资产的折旧方法、折旧年限和年折旧率如下:

类别	折旧方法	折旧年限(年)	残值率(%)	年折旧率(%)
电子设备	年限平均法	3	5	31.67
运输设备	年限平均法	4	5	23.75
办公设备	年限平均法	5	5	19

6.2.10.4 固定资产后续支出的会计处理

与固定资产有关的后续支出,符合固定资产确认条件的,计入固定资产成本;不符合固定资产确认条件的,在发生时计入当期损益。

6.2.10.5 固定资产的减值测试方法、减值准备计提方法

公司在每期末判断固定资产是否存在可能发生减值的迹象。

固定资产存在减值迹象的,估计其可收回金额。可收回金额根据固定资产的公允价值减去处置费用后的净额与固定资产预计未来现金流量的现值两者之间较高者确定。

当固定资产的可收回金额低于其账面价值的,将固定资产的账面价值减记至可收回金额,减记的金额确认为固定资产减值损失,计入当期损益,同时计提相应的固定资产减值准备。

固定资产减值损失确认后,减值固定资产的折旧在未来期间做相应调整,以使该固定资产在剩余使用寿命内,系统地分摊调整后的固定资产账面价值(扣除预计净残值)。

固定资产的减值损失一经确认,在以后会计期间不再转回。

有迹象表明一项固定资产可能发生减值的,企业以单项固定资产为基础估计其可收回金额。企业难以对单项固定资产的可收回金额进行估计的,以该固定资产所属的资产组为基础确定资产组的可收回金额。

6.2.11 无形资产计价及摊销政策

无形资产是指本公司拥有或者控制的没有实物形态的可辨认非货币性资产,包括软件等。

6.2.11.1 无形资产的计价方法

6.2.11.1.1 公司取得无形资产时按成本进行初始计量

外购无形资产的成本,包括购买价款、相关税费以及直接归属于使该项资产达到预定用途所发生的其他支出。购买无形资产的价款超过正常信用条件延期支付,实质上具有融资性质的,无形资产的成本以购买价款的现值为基础确定。

6.2.11.1.2 无形资产的后续计量

本公司在取得无形资产时分析判断其使用寿命,划分为使用寿命有限和使用寿命不确定的无形资产。

(1)使用寿命有限的无形资产。对于使用寿命有限的无形资产,在为企业带来经济利益的期限内按直线法摊销。使用寿命有限的无形资产预计寿命如下:

项目	预计使用寿命(年)
软件	5

每期末,对使用寿命有限的无形资产的使用寿命及摊销方法进行复核,如与原先估计数存在差异的,进行相应的调整。

经复核,本期期末无形资产的使用寿命及摊销方法与以前估计未有不同。

(2)使用寿命不确定的无形资产。无法预见无形资产为企业带来经济利益期限的,视为使用寿命不确定的无形资产。对于使用寿命不确定的无形资产,在持有期间内不摊销,每期末

对无形资产的寿命进行复核。如果期末重新复核后仍为不确定的，在每个会计期间继续进行减值测试。

6.2.11.2　无形资产减值准备的计提

对于使用寿命确定的无形资产，如有明显减值迹象的，期末进行减值测试。

对于使用寿命不确定的无形资产，每期末进行减值测试。

对无形资产进行减值测试，估计其可收回金额。可收回金额根据无形资产的公允价值减去处置费用后的净额与无形资产预计未来现金流量的现值两者之间较高者确定。

当无形资产的可收回金额低于其账面价值的，将无形资产的账面价值减记至可收回金额，减记的金额确认为无形资产减值损失，计入当期损益，同时计提相应的无形资产减值准备。

无形资产减值损失确认后，减值无形资产的折耗或者摊销费用在未来期间作相应调整，以使该无形资产在剩余使用寿命内，系统地分摊调整后的无形资产账面价值（扣除预计净残值）。

无形资产的减值损失一经确认，在以后会计期间不再转回。

有迹象表明一项无形资产可能发生减值的，公司以单项无形资产为基础估计其可收回金额。公司难以对单项资产的可收回金额进行估计的，以该无形资产所属的资产组为基础确定无形资产组的可收回金额。

对由于被新技术所替代，已无使用价值和转让价值；或超过法律保护期限，已不能为企业带来经济利益的无形资产，表明可收回金额为零，全额计提减值准备。

6.2.12　长期待摊费用的摊销政策

长期待摊费用是指本公司已经发生但应由本期和以后各期负担的分摊期限在1年以上的各项费用。长期待摊费用在受益期内按直线法分期摊销。

长期待摊费用的摊销政策

类别	摊销年限（年）
租赁费	5
装修费	5

6.2.13　合并会计报表的编制方法

本公司无合并会计报表。

6.2.14　收入确认原则和方法

6.2.14.1　确认让渡资产使用权收入的依据

与交易相关的经济利益很可能流入企业，收入的金额能够可靠地计量时。分别下列情况确定让渡资产使用权收入金额：（1）利息收入金额，按照他人使用本企业货币资金的时间和实际利率计算确定。（2）使用费收入金额，按照有关合同或协议约定的收费时间和方法计算确定。

6.2.14.2　手续费及佣金收入

手续费及佣金收入可分为信托报酬和中间业务收入。其中，信托报酬在整个信托存续期间平均分摊确认收入；合理的中间业务收入在满足下列条件时确认收入：（1）合同规定的服务已经提供；（2）按合同收款权利已经产生；（3）收入的金额能够可靠地计量，相关的经济利益很可能流入企业。

6.2.15　所得税的会计处理方法

采用资产负债表债务法计提递延所得税，所得税税率为25%。

6.2.16　信托报酬的确认原则和方法

信托报酬依据信托合同的相关约定确认，具体方法见6.2.14.2“手续费及佣金收入”。

6.2.17　政府补助

6.2.17.1　政府补助的类型

政府补助是本公司从政府无偿取得的货币性资产与非货币性资产，但不包括政府作为企业所有者投入的资本。根据相关政府文件规定的补助对象，将政府补助划分为与资产相关的政府补助和与收益相关的政府补助。

与资产相关的政府补助是指本公司取得的、用于购建或以其他方式形成长期资产的政府补助。与收益相关的政府补助，是指除与资产相关的政府补助之外的政府补助。

6.2.17.2　政府补助的确认

对期末有证据表明本公司能够符合财政扶持政策规定的相关条件且预计能够收到财政扶持资金的，按应收金额确认政府补助。除此之外，政府补助均在实际收到时确认。

政府补助为货币性资产的，按照收到或应收的金额计量。政府补助为非货币性资产的，按照公允价值计量；公允价值不能够可靠取得的，按照名义金额（人民币1元）计量。按照名义金额计量的政府补助，直接计入当期损益。

6.2.17.3　政府补助的会计处理方法

本公司根据经济业务的实质，确定某一类政府补助业务应当采用总额法还是净额法进行会计处理。通常情况下，本公司对于同类或类似政府补助业务只选用一种方法，且对该业务一贯地运用该方法。

目前本公司收取的政策扶持资金、企业补贴等采用总额法进行会计处理。

与资产相关的政府补助，确认为递延收益，按照所建造或购买的资产使用年限内按照合理、系统的方法分期计入损益或冲减相关资产账面价值。

与收益相关的政府补助，用于补偿企业以后期间的相关费用或损失的，确认为递延收益，在确认相关费用或损失的期间计入当期损益或冲减相关成本；用于补偿企业已发生的相关费用或损失的，取得时直接计入当期损益或冲减相关成本。

与企业日常活动相关的政府补助计入其他收益或冲减相关成本费用；与企业日常活动无关的政府补助计入营业外收支。

收到与政策性优惠贷款贴息相关的政府补助冲减相关借款费用；取得贷款银行提供的政策性优惠利率贷款的，以实际收到的借款金额作为借款的入账价值，按照借款本金和该政策性优惠利率计算相关借款费用。

已确认的政府补助需要返还时，初始确认时冲减相关资产账面价值的，调整资产账面价值；存在相关递延收益余额的，冲减相关递延收益账面余额，超出部分计入当期损益；不存在相关递延收益的，直接计入当期损益。

6.3　或有事项

截至2019年12月31日，本公司不存在应披露未披露的或有事项。

6.4　重要资产转让及其出售的说明

报告期内无重要资产转让及其出售。

6.5 会计报表中重要项目的明细资料

6.5.1 自营资产经营情况

6.5.1.1 信用资产五级分类情况

自营资产质量情况

信用风险资产五级分类	正常类（万元）	关注类（万元）	次级类（万元）	可疑类（万元）	损失类（万元）	信用风险资产合计（万元）	不良资产合计（万元）	不良资产率（%）
期初数	227 988.88	35 000.00	—	—	—	262 988.88	—	—
期末数	299 039.39	33 950.00	33 395.87	—	—	366 385.26	33 395.87	9.11

注：不良资产合计＝次级类＋可疑类＋损失类。

6.5.1.2 资产损失准备情况

本年度计提资产减值准备 5 751.09 万元。

6.5.1.3 自营股票投资、基金投资、债券投资、长期股权投资等投资情况

单位：万元

项目	自营股票	基金	债券	长期股权投资	其他投资	合计
期初数	—	500.00	—	—	197 029.97	197 529.97
期末数	—	750.00	—	—	305 974.90	306 724.90

6.5.1.4 自营长期股权投资的前五名

公司未发生固有资产长期股权投资。

6.5.1.5 自营贷款前五名

公司未发生自营贷款。

6.5.1.6 原有负债（重新登记前）清理情况

公司不存在原有负债（重新登记前）。

6.5.1.7 表外业务的期初数、期末数

公司无表外业务。

6.5.1.8 公司当年的收入结构

收入结构

收入结构	金额（万元）	占比（%）
手续费及佣金收入	127 983.68	89.15
其中：信托手续费收入	127 983.68	89.15
投资银行业务收入	—	—
利息收入	2 391.10	1.67
其他业务收入	327.47	0.23
投资收益	12 841.11	8.94
其中：股权投资收益	—	—
证券投资收益	—	—
其他投资收益	12 841.11	8.94
公允价值变动收益	—	—
营业外收入	16.92	0.01
收入合计	143 560.28	100.00

6.5.2 信托资产管理情况

信托资产管理情况

单位：万元

信托资产	期初数	期末数
集合	7 615 208.85	6 779 902.51
单一	7 302 698.81	6 049 103.28
财产权	1 199 034.88	550 889.18
合计	16 116 942.54	13 379 894.97

主动管理型信托业务情况

单位：万元

主动管理型信托资产	期初数	期末数
证券投资类	11 816.89	44 669.28
股权投资类	68 651.86	76 061.41
融资类	4 865 398.77	4 953 876.98
事务管理类	—	—
合计	4 945 867.52	5 074 607.67

被动管理型信托业务情况

单位：万元

被动管理型信托资产	期初数	期末数
证券投资类	—	—
股权投资类	—	—
融资类	—	—
事务管理类	11 171 075.02	8 305 287.30
合计	11 171 075.02	8 305 287.30

6.5.2.1 本年度已清算结束的信托项目个数、实收信托合计金额、加权平均实际年化收益率

6.5.2.1.1 本年度已清算结束的集合类、单一类资金信托项目和财产管理类信托项目个数、实收信托合计金额、加权平均实际年化收益率

已清算的各类信托项目情况

已清算结束信托项目	项目个数（个）	实收信托合计金额（万元）	加权平均实际年化收益率（%）
集合类	143	4 670 356.00	7.20
单一类	151	2 768 680.00	7.32
财产类	13	1 101 456.83	3.26

6.5.2.1.2 本年度已清算结束的主动管理型信托项目个数、实收信托合计金额、加权平均实际年化收益率

已清算的主动管理型信托项目情况

已清算结束信托项目	项目个数（个）	实收信托合计金额（万元）	加权平均实际年化收益率（%）
证券投资类	—	—	—
股权投资类	3	30 100.00	5.05
融资类	102	3 118 130.00	7.73
事务管理类	—	—	—

6.5.2.1.3 本年度已清算结束的被动管理型信托项目个数、实收信托合计金额、加权平均实际年化收益率

已清算的被动管理型信托项目情况

已清算结束信托项目	项目个数（个）	实收信托合计金额（万元）	加权平均实际年化收益率（%）
证券投资类	—	—	—
股权投资类	—	—	—
融资类	—	—	—
事务管理类	202	5 392 262.83	6.16

6.5.2.2　本年度新增的集合类、单一类和财产管理类信托项目个数、实收信托合计金额

年度新增的信托项目情况

新增信托项目	项目个数(个)	实收信托合计金额(万元)
集合类	175	4 876 647.23
单一类	290	2 528 609.55
财产管理类	25	538 238.44
新增合计	490	7 943 495.22
其中:主动管理型	162	4 318 812.60
被动管理型	328	3 624 682.62

6.5.2.3　履行受托人义务情况及信托资产损失情况

公司严格遵守信托业"一法三规"及其他相关规定，按照信托文件处理相关事务，诚实、信用、谨慎、有效管理，维护受益人的最大利益。

6.5.2.4　信托赔偿准备金的提取、使用和管理情况

根据《信托公司管理办法》，按净利润的5%提取信托赔偿准备金3 491.54万元。

6.6　关联方关系及其交易的披露

6.6.1　关联交易方的数量、关联交易的总金额及关联交易的定价政策

关联交易情况

	关联交易方数量	关联交易金额(万元)	定价政策
合计	3	1 189.81	本公司2019年度发生的关联方交易均根据一般正常的交易条件进行，并以市场价格作为定价依据。

6.6.2　关联交易方与本公司的关系性质、关联交易方的名称、法定代表人、注册地址、注册资本及主营业务

关联交易方与本公司的关系情况

母公司名称	注册地	业务性质	注册资本(万元)	母公司对本企业的持股比例(%)	母公司对本企业的表决权比例(%)
中国万向控股有限公司	上海	有限责任公司	120 000.00	76.50	76.50

注:本公司的最终控制方为中国万向控股有限公司，报告期内未发生变化。

其他关联交易方情况

关联方名称	注册地	业务性质	注册资本(万元)	与本公司的关系
浙江工信投资股份有限公司	杭州	股份有限公司	14 598.26	受同一母公司控制
民生人寿保险股份有限公司	北京	股份有限公司	600 000.00	受同一母公司控制
上海冠鼎泽有限公司	上海	有限责任公司	30 000.00	受同一实际控制人控制

6.6.3　公司与关联方的重大交易事项

6.6.3.1　固有财产与关联方交易情况

固有财产与关联方的交易情况

单位:万元

	期初数	借方发生额	贷方发生额	期末数
贷款	—	—	—	—
投资	—	—	—	—
租赁	—	1 189.81	1 189.81	—
担保	—	—	—	—
应收账款	—	—	—	—
应付账款	—	—	—	—
合计	—	1 189.81	1 189.81	—

6.6.3.2　信托资产与关联方交易情况

信托资产与关联方交易情况

单位:万元

	期初数	借方发生额	贷方发生额	期末数
贷款	101 500.00	—	101 500.00	—
投资	12 178.95	31 221.40	—	43 400.35
租赁	—	—	—	—
担保	—	—	—	—
应收账款	—	—	—	—
其他	—	—	—	—
合计	113 678.95	31 221.40	101 500.00	43 400.35

6.6.3.3　固有财产和信托财产之间的交易情况

固有财产和信托财产之间的交易情况

单位:万元

	期初数	本期发生额	期末数
合计	197 029.97	108 944.93	305 974.90

6.6.3.4　信托项目之间的交易情况

信托项目之间的交易情况

单位:万元

	期初数	本期发生额	期末数
合计	798 951.48	88 322.73	887 274.21

6.6.4　关联方逾期未偿还本公司资金的详细情况以及本公司为关联方担保发生或即将发生垫款的情况

无。

6.7　会计制度的披露

本公司以持续经营为基础，根据实际发生的交易和事项，按照财政部2006年2月颁布的《企业会计准则——基本准则》和其他各项具体企业会计准则及其他相关规定进行确认和计量，在此基础上编制财务报表。

7. 财务情况说明书

7.1　利润实现和分配情况

本年度实现净利润为69 830.82万元，根据《信托公司管理办法》《公司章程》《金融企业财务规则》及其实施指南，以及

其他相关规定实施了以下利润分配事项:

根据《公司章程》,按本年度实现净利润的10%提取法定盈余公积6 983.08万元。

根据《信托公司管理办法》,按净利润的5%提取信托赔偿准备金3 491.54万元。

期末未分配利润为127 357.95万元。

7.2 主要财务指标

主要财务指标

指标名称	指标值
资本利润率(%)	21.24
人均净利润(万元)	182.33

注:1. 资本利润率=净利润/所有者权益平均余额×100%。

2. 人均净利润=净利润/年平均人数。

3. 年平均人数采取累计平均法计算,公式为:年平均人数=(年初人数+年末人数)/2。

7.3 净资本管理概况

报告期内,公司依据《信托公司净资本管理办法》积极推进净资本管理,在优化存量风险资产结构的同时,进一步强化增量业务的资本约束机制,确立了以净资本管理为核心的业务发展模式和管理体系。

本公司报告期末的净资本风险控制指标情况如下。

净资本风险控制指标

指标名称	期末数	监管标准
净资产(万元)	363 715.58	—
净资本(万元)	323 356.10	≥2
各项业务风险资本之和(万元)	211 495.83	—
净资本/各项业务风险资本之和(%)	152.89	≥100
净资本/净资产(%)	88.90	≥40

7.4 对本公司财务状况、经营成果有重大影响的其他事项

报告期内,不存在对公司财务状况、经营成果有重大影响的其他事项。

8. 特别事项揭示

8.1 前五名股东报告期内变动情况及原因

报告期内,公司前五名股东未发生变动。

8.2 董事、监事及高级管理人员变动情况及原因

8.2.1 董事变动情况及原因

董事任职情况表

姓名	拟任职位	任职时间	聘任情况
唐顺良	董事	2019年8月23日	经浙江银保监局批复正式任命
葛　旋	董事	2020年4月13日	经浙江银保监局批复正式任命

独立董事离职情况表

姓名	前任职位	离职时间	离职原因
李　全	独立董事	2019年7月	个人原因

独立董事任职情况表

姓名	拟任职位	任职时间	聘任情况
钟鸿钧	独立董事	2020年2月20日	经浙江银保监局批复正式任命

8.2.2 监事变动情况及原因

监事离职情况表

姓名	前任职位	离职时间	离职原因
邵松长	监事	2019年12月	股东调整监事人选
熊文斌	职工监事	2019年10月	工作调动

8.3 变更注册资本、变更注册地或公司名称、公司分立合并事项

报告期内,公司未发生变更注册资本、变更注册地或公司名称、公司分立合并事项。

8.4 公司的重大诉讼事项

报告期内,新增10起公司作为原告的诉讼(仲裁)案件,其中4起案件已判决(已裁决)或已调解,公司取得胜诉,其余6起报告期内未开庭或未判决。上述10起案件中,5起为事务管理类信托项目,即通道项目,均为公司配合委托人以公司名义提起诉讼(仲裁),诉讼(仲裁)结果由委托人自行承担。

8.5 公司及其高级管理人员受到处罚情况

报告期内,未发生公司及其高级管理人员受到处罚的情况。

8.6 中国银保监会及其派出机构对公司检查后提出的整改意见及公司整改情况

2019年4月26日,浙江银保监局向公司正式下发《2018年度监管的意见》(浙银保监发[2019]67号),对公司治理水平、经营情况、主动管理能力提升、慈善信托等创新领域取得成绩给予肯定,并对公司股权结构、风险防控等提出监管意见。公司高度重视,董事会、监事会、管理层及相关职能部门第一时间认真学习,全面审视、及时制订并推进整改措施,于2019年5月制定整改计划,并在同年11月前完成全面整改。

2019年8月14日,浙江银保监局向公司下发《信息科技快速巡查监管提示的函》(浙银保监办便函[2019]329号),对公司信息科技治理、信息安全、基础设施、开发测试等情况抽查,对我司整体科技应用进行肯定,对公司信息科技治理体系、基础设施、业务连续性等提出监管意见。公司高度重视,认真组织落实,于2019年8月制定整改方案,并在同年11月予以整体落实。

8.7 本年度重大事项临时报告的简要内容、披露时间、所披露的媒体及其版面

报告期内,公司不存在需临时报告的重大事项。

8.8 中国银保监会及其省级派出机构认定的其他有必要让客户及相关利益人了解的重要信息

报告期内,公司无中国银保监会及其省级派出机构认定的

其他有必要让客户及相关利益人了解的重要信息。

9. 公司监事会意见

报告期内，公司的运作符合国家法律法规和《公司章程》及相关制度。公司董事会决策引领作用得到有效发挥，促进公司各项业务健康发展。公司高级管理人员认真履行工作职责，努力开拓市场，严格控制风险。公司的董事会全体成员和高级管理人员认真履行了职责，没有损害公司利益、股东利益和受益人利益的行为。公司财务报告真实地反映了公司财务状况和经营成果。

五矿国际信托有限公司

1. 重要提示

1.1 本公司董事会及董事保证本报告所载资料不存在任何虚假记载、误导性陈述或者重大遗漏，并对其内容的真实性、准确性、完整性承担个别及连带责任。

1.2 本公司独立董事对年度报告内容的真实性、准确性、完整性无异议。

1.3 本公司董事长刘国威先生、总经理王卓先生、主管会计工作的财务总监蔡琦女士声明：保证本年度报告中财务报告的真实、准确、完整。

2. 公司概况

2.1 公司简介

五矿国际信托有限公司于2010年10月8日经中国银行业监督管理委员会批准，在原庆泰信托投资有限责任公司完成司法重整的基础上变更设立，注册地在青海省西宁市，注册资本为12亿元。2017年12月，经中国银行业监督管理委员会批准(银监复[2017]138号)，公司注册资本增加至60亿元。

2.1.1 基本信息

法定中文名称	五矿国际信托有限公司
中文名称缩写	五矿信托
法定英文名称	Minmetals International Trust Co., Ltd.
法定代表人	王卓
注册地址	青海生物科技产业园纬二路18号
邮政编码	810003
互联网地址	http://www.mintrust.com
电子邮箱	Mintrust-fortune@mintrust.com
聘请的会计师事务所	致同会计师事务所(特殊普通合伙)
办公地址	青海生物科技产业园纬二路18号 北京市东城区朝阳门北大街3号五矿广场

2.1.2 信息披露事务

选定的信息披露报纸	《金融时报》《证券时报》
信息披露负责人	蔡琦
信息披露联系人	位志宇
办公电话	010-59363582
办公传真	010-59837987
电子邮箱	weizhy@mintrust.com
年报备置地点	青海生物科技产业园纬二路18号

2.2 组织结构

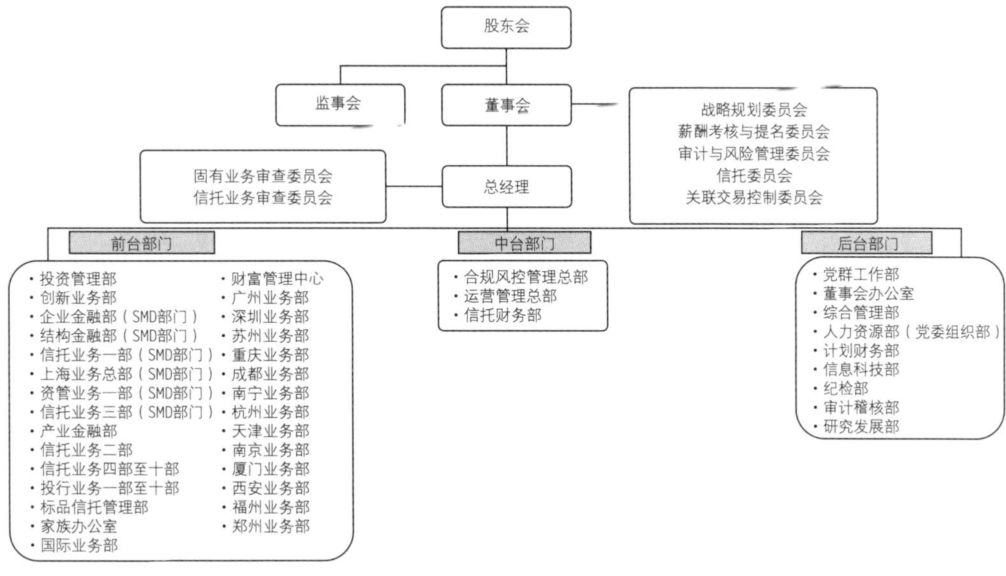

3. 公司治理

3.1 公司治理结构

3.1.1 股东

截至报告期末，公司股东总数为3家。股权结构为：五矿资本控股有限公司持有公司78.002%的股权，青海省国有资产投资管理有限公司持有公司 21.204% 的股权，西宁城市投资管理有限公司持有公司 0.794% 的股权。

截至 2019 年 12 月 31 日股东及出资情况

股东名称	持股比例（%）	法定代表人	注册资本（万元）	注册地址	主要经营业务及主要财务情况
五矿资本控股有限公司	78.002	赵立功	2 571 020	北京市海淀区三里河路 5 号	实业、高新技术产业、房地产项目的投资；资产受托管理；高新技术开发；投资策划；企业经营管理咨询；投资及投资管理；投资咨询、顾问服务（企业依法自主选择经营项目，开展经营活动；依法须经批准的项目，经相关部门批准后依批准的内容开展经营活动；不得从事本市产业政策禁止和限制类项目的经营活动）。
青海省国有资产投资管理有限公司	21.204	李学军	587 000	西宁市城北区生物园区纬二路 18 号	许可经营项目：煤炭批发经营；对服务省级战略的产业和优势产业、金融业进行投资；受托管理和经营国有资产；构建企业融资平台和信用担保体系；发起和设立基金；提供相关管理和投资咨询理财服务；经营矿产品、金属及金属材料、建筑材料、电子材料、有色材料、工业用盐、化肥、化工产品（不含危险化学品）、石油制品（不含成品油）、铝及铝合金，铁合金炉料经销，房屋土地租赁、经济咨询服务、对外担保、实业投资及开发；矿产品开发、（不含勘探开采）销售；普通货物运输；煤炭洗选与加工；燃料油（不含危险化学品）、页岩油、乙烯焦油、沥青销售。
西宁城市投资管理有限公司	0.794	王海洪	100 000	西宁经济技术开发区金桥路 36 号	授权资产经营管理；项目经营开发管理与投融资；提供担保；开发高新技术项目；土地储备及综合开发；房地产开发经营；租赁；经批准的其他业务。

3.1.2 董事、董事会及其下属委员会

3.1.2.1 董事会成员

姓名	职务	性别	年龄（岁）	选任日期	所推举的股东名称	该股东持股比例（%）	简要履历
刘国威	董事长	男	50	2019 年 11 月	五矿资本控股有限公司	78.002	法国高等商业学校工商管理专业硕士研究生，五矿资本控股有限公司副总经理。
王晓东	董事	男	58	2010 年 7 月	五矿资本控股有限公司	78.002	中国人民大学基本建设经济专业硕士研究生，五矿资本控股有限公司副总经理。
樊玉雯	董事	女	53	2019 年 11 月	五矿资本控股有限公司	78.002	中央财经大学货币银行学专业硕士研究生，五矿资本控股有限公司副总经理、财务总监、总法律顾问。
姜　弘	董事	男	47	2019 年 11 月	青海省国有资产投资管理有限公司	21.204	黑龙江商学院商经系会计专业本科，青海省国有资产投资管理有限公司副总经理。
陈闽玉	董事	女	45	2017 年 7 月	青海省国有资产投资管理有限公司	21.204	青海大学会计专业本科，青海省国有资产投资管理有限公司融资部部长。
黄　震	独立董事	男	50	2016 年 9 月	—	—	北京大学法学专业博士研究生，中央财经大学教授。
张成思	独立董事	男	46	2016 年 9 月	—	—	英国曼彻斯特大学经济学专业博士研究生，中国人民大学教授。
安秀梅	独立董事	女	58	2017 年 9 月	—	—	中央财经大学财政学专业博士研究生，中央财经大学教授。
王　卓	职工董事	男	49	2017 年 9 月	—	—	陕西财经学院货币银行学专业硕士研究生，五矿国际信托有限公司总经理。

3.1.2.2 董事会下属委员会

名称	职责	组成人员	
战略规划委员会	主要负责对公司长期发展战略和重大投资决策进行研究并提出建议。	主任委员	刘国威
		委员	王卓
		委员	黄震
薪酬考核与提名委员会	主要负责拟定公司的薪酬及绩效考核办法，对公司高级管理人员进行考核，研究公司董事、总经理人选的选择标准和程序并提出建议。	主任委员	刘国威
		委员	姜弘
		委员	张成思
审计与风险管理委员会	主要负责拟定公司风险管理政策和重大风险管理解决方案，督促公司各项业务的合规、合法运作，以防范和控制业务风险。	主任委员	樊玉雯
		委员	陈闽玉
		委员	张成思

续表

名称	职责	组成人员	
信托委员会	主要负责督促公司依法履行受托职责,保证公司为受益人的最大利益服务。	主任委员	安秀梅
		委员	王晓东
		委员	陈闽玉
关联交易控制委员会	主要负责审核公司关联交易管理工作。	主任委员	黄震
		委员	王晓东
		委员	姜弘

3.1.3 监事、监事会

姓名	职务	性别	年龄(岁)	选任日期	所推举的股东名称	股东持股比例(%)	简要履历
王明海	监事会主席	男	54	2019 年 11 月	青海省国有资产投资管理有限公司	21.204	云南大学数学系数学专业本科,本公司党委副书记。
刘　雁	监事	女	47	2014 年 3 月	五矿资本控股有限公司	78.002	北京工商大学会计学专业本科,五矿资本控股有限公司财务部总经理。
王　茜	监事	女	34	2020 年 4 月	西宁城市投资管理有限公司	0.794	对外经济贸易大学金融学专业硕士,西宁城市投资管理有限公司投资管理部副部长。
王智瑞	监事	男	34	2016 年 9 月	职工监事	—	北京大学人力资源管理专业本科,本公司人力资源部总经理。
位志宇	监事	男	42	2020 年 4 月	职工监事	—	上海交通大学金融经济专业博士研究生,本公司综合管理部总经理。

3.1.4 高级管理人员

姓名	职务	性别	年龄(岁)	选任日期	金融从业年限(年)	学历	专业	简要履历
王　卓	总经理	男	49	2017 年 9 月	15	硕士	货币银行学	1993 年 7 月参加工作,2017 年 9 月加入本公司,曾任珠海华能技术开发公司总经理,华能资本服务有限公司投资管理部副经理,华能贵诚信托有限公司副总经理。
何其联	副总经理	男	48	2010 年 10 月	25	本科	金融学	1993 年 7 月参加工作,2010 年 10 月加入本公司,曾任海航集团财务有限公司总经理。
蔡　琦	财务总监、董事会秘书	女	47	2013 年 10 月	19	本科	会计学	1995 年 8 月参加工作,2013 年 10 月加入本公司,曾任中国外贸金融租赁公司财务部经理。
孟　元	副总经理	男	42	2012 年 4 月	17 年	硕士	经济学	2000 年 7 月参加工作,2010 年 10 月加入本公司,曾任中信信托有限责任公司部门负责人。
孙卓立	副总经理	女	45	2014 年 3 月	17	硕士	会计学	2000 年 8 月参加工作,2014 年 3 月加入本公司,曾任中国对外经济贸易信托有限公司部门总经理,中国民生信托有限公司风险管理总部总裁。
佟京晶	总经理助理	男	47	2019 年 7 月	26	本科	金融学	1993 年 7 月参加工作,2018 年 1 月加入本公司,曾任中国农业银行运营管理部,历任业务管理处处长、查询查复处处长。

3.1.5 公司员工

截至 2019 年 12 月 31 日,公司共有在册职工 560 人。

项目		报告期年度	
		人数(人)	比例(%)
年龄分布	25 岁以下	13	2.32
	25~29 岁	167	29.82
	30~39 岁	320	57.14
	40 岁以上	60	10.71
学历分布	博士	4	0.71
	硕士	360	64.29
	本科	189	33.75
	专科及其他	7	1.25
岗位分布	董事、监事及高管人员	9	1.61
	业务人员	372	66.43
	其他人员	179	31.96

4. 经营管理

4.1 经营目标、经营方针、战略规划

4.1.1 经营目标

公司的经营目标是实现业务能力综合领先、客户关系稳定互信、风险管控全面完善、人才队伍成熟专业、组织体系科学合理、经营业绩持续增长,努力将公司建设成为国际一流综合金融服务商。

4.1.2 经营方针

公司的经营方针是“诚、明、慎、实”。

4.1.3 战略规划

公司依托中国五矿集团有限公司产业背景,立足服务实体经济,以“核心客户、核心渠道”为抓手,遵循信托发展规律,以“核心客户、核心渠道”为抓手,以大运营、人才发展两大平台为依托,着力推进风险防范,着力强化资源协调,着力深化业务结

构转型，着力推进管理服务升级，力争成为国际一流综合金融服务商。

4.2　所经营业务的主要内容

4.2.1　信托业务

信托资产运用与分布表

资产运用	金额(万元)	占比(%)	资产分布	金额(万元)	占比(%)
货币资金	782 051.92	0.88	基础产业	9 792 671.82	11.07
贷款	24 970 269.04	28.22	房地产	10 449 100.80	11.81
交易性金融资产投资	497 790.62	0.56	证券市场	1 128 580.12	1.28
可供出售金融资产投资	59 290 705.80	67.00	工商企业	12 650 210.37	14.29
持有至到期投资	—	—	金融机构	15 715 881.90	17.76
长期股权投资	2 336 237.04	2.64	其他	38 761 201.96	43.80
其他	620 592.55	0.70			
信托资产总计	88 497 646.98	100.00	信托资产总计	88 497 646.98	100.00

4.2.2　固有业务

固有资产运用与分布表

资产运用	金额(万元)	占比(%)	资产分布	金额(万元)	占比(%)
货币资产	111 716.76	6.13	基础产业	—	—
其他应收款	35 290.90	1.94	房地产	—	—
交易性金融资产	1 605 931.25	88.11	证券市场	119 445.89	6.55
债权投资	13 718.34	0.75	金融机构	1 611 920.45	88.44
其他	55 973.57	3.07	其他	91 264.48	5.01
资产总计	1 822 630.82	100.00	资产总计	1 822 630.82	100.00

4.3　市场分析

4.3.1　有利因素

一是公司综合实力持续提升。二是公司发展坚持业务和管理创新驱动，合规风控体系、运营管理体系、人才培养体系和信息科技体系持续完善，为未来高质量发展提供有力支撑。三是信托顶层架构和监管举措持续完善。四是中国经济的基本面长期向好趋势不变。

4.3.2　不利因素

一是宏观经济内外部压力交织。二是资管竞争格局在深刻变革，资管市场将迎来更加激烈的竞争。三是信托业的转型发展进入攻坚期，对信托公司在风险控制能力、创新能力、科技能力、运营能力建设等方面均提出了更高要求。四是金融机构合规经营、风险防控压力持续加大。

4.4　风险管理

4.4.1　风险管理概况

公司风险管理策略与业务发展战略有机结合，构建了“三会一层”为组织基础的全面风险管理体系，继续全面深化风险管控和合规经营理念，不断提高风险意识和风险处置能力，全面提升风控质效。通过加强业务尽调、风险审查、风险监测、预警和处置等环节管理要求，持续健全风险识别、计量、评估、监测、报告和控制等全流程风险管控机制。

4.4.2　风险状况

4.4.2.1　信用风险状况

报告期内，公司严格履行受托人尽职管理职责，信托业务和固有业务整体运行情况良好，全年未发生重大经营风险，公司总体信用风险基本可控。

4.4.2.2　市场风险状况

报告期内，公司坚持稳健运营的策略，密切关注宏观政策导向，充分深入调研，对有价证券投资管理状况进行实时监测，建立各类分析模型测算资产风险控制指标的变化，控制总体证券投资规模和比例，设置限制性指标和止损限额，通过投资组合分散投资风险。

4.4.2.3　操作风险状况

报告期内，公司未发生由于操作风险而导致损失的情况。

4.4.2.4　流动性风险状况

报告期内，公司未发生由于流动性问题而导致重大经营风险的情况。

4.4.2.5　声誉风险状况

报告期内，公司未发生重大负面舆情的情况。

4.4.3　风险管理

4.4.3.1　信用风险管理

公司根据国家宏观经济形势、产业发展政策以及地区和行业发展现状，积极调整和优化信托业务结构，通过业务投向多元化分散风险，有效发挥集团战略协同效应，创新和探索信托融资与抗周期性明显的行业进行产融结合的长效机制。

4.4.3.2　市场风险管理

公司持续加强对宏观经济金融形势、调控政策以及行业周期性的研究，为决策提供支持；根据业务性质、资本规模和风险承受能力制定对各类业务和各级限额的内部审批程序和操作规程；建立逐日盯市制度，建立风险预警台账，动态监测项目安全边际；在全面风险监控的基础上建立定期风险报告机制，并对市场风险事项形成风险处置和化解方案。

4.4.3.3　操作风险管理

公司建立了规范的内部授权体系，强化层级授权体系；实现不相容岗位相分离，建立有效的信息传达和“防火墙”体系；各项业务须按照“职责界定清晰、流程设计合理、信息传导通畅、运营操作规范”的原则，建立相应制度和操作指引；采取有效措施防范信息系统风险；建立操作风险事故监测、报告机制，保证及时发现操作风险事故。

4.4.3.4　其他风险管理

4.4.3.4.1　法律风险管理

公司持续关注法律、法规、监管规定及行业准则的最新发展动态；持续检查、评估业务的合规性，引导各项业务严格遵守国家各项法律法规；通过日常培训强化信托业务人员自觉展业、规范展业的意识。

4.4.3.4.2　流动性风险管理

公司坚持稳健运营的基本原则，合理制定固有资产投资策略，审慎进行固有资产投资和管理。

4.4.3.4.3　声誉风险管理

公司将声誉风险管理纳入公司治理及全面风险管理体系，

构建了舆情监测组织体系和工作机制，强化了与主流媒体的合作，与公众形成良好沟通机制，积极维护公司良好的声誉和企业形象。

4.5 净资本管理

指标名称	期末数	监管标准
净资本(亿元)	121.54	≥2
各项业务风险资本之和(亿元)	118.35	—
净资本/各项业务风险资本之和(%)	102.70	≥100
净资本/净资产(%)	87.73	≥40

5. 会计报表

5.1 固有资产

5.1.1 会计师事务所审计意见全文

致同审字(2020)第110ZB1992号审计报告审计意见：五矿国际信托有限公司财务报表在所有重大方面按照企业会计准则的规定编制，公允反映了五矿信托2019年12月31日的财务状况，以及2019年度的经营成果和现金流量。

5.1.2 资产负债表

资产负债表

编制单位：五矿国际信托有限公司　　2019年12月31日　　单位：万元

项　目	2019年12月31日	2018年12月31日
资产：		
货币资金	111 716.76	33 970.95
结算备付金	—	—
拆出资金	—	—
以公允价值计量且其变动计入当期损益的金融资产	—	16 844.05
衍生金融资产	—	—
应收款项	—	—
买入返售金融资产	—	—
持有待售资产	—	—
金融投资：	—	—
交易性金融资产	1 605 931.25	—
债权投资	13 718.34	—
其他债权投资	—	—
其他权益工具投资	—	—
可供出售金融资产	—	1 510 909.55
持有至到期投资	—	—
长期股权投资	—	—
投资性房地产	—	—
固定资产	2 105.74	809.69
在建工程	—	—
无形资产	3 552.27	1 241.75
递延所得税资产	43 172.75	20 435.49
其他资产	42 433.71	66 686.95
资产总计	1 822 630.82	1 650 898.43
负债：	—	—
短期借款	—	—
拆入资金	—	—
交易性金融负债	—	—
以公允价值计量且其变动计入当期损益的金融负债	—	—
衍生金融负债	—	—
卖出回购金融资产款	—	—
应付职工薪酬	53 486.36	35 144.78
应交税费	40 607.47	29 263.73
应付款项	—	—
持有待售负债	—	—
长期借款	—	—
应付债券	—	—
其中：优先股	—	—
永续债	—	—
预计负债	46 016.77	—
递延所得税负债	—	—
其他负债	297 148.20	350 285.72
负债合计	437 258.80	414 694.23
所有者权益：	—	—
实收资本	600 000.00	600 000.00
资本公积	150 000.00	150 000.00
减：库存股	—	—
其他综合收益	—	-3 818.01
盈余公积	96 868.07	75 453.27
一般风险准备	92 436.01	79 830.70
未分配利润	446 067.94	334 738.24
所有者权益合计	1 385 372.02	1 236 204.20
负债及所有者权益总计	1 822 630.82	1 650 898.43

法定代表人：王卓　　主管会计工作负责人：蔡琦　　会计机构负责人：罗曼

5.1.3 利润表

利润表

编制单位：五矿国际信托有限公司　　2019年度　　单位：万元

项　目	2019年度	2018年度
一、营业收入	415 665.12	293 328.36
利息净收入	-14 742.97	-16 865.55
利息收入	5 506.18	1 708.09
利息支出	20 249.15	18 573.64
手续费及佣金净收入	352 709.94	239 262.38
手续费及佣金收入	352 709.94	239 262.38
手续费及佣金支出	—	—
公允价值变动收益(损失以"-"号填列)	-37 004.22	-7 854.65
投资收益(损失以"-"号填列)	84 846.55	70 810.36
其中：对联营企业和合营企业的投资收益	—	—
以摊余成本计量的金融资产终止确认产生的收益(损失已"-"填列)	—	—
资产处置收益(损失以"-"号填列)	—	—
汇兑收益/(损失)	—	—

续表

项　　目	2019 年度	2018 年度
其他收益	29 855. 82	7 975. 82
其他业务收入	—	—
二、营业支出	135 386. 54	64 407. 49
税金及附加	2 374. 30	319. 01
业务及管理费	131 270. 87	58 616. 01
信用减值损失	1 733. 86	—
资产减值损失	—	5 463. 45
其他业务成本	7. 51	9. 02
三、营业利润	280 278. 58	228 920. 88
加:营业外收入	78. 61	90. 99
减:营业外支出	253. 62	519. 95
四、利润总额	280 103. 57	228 491. 91
减:所得税费用	69 641. 41	56 496. 60
五、净利润	210 462. 16	171 995. 31
（一）持续经营净利润（净亏损以“－”号填列）	210 462. 16	171 995. 31
（二）终止经营净利润（净亏损以“－”号填列）	—	—
六、其他综合收益的税后净额		−3 571. 61
（一）以后不能重分类进损益的其他综合收益	—	—
1. 重新计量设定受益计划净负债或净资产的变动	—	—
2. 权益法下不能转损益的其他综合收益	—	—
3. 其他权益工具投资公允价值变动	—	—
4. 企业自身信用风险公允价值变动	—	—
5. 其他	—	—
（二）以后将重分类进损益的其他综合收益	—	−3 571. 61
1. 权益法下在被投资单位以后将重分类进损益的其他综合收益中享有的份额	—	—
2. 权益法下不能转损益的其他综合收益	—	—
3. 可供出售金融资产公允价值变动损益	—	−3 571. 61
4. 金融资产重分类计入其他综合收益的金额	—	—
5. 持有至到期投资重分类为可供出售金融资产损益	—	—
6. 其他债权投资信用损失准备	—	—
7. 现金流量套期储备	—	—
8. 外币财务报表折算差额	—	—
9. 其他	—	—
七、综合收益总额	210 462. 16	168 423. 70

法定代表人:王卓　　主管会计工作负责人:蔡琦　　会计机构负责人:罗曼

5. 2　信托资产

5. 2. 1　信托项目资产负债汇总表

信托项目资产负债汇总表

编制单位:五矿国际信托有限公司　　2019 年 12 月 31 日　　单位:万元

信托资产	期末数	期初数	信托负债和信托权益	期末数	期初数
信托资产	—	—	信托负债	—	—
货币资金	782 051. 92	744 359. 14	应交税费	793. 19	524. 77
存放同业款项	—	—	其他应付款	864 390. 96	412 090. 05
交易性金融资产	497 790. 62	1 206 212. 23	应付账款	4 667. 33	2 534. 98
买入返售金融资产	—	9 560. 26	长期应付款	—	—
应收票据	—	—	其他负债	—	—
应收账款	—	—	信托负债合计	869 851. 48	415 149. 80
应收利息	10 025. 55	13 163. 21		—	—
其他应收款	610 557. 36	200 267. 32		—	—
贷款	24 970 269. 04	18 044 868. 88	信托权益:	—	—
可供出售金融资产	59 290 705. 80	36 597 005. 15	实收信托	87 506 181. 17	59 366 447. 79
长期应收款	—	—	资本公积	99 098. 13	996 152. 52
长期股权投资	2 336 237. 04	3 124 242. 95	未分配利润	22 516. 20	−838 070. 97
应收股利	9. 64	—	信托权益合计	87 627 795. 50	59 524 529. 34
其他资产	—	—			
信托资产总计	88 497 646. 98	59 939 679. 14	信托负债和权益总计	88 497 646. 98	59 939 679. 14

5.2.2 信托项目利润及利润分配汇总表

信托项目利润及利润分配汇总表

编制单位:五矿国际信托有限公司 单位:万元

项目	2019 年度
一、营业收入	4 838 828.13
利息收入	1 910 240.94
投资收益	3 055 306.60
租赁收入	—
公允价值变动损益	-154 894.09
汇兑损益	—
其他收入	28 174.67
二、营业费用	984 793.16
三、营业税金及附加	14 227.37
四、扣除资产损失前的信托利润	3 839 807.60
减:资产减值损失	—
五、扣除资产损失后的信托利润	3 839 807.60
加:期初未分配信托利润	-838 073.15
六、可供分配的信托利润	3 001 734.45
减:本期已分配信托利润	2 979 218.25
七、期末未分配信托利润	22 516.20

注:本年清算项目累计向受益人分配信托利益 3 671 092.38 万元。

6. 会计报表附注

6.1 会计报表编制基础

本公司会计报表按照财政部颁布的企业会计准则及其应用指南、解释及其他有关规定(统称企业会计准则)编制。

6.2 报告年度重要会计政策、会计估计的变更

6.2.1 重要会计政策变更

6.2.1.1 新金融工具准则

财政部于 2017 年颁布了《企业会计准则第 22 号——金融工具确认和计量(修订)》《企业会计准则第 23 号——金融资产转移(修订)》《企业会计准则第 24 号——套期会计(修订)》及《企业会计准则第 37 号——金融工具列报(修订)》(以下统称新金融工具准则)。本公司 2019 年 1 月 1 日起已按照上述通知进行核算和编制本年财务报表。

本公司按照新金融工具准则的规定,除某些特定情形外,对金融工具的分类和计量(含减值)进行追溯调整,将金融工具原账面价值和在新金融工具准则施行日(即 2019 年 1 月 1 日)的新账面价值之间的差额计入 2019 年初留存收益或其他综合收益。同时,本公司未对比较财务报表数据进行调整。

6.2.1.2 财务报表格式

财政部于 2018 年 12 月 27 日发布了《关于修订印发 2018 年度金融企业财务报表格式的通知》(财会[2018]36 号),对已执行新金融工具准则的金融企业的财务报表格式进行了规范。执行上述通知要求的金融企业不再执行财政部于 2006 年印发的《企业会计准则——应用指南》(财会[2006]18 号)中的财务报表格式。财务报表格式的修订对本公司的资产总额、负债总额、净利润、其他综合收益等无影响。

6.2.2 重要会计估计变更

自 2019 年起,本公司每年以公司存续的信托项目资产余额为基数,将信托项目划分为主动管理类项目和事务管理类项目。对于主动管理类项目,根据银监会《信托公司净资本管理办法》(中国银行业监督管理委员会令 2010 年第 5 号)的要求折算风险资本,并按照风险资本的 5% 计提信托业务准备金(对应科目预计负债),当累计计提的信托业务准备金金额达到风险资本的 20% 时,可以不再计提。

按照本年风险资本的 5%,本年计提预计负债为46 016.77 万元,影响利润总额为 46 016.77 万元。

6.3 或有事项说明

无。

6.4 重要资产转让及其出售的说明

无。

6.5 会计报表中重要项目的明细资料

6.5.1 固有资产经营情况

6.5.1.1 按照信用风险资产五级分类结果披露资产的期初数、期末数

信用风险资产五级分类	正常类(万元)	关注类(万元)	次级类(万元)	可疑类(万元)	损失类(万元)	信用风险资产合计(万元)	不良资产合计(万元)	不良资产率(%)
期初数	1 551 437.85	58 450.00	34 000.00	—	48 798.86	1 692 686.71	82 798.86	4.83
期末数	1 746 534.39	—	—	40 944.97	31 734.97	1 819 214.33	72 679.94	3.88

6.5.1.2 资产减值准备情况

单位:万元

	期初数	本期计提	本期转回	本期核销	期末数
贷款损失准备	—	—	—	—	—
一般准备	—	—	—	—	—
专项准备	—	—	—	—	—
其他资产减值准备	—	—	—	—	—

续表

	期初数	本期计提	本期转回	本期核销	期末数
持有至到期投资减值准备	—	—	—	—	—
长期股权投资减值准备	—	—	—	—	—
坏账准备	50 825.23	4 210.80	2 476.94	—	52 559.09
投资性房地产减值准备	—	—	—	—	—

6.5.1.3　固有股票投资、基金投资、债券投资、金融股权投资等投资情况

单位：万元

	股票	基金	债券	金融股权投资	其他投资	合计
期初数	16 908.67	84 390.38	55.15	50 000.00	1 376 399.40	1 527 753.60
期末数	17 145.43	614 288.93	41 682.59	59 539.98	886 992.66	1 619 649.59

6.5.1.4　金融股权投资明细表

被投资企业名称	被投资企业所属行业	投资成本（万元）	年末股权比例（%）
中国信托业保障基金有限责任公司	基金管理服务	50 000.00	4.35

6.5.1.5　固有贷款明细表

无。

6.5.1.6　表外业务的期初数、期末数

无。

6.5.1.7　公司当年收入结构

收入结构	金额（万元）	占比（%）
利息收入	5 506.18	1.26
其中：存放同业	4 859.75	1.11
发放贷款及垫款	—	—
买入返售证券	646.43	0.15
手续费及佣金收入	352 709.94	80.91
其中：信托手续费收入	348 698.39	79.99
顾问及咨询收入	1 593.96	0.37
其他	2 417.59	0.55
投资收益	84 846.55	19.46
其中：证券投资收益	3 955.32	0.91
公允价值变动收益	-37 004.22	-8.49
其他收益	29 855.82	6.86
收入合计	435 914.27	100.00

6.5.2　披露信托资产管理情况

6.5.2.1　信托资产的期初数、期末数

单位：万元

信托资产	期初数	期末数
集合	37 900 825.22	68 775 457.84
单一	13 691 787.21	11 829 736.34
财产权	8 347 066.71	7 892 452.80
合计	59 939 679.14	88 497 646.98

6.5.2.2　主动管理型信托资产的期初数、期末数

单位：万元

主动管理型信托资产	期初数	期末数
证券投资类	521 783.86	1 128 580.12
股权投资类	1 852 888.31	2 333 537.04
其他投资类	7 579 977.79	11 448 848.27
融资类	18 702 736.28	50 091 265.52
事务管理类	—	—
合计	28 657 386.24	65 002 230.95

6.5.2.3　被动管理型信托资产的期初数、期末数

单位：万元

被动管理型信托资产	期初数	期末数
证券投资类	—	—
股权投资类	—	—
融资类	—	—
事务管理类	31 282 292.90	23 495 416.03
合计	31 282 292.90	23 495 416.03

6.5.2.4　本年度已清算结束的信托项目个数、实收信托合计金额、加权平均实际年化收益率

按集合、单一和财产管理类进行分类

已清算结束信托项目	项目个数（个）	实收信托合计金额（万元）	加权平均实际年化收益率（%）
集合类	443	15 554 604.62	6.07
单一类	65	2 858 967.59	6.11
财产管理类	20	5 993 134.65	5.39

本年度已清算结束的主动管理型信托项目

已清算结束信托项目	项目个数（个）	实收信托合计金额（万元）	加权平均实际年化信托报酬率（%）	加权平均实际年化收益率（%）
证券投资类	1	6 000.00	0.41	6.20
股权投资类	4	348 830.00	1.33	6.19
其他投资类	81	6 086 598.44	0.52	5.28
融资类	371	7 805 103.80	1.05	6.14

本年度已清算结束的被动管理型信托项目

已清算结束信托项目	项目个数（个）	实收信托合计金额（万元）	加权平均实际年化信托报酬率（%）	加权平均实际年化收益率（%）
证券投资类	—	—	—	—
股权投资类	—	—	—	—
融资类	—	—	—	—
事务管理类	71	10 160 174.62	0.24	6.63

6.5.2.5　本年度新增的集合类、单一类和财产管理类信托项目个数及金额

新增信托项目	项目个数（个）	实收信托合计金额（万元）
集合类	711	42 831 182.40
单一类	135	2 866 181.59
财产管理类	47	6 584 083.90
新增合计	893	52 281 447.89
其中：主动管理型	879	51 204 730.43
被动管理型	14	1 076 717.46

6.6　关联方及其交易的披露

6.6.1　关联交易方的数量、关联交易的总金额及关联交易的定价原则等

	关联交易方数量	关联交易金额（万元）	定价政策
合计	12	2 411 107.12	本公司2019年发生的关联方交易均根据一般正常的交易条件进行，并以市场价格作为定价依据。

6.6.2 关联交易方与本公司的关系性质、关联交易方的名称、法定代表人、注册地址、注册资本及主营业务等

关系性质	关联方名称	法定代表人	注册地址	注册资本（亿元）	主营业务
母公司	五矿资本控股有限公司	赵立功	北京市海淀区三里河路5号	257.10	实业、高新技术产业、房地产项目投资；企业经营管理咨询等。
同一母公司	中国外贸金融租赁有限公司	高红飞	北京市海淀区三里河路1号北京市西苑饭店11号楼	51.66	融资租赁；固定收益类证券投资业务；同业拆借等。
同一母公司	五矿证券有限公司	黄海洲	深圳市福田区金田路4028号荣超经贸中心办公楼47层01单元	72.92	证券经纪；证券投资咨询；证券承销业务和证券资产管理业务；融资融券业务等。
同一母公司	五矿经易期货有限公司	张必珍	深圳市福田区益田路西福中路北新世界商务中心48层	27.15	商品期货经纪、金融期货经纪、资产管理、期货投资咨询等。
本公司母公司的联营企业	绵阳市商业银行股份有限公司	何苗	四川省绵阳市涪城区临园路西段文竹街3号	12.44	吸收公众存款、发放贷款、办理国内结算等。
同一最终控制方	中国五矿股份有限公司	国文清	北京市海淀区三里河路5号	290.69	黑色金属、有色金属投资、销售；实业投资、资产管理等。
同一最终控制方	北京第五广场置业有限公司	李立新	北京市东城区朝阳门北大街7号三层305、306单元	4.9	开发、建设、出售、出租用地范围内的房屋等。
同一最终控制方	五矿二十三冶建设集团有限公司	宁和球	长沙市雨花区湘府东路二段208号万境财智中心北栋24层	22.02	在本企业《建筑业企业资质证书》核定的范围内承包工程业务等
同一最终控制方	五矿保险经纪（北京）有限责任公司	肖健	北京市海淀区三里河路5号五矿大厦B座410室	0.1	商品期货经纪、金融期货经纪、资产管理、期货投资咨询等。
同一最终控制方	中冶赛迪重庆信息技术有限公司	王劲松	重庆市北部新区龙睛路7号20－24层	0.2	计算机、网络通讯系统及软硬件产品的研究、设计、开发、集成等。
同一最终控制方	中冶置业集团有限公司	刘福明	北京市海淀区马甸东路17号29层、30层	50	房地产开发；销售商品房；房地产信息咨询（不含中介服务）；接受委托从事物业管理等。
同一最终控制方的联营企业	五矿财富投资管理有限公司	蔡琦	浙江省杭州市萧山区湘湖金融小镇二期中区块南岸3号楼211室	1	非证券业务的投资管理、投资咨询；财务咨询；经济信息咨询；私募股权投资等。

6.6.3 公司与关联方的重大交易事项

6.6.3.1 固有与关联方交易情况

单位：万元

	期初数	借方发生额	贷方发生额	期末数
贷款	—	—	—	—
投资	—	—	—	—
租赁	-65.33	17.23	7.51	-55.61
应收账款	—	—	—	—
担保	—	—	—	—
其他	18 651.46	4 432 536.92	4 346 754.97	104 433.41
合计	18 586.13	4 432 554.15	4 346 762.48	104 377.80

注：负数为应付款项。

6.6.3.2 信托与关联方交易情况

单位：万元

	期初数	借方发生额	贷方发生额	期末数
贷款	30 000.00	248 000.00	30 000.00	248 000.00
投资	6 000.00	—	6 000.00	—
租赁	55 812.90	—	55 812.90	—
应收账款	—	—	—	—
担保	—	—	—	—
其他	—	—	—	—
合计	91 812.90	248 000.00	91 812.90	248 000.00

6.6.3.3 固有与信托间的交易情况

单位：万元

	期初数	本期发生额	期末数
合计	1 289 619.40	-439 140.08	850 479.32

6.6.3.4 信托项目间的交易情况

单位：万元

	期初数	本期发生额	期末数
合计	1 635 070.20	-426 820.20	1 208 250.00

6.6.4 报告期关联方逾期未偿还本公司资金及本公司为关联方担保发生或即将发生垫款的情况

无。

6.7 会计制度的披露

公司固有业务和信托业务均执行财政部颁布的企业会计准则及相关规定。

7. 财务情况说明书

7.1 利润实现和分配情况

2019年初公司未分配利润为337 749.29万元，2019年实现的净利润为210 462.16万元。2019年利润分配如下：

（1）分配2018年股东股利68 798.12万元。

（2）按照净利润的10%提取法定盈余公积21 046.22万元。

（3）按照净利润的5%提取信托赔偿准备金10 523.11万元，提至65 147.79万元。

（4）按照年末风险资产1.5%提取一般风险准备1 776.06万元，提至27 288.21万元。

2019年期末未分配利润余额为446 067.94万元。

7.2 主要财务指标

指标名称	指标值
净资产收益率(%)	16.01
信托报酬率(%)	0.54
人均利润(万元)	518.71

7.3 对本公司财务状况、经营成果有重大影响的其他事项

无。

8. 特别事项揭示

8.1 股东报告期内变动情况及原因

无。

8.2 董事、监事及高级管理人员变动情况及原因

8.2.1 董事变动情况

公司股东会2019年第四次会议选举刘国威先生、王晓东先生、樊玉雯女士、姜弘先生、陈闽玉女士为第四届董事会董事;选举黄震先生、张成思先生、安秀梅女士为公司第四届董事会独立董事。公司职工代表大会选举王卓先生为公司第四届董事会职工董事。公司原董事长任珠峰先生、董事陈有凯先生在新任董事长、董事任职资格经监管机构核准后,不再继续履职。

8.2.2 监事变动情况

公司股东会2019年第四次会议、股东会2020年第一次会议选举王明海先生、刘雁女士、王茜女士为第四届监事会监事。公司职工代表大会选举王智瑞先生、位志宇先生为公司第四届监事会职工监事。公司原监事长姜弘先生在本次换届完成后,不再担任公司监事。

8.2.3 高管人员变动情况

公司第三届董事会第三十三次会议同意聘任佟京晶先生为公司总经理助理。任职资格已获监管机构核准。

8.3 变更注册资本、注册地或公司名称、公司分立合并事项

无。

8.4 公司的重大诉讼事项

序号	原告	被告	标的金额(元)	案由	进展情况
1	五矿信托	上海荣腾置业有限公司、马建军	395 440 000.00	借款合同纠纷	五矿信托向上海市第一中级人民法院申请强制执行,2018年6月8日第一中级人民法院立案。案件目前正在执行中。
2	五矿信托	武汉金正茂商务有限公司、武汉徐东房地产开发有限公司等	600 000 000.00	营业信托纠纷	2017年12月,最高人民法院判决二审判决五矿信托胜诉。案件正在执行中。
3	五矿信托	成都森宇实业集团有限公司	518 698 630.14	借款合同纠纷	2016年3月22日出具调解书,对方未履行,五矿信托已于2016年5月17日向青海省高级人民法院申请强制执行。案件正在执行中。
4	五矿信托	内蒙古中西矿业有限公司、甘肃建新实业集团有限公司、甘肃万星实业股份有限公司、刘建民、王爱琴	1 153 413 641.87	借款合同纠纷	2019年5月,内蒙古卓资县人民法院裁定批准中西矿业重整计划草案并终止其重整程序,已收到部分回款。目前该案仍在执行中。
5	五矿信托	佛山振兴共济文化投资有限公司、云南振戎润德集团有限公司、广东振戎能源有限公司	591 140 110.00	营业信托纠纷	2018年3月8日,五矿信托收到青海高院《执行裁定书》,裁定查封、扣押、冻结被执行人财产,并通知五矿信托提供被执行人财产线索。目前该案正在执行中。
6	五矿信托	云南振戎润德文化传播有限公司、云南振戎润德集团有限公司、杨瑞	44 833 941.67	营业信托纠纷	2018年3月22日,青海高院受理五矿信托的执行申请,2018年4月25日收到青海高院的执行裁定书。该案正在执行中。
7	五矿信托	重庆柏椿实业有限公司,重庆申基实业(集团)有限公司,申勇,申柯	99 970 000.00	借款合同纠纷	2018年6月21日,被告重庆柏椿实业有限公司向最高人民法院提起上诉,但被告上诉后未出庭,最高人民法院二审裁定按撤诉处理,现一审判决生效(一审公司胜诉)。案件正在执行中 。
8	五矿信托	易伟	2 723 583.21	营业信托纠纷	2019年12月25日,西宁市城北区人民法院终结本次执行(一审、二审公司胜诉)。
9	五矿信托	山西楼俊矿业集团有限公司	100 000 000.00	借款合同纠纷	楼俊矿业的重整已完成,目前正在进行偿债安排。

8.5 公司及其董事、监事和高级管理人员受到的处罚情况

报告期内,中国银保监会青海监管局向公司下发了《行政处罚决定书》(青银保监罚决字[2020]8号),因尽职管理不到位,导致信托资金用于收购土地,公司被青海银保监局予以行政处罚,处罚方式为30万元。公司的董事、监事和高级管理人员未发生受到处罚的情况。

8.6 对中国银保监会提出的整改意见简要说明整改情况

报告期内,公司接受青海银保监局"重点风险领域""巩固治乱象成果,促进合规建设"等专项现场检查,监管局在"强化公司治理、夯实基础工作,进一步加强事务管理类信托业务管

理职责，持续推进信托业务结构转型”等方面向公司提出了监管意见、提示了风险。公司高度重视，通过建立整改台账、明确整改责任部门、责任人和计划完成时间，持续落实、动态跟踪监管意见的执行整改情况，确保整改实效。通过整改落实各项监管意见及监管提示，公司经营管理能力进一步提高，内部控制体系更加完善，为公司可持续健康发展打下了坚实的基础。

8.7 重大事项临时报告情况

2019 年 3 月，经中国银保监会青海监管局《关于同意五矿国际信托有限公司修改章程的批复》（青银保监复［2019］34 号）同意，修改《公司章程》获得批准，进一步完善《公司章程》中关于股东权利与义务等方面的内容。

2019 年 12 月，经中国银保监会青海监管局《关于核准刘国威任职资格的批复》（青银保监复［2019］268 号）同意，刘国威同志董事长任职资格获批。

8.8 中国银保监会及其省级派出机构认定的其他有必要让客户及相关利益人员了解的重要信息

无。

9. 公司监事会意见

报告期内，公司能够按照合法决策程序对重大事项进行决策，业务经营活动符合《公司法》《信托法》《信托管理办法》及《信托公司治理引》等有关法律规定；董事、高级管理人员能够合法合规履行公司职务；致同会计师事务所（特殊普通合伙）出具的 2019 年度“标准无保留意见”审计报告，真实、客观地反映了公司的财务状况和经营结果。

西部信托有限公司

1. 重要提示

1.1 本公司董事会及董事保证本报告所载资料不存在任何虚假记载、误导性陈述或重大遗漏,并对其内容的真实性、准确性和完整性承担个别及连带责任。

1.2 公司独立董事声明本年度报告内容真实、准确和完整。

1.3 信永中和会计师事务所为本公司出具了无保留意见的年度审计报告。

1.4 公司董事长徐谦、主管会计工作的副总经理刘洁及计划财务部经理甄明声明:保证本年度报告中财务报告的真实、完整。

2. 公司概况

2.1 公司简介

2.1.1 中文名称:西部信托有限公司
中文名称简写:西部信托
英文名称:Western Trust Co. ,Ltd.
英文名称缩写:WT

2.1.2 法定代表人:徐谦

2.1.3 注册地址:陕西省西安市东新街232号
邮政编码:710004

2.1.4 公司国际互联网网址:www. wti-xa. com
电子信箱:wti-xa@ wti-xa. com

2.1.5 公司信息披露负责人:刘洁
联系电话:029-87396585
传真电话:029-87406300
电子信箱:wti-xa@ wti-xa. com

2.1.6 选定的信息披露报纸:《上海证券报》

2.1.7 年度报告备置地点:陕西省西安市东新街232号信托大厦15楼

2.1.8 聘请的会计师事务所:信永中和会计师事务所西安分所
地址:西安市高新区高新三路12号中国人保(陕西)金融大厦6层

2.1.9 聘请的律师事务所:北京金诚同达律师事务所西安分所
地址:西安市沣惠南路华晶广场B座15层

2.2 组织结构

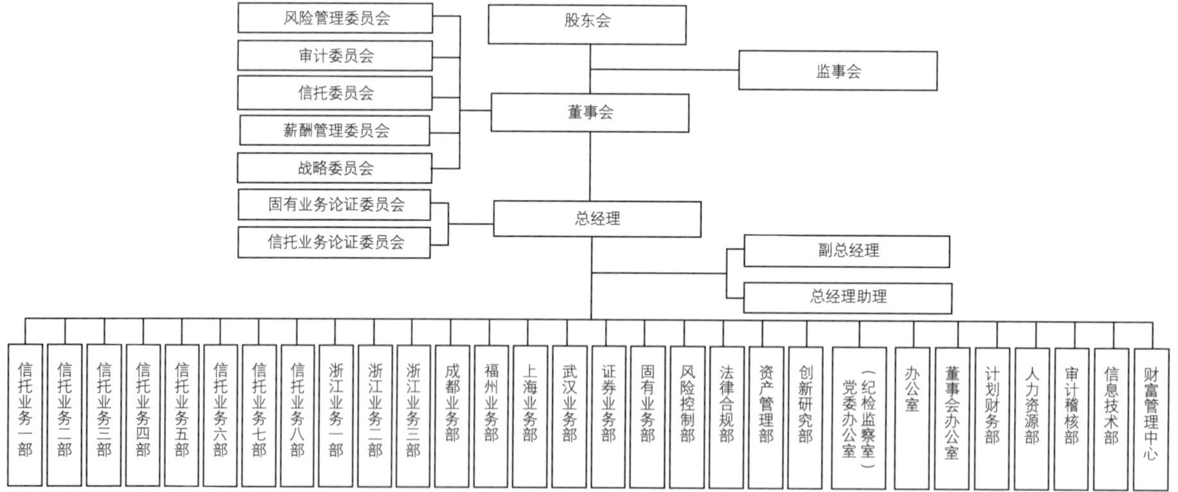

3. 公司治理

3.1 股东

截至2019年末,公司股东总数24家。

股东名称	持股比例(%)	法人代表	注册资本(万元)	注册地址	主要经营业务及主要财务情况
陕西省电力建设投资开发公司	57.78	袁小宁	200 000.00	陕西省西安市东新街232号	省电力建设资金的筹集、省电力建设项目的开发和管理等。

续表

股东名称	持股比例(%)	法人代表	注册资本(万元)	注册地址	主要经营业务及主要财务情况
陕西省产业投资有限公司	8.66	霍 熠	80 000.00	陕西省西安市莲湖区青年路92号	装备制造、能源交通、电子信息、原材料、矿产资源、房地产、农林及产业项目的投资建设和运营等。
陕西延长石油(集团)有限责任公司	5.15	杨 悦	1 000 000.00	陕西省延安市宝塔区枣园路延长石油办公基地	石油和天然气、油气共生或钻遇矿藏的勘探、开采、生产建设、加工、运输、销售和综合利用等。

3.2 董事

董事长、董事

姓名	职务	性别	年龄(岁)	选任日期	所推举的股东名称	该股东持股比例(%)	简要履历
徐 谦	董事长	男	48	2019年3月	陕西省电力建设投资开发公司	57.78	1993年7月参加工作,博士研究生学历,经济学博士学位,中共党员,曾任西部信托有限公司总经理。
王毛安	董 事	男	53	2015年11月	陕西省电力建设投资开发公司	57.78	1991年7月参加工作,硕士研究生学历,经济学硕士学位,高级会计师职称,注册会计师资格,中共党员;现任陕西投资集团有限公司金融管理部主任。
栾 兰	董 事	男	36	2019年3月	陕西省电力建设投资开发公司	57.78	2007年7月参加工作,大学学历,工业工程和管理学学位,经济师职称,中共党员;现任陕西陕投资本管理有限公司董事长、总经理、党总支书记,陕西省成长性企业引导基金有限公司董事长。
刘 千	董 事	女	50	2019年3月	陕西省电力建设投资开发公司	57.78	1992年7月参加工作,大学学历,高级会计师职称,中共党员;现任陕西投资集团有限公司财务管理部副主任。
刘平安	董 事	男	35	2019年3月	陕西省产业投资有限公司	8.66	2010年5月参加工作,硕士研究生学历,金融学硕士学位,中级经济师,中共党员;现任陕西省产业投资有限公司投资银行部经理。
张 烨	职工董事	男	41	2019年3月	西部信托有限公司	—	2003年7月参加工作,大学学历,高级管理人员工商管理硕士学位,致公党党员;现任西部信托有限公司信托业务八部总经理。

独立董事

姓 名	所在单位及职务	性别	年龄(岁)	选任日期	所推举的股东名称	该股东持股比例(%)	简 要 履 历
文富胜	西藏君度投资有限公司投资总监	男	51	2015年11月	—	—	大学本科学历,经济学学士。具有注册会计师、律师、注册资产评估师、经济师(金融)、保荐代表人等资格。
马旭飞	香港城市大学管理学系商学院教授	男	47	2015年11月	—	—	研究生学历,博士学位,先后毕业于西安交通大学、加拿大萨省大学商学院、新加坡国立大学商学院,战略管理和国际企业管理领域的知名学者。
田高良	西安交通大学管理学院会计与财务系主任	男	54	2019年3月	—	—	管理学博士,中国人民大学工商管理博士后,全国会计学术类领军人才。

3.3 监事

监事会成员

姓名	职务	性别	年龄(岁)	选任日期	所推举的股东名称	该股东持股比例(%)	简 要 履 历
教忠东	监事会主席	男	46	2019年11月	彩虹集团有限公司	5.01	历任中国电子信息产业集团有限公司审计部项目主管、监察审计部审计处副处长、审计部审计处副处长,中国电子器材总公司总会计师,中国中电国际信息服务有限公司总经理助理兼北京分部总经理等职务;现任彩虹集团有限公司纪委书记、党委委员、监事会主席。
孙 飚	监事	男	52	2012年8月	重庆中侨置业有限公司	3.90	2000年至今担任重庆康信置业有限公司董事长、重庆中侨置业有限公司董事长、重庆金岛房地产有限公司董事长。
兰 馨	职工监事	女	36	2019年11月	西部信托有限公司	—	曾在西部信托有限公司风控合规部、财富管理中心工作,历任西部信托有限公司法律合规部法务总监;现任西部信托有限公司法律合规部副总经理,主持工作。

本公司监事会未设立下属委员会。

3.4 高级管理人员

姓名	职务	性别	年龄（岁）	选任日期	金融从业年限（年）	学历	专业	简要履历
贾　旭	总经理	男	50	2019年3月	27	研究生	工商管理	中共党员，经济师，硕士学位，研究生学历，曾任西部信托有限公司市场营销部经理、信托二部经理、总经理助理、副总经理。
刘　洁	副总经理 董事会秘书	女	50	2019年3月	19	研究生	工商管理	硕士学位，研究生学历，高级经济师、注册会计师，曾任西部证券投资银行部高级经理，长安信托审计部总经理、风险控制部总经理、合规风险副总监、公司监事。
蔡梦诗	副总经理	女	37	2019年3月	13	研究生	政治经济学	中共党员，硕士学位，研究生学历，经济师，曾任浙江省工商信托公司管理部总经理助理，万向信托有限公司管理部执行总经理、财富管理总部总经理、运营总监，西部信托有限公司浙江业务总部总经理，公司总经理助理。
韩宗望	副总经理	男	47	2019年3月	24	研究生	工商管理	硕士学位，研究生学历，经济师，曾任西部信托有限公司信托业务六部部门总经理、广东业务总部总经理，公司总经理助理。

3.5 公司员工

项目		报告期年度		上年度	
		人数（人）	比例（%）	人数（人）	比例（%）
年龄分布	25岁以下	8	2.17	4	1.35
	25～29岁	91	24.80	57	19.26
	30～39岁	197	53.68	160	54.05
	40岁以上	71	19.35	75	25.34
学历分布	博士研究生	3	0.82	3	1.01
	硕士研究生	161	43.87	133	44.93
	本科	170	46.32	130	43.92
	专科	30	8.17	26	8.78
	其他	3	0.82	4	1.35
岗位分布	董事、监事及其高管人员	6	1.63	7	2.36
	自营业务人员	4	1.09	3	1.01
	信托业务人员	157	42.78	135	45.61
	其他人员	200	54.50	151	51.01

4. 经营管理

4.1 经营目标、经营方针、战略规划

围绕着跨入“行业第二梯队”发展目标，综合发掘各类资源，在公司内部逐步建立健全现代企业制度，建造科学合理的经营管理体制、激励机制和风险内控系统，为客户提供专业化的综合金融服务，为信托受益人谋求利益最大化，为股东创造价值最大化，为员工提供良好的成长机会，使公司成为专业理财金融机构。

以“防风险、补短板、促转型、保增长”为总体基调，采取有效的风险防控措施，确保存续信托项目平稳运行，稳步适度开展传统业务，积极推进符合发展趋势的创新业务，夯实业务发展基础，加快业务转型，提升发展质量。

坚持“受人之托，代人理财”的服务宗旨，以“跟随主流市场同时打造自身特色，进行业务综合布局”为战略方向，以“在锁定基石业务的基础上，积极培养战略创新业务和传统业务创新思路”为战略定位，以立足陕西、拓展全国性业务为路径，通过若干年的努力，在西部地区形成具有自身特色和较强影响力的“投资银行、资产管理、私人银行三位一体”的专业化金融资产管理公司。

4.2 所经营业务的主要内容

公司所经营业务包括固有资产管理业务和信托业务。信托业务主要是资金信托、股权信托和财务顾问等业务；固有资产管理业务主要是股权投资、贷款和证券投资。

自营资产运用与分布表

资产运用	金额（万元）	占比（%）	资产分布	金额（万元）	占比（%）
货币资产	6 025.13	0.94	基础产业	—	—
贷款及应收款	1 545.30	0.24	房地产业	—	—
交易性金融资产	—	—	证券市场	335 920.43	52.66
可供出售金融资产	398 042.23	62.40	实业	—	—
持有至到期投资	79 467.42	12.46	金融机构	269 692.25	42.28
其他	152 858.29	23.96	其他	32 325.70	5.07
资产总计	637 938.37	100.00	资产总计	637 938.37	100.00

信托资产运用与分布表

资产运用	金额（万元）	占比（%）	资产分布	金额（万元）	占比（%）
货币资产	131 668.95	0.41	基础产业	3 042 904.84	9.55
贷款	12 345 421.91	38.74	房地产	3 594 466.02	11.28
交易性金融资产	527 731.71	1.66	证券市场	784 390.00	2.46
持有至到期投资	7 870 254.13	24.70	实业	22 376 587.88	70.22
长期股权投资	1 724 324.66	5.41	金融机构	2 001 187.84	6.28
其他	9 267 268.92	29.08	其他	67 133.69	0.21
信托资产总计	31 866 670.26	100.00	信托资产总计	31 866 670.26	100.00

4.3 市场分析

2019年，信托业在面临经济下行叠加行业转型的双重压力下，一方面，积极采取有效措施，回归本源和主业，着力创新转型，开拓信托的本源业务、资产管理和财富管理，并进一步发展慈善信托、资产证券化业务，服务实体经济的质效不断提高；另一方面，得益于监管的积极作为，持续发布了系列针对

各类金融机构及业务管理的政策办法，推进国务院修订《信托公司条例》、将“营业信托纠纷”专章写入《九民纪要》等，使得信托业制度建设不断得到加强，信托行业在流动性管理、资金信托管理、股权管理、资本管理和行政许可等方面，以及信托登记机制上都得到了完善，这都为 2020 年信托行业的发展打下了坚实的基础。

展望 2020 年，面对国内外风险挑战明显上升，经济下行压力仍将持续的复杂局面，在金融行业继续打好防范化解重大风险攻坚战的政策背景下，信托行业面临的监管压力仍将持续加强，“去通道”“去嵌套”、提升主动管理职能成为信托公司必然的转型方向。

4.4 内部控制

公司重视内控建设，公司股东会、董事会、监事会、经营管理层各自的职能分工明确，建立了决策层、执行层、监督层构成的内部控制架构，在公司的经营发展中发挥着各自的职能与作用，形成了各层既相互独立，又相互制衡、相互协调的内部控制机制。

公司一直秉承“稳健经营、持续发展”的经营理念，始终把风险控制放在经营管理的首要位置，多层次、全方位推动积极有效的内控文化建设。通过培训学习、印发制度汇编等多种途径使全体员工熟悉公司的各项规章制度及业务操作流程；通过审计检查、考核激励与问责不断强化员工的合规经营和风险控制意识。

公司董事会下设风险管理委员会、信托委员会、薪酬管理委员会、战略委员会、审计委员会。各委员会职责清晰、分工明确，协助董事会开展公司各项工作。公司引入独立董事制度，并由独立董事出任信托委员会、薪酬管理委员会和审计委员会主任委员，以控制公司重大业务的经营风险，实现公司的稳健持续发展。

公司层面设置了信托业务论证委员会和固有业务论证委员会，建立了有效的业务咨询系统。业务部门在开办业务时首先要经过详细的可行性分析，经风险控制部进行项目预审，法律合规部合规审查，再提交专业论证委员会进行审议表决。公司审计稽核部负责内审工作，遵循内部审计准则和稽核工作规范，独立、客观地履行职能。公司《授权管理办法》对股东会、董事会、经营班子各层级业务权限作出了明确规定，实行分级授权审批控制。

公司设立了业务风险控制委员会，人员由公司总经理、副总经理等组成，通过定期对业务项目风险跟踪、分析，对项目运行过程中的风险情况进行认真评估，排查业务项目风险隐患，建立了风险预警机制。

公司固有财产和信托财产设立独立的部门分别管理，各部门和岗位，职权分明，职能独立。公司不断地完善制度体系，将内部综合管理、业务管理、财务管理三大类制度进行梳理与汇总，力求公司经营管理环节都做到有章可循，照章办事。

公司建立了良好的信息交流与沟通制度，通过公司网站、每周例会、办公自动化系统、管理月报、中层以上管理人员不定期工作会议等形式达到各层级顺畅的信息共享与互动。

公司依照规定的程序，及时、完整、准确地向监管部门报备有关材料，向社会公众披露相关信息，并积极整合反馈信息，将其有效地运用于公司的经营管理中。公司还邀请监管机构代表列席董事会、股东会会议，接受监管部门监督。公司能够严格执行向委托人（受益人）披露信托事务处理信息的有关制度，依据有关文件约定能及时召开委托人（受益人）会议，确保相关当事人的知情权。对于监管机构和委托人（受益人）提出的问题或建议，公司均能给予及时、详细的信息反馈。

公司建立了内部控制评价、监督、纠正机制。公司审计稽核部作为公司独立的专职监督部门，以防范风险、纠正违规、加强内控为工作目标，对公司的内部控制、操作风险及合规管理进行独立监督和评价，及时发现内部控制缺陷或项目操作风险，提出改进建议并敦促改进，促进公司的稳健发展。法律合规部负责对公司的法规工作进行统一的规划、指导、监督、检查及评价，确保公司及项目合法合规。

本报告期内，公司审计稽核部按照《企业内部控制基本规范》的有关规定，在公司治理、内部控制管理、业务流程与执行、高管经济责任及离任等多个方面开展了审计工作，并提出了审计管理建议。报告期内审计稽核部两次对审计工作中发现的问题进行整改检查，使有关问题及时得到解决。

4.5 风险管理

公司经营活动中可能遇到的风险主要有战略规划风险、信用风险、市场风险、操作风险、流动性风险、合规风险、反洗钱风险、关联交易风险、财务风险、信息技术风险、其他风险等。

公司风险管理贯彻全面性、审慎性、及时性、有效性、独立性的原则，覆盖公司各项业务、各个部门和各级人员，并渗透到决策、执行、监督、反馈等各个环节，对风险进行事前防范、事中控制、事后监督，促进公司持续、稳健、规范、健康运行。

公司风险管理体系按照《公司法》《公司章程》和《授权管理办法》进行构建，实行风险分层分级管理，明确各级风险责任单位的风险管理职责和责任。

4.5.1 战略规划风险管理

公司加强宏观经济研究，注重公司内外部各类信息的搜集整理，包括历史数据和未来预测，为公司制定规划、作出决策提供依据；聘请专业第三方机构，根据行业发展、监管导向以及公司经营目标、风险策略、业务资源禀赋等，协助制定切实可行的战略规划。

4.5.2 信用风险管理

公司有效防控和管理信用风险，一是通过建立并适时调整业务指引，明确主要业务的准入标准及风控要求，引入并优化量化风险评估指标及信用评级机制，对交易对手进行全面、深入的信用风险评估与分析，形成客观、翔实的尽职调查报告，严格执行业务审批流程，在对尽职调查报告进行严密分析的基础上，结合现场调查及公开信息形成审查报告，并向决策机构充分揭示业务涉及的信用风险；二是坚持从严的风险控制措施，对于保证担保，按照公司相关尽职调查要求，对保证人进行充分调查，以判断其是否具备担保能力，对于抵（质）押担保，严格审查抵（质）押物的权属有效性、合法性，客观、公正地评估抵（质）押物，控制合理的抵质押率；三是加强项目运行期间动态管理和监控，通过定期对资产五级分类及定期或不定期的检查、抽查跟踪业务等方式进行风险事中控制，发现问题及时采取措施有效防范和化解信用风险；四是通过提取信托赔偿准备金和计提资产损失准备金来提高公司抵御信用风险的能力。公司采用“备抵法”计提一般准备，据实计提专项准备。贷款资产减值准备计提标准为：正常类计提比例为零；关注类计提比例为2%；次级类计提比例为25%；可疑类计提比例为50%；损失类计提比例为100%。2019年，不良资产期初数为22 560.27万元，期末数为21 450.26万元，期末已计提资产减值准备16 466.65万元。

4.5.3 市场风险管理

公司为加强市场风险管理，一是加强了对经济及金融形势的分析预测，关注行业状况，按年度制定业务发展规划；二是在项目开展前期，对金融市场有可能产生的市场风险的各个因素进行分析研究，提早做好防范措施，采取分散投资、分散风险的方法，通过业务种类、产品结构的多元化提升公司抵御金融市场风险的整体能力；通过时机和标的资产选择来寻找投资机会，妥善管理和控制市场波动带来的风险；三是通过密切跟踪宏观经济变化，增强预见性，防范利率风险，控制行业集中度，关注政策导向研究，回避限制行业，以规避市场风险；四是在项目运行过程中，严格执行公司期间管理要求，并根据市场变化及时补充制定必要的期间管控措施，以防范市场风险。

4.5.4 操作风险管理

公司为防止操作风险的发生，一是制定了科学合理的业务表决和决策机制，设定合理的决策权限、审批流程，建立了严格的决策信息采集、传递程序，使决策人能够充分掌握基础决策信息，同时通过各种方式不断提高相关决策人自身决策素质和决策能力，以控制业务决策过程中的操作风险；二是公司不断加强业务内控制度建设，定期梳理和完善业务制度、操作流程，加强精细化管理，设置相互制衡的岗位，强化复核机制，加强员工培训，提高员工业务技能，通过技术手段对操作权限和内容进行程序设定、实行操作违规处罚、制定应急预案等措施控制操作风险；三是强化信息系统建设，形成标准化的线上业务流程，并加强信息技术风险管理，有效控制操作风险。

4.5.5 流动性风险管理

公司为加强流动性风险的管理，一是在项目前期评审阶段从多个方面评判融资人到期的偿付能力，明确还款来源，设置合理的流动性监测管理方案；二是严格按照监管部门及公司要求，对项目进行持续跟踪，并根据项目的具体情况进行充分的压力测试，严格后续管理，持续关注公司的后续经营状况，了解其经营风险，重要时点的流动性风险，在融资人出现或有流动性风险时，及时采取有效措施进行化解，严防流动性风险的出现；三是公司在自有资金使用方面，制定了严格的使用投向，只能将自有资金投向流动性较强的固定收益类产品或公司主动管理的信托计划，严控流动性风险。

4.5.6 合规风险管理

公司加强合规风险管理制度和体系的建设，以监管机构把2019年定为“强内控促合规建设年”为契机，进一步完善制度建设工作，不断夯实公司管理基础，规范业务开展，保障公司依法合规经营；加强员工行为合规管理，注重制度的执行、落实，从员工培训、教育，监督纪律处罚等方面，对公司人员及其行为规范进行约束和管理；重视合规文化建设，提倡全员合规、合规从高层做起的管理理念，树立“合规管理是公司经营的立足之本”这一风险管理的核心价值观念。

4.5.7 反洗钱风险管理

公司为防范反洗钱风险的发生，通过指定特定部门专门负责反洗钱工作，制定反洗钱的内部制度、操作规程、控制措施并建设完善相关系统，定期或不定期地对公司全员进行反洗钱培训，增强反洗钱工作能力。持续加强反洗钱内部控制制度建设，确保反洗钱内部控制制度流程具备完整性和可操作性，公司相关负责人对反洗钱内部控制制度和流程的有效实施负责。

4.5.8 关联交易风险管理

为防范关联交易风险的发生，公司建立完善了关联交易管理的相关制度及监督运行机制，根据《企业会计准则》及相关法律法规要求，充分明确关联方及关联交易的认定标准，在经营管理和业务开展的过程中，加强对于关联方和关联交易的判断识别及公司内部管理控制，建立关联方名单管理制度；严格按照相关法律法规及监管要求以市场公允价格开展关联交易，并严格按照监管要求对关联交易进行事前报告。

4.5.9 财务风险管理

为防范财务风险，公司财务工作通过开展精细化管理、全面风险管理和全面预算管理，不断提升财务管理能力和财务风险控制水平。一是继续完善财务管理制度，健全财务管理制度体系，为防范财务风险提供制度保障；二是继续充实财务岗位职责，优化财务岗位职责分工，建立清晰的财务岗位职责界限；三是开展财务工作清单化管理，进一步明确财务工作内容和工作目标；四是继续优化财务业务流程，建立高效并且风险可控的财务流程体系；五是积极实施财务信息化管理应用，通过信息化手段提升财务风险控制能力；六是加强财务人员职业道德和专业能力教育，进一步提升财务管理道德风险控制水平。

4.5.10 信息技术风险管理

公司成立信息技术部，全面负责管理信息科技，已构建以信息技术部为管理归口部门的信息科技组织架构，并将制定公司信息建设规划。正在启动建设协同办公平台，将支持公司的审批管理及风险监控，配合业务转型的需要。将建立公司信息安全管理制度，实行关键设备、系统、数据备份；选择成熟应用软件和可信的应用软件开发商，保证故障及时解决。

4.5.11 其他风险管理

公司为防范其他风险，一是通过加强对宏观政策和行业政策的跟踪、研究，提高预见性和前瞻性，有效控制和管理政策风险；二是通过建立完善的公司治理结构、严格的内控制度、标准化的业务流程以规避或降低职业道德风险，加强公司内部人员的思想道德教育，加强对内部人员职业道德风险的识别，有效控制道德风险；三是加强项目风险排查，及时发现风险隐患，并予以及时纠正；四是在开展业务尤其是创新业务时，选择资信状况良好、整体实力较强的交易对手合作，加强舆情监测，积极履行社会责任，有效控制声誉风险。

4.6 净资本管理

2019年末，公司净资本风险控制指标：净资本为46.09亿元，各项业务风险资本之和为33.23亿元，净资本/各项业务风险资本之和为138.70%，净资本/净资产为86.94%，净资本各项监管指标均达到监管要求。

4.7 社会责任履行情况

2019年，公司贯彻落实“三重一大”决策制度，加强党风廉政建设；始终坚持依法合规、诚信经营，不断改善和完善法人治理结构、内控及风险管理体系，全面提升风险管理能力；积极支持地方经济建设、提供优质金融服务；保障员工基本权益，提供各类培训、保险保障以及丰富的活动；积极投身金融知识宣传和消费者权益保护工作，不断提升和完善企业的价值观，促进股东、公司以及员工共同发展。

在精准扶贫方面，公司帮扶的杨武村目前虽已整体脱贫，但公司仍坚持人员不撤离、帮扶力度不削弱。2019 年，一是协助建设设施大棚和水井配套等 3 项产业项目，落实资金 50 万元；二是全年两次分红，实物折计和现金分红合计近 5 万元，陕西省电视台进行了实地采访；三是由公司党委书记亲自来抓，积极开展扶贫调研工作，并向扶贫爱心超市捐赠现金 1 万元；四是继续汇聚社会力量开展智力扶贫工作，联动社会力量捐物近 30 万元，并促成了西安国际学校、美国大学生与白水县史官镇中学、白水县东风小学同学间的研学交流与公益支教活动。

在慈善信托方面，公司主动响应党和国家打赢脱贫攻坚战的号召，积极践行社会责任，开展教育扶贫工作。2019 年 7 月 8 日，公司作为受托人的"西部信托·陕西资本市场助力脱贫攻坚慈善信托"宣布成立，成立规模为 201.92 万元，期限为 2 年，捐赠资助对象为陕西省相关政府机构公布的国家级贫困县的贫困大学生。

在公益事业方面，长期以来，公司鼓励员工积极参与志愿服务，通过志愿服务来提升员工的社会责任感。2019 年，公司先后开展了咸阳小桔灯公益捐赠活动、"保护古城墙 美化大西安"健步走等系列活动，以实际行动践行社会主义核心价值观，并取得了良好的社会效果；组织客户、员工参与"劳动体验""爱心体验"等扶贫活动；开展了"金融知识进万家""金融知识进校园""金融知识进企业"等活动，宣传金融知识、提高风险防范意识，确保金融安全。

5. 报告期末及上一年度末的比较式会计报表

5.1 自营资产

5.1.1 会计师事务所审计结论

审计报告

XYZH/2020XAA30088

西部信托有限公司：

一、审计意见

我们审计了后附的西部信托有限公司（以下简称西部信托）财务报表，包括 2019 年 12 月 31 日资产负债表，2019 年度的利润表、现金流量表、股东权益变动表及财务报表附注。

我们认为，后附的财务报表在所有重大方面按照企业会计准则的规定编制，公允反映了西部信托 2019 年 12 月 31 日的财务状况以及 2019 年度的经营成果和现金流量。

二、形成审计意见的基础

我们按照中国注册会计师审计准则的规定执行了审计工作。审计报告的"注册会计师对财务报表审计的责任"部分进一步阐述了我们在这些准则下的责任。按照中国注册会计师职业道德守则，我们独立于西部信托，并履行了职业道德方面的其他责任。我们相信，我们获取的审计证据是充分、适当的，为发表审计意见提供了基础。

三、其他信息

西部信托管理层对其他信息负责。其他信息包括西部信托 2019 年年度报告中涵盖的信息，但不包括财务报表和我们的审计报告。

我们对财务报表发表的审计意见不涵盖其他信息，我们也不对其他信息发表任何形式的鉴证结论。

结合我们对财务报表的审计，我们的责任是阅读其他信息，在此过程中，考虑其他信息是否与财务报表或我们在审计过程中了解到的情况存在重大不一致或者似乎存在重大错报。

基于我们已执行的工作，如果我们确定其他信息存在重大错报，我们应当报告该事实。在这方面，我们无任何事项需要报告。

四、管理层和治理层对财务报表的责任

管理层负责按照企业会计准则的规定编制财务报表，使其实现公允反映，并设计、执行和维护必要的内部控制，以使财务报表不存在由于舞弊或错误导致的重大错报。

在编制财务报表时，管理层负责评估西部信托的持续经营能力，披露与持续经营相关的事项（如适用），并运用持续经营假设，除非管理层计划清算西部信托、终止运营或别无其他现实的选择。

治理层负责监督西部信托的财务报告过程。

五、注册会计师对财务报表审计的责任

我们的目标是对财务报表整体是否不存在由于舞弊或错误导致的重大错报获取合理保证，并出具包含审计意见的审计报告。合理保证是高水平的保证，但并不能保证按照审计准则执行的审计在某一重大错报存在时总能发现。错报可能由于舞弊或错误导致，如果合理预期错报单独或汇总起来可能影响财务报表使用者依据财务报表作出的经济决策，则通常认为错报是重大的。

在按照审计准则执行审计的过程中，我们运用了职业判断，并保持了职业怀疑。同时，我们也执行以下工作：

（1）识别和评估由于舞弊或错误导致的财务报表重大错报风险，设计和实施审计程序以应对这些风险，并获取充分、适当的审计证据，作为发表审计意见的基础。由于舞弊可能涉及串通、伪造、故意遗漏、虚假陈述或凌驾于内部控制之上，未能发现由于舞弊导致的重大错报的风险高于未能发现由于错误导致的重大错报的风险。

（2）了解与审计相关的内部控制，以设计恰当的审计程序，但目的并非对内部控制的有效性发表意见。

（3）评价管理层选用会计政策的恰当性和作出会计估计及相关披露的合理性。

（4）对管理层使用持续经营假设的恰当性得出结论。同时，根据获取的审计证据，就可能导致对西部信托公司持续经营能力产生重大疑虑的事项或情况是否存在重大不确定性得出结论。如果我们得出结论认为存在重大不确定性，审计准则要求我们在审计报告中提请报表使用者注意财务报表中的相关披露；如果披露不充分，我们应当发表非无保留意见。我们的结论基于截至审计报告日可获得的信息。然而，未来的事项或情况可能导致西部信托不能持续经营。

（5）评价财务报表的总体列报、结构和内容，并评价财务报表是否公允反映相关交易和事项。

我们与治理层就计划的审计范围、时间安排和重大审计发现等事项进行沟通，包括沟通我们在审计中识别出的值得关注的内部控制缺陷。

信永中和会计师事务所（特殊普通合伙）

中国注册会计师：

中国注册会计师：

中国·北京　　　　二〇二〇年三月三十一日

5.1.2　资产负债表

资产负债表

编制单位：西部信托有限公司　　　　2019年12月31日　　　　单位：元

项目	行次	年末金额	年初金额
流动资产：	1	—	—
货币资金	2	60 251 266.38	30 253 717.98
结算备付金	3	1 721 340.64	1 016 398.77
拆出资金	4	—	—
交易性金融资产	5	—	—
以公允价值计量且其变动计入当期损益的金融资产	6	—	—
衍生金融资产	7	—	—
应收票据	8	2 449 000.00	—
应收账款	9	—	—
应收款项融资	10	—	—
预付款项	11	—	—
应收保费	12	—	—
应收分保账款	13	—	—
应收分保合同准备金	14	—	—
其他应收款	15	15 453 009.44	11 613 561.86
买入返售金融资产	16	—	—
存货	17	—	—
合同资产	18	—	—
持有待售资产	19	—	—
一年内到期的非流动资产	20	243 490 000.00	423 690 000.00
其他流动资产	21	1 174 400 000.00	1 162 800 000.00
流动资产合计	22	1 497 764 616.46	1 629 373 678.61
非流动资产：	23	—	—
发放贷款和垫款	24	—	—
可供出售金融资产	25	3 980 422 337.65	3 158 017 035.19
持有至到期投资	26	794 674 200.00	664 307 041.00
长期应收款	27	—	—
长期股权投资	28	—	—

续表

项目	行次	年末金额	年初金额
其他非流动金融资产	29	—	—
投资性房地产	30	—	—
固定资产	31	19 040 282.20	19 475 297.18
在建工程	32	—	—
生产性生物资产	33	—	—
油气资产	34	—	—
使用权资产	35	—	—
无形资产	36	4 955 381.38	2 417 154.31
开发支出	37	—	—
商誉	38	—	—
长期待摊费用	39	—	—
递延所得税资产	40	81 787 725.14	77 958 319.70
其他非流动资产	41	739 173.71	3 923 540.00
其中:特准储备物资	42	—	—
非流动资产合计	43	4 881 619 100.08	3 926 098 387.38
资　产　总　计	44	6 379 383 716.54	5 555 472 065.99

单位负责人:徐谦　　主管会计工作负责人:刘洁　　会计机构负责人:甄明

资产负债表(续)

编制单位:西部信托有限公司　　2019 年 12 月 31 日　　单位:元

项目	行次	年末金额	年初金额
流动负债:	45	—	—
短期借款	46	—	—
向中央银行借款	47	—	—
拆入资金	48	—	—
交易性金融负债	49	—	—
以公允价值计量且其变动计入当期损益的金融负债	50	—	—
衍生金融负债	51	—	—
应付票据	52	—	—
应付账款	53	—	—
预收款项	54	57 879 865.33	62 335 838.85
合同负债	55	—	—
卖出回购金融资产款	56	—	—
吸收存款及同业存放	57	—	—
代理买卖证券款	58	—	—
代理承销证券款	59	—	—
应付职工薪酬	60	214 192 049.53	203 387 295.96
应交税费	61	75 088 164.12	209 945 035.52
其他应付款	62	22 008 532.09	15 440 698.46

续表

项目	行次	年末金额	年初金额
应付股利	63	13 649 283. 56	8 856 705. 64
应付分保账款	64	—	—
持有待售负债	65	—	—
一年内到期的非流动负债	66	—	—
其他流动负债	67	—	—
流动负债合计	68	382 817 894. 63	499 965 574. 43
非流动负债:	69	—	—
保险合同准备金	70	—	—
长期借款	71	—	—
应付债券	72	—	—
长期应付款	73	—	—
长期应付职工薪酬	74	—	—
预计负债	75	—	—
递延收益	76	—	—
递延所得税负债	77	695 454 182. 88	501 785 895. 80
其他非流动负债	78	—	—
非流动负债合计	79	695 454 182. 88	501 785 895. 80
负债合计	80	1 078 272 077. 51	1 001 751 470. 23
所有者权益:	81	—	—
实收资本	82	1 500 000 000. 00	1 500 000 000. 00
资本公积	83	—	—
减:库存股	84	—	—
其他综合收益	85	2 084 881 670. 24	1 484 732 115. 62
信托赔偿准备	86	184 324 888. 14	167 212 813. 71
盈余公积	87	368 649 776. 27	334 425 627. 40
一般风险准备	88	185 642 502. 11	185 642 502. 11
未分配利润	89	977 612 802. 27	881 707 536. 92
所有者权益合计	90	5 301 111 639. 03	4 553 720 595. 76
负债和所有者权益总计	91	6 379 383 716. 54	5 555 472 065. 99

单位负责人:徐谦　　主管会计工作负责人:刘洁　　会计机构负责人:甄明

5. 1. 3　利润表

利润表

编制单位:西部信托有限公司　　2019 年度　　单位:元

项目	行次	本年金额	上年金额
一、营业总收入	1	697 390 291. 46	598 736 675. 06
其中:手续费及佣金收入	2	650 972 287. 12	554 062 191. 00
利息收入	3	456 035. 09	5 444 905. 93
已赚保费	4	—	—
其他业务收入	5	45 961 969. 25	39 229 578. 13
二、营业总成本	6	333 278 966. 06	310 136 924. 73
其中:手续费及佣金支出	7	73 287. 64	118 027. 99
利息支出	8	—	21 892 222. 23
税金及附加	9	5 054 017. 27	4 880 099. 18

续表

项目	行次	本年金额	上年金额
销售费用	10	—	—
管理费用	11	300 347 969.20	259 436 575.33
其中:党建工作经费	12	329 052.85	219 799.43
汇兑净收益	13	—	—
汇兑净损失	14	—	—
其他	15	—	—
加:其他收益	16	—	32 308.52
投资收益(损失以"-"号填列)	17	82 657 425.15	147 280 900.44
其中:对联营企业和合营企业的投资收益	18	—	—
汇兑收益(损失以"-"号填列)	19	—	—
资产减值损失	20	27 803 691.95	23 810 000.00
公允价值变动收益(损失以"-"号填列)	21	—	-5 310 235.44
资产处置收益(损失以"-"号填列)	22	468 597.16	—
三、营业利润(亏损以"-"号填列)	23	447 237 347.71	430 602 723.85
加:营业外收入	24	—	350 000.14
其中:政府补助	25	—	—
债务重组利得	26	—	—
减:营业外支出	27	46 737.07	1 500 000.00
其中:债务重组损失	28	—	—
四、利润总额(亏损总额以"-"号填列)	29	447 190 610.64	429 452 723.99
减:所得税费用	30	104 949 121.99	101 088 563.25
五、净利润(净亏损以"-"号填列)	31	342 241 488.65	328 364 160.74
(一)持续经营净利润	32	342 241 488.65	328 364 160.74
(二)终止经营净利润	33	—	—
六、其他综合收益的税后净额	34	600 149 554.62	-1 237 719 228.32
(一)不能重分类进损益的其他综合收益	35	—	—
其中:1. 重新计量设定受益计划变动额	36	—	—
2. 权益法下不能转损益的其他综合收益	37	—	—
(二)将重分类进损益的其他综合收益	38	600 149 554.62	-1 237 719 228.32
其中:1. 权益法下可转损益的其他综合收益	39	—	—
2. 可供出售金融资产公允价值变动损益	40	600 149 554.62	-1 237 719 228.32
3. 持有至到期投资重分类为可供出售金融资产损益	41	—	—
4. 现金流量套期损益的有效部分	42	—	—
5. 外币财务报表折算差额	43	—	—
七、综合收益总额	44	942 391 043.27	-909 355 067.58
八、每股收益:	45	—	—

单位负责人:徐谦　　主管会计工作负责人:刘洁　　会计机构负责人:甄明

5.1.4 所有者权益变动表

所有者权益变动表

编制单位：西部信托有限公司　　2019 年度　　单位：元

项目	行次	本年金额									
		所有者权益									所有者权益合计
		实收资本	资本公积	减：库存股	其他综合收益	信托赔偿准备	盈余公积	△一般风险准备	未分配利润	小计	
栏次	—	1	2	3	4	5	6	7	8	9	10
一、上年年末余额	1	1 500 000 000. 00	—	—	1 484 732 115. 62	167 212 813. 71	334 425 627. 40	185 642 502. 11	881 707 536. 92	4 553 720 595. 76	4 553 720 595. 76
加：会计政策变更	2	—	—	—	—	—	—	—	—	—	—
前期差错更正	3	—	—	—	—	—	—	—	—	—	—
其他	4	—	—	—	—	—	—	—	—	—	—
二、本年年初余额	5	1 500 000 000. 00	—	—	1 484 732 115. 62	167 212 813. 71	334 425 627. 40	185 642 502. 11	881 707 536. 92	4 553 720 595. 76	4 553 720 595. 76
三、本年增减变动金额（减少以“－”号填列）	6	—	—	—	600 149 554. 62	17 112 074. 43	34 224 148. 87	—	95 905 265. 35	747 391 043. 27	—
（一）综合收益总额	7	—	—	—	600 149 554. 62	—	—	—	342 241 488. 65	942 391 043. 27	942 391 043. 27
（二）所有者投入和减少资本	8	—	—	—	—	—	—	—	—	—	—
1. 所有者投入资本	9	—	—	—	—	—	—	—	—	—	—
2. 其他权益工具持有者投入资本	10	—	—	—	—	—	—	—	—	—	—
3. 股份支付计入所有者权益的金额	11	—	—	—	—	—	—	—	—	—	—
4. 其他	12	—	—	—	—	—	—	—	—	—	—
（三）专项储备提取和使用	13	—	—	—	—	—	—	—	—	—	—
1. 提取专项储备	14	—	—	—	—	—	—	—	—	—	—
2. 使用专项储备	15	—	—	—	—	—	—	—	—	—	—
（四）利润分配	16	—	—	—	—	17 112 074. 43	34 224 148. 87	—	-246 336 223. 30	-195 000 000. 00	-195 000 000. 00
1. 提取盈余公积	17	—	—	—	—	—	34 224 148. 87	—	-34 224 148. 87	—	—
其中：法定公积金	18	—	—	—	—	—	34 224 148. 87	—	-34 224 148. 87	—	—
任意公积金	19	—	—	—	—	—	—	—	—	—	—
#储备基金	20	—	—	—	—	—	—	—	—	—	—
#企业发展基金	21	—	—	—	—	—	—	—	—	—	—
#利润归还投资	22	—	—	—	—	—	—	—	—	—	—
2. 提取一般风险准备	23	—	—	—	—	—	—	—	—	—	—
3. 对所有者的分配	24	—	—	—	—	—	—	—	-195 000 000. 00	-195 000 000. 00	-195 000 000. 00
4. 其他	25	—	—	—	—	17 112 074. 43	—	—	-17 112 074. 43	—	—
（五）所有者权益内部结转	26	—	—	—	—	—	—	—	—	—	—
1. 资本公积转增资本	27	—	—	—	—	—	—	—	—	—	—
2. 盈余公积转增资本	28	—	—	—	—	—	—	—	—	—	—
3. 盈余公积弥补亏损	29	—	—	—	—	—	—	—	—	—	—
4. 设定受益计划变动额结转留存收益	30	—	—	—	—	—	—	—	—	—	—
☆5. 其他综合收益结转留存收益	31	—	—	—	—	—	—	—	—	—	—
6. 其他	32	—	—	—	—	—	—	—	—	—	—
四、本年年末余额	33	1 500 000 000. 00	—	—	2 084 881 670. 24	184 324 888. 14	368 649 776. 27	185 642 502. 11	977 612 802. 27	5 301 111 639. 03	5 301 111 639. 03

单位负责人：徐谦　　主管会计工作负责人：刘洁　　会计机构负责人：甄明

所有者权益变动表(续)

编制单位:西部信托有限公司　　2019 年度　　单位:元

项目	行次	上年金额									
		所有者权益									所有者权益合计
		实收资本	资本公积	减:库存股	其他综合收益	信托赔偿准备	盈余公积	△一般风险准备	未分配利润	小计	
栏次	—	11	12	13	14	15	16	17	18	19	20
一、上年年末余额	1	1 500 000 000. 00	—	—	2 722 451 343. 94	150 794 605. 67	301 589 211. 33	185 642 502. 11	797 598 000. 29	5 658 075 663. 34	5 658 075 663. 34
加:会计政策变更	2	—	—	—	—	—	—	—	—	—	—
前期差错更正	3	—	—	—	—	—	—	—	—	—	—
其他	4	—	—	—	—	—	—	—	—	—	—
二、本年年初余额	5	1 500 000 000. 00	—	—	2 722 451 343. 94	150 794 605. 67	301 589 211. 33	185 642 502. 11	797 598 000. 29	5 658 075 663. 34	5 658 075 663. 34
三、本年增减变动金额(减少以"-"号填列)	6	—	—	—	-1 237 719 228. 32	16 418 208. 04	32 836 416. 07	—	84 109 536. 63	-1 104 355 067. 58	-1 104 355 067. 58
(一)综合收益总额	7	—	—	—	-1 237 719 228. 32	—	—	—	328 364 160. 74	-909 355 067. 58	-909 355 067. 58
(二)所有者投入和减少资本	8	—	—	—	—	—	—	—	—	—	—
1. 所有者投入资本	9	—	—	—	—	—	—	—	—	—	—
2. 其他权益工具持有者投入资本	10	—	—	—	—	—	—	—	—	—	—
3. 股份支付计入所有者权益的金额	11	—	—	—	—	—	—	—	—	—	—
4. 其他	12	—	—	—	—	—	—	—	—	—	—
(三)专项储备提取和使用	13	—	—	—	—	—	—	—	—	—	—
1. 提取专项储备	14	—	—	—	—	—	—	—	—	—	—
2. 使用专项储备	15	—	—	—	—	—	—	—	—	—	—
(四)利润分配	16	—	—	—	—	16 418 208. 04	32 836 416. 07	—	-244 254 624. 11	16 418 208. 04	16 418 208. 04
1. 提取盈余公积	17	—	—	—	—	—	32 836 416. 07	—	-32 836 416. 07	—	—
其中:法定公积金	18	—	—	—	—	—	32 836 416. 07	—	-32 836 416. 07	—	—
任意公积金	19	—	—	—	—	—	—	—	—	—	—
#储备基金	20	—	—	—	—	—	—	—	—	—	—
#企业发展基金	21	—	—	—	—	—	—	—	—	—	—
#利润归还投资	22	—	—	—	—	—	—	—	—	—	—
2. 提取一般风险准备	23	—	—	—	—	—	—	—	—	—	—
3. 对所有者的分配	24	—	—	—	—	—	—	—	-195 000 000. 00	-195 000 000. 00	-195 000 000. 00
4. 其他	25	—	—	—	—	16 418 208. 04	—	—	-16 418 208. 04	—	—
(五)所有者权益内部结转	26	—	—	—	—	—	—	—	—	—	—
1. 资本公积转增资本	27	—	—	—	—	—	—	—	—	—	—
2. 盈余公积转增资本	28	—	—	—	—	—	—	—	—	—	—
3. 盈余公积弥补亏损	29	—	—	—	—	—	—	—	—	—	—
4. 设定受益计划变动额结转留存收益	30	—	—	—	—	—	—	—	—	—	—
☆5. 其他综合收益结转留存收益	31	—	—	—	—	—	—	—	—	—	—
6. 其他	32	—	—	—	—	—	—	—	—	—	—
四、本年年末余额	33	1 500 000 000. 00	—	—	1 484 732 115. 62	167 212 813. 71	334 425 627. 40	185 642 502. 11	881 707 536. 92	4 553 720 595. 76	4 553 720 595. 76

单位负责人:徐谦　　主管会计工作负责人:刘洁　　会计机构负责人:甄明

5.2 信托资产

5.2.1 信托项目资产负债汇总表

信托项目资产负债汇总表

编制单位：西部信托有限公司　　2019 年 12 月 31 日　　单位：元

资产	期末余额	期初余额	负债和权益	期末余额	期初余额
资产：	—	—	负债：	—	—
货币资金	1 316 689 452. 51	2 718 085 991. 90	交易性金融负债	—	—
拆出资金	—	—	衍生金融负债	—	—
结算备付金	75 974 462. 23	50 598 821. 90	应付账款	594 312 378. 11	1 564 851 050. 05
交易性金融资产	5 277 317 056. 06	4 313 807 037. 54	卖出回购金融资产	—	—
衍生金融资产	—	—	应付赎回款	—	—
买入返售金融资产	487 413 046. 00	606 007 260. 00	应付受托人报酬	1 577 863. 64	755 505. 46
应收账款	14 834 704. 37	34 001 463. 92	应付受益人收益	25 243 144. 35	1 117 420. 68
应收利息	—	—	应付托管费	—	—
应收股利	—	—	应付销售服务费	—	—
应收票据	—	—	应交税费	173 958 918. 82	153 167 263. 06
应收申购款	—	—	应付利息	—	—
其他应收款	179 110 920. 44	220 667 767. 63	其他应付款	—	—
存出保证金	—	—	其他负债	—	—
发放贷款	123 454 219 093. 92	155 893 435 225. 90	负债合计	795 092 304. 92	1 719 891 239. 25
长期应收款	—	—			
可供出售金融资产	—	—			
持有至到期投资	78 702 541 251. 60	77 880 632 578. 59			
长期股权投资	17 243 246 603. 33	24 042 751 700. 83	权益：	—	—
投资性房地产	—	—	实收信托	315 718 259 342. 21	319 129 136 189. 00
融资租赁资产	—	—	资本公积	—	—
固定资产	—	—	其他综合收益	169 779 999. 64	5 450 731. 63
固定资产清理	—	—	未分配利润	1 983 570 963. 77	-51 031 785. 47
无形资产	—	—	权益合计	317 871 610 305. 62	319 083 555 135. 16
长期待摊费用	—	—			
其他资产	91 915 356 020. 08	55 043 458 526. 20			
资产总计	318 666 702 610. 54	320 803 446 374. 41	负债和权益总计	318 666 702 610. 54	320 803 446 374. 41

公司负责人：徐谦　　主管财务总经理：刘洁　　财务经理：甄明　　制表：南志伟

5.2.2 信托项目利润及利润分配汇总表

信托项目利润及利润分配表

编制单位：西部信托有限公司　　2019 年 12 月　　单位：元

项目	本年累计数	上年累计数
一、收入	22 907 229 070. 55	15 444 487 671. 52
利息收入	10 131 499 554. 19	9 235 270 310. 94
投资收益（损失以“－”号填列）	10 520 784 981. 63	7 494 121 912. 76
其中：对联营企业和合营企业的投资收益	—	—
公允价值变动收益（损失以“－”号填列）	2 289 819 612. 62	-1 523 873 603. 85
租赁收入	—	—
汇兑损益（损失以“－”号填列）	—	—
其他收入	-34 875 077. 89	238 969 051. 67
二、支出	1 587 378 518. 00	1 219 000 707. 31
税金及附加	81 278 851. 39	52 518 403. 46
受托人报酬	640 554 125. 74	560 470 467. 31
托管费	169 241 427. 99	136 008 956. 01
投资顾问费	410 184 549. 27	177 170 899. 74
销售服务费	52 665 762. 39	23 387 575. 55
交易费用	4 184 470. 80	4 137 772. 71
利息支出	—	76 136. 35
资产减值损失	—	—

续表

项目	本年累计数	上年累计数
其他费用	229 269 330. 42	265 230 496. 18
三、信托净利润（净亏损以“－”号填列）	21 319 850 552. 55	14 225 486 964. 21
四、其他综合收益	164 329 268. 01	1 667 355. 78
五、综合收益	21 484 179 820. 56	14 227 154 319. 99
加：期初未分配信托利润	-51 031 785. 47	1 805 667 539. 18
六、可供分配的信托利润	21 268 818 767. 08	16 031 154 503. 39
减：本期已分配信托利润	19 285 247 803. 31	16 082 186 288. 86
七、期末未分配信托利润	1 983 570 963. 77	-51 031 785. 47

公司负责人：徐谦　主管财务总经理：刘洁　财务经理：甄明　制表：南志伟

6. 会计报表附注

6.1 简要说明报告年度会计报表编制基准、会计政策、会计估计和核算方法发生的变化

本年度主要会计报表编制基准、会计政策、会计估计和核算方法未发生变化。

6.2 或有事项说明

本公司无对外担保事项。截至 2019 年 12 月 31 日，未发生其他影响本年度会计报表阅读和理解的重大或有事项。

6.3　重要资产转让及其出售的说明

无。

6.4　会计报表中重要项目的明细资料

6.4.1　披露自营资产经营情况

6.4.1.1　按信用风险五级分类结果披露信用风险资产的期初数、期末数

信用风险资产五级分类	正常类（万元）	关注类（万元）	次级类（万元）	可疑类（万元）	损失类（万元）	信用风险资产合计（万元）	不良资产合计（万元）	不良资产率（%）
期初数	516 687.72	20 000.00	—	18 547.98	4 012.29	559 247.99	22 560.27	4.03
期末数	599 801.99	22 574.16	—	17 847.98	3 602.28	643 826.41	21 450.26	3.33

注：不良资产合计 = 次级类 + 可疑类 + 损失类。

6.4.1.2　各项资产减值损失准备的期初数、本期计提、本期转回、本期冲销、期末数

单位：万元

	期初数	本期计提	本期转回	本期核销	期末数
贷款损失准备	3 522.21	—	410.01	—	3 112.20
一般准备	—	—	—	—	—
专项准备	3 522.21	—	410.01	—	3 112.20
其他资产减值准备	10 164.07	3 550.38	360.00	—	13 354.45
可供出售金融资产减值准备	7 515.19	1 755.38	—	—	9 270.57
持有至到期投资减值准备	2 481.00	1 795.00	360.00	—	3 916.00
长期股权投资减值准备	—	—	—	—	—
坏账准备	167.88	—	—	—	167.88
投资性房地产减值准备	—	—	—	—	—

6.4.1.3　自营股票投资、基金投资、债券投资、股权投资等投资业务的期初数、期末数

单位：万元

	自营股票	基金	债券	长期股权投资	其他投资	合计
期初数	262 909.15	53 000.00	—	—	224 972.26	540 881.41
期末数	335 920.43	10 000.00	—	—	273 378.22	619 298.65

6.4.1.4　按投资入股金额排序，前三名的自营长期股权投资的企业名称、占被投资企业权益的比例及投资收益情况等

无。

6.4.1.5　前三名的自营贷款的企业名称、占贷款总额的比例和还款情况等（依大小顺序排列）

企业名称	占贷款总额的比例（%）	还款情况
1. 广州天龙大酒店	61.43	逾期
2. 陕西恒丰乳品厂	16.99	逾期
3. 西安华大电子技术有限公司	7.84	逾期

注：2019 年末，公司存续贷款都为继承的合并前两家公司的债权，经过多年的清收，存续贷款的借款企业有的面临破产或实际上已经破产，公司已对存续贷款全额计提了减值准备。

6.4.1.6　表外业务的期初数、期末数；按照代理业务、担保业务和其他类型表外业务分别披露

无。

6.4.1.7　公司当年的收入结构（母公司口径和并表口径同时披露）

收入结构	金额（万元）	占比（%）
手续费及佣金收入	65 097.23	83.40
其中：信托手续费收入	65 097.23	83.40
投资银行业务收入	—	—
利息收入	45.60	0.06
其他业务收入	4 596.20	5.89
其中：计入信托业务收入部分	—	—
投资收益	8 265.74	10.59
其中：股权投资收益	3 360.69	4.31
证券投资收益	41.48	0.05
其他投资收益	4 863.57	6.23
公允价值变动收益	—	—
其他收益	—	—
营业外收入	—	—
资产处置收益	46.86	0.06
收入合计	78 051.63	100.00

注：手续费及佣金收入、利息收入、其他业务收入、投资收益、营业外收入均应为损益表中的科目，其中手续费及佣金收入、利息收入、营业外收入为未抵减掉相应支出的全年累计实现收入数。

6.4.2　披露信托财产管理情况

6.4.2.1　信托资产的期初数、期末数

单位：万元

信托资产	期初数	期末数
集　合	8 876 413.29	9 525 533.03
单　一	18 361 462.42	13 785 879.64
财产权	4 842 468.93	8 555 257.58
合　计	32 080 344.64	31 866 670.26

6.4.2.1.1　主动管理型信托业务的信托资产期初数、期末数，分证券投资类、股权投资类、融资类、事务管理类分别披露

单位：万元

主动管理型信托资产	期初数	期末数
证券投资类	156 248.55	64 754.89
股权投资类	4 535 792.87	4 461 528.88
融　资　类	5 440 764.97	7 431 710.10
事务管理类	234 789.40	19 856.20
合　计	10 367 595.79	11 977 850.06

6.4.2.1.2 被动管理型信托业务的信托资产期初数、期末数，分证券投资类、股权投资类、融资类、事务管理类分别披露

单位：万元

被动管理型信托资产	期初数	期末数
证券投资类	332 978.77	509 668.52
股权投资类	525 189.27	164 746.84
融资类	978 646.92	871 615.26
事务管理类	19 875 933.90	18 342 789.57
合计	21 712 748.86	19 888 820.20

6.4.2.2 本年度已清算结束的信托项目个数、实收信托合计金额、加权平均实际年化收益率

6.4.2.2.1 本年度已清算结束的集合类、单一类资金信托项目和财产管理类信托项目个数、实收信托合计金额、加权平均实际年化收益率

已清算结束的信托项目	项目个数（个）	实收信托合计金额（万元）	加权平均实际年化收益率（%）
集合类	72	2 713 412.56	6.93
单一类	145	7 589 959.72	5.89
财产管理类	22	2 607 413.77	5.04

注：1. 收益率是指信托项目清算后，给受益人赚取的实际收益水平。

2. 加权平均实际年化收益率 =（信托项目 1 的实际年化收益率 × 信托项目 1 的实收信托 + 信托项目 2 的实际年化收益率 × 信托项目 2 的实收信托 + … + 信托项目 n 的实际年化收益率 × 信托项目 n 的实收信托）/（信托项目 1 的实收信托 + 信托项目 2 的实收信托 + … + 信托项目 n 的实收信托）×100%。

3. 集合项目兑付收益率较高主要是因为已清算证券类项目收益率为 28.16%，导致整体集合项目收益率偏高。

6.4.2.2.2 本年度已清算结束的主动管理型信托项目个数、实收信托合计金额、加权平均实际年化信托报酬率、加权平均实际年化收益率，分证券投资类、股权投资类、融资类、事务管理类分别计算并披露

已清算结束的信托项目	项目个数（个）	实收信托合计金额（万元）	加权平均实际年化信托报酬率（%）	加权平均实际年化收益率（%）
证券投资类	3	129 525.56	0.15	6.89
股权投资类	20	1 070 716.00	0.27	5.55
融资类	54	2 086 845.00	0.52	7.15
事务管理类	1	100 000.00	0.12	4.29

注：加权平均实际年化信托报酬率 =（信托项目 1 的实际年化信托报酬率 × 信托项目 1 的实收信托 + 信托项目 2 的实际年化信托报酬率 × 信托项目 2 的实收信托 + … + 信托项目 n 的实际年化信托报酬率 × 信托项目 n 的实收信托）/（信托项目 1 的实收信托 + 信托项目 2 的实收信托 + … + 信托项目 n 的实收信托）×100%。

6.4.2.2.3 本年度已清算结束的被动管理型信托项目个数、实收信托合计金额、加权平均实际年化收益率，分证券投资类、股权投资类、融资类、事务管理类分别计算并披露

已清算结束的信托项目	项目个数（个）	实收信托合计金额（万元）	加权平均实际年化信托报酬率（%）	加权平均实际年化收益率（%）
证券投资类	—	—	—	—
股权投资类	4	194 425.00	0.08	3.76
融资类	5	149 750.25	0.20	6.14
事务管理类	152	9 179 524.25	0.13	5.75

6.4.2.3 本年度新增集合类、单一类、财产管理类信托项目个数、实收信托合计金额

新增信托项目	项目个数（个）	实收信托合计金额（万元）
集合类	109	4 721 946.23
单一类	76	4 051 692.94
财产管理类	31	6 271 630.39
新增合计	216	15 045 269.56
其中：主动管理型	135	6 690 924.92
被动管理型	81	8 354 344.64

注：本年新增信托项目是指在本报告年度内累计新增的信托项目个数和金额，包含本年度新增并于本年度内结束的项目和本年度新增至报告期末仍在持续管理的信托项目。

6.4.2.4 信托业务创新成果和特色业务有关情况

无。

6.4.2.5 本公司履行受托人义务情况及因公司自身责任而导致的信托资产损失情况（合计金额、原因等）

2019 年，公司尽职履行受托人职责，没有发生因公司自身责任而导致的信托资产损失的情况。

6.5 关联方关系及其交易的披露

6.5.1 关联交易方的数量、关联交易的总金额及关联交易的定价政策等

	关联交易方数量	关联交易金额（万元）	定价政策
合计	4	474.49	按市场公允价格定价

注："关联交易"定义应以《公司法》和《企业会计准则第 36 号——关联方披露》有关规定为准。

6.5.2 关联交易方与本公司的关系性质、关联交易方的名称、法定代表人、注册地址、注册资本及主营业务等

关系性质	关联方名称	法定代表人	注册地址	注册资本（万元）	主营业务
同受最终控制方控制	陕西省华秦投资集团有限公司	袁小宁	陕西省西安市东新街 232 号陕西信托大厦 11－13 楼	300 000	对全省性重点产业领域和重大发展项目进行投资开发和经营。
受同一控股股东及最终控制方控制	西部证券股份有限公司	徐朝晖	陕西省西安市新城区东新街 319 号 8 幢 1000 室	350 184	证券经纪；证券投资咨询；与证券交易、证券投资活动有关的财务顾问；证券承销与保荐；证券自营；证券资产管理；融资融券；证券投资基金代销；为期货公司提供中间介绍业务；代销金融产品业务。
最终控制方	陕西投资集团有限公司	袁小宁	陕西省西安市新城区东新街 232 号陕西信托大厦 11－13 楼	1 000 000	煤田地质、矿产勘查；电力、化工、矿业的开发；项目投资；房地产开发与经营等。
同受最终控制方控制	陕西金泰恒业房地产有限公司	马亚鹏	陕西省西安市高科技七路 32 号	360 000	房地产开发、销售、租赁；物业管理。
同受最终控制方控制	陕西金信实业发展有限公司	陶峰	陕西省西安市碑林区朱雀路陕西信息大厦	56 700	超高层建筑的建设、经营、房地产开发；酒店经营，酒店管理、咨询；物业管理等。

6.5.3 本公司与关联方的重大交易事项

6.5.3.1 固有与关联方交易情况：贷款、投资、租赁、应收账款、担保、其他方式等期初汇总数、本期借方和贷方发生额汇总数、期末汇总数

单位：万元

固有与关联方关联交易				
	期初数	借方发生额	贷方发生额	期末数
贷款	—	—	—	—
投资	13 000.00	—	13 000.00	—
租赁	—	260.59	260.59	—
担保	—	—	—	—
应收账款	—	—	—	—
其他	—	213.90	213.90	—
合计	13 000.00	474.49	13 479.49	—

注：1. 公司2019年赎回西部证券下属子公司西部利得基金管理有限公司发行的理财产品13 000万元。

2. 公司租赁陕西省投资（集团）有限公司（同受最终控制方控制）的办公楼，2019年度支付租金260.59万元。

3. 公司2019年度接受陕西金泰恒业房地产有限公司（同受最终控制方控制）的委托管理服务，支付委托管理服务费45.31万元。

4. 公司2019年接受陕西金信实业发展有限公司（同受最终控制方控制）的委托管理服务，支付委托管理服务费14.22万元。

5. 2019年公司持有的西部证券下属子公司西部利得基金管理有限公司发行的理财产品13 000万元于2019年7月到期赎回，取得投资收益154.38万元。

6.5.3.2 信托与关联方交易情况：贷款、投资、租赁、应收账款、担保、其他方式等期初汇总数、本期借方和贷方发生额汇总数、期末汇总数

单位：万元

信托与关联方关联交易				
	期初数	借方发生额	贷方发生额	期末数
贷款	141 736.75	561 836.75	397 036.75	306 536.75
投资	410 000.00	39 936.00	10 000.00	439 936.00
租赁	—	—	—	—
担保	—	—	—	—
应收账款	—	—	—	—
其他	200 000.00	—	—	200 000.00
合计	751 736.75	601 772.75	407 036.75	946 472.75

6.5.3.3 信托公司自有资金运用于自己管理的信托项目（固信交易）、信托公司管理的信托项目之间的相互（信信交易）交易金额，包括余额和本报告年度的发生额

6.5.3.3.1 固有与信托财产之间的交易金额期初汇总数、本期发生额汇总数、期末汇总数

单位：万元

固有财产与信托财产相互交易			
	期初数	本期发生额	期末数
合计	99 189.00	11 529.00	100 718.00

注：1. 以固有资金投资公司自己管理的信托项目受益权，或购买自己管理的信托项目的信托资产均应纳入统计披露范围。

2. 公司本年新增固有财产与信托财产相互交易80 000万元，当期结束为78 741万元，当期净增加金额为1 529万元，期末余额为100 718万元。

6.5.3.3.2 信托项目之间的交易金额期初汇总数、本期发生额汇总数、期末汇总数

单位：万元

信托资产与信托财产相互交易			
	期初数	本期发生额	期末数
合计	10 000.00	10 000.00	—

注：1. 以公司受托管理的一个信托项目的资金购买自己管理的另一个信托项目的受益权或信托项下资产均应纳入统计披露范围。

2. 公司本年无新增信托资产与信托财产相互交易，当期结束10 000万元，期末余额为零。

6.5.4 逐笔披露关联方逾期未偿还公司资金的详细情况以及公司为关联方担保发生或即将发生垫款的详细情况

无。

6.6 会计制度的披露

固有业务自2008年1月1日起执行财政部2006年2月15日颁布的《企业会计准则》及其后续规定。

信托业务自2010年1月1日起执行《企业会计准则》及其后续规定。

7. 财务情况说明书

7.1 利润实现和分配情况

本年净利润在提取法定公积金及各项准备金后，留存金额为29 090.53万元。以前年度留存的未分配利润为18 670.75万元（不含2016年度已经批准尚未完成未分配利润转增注册资本50 000.00万元），可供分配利润合计47 761.28万元。

根据公司年末可供分配利润情况，公司拟实施以下股利分配方案：

根据公司2019年末股东出资额和出资比例，每1元出资额分配现金股利0.11元，合计分配现金股利为16 500万元。

7.2 主要财务指标

指标名称	指标值
资本利润率（%）	6.95
加权年化信托报酬率（%）	0.21
人均净利润（万元）	103.24

注：1. 资本利润率＝净利润/所有者权益平均余额×100%。

2. 加权年化信托报酬率＝（信托项目1的实际年化信托报酬率×信托项目1的实收信托＋信托项目2的实际年化信托报酬率×信托项目2的实收信托＋…＋信托项目n的实际年化信托报酬率×信托项目n的实收信托）/（信托项目1的实收信托＋信托项目2的实收信托＋…＋信托项目n的实收信托）×100%。

3. 人均净利润＝净利润/平均人数。

4. 平均值采取年初、年末余额简单平均法，公式为：a（平均）＝（年初数＋年末数）/2。

7.3 对本公司财务状况、经营成果有重大影响的其他事项

无。

8. 特别事项揭示

8.1 本年度内前五名股东单位变动情况及原因

2019 年 8 月 22 日，依据中国银行保险监督管理委员会陕西监管局《关于西部信托有限公司股东股权变更的批复》（陕银保监复[2019]299 号）及《关于西部信托有限公司修改章程的批复》（陕银保监复[2019]308 号），公司原第三位股东重庆中侨置业有限公司持有的出资比例为 2.46% 的股权变更登记至原第八位股东单位陕西延长石油（集团）有限责任公司名下；公司第四位股东彩虹集团公司名称变更为彩虹集团有限公司。

8.2 本年度内董事、监事及高级管理人员提名、变动情况及原因

鉴于公司第五届董事、高级管理人员任期届满，根据《公司法》《公司章程》的规定，公司进行了第六届董事会的换届选举和高级管理人员的聘任工作。股东单位陕西省电力建设投资开发公司向公司股东会推荐了徐谦、王毛安、栾兰、刘千为公司第六届董事候选人，股东单位陕西省产业投资有限公司向公司股东会推荐了刘平安为公司第六届董事候选人。

根据中国银行保险监督管理委员会陕西监管局《关于核准徐谦任职资格的批复》《关于核准栾兰任职资格的批复》《关于核准刘千等 4 人任职资格的批复》《关于核准刘平安任职资格的批复》《关于核准贾旭任职资格的批复》《关于核准刘洁任职资格的批复》《关于核准蔡梦诗任职资格的批复》的内容，公司第六届董事、高级管理人员的任职资格已经监管部门核准。公司于 2019 年 11 月 5 日完成了相关工商变更和备案工作。

根据股东单位彩虹集团有限公司的提名及公司原职工监事因个人原因辞去公司职工监事职务公司工会委员会对职工监事再次进行了选举，公司原监事会主席樊来盈变更为教忠东，原职工监事张伟变更为兰馨。公司于 2019 年 12 月 30 日完成了工商备案工作。

8.3 变更注册资本、变更注册地或公司名称、公司分立合并事项

无。

8.4 公司的重大诉讼事项

8.4.1 重大未决诉讼事项

陕西五羊集团于 2008 年 9 月以房屋租赁纠纷为由，起诉陕西智圣科技贸易有限公司、刘治安、刘治军、陕西瑞德实业发展有限公司、西部信托有限公司、陕西康华有限责任会计师事务所，金额为 297 万余元。该案目前尚未结案。

公司分别于 2013 年 2 月 5 日和 2013 年 3 月 5 日向新疆天基水泥有限公司发放 7000 万元和 6000 万元贷款，到期日为 2015 年 3 月 5 日。天基水泥公司因政策、市场及自身经营等原因到期无力偿还贷款本息。公司于 2016 年 1 月 13 日向陕西省西安市汉唐公证处申请出具了《执行证书》（编号[2016]陕证执字第 012 号），并于 2016 年 2 月 2 日在阿克苏地区中级人民法院登记立案。该案目前处在执行阶段。

8.4.2 以前年度发生，于本报告年度内终结的诉讼事项

无。

8.4.3 本报告年度发生，于本报告年度内终结的诉讼事项

无。

8.5 公司及其董事、监事和高级管理人员受到处罚的情况

无。

8.6 中国银保监会及其派出机构对公司检查后提出的整改意见及整改情况

2019 年 8—11 月，公司接受了陕西银保监局关于股权和关联交易、非金融机构影子银行和交叉金融的专项检查。针对检查指出的公司经营管理薄弱环节存在的问题，公司已按照监管要求上报整改工作方案，整改工作按照进度有序推进。

通过本次整改工作，公司将进一步提升精细化管理水平，完善制度管理体系，恪守合规红线，强化风险管控，为公司稳健经营提供有力保障。

8.7 本年度重大事项临时报告的简要内容、披露时间、所披露媒体及其版面

2019 年 4 月 26 日在《上海证券报》信息披露 35 版，对公司《2018 年度报告》进行了披露。

2019 年 8 月 24 日在《上海证券报》信息披露 144 版，对公司股东股权变更及《公司章程》修改的内容进行了披露。

2019 年 11 月 8 日在《上海证券报》信息披露 9 版，对公司第六届董事会成员和高级管理人员构成进行了披露。

8.8 中国银保监会及其省级派出机构认定的其他有必要让客户及相关利益人了解的重要信息

无。

8.9 本年度内股东违反承诺质押信托公司股权或以股权及其受（收）益权设立信托等金融产品的情况

无。

8.10 本年度内已向银保监会或其省级派出机构提交行政许可申请但尚未获得批准的事项

无。

9. 监事会意见

监事会认为，报告期内，公司运作规范，决策程序合法，内部控制制度较为完善。公司董事、高级管理人员在履行公司职务时未有违反法律法规、《公司章程》或损害公司及股东利益的行为。公司 2019 年度财务报告真实地反映了公司的财务状况和经营成果。

西藏信托有限公司

1. 重要提示

1.1 本公司董事会及董事保证本报告所载资料不存在任何虚假记载、误导性陈述或者重大遗漏,并对其内容的真实性、准确性和完整性承担个别及连带责任。本年度报告摘要摘自年度报告全文,客户及相关利益人欲了解详细内容,请阅读年度报告全文。

1.2 公司独立董事对本报告内容真实性、完整性和准确性无异议。

1.3 公司编制的2019年度财务报告已经天职国际会计师事务所(特殊普通合伙)审计,并出具了标准无保留意见的审计报告。

1.4 公司负责人董事长周贵庆、总经理查松、财务总监吴嘉怡声明:保证年度报告中财务报告的真实、完整。

2. 公司概况

2.1 公司简介

2.1.1 公司简介

西藏信托有限公司(以下简称本公司)成立于1991年10月,原名为西藏自治区信托投资公司,是经西藏自治区人民政府和中国人民银行批复成立,由西藏自治区财政厅控股的非银行金融机构。2002年3月,根据中国人民银行成都分行批复(银复[2002]63号),公司进行了重新登记。自2007年起,公司根据《信托法》《信托公司管理办法》的规定,进行了业务调整。公司根据西藏自治区财政厅下发的《关于西藏自治区信托投资公司资产剥离方案的批复》(藏财企字[2009]9号)以及公司与西藏自治区投资有限公司签订的资产负债划转协议,进行了资产剥离。截至2010年9月完成了资产剥离、重新登记、换发金融许可证工作。根据《中国银监会关于西藏自治区信托投资公司变更公司名称和业务范围的批复》(银监复[2010]436号),于2010年12月公司更名为西藏信托有限公司。

2.1.2 公司的法定中文名称:西藏信托有限公司

公司的法定英文名称:Tibet Trust Corporation Limited

2.1.3 法定代表人:周贵庆

2.1.4 注册地址:西藏拉萨市经济开发区博达路1号阳光新城别墅区A7栋

邮政编码:850000

2.1.5 公司网址:www.ttco.cn

电子信箱:ttco－service@ttco.cn

2.1.6 信息披露事务负责人:荀诗敏

联系人:荀诗敏

联系电话:010－85353577

传　　真:010－85906796

电子信箱:xunsm@ttco.cn

2.1.7 公司选定的信息披露报纸名称:《上海证券报》

2.1.8 公司年度报告备置地点:北京市朝阳区金桐西路10号远洋光华国际C座1708A

2.1.9 公司聘请的审计事务所:天职国际会计师事务所(特殊普通合伙)

地址:北京市海淀区车公庄西路19号外文文化创意园12号楼

邮政编码:100048

2.1.10 公司聘请的律师事务所:北京市嘉源律师事务所

地址:北京市西城区复兴门内大街158号远洋大厦F408

邮政编码:100031

2.2 组织结构

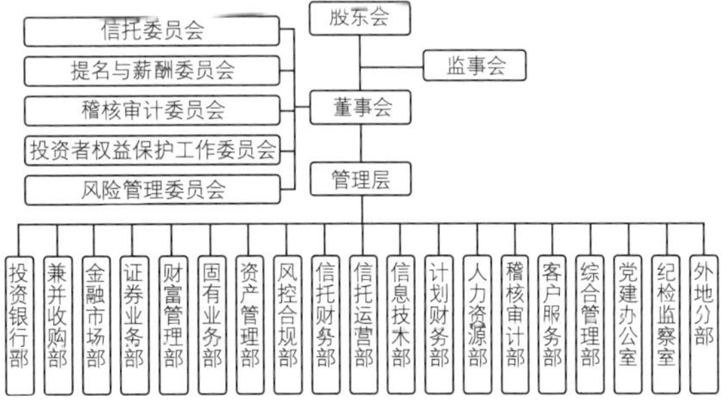

注:管理层包括总经理、副总经理等高管。

3. 公司治理

3.1 股东情况

股东名称	持股比例(%)	法定代表人	注册地址	主要职能及营业范围
西藏自治区财政厅★	89.43	云　丹	拉萨市北京西路23号	贯彻执行国家财政税收有关方针政策和法律法规等;承担自治区各项财政收支管理相关工作、并指导全区级财政做好相关工作;负责政府非税收入管理,负责政府性基金管理,按规定管理行政事业性收费。

续表

股东名称	持股比例(%)	法定代表人	注册地址	主要职能及营业范围
西藏自治区投资有限公司	10.57	王天昊	拉萨市经济技术开发区博达路 1 号(阳光新城别墅区 A5. A7 号)	对金融企业股权投资;对能源、交通、旅游、酒店、矿业、藏医药、食品、房地产、高新技术产业、农牧业、民族手工业投资开发;对基础设施投资和城市公用项目投资。

注:1. 西藏自治区财政厅持有西藏自治区投资有限公司 100%股权。
2. ★为公司实际控制人。

3.2 董事、董事会及其下属委员会

3.2.1 董事

姓名	职务	性别	年龄(岁)	选任日期	所推举的股东名称	该股东持股比例(%)	简要履历
周贵庆	董事长	男	44	2017 年 7 月	西藏自治区财政厅	89.43	曾任职于聂拉木县中学、聂拉木县教育局,曾任聂拉木县宣传部副部长,组织部副部长,财政局局长,江孜县县委常委、组织部长,日喀则市财政局副局长、局长,珠峰城投公司党委书记;现任西藏信托有限公司董事长。
任显成	董事	男	56	2017 年 7 月	西藏自治区投资有限公司	10.57	曾任西藏财政厅主任科员,西藏财贸公司总经理,西藏国有资产经营公司投资部经理,西藏自治区信托公司投资二部经理;现任西藏自治区投资有限公司副总经理。
查　松	董事	男	47	2017 年 7 月	西藏自治区财政厅	89.43	曾任职于中国银行总行风险管理部,曾任国泰君安证券股份有限公司董事会办公室副主任、收购兼并部副总经理、投资银行部董事总经理,西藏证券有限责任公司总经理;现任西藏信托有限公司总经理。
余志平	董事	男	48	2017 年 7 月	西藏自治区财政厅	89.43	曾任职于东风药业股份有限公司,曾任西藏证券有限责任公司北京营业部办公室主任、副总经理;现任西藏信托有限公司副总经理。
李占通	独立董事	男	55	2017 年 7 月	西藏自治区财政厅	89.43	曾任天津大学机械学院团委书记、天津大学党委学生工作部;现任天津大通投资集团有限公司董事长。
普　桑	独立董事	男	54	2017 年 7 月	西藏自治区财政厅	89.43	曾任职于西藏自治区山南乃东县农牧局、西藏自治区对外贸易公司进出口部,曾任西藏自治区对外贸易公司经济发展部副总经理,西藏金珠股份公司、西藏金珠(集团)藏羚公司、西藏金珠(集团)有限公司副总裁、党委书记、副总经理;现任西藏中兴商贸集团有限责任公司党委书记、副董事长。
彭　冰	独立董事	男	47	2017 年 7 月	西藏自治区财政厅	89.43	曾任职于中国工商银行安徽滁州支行;现任北京大学法学院副教授。
孙杰	董事	男	44	2018 年 3 月	西藏自治区财政厅	89.43	曾任职于国家开发银行综合计划局工作,曾任国家开发银行西藏分行客户一处副处长、处长、国家开发银行住宅评审局评审二处处长;现任西藏自治区财政厅党组成员、副厅长。

3.2.2 独立董事

姓名	职务	性别	年龄(岁)	选任日期	所推举的股东名称	该股东持股比例(%)	简要履历
李占通	独立董事	男	55	2017 年 7 月	西藏自治区财政厅	89.43	曾任天津大学机械学院团委书记,天津大学党委学生工作部;现任天津大通投资集团有限公司董事长。
普桑	独立董事	男	54	2017 年 7 月	西藏自治区财政厅	89.43	曾任职于西藏自治区山南乃东县农牧局、西藏自治区对外贸易公司进出口部,曾任西藏自治区对外贸易公司经济发展部副总经理,西藏金珠股份公司、西藏金珠(集团)藏羚公司、西藏金珠(集团)有限公司副总裁、党委书记、副总经理;现任西藏中兴商贸集团有限责任公司党委书记、副董事长。
彭冰	独立董事	男	47	2017 年 7 月	西藏自治区财政厅	89.43	曾任职于中国工商银行安徽滁州支行;现任北京大学法学院副教授。

3.2.3 专门委员会

委员会名称	职责	组成人员名单	职务
信托委员会	审议、关注公司信托业务发展规划、重大信托项目审核与批准、信托业务运营情况、部门设置、业务培训、信托项目信息披露等,审查公司是否侵占受益人利益获取不当信托报酬等。	彭冰	主任委员
		查松	副主任委员
		任显成	委员

续表

委员会名称	职责	组成人员名单	职务
稽核审计委员会	监督、审核公司内部审计制度及其实施、信息披露、财务信息；负责内部审计与外部审计之间的沟通；提议聘请或更换外部审计机构等。	孙杰	主任委员
		普桑	副主任委员
		余志平	委员
提名与薪酬委员会	提名董事、经理层人员董事、经理层人员；审议关于公司薪酬考核的规划、制度、规则、报告等，为董事会决策提供依据和建议；监督公司薪酬考核政策实施。	周贵庆	主任委员
		任显成	副主任委员
		李占通	委员
投资者权益保护工作委员会	指导、监督公司投资者权益保护工作、投资者权益培训工作、投资者教育相关工作的开展；组织制定公司投资者权益保护工作方案。	查松	主任委员
		任显成	委员
		彭冰	委员
风险管理委员会	确定公司风险管理的总体目标、风险偏好、风险承受度、风险管理策略和重大风险管理解决方案。	周贵庆	主任委员
		查松	委员
		李占通	委员

3.3 监事

姓名	职务	性别	年龄（岁）	选任时间	所推举的股东名称	该股东持股比例（%）	简要履历
宿城旺	监事会主席	男	42	2018 年 5 月	西藏自治区投资有限公司	10.57	曾任西藏自治区信托投资公司投资二部副经理，西藏自治区投资有限公司金融投资部副经理、经理；现任西藏自治区投资有限公司董事、总经理助理。
何纯	监事	男	48	2017 年 3 月	西藏自治区财政厅	89.43	曾任西藏自治区财政厅农业处副处长、预算处副处长、预算编审中心主任；现任西藏自治区财政厅科教文化处处长。
王汀	监事	男	40	2017 年 3 月	职工代表	—	曾任北京市冠成律师事务所诉讼律师助理，国浩律师集团（北京）事务所非诉律师助理，北京市金杜律师事务所顾问律师，西藏信托有限公司风控合规部副总经理；现任西藏信托有限公司风控合规部总经理。

3.4 公司高级管理人员

姓名	职务	性别	年龄（岁）	选任日期	金融从业年限（年）	学历	专业	简要履历
查 松	总经理	男	47	2010 年 5 月	20	博士	法学	曾任职于中国银行总行风险管理部，曾任国泰君安证券股份有限公司董事会办公室副主任、收购兼并部副总经理、投资银行部董事总经理，西藏证券有限责任公司总经理；现任西藏信托有限公司总经理。
余志平	副总经理	男	48	2010 年 5 月	16	本科	企业管理	曾任职于东风药业股份有限公司，曾任西藏证券有限责任公司北京营业部办公室主任、副总经理；现任西藏信托有限公司副总经理。
王 晶	副总经理	女	39	2017 年 8 月	12	硕士	国际金融	曾任职于卡内基训练、CMC Markets 英国公共有限公司、西藏同信证券有限责任公司，曾任西藏信托有限公司信托业务部总监，投资银行部总经理；现任西藏信托有限公司副总经理。
王 满	副总经理	男	38	2019 年 5 月	14	本科	金融学	曾任职于北京银行总行营业部、东亚银行北京分行、中信银行总行私人银行中心，曾任西藏信托有限公司渠道总监，民生信托金融市场部总经理，西藏信托有限公司金融市场部总经理、总经理助理；现任西藏信托有限公司副总经理。
吴嘉怡	财务总监	女	36	2016 年 5 月	6	硕士	会计学	曾任职于毕马威华振会计师事务所，曾任西藏信托有限公司财务部总经理；现任西藏信托有限公司财务总监。
荀诗敏	风险总监	女	36	2017 年 8 月	6	硕士	国际法	曾任北京市嘉源律师事务所律师，西藏信托有限公司风控合规部总监、副总经理、总经理；现任西藏信托有限公司风险总监。
国 鑫	运营总监	男	36	2019 年 5 月	9	本科	计算机科学与技术专业	曾任中国联合网络通信集团有限公司北京分公司通信服务工程师，西藏信托有限公司信息技术部总经理、信息总监；现任西藏信托有限公司运营总监。

3.5 公司员工

项目		2019年度	
		人数(人)	比例(%)
年龄分布	25岁以下	1	0.95
	25~29岁	30	28.57
	30~39岁	63	60.00
	40岁以上	11	10.48
学历分布	博士研究生	1	0.95
	硕士研究生	51	48.57
	本科	46	43.81
	专科	7	6.67
	其他	—	—
岗位分布	高管人员	7	6.67
	自营业务人员	7	6.67
	信托业务人员	44	41.90
	其他人员	47	44.76

4. 经营管理

4.1 经营目标、经营方针、战略规划

4.1.1 经营目标

公司经营目标是公司利益相关者利益最大化。客户、股东、员工是我们最重要的利益相关者。我们认为，为客户提供安全高效的资产管理服务，为股东提供合理稳定的收益，为员工提供有尊严的工作环境（不仅仅是收入）和有预期的成长空间，是企业的使命和促进社会进步的重要组成部分。“财务保障通达自由心境”是我们不懈努力所追求的最终目标。

4.1.2 经营方针

公司经营方针是在控制风险的前提下，以卓越的专业能力把握市场机会。我们致力于广泛、多市场的资产管理业务，将受托资产合理配置于货币市场、银行间市场、资本市场、衍生品市场以及直接投资（PE）市场，并积极参与消费金融、资产支持证券、并购融资、房地产、资源、能源、艺术收藏品等另类投资，产品线完整、丰富；我们同时关注国内及国际市场，不断探索资产的全球配置方案。

4.1.3 战略规划

公司战略规划是成为在资本市场和以房地产投资、并购投资、证券化投资为主的另类投资领域有市场影响力的优秀管理人。

4.2 所经营业务的主要内容

公司依法经营资金信托、动产信托、不动产信托等信托业务，以信托贷款、信托投资等方式将客户的委托资金用于工商业、房地产业、金融机构、证券市场等领域。

自营资产运用与分布表

资产运用	金额（万元）	占比（%）	资产分布	金额（万元）	占比（%）
货币资产	84 138.87	16.78	基础产业	—	—
贷款及应收款	43 482.48	8.67	房地产业	—	—
交易性金融资产	81 389.37	16.23	证券市场	81 389.37	16.23
可供出售金融资产	178 533.57	35.61	实业	25 166.67	5.02
持有至到期金融资产	92 171.87	18.39	金融机构	354 844.31	70.78
长期股权投资	0.00	0.00	其他	39 937.41	7.97
固定资产	15 309.57	3.05			
其他	6 312.03	1.27			
资产总计	501 337.76	100.00	资产总计	501 337.76	100.00

信托资产运用与分布表

	金额(万元)	占比（%）	资产分布	金额(万元)	占比（%）
货币资产	145 363.06	0.74	基础产业	809 959.13	4.10
贷款及应收款	6 036 799.88	30.59	房地产业	1 077 532.80	5.46
交易性金融资产	2 579 013.93	13.07	证券市场	994 438.19	5.04
可供出售金融资产	1 702 316.81	8.63	工商企业	7 600 700.66	38.51
持有至到期金融资产	1 126 864.59	5.71	金融机构	6 357 932.78	32.21
长期股权投资	168 242.38	0.85	其他	2 896 418.99	14.68
财产权	7 595 422.52	38.48			
其他	382 959.38	1.93			
资产总计	19 736 982.55	100.00	资产总计	19 736 982.55	100.00

4.3 市场分析

4.3.1 有利因素

一是监管政策的持续影响。受“资管新规”及配套规定的持续管理，信托行业与其他资产管理行业平等发展、公平竞争。新规强调“买者自负”，整治市场乱象，有利于行业健康稳定发展。

二是信托认同度提高。随着国民经济的增长，民众理财需求、理财意识与理财能力均有所提升，对信托这种资产管理途径逐渐熟悉，认可程度及投资意愿日益增强。

4.3.2 不利因素

一是金融环境较为严峻。自2019年以来，我国经济外部环境复杂、严峻，经济面临下行压力，中美贸易摩擦升级，房地产投资失速，资本市场融资功能表现欠佳，实体经济在多方面因素的影响下压力较大，可能导致部分企业出现运行困难、资金链趋紧的情况，市场风险增加。

二是业务竞争较为激烈。在行业回归信托本源的监管要求及趋势下，信托公司通道业务大幅减少，公司转型压力较大。虽然公司制定了以消费金融、供应链金融、创投债、股权投资业务为重要发展方向的业务规划，但一方面新业务对弥补原有业务的萎缩仍有一定难度，另一方面业务创新也面临较大挑战，稍有不慎也可能造成新的风险点。

4.4 内部控制

4.4.1 内部控制环境和内部控制文化

4.4.1.1 股东会、董事会、监事会及高级管理层权责分明

公司严格遵守《公司法》《信托法》《信托公司管理办法》《信托公司治理指引》等法律法规，认真落实监管部门关于公司治理的有关规定，建立了包括股东会、董事会、高级管理层及监事会的

科学、规范、权责分明的经营决策机制。同时，公司董事会下设风险管理委员会，细化公司授权体系，进一步完善公司治理结构，增强公司治理机制的有效性，提高公司决策的科学性。

4.4.1.2 企业文化的建设

作为国有金融企业，加强和完善党对企业的领导，加强和改进企业党的建设，使企业成为党和国家最可信赖的依靠力量，成为坚决贯彻执行党中央决策部署的重要力量，成为贯彻新发展理念、全面深化改革的重要力量。

作为国有金融企业，我们的经营将为股东创造价值，坚持有利于国有资产保值增值、有利于提高国有经济竞争力、有利于放大国有资本功能的方针相结合，坚定不移地把国有企业做强做优做大。

我们为客户提供全面资产管理方案，促进客户资产增值，以客户利益的最大化为业务目标。我们以诚信经营为根本，守法合规为底线，风险控制为依靠，以财务保障通达自由心境为我们的核心价值观。

我们为员工提供有尊严的收入、友善的工作环境和有预期的成长空间。坚持以人为本的管理原则，通过充分调动员工的积极性和创造性，实现员工自身价值与企业价值相互促进，共同提升。

4.4.1.3 风控制度的修订、实施情况

公司履行诚实、信用、谨慎、有效管理的义务，全方位监控业务的风险状况，在业务的发展中，引入科学的风险管理程序，从制度上控制与防范风险。按照独立性、全面性和系统性的原则，形成了以公司各项业务执行人员为起点至公司投资决策委员会自下而上的多层次纵向的风险管理系统，也构建了公司风控合规部门、财务部门、客户服务部门、稽核审计部门等共同参与的横向风险管理系统，最终在公司内部形成完整的风险管理体系，并推动了公司的风险管理文化的建设。

4.4.2 内部控制措施

4.4.2.1 组织结构的内部控制

公司建立股东会、董事会、监事会、高级管理层的“三会一层”组织结构，明确其职能和责任，制定了相应的议事规则并完善了相应的授权体系。

公司董事会下设信托委员会、稽核审计委员会、提名与薪酬委员会、投资者权益保护工作委员会及风险管理委员会；管理层下设投资决策委员会及固有业务审查委员会。

公司各部门职责分明、目标明确，相互分离、相互制约。

公司财务部、风控合规部和稽核审计部，独立开展工作，履行其职责。

公司的岗位设置职责分明，相互制约。各部门的工作人员各司其职。

4.4.2.2 业务的内部控制

公司的自营业务和信托业务相互分离，分别由不同的业务部门管理。

公司制定较为完善的业务管理制度，包括规范有效的业务操作流程。

公司固有财产和信托财产分开管理、分别核算，并由不同的部门及会计人员负责。

公司自营业务注重防范风险，对不同资产类别及投资期限进行合理配置，尽可能确保自营资产的收益性、安全性和流动性，实现最佳平衡。

自营业务和信托业务做到信息隔离，各业务信息相互独立，业务人员做到对未公开的业务信息保密。

4.4.2.3 关联交易的内部控制：

公司加强关联交易决策和监督的控制，重点防范不正当关联交易所导致的风险。

关联交易按照国家法律法规的规定和银监会的要求，做到比例控制、信息披露。

4.4.2.4 会计的内部控制

公司制定了较完整的财务管理制度和会计业务规范，会计业务规范覆盖了会计业务的各个环节。

公司会计岗位实行责任分离、相互制约的原则，严禁一人兼任非相容的岗位或独自完成会计全过程的业务操作。

公司制定较完善的会计档案管理和财务交接制度，财务部门妥善保管业务用章、空白支票等重要凭据和会计档案。

4.4.3 信息交流与反馈

4.4.3.1 报告制度

按照监管部门的要求，公司按照《信托登记管理办法》对公司信托产品及受益权信息进行登记。项目经理对信托资金拟投向的项目进行尽职调查，据此形成项目尽职调查报告，重大项目经公司投资决策委员会审核批准后实施。

4.4.3.2 业务处理的授权制度

公司董事会严格执行分级授权制度。公司经营班子严格执行董事会及股东会的各项决议，根据年度股东会会议批准的经营计划和经营目标，努力提升公司的业务能力、管理能力、创新能力，进一步提□核心竞争力，明显增强公司的综合实力。

4.4.3.3 业务活动资料存档

公司信托项目由项目责任人妥善保管项目的各类原始资料，并按规定及时归档。信托项目在信托计划成立后按照公司有关合同、档案管理规定移交客户服务部收存，并由客户服务部依照档案管理规定对归档资料进行复核。信托项目存档材料主要有：项目前期尽职调查的有关资料，立项审批表，提交投资决策委员会审查的材料、决议，有关合同及其他法律文本，项目后期管理记录，信息披露文件等。

4.4.3.4 对业务审核、监督结果进行反馈的机制

信托项目存续期间，公司风控合规部定期对信托项目的审核结果及项目运作情况进行跟踪、了解，信托业务部门根据项目周期、项目性质和信托文件的有关内容，定期与项目方进行书面、口头或会议沟通，及时监控信托项目运营中的风险。在项目跟踪调□的过程中，对项目进度、信托资金使用情况、总体财务状况、管理团队人员变动、股权结构变动等情况进行详细、客观考察。

4.4.4 监督评价与纠正

公司建立、健全内部监督评价体系，持续对经营管理及业务运行过程进行全面的监督和评价。公司监事会依法履行监督职能，对公司董事、高级管理层履职情况进行监督；公司稽核审计部制作《西藏信托有限公司内部审计报告》及专项审计报告，充分发挥稽核审计部门的监督检查职能。

4.5 风险管理

4.5.1 风险管理概况

公司风险管理贯彻全面性、审慎性、及时性、有效性等原

则，覆盖公司各项业务、各个部门、各个环节和各级人员，对风险进行事前防范、事中控制、事后监督，促进公司持续、稳健、规范、健康运行。

公司风险管理的组织架构和分工如下：董事会是公司风险管理的最高决策机构，负责确定公司的风险管理政策、程序和人员，行使重大经营决策权。董事会下设的各专业委员会根据各自的职责对公司整体进行风险管理。风险管理委员会，具体落实公司董事会风险控制、管理、监督和评估相关工作职责。信托委员会负责信托业务的风险管理，关注公司信托业务发展规划、负责重大信托项目审核与批准等。稽核审计委员会监督、审核公司内部审计制度及其实施情况。公司的风控合规部、各业务部门以及各管理部门在日常业务处理中均负有对应的部门风控职责。同时公司还聘请了外部法律顾问，在业务处理的一定范围内给出专业的法律意见。

报告期内，公司进一步推进组织架构、内控制度及相关业务流程的优化工作，不断完善组织健全、权责明确、合理制衡、报告路径清晰的公司治理结构，为全面风险管理提供了有效的治理结构保障。公司高度重视流动性风险的防范和管理，着力加强流动性风险防范的前瞻性、针对性和有效性，提前落实信托还款资金安排，确保流动性风险的及时转移、释放和化解，进一步巩固公司业务整体稳健运行的态势。

4.5.2　风险状况

4.5.2.1　信用风险状况

信用风险主要指交易对手不履行义务的可能性，主要表现为：在贷款、资产回购、后续资金安排、担保、履约承诺等交易过程中，借款人、担保人、保管人（托管人）等交易对手不履行承诺，不能或不愿履行合约承诺而使信托财产和固有财产遭受潜在损失的可能性。同时，当信用风险发生时，如受托人没有尽职管理、安排预算不恰当时，或信托项目违法违规未能如期执行时，会导致发生的流动性风险。

报告期内，公司总体信用风险基本可控。对于可能出现交易对手违约事件，公司将积极采取多项措施化解风险，最大限度地保护相关者合法利益，必要时将采取法律手段予以解决；同时，公司还以资产质量为依据谨慎计提足额风险及信托赔偿准备金，进一步提高了公司的风险抵补能力。

4.5.2.2　市场风险状况

市场风险主要指在开展资产管理业务过程中，投资于有公开市场价值的金融产品或者其他产品时，金融产品或者其他产品的价格发生波动导致资产遭受损失的可能性。同时，市场风险还具有很强的传导效应，某些信用风险的根源可能也来自交易对手的市场风险（如销售下降、成本上升等）。报告期内，在公司加强对经济、金融和产业形势的预判管理、完善市场风险预警机制和市场风险管理体系的举措下，公司市场风险总体可控。

4.5.2.3　操作风险状况

操作风险表现为由于公司治理机制、内部控制失效或者有关责任人出现失误、欺诈等问题，公司没有充分及时地做好尽职调查、持续监控、信息披露等工作，未能及时作出应有的反应，或作出的反应明显有失专业和常理，甚至违规违约；公司没有履行勤勉尽职管理的义务，或者无法出具充分有效的证据和记录，证明自己已履行勤勉尽职管理的义务。报告期内公司进一步加强内控体系建设，对公司各项管理制度、业务流程、内控组织等进行了梳理，并有效地处理和解决了公司业务流程中存在的不足及问题。报告期内，公司未发生内部控制失效或者员工欺诈问题，未发生误操作、违规操作导致的财务损失，未发生系统、账户、流程引发的风险事件，未发生尽职管理不到位导致的经济损失等，公司操作风险基本可控。

4.5.2.4　其他风险状况

其他风险主要是指公司业务开展中的政策风险、声誉风险、人员道德风险等。报告期内，公司高度重视自身声誉，坚持依法合规稳健经营，风险基本可控，未发生此类风险损失。

4.5.3　风险管理

4.5.3.1　信用风险管理

公司的信用风险管理主要是通过强化贷前和贷后管理来进行风险防范。

公司加强项目事前审核，审慎选择合作机构，落实交易对手名单制管理，杜绝与负面清单里的交易对手合作。同时，在贷前审核过程中，充分评估贷款人的履约能力和履约意愿，严格按照申请立项、尽职调查、信用评估、内部审批、签约放款等步骤操作。业务审批中，重点审核贷款质押担保措施，公正地评估质押品，总体控制抵质押率，并根据贷款人的具体情况和市场情况在一定程度上适度调整担保标准。

公司严格落实项目贷后管理，按照合同约定，保持对贷款人的动态风险管理。公司对贷款人的资信状况和偿债能力及保证合同的履行情况定期进行监控，并采取风险预警报告及主动管理进行贷后风险应对。同时，公司注重信用风险管理的前瞻性、针对性和适时性，严格执行授权审批制度及决策流程，确保公司信用风险的可测、可控、可承受。

4.5.3.2　市场风险管理

公司在运营过程中面临的市场风险主要为股价、汇率、利率及其他价格对公司经营和盈利能力的影响。针对上述投资标的的市场风险，公司固有业务和证券类信托业务都制定了严格的风控流程，根据市场目前的具体状况，动态调整风控指标。一方面，通过信息系统实现各项投资限制；另一方面，通过信托运营部人员逐日盯市，研究人员对市场各类政策的研究，动态调整可投资标的范围、额度及止损标准来控制此类风险。

4.5.3.3　操作风险管理

公司主要通过不断完善各部门和各岗位的职责、清晰化各业务操作流程，实行严格的复核、审核程序，加强内部员工专业知识和流程培训，制定严格的信息管理制度，从而保证业务运行安全而富有效率，降低操作风险。公司在业务尽职调查、产品规范化管理、合同档案管理、信息披露等方面不断细化管理要点和规范操作流程，提升业务操作的规范化和标准化水平，消除操作风险隐患，有效管理各类操作风险。

4.5.3.4　其他风险管理

4.5.3.4.1　政策风险管理

公司及时跟踪研究国家宏观政策和行业政策的调整与变化，动态分析宏观政策和监管政策的变动趋势；及时调整发展思路和经营理念，保持公司经营策略与国家政策的一致性；同时，持续关注有关法律、法规的最新变化，正确理解和准确把握其内涵，强化全员的合法合规经营意识，并及时对业务程序和操作指引进行梳理和修订，保证公司的各项业务在合法合规的前提下进行。

4.5.3.4.2　声誉风险管理

声誉是金融机构赖以生存的基础，是立身之本、展业之本。一直以来，公司对声誉风险的容忍度为零，并将声誉风险管理纳入公司治理和全面风险管理体系。

4.5.3.4.3　道德风险管理

公司注重道德文化教育，要求员工遵纪守法，不断提高员工廉洁自律和勤勉尽职的意识；以员工为本，强调和谐共赢，不断加强公司的凝聚力和员工的归属感，使员工认识到与公司共同成长的重要性。

4.6　企业社会责任

公司坚持服务实体经济，积极回馈股东，诚信纳税，维护投资者权益，积极践行企业社会责任。

4.6.1　规范运作，廉洁从业

公司在日常经营中坚持规范运作，2019 年，公司进一步加强法人治理建设，加强内部合规文化的培育，增加中台、后台、人员和资源配置。与此同时，公司通过开展警示教育、进行专题讲座、做好廉政宣传等多种途径加强员工廉洁教育，强化党员的廉洁意识，以保证公司员工及管理层的廉洁廉政。

4.6.2　服务实体经济及民营企业

2019 年，公司坚持习近平总书记新时代中国特色社会主义思想，牢固树立“四个意识”，坚定“四个自信”，坚决做到“两个维护”，深入学习贯彻党的十九大会议精神和第五次全国金融工作会议精神，根据监管机构的规定，对公司发展战略、业务规划进行梳理，将服务实体经济作为公司重点工作之一，通过“降成本”“补短板”等手段支持实体经济发展，增强主动管理能力，引导资金脱虚向实，把更多资源配置到经济社会发展的重点领域和薄弱环节，更好地满足实体经济多样化的需求。2019 年，公司进一步投入较大人力、物力开拓中小企业综合金融服务业务，为中小企业及时提供价格合理、便捷安全的金融服务。

4.6.3　“三农”及扶贫金融服务情况

2019 年公司积极响应国家普惠金融的战略方针，落实十九大关于“深化金融体制改革，增强金融服务实体经济能力”的会议精神，坚持金融产品创新，把握“互联网 + 金融”机会，在消费金融领域有了进一步成长。

开展教育扶贫工作。公司与拉萨市城关区公德林街道 2 名在校大学生进行结对帮扶，大学生在校期间，公司为每位帮扶对象每月提供生活费 1200 元，帮助大学生完成学业，减轻大学生家庭负担。

开展精准扶贫工作。2019 年，公司积极响应党中央、国务院关于动员社会力量参与扶贫开发的号召，参与西藏自治区那曲市驻班戈县尼玛乡琼果村、下地村脱贫攻坚工作，为琼果村 83 户牧民群众和下地村 55 户牧民群众提供牲畜饲草料，缓解牧民群众因冬季草场干枯导致的饲草料短缺问题，以确保两村牲畜安全越冬渡春，费用共计 50 万元。

4.6.4　积极回馈股东

公司将“为股东提供合理稳定的收益”作为公司经营目标之一，通过完善公司治理、强化经营管理、提高企业竞争力，确保公司稳健发展，为股东提供稳定投资回报，实现国有资产保值增值。

4.6.5　诚信纳税

公司坚持依法纳税、诚信经营，2019 年全年公司上缴税费共计 4.30 亿元，以实际行动支持西藏自治区经济发展。

4.6.6　维护投资者权益

公司注重对投资者权益的保护，在日常工作中致力于为投资者提供方便、快捷、优质、高效的金融服务。2019 年公司共计清算信托项目 275 个，加上期间分配收益的信托项目，共向受益人分配信托收益 1 453 860.63 万元。

公司将公平对待金融消费者的观念融入公司治理和企业文化建设当中，努力建立、健全金融消费者保护机制，把关注和维护金融消费者的合法权益作为公司的重要职责使命之一。

公司在日常工作中，注重投资者教育工作的开展，在官网设置了“信托讲堂”专栏及“进一步打击非法集资活动”专栏，并在公司公众号中设置了“合规宣传”专栏，定期更新针对投资者的教育手册，向投资者进行金融知识宣传。

4.6.7　加强反洗钱工作

公司重视反洗钱相关工作的开展，完善反洗钱内控制度，加强系统建设，在反洗钱领导小组的领导下，由专人负责落实反洗钱相关工作，按规定履行客户身份识别、可疑交易报告、客户身份资料和交易记录保存、开展反洗钱宣传、组织反洗钱培训等义务，并积极参与辖区内组织的反洗钱培训及交流，以适应新形式下反洗钱工作，及时掌握反洗钱工作的新动向、新要求。

4.6.8　践行企业社会责任，关注民生工程

公司在日常经营中，时时关注西藏地区发展、人民生活情况，积极帮助西藏当地有需要的居民解决实际困难。同时，公司对涉及民生的项目一贯采取大力支持的政策。公司本年度管理了 1 个财产权信托项目，项目基础资产为教育贷款，公司以此来支持教育事业发展。公司持续关注医疗、教育、环保行业发展情况，以期可以更深入地为民生工程贡献公司力量。

4.6.9　关爱员工

公司坚持“以人为本”的理念，关爱员工，与员工共同分享公司的发展成果。公司制定明确的薪酬激励机制及晋升制度，以帮助员工制定职业规划；为公司员工缴纳企业年金，补充商业保险；为员工提供丰富的内外部培训课程，鼓励员工进行进修，以加强员工业务能力，提高员工综合素质。

5. 报告期末及上一年度末的比较式会计报表

5.1　自营资产

5.1.1　会计师事务所审计意见全文

审计报告

天职业字[2020] 23133 号

西藏信托有限公司全体股东：

一、审计意见

我们审计了西藏信托有限公司（以下简称西藏信托）财务报表，包括 2019 年 12 月 31 日的资产负债表，2019 年度的利润表、现金流量表、所有者权益变动表、资产减值准备情况表以及相关财务报表附注。

我们认为，后附的财务报表在所有重大方面按照企业会计准则的规定编制,公允反映了西藏信托 2019 年 12 月 31 日的财务状况以及 2019 年度的经营成果和现金流量。

二、形成审计意见的基础

我们按照中国注册会计师审计准则的规定执行了审计工作。审计报告的"注册会计师对财务报表审计的责任"部分进一步阐述了我们在这些准则下的责任。按照中国注册会计师职业道德守则,我们独立于西藏信托,并履行了职业道德方面的其他责任。我们相信,我们获取的审计证据是充分、适当的,为发表审计意见提供了基础。

三、管理层和治理层对财务报表的责任

管理层负责按照企业会计准则的规定编制财务报表,使其实现公允反映,并设计、执行和维护必要的内部控制,以使财务报表不存在由于舞弊或错误导致的重大错报。

在编制财务报表时,管理层负责评估西藏信托的持续经营能力,披露与持续经营相关的事项(如适用),并运用持续经营假设,除非管理层计划清算西藏信托、终止运营或别无其他现实的选择。

治理层负责监督西藏信托的财务报告过程。

四、注册会计师对财务报表审计的责任

我们的目标是对财务报表整体是否不存在由于舞弊或错误导致的重大错报获取合理保证,并出具包含审计意见的审计报告。合理保证是高水平的保证,但并不能保证按照审计准则执行的审计在某一重大错报存在时总能发现。错报可能由于舞弊或错误导致,如果合理预期错报单独或汇总起来可能影响财务报表使用者依据财务报表作出的经济决策,则通常认为错报是重大的。

在按照审计准则执行审计工作的过程中,我们运用了职业判断,并保持职业怀疑。同时,我们也执行以下工作:

(1)识别和评估由于舞弊或错误导致的财务报表重大错报风险,设计和实施审计程序以应对这些风险,并获取充分、适当的审计证据,作为发表审计意见的基础。由于舞弊可能涉及串通、伪造、故意遗漏、虚假陈述或凌驾于内部控制之上,未能发现由于舞弊导致的重大错报的风险高于未能发现由于错误导致的重大错报的风险。

(2)了解与审计相关的内部控制,以设计恰当的审计程序,但目的并非对内部控制的有效性发表意见。

(3)评价管理层选用会计政策的恰当性和作出会计估计及相关披露的合理性。

(4)对管理层使用持续经营假设的恰当性得出结论。同时,根据获取的审计证据,就可能导致对西藏信托持续经营能力产生重大疑虑的事项或情况是否存在重大不确定性得出结论。如果我们得出结论认为存在重大不确定性,审计准则要求我们在审计报告中提请报表使用者注意财务报表中的相关披露;如果披露不充分,我们应当发表非无保留意见。我们的结论基于截至审计报告日可获得的信息。然而,未来的事项或情况可能导致西藏信托不能持续经营。

(5)评价财务报表的总体列报、结构和内容(包括披露),并评价财务报表是否公允反映相关交易和事项。

我们与治理层就计划的审计范围、时间安排和重大审计发现等事项进行沟通,包括沟通我们在审计中识别出的值得关注的内部控制缺陷。

中国注册会计师:迟文洲

中国·北京　　　中国注册会计师:张利影

二〇二〇年四月二十八日

5.1.2　资产负债表

资产负债表

编制单位:西藏信托有限公司　　2019 年 12 月 31 日　　单位:万元

项目	期末余额	年初余额
资产:		
货币资金	84 138.87	37 913.48
结算备付金	—	—
拆出资金	—	41 321.47
以公允价值计量且其变动计入当期损益的金融资产	81 389.37	67 497.44
应收票据	—	—
应收账款	—	—
预付款项	31.91	91.87
应收保费	—	—
应收分保账款	—	—
应收分保合同备用金	—	—
应收利息	1 195.72	847.74
应收股利	—	—
买入返售金融资产	—	—
存货	—	—
划分为持有待售的资产	—	—
发放委托贷款及垫款	25 166.67	1 915.78
可供出售金融资产	178 533.57	3 528.33
持有至到期投资	92 171.87	61 748.42
长期应收款	—	—
长期股权投资	—	—
投资性房地产	—	—
固定资产	15 309.57	15 901.45
在建工程	—	—
工程物资	—	—
固定资产清理	—	—
生产性生物资产	—	—
油气资产	—	—
无形资产	106.71	188.56
开发支出	—	—
商誉	—	—
递延所得税资产	6 173.41	4 854.33
其他资产	17 120.09	29 853.12
其中:其他应收款	17 120.09	29 853.12

续表

项目	期末余额	年初余额
长期待摊费用	—	—
其他流动资产	—	—
资产总计	501 337. 76	265 661. 99

法定代表人：周贵庆　　主管会计工作负责人：吴嘉怡　　会计机构负责人：许锡澄

资产负债表（续）

编制单位：西藏信托有限公司　　2019 年 12 月 31 日　　单位：万元

项目	期末余额	年初余额
负债及所有者权益：		
短期借款	—	—
向中央银行借款	—	—
吸收存款及同业存款	—	—
拆入资金	—	—
以公允价值计量且其变动计入当期损益的金融负债	—	—
应付票据	—	—
应付账款	—	—
预收账款	71. 38	8. 89
卖出回购金融资产款	—	—
应付手续费及佣金	—	—
应付职工薪酬	14 885. 95	12 929. 95
应交税费	4 558. 16	3 490. 86
应付利息	—	51. 18
应付股利	2 199. 39	2 749. 24
应付分保账款	—	—
保险合同准备金	—	—
代理买卖证券款	—	—
代理承销证券款	—	—
划分为持有待售的负债	—	—
长期借款	—	—
应付债券	—	—
长期应付职工薪酬	—	—
专项应付款	—	—
预计负债	—	—
递延所得税负债	—	
其他负债	15 260. 56	21 939. 21
其中：其他应付款	15 260. 56	21 939. 21
递延收益	—	—
负债总计	36 975. 44	41 169. 33
实收资本	300 000. 00	100 000. 00
其他权益工具	—	—
资本公积	5 000. 00	5 000. 00
减：库存股	—	—
其他综合收益	—	—
专项储备	—	—
盈余公积	32 812. 81	27 896. 70
一般风险准备	12 472. 33	12 472. 33

续表

项目	期末余额	年初余额
信托赔偿准备	18 076. 04	15 617. 99
未分配利润	96 001. 14	63 505. 64
归属于母公司所有者权益合计	464 362. 32	224 492. 66
少数股东权益	—	—
所有者权益总计	464 362. 32	224 492. 66
负债和所有者权益总计	501 337. 76	265 661. 99

法定代表人：周贵庆　　主管会计工作负责人：吴嘉怡　　会计机构负责人：许锡澄

5. 1. 3　利润表

利润表

编制单位：西藏信托有限公司　　2019 年 12 月 31 日　　单位：万元

项目	本期金额	上期金额
一、营业总收入	79 624. 35	48 290. 09
利息净收入	472. 35	1 574. 73
利息收入	895. 47	2 089. 98
利息支出	423. 12	515. 25
手续费及佣金净收入	51 157. 78	48 807. 52
手续费及佣金收入	51 231. 97	48 897. 53
手续费及佣金支出	74. 19	90. 01
投资收益（损失以“－”号填列）	5 265. 86	1 097. 97
公允价值变动损益（损失以“－”号填列）	6 286. 90	－17 045. 21
汇兑损益（损失以“－”号填列）	—	—
其他收益	16 183. 19	13 709. 96
其他业务收入	258. 27	145. 12
二、营业总支出	24 141. 17	18 298. 04
税金及附加	593. 57	865. 65
业务及管理费	20 313. 56	18 511. 97
资产减值损失	3 034. 12	－1 189. 32
其他业务成本	199. 92	109. 74
三、营业利润	55 483. 18	29 992. 05
加：营业外收入	40. 80	—
减：营业外支出	—	—
四、利润总额	55 523. 98	29 992. 05
减：所得税费用	6 362. 86	2 634. 89
五、净利润	49 161. 12	27 357. 16
归属于母公司所有者的净利润	49 161. 12	27 357. 16
少数股东损益	—	—
六、其他综合收益的税后净额	—	—
（一）以后不能重分类进损益的其他综合收益	—	—
（二）以后将重分类进损益的其他综合收益	—	—
其中：可供出售金融资产公允价值变动损益	—	—
七、综合收益总额	49 161. 12	27 357. 16
归属公司所有者的综合收益/（亏损）总额	49 161. 12	27 357. 16
归属少数股东的综合收益/（亏损）总额	—	—

法定代表人：周贵庆　　主管会计工作负责人：吴嘉怡　　会计机构负责人：许锡澄

5.1.4 所有者权益变动表

所有者权益变动表

编制单位：西藏信托有限公司　　2019 年度　　单位：万元

项目	行次	本期金额									上期金额								
		实收资本	资本公积	减：库存股	其他综合收益	盈余公积	一般风险准备	信托赔偿准备	未分配利润	所有者权益合计	实收资本（或股本）	资本公积	减：库存股	其他综合收益	盈余公积	一般风险准备	信托赔偿准备	未分配利润	所有者权益合计
一、上年年末余额	1	100 000. 00	5 000. 00	—	—	27 896. 70	12 472. 33	15 617. 99	63 505. 64	224 492. 66	100 000. 00	5 000. 00	—	—	25 160. 98	12 472. 33	14 250. 13	64 796. 80	221 680. 24
加：会计政策变更	2	—	—	—	—	—	—	—	—	—	—	—	—	—	—	—	—	—	—
前期差错更正	3	—	—	—	—	—	—	—	—	—	—	—	—	—	—	—	—	—	—
其他	4	—	—	—	—	—	—	—	—	—	—	—	—	—	—	—	—	—	—
二、本年年初余额	5	100 000. 00	5 000. 00	—	—	27 896. 70	12 472. 33	15 617. 99	63 505. 64	224 492. 66	100 000. 00	5 000. 00	—	—	25 160. 98	12 472. 33	14 250. 13	64 796. 80	221 680. 24
三、本年增减变动金额（减少以“－”号填列）	6	200 000. 00	—	—	—	4 916. 11	—	2 458. 05	32 495. 50	239 869. 66	—	—	—	—	2 735. 72	—	1 367. 86	－1 291. 16	2 812. 42
（一）净利润	7	—	—	—	—	—	—	—	49 161. 12	49 161. 12	—	—	—	—	—	—	—	27 357. 16	27 357. 16
（二）其他综合收益	8	—	—	—	—	—	—	—	—	—	—	—	—	—	—	—	—	—	—
上述（一）和（二）小计	9	—	—	—	—	—	—	—	49 161. 12	49 161. 12	—	—	—	—	—	—	—	27 357. 16	27 357. 16
（三）所有者投入和减少资本	10	89 285. 71	110 714. 29	—	—	—	—	—	—	200 000. 00	—	—	—	—	—	—	—	—	—
1. 所有者投入资本	11	89 285. 71	110 714. 29	—	—	—	—	—	—	200 000. 00	—	—	—	—	—	—	—	—	—
2. 股份支付计入所有者权益的金额	12	—	—	—	—	—	—	—	—	—	—	—	—	—	—	—	—	—	—
3. 其他	13	—	—	—	—	—	—	—	—	—	—	—	—	—	—	—	—	—	—
（四）利润分配	14	—	—	—	—	4 916. 11	—	2 458. 05	－16 665. 62	－9 291. 46	—	—	—	—	2 735. 72	—	1 367. 86	－28 648. 32	－24 544. 74
1. 提取盈余公积	15	—	—	—	—	4 916. 11	—	—	－4 916. 11	—	—	—	—	—	2 735. 72	—	—	－2 735. 72	—
2. 提取一般风险准备	16	—	—	—	—	—	—	—	—	—	—	—	—	—	—	—	—	—	—
3. 提取信托赔偿准备	17	—	—	—	—	—	—	2 458. 05	－2 458. 05	—	—	—	—	—	—	—	1 367. 86	－1 367. 86	—
4. 对所有者（或股东）的分配	18	—	—	—	—	—	—	—	－9 291. 46	－9 291. 46	—	—	—	—	—	—	—	－24 544. 74	－24 544. 74
5. 其他	19	—	—	—	—	—	—	—	—	—	—	—	—	—	—	—	—	—	—
（五）所有者权益内部结转	20	110 714. 29	－110 714. 29	—	—	—	—	—	—	—	—	—	—	—	—	—	—	—	—
1. 资本公积转增资本（或股本）	21	110 714. 29	－110 714. 29	—	—	—	—	—	—	—	—	—	—	—	—	—	—	—	—
2. 盈余公积转增资本（或股本）	22	—	—	—	—	—	—	—	—	—	—	—	—	—	—	—	—	—	—
3. 盈余公积弥补亏损	23	—	—	—	—	—	—	—	—	—	—	—	—	—	—	—	—	—	—
4. 其他	24	—	—	—	—	—	—	—	—	—	—	—	—	—	—	—	—	—	—
（六）专项储备	25	—	—	—	—	—	—	—	—	—	—	—	—	—	—	—	—	—	—
1. 本期提取	26	—	—	—	—	—	—	—	—	—	—	—	—	—	—	—	—	—	—
2. 本期使用	27	—	—	—	—	—	—	—	—	—	—	—	—	—	—	—	—	—	—
（七）其他	28	—	—	—	—	—	—	—	—	—	—	—	—	—	—	—	—	—	—
四、本年年末余额	29	300 000. 00	5 000. 00	—	—	32 812. 81	12 472. 33	18 076. 04	96 001. 14	464 362. 32	100 000. 00	5 000. 00	—	—	27 896. 70	12 472. 33	15 617. 99	63 505. 64	224 492. 66

法定代表人：周贵庆　　主管会计工作负责人：吴嘉怡　　会计机构负责人：许锡澄

5.2 信托资产

5.2.1 信托项目资产负债汇总表

信托项目资产负债汇总表

编制单位:西藏信托有限公司　　2019 年 12 月 31 日　　单位:万元

信托资产	期末数	期初数	信托负债和信托权益	期末数	期初数
一、资产	19 736 982.55	32 189 666.45	一、信托负债	37 115.54	48 966.72
货币资金	145 363.06	386 700.25	应付账款	—	—
拆出资金	—	—	其他应付款	20 140.98	36 014.27
交易性金融资产	2 579 013.93	3 437 587.80	应交税费	—	—
应收账款	131 871.98	21 891.13	预计负债	—	—
应收票据	—	—	其他负债	16 974.56	12 952.45
其他应收款	—	—	二、信托权益	19 699 867.01	32 140 699.73
发放贷款及垫款	5 904 927.90	8 488 281.39	实收信托	19 836 084.82	32 353 148.64
长期股权投资	168 242.38	271 054.37	资本公积	108 075.73	198 631.19
持有至到期投资	1 126 864.59	1 622 283.34			
长期应收款	7 595 422.52	14 064 437.39			
其他资产	2 085 276.19	3 897 430.78	未分配利润	-244 293.54	-411 080.10
信托资产总计	19 736 982.55	32 189 666.45	信托负债及信托权益总计	19 736 982.55	32 189 666.45

5.2.2 信托项目利润及利润分配汇总表

信托项目利润及利润分配汇总表

编制单位:西藏信托有限公司　　2019 年度　　单位:万元

项目	本年数	上年数
一、营业收入	1 750 195.32	1 803 986.93
利息收入	460 502.42	692 512.02
投资收入	1 095 438.42	1 550 908.17
租赁收入	—	—
公允价值变动损益	193 903.28	-439 452.81
其他收入	351.20	19.55
二、营业费用	109 542.62	114 215.84
三、营业税金及附加	3 237.40	4 141.72
四、扣除资产减值准备前的信托利润	1 637 415.30	1 685 629.37
减:资产减值损失	16 768.11	18 152.90
五、扣除资产减值准备后的信托利润	1 620 647.19	1 667 476.47
加:期初未分配信托利润	-411 080.10	123 796.84
六、可供分配的信托利润	1 209 567.09	1 791 273.31
减:本期已分配信托利润	1 453 860.63	2 202 353.41
七、期末未分配信托利润	-244 293.54	-411 080.10

6. 会计报表附注

6.1 简要说明会计报表年度会计报表编制基准、会计政策、会计估计和核算方法发生的变化

本财务报表以企业持续经营假设为基础,根据实际发生的交易事项,按照财政部最新颁布的《企业会计准则》及其应用指南的有关规定,并基于以下所述重要会计政策、会计估计进行编制。

6.2 重要会计政策和会计估计说明

6.2.1 金融工具

6.2.1.1 金融资产和金融负债的分类

金融资产在初始确认时划分为以下四类:以公允价值计量且其变动计入当期损益的金融资产(包括交易性金融资产和指定为以公允价值计量且其变动计入当期损益的金融资产)、持有至到期投资、贷款和应收款项、可供出售金融资产。

金融负债在初始确认时划分为以下两类:以公允价值计量且其变动计入当期损益的金融负债(包括交易性金融负债和指定为以公允价值计量且其变动计入当期损益的金融负债)、其他金融负债。

6.2.1.2 金融资产和金融负债的确认依据、计量方法和终止确认条件

公司成为金融工具合同的一方时,确认一项金融资产或金融负债。初始确认金融资产或金融负债时,按照公允价值计量;对于以公允价值计量且其变动计入当期损益的金融资产和金融负债,相关交易费用直接计入当期损益;对于其他类别的金融资产或金融负债,相关交易费用计入初始确认金额。

公司按照公允价值对金融资产进行后续计量,且不扣除将来处置该金融资产时可能发生的交易费用,但下列情况除外:(1) 持有至到期投资以及贷款和应收款项采用实际利率法,按摊余成本计量;(2) 在活跃市场中没有报价且其公允价值不能可靠计量的权益工具投资,以及与该权益工具挂钩并须通过交付该权益工具结算的衍生金融资产,按照成本计量。

公司采用实际利率法,按摊余成本对金融负债进行后续计量,但下列情况除外:(1) 以公允价值计量且其变动计入当期损益的金融负债,按照公允价值计量,且不扣除将来结清金融负债时可能发生的交易费用;(2) 与在活跃市场中没有报价、公允价值不能可靠计量的权益工具挂钩并须通过交付该权益工具结算的衍生金融负债,按照成本计量;(3) 不属于指定为

以公允价值计量且其变动计入当期损益的金融负债的财务担保合同，或没有指定为以公允价值计量且其变动计入当期损益并将以低于市场利率贷款的贷款承诺，在初始确认后按照下列两项金额之中的较高者进行后续计量：按照《企业会计准则第13号——或有事项》确定的金额；初始确认金额扣除按照《企业会计准则第14号——收入》的原则确定的累计摊销额后的余额。

金融资产或金融负债公允价值变动形成的利得或损失，除与套期保值有关外，按照如下方法处理：(1) 以公允价值计量且其变动计入当期损益的金融资产或金融负债公允价值变动形成的利得或损失，计入公允价值变动损益；在资产持有期间所取得的利息或现金股利，确认为投资收益；处置时，将实际收到的金额与初始入账金额之间的差额确认为投资收益，同时调整公允价值变动损益。(2) 可供出售金融资产的公允价值变动计入资本公积；持有期间按实际利率法计算的利息，计入投资收益；可供出售权益工具投资的现金股利，于被投资单位宣告发放股利时计入投资收益；处置时，将实际收到的金额与账面价值扣除原直接计入资本公积的公允价值变动累计额之后的差额确认为投资收益。

当收取某项金融资产现金流量的合同权利已终止或该金融资产所有权上几乎所有的风险和报酬已转移时，终止确认该金融资产；当金融负债的现时义务全部或部分解除时，相应终止确认该金融负债或其一部分。

6.2.1.3 金融资产转移的确认依据和计量方法

公司已将金融资产所有权上几乎所有的风险和报酬转移给了转入方的，终止确认该金融资产；保留了金融资产所有权上几乎所有的风险和报酬的，继续确认所转移的金融资产，并将收到的对价确认为一项金融负债。公司既没有转移也没有保留金融资产所有权上几乎所有的风险和报酬的，分别下列情况处理：(1) 放弃了对该金融资产控制的，终止确认该金融资产；(2) 未放弃对该金融资产控制的，按照继续涉入所转移金融资产的程度确认有关金融资产，并相应确认有关负债。

金融资产整体转移满足终止确认条件的，将下列两项金额的差额计入当期损益：(1) 所转移金融资产的账面价值；(2) 因转移而收到的对价，与原直接计入所有者权益的公允价值变动累计额之和。金融资产部分转移满足终止确认条件的，将所转移金融资产整体的账面价值，在终止确认部分和未终止确认部分之间，按照各自的相对公允价值进行分摊，并将下列两项金额的差额计入当期损益：(1) 终止确认部分的账面价值；(2) 终止确认部分的对价，与原直接计入所有者权益的公允价值变动累计额中对应终止确认部分的金额之和。

6.2.1.4 主要金融资产和金融负债的公允价值确定方法

存在活跃市场的金融资产或金融负债，以活跃市场的报价确定其公允价值；不存在活跃市场的金融资产或金融负债，采用估值技术（包括参考熟悉情况并自愿交易的各方最近进行的市场交易中使用的价格、参照实质上相同的其他金融工具的当前公允价值、现金流量折现法和期权定价模型等）确定其公允价值；初始取得或源生的金融资产或承担的金融负债，以市场交易价格作为确定其公允价值的基础。

6.2.1.5 金融资产的减值测试和减值准备计提方法

资产负债表日对以公允价值计量且其变动计入当期损益的金融资产以外的金融资产的账面价值进行检查，如有客观证据表明该金融资产发生减值的，计提减值准备。

对单项金额重大的金融资产单独进行减值测试；对单项金额不重大的金融资产，可以单独进行减值测试，或包括在具有类似信用风险特征的金融资产组合中进行减值测试；单独测试未发生减值的金融资产（包括单项金额重大和不重大的金融资产），包括在具有类似信用风险特征的金融资产组合中再进行减值测试。

按摊余成本计量的金融资产，期末有客观证据表明其发生了减值的，根据其账面价值与预计未来现金流量现值之间的差额确认减值损失。在活跃市场中没有报价且其公允价值不能可靠计量的权益工具投资，或与该权益工具挂钩并须通过交付该权益工具结算的衍生金融资产发生减值时，将该权益工具投资或衍生金融资产的账面价值，与按照类似金融资产当时市场收益率对未来现金流量折现确定的现值之间的差额，确认为减值损失。可供出售金融资产的公允价值发生较大幅度下降，或在综合考虑各种相关因素后，预期这种下降趋势属于非暂时性的，确认其减值损失，并将原直接计入所有者权益的公允价值累计损失一并转出计入减值损失。

6.2.2 应收款项

6.2.2.1 单项金额重大并单项计提坏账准备的应收款项

单项金额重大的判断依据或金额标准	金额为2 000万元（含）以上
单项金额重大并单项计提坏账准备的计提方法	单独进行减值测试，根据其未来现金流量现值低于其账面价值的差额计提坏账准备。

6.2.2.2 按组合计提坏账准备的应收款项

6.2.2.2.1 确定组合的依据及坏账准备的计提方法

确定组合的依据	风险资产分类法组合
按组合计提坏账准备的计提方法	风险资产分类法

6.2.2.2.2 风险资产分类法

应收款项五级分类	应收款项计提比例（%）
正常类	—
关注类	2.00
次级类	25.00
可疑类	50.00
损失类	100.00
关联方应收款项	—

6.2.2.3 单项金额虽不重大但单项计提坏账准备的应收款项

单项计提坏账准备的理由	无法满足组合计提的要求，并且单项金额为2 000万元以下。
坏账准备的计提方法	根据其未来现金流量现值低于其账面价值的差额计提坏账准备。

对应收票据、预付款项、应收利息、长期应收款等其他应收款项，根据其未来现金流量现值低于其账面价值的差额计提坏账准备。

对确定不能收回的款项另行按法规程序报批后单项确认坏账损失。

6.2.3 长期股权投资

6.2.3.1 投资成本的确定

(1) 同一控制下的企业合并形成的，合并方以支付现金、转让非现金资产、承担债务或发行权益性证券作为合并对价的，在合并日按照被合并方所有者权益在最终控制方合并财务报表中的账面价值的份额作为其初始投资成本。长期股权投资初始投资成本与支付的合并对价的账面价值或发行股份的面值总额之间的差额调整资本公积（资本溢价或股本溢价）；资本公积不足冲减的，调整留存收益。

分步实现同一控制下企业合并的，应当以持股比例计算的合并日应享有被合并方账面所有者权益份额作为该项投资的初始投资成本。初始投资成本与其原长期股权投资账面价值加上合并日取得进一步股份新支付对价的公允价值之和的差额，调整资本公积（资本溢价或股本溢价），资本公积不足冲减的，冲减留存收益。

（2）非同一控制下的企业合并形成的，在购买日按照支付的合并对价的公允价值作为其初始投资成本。

（3）除企业合并形成以外的：以支付现金取得的，按照实际支付的购买价款作为其初始投资成本；以发行权益性证券取得的，按照发行权益性证券的公允价值作为其初始投资成本；投资者投入的，按照投资合同或协议约定的价值作为其初始投资成本（合同或协议约定价值不公允的除外）。

6.2.3.2 后续计量及损益确认方法

本公司能够对被投资单位实施控制的长期股权投资，在本公司个别财务报表中采用成本法核算；对具有共同控制或重大影响的长期股权投资，采用权益法核算。

采用成本法时，长期股权投资按初始投资成本计价，除取得投资时实际支付的价款或对价中包含的已宣告但尚未发放的现金股利或利润外，按享有被投资单位宣告分派的现金股利或利润，确认为当期投资收益，并同时根据有关资产减值政策考虑长期投资是否减值。

采用权益法时，长期股权投资的初始投资成本大于投资时应享有被投资单位可辨认净资产公允价值份额的，归入长期股权投资的初始投资成本；长期股权投资的初始投资成本小于投资时应享有被投资单位可辨认净资产公允价值份额的，其差额计入当期损益，同时调整长期股权投资的成本。

采用权益法时，取得长期股权投资后，按照应享有或应分担的被投资单位实现的净损益的份额，确认投资损益并调整长期股权投资的账面价值。在确认应享有被投资单位净损益的份额时，以取得投资时被投资单位各项可辨认资产等的公允价值为基础，按照本公司的会计政策及会计期间，并抵销与联营企业及合营企业之间发生的内部交易损益按照持股比例计算归属于投资企业的部分（但内部交易损失属于资产减值损失的，应全额确认），对被投资单位的净利润进行调整后确认。按照被投资单位宣告分派的利润或现金股利计算应分得的部分，相应减少长期股权投资的账面价值。本公司确认被投资单位发生的净亏损，以长期股权投资的账面价值以及其他实质上构成对被投资单位净投资的长期权益减记至零为限，公司负有承担额外损失义务的除外。对于被投资单位除净损益以外所有者权益的其他变动，调整长期股权投资的账面价值并计入所有者权益。

6.2.3.3 确定对被投资单位具有控制、重大影响的依据

控制是指拥有对被投资方的权力，通过参与被投资方的相关活动而享有可变回报，并且有能力运用对被投资方的权力影响回报金额。重大影响是指投资方对被投资单位的财务和经营政策有参与决策的权力，但并不能够控制或者与其他方一起共同控制这些政策的制定。

6.2.3.4 长期股权投资的处置

6.2.3.4.1 部分处置对子公司的长期股权投资，但不丧失控制权的情形

部分处置对子公司的长期股权投资，但不丧失控制权时，应当将处置价款与处置投资对应的账面价值的差额确认为当期投资收益。

6.2.3.4.2 部分处置股权投资或其他原因丧失了对子公司控制权的情形

部分处置股权投资或其他原因丧失了对子公司控制权的，对于处置的股权，应结转与所售股权相对应的长期股权投资的账面价值，出售所得价款与处置长期股权投资账面价值之间差额，确认为投资收益（损失）；同时，对于剩余股权，应当按其账面价值确认为长期股权投资或其他相关金融资产。处置后的剩余股权能够对子公司实施共同控制或重大影响的，应按有关成本法转为权益法的相关规定进行会计处理。

6.2.3.5 减值测试方法及减值准备计提方法

对子公司、联营企业及合营企业的投资，在资产负债表日有客观证据表明其发生减值的，按照账面价值与可收回金额的差额计提相应的减值准备。

6.2.4 固定资产的核算方法

6.2.4.1 固定资产确认条件、计价和折旧方法

固定资产是指为生产商品、提供劳务、出租或经营管理而持有的，使用年限超过一个会计年度的有形资产。

固定资产以取得时的实际成本入账，并从其达到预定可使用状态的次月起采用年限平均法计提折旧。

6.2.4.2 各类固定资产的折旧方法

项目	折旧年限（年）	预计净残值率（%）	年折旧率（%）
房屋建筑物办公设备	30	—	3.33
办公设备	3	5.00	31.67
运输工具	10	5.00	9.50

6.2.4.3 固定资产的减值测试方法、减值准备计提方法

资产负债表日，有迹象表明固定资产发生减值的，按照账面价值与可收回金额的差额计提相应的减值准备。

6.2.5 在建工程

在建工程达到预定可使用状态时，按工程实际成本转入固定资产。已达到预定可使用状态但尚未办理竣工决算的，先按估计价值转入固定资产，待办理竣工决算后再按实际成本调整原暂估价值，但不再调整原已计提的折旧。

资产负债表日，有迹象表明在建工程发生减值的，按照账面价值与可收回金额的差额计提相应的减值准备。

6.2.6 无形资产

无形资产是指本公司拥有或控制的没有实物形态的可辨认非货币性资产。无形资产通常包括专利权、非专利权、商标权、著作权、特许权、土地使用权等，按成本进行初始计量。

使用寿命有限的无形资产，在使用寿命内按照与该项无形资产有关的经济利益的预期实现方式系统合理地摊销，无法可靠确定预期实现方式的，采用直线法摊销。具体年限如下：

项目	摊销年限(年)
WIND 资讯金融终端服务	2.00
软件	10.00

使用寿命确定的无形资产，在资产负债表日有迹象表明发生减值的，按照账面价值与可收回金额的差额计提相应的减值准备；使用寿命不确定的无形资产和尚未达到可使用状态的无形资产，无论是否存在减值迹象，每年均进行减值测试。

内部研究开发项目研究阶段的支出，于发生时计入当期损益。内部研究开发项目开发阶段的支出，同时满足下列条件的，确认为无形资产：(1)完成该无形资产以使其能够使用或出售在技术上具有可行性；(2)具有完成该无形资产并使用或出售的意图；(3)无形资产产生经济利益的方式，包括能够证明运用该无形资产生产的产品存在市场或无形资产自身存在市场，无形资产将在内部使用的，能证明其有用性；(4)有足够的技术、财务资源和其他资源支持，以完成该无形资产的开发，并有能力使用或出售该无形资产；(5)归属于该无形资产开发阶段的支出能够可靠地计量。

6.2.7 长期待摊费用

长期待摊费用按实际发生额入账，在受益期或规定的期限内分期平均摊销。如果长期待摊的费用项目不能使以后会计期间受益则将尚未摊销的该项目的摊余价值全部转入当期损益。

6.2.8 预计负债

因对外提供担保、诉讼事项、产品质量保证、亏损合同等或有事项形成的义务成为公司承担的现时义务，履行该义务很可能导致经济利益流出公司，且该义务的金额能够可靠地计量时，公司将该项义务确认为预计负债。

公司按照履行相关现时义务所需支出的最佳估计数对预计负债进行初始计量，并在资产负债表日对预计负债的账面价值进行复核。

6.2.9 职工薪酬

公司的职工薪酬是指公司为获得职工提供的服务或解除劳动关系而给予的各种形式的报酬或补偿，包括短期薪酬、离职后福利、辞退福利和其他长期职工福利。公司提供给职工配偶、子女、受赡养人、已故员工遗属及其他受益人等的福利，也属于职工薪酬。

6.2.9.1 短期薪酬

短期薪酬是指本公司在职工提供相关服务的年度报告期间结束后十二个月内需要全部予以支付的职工薪酬，因解除与职工的劳动关系给予的补偿除外。本公司的短期薪酬具体包括：职工工资、奖金、津贴和补贴，职工福利费，医疗保险费、工伤保险费和生育保险费等社会保险费，住房公积金，工会经费和职工教育经费。

公司在职工提供服务的会计期间，将实际发生的的短期薪酬确认为负债，并根据职工提供服务的受益对象计入当期损益或相关资产成本。

6.2.9.2 离职后福利

离职后福利是指本公司为获得职工提供的服务而在职工退休或与本公司解除劳动关系后，提供的各种形式的报酬和福利，属于短期薪酬和辞退福利的除外。

公司的设定提存计划是指按当地政府的相关规定为职工缴纳基本养老保险和失业保险，在职工为本公司提供服务的会计期间，按以当地规定的缴纳基数和比例计算应缴纳金额，确认为负债，并计入当期损益或相关资产成本。

6.2.10 收入

6.2.10.1 手续费及佣金收入

提供劳务交易的结果在资产负债表日能够可靠估计的(同时满足收入的金额能够可靠地计量、相关经济利益很可能流入、交易的完工情况能够可靠地确定、交易中已发生和将发生的成本能够可靠地计量)。

手续费及佣金收入主要包括信托手续费收入和顾问费收入。信托手续费收入是根据信托合同规定的计提方法、计提标准确认应由信托项目承担的受托人报酬；顾问费收入，于所提供的服务完成时予以确认。

6.2.10.2 利息净收入

利息收入和利息支出都按存出资金或让渡资金的使用权的时间及实际利率计算确定。

6.2.11 政府补助

政府补助包括与资产相关的政府补助和与收益相关的政府补助。

政府补助为货币性资产的，按照收到或应收的金额计量；政府补助为非货币性资产的，按照公允价值计量，公允价值不能可靠取得的，按照名义金额计量。

与资产相关的政府补助，确认为递延收益，在相关资产使用寿命内平均分配，计入当期损益。与收益相关的政府补助，用于补偿以后期间的相关费用或损失的，确认为递延收益，在确认相关费用的期间，计入当期损益；用于补偿已发生的相关费用或损失的，直接计入当期损益。

6.2.12 递延所得税资产和递延所得税负债

根据资产、负债的账面价值与其计税基础之间的差额(未作为资产和负债确认的项目按照税法规定可以确定其计税基础的，该计税基础与其账面数之间的差额)，按照预期收回该资产或清偿该负债期间的适用税率计算确认递延所得税资产或递延所得税负债。

确认递延所得税资产以很可能取得用来抵扣可抵扣暂时性差异的应纳税所得额为限。资产负债表日，有确凿证据表明未来期间很可能获得足够的应纳税所得额用来抵扣可抵扣暂时性差异的，确认以前会计期间未确认的递延所得税资产。

资产负债表日，对递延所得税资产的账面价值进行复核，如果未来期间很可能无法获得足够的应纳税所得额用以抵扣递延所得税资产的利益，则减记递延所得税资产的账面价值。在很可能获得足够的应纳税所得额时，转回减记的金额。

公司当期所得税和递延所得税作为所得税费用或收益计入当期损益，但不包括下列情况产生的所得税：(1) 企业合并；(2) 直接在所有者权益中确认的交易或者事项。

6.2.13 信托赔偿准备金

根据中国人民银行颁布的《信托投资公司管理办法》有关规定，公司应当按税后利润的5%计提信托赔偿准备金，公司信托赔偿准备金累计额为公司注册资本的20%以上时，不再提取。提取的信托赔偿准备金主要用于弥补因管理操作不善而对信托财产造成的损失。

6.2.14 一般风险准备

根据《金融企业准备金计提管理办法》(财金[2012]20

号）有关规定，金融企业应当根据自身实际情况，选择内部模型法或标准法对风险资产所面临的风险状况定量分析，确定潜在风险估计值。对于潜在风险估计值高于资产减值准备的差额，计提一般准备。当潜在风险估计值低于资产减值准备时，可不计提一般准备。一般准备余额原则上不得低于风险资产期末余额的1.5%。金融企业一般准备余额占风险资产期末余额的比例，难以一次性达到1.5%的，可以分年到位，原则上不得超过5年。

公司承担风险和损失的资产应计提准备金，具体包括发放贷款和垫款、可供出售类金融资产、持有至到期投资、长期股权投资、存放同业、拆出资金、抵债资产、其他应收款项等。

6.2.15 信托业务核算办法

根据《中华人民共和国信托法》《信托公司管理办法》及相关法规的规定，信托公司的固有财产与信托财产应分别管理、分别核算。公司管理的信托项目是指受托人根据信托文件的约定，单独或者集合管理、运用、处分信托财产的基本单位，信托项目作为独立的会计核算主体，独立核算信托财产的管理、运用和处分情况。

6.2.16 持有待售

公司将同时满足下列条件的企业组成部分（或非流动资产）划分为持有待售：(1)根据类似交易中出售此类资产或处置组的惯例，在当前状况下即可立即出售；(2)出售极可能发生，已经就一项出售计划作出决议且获得确定的购买承诺，预计出售将在一年内完成。已经获得按照有关规定需得到相关权力机构或者监管部门的批准。

公司将持有待售的预计净残值调整为反映其公允价值减去出售费用后的净额（但不得超过该项持有待售的原账面价值），原账面价值高于调整后预计净残值的差额，作为资产减值损失计入当期损益，同时计提持有待售资产减值准备。对于持有待售的处置组确认的资产减值损失金额，应当先抵减处置组中商誉的账面价值，再根据处置组中适用本准则计量规定的各项非流动资产账面价值所占比重，按比例抵减其账面价值。

后续资产负债表日持有待售的非流动资产公允价值减去出售费用后的净额增加的，以前减记的金额应当予以恢复，并在划分为持有待售类别后确认的资产减值损失金额内转回，转回金额计入当期损益。划分为持有待售类别前确认的资产减值损失不得转回。后续资产负债表日持有待售的处置组公允价值减去出售费用后的净额增加的，以前减记的金额应当予以恢复，并在划分为持有待售类别后适用本准则计量规定的非流动资产确认的资产减值损失金额内转回，转回金额计入当期损益。已抵减的商誉账面价值，以及适用本准则计量规定的非流动资产在划分为持有待售类别前确认的资产减值损失不得转回。持有待售的处置组确认的资产减值损失后续转回金额，应当根据处置组中除商誉外适用本准则计量规定的各项非流动资产账面价值所占比重，按比例增加其账面价值。

企业因出售对子公司的投资等原因导致其丧失对子公司控制权的，无论出售后企业是否保留部分权益性投资，应当在拟出售的对子公司投资满足持有待售类别划分条件时，在母公司个别财务报表中将对子公司投资整体划分为持有待售类别，在合并财务报表中将子公司所有资产和负债划分为持有待售类别。

6.2.17 终止经营

终止经营是指企业满足下列条件之一的、能够单独区分的组成部分，且该组成部分已经处置或划分为持有待售类别：

(1)该组成部分代表一项独立的主要业务或一个单独的主要经营地区。

(2)该组成部分是拟对一项独立的主要业务或一个单独的主要经营地区进行处置的一项相关联计划的一部分。

(3)该组成部分是专为转售而取得的子公司。

企业应当在利润表中分别列示持续经营损益和终止经营损益。不符合终止经营定义的持有待售的非流动资产或处置组，其减值损失和转回金额及处置损益应当作为持续经营损益列报。终止经营的减值损失和转回金额等经营损益及处置损益应当作为终止经营损益列报。

6.3 或有事项说明

截至2019年12月31日，本公司无或有事项。

6.4 会计报表中重要项目的明细资料

6.4.1 自营资产经营情况

6.4.1.1 资产风险分类的结果披露资产的期初数、期末数

风险分类	正常类（万元）	关注类（万元）	次级类（万元）	可疑类（万元）	损失类（万元）	信用风险资产合计（万元）	不良资产合计（万元）	不良资产率（%）
期初数	263 651.69	2 051.33	—	—	22 763.41	288 466.43	22 763.41	7.89
期末数	501 337.76	—	—	—	25 838.56	527 176.32	25 838.56	4.90

注：正常类＝正常类＋关注类，不良类＝次级类＋可疑类＋损失类。

6.4.1.2 资产损失准备的期初数、本期计提、本期转回、本期核销、期末数

单位：万元

项目	期初数	本期计提	本期转回	本期核销	期末数
持有至到期投资减值准备	13 041.85	2 478.15	—	—	15 520.00
其他减值准备	9 762.59	860.97	305.00	—	10 318.56

6.4.1.3 自营股票投资、基金投资、债券投资、长期股权投资等投资的期初数、期末数

单位：万元

	自营股票	基金	债券	长期股权投资	其他投资	合计
期初数	15 722.01	—	5 000.00	—	149 252.18	169 974.19
期末数	30 489.33	377.38	5 000.00	—	398 905.48	434 772.19

6.4.1.4 前五名的自营贷款

序号	企业名称	占自营贷款的比例（%）	还款情况
1	西藏福地天然饮品包装有限责任公司	64.79	正常
2	北京金威中嘉科技有限公司	11.34	不良
3	上海西舍咖啡有限公司	6.48	正常
4	深圳走秀网络科技有限公司	6.17	不良
5	深圳市洪堡智慧餐饮科技有限公司	5.40	正常

6.4.1.5　公司当年的收入结构

收入结构	金额(万元)	占比(%)
手续费及佣金收入	51 231.97	63.94
其中:信托手续费收入	51 231.97	63.94
投资银行业务收入	—	—
利息收入	895.47	1.12
其他业务收入	258.27	0.32
其中:计入信托业务收入的部分	—	—
投资收益	5 265.86	6.57
其中:股权投资收益	—	0.00
证券投资收益	−2 260.47	−2.82
其他投资收益	7 526.33	9.39
公允价值变动收益	6 286.90	7.85
其他收益	16 183.19	20.20
收入合计	80 121.66	100.00

6.4.2　信托资产管理情况

6.4.2.1　信托资产的期初数、期末数

单位:万元

信托资产	期初数	期末数
集合	5 449 597.37	3 247 669.49
单一	12 677 946.51	8 874 271.39
财产管理类	14 062 122.57	7 615 041.67
合 计	32 189 666.45	19 736 982.55

6.4.2.1.1　主动管理型信托业务情况

单位:万元

主动管理型信托资产	期初数	期末数
证券投资类	295 707.07	230 891.76
股权及其他投资类	1 222 084.26	1 483 703.35
融资类	2 694 750.51	1 481 089.60
合 计	4 212 541.84	3 195 684.71

6.4.2.1.2　被动管理型信托业务情况

单位:万元

被动管理型信托资产	期初数	期末数
证券投资类	912 162.82	763 546.43
股权及其他投资类	1 474 407.83	1 073 561.18
融资类	8 643 879.85	5 786 976.98
事务管理类	16 946 674.11	8 917 213.25
合计	27 977 124.61	16 541 297.84

6.4.2.2　本年度已清算结束的信托项目情况

6.4.2.2.1　本年度已经清算结束的集合类、单一类资金信托项目和财产管理类信托项目数量、实收信托合计金额

信托资产	项目个数(个)	实收信托合计金额(万元)	加权平均年化收益率(%)
集合	67	3 019 687.00	5.02
单一	128	4 498 656.00	7.15
财产管理类	80	4 652 810.00	6.11

6.4.2.2.2　本年度已经清算结束的主动管理型信托项目数量、实收信托合计金额

已清算结束的信托项目(主动管理型)	项目个数(个)	实收信托合计金额(万元)	加权平均年化收益率(%)
证券投资类	14	42 525.24	67.24
股权及其他投资类	6	141 441.97	8.17
融资类	20	1 472 478.95	7.61

6.4.2.2.3　本年度已经清算结束的被动管理型信托项目数量、实收信托合计金额

已清算结束的信托项目(被动管理型)	项目个数(个)	实收信托合计金额(万元)	加权平均年化收益率(%)
证券投资类	22	868 563.89	4.04
股权及其他投资类	8	215 900.00	5.30
融资类	91	3 226 816.03	5.64
事务管理类	114	6 203 426.92	5.92

6.4.2.3　本年度新增的集合类、单一类资金信托项目和财产管理类信托项目数量、实收信托合计金额

信托资产	项目个数(个)	实收信托合计金额(万元)
集合	42	631 662.83
单一	63	1 516 975.88
财产管理类	11	418 510.47
合计	116	2 567 149.18
其中:主动管理	73	1 242 693.72
被动管理	43	1 324 455.46

6.4.2.4　公司发生的因本公司自身责任导致信托资产损失的情况

公司已履行受托人义务,并未发生因本公司自身责任导致信托资产损失的情况。

6.4.2.5　信托赔偿准备金的提取、使用和管理情况

2019年公司计提信托赔偿准备金2 458.05万元,截至2019年12月31日,公司信托项目运行良好,未发生使用信托赔偿准备金情况,信托赔偿准备金余额为18 076.04万元。

6.5　关联方关系及其交易的披露

6.5.1　关联交易方的数量、关联交易的总额及关联交易的定价政策

6.5.1.1　关联交易方的数量

截至2019年12月31日,公司关联方共1个,为本公司股东西藏自治区投资有限公司。

6.5.1.2　关联交易金额

2019年,西藏自治区投资有限公司认购公司信托产品金额为850.00万元,截至2019年12月31日,余额为7 996.75万元。

6.5.1.3　关联交易的定价政策

上述关联交易的定价政策为市场公允价格。

6.5.2　关联交易方与本公司的关系性质、关联交易方的名称、法人代表、注册地址、注册资本及主营业务

本公司股东的有关信息

母公司名称	注册地	业务性质	注册资本(万元)	法人代表
西藏自治区财政厅	西藏拉萨	公共服务	—	云丹
西藏自治区投资有限公司	西藏拉萨	投资	300 000	王天昊

6.5.3 公司与关联方的重大交易事项

6.5.3.1 固有财产与关联方

本公司无上述事项。

6.5.3.2 信托财产与关联方交易情况:贷款、投资、租赁、应收账款、担保、其他方式等期初汇总数、本期借方和贷方发生额汇总数、期末汇总数

单位:万元

信托财产与关联方相互交易			
	期初数	本期发生额	期末数
贷款	—	—	—
投资	13 043.40	-5 046.65	7 996.75
租赁	—	—	—
担保	—	—	—
应收账款	—	—	—
其他	—	—	—
合计	13 043.40	-5 046.65	7 996.75

6.5.3.3 信托公司自有资金运用于自己管理的信托项目、信托公司管理的信托项目之间的相互(信信交易)交易金额,包括余额和本报告年度的发生额

单位:万元

固有财产与信托财产相互交易			
	期初数	本期发生额	期末数
合计	116 815.70	205 682.99	322 498.69

单位:万元

信托资产与信托财产相互交易			
	期初数	本期发生额	期末数
合计	1 245 803.25	-668 381.86	577 421.39

6.5.3.4 逐笔披露关联方逾期未偿还本公司资金的详细情况以及本公司为关联方担保发生或即将发生垫款的详细情况

本公司无上述事项。

7. 财务情况说明

7.1 实现利润和分配情况

(1)利润总额为 55 523.98 万元。

(2)所得税费用为 6 362.86 万元。

(3)净利润为 49 161.12 万元。

(4)年初未分配利润为 63 505.64 万元。

(5)可供分配利润为 112 666.76 万元。

(6)计提国有资本经营收益为 9 291.46 万元。

(7)提取盈余公积 4 916.11 万元。

(8)提取信托赔偿准备金 2 458.05 万元。

(9)年末未分配利润为 96 001.14 万元。

7.2 主要财务指标

指标名称	指标值
资本利润率(%)	16.31
信托报酬率(%)	0.20
人均净利润(万元)	486.74

注:1. 资本利润率 = 净利润/所有者权益平均余额 ×100%。
2. 信托报酬率 = 当年税前信托报酬收入/实收信托平均余额 ×100%。
3. 人均净利润 = 净利润/公司年平均人数。
4. 平均值采取年初及各季末余额移动算术平均法,公式为:a(平均) = ($a_0/2 + a_1 + a_2 + a_3 + a_4/2$)/4。

7.3 对本公司财务状况、经营成果有重大影响的其他事项

无。

8. 特别事项揭示

8.1 前五名股东报告期内变动情况及原因

报告期内,公司前五名股东未发生变动。

8.2 董事、监事及高级管理人员变动情况

8.2.1 董事变动情况

报告期内,公司董事未发生变动。

8.2.2 监事变动情况

报告期内,公司监事未发生变动。

8.2.3 高级管理人员变动情况

王满同志原任公司总经理助理一职,因工作调整,经公司党支委会审议通过,公司董事会同意聘任王满同志担任公司副总经理。

国鑫同志原任公司信息总监一职,因工作调整,经公司党支委会审议通过,公司董事会同意聘任国鑫同志担任公司运营总监。

8.3 变更注册资本、变更注册地或公司名称、公司分立合并事项

2019 年 10 月,西藏自治区财政厅向公司增资 20 亿元,同时公司以 1 107 142 857.00 元转增注册资本,增资完成后,公司注册资本变更为 30 亿元,其中西藏自治区财政厅出资金额为人民币 268 301.8868 万元,出资比例为 89.43%,西藏自治区投资有限公司出资金额为 31 698.1132 万元,出资比例为 10.57%。

报告期内,公司注册地址、公司名称未发生变化,未发生分立合并事宜。

8.4 公司的重大诉讼事项

报告期内,公司无重大诉讼事项。

8.5 对会计师事务所出具的有保留意见、否定意见或无法表示意见的审计报告的,公司董事会应就所涉及事项做出说明

本公司无上述情况。

8.6 公司及其董事、监事和高级管理人员受到处罚的情况

报告期内,公司及其董事、监事和高级管理人员均未受到

处罚。

8.7 中国银保监会及其派出机构对公司检查后提出的整改意见及整改情况

2019 年 4 月 8 日，中国银行保险监督管理委员会西藏监管局下发《中国银保监会西藏监管局关于西藏信托有限公司 2018 年度监管情况的通报》（藏银保监发[2019]145 号），对公司提出监管意见如下：(1)回归信托公司本源，加快业务转型发展；(2)拓宽资本补充渠道，完善长远发展战略；(3)持续完善公司治理，加强内部规制建设；(4)加强风险防控，推动合规管理精细化；(5)持续推进乱象治理，巩固乱象整治成果；(6)支持藏区经济发展，加大服务实体经济力度；(7)不断加强党的领导作用，切实抓好公司党建工作。

2019 年 7 月 26 日，中国银行保险监督管理委员会西藏监管局下发《西藏银保监局办公室关于西藏信托有限公司“巩固治乱象成果促进合规建设”的督查意见书》（藏银保监办发[2019]30 号），对公司提出监管意见如下：(1)规范董事会会议材料及董事会召开程序；(2)股东大会的召开要落实律师见证制度，由参会律师会后出具详细法律意见书；(3)董事会、高管层要充分认识内控制度的重要性，切实提升合规管理水平和风险防控能力。

2019 年 12 月 26 日，中国银行保险监督管理委员会西藏监管局下发《西藏银保监局办公室关于西藏信托有限公司“巩固治乱象成果　促进合规建设”专项现场检查的意见书》（藏银保监办发[2019]174 号），对公司提出监管意见如下：(1)严守底线，依法合规审慎开展房地产信托业务；(2)进一步完善激励与约束机制；(3)要进一步完善“三会”会议质效，提升履职有效性；(4)要规范投资决策委员会执行规则，严肃对待项目评审环节；(5)进一步完善存量制度瑕疵；(6)进一步完善资产质量分类管理；(7)进一步强化同业业务合规管理，防范风险交叉传染；(8)规范新增业务收费管理；(9)要严格规范合同文本及档案管理。

2019 年 8 月 21 日，中国银行保险监督管理委员会西藏监管局办公室下发《西藏银保监局关于西藏信托有限公司房地产信托业务现场检查意见书》（藏银保监办发[2019]43 号），对公司提出监管意见如下：(1)强化对借款房地产企业开发资质的审核；(2)严控房地产信托业务规模，进一步压缩通道业务；(3)加强对贷款用途和资本金来源的认定审核；(4)进一步强化项目审批决策工作；(5)强化尽职调查工作；(6)强化贷后管理和档案管理工作；(7)切实加强整改问责，严肃责任追究。

2019 年 11 月 8 日，中国银行保险监督管理委员会西藏监管局办公室下发《西藏银保监局办公室关于西藏信托有限公司关联交易专项整治现场检查意见书》（藏银保监办发[2019]81 号），对公司提出监管意见如下：(1)强化风险管理意识，加强公司内控制度建设；(2)严格落实监管法规和公司内控制度；(3)强化审慎经营意识；(4)加强主动管理项目风险管控能力。

2019 年 12 月 12 日，中国银行保险监督管理委员会西藏监管局办公室下发《西藏银保监局办公室关于西藏信托有限公司重点风险领域的现场检查意见书》（藏银保监办发[2019]123 号），对公司提出监管意见如下：(1)不得通过设计、改变信托结构以及打“擦边球”等方式，规避监管规定；(2)严格履行监管报备制度；(3)强化尽职调查工作；(4)加强房地产信托业务管理；(5)全面从严整改。

就西藏银保监局提出的上述整改意见，公司组织员工认真学习，明确了整改落实目标，落实整改的责任部门和责任人，目前各项整改措施均按照本公司的既定目标有序进行。

8.8 本年度重大事项临时报告的简要内容、披露时间、披露的媒体及其版面

2019 年 5 月 15 日，公司在《上海证券报》第 38 版披露了《西藏信托有限公司 2018 年报更正信息披露》，将 2018 年年报中，“信托赔偿准备金余额为 28 090.31 万元”更正为“信托赔偿准备金余额为 15 617.99 万元”。

2019 年 10 月 16 日，公司在《上海证券报》第 10 版披露了《西藏信托有限公司关于公司增加注册资本及章程变更的公告》，主要内容为：公司注册资本由人民币 10 亿元增加至 30 亿元，修改公司营业期限为长期，并相应修改公司章程。

8.9 银保监会及其省级派出机构认定的其他有必要让客户及相关利益人了解的重要信息

根据《信托公司净资本管理办法》规定，公司净资本监管风险控制指标执行情况如下：

净资本/各项业务风险资本之和 = 406 259.97 万元/132 103.26万元 ×100% =307.53% ≥100%（监管标准）。

净资本/净资产 = 406 259.97 万元/ 464 362.32 万元 × 100% = 87.49% ≥40%（监管标准）。

9. 公司监事会意见

公司监事会认为，报告期内，公司经营活动依法运作，操作规范，财务报告真实地反映了公司的财务状况和经营成果。

厦门国际信托有限公司

1. 重要提示

1.1 本公司董事会及董事保证本报告所载资料不存在任何虚假记载、误导性陈述或者重大遗漏，并对其内容的真实性、准确性和完整性承担个别及连带责任。

1.2 没有董事声明对年度报告内容的真实性、准确性、完整性无法保证或存在异议。

1.3 独立董事保证本报告所载资料不存在任何虚假记载、误导性陈述或者重大遗漏，并对其内容的真实性、准确性和完整性承担个别及连带责任。

1.4 中审众环会计师事务所(特殊普通合伙)厦门分所为本公司出具了标准无保留意见的审计报告。

1.5 公司董事长洪文瑾、总经理胡荣炜和会计机构负责人财务部经理陈明雅保证年度报告中财务报告的真实、完整。

2. 公司概况

2.1 公司简介

2.1.1 公司历史沿革

厦门国际信托有限公司是经原中国银行业监督管理委员会批准设立的具有法人资格的非银行金融机构。公司前身厦门国际信托投资公司是由厦门市财政局下属的厦门经济特区财务公司组建而成，成立于1985年1月，已稳健成长了35年。2007年8月，经原中国银行业监督管理委员会核准换发新的金融许可证。目前，公司注册资本为37.5亿元(其中外汇资本金1 500万美元)，净资产为53.06亿元。股东为厦门金圆金控股份有限公司(占股80%)、厦门建发集团有限公司(占股10%)和厦门港务控股集团有限公司(占股10%)，三家股东均是厦门市属国有企业。

2.1.2 公司的法定中文名称：厦门国际信托有限公司
公司的法定英文名称：Xiamen International Trust Co., Ltd.

2.1.3 法定代表人：洪文瑾

2.1.4 注册地址：厦门市思明区展鸿路82号厦门国际金融中心39-42层

2.1.5 邮政编码：361008

2.1.6 国际互联网网址：www.xmitic.com

2.1.7 电子信箱：master@xmitic.com

2.1.8 信息披露事务负责人：胡荣炜
联系人：苏东升
联系电话：0592-5311983
传真：0592-5311906
电子信箱：suds@xmitic.com

2.1.9 公司本次信息披露报纸名称：《证券时报》

2.1.10 公司年度报告备置地点：厦门市思明区展鸿路82号厦门国际金融中心39~42层

2.1.11 公司聘请的会计师事务所：中审众环会计师事务所(特殊普通合伙)厦门分所
地址：厦门市湖滨东路319号人才市场C座4楼

2.1.12 公司信托事务聘请的律师事务所：
上海锦天城(厦门)律师事务所
地址：厦门市思明区环岛东路1801号中航紫金广场A栋18楼
福建远大联盟律师事务所
地址：厦门市思明区七星西路178号七星大厦22楼远大律所
北京中伦文德(厦门)律师事务所
地址：厦门市思明区展鸿路82号厦门国际金融中心27层
北京(大成)厦门律师事务所
地址：厦门市思明区展鸿路82号厦门国际金融中心9层
福建英合律师事务所
地址：福建省厦门市思明区湖滨南路55号禹洲广场5层
北京盈科(成都)律师事务所
地址：成都市锦江区锦华路三段88号汇融国际A座20~21楼
福建力衡律师事务所
地址：厦门市七星西路七星一号大厦10楼福建力衡律师事务所
福建闽翔律师事务所
地址：厦门市湖里区安岭路988号三楼B302

2.2 组织结构

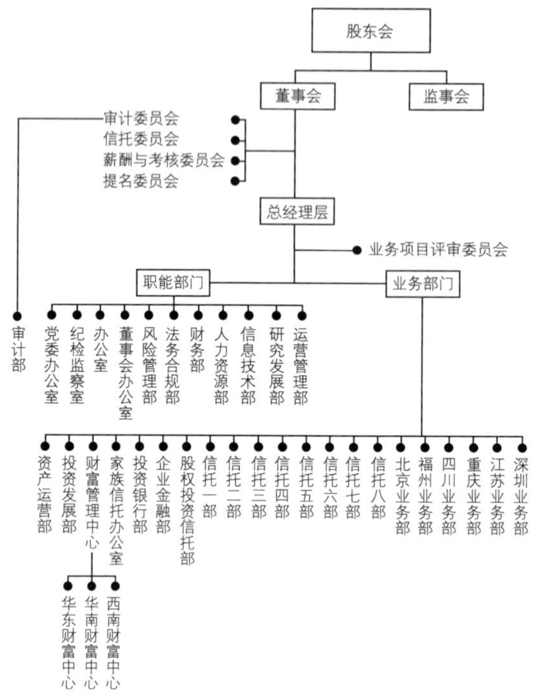

3. 公司治理

3.1 股东情况

公司现有3家股东。

股东名称	持股比例（%）	法人代表	注册资本	注册地址	主要经营业务及主要财务情况
★厦门金圆金控股份有限公司	80	檀庄龙	455453.7925万元	厦门市思明区展鸿路82号厦门国际金融中心46层4605－4609	对金融产业的投资，创业投资，产业投资，股权投资管理与运营。2019年末总资产超过170亿元。
厦门建发集团有限公司	10	黄文洲	65.5亿元	厦门市思明区环岛东路1699号建发国际大厦43楼	主营涉及供应链运营、房地产开发、旅游酒店、会展业以及投资等。2019年末总资产超过3 400亿元。
厦门港务控股集团有限公司	10	陈志平	31亿元	厦门市湖里区东港北路31号港务大厦25楼	以控股、参股方式从事资产投资、监管、经营；港口工程开发与建设；与港口建设经营有关的业务。2019年末总资产441亿元。

3家股东均是厦门市属并授权经营的国有独资公司。

3.2 董事、董事会及其下属委员会

董事长、副董事长、董事

姓名	职务	性别	年龄（岁）	选任日期	所推举的股东名称	该股东持股比例（%）	简要履历
洪文瑾	董事长	女	56	2013年6月	厦门金圆金控股份有限公司	80	2007年7月毕业于厦门大学工商管理专业；现任厦门金圆投资集团有限公司党委副书记、总经理，厦门国际信托有限公司党委书记、董事长，圆信永丰基金管理有限公司董事长。
檀庄龙	董事	男	52	2017年4月	厦门金圆金控股份有限公司	80	1987年7月毕业于北京商学院储运管理专业，学士学位；现任厦门金圆投资集团有限公司党委书记、董事长兼厦门金圆金控股份有限公司董事长。
薛　荷	董事	女	54	2013年6月	厦门金圆金控股份有限公司	80	1986年7月毕业于南京大学经济系经济管理专业；现任厦门金圆投资集团有限公司副总经理兼厦门市创业投资有限公司董事长。

续表

姓名	职务	性别	年龄（岁）	选任日期	所推举的股东名称	该股东持股比例（%）	简要履历
李云祥	董事	男	43	2018年3月	厦门金圆金控股份有限公司	80	2008年6月毕业于厦门大学工商管理专业；现任厦门金圆投资集团有限公司副总经理，厦门市担保有限公司董事长。
王文怀	董事	男	47	2013年6月	厦门建发集团有限公司	10	经济师。1998年毕业于厦门大学企业管理专业，获硕士学位；现任厦门建发集团有限公司副总经理，君龙人寿保险有限公司董事长。
余明凤	董事	男	56	2013年6月	厦门港务控股集团有限公司	10	1985年毕业于广州暨南大学会计系会计专业；现任厦门港务控股集团有限公司财务总监，厦门港务金融控股有限公司董事。
刘持金	独立董事	男	57	2013年6月	独立董事	—	1997年7月毕业于美国哈佛大学工商管理专业，获硕士学位；现任北京泛太平洋管理咨询有限公司董事长，中国企业改革发展研究会副会长。
孙立坚	独立董事	男	57	2013年6月	独立董事	—	2000年3月毕业于日本一桥大学商学研究科，获博士学位；现任复旦大学金融研究中心主任、经济学院金融学教授。
陈工	独立董事	男	61	2013年6月	独立董事	—	1999年7月毕业于厦门大学财金系，博士学历，经济学教授、博士生导师；现任厦门大学经济学院财政系教授。

独立董事

姓名	所在单位职务	性别	年龄（岁）	选任日期	简要履历
刘持金	北京泛太平洋管理咨询有限公司董事长、中国企业改革发展研究会副会长	男	57	2013年6月	1997年7月毕业于美国哈佛大学工商管理专业，获硕士学位；现任北京泛太平洋管理咨询有限公司董事长。
孙立坚	复旦大学金融研究中心主任、经济学院金融学教授	男	57	2013年6月	2000年3月毕业于日本一桥大学商学研究科，获博士学位；现任复旦大学金融研究中心主任、经济学院金融学教授。
陈　工	厦门大学经济学院财政系教授	男	61	2013年6月	1999年7月毕业于厦门大学财金系，博士学历，经济学教授、博士生导师；现任厦门大学经济学院财政系教授。

董事会下属委员会

董事会下属委员会名称	职责	组成人员姓名	职务
信托委员会	负责督促公司依法履行受托职责，保证公司为受益人的最大利益服务；当公司或股东利益与受益人利益发生冲突时，研究制定维护受益人权益的具体措施；初步审议需报公司董事会审批的受益人利益保护、消费者权益保护相关制度；督促公司拟定消费者权益保护工作的战略、政策和目标，并报董事会审定；督促公司对消费者保护工作定期自查并形成报告，审查该自查报告；定期听取高级管理层关于消费者权益保护工作开展情况及工作规划的报告；对本公司消费者权益保护工作的全面性、及时性、有效性以及高级管理层相关履职情况进行监督、评价，形成报告定期上报公司董事会；董事会授予的其他职责。	陈工	主任委员
		洪文瑾	委员
		薛荷	委员
		李云祥	委员
		王文怀	委员
薪酬与考核委员会	审查公司董事、高管人员的年度薪酬、年度效益工资提取办法、基本（固定）薪酬管理制度、员工企业年金方案并提交董事会审定；对公司薪酬制度执行情况进行监督；董事会授权的其他事宜。	李云祥	主任委员
		薛荷	委员
		孙立坚	委员
审计委员会	提议聘请和更换外部审计机构；审批审计部提交的年度审计工作计划；每季度听取并审议审计部的工作报告；审批审计部提交的年度审计工作报告；审议批准公司案防工作总体政策，推动案防管理体系建设；明确高级管理层有关案防职责及权限，确保高级管理层采取必要措施有效监测、预警和处置案件风险；提出案防工作整体要求，审议案防工作报告；考核评估公司案防工作有效性；确保内审稽核对案防工作进行有效审查和监督；定期审阅反洗钱工作报告，并及时了解重大洗钱风险事件及处理情况；向董事会提交反洗钱工作有关报告与洗钱风险管理有关意见。	孙立坚	主任委员
		陈工	委员
		余明凤	委员
提名委员会	研究并提出董事和高级管理人员选任程序和标准；对拟任董事和高级管理人员的任职资格进行初步审核，向董事会提出建议；董事会授权的其他职责。	檀庄龙	主任委员
		李云祥	委员
		刘持金	委员

3.3 监事会成员

姓名	职务	性别	年龄（岁）	选任日期	所推举的股东名称	该股东持股比例（%）	简要履历
黄威飘	监事长	男	55	2013年6月	厦门金圆金控股份有限公司	80	2003年12月毕业于中央党校法律专业，现由厦门金圆投资集团有限公司纪委书记调任厦门国贸控股集团有限公司党委副书记（监事变更手续办理中）。
吴　钢	外部监事	男	50	2015年2月	厦门金圆金控股份有限公司	80	1991年7月毕业于厦门大学企业管理专业；现任厦门金圆投资集团有限公司总经理助理。
苏东升	职工监事	男	47	2013年6月	—	—	1994年7月毕业于厦门大学会计系；现任厦门国际信托有限公司办公室主任、厦门国际信托有限公司工会委员会副主席。

3.4 高级管理人员

姓名	职务	性别	年龄（岁）	选任日期	金融从业年限（年）	学历	专业	简要履历
洪文瑾	董事长	女	56	2008年11月	25	硕研	工商管理	1985年起历任厦门建发集团有限公司财务部业务主办、副经理、厦门建发信托投资公司副总经理、总经理、厦门国际信托有限公司总经理、董事长等职；现任厦门金圆投资集团有限公司党委副书记、总经理，厦门国际信托有限公司党委书记、董事长，圆信永丰基金管理有限公司董事长。
胡荣炜	总经理	男	45	2019年11月	13	硕研	工商管理	1997年起历任厦门中行副科长、科长，柯达中国区制造财务内控总监，磐基国际集团副总经理，厦门金圆集团投资经理，厦门市创业投资有限公司副总经理，厦门国际信托有限公司副总经理等职；现任厦门国际信托有限公司党委副书记、总经理。
兰文伟	纪委书记	男	50	2018年2月	25	本科	法学	1993年起历任厦门国际信托投资公司法律顾问、厦门国际信托有限公司合规管理部副总经理、法务合规部总经理、风险总监等职；现任厦门国际信托有限公司党委委员、纪委书记。
郭韶红	副总经理	女	51	2013年8月	30	硕研	金融	1989年起历任厦门国际信托投资公司部门经理助理、部门经理，厦门国际信托有限公司信托二部经理、融资信托总部总经理、北京业务部总经理、公司总经理助理等职；现任厦门国际信托有限公司副总经理。
林漳龙	副总经理	男	54	2017年7月	20	硕研	工商管理	1988年起历任厦门国际信托投资公司计划财务部主办会计，厦门市人寿保险公司计划财务部经理助理，厦门国际信托投资公司部门经理助理、财务部副经理、经理，厦门市担保投资有限公司副总经理，厦门金圆投资集团有限公司财务管理部总经理、风控合规部总经理等职；现任厦门国际信托有限公司党委委员、副总经理。
苏荣坚	副总经理	男	57	2019年11月	25	本科	经济管理	1982年起历任福建三明地区财政局科长，厦门信息信达总公司证券部经理助理、计划财务部副经理（主持工作），厦门国际信托有限公司财务部经理、自营业务部经理、公司财务总监、公司总经理助理等职；现任厦门国际信托有限公司党委委员、副总经理。
郑　华	副总经理	女	45	2019年11月	25	本科	行政管理	1994年起在厦门建发信托投资公司从事证券有关业务，2002年起历任厦门国际信托有限公司办公室副主任、人力资源部总经理、办公室主任、财富管理中心总经理、公司总经理助理等职；现任厦门国际信托有限公司副总经理。
张文伟	风险总监	男	43	2019年9月	24	本科	法学	1995年起历任中国银行厦门市分行杏林支行人秘科综合文秘、公司业务处客户经理，中国银行厦门市分行湖里支行机场分理处副主任，中国银行厦门市分行机场支行副行长、公司业务部助理客户经理、客户经理、中小企业业务中心授信审批主管、中小企业业务中心风险官兼授信管理团队主管，2013年起历任厦门国际信托有限公司风险管理部副总经理（主持工作）、风险管理部总经理等职；现任厦门国际信托有限公司风险总监。

3.5 公司员工

报告期末，公司职工数226人，平均年龄为36.81岁，学历结构分布为博士0.44%、硕士40.71%、本科52.21%、专科4.87%、其他1.77%。

4. 经营管理

4.1 经营目标、经营方针、战略规划

4.1.1 经营目标

在健全内部法人治理结构、完善和规范内控管理制度和业务流程的基础上，建立并形成一批高素质、专业化的投资管理与营销团队，实现公司信托资产规模和盈利水平的双增长，为信托受益人和公司股东谋求最大利益。

4.1.2 经营方针

稳健经营、诚实守信、开拓创新、有效回报，即以稳健经营为前提，以诚实信用为根本，以开拓创新为动力，以有效回报为目标。

4.1.3 战略规划

在金圆集团战略的指引下，以开拓创新为先导，以专注主业为核心，以风险控制为保障，加强与银行、政府、集团成员机构以及海峡两岸其他金融机构和第三方机构之间开展各种形

式的合作,逐步实现信托业务从平台型为主向自主管理型为主的转变,增强企业竞争力,提升公司在集团金融板块的行业价值;建立健全有效的激励和约束机制,实施有效的人才战略,为公司可持续发展创造条件;着力提升公司的投融资能力、项目开发能力、资产管理能力和市场营销能力;在确保安全性的前提下适当调整自有资产结构,提高自有资产的运作效益,成为集团金融资源整合的重要平台;规划期内确保在信托业务主要指标行业排名上有所进步,推动公司业务规模、经营效益、管理水平的全面提升,初步形成自身的核心盈利模式并成为国内具有一定竞争力的信托机构。

4.2 所经营业务的主要内容

目前公司经营的业务均围绕"一法两规"及中国银保监会的有关规定开展,在固有资产方面,开展贷款(流动资金贷款和固定资产贷款)、融资租赁、投资(金融股权投资和证券投资)等业务。在信托业务方面,按基础财产分类,有资金信托及财产权信托业务;按信托目的分类,有贷款信托、股权投资信托、普惠金融信托、证券投资信托、同业金融信托、家族信托、慈善信托、资产证券化信托等,信托资金投向涵盖了工商企业、基础产业、房地产、证券市场、金融机构等方面。

4.2.1 自营资产运用与分布表

资产运用	金额（万元）	占比（%）	资产分布	金额（万元）	占比（%）
货币资产	47 452	6.62	基础产业	—	—
发放贷款和垫款	135 166	18.85	房地产业	—	—
以公允价值计量且其变动计入当期损益的金融资产	44 333	6.18	证券市场	73 429	10.24
可供出售金融资产	279 751	39.01	金融机构	104 275	14.54
持有至到期投资	83 881	11.70	实业	4 875	0.68
长期股权投资	104 275	14.54	其他	534 622	74.54
其他	22 342	3.12			
资产总计	717 201	100.00	资产总计	717 201	100.00

4.2.2 信托资产运用与分布表

资产运用	金额（万元）	占比（%）	资产分布	金额（万元）	占比（%）
货币资产	251 802	1.25	基础产业	2 895 654	14.40
贷款	10 232 166	50.90	房地产	2 178 515	10.84
交易性金融资产	216 253	1.08	证券市场	296 746	1.48
可供出售金融资产	4 950 375	24.63	实业	8 747 425	43.51
持有至到期投资	0	0.00	金融机构	2 548 750	12.68
长期股权投资	740 133	3.68	其他	3 435 711	17.09
其他	3 712 073	18.47			
信托资产总计	20 102 802	100.00	信托资产总计	20 102 802	100.00

4.3 市场分析

4.3.1 有利因素

宏观层面。宏观层面以习近平新时代中国特色社会主义思想为指导,认真贯彻落实党的十九届四中全会和中央经济工作会议精神,继续按照党中央、国务院的决策部署,坚持稳中求进工作总基调,科学稳健把握宏观政策逆周期调节力度,着力激发微观主体活力,全面做好"六稳"工作。健全财政、货币、就业等政策协同和传导落实机制,确保经济运行在合理区间。深化利率市场化改革,推动存量浮动利率贷款定价基准转换,保持人民币汇率在合理均衡水平上的基本稳定。打好防范化解金融风险攻坚战,平衡好稳增长和防风险的关系,注重在改革发展中化解风险,稳定市场预期,守住不发生系统性金融风险的底线。

行业层面。2019 年,全国统一信托受益权账户系统正式上线,有利于向受益人提供便捷的受益权流转渠道,并构建规范化的行业信息披露平台与制度。信保合作新政出台,放宽了信保合作业务可选的信托公司范围,信托公司与保险公司有望进一步扩大合作规模。在经济下行压力增大的情况下,机构客户和高净值客户投资趋于理性,选择正规金融机构意愿增强,财富管理需求强烈。

公司层面。公司作为地方性国有金融机构,成立 35 年来坚持稳健经营。面对复杂严峻的外部环境,公司围绕新形势、新业态创新转型,直面监管变局,主动调整业务方向,加速创新业务发展,在资产证券化、消费信托、家族信托等业务领域取得显著成效。同时加大直销团队建设力度,着力拓展代销渠道,创新资金募集渠道新模式,使得产品线与资金的需求匹配度大幅提高。公司积极践行"数字信托"战略,制定三年信息科技战略规划方案,继续加大对资产端业务和资金端业务的信息科技支持。

4.3.2 不利因素

宏观层面。我国主要宏观经济指标保持在合理区间,经济增长保持韧性,增长动力持续转换。贷款市场报价利率全面应用,贷款利率定价市场化程度提高,人民币汇率总体稳定,双向浮动弹性提升,应对外部冲击的能力增强。稳健的货币政策体现了逆周期调节的要求,宏观杠杆率基本稳定,金融风险有效防控,金融服务实体经济的质量和效率逐步提升。国内经济金融领域的结构调整出现积极变化,但经济下行压力仍然较大,国际经济金融形势错综复杂,世界大变局加速演变的特征更趋明显。

行业层面。信托行业依然面临"降杠杆、去通道、限非标、破刚兑"的强监管态势。"资管新规"的实施给整个大资管行业带来巨大的冲击,金融严监管态势下,控地产、降通道力度持续加码,促使信托公司立足信托本源加速转型,全面优化信托业务结构。当前,信托创新、回归本源已成为行业共识,创新与强监管要求的平衡成为信托转型面临的最大压力。

公司层面。经济形势变化日趋复杂,对公司经营形成较大考验,一是面对错综复杂的市场环境,需要进一步增强抗风险能力;二是服务信托、资产证券化、消费金融等新业态兴起,对公司风控、信息技术和产品研发等方面形成更大考验,公司亟须加强新业态的团队建设和人才建设;三是自主营销竞争日趋激烈,完善财富体系建设、培养高净值客户、丰富代销渠道日益迫切。

4.4 内部控制

4.4.1 内部控制环境和内部控制文化

公司的内部控制制度是为实现经营目标和防范各种风险而采取的一系列方法、措施、程序的总和。公司内部控制的总体目标是要建立一个决策科学、运营规范、管理高效、监督到位、反馈及时和持续、稳定、健康发展的信托业经营机构。具体上包括以下四项内部控制目标：一是确保国家法律法规、外部监管机构的监管要求和公司内部规章制度得到有效的贯彻执行；二是确保公司发展战略和经营目标的全面实施和充分实现；三是确保公司风险管理体系的有效性；四是确保业务记录、财务信息和其他管理信息的及时性、真实性、完整性。

公司建立了较为完善的法人治理结构，包括股东会、董事会、监事会和经营班子，各自职责明确并得到切实履行。董事会对公司建立内部控制系统和维持其有效性承担最终责任，经营班子对内部控制制度的有效执行承担责任，监事会对内部控制行使监督职责。公司董事会、监事会和经营管理层能充分认识自身对内部控制所承担的责任，并培育公司良好的内部控制文化和风险管理理念。董事会对经营层制定了明确的授权权限，总经理办公会具有明确的议事规则和决策程序。公司按照信托资产与固有资产隔离原则，分别设置不同的部门由不同的高管人员负责管理，各个信托项目均建立独立账户和账套分别管理、分别记账。公司按照职责明确、相互制约的原则设置组织结构，各部门有明确的授权分工，严格遵守公司《部门工作职责》的规定，在各自职权范围内从事活动。这些设置为公司提供了一个良好的内控环境和氛围。

4.4.2 内部控制措施

公司根据全面性、审慎性、及时性、有效性等原则，主要以业务处理流程为基础，运用目标控制、组织控制、授权控制、程序控制、检查控制等多种控制方法，致力于形成一套包括前台、中台、后台三道防线的内部监督控制体系。

公司持续不断地完善制度建设，包括信贷业务、投资业务、资金业务、会计内部控制、信息系统内部控制等各个方面在内的规章制度，排除内控盲点，建立分类科学、内容全面的制度和流程体系，并编制了《内部流程控制规范手册》和《内控管理手册》。自2005年以来，公司根据业务发展情况持续不断制定和修订管理制度327项，其中2019年制定和修订27项。一系列规章制度保证了公司各项业务规范、有序开展。各项制度得到良好执行。

公司内部控制职能主要通过法务合规部、风险管理部和审计部来履行。法务合规部、风险管理部主要履行事前、事中的控制职能。审计部主要履行事后检查监督职能。

4.4.3 信息交流与反馈

公司经营层与董事会保持良好的信息沟通，及时将经营管理中问题、国家法律法规、政策和监管意见向董事会传达；所有经营活动均严格按照董事会对经营层的授权进行，授权是明确而有效的；根据有关监管要求，对于集合资金信托业务、关联交易等重大事项，公司均履行了报备或报批手续。针对监管意见和稽核审计中发现的问题，向公司各部门发出整改通知，把有关监管意见落实到相关部门；公司通过内部网办公系统，保证全体员工及时了解国家法律法规和公司规章制度，使风险意识和内控措施贯穿到公司各个部门、各个岗位和各个环节；业务部门、内部审计部门和其他人员发现的内部控制的问题，均能有畅通的报告渠道并采取有效纠正措施；公司严格执行向委托人、受益人信息披露的有关制度，确保相关当事人的知情权。

4.4.4 监督评价与纠正

公司设立审计部门负责内部审计工作，审计工作按照审计署关于内部审计的规定和银保监会的有关规定进行，包括采取定期和不定期方式，范围涉及财务和业务的各个方面，对公司内部控制制度的执行情况进行持续的监督，评价内部控制的有效性，提出意见。2019年，审计部共完成26项常规和专项审计，出具43份内部审计报告，提出整改意见和审计建议54条。内部审计工作始终得到公司董事会和高级管理层的重视，内部审计结果向审计委员会、董事会、监事会和经营层报告。对于内部审计中发现的问题，能得到及时有效的整改，并将整改落实情况向监管部门报告。

4.5 风险管理

4.5.1 风险管理概况

根据自有资金和信托资金在运作过程中自身的特点，通过对风险类型的分析，公司在经营过程中可能遇到的风险主要包括：信用风险、市场风险、操作风险、道德风险、法律风险、政策风险、流动性风险、其他风险如不可抗力事件等，其中最主要的是信用风险、市场风险和操作风险。

公司总体风险管理战略是全力推进全面风险管理体系建设，深化风险管理组织架构改革，强化风险管理技术支持，推进风险管理专业团队建设，确保公司能够合理控制风险水平，安全、稳健地开展各项经营活动。

公司十分注重风险控制管理，坚持积极稳健的经营原则，规范运作，审慎经营；公司按照全面风险管理、集中风险管理、独立性、有效性、及时性、持续性的原则，通过自下而上的风险识别、自上而下的风险控制和上下结合的风险化解，将本公司业务运作和经营管理的所有内容都涵盖于风险管理制度之下；公司进一步运用现代风险管理控制手段和技术，不断改进和提高风险控制管理质量和水平。

公司建立了有效的风险管理组织结构，包括董事会、总办会、业务项目评审委员会、法务合规部、风险管理部、审计部。董事会对风险负最终责任，负责确立适当的风险管理原则和战略；总办会具体组织领导公司全面风险管理与内部控制工作的开展；业务项目评审委员会提供专业评审意见，发挥其应有民主决策的积极作用；法务合规部负责业务合规性审查、法律事务；风险管理部负责业务风险审查、投后督查和日常风险管理；审计部负责内部审计稽核等。

4.5.2 风险状况

4.5.2.1 信用风险状况

信用风险主要表现为公司交易对手不能履行合约义务带来的风险，其中包括业务合作伙伴、贷款对象的信用风险，资金往来银行的信用风险，从而导致公司资产价值发生变动遭受损失的风险。2019年公司自营信用风险资产期末数为713 951万元，其中正常类为561 782万元、关注类为151 435万元、次级类为723万元、可疑类和损失类为11万元。不良信用资产的期初数为零，期末数为734万元。公司固有资金所投资的固定收益类产品无一出现兑付问题。

4.5.2.2 市场风险状况

市场风险是指因市场波动而使投资者不能获得预期收益的风险，包括股价、市场汇率、利率及其他价格因素产生的不利波动。

证券市场方面，2019年证券市场持续较为低迷，公司的自有资金证券投资规模适度，有效防范了证券投资市场风险。截至2019年末，公司固有资产的证券投资组合合计金额为10.53亿元，公允价值变动损益为0.13亿元，已实现的投资收益为0.80亿元，实现收益率约7.6%。受资管新规和证券二级市场波动影响，公司证券投资类信托业务占比较低。

由于公司无外汇业务，因此市场汇率的变动对公司暂时还没有影响。

4.5.2.3 操作风险状况

操作风险是指公司由于内部程序、人员、系统的不完善或失误，或外部事件造成的潜在损失。

公司目前已逐步建立和完善了一系列基本制度、管理规定和业务操作流程，公司高管和员工风险意识和责任心较强。自重新登记以来未发生过较大因员工不尽职或违规而给公司和信托财产造成损失的事件。公司基本能有效地防范各个环节的操作风险。

4.5.2.4 其他风险状况

其他风险如政策风险，宏观政策及监管政策的变动对公司经营环境和发展会造成的一定的影响。

4.5.3 风险管理

4.5.3.1 信用风险管理

公司根据《企业会计准则》关于资产减值准备确认、计量的规定，除发放贷款外参考财政部关于印发《〈金融企业准备金计提管理办法〉的通知》（财金［2012］20号），对本公司资产提取资产减值准备及一般风险准备。截至报告期末，公司应提一般准备9957万元，已提一般准备9957万元。

公司发放贷款执行《商业银行贷款损失准备管理办法》（中国银行业监督管理委员会令2011年第4号）中第六条和第七条规定提取贷款损失准备。贷款拨备率为贷款损失准备与各项贷款余额之比，拨备覆盖率为贷款损失准备与不良贷款余额之比，贷款拨备率基本标准为2.5%，拨备覆盖率基本标准为150%，以两项标准中较高者为贷款损失准备的提取标准。其中划分为次级类、可疑类、损失类的贷款属于不良贷款。

针对融资对象企业的信用风险，公司主要通过严格贷款“三查”制度、审贷分离制度和逐级审批制度来加以防范，制定了统一的企业信用标准和详细的操作规程。

办理抵押贷款，注重对抵押物的权属、有效性和变现能力及所设定抵押的合法性进行审查，完善登记手续；对抵押物确认的主要原则为根据抵押物评估值的不同情况合理确定贷款抵押比例。

办理保证贷款，主要对保证人的保证资格、资信状况及其还款记录进行审查，并签订保证合同；原则上提供保证的企业应属于经营良好的企业，有足够的偿债能力，在贷款期间没有可预见的经营风险存在，没有不良记录，历史上信用良好等。

4.5.3.2 市场风险管理

针对证券市场风险，公司注重对证券投资的策略研究，遵循组合投资、分散风险的原则，建立对各种市场风险暴露进行实时计量和评估机制，并根据所确认和计量的风险暴露，分别制定风险限额，设立止损措施等以有效防范证券市场风险。公司根据市场需求开发信托产品，一方面，满足一般受益人的风险收益偏好；另一方面，有效降低优先受益人的风险。公司严格选择投资顾问，确定合理的证券投资资产配置比例和止损线。公司运用投资管理信息系统实时控制投资比例限制和产品净值变动，严格执行有关止损点措施。

对贷款产品定价时，主要考虑客户信用、资金成本、盈利目标、市场竞争、期限、额度、担保等因素，确定适宜的价格。

4.5.3.3 操作风险管理

操作风险可以通过正确的管理程序得到控制。公司主要通过严格的授权制度与过程监控来防范操作风险。在制定和完善具体的风险管理制度时，以“一法两规”为依据，落实信托业务和自营业务分账管理、防止挪用或私自改变资金用途、规范关联交易、加强信息披露等业务操作守则和制度要求。特别是对信托经理人的道德水准和职业操守有明确的职责要求，要求其定期完成对信托业务执行风险控制点的监控报告，恪尽职守，履行诚实、信用、谨慎、有效管理的义务。

4.5.3.4 其他风险管理

其他风险如政策风险，公司通过严格依法经营，根据法规和监管政策要求及时制订完善公司规章、内控制度和业务规程，加强业务合规性审查以规范和控制公司业务的政策风险。同时公司保持与监管当局紧密沟通、了解政策动向，把握业务方向。

5. 报告期末及上一年度末的比较式会计报表

5.1 自营资产

5.1.1 会计师事务所审计结论

审 计 报 告

众环鹭审字（2020）0067号

厦门国际信托有限公司董事会：

一、审计意见

我们审计了厦门国际信托有限公司（以下简称厦门国际信托）财务报表，包括2019年12月31日的合并及母公司资产负债表，2019年度的合并及母公司利润表、合并及母公司现金流量表、合并及母公司所有者权益变动表，以及财务报表附注。

我们认为，后附的财务报表在所有重大方面按照企业会计准则的规定编制，公允反映了厦门国际信托2019年12月31日的合并及母公司财务状况以及2019年度的合并及母公司经营成果和现金流量。

二、形成审计意见的基础

我们按照中国注册会计师审计准则的规定执行了审计工作。审计报告的“注册会计师对账务报表审计的责任”部分进一步阐述了我们在这些准则下的责任。按照中国注册会计师职业道德守则，我们独立于厦门国际信托，并履行了职业道德方面的其他责任。我们相信，我们获取的审计证据是充分、适当的，为发表审计意见提供了基础。

三、其他信息

厦门国际信托管理层对其他信息负责。其他信息包括厦门国际信托2019年年度报告中涵盖的信息，但不包括财务报表和我们的审计报告。

我们对财务报表发表的审计意见不涵盖其他信息，我们也

不对其他信息发表任何形式的鉴证结论。

结合我们对财务报表的审计，我们的责任是阅读其他信息，在此过程中，考虑其他信息是否与财务报表或我们在审计过程中了解到的情况存在重大不一致或者似乎存在重大错报。

基于我们已执行的工作，如果我们确定其他信息存在重大错报，我们应当报告该事实。在这方面，我们无任何事项需要报告。

四、管理层和治理层对账务报表的责任

厦门国际信托管理层负责按照企业会计准则的规定编制财务报表，使其实现公允反映，并设计、执行和维护必要的内部控制，以使财务报表不存在由于舞弊或错误导致的重大错报。

在编制财务报表时，管理层负责评估厦门国际信托的持续经营能力，披露与持续经营相关的事项（如适用），并运用持续经营假设，除非管理层计划清算厦门国际信托、终止运营或别无其他现实的选择。

治理层负责监督厦门国际信托的账务报告过程。

五、注册会计师对账务报表审计的责任

我们的目标是对财务报表整体是否不存在由于舞弊或错误导致的重大错报获取合理保证，并出具包含审计意见的审计报告。合理保证是高水平的保证，但并不能保证按照审计准则执行的审计在某一重大错报存在时总能发现。错报可能由于舞弊或错误导致，如果合理预期错报单独或汇总起来可能影响财务报表使用者依据账务报表作出的经济决策，则通常认为错报是重大的。

在按照审计准则执行审计工作的过程中，我们运用职业判断，并保持职业怀疑。同时，我们也执行以下工作：

（1）识别和评估由于舞弊或错误导致的财务报表重大错报风险，设计和实施审计程序以应对这些风险，并获取充分、适当的审计证据，作为发表审计意见的基础。由于舞弊可能涉及串通、伪造、故意遗漏、虚假陈述或凌驾于内部控制之上，未能发现由于舞弊导致的重大错报的风险高于未能发现由于错误导致的重大错报的风险。

（2）了解与审计相关的内部控制，以设计恰当的审计程序，但目的并非对内部控制的有效性发表意见。

（3）评价管理层选用会计政策的恰当性和作出会计估计及相关披露的合理性。

（4）对管理层使用持续经营假设的恰当性得出结论。同时，根据获取的审计证据，就可能导致对厦门国际信托持续经营能力产生重大疑虑的事项或情况是否存在重大不确定性得出结论。如果我们得出结论认为存在重大不确定性，审计准则要求我们在审计报告中提请报表使用者注意财务报表中的相关披露；如果披露不充分，我们应当发表非无保留意见。我们的结论基于截至审计报告日可获得的信息。然而，未来的事项或情况可能导致厦门国际信托不能持续经营。

（5）评价财务报表的总体列报、结构和内容，并评价财务报表是否公允反映相关交易和事项。

（6）就厦门国际信托中实体或业务活动的财务信息获取充分、适当的审计证据，以对财务报表发表审计意见。我们负责指导、监督和执行集团审计，并对审计意见承担全部责任。

我们与治理层就计划的审计范围、时间安排和重大审计发现等事项进行沟通，包括沟通我们在审计中识别出的值得关注的内部控制缺陷。

中审众环会计师事务所（特殊普通合伙）厦门分所  中国注册会计师： 

中国注册会计师： 

中国·厦门 2020 年 3 月 31 日

5.1.2 合并及公司资产负债表

合并及公司资产负债表

（自营资产）

编制单位：厦门国际信托有限公司 2019 年 12 月 31 日 单位：万元

资产	年末数		年初数	
	合并	公司	合并	公司
货币资金	56 308	47 452	77 474	66 407
存放同业款项	—	—	—	—
贵金属	—	—	—	—
拆出资金	—	—	—	—
以公允价值计量且其变动计入当期损益的金融资产	44 423	44 333	62 485	62 395
衍生金融资产	—	—	—	—
买入返售金融资产	—	—	1 729	1 729
发放贷款和垫款	135 166	135 166	4 875	4 875
可供出售金融资产	290 800	279 751	237 766	229 353
持有至到期投资	83 881	83 881	119 968	119 968
应收款项类投资	—	—	—	—
长期股权投资	94 075	104 275	71 901	82 101
投资性房地产	—	—	—	—
固定资产	4 454	4 150	4 550	4 281
无形资产	2 154	1 397	1 659	997
商誉	—	—	—	—
递延所得税资产	3 798	3 641	4 914	4 912
其他资产	12 738	9 846	16 450	13 589
资产总计	727 798	713 892	603 770	590 607

合并及公司资产负债表

（自营资产）（续）

编制单位：厦门国际信托有限公司 2019 年 12 月 31 日 单位：万元

负债	年末数		年初数	
	合并	公司	合并	公司
向中央银行借款	—	—	—	—
同业及其他金融机构存放款项	—	—	—	—
拆入资金	—	—	—	—
以公允价值计量且其变动计入当期损益的金融负债	18	—	18	—

续表

负债	年末数		年初数	
	合并	公司	合并	公司
衍生金融负债	—	—	—	—
卖出回购金融资产款	—	—	—	—
吸收存款	—	—	—	—
应付职工薪酬	13 474	10 959	13 869	11 275
应交税费	18 210	17 969	18 785	18 528
预计负债	1 005	1 005	975	975
应付债券	—	—	—	—
其中:优先股	—	—	—	—
永续债	—	—	—	—
递延所得税负债	217	110	373	373
其他负债	155 117	153 280	59 721	56 982
负债合计	188 042	183 322	93 741	88 133
所有者权益:				
实收资本	375 000	375 000	375 000	375 000
其他权益工具	—	—	—	—
其中:优先股	—	—	—	—
永续债	—	—	—	—
资本公积	5 378	5 378	1 450	1 450
减:库存股	—	—	—	—
其他综合收益	4 938	4 864	-1 923	-1 920
盈余公积	63 812	63 812	54 644	54 644
一般风险准备	13 211	9 957	10 148	7 706
信托赔偿准备	27 697	27 697	24 985	24 985
未分配利润	40 222	43 862	37 020	40 611
归属于母公司所有者权益合计	530 257	530 570	501 329	502 475
少数股东权益	9 499	—	8 700	—
所有者权益合计	539 757	530 570	510 029	502 475
负债及所有者权益总计	727 798	713 892	603 770	590 607

法定代表人:洪文瑾　　主管会计工作的负责人:苏荣坚　　会计机构负责人:陈明雅

5.1.3 合并及公司利润表

合并及公司利润表(自营资产)

编制单位:厦门国际信托有限公司　　2019 年度　　单位:万元

项目	本年金额		上年金额	
	合并	公司	合并	公司
一、营业收入	114 138	97 713	102 267	80 190
利息净收入	2 274	1 995	171	-2
利息收入	2 997	2 718	3 849	3 676
利息支出	723	723	3 678	3 678
手续费及佣金净收入	73 440	58 113	79 287	57 529
手续费及佣金收入	73 440	58 113	79 287	57 529
手续费及佣金支出	—	—	—	—
投资收益/(损失)	35 447	35 077	22 790	22 388
其中:对联营企业和合营企业的投资收益/(损失)	12 155	12 155	4 479	4 479
公允价值变动收益/(损失)	703	702	-369	-2
汇兑收益/(损失)	—	—	—	—
资产处置收益(损失以"-"号填列)	—	—	31	31
其他收益	453	32	202	91
其他业务收入	1 822	1 796	155	155
二、营业支出	41 701	26 953	35 378	17 521
税金及附加	518	483	575	458
业务及管理费	32 441	17 738	34 101	16 612
资产减值损失	7 416	7 407	406	155
其他业务成本	1 326	1 326	296	296
三、营业利润	72 437	70 760	66 889	62 669
加:营业外收入	145	145	964	958
减:营业外支出	30	30	-407	-418
四、利润总额	72 551	70 874	68 260	64 046
减:所得税费用	16 818	16 623	16 429	16 418
五、净利润	55 734	54 251	51 831	47 628
(一)按经营持续性分类		—	—	—
持续经营净利润(净亏损以"-"号填列)	55 734	54 251	51 831	47 628
终止经营净利润(净亏损以"-"号填列)	—	—	—	—
(二)按所有权归属分类	—	—	—	—
归属于母公司所有者的净利润	55 007	—	49 772	—
少数股东损益	726	—	2 059	—
六、其他综合收益的税后净额	6 934	6 784	-9 534	-9 529
归属于母公司所有者的其他综合收益的税后净额	6 861	6 784	-9 531	-9 529
归属于少数股东的其他综合收益的税后净额	74	—	-2	—
七、综合收益总额	62 668	61 035	42 297	38 099
归属于母公司所有者的综合收益总额	61 868	—	40 240	—
归属于少数股东的综合收益总额	800	—	2 057	—

法定代表人:洪文瑾　　主管会计工作的负责人:苏荣坚　　会计机构负责人:陈明雅

5.1.4 所有者权益变动表

合并所有者权益变动表

编制单位：厦门国际信托有限公司　　2019 年度　　单位：万元

项目	本年金额												
	归属于母公司所有者权益											少数股东权益	所有者权益合计
	实收资本	其他权益工具			资本公积	减：库存股	其他综合收益	盈余公积	一般风险准备	信托赔偿准备	未分配利润		
		优先股	永续债	其他									
一、上年年末余额	375 000	—	—	—	1 450	—	−1 923	54 644	10 148	24 985	37 026	8 700	510 029
加：会计政策变更	—	—	—	—	—	—	—	—	—	—	—	—	—
前期差错更正	—	—	—	—	—	—	—	—	—	—	—	—	—
同一控制下企业合并	—	—	—	—	—	—	—	—	—	—	—	—	—
其他	—	—	—	—	—	—	—	—	—	—	—	—	—
二、本年年初余额	375 000	—	—	—	1 450	—	−1 923	54 644	10 148	24 985	37 026	8 700	510 029
三、本年增减变动金额（减少以“−”号填列）	—	—	—	—	3 928	—	6 861	9 168	3 064	2 713	3 195	800	29 728
（一）综合收益总额	—	—	—	—	3 928	—	6 861	—	—	—	55 007	800	66 596
（二）所有者投入和减少资本	—	—	—	—	—	—	—	—	—	—	—	—	—
1. 所有者投入的普通股	—	—	—	—	—	—	—	—	—	—	—	—	—
2. 其他权益工具持有者投入资本	—	—	—	—	—	—	—	—	—	—	—	—	—
3. 股份支付计入所有者权益的金额	—	—	—	—	—	—	—	—	—	—	—	—	—
4. 其他	—	—	—	—	—	—	—	—	—	—	—	—	—
（三）利润分配	—	—	—	—	—	—	—	9 168	3 064	2 713	−51 812	—	−36 868
1. 提取盈余公积	—	—	—	—	—	—	—	9 168	—	—	−9 168	—	—
2. 提取一般风险准备	—	—	—	—	—	—	—	—	3 064	—	−3 064	—	—
3. 提取信托赔偿准备	—	—	—	—	—	—	—	—	—	2 713	−2 713	—	—
4. 对所有者的分配	—	—	—	—	—	—	—	—	—	—	−36 868	—	−36 868
5. 其他	—	—	—	—	—	—	—	—	—	—	—	—	—
（四）所有者权益内部结转	—	—	—	—	—	—	—	—	—	—	—	—	—
1. 资本公积转增资本	—	—	—	—	—	—	—	—	—	—	—	—	—
2. 盈余公积转增资本	—	—	—	—	—	—	—	—	—	—	—	—	—
3. 盈余公积弥补亏损	—	—	—	—	—	—	—	—	—	—	—	—	—
4. 一般风险准备弥补亏损	—	—	—	—	—	—	—	—	—	—	—	—	—
5. 结转重新计量设定受益计划净负债或净资产所产生的变动	—	—	—	—	—	—	—	—	—	—	—	—	—
6. 其他	—	—	—	—	—	—	—	—	—	—	—	—	—
（五）其他	—	—	—	—	—	—	—	—	—	—	—	—	—
四、本年年末余额	375 000	—	—	—	5 378	—	4 938	63 812	13 211	27 697	40 222	9 499	539 757

法定代表人：洪文瑾　　主管会计工作的负责人：苏荣坚　　会计机构负责人：陈明雅

合并所有者权益变动表(续)

2019 年度

编制单位:厦门国际信托有限公司　　　　单位:万元

项目	上年金额												
	归属于母公司所有者权益											少数股东权益	所有者权益合计
	实收资本	其他权益工具			资本公积	减:库存股	其他综合收益	盈余公积	一般风险准备	信托赔偿准备	未分配利润		
		优先股	永续债	其他									
一、上年年末余额	350 000	—	—	—	1 535	—	7 608	45 823	8 858	22 603	45 055	6 642	488 126
加:会计政策变更	—	—	—	—	—	—	—	—	—	—	—	—	—
前期差错更正	—	—	—	—	—	—	—	—	—	—	—	—	—
同一控制下企业合并	—	—	—	—	—	—	—	—	—	—	—	—	—
其他	—	—	—	—	—	—	—	—	—	—	—	—	—
二、本年年初余额	350 000	—	—	—	1 535	—	7 608	45 823	8 858	22 603	45 055	6 642	488 126
三、本年增减变动金额(减少以"-"号填列)	25 000	—	—	—	-86	—	-9 531	8 821	1 289	2 381	-8 029	2 057	21 902
(一)综合收益总额	—	—	—	—	-86	—	-9 531	—	—	—	49 772	2 057	42 212
(二)所有者投入和减少资本	25 000	—	—	—	—	—	—	—	—	—	—	—	25 000
1. 所有者投入的普通股	25 000	—	—	—	—	—	—	—	—	—	—	—	25 000
2. 其他权益工具持有者投入资本	—	—	—	—	—	—	—	—	—	—	—	—	—
3. 股份支付计入所有者权益的金额	—	—	—	—	—	—	—	—	—	—	—	—	—
4. 其他	—	—	—	—	—	—	—	—	—	—	—	—	—
(三)利润分配	—	—	—	—	—	—	—	8 821	1 289	2 381	-57 801	—	-45 309
1. 提取盈余公积	—	—	—	—	—	—	—	8 821	—	—	-8 821	—	—
2. 提取一般风险准备	—	—	—	—	—	—	—	—	1 289	—	-1 289	—	—
3. 提取信托赔偿准备	—	—	—	—	—	—	—	—	—	2 381	-2 381	—	—
4. 对所有者的分配	—	—	—	—	—	—	—	—	—	—	-45 309	—	-45 309
5. 其他	—	—	—	—	—	—	—	—	—	—	—	—	—
(四)所有者权益内部结转	—	—	—	—	—	—	—	—	—	—	—	—	—
1. 资本公积转增资本	—	—	—	—	—	—	—	—	—	—	—	—	—
2. 盈余公积转增资本	—	—	—	—	—	—	—	—	—	—	—	—	—
3. 盈余公积弥补亏损	—	—	—	—	—	—	—	—	—	—	—	—	—
4. 一般风险准备弥补亏损	—	—	—	—	—	—	—	—	—	—	—	—	—
5. 结转重新计量设定受益计划净负债或净资产所产生的变动	—	—	—	—	—	—	—	—	—	—	—	—	—
6. 其他	—	—	—	—	—	—	—	—	—	—	—	—	—
(五)其他	—	—	—	—	—	—	—	—	—	—	—	—	—
四、本年年末余额	375 000	—	—	—	1 450	—	-1 923	54 644	10 148	24 985	37 026	8 700	510 029

法定代表人:洪文瑾　　主管会计工作的负责人:苏荣坚　　会计机构负责人:陈明雅

公司所有者权益变动表

编制单位：厦门国际信托有限公司　　2019 年度　　单位：万元

项目	本年金额										
	实收资本	其他权益工具			资本公积	减：库存股	其他综合收益	盈余公积	一般风险准备	信托赔偿准备	未分配利润	所有者权益合计
		优先股	永续债	其他								
一、上年年末余额	375 000	—	—	—	1 450	—	-1 920	54 644	7 706	24 985	40 611	502 475
加：会计政策变更	—	—	—	—	—	—	—	—	—	—	—	—
前期差错更正	—	—	—	—	—	—	—	—	—	—	—	—
其他	—	—	—	—	—	—	—	—	—	—	—	—
二、本年年初余额	375 000	—	—	—	1 450	—	-1 920	54 644	7 706	24 985	40 611	502 475
三、本年增减变动金额（减少以"-"号填列）	—	—	—	—	3 928	—	6 784	9 168	2 251	2 713	3 251	28 096
（一）综合收益总额	—	—	—	—	3 928	—	6 784	—	—	—	54 251	64 964
（二）所有者投入和减少资本	—	—	—	—	—	—	—	—	—	—	—	—
1. 所有者投入的普通股	—	—	—	—	—	—	—	—	—	—	—	—
2. 其他权益工具持有者投入资本	—	—	—	—	—	—	—	—	—	—	—	—
3. 股份支付计入所有者权益的金额	—	—	—	—	—	—	—	—	—	—	—	—
4. 其他	—	—	—	—	—	—	—	—	—	—	—	—
（三）利润分配	—	—	—	—	—	—	—	9 168	2 251	2 713	-51 000	-36 868
1. 提取盈余公积	—	—	—	—	—	—	—	9 168	—	—	-9 168	—
2. 提取一般风险准备	—	—	—	—	—	—	—	—	2 251	—	-2 251	—
3. 提取信托赔偿准备	—	—	—	—	—	—	—	—	—	2 713	-2 713	—
4. 对所有者的分配	—	—	—	—	—	—	—	—	—	—	-36 868	-36 868
5. 其他	—	—	—	—	—	—	—	—	—	—	—	—
（四）所有者权益内部结转	—	—	—	—	—	—	—	—	—	—	—	—
1. 资本公积转增资本	—	—	—	—	—	—	—	—	—	—	—	—
2. 盈余公积转增资本	—	—	—	—	—	—	—	—	—	—	—	—
3. 盈余公积弥补亏损	—	—	—	—	—	—	—	—	—	—	—	—
4. 一般风险准备弥补亏损	—	—	—	—	—	—	—	—	—	—	—	—
5. 结转重新计量设定受益计划净负债或净资产所产生的变动	—	—	—	—	—	—	—	—	—	—	—	—
6. 其他	—	—	—	—	—	—	—	—	—	—	—	—
（五）其他	—	—	—	—	—	—	—	—	—	—	—	—
四、本年年末余额	375 000	—	—	—	5 378	—	4 864	63 812	9 957	27 697	43 862	530 570

法定代表人：洪文瑾　　主管会计工作的负责人：苏荣坚　　会计机构负责人：陈明雅

公司所有者权益变动表(续)

编制单位:厦门国际信托有限公司　　2019 年度　　单位:万元

项目	上年金额											
	实收资本	其他权益工具			资本公积	减:库存股	其他综合收益	盈余公积	一般风险准备	信托赔偿准备	未分配利润	所有者权益合计
		优先股	永续债	其他								
一、上年年末余额	350 000	—	—	—	1 535	—	7 609	45 823	7 832	22 603	49 367	484 771
加:会计政策变更	—	—	—	—	—	—	—	—	—	—	—	—
前期差错更正	—	—	—	—	—	—	—	—	—	—	—	—
其他	—	—	—	—	—	—	—	—	—	—	—	—
二、本年年初余额	350 000	—	—	—	1 535	—	7 609	45 823	7 832	22 603	49 367	484 771
三、本年增减变动金额(减少以“-”号填列)	25 000	—	—	—	-86	—	-9 529	8 821	-127	2 381	-8 757	17 704
(一)综合收益总额	—	—	—	—	-86	—	-9 529	—	—	—	47 628	38 013
(二)所有者投入和减少资本	25 000	—	—	—	—	—	—	—	—	—	—	25 000
1. 所有者投入的普通股	25 000	—	—	—	—	—	—	—	—	—	—	25 000
2. 其他权益工具持有者投入资本	—	—	—	—	—	—	—	—	—	—	—	—
3. 股份支付计入所有者权益的金额	—	—	—	—	—	—	—	—	—	—	—	—
4. 其他	—	—	—	—	—	—	—	—	—	—	—	—
(三)利润分配	—	—	—	—	—	—	—	8 821	-127	2 381	-56 385	-45 309
1. 提取盈余公积	—	—	—	—	—	—	—	8 821	—	—	-8 821	—
2. 提取一般风险准备	—	—	—	—	—	—	—	—	-127	—	127	—
3. 提取信托赔偿准备	—	—	—	—	—	—	—	—	—	2 381	-2 381	—
4. 对所有者的分配	—	—	—	—	—	—	—	—	—	—	-45 309	-45 309
5. 其他	—	—	—	—	—	—	—	—	—	—	—	—
(四)所有者权益内部结转	—	—	—	—	—	—	—	—	—	—	—	—
1. 资本公积转增资本	—	—	—	—	—	—	—	—	—	—	—	—
2. 盈余公积转增资本	—	—	—	—	—	—	—	—	—	—	—	—
3. 盈余公积弥补亏损	—	—	—	—	—	—	—	—	—	—	—	—
4. 一般风险准备弥补亏损	—	—	—	—	—	—	—	—	—	—	—	—
5. 结转重新计量设定受益计划净负债或净资产所产生的变动	—	—	—	—	—	—	—	—	—	—	—	—
6. 其他	—	—	—	—	—	—	—	—	—	—	—	—
(五)其他	—	—	—	—	—	—	—	—	—	—	—	—
四、本年年末余额	375 000	—	—	—	1 450	—	-1 920	54 644	7 706	24 985	40 611	502 475

法定代表人:洪文瑾　　主管会计工作的负责人:苏荣坚　　会计机构负责人:陈明雅

5.2 信托资产

5.2.1 信托项目资产负债汇总表

信托项目资产负债汇总表

编制单位：厦门国际信托有限公司　　2019 年 12 月 31 日　　单位：万元

资产	期末数	期初数	负债与所有者权益	期末数	期初数
资产：	—	—	负债：	—	—
货币资金	251 802	211 342	应付受托人报酬	4 759	1 028
拆出资金	—	—	应付受益人收益	8 803	10 103
交易性金融资产	216 253	272 680	应交税金	1 741	215
衍生金融资产	—	—	衍生金融负债	—	—
买入返售金融资产	2 255 285	3 217 114	其他负债	54 909	31 768
发放贷款	10 232 166	8 981 621	负债合计	70 212	43 113
可供出售金融资产	4 950 375	5 608 318	所有者权益：	—	—
持有至到期投资	—	—	实收信托	20 181 784	19 738 970
应收款项	882 612	49 883	其中：集合资金信托	6 860 354	7 117 417
长期股权投资	740 133	825 103	单一资金信托	12 042 132	12 296 778
其他资产	574 176	331 579	财产信托	1 279 299	324 776
			资本公积	−96 317	−86 188
			未分配利润	−52 878	−198 256
			所有者权益合计	20 032 589	19 454 526
资产总计	20 102 802	19 497 639	负债和所有者权益总计	20 102 802	19 497 639

法定代表人：洪文瑾　　主管会计工作的负责人：苏荣坚　　会计机构负责人：陈明雅

5.2.2 信托项目利润及利润分配汇总表

信托项目利润及利润分配汇总表

编制单位：厦门国际信托有限公司　　2019 年度　　单位：万元

项目	当年数	上年数
一、营业收入	1 105 730	664 757
利息净收入	848 170	1 094 159
利息收入	848 170	1 094 159
利息支出	—	—
投资收益（损失以“－”号填列）	204 617	−285 423
公允价值变动收益	50 747	−147 038
其他业务收入	2 196	3 059
二、营业支出	121 112	222 734
营业税金及附加	3 611	4 192
信托费用	117 501	218 542
资产减值损失	—	—
三、利润总额（损失以“－”号填列）	984 617	442 023
加：期初未分配信托利润	−198 256	79 417
损益平准金	355	1 182
四、可供分配的信托利润	786 717	522 622
减：本期已分配信托利润	839 595	720 878
五、期末未分配信托利润	−52 878	−198 256

法定代表人：洪文瑾　　主管会计工作的负责人：苏荣坚　　会计机构负责人：陈明雅

6. 会计报表附注（母公司）

6.1 会计报表编制基准不符合会计核算基本前提的说明

6.1.1 会计报表不符合会计核算基本前提的事项

公司会计报表没有不符合会计核算基本前提的事项。

6.1.2 纳入合并报表范围子公司的说明

本年度公司纳入合并报表范围的子公司为本公司子公司圆信永丰基金管理有限公司。

6.2 重要会计政策和会计估计说明

6.2.1 计提一般准备、资产减值准备的范围和方法

6.2.1.1 一般准备

一般准备金期末余额按照期末风险资产的 1.5% 计提，作利润分配处理。

6.2.1.2 资产减值准备

资产减值准备包括可供出售金融资产减值准备、持有至到期投资减值准备、贷款损失准备、坏账准备和长期投资减值准备、固定资产减值准备等。资产减值准备采用备抵法核算。

6.2.1.2.1 可供出售金融资产的减值准备

年末如果可供出售金融资产的公允价值发生较大幅度下降，或在综合考虑各种相关因素后，预期这种下降趋势属于非暂时性的，就认定其已发生减值，将原直接计入所有者权益的公允价值下降形成的累计损失一并转出，确认减值损失。

6.2.1.2.2　持有至到期投资的减值准备

持有至到期投资减值损失的计量比照应收款项减值损失计量方法处理。

6.2.1.2.3　贷款损失准备

参照《商业银行贷款损失储备管理办法》(中国银行业监督管理委员会令2011年第4号)中第六条和第七条规定提取贷款损失准备。贷款拨备率为贷款损失准备与各项贷款余额之比,拨备覆盖率为贷款损失准备与不良贷款余额之比,贷款拨备率基本标准为2.5%,拨备覆盖率基本标准为150%,以两项标准中较高者为贷款损失准备的提取标准。其中划分为次级类、可疑类、损失类的贷款属于不良贷款。

6.2.1.2.4　应收款项坏账准备的确认标准和计提方法

年末如果有客观证据表明应收款项发生减值,则将其账面价值减记至可收回金额,减记的金额确认为资产减值损失,计入当期损益。可收回金额是通过对其的未来现金流量(不包括尚未发生的信用损失)按原实际利率折现确定,并考虑相关担保物的价值(扣除预计处置费用等)。原实际利率是初始确认该应收款项时计算确定的实际利率。短期应收款项的预计未来现金流量与其现值相差很小,在确定相关减值损失时,不对其预计未来现金流量进行折现。

年末对于单项金额重大的应收款项(包括应收账款、应收票据、预付账款、其他应收款、长期应收款等)单独进行减值测试。如有客观证据表明其发生了减值的,根据其未来现金流量现值低于其账面价值的差额,确认减值损失,计提坏账准备。

6.2.1.2.5　除上述金融资产外的其他主要资产的减值

对联营企业的长期股权投资、固定资产、在建工程等长期非金融资产,公司在每年末判断相关资产是否存在可能发生减值的迹象。

资产存在减值迹象的,估计其可收回金额。可收回金额根据资产的公允价值减去处置费用后的净额与资产预计未来现金流量的现值两者之间较高者确定。

当资产的可收回金额低于其账面价值的,将资产的账面价值减记至可收回金额,减记的金额确认为资产减值损失,计入当期损益,同时计提相应的资产减值准备。

资产减值损失确认后,减值资产的折旧或者摊销费用在未来期间作相应调整,以使该资产在剩余使用寿命内,系统地分摊调整后的资产账面价值(扣除预计净残值)。

长期非金融资产的减值损失一经确认,在以后会计期间不再转回。

有迹象表明一项资产可能发生减值的,企业以单项资产为基础估计其可收回金额。难以对单项资产的可收回金额进行估计的,以该资产所属的资产组为基础确定资产组的可收回金额。资产组的认定,以资产组产生的主要现金流入是否独立于其他资产或者资产组的现金流入为依据。同时,在认定资产组时,考虑公司管理层管理经营活动的方式和对资产的持续使用或者处置的决策方式等。资产组一经确定,各个会计期间保持一致。

公司按照6.2.1.2.1~6.2.1.2.5所述原则,并参考财政部关于印发《〈金融企业准备金计提管理办法〉的通知》(财金[2012]20号)提取资产减值准备。《金融企业准备金计提管理办法》建议的提取比例如下:

资产情况	提取比例(%)
正常类	—
关注类	3
次级类	3
可疑类	60
损失类	100

6.2.2　金融资产四分类的范围和标准

公司结合自身业务特点和风险管理要求,根据公司对金融资产的持有意图和持有能力,将取得的金融资产于初始确认时分为以下四类:以公允价值计量且其变动计入当期损益的金融资产,包括交易性金融资产和直接指定为以公允价值计量且其变动计入当期损益的金融资产;持有至到期投资;贷款和应收款项;可供出售金融资产。

6.2.2.1　交易性金融资产和直接指定为以公允价值计量且其变动计入当期损益的金融资产

满足以下条件之一的金融资产,划分为交易性金融资产:

(1)取得金融资产的目的,主要是近期内出售、回购或赎回。

(2)属于进行集中管理的可辨认金融工具组合的一部分,且有客观证据表明公司近期采用短期获利方式对该组合进行管理。

(3)属于衍生工具。

满足以下条件之一的金融资产,直接指定为以公允价值计量且其变动计入当期损益的金融资产:

(1)该指定可以消除或明显减少由于该金融资产或金融负债的计量基础不同所导致的相关利得或损失在确认或计量方面不一致的情况。

(2)企业风险管理或投资策略的正式书面文件已载明,该金融资产组合以公允价值为基础进行管理、评价并向关键管理人员报告。

6.2.2.2　持有至到期投资

同时满足以下条件的非衍生金融资产,划分为持有至到期投资:

(1)到期日固定、回收金额固定或可确定。

(2)有明确意图持有至到期。

(3)有能力持有至到期。

6.2.2.3　贷款和应收款项

公司将在活跃市场中没有报价、回收金额固定或可确定的非衍生金融资产划分为贷款和应收款项,主要是公司发放的贷款和其他债权。

6.2.2.4　可供出售金融资产

公司将初始确认时即被指定为可供出售的非衍生金融资产以及除以公允价值计量且其变动计入当期损益的金融资产、持有至到期投资、贷款和应收款项三类外的金融资产划分为可供出售金融资产。

6.2.3　交易性金融资产核算办法

取得时,以公允价值(扣除已宣告但尚未发放的现金股利或已到付息期但尚未领取的债券利息)作为初始确认金额,相关的交易费用计入当期损益。支付的价款中包含已宣告但尚未发放的现金股利或已到付息期但尚未领取的债券利息产,单独确认为应收项目。

持有期间，将取得的利息或现金股利确认为投资收益，资产负债表日，将该金融资产的公允价值变动计入当期损益。

处置时，其公允价值与初始入账金额之间的差额确认为投资收益，同时调整公允价值变动损益。

6.2.4 可供出售金融资产核算办法

取得时，按公允价值（扣除已宣告但尚未发放的现金股利或已到付息期但尚未领取的债券利息）和相关交易费用之和作为初始确认金额。支付的价款中包含已宣告但尚未发放的现金股利或已到付息期但尚未领取的债券利息，单独确认为应收项目。

持有期间将取得的利息或现金股利确认为投资收益。资产负债表日，可供出售金融资产以公允价值计量，其公允价值变动确认为其他综合收益并计入资本公积。

处置时，将取得的价款与该金融资产账面价值之间的差额，计入投资损益；同时，将原直接计入所有者权益的公允价值变动累计额对应处置部分的金额转出，计入投资损益。

6.2.5 持有至到期投资核算办法

取得时，按公允价值（扣除已到付息期但尚未领取的债券利息）和相关交易费用之和作为初始确认金额。支付的价款中包含已到付息期但尚未领取的债券利息产，单独确认为应收项目。

持有期间，按照摊余成本和实际利率（如实际利率与票面利率差别较小的，按票面利率）计算确认利息收入，计入投资收益。实际利率在取得时确定，在该预期存续期间或适用的更短期间内保持不变。

处置时，将所取得价款与该投资账面价值之间的差额计入投资收益。

6.2.6 长期股权投资核算方法

6.2.6.1 初始计量

6.2.6.1.1 企业合并形成的长期股权投资

同一控制下的企业合并：公司以支付现金、转让非现金资产或承担债务方式以及以发行权益性证券作为合并对价的，在合并日按照取得被合并方所有者权益账面价值的份额作为长期股权投资的初始投资成本。长期股权投资初始投资成本与支付合并对价之间的差额，调整资本公积；资本公积不足冲减的，调整留存收益。合并发生的各项直接相关费用，包括为进行合并而支付的审计费用、评估费用、法律服务费用等，于发生时计入当期损益。

非同一控制下的企业合并：合并成本为购买日购买方为取得对被购买方的控制权而付出的资产、发生或承担的负债以及发行的权益性证券的公允价值，以及为企业合并而发生的各项直接相关费用。通过多次交换交易分步实现的企业合并，合并成本为每一单项交易成本之和。在合并合同中对可能影响合并成本的未来事项做出约定的，购买日如果估计未来事项很可能发生并且对合并成本的影响金额能够可靠计量的，也计入合并成本。

6.2.6.1.2 其他方式取得的长期股权投资

以支付现金方式取得的长期股权投资，按照实际支付的购买价款作为初始投资成本。

以发行权益性证券取得的长期股权投资，按照发行权益性证券的公允价值作为初始投资成本。初始投资成本包括与取得长期股权投资直接相关的费用、税金及其他必要支出。

在非货币性资产交换具备商业实质和换入资产或换出资产的公允价值能够可靠计量的前提下，非货币性资产交换换入的长期股权投资以换出资产的公允价值为基础确定其初始投资成本，除非有确凿证据表明换入资产的公允价值更加可靠；不满足上述前提的非货币性资产交换，以换出资产的账面价值和应支付的相关税费作为换入长期股权投资的初始投资成本。

通过债务重组取得的长期股权投资，其初始投资成本按照公允价值为基础确定。

6.2.6.2 被投资单位具有共同控制、重大影响的依据

按照合同约定对某项经济活动所共有的控制，仅在与该项经济活动相关的重要财务和经营决策需要分享控制权的投资方一致同意时存在，则视为与其他方对被投资单位实施共同控制；对一个企业的财务和经营决策有参与决策的权力，但并不能够控制或者与其他方一起共同控制这些政策的制定，则视为投资企业能够对被投资单位施加重大影响。

6.2.6.3 后续计量及收益确认

公司能够对被投资单位施加重大影响或共同控制的，初始投资成本大于投资时应享有被投资单位可辨认净资产公允价值份额的差额，不调整长期股权投资的初始投资成本；初始投资成本小于投资时应享有被投资单位可辨认净资产公允价值份额的差额，计入当期损益，同时调整长期股权投资的成本。

公司对子公司的长期股权投资，采用成本法核算，编制合并财务报表时按照权益法进行调整。

对被投资单位具有共同控制或重大影响的长期股权投资，采用权益法核算。

成本法下被投资单位宣告分派的现金股利或利润，确认为当期投资收益。

权益法下本公司确认被投资单位发生的净亏损，以长期股权投资的账面价值以及其他实质上构成对被投资单位净投资的长期权益减记至零为限，本公司负有承担额外损失义务的除外。

被投资单位以后实现净利润的，本公司在其收益分享额弥补未确认的亏损分担额后，恢复确认收益分享额。

被投资单位除净损益、其他综合收益和利润分配以外所有者权益的其他变动，调整长期股权投资的账面价值并计入所有者权益。

6.2.7 投资性房地产核算方法

投资性房地产的范围限定为已出租的土地使用权、持有并准备增值后转让的土地使用权、已出租的建筑物。

投资性房地产按其成本作为入账价值，外购投资性房地产的成本包括购买价款、相关税费和可直接归属于该资产的其他支出；自行建造投资性房地产的成本，由建造该项资产达到预定可使用状态前所发生的必要支出构成。

投资性房地产采用成本模式进行后续计量，采用与固定资产和无形资产相同的方法计提折旧或进行摊销。

投资性房地产的用途改变为自用时，自改变之日起，本公司将该投资性房地产转换为固定资产或无形资产。自用房地产的用途改变为赚取租金或资本增值时，自改变之日起，本公司将固定资产或无形资产转换为投资性房地产。发生转换时，以转换前的账面价值作为转换后的入账价值。

投资性房地产被处置，或者永久退出使用且预计不能从其处置中取得经济利益时，终止确认该项投资性房地产。投资性房地产出售、转让、报废或毁损的处置收入扣除其账面价值和相关税费后的金额计入当期损益。

6.2.8 固定资产计价及折旧方法

6.2.8.1 固定资产确认条件

固定资产指为生产商品、提供劳务、出租或经营管理而持有,并且使用寿命超过一个会计年度的有形资产。固定资产在同时满足下列条件时予以确认:(1)与该固定资产有关的经济利益很可能流入企业;(2)该固定资产的成本能够可靠地计量。

6.2.8.2 固定资产的分类

固定资产包括办公用楼、职工宿舍、电子计算机及外设、其他办公设备、交通运输设备。

6.2.8.3 固定资产的初始计量

固定资产取得时按照实际成本进行初始计量。

外购固定资产的成本,以购买价款、相关税费、使固定资产达到预定可使用状态前所发生的可归属于该项资产的运输费、装卸费、安装费和专业人员服务费等确定。

购买固定资产的价款超过正常信用条件延期支付,实质上具有融资性质的,固定资产的成本以购买价款的现值为基础确定。

自行建造固定资产的成本,由建造该项资产达到预定可使用状态前所发生的必要支出构成。

债务重组取得债务人用以抵债的固定资产,以该固定资产的公允价值为基础确定其入账价值,并将重组债务的账面价值与该用以抵债的固定资产公允价值之间的差额,计入当期损益。

在非货币性资产交换具备商业实质且换入资产或换出资产的公允价值能够可靠计量的前提下,换入的固定资产以换出资产的公允价值为基础确定其入账价值,除非有确凿证据表明换入资产的公允价值更加可靠;不满足上述前提的非货币性资产交换,以换出资产的账面价值和应支付的相关税费作为换入固定资产的成本,不确认损益。

以同一控制下的企业吸收合并方式取得的固定资产按被合并方的账面价值确定其入账价值;以非同一控制下的企业吸收合并方式取得的固定资产按公允价值确定其入账价值。

融资租入的固定资产,按租赁开始日租赁资产公允价值与最低租赁付款额现值两者中较低者作为入账价值。

6.2.8.4 固定资产折旧计提方法

固定资产折旧采用年限平均法分类计提,根据固定资产类别、预计使用寿命和预计净残值率确定折旧率。

各类固定资产预计使用寿命和年折旧率如下:

固定资产类别	预计使用寿命(年)	预计净残值率(%)	年折旧率(%)
办公用楼	30	5	3.17
职工宿舍	20~35	3~5	2.77~4.75
电子设备	3	5	31.67
办公设备	5	5	19
运输设备	4~6	5	15.83~23.75

6.2.9 长期应收款的核算方法

"长期应收款"主要用来核算包括融资租赁产生的应收款项、采用递延方式具有融资性质的销售商品和提供劳务等产生的应收款项等,实质上构成对被投资单位净投资的长期权益,也通过本科目核算。

本公司"长期应收款"主要是用来核算融资租赁产生的应收款项。融资租赁中,在租赁期开始日,本公司按最低租赁收款额与初始直接费用之和作为"长期应收款(应收融资租赁款)"的入账价值,同时记录未担保余值;将最低租赁收款额、初始直接费用及未担保余值之和与其现值之和的差额确认为未实现融资收益。未实现融资收益在租赁期内各个期间采用实际利率法计算确认当期的融资收入。

6.2.10 长期待摊费用的摊销政策

本公司长期待摊费用是指已经支出,但受益期限在1年以上(不含1年)的办公室装修费。摊销方法采用直线法,在受益期内平均摊销。

6.2.11 合并会计报表的编制方法

公司将拥有实际控制权的子公司和特殊目的主体纳入合并财务报表范围。

公司合并财务报表按照《企业会计准则第33号——合并财务报表》及相关规定的要求编制。具体编制时,以本公司和子公司的财务报表为基础,若子公司与本公司采用的会计政策或会计期间不一致的,则按照本公司的会计政策或会计期间对子公司财务报表进行必要的调整,同时按照权益法调整对子公司的长期股权投资,并抵销合并范围内的所有重大内部交易和往来后进行合并。子公司的股东权益中不属于母公司所拥有的部分作为少数股东权益在合并财务报表中股东权益项下单独列示。

对于非同一控制下企业合并取得的子公司,在编制合并财务报表时,以购买日可辨认净资产公允价值为基础对其个别财务报表进行调整;对于同一控制下企业合并取得的子公司,视同该企业合并于合并当期的年初已经发生,从合并当期的年初起将其资产、负债、经营成果和现金流量纳入合并财务报表。

6.2.12 收入确认原则和方法

6.2.12.1 利息收入

在相关的收入金额能够可靠计量,相关的经济利益很可能流入时,按资金使用时间和实际利率确认利息收入。

6.2.12.2 手续费收入

在相关的收入金额能够可靠计量,相关的经济利益很可能流入时确认收入。

6.2.12.3 投资收益

公司持有交易性金融资产和可供出售金融资产期间取得的利息或现金股利确认为当期收益;处置交易性金融资产时其公允价值与初始入账金额之间的差额,确认为投资收益,同时调整公允价值变动收益。处置可供出售金融资产时,取得的价款与原直接计入所有者权益的公允价值变动累计额的和与该金融资产账面价值的差额,计入投资收益。

采用成本法核算的长期股权投资,被投资单位宣告分派的现金股利或利润,确认为当期投资收益;采用权益法核算的长期股权投资,根据被投资单位实现的净利润或经调整的净利润计算应享有的份额确认投资收益。

6.2.12.4 其他业务收入

其他业务收入主要是除主营业务活动以外的其他经营活动实现的收入。在收入的金额能够可靠计量,且相关经济利益很可能流入企业时确认收入。

6.2.13 所得税的会计处理方法

本公司的所得税采用资产负债表债务法核算。资产、负债的账面价值与其计税基础存在差异的,按照规定确认所产生的递延所得税资产和递延所得税负债。

在资产负债表日，对于当期和以前期间形成的当期所得税负债（或资产），按照税法规定计算的预期应交纳（或返还）的所得税金额计量；对于递延所得税资产和递延所得税负债，根据税法规定，按照预期收回该资产或清偿该负债期间的适用税率计量。

递延所得税资产的确认以本公司很可能取得用来抵扣可抵扣暂时性差异、可抵扣亏损和税款抵减的应纳税所得额为限。在无法明确估计可抵扣暂时性差异预期转回期间可能取得的应纳税所得额时，不确认与可抵扣暂时性差异相关的递延所得税资产。对联营企业及合营企业投资相关的应纳税暂时性差异产生的递延所得税负债，予以确认，但同时满足能够控制应纳税暂时性差异转回的时间且该暂时性差异在可预见的未来很可能不会转回的，不予确认；对联营企业及合营企业投资相关的可抵扣暂时性差异产生的递延所得税资产，该可抵扣暂时性差异同时满足在可预见的未来很可能转回即在可预见的将来有处置该项投资的明确计划，且预计在处置该项投资时，除了有足够的应纳税所得以外，还有足够的投资收益用以抵扣可抵扣暂时性差异时，予以确认。

资产负债表日，对递延所得税资产的账面价值进行复核。除企业合并、直接在所有者权益中确认的交易或者事项产生的所得税外，本公司将当期所得税和递延所得税作为所得税费用或收益计入当期损益。

6.2.14 信托报酬确认原则和方法

按照信托合同约定，在相关的收入金额能够可靠计量，相关的经济利益很可能流入时确认收入。

6.3 或有事项的说明

公司的对外担保均为在重新登记前为厦门市一些市政项目提供的担保，2019 年期初数为 2 474 万元、期末数为 2 289 万元。由于以上担保均由厦门市财政局提供反担保，因此，上述或有事项对公司不构成重大影响。

6.4 重要会计政策、会计估计的变更

本年无重要会计政策、会计估计变更。

6.5 会计报表中重要项目的明细资料（母公司）

6.5.1 自营资产经营情况

6.5.1.1 信用风险资产分类情况表

信用风险资产五级分类	正常类（万元）	关注类（万元）	次级类（万元）	可疑类（万元）	损失类（万元）	信用风险资产合计（万元）	不良资产合计（万元）	不良资产率（%）
期初数	572 128	10 052	—	—	—	582 180	—	—
期末数	561 782	151 435	723	—	11	713 951	734	0.10

注：1. 资产数按照计提减值准备前的数字反映。

2. 不良资产合计 = 次级类 + 可疑类 + 损失类。

3. 2019 年信用风险资产 = 各项贷款 + 政府债券（国债）+ 地方政府债券 + 央行票据 + 非金融企业债券 + 金融债券 + 非金融企业股权（含股票）+ 金融机构股权（含股票）+ 存放同业 + 拆放同业 + 金融机构间买入返售资产 + 购买同业存单 + 购买银行非保本理财产品 + 购买信托产品 + 购买资产管理计划 + 其他具有特定目的载体属性的产品投资 + 应收利息和其他应收款 + 其他表内信用风险资产 + 不可撤销的承诺及或有负债（与监管局统计口径一致）。

6.5.1.2 资产减值损失准备

单位：万元

	期初数	本期计提	本期转回	本期核销	期末数
贷款损失准备	125	—	—	—	125
其中：一般准备	—	—	—	—	—
专项准备	125	—	—	—	125
其他资产减值准备	302	7 407	—	—	7 709
其中：可供出售金融资产减值准备	—	216	—	—	216
持有至到期投资减值准备	278	96	—	—	374
长期股权投资减值准备	—	—	—	—	—
坏账准备	24	36	—	—	60
投资性房地产减值准备	—	—	—	—	—
其他减值准备	—	7 059	—	—	7 059
合计	427	7 407	—	—	7 834

6.5.1.3 自营投资情况

单价：万元

	自营股票	基金	债券	长期股权投资	其他投资	合计
期初数	28 727	59 968	1 469	82 101	323 282	495 546
期末数	30 078	37 408	5943	104 275	334 537	512 241

6.5.1.4 前五名长期股权投资企业情况

企业名称	占被投资企业权益的比例（%）	主要经营活动	投资损益（万元）
1. 南方基金管理股份有限公司	13.72	基金募集、基金销售等	12 155
2. 圆信永丰基金管理有限公司	51	基金募集、基金销售、资产管理和中国证监会许可的其他业务。	—

注：投资损益是指按照企业会计准则规定，核算股权投资确认损益并计入披露年度利润表的金额。

6.5.1.5 前五名自营贷款企业情况

企业名称	占贷款总额的比例（%）	还款情况
盛屯矿业集团股份有限公司	100	贷款未到期

6.5.1.6 表外业务

单位：万元

表外业务	期初数	期末数
担保业务	2 474	2 289
代理业务（委托业务）	3 308	3 308
其他	—	—
合计	5 782	5 597

注：代理业务主要反映因客观原因应规范而尚未完成规范的历史遗留委托业务，包括委托贷款和委托投资。

6.5.1.7 公司当年的收入结构

收入结构	金额（万元）	占比（%）
手续费及佣金收入	58 113	58.95
其中：信托手续费收入	58 113	58.95
投资银行业务收入	—	—
利息收入	2 718	2.76
其他业务收入	1 796	1.82

续表

收入结构	金额(万元)	占比(%)
投资收益	35 077	35.58
其中:股权投资收益	12 155	12.33
证券投资收益	3 375	3.42
其他投资收益	19 547	19.83
公允价值变动收益	702	0.71
资产处置收益	—	—
其他收益	32	0.03
营业外收入	145	0.15
收入合计	98 581	100

注:手续费及佣金收入、利息收入、其他业务收入、投资收益、营业外收入均为损益表中的一级科目,其中手续费及佣金收入、利息收入、营业外收入为未抵减掉相应支出的全年累计实现收入数。

6.5.2 信托资产管理情况

6.5.2.1 信托资产的期初数、期末数

单位:万元

信托资产	期初数	期末数
集合	6 953 836	6 833 384
单一	12 216 988	11 976 787
财产权	326 815	1 292 631
合计	19 497 639	20 102 802

6.5.2.1.1 主动管理型信托业务情况

单位:万元

主动管理型信托资产	期初数	期末数
证券投资类	237 103	245 915
其他投资类	852 207	962 750
融资类	2 176 986	5 182 163
事务管理类	11 220	5 612
合计	3 277 516	6 396 440

6.5.2.1.2 被动管理型信托业务情况

单位:万元

被动管理型信托资产	期初数	期末数
证券投资类	37 779	174 047
其他投资类	84 228	467 438
融资类	1 269 098	2 480 559
事务管理类	14 829 017	10 584 318
合计	16 220 123	13 706 362

6.5.2.2 本年度已清算结束的信托项目情况

6.5.2.2.1 本年度已清算结束的集合类、单一类、财产管理类信托项目情况

已清算结束的信托项目	项目个数(个)	实收信托合计金额(万元)	加权平均实际年化收益率(%)
集合类(非证券投资类)	64	3 999 032	5.95
集合类(证券投资类)	22	511 047	-1.72
单一类	126	6 326 964	4.96
财产管理类	2	92 117	5.69

注:1. 收益率是指信托项目清算后,给受益人赚取的实际收益水平。

2. 加权平均实际年化收益率=(信托项目1的实际年化收益率×信托项目1的实收信托+信托项目2的实际年化收益率×信托项目2的实收信托+…+信托项目 n 的实际年化收益率×信托项目 n 的实收信托)/(信托项目1的实收信托+信托项目2的实收信托+…+信托项目 n 的实收信托)×100%。

6.5.2.2.2 本年度已清算结束的主动管理型信托项目情况

已清算结束的信托项目	项目个数(个)	实收信托合计金额(万元)	加权平均实际年化信托报酬率(%)	加权平均实际年化收益率(%)
投资类(非证券类)	17	1 211 546	0.38	4.78
投资类(证券类)	14	341 677	0.38	-2.62
融资类	53	2 192 255	0.74	5.75
事务管理类	—	—	—	—

注:加权平均实际年化信托报酬率=(信托项目1的实际年化信托报酬率×信托项目1的实收信托+信托项目2的实际年化信托报酬率×信托项目2的实收信托+…+信托项目 n 的实际年化信托报酬率×信托项目 n 的实收信托)/(信托项目1的实收信托+信托项目2的实收信托+…+信托项目 n 的实收信托)×100%。

6.5.2.2.3 本年度已清算结束的被动管理型信托项目情况

已清算结束的信托项目	项目个数(个)	实收信托合计金额(万元)	加权平均实际年化信托报酬率(%)	加权平均实际年化收益率(%)
投资类	5	135 593	0.16	8.10
融资类	7	515 730	0.21	5.81
事务管理类	114	6 532 358	0.19	5.08

6.5.2.3 本年度新增的信托项目情况

新增信托项目	项目个数(个)	实收信托合计金额(万元)
集合类	106	4 784 069
单一类	164	6 379 973
财产管理类	22	1 272 346
新增合计	292	12 436 388
其中:主动管理型	172	7 289 809
被动管理型	120	5 146 579

6.5.2.4 信托业务创新成果和特色业务情况

资产证券化信托。公司资产支持票据(ABN)业务实现零突破,其中包括厦门市企业首单ABN项目、国内首单嵌入CRMW(信用风险缓释凭证)的ABN项目、国内首单高速公路广告收益ABN项目等。

消费信托。公司在传统银行代销和银行线上代销等方面深入与金融科技服务商对接,并积极介入消费金融合作、私募基金合作、小微企业授信合作、消费信贷资产银登中心流转等各项业务。

家族信托。公司推出了创新产品"同安系列"家庭信托,投资起点为300万元,拓展了家族信托的客户来源。同时,公司拓展家族信托的服务范围,除了投资理财服务外,进一步承担了委托人的财务顾问角色,提供投融资、并购重组和业务拓展等咨询服务。

6.5.2.5 本公司履行受托人义务情况及因本公司自身责任而导致的信托资产损失

公司严格按照信托法规要求,忠实履行信托合同的义务,至本年度末,没有因本公司自身责任而导致的信托资产损失。

6.5.2.6 信托赔偿准备金的提取、使用和管理情况

公司每年按照净利润的5%计提信托赔偿准备金。截至2019年12月31日,信托赔偿准备金期末余额为27 697万元。本公司提取的信托赔偿准备金尚未使用过。

6.6 关联方关系及其交易

6.6.1 股东及其控股股东、实际控制人、一致行动人、最终受益人情况

公司股东	控股股东	实际控制人	一致行动人	最终受益人
★厦门金圆金控股份有限公司	厦门金融控股有限公司持股99%	厦门金圆投资集团有限公司（持有厦门金融控股有限公司100%股权）	无	厦门市财政局，100%持股厦门金圆投资集团有限公司
厦门建发集团有限公司	厦门市人民政府国有资产监督管理委员会，100%持股	无	无	厦门市人民政府国有资产监督管理委员会
厦门港务控股集团有限公司	厦门市人民政府国有资产监督管理委员会，100%持股	无	无	厦门市人民政府国有资产监督管理委员会

6.6.2 关联交易的数量、交易总金额及交易的定价政策

	关联交易方数量（个）	关联交易金额（万元）	定价政策
合计	17	597 227	市场公允价格。对关联方的贷款利率定价依据参照其他商业银行对其同类贷款利率水平，及与我司发放给其他具有同等资信条件非关联方的贷款利率；其他交易方式均按公允交易价格执行。

6.6.3 关联交易方的基本情况

关系性质	关联方名称	法定代表人	注册地址	注册资本	主营业务
实际控制人	厦门金圆投资集团有限公司	檀庄龙	厦门市思明区展鸿路82号厦门国际金融中心46层4610－4620单元	200.85亿元	对金融、工业、文化、服务、信息等行业的投资与运营；产业投资、股权投资的管理与运营；土地综合开发与运营、房地产开发经营。
母公司	厦门金圆金控股份有限公司	檀庄龙	厦门市思明区展鸿路82号厦门国际金融中心46层4605～4609单元	45.65亿元	对金融产业的投资、创业投资、创业投资咨询、为创业企业提供创业管理服务、产业投资、股权投资管理与运营等。
持有本公司10%股权的股东	厦门建发集团有限公司	黄文洲	厦门市思明区环岛东路1699号建发国际大厦43楼	65.5亿元	主营涉及供应链运营、房地产开发、旅游酒店、会展业以及投资等。
直接受本公司其他股东控制	厦门港务金融控股有限公司	傅承景	中国（福建）自由贸易试验区厦门片区沧江路98号综合楼202单元	10亿元	接受金融机构委托从事金融信息技术外包、金融业务流程外包及金融知识流程外包；对第一产业、第二产业、第三产业的投资等。
受同一母公司控制的其他企业	金圆资本管理（厦门）有限公司	李云祥	厦门市思明区展鸿路82号厦门国际金融中心45层4501～4503单元	2.58亿元	投资管理、资产管理其他企业管理服务等。
受同一母公司控制的其他企业	厦门市创业投资有限公司	薛荷	厦门市思明区展鸿路82号厦门国际金融中心45层4508～4512单元	4.92亿元	创业投资业务、创业投资咨询业务、为创业企业提供创业管理服务业务等。
关联自然人直接或间接控制、或担任董事、监事及高级管理人员的其他企业	厦门银行股份有限公司	吴世群	厦门市思明区湖滨北路101号商业银行大厦	23.75亿元	吸收公众存款；发放短期、中期和长期贷款；办理国内结算等。
受同一集团控制的其他企业	厦门市两岸金融中心建设开发有限公司	黄昆明	厦门市湖里区泗水道619号130室	8.9亿元	土地储备、土地综合开发与运营、房地产开发经营、项目投资、酒店管理。
受同一集团控制的其他企业	厦门金圆置业有限公司	黄瑞荣	厦门市思明区展鸿路82号厦门金融中心大厦4层04、05、07单元	500万元	物业管理、房地产开发运营。
本公司子公司	圆信永丰基金管理有限公司	洪文瑾	厦门市思明区展鸿路82号厦门金融中心大厦21层2102单元	2亿元	基金募集、基金销售、资产管理和中国证监会许可的其他业务。
本公司有重大影响的联营公司	南方基金管理股份有限公司	张海波	深圳市福田中心区福华一路6号免税商务大厦塔楼31～33层	3亿元	从事证券基金投资管理业务和发起设立证券投资基金。
受同一母公司控制的其他企业	厦门资产管理有限公司	林晟	中国（福建）自由贸易试验区厦门片区海沧新大街27号473室	16亿元	金融资产管理（开展金融企业不良资产的批量收购、处置业务）；资产管理（法律、法规另有规定除外）；兼营与主营业务有关的商业保理业务；从事企业购并、投资、资产管理、产权转让的中介服务。

续表

关系性质	关联方名称	法定代表人	注册地址	注册资本	主营业务
受同一集团控制的其他公司	厦门市融资担保有限公司	李云祥	厦门市思明区展鸿路82号厦门国际金融中心22层	9亿元	主营贷款担保、票据承兑担保、贸易融资担保、项目融资担保、信用证担保等担保业务和其他法律、法规许可的融资性担保业务；兼营范围为诉讼保全担保、履约担保以及与担保业务有关的融资咨询、财务顾问等中介服务和以自有资金进行的投资。
受同一集团控制的其他公司	厦门景合资产管理有限公司	郭韶红	中国（福建）自由贸易试验区厦门片区象屿路97号厦门国际航运中心D栋8层05单元X	1 000万元	资产管理；受托管理股权投资，提供相关咨询服务；在法律法规许可的范围内，运用本基金资产对未上市企业或股权投资企业进行投资；受托管理股权投资基金，提供相关咨询服务；对第一产业、第二产业、第三产业的投资；依法从事对非公开交易的企业股权进行投资以及相关咨询服务；投资管理；其他未列明企业管理服务；企业管理咨询；投资管理咨询；投资咨询。
间接受本公司其他股东控制	龙岩利瑞房地产开发有限公司	阮学军	福建省龙岩市新罗区曹溪街道下寮新村51号13层1308室	5 000万元	房地产开发经营，物业管理
本公司董事	陈工	—	—	—	—
本公司高级管理人员及其关系密切的家庭成员	张云丹	—	—	—	—

6.6.4 与关联方的重大交易事项

6.6.4.1 固有与关联方交易情况

单位：万元

固有与关联方关联交易				
	期初数	本期增加额	本期减少额	期末数
贷款	—	—	—	—
投资	48 148	128 201	133 712	42 636
租赁	243	728	970	—
担保	—	29	—	29
应收账款	—	—	—	—
其他	146	1 628	1 631	143
合计	48 537	130 585	136 313	42 808

6.6.4.2 信托与关联方交易

单位：万元

信托与关联方关联交易				
	期初数	本期增加额	本期减少额	期末数
贷款	5 180	5 180	5 180	5 180
投资	89 158	31 700	14 187	106 671
租赁	—	—	—	—
担保	—	—	—	—
应收账款	—	—	—	—
其他	704 627	585 747	847 806	442 568
合计	798 965	622 627	867 173	554 419

6.6.4.3 固信交易、信信交易

6.6.4.3.1 固有与信托财产交易情况

单位：万元

固有财产与信托财产相互交易			
期初数	本期增加额	本期减少额	期末数
128 271	262 954	195 093	196 132

6.6.4.3.2 信托项目之间交易情况

单位：万元

信托资产与信托财产相互交易		
期初数	本期净减少额	期末数
814 912	269 969	544 943

6.6.5 关联方逾期未偿还本公司资金的情况以及本公司为关联方担保发生或即将发生垫款的情况

报告期内无此情况。

6.7 会计制度的披露

本公司固有业务及信托业务均执行国家财政部颁布的《企业会计准则——基本准则》及42项具体会计准则及其相关规定。

7. 财务情况说明书

7.1 利润实现和分配情况

2019年公司实现净利润为54 251万元，合并净利润为55 734万元。根据《公司法》《信托公司管理办法》及《公司章程》，公司对本年实现的母公司净利润54 251万元进行分配，其中：提取10%法定盈余公积5 425万元、提取任意盈余公积3 743万元、提取5%信托赔偿准备2 713万元。

7.2 主要财务指标

指标名称	指标值
资本利润率（%）	10.56
加权年化信托报酬率（%）	0.33
人均净利润（万元）	237.94

注：1. 资本利润率＝净利润/所有者权益平均余额×100%。

2. 所有者权益平均余额是指评级年度内年初及各季末所有者权益余额的移动算术平均数，公式为 a（平均）＝（$a0/2+a1+a2+a3+a4/2$）/4。

3. 加权年化信托报酬率＝（信托项目1的实际年化信托报酬率×信托项目1的实收信托＋信托项目2的实际年化信托报酬率×信托项目2的实收信托＋信托项目 n 的实际年化信托报酬率×信托项目 n 的实收信托）/（信托项目1的实收信托＋信托项目2的实收信托＋信托项目 n 的实收信托）×100%。

4. 人均净利润＝净利润/年平均人数，年平均人数＝∑每月末人数/12。

7.3 公司净资本管理情况

截至2019年12月31日，公司净资本各项监管指标符合监管要求，各监管指标具体情况如下：

（1）净资本 =44.35 亿元≥2 亿元。

（2）净资本/各项业务风险资本之和 =443 518.86/305 443.04 =145.21% ≥100%。

（3）净资本/净资产 =443 518.86/ 530 570.26 =83.59% ≥40% 。

7.4 对本公司财务状况、经营成果有重大影响的其他事项

本报告期内无其他重大影响事项。

8. 特别事项揭示

8.1 前五名股东报告期内变动情况及原因

无。

8.2 董事、监事及高级管理人员变动情况及原因

2019 年，未有董事、监事变动。2019 年 6 月，因管理需要，公司董事会同意解除对蔡炎坤先生公司副总经理职务的聘任，经相关任职程序后，蔡炎坤先生担任公司控股子公司圆信永丰基金管理有限公司总经理职务。2019 年 9 月，因工作需要，经公司研究，报中国银行保险监督管理委员会厦门监管局（以下简称厦门银保监局）任职资格核准后，公司风险管理部总经理张文伟先生兼任公司风险总监。2019 年 11 月，因公司原总经理李自成先生任期届满，经公司董事会决议通过，并经厦门银保监局任职资格核准，由公司原副总经理胡荣炜先生担任公司总经理，同期，公司原总经理助理苏荣坚先生、郑华女士升任为公司副总经理。

8.3 变更营业场所事项

无。

8.4 公司的重大诉讼事项

重大未决诉讼事项：厦门国际信托有限公司与被执行人江苏宏图高科技股份有限公司、三胞集团有限公司、袁亚非仲裁执行一案。

以前年度发生，于本报告年度终结的诉讼事项：无。

本报告年度发生，于本报告年度终结的诉讼事项：申请人厦门国际信托有限公司与被申请人湘潭九华经济建设投资有限公司、湘潭九华水利建设投资有限公司仲裁纠纷一案。

8.5 公司董事会对审计报告提及事项的说明

无。

8.6 公司及其董事、监事和高级管理人员受到处罚的情况

公司及其董事、监事和高级管理人员于 2019 年不存在受到处罚的情况。

8.7 中国银保监会及其派出机构对公司检查后提出整改意见及其整改情况

本年度厦门银保监局对公司检查后未提出整改意见。

8.8 本年度重大事项临时报告简要内容、披露时间、所披露的媒体及版面

2019 年 3 月 15 日，在《证券时报》B1 版发布《厦门国际信托有限公司关于更换会计师事务所的公告》。2019 年 11 月 19 日，在《证券时报》B1 版与《厦门日报》B04 版发布《厦门国际信托有限公司关于总经理变更的公告》。

8.9 本年度消费者权益保护工作开展情况

公司根据人民银行《金融消费者权益保护实施办法》、银保监会《银行业消费者权益保护工作指引》等有关规定及《公司章程》，深化消费者权益保护相关制度的修订完善工作，加强消费者权益保护工作的体制机制建设。

公司财富管理中心作为消费者权益保护的专门职能部门，牵头组织、协调、督促相关部门开展消费者权益保护工作。公司消费者权益保护工作主要分为专题类与常规类，专题类围绕 2019 年“3·15”银行业和保险业消费者权益保护教育宣传周和 2019 年“普及金融知识，守住‘钱袋子’”活动，切实开展消费者权益保护宣传工作，通过接洽各社区、街道办、商户、学校和商业写字楼，针对不同人群开展了各种类型的金融知识普及宣传活动。常规类通过日常柜面服务及宣传、现场宣讲、产品路演等活动推进，同时深化微信公众平台、厦信财富 APP 应用程序、网络媒体宣传。

8.10 中国银保监会及其省级派出机构认定的其他有必要让客户及相关利益人了解的重要信息

无。

新华信托股份有限公司

1. 重要提示

1.1 新华信托股份有限公司(以下简称公司)董事会及董事保证:本年度报告所载资料不存在任何虚假记载、误导性陈述或者重大遗漏,并对其内容的真实性、准确性和完整性承担个别及连带责任。

1.2 公司独立董事张玉敏女士、汪方军及黄志亮先生声明:保证本年度报告的内容真实、准确和完整。

1.3 公司法定代表人李桂林先生、总经理项琥先生、主管会计工作负责人夏亮先生声明:保证本年度报告中的财务报告真实、准确和完整。

2. 公司概况

2.1 公司简介

2.1.1 公司基本情况

公司始创于1979年。1986年5月,经中国人民银行《关于成立中国工商银行重庆信托投资公司的批复》(银复[1986]113号)批准,成立中国工商银行重庆信托投资公司。1992年3月,经中国人民银行重庆市分行和重庆市经济体制改革委员会《关于完善中国工商银行重庆信托投资公司股份制体制有关问题的批复》(重人行发[92]字第66号)同意改制为股份有限公司。1998年1月,经中国人民银行《关于中国工商银行重庆信托投资股份有限公司变更受让单位及更名等有关事宜的批复》批准,中国工商银行转让其所持公司股份给新产业投资股份有限公司,之后公司更名为重庆新华信托投资股份有限公司。2001年10月,公司按照中国人民银行的要求首批完成重新登记,同时报经中国人民银行批准,公司增资扩股至5亿元;同年12月,经中国人民银行重庆营业管理部批准,公司更名为新华信托投资股份有限公司。2007年9月,经中国银行业监督管理委员会批准,公司更名为新华信托股份有限公司。2008年8月,经中国银监会《关于新华信托股份有限公司吸收巴克莱银行有限公司入股及股权结构调整有关事项的批复》(银监复[2008]327号)批准,公司于2009年1月增资扩股至6.2112亿元。2012年8月,经重庆银监局《关于新华信托股份有限公司变更注册资本及修改〈公司章程〉等有关事项的批复》(渝银监复[2012]70号)批准,公司于2012年12月将部分未分配利润转增为注册资本,转增后公司注册资本为12亿元。2015年6月23日,经重庆银监局《关于新华信托增资扩股、股权结构调整及章程修订的批复》(渝银监复[2015]62号)核准,公司增加注册资本30亿元,注册资本达到42亿元。

2.1.2 公司法定中、英文名称及缩写

公司法定中文名称:新华信托股份有限公司

中文名简称:新华信托

公司法定英文名称:New China Trust Co., Ltd.

英文名缩写:NCT

2.1.3 公司法定代表人:李桂林

2.1.4 公司注册地址:重庆市江北区创富路3号1幢1层、5层至13层

邮政编码:400020

国际互联网网址:http://www.nct-china.com

电子信箱:service@nct-china.com

2.1.5 公司信息披露事务负责人:姜志�史

公司信息披露事务联系人:王文文

联系电话:(86)023-6558 6597

传　　真:(86)023-6379 2460

电子信箱:board@nct-china.com

2.1.6 公司选定的信息披露报纸:《上海证券报》《金融时报》

公司年度报告备置地点:重庆市江北区创富路3号1幢

2.1.7 公司聘请的会计师事务所:大信会计师事务所(特殊普通合伙)

住所:北京市海淀区知春路1号学院国际大厦15层

邮政编码:100083

2.2 组织结构

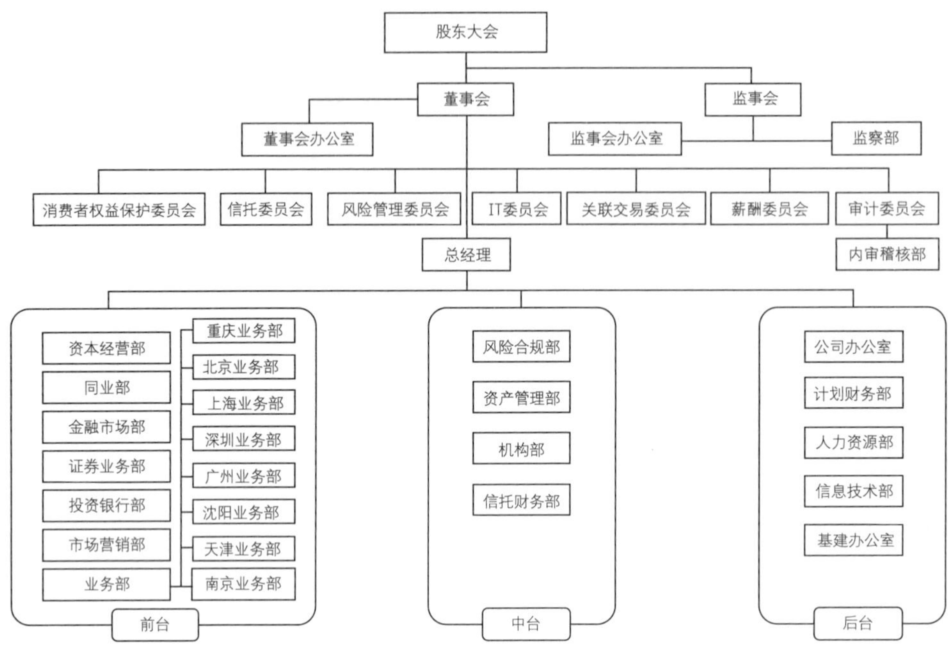

3. 公司治理

3.1 股东

报告期末，公司股东总数为6家，即上海珊瑚礁信息系统有限公司（以下简称珊瑚礁）、上海纪辉资产管理有限公司（以下简称纪辉）、新产业投资股份有限公司（以下简称新产业）、北京宏达信资产经营有限公司（以下简称宏达信）、人和投资控股股份有限公司（以下简称人和）、巴克莱银行有限公司（Barclays Bank PLC，以下简称巴克莱）。

股东间关联关系情况：无。

公司全部股东简要情况

股东名称	持股比例（%）	法定代表人	注册资本（万元）	注册地址	主要经营业务及报告年度主要财务情况
珊瑚礁	40.00	管梅	170 000.00	上海市浦东上钢三村45号甲1043室	计算机、电子专业技术领域内的"四技"服务，电子设备及产品、电气设备的销售。（依法须经批准的项目，经相关部门批准后方可开展经营活动）。 主要财务情况：总资产为423 013.09万元，总负债为－10.05万元，所有者权益为423 023.14万元。
纪　辉	21.43	赵永和	100 000.00	中国（上海）自由贸易试验区浦东大道2123号3E－1795室	资产管理（除金融业务），投资管理，投资咨询、企业管理咨询（除经纪），贸易经纪与代理（除拍卖），企业形象策划，市场信息咨询与调查（不得从事社会调查、社会调研、民意调查、民意测验），实业投资，产权经纪（依法须经批准的项目，经相关部门批准后方可开展经营活动）。 主要财务情况：总资产为402 929.95万元，总负债为0.01万元，所有者权益为402 929.94万元。
新产业	17.33	蔡炜炜	190 000.00	深圳市福田区振兴路3号建艺大厦17楼	投资兴办实业（具体项目另行申报）；投资咨询；工程咨询（凭工程咨询资质证书开展咨询业务）。 主要财务情况：总资产为413 706.95万元，总负债为86 803.01万元，所有者权益为326 903.94万元。
宏达信	10.00	夏丽华	230 000.00	北京市东城区王府井大街218－1号B401	资产管理；投资管理；技术咨询、技术开发、技术转让、技术服务。 主要财务情况：总资产为487 106.37万元，总负债为59 554.10万元，所有者权益为427 552.27万元。

续表

股东名称	持股比例(%)	法定代表人	注册资本(万元)	注册地址	主要经营业务及报告年度主要财务情况
人　和	5.67	丁宇明	150 000.00	北京市朝阳区光华路甲8号1号楼13层1605	投资及投资管理;经济贸易咨询;销售机械设备、建材、五金交电、日用品、电子产品、化工产品(不含危险化学品和一类易制化学品)、金属材料、电器机械、文具用品、体育用品、工艺品;汽车租赁(不含九座以上客车)。 主要财务情况:总资产为1 964 798万元,总负债为1 367 999.99万元,所有者权益为596 798.01万元。
巴克莱	5.57	不适用	已发行普通股实收资本2 342百万英镑;已发行累积可赎回英镑优先股本1 000英镑;已发行欧元优先股本3 185 600欧元;已发行美元优先股本5 813 300美元。	1 Churchill Place, London, E14 5HP, UK	信用卡、批发银行、投资银行;财富管理、投资管理。 主要财务情况:总资产876 672百万英镑,总负债826 057百万英镑,所有者权益50 615百万英镑 。

3.2 董事

根据《公司章程》的规定,公司董事会由9人组成,其中独立董事3人。公司董事任期为3年,可连选连任,独立董事累计任职不超过6年。

董事会成员基本情况

姓名	职务	性别	年龄(岁)	选任日期	所推举的股东名称	该股东持股比例(%)	简要履历
李桂林	董事长	男	56	2015年8月	公司提名	—	曾任人民银行长春市分行金融研究所副所长、调统处副处长、计划处副处长,人民银行沈阳分行货币信贷处副处长,人民银行白城中心支行党委书记、行长;人民银行沈阳分行股份制银行监管处处长,辽宁银监局股份制银行监管处处长、统计信息处处长、现场检查一处处长,哈尔滨银行沈阳分行党委书记、行长;现任新华信托股份有限公司党委书记、董事长。
项　琥	董事	男	48	2016年12月	珊瑚礁	40.00	曾任中国国际信托投资公司天津分公司干部,中信证券天津证券业务部经理,中信证券天津解放北路营业部总经理,天津协通咨询中心国债服务部副经理,天津未来保险代理有限公司总经理,新华信托股份有限公司天津业务部总经理、公司副总经理(代为履行总经理职责);现任新华信托股份有限公司董事、总经理。
李春莉	董事	女	48	2015年12月	珊瑚礁	40.00	曾任天津市红桥区企业管理局(后改制为天津天宝工贸集团公司)职员,香港京华山一企业融资有限公司北京代表处项目经理,北京博瑞胜智咨询有限公司项目经理,北京智通昌荣咨询有限公司咨询顾问;现任上海珊瑚礁信息系统有限公司战略发展部副总裁,新华信托股份有限公司董事。
吴军安	董事	男	40	2015年12月	纪辉	21.43	曾任上海浪潮工贸有限公司工程师、技术部经理、副总经理,太平洋证券股份公司人力资源部高级经理、投资银行总部筹备组成员;现任新华信托股份有限公司董事。
金洪伟	董事	男	43	2015年12月	宏达信	10.00	曾任佳木斯大学历史系教师,北京嘉润律师事务所律师,北京建龙重工集团有限公司律师;现任北京宏达信资产经营有限公司副总裁、法务部经理,新华信托股份有限公司董事。
魏相永	董事	男	50	2015年12月	新产业	17.33	曾任山东铝业公司会计、财务主管,中能发展电力集团公司财务总监,华资实业股份有限公司董事会秘书;现任新产业投资股份有限公司副总裁,新华信托股份有限公司董事。

独立董事简要情况

姓名	所在单位及职务	性别	年龄(岁)	选任日期	所推举的股东名称	该股东持股比例(%)	简要履历
张玉敏	西南政法大学教授	女	73	2015年12月	公司提名	—	曾任贵州省纳雍县政法机关工作人员,贵州省纳雍县公安局副局长,贵州省纳雍县法院副院长;现任西南政法大学教授,新华信托股份有限公司独立董事。
汪方军	西安交通大学副教授	男	44	2015年12月	纪辉	21.43	曾受聘恒泰证券股份有限公司独立董事,担任董事会审计委员会主任委员、薪酬委员会委员;目前是西安交通大学会计与财务系副教授、博士生导师;现任新华信托股份有限公司独立董事。
黄志亮	重庆工商大学教授	男	64	2015年12月	公司提名	—	曾任贵州大学教师,重庆市政府办公厅财经办主任科员,重庆商学院讲师、副教授、教授、系副主任、系主任、副院长,重庆工商大学党委副书记、副校长、教授、硕士生导师(期间,任民丰农化、建峰化工独立董事),重庆工商大学党委常委、副校长、教授、博士生导师;目前为重庆工商大学长江上游经济研究中心经济学教授、博导、《西部论坛》主编;现任新华信托股份有限公司独立董事。

3.3 监事

根据《公司章程》的规定，公司监事会由5人组成，其中员工监事2人。公司监事任期3年，可连选连任。监事会未设立专门委员会。

监事会成员简要情况

姓名	职务	性别	年龄（岁）	选任日期	所推举的股东名称	该股东持股比例（%）	简要履历
刘建良	监事会主席、员工监事	男	51	2015年1月	公司提名	—	曾任北京燕山石化公司车间主任、公司营销管理部部长、公司综合办公室主任、公司技术开发部部长、公司副总经理及下属多家企业董事长、总经理，内蒙古乌达发电集团公司总经理，包头明天科技股份有限公司副总裁、总裁，内蒙古西水创业股份有限公司董事长、总经理；现任新华信托股份有限公司监事会主席、党委副书记、纪委书记、工会主席。
肖　磊	员工监事	男	48	2012年12月	公司提名	—	曾任中国重型汽车集团公司财务部财务管理岗位、资产管理处副处长、综合室主任（其间，任中国重汽与沃尔沃卡车公司合资项目财务组负责人），浙江金融租赁股份有限公司计划财务部总经理，北京鸿智慧通有限公司副总经理等职；现任新华信托股份有限公司监事、稽核总监、内审稽核部总经理。
王永卫	监事	男	51	2015年11月	珊瑚礁	40.00	曾任包头市精胶厂员工，北京康海天达科技有限公司监察员、经理、负责人；现任新华信托股份有限公司监事、监察部总经理、监事会办公室主任。
郑福成	监事	男	52	2015年11月	纪辉	21.43	曾任内蒙古赤峰市元宝山区人民检察院工作人员，北京正皓律师事务所律师；现任北京有因律师事务所律师，新华信托股份有限公司监事。
田爱学	监事	男	46	2016年10月	宏达信	10.00	曾任北京建筑材料机械制造厂财务部出纳、会计、主管会计、财务经理，紫光股份有限公司财务部财务经理，外派控股子公司财务总监、副总经理，清华控股有限公司控股子公司财务总监、副总经理、董事会秘书、监事；现任北京宏达信资产经营有限公司财务总监，新华信托股份有限公司监事。

3.4 高级管理人员

高级管理人员简要情况

姓名	职务	性别	年龄（岁）	选任日期	金融从业年限（年）	学历	专业
项　琥	总经理	男	48	2016年10月	27	硕士研究生	经济法
胡立新	副总经理	男	56	2014年3月	19	硕士研究生	经济学
罗建华	副总经理	男	52	2017年4月	19	硕士研究生	航空宇航系统工程与管理工程
夏亮	首席财务官	男	46	2012年11月	12	硕士研究生	工商管理
彭光萍	副总经理	女	44	2017年5月	21	硕士研究生	工商管理

3.5 公司员工

报告期末，公司职工人数为148人，公司平均年龄为38.3岁，学历分布如下：

学历	人数（人）	分布比率（%）
博士研究生	1	0.68
硕士研究生	62	41.89
本科	79	53.38
专科	6	4.05
其他	—	—

4. 经营管理

4.1 经营目标、经营方针、战略规划

全面提升经营管理水平，加强风险防范与化解能力，优化业务结构，最终形成公司的核心竞争优势，从而不断提高经营绩效，真正成长为优秀的金融资产管理机构。

公司秉承“珍视所托、专业理财”的经营理念，贯彻“信托为本、面向市场、勇于创新”的经营方针，以客户为中心、市场为导向，树立公司一流的品牌形象，确保公司长期可持续发展。

全面深化改革，加强公司治理，切实加强执行力建设，提升存续项目管理能力，审慎开展新业务，根据公司治理状况、风险管理水平、人才团队建设和软硬件支撑等情况，制定不同业务模式的发展规划，优化业务结构，强化责任意识，树立良好社会形象。

4.2 经营业务的主要内容

4.2.1 自营资产运用与分布表

自营资产运用与分布表

资产运用	金额（万元）	占比（%）	资产分布	金额（万元）	占比（%）
货币资产	182.64	0.02	基础产业	16 925.54	2.30
贷款及应收款	331 668.05	45.08	房地产业	323 430.68	43.96
交易性金融资产	—	—	证券市场	—	—
可供出售金融资产	267 223.90	36.32	实业	—	—
持有至到期投资	—	—	金融机构	42 705.45	5.80
长期股权投资	36 705.70	4.99	其他	352 735.23	47.94
其他	100 016.61	13.59			
资产总计	735 796.90	100.00	资产总计	735 796.90	100.00

4.2.2　信托资产运用与分布表

信托资产运用与分布表

资产运用	金额（万元）	占比（%）	资产分布	金额（万元）	占比（%）
货币资产	14 363.92	0.10	基础产业	2 948 156.94	20.28
贷款	7 998 835.54	55.03	房地产	3 010 544.50	20.71
交易性金融资产	420 350.03	2.89	证券市场	502 239.28	3.46
可供出售金融资产	15 406.99	0.11	实业	5 454 506.66	37.53
持有至到期投资	2 911 608.00	20.03	金融机构	2 211 493.68	15.22
长期股权投资	1 009 419.48	6.95	其他	407 417.98	2.80
其他	2 164 375.08	14.89			
信托资产总计	14 534 359.04	100.00	信托资产总计	14 534 359.04	100.00

4.3　市场分析

自2018年“资管新规”正式落地及“资管新规”细则（以下简称资管细则）出台以来，资管行业的监管框架日趋清晰，格局也逐步明朗。其中，资管细则的出台有利于资管业务的平稳转型，即有序化解长期风险，又兼顾短期经济承受能力，开启了政策边际改善的大幕。与此同时，对资产管理业务过渡期内信托监管也规定了适用范围、整改要求、通道业务差异化处理、明确产品嵌套等标准，同时支持信托公司开展符合监管要求、投向实体经济的通道业务。

监管机构持续深入推进金融供给侧结构性改革的主要手段包括改善金融供给、优化金融结构、降低融资成本、提高配置效率、畅通供给渠道。支持实体经济发展是信托行业的立业之基，相较于银行，信托公司兼具灵活、反应迅速、风险偏好相对较高的特点，可快速响应实体经济中长尾客户的融资需求，高效服务实体经济，在补充传统金融薄弱环节中可发挥重要作用。

随着我国家族财富快速积累，对财富传承与管理的需求巨大，家族信托发展空间广阔，许多信托公司均成立财富中心并推出家族信托办公室，积极提升品牌知名度。慈善信托作为家族信托业务的重要突破口，在监管部门和信托公司的共同努力下，正努力发展“互联网＋公益信托”“慈善基金会＋公益信托”“家族财富管理＋公益信托”等创新业务模式。公益（慈善）信托或将成为信托公司盈利的独门绝技，成为特色鲜明、具有差异定位的独特风景。

4.4　内部控制

公司建立了由股东大会、董事会、监事会、高级管理层组成的“三会一层”法人治理结构。“三会一层”分工明确、权责清晰、制衡合理。董事会下设薪酬委员会、风险管理委员会、信托委员会、关联交易委员会、审计委员会、IT委员会和消费者权益保护委员会。公司不断完善尽职管理、科学激励、约束监督的治理机制。

公司内部设置了前台业务部门和中后台职能部门，各部门的职责和权限界定明确，确保其在授权范围内履行职能。公司牢固树立内部控制与风险管理优先的发展理念，营造合规经营的文化环境。通过组织学习，公司将监管政策转化为日常业务开展的行动指引，建立员工合规手册、执业行为禁令，并持续开展合规管理、合规宣传、业务培训和专题考试，加强全员道德规范和自身素质建设，全面提升全员的合规经营意识，进一步夯实内控制度的落实与执行。

4.5　风险管理

在风险管理上，针对经营活动中可能遇到的市场风险、操作风险、流动性风险、信用风险、洗钱风险、政策风险等，公司坚持独立化解、全面控制、责任追究的基本原则，实行“分类管理、分级防范、分级管控”的风险管理政策，不断健全科学、完善的风险管理体系，坚持合规经营，实现健康发展。

董事会负责制定风险管理总体目标及政策，明确公司风险偏好，并对公司风险管理负最终责任。董事会下设的风险管理委员会在董事会授权范围内开展风险管理工作。监事会根据《公司章程》、法律法规和监管要求，监督董事会、经营管理层履行风险管理职责，检查监督公司的财务活动，维护投资者和公司的利益；经营管理层依据董事会确定的风险管理策略制定并执行具体的风险管理制度，指导、监督各部门开展风险管理工作。

公司形成了以业务部门事前防范、风险管理部门（风险合规部、资产管理部和信托财务部）事中控制、内审稽核部事后评价为主的风险管理机制。

5. 报告期末及上一年度末的比较式会计报表

5.1　自营资产

5.1.1　会计师事务所审计结论

大信会计师事务所（特殊普通合伙）认为，公司财务报表在所有重大方面按照企业会计准则的规定编制，公允反映了公司2019年12月31日的财务状况以及2019年度的经营成果和现金流量。

5.1.2　资产负债表

资产负债表

编制单位：新华信托股份有限公司　　2019年12月31日　　单位：万元

资　产	期末数	期初数	负债及所有者权益	期末数	期初数
资　产：			负　债：		
现金及存放中央银行款项	1.32	1.21	拆入资金	—	19 000.00
存放同业款项	181.33	3 416.65	预收款项	2 839.41	2 650.45
拆出资金	—	—	应付职工薪酬	17 326.71	14 549.83
以公允价值计量且其变动计入当期损益的金融资产	—	—	应交税费	325.27	1 260.96
买入返售金融资产	—	—	应付利息	—	—

续表

资　产	期末数	期初数	负债及所有者权益	期末数	期初数
应收手续费及佣金	160. 29	160. 29	预计负债	—	—
其他应收款	331 507. 75	298 149. 76	递延所得税负债	5 674. 53	5 686. 35
发放贷款和垫款	—	300. 00	其他负债	113 558. 55	140 681. 04
可供出售金融资产	267 223. 90	342 399. 42	负债合计	139 724. 47	183 828. 63
持有至到期投资	—	—	所有者权益:		
长期股权投资	36 705. 70	36 535. 35	实收资本(或股本)	420 000. 00	420 000. 00
投资性房地产	43 822. 50	41 751. 01	资本公积	12 639. 56	12 639. 56
固定资产	19 753. 21	19 034. 98	其他综合收益	-28. 36	4. 26
在建工程	—	—	盈余公积	24 261. 00	24 105. 14
无形资产	128. 20	328. 16	一般风险准备	12 252. 93	12 252. 93
长期待摊费用	10. 37	13. 20	信托赔偿准备金	110 236. 17	110 236. 17
递延所得税资产	35 960. 73	36 183. 71	未分配利润	16 711. 13	15 308. 35
其他资产	341. 59	101. 30	所有者权益合计	596 072. 43	594 546. 41
资产总计	735 796. 90	778 375. 04	负债和所有者权益总计	735 796. 90	778 375. 04

5. 1. 3　利润表

利润表

编制单位:新华信托股份有限公司　　2019 年度　　单位:万元

项目	本年数	上年数
营业收入	17 142. 27	51 911. 05
手续费及佣金净收入	22 079. 30	25 654. 08
手续费及佣金收入	22 079. 30	25 654. 08
手续费及佣金支出	—	—
利息净收入	-4 731. 15	-4 136. 18
利息收入	158. 74	195. 57
利息支出	4 889. 89	4 331. 75
投资损益	-171. 16	7 168. 33
公允价值变动损益	-47. 26	22 745. 39
汇兑损益	1. 25	-0. 48
资产处置收益	11. 29	10. 52
其他收益	—	469. 39
营业支出	15 331. 18	45 037. 75
税金及附加	527. 17	1 027. 61
业务及管理费	14 851. 79	14 187. 43
资产减值损失	-47. 78	29 822. 71
营业利润	1 811. 09	6 873. 30
加:营业外收入	12. 66	740. 80
减:营业外支出	43. 72	417. 87
利润总额	1 780. 03	7 196. 23
减:所得税费用	221. 39	1 348. 81
净利润	1 558. 64	5 847. 42
其他综合收益的税后净额	-32. 62	-14 316. 32
以后将重分类进损益的其他综合收益	-32. 62	-14 316. 32
1. 权益法下在被投资单位以后将重分类进损益的其他综合收益中享有的份额	—	-68. 24
2. 可供出售金融资产公允价值变动损益	-32. 62	-14 248. 08
综合收益总额	1 526. 02	-8 468. 90

5.1.4 所有者权益变动表

所有者权益变动表

编制单位：新华信托股份有限公司　　2019 年度　　单位：万元

项目	股本	资本公积	其他综合收益	盈余公积	一般风险准备	信托赔偿准备	未分配利润	股东权益合计
2019 年 1 月 1 日余额	420 000. 00	12 639. 56	4. 26	24 105. 14	12 252. 93	110 236. 17	15 308. 35	594 546. 41
本年增减变动金额	—	—	-32. 62	155. 86	—	—	1 402. 78	1 526. 02
1. 净利润	—	—	—	—	—	—	1 558. 64	1 558. 64
2. 其他综合收益	—	—	-32. 62	—	—	—	—	-32. 62
3. 所有者投入资本	—	—	—	—	—	—	—	—
4. 利润分配	—	—	—	155. 86	—	—	-155. 86	—
-提取盈余公积	—	—	—	155. 86	—	—	-155. 86	—
-提取一般风险准备金	—	—	—	—	—	—	—	—
-提取信托赔偿准备	—	—	—	—	—	—	—	—
2019 年 12 月 31 日余额	420 000. 00	12 639. 56	-28. 36	24 261. 00	12 252. 93	110 236. 17	16 711. 13	596 072. 43
2018 年 1 月 1 日余额	420 000. 00	12 639. 56	14 320. 58	23 520. 40	9 883. 85	110 236. 17	12 414. 75	603 015. 31
本年增减变动金额	—	—	-14 316. 32	584. 74	2 369. 08	—	2 893. 60	-8 468. 90
1. 净利润	—	—	—	—	—	—	5 847. 42	5 847. 42
2. 其他综合收益	—	—	-14 316. 32	—	—	—	—	-14 316. 32
3. 所有者投入资本	—	—	—	—	—	—	—	—
4. 利润分配	—	—	—	584. 74	2 369. 08	—	-2 953. 82	—
-提取盈余公积	—	—	—	584. 74	—	—	-584. 74	—
-提取一般风险准备金	—	—	—	—	2 369. 08	—	-2 369. 08	—
-提取信托赔偿准备	—	—	—	—	—	—	—	—
2018 年 12 月 31 日余额	420 000. 00	12 639. 56	4. 26	24 105. 14	12 252. 93	110 236. 17	15 308. 35	594 546. 41

5.2 信托资产

5.2.1 信托项目资产负债汇总表

信托项目资产负债汇总表

编制单位：新华信托股份有限公司　　2019 年 12 月 31 日　　单位：万元

信托资产	年初余额	期末余额	信托负债和信托权益	年初余额	期末余额
信托资产：			信托负债：		
货币资金	13 180. 44	14 363. 92	交易性金融负债	—	—
拆出资金	—	—	衍生金融负债	—	—
存出保证金	—	—	应付受托人报酬	53 206. 68	50 008. 17
交易性金融资产	465 515. 42	420 350. 03	应付托管费	1 361. 74	1 515. 11
衍生金融资产	—	—	应付受益人收益	141 391. 32	133 766. 93
买入返售金融资产	326 550. 57	229 981. 57	应交税费	514. 9	578. 78
应收款项	2 057 678. 44	1 934 384. 06	应付销售服务费	1169. 14	1131. 43
发放贷款	10 056 499. 39	7 998 835. 54	其他应付款项	216 880. 33	267 544. 27
可供出售金融资产	14 608. 66	15 406. 99	预计负债		—
持有至到期投资	3 880 820. 94	2 911 608. 00	其他负债	—	—
长期应收款	—	—	信托负债合计	414 524. 11	454 544. 69
长期股权投资	1 086 839. 35	1 009 419. 48			
投资性房地产	—	—	信托权益：		
固定资产	—	—	实收信托	16 713 448. 84	13 334 633. 60
无形资产	—	—	资本公积	2030. 36	5279. 74
长期待摊费用	9. 41	9. 45	损益平准金	—	—
其他资产	—	—	未分配利润	771 699. 31	739 901. 01
减：各项资产减值准备	—	—	信托权益合计	17 487 178. 51	14 079 814. 35
信托资产总计	17 901 702. 62	14 534 359. 04	信托负债及信托权益总计	17 901 702. 62	14 534 359. 04
表外项目：					
1. 原有委贷业务	年初余额	1 188. 79	期末余额	1 188. 79	
2. 应收未收利息	年初余额	—	期末余额	—	
3. 代保管信托财产	年初余额	107 187. 54	期末余额	104 547. 14	
4. 信托项目申购款	年初余额	—	期末余额	—	

5.2.2 信托项目利润及利润分配汇总表

信托项目利润及利润分配汇总表

编制单位：新华信托股份有限公司　　2019 年度　　单位：万元

项　目	本年数	上年数
1. 营业收入	791 148.35	833 513.35
1.1 利息收入	662 254.90	616 907.36
1.2 投资收益（损失以“－”号填列）	128 897.80	227 586.59
其中：对联营企业和合营企业的投资收益	—	—
1.3 公允价值变动收益（损失以“－”号填列）	－1 003.24	－8 869.32
1.4 租赁收入	0.00	0.00
1.5 汇兑损益（损失以“－”号填列）	188.09	－74.8
1.6 其他收入	810.80	－2 036.48
2. 支出	57 531.36	73 458.24
2.1 营业税金及附加	2648.35	2711.02
2.2 受托人报酬	19 518.00	19 421.29
2.3 托管费	5 381.16	5 940.97
2.4 投资管理费	—	—
2.5 销售服务费	－37.71	－540.32
2.6 交易费用	102.16	540.55
2.7 资产减值损失	—	—
2.8 其他费用	29 919.40	45 384.73
3. 信托净利润（净亏损以“－”号填列）	733 616.99	760 055.11
4. 其他综合收益	3 249.38	45 720.13
5. 综合收益	736 866.38	805 775.24
6. 加：期初未分配利润	771 699.30	863 398.02
7. 可供分配的信托利润	1 507 415.30	1 669 173.26
8. 减：本期已分配信托利润	767 514.28	897 473.96
9. 期末未分配信托利润	739 901.02	771 699.30

6. 会计报表附注

6.1 简要说明报告年度会计报表编制基准、会计政策、会计估计和核算方法发生的变化

无。

6.2 或有事项说明

无锡汇鑫项目诉讼为无锡市任墅水泥有限公司诉公司债权转让合同纠纷一案，以本公司曾作为无锡汇鑫置业有限公司股东，以抽逃出资（信托资金退出）为由对其债务不能清偿部分承担补充赔偿责任。本公司已向江苏省高院申请再审，江苏高院于2019年8月20日裁定提审，再审期间中止原判决的执行，再审结果无法预计。

杏花村项目诉讼为江阴市金凤凰投资有限公司诉公司营业信托纠纷，江苏省靖江市人民法院作出一审判决，泰州市中级人民法院于2018年11月23日作出民事裁定，撤销一审靖江法院民事判决，发回靖江市人民法院重审。目前，公司及原告方均已经提起上诉，二审结果无法预计。

松原博翔项目诉讼是乔东辉与吉林松原博翔房地产公司债权纠纷执行程序中，乔东辉以本公司作为松原博翔公司的股东抽逃出资为由，申请将本公司追加为被执行人。松原市中院判本公司不得被追加为被执行人，无须承担诉讼费。目前吉林省高院已经将相关案件发回原审法院重审，诉讼结果无法预计。

重庆帝多农业发展有限公司诉新华信托，请求返还劣后本金并赔偿资金占用损失、赔偿信托财产及信托收益损失，请求解任受托人。最高院于2018年10月22日裁定提审，再审期间中止原判决执行。再审结果无法预计。

姚鑫以公司未支付工资、违法解除劳动合同为由，要求公司支付工资和违法解除劳动合同赔偿金。目前该案在西安市中级人民法院二审暂未开庭，诉讼结果无法预计。

卢焱以未支付劳动报酬为由，要求公司支付劳动报酬。目前该案在南京市中级人民法院二审暂未开庭，诉讼结果无法预计。

庄士凯以公司单方面违法解除双方《劳动合同》等为由，要求公司向其返还2016年1月至2018年10月被克扣的工资和支付违法解除劳动关系赔偿金。目前该案在上海市浦东新区人民法院一审尚未判决，诉讼结果无法预计。

曾国顺以未支付其劳动提成为由，要求公司偿还其展业期间未偿付的劳动提成。目前该案在重庆市江北区人民法院一审暂未开庭，诉讼结果无法预计。

6.3 重要资产转让及其出售的说明

无。

6.4 会计报表中重要项目的明细资料

6.4.1 自营资产经营情况

6.4.1.1 资产风险分类情况

资产风险分类情况表

信用风险资产五级分类	正常类（万元）	关注类（万元）	次级类（万元）	可疑类（万元）	损失类（万元）	信用风险资产合计（万元）	不良资产合计（万元）	不良资产率（%）
期初数	493 463.25	164 549.99	31 456.89	62 031.3	23 619.73	775 121.16	117 107.92	15.11
期末数	483 860.19	141 652.04	8 688.11	53 905.85	22 678.19	710 784.38	85 272.15	12.00

注：不良资产合计＝次级类＋可疑类＋损失类。

6.4.1.2　资产损失准备情况

资产损失准备情况

单位:万元

	期初数	本期计提	本期转回	本期核销	期末数
贷款损失准备	3 441.43	300.00	—	3 441.43	300.00
一般准备	—	—	—	—	—
专项准备	—	—	—	—	—
其他资产减值准备	90 718.24	—	—	16 012.83	74 705.41
可供出售金融资产减值准备	30 333.30	—	—	13 740.82	16 592.48
持有至到期投资减值准备	—	—	—	—	—
长期股权投资减值准备	—	—	—	—	—
坏账准备	60 384.94	—	—	2 272.01	58 112.93
投资性房地产减值准备	—	—	—	—	—

6.4.1.3　固有业务股票投资、基金投资、债券投资、长期股权投资等情况

公司固有业务投资情况

单位:万元

	自营股票	基金	债券	长期股权投资	其他投资	合计
期初数	103.23	—	—	36 535.35	342 296.19	378 934.77
期末数	—	—	—	36 705.70	267 223.90	303 929.60

6.4.1.4　前五名自营长期股权投资企业情况

公司自营长期股权投资企业情况

企业名称	占被投资企业权益的比例(%)	主要经营活动	投资收益(万元)
新华基金管理有限公司	35.31	基金	1 706.35

6.4.1.5　前五名自营贷款企业情况

公司自营贷款企业情况

企业名称	占贷款总额的比例(%)	还款情况
佛山市南海区吉鸿房地产开发有限公司	100	已逾期

6.4.1.6　表外业务情况

公司表外业务情况

单位:万元

表外业务	期初数	期末数
担保业务	—	—
代理业务(委托业务)	1 188.79	1 188.79
其他	—	—
合　计	1 188.79	1 188.79

6.4.1.7　公司当年的收入结构

当年收入结构

收入结构	金额(万元)	占比(%)
手续费及佣金收入	22 079.30	100.16
其中:信托手续费收入	22 079.30	100.16
投资银行业务收入	—	—
利息收入	158.74	0.72
其他业务收入	12.54	0.06
其中:计入信托业务收入部分	—	—

续表

收入结构	金额(万元)	占比(%)
投资收益	-171.16	-0.78
其中:股权投资收益	1 706.35	7.74
证券投资收益	—	—
其他投资收益	-1 877.51	-8.52
公允价值变动收益	-47.26	-0.21
营业外收入	12.66	0.05
收入合计	22 044.82	100.00

6.4.2　信托财产管理情况

6.4.2.1　信托资产的期初数、期末数

公司信托资产的期初数和期末数

单位:万元

信托资产	期初数	期末数
集合	2 597 515.41	2 369 706.46
单一	13 462 493.98	11 033 611.94
财产权	1 841 693.23	1 131 040.64
合　计	17 901 702.62	14 534 359.04

6.4.2.1.1　主动管理型信托资产

公司主动管理型信托资产

单位:万元

主动管理型信托资产	期初数	期末数
证券投资类	—	—
股权投资类	2 307 546.63	2 209 120.72
融资类	217 034.73	129 781.10
事务管理类	14 874.66	14 000.00
合计	2 539 456.02	2 352 901.82

6.4.2.1.2　被动管理型信托资产

公司被动管理型信托资产

单位:万元

被动管理型信托资产	期初数	期末数
证券投资类	—	—
股权投资类	—	—
融资类	4 508.72	4 509.67
事务管理类	15 357 737.88	12 176 947.55
合计	15 362 246.60	12 181 457.22

6.4.2.2　本年度已清算结束的信托项目情况

6.4.2.2.1　本年度已清算结束的集合类、单一类资金信托项目和财产管理类信托项目情况

本年度已清算结束的集合类、单一类资金信托项目和财产管理类信托项目情况

已清算结束的信托项目	项目个数(个)	实收信托合计金额(万元)	加权平均实际年化收益率(%)
集合类	9	58 403.99	5.00
单一类	146	4 995 434.86	5.64
财产管理类	4	200 000.00	—

注:1. 收益率是指信托项目清算后,给受益人赚取的实际收益水平。

2. 加权平均实际年化收益率 =(信托项目 1 的实际年化收益率 × 信托项目 1 的实收信托 + 信托项目 2 的实际年化收益率 × 信托项目 2 的实收信托 +…+ 信托项目 n 的实际年化收益率 × 信托项目 n 的实收信托)/(信托项目 1 的实收信托 + 信托项目 2 的实收信托 +…+ 信托项目 n 的实收信托) ×100%。

6.4.2.2.2　本年度已清算结束的主动管理型信托项目情况

本年度已清算结束的主动管理型信托项目情况

已清算结束的信托项目	项目个数（个）	实收信托合计金额（万元）	加权平均实际年化信托报酬率（%）	加权平均实际年化收益率（%）
证券投资类	—	—	—	—
股权投资类	5	15 000.00	0.00	-6.64
融资类	3	9 328.44	1.25	6.21
事务管理类	1	1 000.00	0.93	-9.67

注：加权平均实际年化信托报酬率 =（信托项目 1 的实际年化信托报酬率 × 信托项目 1 的实收信托 + 信托项目 2 的实际年化信托报酬率 × 信托项目 2 的实收信托 +…+ 信托项目 n 的实际年化信托报酬率 × 信托项目 n 的实收信托）/（信托项目 1 的实收信托 + 信托项目 2 的实收信托 +…+ 信托项目 n 的实收信托）×100%。

6.4.2.2.3　本年度已清算结束的被动管理型信托项目情况

本年度已清算结束的被动管理型信托项目情况

已清算结束的信托项目	项目个数（个）	实收信托合计金额（万元）	加权平均实际年化信托报酬率（%）	加权平均实际年化收益率（%）
证券投资类	—	—	—	—
股权投资类	—	—	—	—
融资类	—	—	—	—
事务管理类	150	5 228 510.41	0.20	5.47

6.4.2.3　本年度新增信托项目情况

本年度新增信托项目情况

新增信托项目	项目个数（个）	实收信托合计金额（万元）
集合类	1	95.00
单一类	98	4 161 112.46
财产管理类	5	94 400.00
新增合计	104	4 255 607.46
其中：主动管理型	5	17 115.00
被动管理型	99	4 238 492.46

注：本年新增信托项目指在本报告年度内累计新增的信托项目个数和金额，包含本年度新增并于本年度内结束的项目和本年度新增至报告期末仍在持续管理的信托项目。

6.4.2.4　公司履行受托人义务情况及因公司自身责任而导致的信托资产损失情况

无。

6.5　关联方关系及其交易的披露

6.5.1　关联交易方的数量、关联交易的总金额及关联交易的定价政策

公司关联交易方的数量、关联交易的总金额及关联交易的定价政策

	关联交易方的数量	关联交易的金额（万元）	定价政策
合计	1	137 168.27	按市场定价

注："关联交易"定义应以《公司法》和《企业会计准则第 36 号——关联方披露》有关规定为准。

6.5.2　关联交易方情况

关联交易方情况

关联性质	关联方名称	法定代表人	注册地址	注册资本（万元）	主营业务
股东	新产业投资股份有限公司	蔡炜炜	深圳市福田区振兴路 3 号建艺大厦 17 楼	190 000.00	投资兴办实业（具体项目另行申报）；投资咨询；工程咨询（凭工程咨询资质证书开展咨询业务）。

6.5.3　公司与关联方的重大交易事项

6.5.3.1　固有财产与关联方关联交易

公司固有财产与关联方关联交易情况

单位：万元

固有财产与关联方关联交易				
	期初数	借方发生额	贷方发生额	期末数
贷款	—	—	—	—
投资	—	—	—	—
租赁	—	—	—	—
担保	—	—	—	—
应收账款	259.43	27.96	240.62	46.77
其他	—	—	—	—
合计	259.43	27.96	240.62	46.77

6.5.3.2　信托财产与关联方关联交易

无。

6.5.3.3　信托公司自有资金运用于自己管理的信托项目（固信交易）、信托公司管理的信托项目之间的相互交易（信信交易）金额

6.5.3.3.1　固有财产与信托财产相互交易情况

公司固有财产与信托财产相互交易情况

单位：万元

固有财产与信托财产相互交易			
	期初数	本期发生额	期末数
合计	358 396.81	86 841.78	271 555.03

注：以固有资金投资公司自己管理的信托项目受益权，或购买自己管理的信托项目的信托资产均应纳入统计披露范围。

6.5.3.3.2　信托资产与信托财产相互交易情况

公司信托资产与信托财产相互交易情况

单位：万元

信托资产与信托财产相互交易			
	期初数	本期发生额	期末数
合计	285 986.83	50 057.91	235 928.92

注：以公司受托管理的一个信托项目的资金购买自己管理的另一个信托项目的受益权或信托项下资产均应纳入统计披露范围。

6.5.4　逐笔披露关联方逾期未偿还本公司资金的详细情况以及公司为关联方担保发生或即将发生垫款的详细情况

无。

6.6 会计制度的披露

固有业务(自营业务)、信托业务执行会计制度的名称及颁布的年份。

公司固有业务执行2006年颁布的《企业会计准则》。

公司于2014年7月1日起执行下述财政部新修订(颁布)的企业会计准则:《企业会计准则第2号——长期股权投资》《企业会计准则第9号——职工薪酬》《企业会计准则第30号——财务报表列报》《企业会计准则第33号——合并财务报表》《企业会计准则第39号——公允价值计量》《企业会计准则第40号——合营安排》《企业会计准则第41号——在其他主体中权益的披露》。

公司于2017年起执行下述财政部新修订(颁布)的企业会计准则:《企业会计准则第42号——持有待售的非流动资产、处置组和终止经营》《企业会计准则第16号——政府补助》《财政部关于修订印发一般企业财务报表格式的通知》《关于修订印发2019年度一般企业财务报表格式的通知》。

信托业务执行会计制度的名称及颁布的年份:公司执行2006年颁布的《企业会计准则》。

公司于2014年7月1日起执行下述财政部新修订(颁布)的企业会计准则:《企业会计准则第2号——长期股权投资》《企业会计准则第30——号财务报表列报》《企业会计准则第39号——公允价值计量》。

7. 财务情况说明书

7.1 利润实现和分配情况

利润实现和分配情况

单位:万元

项　目	本年数	上年数
本年净利润	1 558.64	5 847.42
加:年初未分配利润	15 308.35	12 414.75
可供分配的利润	16 866.99	18 262.17
减:提取法定盈余公积	155.86	584.74
提取信托赔偿准备金	—	—
提取一般准备金	—	2 369.08
提取职工奖励及福利基金	—	—
提取储备基金	—	—
提取企业发展基金	—	—
利润归还投资	—	—
可供投资者分配的利润	16 711.13	15 308.35
减:应付优先股股利	—	—
提取任意盈余公积	—	—
股利分配	—	—
未分配利润转增股本	—	—
年末未分配利润	16 711.13	15 308.35

7.2 主要财务指标

指标名称	指标值
资本利润率(%)	0.26
加权年化信托报酬率(%)	0.22
人均净利润(万元)	10.29

注:1. 资本利润率=净利润/所有者权益平均余额×100%。

2. 加权年化信托报酬率=(信托项目1的实际年化信托报酬率×信托项目1的实收信托+信托项目2的实际年化信托报酬率×信托项目2的实收信托+…+信托项目n的实际年化信托报酬率×信托项目n的实收信托)/(信托项目1的实收信托+信托项目2的实收信托+…+信托项目n的实收信托)×100%。

3. 人均净利润=净利润/年平均人数。

4. 平均值采取年初、年末余额简单平均法,公式为:a(平均)=(年初数+年末数)/2。

7.3 对公司财务状况、经营成果有重大影响的其他事项

无。

7.4 公司净资本情况

指标名称	期末余额	监管标准
净资本(万元)	336 448.59	≥2亿元
各项业务风险资本之和(万元)	153 297.23	—
净资本/各项业务风险资本之和(%)	219.47	≥100
净资本/净资产(%)	56.44	≥40

8. 特别事项揭示

8.1 前五名股东报告期内变动情况及原因

无。

报告期末,公司各股东持股情况如下:

股东名称	股份份额(股)	股份比例(%)
上海珊瑚礁信息系统有限公司	1 680 000 000	40.00
上海纪辉资产管理有限公司	900 000 000	21.43
新产业投资股份有限公司	727 812 462	17.33
北京宏达信资产经营有限公司	420 000 000	10.00
人和投资控股股份有限公司	238 185 938	5.67
巴克莱银行有限公司(Barclays Bank PLC)	234 001 600	5.57
合计	4 200 000 000	100.00

8.2 报告期末,主要股东及其控股股东、实际控制人、关联方、一致行动人、最终受益人情况

股东名称	控股股东	实际控制人	关联方	一致行动人	最终受益人
上海珊瑚礁信息系统有限公司	北京融升方腾科贸有限公司	管梅	深圳市金紫城广告有限公司、北京腾达思创科技有限公司、深圳市和百高贸易有限公司	无	北京融升方腾科贸有限公司、北京久晟股权投资中心(有限合伙)、北京腾达思创科技有限公司

续表

股东名称	控股股东	实际控制人	关联方	一致行动人	最终受益人
上海纪辉资产管理有限公司	合肥德振豪贸易有限公司	张国胜	林芝锦华投资管理有限公司	无	合肥德振豪贸易有限公司、济南东领商贸有限公司
新产业投资股份有限公司	大连旺正贸易有限公司	蔡炜炜	重庆大成若缺投资有限公司、德州智创科贸有限公司、包头市明通贸易有限公司、天津新华创富资产管理有限公司、中联资产评估集团有限公司、北京中联联合小额贷款有限公司、天津众合一达投资有限责任公司、中联（三亚）企业绿都开发有限公司、中联企业管理集团有限公司、财天下科技有限公司、中联集团教育科技有限公司	无	大连旺正贸易有限公司、陕西凯博鸿商贸有限公司、北京江创瑞祥科贸有限公司、中联矿业资源咨询开发有限公司
北京宏达信资产经营有限公司	大连正驰贸易有限公司	夏丽华	无	无	大连正驰贸易有限公司、深圳市正浩天禄贸易有限公司
人和投资控股股份有限公司	北京宝荣投资管理有限公司	丁宇明	无	无	丁宇明
巴克莱银行有限公司（Barclays Bank PLC）	Barclays Bank PLC（巴克莱银行有限公司）是 Barclays PLC（巴克莱集团）100%控股子公司，Barclays PLC 是 Barclays Bank PLC 最终母公司和唯一控股股东，持有 Barclays Bank PLC 发行普通股的 100%（2 342 百万股）				巴克莱银行有限公司

8.3 报告期内股东违反承诺质押信托公司股权或以股权及其受（收）益权设立信托等金融产品的情况

无。

8.4 董事、监事及高级管理人员变动情况及原因

8.4.1 董事变动情况

无。

报告期末，公司董事会由李桂林（董事长）、项琥、李春莉、吴军安、金洪伟、魏相永、张玉敏（独立董事）、汪方军（独立董事）、黄志亮（独立董事）组成。

8.4.2 监事变动情况

无。

报告期末，公司监事会由刘建良（监事会主席、员工监事）、肖磊（员工监事）、王永卫、郑福成、田爱学组成。

8.4.3 高级管理层变动情况

无。

8.5 已向国务院银行业监督管理机构或其派出机构提交行政许可申请但尚未获得批准的事项

无。

8.6 变更注册资本、变更注册地址或公司名称、公司分立合并事项

2018 年 8 月 31 日，公司 2018 年第二次临时董事会审议通过变更公司住所为重庆市江北区创富路 3 号 1 幢 1 层、5 层至 13 层，邮编为 400020。

2018 年 9 月 27 日，公司 2018 年第二次临时股东大会审议通过变更公司住所为重庆市江北区创富路 3 号 1 幢 1 层、5 层至 13 层，邮编为 400020。

上述事项于 2019 年 5 月 21 日完成工商变更。

8.7 公司的重大诉讼事项

8.7.1 本年度重大未决诉讼事项

重大未决诉讼案件共计 6 件，固有涉诉案件 3 件（起诉案件 1 件，被诉案件 2 件），信托涉诉案件 3 件（起诉案件 2 件，被诉案件 1 件）。

序号	案件名称	诉讼类别	起诉时间	新华信托诉讼地位	涉诉金额（万元）	诉讼阶段
1	松原市博翔房地产开发有限公司债权人与新华信托执行异议纠纷	信托	2017 年	被诉	20 000（未含利息及相关费用）	重审（再审）
2	新华信托诉江苏齐创建设工程有限公司、扬州凯兴工贸有限公司贷款纠纷案	信托	2019 年	起诉	1 700	一审
3	新华信托诉云南巨和南亚未来城商业管理有限公司抵押合同纠纷	信托	2019 年	起诉	8 325. 7	一审
4	江阴市金凤凰投资有限公司与新华信托营业信托纠纷	固有	2017 年	被诉	4 476	二审
5	重庆帝多农业发展有限公司与新华信托营业信托纠纷	固有	2014 年	被诉	4 000（未含利息及相关费用）	再审
6	新华信托诉重庆帝多农业发展有限公司追索信托报酬案	固有	2018 年	起诉	5 248. 36	一审

8.7.2 以前年度发生，于本报告年度终结的重大诉讼事项

以前年度发生，于本年度审理终结的重大诉讼案件共计 2 件，固有涉诉案件 1 件（被诉案件 1 件），信托涉诉案件 1 件（被诉案件 1 件）。

序号	案件名称	诉讼类别	起诉时间	新华信托诉讼地位	涉诉金额（万元）	判决结果
1	李洪伟诉新华信托营业信托合同纠纷案	固有	2017 年	被告	11 432. 65	法院判决驳回李洪伟诉讼请求，判决已生效。

续表

序号	案件名称	诉讼类别	起诉时间	新华信托诉讼地位	涉诉金额（万元）	判决结果
2	扬州凯兴工贸有限公司诉新华信托债权转让纠纷案	信托	2016 年	被告	1 700	判决已生效。

8.7.3　本年度发生并于本年度终结的诉讼事项

无。

8.8　对会计师事务所出具的有保留意见、否定意见或无法表示意见的审计报告的，公司董事会应就所涉及事项做出说明

无。

8.9　公司及其董事、监事和高级管理人员受到处罚的情况

报告期内，公司董事、监事及高级管理人员勤勉履职，未发生公司及董事、监事和高级管理人员受到中国银保监会或相关部门处罚的情况。

8.10　公司对中国银保监会及其派出机构整改意见的整改情况

报告期内，重庆银保监局对公司法人治理、经营管理、业务开展及落实监管要求情况进行了提示，公司已按照监管意见或要求逐笔开展整改工作。

8.11　公司重大事项临时报告的简要内容

2019 年 5 月 23 日，公司在《上海证券报》对公司变更住所的事项进行了公告，公告的具体内容为：经中国银行保险业监督管理委员会重庆监管局《关于新华信托股份有限公司变更住所的批复》（渝银保监复[2019]170 号）核准，新华信托股份有限公司住所由重庆市江北区北城　路 0 号变更为重庆市江北区创富路 3 号 1 幢 1 层、5 层至 13 层，因住所变更，《公司章程》同时进行相应调整。公司已完成上述事项的工商变更及备案登记手续。

8.12　社会责任履行情况

8.12.1　企业公民职责履行

2019 年，新华信托继续秉承“回报社会、服务社会”的理念，积极践行党的十九大报告中关于“坚持大扶贫格局，注重扶贫同扶志、扶智相结合”的新思想，不断探索公益新模式，链接各方资源，聚焦社会痛点，开展了系列品牌公益项目，成立慈善信托，助力脱贫攻坚。同时，走出了一条具有自身特色的公益之路，不断成长为一家有责任担当，懂得回馈社会、传递爱心的金融企业。

慈善信托。继 2017—2018 年华恩 1 号等 4 笔单一慈善信托的成功落地，2019 年，新华信托继续探索慈善信托业务，争取新的突破，创造新的亮点。2019 年 10 月 22 日，“新华信托・华恩 9 号公益孵化慈善信托”在重庆市民政局正式备案成立，这既是全国首个公益孵化类慈善信托，也是重庆市首个可持续捐助（开放式）的集合资金慈善信托计划。华恩 9 号为永续信托，无固定期限，并以公益孵化的方式进行运作，初始总规模为 950 000.00 元，由重庆市慈善总会和重庆市綦江区慈善会共同出资设立，该信托除了可将信托资金直接向符合合同约定的受益人进行公益资助外，重点将信托资金投向于与公益慈善相关的其他公益项目或主体。

此外，在已成立的慈善信托项目中，“新华信托・华恩 1 号教育扶贫慈善信托”“新华信托・华恩 2 号教育扶贫慈善信托”“新华信托・华恩 5 号西藏民族教育扶贫慈善信托”“新华信托・华恩 6 号西部生态扶贫慈善信托”2019 年各项慈善捐赠活动也在持续推进中，信托资金覆盖扶贫、教育、生态保护等多个领域。

公益项目。新华信托通过发起成立的重庆明天公益基金会，按照“专业化、品牌化”的运作思路，紧密围绕基金会的业务范围，开展了系列大型公益项目，获得了良好的社会评价和业界口碑。2019 年主要开展了以下公益项目：

（1）“青春再出发—特殊青少年帮扶与维权”公益项目。2017 年 3 月该项目正式启动并成功试点，2018 年 8 月，项目进入第二期扩展阶段。实施的检察机关由试点的 6 个检察院扩展到全市 4 个检察分院和 26 个基层院；合作社会组织由 5 家增加到 28 家；覆盖区域由 6 个区县扩展到全市 26 个区县；服务内容进一步扩大到社会调查、合适成年人到场、临界预防等领域，让越来越多的涉案留守儿童、困境儿童获得更为全面综合的司法保护。截至 2019 年 12 月末，“青春再出发”项目累计承接案件数量 525 件，项目累计帮助 500 余名未成年人顺利回归家庭，融入社会。此外，2019 年重庆市人力资源与社会保障局和重庆市民政局联合主办的“重庆慈善奖”评选中，该项目获评“重庆慈善奖—慈善项目”。

（2）“少年英才”扶贫助学公益项目。自 2016 年 12 月起，重庆明天公益基金会与共青团重庆市委合作开展为期 5 年的少年英才公益计划，每年资助 100 余名品学兼优的贫困学子，每年资助金额 20 余万元。截至 2019 年 7 月，该项目已连续 3 年先后资助 330 余名品学兼优的贫困家庭中小学生，资助 60 余名贫困大学生，组织 150 名中小学生进行视野拓展增长见识，组织 60 余名中小学生参加国学公益夏令营，“一对一”结对帮扶 50 余人。

（3）“国学经典・薪火传承”教育扶贫及国学夏令营公益项目。2017 年 7 月，与共青团重庆市委、重庆市国学院合作开展“国学经典・薪火传承”扶贫助学公益项目，为 101 名热爱国学的贫困学子提供资助，其中挑选了 40 名品学兼优的学生参加为期 7 天的“国学公益夏令营”。截至 2019 年 7 月，该项目已连续 3 年先后资助 300 余名热爱中华传统文化的贫困家庭中小学生，共计免费发放 300 余套共计 2100 余册国学经典书籍，先后组织 120 余名中小学生参加国学公益夏令营。

（4）“国学润乡土”教育扶贫公益项目。该项目旨在让国学走进贫困乡村，浸润贫寒学子的心灵，将中华优秀传统文化传承发展到农村。2019 年 3 月，项目首期启动，为来自重庆黔江、巫山、石柱等 14 个国家重点扶贫区县的 56 所学校的 66 名教师提供了集中培训，系统地学习了《论语》八讲，即“孝、悌、忠、信、礼、义、廉、耻”的标准化课程。2019 年 3 月，“国学润乡土”教育扶贫公益项目暨第一期“国学公开课”在全市 13 个国家重点扶贫区县、36 所学校同时启动并开讲，覆盖师生 10000 余人次。截至 2019 年 6 月，“国学润乡土”教育扶贫公益项目

已陆续举办八期“国学公开课”，参与授课的乡村国学志愿教师共计 175 名，累计覆盖授课人数 10 万余人次，并通过项目首期实施，选拔出了 9 所“国学教育示范学校”。该项目成功入选 2019 年度团中央“伙伴计划”提名项目，并获评 2019 年中国公益节“优秀公益项目”。

8. 12. 2　消费者权益保护

2019 年，公司为进一步夯实基础，提升消费者权益保护工作水平，在遵照监管要求基础上，结合公司实际，认真贯彻执行消费者权益保护各项措施，加大投入，持续深入开展消费者权益保护工作。

2019 年，公司通过开展六次主题宣传活动、召开两次消费者权益保护委员会、开展服务提升专项行动、开展乱象整治专项行动、全力整改 2018 年监管考评中的不足、完成金融消费者投诉管理系统的搭建、妥善处理客户投诉，防范舆情风险、完成 2019 年度公司内部消费者权益保护考评工作、强化消费者权益保护知识的内外部学习和培训工作、强化对消费者权益保护工作的对外披露与报送十个方面的工作，全面提升公司的消费者权益保护水平。2019 年公司消费者权益保护工作开展得扎实、有效，获得监管部门颁发的先进个人奖和优秀征文奖。

8. 13　中国银保监会及其派出机构认定的其他有必要让客户及相关利益人了解的重要信息

2019 年 9 月 25 日，根据北京市大兴区人民法院《协助执行通知书》（[2019] 京 0115 执 6125 号），该院对李国勇与上海纪辉资产管理有限公司股权转让纠纷一案的民事裁定书已经发生法律效力，根据《中华人民共和国民事诉讼法》相关规定：冻结上海纪辉资产管理有限公司持有的新华信托股份有限公司股权 15 000 000 元股份额（上海纪辉共计持有公司 900 000 000元股份额，占公司股权比例为 21. 43%），冻结期限为 3 年，自 2019 年 9 月 25 日起至 2022 年 9 月 24 日止。

9. 公司监事会意见

公司依法经营，决策程序符合法律法规和《公司章程》等有关规定，公司董事、总经理等高级管理人员履行职责时，尚未发现有违法和故意损害公司利益的行为。

本年度财务报告真实地反映了公司的财务状况及经营成果；本年度财务报告已经大信会计师事务所（特殊普通合伙）根据中国注册会计师独立审计准则审计，并出具了无保留意见的审计报告。

新时代信托股份有限公司

1. 重要提示

1.1　本公司董事会及董事保证本报告所载资料不存在任何虚假记载、误导性陈述或者重大遗漏，对其内容的真实性、准确性和完整性承担个别及连带责任。

1.2　公司董事长赵利民先生、主管会计工作负责人闫锋先生及会计机构（自营）负责人张美荣女士、会计机构（信托）负责人常永丽女士声明：保证年度报告中财务报告的真实、完整。

2. 公司概况

2.1　公司简介

新时代信托股份有限公司前身为包头市信托投资公司，初创于1987年，2003年12月，经中国银行业监督管理委员会核准重新登记并更名为新时代信托投资股份有限公司，2009年6月，经中国银行业监督管理委员会批复，公司名称变更为新时代信托股份有限公司并变更公司业务范围，目前注册资本金为60亿元。

公司以"为客户创造价值"为使命，坚持"抱诚守拙，谨行致远"的核心理念，积极拓展以资产管理业务为基础，以资金信托和投资银行业务为两翼的业务架构，为投资者提供全面、优质的理财服务。

2.1.1　公司法定中文名称：新时代信托股份有限公司
公司法定中文名称缩写：新时代信托
公司法定英文名称：New Times Trust Co. ,Ltd.
公司法定英文名称缩写：NTTC

2.1.2　公司法定代表人：赵利民

2.1.3　公司注册地址：内蒙古包头市钢铁大街甲5号信托金融大楼
公司邮政编码：014030
公司国际互联网网址：www. xsdxt. com
公司电子邮箱：xsdxt@ xsdxt. com

2.1.4　公司负责信息披露事务人：陈永利
联系电话：0472-6969996
传真电话：0472-6969996
电子邮箱：chenyongli@ xsdxt. com

2.1.5　公司选定的信息披露报刊：《证券日报》
公司年报报告备置地点：内蒙古包头市钢铁大街甲5号信托金融大楼

2.1.6　公司聘请的会计师事务所名称：大信会计师事务所
办公地址：北京市海淀区知春路一号学院国际大厦15层
公司聘请的律师事务所名称：内蒙古炳鸿律师事务所
办公地址：包头市青山区恒源银座25层

2.2　组织结构

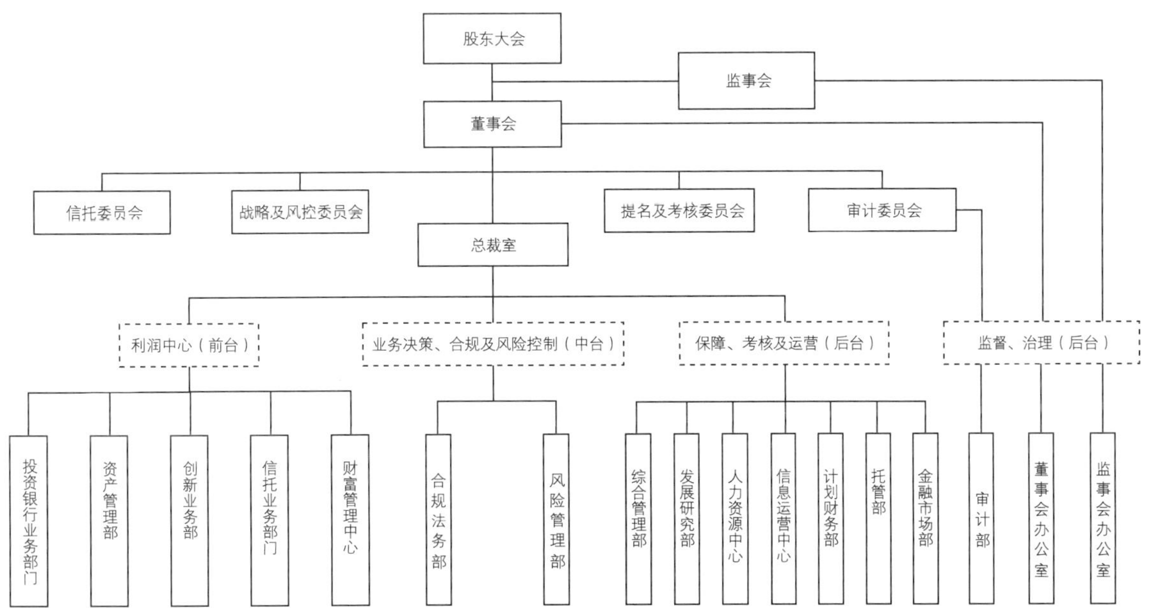

3. 公司治理

3.1 股东情况

报告期末新时代信托股份有限公司股份总数共计 6 000 000 000 股，共有 4 家股东。

股东名称	持股比例(%)	法人代表	注册资本(万元)	注册地址	主要经营业务
新时代远景(北京)投资有限公司	58.54	赵利民	355 000	北京市朝阳区东三环北路 38 号 3 号楼 2309 室	项目投资、投资管理、投资咨询。
上海人广实业发展有限公司	24.39	郭庆明	185 000	上海市浦东新区长青路 92 号 306 室	计算机软硬件开发、投资咨询、园林绿化，室内装潢及设计、国内贸易。
潍坊科微投资有限公司	14.63	张辉	77 500	潍坊高新技术开发区华都写字楼 909 室	以企业自有资金对外投资(未经金融监管部门批准，不得从事吸收存款、融资担保、代客理财等金融业务)；财务顾问(依法须经批准的项目，经相关部门批准后方可开展经营活动)
包头市鑫鼎盛贸易有限责任公司	2.44	王三平	30 000	内蒙古自治区包头稀土高新区幸福南路 41 号(天龙商务写字楼 704 室)	稀土产品、化工产品、钢材、建材、计算机软、硬件及外围设备、配料、办公设备的销售。

3.2 董事

公司董事长、副董事长、董事

姓名	职务	性别	年龄(岁)	选任日期	所推举的股东	该股东持股比例(%)	简要履历
赵利民	董事长	男	56	2015 年 4 月	高管董事		曾在天津大港石化公司、新时代证券有限责任公司等机构任职。
李树新	副董事长	女	52	2015 年 4 月	高管董事		曾在人民银行包头市中心支行等机构任职。
陈祥盛	董事	男	43	2015 年 4 月	高管董事		曾在北京林业大学外语学院任职。
于　雷	董事	男	43	2015 年 4 月	新时代远景(北京)投资有限公司	58.54	曾在天健正信会计师事务所任职；现任新时代远景(北京)投资有限公司推举董事。
丹常彤	董事	男	53	2015 年 4 月	上海人广实业发展有限公司	24.39	曾在北京优仕行技术咨询有限公司任职；现任上海人广实业发展有限公司推举董事。
向开润	董事	男	36	2015 年 4 月	潍坊科微投资有限公司	14.63	曾在宝钢集团北方公司、天相投资顾问有限公司任职；现任潍坊科微投资有限公司推举董事。

独立董事

姓名	所在单位及职务	性别	年龄(岁)	选任日期	所推举的股东	该股东持股比例(%)	简要履历
潘慧峰	对外经济贸易大学教授	男	45	2017 年 12 月	无	—	现在对外经济贸易大学任教。
徐　勇	深圳市汉华投资有限公司总裁	男	42	2017 年 12 月	无	—	曾在中科创金融控股集团有限公司任职。
吴振平	北京市金励律师事务所主任、律师	男	52	2017 年 12 月	无	—	曾在内蒙古大学任教、北京市普华律师事务所任职。

公司股东大会已同意聘任潘慧峰先生、徐勇先生、吴振平先生为董事会独立董事，目前 3 人任职资格正处于监管部门审批中。

3.3 监事

姓名	职务	性别	年龄(岁)	选任日期	所推举的股东名称	该股东持股比例(%)	简要履历
胡宇峰	监事长	男	57	2015 年 4 月	新时代远景(北京)投资有限公司	58.54	曾在中国兵器工业五二研究所、《证券日报》内蒙记者站任职。
申　洋	监事	女	36	2015 年 4 月	包头市鑫鼎盛贸易有限责任公司	2.44	现在包头市鑫鼎盛贸易有限责任公司任职。
张红权	监事	男	51	2015 年 4 月	职工代表	—	曾在包头绿远控股有限公司任职；现在公司人力资源中心工作。

3.4 高级管理人员

姓名	职务	性别	年龄(岁)	选任日期	从业年限(年)	学历	专业	简要履历
陈祥盛	总裁	男	43	2015 年 3 月	15	硕士	经济管理	曾在北京林业大学外语学院任职。
闫　锋	副总裁	男	45	2013 年 8 月	23	本科	金融	曾在内蒙古网通计算机有限责任公司任职。

续表

姓名	职务	性别	年龄（岁）	选任日期	从业年限（年）	学历	专业	简要履历
边风杰	副总裁	男	54	2009 年 3 月	29	硕士	商业经济	曾在工商银行包头分行任职。
李永丰	总裁助理	男	48	2011 年 9 月	24	本科	数学	曾在海口市建设银行、海南港澳国际信托投资有限公司、中银国际证券、新时代证券等机构任职。
陈永明	总裁助理	男	57	2012 年 7 月	32	本科	金融	曾在内蒙古师范大学财务处、华宸信托有限责任公司任职。
崔延辉	总裁助理	男	42	2013 年 8 月	19	硕士	工商管理	曾在北京元恒时代科技有限公司、新时代信托股份有限公司任职。
徐　建	首席信息官	男	47	2016 年 9 月	22	本科	水利工程	曾在北京罗格因科技发展有限公司、北京远龙阳光科技有限公司任职。

3.5　公司员工

项　目		2019 年度		2018 年度		2017 年度	
		人数（人）	比例（%）	人数（人）	比例（%）	人数（人）	比例（%）
年龄分布	20 岁以下	—	—	—	—	—	—
	20～29 岁	35	14.06	49	21	60	25.64
	30～39 岁	137	55.02	117	50	101	43.16
	40 岁以上	77	30.92	69	29	73	31.20
学历分布	博士研究生	—	—	—	—	3	1.28
	硕士研究生	41	16.47	38	16	52	22.22
	本科	155	62.25	145	62	137	58.55
	专科	46	18.47	43	18	34	14.53
	其他	7	2.81	9	4	8	3.42
岗位分布	董事、监事及其高管人员	11	4.42	11	5	14	5.98
	自营业务人员	4	1.61	5	2	4	1.71
	信托业务人员	132	53.01	118	50	112	47.86
	其他人员	102	40.96	101	43	104	44.45

4. 经营管理

4.1　经营目标、经营方针、战略规划

4.1.1　核心理念

抱诚守拙：信托公司是经营信用的机构，诚信当为经营的第一要义。坚守受益人利益最大化的原则，并追求股东稳定的回报，是信托业不可逾越、不可取巧的拙朴之道。

谨行致远：唯有审慎稳健，持续加强基础管理、质量管理、合规管理和风险管理；唯有前瞻性的决策和判断，我们才能更远更久，历经风雨而基业长青。

4.1.2　经营方针

合规经营，管控风险：依法合规是公司经营活动的前提和宗旨，管控风险贯穿于经营活动的全过程。

有效激励，稳健发展：以卓有成效的绩效考核和薪酬体系激励员工和团队的积极性、创造性。公司更加追求的是快速增长和可持续发展之间的均衡状态。

4.1.3　战略规划

公司在 2018 年制定了 3 年期发展规划，规划明确，2018—2020 年新时代信托将顺应国家经济结构调整趋势，顺应监管政策要求，回归信托本源，做好风险防控，以差异化的定位，专业化的能力，拓展公司业务范围，保证公司在未来竞争中能够保持优势。公司将坚持以信托作为主业的定位，围绕财富管理、资产管理、业务创新等领域，根据自身资源禀赋、人力资源结构以及风险偏好特征，确立自身的转型方向和定位，并在部分领域取得相对优势。

4.2　所经营业务的主要内容

自营资产运用与分布表

资产运用	金额（万元）	占比（%）	资产分布	金额（万元）	占比（%）
货币资金	10 643.48	1.14	金融	808 842.08	86.43
应收账款	27 733.15	2.96	证券	51 670.24	5.52
贷款	—	—	实业	46 838.15	5.00
以公允价值计量且其变动计入当期损益的金融资产	1 364.85	0.15	其他	28 484.92	3.05
可供出售金融资产	809 280.39	86.48	—	—	—
固定资产（投资性房地产）	8 666.19	0.93	—	—	—
其他资产	78 147.33	8.34	—	—	—
合计	935 835.39	100.00	—	935 835.39	100.00

信托资产运用与分布表

资产运用	金额（万元）	占比（%）	资产分布	金额（万元）	占比（%）
货币资产	20 557.80	0.06	基础产业	—	—
贷款及应收款	3 314 088.57	10.28	房地产	39 000.00	0.12
交易性金融资产	779 386.25	2.42	证券	—	—

续表

资产运用	金额(万元)	占比(%)	资产分布	金额(万元)	占比(%)
可供出售金融资产投资	—	—	实业	30 553 156.10	94.75
持有至到期投资	21 774 650.05	67.53	金融机构	167 840.00	0.52
长期股权投资	100.00	—	其他	434 632.66	1.35
买入返售金融资产	—	—	债券	1 049 623.08	3.26
其他	6 355 469.17	19.71	基金	—	—
资产总计	32 244 251.84	100.00	资产总计	32 244 251.84	100.00

4.3 市场分析

4.3.1 影响公司发展的有利因素

从全球范围内对比来看,我国经济依然处于较高速增长阶段,居民财富规模继续扩大,在利率下行背景下,投资理财需求更加旺盛,推动资产管理市场持续保持快速发展。

伴随信托业相关法律法规的推出,行业将进一步促进信托业由粗放式发展转向高质量发展,为信托业今后发展奠定基础。

公司组织结构合理,人力资源结构符合业务开展需求,品牌知名度提升、资本实力雄厚、为公司发展提供有力支持,公司在产品创新、新业务拓展等方面能力不断加强,推动公司继续保持稳步发展。

4.3.2 影响公司发展的不利因素

我国经济依然面临较大的下行压力,叠加新冠疫情影响,内外部需求降低,信托公司如何在监管趋严且市场需求低迷情况下继续保持发展,是新年度发展中需重点解决的问题。

回归信托本源,加速市场化转型,加快创新业务落地,将是行业发展重点,对信托公司项目研发能力、筛选能力、风险控制能力等提出了更高的要求,这也将推动公司继续致力于综合能力的提升。

4.4 风险管理

4.4.1 风险管理概况

风险管理能力是决定信托公司能否健康发展的重要指标,公司风险管理工作遵循全面性、持续性、前瞻性、审慎性、独立性和一致性原则,通过风险制度建设、风险文化教育、风险管理流程设置、风险处置预案及应对、风险管理指标体系设立等措施,全面有效识别风险、防范风险、控制风险、化解风险,保证公司的良性发展。

4.4.1.1 公司风险管理的组织结构和职责划分

董事会是公司风险管理的最高决策机构,负责全面监督、指导公司风险管理工作,负责确定风险管理战略、政策和程序,对公司风险管理负有最终责任。

战略及风控委员会负责对公司长期发展战略规划、重大战略性投资进行可行性研究,负责全面监督、指导公司风险管理工作,检查公司管理层贯彻和执行董事会确立的风险取向和管理战略的情况,并根据董事会授权进行业务决策的常设机构,对公司董事会负责。

审计委员会专门负责对公司财务活动及其有关经济活动的真实、合法、合规、准确和效益依法审计、拟定内部监督活动方案,指导审计部门实施稽核审计。其主要职责是对公司董事、总裁及高级管理人员履行职务时,执行法规或公司章程的行为进行监督;制定、检查、指导、评价内部审计部门的职责、要求、实施目标;审定、拟定公司有关重大事项的提审方案及审计政策;审查公司年度工作计划;聘请外部注册会计师进行审计;定期与内部审计部门负责人会面并交换意见。

业务决策及风控委员会的主要职责是建立包括风险管理流程、风险处理方案等完善的风险管理架构和风险管理体系;建立有效的内部控制报告和纠正机制,对发现的内部控制问题,均有畅通的报告渠道和有效的纠正措施。根据《公司授权管理制度》对公司经营范围内的业务出具风险控制审查意见,揭示风险水平,并进行审核和决策;对正在实施项目的投资运用等事项跟踪,进行定期或不定期的检查、监督,在充分了解风险控制相关信息的基础上,提出整改意见和措施,并监督执行;评审各项业务管理制度、办法及信托新产品开发方案及操作规程;对提交业务决策及风控委员会的公司经营范围内的各类业务进行审议、决策;对业务发展战略的落实、信托项目的实施及相关管理制度的执行情况等重要事项进行分析和评价;指导各业务部门树立客观科学的投资理念,明确合理科学的发展方向和业务重点,建立高效可靠的内部决策系统;决定信托项目授权、信托资金和自有资金运作授权等事项,在授权范围内由有关部门自行决定,超出授权范围提交董事会审议;决定禁止的业务及投资事项;董事会委托的其他风险管理和重大投资事项。

公司管理层是依照董事会拟定的公司风险管理战略、政策和程序,负责确定公司风险管理制度。

合规法务部、风险管理部作为合规管理、风险管理的专职部门。其主要职责是负责制定公司各类业务的合同文本以及风险管理过程中需要的相关文件;起草公司风险管理政策、制度及业务操作流程;负责各类项目的综合风险审核与评估;监督各业务部门风险管理工作的执行情况;定期安排和实施项目中后期检查;识别和评估新产品、新业务中包含的风险因素,制定相应的操作和风险管理程序;向公司管理层和业务决策及风控委员会及时提交风险管理报告;负责公司法律事务方面的处理工作。

公司各业务部门,根据业务流程标准对项目进行初审与评价,开展尽职调查,充分调查了解开展业务中包含的各类风险因素,落实各项风险控制措施,监督业务运行情况,直接负责业务的过程管理。

审计部是独立于业务部门以外的监督部门。其主要职责是检查公司各部门执行国家有关法律、法规和金融政策的情况;检查公司各部门执行公司各项规章制度及内部监控程序的情况;稽查资金营运的情况及其经营效益;稽查财务收支的合法性、合理性;受理并调查公司内部的违规、违法事件并向公司审计委员会报告;审计委员会授权稽核的其他事项。

4.4.1.2 公司风险管理的基本原则和政策

公司风险管理坚持全面性、持续性、前瞻性、审慎性、独立性和一致性的原则。风险管理涵盖公司的各项业务、各个部门和各级人员,渗透到决策、执行、监督、反馈各个环节;风险管理是一项长期持续性工作,贯穿于公司整个存续期;风险管理工作要做到与时俱进的同时需要进行风险预判,提前发现风险隐患,提前制定应对方案;风险管理的核心是有效防范风险,风险管理以审慎经营为各项工作的出发点;公司各专业委员会、风险管理部门具有相对独立性，对各部门业务风险评估、风险检查不受非正常因素干扰；公司风险管理制度是按照国家有关法律、法规、监管机关的政策要求，结合公司实际制定的，具有权威性、有效性，是所有员工严格遵守的行动指南，执行风险控制制度不存在例外情况，任何人不得拥有超越制度或违反规章的权力。

公司风险管理主要是由内部规章、组织架构、授权制度、技术手段以及稽核与事后评价等部分组成，形成研究、决策、操作、稽核与评价相互制衡的风险管理机制。并通过事前、事中、事后控制三者结合进行综合防范，其中尤其强调过程控制，使公司在出现风险苗头后能够立即作出反应，并采取有效措施进行控制。

4.4.1.3　经营活动中可能遇到的风险

公司在经营活动中可能遇到的风险包括信用风险、市场风险、操作风险、洗钱风险、政策风险、经营风险和道德风险。无论是自营业务活动还是信托业务活动，都有产生上述风险的可能性。

4.4.2　风险状况

4.4.2.1　信用风险状况

信用风险主要表现为信托业务交易对手的信用状况，资金往来的信用风险等。交易对手及其担保人根据自身的经营状况，结合各类外部因素，综合而成的影响其还款能力或担保能力的风险。

4.4.2.2　市场风险状况

市场风险主要表现为：一是信托业所涉及的货币、资本、实业三大领域，其各自受政策、市场规律等因素影响所形成的波动风险；二是受其他金融机构的激烈竞争与挤压，导致公司市场环境与客户资源恶化的风险。

4.4.2.3　操作风险状况

操作风险主要表现在公司内部人员在处理信托业务过程中因操作失误而出现的风险。

4.4.2.4　洗钱风险状况

洗钱风险主要表现为：是否将毒品犯罪、黑社会性质的组织犯罪、恐怖活动犯罪、走私犯罪、贪污贿赂犯罪、破坏金融管理秩序犯罪、金融诈骗犯罪等犯罪所得及收益，通过各种手段隐瞒或掩饰其性质和来源，进入信托公司使其合法化的行为及过程。

4.4.2.5　其他风险状况

4.4.2.5.1　政策风险状况

政策风险主要表现为宏观政策以及监管政策的变动对公司经营环境和发展所造成的风险。

4.4.2.5.2　经营风险状况

经营风险主要表现为在经营过程中因管理与经营能力造成的风险。

4.4.2.5.3　道德风险状况

道德风险主要表现为公司内部人员是否诚信经营、恪尽职守的道德风险。

4.4.3　风险管理

4.4.3.1　信用风险管理

对于信用风险的防范，公司主要是通过对交易对手的信用调查，合规法务部、风险管理部以及业务决策及风控委员会对项目的审核、信托项目抵押、质押、保证担保等条款的科学设计等来进行风险事前防范；通过项目实施过程中的业务跟踪以及资产分类评级来进行风险事中控制；通过项目结束后的稽查与评价进行事后控制。在防范银行和券商信用风险方面，公司制定系列选择标准，选择实力雄厚、信誉卓著、业绩优良的金融机构作为合作伙伴，同时以对合作伙伴定期与不定期的压力测试来及时发现问题，对风险加以控制。担保物确认原则为：合法性原则，即要求抵押物和质押物必须符合国家法律规定，抵押人、出质人对抵押物和质押物享有完整的所有权。充足性原则，即公司根据抵押物、质押物的保值能力和变现难易程度对不同抵押、质押物设置不同的抵押率，对于需要估价的抵(质)押财产，必须经过公司认可的资产评估公司进行估价。可操作性原则，即要求抵(质)押财产标的权属明确、易于保管、转让和变现。

公司保证担保管理原则：保证人应具有独立的法人资格，并对其拥有的财产享有所有权或依法处分权；担保人应具备良好的资信状况，近3年经营业绩稳定，财务状况良好，具备足够的担保能力。

4.4.3.2　市场风险管理

对于市场风险的防范，公司主要是通过加强业务决策及风控委员会的运作力度，通过研究、决策、操纵、评价相互制衡的机制，结合严格的授权制度，以防范市场风险。加强对多种信息资料的收集、整理、研究，正确把握市场的整体走势；建立健全市场风险的预警系统，对风险及其程度进行量化预测，包括主要业务的风险评估和监测办法、重要部门风险考核指标体系等，定期对公司的市场风险进行检查和监控。公司坚持不以风险换业务，而以诚信换市场的原则。

4.4.3.3　操作风险管理

对于操作风险的防范，主要通过严格的授权制度与过程控制以及定期的员工业务培训来实施。一是指导、协助各部门建立健全内部风险控制制度，检查各项业务的作业流程和部门衔接可能存在的风险；二是明确界定部门的目标、职责和权限，确保其在授权范围内行使经营管理职能；三是在各主要业务部门之间建立健全“防火墙”制度，确保信托业务与自有业务相对独立；四是定期组织员工进行业务培训以及对外的同业交流活动。

4.4.3.4　洗钱风险管理

对于洗钱风险的防范，公司根据自身特点和经营情况建立一整套反洗钱内部控制制度，利用有关措施、程序和方法对洗钱及相关犯罪风险进行事前防范、事中控制、事后监督和纠正的工作机制，实现有效管控洗钱风险、合法审慎经营和稳健发展等合规性目标。事前防范措施，包括客户身份识别措施、客户洗钱风险等级划分和管理、反洗钱和反恐怖融资名单的监控；事中控制措施，包括客户行为分析和交易监控、报告大额和可疑交易、配合开展反洗钱行政调查；事后纠正措施，包括开展反洗钱内部审计、对反洗钱工作进行考核和责任追究等措施，全面管控信托公司业务开展中客户带来的洗钱风险。

4.4.3.5　其他风险管理

4.4.3.5.1　政策风险管理

对于政策风险的防范，公司通过严格依法经营，并根据国家法律法规和银保监会要求制定《公司章程》和内控制度，以规范与控制公司业务范围和行为。加强对各种政策及其变动趋势的研究，并按照研究结果来决定或调整信托项目及自有业务的投融资计划；实行信托项目的分散化和期限结构的均衡化，以降低系统性政策风险;对突如其来的政策变化可能产生的较大风险建立一整套应急措施;加强与银保监会(局)、政府有关部门的联络和沟通。及时学习新出台的法律法规以及监管政策,并向公司员工通告发布。

4.4.3.5.2 经营风险管理

对于经营风险的防范,公司有健全的法人治理结构,股东会、董事会和监事会职责明确,对经营层有严格的约束,保证其合法合规经营。公司依据自身经营特点设立顺序递进、权责统一、严密有效的"三道监控防线":建立一线岗位双人、双职、双责,业务内容至少双人知道为基础的第一道监控防线;建立相关部门、相关岗位之间相互监督制衡的第二道监控防线;建立对风险现场全面实施监督、检查和反馈的第三道监控防线。严格按照内部规章与流程开展各项业务,同时通过事后稽核与评价来对其进行正负激励,以防范经营风险。

4.4.3.5.3 道德风险管理

对于道德风险的防范,公司主要通过完善的法人治理结构对高管进行约束,使其经营行为符合委托人利益和股东利益,并通过严格的规章制度与内控体系对公司员工行为进行规范。在组织架构方面,公司严格按照信托法规的要求对自营资产与信托资产分别管理,并由不同高管分管,以保护委托人的利益。加强内部廉政建设,坚守行业自律,不断完善自身职业道德的提升。与此同时,接受监管部门定期不定期的检查,构成了外部监督体系。

4.5 企业履行社会责任情况

公司按照金融机构履行社会责任要求,建立健全落实社会责任机制,形成了从董事长、总裁到各职能部门的社会责任工作层层落实,决策、目标和执行分工职责明确的组织体系,并将社会责任内容分解到各项工作之中。公司落实社会责任的重点放在致力于作为金融机构的社会责任长效机制的健全和完善方面,即如何通过构建公司可持续发展体系,为公众提供更加安全、优质的金融服务,为投资人创造财富保值升值,与利益相关方形成共赢、和谐的关系,为股东谋求价值最大化,最大限度地增进公司的社会责任,使公司的社会责任发挥更大价值和影响。

公司竭尽全力践行信托机构的社会责任,公司信托计划从决策到运营严格贯彻落实国家当前的宏观调控政策和产业政策,信托资金投向与国家当前产业政策保持一致,并且所有集合信托产品均实现到期足额兑付。公司通过信息披露诚实表达信托资金投向的行业性质和用途,明确提示可能产生的风险因素;披露的内容与实际责任相一致,杜绝虚假描述和溢美之词。公司把支持当地经济建设和发展,参与当地重点领域重大工程项目作为业务拓展的重点。从战略规划、业务决策,到业务拓展等诸方面着重加强信托业务与当地重点领域、支柱产业的多方面合作。持续重点关注内蒙古全区各地重点领域经济发展信息和重大项目建设的信息,积极加强与各地政府部门、大企业的紧密联系与沟通;鼓励业务部门在防范风险的前提下进行金融创新,探索开展多种信托方式与实体经济进行对接,开展金融服务创新。鼓励开展差异化的金融服务,对于重大工程项目建设,综合考虑项目特点,实施精细化、差别化的信托方案,有侧重地对重大工程项目建设予以支持。

公司不断提升社会公众的金融素质和安全意识,建设和谐稳定的金融环境,认真以"普及金融知识,提升金融素养,共建和谐金融"为主题,积极开展"金融知识进万家"宣传服务月活动;有组织、成建制地开展"金融知识万里行"活动,坚持常年持续进社区开展防范金融诈骗、电信网络诈骗,警惕非法集资等金融知识和法律法规等宣传活动。公司紧跟人民银行颁布的反洗钱计划,持续开展反洗钱宣传活动,积极宣传反洗钱知识,采取培训、视频、标识、路演等多种方式深入宣传。将宣传活动常态化,积极推动公司反洗钱工作的制度化、规范化。

公司积极参与扶贫、慈善等公益活动。2019 年 11 月,公司积极参与内蒙古银行业协会组织的消费扶贫活动,购买内蒙古察右中旗价值 1.5 万元的农产品,以推进贫困地区农产品的销售。2019 年 12 月,公司出资 20 万元投入中诚信托组织的"2019 中国信托业呼伦贝尔扶贫慈善信托",以信托方式将信托财产及其收益全部用于精准脱贫项目。

5. 报告期末及上一年度末的比较式会计报表

5.1 自营资产

5.1.1 会计师事务所审计意见全文

审计报告

大信审字[2020]第 1 -02370 号

新时代信托股份有限公司全体股东:

一、审计意见

我们审计了新时代信托股份有限公司(以下简称贵公司)的财务报表,包括 2019 年 12 月 31 日的资产负债表,2019 年度的利润表、现金流量表、股东权益变动表,以及财务报表附注。

我们认为,后附的财务报表在所有重大方面按照企业会计准则的规定编制,公允反映了贵公司 2019 年 12 月 31 日的财务状况以及 2019 年度的经营成果和现金流量。

二、形成审计意见的基础

我们按照中国注册会计师审计准则的规定执行了审计工作。审计报告的"注册会计师对财务报表审计的责任"部分进一步阐述了我们在这些准则下的责任。按照中国注册会计师职业道德守则,我们独立于贵公司,并履行了职业道德方面的其他责任。

我们相信,我们获取的审计证据是充分、适当的,为发表审计意见提供了基础。

三、管理层和治理层对财务报表的责任

管理层负责按照企业会计准则的规定编制财务报表,使其实现公允反映,并设计、执行和维护必要的内部控制,以使财务报表不存在由于舞弊或错误导致的重大错报。

在编制财务报表时,管理层负责评估贵公司的持续经营能力,披露与持续经营相关的事项(如适用),并运用持续经营假设,除非管理层计划清算贵公司、终止运营或别无其他现实的选择。

治理层负责监督贵公司的财务报告过程。

四、注册会计师对财务报表审计的责任

我们的目标是对财务报表整体是否不存在由于舞弊或错误导致的重大错报获取合理保证，并出具包含审计意见的审计报告。合理保证是高水平的保证，但并不能保证按照审计准则执行的审计在某一重大错报存在时总能发现。错报可能由于舞弊或错误导致，如果合理预期错报单独或汇总起来可能影响财务报表使用者依据财务报表作出的经济决策，则通常认为错报是重大的。

在按照审计准则执行审计工作的过程中，我们运用职业判断，并保持职业怀疑。同时，我们也执行以下工作：

（1）识别和评估由于舞弊或错误导致的财务报表重大错报风险，设计和实施审计程序以应对这些风险，并获取充分、适当的审计证据，作为发表审计意见的基础。由于舞弊可能涉及串通、伪造、故意遗漏、虚假陈述或凌驾于内部控制之上，未能发现由于舞弊导致的重大错报的风险高于未能发现由于错误导致的重大错报的风险。

（2）了解与审计相关的内部控制，以设计恰当的审计程序，但目的并非对内部控制的有效性发表意见。

（3）评价管理层选用会计政策的恰当性和作出会计估计及相关披露的合理性。

（4）对管理层使用持续经营假设的恰当性得出结论。同时，根据获取的审计证据，就可能导致对贵公司持续经营能力产生重大疑虑的事项或情况是否存在重大不确定性得出结论。如果我们得出结论认为存在重大不确定性，审计准则要求我们在审计报告中提请报表使用者注意财务报表中的相关披露；如果披露不充分，我们应当发表非无保留意见。我们的结论基于截至审计报告日可获得的信息。然而，未来的事项或情况可能导致贵公司不能持续经营。

（5）评价财务报表的总体列报、结构和内容（包括披露），并评价财务报表是否公允反映相关交易和事项。

我们与治理层就计划的审计范围、时间安排和重大审计发现等事项进行沟通，包括沟通我们在审计中识别出的值得关注的内部控制缺陷。

大信会计师事务所（特殊普通合伙）

中国注册会计师：

中国注册会计师：

二〇二〇年四月二十七日

5.1.2 资产负债表

资产负债表

编制单位：新时代信托股份有限公司　　2019 年 12 月 31 日　　单位：元

项目	附注	期末余额	期初余额
资产：			
现金及存放中央银行款项		—	—
存放同业款项	五（一）	106 434 843.31	635 589 856.33
贵金属		—	—
拆出资金		—	—

续表

项目	附注	期末余额	期初余额
以公允价值计量且其变动计入当期损益的金融资产	五（二）	13 648 506.64	11 366 313.60
衍生金融资产		—	—
买入返售金融资产		—	—
持有待售资产		—	—
应收款项	五（三）	277 331 481.12	229 640 434.07
应收利息		—	—
发放贷款及垫款		—	—
可供出售金融资产	五（四）	8 092 803 895.76	8 275 102 855.76
持有至到期投资		—	—
长期股权投资		—	—
投资性房地产	五（五）	3 242 503.48	3 801 104.44
固定资产	五（六）	83 419 368.90	89 218 806.19
无形资产	五（七）	10 009 562.03	9 643 030.51
递延所得税资产	五（八）	96 371 569.08	81 905 072.69
其他资产	五（九）	675 092 151.06	2 169 059 849.66
资产总计		9 358 353 881.38	11 505 327 323.25

资产负债表（续）

编制单位：新时代信托股份有限公司　　2019 年 12 月 31 日　　单位：元

项目	附注	期末余额	期初余额
负债：			
向中央银行借款		—	—
同业及其他金融机构存放款项		—	—
拆入资金	五（十）	450 000 000.00	350 000 000.00
以公允价值计量且其变动计入当期损益的金融负债		—	—
衍生金融负债		—	—
卖出回购金融资产款		—	—
吸收存款		—	—
应付职工薪酬	五（十一）	110 538 382.82	129 147 464.88
应交税费	五（十二）	56 315 064.43	98 573 204.82
应付利息		—	—
持有待售负债		—	—
预计负债		—	—
应付债券		—	—
其中：优先股		—	—
永续债		—	—
递延所得税负债		—	—
其他负债	五（十三）	125 337 972.84	2 474 631 149.05
负债合计		742 191 420.09	3 052 351 818.75
股东权益：			
股本	五（十四）	6 000 000 000.00	6 000 000 000.00
其他权益工具		—	—
其中：优先股		—	—
永续债		—	—
资本公积	五（十五）	637 319 111.21	637 319 111.21
减：库存股		—	—
其他综合收益	五（十六）	13 538 280.00	—
盈余公积	五（十七）	323 015 178.63	308 050 310.95
一般风险准备	五（十八）	172 673 370.14	172 673 370.14
信托赔偿准备金	五（十九）	423 463 775.13	401 016 473.61
未分配利润	五（二十）	1 046 152 746.18	933 916 238.59
所有者权益（或股东权益）合计		8 616 162 461.29	8 452 975 504.50
负债和所有者权益（或股东权益）总计		9 358 353 881.38	11 505 327 323.25

5.1.3 利润表

利润表

编制单位：新时代信托股份有限公司　　2019 年度　　单位：元

项目	附注	本期发生额	上期发生额
一、营业收入		420 112 853.47	714 444 032.38
利息净收入	五（二十一）	-17 203 271.33	-23 243 879.12
利息收入		17 153 242.53	9 889 443.08
利息支出		34 356 513.86	33 133 322.20
手续费及佣金净收入	五（二十二）	315 069 319.25	414 846 874.96
手续费及佣金收入		315 069 319.25	414 846 874.96
手续费及佣金支出		—	—
投资收益（损失以“-”号填列）	五（二十三）	121 431 978.13	318 691 439.64
其中：对联营企业和合营企业的投资收益		—	—
其他收益		—	—
公允价值变动收益（损失以“-”号填列）	五（二十四）	-1 431 066.62	1 325 371.97
汇兑收益（损失以“-”号填列）		—	—
其他业务收入	五（二十五）	2 245 737.51	2 833 058.89
资产处置收益（损失以“-”号填列）	五（二十六）	156.53	-8 833.96
二、营业支出		225 817 388.24	236 210 577.27
税金及附加	五（二十七）	2 537 397.07	4 290 620.03
业务及管理费	五（二十八）	129 767 225.13	198 674 469.18
资产减值损失	五（二十九）	92 954 165.08	32 686 887.10
其他业务成本	五（三十）	558 600.96	558 600.96
三、营业利润（亏损以“-”号填列）		194 295 465.23	478 233 455.11
加：营业外收入	五（三十一）	3 480.99	422 574.69
减：营业外支出	五（三十二）	452 000.00	24 983.92
四、利润总额（亏损以“-”号填列）		193 846 946.22	478 631 045.88
减：所得税费用	五（三十三）	44 198 269.43	106 135 480.36
五、净利润（亏损以“-”号填列）		149 648 676.79	372 495 565.52
（一）持续经营净利润		149 648 676.79	372 495 565.52
（二）终止经营净利润		—	—
六、其他综合收益的税后净额		13 538 280.00	—
（一）不能重分类进损益的其他综合收益		—	—
1. 计量设定受益计划变动额		—	—
2. 权益法下不能转损益的其他综合收益		—	—
（二）将重分类进损益的其他综合收益		13 538 280.00	—
1. 权益法下可转损益的其他综合收益		—	—
2. 可供出售金融资产公允价值变动损益		13 538 280.00	—
3. 持有至到期投资重分类为可供出售金融资产损益		—	—
4. 现金流量套期损益的有效部分		—	—
5. 外币财务报表折算差额		—	—
6. 其他		—	—
七、综合收益总额		163 186 956.79	372 495 565.52
八、每股收益		—	—
（一）基本每股收益		—	—
（二）稀释每股收益		—	—

5.1.4 现金流量表

现金流量表

编制单位:新时代信托股份有限公司　　2019 年度　　单位:元

项目	附注	本期发生额	上期发生额
一、经营活动产生的现金流量:		—	—
客户存款和同业存放款项净增加额		—	—
向中央银行借款净增加额		—	—
金融企业往来收到的现金		—	12 364 809. 08
收取利息、手续费及佣金的现金		232 944 196. 91	512 239 387. 83
回购业务资金净增加额		—	—
其他业务收到的现金		2 347 251. 87	877 124. 33
收到其他与经营活动有关的现金	五(三十四)	526 360 658. 85	3 508 557 446. 18
经营活动现金流入小计		761 652 107. 63	4 034 038 767. 42
客户贷款及垫款净增加额		—	—
存放中央银行和同业款项净增加额		—	—
为交易目的而持有的金融资产净增加额		—	—
支付利息、手续费及佣金的现金		—	—
支付给职工以及为职工支付的现金		84 654 146. 92	151 590 002. 42
支付的各项税费		493 782 287. 30	452 975 487. 33
支付其他与经营活动有关的现金	五(三十四)	469 670 161. 11	1 278 757 600. 50
经营活动现金流出小计		1 048 106 595. 33	1 883 323 090. 25
经营活动产生的现金流量净额		-286 454 487. 70	2 150 715 677. 17
二、投资活动产生的现金流量:		—	—
收回投资收到的现金		2 693 253 401. 76	11 947 955 005. 47
取得投资收益收到的现金		114 375 063. 25	318 691 439. 64
处置固定资产、无形资产和其他长期资产收回的现金净额		—	1 400. 00
收到其他与投资活动有关的现金		—	—
投资活动现金流入小计		2 807 628 465. 01	12 266 647 845. 11
投资支付的现金		3 011 198 161. 30	14 198 274 451. 80
购建固定资产、无形资产和其他长期资产支付的现金		4 774 315. 17	4 745 900. 09
支付其他与投资活动有关的现金		—	—
投资活动现金流出小计		3 015 972 476. 47	14 203 020 351. 89
投资活动产生的现金流量净额		-208 344 011. 46	-1 936 372 506. 78
三、筹资活动产生的现金流量:		—	—
吸收投资收到的现金		—	—
取得借款收到的现金		34 450 000 000. 00	36 830 000 000. 00
发行债券收到的现金		—	—
收到其他与筹资活动有关的现金		—	—
筹资活动现金流入小计		34 450 000 000. 00	36 830 000 000. 00
偿还债务支付的现金		34 450 000 000. 00	36 860 000 000. 00
分配股利、利润或偿付利息支付的现金		34 356 513. 86	33 133 322. 20
支付其他与筹资活动有关的现金		—	—
筹资活动现金流出小计		34 484 356 513. 86	36 893 133 322. 20
筹资活动产生的现金流量净额		-34 356 513. 86	-63 133 322. 20
四、汇率变动对现金及现金等价物的影响		—	—
五、现金及现金等价物净增加额		-529 155 013. 02	151 209 848. 19
加:期初现金及现金等价物余额		635 589 856. 33	484 380 008. 14
六、期末现金及现金等价物余额		106 434 843. 31	635 589 856. 33

5. 1. 5　所有者权益变动表

股东权益变动表

编制单位：新时代信托股份有限公司　　2019 年度　　单位：元

项目	本期								
	归属于母公司股东权益								所有者（股东）权益合计
	股本	资本公积	减：库存股	其他综合收益	盈余公积	一般风险准备	信托赔偿准备金	未分配利润	
一、上年年末余额	6 000 000 000. 00	637 319 111. 21	—	—	308 050 310. 95	172 673 370. 14	401 016 473. 61	933 916 238. 59	8 452 975 504. 50
加：会计政策变更	—	—	—	—	—	—	—	—	—
前期差错更正	—	—	—	—	—	—	—	—	—
其他	—	—	—	—	—	—	—	—	—
二、本年年初余额	6 000 000 000. 00	637 319 111. 21	—	—	308 050 310. 95	172 673 370. 14	401 016 473. 61	933 916 238. 59	8 452 975 504. 50
三、本期增减变动金额（减少以"－"号填列）	—	—	—	13 538 280. 00	14 964 867. 68	—	22 447 301. 52	112 236 507. 59	163 186 956. 79
（一）综合收益总额	—	—	—	13 538 280. 00	—	—	—	149 648 676. 79	163 186 956. 79
（二）股东投入和减少资本	—	—	—	—	—	—	—	—	—
1. 股东投入的普通股	—	—	—	—	—	—	—	—	—
2. 其他权益工具持有者投入资本	—	—	—	—	—	—	—	—	—
3. 股份支付计入所有者权益的金额	—	—	—	—	—	—	—	—	—
4. 其他	—	—	—	—	—	—	—	—	—
（三）利润分配	—	—	—	—	14 964 867. 68	—	22 447 301. 52	-37 412 169. 20	—
1. 提取盈余公积	—	—	—	—	14 964 867. 68	—	—	-14 964 867. 68	—
2. 提取一般风险准备	—	—	—	—	—	—	—	—	—
3. 提取信托赔偿准备金	—	—	—	—	—	—	22 447 301. 52	-22 447 301. 52	—
4. 对所有者（或股东）的分配	—	—	—	—	—	—	—	—	—
5. 其他	—	—	—	—	—	—	—	—	—
（四）股东权益内部结转	—	—	—	—	—	—	—	—	—
1. 资本公积转增资本（或股本）	—	—	—	—	—	—	—	—	—
2. 盈余公积转增资本（或股本）	—	—	—	—	—	—	—	—	—
3. 盈余公积弥补亏损	—	—	—	—	—	—	—	—	—
4. 一般风险准备弥补亏损	—	—	—	—	—	—	—	—	—
5. 设定受益计划变动额结转留存收益	—	—	—	—	—	—	—	—	—
6. 其他	—	—	—	—	—	—	—	—	—
（五）其他	—	—	—	—	—	—	—	—	—
四、本期期末余额	6 000 000 000. 00	—	—	13 538 280. 00	323 015 178. 63	172 673 370. 14	423 463 775. 13	1 046 152 746. 18	8 616 162 461. 29

股东权益变动表(续)

2019 年度

编制单位:新时代信托股份有限公司　　　　单位:元

项目	上期								
	归属于母公司股东权益								所有者(股东)权益合计
	股本	资本公积	减:库存股	其他综合收益	盈余公积	一般风险准备	信托赔偿准备金	未分配利润	
一、上年年末余额	6 000 000 000. 00	637 319 111. 21	—	—	270 800 754. 40	150 320 766. 05	345 142 138. 78	676 897 168. 54	8 080 479 938. 98
加:会计政策变更	—	—	—	—	—	—	—	—	—
前期差错更正	—	—	—	—	—	—	—	—	—
其他	—	—	—	—	—	—	—	—	—
二、本年年初余额	6 000 000 000. 00	637 319 111. 21	—	—	270 800 754. 40	150 320 766. 05	345 142 138. 78	676 897 168. 54	8 080 479 938. 98
三、本期增减变动金额(减少以"-"号填列)	—	—	—	—	37 249 556. 55	22 352 604. 09	55 874 334. 83	257 019 070. 05	372 495 565. 52
(一)综合收益总额	—	—	—	—	—	—	—	372 495 565. 52	372 495 565. 52
(二)股东投入和减少资本	—	—	—	—	—	—	—	—	—
1. 股东投入的普通股	—	—	—	—	—	—	—	—	—
2. 其他权益工具持有者投入资本	—	—	—	—	—	—	—	—	—
3. 股份支付计入所有者权益的金额	—	—	—	—	—	—	—	—	—
4. 其他	—	—	—	—	—	—	—	—	—
(三)利润分配	—	—	—	—	37 249 556. 55	22 352 604. 09	55 874 334. 83	-115 476 495. 47	—
1. 提取盈余公积	—	—	—	—	37 249 556. 55	—	—	-37 249 556. 55	—
2. 提取一般风险准备	—	—	—	—	—	22 352 604. 09	—	-22 352 604. 09	—
3. 提取信托赔偿准备金	—	—	—	—	—	—	55 874 334. 83	-55 874 334. 83	—
4. 对所有者(或股东)的分配	—	—	—	—	—	—	—	—	—
5. 其他	—	—	—	—	—	—	—	—	—
(四)股东权益内部结转	—	—	—	—	—	—	—	—	—
1. 资本公积转增资本(或股本)	—	—	—	—	—	—	—	—	—
2. 盈余公积转增资本(或股本)	—	—	—	—	—	—	—	—	—
3. 盈余公积弥补亏损	—	—	—	—	—	—	—	—	—
4. 一般风险准备弥补亏损	—	—	—	—	—	—	—	—	—
5. 设定受益计划变动额结转留存收益	—	—	—	—	—	—	—	—	—
6. 其他	—	—	—	—	—	—	—	—	—
(五)其他	—	—	—	—	—	—	—	—	—
四、本期期末余额	6 000 000 000. 00	637 319 111. 21	—	—	308 050 310. 95	172 673 370. 14	401 016 473. 61	933 916 238. 59	8 452 975 504. 50

5.2 信托资产

5.2.1 信托项目资产负债汇总表

信托项目资产负债表

编制单位：新时代信托股份有限公司　　2019年12月31日　　单位：万元

信托资产	期末数	年初数
信托资产：		
货币资金	20 557.80	63 159.28
拆出资金	—	—
存出保证金	—	—
交易性金融资产	779 386.25	1 323 371.61
衍生金融资产	—	—
买入返售金融资产	—	—
应收款项	418 901.37	216 950.96
发放贷款	2 895 187.20	2 522 960.20
可供出售金融资产	—	—
持有至到期投资	21 774 650.05	22 243 152.75
长期应收款	—	—
长期股权投资	100.00	72 076.00
投资性房地产	—	—
固定资产	—	—
无形资产	—	—
长期待摊费用	—	—
其他资产	6 355 469.17	8 870 651.58
信托资产总计	32 244 251.84	35 312 322.38

信托项目资产负债表（续）

编制单位：新时代信托股份有限公司　　2019年12月31日　　单位：万元

信托负债和信托权益	期末数	年初数
信托负债：	—	—
交易性金融负债	—	—
衍生金融负债	—	—
应付受托人报酬	19 099.83	7 588.44
应付托管费	23.13	41.94
应付受益人收益	—	2.35
应缴税费	2 148.23	2 315.21
应付销售服务费	—	—
其他应付款项	236 683.90	21 388.90
预计负债	—	—
其他负债	—	—
信托负债合计	257 955.09	31 336.84
信托权益：	—	—
实收信托	29 811 741.99	32 931 225.97
资本公积	2 115 000.00	2 256 000.00
其中：损益平准金	—	—
未分配利润	59 554.76	93 759.57
信托权益合计	31 986 296.75	35 280 985.54
信托负债及信托权益总计	32 244 251.84	35 312 322.38

5.2.2 信托项目利润及利润分配汇总表

信托项目利润及利润分配表

编制单位：新时代信托股份有限公司　　2019年12月　　单位：万元

项　目	本年累计数	上年累计数
一、营业收入	840 941.90	1 570 925.85
利息收入	283 840.44	228 960.59
投资收益	543 756.38	1 303 742.95
公允价值变动收益	13 344.94	38 156.54
租赁收入	—	—
其他收入	0.14	65.77
二、营业支出	52 058.56	79 381.65
三、信托净利润	788 883.34	1 491 544.20
四、扣除资产损失前的信托利润	788 883.34	1 491 544.20
五、其他综合收益	—	—
六、扣除资产损失后的信托利润	788 883.34	1 491 544.20
七、综合收益	—	—
八、加：期初未分配信托利润	93 759.57	61 002.67
九、可供分配的信托利润	882 642.91	1 552 546.87
减：本期已分配信托利润	823 088.15	1 458 787.30
十、期末未分配信托利润	59 554.76	93 759.57

6. 会计报表附注

6.1 会计报表编制基准不符合会计核算基本前提的说明

无。

6.2 主要会计政策、会计估计和会计核算方法说明

财政部于2019年4月发布了《关于修订印发2019年度一般企业财务报表格式的通知》（财会[2019]6号）（以下简称财务报表格式），执行企业会计准则的企业应按照企业会计准则和该通知的要求编制财务报表。

根据财务报表格式的要求，本公司将“应收票据及应收账款”拆分列示为“应收票据”和“应收账款”两个项目，将“应付票据及应付账款”拆分列示为“应付票据”和“应付账款”两个项目。本公司相应追溯调整了比较期间报表，该会计政策变更对合并及公司净利润和股东权益无影响。

本公司执行财会[2019]6号的主要影响如下：

会计政策变更内容和原因	受影响的报表项目名称	本期受影响的报表项目金额（元）	上期重述金额（元）	上期列报的报表项目及金额（元）
1. 应收票据和应收账款拆分列示	应收款项	应收账款：277 331 481.12	应收账款：229 640 434.07	应收账款：229 640 434.07
2. 应付票据和应付账款拆分列示	其他负债	其他负债：125 337 972.84	其他负债：2 474 631 149.05	其他负债：2 474 631 149.05

6.3　或有事项说明

截至 2019 年 12 月 31 日，本公司无需要披露的或有事项。

6.4　重要资产转让及其出售的说明

报告期内，本公司未发生重大资产转让及出售情况。

6.5　会计报表中重大项目的明细资料

6.5.1　披露自营资产经营情况

6.5.1.1　按应收款项资产五级分类披露期初数、期末数

	账面余额(元)	比例(%)	坏账准备(元)	坏账准备计提比例(%)	账面价值(元)
正常类	62 851 017. 73	17. 30	—	—	62 851 017. 73
关注类	218 857 615. 71	60. 24	4 377 152. 32	2. 00	214 480 463. 39
损失类	81 609 961. 75	22. 46	81 609 961. 75	100. 00	—
合计	363 318 595. 19	100. 00	85 987 114. 07	—	277 331 481. 12
正常类	91 329 844. 10	38. 63	—	—	91 329 844. 10
关注类	141 133 255. 06	59. 69	2 822 665. 09	2. 00	138 310 589. 97
损失类	3 965 000. 00	1. 68	3 965 000. 00	100. 00	—
合计	236 428 099. 16	100. 00	6 787 665. 09	—	229 640 434. 07

本年计提、收回或转回的坏账准备情况：本年计提坏账准备金额 79 204 165. 08 元，核销坏账准备 4 716. 10 元。

6.5.1.2　资产减值损失准备的期初数、本期发生数 、期末数

单位：元

项目	期初数	本期发生数	期末数
坏账准备	6 787 665. 09	79 199 448. 98	85 987 114. 07
可供出售金融资产减值准备	191 245 600. 00	-4 301 040. 00	186 944 560. 00
合计	198 033 265. 09	79 195 147. 94	272 931 674. 07

6.5.1.3　可供出售金融资产情况

6.5.1.3.1　可供出售金融资产情况

单位：元

项目	期末余额			期初余额		
	账面余额	减值准备	账面价值	账面余额	减值准备	账面价值
可供出售债务工具	7 603 500 000. 00	13 750 000. 00	7 589 750 000. 00	7 790 100 000. 00	—	7 790 100 000. 00
可供出售权益工具	676 248 455. 76	173 194 560. 00	503 053 895. 76	676 248 455. 76	191 245 600. 00	485 002 855. 76
其中：按公允价值计量的	243 569 760. 00	173 194 560. 00	70 375 200. 00	243 569 760. 00	191 245 600. 00	52 324 160. 00
按成本计量的	432 678 695. 76	—	432 678 695. 76	432 678 695. 76	—	432 678 695. 76
合计	8 279 748 455. 76	186 944 560. 00	8 092 803 895. 76	8 466 348 455. 76	191 245 600. 00	8 275 102 855. 76

6.5.1.3.2　期末按公允价值计量的可供出售金融资产

单位：元

可供出售金融资产分类	可供出售权益工具	合计
权益工具的成本/债务工具的摊余成本	243 569 760. 00	243 569 760. 00
公允价值	70 375 200. 00	70 375 200. 00
累计计入其他综合收益的公允价值变动金额	—	—
已计提减值金额	173 194 560. 00	173 194 560. 00
合计	70 375 200. 00	70 375 200. 00

6.5.1.3.3　期末以成本计量的重要权益工具投资明细

单位：元

项目	期末余额		期初余额		本期现金红利
	账面余额	减值准备	账面余额	减值准备	
新时代证券有限责任公司	432 678 695. 76	—	432 678 695. 76	—	32 267 136. 00
合计	432 678 695. 76	—	432 678 695. 76	—	32 267 136. 00

6.5.1.3.4　报告期内可供出售金融资产减值的变动情况

单位：元

可供出售金融资产分类	可供出售权益工具	可供出售债务工具	合计
期初已计提减值余额	191 245 600. 00	—	191 245 600. 00
本期计提	19 402 880. 00	13 750 000. 00	33 152 880. 00
其中：从其他综合收益转入	—	—	—
本期减少	37 453 920. 00	—	37 453 920. 00
其中：期后公允价值回升转回	37 453 920. 00	—	37 453 920. 00
期末已计提减值余额	173 194 560. 00	13 750 000. 00	186 944 560. 00

6.5.1.4　前五名自营贷款企业名称、占贷款比例、还款情况

无。

6.5.1.5　公司当年的收入结构

收入结构	金额(万元)	占比(%)
手续费及佣金收入	31 506.93	75.00
其中:信托业务收入	31 506.93	—
利息收入	-1 720.33	-4.09
其他业务收入	224.57	0.53
投资收益	12 143.20	28.90
公允价值变动收益	-143.11	-0.34
资产处置收益	0.02	—
营业外收入	0.35	—
收入合计	42 011.63	100.00

6.5.2　披露信托资产管理情况

6.5.2.1　信托资产的期初数、期末数

单位:万元

信托资产	期初数	期末数
集合	22 375 597.04	22 789 289.16
单一	4 048 614.78	3 087 967.00
财产权	8 888 110.56	6 366 995.68
合计	35 312 322.38	32 244 251.84

6.5.2.1.1　主动管理型信托业务期初数、期末数

单位:万元

主动管理型信托资产	期初数	期末数
证券投资类	—	—
股权投资类	—	—
其他投资	1 762 413.51	1 358 011.55
融资类	821 117.17	1 595 464.68
事务管理类	—	—
合计	2 583 530.68	2 953 476.23

6.5.2.1.2　被动管理型信托业务期初数、期末数

单位:万元

被动管理型信托资产	期初数	期末数
证券投资类	—	—
股权投资类	—	—
其他投资	—	—
融资类	—	—
事务管理类	32 728 791.70	29 290 775.61
合计	32 728 791.70	29 290 775.61

6.5.2.2　本年度已清算结束信托项目个数、实收信托合计金额、加权平均实际年化收益率

6.5.2.2.1　本年度已清算结束信托项目个数、实收信托合计金额、加权平均实际年化收益率

已清算结束的信托项目	项目个数(个)	实收信托合计金额(万元)	加权平均实际年化收益率(%)
集合类	116	2 446 935.00	7.58
单一类	73	2 571 164.10	6.02
财产权	88	2 795 033.07	5.56

6.5.2.2.2　本年度已清算结束的主动管理型信托项目个数、实收信托合计金额、加权平均实际年化信托报酬率、加权平均实际年化收益率

已清算结束的信托项目	项目个数(个)	实收信托合计金额(万元)	加权平均实际年化信托报酬率(%)	加权平均实际年化收益率(%)
证券投资类	—	—	—	—
股权投资类	—	—	—	—
其他投资	13	367 190.00	0.26	6.24
融资类	89	659 660.00	0.17	7.81
事务管理类	—	—	—	—

6.5.2.2.3　本年度已清算结束的被动管理型信托项目个数、实收信托合计金额、加权平均实际年化信托报酬率、加权平均实际年化收益率

已清算结束信托项目	项目个数(个)	实收信托合计金额(万元)	加权平均实际年化信托报酬率(%)	加权平均实际年化收益率(%)
证券投资类	—	—	—	—
股权投资类	—	—	—	—
其他投资	—	—	—	—
融资类	—	—	—	—
事务管理类	175	6 786 282.17	0.08	5.86

6.5.2.3　本年度新增的集合类、单一类、财产类信托项目个数、实收信托合计金额

新增信托项目	项目个数(个)	实收信托合计金额(万元)
集合类	117	2 780 330.00
单一类	34	1 618 809.40
财产管理类	2	294 508.79
新增合计	153	4 693 648.19
其中:主动管理型	98	1 396 730.00
被动管理型	55	3 296 918.19

6.5.2.4　本公司履行受托人义务情况及因本公司自身责任而导致的信托资产损失情况(合计金额、原因等)

无。

6.5.2.5　信托赔偿准备金的提取、使用和管理情况

公司当年提取盈余公积 1 496.49 万元，提取信托赔偿准备金 2 244.73 万元。截至 2019 年 12 月 31 日，信托赔偿准备金余额为 42 346.38 万元。

6.6　关联方关系及其交易的披露

6.6.1　关联关系

本公司的母公司

股东名称	注册地	业务性质	注册资本(元)	对本公司的持股比例(%)	对本公司的表决权比例(%)
新时代远景(北京)投资有限公司	北京市朝阳区	投资管理、投资咨询	3 550 000 000.00	58.54	58.54

本公司的子公司情况:无。

本公司的其他关联方情况

其他关联方名称	与本公司关系
上海人广实业发展有限公司	本公司第二大股东
潍坊科微投资有限公司	本公司第三大股东

6.6.2 关联交易

关键管理人员报酬

单位:元

姓名	本期发生额	上期发生额
关键管理人员	11 460 977.47	8 645 018.27
合　计	11 460 977.47	8 645 018.27

截至2019年12月31日,本公司以自有资金购买本公司作为受托人发行的信托计划情况

单位:万元

项目	购买余额	本期分配收益
资金信托计划	739 870.00	6 028.65
合　计	739 870.00	6 028.65

本期无其他关联交易。

6.6.3 本公司与关联方的重大交易事项

6.6.3.1 固有财产与关联方:贷款、投资、租赁、应收账款、担保、其他方式等

无。

6.6.3.2 信托资产与关联方:贷款、投资、租赁、应收账款担保、其他方式等

无。

6.6.4 逐笔披露关联方逾期未偿还本公司资金的详细情况以及本公司为关联方担保发生或即将发生垫款的详细情况

无。

7. 财务情况说明书

7.1 利润实现和分配情况

经大信会计师事务所(特殊普通合伙)审计,公司2019年度实现净利润14 964.87万元,根据企业会计准则及《公司章程》规定,提取10%的法定公积金1 496.49万元;提取15%的信托赔偿准备2 244.73万元,截至2019年末,公司可供股东分配利润为104 615.27万元。

公司本年度未进行利润分配。

7.2 主要财务指标

指标名称	指标值	指标计算说明
资本利润率(%)	1.75	资本利润率=净利润/所有者权益
信托报酬率(%)	0.10	信托报酬率=信托业务收入/实际信托平均余额
人均净利润(万元)	60.10	人均净利润=净利润/职工人数

报告期末公司净资本为736 077.59万元,风险资本为386 400.65万元,净资本/各项业务风险资本之和为190.50%,净资本/净资产为85.43%。

7.3 对本公司财务状况、经营成果有重大影响的其他事项

无。

8. 特别事项揭示

8.1 前五名股东报告期内变动情况及原因

无。

8.2 董事、监事及高级管理人员变动情况及原因

报告期内,公司聘请李永丰先生、崔延辉先生为副总裁、聘请张华先生、娄源勇先生为总裁助理,其任职资格尚需监管部门审批。

8.3 变更注册资本、变更注册地或公司名称、公司分立合并事项

无。

8.4 公司的重大诉讼事项

截至2019年12月31日,公司2019年重大涉诉案件共计3件,涉案本金合计22 200万元。其中,一被诉案件涉案本金为6 700万元,等待法院开庭审理;一被诉案件涉案本金为10 000万元,已开庭审理等待法院判决,以上两案均为事务管理类单一信托计划发生的案件。另外一案件是公司为原告的案件,涉案本金为5 500万元,已开庭审理等待法院判决。

8.5 公司及其董事、监事和高级管理人员受到处罚的情况

无。

8.6 中国银保监会及其派出机构对公司检查后提出整改意见的,应简单说明整改情况

报告期内,中国银行保险监督管理委员会内蒙古监管局包头监管分局对公司保险资金信托业务、信托项目解质押、财务印鉴使用、通过第三方互联网违规引流资金信托产品等事项下达风险提示,并统一对辖内金融机构就辖内信托公司风险排查、开展信托公司股权和关联交易专项整治工作、巩固治乱象成果促进合规建设、金融机构主要负责人外出报告等进行了工作部署。

公司按照中国银行保险监督管理委员会内蒙古监管局及包头监管分局要求组织开展了各项工作的自查,结合检查、自查反映的问题,公司通过完善业务制度、优化管控流程、强化规范操作、严肃责任追究等措施,着力强化业务、内控、系统、人员从业行为等方面的规范管理。公司将进一步围绕落实金融监管意见,提高服务意识,严防风险,加大创新力度,全面认真落实各项专项治理工作,努力尽到金融服务者的职责,服务实体经济发展,促进地区和国家经济健康稳定。

8.7 本年度重大事项临时报告的简要内容、披露时间、所披露的媒体及其版面

披露时间	简要内容	披露媒体	版面
2019 年 4 月 27 日	刊登 2018 年度报告摘要	证券日报	C1 版
2019 年 1 月 24 日	关于修改《公司章程》的公告	证券日报	D25 版

8.8 中国银保监会及其省级派出机构认定的其他有必要让客户及相关利益人了解的重要信息

无。

9. 公司监事会意见

公司监事会认为，2019 年度财务报表按照中国会计准则编制，会计处理方法遵循了一贯性原则；本报告年度，报表数据真实、公允地反映了新时代信托的财务状况和经营业绩。

兴业国际信托有限公司

1. 重要提示

1.1 本公司董事会及董事保证本报告所载资料不存在任何虚假记载、误导性陈述或者重大遗漏,并对其内容的真实性、准确性和完整性承担个别及连带责任。

1.2 没有个别董事的异议声明。

1.3 本公司独立董事保证本报告所载资料不存在任何虚假记载、误导性陈述或者重大遗漏,并对其内容的真实性、准确性和完整性承担个别及连带责任,没有异议声明。

1.4 本公司2019年度财务报表已经毕马威华振会计师事务所(特殊普通合伙)根据中国注册会计师审计准则审计,并出具了标准无保留意见的审计报告。

1.5 本公司董事长沈卫群、总裁薛瑞锋及财务部门负责人张荻声明:保证2019年年度报告中财务报告的真实、完整。

2. 公司概况

2.1 本公司基本情况

2.1.1 法定中文名称:兴业国际信托有限公司
中文名称简称:兴业信托
英文名称全称:China Industrial International Trust Limited
英文名称简称:Industrial Trust
英文名称缩写:CIIT

2.1.2 法定代表人:沈卫群

2.1.3 注册地址:福州市鼓楼区五四路137号信和广场25~26层
邮政编码:350003
国际互联网网址:www.ciit.com.cn
联系信箱:contact@ciit.com.cn

2.1.4 信息披露负责人:杨刚强
联系地址:福州市鼓楼区五四路137号信和广场25~26层
电话:(86)591-88263888
传真:(86)591-87877625
邮箱:yanggq@ciit.com.cn

2.1.5 选定的信息披露报纸:《上海证券报》《证券时报》
年度报告备置地点:福州市鼓楼区五四路137号信和广场26层

2.1.6 本公司聘请的国内会计师事务所:毕马威华振会计师事务所(特殊普通合伙)
办公地址:中国上海市南京西路1266号恒隆广场2号楼25楼
邮编:200040
电话:(86)21-22122888

2.2 组织结构

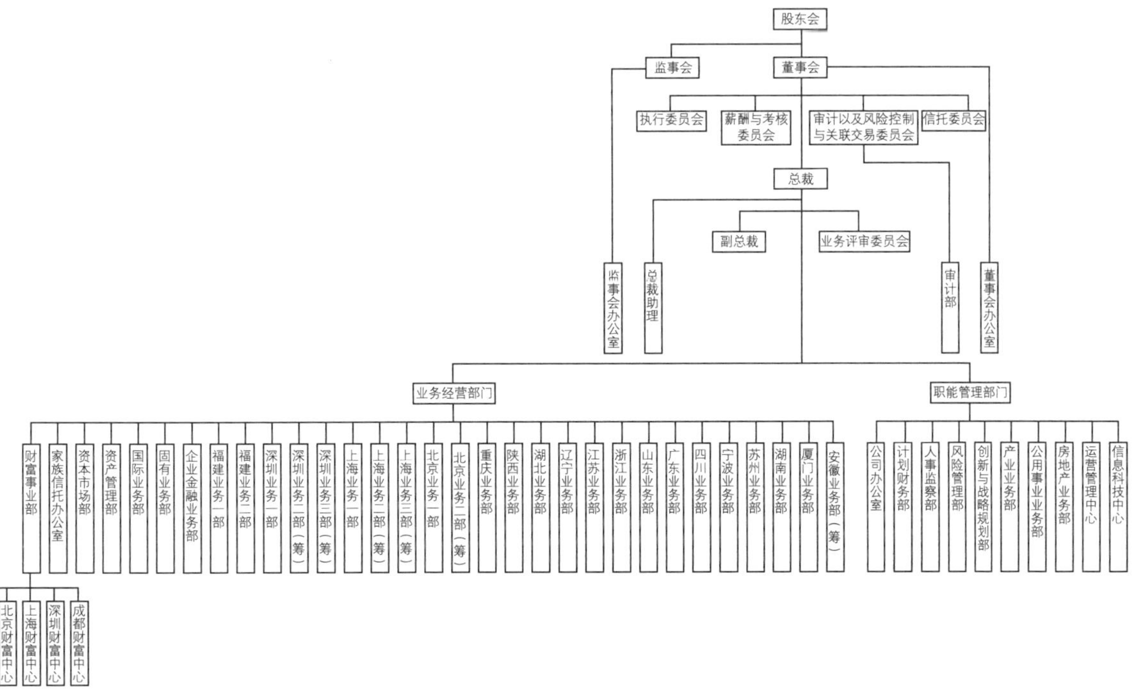

3. 公司治理

3.1 股东

3.1.1 股东

截至报告期末，本公司股东总数为6家，具体如下：

股东名称	持股比例（%）	法人代表	注册资本（亿元）	注册地址	主要经营业务及主要财务情况
兴业银行股份有限公司★	73.0000	高建平（陶以平代为履行法定代表人职权）	207.74	福建省福州市湖东路154号	主要经营业务：商业银行业务。 主要财务情况（未经审计）：截至2019年末，资产总额为71 436.97亿元，负债总额为66 020.91亿元，所有者权益为5 416.06亿元。
福建省能源集团有限责任公司	8.4167	林金本	100	福州市省府路1号	主要经营业务：对能源、矿产品、金属矿、非金属矿、建筑、房地产、港口、民爆化工、酒店、旅游、金融（不含证券、期货投资咨询）、药品、贸易、环境保护、建筑材料、装修材料、金属材料、普通机械、电器机械及器材、水泥包装的投资、技术服务、咨询服务；矿产品、化工产品（不含危险品）、建筑材料、装修材料、金属材料、普通机械、电器机械及器材的销售；房地产开发；对外贸易。 主要财务情况（未经审计）：截至2019年9月末，资产总额为1 440.84亿元，负债总额为847.59亿元，所有者权益为593.25亿元。
厦门国贸集团股份有限公司	8.4167	许晓曦	18.16	厦门市湖里区仙岳路4688号国贸中心2801单元	主要经营业务：金属及金属矿批发（不含危险化学品和监控化学品）；经营各类商品和技术的进出口（不另附进出口商品目录），但国家限定公司经营或禁止进出口的商品及技术除外；其他未列明批发业（不含需经许可审批的经营项目）；工艺美术品及收藏品零售（不含文物、象牙及其制品）；其他未列明零售业（不含需经许可审批的项目）；珠宝首饰零售；房地产开发经营；国际货运代理；国内货运代理；其他未列明运输代理业务（不含须经许可审批的事项）；机械设备仓储服务；其他仓储业（不含需经许可审批的项目）；黄金现货销售；白银现货销售；对第一产业、第二产业、第三产业的投资（法律、法规另有规定除外）；投资管理（法律、法规另有规定除外）；第二类医疗器械零售；第三类医疗器械零售。 主要财务情况（未经审计）：截至2019年9月末，资产总额为957.20亿元，负债总额为692.20亿元，所有者权益为265亿元。
福建华投投资有限公司	4.8085	苏文生	2.10	福建省福州市湖东路152号华信大厦1-6层	主要经营业务：对金融、基础设施、高新技术产业、服务业的投资。 主要财务情况（未经审计）：截至2019年末，资产总额为17.62亿元，负债总额为1.29亿元，所有者权益总额为16.33亿元。
福建省华兴集团有限责任公司	4.5248	陈建武	17.30	福建省福州市鼓楼区华林路69号	主要经营业务：从事政府委托的国有资产的产、股权的管理和营运；对高新技术、酒店服务、融资担保、融资租赁、典当、小额贷款行业的投资；物业管理、咨询服务、实物租赁；办理政府委托的采购招标业务；工业生产资料、农业生产资料、电子计算机及配件、建筑材料、工艺美术品（象牙及其制品除外）、百货、五金、交电。 主要财务情况（未经审计）：截至2019年末，资产总额为47.95亿元，负债为12.6亿元，所有者权益为35.35亿元。
南平市投资担保中心	0.8333	冯开猛	0.73	福建省南平市解放路93号	主要经营业务：为南平市的重点项目和城市建设筹措资金，授权经营与管理政府或财政委托资产；委托、证券、实业投资；房地产开发；担保、见证、租赁、典当、拍卖等，经主管部门批准的其他业务。 主要财务情况（未经审计）：截至2019年末，资产总额为12 660.72万元，负债总额为318.57万元，所有者权益为12 342.15万元。

注：★为本公司控股股东。

3.1.2 主要股东

截至报告期末，本公司主要股东总数为6家，其中，福建省华兴集团有限责任公司与福建华投投资有限公司为关联方，合并持有本公司股权比例为9.3333%。本公司主要股东之间不存在一致行动关系。本公司主要股东及其控股股东、实际控制人、最终受益人等情况具体如下：

主要股东名称	股东的控股股东	股东的实际控制人	最终受益人
兴业银行股份有限公司	无	无	兴业银行股份有限公司
福建省能源集团有限责任公司	福建省人民政府国有资产监督管理委员会	福建省能源集团有限责任公司	福建省能源集团有限责任公司
厦门国贸集团股份有限公司	厦门国贸控股集团有限公司	厦门国贸控股集团有限公司	厦门国贸集团股份有限公司
福建华投投资有限公司	福建省投资开发集团有限责任公司	福建省投资开发集团有限责任公司	福建华投投资有限公司
福建省华兴集团有限责任公司	福建省投资开发集团有限责任公司	福建省投资开发集团有限责任公司	福建省华兴集团有限责任公司
南平市投资担保中心	南平市财政局	南平市投资担保中心	南平市投资担保中心

注：实际控制人穿透识别至最终的国有控股主体或自然人为止。

3.2 董事

截至报告期末，本公司董事会共有9名董事，其中非独立董事6名，独立董事3名。

董事长、非独立董事

姓名	职务	性别	年龄（岁）	选任日期	所推举的股东名称	该股东持股比例（%）	简要履历
沈卫群	董事长	男	52	2019年2月	兴业银行股份有限公司	73	现任兴业国际信托有限公司党委书记、董事长、法定代表人，曾任兴业银行上海分行副行长，兴业银行南宁分行行长，兴业银行杭州分行行长等职务。
林榕辉	董事	男	50	2019年2月	兴业银行股份有限公司	73	现任兴业银行总行同业金融部总经理，曾任兴业银行总行计划资金部副总经理、信用审查部总经理、兴业银行漳州分行行长、同业业务部总经理、风险管理部总经理、研究规划部总经理、企业金融总部副总裁、金融市场总部副总裁等职务。
薛瑞锋	董事	男	57	2019年2月	兴业银行股份有限公司	73	现任兴业国际信托有限公司党委委员、董事、总裁，曾任兴业银行计划财务部副总经理、资金营运中心副总经理、资产托管部总经理，华福证券公司董事，兴业基金管理有限公司董事、总经理，兴业银行私人银行部总经理等职务。
林　中	董事	男	44	2019年4月	福建省能源集团有限责任公司	8.4167	现任福建省能源集团有限责任公司总经理助理、金融管理办公室主任，曾任福建省能源集团有限责任公司财务与资产管理部副经理、资本运营部副经理等职务。
吴　军	董事	男	48	2019年4月	厦门国贸集团股份有限公司	8.4167	现任厦门国贸集团股份有限公司金融事业部总经理助理，兼任厦门国贸投资有限公司总经理，曾任厦门国贸集团股份有限公司金融事业一部副总经理，厦门国贸集团股份有限公司资本运营部副总经理、总经理等职务。
苏文生	董事	男	54	2019年2月	福建华投投资有限公司	4.8085	现任福建华投投资有限公司总经理、福建省闽投资产管理有限公司董事长，曾任中闽国贸发展公司业务三部副经理，福建投资开发总公司投资管理部科长，福建省国有资产管理有限公司董事、副总经理，福建华投投资有限责任公司副总经理等职务。

独立董事

姓名	所在单位及职务	性别	年龄（岁）	选任日期	提名方	简要履历
卢东斌	—	男	72	2019年2月	本公司	已退休。历任中国人民大学商学院教研室主任、系主任、副院长等职务。
吴世农	厦门大学教授、博士生导师	男	64	2019年2月	本公司	现任厦门大学管理学院教授、博士生导师，历任厦门大学中加MBA教育中心主任，厦门大学工商管理学院院长，厦门大学管理学院常务副院长和院长，厦门大学副校长等职务。
田　力	纽金国际控股集团执行董事兼行政总裁	男	52	2019年2月	本公司	现任纽金国际控股集团执行董事兼行政总裁，纽约金融学院执行董事，纽约温莎学校董事，香港国际金融资源服务有限公司董事长兼CEO；兼任中国长城华西银行、兴证国际金融集团（香港）独立董事，中国银行业协会顾问，亚洲金融合作协会战略发展CEO及中银协东方高管研修院投资银行资深专家等职务，曾任荷兰银行集团（香港）执行董事兼中国区金融机构业务主管，中银国际（香港）执行董事兼投资银行金融机构部主管，美国摩根大通银行（纽约）投资银行部金融机构部高级经理等职务。

3.3 监事

截至报告期末，本公司监事会共有3名监事，其中包括1名职工监事。

监事会成员

姓名	职务	性别	年龄（岁）	选任日期	所推举的股东名称	该股东持股比例（%）	简要履历
吕　伟	监事长	男	50	2019年2月	兴业银行股份有限公司	73	现任兴业国际信托有限公司党委委员、纪委书记、监事长、工会主席，曾任兴业银行人事部副总经理，北京分行纪委副书记、综合部总经理，审计部副总经理，研究规划部副总经理，计划财务部副总经理，投资银行部副总经理，石家庄分行行长，重庆分行行长，济南分行行长等职务。
冯开猛	监事	男	51	2019年2月	南平市投资担保中心	0.8333	现任南平市金融控股有限公司（南平资产投资运营管理有限公司）党委书记、董事长、总经理，南平市投资担保中心法定代表人，曾任南平市财政局会计集中核算中心副主任科员，南平市财政局会计集中管理办公室副主任，南平市财政局驻南平市交通局财务专员，政和县外屯乡党委书记，南平市审计局纪检组长，南平市国资委副主任，南平绿发集团有限公司党委书记、董事长等职务。
谢炳华	职工监事	男	47	2019年2月	本公司职工代表大会	—	现任兴业国际信托有限公司审计部总经理，曾任兴业国际信托有限公司直属业务总部总经理等职务。

3.4 高级管理人员

本公司共有6名高级管理人员。

高级管理人员

姓名	职务	性别	年龄（岁）	选任日期	金融从业年限（年）	学历/学位	专业	简要履历
薛瑞锋	总裁	男	57	2019年2月	23	博士研究生/经济学博士学位	企业管理	现任兴业国际信托有限公司党委委员、董事、总裁，曾任兴业银行计划财务部副总经理、资金营运中心副总经理、资产托管部总经理，华福证券公司董事，兴业基金管理有限公司董事、总经理，兴业银行私人银行部总经理等职务。
司　斌	副总裁	男	47	2019年2月	25	大学本科/经济学学士	金融	现任兴业国际信托有限公司党委委员、副总裁，曾任兴业银行公司业务部总经理助理，郑州分行副行长等职务。
徐　静	副总裁	女	50	2019年2月	28	大学本科/经济学学士	金融	现任兴业国际信托有限公司党委委员、副总裁，曾任兴业银行福州分行福兴支行副行长、行长，福州分行华林支行行长，福州分行总行营业部总经理，福州分行副行长等职务。
张小坚	总裁助理	男	50	2019年4月	18	大学本科/工商管理硕士	工商管理硕士	现任兴业国际信托有限公司党委委员、总裁助理，兴业国信资产管理有限公司董事长，曾任兴业证券有限公司投资银行总部副总经理，国盛证券有限公司北京管理总部总经理，国海证券有限公司副总裁，国海富兰克林基金公司代理董事长，广西有色金属集团有限公司总经理助理，兴业国信资产管理有限公司总经理等职务。
杨刚强	总裁助理兼董事会秘书	男	41	2019年2月	19	大学本科/经济学学士	国际金融	现任兴业国际信托有限公司党委委员、总裁助理兼董事会秘书。曾任兴业银行总行办公室综合处高级副理，兴业国际信托有限公司办公室总经理、人力资源部总经理、董监事会办公室总经理等职务。
郑桦舒	总裁助理	男	37	2019年2月	14	大学本科/经济学学士	国际会计	现任兴业国际信托有限公司党委委员、总裁助理，曾任职于澳门国际银行风险管理部、兴业银行总行风险管理部，曾任兴业国际信托有限公司直属业务总部副总经理、厦门业务部总经理、直属业务总部总经理等职务。

注：2019年6月，经本公司第六届董事会第三次会议审议通过，聘任杨刚强先生兼任本公司总裁助理；2019年9月，经中国银保监会福建监管局以闽银保监复［2019］384号文件批复，核准杨刚强兴业国际信托有限公司总裁助理任职资格。

3.5 员工情况

截至报告期末，本公司在职正式员工587人，平均年龄为35岁。其中：博士学历10人，占1.7%；硕士学历310人，占52.8%；本科学历263人，占44.8%；专科学历4人，占0.7%。

4. 经营管理

4.1 经营目标、经营方针、战略规划

4.1.1 经营目标

公司的经营目标是深入学习贯彻党的十九大、中央经济工作会议和金融监管政策精神，继续坚持稳中求进工作总基调，强化风险底线思维，紧紧围绕“效益优先、严防风险、聚力创新、深化转型”的工作主线，立足服务实体经济，加快提升主动管理能力，持续优化信托业务结构，继续夯实客户基础、业务基础和管理基础，在有效防范风险的前提下，全面提升公司经营发展的质量和效益，努力建设成为综合性、多元化、有特色的全国一流信托公司。

4.1.2 经营方针

公司的经营方针是以市场为导向、以客户为中心、以人才为根本、以创新为动力，综合化经营，专业化服务。

4.1.3 战略规划

本公司的发展战略规划是围绕建设成为“综合性、多元化、有特色的全国一流信托公司”的战略目标，充分发挥兴业银行等主要股东资源优势，战略聚焦主动管理类业务和股权投资类业务，加快推动业务转型创新，持续提升盈利能力；以客户为中心，战略聚焦高净值客户群体，构建综合金融服务能力；充分利用互联网技术，探索有特色的信托公司轻型发展创新之路；积极发挥对外股权投资制度优势，持续打造综合化经营平台，致力于发展成为具有行业领先的投资管理能力、资源整合能力、业务创新能力、风险管理能力和综合经营能力的一流信托公司。

4.2 所经营业务的主要内容

自营资产运用与分布表

资产分布	金额（万元）	占比（%）	资产分布	金额（万元）	占比（%）
货币资产	24 118.41	1.32	基础产业	68 217.41	3.74
应收账款	36 967.63	2.03	房地产业	106 645.69	5.85
交易性金融资产	594 244.93	32.62	证券市场	299 052.12	16.41
债权投资	497 738.76	27.32	实业	4 726.66	0.26
其他债权投资	193 894.35	10.64	金融机构	113 515.57	6.23
长期股权投资	404 516.48	22.20	其他	1 229 835.46	67.51
其他	70 485.33	3.87			
资产总计	1 821 965.89	100.00	资产总计	1 821 965.89	100.00

注：资产分布“其他”主要为资管产品及信保基金。

信托资产运用与分布表

资产运用	金额（万元）	占比（%）	资产分布	金额（万元）	占比（%）
货币资产	522 770.78	0.93	基础产业	3 503 209.78	6.22
贷款	15 618 549.90	27.73	房地产	13 740 857.99	24.39
交易性金融资产投资	6 167 149.45	10.95	证券市场	7 506 831.27	13.33
可供出售金融资产投资	21 168 869.72	37.58	实业	19 201 389.49	34.09

续表

资产运用	金额(万元)	占比(%)	资产分布	金额(万元)	占比(%)
持有至到期投资	1 210.82	0.00	金融机构	12 076 667.35	21.44
长期股权投资	6 327 332.45	11.23	其他	300 171.23	0.53
其他	6 523 243.99	11.58			
信托资产总计	56 329 127.11	100.00	信托资产总计	56 329 127.11	100.00

4.3 市场分析

4.3.1 有利因素

一是经济运行总体平稳,发展质量稳步提升。2019 年我国全年 GDP 总量达到 99.1 万亿元,比上年增长 6.1%,国民经济继续保持平稳增长势头,呈现质量与效益稳步提升的局面,为信托公司加快转型、回归本源、创新发展提供了稳定的经济基础。

二是经济转型升级态势持续。区域一体化战略持续推进我国高质量发展和区域协同发展;新兴产业迅速成长背景下,基础设施建设作为逆周期调节的重要手段,为新基建业务发展提供动力;金融改革背景下,信托公司在资本市场开放与国有企业改革中迎来新的发展机遇。

三是科技赋能推动信托发展新路径。数字化应用、人工智能、区块链等金融科技手段的迅速升级,有助于信托公司提升经营管理与风险管控效能的同时,也为信托公司继续开拓服务信托、供应链金融等符合监管导向,服务实体经济的创新产品奠定基础。

4.3.2 不利因素

一是从宏观经济来看,我国经济仍处于转型阵痛期,受贸易保护主义、单边主义抬头与全球经济下行等因素影响,总体下行压力仍然较大,融资环境收紧以及债券违约事件频发等加剧了信托行业的风险聚集,风险资产迅速增长对信托公司风险防范、管控与化解能力提出更高要求。

二是从业务结构来看,信托公司必须加快改变传统的经营模式和发展路径,持续压降通道类业务,管控房地产等传统融资类业务,积极发展服务信托、财富管理信托、慈善信托等本源业务,业务结构的转型调整压力较大。

三是从市场环境来看,多家银行理财子公司相继开业,保险资管获得牌照可向个人投资者募集资金,资管市场竞争进入白热化阶段,在稳定的货币政策与金融市场改革背景下,优质企业的融资成本不断下降,信托公司资产端优质资产获取、资金端客户资金募集的难度在不断提升。

4.4 内部控制

4.4.1 内部控制环境和内部控制文化

根据国家有关法律和《公司章程》,本公司已构建了较为完善的法人治理结构,"三会一层"合理分工、有效制衡的运行机制持续健全,公司治理、业务治理、风险治理机制持续完善。事前防范、事中控制和事后监督形成防范风险有效机制,为本公司营造良好的内部控制环境。

本公司高度重视内部控制文化建设,通过完善内部控制制度、组织业务培训及从业资格认证、开展各类检查和内控自评、遴选宣导业务案例等方式,传导贯彻内部控制理念,培养员工合规理念与风险防范意识,内部控制文化深入人心。

4.4.2 内部控制措施

公司董事会负责建立并实施充分而有效的内部控制体系。董事会下设审计以及风险控制与关联交易委员会,负责监督公司内部控制的有效实施和内部控制自我评价情况。报告期内,本公司内部控制工作机制持续完善,经营部门及业务管理职能部门、风险管理部门、内部审计部门三道风险防御体系持续加强,分级授权机制明确有效,风险管理报告体系完整规范,在内部控制环境、程序和措施上遏制各类潜在风险。

本公司严格执行前台、中台、后台分立运行的业务流程:前台负责对业务进行前期立项、初步论证、尽职调查、方案设计和材料收集;中台贯穿业务的决策程序和管理环节,负责业务的合法合规性审核、项目评估和业务审批,负责对业务的运营维护;后台负责对信托业务和自营业务的支持保障,包括财务管理和会计核算、科技支持、审计监督等,对前台、中台提供支持服务和监督评价等。前台、中台、后台形成高效配合和有效制衡运行机制。

报告期内,公司的规章制度体系持续完善,累计新制定或修订规章制度 62 项,形成现行有效规章制度 383 项;组织开展"巩固治乱象成果 促进合规建设"工作,开展合规建设三强化暨信用文化建设工作,组织开展内控检查工作,开展"兴航程"合规经营示范年活动,建立全流程风险管控机制,加强风险应急预案及处置研究;每年度定期开展内控自评工作,根据评估结果,优化风险控制措施,确保风险可控;积极发挥内部审计监督作用,提高审计工作质量,充分发挥内部审计在防范风险、完善管理和提高前中后台运营效率等方面的作用;进一步加强内部控制管理,定期发布法律法规汇编、有效制度清单,不定期组织开展法律法规、内部控制制度和内部控制流程、风险管理等方面培训,全面强化内部控制制度及操作流程的有效贯彻和执行。

4.4.3 监督评价与纠正

本公司对内部控制建立和执行情况进行定期和不定期的监督检查,评价内部控制有效性,发现内部控制缺陷并及时加以改进,确保内部控制有效运行。

本公司各业务部门对各项业务的经营状况和风险管理情况进行经常性自我评估,及时发现内部控制缺陷并切实整改落实到位。风险管理部作为内控管理职能部门,负责内控评价工作的牵头组织实施,结合内外部监督检查情况,对业务部门的内控自评结果进行抽查、复评,验证内控评价结果的有效性,促进内控评价的客观性、全面性。审计部依照内部审计工作程序开展独立的审计监督活动,出具内部审计报告,督促各部门对审计发现问题进行及时整改并跟踪落实。

4.5 风险管理

4.5.1 风险管理概况

本公司在经营活动中可能遇到的风险主要包括信用风险、市场风险、操作风险、合规风险、声誉风险、外包风险、信息科技风险、战略风险等。

本公司风险管理遵循合规性、全面性、独立性、制衡性、程序性等基本原则。合规性,即本公司经营活动应遵守所涉及的法律、法规、监管规定及公司规章制度；全面性，即本公司风险管理涵盖各项业务管理各环节，并渗透到各项业务过程中；独立性，即本公司风险管理部门与各业务部门及支持保障部门保持相互独立，可直接向董事会和高级管理层报告，保证风险管理得到切实有效的执行；制衡性，即明确划分相关部门、岗位之间的职责，建立职责分离、横向与纵向相互监督制约的机制；程序性，即本公司风险管理组织系统的安排遵循事前授权审批、事中控制和事后监督三道程序。

在风险管理组织架构建设方面，本公司分别在董事会、经营管理层面设立了相应的风险管理机构，风险防范制度贯穿于业务全过程。

（1）在董事会层面设立了审计以及风险控制与关联交易委员会，负责指导本公司的风险控制、管理、监督和评估工作。

（2）在经营管理层面设立了业务评审委员会，作为本公司经营管理层决定自营业务与信托业务项目的决策机构；设立了风险管理委员会，作为本公司经营管理层决定各类风险管理政策及重大风险事项的决策机构。

（3）本公司设立专业管理部门，负责所属板块业务的项目立项管理工作；设立风险管理部，负责对所有拟开展的业务项目进行初审，向业务评审委员会提交审查意见，负责履行业务风险管理和合规管理职责；设立运营管理中心，负责履行业务项目存续期事务的集中运营管理职责。

（4）本公司设立审计部，负责对公司内部控制和业务风险管理状况进行监督评价，并直接向董事会报告。

4.5.2 风险状况

4.5.2.1 信用风险状况

信用风险是指交易对手未能履行合同所带来的经济损失风险。本公司高度关注交易对手的履约能力，针对各类业务特点制定了相应的业务评审指引和操作规程，将信用风险管理运用于贷前调查、贷中审查和贷后管理阶段。

信用风险资产分类情况：（1）信托业务方面，截至报告期末，本公司信托资产为5 632.91亿元，无不良资产。（2）固有业务方面，截至报告期末，公司信用风险资产总计185.34亿元，其中不良资产金额合计12.21亿元。

本公司一般准备、资产减值准备的计提和信托赔偿准备金提取方法如下：（1）一般准备：根据国家财政部财金［2012］20号《关于印发〈金融企业准备金计提管理办法〉的通知》规定，本公司从当年净利润中提取一般风险准备作为利润分配处理，用于弥补尚未识别的可能性损失的准备。一般风险准备按风险资产期末余额的1.5%提取。（2）资产减值准备：计提资产减值准备的范围和方法见会计报表附注。（3）信托赔偿准备金：根据《信托公司管理办法》第四十九条规定，从税后利润中提取5%作为信托赔偿准备金。

对于抵押品确认原则：抵押品必须是抵押人合法所有的或依法有处分权的财产，且须经过有资质的中介机构评估，抵押贷款应签订抵押合同，并按规定到有关部门登记。本公司在参考中介机构评估价值的基础上，结合业务实际情况，综合评判抵押物价值。

4.5.2.2 市场风险状况

市场风险是指因为股价、房价、市场汇率、利率或其他价格因素变动而产生的或可能产生的风险。市场风险具有很强的传导性，某些信用风险的根源可能也来自于交易对手的市场风险。

信托资产方面，截至报告期末，本公司房地产资金信托业务规模751.23亿元，占本公司信托业务总规模的13.34%，该类项目受国家宏观政策影响相对较大，房地产市场价格与销售状况将影响信托项目的资金回笼。本公司集合类房地产信托融资担保较为充足，抵押率均控制在较低水平，融资人违约成本高，各项风险控制措施设置得当。截至报告期末，本公司证券投资信托业务（含股票、债券、基金）规模为750.68亿元，主要运用为债券、二级市场股票和基金投资等。

固有资产方面，本公司固有资产市场风险主要来自权益市场投资，主要为投向二级市场的基金、信托等资管产品以及其他权益类投资。截至报告期末，该类资产投资余额为16.56亿元。

4.5.2.3 操作风险状况

操作风险主要是指因内部控制系统不完善、管理失误、控制缺失或其他一些人为错误而导致的风险。本公司内控制度和操作规程涵盖了所有的业务领域，合理调整组织架构设置，建立岗位相互制衡机制。本公司制定《兴业国际信托有限公司操作风险管理办法》，不断完善操作规程，持续优化业务流程，开展业务连续性管理工作，加强案件风险管控，严格按照本公司问责制度的有关规定对违规操作的人员进行问责，操作风险控制良好。

4.5.2.4 其他风险状况

本公司可能面临的其他风险主要有合规风险、声誉风险、外包风险、信息科技风险、战略风险等。报告期内本公司未发生此类风险。

4.5.3 风险管理

4.5.3.1 信用风险管理

本公司信用风险管理策略：一是针对各类业务特点制定了相应的评审指引、准入标准和操作规程等管理办法；二是加强事前对交易对手的尽职调查，进行事前控制；三是严格落实担保措施，客观、公正地评估抵（质）押物，并通过关注交易对手抵（质）押物情况和资信状况，持续跟踪进行事中和事后控制；四是对所购入的债券进行信用级别限制；五是风险管理部门对业务项目信用风险情况进行全面风险排查，及时发现问题并采取相应措施；六是遵照监管机构及风险管控的要求，进行资产风险分类，实施动态管理；七是严格按财政部和中国银保监会的要求，足额提取包括资产减值准备、一般准备和信托赔偿准备金在内的各项准备金。

4.5.3.2 市场风险管理

本公司市场风险管理策略：一是加强宏观经济形势和重大经济政策的分析预测，评估宏观因素变化可能给投资带来的系统性风险，提出业务主要发展方向和调整方案；二是根据市场行情，加强对交易对手在其所处行业的市场竞争能力分析，准确把握资金进入时机，密切跟踪市场变化，及时调整投资策略，通过资产或投资的合理组合实现风险的有效对冲和补偿，以规避市场风险；三是在业务决策和业务流程管理过程中，通过压力测试和动态监控，对项目进行严格管理；四是积极贯彻落实监管部门有关法律法规精神，及时对相关业务做出风险提示，密切关注市场变化，加强风险防范，确保风险可控。

4.5.3.3 操作风险管理

本公司操作风险管理策略：一是不断健全完善各项规章制度和业务操作流程，构建了职责分离、相互监督制约的组织架构，制定了科学的业务审批程序，并切实加强执行力度；二是实行严格的业务流程审核、复核程序，采用全流程管理系统，严格防范操作风险；三是加强员工教育培训，全面推行内部从业资格考试上岗制度，提升员工的专业知识和专业技能；严格执行问责制度，提高业务合规管理和风险管理质量；四是对内控执行情况和项目合规情况进行定期和不定期检查，并督促及时整改。

4.5.3.4 其他风险管理

针对可能面临的其他风险如合规风险、声誉风险、外包风险、信息科技风险、战略风险等，本公司通过制定并执行相应的风险控制制度加以防范和化解。

4.6 子公司经营情况

兴业国信资产管理有限公司成立于2013年4月，是经原中国银监会批准，由本公司全资设立的一人有限责任公司，注册资本为34亿元，主要经营范围为资产管理、股权投资（项目符合国家宏观经济政策和产业政策要求）、实业投资、投资管理、投资顾问。截至报告期末，兴业国信资产管理有限公司（母公司口径）资产总额为62.86亿元，所有者权益为38.50亿元，报告期内累计实现营业收入为5.21亿元，实现利润总额为4.62亿元，实现净利润为4.32亿元。

报告期内，兴业国信资产管理有限公司在股权投资及并购融资业务上持续探索、稳步发展。在股权投资业务方面，坚持以行业研究为导向，聚焦科技创新，在医疗医药、信息科技、高端制造及节能环保等行业方向上不断提升专业研究能力和价值判断水平；在并购融资业务方面，不断加强与市场的接触和对专业的学习，提高对行业的理解力，依托对于企业经营能力和业务风险的实质判断，为企业提供并购融资服务方案。

5. 报告期末及上一年度末的比较式会计报表

5.1 自营资产

5.1.1 会计师事务所审计意见全文

审 计 报 告

毕马威华振沪审字第2000967号

兴业国际信托有限公司董事会：

一、审计意见

我们审计了兴业国际信托有限公司（以下简称兴业信托）财务报表，包括2019年12月31日的合并及母公司资产负债表，2019年度的合并及母公司利润表、合并及母公司所有者权益变动表及相关财务报表附注。

我们认为，后附的财务报表在所有重大方面按照中华人民共和国财政部颁布的企业会计准则（以下简称企业会计准则）的规定编制，公允反映了兴业信托2019年12月31日的合并及母公司财务状况以及2019年度的合并及母公司经营成果和现金流量。

二、形成审计意见的基础

我们按照中国注册会计师审计准则（以下简称审计准则）的规定执行了审计工作。审计报告的“注册会计师对财务报表审计的责任”部分进一步阐述了我们在这些准则下的责任。按照中国注册会计师职业道德守则，我们独立于兴业信托，并履行了职业道德方面的其他责任。我们相信，我们获取的审计证据是充分、适当的，为发表审计意见提供了基础。

三、管理层和治理层对财务报表的责任

管理层负责按照企业会计准则的规定编制财务报表，使其实现公允反映，并设计、执行和维护必要的内部控制，以使财务报表不存在由于舞弊或错误导致的重大错报。

在编制财务报表时，管理层负责评估兴业信托的持续经营能力，披露与持续经营相关的事项（如适用），并运用持续经营假设，除非兴业信托计划进行清算、终止运营或别无其他现实的选择。

治理层负责监督兴业信托的财务报告过程。

四、注册会计师对财务报表审计的责任

我们的目标是对财务报表整体是否不存在由于舞弊或错误导致的重大错报获取合理保证，并出具包含审计意见的审计报告。合理保证是高水平的保证，但并不能保证按照审计准则执行的审计在某一重大错报存在时总能发现。错报可能由于舞弊或错误导致，如果合理预期错报单独或汇总起来可能影响财务报表使用者依据财务报表作出的经济决策，则通常认为错报是重大的。

在按照审计准则执行审计工作的过程中，我们运用职业判断，并保持职业怀疑。同时，我们也执行以下工作：

（1）识别和评估由于舞弊或错误导致的财务报表重大错报风险，设计和实施审计程序以应对这些风险，并获取充分、适当的审计证据，作为发表审计意见的基础。由于舞弊可能涉及串通、伪造、故意遗漏、虚假陈述或凌驾于内部控制之上，未能发现由于舞弊导致的重大错报的风险高于未能发现由于错误导致的重大错报的风险。

（2）了解与审计相关的内部控制，以设计恰当的审计程序。

（3）评价管理层选用会计政策的恰当性和作出会计估计及相关披露的合理性。

（4）对管理层使用持续经营假设的恰当性得出结论。同时，根据获取的审计证据，就可能导致对兴业信托持续经营能力产生重大疑虑的事项或情况是否存在重大不确定性得出结论。如果我们得出结论认为存在重大不确定性，审计准则要求我们在审计报告中提请报表使用者注意财务报表中的相关披露；如果披露不充分，我们应当发表非无保留意见。我们的结论基于截至审计报告日可获得的信息。然而，未来的事项或情况可能导致兴业信托不能持续经营。

（5）评价财务报表的总体列报、结构和内容（包括披露），并评价财务报表是否公允反映相关交易和事项。

（6）就兴业信托中实体或业务活动的财务信息获取充分、适当的审计证据，以对财务报表发表审计意见。我们负责指导、监督和执行集团审计，并对审计意见承担全部责任。

我们与治理层就计划的审计范围、时间安排和重大审计发现等事项进行沟通，包括沟通我们在审计中识别出的值得关注的内部控制缺陷。

毕马威华振会计师事务所（特殊普通合伙）上海分所

中国注册会计师

中国·上海　　陈思杰

水　青

2020 年 4 月 28 日

5.1.2 资产负债表

合并资产负债表

编制单位：兴业国际信托有限公司　　2019 年 12 月 31 日　　单位：万元

项目	2019 年 12 月 31 日	2018 年 12 月 31 日
资产		
货币资金	613 924. 26	419 541. 81
衍生金融资产	259. 39	—
买入返售金融资产	141 464. 67	61 990. 90
应收账款	47 229. 23	28 491. 50
应收期货保证金	153 762. 80	95 859. 34
金融投资：		
交易性金融资产	1 837 041. 79	不适用
债权投资	967 359. 48	不适用
其他债权投资	223 169. 47	不适用
其他权益工具投资	8 000. 00	不适用
以公允价值计量且其变动计入当期损益的金融资产	不适用	894 515. 02
可供出售金融资产	不适用	867 970. 26
贷款和应收款项类投资	不适用	1 166 920. 58
长期股权投资	36 168. 41	33 585. 01
存货	20 531. 60	1 335. 47
固定资产	12 505. 25	12 410. 66
在建工程	2 172. 17	1 568. 73
无形资产	3 465. 71	3 457. 37
商誉	8 602. 27	8 602. 27
递延所得税资产	51 353. 99	35 291. 10
其他资产	87 507. 43	128 913. 76
资产总计	4 214 517. 92	3 760 453. 78

合并资产负债表（续）

编制单位：兴业国际信托有限公司　　2019 年 12 月 31 日　　单位：万元

项目	2019 年 12 月 31 日	2018 年 12 月 31 日
负债		
金融机构借款	962 820. 08	879 371. 93
拆入资金	50 000. 00	150 000. 00
衍生金融负债	544. 31	12. 81
交易性金融负债	504. 83	
应付职工薪酬	57 567. 70	57 652. 19
应交税费	73 347. 14	69 773. 29
应付债券	439 715. 00	100 000. 00
应付期货保证金	448 140. 01	324 346. 69
期货风险准备金	1 521. 18	1 461. 81
递延收益	664. 45	1 067. 23
递延所得税负债	157. 82	17. 06
其他负债	227 543. 58	422 506. 23

续表

项目	2019 年 12 月 31 日	2018 年 12 月 31 日
负债合计	2 262 526. 10	2 006 209. 24
所有者权益		
实收资本	1 000 000. 00	500 000. 00
资本公积	272 070. 47	285 478. 49
其他综合收益	2 320. 27	（27 769. 57）
盈余公积	102 594. 66	90 424. 83
信托赔偿准备	51 186. 07	45 101. 15
一般风险准备	13 211. 86	19 709. 87
未分配利润	305 324. 08	710 659. 75
归属于母公司股东权益合计	1 746 707. 41	1 623 604. 52
少数股东权益	205 284. 41	130 640. 02
所有者权益合计	1 951 991. 82	1 754 244. 54
负债和所有者权益总计	4 214 517. 92	3 760 453. 78

母公司资产负债表

编制单位：兴业国际信托有限公司　　2019 年 12 月 31 日　　单位：万元

项目	2019 年 12 月 31 日	2018 年 12 月 31 日
资产		
货币资金	24 118. 41	120 817. 13
应收账款	36 967. 63	19 780. 39
金融投资：		
交易性金融资产	594 244. 93	不适用
债权投资	497 738. 76	不适用
其他债权投资	193 894. 35	不适用
可供出售金融资产	不适用	517 206. 31
应收款项类投资	不适用	733 029. 50
长期股权投资	404 516. 48	404 516. 48
固定资产	2 408. 05	2 298. 71
无形资产	2 179. 11	2 088. 75
递延所得税资产	33 027. 58	24 961. 55
其他资产	32 870. 61	11 090. 02
资产总计	1 821 965. 91	1 835 788. 84
负债		
拆入资金	50 000. 00	150 000. 00
应付职工薪酬	44 064. 81	42 817. 85
应交税费	56 680. 37	57 894. 02
其他负债	2 404. 11	8 063. 60
负债合计	153 149. 29	258 775. 47
所有者权益		
实收资本	1 000 000. 00	500 000. 00
资本公积	289 428. 00	289 428. 00
其他综合收益	2 365. 29	（15 510. 41）
盈余公积	102 594. 66	90 424. 83
信托赔偿准备	51 186. 07	45 101. 15
一般风险准备	12 928. 02	19 438. 75
未分配利润	210 314. 58	648 131. 05
所有者权益合计	1 668 816. 62	1 577 013. 37
负债和所有者权益总计	1 821 965. 91	1 835 788. 84

5.1.3 利润表

合并利润表

编制单位:兴业国际信托有限公司　　2019 年度　　单位:万元

项目	2019 年度	2018 年度
一、营业收入		
利息收入	79 347.68	9 142.20
利息支出	(54 129.40)	(59 550.05)
利息净收入	25 218.28	(50 407.85)
手续费及佣金收入	301 189.75	267 499.15
手续费及佣金支出	(10 331.27)	(33 974.42)
手续费及佣金净收入	290 858.48	233 524.73
公允价值变动损益	17 004.47	(6 186.61)
投资收益	62 112.01	146 878.90
其中:对联营企业的投资收益	2 003.32	834.78
汇兑损益	0.30	(0.77)
其他业务收入	45 688.08	31 744.86
资产处置收益	(5.84)	27.82
其他收益	5 221.63	3 612.12
营业收入合计	446 097.41	359 193.20
二、营业支出		
税金及附加	(2 794.57)	(2 624.78)
业务及管理费	(109 160.02)	(124 018.48)
研发费用	(5 286.38)	(5 252.91)
信用减值损失	(80 245.67)	不适用
资产减值损失	不适用	(46 324.43)
其他资产减值损失转回	14.93	不适用
其他业务成本	(29 797.93)	(252.70)
营业支出合计	(227 269.64)	(178 473.30)
三、营业利润	218 827.77	180 719.90
加:营业外收入	467.72	15.52
减:营业外支出	(476.35)	(117.34)
四、利润总额	218 819.14	180 618.08
减:所得税费用	(52 416.27)	(44 579.63)
五、净利润	166 402.87	136 038.45
按经营持续性分类:		
1. 持续经营净利润	166 402.87	136 038.45
2. 终止经营净利润	—	—
按所有权归属分类:		
1. 归属于母公司所有者的净利润	166 589.46	132 350.78
2. 少数股东损益	(186.59)	3 687.67
六、其他综合收益	1 881.59	(19 732.44)
以后将重分类进损益的其他综合收益	—	—
-可供出售金融资产公允价值变动损益	不适用	(19 732.44)
-其他债权投资公允价值变动的收益	(608.39)	不适用
-其他债权投资信用减值准备	2 538.95	不适用
-现金流量套期储备	(48.97)	不适用
七、综合收益总额	168 284.46	116 306.01
归属于母公司股东综合收益总额	168 471.05	112 618.34
归属于少数股东的综合收益总额	(186.59)	3 687.67

母公司利润表

编制单位:兴业国际信托有限公司　　2019 年度　　单位:万元

项目	2019 年度	2018 年度
一、营业收入		
利息收入	24 281.92	1 173.73
利息支出	(443.63)	(12 228.38)
利息净收入	23 838.29	(11 054.65)
手续费及佣金收入	248 744.22	214 491.03
手续费及佣金支出	(127.51)	(253.66)
手续费及佣金净收入	248 616.71	214 237.37
公允价值变动损益	41 372.41	2 116.52
投资收益	(16 362.39)	32 609.91
其中:对联营企业的投资收益	—	535.00
其他业务收入	145.81	136.28
资产处置收益	—	37.69
其他收益	688.03	0.00
营业收入合计	298 298.86	238 083.12
二、营业支出		
税金及附加	(2 187.03)	(2 020.46)
业务及管理费	(62 432.00)	(58 271.01)
信用减值损失	(71 671.32)	不适用
资产减值损失	不适用	(39 084.34)
其他资产减值损失	—	不适用
营业支出合计	(136 290.35)	(99 375.81)
三、营业利润	162 008.51	138 707.31
加:营业外收入	—	—
减:营业外支出	(4.05)	(108.54)
四、利润总额	162 004.46	138 598.77
减:所得税费用	(40 306.09)	(32 990.30)
五、净利润	121 698.37	105 608.47
按经营持续性分类:		
-持续经营净利润	121 698.37	105 608.47
六、其他综合收益	1 932.01	(7 108.91)
以后将重分类进损益的其他综合收益	—	—
-可供出售金融资产公允价值变动损益	不适用	(7 108.91)
-其他债权投资公允价值变动的收益	(606.95)	不适用
-其他债权投资信用减值准备	2 538.96	不适用
七、综合收益总额	123 630.38	98 499.56

5.1.4 所有者权益变动表

所有者权益变动表（合并）

编制单位：兴业国际信托有限公司　　2019 年度　　单位：万元

	归属于母公司所有者权益							少数股东权益	所有者权益合计
	实收资本	资本公积	其他综合收益	盈余公积	信托赔偿准备	一般风险准备	未分配利润		
一、2018 年 12 月 31 日余额	500 000. 00	285 478. 49	(27 769. 57)	90 424. 83	45 101. 15	19 709. 87	710 659. 75	130 640. 02	1 754 244. 54
会计政策变更	—	—	28 208. 25	—	—	(6 887. 60)	(23 280. 79)	(51. 04)	(2 011. 18)
二、2019 年 1 月 1 日余额	500 000. 00	285 478. 49	438. 68	90 424. 83	45 101. 15	12 822. 27	687 378. 96	130 588. 98	1 752 233. 36
三、本年增减变动金额	—	—	—	—	—	—	—	—	—
（一）综合收益总额	—	—	1 881. 59	—	—	—	166 589. 46	(186. 59)	168 284. 46
（二）股东投入资本	—	(13 408. 02)	—	—	—	—	—	74 882. 02	61 474. 00
1. 对控股子公司股权比例变化	—	(13 408. 02)	—	—	—	—	—	(124 510. 24)	(137 918. 26)
2. 其他	—	—	—	—	—	—	—	199 392. 26	199 392. 26
（三）利润分配	500 000. 00	—	—	12 169. 83	6 084. 92	389. 59	(548 644. 34)	—	(30 000. 00)
1. 未分配利润转增股本	500 000. 00	—	—	—	—	—	(500 000. 00)	—	—
2. 提取盈余公积	—	—	—	12 169. 83	—	—	(12 169. 83)	—	—
3. 提取信托赔偿准备	—	—	—	—	6 084. 92	—	(6 084. 92)	—	—
4. 提取一般风险准备	—	—	—	—	—	389. 59	(389. 59)	—	—
5. 对股东的分红	—	—	—	—	—	—	(30 000. 00)	—	(30 000. 00)
四、2019 年 12 月 31 日余额	1 000 000. 00	272 070. 47	2 320. 27	102 594. 66	51 186. 07	13 211. 86	305 324. 08	205 284. 41	1 951 991. 82

所有者权益变动表（母公司）

编制单位：兴业国际信托有限公司　　2019 年度　　单位：万元

	实收资本	资本公积	其他综合收益	盈余公积	信托赔偿准备	一般风险准备	未分配利润	所有者权益合计
一、2018 年 12 月 31 日余额	500 000. 00	289 428. 00	(15 510. 41)	90 424. 83	45 101. 15	19 438. 75	648 131. 05	1 577 013. 37
会计政策变更	—	—	15 943. 69	—	—	(6 887. 60)	(10 883. 22)	(1 827. 13)
二、2019 年 1 月 1 日余额	500 000. 00	289 428. 00	433. 28	90 424. 83	45 101. 15	12 551. 15	637 247. 83	1 575 186. 24
三、本年增减变动金额	—	—	—	—	—	—	—	—
（一）综合收益总额	—	—	1 932. 01	—	—	—	121 698. 37	123 630. 38
（二）利润分配	500 000. 00	—	—	12 169. 83	6 084. 92	376. 87	(548 631. 62)	(30 000. 00)
1. 未分配利润转增股本	500 000. 00	—	—	—	—	—	(500 000. 00)	—
2. 提取盈余公积	—	—	—	12 169. 83	—	—	(12 169. 83)	—
3. 提取信托赔偿准备	—	—	—	—	6 084. 92	—	(6 084. 92)	—
4. 提取一般风险准备	—	—	—	—	—	376. 87	(376. 87)	—
5. 对股东的分配	—	—	—	—	—	—	(30 000. 00)	(30 000. 00)
三、2019 年 12 月 31 日余额	1 000 000. 00	289 428. 00	2 365. 29	102 594. 66	51 186. 07	12 928. 02	210 314. 58	1 668 816. 62

5.2 信托资产

5.2.1 信托项目资产负债汇总表

信托项目资产负债汇总表

编制单位：兴业国际信托有限公司　　2019 年 12 月 31 日　　单位：万元

信托资产	期初数	期末数	信托负债和信托权益	期初数	期末数
信托资产			信托负债		
货币资金	678 311. 08	522 770. 78	交易性金融负债	—	—
拆出资金	—	—	衍生金融负债	—	—
交易性金融资产	7 051 531. 24	6 167 149. 45	应付受益人收益	59 898. 17	51 770. 70
衍生金融资产	5. 02	—	应交税费	6 422. 65	13 286. 68
买入返售金融资产	5 443 666. 08	6 061 856. 67	其他应付款项	129 886. 68	492 937. 20
应收款项	390 804. 73	461 387. 32	其他负债	—	—
发放贷款	21 406 432. 62	15 618 549. 90	信托负债合计	196 207. 50	557 994. 58
可供出售金融资产	30 042 421. 19	21 168 869. 72			

续表

信托资产	期初数	期末数	信托负债和信托权益	期初数	期末数
持有至到期投资	4 176.80	1 210.82			
长期应收款	—	—	信托权益		
长期股权投资	7 877 491.39	6 327 332.45	实收信托	72 562 508.91	54 995 912.48
投资性房地产	—	—	资本公积	—	—
固定资产	—	—	未分配利润	136 123.74	775 220.05
无形资产	—	—	信托权益合计	72 698 632.65	55 771 132.53
其他资产	—	—			
信托资产总计	72 894 840.15	56 329 127.11	信托负债及权益总计	72 894 840.15	56 329 127.11

5.2.2 信托项目利润及利润分配汇总表

信托项目利润及利润分配表

编制单位:兴业国际信托有限公司　　2019 年度　　单位:万元

项目	2019 年度	2018 年度
一、营业收入	4 192 126.39	3 537 567.26
利息收入	2 419 999.76	2 354 413.64
投资收益	1 165 481.97	2 063 582.65
公允价值变动损益	606 787.31	(877 735.14)
租赁收入	—	—
汇兑损益	(142.65)	(2 697.74)
其他收入	—	3.85
二、营业支出	402 257.11	416 461.32
三、信托净利润	3 789 869.28	3 121 105.94
四、其他综合收益	—	—
五、综合收益	3 789 869.28	3 121 105.94
加:期初未分配信托利润	136 123.74	1 365 451.87
六、可供分配的信托利润	3 925 993.02	4 486 557.81
减:本期已分配信托利润	3 150 772.97	4 350 434.07
七、期末未分配信托利润	775 220.05	136 123.74

6. 会计报表附注

6.1 会计报表编制基准说明

6.1.1 本公司及子公司(以下简称本集团)以持续经营为基础编制财务报表。本公司编制的财务报表符合中华人民共和国财政部(以下简称财政部)颁布的企业会计准则的要求,真实、完整地反映了本公司 2019 年 12 月 31 日的合并财务状况和财务状况、2019 年度的合并经营成果和经营成果及合并现金流量和现金流量。本公司编制的会计报表不存在不符合会计核算基本前提的事项。

6.1.2 纳入本公司合并报表范围的子公司情况

子公司名称	业务性质	注册地	注册资本(万元)	实际投资额(万元)	持股比例(%)	合并期间
兴业国信资产管理有限公司	资产管理	上海	340 000	340 000	100.00	2019 年度
兴业期货有限公司	期货代理	宁波	50 000	64 516	100.00	2019 年度

6.2 截至资产负债表日,公司需要披露的重大或有事项

截至资产负债表日,公司无对外担保及其他需要披露的重大或有事项。

6.3 报告期内重要资产转让及其出售的说明

报告期内,本公司无重要资产转让及出售。

6.4 会计报表中重要项目的明细资料

6.4.1 自营资产经营情况

6.4.1.1 信用风险资产情况

信用风险资产五级分类	正常类(万元)	关注类(万元)	次级类(万元)	可疑类(万元)	损失类(万元)	信用风险资产合计(万元)	不良资产合计(万元)	不良资产率(%)
期初数	1 175 684	190 354	80 777	—	—	1 446 815	80 777	5.58
期末数	1 539 666	191 642	—	91 740	30 325	1 853 373	122 065	6.59

6.4.1.2 各项资产减值损失准备情况

单位:万元

	期初数	本期计提	本期转回	本期核销	期末数
贷款损失准备	—	—	—	—	—
一般准备	—	—	—	—	—
专项准备	—	—		—	—
其他资产减值准备	7 480	95 324	—	—	103 384
债权投资减值准备	6 167	92 324	—	—	98 491
其他债权投资减值准备	990	3 385	—	—	4 375
长期股权投资减值准备	—	—	—	—	—
坏账准备	323	195	—	—	518
投资性房地产减值准备	—	—	—	—	—

6.4.1.3 固有业务股票投资、基金投资、债券投资、股权投资等投资业务情况

单位:万元

	自营股票	基金	债券	长期股权投资	其他投资	合计
期初数	—	126 830	30 625	404 516	1 213 598	1 775 569
期末数	—	208 497	8 570	404 516	1 092 930	1 714 513

6.4.1.4 自营长期股权投资情况

企业名称	占被投资企业权益的比例(%)	主要经营活动	投资收益(万元)
兴业期货有限公司	100	期货的代理买卖	—
兴业国信资产管理有限公司	100	资产管理	—

6.4.1.5 自营贷款情况

无。

6.4.1.6 表外业务情况

单位：万元

表外业务	期初数	期末数
担保业务	—	—
代理业务（委托业务）	—	—
其他	—	—
合计	—	—

6.4.1.7 2019年度收入结构

收入结构	合并		母公司	
	金额（万元）	占比（%）	金额（万元）	占比（%）
手续费及佣金收入	301 190	58.94	248 744	83.23
其中：信托手续费收入	245 339	48.01	246 879	82.60
投资银行业务收入	23 052	4.51	704	0.24
资产管理业务管理费收入	23 371	4.57	—	—
期货业务手续费收入	3 376	0.66	—	—
其他	6 052	1.18	1 161	0.39
利息收入	79 348	15.53	24 282	8.12
其他业务收入	45 688	8.94	146	0.05
其中：计入信托业务收入部分	—	—	—	—
其他收益	5 222	1.02	688	0.23
资产处置收益	（6）	—	—	—
汇兑损益	—	—	—	—
投资收益	62 112	12.15	（16 362）	-5.47
其中：股权投资收益	2 003	0.39	635	0.21
证券投资收益	2 391	0.47	（20 523）	-6.87
其他投资收益	57 718	11.29	3 526	1.18
公允价值变动收益	17 004	3.33	41 372	13.84
营业外收入	468	0.09	—	—
收入合计	511 026	100.00	298 870	100

本公司合并口径“其他业务收入”主要为信息科技服务收入。

6.4.2 信托财产管理情况

6.4.2.1 信托资产情况

单位：万元

信托资产	期初数	期末数
集合	18 262 107	17 035 862
单一	41 563 797	27 111 839
财产权	13 068 936	12 181 426
合计	72 894 840	56 329 127

6.4.2.1.1 主动管理型信托业务情况

单位：万元

主动管理型信托资产	期初数	期末数
证券投资类	448 145	2 324 238
股权及其他投资类	1 228 620	420 469
融资类	9 358 371	10 412 678
事务管理类	—	—
合计	11 035 136	13 157 385

6.4.2.1.2 被动管理型信托业务情况

单位：万元

被动管理型信托资产	期初数	期末数
证券投资类	5 710 411	4 959 296
股权及其他投资类	6 095 444	7 661 413
融资类	19 998 609	12 389 380
事务管理类	30 055 240	18 161 653
合计	61 859 704	43 171 742

6.4.2.2 报告期内已清算结束的信托项目情况

报告期内，本公司已清算结束的信托项目为609个，实收信托合计金额为38 183 712万元，加权平均实际年化收益率为4.79%。

6.4.2.2.1 报告期内已清算结束的集合类、单一类资金信托项目和财产管理类信托项目情况

已清算结束的信托项目	项目个数（个）	实收信托合计金额（万元）	加权平均实际年化收益率（%）
集合类	226	15 860 213	4.44
单一类	334	18 359 199	5.06
财产管理类	49	3 964 300	4.88

6.4.2.2.2 报告期内已清算结束的主动管理型信托项目情况

已清算结束的信托项目（主动管理型）	项目个数（个）	实收信托合计金额（万元）	加权平均实际年化信托报酬率（%）	加权平均实际年化收益率（%）
证券投资类	19	216 401	0.37	4.29
股权及其他投资类	54	87 750	0.19	11.13
融资类	189	7 034 677	1.81	6.05
事务管理类	—	—	—	—

6.4.2.2.3 报告期内已清算结束的被动管理型信托项目情况

已清算结束的信托项目（被动管理型）	项目个数（个）	实收信托合计金额（万元）	加权平均实际年化信托报酬率（%）	加权平均实际年化收益率（%）
证券投资类	19	362 791	0.17	0.82
股权及其他投资类	9	6 476 410	0.04	4.88
融资类	102	8 870 349	0.10	5.07
事务管理类	217	15 135 334	0.12	4.06

6.4.2.3 报告期内新增集合类、单一类和财产管理类信托项目情况

新增信托项目	项目个数（个）	实收信托合计金额（万元）
集合类	194	8 222 549
单一类	110	1 409 086
财产管理类	25	4 793 202
新增合计	329	14 424 837
其中：主动管理型	297	8 682 755
被动管理型	32	5 742 082

6.4.2.4 信托业务创新成果和特色业务有关情况

报告期内，本公司认真贯彻落实国家宏观政策和金融监管要求，以推动业务转型与结构调整为契机，开展实施多项创新信托业务。其中典型创新产品和特色业务如下。

（1）资产证券化业务保持较快发展。截至2019年末，本公

司存续公募资产证券化业务规模为 708.24 亿元，较年初增长 24.14%；全年新增信贷资产证券化受托管理业务规模为 426.88 亿元，同比增长 13%，被中央国债登记结算有限责任公司评为“优秀 ABS 发行人”。2019 年 9 月，本公司作为发行人成功发行“兴银 2019 年第四期信贷资产证券化信托”，这是自 2019 年 8 月人民银行宣布改革完善贷款市场报价利率（LPR）形成机制以来市场上首单依据 LPR 定价的信贷 ABS 产品。

（2）绿色信托业务继续保持领先。截至 2019 年末，公司存续绿色信托业务规模为 658.04 亿元，全年累计新增绿色信托业务规模为 237.85 亿元，其中主动管理类业务占比为 65%，较上年同期显著提升。

（3）股权投资业务取得新进展。旗下兴业国信资产管理有限公司参投企业福建福光股份有限公司成为福建省首家、全国第四家过会的科创板企业，并在上海证券交易所首批挂牌上市交易。

6.4.2.5 本公司履行受托人义务情况及因本公司自身责任而导致的信托资产损失情况（合计金额、原因等）

本公司在信托财产的管理运用和处分过程中，严格按法律法规、监管规定和信托合同等信托文件的约定对信托财产进行管理，切实履行诚实、信用、谨慎、有效管理的义务，维护受益人的最大利益；报告期内，没有发生因公司自身责任而导致的信托资产损失情况。

6.5 关联方关系及其交易的披露

6.5.1 关联交易方的数量、关联交易总金额及定价政策等

固有业务关联方情况

	关联交易方数量（个）	关联交易金额（万元）	定价政策
合计	2	-25 880.71	依照法律法规、监管要求，以及本公司关于关联交易的内部规定进行定价。

信托业务关联方情况

	关联交易方数量（个）	关联交易金额（万元）	定价政策
合计	20	22 738197.27	依照法律法规、监管要求，以及本公司关于关联交易的内部规定进行定价。

6.5.2 关联交易方情况

关联性质	关联方名称	法定代表人	注册地址	注册资本（亿元）	主营业务
股东	兴业银行股份有限公司	高建平（陶以平代为履行法定代表人职权）	福建省福州市湖东路 154 号	207.74	商业银行业务。
股东	厦门国贸集团股份有限公司	许晓曦	厦门市湖里区仙岳路 4688 号国贸中心 2801 单元	18.16	金属及金属矿批发（不含危险化学品和监控化学品）；经营各类商品和技术的进出口（不另附进出口商品目录），但国家限定公司经营或禁止进出口的商品及技术除外；其他未列明批发业（不含需经许可审批的经营项目）；工艺美术品及收藏品零售（不含文物、象牙及其制品）；其他未列明零售业（不含需经许可审批的项目）；珠宝首饰零售；房地产开发经营；国际货运代理；国内货运代理；其他未列明运输代理业务（不含须经许可审批的事项）；机械设备仓储服务；其他仓储业（不含需经许可审批的项目）；黄金现货销售；白银现货销售；对第一产业、第二产业、第三产业的投资（法律、法规另有规定除外）；投资管理（法律、法规另有规定除外）；第二类医疗器械零售；第三类医疗器械零售。
子公司	兴业期货有限公司	吴若曼	宁波市中山东路 796 号 11 楼 1 至 8 室	5	商品期货经纪、金融期货经纪、期货投资咨询、资产管理。
子公司	兴业国信资产管理有限公司	张小坚	上海市虹口区广纪路 738 号 2 幢 430 室	34	资产管理，股权投资（项目符合国家宏观经济政策和产业政策要求），实业投资，投资管理，投资顾问。
子公司	宁波梅山保税港区远晟投资管理有限公司	李刚	宁波市北仑区梅山大道商务中心 2 号办公楼 1303 室	0.05	投资管理、实业投资、投资咨询［未经金融等监管部门批准不得从事吸收存款、融资担保、代客理财、向社会公众集（融）资等金融业务］。
子公司	福建交易市场登记结算中心股份有限公司	杨刚强	平潭综合实验区金井湾片区台湾创业园	1.00	为地方各类交易场所提供投资者信息、交易信息登记注册、交易资金清（结）算、客户资金存管、交易数据监控服务；为各类合法合规的金融活动提供登记结算、资金存管与清算结算、金融信息服务；开展与上述业务相关的咨询、研究、技术开发研究；计算机系统服务、基础软件服务、应用软件服务、数据处理。
子公司	兴业资产管理有限公司	郑常美	福建省福州市马尾区快安路 8 号 6A 号（自贸试验区内）	19.5	投资与资产管理；参与省内金融机构不良资产的批量收购、转让和处置业务；收购、转让和处置非金融机构不良资产；债务重组及企业重组；债权转股权，对股权资产进行管理、投资和处置；破产管理；资产证券化业务；企业托管和清算业务；买卖有价证券；同业往来及向金融机构进行商业融资；受托管理各类基金；金融通道业务；财务、投资、风险管理、资产及项目评估咨询和顾问；省政府授权和批准的其他业务。

续表

关联性质	关联方名称	法定代表人	注册地址	注册资本（亿元）	主营业务
子公司	兴业数字金融服务（上海）股份有限公司	陈翀	中国（上海）自由贸易试验区杨高南路729号第41层	5	金融数据处理，经济信息咨询服务，应用软件开发和运营服务，系统集成服务，创业投资，资产管理，投资管理，投资咨询，计算机软硬件开发及销售，从事计算机技术、网络技术、信息技术、机电科技领域内的技术开发、技术咨询、技术转让、技术服务。
子公司	北京兴投鼎沣资产管理有限公司	陈晓岚	北京市房山区长沟镇金元大街1号北京基金小镇大厦B座105	0.1	投资管理；资产管理；项目投资；投资咨询（中介除外）。（1.未经有关部门批准，不得以公开方式募集资金；2.不得公开开展证券类产品和金融衍生品交易活动；3.不得发放贷款；4.不得对所投资企业以外的其他企业提供担保；5.不得向投资者承诺投资本金不受损失或者承诺最低收益。企业依法自主选择经营项目，开展经营活动；依法须经批准的项目，经相关部门批准后依批准的内容开展经营活动；不得从事本市产业政策禁止和限制类项目的经营活动）。
受控股股东控制的公司	兴业消费金融股份公司	郑海清	福建省泉州市丰泽区丰泽街213号兴业银行大厦第17层	19	发放个人消费贷款；接受股东境内子公司及境内股东的存款；向境内金融机构借款；经批准发行金融债券；境内同业拆借；与消费金融相关的咨询、代理业务；固定收益类证券投资业务；经银监会批准的其他业务。
受控股股东控制的公司	兴业金融租赁有限责任公司	陈信健	天津经济技术开发区南港工业区创业路综合服务区办公楼D座一层110－111	90	金融租赁业务；转让和受让融资租赁资产；固定收益类证券投资业务；接受承租人的租赁保证金；吸收非银行股东3个月（含）以上定期存款；同业拆借；向金融机构借款；境外借款；租赁物变卖及处理业务；经济咨询；在境内保税地区设立项目公司开展融资租赁业务；为控股子公司、项目公司对外融资提供担保；中国银监会批准的其他业务；公司经营业务中涉及外汇管理事项的，应当遵守国家外汇管理的有关规定；自营和代理货物进出口、技术进出口。
主要股东（兴业银行股份有限公司）关联方	东海航运保险股份有限公司	王和	浙江省宁波市鄞州区宁东路269号	10	船舶保险，船舶建造保险，航运货物保险，航运责任保险。
主要股东（兴业银行股份有限公司）关联方	郑州欣宇原房地产开发有限公司	孔博	郑州经济技术开发区经北二路66号46号楼1单元13层1303号	0.1	房地产开发经营及销售；物业服务；建筑设备、建筑装饰材料的销售。
主要股东（兴业银行股份有限公司）关联方	福建华鑫通国际旅游业有限公司	曹鸿波	厦门市同安区西柯一里六号楼301室	15.36	对旅游产业的投资与管理；酒店管理；房地产开发经营；对外贸易；物业管理；正餐服务；旅游饭店；批发兼零售预包装食品；健身服务；理发及美容服务；洗浴服务；保健服务；洗染服务；办公服务；会议及展览服务；企业管理咨询服务；房屋租赁；工艺美术品（象牙及其制品除外）、服装服饰、日用品的销售。
主要股东（兴业银行股份有限公司）关联方	福州融锦欣泰房地产开发有限公司	林宏修	福建省福州市仓山区闽江大道167号融侨水乡酒店12层	1	房地产开发、销售；对房地产业的投资；物业管理；自营和代理各类商品和技术的进出口，但国家限定公司经营或禁止进出口的商品和技术除外。
主要股东（福建省能源集团有限责任公司）关联方	福建海峡银行股份有限公司	俞敏	福建省福州市台江区江滨中大道358号海峡银行大厦	56.34	办理人民币存款、贷款、结算业务；办理票据承兑与贴现；发行金融债券；代理发行、代理兑付、承销政府债券；买卖政府债券、金融债券；基金销售业务；同业人民币拆借；银行卡业务；提供信用证服务及担保；代理收付款项及代理保险业务（代理险种：中国保监会批准和允许销售的人身保险和财产保险）；外汇存款、贷款、汇款；外币兑换；国际结算；同业外汇拆借；外汇票据的承兑和贴现；外汇担保；资信调查、咨询、见证业务；经营结汇、售汇业务；提供保管箱服务；经中国银行业监督管理委员会等监管部门批准的其他业务。
主要股东（福建省能源集团有限责任公司）关联方	福建省能源集团财务有限公司	罗振文	福建省福州市鼓楼区五四路75号海西商务大厦28层西侧	10	对成员单位办理财务和融资顾问、信用鉴证及相关的咨询、代理服务；协助成员单位实现交易款项的收付；经批准的保险代理业务；对成员单位提供担保；办理成员单位之间的委托贷款及委托投资；对成员单位办理票据承兑与贴现；办理成员单位之间的内部转账结算及相应的结算、清算方案设计；吸收成员单位的存款；对成员单位办理贷款及融资租赁；从事同业拆借；承销成员单位的企业债券；有价证券投资；对金融机构的股权投资；中国银监会批准的其他业务。

续表

关联性质	关联方名称	法定代表人	注册地址	注册资本（亿元）	主营业务
主要股东（福建省能源集团有限责任公司）关联方	华福证券有限责任公司	黄金琳	福建省福州市鼓楼区鼓屏路27号1#3层、4层、5层	33	证券经纪；证券投资咨询；与证券交易、证券投资活动有关的财务顾问；证券承销与保荐；证券自营；证券投资基金代销；为期货公司提供中间介绍业务；证券资产管理业务；融资融券业务；代销金融产品业务。
主要股东（厦门国贸集团股份有限公司）关联方	国贸期货有限公司	朱大昕	福建省厦门市湖里区仙岳路4688号国贸中心A栋16层、15层1单元	5.3	商品期货经纪，金融期货经纪，期货投资咨询，资产管理。
主要股东（厦门国贸集团股份有限公司）关联方	厦门国贸资产管理有限公司	朱大昕	中国（福建）自由贸易试验区厦门片区翔云一路40号盛通中心之二A区132单元	1	资产管理（法律、法规另有规定除外）；投资管理（法律、法规另有规定除外）；商务信息咨询

注：本公司按照穿透原则，将主要股东及其控股股东、实际控制人、关联方、一致行动人、最终受益人作为本公司关联方管理。

6.5.3 本公司与关联方的重大交易事项

6.5.3.1 固有财产与关联方交易情况

单位：万元

固有财产与关联方关联交易				
	期初数	借方发生额	贷方发生额	期末数
贷款	—	—	—	—
投资	—	—	—	—
租赁	—	367.56	—	367.56
担保	—	—	—	—
应收账款	—	—	—	—
其他	-29 959.75	5 640 800.95	-5 637 089.47	-26 248.27
合计	-29 959.75	5 641 168.51	-5 637 089.47	-25 880.71

6.5.3.2 信托资产与关联方交易情况

单位：万元

信托资产与关联方关联交易				
	期初数	借方发生额	贷方发生额	期末数
贷款	583 292.50	427 441.01	423 700.00	579 551.49
投资	—	—	—	—
租赁	—	—	—	—
担保	—	—	—	—
应收账款	—	—	—	—
其他	27 789 113.26	12 018 564.35	6 388 096.86	22 158 645.78
合计	28 372 405.76	12 446 005.36	6 811 796.86	22 738 197.27

6.5.3.3 固有财产与信托财产、信托资产与信托财产之间交易情况

6.5.3.3.1 固有财产与信托财产之间的交易情况

单位：万元

固有财产与信托财产相互交易			
	期初数	本期发生额	期末数
合计	598 794.24	82 971.31	681 765.55

6.5.3.3.2 信托资产与信托财产之间的交易情况

单位：万元

信托资产与信托财产相互交易			
	期初数	本期发生额	期末数
合计	1 123 850.87	-304 316.69	819 534.18

6.5.4 报告期内，公司发生关联方逾期未偿还本公司资金的情况以及本公司为关联方担保发生或即将发生垫款的情况

无。

6.6 会计制度的披露

本公司固有业务从2008年1月1日起执行国家财政部2006年2月发布的《企业会计准则》；信托业务从2010年1月1日起执行《企业会计准则》。

7. 财务情况说明书

7.1 利润实现和分配情况

本集团2019年度实现的净利润为166 402.87万元，其中母公司实现净利润为121 698.37万元。按照《公司法》《信托公司管理办法》、财政部相关法规以及《公司章程》的规定，母公司利润分配方案如下：

（1）提取法定盈余公积。按照当年税后利润10%的比例提取法定盈余公积12 169.83万元。

（2）提取信托赔偿准备。按照当年税后利润5%的比例提取信托赔偿准备6 084.92万元。

（3）提取一般准备。根据财政部《金融企业准备金计提管理办法》（财金[2012]20号）的规定，金融企业应当于每年年度终了对承担风险和损失的资产计提一般准备。一般准备余额原则上不得低于风险资产期末余额的1.5%，2019年计提一般风险准备376.87万元。

（4）本年度暂不向全体股东派发现金股利，剩余未分配利润210 314.58万元留存以后年度进行分配。

7.2　主要财务指标

单位：万元

指标名称	合并（2019 年度）	母公司（2019 年度）
资本利润率（%）	8.98	7.50
加权年化信托报酬率（%）	—	0.39
人均净利润（万元）	115.80	209.28

注：1. 资本利润率 = 净利润/所有者权益平均余额 ×100%。
2. 信托报酬率 = 信托业务收入/实收信托平均余额 ×100%。
3. 人均净利润 = 净利润/年平均人数。
4. 平均值采取年初、年末余额简单平均法。

7.3　对本公司财务状况、经营成果有重大影响的其他事项

无。

8. 特别事项简要揭示

8.1　报告期内股东变动情况及原因

报告期内，本公司股东发生以下变动：

2018 年 12 月 11 日，中国银监会福建监管局筹备组以闽银保监筹复［2018］106 号文件核准，同意厦门国贸集团股份有限公司受让澳大利亚国民银行持有的本公司 8.4167% 股权。2019 年 1 月，公司完成上述股权变更事项的工商变更登记手续，并换发新的营业执照。

8.2　董事、监事及高级管理人员变动情况及原因

8.2.1　董事变动情况及原因

因本公司原股东澳大利亚国民银行已转让其所持有的本公司全部股权，蓝玉权先生作为澳大利亚国民银行提名的董事，于 2019 年 2 月 2 日向本公司董事会辞去本公司董事职务。

因本公司董事会换届原因，2019 年 2 月 24 日，经本公司 2019 年第二次临时股东会选举，林中先生、吴军先生当选为本公司第六届董事会董事，林艳女士不再担任本公司董事职务。2019 年 4 月，林中先生、吴军先生的任职资格经中国银保监会福建监管局分别以闽银保监复［2019］163 号、闽银保监复［2019］164 号文件核准。

8.2.2　监事变动情况及原因

因本公司监事会换届原因，2019 年 2 月 24 日，经本公司 2019 年第二次临时股东会选举，冯开猛先生当选为本公司第六届监事会非职工监事，叶美秀女士不再担任本公司非职工监事职务。

8.2.3　高级管理人员变动情况及原因

2019 年 2 月 24 日，经本公司第六届董事会第一次会议审议通过，聘任张小坚先生为本公司总裁助理，2019 年 4 月，中国银保监会福建监管局以闽银保监复［2019］176 号文件核准其任职资格。

2019 年 6 月 20 日，经本公司第六届董事会第三次会议审议通过，聘任杨刚强先生兼任本公司总裁助理；2019 年 9 月，中国银保监会福建监管局以闽银保监复［2019］384 号文件核准其任职资格。

8.3　报告期内本公司重大未决诉讼事项

报告期内，本公司新增重大未决诉讼事项 1 笔，系按照委托人指令办理相关诉讼工作。

8.4　报告期内，所出具的审计报告

报告期内，毕马威华振会计师事务所（特殊普通合伙）出具了标准无保留意见的审计报告。

8.5　报告期内，本公司及董事、监事和高级管理人员受到处罚的情况

报告期内无上述处罚情况。

8.6　中国银保监会及其派出机构对本公司的检查意见及本公司整改情况

报告期内，中国银保监会福建监管局通过对本公司的非现场监管及现场检查，对本公司进一步加强信托业务合规管理、加强风险防控、深化整治市场乱象等提出了监管意见。本公司认真按照监管要求，稳步推进业务转型，逐步回归信托本源，强化风险合规管控，规范公司治理和经营管理运行机制，提高服务实体经济质效，加强内控建设及强化问题整改，确保合规稳健经营。

8.7　报告期内重大事项临时报告

2019 年 1 月 30 日，公司在《证券时报》第 B18 版、《上海证券报》第 9 版发布《兴业国际信托有限公司关于公司股权及章程变更的公告》，主要内容为：经兴业国际信托有限公司 2018 年第三次临时股东会审议通过，并经《福建银保监局筹备组关于兴业国际信托有限公司变更股权的批复》（闽银保监筹复［2018］106 号）核准，厦门国贸集团股份有限公司受让澳大利亚国民银行持有的本公司 8.4167% 股权。

2019 年 3 月 7 日，本公司在《证券时报》第 B31 版、《上海证券报》第 59 版发布《兴业国际信托有限公司关于公司章程变更的公告》，主要内容为：经兴业国际信托有限公司第五届董事会第二十七次临时会议、2019 年第一次临时股东会审议通过，并经《福建银保监局关于兴业国际信托有限公司修订公司章程的批复》（闽银保监复［2019］104 号）核准，本公司结合股权结构变化就公司董事会组成及董事提名安排事项对《公司章程》进行了相应修订。

2019 年 8 月 31 日，本公司在《证券时报》第 B2 版、《上海证券报》第 210 版发布《兴业国际信托有限公司关于公司注册资本及章程变更的公告》，主要内容为：经兴业国际信托有限公司 2018 年度股东会审议通过，并经《福建银保监局关于兴业国际信托有限公司变更注册资本的批复》（闽银保监复［2019］262 号）核准，本公司以未分配利润转增注册资本的方式，将注册资本由 50 亿元增加至 100 亿元，各股东股权比例保持不变。

2019 年 10 月 18 日，本公司在《证券时报》第 B1 版、《上海证券报》第 106 版发布《兴业国际信托有限公司关于更换年度财务报告审计会计师事务所的公告》，主要内容为：经兴业国际信托有限公司第六届董事会第二次会议、2018 年度股东会审议通过，兴业国际信托有限公司年度财务报告审计会计师事务

所由德勤华永会计师事务所(特殊普通合伙)更换为毕马威华振会计师事务所(特殊普通合伙)。

8.8 中国银保监会及其省级派出机构认定的其他有必要让客户及相关利益人了解的重要信息

无。

9. 消费者权益保护情况

公司坚持以受益人利益为根本出发点,坚持依法合规经营,守住风险底线,规范信息披露,强化信息安全,组织做好消费者权益保护工作,切实保障受益人利益,为维护金融市场稳定和行业稳健发展切实承担好主体责任。报告期内,本公司消费者权益保护工作主要围绕优化消费者权益保护体制机制建设、严控业务准入标准、提高产品服务与管理水平、强化客户个人信息保护、提升客户投诉处理质效、丰富公众金融知识宣传教育模式、加强与监管的工作沟通与汇报、保障内部消保工作培训成效、严抓内部消保考核与消保审计等内容开展。

内部管理方面,公司进一步强化董事会及下设专业委员会对消费者权益保护工作的指导,夯实消费者权益保护工作的纲领性制度和运作机制;通过制定和完善投诉处理、信息披露、专区"双录"、个人信息保护、金融知识宣传教育、员工行为管理、突发事件应急管理、产品开发及服务等制度体系,定期开展有关消费者权益保护的内部培训、考评和专项审计工作,切实保护消费者合法权益。

产品与服务管理方面,公司强化消费者权益保护职能部门对发行事项审核,提升产品消保管控质量;对各区域财富中心各类服务设施升级,优化客户服务体验;不断强化营销队伍管理,通过源头把控、事中检查、事后追责对营销推介行为进行全效管控。

投诉处理方面,公司建立电话、来访、电子、信访等多种投诉渠道,本着以客户为中心的服务理念,坚持客户至上、实事求是、及时高效、力求满意、落实整改的投诉处理原则,做好客户投诉处理工作。同时,本公司内部建立投诉考核与统计分析机制,优化投诉处理流程,明确投诉工作责权利,切实保障投诉工作处理质效。

投资者教育方面,公司不断丰富公众金融知识宣传教育形式,通过在各区域财富中心建设公众教育专区,充分保障宣传教育质量与覆盖面;组织开展"3·15"金融消费者权益日、"普及金融知识,守住'钱袋子'"宣传月、"金融知识普及月 金融知识进万家 争做理性投资者 争做金融好网民"等主题宣传教育活动,结合丰富的宣传形式,进一步提升宣教效果;增加常态化宣传频次,面向公司客户以及不同的消费群体开展公益性、常态化的金融知识普及教育,让金融知识宣传走入寻常百姓家。

10. 本公司监事会独立意见

报告期内,公司监事会按照《公司章程》、监事会议事规则有关规定,通过列席公司股东会、董事会会议及高级管理层相关会议、组织开展调研和审计调查、调阅文件资料等方式,依法对公司依法经营、财务情况、内部控制等事项进行了监督,对以下事项发表独立意见。

(1)依法经营情况。2019年度,本公司依照《公司法》及有关信托业法律法规、《公司章程》等相关规定规范管理运作,董事会能够严格按照有关法律法规和公司治理规则履行职责,董事会决策程序合法有效,股东会、董事会决议能够得到有效贯彻落实,经营业绩客观真实。公司各董事、高级管理人员认真、勤勉履职,未发现董事、高级管理人员在履职时违反国家有关法律法规、本公司章程以及其他损害公司利益、股东利益和委托人、受益人利益的行为。

(2)财务情况。2019年,本公司财务会计内控制度健全,管理规范;财务收支真实、合法,自营资产质量总体保持良好水平,风险可控,拨备覆盖率得到大幅提升,风险抵御能力显著增强;公司依法履行受托人职责,信托财产管理状况良好。毕马威华振会计师事务所(特殊普通合伙)对本公司年度财务报告进行了审计,并出具了标准无保留意见的审计报告,该报告能真实、公允、完整地反映公司报告期内财务状况和经营成果,不存在虚假记载、误导性陈述或者重大遗漏。

(3)内部控制情况。2019年,本公司持续加强全面风险管理,健全完善内部控制体制机制,切实夯实三道风险防线,内部控制情况总体良好。报告期内,公司《关联交易管理办法》执行情况良好,各项关联交易依法合规,诚实公允。本公司现有内部控制制度符合我国有关法律法规和监管要求,符合公司当前经营管理实际,在公司重大投资、业务开展、风险控制、内部管理等方面发挥了积极的作用。公司"三会一层"的职责和运行机制规范有效,决策程序和议事规则民主、科学,内部监督和反馈体系进一步健全。公司法人治理结构符合法律和监管要求,组织控制、信息披露、财务管理、业务开展、风险管理、内部审计等制定了健全的规章制度并得到了有效而良好的执行,保障了公司内部控制体系完整、有效和公司规范、安全、顺畅运营。

11. 净资本管理情况

报告期内,本公司按照中国银保监会《信托公司净资本管理办法》,积极贯彻落实监管要求,优化净资本相关绩效考核指标,引导经营部门加强净资本和风险资本管理意识,加强业务转型和结构调整,提高资本使用效率,各项净资本指标均符合监管要求:截至报告期末,本公司净资产为166.88亿元,净资本为139.48亿元(监管要求为≥2亿元),各项风险资本之和为71.79亿元,净资本/各项风险资本之和为194%(监管要求为≥100%),净资本/净资产为84%(监管要求为≥40%)。

12. 社会责任履行情况

报告期内,公司围绕建设"综合性、多元化、有特色的全国一流信托公司"的发展战略目标,大力倡导以"可持续发展为导向,实施社会责任管理,提升核心竞争力"的发展理念,注重发挥信托制度功能优势,加强金融创新与履行社会责任相结合,积极承担信托公司的经济功能和社会责任,将社会责任工作融入企业价值观、企业文化、战略规划和经营管理当中,推动公司积极服务国家战略导向、服务实体经济,并在推动开展社会保障事业、社会公益事业发展等方面积极发挥作用。

公司始终致力成为信托行业绿色金融业务的探索者和引领者，积极运用多元化金融工具创设丰富的绿色信托产品，通过绿色非标债权融资、绿色产业基金、绿色资产证券化等业务模式为绿色环保企业发展提供综合金融服务。2019 年，公司绿色金融业务稳步增长，主动管理业务占比显著提升。截至 2019 年末，公司绿色信托业务规模为 658.04 亿元，涵盖天然气、水利、节能环保、绿色建筑等领域。

2019 年，公司继续秉承回馈社会的发展理念，积极践行社会责任，助力对口捐助的希望小学开展年度“优秀教师”和“三好学生”评选活动，对 64 名优秀师生发放奖励金 4.05 万元；积极开展扶贫扶智活动，携手上海星河湾中学与浦城县官田希望小学共同开展“公益远程视频教学”项目，通过远程视频形式，由星河湾中学针对山区学校在英语、音乐艺术等较为薄弱的学科方面提供公益帮扶支教。

雪松国际信托股份有限公司

1. 重要提示

1.1 公司第三届董事会第十次会议审议通过了《关于审议雪松国际信托股份有限公司2019年年度报告全文及摘要的议案》,其中蔡建城董事投出反对票,原因:年度报告和财务报告中涉及计提减值损失的明细情况不清楚,如具体项目名称、金额、产生的原因、责任承担方式和计提规则等。公司董事会及其他董事保证本报告所载资料不存在任何虚假记载、误导性陈述或者重大遗漏,并对其内容的真实性、准确性和完整性承担个别及连带责任。

1.2 公司独立董事声明:保证本年度报告的内容真实、完整、准确。

1.3 中喜会计师事务所(特殊普通合伙)为公司出具了标准无保留意见的2019年年度审计报告。

1.4 公司负责人、主管会计工作负责人及会计主管人员声明:保证年度报告中财务报告的真实、完整。

1.5 本年度报告摘要摘自年度报告全文,客户及相关利益人欲了解详细内容,应阅读年度报告全文。

2. 公司概况

2.1 公司简介

法定中文名称	雪松国际信托股份有限公司
法定英文名称	Cedar International Trust Co., Ltd.
法定代表人	林伟龙
注册地址	南昌市北京西路88号江信国际金融大厦26楼
邮政编码	330046
公司网址	www. cedartrust. com
公司电子信箱	xsxtbgs@ cedarhd. com
公司负责信息披露事务人	黄昊
公司信息披露事务联系人、电话	许夏,0791 -86304968
年度报告备置地点	南昌市北京西路88号江信国际金融大厦9楼
信息披露报纸名称	《证券时报》
聘请的会计师事务所	中喜会计师事务所(特殊普通合伙)

2.2 组织结构

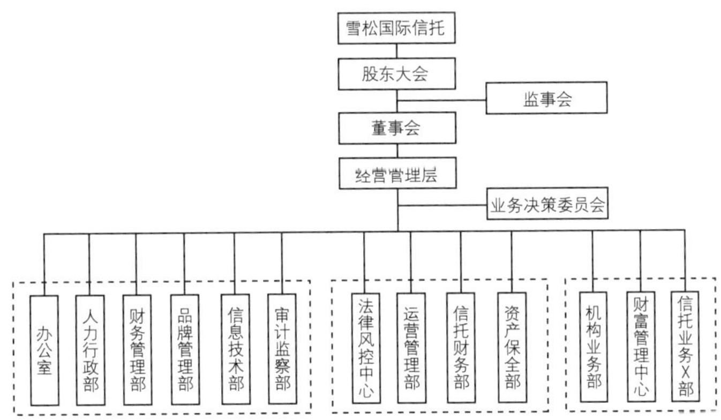

3. 公司治理

3.1 股东

报告期末,公司共有10家股东。持有公司10%以上(含10%)股份、第一大股东相关情况如下:

股东

股东名称	持股比例(%)	法定代表人
雪松控股集团有限公司	71.3005	范佳昱
江西省金融控股集团有限公司	20.7559	齐　伟

公司其他股东江西省江信国际大厦有限公司、江西省金象投资有限公司和江西金麒麟信用担保有限公司三家公司为同一控制下的公司,该三名股东为一致行动人。

3.2 董事会、董事

至本报告期末，公司董事会、董事相关情况如下：

董事长、董事

姓名	职务	性别	年龄（岁）	选任日期	所推举的股东名称	该股东持股比例（%）	简要履历
林伟龙	董事长	男	47	2019 年 4 月	雪松控股集团	71.3005	湖北大学法学本科，中欧工商管理学院 EMBA 在读，1993 年 8 月参加工作，先后在交通银行、光大证券就职；2016 年 4 月入职雪松控股集团，历任雪松控股常务副总裁兼金融集团总裁，至本报告期末任职公司董事长。
陈晖	董事	男	50	2019 年 6 月	雪松控股集团	71.3005	中央广播电视大学金融学本科，1989 年 7 月参加工作，先后在中国建设银行、深圳发展银行就职；2004 年 2 月入职雪松控股集团，历任资金总监、财务总监、财务中心总经理、董事，至本报告期末任职公司董事。
刘湖源	董事	男	34	2019 年 6 月	雪松控股集团	71.3005	华南理工大学金融学本科，2008 年 8 月参加工作，先后在安永华明会计师事务所、《21 世纪经济报道》、东海证券就职，2013 年 11 月入职雪松控股集团，历任雪松实业集团有限公司战略发展中心总经理、董事，深圳前海雪松金融服务有限公司副总裁，截至本报告期末任公司董事。
黄旭斌	董事	男	54	2019 年 6 月	雪松控股集团	71.3005	中国财政部研究生部经济学硕士研究生，1990 年 8 月参加工作，先后在中国建设银行、国泰证券、中国信达资产管理公司、TCL 集团、上海银行就职，2019 年入职雪松控股集团，历任集团副总裁兼财经委主任、董事、轮值董事长，截至本报告期末任公司董事。
李婵娟	董事	女	40	2019 年 6 月	雪松控股集团	71.3005	沈阳工业大学会计学本科，2003 年 10 月入职雪松控股集团，历任广州市君华物业服务有限公司财务经理助理、财务经理，广州君华汽车销售服务有限公司财务副经理、财务经理；雪松实业集团有限公司财务经理、财务总监，君华集团（香港）有限公司董事，截至本报告期末任公司董事。
蔡建城	董事	男	55	2019 年 6 月	江西省金融控股集团有限公司	20.7559	江西财经大学财政专业本科，1987 年参加工作后进入江西省财政厅，先后任副主任科员、主任科员、副处级调研员、副处长、采购办副主任，2017 年 7 月入职江西省金融控股集团有限公司，任纪委副书记兼监察室主任以及审计部负责人，截至本报告期末任公司董事。

独立董事

姓名	职务	性别	年龄（岁）	选任日期	所推举的股东	该股东持股比例（%）	简要履历
朱大旗	独立董事	男	52	2019 年 6 月	江西省江信国际大厦有限公司	5.2951	中国人民大学法制史博士研究生，中国人民大学法学院教授、博士生导师。
王华	独立董事	男	63	2019 年 6 月	江西省江信国际大厦有限公司	5.2951	厦门大学会计学博士研究生，曾任江西财经大学农业经济系副主任，暨南大学博士生导师、副校长、校党委书记兼纪委书记，广东金融学院教授、院长、党委副书记，广东财经大学教授、校长、党委副书记。2016 年 11 月退休。
徐枫	独立董事	男	46	2019 年 6 月	江西省江信国际大厦有限公司	5.2951	暨南大学金融学博士研究生，华南理工大学经济与贸易学院副院长、金融工程研究中心主任、金融学系教授。

3.3 监事会、监事

截至本报告期末，公司监事会、监事相关情况如下：

监事

姓名	职务	性别	年龄（岁）	选任日期	所推举股东名称	该股东持股比例（%）	简要履历
赵斌	监事	男	40	2019 年 6 月	雪松控股集团	71.3005	香港中文大学工商管理硕士（EMBA），2002 年 7 月参加工作，先后在中国平安保险、平安证券、华林证券、深圳前海厚生资产管理有限公司就职，2017 年 6 月入职雪松控股集团，历任深圳前海雪松金融服务有限公司首席运营官、董事局主席办公室总经理、副总裁等职务。
张轶骞	监事	男	41	2019 年 6 月	雪松控股集团	71.3005	兰州财经大学法学本科，2002 年 7 月参加工作，先后在《经济观察报》《南方周末》、北京乐颐智选网络科技有限公司就职，2016 年入职雪松控股集团，历任董事局主席助理，兼任雪松公益基金会秘书长，品牌管理中心总经理、副总裁等职务。
王雁	监事	女	47	2019 年 5 月	职工代表	—	北京理工大学工商管理本科，1992 年 7 月参加工作，进入中国银行，先后任佛山市分行办公室主任、人力资源部主任，南沙分行纪委书记、广州珠江支行纪委书记、公司人力行政部总经理。

3.4 高级管理人员

截至报告期末，公司高级管理人员相关情况如下：

高级管理人员

姓名	职务	性别	年龄(岁)	选任时期	金融从业年限(年)	学历	专业
黄昊	副总经理	男	43	2019年10月	25	本科	工商管理
易勤华	副总经理	男	54	2019年10月	27	博士研究生	中国古代文学
曾海	副总经理	男	57	2019年10月	25	硕士研究生	产业经济学
周跃明	副总经理	男	62	2019年10月	40	本科	会计学
黄雪梅	副总经理	女	56	2019年10月	27	本科	电子专业
陈华玲	首席风险控制官	男	55	2019年10月	27	硕士研究生	自然辩证法

3.5 公司员工

截至报告期末，公司共有在册员工775人。

项目		2019年度		2018年度	
		人数(人)	比例(%)	人数(人)	比例(%)
年龄分布	25岁以下	34	4.39	18	6.27
	25~29岁	102	13.16	52	18.12
	30~39岁	459	59.23	110	38.33
	40岁以上	180	23.23	107	37.28
性别分布	男	466	60.13	167	58.19
	女	309	39.87	120	41.81
学历分布	博士研究生	4	0.52	1	0.35
	硕士研究生	148	19.10	63	21.95
	本科	471	60.77	178	62.02
	专科	152	19.61	45	15.68
岗位分布	董事、监事及高管人员	18	2.32	8	2.79
	固有业务人员	10	1.29	10	3.48
	信托业务人员	192	24.77	178	62.02
	其他人员	555	71.61	91	31.71
合计		775		287	

4. 经营管理

4.1 经营目标、经营方针、战略规划

4.1.1 经营目标

公司坚持“守正创新、诚信尽责、稳健合规”的经营理念，积极发挥信托功能，致力于成长为特色鲜明、管理精细、风控优良、值得信赖的优质综合金融服务提供者。

立足信托本源实现转型发展。重点发展具有直接投资特点的资金信托支持实体经济，在服务信托、资产证券化、慈善信托、家族信托等本源业务中形成独特的竞争优势。

坚持审慎合规提升风控水平。专责部门多措并举全力处置化解历史遗留的风险项目，建立完善全面风险管理体系，大力压降存量风险，有效防控增量风险。

践行受托责任重塑品牌形象。忠诚践行“受人之托，忠人之事”的信托文化，为实体经济发展和居民财富增长提供优质服务，成为受人尊敬、值得信赖的信托品牌。

4.1.2 经营方针

回归本源。公司推动专业化资产管理和投资研发团队建设，着力强化主动管理能力，以实体经济需求痛点为发展着力点。

诚信尽责。公司秉承受益人利益最大化的原则，坚持至诚至信的服务宗旨，为客户创造可持续价值，赢得客户长期信任和托付。

审慎合规。公司将始终秉承审慎精细、勤勉尽责的理念处理信托事务，将防范风险和控制风险作为开展各项业务的前提。

守正创新。公司在遵循监管规定的基础上，探索特色化、差异化、个性化信托业务领域，提升金融科技的研发、建设和应用水平。

4.1.3 战略规划

公司将围绕综合金融服务提供者的目标，坚持走好特色化、差异化、专业化的轻型发展道路，实现稳中求进、质效并举。

以优质的公司治理引领转型发展。完善决策层权责制衡体系，健全充实各专业委员会，顺势动态调整执行层机构职能，建立专家团队和专业人才队伍，全面提升决策科学性和执行有效性。

以稳健的展业策略推动科学发展。强化充实财富管理中心专业服务职能，拓宽资金多元化来源，提高资金端获客能力；主动顺应实体经济发展趋势，多层次丰富资管产品线，持续提高资产配置投资能力，尽快形成资产管理和财富管理的特色化和专业化优势。

以审慎的风险管理实现健康发展。以有效手段尽快处置历史遗留的风险项目，重振发展信心，同时建立与战略发展方向相适应的风险偏好体系和与监管合规要求相匹配的风险控制体系。

4.2 经营业务的主要内容

自营资产运用与分布表

资产运用	金额(万元)	占比(%)	资产分布	金额(万元)	占比(%)
货币资产	41 426.03	11.48	基础产业	1 190.77	0.33
应收账款	3 934.51	1.09	房地产	5 896.53	1.63
其他应收款	34 040.23	9.43	证券市场	30 258.18	8.38
发放贷款和垫款	44 198.48	12.25	工商企业	125 324.56	34.72
可供出售金融资产	218 250.24	60.47	金融机构	193 075.92	53.49
其他	19 099.07	5.29	其他	5 202.59	1.44
自营资产总计	360 948.56	100.00			

信托资产运用与分布表

资产运用	金额（万元）	占比（%）	资产分布	金额（万元）	占比（%）
货币资产	67 822.60	0.72	基础产业	1 528 055.62	16.18
交易性金融资产	159 106.46	1.68	房地产	701 563.70	7.43
贷款	4 575 855.15	48.47	证券	198 474.24	2.1
应收账款	486 703.90	5.15	金融机构	40 154.69	0.43
可供出售金融资产	73 849.06	0.78	工商企业	5 419 522.70	57.4
长期股权投资	2 289 819.10	24.25	供应链	380 031.48	4.02
其他	1 789 586.28	18.95	其他	1 174 940.12	12.44
信托资产合计	9 442 742.55	100			

4.3 市场分析

2020 年，全球经济减速和中美贸易战的旧挑战尚未结束，新冠肺炎疫情肆虐，给全球带来了新一波的冲击，国际国内政治、经济形势波荡诡谲，国际经济金融形势呈现出经济低增长、贸易低周期、工业低景气、市场低利率的衰退特点；受国际不确定不稳定因素的影响，我国经济发展面临新的困难和挑战。而中央逆周期调控力度在持续加大，各项稳增长政策不断加码，基建投资稳定器作用凸显，保就业促消费政策实招频出，助推消费增速缓慢回稳，企业复产复工加速推进，工业、服务业生产将逐步恢复正增长。随着中央“六稳”工作的深入推进和持续落地，中国经济仍能运行在合理区间。

全球金融仍继续运营在高度不确定的环境中，全球化的需求骤降引发的经济衰退可能会继续搅动金融市场的脆弱神经，但得益于我国政府对疫情的有效控制，加之我国相较于其他经济体更为稳健的货币政策的积极影响，中国金融市场运行展现出较强的韧性和独立性，金融体系流动性将继续合理充裕，货币市场利率低位运行的趋势明显，企业融资成本将会降低。同时，考虑国内新商业需求的出现和传统商业的迭代升级，未来货币信贷将会平稳增长，特别是在基建、电商、卫生医疗、资本密集和技术密集型领域中将有可能呈现蓬勃态势。

4.3.1 有利因素

一是国家加大了逆周期调控力度，支持信托行业服务于实体经济。国家采取了更加积极有为的财政政策，将支持实体经济发展放置更加突出的位置，并鼓励加大信贷投放力度，出台支持实体经济的专项纾困政策，并针对医疗卫生、新基建、科技创新领域加大了投入强度，有利地支持了疫情防控和企业复产复工，信托行业的市场需求将会持续恢复。

二是“资管新规”的出台将引导信托行业回归本源。“资管新规”及信托行业过渡期的一系列监管政策将为信托公司回归本源，寻求特色化经营和差异化发展提供政策依据，随着相关配套细则的相继落实，将为信托行业更好地服务实体经济营造良好的行业氛围。

三是财富管理与信息技术的发展助推营造良好展业环境。一方面，随着社会的进步，高净值客户的数量、可投资资产规模以及理财意识都在持续提高，会激发家族信托为代表的财富管理业务的发展潜力；另一方面，人工智能、大数据、区块链等金融科技手段的应用更加广泛且深刻，将会为信托公司强化经营管理能力、提升风险管控能力、拓宽展业渠道提供新的机遇。

4.3.2 不利因素

一是受经济疲软的影响，风险管理压力加大。受不断收缩的投资活动和持续低迷的消费成长的影响，一些企业出现了暂时性的经营困难，还款意愿和还款能力降低；同时一些地方政府将主要精力和资源聚焦于疫情防控，一些政信类项目的违约风险增加，存量风险项目的清收困难加大。

二是“资管新规”落地，行业竞争日趋激烈。各资管机构将在统一监管尺度下同台竞争，同时 33 家银行理财子公司成立，打破刚性兑付也将在一定程度降低信托产品吸引力。未来信托行业将面临到新竞争主体大量进场，同业竞争日趋剧烈，销售难度进一步加大的“三难”竞争处境。

三是监管新规引导信托结构性调整，易引起转型阵痛。从 2019 年开始，监管就金融同业通道类、主动管理融资类、房地产类、资金池类等业务为重点，“三去一降一补”将成为行业主调，传统的通道类、房地产类和主动管理融资类业务的展业空间将受到严重压缩，但仍处在适应期和探索期的家族信托、标品业务、普惠金融等仍未形成规模性的利润增长点，未来信托行业盈利方向仍存在较大的不确定性因素。

4.4 风险管理

4.4.1 风险管理概况

公司深刻吸取过往历史遗留的风险项目的教训，坚持以持续完善的全面风险管理体系适应不断变化的经济形势和监管要求，以全局性、主动性、前瞻性的战略眼光实施风险管理，主动驾驭各类风险。公司坚持“以合规谋发展、向管理要效益、以风控保长远”的可持续发展理念，根据长期性、周期性和阶段性不同的风险特征和变动趋势，及时更新经营管理方略、产品展业指引和风险管理策略，从制度体系入手，配合业务转型需要，建立了产品把关、内控合规、风险管理和审计监察为组织基础的四道防线，开展覆盖公司战略决策、经营管理、资源运作、产品创新和声誉风险等多方面的全面风险管理体系。

报告期内，公司一手抓历史遗留的风险项目处置工作，兑现“负责到底”的承诺，积极化解、处置风险；一手抓新增项目风险防控工作，提升发展的质量，推动业务稳健发展。

报告期内，公司经营活动中可能遇到的风险主要包括信用风险、市场风险、操作风险、法律与合规风险、道德风险、声誉风险。

4.4.2 风险状况

4.4.2.1 信用风险状况

信用风险是指交易对方不履行约定义务而形成的风险。受宏观经济结构调整、“两高一剩”行业信用风险的逐步释放、“去杠杆”政策的深化执行等多重因素的影响，会导致公司固有及信托业务产生交易对手的信用风险问题。公司积极采取各项信用风险防控措施，严格按照法律法规、监管政策及公司业务制度要求操作，按信托文件及交易文件的约定履行受托人管理职责，恪尽职守，保障受益人的权益。

4.4.2.2 市场风险状况

市场风险是指在固有及信托业务经营中所面临的因市场参数的波动而产生的风险。报告期内，国际国内宏观形势不景气，企业经营市场风险增加。公司坚持稳健经营的原则，合理配置资产，以保障投资者资金安全为前提，有效防范市场波动影响。

4.4.2.3　操作风险状况

操作风险是指因不完善或有问题的内部程序、人员及系统或外部事件所造成损失的风险。公司操作风险主要来自内部管理风险、决策风险及信息技术系统风险。本报告期内,公司继续强化操作风险管理,规范决策程序,明确操作规程与管理职责,保障了公司平稳运营及信托财产的安全。

4.4.2.4　法律与合规风险状况

法律与合规风险是指国家有关政策和法律法规发生重大变化或新出台有关政策和法律法规可能导致公司未完全达到监管要求所带来的风险。报告期内,公司根据资管新规及监管要求,开展了多项合规检查工作,加强合规管理,不断督促合规整改工作。同时,公司强化业务合规意识,做好中后期项目管控,履行信息披露职责,进一步规范业务,防范合规隐患。

4.4.2.5　道德风险状况

道德风险是指市场交易方内部人员违反行业行为准则、道德规范的要求,从而引起或故意导致公司业务处于风险状态的可能性。报告期内,公司继续加强企业文化、员工思想及职业道德教育,加强案防工作,定期开展制度执行检查,防范内部道德风险的发生。

4.4.2.6　声誉风险状况

声誉风险是指由公司经营、管理及其他行为或外部事件导致利益相关方对公司负面评价的风险。报告期内,公司设置了声誉风险专职管理部门,完善声誉风险管理制度,规范声誉风险处理流程,形成覆盖事前、事中、事后全流程的工作响应机制。

4.4.3　风险管理

4.4.3.1　信用风险管理

一是加强前期尽职管理工作。公司继续完善信托项目尽职调查和独立调查的管理工作,规范调查范围、调查方式和调查报告书写等内容;加强项目预审查的审查范围和审查管理,强调信用风险审查和防控;建立和完善交易对手负面清单管理制度,加强对交易对手的舆情收集与分析。

二是强化项目后期管理检查及风险项目处置工作。报告期内,公司加强对存续集合信托项目的后期管理自查与现场检查,并加强了主动管理类风险项目及风险隐患项目的排查及处置。通过实地排查的方式,加强了对重点行业和高风险领域项目的风险预警和防范,对暴露问题的项目及时采取措施,严防项目违约风险。对于已发生的风险信托项目,采取现场催收、司法保全及诉讼、申请强制执行、参与企业重组、债权转让、协商等多种手段努力化解风险。

三是公司按相关规定计提了一般及专项准备金,以应对固有及信托项目信用风险。

4.4.3.2　市场风险管理

公司加强市场风险识别、计量与分析,及时、准确地识别业务中市场风险的类别和性质,全面了解股价、利率、汇率等市场要素,业务开展中注重投资组合,分散风险,并采取加强对重点行业和高风险领域的市场风险控制等措施,进一步加强了市场风险的管理。

4.4.3.3　操作风险管理

公司在财务管理、内部稽核、资金运作、账户管控、项目设立、客户档案管理等方面设定相应的管理岗位,明确管理职责、操作规程及审批权限。报告期内,公司继续完善了操作风险管理制度,先后制定下发了多项业务操作指引、项目后期管理、公司档案、印章、合同管理等多项规定,进一步规范了相关决策、审批及操作程序,减少操作风险的发生。

4.4.3.4　合规与法律风险管理

根据合规经营的需要,公司顺应监管导向,加快转型发展。公司充分发挥信托公司服务实体经济的作用,推动公司新业务合法合规的开展。公司重视企业文化和合规文化的培训教育,增强员工合法合规意识,合规展业。

4.4.3.5　道德风险管理

公司进一步完善内控制度,建立健全各项规章制度,避免因制度缺失引发的道德风险。一是规范从业人员行为管理的治理架构,建立覆盖全面、授权明晰、分权制衡的从业人员行为管理体系。二是加强信托从业人员的后续教育和培训,不断提高职业道德和专业技能。三是继续开展常态化员工行为排查,加强防范员工道德风险,加强对违法违规、道德风险人员的问责管理。四是加强日常管理与监督检查的长效机制,使干部员工做到警钟长鸣,筑牢思想防线,合法合规执业。

4.4.3.6　声誉风险管理

公司重视声誉风险管理,将其作为公司治理和全面风险管理体系的重要组成部分,不断完善声誉风险管理机制,提升声誉风险主动管理能力。报告期内,公司组织多次声誉风险排查,通过风险排查、分析研判、舆情应对、声誉修复等方式,配合并推动公司风险项目的整体化解与处置。

5. 报告期末及上一年度的比较式会计报表

5.1　固有资产

5.1.1　会计师事务所审计意见

审 计 报 告

中喜审字[2020]第 01865 号

报备编码:1100016820201012141622

雪松国际信托股份有限公司全体股东:

一、审计意见

我们审计了雪松国际信托股份有限公司(以下简称雪松信托)财务报表,包括 2019 年 12 月 31 日的合并及母公司资产负债表,2019 年度的合并及母公司利润表、合并及母公司现金流量表、合并及母公司所有者权益变动表及财务报表附注。

我们认为,后附的财务报表在所有重大方面按照企业会计准则的规定编制,公允反映了雪松信托 2019 年 12 月 31 日的合并及母公司财务状况及 2019 年度的合并及母公司经营成果和现金流量。

二、形成审计意见的基础

我们按照中国注册会计师审计准则的规定执行了审计工作。审计报告的“注册会计师对财务报表审计的责任”部分进一步阐述了我们在这些准则下的责任。按照中国注册会计师职业道德守则,我们独立于雪松信托,并履行了职业道德方面的其他责任。我们相信,我们获取的审计证据是充分、适当的,为发表审计意见提供了基础。

三、其他信息

雪松信托管理层(以下简称管理层)对其他信息负责。其他信息包括2019年度报告中涵盖的信息,但不包括财务报表和我们的审计报告。

我们对财务报表发表的审计意见不涵盖其他信息,我们也不对其他信息发表任何形式的鉴证结论。

结合我们对财务报表的审计,我们的责任是阅读其他信息,在此过程中,考虑其他信息是否与财务报表或我们在审计过程中了解到的情况存在重大不一致或者似乎存在重大错报。

基于我们已执行的工作,如果我们确定其他信息存在重大错报,我们应当报告该事实。在这方面,我们无任何事项需要报告。

四、管理层和治理层对财务报表的责任

管理层负责按照企业会计准则的规定编制财务报表,使其实现公允反映,并设计、执行和维护必要的内部控制,以使财务报表不存在由于舞弊或错误导致的重大错报。

在编制财务报表时,管理层负责评估雪松信托的持续经营能力,披露与持续经营相关的事项(如适用),并运用持续经营假设,除非管理层计划清算、终止运营或别无其他现实的选择。

雪松信托治理层(以下简称治理层)负责监督雪松信托的财务报告过程。

五、注册会计师对财务报表审计的责任

我们的目标是对财务报表整体是否不存在由于舞弊或错误导致的重大错报获取合理保证,并出具包含审计意见的审计报告。合理保证是高水平的保证,但并不能保证按照审计准则执行的审计在某一重大错报存在时总能发现。错报可能由于舞弊或错误导致,如果合理预期错报单独或汇总起来可能影响财务报表使用者依据财务报表作出的经济决策,则通常认为错报是重大的。

在按照审计准则执行审计工作的过程中,我们运用了职业判断,并保持职业怀疑。同时,我们也执行以下工作:

(1)识别和评估由于舞弊或错误导致的财务报表重大错报风险,设计和实施审计程序以应对这些风险,并获取充分、适当的审计证据,作为发表审计意见的基础。由于舞弊可能涉及串通、伪造、故意遗漏、虚假陈述或凌驾于内部控制之上,未能发现由于舞弊导致的重大错报的风险高于未能发现由于错误导致的重大错报的风险。

(2)了解与审计相关的内部控制,以设计恰当的审计程序,但目的并非对内部控制的有效性发表意见。

(3)评价管理层选用会计政策的恰当性和作出会计估计及相关披露的合理性。

(4)对管理层使用持续经营假设的恰当性得出结论。同时,根据获取的审计证据,就可能导致对雪松信托持续经营能力产生重大疑虑的事项或情况是否存在重大不确定性得出结论。如果我们得出结论认为存在重大不确定性,审计准则要求我们在审计报告中提请报表使用者注意财务报表中的相关披露;如果披露不充分,我们应当发表非无保留意见。我们的结论基于截至审计报告日可获得的信息。然而,未来的事项或情况可能导致雪松信托不能持续经营。

(5)评价财务报表的总体列报、结构和内容(包括披露),并评价财务报表是否公允反映相关交易和事项。

(6)就雪松信托中实体或业务活动的财务信息获取充分、适当的审计证据,以对财务报表发表审计意见。我们负责指导、监督和执行集团审计,并对审计意见承担全部责任。

我们与治理层就计划的审计范围、时间安排和重大审计发现等事项进行沟通,包括沟通我们在审计中识别的值得关注的内部控制缺陷。

中喜会计师事务所(特殊普通合伙)　　中国注册会计师:

中国注册会计师:

二〇二〇年七月二十九日

5.1.2　资产负债表

资产负债表

编制单位:雪松国际信托股份有限公司　　2019年12月31日　　单位:万元

项　目	2019年12月31日		2018年12月31日	
	合并	母公司	合并	母公司
资产:				
货币资金	41 426.03	38 416.80	26 411.82	19 727.52
以公允价值计量且其变动计入当期损益的金融资产	—	—	82 370.71	82 370.71
应收款项	3 934.51	3 934.51	5 928.02	5 928.02
其他应收款	34 040.23	48 365.47	31 101.49	44 276.84
其他流动资产	521.81	521.81	—	—
发放贷款和垫款	44 198.48	—	35 980.80	—
可供出售金融资产	218 250.24	253 028.32	298 064.25	315 975.36
固定资产	265.24	265.24	301.88	301.88
无形资产	144.87	144.87	125.35	125.35
长期待摊费用	126.91	126.91	170.66	170.66
其他资产	18 040.24	—	11 005.13	—

续表

项　目	2019 年 12 月 31 日		2018 年 12 月 31 日	
	合并	母公司	合并	母公司
资产总计	360 948. 56	344 803. 93	491 460. 11	468 876. 34
负债:				
短期借款	27 300. 00	27 300. 00	68 000. 00	68 000. 00
预收款项	13 068. 22	13 068. 22	18 528. 39	18 528. 39
应付职工薪酬	8 464. 81	8 464. 81	7 882. 48	7 882. 48
应交税费	1 024. 27	1 024. 27	3 565. 92	3 565. 92
其他应付款	4 883. 79	876. 40	7 452. 87	843. 70
预计负债	11 825. 17	11 825. 17	6 859. 08	6 859. 08
其他非流动负债	89 481. 72	—	53 623. 34	—
负债合计	156 047. 98	62 558. 87	165 912. 08	105 679. 57
所有者权益:				
实收资本(或股本)	300 505. 17	300 505. 17	300 505. 17	300 505. 17
资本公积	62 428. 86	62 428. 86	62 428. 86	62 428. 86
其他综合收益	13 819. 73	13 819. 73	-18 949. 66	-18 949. 66
盈余公积	45 985. 82	45 985. 82	45 985. 82	45 985. 82
一般风险准备	4 717. 94	4 717. 94	6 877. 84	6 877. 84
信托赔偿准备金	14 829. 28	14 829. 28	14 829. 28	14 829. 28
未分配利润	-237 386. 22	-160 041. 74	-86 129. 28	-48 480. 54
所有者权益合计	204 900. 58	282 245. 06	325 548. 03	363 196. 77
负债和所有者权益总计	360 948. 56	344 803. 93	491 460. 11	468 876. 34

法定代表人:林伟龙　　主管会计工作负责人:林伟龙　　会计机构负责人:王鹏

5. 1. 3　利润表

利润表

编制单位:雪松国际信托股份有限公司　　2019 年度　　单位:万元

项　目	2019 年度		2018 年度	
	合并	母公司	合并	母公司
一、营业总收入	26 383. 48	23 351. 81	41 845. 90	37 710. 10
利息净收入	-2 115. 26	-2 768. 54	-2 801. 01	-3 712. 87
利息收入	2 444. 15	1 790. 87	1 875. 50	963. 64
利息支出	-4 559. 41	-4 559. 41	-4 676. 51	-4 676. 51
手续费及佣金净收入	37 722. 50	37 722. 50	55 377. 12	55 377. 12
手续费及佣金收入	37 722. 50	37 722. 50	55 377. 12	55 377. 12
手续费及佣金支出	—	—	—	—
投资收益	-29 339. 74	-31 718. 13	4 174. 81	950. 87
其他收益	142. 68	142. 68	—	—
公允价值变动收益	19 970. 23	19 970. 23	-14 913. 29	-14 913. 29
汇兑收益	—	—	—	—
其他业务收入	3. 07	3. 07	0. 11	0. 11
资产处置收益	—	—	8. 16	8. 16
二、营业总支出	174 073. 25	131 345. 85	325 523. 97	281 550. 33
税金及附加	208. 69	204. 38	375. 44	371. 41
业务及管理费	31 069. 80	31 067. 29	22 899. 69	22 899. 61
研发费用				
资产减值损失	142 602. 65	99 882. 07	301 930. 37	257 960. 84
其他资产减值损失	—	—	—	—
其他业务成本	192. 11	192. 11	318. 47	318. 47
三、营业利润	-147 689. 77	-107 994. 04	-283 678. 07	-243 840. 23
加:营业外收入	62. 43	62. 43	232. 27	232. 27
减:营业外支出	5 789. 49	5 789. 49	2 112. 84	2 112. 84
四、利润总额	-153 416. 83	-113 721. 10	-285 558. 64	-245 720. 80
减:所得税费用	—	—	5 072. 51	5 072. 51
五、净利润	-153 416. 83	-113 721. 10	-290 631. 15	-250 793. 31

法定代表人:林伟龙　　主管会计工作负责人:林伟龙　　会计机构负责人:王鹏

5.1.4 所有者权益变动表

所有者权益变动表（合并）

编制单位：雪松国际信托股份有限公司　　2019 年度　　单位：万元

项　目	2019 年度							
	股本	资本公积	其他综合收益	盈余公积	一般风险准备	信托赔偿准备金	未分配利润	所有者权益合计
一、上年年末余额	300 505.17	62 428.86	36 123.48	48 487.72	15 243.49	16 103.44	265 796.71	744 688.87
加：会计政策变更	—	—	—	—	—	—	—	—
前期差错更正	—	—	-55 073.13	-2 501.90	-8 365.66	-1 274.16	-351 926.00	-419 140.85
二、本年年初余额	300 505.17	62 428.86	-18 949.65	45 985.82	6 877.83	14 829.28	-86 129.29	325 548.02
三、本年增减变动金额	—	—	32 769.39	—	-2 159.90	—	-151 256.93	-120 647.44
（一）综合收益总额	—	—	32 769.39	—	—	—	-153 416.83	-120 647.44
（二）股东投入和减少资本	—	—	—	—	—	—	—	—
（三）利润分配	—	—	—	—	-2 159.90	—	2 159.90	—
1. 提取盈余公积	—	—	—	—	—	—	—	—
2. 提取风险准备	—	—	—	—	-2 159.90	—	2 159.90	—
3. 对股东的分配	—	—	—	—	—	—	—	—
4. 其他	—	—	—	—	—	—	—	—
（四）股东权益内部结转	—	—	—	—	—	—	—	—
（五）专项储备	—	—	—	—	—	—	—	—
（六）其他	—	—	—	—	—	—	—	—
四、本年末余额	300 505.17	62 428.86	13 819.74	45 985.82	4 717.93	14 829.28	-237 386.22	204 900.58

法定代表人：林伟龙　　主管会计工作负责人：林伟龙　　会计机构负责人：王鹏

所有者权益变动表（合并）（续）

编制单位：雪松国际信托股份有限公司　　2019 年度　　单位：万元

项　目	2018 年度							
	股本	资本公积	其他综合收益	盈余公积	一般风险准备	信托赔偿准备金	未分配利润	所有者权益合计
一、上年年末余额	300 505.17	62 428.86	172 187.07	47 712.01	15 140.56	13 265.77	259 306.13	870 545.57
加：会计政策变更	—	—	—	—	—	—	—	—
前期差错更正	—	—	—	-1 726.19	—	-886.30	-63 066.99	-65 679.48
二、本年年初余额	300 505.17	62 428.86	172 187.07	45 985.82	15 140.56	12 379.47	196 239.14	804 866.09
三、本年增减变动金额	—	—	-191 136.73	—	-8 262.72	—	-282 368.43	-481 767.88
（一）综合收益总额	—	—	-191 136.73	—	—	—	-290 631.15	-481 767.88
（二）股东投入和减少资本	—	—	—	—	—	—	—	—
（三）利润分配	—	—	—	—	-8 262.72	—	8 262.72	—
1. 提取盈余公积	—	—	—	—	—	—	—	—
2. 提取风险准备	—	—	—	—	-8 262.72	—	8 262.72	—
3. 对股东的分配	—	—	—	—	—	—	—	—
4. 其他	—	—	—	—	—	—	—	—
（四）股东权益内部结转	—	—	—	—	—	—	—	—
（五）专项储备	—	—	—	—	—	—	—	—
（六）其他	—	—	—	—	—	2 449.81	—	2 449.81
四、本年末余额	300 505.17	62 428.86	-18 949.66	45 985.82	6 877.84	14 829.28	-86 129.28	325 548.03

法定代表人：林伟龙　　主管会计工作负责人：林伟龙　　会计机构负责人：王鹏

所有者权益变动表(母公司)

编制单位:雪松国际信托股份有限公司　　2019 年度　　单位:万元

项　目	2019 年度							
	股本	资本公积	其他综合收益	盈余公积	一般风险准备	信托赔偿准备金	未分配利润	所有者权益合计
一、上年年末余额	300 505. 17	62 428. 86	36 123. 48	48 487. 72	15 243. 49	16 103. 44	265 796. 71	744 688. 87
加:会计政策变更	—	—	—	—	—	—	—	—
前期差错更正	—	—	-55 073. 13	-2 501. 90	-8 365. 66	-1 274. 16	-314 277. 25	-381 492. 10
二、本年年初余额	300 505. 17	62 428. 86	-18 949. 65	45 985. 82	6 877. 83	14 829. 28	-48 480. 54	363 196. 77
三、本年增减变动金额	—	—	32 769. 39	—	-2 159. 90	—	-111 561. 20	-80 951. 71
(一)综合收益总额	—	—	32 769. 39	—	—	—	-113 721. 10	-80 951. 71
(二)股东投入和减少资本	—	—	—	—	—	—	—	—
(三)利润分配	—	—	—	—	-2 159. 90	—	2 159. 90	—
1. 提取盈余公积	—	—	—	—	—	—	—	—
2. 提取风险准备	—	—	—	—	-2 159. 90	—	2 159. 90	—
3. 对股东的分配	—	—	—	—	—	—	—	—
4. 其他	—	—	—	—	—	—	—	—
(四)股东权益内部结转	—	—	—	—	—	—	—	—
(五)专项储备	—	—	—	—	—	—	—	—
(六)其他	—	—	—	—	—	—	—	—
四、本年末余额	300 505. 17	62 428. 86	13 819. 74	45 985. 82	4 717. 93	14 829. 28	-160 041. 74	282 245. 06

法定代表人:林伟龙　　主管会计工作负责人:林伟龙　　会计机构负责人:王鹏

所有者权益变动表(母公司)(续)

编制单位:雪松国际信托股份有限公司　　2019 年度　　单位:万元

项　目	2018 年度							
	股本	资本公积	其他综合收益	盈余公积	一般风险准备	信托赔偿准备金	未分配利润	所有者权益合计
一、上年年末余额	300 505. 17	62 428. 86	172 187. 07	47 712. 01	15 140. 56	13 265. 77	259 306. 13	870 545. 57
加:会计政策变更	—	—	—	—	—	—	—	—
前期差错更正	—	—	—	-1 726. 19	—	-886. 30	-65 256. 08	-67 868. 57
二、本年年初余额	300 505. 17	62 428. 86	172 187. 07	45 985. 82	15 140. 56	12 379. 47	194 050. 05	802 677. 00
三、本年增减变动金额	—	—	-191 136. 73	—	-8 262. 72	2 449. 81	-242 530. 59	-439 480. 23
(一)综合收益总额	—	—	-191 136. 73	—	—	—	-250 793. 31	-441 930. 04
(二)股东投入和减少资本	—	—	—	—	—	—	—	—
(三)利润分配	—	—	—	—	-8 262. 72	—	8 262. 72	—
1. 提取盈余公积	—	—	—	—	—	—	—	—
2. 提取风险准备	—	—	—	—	-8 262. 72	—	8 262. 72	—
3. 对股东的分配	—	—	—	—	—	—	—	—
4. 其他	—	—	—	—	—	—	—	—
(四)股东权益内部结转	—	—	—	—	—	—	—	—
(五)专项储备	—	—	—	—	—	—	—	—
(六)其他	—	—	—	—	—	2 449. 81	—	2 449. 81
四、本年末余额	300 505. 17	62 428. 86	-18 949. 66	45 985. 82	6 877. 84	14 829. 28	-48 480. 54	363 196. 77

法定代表人:林伟龙　　主管会计工作负责人:林伟龙　　会计机构负责人:王鹏

5.2 信托资产

5.2.1 信托项目资产负债汇总表

信托项目资产负债汇总表

编制单位:雪松国际信托股份有限公司　　2019 年 12 月 31 日　　单位:万元

项目	2019 年 12 月 31 日	2018 年 12 月 31 日
信托资产:		
货币资金	67 822.60	155 129.95
交易性金融资产	159 106.46	281 686.66
应收款项	486 703.90	149 158.48
买入返售资产	40 000.00	—
长期股权投资	2 289 819.10	2 304 765.11
客户贷款	4 575 855.15	6 986 103.55
可供出售金融资产	73 849.06	386 553.53
其他资产	1 749 586.28	3 422 782.83
信托资产总计	9 442 742.55	13 686 180.11
信托负债和信托权益:		
应付受益人收益	108.04	1 581.78
其他应付款	271 364.09	247 169.08
应交税金	5 408.30	7 665.67
应付账款	99.10	102.08
信托负债合计	276 979.53	256 518.61
信托权益:		
实收信托	9 035 933.63	13 147 733.90
资本公积	46.29	—
未分配利润	129 783.10	281 927.60
信托权益合计	9 165 763.02	13 429 661.49
信托负债和信托权益总计	9 442 742.55	13 686 180.11

5.2.2 信托项目利润及利润分配汇总表

信托项目利润及利润分配汇总表

编制单位:雪松国际信托股份有限公司　　2019 年度　　单位:万元

项　目	2019 年 12 月 31 日	2018 年 12 月 31 日
一、营业收入	537 600.83	1 110 506.46
利息收入	363 434.92	621 291.51
投资收益	158 213.53	505 669.09
公允价值变动损益	15 803.03	-16 459.77
其他收入	149.36	5.63
二、营业费用	42 095.66	82 698.64
三、营业税金及附加	1 896.22	2 408.49
四、扣除资产损失前的信托利润	493 608.96	1 025 399.33
减:资产减值损失	—	—
五、扣除资产损失后的信托利润	493 608.96	1 025 399.33
加:期初未分配信托利润	281 927.60	308 943.29
六、可供分配的信托利润	775 536.55	1 334 342.62
减:本期已分配信托利润	645 753.45	1 052 415.02
七、期末未分配信托利润	129 783.10	281 927.60

6. 会计报表附注

6.1 会计报表编制基准不符合会计核算基本前提的说明

公司报告期内会计报表无不符合会计核算基本前提的事项。

6.2 重要会计政策和会计估计说明

6.2.1 合并财务报表的编制方法

6.2.1.1 合并财务报表范围

合并财务报表的范围以控制为基础予以确定。控制是指公司拥有对被投资单位的权力,通过参与被投资单位的相关活动而享有可变回报,并且有能力运用对被投资单位的权力影响其回报金额。子公司是指被公司控制的主体(含企业、被投资单位中分割的部分、结构化主体等)。

6.2.1.2 合并财务报表的编制方法

合并财务报表以公司和子公司的财务报表为基础,根据其他有关资料,由公司编制。在编制合并财务报表时,公司和子公司的会计政策和会计期间要求保持一致,公司间的重大交易和往来余额予以抵销。

在报告期内因同一控制下企业合并增加的子公司以及业务,视同该子公司以及业务自同受最终控制方控制之日起纳入公司的合并范围,将其自同受最终控制方控制之日起的经营成果、现金流量分别纳入合并利润表、合并现金流量表中。

在报告期内因非同一控制下企业合并增加的子公司以及业务,将该子公司及业务自购买日至报告期末的收入、费用、利润纳入合并利润表,将其现金流量纳入合并现金流量表。

子公司的股东权益中不属于公司所拥有的部分,作为少数股东权益在合并资产负债表中股东权益项下单独列示;子公司当期净损益中属于少数股东权益的份额,在合并利润表中净利润项目下以"少数股东损益"项目列示。少数股东分担的子公司的亏损超过了少数股东在该子公司期初所有者权益中所享有的份额,其余额仍冲减少数股东权益。

6.2.1.3 购买子公司少数股东股权

因购买少数股权新取得的长期股权投资成本与按照新增持股比例计算应享有子公司自购买日或合并日开始持续计算的净资产份额之间的差额,以及在不丧失控制权的情况下因部分处置对子公司的股权投资而取得的处置价款与处置长期股权投资相对应享有子公司自购买日或合并日开始持续计算的净资产份额之间的差额,均调整合并资产负债表中的资本公积(股本溢价),资本公积不足冲减的,调整留存收益。

6.2.1.4 丧失子公司控制权的处理

因处置部分股权投资或其他原因丧失了对原有子公司控制权的,剩余股权按照其在丧失控制权日的公允价值进行重新计量;处置股权取得的对价与剩余股权公允价值之和,减去按原持股比例计算应享有原有子公司自购买日开始持续计算的净资产账面价值的份额与商誉之和,形成的差额计入丧失控制权当期的投资收益。

与原有子公司的股权投资相关的其他综合收益等,在丧失控制权时转入当期损益,由于被投资方重新计量设定收益计划净负债或净资产变动而产生的其他综合收益除外。

6.2.2 金融工具

金融工具包括金融资产、金融负债和权益工具。

6.2.2.1 金融资产分类和计量方法

公司基于风险管理和投资策略等原因,将持有的金融资产分为四类:以公允价值计量且其变动计入当期损益的金融资产、持有至到期投资、贷款和应收款项、可供出售金融资产。

所有金融资产在初始确认时都以公允价值计量。对于以公允价值计量且其变动计入当期损益的金融资产，相关交易费用直接计入当期损益；对于其他类别的金融资产，相关交易费用计入初始确认金额。支付的价款中包含已宣告但尚未发放的现金股利或已到付息期但尚未领取的债券利息，单独确认为应收项目。

在初始确认时将某金融资产或某金融负债划分为以公允价值计量且其变动计入当期损益的金融资产或金融负债后，不能重分类为其他类金融资产或金融负债；其他类金融资产或金融负债也不能重分类为以公允价值计量且其变动计入当期损益的金融资产或金融负债。

卖出同一品种金融资产时，按移动加权平均法计算结转资产成本。

金融资产满足下列条件之一时，终止确认：(1)收取该金融资产现金流量的合同权利已终止；(2)该金融资产已转移，且符合新《企业会计准则第23号——金融资产转移》规定的金融资产终止确认条件。

金融资产持有期间取得的利息或现金股利，确认为投资收益。

6.2.2.1.1　以公允价值计量且其变动计入当期损益的金融资产

该类金融工具的后续计量采用公允价值计量，所有已实现和未实现的损益均记入当期损益。交易性金融资产主要是指为了近期内出售而持有的金融资产，例如自营证券等以赚取差价为目的从二级市场购入的股票、债券、基金等。直接指定为以公允价值计量且其变动计入当期损益的金融资产，主要是指公司基于风险管理、投资策略等需要所指定的金融资产。

该类金融资产发生的公允价值变动计入公允价值变动损益。处置该类金融资产，其公允价值与初始入账金额之间的差额确认为投资收益，同时调整公允价值变动损益。

6.2.2.1.2　持有至到期投资

持有至到期投资指到期日固定、回收金额固定或可确定，且企业有明确意图和能力持有至到期的非衍生金融资产。

该类投资的账面价值以实际利率法计算的摊余成本减去减值准备计量，在持有期间按照摊余成本和实际利率计算确认的利息收入、处置收益，均计入投资收益。因持有意图或能力发生改变，使某项投资不再适合划分为持有至到期投资的，将其重分类为可供出售金融资产，并以公允价值进行后续计量。重分类日，该投资的账面价值与公允价值之间的差额计入所有者权益，在该可供出售金融资产发生减值或终止确认时转出，计入当期损益。

6.2.2.1.3　贷款和应收款项

公司将在活跃市场中没有报价、回收金额固定或可确定的非衍生金融资产作为贷款和应收款项，公司持有的该类资产主要是日常经营过程中形成的应收款项等债权。

6.2.2.1.4　可供出售金融资产

可供出售金融资产是初始确认时即被指定为可供出售的非衍生金融资产，以及没有划分为以公允价值计量且其变动计入当期损益的金融资产、持有至到期投资、贷款和应收款项的金融资产。

该类资产持有期间取得的利息或现金股利，计入投资收益。该类资产公允价值变动计入其他综合收益，在终止确认或发生减值时，以前在其他综合收益中列示的累计公允价值变动转出，记入当期投资收益。

6.2.2.1.5　金融资产减值

对于持有至到期投资、贷款，有客观证据表明其发生了减值的，根据其账面价值与预计未来现金流量现值之间的差额计算确认减值损失。

如果有客观证据表明可供出售金融资产发生减值，原直接计入所有者权益的因公允价值下降形成的累计损失，从所有者权益予以转出，计入当期损益。该转出的累计损失，为可供出售金融资产的初始取得成本扣除已收回本金和已摊销金额、当前公允价值和原已计入损益的减值损失后的余额。

对于已确认减值损失的可供出售债务工具，在随后的会计期间公允价值已上升且客观上与原减值损失确认后发生的事项有关的，原确认的减值损失予已转回，计入当期损益。可供出售权益工具投资发生的减值损失，不得通过损益转回。

对于权益工具投资，公司判断其公允价值发生“严重”或“非暂时性”下跌的具体量化标准、成本的计算方法、期末公允价值的确定方法，以及持续下跌期间的确定依据为：公允价值发生“严重”下跌的具体量化标准单项可供出售金融资产公允价值跌幅超过成本的50%以上；公允价值发生“非暂时性”下跌的具体量化标准持续下跌时间1年以上；成本的计算方法以购入时的成交价；期末公允价值的确定方法详见“6.2.2.3公允价值的确定方法”；持续下跌期间的确定依据自权益工具投资公允价值跌幅超过成本当月开始计算，持续下跌12个月，如果期间公允价值回升且超过成本则终止计算持续下跌期间。

融出证券减值计提比照上述办法执行。

6.2.2.2　金融负债的分类及计量方法

公司的金融负债划分为以公允价值计量且其变动计入当期损益的金融负债和其他金融负债。

所有金融负债在初始确认时都以公允价值计量。对于以公允价值计量且其变动计入当期损益的金融负债，相关交易费用直接计入当期损益；对于其他金融负债，相关交易费用计入初始确认金额。

金融负债的现时义务全部或部分已解除时，才能终止确认该金融负债或其一部分。金融负债全部或部分终止确认的，企业应当将终止确认部分的账面价值与支付的对价(包括转出的非现金资产或承担的新金融负债)之间的差额，计入当期损益。

以公允价值计量且其变动计入当期损益的金融负债主要是指为了近期内回购而持有的创设权证等金融工具。直接指定为以公允价值计量且其变动计入当期损益的金融负债，主要是指公司基于风险管理、投资策略等需要所作的指定。

其他金融负债指除以公允价值计量且其变动计入当期损益的金融负债以外的金融负债，比如公司发行的债券、因购买商品产生的应付账款、长期应付款等，一般采用摊余成本进行后续计量。

6.2.2.3　公允价值的确定方法

公允价值是指在公平交易中，熟悉情况的交易双方自愿进行资产交换或者债务清偿的金额。在公平交易中，交易双方应当是持续经营企业，不打算或不需要进行清算、重大缩减经营规模，或在不利条件下仍进行交易。

6.2.2.3.1　金融工具公允价值的初始确认

初始取得或源生的金融资产或承担的金融负债，以市场交易价格作为确定其公允价值的基础。债务工具的公允价值，根据取得日或发行日的市场情况和当前市场情况，或其他类似债务工具（即有类似的剩余期限、现金流量模式、标价币种、信用风险、担保和利率基础等）的当前市场利率确定。债务人的信用风险和适用的信用风险贴水在债务工具发行后没有改变的，使用基准利率估计当前市场利率确定债务工具的公允价值。债务人的信用风险和相应的信用风险贴水在债务工具发行后发生改变的，参考类似债务工具的当前价格或利率，并考虑金融工具之间的差异调整，确定债务工具的公允价值。

采用未来现金流量折现法确定金融工具公允价值的，使用合同条款和特征在实质上相同的其他金融工具的市场收益率作为折现率。金融工具的条款和特征，包括金融工具本身的信用质量、合同规定采用固定利率计息的剩余期间及支付本金的剩余期间及支付时采用的货币等。没有标明利率的短期应收款项和应付款项的现值与实际交易价格相差很小的，可以按照实际交易价格计量。

6.2.2.3.2　金融工具公允价值后续确认

存在活跃市场的金融资产或金融负债，活跃市场中的报价应当用于确定其公允价值。活跃市场中的报价是指易于定期从交易所、经纪商、行业协会、定价服务机构等获得的价格，且代表了在公平交易中实际发生的市场交易的价格。

金融工具不存在活跃市场的，采用适当的估值技术，审慎确认其公允价值。采用估值技术得出的结果，应当反映估值日在公平交易中可能采用的交易价格。估值技术包括参考熟悉情况并自愿交易的各方最近进行的市场交易中使用的价格、参照实质上相同的其他金融工具的当前公允价值、现金流量折现法和期权定价模型等。

对于没有报价且其公允价值不能可靠计量的金融资产投资，按成本计量。

6.2.2.4　金融资产转移确认依据和计量及会计处理方法

公司在已将金融资产所有权上几乎所有的风险和报酬转移给转入方时终止对该项金融资产的确认。

公司在金融资产整体转移满足终止确认条件的，将下列两项的差额计入当期损益：所转移金融资产的账面价值；因转移而收到的对价与原直接计入所有者权益的公允价值变动累计额之和。公司的金融资产部分转移满足终止确认条件的，将所转移金融资产整体的账面价值，在终止确认部分和未终止确认部分之间，按照各自的相对公允价值进行分摊，并将下列两项金额的差额计入当期损益：终止确认部分的账面价值；终止确认部分的对价与原直接计入所有者权益的公允价值变动累计额中对应终止确认部分的金额之和。

金融资产转移不满足终止确认条件的，继续确认该金融资产，将所收到的对价确认为一项金融负债。

对于采用继续涉入方式的金融资产转移，公司应当按照继续涉入所转移金融资产的程度确认一项金融资产，同时确认一项金融负债。

6.2.3　固定资产

6.2.3.1　固定资产确认条件

固定资产指为生产商品、提供劳务、出租或经营管理而持有的，使用寿命超过一个会计年度的有形资产。同时满足以下条件时予以确认：与该固定资产有关的经济利益很可能流入企业；该固定资产的成本能够可靠地计量。

6.2.3.2　固定资产的初始计量

公司固定资产按成本进行初始计量。其中，外购的固定资产的成本包括买价、进口关税等相关税费，以及为使固定资产达到预定可使用状态前所发生的可直接归属于该资产的其他支出。自行建造固定资产的成本，由建造该项资产达到预定可使用状态前所发生的必要支出构成。投资者投入的固定资产，按投资合同或协议约定的价值作为入账价值，但合同或协议约定价值不公允的按公允价值入账。购买固定资产的价款超过正常信用条件延期支付，实质上具有融资性质的，固定资产的成本以购买价款的现值为基础确定。实际支付的价款与购买价款的现值之间的差额，除应予资本化的以外，在信用期间内计入当期损益。

6.2.3.3　固定资产的分类和折旧方法

公司固定资产主要包括房屋建筑物、机械设备、电子设备、运输设备等；折旧方法采用年限平均法。根据各类固定资产的性质和使用情况，确定固定资产的使用寿命和预计净残值。并在年度终了，对固定资产的使用寿命、预计净残值和折旧方法进行复核，如与原先估计数存在差异的，进行相应的调整。除已提足折旧仍继续使用的固定资产和单独计价入账的土地之外，公司对所有固定资产计提折旧。

资产类别	预计使用寿命（年）	预计净残值率（%）	年折旧率（%）
房屋及建筑物	20～40	3	2.425～4.85
运输设备	5～8	3	12.125～19.4
电子设备	3～10	3	9.7～32.33
机械设备	5～12	3	8.08～19.4
其他设备	3～10	3	9.7～32.33

6.2.3.4　固定资产的后续支出

与固定资产有关的后续支出，符合固定资产确认条件的，计入固定资产成本；对于被替换的部分，终止确认其账面价值；不符合固定资产确认条件的，如固定资产日常修理和大修理，在发生时计入当期损益。

6.2.3.5　固定资产处置

当固定资产被处置、或者预期通过使用或处置不能产生经济利益时，终止确认该固定资产。固定资产出售、转让、报废或毁损的处置收入扣除其账面价值和相关税费后的金额计入当期损益。

6.2.4　长期资产减值

长期股权投资、固定资产、在建工程、无形资产、商誉等长期资产于资产负债表日存在减值迹象的，进行减值测试。减值测试结果表明资产的可收回金额低于其账面价值的，按其差额计提减值准备并计入减值损失。

可收回金额为资产的公允价值减去处置费用后的净额与资产预计未来现金流量的现值两者之间的较高者。资产减值准备按单项资产为基础计算并确认，如果难以对单项资产的可收回金额进行估计的，以该资产所属的资产组确定资产组的可收回金额。资产组是能够独立产生现金流入的最小资产组合。

在财务报表中单独列示的商誉，无论是否存在减值迹象，至少每年进行减值测试。减值测试时，商誉的账面价值分摊至预期从企业合并的协同效应中受益的资产组或资产组组合。测试结果表明包含分摊的商誉的资产组或资产组组合的可收回金额低于其账面价值的,确认相应的减值损失。减值损失金额先抵减分摊至该资产组或资产组组合的商誉的账面价值,再根据资产组或资产组组合中除商誉以外的其他各项资产的账面价值所占比重,按比例抵减其他各项资产的账面价值。

上述资产减值损失一经确认,以后期间不予转回价值得以恢复的部分。

6.2.5 收入

收入在经济利益很可能流入公司、且金额能够可靠计量,并同时满足各项经营活动的特定收入确认标准时予以确认。公司收入确认原则如下。

6.2.5.1 手续费及佣金收入

公司作为信托业务受托人取得的信托报酬,包括固定管理费收入和浮动管理费收入。其中,固定管理费收入按合同或协议约定的受托人报酬率及提供服务的会计期间确认手续费及佣金收入。浮动管理费收入,公司会进行重大转回可能性评估,对于收取金额的计算要素均已明确时,确认收入。

6.2.5.2 利息收入

利息收入金额,按照他人使用本企业货币资金的时间和实际利率计算确定。实际利率是指按金融工具的预计存续期间或更短期间将其预计未来现金流入折现至其金融资产账面净值的利率。利息收入的计算需要考虑金融工具的合同条款并且包括所有归属于实际利率组成部分的费用和所有交易成本,但不包括未来贷款损失。当单项金融资产或一组类似的金融资产发生减值,利息收入将按原实际利率和减值后的账面价值计算。

6.2.5.3 投资收益

投资收益包含各项投资产生的利息收入、股息收入、分红收入以及除以公允价值计量且其变动计入当期损益的金融资产等由于公允价值变动形成的应计入公允价值变动损益之外的已实现利得或损失。

6.2.5.4 公允价值变动损益

公允价值变动损益是指以公允价值计量且其变动计入当期损益的金融资产的公允价值变动形成的应计入当期损益的利得或损失。

6.2.5.5 其他业务收入

其他业务收入包括房屋租赁收入在内的除上述收入以外的其他经营活动实现的收入。

6.3 或有事项说明

截至审计报告日,公司代表达到控制的结构化主体作为原告涉及的未决诉讼2宗,涉诉本金金额为4.70亿元。

6.4 重要资产转让及其出售的说明

报告期内,公司无重大资产转让及出售事项。

6.5 会计报表中重要项目的明细资料

6.5.1 固有资产经营情况

6.5.1.1 信用风险资产五级分类情况

按照《中国银行业监督管理委员会关于非银行金融机构全面推行资产质量五级分类管理的通知》的分类标准,本年度公司固有资产质量情况如下:

信用风险资产五级分类	正常类(万元)	关注类(万元)	次级类(万元)	可疑类(万元)	损失类(万元)	信用风险资产合计(万元)	不良资产合计(万元)	不良资产率(%)
期初数	397 577.91	—	28 000.15	4 364.57	18 608.31	448 550.94	50 973.03	11.36
期末数	226 415.06	—	27 999.65	22 804.36	28 109.23	305 328.30	78 913.24	25.85

注:按净值计算,不良资产合计=次级类+可疑类+损失类。

6.5.1.2 资产减值准备情况

单位:万元

项目	期初数	本期计提	本期转回	本期核销	期末数
坏账准备	108 722.44	20 452.11	—	—	129 174.54
可供出售金融资产减值准备	316 791.24	79 429.96	12 143.37	—	384 077.83

6.5.1.3 固有股票投资、基金投资、债券投资、长期股权投资等投资情况

单位:万元

	固有股票	基金	债券	长期股权投资	其他投资	合计
期初数	156 038.69	12 283.53	—	—	230 023.84	398 346.06
期末数	51 116.86	7 463.44	—	—	194 448.01	253 028.31

6.5.1.4 表外业务的期初数、期末数

单位:万元

表外业务	期初数	期末数
担保业务	—	—
代理业务(委托业务)	—	—
其他	—	20 858.68
合计		20 858.68

注:其他为用于融资质押的股票,质押到期日为办理解除质押登记之日。

6.5.1.5 公司当年的收入结构

收入结构	合并		母公司	
	金额(万元)	占比(%)	金额(万元)	占比(%)
手续费及佣金净收入	37 722.50	142.98	37 722.50	161.54
其中:信托手续费收入	37 722.50	142.98	37 722.50	161.54
投资银行业务收入	—	—	—	—
利息净收入	-2 115.26	-8.02	-2 768.54	-11.86
其他业务收入	3.07	0.01	3.07	0.01
其中:计入信托业务收入部分	—	—	—	—
投资收益	-29 339.74	-111.20	-31 718.13	-135.83
其中:股权投资收益	556.47	2.11	29.32	0.13
证券投资收益	-6 470.42	-24.52	-8 321.67	-35.64
其他投资收益	-23 425.78	-88.79	-23 425.78	-100.32
其他收益	142.68	0.54	142.68	0.61
公允价值变动收益	19 970.23	75.69	19 970.23	85.52
汇兑损益	—	—	—	—
资产处置收益(损失以"-"号填列)	—	—	—	—
收入合计	26 383.49	100.00	23 351.81	100.00

6.5.2　披露信托资产管理情况

6.5.2.1　信托资产的期初数、期末数

单位:万元

信托资产	期末数	期初数
集合	3 916 083.69	3 275 578.55
单一	8 078 238.61	5 342 946.86
财产权	1 691 857.81	824 217.14
合计	13 686 180.11	9 442 742.55

6.5.2.2　主动管理型信托业务期初数、期末数

单位:万元

主动管理型信托资产	期末数	期初数
投资类	487 059.99	650 050.53
融资类	2 856 055.07	2 641 704.31
合计	3 343 115.06	3 291 754.84

6.5.2.3　被动管理型信托业务期初数、期末数

单位:万元

被动管理型信托资产	期末数	期初数
投资类	4 315 924.5	2 560 135.27
融资类	6 027 140.55	3 590 852.44
合计	10 343 065.05	6 150 987.71

6.5.2.4　本年度已清算结束的信托项目个数、实收信托合计金额、加权平均实际年化收益率

6.5.2.4.1　本年度已清算结束的集合类、单一类信托项目和财产管理类信托项目个数、实收信托合计金额、加权平均实际年化收益率

已清算结束信托项目	项目个数(个)	实收信托合计金额(万元)	加权平均实际年化收益率(%)
集合类	41	2 305 914.00	11.44
单一类	96	6 416 577.08	7.58
财产管理类	12	1 267 856.78	0.09
合计	149	9 990 347.86	7.52

6.5.2.4.2　本年度已清算结束的主动管理型信托项目个数、实收信托合计金额、加权平均实际年化收益率

已清算结束主动管理型信托项目	项目个数(个)	实收信托合计金额(万元)	加权平均实际年化收益率(%)
证券投资类	2	704 352.00	19.18
其他投资类	2	38 000.00	7.76
融资类	37	1 543 562.00	8.07
合计	41	2 285 914.00	11.49

6.5.2.4.3　本年度已清算结束的被动管理型信托项目个数、实收信托合计金额、加权平均实际年化收益率

已清算结束被动管理型信托项目	项目个数(个)	实收信托合计金额(万元)	加权平均实际年化收益率(%)
证券投资类	0	0	0
其他投资类	25	4 169 408.86	4.99
融资类	83	3 535 025	7.94
合计	108	7 704 433.86	6.34

6.5.2.4.4　本年度新增的集合类、单一类和财产管理类信托项目个数、实收信托合计金额

新增信托项目	项目个数(个)	实收信托合计金额(万元)
集合类	28	975 544.64
单一类	10	326 840
财产管理类	5	385 967.94
新增合计	43	1 688 352.58
其中:主动管理型	35	1 125 944.64
被动管理型	8	562 407.94

6.5.2.5　信托创新研究成果

2019年,公司创新性地开展现金管理类业务,以追求资产平稳增值为投资目标,受托人将遵照投资范围优选受托人认可的优秀管理人发行的具备稳健特质的金融产品进行配置,同时通过现金管理策略提高资金使用效率,控制整体资产配置的风险。

6.5.2.6　公司履行受托人义务情况

公司按照《中华人民共和国信托法》《信托公司管理办法》《信托公司集合资金信托计划管理办法》的规定,严格履行受托人的义务,严格遵守信托文件的规定,恪尽职守,履行诚实、信用、谨慎、有效管理的义务,为受益人的最大权益处理信托事务。

6.5.2.7　信托赔偿准备的提取、使用和管理情况

公司信托赔偿准备金报告期期末余额为14 829.28万元。本报告期内,公司正常管理信托赔偿准备金,由于亏损无须计提信托赔偿准备金,未使用该准备金。

6.6　关联方关系及其交易的披露

6.6.1　关联交易方的数量、关联交易的总金额及关联交易的定价政策

	关联交易方数量	关联交易金额(万元)	定价政策
合计	1	836.25	市场交易价格

6.6.2　关联交易方与公司的关系性质、关联交易方的名称、法定代表人、注册地址、注册资本及主营业务

关系性质	关联方名称	法定代表人	注册地址	注册资本(万元)	主营业务
公司股东	江西省江信国际大厦有限公司	解西祥	江西省南昌市西湖区北京西路88号江信国际大厦25楼	21 000	对各类行业的投资及管理;建筑工程;装饰工程;物业管理;房屋租赁;商务服务;科技交流和推广服务;环境管理;城建设施管理;计算机服务;国内贸易,进出口贸易;货物销售。(依法须经批准的项目,经相关部门批准后方可开展经营活动)

6.6.3　公司与关联方的重大交易事项

6.6.3.1　固有财产与关联方

单位:万元

固有与关联方关联交易				
交易方式	期初数	借方发生额	贷方发生额	期末数
贷款	—	—	—	—
投资	—	—	—	—
租赁	190.86	955.31	999.25	146.92

续表

固有与关联方关联交易				
交易方式	期初数	借方发生额	贷方发生额	期末数
担保	—	—	—	—
应收账款	—	—	—	—
其他	—	—	—	—
合计	190.86	955.31	999.25	146.92

6.6.3.2　信托资产与关联方交易

单位:万元

信托与关联方关联交易				
交易方式	期初数	借方发生额	贷方发生额	期末数
贷款	10 000.00	—	10 000.00	—
投资	—	—	—	—
租赁	—	—	—	—
担保	—	—	—	—
应收账款	—	—	—	—
其他	—	—	—	—
合计	10 000.00	—	10 000.00	—

6.6.3.3　固有财产和信托财产之间的交易

单位:万元

固有财产与信托财产相互交易			
	期初数	本期发生额	期末数
合计	177 234.10	116 225.54	293 459.65

6.6.3.4　信托财产与信托财产之间的交易

单位:万元

信托财产与信托财产相互交易			
	期初数	本期发生额	期末数
合计	71 678.00	−5 210.74	66 467.26

6.6.4　关联方逾期未偿还公司资金的详细情况以及公司为关联方担保发生或即将发生垫款的情况

报告期内,关联方无逾期不偿还公司资金的情况,公司无为关联方担保发生或即将发生垫款情况。

7. 财务情况说明书

7.1　利润实现和分配情况

公司报告期期初未分配利润 −8.61 亿元,报告期净亏损 15.34 亿元,冲回一般准备 2 160 万元。截至 2019 年 12 月 31 日,公司未分配利润为 −23.74 亿元。

7.2　主要财务指标

指标名称	指标值	
	合并	母公司
资本利润率(%)	−58	−35
人均利润率(万元)	−288.92	−214.16

注:1. 资本利润率 = 净利润/所有者权益平均余额 ×100%。

2. 人均净利润 = 净利润/年平均人数。

3. 平均值采取期初、期末余额简单平均法,公式为 a(平均) = (期初数 + 期末数)/ 2。

7.3　对公司财务状况、经营成果有重大影响的其他事项

报告期内,无对公司财务状况、经营成果有重大影响的其他事项。

8. 特别事项揭示

8.1　前五名股东报告期内变动情况及原因

经中国银保监会于 2018 年 11 月 29 日批复(银保监复[2018]306 号),同意雪松控股集团受让领锐资产管理股份有限公司、大连昱辉科技发展有限公司、天津瀚晟同创科技发展有限公司和深圳市振辉利科技有限公司合计持有的公司 71.3005% 股权。2019 年 4 月 22 日,江西省市场监督管理局向公司下发了《备案通知书》[(赣)登记内备字[2019]第 21210620 号],公司完成股权变更和《公司章程》备案登记工作,雪松控股集团成为公司控股股东。

8.2　董事、监事及高管人员变动情况及原因

公司于 2019 年 6 月 6 日召开了 2019 年第三次临时股东大会,选举产生林伟龙、陈晖、刘湖源、黄旭斌、李婵娟、蔡建城 6 名非独立董事和朱大旗、王华、徐枫 3 名独立董事,共同组成公司第三届董事会,任期 3 年。2019 年 9 月 19 日,上述人员全部取得江西银保监局董事任职资格批复,2019 年 9 月 23 日公司完成董事工商变更备案登记,董事会换届顺利完成。

公司于 2019 年 6 月 6 日召开了 2019 年第三次临时股东大会,选举赵斌、张轶骞为第三届监事会非职工监事,与职工监事王雁共同组成公司第三届监事会,任期 3 年。2019 年 9 月 29 日公司完成监事工商变更备案登记,监事会换届顺利完成。

8.3　变更注册资本、变更注册地或公司名称、公司分立合并事项

2019 年 6 月 6 日,公司 2019 年第三次临时股东大会审议通过:拟将公司原名称中江国际信托股份有限公司(英文名称:Zhong Jiang International Trust Co., Ltd.)变更为雪松国际信托股份有限公司(英文名称:Cedar International Trust Co., Ltd.)。该名称已于 2019 年 4 月 27 日经国家工商总局核准,并于 2019 年 6 月 21 日经中国银行保险监督管理委员会江西监管局作出的《江西银保监局关于中江国际信托股份有限公司更名的批复》(赣银保监复[2019]244 号)核准。公司于 2019 年 6 月 25 日完成换领新营业执照,公司名称自 2019 年 6 月 25 日起由中江国际信托股份有限公司变更为雪松国际信托股份有限公司。

8.4　公司的重大诉讼事项

经中国证券监督管理委员会《关于核准广东华声电器股份有限公司向中江国际信托股份有限公司等发行股份购买资产并募集配套资金的批复》(证监许可[2016]657 号)核准,国盛金融(曾用名:广东华声电器股份有限公司)向公司等 9 家单位合计发行 258 196 717 股股份购买国盛证券 100% 股权,同时非公开发行 477 931 033 股股份募集配套资金。2016 年 4 月 12 日,国盛证券完成工商变更;5 月 19 日本次重组新增股份上市交易。

2016 年 1 月 13 日，国盛金控、公司、杜力、张巍签订《广东华声电器股份有限公司与中江国际信托股份有限公司、杜力、张巍签署之业绩承诺补偿协议》（简称《业绩承诺补偿协议》），公司承诺国盛证券 2016 年度、2017 年度、2018 年度经审计的归属于母公司所有者的净利润分别不低于 74 000 万元（含本数）、79 000 万元（含本数）、85 000 万元（含本数），净利润以扣除非经常性损益前后孰低值为准。《业绩承诺补偿协议》规定，如国盛证券在业绩承诺期当年度未完成上述净利润数额，公司应向国盛金控进行业绩补偿。业绩承诺差额补偿应先以股份补偿，不足部分以现金补偿。

根据立信会计师事务所（特殊普通合伙）出具的信会师报字[2019]第 ZA13415 号《关于国盛证券有限责任公司业绩承诺实现情况的专项审核报告（2016 年度至 2018 年度）》，国盛证券 2016 年度至 2018 年度实现归属于母公司所有者的净利润与扣除非经常性损益后归属于母公司所有者的净利润金额合计 1 060 952 505.21元，低于业绩承诺总额1 319 047 494.79元。由于国盛证券 2016 年至 2018 年业绩完成情况未达到业绩承诺目标，国盛金控向公司主张，根据《业绩承诺补偿协议》有关规定，公司应向国盛金控支付补偿金额为3 840 755 940.71元（暂未包括违约金），也即公司应以 1 元的总价格向国盛金控转让应补偿股份 311 734 019 股，并返还现金股利 5 398 808.59 元，支付现金补偿款1 830 853 142.51元。

2018 年 11 月 30 日，公司起诉张巍、国盛金控、杜力（合称"三被告"）侵权责任纠纷一案已经江西省高级人民法院受理。起诉理由为：国盛金控取得国盛证券 100% 的股权后，三被告非但未保持国盛证券经营管理团队稳定，反而将国盛证券经营管理团队进行了全面替换和改组，原有管理团队不得已退出国盛证券的经营管理。三被告的上述行为，公司曾多次向三被告提出异议，但三被告仍然继续掌控国盛证券的经营管理权。公司认为三被告保证公司在业绩承诺期内实际经营和管理国盛证券系其明确公开承诺，也是《业绩承诺补偿协议》的应有之义，更是公司当时作出业绩补偿承诺的前提和基础。而三被告的上述行为严重违反了其承诺及约定。故公司提起诉讼，要求三被告将国盛证券交由公司进行经营管理并自其交国盛证券经营管理权后重新起算 3 年业绩承诺期，以维护公司的合法权益。

2019 年 2 月 20 日，国盛金控就雪松国际信托向国盛金控提起的前述侵权责任纠纷案提起反诉，向江西省高级人民法院提交了《民事反诉状》等文件，请求判令公司履行业绩承诺差额补偿义务并承担全部诉讼费用。

2019 年 12 月 26 日，江西省高级人民法院下发《民事裁定书》[（2018）赣民初 170 号]，以前述侵权责任纠纷案的本诉、反诉均应受《发行股份及支付现金购买资产协议》《业绩承诺补偿协议》的管辖权条款约束为由，驳回公司起诉，驳回国盛金控的反诉。随后，公司与国盛金控均就江西省高级人民法院作出的《民事裁定书》提起上诉。2020 年 4 月 27 日，最高人民法院下发《民事裁定书》（（2020）最高法民终 358 号），驳回公司、国盛金控、杜力、张巍的上诉，维持原裁定。

此外，截至报告期末，公司共计 28 个主动管理类信托项目正通过司法途径进行清收，其中诉讼未决项目 12 个。公司代表相关信托计划积极依法主张债权，并聘请了专业法律服务机构代理诉讼事务。

8.5 公司及其高级管理人员受到处罚的情况

报告期内，公司及其高级管理人员不存在受到处罚的情况。

8.6 中国银保监会及其派出机构对公司检查后提出整改意见的，应简单说明整改情况

公司严格遵循监管的工作指令，高度重视监管部门给出的监管意见，严格按照有关要求力行整改，责任到人。报告期内，公司先后向监管部门报告了公司在落实资管新规开展存量信托业务整改、通道类业务压缩、房地产信托业务规模管控及风险处置等方面的整改方案、工作举措及具体实效。

8.7 本年度重大事项临时报告的简要内容、披露时间、所披露的媒体及其版面

（1）中江国际信托股份有限公司关于公司董事长及法定代表人变更的公告，于 2019 年 5 月 8 日披露在《证券时报》第 B002 版。

（2）中江国际信托股份有限公司关于公司名称变更的公告，于 2019 年 6 月 27 日披露在《证券时报》第 B003 版。

（3）雪松国际信托股份有限公司关于董事会换届公告，于 2019 年 9 月 24 日披露在《证券时报》第 B001 版。

8.8 其他有必要让客户及相关利益人了解的重要信息

报告期内，无其他有必要让客户及相关利益人了解的重要信息。

9. 公司监事会意见

公司监事会根据相关法律法规的规定，对公司依法运作情况及财务状况进行了监督检查，认为公司依法运作，董事、监事和高级管理人员按照相关法律法规、《公司章程》及公司各项管理制度的要求，以公司和全体股东的利益为重，诚信、忠实、谨慎、勤勉地履行职责，在报告期内未发现有损害公司利益和股东利益的行为或给公司造成经济损失和恶劣影响的渎职失职行为。公司财务报告中披露的财务信息，真实地反映了公司的财务状况和经营成果。

英大国际信托有限责任公司

1. 重要提示

1.1 本公司董事会及董事保证本报告所载资料不存在任何虚假记载、误导性陈述或者重大遗漏,并对其内容的真实性、准确性和完整性承担个别及连带责任。

1.2 本公司董事长王剑波、总经理吴骏、财务负责人周丰收声明:保证年度报告中财务报告的真实、准确、完整。

1.3 本公司独立董事金李、徐卫晖、江迎春对年度报告内容的真实性、准确性、完整性无异议。

2. 公司概况

2.1 公司简介

英大国际信托有限责任公司的前身为济南市国际信托投资公司,成立于1987年3月。2001年12月31日,经中国人民银行银复[2001]264号文批复,获得中华人民共和国信托机构法人许可证,注册资本增至5亿元,名称变更为英大国际信托投资有限责任公司。2003年11月26日,经中国银监会山东监管局核准,获得中华人民共和国金融许可证。2006年,公司实施增资扩股,国家电网公司成为第一大股东,注册资本增至15亿元。2007年9月,经中国银监会审批,公司换发金融许可证,名称变更为英大国际信托有限责任公司。2009年9月,国家电网公司将持有的公司股权划转至国网资产管理有限公司(现已更名为国网英大国际控股集团有限公司),国网资产管理有限公司成为控股股东。2010年7月,经监管及政府部门批准,公司注册地迁至北京。2012年12月,公司注册资本由15亿元增加至18.22亿元。2015年8月,公司注册资本变更为30.22亿元。2018年2月,公司引入战略投资者,中国南方电网有限责任公司成功入股,公司股权和治理结构进一步优化,注册资本增加至40.29亿元。

2.1.1 公司中文名称:英大国际信托有限责任公司
英文:Yingda International Trust Co. ,Ltd.
缩写:英大信托

2.1.2 法定代表人:王剑波

2.1.3 注册地址:北京市东城区建国门内大街乙18号院1号楼英大国际大厦4层
邮编:100005

2.1.4 互联网网址:www. yditc. sgcc. com. cn

2.1.5 电子信箱:yditc@ yditc. sgcc. com. cn

2.1.6 信息披露负责人:翟红卫
信息披露联系人:张航
联系电话:010-51960201
传　　真:010-51960222
电子信箱:xinxipilu@ yditc. sgcc. com. cn

2.1.7 信息披露媒体:《上海证券报》《金融时报》

2.1.8 公司年报备置地点:北京市东城区建国门内大街乙18号院1号楼英大国际大厦4层

2.1.9 聘请的会计师事务所:天健会计师事务所(特殊普通合伙)
住所:浙江省杭州市江干区钱江路1366号华润大厦B座
聘请的律师事务所:北京市兰台律师事务所
住所:北京市朝阳区曙光西里甲1号第三置业大厦B座29层

2.2 组织结构

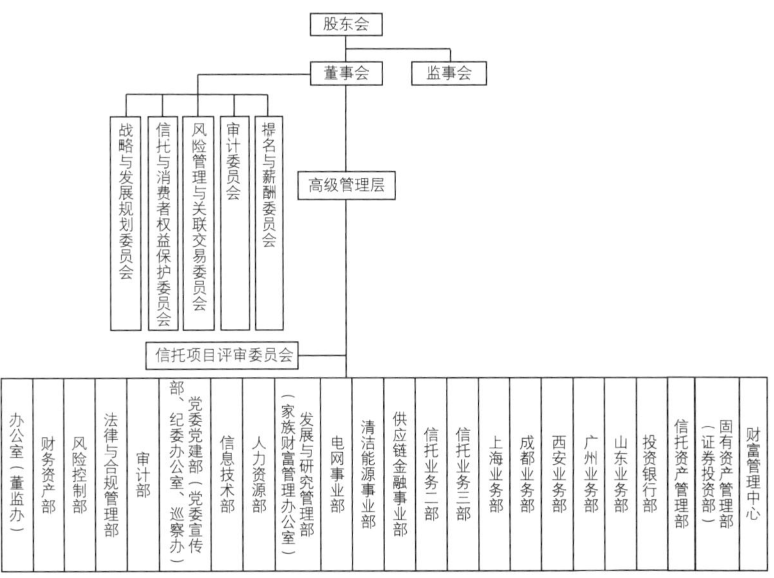

3. 公司治理

3.1 股东

报告期末股东总数为7家，实收资本为40.29亿元，持股比例超过10%的股东及前三名股东的情况如下：

股东名称	持股比例（%）	法人代表	注册资本（亿元）	注册地址	主要经营业务
国网英大国际控股集团有限公司	63.41	李荣华	199	北京市东城区建国门内大街乙18号院1号楼	投资与资产经营管理；资产托管；为企业重组、并购、战略配售、创业投资提供服务；投资咨询、投资顾问。
中国南方电网有限责任公司	25.00	孟振平	600	广东省广州市萝岗区科学城科翔路11号	投资、建设和经营管理南方区域电网，经营相关的输配电业务；参与投资、建设和经营相关的跨区域输变电和联网工程；从事电力购销业务，负责电力交易和调度，管理南方区域电网电力调度交易中心；根据国家有关规定，经有关部门批准，从事国内外投融资业务；经国家批准，自主开展外贸流通经营、国际合作、对外工程承包和对外劳务合作等业务；从事与电网经营和电力供应有关的科学研究、技术开发、电力生产调度信息通信、咨询服务和培训业务；经营国家批准或允许的其他业务。
中国电力财务有限公司	3.91	辛绪武	180	北京市东城区建国门内大街乙18号院1号楼	对成员单位办理财务和融资顾问、信用鉴证及相关的咨询、代理业务；协助成员单位实现交易款项的收付；对成员单位提供担保；办理成员单位之间的委托贷款及委托投资；对成员单位办理票据承兑与贴现；办理成员单位之间的内部转账结算及相应的结算、清算方案设计；吸收成员单位的存款；对成员单位办理贷款及融资租赁；从事同业拆借；经批准发行财务公司债券；承销成员单位的企业债券；对金融机构的股权投资；有价证券投资；成员单位产品的消费信贷、买方信贷及融资租赁。

股东之间关联关系说明：公司第一大股东国网英大国际控股集团有限公司以及第三大股东中国电力财务有限公司的实际控制人均为国家电网有限公司。

3.2 董事、董事会及其下属委员会

董事长及董事

姓名	职务	性别	年龄（岁）	选任日期	所推举的股东名称	该股东持股比例（%）	简要履历
王剑波	董事长	男	55	2015年3月	国网英大国际控股集团有限公司	63.41	中南财经大学财务会计专业本科，现任英大国际信托有限责任公司董事长。
吴　骏	副董事长	男	54	2019年4月	国网英大国际控股集团有限公司	63.41	中欧国际工商学院工商管理硕士研究生，现任英大国际信托有限责任公司副董事长。
马晓燕	董事	女	50	2012年4月	国网英大国际控股集团有限公司	63.41	武汉理工大学管理工程专业本科，现任国网英大国际控股集团有限公司副总经理。
张彤宇	董事	男	50	2008年12月	国网英大国际控股集团有限公司	63.41	厦门大学审计学专业本科，现任国网英大国际控股集团有限公司资产管理部主任。
周鹏举	董事	男	53	2018年7月	中国南方电网有限责任公司	25.00	西南财经大学会计学专业硕士研究生，现任南方电网资本控股有限公司董事长。
马亚军	职工董事	男	46	2019年4月	—	—	西安交通大学应用经济学专业博士研究生，现任英大国际信托有限责任公司纪委书记、工会主席。

独立董事

姓名	性别	年龄（岁）	选任日期	所推举的股东名称	该股东持股比例（%）	简要履历
金　李	男	49	2018年7月	—	—	美国麻省理工大学斯隆工商管理学院博士研究生，现任北京大学光华管理学院金融系讲席教授，北京大学国家金融研究中心主任。
徐卫晖	男	49	2018年7月	—	—	中国人民大学商学院工商管理专业硕士研究生，现任联美集团副总裁。
江迎春	女	50	2018年7月	—	—	华东政法学院法学专业本科，现任北京市隆安律师事务所合伙人。

3.3 监事、监事会及其下属委员会

监事会成员概况

姓名	职务	性别	年龄（岁）	选任日期	所推举的股东名称	该股东持股比例（%）	简要履历
史厚云	监事长	男	48	2015年3月	国网英大国际控股集团有限公司	63.41	中国社科院研究生院工商管理专业硕士研究生，现任国家电网有限公司审计部副主任。

续表

姓名	职务	性别	年龄（岁）	选任日期	所推举的股东名称	该股东持股比例（%）	简要履历
张冀鲁	监事	男	57	2018年7月	济南市能源投资有限责任公司	3.29	山东工业大学电力系电气技术基础专业专科，现任济南市能源投资有限责任公司董事长。
冯　书	职工监事	女	48	2019年1月	—	—	西北大学政治经济学系硕士研究生，现任英大国际信托有限责任公司审计部主任。

3.4　高级管理人员

高级管理人员

姓名	职务	性别	年龄（岁）	选任日期	金融从业年限（年）	学历	专业	简要履历
吴　骏	总经理	男	54	2019年4月	13	硕士研究生	工商管理	1987年7月参加工作，2019年3月加入公司，曾任英大证券有限责任公司董事长（兼任英大期货有限责任公司董事长）；现任英大国际信托有限责任公司总经理。
刘卫东	副总经理	男	57	2015年3月	8	硕士研究生	工商管理	1984年9月参加工作，2010年12月加入公司，曾任英大国际信托有限责任公司总会计师；现任英大国际信托有限责任公司副总经理。
王迎新	副总经理	男	51	2013年12月	19	硕士研究生	工商管理	1992年7月参加工作，1999年12月加入公司，曾任英大信托公司总经理助理；现任英大国际信托有限责任公司副总经理。
周丰收	总会计师	女	56	2015年3月	13	本科	会计专业	1984年7月参加工作，2006年8月加入公司，曾任山东电力研究院副总会计师兼院产业集团总经理，深圳易通创业投资有限公司总经理，英大国际信托有限责任公司总会计师。
乔发栋	副总经理	男	45	2015年9月	8	博士研究生	金融学	1996年9月参加工作，2010年5月加入公司，曾任西安凯信实业公司总经理，英大国际信托有限责任公司董事会秘书、总经理助理；现任英大国际信托有限责任公司副总经理。
宁晓龙	副总经理	男	45	2019年3月	8	本科	货币银行学	1996年7月参加工作，2018年10月加入公司，曾任南方电网财务有限公司财务部主任；现任英大国际信托有限责任公司副总经理。
时　凯	总经理助理	男	57	2015年9月	15	硕士研究生	科学技术哲学	1989年7月参加工作，2003年2月加入公司，曾任鲁能控股公司总经理助理；现任英大国际信托有限责任公司总经理助理。
李翔宇	总经理助理	男	38	2016年3月	11	硕士研究生	工商管理	2007年7月参加工作，2015年10月加入公司，曾任中融信托有限公司基础设施及能源产业部总经理；现任英大国际信托有限责任公司总经理助理。
翟红卫	董事会秘书	女	52	2018年6月	31	硕士研究生	工商管理	1987年7月参加工作，1992年9月加入公司，曾任英大信托公司法律与合规管理部主任；现任英大国际信托有限责任公司董事会秘书、总法律顾问兼办公室（董监事会办公室）主任。

3.5　公司员工

最近两个年度职工人数、年龄分布、学历分布、岗位分布，所有层级加总整体为100%。如下列示：

项目		报告期年度		上年度	
		人数（人）	比例（%）	人数（人）	比例（%）
年龄分布	20岁及以下	—	—	—	—
	20～29岁	38	21.11	45	27.78
	30～39岁	72	40.00	52	32.10
	40岁及以上	70	38.89	65	40.12
学历分布	博士	6	3.33	7	4.32
	硕士	126	70.00	107	66.05
	本科	36	20.00	35	21.61
	专科	7	3.89	7	4.32
	其他	5	2.78	6	3.70
岗位分布	董事、监事及其他高管人员	7	3.89	8	4.94
	自营业务人员	8	4.44	8	4.94
	信托业务人员	84	46.67	70	43.21
	其他人员	81	45.00	76	46.91
合计		180	100	162	100

3.6　根据《信托公司股权管理暂行办法》需要披露的相关信息

3.6.1　报告期末公司股东出资额情况

序号	股东名称	增资后	
		出资额（万元）	持股比例（%）
1	国网英大国际控股集团有限公司	255 482.06	63.41
2	中国南方电网有限责任公司	100 725.15	25.00
3	中国电力财务有限公司	15 757.70	3.91
4	济南市能源投资有限责任公司	13 238.95	3.29
5	国网上海市电力公司	11 610.94	2.88
6	济钢集团有限公司	3 317.41	0.82
7	山东网瑞物产有限公司	2 768.38	0.69
合计		402 900.59	100

3.6.2　报告期末主要股东及其控股股东、实际控制人、关联方、一致行动人、最终受益人情况

根据《信托公司股权管理暂行办法》相关规定，公司主要股东包括：国网英大国际控股集团有限公司、中国南方电网有限责任公司、济南市能源投资有限责任公司。

国网英大国际控股集团有限公司出资比例为63.41%，对公司

经营管理存在重大影响。认定依据:持有公司63.41%的股权。

中国南方电网有限责任公司出资比例为25.00%,对公司经营管理存在重大影响。认定依据:持有公司25.00%的股权。

济南市能源投资有限责任公司出资比例为3.29%,对公司经营管理存在重大影响。认定依据:向公司派驻监事。

3.6.2.1 国网英大国际控股集团有限公司

控股股东:国家电网有限公司。

实际控制人:国家电网有限公司。

关联方:同受国家电网有限公司控制的华北电网有限公司、国网北京市电力公司等58家企业;国网英大集团成员单位中国电力财务有限公司等7家企业。

一致行动人:无。

最终受益人:国家电网有限公司。

3.6.2.2 中国南方电网有限责任公司

控股股东:国务院国资委。

实际控制人:国务院国资委。

关联方:子公司广东电网有限责任公司等32家企业;拥有表决权不足50%但能对其形成控制的云南文山电力股份有限公司等8家企业。

一致行动人:无。

最终受益人:国务院国资委。

3.6.2.3 济南市能源投资有限责任公司

控股股东:济南产业发展投资集团有限公司。

实际控制人:济南产业发展投资集团有限公司。

关联方:子公司济南吉华大厦运营管理有限责任公司等3家企业;同受济南产业发展投资集团有限公司控制的济南经贸实业投资总公司等2家企业。

一致行动人:无。

最终受益人:济南产业发展投资集团有限公司。

3.6.3 报告期内公司发生的关联交易情况

内容详见本报告6.6部分。

3.6.4 报告期内股东违反承诺质押公司股权或以股权及其受(收)益权设立信托等金融产品的情况

无。

3.6.5 报告期内股东提名董事监事情况

董事提名情况:控股股东国网英大国际控股集团有限公司提名吴骏、赵现军担任第十一届董事会董事。

监事提名情况:无。

3.6.6 已向国务院银行业监督管理机构或其派出机构提交行政许可申请但尚未获得批准的事项

无。

3.6.7 国务院银行业监督管理机构规定的其他信息

无。

4. 经营管理

4.1 经营目标、经营方针、战略规划

4.1.1 经营目标

公司全面建立战略定位清晰、业务结构优化、治理结构完善的现代企业制度,持续强化风险防控和合规建设,不断优化市场化体制机制,激活内生发展动力,全面提升发展水平。进一步提升公司市场竞争力,建设综合实力业内领先,核心竞争力突出的一流信托公司。

4.1.2 经营方针

公司建立健全以风险控制为核心的业务管理制度,完善全方位、多层次的全面风险管理体系。完善联动的协同机制,以全面提升价值为目标,加大对管理要素和业务资源整合,进一步提升配置效率。优化高效的运营机制,通过制度建设优化,严格规范公司各项经营管理活动,使公司业务发展和基础管理各项活动流畅运转。完善严格的监督约束机制,建立健全以事前防范与事后查处相结合的审计监察制度等。强化合规理念宣导,持续推进合规管理建设。

4.1.3 战略规划

公司立足高质量发展,秉承"根植实业、服务主业"价值定位,坚持"产融结合、以融促产"的战略导向,坚持服务实体经济,坚持市场化方向,充分发挥信托功能和制度优势,不断做强做优做专做精信托业务,推动各类业务统筹协调发展,重点提升在电力产业链、清洁能源领域的专业优势,加快打造核心竞争力,致力成为电力行业的产融结合典范、信托行业的专业化发展标杆。

4.2 所经营业务的主要内容

自营资产运用与分布表

2019年12月31日

资产运用	金额(万元)	占比(%)	资产分布	金额(万元)	占比(%)
货币资产	18 638.45	1.88	基础产业	32 834.23	3.31
贷款及应收款	34 297.93	3.46	房地产业	—	—
交易性金融资产	—	0.00	证券市场	199 030.03	20.09
可供出售金融资产	915 928.67	92.43	实业	—	—
持有至到期投资	—	0.00	金融机构	747 051.09	75.39
长期股权投资	—	0.00	其他	11 990.96	1.21
其他	22 041.26	2.22			
资产总计	990 906.31	100.00	资产总计	990 906.31	100.00

信托资产运用与分布表

2019年12月31日

资产运用	金额(万元)	占比(%)	资产分布	金额(万元)	占比(%)
货币资产	39 407.64	0.10	基础产业	28 847 932.95	72.46
贷款	5 176 549.56	13.00	房地产	403 684.50	1.01
交易性金融资产	—	—	证券市场	—	—
可供出售金融资产	4 200.00	0.01	实业	4 417 453.30	11.10
持有至到期投资	1 915 133.49	4.81	金融机构	1 352 003.78	3.40
长期股权投资	1 000 067.00	2.51	其他	4 791 359.28	12.03
其他	31 677 076.12	79.57			
信托资产总计	39 812 433.81	100.00	信托资产总计	39 812 433.81	100.00

4.3 市场分析

4.3.1 有利因素

稳中求进、坚持高质量发展成为我国经济发展主基调。

2019年，我国经济保持总体平稳、稳中有进，展现出强大发展韧性，为全面建成小康社会奠定坚实基础。经济运行中出现诸多积极变化：一是经济结构优化升级持续推进；二是工业结构优化调整取得实效；三是减税降费政策红利显著；四是房地产市场"三稳"调控目标稳步落实。

自2019年以来，在一系列监管政策的引导和支持下，金融业服务经济社会发展能力稳步提升，关键领域改革持续深化，防范化解金融风险取得明显成效。监管部门陆续出台资管新规及配套政策等监管文件，大力整顿金融秩序，金融体系防控风险能力显著增强。2019年资管市场严格落实"资管新规"过渡期的整改要求，严监管、强合规、重治理的监督执行效果明显。监管引导精细化管理，为行业长期发展奠定了制度基础，未来信托业仍然有较大的发展空间。

回归信托本源，服务实体经济，谋求高质量发展成为行业共识。结合当前宏观经济形势与金融监管政策的变化，信托业转型发展进入结构性调整的深化阶段。信托公司不再片面追求规模与速度，更加注重发展质量和效益，更加注重提升主动管理能力、加强风控体系建设、打造核心竞争力，实现可持续发展，更好地服务实体经济。

4.3.2　不利因素

一是自2019年以来，有关信托行业收紧的监管政策及相关细则陆续出台，信托窗口指导及相应监管处置逐步步入常态化。在监管政策持续收紧的作用下，信托公司原有的展业模式和盈利能力受到极大冲击。

二是随着经济下行压力加大，受企业及相关交易对手的信用违约风险逐渐增加，打破刚兑等多重因素叠加影响，信托资产风险率持续推高。风险项目的持续暴露，风控处置能力亟待加强，信托公司需持续强化风险防控和合规建设。

4.4　内部控制

4.4.1　内部控制环境和内部控制文化

公司建立了以股东会、董事会、监事会、高级管理层"三会一层"为主体的权责清晰、合理制衡的公司治理结构。"三会一层"分工协作、各司其职，形成科学高效的管理决策、激励和约束机制，为公司内控目标的实现打下坚实的基础。

在完善内部控制管理的基础上，公司坚持"风险为导向、流程为主线、监管为依据"的管理理念，努力营造"全员参与内控，业务发展坚持内控优先"的内控文化氛围。公司积极开展风险内控文化建设与宣贯，通过不断增强全体员工依法合规的意识，全面提高公司风险识别能力和风险防范能力。

4.4.2　内部控制措施

内部控制措施主要包括不相容岗位分离控制、授权审批、业务流程控制、会计系统控制、财产保护控制、预算控制、信息系统控制和绩效考评控制等。报告期内，公司不断推进内控建设、制度建设、业务指引及决策审批流程体系优化，注重监督检查和评价内控的科学性、规范性和可操作性。

4.4.3　信息交流与反馈

公司建立了无障碍信息交流与反馈平台。通过各项制度确立了清晰完整的报告流程，明确公司股东会、董事会、监事会、高级管理层、专业委员会、各部门和员工的职责范围和报告路径。

4.4.4　监督评价与纠正

公司按照监管要求，结合自身经营特点和管理需要，建立符合相关法律法规要求的内控评价体系。公司在实施内部审计、风险检查等日常监督和专项监督的基础上，开展年度内部控制有效性评价。报告期间，公司各项业务健康发展，内控制度执行良好，部门履行职责充分，监督及反馈机制运行有效，未出现违法违规事件。

4.5　风险管理

4.5.1　风险管理概况

公司按照职责清晰、纵向延伸、横向覆盖的原则，逐步建立了与业务结构相适应的风险管理组织体系。首先，按照信托法规和监管政策的要求，完善以董事会为核心的全方位、多层次的风险管理组织体系。董事会负责制定风险管理战略，下设风险管理委员会，对重大风险事项进行审议。高级管理层负责组织实施经董事会批准的风险管理战略。其次，建立适合业务发展的全面风险管理体系，根据全面风险管理体系建设的初步方案，分别从风险管理战略、流程、组织、策略、主要业务风险及管理措施等方面，梳理风险管理体系现状，查找主要问题，提出较为清晰的体系建设阶段性目标及建议。同时，公司内部建立并不断完善覆盖前台、中台、后台的风险管理组织架构，具体执行风险管理战略、策略和制度，落实风险管理"三道防线"责任。董事会和管理层坚持审慎经营，以先进风险管理手段指导业务发展，积极推进全员的风险管理文化。

建立健全风险偏好体系。根据监管的风险管理要求，针对行业与自身特点，充分考量公司面临的多样化市场风险，立足自身业务特质，科学、合理地确定风险偏好，明确风险偏好和风险容忍度，制定风险限额，并制定业务风控等各条线在制定和实施风险偏好过程中的职责，使风险政策从决策到执行，确保风险偏好管理执行的有效性。

4.5.2　风险状况

4.5.2.1　信用风险状况

信用风险是指借款人因各种原因未能及时、足额履行约定契约中的义务而造成经济损失的风险。在信托公司，信用风险主要发生在主动管理类信托业务及固有业务中，发生违约时，债权人或信托公司将因为未能得到预期的收益而承担财务上的损失。

报告期内，公司严格履行受托人尽职管理职责，信托业务和固有业务整体运行情况良好，全年未发生重大经营风险，公司总体信用风险基本可控。

4.5.2.2　市场风险状况

市场风险是指信托公司在投资经营中因股市价格、利率、汇率等变动而导致价值未预料到的潜在损失的风险。市场风险可以分为利率风险、汇率风险（包括黄金）、股票价格风险和商品价格风险，分别是指由于利率、汇率、股票价格和商品价格的不利变动所带来的风险。市场风险可能导致市场波动，从而影响收益，甚至造成公司财产损失。

报告期内，公司坚持稳健运营的策略，密切关注宏观政策导向，充分深入调研，对有价证券投资管理状况进行实时监测，建立各类分析模型测算资产风险控制指标的变化，控制总体证券投资规模和比例，设置限制性指标和止损限额，通过投资组合分散投资风险。

4.5.2.3　操作风险状况

操作风险是指由于内控程序不完善、信息系统障碍、人员操作环节的过错疏忽等造成影响或损失的风险。

报告期内，公司通过加强内控体系建设，严格执行岗位分离控制、授权审批、业务流程控制等，未发生因操作风险造成的损失。

4.5.2.4　其他风险状况

流动性风险是指流动性风险是指信托公司的流动性支付能力存在不确定性，无法以合理成本及时获得充足资金，用于偿付到期债务、履行其他支付义务和满足正常业务开展的其他资金需求的风险。

报告期内，公司净资本充足，能够覆盖各项业务的风险资本和满足信托公司流动性的要求，变现能力和资金周转能力强，流动性风险较小。

4.5.3　风险管理

4.5.3.1　信用风险管理

针对信用风险，公司不断健全制度体系和操作流程，在尽职调查、制定方案、专业审核、严格审批、过程管理、风险监控等关键环节加强管控，以切实降低信用风险发生的概率。

公司对于信用风险管理主要采取的措施：一是把好入口端的源头防范。提高准入标准，严格准入政策，有限资源向优质企业、优质项目倾斜，业务拓展逐步向主业市场、同业市场倾斜；完善风险识别机制和风险量化评价机制，适时引进诸如信用评级体系、集中度管理体系等手段；二是适时开展信用风险压力测试，针对压力测试结果揭示的风险点和信用风险管理薄弱环节，采取有针对性的应对措施；三是定期监测信用风险偏好指标，对超限额指标及时做出预警，调整信用风险管理手段，有效防范信用风险。

4.5.3.2　市场风险管理

公司对于市场风险管理主要采取的措施：一是积极探索新的业务模式，基于客户的理财需求，加大信托产品开发、设计力度，不断提高公司的竞争力及盈利能力，同时，匹配与高收益信托产品相适应的风险管理能力，确保风险可控；二是对影响市场变化的各项因素进行持续分析和研究，按严格的流程进行投资决策，有效管理市场风险。

4.5.3.3　操作风险管理

公司对于操作风险管理主要采取的措施：一是公司2019年上线运行业务移动审批系统，实现所有项目审查线上操作、在线管控，降低了操作风险；二是操作风险偏好指标落地，公司定期监测操作风险；三是公司在消费者权益保护、投资者适当性管理管理等方面均开展了较多工作，操作风险管理取得了良好的效果。

4.5.3.4　其他风险管理

公司对于流动性风险管理主要采取的措施：一是制定流动性风险评估识别标准，建立信托项目流动性管理常态化工作机制；二是开展流动性风险压力测试，评估公司在不同压力情景下面临的流动性缺口以及流动性风险管理措施的有效性，提出改进措施；三是加大力度开展投资者教育，引入具有风险承担能力和意愿的投资者，探索风险适当分担的机制，降低流动性风险处置成本；四是制定固有资产配置方案，将高流动性作为资产配置的前提条件，从源头上确保公司随时有较为宽裕的流动性。

公司根据国家政策、宏观政策和行业政策的导向，积极调整经营策略和业务发展方向，确保公司经营和国家政策的一致性。一是根据法律法规和监管部门要求制定各项规章制度，对法律事务进行专项管理，确保公司业务合法合规；二是通过强化合规经营理念，建立健全规章制度，严格规范内控体系，明确职能岗位分工，落实责任追究制度，加强思想道德和职业素质教育，树立诚信的企业文化，增强员工风险文化意识；三是将发展战略和企业文化与声誉构建有机结合，通过尽职管理和信息披露塑造公司良好形象，加强业务评审和风险管理，有效提高公司防控风险的水平。

4.6　2019年净资本、风险资本及风险控制指标状况

按照《信托公司净资本管理办法》要求，公司对净资本和风险资本进行有效管理。报告期内，公司净资本风险控制指标不断优化，全部达到监管要求。截至2019年12月31日，净资本金额为77.73亿元，净资本/各项业务风险资本之和为468%，净资本/净资产为83%。

4.7　社会责任履行情况

公司积极响应国家号召，主动承担社会责任，依法合规经营，严格服从监管要求，坚持服务实体经济和产融结合，不断优化业务结构，积极服务电力能源发展及供给侧结构性改革，创造性拓展清洁能源项目助力绿色发展。坚持合规底线，积极防范化解风险，切实保障投资者合法权益。不断提升和创新财富管理水平，为投资者实现保值增值，为社会提供更高质量、更有效率的金融服务。同时，公司提高政治站位，积极助力脱贫攻坚，设立慈善信托，参与定点扶贫。

5. 报告期末及上一年度末的比较式会计报表

5.1　自营资产

5.1.1　会计师事务所审计意见全文

审计报告

天健审〔2020〕1-263号

英大国际信托有限责任公司全体股东：

一、审计意见

我们审计了英大国际信托有限责任公司（以下简称英大信托公司）财务报表，包括2019年12月31日的合并及母公司资产负债表，2019年度的合并及母公司利润表、合并及母公司现金流量表、合并及母公司所有者权益变动表，以及相关财务报表附注。

我们认为，后附的财务报表在所有重大方面按照企业会计准则的规定编制，公允反映了英大信托公司2019年12月31日的合并及母公司财务状况，以及2019年度的合并及母公司经营成果和现金流量。

二、形成审计意见的基础

我们按照中国注册会计师审计准则的规定执行了审计工

作。审计报告的“注册会计师对财务报表审计的责任”部分进一步阐述了我们在这些准则下的责任。按照中国注册会计师职业道德守则,我们独立于英大信托公司,并履行了职业道德方面的其他责任。我们相信,我们获取的审计证据是充分、适当的,为发表审计意见提供了基础。

三、管理层和治理层对财务报表的责任

英大信托公司管理层(以下简称管理层)负责按照企业会计准则的规定编制财务报表,使其实现公允反映,并设计、执行和维护必要的内部控制,以使财务报表不存在由于舞弊或错误导致的重大错报。

在编制财务报表时,管理层负责评估英大信托公司的持续经营能力,披露与持续经营相关的事项,并运用持续经营假设,除非计划进行清算、终止运营或别无其他现实的选择。

英大信托公司治理层(以下简称治理层)负责监督英大信托公司的财务报告过程。

四、注册会计师对财务报表审计的责任

我们的目标是对财务报表整体是否不存在由于舞弊或错误导致的重大错报获取合理保证,并出具包含审计意见的审计报告。合理保证是高水平的保证,但并不能保证按照审计准则执行的审计在某一重大错报存在时总能发现。错报可能由于舞弊或错误导致,如果合理预期错报单独或汇总起来可能影响财务报表使用者依据财务报表作出的经济决策,则通常认为错报是重大的。

在按照审计准则执行审计工作的过程中,我们运用职业判断,并保持职业怀疑。同时,我们也执行以下工作:

(1) 识别和评估由于舞弊或错误导致的财务报表重大错报风险,设计和实施审计程序以应对这些风险,并获取充分、适当的审计证据,作为发表审计意见的基础。由于舞弊可能涉及串通、伪造、故意遗漏、虚假陈述或凌驾于内部控制之上,未能发现由于舞弊导致的重大错报的风险高于未能发现由于错误导致的重大错报的风险。

(2) 了解与审计相关的内部控制,以设计恰当的审计程序,但目的并非对内部控制的有效性发表意见。

(3) 评价管理层选用会计政策的恰当性和作出会计估计及相关披露的合理性。

(4) 对管理层使用持续经营假设的恰当性得出结论。同时,根据获取的审计证据,就可能导致对英大信托公司持续经营能力产生重大疑虑的事项或情况是否存在重大不确定性得出结论。如果我们得出结论认为存在重大不确定性,审计准则要求我们在审计报告中提请报表使用者注意财务报表中的相关披露;如果披露不充分,我们应当发表非无保留意见。我们的结论基于截至审计报告日可获得的信息。然而,未来的事项或情况可能导致英大信托公司不能持续经营。

(5) 评价财务报表的总体列报、结构和内容,并评价财务报表是否公允反映相关交易和事项。

(6) 就英大信托公司中实体或业务活动的财务信息获取充分、适当的审计证据,以对财务报表发表审计意见。

我们与治理层就计划的审计范围、时间安排和重大审计发现等事项进行沟通,包括沟通我们在审计中识别出的值得关注的内部控制缺陷。

天健会计师事务所(特殊普通合伙)

中国注册会计师:蒋贵成

中国·杭州　　中国注册会计师:李模军

二〇二〇年三月十日

5.1.2 资产负债表

合并资产负债表

编制单位:英大国际信托有限责任公司　　2019 年 12 月 31 日　　单位:万元

资产	期末余额	年初余额	负债和所有者权益(或股东权益)	期末余额	年初余额
资产:			负债:		
现金及存放中央银行款项	0.09	0.09	向中央银行借款	—	—
存放同业款项	18 642.49	22 967.79	同业及其他金融机构存放款项	—	—
贵金属	—	—	拆入资金	—	—
拆出资金	—	—	以公允价值计量且其变动计入当期损益的金融负债	—	—
以公允价值计量且其变动计入当期损益的金融资产	—	—	衍生金融负债	—	—
衍生金融资产	—	—	卖出回购金融资产款	—	—
买入返售金融资产	10 050.30	20 000.00	吸收存款	—	—
应收利息	2 935.81	601.90	应付职工薪酬	1 427.95	1 483.84
发放贷款和垫款	31 362.12	3 947.00	应交税费	21 290.90	17 217.05
持有待售资产	—	—	应付利息	—	—
可供出售金融资产	988 495.67	1 000 639.46	持有待售负债	—	—
持有至到期投资	—	—	预计负债	—	—
应收款项类投资	—	—	应付债券	—	—
长期股权投资	—	—	其中:优先股	—	—
投资性房地产	—	—	永续债	—	—
固定资产	1 090.31	1 068.30	递延所得税负债	1 020.81	—

续表

资产	期末余额	年初余额	负债和所有者权益(或股东权益)	期末余额	年初余额
无形资产	425. 67	427. 11	其他负债	102 500. 72	215 567. 74
递延所得税资产	8 350. 17	10 064. 37	负债合计	126 240. 38	234 268. 63
其他资产	7 495. 49	10 512. 08	股东权益:	—	—
			实收资本	402 900. 60	402 900. 60
			其他权益工具	—	—
			其中:优先股	—	—
			永续债	—	—
			资本公积	146 161. 25	146 161. 25
			减:库存股	—	—
			其他综合收益	3 062. 43	-5 104. 18
			盈余公积	63 659. 87	53 777. 35
			一般风险准备	45 768. 40	39 305. 14
			未分配利润	281 055. 20	198 919. 30
			股东权益合计	942 607. 75	835 959. 46
资产总计	1 068 848. 13	1 070 228. 10	负债和股东权益总计	1 068 848. 13	1 070 228. 10

法定代表人:王剑波　　主管会计工作负责人:周丰收　　会计机构负责人:张华军

资产负债表

编制单位:英大国际信托有限责任公司　　2019 年 12 月 31 日　　单位:万元

资产	期末余额	年初余额	负债和所有者权益(或股东权益)	期末余额	年初余额
资产:			负债:		
现金及存放中央银行款项	0. 09	0. 09	向中央银行借款	—	—
存放同业款项	18 638. 36	22 925. 25	同业及其他金融机构存放款项	—	—
贵金属	—	—	拆入资金	—	—
拆出资金	—	—	以公允价值计量且其变动计入当期损益的金融负债	—	—
以公允价值计量且其变动计入当期损益的金融资产	—	—	衍生金融负债	—	—
衍生金融资产	—	—	卖出回购金融资产款	—	—
买入返售金融资产	10 050. 30	20 000. 00	吸收存款	—	—
应收利息	2 935. 81	601. 90	应付职工薪酬	1 427. 95	1 483. 84
发放贷款和垫款	31 362. 12	3 947. 00	应交税费	21 290. 90	17 217. 05
持有待售资产	—	—	应付利息	—	—
可供出售金融资产	915 928. 67	830 303. 91	持有待售负债	—	—
持有至到期投资	—	—	预计负债	—	—
应收款项类投资	—	—	应付债券	—	—
长期股权投资	—	—	其中:优先股	—	—
投资性房地产	—	—	永续债	—	—
固定资产	1 090. 31	1 068. 30	递延所得税负债	1 020. 81	—
无形资产	425. 67	427. 11	其他负债	25 933. 44	38 691. 26
递延所得税资产	8 350. 17	10 064. 37	负债合计	49 673. 10	57 392. 14
其他资产	2 124. 81	2 295. 62	股东权益:	—	—
			实收资本	402 900. 60	402 900. 60
			其他权益工具	—	—
			其中:优先股	—	—
			永续债	—	—
			资本公积	146 161. 25	146 161. 25
			减:库存股	—	—
			其他综合收益	3 062. 43	-5 104. 18
			盈余公积	63 659. 87	53 777. 35
			一般风险准备	45 768. 40	39 305. 14
			未分配利润	279 680. 66	197 201. 25
			股东权益合计	941 233. 21	834 241. 41
资产总计	990 906. 31	891 633. 56	负债和股东权益总计	990 906. 31	891 633. 56

法定代表人:王剑波　　主管会计工作负责人:周丰收　　会计机构负责人:张华军

5.1.3 利润表

合并利润表

编制单位:英大国际信托有限责任公司 2019 年度 单位:万元

项目	本期金额	上期金额
一、营业收入	152 463.79	114 843.30
利息净收入	3 330.28	11 326.73
利息收入	3 330.28	11 326.73
利息支出	—	—
手续费及佣金净收入	112 177.77	82 629.92
手续费及佣金收入	112 183.34	82 630.32
手续费及佣金支出	5.57	0.40
投资收益(损失以"－"号填列)	36 078.77	20 805.30
其中:对联营企业和合营企业的投资收益	—	—
公允价值变动收益(损失以"－"号填列)	—	—
汇兑收益(损失以"－"号填列)	10.24	30.22
其他业务收入	64.65	11.74
资产处置收益(损失以"－"号填列)	303.78	—
其他收益	498.29	39.39
二、营业支出	22 958.91	34 445.70
税金及附加	940.11	862.16
业务及管理费	21 760.19	20 283.32
资产减值损失	258.62	13 300.22
其他业务成本	—	—
三、营业利润(亏损总额以"－"号填列)	129 504.88	80 397.60
加:营业外收入	24.11	77.60
减:营业外支出	50.80	1.48
四、利润总额(净亏损以"－"号填列)	129 478.19	80 473.72
减:所得税费用	30 996.51	18 057.27
五、净利润(净亏损以"－"号填列)	98 481.68	62 416.44
六、其他综合收益的税后净额	8 166.61	－5 709.35
七、综合收益总额	106 648.29	56 707.09
八、每股收益:	—	—
(一)基本每股收益	—	—
(二)稀释每股收益	—	—

法定代表人:王剑波 主管会计工作负责人:周丰收 会计机构负责人:张华军

利润表

编制单位:英大国际信托有限责任公司 2019 年度 单位:万元

项目	本期金额	上期金额
一、营业收入	152 791.51	113 157.87
利息净收入	2 695.10	1 332.52
利息收入	2 695.10	1 332.52
利息支出	—	—
手续费及佣金净收入	112 267.97	89 695.63
手续费及佣金收入	112 268.43	89 696.03
手续费及佣金支出	0.47	0.40
投资收益(损失以"－"号填列)	36 951.48	22 048.37
其中:对联营企业和合营企业的投资收益	—	—
公允价值变动收益(损失以"－"号填列)	—	—
汇兑收益(损失以"－"号填列)	10.24	30.22
其他业务收入	64.65	11.74
资产处置收益(损失以"－"号填列)	303.78	—
其他收益	498.29	39.39
二、营业支出	22 943.13	34 335.17
税金及附加	930.76	812.30
业务及管理费	21 753.75	20 222.65
资产减值损失	258.62	13 300.22
其他业务成本	—	—
三、营业利润(亏损总额以"－"号填列)	129 848.39	78 822.70
加:营业外收入	24.11	77.60
减:营业外支出	50.80	1.48
四、利润总额(净亏损以"－"号填列)	129 821.70	78 898.82
减:所得税费用	30 996.51	18 057.27
五、净利润(净亏损以"－"号填列)	98 825.19	60 841.55
六、其他综合收益的税后净额	8 166.61	－5 709.35
七、综合收益总额	106 991.80	55 132.20
八、每股收益:	—	—
(一)基本每股收益	—	—
(二)稀释每股收益	—	—

法定代表人:王剑波 主管会计工作负责人:周丰收 会计机构负责人:张华军

5.1.4 所有者权益变动表

合并所有者权益变动表

编制单位:英大国际信托有限责任公司 2019 年度 单位:万元

项目	本期金额										
	实收资本	其他权益工具			资本公积	减:库存股	其他综合收益	盈余公积	一般风险准备	未分配利润	股东权益合计
		优先股	永续债	其他							
一、上年年末余额	402 900.60	—	—	—	146 161.25	—	－5 104.18	53 777.35	39 305.14	198 919.30	835 959.46
会计政策变更	—	—	—	—	—	—	—	—	—	—	—
前期差错更正	—	—	—	—	—	—	—	—	—	—	—
其他	—	—	—	—	—	—	—	—	—	—	—
二、本年年初余额	402 900.60	—	—	—	146 161.25	—	－5 104.18	53 777.35	39 305.14	198 919.30	835 959.46
三、本期增减变动金额(减少以"－"号填列)	—	—	—	—	—	—	8 166.61	9 882.52	6 463.26	82 135.90	106 648.29
(一)综合收益总额	—	—	—	—	—	—	8 166.61	—	—	98 481.68	106 648.29
(二)股东投入和减少股本	—	—	—	—	—	—	—	—	—	—	—
1. 股东投入股本	—	—	—	—	—	—	—	—	—	—	—
2. 其他权益工具持有者投入资本	—	—	—	—	—	—	—	—	—	—	—
3. 股份支付计入股东权益的金额	—	—	—	—	—	—	—	—	—	—	—

续表

项目	本期金额										
	实收资本	其他权益工具			资本公积	减：库存股	其他综合收益	盈余公积	一般风险准备	未分配利润	股东权益合计
		优先股	永续债	其他							
4. 其他	—	—	—	—	—	—	—	—	—	—	—
（三）利润分配	—	—	—	—	—	—	—	9 882. 52	6 463. 26	-16 345. 78	—
1. 提取盈余公积	—	—	—	—	—	—	—	9 882. 52	—	-9 882. 52	—
2. 提取一般风险准备	—	—	—	—	—	—	—	—	6 463. 26	-6 463. 26	—
3. 对股东的分配	—	—	—	—	—	—	—	—	—	—	—
4. 其他	—	—	—	—	—	—	—	—	—	—	—
（四）股东权益内部结转	—	—	—	—	—	—	—	—	—	—	—
1. 资本公积转增股本	—	—	—	—	—	—	—	—	—	—	—
2. 盈余公积转增股本	—	—	—	—	—	—	—	—	—	—	—
3. 盈余公积弥补亏损	—	—	—	—	—	—	—	—	—	—	—
4. 一般风险准备弥补亏损	—	—	—	—	—	—	—	—	—	—	—
5. 其他	—	—	—	—	—	—	—	—	—	—	—
（五）其他	—	—	—	—	—	—	—	—	—	—	—
四、本年年末余额	402 900. 60	—	—	—	146 161. 25	—	3 062. 43	63 659. 87	45 768. 40	281 055. 20	942 607. 75

法定代表人：王剑波　　主管会计工作负责人：周丰收　　会计机构负责人：张华军

合并所有者权益变动表（续）

编制单位：英大国际信托有限责任公司　　2019 年度　　单位：万元

项目	上期金额										
	实收资本	其他权益工具			资本公积	减：库存股	其他综合收益	盈余公积	一般风险准备	未分配利润	股东权益合计
		优先股	永续债	其他							
一、上年年末余额	302 175. 45	—	—	—	17 686. 40	—	605. 17	48 264. 19	32 121. 37	209 752. 53	610 605. 11
会计政策变更	—	—	—	—	—	—	—	—	—	—	—
前期差错更正	—	—	—	—	—	—	—	—	—	—	—
其他	—	—	—	—	—	—	—	—	—	—	—
二、本年年初余额	302 175. 45	—	—	—	17 686. 40	—	605. 17	48 264. 19	32 121. 37	209 752. 53	610 605. 11
三、本期增减变动金额（减少以“-”号填列）	100 725. 15	—	—	—	128 474. 85	—	-5 709. 35	5 513. 17	7 183. 77	-10 833. 23	225 354. 36
（一）综合收益总额	—	—	—	—	—	—	-5 709. 35	—	—	62 416. 44	56 707. 09
（二）股东投入和减少股本	100 725. 15	—	—	—	128 474. 85	—	—	—	—	—	229 200. 00
1. 股东投入股本	100 725. 15	—	—	—	128 474. 85	—	—	—	—	—	229 200. 00
2. 其他权益工具持有者投入资本	—	—	—	—	—	—	—	—	—	—	—
3. 股份支付计入股东权益的金额	—	—	—	—	—	—	—	—	—	—	—
4. 其他	—	—	—	—	—	—	—	—	—	—	—
（三）利润分配	—	—	—	—	—	—	—	5 513. 17	7 183. 77	-73 249. 67	-60 552. 74
1. 提取盈余公积	—	—	—	—	—	—	—	5 513. 17	—	-5 513. 17	—
2. 提取一般风险准备	—	—	—	—	—	—	—	—	7 183. 77	-7 183. 77	—
3. 对股东的分配	—	—	—	—	—	—	—	—	—	-49 138. 74	-49 138. 74
4. 其他	—	—	—	—	—	—	—	—	—	-11 413. 99	-11 413. 99
（四）股东权益内部结转	—	—	—	—	—	—	—	—	—	—	—
1. 资本公积转增股本	—	—	—	—	—	—	—	—	—	—	—
2. 盈余公积转增股本	—	—	—	—	—	—	—	—	—	—	—
3. 盈余公积弥补亏损	—	—	—	—	—	—	—	—	—	—	—
4. 一般风险准备弥补亏损	—	—	—	—	—	—	—	—	—	—	—
5. 其他	—	—	—	—	—	—	—	—	—	—	—
（五）其他	—	—	—	—	—	—	—	—	—	—	—
四、本年年末余额	402 900. 60	—	—	—	146 161. 25	—	-5 104. 18	53 777. 35	39 305. 14	198 919. 30	835 959. 46

法定代表人：王剑波　　主管会计工作负责人：周丰收　　会计机构负责人：张华军

所有者权益变动表

编制单位:英大国际信托有限责任公司　　　　2019 年度　　　　单位:万元

项目	本期金额										
	实收资本	其他权益工具			资本公积	减:库存股	其他综合收益	盈余公积	一般风险准备	未分配利润	股东权益合计
		优先股	永续债	其他							
一、上年年末余额	402 900. 60	—	—	—	146 161. 25	—	-5 104. 18	53 777. 35	39 305. 14	197 201. 25	834 241. 41
会计政策变更	—	—	—	—	—	—	—	—	—	—	—
前期差错更正	—	—	—	—	—	—	—	—	—	—	—
其他	—	—	—	—	—	—	—	—	—	—	—
二、本年年初余额	402 900. 60	—	—	—	146 161. 25	—	-5 104. 18	53 777. 35	39 305. 14	197 201. 25	834 241. 41
三、本期增减变动金额(减少以"-"号填列)	—	—	—	—	—	—	8 166. 61	9 882. 52	6 463. 26	82 479. 41	106 991. 80
(一)综合收益总额	—	—	—	—	—	—	8 166. 61	—	—	98 825. 19	106 991. 80
(二)股东投入和减少股本	—	—	—	—	—	—	—	—	—	—	—
1. 股东投入股本	—	—	—	—	—	—	—	—	—	—	—
2. 其他权益工具持有者投入资本	—	—	—	—	—	—	—	—	—	—	—
3. 股份支付计入股东权益的金额	—	—	—	—	—	—	—	—	—	—	—
4. 其他	—	—	—	—	—	—	—	—	—	—	—
(三)利润分配	—	—	—	—	—	—	—	9 882. 52	6 463. 26	-16 345. 78	—
1. 提取盈余公积	—	—	—	—	—	—	—	9 882. 52	—	-9 882. 52	—
2. 提取一般风险准备	—	—	—	—	—	—	—	—	6 463. 26	-6 463. 26	—
3. 对股东的分配	—	—	—	—	—	—	—	—	—	—	—
4. 其他	—	—	—	—	—	—	—	—	—	—	—
(四)股东权益内部结转	—	—	—	—	—	—	—	—	—	—	—
1. 资本公积转增股本	—	—	—	—	—	—	—	—	—	—	—
2. 盈余公积转增股本	—	—	—	—	—	—	—	—	—	—	—
3. 盈余公积弥补亏损	—	—	—	—	—	—	—	—	—	—	—
4. 一般风险准备弥补亏损	—	—	—	—	—	—	—	—	—	—	—
5. 其他	—	—	—	—	—	—	—	—	—	—	—
(五)其他	—	—	—	—	—	—	—	—	—	—	—
四、本年年末余额	402 900. 60	—	—	—	146 161. 25	—	3 062. 43	63 659. 87	45 768. 40	279 680. 66	941 233. 21

法定代表人:王剑波　　　　主管会计工作负责人:周丰收　　　　会计机构负责人:张华军

所有者权益变动表(续)

编制单位:英大国际信托有限责任公司　　　　2019 年度　　　　单位:万元

项目	上期金额										
	实收资本	其他权益工具			资本公积	减:库存股	其他综合收益	盈余公积	一般风险准备	未分配利润	股东权益合计
		优先股	永续债	其他							
一、上年年末余额	302 175. 45	—	—	—	17 686. 40	—	605. 17	48 264. 19	32 121. 37	209 752. 53	610 605. 11
会计政策变更	—	—	—	—	—	—	—	—	—	—	—
前期差错更正	—	—	—	—	—	—	—	—	—	—	—
其他	—	—	—	—	—	—	—	—	—	—	—
二、本年年初余额	302 175. 45	—	—	—	17 686. 40	—	605. 17	48 264. 19	32 121. 37	209 752. 53	610 605. 11
三、本期增减变动金额(减少以"-"号填列)	100 725. 15	—	—	—	128 474. 85	—	-5 709. 35	5 513. 17	7 183. 77	-12 551. 28	223 636. 31
(一)综合收益总额	—	—	—	—	—	—	-5 709. 35	—	—	60 841. 55	55 132. 20
(二)股东投入和减少股本	100 725. 15	—	—	—	128 474. 85	—	—	—	—	—	229 200. 00
1. 股东投入股本	100 725. 15	—	—	—	128 474. 85	—	—	—	—	—	229 200. 00
2. 其他权益工具持有者投入资本	—	—	—	—	—	—	—	—	—	—	—
3. 股份支付计入股东权益的金额	—	—	—	—	—	—	—	—	—	—	—
4. 其他	—	—	—	—	—	—	—	—	—	—	—
(三)利润分配	—	—	—	—	—	—	—	5 513. 17	7 183. 77	-73 392. 83	-60 695. 89
1. 提取盈余公积	—	—	—	—	—	—	—	5 513. 17	—	-5 513. 17	—
2. 提取一般风险准备	—	—	—	—	—	—	—	—	7 183. 77	-7 183. 77	—
3. 对股东的分配	—	—	—	—	—	—	—	—	—	-49 138. 74	-49 138. 74

续表

项目	上期金额										
	实收资本	其他权益工具			资本公积	减：库存股	其他综合收益	盈余公积	一般风险准备	未分配利润	股东权益合计
		优先股	永续债	其他							
4. 其他	—	—	—	—	—	—	—	—	—	-11 557. 15	-11 557. 15
（四）股东权益内部结转	—	—	—	—	—	—	—	—	—	—	—
1. 资本公积转增股本	—	—	—	—	—	—	—	—	—	—	—
2. 盈余公积转增股本	—	—	—	—	—	—	—	—	—	—	—
3. 盈余公积弥补亏损	—	—	—	—	—	—	—	—	—	—	—
4. 一般风险准备弥补亏损	—	—	—	—	—	—	—	—	—	—	—
5. 其他	—	—	—	—	—	—	—	—	—	—	—
（五）其他	—	—	—	—	—	—	—	—	—	—	—
四、本年年末余额	402 900. 60	—	—	—	146 161. 25	—	-5 104. 18	53 777. 35	39 305. 14	197 201. 25	834 241. 41

法定代表人：王剑波　　主管会计工作负责人：周丰收　　会计机构负责人：张华军

5.2 信托资产

5.2.1 信托项目资产负债汇总表

信托项目资产负债汇总表

编制单位：英大国际信托有限责任公司　　2019 年 12 月 31 日　　单位：万元

信托资产	年初数	期末数	信托负债和信托权益	年初数	期末数
信托资产：			信托负债：		
货币资金	96 845. 60	39 407. 64	交易性金融负债	—	—
其他货币资金	—	—	衍生金融负债	—	—
存出保证金	—	—	应付受托人报酬	—	76. 15
交易性金融资产	—	—	应付托管费	—	—
衍生金融资产	—	—	应付受益人收益	—	2. 70
买入返售金融资产	—	—	应交税费	—	—
应收款项	21 086 155. 88	27 502 499. 12	应付销售服务费	—	—
发放贷款	2 954 521. 45	5 176 549. 56	其他应付款项	21 202. 81	37 750. 69
可供出售金融资产	35 529. 50	4 200. 00	其他负债	—	—
持有至到期投资	2 588 734. 86	1 915 133. 49	信托负债合计	21 202. 81	37 829. 54
长期应收款	3 996 047. 00	4 174 577. 00			
长期股权投资	1 137 526. 00	1 000 067. 00	信托权益：		
投资性房地产	—	—	实收信托	31 858 148. 76	39 768 181. 83
固定资产	—	—	资本公积	—	—
无形资产	—	—	外币报表折算差额	—	—
长期待摊费用	—	—	未分配利润	16 008. 73	6 422. 44
其他资产	—	—	信托权益合计	31 874 157. 48	39 774 604. 27
信托资产总计	31 895 360. 29	39 812 433. 81	信托负债及信托权益总计	31 895 360. 29	39 812 433. 81

5.2.2 信托项目利润及利润分配汇总表

信托项目利润及利润分配汇总表

编制单位：英大国际信托有限责任公司　　2019 年度　　单位：万元

项目	行次	2019 年	2018 年
一、营业收入	1	1 445 422. 84	1 262 707. 71
利息收入	2	1 251 230. 51	939 765. 20
投资收益	3	193 861. 64	322 304. 75
公允价值变动损益	4	—	—
租赁收入	5	—	—
汇兑损益	6	—	—
其他收入	7	330. 69	637. 76
二、支出	8	170 613. 28	107 833. 37
营业税金及附加	9	5 239. 78	4 121. 35
受托人报酬	10	113 974. 09	90 609. 97

续表

项目	行次	2019 年	2018 年
保管费	11	—	—
投资管理费	12	—	—
销售服务费	13	—	—
交易费用	14	—	—
资产减值损失	15	—	—
其他费用	16	51 399. 41	13 102. 05
三、信托净利润	17	1 274 809. 56	1 154 874. 35
四、其他综合收益	18	—	—
五、综合收益	19	1 274 809. 56	1 154 874. 35
加：期初未分配信托利润	20	16 008. 73	28 968. 85
六、可供分配的信托利润	21	1 290 818. 29	1 183 843. 20
减：本期已分配信托利润	22	1 284 395. 85	1 167 834. 48
七、期末未分配信托利润	23	6 422. 44	16 008. 73

6. 会计报表附注

6.1 报告年度会计报表编制基准、会计政策、会计估计和核算方法发生的变化

本期公司将 1 个结构化主体纳入合并报表范围。

前期差错更正事项如下:

(1)结构化主体并表影响,调增期初资产 178 594.54 万元,调增期初负债 176 876.49 万元,调增期初权益 1 718.05 万元。

(2)固定资产影响,调减期初固定资产 359.11 万元,调减期初权益 359.11 万元。

(3)资产减值准备影响,累积调增可供出售金融资产减值准备 12 890.32 万元,调增递延所得税资产 3 222.58 万元,调减净资产 9 667.73 万元。

6.2 或有事项

无。

6.3 重要资产转让及其出售的说明

无。

6.4 会计报表中重要项目的明细资料

6.4.1 自营资产经营情况

6.4.1.1 资产风险分类

信用风险资产五级分类	正常类(万元)	关注类(万元)	次级类(万元)	可疑类(万元)	损失类(万元)	信用风险资产合计(万元)	不良资产合计(万元)	不良资产率(%)
期初数	814 020.73	77 317.47			1 352.70	892 690.98	1 352.70	0.15
期末数	933 670.71	59 294.54		20 403.97	1 352.70	1 014 721.92	21 756.67	0.54

6.4.1.2 资产损失准备

单位:万元

项目	期初数	本期计提	本期转回	本期核销	期末数
贷款损失准备	7.5	373.57	—	—	381.07
专项准备	7.5	373.57	—	—	381.07
其他资产减值准备	33 451.92	—	114.95	—	33 336.97
可供出售金融资产减值准备	33 336.97	—	—	—	33 336.97
持有至到期投资减值准备	—	—	—	—	—
长期股权投资减值准备	—	—	—	—	—
坏账准备	114.95	—	114.95	—	—
投资性房地产减值准备	—	—	—	—	—

6.4.1.3 投资

单位:万元

项目	自营股票	基金	债券	其他投资	合计
期初数	10 809.53	209 998.82	72 915.85	549 470.03	843 194.23
期末数	55 971.56	274 718.75	141 594.78	516 210.59	988 495.67

6.4.1.4 前五名自营长期股权投资情况

无。

6.4.1.5 前五名自营贷款情况

企业名称	占贷款总额的比例(%)	还款情况
中安永泰(青海)经济技术合作有限公司	88.23	未到期
中天电气技术有限公司	11.77	未到期

6.4.1.6 表外业务的期初数、期末数;按照代理业务、担保业务和其他类型表外业务分别披露

无。

6.4.1.7 公司当年的收入结构

项目	母公司		并表口径	
收入结构	金额(万元)	占比(%)	金额(万元)	占比(%)
手续费及佣金收入	112 268.43	73.47	112 183.34	73.57
其中:信托手续费收入	112 260.41	73.47	112 175.32	73.57
投资银行业务收入	8.02	0.01	8.02	0.01
利息收入	2 695.10	1.76	3 330.28	2.18
其他业务收入	64.65	0.04	64.65	0.04
投资收益	36 951.48	24.18	36 078.77	23.66
其中:股权投资收益	—	—	—	—
公允价值变动收益	—	—	—	—
其他投资收益	36 951.48	24.18	36 078.77	23.66
资产处置收益	303.78	0.20	303.78	0.20
其他收益	498.29	0.33	498.29	0.33
营业外收入	24.11	0.02	24.11	0.02
合计	152 805.84	100.00	152 483.23	100.00

6.4.2 信托资产管理情况

6.4.2.1 信托资产的期初数、期末数

单位:万元

信托资产	期初数	期末数
集合	2 133 651.64	1 472 890.45
单一	4 442 816.70	6 745 255.66
财产权	25 318 891.95	31 594 287.70
合计	31 895 360.29	39 812 433.81

6.4.2.1.1 主动管理型信托业务的信托资产期初数、期末数

单位:万元

主动管理型信托资产	期初数	期末数
证券投资类	0.00	0.00
股权投资类	234 838.00	201 257.00
融资类	1 031 580.56	885 224.21
事务管理类	42 670.00	84 635.00
合计	1 493 192.56	1 355 147.39

6.4.2.1.2 被动管理型信托业务期初数、期末数

单位:万元

被动管理型信托资产	期初数	期末数
证券投资类	30 000.00	0
股权投资类	668 520.00	798 810.00

续表

被动管理型信托资产	期初数	期末数
融资类	476 161. 66	189 399. 40
事务管理类	28 605 401. 97	36 329 067. 23
合计	30 364 956. 20	38 457 286. 42

6. 4. 2. 2　本年度已清算结束的信托项目个数、实收信托合计金额、加权平均实际年化收益率

6. 4. 2. 2. 1　本年度已清算结束的集合类、单一类资金信托项目和财产管理类信托项目个数、实收信托合计金额、加权平均实际年化收益率

已清算结束信托项目	项目个数（个）	实收信托合计金额（万元）	加权平均年化收益率（%）
集合类	15	571 705. 55	9. 00
单一类	36	606 659. 30	5. 74
财产管理类	27	1 191 922. 35	5. 71

6. 4. 2. 2. 2　本年度已清算结束的主动管理型信托项目个数、实收信托合计金额、加权平均实际年化信托报酬率、加权平均实际年化收益率

已清算结束的信托项目	项目个数（个）	实收信托合计金额（万元）	加权平均实际年化信托报酬率（%）	加权平均实际年化收益率（%）
证券投资类	—	—	—	—
股权投资类	3	40 080. 00	0. 90	9. 24
融资类	13	237 569. 97	1. 15	9. 43
事务管理类	—	—	—	—

6. 4. 2. 2. 3　本年度已清算结束的被动管理型信托项目个数、实收信托合计金额、加权平均实际年化信托报酬率、加权平均实际年化收益率

已清算结束信托项目	项目个数（个）	实收信托合计金额（万元）	加权平均实际年化信托报酬率（%）	加权平均实际年化收益率（%）
证券投资类	2	30 000. 00	0. 04	12. 20
股权投资类	4	67 700. 00	0. 11	4. 51
融资类	33	404 175. 21	0. 20	5. 14
事务管理类	23	1 590 762. 03	0. 08	5. 57

6. 4. 2. 3　本年度新增的集合类、单一类和财产管理类信托项目个数、实收信托合计金额

新增信托项目	项目个数（个）	实收信托合计金额（万元）
集合类	1	20 600. 00
单一类	21	264 380. 00
财产管理类	67	2 653 479. 54
新增合计	89	2 938 459. 54
其中：主动管理型	16	193 433. 81
被动管理型	73	2 745 025. 73

6. 4. 2. 4　信托业务创新成果和特色业务有关情况

一是落实股东“服务主业、产融结合、以融促产、协调发展”的新要求，做专、做精、做优、做强股东金融服务业务。服务电网业务规模创历史最高水平，达到 2 924 亿元，较年初增长 13%；二是提升公司产融协同业务的拓展维护能力和价值创造能力，加强业务研发创新，存量规模达到 22. 12 亿元，较年初增长 132. 8%；三是利用清洁能源领域优势，发挥蓝天伟业私募基金股权投资平台的作用，以“基金＋信托”的具体做法，促进以投带融，投融结合。

6. 4. 2. 5　本公司履行受托人义务情况及因本公司自身责任而导致的信托资产损失情况（合计金额、原因等）

公司按照“诚实、信用、谨慎、有效”原则，以受益人利益最大化为目标，对受托管理的全部信托财产履行了尽职管理义务，对信托财产与固有财产实行了分账管理，对每个信托项目实现了专户核算，不存在受托人侵占信托财产或利用信托财产谋取利益的情况，并对信托项目的经营状况及存续期间发生的重大事项及时进行信息披露。

6. 5　关联方关系及其交易

6. 5. 1　关联交易方的数量、关联交易的总金额及关联交易的定价政策

	关联交易数量	关联交易金额（万元）	定价政策
合计	555	17 296 855. 47	市场公允

6. 5. 2　关联交易方与本公司的关系性质、关联交易方的名称、法定代表人、注册地址、注册资本及主营业务

关联性质	关联方名称	法人代表	注册地址	注册资本（亿元）	主营业务
股东单位及受同一单位控制	国家电网公司及下属企业	毛伟明	北京	8 295	电力
股东单位及受同一单位控制	中国南方电网公司及下属企业	孟振平	广东省广州市	600	电力

6. 5. 3　逐笔披露本公司与关联方的重大交易事项

6. 5. 3. 1　固有财产与关联方：贷款、投资、租赁、应收账款担保、其他方式等期初汇总数、本期借方和贷方发生额汇总数、期末汇总数

单位：万元

固有财产与关联方关联交易				
	期初数	借方发生额	贷方发生额	期末数
贷款	—	—	—	—
投资	152 986. 22	147 384. 66	6 667. 38	293 703. 50
租赁	—	—	—	—
担保	—	—	—	—
应收账款	—	—	—	—
其他	—	—	—	—
合计	152 986. 22	147 384. 66	6 667. 38	293 703. 50

6. 5. 3. 2　信托与关联方：贷款、投资、租赁、应收账款、担保、其他方式等期初汇总数、本期发生额汇总数、期末汇总数

单位：万元

信托与关联方关联交易				
	期初数	借方发生额（清算）	贷方发生额（新增）	期末数
贷款	1 826 945. 00	364 775. 00	3 126 377. 00	4 588 547. 00
投资	290 900. 00	184 500. 00	25 000	131 400. 00
租赁	—	—	—	—

续表

信托与关联方关联交易				
	期初数	借方发生额(清算)	贷方发生额(新增)	期末数
担保	—	—	—	—
应收账款	27 600	2 000	26 550	52 150
其他	24 088 269.76	6 715 052.42	13 971 543.81	31 331 857.34
合计	26 233 714.76	7 266 327.42	17 149 470.81	36 103 954.34

6.5.3.3 信托公司自有资金运用于自己管理的信托项目(固信交易)、信托公司管理的信托项目之间的相互(信信交易)交易金额,包括余额和本报告年度的发生额。

6.5.3.3.1 固有财产与信托财产之间的交易金额期初汇总数、本期发生额汇总数、期末汇总数

单位:万元

固有财产与信托财产相互交易			
	期初数	本期发生额	期末数
合计	94540.00	-33149.15	61390.85

6.5.3.3.2 信托资产与信托财产之间的交易金额期初汇总数、本期发生额汇总数、期末汇总数

单位:万元

信托资产与信托财产相互交易			
	期初数	本期发生额	期末数
合计	198 500.00	-67 500.00	131 000.00

6.5.4 逐笔披露关联方逾期未偿还本公司资金的详细情况以及本公司为关联方担保发生或即将发生垫款的详细情况

报告期内公司无关联方逾期未偿还本公司资金的情况及本公司为关联方担保发生或即将发生垫款的情况。

6.6 会计制度的披露

公司固有业务、信托业务均执行财政部2006年颁布的《企业会计准则》。

7. 财务情况说明书

7.1 利润实现和分配情况

2019年公司合并口径实现利润总额为129 478.19万元,净利润为98 481.68万元,利润分配明细如下:(1)提取法定盈余公积9 882.52万元;(2)提取信托赔偿准备4 941.26万元;(3)提取一般风险准备1 522.00万元;

合并口径未分配利润余额为281 055.20万元。

2019年公司母公司口径实现利润总额为129 821.70万元,净利润为98 825.19万元,利润分配明细如下:(1)提取法定盈余公积9 882.52万元;(2)提取信托赔偿准备4 941.26万元;(3)提取一般风险准备1 522.00万元;

母公司口径未分配利润余额为279 680.66万元。

7.2 主要财务指标

指标名称	母公司指标值	并表指标值
资本利润率(%)	11.13	11.07
加权年化信托报酬率(%)	0.34	0.34
人均净利润(万元)	577.93	575.92

7.3 报告期内发生对本公司财务状况、经营成果有重大影响的其他事项

无。

8. 特别事项揭示

8.1 前五名股东变动情况及原因

无。

8.2 董事、监事及高级管理人员变动情况及原因

8.2.1 董事变动情况及原因

2019年4月,经股东会审议,吴骏出任公司董事,并经董事会选举担任公司副董事长,于2019年10月获北京银监局核准。蔡涵俊不再担任公司董事。

2019年4月,根据公司工会会员大会推选,马亚军出任公司职工董事,于2019年9月获北京银监局核准。张传良不再担任公司职工董事。

2018年7月,经股东会审议,金李担任公司独立董事,于2019年2月获北京银监局核准。

8.2.2 监事变动情况及原因

2019年1月,根据公司工会会员大会推选,冯书出任公司职工监事。

8.2.3 高级管理人员变动情况及原因

2019年3月,经董事会审议,吴骏出任公司总经理,于2019年10月获北京银监局核准。张传良不再担任公司总经理。

2019年3月,经董事会审议,宁晓龙担任公司副总经理,于2019年8月获北京银监局核准。

8.3 变更注册资本、变更注册地或公司名称、公司分立合并事项

无。

8.4 公司的重大诉讼事项

无。

8.5 公司及其董事、监事和高级管理人员受到处罚的情况

无。

8.6 中国银保监会及其派出机构对公司检查后提出整改意见的,应简单说明整改情况

2020年4月,北京银保监局向公司下发《英大国际信托有限责任公司2019年度监管意见书》,对公司2019年工作给予评价,并提出相关监管意见。

根据监管总体评价,2019年,公司在“治乱象、去嵌套、防风险”的信托监管总体思路指导下,能够认真执行各项监管政策、稳步推动转型发展、逐步化解存量风险、认真开展资管新规整改和全面风险排查工作,信托资产规模稳中有升,业务经营

保持稳健发展。同时，北京银保监局也对公司后续工作提出监管意见，要求持续推进公司治理机制建设，切实推进公司转型发展，提升服务实体经济质效，持续推进信托业务治理，积极培育合规文化，推进信托文化建设，持续强化内控工作有效性，深化风险治理，防控重点领域风险隐患。

根据监管意见，公司认真制定整改完善方案，积极推进落实，进一步提升公司经营管理效能，为公司持续健康发展打好坚实基础。

8.7 本年度重大事项临时报告的简要内容、披露时间、所披露的媒体及其版面

简要内容：经公司第十一届董事会第一次会议审议通过，并经《北京银保监局关于英大国际信托有限责任公司吴骏任职资格的批复》（京银保监复［2019］804 号）核准，公司总经理变更为吴骏，吴骏同时担任公司副董事长。

披露时间：2019 年 10 月 17 日。

披露媒体及版面：《上海证券报》，2019 年 10 月 17 日 40 版。

8.8 中国银保监会及其省级派出机构认定的其他有必要让客户及相关利益人了解的重要信息

无。

9. 公司监事会意见

报告期内，公司监事会认真履行职责，对公司董事会和高级管理人员依法运作情况、重大决策、重大经营活动以及公司财务状况进行有效监督。在此基础上，监事会发表如下独立意见。

报告期内，公司认真贯彻执行国家经济金融政策，业务经营活动符合法律法规规定，按照监管要求加强法人治理和内部控制建设。董事会、高级管理层严格履职，有效保障了公司依法合规经营、规范管理，切实维护了公司、公司股东和信托受益人的合法权益。天健会计师事务所（特殊普通合伙）出具的 2019 年度“标准无保留意见”审计报告，真实、客观地反映了公司的财务管理状况和经营成果。

云南国际信托有限公司

1. 重要提示

1.1 本公司董事会及董事保证本报告所载资料不存在任何虚假记载、误导性陈述或者重大遗漏,并对其内容的真实性、准确性和完整性承担个人及连带责任。

1.2 独立董事意见

本公司独立董事梁昊松、沈思、龙超对本报告内容的真实性、准确性和完整性表示认可。

1.3 本公司负责人董事长甘煜、总裁及主管会计工作负责人舒广、主管信托会计工作负责人李峥及会计机构负责人杨春和、雷瑗保证:本年度报告中的财务报告真实、完整。

2. 公司概况

2.1 公司简介

2.1.1 公司历史沿革

云南国际信托有限公司(下称云南信托或公司)是2003年经中国人民银行 银复[2003]33号文批准,由原云南省国际信托投资公司增资改制后重新登记的非银行金融机构。公司注册资本为4亿元。2007年,根据《信托公司管理办法》的有关规定,公司经原中国银行业监督管理委员会银监复[2007]315号文批准同意,换领中华人民共和国金融许可证 。2013年,经原中国银行业监督管理委员会云南监管局以云银监复[2013]293号文批准同意,公司变更注册资本为10亿元。2017年,经原中国银行业监督管理委员会云南监管局以云银监复[2017]249号文批准同意变更注册资本为12亿元。

2.1.2 公司法定名称

中文名称:云南国际信托有限公司

中文缩写:云南信托

英文名称:Yunnan International Trust Co. ,Ltd.

英文缩写:YNTRUST

2.1.3 公司法定代表人:甘煜

2.1.4 公司注册地址:云南省昆明市南屏街(云南国托大厦)

2.1.5 邮政编码:650021

公司国际互联网网址:http://www. yntrust. com

电子信箱:ynxt@ yntrust. com

2.1.6 公司信息披露事务负责人:舒广

联系人:秦少敏

联系电话:0871-63173981

传真:0871-63152142

电子信箱:ynxt@ yntrust. com

2.1.7 公司选定的信息披露报纸名称:《金融时报》

2.1.8 公司年度报告备置地点:云南省昆明市南屏街4号A座33层

2.1.9 公司聘请的会计师事务所:信永中和会计师事务所(特殊普通合伙)昆明分所

住所:昆明市西山区人民西路315号云投财富商业广场B2幢19层

2.1.10 公司聘请的律师事务所:云南八谦律师事务所

住所:云南省昆明市滇池路914号摩根道5栋

2.2 组织结构

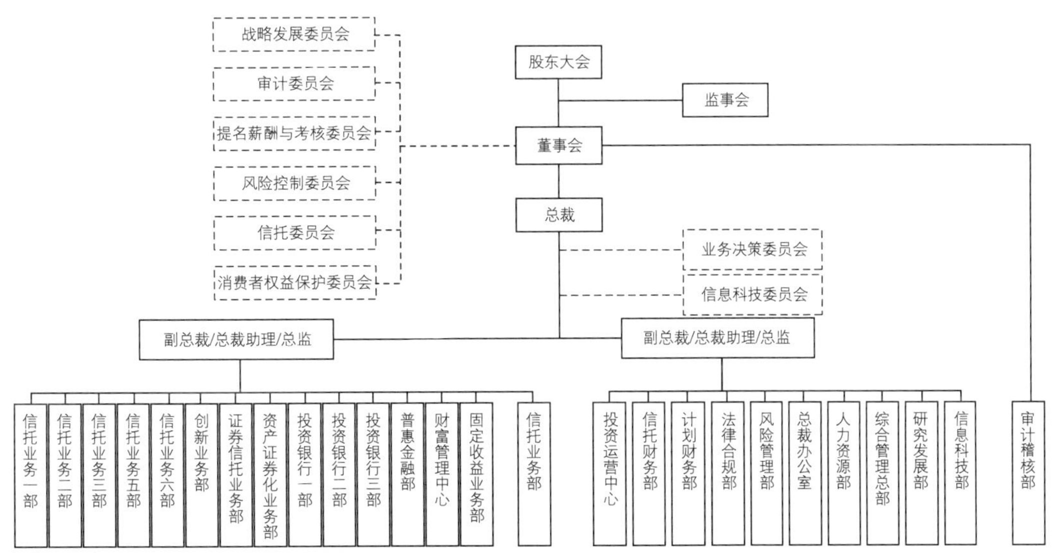

3. 公司治理

3.1 股东

本报告期末，公司共有6家股东，情况如下：

股东名称	持股比例（%）	出资额（万元）	法人代表	注册资本（亿元）	控股股东	注册地址	主要经营业务及主要财务情况
云南省财政厅	25	30 000	张岩松			昆明市五华山云南省政府内	
★涌金实业（集团）有限公司	24.5	29 400	杨利华	20 000	陈金霞	中国（上海）自由贸易试验区陆家嘴环路958号1711室	主营业务：旅游资源开发，国内贸易（除国家明令禁止经营的商品），实业投资咨询，商务信息咨询，食用农产品的销售（除专项审批外），图文制作设计，展览展示服务。（依法须经批准的项目，经相关部门批准后方可开展经营活动） 主要财务情况：截至2019年末，总资产为51.97亿元，所有者权益为42.59亿元。
上海纳米创业投资有限公司	23	27 600	刘明	30 000	陈金霞	中国（上海）自由贸易试验区陆家嘴环路958号1701室	主营业务：实业投资、资产管理（非金融业务）、科技项目开发及以上相关业务的咨询服务，国内贸易（专项、专控商品除外）。（依法须经批准的项目，经相关部门批准后方可开展经营活动） 主要财务情况：截至2019年末，总资产为7.66亿元，所有者权益为7.65亿元。
北京知金科技投资有限公司	17.5	21 000	杨利华	15 000	涌金实业（集团）有限公司	北京市怀柔区雁栖工业开发区三区16号	主营业务：投资管理；投资咨询（企业依法自主选择经营项目，开展经营活动；依法须经批准的项目，经相关部门批准后依批准的内容开展经营活动；不得从事本市产业政策禁止和限制类项目的经营活动）。 主要财务情况：截至2019年末，总资产为5.54亿元，所有者权益为5.53亿元。
深圳中民电商控股有限公司	7.50	9 000	苗健	10 000	北京市利宇投资有限公司	深圳市南山区科苑路11号金融科技大厦A座十三层C01单元	主营业务：计算机软件及互联网领域的技术开发；投资兴办信息技术企业；投资管理（不含限制项目）；投资咨询（不含限制项目）；财务管理咨询（以上法律、行政法规、国务院决定禁止的项目除外，限制的项目须取得许可后方可经营）。 主要财务情况：截至2019年末，总资产为4.22亿元，所有者权益为1.08亿元。
云南合和（集团）股份有限公司	2.50	3 000	李剑波	600 000	红塔烟草（集团）有限责任公司	云南省玉溪市红塔区凤凰路116号	主营业务：实业投资、项目投资及对所投资项目进行管理（依法须经批准的项目，经相关部门批准后方可开展经营活动）。 主要财务情况：截至2019年末，总资产为2 358.36亿元，所有者权益为942.16亿元。

注：1. ★为控股股东。
2. 以上财务数据未经审计。

本公司股东之中，涌金实业（集团）有限公司、上海纳米创业投资有限公司及北京知金科技投资有限公司之间存在关联关系，互为一致行动人。本公司实际控制人为陈金霞女士。公司股东最终受益人即实际享有公司股权收益的人为股东自身。

公司前三位股东的主要情况：（1）云南省财政厅（政府部门）；（2）涌金实业（集团）有限公司主要股东：陈金霞持股比例为50%；（3）上海纳米创业投资有限公司主要股东：陈金霞持股比例为75%。

报告期内未发现公司股东违反承诺质押信托公司股权或以股权及其受（收）益权设立信托等金融产品的情况，报告期内公司未向国务院银行保险业监督管理机构或其派出机构提交行政许可申请但尚未获得批准的事项。

3.2 董事、董事会及其下属委员会

本报告期末，公司共有9名董事，情况如下：

董事长、副董事长、董事

姓名	职务	性别	年龄（岁）	选任日期	所推举的股东名称	该股东持股比例（%）	简要履历
甘　煜	董事长	男	43	2019年4月	涌金实业（集团）有限公司	24.5	博士研究生，曾就职于中国人民银行银行管理司准入一处，原中国银监会银行二部，历任非现场监管处主任科员、现场检查处副处长、市场准入处副处长，原中国银监会国际部国际研究处处长，原中国银监会办公厅秘书处正处级秘书，平安银行法律合规部总经理、监事、纪委委员；现任云南国际信托有限公司董事长。
刘　刚	副董事长	男	54	2019年4月			研究生学历，历任云南国际信托有限公司副董事长兼常务副总经理、董事长；现任云南国际信托有限公司副董事长。
田泽望	副董事长	男	48	2018年5月			研究生学历，历任云南国际信托有限公司总裁助理、总裁；现任云南国际信托有限公司副董事长。

续表

姓名	职务	性别	年龄（岁）	选任日期	所推举的股东名称	该股东持股比例（%）	简要履历
赵志清	董事	男	36	2018年5月	云南省财政厅	25	研究生学历，高级会计师，云南省高级会计管理人才，曾就职于云南省财经学校、云南省注册会计师管理与资产评估中心；现任云南省国有金融资本控股集团有限公司计划财务部副总经理，云南国际信托有限公司董事。
舒 广	董事	男	41	2018年5月	上海纳米创业投资有限公司	23	研究生学历，历任云南国际信托有限公司总裁办公室主任、合规工作部总经理、公司副总裁；现任云南国际信托有限公司总裁、董事会秘书、董事。
刘 峥	董事	女	48	2018年5月	北京知金科技投资有限公司	17.5	研究生学历，历任北京涌金财经顾问有限公司研发部经理、副总经理，北京知金科技投资有限公司业务总监、总经理，国金证券有限公司（现国金证券股份有限公司）监察稽核部副总经理、投资银行部副总经理及公司内核委员会委员，云南国际信托有限公司副总裁；现任涌金实业（集团）有限公司投资部总经理，云南国际信托有限公司董事。

独立董事

姓名	所在单位及职务	性别	年龄（岁）	选任日期	所推举的股东名称	该股东持股比例（%）	简要履历
龙 超	云南财经大学金融研究院教授，博士生导师	男	55	2018年5月	云南省财政厅	25	经济学博士，历任云南财经大学图书馆副馆长（主持工作）、金融发展研究所副所长、金融学院院长；现任云南财经大学金融研究院教授，博士生导师，兼任云南旅游、昆明川金诺等上市公司独立董事，云南国际信托有限公司独立董事。
沈 思	无	男	66	2018年5月	涌金实业（集团）有限公司	24.5	经济学硕士，历任浙江省人民银行金融研究所副所长、办公室副主任、金管处副处长、调统处处长，人民银行总行调统司副司长，浦发银行杭州分行副行长，浦发银行董秘、董事会办公室主任、战略发展部总经理，浦发银行董秘、董事、执行董事、董事会战略委员会、资本经营委员会委员；现任云南国际信托有限公司独立董事。
梁旻松	北京弘松投资咨询有限责任公司合伙人	男	51	2018年5月	上海纳米创业投资有限公司	23	经济学、法学博士，历任美国纽约 Kelly Drye & Warren LIP 公司/项目融资部律师，美国贝克·麦肯斯国际律师事务所香港办公室中国业务部律师，北京博雅新港资本投资咨询有限公司首席执行官；现任北京弘松投资咨询有限责任公司合伙人，云南国际信托有限公司独立董事。

董事会下属委员会

委员会名称	职责	组成人员姓名及职务
董事会战略发展委员会	对公司的发展战略规划进行研究并提出建议	主任委员：甘煜 委员：田泽望、赵志清
董事会审计委员会	监督公司的内部审计制度及其实施	主任委员：龙超 委员：刘刚、刘峥
董事会风险控制委员会	研究、考核公司的风险控制制度，并提出建议	主任委员：沈思 委员：刘刚、舒广
董事会提名、薪酬与考核委员会	研究董事、高管、董事会秘书以及由总裁提请董事会认定的其他管理人员的选择标准和程序及考核标准，并提出建议	主任委员：沈思 委员：刘峥、甘煜
董事会信托委员会	督促公司依法履行受托人职责，当公司或股东利益与受益人利益发生冲突时保证公司为受益人的最大利益服务	主任委员：梁旻松 委员：刘峥、田泽望
董事会消费者权益保护委员会	制定消费者权益保护工作战略、指导督促高管有效执行和落实消费者权益保护相关工作	主任委员：梁旻松 委员：刘刚、舒广

3.3 监事、监事会及其下属委员会

监事会成员

姓名	职务	性别	年龄（岁）	选任时间	所推举的股东名称	该股东持股比例（%）	简要履历
李国青	监事长	男	47	2018年5月	云南省财政厅	25	在职研究生，历任云南省财政厅预算局联络处处长（副处级）、云南省财政厅债务管理处副处长；现任云南国际信托有限公司监事长。
穆 越	监事	女	29	2018年5月	涌金实业（集团）有限公司	24.5	研究生学历，现任涌金实业（集团）有限公司投资经理，云南国际信托有限公司监事。
许 悦	监事	女	29	2018年5月	上海纳米创业投资有限公司	23	研究生学历，现任涌金实业（集团）有限公司法律部经理，云南国际信托有限公司监事。

续表

姓名	职务	性别	年龄（岁）	选任时间	所推举的股东名称	该股东持股比例（%）	简要履历
文　俊	监事	男	33	2018 年 5 月	云南合和（集团）股份有限公司	2.5	经济学硕士，历任红云红河集团昆明卷烟厂生产三部生产运行室科员，红云红河集团市场营销中心黑龙江市场部营销员，云南中烟营销中心黑龙江市场部市场经理，云南合和（集团）股份有限公司金融资产部挂职科员；现任云南合和（集团）股份有限公司金融资产部项目管理专员，云南国际信托有限公司监事。
苏　颖	职工监事	女	41	2018 年 5 月	—	—	大专学历；现任云南国际信托有限公司北京联络处行政经理、职工监事。
杨永忠	职工监事	男	51	2018 年 5 月	—	—	大专学历；现任云南国际信托有限公司综合管理总部高级行政经理、工会主席、职工监事。
朱炜明	职工监事	男	38	2018 年 5 月	—	—	本科学历；现任云南国际信托有限公司普惠金融部总经理、职工监事。

3.4　高级管理人员

高级管理人员

姓名	职务	性别	年龄（岁）	选任日期	金融从业年限（年）	学历	专业	简要履历
舒　广	总裁	男	41	2018 年 5 月	12	硕士研究生	法律	研究生学历，历任云南国际信托有限公司总裁办公室主任、合规工作部总经理、公司副总裁；现任云南国际信托有限公司总裁、董事会秘书、董事。
许荣华	副总裁	男	54	2018 年 5 月	29	硕士研究生	经济系统工程	研究生学历，历任兴业银行厦门分行海沧支行行长、文滨支行行长、温州分行行长、南平分行行长、兴业银行总行同业部副总经理；现任云南国际信托有限公司副总裁。
贾　岩	总裁助理	男	42	2018 年 5 月	12	硕士研究生	管理学	研究生学历，历任云南国际信托有限公司信托业务总部信托经理，云晨期货有限公司信息部主管，国金证券昆明营业部大客户部经理，昆明玖言理财咨询有限公司副总经理，云南国际信托有限公司信托业务二部总经理；现任云南国际信托有限公司总裁助理。
李　峥	总裁助理	女	46	2018 年 5 月	22	硕士研究生	工商管理	研究生学历，历任云南国际信托有限公司信托财务部及投资运营中心部门负责人；现任云南国际信托有限公司总裁助理。
毛剑辉	总裁助理	男	37	2019 年 6 月	12	硕士研究生	电机与电器	研究生学历，历任中国民生银行总行金融市场部交易员、私人银行部产品经理，浦发银行总行资金总部资产产品经理，国泰君安证券固定收益部董事总经理兼首席结构金融师；现任云南国际信托有限公司总裁助理。

3.5　公司员工

本报告期内，公司实有员工 320 人，平均年龄为 32 岁。其中具有大专以上学历的员工 315 人（其中：博士 1 人，硕士 181 人，本科 120 人，大专 13 人），占总人数的 98.44%；其他学历的员工 5 人，占总人数的 1.56%。

4. 经营管理

4.1　经营目标、经营方针、战略规划

4.1.1　经营目标

公司秉承“客户第一、拥抱变化、团结协助、敬业进取、信诚重诺、平等尊重”的价值理念，提供优质、高效、特色的资产管理服务，致力于实现客户价值、员工价值、股东价值和社会价值的最大化。公司的使命是用科技让金融更简单，愿景是成为卓越的科技金融服务平台，实现细分市场领先、特色业务突出、专业能力精深，在国内独树一帜。

4.1.2　经营方针

公司遵循“紧跟市场步伐、深耕可持续业务、坚持风险与收益对等、聚焦重点领域”的基本原则，以新技术与新产业为核心，不断创新进取，坚持服务实体经济，回归金融机构本源，追求风险可控下的最大投资回报。充分整合运用多种金融工具，选择银行、地产、消费贷款、多元金融、建筑业、交通物流、互联网及金融科技、汽车及零部件制造、民生消费这九大产业深耕。

4.1.3　战略规划

围绕战略目标，公司在充分研判内外部环境的基础上，坚持战略转型道路，深耕普惠金融、资产证券化、银信合作等业务领域，加大资管产品开发及提升财富管理能力，致力于搭建卓越科技金融服务平台，实现聚焦后的差异化战略谋篇布局。

4.2　所经营业务的主要内容

报告期内，公司经营的业务主要包括自营业务和信托业务。

4.2.1　自营业务

自营业务包括证券一级市场投资、股权投资、债券投资、信托受益权投资、经营性租赁业务等方面。

4.2.2　信托业务

信托业务包括证券投资类信托业务、贷款融资类信托业务、财产权类信托业务、消费金融类信托业务、股权投资类信托业务、信贷资产转让类信托业务、房地产及基础设施类信托业务等。

4.2.3 自营资产及信托资产运用与分布情况

自营资产运用与分布表

资产运用	金额(万元)	占比(%)	资产分布	金额(万元)	占比(%)
货币资产	11 680.00	3.26	基础产业	—	0.00
贷款	—	0.00	房地产业	—	0.00
短期投资	46 200.00	12.87	证券	40 000.00	11.15
长期投资	—	0.00	实业	—	0.00
其他	300 965.15	83.87	其他	318 845.15	88.85
资产总计	358 845.15	100.00	资产总计	358 845.15	100.00

信托资产运用与分布表

资产运用	金额(万元)	占比(%)	资产分布	金额(万元)	占比(%)
货币资产	487 861.26	2.43	基础产业	1 952 829.00	9.72
贷款	9 344 516.02	46.52	房地产业	1 328 411.32	6.62
交易性金融资产	2 041 853.16	10.17	证券	2 067 259.61	10.29
长期投资	679 965.79	3.39	金融机构	86 609.28	0.43
买入返售资产	1 135 864.58	5.65	工商企业	6 433 553.79	32.03
其他	6 394 863.74	31.84	其他	8 216 261.55	40.91
资产总计	20 084 924.55	100.00	资产总计	20 084 924.55	100.00

4.3 市场分析

4.3.1 影响本公司业务发展的有利因素

国务院金融稳定发展委员会的成立和运行，加速建立有力、高效的现代金融监管框架、监管规则、监管标准。信托行业经过多年发展，行业规模位居资管第二，已经形成品牌口碑、能力、人才、经验等优势，在竞争中处于较为有利的位置；统一资管之后，理财子公司、券商资管、信托等资管机构在监管政策方面处于同一起跑线，同时信托还具有相较其他资管机构的优势和功能，有望在资产管理格局形成的过程中实现“弯道超车”。

经济发展长期向好，新经济发展迅速。2019 年 GDP 同比增长6.1%，经济总量达到99 万亿，实体经济转型仍有较大需求，信托仍有较大的市场机会。符合服务实体经济和供给侧改革、符合十三五规划以及中国制造 2025 等国家战略的新兴产业如新一代信息技术、高端制造、新能源等行业成长性较好，为信托公司发展提供了新的机会。

随着经济发展和财富的积累集中，2019 年个人可投资资产突破 200 万亿元。“高净值人群”数量的高速增长，也直接导致高净值人士可投资金融资产的规模随之迅猛增长，财富管理领域涌现新机遇。同时，我国 17.3%的老龄人口比与 1.5%的生育率，加速了老龄化社会的到来，养老金融产业也应运而生，以储蓄、私人养老保险、信托、养老基金等形式为老年人提供金融规划咨询和服务的金融机构，将面临前所未有的机遇。

金融科技发展迅猛，促进资产管理能力提升。金融科技是基于数据分析、信息系统乃至各类互联网新兴技术驱动的创新金融业务，具体到公司层面是指基于数据和科技运营，发掘不可交易金融资产并使之可交易化的创新信托业务。公司紧跟科技浪潮，投入资金、人力支持金融科技体系建设，自主开发普惠金融服务系统，实现覆盖贷前、贷中、贷后的全闭环操作，为业务提供强力支撑，保障普惠金融业务获得长足发展；同时强化可视化数据建设，提供 PC 端登录界面，配备手机公众号，详细披露所投资特定资产的运营情况。

4.3.2 影响本公司业务发展的不利因素

中美贸易摩擦使中国经济面临较大外部压力。一方面，影响中国进出口贸易总额，持续影响实体经济增长；另一方面，中美贸易摩擦对国家的资本市场，包括股票、债券、基金、利率和汇率的波动都有着较大的影响，带来较大的金融风险。信托行业作为金融体系的重要组成部分，也面临着较高的不确定性，这对信托公司的宏观经济预判能力提出了更高的要求。

实体经济杠杆率位于高位，民营企业的经营风险加大。依据统计，2018 年下半年以来，实体经济杠杆率再度升高。2019 年第三季度，实体经济杠杆率为 251.2%，较 2018 年末上升 7.5 个百分点。随着短期经济下行压力加大，民营企业盈利恶化、融资环境趋紧，资产负债率上升十分显著。2019 年 10 月民营工业企业资产负债率为 57.9%，较 2017 年末的低点增加了6.5 个百分点。考虑到 PPI 通缩环境下民营企业将承受更高的实际利率，预计杠杆率快速上升的民营企业将面临较大的债务风险，实体企业的风险会传导到金融体系。

监管机构“防风险、去杠杆、严监管”力度不同以往。2019 年监管重点包括压降规模、规范房地产信托开展、优化信托业务结构、打击信托市场违法违规行为、有效有力处置信托风险等。银保监会对于信托业风险的重视，也达到近两年监管之最，信托公司展业预计将受到较大限制。

4.4 内部控制

4.4.1 内部控制环境和内部控制文化

公司遵循“诚信、谨慎、勤勉、高效”的原则，依法经营、科学管理，以维护信托财产及股东权益为经营宗旨；秉承“诚信引领未来、专业创造价值”的企业经营理念，以“资产管理、功能信托、投资银行”为核心竞争力，致力于最大化地实现客户价值、社会价值、员工价值和股东价值，创造良好的公司治理文化和股东信用文化。

公司董事会负责督促、检查、评价公司风险管理工作，专设信托委员会、风险控制委员会两个专业委员会对公司重大信托项目的合规及风险控制进行督导，对公司风险管理负最终责任。公司监事会积极列席公司业务决策会，重点关注业务模式的风险点和决策程序。监督检查并督促落实公司风险管理体系的建立和实施及相关事项的整改，就涉及公司风险的重大事项向股东会汇报，充分发挥了监事会的独立监督职能。

公司倡导合规经营和风险管理的理念，努力培养全体员工遵纪守法和风险防范意识，通过定期内部培训学习保证全体员工及时了解国家法律法规和公司规章制度，使合规和风险防范意识贯穿到公司各个部门、岗位和环节。

4.4.2 内部控制措施

4.4.2.1 健全有效议事决策机制

公司建立了以总裁为主任委员的公司业务决策委员会并制定具体的《业务决策委员会工作细则》。对于公司拟实施的每个项目，都必须经由公司业务决策委员会讨论通过后才能组织实施。超出业务决策委员会审议权限的业务项目，业务决策委员会通过后，还需提请董事会风险控制委员会、董事会信托委员会行使对该项目的最终审查权，从而加强对公司项目的事前合规、风险控制。

4.4.2.2　建立内部分工明确、相互监督制衡的职责构架

公司设立相对独立的内部审计稽核部门，直接对董事会负责，由其负责对公司自营业务每半年至少进行一次稽核，对终止或结束的信托项目逐月进行审计稽核，对业务开展过程中发现的问题随时进行稽核，并将稽核情况及时向董事会报告。

公司的法律合规部及风险管理部独立行使职能，对公司业务开展事前、事中、事后的合规及风险审查、控制和监督并出具独立意见。

4.4.2.3　强化行业政策贯彻与业务同步

公司严格按照中国银行保险监督管理委员会规定，执行信托业务与自营业务分岗、分账独立运行，分别对自营业务和信托业务制定业务流程、操作规程和风险控制制度，保证各项业务的前台、中台、后台相对独立，建立健全内外部"防火墙"。

2019 年，公司继续深化内控体系建设，加强对业务制度、流程、岗位职责、操作规程等各项制度的梳理与完善，确保各项制度的规范性、实用性和有效性，并着力抓好各项制度的监督执行与落实，从整体上提高了工作效率。制度约束力覆盖所有部门、所有业务，并贯彻落实到每个具体岗位，有效提升了公司内控能力。

4.4.3　信息交流与反馈

2019 年，公司进一步优化了内部信息交流和反馈机制的平台，公司股东会、董事会、监事会、经营层可及时了解公司的经营状况和风险情况。员工的工作情况信息能顺畅到达经营层，经营层的相关反馈信息也能够及时传递给相关的员工和部门。

4.4.4　监督评价与纠正

为了确保公司稳定发展，在坚持做好业务决策委员会事前控制机制的基础上，公司进一步加强对各运行项目的事中和事后管理，定期或不定期地开展对各业务操作流程和风险控制措施的自我检查和评价，做到自查、自省、自纠和自律。

4.5　风险管理

4.5.1　风险管理概况

风险管理是指围绕公司战略目标，由公司各职能部门和业务部门共同实施，在管理环节和经营活动中通过识别、评估、管理各类风险、执行风险管理基本流程、培育良好风险管理文化、建立健全风险管理体系，把风险控制在公司可承受范围内的系统管理过程。

4.5.1.1　公司经营活动中可能遇到的风险

根据信托行业的风险特性以及公司自身情况，公司在经营活动中可能遇到的风险包括法律与合规风险、声誉风险、信用风险、操作风险、道德风险、市场风险以及其他风险等。

4.5.1.2　公司风险管理的基本原则与政策

公司的风险管理遵循以下原则：(1)全面性原则，即风险管理涵盖公司的所有部门和岗位，渗透到各项业务和环节中，贯穿于每项业务全过程。通过不断提高员工对风险的识别和防范能力，树立全员风险意识。(2)有效性原则，即在全面风险管理的理念下，建设全面反映公司风险状况的风险控制体系，确保该体系能有效指导业务，并能有效防范和化解风险。(3)防范和控制原则，即风险控制关口前移，努力在前期做好风险管理工作，加强风险的事前预防和统筹管理，并能在风险发生时及时识别和处理。(4)独立性原则，即承担风险管理监督检查职能的部门独立于公司其他部门，确保监督检查工作的独立性。(5)审慎性原则，即风险管理策略及方法根据公司经营战略、经营方针等内部环境的变化和国家法律法规等外部环境的改变及时进行完善，对各项创新业务及产品方案审慎出具风险评估意见。(6)成本效益原则，即风险管理充分考虑成本与效益的关系，公司保持足够的风险管理投入以降低风险损失。同时在保证风险可控的前提下，尽量减少冗余步骤，提高处理效率。

4.5.1.3　公司风险管理组织结构及职责划分

公司根据各内部机构在全面风险管理中的作用和功能不同，建立健全一个职责明确、功能健全、信息沟通顺畅的四道全面风险管理体系。

公司的风险管理工作实行分级管理，风险管理组织体系如下：

第一层级：董事会风险控制委员会。公司在董事会层面设立风险控制委员会，负责进行公司风险控制制度的建设、审查公司重大业务的风险、在公司内部长期进行风险教育等。

第二层级：业务决策委员会。公司的业务决策委员会是董事会领导授权下的负责日常业务决策的最高机构，由总裁召集，负责讨论并通过公司的各项业务管理制度、业务流程、审核决定公司拟推出的各项信托产品。

第三层级：风险管理部门。公司承担风险管理职能的部门主要是风险管理部、法律合规部、审计稽核部、信托财务部。风险管理部是公司全面风险管理工作的归口管理部门，负责建立健全公司风险防范制度体系，负责公司风险管理制度执行情况的监督，对公司拟开展的各项信托产品进行风险审查，对公司经营管理活动中的各类风险实施有效的事前评估和过程监控，有效防范、化解和降低公司运营风险。法律合规部负责有效识别和管理公司所面临的合规风险，监督落实监管政策执行情况，通过进行法律文件审核、案件防控管理、法律培训、诉讼处理等工作不断提升公司合规管理水平与专业能力。审计稽核部负责对公司内部控制和各项业务风险管理状况进行监督评价，并按照公司规定向董事会报告。信托财务部负责信托项目的资金划拨、清算、收益计算、到期兑付以及公司规定的其他职责。

第四层级：各业务部门及投资运营中心。公司各信托业务部门以及投资运营中心承担一线风险管理职责，负责按照公司风险管理制度与业务操作流程开展信托业务、固有业务，在尽职调查、产品设计、资金募集、贷后投后管理、信息披露、终止清算等整个业务过程中对主要业务风险进行识别和管理。

4.5.2　风险分类

4.5.2.1　法律与合规风险

法律与合规风险是指公司因没有遵循法律、规则、准则和法律文件约定，可能遭受法律制裁、监管处罚、重大财务损失和声誉损失的风险。

4.5.2.2　声誉风险

声誉风险是指由于公司内部管理、信托产品出现问题等而引起公司的外部社会名声、信誉和公众信任度下降，从而对公司的外部市场地位产生消极和不良影响的风险。

4.5.2.3　信用风险

信用风险是指由于交易对手违约造成损失的风险。主要表现为公司在开展固有业务和信托业务时，可能会因交易对手违约而给公司或信托财产带来风险。

4.5.2.4　操作风险

操作风险是指因公司的内部控制系统不完善、管理失误、控制缺失、或其他一些人为错误而导致的风险。具体可以细分为执行风险、流程风险、信息风险、人员风险、系统事件风险等。

4.5.2.5　道德风险

道德风险是指公司员工在执行业务过程中，由于法律意识淡漠、自律性差、责任心不强等因素的影响，可能存在的违法违规、操作失误等行为而给公司造成损失损害的风险。

4.5.2.6　市场风险

市场风险是指公司在运营过程中可能因市场的利率、汇率或所投资的产品价格的波动而引起投资亏损的风险。这些风险可能影响信托财产的价值及信托收益水平，也可能影响公司固有资产价值或导致损失。

4.5.2.7　其他风险

其他风险主要包括流动性风险等。

流动性风险是指信托财产、信托受益权或以信托财产为基础开发的具体信托产品的流动性不足导致的风险。

4.5.3　风险管理

4.5.3.1　法律与合规风险管理

公司坚持“合规人人有责，风控创造价值”的基本理念，通过事前调查、事中控制、事后检查实现对每笔业务时间、空间上的全程管理，按照国家法律法规和监管部门的有关要求开展业务，在识别和管理法律与合规风险过程中，注重将原则性和灵活性相结合。2019年，公司加强了对业务可行性分析、交易结构设计、法律文件审查等环节的法律与合规风险的审查和管理，确保公司在依法合规的前提下审慎展业。

4.5.3.2　声誉风险管理

公司重视声誉风险管理，将其纳入公司治理和全面风险管理体系，强调在依法合规经营和健康有序发展的基础上，主动、有效、灵活地防范和管理声誉风险。报告期内，公司采取了一系列具体措施加强声誉风险及舆情管理。针对媒体因误解、信息不对称而导致的误报、错报等新闻舆情，公司主动对接媒体进行了沟通，减少后续蔓延态势。公司强化媒体关系管理，加大了对媒体记者、中高层的拜访和沟通力度，定期举办高管参与的媒体见面会，同时强化媒体信息互通的机制，增进互信。目前，部分主流财经媒体已经增强了对公司业务合规情况的了解，且主动、正面对公司服务实体经济的亮点业务进行了报道，一定程度上提升了品牌声誉。

4.5.3.3　信用风险管理

公司高度重视交易对手的信用情况，通过多种措施加强信用风险管理：一是结合公司业务开展的实际情况，针对特定业务类型制定了相应的业务审批指引、准入标准和操作规程等风控制度；二是结合项目具体情况，加强对交易对手的事前尽职调查和项目可行性分析，审慎选择交易对手，进行事前控制；三是严格落实项目审批条件和担保措施，客观、公正地评估抵（质）押物，并通过关注交易对手担保物情况和资信状况，持续跟踪进行事中和事后控制；四是风险管理归口部门对公司开展项目的信用风险情况进行不定期的风险排查，及时发现问题并采取相应措施；五是遵照外部监管机关及公司内部风险管控的要求，进行资产风险分类，实施动态管理；六是严格按财政部和中国银保监会的要求，足额提取包括呆账准备金、信托赔偿准备金在内的各项准备金，足额计提资产减值准备。

4.5.3.4　操作风险管理

公司通过完善规章制度、细化业务操作流程、加强员工专业培训及奖惩激励、设定计算机业务系统操作权限、制定应急预案等措施控制操作风险。

公司通过多种措施加强操作风险管理：一是不断完善各项规章制度和业务操作流程，持续完善操作风险管理机制，切实提高业务管理的精细化水平；二是实行严格的发起、复核、审核程序，严格防范操作风险；三是加强对员工的培训、教育，增强员工责任感和道德水平，执行问责制度，提高操作风险管理质量。

4.5.3.5　道德风险管理

公司通过完善公司治理结构、健全内控制度、规范合理分工及有效制衡的操作流程、加强员工职业道德的培养、提高员工对公司的热爱和对岗位的热情来控制道德风险。并强化审计监督，完善风险预警机制。

4.5.3.6　市场风险管理

公司的市场风险管理策略：一是注重研究和防范宏观经济、金融形势等系统性风险，制定公司的主要业务发展方向；二是根据市场行情，密切跟踪市场变化，及时调整业务开展策略，通过资产或投资的合理组合实现风险的有效对冲和补偿，以规避市场风险；三是在业务审批决策和业务存续期管理过程中，通过压力测试和动态监控，对项目进行严格管理；四是积极贯彻落实监管部门下发的有关法律法规和监管政策，及时对特定业务作出风险提示，加强风险防范，确保风险可控。

4.5.3.7　其他风险管理

其他风险主要是流动性风险。公司在流动性风险的管理工作中，采取多种有效手段检测流动性风险，如通过压力测试检测公司及其产品的承压能力，识别判断公司的流动性风险。

5. 财务会计报表

5.1　自营资产

5.1.1　会计师事务所审计意见全文

审 计 报 告

XYZH/2020KMA40031

云南国际信托有限公司：

一、审计意见

我们审计了云南国际信托有限公司（以下简称云南信托）财务报表，包括2019年12月31日的资产负债表，2019年度的利润表、现金流量表、股东权益变动表，以及财务报表附注。

我们认为，后附的财务报表在所有重大方面按照企业会计准则的规定编制，公允反映了云南信托2019年12月31日的财务状况以及2019年度的经营成果和现金流量。

二、形成审计意见的基础

我们按照中国注册会计师审计准则的规定执行了审计工作。审计报告的“注册会计师对财务报表审计的责任”部分进一步阐述了我们在这些准则下的责任。按照中国注册会计师职业道德守则，我们独立于云南信托，并履行了职业道德方面的其他责任。我们相信，我们获取的审计证据是充分、适当的，为发表审计意见提供了基础。

三、管理层和治理层对财务报表的责任

云南信托管理层负责按照企业会计准则的规定编制财务报表，使其实现公允反映，并设计、执行和维护必要的内部控制，以使财务报表不存在由于舞弊或错误导致的重大错报。

在编制财务报表时，管理层负责评估云南信托的持续经营能力，披露与持续经营相关的事项（如适用），并运用持续经营假设，除非管理层计划清算云南信托、终止运营或别无其他现实的选择。

治理层负责监督云南信托的财务报告过程。

四、注册会计师对财务报表审计的责任

我们的目标是对财务报表整体是否不存在由于舞弊或错误导致的重大错报获取合理保证，并出具包含审计意见的审计报告。合理保证是高水平的保证，但并不能保证按照审计准则执行的审计在某一重大错报存在时总能发现。错报可能由于舞弊或错误导致，如果合理预期错报单独或汇总起来可能影响财务报表使用者依据财务报表作出的经济决策，则通常认为错报是重大的。

在按照审计准则执行审计工作的过程中，我们运用职业判断，并保持职业怀疑。同时，我们也执行以下工作：

（1）识别和评估由于舞弊或错误导致的财务报表重大错报风险，设计和实施审计程序以应对这些风险，并获取充分、适当的审计证据，作为发表审计意见的基础。由于舞弊可能涉及串通、伪造、故意遗漏、虚假陈述或凌驾于内部控制之上，未能发现由于舞弊导致的重大错报的风险高于未能发现由于错误导致的重大错报的风险。

（2）了解与审计相关的内部控制，以设计恰当的审计程序，但目的并非对内部控制的有效性发表意见。

（3）评价管理层选用会计政策的恰当性和作出会计估计及相关披露的合理性。

（4）对管理层使用持续经营假设的恰当性得出结论。同时，根据获取的审计证据，就可能导致对云南信托持续经营能力产生重大疑虑的事项或情况是否存在重大不确定性得出结论。如果我们得出结论认为存在重大不确定性，审计准则要求我们在审计报告中提请报表使用者注意财务报表中的相关披露；如果披露不充分，我们应当发表非无保留意见。我们的结论基于截至审计报告日可获得的信息。然而，未来的事项或情况可能导致云南信托不能持续经营。

（5）评价财务报表的总体列报、结构和内容，并评价财务报表是否公允反映相关交易和事项。

我们与治理层就计划的审计范围、时间安排和重大审计发现等事项进行沟通，包括沟通我们在审计中识别出的值得关注的内部控制缺陷。

信永中和会计师事务所（特殊普通合伙）

中国注册会计师：

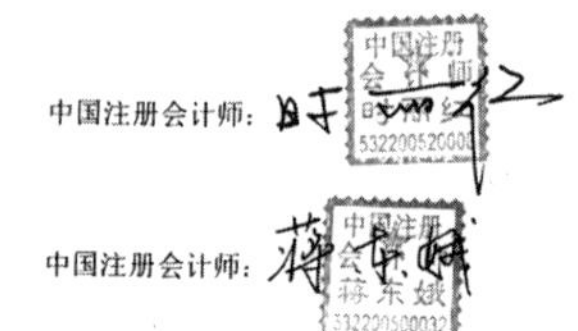

中国注册会计师：

中国·昆明　　　　二〇二〇年三月二十五日

5.1.2　资产负债表

资产负债表

编制单位：云南国际信托有限公司　　　　2019 年 12 月 31 日　　　　单位：元

资　　产	注释号	行次	期末数	期初数	负债和所有者权益	注释号	行次	期末数	期初数
货币资金	七.1	1	116 802 924.80	61 454 544.80	短期借款		25	—	—
拆出资金		2	—	—	拆入资金		26	—	—
交易性金融资产	七.2	3	400 000 000.00	140 000 000.00	交易性金融负债		27	—	—
衍生金融资产		4	—	—	衍生金融负债		28	—	—
买入返售金融资产		5	—	—	代理承销证券款		29	—	—
应收账款	七.3	6	65 889 229.46	102 675 981.40	应付账款	七.15	30	900 000.00	—
其他应收款	七.4	7	20 872 599.95	10 000.00	其他应付款	七.16	31	28 936 245.74	26 316 967.38
预付款项	七.5	8	5 404 074.64	2 191 216.33	预收账款	七.17	32	40 093 517.94	—
应收股利		9	—	—	应付职工薪酬	七.18	33	337 510 765.41	288 116 979.09
应收利息	七.6	10	3 847 740.60	17 852 039.28	应交税费	七.19	34	140 151 171.88	130 368 963.77
长期应收款		11	—	—	应付股利	七.20	35	—	12 500 000.00
贷款		12	—	—	持有待售负债		36	—	—
持有待售资产		13	—	—	预计负债		37	—	—
可供出售金融资产	七.7	14	122 000 000.00	93 000 000.00	长期应付款		38	—	—
持有至到期投资		15	—	—	递延所得税负债	七.12	39	18 288 837.83	—
长期股权投资		16	—	—	其他负债		40	—	—
投资性房地产	七.8	17	28 908 035.66	31 627 236.86	负债合计		41	565 880 538.80	457 302 910.24

续表

资　　产	注释号	行次	期末数	期初数	负债和所有者权益	注释号	行次	期末数	期初数
固定资产	七.9	18	18 197 162.29	19 381 282.97	所有者权益		42		
无形资产	七.10	19	13 130 398.87	13 136 682.64	实收资本	七.21	43	1 200 000 000.00	1 200 000 000.00
信托受益权	七.11	20	2 158 603 114.60	1 954 994 350.53	资本公积	七.22	44	174 345.00	174 345.00
递延所得税资产	七.12	21	82 709 244.88	70 284 180.03	盈余公积	七.23	45	289 239 661.55	248 914 650.41
长期待摊费用	七.13	22	3 218 233.12	2 128 830.04	信托赔偿准备	七.24	46	156 126 898.76	131 931 892.08
其他资产	七.14	23	548 868 740.54	567 887 414.58	一般风险准备	七.25	47	53 826 772.49	46 149 356.39
					未分配利润	七.26	48	1 323 203 282.81	992 150 605.34
					其中:本年利润		49	403 250 111.39	295 711 644.62
					所有者权益合计		50	3 022 570 960.61	2 619 320 849.22
资产总计		24	3 588 451 499.41	3 076 623 759.46	负债及所有者权益总计		51	3 588 451 499.41	3 076 623 759.46

法定代表人:甘煜　　主管会计工作负责人:舒广　　会计机构负责人:杨春和

5.1.3　利润表

利润表

编制单位:云南国际信托有限公司　　2019 年度　　单位:元

项目	注释号	行次	本年数	上年数
营业收入		1	884 120 494.79	679 252 427.14
利息净收入		2	-3 413 150.02	13 622 467.40
利息收入	七.27	3	15 087 716.63	13 622 467.40
利息支出	七.28	4	18 500 866.65	—
手续费及佣金净收入		5	617 356 230.85	557 985 637.00
手续费及佣金收入	七.29	6	629 435 554.78	565 321 157.41
其中:信托项目手续费及佣金收入		7	621 976 011.77	559 964 710.25
手续费及佣金支出	七.30	8	12 079 323.93	7 335 520.41
其中:信托项目手续费及佣金支出		9	12 079 323.93	6 629 003.80
投资收益	七.31	10	192 534 513.67	103 165 611.33
汇兑损益		11	—	—
公允价值变动损益	七.32	12	73 155 351.32	—
资产处置收益		13	—	—
其他收益		14	—	—
其他业务净收入		15	4 487 548.97	4 478 711.41
其他业务收入	七.33	16	4 980 944.39	4 971 135.18
其他业务支出	七.34	17	493 395.42	492 423.77
营业支出		18	350 330 393.83	292 678 497.27
税金及附加	七.35	19	4 928 193.82	4 174 853.88
业务及管理费	七.36	20	345 138 451.30	288 503 643.39
资产减值损失	七.37	21	263 748.71	—
营业利润		22	533 790 100.96	386 573 929.87
加:营业外收入	七.38	23	427.98	0.37
减:营业外支出	七.39	24	184 526.96	546 285.89
利润总额		25	533 606 001.98	386 027 644.35
减:所得税费用	七.40	26	130 355 890.59	90 315 999.73
净利润		27	403 250 111.39	295 711 644.62
持续经营净利润		28	403 250 111.39	295 711 644.62
终止经营净利润		29	—	—
其他综合收益		30	—	—
综合收益总额		31	403 250 111.39	295 711 644.62
每股收益		32	—	—
基本每股收益		33	—	—
稀释每股收益		34	—	—

法定代表人:甘煜　　主管会计工作负责人:舒广　　会计机构负责人:杨春和

5.1.4 所有者权益变动表

所有者权益变动表

编制单位：云南国际信托有限公司　　2019 年度　　单位：元

项　目	行次	本年金额								
		归属于母公司所有者权益								所有者权益合计
		实收资本（或股本）	资本公积	减：库存股	其他综合收益	盈余公积	信托赔偿准备	一般风险准备	未分配利润	
一、上年年末余额	1	1 200 000 000. 00	174 345. 00	—	—	248 914 650. 41	131 931 892. 08	46 149 356. 39	992 150 605. 34	2 619 320 849. 22
加：会计政策变更	2	—	—	—	—	—		—	—	—
前期差错更正	3	—	—	—	—	—		—	—	—
二、本年年初余额	4	1 200 000 000. 00	174 345. 00	—	—	248 914 650. 41	131 931 892. 08	46 149 356. 39	992 150 605. 34	2 619 320 849. 22
三、本年增减变动金额（减少以"－"号填列）	5			—	—	40 325 011. 14	24 195 006. 68	7 677 416. 10	331 052 677. 47	403 250 111. 39
（一）综合收益总额	6	—	—	—	—	—		—	403 250 111. 39	403 250 111. 39
（二）所有者投入和减少资本	7			—	—	—		—	—	—
1. 所有者投入资本	8		—	—	—	—		—	—	—
2. 其他权益工具持有者投入资本	9	—	—	—	—	—		—	—	—
3. 股份支付计入所有者权益的金额	10	—	—	—	—	—		—	—	—
4. 其他	11	—		—	—	—		—	—	—
（三）利润分配	12	—	—	—	—	40 325 011. 14	24 195 006. 68	7 677 416. 10	-72 197 433. 92	—
1. 提取盈余公积	13	—	—	—	—	40 325 011. 14		—	-40 325 011. 14	—
2. 提取信托赔偿准备	14						24 195 006. 68		-24 195 006. 68	
3. 提取一般风险准备	15	—	—	—	—	—		7 677 416. 10	-7 677 416. 10	—
4. 对所有者（或股东）的分配	16	—	—	—	—	—		—		—
5. 其他	17	—	—	—	—	—		—	—	—
（四）所有者权益内部结转	18	—	—	—	—	—		—	—	—
1. 资本公积转增资本（或股本）	19	—	—	—	—	—		—	—	—
2. 盈余公积转增资本（或股本）	20	—	—	—	—	—		—	—	—
3. 盈余公积弥补亏损	21	—	—	—	—	—		—	—	—
4. 一般风险准备弥补亏损	22	—	—	—	—	—		—	—	—
5. 设定受益计划变动额结转留存收益	23	—	—	—	—	—		—	—	—
6. ＊其他综合收益结转留存收益	24	—	—	—	—	—		—	—	—
7. 其他	25	—	—	—	—	—		—	—	—
四、本年年末余额	26	1 200 000 000. 00	174 345. 00	—	—	289 239 661. 55	156 126 898. 76	53 826 772. 49	1 323 203 282. 81	3 022 570 960. 61

法定代表人：甘煜　　主管会计工作负责人：舒广　　会计机构负责人：杨春和

所有者权益变动表（续）

编制单位：云南国际信托有限公司　　2019 年度　　单位：元

项　目	行次	上年金额								
		归属于母公司所有者权益								所有者权益合计
		实收资本（或股本）	资本公积	减：库存股	其他综合收益	盈余公积	信托赔偿准备	一般风险准备	未分配利润	
一、上年年末余额	1	1 200 000 000. 00	174 345. 00	—	—	219 343 485. 95	114 189 193. 40	41 955 282. 91	747 946 897. 34	2 323 609 204. 60
加：会计政策变更	2	—	—	—	—	—	—	—	—	—
前期差错更正	3	—	—	—	—	—	—	—	—	—
二、本年年初余额	4	1 200 000 000. 00	174 345. 00	—	—	219 343 485. 95	114 189 193. 40	41 955 282. 91	747 946 897. 34	2 323 609 204. 60
三、本年增减变动金额（减少以"－"号填列）	5	—	—	—	—	29 571 164. 46	17 742 698. 68	4 194 073. 48	244 203 708. 00	295 711 644. 62
（一）综合收益总额	6	—	—	—	—	—	—	—	295 711 644. 62	295 711 644. 62
（二）所有者投入和减少资本	7	—	—	—	—	—	—	—	—	—

续表

项目	行次	上年金额								
		归属于母公司所有者权益								所有者权益合计
		实收资本（或股本）	资本公积	减：库存股	其他综合收益	盈余公积	信托赔偿准备	一般风险准备	未分配利润	
1. 所有者投入资本	8	—	—	—	—	—	—	—	—	—
2. 其他权益工具持有者投入资本	9	—	—	—	—	—	—	—	—	—
3. 股份支付计入所有者权益的金额	10	—	—	—	—	—	—	—	—	—
4. 其他	11	—	—	—	—	—	—	—	—	—
（三）利润分配	12	—	—	—	—	29 571 164. 46	17 742 698. 68	4 194 073. 48	-51 507 936. 62	—
1. 提取盈余公积	13	—	—	—	—	29 571 164. 46	—	—	-29 571 164. 46	—
2. 提取信托赔偿准备	14	—	—	—	—	—	17 742 698. 68	—	-17 742 698. 68	—
3. 提取一般风险准备	15	—	—	—	—	—	—	4 194 073. 48	-4 194 073. 48	—
4. 对所有者（或股东）的分配	16	—	—	—	—	—	—	—	—	—
5. 其他	17	—	—	—	—	—	—	—	—	—
（四）所有者权益内部结转	18	—	—	—	—	—	—	—	—	—
1. 资本公积转增资本（或股本）	19	—	—	—	—	—	—	—	—	—
2. 盈余公积转增资本（或股本）	20	—	—	—	—	—	—	—	—	—
3. 盈余公积弥补亏损	21	—	—	—	—	—	—	—	—	—
4. 一般风险准备弥补亏损	22	—	—	—	—	—	—	—	—	—
5. 设定受益计划变动额结转留存收益	23	—	—	—	—	—	—	—	—	—
6. ＊其他综合收益结转留存收益	24	—	—	—	—	—	—	—	—	—
7. 其他	25	—	—	—	—	—	—	—	—	—
四、本年年末余额	26	1 200 000 000. 00	174 345. 00	—	—	248 914 650. 41	131 931 892. 08	46 149 356. 39	992 150 605. 34	2 619 320 849. 22

法定代表人：甘煜　　主管会计工作负责人：舒广　　会计机构负责人：杨春和

5. 1. 5　现金流量表

现金流量表

编制单位：云南国际信托有限公司　　2019 年度　　单位：元

项目	行次	上年金额	本年金额	项目	行次	上年金额	本年金额
一、经营活动产生的现金流量：	1	—	—	购建固定资产、无形资产和其他长期资产支付的现金	22	12 491 643. 05	10 277 361. 43
客户存款和同业存放款项净增加额	2	—	—	支付其他与投资活动有关的现金	23	—	—
向中央银行借款净增加额	3	—	—	投资活动现金流出小计	24	37 491 643. 05	6 255 711 516. 43
向其他金融机构拆入资金净增加额	4	—	—	投资活动产生的现金流量净额	25	-37 490 549. 32	-240 683 907. 50
收取利息、手续费及佣金的现金	5	618 898 033. 16	703 646 431. 55	三、筹资活动产生的现金流量：	26	—	—
收到其他与经营活动有关的现金	6	1 921 235 945. 37	42 716 713. 33	吸收投资收到的现金	27	—	—
经营活动现金流入小计	7	2 540 133 978. 53	746 363 144. 88	其中：子公司吸收少数股东投资收到的现金	28	—	—
客户贷款及垫款净增加额	8	—	—	发行债券收到的现金	29	—	—
存放中央银行和同业款项净增加额	9	—	—	收到其他与筹资活动有关的现金	30	—	—
支付利息、手续费及佣金的现金	10	4 429 501. 40	31 073 586. 00	筹资活动现金流入小计	31	—	—
支付给职工以及为职工支付的现金	11	184 146 952. 68	217 739 853. 15	偿还债务支付的现金	32	—	—
支付的各项税费	12	386 384 133. 54	119 645 526. 97	分配股利、利润或偿付利息支付的现金	33		12 500 000. 00
支付其他与经营活动有关的现金	13	2 211 318 052. 90	69 371 891. 26	其中：子公司支付给少数股东的股利、利润	34	—	—
经营活动现金流出小计	14	2 786 278 640. 52	437 830 857. 38	支付其他与筹资活动有关的现金	35	—	—
经营活动产生的现金流量净额	15	-246 144 661. 99	308 532 287. 50	筹资活动现金流出小计	36	—	12 500 000. 00
二、投资活动产生的现金流量：	16	—	—	筹资活动产生的现金流量净额	37	—	-12 500 000. 00
收回投资收到的现金	17	—	5 825 732 742. 25	四、汇率变动对现金及现金等价物的影响	38	—	—
取得投资收益收到的现金	18	—	189 294 866. 68	五、现金及现金等价物净增加额	39	-283 635 211. 31	55 348 380. 00
收到其他与投资活动有关的现金	19	1 093. 73	—	加：期初现金及现金等价物余额	40	345 089 756. 11	61 454 544. 80
投资活动现金流入小计	20	1 093. 73	6 015 027 608. 93	六、期末现金及现金等价物余额	41	61 454 544. 80	116 802 924. 80
投资支付的现金	21	25 000 000. 00	6 245 434 155. 00				

法定代表人：甘煜　　主管会计工作负责人：舒广　　会计机构负责人：杨春和

5.2 信托业务

5.2.1 信托项目资产负债汇总表

信托项目资产负债汇总表

编制单位：云南国际信托有限公司　　2019 年 12 月 31 日　　单位：万元

项目	2019 年末数	2019 年初数
信托资产：		
货币资金	487 861.26	535 133.86
拆出资金	—	—
存出保证金	36 030.88	48 145.43
交易性金融资产	2 041 853.16	2 019 554.92
衍生金融资产	—	—
买入返售金融资产	1 135 864.58	816 692.43
其中：买入返售证券	83 199.29	236 400.33
买入返售信贷资产	—	—
应收款项	73 211.73	70 622.63
贷款	9 344 516.02	9 097 261.36
可供出售金融资产	2 360 523.35	3 781 378.81
持有至到期投资	414 787.86	670 464.26
长期应收款	—	—
长期股权投资	679 965.79	914 966.64
投资性房地产	—	—
固定资产	—	—
无形资产	—	—
长期待摊费用	—	—
其他资产	3 510 309.92	5 658 341.03
信托资产总计	20 084 924.55	23 612 561.37
信托负债：		
交易性金融负债	—	—
衍生金融负债	—	—
应付受托人报酬	4 535.79	6 011.22
应付托管费	903.38	1 334.44
应付受益人收益	63 891.42	58 364.23
应交税费	6 015.99	2 530.28
应付销售服务费	106.50	12.63
其他应付款项	78 424.41	68 895.48
其他负债	—	—
信托负债合计	153 877.49	137 148.28
信托权益：		
实收信托	20 044 367.17	24 276 470.01
其中：资金信托	16 473 711.92	18 712 087.28
财产信托	3 570 655.25	5 564 382.73
资本公积	−212 596.13	(453 623.29)
外币报表折算差额	—	—
未分配利润	99 276.02	(347 433.63)
信托权益合计	19 931 047.06	23 475 413.09
信托负债及信托权益总计	20 084 924.55	23 612 561.37

法定代表人：甘煜　　主管会计工作负责人：李峥　　财务经理：雷瑗　　制表：靳佳慧

5.2.2 信托项目利润及利润分配汇总表

信托项目利润及利润分配汇总表

编制单位：云南国际信托有限公司　　2019 年度　　单位：万元

项目	2019 年度	2018 年度
一、营业收入	1 796 573.53	−1 003 825.25
利息收入	1 020 356.30	734 101.23
投资收益	340 144.81	−1 278 699.49
公允价值变动损益	436 328.89	−459 518.86
租赁收入	—	—
汇兑损益	—	—
其他收入	−256.47	291.86
二、营业支出	210 294.15	167 958.08
营业税金及附加	5 531.68	3 815.71
受托人报酬	64 679.36	56 108.95
托管费	11 824.08	14 742.40
投资管理费	9 990.09	14 264.94
销售服务费	3 456.69	1 362.21
交易费用	5 590.28	19 217.52
资产减值损失	4 205.17	3 978.77
其他费用	105 016.80	54 467.58
三、信托净利润	1 586 279.38	−1 171 783.33
四、其他综合收益	324 503.75	−551 986.06
五、综合收益	1 910 783.13	−1 723 769.39
加：期初未分配信托利润	−347 433.63	154 742.27
加：未分配信托利润平准金	179 947.40	2 175 094.22
六、可供分配的信托利润	1 418 793.15	1 158 053.16
减：本期已分配信托利润	1 319 517.13	1 505 486.79
七、期末未分配信托利润	99 276.02	−347 433.63

法定代表人：甘煜　　主管会计工作负责人：李峥　　财务经理：雷瑗　　制表：靳佳慧

6. 财务报表附注

6.1 财务报表编制基础

本公司的财务报表编制以持续经营假设作为基础，根据实际发生的交易和事项，按照财政部颁布的《企业会计准则》及其他相关法规的有关规定，并基于“主要会计政策和会计估计”进行编制。本财务报告编制不存在不符合会计核算基本前提的事项。

6.2 或有事项说明

本公司本期无对外担保及其他重大的或有事项。

6.3 重要资产转让及其出售的说明

本公司本期无重要资产转让及出售事项。

6.4 会计报表中重要项目的说明

6.4.1 自营资产经营情况

6.4.1.1　按信用风险五级分类结果披露信用风险资产的期初数、期末数

以下注释中期末余额是指 2019 年 12 月 31 日的余额，期初余额是指 2018 年 12 月 31 日的余额；本期数是指 2019 年 1 月 1 日至 2019 年 12 月 31 日的发生额，上期数是指 2018 年 1

月1日至2018年12月31日的发生额。

信用风险资产五级分类	正常类（万元）	关注类（万元）	次级类（万元）	可疑类（万元）	损失类（万元）	信用风险资产合计（万元）	不良资产合计（万元）	不良资产率（%）
期初数	293 999.55	—	—	—	—	293 999.55	—	—
期末数	342 929.47	1 318.74	—	—	—	344 248.21	—	—

注：本公司信用风险资产的范围包括报表项目货币资金、应收账款、预付账款、其他应收款、应收利息、其他资产（垫缴信保基金款项）、交易性金融资产、可供出售金融资产、信托受益权。关注类资产为应收云涌系列项目管理费、应收自营投资云涌项目投资收益以及自营投资云涌项目本金。

6.4.1.2 各项风险减值损失准备

单位：万元

	期初余额	本期计提	本期转回	本期核销	期末余额
贷款损失准备	—	—	—	—	—
一般准备	—	—	—	—	—
专项准备	—	—	—	—	—
其他资产减值准备	—	24.80	—	—	24.80
可供出售金融资产减值准备	—	—	—	—	—
持有至到期投资减值准备	—	—	—	—	—
长期股权投资减值准备	—	—	—	—	—
坏账准备	—	1.57	—	—	1.57
投资性房地产减值准备	—	—	—	—	—
合　计	—	26.37	—	—	26.37

注："其他资产减值准备"为自营投资云涌系列项目计提的减值准备；"坏账准备"为应收云涌系列项目管理费及应收自营投资云涌项目投资收益计提的减值准备。

6.4.1.3 自营股票投资、基金投资、债券投资、股权投资、信托产品投资等投资业务的期初数、期末数

单位：万元

	股票	基金	债券	可供出售金融资产	信托受益权	合计
期初数	—	—	14 000.00	9 300.00	195 499.44	218 799.44
期末数	—	—	40 000.00	12 200.00	215 860.31	268 060.31

6.4.1.4 本公司2019年度自营长期股权投资

无。

6.4.1.5 本公司2019年度自营贷款业务

无。

6.4.1.6 本公司2019年度表外业务

无。

6.4.1.7 本公司当年的收入结构

项目	本期发生额（万元）	占比（%）
手续费及佣金净收入	61 735.62	69.83
其中：信托业务净收入	60 989.67	68.98
利息净收入	-341.31	-0.39
其他业务净收入	448.75	0.51
投资收益	19 253.45	21.78
其中：股权投资收益	—	—
证券投资收益	159.30	0.18
其他投资收益	19 094.15	21.60
公允价值变动收益	7 315.54	8.27
合计	88 412.05	100.00

6.4.2 披露信托资产管理情况

6.4.2.1 信托资产的期初数、期末数

单位：万元

信托资产	期初数	期末数
集合	5 641 191.41	4 198 305.50
单一	12 267 920.55	12 202 782.50
财产权	5 703 449.41	3 683 836.55
合计	23 612 561.37	20 084 924.55

6.4.2.1.1 主动管理型信托业务的信托资产期初数、期末数，分证券投资类、股权投资类、其他投资类、融资类、事务管理类分别披露

单位：万元

主动管理型信托资产	期初数	期末数
证券投资类	2 901 100.51	2 402 699.34
股权投资类	0.00	900.06
其他投资类	2 217 618.01	1 638 588.75
融资类	2 395 753.59	3 798 555.22
事务管理类	0.00	0.00
合计	7 514 472.11	7 840 743.37

6.4.2.1.2 被动管理型信托业务的信托资产期初数、期末数，分证券投资类、股权投资类、其他投资类、融资类、事务管理类分别披露

单位：万元

被动管理型信托资产	期初数	期末数
证券投资类	—	—
股权投资类	—	
其他投资类	—	—
融资类	—	—
事务管理类	16 098 089.26	12 244 181.18
合计	16 098 089.26	12 244 181.18

6.4.2.2 本年度已清算结束的信托项目个数、实收信托合计金额、加权平均实际年化收益率

6.4.2.2.1 本年度已清算结束的集合类、单一类资金信托项目和财产管理类信托项目个数、实收信托合计金额、加权平均实际年化收益率

已清算结束的信托项目	项目个数（个）	实收信托合计金额（万元）	加权平均实际年化收益率（%）
集合类	238	5 508 063.92	4.98
单一类	213	6 835 660.81	5.29
财产管理类	48	2 407 258.95	6.77

注：1. 收益率是指信托项目清算后，给受益人赚取的实际收益水平。

2. 加权平均实际年化收益率＝（信托项目1的实际年化收益率×信托项目1的实收信托＋信托项目2的实际年化收益率×信托项目2的实收信托＋…＋信托项目n的实际年化收益率×信托项目n的实收信托）/（信托项目1的实收信托＋信托项目2的实收信托＋…＋信托项目n的实收信托）×100%。

6.4.2.2.2　本年度已清算结束的主动管理型信托项目个数、实收信托合计金额、加权平均实际年化信托报酬率、分证券投资类、股权投资类、其他投资类、融资类、事务管理类分别计算并披露

已清算结束的信托项目	项目个数（个）	实收信托合计金额（万元）	加权平均实际年化信托报酬率（%）	加权平均实际年化收益率（%）
证券投资类	83	3 070 435.57	0.25	-0.97
股权投资类	—	—	—	—
其他投资类	76	1 372 141.16	0.25	5.92
融资类	192	1 969 243.90	1.17	10.25
事务管理类	—	—	—	—

注：加权平均实际年化信托报酬率 =（信托项目 1 的实际年化信托报酬率 × 信托项目 1 的实收信托 + 信托项目 2 的实际年化信托报酬率 × 信托项目 2 的实收信托 +… + 信托项目 n 的实际年化信托报酬率 × 信托项目 n 的实收信托）/（信托项目 1 的实收信托 + 信托项目 2 的实收信托 +… + 信托项目 n 的实收信托）×100%。

6.4.2.2.3　本年度已清算结束的被动管理型信托项目个数、实收信托合计金额、加权平均实际年化信托报酬率、加权平均实际年化收益率，分证券投资类、股权投资类、其他投资类、融资类、事务管理类分别计算并披露

已清算结束信托项目	项目个数（个）	实收信托合计金额（万元）	加权平均实际年化信托报酬率（%）	加权平均实际年化收益率（%）
证券投资类	—	—	—	—
股权投资类	—	—	—	—
其他投资类	—	—	—	—
融资类	—	—	—	—
事务管理类	148	8 339 163.05	0.13	5.90

6.4.2.3　本年度新增的集合类、单一类和财产管理类信托项目个数、实收信托合计金额

新增信托项目	项目个数（个）	实收信托合计金额（万元）
集合类	183	1 936 983.65
单一类	220	6 834 722.86
财产管理类	22	1 293 440.57
新增合计	425	10 065 147.08
其中：主动管理型	322	4 263 736.42
被动管理型	103	5 801 410.66

注：本年新增信托项目指在本报告年度内累计新增的信托项目个数和金额，包含本年度新增并于本年度内结束的项目和本年度新增至报告期末仍在持续管理的信托项目。

6.4.2.4　信托业务创新成果和特色业务有关情况

2019 年，云南信托顺应强监管态势，公司严格执行聚焦之后的差异化战略，在战略重点业务领域如服务信托、普惠金融业务、资产证券化等继续深耕，顺应战略发展需求及内外部变化，提高了公司管理效能，落实战略配套措施。

（1）捕捉到传统业务向服务信托升级机会。《中国银保监会信托部关于进一步做好下半年信托监管工作的通知》（信托函［2019］64 号），要求信托公司立足信托本源加快转型，优化信托业务结构，坚决遏制信托规模无序扩张。面对外部环境变化，在银信合作业务方面，公司及时捕捉到供应链业务 Pre - abs 业务机会，升级传统的银信合作业务。证券投资信托业务也从传统的证券配资业务向服务信托转型，强化对于银行理财资金的资产管理需求的服务能力。

（2）推动普惠金融业务核心竞争力持续提高。2019 年完善了普惠金融业务制度建设，明确客户准入，建立资产服务顾问评级、准入及分级分数、季度评级、退出方案全周期管理制度。风控策略方面，公司强化了借款人贷前、贷中及贷后风险防御能力及预警机制。从结果看，公司 2019 年普惠金融业务开展保持稳定发展，实现较好的业绩，维护市场地位，保持行业龙头位置。

（3）扩展 ABS 业务多元服务内容，向前端和后端延伸。自 2019 年以来，在资产证券化业务外部竞争激烈的背景下，公司资产证券化业务面临很大压力。对此，公司拓展了 ABS 业务的多元服务内容，除承当 SPV 角色外，将资产证券化业务向前延伸至 Pre - ABS 业务，后端延伸至 ABS 业务的发行。

6.4.2.5　本公司履行受托人义务情况及因公司自身责任而导致的信托资产损失情况

本公司根据《信托法》《信托公司管理办法》《信托公司集合资金信托计划管理办法》等相关法律法规的规定，在管理或处置信托财产时，恪尽职守，履行了诚实、信用、谨慎、有效管理的义务。

（1）遵守信托文件的规定，为受益人的最大利益处理信托事务的义务；

（2）将受托人的固有财产与信托财产进行分别管理、分别记账，并将不同委托人的信托财产分别管理、分别记账的义务。

6.4.2.6　信托赔偿准备金的提取、使用和管理情况

单位：万元

项目	期初余额	本期增加	本期减少	期末余额
信托赔偿准备金	13 193.19	2 419.50	—	15 612.69

注：本公司按税后利润的 6% 计提信托赔偿准备金，本公司 2019 年度税后利润 40 325.01万元，按6%计提信托赔偿准备金 2 419.50 万元。

6.5　关联方关系及交易

6.5.1　关联交易方的数量、关联交易的总金额及定价政策

单位：万元

	关联交易方数量	关联交易金额	定价政策
合计	3	56 440.00	市价

注：本表内关联交易是指信托公司以自有资产、信托资产为关联方提供投融资等服务，或以担保等方式为关联方融资提供便利的业务。

6.5.2　关联交易方与本公司的关系性质、关联交易方的名称、法人代表、注册地址、注册资本及主营业务等

关系性质	关联方名称	法定代表人/执行事务合伙人	注册地址	注册资本（万元）	主营业务
股权投资	宁波梅山保税港区涌云锌信创业投资合伙企业（有限合伙）	上海涌新投资合伙企业（有限合伙）	浙江省宁波市北仑区梅山七星路 88 号 1 幢 401 室 B 区 J0313	14 100	创业投资及相关咨询服务（未经金融等监管部门批准不得从事吸收存款、融资担保、代客理财、向社会公众集（融）资等金融业务）（依法须经批准的项目，经相关部门批准后方可开展经营活动）。

续表

关系性质	关联方名称	法定代表人/执行事务合伙人	注册地址	注册资本(万元)	主营业务
股东关联企业	国金证券股份有限公司	冉云	成都市青羊区东城根上街95号	302 435.93	证券经纪;证券投资咨询;与证券交易、证券投资活动有关的财务顾问;证券承销与保荐;证券自营;融资融券;证券资产管理;证券投资基金代销;为期货公司提供中间介绍业务;代销金融产品
股东关联企业	上海行列秩智能科技有限公司	刘晓光	上海市静安区江场三路238号1601室(集中登记地)	556.00	从事智能、计算机科技领域内的技术开发、技术咨询、技术转让、技术服务,数据处理服务,网络工程,企业管理咨询,商务信息咨询,动漫设计,广告设计、制作、代理、发布,市场信息咨询与调查,会展服务,电子商务,计算机软硬件及辅助设备的销售。

注:本表内关联方是指信托公司以自有资产、信托资产为其提供投融资等服务,或以担保等方式为其融资提供便利的关联企业。

6.5.3 本年度公司与关联方重大交易事项

6.5.3.1 固有财产与关联方关联交易

固有财产与关联方关联交易

单位:万元

	期初数	借方发生额	贷方发生额	期末数
贷款	—	—	—	—
投资	—	—	—	—
租赁	—	—	—	—
担保	—	—	—	—
应收账款	—	—	—	—
其他	5 000.00	—	—	5 000.00
合计	5 000.00	—	—	5 000.00

注:"其他"项为公司投资宁波梅山保税港区涌云铧信创业投资合伙企业(有限合伙)(FinTech股权投资(PE)-LP),累计投资余额为5 000万元,该企业的GP为上海涌新投资合伙企业(有限合伙),上海涌新投资合伙企业(有限合伙)的GP为上海涌铧投资管理有限公司,上海涌铧投资管理有限公司的控股股东为涌金实业(集团)有限公司。公司非投融资的其他关联交易情况如下:(1)公司在国金证券开立的自营证券投资交易资金账户买卖变动数据:期初余额为33万元、借方发生额为353 180万元、贷方发生额为353 209万元、期末余额为4万元;(2)公司向关联方支付咨询费51万元,委托关联方代缴部分异地员工社保公积金等194万元,收取关联方咨询费为27万元。

6.5.3.2 信托与关联方交易情况:贷款、投资、租赁、应收账款、担保、其他方式等期初汇总数、本期借方和贷方发生额汇总数、期末汇总数

信托财产与关联方关联交易

单位:万元

信托与关联方关联交易				
	期初数	借方发生额	贷方发生额	期末数
贷款	—	—	—	—
投资	105 290.00	600.00	54 450.00	51 440.00
租赁	—	—	—	—
担保	—	—	—	—
应收账款	—	—	—	—
其他	—	—	—	—
合计	105 290.00	600.00	54 450.00	51 440.00

注:上表中信托与关联方关联交易的情况为:(1)公司发行之两个信托计划的信托资金投资国金证券股份有限公司资产管理计划,合计金额为50 840.00万元;(2)公司发行之1个信托计划的信托资金投资上海行列秩智能科技有限公司的股权,合计金额为600.00万元。其他关联情况如下:(1)关联方以其合法资金加入公司管理的信托产品,年初余额为64 090.27万元,年内申购实收信托为38 261.50万元,年内赎回实收信托69 176.95万元,年末余额为33 174.82万元,年内分配信托收益共计4 456.98万元;(2)公司信托产品向关联方支付销售服务费1 814.63万元,支付咨询服务费82.72万元,支付交易佣金95.13万元。

6.5.3.3 信托公司自有资金运用于自己管理的信托项目(固信交易)、信托公司管理的信托项目之间的相互(信信交易)交易金额,包括余额和本报告年度的发生额

6.5.3.3.1 固有财产与信托财产之间的交易金额期初汇总数、本期发生额汇总数、期末汇总数

固有财产与信托财产相互交易

单位:万元

期初余额	借方发生额	贷方发生额	期末余额
195 499.44	239 053.41	225 983.27	208 569.58

注:以上交易均为固有资金投资公司自己管理的信托项目受益权。

6.5.3.3.2 信托项目之间的交易金额期初汇总数、本期发生额汇总数、期末汇总数

信托资产与信托财产相互交易

单位:万元

信托资产与信托财产相互交易			
期初数	借方发生额	贷方发生额	期末数
921 177.66	411 923.87	903 980.23	429 121.30

注:以公司受托管理的一个信托项目的资金购买自己管理的另一个信托项目的受益权或信托项下资产均应纳入统计披露范围。

6.5.4 关联方逾期未偿还本公司资金的详细情况以及本公司为关联方担保发生或即将发生垫款的详细情况

本公司无上述情况。

6.6 会计制度的披露

公司固有业务及信托业务均执行2006年财政部颁布的《企业会计准则》。

7. 财务情况说明书

7.1 利润的实现和分配情况

单位:万元

项目	期末余额
本年净利润	40 325.01
加:年初未分配利润	99 215.06
减:提取法定盈余公积	4 032.50
减:提取任意盈余公积金	—
减:信托赔偿准备金	2 419.50
减:一般风险准备	767.74
减:应付普通股股利	—

续表

项目	期末余额
减：未分配利润转增实收资本	—
年末未分配利润	132 320.33

7.2 主要财务指标

指标名称	指标值
资本利润率（%）	14.29
加权年化信托报酬率（%）	0.33
人均净利润（万元）	126

注：1. 资本利润率 = 净利润/所有者权益平均余额 ×100%。

2. 加权年化信托报酬率 =（信托项目 1 的实际年化信托报酬率 × 信托项目 1 的实收信托 + 信托项目 2 的实际年化信托报酬率 × 信托项目 2 的实收信托 +… + 信托项目 n 的实际年化信托报酬率 × 信托项目 n 的实收信托）/（信托项目 1 的实收信托 + 信托项目 2 的实收信托 +… + 信托项目 n 的实收信托）×100%。

3. 人均净利润 = 净利润/年平均人数。

4. 平均值采取年初、年末余额简单平均法，公式为：a（平均）=（年初数 + 年末数）/2。

7.3 对本公司财务状况、经营成果有重大影响的其他事项

无。

8. 特别事项揭示

8.1 前五名股东报告期内变动情况及原因

无。

8.2 董事、监事及高级管理人员变动情况及原因

8.2.1 本报告期内，董事变动情况

2019 年 3 月 22 日经《云南银保监局关于甘煜任职资格的批复》（云银保监复［2019］121 号）批准，并于 2019 年 4 月 16 日办理完毕工商变更登记，甘煜先生正式履行公司董事及董事长职责。

8.2.2 本报告期内，监事变动情况

无。

8.2.3 本报告期，高管变动情况

2019 年 6 月 27 日经《云南银保监局关于毛剑辉任职资格的批复》（云银保监复［2019］404 号）批准，毛剑辉先生正式履行公司总裁助理职责。

8.3 变更注册资本、变更注册地或公司名称、公司分立合并事项

无。

8.4 公司重大诉讼事项

公司为受托人设立的云涌系列集合资金信托计划（以下简称云涌系列产品）项下融资人的实控人及担保人罗静因涉嫌合同诈骗案已被公安机关立案侦查，云涌系列产品未能如期分配，为维护前述云涌系列产品受益人权益，公司代表信托计划对相关方提起 6 项民事诉讼，总金额共计 11.63 亿元，具体如下：

单位：元

序号	信托名称	原告	被告人	案由	诉讼标的	进展情况
1	云涌 18 号	云南信托	广东康安贸易有限公司、广东中诚实业控股有限公司、罗静	合同纠纷	153 781 052.00	立案
2	云涌 8 号	云南信托	广东中诚实业控股有限公司、罗静、苏宁易购集团股份有限公司苏宁采购中心	合同纠纷	376 710 054.60	立案财产保全
3	云涌 1 号	云南信托	广东中诚实业控股有限公司、罗静、苏宁易购集团股份有限公司苏宁采购中心	合同纠纷	57 214 779.74	立案财产保全
4	云涌 7 号	云南信托	广东中诚实业控股有限公司、罗静、苏宁易购集团股份有限公司苏宁采购中心	合同纠纷	63 467 600.08	立案财产保全
5	云涌 10 号	云南信托	广东中诚实业控股有限公司、罗静、苏宁易购集团股份有限公司苏宁采购中心	合同纠纷	377 862 724.90	立案
6	云涌 11 号	云南信托	广东中诚实业控股有限公司、罗静、苏宁易购集团股份有限公司苏宁采购中心	合同纠纷	134 189 758.21	立案

8.5 公司及其董事、监事和高级管理人员受到处罚的情况

无。

8.6 中国银保监会及其派出机构对公司检查后的整改情况

根据《云南银保监局办公室关于开展房地产信托业务专项清查工作的通知》（云银保监办便函［2019］245 号），云南银保监局于 2019 年 7 月 26 日至 2019 年 8 月 13 日对公司开展了房地产信托业务专项清查工作，并于 2019 年 8 月 8 日向公司下发了《监管提示》。公司严格落实《监管提示》相关要求，进行了相应的整改。

根据《云南银保监局办公室关于开展银行保险法人机构股权和关联交易专项整治工作的通知》（云银保监办便函［2019］238 号），云南银保监局于 2019 年 8 月 26 日至 2019 年 9 月 27 日对公司开展了股权和关联交易专项整治工作现场检查，并于 2019 年 11 月 25 日向公司下发了《云南银保监局关于云南国际信托有限公司股权和关联交易专项整治的现场检查意见书》（云银保监发［2019］264 号，以下简称"《现场检查意见书》"）。根据《现场检查意见书》的要求，公司于 2019 年 12 月 31 日向云南银保监局报送了《整改方案》，后续将严格落实《整改方案》并按季向云南银保监局书面报告整改进度。

根据《云南银保监局关于做好新一轮云南信托全面风险排查工作的通知》（云银保监便函［2019］864 号），云南银保监局于 2019 年 12 月 18 日至 2020 年 1 月 9 日对公司进行了自查现场指导和监管现场调查。公司于 2020 年 1 月 5 日向云南银

保监局报送了自查报告，后续将根据监管要求按季报送风险自查及变化情况。

8.7 本年度净资本管理情况

2019 年度，公司按照中国银保监会《信托公司净资本管理办法》规定，积极推进净资本管理，进一步确立了以净资本管理为核心的业务发展模式和管理体系，各项净资本指标均符合监管要求。

截至 2019 年末，本公司净资产为 30.23 亿元，净资本为 26.06 亿元（监管要求为 ≥2 亿元），各项风险资本之和为 12.05 亿元，净资本/各项风险资本之和为 216%（监管要求为≥100%），净资本/净资产为 86%（监管要求为≥40%）。

8.8 本年度重大事项临时报告的简要内容、披露时间、所披露的媒体及其版面

2019 年 1 月 26 日《金融时报》第 7 版刊登《云南国际信托有限公司关于修改公司章程的公告》。

2019 年 4 月 18 日《金融时报》第 6 版刊登《云南国际信托有限公司关于公司董事长、法定代表人变更的公告》。

2019 年 4 月 27 日《金融时报》第 11、12 版刊登《云南国际信托有限公司 2018 年年度报告摘要》。

期后事项：2020 年 1 月 16 日《金融时报》第 7 版刊登《云南国际信托有限公司关于更换会计师事务所的公告》

8.9 中国银保监会及其省级派出机构认定的其他有必要让客户及相关利益人了解的重要信息

社会责任履行情况

云南信托以履行社会责任为重要导向，不仅利用信托制度优势向实体企业提供金融服务，还在信托法律文件的签署过程中履行社会责任告知义务。同时，将履行社会责任纳入内部控制体系，从制度层面、业务开展层面确立其重要地位。报告期内，公司在多方面践行企业的社会责任。

公司严格遵守国家法律法规、监管部门规章、规范性文件以及《公司章程》，并主动接受监管部门和社会公众的监督。积极按照国家货币政策、财政政策、产业政策及其他政策适时调整经营战略，关注社会整体利益，维护国家金融秩序和金融安全。

公司坚决履行反洗钱义务，报告年度公司进一步完善了反洗钱数据报送管理、完善监测模型、完善反洗钱系统功能建设，并强化可疑交易数据人工分析工作。2019 年累计完成 2 212 名自然人客户、509 名机构客户身份识别工作。报告年度累计发现 78 个委托人客户证照过期。客户的过期证照均已补正。

公司主动开展案件防控工作，报告年度累计完成项目案件风险排查 2 881 个，规模共计 6 698 亿元；累计开展 4 次员工异常行为排查，全体正式员工均接受了排查并填写《员工行为排查表》。

公司诚信经营，自觉履行纳税义务，依法及时足额纳税，为国家及地方财政收入和经济发展作出贡献。

公司作为专业化财富管理机构，充分发挥信托制度优势，积极开发符合社会和市场需求的信托业务及信托理财产品，不断创新服务方式，积极探索盈利模式，以信托功能满足社会理财需求，秉承“受人之托、忠人之事”的原则开展信托业务，恪尽职守，履行诚实、信用、谨慎、有效管理的义务，维护受益人的合法权益。2019 年公司向受益人兑付的信托本金及收益共计 2 136.53亿元，其中信托收益为 126.03 亿元，涉及信托项目 1 267个。

公司积极强化资本金管理与运用，努力创造利润，提高投资回报，为股东创造合理投资价值。2019 年公司实现营业收入 8.84 亿元，同比增长 30.16%，实现净利润 4.03 亿元，同比增长 36.37%。

公司始终把消费者权益保护工作作为公司经营发展的重要战略，近年来已逐步建立起了较为完善的消费者权益保护体系。董事会消费者权益保护委员会带领高级管理层组织协调，消保职能部门落实开展消保工作。报告年度加强了消保制度建设，妥善处理了客户投诉，积极开展了多项内容丰富、形式多样的金融知识宣传与教育活动，取得了较好的社会反响。

公司坚持以员工为本，构建企业文化。培育了一支高素质、高学历、年轻化、专业化的人才队伍。积极开展员工培训，提高员工职业素质和从业技能，为员工提供充分的职业发展机会。

公司每年开展“大爱星火”主题公益活动。“大爱星火”不仅带去大家需要的物资，教会大家学习基础金融知识，也带去公司对社会弱势群体的关爱，提高公司职工对于社会的责任感和认同感。同时，公司通过专业的投资管理经验与信托制度完美结合，自 2006 年开始，与云南省青少年发展基金会合作，推出了“爱心稳健收益型集合资金信托计划”，并运营至今。2019 年 9 月，公司和云南省青少年基金会担任共同受托人，成功设立了“扬梦助学慈善信托”，成为我国慈善法正式实施以来，首支在云南省落地的慈善信托，该项目的信托本金及收益全部用于捐赠、促进云南教育事业的发展。

2019 年公司继续推进系统化办公，创建节约型社会。在全社会树立节约意识、节约观念，倡导节约文化、节约文明的大背景下云南信托积极创建节约型企业，推进无纸化办公，节约成本，降低能耗，提高效率。

9. 监事会对公司运作及财务报告的独立意见

9.1 公司依法运作情况

报告期内，监事会严格按照《公司法》《公司章程》和有关法律，从切实维护受益人权益、公司利益和股东权益出发，认真履行了监督职责，列席了所有股东会和董事会会议，认为董事会能够忠实勤勉地执行股东会的有关决议，未出现损害公司、股东及受益人利益的行为；董事会的各项决议符合《公司法》等法律法规和《公司章程》的要求。经审查，对公司董事会提交股东会审议的各项报告和提案无异议。

报告期内，未出现董事及高级管理人员在履行职务过程中违反法律法规或公司章程的行为，未出现滥用职权损害公司、股东、受益人或职工利益的情况。

9.2 财务报告的真实性

报告期内，监事会对公司的财务制度和财务状况进行了认

真、细致的检查，公司年度财务报告客观公允，真实地反映了公司报告期内的财务状况和经营成果。年度财务报告的编制和审议程序符合国家法律法规和《公司章程》，报告的内容和格式，符合中国银保监会的规定。年度财务报告经信永中和会计师事务所（特殊普通合伙）昆明分所出具了"标准无保留审计意见"的审计报告结论，符合公司的客观实际情况。

9.3 高级管理人员履职情况

报告期内，经营班子围绕公司经营计划积极落实股东及董事会的工作要求，带领全体员工共同努力，总资产及净资产均做到了稳中有升，收入及利润进一步增长，顺利完成了年初制定的各项经营指标，公司稳健发展的基础正逐步夯实。自有资产保持了合理的流动性，信托项目运行总体正常，云涌系列产品存在不能按照信托合同约定的时间向受益人分配信托利益的风险，公司正积极化解风险并及时进行信息披露。报告期内，公司经营班子认真执行董事会的各项决议，严格执行各项监管规定，内部控制制度不断完善，建立了较完善的经营、决策、合规、内审之间的内控制约机制。

浙商金汇信托股份有限公司

1. 重要提示

1.1 本公司董事会及董事保证本报告所载资料不存在任何虚假记载、误导性陈述或者重大遗漏，并对其内容的真实性、准确性和完整性承担个别及连带责任。本年度报告摘要摘自年度报告全文，客户及相关利益人欲了解详细内容，应阅读年度报告全文。

1.2 本公司独立董事认为，本报告的内容真实、准确、完整。

1.3 大华会计师事务所(特殊普通合伙)为本公司出具了标准无保留意见的审计报告。

1.4 董事长余艳梅女士、总经理戴俊先生、财务总监朱晓平先生、计划财务部负责人王凤毅先生声明：保证年度报告中财务报告的真实、完整。

2. 公司概况

2.1 公司简介

中文名称	浙商金汇信托股份有限公司(简称浙金信托)
英文名称	Zheshangjinhui Trust Co. ,Ltd. (简称 ZHEJIN TRUST)
法定代表人	余艳梅
注册地址	浙江省杭州市庆春路 199 号 6 ~8 层、1 ~2 层西面商铺
邮政编码	310006
国际互联网网址	http://www. zhejintrust. com
电子邮箱	zjtrust@ zjtrust. com
负责信息披露事务的负责人	戴俊
负责信息披露联系人	汪友鹏
联系电话	0571-86030807
传真	0571-87386123
电子邮箱	wangyp@ zjtrust. com
选定的信息披露报纸名称	《证券时报》
年度报告备置地点	公司办公室
聘请的会计师事务所名称及住所	大华会计师事务所(特殊普通合伙) 北京市海淀区西四环中路 16 号院 7 号楼 1101
聘请的律师事务所名称及住所	上海市锦天城律师事务所 上海市浦东新区银城中路501 号上海中心大厦11 层、12层

2.2 组织结构

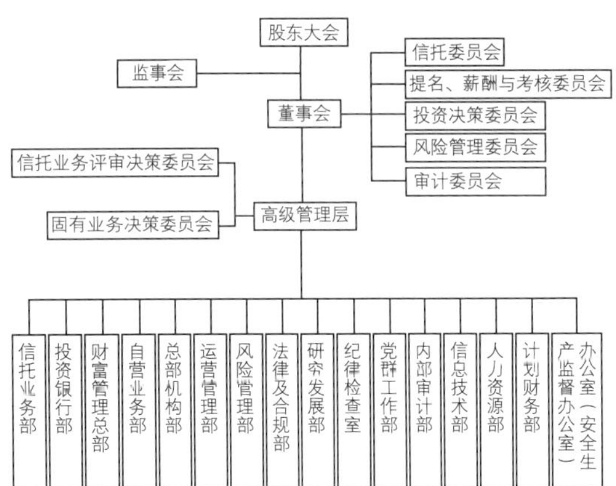

3. 公司治理

3.1 股东

股东名称	持股比例(%)	法人代表	注册资本(万元)	注册地址	主要经营业务情况
浙江东方金融控股集团股份有限公司	78	金朝萍	159 138.633000	杭州市西湖大道 12 号	主营业务：资产管理，实业投资，私募股权投资，投资管理，企业管理咨询服务，投资咨询，供应链管理，电子商务技术服务，进出口贸易(按商务部核定目录经营)，进口商品的国内销售，纺织原辅材料、百货、五金交电、工艺美术品、化工产品(不含危险品及易制毒品)、机电设备、农副产品、金属材料、建筑材料、贵金属、矿产品(除专控)、医疗器械的销售，承包境外工程和境内国际招标工程，上述境外工程所需的设备、材料出口，对外派遣工程、生产及服务行业的劳动人员(不含海员)，房地产开发经营，房屋租赁，设备租赁，经济技术咨询。(未经金融等监管部门批准，不得从事向公众融资存款、融资担保、代客理财等金融服务)(依法须经批准的项目，经相关部门批准后方可开展经营活动)。

续表

股东名称	持股比例（%）	法人代表	注册资本（万元）	注册地址	主要经营业务情况
中国国际金融股份有限公司	17.5	沈如军	436 866.786800	北京市朝阳区建国门外大街1号国贸大厦2座27层及28层	主营业务：人民币特种股票、人民币普通股票、境外发行股票，境内外政府债券、公司债券和企业债券的经纪业务；人民币普通股票、人民币特种股票、境外发行股票，境内外政府债券、公司债券和企业债券的自营业务；人民币普通股票、人民币特种股票、境外发行股票，境内外政府债券、公司债券和企业债券的承销业务；基金的发起和管理；企业重组、收购与合并顾问；项目融资顾问；投资顾问及其他顾问业务；外汇买卖；境外企业、境内外商投资企业的外汇资产管理；同业拆借；客户资产管理；网上证券委托业务；融资融券业务；代销金融产品；证券投资基金代销；为期货公司提供中间介绍业务；证券投资基金托管业务；经金融监管机构批准的其他业务（依法须经批准的项目，经相关部门批准后依批准的内容开展经营活动）。
传化集团有限公司	4.5	徐冠巨	80 000.000000	浙江省杭州萧山宁围街道	主营业务：批发、零售：化肥、农药（除危险化学品及易制毒化学品）、农机具、日用化工产品及精细化工产品（除化学危险品及易制毒化学品），农副产品，以及其他无须报经审批的一切合法项目；销售有色金属；出口本企业自产的化工产品，化工原料，化纤原料；进口本企业生产、科研所需的原辅材料，机械设备，仪器仪表及零配件；实业投资；软件开发；现代物流服务（国家专项审批的除外）；企业咨询服务（依法须经批准的项目，经相关部门批准后方可开展经营活动）。

3.2 董事

董事长、董事

姓名	职务	性别	年龄（岁）	选任日期	所推举的股东名称	该股东持股比例（%）	简要履历
余艳梅	董事长	女	49	2018年11月	浙江东方金融控股集团股份有限公司	78	现任浙江东方金融控股集团股份有限公司董事，浙商金汇信托股份有限公司党委书记、董事长。
戴　俊	董事	男	43	2011年6月	浙江东方金融控股集团股份有限公司	78	现任浙商金汇信托股份有限公司党委副书记、董事、总经理、董事会秘书。
洪　峰	董事	男	48	2016年9月	浙江东方金融控股集团股份有限公司	78	现任浙江省国际贸易集团有限公司总经理助理、财务管理部（资金运营中心）总经理。
辛　洁	董事	男	45	2012年4月	中国国际金融股份有限公司	17.5	现任中国国际金融股份有限公司董事总经理，中金佳成投资管理有限公司总经理。
张逢伟	董事	男	52	2016年4月	中国国际金融股份有限公司	17.5	现任中国国际金融股份有限公司首席风险官兼中投证券首席风险官。
谢　捷	董事	男	40	2019年4月	中国国际金融股份有限公司	17.5	现任中国国际金融股份有限公司顾问。
杨柏樟	董事	男	62	2011年6月	传化集团有限公司	4.5	现任传化集团财务有限公司董事长，浙江传化江南大地发展有限公司副总裁。

独立董事

姓名	职务	性别	年龄（岁）	选任日期	所推举的股东名称	该股东持股比例（%）	简要履历
周小明	中国人民大学信托与基金研究所所长，新财道财富管理股份有限公司董事长、总裁	男	53	2011年6月	浙江东方金融控股集团股份有限公司	78	现任中国人民大学信托与基金研究所所长，新财道财富管理股份有限公司董事长、总裁。
王维安	浙江大学经济学院教授、博士生导师，浙江大学金融研究所所长	男	54	2017年4月	浙江东方金融控股集团股份有限公司	78	现任浙江大学经济学院教授、博士生导师，浙江大学金融研究所所长。
童　杰	北京达辉律师事务所合伙人律师	男	41	2019年4月	中国国际金融股份有限公司	17.5	现任北京达辉律师事务所合伙人律师。

3.3 监事

监事会成员

姓名	职务	性别	年龄（岁）	选任日期	所推举的股东名称	该股东持股比例（%）	简要履历
李庆玲	监事会主席	女	45	2018年11月	浙江东方金融控股集团股份有限公司	78	现任浙商金汇信托股份有限公司党委委员、纪委书记、监事会主席。

续表

姓名	职务	性别	年龄(岁)	选任日期	所推举的股东名称	该股东持股比例(%)	简要履历
陈　伟	监事	男	45	2019年10月	中国国际金融股份有限公司	17.5	现任国家发展和改革委员会(原国务院体改办)经济体制与管理研究所研究员,兼任浙江清华长三角研究院产城融合研究中心主任。
文　舟	职工监事	女	39	2016年11月	公司职工大会		现任浙商金汇信托股份有限公司内部审计部助理总监。

3.4 高级管理人员

高级管理人员

姓名	职务	性别	年龄(岁)	选任日期	金融从业年限(年)	学历	专业
戴　俊	总经理	男	43	2019年8月	22	硕士研究生	工商管理
李　杰	副总经理	男	40	2017年8月	16	硕士研究生	金融学
朱晓平	财务总监	男	51	2011年6月	25	本科	金融学
张颖锋	总经理助理	男	40	2018年8月	12	硕士研究生	经济与金融管理

3.5 公司员工

报告期内职工总数278人,平均年龄35周岁。

项目		报告期年度		上年度	
		人数(人)	比例(%)	人数(人)	比例(%)
学历分布	博士	2	0.72	2	0.64
	硕士	118	42.45	138	44.37
	本科	156	56.12	167	53.70
	专科	2	0.72	4	1.29
	其他	—	—	—	—

4. 经营管理

4.1 经营目标、经营方针、战略规划

4.1.1 经营目标

公司的经营目标是把公司建设成为一家行业领先、特色鲜明、经营稳健、品牌卓越、能够为当地经济发展提供强大支持、具有核心竞争力和独特价值、效益领先、创新领先的一流信托公司。

公司将立足信托理念,围绕信托本业,实践信托制度,推进我国信托业发展,为受益人、客户、股东、员工和其他利益相关者持续创造价值,为我国社会财富的创造、积累和传承贡献力量。

4.1.2 经营方针

公司的经营方针是诚信经营、创新发展、互利共赢。

4.1.3 战略规划

公司将坚持立足信托理念,围绕信托本源,践行信托制度,服务实体经济,在浙江东方总体战略的指引下,顺应行业发展和监管政策趋势,依托浙江东方金控平台等股东优势,结合所处区域特点及自身资源禀赋,进一步明确业务定位和方向,大力培养主动管理和创新能力,不断提升合规风控和内部管理水平,坚定不移地走高质量发展之路,以受益人利益最大化为原则,诚实守信,勤勉尽职,致力于发展成为一家效益领先、创新领先的一流信托公司。

4.2 所经营业务的主要内容

自营资产运用与分布表(母公司口径)

资产运用	金额(万元)	占比(%)	资产分布	金额(万元)	占比(%)
货币资产	2 652.80	1.06	基础产业	—	—
贷款及应收款	—	—	房地产业	—	—
交易性金融资产	145 879.85	58.33	证券市场	28 368.52	11.34
可供出售金融资产	—	—	实业	—	—
持有至到期投资	—	—	金融机构	176 556.24	70.59
长期股权投资	—	—	其他	45 184.13	18.07
其他	101 576.24	40.61			
资产总计	250 108.89	100.00	资产总计	250 108.89	100.00

信托资产运用与分布表

资产运用	金额(万元)	占比(%)	资产分布	金额(万元)	占比(%)
货币资产	284 847.55	3.20	基础产业	1 350 150.00	15.17
贷款	4 089 629.17	45.95	房地产	2 493 832.07	28.02
以公允价值计量且其变动计入当期损益的金融资产投资	101 962.81	1.15	证券市场	101 962.80	1.15
可供出售金融资产投资	199 313.17	2.24	实业	1 988 211.69	22.34
持有至到期投资	2 833 470.88	31.84	金融机构	2 743 787.09	30.83
长期股权投资	713 196.86	8.01	其他	221 932.40	2.49
其他	677 455.61	7.61			
信托资产总计	8 899 876.05	100.00	信托资产总计	8 899 876.05	100.00

4.3 市场分析

4.3.1 有利因素

一方面,中国经济稳中有进,供给侧结构性改革不断深化,实体经济活力逐渐提升,创新驱动发展战略效果明显,国家经

济继续保持平稳健康发展势头，我国仍然是世界经济增长的重要引擎；另一方面，我国社会和私人财富持续增长，信托业的需求基础继续增强；与宏观经济转型调整相适应，中国金融改革将进一步深化，信托制度的独特功能和优势将使其在改革发展中发挥越来越重要的作用；同时，经过多年发展，信托公司的生态环境日益改善，已培育和积累了良好基础。

4.3.2　不利因素

尽管信托业在过去几年得到了长足发展，但宏观经济发展模式转变，中美经贸摩擦不断，国内消费增速减慢，有效投资增长乏力，经济金融环境更为复杂多变。同时，信托业在发展中也遇到了强监管趋势明显、市场竞争激烈、核心业务模式尚未形成、行业品牌效应偏弱、配套法律法规需进一步完善、信托市场意识不够成熟、信托理念有待培育等困难。

4.4　内部控制

4.4.1　内部控制环境和内部控制文化

公司建立了较为完善的法人治理结构，形成了各治理主体之间分工合作、相互协调、互为制衡的运行机制。公司的股东大会、董事会、监事会均按照相关法律、法规、规范性文件及《公司章程》的规定，规范有效地运作。

公司高度重视内控文化建设，全力打造以信任文化为前提，以人本思想为核心，以制度规范为原则，以诚信尽责为准则，以激情创新为源泉的文化体系，创造内部效率、激情、和谐的氛围，树立外部信誉、品牌形象，为实现公司宗旨和发展目标构筑良好发展环境。

4.4.2　内部控制措施

公司董事会负责内控机制的建立健全和有效实施。董事会下设风险管理委员会，作为董事会风险管理工作的专门议事机构。公司设有独立的风险管理部、法律及合规部和内部审计部，对公司内部控制的执行情况进行监督和检查。风险管理部协助公司高级管理层有效预防、识别、评估和管理各类风险。法律及合规部负责识别公司经营活动中的合规风险，计量、检测和评估公司合规政策和程序的适当性。内部审计部负责涉及经营目标、内部控制及财务管理等各方面的审计与稽核工作。公司基本形成了事前、事中、事后“三位一体”的风险管理和监督检查体系。

公司制定了《业务分级授权管理办法》《风险管理办法》《合规风险管理办法》《内部审计管理办法》《信息披露管理办法》《关联交易管理办法》《反洗钱工作办法》《信息安全管理办法》《信息科技管理办法》《固有业务管理办法》《固有业务财务管理办法》《信托业务管理办法》《信托业务财务管理办法》《统计管理办法》《案件处置工作办法》《资产风险分类管理办法》《突发事件应对处置管理办法》《舆情管理办法》等规范性文件，公司内控制度已渗透到各项业务过程和各个操作环节，并覆盖所有部门和岗位。公司业务运作基本实现了前台、中台、后台严格分离及各部门之间高效衔接与密切合作。

4.4.3　监督评价与纠正

报告期内，公司内部审计部按计划开展各类专项审计和检查工作，及时发现问题并督促整改。相关审计报告及时送达董事会、监事会和监管机构。

此外，在案件防控工作方面，公司通过建立案件防控制度，加强员工的案防意识。报告期内未发生任何案件风险事件。

4.5　风险管理

4.5.1　风险状况

公司在经营中可能遇到的风险主要包括信用风险、市场风险、法律及合规风险、操作风险、流动性风险、声誉风险等。

4.5.1.1　信用风险状况

信用风险是指交易对手不能或不愿按时履约从而造成损失的风险。公司严格落实监管政策和要求，严格执行公司各项业务流程标准，强化信后管理和风险监测。

4.5.1.2　市场风险状况

市场风险是公开市场金融产品或其他产品价格波动导致损失的风险。公司通过严格的业务操作管理、良好的结构化安排和选择合适的投资顾问，能够基本保障资金安全。

4.5.1.3　操作风险状况

操作风险主要是由于失效的或有缺陷的内部程序、系统和人员而导致损失的风险。

公司通过规范各项业务流程、加强内控等手段，高度警惕、严格管理操作风险。

4.5.1.4　法律及合规风险状况

法律风险是指因公司违反法律规定、监管规则或者因交易对手产生的合同纠纷，致使公司遭受处罚或者诉讼的风险。

合规风险是指因没有遵循法律、规则和准则可能遭受法律制裁、监管处罚、重大财务损失和声誉损失的风险。

4.5.1.5　流动性风险状况

流动性风险是指无法以市场正常价格成交（市场流动性风险）或者不能履行到期负债支付义务的风险（融资流动性风险）。

4.5.1.6　声誉风险状况

声誉风险主要表现为缺少声誉应急处理能力、不能妥善处理媒体关系以及未建立声誉风险管理机制等造成的风险。

4.5.2　风险管理

4.5.2.1　信用风险管理

公司通过以下措施加强信用风险管理：

（1）从源头管控风险，实施准入关口把控，完善各类信托业务的准入要求、展业模式和风控措施，严格依照相关指引和标准筛选合适的项目。强化对重点涉足行业的研究与分析，适时动态调整相关业务指引。

（2）规范尽职调查的目的、内容、方法，通过全面、翔实、客观的尽职调查获取充足可靠的信息，识别、评估各项风险，分析判断项目的合理性、可行性。

（3）加强对实质性风险的审查，重视还款来源的管控，科学设定增信措施和风险处置预案。

（4）充分发挥集体决策的有效机制，全面审议项目风险、收益、运营管理等各个方面。

（5）规范和加强存续项目管理，根据差别化、专业化、联动化、动态化管理原则，针对不同的项目类型、不同的风险分类对项目实施不同的风险监控措施及监管频率，一旦发现风险预警信号，及时采取有效措施防范和化解信用风险。

4.5.2.2　市场风险管理

努力建立与公司业务发展相匹配的市场风险管理系统、模型和工具，根据市场风险情况动态调整投资策略，有效管理市场风险。对影响市场变化的各项因素进行持续分析和研究，按严格的流程进行投资决策，设定投资规模、投资范围、集中度、止损点等风险控制指标并密切监控。

4.5.2.3　操作风险管理

加强内控制度建设，不断细化相互制衡的岗位职责和操作规程，强化流程管控，重点防范尽职调查、项目签约、产品推介、划款支付、抵质押办理和抵（质）押物管理等案件防控重点领域和关键环节的操作风险。

4.5.2.4　法律及合规风险管理

对所有拟开展业务进行合规性审查，与律师事务所等外部机构密切合作，并严格按照公司规定程序进行法律文件的审核、签约等手续，与监管部门保持密切沟通，确保公司业务开展符合国家相关法律法规和监管政策的规定。

4.5.2.5　流动性风险管理

努力保持合理的资产负债结构和较为充足的长期资本，做好流动性储备和应急资金融资安排，并将逐步建立与公司发展相匹配的流动性风险管理监测体系，主动管理流动性风险。

4.5.2.6　声誉风险管理

公司坚决回避可能影响公司声誉的业务，尽职履行受托人责任，充分披露信息，塑造良好的社会形象。

5. 报告期末及上一年度末的比较式会计报表

5.1　自营资产

5.1.1　会计师事务所审计意见

大华会计师事务所（特殊普通合伙）审计了浙金信托2019年度的财务报表，包括2019年12月31日的合并及母公司资产负债表、2019年度的合并及母公司利润表、合并及母公司现金流量和合并及母公司所有者权益变动表，以及相关财务报表附注，并出具了大华审字[2020]003344审计报告。

审计意见：浙金信托公司的财务报表在所有重大方面按照企业会计准则的规定编制，公允反映了浙金信托公司2019年12月31日的合并及母公司财务状况以及2019年度的合并及母公司经营成果和现金流量。

5.1.2　资产负债表

资产负债表

编制单位：浙商金汇信托股份有限公司　　2019年12月31日　　单位：万元

项目	合并		母公司	
	期末余额	年初余额	期末余额	年初余额
资产：				
现金及银行存款	—	—	—	—
存放中央银行款项	—	—	—	—
贵金属	—	—	—	—
存放联行款项	—	—	—	—
存放同业款项	3 392.07	6 087.42	2 652.80	5 304.94
拆出资金	—	—	—	—
以公允价值计量且其变动计入当期损益的金融资产	—	—	—	—
衍生金融资产	—	—	—	—
买入返售金融资产	28 368.52	—	28 368.52	—
持有待售资产	—	—	—	—
应收款项类金融资产	—	—	—	—
应收利息	—	—	—	—
其他应收款	7 618.92	8 602.12	7 618.92	8 602.12
发放贷款和垫款	—	—	—	—
* 金融投资：	—	—	—	—
* 交易性金融资产	139 920.85	256 099.70	145 879.85	250 849.70
* 债权投资	28 023.59	—	28 023.59	—
* 其他债权投资	—	—	—	—
* 其他权益工具投资	—	—	—	—
可供出售金融资产	—	—	—	—
持有至到期投资	—	—	—	—
长期股权投资	—	—	—	—
投资性房地产	—	—	—	—
固定资产	543.67	1 048.79	543.67	1 048.79
在建工程	6 969.27	4 649.76	6 969.27	4 649.76
使用权资产	—	—	—	—
无形资产	7 132.91	7 785.03	7 132.91	7 785.03
商誉	—	—	—	—
长期待摊费用	253.64	634.90	253.64	634.90

续表

项目	合并		母公司	
	期末余额	年初余额	期末余额	年初余额
抵债资产	—	—	—	—
递延所得税资产	14 647. 49	9 175. 64	14 647. 49	9 175. 64
其他资产	13 645. 37	16 204. 65	8 018. 23	10 527. 76
资产总计	250 516. 30	310 288. 01	250 108. 89	298 578. 64

资产负债表（续）

编制单位：浙商金汇信托股份有限公司　　2019 年 12 月 31 日　　单位：万元

项目	合并		母公司	
	期末余额	年初余额	期末余额	年初余额
负债：				
向中央银行借款	—	—	—	—
拆入资金	—	55 000. 00	—	55 000. 00
以公允价值计量且其变动计入当期损益的金融负债	—	—	—	—
* 交易性金融负债	—	11 253. 47	—	—
应付职工薪酬	13 269. 73	15 542. 86	13 269. 73	15 542. 86
应交税费	6 479. 79	7 155. 78	6 226. 36	6 881. 66
应付利息	—	—	—	—
其他应付款	9 432. 60	9 640. 37	9 391. 09	9 617. 26
预计负债	—	—	—	—
应付债券	—	—	—	—
递延所得税负债	0. 97	7. 00	0. 97	7. 00
其他负债	3 667. 82	4 452. 46	3 667. 82	4 452. 46
负债合计	32 850. 91	103 051. 94	32 555. 97	91 501. 24
所有者权益：	—	—	—	—
实收资本（或股本）	170 000. 00	170 000. 00	170 000. 00	170 000. 00
其他权益工具	—	—	—	—
资本公积	—	—	—	—
减：库存股	—	—	—	—
其他综合收益	—	—	—	—
盈余公积	7 177. 09	6 129. 54	7 177. 09	6 129. 54
一般风险准备	7 674. 50	7 150. 73	7 674. 50	7 150. 73
未分配利润	32 813. 80	23 955. 80	32 701. 33	23 797. 13
所有者权益合计	217 665. 39	207 236. 07	217 552. 92	207 077. 40
负债和所有者权益总计	250 516. 30	310 288. 01	250 108. 89	298 578. 64

企业负责人：余艳梅　　财务负责人：朱晓平　　会计机构负责人：王凤毅　　制表人：连鹏

5. 1. 3　利润表

利润表

编制单位：浙商金汇信托股份有限公司　　2019 年度　　单位：万元

项目	合并		母公司	
	本期金额	上期金额	本期金额	上期金额
一、营业收入	55 460. 75	74 051. 02	55 468. 40	74 068. 44
（一）利息净收入	-719. 40	566. 15	-1 282. 86	-915. 81
利息收入	3 058. 70	3 495. 09	2 021. 72	1 304. 97
利息支出	3 778. 10	2 928. 94	3 304. 58	2 220. 78
（二）手续费及佣金净收入	72 839. 19	64 420. 61	73 003. 08	64 846. 38
手续费及佣金收入	72 852. 67	64 429. 10	73 016. 56	64 854. 87
手续费及佣金支出	13. 48	8. 49	13. 48	8. 49
（三）投资收益（损失以“-”号填列）	2 871. 67	8 962. 23	3 278. 89	10 035. 84
其中：对联营企业和合营企业的投资收益	—	—	—	—

续表

项目	合并		母公司	
	本期金额	上期金额	本期金额	上期金额
(四)公允价值变动收益(损失以“-”号填列)	-19 537.88	54.51	-19 537.88	54.51
(五)资产处置收益(损失以“-”号填列)	—	—	—	—
(六)汇兑收益(损失以“-”号填列)	—	—	—	—
(七)其他收益	7.17	47.52	7.17	47.52
(八)其他业务收入	—	—	—	—
二、营业支出	41 294.43	53 379.36	41 255.87	53 345.87
(一)税金及附加	473.77	406.50	470.06	398.62
(二)业务及管理费	37 582.26	42 221.27	37 547.41	42 195.66
(三)*信用减值损失(转回金额以“-”号填列)	3 238.40	—	3 238.40	—
(四)*其他资产减值损失(转回金额以“-”号填列)	—	10 751.59	—	10 751.59
(五)资产减值损失(转回金额以“-”号填列)	—	—	—	—
(六)其他业务成本	—	—	—	—
三、营业利润(亏损以“-”号填列)	14 166.32	20 671.66	14 212.53	20 722.57
加:营业外收入	1.61	11.67	1.61	11.67
减:营业外支出	120.13	30.11	120.13	30.11
四、利润总额(亏损总额以“-”号填列)	14 047.80	20 653.22	14 094.01	20 704.13
减:所得税费用	3 618.48	5 261.38	3 618.49	5 261.36
五、净利润(净亏损以“-”号填列)	10 429.32	15 391.84	10 475.52	15 442.77
六、其他综合收益的税后净额	—	—	—	—
七、综合收益总额	10 429.32	15 391.84	10 475.52	15 442.77
八、每股收益:	—	—	—	—
(一)基本每股收益	—	—	—	—
(二)稀释每股收益	—	—	—	—

企业负责人:余艳梅　　财务负责人:朱晓平　　会计机构负责人:王凤毅　　制表人:连鹏

5.1.4 所有者权益变动表

合并所有者权益变动表

编制单位:浙商金汇信托股份有限公司　　2019 年度　　单位:万元

项目	行次	本年金额								
		实收资本(或股本)	其他权益工具	资本公积	减:库存股	其他综合收益	盈余公积	一般风险准备	未分配利润	所有者权益合计
栏次		1	2	3	4	5	6	7	8	9
一、上年年末余额	1	170 000.00	—	—	—	—	6 129.54	7 150.73	23 845.80	207 126.07
加:会计政策变更	2	—	—	—	—	—	—	—	110.00	110.00
前期差错更正	3	—	—	—	—	—	—	—	—	—
其他	4	—	—	—	—	—	—	—	—	—
二、本年年初余额	5	170 000.00	—	—	—	—	6 129.54	7 150.73	23 955.80	207 236.07
三、本年增减变动金额(减少以“-”号填列)	6	—	—	—	—	—	1 047.55	523.77	8 858.00	10 429.32
(一)综合收益总额	7	—	—	—	—	—	—	—	10 429.32	10 429.32
(二)所有者投入和减少资本	8	—	—	—	—	—	—	—	—	—
1. 所有者投入的普通股	9	—	—	—	—	—	—	—	—	—
2. 其他	12	—	—	—	—	—	—	—	—	—
(三)利润分配	13	—	—	—	—	—	1 047.55	523.77	-1 571.32	—
1. 提取盈余公积	14	—	—	—	—	—	1 047.55	—	-1 047.55	—
2. 提取一般风险准备	15	—	—	—	—	—	—	523.77	-523.77	—
3. 对所有者(或股东)的分配	16	—	—	—	—	—	—	—	—	—
4. 其他	17	—	—	—	—	—	—	—	—	—
(四)所有者权益内部结转	18	—	—	—	—	—	—	—	—	—
1. 资本公积转增资本(或股本)	19	—	—	—	—	—	—	—	—	—
2. 盈余公积转增资本(或股本)	20	—	—	—	—	—	—	—	—	—
3. 其他	24	—	—	—	—	—	—	—	—	—
四、本年年末余额	25	170 000.00	—	—	—	—	7 177.09	7 674.50	32 813.80	217 665.39

项目	行次	上年金额								
		实收资本（或股本）	其他权益工具	资本公积	减：库存股	其他综合收益	盈余公积	一般风险准备	未分配利润	所有者权益合计
栏次		10	11	12	13	14	15	16	17	18
一、上年年末余额	1	170 000.00	—	—	—	—	4 585.26	5 942.82	11 206.15	191 734.23
加：会计政策变更	2	—	—	—	—	—	—	—	—	—
前期差错更正	3	—	—	—	—	—	—	—	—	—
其他	4	—	—	—	—	—	—	—	—	—
二、本年年初余额	5	170 000.00	—	—	—	—	4 585.26	5 942.82	11 206.15	191 734.23
三、本年增减变动金额（减少以"-"号填列）	6	—	—	—	—	—	1 544.28	1 207.91	12 639.65	15 391.84
（一）综合收益总额	7	—	—	—	—	—	—	—	15 391.84	15 391.84
（二）所有者投入和减少资本	8	—	—	—	—	—	—	—	—	—
1. 所有者投入的普通股	9	—	—	—	—	—	—	—	—	—
2. 其他	12	—	—	—	—	—	—	—	—	—
（三）利润分配	13	—	—	—	—	—	1 544.28	1 207.91	-2 752.19	—
1. 提取盈余公积	14	—	—	—	—	—	1 544.28	—	-1 544.28	—
2. 提取一般风险准备	15	—	—	—	—	—	—	1 207.91	-1 207.91	—
3. 对所有者（或股东）的分配	16	—	—	—	—	—	—	—	—	—
4. 其他	17	—	—	—	—	—	—	—	—	—
（四）所有者权益内部结转	18	—	—	—	—	—	—	—	—	—
1. 资本公积转增资本（或股本）	19	—	—	—	—	—	—	—	—	—
2. 盈余公积转增资本（或股本）	20	—	—	—	—	—	—	—	—	—
3. 其他	24	—	—	—	—	—	—	—	—	—
四、本年年末余额	25	170 000.00	—	—	—	—	6 129.54	7 150.73	23 845.80	207 126.07

企业负责人：余艳梅　　财务负责人：朱晓平　　会计机构负责人：王凤毅　　制表人：连鹏

母公司所有者权益变动表

编制单位：浙商金汇信托股份有限公司　　2019 年度　　单位：万元

项目	行次	本年金额								
		实收资本（或股本）	其他权益工具	资本公积	减：库存股	其他综合收益	盈余公积	一般风险准备	未分配利润	所有者权益合计
栏次		1	2	3	4	5	6	7	8	9
一、上年年末余额	1	170 000.00	—	—	—	—	6 129.54	7 150.73	23 687.13	206 967.40
加：会计政策变更	2	—	—	—	—	—	—	—	110.00	110.00
前期差错更正	3	—	—	—	—	—	—	—	—	—
其他	4	—	—	—	—	—	—	—	—	—
二、本年年初余额	5	170 000.00	—	—	—	—	6 129.54	7 150.73	23 797.13	207 077.40
三、本年增减变动金额（减少以"-"号填列）	6	—	—	—	—	—	1 047.55	523.77	8 904.20	10 475.52
（一）综合收益总额	7	—	—	—	—	—	—	—	10 475.52	10 475.52
（二）所有者投入和减少资本	8	—	—	—	—	—	—	—	—	—
1. 所有者投入的普通股	9	—	—	—	—	—	—	—	—	—
2. 其他	12	—	—	—	—	—	—	—	—	—
（三）利润分配	13	—	—	—	—	—	1 047.55	523.77	-1 571.32	—
1. 提取盈余公积	14	—	—	—	—	—	1 047.55	—	-1 047.55	—
2. 提取一般风险准备	15	—	—	—	—	—	—	523.77	-523.77	—
3. 对所有者（或股东）的分配	16	—	—	—	—	—	—	—	—	—
4. 其他	17	—	—	—	—	—	—	—	—	—
（四）所有者权益内部结转	18	—	—	—	—	—	—	—	—	—
1. 资本公积转增资本（或股本）	19	—	—	—	—	—	—	—	—	—
2. 盈余公积转增资本（或股本）	20	—	—	—	—	—	—	—	—	—
3. 其他	24	—	—	—	—	—	—	—	—	—
四、本年年末余额	25	170 000.00	—	—	—	—	7 177.09	7 674.50	32 701.33	217 552.92

项目	行次	上年金额								
		实收资本（或股本）	其他权益工具	资本公积	减：库存股	其他综合收益	盈余公积	一般风险准备	未分配利润	所有者权益合计
栏次		10	11	12	13	14	15	16	17	18
一、上年年末余额	1	170 000. 00	—	—	—	—	4 585. 26	5 942. 82	10 996. 55	191 524. 63
加：会计政策变更	2	—	—	—	—	—	—	—	—	—
前期差错更正	3	—	—	—	—	—	—	—	—	—
其他	4	—	—	—	—	—	—	—	—	—
二、本年年初余额	5	170 000. 00	—	—	—	—	4 585. 26	5 942. 82	10 996. 55	191 524. 63
三、本年增减变动金额（减少以“－”号填列）	6	—	—	—	—	—	1 544. 28	1 207. 91	12 690. 58	15 442. 77
（一）综合收益总额	7	—	—	—	—	—	—	—	15 442. 77	15 442. 77
（二）所有者投入和减少资本	8	—	—	—	—	—	—	—	—	—
1. 所有者投入的普通股	9	—	—	—	—	—	—	—	—	—
2. 其他	12	—	—	—	—	—	—	—	—	—
（三）利润分配	13	—	—	—	—	—	1 544. 28	1 207. 91	－2 752. 19	—
1. 提取盈余公积	14	—	—	—	—	—	1 544. 28	—	－1 544. 28	—
2. 提取一般风险准备	15	—	—	—	—	—	—	1 207. 91	－1 207. 91	—
3. 对所有者（或股东）的分配	16	—	—	—	—	—	—	—	—	—
4. 其他	17	—	—	—	—	—	—	—	—	—
（四）所有者权益内部结转	18	—	—	—	—	—	—	—	—	—
1. 资本公积转增资本（或股本）	19	—	—	—	—	—	—	—	—	—
2. 盈余公积转增资本（或股本）	20	—	—	—	—	—	—	—	—	—
3. 其他	24	—	—	—	—	—	—	—	—	—
四、本年年末余额	25	170 000. 00	—	—	—	—	6 129. 54	7 150. 73	23 687. 13	206 967. 40

企业负责人：余艳梅　　财务负责人：朱晓平　　会计机构负责人：王凤毅　　制表人：连鹏

5. 2　信托资产

5. 2. 1　信托项目资产负债汇总表

信托项目资产负债汇总表

编制单位：浙商金汇信托股份有限公司　　2019 年 12 月 31 日　　单位：万元

信托资产	年初数	年末数	信托负债和信托权益	年初数	年末数
信托资产：			信托负债：		
货币资金	162 855. 48	284 847. 55	交易性金融负债	—	—
拆出资金	—	—	衍生金融负债	—	—
存出保证金	—	—	应付受托人报酬	4 622. 76	5 368. 17
以公允价值计量且其变动计入当期损益的金融资产	110 371. 63	101 962. 81	应付托管费	22. 51	15. 59
衍生金融资产	—	—	应付受益人收益	1 697. 13	1 222. 26
买入返售金融资产	964 889. 09	568 051. 00	应交税费	5 175. 50	4 130. 59
应收款项	21 042. 12	28 441. 67	应付销售服务费	—	—
发放贷款	4 474 879. 78	4 089 629. 17	其他应付款项	90 964. 54	206 592. 83
可供出售金融资产	632 777. 34	199 313. 17	预计负债	—	—
持有至到期投资	3 343 358. 87	2 833 470. 88	其他负债	—	—
长期应收款	—	80 962. 94	信托负债合计	102 482. 44	217 329. 44
长期股权投资	1 095 032. 14	713 196. 86		—	—
投资性房地产	—	—	信托权益：	—	—
固定资产	—	—	实收信托	10 771 773. 61	8 759 219. 12
无形资产	—	—	资本公积	32 030. 85	38 185. 83
长期待摊费用	—	—	损益平准金	—	—
其他资产	—	—	未分配利润	－101 080. 45	－114 858. 34
减：各项资产减值准备	—	—	信托权益合计	10 702 724. 01	8 682 546. 61
信托资产总计	10 805 206. 45	8 899 876. 05	信托负债及信托权益总计	10 805 206. 45	8 899 876. 05

企业负责人：余艳梅　　财务负责人：朱晓平　　会计机构负责人：王凤毅　　制表人：倪春晖

注：暂未采用新金融工具准则与新金融企业财务报表格式。

5.2.2 信托项目利润及利润分配汇总表

信托项目利润及利润分配汇总表

编制单位：浙商金汇信托股份有限公司　　2019 年度　　单位：万元

项目	本年金额	上年金额
1. 营业收入	720 549.26	956 865.45
1.1 利息收入	441 270.11	484 462.77
1.2 投资收益（损失以"－"号填列）	251 030.63	555 895.35
其中：对联营企业和合营企业的投资收益	—	—
1.3 公允价值变动收益（损失以"－"号填列）	19 460.92	-83 502.94
1.4 租赁收入	—	—
1.5 汇兑损益（损失以"－"号填列）	—	—
1.6 其他收入	8 787.60	10.27
2. 支出	103 858.86	89 812.37
2.1 税金及附加	1 720.00	1 974.72
2.2 受托人报酬	73 823.14	63 734.36
2.3 托管费	2 158.13	2 470.17
2.4 投资管理费	—	—
2.5 销售服务费	12 487.09	9 440.14
2.6 交易费用	33.20	28.44
2.7 资产减值损失	—	—
2.8 其他费用	13 637.30	12 164.54
3. 信托净利润（净亏损以"－"号填列）	616 690.40	867 053.08
4. 其他综合收益	-539.68	-6 264.70
5. 综合收益	616 150.72	860 788.38
6. 加：期初未分配信托利润	-101 080.45	15 172.40
7. 可供分配的信托利润	515 609.95	882 225.48
8. 减：本期已分配信托利润	630 468.29	983 305.93
9. 期末未分配信托利润	-114 858.34	-101 080.45

企业负责人：余艳梅　财务负责人：朱晓平　会计机构负责人：王凤毅　制表人：倪春晖

注：暂未采用新金融工具准则与新金融企业财务报表格式。

6. 会计报表附注

6.1 会计报表编制基准、会计政策、会计估计和核算方法等情况

6.1.1 会计报表不符合会计核算基本前提的事项

无。

6.1.2 合并会计报表范围

公司对结构化主体是否应纳入合并范围进行判断，包括本公司作为受托人的结构化主体和本公司投资的由其他机构发行的结构化主体。本期公司认购或受让的信托计划，综合考虑本公司对该等结构化主体拥有的权利及参与该等结构化主体的相关活动而享有可变回报等控制因素，认定将本公司控制的3 个结构化主体纳入合并范围。

6.1.3 重要会计政策和会计估计说明

本公司自 2019 年 1 月 1 日起执行财政部 2017 年修订的《企业会计准则第 22 号——金融工具确认和计量》《企业会计准则第 23 号——金融资产转移》《企业会计准则第 24 号——套期会计》《企业会计准则第 37 号——金融工具列报》（以上四项统称新金融工具准则）。

执行新金融工具准则对公司的影响如下：

于 2019 年 1 月 1 日之前的金融工具确认和计量与新金融工具准则要求不一致的，本公司按照新金融工具准则的要求进行衔接调整。涉及前期比较财务报表数据与新金融工具准则要求不一致的，本公司未调整可比期间信息。金融工具原账面价值和新金融工具准则施行日的新账面价值之间的差额，计入 2019 年 1 月 1 日留存收益。

执行新金融工具准则对本期期初资产负债表相关项目的影响如下：

合并层面本期期初资产负债表相关项目的影响

单位：万元

项目	2018 年 12 月 31 日	累积影响金额			2019 年 1 月 1 日
		分类和计量影响	金融资产减值影响	小计	
交易性金融资产	—	256 099.70	—	256 099.70	256 099.70
买入返售金融资产	64 880.00	-64 880.00	—	-64 880.00	—
应收款项类金融资产	46 933.99	-46 933.99	—	-46 933.99	—
发放贷款和垫款	40 571.26	-40 571.26	—	-40 571.26	—
可供出售金融资产	103 518.46	-103 518.46	—	-103 518.46	—
应收利息	11 699.40	-11 699.40	—	-11 699.40	—
其他资产	4 505.24	11 699.41	—	11 699.41	16 204.65
交易性金融负债	—	11 253.47	—	11 253.47	11 253.47
以公允价值计量且其变动计入当期损益的金融负债	11 174.47	-11 174.47	—	-11 174.47	—
应付利息	160.42	-160.42	—	-160.42	—
其他应付款	13 932.41	-4 292.04	—	-4 292.04	9 640.37
其他负债	—	4 452.46	—	4 452.46	4 452.46
递延所得税负债	—	7.00	—	7.00	7.00
未分配利润	23 845.80	110.00	—	110.00	23 955.80

母公司层面本期期初资产负债表相关项目的影响

单位:万元

项目	2018 年 12 月 31 日	累积影响金额			2019 年 1 月 1 日
		分类和计量影响	金融资产减值影响	小计	
交易性金融资产	—	250 849. 70	—	250 849. 70	250 849. 70
买入返售金融资产	64 880. 00	-64 880. 00	—	-64 880. 00	—
应收款项类金融资产	161 294. 41	-161 294. 41	—	-161 294. 41	—
应收利息	5 902. 81	-5 902. 81	—	-5 902. 81	—
可供出售金融资产	24 558. 30	-24 558. 30	—	-24 558. 30	—
其他资产	4 624. 94	5 902. 82	—	5 902. 82	10 527. 76
其他应付款	13 909. 30	-4 292. 04	—	-4 292. 04	9 617. 26
应付利息	160. 42	-160. 42	—	-160. 42	—
递延所得税负债	—	7. 00	—	7. 00	7. 00
其他负债	—	4 452. 46	—	4 452. 46	4 452. 46
未分配利润	23 687. 13	110. 00	—	110. 00	23 797. 13

执行新金融工具准则后,公司营业收入总额发生口径调整。按原金融工具准则口径,公司 2019 年度合并及母公司层面营业收入分别为 74 975. 49 万元和 74 983. 15 万元。

本报告期重要会计估计未变更。

6. 2 重要资产转让及其出售的说明

报告期内公司无重大资产转让及出售事项。

6. 3 会计报表中重要项目的明细资料

6. 3. 1 披露自营资产经营情况

6. 3. 1. 1 按信用风险五级分类结果披露信用风险资产的期初数、期末数

单位:万元

信用风险资产五级分类	期初数	期末数
正常类	164 334. 80	106 669. 47
关注类	97 590. 00	90 346. 74
次级类	10 472. 26	35 641. 02
可疑类	—	32 441. 81
损失类	—	—
信用风险资产合计	272 397. 06	265 099. 04

6. 3. 1. 2 各项资产减值损失准备的期初数、本期计提、本期转回、本期核销、期末数

单位:万元

	期初数	本期计提	本期转回	本期核销	其他变化	期末数
贷款损失准备						
一般准备	—	—	—	—	—	—
专项准备	—	—	—	—	—	—
其他资产减值准备	—	—	—	—	—	—
可供出售金融资产减值准备	—	—	—	—	—	—
持有至到期投资减值准备	—	—	—	—	—	—
应收款项类金融资产	—	—	—	—	—	—
长期股权投资减值准备	—	—	—	—	—	—
坏账准备	6 122. 26	3 238. 40	—	—	—	9 360. 66
投资性房地产减值准备	—	—	—	—	—	—

6. 3. 1. 3 自营股票投资、基金投资、债券投资、股权投资等投资业务的期初数、期末数

单位:万元

	自营股票	基金	债券	长期股权投资	其他投资	合计
期初数	—	—	—	—	250 849. 70	250 849. 70
期末数	—	—	—	—	202 271. 96	202 271. 96

6. 3. 1. 4 前三名的自营长期股权投资的企业名称、占被投资企业权益的比例及投资收益情况等

无。

6. 3. 1. 5 前三名的自营贷款的企业名称、占贷款总额的比例和还款情况等

无。

6. 3. 1. 6 表外业务的期初数、期末数;按照代理业务、担保业务和其他类型表外业务分别披露

无。

6. 3. 1. 7 公司当年的收入结构

收入结构	合并		母公司	
	金额(万元)	占比(%)	金额(万元)	占比(%)
手续费及佣金收入	72 852. 67	92. 46	73 016. 56	93. 22
其中:信托手续费收入	69 811. 94	88. 60	69 975. 83	89. 34
投资银行业务收入	—	—	—	—
利息收入	3 058. 70	3. 89	2 021. 72	2. 58
其他收益	7. 17	0. 01	7. 17	0. 01
其中:计入信托业务收入部分	—	—	—	—
投资收益	2 871. 67	3. 64	3 278. 89	4. 19
其中:股权投资收益	—	—	—	—
证券投资收益	—	0. 00	—	0. 00
其他投资收益	2 871. 67	3. 64	3 278. 89	4. 19
营业外收入	1. 61	0. 00	1. 61	0. 00
收入合计	78 791. 82	100. 00	78 325. 95	100. 00

6.3.2　披露信托资产管理情况

6.3.2.1　信托资产的期初数、期末数

单位：万元

信托资产	期初数	期末数
集合	4 454 602.07	3 707 607.08
单一	3 862 071.68	2 946 153.85
财产权	2 488 532.70	2 246 115.12
合计	10 805 206.45	8 899 876.05

6.3.2.1.1　主动管理型信托业务的信托资产期初数、期末数

单位：万元

主动管理型信托资产	期初数	期末数
证券投资类	121 113.70	95 827.13
股权投资类	746 504.50	334 093.77
融资类	2 745 307.67	2 754 798.06
事务管理类	—	—
合计	3 612 925.87	3 184 718.96

6.3.2.1.2　被动管理型信托业务的信托资产期初数、期末数

单位：万元

被动管理型信托资产	期初数	期末数
证券投资类	—	—
股权投资类	—	—
融资类	—	—
事务管理类	7 192 280.58	5 715 157.09
合计	7 192 280.58	5 715 157.09

6.3.2.2　本年度已清算结束的信托项目个数、实收信托合计金额、加权平均实际年化收益率

6.3.2.2.1　本年度已清算结束的集合类、单一类资金信托项目和财产管理类信托项目个数、实收信托合计金额、加权平均实际年化收益率

已清算结束信托项目	项目个数（个）	实收信托合计金额（万元）	加权平均实际年化收益率（%）
集合类	83	3 800 951.03	7.69
单一类	56	2 155 286.17	5.62
财产管理类	7	648 715.95	6.29

注：1. 收益率是 指信托项目清算后，给受益人赚取的实际收益水平。

2. 加权平均实际年化收益率 =（信托项目 1 的实际年化收益率 × 信托项目 1 的资产总计 + 信托项目 2 的实际年化收益率 × 信托项目 2 的资产总计 + … + 信托项目 n 的实际年化收益率 × 信托项目 n 的资产总计）/（信托项目 1 的资产总计 + 信托项目 2 的资产总计 + … + 信托项目 n 的资产总计）×100%。

6.3.2.2.2　本年度已清算结束的主动管理型信托项目个数、实收信托合计金额、加权平均实际年化信托报酬率、加权平均实际年化收益率

已清算结束信托项目	项目个数（个）	实收信托合计金额（万元）	加权平均实际年化信托报酬率（%）	加权平均实际年化收益率（%）
证券投资类	1	24 000.00	2.33	7.93
股权投资类	16	607 000.00	1.81	7.65
融资类	60	2 842 923.94	2.15	7.87
事务管理类	—	—	—	—

6.3.2.2.3　本年度已清算结束的被动管理型信托项目个数、实收信托合计金额、加权平均实际年化信托报酬率、加权平均实际年化收益率

已清算结束信托项目	项目个数（个）	实收信托合计金额（万元）	加权平均实际年化信托报酬率（%）	加权平均实际年化收益率（%）
证券投资类	—	—	—	—
股权投资类	—	—	—	—
融资类	—	—	—	—
事务管理类	69	3 131 029.21	1.15	5.82

注：加权平均实际年化信托报酬率 =（信托项目 1 的实际年化信托报酬 × 信托项目 1 的实收信托 + 信托项目 2 的实际年化报酬率 × 信托项目 2 的实收信托 + … + 信托项目 n 的实际年化信托报酬率 × 信托项目 n 的实收信托）/（信托项目 1 的实收信托 + 信托项目 2 的实收信托 + … + 信托项目 n 的实收信托）×100%。

6.3.2.3　本年度新增的集合类、单一类、财产管理类信托项目个数、实收信托合计金额

新增信托项目	项目个数（个）	实收信托合计金额（万元）
集合类	74	2 284 640.00
单一类	36	949 602.09
财产管理类	3	232 300.00
新增合计	113	3 466 542.09
其中：主动管理型	72	2 232 150.00
被动管理型	41	1 234 392.09

注：本年新增信托项目指在本报告年度内累计新增的信托项目个数和金额，包含本年度新增并于本年度内结束的项目和本年度新增至报告期末仍在持续管理的信托项目。

6.4　关联方关系及其交易的披露

6.4.1　关联交易方的数量、关联交易的总金额及关联交易的定价政策等

	关联交易方数量	关联交易金额（万元）	定价政策
合计	10	10 353.25	市场交易价格

6.4.2　关联交易方与本公司的关系性质、关联交易方的名称、法定代表人、注册地址、注册资本及主营业务等

关系性质	关联方名称	法定代表人	注册地址	注册资本（亿元）	主营业务
母公司	浙江东方金融控股集团股份有限公司	金朝萍	杭州市西湖大道 12 号	15.91	进出口贸易、经济技术咨询等。
实际控制人	浙江省国际贸易集团有限公司	楼晶	杭州市庆春路 199 号	9.8	进出口业务、国内贸易、实业投资、咨询服务等。

续表

关系性质	关联方名称	法定代表人	注册地址	注册资本（亿元）	主营业务
受同一母公司控制	浙江国贸东方房地产有限公司	陈新忠	杭州市西湖区文三路453号	2.55	房地产开发经营。
受同一母公司控制	杭州友安物业管理有限公司	杨夏尧	浙江省杭州市下城区杭州市下城区中大广场3号十三层1302室	0.03	物业管理，机电设备的维护，家政服务，园林绿化工程，保洁服务，停车场管理，酒店管理等。
受同一实际控制人控制	浙江省五金矿产进出口有限公司	陈峰	杭州市中山北路310号	0.5	经营进出口业务、矿产品、金属材料、机电设备、五金、汽车、摩托车配件等。
本公司母公司的合营企业	中韩人寿保险有限公司	金朝萍	杭州市江干区新业路8号华联时代大厦23－24层	10	人寿保险、健康保险和意外伤害保险等保险业务。
受同一实际控制人控制	浙江惠灵对外贸易有限责任公司	任国奎	杭州市中山北路308号	3 088.1万元	经营进出口业务，批发兼零售等。
受同一实际控制人控制	浙江省浙商资产管理有限公司	孙建华	杭州市西湖大道193号301室	60.18	参与省内金融企业不良资产的批量转让业务（凭浙江省人民政府文件经营）资产管理，资产投资及资产管理相关的重组、兼并、投资管理咨询服务，企业管理、财务咨询及服务。
受同一实际控制人控制	浙江中大技术进出口集团有限公司	陈伟保	杭州市西湖大道58号华顺大厦13－22层	0.5	自营和代理除国家组织统一联合经营的16种出口商品和国家实行核定公司经营的14种进口商品以外的商品及技术的进出口业务；开展“三来一补”、进料加工业务；经营对销贸易和转口贸易；出口商品的外转内和进口商品的国内销售业务。
受同一实际控制人控制	浙江省中医药健康产业集团有限公司	朱杭烈	浙江省庆春路199号408室	20	中药材种植、中药饮片、中成药、中医药流通、中医诊疗服务等领域。

6.4.3　本公司与关联方的重大交易事项

6.4.3.1　固有财产与关联方：贷款、投资、租赁、应收账款、担保、其他方式等期初汇总数、本期发生额汇总数、期末汇总数

单位：万元

固有财产与关联方关联交易				
	期初数	借方发生额	贷方发生额	期末数
贷款	—	—	—	—
投资	—	—	—	—
租赁	—	701.03	701.03	—
担保	—	—	—	—
应收账款	—	—	—	—
其他	7 481.16	4 352.22	3 396.39	8 436.99
合计	7 481.16	5 053.25	4 097.42	8 436.99

6.4.3.2　信托资产与关联方：贷款、投资、租赁、应收账款、担保、其他方式等期初汇总数、本期发生额汇总数、期末汇总数

单位：万元

信托资产与关联方关联交易				
	期初数	借方发生额	贷方发生额	期末数
贷款	6 700.00	—	3 000.00	3 700.00
投资	—	—	—	—
租赁	—	—	—	—
担保	—	—	—	—
应收账款	—	—	—	—
其他	—	5 300.00	—	5 300.00
合计	6 700.00	5 300.00	3 000.00	9 000.00

6.4.3.3　固有财产与信托财产之间的交易金额期初汇总数、本期发生额汇总数、期末汇总数

单位：万元

固有财产与信托财产相互交易			
	期初数	本期发生额	期末数
合计	176 960.00	13 167.50	190 127.50

注：以固有资金投资公司自己管理的信托项目受益权，或购买自己管理的信托项目的信托资产均应纳入统计披露范围。

6.4.3.4　信托资产与信托财产之间的交易金额期初汇总数、本期发生额汇总数、期末汇总数

单位：万元

信托资产与信托财产相互交易			
	期初数	本期发生额	期末数
合计	301 893.88	－19 204.20	282 689.68

注：以公司受托管理的一个信托项目的资金购买自己管理的另一个信托项目的受益权或信托项下资产均应纳入统计披露范围。

6.5　会计制度的披露

公司执行中华人民共和国财政部颁布的《企业会计准则——基本准则》和41项具体会计准则、应用指南、解释、修订以及其他相关规定。

7. 财务情况说明书

7.1　利润实现和分配情况

2019年度公司母公司报表层面实现利润总额为14 094.01万元，所得税费用为3 618.49万元，实现净利润为10 475.52万元。合并层面实现的利润总额为14 047.80万

元，所得税费用为3 618.48万元，净利润为 10 429.32 万元。

本年提取信托赔偿准备金 523.77 万元，提取法定公积金 1 047.55 万元，剩余可供分配利润未向公司股东分配。

7.2 主要财务指标（按母公司口径）

指标名称	指标值	
	母公司口径	合并口径
资本利润率（%）	4.93	4.91
信托报酬率（%）	0.74	0.74

注：1. 资本利润率 = 净利润/所有者权益平均余额 ×100%。

2. 信托报酬率 = 信托业务收入/实收信托年平均余额 ×100%。

3. 平均值采取年初及各季末余额移动算术平均法，公式为：a（平均）=（$a_0/2+a_1+a_2+a_3+a_4/2$）/4。

7.3 对本公司财务状况、经营成果有重大影响的其他事项

报告期内未发生对本公司财务状况、经营成果有重大影响的其他事项。

7.4 公司净资本情况

信托公司风险控制指标监管报表

2019 年 12 月 31 日

项目	期末余额	监管标准
净资本（万元）	162 579.60	≥2 亿元
固有业务风险资本（万元）	38 369.30	—
信托业务风险资本（万元）	73 488.96	—
其他业务风险资本（万元）	—	—
各项业务风险资本之和（%）	111 858.26	—
净资本/各项业务风险资本之和（%）	145.34	≥100
净资本/净资产（%）	74.73	≥40

注：按报送监管机构口径填列。

8. 特别事项揭示

8.1 前五名股东报告期内变动情况及原因

报告期内，本公司股东未发生变动。

8.2 董事、监事及高级管理人员变动情况及原因

8.2.1 董事变动情况及原因

因个人原因，2019 年 8 月 5 日，战伟宏先生辞去公司董事职务。

因肖枫先生辞去公司董事职务，2019 年 4 月 26 日，公司股东大会选举谢捷先生为公司董事，谢捷先生的董事任职资格已获浙江银保监局核准。

因邱靖之先生辞去公司独立董事职务，2019 年 4 月 26 日，公司股东大会选举童杰先生为公司独立董事，童杰先生的独立董事任职资格已获浙江银保监局核准。

8.2.2 监事变动情况及原因

因王利生女士辞去公司监事职务，2019 年 10 月 29 日公司股东大会选举陈伟先生为公司监事。

8.2.3 高级管理人员变动情况及原因

因个人原因，2019 年 8 月 5 日，战伟宏先生辞去公司总经理职务；经公司董事会审议通过，同意聘任戴俊先生为公司总经理，戴俊先生的总经理任职资格已获浙江银保监局核准。

因个人原因，2019 年 11 月 15 日，江赛民先生辞去公司风险总监职务；经公司董事会审议通过，同意聘任许向华先生为公司风险总监，许向华先生的风险总监任职资格须经浙江银保监局核准后方能生效①。

8.3 变更注册资本、变更注册地或公司名称、公司分立合并事项

无。

8.4 公司及其董事、监事和高级管理人员受到处罚的情况

无。

8.5 本年度重大事项临时报告的简要内容、披露时间、所披露的媒体及其版面

《浙商金汇信托股份有限公司关于董事长、法定代表人变更的公告》在《金融时报》2019 年 2 月 2 日第 07 版刊登。

《浙商金汇信托股份有限公司 2018 年度报告摘要》在《证券时报》2019 年 4 月 30 日第 B006 版刊登。

《浙商金汇信托股份有限公司关于总经理变更的公告》在《证券时报》2019 年 9 月 20 日第 B001 版刊登。

8.6 中国银保监会及其省级派出机构认定的其他有必要让客户及相关利益人了解的重要信息

无。

9. 公司监事会意见

监事会认为，报告期内公司依法合规经营，本报告的财务报告真实、客观地反映了公司的财务状况和经营结果。

① 2020 年 4 月 8 日，公司收到中国银保监会浙江监管局《关于许向华任职资格的批复》（浙银保监复［2020］176 号），核准了许向华先生的公司风险总监任职资格。

中诚信托有限责任公司

1. 重要提示

1.1 本公司董事会及董事保证本报告所载资料不存在任何虚假记载、误导性陈述或者重大遗漏，并对其内容的真实性、准确性和完整性承担个别及连带责任。

1.2 未出席董事会董事情况：董事王天忠、肖祥云、王效钉未出席第五届董事会第六次会议，授权其他董事行使表决权；董事王天忠、肖祥云、吕海鹏、刘瑞生未出席第五届董事会第七次会议，授权其他董事行使表决权。

1.3 本公司独立董事对年度报告的真实性、准确性、完整性无异议。

1.4 公司董事长牛成立、总裁张树忠、财务负责人沈树忠声明：保证年度报告中财务报告的真实、完整。

2. 公司概况

2.1 公司简介

中诚信托有限责任公司（以下简称公司）初创于1995年11月，原名称为中煤信托投资有限责任公司，注册资本金为4亿元（含1 500万美元）；2001年9月，公司成为首家获准重新登记的信托公司；2004年2月，完成增资扩股后，公司注册资本金增加到12亿元，名称变更为中诚信托投资有限责任公司；2007年7月，根据新颁布实施的《信托公司管理办法》，公司完成了重新登记，首批获准直接换发金融许可证，名称变更为中诚信托有限责任公司；2010年10月，公司完成增资扩股后，注册资本金增加到24.57亿元。

法定中文名称	中诚信托有限责任公司
法定中文缩写名称	中诚信托
公司法定英文名称	China Credit Trust Co.,Ltd.
法定英文缩写名称	CCT
法定代表人	牛成立
注册地址	北京市东城区安外大街2号
邮政编码	100013
国际互联网网址	http://www.cctic.com.cn/
电子信箱	contactus@cctic.com.cn
信息披露事务负责人	魏青，电话：010-84267098；传真：010-84267118 电子信箱：weiqing@cctic.com.cn
选定的信息披露报纸	《金融时报》
公司年报备置地点	北京市东城区安外大街2号
聘请的会计师事务所	天职国际会计师事务所（特殊普通合伙）
聘请的会计师事务所住所	北京市海淀区车公庄西路19号68号楼A-1和A-5区域

2.2 组织结构

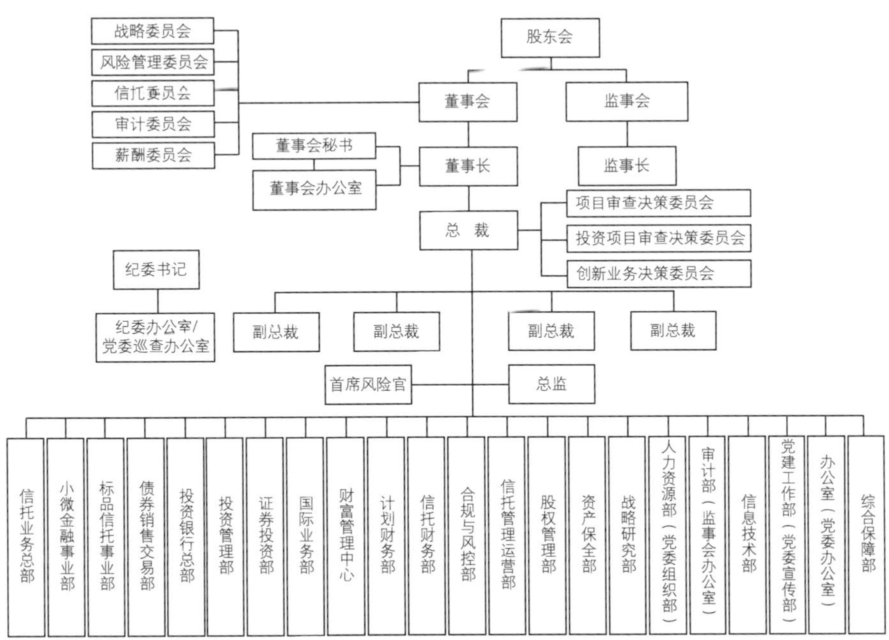

3. 公司治理

3.1 股东

股东总数:15 家。

股东名称	出资额（万元）	持股比例（%）	法人代表	注册资本（万元）	注册地址	主要经营业务及主要财务情况
中国人民保险集团股份有限公司★	80 875	32.9206	缪建民	4 422 399.0583	北京市西城区西长安街 88 号 1～13 层	投资并持有上市公司、保险机构和其他金融机构的股份；监督管理控股投资企业的各种国内、国际业务；国家授权或委托的政策性保险业务；经中国保监会和国家有关部门批准的其他业务（依法须经批准的项目，经相关部门批准后方可开展经营活动；不得从事本市产业政策禁止和限制类项目的经营活动）。
国华能源投资有限公司	50 000	20.3528	谢友泉	478 772.579335	北京市东城区东直门南大街 3 号楼	管理和经营煤代油资金形成的所有资产；对能源、交通项目投资；对金融、医疗卫生行业投资；对信息、生物、电子、环保、新材料高新技术产业投资；对房地产业投资；自有房屋的租赁和物业管理；对燃油的电站锅炉、工业锅炉、工业窑炉设备的改造进行投资；新能源技术的开发、生产；洁净煤技术及相关产品的开发、生产、销售；信息咨询服务（以上项目国家有专项专营规定的除外）（企业依法自主选择经营项目，开展经营活动；依法须经批准的项目，经相关部门批准后依批准的内容开展经营活动；不得从事本市产业政策禁止和限制类项目的经营活动）。
兖矿集团有限公司	25 000	10.1764	李希勇	776 920.00	邹城市凫山南路 298 号	以自有资金对外投资、管理及运营；投资咨询；期刊出版，有线广播及电视的安装、开通、维护和器材销售；许可证批准范围内的增值电信业务；对外承包工程资质证书批准范围内的承包与实力、规模、业绩相适应的国外工程项目及对外派遣实施上述境外工程所需的劳务人员；以下仅限分支机构经营：煤炭开采、洗选、销售；热电、供热及发电余热综合利用；公路运输；木材加工；水、暖管道安装、维修；餐饮、旅馆；水的开采及销售；黄金、贵金属、有色金属的地质探矿、开采、选冶、加工、销售及技术服务；广告业务；机电产品、服装、纺织及橡胶制品的销售；备案范围内的进出口业务；园林绿化；房屋、土地、设备的租赁；煤炭、煤化工及煤电铝技术开发服务；建筑材料、硫酸铵（白色结晶粉末）生产、销售；矿用设备、机电设备、成套设备及零配件的制造、安装、维修、销售；装饰装修；电器设备安装、维修、销售；通用零部件、机械配件、加工及销售；污水处理及中水的销售；房地产开发、物业管理；日用百货、工艺品、金属材料、燃气设备销售；铁路货物（区内自备）运输（依法须经批准的项目，经相关部门批准后方可开展经营活动）。

3.2 董事、董事会及其下属委员会

董事长、副董事长、董事

姓名	职务	性别	年龄（岁）	选任日期	所推举的股东名称	该股东持股比例（%）	简要履历
牛成立	董事长	男	54	2015 年 12 月	—	—	曾任中国人民银行非银行金融机构监管司副处长、处长，中国银行厦门分行党委委员、副行长（挂职），中国银监会非银行金融机构监管部处长，中国银监会新疆监管局党委委员、副局长，中国银监会银行监管四部副主任，中国银监会黑龙江监管局党委书记、局长，中国银监会融资性担保业务工作部主任，中诚信托有限责任公司党委委员、总裁，中诚信托有限责任公司党委书记、董事长兼总裁；现任中诚信托有限责任公司党委书记、董事长，嘉实基金管理有限公司联席董事长，中国信托业保障基金有限责任公司董事。
张树忠	副董事长	男	59	2015 年 3 月	—	—	曾任华夏证券公司投资银行部总经理，研究发展部总经理，光大证券公司总裁助理、北方总部总经理，资产管理总监，光大保德信基金管理公司董事、副总经理，大通证券股份有限公司总经理，中国人保资产管理公司副总裁，大成基金管理有限公司董事长；现任中诚信托有限责任公司党委副书记、副董事长、总裁。
杨　俊	董事	女	49	2017 年 3 月	中国人民保险集团股份有限公司	32.9206	曾任中国人民财产保险股份有限公司资金运营部投资研究与管理处副处长、处长，中国人民保险集团股份有限公司投资金融管理部投资管理处高级经理、投资管理部副总经理，曾挂职华夏银行副行长；现任中国人民保险集团股份有限公司风险管理部副总经理。
刘瑞生	董事	男	52	2017 年 12 月	国华能源投资有限公司	20.3528	曾任国家审计署固定资产投资审计司科员、副主任科员、主任科员，国华能源投资有限公司审计部副总经理、总经理，国华能源投资有限公司副总工程师，中诚信托有限责任公司董事、监事；现任国华能源投资有限公司总经理助理、投资管理部总经理，中诚信托有限责任公司董事。

续表

姓名	职务	性别	年龄（岁）	选任日期	所推举的股东名称	该股东持股比例（%）	简要履历
吕海鹏	董事	男	50	2017年4月	兖矿集团有限公司	10.1764	曾任兖矿集团职工大学讲师，兖矿集团财务处副科长，山东新联谊会计师事务所副所长，兖矿集团资本部科长，兖矿集团改制办公室主任经济师，兖矿集团投资部副部长，兖矿集团财务管理部副部长，兖矿集团资本管理中心副主任、部委委员；现任上海中期期货经纪有限公司董事长，上海金谷裕丰投资有限公司总经理，日照港股份有限公司董事，中垠融资租赁有限公司董事长，中诚信托有限责任公司董事。
王效钉	董事	男	51	2015年3月	招商局中国基金有限公司	3.3297	曾任香港海域金融集团投资银行部分析员，Wellkent International Corp.（Vancouver）财务部经理，Smart Sources Technologies（Vancouver）软件工程师、Thrive Media Corporation（Vancouver）高级软件工程师、广西丰林集团股份有限公司首席财务官，广西百合化工股份有限公司副总经理、总裁，招商局中国投资管理有限公司首席投资官；现任招商局中国投资管理有限公司董事及总经理，招商局中国基金有限公司执行董事，中诚信托有限责任公司董事。
王天忠	董事	男	51	2017年4月	永城煤电控股集团有限公司	5.0882	曾任河南矿建三公司财务出纳、会计主管，永煤集团陈四楼矿主管会计，永煤集团城郊矿主管会计，正龙煤业财务部副部长，洛阳龙门煤业财务负责人、财务部部长，明珠热电财务负责人，永贵能源副总会计师、总会计师，黔金煤业财务总监，贵州永煤科技董事会董事、董事长，永煤控股财务部部长，永城职业学院财务负责人；现任鹤壁煤业（集团）有限责任公司总会计师，中诚信托有限责任公司董事。
赵荣哲	董事	男	54	2008年9月	中国中煤能源集团有限公司	3.3921	曾任中国煤炭工业进出口集团公司资产财务部副主任，中国中煤能源集团有限公司资产财务部主任、财务管理总部总经理、副总会计师；现任中国中煤能源集团有限公司党委常委、总会计师，中煤财务有限公司董事长。
肖祥云	董事	男	53	2018年7月	贵州盘江投资控股（集团）有限公司	3.3921	曾任贵州省人民检察院工作员、书记员、助理检察、渎职侵权检察处副处长、助理检察员、检察员、办公室副主任、主任、检察员、渎职侵权局综合指导处处长、检察员，铜仁市人民检察院副检察长，安顺市人民检察院检察长，贵州盘江投资控股（集团）有限公司总法律顾问，贵州盘江国有资本运营有限公司总法律顾问；现任贵州旅游投资控股（集团）有限责任公司党委委员、副总经理。
赵海龙	董事	男	55	2006年5月	中国平煤神马能源化工集团有限责任公司	3.3921	曾任平顶山矿务局六矿财务科副科长、科长、副总会计师、总会计师，平煤集团内部银行行长、内部结算中心主任、财务处处长、集团副总会计师、总会计师；现任中国平煤神马集团总会计师、董事。

注：董事的“选任日期”以监管机构批复为准。

独立董事

姓名	职务	性别	年龄（岁）	选任日期	所推举的股东名称	该股东持股比例（%）	简要履历
李秉祥	独立董事	男	61	2015年3月	—	—	长期从事金融学领域的教学科研工作，有过两年学习考察和研究欧洲与美国金融市场的经历，曾任数家银行、信托与证券等金融机构的独立董事或顾问；现任百年资管股份有限公司独立董事，葫芦岛银行股份有限公司外部监事，中诚信托有限责任公司独立董事。
刘宗义	独立董事	男	61	2015年3月	—	—	曾任贵州省毕节地区劳动人事局干部科科员，贵州财经学院讲师，贵阳新华会计师事务所所长、亚太中汇会计师事务所有限公司贵州分所所长；现任中审亚太会计师事务所（特殊普通合伙）贵州分所所长，中诚信托有限责任公司独立董事。
张晓森	独立董事	男	61	2008年9月	—	—	曾任中国政法大学副教授、系副主任，香港胡关李罗律师事务所中国法顾问，天达律师事务所合伙人；现任中咨律师事务所合伙人，北京仲裁委员会仲裁员，中诚信托有限责任公司独立董事。

注：独立董事的“选任日期”以监管机构批复为准。

3.3 监事

监事会成员

姓名	职务	性别	年龄（岁）	选任日期	所推举的股东名称	该股东持股比例（%）	简要履历
刘耀民	监事长	男	58	2017年2月	—	—	曾任审计署审计科研所科研二室副主任，审计署办公厅副处级秘书、值班室副主任兼正处级秘书，审计署金融审计司二处处长、一处处长，中央金融工委监事会工作部银行处处长、副部长，中国银行业监督管理委员会监事会工作部副主任（2007年3月起负责部门工作），国有重点金融机构监事会正局级专职监事、驻中国进出口银行监事会正局级专职监事兼办公室主任；现任中诚信托有限责任公司党委副书记、监事长、工会主席。

续表

姓名	职务	性别	年龄（岁）	选任日期	所推举的股东名称	该股东持股比例（%）	简要履历
袁管华	副监事长	男	55	2016年11月	—	—	曾任中国人民银行外资金融机构管理司副处长，中国人民银行银行监管一司处长、银监会财务会计部处长，银监会江西监管局副局长、党委委员，银监会财务会计部正局级巡视员，中诚信托有限责任公司第四届监事会副监事长；现任中诚信托有限责任公司副监事长。
潘红霞	监事	女	45	2017年8月	国华能源投资有限公司	20.3528	曾任中日友好医院财务部科员，国华实业有限公司财务部会计，国华能源投资有限公司财务部财务分析专员，国华能源投资有限公司河北分公司财务总监；现任国华能源投资有限公司财务部副总经理，中诚信托有限责任公司监事。
张纪军	监事	男	51	2019年4月	冀中能源邢台矿业集团有限责任公司	3.3921	曾任冀中能源股份有限公司邢台矿财务科主管会计师、副科长、科长，寿阳县天泰煤业有限责任公司总会计师、冀中股份天泰煤业工作处副处长，冀中能源邢矿集团审计部部长；现任冀中能源邢台矿业集团有限责任公司财务部部长、副总会计师、冀中股份审计部长、段王集团总会计师，中诚信托有限责任公司监事。
李家正	监事	男	51	2017年4月	山西焦煤集团有限责任公司	2.5441	曾任西山煤电马兰矿财务科科员、副科长、科长，西山煤电计划处副处长，西山煤电五麟煤焦开发公司计划发展部部长，西山煤电审计处处长；现任西山煤电副总会计师，中诚信托有限责任公司监事。
杨广玉	监事	男	51	2016年11月	山西潞安矿业（集团）有限责任公司	2.5441	曾任潞安矿业集团财务处会计科科长，潞安环能股份公司财务部副部长、部长、财务负责人，山西潞安矿业（集团）有限责任公司财务处处长，潞安集团财务公司监事；现任潞安集团副总会计师，潞安集团财务公司董事长，中诚信托有限责任公司监事。
郑建新	监事	男	53	2016年11月	福建省能源集团有限责任公司	2.5441	曾任福建建材学校教师，福建省建材工业总公司基建处科员、投资部副主任，福建省建材（控股）有限公司资产财资部主任科员、副经理，福建省能源集团有限责任公司改革与综合产业部副经理、经理；现任福建省能源集团有限责任公司资本运营部经理，中诚信托有限责任公司监事。
战彦领	监事	男	44	2018年6月	淮北矿业（集团）有限责任公司	1.6961	曾任淮北矿业（集团）有限责任公司董事会秘书处副科长、科长、副主任经济师、主任经济师，淮北矿业（集团）有限责任公司督查室主任、办公室副主任、办公室（董事会办公室）副主任；现任淮北矿业集团皖淮投资公司总经理，中诚信托有限责任公司监事。
吉　祥	监事	男	34	2016年11月	内蒙古兴业矿业股份有限公司	1.6283	曾任内蒙古兴业集团股份有限公司总裁助理、副总裁、副董事长；现任内蒙古兴业集团股份有限公司董事、常务副总经理，中诚信托有限责任公司监事。
王桂华	监事	女	55	2016年11月	—	—	曾任煤炭科学研究总院财务处会计，中煤信托计财部会计、负责人、副总经理；现任中诚信托有限责任公司审计部（监事会办公室）总经理，中诚信托有限责任公司监事。
王玉国	监事	男	41	2016年11月	—	—	曾任中诚信托有限责任公司战略研究部中级、高级研究员、副经理、总经理，中诚信托有限责任公司总裁办公室负责人；现任中诚信托有限责任公司办公室（党委办公室）主任，中诚信托有限责任公司监事。
赵　明	监事	女	42	2016年11月	—	—	曾任中建装饰工程公司项目经理，北京太合嘉园房地产开发有限责任公司业务主管、设计主管、工程部主管，中诚信托有限责任公司投资管理部项目高级经理，中诚信托有限责任公司董事会办公室副主任、主任；现任中诚信托有限责任公司党建工作部总经理（党委宣传部部长），中诚信托有限责任公司监事。

3.4　高级管理人员

姓名	职务	性别	年龄（岁）	选任日期	金融从业年限（年）	学历	专业	简要履历
牛成立	董事长	男	54	2015年12月	34	硕士研究生	货币银行学	曾任中国人民银行非银行金融机构监管司副处长、处长，中国银行厦门分行党委委员、副行长（挂职），中国银监会非银行金融机构监管部处长，中国银监会新疆监管局党委委员、副局长，中国银监会银行监管四部副主任，中国银监会黑龙江监管局党委书记、局长，中国银监会融资性担保业务工作部主任，中诚信托有限责任公司党委委员、总裁，中诚信托有限责任公司党委书记、董事长兼总裁；现任中诚信托有限责任公司党委书记、董事长，嘉实基金管理有限公司联席董事长，中国信托业保障基金有限责任公司董事。
张树忠	副董事长、总裁	男	59	2015年3月	27	博士研究生	世界经济	曾任华夏证券公司投资银行部总经理，研究发展部总经理，光大证券公司总裁助理、北方总部总经理、资产管理总监，光大保德信基金管理公司董事、副总经理，大通证券股份有限公司总经理，中国人保资产管理公司副总裁，大成基金管理有限公司董事长；现任中诚信托有限责任公司党委副书记、副董事长、总裁。

续表

姓名	职务	性别	年龄(岁)	选任日期	金融从业年限(年)	学历	专业	简要履历
赵建平	纪委书记	男	56	2006 年 3 月	19	硕士研究生	经济	曾任内蒙古自治区党委组织部研究室主任,中央金融工委组织处副处长(正处级),中国银监会组织处处长;现任中诚信托有限责任公司纪委书记、党委委员。
罗学东	副总裁	男	53	2011 年 10 月	31	本科	金融	曾在中国人民银行江苏省南通市分行、中国人民银行稽核局工作,曾任中国人民银行监管一司、营业管理部副处长,中国银监会银行监管三部、四部处长,中国银监会山西监管局党委委员、副局长;现任中诚信托有限责任公司党委委员、副总裁。
汤淑梅	副总裁	女	54	2011 年 10 月	24	博士研究生	法学	曾在中国人民大学任教,中煤信托投资有限责任公司工作,曾任中诚信托有限责任公司风险控制部副经理、总经理、首席风险控制官;现任中诚信托有限责任公司党委委员、副总裁。
刘孟革	副总裁	男	53	2016 年 5 月	28	本科	金融	曾任江苏商业管理干部学院财经系教师,南京国际信托投资公司基金经理,中诚信托有限责任公司研究发展部副总经理、投资银行部总经理;现任中诚信托有限责任公司党委委员、副总裁。
秦　岭	副总裁	男	45	2016 年 5 月	17	硕士研究生	工商管理	曾任中诚信托有限责任公司信托部业务组负责人,综合管理部总经理、信托部总经理,中诚资本管理有限公司总经理;现任中诚信托有限责任公司党委委员、副总裁。
魏　青	董事会秘书	男	53	2016 年 5 月	28	本科	经济信息	曾任中国新技术创业投资公司金融部项目经理,南方证券公司海南分公司部门经理,华夏证券公司基金投资部副总经理,富国基金管理公司副总经理,深圳中欧瑞博投资管理公司总经理;现任中诚信托有限责任公司董事会秘书。
敖　磊	首席风险官	女	47	2017 年 3 月	23	硕士研究生	法律	曾任中诚信托有限责任公司证券总部项目经理,国都证券有限责任公司法律事务部业务经理、副总经理、风险管理部副总经理、合规审计与风险管理部总经理,中诚信托有限责任公司合规与风险管理部总经理;现任中诚信托有限责任公司首席风险官。
沈树忠	财务总监	男	51	2018 年 7 月	2	硕士研究生	金融	曾任中国糖业酒类集团公司财务部科员、财务部副经理、审计部经理、财务部经理、财务总监、副总经理、常务副总经理(主持工作)、法定代表人,兼任北京华堂商场有限公司董事、中日合资成都伊藤洋华堂商场有限公司副董事长、酒鬼酒股份有限公司董事;现任中诚信托有限责任公司财务总监兼计划财务部总经理。

注:高级管理人员的"选任日期"以监管部门批复为准。

3.5　公司员工

项目		报告期年度		上年度	
		人数(人)	比例(%)	人数(人)	比例(%)
年龄分布	25 岁以下	—	—	4	1.22
	25~29 岁	45	13.16	56	17.02
	30~39 岁	199	58.19	179	54.41
	40 岁以上	98	28.65	90	27.35
学历分布	博士研究生	16	4.68	15	4.56
	硕士研究生	231	67.54	218	66.26
	本科	84	24.56	84	25.53
	专科	10	2.93	10	3.04
	其他	1	0.29	2	0.61
岗位分布	董事、监事及高管人员	16	4.68	15	4.56
	自营业务人员	14	4.09	17	5.17
	信托业务人员	168	49.12	168	51.06
	其他人员	144	42.11	129	39.21

4. 经营管理

4.1　经营目标、经营方针、战略规划

4.1.1　经营目标

公司坚持市场化、专业化导向,强化创新意识和创新思维,优化和提升战略基础业务,有重点地培育和壮大战略新兴业务,长远布局战略培植业务,着力构建和完善以"九大体系"为核心的组织运营体系,通过创新转型将公司发展成为国内具有核心竞争优势的、相对领先的上市信托公司,实现客户价值、社会价值、股东价值和员工价值"四位一体"的共赢发展。报告期内,公司有序推进各项经营管理工作,努力回归信托本源,提升主动管理能力,服务实体经济,完成了董事会下达的预算目标。

4.1.2　经营方针

公司的经营方针是创新、规范、效率、精细化。

4.1.3　战略规划

公司坚持稳中求进,优化业务结构,回归信托本源,服务实体经济,具体措施包括:一是巩固和提升传统业务优势,提升主动管理能力,保持主动管理信托业务规模的持续增长,实现信托业务收入占比逐年优化,信托主业地位更加巩固;二是有步骤构建和完善业务组织体系、管理运营体系、财富管理体系、风险管理体系、风险处置体系、品牌文化体系、研究创新体系、人力资源体系和信息科技体系等"九大体系",不断完善公司的组织化运营系统,优化成本费用结构,保持成本收入比处于合理水平,支撑战略规划落地;三是坚持合法、合规、审慎、稳健经营,逐步建立和完善全面风险管理体系,保持公司各项监管指标处于合理水平;四是规范公司治理和管理运作,关注监管政策动向。

4.2 所经营业务的主要内容

自营资产运用与分布表

资产运用	金额（万元）	占比（%）	资产分布	金额（万元）	占比（%）
货币资产	66 300.49	2.94	基础产业	2 730.00	0.12
贷款及应收款	157 378.51	6.98	房地产业	364 761.91	16.18
交易性金融资产	38 012.98	1.69	证券市场	50 755.06	2.25
可供出售金融资产	1 484 107.30	65.80	实业	36 310.54	1.61
持有至到期投资	—	—	金融机构	938 194.65	41.60
长期股权投资	480 300.27	21.30	其他	862 420.56	38.24
其他	29 073.17	1.29			
资产总计	2 255 172.72	100.00	资产总计	2 255 172.72	100.00

信托资产运用与分布表

资产运用	金额（万元）	占比（%）	资产分布	金额（万元）	占比（%）
货币资产	330 407.97	1.33	基础产业	826 855.75	3.32
贷款	8 635 755.38	34.63	房地产	7 280 549.39	29.20
交易性金融资产	2 309 247.02	9.26	证券市场	1 965 901.30	7.88
可供出售金融资产	—	—	实业	10 955 215.67	43.93
持有至到期投资	—	—	金融机构	2 230 294.62	8.94
长期股权投资	3 582 807.06	14.37	其他	1 676 634.60	6.73
买入返售金融资产	—	—			
应收账款	9 991 067.90	40.07			
其他	86 166.00	0.34			
信托资产总计	24 935 451.33	100	信托资产总计	24 935 451.33	100

4.3 市场分析

4.3.1 有利因素

宏观经济的稳健增长和实体经济发展质量的提升为信托业务提供了广阔的发展空间。一是国内经济的持续稳定增长，为信托业务的开展奠定了基础。据国家统计局初步核算，2019年全年国内生产总值接近100万亿元，比上年增长6.1%，人均国内生产总值突破1万美元。二是在供给侧改革的背景下，国民经济增长新动能不断涌现，新基建产业高速发展，为信托公司支持国家重大战略、促进经济结构转型提供了更多发展机遇。

高净值人士数量和可投资资产规模持续增长的同时，高净值人士的理财意识也在不断提升，对信托工具更为青睐。一是近年来市场波动较大且违约多发，高净值人士对市场风险的认识更加深刻，避险情绪加强，更为青睐持牌金融机构发行的较为稳健的理财产品。二是随着创富一代步入老年，高净值人士和超高净值人士对财富传承的意识不断觉醒，鉴于家族信托工具在风险隔离、代际传承方面的独特优势，其采用家族信托方式完成财富传承的意愿也不断加强。

信托公司不断通过优化管理和业务机制，促进提升运用效率，提升风险识别，通过机制优化和创新增加效益。尤其是，行业普遍以金融科技赋能、发行能力支撑和股东资源协同等为核心，一是加大科技投入，优化运营系统提升管理效率，运用金融科技强化风险管理，并运用大数据、区块链等技术引领消费金融和供应链金融等业务的进化；二是更加重视财富端，既在直销和代销方面双管齐下提高发行能力，还通过加强客户教育，逐渐引导客户适应净值型产品和多元资产配置类产品，更好满足客户多方面的需求；三是普遍加强与股东的协同，与股东共同挖掘资金资源和客户资源，深入发挥信托金融工具综合性、广泛性和灵活性的功能优势。

4.3.2 不利因素

资管行业竞争进一步加剧。“资管新规”以实施统一监管、拉平各资管机构门槛为监管导向，各类资管机构的竞争更加激烈，信托的竞争优势有所弱化。一是“资管新规”统一监管标准，信托公司的业务牌照优势和制度优势有所弱化。二是信托公司面临的资管行业竞争有增无减，其他资管机构不断挤压和蚕食信托公司的业务空间。尤其是2019年以来纷纷成立和开业的银行理财子公司拥有明显的竞争优势。与信托相比，除不能贷款外，银行理财子公司的投资范围和资金运用方式与信托接近，且银行理财子公司可以开展销售起点低至1元且可投资非标资产的公募业务，将对现有的资管格局形成较大冲击。

信托资产风险率攀升较快。据中国信托业协会披露的数据，截至2019年末，信托行业风险项目个数与规模方面均呈上升趋势，其中风险项目数量1 547个，较2018年末增加675个；风险项目规模为5 770.47亿元，较2018年末增加3 548.6亿元；信托资产风险率持续攀升，年末风险率增至2.67%，较2018年末的0.98%提高了1.69百分点，信托风险项目的规模、数量以及信托资产风险率为近年来最高。信托业亟需加强风险处置能力，为下一步稳健发展打下基础。

2019年末，突如其来的新冠疫情对社会经济和人民生活造成了全面影响，也对信托公司造成了一定的经营压力。存续业务方面，新型冠状病毒疫情全面影响社会经济，可能会提升房地产、政信、小微金融等信托业务重点领域存续项目的潜在风险。新业务开展方面，信托公司新项目短期内可能面临停摆的风险。加之资本市场震荡及其他因素，信托公司的经营业绩将会受到一定影响。

4.4 内部控制

4.4.1 内部控制环境和内部控制文化

完善的公司治理结构是内部控制环境建设的基础。公司已经按照法律规定和公司章程要求建立了以股东会、董事会、监事会以及经营管理层为核心的治理结构，“三会一层”之间分工明确，职责清晰，治理机制规范有效。内部审计部门独立运作，审计部依照国家有关法律法规和公司内部规定，围绕公司整体战略转型目标，加大审计力度，积极履行审计监督与服务职责，独立行使内部审计监督权。

内控文化建设不断深化。公司倡导务实高效的风险管理文化，把诚信经营、合规经营作为内控文化的主旋律，并通过合规宣传、制度建设、员工培训、激励安排、责任追究等方式将其融入日常工作和企业行为中，使恪守信用原则成为员工基本的职业道德和行为准则。

4.4.2 内部控制措施

严格实施授权审批控制。为进一步规范公司授权管理,加强内部控制和风险管控,提高经营管理效率,保障公司平稳有序运营,公司制定授权管理办法等制度,根据业务授权开展相关业务,董事会、管理层及公司业务人员都在业务权限范围内开展工作,对于重大决策、重要人事任免、重大项目安排和大额度资金运作等"三重一大"事项,坚持集体决策原则;对大额采购工作制定了专门制度,并结合公司大额采购实际运行情况及时进行完善,集体决策,分级管理,确保大额采购符合法律规定和公司相关制度要求。

建立岗位分离和资产隔离制度。岗位分离制度主要表现在:一是自营业务部门和信托业务部门单独设立,在管理上隶属于不同的公司主管领导,内部人员不相互兼岗;二是财务部门中会计、出纳岗位相互独立,且出纳不得兼顾稽核、会计档案保管等工作;三是业务开展与风险管理相互分离,各职能部门和流程设置明晰,前台、中台、后台既相互分离,又相互制约。资产隔离制度主要表现在:公司对自营业务和信托业务单独建账、独立核算,对公司信托业务的管理遵循"分类管理、专户核算"原则,每项信托业务都要单独设立账户和编制管理报告。

加强运营分析控制。公司管理层定期、不定期地根据业务部门、合规与风控部、计划财务部提交的有关报告,对公司运营情况及风险状况进行分析,制订相应解决方案并实施。为了应对经营中可能出现的突发事件和引起公众广泛关注的重大事件,公司还专门制定了突发事件应急预案制度和舆情管理制度。

实施绩效考评控制。公司建立了科学的绩效考评制度,合理设定岗位系列,按照岗位职责、任职资格等进行职位价值评估,制定并完善了适合不同专业技术工作特点和岗位特点的考核指标体系。

4.4.3 信息交流与反馈

根据监管要求和规章制度规定,公司制定并实施了信息披露制度,建立了顺畅有效的信息交流与反馈机制。公司根据内部组织之间的关系和各自的职责权限,建立了从上到下的授权流程和从下到上的汇报路径。根据国家有关法规和公司有关文件要求,公司建立了反舞弊机制,对于员工举报的潜在舞弊或违规行为,审计部、纪检监察部门都会及时跟进和调查,并在公司范围内建立并实施了投诉举报机制。公司按监管要求按时报送各类财务及业务报表、报告等,及时向投资者披露信托项目信息,规范投诉受理和处理流程,积极履行受托人职责。

4.4.4 监督评价与纠正

公司建立了多层次的内控监督体系:监事会依法履行监督职能,对公司董事、高级管理层履职情况进行监督;审计部独立行使内部审计监督权;合规与风控部等部门在对内部控制的实施情况进行持续监督的基础上,开展有针对性的专项检查,对于发现的问题提出整改意见和建议。

4.5 风险管理

4.5.1 风险管理概况

公司建立了以风险管理委员会、经营管理层、合规与风控部为主线的风险管理组织体系,制定了以《风险管理办法》为核心的风险管理规章制度,遵循全面、审慎、及时、有效和独立性的风险管理原则,将风险管理贯穿到公司前台、中台以及后台的各个环节,并根据业务类别制定相应的风险控制措施,形成了"事前防范、事中控制、事后评价"的风险管理机制,逐步形成了体现"稳健、审慎"经营理念的风险管理文化。

4.5.2 风险状况

公司经营活动中面临的风险主要包括合规风险、信用风险、市场风险、操作风险及其他风险等。

4.5.2.1 合规风险状况

合规风险是指公司因没有遵守法律、法规和准则而可能遭受法律制裁、监管处罚,从而给公司发展带来重大损失的风险。监管部门不仅持续关注信托公司在房地产、信政等领域的业务风险,提出规范性要求,还通过净资本管理加强对信托公司的资本约束。

4.5.2.2 信用风险状况

信用风险是公司面临的主要风险之一。如果经济增速下降或交易对手所处行业受政府调控等原因,导致交易对手流动性困难,履约能力下降,从而使公司业务开展面临一定风险。或因交易对手经营不善、资金周转不灵甚至恶意欺诈等原因不按期履行合约义务,而给信托财产或公司财产造成损失的风险。

4.5.2.3 市场风险状况

市场风险是指由于市场价格的波动而给信托财产或公司财产带来损失的可能性,常见的风险表现形式包括利率风险、证券价格波动风险、商品价格波动风险和汇率风险等。如果利率变化与公司预期相反,将对公司的贷款以及收益产生不利影响;证券价格、商品价格下跌会对公司相关项目担保物价值带来不利影响;汇率变化也可能使公司外汇资本金和 QDII 信托资产发生损失的风险。

4.5.2.4 操作风险状况

操作风险是指在经营管理过程中,由于内控机制不健全、内部业务操作程序不完善或操作系统发生故障,从而给公司经营带来隐患的风险。同时,在业务开展过程中,业务人员未能充分获得准确的市场信息,不熟悉市场交易涉及的法律法规,或者工作失误和效率低下都可能会产生操作风险。

4.5.2.5 其他风险状况

其他风险主要包括法律风险、声誉风险、洗钱及恐怖融资风险等。法律风险是由于公司在经营过程中,因为无法满足或违反法律要求,导致不能履行合同而发生争议、诉讼或其他法律纠纷,可能给公司或投资人造成经济损失的风险。声誉风险主要是指由于公司经营、管理及其他行为或外部事件导致利益相关方对公司负面评价的风险。洗钱及恐怖融资风险是指因客户从事或意图从事洗钱及恐怖融资活动而导致的违反国家反洗钱、反恐怖融资法规,而对公司经营管理带来的风险。

4.5.3 风险管理

4.5.3.1 合规风险管理

公司重视合规文化宣导,通过宣传并解读监管政策、合规培训等方式,来营造良好的合规文化氛围,提高全体员工防范风险、合规展业的意识;结合监管部门要求和实际情况,搭建了董事会—经营管理层—合规与风控部—合规岗四个层次的合规管理组织体系;重视内部制度制定过程中的合规审查,确保制度体系的合规有效；根据监管规定，制定了净资本管理的相关制度，成立了净资本管理委员会，对公司净资本管理指标进行动态监督；继续加强业务的合规管理和项目的合规性审查，及时制定和更新公司审查指引和法律文本，贯彻落实法律法规、行业和监管政策的最新要求；不断完善反洗钱相关制度，加强反洗钱系统建设，提升反洗钱工作水平。报告期内，中国银保监局组织开展了"巩固治乱象成果 促进合规建设"专项治理工作，公司及时跟进监管政策要求，扎实开展学制度，自评估、自查自纠相关工作，积极贯彻"回归本源"的监管要求。

4.5.3.2 信用风险管理

公司不断加强对员工业务能力的培训，提高项目甄别和筛选能力；根据业务发展情况，逐步制定各类业务的准入及尽职调查要求，规范重点项目提交审查的报告内容及格式，建立了不同类型项目的审查决策机制，完善了差异化、相对独立的项目准入、审查决策机制；严格审查项目资金使用，逐步推行按风险等级分类对项目运行进行差异化管理；加大对重点项目进行监督检查力度，并逐步建立风险预警制度，有效防范信用风险。

4.5.3.3 市场风险管理

公司通过设置合理的交易结构，实现对风险的有效对冲和补偿，以规避市场风险；通过加强对证券投资产品单位净值、抵质押物价格变化的日常监控，以防范市场价格波动带来的风险；定期对房地产业务进行压力测试，分析在不同风险程度下房地产项目的抗风险能力，从而及时发现并预防市场风险；合理配置外汇资产，防范汇率波动给公司外汇资本金和 QDII 业务带来的市场风险。

4.5.3.4 操作风险管理

公司定期对业务操作流程进行修订和完善，以业务流程为主线，不断完善前台、中台、后台的内部控制体系，对重要的业务环节，实行双人双岗复核、审批；建立集中统一的数据备份与验证系统，并及时对业务管理系统和证券交易系统进行升级和测验，更新相关数据；同时加强对新员工在制定合同文本、熟悉业务流程等方面的培训，有效防范操作风险；重视项目的抵质押担保及股权变更手续办理工作，对承担主动管理职责项目由风险管理部门或律师事务所、公证机构参与办理相关手续。

4.5.3.5 其他风险管理

法律风险管理方面，公司高度重视法律风险的防范，定期对合同文本进行更新；不断加强对合同的审查力度，制定合同文本的审核指引，规范事务类等重要项目审核要求；出台担保办理相关制度，提高担保措施办理的质量和效率，有效防范相关风险；修订协助执行制度，使协助执行工作更加规范化、程序化；公司聘请外部律师对重大项目出具法律意见，从业务源头和操作环节防范和化解法律风险。

声誉风险管理方面，公司加强舆情管理，制定了舆情管理制度，规范对引发公众广泛关注的重大事件的管理；及时向投资者和监管层进行信息披露，持续关注新闻舆情，还借助信托业协会的《每日舆情》等做好舆情监测，就重点事件积极采取应对措施，防范和化解声誉风险。

洗钱及恐怖融资风险管理方面，公司根据监管最新要求，不断修订完善公司反洗钱反恐怖融资的相关制度，通过修订信托合同文本，优化业务系统等方式，持续规范客户尽职调查相关工作的开展。

5. 报告期末及上一年度末的比较式会计报表

5.1 自营资产

5.1.1 会计师事务所审计意见全文

审 计 报 告

天职业字[2020]9524 号

中诚信托有限责任公司全体股东：

一、审计意见

我们审计了后附的中诚信托有限责任公司（以下简称中诚信托）财务报表，包括 2019 年 12 月 31 日的合并及母公司资产负债表，2019 年度的合并及母公司利润表、合并及母公司现金流量表、合并及母公司所有者权益变动表，以及财务报表附注。

我们认为，后附的财务报表在所有重大方面按照企业会计准则的规定编制，公允反映了中诚信托 2019 年 12 月 31 日的合并及母公司财务状况及 2019 年度的合并及母公司经营成果和现金流量。

二、形成审计意见的基础

我们按照中国注册会计师审计准则的规定执行了审计工作。审计报告的"注册会计师对财务报表审计的责任"部分进一步阐述了我们在这些准则下的责任。按照中国注册会计师职业道德守则，我们独立于中诚信托，并履行了职业道德方面的其他责任。我们相信，我们获取的审计证据是充分、适当的，为发表审计意见提供了基础。

三、管理层和治理层对财务报表的责任

管理层负责按照企业会计准则的规定编制财务报表，使其实现公允反映，并设计、执行和维护必要的内部控制，以使财务报表不存在由于舞弊或错误导致的重大错报。

在编制财务报表时，管理层负责评估中诚信托的持续经营能力，披露与持续经营相关的事项（如适用），并运用持续经营假设，除非计划进行清算中诚信托、终止运营或别无其他现实的选择。

治理层负责监督中诚信托的财务报告过程。

四、注册会计师对财务报表审计的责任

我们的目标是对财务报表整体是否不存在由于舞弊或错误导致的重大错报获取合理保证，并出具包含审计意见的审计报告。合理保证是高水平的保证，但并不能保证按照审计准则执行的审计在某一重大错报存在时总能发现。错报可能由于舞弊或错误导致，如果合理预期错报单独或汇总起来可能影响财务报表使用者依据财务报表作出的经济决策，则通常认为错报是重大的。

在按照审计准则执行审计工作的过程中，我们运用职业判断，并保持职业怀疑。同时，我们也执行以下工作：

（1）识别和评估由于舞弊或错误导致的财务报表重大错报风险，设计和实施审计程序以应对这些风险，并获取充分、适当的审计证据，作为发表审计意见的基础。由于舞弊可能涉及串通、伪造、故意遗漏、虚假陈述或凌驾于内部控制之上，未能发现由于舞弊导致的重大错报的风险高于未能发现由于错误导致的重大错报的风险。

(2)了解与审计相关的内部控制，以设计恰当的审计程序，但目的并非对内部控制的有效性发表意见。

(3)评价管理层选用会计政策的恰当性和作出会计估计及相关披露的合理性。

(4)对管理层使用持续经营假设的恰当性得出结论。同时，根据获取的审计证据，就可能导致对中诚信托持续经营能力产生重大疑虑的事项或情况是否存在重大不确定性得出结论。如果我们得出结论认为存在重大不确定性，审计准则要求我们在审计报告中提请报表使用者注意财务报表中的相关披露；如果披露不充分，我们应当发表非无保留意见。我们的结论基于截至审计报告日可获得的信息。然而，未来的事项或情况可能导致中诚信托不能持续经营。

(5)评价财务报表的总体列报、结构和内容，并评价财务报表是否公允反映相关交易和事项。

(6)就中诚信托中实体或业务活动的财务信息获取充分、适当的审计证据，以对财务报表发表审计意见。我们负责指导、监督和执行集团审计，并对审计意见承担全部责任。

我们与治理层就计划的审计范围、时间安排和重大审计发现等事项进行沟通，包括沟通我们在审计中识别出的值得关注的内部控制缺陷。

中国注册会计师：

中国注册会计师：

5.1.2　资产负债表

合并及公司资产负债表

编制单位：中诚信托有限责任公司　　2019年12月31日　　单位：万元

项目	合并		公司	
	2019年12月31日	2018年12月31日	2019年12月31日	2018年12月31日
资产				
货币资金	110 125.67	183 013.56	66 300.49	145 777.69
以公允价值计量且其变动计入当期损益的金融资产	38 012.98	25 250.29	38 012.98	24 504.56
买入返售金融资产	13 450.07	10 240.15	13 450.07	10 240.15
应收账款	25 633.06	154 005.67	6 395.86	132 068.69
预付款项	1 165.33	502.22	797.36	129.71
其他应收款	101 544.25	32 022.95	100 855.22	31 268.51
存货	58.08	69.27	—	—
发放贷款和垫款	49 480.00	82 390.00	35 880.00	62 790.00
可供出售金融资产	1 475 658.43	1 355 422.50	1 484 107.30	1 368 266.14
长期股权投资	437 268.51	407 179.02	480 300.27	450 210.78
投资性房地产	25 099.08	26 475.95	—	—
固定资产	8 041.01	8 581.07	1 192.45	1 265.13
无形资产	1 239.46	813.71	666.14	407.21
商誉	—	—	—	—
长期待摊费用	936.45	918.55	98.24	122.23
递延所得税资产	24 740.55	18 124.71	27 116.34	19 280.54
资产总计	2 312 452.93	2 305 009.62	2 255 172.72	2 246 331.34
负债				
短期借款	300 000.00	300 000.00	300 000.00	300 000.00
拆入资金	—	—	—	—
以公允价值计量且其变动计入当期损益的金融负债	7 686.53	7 718.14	—	—
应付账款	23.33	159.84	—	24.36
预收款项	244.32	161.39	—	—
应付职工薪酬	77 722.61	71 570.56	65 252.06	58 707.35
应交税费	36 499.46	45 886.70	34 397.08	43 318.90
应付利息	2 022.04	962.03	2 022.04	962.03
应付股利	1 392.97	54 076.87	1 392.97	54 076.87
其他应付款	27 011.33	17 398.01	24 330.28	13 062.24
长期借款	63 300.00	93 800.00	63 300.00	93 800.00
长期应付款	1 250.00	1 750.00	—	—
递延所得税负债	535.44	173.17	365.35	—
负债合计	517 688.03	593 656.71	491 059.78	563 951.75
所有者权益				
实收资本	245 666.67	245 666.67	245 666.67	245 666.67

续表

项目	合并		公司	
	2019年12月31日	2018年12月31日	2019年12月31日	2018年12月31日
资本公积	270 518.60	270 518.60	270 518.60	270 518.60
其他综合收益	5 120.34	-2 729.70	5 099.73	-2 742.99
盈余公积	127 833.34	127 833.34	127 833.34	127 833.34
一般风险准备	62 198.49	62 198.49	62 198.49	62 198.49
未分配利润	1 076 364.20	1 001 637.33	1 052 796.11	978 905.48
归属于母公司所有者权益合计	1 787 701.64	1 705 124.73	1 764 112.94	1 682 379.59
少数股东权益	7 063.25	6 228.18	—	—
所有者权益合计	1 794 764.89	1 711 352.91	1 764 112.94	1 682 379.59
负债及所有者权益合计	2 312 452.93	2 305 009.62	2 255 172.72	2 246 331.34

法定代表人：牛成立　　主管会计工作负责人：沈树忠　　制表人：吴静玲

5.1.3 利润表

合并及公司利润表

编制单位：中诚信托有限责任公司　　2019年度　　单位：万元

项目	合并		公司	
	2019年度	2018年度	2019年度	2018年度
一、营业总收入	270 861.22	273 512.94	235 493.17	233 960.82
（一）利息收入	4 734.47	4 951.10	3 967.03	4 005.80
（二）手续费及佣金收入	168 511.99	175 140.34	136 383.24	140 410.22
（三）投资收益	87 095.41	85 328.47	93 878.52	90 486.00
其中：对联营企业和合营企业的投资收益	59 324.24	44 302.10	59 324.24	44 302.10
（四）其他收益	17.00	129.20	—	126.43
（五）公允价值变动收益（损失以“－”号填列）	1 118.86	-1 091.07	1 118.86	-1 091.07
（六）资产处置收益（损失以“－”号填列）	—	—	—	—
（七）汇兑收益	93.11	-63.69	86.65	-45.81
（八）其他业务收入	9 290.38	9 118.59	58.87	69.25
二、营业总支出	151 643.88	130 755.95	125 646.98	101 736.21
（一）利息支出	28 565.77	25 137.10	28 565.77	25 137.10
（二）手续费及佣金支出	94.77	151.97	137.08	151.62
（三）税金及附加	2 070.57	2 507.72	1 070.52	1 034.23
（四）业务及管理费	77 102.25	75 249.72	53 735.37	50 528.45
（五）资产减值损失或呆账损失	41 795.59	25 991.97	42 138.24	24 884.81
（六）其他业务成本	2 014.94	1 717.47	—	—
三、营业利润	119 217.34	142 756.99	109 846.19	132 224.61
加：营业外收入	362.29	303.52	36.91	147.69
减：营业外支出	240.29	216.18	204.87	184.69
四、利润总额（亏损以“－”号填列）	119 339.34	142 844.33	109 678.22	132 187.61
减：所得税费用	18 756.28	23 254.99	12 946.57	18 962.15
五、净利润（亏损以“－”号填列）	100 583.06	119 589.34	96 731.65	113 225.46
归属于母公司所有者的净利润	97 567.88	116 481.91	96 731.65	113 225.46
少数股东损益	3 015.18	3 107.43	—	—
持续经营净利润（净亏损以“－”号填列）	100 583.06	119 589.34	96 731.65	113 225.46
终止经营净利润（净亏损以“－”号填列）	—	—	—	—
六、其他综合收益的税后净额	5 950.83	-13 742.40	5 943.51	-13 755.69
以后将重分类进损益的其他综合收益	5 950.83	-13 742.40	5 943.51	-13 755.69
1. 权益法下可转损益的其他综合收益	3 372.20	-5 566.30	3 372.20	-5 566.30
2. 可供出售金融资产公允价值变动损益	2 578.63	-8 176.10	2 571.31	-8 189.39
3. 外币财务报表折算差额	—	—	—	—
归属于母公司股东的其他综合收益的税后净额	5 950.83	-13 742.40	5 943.51	-13 755.69
归属于少数股东的其他综合收益的税后净额	—	—	—	—
七、综合收益总额	106 533.89	105 846.94	102 675.16	99 469.77
归属于母公司所有者的综合收益总额	103 518.71	102 739.51	102 675.16	99 469.77
归属于少数股东的综合收益总额	3 015.18	3 107.43		

法定代表人：牛成立　　主管会计工作负责人：沈树忠　　制表人：吴静玲

5.1.4 合并所有者权益变动表

合并所有者权益变动表

编制单位：中诚信托有限责任公司　　2019 年度　　单位：万元

项目	归属于母公司所有者权益合计						少数股东权益	所有者权益合计
	实收资本	资本公积	其他综合收益	盈余公积	一般风险准备	未分配利润		
2018 年 1 月 1 日年初余额	245 666. 67	269 252. 51	11 012. 70	127 833. 34	62 198. 49	961 312. 09	5 006. 86	1 682 282. 66
会计政策变更	—	—	—	—	—	—	—	—
会计差错更正	—	—	—	—	—	—	—	—
其他	—	—	—	—	—	—	—	—
一、2018 年 1 月 1 日调整后年初余额	245 666. 67	269 252. 51	11 012. 70	127 833. 34	62 198. 49	961 312. 09	5 006. 86	1 682 282. 66
二、2018 年度增减变动金额	—	1 266. 09	-13 742. 40	—	—	40 325. 24	1 221. 32	29 070. 25
（一）综合收益总额	—	—	-13 742. 40	—	—	116 481. 91	3 107. 43	105 846. 94
1. 净利润	—	—	—	—	—	116 481. 91	3 107. 43	119 589. 34
2. 其他综合收益	—	—	-13 742. 40	—	—	—	—	-13 742. 40
（二）所有者投入和减少资本	—	—	—	—	—	—	—	—
（三）利润分配	—	—	—	—	—	-76 156. 67	-1 886. 11	-78 042. 78
1. 提取盈余公积	—	—	—	—	—	—	—	—
2. 提取一般风险准备	—	—	—	—	—	—	—	—
3. 对所有者的分配	—	—	—	—	—	-76 156. 67	-1 886. 11	-78 042. 78
（四）权益法核算被投资单位其他权益变动	—	1 266. 09	—	—	—	—	—	1 266. 09
三、2018 年 12 月 31 日年末余额	245 666. 67	270 518. 60	-2 729. 70	127 833. 34	62 198. 49	1 001 637. 34	6 228. 18	1 711 352. 92
四、2019 年 1 月 1 日年初会计政策变更金额	—	—	1 899. 21	—	—	-1 959. 35	—	-60. 14
五、2019 年 1 月 1 日年初余额	245 666. 67	270 518. 60	-830. 49	127 833. 34	62 198. 49	999 677. 99	6 228. 18	1 711 292. 78
六、2019 年度增减变动金额	—	—	5 950. 83	—	—	76 686. 22	835. 07	83 472. 12
（一）综合收益总额	—	—	5 950. 83	—	—	97 567. 89	3 015. 18	106 533. 90
1. 净利润	—	—	—	—	—	97 567. 89	3 015. 18	100 583. 06
2. 其他综合收益	—	—	5 950. 83	—	—	—	—	5 950. 83
（二）所有者投入和减少资本	—	—	—	—	—	—	-197. 52	-197. 52
（三）利润分配	—	—	—	—	—	-20 881. 67	-1 982. 59	-22 864. 26
1. 提取盈余公积	—	—	—	—	—	—	—	—
2. 提取一般风险准备	—	—	—	—	—	—	—	—
3. 对所有者的分配	—	—	—	—	—	-20 881. 67	-1 982. 59	-22 864. 26
（四）权益法核算被投资单位其他权益变动	—	—	—	—	—	—	—	—
七、2019 年 12 月 31 日年末余额	245 666. 67	270 518. 60	5 120. 34	127 833. 34	62 198. 49	1 076 364. 20	7 063. 25	1 794 764. 89

法定代表人：牛成立　　主管会计工作负责人：沈树忠　　制表人：吴静玲

5.1.5 母公司所有者权益变动表

母公司所有者权益变动表

编制单位：中诚信托有限责任公司　　2019 年度　　单位：万元

项目	实收资本	资本公积	其他综合收益	盈余公积	一般风险准备	未分配利润	所有者权益合计
2018 年 1 月 1 日年初余额	245 666. 67	269 252. 51	11 012. 70	127 833. 34	62 198. 49	941 836. 69	1 657 800. 40
会计政策变更	—	—	—	—	—	—	—
会计差错更正	—	—	—	—	—	—	—
一、2018 年 1 月 1 日调整后年初余额	245 666. 67	269 252. 51	11 012. 70	127 833. 34	62 198. 49	941 836. 69	1 657 800. 40
二、2018 年度增减变动金额	—	1 266. 08	-13 755. 69	—	—	37 068. 79	24 579. 18
（一）综合收益总额	—	—	-13 755. 69	—	—	113 225. 46	99 469. 77
1. 净利润	—	—	—	—	—	113 225. 46	113 225. 46
2. 其他综合收益	—	—	-13 755. 69	—	—	—	-13 755. 69
（二）所有者投入和减少资本	—	—	—	—	—	—	—
（三）利润分配	—	—	—	—	—	-76 156. 67	-76 156. 67

续表

项目	实收资本	资本公积	其他综合收益	盈余公积	一般风险准备	未分配利润	所有者权益合计
1. 提取盈余公积	—	—	—	—	—	—	—
2. 提取一般风险准备	—	—	—	—	—	—	—
3. 对所有者的分配	—	—	—	—	—	-76 156. 67	-76 156. 67
（四）权益法核算被投资单位其他权益变动	—	1 266. 08	—	—	—	—	1 266. 08
三、2018 年 12 月 31 日年末余额	245 666. 67	270 518. 60	-2 742. 99	127 833. 34	62 198. 49	978 905. 48	1 682 379. 58
四、2019 年 1 月 1 日年初会计政策变更金额	—	—	1 899. 21	—	—	-1 959. 35	-60. 14
五、2019 年 1 月 1 日年初余额	245 666. 67	270 518. 60	-843. 78	127 833. 34	62 198. 49	976 946. 13	1 682 319. 44
六、2019 年度增减变动金额	—	—	5 943. 51	—	—	75 849. 99	81 793. 50
（一）综合收益总额	—	—	5 943. 51	—	—	96 731. 66	102 675. 17
1. 净利润	—	—	—	—	—	96 731. 66	96 731. 66
2. 其他综合收益	—	—	5 943. 51	—	—	—	5 943. 51
（二）所有者投入和减少资本	—	—	—	—	—	—	—
（三）利润分配	—	—	—	—	—	-20 881. 67	-20 881. 67
1. 提取盈余公积	—	—	—	—	—	—	—
2. 提取一般风险准备	—	—	—	—	—	—	—
3. 对所有者的分配	—	—	—	—	—	-20 881. 67	-20 881. 67
（四）权益法核算被投资单位其他权益变动	—	—	—	—	—	—	—
七、2019 年 12 月 31 日年末余额	245 666. 67	270 518. 60	5 099. 73	127 833. 34	62 198. 49	1 052 796. 12	1 764 112. 94

法定代表人：牛成立　　　　主管会计工作负责人：沈树忠　　　　制表人：吴静玲

5.2 信托资产

5.2.1 信托项目资产负债汇总表

信托项目资产负债汇总表

编制单位：中诚信托有限责任公司　　　　2019 年 12 月 31 日　　　　单位：万元

资产	行次	期末余额	期初余额	负债和所有者权益	行次	期末余额	期初余额
信托资产：				信托负债：			
银行存款	1	330 407. 97	382 451. 95	应付受托人报酬	18	6 407. 04	132 060. 40
交易性金融资产	2	2 309 247. 02	2 923 544. 15	应付受益人收益	19	30. 52	27. 26
买入返售金融资产	3		390. 02	应付托管费	20	8. 46	10. 38
应收账款	4	9 991 067. 90	13 840 286. 27	应交税费	21	1 239. 06	1 919. 72
应收利息	5	—	—	其他应付款	22	151 606. 53	212 250. 43
拆出资金	6	—	—				
其他应收款	7	86 166. 00	78 326. 51	信托负债合计	23	159 291. 61	346 268. 19
贷款	8	8 635 755. 38	8 901 361. 72				
持有至到期投资	9	—	—				
可供出售金融资产	10	—	—	信托权益：			
长期股权投资	11	3 582 807. 06	5 192 165. 81	实收信托	24	24 725 447. 83	30 476 813. 47
固定资产	12	—	—	资本公积	25	7 855. 97	8 852. 00
在建工程	13	—	—	未分配利润	26	42 855. 92	486 592. 77
无形资产	14	—	—	信托权益合计	27	24 776 159. 72	30 972 258. 24
长期待摊费用	15	—	—				
其他资产	16	—	—				
资产总计	17	24 935 451. 33	31 318 526. 43	负债和所有者权益合计	28	24 935 451. 33	31 318 526. 43

5.2.2 信托项目利润及利润分配汇总表

信托项目利润及利润分配汇总表

编制单位:中诚信托有限责任公司　　2019 年度　　单位:万元

项目	行次	本年金额	上年金额
一、营业收入	1	1 602 451.20	2 056 045.91
利息收入	2	607 040.20	943 983.41
投资收益	3	27 102.42	167 860.78
公允价值变动损益	4	-151 766.70	-33 578.66
租赁收入	5	—	—
其他业务收入	6	1 119 242.91	978 664.40
汇兑损益	7	832.37	-884.02
二、手续费及佣金支出		—	—
三、业务及管理费	8	321 009.41	238 306.49
四、营业税金及附加	9	6 113.27	5 640.10
五、扣除财产损失前的信托利润	10	1 275 328.52	1 812 099.32
加:以前年度损益调整		0.00	0
六、扣除资产损失后的信托利润	11	1 275 328.52	1 812 099.32
加:期初未分配信托利润	12	486 592.77	545 036.87
七、可供分配的信托利润	13	1 761 921.29	2 357 136.19
减:本期已分配的信托利润	14	1 719 065.37	1 870 543.42
八、期末未分配利润	15	42 855.92	486 592.77

6. 会计报表附注

6.1 会计报表编制基准不符合会计核算基本前提的说明

6.1.1 会计核算基本前提的说明

公司以持续经营为基础,根据实际发生的交易和事项,按照《企业会计准则——基本准则》和其他各项具体会计准则、应用指南及准则解释的规定进行确认和计量,在此基础上编制财务报表。

公司所编制的会计报表符合企业会计准则的要求,真实、完整地反映了公司的财务状况、经营成果、股东权益变动和现金流量等有关信息。

6.1.2 编制合并会计报表的说明

本期本公司将所有控股公司和结构化主体纳入合并会计报表范围。本公司纳入合并报表范围的控股公司如下:

公司名称	业务性质	注册地	注册资本	单位持有的权益性资本的比例(%)	关联方关系
北京三侨物业管理有限责任公司	物业管理	中国北京	2.5 亿元	100.00	全资子公司
北京安贞大厦物业管理有限责任公司	物业管理	中国北京	1 000 万元	100.00	三侨物业全资子公司
中诚宝捷思货币经纪有限公司	境内外货币经纪业务	中国北京	5 000 万元	67.00	控股子公司
中诚资本管理(北京)有限公司	项目投资、资本管理	中国北京	1 亿元	100.00	全资子公司
深圳市中诚云领厚润德投资企业(有限合伙)	企业管理咨询	中国深圳	5 230 万元	99.04	控股子公司
北京鼎泰裕华投资管理有限公司	资产管理	中国北京	1 000 万元	100.00	中诚资本全资子公司
中诚新川(成都)股权投资基金管理有限公司	股权投资管理	中国成都	1 000 万元	100.00	中诚资本全资子公司
2013 年中诚信托无锡锦绣商业广场集合信托	信托计划	中国北京	—	100.00	本公司发行的信托计划
2013 年中诚信托重庆典雅西区贷款项目集合资金信托计划	信托计划	中国北京	—	100.00	本公司发行的信托计划
2012 年中诚信托青山金矿项目	信托计划	中国北京	—	52.70	本公司发行的信托计划

拥有被投资单位持股比率超过半数但未纳入合并范围的原因:无。

6.2 或有事项说明

无。

6.3 重要资产转让及其出售的说明。

本年公司无重要资产转让及出售事项。

6.4 会计报表中重要事项的明细资料

6.4.1 披露自营资产经营情况

6.4.1.1 按信用风险五级分类的结果披露资产的期初数、期末数

按照《中国银行业监督管理委员会关于非银行金融机构全面推行资产质量五级分类管理的通知》的分类标准,本年度公司固有五级分类资产质量情况如下:

信用风险资产五级分类	正常类(万元)	关注类(万元)	次级类(万元)	可疑类(万元)	损失类(万元)	信用风险资产合计(万元)	不良资产合计(万元)	不良资产率(%)
期初数	1 393 754.53	602 135.18	158 561.50	0.00	7 709.19	2 162 160.40	166 270.69	3.97
期末数	1 532 969.85	627 797.81	52 928.28	121 763.87	0.00	2 335 459.81	174 692.15	2.80

注:1. 不良资产率按净值计算,与报送有关部门的统计口径一致。

2. 不良资产合计 = 次级类 + 可疑类 + 损失类。

6.4.1.2　各项资产减值损失准备的期初数、本期计提、本期转回、本期核销、期末数

单位：万元

	期初数	本期计提	本期转回	本期核销	期末数
贷款损失准备	26 910.00	26 910.00	0.00	—	53 820.00
一般准备	—	—	—	—	—
专项准备	26 910.00	26 910.00	—	—	53 820.00
其他资产减值准备	—	—	—	—	—
可供出售金融资产减值准备	38 393.14	11 395.65	0.00	0.00	49 788.79
持有至到期投资减值准备	0.00	0.00	0.00	—	0.00
长期股权投资减值准备	1 591.60	0.00	0.00	—	1 591.60
坏账准备	8 038.55	3 832.59	7 709.19	—	4 161.95
投资性房地产减值准备	—	—	—	—	—

6.4.1.3　按照投资品种分类，分别披露固有业务股票投资、基金投资、债券投资、股权投资等投资业务的期初数、期末数

单位：万元

	自营股票	基金	债券	股权投资	其他投资	合计
期初数	12 672.35	194 473.04	0.00	929 886.91	705 949.17	1 842 981.47
期末数	4 524.69	145 220.47	0.00	1 249 524.87	603 150.53	2 002 420.55

6.4.1.4　按投资入股金额排序，前五名的自营长期股权投资的企业名称，占被投资企业权益的比例，主要经营活动及投资收益情况

企业名称	占被投资企业权益的比例(%)	主要经营活动	投资收益（万元）
嘉实基金管理有限公司	40.00	基金管理	44 452.29
国都证券股份有限公司	13.3264	证券服务	7 676.98
北京三侨物业管理有限责任公司	100.00	物业管理	3 000.00
潍坊丰悦泰和股权投资合伙企业（有限合伙）	40.00	项目投资；投资咨询；投资管理；企业管理咨询	1 562.47
珠海鼎宇股权投资基金合伙企业（有限合伙）	99.12	创业投资业务	125.34

注：投资损益是指按照企业会计准则规定，核算股权投资确认损益并计入披露年度利润表的金额。

6.4.1.5　前五名的自营贷款的企业名称，占贷款总额的比例和还款情况

企业名称	占贷款总额的比例(%)	还款情况
1. 福建顺华置业发展有限公司	60.09	逾期
2. 重庆金阳房地产开发有限公司	39.91	逾期

6.4.1.6　表外业务的期初数、期末数；按照代理业务担保业务和其他类型表外业务分别披露

单位：万元

表外业务	期初数	期末数
担保业务	—	—
代理业务（委托业务）	—	—
其他	—	—
合计	—	—

注：本公司无因客观原因应规范而尚未完成规范的历史遗留委托业务。

6.4.1.7　公司当年的收入结构

收入结构	母公司		合并	
	金额（万元）	占比（%）	金额（万元）	占比（%）
手续费及佣金收入	136 383.23	57.90	168 511.99	62.13
其中：信托手续费收入	130 430.12	55.38	130 430.12	48.09
投资银行业务收入	82.21	0.03	82.21	0.03
利息收入	3 967.03	1.68	4 734.47	1.74
其他业务收入	145.52	0.06	9 400.49	3.47
其中：计入信托业务收入部分	—	—	—	—
投资收益	93 878.52	39.86	87 095.41	32.12
其中：股权投资收益	91 810.53	38.98	84 785.27	31.26
证券投资收益	-1 743.59	-0.74	-1 730.84	-0.64
其他投资收益	3 811.58	1.62	4 040.98	1.49
公允价值变动收益	1 118.86	0.48	1 118.86	0.41
营业外收入	36.91	0.02	362.29	0.13
收入合计	235 530.07	100.00	271 223.51	100.00

6.4.2　披露信托资产管理情况

6.4.2.1　信托资产的期初数、期末数

单位：万元

信托资产	期初数	期末数
集合	13 208 573.16	11 553 071.27
单一	15 540 886.05	11 675 296.92
财产权	2 569 067.22	1 707 083.14
合　计	31 318 526.43	24 935 451.33

6.4.2.1.1　主动管理型信托业务的信托资产期初数、期末数

单位：万元

主动管理型信托资产	期初数	期末数
证券投资类	44 333.79	37 253.21
股权投资类	1 488 166.31	435 820.99
其他投资类	5 986 507.54	5 579 104.80
融资类	2 440 967.64	4 698 999.20
事务管理类	204.50	393.80
合　计	9 960 179.78	10 751 572.00

6.4.2.1.2　被动管理型信托业务的信托资产期初数、期末数

单位：万元

被动管理型信托资产	期初数	期末数
证券投资类	2 629 195.91	1 598 320.21
股权投资类	1 036 648.41	793 323.67
其他投资类	6 560 718.44	4 475 980.08
融资类	8 538 462.58	5 621 373.73
事务管理类	2 593 321.31	1 694 881.64
合　计	21 358 346.65	14 183 879.33

6.4.2.2 本年度已清算结束的信托项目个数、实收信托合计金额、加权平均实际年化收益率

6.4.2.2.1 本年度已清算结束的集合类，单一类资金信托项目和财产管理类信托项目数量、实收信托合计金额、加权平均实际年化收益率

已清算结束信托项目	项目个数（个）	实收信托合计金额（万元）	加权平均实际年化收益率（%）
集合类	91	8 094 803.00	5.91
单一类	80	3 017 350.93	4.93
财产管理类	11	692 064.43	4.63

6.4.2.2.2 本年度已清算结束的主动管理型信托项目个数、实收信托合计金额、加权平均实际年化收益率

已清算结束信托项目	项目个数（个）	实收信托合计金额（万元）	加权平均实际年化收益率（%）
证券投资类	51	3 258 960.00	6.85
股权投资类	8	2 523 190.00	6.31
其他投资类	0	0	0
融资类	23	1 663 573.00	5.72
事务管理类	0	0	0

6.4.2.2.3 本年度已清算结束的被动管理型信托项目个数、实收信托合计金额、加权平均实际年化收益率

已清算结束信托项目	项目个数（个）	实收信托合计金额（万元）	加权平均实际年化收益率（%）
证券投资类	31	1 556 659.93	0.86
股权投资类	2	167 168.00	7.51
其他投资类	0	—	0
融资类	55	1 940 103.00	6.37
事务管理类	12	694 564.43	4.62

6.4.2.3 本年度新增的集合类、单一类资金信托项目和财产管理类信托项目数量、实收信托合计金额

新增信托项目	项目个数（个）	实收信托合计金额（万元）
单一类	49	1 676 829.64
集合类	77	5 003 381.62
财产管理类	6	355 537.10
新增合计	132	7 035 748.36
其中：主动管理型	98	5 780 355.62
被动管理型	34	1 255 392.74

6.4.2.4 信托业务创新成果和特色业务有关情况

2019 年，公司加大了转型创新、回归本源力度，在加强创新业务孵化培育、提高转型创新业务审查效率、优化转型创新激励容错机制等多个方面提供了强有力的支持保障。在公司的大力支持、业务部门的努力开拓以及中台、后台部门的协同配合下，公司在切入新基建领域、地产业务模式转型升级、与更多头部机构合作资产证券化业务，以及专业化开展慈善信托和家族信托业务等多个方面都持续取得进展。2019 年，公司的新开发的特色业务和产品如下。

切入新基建发展领域，为新能源汽车产业提供金融支持。该类业务与我国知名新能源汽车企业合作，信托资金全部用于该新能源汽车企业下属车厂的建设和生产线设备采购，有力地支持了国家重点产业的发展。

传统地产业务转型升级，与头部房地产投资基金公司合作房地产股权投资业务。该类业务与国内排名前列的地产基金管理人合作设立房地产股权投资基金，最终投向多个地产项目。该类业务既与知名专业机构实现强强联合，又通过分散投资降低风险。

与更多头部机构合作，开发落地更多 Pre－ABS 及资产证券化项目。2019 年，公司 Pre－ABS 及资产证券化业务实现与更多市场头部流量机构、大型汽车金融公司的长期合作，通过提供 Pre－ABS 服务解决其旺季资金需求，并通过提供资产证券化服务满足其融资和节约资本等诉求。

设立专门机构促进慈善信托和家族信托等本源业务的专业化发展。为促进财富管理及本源业务发展，2019 年 4 月公司设立慈善信托工作室，提升慈善信托业务专业化管理水平，巩固公司慈善信托行业地位；同年 8 月公司设立家族信托办公室，加强家族信托业务培育发展力度，为家族信托业务专业化开展提供组织保障。

6.4.2.5 本公司未发生履行受托人义务情况及因本公司自身责任而导致的信托财产损失情况。

6.5 关联方关系及其交易的披露

6.5.1 关联交易方的数量、关联交易的总金额及关联交易的定价政策等

	关联交易方数量	关联交易金额（万元）	定价政策
自营与关联	10	14 753.47	双方协议确定
信托与关联	24	-152 347.73	双方协议确定
信托与固有	7	-87 790.00	双方协议确定
信托与信托	5	-88 220.00	—
合　计	46	-313 604.26	—

定价政策：关联交易定价政策以不损伤第三方利益为首要原则，主要定价政策如下：（1）根据中国人民银行颁布的指导利率及上下浮动范围确定贷款利率；（2）双方协议确定交易价格；（3）双方参照证券市场成交价格，协商确定交易价格；（4）根据资产账面价值进行交易；（5）根据信托委托人指定价格进行交易；（6）根据原始投资额及持有期间的应获取的收益确定交易价格；（7）依据中介机构评估报告，确定交易价格。

6.5.2 关联交易方与本公司的关系性质、关联交易方的名称、法定代表人、注册地址、注册资本及主营业务等

6.5.2.1 存在控制关系的关联方及联营企业

关系性质	关联方名称	法定代表人/委派代表	注册地址	实收资本	主营业务
全资子公司	北京三侨物业管理有限责任公司	罗学东	中国北京	2.5 亿元	物业管理
控股子公司	中诚宝捷思货币经纪有限公司	朱蕾	中国北京	5 000 万元	境内外货币经纪业务
全资子公司	中诚资本管理（北京）有限公司	张树忠	中国北京	1 亿元	资产管理

续表

关系性质	关联方名称	法定代表人/委派代表	注册地址	实收资本	主营业务
三侨物业全资子公司	北京安贞大厦物业管理有限责任公司	张伟	中国北京	1 000 万元	物业管理
中诚资本子公司	北京鼎泰裕华投资管理有限公司	刘向军	中国北京	1 000 万元	资产管理
控股子公司	深圳市中诚云领厚润德投资企业（有限合伙）	王其聪	中国深圳	5 230 万元	项目投资；投资咨询；投资管理；企业管理咨询
中诚资本子公司	中诚新川（成都）股权投资基金管理有限公司	刘向军	中国成都	400 万元	资产管理
联营企业	中诚国际资本有限公司	—	中国香港	16 814.83 万港元	项目投资、资本管理
联营企业	国都证券股份有限公司	—	中国北京	530 000 万元	证券服务
联营企业	嘉实基金管理有限公司	赵学军	中国上海	15 000 万元	基金管理
联营企业	国都期货有限公司	叶晓	中国北京	20 000 万元	期货服务
联营企业	中关村兴业（北京）投资管理有限公司	王其聪	中国北京	16 182 万元	资产管理、项目投资
联营企业	旭诚（上海）股权投资基金管理有限公司	张子牛	中国上海	10 000 万元	股权投资管理、资产管理、财务咨询
联营企业	北京银汉兴业创业投资中心（有限合伙）	王其聪	中国北京	23 500 万元	创业投资业务
联营企业	潍坊丰悦泰和股权投资合伙企业（有限合伙）	邹世英	中国北京	53 500 万元	项目投资；投资咨询；投资管理；企业管理咨询
联营企业	南通金信灏清投资中心（有限合伙）	薛嘉麟	中国南通	18 390 万元	项目投资；投资咨询；投资管理；企业管理咨询
联营企业	杭州仰健投资合伙企业（有限合伙）	陈越孟	中国杭州	47 500 万元	项目投资；投资咨询；投资管理；企业管理咨询

6.5.2.2　本公司的其他关联方

其他关联方的名称	关联方关系的性质
中国人民人寿保险股份有限公司	股东人保集团之子公司
深圳前海中诚股权投资基金管理有限公司	中诚国际之全资子公司

6.5.3　逐笔披露本公司与关联方的重大交易事项

6.5.3.1　固有财产与关联方：贷款、投资、租赁、应收账款、担保、其他方式等期初汇总数、本期发生额汇总数、期末汇总数

单位：万元

固有与关联方关联交易				
	期初数	借方发生额	贷方发生额	期末数
贷款	—	—	—	—
投资	263 044.59	309.38	—	263 353.97
租赁	—	2 677.31	2 677.31	—
担保	—	—	—	—
应收账款	—	—	—	—
其他	—	1 615.08	1 615.08	—
合计	263 044.59	4 601.77	4 292.39	263 353.97

6.5.3.2　信托与关联方交易情况：贷款、投资、租赁、应收账款、担保、其他方式等期初汇总数、本期借方和贷方发生额汇总数、期末汇总数

单位：万元

信托与关联方关联交易				
	期初数	借方发生额	贷方发生额	期末数
贷 款	51 780.00	11 000.00	10 243.98	52 536.02
投 资	348 563.75	59 220.00	197 773.75	210 010.00
租赁	—	—	—	—
担保	—	—	—	—
应收账款	30 550.00	0.00	14 550.00	16 000.00
其 他	—	—	—	—
合 计	430 893.75	70 220.00	222 567.73	278 546.02

6.5.3.3　信托公司自有资金运用于自己管理的信托项目（固信交易）、信托公司管理的信托项目之间的相互（信信交易）交易金额，包括余额和本报告年度的发生额

固有与信托财产之间的交易金额期初汇总数、本期发生额汇总数、期末汇总数如下：

单位：万元

固有财产与信托财产相互交易			
	期初数	本期发生额	期末数
合计	189 569.91	-87 790.00	101 779.91

6.5.4　本年度未发生关联方逾期未偿还本公司资金的情况及本公司为关联方担保发生或即将发生垫款的情况

6.6　会计制度的披露

公司固有业务自2008年1月1日起执行财政部2006年2月15日颁布的《企业会计准则》（财会[2006]3号）及其后续规定。以持续经营为基础，根据实际发生的交易和事项，按照《企业会计准则——基本准则》和其他各项具体会计准则、应用指南及准则解释的规定进行确认和计量，在此基础上编制财务报表。

7. 财务情况说明书

7.1　利润实现和分配情况

单位：万元

项目	母公司	合并
税前利润	109 678.22	119 339.34
减：所得税	12 946.57	18 756.28
净利润	96 731.65	100 583.06
其中：归属于母公司所有者的净利润	96 731.65	97 567.88
少数股东损益	—	3 015.18
加：年初未分配利润	976 946.12	1 005 906.17
其中：归属于母公司所有者的未分配利润	976 946.12	999 677.99
少数股东损益	—	6 228.18
减：提取法定盈余公积	—	—
减：提取一般准备	—	—

续表

项目	母公司	合并
减:股利分配	20 881.67	22 864.26
年末未分配利润	1 052 796.10	1 083 624.97
其中:归属于母公司所有者的未分配利润	1 052 796.10	1 076 364.20
少数股东损益	—	7 260.77

7.2 主要财务指标

指标名称	母公司	合并
资本利润率(%)	5.61	5.76
人均净利润(万元)	286.19	297.58

7.3 本年度对本公司财务状况、经营成果有重大影响的其他事项

无。

8. 特别事项揭示

8.1 报告期内股东变动情况

2019 年 8 月 12 日,根据《北京银保监局关于中诚信托有限责任公司变更股权的批复》(京银保监复[2019]602 号),永城煤电控股集团有限公司将其持有的中诚信托 5.0882% 股权转让至河南农投金控股份有限公司。

2019 年 12 月 23 日,根据《北京银保监局关于中诚信托有限责任公司变更股权的批复》(京银保监复[2019]1063 号),淮北矿业(集团)有限责任公司将其持有的中诚信托 1.6961% 的股权无偿划转至淮北皖淮投资有限公司。目前正在办理工商变更手续。

8.2 董事、监事及高级管理人员变动情况及原因

本报告期内,公司于 2019 年 4 月 26 日召开 2018 年度股东会选举张纪军先生为公司第五届监事会监事,原监事曹剑锋先生不再担任公司监事职务。

8.3 报告期内公司发生变更注册资本、变更注册地或公司名称、公司分立合并事项情况

无。

8.4 报告期内公司股东违反承诺质押信托公司股权或以股权及其受(收)益权设立信托等金融产品的情况

无。

8.5 报告期内已向国务院银行业监督管理机构或其派出机构提交行政许可申请但尚未获得批准的事项

无。

8.6 报告期内公司发生重大诉讼事项

无。

8.7 报告期内公司及其董事、监事和高级管理人员受到的处罚

2019 年 11 月 14 日,公司收到北京银保监局下发的《行政处罚决定书》(京银保监罚决字[2019]50 号),已对存在的问题进行了整改。报告期内公司董事、监事和高级管理人员未受到处罚。

8.8 报告期内公司收到的监管部门关于检查的整改通知

无。

8.9 报告期内公司重大事项临时报告披露

2019 年 1 月 17 日,公司在《金融时报》公开披露了《中诚信托有限责任公司关于修改〈公司章程〉的公告》。

8.10 公司净资本管理情况

截至 2019 年 12 月 31 日,公司净资本余额 114.89 亿元(≥2 亿元),净资本/各项业务风险资本之和为 201.41%(≥100%),净资本/净资产的比例为 65.34%(≥40%),各项指标均符合监管要求。

8.11 履行社会责任情况

2019 年,公司切实履行社会责任,努力实现经济、社会和环境的全面协调可持续发展。一是公司充分发挥信托功能,积极服务实体经济;二是公司积极响应国家号召,继续贯彻落实银保监会定点扶贫工作,助力国家打赢扶贫攻坚战;三是加大慈善信托创新力度,并设立慈善信托工作室,发挥金融精准扶贫的重要作用;四是开展多种特色的公益活动,继续举办"送万福 进万家"公益活动,打造中诚公益跑品牌,支持教育事业发展;五是树立绿色发展理念,积极开展节能降耗绿色办公活动,努力打造资源节约型和环境友好型企业。

8.12 消费者权益保护工作情况

2019 年公司制定了《消费者权益保护工作考核评价管理办法》《客户信息安全保护管理办法》《产品信息查询平台及服务价格信息披露制度》《产品销售录音录像管理办法》《集合信托产品受益权转让业务流程指引》《从业人员行为管理办法》等多项制度,修订了《集合资金信托计划发行销售管理暂行办法》《重大突发事件防范及应急处置办法》2 项制度,增加了消费者权益保护相关内容。上述制度分别从消费者权益保护考核评价、客户信息安全、产品营销推介及信息披露等方面对公司现有的消费者权益保护制度体系及制度内容进行了有针对性的增补和完善,确保消费者权益保护工作贯穿公司战略规划、执行实施、业务经营和监督检查的全过程。

9. 公司监事会意见

监事会认为,本报告期内,公司决策程序合法,内部控制制度较为完善,没有发现公司董事、经理和其他高级管理人员在执行公司职务时有违法违纪和有损公司及股东利益的行为。公司财务报告真实地反映了公司的财务状况和经营成果。

中国对外经济贸易信托有限公司

1. 重要提示

1.1 中国对外经济贸易信托有限公司(以下简称公司、中国外贸信托或外贸信托)董事会及董事保证本报告所载资料不存在任何虚假记载、误导性陈述或者重大遗漏,并对其内容的真实性、准确性和完整性承担个别及连带责任。本年度报告摘要摘自年度报告全文,客户及相关利益人欲了解详细内容,应阅读年度报告全文。

1.2 个别董事声明

无。

1.3 独立董事意见

成长青、卢力平、孙向东作为中国对外经济贸易信托有限公司的独立董事,保证本报告内容的真实性、准确性、完整性。

1.4 毕马威华振会计师事务所对本公司年度财务报告进行审计,出具了标准无保留意见的审计报告。

1.5 本公司董事长杨林、财务总监帅立新声明:保证年度报告中财务报告的真实、完整。

2. 公司概况

2.1 公司简介

2.1.1 公司法定名称

中文:中国对外经济贸易信托有限公司(缩写:中国外贸信托/外贸信托)

英文:China Foreign Economy and Trade Trust Co., Ltd.(缩写:FOTIC)

2.1.2 法定代表人:杨林

2.1.3 注册地址:北京市西城区复兴门内大街28号凯晨世贸中心中座6层

邮政编码:100031

2.1.4 国际互联网网址:www.fotic.com.cn

电子信箱:fotic@sinochem.com

2.1.5 信息披露事务负责人:屈鹏

联系电话:010-59567790

传　　真:010-59569888

电子信箱 qupeng@sinochem.com

2.1.6 信息披露报纸:《上海证券报》《金融时报》

2.1.7 年度报告备置地点:中国外贸信托总经理办公室

2.1.8 聘请会计师事务所:毕马威华振会计师事务所(特殊普通合伙)

办公地址:中国北京市东长安街1号东方广场毕马威大楼8层

2.2 组织结构

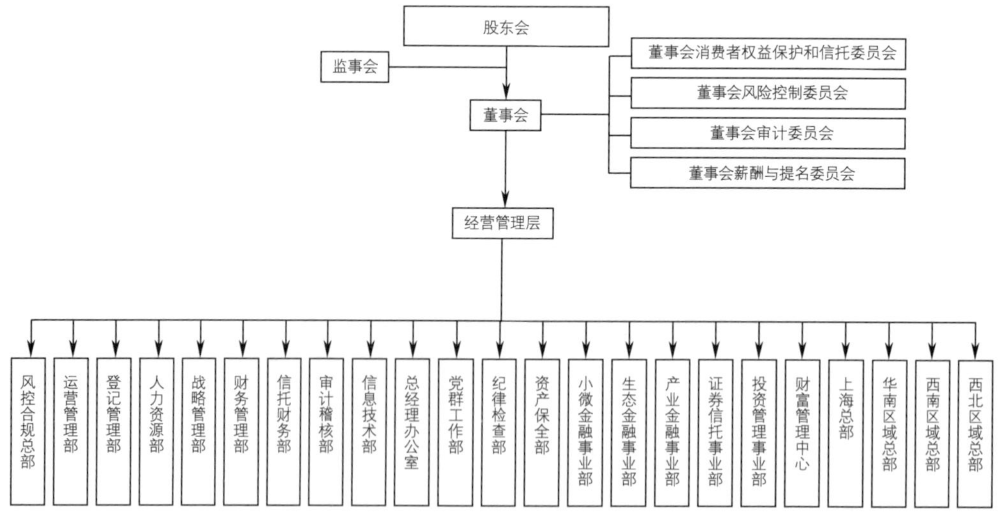

3. 公司治理

3.1 股东

股东总数:2 家。

股东名称	持股比例（%）	法人代表	注册资本（万元）	注册地址	主要经营业务及主要财务情况
中化资本有限公司	97.26	杨　林	7 781 053 953.26 元（其中包含 34 000 728.61 美元）	中国（上海）自由贸易试验区华申路 218 号 B3 楼东南部位	投资管理；资产管理；实业投资；企业管理咨询；投资咨询。 截至 2019 年 12 月 31 日，公司资产总额为（合并）232.32 亿元。2019 年度，公司实现营业收入（合并）为 31.03 亿元，利润总额（合并）为 25.32 亿元。
中化集团财务有限责任公司	2.74	杨　林	218 946 046.74 元	北京市西城区复兴门内大街 28 号凯晨世贸中心中座	对成员单位办理财务和融资顾问、信用鉴证及相关的咨询、代理业务；协助成员单位实现交易款项的收付；对成员单位提供担保；办理成员单位之间的委托贷款及委托投资；对成员单位办理票据承兑与贴现；办理成员单位之间的内部转账结算及相应的结算、清算方案设计；吸收成员单位的存款；对成员单位办理贷款及融资租赁；从事同业拆借；承销成员单位的企业债券；经批准发行财务公司债券；对金融机构的股权投资；有价证券投资；对成员单位产品的买方信贷。 截至 2019 年 12 月 31 日，公司资产总额为 310.77 亿元。2019 年，公司实现的营业收入为 8.48 亿元，利润总额为 7.07 亿元。

注：中国外贸信托主要股东为中化资本有限公司，中化资本有限公司的控股股东、最终受益人为中国中化股份有限公司，实际控制人为中国中化集团有限公司，且无一致行动人；中化资本有限公司的关联方为实际控制人、控股股东控制或者参股的 600 多家企业；中化资本有限公司未出质我司股权。

3.2 董事

董事会成员

姓名	职务	性别	年龄（岁）	选任日期	所推举的股东名称	该股东持股比例（%）	简要履历
杨　林	董事长	男	56	2014 年 8 月	中化资本有限公司	97.26	曾任商业部管理干部培训中心教员，德国西门子公司西南分公司职员，德国威拉公司中国总部产品部经理，中国化工进出口总公司计财本部财务处科员、财务科科长、总经理助理，中国化工进出口总公司财务部副总经理，中国化工进出口总公司资金管理部总经理，中国中化集团公司资金管理部总经理兼投资发展部副总经理，中国中化集团公司副总会计师兼中国中化股份有限公司财务副总监；现任中国中化集团有限公司总会计师兼中国中化股份有限公司财务总监，中化集团金融事业部总裁，中国对外经济贸易信托有限公司董事长。
李　强	董事	男	48	2019 年 4 月	中化资本有限公司	97.26	曾任中国中化集团有限公司经办室职员、企业发展部规划科副科长、企业发展部规划科经理、战略规划部副总经理、中化管理学院副院长（主持工作）、党组秘书、董事会秘书、办公厅主任，并曾任中国外贸信托总经理助理，中国中化股份有限公司办公厅主任；现任中化集团金融事业部党委委员、常务副总裁，并兼任中化资本投资管理有限责任公司总经理，中国对外经济贸易信托有限公司董事。
伊力扎提	董事	男	44	2017 年 2 月	中化资本有限公司	97.26	曾任吉通网络通信股份有限公司人力资源部副总经理，中国中化集团公司石油中心人力资源部副总经理、总经理，中化国际石油公司总经理助理、副总经理，中国对外经济贸易信托有限公司副总经理，报告期内任中国对外经济贸易信托有限公司党委书记、董事、总经理，中化集团金融事业部副总裁。
程　永	董事	男	46	2019 年 4 月	中化资本有限公司	97.26	历任中化集团有限公司战略规划部规划科副经理、经理，战略规划部总经理助理、副总经理、总经理，中化现代农业有限公司党总支书记、总经理，中化集团农业事业部党委委员、党委副书记、副总裁，并曾任中国对外经济贸易信托有限公司；现任中化集团人力资源部副总监（主持工作，部门正职待遇），并兼任中国对外经济贸易信托有限公司董事。

独立董事

姓名	所在单位及职务	性别	年龄（岁）	选任日期	所推举的股东名称	该股东持股比例（%）	简要履历
张向东	退休	男	62	2019 年 6 月	中化资本有限公司	97.26	曾任国家外汇管理局条法处副主任科员、主任科员，国家外汇管理局外资司投资处副处长、综合处处长、投资处处长，国家外汇管理局资本司外债处处长，中国人民银行海口中心支行副行长/国家外汇管理局海南省分局副局长，国家外汇管理局综合司副司长（负责国家外汇管理局外汇管理的法规建设工作）、局级巡视员，中央汇金公司派驻中国建设银行董事、董事会风险委员会主席，中央汇金公司候任董事，中央汇金公司派驻中国银行董事、董事会人事与薪酬委员会副主席；现任中国对外经济贸易信托有限公司独立董事。

续表

姓名	所在单位及职务	性别	年龄（岁）	选任日期	所推举的股东名称	该股东持股比例（%）	简要履历
成长青	驰卓投资有限公司执行董事	男	57	2015 年 4 月	中化资本有限公司	97.26	曾任美国亚历山大咨询有限公司管理咨询员，加拿大多伦多道明银行客户经理，美国第一银行大中华信贷审批主管、中国市场部总经理，英国渣打银行北京分行副行长、中国企业部主管、企业咨询董事总经理，高盛高华证券有限责任公司董事总经理、驰卓投资有限公司执行董事；现任拜腾公司首席资本与投资官，中国对外经济贸易信托有限公司独立董事。
卢力平	北京国家会计学院教授、金融系主任	男	63	2015 年 4 月	中化资本有限公司	97.26	曾任天津电子仪表局公务员、处长，天津中环集团处长；现任北京国家会计学院教授，中国对外经济贸易信托有限公司独立董事。

3.3 监事

监事会成员

姓名	职务	性别	年龄（岁）	选任日期	所推举的股东名称	该股东持股比例（%）	简要履历
刘　剑	监事会主席	男	53	2019 年 1 月	中化资本有限公司	97.26	曾任中国工业机械进出口公司财务部职员、副科长、科长，中机海川公司财务部经理，中化化肥公司财务部职员、副总经理，中国中化集团公司保险部副总经理、总经理，中化集团财务有限责任公司总经理；现任中化集团金融事业部副总裁，中国对外经济贸易信托有限公司监事会主席。
付强强	监事	男	42	2019 年 1 月	中化资本有限公司	97.26	曾任招商银行武汉分行公司银行部客户经理，中化财务会计咨询有限公司财务顾问部高级咨询顾问，中化国际（控股）股份有限公司冶金能源事业总部投资与项目管理部投资经理、战略管理总部业务发展部业务发展经理，中国中化集团公司人力资源部关键岗位管理部职员、副经理、经理与业务合作部经理，中化国际（控股）股份有限公司人力资源部总经理、中化集团化工事业部人力资源部总经理；现任中国中化集团有限公司金融事业部人力资源部总经理，中国对外经济贸易信托有限公司监事。
刘郁飞	监事	男	46	2019 年 1 月	职工代表	—	曾任中国林业科学研究院审计处职员，中林绿源科技有限责任公司财务资金部经理，同新会计师事务所有限公司主任会计师，中国林业科学研究院计划财务处副总会计师，中国德仁集团有限公司财务副总裁，毕马威华振会计师事务所助理审计经理、审计经理，中国对外经济贸易信托有限公司稽核法律部总经理助理、内控稽核部副总经理、运营稽核部总经理、审计稽核部总经理；现任中国对外经济贸易信托有限公司生态金融事业部副总经理，中国对外经济贸易信托有限公司监事。

3.4 高级管理人员

姓名	职务	性别	年龄（岁）	选任日期	金融从业年限（年）	学历	专业
伊力扎提	总经理	男	44	2017 年 2 月	9	硕士研究生	工商管理
黄文波	纪委书记	男	57	2015 年 8 月	4	大专	会计学
帅立新	财务总监	女	53	2009 年 7 月	11	硕士研究生	工商管理
张一冰	副总经理	女	52	2018 年 11 月	29	硕士研究生	金融学
赵照	副总经理	男	46	2017 年 12 月	25	博士研究生	金融学
王晓丽	总经理助理	女	38	2017 年 11 月	17	硕士研究生	工商管理
卫濛濛	总经理助理	女	38	2017 年 11 月	14	硕士研究生	金融学
秦江卫	总法律顾问、首席风控官	男	47	2018 年 11 月	16	硕士研究生	法学
王大为	董事会秘书	男	40	2018 年 11 月	9	硕士研究生	市场营销
柳元鑫	首席信息官（CIO）	男	42	2017 年 11 月	18	硕士研究生	计算机软件与理论

3.5 公司员工

截至 2019 年 12 月 31 日，公司共有员工 554 人，平均年龄 32.7 岁，其中，博士学位 8 人，占比为 1.44%；硕士学历 334 人，占比为 60.29%；本科 199 人 35.92%；专科学历 13 人，占比为 2.35%。

4. 经营管理

4.1 经营目标、经营方针、战略规划

4.1.1 经营目标

公司以实现“金融好社会”为宗旨，致力于打造“创新引领、

服务实体、以人为本的现代金融公司”。

4.1.2 经营方针

拓展信托“服务+”商业模式，坚持打造“以客户为中心的产品力和组织力”，强化综合金融服务能力。

4.1.3 战略规划

公司坚持“聚焦、竞争、数字化”为核心的增长战略，聚焦于小微金融、产业金融、资本市场、财富管理四大领域，推进价值导向、激发活力的竞争机制，同时全面推进数字化转型引领公司高质量发展，积极服务实体经济发展和人民美好生活需要。

4.2 所经营业务的主要内容

公司聚焦小微金融、产业金融、资本市场、财富管理四大领域。

小微金融领域，以构建“绿色、共享小微金融生态圈”为目标，紧抓消费金融市场发展机遇，开拓梯队客户，加快产品创新迭代，提升科技能力。同时，围绕小微企业在生产经营、销售流通等环节的上下游融资需求，积极开拓经营贷和场景金融业务，打造小微企业新型融资模式。

产业金融领域，坚持聚焦头部客户，丰富产业金融业务内涵，为实体经济注入金融活力，致力于成为细分领先的资产管理者。坚持地产业务高举高打、夯实债权融资基石，同时创新探索地产股权、地产基金、ABS等模式。持续丰富产金内涵，发力基础设施等领域，聚焦民生发展，进一步服务实体经济。

资本市场领域，坚持证券信托服务类业务加资管类业务的双翼发展体系。服务类业务以渠道客户和私募管理人客户为根基，植入科技基因，打造独立、专业、高效、领先的基金行政服务商；资管类业务持续丰富产品线，布局“固收+”、FOF等产品体系，夯实投研能力，打造特色化的资管业务。同时，运用多种金融工具对接公开市场，在资产证券化领域，聚焦受托规模，提升市场影响，推动核心资产转标，成为跨市场资产证券化业务解决方案提供商。

财富管理领域，公司坚持“线上+线下”战略，持续以客户为中心，扩展区域布局，升级线上营销，提升服务效率和客户体验，打造行业领先的财富管理平台。家族信托领域，积极拓展多层次客户，提供丰富产品线，打造成为行业领先的家族信托服务商。

自营资产运用与分布表

资产运用	金额(万元)	占比(%)	资产分布	金额(万元)	占比(%)
货币资产	28 037.25	1.52	基础产业	68 916.98	3.74
贷款及应收款	63 463.32	3.45	房地产	215 848.75	11.72
交易性金融资产	11 412.61	0.62	证券市场	412 323.79	22.39
可供出售金融资产	1 607 047.32	87.28	实业	—	—
持有至到期投资	—	—	金融机构	95 522.63	5.19
长期股权投资	92 714.63	5.04	其他	1 048 731.10	56.96
其他	38 668.12	2.09			
资产总计	1 841 343.25	100.00	资产总计	1 841 343.25	100.00

信托资产运用与分布表

资产运用	金额(万元)	占比(%)	资产分布	金额(万元)	占比(%)
货币资产	1 503 734.15	3.37	基础产业	518 701.78	1.16
贷款	13 133 092.39	29.46	房地产	3 099 457.06	6.95
交易性金融资产	23 445 330.38	52.59	证券市场	23 076 172.27	51.77
可供出售金融资产	546 379.11	1.23	实业	822 031.53	1.84
持有至到期投资	4 131 510.18	9.27	金融机构	7 985 998.10	17.92
长期股权投资	374 163.80	0.84	其他	9 074 141.43	20.36
买入返售金融资产	903 875.82	2.03			
其他	538 416.34	1.21			
信托资产总计	44 576 502.17	100.00	信托资产总计	44 576 502.17	100.00

4.3 市场分析

4.3.1 影响公司发展的有利因素

当前资本市场建设被提升到新的高度。加快资本市场改革，促进多层次资本市场健康发展，大力发展直接融资既是监管鼓励与引导的方向，也是金融服务实体的重要方式。随着我国高净值客群的持续增长，可投资资产规模不断攀升，财富管理需求呈现多元化趋势，我国财富管理市场的发展具有强大的内生动力。移动互联、大数据、云计算等前沿技术快速发展，为金融业带来巨大而深远的影响。

4.3.2 影响公司发展的不利因素

2019年，中央经济工作会议指出“我国金融体系总体健康，具备化解各类风险的能力”。但同时，信托行业发展的风险隐患不容忽视。宏观层面，“三期叠加”影响持续深化，经济下行压力加大；实体经济领域，新旧动能转换期，部分企业出现了经营困难，信用风险仍时有发生。信托公司未来发展必须高度关注、妥善处置风险，平衡好稳增长和防风险的关系，加强对资产质量的把控能力，培养不良资产处置能力，更好地满足实体经济的综合金融服务需求。

4.4 内部控制

公司已建立比较完善的公司治理机制，股东会、董事会、独立董事、监事会及高管层之间权责分明、各司其职。

股东会是公司的最高权力机构，代表股东对公司行使最终的控制权和决策权。

董事会是经营决策的最高权力机构，对股东会负责。

董事会下设风险控制委员会、消费者权益保护和信托委员会、审计委员会、薪酬与提名委员会等专业委员会。其中：风险控制委员会负责制定公司业务决策授权范围，审批超出公司管理层权限的业务事项，审议公司主要风险管理制度，并监督、检查公司风险管理制度、业务流程规范的执行情况；消费者权益保护和信托委员会负责消费者权益保护工作并监督、评价消费者权益工作的全面性、及时性和有效性，督促公司依法履行受托职责，对公司信托业务运行情况进行定期评估，当股东利益、公司利益与受益人利益发生冲突时，应保证公司为受益人利益服务，研究提出维护受益人利益的具体措施；审计委员会负责公司内部及外部审计工作，对公司内部控制管理工作进行监督，核查财务信息披露，并协同董事会风险控制委员会工作，指导内部审计部门开展风险管理评价审计等；薪酬与提名委员会代表董事会行使高级管理人员人选提名、考核及薪酬管理等管理职能。

监事会是公司的监督机构。公司监事会向股东会负责，对公司财务以及公司董事、经理和其他高级管理人员履行职责的合法性进行监督，维护公司及股东的合法权益。监事会依法享有法律法规赋予的知情权、建议权和报告权。公司采取有效措施保障监事的知情权，及时向监事提供必要的信息和资料，以便监事会对公司财务状况和经营管理情况进行有效的监督、检查和评价。

公司高管层是公司的决策执行机构，对董事会负责，在《公司章程》和董事会授权范围内行使职权，牢固树立了内控优先的风险管理理念，使风险防范意识贯穿到公司各个部门、各个岗位和工作的各个环节。

公司所构建的股东会、董事会、监事会和高管层之间的权力制衡结构，能切实发挥科学激励和约束监督的治理机制，有效抑制“道德风险”的发生，为公司内部控制建设提供良好的环境。

公司始终秉承“稳健思变，诚客礼才”的经营理念，树立“国内理财市场的金字招牌，国际金融市场的百年老店”的愿景，强化合规经营和尽职管理，重视全面风险管理、内部控制以及相关文化的建设，建立充分的信息交流和共享机制，强化内控制度约束。2019 年，公司持续完善内部控制体系，包括根据业务实际不断滚动修订和完善相关体系文件，大力提升公司风险管理能力，以及提升员工经营管理的质量意识和程序意识，对巩固和提高公司经营质量发挥积极作用。

公司通过培训和学习等多种途径，不断提升员工的风控合规意识和职业道德，使全体员工熟悉监管法律法规和公司规章制度以及业务操作流程。通过建立实施风险管理问责制，公司对风险管理过程中的违规、不尽职以及过失等行为进行责任追究。公司将风险管理的执行情况与绩效评价相结合，强化“合规先行”的内控导向。全体员工对内控制度和机制已充分理解并达成共识。

4.5 风险管理

2019 年，监管进入“严监管”，市场面临“强竞争”，公司将安全性、盈利性有机结合，坚持资本、风险、收益之间的平衡，审慎展业，严控风险，公司未出现重大监管处罚事件或重大风险。

4.5.1 信用风险状况及管理

公司面临的信用风险主要是指债务人或交易对手未能履行合同所规定的义务或信用质量发生变化，影响金融产品价值，从而给公司造成损失的风险。

固有业务层面，2019 年公司保持较低不良资产水平，并严格按照有关规定计提信托赔偿准备金及风险准备。信托业务层面，公司认真履行受托人责任，有效管理信托项目，定期监测融资类信托项目占比、客户集中度等指标，信用风险可控。

2019 年，公司持续完善信用风险管理相关制度，在《信用风险管理办法》的基础上，制定《2019 年风险偏好陈述书》《战略客户管理办法》，对重点监测指标进行动态监测。规范信用风险管理思路和实施路径，摸清风险底数、严控增量风险、处置存量风险。

4.5.2 市场风险状况及管理

公司面临的市场风险主要体现为在开展信贷业务中由于利率水平的不利变动以及证券投资业务中由于投资标的市场价格的不利变动给公司经营业绩带来的风险。

在信贷类信托业务方面，公司开展的信托类信贷业务，主要为中短期信贷，公司严格执行人民银行的利率政策，能较好地消化利率波动可能产生的风险。

在证券投资业务领域，公司严格区分自营证券投资和证券投资类信托业务，并根据资金属性和风险偏好，针对利率、汇率和股价波动风险设置差异化管理策略。

4.5.3 操作风险状况及管理

公司面临的操作风险主要是指由不完善或有问题的内部程序、员工和信息科技系统，以及外部事件所造成直接或间接损失的风险。核心体现在快速发展，精细化管理加强，跨部门协作重要性日趋增加的业务及操作环节。

目前，公司已对各项业务活动和管理活动制定系统、规范的业务管理制度和实施细则。在各类信托业务的项目筛选、可行性分析、项目审批、合同签署和账户设立、信托发行、信托资金发放、执行管理等环节，均已建立内部控制制度，总体上执行良好，操作风险可知可控。

4.5.4 其他风险状况及管理

公司面临的其他风险主要包括流动性风险、法律合规风险、交叉金融产品风险、信息科技风险和声誉风险。

流动性风险包括公司整体和信托项目两个层面。公司通过合理的进行资产配置及负债管理，加强资金预测和筹划，保持充分而持续的融资能力，对公司整体流动性风险进行控制；通过动态平衡发行节奏、审慎选择交易对手、合理设计交易结构、持续优化资产配置，对信托项目未来现金流进行安排，保证信托业务发展的资金需要和兑付需求，并防止表外流动性风险向表内转化。2019 年，公司整体及信托项目层面流动性风险均可控。

法律合规风险主要包括合规风险和法律风险。合规风险方面，公司根据监管政策变化，强化合规统筹管理，持续完善合规管理制度、管理流程、合规培训和宣贯工作，加强项目合规性审查，增强全员合规意识。同时加大合规检查力度，加强项目审核及过程管理，避免执行中出现偏差，确保合规底线；法律风险方面，公司严格执行公司相关诉讼仲裁管理制度，在项目诉讼及处置过程中，及时采取财产保全、证据保全等措施，提前做好诉讼准备，及时提起诉讼，保证实体及程序权利；对于被动涉诉，公司积极主动采取应对措施，积极化解诉讼风险。

交叉金融产品风险方面，公司通过全面风险管理三道防线层层把控，坚守合规底线，把握实质风险，同时，规范业务开展，未发生交叉金融产品风险。目前，公司已发布《外贸信托交叉金融产品业务管理办法》，为有效把控交叉金融产品风险提供制度依据。

信息科技风险是指信息技术在公司运行过程中，由于自然因素、人为因素、技术漏洞和管理缺陷产生的操作、法律和声誉等风险。为加强信息科技风险管理，公司编制《外贸信托信息科技风险管理办法》，明确了信息科技各类风险领域的管理要求以及应对策略，定期开展信息科技风险偏好指标监测，为信息科技风险管理提供有效抓手与保障。2019 年信息科技风险整体可控,指标数据均保持在设立阈值以内。

声誉风险是指由于公司经营、管理及其他行为或外部事件导致利益相关方对公司负面评价的风险。外贸信托将声誉风险管理纳入公司治理及全面风险管理体系,通过修订《外贸信托声誉风险管理办法》,进一步明确公司各部门对声誉风险管理负有的责任。2019 年公司未发生重大声誉事件,保持良好的品牌声誉。

5. 报告期末及上一年度的比较式会计报表

5.1 自营资产

5.1.1 会计师事务所审计结论

审 计 报 告

毕马威华振审字第 2002393 号

中国对外经济贸易信托有限公司董事会:

一、审计意见

我们审计了后附的第 1 页至第 56 页的中国对外经济贸易信托有限公司(以下简称外贸信托)财务报表,包括 2019 年 12 月 31 日的资产负债表,2019 年度的利润表、现金流量表和所有者权益变动表以及相关财务报表附注。

我们认为,后附的财务报表在所有重大方面按照中华人民共和国财政部颁布的企业会计准则(以下简称企业会计准则)的规定编制,公允反映了外贸信托 2019 年 12 月 31 日的财务状况以及 2019 年度的经营成果和现金流量。

二、形成审计意见的基础

我们按照中国注册会计师审计准则(以下简称审计准则)的规定执行了审计工作。审计报告的“注册会计师对财务报表审计的责任”部分进一步阐述了我们在这些准则下的责任。按照中国注册会计师职业道德守则,我们独立于外贸信托,并履行了职业道德方面的其他责任。我们相信,我们获取的审计证据是充分、适当的,为发表审计意见提供了基础。

三、其他信息

外贸信托管理层对其他信息负责。其他信息包括外贸信托 2019 年年度报告中涵盖的信息,但不包括财务报表和我们的审计报告。

我们对财务报表发表的审计意见不涵盖其他信息,我们也不对其他信息发表任何形式的鉴证结论。

结合我们对财务报表的审计,我们的责任是阅读其他信息,在此过程中,考虑其他信息是否与财务报表或我们在审计过程中了解到的情况存在重大不一致或者似乎存在重大错报。

基于我们已执行的工作,如果我们确定其他信息存在重大错报,我们应当报告该事实。在这方面,我们无任何事项需要报告。

四、管理层和治理层对财务报表的责任

管理层负责按照企业会计准则的规定编制财务报表,使其实现公允反映,并设计、执行和维护必要的内部控制,以使财务报表不存在由于舞弊或错误导致的重大错报。

在编制财务报表时,管理层负责评估外贸信托的持续经营能力,披露与持续经营相关的事项(如适用),并运用持续经营假设,除非外贸信托计划进行清算、终止运营或别无其他现实的选择。

治理层负责监督外贸信托的财务报告过程。

五、注册会计师对财务报表审计的责任

我们的目标是对财务报表整体是否不存在由于舞弊或错误导致的重大错报获取合理保证,并出具包含审计意见的审计报告。合理保证是高水平的保证,但并不能保证按照审计准则执行的审计在某一重大错报存在时总能发现。错报可能由于舞弊或错误导致,如果合理预期错报单独或汇总起来可能影响财务报表使用者依据财务报表作出的经济决策,则通常认为错报是重大的。

在按照审计准则执行审计工作的过程中,我们运用职业判断,并保持职业怀疑。同时,我们也执行以下工作:

(1)识别和评估由于舞弊或错误导致的财务报表重大错报风险,设计和实施审计程序以应对这些风险,并获取充分、适当的审计证据,作为发表审计意见的基础。由于舞弊可能涉及串通、伪造、故意遗漏、虚假陈述或凌驾于内部控制之上,未能发现由于舞弊导致的重大错报的风险高于未能发现由于错误导致的重大错报的风险。

(2)了解与审计相关的内部控制,以设计恰当的审计程序,但目的并非对内部控制的有效性发表意见。

(3)评价管理层选用会计政策的恰当性和作出会计估计及相关披露的合理性。

(4)对管理层使用持续经营假设的恰当性得出结论。同时,根据获取的审计证据,就可能导致对外贸信托持续经营能力产生重大疑虑的事项或情况是否存在重大不确定性得出结论。如果我们得出结论认为存在重大不确定性,审计准则要求我们在审计报告中提请报表使用者注意财务报表中的相关披露;如果披露不充分,我们应当发表非无保留意见。我们的结论基于截至审计报告日可获得的信息。然而,未来的事项或情况可能导致外贸信托不能持续经营。

(5)评价财务报表的总体列报、结构和内容(包括披露),并评价财务报表是否公允反映相关交易和事项。

我们与治理层就计划的审计范围、时间安排和重大审计发现等事项进行沟通,包括沟通我们在审计中识别出的值得关注的内部控制缺陷。

毕马威华振会计师事务所(特殊普通合伙)

中国注册会计师 龚凯 胡东方

2020 年 4 月 23 日

5.1.2 资产负债表

资产负债表

编制单位:中国对外经济贸易信托有限公司 2019 年 12 月 31 日 单位:万元

项目	年末数	年初数
流动资产:	—	—
货币资金	28 037.25	43 367.85
拆出资金	—	—

续表

项目	年末数	年初数
以公允价值计量且其变动计入当期损益的金融资产	11 412.61	27 138.05
衍生金融产品	—	—
买入返售金融资产	—	—
应收票据	—	—
应收账款	47 241.24	49 185.50
预付款项	2 993.05	1 056.39
应收利息	—	—
其他应收款	13 229.02	6 266.44
持有待售资产	—	—
一年内到期的非流动资产	—	—
其他流动资产	1 003.56	—
流动资产合计	103 916.73	127 014.23
非流动资产：		
发放贷款及垫款	—	—
可供出售金融资产	1 607 047.32	1 239 009.55
持有至到期投资	—	—
长期应收款	—	—
长期股权投资	92 714.63	87 382.06
投资性房地产	—	—
固定资产	3 558.11	2 883.22
在建工程	—	—
生产性生物资产	—	—
油气资产	—	—
无形资产	15 223.96	11 566.68
开发支出	—	—
商誉	—	—
长期待摊费用	1 155.83	1 272.54
递延所得税资产	17 726.67	31 190.27
其他非流动资产	—	—
非流动资产合计	1 737 426.52	1 373 304.32
资产总计	1 841 343.25	1 500 318.55
流动负债：		
短期借款	15 000.00	70 000.00
以公允价值计量且其变动计入当期损益的金融负债	—	—
衍生金融负债	—	—
卖出回购金融资产款	—	—
应付票据	—	—
应付账款	—	—
预收款项	1 270.89	512.66
应付职工薪酬	4 433.83	4 099.64
应交税费	2 263.82	14 640.20
其他应付款	46 709.85	152 201.03
一年内到期的非流动负债	—	—
其他流动负债	—	—
流动负债合计	69 678.39	241 453.53
非流动负债：		
长期借款	—	—
应付债券	—	—
长期应付款	—	—
预计负债	—	—

续表

项目	年末数	年初数
递延收益	—	—
递延所得税负债	—	—
其他非流动负债	—	—
非流动负债合计	—	—
负债合计	69 678.39	241 453.53
所有者权益（或股东权益）：		
实收资本（或股本）	800 000.00	274 062.11
资本公积	286 591.70	170 903.65
减：库存股	—	—
其他综合收益	-16 787.77	-26 729.37
盈余公积	142 293.30	124 382.83
一般风险准备	96 746.00	83 214.86
未分配利润	462 821.63	633 030.94
所有者权益合计	1 771 664.86	1 258 865.02
负债和所有者权益总计	1 841 343.25	1 500 318.55

5.1.3 利润表

利润表

编制单位：中国对外经济贸易信托有限公司　　2019 年度　　单位：万元

项目	本年数	上年数
一、营业收入	278 872.85	299 775.72
利息净收入	-1 056.23	-1 258.54
利息收入	996.63	1 931.38
利息支出	2 052.86	3 189.92
手续费及佣金净收入	160 328.23	237 693.94
手续费及佣金收入	160 328.23	237 693.94
手续费及佣金支出	—	—
租赁收益	—	—
投资收益	119 796.99	62 927.75
公允价值变动收益（损失以“-”号填列）	-210.31	363.71
汇兑收益（损失以“-”号填列）	14.93	42.73
其他业务收入	—	—
其他收益	0.35	3.67
资产处置收益（损失以“-”号填列）	-1.11	2.46
二、营业支出	44 207.33	43 979.45
税金及附加	1 153.59	1 486.97
业务及管理费	57 780.80	47 771.81
资产减值损失	-16 682.42	-7 038.29
其他业务成本	1 955.36	1 758.96
三、营业利润（亏损以“-”号填列）	234 665.52	255 796.27
加：营业外收入	917.64	8.67
减：营业外支出	387.88	205.14
四、利润总额（亏损总额以“-”号填列）	235 195.28	255 599.80
减：所得税费用	56 090.62	60 986.12
五、净利润（净亏损以“-”号填列）	179 104.66	194 613.68
（一）按所有权归属分类：		
归属于母公司所有者的净利润	179 104.66	194 613.68
*少数股东损益	—	—
（二）按经营持续性分类：		
持续经营净利润	179 104.66	194 613.68
终止经营净利润	—	—
六、其他综合收益的税后净额	9 941.60	-45 858.94

续表

项目	本年数	上年数
(一)以后不能重分类进损益的其他综合收益	—	—
其中:1. 重新计量设定受益计划净负债或净资产导致的变动	—	—
2. 权益法下在被投资单位不能重分类进损益的其他综合收益中所享有的份额	—	—
(二)以后将重分类进损益的其他综合收益	9 941. 60	-45 858. 94
其中:1. 权益法下在被投资单位以后将重分类进损益的其他综合收益中所享有的份额	511. 85	-3 929. 84
2. 可供出售金融资产公允价值变动损益	9 429. 75	-41 929. 10

续表

项目	本年数	上年数
3. 持有至到期投资重分类为可供出售金融资产损益	—	—
4. 现金流量套期损益的有效部分	—	—
5. 外币财务报表折算差额	—	—
七、综合收益总额	189 046. 26	148 754. 74
归属于母公司所有者的综合收益总额	189 046. 26	148 754. 74
*归属于少数股东的综合收益总额	—	—
八、每股收益:		
(一)基本每股收益	—	—
(二)稀释每股收益	—	—

5.1.4 所有者权益变动表

所有者权益变动表

编制单位:中国对外经济贸易信托有限公司　　2019 年度　　单位:万元

项目	本年金额								
	实收资本	资本公积	减:库存股	其他综合收益	专项储备	盈余公积	一般风险准备	未分配利润	所有者权益合计
一、上年年末余额	274 062. 11	170 903. 65	—	-26 729. 37	—	124 382. 83	83 214. 86	633 030. 94	1 258 865. 02
加:1. 会计政策变更	—	—	—	—	—	—	—	—	—
2. 前期差错更正	—	—	—	—	—	—	—	—	—
3. 其他	—	—	—	—	—	—	—	—	—
二、本年年初余额	274 062. 11	170 903. 65	—	-26 729. 37	—	124 382. 83	83 214. 86	633 030. 94	1 258 865. 02
三、本年增减变动金额(减少以“-”号填列)	525 937. 89	115 688. 05	—	9 941. 60	—	17 910. 47	13 531. 14	-170 209. 31	512 799. 84
(一)综合收益总额	—	—	—	9 941. 60	—	—	—	179 104. 66	189 046. 26
(二)所有者投入和减少资本	78 374. 06	281 625. 94	—	—	—	—	—	—	360 000. 00
1. 所有者投入资本	78 374. 06	281 625. 94	—	—	—	—	—	—	360 000. 00
2. 其他权益工具持有者投入资本	—	—	—	—	—	—	—	—	—
3. 股份支付计入所有者权益的金额	—	—	—	—	—	—	—	—	—
4. 其他	—	—	—	—	—	—	—	—	—
(三)利润分配	281 625. 94	—	—	—	—	17 910. 47	13 531. 14	-349 313. 97	-36 246. 42
1. 提取盈余公积	—	—	—	—	—	17 910. 47	—	-17 910. 47	—
2. 提取一般风险准备	—	—	—	—	—	—	13 531. 14	-13 531. 14	—
3. 对所有者(或股东)的分配	—	—	—	—	—	—	—	-36 246. 42	-36 246. 42
4. 其他	281 625. 94	—	—	—	—	—	—	-281 625. 94	—
(四)所有者权益内部结转	165 937. 89	-165 937. 89	—	—	—	—	—	—	—
1. 资本公积转增资本(或股本)	165 937. 89	-165 937. 89	—	—	—	—	—	—	—
2. 盈余公积转增资本(或股本)	—	—	—	—	—	—	—	—	—
3. 盈余公积弥补亏损	—	—	—	—	—	—	—	—	—
4. 其他	—	—	—	—	—	—	—	—	—
(五)专项储备提取和使用	—	—	—	—	—	—	—	—	—
1. 提取专项储备	—	—	—	—	—	—	—	—	—
2. 使用专项储备	—	—	—	—	—	—	—	—	—
四、本年年末余额	800 000. 00	286 591. 70	—	-16 787. 77	—	142 293. 30	96 746. 00	462 821. 63	1 771 664. 86

5.2 信托资产

5.2.1 信托项目资产负债汇总表

信托项目资产负债汇总表

编制单位：中国对外经济贸易信托有限公司　　2019 年 12 月 31 日　　单位：万元

信托资产	年末数	年初数	信托负债和信托权益	年末数	年初数
信托资产：			信托负债：		
现金及存放中央银行款项	—	—	拆入资金	—	—
存放同业款项	1 503 734. 15	1 910 045. 69	交易性金融负债	—	—
拆出资金	—	23 000. 00	衍生金融负债	—	—
交易性金融资产	23 445 330. 38	18 550 079. 90	卖出回购金融资产款	—	—
衍生金融资产	—	—	应付职工薪酬	—	—
买入返售金融资产	903 875. 82	889 003. 42	应交税金	36 818. 45	22 424. 19
应收票据	—	—	应付利息	—	—
应收账款	673. 02	29 413. 55	应付股利	77 645. 00	91 845. 20
预付账款	—	—	应付账款	78 042. 07	71 744. 88
应收利息	87 865. 01	118 924. 48	其他应付款	387 117. 12	733 611. 47
应收股利	17 562. 23	30 723. 59	代理业务负债	—	—
其他应收款	53 587. 69	35 557. 49	长期应付款	—	—
发放贷款及垫款	13 133 092. 39	12 667 523. 10	预计负债	—	—
代理业务资产	—	—	递延所得税负债	—	—
可供出售金融资产	546 379. 11	576 000. 00	信托负债合计	579 622. 64	919 625. 74
长期应收款	—	—			
持有至到期投资	4 131 510. 18	9 054 653. 37			
长期股权投资	374 163. 80	468 508. 80	信托权益：		
固定资产	—	—	实收信托	40 714 422. 69	42 906 857. 24
固定资产清理	—	—	资本公积	67 354. 61	102 651. 85
无形资产	—	—	其他综合收益	—	—
商誉	—	—	盈余公积	—	—
长期待摊费用	—	—	信托赔偿准备金	—	—
递延所得税资产	—	—	未分配利润	3 215 102. 23	976 843. 94
其他资产	378 728. 39	552 545. 38	信托权益合计	43 996 879. 53	43 986 353. 03
信托资产合计	44 576 502. 17	44 905 978. 77	信托负债和信托权益合计	44 576 502. 17	44 905 978. 77

5.2.2 信托项目利润及利润分配表

信托项目利润及利润分配表

编制单位：中国对外经济贸易信托有限公司　　2019 年度　　单位：万元

项目	本年实际数	上年实际数
一、营业收入	4 931 726. 95	－153 908. 12
利息收入	1 753 458. 69	1 784 227. 94
租赁收益	—	—
投资收益（损失以"－"号填列）	1 226 406. 46	759 979. 61
其中：对联营企业合营企业的投资收益	14 452. 15	5 391. 59
公允价值变动损益（损失以"－"号填列）	1 942 898. 08	－2 704 390. 09
汇兑损益（损失以"－"填列）	558. 60	535. 60
其他业务收入	8 405. 12	5 738. 82
二、营业支出	641 709. 26	686 361. 76
税金及附加	8 697. 68	6 757. 97
业务及管理费	631 294. 96	670 607. 13
资产减值损失	1 716. 62	8 996. 66
其他业务成本	—	—
三、营业利润（亏损以"－"号填列）	4 290 017. 69	－840 269. 88
加：营业外收入	28 133. 35	35 466. 95
减：营业外支出	—	2 066. 59

续表

项目	本年实际数	上年实际数
四、利润总额（亏损总额以"－"号填列）	4 318 151. 04	－806 869. 52
减：所得税费用	—	—
五、净利润（净亏损以"－"号填列）	4 318 151. 04	－806 869. 52
六、其他综合收益	—	—
七、综合收益总额	4 318 151. 04	－806 869. 52
加：期初未分配信托利润	976 843. 94	4 080 328. 13
八、可供分配的信托利润	5 294 994. 98	3 273 458. 61
减：本期已分配的信托利润	2 079 892. 75	2 296 614. 67
九、期末未分配信托利润	3 215 102. 23	976 843. 94

6. 会计报表附注

6.1 会计报表编制基准说明

本报表符合中华人民共和国财政部颁布的企业会计准则的要求，真实、完整地反映了本公司 2019 年 12 月 31 日的财务状况、2019 年度的经营成果及现金流量。本公司无合并会计报表。

6.2 或有事项说明

本公司报告期内无或有事项。

6.3 重要资产转让及其出售的说明

本公司报告期内无重要资产转让及其出售的事项。

6.4 会计报表中重要项目的明细资料

6.4.1 自营资产经营情况

6.4.1.1 资产风险分类结果(以净值列示)

信用风险资产五级分类	正常类(万元)	关注类(万元)	次级类(万元)	可疑类(万元)	损失类(万元)	信用风险资产合计(万元)	不良资产合计(万元)	不良资产率(%)
期初数	1 475 765. 60	4 452. 44	305. 62	131. 35	—	1 480 655. 01	436. 07	0. 03
期末数	1 764 420. 75	38 207. 08	2 447. 68	36. 13	—	1 805 111. 64	2 483. 81	0. 14

6.4.1.2 资产损失准备计提转回情况

单位:万元

	期初数	本期计提	本期转回	本期核销	期末数
贷款损失准备	—	—	—	—	—
一般准备	—	—	—	—	—
专项准备	—	—	—	—	—
其他资产减值准备	—	—	—	—	—
可供出售金融资产减值准备	88 037. 37	21 500. 00	39 086. 08	24 809. 28	45 642. 01
持有至到期投资减值准备	—	—	—	—	—
长期股权投资减值准备	401. 79	—	—	—	401. 79
坏账准备	1 197. 92	903. 65	—	—	2 101. 57
投资性房地产减值准备	—	—	—	—	—

6.4.1.3 金融资产和长期股权投资

单位:万元

	自营股票	基金	债券	持有至到期投资	长期股权投资
期初数	119 765. 73	40 863. 98	—	—	87 382. 06
期末数	144 999. 03	52 651. 19	—	—	92 714. 63

注:净值列示。

6.4.1.4 前三名的自营长期股权投资的企业名称、占被投资企业权益的比例、主要经营活动及投资收益情况(按持股比例排列)

企业名称	占被投资企业权益的比例(%)	主要经营活动	投资收益(万元)
1. 冠通期货股份有限公司	48. 72	期货	670. 30
2. 诺安基金管理有限公司	40. 00	基金管理	7 585. 47
3. 宝盈基金管理有限公司	25. 00	基金管理	1 364. 95

6.4.1.5 前五名的自营贷款的企业名称、占贷款总额的比例和还款情况

企业名称	占贷款总额的比例(%)	还款情况
—	—	—

6.4.1.6 代理业务的期初数、期末数

单位:万元

	期初数	期末数
代理业务(委托业务)	—	—
其他	—	—
合计	—	—

6.4.1.7 公司当年的收入结构

单位:万元

收入结构	金额
手续费及佣金收入	160 328. 23
其中:信托手续费收入	160 328. 23
投资银行业务收入	—
利息收入	996. 63
其他业务收入	—
其中:计入信托业务收入部分	—
投资收益	119 796. 99
其中:股权投资收益	9 620. 72
证券投资收益	11 682. 67
其他投资收益	98 493. 60
公允价值变动收益	-210. 31
汇兑收益	14. 93
其他收益	0. 35
资产处置收益	-1. 11
营业外收入	917. 64
收入合计	281 843. 35

6.4.2 信托资产管理情况

6.4.2.1 信托资产情况

单位:万元

信托资产	期初数	期末数
集合	32 548 350. 40	31 384 926. 24
单一	7 680 797. 30	6 687 253. 95
财产权	4 676 831. 07	6 504 321. 98
合计	44 905 978. 77	44 576 502. 17

6.4.2.1.1 主动管理型信托业务情况

单位:万元

主动管理型信托资产	期初数	期末数
证券投资类	1 552 121. 18	16 490 610. 30
股权投资类	7 748 372. 16	2 608 525. 92
融资类	7 561 139. 13	9 884 545. 68
事务管理类	992 617. 86	1 618 443. 34
合计	17 854 250. 33	30 602 125. 24

6.4.2.1.2　被动管理型信托业务情况

单位：万元

被动管理型信托资产	期初数	期末数
证券投资类	18 601 822.09	6 585 561.97
股权投资类	144 558.51	136 384.56
融资类	—	—
事务管理类	8 305 347.84	7 252 430.40
合计	27 051 728.44	13 974 376.93

注：根据资管新规规定，对部分证券类信托项目进行分类调整。

6.4.2.2　本年度已清算结束的信托项目情况

6.4.2.2.1　本年度已经清算结束信托项目情况

已清算结束的信托项目	项目个数（个）	实收信托合计金额（万元）	加权平均实际年化收益率（%）
集合类	389	6 904 424.99	6.03
单一类	59	3 558 313.01	7.53
财产管理类	27	745 460.14	8.09

6.4.2.2.2　本年度已经清算结束的主动管理型信托项目情况

已清算结束的信托项目	项目个数（个）	实收信托合计金额（万元）	加权平均实际年化信托报酬率（%）	加权平均实际年化收益率（%）
证券投资类	26	852 441.76	0.18	6.94
股权投资类	51	2 120 592.27	0.39	4.90
融资类	20	1 123 930.21	0.93	6.95
事务管理类	19	20 856.90	0.50	3.54

6.4.2.2.3　本年度已经清算结束的被动管理型信托项目情况

已清算结束的信托项目	项目个数（个）	实收信托合计金额（万元）	加权平均实际年化信托报酬率（%）	加权平均实际年化收益率（%）
证券投资类	299	2 879 149.04	0.20	5.29
股权投资类	1	2 042 572.74	0.10	7.59
融资类	—	—	—	—
事务管理类	59	2 168 655.22	0.24	8.09

6.4.2.3　本年度新增信托项目情况

新增信托项目	项目个数（个）	实收信托合计金额（万元）
集合类	726	13 546 591.16
单一类	48	1 115 375.33
财产管理类	325	5 342 677.15
新增合计	1099	20 004 643.64
其中：主动管理型	899	12 390 860.72
被动管理型	200	7 613 782.92

6.4.2.4　本公司履行受托人义务情况及因本公司自身责任而导致的信托资产损失情况

公司管理信托财产恪尽职守，履行诚实、信用、谨慎、有效管理的义务。没有因公司自身责任而导致信托资产损失的情况。

6.4.2.5　信托赔偿准备金的提取、使用和管理情况

本公司按照税后利润的5%计提信托赔偿准备金。截至2019年12月31日，信托赔偿准备金余额为69 024.45万元。本年度公司未发生信托赔偿准备金使用情况。

6.5　关联方关系及其交易的披露

6.5.1　关联交易方的数量、关联交易的总金额及关联交易的定价政策

固有业务关联方情况

	关联交易数量	关联交易金额（万元）	定价政策
合计	9	6 502.48	公允价值定价

信托业务关联方情况

	关联交易数量	关联交易金额（万元）	定价政策
合计	—	—	—

6.5.2　关联交易方与本公司的关系性质、关联交易方的名称、法定代表人、注册地址、注册资本及主营业务

固有业务关联方情况

关系性质	关联方名称	法定代表人	注册地	注册资本（万元）	主营业务
实际控制人	中国中化股份有限公司	宁高宁	北京	3 980 000.00	石油、化肥、化工、金融等行业投资
股东	中化资本有限公司	杨林	上海	601 708.11	投资管理；资产管理；实业投资；企业管理咨询；投资咨询
股东	中化集团财务有限责任公司	杨林	北京	300 000.00	财务和融资顾问
同受母公司控制	北京凯晨置业有限公司	李从瑞	北京	美元 10 240.00	房地产开发
同受母公司控制	中化金茂物业管理（北京）有限公司	谢炜	北京	500.00	物业管理
同受母公司控制	中化国际物业酒店管理有限公司	谢炜	北京	38 760.00	房地产开发
同受母公司控制	中化聚缘企业管理（北京）有限公司	杨宏	北京	1 000.00	物业管理、餐饮服务、其他企业服务
同受母公司控制	中化信息技术有限公司	赵洋	北京	5 000.00	互联网信息服务、技术开发、技术转让、基数咨询、技术服务等

信托业务关联方情况

关系性质	关联方名称	法定代表人	注册地	注册资本（万元）	主营业务
—	—	—	—	—	—

6.5.3 本公司与关联方的重大交易事项

6.5.3.1 固有财产与关联方:贷款、投资、租赁、应收账款、担保、其他方式等期初汇总数、本期发生额汇总数、期末汇总数

固有财产与关联方关联交易

单位:万元

	期初数	借方发生额	贷方发生额	期末数
贷款	—	—	—	—
投资	—	—	—	—
租赁	—	—	—	—
担保	—	—	—	—
应收账款	—	—	—	—
其他	1 481.24		340.60	1 821.84
合计	1 481.24		340.60	1 821.84

注:固有财产与关联方关联交易主要是房屋租赁费、物业管理用等。

6.5.3.2 信托资产与关联方:贷款、投资、租赁、应收账款、担保、其他方式等期初汇总数、本期发生额汇总数、期末汇总数

信托资产与关联方关联交易

单位:万元

	期初数	借方发生额	贷方发生额	期末数
贷款	—	—	—	—
投资	—	—	—	—
租赁	—	—	—	—
担保	—	—	—	—
应收账款	—	—	—	—
其他	—	—	—	—
合计	—	—	—	—

6.5.3.3 信托公司自有资金运用于自己管理的信托项目(固信交易)、信托公司管理的信托项目之间的相互交易金额

6.5.3.3.1 固有财产与信托财产之间的交易金额期初汇总数、本期发生额汇总数、期末汇总数

固有财产与信托财产相互交易

单位:万元

	期初数	本期发生额	期末数
合计	863 627.40	405 560.76	1 269 188.16

6.5.3.3.2 信托资产与信托财产之间的交易金额期初汇总数、本期发生额汇总数、期末汇总数

信托资产与信托财产相互交易

单位:万元

	期初数	本期发生额	期末数
合计	2 612 914.00	362 464.98	2 975 378.98

6.5.4 关联方逾期未偿还本公司资金的详细情况以及本公司为关联方担保发生或即将发生垫款的详细情况

固有财产没有关联方逾期未偿还本公司资金及本公司为关联方担保发生或即将发生垫款的事项。

6.6 会计制度的披露

本公司固有业务和信托业务自2008年1月1日起均执行中华人民共和国财政部于2006年2月15日颁布的《企业会计准则》。

7. 财务情况说明书

7.1 利润实现和分配情况

2019年本公司实现净利润179 104.66万元,分配方案如下:

(1)按当年净利润的10%提取法定公积金17 910.47万元。

(2)按当年净利润的5%提取信托赔偿准备金8 955.23万元。

(3)提取一般准备4 575.91万元。

可供股东分配的利润147 663.05万元。

7.2 主要财务指标

指标名称	指标值
资本利润率(%)	11.82
加权年化信托报酬率(%)	0.40
人均利润(万元)	424.54

7.3 对本公司财务状况、经营成果有重大影响的其他事项

本公司没有对财务状况、经营成果有重大影响的其他事项。

8. 特别事项揭示

8.1 前五名股东报告期内变动情况及原因

无。

8.2 董事、监事及高级管理人员变动情况及原因

2019年1月31日,中国外贸信托2019年第一次股东会议通过决议:同意选举李强、程永担任中国对外经济贸易信托有限公司董事,张宝红、贾彤不再担任中国对外经济贸易信托有限公司董事职务;同意选举张向东担任中国对外经济贸易信托有限公司独立董事,孙向东不再担任中国对外经济贸易信托有限公司独立董事;同意选举付强强担任中国对外经济贸易信托有限公司监事,宋玉增不再担任中国对外经济贸易信托有限公司监事会主席、监事职务;同意选举经公司职代会选举的职工监事刘郁飞担任中国对外经济贸易信托有限公司职工监事,梁虹不再担任中国对外经济贸易信托有限公司职工监事。李强、程永的任职资格于2019年4月获北京银保监局核准,张向东的任职资格于2019年6月获北京银保监局核准。

8.3 公司重大诉讼事项

无。

8.4 会计师事务对审计报告所出具保留意见、否定意见或无法表现意见的情况

无。

8.5 公司及其董事、监事和高级管理受到处罚的情况

无。

8.6 中国银保监会及其派出机构对公司检查情况

无。

8.7 本报告期内公司重大事项临时报告

因公司增加注册资本、调整股权结构和变更公司章程，公司在事项完成后于 2019 年 11 月 20 日在《上海证券报》第 83 版和公司官网同时进行重大临时事项的信息披露，发布《中国对外经济贸易信托有限公司关于增加注册资本及调整股权结构的公告》。

8.8 银保监会及其省级派出机构认定的其他有必要让客户及相关利益人了解的重要信息

无。

9. 公司监事会意见

9.1 公司依法运作情况

报告期内，公司的决策程序符合国家法律法规和《公司章程》及相关制度，建立健全了比较有效的内控制度，董事会全体成员及董事会聘任的高级管理人员认真履行了职责，未发现有违法、违规、违章的行为，也没有损害公司利益、股东利益和委托人利益的行为。

9.2 财务报告的真实性

报告期内，公司财务报告真实地反映了公司财务状况和经营成果。

中国金谷国际信托有限责任公司

1. 重要提示

1.1 本公司第八届董事会及第十五次会议参会董事保证本报告所载资料不存在任何虚假记载、误导性陈述或者重大遗漏,并对其内容的真实性、准确性和完整性承担个别及连带责任。

1.2 本公司独立董事对本报告的真实性、准确性和完整性无异议。

1.3 安永华明会计师事务所(特殊普通合伙)为本公司出具了标准无保留意见的审计报告。

1.4 本公司董事长彭新、代理总经理武泽平声明:保证年度报告中财务会计报告的真实、完整。

2. 公司概况

2.1 公司简介

中国金谷国际信托有限责任公司(以下简称公司或金谷信托,原名中国金谷国际信托投资有限责任公司)是 1993 年 4 月经中国人民银行批准成立的非银行金融机构。2008 年 7 月 30 日,经国务院及财政部同意,中国银监会批准了中国信达资产管理公司(后改名为中国信达资产管理股份有限公司,以下简称中国信达)对金谷信托实施重组并增资。2009 年 9 月 1 日,金谷信托经中国银监会批准重新登记,更名为中国金谷国际信托有限责任公司。2009 年 9 月 15 日,公司在国家工商行政管理总局完成变更登记手续,并换领新的营业执照,注册资本为 12 亿元。2013 年 12 月 20 日,金谷信托完成增资,公司注册资本增至 22 亿元。2013 年 12 月 23 日,公司在国家工商行政管理总局完成注册资本变更登记手续,股东持股比例:中国信达持有 92.29% 的股权,中国妇女活动中心持有 6.25% 的股权,中国海外工程有限责任公司(以下简称中国海外)持有 1.46% 的股权。

2.1.1 公司名称

法定中文名称:中国金谷国际信托有限责任公司

中文名称缩写:金谷信托

英文名称:China Jingu International Trust Co.,Ltd.

英文名称缩写:Jingu Trust

2.1.2 公司法定代表人:彭新

2.1.3 公司注册资本:22 亿元

2.1.4 公司注册地址:北京市西城区金融大街 33 号通泰大厦 C 座 10 层

邮政编码:100033

2.1.5 公司官方网站网址:www.jingutrust.com

2.1.6 公司信息披露事务负责人:王崇

电话:010-88086819

传真:010-88086546

电子信箱:wangchong@cinda.com.cn

2.1.7 公司选定的信息披露报纸名称:《金融时报》

2.1.8 公司年度报告备置地点:北京市西城区金融大街 33 号通泰大厦 C 座 10 层

2.1.9 公司聘请的会计师事务所:安永华明会计师事务所(特殊普通合伙)

住所:北京市东城区东长安街 1 号东方广场安永大楼 16 层

2.1.10 公司聘请的律师事务所

北京市中伦律师事务所

住所:北京市朝阳区建国门外大街甲 6 号 SK 大厦 28/31/33/36/37 层

北京市环球律师事务所

住所:北京市朝阳区建国路 81 号华贸中心 1 号写字楼 15 层 &20 层

北京市京都律师事务所

住所:北京市朝阳区景华南街 5 号远洋光华国际 C 座 22-23 层

北京植德律师事务所

住所:北京市东城区东直门南大街 1 号来福士中心办公楼 5 层

北京市中凯律师事务所

住所:北京市东城区安德路大街甲 61 号红都商务中心 6 层 B1-616 室

北京市中盛律师事务所

住所:北京市朝阳区建国门外大街 8 号楼国际财源中心 22 层

上海市方达(北京)律师事务所

住所:北京市朝阳区光华路 1 号北京嘉里中心北楼 27 层

2.1.11 其他有关资料

公司统一社会信用代码:91110000100013642K

公司金融许可证:K0075H111000001

2.2 股权信息情况

2.2.1 2019 年末股东出资额

中国信达资产管理股份有限公司,持股 203 040 万元,占比为 92.29%;

中国妇女活动中心,持股 13 750 万元,占比为 6.25%;

中国海外工程有限责任公司,持股 3 210 万元,占比为 1.46%。

2.2.2 公司主要股东及其控股股东、实际控制人、关联方、一致行动人、最终受益人情况

截至 2019 年末,公司主要股东为中国信达资产管理股份有限公司和中国妇女活动中心,主要股东信息情况如下:

中国信达资产管理股份有限公司为公司控股股东,其控股股东、实际控制人和最终受益人均为财政部,主要关联方包括:

中国信达（香港）控股有限公司、中润经济发展有限责任公司、信达证券股份有限公司、信达投资有限公司、幸福人寿保险股份有限公司、信达金融租赁有限公司、南洋商业银行有限公司、中国信达（香港）资产管理有限公司、中国信达基金管理有限公司、中国信达（香港）投资管理有限公司、信达（中国）投资有限公司、中国信达（澳门）资产管理有限公司、华建国际集团有限公司、信达金融控股有限公司、信达期货有限公司、信风投资管理有限公司、信达创新投资有限公司、信达澳银基金管理有限公司、海南建信投资管理股份有限公司、三亚天域实业有限公司、上海同达创业投资股份有限公司、深圳市建信投资发展有限公司、河北信达金建投资有限公司、河南省金博大投资有限公司、信达资本管理有限公司、武汉东方建国大酒店有限公司、信达地产股份有限公司、长淮信达地产有限公司、信达建润地产有限公司、大连信达中连投资有限公司、信达国际控股有限公司、北京始于信投资管理有限公司、信达股权投资（天津）有限公司、合肥亚太科技发展有限公司、宁波梅山保税港区润浙投资管理有限责任公司、北京信达房地产开发有限公司、合肥中环融城置业有限公司、合肥中环亿城置业有限公司、翡翠航空有限责任公司等。

中国妇女活动中心为公司主要股东，其控股股东、实际控制人和最终受益人均为中华全国妇女联合会；关联方包括中华全国妇女联合会、金汇投资管理有限公司、迎联房地产开发公司、北京好苑建国酒店管理有限公司、北京好苑亿润物业管理有限公司、中国妇女儿童事业发展中心等。

2.2.3 2019 年内股东违反承诺质押信托公司股权或以股权及其受（收）益权设立信托等金融产品的情况

无。

2.2.4 已向国务院银行业监督管理机构或其派出机构提交行政许可申请但尚未获得批准的事项

无。

2.2.5 国务院银行业监督管理机构规定的其他信息

无。

2.3 组织结构

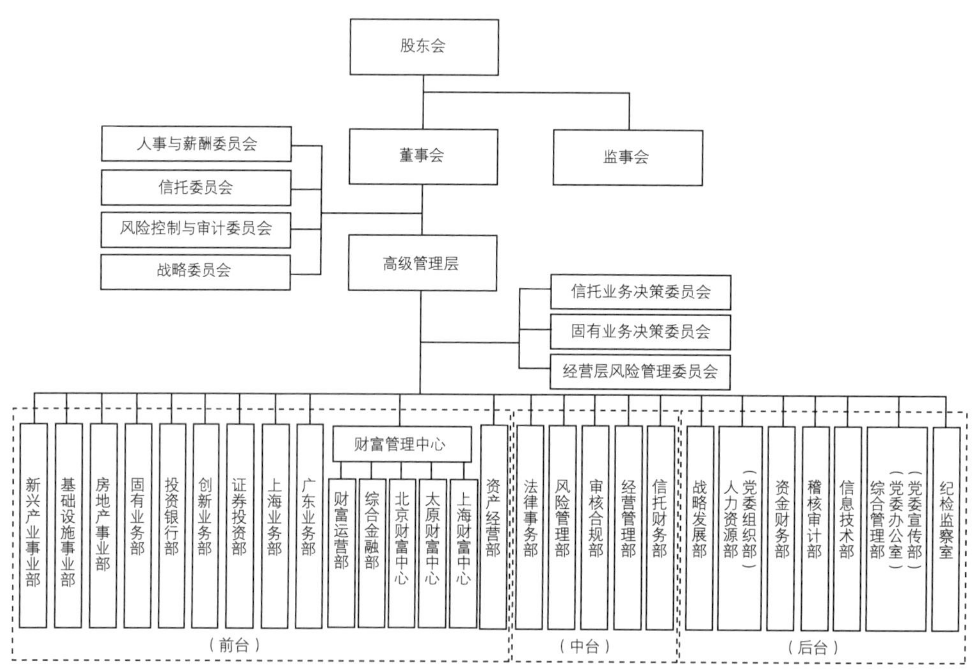

3. 公司治理

3.1 股东

股东名称	持股比例（%）	法人代表	注册资本（亿元）	注册地址	主要经营业务
中国信达资产管理股份有限公司	92.29	张子艾	381.6454	北京市西城区闹市口大街 9 号院 1 号楼	收购、受托经营金融机构和非金融机构不良资产，对不良资产进行管理、投资和处置；债权转股权，对股权资产进行管理、投资和处置；破产管理；对外投资；买卖有价证券；发行金融债券、同业拆借和向其他金融机构进行商业融资；经批准的资产证券化业务、金融机构托管和关闭清算业务；财务、投资、法律及风险管理咨询和顾问；资产及项目评估；国务院银行业监督管理机构批准的其他业务（依法须经批准的项目，经相关部门批准后方可开展经营活动）。

续表

股东名称	持股比例（%）	法人代表	注册资本（亿元）	注册地址	主要经营业务
中国妇女活动中心	6.25	宋胜菊	0.3	北京市东城区建国门内大街19号	餐饮服务（热食类食品制售；冷食类食品制售；糕点类食品制售（含裱花蛋糕）；预包装食品销售（含冷藏冷冻食品）（限分支经营）；住宿、美容（非医疗美容）、理发、游泳池、商场；本店内零售卷烟，雪茄烟（有效期至2018年07月30日）；房屋出租；洗衣服务；收费停车场；健身健美；服装、日用百货、针纺织品、鞋帽、字画、工艺美术品、机电产品的销售；饭店投资管理；承接国际、国内会议；文化艺术、科技交流活动；物业管理（企业依法自主选择经营项目，开展经营活动；餐饮服务及依法须经批准的项目，经相关部门批准后依批准的内容开展经营活动；不得从事本市产业政策禁止和限制类项目的经营活动）。
中国海外工程有限责任公司	1.46	赵兴业	11.59537	北京市海淀区紫竹院路1号7号楼	向境外派遣各类劳务人员（不含港澳台地区，有效期至2023年08月03日）；承包各类国外工程和境内外资工程；外派劳务人员培训；承担各类海外工业、民用建筑工程的勘查、设计和咨询；利用外方资源、资金和技术在境内开展劳务合作；进出口业务；工业与民用建筑工程的总承包；市政工程、装饰工程、水力电力工程、港口建设、道路桥梁工程施工；设备安装；建筑材料、工程机械的销售；自有房屋出租；房地产的开发经营及物业管理。（企业依法自主选择经营项目，开展经营活动；依法须经批准的项目，经相关部门批准后依批准的内容开展经营活动；不得从事本市产业政策禁止和限制类项目的经营活动）。

3.2 董事、董事会及其下属委员会

3.2.1 董事长及董事

姓名	职务	性别	年龄（岁）	选任日期	所推举的股东名称	该股东持股比例（%）	简要履历
彭　新	董事长	男	57	2014年6月	中国信达	92.29	1983年参加工作至今，先后担任淮阴市金湖县黎城镇副镇长，建设银行江苏省信托投资公司科长，江苏省建设租赁有限公司副总经理，中国信达南京办事处副主任、党委委员、纪委书记，中国信达南昌办事处主任、党委书记，中国信达江西分公司总经理、党委书记，中国信达山东分公司总经理、党委书记，中国信达江苏分公司总经理、党委书记，中国信达纪委委员等职务；现任金谷信托党委书记、董事长。
武泽平	拟任董事	男	46	2019年7月	中国信达	92.29	1996年7月大学毕业后参加工作，曾在北京崇文区环卫局、建设部城市建设研究院环卫所任职；2004年9月硕士研究生毕业后，就职于信达投资有限公司企业管理部；2007年1月调入中国信达资产管理股份有限公司工作，先后在资产管理部、资产经营部、资产经营二部担任经理、高级副经理、高级经理、处长；2014年4月调入金谷信托工作，先后担任总经理助理、公司副总经理等职务；现任金谷信托党委委员、拟任董事、代理总经理。
陈义斌	董事	男	46	2017年6月	中国信达	92.29	自1993年至今，先后担任轻工业部规划设计院工程师，中国信达股权管理部副经理、经理，资产管理部经理，总裁办公室经理、高级副经理、高级经理，股权管理部高级经理，中国信达河南分公司党委委员、总经理助理、副总经理，资产管理业务部副总经理，投资与资管部副总经理；现任中国信达战略客户三部副总经理，金谷信托董事。
沈洪溥	董事	男	44	2017年2月	中国信达	92.29	自1998年至今，先后担任河北经贸大学经济学系教师，中国信达金融风险研究中心发展组主管、经理、高级副经理、高级经理，战略发展部（金融风险研究中心、博士后管理办公室）研究处处长、高级经理，综合计划部总经理助理；现任中国信达资金市场部总经理助理，金谷信托董事。
李玉萍	董事	男	56	2017年2月	中国信达	92.29	自1984年至今，先后担任江西省煤田地质局职工子弟学校教师，建设银行海口分行东湖办事处职员，建设银行海口分行筹资科副科长，建设银行海南省分行直属海府支行办公室副主任，建设银行海南省分行财会处系统财务科科长、资金清算中心副处长，中国信达海口办事处综合管理部高级副经理、资金财务部高级副经理、高级经理，中国信达资本金办公室高级经理、集团协同部高级经理、公司管理部高级经理，中国信达吉林分公司总经理助理、党委委员、副总经理、纪委书记，中国信达集团管理部副总经理；现任中润经济发展有限公司党委副书记、总经理，金谷信托董事。
刘学敬	董事	男	62	2013年6月	中国妇女活动中心	6.25	1976年参军入伍，自1980年至今，先后担任国家审计署金融审计司副处长、处长、沈阳特派办特派员助理，金谷信托副总裁、总裁、监事会主席、总经理、副董事长等职务；现任金谷信托董事。

3.2.2 独立董事

姓名	职务	性别	年龄(岁)	选任日期	简要履历
夏执东	独立董事	男	65	2014 年 12 月	自 1984 年至今，先后担任财政部科学研究所会计研究室副主任，建设银行总行国际业务部资金处副处长，安永华明会计师事务所副总经理，天华会计师事务所合伙人、董事长，京都天华（后更名为致同）会计师事务所副董事长等职务；现任致同（北京）工程造价咨询有限公司董事长，金谷信托独立董事。
郭光	独立董事	男	62	2015 年 4 月	自 1986 年至今，先后担任中国政法大学助教、讲师，德国慕尼黑克伙尔律师事务所职员，德国克虏伯公司法律部职员，德国年利达律师事务所雇员，北京建元律师事务所合伙人，北京市天睿律师事务所主任合伙人；现任北京光汉律师事务所主任合伙人，金谷信托独立董事。

3.2.3 董事会下属委员会

委员会名称	职责	组成人员
人事与薪酬委员会	负责制定、审查公司高级管理人员（以下简称高管人员）的薪酬政策与方案，拟定公司高管人员的考核标准并进行考核，接受董事会授权的其他事项。	夏执东（主任） 彭新 郭光
战略委员会	主要负责对公司总体发展战略、重大投资方案及其他影响公司发展的重大事项进行研究并提出建议。	彭新（主任） 陈义斌 夏执东
信托委员会	督促公司依法履行受托职责。当公司或股东利益与受益人利益发生冲突时，信托委员会应保证公司为受益人的最大利益服务。	沈洪溥（主任） 郭光 武泽平（拟任）
风险控制与审计委员会	负责公司的风险控制、管理、监督和评估以及公司内外部审计的沟通、监督和核查等工作。	郭光（主任） 陈义斌 武泽平（拟任）

3.3 监事、监事会

姓名	职务	性别	年龄（岁）	选任日期	所推举的股东名称	该股东持股比例（%）	简要履历
张小琦	监事会主席	女	49	2019 年 7 月	中国信达	92.29	自 1995 年至今，先后担任中国建设银行总行信托公司职员，中国信达信托投资公司总裁办公室职员、副经理、党委秘书（经理级）、清算组综合小组组长，信达投资有限公司总经理办公室副主任、主任、党委办公室主任、宣传群工部部长、董事会秘书，信达地产股份有限公司副总经理、党委委员、董事会秘书、工会主席，中国信达资产管理股份有限公司董事会办公室副主任、监事会办公室副主任、监事会办公室主任、监事会办公室党支部书记；现任中国金谷国际信托有限责任公司党委委员、监事会主席。
杨　莉	监事	女	52	2019 年 7 月	中国信达	92.29	自 1986 年至今，先后担任北京市财政局党委办公室职员，中国投资银行总行财会部职员，信达信托投资公司证券业务部职员，中国信达资产管理股份有限公司审计部及合规管理部副经理、经理、高级副经理、高级经理，信达财产保险股份有限公司审计部总经理、职工监事、公司审计责任人；现任中国信达资产管理股份有限公司审计部副总经理，金谷信托监事。
张林山	监事	男	37	2019 年 7 月	中国信达	92.29	自 2005 年至今，先后担任英特尔产品有限公司工程师，信达财产保险股份有限公司重要客户部经理；现任中国信达资产管理股份有限公司集团管理部经理，金谷信托监事。
张红雨	监事	女	48	2019 年 7 月	中国妇女活动中心	6.25	自 1994 年至今，先后担任首钢机电公司设计研究院工程师，金汇投资管理有限公司主管会计；现任中国妇女活动中心财务主管，金谷信托监事。
王　娜	职工监事	女	46	2011 年 6 月	—	—	自 1991 年至今，先后担任北京赛特集团管理有限责任公司主管，中国信达业务经理、团委委员，金谷信托人力资源部高级副经理、工会副主席（部门总经理级）；现任金谷信托综合管理部副总经理、工会副主席（部门总经理级）、金谷信托职工监事。

3.4 高级管理人员

姓名	职务	性别	年龄（岁）	选任日期	金融从业年限（年）	学历/学位	专业
武泽平	代理总经理	男	46	2019 年 8 月	12	硕士	工商管理
吴杰	副总经理	男	49	2017 年 3 月	26	硕士	世界经济
王崇	董事会秘书	男	52	2015 年 12 月	24	硕士	国民经济

3.5 公司员工

项目		2018 年度		2019 年度	
		人数(人)	比例(%)	人数(人)	比例(%)
年龄分布	25 岁以下	2	1	4	3
	25~29 岁	32	21	28	18
	30~39 岁	68	45	73	47
	40 岁以上	49	33	50	32
学历分布	博士	5	3	8	5
	硕士	96	64	98	63
	本科	44	29	44	29
	专科及其他	6	4	5	3
岗位分布	董事、监事及高管人员	8	5	7	5
	自营业务人员	8	5	5	3
	信托业务人员	72	48	79	51
	其他	63	42	64	41

4. 经营管理

4.1 经营目标、经营方针、战略规划

4.1.1 经营目标

公司的经营目标是:努力成为在资产管理、资金融通、投资理财等领域具有竞争力的专业理财服务机构和具有创新能力及持续盈利能力的信托公司。

4.1.2 经营方针

公司秉承“稳健经营、稳步发展”的经营基调,坚持“高质量、专业化”的发展方向,以受益人的利益最大化为宗旨,专注于信托产品的创新与推广。

4.1.3 战略规划

抓住行业转型发展的战略机遇,坚持以价值创新为目标,以客户需求为导向,以防风险、谋发展、促转型为主线,以合规经营、开拓创新为保障,从自身实际出发,引进战略投资者,增强公司资本实力,改善股权结构,依托股东优势,构建独具特色、可持续发展的业务架构和盈利模式,为将公司打造成为具有核心竞争优势的现代金融服务企业奠定坚实基础。

利用信托的制度特点,充分发挥信托“跨市场、跨行业、跨产品”的功能优势,将公司打造为信达集团金融控股架构下的重要资产管理平台、财富管理平台,实现特色化发展。

4.2 所经营业务的主要内容

4.2.1 自营资产运用与分布表

资产运用	金额(万元)	占比(%)	资产分布	金额(万元)	占比(%)
货币资产	65 754.25	12.42	基础产业	—	—
贷款及应收款	62 162.65	11.74	房地产业	874.04	0.16
交易性金融资产	55 308.05	10.44	证券市场	—	—
债权投资	312 995.88	59.11	实业	14224.19	2.69
长期股权投资	—	—	金融机构	434 058.18	81.97
其他	33 310.18	6.29	其他	80 374.60	15.18
资产总计	529 531.01	100.00	资产总计	529 531.01	100.00

4.2.2 信托资产运用与分布表

资产运用	金额(万元)	占比(%)	资产分布	金额(万元)	占比(%)
货币资产	133 815.79	1.33	基础产业	925 404.91	9.23
贷款	2 525 026.20	25.18	房地产	1 715 209.89	17.10
交易性金融资产	43 976.65	0.44	证券市场	287 763.07	2.87
可供出售金融资产	1 518 038.79	15.14	实业	1 369 281.82	13.65
持有至到期投资	1 503 305.81	14.99	金融机构	458 818.09	4.57
长期股权投资	1 653 328.66	16.49	其他	5 272 608.02	52.58
其他	2 651 593.90	26.43			
信托资产总计	10 029 085.80	100.00	信托资产总计	10 029 085.80	100.00

4.3 市场分析

4.3.1 经济形势分析

2019 年我国国内生产总值同比增长 6.1%,符合 6% ~ 6.5% 的预期目标,一方面,宏观经济运行总体处于合理区间,供给侧结构性改革持续推进,在各项宏观调控政策的推动下,经济保持了平稳增长,实现了高质量发展;另一方面,2019 年我国宏观经济下行压力依然较大,中美贸易摩擦升级,内部经济周期性问题与结构性矛盾叠加,各类风险挑战形势严峻。

4.3.2 金融形势分析

在国内外风险挑战明显上升的背景下,我国金融环境保持了总体稳定,货币政策松紧适度,经济中的流动性合理充裕,金融风险不断化解,部分重点金融机构风险得到有效释放,金融领域的供给侧结构性改革持续推进,金融体系不断完善,金融支持实体经济的效率和能力都在不断提升。

总体来看,2019 年宏观经济和金融环境为信托公司进一步服务实体经济、回归业务本源提供了契机,同时也让信托市场进入了增速放缓、风险事件增多的阶段。

4.3.3 影响公司业务发展的有利因素

当前我国经济金融环境总体平稳发展,为公司发展创造了稳定的外部环境,实体经济对各类融资的需求依然较强,给公司带来了业务机会。

信托文化逐步培育,信托行业转型发展持续推进,服务实体经济能力不断提升,信托市场作为我国金融市场重要组成部分的作用不断提升,为公司探索转型发展道路提供了良好的行业环境。

资管新规颁布以来,资产管理行业经历了深入的结构性调整,随着监管体系的不断完善,各类信托业务也将逐步走向规范发展的道路,为公司业务的健康发展提供了保障。

4.3.4 影响公司业务发展的不利因素

实体经济下行压力较大,房地产调控政策不断趋严,部分区域的地方政府债务形势不容乐观,这些因素导致信托公司在业务开展过程中风险管理和处置压力较大,传统业务受到一定影响。

在信托行业转型发展的过程中,行业竞争也在不断加剧,尤其在当前的环境下,头部信托公司的竞争优势越来越强,中小信托公司转型难度较大。

4.4 内部控制

4.4.1 内部控制环境和内部控制文化

按照现代企业制度的要求,公司建立了由股东会、董事会、

监事会以及经营管理层组成的法人治理结构，努力构建分工明确、权责明晰、合理制衡的内控运行机制。董事会下设有信托委员会、人事与薪酬委员会、风险控制与审计委员会、战略委员会等专门机构。同时，还建立了独立董事制度。公司经营管理层下设有前台事业部和专业业务部及中台、后台等相关职能部门，努力构建权责明确，合理制衡的内部控制体系。信托业务与固有业务在人员配置、经营决策、会计核算和账务处理上相互独立。

公司建立并培育符合公司发展特点的内控文化。通过业务研讨、讲座、交流和培训等多种形式，不断将最新的政策法规、公司制度、经验和理念传递给公司员工，并将内控工作切实落实到各业务岗位和操作环节，以强化员工的合规和风险防范意识。同时，公司制定的《员工行为规范》，鼓励并要求大家爱岗敬业、诚实守信、遵纪守法。

4.4.2 内部控制措施

为确保实现公司经营目标，防范风险，公司制定了一套比较完整的内部控制制度与操作流程。

公司的基本制度对治理结构、机构设置、权责分配、内部审计等做出了规定，基本满足了内部控制各方面的要求；公司制定并实施了基本涵盖前台、中台、后台的内部控制制度和操作流程，如：业务经营、业务授权、合规管理、法律管理、风险管理、业务决策、期间管理、稽核审计、财务管理、人力资源、信息技术以及综合管理等，并随着业务的开展持续补充、修订和完善。公司实施了全方位的业务流程内控管理，对于尽职调查、立项审批、合规审查、风险审查、法律审查、项目中后期管理、清算等关键环节实行多人或多部门的交叉审核制，基本保障了公司业务内部控制的有效性。年度内，公司结合监管部门下发的各类监管政策和业务发展需要，调整优化了相关业务流程，对项目期间管理、产品发行等关键流程及环节在制度层面进行了优化完善，使业务开展能够符合最新监管要求，提高了项目管理和发行效率。

4.4.3 监督评价与纠正

报告期内，公司继续按照财政部等发布的《企业内部控制基本规范》和上级要求，组织开展了年度内控评价工作，对31个管理流程进行测试评价，未发现内部控制缺陷。

4.5 风险管理

4.5.1 风险管理概况

公司以全面、审慎和有效为原则，积极构建和营造全面风险管理文化，主动完善全面风险管理体制机制和业务指标体系建设。同时，进一步加大风险管理绩效考核机制的落实，保证公司各项业务的稳健开展。公司建立了包括董事会、经营层、职能管理部门和各业务部门组成的四级风险管理体系，并形成了事前、事中、事后三条风险管理的主线，针对战略风险、政策风险、合规风险、集中度风险、流动性风险、信用风险、市场风险、操作风险以及声誉风险等多个方面进行了有效的管理和防控。

4.5.2 风险状况

4.5.2.1 信用风险状况

信用风险主要指由于债务人或交易对手未能或者不愿意按时履行偿债义务，或者其信用状况的不利变动而使公司业务发生损失的风险。信用风险是公司经营过程中面临的主要风险，表现为交易对手、担保人等义务主体在贷款偿还、资产（权益）回购、担保等交易环节中不履行或不全面履行合同义务，从而造成信托、固有财产遭受损失的可能性。

公司在报告期内累计清算信托规模为1 010亿元，支付投资者收益为65.5亿元，持续为投资者创造稳定价值。

4.5.2.2 市场风险状况

市场风险是公司经营过程中面临的风险之一。市场风险是指公司在资产管理业务中，投资具有公开市场价值的金融产品或者其他产品时，由于价格波动导致资产遭受损失的可能性。

公司在报告期内未开展涉及二级市场及衍生品交易市场等的业务，暂不存在市场风险。

4.5.2.3 操作风险状况

操作风险是公司经营过程中面临的风险因素。其主要表现在公司内部人员在相关业务办理中，因错误、疏忽或操作失误而出现的风险，以及由于内部控制制度不完善引发的缺乏监控、监督的风险。

公司在报告期内严控操作风险，在业务开展的全过程中实行多人、多部门的交叉管理，完善相关内部控制制度，使执行风险、流程风险、人员风险等操作风险得到有效控制。

4.5.2.4 其他风险状况

其他风险主要是指政策风险和声誉风险。政策风险主要是国家政策变化对公司业务发展可能产生的不利影响。声誉风险是指由于经营、管理及其他行为或外部事件导致利益相关方对公司做出负面评价的风险，从而影响公司正常运营和发展。

公司密切关注宏观经济政策及行业监管政策变化，及时研判政策变化可能对公司业务造成的影响，研究采取有效措施，减少政策风险对公司经营的影响。公司设立声誉风险领导小组，对舆情管理工作进行统一领导，并配备舆情管理专岗负责舆情的实时监控与管理，做好声誉风险分析及处置，有效降低舆情负面影响。

4.5.3 风险管理

4.5.3.1 信用风险管理

对于可能发生的信用风险，公司主要采取以下方式进行控制和防范：一是以公司的产品准入标准及信用评级体系作为重要参考依据，注重项目的前期尽职调查，从定性及定量两方面审慎选择交易对手；同时，通过强化期间管理等方式持续关注交易对手的履约能力变化，防范项目信用风险。二是注重通过合理设置交易结构等方式分散信用风险。三是通过在交易结构中设定抵（质）押担保等方式控制信用风险。

2019年，按规定和监管要求，公司开展风险排查工作，重点排查了公司存续业务的信用风险，并根据项目风险排查情况，对未到期项目进行了风险识别和研判，制定了相应的应急处置预案，强化了项目期间管理措施等。公司根据市场变化，及时更新了产品准入标准及风险控制措施，优化完善了风险管理体系。同时，公司在交易对手及业务开展区域的选择上更加审慎，并强化了业务抵（质）押物等担保措施，抵（质）押品的价值由第三方评估机构的评估价值确定，并动态监测抵押率，将抵押率控制在合理的范围之内。

另外，公司按照监管要求和《固有资产风险分类管理暂行办法》，将固有资产划分为正常类、关注类、次级类、可疑类和损失类五类。公司按照财政部《金融企业准备金计提管理办法》（财金[2012]20 号）的规定计提了相关准备金等，包括一般准备和资产减值准备。其中，一般准备余额不低于风险资产期末余额的 1.5%。公司按照净利润的 5%提取信托赔偿准备。

4.5.3.2　市场风险管理

为了规避可能出现的市场风险，公司着重从以下几个方面采取措施进行防范和控制：第一，注重定期对国家宏观经济形势的研判，把握国家重点调控政策，防范可能发生的市场风险；第二，加强对不同行业和区域的市场风险分析，注意建立与公司规模和管理能力相适应的风险管理制度；第三，开展与公司发展阶段相适应的业务，积极探索组合投资方案，分散市场风险；第四，尽量在贷款合同及相关文件中对利率变动进行事前约定，规避利率风险。

4.5.3.3　操作风险管理

公司采取了不同的管理策略和解决方案，应对和完善操作风险的管理。通过构建内部控制制度和体系加强尽职风险管理，以严谨的制度流程和清晰的授权体系，明确责任。形成了不同部门、不同岗位之间相互监督制约的关系，从而做到职责明确，各尽其责。在具体项目运作时，公司要求各业务部门严格按照公司内部业务流程操作，以实现委托人的意愿及受益人利益。2019 年，公司对核心业务系统及办公平台系统均进行了完善升级，为公司业务流程的标准化和规范化提供技术保障，减少了操作风险发生的可能性。公司还根据各信托产品的具体情况，要求信托专户开户行协助对资金进行监管，以防范和控制操作风险的出现。

4.5.3.4　其他风险管理

公司通过密切关注和研究国家经济形势和政策变化，及时调整经营思路、业务方向和业务策略等，减少政策风险的影响；通过审慎选择交易对手，尽职尽责履行受托人义务，加强和规范全员从业技能与职业道德培训等，维护委托人和受益人的利益，并以此防控道德风险；公司设舆情管理专岗统一负责舆情监控和管理，对舆情管理工作进行实时监控。公司由声誉风险领导小组对舆情管理工作进行统一领导，做好声誉风险分析及处置，有效降低舆情负面影响。

4.6　社会责任

公司积极贯彻落实国家宏观经济和产业政策，业务范围进一步向京津冀、长江中下游、粤港澳大湾区以及“一带一路”、西部大开发等国家级经济带和重点支持领域拓展。

公司秉承服务社会理想，广泛动员社会资源，汇集各方力量共同参与扶贫。2019 年新设“信达大爱”慈善信托 2 支。“信达大爱”自 2017 年设立以来，不断发挥信托助力慈善扶贫的作用，累计拨付善款 1 291 万元，惠及全国十余个贫困区县的 2 000 余人，成为信达集团及金谷信托承担社会责任、扶贫济困的有效渠道。该案例已入选中国慈善联合会慈善信托委员会主编的《2018 中国慈善信托发展报告》。

公司不断完善员工关爱体系，推动员工与企业共同成长。通过不断完善培训体系、保障员工职业健康、开展员工文体活动及员工帮扶等，切实增强员工福利，保障员工权益。

公司倡导“绿色经营”“绿色办公”“绿色出行”。积极设立信托产品，践行绿色金融服务。不断完善信息系统建设，基本实现无纸化办公，有效减少纸张用量；在办公场所设置回收废旧电池纸箱，在打印室、卫生间张贴“请节约用纸”“节约用水”“节约用电”标识，引导员工树立节能环保理念；公务用车建立维修、燃油使用台账，有效降低公务车油品消耗。

4.7　消费者权益保护

公司坚持普及金融知识，维护消费者合法权益。2019 年，公司完善消费者权益保护相关制度、强化产品发行全流程管控、多角度多渠道健全消保工作机制。组织开展“3·15 消费者权益保护活动月”“金融知识普及月”活动，进一步提升消费者金融素养和风险责任意识。本年度共实施集中宣教 8 次，发放实物宣教资料 2 460 份，参与员工 50 人次，总受众客户量 2 500余人。公司成为首批具备信托受益权账户代理开户业务开办条件的信托公司之一，为客户确权、信托转让等后续业务奠定基础。

5. 报告期末及上一年度末的比较式会计报表

5.1　自营资产

5.1.1　会计师事务所审计意见全文

审计报告

安永华明(2020)审字第 61236512＿A01 号

中国金谷国际信托有限责任公司

中国金谷国际信托有限责任公司董事会：

一、审计意见

我们审计了中国金谷国际信托有限责任公司的财务报表，包括 2019 年 12 月 31 日的资产负债表，2019 年度的利润表、所有者权益变动表和现金流量表以及相关财务报表附注。

我们认为，后附的中国金谷国际信托有限责任公司的财务报表在所有重大方面按照企业会计准则的规定编制，公允反映了中国金谷国际信托有限责任公司 2019 年 12 月 31 日的财务状况以及 2019 年度的经营成果和现金流量。

二、形成审计意见的基础

我们按照中国注册会计师审计准则的规定执行了审计工作。审计报告的“注册会计师对财务报表审计的责任”部分进一步阐述了我们在这些准则下的责任。按照中国注册会计师职业道德守则，我们独立于中国金谷国际信托有限责任公司，并履行了职业道德方面的其他责任。我们相信，我们获取的审计证据是充分、适当的，为发表审计意见提供了基础。

三、管理层和治理层对财务报表的责任

中国金谷国际信托有限责任公司管理层负责按照企业会计准则的规定编制财务报表，使其实现公允反映，并设计、执行和维护必要的内部控制，以使财务报表不存在由于舞弊或错误导致的重大错报。

在编制财务报表时，管理层负责评估中国金谷国际信托有限责任公司的持续经营能力，披露与持续经营相关的事项（如适用），并运用持续经营假设，除非计划进行清算、终止运营或别无其他现实的选择。

治理层负责监督中国金谷国际信托有限责任公司的财务报告过程。

四、注册会计师对财务报表审计的责任

我们的目标是对财务报表整体是否不存在由于舞弊或错误导致的重大错报获取合理保证，并出具包含审计意见的审计报告。合理保证是高水平的保证，但并不能保证按照审计准则执行的审计在某一重大错报存在时总能发现。错报可能由于舞弊或错误导致，如果合理预期错报单独或汇总起来可能影响财务报表使用者依据财务报表作出的经济决策，则通常认为错报是重大的。

在按照审计准则执行审计工作的过程中，我们运用职业判断，并保持职业怀疑。同时，我们也执行以下工作：

（1）识别和评估由于舞弊或错误导致的财务报表重大错报风险，设计和实施审计程序以应对这些风险，并获取充分、适当的审计证据，作为发表审计意见的基础。由于舞弊可能涉及串通、伪造、故意遗漏、虚假陈述或凌驾于内部控制之上，未能发现由于舞弊导致的重大错报的风险高于未能发现由于错误导致的重大错报的风险。

（2）了解与审计相关的内部控制，以设计恰当的审计程序。

（3）评价管理层选用会计政策的恰当性和作出会计估计及相关披露的合理性。

（4）对管理层使用持续经营假设的恰当性得出结论。同时，根据获取的审计证据，就可能导致对中国金谷国际信托有限责任公司持续经营能力产生重大疑虑的事项或情况是否存在重大不确定性得出结论。如果我们得出结论认为存在重大不确定性，审计准则要求我们在审计报告中提请报表使用者注意财务报表中的相关披露；如果披露不充分，我们应当发表非无保留意见。我们的结论基于截至审计报告日可获得的信息。然而，未来的事项或情况可能导致非上市有限公司不能持续经营。

（5）评价财务报表的总体列报、结构和内容（包括披露），并评价财务报表是否公允反映相关交易和事项。

我们与治理层就计划的审计范围、时间安排和重大审计发现等事项进行沟通，包括沟通我们在审计中识别出的值得关注的内部控制缺陷。

5.1.2 资产负债表

资产负债表

编制单位：中国金谷国际信托有限责任公司　　截至2019年12月31日　　单位：万元

项目	年末数	年初数	项目	年末数	年初数
资产			负债		
货币资金	65 754.25	87 691.59	应付职工薪酬	13 728.17	12 981.18
发放贷款和垫款	41 421.64	68 870.27	应交税费	1 350.59	5 735.67
金融投资	—	—	其他负债	110 094.49	53 774.17
—交易性金融资产	55 308.05	68 099.81	负债合计	125 173.25	72 491.02
—债权投资	312 995.88	185 686.71	所有者权益		
固定资产	214.83	369.14	实收资本	220 000.00	220 000.00
无形资产	221.64	191.41	资本公积	23 064.78	23 064.78
递延所得税资产	27 418.39	29 242.83	盈余公积	17 510.84	16 985.72
其他资产	26 196.33	33 636.94	风险准备金	18 587.42	16 426.24
			未分配利润	125 194.72	124 820.94
			所有者权益合计	404 357.76	401 297.68
资产总计	529 531.01	473 788.70	负债及所有者权益总计	529 531.01	473 788.70

5.1.3 利润表

利润表

编制单位：中国金谷国际信托有限责任公司　　2019年度　　单位：万元

项目	2019年度	2018年度
营业收入	51 747.24	51 179.42
利息净收入	2 802.69	4 118.51
其中：利息收入	7 391.55	7 922.26
利息支出	4 588.86	3 803.75
手续费及佣金净收入	26 334.95	36 300.69
其中：手续费及佣金收入	26 337.16	36 303.69
手续费及佣金支出	2.21	3.00
投资收益	6 900.94	7 534.19
公允价值变动损益	15 462.08	3 191.69
资产处置收益	—	-10.49

续表

项目	2019 年度	2018 年度
其他收益	238. 58	38. 69
其他业务收入	8	6. 14
营业支出	44 546. 09	28 178. 27
税金及附加	260. 86	326. 8
业务及管理费	14 768. 08	14 320. 56
信用减值损失	29 517. 15	13 530. 91
营业利润	7 201. 15	23 001. 15
加:营业外收入	0. 03	0. 06
减:营业外支出	—	33. 20
利润总额	7 201. 18	22 968. 01
减:所得税费用	1 950. 05	5 783. 27
净利润	5 251. 13	17 184. 74

5. 1. 4 所有者权益变动表

所有者权益变动表

编制单位:中国金谷国际信托有限责任公司　　2019 年度　　单位:万元

项目	本年金额						上年金额					
	实收资本	资本公积	盈余公积	风险准备金	未分配利润	所有者权益合计	实收资本	资本公积	盈余公积	风险准备金	未分配利润	所有者权益合计
一、上年年末余额	220 000. 00	23 064. 78	16 985. 72	16 426. 24	124 820. 94	401 297. 68	220 000. 00	23 064. 78	15 267. 25	15 567. 00	110 634. 09	384 533. 12
加:会计政策变更	—	—	—	—	—	—	—	—	—	—	-420. 18	-420. 18
前期差错变更	—	—	—	—	—	—	—	—	—	—	—	—
二、本年年初余额	220 000. 00	23 064. 78	16 985. 72	16 426. 24	124 820. 94	401 297. 68	220 000. 00	23 064. 78	15 267. 25	15 567. 00	110 213. 91	384 112. 94
三、本年增减变动金额(减少以"-"号填列)	—	—	525. 12	2 161. 18	373. 78	3 060. 08	—	—	1 718. 47	859. 24	14 607. 03	17 184. 74
(一)综合收益总额	—	—	—	—	5 251. 13	5 251. 13	—	—	—	—	17 184. 74	17 184. 74
(二)利润分配	—	—	525. 12	2 161. 18	-4 877. 34	-2191. 05	—	—	1 718. 47	859. 24	-2 577. 71	—
1. 提取盈余公积	—	—	525. 12	—	-525. 11	—	—	—	1 718. 47	—	-1 718. 47	—
2. 提取风险准备金	—	—	—	2 161. 18	-2 161. 18	—	—	—	—	859. 24	-859. 24	—
3. 对所有者的分配	—	—	—	—	-2 191. 05	-2191. 05	—	—	—	—	—	—
四、本年年末余额	220 000. 00	23 064. 78	17 510. 84	18 587. 42	125 194. 72	404 357. 76	220 000. 00	23 064. 78	16 985. 72	16 426. 24	124 820. 94	401 297. 68

5. 2 信托资产

5. 2. 1 信托项目资产负债汇总表

信托项目资产负债汇总表

编制单位:中国金谷国际信托有限责任公司　　2019 年 12 月 31 日　　单位:万元

资产	期末余额	期初余额	负债和所有者权益	期末余额	期初余额
信托资产:			信托负债:		
银行存款	133 815. 79	296 385. 30	应付受托人报酬	27. 06	36. 31
交易性金融资产	43 976. 65	68 687. 57	应付托管费	8. 94	18. 72
买入返售金融资产	68 766. 64	94 156. 15	应付受益人收益	17 154. 07	8 382. 78
应收账款	2 552 605. 60	6 973 114. 56	应交税费	172. 24	3. 74
应收利息	—	—	其他应付款	90 111. 47	89 711. 21
拆出资金	—	—			
其他应收款	—	—	信托负债合计	107 473. 78	98 152. 76
贷款	2 525 026. 20	3 537 784. 80			

续表

资产	期末余额	期初余额	负债和所有者权益	期末余额	期初余额
持有至到期投资	1 503 305. 81	225 124. 76			
可供出售金融资产	1 518 038. 79	1 667 882. 72	信托权益：		
长期股权投资	1 653 328. 66	1 100 766. 45	实收信托	9 784 790. 38	13 833 939. 01
固定资产	—	—	资本公积		
在建工程	—	—	未分配利润	136 821. 64	77 518. 20
无形资产	—	—	信托权益合计	9 921 612. 02	13 911 457. 21
长期待摊费用	—	—			
其他资产	30 221. 66	45 707. 66			
资产总计	10 029 085. 80	14 009 609. 97	负债和所有者权益合计	10 029 085. 80	14 009 609. 97

5.2.2 信托项目利润及利润分配汇总表

信托项目利润及利润分配汇总表

编制单位：中国金谷国际信托有限责任公司　　2019 年度　　单位：万元

项目	本年金额	上年金额
一、营业收入	824 426. 38	571 297. 72
利息收入	629 035. 66	694 780. 31
投资收益	196 703. 60	-286 073. 26
公允价值变动损益	-1 312. 88	-62 877. 93
租赁收入	—	—
其他业务收入	—	225 468. 60
二、支出	110 260. 95	111 902. 50
（一）税金及附加	2 841. 92	14 487. 01
（二）受托人报酬	24 693. 09	37 712. 06
（三）保管费	6 348. 77	8 171. 17
（四）资产减值损失	—	—
（五）其他费用	76 377. 17	51 532. 26
三、信托净利润（净亏损以“-”号填列）	714 165. 43	459 395. 22
四、其他综合收益	—	—
五、综合收益	714 165. 43	459 395. 22
六、加：期初未分配信托利润	77 518. 20	209 517. 15
七、可供分配的信托利润	791 683. 63	668 912. 37
八、减：本期已分配信托利润	654 861. 99	591 394. 17
九、期末未分配信托利润	136 821. 64	77 518. 20

6. 会计报表附注

6.1 会计报表编制基准不符合会计核算基本前提的说明

本公司无上述情况。

6.2 重要会计政策和会计估计说明

6.2.1 计提资产减值准备的范围和方法

计提资产减值准备的范围包括金融资产、长期股权投资、固定资产、无形资产。

计提资产减值准备的方法：金融资产，公司在资产负债表日对除了以公允价值计量且其变动计入当期损益的金融资产外的其他金融资产，以预期信用损失为基础进行减值处理并确认损失准备。非金融资产，公司在资产负债表日检查长期股权投资、固定资产、使用寿命确定的无形资产是否存在可能发生减值的迹象。如果该等资产存在减值迹象，则估计其可收回金额。估计资产的可收回金额以单项资产为基础，如果难以对单项资产的可收回金额进行估计的，则以该资产所属的资产组为基础确定资产组的可收回金额。可收回金额为资产或者资产组的公允价值减去处置费用后的净额与其预计未来现金流量的现值两者之中的较高者。如果资产的可收回金额低于其账面价值，按其差额计提资产减值准备，并计入当期损益。非金融资产减值损失一经确认，在以后会计期间不予转回。

6.2.2 金融资产分类的范围和标准

金融资产于初始确认时根据本公司管理金融资产的业务模式和金融资产的合同现金流量特征分类为以公允价值计量且其变动计入当期损益的金融资产、以摊余成本计量的金融资产、以公允价值计量且其变动计入其他综合收益的金融资产。金融资产在初始确认时以公允价值计量。对于以公允价值计量且其变动计入当期损益的金融资产，相关交易费用直接计入当期损益，其他类别的金融资产相关交易费用计入其初始确认金额。

6.2.2.1 公允价值的确定方法

公允价值是市场参与者在计量日发生的有序交易中，出售资产所能收到或者转移一项负债所需支付的价格。无论公允价值是可观察到的还是采用估值技术估计的，在财务报表中计量和/或披露的公允价值均在此基础上予以确定。

6.2.2.2 金融资产的转移

本公司已将金融资产所有权上几乎所有的风险和报酬转移给转入方的，终止确认该金融资产；保留了金融资产所有权上几乎所有的风险和报酬的，不终止确认该金融资产。

本公司既没有转移也没有保留金融资产所有权上几乎所有的风险和报酬的，分别下列情况处理：放弃了对该金融资产控制的，终止确认该金融资产并确认产生的资产和负债；未放弃对该金融资产控制的，按照其继续涉入所转移金融资产的程度确认有关金融资产，并相应确认有关负债。

通过对所转移金融资产提供财务担保方式继续涉入的，按照金融资产的账面价值和财务担保金额两者之中的较低者，确认继续涉入形成的资产。财务担保金额，是指所收到的对价中，将被要求偿还的最高金额。

6.2.3 以摊余成本计量的金融资产核算方法

公司管理该金融资产的业务模式是以收取合同现金流量为目标；该金融资产的合同条款规定，在特定日期产生的现金流量仅为对本金和以未偿付本金金额为基础的利息的支付。此类金融资产以摊余成本进行后续计量，采用实际利率法确认利息收入，其终止确认、修改或减值产生的利得或损失，均计入当期损益。

6.2.4 以公允价值计量且其变动计入其他综合收益的金融资产核算方法

分类为以公允价值计量且其变动计入其他综合收益的金融资产为本公司管理该金融资产的业务模式是既以收取合同现金流量为目标又以出售金融资产为目标；该金融资产的合同条款规定，在特定日期产生的现金流量仅为对本金和以未偿付本金金额为基础的利息的支付。此类金融资产后续以公允价值计量，采用实际利率法确认利息收入。除利息收入、减值损失及汇兑差额确认为当期损益外，其余公允价值变动计入其他综合收益。当金融资产终止确认时，之前计入其他综合收益的累计利得或损失从其他综合收益转出，计入当期损益。

6.2.5 以公允价值计量且其变动计入当期损益的金融资产核算方法

上述以摊余成本计量的金融资产及以公允价值计量且其变动计入其他综合收益的金融资产之外的金融资产，分类为以公允价值计量且其变动计入当期损益的金融资产。对于此类金融资产，采用公允价值进行后续计量，所有公允价值变动计入当期损益。

6.2.6 长期股权投资核算方法

6.2.6.1 长期股权投资的初始计量

长期股权投资在取得时按初始投资成本计量。初始投资成本一般为取得该项投资而付出的资产、发生或承担的负债以及发行的权益性证券的公允价值，并包括直接相关费用。但同一控制下的企业合并形成的长期股权投资，其初始投资成本为合并日取得的被合并方所有者权益在最终控制方合并财务报表中的账面价值的份额。

6.2.6.2 长期股权投资的后续计量

对被投资单位实施控制的长期股权投资采用成本法核算；对联营企业和合营企业的长期股权投资采用权益法核算。长期股权投资采用权益法核算时，对长期股权投资初始投资成本大于投资时应享有被投资单位可辨认净资产公允价值份额的，不调整长期股权投资的初始投资成本；对长期股权投资初始投资成本小于投资时应享有被投资单位可辨认净资产公允价值份额的，其差额计入当期损益，同时调整长期股权投资的成本。投资方在确认应享有被投资单位净损益的份额时，应当以取得投资时被投资单位可辨认净资产的公允价值为基础，对被投资单位的净利润进行调整后确认。

6.2.7 固定资产计价和折旧方法

固定资产是指为生产商品、提供劳务、出租或经营管理而持有的，使用寿命超过1个会计年度的有形资产。固定资产仅在与其有关的经济利益很可能流入本公司，且其成本能够可靠地计量时才予以确认。固定资产按成本进行初始计量。固定资产从达到预定可使用状态的次月起，采用年限平均法在使用寿命内计提折旧。各类固定资产的使用寿命、预计净残值和年折旧率如下：

资产类别	使用年限(年)	残值率(%)	年折旧率(%)
1. 房屋建筑物	20		5
2. 运输设备	6	3	16.17
3. 电子设备	3	3	32.33
4. 其他设备	5	3	19.40

预计净残值是指假定固定资产预计使用寿命已满并处于使用寿命终了时的预期状态，本公司目前从该项资产处置中获得的扣除预计处置费用后的金额。

当固定资产处于处置状态或预期通过使用或处置不能产生经济利益时，终止确认该固定资产。固定资产出售、转让、报废或毁损的处置收入扣除其账面价值和相关税费后的差额计入当期损益。

本公司至少于年度终了对固定资产的使用寿命、预计净残值和折旧方法进行复核，如发生改变则作为会计估计变更处理。

6.2.8 无形资产计价及摊销政策

无形资产按成本进行初始计量。使用寿命有限的无形资产自可供使用时起，对其原值减去预计净残值和已计提的减值准备累计金额在其预计使用寿命内采用直线法分期平均摊销。使用寿命不确定的无形资产不予摊销。

期末，对使用寿命有限的无形资产的使用寿命和摊销方法进行复核，必要时进行调整。

6.2.9 收入确认原则和方法

本公司在履行了合同中的履约义务，即在客户取得相关商品或服务控制权时确认收入。取得相关商品或服务的控制权，是指能够主导该商品的使用或该服务的提供并从中获得几乎全部的经济利益。

本公司与客户之间的提供服务合同通常包含受托管理信托的履约义务，由于本公司履约过程中所提供的服务具有不可替代用途，且本公司在整个合同期间内有权就累计至今已完成的履约部分收入款项，本公司将其作为在某一时段内履行的履约义务，按照履约进度确认收入，履约进度不能合理确定的除外。本公司按照直线法确定提供服务的履约进度。对于履约进度不能合理确定时，本公司已经发生的成本预计能够得到补偿的，按照已经发生的成本金额确认收入，直到履约进度能够合理确定为止。

6.2.10 所得税的会计处理方法

6.2.10.1 当期所得税

资产负债表日，对于当期和以前期间形成的当期所得税负债(或资产)，以按照税法规定计算的预期应交纳(或返还)的所得税金额计量。本公司适用的所得税税率为25%。

6.2.10.2 递延所得税资产及递延所得税负债

本公司根据资产与负债于资产负债表日的账面价值与其计税基础之间的差额，以及未作为资产和负债确认但按照税法规定可以确定其计税基础的项目的账面价值与计税基础之间的差额产生的暂时性差异，采用资产负债表债务法确认递延所得税资产及递延所得税负债。

资产负债表日，对于递延所得税资产和递延所得税负债，依据税法规定，按照预期收回该资产或清偿该负债期间的适用税率计量，并反映资产负债表日预期收回资产或清偿负债方式的所得税影响。

6.2.11 信托报酬的确认原则和方法

在收入确认原则基础上，信托业务手续费收入按照信托合同约定的方法确认。

6.2.12 长期待摊费用的摊销政策

长期待摊费用为已经发生但应由本期和以后各期负担的

分摊期限在 1 年以上的各项费用。长期待摊费用在预计受益期间分期平均摊销。

6.2.13 会计政策变更说明

2018 年财政部颁布了修订的《企业会计准则第 21 号——租赁》（以下简称新租赁准则），新租赁准则要求承租人对除短期租赁和低价值资产租赁以外的所有租赁确认使用权资产和租赁负债，并分别确认折旧和利息费用。本公司自 2019 年 1 月 1 日开始按照新修订的租赁准则进行会计处理。

6.3 或有事项说明

截至 2019 年 12 月 31 日，本公司共有 11 起作为被告方的未决诉讼。诉讼主要为本公司发行的信托产品发生本金或利息违约的诉讼案件。经向专业法律顾问咨询后，本公司管理层认为目前该等法律诉讼不会对本公司的财务状况或经营成果产生重大影响。

6.4 重要资产转让及其出售的说明

无。

6.5 会计报表中重要事项的明细资料

6.5.1 自营资产经营情况

6.5.1.1 信用风险资产五级分类情况

信用风险资产五级分类	正常类（万元）	关注类（万元）	次级类（万元）	可疑类（万元）	损失类（万元）	风险资产合计（万元）	不良资产合计（万元）	不良资产率（%）
期初数	158 494.13	30 611.67	2 666.76	4 333.14	376.21	196 481.91	7 376.11	3.75
期末数	112 896.06	13 800.00	1 966.76	—	376.21	129 039.03	2 342.97	1.82

6.5.1.2 资产减值准备情况

单位：万元

	期初数	本期计提	本期转回	本期核销	期末数
1. 贷款损失准备	972.45	768.49	1 011.48	—	729.46
2. 其他资产减值准备	109 339.75	42 691.06	12 930.93	72 209.75	66 890.13
（1）债权投资减值准备	104 630.54	42 691.06	12 382.02	68 425.66	66 513.92
（2）其他减值准备	4 709.21	—	548.91	3 784.09	376.21

6.5.1.3 固有业务股票投资、基金投资、债券投资、长期股权投资等投资业务情况

单位：万元

	自营股票	基金	债券	长期股权投资	其他投资	合计
期初数	—	—	—	—	253 786.52	253 786.52
期末数	—	—	—	—	368 303.93	368 303.93

6.5.1.4 长期股权投资情况

无。

6.5.1.5 自营贷款业务情况

企业名称	占贷款总额的比例（%）	还款情况
嘉兴志行投资管理有限公司	61.32	正常
湖北合能燃气有限公司	33.85	正常

续表

企业名称	占贷款总额的比例（%）	还款情况
安顺山城房地产开发有限公司	2.57	逾期
大连大嶝生态渔业有限公司	2.26	逾期

6.5.1.6 表外业务情况

无。

6.5.1.7 公司当年的收入结构

收入结构	金额（万元）	占比（%）
手续费及佣金收入	26 337.16	46.75
其中：信托手续费收入	24 635.89	43.73
投资银行业务收入	—	—
利息收入	7 391.55	13.12
其他业务收入	246.58	0.44
其中：计入信托业务收入部分	—	—
投资收益	6 900.94	12.25
其中：股权投资收益	—	—
证券投资收益	—	—
其他投资收益	6 900.94	12.25
公允价值变动收益	15 462.08	27.44
营业外收入	0.03	—
收入合计	56 338.34	100.00

6.5.2 信托资产管理情况

6.5.2.1 信托资产的期初数、期末数

单位：万元

信托资产	期初数	期末数
集合	3 709 891.24	2 914 626.30
单一	1 978 958.45	2 186 681.45
财产权	8 320 760.28	4 927 778.05
合计	14 009 609.97	10 029 085.80

6.5.2.1.1 主动管理型信托业务的信托资产期初数、期末数

单位：万元

主动管理型信托资产	期初数	期末数
证券投资类	159 898.93	159 891.33
股权投资类	1 219 865.88	1 344 218.21
融资类	850 203.27	1 230 198.22
事务管理类	1 229 242.18	1 704 640.38
合计	3 459 210.26	4 438 948.14

6.5.2.1.2 被动管理型信托业务的信托资产期初数、期末数

单位：万元

被动管理型信托资产	期初数	期末数
证券投资类	186 135.41	127 871.68
股权投资类	239 775.27	90 265.03
融资类	333 485.56	765 920.35
事务管理类	9 791 003.47	4 606 080.60
合计	10 550 399.71	5 590 137.66

6.5.2.2 本年度已清算结束的信托项目个数、实收信托合计金额、加权平均实际年化收益率

6.5.2.2.1 本年度已清算结束的集合类、单一类资金信托项目和财产管理类信托项目

已清算结束信托项目	项目个数(个)	实收信托合计金额(万元)	加权平均实际年化收益率(%)
集合类	30	2 211 023.50	5.92
单一类	17	1 237 067.00	6.25
财产管理类	10	4 863 650.94	5.37

6.5.2.2.2 本年度已清算结束的主动管理型信托项目

已清算结束信托项目	项目个数(个)	实收信托合计金额(万元)	加权平均实际年化收益率(%)
证券投资类			
股权投资类	11	450 580.00	5.68
融资类	15	573 327.50	6.92
事务管理类	7	1 824 778.78	3.18

6.5.2.2.3 本年度已清算结束的被动管理型信托项目

已清算结束信托项目	项目个数(个)	实收信托合计金额(万元)	加权平均实际年化收益率(%)
证券投资类	4	160 000.00	0.00
股权投资类	1	150 000.00	5.04
融资类	3	224 746.00	6.75
事务管理类	16	4 928 309.16	6.56

6.5.2.3 本年度新增的集合类、单一类资金信托项目和财产管理类信托项目

新增信托项目	项目个数		实收信托合计金额(万元)
	新增	追加发行	
集合类	31	2	1 757 256.09
单一类	9	1	1 004 234.90
财产管理类	16	0	3 290 101.32
新增合计	56	3	6 051 592.31
其中:主动管理型	35	2	3 045 811.38
被动管理型	21	1	3 005 780.93

6.5.2.4 信托业务创新成果和特色业务有关情况

2019年,公司秉承"稳健经营、稳步发展"的经营基调,坚持"高质量、专业化"的发展方向,在传统业务稳步发展的基础上积极推动业务转型创新,持续发挥信托制度优势,优化金融资源配置,盘活存量资金,助力脱贫攻坚,有序推进资产证券化、慈善信托等特色创新业务的健康发展。截至2019年末,公司资产证券化业务累计发行规模超过1 900亿元。年内成功设立2019年度全国首单绿色资产支持票据,项目将符合国家产业政策要求的"节能类"和"清洁能源类"绿色项目作为基础资产,帮助电力集团下属企业盘活资产,是公司发展绿色金融的积极实践;公司以物业费收益权为基础资产的资产支持票据项目荣获了2019中国房地产证券化"年度杰出物业费及运营收益权ABS/ABN前沿奖"。2019年新设"信达大爱"慈善信托2只,"信达大爱"自2017年设立以来,不断发挥信托助力慈善扶贫的作用,累计拨付善款1 291万元,惠及全国十余个贫困区县的2 000余人,成为信达集团及金谷信托承担社会责任、扶贫济困的有效渠道。

6.5.2.5 披露信托财产的损失情况

无。

6.5.2.6 本公司履行受托人义务情况及因公司自身责任而导致的信托资产损失情况

本公司勤勉尽责履行受托人义务,未发生因公司自身责任而导致的信托资产损失情况。

6.5.2.7 信托赔偿准备金的提取、使用和管理情况

公司按2019年净利润的5%提取信托赔偿准备金262.56万元。2019年公司未使用信托赔偿准备金。

6.6 关联方关系及其交易的披露

6.6.1 关联交易方的数量、关联交易的总金额及关联交易的定价政策等

	关联交易方数量	关联交易金额(万元)	定价政策
合计	3	833 470.72	按照市场公允价格定价

6.6.2 关联交易方与本公司的关系性质、关联交易方的名称、法定代表人、注册地址、注册资本及主营业务等

关系性质	关联方名称	法定代表人	注册地址	注册资本(亿元)	主营业务
母公司	中国信达资产管理股份有限公司	张子艾	北京市西城区闹市口大街9号院1号楼	381.6454	收购、受托经营金融机构和非金融机构不良资产,对不良资产进行管理、投资和处置;债权转股权,对股权资产进行管理、投资和处置;破产管理;对外投资;买卖有价证券;发行金融债券、同业拆借和向其他金融机构进行商业融资;经批准的资产证券化业务、金融机构托管和关闭清算业务;财务、投资、法律及风险管理咨询和顾问;资产及项目评估;国务院银行业监督管理机构批准的其他业务(依法须经批准的项目,经相关部门批准后方可开展经营活动)。
联营企业	国任财产保险股份有限公司	房永斌	深圳市罗湖区笋岗街道梨园路8号笋岗3号仓库整栋(HALO广场)7层708-709单元	30	财产损失保险;责任保险;信用保险和保证保险;短期健康保险和意外伤害保险;上述业务的再保险业务;国家法律、法规允许的保险资金运用业务;经中国保监会批准的其他业务。
同一母公司	南洋商业银行(中国)有限公司	陈孝周	中国(上海)自由贸易试验区世纪大道800号三层、六层至九层	95	经营对各类客户的外汇业务和人民币业务:吸收公众存款;发放贷款;办理票据承兑与贴现;买卖政府债券、金融债券;买卖股票以外的其他外币有价证券;提供信用证服务及担保;办理国内外结算;买卖、代理买卖外汇;代理保险;从事同业拆借;从事银行卡业务;提供保险箱业务;提供资信调查和咨询服务。

6.6.3　公司与关联方的重大交易事项

6.6.3.1　固有财产与关联方交易情况

单位：万元

	期初数	借方发生额	贷方发生额	期末数
贷　款	—	—	—	—
投　资	—	—	—	—
租　赁	—	—	—	—
担　保	—	—	—	—
应收账款	—	—	—	—
其　他	52 465.20	349.12	32 784.54	20 029.78
合 计	52 465.20	349.12	32 784.54	20 029.78

6.6.3.2　信托资产与关联方交易情况

单位：万元

	期初数	借方发生额	贷方发生额	期末数
贷　款	—	—	—	—
投　资	—	—	—	—
租　赁	—	—	—	—
担　保	—	—	—	—
应收账款	—	—	—	—
其　他	301 401.76	644 607.78	132 568.60	813 440.94
合　计	301 401.76	644 607.78	132 568.60	813 440.94

6.6.3.3　信托公司自有资金运用于自己管理的信托项目（固信交易）、信托公司管理的信托项目之间的相互交易（信信交易）金额，包括余额和本报告年度的发生额

6.6.3.3.1　固有与信托财产之间的交易金额

无。

6.6.3.3.2　信托财产与信托财产之间的交易金额

无。

6.6.4　关联方逾期未偿还本公司资金的详细情况以及本公司为关联方担保发生或即将发生垫款的情况

无。

7. 财务情况说明书

7.1　利润实现和分配情况

2019年度公司实现净利润为5 251.13万元，根据《公司章程》《信托公司管理办法》《金融企业准备金计提管理办法》规定，公司对本年实现的净利润5 251.13万元进行分配，其中按照净利润的10%提取法定盈余公积金525.11万元，按照净利润的5%提取信托赔偿准备金262.56万元，按照风险资产期末余额的1.5%计提一般风险准备金1 898.62万元。

2019年4月25日经本公司股东会审议通过2018年度利润分配方案，决定按持股比例向股东进行分红2 191.05万元。截至2019年末，已向中国信达资产管理股份有限公司分红2 022.12万元，向中国妇女活动中心分红136.94万元，应向中国海外工程有限责任公司分红31.99万元，根据其要求暂未支付。

7.2　主要财务指标

指标名称	指标值
资本利润率（%）	1.3
信托报酬率（%）	0.24
人均净利润（万元）	34.32

注：1. 资本利润率＝净利润/所有者权益平均余额×100%。

2. 信托报酬率＝信托业务收入/实收信托平均余额×100%。

3. 实收信托平均余额是指年初及各季末实收信托余额的移动算数平均数，公式为 a（平均）＝（$a0/2+a1+a2+a3+a4/2$）/4。

4. 人均利润＝净利润/平均职工人数。

7.3　公司净资本监管指标

公司制定了《净资本管理实施细则》，明确了净资本管理的职责分工，强调了净资本管理的基本原则，规范了数据报送和披露路径。截至2019年末，净资本为31.15亿元，净资本与各项业务风险资本之和比例为218.38%，净资本与净资产比例为77.04%，净资本各项指标均符合监管要求。公司净资本逐年增加，风险承受能力不断提高。

指标名称	指标值	监管标准
净资本（亿元）	31.15	≥2
各项业务风险资本之和（亿元）	14.27 亿元	
净资本/各项业务风险资本之和（%）	218.38	≥100
净资本/净资产（%）	77.04	≥40

7.4　本年度对本公司财务状况、经营成果有重大影响的其他事项

无。

8. 特别事项揭示

8.1　前五名股东发生变动情况及原因

报告期内，本公司未发生股东变动的情况。

8.2　董事、监事及高级管理人员变动情况及原因

8.2.1　董事变动情况及原因

金谷信托第七届董事会任期届满，根据《公司法》和《公司章程》的有关规定，经股东会2019年第二次会议审议，进行了董事会的换届选举。选举后，第八届董事会成员有：彭新、刘学敬、沈洪溥、陈义斌、李玉萍、夏执东、郭光、武泽平（2020年4月2日，金谷信托收到《北京银保监局关于中国金谷国际信托有限责任公司武泽平任职资格的批复》（京银保监复［2020］157号））。

8.2.2　监事变动情况及原因

金谷信托第七届监事会任期届满，根据《公司法》和《公司章程》的有关规定，经股东会2019年第二次会议审议，进行了监事会的换届选举。选举后，第八届监事会成员有张小琦、杨

莉、张林山、张红雨。2019 年 12 月 13 日,公司工会明确王娜女士为公司第八届监事会职工监事。

8.2.3　高级管理人员变动情况及原因

因工作调动,经第八届董事会第一次会议审议,周思良不再担任金谷信托总经理职务;武泽平代理总经理职务。

8.3　变更注册资本、变更注册地或公司名称、公司分立合并事项

报告期内,本公司未发生变更注册资本、变更注册地、公司名称、公司分立合并的事项。

8.4　公司的重大诉讼事项

8.4.1　新增重大未决诉讼事项

2019 年度,公司新增重大诉讼事项 2 起。

晋城银行股份有限公司作为"金谷·山路能源单一指定用途资金信托"的委托人起诉金谷信托,要求履行信托合同并返还信托资金本金和支付信托收益;山西高院对本案作出判决后,最高人民法院于 2019 年 1 月裁定撤销了该判决,并发回山西高院重审。山西高院于 2019 年 9 月作出重审判决后,金谷信托已于 2019 年 10 月向最高人民法院提起上诉,目前该上诉案件尚未开庭审理。

因中信国安投资有限公司未按约偿还贷款本金及利息等款项,公司于 2019 年 4 月 10 日在北京市高级人民法院立案起诉,目前本案尚未出具一审判决。

8.4.2　以前年度发生,于本报告年度内终结的诉讼事项

2016 年 1 月公司原两位员工因劳动合同争议起诉公司,2018 年 9 月北京市第二中级人民法院作出二审判决,对其中一员工的诉讼请求全部驳回,对另一员工的诉讼请求部分驳回。2019 年 6 月和 11 月,北京市高级人民法院分别作出驳回两位员工的再审申请裁定。

公司作为"金谷·广西利海股权财产事务管理类信托"受托人,委托人冯隆陆于 2018 年 2 月起诉公司。北京市西城区人民法院已于 2018 年 10 月一审判决公司胜诉。北京市第二中级人民法院于 2019 年 2 月 27 日判决驳回冯隆陆的上诉请求,维持原判。

8.4.3　本报告年度发生,于本报告年度内终结的诉讼事项

无。

8.5　公司及高级管理人员受到处罚的情况

8.5.1　公司受到处罚的情况

无。

8.5.2　公司高级管理人员受到处罚的情况

无。

8.6　中国银保监会及其派出机构现场检查情况

无。

8.7　本年度重大事项临时报告的简要内容、披露时间、所披露的媒体及其版面

披露内容:经公司 2019 年 8 月 8 日第八届董事会第一次会议审议通过,因工作调动,周思良先生不再担任中国金谷国际信托有限责任公司总经理职务,公司副总经理武泽平先生代理总经理职务。此变动不会对公司正常经营造成影响。

披露时间:2019 年 8 月 10 日

披露媒体及版面:《金融时报》第七版

8.8　中国银保监会及其省级派出机构认定的其他有必要让客户及相关利益人了解的重要信息

无。

9. 公司监事会意见

按照中国银监会《信托投资公司信息披露管理暂行办法》的规定,监事会应对本公司依法运作情况、财务报告是否真实反映公司的财务状况和经营成果等发表独立意见,并在年度报告摘要中予以披露。根据监事会了解的情况,现出具如下意见:报告期内,公司高级管理层能认真执行股东会、董事会决议,内部管理得到进一步加强,日常经营过程中,能坚持依法合规经营,符合《公司章程》的有关规定,未发现公司董事、高级管理人员在履行职务时有违反法律、法规和损害公司利益的行为。2019 年度公司财务报告已经安永华明会计师事务所审计并出具无保留意见,并真实地反映了公司财务状况和经营成果。

中国民生信托有限公司

1. 重要提示

1.1　本公司董事会及董事保证本报告所载资料不存在任何虚假记载、误导性陈述或者重大遗漏，并对其内容的真实性、准确性和完整性承担个别及连带责任。

1.2　公司独立董事刘纪鹏先生、严法善先生、张金清先生、王建新先生声明：保证本年度报告内容的真实性、准确性和完整性。

1.3　公司董事长张博先生、总裁田吉申先生、首席财务总监赵东先生声明：保证本年度报告中财务报告的真实、完整。

2. 公司概况

2.1　公司简介

2.1.1　公司的法定名称

中文：中国民生信托有限公司（简称：中国民生信托）

英文：China MinSheng Trust Co.，Ltd.（缩写：CMT）

2.1.2　公司法定代表人：张博

2.1.3　公司注册地址：北京市东城区建国门内大街28号民生金融中心C座19层

邮政编码：100005

公司网址：www.msxt.com

公司电子信箱：minshengtrust@msxt.com

2.1.4　公司负责信息披露事务的高级管理人员：裘骆红

公司信息披露事务联系人：吴斌

办公电话：8610-85259066

办公传真：8610-85259080

电子信箱：dshbgs@msxt.com

2.1.5　公司选定的信息披露报纸：《证券时报》《上海证券报》

2.1.6　公司年度报告备置地点：公司董事会办公室

2.1.7　公司聘请的会计师事务所：中兴华会计师事务所（特殊普通合伙）

住所：北京市西城区阜外大街1号东塔楼15层

2.2　组织结构

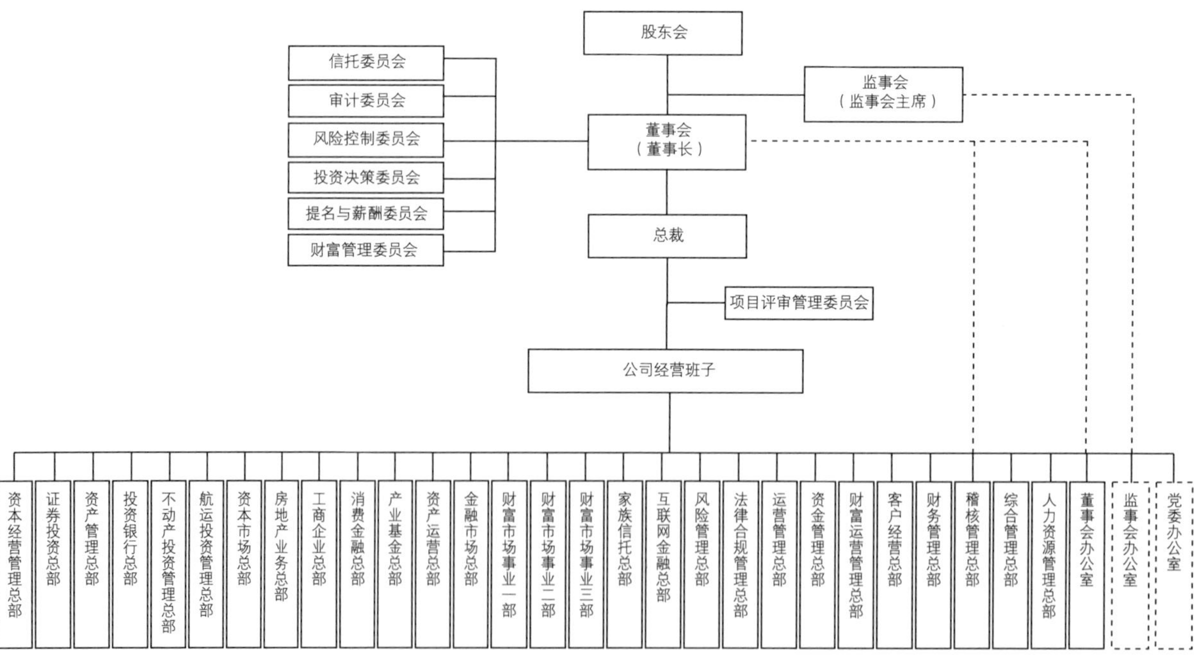

3. 公司治理

3.1 公司股东

3.1.1 持有公司10%以上(含10%)出资比例的股东

截至2019年12月31日,公司共有5家股东。以下是持有本公司10%以上(含10%)出资比例的股东情况:

股东名称	持股比例(%)	法定代表人	注册资本(万元)	注册地址	主要经营业务
武汉中央商务区股份有限公司★	82.7071	卢志强	3 748 527.36	武汉市江汉区云彩路198号泛海城市广场12层	房地产开发、商品房销售;对科技、文化、教育、金融等产业项目投资;装饰工程、装修工程;建筑及装饰材料销售;基础设施建设;设计、制作、代理、发布国内各类广告;货物进出口、技术进出口、代理进出口业务(国家限制或禁止进出口的货物和技术除外)商业房屋租赁;停车场服务。(依法须经审批的项目,经相关部门审批后方可开展经营活动)。 财务状况:截至2019年12月31日,总资产为11 721 349.44万元,净资产为5 412 949.69万元,净利润为323 513.60万元(未经审计)。
浙江泛海建设投资有限公司	10.7143	李　强	180 000	杭州市江干区五星路185号泛海国际中心6幢1单元401室	房地产及基础设施投资、开发、经营,新技术、新产品的投资,酒店管理,物业管理,通信设备、办公自动化设备、建筑装饰材料的销售,经济信息咨询服务。 财务状况:截至2019年12月31日,总资产为516 772.37万元,净资产为234 595.82万元,净利润为14 644.87万元(未经审计)。

注:1. ★为本公司控股股东。

2. 上述股东之间,武汉中央商务区股份有限公司与浙江泛海建设投资有限公司存在关联关系。

3.1.2 公司前三位股东的主要股东情况

3.1.2.1 武汉中央商务区股份有限公司主要股东情况

股东名称	出资比例(%)	法定代表人	注册地址	主要经营业务
泛海控股股份有限公司	92.30	卢志强	北京市东城区建国门内大街28号民生金融中心C座22层	投资及投资管理;资产管理;经营房地产业务及物业管理;自有物业租赁;企业管理咨询;销售建筑材料、装饰材料、机械设备(企业依法自主选择经营项目,开展经营活动;依法须经批准的项目,经相关部门批准后依批准的内容开展经营活动;不得从事本市产业政策禁止和限制类项目的经营活动)。 财务状况:截至2019年12月31日,总资产为17 787 227.25万元,净资产为2 147 335.90万元,净利润为109 484.95万元(未经审计)。

3.1.2.2 浙江泛海建设投资有限公司主要股东情况

股东名称	出资比例(%)	法定代表人	注册地址	主要经营业务
武汉中央商务区股份有限公司	100	卢志强	武汉市江汉区云彩路198号泛海城市广场12层	房地产开发、商品房销售;对科技、文化、教育、金融等产业项目投资;装饰工程、装修工程;建筑及装饰材料销售;基础设施建设;设计、制作、代理、发布国内各类广告;货物进出口、技术进出口、代理进出口业务(国家限制或禁止进出口的货物和技术除外);商业房屋租赁;停车场服务(依法须经审批的项目,经相关部门审批后方可开展经营活动)。 财务状况:截至2019年12月31日,总资产为11 721 349.44万元,净资产为5 412 949.69万元,净利润为323 513.60万元(未经审计)。

3.1.2.3 北京首都旅游集团有限责任公司主要股东情况

股东名称	出资比例(%)	法定代表人	注册地址	主要经营业务
北京市人民政府	100	——	——	——

注:统计截止日期为2019年12月31日。

3.2 公司董事

姓名	职务	性别	年龄(岁)	选任日期	所推举的股东名称	该股东持股比例(%)	简要履历
张　博	董事长	男	46	2019年10月18日	武汉中央商务区股份有限公司	82.7071	工商管理硕士,西方经济学在读博士;现任泛海控股股份有限公司董事,武汉中央商务区股份有限公司董事,民生证券股份有限公司董事,亚太财产保险有限公司董事,中国通海国际金融有限公司董事会副主席、执行董事、执行委员会主席,中国民生银行股份有限公司监事,中国民生信托有限公司董事长。

续表

姓名	职务	性别	年龄（岁）	选任日期	所推举的股东名称	该股东持股比例（%）	简要履历
张喜芳	副董事长	男	47	2019年10月18日	武汉中央商务区股份有限公司	82.7071	工商管理硕士，高级经济师；现任中国泛海控股集团有限公司执行董事、执行副总裁，泛海控股股份有限公司董事，武汉中央商务区股份有限公司执行董事，泛海投资集团有限公司董事长，民生证券股份有限公司董事，中泛控股有限公司执行董事，中国通海国际金融有限公司执行董事，中国民生信托有限公司副董事长。
赵英伟	副董事长	男	48	2019年10月18日	武汉中央商务区股份有限公司	82.7071	工程硕士，高级会计师；现任中国泛海控股集团有限公司执行董事、执行副总裁、财务总监，泛海控股股份有限公司监事会副主席，武汉中央商务区股份有限公司副董事长，民生控股股份有限公司监事会主席，泛海股权投资管理有限公司监事，中泛控股有限公司非执行董事，中国民生信托有限公司副董事长。
马骅	董事	男	50	2019年8月26日	武汉中央商务区股份有限公司	82.7071	金融学专业研究生；现任中国泛海控股集团有限公司董事、副总裁，民生财富投资管理有限公司董事长兼总裁，泛海投资基金管理有限公司董事长，民信资本投资管理有限公司总裁；泛海投资集团有限公司总裁，中国民生信托有限公司董事。
舒高勇	董事	男	45	2019年8月26日	武汉中央商务区股份有限公司	82.7071	经济学博士（金融学专业），注册会计师；现任泛海控股股份有限公司董事、副总裁兼董事会秘书，泛海股权投资管理有限公司董事，中国民生信托有限公司董事。
田吉申	董事	男	40	2019年8月26日	武汉中央商务区股份有限公司	82.7071	理学硕士（金融学专业）；现任中国民生信托有限公司董事、总裁。
陈基建	董事	男	57	2019年8月26日	武汉中央商务区股份有限公司	82.7071	工商管理（金融）硕士；现任民生证券股份有限公司董事，中国民生信托有限公司董事。
李源光	董事	男	50	2019年8月26日	北京首都旅游集团有限责任公司	6.4500	经济学硕士；现任北京首都旅游集团有限责任公司运营总监，中国民生信托有限公司董事。
刘纪鹏	独立董事	男	63	2019年8月26日	武汉中央商务区股份有限公司	82.7071	经济学硕士、高级研究员、高级经济师、注册会计师；现任中国政法大学商学院院长，资本金融研究院院长、二级教授、博士生导师，国务院国资委法律顾问，中国企业改革与发展研究会副会长，中国上市公司协会独立董事委员会副主任，中泛控股有限公司独立非执行董事，中国通海国际金融有限公司独立非执行董事，中国民生银行股份有限公司独立董事，中国民生信托有限公司独立董事等。
严法善	独立董事	男	68	2019年8月26日	武汉中央商务区股份有限公司	82.7071	经济学博士；现任复旦大学经济学院教授、博士生导师，中国资本论研究会副秘书长，全国综合大学资本论研究会副会长兼秘书长，上海经济学会副秘书长，上海资本论研究专业委员会主任，中泛控股有限公司独立非执行董事，中国民生信托有限公司独立董事等。
张金清	独立董事	男	54	2019年8月26日	武汉中央商务区股份有限公司	82.7071	理学博士、国家社科基金重大项目首席专家；现任复旦大学经济学院副院长、教授、博士生导师，金融研究院执行院长，教育部金融创新研究生开放实验室主任，复旦大学应用经济学博士后流动站站长、经济学院学位委员会副主席、经济学院教学指导委员会主席，全国金融专业学位研究生教育指导委员会委员，上海市金融专业学位研究生教育指导委员会常务副主任委员，中国民生信托有限公司独立董事等。
王建新	独立董事	男	46	2019年8月26日	武汉中央商务区股份有限公司	82.7071	管理学博士，首批全国会计领军人才和学科带头人，"百千万人才工程"国家级人选；现任中国财政科学研究院研究员、博士生导师，中国民生信托有限公司独立董事等。

注：统计截止日期为2019年12月31日。

3.3 董事会下属专门委员会

董事会下属专门委员会名称	职责	组成人员姓名	职务
信托委员会	（1）组织制定公司信托业务发展专项规划； （2）重大信托项目的审核与批准； （3）对公司信托业务运行情况进行定期评估； （4）针对中国银保监会及其派出机构检查公司信托业务后要求董事会组织整改的问题，研究提出具体措施； （5）指导信托业务部门开展信托业务创新； （6）当公司或股东利益与受益人利益发生冲突时，研究提出维护受益人权益的具体措施； （7）研究公司信托业务部门设置方案； （8）指导对信托从业人员的培训等； （9）审查公司是否侵占受益人利益，获取不当信托报酬行为； （10）关注信托业务的信息披露情况； （11）董事会授予的其他职责。	张金清	主任委员
		严法善	副主任委员
		舒高勇	委员
		田吉申	委员
		李源光	委员

续表

董事会下属专门委员会名称	职责	组成人员姓名	职务
风险控制委员会	(1)向董事会提交公司全面风险管理年度报告； (2)确定公司风险管理的总体目标、风险偏好、风险承受度、风险管理策略和重大风险管理解决方案； (3)对公司信托业务和自营业务的风险控制及管理情况进行监督； (4)对公司自有财产和信托财产的风险状况进行定期评估； (5)对公司关联交易业务风险进行评估，对重大关联交易事项进行审查并提交董事会审议； (6)提出完善公司风险管理和内部控制的建议； (7)审议公司风险管理组织机构设置及其职责； (8)为董事会督导公司风险管理文化建设提供建议； (9)董事会授予的其他职责。	刘纪鹏	主任委员
		赵英伟	副主任委员
		张喜芳	委员
		陈基建	委员
		王建新	委员
投资决策委员会	(1)对《公司章程》规定须经董事会批准的重大投资融资、资金运用和资产处置等方案进行研究并提出建议； (2)对《公司章程》规定须经董事会批准的固有资产投资、重大资本运作、资产经营项目和合作开发等项目进行研究并提出建议； (3)对其他影响公司发展的重大事项进行研究并提出建议； (4)对以上事项的实施进行检查，并对公司资金使用的调度、贷款担保、对外投资、设立全资或合资公司(包括但不限于控股子公司、重大控股子公司以及重大子公司)、产权转让、资产重组等重大决策活动进行研究并提出建议； (5)研究、建议公司的长期发展战略规划； (6)董事会授权的其他职权； (7)针对上述(1)至(6)项的工作成果，形成书面意见或解决方案并报请董事会审批通过；若《公司章程》规定需要股东会审议批准的，则报股东会审议批准。	张博	主任委员
		张金清	副主任委员
		张喜芳	委员
		田吉申	委员
		马骅	委员
提名与薪酬委员会	(1)研究董事、监事、总裁和其他高级管理人员的薪酬标准，根据董事、监事、总裁和其他高级管理人员的职责与重要性，参考同业相关岗位的薪酬水平，制定薪酬计划或方案并监督薪酬计划或方案的实施； (2)拟定考核标准，审查董事、总裁和其他高级管理人员履行职责情况并对其进行年度绩效考评，提交考核评价意见； (3)负责对公司薪酬制度执行情况进行监督； (4)研究董事、经理层人员的选择标准和程序，并向董事会提出建议； (5)广泛搜寻合格的董事和经理层人员的人选； (6)对董事、经理层人员人选进行审查并提出建议； (7)董事会授权的其他职权。	严法善	主任委员
		张博	副主任委员
		张喜芳	委员
		舒高勇	委员
		李源光	委员
审计委员会	(1)对公司信息披露的真实、准确、完整和合规性等进行监督； (2)监督公司内部审计制度及其实施， (3)负责内部审计与外部审计之间的沟通； (4)审核公司的财务信息及其披露； (5)提议聘请或更换外部审计机构； (6)董事会授予的其他职责。	王建新	主任委员
		赵英伟	副主任委员
		马骅	委员
		刘纪鹏	委员
		李源光	委员
财富管理委员会	(1)组织制定公司财富业务发展战略及中长期发展规划，并提交董事会审批； (2)就建立和完善公司财富业务管理制度流程提出建议，在授权范围内对相关制度进行审批； (3)定期对财富管理业务运行情况进行评估，提出调整建议并提交董事会审批； (4)针对外部监管机构和内外部审计机构对财富业务条线提出的需董事会层面组织整改的问题研究提出具体措施； (5)研究制定公司财富业务部门的设置方案及发展规划，并提交董事会审批； (6)指导财富业务部门开展业务创新； (7)就建立与完善财富业务条线考核激励机制提出建议； (8)董事会授予的其他职权。	马骅	主任委员
		田吉申	副主任委员
		张博	委员
		张喜芳	委员
		赵英伟	委员

注：统计截止日期为 2019 年 12 月 31 日。

3.4 监事

姓名	职务	性别	年龄(岁)	选任日期	所推举的股东名称	该股东持股比例(%)	简要履历
宋宏谋	监事会主席	男	48	2019 年 8 月 26 日	武汉中央商务区股份有限公司	82.7071	管理学博士；现任泛海控股股份有限公司副董事长、总裁，武汉中央商务区股份有限公司副董事长，中国民生信托有限公司监事会主席。

续表

姓名	职务	性别	年龄（岁）	选任日期	所推举的股东名称	该股东持股比例（%）	简要履历
程果琦	监事会副主席	男	44	2019年8月26日	武汉中央商务区股份有限公司	82.7071	经济学硕士（金融学专业），高级经济师职称；现任泛海控股股份有限公司风控法务总监兼审计监察总监，武汉中央商务区股份有限公司董事，中国民生信托有限公司监事会副主席。
刘国升	监事	男	50	2019年8月26日	武汉中央商务区股份有限公司	82.7071	经济学硕士，高级会计师；现任泛海控股股份有限公司财务总监，武汉中央商务区股份有限公司董事，中泛控股有限公司执行董事，中国民生信托有限公司监事。
冯壮勇	监事	男	51	2019年8月26日	武汉中央商务区股份有限公司	82.7071	法学硕士；现任中国泛海控股集团有限公司风控法务总监，泛海控股股份有限公司监事，中国民生信托有限公司监事。
赵岩	监事	男	47	2019年8月26日	武汉中央商务区股份有限公司	82.7071	经济学博士，注册税务师；现任中国泛海控股集团有限公司审计监察总监，中国民生信托有限公司监事。
张冬梅	监事	女	49	2019年8月26日	北京首都旅游集团有限责任公司	6.4500	经济学学士，高级会计师职称；现任北京首都旅游集团有限责任公司财务总监兼预算与财务管理中心总经理，中国民生信托有限公司监事。
欧阳燕红	职工监事	女	46	2019年7月19日	—	—	理学硕士；现任中国民生信托有限公司风险管理总部副总裁、职工监事。
马世崧	职工监事	男	44	2019年7月19日	—	—	工商管理硕士，注册会计师、注册税务师、注册资产评估师；现任中国民生信托有限公司资产运营总部副总裁、职工监事。
李世朝	职工监事	男	36	2019年7月19日	—	—	工商管理硕士；现任中国民生信托有限公司法律合规管理总部副总裁、职工监事。

注：统计截止日期为2019年12月31日。

3.5 高级管理人员

姓名	职务	性别	年龄（岁）	选任日期	金融从业年限（年）	学历	专 业
田吉申	总裁	男	40	2019年10月18日	13	研究生学历，硕士学位	金融学专业
林德琼	首席稽核总监	男	56	2019年10月18日	15	博士研究生学历，博士学位	金融工程专业
赵东	首席财务总监	男	49	2019年10月18日	21	本科学历，硕士学位	会计硕士专业
裘骆红	首席法律合规总监	女	51	2019年10月18日	27	本科学历，学士学位	金融学专业
黄明芳	首席运营总监	女	47	2019年10月18日	21	本科学历，硕士学位	会计硕士专业
董军	副总裁	女	50	2019年10月18日	17	本科学历，硕士学位	经济学专业
石俊鹏	副总裁	男	43	2019年10月18日	17	研究生学历，硕士学位	金融与投资专业
罗苓宁	副总裁	女	39	2019年10月18日	15	研究生学历，硕士学位	国际经济法专业

注：统计截止日期为2019年12月31日。

3.6 公司员工

项目		报告期年度		上年度	
		人数（人）	比例（%）	人数（人）	比例（%）
年龄分布	20岁以下	—	—	—	—
	20~29岁	123	22	124	25
	30~39岁	368	67	315	65
	40岁以上	59	11	48	10
学历分布	博士研究生	9	2	10	2
	硕士研究生	272	49	253	52
	本科	253	46	194	40
	专科	14	2	13	3
	其他	2	1	17	3
岗位分布	高管人员	8	1	12	3
	固有业务人员	3	1	5	1
	信托业务人员	155	28	148	30
	其他人员	384	70	322	66
合计		550	—	487	—

注：统计截止日期为2019年12月31日。

4. 经营管理

4.1 经营目标、经营方针和战略规划

公司以保障委托人的合法权益为最高准则，秉承合规、稳健的经营思路，着力开发优质项目，追求风险可控的经济利益；公司以服务实体经济为目标，为优质企业和客户提供多样化的金融服务。

公司继续坚持“财富、投资、投行、资管、融资”五大市场定位，重点打造好“自主投资能力、资产管理能力、财富管理能力”三台公司发展的“发动机”，将公司打造成为具有差异化、专业化、盈利化特征的“投资银行管理型金融机构”。

4.2 所经营业务的主要内容

公司目前经营的业务品种主要包括信托业务和固有业务。

信托业务品种主要包括单一资金信托、集合资金信托、财产信托等。信托财产的运用方式主要有贷款和投资。

固有业务主要是自有资金的同业存款、发放贷款和投资信

托产品、资管计划等。

报告期内，公司业务保持平稳较快发展，截至 2019 年末，公司实际管理信托资产为 1 964.06 亿元，管理契约型私募基金资产为 92.84 亿元，公司固有资产总额达到 142.01 亿元。

报告期内，公司累计向信托受益人支付的投资收益总额达 147.61 亿元(含私募基金)。公司严格履行了受托人的尽职管理职责，实现了信托业务的主要预期目标，最大化地维护受益人利益。

4.2.1 信托业务

报告期内，公司上年存续信托项目 178 个，上年存续信托本金规模为 1 786.28 亿元，本年新增信托项目 171 个，新增信托本金规模为 2 432.56 亿元；清算信托项目 70 个，到期信托本金规模为 2 290.15 亿元。报告期末，存续信托项目 279 个，存续信托本金余额为 1 928.69 亿元，信托资产总额为1 964.06亿元。

公司信托资产运用与分布表如下：

信托资产运用与分布表

资产运用	金额(万元)	占比(%)	资产分布	金额(万元)	占比(%)
货币资产	251 992.10	1.28	基础产业	1 083 400.05	5.52
贷款	5 923 233.34	30.16	房地产	2 249 702.02	11.45
交易性金融资产	664 912.21	3.39	证券市场	1 182 789.04	6.02
可供出售金融资产	6 822 938.02	34.74	工商企业	7 895 652.06	40.20
长期股权投资	2 510 196.69	12.78	金融机构	6 577 530.79	33.49
其他	3 467 358.44	17.65	其他	651 556.84	3.32
信托资产总计	19 640 630.80	100.00	信托资产总计	19 640 630.80	100.00

4.2.2 私募基金业务

截至 2019 年末，公司存续基金项目 27 个，存续基金资产余额为 92.84 亿元。

4.2.3 固有业务

公司固有业务主要包括自有资金的同业存款、发放贷款和投资信托产品、资管计划等。报告期内，公司继续秉承谨慎稳健原则，在提高资金运用效率的同时，进一步强化业务风险防范与风险监控，确保公司资产的稳健增长。报告期末，公司固有资产运用与分布表如下：

固有资产运用与分布表

资产运用	金额(万元)	占比(%)	资产分布	金额(万元)	占比(%)
货币资产	164 796.35	11.60	基础产业	143 534.53	10.11
交易性金融资产	1 192 241.76	83.95	房地产业	0.00	0.00
可供出售金融资产	0.00	0.00	工商企业	961 734.58	67.72
贷款	10 577.07	0.74	金融机构	241 717.38	17.02
其他	52 531.34	3.70	其他	73 160.04	5.15
资产总计	1 420 146.52	100.00	资产总计	1 420 146.52	100.00

注：以上为母公司数据口径。

4.3 市场分析

2019 年总体来说，中国经济平稳发展，经济结构持续调整优化，经济增长仍保持一个较高水平。在金融领域方面，金融机构服务实体经济质效得到不断提升，金融供给侧改革持续推进，金融机构经营稳健性得到进一步加强。

4.3.1 影响行业发展的不利因素

宏观经济受外部因素的影响较大。2019 年，受中美贸易协议等因素影响，中国经济增长受到较大扰动，宏观经济体现出不稳定特征，部分行业受到影响，实体经济和企业经营出现一定波动。

金融风险事件发生影响行业稳定。2019 年，防范化解金融风险攻坚战取得关键进展。部分金融机构风险暴露及政府对其的治理处置举措，一定程度纾解了行业风险隐患，但是风险形势依然复杂，存在着诸多不确定性和不稳定性。

行业监管仍然维持较强态势。自 2018 年以来，监管机构已经连续两年对信托公司实施强势监管，旨在优化信托公司业务结构，增强信托公司服务实体经济的能力。

金融行业竞争加剧。“资管新规”对信托公司业务影响较大，部分信托业务面临模式重构挑战。此外，随着商业银行理财子公司业务的逐渐拓展，凭借其股东优势、客户优势及销售优势，势必对信托公司业务带来诸多竞争压力。

4.3.2 影响行业发展的有利因素

经济增长仍然维持在较高水平。虽受内外部不利因素影响，中国经济发展有一定波动，但总体而言，经济增长水平仍然较高。从世界范围内来看，中国产业内部分行业发展迅速，内需市场规模较大，中国整体经济竞争力仍然较强。

金融企业对实体经济的提升作用。中央积极引导金融支持实体经济发展，金融机构在业务结构上的调整，提升了金融服务实体经济质效，未来信托公司通过主动求变，将催生新的业务增长点。

金融风险的适度释放有益于行业稳健发展。2019 年，个别金融机构出现风险事件，整体金融行业对风险管理的把控提升到较高水平。信托行业在化解和处置金融风险过程中，提升了自身资产质量，实现了业务转型。

巨大的财富管理市场。中国已经成为全球最具活力的财富管理市场，高净值客户数量居全球各国前列，相应的财富管理需求必将催生出一批具有全球视野、高财富管理能力的金融公司。

4.4 内部控制

4.4.1 内部控制环境和内部控制文化

根据《信托公司治理指引》，公司已建立起包括股东会、董事会、监事会、经营层在内的“三会一层”治理结构。股东会下设董事会和监事会，董事会下设信托委员会、审计委员会、风险控制委员会、投资决策委员会、提名与薪酬委员会、财富管理委员会。各个层级和机构按照《公司章程》及授权体系在各自职权范围内开展工作，履行职能。

公司建立了以《公司章程》《股东会议事规则》《董事会议事规则》《监事会议事规则》为基础的公司治理制度体系；明确了股东会、董事会、监事会和经营层在决策、执行、监督等方面的职责权限、程序以及应履行的义务，建立了权力机构、决策机构、监督机构和经营机构完备的治理结构。

公司在董事会及专门委员会授权指导下建立了较为完整的制度及流程管理体系，覆盖法人治理结构、信托和固有业务管理、风险管理、法律合规管理、项目运营管理、发行和销售等财富管理、信息化管理、人力资源及考核管理、合同档案等综合管理、稽核审计管理等前台、中台、后台各个环节。各项规章制度的建立确保了内部控制有章可循。公司高度重视内部控制环境的改善和内部控制文化的建设，根据经济环境、金融环境、公司市场定位、公司内部管理潜力挖掘等需要，建立动态调整机制。

公司强调“内部控制环境全覆盖”，认真培育内部控制环境中的全程管理、全员管理、全面管理的内部控制文化，确保公司内部控制全覆盖。

4.4.2 内部控制措施

4.4.2.1 履行内部控制职能的部门

公司已构建起较为完备的内部控制职能体系，实现内部控制职能的分层控制：公司已建立首席风险控制总监、首席法律合规总监和首席运营总监管理下的风险控制组织体系，并具体由风险管理总部、法律合规管理总部、运营管理总部根据部门职能分工合作；同时，公司也建立了首席稽核总监负责下的稽核管理体系，并负责对公司经营、管理的各项活动实施稽核管理，由稽核管理总部具体负责。

4.4.2.2 内部控制的主要政策、制度、程序及执行情况

4.4.2.2.1 内部控制的主要政策

按照各项政策内容，分别由股东会审批、董事会审批、公司审批、各管理总部审批，其中公司治理层面的相关制度及议事规则由股东会审批；公司经营方面的制度，根据具体内容，分别由董事会或公司内部审批；在上述审批制度规定的范围内，各管理总部（风险管理总部、财务管理总部等）可制定相关操作规则、指引，明确具体要求。

4.4.2.2.2 业务控制制度

在项目和合同文本审核、资金拨付和执行过程管理方面，公司制定固有业务和信托业务两大体系的管理制度。在业务前期审核、资金拨付和执行过程管理等环节，依据《主动类房地产信托项目操作指引》《私募股权投资类业务操作指引》《不动产投资业务操作指引》《固定收益类投资业务操作指引》《上市公司定向增发类业务操作指引》《合同管理办法》《投后管理办法》《档案管理制度》等制度，规范相关工作流程和标准，并能根据信托行业发展及时予以修订和完善。

4.4.2.2.3 对外担保制度

为规范公司对外担保行为，防范公司对外担保风险，公司在《公司章程》及业务审批授权体系中对对外担保的权限和信息披露作出明确规定。

4.4.2.2.4 内部监督与问责制度

公司依据《稽核审计管理制度》《内部审计管理办法》《全员问责制度》，定期开展内部审计工作，并及时将内部审计报告报送公司经营层及董事会。

公司根据宏观经济环境的变化和监管政策的调整以及业务和管理的实际需要，对上述制度进行修订。

4.4.3 信息交流与反馈

在公司内部信息交流与反馈方面，公司通过建立各项规章制度，涵盖了相应制度规范报告责任主体、报告形式、报告流程、报告频率等事项，明确了公司自上而下的授权机制和自下而上的报告机制。报告期内，根据监管要求，公司对于信托业务、基金业务、高级管理人员更替等重大事项，均履行了完备的报备或报批手续，对于监管部门提出的问题、意见和建议，均给予及时、详细的信息反馈。通过公开信息披露机制，增进了公司与监管部门、委托人及受益人之间的信息交流和沟通，增强了公司管理运行的透明度。

4.4.4 监督评价与纠正

根据公司的治理结构，公司监督评价与纠正体系体现在多个层次：监事会作为独立的监督机构对公司股东会负责，对公司经营管理层和公司运营情况进行监督；公司首席稽核总监负责监督检查公司运作的合法合规情况及公司内部风险控制情况，并对董事会和董事会审计委员会负责；稽核管理总部独立行使内部审计监督权；风险管理总部、法律合规管理总部和运营管理总部主要通过现场调查、法律文本审核、资金拨付审核、过程管理等措施对业务全过程进行监督，并及时提出存在的问题和改进措施。

4.5 风险管理

4.5.1 风险管理概况

4.5.1.1 公司经营活动中可能遇到的风险

基于金融行业运营环境和信托业特征，公司在经营活动中可能遇到的主要风险包括信用风险、市场风险和操作风险，同时还可能承担合规风险、流动性风险、法律风险和声誉风险及战略风险等其他风险。

4.5.1.2 公司风险管理的基本原则和控制政策

公司围绕总体经营和发展战略目标持续推进全面风险管理体系建设，将风险管理工作贯穿到公司经营管理的各个环节中，对业务经营的全过程进行风险识别、评估、监测和控制，确保稳健经营。在董事会的领导下，公司确立了如下风险管理基本原则和政策：

匹配性原则。风险管理策略与业务发展战略有机结合，与公司长期发展目标相一致。公司的全面风险管理体系须与风险状况和系统重要性等相适应，并根据环境变化予以调整。

全覆盖原则。风险管理工作覆盖各项业务条线和各种业务类型，覆盖所有分支机构、附属机构、部门、岗位和人员，覆盖所面临的所有风险种类和不同风险之间的相互影响，贯穿到各项业务的决策、执行和监督等全部管理环节。

独立性原则。风险管理部门独立于业务部门，负责对各项业务独立开展风险管理，各部门和岗位设置权责分明、相互牵制，各项业务操作环节交叉控制或监督，防止操作失误或舞弊发生。

有效性原则。各项风险管理规章制度应根据公司经营战略、经营方针、经营理念等内部环境和国家法律法规、市场变化等外部环境的变化进行及时的修改和完善。

定性与定量相结合原则。公司逐步建立完备的风险控制指标体系，设定定性与定量相结合的评估标准，使风险管理工作更具科学性和可操作性。

4.5.1.3 公司风险管理的组织结构和职责划分

公司的风险管理组织架构是在公司目前的组织结构上，根据不同职能构建而成，形成了股东会、董事会、监事会和高级管理层“三会一层”管理架构，业务线、风险合规运营管理线、稽核审计线三道主要防线组成的风险管理体系。

公司以“三会一层”为基本管理架构，充分发挥股东会、董事会、监事会以及公司管理层各方职能，建立了良好有效的沟

通机制和高度统一的战略共识，为公司的合规经营和风险管理创造良好前提。公司董事会对股东会负责并承担风险管理最终责任和最高决策职能，负责制定公司风险管理总体战略、风险偏好、风险容忍度、发展规划和重大政策，保障风险管理所需资源，掌握公司总体风险状况，制定重大风险的解决方案，对公司高级管理层的风险管理履职情况进行监督。公司监事会承担全面风险管理的监督责任，负责监督检查董事会和高级管理层在风险管理方面的履职尽责情况。公司高级管理层承担全面风险管理的实施责任，根据董事会确定的风险管理战略，设立首席稽核总监、首席风险控制总监、首席法律合规总监、首席运营总监。首席稽核总监负责监督检查公司运作的合法合规情况及公司内部风险控制情况，对公司贯彻执行国家法律法规、行业监管规定和公司本级各项规章制度的情况、对公司主要经营管理活动、对各级主要管理人员在日常经营管理过程中的履职情况等进行审计监督，并定期向董事会或其下设的审计委员会报告工作。首席风险控制总监负责制定并执行具体的风险管理政策、管理程序和控制制度，指导、协调和监督各管理部门和各业务机构开展风险管理工作，并定期向董事会或其下设的风险控制委员会提交风险管理报告。首席法律合规总监负责组织建立公司法律事务管理和合法合规审核体系及相关制度、政策，指导、协调和监督各管理部门和各业务机构开展法律合规管理工作。首席运营总监负责监督公司固有业务、信托业务和基金项目评审及通过后实施过程的管理和审查，组织制定包括项目持续检查、评价、预警和处置的风险监控制度，指导、协调和监督项目风险排查、紧急预案、风险化解工作，并定期向董事会或公司管理层报送风险排查报告。

公司风险管理中，业务条线承担风险管理的直接责任；风险管理条线承担制定政策和流程，日常监测和管理风险的责任；稽核管理部门承担业务部门和风险管理部门履责情况的稽核管理和审计责任。在业务管理方面，公司实施专业化评审和审批执行相分离制度，提高风险识别及把控能力，规范业务审批及决策管理。公司设立项目评审管理委员会，负责对董事会授权范围内的信托业务和固有业务等进行独立评审，并根据审批权限规定最终报有权审批人审批。公司设立独立的风险管理总部、法律合规管理总部、运营管理总部负责全面风险管理，对公司经营和业务活动具体开展风险识别、评估、监控和报告等风险管理日常工作。公司设立稽核管理总部对公司的风险管理工作进行独立的监督和检查，并将全面风险管理纳入内部稽核审计范畴，定期审查和评价全面风险管理的充分性和有效性，从而改善公司经营管理和风险控制的效果，促进公司稳健发展。

4.5.2　风险状况

4.5.2.1　信用风险状况

信用风险是公司业务面临的主要风险，主要是指因交易对手违约而造成财产损失的风险，又称违约风险，主要表现为客户交易违约或借款人信用等级下降等原因，造成交易对手不能或不愿履行合约承诺而使信托财产、基金财产和固有财产遭受潜在损失的可能性。信用风险的产生主要来自经济运行周期以及企业自身经营特殊事件的影响。当信用风险发生时，如受托人没有尽职管理、安排预算不恰当时，或信托项目违法违规未能如期执行时，会导致发生流动性风险。信用风险压力主要表现在融资类业务中，对于此类风险，公司严格要求前期详细尽调、中期独立审查与评估、后期及时跟踪管理，同时针对交易对手信用资质情况，要求提供相应的抵押、质押、保证及其他增信措施，防范信用风险；投资业务相关的信用风险，主要体现在交易对手的履约意愿和履约能力，公司严格按照内部决策流程对投资类业务进行信用评估，选取具有较高信用资质的交易对手，同时从多个维度对投资业务设定风险额度来控制信用风险。

4.5.2.2　市场风险状况

市场风险是指因市场价格（利率、汇率、股票价格和商品价格）的不利变动而使公司所开展业务发生损失的风险。公司市场风险主要涉及证券投资和股权投资自营业务、信托业务及上市公司股权质押融资、不动产投资信托业务等。对于此类业务，公司本着审慎原则，合理配置资产，通过合理的交易安排和严密的管理措施，勤勉、尽职履行受托人职责，最大限度上保障受益人的资金安全。同时，市场风险还具有很强的传导效应，如销售下降、成本上升等因素导致交易对手的信用风险，因此对于此类业务同样采取严格的流程要求及尽可能取得有效增信措施来防范风险。

4.5.2.3　操作风险状况

操作风险是指由于不完善或有问题的内部程序、员工、信息科技系统或外部事件所造成损失的风险，主要表现为由于公司治理机制、内部控制失效或者有关责任人出现失误、欺诈等问题，公司没有充分及时地做好尽职调查、持续监控、信息披露等工作，未能及时作出应有的反应，或作出的反应明显有失专业和常理，甚至违规违约；公司没有履行勤勉尽职管理的义务，或者无法出具充分有效的证据和记录，证明自己已履行勤勉尽职管理的义务。对于此类风险，公司建立了有效的风险内控体系，明确并不断优化各项业务的操作规程，同时，由稽核管理总部按期对公司业务开展情况进行稽核，对各职能部门进行管理审计，通过规范各项业务流程、加强内控等手段有效防控操作风险，报告期内未发生重大操作风险事件。

4.5.2.4　其他风险状况

公司面临的其他风险主要还有法律风险、合规风险、流动性风险、声誉风险、战略风险等。法律风险是指公司因没有遵守法律、法规或监管规定而可能遭受法律制裁、监管处罚，从而给公司或投资人带来经济损失的风险。合规风险是指因没有遵循法律、规则和准则可能遭受法律制裁、监管处罚、重大财务损失和声誉损失的风险。流动性风险是指公司短期内资金周转困难无力偿付到期负债而造成损失的风险。声誉风险是指公司经营管理行为导致外部负面评价的风险。战略风险是指因公司作出不利的经营决策、未妥当地执行决策、或未能对宏观经济及行业变化作出准确反应而可能造成损失的风险。

4.5.3　风险管理

公司风险管理工作紧密围绕公司战略及业务特点，持续优化风险管理体系，强化风险策略的适应性；把握业务风险特征，采取差异化管控措施；加强资产准入管理，严守风险底线。

4.5.3.1　信用风险管理

公司严格按照业务流程、制度规定和相应程序开展各项业务，确保决策者充分了解业务涉及的信用风险。公司强调全流程风险管理、强调风险管理关口前置、强调完善信用风险管理的制度体系、强调业务政策的及时调整、强调对交易对手履约情况的持续跟踪，依托严谨的风险管理体系，以各类业务准入政策、业务报审及审批流程等为抓手，持续完善和优化信用风险的事前防范、事中控制和事后检查制度，严控资产质量水平。由业务部门对交易对手进行全面、深入的信用调查与分析，形成客观、翔实的尽职调查报告；法律合规管理总部、风险管理总部和运营管理总部根据业务部门的尽职调查情况，独立开展有关调查，对项目信用风险进行充分的评估和审核，对于融资类业务严格落实贷款担保等措施，对抵（质）押物权属有效性、合法性进行审查，并借助外部专业机构力量客观、公允地评估抵押物价值；对于投资类业务严格按照内部决策流程进行信用评估，选取具有较高资质的交易对手，从多个维度对投资业务设定风险限额，通过分散投资、设置合理投资节点、设置对赌条款等多项措施对信用风险进行防范；业务部门和运营管理总部在项目实施过程中共同负责对项目进行日常跟踪管理，同时密切关注交易对手的信用状况、抵（质）押物价值和保证人担保能力的变化、投资标的经营情况变化和价值变动，并根据具体情况采取有效的应对措施，在项目发生风险预警时，业务部门和运营管理总部及时制定应对措施以防范风险的发生或扩大；项目结束后稽核管理总部进行稽核审计和项目评价，以进一步提高对项目的信用风险管理水平。

本公司已对风险资产进行五级分类。

4.5.3.2 市场风险管理

公司建立健全市场风险的识别、计量、监测和控制程序，以确保市场风险管理能够与业务的性质、规模、复杂程度和风险特征相适应，与能够承担的总体市场风险水平相一致；同时，加强对宏观经济和市场的研究，及时跟踪市场价格波动情况，对每项业务和产品中的市场风险因素进行分解和分析，以及时准确识别所有业务中市场风险的类别和性质。公司市场风险管理目标是通过将市场风险控制在公司可承受的合理范围内，实现经风险调整后的收益最大化，主要通过设置合理的收益率对风险进行定价，实现对风险的有效补偿。公司通过严密设计风控条款，取得有效增信措施，以缓释和对冲可能发生的市场风险；加强对证券投资产品单位净值、抵（质）押物价格变化、投资标的价值变化的日常监控，以防范市场价格波动带来的风险；定期对房地产业务进行压力测试，分析在不同风险程度下房地产项目的抗风险能力，从而及时发现并预防市场风险。

4.5.3.3 操作风险管理

公司通过规范业务流程、强化内控基础、优化内控措施，持续提升风险管理体系的运行效率和效果。公司定期对公司内部控制规章制度及业务流程进行梳理和完善，以业务流程为主线，不断完善前台、中台、后台的协作与制约体系，对重要的业务环节，实行双人双岗复核，及时对业务管理系统进行升级，并加强对操作流程的监督、检查，及时排除操作风险隐患，有效防范操作风险。

4.5.3.4 其他风险管理

法律风险管理方面，公司高度重视法律风险的防范，定期对合同范本进行修订，不断加强对合同的审查力度。对于创新及重大项目，公司要求聘请外部律师出具法律意见，从业务源头和操作环节防范和化解法律风险。

合规风险管理方面，公司积极稳妥地推进合规管理体系建设，充分借鉴银行业、证券业和保险业良好的合规管理经验，按照监管机构政策，结合自身合规工作积累，持续完善合规管理的组织框架、管理范围、运行机制和工作流程。

流动性风险管理方面，公司严格遵守相关监管规定，持续完善流动性风险管理体系，并通过定期压力测试、及时调整流动性风险偏好等手段，实现对公司整体和产品承压能力的监测，并根据监测结果制定相应的应急措施。

声誉风险管理方面，公司及时向投资者和监管层进行信息披露，持续关注新闻舆情，还借助信托业协会的《信托资讯》《每日舆情》等做好舆情监测，就重点事件积极采取应对措施，防范和化解声誉风险。

战略风险管理方面，公司强调以当前宏观环境、自身实际经营情况及未来发展潜力为基础，建立以风险为导向的战略规划和实施方案，并定期进行修订。同时通过完善治理架构、明确战略导向和风险偏好、设定授权体系、制定调整并充分落实各项内部议事和内控程序等，确保各项政策依程序制定和调整，并得到充分有效执行，确保公司长期战略、短期目标、风险管理措施和相关资源紧密结合。

目前，公司整体经营情况和风险管理情况良好。

5. 2019 年度及上年度比较式会计报表

5.1 固有资产

5.1.1 会计师事务所审计意见全文

审 计 报 告

中兴华审字（2020）第 010760 号

中国民生信托有限公司全体股东：

一、审计意见

我们审计了中国民生信托有限公司（以下简称贵公司）财务报表，包括 2019 年 12 月 31 日的合并及母公司资产负债表，2019 年度的合并及母公司利润表、合并及母公司现金流量表、合并及母公司所有者权益变动表以及相关财务报表附注。

我们认为，后附的财务报表在所有重大方面按照企业会计准则的规定编制，公允反映了贵公司 2019 年 12 月 31 日合并及母公司的财务状况及 2019 年度合并及母公司的经营成果和现金流量。

二、形成审计意见的基础

我们按照中国注册会计师审计准则的规定执行了审计工作。审计报告的“注册会计师对财务报表审计的责任”部分进一步阐述了我们在这些准则下的责任。按照中国注册会计师职业道德守则，我们独立于贵公司，并履行了职业道德方面的其他责任。我们相信，我们获取的审计证据是充分、适当的，为发表审计意见提供了基础。

三、关键审计事项

关键审计事项是我们根据职业判断，认为对本期财务报表审计最为重要的事项。这些事项的应对以对财务报表整体进行审计意见为背景，我们不对这些事项单独发表意见。

以公允价值计量的金融工具的估值

1. 事项描述

截至 2019 年 12 月 31 日，贵公司持有以公允价值计量的金融资产 12 013 980 444.03 元。

贵公司于资产负债表日对持有的以公允价值计量的金融资产进行公允价值评估。对于第三层级金融工具采用重要不可观察输入值作为关键假设计量公允价值,此类参数包括流动性折扣、波动率、信用价差等,需要管理层进行判断。

由于以公允价值计量的金融资产金额重大,其公允价值评估时对不可观察输入值作为关键假设需要管理层做出重大判断,因此我们将上述金融资产公允价值评估认定为关键审计事项。

相关披露请参见财务报表附注十。

2. 审计应对

我们评估和测试了贵公司以公允价值计量的金融资产公允价值评估流程的内部控制设计、运行的有效性。

我们对贵公司金融资产公允价值评估时采用的模型的合理性进行了评估。

我们通过选取样本,针对贵公司金融资产评估执行了以下审计程序:

(1)查阅贵公司持有的金融资产的相关合同,了解相关投资条款,并识别与金融资产估值相关的条款;

(2)对管理层在计量金融资产公允价值时采用的不可观察输入值及可观察输入值的合理性进行复核。

另外,我们还评价了财务报表中针对以公允价值计量的金融资产的相关披露是否满足企业会计准则的要求。

四、管理层和治理层对财务报表的责任

管理层负责按照企业会计准则的规定编制财务报表,使其实现公允反映,并设计、执行和维护必要的内部控制,以使财务报表不存在由于舞弊或错误导致的重大错报。

在编制财务报表时,管理层负责评估贵公司的持续经营能力,披露与持续经营相关的事项(如适用),并运用持续经营假设,除非管理层计划清算贵公司、终止运营或别无其他现实的选择。

治理层负责监督贵公司的财务报告过程。

五、注册会计师对财务报表审计的责任

我们的目标是对财务报表整体是否不存在由于舞弊或错误导致的重大错报获取合理保证,并出具包含审计意见的审计报告。合理保证是高水平的保证,但并不能保证按照审计准则执行的审计在某一重大错报存在时总能发现。错报可能由舞弊或错误导致,如果合理预期错报单独或汇总起来可能影响财务报表使用者依据财务报表作出的经济决策,则通常认为错报是重大的。

在按照审计准则执行审计的过程中,我们运用了职业判断,保持了职业怀疑。同时,我们也执行以下工作:

(1)识别和评估由于舞弊或错误导致的财务报表重大错报风险,设计和实施审计程序以应对这些风险,并获取充分、适当的审计证据,作为发表审计意见的基础。由于舞弊可能涉及串通、伪造、故意遗漏、虚假陈述或凌驾于内部控制之上,未能发现由于舞弊导致的重大错报的风险高于未能发现由于错误导致的重大错报的风险。

(2)了解与审计相关的内部控制,以设计恰当的审计程序。

(3)评价管理层选用会计政策的恰当性和作出会计估计及相关披露的合理性。

(4)对管理层使用持续经营假设的恰当性得出结论。同时,根据获取的审计证据,就可能导致对贵公司持续经营能力产生重大疑虑的事项或情况是否存在重大不确定性得出结论。如果我们得出结论认为存在重大不确定性,审计准则要求我们在审计报告中提请报表使用者注意财务报表中的相关披露;如果披露不充分,我们应当发表非无保留意见。我们的结论基于截至审计报告日可获得的信息。然而,未来的事项或情况可能导致贵公司不能持续经营。

(5)评价财务报表的总体列报、结构和内容,并评价财务报表是否公允反映相关交易和事项。

(6)就贵公司实体或业务活动的财务信息获取充分、适当的审计证据,以对财务报表发表意见。我们负责指导、监督和执行集团审计。我们对审计意见承担全部责任。

我们与治理层就计划的审计范围、时间安排和重大审计发现等事项进行沟通,包括沟通我们在审计中识别出的值得关注的内部控制缺陷。

中兴华会计师事务所(特殊普通合伙)

中国·北京

中国注册会计师: 

中国注册会计师: 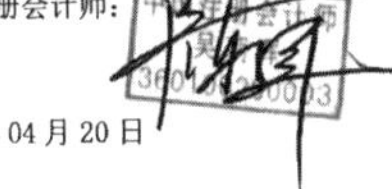

2020 年 04 月 20 日

5.1.2 资产负债表

资产负债表(母公司)

编制单位:中国民生信托有限公司　　2019 年 12 月 31 日　　单位:万元

项　　目	期末余额	上年年末余额	项　　目	期末余额	上年年末余额
资产:			负债:		
货币资金	164 796.35	135 168.90	短期借款	—	—
应收款项	10 813.33	不适用	拆入资金	210 107.39	372 000.00
应收票据及应收账款	不适用	7 846.63	预收款项	不适用	638.38
其他应收款	不适用	3 553.79	应付职工薪酬	79 841.60	65 537.11
一年内到期的非流动资产	不适用	19 800.00	应交税费	20 733.32	10 980.10

续表

项　　目	期末余额	上年年末余额	项　　目	期末余额	上年年末余额
其他流动资产	不适用	32.62	其他应付款	不适用	1 229.07
交易性金融资产	1 192 241.76	不适用	长期借款	—	—
债权投资	10 577.07	不适用	其他负债	13 466.23	不适用
可供出售金融资产	不适用	1 331 128.38	负债合计	324 148.55	450 384.67
其他债权投资	—	不适用	所有者权益：	—	—
持有至到期投资	不适用	—	实收资本	700 000.00	700 000.00
其他权益工具投资	10 000.00	不适用	其他权益工具	—	—
长期股权投资	—	—	资本公积	168 720.00	168 720.00
固定资产	1 582.95	1 608.71	其他综合收益	—	—
在建工程	805.74	920.86	专项储备	—	—
无形资产	1 542.52	1 251.72	盈余公积	54 141.80	45 097.12
长期待摊费用	不适用	1 918.27	一般风险准备	18 552.50	20 985.48
递延所得税资产	12 795.52	12 655.95	信托赔偿准备	27 070.90	22 548.56
其他非流动资产	不适用	10 050.00	未分配利润	127 512.78	118 200.00
其他资产	14 991.28	不适用	所有者权益合计	1 095 997.98	1 075 551.15
资产总计	1 420 146.52	1 525 935.82	负债和所有者权益总计	1 420 146.52	1 525 935.82

资产负债表（合并）

编制单位：中国民生信托有限公司　　2019 年 12 月 31 日　　单位：万元

项　　目	期末余额	上年年末余额	项　　目	期末余额	上年年末余额
资产：			负债：	—	—
货币资金	165 198.02	135 775.23	短期借款	—	—
拆出资金	—	—	拆入资金	210 107.39	372 000.00
应收款项	10 813.33	不适用	预收款项	不适用	638.38
应收票据及应收账款	不适用	7 846.63	应付职工薪酬	79 841.60	65 537.11
其他应收款	不适用	3 554.80	应交税费	20 733.32	10 980.10
一年内到期的非流动资产	不适用	19 800.00	其他应付款	不适用	1 271.11
其他流动资产	不适用	32.62	其他非流动负债	不适用	87.34
交易性金融资产	1 201 398.04	不适用	其他负债	13 619.25	不适用
以公允价值计量且其变动计入当期损益的金融资产	不适用	6 768.36	负债合计	324 301.57	450 514.05
债权投资	10 577.07	不适用	所有者权益：	—	—
可供出售金融资产	不适用	1 331 128.38	实收资本	700 000.00	700 000.00
其他债权投资	—	不适用	资本公积	168 720.00	168 720.00
其他权益工具投资	10 000.00	不适用	其他综合收益	—	—
长期股权投资	—	—	盈余公积	54 141.80	45 097.12
固定资产	1 582.95	1 608.71	一般风险准备	18 552.50	20 985.48
在建工程	805.74	920.86	信托赔偿准备	27 070.90	22 548.56
无形资产	1 542.52	1 251.72	未分配利润	127 595.59	115 396.30
长期待摊费用	不适用	1 918.27	归属于母公司所有者权益合计	1 096 080.79	1 072 747.46
递延所得税资产	12 795.52	12 655.95	少数股东权益	—	—
其他资产	5 669.17	不适用	所有者权益合计	1 096 080.79	1 072 747.46
资产总计	1 420 382.35	1 523 261.51	负债和所有者权益总计	1 420 382.35	1 523 261.51

5.1.3 利润表

利润表(母公司)

编制单位:中国民生信托有限公司　　2019 年度　　单位:万元

项目	本期金额	上期金额
一、营业收入	231 097.19	239 663.12
利息净收入	-10 968.33	-17 978.87
利息收入	7 928.24	4 717.55
利息支出	18 896.57	22 696.42
手续费及佣金净收入	138 325.82	183 786.93
手续费及佣金收入	138 355.19	183 792.69
手续费及佣金支出	29.37	5.76
投资收益(损失以"-"号填列)	77 943.09	54 021.87
其他收益	—	258.05
公允价值变动收益(损失以"-"号填列)	-7 517.98	—
汇兑收益(损失以"-"号填列)	—	—
其他业务收入	33 314.58	19 575.14
二、营业成本	109 497.21	91 742.78
税金及附加	1 309.07	1 500.74
业务及管理费用	105 196.10	64 208.59
信用减值损失(损失以"-"号填列)	2 992.04	不适用
资产减值损失(损失以"-"号填列)	不适用	26 033.44
三、营业利润(亏损以"-"号填列)	121 599.98	147 920.35
加:营业外收入	500.02	613.50
减:营业外支出	115.39	42.05
四、利润总额(亏损总额以"-"号填列)	121 984.61	148 491.80
减:所得税费用	31 537.79	37 693.49
五、净利润(净亏损以"-"号填列)	90 446.82	110 798.31
(一)持续经营净利润(净亏损以"-"号填列)	90 446.82	110 798.31
(二)终止经营净利润(净亏损以"-"号填列)	—	—
六、其他综合收益的税后净额	—	—
( )不能重分类进损益的其他综合收益	—	—
(二)将重分类进损益的其他综合收益	—	—
七、综合收益总额	90 446.82	110 798.31

利润表(合并)

编制单位:中国民生信托有限公司　　2019 年度　　单位:万元

项目	本期金额	上期金额
一、营业总收入	234 351.89	236 901.48
利息净收入	-10 964.46	-17 928.27
利息收入	7 932.10	4 755.49
利息支出	18 896.57	22 683.76
手续费及佣金净收入	138 325.82	183 786.93
手续费及佣金收入	138 355.19	183 792.69
手续费及佣金支出	29.37	5.76
投资收益(损失以"-"号填列)	77 933.22	54 022.86
其他收益	—	258.05
公允价值变动收益(损失以"-"号填列)	-4 130.85	-2 813.22
汇兑收益(损失以"-"号填列)	-126.42	—
其他业务收入	33 314.58	19 575.14
二、营业总成本	109 854.35	91 784.83
税金及附加	1 309.07	1 500.74
业务及管理费用	105 553.24	64 250.65
信用减值损失(损失以"-"号填列)	2 992.04	不适用
资产减值损失(损失以"-"号填列)	不适用	26 033.44
三、营业利润(亏损以"-"号填列)	124 497.53	145 116.65
加:营业外收入	500.02	613.50
减:营业外支出	115.39	42.05
四、利润总额(亏损总额以"-"号填列)	124 882.16	145 688.11
减:所得税费用	31 537.79	37 693.49
五、净利润(净亏损以"-"号填列)	93 344.37	107 994.62
(一)按经营持续性分类:	—	—
1. 持续经营净利润(净亏损以"-"号填列)	93 344.37	107 994.62
2. 终止经营净利润(净亏损以"-"号填列)	—	—
(二)按所有权归属分类:	—	—
1. 归属于母公司股东的净利润(净亏损以"-"号填列)	93 344.37	107 994.62
2. 少数股东损益(净亏损以"-"号填列)	—	—
六、其他综合收益的税后净额	—	—
(一)归属母公司所有者的其他综合收益的税后净额	—	—
(二)归属于少数股东的其他综合收益的税后净额	—	—
七、综合收益总额	93 344.37	107 994.62
(一)归属于母公司所有者的综合收益总额	93 344.37	107 994.62
(二)归属于少数股东的综合收益总额	—	—

5.1.4 所有者权益变动表

所有者权益变动表(母公司)

编制单位:中国民生信托有限公司　　2019 年度　　单位:万元

项目	实收资本	资本公积	一般风险准备	信托赔偿准备	盈余公积	未分配利润	所有者权益合计
2018 年年初余额	700 000.00	168 720.00	15 629.34	17 008.64	34 017.29	169 377.57	1 104 752.84
2018 年增减变动金额(减少以"-"号填列)	—	—	5 356.14	5 539.92	11 079.83	-51 177.57	-29 201.69
(一)综合收益总额	—	—	—	—	—	110 798.31	110 798.31
(二)利润分配	—	—	5 356.14	5 539.92	11 079.83	-161 975.89	-140 000.00

续表

项目	实收资本	资本公积	一般风险准备	信托赔偿准备	盈余公积	未分配利润	所有者权益合计
1. 提取盈余公积	—	—	—	—	11 079. 83	-11 079. 83	—
2. 提取一般风险准备	—	—	5 356. 14	—	—	-5 356. 14	—
3. 提取信托赔偿准备	—	—	—	5 539. 92	—	-5 539. 92	—
4. 对所有者的分配	—	—	—	—	—	-140 000. 00	-140 000. 00
5. 其他	—	—	—	—	—	—	—
2018 年年末余额	700 000. 00	168 720. 00	20 985. 48	22 548. 56	45 097. 12	118 200. 00	1 075 551. 15
2019 年年初余额	700 000. 00	168 720. 00	20 985. 48	22 548. 56	45 097. 12	118 200. 00	1 075 551. 15
2019 年增减变动金额（减少以“-”号填列）	—	—	-2 432. 98	4 522. 34	9 044. 68	9 312. 78	20 446. 82
（一）综合收益总额	—	—	—	—	—	90 446. 82	90 446. 82
（二）利润分配	—	—	-2 432. 98	4 522. 34	9 044. 68	-81 134. 04	-70 000. 00
1. 提取盈余公积	—	—	—	—	9 044. 68	-9 044. 68	—
2. 提取一般风险准备	—	—	-2 432. 98	—	—	2 432. 98	—
3. 提取信托赔偿准备	—	—	—	4 522. 34	—	-4 522. 34	—
4. 对所有者的分配	—	—	—	—	—	-70 000. 00	-70 000. 00
5. 其他	—	—	—	—	—	—	—
2019 年年末余额	700 000. 00	168 720. 00	18 552. 50	27 070. 90	54 141. 80	127 512. 78	1 095 997. 98

所有者权益变动表（合并）

编制单位：中国民生信托有限公司　　2019 年度　　单位：万元

项目	实收资本	资本公积	一般风险准备	信托赔偿准备	盈余公积	未分配利润	所有者权益合计
2018 年年初余额	700 000. 00	168 720. 00	15 629. 34	17 008. 64	34 017. 29	169 377. 57	1 104 752. 84
2018 年增减变动金额（减少以“-”号填列）	—	—	5 356. 14	5 539. 92	11 079. 83	-53 981. 27	-32 005. 38
（一）综合收益总额	—	—	—	—	—	107 994. 62	107 994. 62
（二）利润分配	—	—	5 356. 14	5 539. 92	11 079. 83	-161 975. 89	-140 000. 00
1. 提取盈余公积	—	—	—	—	11 079. 83	-11 079. 83	—
2. 提取一般风险准备	—	—	5 356. 14	—	—	-5 356. 14	—
3. 提取信托赔偿准备	—	—	—	5 539. 92	—	-5 539. 92	—
4. 对所有者的分配	—	—	—	—	—	-140 000. 00	-140 000. 00
5. 其他	—	—	—	—	—	—	—
2018 年年末余额	700 000. 00	168 720. 00	20 985. 48	22 548. 56	45 097. 12	115 396. 30	1 072 747. 46
2019 年年初余额	700 000. 00	168 720. 00	20 985. 48	22 548. 56	45 097. 12	115 396. 30	1 072 747. 46
2019 年增减变动金额（减少以“-”号填列）	—	—	-2 432. 98	4 522. 34	9 044. 68	12 199. 29	23 333. 33
（一）综合收益总额	—	—	—	—	—	93 344. 37	93 344. 37
（二）利润分配	—	—	-2 432. 98	4 522. 34	9 044. 68	-81 145. 08	-70 011. 05
1. 提取盈余公积	—	—	—	—	9 044. 68	-9 044. 68	—
2. 提取一般风险准备	—	—	-2 432. 98	—	—	2 432. 98	—
3. 提取信托赔偿准备	—	—	—	4 522. 34	—	-4 522. 34	—
4. 对所有者的分配	—	—	—	—	—	-70 011. 05	-70 011. 05
5. 其他	—	—	—	—	—	—	—
2019 年年末余额	700 000. 00	168 720. 00	18 552. 50	27 070. 90	54 141. 80	127 595. 59	1 096 080. 79

5.2 信托资产

5.2.1 信托项目资产负债汇总表

信托项目资产负债汇总表

编制单位：中国民生信托有限公司　　2019 年 12 月 31 日　　单位：万元

信托资产	2019 年 12 月 31 日	2018 年 12 月 31 日
信托资产：		
货币资金	251 992. 10	319 236. 01
拆出资金	—	—
存出保证金	—	—
交易性金融资产	664 912. 21	348 538. 33
衍生金融资产	—	—
买入返售金融资产	369 717. 14	—
应收款项	298 839. 68	213 662. 84
发放贷款	5 923 233. 34	4 473 211. 85
可供出售金融资产	6 822 938. 02	8 909 660. 65
持有至到期投资	—	—
长期应收款	815 104. 00	659 276. 23
长期股权投资	2 510 196. 69	1 685 133. 39
投资性房地产	—	—
固定资产	—	—
无形资产	—	—
长期待摊费用	32. 51	—
其他资产	1 983 665. 11	1 530 191. 93
减：各项资产减值准备	—	—
信托资产总计	19 640 630. 80	18 138 911. 23
信托负债和信托权益	2019 年 12 月 31 日	2018 年 12 月 31 日
信托负债：		
交易性金融负债	—	—
衍生金融负债	—	—
应付受托人报酬	10 037. 57	7 542. 71
应付托管费	340. 52	257. 37
应付受益人收益	85 980. 31	46 979. 19
应交税费	14 835. 40	6 137. 04
应付销售服务费	155. 60	24. 52
其他应付款项	297 539. 29	272 729. 99
预计负债	—	—
其他负债	—	—
信托负债合计	408 888. 69	333 670. 82
信托权益：		
实收信托	19 286 941. 92	17 862 825. 86
资本公积	32 699. 60	45 064. 31
外币报表折算差额	—	—
未分配利润	-87 899. 41	-102 649. 76
信托权益合计	19 231 742. 11	17 805 240. 41
信托负债及信托权益总计	19 640 630. 80	18 138 911. 23

5.2.2 信托项目利润及利润分配汇总表

信托项目利润及利润分配汇总表

编制单位：中国民生信托有限公司　　2019 年度　　单位：万元

项目	2019 年度	2018 年度
1. 营业收入	1 422 523. 57	1 057 786. 04
1. 1 利息收入	458 155. 11	431 739. 20
1. 2 投资收益	818 477. 95	613 176. 98
1. 2. 1 对联营企业和合营企业的投资收益	—	—
1. 3 公允价值变动损益	137 316. 68	5 221. 82
1. 4 租赁收入	—	—
1. 5 汇兑损益	—	—
1. 6 其他收入	8 573. 83	7 648. 04
2. 支出	218 268. 49	250 990. 44
2. 1 营业税金及附加	3 137. 45	2 375. 80
2. 2 受托人报酬	89 453. 85	175 016. 68
2. 3 托管费	3 847. 48	4 759. 21
2. 4 投资管理费	—	—
2. 5 销售服务费	34 090. 01	19 984. 46
2. 6 交易费用	489. 02	6 905. 17
2. 7 资产减值损失	—	—
2. 8 其他费用	87 250. 68	41 949. 12
3. 信托净利润	1 204 255. 08	806 795. 60
4. 其他综合收益	-5 464. 31	-89 089. 66
5. 综合收益	1 198 790. 77	717 705. 94
6. 加：期初未分配信托利润	-102 649. 77	-79 965. 70
7. 可供分配的信托利润	1 313 852. 72	918 604. 46
8. 减：本期已分配信托利润	1 401 752. 13	1 021 254. 23
9. 期末未分配信托利润	-87 899. 41	-102 649. 77

6. 会计报表附注

6.1 会计报表编制基本前提的说明

本公司会计报表编制基准不存在不符合会计核算基本前提的情况。

6. 1. 1 会计报表的编制基础

本会计报表按照财政部颁布的《企业会计准则》（财会［2006］3 号）及其后续应用指南、解释及其他有关规定（统称企业会计准则）编制。

本会计报表以持续经营为基础列报。

本公司会计核算以权责发生制为基础。除某些金融工具外，本财务报表均以历史成本为计量基础。

6. 1. 2 遵循企业会计准则的声明

本会计报表符合企业会计准则的要求，真实、完整地反映了本公司 2019 年 12 月 31 日的财务状况以及 2019 年度的经营成果和现金流量等有关信息。

6. 1. 3 会计期间

本公司会计期间采用公历年度，即每年自 1 月 1 日起至 12 月 31 日止。

6.1.4 记账本位币

本公司以人民币为记账本位币。本公司编制本会计报表时所采用的货币为人民币。

6.2 重要会计政策和会计估计说明

6.2.1 重要会计政策、会计估计的变更

6.2.1.1 重要会计政策变更

财政部于2018年12月发布《关于修订印发2018年度金融企业财务报表格式的通知》（财会[2018]36号），本公司从2019年1月1日开始的会计年度起采用新的金融企业财务报表格式编制财务报表。

财政部于2017年对《企业会计准则第22号——金融工具确认和计量》、《企业会计准则第23号——金融资产转移》、《企业会计准则第24号——套期会计》和《企业会计准则第37号——金融工具列报》进行了修订（以下合称新金融工具准则，修订前的上述准则另称为原金融工具准则）。

本公司自2019年1月1日开始的会计年度起采用新金融工具会计准则。根据新金融工具准则的衔接规定，本公司对2019年1月1日未终止确认的金融工具的分类和计量进行追溯调整，未调整比较财务报表数据，将金融工具的原账面价值和新金融工具准则实施日的新账面价值之间的差额，调整计入2019年期初留存收益或者其他综合收益。

6.2.1.2 重要会计估计变更

本公司本期不存在应披露的重要会计估计变更。

6.2.2 计提资产减值准备的范围和方法

6.2.2.1 本公司计提减值准备范围

以公允价值计量且其变动计入当期损益的金融资产以外的金融资产、长期股权投资、投资性房地产、固定资产、无形资产等。

6.2.2.2 计提减值准备的方法

6.2.2.2.1 金融资产的减值

本公司需确认减值损失的金融资产系以摊余成本计量的金融资产、以公允价值计量且其变动计入其他综合收益的债务工具投资，主要包括应收账款、其他应收款、债权投资等。此外，对部分财务担保合同，也按照本部分所述会计政策计提减值准备和确认信用减值损失。

（1）减值准备的确认方法。本公司以预期信用损失为基础，对上述各项目按照其适用的预期信用损失计量方法（一般方法或简化方法）计提减值准备并确认信用减值损失。

信用损失是指本公司按照原实际利率折现的、根据合同应收的所有合同现金流量与预期收取的所有现金流量之间的差额，即全部现金短缺的现值。其中，对于购买或源生的已发生信用减值的金融资产，本公司按照该金融资产经信用调整的实际利率折现。

（2）信用风险自初始确认后是否显著增加的判断标准。如果某项金融资产在资产负债表日确定的预计存续期内的违约概率显著高于在初始确认时确定的预计存续期内的违约概率，则表明该项金融资产的信用风险显著增加。除特殊情况外，本公司采用未来12个月内发生的违约风险的变化作为整个存续期内发生违约风险变化的合理估计，来确定自初始确认后信用风险是否显著增加。

（3）已发生信用减值的金融资产的判断标准。当对金融资产预期未来现金流量具有不利影响的一项或多项事件发生时，该金融资产成为已发生信用减值的金融资产。

（4）以组合为基础评估预期信用风险的组合方法本公司基于共同风险特征将金融资产划分为不同的组别，在组合的基础上评估信用风险。本公司采用资产风险分类法，将金融资产分为正常类、关注类、次级类、可疑类和损失类五类，后三类合称为不良资产，其中：正常类计提比例为1%；关注类计提比例为2%；次级类计提比例为25%；可疑类计提比例为50%，损失类计提比例为100%。

（5）金融资产减值的会计处理方法。期末，本公司计算各类金融资产的预计信用损失，如果该预计信用损失大于其当前减值准备的账面金额，将其差额确认为减值损失；如果小于当前减值准备的账面金额，则将差额确认为减值利得。

6.2.2.2.2 长期股权投资的减值

长期股权投资运用个别方法评估减值损失。长期股权投资发生减值时，本公司将此长期股权投资的账面价值，与按照类似金融资产当时市场收益率对未来现金流量折现确定的现值之间的差额，确认为减值损失，计入当期损益。

6.2.2.2.3 其他非金融长期资产的减值

本公司在资产负债表日根据内部及外部信息以确定下列资产是否存在减值的迹象，包括固定资产、无形资产、采用成本模式计量的投资性房地产。

本公司对存在减值迹象的资产进行减值测试，估计资产的可收回金额。可收回金额的估计结果表明，资产的可收回金额低于其账面价值的，资产的账面价值会减记至可收回金额，减记的金额确认为资产减值损失，计入当期损益，同时计提相应的资产减值准备。

6.2.3 金融工具的分类和确认方法

在本公司成为金融工具合同的一方时确认一项金融资产或金融负债。本公司遵循本报告中6.2.1所述“新金融工具准则”对金融工具进行初始和后续计量。

6.2.3.1 金融资产的分类、确认和计量

本公司根据管理金融资产的业务模式和金融资产的合同现金流量特征，将金融资产划分为：以摊余成本计量的金融资产；以公允价值计量且其变动计入其他综合收益的金融资产；以公允价值计量且其变动计入当期损益的金融资产。

金融资产在初始确认时以公允价值计量。对于以公允价值计量且其变动计入当期损益的金融资产，相关交易费用直接计入当期损益；对于其他类别的金融资产，相关交易费用计入初始确认金额。因销售产品或提供劳务而产生的、未包含或不考虑重大融资成分的应收账款或应收票据，本公司按照预期有权收取的对价金额作为初始确认金额。

6.2.3.2 金融负债的分类、确认和计量

金融负债于初始确认时分类为以公允价值计量且其变动计入当期损益的金融负债和其他金融负债。对于以公允价值计量且其变动计入当期损益的金融负债，相关交易费用直接计入当期损益，其他金融负债的相关交易费用计入其初始确认金额。

6.2.3.3 金融资产和金融负债的公允价值确定方法

公允价值是指市场参与者在计量日发生的有序交易中，出

售一项资产所能收到或者转移一项负债所需支付的价格。金融工具存在活跃市场的，本公司采用活跃市场中的报价确定其公允价值。活跃市场中的报价是指易于定期从交易所、经纪商、行业协会、定价服务机构等获得的价格，且代表了在公平交易中实际发生的市场交易的价格。金融工具不存在活跃市场的，本公司采用估值技术确定其公允价值。估值技术包括参考熟悉情况并自愿交易的各方最近进行的市场交易中使用的价格、参照实质上相同的其他金融工具当前的公允价值、现金流量折现法和期权定价模型等。在估值时，公司采用在当前情况下适用并且有足够可利用数据和其他信息支持的估值技术，选择与市场参与者在相关资产或负债的交易中所考虑的资产或负债特征相一致的输入值，并尽可能优先使用相关可观察输入值。在相关可观察输入值无法取得或取得不切实可行的情况下，使用不可输入值。

6.2.4 金融资产的确认和计量

6.2.4.1 以摊余成本计量的金融资产

本公司管理以摊余成本计量的金融资产的业务模式为以收取合同现金流量为目标，且此类金融资产的合同现金流量特征与基本借贷安排相一致，即在特定日期产生的现金流量，仅为对本金和以未偿付本金金额为基础的利息的支付。本公司对于此类金融资产，采用实际利率法，按照摊余成本进行后续计量，其摊销或减值产生的利得或损失，计入当期损益。

6.2.4.2 以公允价值计量且其变动计入其他综合收益的金融资产

本公司管理此类金融资产的业务模式为既以收取合同现金流量为目标又以出售为目标，且此类金融资产的合同现金流量特征与基本借贷安排相一致。本公司对此类金融资产按照公允价值计量且其变动计入其他综合收益，但减值损失或利得、汇兑损益和按照实际利率法计算的利息收入计入当期损益。

此外，本公司将部分非交易性权益工具投资指定为以公允价值计量且其变动计入其他综合收益的金融资产。本公司将该类金融资产的相关股利收入计入当期损益，公允价值变动计入其他综合收益。当该金融资产终止确认时，之前计入其他综合收益的累计利得或损失将从其他综合收益转入留存收益，不计入当期损益。

6.2.4.3 以公允价值计量且其变动计入当期损益的金融资产

本公司将上述以摊余成本计量的金融资产和以公允价值计量且其变动计入其他综合收益的金融资产之外的金融资产，分类为以公允价值计量且其变动计入当期损益的金融资产。此外，在初始确认时，本公司为了消除或显著减少会计错配，将部分金融资产指定为以公允价值计量且其变动计入当期损益的金融资产。对于此类金融资产，本公司采用公允价值进行后续计量，公允价值变动计入当期损益。

6.2.4.4 金融资产转移的确认依据和计量方法

满足下列条件之一的金融资产，予以终止确认：(1)收取该金融资产现金流量的合同权利终止；(2)该金融资产已转移，且将金融资产所有权上几乎所有的风险和报酬转移给转入方；(3)该金融资产已转移，虽然企业既没有转移也没有保留金融资产所有权上几乎所有的风险和报酬，但是放弃了对该金融资产的控制。

6.2.5 金融负债的确认和计量

6.2.5.1 以公允价值计量且其变动计入当期损益的金融负债

以公允价值计量且其变动计入当期损益的金融负债，包括交易性金融负债(含属于金融负债的衍生工具)和初始确认时指定为以公允价值计量且其变动计入当期损益的金融负债。

交易性金融负债(含属于金融负债的衍生工具)，按照公允价值进行后续计量，除与套期会计有关外，公允价值变动计入当期损益。

被指定为以公允价值计量且其变动计入当期损益的金融负债，该负债由本公司自身信用风险变动引起的公允价值变动计入其他综合收益，且终止确认该负债时，计入其他综合收益的自身信用风险变动引起的其公允价值累计变动额转入留存收益。其余公允价值变动计入当期损益。若按上述方式对该等金融负债的自身信用风险变动的影响进行处理会造成或扩大损益中的会计错配的，本公司将该金融负债的全部利得或损失(包括企业自身信用风险变动的影响金额)计入当期损益。

6.2.5.2 其他金融负债

除金融资产转移不符合终止确认条件或继续涉入被转移金融资产所形成的金融负债、财务担保合同外的其他金融负债分类为以摊余成本计量的金融负债，按摊余成本进行后续计量，终止确认或摊销产生的利得或损失计入当期损益。

6.2.5.3 金融负债的终止确认

金融负债(或其一部分)的现时义务已经解除的，本公司终止确认该金融负债(或该部分金融负债)。本公司(借入方)与借出方签订协议，以承担新金融负债的方式替换原金融负债，且新金融负债与原金融负债的合同条款实质上不同的，终止确认原金融负债，同时确认一项新金融负债。本公司对原金融负债(或其一部分)的合同条款作出实质性修改的，终止确认原金融负债，同时按照修改后的条款确认一项新金融负债。

金融负债(或其一部分)终止确认的，本公司将其账面价值与支付的对价(包括转出的非现金资产或承担的负债)之间的差额，计入当期损益。

6.2.6 长期股权投资的确认和计量

长期股权投资按取得时的初始投资成本入账，初始投资成本的确定遵循《企业会计准则第2号——长期股权投资》的有关规定。

根据《企业会计准则第2号——长期股权投资》的规定，本公司对于纳入合并范围的子公司采用成本法核算，编制合并报表时按照权益法进行调整；对于具有共同控制和重大影响的长期股权投资，采用权益法核算。

长期股权投资的后续计量，遵循《企业会计准则第2号——长期股权投资》的有关规定。

6.2.7 投资性房地产的确认和计量

公司为赚取租金或资本增值，或两者兼有而持有的房地产，包括已出租的土地使用权、持有并准备增值后转让的土地使用权和已出租的建筑物。

投资性房地产按其取得时的成本进行初始计量，与投资性房地产有关的后续支出，如果与该资产有关的经济利益很可能流入且其成本能够可靠地计量的，则计入投资性房地产成本。

其他后续支出，在发生时计入当期损益。

公司采用成本模式对投资性房地产进行后续计量，采用成本模式计量的建筑物，采用直线法平均计算折旧；采用成本模式计量的土地使用权，采用直线法，按土地使用权的使用年限进行摊销。

6.2.8 固定资产的确认和计量

本公司固定资产是指为生产商品、提供劳务、出租或经营管理而持有的使用寿命超过1个会计年度的有形资产。

6.2.8.1 固定资产在同时满足下列条件时，按照成本进行初始计量：(1)与该固定资产有关的经济利益很可能流入企业；(2)固定资产的成本能够可靠地计量。

6.2.8.2 固定资产折旧

与固定资产有关的后续支出，符合规定的固定资产确认条件的计入固定资产成本；不符合规定的固定资产确认条件的在发生时直接计入当期损益。

本公司的固定资产折旧方法为年限平均法。

各类固定资产的使用年限、残值率、年折旧率列示如下：

类　别	预计使用年限（年）	残值率（%）	年折旧率（%）
办公电子设备	3	5	31.67
办公用具	3	5	31.67
器具工具家具	5	5	19.00

本公司在每个会计年度终了，对固定资产的使用寿命、预计净残值和折旧方法进行复核。使用寿命与原先估计数有差异的，调整固定资产使用寿命；预计净残值预计数与原先估计数有差异的，调整预计净残值；与固定资产有关的经济利益预期实现方式有重大改变的，改变固定资产折旧方法。固定资产使用寿命、预计净残值和折旧方法的改变作为会计估计变更。

6.2.9 无形资产的确认和计量

6.2.9.1 无形资产的确认

公司将企业拥有或者控制的没有实物形态，并且与该资产相关的预计未来经济利益很可能流入企业、该资产的成本能够可靠计量的可辨认非货币性资产确认为无形资产。

6.2.9.2 初始计量

外购无形资产的成本，包括购买价款、进口关税和其他税费以及直接归属于使该项资产达到预定用途所发生的其他支出。

投资者投入的无形资产，按照投资合同或协议约定的价值作为成本，但合同或协议预定价值不公允的除外。

6.2.9.3 无形资产的摊销

土地使用权按土地使用权证所列的使用年限平均摊销；外购的专业软件在估计的其能够带来经济利益的期限内平均摊销。

资产负债表日公司将对使用寿命有限的无形资产的使用寿命及摊销方法进行复核。无形资产的使用寿命及摊销方法与以前估计不同的，可改变其摊销期限和摊销方法。

6.2.10 长期待摊费用的确认和计量

长期待摊费用是指已经支出且金额大于3万元，且受益期限在1年以上(不含1年)的各项费用，长期待摊费用在受益期限内平均摊销，受益期限不能预测的，按3年摊销。如果长期待摊费用项目不能使以后会计期间受益的，则将其尚未摊销的摊余价值全部转入当期损益。

6.2.11 收入的确认和计量

本公司收入是在与交易相关的经济利益很可能流入本企业，且有关收入的金额可以可靠地计量时，按以下原则确认。

6.2.11.1 利息收入

6.2.11.1.1 发放贷款和垫款利息收入

按照客户使用本公司货币资金的时间和实际利率计算确定。实际利率与合同约定利率差别较小的，按合同约定利率确认为当期收入。

6.2.11.1.2 存放同业利息收入

活期存款按结息日实际收到的金额计入利息收入；定期存款按存款利率和存款时间计算确认利息收入。

6.2.11.2 手续费及佣金收入

6.2.11.2.1 信托报酬收入

被动管理型信托业务的报酬收入按有关合同、协议规定的时间和方法确认信托报酬收入的实现。主动管理型信托业务的报酬收入按信托存续期间平均分摊确认收入。

6.2.11.2.2 基金管理费收入

按基金业务存续期间平均分摊确认收入。

6.2.11.2.3 直销费收入

按照有关合同或协议约定，在项目发行完毕并收到相关款项时确认收入。

6.2.11.3 其他业务收入

其他业务收入包括财务顾问及咨询费收入，按照有关合同或协议约定，在向客户提供相关服务并收到款项时确认收入。

6.2.11.4 投资收益

公司持有交易性金融资产期间取得的利息或现金股利确认为当期收益；处置交易性金融资产时其公允价值与初始入账金额之间的差额，确认为投资收益，同时调整公允价值变动收益。

采用成本法核算的长期股权投资，被投资单位宣告分派的现金股利或利润，确认为当期投资收益；采用权益法核算的长期股权投资，根据被投资单位实现的净利润或经调整的净利润计算应享有的份额确认投资收益。

6.2.12 所得税的会计处理方法

公司的所得税采用资产负债表债务法核算。当公司的可抵扣暂时性差异在可预见的未来很可能转回且未来很可能获得用来抵扣可抵扣暂时性差异的应纳税所得额时，确认递延所得税资产；当公司存在应纳税暂时性差异时，确认为递延所得税负债。

在资产负债表日，对于当期和以前期间形成的当期所得税负债(或资产)，按照税法规定计算的预期应交纳(或返还)的所得税金额计量；对于递延所得税资产和递延所得税负债，根据税法规定，按照预期收回该资产或清偿该负债期间的适用税率计量。

资产负债表日，公司对递延所得税资产的账面价值进行复核。除企业合并、直接在所有者权益中确认的交易或者事项产生的所得税外，公司当期所得税和递延所得税作为所得税费用或收益计入当期损益。

6.3 或有事项说明

报告期内本公司无对外担保及其他或有事项。

6.4 重要资产转让及其出售的说明

报告期内本公司无重要资产转让及出售事项。

6.5 会计报表中重要项目的明细资料

6.5.1 固有资产经营情况

6.5.1.1 信用风险资产五级分类情况

信用风险资产五级分类	正常类（万元）	关注类（万元）	次级类（万元）	可疑类（万元）	损失类（万元）	信用风险资产合计（万元）	不良资产合计（万元）	不良资产率（%）
期初数	669 599.03	—	—	—	—	669 599.03	—	—
期末数	688 705.50	—	—	—	—	688 705.50	—	—

6.5.1.2 资产损失准备情况

单位：万元

	期初数	本期计提	本期转回	本期注销	期末数
贷款损失准备	200.00	-113.60	-20.00	—	106.40
一般准备	200.00	-113.60	-20.00	—	106.40
专项准备	—	—	—	—	—
其他资产减值准备	26 453.22	3 085.64	26 338.06	3 054.50	146.29
可供出售金融资产减值准备	26 338.06		26 338.06	—	—
持有至到期投资减值准备	—	—	—	—	—
长期股权投资减值准备	—	—	—	—	—
坏账准备	115.16	3 085.64	—	3 054.50	146.29
投资性房地产减值准备	—	—	—	—	—

6.5.1.3 股票投资、基金投资、债券投资、股权投资等投资业务情况

单位：万元

	自营股票	基金	债券	长期股权投资	其他投资	合计
期初数	—	—	—	—	688 097.71	688 097.71
期末数	—	—	—	—	533 961.70	533 961.70

6.5.1.4 公司当年的收入结构

6.5.1.4.1 母公司收入结构

收入结构	金额（万元）	占比（%）
手续费及佣金收入	138 325.82	59.86
其中：信托手续费收入	138 325.82	59.86
投资银行业务收入	—	—
利息净收入	-10 968.33	-4.75
其他业务收入	33 314.58	14.42
其中：计入信托业务收入部分	33 314.58	14.42
投资收益	77 943.09	33.73
其中：股权投资收益	—	—
证券投资收益	—	—
其他投资收益	77 943.09	33.73
公允价值变动收益	-7 517.98	-3.25
汇兑收益	—	—
其他收益	—	—
营业收入合计	231 097.19	100.00
营业外收支净额	384.63	—
收入合计	231 481.82	—

6.5.1.4.2 合并收入结构

收入结构	金额（万元）	占比（%）
手续费及佣金收入	138 325.82	59.02
其中：信托手续费收入	138 325.82	59.02
投资银行业务收入	—	—
利息净收入	-10 964.46	-4.68
其他业务收入	33 314.58	14.22
其中：计入信托业务收入部分	33 314.58	14.22
投资收益	77 933.22	33.25
其中：股权投资收益	—	—
证券投资收益	—	—
其他投资收益	77 933.22	33.25
公允价值变动收益	-4 130.85	-1.76
汇兑收益	-126.42	-0.05
其他收益	—	—
营业收入合计	234 351.89	100.00
营业外收支净额	384.63	—
收入合计	234 736.51	—

6.5.2 信托资产管理情况

6.5.2.1 信托资产的期初数、期末数

单位：万元

信托资产	期初数	期末数
集合类	13 320 164.19	16 343 807.50
单一类	4 818 103.50	3 283 136.52
财产权类	643.53	13 686.78
合计	18 138 911.22	19 640 630.80

6.5.2.1.1 主动管理型信托业务的信托资产期初数、期末数

单位：万元

主动管理型信托资产	期初数	期末数
证券投资类	316 004.55	668 711.49
股权投资类	1 886 259.32	2 477 845.84
融资类	3 455 567.20	6 390 356.55
事务管理类	—	—
其他投资	8 499 460.47	7 346 383.46
合计	14 157 291.54	16 883 297.34

6.5.2.1.2 被动管理型信托业务的信托资产期初数、期末数

单位：万元

被动管理型信托资产	期初数	期末数
证券投资类	—	—
股权投资类	—	—
融资类	—	—
事务管理类	3 981 619.68	2 757 333.46
其他投资	—	—
合计	3 981 619.68	2 757 333.46

6.5.2.2 本年度已清算结束的信托项目个数、实收信托合计金额、加权平均实际年化收益率

6.5.2.2.1 本年度已清算结束的集合类、单一类资金信托项目和财产管理类信托项目个数、实收信托金额、加权平均实际年化收益率

已清算结束信托项目	项目个数(个)	实收信托合计金额(万元)	加权平均实际年化收益率(%)
集合类	42	3 862 608.10	6.5250
单一类	28	1 328 963.41	5.3470
财产管理类	—	—	—

注:1. 收益率是指信托项目清算后,给受益人赚取的实际收益水平。
2. 加权平均实际年化收益率 =(信托项目 1 的实际年化收益率 × 信托项目 1 的实收信托 + 信托项目 2 的实际年化收益率 × 信托项目 2 的实收信托 +… + 信托项目 n 的实际年化收益率 × 信托项目 n 的实收信托)/(信托项目 1 的实收信托 + 信托项目 2 的实收信托 +… + 信托项目 n 的实收信托) ×100%。

6.5.2.2.2 本年度已清算结束的主动管理型信托项目个数、实收信托合计金额、加权平均实际年化收益率

已清算结束信托项目	项目个数(个)	实收信托合计金额(万元)	加权平均实际年化收益率(%)
证券投资类	2	194 480.00	-5.1313
股权投资类	14	1 166 620.00	7.1714
融资类	17	2 249 528.10	7.3704
其他投资	8	157 980.00	4.1214
事务管理类	—	—	—

6.5.2.2.3 本年度已清算结束的被动管理型信托项目个数、实收信托合计金额、加权平均实际年化收益率

已清算结束信托项目	项目个数(个)	实收信托合计金额(万元)	加权平均实际年化收益率(%)
证券投资类	—	—	—
股权投资类	—	—	—
融资类	—	—	—
事务管理类	29	1 422 963.41	5.4183

6.5.2.3 本年度新增的集合类、单一类和财产管理类信托项目个数、实收信托合计金额

新增信托项目	项目个数(个)	实收信托合计金额(万元)
集合类	165	22 638 903.14
单一类	5	1 673 667.18
财产管理类	1	13 000.00
新增合计	171	24 325 570.32
其中:主动管理型	166	24 257 570.32
被动管理型	5	68 000.00

注:本年新增信托项目指在本报告年度内累计新增的信托项目个数和金额,包含本年度新增并于本年度内结束的项目和本年度新增至报告期末仍在持续管理的信托项目。

6.6 关联方关系及其交易的披露

6.6.1 关联交易方的数量、关联交易的总金额及关联交易的定价原则等

项目	关联交易方数量(个)	关联交易金额(万元)	定价原则
合 计	19	-950 348.94	市场公允价格

6.6.2 关联交易方情况

关系	关联方名称	法定代表人	注册地	注册资本(万元)	主营业务
控股股东	武汉中央商务区股份有限公司	卢志强	武汉市江汉区	3 801 803.32	房地产开发、商品房销售等
同一控股股东	浙江泛海建设投资有限公司	李强	杭州市江干区	180 000.00	房地产开发
非控股股东	北京首都旅游集团有限责任公司	宋宇	北京市朝阳区	442 523.23	旅游业及现代化服务业
间接控股股东	泛海控股股份有限公司	卢志强	北京市东城区	519 620.07	投资及投资管理;资产管理;经营房地产业务及物业管理等
间接控股股东	通海控股有限公司	卢志强	北京市朝阳区	21 000.00	实业投资、资产管理;经济技术管理咨询等
间接控股股东	中国泛海控股集团有限公司	卢志强	北京市东城区	2 000 000.00	资本经营、资产管理
同一控股股东	通海投资集团有限公司	余政	上海市黄浦区	1 000 000.00	资产管理、项目投资等
同一控股股东	亚太财产保险有限公司	臧炜	深圳市福田区	400 138.30	财产损失保险等
同一实际控制人	泛海物业管理有限公司	潘瑞平	北京市朝阳区	5 000.00	物业管理
同一实际控制人	泛海物业管理武汉有限公司	郑翼龙	武汉市江汉区	1000.00	物业管理
同一实际控制人	泛海能源控股股份有限公司	李明海	北京市东城区	200 000.00	能源、资源投资及管理
同一实际控制人	海墨文化传媒股份有限公司	杨科	天津自贸试验区	200 000.00	电影摄制发行、广播电视节目制作等
同一实际控制人	北京经观文化传媒有限公司	刘坚	北京市房山区	5000.00	广告服务
同一实际控制人	泛海经观广告传媒有限公司	吴立峰	武汉市江汉区	5000.00	传媒项目策划,媒体广告的设计、制作、发布
同一实际控制人	泛海实业股份有限公司	卢志壮	潍坊市高新区	2 400 000	自有资产投资、参股、控股;房地产及基础设施项目的投资、开发经营
同一实际控制人	泛海酒店投资管理有限公司	刘金燕	北京市东城区	10 000	投资管理、酒店管理、企业管理、经济信息咨询
同一实际控制人	武汉中央商务区运营发展有限公司	张喜芳	武汉市江汉区	100 000	办公用房、商业用房租赁、物业管理、酒店管理
公司董事任职	中国民生银行股份有限公司天津分行	李稳狮	天津市和平区	—	吸收公众存款;发放短期、中期和长期贷款等
公司董事任职	中国民生银行股份有限公司	洪崎	北京市西城区	2 836 558.52	吸收公众存款;发放短期、中期和长期贷款等

6.6.3　本公司与关联方的重大交易事项

6.6.3.1　固有与关联方交易情况

单位：万元

项目	期初数	借方发生数	贷方发生数	期末数
贷款	—	—	—	—
投资	—	—	—	—
租赁	1 427.91	5 230.20	5 033.32	1 624.80
担保	—	—	—	—
应收账款	—	—	—	—
其他	44.63	751.76	755.97	40.43
合 计	1 472.54	5 981.97	5 789.29	1 665.22

6.6.3.2　信托与关联方交易情况

单位：万元

项目	期初数	本期发生额	期末数
关联方投入信托本金	1 699 452.00	−41 698.60	1 657 753.40
向关联方分配信托收益	—	74 096.59	—
向关联方支付费用	—	621.11	—

6.6.3.3　公司固有资金运用于本公司管理的信托项目和基金（固信交易）交易金额，本公司管理的信托、基金项目之间的相互（信信交易）交易金额，包括余额和本报告年度的发生额

6.6.3.3.1　固有资金与本公司管理的信托财产之间的交易

单位：万元

项目	期初数	本期发生额	期末数
投资本金	804 370.00	10 734.31	815 104.31
投资收益	—	63 882.56	—

6.6.3.3.2　固有资金与本公司管理的基金财产之间的交易

单位：万元

项目	期初数	本期发生额	期末数
投资本金	524 516.44	−184 667.44	339 849.00
投资收益	—	13 929.24	—

6.6.3.3.3　本公司管理的信托、基金项目之间的交易

单位：万元

项目	期初数	本期发生额	期末数
合计	2 719 009.41	−893 228.68	1 825 780.73

7. 财务情况说明书

7.1　利润实现和分配情况

7.1.1　母公司情况

2019 年公司实现净利润 90 446.82 万元，根据《公司章程》《金融企业准备金计提管理办法》《信托公司管理办法》的规定，提取法定盈余公积金 9 044.68 万元、提取风险资产一般准备金 −2 432.98 万元、提取信托赔偿准备金 4 522.34 万元；2019 年末可供股东分配利润累计为 1 275 127.79 万元。

7.1.2　合并情况

2019 年公司实现合并报表口径净利润 93 344.37 万元，提取法定盈余公积金 9 044.68 万元、提取风险资产一般准备金 −2 432.98 万元、提取信托赔偿准备金 4 522.34 万元。

7.2　主要财务指标

指标名称	指标值（母公司）	指标值（合并）
资本利润率（ROE）（%）	8.49	8.77
信托年化报酬率（%）	0.81	0.81
人均净利润（万元）	173.19	178.74

注：1. 资本利润率 = 净利润/所有者权益平均余额 ×100%。

2. 信托报酬率 = 信托业务收入/实收信托平均余额 ×100%。

3. 人均净利润 = 净利润/年平均人数。

4. 平均值采取年初、年末余额简单平均法，公式为 a（平均）=（$a0/2 + a1 + a2 + a3 + a4/2$）/4。

7.3　对本公司财务状况、经营成果有重大影响的其他事项

报告期内无上述事项。

8. 特别事项揭示

8.1　前五名股东报告期内变动情况及原因

2019 年 8 月，因中国康辉旅游集团有限公司股权转让，公司股东变更为 5 名，北京首都旅游集团有限责任公司持股比例升至 6.4500%。该股权变更已经北京银保监局核准批复（京银保监复[2019]666 号）。

8.2　董事、监事及高级管理人员变动情况及原因

2019 年 7 月 19 日，经职工代表大会 2019 年第一次会议审议通过，选举欧阳燕红、马世崧、李世朝为公司第三届监事会职工监事。吴斌不再担任公司职工监事。

2019 年 8 月 26 日，经公司 2019 年第二次临时股东会审议通过，选举张博、张喜芳、赵英伟、马骅、舒高勇、田吉申、陈基建、李源光为第三届董事会董事，选举刘纪鹏、严法善、张金清、王建新为第三届董事会独立董事。卢志强、李明海、王彤、陈怀东不再担任公司董事，齐逢昌、田忠华不再担任公司独立董事。选举宋宏谋、程果琦、刘国升、冯壮勇、赵岩、张冬梅为公司第三届监事会监事。赵英伟、刘冰、李能、石磊不再担任公司监事。

2019 年 8 月 26 日，经公司第三届监事会第一次会议审议通过，由宋宏谋担任监事会主席，赵英伟不再担任监事会主席；程果琦担任监事会副主席，宋宏谋不再担任监事会副主席。

2019 年 10 月 18 日，经第三届董事会第一次会议审议通过，由张博担任董事长，卢志强不再担任董事长；由张喜芳、赵英伟担任副董事长，李明海、张博不再担任副董事长；由田吉申担任公司总裁，张博不再担任公司总裁；陈基建担任公司首席风险控制总监，田吉申不再担任首席风险控制总监；林德琼担任公司首席稽核总监，王彤不再担任首席稽核总监；陈基建担任公司执行副总裁，林德琼不再担任执行副总裁；肖燕明担任公司助理总裁，李永平不再担任助理总裁；裘骆红拟任公司董事会秘书。

2019 年 12 月 25 日，经第三届董事会第二次会议审议通过，拟聘任王少洁担任公司助理总裁。

除上述事项外，报告期内无其他应揭示事项。

8.3　变更注册资本、注册地或公司名称及公司分立合并事项

报告期内无上述事项。

8.4　公司的重大诉讼事项

报告期内无上述事项。

8.5　公司及其董事、监事和高级管理人员受到处罚的情况

2019 年 11 月 19 日，公司收到《北京银保监局行政处罚决定书（中国民生信托有限公司）》（京银保监罚决字[2019]52 号）。

8.6　中国对银保监会及其省级派出机构所提监管意见的整改情况

报告期内，银保监会及其省级派出机构未对我公司开展现场检查。

8.7　重大事项临时报告情况

2019 年 4 月 16 日，公司在《证券时报》B1 版发布《中国民生信托有限公司修改〈公司章程〉的公告》。

2019 年 9 月 10 日，公司在《证券时报》B16 版发布《中国民生信托有限公司修改〈公司章程〉的公告》。

8.8　消费者权益保护工作

2019 年，公司董事会将消费者权益保护作为企业文化建设和发展战略的重要内容之一，从总体规划上指导消费者权益保护工作委员会认真开展消费者权益保护工作，实现消费者权益保护和公司经营的协调发展。

2019 年，公司经营层不断优化消费者权益保护组织架构，升级和完善公司消费者保护体系。与此同时，公司贯彻监管部门要求，切实落实保护消费者权益，及时有效地解决客户投诉，完善客户投诉机制，提高投诉处理效率。公司持续加大消费者权益保护的舆情监督，就重点事件积极采取应对措施，防范和化解声誉风险，并积极开展了“消费者权益保护教育宣传周活动”“金融知识普及月金融知识进万家”等宣传活动，通过线上线下相结合的方式，向投资者普及法律法规、揭示市场风险、提高投资者保护自身权益的意识和能力，让投资者的合法权益得到有效的保障。

8.9　社会责任履行情况

公司始终秉持“得益于社会，奉献于社会”的核心价值观。自 2019 年以来，在严防风险底线的前提下，公司始终秉持回归本源、服务实体经济的发展思路，致力于为优质企业和客户提供多样化金融服务，同时积极拥抱新兴产业，响应国家扶贫号召，积极参与多项定点扶贫项目。

2019 年，为切实响应服务实体经济的发展战略，公司积极投身国家船舶工业和航运事业、高端制造业、新能源汽车、新一代信息技术产业、乡村振兴项目等实体经济中，不懈探索金融资本与产业资本高质量协同发展的道路。

为落实习主席关于“坚决打赢脱贫攻坚战”的指示精神，公司出资参与甘肃精准扶贫项目，旨在促进甘肃省临洮县、和政县扶贫事业的发展；同时，参与内蒙古呼伦贝尔精准扶贫项目，旨在支持内蒙古自治区呼伦贝尔市脱贫攻坚事业，帮助呼伦贝尔市的贫困群众，以及存在返贫隐患的低收入农户；2019 年，公司积极响应天津市委、滨海新区区委助力西部地区脱贫攻坚“升级加力”的要求，聚焦“两不愁三保障”突出问题，踊跃参与“万企帮万村”“动员社会力量助力西部地区脱贫攻坚”等活动，荣获了“‘助力脱贫攻坚、践行光彩事业’先进单位”称号。

在职工权益保护方面，公司 2019 年共组织员工培训 58 场，参训 2 612 人次，培训主题覆盖企业文化、政策制度、业务技能、合规管理等，员工通过参与各项专业培训、座谈会、交流会，提升了专业能力，获得了认同感与归属感。本年度公司制定并印发了《中国民生信托有限公司福利实施办法》，丰富了员工福利体系。公司通过为员工提供节日慰问、生日祝福、疾病慰问、婚育礼金，组织丰富多彩的员工活动等，提升员工福利水平。同时还为员工投保了补充医疗保险、意外伤害险两种商业保险，每年组织员工进行健康体检，每月为员工提供午餐补贴和通信补贴等。

在客户和消费者权益保护方面，公司始终坚持“以客户为中心”的服务理念，忠实履行受托责任，不断深化客户服务体制改革，提升客户服务品质。结合业务部门操作指引，为客户推荐符合其资金需求的信托产品，从而拓宽了产品投研领域，打造立体营销战略，多层次、全方位满足客户实际需求。2019 年，公司北京地区累计举办金融知识宣教活动 3 次，发放宣传材料 1 000 余册，受众 1 000 余人，这些活动切实增加了客户的金融知识储备，从而使客户们能够更快捷、更高效地掌握金融投资理念，提高保护自身权益的意识和能力。2019 年公司对新老客户进行了抽样客户满意度调查，整体客户满意度得分为 92 分，达到了公司客户满意度服务质量目标。

8.10　中国银保监会及其省级派出机构认定的其他有必要让客户及相关利益人了解的重要信息

报告期内无上述事项。

9. 公司监事会意见

公司建立了较为完善的公司法人治理结构，进一步加强了内部控制和风险管理的体系建设，优化了内部管理制度、业务流程和审计稽核制度。公司决策事项程序合法，公司董事及高级管理人员能够按照有关法律、法规、《公司章程》及监管部门的要求，认真履行相关职责，勤勉工作，积极维护股东利益、公司利益和客户利益。

公司财务管理制度及会计制度运行规范，会计处理严格遵循《企业会计准则》和国家有关法规的规定。公司审计稽核制度运行有效，能够及时预防、发现及纠正公司经营过程中可能出现的重大问题。

中海信托股份有限公司

1. 重要提示

1.1 本公司董事会及董事保证本报告所载资料不存在任何虚假记载、误导性陈述或者重大遗漏,并对其内容的真实性、准确性和完整性承担个别及连带责任。

1.2 公司独立董事声明:保证本报告内容的真实、准确、完整。

1.3 立信会计师事务所对本公司出具了标准无保留意见的审计报告。

1.4 公司董事长黄晓峰先生、总裁张德荣先生、财务总监刘显忠先生、会计机构负责人朱玲女士声明:保证年度报告中财务报告的真实、完整。

2. 公司概况

2.1 公司简介

中海信托股份有限公司(以下简称中海信托或公司)是由中国海洋石油集团有限公司(以下简称中国海油)和中国中信有限公司(以下简称中信有限)共同投资设立的国有非银行金融机构。

1988年7月,中国国际信托投资公司独家发起设立公司前身中信上海公司。

1993年2月,公司更名为中信上海信托投资公司。

1997年9月,中国海油增资入股1.5亿元,公司改制并更名为中海信托投资有限责任公司。公司注册资本为2.5亿元,其中,中国海油出资60%,中信集团(中信有限前身)出资40%。

1999年11月,中国海油与中信集团按原出资比例增加资本金2.5亿元,增资后公司注册资本为5亿元。

2002年2月,经中国人民银行批准重新登记,公司成为国内首批获准重新登记的信托投资公司之一。

2004年7月,公司成功实施中信集团以退股冲减不良资产、中国海油增资扩股方案,注册资本增加至8亿元,中国海油与中信集团分别持有95%和5%的股权。

2007年7月,中国海油与中信集团按原出资比例增加资本金4亿元,公司注册资本增加至12亿元。

2007年9月,公司更名为中海信托有限责任公司,成为信托业"新两规"出台后较早换取新牌照的信托公司之一。

2007年12月,公司整体改制为股份有限公司,名称变更为中海信托股份有限公司。

2011年11月,公司注册资本增至25亿元,资本实力进一步增强。公司股权结构保持不变,中国海油和中信集团各持95%和5%股份。

2012年12月,公司股东中信集团变更为中国中信股份有限公司。本次股权变更后,公司注册资本与股权结构保持不变。

2013年11月,公司办公场所由"上海市黄浦区中山东二路15号7楼"迁至"上海市黄浦区蒙自路763号36楼"。

2014年10月,因中信集团整体上市,公司股东中国中信股份有限公司更名为中国中信有限公司。

2017年11月,公司股东中国海洋石油总公司改制为国有独资公司,并正式更名为中国海洋石油集团有限公司。

中海信托秉承"诚信稳健、忠人所托"的经营理念,坚持"风控优先"的业务发展路径,经过多年的探索和实践,资产管理能力持续提升。截至2019年末,公司管理信托资产余额3 063.43亿元,全年累计管理信托资产规模为5 116.15亿元。2019年实现营业收入为11.24亿元,利润总额为9.17亿元,人均净利润为362.34万元,连续16年保持固有资产不良率为零。

2.1.1 公司情况简表

公司名称(简称)	中海信托股份有限公司(中海信托)
公司英文名称(缩写)	Zhonghai Trust Co., Ltd.(ZHTRUST)
公司法定代表人	张德荣
主要注册地址	上海市黄浦区蒙自路763号36楼
公司网站	http://www.zhtrust.com

2.1.2 主要联系人及联系方式

信息披露负责人	刘显忠
联系电话	021-23191688
传真	021-63086070
电子信箱	zhtrust@cnooc.com.cn
联系地址	上海市黄浦区蒙自路763号36楼
邮政编码	200023

2.1.3 其他事项

2.1.3.1 公司选定《中国证券报》《上海证券报》《证券时报》作为本次信息披露的报纸。公司年报全文将备置在公司营业场所及网站供查询。

2.1.3.2 公司年报审计会计师事务所:立信会计师事务所(特殊普通合伙)

联系地址:北京市朝阳区安定路5号院7号楼中海国际中心A座17-20层

邮政编码:100029

2.1.3.3 公司常年法律顾问:上海市锦天城律师事务所

联系地址:上海市浦东新区银城中路501号上海中心大厦9楼、11楼、12楼

邮政编码:200120

2.2 组织结构

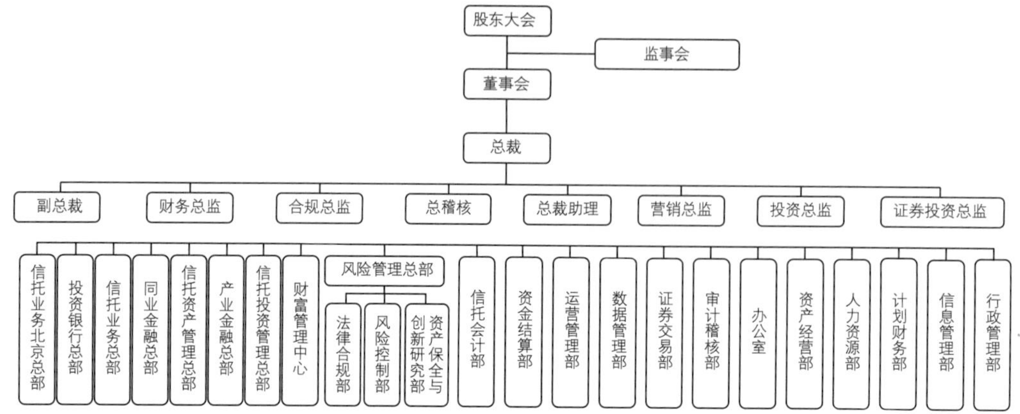

3. 公司治理

3.1 股东

股东总数:2 家。

股东报告期末股份总数:2 500 000 000 股。

股东名称	持股比例（%）	法人代表	注册资本（亿元）	注册地址	主要经营业务
中国海洋石油集团有限公司★	95	汪东进	1 138	北京市东城区朝阳门北大街 25 号	组织石油、天然气、煤层气、页岩油、页岩气勘探、开发、生产及销售，石油炼制，石油化工和天然气的加工利用及产品的销售和仓储，液化天然气项目开发、利用，石油、天然气管道管网输送，化肥、化工产品的开发、生产和销售及相关业务，为石油、天然气及其他地矿产品的勘探、开采提供服务，工程总承包，与石油天然气的勘探、开发和生产相关的科技研究、技术咨询、技术服务和技术转让，原油、成品油进口，补偿贸易、转口贸易；汽油、煤油、柴油的批发（限销售分公司经营，有效期至 2022 年 02 月 20 日）；承办中外合资经营；合作生产；机电产品国际招标；风能、生物质能、水合物、煤化工和太阳能等新能源生产、销售及相关服务（企业依法自主选择经营项目，开展经营活动；依法须经批准的项目，经相关部门批准后依批准的内容开展经营活动；不得从事本市产业政策禁止和限制类项目的经营活动）。
中国中信有限公司	5	朱鹤新	1 390	北京市朝阳区新源南路 6 号	投资和管理金融业，包括：投资和管理境内外银行、证券、保险、信托、资产管理、期货、租赁、基金、信用卡等金融类企业及相关产业；投资和管理非金融业，包括：（1）能源、交通等基础设施；（2）矿产、林木等资源开发和原材料工业；（3）机械制造；（4）房地产开发；（5）信息产业：信息基础设施、基础电信和增值电信业务；（6）商贸服务及其他产业：环境保护；医药、生物工程和新材料；航空、运输、仓储、酒店、旅游业；国际贸易和国内贸易、进出口业务、商业；教育、出版、传媒、文化和体育；咨询服务；向境内外子公司发放股东贷款；资本运营；资产管理；境内外工程设计、建设、承包及分包和劳务输出，及经批准的其他业务（该企业于 2014 年 7 月 22 日由内资企业转为外商投资企业；依法须经批准的项目，经相关部门批准后依批准的内容开展经营活动）。

注：公司控股股东中国海油直属于国务院国有资产监督管理委员会，中信有限为中国中信股份有限公司（SEHK：00267）全资子公司，后者最终控股股东为中国中信集团有限公司，由财政部代表国务院履行出资人职责。

3.2 董事、董事会及其下属委员会

董事长、副董事长、董事

姓名	职务	性别	年龄（岁）	选任日期	所推举的股东名称	该股东持股比例（%）	简要履历
黄晓峰	董事长	男	54	2018 年 9 月	中国海油	95	自 2003 年 4 月起任中海石油有限公司资金融资部副总监；自 2004 年 10 月起任中国海洋石油有限公司资金融资部代理总监；自 2005 年 4 月起任中国海洋石油有限公司资金融资部总经理；自 2011 年 12 月起任中海石油财务有限责任公司总经理；自 2015 年 7 月至今任公司党委书记；自 2016 年 3 月起任公司总裁；自 2018 年 12 月至今任公司董事长。

续表

姓名	职务	性别	年龄（岁）	选任日期	所推举的股东名称	该股东持股比例（%）	简要履历
王　华	董事	女	43	2017年9月	中信有限	5	自2001年7月起任中信公司财务部财务管理处副主管；自2004年5月起任中国中信集团公司财务部财务计划处高级财务分析师；2011年12月起任中国中信股份有限公司财务部财务计划处高级财务分析师；2012年8月起任中国中信集团有限公司财务部税务处处长；2016年8月至今，任中国中信集团有限公司财务部总经理助理兼税务处处长。
张芙雅	董事	女	51	2019年6月	中国海油	95	自2008年12月起任中海石油（中国）有限公司资金融资部结算中心主任；自2010年12月起任中海石油（中国）有限公司资金融资部资金结算中心主任，兼现金管理处处长（经理）；自2012年1月起任中国海洋石油总公司（有限公司）资金部集团现金管理处处长；2013年8月起任中国海洋石油总公司（有限公司）资金部副总经理；2016年6月至2018年6月任中海石油化工进出口有限公司财务总监；2018年6月至今，任中国海洋石油集团有限公司（有限公司）资金部总经理。
张德荣	董事	男	55	2018年10月	中国海油	95	自2007年12月起任中海信托股份有限公司独立董事（2011年2月离任）；自2010年8月起任大业信托有限责任公司副总经理兼首席风控官；2013年7月起任公司副总裁；自2016年8月起兼任公司合规总监（2019年3月起不再兼任）；自2017年起任公司党委委员；2018年12月起任公司总裁。
杨　楠	董事	男	44	2019年6月	中国海油	95	自1997起先后担任解放军空军航材设备研究所助理工程师，北京万发企业发展公司办公室副主任，中海石油财务有限责任公司综合协调主管、综合管理部经理、总经理助理、总信息师、工会主席；自2017年9月起，任公司党委副书记，自2018年2月起，任公司副总裁、总信息师。

注："选任日期"以公司内部有权机关选任董事、监事、高管时间为口径进行统计。下同。

独立董事

姓名	所在单位及职务	性别	年龄（岁）	选任日期	所推举的股东名称	该股东持股比例（%）	简要履历
张秉训	退休	男	70	2017年9月	—	—	自1993年11月起任中国证券市场研究设计中心（联办）研究开发部主任；自1997年7月起任中国银行发展规划部副总经理；自1998年7月起任中银国际研究公司（香港）总经理；自2001年1月起任中银国际英国公司（伦敦）总经理；自2002年11月起任中银国际研究公司（香港）总经理；自2004年1月起任中国银行重组上市办公室副总经理；自2006年11月起任中国银行金融机构部总经理；自2008年5月起任中国银行董事会秘书；2012年10月正式退休。
徐丹	退休	女	65	2017年9月	—	—	自1993年12月起任中国石化上海金山实业公司财务处副处长；自1997年10月起任上海金山实业投资发展有限公司总会计师；自1999年12月起任上海市金山区财政局党组成员、副局长；自2000年4月起任中国石化上海浦东开发办财务处长；自2003年10月起任上海工业投资（集团）有限公司副总会计师；自2006年1月起任上海工业投资（集团）有限公司总会计师；2010年7月正式退休。
刘凯湘	北京大学法学院教授、博士生导师	男	55	2018年4月	—	—	1984年毕业于西南政法大学，获法学学士学位；1987年毕业于北京大学，获法学硕士学位；2001年毕业于北京大学，获法学博士学位；自1987年起在北京工商大学法学院任教；自1999年5月起至今在北京大学法学院任教，现为北京大学法学院教授、博士生导师。

3.3　监事、监事会及其下属委员会

监事会成员

姓名	职务	性别	年龄（岁）	选任日期	所推举的股东名称	该股东持股比例（%）	简要履历
金伟根	监事会主席	男	52	2020年4月	中国海油	95	自2010年1月起任中海石油（中国）有限公司审计监察部联合作业审计处处长（经理）；2011年8月起任中海石油乌干达有限公司副总裁；自2019年12月至今，任中国海洋石油集团有限公司专职监事。
陈素婷	监事	女	49	2017年9月	中信有限	5	自2011年5月起任中国中信集团有限公司稽核审计部主任助理兼审计管理处处长；自2015年7月至今，任中国中信集团有限公司稽核审计部海外分部总经理。
石枫	职工监事	女	37	2017年7月	职工监事	—	2007年加入中海信托股份有限公司，曾任稽核审计部副经理兼党委秘书；自2015年5月起任公司审计监察部总经理；自2019年10月起任公司审计稽核部总经理。

3.4 高级管理人员

高级管理人员

姓名	职务	性别	年龄（岁）	选任日期	金融从业年限（年）	学历	专业	简要履历
张德荣	党委委员 总裁	男	55	2018 年 9 月	31	硕士研究生	北京大学 法学理论专业	自 2007 年 12 月起任中海信托股份有限公司独立董事（2011 年 2 月离任）；自 2010 年 8 月起任大业信托有限责任公司副总经理兼首席风控官；自 2013 年 7 月起任公司副总裁；2016 年 8 月起兼任公司合规总监（自 2019 年 3 月起不再兼任）；自 2017 年起任公司党委委员；自 2018 年 12 月起任公司总裁。
刘显忠	党委委员 财务总监	男	55	2016 年 12 月	4	硕士研究生	中央财经大学 财政学专业	1994 年 5 月至 2005 年 6 月任中国海洋石油总公司计划财务部国资处资产评估岗职员、主管、信息处长、信息管理经理；2005 年 7 月至 2016 年 10 月，历任中海石油（中国）有限公司投资者关系部资本市场管理经理、处长；自 2016 年 12 月起，任公司党委委员、财务总监。
卓新桥	党委委员 副总裁	男	50	2017 年 4 月	21	硕士研究生	暨南大学 产业经济学专业	自 1997 年起，曾任工商银行广东省分行项目信贷处副主任科员、业务部副科长，中海石油财务公司惠州代表处经理、中海石油财务公司信贷租赁部经理、客户服务部经理等职务；自 2013 年 5 月起任公司总裁助理；自 2017 年 5 月起任公司党委委员、副总裁。
杨　楠	党委副书记 副总裁 总信息师	男	45	2017 年 11 月	15	硕士研究生	梅西大学 金融专业	自 1997 年起先后担任解放军空军航材设备研究所助理工程师，北京万发企业发展公司办公室副主任，中海石油财务有限责任公司综合协调主管、综合管理部经理、总经理助理、总信息师、工会主席；自 2017 年 9 月起，任公司党委副书记，自 2018 年 2 月起，任公司副总裁、总信息师。
张　悦	党委委员 合规总监	女	50	2019 年 3 月	15	硕士研究生	中国石油大学 管理工程专业	2005 年 9 月进入公司，历任计划财务部会计、计划财务部经理、稽核审计部经理、党办主任、信托事务管理总部总经理、纪委副书记、合规总监、总稽核；自 2019 年 3 月起任公司合规总监。
余庆军	总裁助理	男	48	2013 年 2 月	25	硕士研究生	南开大学 工商管理专业	自 1995 年起，先后任平安人寿天津分公司市场营销部业务主任、分公司经理，平安集团电子商务公司销售部北区区域总经理，平安人寿总公司银行保险事业部渠道合作室主任，海康人寿助理副总经理、团险总监、首席银保事业执行官；自 2013 年 6 月起任公司总裁助理、信托业务总部总经理。
李　健	营销总监	男	46	2013 年 6 月	18	硕士研究生	中国人民大学 投资银行专业	2008 年 10 月进入中海信托股份有限公司，历任信托业务一部部门副经理、经理，信托业务总部副总经理，目前任公司营销总监、信托业务北京总部总经理。
王一曼	投资总监	女	42	2013 年 6 月	15	硕士研究生	英国邓迪大学 石油财税专业	2005 年 3 月进入中海信托股份有限公司，历任信托业务部项目经理、托管部经理助理、部门经理、自有资金及信息管理部部门经理，目前担任公司投资总监、信托投资管理总部总经理。
舒小辛	证券投资 总监	男	59	2017 年 4 月	24	博士研究生	中国地质大学 岩石学专业	历任上海申信房产公司项目副经理，公司投资管理部业务经理、企业发展部业务经理、业务一部业务经理、资产管理一部信托高级经理、资产管理一部信托业务总监、资产管理一部部门经理、资产管理总部副总经理、信托资产管理总部总经理；自 2017 年 4 月起，任公司证券投资总监兼信托资产管理总部总经理；自 2019 年 5 月起任公司证券投资总监。

3.5 公司员工

公司员工

项目		报告期年度		上年度	
		人数（人）	比例（%）	人数（人）	比例（%）
年龄分布	20 岁以下	—	—	—	—
	20～29 岁	58	27.24	57	29.24
	30～39 岁	116	54.46	101	51.79
	40 岁以上	39	18.30	37	18.97
学历分布	博士研究生	4	1.88	4	2.05
	硕士研究生	134	62.91	116	59.49
	本科	74	34.74	73	37.44
	专科	1	0.47	2	1.02
	其他	—	—	—	—

续表

项目		报告期年度		上年度	
		人数（人）	比例（%）	人数（人）	比例（%）
岗位分布	董事长、高管人员	10	4.69	10	5.13
	自营业务人员	4	1.88	3	1.53
	信托业务人员	112	52.58	91	46.67
	其他人员	87	40.85	91	46.67

注：自营业务人员是指按照岗位分工，专门或至少主要从事固有资金使用和固有资产管理有关业务的职工；信托业务人员是指按照岗位分工，专门或主要从事信托资金使用和信托资产管理各项业务的职工；对于人力资源部等综合部门归为其他人员。

4. 经营管理

4.1 经营目标、经营方针、战略规划

4.1.1 经营目标

中海信托将结合自身特点和竞争优势，以服务实体经济、

回归信托本源和提升主动管理能力为战略发展方向，稳步推进业务转型和产品创新，努力把公司打造成具有鲜明业务特色和产品优势、受人信赖和尊敬的国内一流信托公司。

4.1.2 经营方针

以保障委托人、受益人合法利益为最高准则，秉承"诚信稳健、忠人所托"的经营理念，建立和完善全面风险管理体系，完善金融服务功能，走创新型金融发展道路，追求风险可控的经济效益。

4.1.3 战略规划

公司有效结合行业发展趋势及自身比较优势，以风控优先、创新驱动、人才兴企、IT引领、集团服务等为着力点，分别制定了信托业务、风险管理、信息技术、人力资源等发展规划，稳步推进战略目标的实现。

4.2 所经营业务的主要内容

公司经营原中国银行业监督管理委员会核准的信托业务及自有业务。信托业务主要包括信托贷款、信贷资产证券化、结构化证券投资、私募股权基金、股权信托、财务顾问等业务。自有业务包括金融股权投资、证券投资、特定金融产品投资、存放同业、自用固定资产投资、贷款等业务。

4.2.1 自营资产运用与分布表

资产运用	金额（万元）	占比（%）	资产分布	金额（万元）	占比（%）
货币资金	26 856.91	3.78	基础产业	70 000.00	9.85
发放贷款	70 000.00	9.85	房地产业	—	—
交易性金融资产	55 878.29	7.87	证券市场	79 768.05	11.23
可供出售金融资产	203 128.37	28.60	实业	—	—
长期股权投资	304 877.77	42.92	金融机构	395 017.33	55.61
其他资产	49 600.78	6.98	其他	165 556.75	23.31
资产总计	710 342.13	100.00	资产总计	710 342.13	100.00

注：资产分布"其他"项主要包括信托产品投资115 955.97万元、买入返售金融资产40 000.00万元和递延所得税资产6 405.54万元等。

4.2.2 信托资产运用与分布表

资产运用	金额（万元）	占比（%）	资产分布	金额（万元）	占比（%）
货币资产	792 772.43	2.59	基础产业	4 716 500.00	15.40
贷款	5 219 863.67	17.04	房地产	452 872.00	1.48
交易性金融资产投资	7 419 381.56	24.22	其他实业	3 555 165.05	11.61
可供出售金融资产投资	14 184 940.97	46.30	证券市场	10 683 946.00	34.88
持有至到期投资	—	—	金融机构	10 994 614.11	35.89
长期股权投资	1 645 198.98	5.37	其他	231 180.09	0.75
其他	1 372 119.64	4.48	—	—	—
信托资产总计	30 634 277.25	100.00	信托资产总计	30 634 277.25	100.00

4.3 市场分析

4.3.1 有利因素

坚持服务实体经济、回归信托本源的基本定位以及信托文化的培育建设为信托业务市场发展壮大提供了强大的推动力。

随着金融市场改革的有序推进、金融监管政策的日益完善、金融供给侧改革的不断深化以及信托行业创新转型升级的持续探索，为公司提供了更广阔的业务拓展空间。

公司秉承"诚信稳健，忠人所托"的经营理念，风险控制体系日趋完善，专业化的资产管理团队成为公司可持续发展的基础。

公司以稳健经营和专业理财能力树立了良好的品牌形象，积累了一批优质机构客户和高净值个人客户资源，客户忠诚度较高。

4.3.2 不利因素

伴随行业监管趋严的态势，信托业将面临深度转型的压力。

随着资产管理业务监管规则和标准的统一，金融同业、行业内部的竞争日益激烈，公司原有业务模式将受到较大冲击。

4.4 内部控制

4.4.1 内部控制环境和内部控制文化

内部控制是指由公司董事会、监事会、管理层和全体员工实施的，通过制定和实施系统化的制度、流程和方法，实现控制目标的动态过程和机制。公司依据《公司法》《信托法》《信托公司管理办法》等有关法律法规、部门规章、《公司章程》的有关规定，制定《内部控制大纲》，作为公司内部控制的纲领性文件，为公司建立运行高效、控制严密的内部控制机制，制定合理、切实有效的各项内部控制制度提供指引。

公司按照现代企业制度和信托业务特点，建立健全治理结构，公司法人治理结构完善，建立了科学、清晰且符合公司特点的组织架构，前台、中台、后台形成有效的制衡机制，确保股东大会、董事会、监事会、管理层、公司内部各职能部门和机构职责明晰，各司其职，营造了健康的内部控制环境。

公司坚持以人为本，重视内控文化建设，积极倡导并培育员工的合规意识，强化合规理念、意识和行为准则，强化执行力文化建设。通过打造内控管理平台，实时发布公司最新内控制度，滚动发布内控宣贯简报、内控要点，集中开展内控宣贯等形式，加强内控宣贯，形成了良好的内部控制文化。

4.4.2 内部控制措施

公司将内控体系建设和全面风险管理体系构建与实施规划相融合，结合金融企业的特点，建立了一套由"制度—办法—细则"构成的相对成熟的内控制度体系（操作流程直接嵌入其中），由11大类、145项制度组成，具体包括党（团）建制度、公司治理制度、基本管理制度、固有资金运用管理制度、信托业务管理制度、财务会计管理制度、行政及综合管理制度、人力资源管理制度、信息系统管理制度、审计及纪检监察制度、相关业务指引十一个子系统，全面覆盖公司主要业务领域和日常管理领域。

公司根据业务发展、外部环境变化及监管要求实时滚动修订内控制度，逐步形成内控制度持续改进机制。同时，公司还建立了内部控制优化机制，在日常经营中不断改进风险管理手段与方法，完善风险识别、评估和控制措施。公司的内部控制措施不断完善，建立了多层次的分级有限授权制度；在开展具体业务时遵循前台、中台、后台分离的原则；在开办新业务前，均在公司内外部进行充分论证、沟通和调研，并遵循制度和流程先行的原则，确保了对潜在风险的有效防范和控制；通过明晰各部门职责，保证了内部运营体系的健康有效；以信息化建设为依托，逐步建立起覆盖各个业务领域的数据库和业务支持系统，有力地支持了公司业务的健康发展。

4.4.3　**信息交流与反馈**

公司建立起信息交流与反馈机制，搭建起畅通的信息交流渠道。

公司作为首批进行年报披露的信托公司，已连年在指定权威媒体公开公司年度经营信息和经营业绩，并通过公司官网及时、准确地披露公司经营的重大事项。

根据有关监管要求，对于集合资金信托业务、关联交易、董事高管更替等重大事项，公司均履行了完备的报备或报批手续。对于监管机构提出的问题或建议，公司均给予及时、详细的信息反馈或认真加以整改。

公司能够严格执行向委托人、受益人披露信托事务处理信息的有关制度，确保相关当事人的知情权。

4.4.4　**监督评价与纠正**

公司建立了有效的内部监督评价与纠正机制，对公司内控制度的建设及执行情况进行持续的监督，保证内控制度的有效贯彻和执行。公司风险管理和内部控制能够贯穿、覆盖到每一个部门、每一类业务和每一个员工，同时保持随时跟踪和监控。公司针对信托和自有业务制定了风险识别、计量、监测和控制的具体制度、程序和方法，全程监控业务运作的各个阶段。公司设立独立的审计稽核部，通过开展内部审计，对公司的经营活动和风险状况进行独立、客观的监督和评价，通过监督和检查发挥督导作用。同时，公司高度重视各项外部检查及审计工作，对内外部审计和各项检查中发现的问题能够及时整改，不断提升管理水平，切实改善公司经营管理。

公司每年定期开展内控检查评价工作，围绕内控制度建设及执行有效性，以风险为导向，充分考虑公司业务特点、重要风险管控环节确定评价内容及重点，内控检查评价结果报董事会最终审议。通过持续的内控评价，不断改进和完善内控体系，提高内控制度建设的健全性、合理性，促进各级管理者强化内控意识，严格贯彻落实各项控制措施，确保内控体系的有效运行。

4.5　风险管理

4.5.1　风险管理概况

风险控制体系和风险管理能力是金融企业最核心、最重要的能力之一，公司的理念是“只有风险可控的发展才是真正的可持续发展”。公司建立了较健全的风险控制组织结构和机制，形成了前台、中台、后台相分离、信托资金运作与自有资金运作相分离的风险管理框架。

风险管理组织结构见下图。

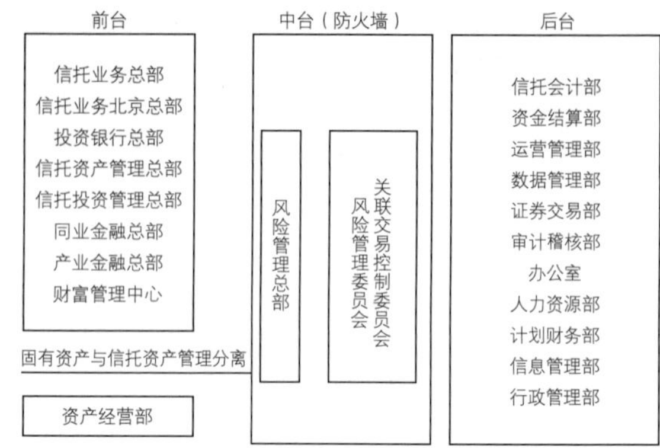

公司的前台由信托业务总部、信托业务北京总部、信托资产管理总部、信托投资管理总部、投资银行总部、同业金融总部、产业金融总部、资产经营部和财富管理中心构成，分别负责信托业务开拓、固有资产管理和财富销售管理。

公司的中台由风险管理总部和两个非常设的委员会组成，主要作用是集体决策和事中控制。风险管理总部的职责是建立健全内部风险管理体系，业务风险防控，风险环境评估等。两个委员会的主要职责是对公司业务和关联交易事项进行审议，并在相关授权范围内进行决策。公司制定了上述两个委员会的议事规则，明确了职责和议事程序。

公司的后台由信托会计部、资金结算部、运营管理部、数据管理部、证券交易部、审计稽核部、办公室、人力资源部、计划财务部、信息管理部和行政管理部构成，其职责是完成信托资金托管清算、财务核算、项目管理、数据管理、证券交易、审计监督、行政人事等后台支持。

截至2019年末，公司净资本为55.39亿元，风险资本为23.19亿元，净资本/各项业务风险资本之和为238.81%，净资本/净资产为87.37%。

4.5.2　风险状况

4.5.2.1　信用风险状况

信用风险是指交易对手未能履行约定契约中的义务而造成经济损失的风险。公司面临的信用风险具体表现为：在开展信托业务或固有业务时，交易对手或融资方违约造成的风险。2019年，信托行业风险频发，各家信托公司面临的信用风险主要是国际、国内复杂的经济形势加大了交易对手的信用风险；宏观经济政策的变化加大了公司对融资方信用风险判断的难度；公司选择项目、甄别客户、识别信用风险的工作量及压力大增，公司信用风险管理能力在复杂的经济形势中面临考验；交易对手经营活动出现较大变化，公司进行贷投后管理难度加大。

4.5.2.2　市场风险状况

市场风险是指由于证券价格波动、商品价格波动、利率变化、汇率变动等金融市场波动而导致公司自营或信托资产损失的风险。2019 年，公司密切关注各类市场风险，及时调整投资策略，市场风险可控。

4.5.2.3 操作风险状况

操作风险是指公司由于内部程序、人员、系统的不完善或失误，以及外部事件而导致公司自营或信托资产损失的风险。公司及时发现操作风险点，加强日常内控管理，2019 年未发生公司未发生因操作风险造成的直接或间接损失。

4.5.2.4 其他风险状况

公司面临的其他风险主要表现为法律风险与合规风险。法律风险是由于违反有关法律法规、监管规定及合同等原因可能造成经济损失或企业信誉损失的风险。合规风险是指因未能遵循法律、监管规定、规则、自律性组织制定的有关准则以及适用于自身业务活动的行为准则而可能遭受法律制裁或监管处罚、重大财务损失或声誉损失的风险。2019 年，公司合法合规经营，未因此导致任何财务损失或声誉损失。

4.5.3 风险管理

4.5.3.1 信用风险管理

公司按工作职能划分设立信托业务部门、资产经营部、风险管理总部、审计稽核部等部门，通过机构分离强化制衡机制；通过流程再造，标准化程序设计，完善了事前评估、事中控制、事后检查的风险控制流程；通过建立客户关系管理系统，持续关注交易对手的资信状况、履约能力及其变化，防范信用风险；通过实行重点客户、区域倾斜、保持一定程度的客户集中度，在依托各种信用增级手段的基础上，切实降低了信用风险；通过法律条款的设定，借助外部律师的专业意见，提高抵御信用风险的能力。

4.5.3.2 市场风险管理

对市场风险的控制主要通过定期对宏观经济运行和政策趋势、证券市场发展等方面进行跟踪研究，及时作出相关的研究报告，为投资决策提供依据等方式实现。公司对证券投资业务采用限额管理，确保市场风险控制在可以承受的合理范围内。市场风险限额包括交易限额、止损限额等，风险限额设定后不得随意突破。公司通过压力测试评估市场风险亏损承受能力。证券交易部门在制定主动管理的投资方案时明确各证券品种止损线、警示线、止盈线等量化指标，当证券类项目出现异常交易、跌破预警线或止损线时，由信托会计部发起通知流程，由各相关部门及时采取处置措施。

4.5.3.3 操作风险管理

公司已经建立了以恒生估值系统、SAP 系统等为核心的业务管理平台，业务开展及后台支持均通过上述平台完成，减少了手工操作失误可能导致的损失；公司部署了指令自动生成机器人、ABS 业务报表项目、网银流水机器人等，提升自动化应用水平，切实提高工作效率；逐步完善公司的内控制度，制定了各种业务管理办法和岗位职责制度，对公司每一项业务内容，均制定了操作细则和操作流程，明确流程中每一环节的责任及权限；对各个环节规定了严格的岗位标准，在强化目标管理的同时坚持过程控制，防范人为因素带来的经营风险。同时，公司依据行业监管要求从每年的税后利润中充分计提信托赔偿准备金，用以弥补由于公司的可能过失而导致的信托业务损失，充分保证受益人利益。

4.5.3.4 其他风险管理

公司所有重大合同均通过法律合规部审核同意，并出具独立的法律意见；重大、创新和复杂项目均聘请专业外部律师事务所进行审查，并出具无保留意见的法律意见书后方予实施。公司设有合规总监和总法律顾问，合规总监负责全面协调信托公司合规风险的识别和管理、监督合规管理部门履行职责，总法律顾问负责公司的法律事务管理工作、参与公司重大经营决策、并对相关法律风险提出意见等。目前，由合规总监代为履行总法律顾问的相应职责。

5. 报告期末及上一年度末的比较式会计报表

5.1 自营资产

5.1.1 会计师事务所审计意见全文

审 计 报 告

信会师报字[2020]第 ZG30032 号

中海信托股份有限公司全体股东：

一、审计意见

我们审计了中海信托股份有限公司（以下简称中海信托）财务报表，包括 2019 年 12 月 31 日的资产负债表，2019 年度的利润表、现金流量表、所有者权益变动表、资产减值准备情况表以及相关财务报表附注。

我们认为，后附的财务报表在所有重大方面按照企业会计准则的规定编制，公允反映了中海信托 2019 年 12 月 31 日的财务状况以及 2019 年度的经营成果和现金流量。

二、形成审计意见的基础

我们按照中国注册会计师审计准则的规定执行了审计工作。审计报告的“注册会计师对财务报表审计的责任”部分进一步阐述了我们在这些准则下的责任。按照中国注册会计师职业道德守则，我们独立于中海信托，并履行了职业道德方面的其他责任。我们相信，我们获取的审计证据是充分、适当的，为发表审计意见提供了基础。

三、管理层和治理层对财务报表的责任

中海信托管理层（以下简称管理层）负责按照企业会计准则的规定编制财务报表，使其实现公允反映，并设计、执行和维护必要的内部控制，以使财务报表不存在由于舞弊或错误导致的重大错报。

在编制财务报表时，管理层负责评估中海信托的持续经营能力，披露与持续经营相关的事项（如适用），并运用持续经营假设，除非计划进行清算、终止运营或别无其他现实的选择。

治理层负责监督中海信托的财务报告过程。

四、注册会计师对财务报表审计的责任

我们的目标是对财务报表整体是否不存在由于舞弊或错误导致的重大错报获取合理保证，并出具包含审计意见的审计报告。合理保证是高水平的保证，但并不能保证按照审计准则执行的审计在某一重大错报存在时总能发现。错报可能由于舞弊或错误导致，如果合理预期错报单独或汇总起来可能影响财务报表使用者依据财务报表作出的经济决策，则通常认为错报是重大的。

在按照审计准则执行审计工作的过程中，我们运用职业判断，并保持职业怀疑。同时，我们也执行以下工作：

（1）识别和评估由于舞弊或错误导致的财务报表重大错报风险，设计和实施审计程序以应对这些风险，并获取充分、适当的审计证据，作为发表审计意见的基础。由于舞弊可能涉及串通、伪造、故意遗漏、虚假陈述或凌驾于内部控制之上，未能发现由于舞弊导致的重大错报的风险高于未能发现由于错误导致的重大错报的风险。

（2）了解与审计相关的内部控制，以设计恰当的审计程序，但目的并非对内部控制的有效性发表意见。

（3）评价管理层选用会计政策的恰当性和作出会计估计及相关披露的合理性。

（4）对管理层使用持续经营假设的恰当性得出结论。同时，根据获取的审计证据，就可能导致对中海信托持续经营能力产生重大疑虑的事项或情况是否存在重大不确定性得出结论。如果我们得出结论认为存在重大不确定性，审计准则要求我们在审计报告中提请报表使用者注意财务报表中的相关披露；如果披露不充分，我们应当发表非无保留意见。我们的结论基于截至审计报告日可获得的信息。然而，未来的事项或情况可能导致中海信托不能持续经营。

（5）评价财务报表的总体列报、结构和内容（包括披露），并评价财务报表是否公允反映相关交易和事项。

我们与治理层就计划的审计范围、时间安排和重大审计发现等事项进行沟通，包括沟通我们在审计中识别出的值得关注的内部控制缺陷。

立信会计师事务所（特殊普通合伙）　中国·上海

中国注册会计师：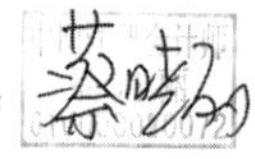

中国注册会计师：

2020 年 4 月 26 日

5.1.2　资产负债表

资产负债表

编制单位：中海信托股份有限公司　2019 年 12 月 31 日　单位：万元

项目	行次	2019 年 12 月 31 日	2018 年 12 月 31 日	项目	行次	2019 年 12 月 31 日	2018 年 12 月 31 日
流动资产：	1			流动负债：	32		
现金及存放中央银行存款	2	0.53	0.59	向中央银行借款	33	—	—
存放同业存款	3	26 856.38	39 651.65	同业及其他金融机构存放款项	33	—	—
贵金属	4	—	—	拆入资金	34	—	—
拆出资金	5	—	—	以公允价值计量且其变动计入当期损益的金融负债	34	—	—
以公允价值计量且其变动计入当期损益的金融资产	6	55 878.29	63 315.18	衍生金融负债	35	—	—
应收账款	7	—	—	卖出回购金融资产款	35	—	—
应收利息	8	495.56	420.36	应付职工薪酬	36	22 816.16	23 997.79
其他应收款	9	749.47	915.62	应交税费	36	50 995.59	63 432.25
衍生金融资产	10	—	—	应付利息	37	—	—
买入返售金融资产	11	40 000.00	59 995.20	应付股利	37		—
一年内到期的非流动资产	12	—	—	其他应付款	38	1 278.09	2 230.10
流动资产合计	13	123 980.23	164 298.61	流动负债合计	38	75 089.85	89 660.14
非流动资产：	14	—	—	非流动负债：	39	—	—
发放贷款和垫款	15	70 000.00	40 000.00	预计负债	39	—	—
可供出售金融资产	16	203 128.37	215 464.21	应付债券	40	—	—
持有至到期投资	17	—	—	递延所得税负债	40	1 273.42	280.75
长期股权投资	18	304 877.77	289 732.59	非流动负债合计	41	1 273.42	280.75
固定资产	19	650.38	487.54	负债合计	41	76 363.27	89 940.89
在建工程	20	293.81	88.24	所有者权益：	42	—	—
无形资产	21	806.01	619.12	股本	42	250 000.00	250 000.00
长期待摊费用	22	200.02	302.30	其他权益工具	43	—	—
递延所得税资产	23	6 405.54	6 596.02	资本公积	43	—	—
非流动资产合计	24	586 361.90	553 290.03	△减：库存股	44	—	—
	25	—	—	其他综合收益	44	1 368.99	20.35
	26	—	—	专项储备	45	—	—
	27	—	—	盈余公积	45	102 929.03	95 537.25
	28	—	—	△一般风险准备	46	63 127.04	58 993.83
	29	—	—	未分配利润	46	216 553.80	223 096.31
	30	—	—	所有者权益合计	47	633 978.86	627 647.74
资产总计	31	710 342.13	717 588.63	负债和所有者权益总计	48	710 342.13	717 588.63

5.1.3 利润表

利润表

编制单位:中海信托股份有限公司　　2019 年度　　单位:万元

项目	行次	2019 年度	2018 年度	项目	行次	2019 年度	2018 年度
一、营业总收入	1	112 372. 14	120 489. 55	四、利润总额(亏损总额以"-"号填列)	25	91 680. 12	199 517. 86
利息净收入	2	5 664. 23	9 311. 11	减:所得税费用	26	17 762. 32	40 109. 73
利息收入	3	5 664. 23	9 311. 11	五、净利润(净亏损以"-"号填列)	27	73 917. 80	159 408. 13
利息支出	4	—	—	归属于母公司所有者的净利润	28	73 917. 80	159 408. 13
手续费及佣金净收入	5	67 142. 84	62 070. 18	少数股东损益	29	—	—
手续费及佣金收入	6	67 142. 84	62 070. 18	持续经营损益	30	73 917. 80	159 408. 13
手续费及佣金支出	7	—	—	终止经营损益	31	—	—
其他收益	8	5 607. 60	4 152. 17	六、其他综合收益的税后净额	32	1 348. 64	-6 394. 97
投资收益(损失以"-"号填列)	9	33 747. 35	46 568. 45	(一)以后不能重分类进损益的其他综合收益	33	—	—
其中:对联营企业和合营企业的投资收益	10	17 321. 28	24 102. 69	其中:1. 重新计量设定受益计划净负债或净资产的变动	34	—	—
公允价值变动收益(损失以"-"号填列)	11	-34. 06	-2 268. 00	2. 权益法下在被投资单位不能重分类进损益的其他综合收益中享有的份额	35	—	—
资产处置收益(损失以"-"号填列)	12	—	-31. 34	(二)以后能重分类进损益的其他综合收益	36	1 348. 64	-6 394. 97
汇兑收益(损失以"-"号填列)	13	244. 18	686. 99	其中:1. 权益法下在被投资单位以后将重分类进损益的其他综合收益中享有的份额	37	-1 440. 77	-4 612. 11
其他业务收入	14	—	—	2. 可供出售金融资产公允价值变动损益	38	2 789. 41	-1 782. 86
二、营业成本	15	20 646. 15	20 918. 15	3. 持有至到期投资重分类为可供出售金融资产损益	39	—	—
税金及附加	16	480. 07	382. 76	4. 现金流量套期损益的有效部分	40	—	—
业务及管理费	17	20 116. 76	20 557. 77	5. 外币财务报表折算差额	41	—	—
资产减值损失	18	—	-77. 83	6. 一揽子交易处置对子公司股权投资在丧失控制权之前产生的投资收益	42	—	—
其他业务成本	19	49. 32	55. 45	七、综合收益总额	43	75 266. 44	153 013. 16
三、营业利润(亏损以"-"号填列)	20	91 726. 00	99 571. 40	八、每股收益:	44	—	—
加:营业外收入	21	3. 93	100 000. 89	基本每股收益	45	—	—
其中:非流动资产处置损失	22	—	—	稀释每股收益	46	—	—
减:营业外支出	23	49. 81	54. 43		47	—	—
其中:非流动资产处置损失	24	—	—		48	—	—

5.1.4 所有者权益变动表

所有者权益变动表

编制单位:中海信托股份有限公司　　2019 年度　　单位:万元

项目	行次	2019 年度										
		股本	其他权益工具	资本公积	减:库存股	其他综合收益	专项储备	盈余公积	一般风险准备	未分配利润	其他	所有者权益合计
栏次		1	2	3	4	5	6	7	8	9	10	11
一、上年年末余额	1	250 000. 00	—	—	—	20. 35	—	95 537. 25	58 993. 83	223 096. 31	—	627 647. 74
加:会计政策变更	2	—	—	—	—	—	—	—	—	—	—	—
前期差错更正	3	—	—	—	—	—	—	—	—	—	—	—
其他	4	—	—	—	—	—	—	—	—	—	—	—
二、本年年初余额	5	250 000. 00	—	—	—	20. 35	—	95 537. 25	58 993. 83	223 096. 31	—	627 647. 74
三、本年增减变动金额(减少以"-"号填列)	6	—	—	—	—	1 348. 64	—	7 391. 78	4 133. 21	-6 542. 51	—	6 331. 12
(一)综合收益总额	7	—	—	—	—	1 348. 64	—	—	—	73 917. 80	—	75 266. 44
(二)所有者投入和减少资本	8	—	—	—	—	—	—	—	—	—	—	—
1. 所有者投入资本	9	—	—	—	—	—	—	—	—	—	—	—
2. 其他权益工具持有者投入资本	10	—	—	—	—	—	—	—	—	—	—	—
3. 股份支付计入所有者权益的金额	11	—	—	—	—	—	—	—	—	—	—	—
4. 其他	12	—	—	—	—	—	—	—	—	—	—	—
(三)专项储备提取和使用	13	—	—	—	—	—	—	—	—	—	—	—
1. 提取专项储备	14	—	—	—	—	—	—	—	—	—	—	—
2. 使用专项储备	15	—	—	—	—	—	—	—	—	—	—	—
(四)利润分配	16	—	—	—	—	—	—	7 391. 78	4 133. 21	-80 460. 31	—	-68 935. 33

续表

项目	行次	2019 年度										
		股本	其他权益工具	资本公积	减:库存股	其他综合收益	专项储备	盈余公积	一般风险准备	未分配利润	其他	所有者权益合计
栏次		1	2	3	4	5	6	7	8	9	10	11
1. 提取盈余公积	17	—	—	—	—	—	—	7 391.78	—	-7 391.78	—	—
其中:法定公积金	18	—	—	—	—	—	—	7 391.78	—	-7 391.78	—	—
任意公积金	19	—	—	—	—	—	—	—	—	—	—	—
#储备基金	20	—	—	—	—	—	—	—	—	—	—	—
#企业发展基金	21	—	—	—	—	—	—	—	—	—	—	—
#利润归还投资	22	—	—	—	—	—	—	—	—	—	—	—
2. 提取一般风险准备	23	—	—	—	—	—	—	—	4 133.21	-4 133.21	—	—
3. 对所有者(或股东)的分配	24	—	—	—	—	—	—	—	—	-68 935.33	—	-68 935.33
4. 其他	25	—	—	—	—	—	—	—	—	—	—	—
(五)所有者权益内部结转	26	—	—	—	—	—	—	—	—	—	—	—
1. 资本公积转增资本(或股本)	27	—	—	—	—	—	—	—	—	—	—	—
2. 盈余公积转增资本(或股本)	28	—	—	—	—	—	—	—	—	—	—	—
3. 盈余公积弥补亏损	29	—	—	—	—	—	—	—	—	—	—	—
4. 结转重新计量设定受益计划净负债或净资产所产生的变动	30	—	—	—	—	—	—	—	—	—	—	—
5. 其他	31	—	—	—	—	—	—	—	—	—	—	—
四、本年年末余额	32	250 000.00	—	—	—	1 368.99	—	102 929.03	63 127.04	216 553.80	—	633 978.86

项目	行次	2018 年度										
		股本	其他权益工具	资本公积	减:库存股	其他综合收益	专项储备	盈余公积	一般风险准备	未分配利润	其他	所有者权益合计
栏次		1	2	3	4	5	6	7	8	9	10	11
一、上年年末余额	1	250 000.00	—	—	—	6 415.31	—	79 596.44	53 397.17	85 225.66	—	474 634.58
加:会计政策变更	2	—	—	—	—	—	—	—	—	—	—	—
前期差错更正	3	—	—	—	—	—	—	—	—	—	—	—
其他	4	—	—	—	—	—	—	—	—	—	—	—
二、本年年初余额	5	250 000.00	—	—	—	6 415.31	—	79 596.44	53 397.17	85 225.66	—	474 634.58
三、本年增减变动金额(减少以"-"号填列)	6	—	—	—	—	-6 394.97	—	15 940.81	5 596.66	137 870.65	—	153 013.16
(一)综合收益总额	7	—	—	—	—	-6 394.97	—	—	—	159 408.13	—	153 013.16
(二)所有者投入和减少资本	8	—	—	—	—	—	—	—	—	—	—	—
1. 所有者投入资本	9	—	—	—	—	—	—	—	—	—	—	—
2. 其他权益工具持有者投入资本	10	—	—	—	—	—	—	—	—	—	—	—
3. 股份支付计入所有者权益的金额	11	—	—	—	—	—	—	—	—	—	—	—
4. 其他	12	—	—	—	—	—	—	—	—	—	—	—
(三)专项储备提取和使用	13	—	—	—	—	—	—	—	—	—	—	—
1. 提取专项储备	14	—	—	—	—	—	—	—	—	—	—	—
2. 使用专项储备	15	—	—	—	—	—	—	—	—	—	—	—
(四)利润分配	16	—	—	—	—	—	—	15 940.81	5 596.66	-21 537.47	—	—
1. 提取盈余公积	17	—	—	—	—	—	—	15 940.81	—	-15 940.81	—	—
其中:法定公积金	18	—	—	—	—	—	—	15 940.81	—	-15 940.81	—	—
任意公积金	19	—	—	—	—	—	—	—	—	—	—	—
#储备基金	20	—	—	—	—	—	—	—	—	—	—	—
#企业发展基金	21	—	—	—	—	—	—	—	—	—	—	—
#利润归还投资	22	—	—	—	—	—	—	—	—	—	—	—
2. 提取一般风险准备	23	—	—	—	—	—	—	—	5 596.66	-5 596.66	—	—
3. 对所有者(或股东)的分配	24	—	—	—	—	—	—	—	—	—	—	—
4. 其他	25	—	—	—	—	—	—	—	—	—	—	—
(五)所有者权益内部结转	26	—	—	—	—	—	—	—	—	—	—	—
1. 资本公积转增资本(或股本)	27	—	—	—	—	—	—	—	—	—	—	—
2. 盈余公积转增资本(或股本)	28	—	—	—	—	—	—	—	—	—	—	—
3. 盈余公积弥补亏损	29	—	—	—	—	—	—	—	—	—	—	—
4. 结转重新计量设定受益计划净负债或净资产所产生的变动	30	—	—	—	—	—	—	—	—	—	—	—
5. 其他	31	—	—	—	—	—	—	—	—	—	—	—
四、本年年末余额	32	250 000.00	—	—	—	20.35	—	95 537.25	58 993.83	223 096.31	—	627 647.74

5.2 信托资产

5.2.1 信托项目资产负债汇总表

信托项目资产负债汇总表

编制单位:中海信托股份有限公司　　2019 年 12 月 31 日　　单位:万元

信托资产	期末数	期初数	信托负债	期末数	期初数
货币资金	792 772. 43	929 551. 66	交易性金融负债	—	—
拆出资金	—	—	应付利息	—	—
交易性金融资产	7 419 381. 56	9 507 166. 50	应付受托人报酬	81 580. 08	56 484. 99
买入返售金融资产	892 383. 11	740 791. 74	应付托管费	3 785. 07	5 574. 72
应收款项	471 916. 03	308 139. 34	应付受益人收益	21 953. 23	37 595. 37
发放贷款和垫款	5 219 863. 67	5 698 762. 82	其他应付款	61 263. 46	134 740. 89
可供出售金融资产	14 184 940. 97	18 045 341. 07	应交税费	12 185. 46	17 282. 78
持有至到期投资	—	—	卖出回购金融资产款	—	—
长期股权投资	1 645 198. 98	1 775 985. 11	信托负债合计	180 767. 30	251 678. 75
固定资产	—	—	二、信托权益		
无形资产	—	—	实收信托	30 072 556. 93	36 733 352. 87
长期应收款	—	—	资本公积	128 567. 24	104 052. 44
其他资产	7 820. 50	7 104. 27	未分配利润	252 385. 78	-76 241. 55
			信托权益合计	30 453 509. 95	36 761 163. 76
信托资产总计	30 634 277. 25	37 012 842. 51	信托负债及信托权益总计	30 634 277. 25	37 012 842. 51

5.2.2 信托项目利润及利润分配汇总表

信托项目利润及利润分配表

编制单位:中海信托股份有限公司　　2019 年度　　单位:万元

项目	本年数	上年数
一、营业收入	2 063 506. 76	1 657 746. 81
利息收入	1 535 867. 01	1 779 358. 53
投资收益	325 271. 41	465 259. 08
公允价值变动损益	197 402. 23	-589 455. 05
租赁收入	—	—
其他收入	4 966. 10	2 584. 25
二、营业费用	279 723. 23	258 420. 98
三、营业税金及附加	3 812. 18	6 440. 34
四、扣除资产损失前的信托利润	1 779 971. 35	1 392 885. 49
减:资产减值损失	—	—
五、扣除资产损失后的信托利润	1 779 971. 35	1 392 885. 49
加:期初未分配信托利润	-76 241. 55	771 270. 73
六、可供分配的信托利润	1 703 729. 81	2 164 156. 22
减:本期已分配信托利润	1 451 344. 03	2 240 397. 77
七、期末未分配信托利润	252 385. 78	-76 241. 55

6. 会计报表附注

6.1 会计报表编制基准不符合会计核算基本前提的说明

6.1.1 会计报表不符合会计核算基本前提的事项

本公司会计报表不存在不符合会计核算基本前提的情况。

6.1.2 本年度未纳入合并报表范围的公司

本公司本年度无未纳入合并报表范围的公司。

6.2 或有事项说明

截至 2019 年 12 月 31 日,本公司不存在应披露的或有事项。

6.3 重要资产转让及其出售的说明

本公司 2019 年无此事项。

6.4 会计报表中重要项目的明细资料

以下项目除特别注明外,“年初”指 2019 年 1 月 1 日,“年末”指 2019 年 12 月 31 日,“上年”指 2018 年度,“本年”指 2019 年度。以下金额单位若未特别注明者均为人民币万元。

6.4.1 披露自营资产经营情况

6.4.1.1 按信用风险五级分类结果披露信用风险资产的期初数、期末数

信用风险资产五级分类	正常类(万元)	关注类(万元)	次级类(万元)	可疑类(万元)	损失类(万元)	信用风险资产合计(万元)	不良信用风险资产合计(万元)	不良信用风险资产率(%)
期初数	698 110. 70	11 478. 01	—	—	—	709 588. 71	—	—
期末数	695 724. 46	6 187. 12	—	—	—	701 911. 58	—	—

注:不良信用风险资产合计 = 次级类 + 可疑类 + 损失类。

6.4.1.2 各项资产减值损失准备的期初、本期计提、本期转回、本期核销、期末数;贷款的一般准备、专项准备和其他资产减值准备应分别披露

单位:万元

	期初数	本期增加	本期转回	本期核销	期末数
贷款损失准备	—	—	—	—	—
一般准备	—	—	—	—	—
专项准备	—	—	—	—	—
其他资产减值准备	2 096. 60	—	—	—	2 096. 60
可供出售金融资产减值准备	2 002. 70	—	—	—	2 002. 70
持有至到期投资减值准备	—	—	—	—	—

续表

	期初数	本期增加	本期转回	本期核销	期末数
长期股权投资减值准备	—	—	—	—	—
坏账准备	93.90	—	—	—	93.90
投资性房地产减值准	—	—	—	—	—

6.4.1.3 自营股票投资、基金投资、债券投资、股权投资等投资业务的期初数、期末数

单位：万元

	自营股票	基金	债券	长期股权投资	其他投资	合计
期初数	6 525.38	63 314.39	—	289 732.59	358 016.27	717 588.63
期末数	6 093.22	55 877.29	—	304 877.77	343 493.85	710 342.13

6.4.1.4 前五名的自营长期股权投资的企业名称、占被投资企业权益的比例、主要经营活动及投资收益情况等（从大到小顺序排列）

企业名称	占被投资企业权益的比例（%）	主要经营活动	投资收益（万元）
中海基金管理有限公司	41.591	基金募集、基金销售、资产管理、中国证监会许可的其他业务（涉及行政许可的凭许可证经营）	245.35
国联期货股份有限公司	39	商品期货经纪、金融期货经纪、期货投资咨询、期货资产管理及中国证监会批准的其他业务	1 006.06
四川信托有限公司	30.2534	信托、投资基金业务	16 069.87

6.4.1.5 前五名的自营贷款的企业名称、占贷款总额的比例和还款情况等（从大到小顺序排列）

截至期末，公司共发放7亿元贷款。

企业名称	占贷款总额的比例（%）	还款情况
湖北省联合发展投资集团有限公司	21.43	正常
威海产业投资集团有限公司	50.00	正常
淮安市水利控股集团有限公司	28.57	正常

6.4.1.6 表外业务的期初数、期末数；按照代理业务、担保业务和其他类型表外业务分别披露

表外业务	期初数	期末数
担保业务	—	—
代理业务（委托业务）	—	—
其他	—	—
合计	—	—

注：代理业务主要反映因客观原因应规范而尚未完成规范的历史遗留委托业务，包括委托贷款和委托投资。

6.4.1.7 公司当年的收入结构

收入结构	金额（万元）	占比（%）
手续费及佣金收入	67 142.84	59.88
利息收入	5 664.23	5.05
其他业务收入	—	0.00
其他收益	5 607.60	5.00
投资收益	33 747.35	30.10
其中：股权投资收益	17 321.28	15.45
证券投资收益	3 770.73	3.36
其他投资收益	12 655.34	11.29
公允价值变动收益	-34.06	-0.03
资产处置收益	—	0.00
营业外收入	3.93	0.00
收入合计	112 131.89	100.00

注：手续费及佣金收入、利息收入、其他业务收入、投资收益、营业外收入均应为损益表中的科目，其中手续费及佣金收入、利息收入、营业外收入为未抵减掉相应支出的全年累计实现收入数。

6.4.2 披露信托资产管理情况

6.4.2.1 信托资产的期初数、期末数

单位：万元

信托资产	期初数	期末数
集合	15 916 273.00	13 496 216.00
单一	7 184 535.00	6 046 845.00
财产权	13 912 035.00	11 091 216.00
合计	37 012 843.00	30 634 277.00

6.4.2.1.1 主动管理型信托业务期初数、期末数，分证券投资类、股权投资类、融资类、事务管理类分别披露

单位：万元

主动管理型信托资产	期初数	期末数
证券投资类	5 077 710.00	5 920 639.00
股权投资类	—	—
融资类	5 531 553.00	6 278 996.00
事务管理类	—	—
合计	10 609 263.00	12 199 635.00

6.4.2.1.2 被动管理型信托业务期初数、期末数，分证券投资类、股权投资类、融资类、事务管理类分别披露

单位：万元

被动管理型信托资产	期初数	期末数
证券投资类	—	—
股权投资类	—	—
融资类	—	—
事务管理类	26 403 580.00	18 434 642.00
合计	26 403 580.00	18 434 642.00

6.4.2.2 本年度已清算结束的信托项目个数、实收信托合计金额

6.4.2.2.1 本年度已清算结束的集合类、单一类资金信托项目和财产管理类信托项目个数、实收信托合计金额

已清算结束信托项目	项目个数（个）	实收信托合计金额（万元）	加权平均年化收益率（%）
集合类	68	4 427 231.01	4.7754
单一类	44	2 468 030.44	5.9829
财产管理类	39	4 639 816.13	7.5493

6.4.2.2.2 本年度已清算结束的主动管理型信托项目个数、实收信托合计金额,分证券投资、股权投资、融资、事务管理类分别披露

已清算结束信托项目	项目个数(个)	实收信托合计金额(万元)
证券投资类	2	221 808.41
股权投资类	—	—
融资类	31	1 640 572.50
事务管理类	—	—

6.4.2.2.3 本年度已清算结束的被动管理型信托项目个数、实收信托合计金额,分证券投资类、股权投资类、融资类、事务管理类分别披露

已清算结束信托项目	项目个数(个)	实收信托合计金额(万元)
证券投资类	—	—
股权投资类	—	—
融资类	—	—
事务管理类	118	9 672 696.67

6.4.2.3 本年度新增的集合类、单一类和财产管理类信托项目个数、实收信托合计金额

新增信托项目	项目个数(个)	实收信托合计金额(万元)
集合类	80	2 174 879.14
单一类	31	801 034.18
财产管理类	23	890 176.33
新增合计	134	3 866 089.65
其中:主动管理型	105	2 522 318.98
被动管理型	29	1 343 770.67

注:本年新增信托项目指在报告年度内累计新增的信托项目个数和金额,包含本年度新增并于本年度内结束的项目和本年度新增至报告期末仍在持续管理的信托项目。

6.4.2.4 信托业务创新成果和特色业务有关情况

报告期内,中海信托充分发挥信托制度优势,于2019年12月成立"伴你成长慈善信托",信托资金25万元,主要向重病儿童以及贫困失学儿童进行爱心捐赠。作为公司首单慈善信托,公司将专业与慈善相结合,服务民生福祉,切实承担起国有金融企业社会责任。

报告期内,公司成立两期中海油供应链金融债权投资集合资金信托计划,向中海融供应商提供高效便捷的资金融通,解决其长期存在的"融资难""融资贵"问题,助力中国海油搭建紧密联系的石油供应链生态系统。供应链金融项目的落地,使公司在这一领域实现了产品"零突破",对日后大力发展供应链金融项目奠定坚实基础,为今后推进产融结合、金融服务实体经济探索出"新蓝海"。

6.4.2.5 本公司履行受托人义务情况及因本公司自身责任而导致的信托资产损失情况

本公司无因自身责任而导致信托资产损失的情况。

6.4.2.6 信托赔偿准备金的提取、使用和管理情况

根据《信托公司管理办法》规定,公司每年从税后利润中提取5%作为信托赔偿准备金。截至报告期末,信托赔偿准备金累计总额为54 042.86万元。同时,根据财政部印发的《金融企业准备金计提管理办法》规定,本公司对发放贷款和垫款、可供出售类金融资产、长期股权投资、存放同业和其他应收款项等风险资产计提一般风险准备金,期末将一般风险准备金计提至风险资产期末余额的1.5%,报告期末,一般风险准备金9 084.18万元。两项合计金额为63 127.04万元。截至报告期末,公司未动用信托赔偿准备金。

6.5 关联方关系及其交易的披露

以下明细表格除特别注明外,金额单位为人民币万元,期初指2019年1月1日,期末指2019年12月31日。

6.5.1 关联交易方数量、关联交易的总金额及关联交易的定价政策等

	关联交易方数量(个)	关联交易金额(万元)	定价政策
合计	10个	5 843 988.99	本公司的关联交易以公平的市场价格定价

注:"关联交易"定义应以《公司法》《企业会计准则第36号——关联方披露》有关规定为准。上述关联交易金额系本年度固有、信托与关联方的发生额。

6.5.2 关联交易方与本公司的关系性质、关联交易方的名称、法定代表人、注册地址、注册资本及主营业务等

关系性质	关联方名称	法定代表人	注册地址	注册资本(万元)	主营业务
母公司	中国海洋石油集团有限公司	汪东进	中国北京	1 138亿元	组织石油、天然气、煤层气、页岩油、页岩气勘探、开发、生产及销售,石油炼制,石油化工和天然气的加工利用及产品的销售和仓储,液化天然气项目开发、利用,石油、天然气管道管网输送,化肥、化工产品的开发、生产和销售及相关业务,为石油、天然气及其他地矿产品的勘探、开采提供服务,工程总承包,与石油天然气的勘探、开发和生产相关的科技研究、技术咨询、技术服务和技术转让,原油、成品油进口,补偿贸易、转口贸易;汽油、煤油、柴油的批发(限销售分公司经营,有效期至2022年02月20日);承办中外合资经营;合作生产;机电产品国际招标;风能、生物质能、水合物、煤化工和太阳能等新能源生产、销售及相关服务(企业依法自主选择经营项目,开展经营活动;依法须经批准的项目,经相关部门批准后依批准的内容开展经营活动;不得从事本市产业政策禁止和限制类项目的经营活动)。
同受一方控制	中海投资管理有限公司(已注销)	刘显忠	中国上海	2.375亿元	企业投资与资产管理,企业管理信息咨询,社会经济信息咨询(除中介)。

续表

关系性质	关联方名称	法定代表人	注册地址	注册资本（亿元）	主营业务
同受一方控制	中海石油气电集团有限责任公司	武文来	中国北京	3 565 913.337769	投资及投资管理；组织和管理以下经营项目：石油天然气［含液化天然气（LNG）］、油气化工有关的技术开发、技术服务和咨询；石油天然气［含液化天然气（LNG）］工程设计、开发、管理、维护和运营有关的承包服务；石油天然气及其副产品的加工、储运、利用和销售；石油天然气管网建设、管理和运营；煤层气、煤化工项目的开发、利用及经营管理；电力开发、生产、供应及相关承包服务、技术开发、技术服务和咨询；自营和代理液化天然气（LNG）及油气相关产品、相关设备和技术及劳务的进出口（国家限定公司经营或禁止进出口的商品和技术除外）；新能源和可再生能源的研究、开发、利用及相关业务；船舶租赁；以下项目限分公司经营：批发（无存储、租赁仓储及物流行为）工业生产二类 1 项易燃气体（剧毒、监控、一类易制毒化学品除外）；技术转让；机械设备租赁。（企业依法自主选择经营项目，开展经营活动；依法须经批准的项目，经相关部门批准后依批准的内容开展经营活动；不得从事本市产业政策禁止和限制类项目的经营活动）。
同受一方控制	中海油（北京）贸易有限责任公司	刘松	中国北京	10 000	销售化工产品（不含危险化学品）；货物进出口；技术进出口；代理进出口；仓储服务；货运代理；经济贸易咨询；投资咨询；不带有储存设施经营成品油：汽油，煤油；其他危险化学品：石脑油，石油原油，苯（危险化学品经营许可证有效期至 2020 年 5 月 22 日）；原油销售（原油销售经营批准证书有效期至 2023 年 12 月 28 日）（企业依法自主选择经营项目，开展经营活动；依法须经批准的项目，经相关部门批准后依批准的内容开展经营活动；不得从事本市产业政策禁止和限制类项目的经营活动）。
同受一方控制	中海石油化工进出口有限公司	刘松	中国北京	113 243.043124	成品油（柴油、汽油、航空煤油、蜡油、石脑油、燃料油等）国营贸易进口经营业务；成品油及其他化学品共计 73 种（有效期至 2021 年 12 月 5 日）；自营和代理各类商品及技术的进出口业务（国家限定公司经营或禁止进出口的商品及技术除外）；经营进料加工和"三来一补"业务；经营对销贸易和转口贸易；经济贸易咨询（企业依法自主选择经营项目，开展经营活动；依法须经批准的项目，经相关部门批准后依批准的内容开展经营活动；不得从事本市产业政策禁止和限制类项目的经营活动）。
同受一方控制	中海油中石化联合国际贸易有限责任公司	刘　松	中国北京	20 000	经营原油进口业务；经营成品油出口业务；货物进出口；技术进出口；代理进出口（企业依法自主选择经营项目，开展经营活动；依法须经批准的项目，经相关部门批准后依批准的内容开展经营活动；不得从事本市产业政策禁止和限制类项目的经营活动）。
同受一方控制	中海油大榭贸易有限公司	杨　勇	中国浙江	13 612	许可项目：危险化学品经营；原油批发；货物进出口；技术进出口；进出口代理（依法须经批准的项目，经相关部门批准后方可开展经营活动，具体经营项目以审批结果为准）。一般项目：化工产品销售（不含许可类化工产品）；石油制品销售（不含危险化学品）；国际货物运输代理；国内货物运输代理；信息咨询服务（不含许可类信息咨询服务）；信息技术咨询服务（除依法须经批准的项目外，凭营业执照依法自主开展经营活动）。
同受一方控制	中海油（山东）贸易有限责任公司	周振华	中国山东	500	柴油、汽油、石油气、易燃液体：1 2－二甲苯、1 3－二甲苯、1 4－二甲苯、二甲苯异构体混合物、甲醇汽油、甲基叔丁基醚、石脑油、石油原油、乙醇汽油批发（禁止储存）（有效期限以许可证为准），国内一般贸易，自营和代理各类商品及技术的进出口业务，经营对销贸易和转口贸易，贸易咨询服务（依法须经批准的项目，经相关部门批准后方可开展经营活动）。
同受一方控制	中海石油财务有限责任公司	陈浩鸣	中国北京	40 亿元	对成员单位办理财务和融资顾问、信用鉴证及相关的咨询、代理业务；协助成员单位实现交易款项的收付；对成员单位提供担保；办理成员单位之间的委托贷款及委托投资；对成员单位办理票据承兑与贴现；办理成员单位之间的内部转账结算及相应的结算、清算方案设计；吸收成员单位的存款；对成员单位办理贷款及融资租赁；从事同业拆借；经批准发行财务公司债券；承销成员单位的企业债券；对金融机构的股权投资；有价证券投资；成员单位产品的买方信贷及融资租赁（企业依法自主选择经营项目，开展经营活动；依法须经批准的项目，经相关部门批准后依批准的内容开展经营活动；不得从事本市产业政策禁止和限制类项目的经营活动）。
同受一方控制	中海福建天然气有限责任公司	朱建文	中国福建	368 110.6193	压缩气体和液化气体：天然气［富含甲烷的］带有储存设施经营危险化学品；对燃气生产和供应业、天然气开采业的投资；对外贸易。（依法须经批准的项目，经相关部门批准后方可开展经营活动）

6.5.3 逐笔披露本公司与关联方的重大交易事项

6.5.3.1 固有与关联方交易情况

单位：万元

固有与关联方关联交易				
	期初数	借方发生额	贷方发生额	期末数
贷款	—	—	—	—
投资	—	—	—	—
租赁	—	—	—	—
担保	—	—	—	—
应收账款	—	—	—	—
其他	—	—	—	—
合计	—	—	—	—

6.5.3.2 信托与关联方交易情况：贷款、投资、租赁、应收账款、担保、其他方式等期初汇总数、本期借方和贷方发生额汇总数、期末汇总数

单位：万元

信托与关联方关联交易				
	期初数	借方发生额	贷方发生额	期末数
贷款	—	—	—	—
投资	—	—	—	—
租赁	—	—	—	—
担保	—	—	—	—
应收账款	—	—	—	—
其他	4 809 785.08	5 843 988.99	5 786 789.47	4 866 984.60
合计	4 809 785.08	5 843 988.99	5 786 789.47	4 866 984.60

6.5.3.3　信托公司自有资金运用于自己管理的信托项目（固信交易）、信托公司管理的信托项目之间的相互（信信交易）交易金额，包括余额和本报告年度的发生额

6.5.3.3.1　固有与信托财产之间的交易金额期初汇总数、本期发生额汇总数、期末汇总数

单位：万元

固有财产与信托财产相互交易			
	期初数	本期发生额	期末数
合计	128 290.00	-12 390.00	115 900.00

注：以固有资金投资公司自己管理的信托项目受益权，或购买自己管理的信托项目的信托资产均应纳入统计披露范围。本期购买 60 330.00 万元，清算结束 72 720.00 万元。

6.5.3.3.2　信托项目之间的交易金额期初汇总数、本期发生额汇总数、期末汇总数

单位：万元

信托财产与信托财产相互交易			
	期初数	本期发生额	期末数
合计	695 300.58	-241 740.74	453 559.84

注：:以公司受托管理的一个信托项目的资金购买自己管理的另一个信托项目的受益权或信托项下资产均应纳入统计披露范围。本期购买 43 545.47 万元，清算结束 285 286.21万元。

6.5.4　逐笔披露关联方逾期未偿还本公司资金的详细情况以及本公司为关联方担保发生或即将发生垫款的详细情况

报告期内，公司关联方无逾期未偿还本公司资金的情况，无本公司为关联方担保发生或即将发生垫款的情况。

6.6　会计制度的披露

本公司财务报表以持续经营为基础列报。本公司财务报表按照财政部颁布的企业会计准则及其应用指南、解释及其他有关规定（统称企业会计准则）编制。

7. 财务情况说明书

7.1　利润实现和分配情况

本公司 2019 年度共实现利润总额 91 680.12 万元，税后净利润 73 917.80 万元。公司年末按净利润的 10% 计提盈余公积 7 391.78 万元。2019 年，公司根据相关股东会决议，按照股东持股比例向股东分配利润 68 935.33 万元。

7.2　主要财务指标

指标名称	指标值
信托资产规模（亿元）	3 063.43
人均信托资产规模（亿元）	15.02
资本利润率（%）	11.72
人均净利润（万元）	362.34
不良资产率（%）	0

注：1. 资本利润率 = 净利润/所有者权益平均余额 ×100%。

2. 人均净利润 = 净利润/年平均人数。

3. 平均值采取年初、年末简单平均法，公式为：a（平均）=（年初数 + 年末数）/2。

7.3　对本公司财务状况、经营成果有重大影响的其他事项

报告期内，公司无其他对财务状况、经营成果有重大影响的事项。

8. 特别事项揭示

8.1　前五名股东报告期内变动情况及原因

报告期内，公司股东人数无变动，持股比例无变动，无质押公司股权或以股权及其受（收）益权设立信托等金融产品的情况。

8.2　董事、监事及高级管理人员变动情况及原因

8.2.1　董事变更

2019 年 6 月，经股东中国海油提名，公司股东大会 2019 年第一次临时会议审议选举张芙雅、杨楠担任公司董事职务，田文学、刘显忠不再担任公司董事职务。张芙雅、杨楠任职资格已获上海银保监局核准。

8.2.2　监事变更

2019 年 6 月，经股东中国海油提名，公司股东大会 2019 年第一次临时会议和第四届监事会第六次会议审议选举任敏担任公司监事、监事会主席职务，王宇凡不再担任公司监事会主席职务。

2020 年 4 月，经股东中国海油提名，公司股东大会 2020 年第一次临时会议和第四届监事会第十次会议审议选举金伟根担任公司监事、监事会主席职务，任敏不再担任公司监事会主席职务。

8.2.3　高级管理人员变更

2019 年 3 月，经公司第四届董事会第十二次会议审议通过，免去张德荣合规总监、张悦总稽核职务，聘任张悦担任公司合规总监。张悦合规总监任职资格已获上海银保监局核准。

8.3　变更注册资本、变更注册地或公司名称、公司分立合并事项

报告期内，公司无变更注册资本、变更注册地或公司名称、公司分立合并等事项。

8.4　公司的重大诉讼事项

8.4.1　重大未决诉讼事项

报告期内，公司无重大未决诉讼事项。

8.4.2　以前年度发生，于本报告期内终结的重大诉讼事项

报告期内，公司无以前年度发生、于本报告期内终结的重大诉讼事项。

8.5　公司及其董事、监事和高级管理人员受到处罚的情况

2019 年 12 月 27 日，经江苏省高级人民法院终审裁定，公司原副总裁魏志刚因犯受贿罪（受贿行为发生于 2009 年、2013 年），被判处有期徒刑 10 年 6 个月，并处罚金 50 万元。2020

年2月，公司党委根据有关规定，批准给予魏志刚开除党籍、行政开除处分。

8.6 中国银保监会及其派出机构对公司检查后提出整改意见的，应简单说明整改情况

报告期内，上海银保监局未对公司进行现场检查。

8.7 本年度重大事项临时报告的简要内容、披露时间、所披露的媒体及其版面

报告期内，公司无重大事项临时报告披露。

8.8 中国银保监会及其省级派出机构认定的其他有必要让客户及相关利益人了解的重要信息

2019年1月，公司荣获中央国债登记结算有限责任公司颁发的“优秀发行机构”“优秀资产管理人”奖项。

2019年4月，公司第九次荣获黄浦区政府颁发“2018年度上海市黄浦区高端服务业100强企业”荣誉称号（排名第十一位）。

2019年6月，公司再次斩获上海证券报的“诚信托·卓越公司”称号。

2019年7月，公司再次荣获证券时报的“2019年度优秀风控信托公司”称号。

2019年12月，公司小微房抵贷项目获得上海市银行同业公会颁发的“2019年度上海银行业普惠金融服务创新奖”。

8.9 社会责任履行情况报告

公司始终坚持把维护受益人的合法权益放在首位，切实履行诚实、信用、谨慎、有效管理的义务，把好风险关，承担起了国有金融企业维护金融稳定的社会责任。自2004年以来，公司累计管理信托资产规模达到62 000亿元，未发生一笔因公司违反信托目的处分信托财产或者因违背管理职责、处理信托事务不当而损害委托人、受益人利益的情况，未新增任何不良固有资产。同时，公司发挥信托制度优势，成立了一批规模大、期限长的信托项目，有效支持了实体经济发展。

公司深入贯彻落实全国金融工作会议、中央经济工作会议以及习近平总书记关于大力支持民营企业发展壮大的讲话精神，致力于缓解小微企业金融服务供给不充分问题，自2017年落地首单服务于小微金融的项目“小微之星1号”起，持续耕耘小微金融业务。2019年，公司落地小微企业主经营贷项目16个（累计21个），累计发放贷款50.54亿元，支持小微企业主6 348户，业务遍及江苏、广东、重庆、河南、陕西、湖北、天津、四川等多个省市，以优质金融服务履行信托公司社会责任，有效促进了地方经济可持续发展。

公司深入践行中央企业使命和担当，积极参加上海市“结对百镇千村，助推乡村振兴”行动，与崇明区建设镇富安村党支部开展党组织结对帮扶，助力富安村实现乡村振兴，为崇明区建成世界级生态岛作出应有的贡献。同时，公司积极组织“衣暖人心，旧衣捐赠”公益捐赠活动，开展“蔚蓝力量”青年志愿服务活动，进社区、进企业、进乡村开展垃圾分类科普工作，切实承担起央企社会责任。

9. 公司监事会意见

监事会认为，公司建立了较为完善的内部控制制度，决策程序符合法律、法规和《公司章程》的规定。公司董事、管理层认真履行职责，未发现其在执行职务时有违反法律法规、《公司章程》或损害公司利益的行为。公司财务报告经立信会计师事务所审计，监事会认可其出具的标准无保留意见的2019年度审计报告。

中航信托股份有限公司

1. 重要提示

1.1 本公司董事会及董事保证本报告所载资料不存在任何虚假记载、误导性陈述或者重大遗漏，并对其内容的真实性、准确性和完整性承担个别及连带责任。

1.2 本公司独立董事对年度报告内容的真实性、准确性、完整性无异议。

1.3 本公司董事长姚江涛、总经理兼总会计师周祺保证年度报告中财务报告的真实和完整。

2. 公司概况

2.1 公司简介

2.1.1 公司法定名称
中文:中航信托股份有限公司
英文:AVIC Trust Co. ,Ltd.

2.1.2 公司法定代表人:姚江涛

2.1.3 公司注册地址:江西省南昌市红谷滩新区会展路1009号航信大厦
邮编:330038
互联网网址:www. avictc. com
电子邮箱:zhxt@ avictc. com

2.1.4 公司负责信息披露事务的高级管理人员:罗国华
办公电话:0791-86667992
办公传真:0791-86772268
电子邮箱:zhxt@ avictc. com

2.1.5 公司选定的信息披露报纸:《金融时报》《证券时报》《上海证券报》

2.1.6 年报备置地点:江西省南昌市红谷滩新区会展路1009号航信大厦

2.1.7 公司聘请的会计师事务所:中审众环会计师事务所(特殊普通合伙)
办公地址:北京朝阳区工体北路甲2号盈科中心A座25层

2.1.8 公司聘请的律师事务所:北京市君泽君律师事务所
办公地址:北京市西城区金融大街9号金融街中心南楼六层

2.2 组织结构

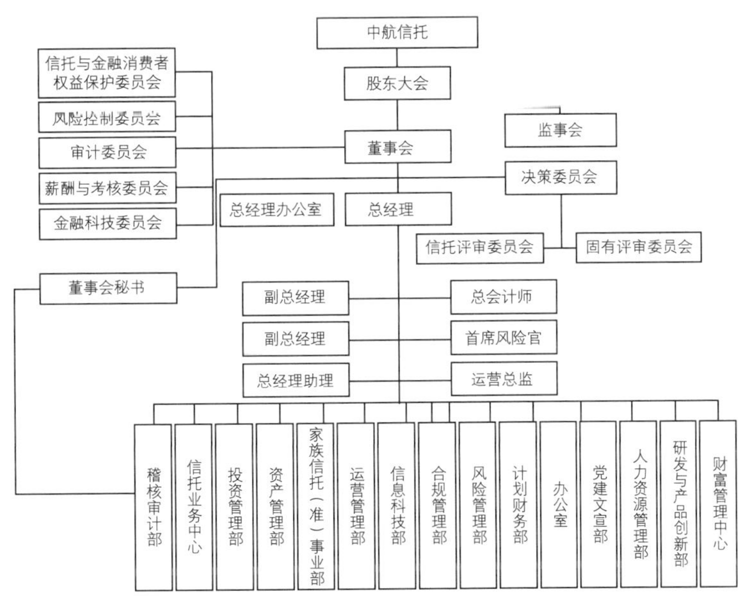

3. 公司治理

3.1 股东

报告期末，公司总股本 465 726.71 万股，实收资本为 465 726.71 万元，股东单位共 2 家。

股东名称	持股数(万股)	比例(%)	法人代表	注册资本	注册地址
中航投资控股有限公司	385 286.05	82.73	录大恩	88.43 亿元	北京市朝阳区东三环中路乙 10 号 20 层
华侨银行有限公司	80 440.66	17.27	黄三光	137.5 亿新加坡元	65Chulia Street, #09 -00 OCBC Centre, Singapore 049513
合计	465 726.71	100			

注：中国航空工业集团公司是本公司的实际控制人。中航投资控股有限公司为中航资本控股股份有限公司（600705）的全资子公司，中航资本控股股份有限公司为中国航空工业集团公司控股子公司。

3.2 董事及董事会下属委员会

报告期末，公司董事情况

姓名	职务	性别	年龄(岁)	任该职务日期	所推举的股东名称	该股东持股比例(%)	工作单位
姚江涛	董事长	男	57	2016 年 4 月	中航投资控股有限公司	82.73	中航信托股份有限公司
张　戈	董事	男	45	2013 年 10 月	中航投资控股有限公司	82.73	中航投资控股有限公司
贾鸿鹏	董事	男	40	2018 年 5 月	中航投资控股有限公司	82.73	中航投资控股有限公司
于庆伟	董事	男	43	2019 年 4 月	中航投资控股有限公司	82.73	中航投资控股有限公司
林文坚	董事	男	56	2013 年 10 月	华侨银行有限公司	17.27	华侨银行有限公司
朱武祥	独立董事	男	53	2014 年 8 月			清华大学
胡援成	独立董事	男	67	2018 年 4 月			江西财经大学
杨　涛	独立董事	男	45	2018 年 4 月			中国社会科学院

3.3 监事、监事会

报告期末，公司监事情况

姓名	职务	性别	年龄(岁)	任该职务时间	所推举的股东名称	该股东持股比例(%)	工作单位
王旺松	监事会主席	男	47	2019 年 2 月	中航投资控股有限公司	82.73	中航投资控股有限公司
廖晓春	监事	男	57	2018 年 1 月	职工监事		中航信托股份有限公司
杨志芳	监事	男	39	2018 年 1 月	职工监事		中航信托股份有限公司

注：本公司监事会未下设专业委员会。

3.4 高级管理人员

姓名	性别	职务	分管领域	任该职务时间	金融从业年限(年)	国别	学位	专业	年龄(岁)
周　祺	男	总经理、总会计师	主持公司日常经营管理工作、总经理办公会，主管计划财务工作	2019 年 11 月	22	中国	硕士	工商管理	54
罗国华	男	董事会秘书	协助管理稽核审计，负责股东大会、董事会、监事会具体工作	2009 年 12 月	32	中国	硕士	工商管理	56
魏颖晖	男	副总经理	协助管理信托业务	2013 年 10 月	24	中国	硕士	工商管理	48
范　华	女	副总经理	协助管理财富管理业务	2017 年 10 月	32	中国	硕士	货币银行学	54
李　鹏	男	副总经理	协助管理信托业务	2019 年 7 月	23	中国	硕士	MBA	43
郭若强	男	首席风险官	协助管理风险与合规，主持业务评审会	2010 年 9 月	28	中国	硕士	应用金融	55
严　固	女	总经理助理	协助管理信托业务	2018 年 6 月	32	中国	学士	农业财务	52
刘文庆	男	总经理助理	协助管理行政办公、对外联系沟通方面工作	2015 年 8 月	31	中国	本科	经济学	51
叶海涛	女	运营总监	协助管理运营管理工作	2017 年 4 月	24	中国	本科	经济管理	49
姜　燕	女	总经理助理	协助管理家族信托工作	2019 年 4 月	21	中国	硕士	国际金融	45

3.5 公司员工

报告期末,公司信托业务从业人员423人,具体分布如下:

项目		报告期年度	
		人数(人)	比例(%)
年龄分布	20~30岁	138	32.62
	30~40岁	216	51.06
	40~50岁	50	11.82
	50岁以上	19	4.50
学历分布	博士研究生	8	1.90
	硕士研究生	273	64.54
	本科	127	30.02
	专科	13	3.07
	其他	2	0.47
岗位分布	董事、监事及高管人员	13	3.07
	固有业务人员	4	0.95
	信托业务人员	267	63.12
	其他人员	139	32.86

4. 经营管理

4.1 经营目标、经营方针、战略规划

4.1.1 经营目标

公司的经营目标是成为"备受信赖 专业领先 广获尊重的金融整合服务商",依托私募投行、资产管理和财富管理三大业务,通过智慧与资源的整合,为客户提供专业化、全方位的金融解决方案。

4.1.2 经营方针

公司的经营方针是高起点、高境界、可持续、快发展。

4.1.3 战略规划

塑造公司三大战略业务即私募投行、资产管理和财富管理的核心品牌以及公司整体品牌形象;依托信托科技的核心赋能,建立与之匹配的组织运营体系,实现客户价值、社会价值、股东价值和员工价值"四位一体"的分享型价值创造和价值增长。

4.2 所经营业务的主要内容

报告期内,公司主要开展业务分为信托业务和固有业务。其中,信托业务为主营业务,主要包括私募投行、资产管理和财富管理业务;固有业务主要包括贷款、金融产品投资和金融股权投资业务。

4.2.1 固有资产运用与分布表

资产运用	金额(万元)	占比(%)	资产分布	金额(万元)	占比(%)
货币资产	112 289.65	6.74	基础产业	65 412.43	3.92
交易性金融资产	1 280 744.63	76.83	房地产业	73 705.75	4.42
贷款及应收款项等	114 578.47	6.87	证券市场	71 105.68	4.27
其他权益工具投资	123 598.16	7.41	工商企业	346 708.00	20.80
固定资产	4 551.59	0.27	金融机构	830 408.28	49.81
其他	31 279.42	1.88	其他	279 701.78	16.78
资产合计	1 667 041.92	100.00	资产合计	1 667 041.92	100.00

4.2.2 信托资产运用与分布表

资产运用	金额(万元)	占比(%)	资产分布	金额(万元)	占比(%)
货币资产	1 516 269.12	2.28	基础产业	7 943 175.69	11.93
贷款	25 379 320.11	38.12	房地产	11 485 329.24	17.25
交易性金融资产	1 066 923.53	1.60	证券市场	5 525 696.50	8.30
可供出售金融资产	20 277 677.78	30.46	实业	18 447 705.94	27.71
持有至到期投资	817 035.44	1.23	金融机构	7 965 586.87	11.96
长期股权投资	10 398 216.23	15.61	其他	15 211 698.61	22.85
其他	7 123 750.64	10.70	—	—	—
信托总资产	66 579 192.85	100.00	信托总资产	66 579 192.85	100.00

4.3 市场分析

4.3.1 宏观环境分析

2019年,中国稳中求进,进一步推进经济转型升级和结构调整,国内经济在消费需求升级、企业创新、科技进步和社会劳动生产率不断提升的共同驱动下,就业、物价、国际收支等主要宏观指标均处于合理区间,经济增长的内生动力持续稳步提升。

4.3.2 影响公司发展的因素

自2019年以来,信托行业制度建设不断加强,为行业可持续健康发展夯实基础。如推进信托法、信托公司条例的修订,将营业信托纠纷专章写入《九民纪要》,不断健全和完善资金信托管理制度、信托受益权账户管理机制,规范行业公司治理结构等。

4.4 内部控制

根据国家有关法律法规和《公司章程》,公司构建了完备的法人治理结构,设立了股东大会、董事会、监事会,"三会"分工明确并相互制衡、各司其职、规范运作,分别行使决策权、执行权和监督权。根据自身业务特点和内部控制要求,公司设立了科学、规范的机构及岗位,明确界定了各部门、各岗位的职责和权限;设立了完善的内部控制架构,并制定各层级之间的控制程序,保证董事会及高级管理人员下达的指令能够被严格执行。2019年,结合监管部门要求,公司在原合规与风险统一管理的架构设置下,单设合规管理部,保障合规管理工作的独立性,进一步完善内控机制,促进公司合规履职能力提升,更好维护受益人利益。

4.5 风险管理

4.5.1 风险管理概况

公司高度重视风险控制和管理,坚持积极稳健的经营原则,通过规范运作,逐步形成"事前防范、事中控制、事后监督"的风险管理规程,制定了系统的风险控制制度。

4.5.2 风险状况

公司在经营过程中可能遇到的风险主要包括信用风险、市场风险、操作风险、合规风险、流动性风险、其他风险等。其中,信用风险是公司存续项目面临的主要风险。在加强信用风险管理方面,公司坚持严格落实监管政策和指导要求,及时调整和持续推动制度建设,严把业务流程标准,强化存续期管理和

风险监测、分析。报告期内，未发生因信用风险、市场风险、操作风险、合规风险等风险造成的损失。

4.5.3 净资本管理状况

2019 年末公司净资产为 128.10 亿元，净资本为 108.35 亿元，各项业务风险资本为 90.97 亿元，净资本与各项业务风险资本之和之比为 119.10%，净资本与净资产之比为 84.85%。各项净资本风险控制指标均符合监管政策要求。

4.6 绿色信托

2019 年公司持续深化贯彻绿色发展理念，以履行社会责任和服务实体经济为重要着力点，以绿色信托为媒介，依托信托制度优势，为打好污染防治攻坚战和生态文明建设做出努力。

一是成立绿色信托业务部，集中绿色产业专业人才，建立绿色产业领域的外部专家智库，提升绿色信托服务能力及专业化水平；二是在理论端持续深耕，2019 年发布第三份绿色信托发展系列报告——《2018 中航信托绿色行业精选报告》，并在信托业协会的组织带领下，牵头完成《绿色信托指引》，研究并发布《2018 中航信托绿色行业精选报告》，帮助业内厘清绿色信托服务内涵，指导绿色信托业务开展；三是持续贯彻“绿色产业 + 金融生态圈”的战略布局，通过持续性的绿色投融资活动，用实际行动为绿色产业提供专业化金融服务；四是注重培养绿色信托业务专业能力，将绿色发展理念充分融入自身组织体系，把节能减排效果作为业务评价指标的重要因素，教育并引导员工在注重经济责任的同时还要勇于承担绿色责任；五是营造绿色发展的企业文化，持续推行“绿航行动”，通过碳排量核算、低碳小程序使用等措施，将绿色低碳理念融入公司文化，2019 年末，在线活跃用户达 369 人，绿币累计超过 318 万个，二氧化碳减排量约 36 吨；六是在企业行动方面，公司自建办公大楼航信大厦就是秉承绿色发展理念建造的绿色智慧生态型办公大楼，是江西首栋全装配式建筑办公大楼，成为南昌红谷滩新区的商业办公新地标。

4.7 企业社会责任

2019 年公司积极践行中央企业担当，履行社会责任，深化社会责任理解，以实际行动为社会、为客户、为股东创造价值。一是充分发挥信托制度优势支持实体经济发展，紧扣国家战略发展信托业务，以信托融资、供应链金融等模式支持小微企业发展，大力发展绿色信托、慈善信托，与中国慈善联合会、中华环境保护基金、中国扶贫基金会等建立密切的慈善合作关系，先后成功设立 9 单慈善信托。二是助力打好精准脱贫攻坚战，6 单慈善信托聚焦精准扶贫。2019 年设立“中航信托扶贫公益基金”，投入 100 余万元支持定点帮扶点发展黄桃产业基地、九岭安居工程建设、新农人培训等 6 个项目。三是践行“航空报国、航空强国”初心使命，开展“爱心·航空”扶贫助困、航空科普、“圆梦微心愿”等活动；赞助支持 2019 成都、广州善行者公益活动，组织员工和客户参加，为留守儿童募集善款累计近 30 万元。四是切实履行“受托责任”，全力保障投资者权益，通过讲座、咨询解答、消保宣传进社区等方式，开展形式多样的主题消保宣传，共向 9.45 万余人次普及金融知识。五是坚持以人为本，发布《共同信约》企业文化 2.0 版，持续加强企业文化建设及落地深植，增强组织的使命感和责任感。

5. 报告期末及上一年度末的比较式会计报表

5.1 固有资产

5.1.1 中审众环会计师事务所（特殊普通合伙）审计意见

中航信托股份有限公司财务报表在所有重大方面按照企业会计准则的规定编制，公允反映了中航信托股份有限公司 2019 年 12 月 31 日的财务状况以及 2019 年度的经营成果和现金流量。

5.1.2 资产负债表

资产负债表

编制单位：中航信托股份有限公司　　2019 年 12 月 31 日　　单位：万元

项目	2019 年 12 月 31 日		2018 年 12 月 31 日	
	合并	母公司	合并	母公司
货币资金	112 289.65	111 086.02	164 121.19	163 804.11
拆出资金	—	—	—	—
应收款项	11 338.69	11 338.69	10 411.99	10 411.99
预付款项	289.45	289.45	359.29	359.29
其他应收款	56 420.56	56 418.42	16 908.57	16 908.57
发放贷款和垫款	46 529.76	46 529.76	64 610.37	64 610.37
交易性金融资产	1 280 744.63	1 098 146.47	4 306.48	—
其他权益工具投资	123 598.16	123 598.16	—	—
可供出售金融资产	—	—	1 258 908.31	1 262 302.31
固定资产	4 551.59	4 551.59	4 695.01	4 695.01
无形资产	835.39	835.39	366.38	366.38
长期待摊费用	1 002.49	1 002.49	951.39	951.39
递延所得税资产	27 086.24	27 086.24	7 323.93	7 386.83
其他资产	2 355.31	169 835.47	5 118.68	5 118.68
资产总计	1 667 041.92	1 650 718.15	1 538 081.60	1 536 914.93

公司法定代表人：姚江涛　主管会计工作公司负责人：周祺　会计机构负责人：刘燕

资产负债表（续）

编制单位：中航信托股份有限公司　　2019 年 12 月 31 日　　单位：万元

项目	2019 年 12 月 31 日		2018 年 12 月 31 日	
	合并	母公司	合并	母公司
拆入资金	—	—	—	—
交易性金融负债	—	—	—	—
应付职工薪酬	15 474.40	15 474.40	20 704.40	20 704.40
应交税费	47 328.30	47 305.50	41 938.95	41 938.95
预收款项	11 119.36	11 119.36	9 956.23	9 956.23
应付股利	29 073.15	29 073.15	—	—
其他应付款	221 389.37	221 297.79	257 718.01	257 708.29
预计负债	8 898.02	8 898.02	8 017.26	8 017.26
递延所得税负债	36 574.46	36 574.46	19 136.47	19 140.48
其他负债	16 209.39	—	1 219.85	—
负债合计	386 066.45	369 742.69	358 691.17	357 465.61
实收资本	465 726.71	465 726.71	465 726.71	465 726.71
资本公积	117 474.98	117 474.98	117 474.98	117 474.98
其他综合收益	59 698.62	59 698.62	57 409.40	57 232.74
盈余公积	104 618.61	104 618.61	84 529.38	84 529.38

续表

项目	2019年12月31日		2018年12月31日	
	合并	母公司	合并	母公司
一般风险准备	84 089.27	84 089.27	66 462.18	66 462.18
未分配利润	449 367.27	449 367.27	387 787.79	388 023.33
所有者权益合计	1 280 975.46	1 280 975.46	1 179 390.44	1 179 449.32
负债和所有者权益总计	1 667 041.92	1 650 718.15	1 538 081.60	1 536 914.93

公司法定代表人:姚江涛　主管会计工作公司负责人:周祺　会计机构负责人:刘燕

5.1.3 利润表

利润表

编制单位:中航信托股份有限公司　2019年度　单位:万元

项目	2019年度		2018年度	
	合并	母公司	合并	母公司
一、营业总收入	358 357.75	357 158.17	339 910.05	340 006.31
利息净收入	-9 843.85	-9 855.36	-9 670.60	-9 672.27
利息收入	3 905.21	3 893.70	6 160.82	6 159.15
利息支出	13 749.06	13 749.06	15 831.42	15 831.42
手续费及佣金净收入	358 565.40	358 565.40	293 182.34	293 182.34
手续费及佣金收入	358 912.36	358 912.36	293 214.31	293 214.31
手续费及佣金支出	346.96	346.96	31.97	31.97

续表

项目	2019年度		2018年度	
	合并	母公司	合并	母公司
投资收益	54 818.15	54 883.96	56 556.26	56 495.43
公允价值变动收益	-45 184.04	-46 437.91	-160.57	-1.80
汇兑收益	1.77	1.77	0.56	0.56
其他业务收入	—	—	—	—
资产处置收益	0.32	0.32	2.06	2.06
二、营业总支出	101 634.61	100 493.92	94 745.00	94 675.40
税金及附加	2 541.12	2 541.12	2 238.11	2 238.09
业务及管理费	98 781.20	97 640.50	90 262.34	90 192.75
研发费用	175.31	175.31	—	—
信用减值损失	136.99	136.99	—	—
其他资产减值损失	—	—	2 244.55	2 244.55
其他业务成本	—	—	—	—
三、营业利润	256 723.14	256 664.26	245 165.05	245 330.91
加:营业外收入	52.44	52.44	0.04	0.04
减:营业外支出	393.35	393.35	555.97	555.97
四、利润总额	256 382.23	256 323.35	244 609.12	244 774.98
减:所得税费用	62 389.23	62 389.23	59 944.42	59 944.42
五、净利润	193 993.00	193 934.12	184 664.70	184 830.56

公司法定代表人:姚江涛　主管会计工作公司负责人:周祺　会计机构负责人:刘燕

5.1.4 所有者权益变动表

所有者权益变动表(合并)

编制单位:中航信托股份有限公司　2019年度　单位:万元

项目	2019年度(合并)						
	股本	资本公积	其他综合收益	盈余公积	一般风险准备	未分配利润	所有者权益合计
一、上年年末余额	465 726.71	117 474.98	57 409.40	84 529.38	66 462.18	387 787.79	1 179 390.44
加:会计政策变更	—	—	-7 291.14	695.81	347.91	6 091.08	-156.34
二、本年年初余额	465 726.71	117 474.98	50 118.26	85 225.20	66 810.09	393 878.87	1 179 234.10
三、本年增减变动金额	—	—	9 580.36	19 393.41	17 279.18	55 488.40	101 741.35
(一)综合收益总额	—	—	9 580.36	—	—	193 993.00	203 573.36
(二)股东投入和减少资本	—	—	—	—	—	—	—
1. 股东投入的普通股	—	—	—	—	—	—	—
(三)利润分配	—	—	—	19 393.41	17 279.18	-138 504.60	-101 832.00
1. 提取盈余公积	—	—	—	19 393.41	—	-19 393.41	—
2. 提取风险准备	—	—	—	—	17 279.18	-17 279.18	—
3. 对股东的分配	—	—	—	—	—	-101 832.00	-101 832.00
4. 其他	—	—	—	—	—	—	—
(四)股东权益内部结转	—	—	—	—	—	—	—
1. 资本公积转增股本	—	—	—	—	—	—	—
四、本年末余额	465 726.71	117 474.98	59 698.62	104 618.61	84 089.27	449 367.27	1 280 975.46

公司法定代表人:姚江涛　主管会计工作公司负责人:周祺　会计机构负责人:刘燕

所有者权益变动表(合并)(续)

编制单位:中航信托股份有限公司　2019年度　单位:万元

项目	2018年度(合并)						
	股本	资本公积	其他综合收益	盈余公积	一般风险准备	未分配利润	所有者权益合计
一、本年年初余额	465 726.71	117 474.98	—	66 046.33	50 588.18	274 738.28	974 574.48
加:会计政策变更	—	—	—	—	—	—	—
二、本年年初余额	465 726.71	117 474.98	—	66 046.33	50 588.18	274 738.28	974 574.48
三、本年增减变动金额	—	—	57 409.40	18 483.06	15 874.00	113 049.50	204 815.96
(一)综合收益总额	—	—	57 409.40	—	—	184 664.70	242 074.10
(二)股东投入和减少资本	—	—	—	—	—	—	—

续表

项目	2018 年度(合并)						
	股本	资本公积	其他综合收益	盈余公积	一般风险准备	未分配利润	所有者权益合计
1. 股东投入的普通股	—	—	—	—	—	—	—
(三)利润分配	—	—	—	18 483. 05	15 874. 00	-71 615. 19	-37 258. 14
1. 提取盈余公积	—	—	—	18 483. 05	—	-18 483. 06	—
2. 提取风险准备	—	—	—	—	15 874. 00	-15 874. 00	—
3. 对股东的分配	—	—	—	—	—	-37 258. 14	-37 258. 14
4. 其他	—	—	—	—	—	—	—
(四)股东权益内部结转	—	—	—	—	—	—	—
1. 资本公积转增股本	—	—	—	—	—	—	—
四、本年末余额	465 726. 71	117 474. 98	57 409. 40	84 529. 38	66 462. 18	387 787. 79	1 179 390. 44

公司法定代表人:姚江涛　　主管会计工作公司负责人:周祺　　会计机构负责人:刘燕

所有者权益变动表(母公司)

编制单位:中航信托股份有限公司　　2019 年度　　单位:万元

项目	2019 年度(母公司)						
	股本	资本公积	其他综合收益	盈余公积	一般风险准备	未分配利润	所有者权益合计
一、上年年末余额	465 726. 71	117 474. 98	57 232. 74	84 529. 38	66 462. 18	388 023. 33	1 179 449. 32
加:会计政策变更	—	—	-7 114. 48	695. 81	347. 91	5 914. 43	-156. 33
一、本年年初余额	465 726. 71	117 474. 98	50 118. 26	85 225. 20	66 810. 09	393 937. 76	1 179 292. 99
二、本年增减变动金额	—	—	9 580. 36	19 393. 41	17 279. 18	55 429. 52	101 682. 47
(一)综合收益总额	—	—	9 580. 36	—	—	193 934. 12	203 514. 48
(二)股东投入和减少资本	—	—	—	—	—	—	—
1. 股东投入的普通股	—	—	—	—	—	—	—
(三)利润分配	—	—	—	19 393. 41	17 279. 18	-138 504. 60	-101 832. 01
1. 提取盈余公积	—	—	—	19 393. 41	—	-19 393. 41	—
2. 提取风险准备	—	—	—	—	17 279. 18	-17 279. 18	—
3. 对股东的分配	—	—	—	—	—	-101 832. 00	-101 832. 00
4. 其他	—	—	—	—	—	—	—
(四)股东权益内部结转	—	—	—	—	—	—	—
资本公积转增股本	—	—	—	—	—	—	—
三、本年末余额	465 726. 71	117 474. 98	59 698. 62	104 618. 61	84 089. 27	449 367. 27	1 280 975. 46

法定代表人:姚江涛　　主管会计工作的负责人:周祺　　会计机构负责人:刘燕

所有者权益变动表(母公司)(续)

编制单位:中航信托股份有限公司　　2019 年度　　单位:万元

项目	2018 年度(母公司)						
	股本	资本公积	其他综合收益	盈余公积	一般风险准备	未分配利润	股东权益合计
一、本年年初余额	465 726. 71	117 474. 98	-52. 26	66 046. 33	50 588. 18	274 807. 96	974 591. 89
加:会计政策变更	—	—	—	—	—	—	—
二、本年年初余额	465 726. 71	117 474. 98	-52. 26	66 046. 33	50 588. 18	274 807. 96	974 591. 89
三、本年增减变动金额	—	—	57 285. 00	18 483. 06	15 874. 00	113 215. 37	204 857. 43
(一)综合收益总额	—	—	57 285. 00	—	—	184 830. 56	242 115. 56
(二)股东投入和减少资本	—	—	—	—	—	—	—
1. 股东投入的普通股	—	—	—	—	—	—	—
(三)利润分配	—	—	—	18 483. 06	15 874. 00	-71 615. 19	-37 258. 14
1. 提取盈余公积	—	—	—	18 483. 06	—	-18 483. 06	—
2. 提取风险准备	—	—	—	—	15 874. 00	-15 874. 00	—
3. 对股东的分配	—	—	—	—	—	-37 258. 14	-37 258. 14
4. 其他	—	—	—	—	—	—	—
(四)股东权益内部结转	—	—	—	—	—	—	—
资本公积转增股本	—	—	—	—	—	—	—
四、本年末余额	465 726. 71	117 474. 98	57 232. 74	84 529. 38	66 462. 18	388 023. 33	1 179 449. 32

法定代表人:姚江涛　　主管会计工作的负责人:周祺　　会计机构负责人:刘燕

5.2 信托资产

5.2.1 信托项目资产负债表

信托项目资产负债表

编制单位：中航信托股份有限公司　　2019 年 12 月 31 日　　单位：万元

信托资产	2019 年 12 月 31 日	信托负债和信托权益	2019 年 12 月 31 日
信托资产：	—	信托负债：	—
货币资金	1 516 269. 12	交易性金融负债	—
拆出资金	—	衍生金融负债	—
存出保证金	—	应付受托人报酬	24 426. 57
交易性金融资产	1 066 923. 53	应付托管费	3 061. 65
衍生金融资产	—	应付受益人收益	8 243. 16
买入返售金融资产	729 979. 30	应交税费	36 634. 79
应收款项	514 911. 86	应付销售服务费	26 869. 16
发放贷款	25 379 320. 11	其他应付款项	760 751. 22
可供出售金融资产	20 277 677. 78	预计负债	—
持有至到期投资	817 035. 44	其他负债	0. 90
长期应收款	3 686 241. 34		
长期股权投资	10 398 216. 23	信托负债合计	859 987. 45
投资性房地产	—		
固定资产	—	信托权益：	
无形资产	—	实收信托	65 170 589. 33
长期待摊费用	—	资本公积	220 640. 85
其他资产	2 192 618. 14	未分配利润	327 975. 22
减：各项资产减值准备	—	信托权益合计	65 719 205. 40
信托资产总计	66 579 192. 85	信托负债及信托权益总计	66 579 192. 85

注：实收信托合计金额是信托本金累计给付额。

5.2.2 信托项目利润及利润分配表

信托项目利润及利润分配表

编制单位：中航信托股份有限公司　　2019 年度　　单位：万元

项目	2019 年度
1. 营业收入	4 385 334. 79
1. 1 利息收入	2 389 284. 62
1. 2 投资收益（损失以“ -”号填列）	1 866 735. 98
其中：对联营企业和合营企业的投资收益	—
1. 3 公允价值变动收益（损失以“ -”号填列）	81 609. 90
1. 4 租赁收入	—
1. 5 汇兑损益（损失以“ -”号填列）	—
1. 6 其他收入	47 704. 29
2. 支出	538 188. 53
2. 1 营业税金及附加	11 340. 53
2. 2 受托人报酬	346 709. 01
2. 3 托管费	23 993. 64
2. 4 投资管理费	1 208. 59
2. 5 销售服务费	90 936. 45
2. 6 交易费用	297. 27
2. 7 资产减值损失	-9 785. 12
2. 8 其他费用	73 488. 16
3. 信托净利润（净亏损以“ -”号填列）	3 847 146. 26
4. 其他综合收益	155 471. 69
5. 综合收益	4 002 617. 95
6. 加：期初未分配信托利润	480 225. 77
7. 可供分配的信托利润	4 482 843. 72
8. 减：本期已分配信托利润	4 154 868. 50
9. 期末未分配信托利润	327 975. 22

6. 会计报表附注

6.1 自营资产经营情况

6.1.1 信用资产风险五级分类情况

信用资产五级分类	正常类（万元）	关注类（万元）	次级类（万元）	可疑类（万元）	损失类（万元）	信用风险资产合计（万元）	不良资产合计（万元）	不良资产率（%）
期初数	1 502 950. 36	12 215. 14	7 500. 00	—	—	1 522 665. 50	7 500. 00	0. 49
期末数	1 331 447. 17	273 061. 92	16 328. 00	—	—	1 620 837. 09	16 328. 00	1. 01

注：不良资产合计 = 次级类 + 可疑类 + 损失类。

6.1.2 资产减值准备情况

单位：万元

项目	期初数	本期计提	本期转回	本期核销	期末数
贷款损失准备	585. 00	52. 50	—	—	637. 50
一般准备	585. 00	52. 50	—	—	637. 50
专项准备	—	—	—	—	—
其他资产减值准备	2 874. 53	84. 49	—	—	2 959. 02
持有至到期投资减值准备	—	—	—	—	—
长期股权投资减值准备	—	—	—	—	—
坏账准备	2 874. 53	84. 49	—	—	2 959. 02
投资性房地产减值准备	—	—	—	—	—

6.1.3 固有股票投资、基金投资、债券投资、长期投资等投资情况

单位：万元

	自营股票	基金	债券	长期投资	其他投资	合计
期初数	—	—	—	285 249. 69	977 052. 62	1 262 302. 31
期末数	—	—	—	328 582. 22	1 060 642. 57	1 389 224. 79

6.1.4 长期投资的前五名

企业名称	占被投资企业权益的比例（%）	主要经营活动	投资收益（万元）
中国信托业保障基金有限责任公司	8. 70	保障基金管理	5 200. 00
天风证券股份有限公司	3. 86	证券服务	140. 00
南昌农村商业银行股份有限公司	4. 42	银行服务	643. 47
新余农村商业银行股份有限公司	4. 42	银行服务	432. 43
中国信托登记有限责任公司	3. 33	信托登记	—

6.1.5 固有贷款项

企业名称	占贷款总额的比例(%)	还款情况
爱康健康科技集团有限公司	61.05	正常
湖南棕榈浔龙河生态城镇发展有限公司	36.63	正常
江西省真赏轩工艺制品有限公司	2.32	次级

6.1.6 表外业务的期初数、期末数

报告期内，本公司未开展除信托业务以外的表外业务及担保、代理等其他业务。

6.1.7 公司当年的收入结构

收入结构	合并		母公司	
	金额(万元)	占比(%)	金额(万元)	占比(%)
手续费及佣金收入	358 912.36	96.36	358 912.36	96.68
其中：信托手续费收入	358 912.36	96.36	358 912.36	96.68
投资银行业务收入	—	—	—	—
利息收入	3 905.21	1.05	3 893.70	1.05
投资收益	54 818.15	14.72	54 883.96	14.78
其中：股权投资收益	16 203.62	4.35	16 203.62	4.36
证券投资收益	316.70	0.09	316.70	0.09
其他投资收益	38 297.83	10.28	38 363.64	10.33
公允价值变动收益	-45 184.04	-12.13	-46 437.91	-12.51
汇兑收益	1.77	—	1.77	—
资产处置收益	0.32	—	0.32	—
收入合计	372 453.77	100.00	371 254.19	100.00

6.2 信托资产管理情况

6.2.1 信托资产的期初数、期末数对比分析

信托资产	2019年12月31日	2018年12月31日	增减变动额(万元)	增减幅度(%)
集合	44 371 336.73	37 522 938.62	6 848 398.11	18.25
单一	20 591 127.36	24 371 651.99	-3 780 524.63	-15.51
财产权	1 616 728.76	1 375 276.62	241 452.14	17.56
合　计	66 579 192.85	63 269 867.23	3 309 325.62	5.23

6.2.1.1 主动管理型信托业务的信托资产期初数、期末数对比分析

主动管理型信托资产	2019年12月31日	2018年12月31日	增减变动额(万元)	增减幅度(%)
投资类	27 028 821.77	23 526 369.81	3 502 451.96	14.89
融资类	19 859 161.28	13 032 309.91	6 826 851.37	52.38
事务管理类	—	—	—	—
合　计	46 887 983.05	36 558 679.72	10 329 303.33	28.25

6.2.1.2 被动管理型信托业务的信托资产期初数、期末数对比分析

被动管理型信托资产	2019年12月31日	2018年12月31日	增减变动额(万元)	增减幅度(%)
投资类	—	—	—	—
融资类	—	—	—	—
事务管理类	19 691 209.80	26 711 187.51	-7 019 977.71	-26.28
合　计	19 691 209.80	26 711 187.51	-7 019 977.71	-26.28

6.2.2 本年已清算结束的信托项目情况

6.2.2.1 本年度已清算结束的集合类、单一类资金信托项目和财产管理类信托项目情况

已清算结束信托项目	项目个数(个)	实收信托合计金额(万元)	加权平均实际年化收益率(%)
集合	200	11 056 078.71	6.93
单一	246	11 105 151.85	5.53
财产权	15	1 442 775.94	6.22

6.2.2.2 本年度已清算结束的主动管理型信托项目情况

已清算结束信托项目	项目个数(个)	实收信托合计金额(万元)	加权平均实际年化报酬率(%)	加权平均实际年化收益率(%)
投资类	111	3 104 386.47	0.48	6.83
融资类	96	6 435 317.25	1.10	7.52
事务管理类	—	—	—	—

6.2.2.3 本年度已清算结束的被动管理型信托项目情况

已清算结束信托项目	项目个数(个)	实收信托合计金额(万元)	加权平均实际年化报酬率(%)	加权平均实际年化收益率(%)
投资类	—	—	—	—
融资类	—	—	—	—
事务管理类	254	14 064 302.33	0.19	6.60

6.2.3 本年度新增的集合类、单一类资金信托项目和财产管理类信托项目情况

新增信托项目	项目个数(个)	实收信托合计金额(万元)
集合	418	21 268 304.84
单一	843	7 509 076.71
财产权	22	1 518 748.36
合计	1283	30 296 129.91
其中：主动管理型	1079	25 242 116.66
被动管理型	204	5 054 013.25

6.2.4 信托业务创新成果和特色业务有关情况

近年来，中航信托持续推动业务转型与创新，进一步形成以专业化驱动的私募投行、以策略驱动的资产管理及以服务驱动的财富管理三大业务板块。报告期内，公司不断加强模式创新、产品创新、服务创新，主动在数字信托、标品信托、服务信托、家族信托、慈善信托、绿色信托、小微金融、金融科技等领域快速布局，把握发展先机，取得了多项成果。年内公司确立数字化转型目标，在业内率先提出“信托科技”概念，通过数字研究院持续围绕数据管理、应用、经营、服务等方面开展研究，积极推进数字化在财富管理、小微金融、不动产等领域中的应用，打造公司在数据信托方面的领先优势。小微金融业务重点做实核心风控，投入超亿元资金用于搭建自主风控模型，全年累计向小微企业和个人消费者发放小微金融贷款规模超 1 000 亿元。持续推动通航产业发展，依托股东资源，连续两年承办“中国通用航空创新创业大赛”，建设通用航空产业创新发展平台，致力于成为促进通航产业发展的项目孵化器、资源聚合器和产融助推器。标准化业务新模式落地，以债券承销业务为着力点，积极拓展公开市场业务领域，非金融企业债务融资工具承销业务规模位于行业领先。探索服务信托的无限可能，持续

推进服务信托方面的理论创新和业务实践探索，设立了服务信托(数字)业务部，打造支撑新业务模式下的数字化平台，为服务信托的发展提供强劲动力。家族信托业务成立(准)事业部，构建了产品体系、拓展体系、顾问体系与品牌体系，成功注册鲲鹏家族办公室，年内净增家族信托 141 户，净增业务规模 21.3 亿元。管理"中扶贫临洮百合百家慈善信托""青年返乡创业扶贫慈善信托""中慈联科技扶贫慈善信托""华美绿色慈善信托"等多个慈善信托项目，新增设立"雅安公益养老慈善信托"，积极探索慈善信托在精准扶贫、绿色生态、助困养老等领域的长效机制，注重项目的管理与执行效果，并引入区块链技术，助力公益慈善事业发展。持续倡导并践行"绿色信托"发展理念，牵头负责的《绿色信托指引》，成为行业绿色信托发展的引领者，成立绿色信托(准)事业部，统筹推进绿色信托业务的高效发展，创新性打造"绿色产业 + 金融生态圈"。

6.2.5 本公司履行受托人义务情况及因公司自身责任而导致的信托资产损失情况

报告期内，未发生因公司自身责任导致信托资产损失及赔付等情况。

6.2.6 信托赔偿准备的提取、使用和管理情况

公司从 2019 年税后利润中提取 5% 的信托赔偿准备金 9 696.71万元，累计提取52 309.30 万元。报告期内公司未使用信托赔偿准备金。

6.3 关联方及其交易的披露

6.3.1 关联交易方的数量、关联交易的总金额及关联交易的定价原则等

固有业务关联方情况

	关联交易方数量(个)	关联交易金额(万元)	定价政策
合计	8	4 199.69	按市场价格交易，或按公允原则，以不优于对非关联方同类交易的条件定价

信托业务关联方情况

	关联交易方数量(个)	关联交易金额(万元)	定价政策
合计	11	409 756.00	按市场价格交易，或按公允原则，以不优于对非关联方同类交易的条件定价

6.3.2 公司与关联方的重大交易事项

6.3.2.1 固有财产与关联方

单位：万元

	期初数	借方发生额	贷方发生额	期末数
贷 款	—	—	—	—
投 资	—	—	—	—
租 赁	—	1 360.08	1 360.08	—
担 保	—	—	—	—
其他应收款		—	—	
其 他	—	2 839.61	2 839.61	—
合计	—	4 199.69	4 199.69	—

注：固有财产与关联方关联交易主要是咨询费和业务收入。

6.3.2.2 信托与关联方交易情况

单位：万元

项目	期初数	借方发生额	贷方发生额	期末数
贷款	260 477.00	217 979.00	104 990.16	373 465.84
投资	110 000.00	106 290.25	180 000.00	36 290.25
合计	370 477.00	324 269.25	284 990.16	409 756.09

6.3.2.3 固有财产和信托财产之间的交易金额期初汇总数、本期发生额汇总数、期末汇总数

单位：万元

固有财产与信托财产相互交易			
项目	期初数	本期发生额	期末数
合计	907 811.49	149 149.16	1 056 960.65

6.3.3 关联方逾期未偿还本公司资金的详细情况以及本公司为关联方担保发生或即将发生垫款的情况

报告期内本公司无关联方逾期未偿还本公司资金的情况，没有为关联方提供担保。

6.4 会计制度的披露

公司固有业务、信托业务均按照财政部于 2006 年 2 月 15 日及以后期间颁布的《企业会计准则——基本准则》、各项具体会计准则及相关规定编制。

7. 财务情况说明书

7.1 利润实现和分配情况

公司 2019 年初未分配利润为 393 878.87 万元，2019 年实现净利润为 193 993.00 万元，计提法定盈余公积金 19 393.41万元，计提信托赔偿准备 9 696.71 万元，计提一般准备7 582.48 万元，分配现金股利 101 832.00 万元。截至 2019 年 12 月 31 日，公司未分配利润为 449 367.27 万元。

7.2 主要财务指标

指标名称	合并	母公司	计算公式
净资产收益率(%)	15.77	15.76	净利润/所有者权益平均数 ×100%
信托报酬率(%)	0.72%		[∑项目合同总收入(信托报酬 + 财务顾问收入)/信托项目总月份 × 12]/信托资产总规模
人均利润(万元)	606.10	605.97	利润总额/年平均人数

8. 特别事项揭示

8.1 股东报告期内变动情况及原因

报告期内无。

8.2 董事、监事及高级管理人员变动情况及原因

8.2.1 董事、监事变动情况及原因

2019 年 1 月 26 日，因个人及组织安排原因，章建康不再担任公司董事、吴壮不再担任公司监事、王旺松担任公司监事。

2019年2月21日，经监事会选举产生，王旺松担任公司监事会主席。

2019年4月29日，经江西银监局核准拟任任职资格，于庆伟担任公司董事。

2019年10月31日，因个人原因，康慧珍不再担任公司监事。

8.2.2 高级管理人员变动情况及原因

2019年3月8日，因工作安排原因，余萌不再担任公司总经理职务，暂由董事长姚江涛代为履职。

2019年11月15日，经江西银保监局核准，周祺担任公司总经理。

8.3 变更注册资本、注册地或公司名称、公司分立合并事项

2019年报告期内无变更事项。

2020年1月9日，根据《江西银保监局关于中航信托股份有限公司变更公司住所的批复》(赣银保监复[2020]2号)及江西省市场监督管理局核准，公司住所变更为江西省南昌市红谷滩新区会展路1009号航信大厦。

8.4 公司的重大诉讼事项

报告期内无。

8.5 公司及其董事、监事和高级管理人员受到处罚情况

报告期内无。

8.6 对中国银保监会提出的整改意见简要说明整改情况

报告期内，公司高度重视并认真落实监管部门的监管意见要求，先后向江西银保监局反馈了公司在压缩通道业务、组织资管新规存量信托业务整改、全面风险排查及房地产信托业务规模管控等方面的工作措施及成效，切实提升了业务发展质量，增强了风险防控能力。

8.7 中国银保监会及其省级派出机构认定的其他有必要让客户及相关利益人了解的重要信息

报告期内无。

8.8 报告期内重大事项临时报告

2019年3月21日，公司在《证券时报》刊登《中航信托股份有限公司关于总经理变动的公告》。

2019年11月19日，公司在《证券时报》刊登《中航信托股份有限公司关于总经理变动的公告》。

9. 公司监事会意见

本报告期内公司依法运作，决策程序，内部控制较为完善。2019年度财务报告中披露的财务信息真实反映了公司的财务状况和经营成果。

中建投信托股份有限公司

1. 重要提示

1.1 本公司董事会及董事保证本报告所载资料不存在任何虚假记载、误导性陈述或者重大遗漏，并对其内容的真实性、准确性和完整性承担个别及连带责任。

1.2 独立董事袁志刚、钱毅、严宁声明：保证本年度报告的内容真实、完整、准确。

1.3 董事长王文津、总经理谭硕、主管会计工作负责人张昳及财务部负责人吕深远声明：保证本年度报告中财务会计报告的真实、完整、准确。

2. 公司概况

2.1 公司简介

中建投信托股份有限公司的前身是浙江省国际信托投资公司。浙江省国际信托投资公司创建于1979年8月，1983年12月经中国人民银行批准成为非银行金融机构，是国内最早经营信托投资业务的公司之一。2002年6月，公司更名为浙江省国际信托投资有限责任公司，成为浙江省首家获准重新登记的信托公司。

2007年3月，中国建银投资有限责任公司收购浙江省国际信托投资有限责任公司原股东持有的全部股权。2007年11月，经中国银监会批准，浙江省国际信托投资有限责任公司更名为中投信托有限责任公司，注册资本为5亿元。2010年1月，公司股东中国建银投资有限责任公司对公司增资，公司注册资本增至15亿元。2013年6月，经中国银行业监督管理委员会浙江监管局批复同意，公司更名为中建投信托有限责任公司。2013年10月，经中国银行业监督管理委员会浙江监管局批复同意，公司英文名称更名为JIC Trust Co.，Ltd.，英文名称简称更名为JIC Trust。

2013年12月，经中国银行业监督管理委员会浙江监管局批复同意，公司注册资本增至16.6574亿元。其中：中国建银投资有限责任公司出资金额为15亿元，持有公司90.05%的股权；建投控股有限责任公司出资金额为1.6574亿元，持有公司9.95%的股权。2014年1月，公司在浙江省工商行政管理局完成工商登记变更手续，领取新的营业执照。2014年12月，经中国银行业监督管理委员会浙江监管局批复同意，公司住所变更为浙江省杭州市教工路18号世贸丽晶城欧美中心1号楼（A座）18－19层C、D区及1层C区103、105室。

2018年4月，经中国银行业监督管理委员会浙江监管局批复同意，公司更名为中建投信托股份有限公司，注册资本增至50亿元。增资后，各股东持股比例保持不变。公司住所变更为杭州市教工路18号世贸丽晶城欧美中心1号楼（A座）18～19层C区、D区。2018年5月，公司在浙江省工商行政管理局完成工商登记变更手续，领取新的营业执照。

中文名称	中建投信托股份有限公司
英文名称	JIC Trust Co.，Ltd.
英文名称简称	JIC Trust
法定代表人	王文津
注册地址	杭州市教工路18号世贸丽晶城欧美中心1号楼（A座）18～19层C区、D区
邮政编码	310012
国际互联网网址	http://www.jictrust.cn/
电子信箱	gs_zh@jictrust.cn
负责信息披露的高管	谭硕
负责信息披露联系人	陆琴琴
联系电话	0571-89891501
传真	0571-89891517
电子信箱	luqinqin@jictrust.cn
公司信息披露报纸名称	《证券时报》《上海证券报》
年度报告备置地点	中建投信托股份有限公司综合办公室
聘请的会计师事务所及住所	安永华明会计师事务所（特殊普通合伙） 住所：北京市东城区东长安街1号东方广场安永大楼16层
聘请的律师事务所及住所	浙江天册律师事务所 住所：浙江省杭州市杭大路1号黄龙世纪广场A座11楼

2.2 组织结构

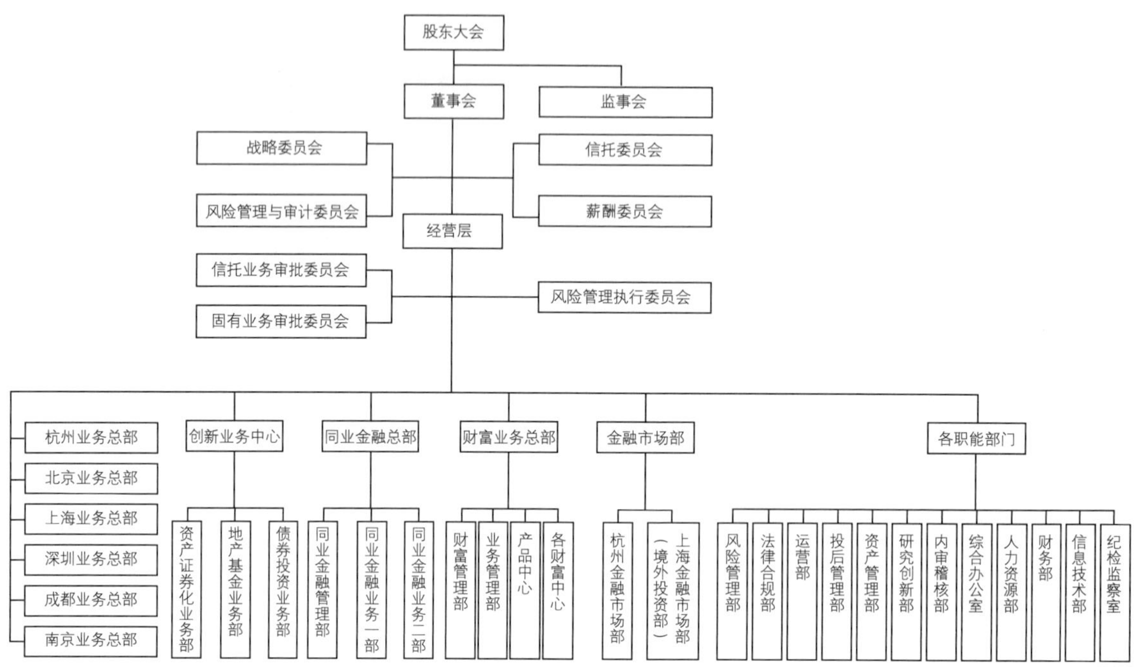

3. 公司治理

3.1 股东

报告期末，公司股东数为 2 家。

股东名称	持股比例（%）	法人代表	注册资本（万元）	注册地址	主要经营业务及主要财务情况
★中国建银投资有限责任公司	90.05	董　轼	2 069 225	北京市西城区闹市口大街1号院2号楼7～14层	投资与投资管理；资产管理与处置；企业管理；房地产租赁；咨询。2019 年，中国建投实现合并营业收入为 135.86 亿元，归属于母公司净利润为 48.54 亿元。
建投控股有限责任公司	9.95	邱　军	200 000	北京市西城区闹市口大街1号院4号楼9F、9G	项目投资；投资管理；酒店管理；房地产开发；物业管理；企业管理咨询；设备租赁。2019 年，建投控股实现合并营业收入为 13.55 亿元，归属于母公司净利润为 6 493 万元。

注：报告期末，公司控股股东中国建银投资有限责任公司由中央汇金投资有限责任公司 100% 控股，实际控制人、最终受益人均为中国投资有限责任公司；公司股东建投控股有限责任公司是中国建银投资有限责任公司的控股子公司，实际控制人、最终受益人均为中国建银投资有限责任公司。

报告期末，中国建银投资有限责任公司关联方[①]如下：

关联方	类型
中央汇金投资有限责任公司	母公司
建投投资有限责任公司	主要子公司
建投嘉昱（上海）投资有限公司	
中建投信托股份有限公司	
中建投租赁股份有限公司	
建投控股有限责任公司	
建投华文投资有限责任公司	

续表

关联方	类型
建投华科投资股份有限公司	主要子公司
国泰基金管理有限公司	
中国投资咨询有限责任公司	
中国建投（香港）有限公司	
中投财富辛卯（天津）创业投资合伙企业（有限合伙）	
江苏中比欧洲科创产业基金（有限合伙）	
JICFirmina S. A. S.	

① 根据股东 2019 年审计报告整理，下同。

续表

关联方	类型
申万宏源集团股份有限公司	合营及联营企业
上海银行股份有限公司	
西南证券股份有限公司	
安徽江淮汽车股份有限公司	
Nature's Care Holdings Pty Limited	
Bright Food Global Distribution Company Limited	
中安网脉(北京)技术股份有限公司	
南京莱斯信息技术股份有限公司	
Bright Food (Spain) Holding Co., Limited	
九州通医疗器械集团有限公司	
江苏龙蟠石化有限公司	
瑞能半导体有限公司	
北京时代凌宇科技股份有限公司	
西安向阳航天材料股份有限公司	
新星出版社有限责任公司	
建银国际医疗产业股权投资有限公司	
中粮(北京)农业产业股权投资基金(有限合伙)	
中央汇金旗下公司	与本公司同受一母公司控制或重大影响的其他企业

报告期末,建投控股有限责任公司关联方如下:

关联方	类型
中国建银投资有限责任公司	母公司
建投华科投资股份有限公司	本公司股东
厦门建投建业资产管理有限公司	主要子公司
天津市金银泰物业管理服务中心	

续表

关联方	类型
青海建投金融服务有限公司	主要子公司
武汉建银房地产开发有限责任公司	
常州市建投经济发展有限公司	
北京金虹达航空机票代售中心	
建投嘉昱置地股份有限公司	
建投嘉昱实业投资发展股份有限公司	
建投嘉昱置业股份有限公司	
建投嘉浩(天津)股权投资基金管理有限责任公司	
建银饭店有限责任公司	
建投享老有限责任公司	
香港嘉浩有限公司	
广东建投金服投资有限公司	
重庆嘉昱建筑工程有限公司	
武汉建银房地产开发有限责任公司	
北京建投嘉昱资产管理有限公司	
常州市建投经济发展有限公司	
青海建投金融服务有限公司	
陕西建苑大厦	
南京白鹭宾馆	
无锡嘉昱酒店	
中建投信托股份有限公司	联营企业
中国工商银行股份有限公司	同受中央汇金控制
中建投信托股份有限公司	
中国建设银行股份有限公司	

报告期内,公司股东均未在公司股权设置任何抵质押或其他第三方权益。

3.2 董事、董事会及其专门委员会

董事长、董事

姓名	职务	性别	年龄(岁)	选任日期	所推举的股东名称	该股东持股比例(%)	简要履历
王文津	董事长	男	51	2017 年 12 月	中国建银投资有限责任公司	90.05	曾任职于中国建设银行、中国建银投资有限责任公司、宏源证券股份有限公司、中建投咨询有限责任公司、建投控股有限责任公司;现任中建投信托股份有限公司党委书记、董事长。
谭 硕	董事	男	48	2018 年 6 月	中国建银投资有限责任公司	90.05	曾任职于中国建设银行等;现任中建投信托股份有限公司党委委员、董事、总经理。
王勇华	董事	男	40	2017 年 12 月	中国建银投资有限责任公司	90.05	曾任职于中国出口信用保险公司、中国建银投资有限责任公司、中投科信科技股份有限公司;现任中建投信托股份有限公司董事。
王新宇	董事	女	51	2017 年 12 月	中国建银投资有限责任公司	90.05	曾任职于中国建设银行、中国建银投资有限责任公司。2018 年 6 月至 2019 年 8 月,任中建投信托股份有限公司董事。
李 昇	董事	男	46	2019 年 9 月	中国建银投资有限责任公司	90.05	曾任职于中国建设银行;现任中国建银投资有限责任公司财务资金部总经理助理,中建投信托股份有限公司董事。
张亚平	董事	女	53	2017 年 12 月	建投控股有限责任公司	9.95	曾任职于中国建设银行、中国建银投资有限责任公司;现任建投控股有限责任公司总经理助理,建投嘉浩(天津)股权投资基金管理有限责任公司董事长、总经理,建投嘉昱实业投资发展股份有限公司董事长,中建投信托股份有限公司董事。

注:1. 2019 年 8 月,董事王新宇辞去公司董事职务。
2. 2019 年 12 月,浙江银保监局核准董事李昇的任职资格(浙银保监复[2019]1304 号)。

独立董事

姓名	职务	性别	年龄（岁）	选任日期	所推举的股东名称	该股东持股比例（%）	简要履历
袁志刚	独立董事	男	62	2017 年 12 月	中国建银投资有限责任公司	90.05	曾任职于复旦大学；现任中建投信托股份有限公司独立董事。
钱　毅	独立董事	男	63	2017 年 12 月	中国建银投资有限责任公司	90.05	曾任职于湖北财经学院、中南政法学院、中国工商银行；现任中建投信托股份有限公司独立董事。
严　宁	独立董事	男	62	2017 年 12 月	中国建银投资有限责任公司	90.05	曾任职于中国银行、中国农村信托投资公司、中国投资银行、国家开发银行、中信银行等；现任中建投信托股份有限公司独立董事。

职工董事

姓名	职务	性别	年龄（岁）	选任日期	所推举的股东名称	该股东持股比例（%）	简要履历
陈　枫	职工董事	女	37	2017 年 12 月	—	—	曾任职于中国银行、上海国际信托有限公司；现任中建投信托股份有限公司风险管理部、投后管理部总经理，职工董事。

董事会专门委员会

董事会下属委员会名称	职责	组成人员姓名	职务
战略委员会	（1）研究国家经济金融政策变化和行业发展趋势等对公司经营、业务发展等的影响；（2）组织拟定公司发展规划，对公司年度经营计划提出建议；（3）组织评估公司发展规划执行情况；（4）组织拟定公司数据治理战略规划，评估规划执行情况，对数据治理相关的重大事项提出建议；（5）董事会授权的其他事宜。	王文津	主任委员
		谭　硕	委员
		王勇华	委员
		张亚平	委员
		钱　毅	委员
信托委员会	（1）审议公司信托业务发展规划，提出意见和建议；（2）对公司依法履行受托人职责情况进行督促，提出改进意见和建议；（3）当公司或公司股东利益与受益人利益的冲突时，确保优先保障受益人利益；（4）董事会授权的其他职责。	袁志刚	主任委员
		谭　硕	委员
		王新宇	委员
		钱　毅	委员
		陈　枫	委员
风险管理与审计委员会	（1）根据公司发展战略，制定、审核公司风险管理工作规划，评价公司战略目标和经营计划所涉及的风险因素，并向董事会提出建议；（2）定期审核、评议公司风险管理政策，促进风险管理政策的合法合规和及时有效；（3）从风险控制角度，监督公司各项规章制度的执行情况，并对公司重大经营决策进行风险监测和评价；（4）审阅公司风险管理工作报告，对风险管理工作提出改善意见和建议；（5）审核、批准公司的风险控制流程与风险计量模型和方法的监测、调整等相关工作；（6）审核、评议公司年度审计工作规划；（7）负责对公司内部审计制度的有效性及其执行情况进行监督；（8）负责内部审计与外部审计之间的沟通与协调；（9）对公司关联交易业务风险进行评估，对重大关联交易事项进行审查并提交董事会审议；（10）提议聘请或更换外部审计机构；（11）董事会授权的其他事宜。	钱　毅	主任委员
		谭　硕	委员
		王勇华	委员
		严　宁	委员
		陈　枫	委员
薪酬委员会	（1）研究、拟定董事及高级管理人员业绩考核办法和薪酬管理办法并提交董事会；（2）研究并提出董事及高级管理人员的年度薪酬方案，依据公司高级经营管理人员的业绩，拟定薪酬及奖惩建议方案并提交董事会；（3）监督董事及高级管理人员薪酬制度与奖惩制度的执行情况；（4）董事会授权的其他事宜。	严　宁	主任委员
		王文津	委员
		王新宇	委员
		张亚平	委员
		袁志刚	委员

注：2019 年 8 月，董事王新宇辞去公司董事职务，下同。

3.3　监事、监事会

监事会成员

姓名	职务	性别	年龄（岁）	选任日期	所推举的股东名称	该股东持股比例（%）	简要履历
崔　建	监事会主席	男	54	2018 年 3 月	中国建银投资有限责任公司	90.05	曾任职于中国建设银行、中国建银投资有限责任公司；现任中建投信托股份有限公司纪委书记、监事会主席。
梁家琦	监事	男	37	2017 年 12 月	中国建银投资有限责任公司	90.05	曾任职于毕马威会计师事务所、昆吾九鼎投资管理有限公司；现任中国建银投资有限责任公司审计部审计二处处长、中建投信托股份有限公司监事。

续表

姓名	职务	性别	年龄（岁）	选任日期	所推举的股东名称	该股东持股比例（%）	简要履历
李爱玲	监事	女	44	2017年12月	建投控股有限责任公司	9.95	曾任职于山东莱芜市经济技术协作办公室、山东莱芜市招商局、中华财务咨询有限公司；现任建投控股有限责任公司财务部总经理、中建投信托股份有限公司监事。
谢　悦	职工监事	女	48	2017年12月	—	—	曾任职于浙江省水利水电高等专科学校、浙江省国信集团、浙江省国际信托投资有限责任公司；现任中建投信托股份有限公司法律合规部总经理、职工监事。
袁　路	职工监事	男	36	2017年12月	—	—	曾任职于工信部软件与集成电路促进中心、Intel（上海）技术开发有限公司；现任中建投信托股份有限公司研究创新部总经理、职工监事。

注：本届监事会未设下属委员会。

3.4　高级管理人员

姓名	职务	性别	年龄（岁）	选任日期	金融从业年限（年）	学历	专业	简要履历
谭　硕	总经理	男	48	2018年11月	27	博士研究生	经济学	曾任职于中国建设银行等；现任中建投信托股份有限公司党委委员、董事、总经理。
余　海	副总经理	男	45	2013年3月	20	硕士研究生	国际银行及金融学	曾任职于中信银行、平安信托；现任中建投信托股份有限公司副总经理。
张　昳	副总经理	男	48	2013年12月	27	本科	金融学	曾任职于浙江省国际信托投资公司；现任中建投信托股份有限公司董事会秘书、副总经理、工会主席。
侯春枫	首席风险官	男	46	2015年12月	22	硕士研究生	工商管理	曾任职于中国建设银行、金信信托等；现任中建投信托股份有限公司首席风险官。
高峻峰	总经理助理	男	43	2018年7月	13	硕士研究生	工商管理	曾任职于中粮集团、平安信托等；现任中建投信托股份有限公司总经理助理。
邱旭天	总经理助理	男	40	2018年7月	21	硕士研究生	金融学	曾任职于中国建设银行、招商银行、中国民生银行；现任中建投信托股份有限公司总经理助理。

3.5　公司员工

项目		报告期年度	
		人数（人）	比例（%）
年龄分布	25岁以下	8	1.77
	25～29岁	88	19.47
	30～39岁	301	66.59
	40岁以上	55	12.17
学历分布	博士	0	1.99
	硕士	235	51.99
	本科	194	42.92
	专科	13	2.88
	其他	1	0.22
岗位分布	董事、监事及其高管人员	11	2.43
	自营业务人员	13	2.88
	信托业务人员	138	30.53
	其他人员	290	64.16

4. 经营管理

4.1　经营目标、经营方针、战略规划

4.1.1　经营目标

公司的经营目标是：塑造“值得信赖的专业受托人”形象，发展成为国内一流的资产管理平台。

公司以受益人利益为核心履行受托管理职责，践行信托文化，将“忠诚、诚信、尽责”等理念贯穿于经营实践过程中。积极利用信托制度优势，整合内外部资源，提升综合金融服务能力，实现资产管理能力和财富管理能力相匹配平衡发展，服务实体经济高质量发展。

4.1.2　经营方针

合规经营。成为值得信赖的专业受托机构，切实维护信托关系各方当事人的合法利益，牢固树立“诚信为本、合规经营”的理念，在经营管理活动中全面深入贯彻依法合规经营的基本原则，用制度和流程规范经营行为，使各项业务始终在监管的要求内规范发展。

转型发展。通过体制机制的创新提高经营能力和管理水平；利用信托的制度优势，为投资者提供更加多样化、个性化的金融服务；加强行业发展前沿研究，积极探索信托行业发展规律及新的发展领域。

专业服务。立足服务实体经济，坚持回归本源，强化主责主业，着重提升服务信托和资产管理两大核心业务水平，打造核心竞争力。

4.1.3　战略规划

公司的战略规划是：实现治理结构规范化、企业管理现代化，树立较强市场影响力，力争进入行业前列，抓住资本市场机遇，成为投资能力专业、风险管控匹配、客户基础雄厚、值得信赖的国内一流的资产管理平台。

4.2　所经营业务的主要内容

自营资产运用与分布表

资产运用	金额（万元）	占比（%）	资产分布	金额（万元）	占比（%）
货币资产	21 179.41	2.04	基础产业	17 523.85	1.69
贷款及应收款	564 704.44	54.43	房地产业	165 755.02	15.98
交易性金融资产	—	—	证券市场	311.79	0.03
可供出售金融资产	325 524.49	31.38	实业	—	—

续表

资产运用	金额（万元）	占比（%）	资产分布	金额（万元）	占比（%）
持有至到期投资	—	—	金融机构	651 319. 06	62. 78
长期股权投资	75 129. 88	7. 24	其他	202 533. 96	19. 52
其他	50 905. 46	4. 91			
资产总计	1 037 443. 68	100. 00	资产总计	1 037 443. 68	100. 00

信托资产运用与分布表

资产运用	金额（万元）	占比（%）	资产分布	金额（万元）	占比（%）
货币资产	325 461. 76	1. 81	基础产业	2 271 187. 00	12. 61
贷款	11 267 201. 01	62. 56	房地产	8 412 052. 58	46. 71
交易性金融资产	9 477. 05	0. 05	证券市场	729 690. 34	4. 05
可供出售金融资产	1 813 031. 07	10. 07	实业	1 148 277. 59	6. 38
持有至到期投资	1 484 449. 50	8. 24	金融机构	1 941 692. 29	10. 78
长期股权投资	599 464. 13	3. 33	其他	3 506 747. 75	19. 47
其他	2 510 563. 03	13. 94			
信托资产总计	18 009 647. 55	100. 00	信托资产总计	18 009 647. 55	100. 00

4. 3　市场分析

4. 3. 1　有利因素

我国经济进入高速增长向高质量发展转变的新时期，经济领域供给侧结构性改革富有成效，新的经济增长点持续培育。经济下行压力下，政府适时采取逆周期调控政策，扩大内需保持经济增速稳定。

金融供给侧改革持续推进，财政政策加力提效，货币政策稳健灵活，重点领域金融风险得到防范化解，系统性金融风险的威胁基本消除。

资管新规过渡期安排稳妥推进，信托行业的监管体系、保障体系和业务分类体系日益完善，信托文化建设进一步加强。

4. 3. 2　不利因素

经济依然面临较大的外部压力，主要经济体增长放缓，中美贸易摩擦持续发酵，全球动荡源和风险点显著增多。

国内投资增速持续放缓，房地产、基础设施投资支撑力边际趋弱，分化趋势日益明显，信托传统模式展业空间收窄，信托公司转型压力持续增加。

实体经济仍面临融资困境，盈利能力减弱，资产负债表修复缓慢，信用风险持续暴露，给信托公司带来更大的风险管理压力。

房地产、基础设施等传统信托领域面临更加严格的监管环境，对信托公司合规经营能力提出更高的要求。

4. 4　内部控制

4. 4. 1　内部控制环境和内部控制文化

公司治理结构完善，建立了各项决策、执行、监督和激励约束机制，实现股东大会、董事会、监事会、经营层"三会一层"的治理体系规范运作。内部机构设置健全，前台、中台、后台各部门权责明晰，已建立风险管理部、法律合规部、运营部、投后管理部、资产管理部、内审稽核部等多部门联动的内部控制格局和风险隔离机制，有效防范各类风险。

公司高度重视企业内控文化的建设，以合规、稳健和专业化经营为基本原则，秉承"诚信为本，合规经营"的核心理念，发挥信托制度优势，提升资产管理能力和风险管理能力，积极构建资本充实、内控严密、管理规范、具有较强发展能力和竞争能力的专业信托公司。

4. 4. 2　内部控制措施

4. 4. 2. 1　流程控制

公司风险管理流程分为前台业务部门、中台风控部门、后台职能支持三大模块，实行前台、中台、后台分离原则。内部控制制度覆盖公司全业务流程，前台部门按照公司各项业务受理、审查和操作规程开展业务，实现内控流程的前端落实；中台部门以公司风险偏好和业务指引为准绳，对业务进行决策和事中控制，做好项目存续期间风险的动态监控；后台部门以公司内控制度和流程管理为遵循，对各项业务和经营活动进行维护和支持，实现内控流程的后端控制。

4. 4. 2. 2　组织控制

公司严格按照法律法规、监管规定和《公司章程》等要求，建立了组织架构完善、权责清晰、分工明确的内部组织控制体系。公司董事会负责内部控制的建立健全和有效实施，下设风险管理与审计委员会，作为董事会风险管理与审计工作的专门议事机构。监事会负责对董事会建立与实施的内部控制进行监督。

2019 年，公司持续优化组织架构和部门职责分工，支持和推动经营发展。设立风险管理执行委员会，协助经营层组织实施全面风险管理工作；设立投后管理部、资产管理部，分别负责项目存续期间的管理和问题资产的管理。

公司基本形成了"事前防范、事中控制、事后监督和纠正"健全的内控机制，相互监督制衡的运行机制贯穿于全业务流程。

4. 4. 2. 3　制度控制

公司建立较为系统、完善的内控制度体系，由法律合规部归口管理，通过规范的制度审查、审批流程，保障制度体系的规范性、完整性及有效性。2019 年，公司修订完善多部基本规章，优化合规、授权、反洗钱等重点领域的管理。截至 2019 年末，公司现行有效制度 209 部，其中当年新增 18 部、修订 35 部。公司制度体系覆盖主要业务领域及管理事项，有效保障内部管理的规范性和业务发展的合规性。

4. 4. 3　信息交流与反馈

4. 4. 3. 1　完整的报告体系

公司建立有多层次、多途径的报告体系，通过划分部门和人员职责、确立清晰完整的报告线路，明确员工、部门负责人、经营层、董事会和监事会的职责范围及报告路径。

4. 4. 3. 2　信息交流与共享平台的搭建

公司通过 OA 平台、综合业务系统、CRM 系统、财务管理系统等电子化信息交流渠道，建立综合管理信息技术系统，实现"统一平台、信息共享、操作简便、安全高效"的管理目标，保障公司董事会和经营层及时了解和掌握公司的经营和内控情况。

4. 4. 3. 3　外部信息共享机制

公司建立有多渠道的信息披露机制，通过官方网站、客户APP、微信公众号等发布公告或书面文件等方式，畅通与委托人、受益人及社会公众的信息沟通与交流。

4. 4. 3. 4　监管信息沟通机制

公司通过定期报告、临时报告、事前报备、信托计划成立报告、非现场监管报告等方式，及时向监管部门报告公司相关信息，认真落实监管部门政策要求，建立良好的监管信息交流体系。

4.4.4 监督评价与纠正

4.4.4.1 外部监督与评价

公司接受监管部门的监督和评价，按年进行会计师事务所的年报审计和出具管理建议书，积极落实审计检查意见和建议，及时完善和优化各项管理制度及流程。

4.4.4.2 内部监督与评价

公司持续对业务和经营管理活动进行全方位、全过程的监督与评价。公司严格根据事前、事中和事后经营管理环节不同的特征，规范相应的内部审批、操作和风险管理的程序，细化和完善内控制度，实施内部监督和评价工作。事前主要从制度建设、制度与流程的持续评价与完善、风险信息收集、识别与监测等方面展开，对公司内部控制进行事前规划和风险预警；事中主要包括经营管理业务的审批，风险管理、法律合规等部门的业务评审，投后管理、运营管理、财务等部门的业务监控，以及业务经办部门的持续监控；事后主要包括审计监督和评价。通过内审稽核部门的常规审计、专项审计、离任审计等方式，及时评估公司经营管理活动中存在的制度、流程和操作的瑕疵，并通过有效的整改措施落实改进，不断提升公司的内控管理水平。

4.5 风险管理

自2017年启动全面风险管理体系建设以来，公司持续提升风险管理专业化水平，保障业务稳健、可持续发展。截至2019年末，公司基本实现对信用风险、市场风险、操作风险等主要类别风险的有效识别、评估、监控和管理，现有风险管理组织架构清晰完善、分工细致、科学有效。

报告期内，公司牢牢把握中央关于防范系统性金融风险各项部署要求，严格落实监管精神及股东风险管理要求，通过持续完善全面风险管理组织架构及政策制度、优化核心业务风险管控策略、加强精细化风险管理能力，有效提升公司风险防范水平；通过组建专业化资产管理团队、足额计提资产减值准备，切实提高抵御风险能力。

4.5.1 风险管理概况

公司风险管理遵循全面性、独立性、有效性和匹配性原则，根据业务类别及风险类型，制定相应的风险政策和管控措施，建立系统的内控制度和风险管理规程。在项目尽调上，由业务条线和风险条线员工组成联合尽调小组参与项目前期尽调，并引入外部律师提供专业参考意见；在项目决策上，实行分级、分类审批制度，根据业务类型及交易对手特性，实施差异化审批流程；在项目管理上，实行信托经理双人负责制，公司投后和运营管理团队专人同步全程跟踪；在财务管理方面，实行信托财产与自有财产分户管理、不同信托财产开立不同账户的管理制度。

4.5.1.1 公司经营活动中可能遇到的风险

公司经营活动中可能遇到的风险包括信用风险、市场风险、操作风险、法律合规风险、流动性风险、声誉风险、战略风险等。

4.5.1.2 风险管理的基本原则与政策

公司全面风险管理坚持全面性、独立性、有效性和匹配性原则，以现代化治理理念为指导，以建立完善的风险管理机制为目标，以核心业务和创新业务的风险管理为重点，不断引入先进的风险管理工具，实现风险有效控制与业务发展的协调统一。

4.5.1.3 风险管理组织结构与职责划分

公司构建科学有效、职责清晰的风险管理组织架构，建立以董事会、监事会及风险管理与审计委员会，经营层及风险管理执行委员会，风险管理职能部门为主的自上而下的三层式风险管理架构，并在此基础上构建以业务条线、风险条线、审计条线为主的风险管理三道防线。

风险管理与审计委员会作为董事会授权的风险管理和审计监督机构，主要负责：制定、审核、评估风险管理政策；监督规章制度执行情况；审阅风险管理工作报告；审核、评议审计工作规划；监督审计制度有效性及其执行情况等。

风险管理职能部门是公司全面风险及专项风险的主要管理部门。报告期内，公司持续优化风险管理职能部门组织架构，加强风险条线管理主动性和专业化分工。

风险管理部是公司履行全面风险管理职责的牵头部门，负责组织推动各专项风险主责部门就各类风险进行识别、评估、监测、应对和处置，归口管理公司信用风险、市场风险，拟定信用风险、市场风险政策和管理程序，落实相关风险管理要求。

法律合规部是公司法律合规风险的主责部门，负责合规风险政策和程序的拟定、适当性评估，以及内控管理机制的评估与优化等。

投后管理部是公司操作风险的主责部门，负责拟定项目投后管理规章制度，落实公司操作风险管理机制建设，具体实施项目投后管理工作。

运营部是公司信托业务基础运营工作的执行部门，负责落实包括面签核保、收贷收息、档案管理、信息披露、信托登记管理等相关工作。

资产管理部是公司问题资产的归口管理部门，负责推动问题资产的处置与化解及相关管理机制的建立。

内审稽核部是公司内部审计工作的主责部门，负责对公司经营活动进行全面审计以及对公司内控管理、风险管理的健全性和有效性进行评价及分析，并提出整改建议。

4.5.2 风险状况

2019年，宏观经济总体保持平稳运行态势，但部分行业和领域仍面临较大下行压力，周期性风险尚未解除，公司面临的风险管理压力加大。公司坚决贯彻党中央关于打好防范化解重大风险攻坚战的总体部署要求，坚持问题导向，牢牢守住不发生系统性金融风险的底线。

4.5.2.1 信用风险状况

信用风险是指交易对方不能履行合约义务而带来的风险。公司严格按照《中国银行业监督管理委员会关于非银行金融机构全面推行资产质量五级分类管理的通知》的要求，定期对公司资产质量进行五级分类。2019年，公司固有信用风险资产余额为106.84亿元，其中不良资产合计16.09亿元。公司按照法律法规的相关规定足额提取风险准备金，全年未发生因重大信用风险所造成的损失。

4.5.2.2 市场风险状况

市场风险是指由于市场因素变动导致损失的风险，主要表现为市场环境、行业状况、供求关系、价格、利率、汇率等宏观因素发生变化对项目价值产生负面影响，导致信托财产或公司利益遭受损失的可能性。公司对涉及资本市场风险的业务做好风险揭示，通过逐日盯市、价值跟踪等措施监控资本市场风险敞口，做好缓释市场风险准备；对涉及房地产市场风险的业务，通过市场研究和准入标准制定，指导业务向房地产市场较为稳健的区域拓展，保障整体市场风险可控。

4.5.2.3 操作风险状况

操作风险主要是指因交易系统不完善、管理失误、控制缺失、或其他一些人为的错误而导致损失的可能性，尤其是因管理失误和内部控制缺失带来的损失。公司主要通过完善分层授权、加强交叉复核以及提升系统控制等措施做好操作风险管控。报告期内，公司未发生因操作风险所造成的损失。

4.5.2.4 其他风险状况

除以上三种风险外，公司还可能面临的风险包括法律合规风险、流动性风险、声誉风险、战略风险等。报告期内，公司未发生重大法律诉讼及群体性诉讼事件，流动性及声誉管理情况良好，战略稳步推进。

4.5.3 风险管理策略

针对信托公司经营过程中可能存在的各类风险，公司结合全面风险管理体系建设工作，在认真分析风险成因和影响方式的基础上，持续完善风险管理策略和防范控制措施。

4.5.3.1 信用风险管理策略

2019 年，公司重点从制度建设、管控机制及管控工具方面加强信用风险管理。

在制度建设层面，公司进一步完善信用风险管理制度，制定及修订涉及抵押物及销售现金流管控、抵押物准入标准等多项制度指引，为信用风险缓释措施的标准化及后续管理提供制度规范。

在管控机制层面，公司持续健全投后管理架构及工作机制。设立投后管理部，重点加强项目投后管理。公司建立多层次、立体化的投后检查和管控机制，包括按日实行舆情监测、按月开展排查、按季做好期间监控，并持续跟踪检查发现问题的落实整改情况。

在管控工具层面，公司启动内部信用评级体系搭建工作，以房地产业务为切入点构建贴合业务实际的内部信用评级模型，进一步加强评级工具在预警、授信等方面的运用。

在问题资产处置上，公司设立资产管理部，由专业团队负责问题资产集中管理，并由公司高管层牵头推进相关工作，提高处置质效，通过归因分析总结处置经验，为优化信用风险防控策略奠定基础。

4.5.3.2 市场风险管理策略

2019 年，公司涉及市场风险业务领域主要为资本市场业务及房地产业务，通过市场研究预判、定期监测等做好市场风险管理。

在资本市场领域，公司定期对多维度市场风险指标开展计量与分析，通过对基本面、政策面、资金面以及市场预期差、市场走势、市场情绪等因素开展分析，对债券市场利率走势形成预判，确定配置策略。同时，通过久期动态管理整体把控产品投资的市场风险。

在房地产市场领域，公司持续加强对房地产市场风险的分析研判，定期对业务集中度较高的二线、强三线城市房地产市场重点开展监测分析。同时，启动房地产信托业务外部尽调咨询项目，强化对标的项目及所在市场的风险判断。

4.5.3.3 操作风险管理策略

2019 年，公司通过操作风险事件管理、自评价工具运用等加强操作风险防控。

在操作风险事件管理方面，公司制定《操作风险事件管理办法》，通过制度宣讲、巡回办公等措施加强贯彻落实。公司建立操作风险事件定期汇总汇报机制，持续开展问题分析和跟踪落实整改，针对性推进相关制度流程优化工作。

在操作风险评估方面，公司启动操作风险自评价，通过调研评估不断完善内部管理机制，细化业务管理细节。评估梳理公司系统权限管理情况，并制定优化归口管理方案。同时，公司在信息披露、个人名章管理、征信管理等方面进一步完善执行标准和制度流程。

4.5.3.4 法律风险管理策略

2019 年，公司从制度规范及内部控制等方面持续加强法律合规风险管控。

在制度规范层面，公司全面评估业务管理制度，并围绕核心业务可能出现的合规问题，及时出台针对性指引。加大对创新业务合规性研究和指导，制定房地产股权投资、资产支持票据业务专项合规指引。

在内部控制层面，公司梳理及优化现有授权体系及授权内容，确保授权执行的规范性和有效性。通过制度修订、风险排查和信息系统优化等措施，全面提升公司反洗钱工作管理水平。

4.5.3.5 其他风险管理策略

针对其他类型风险管理，公司持续加强流动性风险监控，每月对流动性覆盖率等指标进行监测，防范流动性风险；建立较为完善的声誉风险管理机制，通过舆情监测与应急处理、投诉管理、客户服务规范等，提升声誉风险管理能力；根据外部监管要求和环境变化，结合公司发展实际，评估复盘战略规划执行情况，针对性调整战略实施节奏，强化战略风险管理。

4.6 企业社会责任

公司秉承“价值创造、以人为本、和谐发展”的社会责任理念，立足公司发展中各利益相关方的普遍诉求，积极服务经济发展、产业转型、结构升级与社会进步的可持续发展大局，致力实现企业发展、员工发展、社会发展的和谐统一。

一是回归信托本源，积极履行企业发展责任。公司积极提升资本运营和资产经营能力，截至 2019 年末，公司净资产为 83.45 亿元，实现净利润为 8.88 亿元，较好地实现了国有资产保值增值。发挥信托制度优势，积极服务实体经济，不断拓展中小企业融资渠道，降低企业融资成本。持续优化完善消费者权益保护工作，忠实履行受托责任，切实维护消费者合法权益。坚持诚信合规经营，有效提高风险管理与处置能力。

二是坚持以人为本，认真履行员工发展责任。公司持续优化员工职业素质和专业能力培训体系，为员工提供多元共融的工作氛围和科学系统的培训发展体系，推出“森林”系列人才培养计划。研究完善员工社会保障体系，为员工提供稳定的就业岗位和合理的薪酬福利待遇，构建和谐劳动关系。广泛开展员工关爱活动，连续三年组织实施“员工入司周年”（星辰计划）

文化纪念活动,推动和提升企业文化凝聚力,培育特色企业文化。

三是践行社会公益,积极履行社会发展责任。公司发起设立“中国建投帮扶慈善信托”,首次到位资金3 000万元。截至2019年末,上述慈善信托已实施扶贫项目4个,用于支持贵州省施秉县助教助学、激励扶贫、保险扶贫等领域。连续四年组织开展“银信封”公益计划,组织19人次志愿者赴甘肃省会宁县、贵州省施秉县探访最美老师,参与当地师生互动教学,并捐赠相关教学用具。积极贯彻落实国家“精准扶贫”政策要求,认购贵州省施秉县当地特色农副产品,扶助当地解决产品销售问题。

5. 2019年度及2018年度的比较式会计报表

5.1 自营资产

5.1.1 会计师事务所审计意见全文

审计报告

安永华明(2020)审字第61316039_A01号

中建投信托股份有限公司

中建投信托股份有限公司董事会:

一、审计意见

我们审计了中建投信托股份有限公司的财务报表,包括2019年12月31日的合并及公司资产负债表,2019年度的合并及公司利润表、所有者权益变动表和现金流量表以及相关财务报表附注。

我们认为,后附的中建投信托股份有限公司的财务报表在所有重大方面按照企业会计准则的规定编制,公允反映了中建投信托股份有限公司2019年12月31日的合并及公司财务状况及2019年度的合并及公司经营成果和现金流量。

二、形成审计意见的基础

我们按照中国注册会计师审计准则的规定执行了审计工作。审计报告的“注册会计师对财务报表审计的责任”部分进一步阐述了我们在这些准则下的责任。按照中国注册会计师职业道德守则,我们独立于中建投信托股份有限公司,并履行了职业道德方面的其他责任。我们相信,我们获取的审计证据是充分、适当的,为发表审计意见提供了基础。

三、管理层和治理层对财务报表的责任

中建投信托股份有限公司管理层负责按照企业会计准则的规定编制财务报表,使其实现公允反映,并设计、执行和维护必要的内部控制,以使财务报表不存在由于舞弊或错误导致的重大错报。

在编制财务报表时,管理层负责评估中建投信托股份有限公司的持续经营能力,披露与持续经营相关的事项(如适用),并运用持续经营假设,除非计划进行清算、终止运营或别无其他现实的选择。

治理层负责监督中建投信托股份有限公司的财务报告过程。

四、注册会计师对财务报表审计的责任

我们的目标是对财务报表整体是否不存在由于舞弊或错误导致的重大错报获取合理保证,并出具包含审计意见的审计报告。合理保证是高水平的保证,但并不能保证按照审计准则执行的审计在某一重大错报存在时总能发现。错报可能由于舞弊或错误导致,如果合理预期错报单独或汇总起来可能影响财务报表使用者依据财务报表作出的经济决策,则通常认为错报是重大的。

在按照审计准则执行审计工作的过程中,我们运用职业判断,并保持职业怀疑。同时,我们也执行以下工作:

(1)识别和评估由于舞弊或错误导致的财务报表重大错报风险,设计和实施审计程序以应对这些风险,并获取充分、适当的审计证据,作为发表审计意见的基础。由于舞弊可能涉及串通、伪造、故意遗漏、虚假陈述或凌驾于内部控制之上,未能发现由于舞弊导致的重大错报的风险高于未能发现由于错误导致的重大错报的风险。

(2)了解与审计相关的内部控制,以设计恰当的审计程序,但目的并非对内部控制的有效性发表意见。

(3)评价管理层选用会计政策的恰当性和作出会计估计及相关披露的合理性。

(4)对管理层使用持续经营假设的恰当性得出结论。同时,根据获取的审计证据,就可能导致对中建投信托股份有限公司持续经营能力产生重大疑虑的事项或情况是否存在重大不确定性得出结论。如果我们得出结论认为存在重大不确定性,审计准则要求我们在审计报告中提请报表使用者注意财务报表中的相关披露;如果披露不充分,我们应当发表非无保留意见。我们的结论基于截至审计报告日可获得的信息。然而,未来的事项或情况可能导致中建投信托股份有限公司不能持续经营。

(5)评价财务报表的总体列报、结构和内容(包括披露),并评价财务报表是否公允反映相关交易和事项。

(6)就中建投信托股份有限公司中实体或业务活动的财务信息获取充分、适当的审计证据,以对财务报表发表审计意见。我们负责指导、监督和执行集团审计,并对审计意见承担全部责任。

我们与治理层就计划的审计范围、时间安排和重大审计发现等事项进行沟通,包括沟通我们在审计中识别出的值得关注的内部控制缺陷。

安永华明会计师事务所(特殊普通合伙)

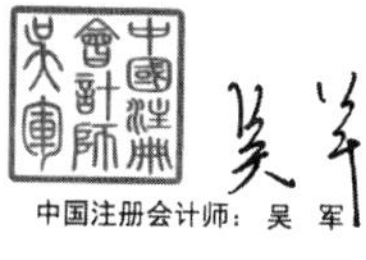

中国注册会计师:吴军

中国注册会计师:果立宇

中国·北京　　2020年3月31日

5.1.2 资产负债表

资产负债表

编制单位：中建投信托股份有限公司　　2019年12月31日　　单位：万元

项目	2019年12月31日		2018年12月31日	
	合并	母公司	合并	母公司
资产				
货币资金	117 623.28	21 179.41	37 103.63	35 943.88
以公允价值计量且其变动计入当期损益的金融资产	17 951.72	—	—	—
应收账款	57 011.00	58 727.17	31 000.97	31 000.97
应收利息	10 914.98	10 914.01	7 105.01	7 105.01
发放贷款和垫款	167 855.35	167 855.35	192 085.90	192 085.90
可供出售金融资产	173 249.83	325 524.49	261 134.68	210 737.78
应收款项类投资	458 195.19	327 207.91	388 043.71	313 431.01
长期股权投资	7 068.45	75 129.88	6 853.89	33 965.75
投资性房地产	15 420.34	15 420.34	15 886.00	15 886.00
固定资产	394.61	394.61	481.58	481.58
无形资产	3 186.76	3 186.76	2 790.92	2 790.92
递延所得税资产	27 491.30	27 259.40	13 240.10	13 235.86
其他资产	6 902.80	4 644.35	4 569.36	3 953.50
资产总计	1 063 265.61	1 037 443.68	960 295.75	860 618.16
负债				
拆入资金	50 000.00	50 000.00	14 000.00	14 000.00
应付账款	174.05	174.05	174.05	174.05
预收款项	718.36	718.36	1 474.54	1 474.54
应付利息	140	140	43.17	43.17
应付职工薪酬	48 654.03	48 654.03	41 240.54	41 240.54
应交税费	42 927.85	42 931.14	33 025.83	33 027.57
预计负债	5 744.97	5 744.97	—	—
其他负债	82 173.64	54 625.90	130 871.55	30 953.49
负债合计	230 532.90	202 988.45	220 829.68	120 913.36
所有者权益				
股本	500 000.00	500 000.00	500 000.00	500 000.00
资本公积	19 398.36	19 398.36	19 398.36	19 398.36
其他综合收益	3 383.62	4 079.33	-1 883.67	-1 870.96
盈余公积	28 036.20	28 036.20	19 156.19	19 156.19
信托赔偿准备	33 986.21	33 986.21	29 546.20	29 546.20
一般风险准备	19 384.43	19 384.43	12 181.64	12 181.64
未分配利润	228 543.89	229 570.70	161 067.35	161 293.37
所有者权益合计	832 732.71	834 455.23	739 466.07	739 704.80
负债和所有者权益总计	1 063 265.61	1 037 443.68	960 295.75	860 618.16

法定代表人：王文津　　主管会计工作负责人：张昳　　会计机构负责人：吕深远

5.1.3 利润表

利润表

编制单位：中建投信托股份有限公司　　2019年度　　单位：万元

项目	2019年度		2018年度	
	合并	母公司	合并	母公司
一、营业收入	242 341.71	239 548.14	195 339.20	189 280.34
利息净收入	15 676.71	15 676.62	5 686.32	5 684.12
利息收入	18 875.54	18 875.44	10 680.75	10 678.55
利息支出	3 198.83	3 198.82	4 994.43	4 994.43
手续费及佣金净收入	188 676.66	191 147.59	126 729.89	128 696.22
手续费及佣金收入	188 826.19	191 297.12	128 303.58	130 269.91
手续费及佣金支出	149.53	149.53	1 573.69	1 573.69
投资收益	36 317.74	32 207.15	62 490.83	54 477.21
公允价值变动损益	1 153.82	—	-1.30	-1.30
汇兑损益	2.03	2.03	5.86	5.85

续表

项目	2019 年度		2018 年度	
	合并	母公司	合并	母公司
资产处置收益	—	—	-6.56	-6.56
其他业务收入	514.75	514.75	434.16	424.80
二、营业支出	124 762.37	121 168.01	74 824.57	68 540.40
税金及附加	1 571.65	1 571.65	1 313.23	1 297.69
业务及管理费	66 622.40	65 918.34	52 385.13	52 100.06
资产减值损失	53 212.37	53 212.37	14 677.00	14 677.00
其他业务成本	3 355.95	465.65	6 449.21	465.65
三、营业利润	117 579.34	118 380.13	120 514.63	120 739.94
加:营业外收入	—	—	—	—
减:营业外支出	—		25.00	25.00
四、利润总额	117 579.34	118 380.13	120 489.63	120 714.94
减:所得税费用	29 579.99	29 579.99	29 131.82	29 131.82
五、净利润	87 999.35	88 800.14	91 357.81	91 583.12
六、其他综合收益	5 267.29	5 950.29	-18 923.96	-18 911.25
七、综合收益总额	93 266.64	94 750.43	72 433.85	72 671.87

法定代表人:王文津　　主管会计工作负责人:张昳　　会计机构负责人:吕深远

5.1.4 所有者权益变动表

所有者权益变动表(合并)

编制单位:中建投信托股份有限公司　　2019 年度　　单位:万元

2019 年度	股本	资本公积	其他综合收益	盈余公积	信托赔偿准备	一般风险准备	未分配利润	所有者权益合计
一、2019 年 1 月 1 日余额	500 000.00	19 398.36	-1 883.67	19 156.19	29 546.20	12 181.64	161 067.35	739 466.07
二、本年增减变动金额	—	—	5 267.29	8 880.01	4 440.01	7 202.79	67 476.54	93 266.64
(一)综合收益总额	—	—	5 267.29	—	—	—	87 999.35	93 266.64
(二)利润分配	—	—	—	8 880.01	4 440.01	7 202.79	-20 522.81	—
1. 提取盈余公积	—	—	—	8 880.01	—	—	-8 880.01	—
2. 提取信托赔偿准备	—	—	—	—	4 440.01	—	-4 440.01	—
3. 提取一般风险准备	—	—	—	—	—	7 202.79	-7 202.79	—
(三)所有者权益内部结转	—	—	—	—	—	—	—	—
三、2019 年 12 月 31 日余额	500 000.00	19 398.36	3 383.62	28 036.20	33 986.21	19 384.43	228 543.89	832 732.71
2018 年度(合并)	股本	资本公积	其他综合收益	盈余公积	信托赔偿准备	一般风险准备	未分配利润	所有者权益合计
、2018 年 1 月 1 日余额	166 574.00	14 442.85	17 040.29	49 934.09	24 967.04	12 181.64	381 892.31	667 032.22
二、本年增减变动金额	333 426.00	4 955.51	-18 923.96	-30 777.90	4 579.16	—	-220 824.96	72 433.85
(一)综合收益总额	—	—	-18 923.96	—	—	—	91 357.81	72 433.85
(二)利润分配	—	—	—	9 158.31	4 579.16	—	-13 737.47	—
1. 提取盈余公积	—	—	—	9 158.31	—	—	-9 158.31	—
2. 提取信托赔偿准备	—	—	—	—	4 579.16	—	-4 579.16	—
3. 提取一般风险准备	—	—	—	—	—	—	—	—
(三)其他	333 426.00	4 955.51	—	-39 936.21	—	—	-298 445.30	—
三、2018 年 12 月 31 日余额	500 000.00	19 398.36	-1 883.67	19 156.19	29 546.20	12 181.64	161 067.35	739 466.07

法定代表人:王文津　　主管会计工作负责人:张昳　　会计机构负责人:吕深远

所有者权益变动表(母公司)

编制单位:中建投信托股份有限公司　　2019 年度　　单位:万元

2019 年度	股本	资本公积	其他综合收益	盈余公积	信托赔偿准备	一般风险准备	未分配利润	所有者权益合计
一、2019 年 1 月 1 日余额	500 000.00	19 398.36	-1 870.96	19 156.19	29 546.20	12 181.64	161 293.37	739 704.80
二、本年增减变动金额	—	—	5 950.29	8 880.01	4 440.01	7 202.79	68 277.33	94 750.43
(一)综合收益总额	—	—	5 950.29	—	—	—	88 800.14	94 750.43
(二)利润分配	—	—	—	8 880.01	4 440.01	7 202.79	-20 522.81	—
1. 提取盈余公积	—	—	—	8 880.01	—	—	-8 880.01	—
2. 提取信托赔偿准备	—	—	—	—	4 440.01	—	-4 440.01	—
3. 提取一般风险准备	—	—	—	—	—	7 202.79	-7 202.79	—
(三)所有者权益内部结转	—	—	—	—	—	—	—	—
三、2019 年 12 月 31 日余额	500 000.00	19 398.36	4 079.33	28 036.20	33 986.21	19 384.43	229 570.70	834 455.23

续表

2018 年度	股本	资本公积	其他综合收益	盈余公积	信托赔偿准备	一般风险准备	未分配利润	所有者权益合计
一、2018 年 1 月 1 日余额	166 574. 00	14 442. 85	17 040. 29	49 934. 09	24 967. 04	12 181. 64	381 893. 02	667 032. 93
二、本年增减变动金额	333 426. 00	4 955. 51	-18 911. 25	-30 777. 90	4 579. 16	—	-220 599. 65	72 671. 87
（一）综合收益总额	—	—	-18 911. 25	—	—	—	91 583. 12	72 671. 87
（二）利润分配	—	—	—	9 158. 31	4 579. 16	—	-13 737. 47	—
1. 提取盈余公积	—	—	—	9 158. 31	—	—	-9 158. 31	—
2. 提取信托赔偿准备	—	—	—	—	4 579. 16	—	-4 579. 16	—
3. 提取一般风险准备	—	—	—	—	—	—	—	—
（三）其他	333 426. 00	4 955. 51	—	-39 936. 21	—	—	-298 445. 30	—
三、2018 年 12 月 31 日余额	500 000. 00	19 398. 36	-1 870. 96	19 156. 19	29 546. 20	12 181. 64	161 293. 37	739 704. 80

法定代表人：王文津　　主管会计工作负责人：张昳　　会计机构负责人：吕深远

5. 2　信托资产

5. 2. 1　信托项目资产负债汇总表

信托项目资产负债汇总表

编制单位：中建投信托股份有限公司　　2019 年 12 月 31 日　　单位：万元

信托资产	年末数	年初数	信托负债和信托权益	年末数	年初数
信托资产			信托负债		
货币资金	325 461. 76	268 104. 71	交易性金融负债	—	—
拆出资金	—	—	衍生金融负债	—	—
存出保证金	—	—	应付受托人报酬	298. 88	645. 84
交易性金融资产	9 477. 05	8 116. 88	应付托管费	86. 61	103. 94
衍生金融资产	—	—	应付受益人收益	327. 58	49. 69
买入返售金融资产	330 000. 75	280 803. 10	应交税费	257. 95	451. 49
应收款项	1 384 434. 90	1 292 967. 14	应付销售服务费	164. 24	16. 91
发放贷款	11 267 201. 01	11 074 718. 20	其他应付款项	89 490. 70	90 010. 25
可供出售金融资产	1 813 031. 07	1 621 866. 08	预计负债	—	—
持有至到期投资	1 484 449. 50	1 002 587. 02	其他负债	—	—
长期应收款	—	—	信托负债合计	90 625. 96	91 278. 12
长期股权投资	599 464. 13	856 367. 69			
投资性房地产	—	—	信托权益		
固定资产	—	—	实收信托	17 709 064. 30	16 709 832. 43
无形资产	2 082. 50	2 082. 50	资本公积	3 983. 00	1 764. 39
长期待摊费用	—	—	损益平准金	—	—
其他资产	794 044. 88	531 333. 80	未分配利润	205 974. 29	136 072. 18
减：各项资产减值准备	—	—	信托权益合计	17 919 021. 59	16 847 669. 00
信托资产总计	18 009 647. 55	16 938 947. 12	信托负债和信托权益总计	18 009 647. 55	16 938 947. 12

法定代表人：王文津　　主管会计工作负责人：张昳　　会计机构负责人：吕深远

5. 2. 2　信托项目利润及利润分配汇总表

信托项目利润及利润分配汇总表

编制单位：中建投信托股份有限公司　　2019 年 12 月 31 日　　单位：万元

项目	本年累计数	上年累计数
1. 营业收入	1 383 149. 50	1 282 665. 74
1. 1 利息收入	1 078 387. 92	951 795. 94
1. 2 投资收益（损失以“－”号填列）	266 324. 10	277 634. 52
其中：对联营企业和合营企业的投资收益	—	—
1. 3 公允价值变动收益（损失以“－”号填列）	210. 68	-2 445. 98
1. 4 租赁收入	—	—
1. 5 汇兑损益（损失以“－”号填列）	—	—
1. 6 其他收入	38 226. 80	55 681. 26
2. 支出	237 862. 46	160 495. 91
2. 1 税金及附加	4 528. 50	3 570. 31

续表

项目	本年累计数	上年累计数
2. 2 受托人报酬	171 799. 09	118 513. 10
2. 3 托管费	5 730. 76	4 590. 04
2. 4 投资管理费	92. 31	6 221. 94
2. 5 销售服务费	48 714. 70	22 644. 96
2. 6 交易费用	7. 86	70. 07
2. 7 资产减值损失	—	—
2. 8 其他费用	6 989. 24	4 885. 49
3. 信托净利润（净亏损以“－”号填列）	1 145 287. 04	1 122 169. 83
4. 其他综合收益	—	—
5. 综合收益	1 145 287. 04	1 122 169. 83
6. 加：期初未分配信托利润	136 072. 18	118 224. 51
7. 可供分配的信托利润	1 281 359. 22	1 240 394. 34
8. 减：本期已分配信托利润	1 075 384. 93	1 104 322. 16
9. 期末未分配信托利润	205 974. 29	136 072. 18

法定代表人：王文津　　主管会计工作负责人：张昳　　会计机构负责人：吕深远

6. 会计报表附注

6.1 会计报表编制基准不符合会计核算基本前提的说明

公司会计报表编制基准无不符合会计核算基本前提的事项。

6.2 重要会计政策和会计估计说明

无。

6.3 或有事项说明

无。

6.4 重要资产转让及其出售的说明

无。

6.5 会计报表中重要项目的明细资料

6.5.1 自营资产经营情况

6.5.1.1 按信用风险五级分类结果披露信用风险资产的期初数、期末数

信用资产五级分类	正常类(万元)	关注类(万元)	次级类(万元)	可疑类(万元)	损失类(万元)	信用风险资产合计(万元)	不良资产合计(万元)	不良资产率(%)
期初数	690 236.27	129 797.86	20 618.06	7 540.00	7 280.99	855 473.18	35 439.05	4.14
期末数	840 710.15	66 821.21	145 976.05	7 600.00	7 280.99	1 068 388.40	160 857.04	15.06

注:不良资产合计=次级类+可疑类+损失类。

6.5.1.2 各项资产减值损失准备的期初、本期计提、本期转回、本期核销、期末数

单位:万元

	期初数	本期计提	本期转回	本期核销	期末数
贷款损失准备	3 804.10	1 313.00	2 406.24	—	2 710.86
其中:一般准备	1 665.50	1 313.00	1 392.00	—	1 586.50
专项准备	2 138.60	—	1 014.24	—	1 124.36
应收款项类投资减值准备	14 322.32	5 656.06	1 420.00	—	18 558.38
可供出售金融资产减值准备	8 405.00	33 617.78	2 100.00	—	39 922.78
持有至到期投资减值准备	—	—	—	—	—
长期股权投资减值准备	1 540.85	13 913.78	—	—	15 454.63
坏账准备	163.06	1 117.99	—	—	1 281.05
投资性房地产减值准备	—	—	—	—	—

6.5.1.3 按照投资品种分类,分别披露固有业务股票投资、基金投资、债券投资、股权投资等投资业务的期初数、期末数

单位:万元

	自营股票	基金	债券	长期股权投资	其他投资	合计
期初数	6 529.25	65 347.57	—	33 965.75	452 291.98	558 134.55
期末数	311.79	40 671.94	4 000.00	75 129.88	607 748.67	727 862.28

6.5.1.4 按投资入股金额排序,前五名的自营长期股权投资的企业名称、占被投资企业权益的比例、主要经营活动及投资收益情况等(从大到小顺序排列)

企业名称	持股比例(%)	主要经营活动	2019年度投资收益(万元)
宁波业茂企业管理合伙企业(有限合伙)	99.86	企业管理咨询。	—
深圳市卓越睿诚股权投资合伙企业(有限合伙)	99.98	股权投资及相关咨询服务。	—
国泰元鑫资产管理有限公司	24.30	特定客户资产管理业务以及中国证监会许可的其他业务。	160.43
宁波梅山保税港区如创股权投资合伙企业(有限合伙)	96.21	股权投资及相关咨询服务。	—

6.5.1.5 前五名的自营贷款的企业名称、占贷款总额的比例和还款情况等(从贷款金额大到小顺序排列)

企业名称	占贷款总额的比例(%)	还款情况
郑州中盟文化生态旅游开发有限公司	41.04	—
清远市恒达房地产开发有限公司	17.59	已于2020年1月归还。
泉州华大泰禾广场投资有限公司	16.03	—
珠海市正新投资有限公司	14.36	已于2020年1月归还。
盾安控股集团有限公司	6.56	—

6.5.1.6 代理业务(委托业务)期初数、期末数

单位:万元

	期初数	期末数
担保业务	—	—
代理业务(委托业务)	4 538.86	4 569.62
其他	—	—
合计	4 538.86	4 569.62

6.5.1.7 公司当年的收入结构

收入结构	合并		母公司	
	金额(万元)	占比(%)	金额(万元)	占比(%)
手续费及佣金收入	188 676.66	77.85	191 147.59	79.80
其中:信托手续费收入	188 676.66	77.85	191 147.59	79.80
投资银行业务收入	—	—	—	—
利息收入	15 676.71	6.47	15 676.62	6.54
其他业务收入	516.78	0.21	516.78	0.22
其中:计入信托业务收入部分	—	—	—	—
投资收益	36 317.74	14.99	32 207.15	13.44
其中:股权投资收益	284.53	0.12	284.53	0.12
证券投资收益	10 564.55	4.36	7 258.90	3.03
其他投资收益	25 468.66	10.51	24 663.72	10.29
公允价值变动收益	1 153.82	0.48	—	—
营业外收入	—	—	—	—
收入合计	242 341.71	100.00	239 548.14	100.00

6.5.2　信托财产管理情况

6.5.2.1　信托资产的期初数、期末数

单位：万元

信托资产	期初数	期末数
集合	10 083 033.03	10 361 898.48
单一	4 321 418.22	4 328 092.58
财产权	2 534 495.87	3 319 656.49
合计	16 938 947.12	18 009 647.55

6.5.2.1.1　主动管理型信托业务的信托资产期初数、期末数，分证券投资类、股权投资类、融资类、事务管理类分别披露

单位：万元

主动管理型信托资产	期初数	期末数
证券投资类	305 250.02	916 916.47
股权投资类	1 189 070.30	409 431.09
融资类	7 971 546.38	8 297 105.59
事务管理类	1 855 523.10	2 452 665.55
合计	11 321 389.80	12 076 118.70

6.5.2.1.2　被动管理型信托业务的信托资产期初数、期末数，分证券投资类、股权投资类、融资类、事务管理类分别披露

单位：万元

被动管理型信托资产	期初数	期末数
证券投资类	2 000.00	68 032.95
股权投资类	13 541.08	12 540.23
融资类	—	—
事务管理类	5 602 016.24	5 852 955.67
合计	5 617 557.32	5 933 528.85

6.5.2.2　本年度已清算结束的信托项目个数、实收信托合计金额、加权平均实际年化收益率

6.5.2.2.1　本年度已清算结束的集合类、单一类资金信托项目和财产管理类信托项目个数、实收信托合计金额、加权平均实际年化收益率

已清算结束的信托项目	项目个数(个)	实收信托合计金额(万元)	加权平均实际年化收益率(%)
集合类	163	7 487 873.96	7.36
单一类	53	1 969 819.00	7.50
财产管理类	11	1 204 454.74	4.10

6.5.2.2.2　本年度已清算结束的主动管理型信托项目个数、实收信托合计金额、加权平均实际年化收益率，分证券投资类、股权投资类、融资类、事务管理类分别计算并披露

已清算结束的信托项目	项目个数(个)	实收信托合计金额(万元)	加权平均实际年化收益率(%)
证券投资类	6	87 250.00	4.21
股权投资类	10	943 560.00	6.93
融资类	141	6 270 243.96	7.40
事务管理类	20	835 211.64	8.08

6.5.2.2.3　本年度已清算结束的被动管理型信托项目个数、实收信托合计金额、加权平均实际年化收益率，分证券投资类、股权投资类、融资类、事务管理类分别计算并披露

已清算结束的信托项目	项目个数(个)	实收信托合计金额(万元)	加权平均实际年化收益率(%)
证券投资类	2	52 000.00	-3.63
股权投资类	1	1 000.00	-0.14
融资类	—	—	—
事务管理类	47	2 472 882.10	6.05

6.5.2.3　本年度新增的集合类、单一类和财产管理类信托项目个数、实收信托合计金额

新增信托项目	项目个数(个)	实收信托合计金额(万元)
集合类	161	9 846 167.51
单一类	31	2 042 478.96
财产管理类	18	1 924 557.76
新增合计	210	13 813 204.23
其中：主动管理型	169	11 121 518.83
被动管理型	41	2 691 685.40

6.5.2.4　信托业务创新成果和特色业务有关情况

2019年，公司密切关注宏观经济形势及信托行业发展变化，认真贯彻落实各项监管政策要求，加快推动业务转型发展，在资产证券化、债券投资、慈善信托、财富管理等领域取得积极进展。

资产证券化业务领域方面，公司积极发掘优质基础资产，涵盖融资租赁、商业物业、购房尾款、物业费、信托受益权等。尤其是积极发展供应链金融等应收账款证券化业务，拓宽中小企业融资渠道，降低企业融资成本。截至2019年末，公司存续资产证券化规模为447亿元，同比增长44%。

债券投资业务方面，公司持续强化主动管理能力，在债券市场产品设计、投资研究、信用分析等方面获得较大的提升，投向涉及运输、能源、汽车、医疗保健设备、生物科技等领域，为国家战略行业及重点项目提供金融支持。截至2019年末，公司存续管理债券投资产品规模为80.85亿元，同比增长242%。

慈善信托业务方面，公司在股东中国建投建银投资有限责任公司支持和委托下，设立"中国建投帮扶慈善信托"，信托总规模为6 000万元，首次到位资金3 000万元。信托资金运专项用于支持帮助贵州省施秉县地区，解决贫困户脱贫的内生动力问题和因灾、因病、因学等原因而致贫、返贫的问题。

财富管理方面，公司积极推动财富管理体系优化创新，加快探索和实践家族信托业务。以"万泉"系列和"鸿泉"系列为载体，为高净值客户提供投资一体化、服务综合化的优质财富管理体验，满足客户多元化的资产配置及个性化的财富传承需求。截至2019年末，公司设立家族信托3单。

此外，公司充分利用自身专业研究力量，持续探索和研究信托行业功能定位，加大行业研究及业务创新投入力度，连续7年编撰出版《中国信托业研究报告》，发挥博士后工作站"产、学、研"相结合的作用，助推行业高质量发展。

6.5.2.5　本公司履行受托人义务情况及因本公司自身责任而导致的信托资产损失情况（合计金额、原因等）

公司严格按照国家法律、法规和信托文件的约定管理、运

用和处分信托财产，按期进行信息披露；对委托人、受益人以及处理信托事务的情况和资料依法保密；以信托财产为限向受益人支付信托利益。2019 年，未发生因本公司自身责任而导致的信托资产损失情况。

6.5.2.6 信托赔偿准备金的提取、使用和管理情况

单位：万元

项目	期初数	本年增加	本年减少	期末数
信托赔偿准备金	29 546.20	4 440.01	—	33 986.21
合计	29 546.20	4 440.01	—	33 986.21

6.6 关联方关系及其交易的披露

6.6.1 关联交易方的数量、关联交易的总金额及关联交易的定价政策等

	关联交易方数量（个）	关联交易金额（万元）	定价政策
合计	2	3 114.85	按商业原则，协商确定

6.6.2 关联交易方与本公司的关系性质、关联交易方的名称、法定代表人、注册地址、注册资本及主营业务等

关系性质	关联方名称	法定代表人	注册地址	注册资本（万元）	主营业务
控股股东	中国建银投资有限责任公司	董轼	北京市西城区闹市口大街1号院2号楼7－14层	2 069 225	投资与投资管理；资产管理与处置；企业管理；房地产租赁；咨询。
控股股东之子公司	建投嘉昱（上海）投资有限公司	余真	上海市虹口区公平路18号8号楼三层B单元	500 000	实业投资，投资管理，资产管理，房地产经营，物业管理，自有房屋租赁，商务咨询，企业管理及咨询。

6.6.3 逐笔披露本公司与关联方的重大交易事项

6.6.3.1 固有与关联方交易情况：贷款、投资、租赁、应收账款、担保、其他方式等期初汇总数、本期借方和贷方发生额汇总数、期末汇总数

单位：万元

固有与关联方关联交易				
	期初数	借方发生额	贷方发生额	期末数
贷款	—	—	—	—
投资	—	—	—	—
租赁	—	2 996.23	—	—
担保	—	—	—	—
应收账款	—	—	—	—
其他	—	118.62	—	—
合计	—	3 114.85	—	—

业务及管理费中关联交易金额合计 2 996.23 万元。具体组成如下：

（1）建投嘉昱（上海）投资有限公司 1 378.87 万元。

（2）中国建银投资股份有限公司 1 617.36 万元。

（3）预付账款中关联交易金额为 118.62 万元，是向建投嘉昱（上海）投资有限公司预付的房租等 118.62 万元。

本公司与上述关联方按一般企业关系进行业务往来。

6.6.3.2 信托与关联方交易情况：贷款、投资、租赁、应收账款、担保、其他方式等期初汇总数、本期借方和贷方发生额汇总数、期末汇总数

无。

6.6.3.3 信托公司自有资金运用于自己管理的信托项目（固信交易）、信托公司管理的信托项目之间的相互（信信交易）交易金额，包括余额和本报告年度的发生额

6.6.3.3.1 固有与信托财产之间的交易金额期初汇总数、本期发生额汇总数、期末汇总数

单位：万元

固有资产与信托资产相互交易			
	期初数	本期发生额	期末数
合计	317 854.10	−4 240.37	313 613.73

6.6.3.3.2 信托项目之间的交易金额期初汇总数、本期发生额汇总数、期末汇总数

单位：万元

信托资产与信托财产相互交易			
	期初数	本期发生额	期末数
合计	1 154 593.38	88 308.55	1 242 901.93

6.6.4 逐笔披露关联方逾期未偿还本公司资金的详细情况以及本公司为关联方担保或即将发生垫款的详细情况

无。

6.7 会计制度的披露

公司固有业务、信托业务均执行财政部颁布的企业会计准则及相关规定。

7. 财务情况说明书

7.1 利润实现和分配情况

公司 2019 年初未分配利润为 161 293.37 万元，2019 年度实现净利润 88 800.14 万元。计提法定盈余公积 8 880.01 万元，计提信托赔偿准备金 4 440.01 万元，计提一般风险准备 7 202.79 万元。截至 2019 年 12 月 31 日，公司未分配利润为 229 570.70万元。

7.2 主要财务指标

指标名称	指标值
资本利润率（%）	11.28
人均净利润（万元）	213.59

7.3 对本公司财务状况、经营成果有重大影响的其他事项

无。

7.4 公司净资本情况

指标名称	指标值	监管标准
净资产（万元）	834 455.23	—
净资本（万元）	567 305.75	≥2 亿元

续表

指标名称	指标值	监管标准
各项业务风险资本之和(万元)	397 369.94	—
净资本/各项业务风险资本之和(%)	142.77	≥100
净资本/净资产(%)	67.99	≥40

以上指标均符合《信托公司净资本管理办法》(中国银监会令[2010]第5号)各项监管要求。

8. 特别事项揭示

8.1 本报告期内股东变动的情况

无。

8.2 本报告期内董事、监事及高级管理人员变动情况

8.2.1 董事变动情况

2019年8月，公司原董事王新宇因有关工作安排辞去董事职务。

2019年12月，公司收到浙江银保监局下发的浙银监复[2019]1304号文件，核准李昇董事任职资格。

8.2.2 监事变动情况

无。

8.2.3 高级管理人员变动情况

无。

8.3 本报告期内变更注册资本、变更注册地、公司名称变更事项

无。

8.4 公司的重大诉讼事项

8.4.1 重大未决诉讼事项

报告期内，公司新增诉讼案件6件，均为信托项目所涉且由公司作为原告。其中，1件在强制执行中、5件在一审审理中，诉讼标的本金金额为170 955.87万元。

8.4.2 以前年度发生，于本报告年度内终结的诉讼事项

报告期内，公司有3件诉讼案件在达成和解并执行完毕后，以撤诉形式结案。

8.5 本报告期内公司及其董事、监事和高级管理人员受到处罚的情况

无。

8.6 本报告期内中国银保监会及其派出机构对公司检查后提出监管意见的情况

2019年4月，浙江银保监局对公司出具《关于中建投信托股份有限公司2018年度监管的意见》，主要提出以下三个方面监管意见：一是持续做好风险防范化解工作；二是进一步做好金融消费者权益保护工作；三是进一步强化合规经营管理。2019年度，公司认真研究部署整改落实工作，重点强化风险管理体系建设、完善消费者权益保护工作体制机制、持续贯彻全员合规经营理念等，切实落实长效机制，推动公司持续稳健发展。

2019年8—10月，浙江银保监局对公司开展重点风险领域现场检查，并于2019年12月出具《关于中建投信托股份有限公司重点风险领域现场检查的意见》，对公司治理体系、内控机制建设、风险防控和合规管理、消保工作提出监管意见。针对检查意见，公司认真研究制定整改措施计划，并及时上报整改方案，目前正在稳步推进落实中。

8.7 本报告期内重大事项临时报告

2019年1月9日，公司在《上海证券报》发布《中建投信托股份有限公司关于修改〈章程〉的公告》。经公司第一届董事会第八次会议、2018年第三次临时股东大会审议通过，本公司就股权锁定期限规定、股东管理相关监管要求、股东权利义务、监管机构名称表述等方面对公司《章程》进行了相应修改。上述事项已经浙江银保监局批复同意(浙银保监复[2018]72号)，并完成工商登记备案手续。

8.8 本报告期内中国银保监会及其省级派出机构认定的其他有必要让客户及相关利益人了解的重要信息

无。

中粮信托有限责任公司

1. 重要提示

1.1 公司董事会及董事保证本报告所载资料不存在任何虚假记载、误导性陈述或者重大遗漏，并对其内容的真实性、准确性和完整性承担个别及连带责任。本年度报告摘要摘自年度报告全文，客户及相关利益人欲了解详细内容，应阅读年度报告全文。

1.2 公司独立董事对年度报告内容的真实性、准确性和完整性无异议。

1.3 信永中和会计师事务所（特殊普通合伙）对公司出具了标准无保留意见的审计报告。

1.4 公司董事长孙彦敏先生、总经理吴浩军先生、财务总监张雪女士声明：保证年度报告中财务会计报告的真实、完整。

2. 公司概况

2.1 公司简介

中粮信托有限责任公司（以下简称中粮信托、公司或本公司）是2009年7月经中国银行业监督管理委员会（以下简称中国银监会或银监会）批准设立的非银行金融机构，注册地为北京市。

2012年经中国银监会批准，公司成功引进战略投资者——蒙特利尔银行。公司于2012年、2013年分别增资29 981.2523万元、80 018.7477万元，目前公司注册资本金为23亿元。公司现有股东3家分别为：中粮资本投资有限公司，持股比例为76.0095%；蒙特利尔银行，持股比例为19.99%，中粮财务有限责任公司，持股比例为4.0005%。

2.1.1 公司情况

公司名称（简称）	中粮信托有限责任公司（中粮信托）
公司英文名称（缩写）	COFCO Trust Co., Ltd.（COFCO TRUST）
公司法定代表人	孙彦敏
注册地址	北京市朝阳区朝阳门南大街8号中粮福临门大厦11层
邮政编码	100020
公司网站	http://www.cofco-trust.com

2.1.2 主要联系人及联系方式

信息披露负责人	吴浩军
联系人	马建泽
联系电话	010-86378003
传真	010-85638655
电子信箱	majz@cofco.com

2.1.3 其他事项

公司选定《证券时报》作为本次信息披露的报纸。公司年报全文将备置在公司注册地址及网站供查询。

公司聘请的会计师事务所：信永中和会计师事务所（特殊普通合伙）

联系地址：北京市东城区朝阳门北大街8号富华大厦A座8层

2.2 组织结构

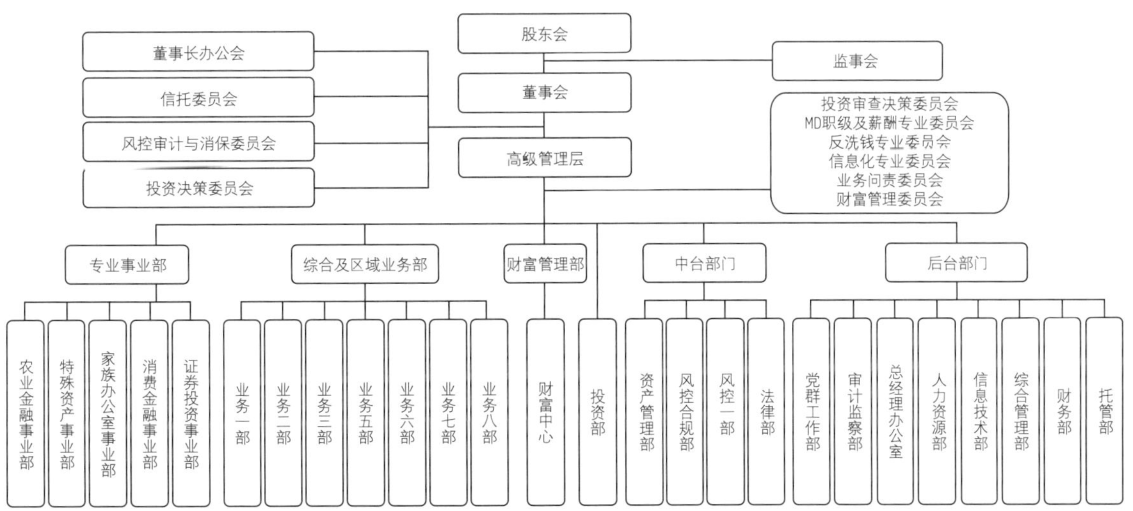

3. 公司治理

3.1 股东

报告期末股东共计3名，其中主要股东为中粮资本投资有限公司（以下简称中粮资本）、蒙特利尔银行。

股东名称	出资比例（%）	法定代表人	注册资本（万元）	注册地址	主要经营业务
中粮资本投资有限公司	76.0095	孙彦敏	133 700.1376	北京市东城区建国门内大街8号中粮广场A座209	投资与资产管理；企业管理；投资策划及咨询服务等。
中粮财务有限责任公司	4.0005	骆家駹	100 000.00	北京市朝阳区朝阳门南大街8号中粮福临门大厦19层	集团内存贷款、资金管理、融资咨询、债券承销等。
蒙特利尔银行	19.99	不适用	—	加拿大安大略省多伦多市帝王西街100号第一加拿大广场	商业银行业务。

3.1.1 中粮资本

报告期末中粮资本的控股股东为中粮资本控股股份有限公司，持股比例为100%；中粮资本控股股份有限公司的控股股东为中粮集团有限公司，持股比例为62.78%；中粮集团有限公司的唯一出资人为国务院国有资产监督管理委员会。中粮资本的实际控制人和最终受益人为国务院国有资产监督管理委员会。报告期末中粮资本投资有限公司的关联方参考公开挂网的《中粮资本控股股份股份有限公司2019年年度报告》披露的关联方。

报告期末中粮资本与中粮信托股东中粮财务有限责任公司为关联方，中粮资本是中粮信托有限责任公司的控股股东，不存在通过协议或其他安排扩大所能支配中粮信托有限责任公司表决权的一致行动人。

中粮资本在报告期内不存在将其所持有的中粮信托股权进行质押或以股权及其受（收）益权设立信托等金融产品的情况。

3.1.2 蒙特利尔银行

蒙特利尔银行注册地为加拿大，是境外上市公司，无控股股东或实际控制人，最终受益人为其全体股东。蒙特利尔银行与中粮信托有限责任公司的其他股东不存在一致行动的关系。

蒙特利尔银行的关联方如下：

关联子公司			非股权关系关联方
Bank of Montreal Europe plc	Bank of Montreal Mortgage Corporation	BMO Life Insurance Company	Falls Brook Capital Corp.
BMO Capital Markets Limited	BMO Mortgage Corp.	BMO Life Holdings (Canada), ULC	Litech Digital Limited
Bank of Montreal Capital Markets (Holdings) Limited	BMO Financial Corp.	BMO Life Assurance Company	Arclinks Group Limited
Pyrford International Limited	BMO Asset Management Corp.	BMO Trust Company	Boholo Holding Ltd
Bank of Montreal Holding Inc.	BMO Capital Markets Corp.	BMO Trustee Asia Limited	Winbest Holding Group Ltd
BMO Investments Limited	BMO Harris Bank National Association	LGM (Bermuda) Limited	方达律师事务所
BMO Reinsurance Limited	BMO Harris Investment Company LLC	BMO Global Asset Management (Asia) Limited	—
BMO Nesbitt Burns Holdings Corporation	BMO Harris Financial Advisors, Inc.	LGM Investments Limited	—
BMO Nesbitt Burns Inc.	BMO Harris Financing, Inc.	中粮信托有限责任公司	—
BMO Investments Inc.	BMO Family Office, LLC	富国基金管理有限公司	—
BMOInvestorLine Inc	BMO Global Asset Management (Europe) Limited	—	—
—	BMO Asset Management (Holdings) plc	—	—

蒙特利尔银行在报告期内不存在将其所持有的中粮信托股权进行质押或以股权及其受（收）益权设立信托等金融产品的情况。

3.1.3 中粮财务有限责任公司

中粮集团有限公司持有公司第三大股东中粮财务有限责任公司83.74%的股权；中粮财务有限责任公司与中粮资本投资有限公司为关联方。中粮财务有限责任公司在报告期内不存在将其所持有的中粮信托股权进行质押或以股权及其受（收）益权设立信托等金融产品的情况。

3.2 董事会

董事会成员

姓名	职务	性别	年龄（岁）	选任日期	所推举的股东名称	该股东持股比例（%）	简要履历
孙彦敏	董事长	男	53	2020年4月	中粮资本投资有限公司	76.0095	曾任中粮财务有限责任公司总经理、中粮集团有限公司财务部总监；现任中粮资本董事长、总经理，中粮信托有限责任公司董事长。
俞　宁	董事	男	49	2020年4月	中粮资本投资有限公司	76.0095	曾任中英人寿保险有限公司资深副总裁；现任中英人寿保险有限公司总裁，中粮信托有限责任公司董事。
吴浩军	董事	男	51	2020年4月	中粮资本投资有限公司	76.0095	曾任中粮期货有限公司总经理助理、副总经理、总经理；现任中粮信托有限责任公司董事、总经理。
陈德彪	董事	男	48	2016年3月	中粮资本投资有限公司	76.0095	曾任中国食品有限公司财务部总经理，2014年7月至2019年1月任中粮信托有限责任公司副总经理；现任中粮信托有限责任公司董事。
EdgarNormund Legzdins（李凯昇）	董事	男	61	2020年4月	蒙特利尔银行	19.99	自2008年至今任BMO国际业务集团高级副总裁及董事总经理；自2012年10月至今兼任中粮信托有限责任公司董事。
Albert Chun－Ming Yu（余俊明）	董事	男	58	2020年4月	蒙特利尔银行	19.99	自2009年至今任BMO银行金融集团亚洲区首席执行官，蒙特利尔银行（中国）有限公司行长；自2012年10月至今兼任中粮信托有限责任公司董事。

注：2020年4月，经公司股东会换届改选，陈德彪不再担任公司董事，姜正华当选公司董事，其董事任职资格尚需监管部门核准，核准前陈德彪继续履行董事职责。

独立董事

姓名	职务	性别	年龄（岁）	选任日期	所推举的股东名称	该股东持股比例（%）	简要履历
毕仲华	独立董事	女	67	2016年3月	中粮资本投资有限公司	76.0095	曾任兴业银行国际业务部总经理、行长助理、副行长、监事长、监事会主席；现任中粮信托有限责任公司独立董事。
柯卡生	独立董事	男	55	2020年4月	中粮资本投资有限公司	76.0095	曾任中国银监会广东监管局筹备组成员、副局长、非银行金融机构监管部主任、中国华融资产管理股份有限公司董事、总裁；现任中粮信托有限责任公司独立董事。
陈国钢	独立董事	男	60	2020年4月	中粮资本投资有限公司	76.0095	曾任中国中化集团公司副总会计师、财务部总经理、总会计师、新华人寿保险股份有限公司副总裁、首席财务官、中民投资本管理有限公司董事长；现任中国民生投资集团副总裁、中民投亚洲资产管理有限公司董事长、中国民生金融控股有限公司执行董事、中国民生金融控股有限公司首席执行官；现任中粮信托有限责任公司独立董事。

注：2020年4月，经公司股东会换届改选，毕仲华不再担任公司独立董事，焦兴旺当选公司独立董事，其任职资格尚需监管部门核准，核准前毕仲华继续履行独立董事职责。

3.3 监事会

监事会成员

姓名	职务	性别	年龄（岁）	选任日期	所推举的股东名称	该股东持股比例（%）	简要履历
李德罡	监事会主席	男	48	2020年4月	中粮资本投资有限公司	76.0095	曾任中粮财务有限责任公司总经理助理、副总经理、常务副总经理、总经理等职务。
初丰城	监事	男	56	2020年4月	中粮财务有限责任公司	4.0005	曾任中粮集团财务部会计管理部总经理；现任中粮集团财务部副总监，兼任中粮信托有限责任公司监事。
张晓燕	监事	女	55	2017年11月	蒙特利尔银行	19.99	自2014年至今担任蒙特利尔银行亚洲区和蒙特利尔银行（中国）有限公司首席风险官；自2017年11月至今兼任中粮信托有限责任公司监事。
江元军	职工代表监事	男	49	2020年4月	职工代表大会	—	曾任海军总医院审计办公室主任、“048工程”战场建设指挥部财务处副团职助理等职务；现任中粮信托审计纪检部专职纪检干部。

注：2020年4月，经公司股东会换届改选，许良不再担任公司职工代表监事、王伟不再担任公司监事，李德罡任公司监事；经公司新一届监事会选举，李德罡任公司监事会主席；2020年4月，经公司职工代表大会选举，江元军任公司职工代表监事。

目前，公司监事会暂未设下属委员会。

3.4 高级管理人员

姓名	职务	性别	年龄(岁)	选任日期	金融从业年限(年)	学历学位	专业	简要履历
吴浩军	总经理	男	51	2020年4月	22	硕士	EMBA	曾任中粮期货有限公司总经理助理、副总经理、总经理；现任中粮信托有限责任公司总经理。
刘荣华	副总经理（常务）	男	37	2020年4月	13	硕士研究生	法学	曾任中融国际信托有限公司金融市场部副总经理、金融同业部总经理等职务；现任中粮信托有限责任公司副总经理（常务）。
马建泽	副总经理兼董事会秘书	男	47	2020年4月	23	本科	国际金融	曾任中粮（美国）金融资本公司任投资部经理、中粮集团有限公司金融事业部项目发展部总经理助理；现任中粮信托有限责任公司副总经理兼董事会秘书。
张　勇	副总经理	男	46	2020年4月	18	博士研究生	政治经济学	曾任生命人寿保险股份公司机构发展部助理总经理，兼任生命养老保险股份有限公司筹备组成员、中粮信托有限责任公司总经理助理；现任中粮信托有限责任公司副总经理。
陈　众	副总经理	男	47	2020年4月	23	博士研究生	会计学	曾任安徽丰原生物化学股份有限公司财务副总监、中粮信托有限责任公司总经理助理；现任中粮信托有限责任公司副总经理。
张文生	副总经理	男	46	2020年4月	13	硕士研究生	EMBA	曾任幸福人寿总裁助理级高管人员、信达财险客户服务部总经理（总裁助理级）、市场总监兼重要客户部总经理、中粮信托有限责任公司总经理助理；现任中粮信托有限责任公司副总经理。
张　雪	财务总监	女	45	2020年4月	19	硕士研究生	会计学	曾任中粮集团有限公司财务部会计管理部副总经理；现任中粮信托有限责任公司财务总监。
吴　江	总经理助理	男	46	2020年4月	23	本科	国际金融	曾任渤海银行总行金融同业部总经理；现任中粮信托有限责任公司总经理助理。

2020年4月，公司董事会换届改选后，对上述高级管理人员进行了续聘。

3.5 公司员工

项目		报告期年度		上年度	
		人数(人)	比例(%)	人数(人)	比例(%)
年龄分布	20岁以下	—	—	—	—
	20～29岁	67	22.41	62	26.84
	30～39岁	160	53.51	108	46.75
	40岁以上	72	24.08	61	26.41
学历分布	博士	13	4.35	10	4.33
	硕士	179	59.87	144	62.34
	本科	99	33.11	70	30.30
	专科	8	2.67	7	3.03
	其他	—	—	—	—
岗位分布	董事、监事及其高管人员	8	2.68	9	3.90
	自营业务人员	7	2.34	9	3.90
	信托业务人员	157	52.51	147	63.64
	其他人员	127	42.47	66	28.57
合计		299	100	231	100

4. 经营管理

4.1 经营目标、经营方针、战略规划

4.1.1 愿景

中粮信托的愿景是：成为有产业特色、有行业美誉的一流资产管理和财富管理平台。

4.1.2 短期经营策略

2019年，中粮信托顺应国家战略，结合集团产业，体现中粮特色，并根据公司业务发展情况及行业发展趋势适时调整、升级打造核心竞争力，明确了新三大核心竞争力建设方向：财富专业管理能力、风险管控能力及产业金融服务能力。公司按照新的核心竞争力建设方向改组、设立专业事业部，推进市场化机制建设、强化后台保障体系，进一步提升公司的专业水平，提高整体业务和操作水平，实现公司资源重组优化，提升公司运营效率。

同时，中粮信托强化投后管理，提升主动管理能力，组建了风控二部，不断完善风险管控体系。通过完善风险闭环管理架构、改革投决会机制、完善MD职级体系、加强人才引进与培训、升级信息技术系统等一系列改革举措和制度建设，为公司的发展提供内生动力，推进公司的可持续发展。

另外，中粮信托确定了财富管理的战略，优先发展财富中心。公司已经发布市场化的考核机制，财富中心的发行能力迅速得到提升。经过系列的改革和布局，财富必将成为公司转型升级的强大助推力。

4.2 所经营业务的主要内容

固有资产运用与分布表（母公司）

资产运用	金额（万元）	占比(%)	资产分布	金额（万元）	占比(%)
货币资产	21 905.32	4.44	基础产业	—	—
贷款及应收款	5 625.56	1.14	房地产业	—	—
交易性金融资产	349 323.13	70.80	证券市场	—	—

续表

资产运用	金额(万元)	占比(%)	资产分布	金额(万元)	占比(%)
可供出售金融资产	—	—	实业	—	—
持有至到期投资	—	—	金融机构	293 483.26	59.48
长期股权投资	2 510.00	0.51	其他	199 945.12	40.52
其他	114 064.37	23.11	—	—	—
资产总计	493 428.38	100.00	资产总计	493 428.38	100.00

信托资产运用与分布表(母公司)

资产运用	金额(万元)	占比(%)	资产分布	金额(万元)	占比(%)
货币资产	59 538.70	0.38	基础产业	2 156 548.51	13.71
贷款	5 099 835.69	32.43	房地产	742 590.51	4.72
交易性金融资产	—	—	证券市场	100 095.95	0.64
可供出售金融资产	1 234 953.98	7.85	实业	6 761 192.96	42.99
持有至到期投资	—	—	金融机构	3 734 675.04	23.75
长期股权投资	5 473 138.41	34.80	其他	2 232 394.59	14.19
其他	3 860 030.78	24.54	—	—	—
信托总资产	15 727 497.56	100.00	信托总资产	15 727 497.56	100.00

4.3 市场分析

自2019年以来,信托行业持续向回归信托本源、服务实体经济、强化主动管理能力的方向转变,监管部门依旧加强对通道业务的监管,事务管理类信托业务规模明显减少,导致信托行业资产规模仍呈下降态势,但由于在"稳增长、稳杠杆"的背景下信托行业资产规模降幅较上年末有所收窄。在当前宏观经济环境持续低迷、实体经济去杠杆化、经济发展方式转变、资本市场不确定性增加以及资管市场同质化竞争加剧的背景下,信托行业作为金融业中的重要组成部分,业务转型发展仍面临较大压力。面对信托业风险监管力度加大的环境下,信托公司或将从新兴业务方面为抓手,促使信托行业的持续性发展。

4.3.1 有利因素

随着"资管新规"及其配套实施细则逐步落地,信托资金配置向实体经济领域倾斜,主动管理能力持续加强,信托行业业务结构转型初见成效。"资管新规"的宗旨即让信托行业回归信托本源,因此主动管理类业务及创新型业务或将成为信托公司业务转型发展的重点,同时,随着国内高净值客户人群与相关人群的日益增长,资产管理需求也更加多样,财富管理行业前景广阔,信托业在服务人民、服务实体经济方面空间巨大。

信托行业具有较强的顺周期特征,随着宏观经济下行和刚性兑付的打破,信托行业的信用风险逐渐暴露,信托公司更加重视建立良好的风险管理架构和体系,注重培养专业的风险管理团队,不断提升风险识别。良好的风险文化有利于结合自身能力、发展目标等,找准风险控制和业务发展的平衡点,积极管理和经营风险,有利于公司转型及发展。

4.3.2 不利因素

经济环境方面,中美贸易战加剧了全球经济和政治的不确定性,对国内发展带来巨大挑战,2019年国内生产总值增速回落至6.1%。国内经济下行压力加大,仍然面临工业运行稳中趋缓、物价水平上涨较快、投资需求不振、消费需求不稳、区域增长不平衡加剧等难题。

监管方面,在"去杠杆、去嵌套、去通道、破刚兑"的监管原则下,信托产品吸引力下降,渠道销售难度加大,在原信托业务结构中占比较高的业务也将面临进一步萎缩,从而带动信托资产规模继续收缩,加之资本市场不确定性增加,未来信托公司的盈利水平存在一定的不确定性。

4.4 内部控制

4.4.1 内部控制环境和内部控制文化

公司高度重视内部控制建设与完善,以保证经营管理合法合规、资产安全、财务报告及相关信息真实完整,提升公司的经营效率和效果,提高合规意识,树立合规理念,维护公司的信誉和形象,促进公司战略发展目标的实现。

公司严格按照《公司法》《信托法》《信托公司管理办法》等法律法规,建立完善了公司的治理结构、议事规则和运行模式,形成股东会、董事会、监事会和经营管理层相互分离、合理制衡的机制,明确划分治理层和管理层间的权限;董事会下设董事长办公会、信托委员会、风控审计与消保委员会、投资决策委员会,各自履行相应职责;建立健全内部控制制度,做到有规可循;完善流程控制和运行机制,做到有据可依。

公司持续加强内部控制文化的建设,组织高管和员工参加行业培训,学习同业先进经验;通过定期举办内部培训讲座、发放内部宣传刊物、线上学习、项目复盘等形式,树立员工合规意识和风险意识,有效提升员工合规观念和职业道德操守,使员工内控意识不断增强。

4.4.2 内部控制情况

4.4.2.1 内控制度体系

公司建立了权责分明、分工明确的内部控制体系,实现了对公司决策层、管理层和操作层的全面监督和控制。内部控制相关组织架构及职能部门主要包括股东会、董事会、管理层、投资审查决策委员会、风控合规部、风控二部、法律部、审计纪检部和资产管理部。

4.4.2.2 内部控制措施

机制保障。构建完善的公司内部控制体系,明确各部门的权限与职责,设置严格的内部管控流程,实现业务操作和内部管理的规范化、科学化。

制度完善。根据市场环境变化及业务发展情况,对公司现行的制度及操作流程中与公司现阶段发展不符或不适合的规定、要求及时修订。

强化监督。审计纪检部结合外部监管要求及公司实际业务发展情况,以风险为导向开展年度内部控制独立评价,加强对公司内部控制的监督。

推动整改。积极推进公司内部控制缺陷整改工作,定期对内部控制工作中发现的缺陷,逐个确认相关风险点并制定相应的整改措施,并对缺陷整改情况进行核实,推进公司内部控制工作的健全和完善。

信息化建设。公司不断加强信息化建设,通过对财务系统、信托业务管理系统等逐步优化,提升审批效率,将关键控制点纳入系统管理,提高公司的风险控制能力。

4.4.3 信息交流与反馈

公司建立了良好的信息交流与反馈机制,定期召开股东会、董事会、监事会,以定期报告的形式将公司经营管理信息传递给股东、董事和监事；通过召开经营及项目评审会议，各管理部门和业务部门将经营管理动态向高级管理人员进行及时汇报。

公司按照监管部门的要求，严格执行授权审批和流程审批，认真按时报送各类业务信息、报告和报表，对监管机构提出的问题或建议，公司均给予及时、详细的信息反馈或制定整改措施。

公司严格按照相关法规中有关信息披露的要求，真实、准确、完整地向外部利益相关者披露信息。在公司官方网站等媒体上及时发布公司年报、披露重大事项；同时公司通过热线电话系统，加强与外部客户的交流，接受客户意见反馈。

4.4.4 监督评价与纠正

公司通过各项日常会议，实现管理层对业务的持续监管。董事会通过听取高管层工作报告、月度、季度运行分析报告等，检查公司的日常工作，监督高管层的日常经营；监事（会）列席董事会、投资审查决策委员会、总经理办公会，对董事、高管层的行为实施监督；高管层通过各部门月度、季度运行分析报告、部门日常汇报、签署业绩合同、绩效考核等形式，保障公司各部门的正常运转，通过督导会和问责会，对有关问题及时处理，有效纠正运行中的偏差。

审计纪检部作为公司独立监督部门，负责对公司内部控制制度、业务经营、财务活动等实施评价监督。根据《企业内部控制基本规范》及其配套应用指引的要求，参照《信托公司管理办法》《商业银行内部控制指引》等制度规定，审计纪检部制定了年度内部控制独立评价工作计划，对公司重点内控环节开展全面评价工作，关注内控风险、操作风险、合规风险和信托项目实质性风险等，排查公司经营管理中存在的漏洞和不足，提出切实可行的意见和建议。通过整改追踪核查，对问题整改逐一落实。

4.5 风险管理

4.5.1 风险管理概况

4.5.1.1 公司经营活动中可能遇到的风险

风险主要有信用风险、市场风险、操作风险、合规风险、其他风险。

4.5.1.2 风险控制原则

公司在风险管理方面确立了合规优先、全程监控、风险与效益平衡三个导向。具体执行上，公司坚持不懂不做、信息透明、适度分散、集体决策四个原则。

4.5.1.3 风险管理组织结构与职责划分

董事会。公司董事会是公司的经营决策机构，也是公司风险管理方面的最高决策机构。公司董事会由9名董事组成，设董事长1名。董事会对公司建立全面风险管理体系和维持其有效性承担最终责任，下设信托委员会、风控审计与消保委员会、投资决策委员会和董事长办公会四个下属委员会。

监事会。公司监事会由4名监事组成，设监事会主席一名。监事会行使下列职权：对董事会编制的公司定期报告进行审核并出审核意见；检查公司财务；对公司董事、高管执行公司职务进行监督等。

投资审查决策委员会。投资审查决策委员会根据国家有关法律法规、金融政策和公司经营计划，对公司重大决策事项、重大风险管理解决方案、各项业务方案等事项进行审查。

风控合规部及法律部。负责适时修订风控指引，对信托计划和固有业务投资计划进行全面风险审查，提供审查意见供投资审查决策委员会参考，法律部负责合同及其他法律文本的复核，以防范、降低法律及合规风险。

资产管理部。负责公司信托业务报表报送、牵头负责中信登相关工作、关键业务数据统计工作；负责信托项目收付款、业务系统数据复核、人民银行征信、中后期文件审核用印、信息披露、信托档案管理。

风控二部。负责对项目投后管理方案的审查工作，负责信托资产存续期内各类风险的监测、识别、预警、化解工作，负责信托资产的投后核查工作，负责已出险项目或不良资产处置或化解方案的审查、督办工作。

审计监察部。审计监察部负责对公司内部控制制度的执行情况、项目风险状况进行监督检查，向公司风控审计与消保委员会或董事会报告。

公司建立了以三道防线为核心、全员参与的风险管理机制，前台、中台、后台分别构成风险管理的三道防线。

公司的前台由家族办公室事业部、证券投资事业部、消费金融事业部、农业金融事业部、业务一部、业务二部、业务三部、业务五部、业务六部、业务七部、业务八部、财富中心、投资部等构成，分别负责信托业务开拓和固有资产管理。

公司的中台由风控合规部、法律部、资产管理部、风控二部、托管部组成，构成风险管控的二道防线。

公司的后台由财务部、审计监察部、综合管理部、信息技术部、人力资源部、总经理办公室组成，其重点职责为财务核算、内控监督、风险核查、信息系统建设、人事管理、行政服务支持等。

4.5.2 风险状况

4.5.2.1 信用风险状况

信用风险是指交易对手不能履约而带来的风险。因宏观调控、经济周期引发政府融资平台、各类企业偿债能力下降、房地产及资本市场价格下跌，公司可能面临此类风险。

2019年宏观经济形势和金融市场复杂多变，实体经济面临供给侧改革和去杠杆的压力，金融行业面临去杠杆和强化监管的环境，风险事件多发，信托行业面临的信用风险不断加大。报告期内公司信用风险管控压力较往年有所增加。

4.5.2.2 市场风险状况

市场风险是指公司在运营过程中可能因股价、市场汇率、利率及其他价格因素等变动而产生的风险。

报告期内，公司未发生此类市场风险。

4.5.2.3 操作风险状况

操作风险是指由于内部程序、人员、系统的不完善或失误，或外部事件造成的风险。

报告期内，公司未发生此类操作风险。

4.5.2.4 合规风险状况

合规风险是指公司开展信托和固有业务时，业务要素、业务方案、业务文件及事务执行等不符合法律、行政法规和有关监管规定，导致业务方案、业务文件面临无效或被撤销，或公司权利保障面临重大瑕疵的法律风险，甚至存在可能遭受监管机构行政处罚的合规风险，进而给公司带来经济和声誉损失。

报告期内，公司未发生此类合规风险。

4.5.2.5　其他风险状况

公司面临的其他风险主要表现为宏观经济与政策风险等。宏观经济与政策风险是指宏观政策与产业政策发生变化，影响公司战略的有效制定、实施和目标达成。政策风险发生的原因在于宏观经济形势不确定性因素增多、调控难度增大，从而引发宏观经济政策和产业政策变化难以预测，导致原本可以开展的信托业务难以开展、无法开展或已开展的信托业务必须提前终止。政策风险发生后，可能使得公司投入没有收益或者遭受损失，并可能对本公司商誉及企业形象造成严重的不良影响，进而影响公司战略的有效制定、实施和目标达成。

报告期内，公司未发生其他风险。

4.5.3　风险管理

4.5.3.1　信用风险管理

公司一贯坚持加强项目动态检查，及时制定风险预案，集中力量防范和处置单体项目信用风险。

在开展业务过程中，公司坚持完成情景分析和压力测试及净资本计算。对已运行项目在管理过程中及时评估融资人、担保人和抵(质)押物状况变化对项目的影响程度，并制定有关预案以降低损失。公司所有信托项目均根据《信托业务风险控制操作指引》《中粮信托有限责任公司信托业务中后期管理制度》及《中粮信托有限责任公司信托资产五级分类管理办法》等制度，完善事前评估、事中控制、事后检查的风险控制流程，严选交易对手。各职能部门通过高效的沟通合作，控制信用风险。

4.5.3.2　市场风险管理

公司在项目日常运营管理中，对自有资金配置加强比例和额度管理，落实相关风险管理措施及 VaR 值等量化指标监控管理；证券类相关业务，均设定专人、专岗跟踪证券市场、房地产、金融市场的变化，加强止损点预警和中后台强制执行等措施；对股票投资类项目逐日盯市，严格执行预警、平仓机制；对房地产等集合信托项目，均做到定期现场检查，提前制定风险处置预案，增强可操作性并严格执行；公司各相关部门实时关注国家宏观政策变化，进行相应的资产组合及项目中后期管理，有效降低可能发生的市场风险。

4.5.3.3　操作风险管理

公司为提高操作风险管理水平，开展内部控制体系持续改进工作，将风险管理和内部控制有机融合，对公司每一项业务内容，均制定了操作细则和操作流程，明确流程中每个环节的责任主体及岗位权限。在《信托业务风险控制操作指引》中，对业务流程中的内控标准、权限指引进行了明确，供各职能部门查询参考。同时，公司不断加强信息化系统建设，充分利用信息技术，全面推行 OA 系统、盈丰系统进行审批和风险管理。通过深入推广审批流程信息系统化，在提高审批效率的同时充分保证审批意见留痕，实现了关键风险点纳入盈丰系统管理，有效降低了公司项目运营管理中的操作风险。

4.5.3.4　合规风险管理

中粮信托开展各项业务均符合信托行业法律法规的规定和公司制定的《信托业务风险控制操作指引》，业务部、风控合规部和法律部均须对项目是否合规进行反复评估、论证。同时，根据《中粮信托有限责任公司信托业务中后期管理制度(试行)》，在项目中后期管理过程中及时评估各项法规变化对项目的影响程度，并制定有关预案降低损失。如发生重大法规变化，将由公司各业务部、风控合规部及法律部对合规风险进行判断，对业务发展方向进行调整，形成报告后报公司投资审查决策委员会通过。公司严格执行《中国银监会关于印发信托登记管理办法的通知》的各项文件要求，确保信托登记上报工作的及时性和准确性。此外，公司所有关联交易均逐笔上报监管，得到明确批复后方可开展；涉及异地推介的，事先上报属地和推介地方银保监局。

整体上看，公司预期能够做到有序展业、合法合规经营，公司面临的合规风险基本可控。

4.5.3.5　其他风险管理

针对宏观经济与政策风险，中粮信托将认真研究政策变化，根据宏观政策导向并结合公司实际，适时调整业务发展方向、制定相应的业务策略。通过定期回顾等多种风控手段、多层次管控政策风险。

在管理策略上，公司管理层不断推动业务转型，进一步降低通道类业务，增强主动管理能力，加大集合信托的发展力度。在资产管理能力、财富管理两个领域打造自主管理的核心竞争力，并匹配相应的风险管控能力，做好事前、事中、事后的全面风险管理。

在公司制度上，公司主要根据《信托业务风险控制操作指引》和《中粮信托有限责任公司信托业务中后期管理制度(试行)》应对政策风险，据此制定相关预案以降低损失。

在部门职责上，公司总经理办公室专门就宏观政策进行研究并出具报告，同时结合实际情况制定公司发展战略，降低宏观政策变化对公司运营带来的潜在风险。风控合规部和法律部定期回顾、梳理上一阶段报审项目的行业政策动态，形成判断后提出对业务发展方向的调整建议，形成报告后报公司投资审查决策委员会通过后实施。

从整体上看，公司积极关注宏观政策并进行梳理，评估宏观政策对公司业务的潜在风险，充分发挥各职能部门的专业能力，预先制定应急预案，力求有效把控可能面临的政策风险。

4.6　净资本管理概况

公司净资本风险控制指标情况如下：

指标	期末数	监管指标
净资本(万元)	336 934.79	≥2 亿元
各项业务风险资本之和(万元)	246 403.34	
净资本/ 各项业务风险资本之和(%)	137	≥100
净资本/ 净资产(%)	77	≥40

5. 报告期末及上一年度末的比较式会计报表

5.1　自营资产

5.1.1　会计师事务所审计意见全文

审 计 报 告

XYZH/2020BJA90292

中粮信托有限责任公司董事会：

一、审计意见

我们审计了中粮信托有限责任公司(以下简称中粮信托公司)财务报表，包括 2019 年 12 月 31 日的合并资产负债表，

2019 年度合并利润表、合并现金流量表、合并所有者权益变动表，以及相关财务报表附注。

我们认为，后附的财务报表在所有重大方面按照企业会计准则的规定编制，公允反映了中粮信托公司 2019 年 12 月 31 日的合并财务状况及 2019 年度的合并经营成果和现金流量。

二、形成审计意见的基础

我们按照中国注册会计师审计准则的规定执行了审计工作。审计报告的“注册会计师对财务报表审计的责任”部分进一步阐述了我们在这些准则下的责任。按照中国注册会计师职业道德守则，我们独立于中粮信托公司，并履行了职业道德方面的其他责任。我们相信，我们获取的审计证据是充分、适当的，为发表审计意见提供了基础。

三、其他信息

中粮信托公司管理层（以下简称管理层）对其他信息负责。其他信息包括中粮信托公司 2019 年年度报告中涵盖的信息，但不包括财务报表和我们的审计报告。

我们对财务报表发表的审计意见不涵盖其他信息，我们也不对其他信息发表任何形式的鉴证结论。

结合我们对财务报表的审计，我们的责任是阅读其他信息，在此过程中，考虑其他信息是否与财务报表或我们在审计过程中了解到的情况存在重大不一致或者似乎存在重大错报。

基于我们已执行的工作，如果我们确定其他信息存在重大错报，我们应当报告该事实。在这方面，我们无任何事项需要报告。

四、管理层和治理层对财务报表的责任

管理层负责按照企业会计准则的规定编制财务报表，使其实现公允反映，并设计、执行和维护必要的内部控制，以使财务报表不存在由于舞弊或错误导致的重大错报。

在编制财务报表时，管理层负责评估中粮信托公司的持续经营能力，披露与持续经营相关的事项（如适用），并运用持续经营假设，除非管理层计划清算中粮信托公司、终止运营或别无其他现实的选择。

治理层负责监督中粮信托公司的财务报告过程。

五、注册会计师对财务报表审计的责任

我们的目标是对财务报表整体是否不存在由于舞弊或错误导致的重大错报获取合理保证，并出具包含审计意见的审计报告。合理保证是高水平的保证，但并不能保证按照审计准则执行的审计在某一重大错报存在时总能发现。错报可能由于舞弊或错误导致，如果合理预期错报单独或汇总起来可能影响财务报表使用者依据财务报表作出的经济决策，则通常认为错报是重大的。

在按照审计准则执行审计工作的过程中，我们运用职业判断，并保持职业怀疑。同时，我们也执行以下工作：

（1）识别和评估由于舞弊或错误导致的财务报表重大错报风险，设计和实施审计程序以应对这些风险，并获取充分、适当的审计证据，作为发表审计意见的基础。由于舞弊可能涉及串通、伪造、故意遗漏、虚假陈述或凌驾于内部控制之上，未能发现由于舞弊导致的重大错报的风险高于未能发现由于错误导致的重大错报的风险。

（2）了解与审计相关的内部控制，以设计恰当的审计程序，但目的并非对内部控制的有效性发表意见。

（3）评价管理层选用会计政策的恰当性和作出会计估计及相关披露的合理性。

（4）对管理层使用持续经营假设的恰当性得出结论。同时，根据获取的审计证据，就可能导致对中粮信托公司持续经营能力产生重大疑虑的事项或情况是否存在重大不确定性得出结论。如果我们得出结论认为存在重大不确定性，审计准则要求我们在审计报告中提请报表使用者注意财务报表中的相关披露；如果披露不充分，我们应当发表非无保留意见。我们的结论基于截至审计报告日可获得的信息。然而，未来的事项或情况可能导致中粮信托公司不能持续经营。

（5）评价财务报表的总体列报、结构和内容，并评价财务报表是否公允反映相关交易和事项。

（6）就中粮信托公司中实体或业务活动的财务信息获取充分、适当的审计证据，以对财务报表发表审计意见。我们负责指导、监督和执行集团审计，并对审计意见承担全部责任。

我们与治理层就计划的审计范围、时间安排和重大审计发现等事项进行沟通，包括沟通我们在审计中识别出的值得关注的内部控制缺陷。

信永中和会计师事务所（特殊普通合伙）

中国注册会计师：

中国注册会计师：

5.1.2 资产负债表

合并资产负债表

编制单位：中粮信托有限责任公司　　2019 年 12 月 31 日　　单位：元

资产	2019 年 12 月 31 日	2018 年 12 月 31 日
资 产：		
货币资金	373 098 408.39	137 694 710.03
结算备付金	—	—
拆出资金	—	—
交易性金融资产	2 142 537 180.64	—
以公允价值计量且其变动计入当期损益的金融资产	—	—
买入返售金融资产		160 101 456.80
应收账款	64 266 034.19	45 935 567.28
预付账款	8 674 459.54	5 116 434.78
其他应收款	880 812 220.23	1 127 609 675.97
其中：应收利息	—	49 140 989.49
可供出售金融资产	—	1 636 343 562.37
发放贷款及垫款	1 633 673 738.01	2 216 782 092.02
债权投资	49 487 337.50	—

续表

资产	2019 年 12 月 31 日	2018 年 12 月 31 日
持有至到期投资	—	—
长期应收款	—	—
长期股权投资		2 535 499. 14
固定资产	4 884 039. 64	4 110 456. 50
在建工程	—	—
生产性生物资产	—	—
无形资产	6 874 475. 98	6 571 310. 99
商誉	—	—
递延所得税资产	222 233 966. 00	151 760 573. 83
长期待摊费用	1 632 065. 91	1 300 982. 07
其他资产	223 205. 07	—
资产总计	5 388 397 131. 10	5 495 862 321. 78

法定代表人:孙彦敏　　主管会计工作负责人:张雪　　会计机构负责人:张雪

合并资产负债表(续)

编制单位:中粮信托有限责任公司　　2019 年 12 月 31 日　　单位:元

负债和所有者权益	2019 年 12 月 31 日	2018 年 12 月 31 日
负 债:		
短期借款	—	—
交易性金融负债	53 823 070. 41	—
以公允价值计量且其变动计入当期损益的金融负债	—	50 856 643. 98
应付账款	—	—
预收账款	18 200 853. 67	13 500 607. 95
衍生金融负债	—	—
应付职工薪酬	112 034 219. 49	67 746 304. 21
应交税费	92 296 102. 42	38 464 695. 39
其他应付款	340 203 053. 22	319 124 752. 81
其中:应付利息	920 750. 01	379 166. 67
应付股利	—	—
预计负债	—	—
长期借款	—	—
递延所得税负债	—	—
卖出回购金融资产款	—	—
其他负债	266 239 672. 14	616 532 357. 58
负债合计	882 796 971. 35	1 106 225 361. 92
所有者权益:		
实收资本	2 300 000 000. 00	2 300 000 000. 00
资本公积	430 203 568. 68	430 203 568. 68
减:库存股	—	—
其他综合收益	—	-162 461 420. 63
专项储备	—	—
盈余公积	216 347 572. 31	203 728 344. 85
一般风险准备	543 336 914. 57	536 646 457. 04
未分配利润	946 534 260. 09	1 013 513 461. 94
归属于母公司股东权益合计	4 436 422 315. 65	4 321 630 411. 88
少数股东权益	69 177 844. 10	68 006 547. 98
所有者权益合计	4 505 600 159. 75	4 389 636 959. 86
负债和所有者权益合计	5 388 397 131. 10	5 495 862 321. 78

法定代表人:孙彦敏　　主管会计工作负责人:张雪　　会计机构负责人:张雪

资产负债表

编制单位:中粮信托有限责任公司　　2019 年 12 月 31 日　　单位:元

资产	2019 年 12 月 31 日	2018 年 12 月 31 日
资产:		
货币资金	219 053 190. 15	84 089 981. 72
结算备付金	—	—
拆出资金	—	—
应收股利	—	—
交易性金融资产	3 493 231 317. 03	—
买入返售金融资产	—	160 101 456. 80
应收账款	56 255 621. 75	49 556 217. 78
预付账款	8 667 009. 54	5 116 434. 78
其他应收款	894 249 515. 50	1 096 419 279. 80
其中:应收利息	—	—
可供出售金融资产	—	3 097 099 118. 09
发放贷款及垫款	—	—
持有至到期投资	—	—
应收款项类投资	—	—
长期股权投资	25 100 000. 00	25 100 000. 00
固定资产	4 803 142. 40	4 032 671. 61
在建工程	—	—
生产性生物资产	—	—
无形资产	6 874 475. 98	6 571 310. 99
递延所得税资产	224 513 494. 56	152 024 878. 18
长期待摊费用	1 535 998. 78	1 179 763. 70
其他资产	—	—
资产总计	4 934 283 765. 69	4 681 291 113. 45

法定代表人:孙彦敏　　主管会计工作负责人:张雪　　会计机构负责人:张雪

资产负债表(续)

编制单位:中粮信托有限责任公司　　2019 年 12 月 31 日　　单位:元

负债和所有者权益	2019 年 12 月 31 日	2018 年 12 月 31 日
负 债:		
短期借款	—	—
以公允价值计量且其变动计入当期损益的金融负债	—	—
应付账款	—	—
预收账款	18 200 853. 67	13 587 839. 79
应付职工薪酬	106 335 094. 28	62 064 789. 67
应文税费	90 493 365. 57	34 924 733. 79
应付手续费及佣金	—	—
其他应付款	338 239 770. 38	315 891 343. 00
其中:应付利息	920 750. 01	379 166. 67
预计负债	—	—
长期借款	—	—
递延所得税负债	—	—
其他负债	—	—
负债合计	553 269 083. 90	426 468 706. 25
所有者权益:		
实收资本	2 300 000 000. 00	2 300 000 000. 00
资本公积	430 187 477. 00	430 187 477. 00
减:库存股	—	—
其他综合收益	—	-161 432 944. 30

续表

负债和所有者权益	2019 年 12 月 31 日	2018 年 12 月 31 日
盈余公积	216 347 572. 31	203 728 344. 85
一般风险准备	543 336 914. 57	536 646 457. 04
未分配利润	891 142 717. 91	945 693 072. 61
所有者权益合计	4 381 014 681. 79	4 254 822 407. 20
负债和所有者权益合计	4 934 283 765. 69	4 681 291 113. 45

法定代表人:孙彦敏　　主管会计工作负责人:张雪　　会计机构负责人:张雪

5. 1. 3　利润和利润分配表

合并利润表

编制单位:中粮信托有限责任公司　　2019 年度　　单位:元

项目	2019 年度	2018 年度
一、营业收入	847 793 971. 60	585 532 236. 26
手续费及佣金净收入	357 679 092. 72	452 943 720. 67
利息净收入	48 910 084. 44	132 244 596. 24
其中:利息收入	82 419 618. 20	149 302 276. 90
利息费用	33 509 533. 76	17 057 680. 66
其他收益	223 182. 08	1 004 789. 43
投资收益(损失以“-”号填列)	533 876 994. 13	1 687 928. 90
其中:对联营企业和合营企业的投资收益	—	369 298. 57
公允价值变动收益(损失以“-”号填列)	-93 003 096. 43	-4 559 676. 62
汇兑收益(损失以“-”号填列)	87 299. 35	708 505. 42
资产处置收益(损失以“-”号填列)	-491. 29	44 185. 47
其他业务收入	20 906. 60	1 458 186. 75
二、营业支出	684 994 080. 88	544 028 453. 67
税金及附加	4 889 809. 41	4 036 256. 37
业务及管理费	268 610 334. 81	164 679 675. 25
信用减值损失	414 910 707. 32	—
资产减值损失	—	339 524 357. 40
其他业务成本	-3 416 770. 66	35 788 164. 65
三、营业利润	162 799 890. 72	41 503 782. 59
加:营业外收入	80 000. 40	14 636. 01
减:营业外支出	914 978. 52	56 306. 84
四、利润总额	161 964 912. 60	41 462 111. 76
减:所得税费用	46 001 712. 71	15 634 454. 42
五、净利润	115 963 199. 89	25 827 657. 34
(一)按经营持续性分类:	115 963 199. 89	25 827 657. 34
1. 持续经营净利润(净亏损以“-”号填列)	115 963 199. 89	25 827 657. 34
2. 终止经营净利润(净亏损以“-”号填列)	—	—
(二)按所有权归属分类:	115 963 199. 89	25 827 657. 34
1. 少数股东损益(净亏损以“-”号填列)	1 171 296. 12	5 719 892. 14
2. 归属于母公司股东的净利润(净亏损以“-”号填列)	114 791 903. 77	20 107 765. 20
六、其他综合收益的税后净额	—	-393 911 785. 72
归属于母公司所有者的其他综合收益的税后净额	—	-392 293 976. 92

续表

项目	2019 年度	2018 年度
(一)以后不能重分类进损益的其他综合收益	—	—
(二)以后将重分类进损益的其他综合收益	—	-392 293 976. 92
其中:可供出售金融资产公允价值变动损益	—	-392 293 976. 92
*归属于少数股东的其他综合收益的税后净额	—	-1 617 808. 80
七、综合收益总额	115 963 199. 89	-368 084 128. 38
归属于母公司所有者的综合收益总额	114 791 903. 77	-372 186 211. 72
归属于少数股东的综合收益总额	1 171 296. 12	4 102 083. 34

法定代表人:孙彦敏　　主管会计工作负责人:张雪　　会计机构负责人:张雪

利润表

编制单位:中粮信托有限责任公司　　2019 年度　　单位:元

项目	本年金额	上年金额
一、营业收入	514 193 755. 24	547 904 393. 05
手续费及佣金净收入	347 496 111. 12	447 324 455. 61
利息净收入	7 055 928. 70	33 210 109. 69
其中:利息收入	40 559 082. 87	50 261 609. 69
利息费用	33 503 154. 17	17 051 500. 00
其他收益	223 182. 08	961 872. 74
投资收益(损失以“-”号填列)	580 998 907. 57	66 363 769. 54
公允价值变动收益(损失以“-”号填列)	-421 580 374. 23	—
汇兑收益(损失以“-”号填列)	—	—
资产处置收益(损失以“-”号填列)	—	44 185. 47
其中:非流动资产处置收益(损失以“-”号填列)	—	44 185. 47
其他业务收入	—	—
二、营业支出	345 254 285. 57	489 394 137. 38
税金及附加	4 566 529. 99	3 621 460. 40
业务及管理费	252 249 418. 13	142 553 724. 45
信用减值损失	88 438 337. 45	—
资产减值损失	—	343 218 952. 53
其他业务成本	—	—
三、营业利润	168 939 469. 67	58 510 255. 67
加:营业外收入	80 000. 40	14 634. 00
减:营业外支出	914 978. 52	56 306. 84
四、利润总额	168 104 491. 55	58 468 582. 83
减:所得税费用	41 912 216. 96	10 673 344. 01
五、净利润	126 192 274. 59	47 795 238. 82
1. 持续经营净利润(净亏损以“-”号填列)	126 192 274. 59	47 795 238. 82
2. 终止经营净利润(净亏损以“-”号填列)	—	—
六、其他综合收益	—	-390 663 173. 68
七、综合收益总额	126 192 274. 59	-342 867 934. 86

法定代表人:孙彦敏　　主管会计工作负责人:张雪　　会计机构负责人:张雪

5.1.4 所有者权益变动表

合并所有者权益变动表

2019 年度

编制单位:中粮信托有限责任公司　　　　单位:元

项目	行次	2019 年度												
		归属于母公司所有者权益											少数股东权益	所有者权益合计
		实收资本	其他权益工具	资本公积	减:库存股	其他综合收益	专项储备	盈余公积	一般风险准备	未分配利润	其他	小计		
栏次	—	1	2	2	3	5	4	5	6	7	8	9	10	11
一、上年年末余额	1	2 300 000 000.00	—	430 203 568.68	—	-162 461 420.63	—	203 728 344.85	536 646 457.04	1 013 513 461.94	—	4 321 630 411.88	68 006 547.98	4 389 636 959.86
加:会计政策变更	2	—	—	—	—	162 461 420.63	—	—	—	-162 461 420.63	—	—	—	—
前期差错更正	3	—	—	—	—	—	—	—	—	—	—	—	—	—
其他	4	—	—	—	—	—	—	—	—	—	—	—	—	—
二、本年年初余额	5	2 300 000 000.00	—	430 203 568.68	—	—	—	203 728 344.85	536 646 457.04	851 052 041.31	—	4 321 630 411.88	68 006 547.98	4 389 636 959.86
三、本年增减变动金额(减少以"-"号填列)	6	—	—	—	—	—	—	12 619 227.46	6 690 457.53	95 482 218.78	—	114 791 903.77	1 171 296.12	115 963 199.89
(一)综合收益总额	7	—	—	—	—	—	—	—	—	114 791 903.77	—	114 791 903.77	1 171 296.12	115 963 199.89
(二)所有者投入和减少资本	8	—	—	—	—	—	—	—	—	—	—	—	—	—
1. 所有者投入资本	9	—	—	—	—	—	—	—	—	—	—	—	—	—
2. 其他权益工具持有者投入资本	10	—	—	—	—	—	—	—	—	—	—	—	—	—
3. 股份支付计入所有者权益的金额	11	—	—	—	—	—	—	—	—	—	—	—	—	—
4. 其他	12	—	—	—	—	—	—	—	—	—	—	—	—	—
(三)专项储备提取和使用	13	—	—	—	—	—	—	—	—	—	—	—	—	—
1. 提取专项储备	14	—	—	—	—	—	—	—	—	—	—	—	—	—
2. 使用专项储备	15	—	—	—	—	—	—	—	—	—	—	—	—	—
(四)利润分配	16	—	—	—	—	—	—	12 619 227.46	6 690 457.53	-19 309 684.99	—	—	—	—
1. 提取盈余公积	17	—	—	—	—	—	—	12 619 227.46	—	-12 619 227.46	—	—	—	—
其中:法定公积金	18	—	—	—	—	—	—	12 619 227.46	—	-12 619 227.46	—	—	—	—
任意公积金	19	—	—	—	—	—	—	—	—	—	—	—	—	—
#储备基金	20	—	—	—	—	—	—	—	—	—	—	—	—	—
#企业发展基金	21	—	—	—	—	—	—	—	—	—	—	—	—	—
#利润归还投资	22	—	—	—	—	—	—	—	—	—	—	—	—	—
2. 提取一般风险准备	23	—	—	—	—	—	—	—	6 690 457.53	-6 690 457.53	—	—	—	—
3. 对所有者(或股东)的分配	24—	—	—	—	—	—	—	—	—	—	—	—	—	—
4. 其他	25	—	—	—	—	—	—	—	—	—	—	—	—	—
(五)所有者权益内部结转	26	—	—	—	—	—	—	—	—	—	—	—	—	—
1. 资本公积转增资本(或股本)	27	—	—	—	—	—	—	—	—	—	—	—	—	—
2. 盈余公积转增资本(或股本)	28	—	—	—	—	—	—	—	—	—	—	—	—	—
3. 盈余公积弥补亏损	29	—	—	—	—	—	—	—	—	—	—	—	—	—
4. 结转重新计量设定受益计划净负债或净资产所产生的变动	30	—	—	—	—	—	—	—	—	—	—	—	—	—
5. 其他宗合收益结转留存收益	31	—	—	—	—	—	—	—	—	—	—	—	—	—
6. 其他	32	—	—	—	—	—	—	—	—	—	—	—	—	—
四、本年年末余额	33	2 300 000 000.00	—	430 203 568.68	—	—	—	216 347 572.31	543 336 914.57	946 534 260.09	—	4 436 422 315.65	69 177 844.10	4 505 600 159.75

法定代表人:孙彦敏　　　　主管会计工作负责人:张雪　　　　会计机构负责人:张雪

合并所有者权益变动表（续）

编制单位：中粮信托有限责任公司　　2018 年度　　单位：元

项目	行次	2018 年度												
		归属于母公司所有者权益											少数股东权益	所有者权益合计
		实收资本	其他权益工具	资本公积	减：库存股	其他综合收益	专项储备	盈余公积	一般风险准备	未分配利润	其他	小计		
栏次	—	1	2	3	4	5	6	7	8	9	10	11	12	13
一、上年年末余额	1	2 300 000 000. 00	—	430 203 568. 68	—	229 832 556. 29	—	198 948 820. 97	536 646 457. 04	998 185 220. 62	—	4 693 816. 623. 60	63 904 464. 64	4 757 721 088. 24
加：会计政策变更	2	—	—	—	—	—	—	—	—	—	—	—	—	—
前期差错更正	3	—	—	—	—	—	—	—	—	—	—	—	—	—
其他	4	—	—	—	—	—	—	—	—	—	—	—	—	—
二、本年年初余额	5	2 300 000 000. 00	—	430 203 568. 68	—	229 832 556. 29	—	198 948 820. 97	536 646 457. 04	998 185 220. 62	—	4 693 816 623. 60	63 904 464. 64	4 757 721 088. 24
三、本年增减变动金额（减少以“－”号填列）	6	—	—	—	—	-392 293 976. 92	—	4 779 523. 88	—	15 328 241. 32	—	-372 186 211. 72	4 102 083. 34	-368 084 128. 38
（一）综合收益总额	7	—	—	—	—	-392 293 976. 92	—	—	—	20 107 765. 20	—	-372 186 211. 72	4 102 083. 34	-368 084 128. 38
（二）所有者投入和减少资本	8	—	—	—	—	—	—	—	—	—	—	—	—	—
1. 所有者投入资本	9	—	—	—	—	—	—	—	—	—	—	—	—	—
2. 其他权益工具持有者投入资本	10	—	—	—	—	—	—	—	—	—	—	—	—	—
3. 股份支付计入所有者权益的金额	11	—	—	—	—	—	—	—	—	—	—	—	—	—
4. 其他	12	—	—	—	—	—	—	—	—	—	—	—	—	—
（三）专项储备提取和使用	13	—	—	—	—	—	—	—	—	—	—	—	—	—
1. 提取专项储备	14	—	—	—	—	—	—	—	—	—	—	—	—	—
2. 使用专项储备	15	—	—	—	—	—	—	—	—	—	—	—	—	—
（四）利润分配	16	—	—	—	—	—	—	4 779 523. 88	—	-4 779 523. 88	—	—	—	—
1. 提取盈余公积	17	—	—	—	—	—	—	4 779 523. 88	—	-4 779 523. 88	—	—	—	—
其中：法定公积金	18	—	—	—	—	—	—	4 779 523. 88	—	-4 779 523. 88	—	—	—	—
任意公积金	19	—	—	—	—	—	—	—	—	—	—	—	—	—
#储备基金	20	—	—	—	—	—	—	—	—	—	—	—	—	—
#企业发展基金	21	—	—	—	—	—	—	—	—	—	—	—	—	—
#利润归还投资	22	—	—	—	—	—	—	—	—	—	—	—	—	—
2. 提取一般风险准备	23	—	—	—	—	—	—	—	6 690 457. 53	-6 690 457. 53	—	—	—	—
3. 对所有者（或股东）的分配	24	—	—	—	—	—	—	—	—	—	—	—	—	—
4. 其他	25	—	—	—	—	—	—	—	—	—	—	—	—	—
（五）所有者权益内部结转	26	—	—	—	—	—	—	—	—	—	—	—	—	—
1. 资本公积转增资本（或股本）	27	—	—	—	—	—	—	—	—	—	—	—	—	—
2. 盈余公积转增资本（或股本）	28	—	—	—	—	—	—	—	—	—	—	—	—	—
3. 盈余公积弥补亏损	29	—	—	—	—	—	—	—	—	—	—	—	—	—
4. 结转重新计量设定受益计划净负债或净资产所产生的变动	30	—	—	—	—	—	—	—	—	—	—	—	—	—
5. 其他宗合收益结转留存收益	31	—	—	—	—	—	—	—	—	—	—	—	—	—
6. 其他	32	—	—	—	—	—	—	—	—	—	—	—	—	—
四、本年年末余额	33	2 300 000 000. 00	—	430 203 568. 68	—	-162 461 420. 63	—	203 728 344. 85	536 646 457. 04	10 013 513 461. 94	—	4 321 630 411. 88	68 006 547. 98	4 389 636 959. 86

法定代表人：孙彦敏　　主管会计工作负责人：张雪　　会计机构负责人：张雪

所有者权益变动表

编制单位：中粮信托有限责任公司　　2019 年度　　单位：元

项目	行次	本年金额										
		实收资本	其他权益工具	资本公积	减：库存股	其他综合收益	专项储备	盈余公积	△一般风险准备	未分配利润	其他	所有者权益合计
栏　次	—	1	2	3	4	5	6	7	8	9	10	11
一、上年年末余额	1	2 300 000 000. 00	—	430 187 477. 00	—	−161 432 944. 30	—	203 728 344. 85	536 646 457. 04	945 693 072. 61	—	4 254 822 407. 20
加：会计政策变更	2	—	—	—	—	161 432 944. 30	—	—	—	−161 432 944. 30	—	—
前期差错更正	3	—	—	—	—	—	—	—	—	—	—	—
其他	4	—	—	—	—	—	—	—	—	—	—	—
二、本年年初余额	5	2 300 000 000. 00	—	430 187 477. 00	—	—	—	203 728 344. 85	536 646 457. 04	784 260 128. 31	—	4 254 822 407. 20
三、本年增减变动金额（减少以"－"号填列）	6	—	—	—	—	—	—	12 619 227. 46	6 690 457. 53	106 882 589. 60	—	126 192 274. 59
（一）综合收益总额	7	—	—	—	—	—	—	—	—	126 192 274. 59	—	126 192 274. 59
（二）所有者投入和减少资本	8	—	—	—	—	—	—	—	—	—	—	—
1. 所有者投入资本	9	—	—	—	—	—	—	—	—	—	—	—
2. 其他权益工具持有者投入资本	10	—	—	—	—	—	—	—	—	—	—	—
3. 股份支付计入所有者权益的金额	11	—	—	—	—	—	—	—	—	—	—	—
4. 其他	12	—	—	—	—	—	—	—	—	—	—	—
（三）专项储备提取和使用	13	—	—	—	—	—	—	—	—	—	—	—
1. 提取专项储备	14	—	—	—	—	—	—	—	—	—	—	—
2. 使用专项储备	15	—	—	—	—	—	—	—	—	—	—	—
（四）利润分配	16	—	—	—	—	—	—	12 619 227. 46	6 690 457. 53	−19 309 684. 99	—	—
1. 提取盈余公积	17	—	—	—	—	—	—	12 619 227. 46	—	−12 619 227. 46	—	—
其中：法定公积金	18	—	—	—	—	—	—	12 619 227. 46	—	−12 619 227. 46	—	—
任意公积金	19	—	—	—	—	—	—	—	—	—	—	—
#储备基金	20	—	—	—	—	—	—	—	—	—	—	—
#企业发展基金	21	—	—	—	—	—	—	—	—	—	—	—
#利润归还投资	22	—	—	—	—	—	—	—	—	—	—	—
2. 提取一般风险准备	23	—	—	—	—	—	—	—	6 690 457. 53	−6 690 457. 53	—	—
3. 对所有者（或股东）的分配	24	—	—	—	—	—	—	—	—	—	—	—
4. 其他	25	—	—	—	—	—	—	—	—	—	—	—
（五）所有者权益内部结转	26	—	—	—	—	—	—	—	—	—	—	—
1. 资本公积转增资本（或股本）	27	—	—	—	—	—	—	—	—	—	—	—
2. 盈余公积转增资本（或股本）	28	—	—	—	—	—	—	—	—	—	—	—
3. 盈余公积弥补亏损	29	—	—	—	—	—	—	—	—	—	—	—
4. 结转重新计量设定受益计划净负债或净资产所产生的变动	30	—	—	—	—	—	—	—	—	—	—	—
5. 其他综合收益结转留存收益	31	—	—	—	—	—	—	—	—	—	—	—
6. 其他	32	—	—	—	—	—	—	—	—	—	—	—
四、本年年末余额	33	2 300 000 000. 00	—	43C 187 477. 00	—	—	—	216 347 572. 31	543 336 914. 57	891 142 717. 91	—	4 381 014 681. 79

法定代表人：孙彦敏　　主管会计工作负责人：张雪　　会计机构负责人：张雪

合并所有者权益变动表（续）

编制单位：中粮信托有限责任公司　　2019 年度　　单位：元

项目	行次	上年金额										
		实收资本	其他权益工具	资本公积	减：库存股	其他综合收益	专项储备	盈余公积	△一般风险准备	未分配利润	其他	所有者权益合计
栏　次	—	1	2	3	4	5	6	7	8	9	10	11
一、上年年末余额	1	2 300 000 000. 00	—	430 187 477. 00	—	229 230 229. 38	—	198 948 820. 97	536 646 457. 04	902 677 357. 67	—	4 597 690 342. 06
加：会计政策变更	2	—	—	—	—	—	—	—	—	—	—	—
前期差错更正	3	—	—	—	—	—	—	—	—	—	—	—
其他	4	—	—	—	—	—	—	—	—	—	—	—
二、本年年初余额	5	2 300 000 000. 00	—	430 187 477. 00	—	229 230 229. 38	—	198 948 820. 97	536 646 457. 04	902 677 357. 67	—	4 597 690 342. 06
三、本年增减变动金额（减少以“－”号填列）	6	—	—	—	—	-390 663 173. 68	—	4 779 523. 88	—	43 015 714. 94	—	-342 867 934. 86
（一）综合收益总额	7	—	—	—	—	-390 663 173. 68	—	—	—	47 795 238. 82	—	-342 867 934. 86
（二）所有者投入和减少资本	8	—	—	—	—	—	—	—	—	—	—	—
1. 所有者投入资本	9	—	—	—	—	—	—	—	—	—	—	—
2. 其他权益工具持有者投入资本	10	—	—	—	—	—	—	—	—	—	—	—
3. 股份支付计入所有者权益的金额	11	—	—	—	—	—	—	—	—	—	—	—
4. 其他	12	—	—	—	—	—	—	—	—	—	—	—
（三）专项储备提取和使用	13	—	—	—	—	—	—	—	—	—	—	—
1. 提取专项储备	14	—	—	—	—	—	—	—	—	—	—	—
2. 使用专项储备	15	—	—	—	—	—	—	—	—	—	—	—
（四）利润分配	16	—	—	—	—	—	—	4 779 523. 88	—	-4 779 523. 88	—	—
1. 提取盈余公积	17	—	—	—	—	—	—	4 779 523. 88	—	-4 779 523. 88	—	—
其中：法定公积金	18	—	—	—	—	—	—	4 779 523. 88	—	-4 779 523. 88	—	—
任意公积金	19	—	—	—	—	—	—	—	—	—	—	—
#储备基金	20	—	—	—	—	—	—	—	—	—	—	—
#企业发展基金	21	—	—	—	—	—	—	—	—	—	—	—
#利润归还投资	22	—	—	—	—	—	—	—	—	—	—	—
2. 提取一般风险准备	23	—	—	—	—	—	—	—	—	—	—	—
3. 对所有者（或股东）的分配	24	—	—	—	—	—	—	—	—	—	—	—
4. 其他	25	—	—	—	—	—	—	—	—	—	—	—
（五）所有者权益内部结转	26	—	—	—	—	—	—	—	—	—	—	—
1. 资本公积转增资本（或股本）	27	—	—	—	—	—	—	—	—	—	—	—
2. 盈余公积转增资本（或股本）	28	—	—	—	—	—	—	—	—	—	—	—
3. 盈余公积弥补亏损	29	—	—	—	—	—	—	—	—	—	—	—
4. 结转重新计量设定受益计划净负债或净资产所产生的变动	30	—	—	—	—	—	—	—	—	—	—	—
5. 其他综合收益结转留存收益	31	—	—	—	—	—	—	—	—	—	—	—
6. 其他	32	—	—	—	—	—	—	—	—	—	—	—
四、本年年末余额	33	2 300 000 000. 00	—	430 187 477. 00	—	-161 432 944. 30	—	203 728 344. 85	536 646 457. 04	945 693 072. 61	—	4 254 822 407. 20

法定代表人：孙彦敏　　主管会计工作负责人：张雪　　会计机构负责人：张雪

5.2 信托资产

5.2.1 信托项目资产负债汇总表

信托项目资产负债表

编制单位：中粮信托有限责任公司　　2019 年 12 月 31 日　　单位：万元

信托资产	年初数	年末数	信托负债和信托权益	年初数	年末数
信托资产：			信托负债：		
货币资金	184 200.70	59 538.70	交易性金融负债	—	—
拆出资金	—	—	衍生金融负债	—	—
存出保证金	—	—	应付受托人报酬	11.93	—
交易性金融资产	82 100.33	—	应付托管费	4.11	—
衍生金融资产	—	—	应付受益人收益	214.27	—
买入返售金融资产	109 613.75	—	应交税费	6 622.14	6 770.80
应收款项	442 436.03	430 634.64	应付销售服务费	67.34	—
发放贷款	4 458 349.44	5 099 835.69	其他应付款项	27 385.71	60 033.48
可供出售金融资产	2 575 429.09	1 234 953.98	预计负债	—	—
持有至到期投资	—	—	其他负债	—	—
长期应收款	—	—	信托负债合计	34 305.50	66 804.28
长期股权投资	6 099 589.33	5 473 138.41			
投资性房地产	—	—	信托权益：		
固定资产	—	—	实收信托	16 141 757.22	15 526 023.93
无形资产	—	—	资本公积	4 184.72	35 096.67
长期待摊费用	—	—	损益平准金	—	—
其他资产	2 423 989.48	3 429 396.14	未分配利润	195 460.71	99 572.68
减：各项资产减值准备	—	—	信托权益合计	16 341 402.65	15 660 693.28
信托资产总计	16 375 708.15	15 727 497.56	信托负债及信托权益总计	16 375 708.15	15 727 497.56

5.2.2 信托项目利润及利润分配汇总表

信托项目利润及利润分配表

编制单位：中粮信托有限责任公司　　2019 年度　　单位：万元

项目	本年累计数	上年累计数
1. 营业收入	890 293.93	999 741.62
1.1 利息收入	185 926.82	309 758.06
1.2 投资收益（损失以"-"号填列）	701 154.32	681 211.91
其中：对联营企业和合营企业的投资收益	—	—
1.3 公允价值变动收益（损失以"-"号填列）	3 124.50	8 723.58
1.4 租赁收入	—	—
1.5 汇兑损益（损失以"-"号填列）	—	—
1.6 其他收入	88.29	48.07
2. 支出	61 483.25	76 694.50
2.1 营业税金及附加	3 128.47	3 020.29
2.2 受托人报酬	34 299.09	40 518.10
2.3 托管费	1 203.77	1 809.17
2.4 投资管理费	11.49	86.88
2.5 销售服务费	54.73	2.63
2.6 交易费用	358.57	568.54
2.7 资产减值损失	—	—
2.8 其他费用	22 427.13	30 688.89
3. 信托净利润（净亏损以"-"号填列）	828 810.68	923 047.12
4. 其他综合收益	—	—
5. 综合收益	828 810.68	923 047.12
6. 加：期初未分配信托利润	195 460.72	361 217.29
7. 可供分配的信托利润	1 024 271.40	1 284 264.41
8. 减：本期已分配信托利润	924 698.72	1 088 803.69
9. 期末未分配信托利润	99 572.68	195 460.72

6. 会计报表附注

6.1 会计报表编制基准不符合会计核算基本前提的说明

会计报表编制无不符合会计核算基本前提的事项。

6.2 重要会计政策和会计估计说明

6.2.1 会计政策变更情况

财政部于 2017 年颁布了修订后的《企业会计准则第 22 号——金融工具确认和计量》《企业会计准则第 23 号——金融资产转移》《企业会计准则第 24 号——套期会计》，以及《企业会计准则第 37 号——金融工具列报》（以下简称新金融准则）。本集团在编制 2019 年度财务报表时已采用新金融工具准则，且采用新金融准则未对本集团的财务状况、经营成果及现金流量产生重大影响。首次实施新金融准则日为 2019 年 1 月 1 日，该变化构成了会计政策变更，本集团选择不对比较期间信息进行重述。

2019 年 4 月 30 日，财政部发布了《关于修订印发 2019 年度一般企业财务报表格式的通知》（财会[2019]6 号），对一般企业财务报表格式进行了修订。2019 年 9 月 19 日，财政部发布了《关于修订印发合并财务报表格式（2019 版）的通知》（财会[2019]16 号），本集团参照前述文件要求对本集团的合并财务报表进行了调整，该事项对本集团合并财务报表未构成重大影响。对可比期间的比较数据进行调整，追溯调整对列报项目的具体影响如下：

项目	2018 年 12 月 31 日	会计政策变更调整金额	2019 年 1 月 1 日
资　产：			
交易性金融资产	—	1 636 343 562. 37	1 636 343 562. 37
其他应收款	1 127 609 675. 97	-49 140 989. 49	1 078 468 686. 48
可供出售金融资产	1 636 343 562. 37	-1 636 343 562. 37	—
发放贷款及垫款	2 216 782 092. 02	49 140 989. 49	2 265 923 081. 51
资产总计	5 495 862 321. 78	—	5 495 862 321. 78
负　债：			
交易性金融负债	—	50 856 643. 98	50 856 643. 98
以公允价值计量且其变动计入当期损益的金融负债	50 856 643. 98	-50 856 643. 98	—

续表

项目	2018 年 12 月 31 日	会计政策变更调整金额	2019 年 1 月 1 日
负债合计	1 106 225 361. 92	—	1 106 225 361. 92
所有者权益：			
其他综合收益	-162 461 420. 63	162 461 420. 63	—
未分配利润	1 013 513 461. 94	-162 461 420. 63	851 052 041. 31
所有者权益合计	4 389 636 959. 86	—	4 389 636 959. 86
负债和所有者权益合计	5 495 862 321. 78	—	5 495 862 321. 78

6. 2. 2　会计估计变更情况

公司报告期内无需要披露的重大会计估计变更事项。

6. 2. 3　前期会计差错更正情况

公司报告期内无需要披露的前期差错更正事项。

6. 3　或有事项说明

无。

6. 4　重要资产转让及其出售的说明

公司报告期内无重要资产转让及出售情况。

6. 5　会计报表中重要项目的明细资料

6. 5. 1　披露自营资产经营情况

6. 5. 1. 1　按信用风险五级分类结果披露信用风险资产的期初数、期末数

信用风险资产五级分类	正常类（万元）	关注类（万元）	次级类（万元）	可疑类（万元）	损失类（万元）	信用风险资产合计（万元）	不良资产合计（万元）	不良资产率（%）
期初数	77 998. 21	77 178. 30	1 525. 00	42 350. 00	—	199 051. 51	43 875. 00	22. 04
期末数	306 072. 20	50 245. 38	134 062. 78	61 884. 69	—	552 265. 05	195 947. 47	35. 48

注：不良资产合计 = 次级类 + 可疑类 + 损失类。

6. 5. 1. 2　各项资产减值损失准备的期初数、本年计提、本年转回、本年核销、期末数，贷款的一般准备、专项准备和其他资产减值准备应分别披露

单位：万元

	期初数	本年计提	本年转回	本年核销	期末数
贷款损失准备	—	—	—	—	—
一般准备	—	—	—	—	—
专项准备	—	—	—	—	—
其他资产减值准备	—	—	—	—	—
可供出售金融资产减值准备	32 214. 98	-32 214. 98	—	—	—
持有至到期投资减值准备	—	—	—	—	—
长期股权投资减值准备	—	—	—	—	—
坏账准备	2 706. 92	8 843. 83	—	—	11 550. 75
投资性房地产减值准备	—	—	—	—	—

6. 5. 1. 3　自营股票投资、基金投资、债券投资、股权投资等投资业务的期初数、期末数

单位：万元

	自营股票	基金	债券	长期股权投资
期初数	111 192. 65	9 178. 66	—	2 510. 00
期末数	—	—	2 063. 78	2 510. 00

6. 5. 1. 4　前五名的自营长期股权投资的企业名称、占被投资企业权益的比例、主要经营活动及投资收益情况等

企业名称	占被投资企业权益的比例（%）	主要经营活动	投资收益（万元）
中粮农业产业基金管理有限责任公司	50. 20	基金管理	—

6. 5. 1. 5　前五名的自营贷款的企业名称、占贷款总额的比例和还款情况等

无。

6. 5. 1. 6　表外业务的期初数、期末数，按照代理业务、担保业务和其他类型表外业务分别披露

单位：万元

表外业务	期初数	期末数
担保业务	—	—
代理业务（委托业务）	—	—
其他	—	—
合计	—	—

注：代理业务主要反映因客观原因应规范而尚未完成规范的历史遗留委托业务，包括委托贷款和委托投资。

6.5.1.7 公司当年的收入结构

收入结构	金额(万元)	占比(%)
利息净收入	705.59	0.75
手续费收入	34 749.61	37.13
投资收益	58 099.89	62.09
资产处置收益	—	—
其他收益	22.32	0.03
收入合计	93 577.41	100.00

6.5.2 披露信托资产管理情况

6.5.2.1 信托资产的期初数、期末数

单位:万元

信托资产	期初数	期末数
集合	6 261 539.62	6 908 942.82
单一	7 115 202.11	5 567 094.94
财产权	2 998 966.42	3 251 459.81
合计	16 375 708.15	15 727 497.57

6.5.2.1.1 主动管理型信托业务期初数、期末数,分证券投资类、股权投资类、融资类、事务管理类分别披露

单位:万元

主动管理型信托资产	期初数	期末数
证券投资类	1 103 634.68	904 805.95
股权投资类	214 858.62	263 905.78
融资类	3 932 003.96	4 227 426.85
事务管理类	0.00	0.00
其他投资类	660 926.66	425 978.26
合计	5 911 423.92	5 822 116.84

6.5.2.1.2 被动管理型信托业务期初数、期末数,分证券投资类、股权投资类、融资类、事务管理类分别披露

单位:万元

被动管理型信托资产	期初数	期末数
证券投资类	100 047.36	100 047.55
股权投资类	6 154 584.33	5 546 323.10
融资类	2.98	2.53
事务管理类	4 093 466.21	4 244 772.00
其他类	116 183.35	14 235.55
合计	10 464 284.23	9 905 380.73

6.5.2.2 本年度已清算结束的信托项目个数、实收信托合计金额、加权平均实际年化收益率

6.5.2.2.1 本年度已清算结束的集合类、单一类资金信托项目和财产管理类信托项目个数、金额、加权平均实际年化收益率

已清算结束的信托项目	项目个数(个)	实收信托合计金额(万元)	加权平均实际年化收益率(%)
集合类	31	1 270 760.37	7.36
单一类	30	1 213 119.39	4.67
财产管理类	8	1 242 669.83	5.77

注:1. 加权平均实际年化收益率 =(信托项目 1 的实际年化收益率 × 信托项目 1 的资产总计 + 信托项目 2 的实际年化收益率 × 信托项目 2 的资产总计 + … + 信托项目 n 的实际年化收益率 × 信托项目 n 的资产总计)/(信托项目 1 的资产总计 + 信托项目 2 的资产总计 + … + 信托项目 n 的资产总计)×100%。

2. 包含已完成兑付但截至 2019 年末尚未完成银行销户手续的项目。

6.5.2.2.2 本年度已清算结束的主动管理型信托项目个数、合计金额、加权平均实际年化收益率,分证券投资、股权投资、融资、事务管理类分别披露

已清算结束的信托项目	项目个数(个)	实收信托合计金额(万元)	加权平均实际年化收益率(%)
证券投资类	5	183 000.00	2.11
股权投资类	—	—	—
融资类	21	1 061 795.46	7.96
事务管理类	—	—	—
其他投资类	4	75 450.00	9.13

6.5.2.2.3 本年度已清算结束的被动管理型信托项目个数、合计金额、加权平均实际年化收益率,分证券投资、股权投资、融资、事务管理类分别披露

已清算结束的信托项目	项目个数(个)	实收信托合计金额(万元)	加权平均实际年化收益率(%)
证券投资类	—	—	—
股权投资类	—	—	—
融资类	—	—	—
事务管理类	38	2 337 321.12	5.22
其他投资类	1	68 983.00	7.53

6.5.2.3 本年度新增的集合类、单一类和财产管理类信托项目个数、合计金额

新增信托项目	项目个数(个)	实收信托合计金额(万元)
集合类	73	3 030 148.00
单一类	9	308 393.00
财产管理类	8	3 276 994.22
新增合计	90	6 615 535.22
其中:主动管理型	73	3 021 641.00
被动管理型	17	3 593 894.22

6.5.2.4 信托业务创新成果和特色业务有关情况

产业金融服务能力是中粮信托在 2019 年聚焦的核心竞争力建设方向之一。而农业金融作为中粮信托的特色化战略业务,历经多年探索与创新,其打造的供应链金融、农地金融等特色业务模式在普惠金融服务中小微企业、金融服务"三农"等方面有着突出贡献与表现,多次获得监管部门与中粮集团内外的好评和奖项。

公司持续推进上下游供应链业务。本年度上下游供应链项目放款规模为 7.47 亿元,覆盖集团内外粮油、米面、红酒、饲料等几十个经销商。同时,公司积极扩展与集团其他业务单元的供应链业务合作模式。公司通过与腾讯合作,加入了随借随还、大数据风控模型、线上平台系统等优化现有放款流程,保证了公司供应链产品的市场竞争优势。

农地金融方面,公司以融资手段为抓手,开展农业产业化项目及大规模订单种植项目,已实际投放资金为 2 750 万元。中粮信托农业产业化平台 2019 年已完成上线,覆盖面积达 213 万亩。公司持续推进农村土地金融业务条线,推进易良平台建设。

本年度公司农业金融业务重点开展农业产业化综合服务

项目建设、提升村集体合作社素质、发展壮大农村集体经济等工作，结合集团主业和产业布局重点关注产粮大县。公主岭玉米种植项目从2015年开始发行第一期，到2019年共四期，总共发放信托贷款5 200万元，累计投入玉米种植面积达10万亩，支持了6家合作社，直接使本地1万多户农户农庭增加了收入，实现了土地适度规模化经营，带动了当地合作社发展。易良平台建设方面，通过易良平台开发专门应用于宁安市农业生产社会化服务场景的农机手移动端管理软件，实现以作业轨迹、作业面积等监管手段提高收割环节合规性。

此外，中粮信托在标准化产品方面，具备一定的业务积累和优势。特别是汽车金融资产证券化业务，公司处于行业前列。截至2019年12月31日，公司标准化产品存续规模约为406亿元。

6.5.2.5 公司履行受托人义务情况及因公司自身责任而导致的信托资产损失情况(合计金额、原因等)

公司在报告期未发生因本公司自身责任导致的信托资产损失。

6.6 关联方关系及其交易的披露

6.6.1 关联交易方的数量、关联交易的总金额及关联交易的定价政策等

	关联交易方数量(个)	关联交易金额(万元)	定价政策
合计	16	107 283.00	本公司与关联方之间的交易采用市场价格进行定价。

注:关联交易是指信托公司以自有资产、信托资产为关联方提供投融资等服务，或以担保等方式为关联方融资提供便利的业务。关联交易的统计范围应基本与银保监会非现场监管信息系统中关于关联交易的范围和口径一致，也可增加为关联方提供咨询等其他非投融资类业务服务的信息。

6.6.2 关联交易方与公司的关系性质、关联交易方的名称、法定代表人、注册地址、注册资本及主营业务等

关系性质	关联方名称	法定代表人	注册地址	注册资本(万元)	主营业务
母公司	中粮资本投资有限公司	孙彦敏	北京	133 700.1376	投资与资产管理。
子公司	中粮农业产业基金管理有限责任公司	孙彦敏	北京	5 000.00	投资管理及咨询。
同一母公司	中粮期货有限公司	王庆	北京	84 620.00	商品期货经纪、金融期货经纪、期货投资咨询、资产管理。
受公司之母公司的重大影响	龙江银行股份有限公司	张建辉	哈尔滨	436 000.00	商业银行业务。
受公司之母公司的重大影响	深圳中粮商贸服务有限公司	杨超	深圳	5 000.00	投资咨询、物流信息咨询、风险管理咨询。
与公司同一实际控制人	深圳市明诚金融服务有限公司	孙彦敏	深圳	2 500.00	金融信息咨询、提供金融中介服务、接受金融机构委托从事金融服务外包。

续表

关系性质	关联方名称	法定代表人	注册地址	注册资本(万元)	主营业务
与公司同一实际控制人	内蒙古爱养牛科技有限公司	刘晓江	内蒙古呼和浩特市	800.00	畜牧业电子商务平台;畜牧业服务云平台;畜牧业服务业。
与公司同一实际控制人	中国食品集团有限公司	汪　云	北京	17 741.33	销售食品;相关机械设备、材料、专用工具及零配件的代购、代销;进出口业务等。

6.6.3 逐笔披露公司与关联方的重大交易事项

6.6.3.1 固有财产与关联方:贷款、投资、租赁、应收账款、担保、其他方式等期初汇总数、本年发生额汇总数、期末汇总数

单位:万元

固有财产与关联方关联交易				
	期初数	借方发生额	贷方发生额	期末数
贷款	—	—	—	—
投资	—	—	—	—
租赁	—	1 816.09	1 816.09	—
担保	—	—	—	—
应收账款	—	—	—	—
其他应收	727.71	59.64	394.92	392.43
其他应付	1.04	19.55	19.46	0.95
合计	728.75	1 895.28	2 230.47	393.38

6.6.3.2 信托资产与关联方:贷款、投资、租赁、应收账款、担保、其他方式等期初汇总数、本年发生额汇总数、期末汇总数

单位:万元

信托资产与关联方关联交易				
	期初数	借方发生额	贷方发生额	期末数
贷款	68 000.00	43 518.00	96 215.98	15 302.02
投资	235.00	—	64.00	171.00
租赁	—	—	—	—
担保	—	—	—	—
应收账款	—	—	—	—
其他	57 637.00	23 055.00	33 895.00	46 797.00
合计	125 872.00	66 573.00	130 174.98	62 270.02

6.6.3.3 固有财产与信托财产之间的交易金额期初汇总数、本年发生额汇总数、期末汇总数

单位:万元

固有财产与信托财产相互交易				
	期初数	本年增加额	本年减少额	期末数
合计	199 051.51	40 710.00	26 271.74	213 489.78

6.6.3.4 信托资产与信托财产之间的交易金额期初汇总数、本年发生额汇总数、期末汇总数

单位:万元

信托资产与信托财产相互交易			
	期初数	本年发生额	期末数
合计	0	0	0

6.6.4 逐笔披露关联方逾期未偿还公司资金的详细情况以及公司为关联方担保发生或即将发生垫款的详细情况

无。

6.7 会计制度的披露

公司固有业务和信托业务,同时执行财政部2006年2月15日颁布的《企业会计准则》及2014年颁布的八项具体准则和一项基本准则的有关规定。

7. 财务情况说明书

7.1 利润实现和分配情况

2019年,公司实现净利润为126 192 274.59元。提取法定盈余公积为12 619 227.46元,提取一般风险准备为6 690 457.53元,年末可供分配的利润为891 142 717.91元。

7.2 主要财务指标

指标名称	指标值
资本利润率(%)	2.92
人均净利润(万元)	45.56

注:1. 资本利润率=净利润/所有者权益平均余额×100%。
2. 人均净利润=净利润/年平均人数。

7.3 对公司财务状况、经营成果有重大影响的其他事项

公司无上述事项。

8. 特别事项揭示

8.1 前五名股东报告期内变动情况及原因

报告期内股东未发生变动。

8.2 董事、监事及高级管理人员变动情况及原因

8.2.1 董事变动情况及原因

报告期内董事未发生变动。

8.2.2 监事变动情况及原因

报告期内,原监事会主席许良因工作调整调任中粮集团其他下属公司,2020年4月,公司监事会完成换届选举,李德罡当选公司监事会主席。

8.2.3 高级管理人员变动情况及原因

2019年1月,因工作调整,经董事会审议通过,陆吕佳、陈德彪均不再担任公司副总经理。

2019年9月,因工作调整,经董事会审议通过,李永东不再担任公司副总经理兼首席风险官。

2019年10月,为公司治理需要,经董事会审议通过并经监管部门核准,公司副总经理马建泽兼任董事会秘书。

2019年12月,为公司业务发展需要,董事会同意刘荣华任公司副总经理(常务),2020年1月,经监管部门核准,刘荣华任职资格生效。

8.3 公司的重大诉讼事项

8.3.1 重大未决诉讼事项

2019年,公司信托业务共涉及7起重大未决诉讼,均为公司代表信托计划起诉或申请执行的案件,固有业务未涉及重大诉讼事项,具体情况如下表:

序号	原告/申请人	被告/被申请人	起诉日期	案由	涉案金额(万元)	诉讼进展情况
1	中粮信托	北京黄金交易中心有限公司(被告一)、中国青旅实业发展有限责任公司(被告二)、上海中青世邦商业保理有限公司(被告三)	2018年5月4日	债权转让合同纠纷(信托项目纠纷)	6 270.47	2019年11月11日,北京市高级人民法院作出二审判决,驳回上诉,维持原判。判决书公告送达,截至2019年12月31日,本案尚处在判决书公告期内。
2	中粮信托	北京黄金交易中心有限公司(被告一)、中国青旅实业发展有限责任公司(被告二)、上海中青世邦商业保理有限公司(被告三)	2018年5月4日	债权转让合同纠纷(信托项目纠纷)	5 084.22	2019年11月11日,北京市高级人民法院作出二审判决,驳回上诉,维持原判。判决书公告送达,截至2019年12月31日,本案尚处在判决书公告期内。
3	中粮信托	北京黄金交易中心有限公司(被告一)、中国青旅实业发展有限责任公司(被告二)、上海中青世邦商业保理有限公司(被告三)	2018年5月4日	债权转让合同纠纷(信托项目纠纷)	8 064	2019年11月11日,北京市高级人民法院作出二审判决,驳回上诉,维持原判。判决书公告送达,截至2019年12月31日,本案尚处在判决书公告期内。
4	中粮信托	中科建飞投资控股集团有限公司(被申请人一)、上海意邦置业有限公司(被申请人二)、中科建设开发总公司(被申请人三)	2018年9月4日	公证债权文书执行(信托项目纠纷)	43 834.83	2019年11月21日,上海市第三中级人民法院受理奚红的申请,对保证人中科建设开发总公司启动预重整程序。2019年12月12日,上海铁路运输法院出具受理抵押人上海意邦置业有限公司破产清算的裁定。截至2019年12月31日,本案尚在执行中。
5	中粮信托	河南省宋河酒业股份有限公司、辅仁药业集团有限公司、朱文臣	2019年2月27日	公证债权文书执行(信托项目纠纷)	18 485.52	中粮信托履行受托人职责,向公证处申请出具执行证书,并持执行证书向北京市第二中级人民法院申请强制执行。北京市第二中级人民法院于2019年3月6日出具执行裁定书,法院已组织两次股票拍卖。截至2019年12月31日,本案尚在执行中。

续表

序号	原告/申请人	被告/被申请人	起诉日期	案由	涉案金额（万元）	诉讼进展情况
6	中粮信托	精功集团有限公司、上海越信投资有限公司	2019 年 4 月 3 日	公证债权文书执行（信托项目纠纷）	25 180	中粮信托履行受托人职责，向公证处申请出具执行证书，并持执行证书向北京市第一中级人民法院申请强制执行。北京市第一中级人民法院于 2019 年 4 月 8 日出具执行裁定书。2019 年 9 月 17 日，绍兴市柯桥区人民法院分别裁定受理精功集团等主体的破产重整申请。中粮信托已完成债权申报工作并参加第一次债权人会议。截至 2019 年 12 月 31 日，本案尚在执行中。
7	中粮信托	华泰汽车集团（天津）有限公司、华泰汽车集团有限公司、张秀根、苗玉莉、张智铭、过梦倩	2019 年 10 月 18 日	公证债权文书执行（信托项目纠纷）	50 585. 20	中粮信托履行受托人职责，向公证处申请出具执行证书，并持执行证书向北京市第二中级人民法院申请强制执行。北京市第二中级人民法院于 2019 年 10 月 24 日立案，本案已完成财产查封工作。截至 2019 年 12 月 31 日，本案尚在执行中。

8. 3. 2 以前年度发生，于本报告期内终结的诉讼事项

序号	原告/申请人	被告/被申请人	起诉日期	案由	涉案金额（万元）	诉讼进展情况
1	北京信诚达融资产管理有限公司	中粮信托	2016 年 4 月	信托纠纷	11 805	北京市第二中级人民法院于 2018 年 7 月 10 日作出一审判决，确认单一资金信托合同终止履行、中粮信托赔偿原告经济损失 4 万元，中粮信托向原告原状分配涉案信托财产。后原告上诉至北京市高级人民法院。2019 年 12 月 20 日，北京市高级人民法院作出二审判决，驳回上诉，维持原判。截至 2019 年 12 月 31 日，本案诉讼终结。
2	中粮信托	华信中能高新技术产业有限公司（被告一）、广东金控华信投资有限公司（被告二）、上海华信国际集团有限公司（被告三）	2018 年 4 月 28 日	股权转让纠纷（信托项目纠纷）	20 559. 23	本案经管辖权异议一审、二审程序后进入实体审理，2019 年 5 月 24 日，北京市第二中级人民法院出具一审判决，被告一向中粮信托支付股权转让款 206 701 918 元、违约金（以 206 701 918 元为基数，自 2018 年 5 月 21 日起计算至实际付清之日止，按日‰的标准计算）、律师费 60 万元；就前述被告一债务，中粮信托有权以被告一持有的华信（厦门）港口投资管理有限公司出资额 3000 万元的股权折价或者以拍卖、变卖所得的价款及被告二持有的华信（厦门）港口投资管理有限公司出资额 2000 万元的股权折价或者以拍卖、变卖所得的价款优先受偿；被告三对被告一股权转让款的债务承担共同清偿责任；被告三向中粮信托支付违约金（以 206 701 918 元为基数，自 2018 年 5 月 21 日起计算至实际付清之日止，按日‰的标准计算）。中粮信托已向法院申请强制执行。2019 年 8 月 9 日，北京市第二中级人民法院作出执行裁定书。2019 年 11 月 15 日，上海市第三中级人民法院裁定受理上海华信国际集团破产，目前中粮信托已申报债权。目前本案尚在执行中。
3	中粮信托	北京黄金交易中心有限公司（被告一）、中国青旅实业发展有限责任公司（被告二）	2018 年 5 月 7 日	债权转让合同纠纷（信托项目纠纷）	10 402. 04	2018 年 11 月 7 日，北京市第二中级人民法院作出一审判决，被告一向中粮信托支付应收账款 10 402. 04 万元及逾期付款违约金；被告二对被告一前述责任承担连带清偿责任。后被告二提起上诉。2019 年 3 月 28 日，北京市高级人民法院作出二审判决，驳回上诉，维持原判。中粮信托已向法院申请强制执行，目前本案尚在执行中。
4	中粮信托	北京黄金交易中心有限公司（被告一）、中国青旅实业发展有限责任公司（被告二）	2018 年 5 月 7 日	债权转让合同纠纷（信托项目纠纷）	33 366. 40	2018 年 11 月 7 日，北京市第二中级人民法院作出一审判决，被告一向中粮信托支付应收账款 33 366. 40 万元及逾期付款违约金；被告二对被告一前述责任承担连带清偿责任。后被告二提起上诉。2019 年 3 月 28 日，北京市高级人民法院作出二审判决，驳回上诉，维持原判。中粮信托已向法院申请强制执行。目前本案尚在执行中。
5	中粮信托	山东龙力生物科技股份有限公司、程少博	2018 年 5 月 23 日	金融借款合同纠纷（信托项目纠纷）	11 121. 40	本案经管辖权异议一审、二审程序后进入实体审理。2019 年 4 月 12 日，北京市第四中级人民法院作出民事调解书。中粮信托已向法院申请强制执行，目前本案尚在执行中。

续表

序号	原告/申请人	被告/被申请人	起诉日期	案由	涉案金额（万元）	诉讼进展情况
6	中粮信托	凯迪生态环境科技股份有限公司（被告一）、阳光凯迪新能源集团有限公司（被告二）	2018 年 5 月 18 日	金融借款合同纠纷（信托项目纠纷）	50 000	2018 年 11 月 23 日，北京市高级人民法院作出一审判决，被告一向中粮信托支付借款本金 5 亿元，并支付利息及相应罚息、复利；被告二对前述被告一应承担的债务承担连带保证责任；被告三向中粮信托支付违约金 15 万元。后一审判决生效，2019 年 4 月 17 日，北京市高级人民法院作出执行裁定书，目前本案尚在执行中。
7	中粮信托	东方金钰股份有限公司（被告一）、云南兴龙实业有限公司（被告二）、赵宁（被告三）、王瑛琰（被告四）	2018 年 7 月 11 日	金融借款合同纠纷（信托项目纠纷）	33 660. 86	北京市高级人民法院于 2018 年 7 月 24 日立案。2019 年 5 月 16 日，法院出具一审判决，被告一内向中粮信托支付借款本金 3 亿元、利息、及复利、罚息、律师费 150 万元、诉前保全保险费 24 万元；被告二、被告三、被告四对被告一债务承担连带保证责任；被告二、被告三、被告四向中粮信托支付违约金。中粮信托已向法院申请强制执行。2019 年 9 月 27 日，北京市第三中级人民法院作出执行裁定书，本案尚在执行中。
8	中粮信托	上海际大实业发展有限公司、中科建设开发总公司、中科惠瑞实业投资（上海）有限公司	2018 年 9 月 19 日	债权转让合同纠纷（信托项目纠纷）	10 564. 52	2019 年 3 月 6 日，北京市第二中级人民法院作出民事调解书。截至 2019 年 12 月 31 日，本案债务人给付义务尚处在履行期限内。

8. 3. 3　本报告年度发生，于本报告期内终结的诉讼事项

序号	原告/申请人	被告/被申请人	起诉日期	案由	涉案金额（万元）	案件情况
1	中粮信托	中信国安集团有限公司	2019 年 3 月 6 日	借款合同纠纷（信托项目纠纷）	150 000. 00	北京市高级人民法院于 2019 年 7 月 9 日出具一审判决，被告向中粮信托偿付信托贷款本金 150 000 万元及利息 22 410 417 元，罚息、复利，律师费 89 万元、诉讼保全责任保险费 1 074 673 元。后被告提起上诉。2019 年 12 月 16 日，最高人民法院作出二审判决，驳回上诉，维持原判。截至 2019 年 12 月 31 日，本案诉讼终结。

8. 4　对会计师事务所出具的有保留意见、否定意见或无法表示意见的审计报告的，公司董事会应就所涉及事项作出说明

会计师事务所对公司出具了标准无保留意见的审计报告。

8. 5　公司及其董事、监事和高级管理人员受到处罚的情况

无。

8. 6　中国银保监会及其派出机构对公司检查后提出整改意见的，应简单说明整改情况

2019 年 9 月 4 日至 2019 年 10 月 17 日，北京银保监局对公司进行了重点风险领域及影子银行和交叉金融业务专项检查；11 月 4 日公司收到北京银保监局下发的《北京银保监局关于中粮信托有限责任公司重点风险领域及影子银行和交叉金融业务专项检查的现场检查意见书》（京银保监发［2019］328 号），认为公司治理架构较为清晰，“三会一层”职责基本明确，内控体系及各项制度能够较好地满足现有业务的要求，基本能够按照监管法规及内部制度开展工作，同时指出公司经营管理中存在的问题并提出了相应监管意见。

公司高度重视，及时向董事会、监事会、股东会进行了通报，并第一时间成立了以总经理为组长、全体高级管理人员为成员的问题整改工作领导小组，组织高级管理层和有关部门对各项问题和监管意见逐条进行学习讨论，责成公司风控合规部牵头逐条落实整改责任部门并制定具体整改方案，明确整改目标、整改措施与整改时限，积极开展整改工作，定期向公司总经理办公会汇报整改进展，目前各项整改工作正在积极推进中。

8. 7　本年度重大事项临时报告的简要内容、披露时间、所披露的媒体及其版面

2019 年 1 月 17 日，公司在《金融时报》第 3 版刊登了关于更换审计机构的公告。

8. 8　中国银保监会及其省级派出机构认定的其他有必要让客户及相关利益人了解的重要信息

无。

9. 社会责任履行情况

报告期内，公司坚持服务实体经济、服务民生、服务投资者，认真贯彻国家经济金融政策和监管要求，加快转型和创新步伐，满足客户地多样化金融需求，积极践行企业社会责任；公司始终坚持依法合规、稳健经营，不断完善风险防控体系，有效履行受托人职责和义务，维护受益人利益最大化。报告期内，公司向受益人分配信托利益为 92. 54 亿元。

公司在客户服务及消费者权益保护、扶贫、反洗钱等方面积极履行相应社会责任。消费者权益保护方面，公司一如既往地秉持“忠实良益，信任托付”的消费者权益保护理念，在 2019 年实现了消费者权益保护工作的跨越式发展。第一，完善组织

架构设置，为公司消保部配备专业人员和增加专项经费，作为消费者权益保护工作的专职部门，负责相关制度建设、产品独审、投诉监督、培训宣传，牵头组织公司消费者保护工作相关会议等工作内容。第二，建立健全消费者权益保护各项规章制度，让现行制度更加符合监管部门和消费者权益保护工作的要求，为保护投资者合法权益提供了有力的制度保障。第三，在公司设置消保信箱、公布消保热线，收集员工和来访客户意见，切实做到消费者沟通反馈渠道畅通。第四，强化消费者权益保护工作职能，将消保工作纳入了公司经营的各个环节。第五，多渠道开展金融知识宣传工作。尤其重视对新员工的培训工作，提高员工消费者权益保护意识和工作能力；在外部教育和宣传方面，公司通过不同形式，对不同领域的投资者进行金融知识、消保知识、反洗钱知识等内容的宣传活动，积极参加人行及其分支机构开展的金融消费者教育活动，并及时报送活动总结。通过积极宣传金融知识、组织教育活动，有效提高了社会公众防范风险和金融消费者权益保护意识。

扶贫工作方面，"坚决打赢脱贫攻坚战"是党的十九大报告的庄严承诺，落实脱贫攻坚战不仅是一个企业的社会责任，更是一个企业正确的价值观体现，尤其是体现央企参与社会公益的责任担当。公司存续的"中粮信托·安徽农担金寨猕猴桃产业扶贫'劝耕贷'集合资金信托计划（第一期）"，累计向向国家级贫困县安徽金寨县的11个猕猴桃种植专业合作社、3个家庭农场、1个农业龙头企业发放信托贷款2 050万元，开拓金融扶贫新模式。通过该信托计划，中粮信托给国家扶贫地区金寨县的猕猴桃合作社提供了信托资金支持，有效解决了金寨猕猴桃产业融资难的问题，并通过临时和固定用工、土地流转和入股的方式，带动建档立卡贫困户300户。2019年，通过该项目的资金支持，当地合作社利用该资金，加强了有机肥、喷滴溉设施的投入与管理，建设了1 500吨冷储库，利用"金寨猕猴桃"品牌与阿里巴巴淘乡甜合作进行网站销售猕猴桃110吨，产值为420万元，两年来扩大猕猴桃标准化种植基地400亩。由于该项目的支撑，2019联合国世界粮食计划署投资450万元，在金寨县建设了300亩猕猴桃产业扶贫基地，连接150户在册贫困户共同发展，稳定增收致富，并成为世界贫困地区产业脱贫的典型。从而有助于该产业做优做强，创新金融产品，支持了大别山革命老区农业发展农村建设，助力国家扶贫战略，践行金融扶贫的企业责任。

此外，为贯彻落实中粮集团《关于印发〈中粮集团2019年扶贫援助工作计划〉和〈中粮集团2019年扶贫援助资金计划〉的通知》（中粮扶贫发［2019］6号）规定及中粮资本扶贫工作要求，公司向洛扎县提供扶贫资金90万元，用于洛扎县种养殖循环农业项目以及洛扎边境小康村建设。为深入贯彻《中共中央、国务院关于打赢脱贫攻坚战三年行动的指导意见》及《北京市朝阳区2019年扶贫协作与对口支援工作计划》，响应《北京市朝阳区金融办扶贫工作情况及下一步工作计划》，公司参加北京市朝阳区金融办统一组织的精准扶贫活动，向河北省张家口市康保县屯垦镇达布沟村65户捐赠米面油合计14 950元，开展精准扶贫。

反洗钱工作方面，公司自开业以来按照中国人民银行、中国银保监会的工作要求，逐步贯彻执行《反洗钱法》及配套规定，不断完善及改进反洗钱工作机制，不断推动公司反洗钱工作发展。报告期内，公司陆续修订、制定了一系列反洗钱制度，使得制度短板得到弥补，反洗钱工作开展有据可依；公司设立了反洗钱工作委员会，负责贯彻落实中国人民银行、中国银保监会等监管部门制定的反洗钱工作方针、政策，监督指导反洗钱工作，并对反洗钱工作中的重大问题做出决策，组织架构建设进一步完善。此外，报告期内，公司继续做好客户身份识别与交易记录保存工作，完善反洗钱系统建设，加强与监管部门的沟通与交流，并将客户服务活动与反洗钱宣传工作相结合，通过制作宣传海报、利用公司网站、微信公众号等渠道，强化反洗钱宣传工作，不断提升客户对反洗钱工作的认识，取得了良好的宣传效果。

10. 公司监事会意见

监事会认为报告期内，公司依法运作、决策程序合法有效，没有发现公司董事、高级管理层履行职务时有违法违规、违反《公司章程》或损害公司股东利益的行为。公司财务报告经信永中和会计师事务所（特殊普通合伙）审计，真实反映了公司财务状况和经营成果。

中融国际信托有限公司

1. 重要提示

1.1 本公司董事会及董事保证本报告所载资料不存在任何虚假记载、误导性陈述或者重大遗漏，并对其内容的真实性、准确性和完整性承担个别及连带责任。本年度报告摘要摘自年度报告全文，客户及相关利益人欲了解详细内容，请阅读年度报告全文。

1.2 本公司独立董事保证本报告所载资料不存在任何虚假记载、误导性陈述或者重大遗漏，并对其内容的真实性、准确性和完整性承担个别及连带责任。

1.3 公司董事长刘洋先生、财务总监董继红先生声明：保证年度报告中财务报告的真实、完整。

2. 公司概况

2.1 公司简介

2.1.1 法定中文名称：中融国际信托有限公司（简称中融信托，以下称 公司或本公司）

法定英文名称：Zhongrong International Trust Co.，Ltd.（缩写：ZRT）

2.1.2 法定代表人：刘洋

2.1.3 注册地址：哈尔滨市松北区科技创新城创新二路277号

邮政编码：150028

公司国际互联网网址：www. zritc. com

电子邮箱：zritc@ zritc. com

2.1.4 公司信息披露事务负责人：游宇

信息披露事务联系人：朱熹妍

联系电话：01-50860127

传　　真：010-50861299

电子信箱：zritc@ zritc. com

2.1.5 公司选定的信息披露报纸名称：《金融时报》《上海证券报》

2.1.6 年度报告备置地点：黑龙江省哈尔滨市松北区科技创新城创新二路277号哈投大厦25层；北京市朝阳区东风南路三号院中融信托北京园区B座

2.1.7 公司聘请的会计师事务所名称：大信会计师事务所（特殊普通合伙）

住所：北京市海淀区知春路1号学院国际大厦1504室

2.1.8 公司聘请的律师事务所名称：北京市中伦（上海）律师事务所

住所：上海市浦东新区世纪大道8号国金中心二期10～11层

2.2 组织结构

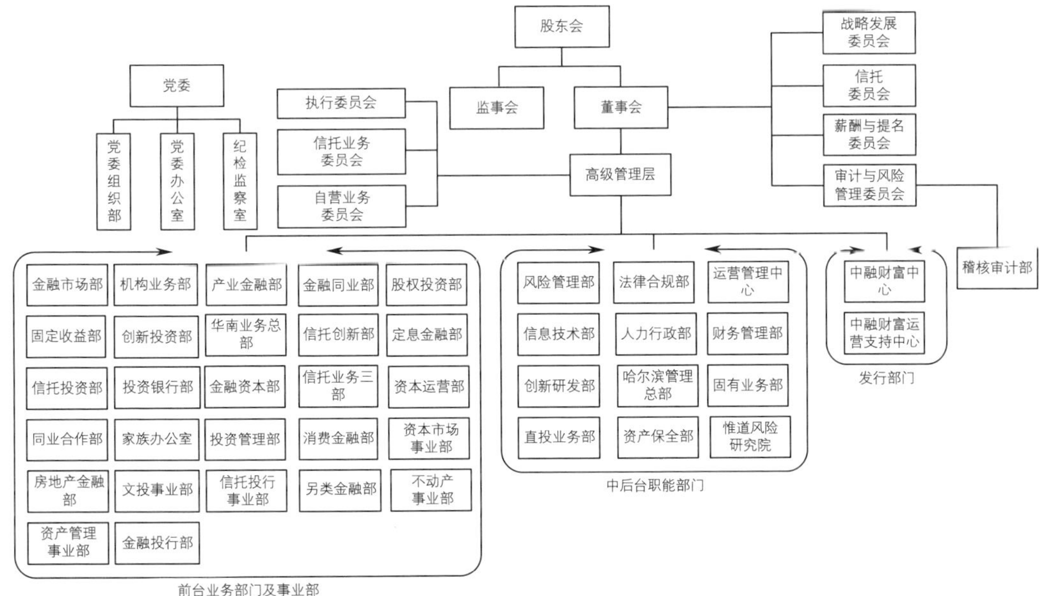

3. 公司治理

3.1 股东

3.1.1 股东

2019 年度，本公司由 4 家股东共同出资构成，经纬纺织机械股份有限公司为控股股东，股东情况如下：

股东名称	出资比例(%)	法人代表
★经纬纺织机械股份有限公司	37.47	叶茂新
中植企业集团有限公司	32.99	刘秀坤
哈尔滨投资集团有限责任公司	21.54	赵洪波
沈阳安泰达商贸有限公司	8.01	武勇亮

注：★号代表本公司控股股东，实际控制人为中国恒天集团有限公司，最终受益人为国务院国有资产监督管理委员会。中国恒天集团有限公司与中国机械工业集团有限公司于 2016 年 11 月 10 日签署了重组协议，中国恒天集团有限公司产权整体无偿划转进入中国机械工业集团有限公司。2017 年 6 月，经国资委研究并报国务院批准，同意中国恒天集团有限公司与中国机械工业集团有限公司实施战略重组。截至 2019 年末，中国机械工业集团有限公司和中国恒天集团有限公司的国有产权变更登记已经完成，但尚未完成工商变更登记。

3.1.2 公司第一大股东的主要股东情况

公司第一大股东为经纬纺织机械股份有限公司，其主要股东情况如下：

股东名称	出资比例(%)	法定代表人
中国纺织机械(集团)有限公司	31.13	叶茂新

3.2 董事

董事长、副董事长、董事

姓名	职务	性别	年龄(岁)	选任日期	所推举的股东名称	该股东持股比例(%)	简要履历
刘 洋	董事长	男	44	2016 年 3 月	经纬纺织机械股份有限公司	37.47	自 2016 年 3 月起任本公司董事长，曾任中植高科技投资有限公司负责人，上海中植金智科技投资有限公司财务总监，中植企业集团有限公司副总裁兼财务总监，中植企业集团有限公司首席执行官兼财务总监，中融国际信托有限公司董事长、党委书记，中植企业集团有限公司董事局主席。
姚育明	副董事长	男	58	2010 年 7 月	经纬纺织机械股份有限公司	37.47	自 2010 年 7 月起任本公司副董事长，现任中国恒天集团有限公司党委委员，曾任经纬纺机厂厂长助理兼金融办公室主任，中国纺机集团财务有限公司董事长，内蒙古日信证券有限责任公司董事长，经纬纺织机械股份有限公司常务副总经理、总经理。
张向晖	副董事长	女	42	2015 年 12 月	经纬纺织机械股份有限公司	37.47	自 2015 年 12 月起任本公司副董事长，曾任兴业银行上海分行同业业务部副科长，兴业银行资金营运中心财富管理处副处长，兴业银行投资银行部发行承销处处长，兴业银行投资银行部副总经理。
张 东	董事	男	47	2015 年 5 月	经纬纺织机械股份有限公司	37.47	自 2015 年 5 月起任本公司董事，曾任哈尔滨铁路局工程师，天元证券经纪有限公司信息技术部总经理，江海证券经纪有限公司信息技术部副总经理，本公司信息技术部总经理、人力资源部总经理(兼行政管理部总经理)、行政总监、副总裁。
张宪军	董事	男	45	2015 年 1 月	哈尔滨投资集团有限责任公司	21.54	自 2015 年 1 月起任本公司董事，现任哈尔滨投资集团有限责任公司金融业务部部长，曾任哈尔滨投资集团有限责任公司长远发展规划处科长、办公室秘书、办公室副主任、办公室正部级员、董事会办公室主任。

独立董事

姓名	所在单位及职务	性别	年龄(岁)	选任日期	所推举的股东名称	该股东持股比例(%)	简要履历
李 辉	北京赢动投资有限公司总经理	男	48	2010 年 7 月	—	—	自 2010 年 7 月起任本公司独立董事，现任北京赢动投资有限公司总经理，曾任联合证券投资银行部高级经理，汉唐证券投资银行部副总经理，银河证券投资银行部业务总监，安信证券投资银行部业务总监，瑞信方正证券有限责任公司企业融资部执行董事。
李华杰	北京永拓会计师事务所管理合伙人	男	55	2015 年 8 月	—	—	自 2015 年 8 月起任本公司独立董事，现任北京永拓会计师事务所管理合伙人，曾任哈尔滨阀门厂财务主管，黑龙江会计师事务所部门经理，黑龙江兴业会计师事务所部门经理，利安达信隆会计师事务所副所长，北京永拓会计师事务所有限责任公司副主任会计师。

3.3 监事

监事

姓名	职务	性别	年龄(岁)	选任日期	所推举的股东名称	该股东持股比例(%)	简要履历
高兴山	监事长	男	56	2019年1月	中植企业集团有限公司	32.99	自2019年1月起任本公司监事长,曾任中植企业集团有限公司副总裁、董事局主席,中融国际信托有限公司董事长、监事长。
毛发青	监　事	男	50	2010年7月	经纬纺织机械股份有限公司	37.47	自2010年7月起任本公司监事,现任经纬纺织机械股份有限公司总经理,曾任经纬纺织机械股份有限公司会计室主任、财务部部长、副总经理、财务总监。
邵　武	监　事	男	37	2019年2月	职工监事	—	自2019年2月起任本公司职工监事,现任本公司稽核审计部副总经理,曾任毕马威华振会计师事务所(特殊普通合伙)审计经理。

3.4 高级管理人员

高级管理人员

姓名	职务	性别	年龄(岁)	选任日期	金融从业年限(年)	学历	专业
张　东	总裁	男	47	2015年5月	21	本科	焊接工艺及设备专业
游　宇	常务副总裁 董事会秘书	男	45	2013年6月 2017年1月	22	硕士	金融管理
何志强	副总裁	男	44	2011年10月	14	硕士	工商管理
胡　猛	副总裁	男	39	2015年5月	12	本科	金融学
金庆浩	副总裁	男	50	2016年11月	27	硕士	工商管理
刘　炜	副总裁	男	47	2017年2月	23	本科	国际经济
庚　磊	副总裁	男	35	2016年6月	11	本科	法学
解　弘	副总裁	男	45	2018年7月	21	硕士	国际银行与金融
连晋华	财务总监	男	60	2010年6月	11	本科	会计学
刘香玉	行政总监	女	44	2013年3月	9	硕士	工商管理
王　强	合规总监 总法律顾问	男	43	2017年6月 2018年3月	13	博士	经济法
侯春琳	稽核总监	女	44	2018年11月	9	硕士	工商管理
高　全	总裁助理	男	45	2018年4月	14	硕士	法学
杨　莉	总裁助理	女	37	2019年10月	15	硕士	工商管理

3.5 公司员工

公司员工

项目		2019年度		2018年度	
		人数(人)	比例(%)	人数(人)	比例(%)
年龄分布	25岁以下	7	1	10	1.24
	25~29岁	114	16.31	181	22.51
	30~39岁	447	63.95	487	60.57
	40岁以上	131	18.74	126	15.67
学历分布	博士	9	1.29	6	0.75
	硕士	342	48.93	387	48.13
	本科	313	44.78	367	45.65
	专科	32	4.58	39	4.85
	其他	3	0.43	5	0.62

续表

项目		2019年度		2018年度	
		人数(人)	比例(%)	人数(人)	比例(%)
岗位分布	董事、监事及高管人员	23	3.27	22	2.72
	自营业务人员	4	0.57	4	0.50
	信托业务人员	665	94.59	743	91.96
	其他人员	11	1.56	39	4.83

注:1. 董事、监事及高管人员的23人中,有4人不包含在正式编制699人中,岗位分布总人数应为正式编制和编制外董事(监事)共计703人。

2. 自营业务人员是指按照岗位分工,专门或至少主要从事固有资金使用和固有资产管理有关业务的职工;信托业务人员是指按照岗位分工,专门从事或者主要从事信托资金使用和信托资产管理各项业务的职工;对于人力行政部等类似无法明确区分的综合部门归为其他人员。

4. 经营管理

4.1 经营目标、经营方针、战略规划

公司秉承与优秀企业共同成长的投资理念,依托专业的资产管理和投资研发团队,为企业提供个性化投融资解决方案,并致力于为我们的投资者创造长期价值,推动建立理性成熟的价值投资理念。公司深入推进"一个目标,三组动力,十五大举措"的实施方案,力争成为业务全面优化、管理大幅提升、创新持续推进的国内一流综合资产管理机构。

4.2 所经营业务的主要内容

4.2.1 经营概况

2019年,公司按照既定的战略转型方案,积极推动各业务板块稳健发展。截至2019年末,公司自有资产为276.16亿元(合并),管理信托资产为7 654.52亿元,实现的营业总收入为53.59亿元(合并)。公司本部净资产为183.15亿元,净资本为161.44亿元,净资本覆盖率为165.74%,净资本盈余为64.03亿元。

4.2.2 信托业务

2019年,公司坚持为实体经济提供多元化金融服务的宗旨,根据市场需求和公司战略,持续调整并优化业务结构,重点围绕基础设施领域补短板、住房建设与存量物业升级改造等方向开展业务。截至2019年末,存续信托计划为997个,受托管理资产为7 654.52亿元,规模同比有所上升,业务结构进一步优化,风险整体可控。报告期末,信托资产运用与投向的明细情况如下。

信托资产运用与分布表

资产运用	金额（万元）	占比（%）	资产分布	金额（万元）	占比（%）
货币资产	1 538 418.54	2.01	基础产业	6 453 413.52	8.43
贷款	27 897 808.14	36.45	房地产	13 509 999.27	17.65
交易性金融资产投资	1 706 933.13	2.23	证券市场	2 841 417.22	3.71
可供出售金融资产投资	16 649 258.47	21.75	实业	29 827 722.65	38.97
持有至到期投资	158 273.80	0.21	金融机构	22 740 056.55	29.71
长期股权投资	10 232 737.04	13.37	其他	1 172 582.90	1.53
其他	18 361 762.99	23.98	—	—	—
信托资产总计	76 545 192.11	100.00	信托资产总计	76 545 192.11	100.00

4.2.3 自营业务

2019 年，公司自有资金主要以保持高流动性原则进行管理，同时为满足保值和增值的需要，在一定范围内进行投资，主要反映为交易性金融资产及其他债权投资。

自营资产运用与分布表

资产运用	金额（万元）	占比（%）	资产分布	金额（万元）	占比（%）
货币资产	1 062 206	38.46	基础产业	29 900	1.08
贷款及应收款	113 804	4.12	房地产业	116 859	4.23
交易性金融资产投资	1 030 212	37.30	证券市场	999 672	36.20
债权投资	0	0.00	实业	90 256	3.27
其他债权投资	243 428	8.81	金融机构	290 775	10.53
其他权益工具投资	2 500	0.09	其他	1 234 145	44.69
长期股权投资	220 980	8.00			
其他	88 476	3.20			
资产总计	2 761 606	100.00	资产总计	2 761 606	100.00

4.3 市场分析

4.3.1 有利因素

一是 2019 年，全球经济总体延续复苏态势，我国经济保持较强韧性，仍处于并将长期处于重要战略机遇期。三大攻坚战取得关键进展，供给侧结构性改革继续深化，改革开放迈出重要步伐，整体呈现出稳中有进、稳中向好的态势。

二是金融监管机构自 2017 年以来开展的一系列金融乱象整治工作取得良好效果，金融行业整体杠杆率进一步降低，风险积聚得到有效遏制，个别风险机构和事件得到妥善处置和化解，金融环境整体健康。

三是随着国民财富的不断积累，国民消费逐渐升级，消费金融、供应链金融、财富管理类信托、家族信托、服务信托等均具有较大的发展潜力，信托公司在这些行业的投入逐渐增加并形成自身优势，未来这些业务将成为信托行业稳定发展的动力和源泉。

4.3.2 不利因素

一是 2019 年，我国宏观经济整体继续承压，经济下行的压力有所上升，尤其是在中美经贸摩擦持续拉锯的背景下，中国经济面临的内外部环境更加严峻。

二是受经济下行压力的影响，社会整体信用风险暴露概率增加，资管行业不良资产上升，优质资产获取难度增大，存续资产风险管控难度提升。

三是金融行业强严监管形势持续加码，控杠杆、控地产、去通道、去嵌套等监管要求贯穿全年始终，信托公司合规展业压力持续增加。

四是资管行业竞争加剧，银行理财子公司纷纷设立，券商资管公司、私募基金管理人等凭借自身禀赋和制度优势，瓜分资管市场份额，信托公司无论是在私募投行还是在资产管理、财富管理领域都面临更加激烈的挑战。

4.4 内部控制

4.4.1 内部控制环境和内部控制文化

公司高度重视内部控制体系建设，不断改善内部控制环境，建立了合理的组织架构。公司严格落实各项监管要求，以合规运营为基础，风险识别为导向，信息技术建设为支撑，构建以规章制度体系和内控评价体系为主要内容的内部控制体系。公司十分关注并逐步培育“管理层高度重视、内控人人有责、违规必受追究”的内控文化，积极引进金融同行先进的管理经验，内部控制的有效性得到提升。

4.4.2 内部控制措施

公司建立了较为科学、严谨的内部控制体系，持续健全完善内部控制制度，优化公司治理机制，加强企业文化建设，始终保持良好的内部控制环境。公司内部控制制度体系形成了以《公司内部控制制度》为总体制度，《公司内部控制管理手册》为具体内容，《公司内部控制评价手册》为评价标准的三个层次。

4.4.3 监督评价与纠正

公司持续对经营管理及业务运行过程进行全面的监督和评价，并通过外部检查督促公司不断完善内部控制体系建设。一是公司接受监管部门的监督和评价，按年接受会计师事务所的审计，积极落实检查意见和建议。二是公司内部审计部门稽核审计部对业务经营、内控合规、财务收支等方面进行多项审计，排查公司经营管理中存在的漏洞和不足，并积极推动整改措施落到实处。

4.5 风险管理

4.5.1 风险状况

4.5.1.1 信用风险状况

信用风险是公司信托项目面临的主要风险之一，主要是指交易对手不能或不愿按时履约而对公司业务经营所造成的风险。自 2019 年以来，公司业务所面临的信用风险仍处于较高水平，市场整体的流动性压力、再融资难度在一定程度上导致交易对手的履约能力有所下降，信用风险持续存在。报告期内，公司严格按照财政部和中国银保监会的要求提足各项准备金，未发生因重大信用风险所造成的损失。

4.5.1.2 市场风险状况

市场风险是指公开市场金融产品或其他产品价格波动导致公司财产或信托财产遭到损失的可能性。公司市场风险主要涉及证券投资自营业务、信托业务以及上市公司股权收益权信托业务等。2019 年末，证券投资信托资产规模占全部信托资产的 3.71%。对于此类业务，公司本着审慎原则，合理配置资产，通过结构化信托安排和严密管理措施，勤勉、尽职履行受托人职责，始终确保优先受益人的资金安全。

4.5.1.3 操作风险状况

操作风险是指由于公司内部程序、人员、系统的不完善或失误，或外部事件而引发的风险。一方面，公司不断梳理和规范业务流程，加强内部控制，从制度上尽可能避免操作风险的产生；另一方面，公司也注重培养员工的责任心，提升其业务水平和专业素质，尽量杜绝因为员工自身能力或责任心不足而导致的操作风险。报告期内未发生因操作风险带来的损失。

4.5.1.4 其他风险状况

公司面临的其他风险主要有法律风险、合规风险及声誉风险等。法律风险是指因公司违反法律规定或因合同纠纷，致使公司遭受处罚或者诉讼的风险。合规风险是指因公司没有遵循法律、规则和准则而遭受法律制裁、监管处罚、出现重大损失的风险。公司面临的声誉风险是指因缺少声誉应急处理能力、不能妥善处理媒体关系以及未建立声誉风险管理机制而导致声誉损失的风险。目前，公司的法律风险、合规风险及声誉风险均处于较低水平。

4.5.2 风险管理

4.5.2.1 信用风险管理

公司信用风险管理的具体措施：一是完善信用风险管理制度体系；二是完善信用风险限额管理；三是完善行业研究和准入机制；四是加大存续项目信用风险的监控力度；五是完善投资业务的信用风险防范措施。

4.5.2.2 市场风险管理

证券投资信托业务的风险管理严格遵循组合投资、分散风险的原则，制定投资范围、比例，采用逐日盯市的方法，实时掌控风险状况；选择经验丰富、业绩优秀的投资顾问，以更好地识别市场变化中的潜在风险；设置科学、操作性强的警戒与止损机制并严格执行，确保风险始终处于可控状态。

4.5.2.3 操作风险管理

公司由运营管理中心专职负责操作风险的管理。一是进一步完善操作风险管理制度，结合不同业务特点，对项目实行分类专业化管理，降低了项目后续管理的操作风险。二是对项目管理、会计管理等系统的持续更新跟进，逐步形成了实时监测、定向预警、定量控制的风险管理流程。三是通过强化内控基础，优化内控措施，持续提升三道防线体系的运行效率和效果。

4.5.2.4 其他风险管理

一是法律风险。在业务类合同的风险防范方面，公司成立了风险管理部法律审查中心，极大地提高了法律审查的工作效率，提高了业务类合同文本的质量。在法律制度的建设和落实方面，公司根据相关法律法规制定了覆盖各类项目"募""投""管""退"等关键环节的一系列规章制度，建立了较为完善的法律风险制度防范体系。

二是合规风险。公司坚持"合规创造价值、合规人人有责和合规从高管做起"的管理理念，持续完善合规管理体系建设。公司加强员工行为合规培训，保障业务合规开展；设立投资者教育专区，推动投资者教育和金融消费者权益保护工作。

三是声誉风险。公司设立品牌中心对公司品牌和声誉进行统一管理，对声誉风险事件进行主动防范、全面监测、及时反应、有效处理，形成防控联动效应。

4.6 获得荣誉情况

报告期内，公司相继得到新闻媒体及社会各方的积极评价，获得主要荣誉如下：

全国银行间同业拆借中心"2019年度银行间本币市场交易300强"。

《证券时报》"2019年度中国优秀信托公司"。

《金融时报》"年度最佳财富管理信托公司"。

《证券日报》"2019服务实体经济卓越奖"。

《21世纪经济报道》"2019年度竞争力信托公司"。

5. 报告期末及上一年度末的比较式会计报表

5.1 自营资产

5.1.1 会计师事务所审计意见

大信审字[2020]第1-01778号审计报告审计意见：中融信托财务报表在所有重大方面按照企业会计准则的规定编制，公允反映了2019年12月31日的合并及母公司财务状况及2019年度的合并及母公司经营成果和现金流量。

5.1.2 资产负债表

资产负债表

编制单位：中融国际信托有限公司　　2019年12月31日　　单位：元

项目	合并		母公司	
	期末余额	年初余额	期末余额	年初余额
货币资金	10 622 063 715.94	11 513 628 756.60	7 039 338 192.40	10 132 542 139.77
结算备付金	3 613.79	161 994.81	—	—
拆出资金	—	—	—	—
交易性金融资产	10 302 116 448.57	11 739 417 562.41	7 264 842 708.45	8 079 215 222.07
应收账款	136 462 237.30	125 922 617.74	69 000 743.14	69 167 419.63
预付款项	7 976 653.35	7 855 768.75	—	—
应收利息	14 833 492.80	15 476 125.48	—	891 853.15
应收股利	—	—	—	—
其他应收款	100 859 843.65	100 738 513.74	57 729 034.01	55 724 983.49
买入返售金融资产	—	100 000.00	—	—
存货	140 695 466.87	34 238.99	—	—

续表

项目	合并		母公司	
	期末余额	年初余额	期末余额	年初余额
持有待售资产	—	5 021 093. 59	—	—
发放贷款和垫款	885 881 014. 19	1 431 705 488. 28	201 104 657. 53	—
债权投资	—	205 611 837. 07	—	—
其他债权投资	2 434 283 481. 28	2 503 723 357. 20	1 555 413 271. 97	870 041 430. 91
长期应收款	—	—	—	—
长期股权投资	2 209 801 502. 47	2 144 239 944. 35	4 795 850 100. 42	3 941 391 548. 18
其他权益工具投资	25 000 000. 00	27 000 000. 00	—	—
投资性房地产	—	—	—	—
固定资产	29 867 001. 05	25 608 759. 25	19 736 589. 65	16 387 013. 28
在建工程	—	—	—	—
无形资产	68 833 000. 10	67 458 171. 70	57 039 742. 76	52 629 113. 71
开发支出	—	—	—	—
商誉	23 947 504. 99	23 947 504. 99	—	—
长期待摊费用	75 509 437. 52	81 645 628. 86	61 196 378. 75	68 805 312. 27
递延所得税资产	462 061 595. 73	620 555 550. 16	420 936 224. 34	569 726 742. 58
其他资产	75 863 490. 16	17 289 265. 04	52 660 510. 79	7 453 888. 95
资产合计	27 616 059 499. 76	30 657 142 179. 01	21 594 848 154. 21	23 863 976 667. 99

法定代表人：刘洋　　主管会计工作负责人：董继红　　会计机构负责人：汪松

资产负债表（续）

编制单位：中融国际信托有限公司　　2019 年 12 月 31 日　　单位：元

项目	合并		母公司	
	期末余额	年初余额	期末余额	年初余额
短期借款				
拆入资金	—	3 409 589 611. 11	—	3 409 589 611. 11
交易性金融负债	—	—	—	—
应付账款	103 903 508. 66	45 020 805. 94	—	—
预收款项	15 571 936. 02	30 791 471. 91	9 108 991. 35	8 868 783. 54
卖出回购金融资产款	—	5 300 000. 00	—	—
应付职工薪酬	2 135 587 347. 67	2 383 481 550. 07	1 378 218 057. 02	2 216 732 921. 08
应交税费	639 548 548. 33	590 844 573. 26	556 029 182. 40	526 172 802. 89
应付利息	—	—	—	—
应付股利	—	—	—	—
其他应付款	101 152 968. 25	112 929 301. 51	709 922 991. 16	70 632 424. 89
持有待售负债	—	913 860. 79	—	—
一年内到期的非流动负债	—	2 853 916 470. 53	—	—
长期借款	700 539 323. 85	—	—	—
应付债券	2 568 108 442. 76	1 372 765 777. 42	—	—
长期应付职工薪酬	612 640 224. 73	491 164 170. 22	612 640 224. 73	491 164 170. 22
预计负债	—	—	—	—
递延收益	—	—	—	—
递延所得税负债	29 613 056. 61	24 771 340. 83	13 555 075. 84	2 712 026. 98
负 债 合 计	6 906 665 356. 88	11 321 488 933. 59	3 279 474 522. 50	6 725 872 740. 71
实收资本（或股本）	12 000 000 000. 00	12 000 000 000. 00	12 000 000 000. 00	12 000 000 000. 00
其他权益工具	—	—	—	—
资本公积	246 473 567. 38	245 697 471. 42	239 456 591. 18	238 680 495. 22
其他综合收益	21 578 018. 63	9 049 722. 35	2 413 543. 28	—
其中：外币报表折算差额	27 873 407. 38	19 163 280. 39	—	—
盈余公积	1 846 562 335. 89	1 689 154 329. 37	1 846 562 335. 89	1 689 154 329. 37
一般风险准备	1 265 510 488. 61	1 219 291 915. 51	1 265 510 488. 61	1 219 291 915. 51
未分配利润	4 385 249 231. 13	3 286 991 264. 29	2 961 430 672. 75	1 990 977 187. 18
归属于母公司所有者权益（或股东权益）合计	19 765 373 641. 64	18 450 184 702. 94	—	—
※少数股东权益	944 020 501. 24	885 468 542. 48	—	—
所有者权益（或股东权益）合计	20 709 394 142. 88	19 335 653 245. 42	18 315 373 631. 71	17 138 103 927. 28
负债和所有者权益（或股东权益）总计	27 616 059 499. 76	30 657 142 179. 01	21 594 848 154. 21	23 863 976 667. 99

法定代表人：刘洋　　主管会计工作负责人：董继红　　会计机构负责人：汪松

5.1.3 利润表

利润表

编制单位：中融国际信托有限公司　　2019年度　　单位：元

项目	合并		母公司	
	本期金额	上期金额	本期金额	上期金额
一、营业总收入	5 358 790 608. 52	5 818 555 749. 21	4 518 623 963. 89	4 583 780 010. 39
利息净收入	304 183 443. 94	315 104 034. 43	94 468 480. 09	126 233 299. 76
利息收入	363 393 957. 84	526 033 812. 21	153 678 993. 99	337 163 077. 54
利息支出	59 210 513. 90	210 929 777. 78	59 210 513. 90	210 929 777. 78
手续费及佣金净收入	4 505 737 417. 12	4 392 650 050. 12	4 097 952 185. 71	3 640 511 194. 76
手续费及佣金收入	4 505 737 417. 12	4 392 650 050. 12	4 097 952 185. 71	3 640 511 194. 76
手续费及佣金支出	—	—	—	—
投资收益(损失以"－"号填列)	471 963 358. 25	1 077 527 782. 29	284 553 653. 95	800 823 587. 19
其中：对联营企业和合营企业的投资收益	173 204 026. 80	105 560 596. 11	173 028 913. 00	105 504 295. 29
公允价值变动收益(损失以"－"号填列)	69 651 462. 84	13 966 819. 55	38 340 085. 90	1 053 622. 40
汇兑收益(损失以"－"号填列)	540 809. 29	215 351. 07	77 685. 44	215 351. 07
其他业务收入	2 344 781. 99	4 849 995. 00	1 685 604. 73	5 059 357. 14
资产处置收益(损失以"－"号填列)	160 940. 82	893 671. 06	160 940. 82	897 797. 18
其他收益	4 208 394. 27	13 348 045. 69	1 385 327. 25	8 985 800. 89
二、营业总支出	3 160 803 659. 23	3 193 313 093. 53	2 516 945 297. 20	2 424 733 561. 32
税金及附加	35 754 739. 42	31 749 985. 12	18 504 535. 63	28 199 374. 41
业务及管理费	3 119 467 158. 05	3 078 010 722. 82	2 498 440 761. 57	2 313 145 755. 40
信用减值损失	5 403 694. 67	—	—	—
资产减值损失	—	83 388 431. 51	—	83 388 431. 51
其他业务成本	178 067. 09	163 954. 08	—	—
三、营业利润(亏损以"－"号填列)	2 197 986 949. 29	2 625 242 655. 68	2 001 678 666. 69	2 159 046 449. 07
加：营业外收入	15 633 825. 05	16 982 177. 13	9 188 712. 40	580 152. 76
减：营业外支出	5 917 738. 42	6 407 097. 71	5 315 670. 90	6 244 226. 42
四、利润总额(亏损以"－"号填列)	2 207 703 035. 92	2 635 817 735. 10	2 005 551 708. 19	2 153 382 375. 41
减：所得税费用	452 604 126. 12	563 876 297. 82	431 471 643. 00	472 926 505. 05
五、净利润(净亏损以"－"号填列)	1 755 098 909. 80	2 071 941 437. 28	1 574 080 065. 19	1 680 455 870. 36
归属于母公司所有者的净利润	1 705 360 750. 49	1 995 364 242. 05	1 574 080 065. 19	1 680 455 870. 36
※少数股东损益	49 738 159. 31	76 577 195. 23	—	—
持续经营损益	1 755 098 909. 80	2 071 941 437. 28	1 574 080 065. 19	1 680 455 870. 36
终止经营损益	—	—	—	—
六、其他综合收益的税后净额	12 639 311. 55	－105 039 012. 42	2 413 543. 28	－16 479 196. 85
归属于母公司所有者的其他综合收益的税后净额	12 528 296. 28	－126 349 112. 10	—	—
1. 以后不能重分类进损益的其他综合收益	—	—	—	—
(1)重新计量设定受益计划净负债或净资产的变动	—	—	—	—
(2)权益法下在被投资单位不能重分类进损益的其他综合收益中享有的份额	—	—	—	—
2. 以后将重分类进损益的其他综合收益	12 528 296. 28	－126 349 112. 10	2 413 543. 28	－16 479 196. 85
(1)权益法核算的在被投资单位以后将重分类进损益的其他综合收益中所享有的份额	2 413 543. 28	—	2 413 543. 28	—
(2)其他债权投资公允价值变动	1 404 626. 01	—	—	—
(3)可供出售金融资产公允价值变动损益	—	－138 342 755. 38	—	－16 479 196. 85
(4)持有至到期投资重分类为可供出售金融资产损益	—	—	—	—
(5)现金流量套期损益的有效部分	—	—	—	—
(6)外币财务报表折算差额	8 710 126. 99	11 993 643. 28	—	—
归属于少数股东的其他综合收益的税后净额	111 015. 27	21 310 099. 68	—	—
七、综合收益总额	1 767 738 221. 35	1 966 902 424. 86	1 576 493 608. 47	1 663 976 673. 51
归属于母公司所有者的综合收益总额	1 717 889 046. 77	1 869 015 129. 95	1 576 493 608. 47	1 663 976 673. 51
＊归属于少数股东的综合收益总额	49 849 174. 58	97 887 294. 91	—	—

法定代表人：刘洋　　主管会计工作负责人：董继红　　会计机构负责人：汪松

5.2 信托资产

5.2.1 信托项目资产负债汇总表

信托项目资产负债汇总表

编制单位:中融国际信托有限公司　　2019 年 12 月 31 日　　单位:万元

项目	2019 年 12 月 31 日	2018 年 12 月 31 日
信托资产:		
货币资金	1 538 418. 54	1 322 830. 55
交易性金融资产	1 706 933. 13	1 557 308. 97
买入返售金融资产	408 896. 88	548 062. 89
应收款项	2 744 223. 27	1 725 815. 39
发放贷款	27 897 808. 14	21 259 514. 32
可供出售金融资产	16 649 258. 47	16 363 052. 15
长期股权投资	10 232 737. 04	8 404 524. 25
长期待摊费用	3 277. 13	6 462. 38
其他资产	15 363 639. 51	14 278 928. 06
信托资产总计	76 545 192. 11	65 466 498. 96
信托负债:		
应付受托人报酬	6 900. 07	6 916. 74
应付托管费	5 014. 75	4 751. 55
应付受益人收益	379 093. 12	360 258. 99
应付销售服务费	674. 74	207. 73
其他应付款项	1 089 468. 79	1 126 294. 11
其他负债	374 210. 95	66 734. 31
信托负债合计	1 855 362. 42	1 565 163. 43
信托权益:		
实收信托	75 629 280. 96	64 983 553. 11
资本公积	−138 809. 79	−175 503. 45
未分配利润	−800 641. 48	−906 714. 13
信托权益合计	74 689 829. 69	63 901 335. 53
信托负债和信托权益总计	76 545 192. 11	65 466 498. 96

5.2.2 信托项目利润及利润分配汇总表

信托项目利润及利润分配汇总表

编制单位:中融国际信托有限公司　　2019 年度　　单位:万元

项目	2019 年度	2018 年度
营业收入	6 012 036. 54	3 552 568. 54
利息收入	2 867 036. 54	1 576 872. 37
投资收益	2 732 001. 52	2 160 025. 71
公允价值变动收益	244 026. 62	−197 565. 36
其他收入	168 971. 86	13 235. 82
支出	973 007. 10	605 276. 54
受托人报酬	215 041. 54	118 344. 33
托管费	15 562. 07	15 438. 93
投资管理费	8 740. 57	13 040. 55
销售服务费	371 014. 38	291 685. 65
交易费用	4 238. 28	8 983. 41
其他费用	358 410. 26	157 783. 67
信托净利润	5 039 029. 44	2 947 292. 00
其他综合收益	−209 216. 33	−271 810. 03
综合收益	4 829 813. 11	2 675 481. 97
加:期初未分配信托利润	−906 714. 13	−60 071. 90
可供分配的信托利润	4 157 124. 66	2 978 961. 58
减:本期已分配信托利润	4 957 766. 14	3 885 675. 71
期末未分配信托利润	−800 641. 48	−906 714. 13

6. 会计报表附注

6.1 会计报表编制基准、会计政策等情况

本公司财务报表以持续经营为基础,根据实际发生的交易和事项,按照财政部颁布的《企业会计准则——基本准则》和具体会计准则等规定,并基于相应重要会计政策、会计估计进行编制。

6.2 或有事项说明

幸福蓝海影视文化集团股份有限公司于 2019 年 6 月 3 日向南京市中级人民法院提起诉讼,要求本公司子公司北京中融鼎新投资管理有限公司(以下简称中融鼎新)返还已收到的股权转让款及利息合计为 3 436. 37 万元。南京市中级人民法院受理案件后冻结本公司子公司中融鼎新银行存款 3 436. 37 万元,目前本公司子公司中融鼎新已聘请律师应诉。截至本报告报出日,该案件尚处于一审审理阶段,法院未有明确判决。

6.3 重要资产转让及其出售的说明

报告期内,本公司无相关说明事项。

6.4 会计报表中重要项目的明细资料

6.4.1 自营资产经营情况

6.4.1.1 按信用风险五级分类结果披露信用风险资产的期初数、期末数

信用风险资产五级分类	正常类（万元）	关注类（万元）	次级类（万元）	可疑类（万元）	损失类（万元）	信用风险资产合计（万元）	不良资产合计（万元）	不良资产率（%）
期初数	1 319 549	—	—	—	—	1 319 549	—	—
期末数	1 175 668	1 139. 54	—	—	—	1 176 808	—	—

注:不良资产合计 = 次级类 + 可疑类 + 损失类。

6.4.1.2 各项资产减值损失准备的期初、本期计提、本期转回、本期核销、期末数

单位:万元

	期初数	本期计提	本期转回	本期核销	期末数
贷款损失准备	—	217	—	—	217
一般准备	—	—	—	—	—
专项准备	—	—	—	—	—
其他资产减值准备	—	—	—	—	—
可供出售金融资产减值准备	—	—	—	—	—
持有至到期投资减值准备	—	—	—	—	—
长期股权投资减值准备	—	—	—	—	—
坏账准备	47	324	—	12	359

6.4.1.3 自营股票投资、基金投资、债券投资、股权投资等投资业务的期初数、期末数

单位:万元

	自营股票	基金	债券	长期股权投资
期初数	30 453. 84	1 048 316. 83	126 851. 50	214 423. 99
期末数	22 083. 73	586 778. 04	175 037. 90	220 980. 15

6.4.1.4　自营长期股权投资的企业名称、占被投资企业权益的比例、主要经营活动及投资收益情况

企业名称	占被投资企业权益的比例(%)	主要经营活动	投资收益(万元)
中国信托业保障基金有限责任公司	13.04	基金管理服务	12 808.73
哈尔滨农村商业银行股份有限公司	9.90	银行	4 665.29
中国信托登记有限责任公司	3.33	信托登记业务	-171.13
深圳深融汇投资咨询有限公司	44.00	资产管理业务	-9.05

注:投资损益是指按照企业会计准则规定,核算股权投资确认损益并计入披露年度利润表的金额。

6.4.1.5　前五名的自营贷款的企业名称、占贷款总额的比例和还款情况

序号	企业名称	贷款企业名称	贷款金额(万元)	占贷款总额的比例(%)	还本付息情况
1	中融平和财务有限公司	Beta asset management limited	31 706.23	35.79	按合约付息及还本
2	中融平和财务有限公司	佳源国际控股有限公司	23 157.56	26.14	按合约付息及还本
3	中融国际信托有限公司	上海景龙物业服务有限公司	20 110.47	22.70	按合约付息及还本
4	中融平和财务有限公司	京基实业香港有限公司	8 327.02	9.40	抵押物处置中
5	中融平和财务有限公司	Huge Group Holdings Limited	4 912.69	5.55	按合约付息及还本

6.4.1.6　表外业务的期初数、期末数;按照代理业务、担保业务和其他类型表外业务分别披露

单位:万元

表外业务	期初数	期末数
担保业务	—	—
代理业务(委托业务)	—	—
其他	—	—
合计	—	—

注:代理业务主要反映因客观原因应规范而尚未完成规范的历史遗留委托业务,包括委托贷款和委托投资。

6.4.1.7　公司当年的收入结构

收入结构	金额(万元)	占比(%)
手续费及佣金收入	450 574	82.92
其中:信托手续费收入	183 610	33.79
信托发行收入	218 535	40.22
利息收入	36 339	6.69
其他业务收入	234	0.04
其中:计入信托业务收入部分	—	—
投资收益	54 161	9.97
其中:股权投资收益	18 173	3.34
公允价值变动收益	6 965	1.28
其他投资收益	29 023	5.34
汇兑损益	54	0.01
资产处置收益	16	—
其他收益	421	0.08
营业外收入	1 563	0.29
收入合计	543 363	100.00

注:手续费及佣金收入、利息收入、其他业务收入、投资收益、营业外收入均应为损益表中的一级科目,其中手续费及佣金收入、利息收入、营业外收入为未抵减相应支出的全年累计实现收入数。报告年度实现信托业务收入的总额为以手续费及佣金确认的信托业务收入金额以及业绩报酬形式确认的信托业务收入金额和以其他形式确认的信托业务收入金额。

6.4.2　披露信托资产管理情况

6.4.2.1　信托资产的期初数、期末数

单位:万元

信托资产	期初数	期末数
集合	45 267 279.24	61 265 323.81
单一	12 477 702.33	9 416 322.37
财产权	7 721 517.39	5 863 545.93
合计	65 466 498.96	76 545 192.11

6.4.2.1.1　主动管理型信托业务的信托资产期初数、期末数

单位:万元

主动管理型信托资产	期初数	期末数
证券投资类	1 869 634.75	1 993 306.84
股权投资类	4 688 816.37	6 928 104.83
其他投资类	20 685 229.16	24 426 978.18
融资类	15 526 689.14	24 935 808.40
事务管理类	139 954.54	6 000.00
合计	42 910 323.96	58 290 198.25

6.4.2.1.2　被动管理型信托业务的信托资产期初数、期末数

单位:万元

被动管理型信托资产	期初数	期末数
证券投资类	—	—
股权投资类	—	—
其他投资类	—	873 975.54
融资类	—	80 000.92
事务管理类	22 556 175.00	17 301 017.40
合计	22 556 175.00	18 254 993.87

6.4.2.2　本年度已清算结束的信托项目情况

6.4.2.2.1　本年度已清算信托项目情况

已清算结束的信托项目	项目个数(个)	实收信托合计金额(万元)	加权平均实际年化收益率(%)
集合类	122	5 191 156.04	9.10
单一类	60	5 138 764.35	6.88
财产管理类	37	3 544 048.36	6.61

注:加权平均实际年化收益率=(信托项目1的实际年化收益率×信托项目1的资产总计+信托项目2的实际年化收益率×信托项目2的资产总计+…+信托项目n的实际年化收益率×信托项目n的资产总计)/(信托项目1的资产总计+信托项目2的资产总计+…+信托项目n的资产总计)×100%。

6.4.2.2.2 本年度已清算结束的主动管理型信托项目情况

已清算结束的信托项目	项目个数（个）	实收信托合计金额（万元）	加权平均实际年化信托报酬率（%）	加权平均实际年化收益率（%）
证券投资类	31	338 555.69	1.10	1.55
股权投资类	11	917 050.97	1.30	8.38
其他投资类	18	1 873 391.48	0.28	4.98
融资类	57	2 679 889.70	1.35	10.09
事务管理类	—	—	—	—

6.4.2.2.3 本年度已清算结束的被动管理型信托项目情况

已清算结束的信托项目	项目个数（个）	实收信托合计金额（万元）	加权平均实际年化信托报酬率（%）	加权平均实际年化收益率（%）
证券投资类	—	—	—	—
股权投资类	—	—	—	—
其他投资类	—	—	—	—
融资类	—	—	—	—
事务管理类	102	8 065 080.92	0.18	7.28

6.4.2.3 本年度新增信托项目情况

新增信托项目	项目个数（个）	合计金额（万元）
集合类	311	17 571 192.66
单一类	66	1 980 634.39
财产管理类	131	3 092 436.46
新增合计	508	22 644 263.51
其中：主动管理型	441	15 624 748.65
被动管理型	67	7 019 514.86

6.4.2.4 信托业务创新成果和特色业务有关情况

公司高度重视创新研发能力建设，不断加大创新产品开发力度，持续提升研发团队研究水平，紧跟资管行业前沿动态，充分挖掘创新产品的潜在机会，以模式创新、风险可控、投资者认可作为产品设计的基础，将产品创新提升到新的战略高度，树立公司资产管理、财富管理的品牌优势。

6.4.2.5 本公司履行受托人义务情况及因本公司自身责任而导致的信托资产损失情况

报告期内，公司作为受托人严格按照国家法律、法规及信托合同的约定严格履行受托责任，为信托资产安全和受益人利益尽职管理，未发生因本公司自身责任而导致的信托资产损失情况。

6.5 关联方关系及其交易的披露

6.5.1 关联交易方的数量、关联交易的总金额及关联交易的定价政策

	关联交易方数量（个）	关联交易金额（万元）	定价政策
合计	19	503 211.51	本公司2019年度发生的关联方交易均根据一般正常的交易条件进行，并以市场价格作为定价依据。

6.5.2 关联交易方基本情况

报告期涉及关联交易的关联方情况如下：

关联性质	关联方名称	法定代表人	注册地址	注册资本（万元）	主营业务
股东单位	哈尔滨投资集团有限责任公司	赵洪波	哈尔滨市南岗区汉水路172号	500 000	从事固定资产、基础设施、能源、供热、高新技术产业、资源开发项目投资与投资信息咨询等。
股东单位	中植企业集团有限公司	刘秀坤	北京市朝阳区东四环中路39号A单元1515	500 000	资产投资及资产管理等。
股东控股子公司	哈尔滨哈投物业有限责任公司	张滨生	哈尔滨经开区南岗集中区燕山路3号3层	1 000	物业管理等。
股东关联子公司	横琴人寿保险有限公司	兰亚东	珠海市横琴新区十字门中央商务区珠海横琴金融产业发展基地2号楼	200 000	普通型保险，包括人寿保险和年金保险、健康保险、意外伤害保险等。
股东关联子公司	漳州恒天物流有限公司	谷景虎	福建省漳州市龙文区朝阳镇龙江北路海峡农博汇	5 000	道路运输、仓储、货物包装、货运代理等。
股东关联子公司	北京恒天明泽基金销售有限公司	周斌	北京市北京经济技术开发区宏达北路10号五层5122室	5 000	基金销售。
股东关联子公司	财富恒天投资管理有限公司	姜勇	珠海市横琴新区环岛东路1889号横琴创意谷17栋横琴智慧金融产业园E211房间	8 000	投资咨询。
非控股联营企业	中国信托业保障基金有限责任公司	刘宏宇	北京市西城区月坛南街1号院5号楼20～23层	1 150 000	受托管理保障基金等经相关部门批准后依批准的内容开展经营活动。
非控股联营企业	哈尔滨农村商业银行股份有限公司	郭俊秋	哈尔滨市道里区经纬二道街65号	200 000	吸收公众存款、发放贷款、办理国内结算等。
控股子公司	北京中融鼎新投资管理有限公司	张东	北京市石景山区八大处高科技园区西井路3号2号楼268号房	200 000	项目投资、资产管理、投资咨询等。

续表

关联性质	关联方名称	法定代表人	注册地址	注册资本（万元）	主营业务
控股子公司	达孜县鼎诚资本投资有限公司	张东	西藏拉萨市达孜县工业园区珠峰实业203号房	200	投资管理、资产管理等。
控股子公司	北京中融汇智人力资源有限公司	刘香玉	北京市石景山区实兴大街30号院3号楼11层东南区域	1 000	劳务派遣、人才推荐、人才招聘等。
控股子公司	上海辉致人力资源有限公司	刘香玉	中国（上海）自由贸易试验区银城中路8号801室、812室	200	人才中介、劳务派遣、商务信息咨询等。
控股子公司	中融汇今资产管理有限公司	高远	中国（上海）自由贸易试验区富特北路211号302部位368室	10 000	投资管理、资产管理等。
控股子公司	中融（北京）资产管理有限公司	王瑶	北京市门头沟区石龙经济开发区永安路20号3号楼1层107室	30 000	特定客户资产管理业务以及中国证监会许可的其他业务。
控股子公司	中融基金管理有限公司	王瑶	深圳市福田区福田街道岗厦社区金田路3088号中洲大厦3202、3203B	115 000	基金募集、基金销售、特定客户资产管理、资产管理和中国证监会许可的其他业务。
控股子公司	哈尔滨中融鼎新置业有限公司	金庆浩	哈尔滨市松北区创新二路277号2518室	10 000	房地产开发。
控股子公司	北京中融恒睿资本投资管理有限公司	高远	北京石景山区实兴大街30号院3号楼2层－D－0663房间	10 000	投资管理、资产管理等。
控股子公司	北京中融稳达资产管理有限公司	马镇	北京市石景山区实兴大街30号院3号楼2层D－0605房间	10 000	资产管理、项目投资、投资咨询等。

6.5.3 本公司与关联方的重大交易事项

6.5.3.1 固有财产与关联方关联交易

单位：万元

固有财产与关联方关联交易				
	期初数	借方发生额	贷方发生额	期末数
贷款	—	—	—	—
投资	646 097.39	1 059 304.10	1 265 107.30	440 294.19
租赁	—	248.30	36.80	—
担保	—	—	—	—
应收账款	—	—	—	—
拆入资金	340 000.00	340 000.00	—	—
其他	0.90	184 163.31	767.39	0.90
合计	986 098.29	1 583 715.71	1 265 911.49	440 295.09

6.5.3.2 信托资产与关联方关联交易

单位：万元

信托资产与关联方关联交易				
	期初数	借方发生额	贷方发生额	期末数
贷款	—	—	—	—
投资	246 911.04	9 407.29	151 577.82	104 740.51
租赁	—	—	—	—
担保	—	—	—	—
应收账款	—	—	—	—
其他	—	5 319.96	—	—
合计	246 911.04	14 727.25	151 577.82	104 740.51

6.5.3.3 固有财产与信托财产相互交易

单位：万元

固有财产与信托财产相互交易			
	期初数	本期发生额	期末数
合计	228 462	191 923	420 385

6.5.3.4 信托项目之间相互交易

单位：万元

信托资产与信托财产相互交易			
	期初数	本期发生额	期末数
合计	717 285.79	130 334.85	847 620.64

6.5.4 关联方逾期未偿还本公司资金的详细情况以及本公司为关联方担保发生或即将发生垫款的详细情况

报告期内，关联方无逾期不偿还本公司资金情况，本公司无为关联方担保发生或即将发生垫款情况。

6.6 会计制度的披露

本公司执行财政部2006年颁布的《企业会计准则》及2014年颁布的八项具体准则和一项基本准则的有关规定，并根据财政部2017年修订后的《企业会计准则》第22号、23号、24号、37号四项金融工具准则，对财务数据进行了重新分类。

6.7 前期会计差错更正

2019年7月，根据中国银保监会90天以上逾期贷款全部纳入不良贷款考核口径以及相关拨备覆盖率的监管要求，本公司之联营企业哈尔滨农村商业银行股份有限公司调整2018年贷款损失准备提取金额并用一般风险准备金弥补未分配利润。具体调减2018年末归属于母公司所有者权益7.1亿元。本公司根据哈尔滨农村商业银行股份有限公司前期会计差错更正，调减本公司2018年投资收益为7 029万元，调减2018年12月31日长期股权投资为7 029万元。

7. 财务情况说明书

7.1 利润实现和分配情况

2019年共实现利润总额220 770万元，净利润为175 510

万元，计提盈余公积 15 740.80 万元，计提信托赔偿准备金 7 870.40万元，冲回一般风险准备 3 248.54 万元。

7.2 主要财务指标

指标名称	指标值
资本利润率（%）	8.79
人均净利润（万元）	228.19

注：1. 资本利润率 = 净利润/所有者权益平均余额 ×100%。

2. 人均净利润 = 净利润/年平均人数。

3. 平均值采取年初及各季末余额移动算术平均法，公式为：a（平均） = $(a_0/2 + a_1 + a_2 + a_3 + a_4/2)/4$。

7.3 对本公司财务状况、经营成果有重大影响的其他事项

报告期内，无相关事项。

8. 特别事项揭示

8.1 前五名股东报告期内变动情况及原因

报告期内，本公司股东没有发生变动。

8.2 董事、监事及高级管理人员变动情况及原因

8.2.1 董事变动情况及原因

报告期内，本公司董事人员没有变动。

8.2.2 监事变动情况及原因

离任监事情况表

姓名	前任职位	离任时间	离职原因及内部决议
张　磊	监事长	2019 年 1 月	工作变动，2019 年第一次临时股东会

新任监事情况表

姓名	职位	新任时间	任职原因及内部决议
高兴山	监事长	2019 年 1 月	股东推荐，2019 年第一次临时股东会

8.2.3 高级管理人员变动情况及原因

新任高级管理人员情况表

姓名	职位	新任时间	任职原因及内部决议
杨　莉	总裁助理	2019－10	总裁提名，第六届董事会第五次会议

8.3 公司的重大诉讼事项

报告期内，公司无重大诉讼事项。

8.4 公司及其董事、监事和高级管理人员受到处罚的情况

报告期内，中国银行保险监督管理委员会黑龙江监管局（以下简称黑龙江银保监局）对公司业务开展存在的个别项目问题作出罚款的行政处罚。除前述事项外，公司及董事、监事和高级管理人员没有受到监管部门处罚的情况。

8.5 中国银保监会及其派出机构对公司检查后提出的整改意见及公司整改情况

2019 年，黑龙江银保监局对公司开展了“巩固治乱象成果，促进合规建设”回头看现场检查和全面风险排查现场检查。根据检查情况，公司对存在瑕疵的项目制订了相应的整改计划，并梳理了公司制度管理体系，完善了业务尽职调查和投贷后管理要求，提高了档案管理时效性和完备性要求，进一步提升了公司整体的风险合规管理水平。

8.6 本年度重大事项临时报告的简要内容、披露时间、所披露的媒体

报告期内，公司重大事项临时报告的披露媒体为《上海证券报》，本年度合计刊登各类公告一则，具体如下：

临时披露重大事项

披露时间	披露公告名称	披露内容	披露媒体
2019 年 2 月 27 日	中融国际信托有限公司关于修改《公司章程》的公告	本公司董事会及全体董事保证信息披露的内容真实、准确、完整，没有虚假记载、误导性陈述或重大遗漏。经公司 2018 年第四次临时股东会审议通过，本公司就进一步加强党建工作、股东权利义务等方面对《公司章程》进行了相应修改。上述章程修改事项已经中国银保监会黑龙江监管局（黑银保监复［2019］104 号）核准，并已完成工商登记备案手续。	《上海证券报》

8.7 中国银保监会及其省级派出机构认定的其他有必要让客户及相关利益人了解的重要信息

报告期内，没有中国银保监会及其省级派出机构认定的其他有必要让客户及相关利益人了解的重要信息。

9. 监事会意见

监事会认为，公司的财务数据资料真实、客观和准确地反映了公司的财务状况和经营成果。

中泰信托有限责任公司

1. 重要提示

1.1 本公司董事会及董事保证本报告所载资料不存在任何虚假记载、误导性陈述或者重大遗漏，并对其内容的真实性、准确性和完整性承担个别及连带责任。本年度报告摘要摘自年度报告全文，客户及相关利益人欲了解详细内容，应阅读年度报告全文。

1.2 史亚政董事根据其代表利益的深圳市易建科技有限公司和桥润资产管理有限公司的要求无法保证本报告内容的真实性、准确性和完整性，但未陈述理由。请客户及相关利益人特别关注。

注：本报告按照《中国银监会办公厅关于修订信托公司年报披露格式、规范信息披露有关问题的通知》(银监办发[2009]407号)及《信托公司股权管理暂行办法》(中国银保监会令[2020]4号)相关要求编制。

1.3 独立董事袁东生、熊焰、朱青、鲍治认为本年度报告真实、准确、完整。

1.4 中审亚太会计师事务所(特殊普通合伙)对本公司2019年度财务会计报告出具了标准无保留意见的审计报告。

1.5 公司董事长、代总裁、主管会计工作负责人吴庆斌及财务会计部负责人隋新声明：保证年度报告中财务会计报告的真实、完整。

2. 公司概况

2.1 公司简介

2.1.1 公司的法定中文名称：中泰信托有限责任公司

公司的法定英文名称：Zhonggtai Trust Co.，Ltd.

2.1.2 法定代表人：吴庆斌

2.1.3 注册地址：上海市中华路1600号黄浦中心大厦17层、18层

邮政编码：200021

国际互联网网址：www. zhongtaitrust. com

电子信箱：zhongtai@ zhongtaitrust. com

2.1.4 信息披露事务负责人：李颖

信息披露事务联系人：赵凤英

联系电话：021-63871888-2058

传真：021-63872700

电子信箱：zhaofengying@ zhongtaitrust. com

2.1.5 公司选定的信息披露报纸名称：《上海证券报》《金融时报》

2.1.6 公司年度报告备置地点：上海市黄浦区中华路1600号黄浦中心大厦18层办公室

2.1.7 公司聘请的会计师事务所：中审亚太会计师事务所(特殊普通合伙)

地址：北京市海淀区青云里满庭芳园小区9号楼青云当代大厦22层

2.1.8 公司聘请的律师事务所：北京市天铎律师事务所

地址：北京市西城区官园国英一号三楼

注：公司原聘请上海市锦天城律师事务所担任常年法律顾问的协议已到期，上述协议期满后，公司聘请北京市天铎律师事务所提供常年法律服务。

2.2 组织结构

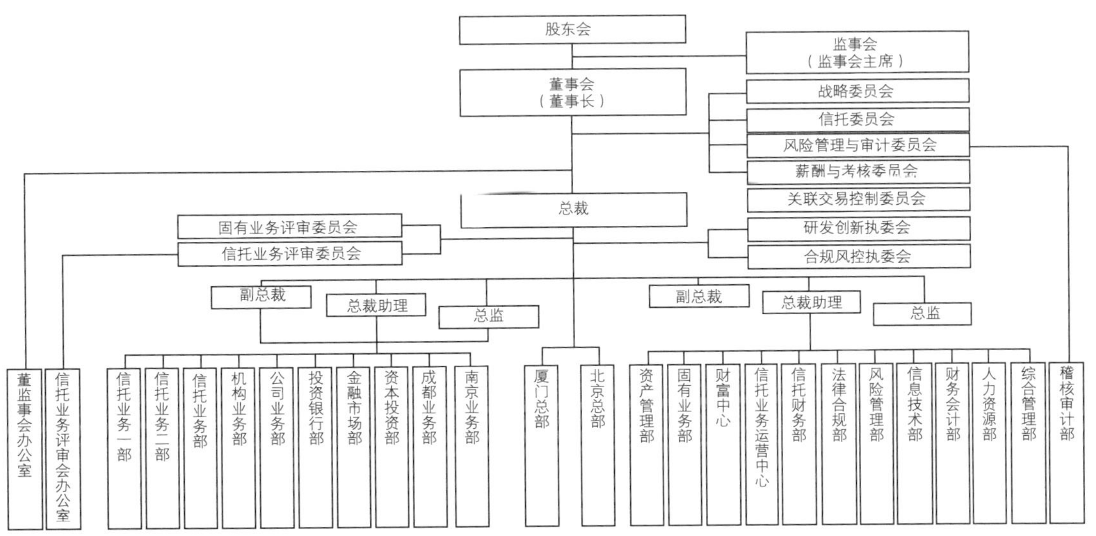

3. 公司治理

3.1 股东

报告期末，股东总数6家；持有公司15%以上股份的股东情况如下表：

股东名称	持股比例（%）	法人代表
中国华闻投资控股有限公司	31.57	幸宇晖
上海新黄浦实业集团股份有限公司（原名称：上海新黄浦置业股份有限公司）	29.97	仇瑜峰
广联（南宁）投资股份有限公司	20	吴庆斌

公司前三位股东的主要股东情况如下表：

股东名称	主要股东	出资比例（%）	法人代表	注册资本（万元）	注册地址	主要经营业务及主要财务情况
中国华闻投资控股有限公司（以下简称华闻控股）	北京国际信托有限公司（德瑞股权投资基金集合资金信托计划）	100	李民吉	220 000	北京市朝阳区安立路30号院1、2号楼	资金信托，动产信托，不动产信托，企业资产重组等。
上海新黄浦实业集团股份有限公司（原名称：上海新黄浦置业股份有限公司）（以下简称新黄浦置业）	上海新华闻投资有限公司	25.07	幸宇晖	50 000	上海市闸北区天目中路383号501室	实业投资，资产经营及管理（非金融业务），国内贸易等。
广联（南宁）投资股份有限公司（以下简称广联投资）	中国华闻投资控股有限公司	65.66	幸宇晖	120 000	北京市朝阳区东三环北路38号院1号泰康金融大厦25层2501内5室	实业投资等。财务状况一般。

公司股东华闻控股、广联投资与新黄浦置业存在关联关系：北京国际信托有限公司（德瑞股权投资基金集合资金信托计划）持有华闻控股100%的股权，华闻控股持有广联投资65.66%的股权，华闻控股及广联投资分别持有上海新华闻投资有限公司（以下简称上海新华闻）50%的股权，上海新华闻持有新黄浦置业25.07%的股权，为其第一大股东。

3.2 董事

3.2.1 董事

姓名	职务	性别	年龄（岁）	选任日期	所推举的股东名称	该股东持股比例（%）	简要履历
吴庆斌	董事长	男	46	2014年7月15日	华闻控股、广联投资	31.57、20	毕业于清华大学水利水电工程系水利水电建筑工程专业及法学专业，获得双学士学位。先后任职于北京国际信托有限公司等机构，并担任重要管理职务，具有近20年金融工作及管理经验。
穆　瞳	董事	女	36	2014年11月21日	华闻控股、广联投资	31.57、20	毕业于西北工业大学自动化专业和宾夕法尼亚大学电子工程专业，先后任职于GroGroup投资管理公司、天行国际集团、日盛嘉富证券及华闻控股，并担任管理职务，积累了相当的市场及金融相关领域工作经验。
陆却非	董事	男	64	2014年7月15日	新黄浦置业	29.97	毕业于中国科技大学，博士研究生学历，先后在中科院上海生理研究所、上海新黄浦置业股份有限公司等机构工作，并担任高级管理职务，具有30余年的经济及管理工作经验。
史亚政	董事	男	49	2014年7月15日	华闻控股、广联投资	31.57、20	毕业于浙江大学无线电系无线电技术专业，获得学士学位，后毕业于电子科技大学计算机学院软件工程领域工程专业，获得硕士学位。长期从事金融及经济管理工作，实践经验深厚，先后任职于江泰保险经纪有限公司、中惠保险经纪有限公司及广联投资等机构，并担任高级管理职务，具有近20年的金融及企业管理工作经验。
叶桂峰	董事	男	41	2014年7月15日	华闻控股、广联投资	31.57、20	毕业于江西财经大学法律系国际经济法专业，获得学士学位，后毕业于中国人民大学法学院民商法专业，并先后获得硕士及博士学位。长期从事经济及金融法律实践工作，先后任职于北京市创天律师事务所、北京市宝盈律师事务所及华闻控股等机构，且具有多年金融及法律合规管理工作经验。

3.2.2 独立董事

姓名	所在单位及职务	性别	年龄（岁）	选任日期	所推举的股东名称	该股东持股比例（%）	简要履历
袁东生	已退休	男	68	2014年11月12日	华闻控股	31.57	先后于中共山西省委党校、西安交通大学管理学院学习，取得工商管理硕士学位，长期从事金融及企业管理工作，先后任职于山西信托有限责任公司、山西国信投资（集团）公司等机构，并担任高级管理职务，具有近20年的金融及企业管理工作经验。

续表

姓名	所在单位及职务	性别	年龄(岁)	选任日期	所推举的股东名称	该股东持股比例(%)	简要履历
熊　焰	北京国富资本有限公司董事长	男	63	2015年7月9日	华闻控股	31.57	毕业于哈尔滨工业大学无线电工程系通信专业，获得学士学位，后毕业于该校管理学院经济学专业，获得硕士学位。长期从事金融及企业管理工作，实践经验深厚，先后任职于中国共产主义青年团中央委员会、北京产权交易所有限公司、北京金融资产交易所有限公司及北京国富资本有限公司等机构，并担任高级管理职务，具有20余年的金融及企业管理工作经验。
朱　青	中国人民大学财政金融学院教授、博士生导师	男	62	2014年7月15日	华闻控股	31.57	毕业于北京经济学院财贸系财政专业获得学士学位，后就读于中国人民大学财政金融学院财政系财政专业，先后获得经济学硕士及博士学位。长期从事财政金融和社会保障领域的教学和研究工作，具有相当的财税知识，先后任职于中国人民大学财政金融学院等单位，担任学术委员会主任、教授、博士生导师等重要职务，积累了深厚的财政金融和社会保障领域工作经验。
鲍　治	北京奋迅律师事务所合伙人	男	42	2014年7月15日	华闻控股	31.57	毕业于安徽大学法学院法律系法学专业，获得学士学位，后先后毕业于华东政法大学研究生院民商法学专业及美国加州大学伯克利分校法学院法学硕士专业，并分别获得硕士学位。长期从事金融、贸易相关法律领域工作，先后任职于中华人民共和国商务部、北京市君合律师事务所以及北京市奋迅律师事务所，积累了相当的金融法律相关领域工作经验。

3.3　监事

姓名	职务	性别	年龄(岁)	选任日期	所推举的股东名称	该股东持股比例(%)	简要履历
刘　卓	监事会主席	男	55	2014年4月9日	华闻控股 广联投资	31.57 20	毕业于武汉水运工程学院船机制造专业，先后在哈尔滨团市委、中泰信托有限责任公司等机构任职，并担任重要管理职务，具备近30年的管理工作经验。
王红梅	股东代表监事	女	51	2016年11月7日	华闻控股	31.57	毕业于华中科技大学、武汉工业大学，获得工学学士、硕士学位，后毕业于新加坡国立大学，获得工商管理硕士(EMBA)学位。先后于建设银行、武汉三镇实业控股股份有限公司等机构任职，并担任重要管理职务，具备20余年经济及管理工作经验。
隋新	职工代表监事	女	41	2018年4月12日	—	—	毕业于东北林业大学、上海理工大学，获经济学学士、硕士学位，先后在东北林业大学、深圳农村商业银行、平安集团内控管理中心、上海国际信托、中泰信托等机构任职。

3.4　高级管理人员

姓名	职务	性别	年龄(岁)	任职日期	金融从业年限(年)	学历	专业
吴庆斌	代总裁	男	46	2019年6月21日	19	本科	水利水电建筑工程专业及法学专业
余　钧	副总裁	男	52	2015年4月9日	30	本科	国际金融学
沈烁	副总裁	男	47	2015年4月9日	22	本科	经济法
胡杰	合规总监	男	35	2019年5月10日	13	本科	经济学

注：报告期内，公司原总裁陈乃道先生因个人原因向董事会提出辞职，经公司董事会审议通过，陈乃道先生不再担任公司总裁职务，公司董事长吴庆斌先生代为履行总裁职责。报告期内，公司原副总裁万刚先生因个人原因向董事会提出辞职，经公司董事会审议通过，万刚先生不再担任公司副总裁职务。报告期内，经公司董事会会议决定，并经上海银保监局核准，胡杰先生就任公司合规总监。

3.5　公司员工

截至2019年12月31日，公司共有员工107人(不含外部董事、监事)，平均年龄为36岁，大部分员工具有大学本科以上学历。

项目		报告期年度		上年度	
		人数(人)	比例(%)	人数(人)	比例(%)
年龄分布	25岁以下	2	1.87	4	3.08
	25～29岁	17	15.89	27	20.77
	30～39岁	57	53.27	63	48.46
	40岁以上	31	28.97	36	27.69

续表

项目		报告期年度		上年度	
		人数(人)	比例(%)	人数(人)	比例(%)
学历分布	博士研究生	—	—	1	0.77
	硕士研究生	62	57.94	66	50.77
	本科	30	28.04	40	30.77
	专科	11	10.28	17	13.08
	其他	4	3.74	6	4.62
岗位分布	董事、监事及其他高管	4	3.74	5	3.85
	自营业务人员	2	1.87	3	2.31
	信托业务人员	47	43.93	51	39.23
	其他人员	54	50.47	71	54.62

4. 经营管理

4.1 经营目标、经营方针、战略规划

公司秉承诚信服务、专业理财、创新思维、理性投资的精神，坚持与新老客户、核心产业和区域经济一起成长的理念，注重提高创新能力，正确处理发展与规范管理、规模结构与效益之间的关系。在信托业务、创新产品构建、资产管理业务、信托产品销售能力建设、基础管理工作方面充分发展的基础上，深化公司治理及运营体系的优化调整工作。

公司将认真贯彻落实国家宏观经济政策和金融监管要求，建立规范、高效的公司内控体系，不断提高对各种风险的识别、防范和控制能力。以深化信托行业转型、强化创新和夯实管理为抓手，促进业务转型升级和结构调整。始终坚持市场化、差异化、规模化的发展路线，致力于在明晰的发展战略指导下，依托优秀的企业文化和价值观、人力资本体系、法人治理结构，构建运转流畅的资产管理体系和财富管理体系，着力提升资产管理能力、风险控制能力和财富管理能力，真正将"受人之托，代人理财"的理念注入业务实践当中，形成多层次多纬度的信托产品，推动公司信托业务回归信托本源，为实体经济服务，为各利益相关者创造价值。

公司未来将继续贴近市场，加强研发，以业务和产品创新为核心，提高创新能力，形成新的创新业务布局，强化对市场的前瞻性判断和对业务的准确把握，为今后的发展创造条件。公司将立足受托人本位，探索创新以受托服务为核心的服务信托，将金融服务与财富管理服务相结合，在家族信托、家庭信托、员工利益信托、资产证券化信托、账户管理信托等方面积极开拓，运用金融科技结合具体场景，满足客户多元需求，提高信托服务的效率和效果。将公司建设成为制度健全、内控到位、管理科学、经营规范的，具有核心竞争力的专业金融机构。

4.2 所经营业务的主要内容

报告期内，固有业务除长期金融股权投资业务外，主要运用活期存款、固定收益类产品投资、国债回购等业务，2019 年实现投资收益 14 680. 12 万元、利息净收入 508. 79 万元、其他业务收入 1 801. 61 万元。

截至 2019 年 12 月 31 日，公司资产总计 47. 47 亿元，负债总计 1. 95 亿元，所有者权益为 45. 53 亿元，净资产收益率为 2. 84%，净资本为 36. 96 亿元，净资本/净资产的比率为 81. 18%，净资本/各项风险资本之和的比率为 490. 84%，均远高于 40%及 100%的监管标准。公司的净资产保持稳定和充足，公司资产保持较高的流动性水平，信托业务运行平稳，为公司下一步大力拓展业务奠定了良好的基础。

2019 年，在企业社会责任方面，公司在以专业能力支持实体经济发展、支持民生保障类事业发展、保护投资者权益等工作的基础上，中泰信托员工第五年参与"鞋盒礼物"公益项目，为乡村儿童准备新年礼物。

报告期内，公司消费者权益保护工作委员会和消费者权益保护小组积极工作，公司组织包括"3·15"消费者权益保护日、反洗钱宣传教育活动、2019 年"金融知识普及月 金融知识进万家 争做理性投资者 争做金融好网民"活动、防范非法集资宣传教育等，并在日常工作中审慎、妥善履行企业的社会责任、及时处理投资者的咨询、投诉和建议意见。

自营资产运用与分布表

资产运用	金额（万元）	占比（%）	资产分布	金额（万元）	占比（%）
货币资产	34 880. 85	7. 35	基础产业	—	—
贷款及应收款	37 464. 40	7. 89	房地产业	—	—
交易性金融资产投资	91 723. 43	19. 32	证券市场	38 589. 00	8. 13
可供出售金融资产投资	78 052. 31	16. 44	实业	—	—
持有至到期投资	12 649. 39	2. 66	金融机构	204 930. 25	43. 17
长期股权投资	204 930. 25	43. 17	其他	231 205. 92	48. 70
其他	15 024. 54	3. 17	—	—	—
资产总计	474 725. 17	100. 00	资产总计	474 725. 17	100. 00

2019 年，公司新发行信托产品 35 个，成立信托本金 119. 28 亿元，包括存续产品分期发行和开放式产品申购在内本年新增信托本金合计 152. 35 亿元；清算信托产品 29 个，清算信托本金 69. 13 亿元，包括存续产品部分结束和开放式产品赎回在内本年兑付信托本金合计 114. 97 亿元。全年向受益人分配信托收益 20. 20 亿元。

信托资产运用与分布表

资产运用	金额（万元）	占比（%）	资产分布	金额（万元）	占比（%）
货币资产	12 355. 61	0. 38	基础产业	392 584. 73	12. 11
贷款	1 649 981. 05	50. 92	房地产	583 299. 00	18. 00
交易性金融资产投资	136 528. 63	4. 21	证券市场	143 258. 63	4. 42
可供出售金融资产投资	594 925. 01	18. 36	实业	1 698 091. 96	52. 40
持有至到期投资	130 376. 20	4. 02	金融机构	180 376. 20	5. 57
长期股权投资	359 822. 05	11. 11	其他	242 881. 68	7. 50
其他	356 503. 65	11. 00			
信托资产总计	3 240 492. 20	100. 00	信托资产总计	3 240 492. 20	100. 00

注："资产分布"项下"其他"主要为对固定收益类金融产品投资。

4.3 市场分析

4.3.1 有利因素

一是经济结构转型为信托提供新机会。经济结构转型为新常态下信托业的转型创新、加速发展提出了全新的要求，同时带来了难得的历史机遇。信托业既要着眼长远的体制机制创新，又要满足"产业优化、消费升级、财富管理、新型城镇化、经济出海"等新兴发展主题持续产生的投融资需求，协调推进自身发展模式改革的深化，提高服务实体经济的效率。在中国经济逐步由高速增长转向高质量增长的过程中，伴随着发展方式转变、经济结构优化、增长动力转换以及供给侧改革的进一步深化，未来的产业发展将出现新一轮结构调整，企业将出现并购重组潮流。对于信托而言，研发产业引导基金与并购基金

能够有效对接经济转型中企业的需求，推动资产证券化等创新业务有效盘活存量，为企业发展注入流动性。信托业应站在战略发展的高度，发挥制度优势，积极探索创新业务模式，为实业转型提供全方位的投融资服务，在服务实体经济的同时，完成自身转型升级的历史性飞跃。

二是国内居民财富的快速积累 信托财富管理前景广阔。得益于中国经济持续数十年的高速增长，中国高净值客户数量迅猛增长，已成为全球仅次于美国的高净值家庭数量第二多的国家和地区。通过对近年的数据比较，中国高净值人群数量及其可投资资产规模均呈现出快速扩张的态势。这预示着信托业长期发展的周期还没有结束，在未来相当长的时间内，信托业财富管理发展具有广阔的前景。

三是金融监管重塑金融生态。近年来，金融监管政策纷纷出台，意在推进金融体系内部去通道、去嵌套、遏制金融空转，引导资金脱虚向实，让金融机构回归本源，服务于实体经济。信托公司将在监管政策的指引下，回归本源，进一步提升主动管理能力，履行主动管理职责，加强风险监管，合规经营，坚持市场化导向，进行资源的优化配置，更好地服务于实体经济。

四是科技赋能金融服务。新技术、新模式为信托公司的差异化发展带来新的可能，也将显著的缩短信托公司的成长曲线。信托制度应用空间广泛，可以结合社会需求创新信托制度应用；金融科技不断重塑金融行业，信托公司可以在此背景下，充分利用金融科技，发展APP等线上渠道，改善客户体验，弥补理财人员的不足；可以建设更加高效的运营平台，提高经营效率和市场响应速度；在生态化发展、开放式发展的大环境下，信托公司可以聚合资源，促进优势互补，实现协同发展。

4.3.2 不利因素

一是国内外经济形势均严峻复杂。中国经济和美国经济增速均将放缓，由此带动全球经济增长减速。贸易摩擦和货币政策收紧是全球经济下行风险的主要诱因。由于美国实施贸易保护主义政策，使得来自贸易摩擦的下行风险提升。在外部不利因素不断增加的情况下，最近的一些指标表明，包括中国在内的东亚大型经济体的增长正在放缓。尽管出口表现依然稳健，但有迹象表明，美国加征关税可能对中国经济产生更大的实质性影响。不过，尽管中国面临去杠杆和贸易保护主义的挑战，但稳定的消费支出增长和积极的财政政策将有助于经济保持稳健。

二是“去通道”背景下，行业经营压力进一步加大。2019年，强监管、严监管的趋势进一步加强，以资管新规为基础，去通道、去刚兑、去杠杆、回归服务实体经济仍是2019年信托业监管的主要内容。资管新规对行业的规范发展具有正确的指导意义，并且影响深远。本轮强监管政策体现了监管层意在督促信托业回归本源、积极支持实体经济发展的清晰政策导向。这意味着靠通道业务为支撑的外延式发展模式将成为过去，信托业当前的发展步入拐点，行业的发展受到来自多方因素的影响，包括经济新常态背景下实体经济增速放缓带来的资产质量下降风险，泛资管行业兴起背景下的资管机构竞争和行业内业务竞争风险，以及供给侧改革背景之下监管趋严所带来的合规风险和流动性风险，这使得当前信托业的发展总体上面临较大的压力。

三是业务集中度较高，严监管下，行业亟须厘清转型方向。2019年7月以来，在地产业务方面，信托公司受到窗口指导、余额管控、定期报备等一系列监管。6～10月房地产类集合信托发行规模骤降40%，导致绩效呈现出下滑趋势。因此，从短期来看，信托公司主动管理能力仍有待提高，存续业务中通道业务、房地产业务占比过高，业务结构单一而且有待优化。

资管行业统一监管后，较为倚重的通道业务、房地产业务等均受到较强的监管约束，严监管下，信托公司经营环境发生巨大变化。对于信托来说，转型“迫在眉睫”。资产证券化、消费金融、家族信托等均可能是信托的转型方向。但就目前看来，创新型业务并未给信托公司带来稳定的业绩增长。

4.4 内部控制

4.4.1 内部控制环境和内部控制文化

公司根据法律法规和《公司章程》，建立了较为完备的法人治理结构，通过建立规范的公司治理结构和议事规则，明确决策、执行、监督等方面的职责权限，形成较为科学有效的职责分工和制衡机制。

股东会、董事会和监事会依照法律和《公司章程》分别履行决策、执行和监督职责。股东会是公司的权力机构，在股东会的授权下，董事会是公司的决策及执行机构，监事会是公司的监督机构。董事会下设战略委员会、信托委员会、风险管理与审计委员会、薪酬与考核委员会、关联交易控制委员会5个专门委员会，在公司发展战略、受益人利益保护、重要岗位人员任职与考核、风险控制、信息披露等方面发挥专业作用，为进一步完善治理结构、促进董事会科学高效决策提供支持。

公司明确界定各部门、各岗位的目标、职责和权限，建立相应的授权、检查和逐级问责制度，确保不相容岗位的相互分离及其在授权范围内履行职能，完善各层级间的授权与管理体系，保证各项决策能够被有效执行。

公司内部树立合规优先，严守风险底线的内控文化，并结合业务特点和内部控制的要求来设置公司各内部机构，明确职责权限分配，落实各部门权利与责任。公司内部控制的目标是合理保证经营合法合规、资产安全、财务报告及相关信息真实完整，提高经营效率，促进公司发展战略的实现。

4.4.2 内部控制措施

风险管理部、法律合规部和稽核审计部作为公司内控管理的主要职能部门，负责拟定和修订内控制度，监督检查和评价内部控制措施的科学性、规范性和可操作性。公司通过修订并不断完善各项管理制度，针对不同业务和管理事项优化内部控制措施，形成事前、事中、事后紧密衔接的内控防线。

公司按照前台、中台、后台划分，制定了相应的规章制度、操作规程和风险管理制度，使得各项业务开展都具备比较详细的业务流程规范。在业务流程上，公司通过事前、事中、事后控制三者结合防范风险，强调即时过程控制。各部门发生异常情况后即时汇报，识别风险并采取相应措施，确保公司内部控制的有效性。

公司固有业务和信托业务相互分离，部门设置和业务人员、业务信息相互独立，分别建账，分别核算。针对信托业务和固有业务的业务特性，分别成立信托业务评审委员会和固有业务评审委员会进行项目评审，根据具体业务的不同特点，采取既有共性又有个性的具体内部控制对策。通过内部控制的环境、程序和措施防范各项业务风险。经营授权方面，实行逐级授权体系，公司内部相关的不同级次、不同部门之间有明确的授权关系和报告关系。

报告期内，公司根据经营发展环境的变化，结合内部控制管理的实际，进一步加强公司内部控制制度及流程建设，制定、梳理和修订了内部控制制度及各类业务指引。公司开展了系统性的风险管理体系自评估工作，以“中泰信托”的法律人格为基本范畴，从可能导致公司经营损失的现实风险点出发，从项目开展生命周期中存在的点状问题切入，进行从问题到危害再到解决措施的系统性分析。随着制度的不断完善，公司董事会、管理层、各相关部门和人员能够按照公司各项制度和业务操作流程履行风险的管理和监控职责，各项业务基本做到前台、中台、后台操作上的相对独立和相互制衡。

4.4.3 信息交流与反馈

公司建立了信息传递、披露和反馈的机制，明确内部控制相关信息的处理和传递程序，确保信息及时沟通，促进内部控制有效运行。

公司明确管理层、各部门和员工的职责范围和报告路径，通过定期工作报告和会商，确保经营管理层及时了解经营信息和风险状况。通过 OA 系统和业务管理系统建立了贯穿各部门的共享信息平台，及时准确的传递管理信息和数据。加大对信息化系统的投入力度，在业务流程、行政审批流程等方面的系统集成功能不断改进和完善。

公司严格按照监管要求，建立对外信息披露制度，规范对投资者、公众、监管部门等的披露方式和流程。定期或及时披露年度报告、年度报告摘要、重大事项临时报告等公司信息。通过网站公告、书面通知等多种方式，依法对委托人和受益人披露信托产品信息。事前向监管部门报送拟开展信托业务的基本信息、关联交易信息、集合资金信托异地推介信息。定期提交非现场监管报告，及时报送临时事项报告等经营信息。报告期内，公司信息交流与反馈机制规范。

4.4.4 监督评价与纠正

公司稽核审计部独立行使对公司内部控制情况的监督和评价职能。每半年对公司开展一次全面审计，囊括公司财务、业务、人事行政及综合等各个方面，对公司经营活动全过程实施监督；信托项目稽核是通过对项目整体所有环节运作的动态审计并进行合规性评价；专项审计则针对重点风险项目或监管要求不定期开展；公司中高级管理人员及公司要求的关键岗位人员的离职必须经过稽核审计部门的审计。

通过公司核心业务系统中稽核审计流程审批节点的控制，持续对审计项目的整改情况进行监督检查及复核直至整改结束，公司的跟踪检查及纠正机制得以持续执行。

公司各项审计工作均通过审计报告提出意见和建议，并对整改情况进行持续跟踪检查，督促整改落实，使公司能够及时、有的放矢地对各项工作进行规范和管理，有效提升内部控制管理水平，为公司持续稳健运营保驾护航。

4.5 风险管理

公司严格执行银监会关于信托公司风险监管的指导意见，坚持防范化解风险和推动转型发展并重的原则，切实加强潜在风险防控，加强尽职管理，加强风险评估，优化业务管理，严防道德风险和案件风险，建立风险防控长效机制。

公司经营活动面临的主要风险包括信用风险、市场风险、操作风险和其他风险。公司风险管理坚持全面性、独立性、连续性、审慎性、有效性等基本原则，以风险最小化、风险成本最低化为目标，坚持以风险管理为核心开展经营活动，平衡业务发展与风险管理之间的关系，建立并逐步完善了基于制度规范和流程控制的风险管理制度体系。基本形成了前台、中台、后台相分离、信托资金运作与自有资金运作相分离的风险管理框架，力求将风险管理制度与措施贯穿到公司各项业务、各个部门、各个岗位，实现风险管理覆盖公司运营的全过程。同时，通过建立有效的风险管理组织体系，保障风险管理制度的有效适用，并根据国家政策、法律及公司经营发展战略的变化，定期对公司相关风险管理制度进行修订和补充。

公司的风险管理组织架构由公司董事会、风险管理与审计委员会、管理层、固有(信托)业务评审委员会、风险管理部门、各业务部门及相关职能部门组成。具体来说，形成了由董事会及管理层直接领导，以风险管理部门为依托，相关职能部门配合，与各个业务部门全面联系的风险管理机制。具体风险管理职责划分情况如下：

董事会。进行公司风险管理战略、偏好、政策、最高风险承受水平设定和风险管理决策制定，监控和评价风险管理的全面性、有效性以及高级管理层在风险管理方面的履职情况，审批重大业务项目实施方案，倡导公司全员风险管理意识和风险管理文化，并对公司风险管理承担最终责任。

风险管理与审计委员会。针对公司总体风险管理体系的建立和运行情况向董事会提供咨询意见；对公司业务风险控制及管理情况进行监督。

管理层。负责定期审查和监督执行公司风险管理政策、程序以及具体操作规程，不断完善公司各项风险管理措施，确保公司风险管理体系的有效性；及时了解公司各类风险水平及其管理状况，确保通过恰当的风险管理战略、政策和程序来有效地识别、计量、监测和控制各项业务所承担的各类风险。

固有(信托)业务评审委员会。具体负责公司各项业务风险的事前管理和控制，与承担风险的业务部门保持相对独立。对公司所有经立项的固有/信托业务项目进行评审，识别其各项风险水平，在综合风险分析和可行性论证后给出评审意见，通过集体决策实现业务项目风险的事前管理和有效控制。

风险管理部。根据公司发展战略，定位于中端、前端风险管控，建立集中型的风险管理模式，将信用风险、市场风险、操作风险等纳入统一的风险管理体系。负责公司各类投融资业务的风险审查，实现业务决策与风险管理的适度分离，风险管理覆盖公司的全部经营活动与过程，与业务部门的风险自律形成制衡。对公司经营管理活动中的各类风险实施有效的事前评估和过程监控，有效化解和降低公司运营风险。

稽核审计部。通过实行重大业务项目流程稽核，对单个业务项目进行事中和事后风险管理监督，开展定期全流程的全面内部审计，对公司各项经营管理活动进行检查，并向公司董事会及上级监管单位提交内部审计报告。

法律合规部。负责监管部门(包括但不限于银监局、金融办、人民银行)的监管要求、监管文件、监管意见和公司内部各类业务的合规准入标准、操作规范等事务的牵头、组织、优化、落实等工作,并围绕信托业务项目全生命周期开展工作,并为公司固有业务开展提供法律事务服务。

业务部门。业务部门是公司风险管理的第一道防线,研判项目风险和设计风险控制措施,构建调研、决策和管理职责相互分离的风险自律体系,承担与其项目相关的风险管理责任。

4.5.1　信用风险状况

信用风险主要来自于债务人或交易对手未能或不愿履行其承诺,或者其信用等级下降时给公司权益或金融产品持有人造成损失的风险。

公司2019年末信用风险资产账面余额为501 547.78万元,固有不良信用风险资产期初数为47 912.34万元,期末数为59 182.95万元,贷款损失准备为30 716.06万元,其他各项减值准备为11 135.27万元,均已按《资产五级分类管理办法》的规定足额计提。故上述不良信用风险资产不影响公司资产质量。

公司通过事前评估、事中控制、事后监督的风险管理体系来防范和规避信用风险。具体来说,对交易对手进行前期现场风险尽调、综合信用分析,对信托资金的投向区域、行业进行合理布局,避免信用风险的规模化爆发。通过定期风险评估等手段,监控交易对手信用风险的变化,对交易对手进行动态管理。在资金发放后,业务部门、风险管理部等定期或不定期地进行贷后检查和抽查,形成检查报告,发现问题及时预警、及时处理。报告期内,公司各类业务均履行了严格的内部评审程序,合法合规,担保措施充足,交易对手信用等级较高,信用风险可控。

4.5.2　市场风险状况

公司制定与业务性质、规模、复杂程度和风险特征相适应的,与公司总体业务发展战略、管理能力、资本实力和能够承担的总体风险水平相一致的市场风险管理战略。信托业务方面,通过信托产品的结构化设计和组合投资,严格执行权限设定和止损操作,最大限度地降低市场风险对投资人权益的影响。另外,公司建立充足的风险准备金,制定风险处置预案、锁定项目退出风险。公司本着审慎的原则,对固有资金进行合理配置。公司固有业务及信托业务尚未涉及外汇业务,受市场汇率变动的直接影响不明显。其他风险,如利率风险、通货膨胀等因素,对公司经营无明显影响。

报告期内,公司密切关注各类市场风险,及时调整投资策略,积极发展创新业务,勤勉尽职地履行受托人职责,市场风险可控。

4.5.3　操作风险状况

操作风险是指公司履行受托人勤勉、审慎和尽职责任,在运营和业务开展各个环节可能面临的最为普遍的风险。公司操作风险管理主要是加强内控制度建设,坚持内控优先、制度先行,全面分析公司经营环节和业务流程,合理设置体现制衡原则的前台、中台、后台岗位职责。通过管理层专项调研会,汇总前台、中台、后台对流程优化的意见和建议,持续总结整理各项业务规范,梳理操作流程。通过加强资源配置、完善制度建设、优化系统建设等举措全面提高风险管理能力。

报告期内公司操作风险管控能力不断提升,内控制度体系基本覆盖公司经营的每一个过程和环节,各项制度和流程能够得到有效的执行,并通过"大运营"体系的建立进一步提高了信托业务管控水平。报告期内无该类风险的发生。

4.5.4　其他风险状况

除上述风险类型外,公司还可能面临合规与法律风险、声誉风险等其他风险。

公司合规与法律风险管理包括严格按照相关法律法规、监管规定,对所有拟开展的业务进行合规性审查,明确各类业务合规标准。重视交易安排和法律文件的有效性,强调各类救济措施的可操作性。在信托产品运行和管理过程中,根据信托资金的具体管理、运用和处分方式,严格遵守法律规定和监管要求。提高公司全员的法律合规意识,及时掌握外部金融法律动态和监管政策,严格在现有政策允许范围内开展业务。报告期内,业务整体合规和法律风险管理水平持续提升。

公司声誉风险管理策略包括将公司声誉风险管理机制的构建与公司发展战略、企业文化建设等进行结合,提升专业能力,强化风险意识,审慎经营和诚信发展。公司高度重视防范在业务开展过程中出现的各种声誉风险,强调在稳健经营和持续发展的基础上,主动有效地进行声誉风险管控和应对,进行充分的信息披露,积极履行公司的社会责任,提升公司的社会形象。

5. 报告期末及上年度末的比较式会计报表

5.1　自营资产(经审计)

5.1.1　会计师事务所审计全文

审计报告

中审亚太审字(2020)010119号

中泰信托有限责任公司:

一、审计意见

我们审计了中泰信托有限责任公司(以下简称贵公司)财务报表,包括2019年12月31日的资产负债表,2019年度的利润表、现金流量表、所有者权益变动表以及相关财务报表附注。

我们认为,后附的财务报表在所有重大方面按照企业会计准则的规定编制,公允反映了贵公司2019年12月31日的财务状况及2019年度的经营成果和现金流量。

二、形成审计意见的基础

我们按照中国注册会计师审计准则的规定执行了审计工作。审计报告的"注册会计师对财务报表审计的责任"部分进一步阐述了我们在这些准则下的责任。按照中国注册会计师职业道德守则,我们独立于贵公司,并履行了职业道德方面的其他责任。我们相信,我们获取的审计证据是充分、适当的,为发表审计意见提供了基础。

三、管理层和治理层对财务报表的责任

贵公司管理层(以下简称管理层)负责按照企业会计准则的规定编制财务报表,使其实现公允反映,并设计、执行和维护必要的内部控制,以使财务报表不存在由于舞弊或错误导致的重大错报。

在编制财务报表时,管理层负责评估贵公司的持续经营能力,披露与持续经营相关的事项(如适用),并运用持续经营假设，除非管理层计划清算贵公司、终止运营或别无其他实现的选择。

治理层负责监督贵公司的财务报告过程。

四、注册会计师对财务报表审计的责任

我们的目标是对财务报表整体是否不存在由于舞弊或错误导致的重大错报获取合理保证，并出具包含审计意见的审计报告。合理保证是高水平的保证，但并不能保证按照审计准则执行的审计在某一重大错报存在时总能发现。错报可能由于舞弊或错误所导致，如果合理预期错报单独或汇总起来可能影响财务报表使用者依据财务报表作出的经济决策，则通常认为错报是重大的。

在按照审计准则执行审计的过程中，我们运用职业判断，并保持职业怀疑。同时，我们也执行以下工作：

（1）识别和评估由于舞弊或错误导致的财务报表重大错报风险，设计和实施审计程序以应对这些风险，并获取充分、适当的审计证据，作为发表审计意见的基础。由于舞弊可能涉及串通、伪造、故意遗漏、虚假陈述或凌驾于内部控制之上，未能发现由于舞弊导致的重大错报的风险高于未能发现由于错误导致的重大错报的风险。

（2）了解与审计相关的内部控制，以设计恰当的审计程序。

（3）评价管理层选用会计政策的恰当性和作出会计估计及相关披露的合理性。

（4）对管理层使用持续经营假设的恰当性得出结论。同时，根据获取的审计证据，就可能导致对贵公司持续经营能力产生重大疑虑的事项或情况是否存在重大不确定性得出结论。如果我们得出结论认为存在重大不确定性，审计准则要求我们在审计报告中提请报表使用者注意财务报表中的相关披露；如果披露不充分，我们应当发表非无保留意见。我们的结论基于截至审计报告日可获得的信息。然而，未来的事项或情况可能导致贵公司不能持续经营。

（5）评价财务报表的总体列报、结构和内容（包括披露），并评价财务报表是否公允反映相关交易和事项。

我们与治理层就计划的审计范围、时间安排和重大审计发现等事项进行沟通，包括沟通我们在审计中识别出的值得关注的内部控制缺陷。

中审亚太会计师事务所
（特殊普通合伙）

中国注册会计师：袁振湘（项目合伙人）

中国注册会计师：崔伟英

5.1.2 资产负债表

资产负债表

编制单位：中泰信托有限责任公司　　2019 年 12 月 31 日　　单位：万元

项　目	期末余额	年初余额	项　目	期末余额	年初余额
资　产：			负　债：		
现金	4.19	7.17	拆入资金	—	—
银行存款	29 488.51	47 287.75	交易性金融负债	—	—
其他货币资金	5 388.14	250.23	衍生金融负债	—	—
拆出资金	—	—	卖出回购金融资产款	—	—
交易性金融资产	91 723.43	48 709.72	应付手续费及佣金	—	—
衍生金融资产	—	—	应付职工薪酬	8 186.77	8 842.55
买入返售金融资产	—	—	应交税费	1 815.27	5 266.30
应收手续费及佣金	28.05	28.05	应付利息	—	—
应收利息	84.36	80.47	应付股利	470.63	470.63
应收股利	23 908.50	17 622.00	其他应付款	853.61	975.32
其他应收款	13 443.49	10 134.43	预计负债	—	—
其他流动资产	684.82	—	递延收益	—	—
持有待售资产	—	—	递延所得税负债	8 145.89	5 186.06
发放贷款和垫款	—	—	其他负债	—	—
可供出售金融资产	78 052.31	69 145.30	负债合计	19 472.17	20 740.86
持有至到期投资	12 649.39	47 492.64	所有者权益：		
长期股权投资	204 930.25	200 892.20	实收资本	51 660.00	51 660.00
投资性房地产	—	—	资本公积	3 367.40	3 367.40
固定资产	1 200.94	1 337.31	减：库存股	—	—
无形资产	668.96	833.97	其他综合收益	21 150.23	13 960.74
商誉	—	—	盈余公积	27 584.18	27 584.18
长期待摊费用	409.72	526.04	一般风险准备	7 000.07	6 497.72

续表

项　目	期末余额	年初余额	项　目	期末余额	年初余额
递延所得税资产	12 060. 10	11 515. 63	信托赔偿准备金	10 332. 00	10 332. 00
其他资产	—	—	未分配利润	334 159. 12	321 720. 01
			外币报表折算差额	—	—
			归属于母公司所有者权益合计	455 253. 00	435 122. 05
			少数股东权益	—	—
			所有者权益合计	455 253. 00	435 122. 05
资产总计	474 725. 17	455 862. 91	负债和所有者权益总计	474 725. 17	455 862. 91

法定代表人:吴庆斌　　　　主管会计工作负责人:吴庆斌　　　　会计机构负责人:隋新

5. 1. 3　利润表

利润表

编制单位:中泰信托有限责任公司　　　　2019 年度　　　　单位:万元

项目	本期金额	上期金额
一、营业收入	27 021. 46	28 769. 13
利息净收入	508. 79	132. 13
利息收入	508. 79	132. 13
利息支出	—	—
手续费及佣金净收入	6 000. 62	11 097. 13
手续费及佣金收入	6 001. 99	11 108. 44
手续费及佣金支出	1. 37	11. 31
投资收益(损失以"－"号填列)	14 680. 12	16 991. 28
其中:对联营企业和合营企业的投资收益	10 055. 31	10 645. 11
公允价值变动收益(损失以"－"号填列)	4 030. 32	463. 49
汇兑收益(损失以"－"号填列)	—	—
其他业务收入	1 801. 61	57. 21
资产处置收益	—	-0. 19
其他收益	—	28. 08
二、营业支出	13 873. 30	13 902. 17
税金及附加	64. 69	71. 35
业务及管理费	10 007. 00	13 759. 60
资产减值损失	2 746. 17	-33. 14
其他业务成本	374. 61	104. 37
三、营业利润(亏损以"－"号填列)	13 148. 16	14 866. 95
加:营业外收入	975. 75	747. 00
减:营业外支出	317. 36	0. 02
四、利润总额(亏损总额以"－"号填列)	13 806. 55	15 613. 93
减:所得税费用	865. 09	1 199. 99
五、净利润(净亏损以"－"号填列)	12 941. 46	14 413. 94
其中:持续经营净利润	12 941. 46	14 413. 94
终止经营净利润	—	—
六、其他综合收益的税后净额	7 189. 49	-2 091. 69
(一)以后不能重分类进损益的其他综合收益	—	—
1. 重新计量设定受益计划净负债净资产的变动	—	—
2. 权益法下在被投资单位不能重分类进损益的其他综合收益中享有的份额	—	—
(二)以后将重分类进损益的其他综合收益	7 189. 49	-2 091. 69
1. 权益法下在被投资单位以后将重分类进损益的其他综合收益中享有的份额	1 332. 74	-581. 19
2. 可供出售金融资产公允价值变动损益	5 856. 75	-1 510. 50
3. 持有至到期投资重分类为可供出售金融资产损益	—	—
4. 现金流量套期损益的有效部分	—	—
七、综合收益总额	20 130. 95	12 322. 24

法定代表人:吴庆斌　　　　主管会计工作负责人:吴庆斌　　　　会计机构负责人:隋新

5.1.4 所有者权益变动表

所有者权益变动表

2019 年度

编制单位：中泰信托有限责任公司　　　　单位：万元

项目	本期发生额									
	实收资本	资本公积	减：库存股	其他综合收益	专项储备	盈余公积	一般风险准备	信托赔偿准备	未分配利润	所有者权益合计
一、上年期末余额	51 660. 00	3 367. 40	—	13 960. 74	—	27 584. 18	6 497. 72	10 332. 00	321 720. 01	435 122. 05
加：会计政策变更	—	—	—	—	—	—	—	—	—	—
前期差错更正	—	—	—	—	—	—	—	—	—	—
其他	—	—	—	—	—	—	—	—	—	—
二、本年期初余额	51 660. 00	3 367. 40	—	13 960. 74	—	27 584. 18	6 497. 72	10 332. 00	321 720. 01	435 122. 05
三、本期增减变动金额（减少以“－”号填列）	—	—	—	7 189. 49	—	—	502. 34	—	12 439. 11	20 130. 94
（一）综合收益总额	—	—	—	7 189. 49	—	—	—	—	12 941. 45	20 130. 94
（二）所有者投入和减少资本	—	—	—	—	—	—	—	—	—	—
1. 股东投入的普通股	—	—	—	—	—	—	—	—	—	—
2. 其他权益工具持有者投入资本	—	—	—	—	—	—	—	—	—	—
3. 股份支付计入所有者权益的金额	—	—	—	—	—	—	—	—	—	—
4. 其他	—	—	—	—	—	—	—	—	—	—
（三）利润分配	—	—	—	—	—	—	502. 34	—	-502. 34	—
1. 提取盈余公积	—	—	—	—	—	—	—	—	—	—
2. 提取一般风险准备金	—	—	—	—	—	—	502. 34	—	-502. 34	—
3. 提取信托赔偿准备金	—	—	—	—	—	—	—	—	—	—
4. 对所有者（或股东）的分配	—	—	—	—	—	—	—	—	—	—
5. 其他	—	—	—	—	—	—	—	—	—	—
（四）所有者权益内部结转	—	—	—	—	—	—	—	—	—	—
1. 资本公积转增资本（或股本）	—	—	—	—	—	—	—	—	—	—
2. 盈余公积转增资本（或股本）	—	—	—	—	—	—	—	—	—	—
3. 盈余公积弥补亏损	—	—	—	—	—	—	—	—	—	—
4. 其他	—	—	—	—	—	—	—	—	—	—
（五）专项储备	—	—	—	—	—	—	—	—	—	—
1. 本期提取	—	—	—	—	—	—	—	—	—	—
2. 本期使用	—	—	—	—	—	—	—	—	—	—
（六）其他	—	—	—	—	—	—	—	—	—	—
四、本期期末余额	51 660. 00	3 367. 40	—	21 150. 23	—	27 584. 18	7 000. 07	10 332. 00	334 159. 12	455 253. 00

法定代表人：吴庆斌　　主管会计工作负责人：吴庆斌　　会计机构负责人：隋新

5.2 信托资产

5.2.1 信托项目资产负债汇总表

信托项目资产负债汇总表

编制单位：中泰信托有限责任公司　　2019 年 12 月 31 日　　单位：万元

信托资产	期末数	期初数	信托负债和信托收益	期末数	期初数
信托资产：			信托负债：		
货币资金	12 355.61	18 141.70	交易性金融负债	—	—
拆出资金	—	—	衍生金融负债	—	—
存出保证金	—	—	应付受托人报酬	27.91	25.33
交易性金融资产	136 528.63	81 584.89	应付托管费	30.62	17.27
衍生金融资产	—	—	应付受益人收益	—	—
买入返售资产	6 730.00	15 108.20	应交税费	150.84	1 268.38
应收款项	261 244.31	265 094.10	应付销售服务费	—	—
发放贷款	1 649 981.05	1 114 708.91	其他应付款项	23 160.96	20 710.71
可供出售金融资产	594 925.01	558 425.01	其他负债	—	—
持有至到期投资	130 376.20	217 393.00	信托负债合计	23 370.33	22 021.70
长期应收款	45 000.00	45 000.00			
长期股权投资	359 822.05	517 618.90	信托权益：		
投资性房地产	1 029.33	—	实收信托	3 055 413.86	2 681 650.06
固定资产	—	—	资本公积	79 998.39	81 041.40
无形资产	42 500.00	42 500.00	外币报表折算差额	—	—
长期待摊费用	—	—	未分配利润	81 709.63	90 861.55
其他资产	—	—	信托权益合计	3 217 121.88	2 853 553.01
信托资产总计	3 240 492.20	2 875 574.71	信托负债及信托权益总计	3 240 492.20	2 875 574.71

法定代表人：吴庆斌　　财务负责人：吴庆斌　　会计机构负责人：杨阳

5.2.2 信托项目利润及利润分配汇总表

信托项目利润及利润分配汇总表

编制单位：中泰信托有限责任公司　　2019 年度　　单位：万元

信托资产	本年数	上年数
一、营业收入	206 032.20	243 267.23
利息收入	110 754.92	103 257.72
投资收益	89 435.42	132 714.16
其中：对联营企业和合营企业的投资收益	—	—
公允价值变动收益（损失以“－”号填列）	611.98	-461.50
租赁收入	3 810.97	5 177.25
汇兑损益（损失以“－”号填列）	—	—
其他收入	1 418.92	2 579.60
二、营业支出	13 195.88	23 057.20
营业税金及附加	—	—
受托人报酬	6 404.00	11 775.03
托管费	1 700.98	1 120.22
投资管理费	—	—
销售服务费	175.45	4 476.50
交易费用	—	—
资产减值损失	—	—
其他费用	4 884.85	5 685.45
三、信托净利润（净亏损以“－”号填列）	192 836.32	220 210.03
四、其他综合收益	—	—
五、综合收益	192 836.32	220 210.03
加：期初未分配信托利润	90 861.55	96 992.34
六、可供分配的信托利润	283 697.87	317 202.37
减：本期已分配信托利润	201 988.25	226 340.82
七、期末未分配信托利润	81 709.63	90 861.55

法定代表人：吴庆斌　　财务负责人：吴庆斌　　会计机构负责人：杨阳

6. 会计报表附注

6.1 本会计报表不符合会计核算基本前提的事项

无。

6.2 或有事项说明

本公司对发放的已逾期的贷款提起诉讼，全部已判决并胜诉，公司正积极对相关债权进行追讨。

单位：万元

或有事项项目	期初金额	期末金额
合计	33 805.98	33 805.98

6.3 重要资产转让及其出售的有关说明

报告期内公司无重要资产转让或出售。

6.4 会计报表中重要项目的明细资料

6.4.1 自营资产经营情况

6.4.1.1　信用风险资产情况

中国银行业监督管理委员会自 2016 年 1 月起调整了信用风险资产的统计范围，主要为将长期股权投资、交易性金融资产、可供出售金融资产和持有至到期投资等新纳入信用风险资产范围。按信用风险资产五级分类，报告期末，公司不良信用风险资产合计为 59 182.95 万元，信用风险资产合计为 408 339.95万元（其中正常类 337 937.83 万元、关注类

11 219. 16万元、次级类 23 766. 89 元、可疑类零元、损失类 35 416. 06万元）。公司已足额计提拨备，全面覆盖不良信用风险资产，故上述不良信用风险资产不影响公司资产质量。2019 年度，信用风险资产不良率为 14. 49%。信用风险资产不良率仅反映报告期内公司信用风险资产的相关情况。

注：1. 不良信用风险资产合计 = 次级类 + 可疑类 + 损失类。

2. 信用风险资产合计 = 正常类 + 关注类 + 次级类 + 可疑类 + 损失类。

3. 信用风险资产不良率 = 不良信用风险资产合计/信用风险资产合计 x100%。

6. 4. 1. 2　资产减值损失准备情况

单位：万元

	期初数	本期计提	本期转回	本期核销	期末数
贷款损失准备	30 716. 06	—	—	—	30 716. 06
一般准备	—	—	—	—	—
专项准备	30 716. 06	—	—	—	30 716. 06
其他资产减值准备	—	—	—	—	—
可供出售金融资产减值准备	3 349. 48	2 552. 37	—	—	5 901. 86
持有至到期投资减值准备	—	84. 17	—	—	84. 17
长期股权投资减值准备	—	—	—	—	—
坏账准备	5 039. 62	109. 62	—	—	5 149. 24
投资性房地产减值准备	—	—	—	—	—

6. 4. 1. 3　投资业务情况

单位：万元

	自营股票	基金	债券	长期股权投资	其他投资	合计
期初数	30 780. 00	—	10 684. 51	200 892. 20	127 232. 63	369 589. 34
期末数	38 589. 00	—	—	204 930. 25	143 836. 13	387 355. 38

6. 4. 1. 4　自营长期股权投资情况

企业名称	占被投资企业权益的比例（%）	主要经营活动	投资损益（万元）
大成基金管理有限公司	50. 00	公募基金的募集和管理	11 339. 22
都邦财产保险股份有限公司	19. 07	保险业务	－1 283. 91

6. 4. 1. 5　前三名的自营贷款的企业名称、占贷款总额的比例和还款情况等

企业名称	占贷款总额的比例（%）	还款情况
深圳市凯泰隆实业发展有限公司	22. 79	逾期
海南金盟发实业有限公司	22. 79	逾期
黄山长江徽杭高速公路有限公司	22. 79	逾期

6. 4. 1. 6　表外业务情况

单位：万元

表外业务	期初数	期末数
担保业务	—	—
代理业务（委托业务）	—	—
其他	—	—
合计	—	—

6. 4. 1. 7　本公司当年的收入结构

续表

收入结构	金额（万元）	占比（%）
利息收入	508. 79	1. 50
手续费及佣金收入	6 000. 62	17. 65
其中：信托手续费收入	6 000. 62	17. 65
投资收益	14 680. 12	43. 18
公允价值变动收益	4 030. 32	11. 85
汇兑损益	—	—
其他业务收入	1 801. 61	5. 30
资产处置收益	—	—
其他收益	—	—
营业外收入	975. 75	2. 87
合计	27 997. 21	100

2019 年度本公司信托业务收入为 6 000. 62 万元，均为以手续费及佣金确认的信托业务收入。

6. 4. 2　披露信托财产管理情况

6. 4. 2. 1　信托资产的期初数、期末数

单位：万元

信托资产	期初数	期末数
集合	964 435. 45	714 014. 76
单一	1 868 514. 20	2 386 394. 41
财产权	42 625. 06	140 083. 04
合计	2 875 574. 71	3 240 492. 20

6. 4. 2. 1. 1　主动管理型信托业务

单位：万元

主动管理型信托资产	期初数	期末数
证券投资类	551. 76	642. 95
股权投资类	—	—
融资类	438 800. 47	297 851. 81
事务管理类	30. 81	1 147. 58
其他类	236 469. 73	266 362. 00
合计	675 852. 77	566 004. 34

6. 4. 2. 1. 2　被动管理型信托业务

单位：万元

被动管理型信托资产	期初数	期末数
证券投资类	99 318. 09	—
股权投资类	215 388. 64	—
融资类	148 841. 43	140 327. 73
事务管理类	1 736 173. 78	2 534 160. 13
其他类	—	—
合计	2 199 721. 94	2 674 487. 86

6. 4. 2. 2　本年度已清算结束的信托项目个数、实收信托合计金额、加权平均实际年化收益率

6. 4. 2. 2. 1　本年度已清算结束的集合类、单一类资金信托项目和财产管理类信托项目个数、实收信托金额、加权平均实际年化收益率

已清算结束的信托项目	项目个数（个）	实收信托合计金额（万元）	加权平均实际年化收益率（%）
集合类	9	194 730. 00	7. 21
单一类	20	496 544. 06	33. 55
财产管理类	—	—	—

6.4.2.2.2 本年度已清算结束的主动管理型信托项目个数、实收信托合计金额、加权平均实际年化收益率

已清算结束的信托项目	项目个数（个）	实收信托合计金额（万元）	加权平均实际年化信托报酬率（%）	加权平均实际年化收益率（%）
证券投资类	—	—	—	—
股权投资类	—	—	—	—
融资类	6	106 080.00	1.21	7.43
事务管理类	—	—	—	—
其他类	3	88 650.00	1.17	6.91

注：其他类是指除投向证券及股权外的其他投资类业务。

6.4.2.2.3 本年度已清算结束的被动管理型信托项目个数、实收信托合计金额、加权平均实际年化收益率

已清算结束的信托项目	项目个数（个）	实收信托合计金额（万元）	加权平均实际年化信托报酬率（%）	加权平均实际年化收益率（%）
证券投资类	—	—	—	—
股权投资类	—	—	—	—
融资类	1	7 424.06	1.45	44.07
事务管理类	19	489 120.00	0.24	7.32
其他类	—	—	—	—

6.4.2.3 本年度新增的集合类、单一类和财产管理类信托项目个数、实收信托合计金额

新增信托项目	项目个数（个）	实收信托合计金额（万元）
集合类	—	—
单一类	30	1 095 370.60
财产管理类	5	97 467.00
新增合计	35	1 192 837.60
其中：主动管理型	11	172 367.00
被动管理型	24	1 020 470.60

6.4.2.4 信托业务创新成果和特色业务有关情况

2019年，公司基于业务发展外部环境和自身能力，持续探索业务创新。围绕监管要求，始终将信托回归本源作为公司信托业务发展的主要方向，基于此前年度的工作积累，公司通过行业层面系统、持续地研究，梳理服务信托业务创新发展的主要模式，探索服务信托、家族信托等重要方向，完善产品线设置并夯实债券、便利金融等业务的运营管理，抓住业务发展机会。

6.4.2.5 报告期内，本公司依法依规审慎履行受托人职责，未发生因本公司自身责任导致信托资产损失的情况

截至2019年12月31日，本公司信托赔偿准备金累计金额为10 332万元，已达注册资本的20%。根据《信托公司管理办法》第四十九条，信托赔偿金累计金额达到公司注册资本的20%时，可不再提取。因未发生管理失职的情况，本年度未使用信托赔偿准备金。公司按照中国银保监会的有关规定管理信托赔偿准备金。

6.5 关联方关系及其交易的披露

6.5.1 关联交易方的数量、关联交易的总金额及关联交易的定价政策等

	关联交易方数量（个）	关联交易金额（万元）	定价政策
合计	4	35 833.30	按照市场公允价格确定

注：1. 关联交易的定义以《公司法》和《企业会计准则第36号——关联方披露》有关规定为准。具体定价政策：按照市场公允价格确定；如果缺乏市场公允价格的，比照相关类似业务或资产的市价确定；如果上述两种价格都不存在，则按照中介机构出具的评估价确定。

2. 关联交易除了2019年度内新增的大成基金应付股利，其余均为历史形成。

6.5.2 关联交易方与本公司的关系性质、关联交易方的名称、法定代表人、注册地址、注册资本及主营业务等

关系性质	关联方名称	法人代表	注册地址	注册资本（万元）	主营业务
受同一股东控制	上海新华闻投资有限公司	李于晖	上海市闸北区大目中路383号501室	50 000	实业投资、资产经营及管理等。
受同一股东控制	上海久峰投资咨询有限公司	吴艳芸	上海市松江区松汇西路1558号A－287	1 000	企业投资咨询、商务咨询、财务管理咨询、企业管理咨询服务。
受同一股东控制	中达资产管理有限公司	程齐鸣	北京市朝阳区东三环北路38号院1号楼21层2501内1室	5 000	资产管理、项目投资、投资管理、企业管理咨询、投资咨询。
受同一股东控制	沈阳弘泰投资有限公司	马威	沈阳市和平区中山路111号1106室	5 000	产业投资及对所投资资产进行管理，投资信息、财务信息咨询。
合营公司	大成基金管理有限公司	吴庆斌	深圳市福田区深南大道7088号招商银行大厦32层	20 000	基金募集、基金销售、资产管理及中国证监会许可的其他业务。
合营企业	上海中泰鑫隆投资有限公司	王政	中国（上海）自由贸易试验区浦东大道720号22层G座	10 000	实业投资，企业资产委托管理及并购，国内贸易（除专项审批），咨询服务。

6.5.3 本公司与关联方的重大交易事项

6.5.3.1 固有与关联方交易情况

单位：万元

固有与关联方关联交易				
	期初数	借方发生额	贷方发生额	期末数
贷款	—	—	—	—
投资	—	—	—	—
租赁	—	—	—	—
担保	—	—	—	—
应收账款	29 435.14	7 350.00	1 000.00	35 785.14
其他	48.16	—	—	48.16
合计	29 483.30	7 350.00	1 000.00	35 833.30

6.5.3.2 信托与关联方交易情况

单位：万元

信托与关联方关联交易				
	期初数	借方发生额	贷方发生额	期末数
贷款	5 315.50	—	—	5 315.50
投资	8 342.50	—	−3 320.00	5 022.50
租赁	0.00	—	—	0.00
担保	0.00	—	—	0.00
应收账款	0.00	—	—	0.00
其他	0.00	—	—	0.00
合计	13 658.00	0.00	−3 320.00	10 338.00

6.5.3.3　信托公司自有资金运用于自己管理的信托项目（固信交易）、信托公司管理的信托项目之间的相互（信信交易）交易金额，包括余额和本报告年度的发生额

6.5.3.3.1　固信交易情况

单位：万元

固有财产与信托财产相互交易				
	期初数	本期发生额		期末数
		借方发生额	贷方发生额	
合计	24 496.29	0.00	0.00	24 496.29

6.5.3.3.2　信信交易情况

单位：万元

信托资产与信托财产相互交易			
	期初数	本期发生额	期末数
合计	0.00	0.00	0.00

6.5.4　关联方逾期未偿还本公司资金的情况以及本公司关联方担保发生垫款的事项

无。

6.6　会计制度的披露

6.6.1　固有业务执行的会计制度

本公司固有业务从2008年1月1日起执行财政部发布的《企业会计准则——基本准则》（财政部令第33号发布、财政部令第76号修订）、于2006年2月15日及其后颁布和修订的42项具体会计准则、企业会计准则应用指南、企业会计解释以及其他相关规定（统称企业会计准则）。

6.6.2　信托业务执行会计制度

本公司信托业务从2010年1月1日起执行财政部2006年2月颁布的《企业会计准则——基本准则》和38项具体会计准则、其后颁布的应用指南、解释及其他相关规定（统称企业会计准则）。

7. 财务情况说明书

7.1　利润实现和分配情况

7.1.1　利润实现情况

本年度实现的利润总额为13 806.55万元，实现的净利润为12 941.46万元。

单位：万元

项目	金额
营业利润	13 148.16
利润总额	13 806.55
所得税	865.09
净利润	12 941.46

7.1.2　利润分配情况

单位：万元

项目	金额
本年度净利润	12 941.46
上年未分配利润	321 720.01
本年其他转入	—
可供分配的利润	334 661.47
提取法定盈余公积	—
提取法定公益金	—
提取信托赔偿准备金	—
提取一般准备金	-502.34
可供投资者分配利润	334 159.12
未分配利润	334 159.12

7.2　主要财务指标

指标名称	指标值
资本利润率（%）	2.91
加权年化信托报酬率（%）	0.72
人均净利润（万元）	119.83

注：1. 资本利润率＝净利润/所有者权益平均余额 x 100%。

2. 加权年化信托报酬率＝（信托项目1的实际年化信托报酬率 x 信托项目1的实收信托 ＋信托项目2的实际年化信托报酬率 x 信托项目2的实收信托＋…＋信托项目 *n* 的实际年化信托报酬率 x 信托项目 *n* 的实收信托）/（信托项目1的实收信托 ＋信托项目2的实收信托＋…＋信托项目 *n* 的实收信托）。

3. 人均净利润＝净利润/平均人数。

4. 平均值采取年初、年末余额简单平均法，公式为：*a*（平均）＝（年初数＋年末数）/2。

7.3　对本公司财务状况、经营成果有重大影响的其他事项

无。

8. 特别事项揭示

8.1　报告期内本公司股东变动情况及原因

无。

8.2　董事、监事及高级管理人员变动情况及原因

报告期内，公司原总裁陈乃道先生、副总裁万刚先生因个人原因向董事会提出辞职。经公司董事会审议通过，陈乃道先生不再担任公司总裁职务，公司董事长吴庆斌先生代为履行总裁职责，万刚先生不再担任公司副总裁职务。

报告期内，经公司董事会会议决定，并经上海银保监局核准，胡杰先生就任公司合规总监。

报告期内，公司董事会、监事会成员未发生变动，公司股东未提名董监事。

8.3　公司的重大诉讼事项

8.3.1　信托项下诉讼

8.3.1.1　重大未决诉讼

一是2019年，公司“中泰·弘泰11号集合资金信托计划”交易对手未按合同约定还款。公司于2019年7月向上海金融法院起诉贵州清水江城投集团有限公司、黔南东升发展有限公司，并请求法院进行财产保全。经审理，截至目前，本案尚未作出一审判决。

二是2019年，公司“中泰·恒泰18号集合资金信托计划”

交易对手青海省投资集团有限公司未按照合同约定支付标的股权收益权转让价款，公司向上海市高级人民法院起诉青海省投、桥头铝电、西部水电和三江水电，请求法院判令青海省投支付标的股权收益权回购价款（回购价款 = 回购基本价款 + 回购溢价款），并承担违约金、损害赔偿金和实现债权和保证的费用；请求法院进行财产保全、判令桥头铝电、西部水电和三江水电对青海省投所负债务承担连带清偿义务。2019 年 8 月 15 日，本案移交至西宁市中级人民法院集中管辖，并于 2020 年 1 月 7 日开庭审理。目前本案西宁市中级人民法院已作出一审判决，判决本公司胜诉。

8.3.1.2　以前年度发生，于本报告年度内终结的诉讼事项

公司"中泰·瑞泰 1 号应收账款投资集合资金信托计划"因融资方江苏中瑞路桥建设有限公司出现违约情形，公司向上海二中院提起对融资方和应收账款债务人灌云县交通运输局及抵押人江苏全泰交通工程有限公司的诉讼并申请财产保全，上海二中院于 2018 年 7 月 17 日一审判决公司胜诉，抵押人上诉至上海高院。2019 年 2 月 12 日，上海高院终审判决维持原判，公司胜诉。目前正在执行中。

抵押人江苏全泰交通工程有限公司已向最高人民法院提起再审。再审申请目前在正在审查中。再审申请审查期间，执行程序不停止。

8.3.1.3　本报告年度发生，于本报告年度内终结的诉讼事项

一是公司"中泰·庆泰 1 号集合资金信托计划"因融资方出现违约情形，公司于 2019 年 8 月向北京市东城区法院提起对庆阳能源化工集团有限公司、庆阳经济投资发展有限公司提起诉讼并申请财产保全，2019 年 11 月北京市东城区法院出具一审判决书，判决本公司胜诉，上诉期内，被告方未提起上诉，一审判决于 2019 年 12 月 12 日生效。目前正在执行中。

二是公司"中泰·金泰 36 号集合资金信托计划"交易对手黔南州投资有限公司未按照合同约定还款，公司于 2019 年 7 月向上海金融法院起诉黔南州投资有限公司、贵州剑江控股集团有限公司，并请求法院进行财产保全。起诉后，公司与交易对手达成庭外和解，融资人已全额还本付息，公司于 2019 年 10 月撤诉。

三是 2019 年，公司"中泰·贵州凯里项目贷款集合资金信托计划"融资方贵州凯里开元城市投资开发有限责任公司违反融资合同约定未能按期还款，公司于 2019 年 4 月 22 日向上海金融法院提起诉讼申请，经上海金融法院调解，并在上海金融法院主持下涉诉当事人达成《民事调解协议》，调解结案。目前正在执行中。该项目已全额兑付自然人投资者本息，机构投资者已展期。

8.3.2　固有项下诉讼

2018 年，财富证券有限责任公司因争议向湖南高院对公司提起诉讼并申请财产保全。该案件已于 2018 年 4 月 9 日一审开庭，一审判决公司败诉。本公司随后向最高人民法院提起上诉，最高人民法院于 2019 年 12 月 11 日作出终审判决，本公司胜诉，本案已结案。

8.4　公司及其董事、监事和高级管理人员在报告期内受的处罚

报告期内，本公司董事、监事和高级管理人员未受处罚。

报告期内，本公司受监管处罚情况如下：

2019 年 5 月 10 日，中国银行保险监督管理委员会上海监管局向本公司出具行政处罚决定书（沪银保监银罚决字［2019］10 号）。

2019 年 8 月 20 日，中国银行保险监督管理委员会上海监管局向本公司出具行政处罚决定书（沪银保监银罚决字［2019］74 号）。

针对处罚，本公司已严格落实监管意见，切实整改、进行内部处罚和问责，并进一步完善工作流程，加强合规管理，提升全员合规意识。

8.5　中国银保监会及其派出机构对公司检查整改意见落实情况

上海银保监局于 2019 年 12 月 16 日对本公司进行了第二次全面风险排查，根据现场检查情况对本公司在公司治理、内部控制等方面进行了风险提示。本公司对此高度重视，迅速向董事会、股东单位等相关各方通报相关内容，敦促落实，并建立整改台账，将贯彻落实监管部门监管意见的具体工作进行了任务分解，明确落实整改的部门分工和责任，要求责任部门全面开展整改工作，并按季度汇总整改落实情况表及已完成工作的佐证材料。后续本公司将持续推进整改措施，按时完成监管整改要求。

上海银保监局于 2019 年 9 月 18 日对本公司进行了重要时期网络安全保障现场督察，就期间发现的部分网络安全问题提出监管意见。本公司迅速响应，针对监管意见制定了相应整改方案并逐项落实。12 月 26 日，上海银保监局对本公司整改情况进行现场复查，基本认可本公司整改工作。

8.6　本年度公司重大事项临时报告

公司于 2019 年 6 月 27 日在《证券时报》B007 版发布《关于总裁变动的公告》。

8.7　报告期内，中国银保监会及其省级派出机构认定的其他有必要让客户及相关利益人了解的重要信息

无。

9. 公司监事会意见

公司监事会认为，报告期内，公司决策程序合法，内部控制实施符合监管要求，公司董事、高级管理人员履职行为过程中未见违法违纪或有损公司及股东利益的行为。

中审亚太会计师事务所（特殊普通合伙）为公司 2019 年度财务报告出具了标准无保留意见的审计报告。监事会认为该财务报告真实反映了公司的财务状况和经营成果。

中铁信托有限责任公司

1. 重要提示

1.1 本公司董事会及董事保证本报告所载资料不存在任何虚假记载、误导性陈述或者重大遗漏，并对其内容的真实性、准确性和完整性承担个别及连带责任。本年度报告摘要摘自年度报告全文，客户及相关利益人欲了解详细内容，应阅读年度报告全文。

1.2 本公司全部董事均出席了审议本次年报的董事会会议，公司监事、高管列席了会议。

1.3 本公司独立董事周国华先生、陈永生先生、龙宗智先生声明：保证年度报告内容的真实性、准确性和完整性。

1.4 普华永道中天会计师事务所(特殊普通合伙)北京分所根据中国注册会计师独立审计准则对本公司年度财务报告进行审计，出具了无保留意见的审计报告。

1.5 本公司董事长马永红先生、总经理陈赤先生、财务负责人李正斌先生和会计机构负责人(会计主管人员)马笑薇女士声明：保证年度报告中财务报告的真实、完整。

2. 公司概况

2.1 公司简介

2.1.1 公司法定中文名称：中铁信托有限责任公司
中文名称缩写：中铁信托
公司法定英文名称：China Railway Trust Co. ,Ltd.
英文名称缩写：CRTC

2.1.2 法定代表人：马永红
注册地址：成都市武侯区航空路1号国航世纪中心B座20层、21层、22层
邮政编码：610041
公司国际互联网网址：www. crtrust. com
电子信箱：crtc@ crtrust. com

2.1.3 公司负责信息披露事务的高级管理人员：舒军华
联系人：王重明
电话/传真：028-82570969
电子信箱：wcm@ crtrust. com

2.1.4 公司选定的信息披露报纸：《上海证券报》《证券时报》

2.1.5 公司年度报告备置地点：成都市航空路1号国航世纪中心B座26楼

2.1.6 公司聘请的会计师事务所名称：普华永道中天会计师事务所(特殊普通合伙)北京分所
住所：北京市朝阳区东三环中路7号4号楼22层、23层、25层、26层

2.1.7 公司聘请的律师事务所名称：泰和泰律师事务所
住所：成都市高新区天府大道中段199号棕榈泉国际中心16楼、17楼

2.2 组织结构

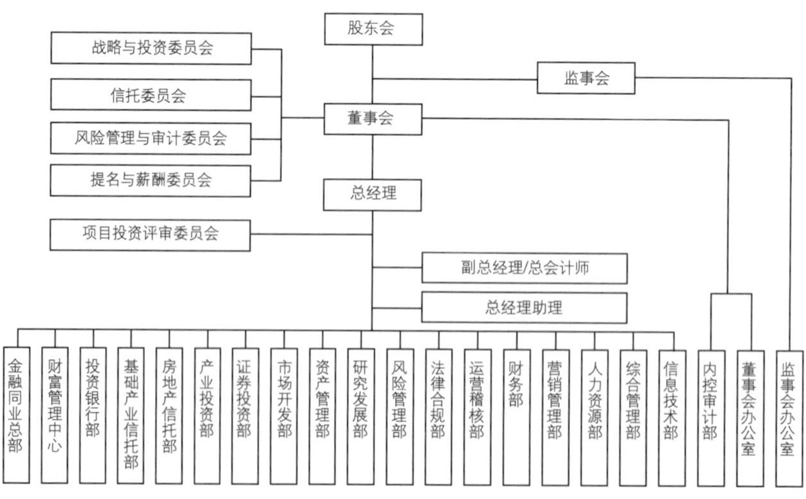

3. 公司治理

3.1 股东

3.1.1 股东持股情况

报告期末股东总数为 17 家，出资比例 15% 以上的股东情况

股东名称	出资比例（%）	法人代表
中国中铁股份有限公司	78.911	张宗言

3.1.2 公司第一大股东的主要股东情况

公司第一大股东名称	第一大股东的主要股东	出资比例（%）	法人代表
中国中铁股份有限公司	中国铁路工程集团有限公司	50.70	张宗言

3.2 董事

3.2.1 董事会成员

姓名	职务	性别	年龄（岁）	选任日期	所推举的股东名称	该股东持股比例（%）	简要履历
马永红	董事长	男	53	2018 年 1 月	中国中铁股份有限公司	78.911	历任铁道部第三工程局处长，中铁三局集团有限公司董事、副总会计师、总会计师、总法律顾问，中铁置业集团有限公司董事、财务总监、副总经理，中铁信托有限责任公司党委书记、纪委书记、监事长；现任中铁信托有限责任公司党委书记、董事长。
陈赤	董事	男	53	2018 年 12 月	中国中铁股份有限公司	78.911	历任西南财经大学政治经济学教研室副主任，四川省信托投资公司峨眉山办事处总经理助理，衡平信托有限责任公司总经理助理，中铁信托有限责任公司副总经理、董事会秘书；现任中铁信托有限责任公司党委副书记、总经理。
何 文	董事	男	55	2018 年 1 月	中国中铁股份有限公司	78.911	历任中铁四局集团有限公司财务处副处长、资金部部长、副总会计师、总会计师、董事、党委常委，中铁信托有限责任公司党委书记、纪委书记、监事长；现任中国中铁股份有限公司董事会秘书、财务部部长。
冯晓群	董事	女	53	2018 年 7 月	成都工投资产经营有限公司	3.429	历任成都投资项目经济技术咨询公司、蜀都大厦管理公司职员，成都市国有资产投资经营公司投资部经理、资产经营部经理，成都工投资产经营有限公司投资管理部经理、投资总监，成都工业投资集团有限公司资产管理部部长、审计风控部部长；现任成都工投资产经营有限公司副总经理。
魏道洪	董事	男	49	2019 年 9 月	中铁二局建设有限公司	7.232	历任中铁二局股份公司财务科副科长、科长，中铁二局股份公司四公司总会计师、党委书记，中铁二局瑞隆物流总经理、党委书记；现任中铁二局建设有限公司财务部部长。

3.2.2 独立董事

姓名	所在单位及职务	性别	年龄（岁）	选任日期	所推举的股东名称	该股东持股比例（%）	简要履历
周国华	西南交通大学教授	男	53	2018 年 1 月	—	—	历任西南交通大学经济管理学院院长助理、副院长；现任西南交通大学企业与项目管理研究所所长，中国高铁国际化发展协同创新中心（四川省 2011 计划）执行主任，教授、博士生导师，中铁信托有限责任公司独立董事、董事会提名与薪酬委员会主任委员。
陈永生	西南财经大学教授	男	56	2018 年 1 月	—	—	历任西南财经大学经济研究所助理研究员、副研究员，西南财经大学金融学院副教授、教授；现任西南财经大学金融学院教授，中铁信托有限责任公司独立董事、董事会信托委员会主任委员。
龙宗智	四川大学 教授	男	65	2018 年 1 月	—	—	历任解放军 38 师班长、排长，成都军区直属军事检察院检察员、副检察长、检察长，成都军区检察院副检察长，四川大学法学院教授，西南政法大学校长，重庆市人大内司委副主任；现任四川大学法学院教授、博士生导师，中铁信托有限责任公司独立董事、董事会风险管理与审计委员会主任委员。

3.3 监事

姓名	职务	性别	年龄（岁）	选任日期	所推举的股东名称	该股东持股比例（%）	简要履历
解义才	监事长	男	50	2018 年 1 月	中国中铁股份有限公司	78.911	历任中铁二局股份有限公司财务部副部长、证券部部长，中铁二局集团有限公司财务部部长、副总会计师，中铁信托有限责任公司董事、职工董事、总会计师、副总经理；现任中铁信托有限责任公司党委副书记、工会主席、监事长。
侯社中	监事	男	46	2018 年 1 月	中国中铁股份有限公司	78.911	历任中铁电气化局一处助理工程师，中铁工程公安局第八公安处干警，中铁电气化局纪委监察员、法律顾问室主任，中国铁路工程总公司上市办法律组组员，中铁置业集团有限公司法律合约经理、副部长、部长，青岛中金渝能公司总法律顾问，中铁置业集团有限公司总法律顾问、董事会秘书，四川新锐投资有限公司董事长；现任中国中铁股份有限公司法律事务部部长。
游勇进	监事	男	49	2018 年 1 月	成都高新发展股份有限公司	0.692	历任四川省五金交电化工总公司外经贸处科员、成都倍新咨询有限公司发展部经理、倍特期货有限公司重庆营业部总经理、成都倍特投资有限公司总经理助理、成都攀特实业有限公司副总经理；现任成都高新发展股份有限公司投资发展部部长。
马东开	职工监事	女	44	2018 年 1 月	—	—	历任中铁二局集团有限公司生活处会计员，中铁二局财会部资金中心会计员、助理会计师，中铁八局集团有限公司财务部会计师，中铁信托有限责任公司财务中心会计师、总经理助理、副总经理、总经理；现任中铁信托有限责任公司运营稽核部总经理。
郭洋	职工监事	男	35	2019 年 1 月	—	—	历任中铁信托有限责任公司风险管理部职员、风险管理部总经理助理、法律合规部副总经理；现任中铁信托有限责任公司资产管理部副总经理。

3.4 高级管理人员

姓名	职务	性别	年龄（岁）	选任日期	金融从业年限（年）	学历	专业
陈　赤	总经理	男	53	2018 年 12 月	21 年	博士	金融学
王　兴	副总经理	男	51	2013 年 12 月	21 年	博士	会计学
舒军华	副总经理	男	46	2014 年 4 月	15 年	研究生	管理学
严　震	副总经理	男	43	2019 年 1 月	18 年	研究生	金融学
李正斌	总会计师	男	46	2017 年 7 月	10 年	本科	会计学

3.5 公司员工

报告期内在岗员工人数:275 人，平均年龄:36 岁。学历分布比例如下。

学历分布	人数（人）	比例（%）
博士	9	3.27
硕士	116	42.18
本科	134	48.73
专科	12	4.37
其他	4	1.45

4. 经营管理

4.1 经营目标、企业品格、战略规划

4.1.1 经营目标

坚持“稳中求进、追求高质量发展”的工作总基调，坚持“资产端求稳、资金端求进、管理上提效”方向，通过拓展低风险业务、新兴战略性业务等举措优化业务布局，通过管理实验室活动提升经营管理的组织性、计划性和指导性，深化改革、提质增效，有序推进资管新规过渡期各项工作，扎实做好监管评级，全力实现各项经营目标，稳步提升行业影响力，奋力谱写公司高质量发展新篇章。

4.1.2 企业品格

公司所秉承的企业品格是:允执其中、守信如铁。

4.1.3 战略规划

抓住国家“十三五”战略发展的历史性机遇，加快改革转型步伐，提升公司治理能力，把中铁信托建设成为沿信托业价值链纵向一体化发展，具有以城市功能产业为核心，贯通上中下游产业闭环运行的投行和资产管理业务特色的、行业一流的现代综合金融企业。

4.2 所经营业务的主要内容

公司业务分为自营业务和信托业务。

4.2.1 自营业务

主要包括自营贷款、自营证券、金融产品投资等。

自营资产运用与分布表

资产运用	金额（万元）	占比（%）	资产分布	金额（万元）	占比（%）
货币资产	345 976	24.33	基础产业	—	—
贷款及应收款	32 098	2.26	房地产业	—	—
交易性金融资产	163 006	11.46	证券市场	124 779	8.77
其他非流动性金融资产	400 000	28.13	实业	—	—
长期股权投资	385 258	27.09	金融机构	509 538	35.83
递延所得税资产	64 892	4.56	其他	787 822	55.40

续表

资产运用	金额（万元）	占比（%）	资产分布	金额（万元）	占比（%）
其他	30 909	2. 17		—	—
资产总计	1 422 139	100. 00	资产总计	1 422 139	100. 00

4. 2. 2 信托业务

信托业务是本公司的主营业务和主要收入来源，主要包括集合资金信托、单一资金信托、财产信托等。

信托资产运用与分布表

资产运用	金额（万元）	占比（%）	资产分布	金额（万元）	占比（%）
贷款	17 363 446	40. 82	基础产业	1 232 514	2. 9
交易性金融资产	12 649	0. 03	房地产	6 389 293	15. 02
可供出售及持有至到期投资	9 934 420	23. 35	证券市场（股票）	—	—
长期股权投资	3 674 714	8. 64	证券市场（债券）	—	—
租赁	344 091	0. 81	证券市场（基金）	12 882	0. 03
买入返售	150 000	0. 35	金融机构	6 569 266	15. 44
存放同业	489 698	1. 15	工商企业	10 108 969	23. 76
其他	10 572 395	24. 85	其他	18 228 489	42. 85
信托资产总计	42 541 413	100. 00	信托资产总计	42 541 413	100. 00

4. 3 市场分析

4. 3. 1 外部环境机遇和挑战并存

一是国际环境。中美贸易战加剧了全球经济的不确定性，对国内货币政策、财政政策的制定、调整产生了深远影响，降低了预期确定性。全球经济受贸易摩擦、地缘政治、人口增速放缓、老龄化加速和环境保护日益严格等诸多因素影响，也面临增速将在很长一段时间放缓的情况。同时，全球经济格局将更加多极化，越来越多的经济体进入国际货币体系中，国际货币体系的覆盖范围大大拓展，国际货币有逐渐多元化的趋势。

二是国内环境。我国经济正处在转变发展方式、优化经济结构、转换增长动力的攻坚期。供给侧结构性改革扎实推进，财税金融改革深入实施，混合所有制改革、产权保护等一系列措施，进一步完善了市场主体的公平竞争和参与，开放型经济新体制不断完善。同时，随着金融脱虚向实各项政策推动，法律制度完善，为实体经济发展创造良好条件，国内营商环境愈发吸引国内外的投资者。

4. 3. 2 信托行业发展面临转型

一是制度层面，信托相关制度构建和完善取得较大进展。2019 年，相关部门先后下发《关于保险资金投资集合资金信托有关事项的通知》（［2019］144 号）和《信托公司受托责任尽职指引》，对信托公司展业进一步作出制度安排。

二是监管层面，随着国家政策基调由“强监管、去杠杆”转向“稳增长、稳杠杆”，信托行业的监管政策及相关细则陆续出台，监管部门先后下发了《关于开展“巩固治乱象成果 促进合规建设”工作的通知》（［2019］ 23 号）和《中国银保监会信托部关于进一步做好下半年信托监管工作的通知》（64 号文），要求信托公司规范管理，合规展业，回归信托本源。

三是业务层面，各信托公司不断提高资产质量，合理控制资产规模增长，提高主动管理类信托规模，收缩单一信托占比。同时各信托公司防控金融风险意识逐渐增强，投资领域逐渐多元化，从传统行业逐渐转向新兴领域，产业投资基金、慈善信托等创新业务将渐次开展，并加速转型，以更好服务实体经济。

4. 4 内部控制

4. 4. 1 内部控制环境和内部控制文化

公司按照国家有关法律法规和自身实际，构建了较为完善的内部控制体系。通过建立和完善组织架构、发展战略、授权体系、人力资源、组织文化、社会责任、内部规章及监督评价体系，形成了研究、决策、操作、稽核与评价相互制衡的风险控制机制，并通过事前、事中、事后控制三者结合进行综合防范，营造了合规、完整、有序的内控环境。

一是公司建立了规范的治理结构。股东会、董事会、监事会“三会”分工明确并相互制衡、各司其职、规范运作。各治理主体议事规则完备，职责规定明确，并根据发展情况及时修订，为公司法人治理结构的规范运行提供了制度保证。

二是公司建立了授权管理制度。经理层实行总经理负责制，在董事会授权范围内，对日常业务进行风险管理和控制。通过授权管理，形成了一套由公司分级授权的逐级审查、分级审批的分工明确和权力相互制衡的业务授权体系。

三是公司合理划分各经营管理部门的职责分工，加强各条线的内部管理、监督检查及信息传递，通过明确岗位职责，界定工作权限，制定作业流程、操作指引，形成了业务管理、合规检查和内部审计有序分工的内部控制三道防线及覆盖各层级的内部控制监督体系。

四是公司将品牌建设融入信托文化建设中，打造“允执其中，守信如铁”的财富品牌，充分体现“受托人责任”的信托文化核心内涵。公司积极倡导和推进合规风控文化建设，持续实施多层次的合规宣导、培训，开展廉洁从业教育活动，提高员工的合规意识，培育全员参与的合规风控文化。

4. 4. 2 内部控制措施

公司在内部控制体系框架下，采用不相容职务分离控制、授权审批控制措施，明确各部门及岗位的权限范围、审批程序及相应的责任，形成各司其职、各负其责、相互制约的工作机制；采用预算控制措施，制定全面预算管理办法，明确预算的各责任主体在预算管理中的职责权限，规范预算的编制、批准、下达和执行、调整、监督与考核程序；采用绩效考评控制措施，对公司各部门和全体员工的业绩进行考核评价；公司建立重大风险预警机制和突发事件应急处理机制，对可能发生的重大风险或突发事件制定应急预案，责任到人，规范处理程序，积极做好风险处置；逐步建立信息化基础设施建设和管理的长效机制，满足公司业务开展及内部管理的信息化需求。

报告期内，公司对相关内控制度进行了废、改、立，并强化制度执行，推进企业规范管理和有序运行。

4. 4. 3 监督评价与纠正

公司建立了多层次的内控监督体系：监事会依法履行监督职责，并就监督过程中发现的公司治理及经营管理中需要关注的问题，及时与董事会和经理层沟通；董事会及其风险管理与审计委员会不定期召开会议，积极发挥专业判断和智库作用；运营稽核部和内控审计部负责对公司日常经营行为进行过程稽核和审计监督。

4.5 风险管理

4.5.1 风险管理概况

经营活动中面临信用风险、市场风险、操作风险、政策法律风险、道德风险等类型的风险，为此公司依据《信托法》《信托公司管理办法》等法律法规构建风控体系。公司风险管理组织结构的具体职能部门及其职责如下：

董事会对股东会负责，根据股东会和《公司章程》授予的职权，依法行使决策权。

董事会信托委员会的主要职责是：一是负责督促公司依法履行受托职责，对公司信托业务运行情况进行评估，当公司或股东利益与受益人利益发生冲突时，研究提出维护受益人最大利益的具体措施；二是研究信托行业的发展趋势及运行规律，对公司信托业务的发展方向和专项规划进行研究并提出建议；三是对中国银保监会或其派出机构检查公司信托业务后要求董事会组织整改的问题进行研究并提出建议等。

董事会风险管理与审计委员会的主要职责是：一是监督高级管理层关于信用风险、流动性风险、市场风险、操作风险、合规风险和声誉风险等风险的控制情况，对公司风险政策、管理状况及风险承受能力进行定期评估，提出完善风险管理和内部控制的意见；二是检查公司风险及合规状况、会计政策、财务报告程序和财务状况；三是负责公司年度审计工作，提出外部审计机构的聘请与更换建议，并就审计后的财务报告信息真实性、准确性、完整性和及时性作出判断性报告，提交董事会审议；四是负责关联交易的管理、审查，控制关联交易风险。

公司经理层在董事会的领导下，执行董事会决议并负责公司的日常经营管理。经理层实行总经理负责制。

投资评审委员会在总经理授权范围内对集合资金信托业务、单一资金信托业务、财产信托业务、自营业务进行风险评估、可行性评审和操作实施方案的审议，最终形成公司集体审议意见。

风险管理部主要负责固有业务和主动管理类信托业务的信用风险、操作风险及市场风险揭示，负责组织投资评审委员会的召开。

法律合规部主要负责事务管理类信托业务风险揭示，固有业务和信托业务的合规风险控制，负责日常法律事务工作，牵头组织反洗钱工作。

运营稽核部主要负责稽核信托业务放款前手续落实情况，稽核主动管理集合信托项目的投（贷）后管理情况，以及对即将到期或出现风险隐患的主动管理集合信托项目出具风险评级意见。

4.5.2 风险状况

4.5.2.1 信用风险状况

信用风险是指交易对手未能履行合同，所带来的经济损失风险。公司所面临的信用风险主要表现为：在信托融资、资产回购、后续资金安排、担保、履约承诺等交易过程中，借款人、担保人、保管人（托管人）等交易对手不履行承诺，不能或不愿履行合约承诺而使信托财产和固有财产遭受潜在损失的可能性。

公司一般准备、专项准备的计提方法和统计方法为：合理估计资产风险程度和可能发生的损失，并按照财政部规定的准备金提取范围对风险资产计提资产损失准备。

公司的抵押品确认原则为：一是合法性，即要求抵押物和质押物必须符合国家法律规定，产权或处分权合法清晰，抵押品他项权利登记合法有效；二是保证能力充足性，即公司根据抵押物、质押物的保值能力和变现难易程度对不同抵押、质押物设置不同的抵押率，对于需要估价的抵（质）押财产，必须经过公司认可的资产评估中介机构进行估价，价值认定和评估真实准确；三是可操作性，即要求抵（质）押财产标的明确、易于保管、转让和变现。

公司对保证贷款的管理原则为：一是保证人资格必须合法有效，应具有独立的法人资格，对其拥有的财产享有所有权或依法处分权；二是保证人应具备良好的资信状况，有信誉，有充足的还款能力，有良好的还款记录，经营业绩稳定，财务状况良好，具备足够的担保能力；三是担保文件合法有效；四是公司对保证人加强保证的后期管理，对其资信状况和偿债能力及保证合同的履行情况定期进行检查，督促保证人按照保证合同的约定按期提交有关材料并履行各项义务。

4.5.2.2 市场风险状况

市场风险是指公司在信托和自营业务中，因股价、汇率、利率及其他价格因素变动对公司盈利能力和财务状况的影响，其可以分为金融资产价格风险、汇率风险、利率风险等。

一是股价变动对公司盈利能力和财务状况的影响分析。2019年，公司在证券二级市场开展的业务量在信托总规模中占比持续维持在较小的比例，因此证券市场的股价变动对公司的盈利和财务状况的影响有限。

二是汇率变动对公司盈利能力和财务状况的影响分析。公司目前暂未开展外汇业务，不会给公司的盈利和财务状况造成影响。

三是利率变动对公司盈利能力和财务状况的影响分析。公司信贷业务的执行利率多数为固定利率，因此利率变动对公司盈利能力和财务状况的直接影响较小。

四是其他价格因素变动对公司盈利能力和财务状况的影响分析。公司的主营业务之一是信托业务，主要业务收入来源于信托报酬收入，因而其行业费率的变动（特别是监管政策的变化及同业竞争）对公司的盈利能力和财务状况具有一定的影响。

4.5.2.3 操作风险状况

操作风险是指由于不完善或有问题的内部操作过程、人员、系统或外部事件而导致的直接或间接损失的风险，包含了法律风险。

公司持续加强业务操作流程化、标准化和规范化，构建了合规管理体系，在操作层面进一步防范合规性风险；对信托合同及项目合同进行了修改完善，进一步提高合同标准化程度，并配套发布相关指引指导实施，降低合同风险；梳理优化业务审批流程、用印等流程管控和相关制度，严格业务、反洗钱等各项合规审查。

在政策法律风险管理方面，公司根据国家法律法规和银保监会要求制定公司规章和内控制度，针对监管政策以及信托行业的形势变化，及时调整经营策略，以规范业务行为。

4.5.2.4 其他风险状况

其他风险主要是指公司业务开展中的声誉风险、道德风险等。

声誉风险是指由机构经营、管理及其他行为或外部事件导致利益相关方对机构负面评价的风险。声誉对信托公司市场价值的影响非常深远,并且可能引发多种严重后果。

道德风险是指公司员工在获取信息不对称的情况下,采取以自身效用最大化的自私行为,侵占公司和客户的利益,给公司财产和信托财产带来的损失。

报告期内,公司未发生因其他风险所造成的损失。

4.5.3 风险管理

4.5.3.1 信用风险管理

公司的信用风险控制策略是通过规范对交易对手的尽职调查进行事前控制;通过设定抵质押担保措施、引入风险转移措施、风险定价等手段规避或减少信用风险。公司强调积极实施主动管理类信托业务,将风险管理前移,加大信息化系统建设,强化稽核审计及风险管理,以控制信用风险。

4.5.3.2 市场风险管理

公司市场风险管理的策略:一是通过多领域的业务组合来分散风险。业务开展中,在公司较为擅长的业务领域内,逐渐建立较为稳定的固定业务关系客户群,减少因不熟悉行业情况而造成的风险和损失。二是加强对交易对手在其所处行业的市场竞争能力的分析,准确把握资金进入时机,密切跟踪市场,及时调整投资策略和投资组合,密切关注经济运行状况,规避宏观政策调控带来的不良影响。三是根据项目的期限长短以及交易对手的财务状况和资金调剂能力,合理约定信托资金的还款方式、价格、期限及内控措施,避免市场风险带来的信托财产收益的不确定性。

4.5.3.3 操作风险管理

公司操作风险管理的策略:一是建立科学的风险内控体系,明确各项业务的操作规程,形成良好的操作风险监测和报告线路。二是持续加强公司治理体系建设,从议事决策机制上严防操作风险。三是积极培育全员风险管理文化,强化全员风险防范理念。四是优化内部风险管控模式,努力建立覆盖全业务、全部门的信息管理系统。

4.5.3.4 其他风险管理

在声誉风险管理方面,从完善内部控制体系、强化声誉风险管理意识、健全声誉风险预警机制和应急机制以及积极维护传播渠道等入手,加强对声誉风险的识别、预警、监测和控制。公司通过多种形式的培训和宣传,让员工知悉声誉风险管理的重要性,并积极投入到声誉风险防范工作中来。

在道德风险管理方面,一是继续强化合法合规经营的理念,建立健全各项规章制度,通过严格的内控体系对员工的行为进行规范;二是完善人事管理制度,建立合理的奖惩制度并严格执行,落实责任追究制度;三是加强思想政治和职业道德教育,增强员工的工作责任心,强化勤勉尽责的意识;四是加强内部稽核和审计监督,对于发现违规违纪的员工进行问责处理。

4.6 社会责任

4.6.1 积极服务实体经济

公司始终坚持服务实体经济的根本方向,发挥信托优势,助推地方经济发展。

一是服务四川经济发展,与天府新区、成渝统筹城乡实验区等重大战略部署和民生工程全面对接,积极参与轨道交通、旧城改造、水电能源及节能环保、生物医药等工程建设和新兴产业发展,通过多种方式提供资金支持。2019 年,公司引导社会资金投向四川各类工商企业总额为 627 亿元,投向省内中小企业信托投融资规模为 444 亿元,有力地支持了四川实体经济发展。

二是服务国家重大战略和地方经济建设,一方面,积极参与支持码头建设、物流园基础设施等民生项目;另一方面,通过不同交易结构为科技产业园建设、文旅项目等产业提供资金支持。2019 年,公司引导社会资金投向全国工商企业总额为 1 186亿元,支持河北、福建、广东、陕西、西藏、云南等多个省市实体企业的发展。

4.6.2 助力脱贫攻坚

公司积极响应党中央坚决打赢脱贫攻坚战的号召,先后精准扶贫帮扶泸州市叙永县、西藏班戈县、甘孜州德格县、阿坝州金川县,以及阆中市二龙镇等贫困地区,累计捐款捐物超过 200 万元,并通过中铁信托爱心基金募集善款近 300 万元,惠及了一大批困难群众。帮助叙永县贫困农户、农业合作社、专业大户等提供有关市场信息,助推产销衔接。公司助力地方脱贫攻坚工作得到肯定,连续三年获评“四川金融扶贫工作先进单位”。

4.6.3 热心公益慈善

公司积极参与四川省慈善总会组织的“百企扶贫”活动,通过中铁信托爱心基金累计募集善款共计 272.45 万元,先后实施了德格县小学食堂、青羊区居家养老、蒲江助教助学等十余个项目,惠及了当地群众,产生了良好的公益示范效应。公司高度重视消费者权益保护工作,不断加强员工培训、开展宣传教育活动,帮助员工和公众提高风险识别和防范能力。

5. 报告期末及上一年度末的比较式会计报表

5.1 自营资产

5.1.1 会计师事务所审计结论

普华永道中天会计师事务所(特殊普通合伙)北京分所认为,中铁信托财务报表在所有重大方面按照企业会计准则的规定编制,公允反映了中铁信托 2019 年 12 月 31 日的公司及合并财务状况以及 2019 年度的公司及合并经营成果和公司及合并现金流量。

5.1.2 资产负债表

公司及合并资产负债表

编制单位:中铁信托有限责任公司　　2019 年 12 月 31 日　　单位:元

	合并	
	2019 年 12 月 31 日	2018 年 12 月 31 日
资产		
货币资金	4 158 683 252.22	3 428 685 228.13
买入返售金融资产	—	15 500 000.00
发放贷款和垫款	2 806 064 575.92	3 062 854 508.24
金融投资:		
交易性金融资产	8 327 705 207.18	7 328 181 381.64

续表

	合并	
	2019 年 12 月 31 日	2018 年 12 月 31 日
债权投资	2 132 272 827. 21	2 811 123 870. 56
长期股权投资	53 904 368. 89	55 295 402. 94
投资性房地产	13 935 692. 72	15 006 746. 00
固定资产	41 036 232. 33	42 780 929. 98
使用权资产	89 659 669. 43	不适用
无形资产	63 908 862. 19	65 720 211. 30
递延所得税资产	710 658 709. 65	693 586 381. 01
其他资产	382 219 907. 19	436 052 446. 82
资产总计	18 780 049 304. 93	17 954 787 106. 62
负债		
合同负债	2 154 219 342. 66	1 952 624 047. 27
交易性金融负债	85 267 542. 81	69 340 128. 51
应付职工薪酬	153 793 265. 22	175 725 276. 15
应交税费	922 055 359. 67	945 941 015. 47
租赁负债	92 590 665. 76	不适用
其他负债	5 615 544 450. 18	5 701 342 130. 03
负债合计	9 023 470 626. 30	8 844 972 597. 43
所有者权益		
实收资本	5 000 000 000. 00	5 000 000 000. 00
资本公积	15 563 200. 00	15 563 200. 00
盈余公积	1 012 619 319. 86	928 943 014. 08
一般风险准备	1 772 956 413. 16	1 676 168 244. 17
未分配利润	1 735 527 509. 54	1 282 877 345. 43
归属于母公司所有者权益合计	9 536 666 442. 56	8 903 551 803. 68
少数股东权益	219 912 236. 07	206 262 705. 51
所有者权益合计	9 756 578 678. 63	9 109 814 509. 19
负债和所有者权益总计	18 780 049 304. 93	17 954 787 106. 62

公司及合并资产负债表(续)

编制单位:中铁信托有限责任公司　　2019 年 12 月 31 日　　单位:元

	公司	
	2019 年 12 月 31 日	2018 年 12 月 31 日
资产		
货币资金	3 459 757 008. 22	2 633 892 034. 31
金融投资:		
交易性金融资产	5 630 056 719. 63	4 936 874 832. 78
债权投资	320 984 284. 77	—
长期股权投资	3 852 577 400. 71	4 698 989 269. 34
固定资产	34 397 845. 51	34 478 315. 89
使用权资产	34 379 122. 20	不适用
无形资产	59 309 763. 80	60 918 585. 23
递延所得税资产	648 917 738. 80	577 610 551. 67
其他资产	181 014 716. 33	257 710 882. 65
资产总计	14 221 394 599. 97	13 200 474 471. 87
负债		
合同负债	2 347 537 617. 43	2 048 278 243. 35

续表

	公司	
	2019 年 12 月 31 日	2018 年 12 月 31 日
应付职工薪酬	104 840 177. 46	116 502 089. 37
应交税费	914 497 131. 22	940 726 404. 42
租赁负债	35 974 168. 17	不适用
其他负债	1 761 587 759. 70	1 489 913 046. 58
负债合计	5 164 436 853. 98	4 595 419 783. 72
所有者权益		
实收资本	5 000 000 000. 00	5 000 000 000. 00
资本公积	15 563 200. 00	15 563 200. 00
盈余公积	1 014 255 672. 06	930 579 366. 28
一般风险准备	1 468 997 578. 11	1 387 386 905. 11
未分配利润	1 558 141 295. 82	1 271 525 216. 76
所有者权益合计	9 056 957 745. 99	8 605 054 688. 15
负债和所有者权益总计	14 221 394 599. 97	13 200 474 471. 87

法定代表人:马永红　　主管会计工作负责人:李正斌　　会计机构负责人:马笑薇

5. 1. 3　利润和利润分配表

公司及合并利润表

编制单位:中铁信托有限责任公司　　2019 年 12 月 31 日止年度　　单位:元

	合并	
	2019 年度	2018 年度
一、营业收入		
利息净收入	83 461 217. 72	18 567 238. 83
利息收入	382 154 938. 23	164 025 709. 53
利息支出	(298 693 720. 51)	(145 458 470. 70)
手续费及佣金净收入	1 419 411 110. 56	2 247 270 040. 10
手续费及佣金收入	1 429 651 585. 62	2 259 746 402. 97
手续费及佣金支出	(10 240 475. 06)	(12 476 362. 87)
投资收益	436 299 919. 47	579 249 972. 40
其中:对联营企业的投资损失	(1 391 034. 05)	(19 735 842. 83)
公允价值变动损益	321 005 621. 91	(34 112 896. 81)
其他业务收入	4 356 865. 81	54 061 065. 69
合计	2 264 534 735. 47	2 865 035 420. 21
二、营业支出		
税金及附加	(12 991 368. 08)	(15 370 997. 53)
业务及管理费	(494 068 333. 36)	(499 568 612. 77)
研发费用	(2 675 264. 15)	(2 090 072. 79)
信用减值损失	(433 554 651. 07)	(801 679 399. 67)
其他业务成本	(1 071 053. 28)	(1 141 053. 28)
合计	(944 360 669. 94)	(1 319 850 136. 04)
三、资产处置损益	12 259 719. 76	(297 679. 57)
四、其他收益	54 354. 00	20 532 384. 66
五、营业利润	1 332 488 139. 29	1 565 419 989. 26
加:营业外收入	277 671. 92	864 853. 01
减:营业外支出	27 352 588. 26	49 664 494. 25
六、利润总额	1 360 118 399. 47	1 615 949 336. 52
减:所得税费用	(328 494 230. 03)	(386 280 259. 68)
七、净利润	1 031 624 169. 44	1 229 669 076. 84
—归属于母公司所有者的净利润	1 017 974 638. 88	1 216 149 026. 82
—少数股东损益	13 649 530. 56	13 520 050. 02

续表

	合并	
	2019 年度	2018 年度
八、其他综合收益的税后净额		
归属于母公司所有者的其他综合收益的税后净额	—	(11 005 373.97)
将重分类进损益的其他综合收益	—	(11 005 373.97)
其他债权投资公允价值变动	—	(11 005 373.97)
归属于少数股东的其他综合收益的税后净额	—	—
其他综合收益税后净额	—	(11 005 373.97) (11 005 373.97) (11 005 373.97) (11 005 373.97)
九、综合收益总额	1 031 624 169.44	1 218 663 702.87
—归属于母公司所有者的综合收益总额	1 017 974 638.88	1 205 143 652.85
—归属于少数股东的综合收益总额	13 649 530.56	13 520 050.02

公司及合并利润表(续)

编制单位:中铁信托有限责任公司　　2019 年 12 月 31 日止年度　　单位:元

	公司	
	2019 年度	2018 年度
一、营业收入		
利息净收入	49 043 978.90	42 849 432.41
利息收入	112 446 167.22	93 804 333.10
利息支出	(63 402 188.32)	(50 954 900.69)
手续费及佣金净收入	1 161 615 243.77	1 964 611 488.65
手续费及佣金收入	1 171 855 718.83	1 976 144 415.11
手续费及佣金支出	(10 240 475.06)	(11 532 926.46)
投资收益	416 202 059.61	674 603 380.30
其中:对联营企业的投资损失	(1 391 034.05)	(19 735 842.83)
公允价值变动损益	198 044 858.04	152 020 116.32
其他业务收入	793 228.55	1 725 641.39
合计	1 825 699 368.87	2 835 810 059.07
二、营业支出		
税金及附加	(10 337 228.87)	(13 093 803.78)
业务及管理费	(221 182 947.58)	(227 915 827.96)
研发费用	(2 675 264.15)	(2 090 072.79)
信用减值损失	48 137 504.16	(69 779 871.30)
资产减值损失	(165 210 583.87)	(647 625 583.77)
其他业务成本	—	—
合计	(351 268 520.31)	(960 505 159.60)
三、资产处置损益	12 259 719.76	(139 193.51)
四、其他收益	—	19 959 592.45
五、营业利润	1 486 690 568.32	1 895 125 298.41
加:营业外收入	277 670.98	864 853.01
减:营业外支出	(383 287 369.46)	(183 322 707.50)
六、利润总额	1 103 680 869.84	1 712 667 443.92
减:所得税费用	(266 917 812.00)	(404 309 715.56)
七、净利润	836 763 057.84	1 308 357 728.36
八、其他综合收益的税后净额		
将重分类进损益的其他综合收益	—	(11 005 373.97)
其他债权投资公允价值变动	—	(11 005 373.97)
其他综合收益税后净额	—	(11 005 373.97)
九、综合收益总额	836 763 057.84	1 297 352 354.39

法定代表人:马永红　　主管会计工作负责人:李正斌　　会计机构负责人:马笑薇

5.1.4 公司及合并现金流量表

公司及合并现金流量表

编制单位:中铁信托有限责任公司　　2019 年 12 月 31 日止年度　　单位:元

	合并	
	2019 年度	2018 年度
经营活动产生的现金流量		
收到咨询费和手续费取得的现金	1 263 219 605.71	1 491 099 845.15
收到基金管理费取得的现金	250 674 195.20	304 601 235.79
收到贷款利息取得的现金	255 367 867.15	26 431 059.92
收到金融企业往来利息取得的现金	81 341 845.84	128 863 764.52
客户贷款及垫款净减少额	412 727 534.39	340 586 886.96
债权投资净减少额	344 670 000.00	—
收到其他与经营活动有关的现金	944 492 185.98	1 149 873 975.10
经营活动现金流入小计	3 552 493 234.27	3 441 456 767.44
支付利息、手续费及佣金的现金	(245 435 618.36)	(106 979 932.88)
支付给职工以及为职工支付的现金	(305 441 181.80)	(339 079 607.85)
支付的各项税费	(1 015 777 233.68)	(775 364 642.70)
债权投资净增加额	—	(567 260 000.00)
支付其他与经营活动有关的现金	(725 070 056.40)	(1 016 823 335.76)
经营活动现金流出小计	(2 291 724 090.24)	(2 805 507 519.19)
经营活动产生的现金流量净额	1 260 769 144.03	635 949 248.25
投资活动产生的现金流量	—	—
收回投资收到的现金	3 967 682 365.81	3 304 228 000.02
取得投资收益收到的现金	620 603 218.04	611 569 522.52
处置固定资产、无形资产和其他长期资产收回的现金净额	—	3 719 560.87
投资活动现金流入小计	4 588 285 583.85	3 919 517 083.41
投资支付的现金	(4 477 295 175.74)	(3 825 288 492.27)
购建固定资产、无形资产和其他长期资产支付的现金	(15 434 049.48)	(789 950.07)
投资活动现金流出小计	(4 492 729 225.22)	(3 826 078 442.34)
投资活动产生的现金流量净额	95 556 358.63	93 438 641.07
筹资活动产生的现金流量		
借款所收到的现金	2 111 000 000.00	860 000 000.00
筹资活动现金流入小计	2 111 000 000.00	860 000 000.00
偿还债务所支付的现金	(2 171 000 000.00)	(1 380 000 000.00)
分配股利、利润或偿付利息支付的现金	(440 086 089.45)	(396 335 499.69)
其中:子公司支付给少数股东的股利	—	(11 250 000.00)
支付的其他与筹资活动有关的现金	(28 766 536.87)	—
筹资活动现金流出小计	(2 639 852 626.32)	(1 776 335 499.69)
筹资活动产生的现金流量净额	(528 852 626.32)	(916 335 499.69)
现金及现金等价物的变动净额	827 472 876.34	(186 947 610.37)
加:年初现金及现金等价物余额	2 130 221 535.93	2 317 169 146.30
年末现金及现金等价物余额	2 957 694 412.27	2 130 221 535.93

公司及合并现金流量表（续）

编制单位：中铁信托有限责任公司　　2019 年 12 月 31 日止年度　　单位：元

	公司	
	2019 年度	2018 年度
经营活动产生的现金流量		
收到咨询费和手续费取得的现金	1 369 081 925. 39	1 419 379 250. 29
收到金融企业往来利息取得的现金	75 937 002. 12	93 804 333. 10
收到其他与经营活动有关的现金	937 504 640. 37	855 398 077. 14
经营活动现金流入小计	2 382 523 567. 88	2 368 581 660. 53
支付利息、手续费及佣金的现金	(10 144 086. 17)	(11 532 926. 46)
支付给职工以及为职工支付的现金	(177 723 174. 62)	(189 388 373. 29)
支付的各项税费	(981 038 568. 75)	(719 815 335. 62)
支付其他与经营活动有关的现金	(574 232 962. 25)	(604 259 592. 19)
经营活动现金流出小计	(1 743 138 791. 79)	(1 524 996 227. 56)
经营活动产生的现金流量净额	639 384 776. 09	843 585 432. 97
投资活动产生的现金流量		
收回投资收到的现金	3 417 475 814. 48	5 699 573 937. 66
取得投资收益收到的现金	562 599 282. 82	687 330 550. 11
处置固定资产、无形资产和其他长期资产收回的现金净额	—	—
投资活动现金流入小计	3 980 075 097. 30	6 386 904 487. 77
投资支付的现金	(3 140 819 459. 40)	(6 458 284 788. 54)
购建固定资产、无形资产和其他长期资产支付的现金	(13 682 357. 68)	(3 818 597. 83)
投资活动现金流出小计	(3 154 501 817. 08)	(6 462 103 386. 37)
投资活动产生的现金流量净额	825 573 280. 22	(75 198 898. 60)
筹资活动产生的现金流量		
借款所收到的现金	2 111 000 000. 00	860 000 000. 00
筹资活动现金流入小计	2 111 000 000. 00	860 000 000. 00
偿还债务所支付的现金	(2 171 000 000. 00)	(1 380 000 000. 00)
分配股利、利润或偿付利息支付的现金	(440 086 089. 45)	(385 085 499. 69)
支付的其他与筹资活动有关的现金	(9 923 608. 58)	—
筹资活动现金流出小计	(2 621 009 698. 03)	(1 765 085 499. 69)
筹资活动产生的现金流量净额	(510 009 698. 03)	(905 085 499. 69)
现金及现金等价物的变动净额	954 948 358. 28	(136 698 965. 32)
加：年初现金及现金等价物余额	1 755 808 649. 94	1 892 507 615. 26
年末现金及现金等价物余额	2 710 757 008. 22	1 755 808 649. 94

法定代表人：马永红　　主管会计工作负责人：李正斌　　会计机构负责人：马芙薇

5. 1. 5　所有者权益变动表

所有者权益变动表（合并）

编制单位：中铁信托有限责任公司　　2019 年 12 月 31 日止年度　　单位：元

	归属于母公司所有者权益					少数股东权益	合计
	实收资本	资本公积	盈余公积	一般风险准备	未分配利润		
一、2018 年 12 月 31 日余额	5 000 000 000. 00	15 563 200. 00	928 943 014. 08	1 676 168 244. 17	1 282 877 345. 43	206 262 705. 51	9 109 814 509. 19
会计政策变更	—	—	—	—	—	—	—
二、2019 年 1 月 1 日余额	5 000 000 000. 00	15 563 200. 00	928 943 014. 08	1 676 168 244. 17	1 282 877 345. 43	206 262 705. 51	9 109 814 509. 19
三、本年增减变动金额	—	—	—	—	—	—	—
（一）净利润	—	—	—	—	1 017 974 638. 88	13 649 530. 56	1 031 624 169. 44
（二）其他综合收益	—	—	—	—	—	—	—
综合收益总额	—	—	—	—	1 017 974 638. 88	13 649 530. 56	1 031 624 169. 44
（三）利润分配	—	—	—	—	—	—	—
1. 提取盈余公积	—	—	83 676 305. 78	—	(83 676 305. 78)	—	—
2. 提取信托赔偿准备金	—	—	—	83 676 305. 78	(83 676 305. 78)	—	—
3. 提取风险准备金	—	—	—	13 111 863. 21	(13 111 863. 21)	—	—
4. 对股东的分配	—	—	—	—	(384 860 000. 00)	—	(384 860 000. 00)
四、2019 年 12 月 31 日余额	5 000 000 000. 00	15 563 200. 00	1 012 619 319. 86	1 772 956 413. 16	1 735 527 509. 54	219 912 236. 07	9 756 578 678. 63

所有者权益变动表（合并）（续）

编制单位：中铁信托有限责任公司　　2019 年 12 月 31 日止年度　　单位：元

	归属于母公司所有者权益						少数股东权益	合计
	实收资本	资本公积	其他综合收益	盈余公积	一般风险准备	未分配利润		
一、2017 年 12 月 31 日余额	5 000 000 000. 00	15 563 200. 00	(245 157 740. 46)	798 107 241. 24	1 510 019 283. 55	1 107 268 930. 37	203 992 655. 49	8 389 793 570. 19
会计政策变更	256 163 114. 43	—	—	(411 374 878. 30)	—	(155 211 763. 87)	—	—
二、2018 年 1 月 1 日余额	5 000 000 000. 00	15 563 200. 00	11 005 373. 97	798 107 241. 24	1 510 019 283. 55	695 894 052. 07	203 992 655. 49	8 234 581 806. 32
三、本年增减变动金额	—	—	—	—	—	—	—	—
（一）净利润	—	—	—	—	—	1 216 149 026. 82	13 520 050. 02	1 229 669 076. 84
（二）其他综合收益	—	—	(11 005 373. 97)	—	—	—	—	(11 005 373. 97)
综合收益总额	—	—	(11 005 373. 97)	—	—	1 216 149 026. 82	13 520 050. 02	1 218 663 702. 87
（三）利润分配	—	—	—	—	—	—	—	—

续表

	归属于母公司所有者权益						少数股东权益	合计
	实收资本	资本公积	其他综合收益	盈余公积	一般风险准备	未分配利润		
1. 提取盈余公积	—	—	—	130 835 772. 84	—	(130 835 772. 84)	—	—
2. 提取信托赔偿准备金	—	—	—	—	130 835 772. 84	(130 835 772. 84)	—	—
3. 提取风险准备金	—	—	—	—	35 313 187. 78	(35 313 187. 78)	—	—
4. 对股东的分配	—	—	—	—	—	(332 181 000. 00)	(11 250 000. 00)	(343 431 000. 00)
四、2018 年 12 月 31 日余额	5 000 000 000. 00	15 563 200. 00	—	928 943 014. 08	1 676 168 244. 17	1 282 877 345. 43	206 262 705. 51	9 109 814 509. 19

所有者权益变动表(公司)

编制单位:中铁信托有限责任公司　　2019 年度　　单位:元

	实收资本	资本公积	盈余公积	一般风险准备	未分配利润	合计
一、2018 年 12 月 31 日余额	5 000 000 000. 00	15 563 200. 00	930 579 366. 28	1 387 386 905. 11	1 271 525 216. 76	8 605 054 688. 15
会计政策变更	—	—	—	—	—	—
二、2019 年 1 月 1 日余额	5 000 000 000. 00	15 563 200. 00	930 579 366. 28	1 387 386 905. 11	1 271 525 216. 76	8 605 054 688. 15
三、本年增减变动金额	—	—	—	—	—	—
(一)净利润	—	—	—	—	836 763 057. 84	836 763 057. 84
(二)其他综合收益	—	—	—	—	—	—
综合收益总额	—	—	—	—	836 763 057. 84	836 763 057. 84
(三)利润分配	—	—	—	—	—	—
1. 提取盈余公积	—	—	83 676 305. 78	—	(83 676 305. 78)	—
2. 提取信托赔偿准备金	—	—	—	83 676 305. 78	(83 676 305. 78)	—
3. 提取风险准备金	—	—	—	(2 065 632. 78)	2 065 632. 78	—
4. 对股东的分配	—	—	—	—	(384 860 000. 00)	(384 860 000. 00)
四、2019 年 12 月 31 日余额	5 000 000 000. 00	15 563 200. 00	1 014 255 672. 06	1 468 997 578. 11	1 558 141 295. 82	9 056 957 745. 99

所有者权益变动表(公司)(续)

编制单位:中铁信托有限责任公司　　2019 年度　　单位:元

	实收资本	资本公积	其他综合收益	盈余公积	一般风险准备	未分配利润	合计
一、2017 年 12 月 31 日余额	5 000 000 000. 00	15 563 200. 00	(262 451 984. 38)	799 743 593. 44	1 253 129 047. 84	845 399 317. 06	7 651 383 173. 96
会计政策变更	—	—	273 457 358. 35	—	—	(284 957 198. 55)	(11 499 840. 20)
二、2018 年 1 月 1 日余额	5 000 000 000. 00	15 563 200. 00	11 005 373. 97	799 743 593. 44	1 253 129 047. 84	560 442 118. 51	7 639 883 333. 76
三、本年增减变动金额	—	—	—	—	—	—	—
(一)净利润	—	—	—	—	—	1 308 357 728. 36	1 308 357 728. 36
(二)其他综合收益	—	—	(11 005 373. 97)	—	—	—	(11 005 373. 97)
综合收益总额	—	—	(11 005 373. 97)	—	—	1 308 357 728. 36	1 297 352 354. 39
(三)利润分配	—	—	—	—	—	—	—
1. 提取盈余公积	—	—	—	130 835 772. 84	—	(130 835 772. 84)	—
2. 提取信托赔偿准备金	—	—	—	—	130 835 772. 84	(130 835 772. 84)	—
3. 提取风险准备金	—	—	—	—	3 422 084. 43	(3 422 084. 43)	—
4. 对股东的分配	—	—	—	—	—	(332 181 000. 00)	(332 181 000. 00)
四、2018 年 12 月 31 日余额	5 000 000 000. 00	15 563 200. 00	—	930 579 366. 28	1 387 386 905. 11	1 271 525 216. 76	8 605 054 688. 15

法定代表人:马永红　　主管会计工作负责人:李正斌　　会计机构负责人:马笑薇

5. 2　信托资产

5. 2. 1　信托项目资产负债汇总表

信托项目资产负债汇总表

编制单位:中铁信托有限责任公司　　2019 年 12 月 31 日　　单位:万元

信托资产	期初数	期末数	信托负债和信托权益	期初数	期末数
信托资产			信托负债		
货币资金	868 134	489 698	应付受托人报酬	—	—
拆出资金	—	—	应付保管费	—	—
交易性金融资产	55 489	12 649	应付受益人收益	634	—
买入返售金融资产	150 000	150 000	其他应付款项	51 815	123 473

续表

信托资产	期初数	期末数	信托负债和信托权益	期初数	期末数
应收款项	7 599 645	10 572 395	应交税费	—	—
发放贷款	16 248 289	17 363 446	应付销售服务费	—	—
可供出售金融资产	12 192 149	9 365 438	其他负债	—	—
持有至到期投资	1 249 622	568 982	信托负债合计	52 449	123 473
长期应收款	—	—			
长期股权投资	4 069 139	3 674 714	信托权益	—	—
固定资产	—	—	实收信托	42 185 841	42 009 176
无形资产	—	—	资本公积	—	—
长期待摊费用	—	—	未分配利润	422 537	408 764
其他资产	228 360	344 091	信托权益合计	42 608 378	42 417 940
信托资产总计	42 660 827	42 541 413	信托负债及信托权益总计	42 660 827	42 541 413

法人代表：马永红　　信托财务部负责人：马东开　　制表：李涛

注：非上市公司报表，暂未采用新金融工具准则与新金融企业财务报表格式。

5.2.2 信托项目利润及利润分配汇总表

信托项目利润及利润分配表

编制单位：中铁信托有限责任公司　2019 年度　　单位：万元

项目	本期数	上期数
一、营业收入	2 387 888	2 372 713
利息收入	1 172 293	936 277
投资收益	983 525	1 078 089
公允价值变动收益	292	－13 374
其他收入	231 778	371 721
二、营业支出	183 378	220 164
三、扣除资产减值准备前的信托利润	2 204 510	2 152 549
减：资产减值损失	—	—
四、扣除资产减值准备后的信托利润	2 204 510	2 152 549
五、损益平准金	—	—
六、综合收益	2 204 510	2 152 549
加：期初未分配利润	422 537	542 219
七、可供分配的信托利润	2 627 047	2 694 768
减：本期已分配信托利润	2 218 282	2 272 231
七、期末未分配信托利润	408 765	422 537

法人代表：马永红　　信托财务部负责人：马东开　　制表：李涛

注：非上市公司报表，暂未采用新金融工具准则与新金融企业财务报表格式。

6. 会计报表附注

6.1 简要说明报告年度会计报表编制基准、会计政策、会计估计和核算方法发生的变化

本公司于 2019 年 1 月 1 日首次执行新租赁准则，除此之外，无其他会计政策、报表编制基础、会计估计、核算方法的变化。

6.2 或有事项说明

截至 2019 年 12 月 31 日，本公司并无其他重大的担保事项及其他需要说明的或有事项。

6.3 重要资产转让及其出售的说明

本年无重要资产转让及出售事宜。

6.4 会计报表中重要项目的明细资料

6.4.1 自营资产经营情况

6.4.1.1 按信用风险五级分类结果披露信用风险资产的期初数、期末数

信用风险资产五级分类	正常类（万元）	关注类（万元）	次级类（万元）	可疑类（万元）	损失类（万元）	信用风险资产合计（万元）	不良资产合计（万元）	不良资产率（%）
期初数	1 399 828	5 595	—	—	—	1 405 423	—	—
期末数	1 504 054	2 711	—	—	—	1 506 765	—	—

注：不良资产合计＝次级类＋可疑类＋损失类。

6.4.1.2 各项资产减值损失准备的期初、本期计提、本期转回、本期核销、期末数；贷款的一般准备、专项准备和其他资产减值准备应分别披露

单位：万元

	期初数	本期计提/转入	本期转回	本期核销/处置/转出	期末数
贷款损失准备	—	—	—	—	—
一般准备	—	—	—	—	—
专项准备	—	—	—	—	—
其他资产减值准备	2 575	53 064	26 608	530	28 501
长期股权投资减值准备（并表结构化主体）	141 730	16 521	—	54 844	103 407
坏账准备	12 533	26 761	4 967	—	34 327
投资性房地产减值准备	—	—	—	—	—

6.4.1.3 自营股票投资、基金投资、债券投资、股权投资等投资业务的期初数、期末数

单位：万元

	自营股票	基金	债券	长期股权投资
期初数	65 987	40 021	—	96 534
期末数	94 570	30 209	—	97 901

6.4.1.4　按投资入股金额排序，前五名的自营长期股权投资的企业名称、占被投资企业权益的比例、主要经营活动及投资收益情况等（从大到小顺序排列）

企业名称	占被投资企业权益的比例（%）	主要经营活动	投资收益（万元）
1. 中国信托业保障基金有限责任公司	4.35	其他金融业	2 600
2. 宝盈基金管理有限公司	75	基金管理	—
3. 富滇银行股份有限公司	0.8	银行金融业	—
4. 上海中胜达资产管理公司	30	资本投资	-139

6.4.1.5　前五名的自营贷款的企业名称、占贷款总额的比例和还款情况等（从大到小顺序排列）

无。

6.4.1.6　表外业务的期初数、期末数，按照代理业务、担保业务和其他类型表外业务分别披

单位：万元

表外业务	期初数	期末数
担保业务	—	—
代理业务（委托业务）	3 668	3 626
其他	—	—
合计	3 668	3 626

6.4.1.7　公司当年的收入结构

收入结构	金额（万元）	占比（%）
手续费及佣金收入	117 186	68.86
利息收入	11 245	6.61
其他业务收入	79	0.05
投资收益	41 620	24.46
营业外收入	28	0.02
收入合计	170 158	100.00

6.4.2　信托资产管理情况

6.4.2.1　信托资产的期初数、期末数

单位：万元

信托资产	期初数	期末数
集合	14 764 592	12 884 818
单一	18 655 271	17 803 527
财产权	9 240 964	11 853 068
合计	42 660 827	42 541 413

6.4.2.1.1　主动管理型信托业务期初数、期末数，分证券投资、股权投资、融资、事务管理类分别披露

单位：万元

主动管理型信托资产	期初数	期末数
证券投资类	30 740	2 661
股权投资类	641 043	832 317
其他投资类	2 515 231	9 716 997
融资类	3 051 339	5 724 312
事务管理类	—	—
合计	6 238 353	16 276 287

6.4.2.1.2　被动管理型信托业务期初数、期末数，分证券投资、股权投资、融资、事务管理类分别披露

单位：万元

被动管理型信托资产	期初数	期末数
证券投资类	—	—
股权投资类	—	—
其他投资类	—	—
融资类	—	—
事务管理类	36 422 474	26 265 126
合计	36 422 474	26 265 126

6.4.2.2　本年度已清算结束的信托项目个数、实收信托合计金额、加权平均实际年化收益率

6.4.2.2.1　本年度已清算结束的集合类、单一类资金信托项目和财产管理类信托项目个数、金额、加权平均实际年化收益率

已清算结束的信托项目	项目个数（个）	实收信托合计金额（万元）	加权平均实际年化收益率（%）
集合类	391	12 811 886	5.09
单一类	120	9 653 130	5.05
财产管理类	63	7 719 266	3.18

6.4.2.2.2　本年度已清算结束的主动管理型信托项目个数、合计金额、加权平均实际年化收益率，分证券投资、股权投资、融资、事务管理类分别披露

已清算结束的信托项目	项目个数（个）	实收信托合计金额（万元）	加权平均实际年化信托报酬率（%）	加权平均实际年化收益率（%）
证券投资类	—	—	—	—
股权投资类	6	206 018	1.82	6.24
其他投资类	141	615 950	0.35	5.59
融资类	235	2 540 196	1.4	6.59
事务管理类	—	—	—	—

6.4.2.2.3　本年度已清算结束的被动管理型信托项目个数、合计金额、加权平均实际年化收益率，分证券投资、股权投资、融资、事务管理类分别披露

已清算结束的信托项目	项目个数（个）	实收信托合计金额（万元）	加权平均实际年化信托报酬率（%）	加权平均实际年化收益率（%）
证券投资类	—	—	—	—
股权投资类	—	—	—	—
其他投资类	—	—	—	—
融资类	—	—	—	—
事务管理类	192	26 822 118	0.14	4.36

6.4.2.3　本年度新增的集合类、单一类和财产管理类信托项目个数、合计金额

新增信托项目	项目个数（个）	实收信托合计金额（万元）
集合类	560	7 897 191
单一类	136	7 630 939
财产管理类	81	9 860 870
新增合计	777	25 389 000
其中：主动管理型	606	12 788 635
被动管理型	171	12 600 365

6.4.2.4 本公司履行受托人义务情况及因本公司自身责任而导致的信托资产损失情况(合计金额、原因等)

本公司遵守信托法和信托文件对受托人义务的规定,为受益人的最大利益处理信托事务。管理信托财产时,恪尽职守,履行诚实、信用、谨慎、有效管理的义务,没有因本公司自身责任而导致的信托资产损失情况。

6.5 关联方关系及其交易的披露

6.5.1 关联交易方的数量、关联交易的总金额及关联交易的定价政策

	关联交易方数量(个)	关联交易金额(万元)	定价政策
合计	15	318 436.00	按市场公允价格定价

6.5.2 关联交易方与本公司的关系性质、关联交易方的名称、法定代表人、注册地址、注册资本及主营业务等

关系性质	关联方名称	法定代表人	注册地址	注册资本(万元)	主营业务
控股股东	中国中铁股份有限公司	张宗言	北京市丰台区南四环西路128号院1号楼918	2 457 092.93	基建建设、勘察设计与咨询服务、工程设备和零部件制造、房地产开发以及其他业务。
控股股东的子公司	成都中铁天圆房地产有限公司	敬海生	四川省成都市天府新区正兴街道步行街39号	5 000.00	房地产开发、物业管理、房屋租赁、土地整理。
控股子公司	宝盈基金管理有限公司	马永红	深圳市福田区深圳特区报业大厦第15层	10 000.00	发起设立基金,基金管理业务。
控股股东的子公司	中铁建工集团有限公司	张建喜	北京市丰台区南四环西路128号诺德中心1号楼	640 000.00	基建建设、房地产开发与经营、工程设备和零部件制造等。
控股股东的子公司	中铁高新工业股份有限公司	易铁军	北京市丰台区汽车博物馆东路1号院3号楼43层4301	222 155.15	道岔、钢结构制造与安装、隧道施工设备、工程施工机械等装备的研发、制造和配套服务。
控股股东的子公司	中铁南方投资集团有限公司	温德智	深圳市南山区中心路3333号中铁大厦	150 000.00	项目投资、建设项目管理、基础设施建设、房地产开发、设计咨询、工程咨询、股权投资及其他业务。
控股股东的子公司	中铁一局集团有限公司	马海民	陕西省西安市碑林区雁塔北路1号	509 460.00	基建建设及其他业务。
控股股东的子公司	中铁五局集团有限公司	徐中义	贵州省贵阳市云岩区枣山路23号	561 515.15	基建建设及其他业务。
控股股东的子公司	中铁二局建设有限公司	邓元发	成都市金牛区通锦路16号	166 382.15	基建建设、房地产开发以及其他业务。
控股股东的子公司	中铁四局集团有限公司	张河川	安徽省合肥市包河区望江东路96号	714 621.94	基建建设及其他业务。
控股股东的子公司	中铁开发投资集团有限公司	赵庆武	云南省昆明市呈贡区雨花社区	150 000.00	轨道交通等工程建设管理及施工;物资设备采购租赁
控股股东的子公司	中铁崇州市政工程有限公司	朱建祥	四川省崇州市崇阳街道永安中路19号4栋5层1号	3 000.00	项目投资,设计咨询工程管理及服务,建筑安装工程。
控股股东的子公司	中铁城市发展投资集团有限公司	黄天德	四川省成都市天府新区宁波路东段377号中铁卓越中心	150 000.00	项目投资,建设项目管理及运营及其他业务。
控股股东的子公司	中铁十局集团有限公司	杨兰松	山东省济南市高新技术产业开发区舜泰广场7号楼	380 000.00	承包国外工程项目,铁路工程、房屋建筑工程,房屋租赁,物业管理及其他业务。
控股股东的子公司	中铁隧道局集团有限公司	于保林	广州市南沙区明珠湾起步区工业四路西侧自编2号(仅限办公用途)(自主申报)(MZ)	296 304.82	基建建设及其他业务。

6.5.3 本公司与关联方的重大交易事项

6.5.3.1 固有财产与关联方交易情况:贷款、投资、租赁、应收账款、担保、其他方式等期初汇总数、本期借方和贷方发生额汇总数、期末汇总数

单位:万元

固有与关联方关联交易				
	期初数	借方发生额	贷方发生额	期末数
贷款	—	—	—	—
投资	7 460.00	—	2 540.00	10 000.00
租赁	—	—	—	—
担保	—	—	—	—
应收款项	—	—	—	—
其他	—	—	—	—
合计	7 460.00	—	2 540.00	10 000.00

6.5.3.2 信托资产与关联方交易情况:贷款、投资、租赁、应收账款、担保、其他方式等期初汇总数、本期借方和贷方发生额汇总数本期发生额汇总数、期末汇总数

单位:万元

信托与关联方关联交易				
	期初数	借方发生额	贷方发生额	期末数
贷款	40 000.00	—	24 000.00	64 000.00
投资	149 201.00	—	105 235.00	254 436.00
租赁	—	—	—	—
担保	—	—	—	—
应收款项	—	—	—	—
其他	—	—	—	—
合计	189 201.00	—	129 235.00	318 436.00

6.5.3.3　信托公司自有资金运用于自己管理的信托项目(固信交易)、信托公司管理的信托项目之间的相互(信信交易)交易金额,包括余额和本报告年度的发生额

6.5.3.3.1　固有财产与信托财产之间的交易金额期初汇总数、本期发生额汇总数、期末汇总数

单位:万元

固有财产与信托财产相互交易			
	期初数	本期发生额	期末数
合计	—	—	—

6.5.3.3.2　信托项目之间的交易金额:期初汇总数、本期发生额汇总数、期末汇总数

单位:万元

信托资产与信托财产相互交易			
	期初数	本期发生额	期末数
合计	—	—	—

6.5.4　关联方逾期未偿还本公司资金的详细情况以及本公司为关联方担保发生或即将发生垫款的详细情况

无。

6.6　会计制度的披露

本财务报表按照财政部于2006年2月15日及以后期间颁布的《企业会计准则——基本准则》、各项具体会计准则及相关规定(合称企业会计准则)编制。

7. 财务情况说明书

7.1　利润实现和分配情况

2018年末,母公司未分配利润为127 152万元,2019年实现净利润为83 676万元,按规定计提法定盈余公积8 368万元、一般风险准备金 -208万元、信托赔偿准备金8 368万元,分配股利38 486万元。2019年末,公司未分配利润为155 814万元。

2018年末,公司合并未分配利润为128 288万元,2019年,公司合并实现净利润为103 162万元,实现合并归属母公司净利润为101 797万元,按规定计提盈余公积8368万元,一般风险准备金1 311万元、信托赔偿准备金8 368万元,分配股利38 486万元。2019年末,公司合并未分配利润为173 552万元。

7.2　主要财务指标

指标名称	指标值
资本利润率(%)	9.48
加权年化信托报酬率(%)	0.26
人均净利润(万元)	325

7.3　对本公司财务状况、经营成果有重大影响的其他事项

报告期内,公司未发生对财务状况、经营成果有重大影响的其他事项。

8. 特别事项揭示

8.1　前五名股东报告期内变动情况及原因

8.1.1　前五名股东变更

无。

8.1.2　控股股东变更

无。

8.2　董事、监事、高级管理人员变动情况及原因

8.2.1　董事变更

经公司第五届董事会第二十一次会议审议通过,同意邹纯余不再担任本公司职工董事。

经公司股东会2019年第一次(临时)会议选举,魏道洪为公司第五届董事会董事。2019年9月,中国银保监会四川监管局核准魏道洪中铁信托有限责任公司董事的任职资格,魏道洪正式履行公司董事职责。

8.2.2　监事变更

根据相关规定,公司于2019年1月召开二届一次职代会联席会议2019年第2次会议,审议通过选举郭洋为公司职工监事,并在公司第五届监事会第五次会议予以通报。

8.2.3　高级管理人员变更

本年度无高级管理人员变更。

8.3　变更注册资本、变更注册地或公司名称、公司分立合并事项

本年度公司注册资本、注册地址、公司名称未发生变更,公司未发生分立合并事项。

8.4　公司的重大未决诉讼事项

本年度公司无新发生重大诉讼和被诉案件。

8.5　公司及其董事、监事和高级管理人员受到处罚的情况

本年度公司及公司董事、监事和高级管理人员未受到处罚。

8.6　中国银保监会及其派出机构对公司检查后提出整改意见的整改情况说明

2019年7月,四川银保监局对公司实施了现场检查,提出了如下整改意见:一是严格落实房地产市场调控政策要求。牢固树立大局意识,坚持“房子是用来住的、不是用来炒的”根本定位,深刻把握“稳地价、稳房价、稳预期”和“一城一策、因城施策”等政策内涵,严格落实好各项房地产市场调控政策要求,促进房地产市场平稳健康发展。二是严格执行房地产信托业务监管政策。严格执行《关于开展巩固治乱象成果　促进合规建设工作的通知》(银保监发[2019]23号)、《中国银保监会办公厅关于进一步加强信托公司房地产信托业务监管的通知》(银保监办便函[2019]957号)相关监管要求,规范开展房地产信托业务。

2019年12月,四川银保监局对公司实施了现场检查,检

查内容为全面风险排查，要求进一步强化风险管理工作。

报告期内，针对上述监管意见，公司高度重视，制定整改措施并认真做好整改：

一是认真落实监管政策要求，坚持"房子是用来住的、不是用来炒的"根本定位，深刻把握"稳地价、稳房价、稳预期"和"一城一策、因城施策"等政策内涵，并据此指导业务开展。二是科学控制总量，指派专人负责存量业务到期结束情况监测，新增业务按规定事前向监管申报，获批后实施，确保公司房地产业务总量符合监管要求。三是进一步加强风险管理工作，完善尽调标准，一方面进一步从项目区域、项目经济指标、项目业态、抵押物、抵押率设置等方面制定了更为严格的准入标准；另一方面，加强对存续业务的贷后管理，加强对融资方、担保方的财务情况、抵(质)押物价值及现状等的动态分析，提早发现存续项目的潜在风险，提前落实风险处置预案。四是持续以查促改，严格落实房地产市场调控政策要求，针对现场检查提出的问题，进一步加强合规展业的培训教育工作。同时，加大业务尽调合规性的考核力度，将合规经营指标纳入考核体系，进一步将监管要求、合规经营落实到制度中，不断提高公司合规管理能力和水平。

8.7 本年度重大事项临时报告的简要内容、披露时间、所披露的媒体及其版面

公司于2019年4月29日在《证券时报》B013版和《上海证券报》7版进行了2018年年度报告摘要的公开信息披露。

8.8 本年度净资本管理情况

项目	期初余额	期末余额	监管标准
净资本(万元)	698 447.96	733 058.56	≥20 000
净资产(万元)	860 505.47	905 695.77	≥30 000
固有业务风险资本(万元)	107 857.63	117 932.28	—
信托业务风险资本(万元)	140 088.99	185 224.37	—
其他业务风险资本(万元)	—	—	—
各项业务风险资本之和(万元)	247 946.63	303 156.64	—
净资本/各项业务风险资本之和(%)	281.69	241.81	≥100
净资本/净资产(%)	81.17	80.94	≥40

8.9 中国银保监会及其省级派出机构认定的其他有必要让客户及相关利益人了解的重要信息

无。

9. 公司监事会意见

公司监事会认为，本报告期内，董事会运作规范、决策合理、程序合法；公司董事、高管人员能够认真执行董事会、股东会决议，忠实履行诚信勤勉义务，未发现公司董事、高管人员在执行公司职务时违反法律法规、公司章程或损害公司、股东、员工和信托受益人利益的行为；公司建立了较为完善的内部控制体系，并具有合法性、合理性和有效性；公司关联交易公平、公正，交易价格合理，未发现违规关联交易；公司财务报告真实地反映了公司财务状况和经营成果，聘请的会计师事务所出具的审计报告客观真实；公司严格执行信息披露相关规定，认真履行信息披露人的义务和责任，真实、准确、完整、及时披露公司应披露的信息。

中信信托有限责任公司

1. 重要提示

1.1 本公司董事会及董事保证本报告所载资料不存在任何虚假记载、误导性陈述或者重大遗漏,并对其内容的真实性、准确性和完整性承担个别及连带责任。

1.2 本公司独立董事林义相、徐经长、张宏久对年度报告内容的真实性、准确性、完整性无异议。

1.3 本公司董事长陈一松、副董事长兼总经理李子民、主管会计工作的常务副总经理王道远保证年度报告中财务报告的真实和完整。

2. 公司概况

2.1 公司简介

2.1.1 公司历史沿革

中信信托有限责任公司是经原中国人民银行批准设立的非银行金融机构,成立于1988年3月1日,注册地为北京市。其前身是中信兴业信托投资公司,2002年经中国人民银行批复,中信集团公司将中信兴业信托投资公司重组、改制、更名为中信信托投资有限责任公司,并承接中信集团公司信托类资产、负债及业务。2007年,根据中国银行业监督管理委员会《关于中信信托投资有限责任公司变更公司名称和业务范围的批复》,公司名称变更为中信信托有限责任公司。

公司于2005年、2006年、2014年、2019年分别增资2.92亿元、4亿元、88亿元、29.70亿元,目前公司注册资本为112.76亿元(其中外汇为2 300万美元)。

2.1.2 公司的法定名称

中文:中信信托有限责任公司(缩写:中信信托)

英文:CITIC Trust Co., Ltd.

2.1.3 公司法定代表人:陈一松

2.1.4 公司注册地址:北京市朝阳区新源南路6号京城大厦

邮政编码:100004

公司互联网网址:http://trust.ecitic.com

公司电子信箱:citict@citictrust.com.cn

2.1.5 公司负责信息披露事务的高级管理人员:刘寅

公司信息披露事务联系人:王珂

办公电话:8610-59902108

办公传真:8610-84861380

电子信箱:djb@citictrust.com.cn

2.1.6 公司选定的信息披露报纸:《金融时报》

2.1.7 年报备置地点:北京市朝阳区新源南路6号京城大厦316

2.1.8 公司聘请的会计师事务所:信永中和会计师事务所(特殊普通合伙)

地址:北京市东城区朝阳门北大街8号富华大厦A座9层

2.1.9 公司聘请的律师事务所:北京市嘉源律师事务所

地址:北京市西城区复兴门内大街158号远洋大厦F407室

2.2 组织结构

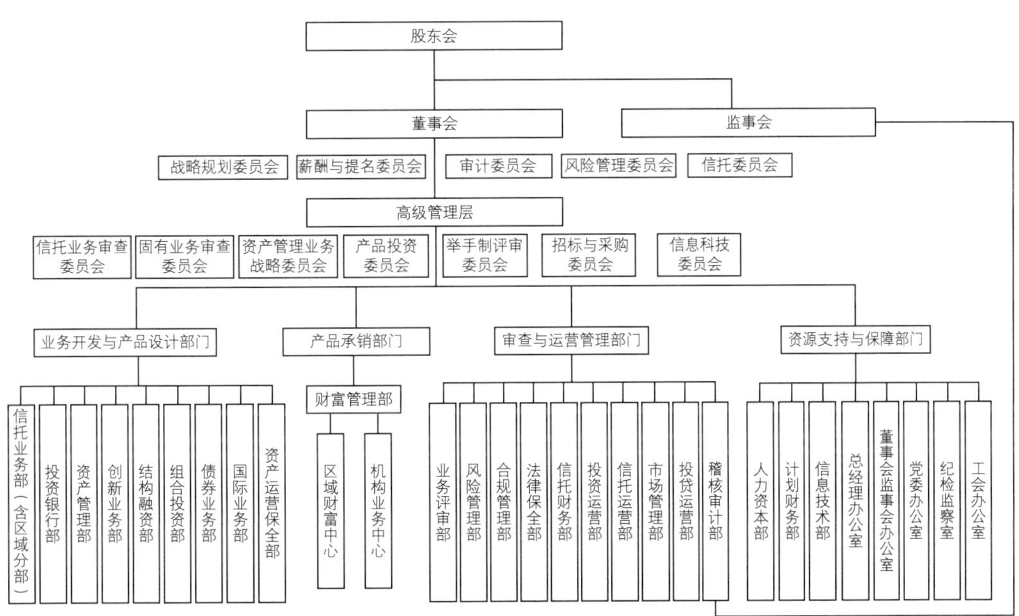

3. 公司治理

3.1 股东

股东总数:2 家

股东名称	持股比例(%)	法定代表人	注册资本(亿元)	注册地址	主要经营业务及主要财务情况
中国中信有限公司	82.26	常振明	1 390.00	北京市朝阳区新源南路 6 号	金融、实业,2019 年末净资产为 6 958 亿元。
中信兴业投资集团有限公司	17.74	蔡希良	26.00	上海市虹口区四川北路 859 号 55 楼	实业投资与贸易,2019 年底净资产为 262 亿元。

注:中信兴业投资集团有限公司是中国中信有限公司的全资子公司。中国中信集团有限公司为本公司的最终实际控制人。

3.2 董事、董事会及其下属委员会

董事长、董事

姓名	职务	性别	年龄(岁)	选任日期	所推举的股东名称	该股东持股比例(%)	简要履历
陈一松	董事长	男	51	2014 年 7 月	中国中信有限公司	82.26	湖南大学经济学硕士,1990 年 9 月参加工作,先后在中信实业银行、中信证券公司、中国建设银行就职,2006 年 8 月入职本公司,历任公司副总经理、总经理、副董事长;现任职公司董事长。
李子民	副董事长	男	48	2017 年 5 月	中国中信有限公司	82.26	中国科学院大学管理学博士,1994 年 7 月参加工作并入职本公司,历任部门总经理、业务总监、公司副总经理;现任职公司副董事长、总经理。
薄伟康	副董事长	男	49	2017 年 9 月	中国中信有限公司	82.26	中国人民大学经济学博士,1996 年 7 月参加工作,先后在农业部、国务院办公厅就职;2015 年 2 月入职本公司任公司副总经理;现任公司副董事长。
赵文海	董事	男	53	2019 年 3 月	中国中信有限公司	82.26	清华大学硕士,1989 年 7 月参加工作,先后在中国教育电子公司、中信公司、中国中信集团、中国中信集团有限公司任职;现任中国中信集团有限公司战略发展部副总经理。
王爱明	董事	男	52	2019 年 3 月	中国中信有限公司	82.26	中国人民大学硕士,1991 年 7 月参加工作,先后在中国华能集团、北海新力实业股份有限公司、中信公司、中国中信集团、中信和业投资有限公司、中信城市投资发展集团有限公司、中国中信集团有限公司任职;现任中国中信集团有限公司财务部副总经理。
张　立	董事	女	47	2012 年 5 月	中信兴业投资集团有限公司	17.74	中央财经大学经济学硕士,1997 年 4 月参加工作,先后在中信证券公司、中信兴业投资集团有限公司就职;现任中信兴业投资集团有限公司副总经理。

独立董事

姓名	职务	性别	年龄(岁)	选任日期	所推举的股东名称	该股东持股比例(%)	简要履历
林义相	独立董事	男	55	2012 年 5 月	中国中信有限公司	82.26	法国巴黎第十大学应用宏观经济学博士,天相投资顾问有限公司董事长兼总经理。
徐经长	独立董事	男	54	2012 年 5 月	中国中信有限公司	82.26	中国人民大学经济学博士,中国人民大学商学院教授、博士生导师。
张宏久	独立董事	男	65	2016 年 6 月	中国中信有限公司	82.26	北京大学法学硕士,北京市竞天公诚律师事务所合伙人。

董事会下属专门委员会

董事会下属专门委员会名称	职责	组成人员姓名	职务
战略规划委员会	负责拟定公司中长期发展战略规划,审阅公司年度经营计划,增加或减少注册资本的方案,对公司合并、分立、解散、清算和变更组织形式的方案进行研究,并依据内外部发展状况对上述问题予以调整和完善等。	陈一松	主任委员
		赵文海	委员
		徐经长	委员
		王爱明	委员
审计委员会	审核和监督风险控制和内部审计年度计划的制定和执行,评估风险控制和审计结果,并提出改进建议等。	徐经长	主任委员
		张宏久	委员
		张　立	委员
风险管理委员会	负责拟定风险管理战略、风险管理政策和内部控制原则,监督风险管理和内部控制系统的健全性、合理性和执行的有效性,指导公司全面风险管理和内部控制工作。	赵文海	主任委员
		林义相	委员
		李子民	委员
薪酬与提名委员会	负责拟定董事、高级管理人员、员工的薪酬、福利和其他激励计划,并监督方案的实施;拟定高级管理人员的选择标准、选择程序;对高级管理人员人选的任职资格和条件进行初步审核等。	林义相	主任委员
		徐经长	委员
		薄伟康	委员

续表

董事会下属专门委员会名称	职责	组成人员姓名	职务
信托委员会	负责拟定公司信托业务发展专项规划;初审拟提请董事会审议的信托项目;对公司日常合规管理工作进行监督;对公司信托业务运行情况进行定期评估等。	张宏久	主任委员
		林义相	委员
		张　立	委员

3.3 监事、监事会

姓名	职务	性别	年龄(岁)	选任日期	所推举的股东名称	该股东持股比例(%)	简要履历
吕君芳	监事会主席	女	48	2013年7月	中国中信有限公司	82.26	浙江大学文学博士,1992年8月参加工作,先后在浙江教育学院、浙江工商大学、中信资产管理有限公司就职;2013年5月入职本公司,现任公司监事会主席。
关颐	监事	男	51	2012年5月	中国中信有限公司	82.26	对外经济贸易大学毕业,1990年7月参加工作,先后在中国国际信托投资公司、中信集团就职,2006年1月任公司监事;现任中国中信集团有限公司稽核审计部总经理助理。
李　东	监事	女	46	2015年10月	职工代表	—	中央财经大学经济学硕士,1994年7月参加工作并进入国家审计署;2013年11月入职本公司,现任公司稽核审计部总经理。

注:本届监事会未设立下属委员会。

3.4 高级管理人员

姓名	职务	性别	年龄(岁)	选任日期	金融从业年限(年)	学历	专业	简要履历
李子民	总经理	男	48	2014年7月	25年	博士	管理科学与工程	1994年7月入职本公司,历任部门总经理、业务总监、公司副总经理,现任公司副董事长、总经理。
王道远	常务副总经理	男	50	2017年6月	23年	硕士	工商管理	1995年3月入职本公司,历任部门总经理、董事会秘书、公司总经理助理兼信托业务审查委员会主任,现任公司常务副总经理。
蔡成维	副总经理	男	50	2015年3月	15年	硕士	法学	1991年8月参加工作,先后在山东某市农业局、检察院、建设银行山东省分行、中国中期投资有限公司就职;2006年7月入职本公司,历任部门副总经理、总经理、合规总监;现任公司副总经理。
刘　寅	副总经理	男	44	2017年7月	20年	硕士	经济学	1999年4月参加工作,先后在中国银行、国泰君安证券公司、原中国银监会(现中国银保监会)就职;2017年7月入职本公司,现任公司副总经理。
涂一锴	副总经理	男	43	2015年3月	16年	硕士	企业管理	2002年4月参加工作并进入中信银行;2009年2月入职本公司,历任部门副总经理、总经理、业务总监,现任公司副总经理。
刘小军	副总经理	男	43	2016年5月	16年	硕士	金融学	2002年7月参加工作并进入中国建设银行;2006年4月入职本公司,历任高级经理、部门副总经理、总经理、业务总监,现任公司副总经理。
戴家凯	副总经理	男	47	2018年7月	26年	硕士	工商管理	简要履历:1992年7月参加工作并进入北京市粮食局;1993年11月入职本公司,历任部门副总经理、总经理、公司风险总监、财务总监,现任公司副总经理。

3.5 公司员工

报告期末,公司职工人数为750人。

项目		2019年度		2018年度	
		人数(人)	比例(%)	人数(人)	比例(%)
年龄分布	25岁以下	15	2	18	3
	25~29岁	168	23	170	25
	30~39岁	422	56	375	55
	40岁以上	145	19	120	17
性别分布	男	412	55	382	56
	女	338	45	301	44
学历分布	博士研究生	25	3	24	4
	硕士研究生	510	68	453	66
	本科	197	27	188	28
	专科	18	2	18	2

续表

项目		2019年度		2018年度	
		人数(人)	比例(%)	人数(人)	比例(%)
岗位分布	董事、监事及高管人员	18	2	16	3
	固有业务人员	20	3	20	3
	信托业务人员	645	86	583	85
	其他人员	67	9	64	9
合计		750	100	683	100

4. 经营管理

4.1 经营目标、经营方针、战略规划

4.1.1 经营目标

公司致力于成为国内行业领先、综合实力卓越、富有品牌影响力的综合金融解决方案的提供商和多种金融功能的集

成者。

4.1.2 经营方针

公司追求和谐、科学的价值文化，秉承“无边界服务、无障碍运行”的经营理念，遵循市场规律，超前适变应变，持续学习创新，统筹价值实现。

4.1.3 战略规划

以信托资产管理为主业，以客户为中心，以资本为基石，以人才为驱动，以金融科技为途径，以价值创造和风险管理为目标。深挖细分市场服务能力，做深投资银行，做精服务信托，做实资产管理，做强财富管理，打造综合金融服务能力。

4.2 所经营业务的主要内容

公司经营业务：信托业务、固有业务和专业子公司资产管理业务。

4.2.1 信托业务

信托业务是指公司作为受托人，按照委托人的意愿，基于受益人利益或特定目的，对信托财产进行管理、处分的业务。2019年末，公司信托资产余额为15 742亿元，营业总收入为71.83亿元，手续费及佣金收入为49.49亿元；净利润为35.93亿元，同比增长7%，创公司历史新高；为受益人分配信托利润为727亿元；上缴国家税金为43.89亿元，创公司历史新高；报告期内，公司新增信托项目1 480个，实收信托为5 205亿元。信托资产中主动管理型信托资产规模占比46%，同比增长31%，涵盖基础设施、房地产、金融市场、文化科技等领域。

投资银行业务是指主要利用债务、权益等投融资工具，为企业、政府部门、金融同业机构等卖方客户，提供灵活多元的综合金融方案。2019年，公司进一步深耕传统优势市场，深化与地方政府及企业大客户的合作，为地方发展和企业经营提供金融支持和服务。报告期内，公司向实体经济领域投入资金约为7 000亿元，参与并推动“一带一路”倡议、“京津冀协同发展”“长江经济带发展”等国家战略的实施；广泛支持污水处理、新农村建设、城市生态群等民生工程；努力拓展消费金融，推动民众消费转型升级；赋能合作伙伴，与中国科学院大学、魏桥创业共建创新研究院，促进科研成果转移转化，在新兴技术发展和探索产学研合作机制中发挥引导示范作用；通过子公司参股高新科技企业，探索商业航天和太空产业等高科技领域。

资产管理业务是指公司为满足买方客户的投资需求，按照约定的投资范围和策略，将客户交付的信托资金配置到各类金融产品的业务。报告期内，公司打造资产管理能力为核心竞争力，不断创新各类投资理财产品，推出TOF产品（Trust of Fund，基金信托产品），以股票基金和固定收益基金为底层资产，通过量化分析以及对基金管理人的筛选，有效对冲市场风险，为客户提供稳定收益。

财富管理业务是面向高端个人客户和机构客户提供的多元化的资产配置与理财服务，金融产品配置包括货币、固定收益、权益类投资等，并根据不同的客户类群提供家族信托、保险金信托、专户理财等差异化的细分服务。2019年，公司家族信托与保险金信托客户数增长翻倍，约为3 000名，受托资产规模近340亿元，同比增长超85%；公司与11家保险公司合作，发布国内首个保险金信托的服务标准，奠定行业基础。此外，公司通过下属公司中信信惠国际信托设立中国信托公司首单境外家族信托，实现行业零突破，为客户进一步完善了境内外家族资产的传承布局。

服务信托业务是指以信托财产独立性为前提，以资产账户和权益账户为载体，以信托财产安全持有为基础，为客户提供账户管理、财产保管/登记、交易、监督、结算/清算、估值、权益登记/分配、信息披露、合同保管等托管运营类金融服务的信托业务。公司首批获得非金融企业债务融资工具承销商资格和证券交易所ABS业务管理人资格。报告期内，公司资产证券化信托规模为1 164亿元，荣获“2018年度建设银行资产证券化业务最佳合作机构奖”。在消费金融领域，公司一方面与行业领先的金融科技公司合作，开展系列消费金融项目；另一方面，加强公司信息科技投入和消费金融模式研究，试水主动管理型消金业务。参股设立的中信消费金融有限公司正式成立，报告期内资产规模稳步增长，服务客户超40万人。

报告期末，公司信托资产运用与分布表如下。

资产运用	金额（万元）	占比（%）	资产分布	金额（万元）	占比（%）
货币资产	13 737 753.35	8.73	基础产业	30 213 992.35	19.19
拆出资金	1 205 000.00	0.77	房地产	27 178 213.81	17.27
贷款	61 569 260.09	39.11	证券市场	7 826 427.41	4.97
交易性金融资产投资	9 608 177.58	6.10	工商企业	35 622 872.09	22.63
可供出售金融资产投资	30 688 682.85	19.50	金融机构	37 623 963.61	23.90
持有至到期投资	3 848 995.76	2.45	其他	18 950 126.25	12.04
长期股权投资	17 023 935.81	10.81			
其他	19 733 790.08	12.53			
信托资产总计	157 415 595.52	100.00	信托资产总计	157 415 595.52	100.00

4.2.2 固有业务

固有业务的展业原则是在净资本覆盖率和杠杆率的约束下，制定公司资产配置策略，处理好资产与负债、风险与收益、短期目标与中长期战略之间的关系，实现固有资产增值目标，支持信托业务及子公司业务发展，为股东创造更大价值。2019年，中信信托固有资产总额321亿元，同比增长16%；固定收益投资收益保持平稳。

资产运用	金额（万元）	占比（%）	资产分布	金额（万元）	占比（%）
货币资产	310 759.54	10	基础产业	512 927.70	16
发放贷款和垫款	814 265.63	25	房地产业	243 767.02	8
买入返售金融资产	—	0	证券市场	22 249.00	0
交易性金融资产	714 325.69	22	实业	51 749.74	2
债权投资	479 036.79	15	金融机构	435 256.22	14
其他权益工具投资	187 925.34	6	其他	1 939 426.28	60
长期股权投资	307 864.84	10			
其他	391 198.13	12			
资产总计	3 205 375.96	100	资产总计	3 205 375.96	100.00

4.2.3 专业子公司资产管理业务

专业子公司业务是中信信托构建综合金融服务平台的重要组成部分。中信信托已成立海外投资平台中信信惠国际资本有限公司（以下简称中信信惠）、私募股权投资平台中信聚信（北京）资本管理有限公司（以下简称中信聚信）、消费金融平台中信消费金融有限公司（以下简称中信消金）等多家专业子公司，打造集股权投资基金、公募基金、货币经纪、海外投资、消费金融等业务于一体的综合金融服务平台。截至 2019 年末，下属专业子公司管理资产规模超 2 000 亿元，投向新兴科技、高端制造、文化教育、医疗健康等多个产业领域。

通过旗下中信聚信，公司探索尝试前沿另类投资标的，如商业航天和太空产业等高科技领域。中信聚信参投了北京星际荣耀空间科技有限公司，助力中国首枚民营商业运载火箭发射并实现高精度入轨；参投北京天链测控技术有限公司，后者通过自主建设的国际商业航天测控网，圆满完成中国首次运载火箭海上发射测控保障任务。

通过中信消金，中信信托成为中国信托行业中首家获得消费金融牌照的信托公司。2019 年 6 月，中信消金正式注册成立，注册资本为 3 亿元，中信股份、中信信托和金蝶软件分别持股 35.1%、34.9%和 30%。该公司已获批开展个人消费贷款相关的人民币业务。

经过五年经营，中信信惠在香港初步完成境外平台建设，具备香港证监委核准的第一、第四、第九类牌照、信托牌照和放债人牌照，支持境外业务多元化经营路线；报告期内管理资产余额近 60 亿港元。旗下全球机遇基金获得彭博社亚洲对冲基金第 8 名、《对冲基金管理者周刊》（*Hedge Fund Manager Week*）评选和颁发的“2019 年度中国区最佳股票基金”（“Asia Hedge Awards 2019 – 1 Year：China）等多项国际奖项。

4.3 市场分析

4.3.1 影响业务发展的不利因素

一是宏观经济下行压力加大。中国经济正处于转变发展方式、优化经济结构、转换增长动力的攻关期，结构性、体制性、周期性问题相互交织，再加上世界经济增长持续放缓，经济下行压力进一步加大。面对国内外风险挑战明显上升的复杂局面，2019 年我国 GDP 增速为 6.1%，创 1991 年以来新低，较 2018 年下降 0.5 个百分点。

二是突发疫情带来不确定性。新冠肺炎疫情对中国经济乃至全球经济产生了广泛而深刻的影响，给信托公司未来的业务开展及风险管理带来更多的挑战和不确定性。

三是市场信用风险频发。受经济下行的影响，报告期内，金融行业虽然整体运行平稳，但风险暴露显著增多；信用违约、债务兑付危机高发，且向高资质主体蔓延。

四是监管环境更加严峻。报告期内，监管机构调控措施频出，资管新规过渡期也进入深度整改阶段，给信托公司传统展业模式造成一定的影响，带来一定的经营压力。

4.3.2 影响业务发展的有利因素

一是尽管面临内外多重不利因素，中国经济发展始终坚持稳中求进的总基调，坚持以供给侧结构性改革为主线，加强宏观政策逆周期调节，全力推进“六稳”工作，保证了中国经济稳中向好、长期向好的基本趋势。

二是人民银行实施稳健的货币政策，“稳金融”和“打好防范化解重大风险攻坚战”是主基调。2019 年社融企稳回升，债券市场发行规模稳步扩大，股票市场主要指数上行，两市成交额有所增加；市场化改革加快，科创板正式开市；保证了信托展业相对稳定的金融市场大环境。

三是新兴业务在政策助推下获得发展机遇。监管机构明确“信托公司要回归‘受人之托，代人理财’的职能定位，鼓励发展服务信托、财富管理信托、慈善信托等本源业务”的发展方向。

四是随着中国财富家族的财富管理理念不断提升，需求持续提升，未来以家族信托、保险金信托为代表的财富管理业务发展潜力较大，创利前景广阔。

4.4 内部控制

4.4.1 内部控制环境和内部控制文化

公司按照《公司法》《信托公司管理办法》《信托公司治理指引》《企业内部控制基本规范》等法律法规以及《公司章程》相关要求，建立了由股东会、董事会、监事会、高级管理层组成的分工明确、权责对应、合理制衡的公司治理结构。

公司重视内部控制文化建设，以合规经营和维护受益人利益为出发点，坚持“业务发展、内控先行”的管理理念，建立了涵盖企业价值观、经营理念、运行原则、操守规范的文化体系；坚持可持续发展的人力资源政策，建立了包括“举手制”在内的具有信托特色、激励与约束并重的人力资本管理体系；从环境文化、制度文化、组织文化、行为文化等多层次切入，通过制度规范、考核激励、讲座培训、执纪问责等多种方式，倡导和实践内部控制核心理念，营造良好的合规经营和风险防范的内部控制文化氛围。

4.4.2 内部控制措施

公司内控制度体系涵盖公司治理、风险合规、稽核审计、财务管理、业务管理、人力资本、市场销售、信息技术、行政管理等，明确了各部门及岗位的职责权限、各业务流程的控制节点及控制要求，并按照《制度管理办法》定期进行评估，同时根据业务发展创新及时调整、更新管理制度，发出规范性通知以及新业务内部操作指引。报告期内，公司新制订或修订制度共计 43 项，涵盖履职监督、财务监督、业务评审、销售管理、消费者权益保护、违规违纪处理、反洗钱以及品牌管理等方面。

公司通过分级授权审批控制、不相容职务分离控制、会计系统控制、财务预算控制、财产保护控制、运营分析控制、绩效考评控制、业务预警及应急机制等措施，有效发挥内控在经营管理和业务发展中的实质性作用；始终遵循前台、中台、后台分离的原则，将相互监督制衡的运行机制贯穿全业务流程；加大信息系统投入，完善综合业务管理平台，升级财务管理、资金清算等系统，将自动控制与人工控制相结合，加强关键风险点的自动化管控和监督；报告期内，公司优化流程，推出综合业务管理平台（TCMP 系统）信托项目信息披露模块，实现了流程可视化、操作系统化。

公司坚持“防火墙”机制，在信托业务和固有业务之间实行部门、人员、财务和管理的有效分离；设立信托业务审查委员会和固有业务审查委员会，对信托业务和固有业务进行独立评审。

4.4.3 信息交流与反馈

公司建立起高效通畅的内外部信息交流与反馈机制。内部各层级之间明确报告路线，上下级之间、前中后台之间通过定期经营分析会议、各类业务系统、财务管理系统、OA 办公系统等渠道，以事务管理报告、管理月报、专项报告、问责通报等方式在公司确立信息交流与共享机制。公司倡导敞亮文化、无障碍沟通，通过公司领导接待日、谈心谈话等机制广泛听取意见，并通过监督工作委员会研究协调各类意见建议。

公司按照监管要求，及时报送各类财务及业务报表、事前及事后报告、关联交易报告等；积极履行受托人职责，通过过程监测与不定期监督检查，向投资者及时、准确地披露各类业务信息；加强消费者权益保护工作管理，规范投诉受理和处理流程，设立投诉邮箱、400 电话及现场投诉等渠道，接受投资者监督；通过建立重大突发事件应急处置办法、公共关系管理办法、声誉风险管理办法、新闻发言人制度，及时、完整地向各类利益相关者披露相关信息，并发挥信息技术和自媒体优势，通过官方网站、APP、微信公众号等渠道，确保公司对外交流的及时性、有效性、规范性。

4.4.4 监督评价与纠正

公司创新内控管理模式，持续推进多层次大监督体系建设，秉持"全面监督、群众监督、日常监督"理念，通过监督工作委员会，整合行政、纪检、运营多条线的监督力量，形成了以监督工作委员会为统领，以监督信息采集、调研分析、整改落实、执纪问责等"八步工作法"为运作模式的大监督格局；监事会负责监督董事会、高级管理层及其成员履职情况，检查、监督公司的财务活动；纪检部门聚焦党风廉政建设和廉洁从业，强化监督执纪问责；稽核审计部以风险为导向独立行使监督评价职能，通过常规审计与专项审计相结合的方式，持续对各类经营管理活动进行监督评价。2019 年，监督工作委员会推进 160 条意见整改落实。

报告期内，公司继续加强对重点业务、重点子公司的风险管理，并指导主要子公司开展了全面风险排查；对管理人员实施任期经济责任审计，对内控的有效性开展专项审计，注重问题的整改跟踪与问责，确保审计建议的有效落实。

4.5 风险管理

公司坚持"以风险管理服务业务发展，以风险管理促进价值提升"的核心理念，持续完善全面风险管理体系，推行全员风险管理文化，构建了以"四道防线"（业务拓展、风险合规、稽核审计、纪检监察）为组织基础，覆盖公司战略风险、业务风险、人力风险、财务风险、声誉风险的全面风险管理体系，通过制度规章和管理流程的有效运行，保障公司经营目标的实现。报告期内，公司多项风险管理措施并举，做好"稳增长"与"防风险"工作。

4.5.1 信用风险

信托业务的信用风险主要来自融资类信托业务。报告期内，公司顺利完成 135 个融资类信托项目的终止清算，分配信托本金 956 亿元，实现了信托业务的预期目标，履行了受托人的尽职管理职责。

固有业务信用风险主要来自固定收益类资产。报告期末，公司投资的具有融资属性的金融产品安全性较好，各产品均处于正常运行状态。

4.5.2 市场风险

信托业务的市场风险主要来自证券投资类信托业务。报告期内，公司严格控制证券投资业务风险，实现产品业绩稳健增长。

固有业务的市场风险主要来自固有权益类资产。报告期内，固有权益类资产收益贡献平稳。

4.5.3 操作风险

操作风险是指信托公司作为受托人，因尽职管理存在瑕疵，而导致的直接或间接财务、声誉损失的风险。报告期内，公司通过不断完善制度、优化流程，以及严格要求遵章守纪，并强化执纪问责来降低操作风险。

4.5.4 合规与法律风险

公司坚持以"实质重于形式、合法有效"的原则开展业务，在制度建设、流程优化、措施管控、队伍建设等方面扎实做好合规与法律风险管理。报告期内，公司未产生重大的合规与法律风险。

4.5.5 道德风险

公司通过组织全员培训和宣导教育活动，增加内部监察和审计频率，提高全体员工的职业操守和道德水平。报告期内，公司未发生因员工道德问题导致受托管理资产或固有财产遭到损失的情形。

4.5.6 声誉风险

声誉是信托公司赖以生存的重要资产。报告期内，公司进一步规范、统一公司品牌管理，完善声誉管理制度，未发生重大负面舆情、案件和群体事件，维护了良好的品牌声誉。

4.6 净资本管理概况

公司高度重视净资本管理，保证资本扩充与业务发展的匹配和平衡。2019 年末，公司净资本为 198 亿元，同比增长 19%，净资本覆盖率为 173%，高于 100% 的监管标准。充裕的资本实力构筑了公司可持续发展的坚实基础。报告期末，净资本各项指标均处于符合监管要求的较好水平。

指标	2019 年末	2018 年末
净资本（亿元）	198	168
各项风险资本之和（亿元）	114	88
净资本覆盖率（%）	173	190
净资本/净资产（%）	67	69

5. 报告期末及比较式会计报表

5.1 固有资产

5.1.1 会计师事务所审计意见

信永中和会计师事务所认为，公司财务报表在所有重大方面按照企业会计准则的规定编制，公允反映了中信信托公司 2019 年 12 月 31 日的合并及母公司财务状况以及 2019 年度的合并及母公司经营成果和现金流量。

5.1.2 资产负债表

资产负债表

编制单位:中信信托有限责任公司　　2019 年 12 月 31 日　　单位:万元

项目	合并		母公司	
	2019 年 12 月 31 日	2018 年 12 月 31 日	2019 年 12 月 31 日	2018 年 12 月 31 日
资产:				
货币资金	13 027.91	19 104.02	1.03	1.98
存放同业款项	376 364.23	376 447.27	310 758.51	321 535.18
应收款项	78 583.32	191 227.80	14 951.09	21 915.66
其他应收款	253 700.53	341 713.73	269 214.30	349 886.90
买入返售金融资产	410.00	55 980.02	—	55 500.00
发放贷款和垫款	826 990.85	539 674.97	814 265.63	511 577.09
交易性金融资产	883 309.65	520 090.18	714 325.69	424 297.68
债权投资	710 265.89	709 191.07	479 036.79	487 282.71
其他权益工具投资	187 925.34	174 942.96	187 925.34	174 942.96
长期股权投资	795 103.93	738 602.99	307 864.84	295 853.44
投资性房地产	5 476.21	6 255.70	5 476.21	6 255.70
固定资产	2 015.06	1 655.43	1 885.69	1 491.84
使用权资产	3 817.98	5 470.42	3 347.98	4 509.18
无形资产	4 353.09	3 449.84	4 330.70	3 449.84
商誉	36.21	36.21	—	—
递延所得税资产	94 219.96	85 584.41	88 653.34	79 098.90
其他资产	4 704.35	27 296.64	3 338.82	20 089.37
资产总计	4 240 304.51	3 796 723.66	3 205 375.96	2 757 688.43
负债.				
借款	387 577.42	551 015.25	—	—
交易性金融负债	44 260.11	32 400.98	—	—
应付职工薪酬	148 883.09	133 858.20	141 883.64	129 096.22
应交税费	75 240.62	82 913.12	69 203.43	79 577.61
其他应付款	61 764.01	166 001.21	20 780.31	110 792.69
预计负债	112 167.00	82 264.78	—	—
应付债券	317 481.62	207 441.51	—	—
租赁负债	3 926.00	5 544.22	3 446.70	4 582.97
合同负债	1 808.82	6 123.69	1 808.82	5 847.69
递延所得税负债	220.15	17.52	—	—
其他负债	1 642.22	7 872.38	—	577.50
负债合计	1 154 971.06	1 275 452.86	237 122.90	330 474.68
所有者权益:				
实收资本	1 127 600.00	1 000 000.00	1 127 600.00	1 000 000.00
资本公积	171 534.09	2 134.09	169 400.00	—

续表

项目	合并		母公司	
	2019 年 12 月 31 日	2018 年 12 月 31 日	2019 年 12 月 31 日	2018 年 12 月 31 日
其他综合收益	28 702. 49	15 169. 41	22 626. 43	12 889. 65
盈余公积	308 824. 23	274 815. 72	308 824. 23	274 815. 72
一般风险准备	49 494. 97	42 148. 65	49 494. 97	42 148. 65
信托赔偿准备	152 485. 43	135 481. 18	152 485. 43	135 481. 18
未分配利润	1 246 253. 48	1 051 102. 67	1 137 822. 00	961 878. 55
归属于母公司所有者权益合计	3 084 894. 69	2 520 851. 72	2 968 253. 06	2 427 213. 75
少数股东权益	438. 76	419. 08	—	—
所有者权益合计	3 085 333. 45	2 521 270. 80	2 968 253. 06	2 427 213. 75

公司法定代表人：陈一松　　主管会计工作的公司负责人：王道远　　公司会计机构负责人：胡楠

5. 1. 3　利润表

利润表

编制单位：中信信托有限责任公司　　2019 年度　　单位：万元

项目	合并		母公司	
	2019 年度	2018 年度	2019 年度	2018 年度
一、营业收入	718 278. 03	536 524. 36	637 796. 95	614 466. 57
手续费及佣金净收入	494 878. 97	556 674. 97	478 847. 88	545 000. 76
利息净收入	121 321. 58	77 119. 98	131 656. 00	85 397. 04
投资收益	132 949. 48	90 891. 13	57 017. 88	38 205. 89
公允价值变动收益	-33 615. 49	-187 648. 28	-30 614. 73	-54 081. 72
汇兑净收益	1 643. 41	-461. 83	1. 58	5. 27
资产处置收益	0. 96	-60. 67	0. 96	-60. 67
其他业务收入	1 099. 12	9. 06	887. 38	—
二、营业支出	238 507. 99	191 759. 34	183 557. 84	132 518. 65
税金及附加	4 036. 37	4 186. 56	3 964. 63	4 149. 98
业务及管理费	181 791. 69	157 682. 14	134 250. 89	128 130. 11
财务费用	41. 89	433. 59	41. 89	122. 35
资产减值损失	52 638. 04	29 457. 05	45 300. 43	116. 21
三、营业利润	479 770. 04	344 765. 02	454 239. 11	481 947. 92
加：营业外收入	243. 35	110 062. 94	240. 20	337. 96
减：营业务支出	3 335. 82	862. 75	3 052. 92	287. 62
四、利润总额	476 677. 57	453 965. 21	451 426. 39	481 998. 26
减：所得税费用	117 365. 47	118 098. 62	111 341. 33	115 948. 44
五、净利润	359 312. 10	335 866. 59	340 085. 06	366 049. 82
归属于母公司所有者的净利润	359 292. 42	335 817. 56	340 085. 06	366 049. 82
少数股东损益	19. 68	49. 03	—	—

公司法定代表人：陈一松　　主管会计工作的公司负责人：王道远　　公司会计机构负责人：胡楠

5.1.4 所有者权益变动表

所有者权益变动表

编制单位:中信信托有限责任公司　　2019 年度　　单位:万元

项目	2019 年度(合并)									2019 年度(母公司)							
	归属于母公司所有者权益							少数股东权益	所有者权益合计	实收资本	资本公积	其他综合收益	盈余公积	一般风险准备	信托赔偿准备	未分配利润	所有者权益合计
	实收资本	资本公积	其他综合收益	盈余公积	一般风险准备	信托赔偿准备	未分配利润										
2018 年 12 月 31 日余额	1 000 000. 00	2 134. 09	15 169. 41	274 815. 72	42 148. 65	135 481. 18	1 051 176. 46	419. 08	2 521 344. 59	1 000 000. 00	—	12 889. 65	274 815. 72	42 148. 65	135 481. 18	961 952. 34	2 427 287. 54
会计政策变更	—	—	—	—	—	—	-73. 79	—	-73. 79	—	—	—	—	—	—	-73. 79	-73. 79
2019 年 1 月 1 日余额	1 000 000. 00	2 134. 09	15 169. 41	274 815. 72	42 148. 65	135 481. 18	1 051 102. 67	419. 08	2 521 270. 80	1 000 000. 00	—	12 889. 65	274 815. 72	42 148. 65	135 481. 18	961 878. 55	2 427 213. 75
本年增减变动金额	—	—	—	—	—	—	—	—	—	—	—	—	—	—	—	—	
1. 综合收益总额	—	—	13 533. 08	—	—	—	359 292. 42	19. 68	372 845. 18	—	—	9 736. 78	—	—	—	340 085. 06	349 821. 84
2. 所有者投入和减少资本	127 600. 00	169 400. 00	—	—	—	—	—	—	297 000. 00	127 600. 00	169 400. 00	—	—	—	—	—	297 000. 00
3. 利润分配	—	—	—	34 008. 51	7 346. 32	17 004. 25	-164 141. 61	—	-105 782. 53	—	—	—	34 008. 51	7 346. 32	17 004. 25	-164 141. 61	-105 782. 53
提取盈余公积	—	—	—	34 008. 51	—	—	-34 008. 51	—	—	—	—	—	34 008. 51	—	—	-34 008. 51	—
对所有者的分配	—	—	—	—	—	—	-105 782. 53	—	-105 782. 53	—	—	—	—	—	—	-105 782. 53	-105 782. 53
提取一般风险准备	—	—	—	—	7 346. 32	—	-7 346. 32	—	—	—	—	—	—	7 346. 32	—	-7 346. 32	—
提取信托赔偿准备	—	—	—	—	—	17 004. 25	-17 004. 25	—	—	—	—	—	—	—	17 004. 25	-17 004. 25	—
4. 非同一控制下企业合并调整	—	—	—	—	—	—	—	—	—	—	—	—	—	—	—	—	—
上述 1 至 3 小计	127 600. 00	169 400. 00	13 533. 08	34 008. 51	7 346. 32	17 004. 25	195 150. 81	19. 68	564 062. 65	127 600. 00	169 400. 00	9 736. 78	34 008. 51	7 346. 32	17 004. 25	175 943. 45	541 039. 31
2019 年 12 月 31 日余额	1 127 600. 00	171 534. 09	28 702. 49	308 824. 23	49 494. 97	152 485. 43	1 246 253. 48	438. 76	3 085 333. 45	1 127 600. 00	169 400. 00	22 626. 43	308 824. 23	49 494. 97	152 485. 43	1 137 822. 00	2 968 253. 06

所有者权益变动表（续）

编制单位：中信信托有限责任公司　　2019 年度　　单位：万元

项目	2018 年度（合并）									2018 年度（母公司）						
	归属于母公司所有者权益							少数股东权益	所有者权益合计	实收资本	其他综合收益	盈余公积	一般风险准备	信托赔偿准备	未分配利润	所有者权益合计
	实收资本	资本公积	其他综合收益	盈余公积	一般风险准备	信托赔偿准备	未分配利润									
2017 年 12 月 31 日余额	1 000 000. 00	2 134. 09	5 668. 76	235 684. 52	42 009. 16	115 915. 58	868 569. 30	270. 96	2 270 252. 37	1 000 000. 00	17 951. 40	235 684. 52	42 009. 16	115 915. 58	742 422. 36	2 153 983. 02
会计政策变更	—	—	−23 237. 27	2 526. 22	−93. 31	1 263. 11	14 875. 65	—	−4 665. 60	—	−29 927. 82	2 526. 22	−93. 31	1 263. 11	21 566. 21	−4 665. 59
2018 年 1 月 1 日余额	1 000 000. 00	2 134. 09	−17 568. 51	238 210. 74	41 915. 85	117 178. 69	883 444. 95	270. 96	2 265 586. 77	1 000 000. 00	−11 976. 42	238 210. 74	41 915. 85	117 178. 69	763 988. 57	2 149 317. 43
本年增减变动金额	—	—	—	—	—	—	—	—	—	—	—	—	—	—	—	—
1. 综合收益总额	—	—	32 737. 92	—	—	—	335 817. 56	49. 03	368 604. 51	—	24 866. 07	—	—	—	366 049. 82	390 915. 89
2. 所有者投入和减少资本	—	—	—	—	—	—	—	—	—	—	—	—	—	—	—	—
3. 利润分配	—	—	—	36 604. 98	232. 80	18 302. 49	−168 086. 05	—	−112 945. 78	—	—	36 604. 98	232. 80	18 302. 49	−168 086. 05	−112 945. 78
提取盈余公积	—	—	—	36 604. 98	—	—	−36 604. 98	—	—	—	—	36 604. 98	—	—	−36 604. 98	—
对所有者的分配	—	—	—	—	—	—	−112 945. 78	—	−112 945. 78	—	—	—	—	—	−112 945. 78	−112 945. 78
提取一般风险准备	—	—	—	—	232. 80	—	−232. 80	—	—	—	—	—	232. 80	—	−232. 80	—
提取信托赔偿准备	—	—	—	—	—	18 302. 49	−18 302. 49	—	—	—	—	—	—	18 302. 49	−18 302. 49	—
4. 非同一控制下企业合并调整	—	—	—	—	—	—	—	99. 09	99. 09	—	—	—	—	—	—	—
上述 1 至 3 小计	—	—	32 737. 92	36 604. 98	232. 80	18 302. 49	167 731. 51	48. 12	255 757. 82	—	24 866. 07	36 604. 98	232. 80	18 302. 49	197 963. 77	277 970. 11
2018 年 12 月 31 日余额	1 000 000. 00	2 134. 09	15 169. 41	274 815. 72	42 148. 65	135 481. 18	1 051 176. 46	419. 08	2 521 344. 59	1 000 000. 00	12 889. 65	274 815. 72	42 148. 65	135 481. 18	961 952. 34	2 427 287. 54

公司法定代表人：陈一松　　主管会计工作的公司负责人：王道远　　公司会计机构负责人：胡楠

5.2 信托资产

5.2.1 信托项目资产负债汇总表

信托项目资产负债汇总表

编制单位：中信信托有限责任公司　　2019 年 12 月 31 日　　单位：万元

信托资产	2019 年 12 月 31 日	2018 年 12 月 31 日
信托资产：		
存放同业款项	13 737 753. 35	13 748 670. 41
拆出资金	1 205 000. 00	—
交易性金融资产	9 608 177. 58	8 704 478. 68
买入返售金融资产	554 619. 80	575 930. 09
应收账款	17 436 013. 86	15 020 574. 03
应收利息	426 066. 70	68 549. 82
应收股利	74 702. 51	89 701. 49
其他应收款	1 224 116. 66	1 342 013. 39
贷款	61 569 260. 09	60 115 622. 58
可供出售金融资产	30 688 682. 85	45 213 345. 67
持有至到期金融资产	3 848 995. 76	1 982 472. 47
长期股权投资	17 023 935. 81	18 320 004. 03
其他资产	18 270. 55	38 341. 71
信托资产总计	157 415 595. 52	165 219 704. 37
信托负债和信托权益	2019. 12. 31	2018. 12. 31
信托负债：		
应交税费	107 243. 85	71 345. 68
其他应付款	1 096 075. 72	1 899 781. 06
应付账款	330 050. 10	77 373. 05
信托负债合计	1 533 369. 67	2 048 499. 79
信托权益：		
实收信托	153 612 338. 48	159 471 685. 10
资本公积	1 406 931. 95	3 384 835. 53
未分配利润	862 955. 42	314 683. 95
信托权益合计	155 882 225. 85	163 171 204. 58
信托负债及权益总计	157 415 595. 52	165 219 704. 37

法定代表人：陈　松　　主管信托财务负责人：王道远　　会计机构负责人：杜永生

5.2.2 信托项目利润及利润分配汇总表

信托项目利润及利润分配汇总表

编制单位：中信信托有限责任公司　　2019 年度　　单位：万元

项目	2019 年度	2018 年度
一、营业收入	11 042 094. 13	7 024 115. 05
利息收入	4 426 742. 47	4 845 357. 59
投资收益	4 803 896. 56	2 982 161. 09
公允价值变动损益	1 322 113. 73	-1 436 526. 41
汇兑损益	-7 964. 10	196. 04
其他收入	497 305. 47	632 926. 74
二、营业费用	1 241 973. 89	1 018 551. 05
三、税金及附加	29 994. 57	28 824. 31
四、扣除资产损失前的信托利润	9 770 125. 67	5 976 739. 69
减：资产减值损失	1 950 387. 14	5 482. 10
五、扣除资产损失后的信托利润	7 819 738. 53	5 971 257. 59
加：期初未分配信托利润	314 683. 95	2 471 472. 42
六、可供分配的信托利润	8 134 422. 48	8 442 730. 01
减：本期已分配信托利润	7 271 467. 06	8 128 046. 06
七、期末未分配信托利润	862 955. 42	314 683. 95

法定代表人：陈一松　　主管信托财务负责人：王道远　　会计机构负责人：杜永生

6. 会计报表附注

6.1 会计报表编制基准不符合会计核算基本前提的说明

6.1.1 会计报表不符合会计核算基本前提的事项

本公司无上述情况。

6.1.2 纳入公司合并会计报表范围的子公司情况

子公司名称	业务性质	注册地	注册资本	实际投资额（万元）	母公司持有的权益性资本的比例（%）	合并期间
中信聚信（北京）资本管理有限公司	服务业	北京	50 000 万元	50 000	100	2012 年 4 月至 2019 年 12 月
中信信惠国际资本有限公司	金融业	香港	164 657 万港元	144 096. 89	100	2014 年 10 月至 2019 年 12 月

注：1. 2012 年，公司出资 20 000 万元设立全资子公司中信聚信（北京）资本管理有限公司（以下简称中信聚信），并将其纳入合并会计报表范围，纳入合并报表的基准日为 2012 年 4 月 17 日。2014 年，公司以现金方式向中信聚信增加注册资本 20 000 万元，变更后注册资本为 40 000 万元。2017 年，公司以现金方式向中信聚信增加注册资本 10 000 万元，变更后注册资本为 50 000 万元。

2. 2014 年，公司出资 15. 83 万元受让中信信惠国际资本有限公司（以下简称中信信惠）51% 的股权，并将其纳入合并会计报表范围，纳入合并报表的基准日为 2014 年 10 月 31 日。2015 年 3 月，公司以现金 3 173. 83 万元向中信信惠增资。2015 年 10 月，公司以现金 3 073. 82 万元购买中信信惠少数股权（占该公司股份的 49%），由此取得对中信信惠 100% 的控制权。2018 年公司以现金方式向中信信惠增加注册资本 137 833. 40 万元。

6.2 重要会计政策和会计估计说明

公司自 2018 年 1 月 1 日起执行《企业会计准则第 14 号——收入》《企业会计准则第 22 号——金融工具确认和计量》《企业会计准则第 23 号——金融资产转移》《企业会计准则第 24 号——套期会计》和《企业会计准则第 37 号——金融工具列报》等准则。《企业会计准则第 14 号——收入》的采用对本公司 2018 年 1 月 1 日的财务报表未产生重大影响，但《企业会计准则第 22 号——金融工具确认和计量》《企业会计准则第 23 号——金融资产转移》《企业会计准则第 24 号——套期会计》和《企业会计准则第 37 号——金融工具列报》的采用对金融工具的分类和计量、金融资产的减值等方面产生如下主要影响：

一是金融资产分类发生变化。

二是金融资产减值由原准则的已发生损失模型更改为预期信用损失模型。

三是采用《企业会计准则第 22 号——金融工具确认和计量》《企业会计准则第 23 号——金融资产转移》《企业会计准则第 24 号——套期会计》和《企业会计准则第 37 号——金融工具列报》后，并根据 2018 年 12 月 26 日财政部发布的《关于修订印发 2018 年度金融企业财务报表格式的通知》（财会[2018]36 号）进行报表项目调整。

6.3 或有事项说明

报告期末，公司没有对外担保。

6.4 重要资产转让及其出售的说明

报告期内，公司没有重要资产转让及其出售。

6.5 会计报表中重要项目的明细资料

6.5.1 固有资产经营情况

6.5.1.1 信用风险资产五级分类情况

按照《中国银行业监督管理委员会关于非银行金融机构全面推行资产质量五级分类管理的通知》的分类标准，本年度公司固有资产质量情况：

信用风险资产五级分类	正常类(万元)	关注类(万元)	次级类(万元)	可疑类(万元)	损失类(万元)	信用风险资产合计(万元)	不良资产合计(万元)	不良资产率(%)
期初数	1 481 940.96	311 993.58	56 400.00	—	64 011.90	1 914 346.44	120 411.90	6.29
期末数	1 664 892.13	337 461.24	14 000.00	—	67 250.95	2 083 604.32	81 250.95	3.90

注：不良资产合计＝次级类＋可疑类＋损失类。

6.5.1.2 资产减值准备情况

单位：万元

	期初数	本期计提	本期转回	本期核销	期末数
应收账款坏账准备	—	256.69	—	—	256.69
其他应收款坏账准备	—	4 165.03	—	—	4 165.03
应收利息减值准备	3 321.61	—	3 152.59	—	169.02
发放贷款和垫款减值准备	70 068.82	49 741.74	—	—	119 810.56
金融资产投资减值准备	73 347.29	—	5 710.44	—	67 636.85
其中：债权投资减值准备	73 347.29	—	5 710.44	—	67 636.85
长期股权投资减值准备	469.16	—	—	—	469.16
合计	147 206.88	54 163.46	8 863.03	—	192 507.31

6.5.1.3 固有股票投资、基金投资、债券投资、长期股权投资等投资情况

单位：万元

	固有股票	基金	债券	长期股权投资	其他投资	合计
期初数	6 121.57	5 446.73	1 574.09	295 853.44	1 073 380.97	1 382 376.80
期末数	2 565.95	56 558.59	27 937.47	307 864.84	1 294 225.81	1 689 152.66

6.5.1.4 固有长期股权投资的前五名

企业名称	占被投资企业权益的比例(%)	主要经营活动	投资收益(万元)
中信聚信(北京)资本管理有限公司	100.00	投资管理、经济信息咨询	并表子公司
中信信惠国际资本有限公司	100.00	资产管理	并表子公司
中信保诚基金管理有限公司	49.00	证券投资基金	6 516.34
天津信唐货币经纪有限责任公司	48.00	资产管理	1 979.61
中信信诚资产管理有限公司	45.00	资产管理	-1 064.60

6.5.1.5 固有贷款前五名

企业名称	占贷款总额的比例(%)	还款情况
嘉寓新新投资(集团)有限公司	21.55	正常
昆明嘉丽泽旅游文化有限公司	17.66	正常
重庆首汇置业有限公司	16.16	正常

续表

企业名称	占贷款总额的比例(%)	还款情况
镇江交通产业集团有限公司	14.55	正常
北京方正世纪信息系统有限公司	11.50	逾期

6.5.1.6 表外业务的期初数、期末数

单位：万元

表外业务	期末数	期初数
担保业务	—	—
代理业务(委托业务)	72 527.79	72 527.79
其他	—	—
合计	72 527.79	72 527.79

6.5.1.7 公司当年的收入结构

	合并		母公司	
收入结构	金额(万元)	占比(%)	金额(万元)	占比(%)
手续费及佣金净收入	494 878.97	68.87	478 847.88	75.05
其中：信托手续费收入	478 847.88	66.64	478 847.88	75.05
投资银行业务收入	—	—	—	—
利息净收入	121 321.58	16.88	131 656.00	20.63
其他收入	1 100.09	0.15	888.34	0.14
其中：计入信托业务收入部分	—	—	—	—
投资收益	132 949.48	18.50	57 017.88	8.94
其中：股权投资收益	64 057.00	8.92	9 588.44	1.50
证券投资收益	257.14	0.04	257.14	0.04
其他投资收益	68 635.34	9.55	47 172.30	7.40
公允价值变动收益	-33 615.49	-4.68	-30 614.73	-4.80
营业外收入	243.35	0.03	240.20	0.04
汇兑损益	1 643.41	0.23	1.58	—
收入合计	718 521.39	100.00	638 037.15	100.00

6.5.2 披露信托资产管理情况

6.5.2.1 信托资产的期初数、期末数

单位：万元

信托资产	期初数	期末数
集合	64 783 762.03	79 777 730.41
单一	68 692 105.14	57 428 007.00
财产权	31 743 837.20	20 209 858.11
合计	165 219 704.37	157 415 595.52

6.5.2.1.1　主动管理型信托业务期初数、期末数，分证券投资、股权投资类、融资类、事务管理类分别披露

单位：万元

主动管理型信托资产	期初数	期末数
证券投资类	20 817 266.85	23 358 027.10
股权投资类	15 518 928.96	12 465 485.78
融资类	19 041 322.44	36 762 661.98
事务管理类	—	—
合计	55 377 518.25	72 586 174.86

6.5.2.1.2　被动管理型信托业务期初数、期末数，分证券投资、股权投资类、融资类、事务管理类分别披露

单位：万元

非主动管理型信托资产	期初数	期末数
证券投资类	—	—
股权投资类	—	—
融资类	—	—
事务管理类	109 842 186.12	84 829 420.66
合计	109 842 186.12	84 829 420.66

6.5.2.2　本年度已清算结束的信托项目个数、实收信托合计金额、加权平均实际年化收益率

6.5.2.2.1　本年度已清算结束的集合类、单一类资金信托项目和财产管理类信托项目个数、合计金额、加权平均实际年化收益率

已清算结束的信托项目	项目个数（个）	实收信托合计金额（万元）	加权平均实际年化收益率（%）
集合类	296	28 264 666.85	5.88
单一类	336	18 546 018.88	5.57
财产管理类	153	22 016 312.96	5.76

6.5.2.2.2　本年度已清算结束的主动管理型信托项目个数、合计金额、加权平均实际年化收益率，分证券投资类、股权投资类、融资类、事务管理类分别披露

已清算结束的信托项目	项目个数（个）	实收信托合计金额（万元）	加权平均实际年化收益率（%）
证券投资类	113	2 144 644.36	2.30
股权投资类	104	12 213 255.30	7.02
融资类	135	9 562 221.73	7.32
事务管理类	—	—	—

6.5.2.2.3　本年度已清算结束的被动管理型信托项目个数、合计金额、加权平均实际年化收益率，分证券投资类、股权投资类、融资类、事务管理类分别披露

已清算结束的信托项目	项目个数（个）	实收信托合计金额（万元）	加权平均实际年化收益率（%）
证券投资类	—	—	—
股权投资类	—	—	—
融资类	—	—	—
事务管理类	433	44 906 877.30	5.25

6.5.2.3　本年度新增的集合类、单一类和财产管理类信托项目个数、合计金额

新增信托项目	项目个数（个）	实收信托合计金额（万元）
集合类	415	38 136 915.02
单一类	734	8 637 975.35
财产管理类	331	5 277 454.79
新增合计	1 480	52 052 345.16
其中：主动管理型	1 343	36 129 693.87
被动管理型	137	15 922 651.29

注：上述统计未包括尚未清算的开放式信托项目本年度内发生的申购和赎回金额，故期初余额－本期清算＋本期新增≠期末余额。

6.5.2.4　信托创新研究成果

公司积极推进业务创新，在资产证券化、国际业务、消费金融、家族信托与保险金信托、公益慈善等领域取得了多个模式突破，引领行业创新。

6.5.2.5　本公司履行受托人义务情况

公司以受益人利益最大化为原则，严格按照《信托法》《信托公司管理办法》《信托公司集合资金信托计划管理办法》等法律法规的规定及信托合同等文件的约定，恪尽职守，诚实、信用、谨慎、有效地管理信托财产，严格履行受托人的义务，为受益人的最大利益处理信托事务，公平、公正地处置信托财产，建立金融消费者权益保护机制和管理体系，为投资者提供了回报稳定且风险可控的投资产品。

6.5.2.6　信托赔偿准备的提取、使用和管理情况

公司从2019年的税后利润提取5%的信托赔偿准备金，即17 004.25万元，余额达152 485.43万元。公司2019年未发生需要使用信托赔偿准备金的事件，也未使用信托赔偿准备金。

6.6　关联方关系及其交易的披露

6.6.1　关联交易方的数量、关联交易的总金额及关联交易的定价原则等

	关联交易方数量（个）	关联交易金额（万元）	定价政策
合计	40	734 987.39	（1）遵循市场价格的原则，有客观的市场价格作为参照的一律以市场价格为准； （2）如果没有市场价格，按照成本加成定价； （3）如果既没有市场价格，也不适合采用成本加成价的，按照协议价定价

6.6.2　关联交易方与本公司的关系性质、关联交易方的名称、法定代表人、注册地址、注册资本及主营业务等

关系性质	关联方名称	法定代表人	注册地址	注册资本（亿元）	主营业务
母公司	中国中信有限公司	常振明	北京市朝阳区新源南路6号	1 390.00	金融、实业
同一母公司	中信银行股份有限公司	李庆萍	中国北京市东城区朝阳门北大街9号北	489.35	银行业务
母公司对其有重大影响	中信证券股份有限公司	张佑君	广东省深圳市福田区中心三路8号卓越时代广场（二期）北座	121.17	证券经纪、投行业务

注：公司本年度共有关联方40个，主要来自中信集团内部，表中为公司主要关联方。

6.6.3　公司与关联方的重大交易事项

6.6.3.1　固有财产与关联方：贷款、投资、租赁、应收账款、担保、其他方式等期初汇总数、本期发生额汇总数、期末汇总数

单位：万元

固有财产与关联方关联交易				
	期初数	借方发生额	贷方发生额	期末数
贷款	—	—	—	—
投资	11 489.62	3 196.93	3 154.76	11 531.79
租赁	20.44	0.01	0.01	20.44
担保	—	—	—	—
应收账款	3 200.68	5 200.00	5 204.68	3 196.00
其他	3 098.91	1 536.58	4 633.91	1.58
合计	17 809.65	9 933.52	12 993.36	14 749.81

6.6.3.2　信托资产与关联方：贷款、投资、租赁、应收账款、担保、其他方式等期初汇总数、本期发生额汇总数、期末汇总数

单位：万元

信托资产与关联方关联交易				
	期初数	借方发生额	贷方发生额	期末数
贷款	73 985.19	—	2 700.00	71 285.19
投资	64 146.45	—	10 400.24	53 746.21
合计	138 131.64	—	13 100.24	125 031.40

注：此外，还包括支付给关联方中信银行的托管费 15 419.67 万元。

6.6.3.3　固有财产和信托财产之间的交易金额期初汇总数、本期发生额汇总数、期末汇总数

单位：万元

固有财产与信托财产相互交易			
	期初数	本期发生额	期末数
合计	476 707.80	-114 251.10	362 456.70

6.6.3.4　信托资产与信托财产之间的交易金额期初汇总数、本期发生额汇总数、期末汇总数

单位：万元

信托资产与信托财产相互交易			
	期初数	本期发生额	期末数
合计	4 677 362.56	1 003 322.80	5 680 685.36

6.6.4　关联方逾期未偿还本公司资金的详细情况以及本公司为关联方担保发生或即将发生垫款的情况

关联方无逾期不偿还本公司资金情况，本公司无为关联方担保发生或即将发生垫款情况。

6.7　会计制度的披露

本公司固有业务和信托业务均执行财政部颁布的企业会计准则及相关规定。

7. 财务情况说明书

7.1　利润实现和分配情况

2019 年母公司净利润为 340 085.06 万元，合并净利润为 359 312.10 万元。

依据《公司法》《信托公司管理办法》和本公司章程，公司对本年实现的母公司净利润 340 085.06 万元进行分配，其中提取 10% 法定盈余公积金 34 008.51 万元，提取 5% 信托赔偿准备 17 004.25 万元。

7.2　主要财务指标

指标名称	指标值	
	合并	母公司
资本利润率（%）	12.82	12.61
人均净利润（万元）	460.95	478.66

注：1. 资本利润率 = 净利润/所有者权益平均余额 ×100% 。

2. 人均净利润 = 净利润/年平均人数。

3. 平均值采取期初、期末余额简单平均法，公式为：a（平均）=（期初数 + 期末数）/2。

7.3　对本公司财务状况、经营成果有重大影响的其他事项

报告期内，公司没有对财务状况、经营成果产生重大影响的其他事项。

8. 特别事项揭示

8.1　股东报告期内变动情况及原因

报告期内，本公司没有发生股东变动。

8.2　董事、监事及高级管理人员变动情况及原因

2019 年 2 月，股东会推选赵文海、王爱明为公司董事，上述人员的任职资格均已获得北京银保监局核准。

8.3　变更注册资本、注册地或公司名称、公司分立合并事项

报告期内，经北京银保监局批准，公司注册资本增至 112.76 亿元。公司注册地或公司名称、公司分立合并事项未发生。

8.4　公司的重大诉讼事项

无。

8.5　公司及其董事、监事和高级管理人员受到处罚的情况

报告期内，北京银保监局因 2018 年现场检查发现的公司个别业务开展不合规、不审慎问题，对公司作出三次行政处罚，处罚总金额为 190 万元。公司高度重视监管处罚，切实落实整改措施，严肃追究责任人员，所涉问题均已有效整改并获得监管认可。

除上述事项外，公司及其董事、监事和高级管理人员无其他受到处罚的情况。

8.6　中国银保监会及其派出机构对公司进行检查及提出整改意见的情况

报告期内，公司按照北京银保监局要求，组织开展了“巩固治乱象成果 促进合规建设”等专项工作，进行了房地产信托、应收账款相关信托业务等业务自查。公司严格执行监管要求，着力补足管理短板，内部控制和合规管理水平得到进一步提升。

8.7　重大事项临时报告情况

无。

8.8　其他有必要让客户及相关利益人了解的重要信息

无。

9. 公司监事会意见

监事会根据有关法律、法规，监督检查了公司依法运作、重大决策、重大经营活动情况及财务状况，认为公司能够合规运作，公司董事、总经理等在履行公司职务时未有违反法律、法规、公司章程或损害公司利益的行为，公司年度报告真实反映了公司的财务状况和经营成果。

中原信托有限公司

1. 重要提示

1.1 本公司董事会及董事保证本报告所载资料不存在任何虚假记载、误导性陈述或者重大遗漏，并对其内容的真实性、准确性和完整性承担个别及连带责任。

1.2 独立董事于萍女士、徐长生先生认为本报告内容是真实、准确、完整的。

1.3 本公司总裁崔泽军、主管会计工作的副总裁李信凤及计划财务部总经理石翠云声明：保证年度报告中财务报告的真实、完整。

2. 公司概况

2.1 公司简介

中原信托有限公司于1985年8月经河南省人民政府和中国人民银行批准成立。2002年10月中国人民银行《关于中原信托投资公司重新登记有关事项的批复》（银复［2002］285号）批准公司重新登记，并改制为有限责任公司，成为专门从事信托业务的信托金融机构。2007年10月中国银监会《关于中原信托投资有限公司变更公司名称和业务范围的批复》（银监复［2007］468号）批准公司变更名称为现名，并核准了新的业务范围，换发了《中华人民共和国金融许可证》。2008年5月中国银监会《关于批准中原信托有限公司增加注册资本及变更股权的批复》（银监复［2008］164号）批准公司增资扩股，注册资本由59 227.2万元增加到120 200万元（其中外汇1 500万美元）。2008年8月中国银监会《关于中原信托有限公司特定目的的信托受托机构资格的批复》（银监复［2008］349号）核准公司特定目的信托受托机构资格，2010年10月获得固有资产从事股权投资业务资格。2012年6月注册资本增加至15亿元。2014年12月以利润转增形式将注册资本由15亿元增加至25亿元。2016年12月注册资本金由25亿元变更为36.5亿元。2019年6月注册资本金由36.5亿元变更为40亿元。

2.1.1 公司中文名称：中原信托有限公司
中文简称：中原信托
英文名称：Zhongyuan Trust CO.，Ltd.
英文缩写：Zhongyuan Trust

2.1.2 法定代表人：崔泽军

2.1.3 注册地址：中国河南省郑州市商务外环路24号中国人保大厦
邮政编码：450016
公司互联网网址：http：//www.zyxt.com.cn
电子信箱：info@zyxt.com.cn

2.1.4 信息披露事务负责人：刘飞
信息披露联系人：张进
电话（传真）：0371-88861888　电子信箱：info@zyxt.com.cn

2.1.5 信息披露报纸：《上海证券报》《证券时报》

2.1.6 年度报告备置地点：总裁办公室（郑州市商务外环路24号中国人保大厦27层）

2.1.7 公司聘请的会计师事务所：中证天通会计师事务所（特殊普通合伙）
地址：北京市海淀区西直门大街甲43号1号楼13层

2.1.8 公司聘请的律师事务所：北京市大成律师事务所郑州分所
地址：郑州市商务外环路20号海联大厦4层

2.2 组织结构

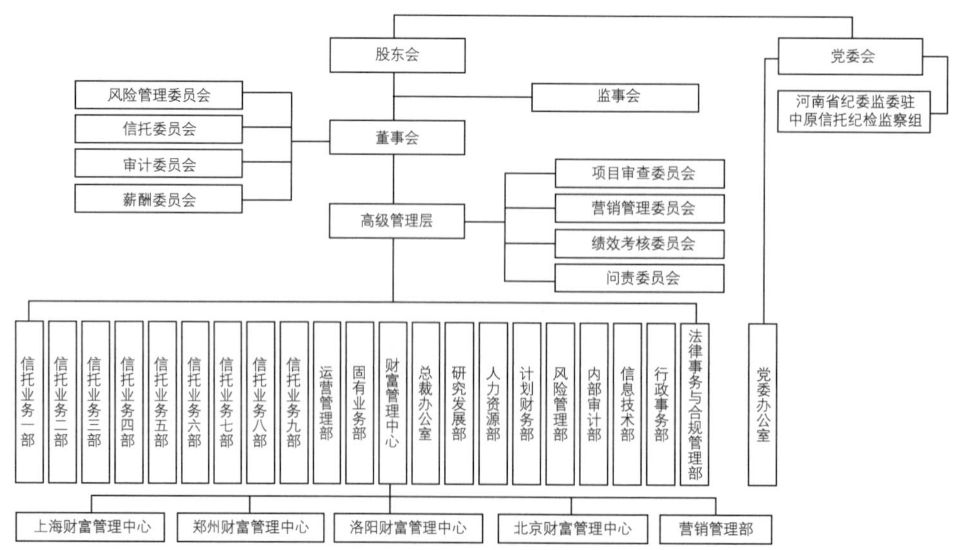

3. 公司治理

3.1 股东

截至报告期末公司股东共 3 家。股东情况如下：

股东名称	持股比例(%)	法定代表人
河南投资集团有限公司	58.96536	刘新勇
河南中原高速公路股份有限公司	31.91032	马沉重
河南省豫粮粮食集团有限公司	9.12405	张培贤

公司第一大股东的主要股东的情况如下：

股东名称	其主要股东	出资比例(%)	注册资本(万元)	主要股东的主要经营业务及主要财务情况
河南投资集团有限公司	河南省人民政府	100	—	—

3.2 董事

公司董事会成员的基本情况：

姓名	职务	性别	年龄(岁)	选任日期	所推举的股东名称	该股东持股比例(%)	简要履历
崔泽军	董 事	男	56	2015 年 12 月	职务董事职工董事	—	历任郑州粮食学院教师，中原信托有限公司财务部经理、副总经理、总经理；现任中原信托有限公司总裁。
闫万鹏	董 事	男	55	2018 年 11 月	河南投资集团有限公司	58.96563	历任河南省计委办公室办事员，河南省计经委办公室科员、副主任科员、主任科员，河南省计委办公室主任科员、人事处主任科员，河南省建设投资总公司总经理助理、总会计师；现任河南投资集团有限公司财务总监。
曹宗远	董 事	男	53	2015 年 12 月	河南投资集团有限公司	58.96563	历任河南省财政厅财务开发公司信贷管理员，河南省经济技术开发公司信贷部副经理、主任、总经理助理、副总经理，河南投资集团有限公司资产管理八部主任，许平南高速公路有限责任公司总经理，河南投资集团有限公司资产管理二部、资产管理一部主任、金融管理部主任；现任河南投资集团有限公司资产管理部主任。
彭武华	董事	男	48	2019 年 3 月	河南中原高速公路股份有限公司	31.91032	历任河南高速公路发展有限公司洛阳分公司财务科长，安新公司改建工程项目部财务处长，河南高速公路发展有限公司会计结算中心副主任、副经理，湖南岳常公司董事、副总经理、财务总监、财务资产部副部长、财务资产部部长，河南交通投资集团有限公司财务管理部一级职员、财务管理部副部长，河南高速房地产开发有限公司副处级干部；现任河南中原高速公路股份有限公司总会计师。
何运福	董 事	男	45	2015 年 12 月	河南中原高速公路股份有限公司	31.91032	历任河南财政证券公司职员，河南中原高速公路股份有限公司投资部副经理，河南中原高速公路股份有限公司郑州分公司副总经理，河南中原高速公路股份有限公司投资发展部副经理，河南中原高速公路股份有限公司董事会秘书处主任，河南中原高速公路股份有限公司投资发展部经理；现任河南高速公路发展有限责任公司南阳分公司党委书记。
袁顺兴	董 事	男	54	2016 年 12 月	河南省豫粮粮食集团有限公司	9.12405	历任河南省郑州市建筑材料公司总经理办公室秘书，河南省经济技术开发公司干部，河南省经济技术开发公司业务一部副主任、投资开发部主任、总经理助理兼投资开发部主任，河南省经济技术开发公司副总经理，河南投资集团有限公司资产管理七部临时负责人、河南投资集团有限公司计划总监，河南投资集团有限公司副总经理，河南省国有资产控股运营集团有限公司董事长党委书记；现任郑州粮食批发市场有限公司专职外部董事，河南省中原石油天然气集团有限公司专职外部董事，河南省盐业集团有限公司专职外部董事。

独立董事

姓名	所在单位及职务	性别	年龄(岁)	所推举的股东名称	该股东持股比例(%)	简要履历
于 萍	北京市大成律师事务所郑州分所高级律师	女	54	—	—	北京大成律师事务所高级合伙人，高级律师，法学硕士，河南省律师协会公司证券业务委员会副主任委员，河南省金融保险专业委员会委员，河南省招商引资律师服务团律师，郑州仲裁委仲裁员，具有上市公司独立董事资格、金融机构高级管理人资格和基金从业资格。
徐长生	华中科技大学教授	男	56	—	—	华中科技大学经济学院博士生导师，经济学院教授，兼任教育部经济学教学指导委员会委员，中华外国经济学研究会理事暨经济学分会副会长，曾任德国杜伊斯堡大学客座教授，并在美国哈佛大学做高级访问学者。

3.3 监事会成员

公司监事会成员的基本情况如下表：

姓名	职务	性别	年龄（岁）	选任日期	所推举的股东名称	该股东持股比例（%）	简要履历
马沉重	监事会主席	男	51	2015年12月	河南中原高速公路股份有限公司	31.91032	历任河南省公路工程处副处长兼总工程师，河南驻马店至信阳高速公路管理公司副总工程师、副总经理，路鑫项目公司董事长、总经理，河南高速公路发展责任有限公司商丘分公司副书记、经理，河南高速发展有限责任公司郑州分公司经理、党委副书记，河南中原高速公路股份有限公司董事、总经理、党委委员；现任河南中原高速公路股份有限公司董事长、党委书记。
杨德伟	监事	男	37	2018年11月	河南投资集团有限公司	58.96563	历任郑州升达经贸管理学院教师，河南投资集团有限公司证券事务部、资本运营部职员；现任河南投资集团资本运营部副主任。
魏华阳	监事	男	49	2016年12月	河南省豫粮粮食集团有限公司	9.12405	历任河南省油脂公司副总经理、河南世通谷物贸易公司副总经理、河南长城粮油食品有限公司党总支书记、河南省国有资产控股运营有限公司发展规划部部长、河南国控租赁有限公司董事长、河南省国控基金管理有限公司董事长；现任河南省国有资产控股运营有限公司副总经理。
魏磊	职工监事	男	45	2015年12月	—	—	曾任河南农业大学讲师，历任中原信托有限公司风险管理部风控经理、部门总经理；现任中原信托有限公司总裁助理。
杨志勇	职工监事	男	49	2015年12月	—	—	曾在河南省计划经济委员会经济研究所、中原信托有限公司计划财务部、内部审计部工作，历任中原信托有限公司计划财务部副经理、内部审计部副经理、内部审计部总经理；现任中原信托有限公司人力资源部总经理。

3.4 高级管理人员

姓名	职务	性别	年龄（岁）	选任日期	金融从业年限（年）	学历	专业	简要履历
崔泽军	总裁	男	56	2015年12月	28	博士研究生	西方经济学	历任郑州粮食学院教师、中原信托有限公司财务部经理、副总经理、总经理，现任中原信托有限公司总裁。
姬宏俊	副总裁	男	56	2015年12月	19	硕士研究生	工商管理	历任河南省计经委财金处、外经处副主任科员、主任科员，投资处、财金处副处长，国家开发银行河南省分行客户一处副处长、中原信托有限公司副总经理，现任中原信托有限公司副总裁。
薛怀宇	副总裁	男	51	2015年12月	28	博士研究生	西方经济学	历任人行河南省分行货币信贷处副科长、人民银行郑州中心支行非银处信托科科长、中原信托有限公司副总经理；现任中原信托有限公司副总裁。
李信凤	副总裁	女	54	2015年12月	31	硕士研究生	工商管理	历任中原信托有限公司金融部、财务部经理、总裁助理；现任中原信托有限公司副总裁兼总会计师。
赵阳	副总裁	男	48	2015年12月	24	硕士研究生	工商管理	历任中保信期货经纪有限公司郑州期货业务部总经理，中原信托有限公司证券营业部总经理、信托市场部经理、信托业务管理总部副总经理、信托综合部经理、风险管理部经理、总裁助理；现任中原信托有限公司副总裁。

3.5 公司员工

项目		报告期年度		上年度	
在职员工数		254		257	
		人数（人）	比例（%）	人数（人）	比例（%）
年龄分布	20岁以下	—	—	—	—
	20～29岁	40	15.8	68	26.5
	30～39岁	155	61.0	128	49.8
	40岁以上	59	23.2	61	23.7
学历分布	博士研究生	5	2.0	5	2.0
	硕士研究生	183	72.0	182	70.8
	本科	56	22.0	57	22.2
	专科	9	3.6	12	4.6
	其他	1	0.4	1	0.4

续表

项目		报告期年度		上年度	
在职员工数		254		257	
		人数（人）	比例（%）	人数（人）	比例（%）
岗位分布	董事、监事及其高管人员	13	5.1	13	5.1
	自营业务人员	12	4.7	13	5.1
	信托业务人员	148	58.3	152	59.1
	其他人员	81	31.9	79	30.7

4. 经营管理

4.1 经营目标、经营方针、战略规划

4.1.1 经营目标

实现信托业务结构转型升级，产品创新能力提高，固有资

产配置优化，经济效益和管理水平持续提升。

4.1.2 经营方针

实施“稳增长、促转型、强营销、控风险”战略，走诚信、合规、创新、可持续发展道路。

4.1.3 战略规划

有效整合资源，提供专业化资产配置和财富管理服务，服务中国机构和高端个人客户需求，切实履行消费者权益保护职责。

4.2 所经营业务的主要内容

本公司的业务主要是资产管理、财富管理类信托业务和自营资产管理业务。报告期内，信托业务项下提供的主要理财产品有中原财富—成长系列、宏业系列、安益系列、安惠系列、安融系列、恒业系列信托产品以及服务机构和高端个人客户特定需求的信托业务等；自营资产管理业务主要包括股权投资、金融产品投资、贷款等。

自营资产运用与分布表

资产运用	金额（万元）	占比（%）	资产分布	金额（万元）	占比（%）
货币资产	54 350.47	5.22	基础产业	—	—
贷款及应收款	57 693.37	5.55	房地产业	—	—
交易性金融资产投资	—	—	证券市场	—	—
可供出售金融资产投资	672 678.52	64.66	实业	2 420.51	0.23
持有至到期投资	—	—	金融机构	846 544.21	81.37
长期股权投资	230 469.70	22.15	其他	191 391.74	18.40
其他	25 164.40	2.42	—	—	—
资产总计	1 040 356.46	100	资产总计	1 040 356.46	100

信托资产运用与分布表

资产运用	金额（万元）	占比（%）	资产分布	金额（万元）	占比（%）
货币资产	126 749.36	0.71	基础产业	3 729 392.83	20.85
贷款	12 392 622.68	69.27	房地产	4 425 122.16	24.74
交易性金融资产投资	10 194.35	0.06	证券市场	26 469.39	0.14
可供出售金融资产投资	1 418 602.70	7.93	实业	6 082 628.33	34.00
持有至到期投资	0.00	0.00	金融机构	1 185 589.96	6.63
长期股权投资	955 652.61	5.34	其他	2 439 824.37	13.64
其他	2 985 205.34	16.69	—	—	—
信托资产总计	17 889 027.04	100.00	信托资产总计	17 889 027.04	100.00

4.3 市场分析

4.3.1 影响公司经营发展的有利条件

我国经济稳中向好、长期向好的基本趋势没有改变，改革开放以来积累的雄厚物质技术基础，超大规模的市场优势和内需潜力，庞大的人力资本和人才资源，为信托业的发展创造了良好的环境；我国继续实施积极的财政政策、稳健的货币政策，引导资金投向先进制造、民生建设、基础设施短板等领域，为信托展业提供了更多的机遇；随着我国经济多年的高速发展，社会财富的绝对存量大幅度增加，因而社会对财富的传承、家族传承、税务筹划等需求逐渐增强，这为发挥信托优势、开展资产管理业务奠定了坚实基础；《信托公司股权管理办法》《信托受益权账户管理细则》等系列顶层制度，不断出台和完善，推动信托行业逐步规范、增强信托行业的公信力，提升信托行业的整体竞争力。

4.3.2 影响公司经营发展的不利条件

新冠疫情的爆发短期内对经济运行造成了较大冲击，经济下行压力持续加大，境外疫情的扩散蔓延和中美贸易摩擦的不确定性给我国经济发展带来新的挑战；2020 年是三大攻坚战收官之年，也是“资管新规”过渡期的最后一年，通道业务和房地产业务管控严格，信托公司的资产规模和盈利能力短期内面临较大冲击，创新转型压力加大；部分实体企业经营压力上升，盈利能力下降，违约事件增多，风险正从实体企业向金融机构蔓延，信托公司的风险管控压力增大。

4.4 内部控制

4.4.1 内部控制环境和内部控制文化

公司不断优化内部控制体系，持续强化科学、严谨的风控理念，内控制度已贯穿部门、岗位和工作的各个环节中，并且通过考核制度和问责制度确保内部控制的各项要求得到监督和落实。公司法人治理结构健全，股东会、董事会、监事会、高级管理层形成分工明确、职责清晰、制衡有序、运行规范的公司治理机制；董事会及高级管理层下设风险管理委员会、审计委员会、信托委员会、薪酬委员会、项目审查委员会、营销管理委员会、绩效考核委员会、问责委员会等多个专业委员会，各专业委员会各司其职，各负其责，充分发挥评审、决策、监督、评价等职能，有效防范和化解了各类风险；公司持续推进全面风险管理体系建设，明确尽职调查和风险管理的问责机制，确保公司风险管理能够实现事前有防范、事中有控制、事后有评价与反馈，建立了“顺序递进、权责统一、严格有效”的监控防线。公司坚持受益人利益最大化原则，大力弘扬信托文化，努力让“诚信重诺、值得托付”成为每名员工的价值追求，让信托文化渗透到员工的一言一行以及具体业务操作过程中，让履行内控职责成为每名员工的行动自觉。公司通过制定、完善和实施各类岗位人员行为准则，全面加强员工行为管理，增强内控制度执行力，积极营造文化引导与规范约束有机结合的内部控制环境。

4.4.2 内部控制措施

建立了由《公司章程》、各项规章制度、岗位职责说明书等共同构建的内控制度体系。规章制度包括业务管理、公司治理、内部审计、计划财务、人力资源、党建、行政管理等各个方面，基本涵盖了业务发展、风险管理、资产管理、部门设置、人员安排、事前决策与防范、事中执行与控制、事后监督、反馈纠正、问责等管理环节，确保公司各项经营有规可依。2019 年，根据市场形势变化及监管政策调整，不断完善公司制度体系，制定了《产品直销与客户服务管理办法》等 17 项制度，修订完善了《柜台业务操作流程》等 31 项制度。对各部门、岗位制定了明确的职责和权限，严格按照不相容岗位相互分离的原则设定岗位职责，信托业务和固有业务部门分设，信托业务和固有业务全面实现人、财、物相互独立，确保内控制度有效实施。继续坚持和优化“两级评审，五级审批”的审批决策机制，各级评审决策机制各司其职、各负其责，坚持业务发展和风险管控“双轮驱动”，准确把握业务发展和风险管理的辩证统一关系，把业务风险控制在公司可承受的范围内。

4.4.3 信息交流与反馈

4.4.3.1 外部信息交流与反馈

公司指定专职人员负责官方网站维护和信息收集整理，所有对外披露的业务信息和其他信息依据有关规定在外部网站发布，实现信息披露的及时、规范和完整；公司指定专人负责在微信平台上发布产品成立信息及公司新闻，增加信息发布及与客户沟通交流的渠道；与监管部门建立了良好的信息报告反馈机制，业务开展、风险状况、内外部审计情况及合规管理等方面的问题均能够及时完整地向监管部门报告，及时落实监管部门监管意见；建立了舆情监测制度，及时收集舆情，解答客户疑问，不断提升金融服务水平；建立了新闻发言人制度，保持与外界及广大客户良好沟通；遵循受益人利益最大化处理信托事务的原则，通过问卷调查、客户面谈、电话沟通等方式，对委托人进行适应性调查，并对各信托产品进行了充分的风险揭示和信息披露。

4.4.3.2 内部信息交流与反馈

公司在各项业务活动中，根据相关制度规定了清晰、高效的报告路线，董事会、监事会、高管层能够及时获取相关信息，同时前台、中台、后台通过信息的交流形成监督制约机制；针对经营过程中可能发生的重大事项专门制定了《请示报告制度》，对请示报告的受理机构、请示报告的事项范围、请示报告的一般行文规则、项目管理内部报告制度、其他工作汇报制度、责任追究等内容作了明确规定；建立了信托业务信息管理系统、财务管理系统、CRM 系统和协同办公等应用系统，2019 年持续升级优化了对核心系统，新上线人力资源管理系统，进一步规范了信息交流与反馈机制。

4.4.4 监督评价与纠正

公司通过内控机制的动态调整和不断完善，形成了以风险管理、合规管理和内部审计为主，业务授权控制、会计控制、业务流程控制以及信息化控制等相互作用的内控监督评价与纠正机制，实现了内控缺陷的及时发现和纠正。对于发现的问题，相关部门及时提出改进措施和管理建议并上报管理层。监督评价机制的适时跟进，不仅完善和优化了操作流程，提高了内部运行的合理性和工作效率，而且增强了对操作风险的实时掌控能力，使内部监督制约机制更加健全有效。在日常管理过程中，无论监管部门提出的监管意见，还是内部审计或有关部门提出改进工作、加强管理的建议，公司管理层均高度重视，并迅速责成相关部门进行整改落实，推动了内控制度的执行和完善，保证了整个内部控制体系的长效运行。

4.5 风险管理

4.5.1 风险管理概况

公司风险管理的基本原则：强化风险管理意识，明确风险管理责任，提高识别、量化和控制风险的能力，建立涵盖公司业务发展、资产管理、部门设置、人员安排以及决策、执行、监督、反馈等各个内控环节的风险管理系统，实行全面风险管理，把风险控制在公司可承担范围之内。公司实行风险管理责任制，风险管理组织结构与职责划分按照信托业务部门与固有财产管理部门分设，信托业务操作过程前台、中台、后台分设的原则设置，横向与纵向相互监督制约，明确各个部门、各个环节风险管理的责任。

4.5.2 风险状况

4.5.2.1 信用风险状况

面对经济持续下行及信托行业增速放缓等压力，公司始终坚持稳健经营原则，从严筛选交易对手，审慎确定授信额度，规范交易流程和管理流程，采用土地及房产抵押、股权或上市公司股票质押、商业物业与在建工程抵押等多重风险防范措施做实项目担保，严格控制抵（质）押率，并结合项目实际情况追加实际控制人或有实力第三方连带责任担保，最大限度地减少信用风险可能带来的损失。

报告期末，公司固有业务信用风险资产（包括贷款、拆借、租赁）按照资产五级分类标准分类的情况为：正常零万元、关注零万元、次级零万元、可疑零万元、损失零万元。其中，不良信用资产的期初数为零万元，期末数为零万元，报告期末准备金余额为零万元。

4.5.2.2 市场风险状况

市场风险是指因证券价格、利率、汇率等的变动而导致价值未预料到的潜在损失的风险。公司面临的市场风险主要是股票价格风险，具体影响证券投资类信托业务及股票质押信托融资业务。报告期内，公司未开展新的证券投资信托及股票质押信托融资业务。目前存量业务规模较小，受二级市场下行，股票质押信托融资业务的质押股票价格下降，存在一定的市场风险。

4.5.2.3 操作风险状况

公司实行规范化、标准化、制度化管理，各项内控制度比较健全，并能根据监管政策的变化不断修订和完善；实行岗位职责和相互监督检查相结合，并制订了相关制度对失职、越权或者违规操作的人员进行问责，强化执行力；不断加强各类业务系统的升级改造和人员培训，加强相关业务的信息化管理；强化项目事中监督与审计，及时发现、控制潜在风险，及时整改不规范的操作行为。总体上，公司操作风险管理工作比较扎实，报告期内未发生操作风险。

4.5.2.4 其他风险状况

本公司面临的其他风险主要有合规风险、法律风险、流动性风险、声誉风险等。公司能够根据外部监管政策和法律法规的变化及时调整公司相关制度，主动配合监管部门对公司业务的监管，没有发生重大合规风险和法律风险。截至 2019 年末，公司净资本对各项业务风险资本的覆盖率达 234.55%，净资本/净资产指标为 78.34%，净资本指标处于较好水平，流动性风险可控。公司重视品牌建设和声誉风险管理，勤勉尽职履行受托人责任，与受益人建立了良好的沟通渠道，报告期内没有发生重大声誉风险。

4.5.3 风险管理

4.5.3.1 信用风险管理

公司管理信用风险的主要策略：一是优选交易对手；二是优选抵（质）押物；三是扎实开展项目风险排查；四是实行风险管理部双人复核风险排查报告制度。

根据年度经营情况，公司未计提一般准备，按净利润的 5% 计提信托赔偿准备金，报告期内计提 2019 年信托赔偿准备金 2 057.59万元，期末信托赔偿准备金累计 29 980.91 万元，报告期内未使用信托赔偿准备金，所提取信托赔偿准备金存放于商业银行。

4.5.3.2　市场风险管理

一是对市场风险实行限额管理，将固有资金投资股票的比重控制在与公司的投资管理和风险承受能力相适应的水平；二是加强对宏观经济形势和特定行业趋势、区域金融环境的整体判断，关注政策变化可能引发的风险，避免进入限制类行业，增强证券投资决策的预见性和前瞻性；三是利用证券投资及风险管理系统，提高证券估值效率和风险评估的科学性，强化止盈止损等风险防范措施；四是建立股票质押融资项目风险预警台账，逐日盯市，动态监测项目安全边际，做实保证金、股票追加机制。

4.5.3.3　操作风险管理

一是根据监管政策变化，动态修订和完善内控制度体系，细化业务操作流程，明确岗位职责，规范管理要点，确保各项操作有规可依；二是加强业务流程的信息化管理，实现各项流程操作的规范化、自动化；三是持续加强员工培训，增强员工责任意识，提升员工道德水准；四是持续推进精细化管理，强化监督检查和处罚问责。

4.5.3.4　其他风险管理

报告期内，公司不断深化对法律合规风险演变规律认识，适时调整管理策略，积极采取有效措施，全面加强重点领域和关键环节法律合规风险管控，依法合规经营水平不断提升。公司注重运用法治思维和法治方式防范化解风险，积极整合内外部资源力量，依法高效推动项目谈判、合同审核、债务重组和司法诉讼等，充分维护投资者和公司利益。通过举办法律合规大讲堂，深入开展法治宣传、防范非法集资、防范金融诈骗、扫黑除恶、案件警示等专题宣传教育活动，努力营造尊法学法守法用法的良好氛围。

4.6　净资本管理指标

截至2019年末，公司净资本为69.19亿元，各项风险资本之和为29.50亿元，净资本对风险资本的覆盖率达到234.55%，净资本/净资产指标为78.34%，各项指标均达到监管标准。

4.7　履行社会责任情况

公司努力构建分工合理、制衡有力、监督到位、运行顺畅的法人治理结构，进一步完善董事会对高级经营层、高级经营层对下属的授权体系，贯彻落实“三重一大”决策制度，细化各个层级的职责边界、议事规则和决策程序；严格遵循有关法律、规则和准则要求，按照“行为有规、授权有度、检查有力、控制有效”的内控合规总体要求，努力健全合规管理机制，积极开展合规管理工作，持续完善的180余项管理制度涵盖了业务、资产、部门、人员以及决策、执行、监督、反馈各个内控环节，以对风险进行事前防范、事中控制、事后监督；公司加强产品创新，不断丰富产品线，深入挖掘稳定回报的产品，积极打造具有市场竞争优势的核心产品，不断完善产品服务体系；深入挖掘河南自贸区及国家中心城市等国家战略发展机遇，全年新增河南省内信托融资353亿元。在全国范围内拓展市场，业务发展形成以郑州为中心，辐射华北、华东、华南、西南等区域的战略布局；全面贯彻“风险为本”的反洗钱工作理念，进一步提升社会公众反洗钱意识、维护金融秩序，开展以“反洗钱，中原信托在行动”为主题的反洗钱宣传教育活动，运用网站、微信公众号、内部刊物等媒体普及反洗钱基础知识，通过服务大厅设置反洗钱宣传专场、悬挂标语、户外教育等方式开展反洗钱集中宣传，帮助公众了解反洗钱知识，增强公众洗钱风险防范意识。

5. 报告期末及上一年度末的比较式会计报表

5.1　自营资产

5.1.1　会计师事务所审计结论

中证天通会计师事务所（特殊普通合伙）审计了中原信托有限公司2019年度财务报表，出具了标准无保留意见的审计报告书。

5.1.2　资产负债表

资产负债表

编制单位：中原信托有限公司　　2019年12月31日　　单位：万元

资产	行次	期末数	期初数	负债及所有者权益	行次	期末数	期初数
流动资产：	1			流动负债：	36		
货币资金	2	54 350.47	100 449.10	短期借款	37	—	—
拆出资金	3	—	—	拆入资金	38	—	—
交易性金融资产	4	—	—	交易性金融负债	39	—	—
衍生金融资产	5	—	—	衍生金融负债	40	—	—
买入返售金融资产	6	—	—	卖出回购金融资产款	41	—	—
应收账款	7	4 073.57	9 997.95	应付账款	42	—	—
预付款项	8	—	—	预收款项	43	—	—
应收利息	9	—	131.21	应付职工薪酬	44	17 227.68	15 427.57
应收股利	10	—	—	应交税费	45	8 114.91	9 630.54
其他应收款	11	53 619.81	24 795.90	应付利息	46	—	—
存货	12	—	—	应付股利	47	—	—
一年内到期的非流动资产	13	—	—	其他应付款	48	129 783.04	90 275.81
其他流动资产	14	—	—	一年内到期的非流动负债	49	—	—
	15	—	—	其他流动负债	50	—	—

续表

资产	行次	期末数	期初数	负债及所有者权益	行次	期末数	期初数
流动资产合计	16	112 043.85	135 374.16	流动负债合计	51	155 125.63	115 333.92
非流动资产：	17	—	—	非流动负债：	52	—	—
发放贷款及垫款	18	—	42 500.00	长期借款	53	—	—
可供出售金融资产	19	672 678.52	540 179.70	应付债券	54	—	—
持有至到期投资	20	—	—	预计负债	55	1 950.25	—
长期应收款	21	—	—	递延所得税负债	56	—	—
长期股权投资	22	230 469.70	217 053.36	其他非流动负债	57	—	—
投资性房地产	23	1 828.63	1 968.05	非流动负债合计	58	—	—
固定资产	24	8 223.69	8 582.47	负债合计	59	157 075.88	115 333.92
在建工程	25	9 505.37	5 625.64	所有者权益：	60		
工程物资	26	—	—	实收资本	61	400 000.00	365 000.00
固定资产清理	27	—	—	资本公积	62	178 567.56	143 567.56
无形资产	28	4 685.70	4 691.52	减：库存股	63	—	—
递延所得税资产	29	487.56	146.37	其他综合收益	64	53.94	-842.17
抵债资产	30	427.84	427.84	盈余公积	65	60 079.02	55 963.84
其他非流动资产	31	5.60	17.54	一般风险准备	66	30 262.70	28 205.12
	32	—	—	未分配利润	67	214 317.36	249 338.38
非流动资产合计	33	928 312.61	821 192.49	外币报表折算差额	68	—	—
	34	—	—	所有者权益合计	69	883 280.58	841 232.73
资产总计	35	1 040 356.46	956 566.65	负债及所有者权益总计	70	1 040 356.46	956 566.65

法定代表人：崔泽军　　财务经理：石翠云　　复核：鲁耀　　制表：邓燕

5.1.3 利润和利润分配表

利润和利润分配表

制表单位：中原信托有限公司　　2019 年度　　单位：万元

项目	行次	当年数	上年数
一、营业收入	1	96 845.43	118 510.43
利息净收入	2	-5 459.36	3 949.33
利息收入	3	2 127.02	11 114.69
利息支出	4	7 586.38	7 165.36
手续费及佣金净收入	5	69 200.41	82 556.61
手续费及佣金收入	6	69 200.41	82 556.61
手续费及佣金支出	7	—	—
投资收益（损失以"－"号填列）	8	32 681.18	31 643.19
其中：对联营企业和合营企业的投资收益	9	—	—
资产处置收益（损失以"－"号填列）	10	109.96	—
公允价值变动收益（损失以"－"号填列）	11	—	—
汇兑收益（损失以"－"号填列）	12	—	—
其他业务收入	13	313.25	361.30
二、营业支出	14	42 563.46	58 473.65
税金及附加	15	625.27	777.70
业务及管理费	16	22 016.46	25 114.26
资产减值损失	17	17 832.06	32 442.23
其他业务成本	18	2 089.66	139.46
三、营业利润（亏损以"－"号填列）	19	54 281.97	60 036.78
加：营业外收入	20	80.00	—
减：营业外支出	21	1.21	61.45
四、利润总额（亏损以"－"号填列）	22	54 360.76	59 975.33
减：所得税费用	23	13 209.02	18 486.45
五、净利润（净亏损以"－"号填列）	24	41 151.74	41 488.88
六、每股收益	25	—	—
（一）基本每股收益	26	—	—
（二）稀释每股收益	27	—	—
减：其他调整事项	28	—	—
七、其他综合收益	29	896.11	-109.93
八、综合收益总和	30	42 047.85	41 378.95

法定代表人：崔泽军　　财务经理：石翠云　　复核：鲁耀　　制表：邓燕

5.1.4 所有者权益变动表

所有者权益变动表

编制单位:中原信托有限公司　　2019 年度　　单位:万元

项目	行次	本年金额						
		实收资本	资本公积	其他综合收益	盈余公积	未分配利润	一般风险准备	所有者权益合计
一、上年年末余额	1	365 000. 00	143 567. 56	-842. 17	55 963. 84	249 338. 38	28 205. 12	841 232. 73
1. 会计政策变更	2	—	—	—	—	—	—	—
2. 前期差错更正	3	—	—	—	—	—	—	—
3. 其他调整项	4	—	—	—	—	—	—	—
二、本年年初余额	5	365 000. 00	143 567. 56	-842. 17	55 963. 84	249 338. 38	28 205. 12	841 232. 73
三、本年增减变动金额(减少以"-"号填列)	6	35 000. 00	35 000. 00	896. 11	4 115. 17	-35 021. 02	2 057. 59	42 047. 85
(一)本年净利润	7	—	—	—	—	41 151. 74	—	41 151. 74
(二)直接计入所有者权益的利得和损失	8	—	—	896. 11	—	—	—	896. 11
1. 可供出售金融资产公允价值变动净额	9	—	—	439. 09	—	—	—	439. 09
2. 权益法下被投资单位其他所有者权益变动影响	10	—	—	457. 02	—	—	—	457. 02
3. 与计入所有者权益项目相关的所得税影响	11	—	—	—	—	—	—	—
4. 其他	12	—	—	—	—	—	—	—
小计	13	—	—	896. 11	—	41 151. 74	—	42 047. 85
(三)所有者投入资本	14	—	—	—	—	—	—	—
1. 所有者本期投入资本	15	—	—	—	—	—	—	—
2. 本年购回库存股	16	—	—	—	—	—	—	—
3. 股份支付计入所有者权益的金额	17	—	—	—	—	—	—	—
(四)本年利润分配	18	—	—	—	4 115. 17	-6 172. 76	2 057. 59	—
1. 对所有者(或股东)的分配	19	—	—	—	—	—	—	—
2. 提取盈余公积	20	—	—	—	4 115. 17	-4 115. 17	—	0. 00
3. 提取一般风险准备	21	—	—	—	—	-2 057. 59	2 057. 59	—
(五)所有者权益内部结转	22	35 000. 00	35 000. 00	—	—	-70 000. 00	—	—
1. 未分配利润转增资本	23	35 000. 00	35 000. 00	—	—	-70 000. 00	—	—
2. 资本公积转增资本	24	—	—	—	—	—	—	—
3. 盈余公积转增资本	25	—	—	—	—	—	—	—
4. 盈余公积弥补亏损	26	—	—	—	—	—	—	—
四、本年年末余额	27	400 000. 00	178 567. 56	53. 94	60 079. 02	214 317. 36	30 262. 70	883 280. 58

所有者权益变动表(续)

编制单位:中原信托有限公司　　2019 年度　　单位:万元

项目	行次	上年金额						
		实收资本	资本公积	其他综合收益	盈余公积	未分配利润	一般风险准备	所有者权益合计
一、上年年末余额	1	365 000. 00	148 379. 44	-732. 24	51 814. 96	214 072. 84	26 130. 67	804 665. 67
1. 会计政策变更	2	—	—	—	—	—	—	—
2. 前期差错更正	3	—	—	—	—	—	—	—
3. 其他调整项	4	—	—	—	—	—	—	—
二、本年年初余额	5	365 000. 00	148 379. 44	-732. 24	51 814. 96	214 072. 84	26 130. 67	804 665. 67
三、本年增减变动金额(减少以"-"号填列)	6	—	-4 811. 89	-109. 93	4 148. 88	35 265. 56	2 074. 44	36 567. 06
(一)本年净利润	7	—	—	—	—	41 488. 88	—	41 488. 88
(二)直接计入所有者权益的利得和损失	8	—	-4 811. 89	-109. 93	—	—	—	-4 921. 82
1. 可供出售金融资产公允价值变动净额	9	—	—	-127. 84	—	—	—	-127. 84
2. 权益法下被投资单位其他所有者权益变动影响	10	—	-4 811. 89	17. 91	—	—	—	-4 793. 98

续表

项目	行次	上年金额						
		实收资本	资本公积	其他综合收益	盈余公积	未分配利润	一般风险准备	所有者权益合计
3. 与计入所有者权益项目相关的所得税影响	11	—	—	—	—	—	—	—
4. 其他	12	—	—	—	—	—	—	—
小计	13	—	-4 811.89	-109.93	—	41 488.88	—	36 567.06
(三)所有者投入资本	14	—	—	—	—	—	—	—
1. 所有者本期投入资本	15	—	—	—	—	—	—	—
2. 本年购回库存股	16	—	—	—	—	—	—	—
3. 股份支付计入所有者权益的金额	17	—	—	—	—	—	—	—
(四)本年利润分配	18	—	—	—	4 148.88	-6 223.32	2 074.44	—
1. 对所有者(或股东)的分配	19	—	—	—	—	—	—	—
2. 提取盈余公积	20	—	—	—	4 148.88	-4 148.88	—	—
3. 提取一般风险准备	21	—	—	—	—	-2 074.44	2 074.44	—
(五)所有者权益内部结转	22	—	—	—	—	—	—	—
1. 未分配利润转增资本	23	—	—	—	—	—	—	—
2. 资本公积转增资本	24	—	—	—	—	—	—	—
3. 盈余公积转增资本	25	—	—	—	—	—	—	—
4. 盈余公积弥补亏损	26	—	—	—	—	—	—	—
四、本年年末余额	27	365 000.00	143 567.56	-842.17	55 963.84	249 338.38	28 205.12	841 232.73

法定代表人:崔泽军　　财务经理:石翠云　　复核:鲁耀　　制表:邓燕

5.2 信托资产

5.2.1 信托项目资产负债汇总表

信托项目资产负债表

编制单位:中原信托有限公司　　2019 年 12 月 31 日　　单位:万元

信托资产	期末数	期初数	信托负债和信托权益	期末数	期初数
信托资产:			信托负债:		
货币资金	126 749.36	170 749.97	交易性金融负债	—	—
拆出资金	—	—	衍生金融负债	—	—
存出保证金	—	—	应付受托人报酬	4 243.06	9 717.44
交易性金融资产	10 194.35	7 683.24	应付托管费	37.67	82.55
衍生金融资产	—	—	应付受益人收益	1 899.08	3 184.62
买入返售金融资产	785 399.55	786 819.59	应交税费	192.19	294.79
应收款项	16 071.76	14 281.51	应付销售服务费	—	—
发放贷款	12 392 622.68	11 887 227.60	其他应付款项	158 572.17	184 640.16
可供出售金融资产	1 418 602.70	1 703 367.60	预计负债	—	—
持有至到期投资	—	—	其他负债	—	—
长期应收款	150 963.35	335 801.76	信托负债合计	164 944.17	197 919.56
长期股权投资	955 652.61	1 681 679.22			
投资性房地产	—	—	信托权益:		
固定资产	—	—	实收信托	17 707 853.87	17 707 109.43
无形资产	—	—	资本公积	1 378.97	1 380.31
长期待摊费用	70.32	608.06	外币报表折算差额	—	—
其他资产	2 032 700.36	1 368 964.12	未分配利润	14 850.03	50 773.37
减:各项资产减值准备	—	—	信托权益合计	17 724 082.87	17 759 263.11
信托资产总计	17 889 027.04	17 957 182.67	信托负债及信托权益总计	17 889 027.04	17 957 182.67

法定代表人:崔泽军　　财务经理:石翠云　　复核:王醒　　制表:孙婉玮

5.2.2 信托项目利润及利润分配汇总表

信托项目利润及利润分配表

编制单位：中原信托有限公司　　2019 年度　　单位：万元

项目	当年数	上年数
1. 营业收入	1 192 902.08	1 381 357.47
1.1 利息收入	933 358.33	1 024 392.61
1.2 投资收益（损失以"－"号填列）	228 317.97	298 858.73
1.2.1 其中：对联营企业和合营企业的投资收益	—	—
1.3 公允价值变动收益（损失以"－"号填列）	2 546.77	－1 887.48
1.4 租赁收入	—	—
1.5 汇兑损益（损失以"－"号填列）	—	—
1.6 其他收入	28 679.01	59 993.61
2. 支出	144 494.99	143 818.01
2.1 营业税金及附加	3 685.99	3 796.00
2.2 受托人报酬	71 936.51	81 584.35
2.3 托管费	32 382.94	26 797.21
2.4 投资管理费	—	—
2.5 销售服务费	—	—
2.6 交易费用	36.18	70.48
2.7 资产减值损失	—	—
2.8 其他费用	36 453.37	31 569.97
3. 信托净利润（损失以"－"号填列）	1 048 407.09	1 237 539.46
4. 其他综合收益	－1.33	—
5. 综合收益	1 048 405.76	1 237 539.46
6. 加：期初未分配信托利润	50 773.37	80 046.36
7. 可供分配的信托利润	1 099 180.46	1 317 585.82
8. 减：本期已分配信托利润	1 084 330.43	1 266 812.45
9. 期末未分配信托利润	14 850.03	50 773.37

法定代表人：崔泽军　财务经理：石翠云　复核：王醒　制表：孙婉玮

6. 会计报表附注

6.1 会计报表编制基准不符合会计核算基本前提的说明

本报告期会计报表编制基准不存在不符合会计核算基本前提的事项。

6.2 简要说明报告年度会计报表编制基准、会计政策、会计估计和核算方法发生的变化

本公司于 2008 年 1 月 1 日起执行新《企业会计准则》，按照新《企业会计准则》要求进行会计核算。

6.3 或有事项说明

本会计期未发生对外担保及其他或有事项。

6.4 重要资产转让及其出售的说明

本会计期无重要资产转让及其出售。

6.5 会计报表中重要项目的明细资料

6.5.1 自营资产经营情况

6.5.1.1 按信用风险五级分类结果披露信用风险资产的期初数、期末数

信用风险资产五级分类	正常类（万元）	关注类（万元）	次级类（万元）	可疑类（万元）	损失类（万元）	信用风险资产合计（万元）	不良资产合计（万元）	不良资产率（%）
期初数	42 500	—	—	—	—	42 500	—	—
期末数	—	—	—	—	—	—	—	—

注：不良资产合计＝次级类＋可疑类＋损失类。

6.5.1.2 各项资产减值损失准备的期初、本期计提、本期转回、本期核销、期末数；贷款的一般准备、专项准备和其他资产减值准备

单位：万元

	期初数	本期计提	本期转回	本期核销	期末数
贷款损失准备	—	—	—	—	—
一般准备	—	—	—	—	—
专项准备	—	—	—	—	—
其他资产减值准备	134 192.68	17 832.06	—	—	152 024.74
可供出售金融资产减值准备	127 549.61	17 832.06	—	—	145 381.67
持有至到期投资减值准备	—	—	—	—	—
长期股权投资减值准备	—	—	—	—	—
坏账准备	6 643.07	—	—	—	6 643.07
投资性房地产减值准备	—	—	—	—	—
抵债资产减值准备	—	—	—	—	—

6.5.1.3 自营股票投资、基金投资、债券投资、其他投资等投资业务的期初数、期末数

单位：万元

	自营股票	基金	债券	其他投资
期初数	—	—	91.45	540 088.25
期末数	—	31 846.85	—	640 831.67

6.5.1.4 前五名的自营长期股权投资的企业名称、占被投资企业权益的比例、主要经营活动及投资收益情况

企业名称	占被投资企业权益的比例（%）	主要经营活动	投资收益（万元）
长城基金管理有限公司	17.6470	基金管理	—
上海临芯投资管理有限公司	12.0000	投资管理	—
洛银金融租赁股份有限公司	10.0000	金融租赁	5 018.18
河南资产管理有限公司	10.0000	资产管理	3 726.55
郑州银行股份有限公司	4.0430	商业银行	11 208.54

6.5.1.5 前五名的自营贷款的企业名称、占贷款总额的比例和还款情况

企业名称	占贷款总额的比例（%）	还款情况
—	—	—
—	—	—

6.5.1.6 表外业务的期初数、期末数，按照代理业务、担保业务和其他类型表外业务

单位：万元

表外业务	期初数	期末数
担保业务	—	—
代理业务（委托业务）	—	—
其他	—	—
合计	—	—

6.5.1.7 公司当年的收入结构

收入结构	金额（万元）	占比（%）
手续费及佣金收入	69 200.41	66.21
其中：信托手续费收入	69 200.41	66.21
投资银行业务收入	—	—
利息收入	2 127.02	2.04
资产处置收益	109.96	0.11
其他业务收入	313.25	0.30
其中：计入信托业务收入部分	—	—
投资收益	32 681.18	31.27
其中：股权投资收益	21 566.61	20.64
公允价值变动收益	—	—
其他投资收益	11 114.57	10.63
营业外收入	80.00	0.07
收入合计	104 511.82	100

6.5.2 信托资产管理情况

6.5.2.1 信托资产的期初数、期末数

单位：万元

信托资产	期初数	期末数
集合	9 166 808.95	7 926 782.63
单一	7 465 923.37	7 999 018.31
财产权	1 324 450.35	1 963 226.10
合计	17 957 182.67	17 889 027.04

6.5.2.1.1 主动管理型信托业务期初数、期末数，分证券投资类、其他投资类、融资类、事务管理类分别披露

单位：万元

主动管理型信托资产	期初数	期末数
证券投资类	52 035.51	21 683.70
其他投资类	2 519 424.95	2 141 178.72
融资类	2 977 921.14	4 548 927.17
事务管理类	32 136.47	897 100.95
合计	5 581 518.07	7 608 890.54

6.5.2.1.2 被动管理型信托业务期初数、期末数，分证券投资类、其他投资类、融资类、事务管理类分别披露

单位：万元

被动管理型信托资产	期初数	期末数
证券投资类	—	—
其他投资类	451 215.40	351 133.51
融资类	756 766.69	394 381.22
事务管理类	11 167 682.51	9 534 621.77
合计	12 375 664.60	10 280 136.50

6.5.2.2 本年度已清算结束的信托项目个数、实收信托合计金额、加权平均实际年化收益率

6.5.2.2.1 本年度已清算结束的集合类、单一类资金信托项目和财产管理类信托项目个数、合计金额、加权平均实际年化收益率

已清算结束的信托项目	项目个数（个）	实收信托合计金额（万元）	加权平均实际年化收益率（%）
集合类	64	2 207 500.49	6.22
单一类	49	1 961 013.13	6.30
财产管理类	5	308 565.10	7.99

注：加权平均实际年化收益率 =（信托项目 1 的实际年化收益率 × 信托项目 1 的资产总计 + 信托项目 2 的实际年化收益率 × 信托项目 2 的资产总计 + … + 信托项目 n 的实际年化收益率 × 信托项目 n 的资产总计）/（信托项目 1 的资产总计 + 信托项目 2 的资产总计 + … + 信托项目 n 的资产总计）×100%。

6.5.2.2.2 本年度已清算结束的主动管理型信托项目个数、合计金额、加权平均实际年化收益率，分证券投资类、其他投资类、融资类、事务管理类分别披露

已清算结束的信托项目	项目个数（个）	实收信托合计金额（万元）	加权平均实际年化收益率（%）
证券投资类	—	—	—
其他投资类	17	423 910.00	5.53
融资类	37	917 699.49	6.87
事务管理类	2	41 294.18	21.97

6.5.2.2.3 本年度已清算结束的被动管理型信托项目个数、合计金额、加权平均实际年化收益率，分证券投资类、其他投资类、融资类、事务管理类分别披露

已清算结束的信托项目	项目个数（个）	实收信托合计金额（万元）	加权平均实际年化收益率（%）
证券投资类	—	—	—
其他投资类	2	115 000.00	8.32
融资类	3	59 792.12	6.04
事务管理类	57	2 919 382.93	6.36

6.5.2.3 本年度新增的集合类、单一类和财产管理类信托项目个数、合计金额

新增信托项目	项目个数（个）	实收信托合计金额（万元）
集合类	73	2 097 368.69
单一类	82	3 493 525.28
财产管理类	22	1 446 543.84
新增合计	177	7 037 437.81
其中：主动管理型	95	3 284 382.77
被动管理型	82	3 753 055.04

6.5.2.4 信托业务创新成果和特色业务有关情况

公司高度重视转型发展及创新工作，采取优先评审、优先销售、提高考核系数等政策措施，大力发展转型创新业务。资产证券化业务方落地实施了 1 只资产支持票据信托和 1 只资产支持专项计划；慈善信托方面，成立了期限永续的恒大慈善信托。

6.5.2.5 信托赔偿准备金的提取、使用和管理情况

公司按净利润的 5% 计提信托赔偿准备金，报告期内计提 2019 年信托赔偿准备金 2 057.59 万元，期末信托赔偿准备金 29 980.91 万元，报告期内未使用信托赔偿准备金，公司所提取

信托赔偿准备金存放于商业银行。

6.6 关联方关系及其交易的披露

6.6.1 关联交易方的数量、关联交易的总金额及关联交易的定价政策等

	关联交易方数量(个)	关联交易金额(万元)	定价政策
合计	83	1 370 871.06	市场公平价格

注:关联交易是指信托公司以自有资产、信托资产为关联方提供投融资等服务,或以担保等方式为关联方融资提供便利的业务。关联交易的统计范围应基本与银保监会非现场监管信息系统中关于关联交易的范围和口径一致,也可增加为关联方提供咨询等其他非投融资类业务服务的信息。

6.6.2 关联交易方与本公司的关系性质、关联交易方的名称、法定代表人、注册地址、注册资本及主营业务等

关系性质	关联方名称	法定代表人	注册地址	注册资本(万元)	主营业务
公司股东	河南投资集团有限公司	刘新勇	郑州市	1 200 000	项目投资管理
公司股东	河南中原高速公路股份有限公司	马沉重	郑州市	224 737	交通设施投资
公司股东	河南省豫粮粮食集团有限公司	张培贤	郑州市	100 000	粮食收购、加工

6.6.3 本公司与关联方的重大交易事项

6.6.3.1 固有财产与关联方:贷款、投资、租赁、应收账款、担保、其他方式等期初汇总数、本期发生额汇总数、期末汇总数

单位:万元

	固有财产与关联方关联交易		
	期初数	本期发生额	期末数
贷款	—	—	—
投资	—	—	—
租赁	—	—	—
担保	—	—	—
应收账款	—	—	—
其他	—	—	—
合计	—	—	—

6.6.3.2 信托资产与关联方:贷款、投资、租赁、应收账款、担保、其他方式等期初汇总数、本期发生额汇总数、期末汇总数

单位:万元

	信托资产与关联方关联交易		
	期初数	本期发生额	期末数
贷款	93 000.00	-57 000.00	36 000.00
投资	—	—	—
租赁	—	—	—
担保	—	—	—
应收账款	—	—	—
其他	20 000.00	27 752.17	47 752.17
合计	113 000.00	-29 247.83	83 752.17

6.6.3.3 固有财产与信托财产之间的交易金额期初汇总数、本期发生额汇总数、期末汇总数

单位:万元

	固有财产与信托财产相互交易		
	期初数	本期发生额	期末数
合计	490 628.24	149 020.65	639 648.89

6.6.3.4 信托资产与信托财产之间的交易金额期初汇总数、本期发生额汇总数、期末汇总数

单位:万元

	信托资产与信托财产相互交易		
	期初数	本期发生额	期末数
合计	548 220.00	99 250.00	647 470.00

6.6.4 逐笔披露关联方逾期未偿还本公司资金的详细情况以及本公司为关联方担保发生或即将发生垫款的详细情况

报告期内无关联方逾期未偿还本公司资金的情况,未有本公司为关联方担保发生或即将发生垫款的情况。

6.7 会计制度的披露

6.7.1 自营业务

本公司执行2006年财政部颁发的《企业会计准则》及相关规定。

6.7.2 信托业务

本公司执行2006年财政部颁发的《企业会计准则》及相关规定。

7. 财务情况说明书

7.1 利润实现和分配情况

2019年本公司实现利润总额为54 360.76万元,所得税费用为13 209.02万元,实现净利润为41 151.74万元,按10%计提法定盈余公积4 115.17万元,按5%计提信托赔偿准备金2 057.59万元,分配利润70 000万元并转增资本,加上以前年度未分配利润后,期末未分配利润余额为214 317.36万元。

7.2 主要财务指标

指标名称	指标值
资本利润率(%)	4.81
加权年化信托报酬率(%)	0.38
人均净利润(万元)	164.69

7.3 对本公司财务状况、经营成果有重大影响的其他事项

无。

8. 特别事项揭示

8.1 前五名股东报告期内变动情况及原因

无。

8.2 董事、监事及高级管理人员变动情况及原因

因河南盛润控股集团有限公司将所持有的中原信托有限公司全部股权转让给河南投资集团有限公司,河南盛润控股集团有限公司不再持有本公司股权、不再委派董事和监事。

2019年4月,中国银行保险监督管理委员会河南监管局《关于核准闫万鹏、彭武华中原信托有限公司董事任职资格的

批复》（豫银保监复[2019]504号文）批准了闫万鹏、彭武华中原信托有限公司董事任职资格。

8.3 变更注册资本、变更注册地或公司名称、公司分立合并事项

2019年6月，中国银行保险监督管理委员会河南监管局《关于同意中原信托有限公司变更注册资本的批复》（豫银保监复[2019]682号文）批准公司注册资本金由36.5亿元变更为40亿元。

8.4 公司的重大诉讼事项。

报告期内，本公司作为原告提起重大诉讼案件5件，该等法律诉讼主要为本公司向相关交易对手客户就未能偿还本公司债权而提起的诉讼。该等法律诉讼（无论个别或共同）预期不会对本公司财务状况或经营业绩造成重大不利影响。

8.5 公司及其高级管理人员受到处罚的情况

报告期内无公司及高级管理人员受到处罚的情况。

8.6 中国银保监会及其派出机构对公司检查后提出整改意见的整改情况

报告期内，公司根据中国银保监会河南监管局在监管通报、监管提示函及业务开展方面中提出的有关监管意见，认真整改落实。一是加大风控体系建设力度，持续完善风控管理机制，强化风险排查，加大风险项目处置力度；二是积极推动公司信托转型发展，回归信托本源；三是严格执行房地产信托和通道类信托业务监管政策，持续做好“巩固治乱象成果 促进合规建设”工作；四是对相关业务在内控制度、业务流程及风险管控措施等环节梳理、评估并改进、完善。

8.7 本年度股东违反承诺质押信托公司股权或以股权及其受（收）益权设立信托等金融产品的情况

无。

8.8 本年度重大事项临时报告的简要内容、披露时间、所披露的媒体及其版面

经公司股东会2019年第三次会议、董事会五届二十五次会议审议通过，并经中国银行保险监督管理委员会河南监管局《关于同意中原信托有限公司变更注册资本的批复》（豫银保监复〔2019〕682号）批准，公司注册资本由36.5亿元增至40亿元，各股东出资比例不变。2019年9月2日，公司办理完毕工商登记变更和《章程》修订备案工作，2019年9月5日，在《证券时报》（B1版）、《上海证券报》（19版）发布了《中原信托有限公司关于增加注册资本的公告》。

8.9 中国银保监会及其省级派出机构认定的其他有必要让客户及相关利益人了解的重大信息

无。

紫金信托有限责任公司

1. 重要提示

1.1 紫金信托有限责任公司董事会及董事保证本报告所载资料不存在任何虚假记载、误导性陈述或者重大遗漏,并对其内容的真实性、准确性和完整性承担个别及连带责任。本年度报告摘要摘自年度报告全文,客户及相关利益人欲了解详细内容,应阅读年度报告全文。

1.2 公司股东会已建立独立董事制度,独立董事保证本报告内容真实、完整和准确。

1.3 公司编制的2019年度财务报告已经立信中联会计师事务所(特殊普通合伙)审计,并出具了标准无保留意见的审计报告。

1.4 公司法定代表人陈峥、主管会计部门负责人高晓俊和会计部门负责人杨黎文声明并保证年度报告中财务报告的真实、完整。

2. 公司概况

2.1 公司简介

紫金信托有限责任公司(简称紫金信托)前身为南京市信托投资公司,成立于1992年。在历经股权变更后,2010年经中国银行业监督管理委员会批准公司实施增资重组,公司控股股东为国资全资设立的南京紫金投资集团有限责任公司(简称紫金投资集团),引入了国际著名的信托金融机构日本三井住友信托银行股份有限公司(Sumitomo Mitsui Trust Bank, Limited)(简称三井住友信托)及多家国内知名企业作为战略投资者。2010年10月,经中国银行业监督管理委员会批准重新登记并正式更名为紫金信托有限责任公司(《中国银监会关于南京市信托投资公司重新登记等有关事项的批复》银监复[2010]485号),同时经中国银监会江苏监管局颁发金融许可证,公司于2010年11月28日在南京开业,公司注册资本为24.53亿元。

紫金信托秉承“行远者,必有信”的经营理念,充分发挥“受人之托、代人理财”的信托功能,着力打造“责任、专业、开放、分享”的企业文化,围绕做“定制式服务的财富管理人”的愿景,以“成为特征鲜明的细分市场领军企业”为战略定位,积极探索转型时代下的信托公司稳健发展之路。公司立足信托主业,探索金融创新,为企业提供全方位的综合金融解决方案,为投资者提供立体化的资产管理、财富管理方案。

2.1.1 公司法定中文名称:紫金信托有限责任公司

中文缩写:紫金信托

公司法定英文名称:Zijin TrustCo. ,Ltd.

英文缩写:ZJT

2.1.2 法定代表人:陈峥

2.1.3 注册地址:江苏省南京市鼓楼区中山北路2号紫峰大厦30层

邮编:210008

公司国际互联网网址:http://www.zjtrust.com.cn

公司电子邮箱:bgs@zjtrust.com.cn

2.1.4 公司负责信息披露事务的高级管理人员:高晓俊

联系人姓名:高晓俊

联系电话:025-66775859

传真:025-66770666

电子信箱:guoxiaojun@zjtrust.com.cn

2.1.5 公司选定的信息披露报纸名称:《证券时报》

2.1.6 公司年度报告备置地点:南京市鼓楼区中山北路2号紫峰大厦30层

2.1.7 公司聘请的会计师事务所:

立信中联会计师事务所(特殊普通合伙)

地址:天津东疆保税港区亚洲路6975号金融贸易中心南区1栋1门5017室-11

2.1.8 公司聘请的律师事务所:

上海市锦天城(南京)律师事务所

地址:南京市中山路228号地铁大厦21楼

北京大成(南京)律师事务所

地址:南京市鼓楼区集慧路18号联创大厦A座7楼、9~10楼

2.2 组织结构

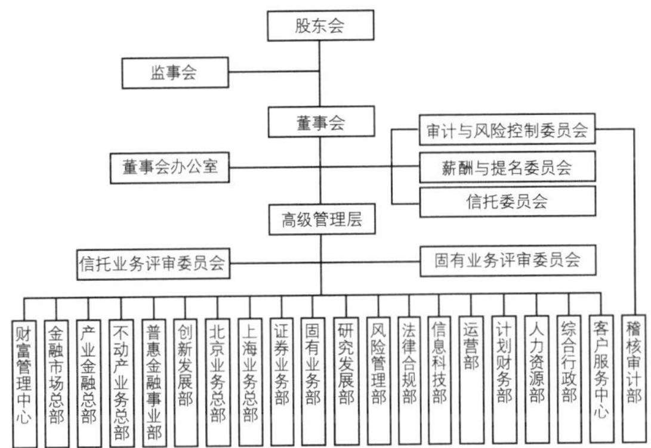

3. 公司治理

3.1 股东

报告期末公司股东总数为6家，最终实际控制人为南京紫金投资集团有限责任公司。出资比例在10%及以上的股东及出资情况如下：

股东名称	出资比例（%）	法人代表	注册资本	注册地址	主要经营业务
★南京紫金投资集团有限责任公司	60.01	李方毅	50亿元	南京市建邺区江东中路377号金融城一期10号楼27F	股权投资；实业投资；资产管理；财务咨询、投资咨询（依法须经批准的项目，经相关部门批准后方可开展经营活动）。
三井住友信托银行股份有限公司	19.99	桥本胜	3 420亿日元	东京都千代田区丸之内1－4－1	信托业务；商业银行业务；证券投资咨询；资产管理运用；房地产咨询及中介业务等。

3.2 董事

董事长、副董事长、董事

姓名	职务	性别	年龄（岁）	选任日期	所推举的股东名称	该股东出资比例（%）	简要履历
陈　峥	董事长	女	52	2018年1月	南京紫金投资集团有限责任公司	60.01	1968年5月出生，硕士，高级经济师，历任上海星火制浆造纸厂技术员、助理工程师，南京国际信托投资公司部门经理，南京市国有资产投资管理控股（集团）有限责任公司部门经理、总经理助理、副总经理，南京紫金投资控股有限责任公司副总经理兼任紫金信托有限责任公司总经理；现任南京紫金投资集团有限责任公司董事、总经理，紫金信托有限责任公司董事长，南京证券股份有限公司董事，南京银行股份有限公司董事。
山胁徹哉	副董事长	男	58	2018年1月	三井住友信托银行股份有限公司	19.99	1962年1月出生，MBA，历任住友信托银行首尔代表处首席代表，住友信托财务香港公司总经理，住友信托银行信用投资业务部副部长，住友信托银行新加坡分行行长，三井住友信托银行新加坡分行行长、亚洲地区支配人；现任三井住友信托银行上席理事，紫金信托有限责任公司副董事长。
刘燕松	董事	男	40	2018年3月	南京紫金投资集团有限责任公司	60.01	1980年11月出生，学士，历任中国对外经济贸易信托有限公司理财服务中心总经理助理、副总经理，投资银行部副总经理，金融产品一部总经理，房地产信托业务部总经理，中国对外经济贸易信托有限公司副总经理；现任紫金信托有限责任公司董事、总裁。
胡苏迪	董事	男	40	2019.11	南京紫金投资集团有限责任公司	60.01	1980年7月出生，博士后，高级经济师，历任平安人寿江苏分公司企划部发展研究岗专员，信诚人寿江苏分公司市场部主任、市场部副总经理、市场部总经理、业务支援部总经理、机构发展与行政部总经理，世纪保网副总经理，兴业证券股份有限公司团委书记，紫金投资控股有限责任公司战略发展部经理，南京紫金投资集团有限责任公司战略发展部副总经理（主持工作）；现任南京紫金投资集团有限责任公司战略发展部总经理，南京国资混改基金有限公司总经理，南京化纤股份有限公司董事，紫金信托有限责任公司董事。
赵　磊	董事	男	40	2018年1月	三胞集团有限公司	5.11	1980年11月出生，学士，历任日本瑞穗投资咨询有限公司咨询业务部投资分析师，三胞集团有限公司董事长助理，三胞集团有限公司投资管理中心总监，南京万商商务服务有限公司法定代表人、总经理，三胞集团有限公司金融事业部副总裁；现任三胞集团有限公司助理总裁，三胞集团南京投资管理有限公司总经理，紫金信托有限责任公司董事。

独立董事

姓名	职务	性别	年龄（岁）	选任日期	所推举的股东名称	该股东出资比例（%）	简要履历
夏　亮	上海市通力律师事务所律师、合伙人	男	45	2018年1月	南京紫金投资集团有限责任公司	60.01	1975年1月出生，硕士，历任上海市毅石律师事务所律师助理，中伦金通律师事务所上海分所律师助理，上海市通力律师事务所律师，北京市金杜律师事务所上海分所律师；现任上海市通力律师事务所律师、合伙人，紫金信托有限责任公司独立董事。
陈景善	中国政法大学民商经济法学院教授、博士生导师	女	51	2019年3月	三井住友信托银行股份有限公司	19.99	1969年7月出生，博士。历任早稻田大学法学院助教、早稻田大学助教；现任中国政法大学教授、博士生导师，东亚企业并购与重组法制研究中心主任，教育部归国人员科研启动基金评委，中国银行法学会理事，保险法学会理事，北京市金融服务法学会理事，北京市破产法学会常务理事，东亚破产再建协理事、北京市比较法学会理事（主要研究日韩东亚比较法），北京市网络法学会副会长，紫金信托有限责任公司独立董事。

3.3 监事

监事会成员

姓名	职务	性别	年龄(岁)	选任日期	所推举的股东名称	该股东出资比例(%)	简要履历
陈 玲	监事会主席	女	49	2018年1月	南京紫金投资集团有限责任公司	60.01	1971年3月出生,会计学本科,高级会计师,注册会计师,历任南京市国资集团计划财务部项目经理、高级项目经理、经理助理,南京紫金控股有限公司财务负责人、董事会秘书、综合部经理,南京市国资集团计划财务部副总经理、总经理,南京紫金投资集团计划财务部总经理、副总会计师;现任南京紫金投资集团有限责任公司总会计师,紫金信托有限责任公司监事会主席。
渠 泉	监事	男	51	2018年1月	南京江北新区产业投资集团有限公司	5.00	1969年10月出生,大专,工程师,历任南京科技创业服务中心综合管理部经理、招商中心经理、海外学子办公室主任,南京高新技术经济开发总公司南京软件园分公司副总经理,南京高新区管委会经发局综合科科长,南京高新创业投资有限公司总经理助理;现任南京江北新区科技投资集团副总经理,南京高新创业投资有限公司执行董事、总经理,南京江北新区绿色融资担保有限公司董事长、总经理,紫金信托有限责任公司监事。
蒋一雷	职工代表监事	男	45	2019年5月	—	—	1975年9月出生,硕士,历任苏州信托有限公司助理总裁,苏州沙冬青资产管理有限公司副总经理,紫金信托有限责任公司信托业务总监、上海信托业务总部总经理;现任紫金信托有限责任公司风控总监、风险管理部总经理兼法律合规部总经理,紫金信托有限责任公司职工代表监事。

3.4 高级管理人员

姓名	职务	性别	年龄(岁)	选任日期	金融从业年限(年)	学历	专业
刘燕松	总裁、董事	男	40	2018年3月28日	17	本科	金融学
高晓俊	副总裁	男	49	2015年4月1日	18	硕士研究生	工商管理
顾怀宇	副总裁	男	47	2015年11月9日	24	硕士研究生	公共管理
长谷川宽树	副总裁	男	50	2018年10月8日	27	本科	经济学
伍兵	总裁助理	男	54	2013年9月23日	31	博士研究生	技术经济及管理
李 薇	总裁助理	女	41	2019年5月5日	19	硕士研究生	工商管理

3.5 公司员工

项目		报告期年度		上年度	
		人数(人)	比例(%)	人数(人)	比例(%)
年龄分布	25岁以下				—
	25~29岁	34	17.80	39	22.29
	30~39岁	113	59.16	101	57.71
	40岁以上	44	23.04	35	20.00
学历分布	博士研究生	3	1.57	4	2.29
	硕士研究生	91	47.64	78	44.57
	本科	94	49.21	89	50.86
	专科	2	1.05	2	1.14
	其他	1	0.53	2	1.14
岗位分布	董事、监事及高管人员	8	4.19	7	4.00
	自营业务人员	4	2.09	6	3.43
	信托业务人员	112	58.64	99	56.57
	其他人员	67	35.08	63	36.00

4. 经营概况

4.1 经营目标、经营方针、战略规划

4.1.1 经营目标

公司2019年度的经营目标是:以"成为一家特征鲜明的细分市场领军企业"为中长期发展目标,通过业务聚焦、客群拓展、效能倍增、严控风险,实现"2017—2019年战略规划"的圆满收官。

4.1.2 经营方针

公司的经营方针是:资产端业务收敛聚焦,对准有利于发挥禀赋资源优势的"主赛道",主动管理能力逐步达到行业领先地位,资金端扩大中产家庭客群、金融同业客群,增强客户服务能力;通过专业赋能、科技赋能,提高中后台审批运营效能;坚持创新发展的市场化导向,培育有信托业特色的风控文化,推进全面风险管理。

4.1.3 战略规划

公司的战略规划是:坚持"为客户提供定制式服务的财富管理人"的发展愿景,深耕固定收益领域,打造卓越的产品与服务供给能力,成为中小金融机构服务供应商,中产家庭理财好伙伴。

4.2 所经营业务的主要内容

4.2.1 公司经营业务和品种

经中国银行保险监督管理委员会批准,公司许可经营项目为:资金信托;动产信托;不动产信托;有价证券信托;其他财产或财产权信托;作为投资基金或者基金管理公司的发起人从事投资基金业务;经营企业资产的重组、购并及项目融资、公司理财、财务顾问等业务;受托经营国务院有关部门批准的证券承销业务;办理居间、咨询、资信调查等业务;代保管及保管箱业务;以存放同业、拆放同业、贷款、租赁、投资方式运用固有财产;以固有财产为他人提供担保;从事同业拆借;中国法律法规规定或中国银保监会批准的其他业务(外资比例低于25%)。

一般经营项目：无。

4.2.2 公司资产组合和分布

自营资产运用与分布表

资产运用	金额（万元）	占比（%）	资产分布	金额（万元）	占比（%）
货币资产	12 597.14	2.71	基础产业	—	—
贷款及应收款	1 385.12	0.30	房地产业	—	—
交易性金融资产	80 890.37	17.39	证券市场	47 123.35	10.13
可供出售金融资产	292 199.96	62.82	实业	—	—
持有至到期投资	65 735.61	14.13	金融机构	411 000.25	88.36
长期股权投资	1 470.63	0.32	其他	7 035.34	1.51
买入返售金融资产	5 229.90	1.12			
其他	5 650.21	1.21			
自营资产总计	465 158.94	100.00	自营资产总计	465 158.94	100.00

信托资产运用与分布表

资产运用	金额（万元）	占比（%）	资产分布	金额（万元）	占比（%）
货币资产	171 971.56	1.20	基础产业	2 685 947.00	18.78
贷款	6 180 006.54	43.20	工商业	5 838 216.72	40.81
交易性金融资产	—	—	房地产业	869 554.00	6.08
买入返售金融资产	30 815.00	0.21	证券业	784 617.70	5.48
可供出售金融资产	6 895 206.46	48.20	金融机构	3 994 592.11	27.92
持有至到期投资	—	—	其他	133 555.00	0.93
长期投资	1 014 481.00	7.09			
其他	14 001.97	0.10			
信托资产总计	14 306 482.53	100.00	信托资产总计	14 306 482.53	100.00

4.3 市场分析

4.3.1 影响公司发展的有利因素

落实政府“六稳”政策，推动信托业务开展。2019 年政府提出做好“六稳”，即稳就业、稳金融、稳外贸、稳外资、稳投资、稳预期。“六稳”政策提振了市场信心，促进了信托业务开展。

资管新规助力信托业加速转型。资管新规及信托行业过渡期监管政策为行业转型发展指明了方向。2019 年信托业加速回归本源，服务实体经济，服务人民群众美好生活。普惠金融、资产证券化、家族信托等为信托行业提供了广阔的发展空间。

境外金融机构加强对中国资本市场参与力度，扩大中外金融机构业务合作。针对合格境外机构投资者（QFII）和人民币合格境外机构投资者（RQFII）监管政策显著改善，境外金融机构参与中国资本市场更加便利。此举加速境外机构资金流入，为中外金融机构开展合作提供了良好机遇。

金融科技赋能，助推提升综合效能。新技术赋能对信托业务模式、产品服务以及运营管理具有重要作用。顺应智能化、数字化的时代浪潮，加强金融科技建设成为信托公司提升核心竞争力的重要方式。

4.3.2 影响公司发展的不利因素

经济增长存在下行压力。2019 年世界经济、贸易增长放缓，动荡源和风险点增多，国内结构性、体制性、周期性问题交织。随着中国经济增速放缓，金融行业的市场红利逐渐消失，竞争进一步加剧。

信托行业风险水平推高。随着监管部门加大风险排查的力度和频率，2019 年第四季度末信托行业风险资产规模同比增长 159.71%。虽然信托行业整体风险可控，但风险水平攀升对信托公司风险管控能力提出了更高的要求。

4.4 内部控制

4.4.1 内部控制环境和内部控制文化

公司按照《公司法》《信托公司管理办法》《信托公司治理指引》和监管部门的要求，明确股东会、董事会和监事会的权责和制约关系，董事会、监事会、经营班子的权责和授权制约关系。公司高级管理层与下属部门形成了有效的授权分责关系。

公司坚持“风险管理创造价值”的风险文化理念，建立“平衡、奇正、预防、权变”的全面风险管理体系，坚守风险底线，顺应业务发展需要和市场变化，将防范风险作为风险管控的核心，实现风险管控与业务发展的平衡。面对各类风险高发的外部环境，始终秉承“风控至上、合规于心”的内控文化底色，不断提升风险防控能力。公司坚持依法合规经营的理念和风险控制优先的原则，形成业务不断发展和风险有效控制的运行机制，建立起员工职业道德规范和诚信记录，营造良好的合规经营文化环境。

4.4.2 内部控制措施

公司董事会下设审计与风险控制委员会负责内部控制体系的建设、完善、有效实施。公司的内部控制职能部门为风险管理部和法律合规部。

公司坚持“内控优先、稳健运行”管理理念，持续加强内控制度体系建设和完善细化工作，不断完善有关基础管理和业务管理制度，全面覆盖信托业务、固有业务和基础管理工作。公司建立健全各项业务决策机构和决策程序。公司主要业务部门之间建立并逐步健全严格的隔离制度，实现四个分离：信托业务与固有业务相分离；不同的信托财产之间相分离；同一信托财产运用与保管相分离；业务操作岗与风险管控岗相分离。

对于信托业务，在信托项目尽职调查、业务审批、产品销售、存续管理、信息披露、清算核算、风险管控等各环节分别制定了管理办法和操作规程，业务运行规范化程度显著提高。在设立环节，公司通过制定各专项业务项目的尽职调查指引，建立科学有效的信托业务决策机制，严格按照公司制度和流程开展信托项目审查审批，根据法律法规制定规范的信托文件等措施实现内部控制；在运用环节，公司对信托财产运用严格遵守法律法规规定，实现信托财产的审批、运用和保管（托管）分离等措施；在管理环节，公司初步建立各类信托业务风险识别、评估、监测、报告控制体系，公司信托业务的前台、中台、后台信息交流保持渠道畅通和信息对称，建立信托项目及时分析、跟踪检查的管理制度，设立业务管理台账做好记录，实现内部控制；在清算终止环节，公司严格依据法律法规、信托文件制作处理信托事务的清算报告，及时向委托人、受益人进行披露，同时规范信托业务档案管理机制，以实现内部控制。

对于固有业务，公司全面加强资金投放的事前、事中和事后管理，业务运行继续保持良好。遵循谨慎原则，建立健全固有业务决策机构和决策程序，制定年度自有资金配置计划与风险容忍度，严格按照董事会的有关规定及公司相关制度规定的程序与决策权限进行报审与审批，加强对固有业务的投资策略、规模、品种、结构、期限等的决策管理；公司坚持自有资金“低风险、高流动”的配置要求，根据经济形势、市场情况的变化，适时进行固有业务投资策略的调整。公司通过合理的预警机制、严密的账户管理、严格的资金审批调度、规范的交易操作及完善的业务档案管理制度等，控制固有业务的运作风险。

4.4.3 监督评价与纠正

公司建立了多层次的内控监督体系：监事会依法履行监督职能，对公司董事、高级管理层履职情况进行监督；稽核审计部独立行使内部审计监督权，对审计过程中发现的内部控制缺陷，向相关部门提出改进建议，并敦促及时纠正、改进完善；公司建立了规范的后续整改跟踪机制，管理层高度重视审计发现问题的整改完善，通过定期的审计交流，确保合理建议得到落实和改进，持续提升公司的内控水平。

2019 年，公司加强了对重点业务、重点领域的审计监督，通过常规审计与专项审计相结合的方式，持续对各类业务及管理活动进行监督和评价，注重问题的整改跟踪与问责，内部控制体系运行有效。

4.5 风险管理

4.5.1 风险管理概况

报告期内，公司紧跟国家经济、金融政策方向，按照监管部门全面风险管理指引的要求，密切围绕年初董事会制定的风险管理目标，统一部署，审慎经营管理。公司固有和受托资产总体风险可控，圆满完成了风险管理目标任务。

公司严控信托规模，提升主动管理能力，进一步控制事务管理类规模。整体业务运行保持平稳，各项管控业务均在限额指标以内，总体风险可控。公司形成“全面、全员、全覆盖、全流程、全市场”的风险管控体系，对风险的管控包含在项目投前、投中、投后全流程，覆盖信用风险、市场风险、流动性风险、操作风险、声誉风险。

4.5.2 风险状况

4.5.2.1 信用风险状况

信用风险是由于交易对手不履行义务而给公司带来潜在损失的风险。主要表现为：在贷款、资产回购、后续资金安排、担保、履约承诺等交易过程中，借款人、担保人、保管人（托管人）等交易对手不履行承诺，不能或不愿履行合约承诺而使信托财产和固有财产遭受潜在损失的可能性。

公司按照《非银行金融机构资产风险分类指导原则（试行）》确定的资产风险分类标准，将资产分为正常类、关注类、次级类、可疑类和损失类五类。风险资产的减值准备计提比例以五级分类结果为基础，形成计提基准比例。

报告期内，公司严格履行受托人尽职管理职责，全年信托产品均如期兑付，未发生兑付风险，全部现有存量固有、信托资产安全受控，未发现重大风险隐患。

4.5.2.2 市场风险状况

市场风险主要指市场利率、汇率或金融产品等价格变动给公司造成损失的风险。其主要表现为：股票、债券、票据、外汇等资产因价格变动而带来损失的风险。

报告期内，公司通过优选交易对手、谨慎选择项目或标的物、严格的投后管理措施、对股票类标的物进行实时盯盘及设置预警机制，确保市场风险可控。

4.5.2.3 操作风险状况

操作风险是指由不完善或有问题的内部程序、员工和信息科技系统，以及外部事件所造成损失的风险。

报告期内，公司未出现重大操作风险事项。

4.5.2.4 其他风险状况

其他风险包括流动性风险、声誉风险和集中度风险。

4.5.2.4.1 流动性风险

报告期内，公司面临的兑付集中度和清算压力较小，流动性风险低。

4.5.2.4.2 声誉风险

报告期内，公司未有任何信托项目赔付，存量信托项目运行正常，潜在赔偿责任风险较小。

4.5.2.4.3 集中度风险

信托资金运用涉及公共设施管理业、城市公共交通业、商务服务业、环境管理业、水利管理业、批发业、零售业、银行业、房地产业、其他金融活动等行业，资金运用投向较为丰富，集中度风险低。

4.5.3 风险管理

4.5.3.1 信用风险管理

（1）完善信用风险管理制度体系。公司执行标准化的管理流程，覆盖从客户尽职调查、信用评估、风险资本测算、风险审查审批、资金划拨至融资后监控的全部环节，业务种类覆盖产业金融、不动产、普惠金融、资本市场、投资银行、金融同业等不同业务品种。

（2）完善信用风险限额管理。为减少单一主体信用恶化对公司的财务影响，降低集中度风险，公司在融资业务领域中的基础产业板块设置了严格的区域限额管控，在不动产业务板块推行单一主体风险限额管理。根据交易对手信用状况，严格控制抵（质）押率，保证足够的安全边际，合理设置交易结构，确保抵质押品安全可控。

（3）严格按照国家宏观调控政策和产业政策导向，研究行业发展趋势、市场机会及风险特征，制定内部行业投融资政策，充分利用客户分类、名单制管理和行业限额等多种手段，严格审查行业和客户的准入资质，防范行业风险。

（4）加大存续项目信用风险的监控力度。设置科学合理的监控指标，提高监控频度，通过多方面信息的监控和整合，及时掌握交易对手信用状况的变化，并根据监控信息采取不同的应对措施，有效防范和化解风险。

（5）多方位引入新型风险管理工具。

4.5.3.2 市场风险管理

（1）关注宏观经济及金融市场对业务的影响，遵循组合投资、分散风险的投资原则，注意防范系统性风险；（2）审慎推进有市场风险敞口的投资业务，对投资类业务设置准入门槛及禁入领域，并由评审会授权证券投资决策小组对证券投资业务进行专家把关；（3）在资本市场中，对股票质押类、证券投资类等业务进行了专项风险排查，从风控阀值安全边际、价格波动性、质押率、风险影响等多个角度进行风险评估。

4.5.3.3 操作风险管理

（1）完善各项制度规定并持续完善操作风险管理机制，针对关键操作环节和跨部门协同环节，重点强化操作风险防控；（2）在操作风险首问负责制基础上，法律合规部对操作风险管理内容、操作风险报告进行扎口管理，及时报告操作风险事件；(3)通过建设计算机系统及管理机制，不断完善核心业务系统、CRM系统和财务系统的功能性建设和优化，加强网络安全管理；(4)从内部举报、案件防控、合规问责等各个层面，加强案件防控及员工行为的管理和监督，切实防范和降低操作风险；(5)加强检查监督工作，通过法律合规部的扎口管理、稽核审计部的定期检查，做到操作风险早发现、早处理。

4.5.3.4 其他风险管理

其他风险包括流动性风险管理、声誉风险管理和集中度风险管理。

4.5.3.4.1 流动性风险管理

(1)坚持审慎性原则，充分识别、有效计量、持续监测和主动控制公司整体及在各产品中的流动性风险。风险管理部牵头，充分研究、实证求验、利用多种流动性管理工具基础上，形成多部门统一协作的公司流动性管理的整体框架，多管理阀值、多层次的流动性管理的处理机制。

(2)定期对存续项目的偿付风险进行排查，对交易对手的资金安排情况进行调查评估，以做到流动性风险的尽早掌握和及时预防。关注资金市场变化，及时根据资金面的变化调整业务期限策略，控制长期限产品的投放。

(3)针对现金管理类产品，进行重点流动性监控，实时测算现金缺口，审慎评估每笔投资实施后的流动性风险变化情况，加强对资金和资产的期限匹配管理，从公司整体层面考量，从严管控现金缺口，防范流动性风险。

(4)按照审慎原则定期开展流动性压力测试，评估流动性储备的充足性，确定其应当采取的风险缓释策略和流动性应急措施。

4.5.3.4.2 声誉风险管理

声誉风险管理作为公司治理及全面风险管理体系的重要组成部分，通过制定声誉风险管理相关制度，主动有效地防范声誉风险和应对声誉风险事件，最大程度地减少损失和负面影响。

(1)公司培养以提升声誉为导向的公司文化，从产品设计开始，到产品的审查审批、投放、投后管理全流程中高度重视公司的声誉风险，在公司内部形成自上而下的声誉风险管理意识，实行声誉风险积极管理策略。

(2)进一步完善舆情监测机制，聘请专业公司对公司信息和存续信托项目信息进行全面的舆情监测，并根据公司业务发展需要及时更新，有效识别、监测、评估、报告声誉风险事项，加强舆情监测、研判、识别以及处置能力。

(3)持续完善信息披露制度，提升公司信息的透明度，实现公司与投资者的良性沟通，有效防控声誉风险。

(4)坚持依法合规稳健经营，积极履行社会责任。公司慈善信托工作室负责公司慈善信托业务的研究、拓展、管理，推广公司慈善品牌，扩大社会影响力。公司在以往连续八年成功开展"紫金信托·厚德"系列公益慈善信托的基础上，成功落地"紫金信托·厚德9号"慈善信托计划；同时，创新慈善信托财产形式，设立"紫金信托·小银星女童艺术助学"慈善信托，得到社会各界广泛关注和好评，进一步提升公司的知名度、美誉度。

4.5.3.4.3 集中度风险管理

(1)结合公司的经营特点，适度进行分散化、多元化的经营策略，对单一客户、单一区域实行限额管理，避免业务过度集中。

(2)加强数量统计分析和市场监测，实行更新数据及扩大监控范围，有效防范和控制因集中度风险引致的损失。

4.5.4 净资本管理概况

报告期末，公司净资本为357 826.93万元，符合该项指标需大于等于2亿元的监管要求。固有业务风险资本为65 399.76万元，信托业务风险资本为133 177.07万元，各项业务风险资本之和为198 576.83万元。净资本/各项业务风险资本之和为180.20%，符合该项指标需大于等于100%的监管要求，净资本/净资产为88.05%，符合该项指标需大于等于40%的监管要求。

公司净资本和风险资本满足所有监管指标要求，抵御风险能力良好。基于业务发展的前瞻性考虑，加强了各项业务及未来业务发展耗用净资本的管理，安排了专人进行净资本的测算及复核，根据净资本承载能力制定相应业务策略，审慎进行净资本耗用的预测，为业务发展提供前置引导。

5. 报告期末及上一年末的比较式会计报表

5.1 自营资产

5.1.1 会计师事务所审计结论

立信中联会计师事务所(特殊普通合伙)审计了紫金信托有限责任公司财务报表，包括2019年12月31日的资产负债表，2019年度的利润表、现金流量表、所有者权益变动表以及相关财务报表附注，出具《审计报告》(立信中联审字[2020]D-0003号)，认为：紫金信托有限责任公司财务报表在所有重大方面按照企业会计准则的规定编制，公允反映了紫金信托2019年12月31日的财务状况以及2019年度的经营成果和现金流量。

立信中联会计师事务所(特殊普通合伙)　　中国注册会计师：

中国注册会计师：

中国·天津　　2020年1月19日

5.1.2 资产负债表

资产负债表

编制单位：紫金信托有限责任公司　　2019年12月31日　　单位：万元

资　产	期末余额	年初余额
资产：		
现金及存放中央银行款项	0.20	0.29
存放同业款项	12 596.94	9 462.81
贵金属	—	—
拆出资金	—	—
以公允价值计量且其变动计入当期损益的金融资产	80 890.37	94 207.67
衍生金融资产	—	—
买入返售金融资产	5 229.90	10.00

续表

资　产	期末余额	年初余额
应收利息	—	—
发放贷款和垫款	—	—
可供出售金融资产	292 199.96	233 206.43
持有至到期投资	65 735.61	75 851.34
应收款项类投资	—	—
持有待售资产	—	—
长期股权投资	1 470.63	1 470.63
投资性房地产	—	
固定资产	5 357.09	5 581.18
无形资产	14.12	126.36
商誉	—	—
递延所得税资产	—	—
其他资产	1 664.12	1 561.54
资产总计	465 158.94	421 478.25

法定代表人:陈峥　　主管会计工作负责人:高晓俊　　会计机构负责人:杨黎文

资产负债表(续)

编制单位:紫金信托有限责任公司　　2019 年 12 月 31 日　　单位:万元

负债及股东权益	期末余额	年初余额
负债:		
向中央银行借款	—	—
同业及其他金融机构存放款项	—	—
拆入资金	—	—
以公允价值计量且其变动计入当期损益的金融负债	—	—
衍生金融负债	—	—
卖出回购金融资产款	—	—
吸收存款	—	—
应付职工薪酬	30 474.04	23 419.71
应交税费	17 794.97	15 327.50
应付股利	1 495.90	—
应付利息	—	—
持有待售负债	—	—
应付债券	—	—
预计负债	—	—
递延所得税负债	—	—
其他负债	8 983.71	261.55
负债合计	58 748.62	39 008.76
股东权益:		
实收资本	245 300.00	245 300.00
资本公积	—	—
减:库存股	—	—
其他综合收益	—	—
专项储备	—	—
盈余公积	27 526.81	22 205.33

续表

负债及股东权益	期末余额	年初余额
一般风险准备	6 892.63	6 282.56
信托赔偿准备	13 763.41	11 102.66
未分配利润	112 927.47	97 578.94
所有者权益合计	406 410.32	382 469.49
负债和所有者权益总计	465 158.94	421 478.25

法定代表人:陈峥　　主管会计工作负责人:高晓俊　　会计机构负责人:杨黎文

5.1.3 利润表

利润表

编制单位:紫金信托有限责任公司　　2019 年度　　单位:万元

项目	本期发生额	上期发生额
一、营业收入	110 324.71	80 432.18
利息净收入	74.34	-1 314.55
利息收入	109.34	178.51
利息支出	35.00	1 493.06
手续费及佣金净收入	76 852.01	71 605.28
手续费及佣金收入	76 852.01	71 605.28
手续费及佣金支出	—	—
投资收益	22 184.41	20 111.82
其中:对联营企业和合营企业的投资收益	—	—
资产处置收益(损失以“-”号填列)	—	—
公允价值变动收益	11 213.92	-9 918.64
汇兑收益	0.03	-51.73
其他收益	—	—
其他业务收入	—	—
二、营业支出	41 825.75	20 457.55
税金及附加	1 021.68	639.45
业务及管理费	26 089.47	19 028.60
资产减值损失	14 714.60	789.50
其他业务成本	—	—
三、营业利润	68 498.96	59 974.63
加:营业外收入	2 989.40	1 160.00
减:营业外支出	100.00	100.00
四、利润总额	71 388.36	61 034.63
减:所得税费用	18 173.53	16 271.25
五、净利润	53 214.83	44 763.38
(一)持续经营净利润(净亏损以“-”号填列)	53 214.83	44 763.38
(二)终止经营净利润(净亏损以“-”号填列)	—	—
六、其他综合收益	—	—
七、综合收益总额	53 214.83	44 763.38

法定代表人:陈峥　　主管会计工作负责人:高晓俊　　会计机构负责人:杨黎文

5.1.4 所有者权益变动表

所有者权益变动表

编制单位:紫金信托有限责任公司　　2019 年度　　单位:万元

项目	股本	资本公积	减:库存股	盈余公积	一般风险准备	信托赔偿准备	未分配利润	所有者权益合计
一、上年年末余额	245 300.00	—	—	22 205.33	6 282.56	11 102.66	97 578.94	382 469.49
加:会计政策变更	—	—	—	—	—	—	—	—
前期差错更正	—	—	—	—	—	—	—	—
其他	—	—	—	—	—	—	—	—

续表

项目	股本	资本公积	减:库存股	盈余公积	一般风险准备	信托赔偿准备	未分配利润	所有者权益合计
二、本期年初余额	245 300. 00	—	—	22 205. 33	6 282. 56	11 102. 66	97 578. 94	382 469. 49
三、本期增减变动金额(减少以"-"号填列)	—	—	—	5 321. 48	610. 07	2 660. 75	15 348. 53	23 940. 83
(一)净利润	—	—	—	—	—	—	53 214. 83	53 214. 83
(二)其他综合收益	—	—	—	—	—	—	—	—
上述(一)和(二)小计	—	—	—	—	—	—	53 214. 83	53 214. 83
(三)所有者投入和减少资本	—	—	—	—	—	—	—	—
1. 所有者投入资本	—	—	—	—	—	—	—	—
2. 股份支付计入所有者权益的金额	—	—	—	—	—	—	—	—
3. 其他	—	—	—	—	—	—	—	—
(四)利润分配	—	—	—	5 321. 48	610. 07	2 660. 75	-37 866. 30	-29 274. 00
1. 提取盈余公积	—	—	—	5 321. 48	—	—	-5 321. 48	—
2. 提取一般风险准备	—	—	—	—	610. 07	—	-610. 07	—
3. 提取信托赔偿准备	—	—	—	—	—	2 660. 75	-2 660. 75	—
4. 对所有者(或股东)的分配	—	—	—	—	—	—	-29 274. 00	-29 274. 00
5. 其他	—	—	—	—	—	—	—	—
(五)所有者权益内部结转	—	—	—	—	—	—	—	—
1. 资本公积转增资本(或股本)	—	—	—	—	—	—	—	—
2. 盈余公积转增资本(或股本)	—	—	—	—	—	—	—	—
3. 盈余公积弥补亏损	—	—	—	—	—	—	—	—
4. 其他	—	—	—	—	—	—	—	—
(六)专项储备	—	—	—	—	—	—	—	—
1. 本期提取	—	—	—	—	—	—	—	—
2. 本期使用	—	—	—	—	—	—	—	—
(七)其他	—	—	—	—	—	—	—	—
四、本期期末余额	245 300. 00	—	—	27 526. 81	6 892. 63	13 763. 41	112 927. 47	406 410. 32

法定代表人:陈峥　　主管会计工作负责人:高晓俊　　会计机构负责人:杨黎文

5.2 信托资产

5.2.1 信托项目资产负债汇总表

信托项目资产负债汇总表

编制单位:紫金信托有限责任公司　　2019 年 12 月 31 日　　单位:万元

信托资产	期末余额	年初余额	信托负债和信托权益	期末余额	年初余额
信托资产:			信托负债:		
货币资金	171 971. 56	89 477. 75	交易性金融负债	—	—
拆出资金	—	—	衍生金融负债	—	—
存出保证金	—	—	应付受托人报酬	—	—
交易性金融资产	—	—	应付托管费	4. 74	99. 40
衍生金融资产	—	—	应付受益人收益	42. 17	332. 17
买入返售金融资产	30 815. 00	19 292. 60	应交税费	—	—
应收款项	13 971. 67	8 523. 99	应付销售服务费	—	—
发放贷款	6 180 006. 54	6 441 306. 10	应付手续费及佣金	—	—
可供出售金融资产	6 895 206. 46	8 008 128. 12	其他应付款项	2 598. 62	6 452. 68
持有至到期投资	—	55 048. 38	其他负债	—	—
长期应收款	—	—	信托负债合计	2 645. 53	6 884. 25
长期股权投资	1 014 481. 00	1 106 931. 00			
投资性房地产	—	—	信托权益		
固定资产	—	—	实收信托	14 144 300. 48	15 587 222. 65
无形资产	—	—	资本公积	—	—
长期待摊费用	—	—	损益平准金	—	—

续表

信托资产	期末余额	年初余额	信托负债和信托权益	期末余额	年初余额
其他资产	30.30	—	未分配利润	159 536.52	134 601.04
减:各项资产减值准备	—	—	信托权益合计	14 303 837.00	15 721 823.69
信托资产总计	14 306 482.53	15 728 707.94	信托负债和信托权益总计	14 306 482.53	15 728 707.94

法定代表人:陈峥　　主管会计工作负责人:高晓俊　　会计机构负责人:沈心怡

5.2.2 信托项目利润及利润分配汇总表

信托项目利润及利润分配汇总表

编制单位:紫金信托有限责任公司　　2019 年度　　单位:万元

项目	本期发生额	上期发生额
一、营业收入	1 040 047.44	1 154 457.74
1.1 利息收入	382 710.27	461 241.62
1.2 投资收益	657 337.17	693 212.85
1.2.1 其中:对联营企业和合营企业的投资收益	—	—
1.3 公允价值变动收益	—	3.27
1.4 租赁收入	—	—
1.5 汇兑损益(损失以"-"号填列)	—	—
1.6 其他收入	—	—
二、支出	120 754.30	112 285.90
2.1 营业税金及附加	3 259.05	2 868.38
2.2 受托人报酬	89 282.63	68 045.48
2.3 托管费	3 495.29	5 164.89
2.4 手续费及佣金	0.67	0.88
2.5 销售服务费	—	—
2.6 交易费用	130.26	22.07
2.7 资产减值损失	0.00	0.00
2.8 其他费用	24 586.40	36 184.20
三、信托净利润(净亏损以"-"号填列)	919 293.14	1 042 171.84
四、其他综合收益	—	—
五、综合收益	—	—
六、加:期初未分配信托利润	134 601.04	156 794.22
七、可供分配的信托利润	1 053 894.18	1 198 966.06
八、减:本期已分配信托利润	894 357.66	1 064 365.02
九、期末未分配信托利润	159 536.52	134 601.04

法定代表人:陈峥　　主管会计工作负责人:高晓俊　　会计机构负责人:沈心怡

6. 会计报表附注

6.1 会计报表编制基准、会计政策、会计估计和核算方法发生的变化

6.1.1 会计报表编制基础

(1)公司会计报表编制基准不存在不符合会计核算基本前提的情况。

(2)本公司以持续经营为基础,根据实际发生的交易和事项,按照《企业会计准则——基本准则》和其他各项会计准则的规定进行确认和计量,在此基础上编制财务报表。

6.1.2 会计政策和会计估计的变更

本期无需要披露的变更。

6.2 或有事项说明

本公司无需要披露的或有事项。

6.3 重要资产转让及出售的说明

报告期内,公司未发生重要资产转让及出售行为。

6.4 会计报表中重要项目的明细资料

6.4.1 披露自营资产经营情况

6.4.1.1 按信用风险五级分类结果披露信用风险资产的期初数、期末数

信用风险资产五级分类	正常类(万元)	关注类(万元)	次级类(万元)	可疑类(万元)	损失类(万元)	信用风险资产合计(万元)	不良资产合计(万元)	不良资产率(%)
期初数	415 473.42	—	—	—	—	415 473.42	—	—
期末数	474 223.13	—	—	—	—	474 223.13	—	—

注:不良资产合计=次级类+可疑类+损失类。

6.4.1.2 各项资产减值损失准备的期初数、本期计提、本期转回、本期核销、期末数;贷款的一般准备和专项准备和其他资产减值准备

单位:万元

	期初数	本期计提	本期转回	本期核销	期末数
贷款损失准备	—	—	—	—	—
一般准备	—	—	—	—	—
专项准备	—	—	—	—	—
其他资产减值准备	3 158.00	11 556.60	—	—	14 714.60
可供出售金融资产减值准备	3 158.00	11 556.60	—	—	14 714.60
持有至到期投资减值准备	—	—	—	—	—
长期股权投资减值准备	—	—	—	—	—
坏账准备	—	—	—	—	—
投资性房地产减值准备	—	—	—	—	—

6.4.1.3 自营股票投资、基金投资、债券投资、长期股权投资等投资的期初数、期末数

单位:万元

	自营股票	基金	债券	长期股权投资	其他投资	合计
期初数	21 612.08	635.45	10.09	1 470.63	381 017.82	404 746.07
期末数	33 438.43	8 454.92	5 229.99	1 470.63	396 932.50	445 526.47

6.4.1.4 自营长期股权投资的企业名称、占被投资企业权益的比例、主要经营活动及投资收益情况

企业名称	占被投资企业权益的比例(%)	主要经营活动	投资收益(万元)
南京证券股份有限公司	0.32	证券经纪、证券承销、证券自营、客户资产管理、财务顾问等	87.36

注:投资损益是指按照企业会计准则规定,核算股权投资确认损益并计入披露年度利润表的金额。

6.4.1.5 自营贷款的企业名称、占贷款总额的比例和还款情况

企业名称	贷款金额（万元）	占贷款总额的比例（%）	还款情况
—	—	—	—

6.4.1.6 表外业务

单位：万元

表外业务	期初数	期末数
担保业务	—	—
代理业务	—	—
其他	—	—
合计	—	—

6.4.1.7 公司当年的收入结构

收入结构	金额（万元）	占比（%）
手续费及佣金收入	76 852.01	67.80
其中：信托手续费收入	76 852.01	67.80
投资银行业务收入	—	—
利息收入	109.34	0.10
其他业务收入	—	—
其中：计入信托业务收入部分	—	—
投资收益	22 184.41	19.57
其中：股权投资收益	147.36	0.13
证券投资收益	6 532.40	5.76
其他投资收益	15 504.65	13.68
公允价值变动收益	11 213.92	9.89
汇兑损益	0.03	0.00
营业外收入	2 989.40	2.64
收入合计	113 349.11	100.00

注：手续费及佣金收入、其他业务收入、投资收益、营业外收入均为损益表中的一级科目，其中手续费及佣金收入、利息收入、营业外收入为未抵减掉相应支出的全年累计实现收入数。

报告年度实现信托业务收入的总额为 76 852.01 万元，均为以手续费及佣金确认的信托业务收入。

6.4.2 信托资产管理情况

6.4.2.1 信托资产的期初数、期末数

单位：万元

信托资产	期初数	期末数
集合	8 514 560.03	8 900 995.33
单一	3 563 893.93	2 982 280.92
财产权	3 650 253.98	2 423 206.28
合计	15 728 707.94	14 306 482.53

6.4.2.1.1 主动管理型信托业务期初数、期末数

单位：万元

主动管理型信托资产	期初数	期末数
证券投资类	—	—
股权投资类	—	4 266.00
融资类	3 033 228.98	4 244 270.18
事务管理类	130.01	160.50
合计	5 078 525.90	6 561 466.23

注：“合计”项为主动管理型信托项目的总额，它包含所有运用方式的主动型产品。“证券投资类”“股权投资类”“融资类”“事务管理类”是主动管理型信托中的几个重点类别，包含在“合计”中，但是与“合计”行没有勾稽关系，“合计”行大于或等于这四类之和。

6.4.2.1.2 被动管理型信托业务期初数、期末数

单位：万元

被动管理型信托资产	期初数	期末数
证券投资类	—	—
股权投资类	—	—
融资类	50 380.98	—
事务管理类	10 184 926.42	7 522 042.64
合计	10 650 182.04	7 745 016.30

注：“合计”行为被动管理型信托项目的总额，它包含所有运用方式的被动型产品。“证券投资类”“股权投资类”“融资类”“事务管理类”是被动管理型信托中的几个重点类别，包含在“合计”中，但是与“合计”行没有勾稽关系，“合计”行大于或等于这四类之和。

6.4.2.2 本年度已清算信托项目个数、实收信托合计金额、加权平均实际年化收益率

6.4.2.2.1 本年度已清算结束的集合类、单一类资金信托项目和财产管理类信托项目个数、实收信托合计金额、加权平均实际年化收益率

已清算结束的信托项目	项目个数（个）	实收信托合计金额（万元）	加权平均实际年化收益率（%）
集合类	64	2 033 347.46	6.6393
单一类	39	3 311 427.97	5.1054
财产管理类	17	2 285 631.74	5.6116

注：1. 收益率是指信托项目清算后，给受益人赚取的实际收益水平。

2. 加权平均实际年化收益率 =（信托项目 1 的实际年化收益率 × 信托项目 1 的实收信托 + 信托项目 2 的实际年化收益率 × 信托项目 2 的实收信托 +…+ 信托项目 n 的实际年化收益率 × 信托项目 n 的实收信托）/（信托项目 1 的实收信托 + 信托项目 2 的实收信托 +…+ 信托项目 n 的实收信托）×100%。

6.4.2.2.2 本年度已清算结束的主动管理型信托项目个数、实收信托合计金额、加权平均实际年化收益率

已清算结束的信托项目	项目个数（个）	实收信托合计金额（万元）	加权平均实际年化信托报酬率（%）	加权平均实际年化收益率（%）
证券投资类	—	—	—	—
股权投资类	—	—	—	—
融资类	62	2 181 966.00	1.5156	6.6015
事务管理类	1	100.00	—	—

注：加权平均实际年化信托报酬率 =（信托项目 1 的实际年化信托报酬率 * 信托项目 1 的实收信托 + 信托项目 2 的实际年化信托报酬率 * 信托项目 2 的实收信托 +…+ 信托项目 n 的实际年化信托报酬率 * 信托项目 n 的实收信托）/（信托项目 1 的实收信托 + 信托项目 2 的实收信托 +…+ 信托项目 n 的实收信托）×100%。

6.4.2.2.3 本年度已清算结束的被动管理型信托项目个数、实收信托合计金额、加权平均实际年化收益率

已清算结束的信托项目	项目个数（个）	实收信托合计金额（万元）	加权平均实际年化信托报酬率（%）	加权平均实际年化收益率（%）
证券投资类	—	—	—	—
股权投资类	—	—	—	—
融资类	1	50 000.00	0.2013	—
事务管理类	42	5 122 862.80	0.1361	5.4006

6.4.2.3　本年度新增的集合类、单一类和财产管理类信托项目个数、实收信托合计金额

新增信托项目	项目个数(个)	实收信托合计金额(万元)
集合	101	3 556 077.70
单一	28	1 109 579.00
财产权	9	827 678.06
新增合计	138	5 493 334.76
其中:主动管理型	114	4 539 283.01
被动管理型	24	954 051.75

注:本年新增信托项目指在本报告年度内累计新增的信托项目个数和金额。包含本年度新增并于本年度内结束的项目和本年度新增至报告期末仍在持续管理的信托项目。

6.4.2.4　信托业务创新成果和特色业务有关情况

6.4.2.4.1　积极发展绿色金融

公司"南京地铁绿色资产证券化项目"荣膺"2019年度南京市金融创新三等奖"。该项目一期发行规模为12亿元,通过信托架构锁定地铁沿线商业物业和地铁空间经营收入等作为还款来源,解决了基础资产端和证券端期限不匹配的问题,盘活存量资产,提升资金使用效率。项目通过了绿色债券项目认证,有效增强了项目信用、降低了融资成本,践行了国家绿色发展理念,助力南京低碳智慧型城市建设。

公司受托的苏租2019年第一期绿色租赁资产支持证券于2019年6月成立。该项目是江苏省首单绿色租赁资产支持证券,也是金融租赁公司在银行间市场发行的首单绿色租赁资产支持证券。项目规模为19.2亿元,入池的40笔基础资产全部为符合《绿色债券支持目录》的绿色租赁资产,且募集资金全部投放于《绿色债券支持目录》规定的绿色产业项目,属于"双绿"资产证券化产品。

6.4.2.4.2　创新服务实体企业

公司2019年12月发行了镇江华建置业ABN和徐工基础ABN。其中,镇江华建置业ABN发行规模为8亿元,基础资产为镇江华建持有的保障房应收账款,是全国首单银行间市场公募保障房ABN。徐工基础ABN发行规模为7.22亿元,基础资产为徐州徐工基础工程机械有限公司持有的应收账款,采用了循环购买的交易结构。以上两个项目是公司在资产支持票据领域的典型案例,也进一步提升了公司服务实体经济的手段和能力。

6.4.2.4.3　为知名国际机构提供资产证券化综合服务方案

公司充分发挥外资股东优势,针对优质国际企业开展了"受托+境外资金投资"的资产证券化综合服务模式。公司受托的丰田汽车金融"丰耀系列个人汽车抵押贷款资产支持证券"已经获得中国人民银行注册许可,注册金额为90亿元。第一期发行规模为45亿元,于2020年1月发行成立。

6.4.2.4.4　创新慈善信托业务模式,持续支持慈善事业

公司创新慈善财产形式,设立"紫金信托·小银星艺术助学慈善信托",以艺术培训课程为财产权设立助学慈善信托,为贫困家庭女童提供艺术教育课程服务。该项目是对慈善信托财产类型的有益尝试和创新,对于推动社会各界资源参与慈善事业,推广慈善信托业务具有积极意义。此外,公司在原有八期"紫金信托·厚德"系列公益慈善信托的基础上,继续设立"紫金·厚德9号"慈善信托计划,联合专业的公益慈善机构救助困难家庭的大病儿童及残障儿童。自2011年发起以来,已累计成立9期,募集资金超过770万元,救助困难家庭患儿508人次。

6.4.2.5　本公司履行受托人义务情况及因本公司自身责任而导致的信托资产损失情况

本公司以为受益人最大利益行事为基本职责,认真履行以下义务:(1)诚实信用、谨慎和有效管理义务;(2)忠实义务;(3)分别管理义务;(4)亲自管理义务;(5)保存记录义务;(6)定期报告义务;(7)依法保密的义务;(8)向受益人支付信托利益的义务。

截至2019年12月31日,本公司未发生因自身责任而导致的信托资产损失情况。

6.5　关联方关系及其交易的披露

6.5.1　关联交易方的数量、关联交易的总金额及关联交易的定价政策等

	关联交易方数量(个)	关联交易金额(万元)	定价政策
合计	5	182 903.85	—

6.5.2　关联交易方与本公司的关系性质、关联交易方的名称、法人代表、注册地址、注册资本及主营业务等

关系性质	关联方名称	法定代表人	注册地址	注册资本(亿元)	主营业务
本公司控股股东	南京紫金投资集团有限责任公司	李方毅	江苏省南京市	50	实业投资、资产管理、财务咨询、投资咨询等。
本公司股东在中国设立的分支机构	日本三井住友信托银行股份有限公司上海分行	八田健	上海市	34	在银保监会批准范围之内,经营对各类客户的外汇业务以及人民币业务。
本公司控股股东的联营企业	南京银行股份有限公司	胡升荣	江苏省南京市	84.82	吸收存款、发放贷款等。
本公司控股股东的子公司	南京紫金融资租赁有限责任公司	张亚波	江苏省南京市	3	以融资租赁等租赁业务为主营业务等。
本公司控股股东的子公司	南京证券股份有限公司	步国旬	江苏省南京市	32.99	证券经纪、证券投资咨询等。

6.5.3　逐笔披露本公司与关联方的重大交易事项

6.5.3.1　固有财产与关联方:贷款、投资、租赁、应收账款担保、其他方式等期初汇总数、本期借方和贷方发生额汇总数、期末汇总数

单位:万元

固有财产与关联方关联交易				
	期初数	借方发生额	贷方发生额	期末数
贷款	—	—	—	—
投资	1 470.63	—	—	1 470.63
租赁	—	—	—	—

续表

固有财产与关联方关联交易				
	期初数	借方发生额	贷方发生额	期末数
担保	—	—	—	—
应收账款	—	—	—	—
其他	0.16	0.01	—	0.17
合计	1 470.79	0.01	—	1 470.80

6.5.3.2 信托资产与关联方：贷款、投资、租赁、应收账款、担保、其他方式等期初汇总数、本期借方和贷方发生额汇总数、期末汇总数

单位：万元

信托资产与关联方关联交易				
	期初数	借方发生额	贷方发生额	期末数
贷款	133 700.00	127 500.00	120 000.00	141 200.00
投资	—	—	—	—
租赁	—	—	—	—
担保	—	—	—	—
应收账款	—	—	—	—
其他	95 113.68	—	54 880.63	40 233.05
合计	228 813.68	127 500.00	174 880.63	181 433.05

6.5.3.3 信托公司自有资金运用于自己管理的信托项目（固信交易）、信托公司管理的信托项目之间的相互（信信交易）交易金额，包括余额和本报告年度的发生额

6.5.3.3.1 固有财产与信托财产之间的交易金额期初汇总数、本期发生额汇总数、期末汇总数

单位：万元

固有财产与信托财产相互交易			
	期初数	本期发生额	期末数
合计	188 370.20	50 805.20	239 175.40

注：以固有资金投资公司自己管理的信托项目受益权，或购买自己管理的信托项目的信托资产均应纳入统计披露范围。

6.5.3.3.2 信托资产与信托财产之间的交易金额期初汇总数、本期发生额汇总数、期末汇总数

单位：万元

信托资产与信托财产相互交易			
	期初数	本期发生额	期末数
合计	896 207.20	-17 978.91	878 228.29

注：以公司受托管理的一个信托项目的资金购买自己管理的另一个信托项目的受益权或信托项下资产均应纳入统计披露范围。

6.5.4 逐笔披露关联方逾期未偿还本公司资金的详细情况以及本公司为关联方担保发生或即将发生垫款的详细情况

截至2019年12月31日，本公司未发生关联方逾期未偿还本公司资金的情况，也无本公司为关联方担保发生或即将发生垫款的情况。

6.6 会计制度的披露

本公司固有业务、信托业务执行的会计制度为财政部2006年新修订颁布的《企业会计准则》及其应用指南。

7. 财务情况说明书

7.1 利润实现和分配情况

经立信中联会计师事务所（特殊普通合伙）审计，2019年度公司实现净利润为53 214.83万元。按规定计提法定盈余公积5 321.48万元、计提信托赔偿准备2 660.75万元、计提一般风险准备金610.07万元，2019年实现可供分配利润为44 622.53万元。

根据股东大会审议通过的2019年度利润分配方案，分配现金红利为2019年当年实现可供分配利润的30%，取整后为13 387万元。

7.2 主要财务指标

指标名称	指标值
资本利润率（%）	13.49
加权年化信托报酬率（%）	0.7063
人均净利润（万元）	258.32

注：1. 资本利润率＝净利润/所有者权益平均余额×100%。

2. 加权年化信托报酬率＝（信托项目1的实际年化信托报酬率×信托项目1的实收信托＋信托项目2的实际年化信托报酬率×信托项目2的实收信托＋…＋信托项目n的实际年化信托报酬率×信托项目n的实收信托）/（信托项目1的实收信托＋信托项目2的实收信托＋…＋信托项目n的实收信托）×100%。

3. 人均净利润＝净利润/年平均人数。

4. 平均值采取年初、年末余额简单平均法，公式为：a（平均）＝（年初数＋年末数）/2。

7.3 对本公司财务状况、经营成果有重大影响的其他事项

无。

8. 特别事项揭示

8.1 前五名股东在报告期内变动情况及原因

2019年4月28日，公司2019年股东会第二次临时会议审议通过《关于江苏金智科技股份有限公司转让部分股权的议案》，江苏金智科技股份有限公司将其持有的公司2.45%的股权（对应出资额为6 000万元）转让给紫金信托股东南京新工投资集团有限责任公司。

2019年5月22日，中国银保监会江苏监管局核准江苏金智科技股份有限公司将持有公司2.45%的股权转让给南京新工投资集团有限责任公司（苏银保监复［2019］103号）。转让后，公司股东构成、出资比例为：南京紫金投资集团有限责任公司出资比例为60.01%，三井住友信托银行股份有限公司出资比例为19.99%，南京新工投资集团有限责任公司出资比例为7.34%，三胞集团有限公司出资比例为5.11%，南京江北新区产业投资集团有限公司出资比例为5.00%，江苏金智科技股份有限公司出资比例为2.55%。

8.2 董事、监事及高级管理人员变动情况及原因

2019年2月20日，公司第三届董事会第七次会议，通过

《关于聘任李薇女士为公司总裁助理的议案》,同意聘任李薇女士为公司总裁助理,任期为3年。2019年5月5日,中国银保监会江苏监管局核准李薇女士紫金信托有限责任公司总裁助理任职资格(苏银保监复[2019]89号)。

2019年3月27日,中国银保监会江苏监管局核准陈景善女士紫金信托有限责任公司独立董事任职资格(苏银保监复[2019]61号)。

2019年5月31日,公司职工代表大会选举蒋一雷先生为公司第三届监事会职工代表监事,任期与本届监事会任期一致。

2019年6月24日,公司2019年度股东会第三次临时会议审议通过《关于山胁徹哉先生辞职的议案》《关于王瑞女士辞职的议案》《关于选举公司董事的议案》,董事会审议通过山胁徹哉先生辞任紫金信托有限责任公司副董事长、董事及董事会薪酬与提名委员会委员,王瑞女士辞任紫金信托有限责任公司董事及董事会信托委员会委员,同时选举芥川佳久先生、胡苏迪先生为紫金信托有限责任公司第三届董事会董事,自获得监管部门任职资格核准批复之日起生效,任期与本届董事会任期一致。

2019年7月18日,公司第三届董事会第十一次会议审议通过《关于选举第三届董事会副董事长的议案》,选举芥川佳久先生为公司第三届董事会副董事长,自获得监管部门任职资格核准批复之日起生效,任期与本届董事会任期一致。

2019年11月26日,中国银保监会江苏监管局核准胡苏迪先生紫金信托有限责任公司董事任职资格(苏银保监复[2019]650号)。

8.3 公司的重大未决诉讼事项

报告期内,公司新发生重大未决诉讼事项1项,是公司作为原告方的信托业务诉讼事项,涉诉金额为289 935 740.27元。

8.4 公司及其董事、监事和高级管理人员受到处罚情况

无。

8.5 中国银保监会及其派出机构对公司的整改意见及整改情况

江苏银保监局于2019年8月20日至10月25日对公司开展了现场检查,在《检查意见书》中提出了关于健全公司治理机制、完善内部控制管理、增强风险防控意识、提升合规经营水平和落实资管新规要求五个方面的相关要求。公司已对监管机关提出的问题制定并报送了相关整改方案,正逐项落实。

8.6 本年度重大事项临时报告的简要内容、披露时间、所披露的媒体及版面

2019年5月30日,在《证券时报》B006版对《紫金信托有限责任公司关于修改公司章程的公告》进行了相应信息披露。

8.7 中国银保监会及其省级派出机构认定的其他有必要让客户及相关利益人了解的重要信息

无。

9. 公司监事会意见

公司股东会、董事会、监事会、经营管理层职责明确,有效行使了公司权力机构、决策机构、监督机构和执行机构的职能。

2019年公司董事会发挥科学决策职能,严格遵守《公司法》《公司章程》和相关法规开展工作。公司能够严格按照《信托法》《信托公司管理办法》《信托公司集合资金信托计划管理办法》和中国银保监会有关规定,规范运作,依法决策,依法管理。本报告期内董事会认真执行了股东会的决议,忠实履行了诚信义务。未发现董事及高级管理人员在执行公司职务时有违法违纪和有损公司及股东利益的行为。

公司2019年度财务报告客观真实地反映了公司的实际财务状况和经营成果。